Lindenmaier Das Patentgesetz

Lindenmaier
(früher Krausse/Katluhn/Lindenmaier)

Das Patentgesetz

6., neubearbeitete und erweiterte Auflage

Herausgegeben von
Dr. Ulrich Weiss
Präsident des Bundespatentgerichts a. D., ehem. Bundesrichter

Bearbeitet von
Dr. Ulrich Weiss
Präsident des Bundespatentgerichts a. D., ehem. Bundesrichter

Dr.-Ing. Gerhard Zeunert
Senatspräsident am Bundespatentgericht a. D.

Dr. Hellmut Röhl
Richter am Bundespatentgericht

Carl Heymanns Verlag KG Köln · Berlin · Bonn · München

Zitierweise:

§§ 1–10, §§ 47–50: Lindenmaier-Weiss,
§§ 11–36a, §§ 46a–k
sowie Anhang: Lindenmaier-Zeunert,
§§ 36b–46, §§ 51–55: Lindenmaier-Röhl.

1973 ISBN 3 452 17657 6
Printed in Germany
Gedruckt von der Gallus Druckerei KG, Berlin

Vorwort zur 6. Auflage

Seit dem Erscheinen der letzten Auflage sind noch keine drei Jahre vergangen. Maßgebend für den Entschluß der Verfasser, gleichwohl schon jetzt eine Neuherausgabe zu besorgen, war neben dem Umstand, daß die 5. Auflage bereits nach einer verhältnismäßig kurzen Zeit vergriffen war, die Erwägung, daß sich in der Zwischenzeit ein äußerst umfangreiches Material an Rechtsprechung und Schrifttum angesammelt hat. Die Vorauflage war zu einem Zeitpunkt erschienen, als eine Auseinandersetzung der Gerichte und der Wissenschaft mit den vielfältigen Rechtsproblemen, die das Patentänderungsgesetz vom 4. September 1967 mit seinen tiefgreifenden Auswirkungen aufgeworfen hatte, noch nicht in einem ins Gewicht fallenden Maß hatte erfolgen können. Dieser Zustand hat sich in der Zwischenzeit grundlegend gewandelt. Den Verfassern schien es daher geboten, die Erläuterungen durch eine gewissenhafte Ausschöpfung des neuen Materials zu aktualisieren und dem Leser die sich nunmehr wesentlich klarer abzeichnende dynamische Fortentwicklung des Deutschen Patentrechts aufzuzeigen.

Die Aufhebung des Verbots des chemischen Stoffschutzes hat die höchstrichterliche Rechtsprechung vor äußerst komplexe Probleme gestellt. Sie hat sich der jedenfalls vorläufigen Lösung dieser neu an sie herangetragenen Aufgaben in einer verhältnismäßig kurzen Zeitspanne und in einem Umfange unterzogen, die höchste Anerkennung verdient. Es liegt auf der Hand, daß die zahlreichen richtungweisenden Entscheidungen auf chemischem Gebiet im weitesten Sinne ebenso wie das umfangreiche einschlägige Schrifttum einen breiten Raum im Rahmen der neuen Erläuterungen einnehmen. Auch soweit sich die Rechtsprechung mit den verfahrensrechtlichen Vorschriften zu beschäftigen hatte, konnten die durch das Patentänderungsgesetz veranlaßten neuen Fragestellungen nunmehr einer vertieften Behandlung unterzogen werden. Das gilt insbesondere z. B. für die jetzige Handhabung der Akteneinsicht, den dem früheren Gesetz unbekannten Fragenkomplex der Offensichtlichkeitsprüfung, für die Probleme, die den Umfang nachträglicher Änderungen, Berichtigungen und Erweiterungen von Patentanmeldungen betreffen sowie für die Erläuterungen zur Rechtsbeschwerde.

Der Schwerpunkt der gestrafften Darstellung der Materie liegt wie bei den vorangegangenen Auflagen auf einer übersichtlichen und zielstrebig ausgerichteten Wiedergabe der höchstrichterlichen Rechtsprechung. Aber vor allem haben auch die Rechtsprechung des Bundespatentgerichts sowie die Spruchpraxis des Deutschen Patentamts neben den Richtlinien des Präsidenten des DPA für die Prüfung von Patentanmeldungen und die Durchführung des Einspruchsverfahrens in zunehmendem Umfange Berücksichtigung gefunden. Eine kritische Auseinandersetzung mit den Gerichtsentscheidungen und der patentamtlichen Praxis ist jeweils in denjenigen Fällen erfolgt, die nach Ansicht der Verfasser hierzu Veranlassung gaben.

Die Auswahl der Fachliteratur wurde unter dem Gesichtspunkt getroffen, dem Leser weitere Aufklärung über streitige Rechtsfragen zu verschaffen und ihn mit abweichenden Meinungen bekanntzumachen. Dabei war es das Bemühen der Verfasser, durch nicht unwesentliche Ergänzungen den Gehalt der bisherigen Kommentierung für die Bedürfnisse der Praxis weiter zu erhöhen. Neue wissenschaftliche Erkenntnisse und Überlegungen haben teilweise zu Änderungen bzw. Modifizierungen der in den Vorauflagen eingenommenen Standpunkte geführt.

Die bedeutenden Entwicklungen auf dem Gebiet der internationalen Rechtsangleichung und Rechtsvereinheitlichung sind Gegenstand einer gegenüber der Vorauflage ebenfalls erweiterten Darstellung.

Die veröffentlichte Rechtsprechung und das einschlägige Schrifttum haben bis Anfang Mai 1973 Berücksichtigung gefunden.

Die vorgelegte Neuauflage trägt allein den Namen »Lindenmaier«. Die bisherige Benennung des Kommentars nach seinen ehemaligen drei Autoren hat sich für die Praxis als allzu schwerfällig erwiesen. Auch hat das Erläuterungswerk im Laufe der letzten Jahrzehnte eine weitreichende Umgestaltung erfahren. Diese war insbesondere durch die neue Rechtsprechung des BGH und des BPatG bedingt, aber vor allem auch durch die zahlreichen neu eingefügten Gesetzesabschnitte, deren Kommentierung allein von den heutigen Autoren besorgt werden konnte. Im Interesse einer leichteren Zitierweise und der gleichzeitigen Wahrung der Kontinuität schien die Wahl des Namens des alleinigen Herausgebers der 4. Auflage, der letzten, die im Jahre 1957 vor Übernahme der Kommentierung durch die heutigen Autoren erfolgte, der geeignete Weg. Der Vorschlag der Verfasser, den Zitaten aus dem »Lindenmaier« die Namen der jetzigen Bearbeiter jeweils hinzuzufügen, entspricht der bereits weitgehend in den neuzeitlichen Erläuterungsbüchern und Fachaufsätzen befolgten Übung.

Der hohen Verdienste, die sich Krausse und Katluhn in der Vergangenheit um diesen Kommentar erworben haben, wird durch den Hinweis auf seine ehemalige Benennung gedacht. Wem die Aufgabe zugefallen ist, das Werk anderer fortzusetzen, vermag den Wert der Leistungen seiner Vorgänger am besten zu ermessen.

München, im Juli 1973 *Ulrich Weiss*

Vorwort zur 5. Auflage

Die Bearbeiter der vorliegenden 5. Auflage haben dem Wunsche des Verlages, das geltende Patentgesetz unter Berücksichtigung von Rechtsprechung und Rechtslehre in gedrängter Kürze zu erläutern, weitgehend zu entsprechen versucht. Sie haben sich dabei der Zielsetzung erinnert, die bereits Krausse in dem Vorwort zu der ersten Auflage dahin umrissen hat: »Man soll darin schnell und möglichst alles finden können, was man sucht, entweder in kurzen Worten oder doch in Form eines Hinweises, so weiterer Rat zu holen sei.« Zur Verwirklichung dieses Zieles hat sich auch die Neubearbeitung des bewährten Mittels der früheren Auflagen bedient: »Kürze, Druckanordnung und besondere Ausführlichkeit des Sachverzeichnisses.«

Seit der von Lindenmaier im Jahr 1958 neu redigierten 4. Auflage sind zwei tief eingreifende Änderungen des Patentgesetzes erfolgt. Durch das 6. Gesetz zur Änderung und Überleitung von Vorschriften auf dem Gebiet des Gewerblichen Rechtsschutzes (6. ÜG) vom 23. 3. 1961 (BGBl. I S. 274) wurden die bisherigen Beschwerde- und Nichtigkeitssenate des Deutschen Patentamts in dem mit Wirkung vom 1. 7. 1961 errichteten Bundespatentgericht zusammengefaßt, was eine weitgehende Neugestaltung des Verfahrensrechts notwendig machte. Teilweise wurde auch das materielle Recht (§ 1 Abs. 2 Nr. 1) abgeändert. Nicht weniger einschneidend war das Patentänderungsgesetz vom 4. 9. 1967 (BGBl. I S. 953), das insbesondere der ständig zunehmenden übermäßigen Belastung des Deutschen Patentamts durch Einführung der sog. aufgeschobenen Prüfung Rechnung zu tragen sucht. Als wesentliche Neuerungen brachte dieses Gesetz ferner die Freigabe der Akteneinsicht in alle Anmeldungen 18 Monate nach dem Anmeldetag- bzw. Prioritätstag sowie die Aufhebung des früheren Verbots, für Erfindungen von Nahrungs-, Genuß- und Arzneimitteln sowie von auf chemischem Weg hergestellten Stoffen Patente zu erteilen.

Diese Änderungen machten nicht nur eine völlige Neubearbeitung erheblicher Gesetzesabschnitte, sondern auch die erstmalige Erläuterung der in das Gesetz neu eingefügten Vorschriften notwendig. Der Umfang des Kommentars wurde naturgemäß hierdurch nicht unwesentlich beeinflußt, zumal nach den Übergangsbestimmungen des Gesetzes vom 4. 9. 1967 noch das frühere Recht teilweise weiter gilt und daher von einer Kommentierung nicht ausgeschlossen werden durfte.

Die Neubearbeitung fällt in eine Zeit, in der die insbesondere durch die ständig enger werdende Verflechtung des internationalen Handelsverkehrs bedingte wachsende Zahl der Patentanmeldungen, die gewaltige Vermehrung des wissenschaftlichen Informationsstoffes und die immer differenzierter werdende Technik die gebieterische Forderung an alle nationalen Patentsysteme stellt, dieser neuen Situation gerecht zu werden. Die Einsicht wächst, daß die bestehenden nationalen Patentsysteme allein die ihnen gestellten Aufgaben nicht mehr zufriedenstellend lösen können. Die sich heute bereits abzeichnenden internationalen Vereinbarungen, die die neuen Ziele verwirklichen sollen, werden mit Sicherheit einschneidende Auswirkungen auch auf das deutsche Patentrecht haben, das dieser Entwicklung eines Tages wird angepaßt werden müssen. Der vorliegende Kommentar hat sich indessen auf die Darstellung des zur Zeit geltenden deutschen Rechts zu beschränken. Die vorbereitende Klärung der einer Lösung harrenden Fragen muß einschlägigen Sonderabhandlungen vorbehalten bleiben. Um der Bedeutung der gekennzeichneten Entwicklung jedoch Rechnung zu tragen, enthält der Anhang eine ausführliche Übersicht, die Auskunft über den Stand der derzeit bestehenden Übereinkünfte auf internationaler Ebene gibt und den Leser darüber hinaus über die laufenden Arbeiten unterrichten soll, die sich insbesondere auf ein Europäisches Patenterteilungsverfahren, ein Abkommen über ein Europäisches Gemeinschaftspatent innerhalb der EWG-Staaten und den sog. BIRPI-Plan beziehen.

Die Erläuterungen der §§ 1–10 sowie der §§ 47–50 sind in enger Anlehnung an die Kommentierung in den vorangegangenen Auflagen durch den Herausgeber erfolgt, der hierbei seine langjährigen Erfahrungen als Verletzungsrichter und Richter in Nichtigkeitsstreitigkeiten sowie die von ihm als derzeitigen Vorsitzenden der Prüfungskommission für Patentanwälte gesammelten Erkenntnisse auszuwerten gesucht hat.

Die Abschnitte »Patentamt« (§§ 17–25) und »Verfahren vor dem Patentamt« (§§ 26–36 a) sind aus wohlerwogenen Gründen nicht von einem Juristen bearbeitet worden, sondern von einem technisch vorgebildeten Richter, dem Senatspräsidenten a. D. Dr. Zeunert, der seine Lebensarbeit dem Patentamt und später dem Bundespatentgericht gewidmet hat. Ein »Techniker« schien besonders qualifiziert, den Schwierigkeiten nachzuspüren, die sich aus den Vorschriften über die Verfassung des Patentamts und den mit seiner Gliederung im Zusammenhang stehenden Fragen sowie über das Verfahren vor dem Patentamt ergeben, um sie denjenigen nahezubringen, die sich als Prüfer oder technische Richter täglich mit diesen Problemen auseinanderzusetzen haben. Auch die §§ 11–16, §§ 46 a–k und der internationale Teil im Anhang sind von Dr. Zeunert bearbeitet worden.

Die Bearbeitung der neu eingeführten oder abgeänderten Gesetzesabschnitte »Patentgericht« (§§ 36 b–36 k), »Verfahren vor dem Patentgericht« (§§ 36 l–41 o), »Verfahren vor dem Bundesgerichtshof« (§§ 41 p bis 42 m) und »Gemeinsame Vorschriften« (§§ 43–46) sowie der §§ 51 bis 55 hat Senatsrat Dr. Röhl übernommen. Dr. Röhl ist seit fast einem Jahrzehnt rechtskundiges Mitglied des Bundespatentgerichts und aus diesem Grunde aufs engste mit den sich aus dem Ablauf des patentgerichtlichen Verfahrens ergebenden Fragen vertraut.

Alle genannten Herren haben die Erläuterungen der von ihnen übernommenen Abschnitte selbständig und in eigenverantwortlicher Arbeit besorgt.

Der ständige Fluß der patentrechtlichen Rechtsprechung hat die Bearbeiter dazu veranlaßt, in einem Nachtrag auch noch solche Entscheidungen zu berücksichtigen, die nach dem 31. 12. 1969, dem ursprünglich als Stichtag für die Auswertung der Rechtsprechung vorgesehenen Zeitpunkt, bis etwa Ende März 1970 veröffentlicht worden oder jedenfalls zu ihrer Kenntnis gelangt sind. Gesetze und Verordnungen haben, soweit dies möglich war, auch noch nach diesem Zeitpunkt Berücksichtigung gefunden.

Von einer Zitierung der nicht veröffentlichten Rechtsprechung des BGH, die den Bearbeitern durch das freundliche Entgegenkommen des BGH zur Verfügung stand, ist nur vereinzelt Gebrauch gemacht worden, da diese Entscheidungen nur unter Schwierigkeiten von der Öffentlichkeit eingesehen werden können. Die Tatsache jedoch, daß es zeitweise nicht zu umgehen war, ganz auf sie zu verzichten, oder aber ein Verzicht nur sehr ungern erfolgte, sollte zu einer Überlegung des BGH führen, die Grenzen für die Veröffentlichung von Entscheidungen in Zukunft vielleicht doch zuweilen noch weiter zu erstrecken, als dies bisher der Fall gewesen ist.

Die vorliegende Auflage sieht davon ab, eine Darstellung des Arbeitnehmererfindungsgesetzes sowie des Gesetzes gegen Wettbewerbsbeschränkungen in die Erläuterungen aufzunehmen. Die heute zur Verfügung stehenden Kommentare zu diesen Gesetzen machen es entgegen der noch in der Vorauflage vertretenen Auffassung entbehrlich, ihren Inhalt auch nur in einer Übersicht wiederzugeben. Andererseits erschien es zweckmäßig, dem § 9 einen Überblick über die kartellrechtlichen Fragen bei Verträgen über Erwerb oder Benutzung von Patenten, Gebrauchsmustern oder Sortenschutzrechten (§§ 20, 21 GWB) anzufügen, soweit diese Fragen in einem unmittelbaren Zusammenhang zu den Erläuterungen der zitierten Vorschrift stehen. Auf diese Weise konnte vermieden werden, die Kommentierung des § 9 jeweils im Hinblick auf die auftretenden kartellrechtlichen Fragen zu unterbrechen.

Es ist auch darauf verzichtet worden, in einem Anhang diejenigen Gesetze, Vorschriften oder sonstigen einschlägigen Bekanntmachungen aufzuführen, die häufig ergänzend einem Patentgesetzkommentar als Anlagen beigefügt werden. Maßgebend für diesen Entschluß war nicht nur der

Wunsch, eine möglichst handliche Ausgabe vorzulegen, sondern auch die Erwägung, daß insbesondere das vom Deutschen Patentamt herausgegebene und ständig ergänzte »Taschenbuch des Gewerblichen Rechtsschutzes« alle maßgebenden Unterlagen den interessierten Kreisen erschöpfend zur Verfügung stellt.

Die Bearbeiter gedenken bei der Neuherausgabe dieses Erläuterungsbuches verehrungsvoll der bisherigen Verfasser und Bearbeiter, des ehemaligen Reichsgerichtsrats Dr. Krausse, von dessen Arbeit einzelne Abschnitte noch wörtlich in diese Auflage übernommen worden sind, sowie der ehemaligen Senatspräsidenten beim Reichsgericht Dr. Kathlun und Professor Dr. Dr. Lindenmaier. In der von Lindenmaier allein bearbeiteten Vorauflage, die für die Darstellung wesentlicher Teile auch der neuen Auflage, insbesondere des materiellen Rechts, maßgebend geblieben ist, spiegelt sich der Einfluß wider, den diese bedeutende Richterpersönlichkeit auch noch als erster Vorsitzender des ehemaligen I. Senats des Bundesgerichtshofs auf die neuere höchstrichterliche Rechtsprechung ausgeübt hat. Ohne die aufopferungsvolle Arbeit Lindenmaiers, der noch in hohem Alter und in schwerkrankem Zustand die Bearbeitung der Vorauflage besorgt hat, wäre die Fortführung dieses Kommentars in Frage gestellt gewesen.

Dr. Ulrich Weiss

Inhalt

Abkürzungen und Literatur

a. A.	anderer Ansicht
a. a. O.	am angegebenen Ort
Abhandl.	Abhandlungen zum Arbeitsgebiet des Reichspatentamts – Festgabe zur Feier des 50jährigen Bestehens des RPA, 1927
Abs.	Absatz
a. E.	am Ende
a. F.	alte Fassung
AG	Amtsgericht
AHKG	Gesetz der Alliierten Hohen Kommission
Althammer	Das Deutsche Patentamt, 1970
Angew. Chem.	Angewandte Chemie
Anm.	Anmerkung (Randziffer)
AnmbestPat	Anmeldebestimmungen für Patente vom 30. 7. 1968, Bl. 1968, 282
AO	Anordnung
ArbErfG, auch ArbnErfG	Gesetz über Arbeitnehmererfindungen
BAG	Bundesarbeitsgericht
Bandasch-Lemhöfer-Horn	Die Verwaltungspraxis des Bundeskartellamts zu den Lizenzverträgen nach §§ 20, 21 GWB in Kartellrundschau, Heft 10
BAnz	Bundesanzeiger
Baumbach-Hefermehl	Wettbewerbs- und Warenzeichenrecht, Bd. I 10. Aufl. 1971, Bd. II 10. Aufl. 1969 GWB in Wettbewerbs- und Warenzeichenrecht, 8. Aufl. 1960
Baumbach-Lauterbach	Zivilprozeßordnung, 30. Aufl. 1970
BayObLG	Bayerisches Oberstes Landesgericht
BayObLGZ	Entscheidungen des BayObLG in Zivilsachen
BayVerfGH	Bayerischer Verfassungsgerichtshof
BayVerfGHE	Entscheidungen des BayVerfGH
BayVerwGH, auch BayVGH	Bayerischer Verwaltungsgerichtshof
BB	Der Betriebs-Berater
BBG	Bundesbeamtengesetz
Beier/Ulmer	Die Stockholmer Konferenz für geistiges Eigentum, 1967
Benkard	Patentgesetz, Gebrauchsmustergesetz, 5. Aufl. 1969
Ber. 14. Tag. Dok.	Berichte der 14. Jahrestagung des Ausschusses für Patentdokumentation am 4./5. 5. 1972 in München, DGD-Schrift (APD-1) 4/72.
Bernhardt	Lehrbuch des Deutschen Patentrechts, 2. Aufl. 1963

Abkürzungen und Literatur

Betr., auch DB	Der Betrieb
BFH	Bundesfinanzhof
BGB	Bürgerliches Gesetzbuch
BGB-RGRK	Kommentar zum Bürgerlichen Gesetzbuch, herausgegeben von Reichsgerichtsräten und Bundesrichtern, 11. Aufl. 1959 ff.
BGBl.	Bundesgesetzblatt (Teil und Seite; der Jahrgang wird nur angegeben, wenn er vom Datum des betr. Gesetzes abweicht)
BGH	Bundesgerichtshof
BGHSt	Entscheidungen des BGH in Strafsachen
BGHZ	Entscheidungen des BGH in Zivilsachen
BKA	Bundeskartellamt
Bl., auch BlfPMZ	Blatt für Patent-, Muster- und Zeichenwesen
Blum-Pedrazzini	Das Schweizerische Patentrecht, Bd. I 1957, Bd. II 1959
BMJ	Bundesminister(ium) der Justiz
Bodenhausen	Pariser Verbandsübereinkunft zum Schutz des gewerblichen Eigentums, 1968/1971
Bolze	Die Praxis des Reichsgerichts in Zivilsachen (Band, Nr.)
Bossung	Grundfragen einer europäischen Gerichtsbarkeit in Patentsachen, 1959
BPatG	Bundespatentgericht
BPatGerE	s. E
BRAGO	Bundesgebührenordnung für Rechtsanwälte
BSG	Bundessozialgericht
BT-Drucks.	Bundestags-Drucksache (Wahlperiode und Nr.)
Busse	Patentgesetz, Gebrauchsmustergesetz, 4. Aufl. 1972
Bussmann-Pietzcker-Kleine	Gewerblicher Rechtsschutz und Urheberrecht, 3. Aufl. 1962
BVerfG	Bundesverfassungsgericht
BVerfGE	Entscheidungen des BVerfG
BVerfGG	Gesetz über das Bundesverfassungsgericht
BVerwG	Bundesverwaltungsgericht
BVerwGE	Entscheidungen des BVerwG
Chem.-Ing.-Techn.	Chemie – Ingenieur – Technik
Damme-Lutter	Das Deutsche Patentrecht, 3. Aufl. 1925
DB	Der Betrieb
DJZ, auch DJurZ	Deutsche Juristenzeitung
DÖV	Die öffentliche Verwaltung
DPA	Deutsches Patentamt
DPAVO, auch DPAV	Verordnung über das Deutsche Patentamt
DRiG	Deutsches Richtergesetz
DRiZ	Deutsche Richterzeitung
DVO	Durchführungsverordnung
E, auch BPatGerE	Entscheidungen des Bundespatentgerichts
EGBGB	Einführungsgesetz zum BGB

EGGVG	Einführungsgesetz zum GVG
Ehrengabe	Bruno Heusinger, 1968
EinsprRichtl.	Richtlinien für die Durchführung des Einspruchsverfahrens vom 24. 4. 1972, Bl. 1972, 146
Enneccerus-Lehmann	Lehrbuch des Bürgerlichen Rechts, Bd. II Recht der Schuldverhältnisse, 15. Aufl. 1958
Esser	Schuldrecht, Allg. Teil Bd. I 10. Aufl. 1970
Festschrift, Festschr.	BPatG, 1971
	Hans Dölle, 1963
	Philipp Möhring, 1965
	Karl Nastelski, Mitt. 1969, 201–344
	Ernst Rabel, 1954
	Werner vom Stein, 1961
	Wilhelm Wendel, 1969
FGG	Gesetz über die Angelegenheiten der freiwilligen Gerichtsbarkeit
FGO	Finanzgerichtsordnung
R. Fischer	»Zur Revisibilität unbestimmter Rechtsbegriffe« in »Ansprachen zur Verabschiedung des Präsidenten des BGH Dr. B. Heusinger und Amtseinführung des Präsidenten des BGH Dr. R. Fischer am 30. 3. 1968«
Forsthoff	Lehrbuch des Verwaltungsrechts I. Bd. Allgemeiner Teil, 9. Aufl. 1966
Frankfurter Komm.	Kommentar zum Gesetz gegen Wettbewerbsbeschränkungen – Kaufmann-Rautmann – (Loseblattausgabe), 1958 ff.
Furler	Das Geschmacksmustergesetz, 3. Aufl. 1966
G	Gesetz
Gaedecke	Beitreibungsrecht des Armenanwalts, 1936
v. Gamm	Geschmacksmustergesetz
ders.	Das Kartellrecht der EWG in Kartellrundschau, Heft 3
Gareis	Die patentamtlichen und gerichtlichen Entscheidungen in Patentsachen (Band, Seite)
GebrM	Gebrauchsmuster
GebrMG	Gebrauchsmustergesetz
GebZahlVO	Verordnung über die Zahlung der Gebühren des DPA und des BPatG vom 5. 9. 1968, Bl. 1968, 280
Geißler	Der Umfang des Stoffschutzes für chemische Erfindungen, Schriftenreihe zum gewerbl. Rechtsschutz des Max-Planck-Instituts, Bd. 28
GG	Grundgesetz
GKG	Gerichtskostengesetz
Gr. Sen.	Großer Senat
GRUR	Gewerblicher Rechtsschutz und Urheberrecht
GRUR Ausl.	do. Auslands- und internationaler Teil (bis 1966)
GRUR Int.	do. Internationaler Teil (ab 1967)
GRUR Int. Ber.	do. Internationaler Teil, Berichte

GVG	Gerichtsverfassungsgesetz
GWB	Gesetz gegen Wettbewerbsbeschränkungen
Hahn	Der Schutz von Erzeugnissen patentierter Verfahren, 1968
Halbs.	Halbsatz
Heine-Moser-v. Filseck	Patentschutz und Entwicklungsländer, 1966
Henn	Problematik und Systematik des Internationalen Patent-Lizenzvertrages, 1967
HGB	Handelsgesetzbuch
HGB-RGRK	Kommentar zum Handelsgesetzbuch, früher hg. von Mitgliedern des Reichsgerichts, 2. Aufl. 1953 ff.
HRR	Höchstrichterliche Rechtsprechung
Huber	Wirtschafts-Verwaltungsrecht Bd. I 2. Aufl. 1953 Bd. II 2. Aufl. 1954
Hubmann	Das Persönlichkeitsrecht, 2. Aufl. 1967
ders.	Gewerblicher Rechtsschutz, 2. Aufl. 1969
i. d. F.	in der Fassung
i. V. m.	in Verbindung mit
Isay	Patentgesetz, 5. Aufl. 1931
Jaeger-Lent	Konkursordnung, 8. Aufl. 1958
JR	Juristische Rundschau
Jungmann	Das internationale Patentrecht, 2. Aufl. 1933
JuS	Juristische Schulung
JVBl.	Justizverwaltungsblatt
JW	Juristische Wochenschrift
JZ	Juristenzeitung
Kassler-Koch	Das österreichische Patentgesetz, Wien 1952
KG	Kammergericht
Kisch	Handbuch des Deutschen Patentrechts, 1923
Klauer-Möhring	Patentgesetz, 3. Aufl. 1971
Kohler	Handbuch des Deutschen Patentrechts, 1900/01
Krieger	Das Neue Patent- und Warenzeichenrecht, 1968
Kumm	System des patentrechtlichen Erfindungsschutzes, 1962
LAG	Landesarbeitsgericht
Lange	BGB Allg. Teil, 13. Aufl. 1970
Langen	Internationale Lizenzverträge, 1958
Larenz	Lehrbuch des Schuldrechts, 10. Aufl. 1970/72
LeipZ	Leipziger Zeitschrift
LG	Landgericht
Lieberknecht	Patente, Lizenzverträge und Verbot von Wettbewerbsbeschränkungen, 1953
Lindenmaier-Lüdecke	Arbeitnehmererfindungen, 1961

LM	Lindenmaier-Möhring, Nachschlagewerk des BGH (Nr. zu §)
LS	Leitsatz
Lüdecke	Lizenzgebühren für Erfindungen, 1955
ders.	Erfindungsgemeinschaften, 1962
Lüdecke-Fischer	Lizenzverträge, 1957
Lutter	Patentgesetz und Gebrauchsmustergesetz, 10. Aufl. 1936
MA	Der Markenartikel
Magen	Lizenzverträge und Kartellrecht, 1963
MDR	Monatsschrift für Deutsches Recht
Meyer-Höver	Gesetz über die Entschädigung von Zeugen und Sachverständigen, 1968
Mitt.	Mitteilungen der Deutschen Patentanwälte
Mittbl.	Mitteilungsblatt der Deutschen Vereinigung für gewerblichen Rechtsschutz und Urheberrecht
E. Müller	Chemie und Patentrecht, 3. Aufl. 1951
Müller-Liebenau	Das Wesen der Erfindung, 1924
MuW	Markenschutz und Wettbewerb
n. F.	neue Fassung
NJW	Neue Juristische Wochenschrift
OGHBrZ	Oberster Gerichtshof für die britische Zone
OLG	Oberlandesgericht
OVG	Oberverwaltungsgericht
PA	Patentamt
PA Gr. Sen.	Großer Senat des Patentamts
Palandt	Kommentar zum Bürgerlichen Gesetzbuch, 32. Aufl. 1973
Pastor	Die Unterlassungsvollstreckung nach § 890 ZPO, 1969
PatÄndG	Gesetz zur Änderung des Patentgesetzes, des Warenzeichengesetzes und weiterer Gesetze vom 4. 9. 1967
PatAnwGebO	Patentanwalts-Gebührenordnung
PatAnwO	Patentanwaltsordnung
PatBl.	Patentblatt
PatG	Patentgesetz
PatGebG	Gesetz über die Gebühren des Patentamts und des Patentgerichts
Patr. Frag.	Patentrechtliche Fragen, Vorträge im Reichspatentamt, 1930
Pfanner-Sünner	Der gewerbliche Rechtsschutz im Euratom-Vertrag, 1958
Pietzcker	Patentgesetz Teil I, 1929
Prop. Ind.	La Propriété Industrielle
PrüfRichtl.	Richtlinien für die Prüfung von Patentanmeldungen vom 14. 9. 1972, Bl. 1972, 298
PVÜ	Pariser Verbandsübereinkunft zum Schutz des gewerblichen Eigentums

Raape	Internationales Privatrecht, 5. Aufl. 1961
Rasch	Der Lizenzvertrag in rechtsvergleichender Darstellung, 1933
Rasch-Westrick	Wettbewerbsbeschränkungen, Kartell- und Monopolrecht, 3. Aufl. 1966
Rdn.	Randnummer
Reimer	Europäisierung des Patentrechts, 1955
ders.	Wettbewerbs- und Warenzeichenrecht, 4. Aufl. 1. Bd. 1966
ders.	Patentgesetz und Gebrauchsmustergesetz, 3. Aufl. 1968
Reimer-Schade-Schippel	Das Recht der Arbeitnehmererfindung, 4. Aufl. 1964
RG	Reichsgericht
RGBl.	Reichsgesetzblatt
RGSt	Entscheidungen des RG in Strafsachen
RGZ	Entscheidungen des RG in Zivilsachen
Riezler	Internationales Zivilprozeßrecht, 1949
RPA	Reichspatentamt
S.	Satz, Seite
P. Schade	Die Ausübungspflicht bei Lizenzen, 1967
Schanze	Das Kombinationspatent, 1910
Schlegelberger	Handelsgesetzbuch, erläutert von Gessler, Hefermehl, Hildebrandt, Schröder, 4. Aufl. 1960/66
Schramm	Grundlagenforschung auf dem Gebiete des Gewerblichen Rechtsschutzes und Urheberrechtes, 1954
Schramm-Henner	Der Patentverletzungsprozeß, 2., unveränderte Aufl. 1966
Schulze-Wesener	Das neue Verfahren in Patent- und Warenzeichensachen, 1968
Schw. Mitt.	Schweizerische Mitteilungen über Gewerblichen Rechtsschutz und Urheberrecht
Schwarz-Dreher	Kommentar zum Strafgesetzbuch mit Nebengesetzen, 30. Aufl. 1968
Seidl-Hohenveldern	Völkerrecht, 2. Aufl. 1969
Seligsohn	Patentgesetz, 7. Aufl. 1932
Soergel-Siebert	Kommentar zum Bürgerlichen Gesetzbuch, 10. Aufl. 1967 ff.
Staudinger	Kommentar z. Bürgerlichen Gesetzbuch, 10./11. und 11. Aufl.
Stein-Jonas	Kommentar z. Zivilprozeßordnung, 19. Aufl.
Stein-Jonas-Schönke	Kommentar z. Zivilprozeßordnung, 18. Aufl.
Steinbuch	Taschenbuch der Nachrichtenverarbeitung, 2. Aufl. 1967
StPO	Strafprozeßordnung
Stumpf	Der Lizenzvertrag, 4. Aufl. 1968
ders.	Der Know-How-Vertrag, 1970
H. Tetzner	Das materielle Patentrecht 1972
ders.	Patentgesetz, 2. Aufl. 1951
ders.	Kartellrecht, 1965
Troller	Das internationale Privat- und Zivilprozeßrecht im gewerblichen Rechtsschutz und Urheberrecht, 1952
ders.	Immaterielles Güterrecht, 2. Aufl. 1968 ff.
Übk.	Übereinkommen

ÜG	Überleitungsgesetz (Gesetz zur Änderung und Überleitung von Vorschriften auf dem Gebiet des gewerblichen Rechtsschutzes)
Ullmann	Ullmann's Encyklopädie der technischen Chemie Bd. II, 2., 3. Aufl. 1968
Ulmer	Urheber- und Verlagsrecht, 2. Aufl. 1960
Ulmer-Reimer	Unlauterer Wettbewerb Bd. III
Verdross	Völkerrecht, 5. Aufl. 1964
VG	Verwaltungsgericht
VO	Verordnung
Völp	Patentgerichtsverfahren, 1961
Volmer	Kommentar zum Arbeitnehmererfindungsgesetz, 1958
VwGO	Verwaltungsgerichtsordnung
VwKostVO	Verordnung über Verwaltungskosten beim Deutschen Patentamt vom 26. 6. 1970, Bl. 1970, 210
VwZG	Verwaltungszustellungsgesetz
WahrnV	VO über die Wahrnehmung einzelner ... Geschäfte durch Beamte des gehobenen und mittleren Dienstes
Wieczorek	Kommentar zur Zivilprozeßordnung und Nebengesetzen, 1957 ff.
WiGBl.	Gesetzblatt der Verwaltung des Vereinigten Wirtschaftsgebiets
M. Wolff	Das Internationale Privatrecht Deutschlands, 3. Aufl. 1952
WRP	Wettbewerb in Recht und Praxis
Wunderlich	Die gemeinschaftliche Erfindung, 1962
WuW	Wirtschaft und Wettbewerb
WZG	Warenzeichengesetz
ZAkDR	Zeitschrift der Akademie für Deutsches Recht
Zeuner	Die objektiven Grenzen der Rechtskraft im Rahmen rechtlicher Sinnzusammenhänge, 1959
Zeunert	Offenbarung des beanspruchten Erfindungsgedankens und Schutzumfang des Patents, 2. Aufl. 1968
ders.	Beiträge zur Frage der Offenbarung der beanspruchten Erfindung, 1968
ZHK	Zeitschrift f. d. gesamte Handelsrecht und Konkursrecht
ZPO	Zivilprozeßordnung
Zschr. f. IndR	Zeitschrift für Industrierecht
ZSEG	Gesetz über die Entschädigung von Zeugen und Sachverständigen

Erster Abschnitt Das Patent

§ 1

(1) Patente werden erteilt für neue Erfindungen, die eine gewerbliche Verwertung gestatten.

(2) Ausgenommen sind

1. Erfindungen, deren Verwertung den Gesetzen oder guten Sitten zuwiderlaufen würde, soweit es sich nicht um Gesetze handelt, die nur das Feilhalten oder Inverkehrbringen des Gegenstandes der Erfindung oder, wenn Gegenstand der Erfindung ein Verfahren ist, des durch das Verfahren unmittelbar hergestellten Erzeugnisses beschränken,
2. Erfindungen von Pflanzensorten, die ihrer Art nach im Artenverzeichnis zum Sortenschutzgesetz vom 20. Mai 1968 (Bundesgesetzbl. I S. 429) aufgeführt sind, sowie von Verfahren zur Züchtung einer solchen Pflanzensorte.

§ 1 (alte Fassung; Ges. v. 9. 5. 1961)

(1) Patente werden erteilt für neue Erfindungen, die eine gewerbliche Verwertung gestatten.

(2) Ausgenommen sind:

1. Erfindungen, deren Verwertung den Gesetzen oder guten Sitten zuwiderlaufen würde, soweit es sich nicht um Gesetze handelt, die nur das Feilhalten oder Inverkehrbringen des Gegenstandes der Erfindung oder, wenn Gegenstand der Erfindung ein Verfahren ist, des durch das Verfahren unmittelbar hergestellten Erzeugnisses beschränken.
2. Erfindungen von Nahrungs-, Genuß- und Arzneimitteln sowie von Stoffen, die auf chemischem Wege hergestellt werden, soweit die Erfindungen nicht ein bestimmtes Verfahren zur Herstellung der Gegenstände betreffen.

ÜBERSICHT

A. Begriffsmerkmale einer patentfähigen Erfindung, § 1 Abs. 1

I. Patent und Patenterteilung

1. Begriff »Patent«

Unter »Patent« ist die dem Anmelder **nach Maßgabe des Patentgesetzes** erteilte Rechtsstellung zu verstehen. Patent bezeichnet in diesem Sinn den **Rechtstitel,** der dem dazu Berechtigten gewährt wird (Blum-Pedrazzini Art. 1 Anm. 51). Ihren Ausdruck findet die Rechtsstellung in der Patentschrift, die in Titel, Patentbeschreibung und in einen oder mehrere Patentansprüche zerfällt (§ 24 Anm. 33). Letztere können selbständig sein oder, wie meist, in einem Hauptanspruch mit Unteransprüchen bestehen (s. darüber § 26 Anm. 54). 1

Unter »Patent« darf **niemals** ein **Sachbesitz** verstanden werden. Das Patentrecht hat, anders als das Eigentum an einer körperlichen Sache, mit einer solchen Sache nichts zu tun (RG 8. 1. 1937 RGZ 153, 210, 213). Die durch das Patent geschützte Erfindung deckt sich keineswegs mit ihrer sinnfälligen Erscheinung, sondern liegt hinter der Form und findet in dieser nur ihren äußeren Ausdruck. Das Patent wird für das **immaterielle Erfindungsgut,** den **geistigen Gehalt** einer Erfindung, erteilt, der physisch nicht beherrscht werden kann. Die in der Patentschrift gezeigte konkrete Ausführung soll in der Regel nur ein Beispiel sein, anhand dessen die zu schützende Erfindung mehr oder weniger scharf umrissen ist. Daher sollte auch der Patenterteilungsbeschluß entgegen Huber (Wirtschafts-Verwaltungsrecht Bd. 1 § 8 II 1 b, S. 78) nicht als »eigentumsverleihender« Verwaltungsakt qualifiziert werden.

Die dem Patentsucher gemäß § 35 Abs. 1 ausgefertigte **Patenturkunde,** der die Patentschrift angeheftet wird, hat keinerlei selbständige Bedeutung. Sie ist nur **Beweisurkunde,** verkörpert aber nicht etwa das Patentrecht (PA 30. 8. 1929 Bl. 1929, 227, 228). Das Wort »Patent« sollte daher nicht benutzt werden, um die Patenturkunde oder die Patentschrift zu bezeichnen.

Durch eine **Vereinbarung** mit einem Dritten kann das **Patent als solches nicht verändert werden;** vielmehr wird der Gegenstand des Patents durch das PA als Erteilungsbehörde **endgültig** bestimmt (RG 9. 1. 1937 RGZ 153, 329). Schuldrechtliche Vereinbarungen über den Schutzumfang des Patents (vgl. § 6 Anm. 13, § 9 Anm. 70) sind zwar möglich, berühren aber nicht den Bestand des Patents und bewirken keine Änderung der Patentansprüche (RG 9. 1. 1937 a. a. O).

Im **Nichtigkeitsverfahren** unterliegt das Patent der sachlichen Prüfung, ob die Patenterteilung fehlerhaft oder rechtmäßig war (BGH 20. 5. 1953 BGHZ 10, 22, 24 = GRUR 1953, 385 – Beschriftung von Konservendosen). Zwar können in diesem Verfahren dem Nichtigkeitskläger auch Einwendungen aus seiner Person oder aus etwaigen vertraglichen Beziehungen zu dem Beklagten gemacht werden. Das beruht aber nur darauf, daß das Nichtigkeitsverfahren als Prozeßverfahren ausgestaltet ist (BGH 20. 5. 1953 a. a. O. S. 25).

Über **zusammenfassend bezeichnete Patente** besonderer gemeinschaftlicher Eigenart (z. B. Pionierpatente, Konstruktionspatente usw.) vgl. Anm. 59.

Über **Haupt-** und **Zusatzpatente** vgl. § 10.

Über **Patentkategorien** vgl. Anm. 49.

Über **räumlichen** und **zeitlichen** Geltungsbereich des Patents vgl. § 6 Anm. 69 bzw. Anm. 74.

Über das durch ein Patent begründete **positive Benutzungsrecht** bzw. **negative Verbietungsrecht** vgl. § 6 Anm. 43.

2. Rechtsnatur des Patenterteilungsaktes

Patente werden durch staatliche Verleihung erteilt. Die Patenterteilung ist ein **rechtsgestaltender** (konstitutiver) **Hoheitsakt,** der einem **eindeutig zu bestimmenden Träger** das Recht aus dem Patent verleiht (BPatG 8. 9. 1961 E 1, 1, 4). Das Patentrecht wird mithin nicht deklaratorisch festgestellt, sondern durch den Verleihungsakt als neues begründet. Es entsteht weder durch die Erfindung als solche noch durch die Anmeldung. Seine konstitutive Natur verliert der **Verwaltungsakt** auch nicht etwa dadurch, daß die Patenterteilung rückwirkend vernichtet werden kann oder gegenüber älteren Patentrechten unwirksam ist. Denn die Natur eines Gestaltungsaktes wird nicht durch eine im Einzelfall aus besonderen Gründen bestimmte Unwirksamkeit beeinträchtigt (Kisch, Handbuch S. 136 ff.). 2

Die Erteilung des Patents ist nicht in das Ermessen des PA gestellt. Vielmehr hat der erste Anmelder einen **Anspruch auf die Patenterteilung,** soweit alle Merkmale der Erfindung erfüllt sind (vgl. dazu § 3 Anm. 3 und § 9 Anm. 1).

Über das Erteilungsverfahren §§ 26 ff. Über die Verfassung des Deutschen Patentamts vgl. §§ 17 ff.

Die Erteilung des Patents schafft nur subjektives Recht (RG 4. 4. 1914 RGZ 84, 370, 375). Sie ist **nicht Gesetzgebungsakt,** sondern erzeugt konkrete Rechtswirkungen durch **Anwendung einer generellen Rechtsvorschrift** auf den besonderen Tatbestand (Kisch, a. a. O., S. 134). Gleichwohl hat das RG ehedem die Patenterteilung als einen Akt der (delegierten) Rechtssetzung bezeichnet und dem Patent die Natur eines Spezialgesetzes zuerkannt (RG 4. 4. 1906 RGZ 63, 140, 142). Später (RG 12. 10. 1935 RGZ 148, 400 ff.) hat es abschwächend im Hinblick auf den Widerspruch des Schrifttums erklärt, das Patent brauche nicht einem Sondergesetz geradezu gleichgestellt zu werden, es sei aber gerechtfertigt, Patent und Gesetz entsprechend zu beurteilen; ähnlich RG 15. 3. 1940 (GRUR 1940, 262, 263). Der BGH hat sich in der Entscheidung vom 21. 11. 1950 (GRUR 1951, 70 – Holzverwertung) der Rechtsprechung des RG unter Hinweis auf RGZ 148, 400 angeschlossen, um zu begründen, daß der Verlust des Rechts zur Geltendmachung des Patents, wie er für Altschutzrechte nach dem 1. ÜG eintreten konnte, in der Revisionsinstanz von Amts wegen zu beachten sei. BGH 12. 6. 1951 (GRUR 1951, 449, 450 – Tauchpumpensatz) nimmt zur Begründung, daß die Beendigung des Rechtes zur Geltendmachung eines Patents ebenso wie sein Erlöschen oder seine Nichtigkeit auch in der Revisionsinstanz zu beachten sei, auf die Entscheidung vom 21. 11. 1950, a. a. O. Bezug, ebenso BGH 15. 6. 1951 (GRUR 1951, 452, 453 – Mülltonne Fall II). In den Entscheidungen vom 12. 7. 1955 (GRUR 1955, 573 – Kabelschelle), 8. 10. 1957 (GRUR 1958, 75, 76 – Tonfilmwand), 22. 11. 1957 (GRUR 1958, 179, 180 – Resin) und 28. 11. 1963 3

(GRUR 1964, 221, 223 – Rolladen) wird erneut auf RGZ 148, 400 hingewiesen.

Wenngleich aus prozeßökonomischen Gründen dieser Rechtsprechung im Ergebnis zuzustimmen ist (vgl. § 13 Anm. 22), dürfte rechtsdogmatisch eine auch nur »entsprechende« Beurteilung der Patenterteilung als eines rechtsetzenden Aktes nicht zu vertreten sein. Mit Recht hat auch der BGH in der Entscheidung vom 8. 7. 1955 (BGHZ 18, 81, 92 = GRUR 1955, 393, 396 – Zwischenstecker) – allerdings ohne Hinweise auf die frühere Rechtsprechung – die Patenterteilung als einen Verwaltungsakt bezeichnet. Vgl. auch PA Bescheid 11. 2. 1950 (GRUR 1950, 294), in dem von einem **hoheitsrechtlichen Verwaltungsakt** die Rede ist. Wenn in den späteren BGH-Entscheidungen aus den Jahren 1957 und 1958 gleichwohl wiederum auf RGZ 148, 400 ff. Bezug genommen wird, so sollte damit ersichtlich nur der vom RG befolgten Verfahrensweise, nicht aber der rechtlichen Begründung für diese Verfahrensweise beigepflichtet werden. Es wäre indessen gut, wenn dies klargestellt würde (vgl. Schramm, GRUR 1964, 225 in der dortigen Anmerkung), s. dazu § 47 Anm. 69, vgl. auch BVerwG 13. 6. 1959 GRUR 1959, 435 ff.

II. Begriff der technischen Erfindung

4 Lindenmaier, Zum Begriff der technischen Erfindung, GRUR 1953, 13; Trüstedt, Technische Erfindungsmerkmale und ihre Grenzen, GRUR 1960, 414.

Das Patentgesetz regelt den Schutz von Erfindungen, welche neu sind und eine gewerbliche Verwertung gestatten. Eine Bestimmung des Begriffs »**Erfindung**« wird im Gesetz nicht gegeben. Unzählige Definitionen sind versucht worden; aber eine befriedigende Lösung ist bisher nicht gefunden worden. Sie konnte nicht gefunden werden, weil das Problem der Erfindung in Wahrheit überhaupt kein juristisches, geschweige denn ein technisches Problem ist. Es ist das überragende Problem der Philosophie, das unendlich viele Möglichkeiten der Auslegung und Lösung bietet.

Spricht das Patentgesetz von Erfindungen, so meint es »technische« Erfindungen, und es reicht aus zu prüfen, welche Voraussetzungen nach dem Willen des Gesetzgebers erfüllt sein müssen, damit die Erfindung im Sinne der im Gesetz aufgeführten Merkmale, die häufig einer Auslegung bedürfen, Schutz genießt (vgl. Reimer § 1 Anm. 1). Der Versuch einer abstrakten Bestimmung des Begriffs der Erfindung in der 4. Auflage (vgl. dazu Lindenmaier, GRUR 1953, 12 ff., Mitt. 1959, 121, 124), der zu keiner neuen praktischen Erkenntnis geführt hat, wird daher nicht wiederholt.

Es genügt vorerst festzustellen, daß der Begriff der Erfindung eine einheitlich bestimmte, eindeutig identifizierbare **»Lehre zum technischen Han-**

deln« voraussetzt, die es anderen Sachverständigen ermöglicht (vgl. Anm. 22), nach ihr zu arbeiten (BGH 6. 7. 1971 GRUR 1972, 80, 81 – Trioxan). Daß dem Patentgesetz grundsätzlich nur **»technische«** Erfindungen zugrunde liegen, machen bereits diejenigen Definitionen klar, die aus dem Kreise des vom Bundesrat im Jahre 1886 eingesetzten Untersuchungsausschusses zur Prüfung der Lage des Patentwesens im Deutschen Reich hervorgegangen sind (Pietzcker S. 20). Auch in der Rechtsprechung ist seit langem der Standpunkt vertreten worden, daß die Erfindung ihrem Wesen nach »technisch« sein, d. h. **mit den Mitteln von Naturkräften** arbeiten muß, um einen Erfolg zu erzielen, welcher dem dadurch umschriebenen Gebiet menschlichen Wirkens angehört (RG 21. 1. 1933 GRUR 1933, 289; PA 15. 5. 1952 GRUR 1952, 402). Bereits in PA 4. 11. 1952 (GRUR 1953, 172) heißt es, daß auch solche Erfindungen »technisch« seien, mit denen der Mensch sich die Vorgänge des organischen Lebens nutzbar mache. Nach BPatG 29. 3. 1965 (E 7, 78) sind unter Naturkräften nicht nur Krafteinwirkungen im engeren physikalischen Sinn zu verstehen, sondern alle von Stoffen, Kräften und Energien ausgeübten Wirkungen. Die Entscheidung BPatG 15. 1. 1965 (E 6, 145, 147) spricht von Wirkungen gelenkter Naturkräfte und planmäßig ausgenutzter Naturerscheinungen.

Der BGH (27. 3. 1969 BGHZ 52, 74 = GRUR 1969, 672 ff. – Rote Taube –) hat diese Rechtsprechung, die nach seiner Ansicht allerdings eher den Gegensatz des Technischen zur Welt des rein Geistigen herauszustellen gesucht hat (vgl. Anm. 8), bestätigt. Nach den überzeugenden Gründen der Entscheidung bestehen im Hinblick auf die von der Wissenschaft festgestellten Gesetzmäßigkeiten der biologischen Erscheinungsformen und -kräfte, in denen Kausalzusammenhänge erkennbar sind, die mit der Kausalität des Naturgesetzes auf dem Gebiet der nichtbelebten Materie zum mindesten verglichen werden können, keine Bedenken, auch die **planmäßige Ausnutzung biologischer Kräfte** dem Begriff der »Technik« entweder unmittelbar zuzuordnen oder aber jedenfalls eine entsprechende Anwendung dieses Begriffs auf die Behandlung biologischer Kräfte zu bejahen.

Notwendiger Begriffsbestandteil einer »technischen« Erfindung ist stets das **Indienststellen oder Verwenden »technischer« Erkenntnisse** zugunsten menschlicher Bedürfnisse. Die »technische« Erfindung besteht in **»angewandter Erkenntnis«**, d. h. in der Anwendung als solcher neuer oder erweiterter, verbesserter oder vertiefter Erkenntnis naturgesetzlicher Grundlagen – mag sie auch nur eine empirische Erkenntnis sein – oder in der Anwendung solcher Erkenntnisse für eine Verbesserung bereits erfolgter Anwendung.

Die **»Technik«**, auf die sich die Erfindung beziehen muß, ist also nicht zu verstehen als der Inbegriff der Fertigkeiten, Regeln und Kunstgriffe menschlicher Betätigung schlechthin (z. B. nicht die Technik des geistigen Arbeitens, künstlerischer Darbietungen oder der Werbung), sondern als der

Einsatz »technischer« Mittel zu einem technischen Zweck (PA 2. 3. 1954 Bl. 1954, 367). Es ist eine **Anweisung** erforderlich, **mit bestimmten technischen Mitteln zur Lösung einer technischen Aufgabe ein bestimmtes technisches Ergebnis zu erzielen** (BGH 21. 3. 1958 GRUR 1958, 602 ff. – Wettschein, mit zahlreichen Nachweisen; 23. 3. 1965 E 7, 234, 237 – Typensatz), wobei als technisch auch Anweisungen »zum planmäßigen Handeln **unter Einsatz beherrschbarer Naturkräfte** zur Erreichung eines kausalübersehbaren Erfolges« anzusehen sind (BGH 27. 3. 1969 BGHZ 52, 74, 79– Rote Taube).

1. Abgrenzung der technischen Erfindung gegen:

a) Entdeckung

5 Um den Begriff der Erfindung zu erfüllen, darf die Erkenntnisfunktion nicht bei der Feststellung neuer Prinzipien, Theorien oder neuer Sammel- oder Einzelerscheinungen stehenbleiben, sondern sie muß sich weiter erstrecken auf eine bisher unbekannte Anwendung der gewonnenen Erkenntnis oder die Verbesserung bekannter Anwendungen (PA 12. 1. 1938 Mitt. 1941, 59). Handelt es sich lediglich um Erkenntnis vorhandener Grundlagen, so liegt nur eine – nicht schutzfähige – **Entdeckung** vor. Eine Entdeckung findet etwas auf, was bereits vorhanden, aber bisher nicht bekannt war. Eine Entdeckung schafft nichts Neues, bisher nicht Vorhandenes; vielmehr ist sie reine Erkenntnis, nicht die Verwertung einer Erkenntnis mit dem Ziel, eine jederzeit wiederholbare technische Wirkung für praktische Zwecke hervorzurufen.

Lediglich eine Entdeckung ist die der empirischen Erkenntnis von Mittel und Erfolg nachfolgende Erkenntnis des naturgesetzlichen Ablaufs (RG 1. 2. 1933 GRUR 1933, 296; 24. 5. 1940 MuW 1940, 158, 159; 3. 7. 1942 Mitt. 1942, 151), also die bloße wissenschaftliche Durchdringung und Erklärung eines empirisch schon bekannten Ursachenzusammenhangs (RG 19. 12. 1938 GRUR 1939, 533, 536); ebenso die Erkenntnis der richtigen Gesetzmäßigkeit anstelle vorher angenommener irriger (RG 20. 10. 1928 MuW 1929, 74 – Zigarrendeckblatt).

Eine Entdeckung genießt nach dem deutschen Patentgesetz keinen Schutz. Denn das durch das Gesetz gewährte Ausschlußrecht stellt einem Erfinder eine Belohnung nur für solche Dienste zur Verfügung, die dieser im Interesse der Allgemeinheit durch in praktischen Erfolg umgesetzte Bereicherung der technischen Vorstellungswelt geleistet hat (Lindenmaier, GRUR 1953, 12, 13; vgl. auch Plugge, GRUR 1938, 297; Weber, GRUR 1940, 117).

b) Wissenschaftliche Erkenntnisse

6 Überhaupt sind alle **rein wissenschaftlichen Erkenntnisse** nicht patentfähig. So dienen Lehrsätze, wissenschaftliche Urteile oder Theorien der

rein geistigen Erkenntnis und befriedigen kein menschliches soziales Bedürfnis (PA 15. 5. 1952 Bl. 1952, 330). Ebensowenig physikalisch-theoretische Anregungen, die sich noch nicht zu konkretem Erfahrungswissen und einer entsprechenden Anweisung zum technischen Handeln verdichtet haben (BGH 17. 12. 1954 GRUR 1955, 386 – Verfahren für optische Teile). Über neu entdeckte Funktionen vgl. Anm. 48.

Tatsächlich bereiten Entdeckungen und wissenschaftliche Erkenntnisse häufig die technische Anwendung der Naturkräfte vor und dienen ihr als notwendige Grundlage (Troller, Immaterielles Güterrecht, § 5 S. 64). Werden diese Erkenntnisse der Technik später dienstbar gemacht, und führen sie auf technischem Gebiet zu einem praktischen Erfolg, so kann die aus der wissenschaftlichen Durchdringung fließende Lehre Patentschutz genießen (RG 19. 12. 1938 GRUR 1939, 533, 536; PA 12. 1. 1938 Mitt. 41, 59).

Es gibt Entdeckungen und wissenschaftliche Erkenntnisse, die absolut patentunfähig in dem Sinne sind, daß sie jeweils nur **mittelbar, durch Einschaltung** einer neuen Lehre zur Anwendung gebracht werden können (Blum-Pedrazzini Art. 1 Anm. 8 mit dem Beispiel der Entdeckung von Röntgenstrahlen, deren Eignung für das medizinische Gebiet sich nicht ohne weiteres aus ihrer Entdeckung ableiten läßt).

c) Analysen

Analysen und Untersuchungsmethoden, die technischer Natur und gewerblich verwertbar sind, sind nach neuerer patentrechtlicher Rechtsprechung patentfähig (PA 16. 3. 1930 Mitt. 1930, 195; E. Müller, Chemie und Patentrecht 1951, S. 81 ff., Busse § 1 Rnr. 21 S. 105, Reimer § 1 Anm. 4). Nicht zu billigen ist PA 2. 1. 1924 (GRUR 1925, 298 – Verfahren zum Diagnostizieren von bösartigen Geschwülsten); vgl. darüber und über ärztliche Untersuchungsverfahren im allgemeinen Anm. 12. 7

2. Abgrenzung eines technischen Ergebnisses gegen ein nichttechnisches (»Anweisung an den menschlichen Geist«)

Da sich die Technik auf die Erscheinungswelt bezieht, ist **nichttechnisch** 8 ein Ergebnis, das sich ganz allgemein auf die Welt des Geistes bezieht (RG 21. 1. 1933 GRUR 1933, 289). Von diesem Satz ist auch heute auszugehen. Er ist jedoch dahin zu verstehen (vgl. Anm. 4), daß auch Ausnutzung der Vorgänge des organischen Lebens nach den Lehren der Biologie als technisch verwertbar Patentschutz genießen kann (Lindenmaier, GRUR 1953, 13 ff.; BGH 27. 3. 1969 BGHZ 52, 74 – Rote Taube).

In diesem Sinne hat die Rechtsprechung den Gegensatz zur Technik in einer »Anweisung an den menschlichen Geist« erblickt, und es werden z. B. Methoden des Unterrichts, der Kunstrichtung, Arbeitsordnung, der Kundenwerbung, der Buchführung oder des Rechnens als nichttechnisch angesehen

(RG 21. 1. 1933 GRUR 1933, 289; BPatG 10. 9. 1963 E 4, 110), ebenso kaufmännische oder organisatorische Maßnahmen (RG 14. 6. 1940 MuW 1940, 189; BGH 18. 6. 1953 GRUR 1953, 438 – Ausweishülle; 21. 3. 1958 GRUR 1958, 602 – Wettschein). Es handelt sich hierbei um Verhaltensregeln für das Handeln des Menschen, bei dem Naturkräfte nicht unmittelbar angesetzt werden (Troller a. a. O. § 5 S. 65).

Aus diesem Grunde sind nach der im deutschen Schrifttum überwiegend vertretenen Auffassung auch **Programme zur Steuerung elektrischer Datenverarbeitungsmaschinen** nicht schutzfähig. Diese Maschinen arbeiten nach einem Programm, das aus einer Folge von Anweisungen besteht, die die eigentliche geistige Leistung enthalten. Die Programme lösen ihrerseits keine schaltungstechnischen Probleme, sondern hängen von einem bestimmten Rechenverfahren ab. Das Umsetzen eines Rechenverfahrens in ein Programm wirft kein Problem auf, für dessen Lösung eine erfinderische Leistung erforderlich wäre (vgl. Österr. PA 28. 3. 1968 GRUR Int. 1968, 381). Die Tatsache, daß die Eingabe des Programms, also die Einspeicherung, mittels Lochstreifen, Lochkarten oder Magnetbändern erfolgt, ändert nichts daran, daß das Programm nur eine Art Bedienungsanweisung für den Betrieb der Maschine ist, die das gespeicherte Material zu prüfen und zu verarbeiten hat. Eine Lehre zum technischen Handeln stellt es nicht dar. Auch im Ausland wird die Patentfähigkeit von Programmen überwiegend verneint (vgl. Thurmann, Der Rechtsschutz von Computer-Programmen in den USA, GRUR Int. 1969, 207, 219 in Anm. 170). Gleichwohl scheint es zur Zeit noch nicht so, daß die Diskussion über diese recht bedeutsame Frage bereits abgeschlossen wäre (vgl. Thurmann a. a. O.).

Kommt für Programme nach der heute herrschenden Auffassung ein Patentschutz nicht in Betracht, so bleibt jeweils zu erwägen, ob für sie ein Urheber- und Wettbewerbsschutz gewährbar ist (Kumm, GRUR 1969, 315 mit Schrifttumsnachweisen in Anm. 1). Patente auf Programme sind bisher in der Bundesrepublik nicht erteilt worden. Vgl. über die einschlägigen Rechtsfragen u. a. Öhlschlegel, GRUR 1964, 465; ders. GRUR 1968, 679 ff.; Möhring, GRUR 1967, 269 ff.; Skaupy, Mitt. 1967, 121 und BB 1967, 945; Moser, GRUR 1967, 639 ff.; Huber, Mitt. 1965, 21 ff. tritt für Patentfähigkeit ein; ders. auch Mitt. 1969, 23 ff. und GRUR 1969, 642; ebenso neuerdings Zippe, GRUR 1973, 123 ff.; dagegen Kumm, GRUR 1969, 315 ff. und GRUR 1970, 73.

Es trifft zwar zu, daß auch jede technische Erfindung sich an den menschlichen Geist wendet. Indessen hat bei ihr bereits eine gegenständliche Anwendung der Erkenntnis stattgefunden. Sie ist also **keine reine Anweisung** (PA 21. 12. 1950 Bl. 1951, 98). Gleichwohl tritt in Grenzfällen noch manche Zweifelsfrage auf (zum folgenden insbes. Trüstedt, GRUR 1960, 414 ff. mit zahlreichen Nachweisen).

Man glaubte, das entscheidende Kriterium in der Unterscheidung zwischen einer mechanischen und einer rein geistigen Tätigkeit erblicken zu können. Beim Einstellen eines Zeigers auf einer Skaleneinstellung oder Bedienung eines Rechenschiebers kann aber auch eine mechanisch-geistige Doppeltätigkeit vorliegen, wobei zu bedenken ist, daß eine »Kombination« technischer und nichttechnischer Merkmale nicht möglich ist (BPatG 11. 10. 1961 E 1, 151). Die Rechtsprechung versuchte, diesem Umstand unter Hinweis u. a. auf RG 15. 12. 1926 RGZ 115, 128, 133 – Registriermappe – durch die Prüfung Rechnung zu tragen, welches die wesentliche und überwiegende Funktion des Anmeldungsgegenstands ist (Präs.Entsch. 12. 9. 1950 Bl. 1950, 299; ebenso PA 21. 12. 1950 Bl. 1951, 98, 99). Dieser Versuch wurde wieder aufgegeben, als man erkannte, daß es sich bei dem Begriff einer »mechanisch-geistigen« Tätigkeit nur um einen übertragenen, gleichnishaften Sprachgebrauch handelt, der den grundsätzlichen Unterschied zwischen mechanischen Vorgängen und Denkprozessen nicht aufheben kann (PA 2. 3. 1955 Bl. 1955, 150). Im übrigen weist BPatG 22. 10. 1963 (Mitt. 1964, 97) zutreffend darauf hin, daß insoweit im allgemeinen ein rechter Maßstab für das Überwiegen der einen oder anderen Tätigkeit fehlt.

Entscheidend ist nach heute herrschender Auffassung, daß technische Wirkungen in begrifflichem Gegensatz zu denjenigen Wirkungen stehen, die durch Gegenstände, z. B. als Träger von Schriftzeichen, **allein** vermöge ihrer **Bedeutungsfunktion** ausgeübt werden (PA 2. 3. 1955 Bl. 1955, 150, 151; Trüstedt a. a. O. S. 418). So ist die Schutzfähigkeit von Farbmarkierungen bei Steckschlüsseln mit der Begründung abgelehnt worden, daß es sich bei der Farbgebung nur um Bedeutungsträger handele, die ihre Wirkung nicht etwa durch sich selbst hervorbringen, sondern allein dadurch, daß ihnen eine Bedeutung beigelegt wird (PA 30. 3. 1955 Mitt. 1956, 17). Auch eine Notenschrift mit figürlicher Darstellung ist nach PA 26. 11. 1956 (Mitt. 1956, 237) nicht schutzfähig, weil der menschliche Geist nur den Symbolgehalt des Notenzeichens in den jeweiligen Tonwert überträgt. Ebensowenig schutzfähig sind Rechenschieber bekannter Bauart mit logarithmischer Skaleneinteilung, die durch Auslassungen und Hervorhebungen bestimmter Skalenteile einem bestimmten Zweck angepaßt werden (PA 23. 11. 1956 Mitt. 1957, 177, 178) oder Tabellenschieber mit einer besonderen Ausgestaltung der Skalen und der Markierung entsprechend dem besonderen Anwendungsgebiet des Schiebers (PA 19. 12. 1958 Mitt. 1959, 93). Auch die Aufbringung von Sollmeßwerten auf der Erläuterungstafel eines Rundfunkgeräts, die in eindeutiger Zuordnung zu den vorgesehenen Meßbuchsen erfolgt, erhöht nur die symbolische Ausdruckskraft und ist daher nicht schutzfähig (BPatG 24. 1. 1963 E 4, 3 ff.).

Schutzfähig ist dagegen ein Rollbandmaß mit verschieden farbigen Skalen, wenn die Funktion der Farben sich nicht in einer symbolischen Bedeutung erschöpft, sondern **rein optisch** ein Übergleiten des Auges von der einen zur anderen verhindert (PA 17. 5. 1956 Mitt. 1956, 165; vgl. dazu BPatG 25. 10. 1961 E 1, 163, wo der technische Charakter einer Erfindung bejaht wird in einem Fall, in dem der Erfinder sich durch das Zusammenwirken der Farbkarten mit den durchsichtigen liniierten Folien optische Gesetze zunutze gemacht hatte). Andererseits ist die Einteilung der Felder eines Brettspiels durch Färbung usw. keine technische Maßnahme, wenn sich die Abbildungen nicht unter Zuhilfenahme besonderer Gesetze der Optik, sondern allein mit ihrem Bedeutungsinhalt an das Auge des Betrachters wenden (BPatG 9. 11. 1961 E 1, 156 ff.). Vgl. auch BPatG 11. 10. 1961 E 1, 165.

Zur Frage der **Patentierbarkeit von Skalen:** BPatG 15. 1. 1965 E 6, 145 ff. mit Nachweisen. Danach sind Skalen insoweit nicht schutzfähig, als den einzelnen Marken einer Skala **bestimmte Bedeutungen** zugeschrieben werden, während ein Patentschutz zu gewähren ist, soweit sie durch objektiv feststellbare **gegenständliche** Merkmale gekennzeichnet sind (z. B. Material oder Form des Skalenträgers, Ausbildung und Farbe der Marke oder etwa Größe und Gesetzmäßigkeit der Abstände zwischen den Marken). Zustimmend Koch, Mitt. 1968, 130 ff. mit weiteren Nachweisen.

In dem Beschluß vom 22. 10. 1963 (Mitt. 1964, 97) hat das BPatG das Gebiet des Nichttechnischen in der Welt der Vorstellungen erblickt (in Anlehnung an die frühere Rechtsprechung RG 21. 1. 1933 GRUR 1933, 289) und eine große Zahl von Beispielen gegeben, um aufzuzeigen, wo die Grenze zu der Welt der patentierbaren Dinge zu ziehen ist. Die Entscheidung ist durch den BGH-Beschluß vom 23. 3. 1965 (GRUR 1965, 533 – Typensatz) aufgehoben, ohne daß der BGH aber eine Veranlassung gesehen hat, »auf die neueren Untersuchungen oder auf die rechtsgrundsätzlichen Überlegungen des Patentgerichts einzugehen und mit ihm den Versuch zu unternehmen, zu einer für alle denkbaren Fallgestaltungen befriedigenden Abgrenzung zwischen den Begriffen ›Technisches‹ bzw. ›Untechnisches‹ sowie ›Erfindung‹ bzw. ›reine Anweisung an den menschlichen Geist‹ zu gelangen« (BGH a. a. O. S. 535; vgl. dazu Baltzer, Grenzen der Patentfähigkeit zwischen technischen und geistigen Anweisungen, Mitt. 1966, 170 ff.).

Eine völlig befriedigende, scharfe Abgrenzung für alle denkbaren Einzelfälle ist kaum möglich. Die Beurteilung wird stets stark von der Eigenart des Falles abhängen (PA 14. 3. 1955 Mitt. 1955, 60, 61; 14. 3. 1960 Mitt. 1960, 249). Beispiele aus der Rechtsprechung können jeweils zwar einen Hinweis geben, müssen aber immer auf die besondere Fallgestaltung hin geprüft werden.

Über neuere Versuche möglichst klarer Grenzziehung vgl. u. a. Witte, GRUR 1959, 105 ff.; Mediger, GRUR 1959, 449; GRUR 1961, 5; Mitt. 1964, 97 ff.; Weiß, GRUR 1961, 113, 117.

In der älteren Rechtsprechung sind als **nichttechnisch** angesehen worden: Einrichtung für winklig zusammenstoßende Räume zur Kinovorführung (PA 12. 6. 1914 Bl. 1914, 257); Postpaketkarte mit einem Abschnitt als Versicherungsurkunde (RG 27. 1. 1923 RGZ 106, 237); Erfindungen bei zeitmäßig aufgeteilter Zusammenstellung aller Rundfunksendungen (RG 14. 10. 1931 Bl. 1931, 293); Rechentabellen (RG 21. 1. 1933 Bl. 1933, 80); Farbentafeln (PA 9. 9. 1932 Bl. 1933, 155); Werbetexte auf Buchhüllen und Schachteln (KG 19. 10. 1912 MuW 1912/13, 194; Präs.Entsch. 11. 11. 1950 GRUR 1951, 37; PA 13. 12. 1950 GRUR 1951, 409); Bemalung von Tischplatten für Reklamezwecke (PA 26. 2. 1898 Bl. 1898, 121); Feldunterteilung beim Globus (PA 25. 3. 1939 MuW 1939, 326); Tonschrift (PA 28. 9. 1939 MuW 1939, 372); Signalbuch mit Numerierung der gängigen und nur mit ihren Nummern zu übermittelnden Signale (PA 20. 6. 1899 Bl. 1899, 238); Liniierungsanordnung bei Buchführung (PA 22. 10. 1931 GRUR 1931, 1283); besondere Angaben auf Bierdruckmanometerskala (RG 26. 3. 1902 RGZ 51, 142); Bebauungspläne (PA 16. 6. 1905 Bl. 1906, 6); Formeln, soweit sie nicht zur Beschreibung einer technischen Lehre dienen (RG 19. 11. 1906 Bl. 1907, 107); Katalog mit zweckmäßig eingestellten Blättern (Präs. Entsch. 12. 9. 1950 Bl. 1950, 299); Kontentabelle zur Einordnung von Kontenbezeichnungen und Kontenplänen mit Kontenbezeichnungen (Präs. Entsch. 29. 9. 1952 Bl. 1952, 437); Briefmarkenvorlageblätter (Präs.Entsch. 18. 2. 1953 Bl. 1953, 126); Preislisten (PA 4. 5. 1954 Bl. 1954, 227); Reklameblätter in der Folge der Textblätter eines Buches (Präs.Entsch. 12. 8. 1952, 407; PA 2. 3. 1954 Bl. 1954, 367), vgl. auch PA 2. 3. 1955 Bl. 1955, 150 (zu einem sog. Kontrollbuch zusammengestellte Formulare, die sich ausschließlich gedruckter Zeichen bedienen). Für Diagramme vgl. Elster, GRUR 1939, 799; Menzel, GRUR 1939, 806.

Bejaht ist ein **technisches** Ergebnis bei technisch vorteilhafter Faltung von Lohnbeuteln (RG 16. 1. 1929 MuW 1929, 178), Grundrißlösungen von Gebäuden (PA 27. 12. 1920 Bl. 1921, 187), Reagenzpapier zu Prüfungszwecken (PA 16. 3. 1930 Mitt. 1930, 195), Musiklehrmitteln besonderer technischer Gestaltung (PA 19. 12. 1930 Mitt. 1932, 59), Einstellskalen für Rundfunkempfänger (PA 16. 4. 1935 Bl. 1935, 124), Rückenbeschilderung in Spektralreihenfolge bei Büchern (RG 14. 7. 1937 GRUR 1937, 1084).

Ist ein Erfindungselement nicht durch die Anführung des zu verwendenden körperlichen Gegenstands, z. B. »normale Drucktype«, sondern mit Hilfe der damit erzielten Wirkung, z. B. »Lesbarkeit des Abdrucks« umschrieben, so fehlt es deswegen noch nicht an einer Lehre zum technischen Handeln (BGH 23. 3. 1965 GRUR 1965, 533, 535 – Typensatz).

3. Technische und ästhetische Wirkungen

9 Dazu: Weber, Ästhetische Wirkungen als Grundlage des Erfindungsschutzes, GRUR 1939, 451.

Keine technische Erfindung ist ein Verfahren, durch das ein individuelles Geschmacksmuster geschaffen wird. Ein technisches Ergebnis liegt dagegen vor, wenn **durch ein neues technisches Verfahren** eine Gestaltung erzielt wird, die wegen der mit ihr erreichbaren ästhetischen Effekte den Weg für eine neue Gattung von Geschmacksmustern eröffnet (RG 4. 5. 1912 RGZ 79, 328 – Herstellung von Ziergeweben aus Metallringen). Der Annahme eines mit technischen Mitteln erzielten technischen Ergebnisses steht auch nicht entgegen, daß dieses Ergebnis des ihm innewohnenden ästhetischen Effekts halber benutzt wird (RG 2. 9. 1938 MuW 1939, 8 – Herstellung von Flechtspitzen durch bestimmte Flechtung; 29. 3. 1938 GRUR 1939, 343). Ebenso hat der BGH (23. 11. 1965 GRUR 1966, 294 – Suppenrezept; 18. 5. 1967 GRUR 1967, 590 – Garagentor) anerkannt, daß sowohl bei einem Verfahrens- wie auch bei einem Sachpatent ein patentbegründender Fortschritt dann bejaht werden kann, wenn der mit der **neuen technischen Lehre erreichte Erfolg auf ästhetischem Gebiet** liegt. Allerdings muß es sich stets um eine nennenswert bessere Wirkung handeln; s. dazu auch BPatG 3. 2. 1967 E 9, 1, 3, wonach eine geltend gemachte physiologische oder geschmackliche Wirkung bei einem **Mischverfahren** (vgl. dazu Anm. 68) die Patentfähigkeit dieses Verfahrens nicht zu begründen vermag.

4. Benutzung von Kräften und Stoffen der unbelebten oder der belebten Natur durch technische Mittel

10 Nach heute gefestigter Rechtsprechung (BGH 27. 3. 1969 BGHZ 52, 74 ff. = GRUR 1969, 672 – Rote Taube) beschränkt sich das Gebiet der patentfähigen Erfindung nicht auf die unbelebte Natur, sondern es können auch solche Erfindungen Patentschutz erlangen, durch die Vorgänge des organischen Lebens nutzbar gemacht werden (Anm. 4). Grundlegend hierfür war die Entscheidung RG 27. 10. 1922 Bl. 1924, 6 – Tuberkuloseserum. Bedeutsam ist in diesem Zusammenhang auch der in ständiger Praxis des PA gewährte Patentschutz für die Verwendung von Mikroorganismen (Bakterien und auch Pilzen), durch deren Kultivierung in einem Nährmedium im Wege von Gärungsprozessen oder auf andere Weise neue Stoffwechselprodukte als Endprodukte gewonnen werden. Voraussetzung solcher Verfahren z. B. zur Erzeugung wertvoller Antibiotika ist allerdings stets, daß diese wiederholbar und die dabei verwendeten Organismen für jedermann verfügbar sind (BGH 27. 3. 1969 a. a. O. S. 81 ff.). Im einzelnen vgl. dazu Anm. 76.

a) Behandlung des menschlichen Körpers

aa) Heilverfahren

Verfahren zur Behandlung des lebenden menschlichen Körpers können grundsätzlich patentiert werden. Es entspricht aber der ständigen höchstrichterlichen Rechtsprechung wie auch der Praxis des Patentamtes, daß **Heilverfahren**, d. h. Verfahren, die zur Heilung, Kräftigung und Vorbeugung gegen gesundheitliche Störung dienen (PA 4. 11. 1952 Bl. 1953, 88), von der Patentierbarkeit ausgeschlossen sind. Die Begründung hierfür hat gewechselt (vgl. Dersin, GRUR 1951, 2 ff.). In früheren Entscheidungen (u. a. PA 30. 12. 1904 Bl. 1905, 4 – Badewasser; 1. 3. 1906 Bl. 1906, 215 – Regulierung schiefgewachsener Zähne) wurde die Patentierbarkeit verneint, weil eine gewerbliche Verwertbarkeit im Sinne des § 1 PatG nicht vorliege. Später ging man dazu über, die Ausübung eines Ausschließungsrechtes bei Heilverfahren als eine gegen die guten Sitten verstoßende Behinderung in der Anwendung des Verfahrens anzusehen. Die Möglichkeit eines Sittenverstoßes glaubte man nicht durch eine Einschränkung des Verbotsrechts ausschließen zu können, sondern nur durch Verhinderung der Patenterteilung selbst. Der gegen diese Begründung im Schrifttum erhobene Einwand ging vor allem dahin, daß es nicht angängig sei, bereits wegen der Gefahr eines Mißbrauches des Patentes die Patentierung ärztlicher Verfahren als schlechthin sittenwidrig anzusehen. 11

In dem grundlegenden Beschluß vom 26. 9. 1967 BGHZ 48, 313 ff. = GRUR 1968, 142 – Glatzenoperation – hat sich der BGH eingehend mit der historischen Entwicklung der Rechtsprechung zu den Heilverfahren auseinandergesetzt und zu den unterschiedlichen Meinungen im Schrifttum Stellung genommen. Der BGH sieht es zu Recht als eine rechtspolitische Forderung an, daß ein Arzt in der Wahl der Verfahren frei sein muß, die er zur Wiederherstellung und Erhaltung der Gesundheit und des Wohlbefindens seiner Patienten für geeignet oder gar für nötig hält. Dabei macht es keinen Unterschied, ob das Heilverfahren außer von den kraft Bestallung unter der Berufsbezeichnung »Arzt« tätigen Personen auch von anderen berufsmäßig die Heilkunde ausübenden Personen (z. B. Heilpraktikern) angewendet werden kann. Im übrigen aber ergibt sich nach dieser Entscheidung das Patentierungsverbot bereits aus § 1 Abs. 1, wonach Patente nur für neue Erfindungen erteilt werden können, die eine gewerbliche Verwertung gestatten. Der ärztliche Beruf ist kein Gewerbe; denn die berufsmäßige Tätigkeit der die Heilkunde ausübenden Personen findet nicht unter gewerblichen Gesichtspunkten, insbesondere dem Streben nach Gewinn statt. Abschließend heißt es dann: »Der Satz, daß der ärztliche Beruf kein Gewerbe ist, findet ebenso wie der Satz, daß Heilverfahren nicht patentierbar sind, seine sozialethische Begründung in den der ärztlichen Tätigkeit zugewiesenen besonderen Aufgaben, die als Dienst an der Gesundheit des einzelnen Menschen und des gesamten Volkes gekennzeichnet werden.« Dem ist in vollem Umfang zuzustimmen.

bb) Diagnostische Verfahren

12 Auch bei diagnostischen Verfahren ist die richtige Fragestellung allein, ob das zur Entscheidung stehende diagnostische Verfahren im Hinblick auf seine Zweckbestimmung aus sozialethischen Gründen vom Patentschutz auszuschließen ist. Die Frage ist grundsätzlich zu bejahen. Daher erscheint es nicht vertretbar, daß in der umstrittenen Entscheidung PA 28. 1. 1935 (Bl. 1935, 31) ein röntgenologisches Verfahren deswegen als patentfähig angesehen worden ist, weil die Wirkung des Kontrastmittels nur die Wiedergabe innerer Organe durch Schattenbildung unter Einfluß der Röntgenstrahlen war und keinerlei physiologische Nebenwirkung zur Erzielung des Röntgenbildes erforderlich war. Denn auch ein solches Verfahren kommt seiner Art nach einer ärztlichen Behandlung gleich und setzt ärztliche Kenntnis voraus. Ein wesentlicher Bestandteil der Krankenbehandlung ist gerade die Diagnose. Dabei kann es auch nicht entscheidend sein, ob Harn- oder Blutuntersuchungen usw. im Laboratorium etwa von den Laboranten oder Schwestern vorgenommen werden. Ihre Tätigkeit erfolgt im Auftrage des Arztes (Bernhardt § 6 I 3 S. 26 a. E.; Fertig, GRUR 1925, 298). Vgl. auch PA 29. 6. 1937 (Mitt. 1937, 250), wo die Wirkung des Röntgenkontrastmittels durch die Azidität des Mageninhaltes und die Körperwärme bedingt war und aus diesem Grunde die Patentfähigkeit verneint worden ist. Die physiologische Einwirkung kann wohl überhaupt nur unter dem rein patentrechtlichen Gesichtspunkt etwaiger mangelnder Wiederholungsmöglichkeiten herangezogen werden (ebenso Blum-Pedrazzini, Art. I, Anm. 11, S. 86).

Wegen diagnostischer und Arzneimittel vgl. Anm. 67.

cc) Kosmetische Verfahren

13 Kosmetische Verfahren sind nach heutiger Auffassung grundsätzlich patentfähig. Sie haben mit der Erhaltung oder Wiederherstellung der Gesundheit nichts zu tun, so daß ethische Gründe hier nicht geltend gemacht werden können. Erst der Zwischenbescheid des PA vom 10. 11. 1950 (Bl. 1950, 352 – Haarfärbeverfahren) hat unter eingehender Darstellung der älteren Rechtsprechung diese Entwicklung eingeleitet. (Vgl. Dersin, GRUR 1951, 2, 5; v. Pechmann, Mitt. 1959, 101 ff.). Der Umstand, daß eine physiologische Einwirkung auf den Körper erfolgt, ist für die Patentfähigkeit belanglos (PA 23. 2. 1959 Bl. 1959, 172 – Straffung und Verjüngung der Haut bewirkende Salben). Indessen muß ein **operativer Eingriff** zu rein kosmetischen Zwecken dann zur »Ausübung der Heilkunde« gerechnet werden, wenn die Art der Tätigkeit der ärztlichen Krankenbehandlung gleichkommt und ärztliche Fachkenntnisse voraussetzt, damit gesundheitliche Schädigungen vermieden werden (BGH 26. 9. 1967 BGHZ 48, 313, 326 ff. = GRUR 1968, 142 ff. – Glatzenoperation).

b) Behandlung des Tierkörpers; Heil- und Züchtungsverfahren von Tieren

aa) Tier als Mittel zur Gütererzeugung

14 Die für Menschen geltenden Grundsätze können nicht ohne weiteres auf Tiere angewendet werden. Das Tier wird als ein **Mittel zur Gütererzeugung** betrachtet, z. B. als Fleisch-, Fell-, Woll-, Eier-, Heilmittel-, Impfstofflieferant (PA 12. 12. 1958 Bl. 1959, 71). Schon in der Entscheidung RG 27. 10. 1922 (Bl. 1924, 6 ff.) betreffend das Friedmannsche Tuberkuloseserum-Gewinnungsverfahren haben Patentamt und Reichsgericht die Behandlung lebender tierischer Körper, nämlich von Schildkröten-Tuberkelbazillen zur Herstellung von Heil- und Schutzstoffen als patentfähig angesehen. Weiteres Beispiel: PA 12. 12. 1958 Bl. 1959, 71 (Mittel zur Herabsetzung der Brutlust von Hennen).

bb) Heilverfahren

15 Heilverfahren für Tiere sind nicht schutzfähig (PA 3. 2. 1915 Bl. 1915, 31 – Brunnenkuren für Tiere; PA 12. 12. 1958 Bl. 1959, 71; a. A. E. Müller, Chemie und Patentrecht S. 149, der ein soziales Moment dem Tier gegenüber nicht berücksichtigt wissen will). Hierbei werden aber die volksgesundheitlichen Belange im Hinblick auf Seuchenbekämpfung usw. nicht genügend beachtet (vgl. Blum-Pedrazzini Art. 1 Anm. 12; v. Pechmann, GRUR 1969, 441, 443 ff.).

cc) Tierzüchtungsverfahren

16 Verfahren zur Züchtung von Tieren sind früher nicht geschützt worden. In der Entscheidung PA vom 3. 2. 1915 (Bl. 1915, 31) wurde die Frage der Patentfähigkeit eines Tierzüchtungsverfahrens verneint. Auch in den Entscheidungen vom 24. 6. 1922 bzw. 27. 10. 1922 (PA und RG Bl. 1924, 6) heißt es, daß »wohl auch Tierzüchtungsverfahren vom Patentschutz ausgeschlossen seien«. Verneinend auch BPatG 30. 7. 1965 E 8, 121 ff. und 31. 1. 1968 E 10, 1 ff. (Verfahren zum Steuern des Geschlechts von Nachkommen, insbesondere von Säugetieren).

Soweit in den letztgenannten Entscheidungen eine grundsätzliche Auffassung zum Ausdruck gebracht worden ist, war sie schon deswegen nicht zutreffend, weil seit langem auch Kräfte und Stoffe der lebendigen Natur als technische Mittel angesehen worden sind (vgl. Anm. 4). Zu Recht hat daher die Entscheidung BGH 27. 3. 1969 BGHZ 52, 74 = GRUR 1969, 672 – Rote Taube – auch Züchtungsverfahren von Tieren, bei denen sowohl die angewandten Mittel wie auch das Ergebnis auf dem Gebiet biologischer Erscheinungen liegen, im Grundsatz als patentierbar angesehen. Auch das bisher nicht ratifizierte Übereinkommen zur Vereinheitlichung gewisser Begriffe des materiellen Rechts der Erfindungspatente (Bl. 1964, 372 ff.) geht von der Möglichkeit von Patenten für Tierzüchtungen aus.

Indessen setzt die Patentfähigkeit einer technischen Lehre, wie sie auch den Verfahren zur Züchtung von Tieren zugrunde liegen muß, stets voraus, daß die Lehre auch »ausführbar« ist, d. h. daß der Fachmann nach ihr in beliebiger Wiederholung mit gleichbleibendem Erfolg arbeiten kann. Von dem Erfordernis der Wiederholbarkeit einer Verfahrenslehre etwa bei einer Züchtung von Tieren abzusehen, hat der BGH mit Recht abgelehnt. Er hat seinen Standpunkt damit begründet, daß andernfalls der Züchter dem Fachmann nicht eine Lehre für die Herstellung gäbe, sondern die Allgemeinheit nur auf das zunächst allein in seiner Hand befindliche Züchtungsergebnis verwiesen würde; an die Stelle der Belehrung würde ein tatsächliches Monopol auf die Erzeugnisse treten, die allein aus dem einmaligen Züchtungsvorgang abgeleitet wären. Eine solche Art der Monopolisierung ist dem Patentrecht in der Tat fremd. Der BGH macht allerdings die Einschränkung, daß es zum Nachweis der **»Wiederholbarkeit«** eines Verfahrens genüge, wenn diese nicht exakt nachgewiesen, sondern im Sinne des patentamtlichen Sprachgebrauchs »glaubhaft gemacht« sei.

In dem dem BGH zur Entscheidung vorgelegten Fall handelte es sich um ein Züchtungsverfahren, dessen einzelne Verfahrensstufen aus Kreuzungen und Selektionen bestanden. Da die Ausgangsindividuen nur ganz allgemein nach ihrer Art ohne Angabe ihrer einzelnen stammesmäßigen Herkunft gekennzeichnet und auch die Selektionsmaßnahmen auf zwei Merkmale gerichtet werden, die ihrerseits nur in allgemeiner Richtung bestimmt waren, ist die Entscheidung zu dem Ergebnis gelangt, daß eine Wiederholung des Züchtungsvorganges nicht mit der notwendigen Sicherheit bejaht werden könne, »zumal es sich um die Züchtung einer höheren Tierart mit komplexen Erbverhältnissen« handele. Es müsse gesichert sein, daß **mit einem hohen Grad von Wahrscheinlichkeit** die gleichen genetischen Züchtungsergebnisse erzielt werden können.

c) Kultur- und Pflanzenzüchtungsverfahren

aa) Landwirtschaftliches Kulturverfahren

Schippel, Patentierung landwirtschaftlicher Kulturverfahren, GRUR Int. 1958, 333.

17 Bei diesen Verfahren wird durch Einwirkung insbesondere auf die Pflanzen Einfluß auf ihre physiologischen Funktionen genommen, um sie ohne Änderung der Erbanlage in ihrem Wachstum zu fördern, zu veredeln oder die Erträge zu steigern usw. Diese Verfahren sollen also ohne Eingriff in die Erbstruktur nur auf den Ablauf des biologischen Geschehens des betreffenden Individuums einwirken; sie müssen daher notwendig an jedem neuen Individuum wiederholt werden (BGH 27. 3. 1969 BGHZ 52, 74, 80 – Rote Taube). Grundlage für den Patentschutz solcher Verfahren war die Entscheidung PA 19. 9. 1932 (Bl. 1932, 240 ff. – Verfahren zur Errichtung von 2 Ernten im Jahr), in der das Patentamt erklärt, es sei der Technik

zweifellos gelungen, auch die Funktionen lebender Organismen zu beeinflussen, so daß die Ausdehnung des Patentschutzes auch auf Verfahren der Behandlung lebender pflanzlicher Organismen nicht mehr abgelehnt werden könne. Der Umstand, daß hierbei die bodenklimatischen Licht- oder sonstigen Verhältnisse Berücksichtigung finden müssen, wird als nicht patenthindernd bezeichnet. Tatsächlich ist die Patentfähigkeit dieser Verfahren seitdem in der Rechtsprechung und im Schrifttum nicht mehr bezweifelt worden; vgl. dazu BPatG 30. 7. 1965 E 8, 121, 128; BGH 2. 3. 1969 a. a. O. Für die der genannten Entscheidung vorangehende Entwicklung der Rechtsprechung s. Tetzner § 1 Anm. 81 mit Nachweisen.

bb) Pflanzenzüchtungsverfahren

Wuesthoff, Patentierbarkeit von Pflanzenzüchtungserfindungen, GRUR 1959, 230; ders., Schöpferische Fortentwicklung auf dem Gebiet der belebten Natur, GRUR 1960, 517; ders., Patentschutz für Pflanzenzüchtungen, GRUR 1962, 555; Hesse, Zur Patentierbarkeit von Züchtungen, GRUR 1969, 644; Duttenhöfer, Über den Patentschutz biologischer Erfindungen in Festschr. BPatG S. 171, 189 ff. 18

Für Pflanzenzüchtungsverfahren, die im Gegensatz zu den Kulturverfahren der Hervorbringung einer neuen Pflanzensorte durch Selektion, Kreuzung oder Auslösung von Mutationen dienen, sind vom Patentamt seit langem Patente erteilt worden. Geschichtlicher Überblick: Pinzger, GRUR 1938, 733 ff.; Schade, GRUR 1950, 312 ff.; Wuesthoff in Festschr. für Philipp Möhring 1965, S. 315 ff. Ursprünglich wurden Verfahrenspatente erteilt (Herzfeld-Wuesthoff, Der Züchter, 1932, 202, 204 ff.). Aber bereits im Jahre 1934 ging das Patentamt dazu über, durch die Bekanntmachungen von Anmeldungen für Tabaksaatgut (PA 31. 10. 1934 Mitt. 1936, 94) bzw. Lupinensaatgut (PA 20. 12. 1934 Mitt. 1936, 95) sowie im Jahre 1936 für Saatgut einer kleinkörnigen Markerbse (PA 29. 6. 1936 Mitt. 1936, 286) auch Sachschutz zu gewähren. Die Anmeldungen wurden allerdings, wie Schade (GRUR 1950, 312, 315) berichtet, nach der Bekanntmachung wieder zurückgenommen; nur für das Lupinensaatgut und die kleinkörnigen Markerbsen hat das RPA, Zweigstelle Wien, Patente erteilt (s. dazu Tetzner, § 1 Anm. 82).

Im Schrifttum wurden gegen die Patentierung von Züchtungsverfahren wegen mangelnder Wiederholbarkeit Bedenken erhoben; u. a. Tetzner, GRUR 1952, 176; Lindenmaier, GRUR 1953, 12, 14; Benkard, GRUR 1953, 97; a. A. Kirchner, GRUR 1951, 572; 1952, 453; Wuesthoff, GRUR 1953, 230, Mitt. 1955, 75; F. Wuesthoff, GRUR 1957, 49; vgl. auch Schade, Mitt. 1956, 44; GRUR Int. 1957, 325 ff.; weiteres Schrifttum in BGH 27. 3. 1969 BGHZ 52, 74 – Rote Taube –. Der BGH a. a. O. hat zu diesem Meinungsstreit nicht abschließend Stellung genommen, da das ihm zur Entscheidung vorgelegte Verfahren das Züchten von Tieren betraf (Anm. 16).

In der Praxis wird das Züchtungsverfahren regelmäßig **nicht wiederholt** und braucht nicht wiederholt zu werden. Da der praktische Benutzer der Erfindung im allgemeinen nur von der **Vermehrung** der Pflanzen durch Samen, Knollen oder Stecklinge usw. Gebrauch macht, ließ PA 17. 9. 1958 (Bl. 1959, 70) demgemäß die »theoretische« Wiederholung genügen. Die Wiederholbarkeit sollte nur nicht unmöglich erscheinen. Der BGH 27. 3. 1969 a. a. O. hat demgegenüber darauf hingewiesen, daß eine solche »theoretische Möglichkeit« in sich bereits widersprüchlich sei und überhaupt nur dahin verstanden werden könne, es solle im Sinne einer Beweiserleichterung genügen, wenn der Patenterteilungsbehörde nur »glaubhaft gemacht« werde, daß es sich um das Produkt eines neuen Züchtungsverfahrens handele.

Ein Züchter erlangt aber, wie immer man den Begriff der »theoretischen Möglichkeit« auch auslegt, jedenfalls keinen wirksamen Schutz gegen Dritte, die ihrerseits eingestandenermaßen nur geschlechtliche oder ungeschlechtliche Vermehrungen vornehmen. Denn der – im übrigen lange bekannte – Vermehrungsvorgang kann nicht mehr zu dem unter Schutz stehenden Züchtungsverfahren gerechnet werden. Dieses Verfahren hat vielmehr mit der Herstellung der neuen Pflanze sein Ende gefunden. Die Vermehrung des Erzeugnisses stellt sich nicht als Fortsetzung des ursprünglichen Verfahrens dar, sondern ist ein neues Verfahren. Im übrigen werden Nachkommenschaften der Ursprungszüchtung, insbesondere Absaaten, auch **nicht** als **unmittelbare Erzeugnisse** im Sinne des § 6 Satz 2 angesehen werden können, soweit es sich nicht um Zuchtsaatgut als Produkt des Züchtungsverfahrens (Elitesaat) handelt (vgl. außer den oben Genannten insbesondere Schmidt, GRUR 1952, 168, 170 ff.). Darüber hinaus das Vorliegen eines »unmittelbaren« Erzeugnisses so lange zu bejahen, als sich die vererblichen Eigenschaften des Originalsaatguts in den Absaaten nachweisen lassen, dürfte mit Sinn und Zweck des § 6 Satz 2 nicht vereinbar sein.

Gegenüber der späteren Praxis des PA, neben Verfahrensansprüchen auch Sachansprüche auf das Pflanzengut zu gewähren (vgl. außer den eingangs zitierten Bekanntmachungsbeschlüssen insbesondere PA 5. 4. 1957 Bl. 1957, 291; 20. 3. 1959 Bl. 1960, 86 ff. = GRUR 1960, 232), bestehen gleichfalls Bedenken. Auch ein Sachpatent kann nur erteilt werden, wenn die Sache, d. h. die Pflanze so offenbart wird, daß jeder Durchschnittsfachmann danach die Pflanze herstellen, d. h. züchten kann. Läßt man es mit den Gründen der Textilgarn-Entscheidung (BGH 25. 4. 1956 GRUR 1959, 125) genügen, daß das Züchtungsverfahren in der Beschreibung oder in einem Unteranspruch angegeben wird (vgl. dazu Anm. 58), so müßte jedenfalls ein in dieser Weise erteiltes Sachpatent, wenn es überhaupt praktischen Wert haben soll, auch gegen jede neu erstellte Pflanze Schutz gewähren, die gar nicht aus dem in der Patentschrift offenbarten oder einem anderen neuen Züchtungsverfahren gewonnen ist, sondern aus einem altbekannten Vermehrungsverfahren, das unter Verwendung des Ausgangsmaterials der bereits gezüchteten und geschützten Pflanze durchgeführt ist. Eine solche Annahme dürfte patentrechtlich nicht vertretbar sein; a. A. Wuesthoff, GRUR 1960, 517, 524 ff. Vgl. auch Blum-Pedrazzini (Art. 1 Anm. 13) und Bock in Benkard (§ 1 Anm. 157), der gleichfalls Bedenken äußert; s. jetzt insbesondere BGH 27. 3. 1969 BGHZ 52, 81 ff. – Rote Taube für Tierzüchtungen, die patentrechtlich den Pflanzenzüchtungen gleichzustellen sein dürften (so auch Hesse, GRUR 1969, 644, 646).

In neuerer Zeit ist das Patentamt dazu übergegangen, **Verfahrenspatente** auf **Vermehrung** des durch das Züchtungsverfahren geschaffenen neuen **Ausgangsmaterials** zu erteilen. Ein Beispielfall bietet die Entscheidung BGH 6. 7. 1962 GRUR 1962, 577 – Rosenzüchtung.

Den Anspruch des dieser Entscheidung zugrunde liegenden Patents – vgl. den Wortlaut GRUR 1962, 577 – hat der BGH als auf ein Verfahren gerichtet angesehen, das durch seine Anwendung auf eine bestimmte Sachgattung des Ausgangsmaterials sowie weiter dadurch gekennzeichnet ist, daß dieses Ausgangsmaterial wiederum durch ein bestimmtes Verfahren gewonnen worden ist (s. Wuesthoff, GRUR 1962, 555 ff.). Zur Frage der Rechtsgültigkeit solcher Patente konnte der BGH allerdings nicht Stellung nehmen, da in dem zur Entscheidung stehenden **Verletzungsstreit** das Patent nicht auf seine Rechtsgültigkeit nachprüfbar war. Es bleibt abzuwarten, ob die Gerichte in einem solchen Verwendungsverfahren, das sich im Grunde auf die altbekannte Vermehrung von bestimmten neuen Pflanzen erstreckt, einen erfinderischen Schritt erblicken werden.

cc) Sortenschutzgesetz

Viele europäische und außereuropäische Staaten sind dazu übergegangen, 19
die Pflanzenzüchtung durch eine Sondergesetzgebung zu regeln. In der Bundesrepublik ist dies in Durchführung des in Paris unterzeichneten, inzwischen durch Gesetz vom 10. 5. 1968 (BGBl. II S. 428) ratifizierten Internationalen Übereinkommens zum Schutz von Pflanzenzüchtungen vom 2. 12. 1961 (GRUR Int. 1962, 348 ff.) durch das Gesetz über den Schutz von Pflanzensorten (Sortenschutzgesetz) vom 20. 5. 1968 (BGBl. I S. 429) geschehen. Dieses Gesetz sowie das Gesetz über den Verkehr mit Saatgut (Saatgutverkehrsgesetz) vom 20. 5. 1968 (BGBl. I S. 444) sind an die Stelle des bisher geltenden Gesetzes über Sortenschutz und Saatgut von Kulturpflanzen (Saatgutgesetz) vom 27. 6. 1953 (BGBl. I S. 450), zuletzt geändert durch das zweite Gesetz zur Änderung des Saatgutgesetzes vom 23. 12. 1966 (BGBl. I S. 686), getreten. Beide Gesetze sind am 1. 7. 1968 in Kraft getreten (§ 63 des Sortenschutzgesetzes, § 88 des Saatgutverkehrsgesetzes).

Im **Sortenschutzgesetz** vom 20. 5. 1968 ist **das privatrechtlich ausgestaltete Schutzrecht des Pflanzenzüchters** geregelt. Das Gesetz ist auf die Eigenarten der lebenden pflanzlichen Materie abgestellt und trägt den Besonderheiten der Pflanzenzüchtung Rechnung, wobei der Schutz nicht mehr einen landeskulturellen Wert der Sorte voraussetzt, wie dies noch im Saatgutgesetz gefordert wurde. Andererseits hat das **öffentlich-rechtlich ausgestaltete Saatgutverkehrsrecht** seine Regelung nunmehr in dem zitierten **Saatgutverkehrsgesetz** gefunden.

Durch § 56 der Übergangsvorschriften des Sortenschutzgesetzes ist § 1 Abs. 2 PatG dahin abgeändert worden, daß Erfindungen von Pflanzensorten, die ihrer Art nach im Artenverzeichnis zum Sortenschutzgesetz aufgeführt sind, sowie von Verfahren zur Züchtung einer solchen Pflanzensorte nunmehr **vom Patentschutz ausgeschlossen** sind. Indessen soll die Patenterteilung für allgemein verwendbare Züchtungsverfahren, die nicht lediglich der Züchtung einer einzelnen Sorte dienen, durch die Vorschrift nicht ausgeschlossen werden (Bericht des Ausschusses für Ernährung, Landwirtschaft und Forsten zu § 62 des Entwurfs, Bl. 1968, 229, 230).

Sind die Pflanzensorten in diesem Artenverzeichnis nicht oder noch nicht aufgeführt, so erhebt sich die Frage, ob Pflanzenzüchtungspatente auch noch in Zukunft von dem PA erteilt werden können. Der teilweise vertretenen Auffassung, daß der Gesetzgeber durch die Fassung des Abs. 2 die Patentfähigkeit von Pflanzenzüchtungen ausdrücklich anerkannt habe, wird keinesfalls gefolgt werden können. Andererseits wird man aber dem Gesetz auch kein ausdrückliches Verbot entnehmen können. Im Grundsatz wird daher das PA solche Patente entsprechend seiner bisherigen Übung auch in Zukunft erteilen können, soweit es die Voraussetzungen eines Patentschutzes als gegeben ansieht und keine Gerichtsentscheidungen einer Schutzgewährung entgegenstehen sollten. Wie wenig indessen das auf ganz andere Verhältnisse zugeschnittene deutsche Patentgesetz für den Schutz von Pflanzenzüchtungen geeignet ist und wie wenig dieses Gesetz den wahren Belangen der Pflanzenzüchter gerecht wird, beweisen die neuen Bestimmungen des Sortenschutzgesetzes; vgl. zum folgenden Schade-Pfanner, GRUR Int. 1962, 341 ff. und die Begründung zum Entwurf Bl. 1968, 215 ff.; s. auch Wuesthoff, Der Neuheitsbegriff nach dem Sortenschutzgesetz (GRUR 1968, 474); Hoffmann-Peinemann, Das neue Sortenschutzrecht (BB 1968, 1140). Nur auf die ins Gewicht fallenden Unterschiede sei hier hingewiesen.

Bereits der Begriff der **Neuheit** einer Sorte ist in § 2 abweichend vom PatG dahin definiert, daß die neue Sorte sich im Zeitpunkt der Anmeldung zum Sortenschutz durch wenigstens ein wichtiges morphologisches oder physiologisches Merkmal von jeder **anderen** Sorte deutlich unterscheiden lassen muß. Im Gegensatz zum Patentgesetz darf mithin die angemeldete Sorte selbst nicht in den Kreis der zu vergleichenden Sorten einbezogen werden. Nur darf sie in dem Zeitpunkt der Anmeldung zum Sortenschutz noch nicht mit Zustimmung des Sortenschutzinhabers im Geltungsbereich dieses Gesetzes oder seit mehr als 4 Jahren außerhalb dieses Gebietes gewerbsmäßig vertrieben worden sein (§ 2 Abs. 1 und 3). Die **Offenkundigkeit** der angemeldeten Sorte ist demnach, abgesehen von den genannten Einschränkungen, **nicht neuheitsschädlich.**

Für die »**andere**« Sorte gilt, daß sie **allgemein** bekannt sein muß, was auf Grund verschiedener, in § 2 Abs. 2 Satz 1 beispielsweise aufgeführter Tatsachen – nicht etwa nur auf Grund von druckschriftlichen Veröffentlichungen – der Fall sein kann. Für sie gilt das Prinzip der **Weltneuheit.**

Auch die Frage des **älteren Rechts** ist abweichend vom PatG geregelt. Nach § 2 Abs. 2 Satz 2 gilt die andere Sorte bereits vor der Bekanntmachung ihrer Anmeldung als allgemein bekannt, wenn die Anmeldung zur Erteilung des Sortenschutzes führt. Die ältere Anmeldung steht mithin der Schutzerteilung auf eine jüngere Anmeldung in jedem Falle entgegen.

Es wird die **Homogenität** (Einheitlichkeit, § 5) und **Beständigkeit** der Sorten (§ 6) gefordert, Begriffe, die dem Patentgesetz unbekannt sind, aber als Schutzvoraussetzungen für die Pflanzenzüchtung nicht entbehrt werden können. Sie treten an die Stelle der Wiederholbarkeit.

Auch der Begriff der **Abhängigkeit** hat insoweit eine gegenüber dem Patentrecht unterschiedliche Regelung gefunden, als es zur Verwendung von Vermehrungsgut der geschützten Sorte **für die Züchtung einer neuen Sorte** sowie **zur Erzeugung und zum Vertrieb des Vermehrungsgutes der neuen Sorte** grundsätzlich **nicht der Zustimmung des Sortenschutzinhabers** bedarf (§ 15 Abs. 3). Der Sortenschutz bewirkt nur, daß der Sortenschutzinhaber allein befugt ist, Vermehrungsgut der geschützten Sorte zum **gewerbsmäßigen Vertrieb** zu erzeugen oder gewerbsmäßig zu vertreiben. Ausnahmen gelten für Zierpflanzen oder deren Teile (§ 15 Abs. 2), womit sich gleichzeitig erweist, daß das Schutzbedürfnis nicht bei allen Pflanzengattungen gleich gelagert ist.

Das Recht auf Sortenschutz steht nicht nur dem Ursprungszüchter, sondern – entgegen den Grundsätzen des Patentgesetzes (Anm. 5) – auch dem **Entdecker** der Sorte zu (§ 12).

Von dem patentrechtlichen Grundsatz der **Rechtserschöpfung** (§ 6 Anm. 46) sieht § 15 Abs. 4 eine Ausnahme vor (s. dazu amtl. Begründung zu § 15, letzter Abs., Bl. 1968, 220). Auch den gesetzlichen Vergütungsanspruch des § 47 Abs. 4 kennt das Patentgesetz nicht.

Eine Nichtigkeitsklage kann nur erhoben werden, wenn die Voraussetzungen der **Neuheit** im Sinne des § 2 bei Erteilung des Sortenschutzes nicht erfüllt waren (§ 20 Abs. 2). Eine »**Aufhebung**« des Sortenschutzes nach § 20 Abs. 3 und 4 ist dem Patentgesetz fremd. Verliert eine Pflanze erst im Laufe der Jahre die Eigenschaften, die ihren Schutz rechtfertigen, so würde gleichwohl nach der im Patentgesetz allein vorgesehenen Nichtigkeitsklage die neue Sorte von Anfang an vernichtet werden müssen.

Die **Mindestschutzdauer** von 25 Jahren für Hopfen, Kartoffeln, Ertragsreben, Unterlagsreben, Obstbäume und ihre Unterlagen sowie Zierbäume und der Holzerzeugung dienende Bäume, für alle übrigen Arten von 20 Jahren, zeigt, daß sich auch eine einheitliche Regelung der Schutzdauer nach dem Vorbild des Patentgesetzes nicht rechtfertigen läßt. Auch beginnt die Schutzfrist nicht mit dem auf die Anmeldung folgenden Tag (§ 10 Abs. 1 Satz 1 PatG), sondern im Hinblick auf die Dauer der Prüfung einer Sorte erst **mit der Erteilung des Sortenschutzes** (§ 18).

Für die **amtliche Vorprüfung** ist erforderlich, daß diese der einzelnen botanischen Gattung oder Art unter Berücksichtigung ihres üblichen Vermehrungssystems angepaßt ist (§ 32 ff. in Verbindung mit Art. 7 Abs. 1 der Konvention).

Schon aus diesen Hinweisen ergibt sich, welchen Schwierigkeiten ein Patentschutz für Pflanzenzüchtungen unter dem Patentgesetz ausgesetzt ist. Die neue gesetzliche Sonderregelung war daher unerläßlich (Wuesthoff, GRUR 1962, 334; ders. GRUR 1964, 644 ff.). Erst sie konnte dem Pflanzenzüchter einen rechtswirksamen Schutz gewährleisten. Der Gesetzgeber hat den gegen die Erteilung von Pflanzenzüchtungspatenten im Schrifttum erhobenen ernsthaften patentrechtlichen Bedenken in der Übergangsregelung des § 57 Abs. 2 Rechnung getragen (vgl. amtl. Begr. zu §§ 67 und 68 Bl. 1968, 228), wonach einem Inhaber oder Anmelder eines Patents, das vor Inkrafttreten des Gesetzes zum Patent angemeldet oder erteilt ist, auch noch Sortenschutz gewährt werden kann. Hierdurch sollte die für den Züchter bestehende Ungewißheit, ob das Patent rechtsbeständig ist, ausgeräumt werden.

Macht der Patentinhaber oder der Patentanmelder von seinem Anmelderecht zum Sortenschutz Gebrauch, so kann er den Zeitrang der Patentanmeldung beanspruchen (§ 57 Abs. 2). Wird der Sortenschutz erteilt, so können allerdings Rechte aus dem Patent für die Zeit nach Erteilung des Sortenschutzes nicht mehr geltend gemacht werden. Die Dauer des Sortenschutzes verkürzt sich dann um die Zahl der vollen Jahre, die zwischen Patentanmeldung und Erteilung des Sortenschutzes liegen (§ 57 Abs. 2 Satz 3).

Das sog. Straßburger Übereinkommen vom 27. 11. 1963 (Bl. 1964, 372) stellt es den Vertragsstaaten frei, für Tier- und Pflanzenzüchtungen Patentschutz zu gewähren.

III. Erfindungsgedanke. Lehre zum technischen Handeln

1. Aufgabe und Lösung

Zum Begriff Aufgabe vgl. Zeunert, Beiträge zur Offenbarung, Kap. I, S. 1 ff.; Schramm, Der Patentverletzungsprozeß, 4. Kap. S. 32 ff.

20 a) Die **Aufgabe** (das Problem) ist das von dem Erfinder erstrebte **technische Ziel,** um ein wirtschaftliches oder gesellschaftliches Bedürfnis zu befrie-

digen (BGH 15. 11. 1955 GRUR 1956, 77, 78). Dieses Bedürfnis wird oft auch **sozialer Zweck** genannt (Anm. 31). Stets muß es sich um ein **technisches Problem** handeln, das durch die Erfindung gelöst wird (BGH 11. 5. 1954 GRUR 1955, 29, 31 – Mauserbund; 17. 12. 1963 GRUR 1964, 433, 436 – Christbaumbehang I). Es kommt auf die **objektive Ermittlung** der Aufgabe an, also darauf, was sich nach dem Stand der Technik als technisches Ziel ergibt, nicht aber darauf, was der Erfinder persönlich gewollt hat (RG 24. 6. 1933 GRUR 1933, 703, 704). Demnach stellt sich die Aufgabe als eine **objektive Charakteristik der fertigen Erfindung** dar, die den erreichten technischen Erfolg der Erfindung bezeichnet, angeschaut aus der Zeit der Vollendung der Erfindung (BGH 21. 6. 1960 GRUR 1960, 546, 548 – Bierhahn; 27. 10. 1966 GRUR 1967, 194, 196 – Hohlwalze).

Häufig kommt es vor, daß die technische Aufgabe in der Beschreibung nicht ausdrücklich genannt ist. In solchen Fällen ist es Sache der Auslegung, die Aufgabe aus dem **Gesamtzusammenhang der Patentschrift** zu ermitteln (BGH 5. 11. 1964 GRUR 1965, 138, 139 – Polymerisationsbeschleuniger).

Das Gericht darf sich dabei danach fragen, welche Aufgabe seinerzeit dem Anmelder wohl vorgeschwebt haben mag. Wesentlich bleibt aber stets, was ein mit dem Stand der Technik vertrauter Durschnittsfachmann aus dem Gesamtinhalt der Patentschrift objektiv entnimmt (RG 7. 4. 1937 GRUR 1937, 554, 555; 15. 11. 1943 GRUR 1944, 22, 23; BGH 24. 6. 1952 GRUR 1953, 29, 31 – Plattenspieler). Zur Ergänzung und Klarstellung dessen, was der Erfinder selbst als Aufgabe seiner Erfindung bezeichnet hat, kann auch dasjenige herangezogen werden, was er als verbesserungsbedürftige Nachteile vorbekannter Konstruktionen und als Vorteile, die er mit der Erfindung zu erreichen trachtet, aufgeführt hat. Ob die Behauptungen über die angeblich erzielten Vorteile zutreffen, ist unerheblich (BGH 27. 10. 1966 GRUR 1967, – 194 – Hohlwalze).

Stets muß aber vermieden werden, auch solche Merkmale und deren Wirkungen, die erst die Besonderheit der neuen Lehre ausmachen, als bereits zu der dem Patent zugrunde liegenden Aufgabe gehörig anzusehen (BGH 27. 10. 1966 a. a. O. S. 196).

Das technische Ziel ist gleichbedeutend mit dem »technischen« Zweck, der von dem »sozialen Zweck« (Anm. 31) grundsätzlich zu unterscheiden ist (BGH 11. 5. 1954 GRUR 1955, 29, 32 – Mauserbund).

Allein die Stellung der Aufgabe kann in Ausnahmefällen Erfindungscharakter haben, wenn die Lösung ohne weiteres im Bereich des Fachkönnens liegt **(erfinderische Aufgabenstellung)** (RG 9. 12. 1936 GRUR 1937, 544; 7. 7. 1940 GRUR 1940, 484; 13. 6. 1941 GRUR 1941, 316; 15. 11. 1943 GRUR 1944, 22, 25; BGH 19. 10. 1954 GRUR 1955, 283, 285 – Strahlentransformator; 25. 4. 1963 GRUR 1963, 568, 569 – Wimpernfärbestift; BPatG 18. 3. 1965 E 7, 15 ff.). Eine Aufgabenstellung, und sei sie noch so erfinderisch, ohne Lösung ist niemals patentfähig.

Die Stellung der Aufgabe der Arbeits- und Materialersparnis ist stets naheliegend (RG 18. 12. 1939 GRUR 1940, 342); ebenso die Aufgabe der Mängelbeseitigung (RG 1. 4. 1936 GRUR 1936, 908) oder die Befriedigung eines praktischen Bedürfnisses für möglich zu halten und sich demgemäß eine entsprechende Aufgabe zu stellen (BGH 25. 4. 1963 GRUR 1963, 568, 570 – Wimpernfärbestift).

Hat aber die **Erteilungsbehörde** bewußt eine Aufgabe als erfinderisch und auch ohne weiteres lösbar angesehen, so muß dies im Verletzungsstreit beachtet werden, und zwar auch dann, wenn der Verletzungsrichter abweichender Ansicht ist. Zweifel in dieser Richtung können jedoch als Beweisanzeichen für die Patentauslegung, also für die Frage gewertet werden, in welchem Umfang und welcher Art die Erteilungsbehörde tatsächlich Schutz gewähren wollte (RG 15. 5. 1939 GRUR 1939, 905, 907 ff. unter Hinweis auf RG GRUR 1935, 668; JW 1938, 3300 Nr. 14 und GRUR 1939, 121, 123).

21 b) Mit welchen Mitteln der technische Erfolg erzielt werden soll, hat die **Lösung** der Aufgabe dem Fachmann zu erläutern. Es muß mithin eine Anweisung gegeben sein, mit bestimmten technischen Mitteln in Lösung einer technischen Aufgabe ein bestimmtes technisches Ergebnis zu erzielen (BPatG 23. 3. 1965 E 7, 234). Eine Bestimmung zur Anwendung auf einem technischen Gebiet ist erforderlich; Bestimmung für Zwecke der reinen Wissenschaft (nicht für deren Anwendung, z. B. Studium chemischen Reaktionsverlaufs) genügt nicht (PA 15. 5. 1952 GRUR 1952, 402; Dersin, GRUR 1951, 482). Denn Patente werden weder erteilt für wissenschaftliche Lehr- und Grundsätze als solche noch für bloße Gedanken oder ungelöste Aufgaben. Stets gehört vielmehr zur Erfindung die **Angabe der Mittel zur Verwirklichung der gestellten Aufgabe und die Lösung der Aufgabe in bestimmter Form.**

2. Offenbarung des Erfindungsgedankens

Zeunert, Offenbarung des beanspruchten Erfindungsgedankens und Schutzumfang des Patents, 2. Aufl. 1968; ders., Beiträge a. a. O.

a) Erfindungsgedanke und Durchschnittsfachmann

22 Als **Erfindungsgedanke** ist das Ganze, also **Aufgabe und Lösung,** zu bezeichnen. Er stellt den **Gegenstand der** im Patent verkörperten **Erfindung** dar (§ 6 Anm. 4 ff.). Aufgabe und Lösung ergeben mithin zusammen die Lehre zum technischen Handeln. Den Erfindungsgedanken muß der **Durchschnittsfachmann** (unten Anm. 43) der Patentschrift entnehmen können. Denn nach § 26 Abs. 2 Satz 4 ist die Erfindung so zu **offenbaren,** daß danach die Benutzung durch andere Sachverständige möglich erscheint. Auf den unterwertigen Fachmann kommt es für die Frage der Offenbarung des Erfindungsgedankens ebensowenig an wie auf den überragenden Kopf (Lindenmaier, GRUR 1938, 213, 216 ff.).

Stets ist entscheidend, was der **Durchschnittsfachmann** am **Anmeldetag** der Patentschrift entnehmen mußte (RG 2. 12. 1941 GRUR 1942, 307, 310; BGH 14. 11. 1952 GRUR 1953, 120 – Glimmschalter; 25. 3. 1965 GRUR 1966, 138, 140 – Wärmeschreiber). Eine Patentanmeldung kann nur insoweit die Priorität der Anmeldung erhalten, als in den ursprünglichen Anmeldeunterlagen die in Anspruch genommenen Erfindungsmerkmale für den Durchschnittsfachmann erkennbar enthalten sind (BGH 30. 10. 1962 GRUR 1963, 563, 566 – Aufhängevorrichtung – mit Nachweisen; 26. 1. 1967 GRUR 1967, 476 – Dampferzeuger). Der Anmeldetag ist auch für die Frage maßgebend, welche Bedeutung an diesem Tage den im Patentanspruch verwendeten **Begriffen** zukam (BGH 3. 2. 1966 GRUR 1966, 312, 317 – Appetitzügler; vgl. auch 13. 11. 1951 GRUR 1952, 562, 563 – Gummisohle). Die technischen **Vorstellungen des Erfinders** selbst sind demgegenüber nicht erheblich (BGH 7. 1. 1955 GRUR 1955, 244, 245 – Repassiervorrichtung; vgl. auch RG 12. 5. 1937 GRUR 1938, 868, 869 und BGH 1. 4. 1965 GRUR 1966, 141, 143 ff. – Stahlveredlung).

Mit einer zunächst nicht erwähnten vorteilhaften Wirkung kann die Patentfähigkeit nicht begründet werden, wenn auf diese Weise eine **Veränderung des Erfindungsgedankens** erfolgt (BPatG 16. 3. 1962 E 2, 155; 19. 10. 1962 E 3, 31). Wenn erst im Laufe des Prüfungsverfahrens die Erkenntnis gewonnen wird, daß ein in den ursprünglichen Unterlagen zu breit behandeltes Verfahren nur in einer ganz bestimmten, aber dort nicht folgerichtig und widerspruchsfrei offenbarten Weise durchführbar ist, ist die Erfindung nicht ausreichend offenbart (BPatG 9. 1. 1962 E 1, 68).

Nachträglich kann keine Lehre unter Inanspruchnahme der ursprünglichen Priorität geltend gemacht werden, die in den ursprünglichen Unterlagen nicht hinreichend »**differenziert**« offengelegt ist (BPatG 26. 4. 1965 E 7, 20). War die Lösung jedoch deutlich offenbart, d. h. als eine in Betracht kommende oder sogar bevorzugte Ausführungsform der Erfindung deutlich hervorgehoben worden, so kann sich der Anmelder unter Umständen auf **eine von mehreren ursprünglich gleichgestellten, aber differenziert beschriebenen Lösungen** der ursprünglich offenbarten Aufgabe ohne Prioritätsverlust beschränken (BGH 30. 5. 1967 GRUR 1968, 86, 89 – Ladegerät – mit zahlreichen Nachweisen, insbesondere BGH 3. 2. 1966 BGHZ 45, 102, 111 – Appetitzügler; 3. 2. 1966 GRUR 1966, 319, 321 – Seifenzusatz; 29. 11. 1966 GRUR 1967, 241, 244 – Mehrschichtplatte; 21. 2. 1967 GRUR 1967, 585 – Faltenrohre; 4. 3. 1971 GRUR 1971, 304 – Tragplatte; ebenso BPatG 4. 3. 1971 E 12, 116).

b) Patentanspruch als Grundlage für die Offenbarung

Grundlage für die Ermittlung des Erfindungsgedankens muß stets **23**
der **Wortlaut des Patentanspruchs** sein (RG 19. 11. 1940 GRUR 1941, 99, 101; BGH 22. 10. 1957 GRUR 1958, 179 – Resin). Nur darf die Aus-

legung des Anspruchs nicht an seinen bloßen Worten haften bleiben (RG 10. 11. 1937 GRUR 1938, 107, 108). Für die Offenbarung des Erfindungsgedankens genügt Angabe der **erfindungswesentlichen Merkmale** im Patentanspruch (BGH 25. 11. 1965 GRUR 1966, 201, 205 – Ferromagn. Körper). Es brauchen sich also nicht alle Einzelheiten aus dem Anspruch zu ergeben, vielmehr reicht es aus, daß der Fachmann ohne erfinderische Tätigkeit unter Berücksichtigung seines Fachwissens und des als bekannt zu unterstellenden Fachwissens mit Erfolg arbeiten und die jeweils günstigste Lösung auffinden kann. Insoweit kann insbesondere auch auf die **Beschreibung** und **Zeichnung** zurückgegriffen werden, wenn dort die technische Bedeutung der Lehre dem Fachmann ausreichend dargelegt ist (BGH 17. 2. 1961 GRUR 1961, 409, 410 – Drillmaschine; 16. 6. 1961 GRUR 1962, 80, 81 – Rohrdichtung; 28. 11. 1963 GRUR 1964, 196, 197 – Mischmaschine; 30. 6. 1964 GRUR 1964, 612, 615 – Bierabfüllung; 3. 2. 1966 GRUR 1966, 312, 317 – Appetitzügler; 14. 6. 1966 GRUR 197, 5 – Gasheizplatte).

Auf Merkmale, die **allein** der **Patentzeichnung** zu entnehmen sind, kann nur ausnahmsweise in verhältnismäßig einfach liegenden Fällen zurückgegriffen werden, bei denen das aus der Zeichnung zu entnehmende Merkmal »irgendwie« in dem Inhalt der ursprünglichen Beschreibung einschließlich der Patentansprüche seine Stütze findet (BGH 26. 1. 1967 GRUR 1967, 476 – Dampferzeuger – mit Anm. Spiess). Die durch Beispiele erläuterte Begründung der Entscheidung wird durch BGH 14. 3. 1972 GRUR 1972, 595 ff. – Schienenschalter I – bestätigt (vgl. dazu Hagen, GRUR 1972, 569 ff. mit weiteren Nachweisen aus der Rechtsprechung).

Offenbart der Patentanspruch in seinem kennzeichnenden Teil die erfindungswesentlichen Merkmale, so können sich Einzelheiten für den Fachmann auch aus dem Gattungsbegriff oder aus der Beschreibung in Verbindung mit dem allgemeinen Fachwissen ergeben (BGH 25. 11. 1965 a. a. O.; 21. 12. 1967 GRUR 1968, 311, 313 – Garmachverfahren).

Bei einem **Sachpatent** genügt es nach BGH 25. 4. 1956 GRUR 1959, 125 – Textilgarn –, daß **in der Beschreibung oder den Unteransprüchen** der **Weg der Herstellung** der Sache, d. h. das Herstellungsverfahren, offenbart wird, soweit die im Hauptanspruch unter Schutz gestellte Sache mit den bekannten Mitteln nicht herstellbar ist, s. Anm. 58.

Über die Offenbarung bei **mikrobiologischen Verfahren** BPatG 30. 6. 1967 E 9, 150; vgl. auch 26. 6. 1964 E 6, 33 ff.; im einzelnen dazu Anm. 76.

Konkrete Größen und Maße müssen im Patentanspruch nicht aufgeführt werden, wenn der Fachmann aus der Beschreibung die jeweils in Betracht kommenden Werte ermitteln kann (BGH 21. 12. 1967 a. a. O., vgl. auch OGHBrZ 14. 10. 1949, 3, 63, 71). Auch einer besonderen Anweisung über die **Ausgestaltung eines Elements** bedarf es nicht, wenn der Durchschnittsfachmann sie aus dem Gesamtinhalt der Patentschrift entnimmt (BGH

16. 2. 1954 GRUR 1954, 317, 319 – Entwicklungsgerät –, ebenso schon RG 8. 2. 1936 GRUR 1936, 799). Ähnlich BGH 25. 5. 1956 GRUR 1957, 120 – Plattenspieler II, wonach keine Anweisungen erforderlich sind, wenn zu erwarten steht, daß die an einer Vorrichtung arbeitenden Fachleute die erforderlichen Ergänzungen vornehmen können.

Andererseits können **Merkmale eines Ausführungsbeispiels** in der Beschreibung, die von der in der Anmeldung offenbarten Lehre abweichen, keinen Patentschutz begründen (BGH 25. 3. 1965 GRUR 1966, 192, 196 – Phosphatierung). Zur prioritätsbegründenden sachlichen Offenbarung erfindungswesentlicher Merkmale genügt es auch nicht, wenn in der ursprünglichen Beschreibung insoweit lediglich auf eine **noch nicht bekanntgemachte ausländische Patentanmeldung** unter Nennung ihrer Nummer hingewiesen worden ist (BGH 24. 3. 1966 GRUR 1966, 488 – Ferrit). Wie die Rechtslage bei Bezugnahme auf eine deutsche Anmeldung in der Beschreibung einer Neuanmeldung ist, wird in der Entscheidung offengelassen.

Die **Erteilungsakten** können niemals Ersatz für den Inhalt der Pa- 24
tentschrift darstellen. Sie stehen dem Leser der Patentschrift grundsätzlich nicht zur Verfügung, sind also nicht offenkundig. Sie können aber zur Ausräumung von Zweifeln und Widersprüchen als Beweisanzeichen dafür dienen, was das Patentamt oder auch der Erfinder selbst als Erfindung angesehen hat. Im einzelnen § 6 Anm. 10.

Im übrigen über Klarstellung und Erläuterung des Patentanspruchs an Hand von Beschreibung und Zeichnung sowie des Fachwissens des Durchschnittsfachmanns s. § 6 Anm. 7 ff.

Über **Offenbarung eines Analogieverfahrens** s. Anm. 53, eines **allgemeinen Erfindungsgedankens** s. § 6 Anm. 26 und einer **Kombinationserfindung** s. Anm. 45.

c) Nachprüfbarkeit des Zeitpunkts der Offenbarung

Der Zeitpunkt der **Priorität,** d. h. der Zeitpunkt, zu dem die Erfindung 25
im Anmeldeverfahren ausreichend offenbart ist, kann **im Verletzungsstreit nachgeprüft werden** (BGH 30. 10. 1962 GRUR 1963, 563, 566 – Aufhängevorrichtung – mit Nachweisen); ebenso **im Nichtigkeitsstreit** (PA 1. 11. 1934 Bl. 1935, 33; BGH 28. 11. 1963 I a ZR 20/63; 28. 10. 1965 GRUR 1966, 198, 199 – Plastikflaschen). Wegen Nachprüfbarkeit im **Einspruchsverfahren** (§ 32 Anm. 32). Im übrigen vgl. § 26 Anm. 13.

IV. Fertige technische Erfindung

Wenn für eine Erfindung die produktive Schaffung technischer Werte 26
maßgebend ist, so ist diesem Erfordernis nur genügt, wenn die gegebene Anweisung zu diesem Ziel führt. Die Erfindung ist erst fertig zu dem

Zeitpunkt, in dem der **Durchschnittsfachmann** mit Hilfe der vorgeschlagenen Mittel zur Lösung des Problems gelangen, d. h. mit Erfolg arbeiten kann (BGH 16. 2. 1954 GRUR 1954, 317, 319 – Entwicklungsgerät; 16. 6. 1961 GRUR 1962, 80, 81 – Rohrdichtung). Es ist also auf die Erkenntnis des Durchschnittsfachmanns, nicht auf die Meinung des Erfinders abzustellen (BGH 10. 11. 1970 GRUR 1971, 210, 212 – Wildverbißverhinderung).

Die Erfindung muß im **Zeitpunkt der Anmeldung** vollendet sein (BGH 5. 5. 1966 GRUR 1966, 558, 559 – Spanplatten).

Zumindest **empirische Feststellung des kausalen Zusammenhangs von Ursache und Wirkung** muß gegeben sein. Der Erfinder muß also offenbaren, mit welchen Mitteln die technische Wirkung erzielt werden soll. Wenngleich er nicht die lückenlose Ursachenreihe erkannt zu haben braucht, muß er doch die richtige Erkenntnis der Regel zum technischen Handeln gehabt haben (RG 29. 2. 1928 RGZ 120, 224, 227; 30. 3. 1935 GRUR 1935, 535, 538; 22. 1. 1936 RGZ 150, 95; 17. 1. 1938 GRUR 1939, 300, 302; BGH 17. 12. 1954 GRUR 1955, 386, 388 – Verfahren für optische Teile; 5. 11. 1964 GRUR 1965, 138, 142 – Polymerisationsbeschleuniger).

Unschädlich ist Unkenntnis über die wissenschaftlich-theoretische Grundlage (RG 27. 5. 1936 GRUR 1937, 990, 991; 20. 10. 1937 GRUR 1939, 354, 356; BGH 17. 12. 1954 GRUR 1955, 386; 5. 11. 1964 GRUR 1965, 138, 142). Ob die Kenntnis der neuen Regel zufällig erlangt worden ist, ist gleichgültig (RG 29. 2. 1928 RGZ 120, 224). Nicht erforderlich ist eine in jeder Weise vollkommene Lösung (RG 27. 4. 1929 MuW 1929, 345).

Eine **fertige Erfindung,** die nicht nur Bedeutung für die Patentfähigkeit hat, sondern auch Voraussetzung für das Vorbenutzungsrecht ist, muß **folgende Voraussetzungen** erfüllen:

1. Ausführbarkeit

27 Eine fertige Erfindung liegt nur vor, wenn sie **ausführbar** ist. Die Lösung der technischen Aufgabe muß mit solcher Klarheit und Bestimmtheit offenbart sein, daß die Ausführbarkeit im Bereich des durchschnittlichen fachlichen Könnens liegt (RG 18. 12. 1937 GRUR 1938, 256, 261; 22. 1. 1936 RGZ 150, 95, 98; BGH 16. 6. 1961 GRUR 1962, 80, 81 – Rohrdichtung; 5. 11. 1964 GRUR 1965, 138, 141 – Polymerisationsbeschleuniger).

Ist die technische Lehre **bis zum Abschluß des Erteilungsverfahrens nicht ausführbar** gewesen, so ist das Patent für nichtig zu erklären. Das gilt auch dann, wenn die Lehre später ausführbar geworden ist (BGH 1. 4. 1965 GRUR 1966, 141, 145 – Stahlveredlung – im Anschluß an RG 16. 1. 1929 MuW 1929, 177). Die Entscheidung läßt offen, ob ein bereits vor der Bekanntmachung der Erfindung liegender Zeitpunkt für die Frage der Ausführbarkeit maßgebend sein muß. Da bereits zur Zeit der Anmeldung alle für eine schutzfähige Erfindung notwendigen Voraussetzungen vorliegen müssen, zu denen insbesondere gerade das Fertigsein der Erfindung gehört, sollte nicht zweifelhaft sein, daß maßgebender Stichtag stets nur **der Tag der Anmeldung** sein kann (vgl. Tetzner § 1 Anm. 58, Moser v. Filseck in der Anm. GRUR 1966, 145).

Häufig wird **zusätzlich** gefordert, daß die Erfindung nicht nur ausführbar, sondern auch **technisch brauchbar** ist (4. Auflage § 1 Anm. 12; Pietzcker § 1 Anm. 19). Unter technischer Brauchbarkeit versteht man die Vorteile und Verwendungszwecke einer bestimmten Lehre zum technischen Handeln (RG 14. 1. 1938 GRUR 1938, 416, 417). Richtig ist, daß Ausführbarkeit nicht schlechthin identisch mit Brauchbarkeit ist. Eine Anweisung zum technischen Handeln kann ausführbar sein, ohne daß das von dem Erfinder erstrebte technische Ergebnis erzielt zu werden braucht. Es erscheint indes nicht gerechtfertigt, deswegen die (technische) Brauchbarkeit als zusätzliches Erfindungserfordernis zu behandeln (ebenso Reimer § 1 Anm. 20). Da es stets darauf ankommt, daß das von dem Erfinder vorgeschlagene technische Mittel auch tatsächlich geeignet ist, die Lehre des Patents zu verwirklichen, muß eine **im Sinne des Erfindungsgedankens** ausführbare Erfindung zwangsläufig auch brauchbar und leistungsfähig sein. Die Brauchbarkeit ist in der Tat nur **ein besonderer Aspekt der Ausführbarkeit** (BGH 1. 12. 1964 GRUR 1965, 298, 301 – Reaktionsmeßgerät – im Anschluß an R. Pietzcker in Bussmann-Pietzcker-Kleine, S. 175).

Ergänzungen, die von einem Durchschnittsfachmann ohne Schwierigkeiten, d. h. ohne erfinderisches Bemühen vorgenommen werden, stehen der Ausführbarkeit nicht entgegen (BGH 25. 5. 1956 GRUR 1957, 120, 121 – Plattenspieler II). Wenn in dieser Entscheidung von Brauchbarkeit gesprochen wird, so ist damit die Ausführbarkeit gemeint. Anders Ergänzungen, die einer erfinderischen Bemühung bedürfen (RG 18. 12. 1937 GRUR 1938, 256).

Übliches Beispiel für **Nichtausführbarkeit** ist das Perpetuum mobile. Das erstrebte Ergebnis läßt sich nach unserer heutigen wissenschaftlichen Erkenntnis überhaupt nicht erzielen, weil es den Naturgesetzen offensichtlich widerspricht (Pietzcker § 1 Anm. 18, S. 43). Vorsicht ist hier jedoch geboten. Viele große Erfindungen sind vorher als Unmöglichkeiten erschienen (so mit Recht schon die dritte Auflage dieses Kommentars). Auch können die zur Lösung des Problems vorgeschlagenen **Mittel überhaupt noch nicht vorhanden** und die Erfindungen aus diesem Grunde nicht ausführbar sein (RG 16. 1. 1929 MuW 1929, 177; BGH 1. 4. 1965 GRUR 1966, 141, 144 – Stahlveredlung). Andererseits ist es möglich, daß die Ausführbarkeit **nicht mit genügender Sicherheit** gewährleistet ist. Dieser Gesichtspunkt liegt den Entscheidungen RG 1. 3. 1911 (RGZ 75, 400) und 13. 4. 1918 (Leipz. Z. 1918, 1216) zugrunde. Pietzcker (§ 1 Anm. 19) spricht von »Grad der erforderlichen Brauchbarkeit«. In der Entscheidung vom 1. 3. 1911 a. a. O. handelt es sich um einen Entschirrungsapparat für durchgehende Pferde, der unter besonders gelagerten Umständen versagen konnte. Das RG hat dessen absolute Zuverlässigkeit gefordert. In der weiteren Entscheidung vom 13. 4. 1918 a. a. O., die einen patentierten zusammenlegbaren Taschenschirm betraf, wird andererseits bemängelt, daß das Berufungsgericht mit seiner Forderung, es müsse sich ein absolut zuverlässiger Taschenschirm herstellen lassen, zu weit gehe. Unter Hinweis auf RGZ 75, 400 wird der Unterschied zwischen den beiden Entscheidungen darin erblickt, daß es sich bei den durchgehenden Pferden »um Leben und Tod oder doch schwerste Gefährdung der Wageninsassen handelte und sich daher das Verlangen nach absoluter Zuverlässigkeit **aus dem mit der Vorrichtung verfolgten Zweck** herleiten lasse«. Wenngleich die zitierten Entscheidungen Haftungsfragen bei Lizenzverträgen betreffen, vgl. § 9 Anm. 19, müssen die gleichen Erwägungen für die Frage der Ausführbarkeit einer Erfindung gelten. Allerdings braucht immer nur derjenige Erfolg erreicht zu werden, den der Zweck des Patents tatsächlich erfordert (BGH 1. 12. 1964 GRUR 1965, 298 ff.– Reaktionsmeßgerät).

Es genügt, wenn eine Erfindung nur an gewissen Sorten des zu bearbeitenden Gutes mit Erfolg ausgeführt werden kann (RG 23. 10. 1935 GRUR 1936, 485); ebenso BGH 5. 11. 1964 GRUR 1965, 138, 141 – Polymerisationsbeschleuniger, wonach es ausreicht, daß der jeweils gewünschte Erfolg nur bei einigen wenigen, vom Fachmann auf Grund seines Fachwissens nach den Angaben der Patentschrift zuverlässig zu ermittelnden Arten des zu verwendenden Stoffes entsprechend der Gestaltung des erfindungsgemäßen Verfahrens eintritt. Die Erfindungsaufgabe braucht nicht gleich in vollkommener Weise gelöst zu sein. Nur muß der Erfindungserfolg in einem praktisch ins Gewicht fallenden Maß erzielt werden (RG 27. 4. 1929 MuW 1929, 345; 10. 11. 1937 GRUR 1938, 107, 109); vgl. auch BGH 19. 2. 1957 GRUR 1957, 488 – Schleudergardine. Eine in jeder Weise vollkommene Lösung ist ebensowenig erforderlich wie die tatsächliche Umsetzung in die Praxis oder Verkaufsreife (RG 18. 12. 1937 GRUR 1938, 256, 261).

Die Ausführbarkeit der neuen Lehre ist **glaubhaft zu machen** (RG 27. 10. 1922 Bl. 1924, 6). Vermag der Prüfer diese Voraussetzung von sich aus nicht als glaubhaft gemacht anzusehen, so wird er dem Anmelder gestatten müssen, sich zunächst anstelle eines etwaigen genaueren Nachweises auf **»Erfahrungssätze«** zu berufen, die der Prüfer etwa übersehen hat oder die ihm nicht bekannt waren (BGH 24. 2. 1970 GRUR 1970, 408, 414 – Anthradipyrazol), vgl. dazu auch Tetzner § 1 Anm. 59 und über Erfahrungssätze § 47 Anm. 58.

2. Versuche

28 Versuche, die lediglich noch zu dem Zwecke stattfinden festzustellen, ob der an sich gebrauchsfertigen Erfindung noch zu beseitigende Unvollkommenheiten anhaften, und sich dabei in dem in Fachkreisen üblichen Umfang

halten, mithin keine erfinderischen Überlegungen des Durchschnittsfachmanns erfordern, stehen dem Fertigsein einer Erfindung nicht entgegen (RG 11. 12. 1935 GRUR 1936, 319; 6. 1. 1937 GRUR 1937, 611, 613; 18. 12. 1937 GRUR 1938, 256, 261; 26. 4. 1938 GRUR 1938, 424, 425; 16. 12. 1941 GRUR 1942, 256; BGH 21. 6. 1960 GRUR 1960, 546, 549 – Bierhahn; 16. 6. 1961 GRUR 1962, 80, 81 – Rohrdichtung; 5. 11. 1964 GRUR 1965, 138, 141 – Polymerisationsbeschleuniger; 3. 2. 1966 GRUR 1966, 312, 317 – Appetitzügler – mit Nachweisen; 21. 12. 1967 GRUR 1968, 311, 313 – Garmachverfahren; 10. 11. 1970 GRUR 1971, 210, 212 – Wildverbißverhinderung). Anders dann, wenn erst im Wege des Versuchs festgestellt werden muß, ob der theoretisch in Aussicht genommene Weg auch praktisch zum Erfolg führt. Ein solcher Versuch soll erst die volle Kenntnis des Lösungsgedankens verschaffen und stellt demnach nicht nur ein der Ausführung der Erfindung dienendes Ausprobieren dar. Daß sich die Versuche nachträglich als unnötig erwiesen haben, ändert daran nichts (RG 22. 1. 1936 RGZ 150, 95; 18. 12. 1937 GRUR 1938, 256; BGH 30. 3. 1951 GRUR 1951, 404 – Wechselstromgeneratoren; 21. 6. 1960 GRUR 1960, 546, 549 – Bierhahn; 5. 5. 1966 GRUR 1966, 558, 559 – Spanplatten).

Über Versuche und »Treffen von Veranstaltungen« im Sinne des § 7 vgl. § 7 Anm. 7.

3. Wiederholbarkeit

Das Erfindungserfordernis technische Werte schaffender Anweisung be- 29
dingt als weitere notwendige Voraussetzung die Eigenschaft beliebiger Wiederholbarkeit der Handlungsanweisung und des damit verbundenen Erfolgs (Benkard, GRUR 1953, 97 mit Nachweisen aus Rechtsprechung und Schrifttum). Die Wiederholbarkeit muß regelmäßig gegeben sein. Zumindest muß sie in einem technisch noch ins Gewicht fallenden Umfange und einer technisch noch zu verwertenden Regelmäßigkeit gefordert werden. Pietzcker (Einl. Anm. 6) nennt das Erfordernis der Wiederholbarkeit mit Recht eine Selbstverständlichkeit; denn dieses Merkmal ist tatsächlich bereits im Begriff der Erfindung enthalten. Die Wiederholbarkeit setzt die Erkenntnis des Erfinders von dem äußeren Ursachenzusammenhang voraus (vgl. Anm. 26).

Über Wiederholbarkeit bei Tier- und Pflanzenzüchtungsverfahren vgl. oben Anm. 16 und 18.

V. Soziale Nützlichkeit; Zweck und Zweckbestimmung der Erfindung

a) Die Gewährung eines Ausschlußrechts ist nur gerechtfertigt, wenn die 30
Erfindung dem **sozialen Bedürfnis** nicht eines einzelnen, sondern der Allgemeinheit oder einer von dieser gebildeten Gruppe gewidmet ist (Linden-

maier, GRUR 1942, 485, 490). Die Erfindung muß also für die Allgemeinheit nützlich oder brauchbar sein. Bereits aus dem Begriff der Erfindung folgt, daß sie ihrem Wesen nach produktiv sein und neue Werte erzeugen soll (PA 12. 6. 1914 Bl. 1914, 257). Mindestens ein soziales Bedürfnis muß durch eine Erfindung befriedigt werden.

Bedürfnis ist hier im weitesten Sinn zu verstehen. Erfaßt werden gesellschaftliche Bedürfnisse, deren Befriedigung bisher noch nicht gelungen oder überhaupt noch nicht erkannt war, und ebenfalls solche, die bisher in anderer Weise befriedigt waren (Isay, § 1 Anm. 40). Alle Bereiche des menschlichen Lebens sind eingeschlossen. Auch Belustigungen oder Betätigungen des Schönheitssinnes etwa durch Verwendung von Luxusmitteln stellen in diesem Sinne menschliche Bedürfnisse dar (Tetzner § 1 Anm. 48). Ausgeschlossen vom Patentschutz sind indessen unsoziale Bedürfnisse oder Verstiegenheiten des Erfinders, die niemandem etwas nützen. Auch darf das Bedürfnis nicht sittenwidrig oder gesetzwidrig sein (Pietzcker Einl. Anm. 7).

31 b) Das technische Ergebnis einer Erfindung entspricht regelmäßig der Befriedigung eines gesellschaftlichen Bedürfnisses. Hierin liegt der (soziale) **Zweck** der Erfindung, die sich insoweit als sozial nützlich erweist (BGH 15. 11. 1955 GRUR 1956, 77, 78 – Spann- und Haltevorrichtung). Während der Zweck im Sinne einer sozialen Nützlichkeit nicht technischer Art zu sein braucht, stellt das der Erreichung dieses Zwecks dienende erstrebte technische Ergebnis die Lösung der im Patent behandelten technischen Aufgabe dar. In BGH 11. 5. 1954 GRUR 1955, 29, 32 r. Sp. – Nobelt – Bund heißt es danach zutreffend, daß der (soziale) Zweck ein Bedürfnis betrifft, dessen Befriedigung die Lösung einer bestimmten technischen Aufgabe sozialnützlich erscheinen lassen kann.

An sich gilt der Satz, daß alle sich aus der Lösung der technischen Aufgabe ergebenden Befriedigungen eines (sozialen) Zwechs, mögen sie auch vom Erfinder nicht erkannt sein, von dem Schutz der technischen Anweisung der Erfindung erfaßt werden (RG 23. 5. 1914 RGZ 85, 95; BGH 15. 11. 1955 GRUR 1956, 77, 78 – Spann- und Haltevorrichtung). Die Angabe eines Verwendungszwecks **(Zweckbestimmung)** in der Patentschrift braucht daher grundsätzlich nur zu erfolgen, wenn sie erforderlich ist, um etwa die gewerbliche Verwendbarkeit (Anm. 32) oder andere Voraussetzungen der Patentfähigkeit (z. B. des technischen Fortschritts oder der Erfindungshöhe) darzutun. Die häufig erfolgende Aufnahme der Zweckbestimmung in einen Sach- oder Verfahrens**anspruch** dient in der Regel nur demselben Ziel. Macht der Erfinder von dieser Möglichkeit Gebrauch, so wird dadurch aber nicht etwa die geschützte, aus Aufgabe und Lösung bestehende Lehre des Patents berührt. Daher hat es z. B. grundsätzlich auch mit dem Herstellungsverfahren eines bestimmten Erzeugnisses nichts zu tun, wozu das Erzeugnis verwendet wird (Pietzcker § 1 Anm. 90 zu 4). Durch eine

Beschränkung auf den vom Erfinder angegebenen Zweck würde sein schöpferischer Verdienst in der Regel keine gerechte Entlohnung erfahren, und es wäre unbillig, andere Anwendungsfälle für neue Zwecke vom Patentschutz auszuschließen (RG 23. 5. 1914 a. a. O.).

Anders ist die Rechtslage allerdings dann, wenn der bestimmte Zweck als Bestandteil der Aufgabe **zum Inhalt der Patentlehre** gehört und der Fachmann daher erst durch seine Kenntnis technisch vernünftig zu handeln vermag (Anm. 38). Ebenso – was im Ergebnis auf dasselbe hinauskommt –, wenn der Zweck der Erfindung unlöslich mit der Erfindung verknüpft ist, die Zweckbestimmung also der Erfindung inhärent ist (Pietzcker § 1 Anm. 90 zu 5 mit Beispielen).

Die gleiche Ausnahme gilt **bei Anwendungs-Verwendungserfindungen,** deren Patentfähigkeit gerade durch die Lehre begründet wird, eine ganz bestimmte Funktion einer Sache oder eines Stoffes anzuwenden, um den erstrebten Erfolg zu erzielen und durch die besondere Art der Verwendung die Grundlage für die Erteilung des Patents zu schaffen (vgl. Spiess, GRUR 1967, 123 ff.; Nastelski, GRUR Int. 1972, 43, 46 und unten Anm. 48).

Über »zweckgebundene« Analogieverfahren vgl. Anm. 54.

Über gleichzeitige Beanspruchung von Herstellungs- und Verwendungserfindungen in einem Patent vgl. Anm. 57.

Häufig verquicken sich Zweck, Aufgabe und Lösung (Tetzner, GRUR 1961, 411), so daß eine saubere Unterscheidung im Einzelfall Schwierigkeiten bereiten kann. Ein Beispiel hierfür gibt BGH 17. 12. 1963 GRUR 1964, 433, 436 l. Sp. – Christbaumbehang, wo der BGH rügt, daß das Berufungsgericht den sozialen Zweck unrichtig als bestimmte technische Aufgabe angesehen habe (vgl. hierzu Schramm, Der Patentverletzungsprozeß S. 39).

VI. Gewerbliche Verwertbarkeit

Dies bedeutet **nicht: ertragreich.** Der wirtschaftliche Erfolg der Erfin- **32**
dung ist an sich für die Schutzfähigkeit nicht ausschlaggebend. Ein Verfahren kann patentfähig sein, auch wenn es nicht billiger durchführbar ist als andere Verfahren. Umgekehrt kann eine Neuerung durchaus den Charakter einer Erfindung entbehren, obwohl sie nach der wirtschaftlichen Seite Vorteile bietet, z. B. Verwendung einer billigen Betriebskraft (RG 14. 6. 1940 MuW 1940, 189). Wohl aber wird regelmäßig der wirtschaftliche Erfolg ein beachtliches Anzeichen für den technischen Fortschritt sein.

»Gewerblich verwertbar« bedeutet nach neuerer übereinstimmender Auffassung der Art nach geeignet, in einem technischen Gewerbebetrieb hergestellt zu werden oder innerhalb eines solchen als technisches Arbeitsmittel benutzt zu werden (vgl. BGH 3. 2. 1966 GRUR 1966, 312, 316 – Appetitzügler; 26. 9. 1967 BGHZ 48, 313, 322 = GRUR 1968, 142, 145 – Glatzenoperation, 27. 2. 1969 BGHZ 51, 378, 384 = GRUR 1969, 265, 266 – Disiloxan). Verwertbarkeit ist daher **im Sinne von Verwendbarkeit** zu verstehen. Der Ausdruck »gewerblich verwertbar« ist im weitesten Sinne zu verstehen. Hierzu gehört auch die Verwendung im Bergbau, in den land- und forstwirtschaftlichen Betrieben (auch Gärtnereien, Weinbau, Viehzucht, Jagd, Fischereien, Bienenzucht).

Dagegen gehören **die freien Berufe** (Anwalts-, Lehrberufe), insbesondere der Ärzteberuf, **nicht** zum Gewerbe im Sinne dieser Vorschrift. Das gleiche gilt für andere berufsmäßig die Heilkunde ausübende Personen, z. B. Heilpraktiker. Ein nur in diesem Beruf anwendbares Verfahren ist also nicht »gewerblich verwertbar« (BGH 26. 9. 1967 a. a. O. S. 323), gleichgültig, ob die Behandlung in der Privatpraxis des Arztes oder in Krankenhäusern, Kliniken oder Sanatorien erfolgt.

Welche Wandlungen der Begriff der gewerblichen Verwertbarkeit bei Eingriff in die lebende Natur durchgemacht hat, wird von Dersin in GRUR 1951, 1 ff. behandelt.

Ebenfalls gehört **nicht** hierher, weil nicht in einem Gewerbe verwendbar, die **Tätigkeit der wissenschaftlichen Anstalten, der Behörden** usw. Auch ein für Steuerzwecke bestimmtes Denaturierungs- oder Vergällungsverfahren kann nicht patentiert werden (PA 12. 6. 1914 Bl. 1914, 257). Abweichend Blum-Pedrazzini (Art. 1 Anm. 27) unter Hinweis auf Seligsohn (§ 1 Anm. 46), da auch bei einem Verfahren, das nur von Zollbehörden usw. gebraucht werden könne und nur Untersuchungszwecken diene, die gewerbliche Anwendbarkeit an und für sich gegeben sei. Patentiert werden können sonstige Untersuchungsverfahren, z. B. Verfahren, die der Untersuchung von der Beschaffenheit eines Stoffes dienen (PA 16. 3. 1930 Mitt. 1930, 195 nebst weiteren Belegen; vgl. Anm. 7).

Stets bleibt zu beachten, daß der Begriff der gewerblichen Verwertung nach § 1 nicht mit dem Begriff des »gewerbsmäßigen Gebrauchs« nach § 6 gleichgesetzt werden darf (BGH 26. 9. 1967 a. a. O. S. 321; § 6 Anm. 35).

Wegen mangelnder gewerblicher Verwertbarkeit von Sachen, die durch Einbauen wesentliche Bestandteile eines Grundstücks oder Gebäudes werden, vgl. § 6 Anm. 47 und 77. **Unbewegliche Sachen** sind nicht gewerblich verwertbar (RG 9. 4. 1941 GRUR 1941, 275).

Über das Erfordernis der gewerblichen Verwertbarkeit bei **chemischen Zwischenprodukten** vgl. unten Anm. 56.

VII. Neuheit

33 Jede Erfindung muß neu sein. Die Anforderungen an die Neuheit sind in § 2 PatG festgelegt. Für den Neuheitsbegriff wird daher auf diese Erläuterungen verwiesen.

VIII. Technischer Fortschritt

1. Grundsätzliches

34 Eine Patentgewährung erscheint nur begründet, wenn durch die in der Erfindung liegende technische Neuerung eine fortschrittliche Bereicherung der Allgemeinheit eingetreten ist. Die sich aus der Erfindung ergebende technische Erneuerung muß, um dieser Forderung zu genügen, einen fortschrittlichen Stand der Technik zur Folge gehabt haben (RG 27. 9. 1933 Mitt. 1933, 289; 14. 6. 1940 MuW 1940, 189). Vorhandensein und Grad des technischen Fortschritts sind in der Regel durch einen Vergleich der neuen Lehre mit der durch den vorbekannten Stand der Technik vermittelten Lehre festzustellen (BGH 24. 2. 1970 GRUR 1970, 408, 411 – Anthradipyrazol). Das gilt für ein **Sachpatent** ebenso wie für ein **Verfahrenspatent** (BGH 23. 11. 1965 GRUR 1966, 249, 250 – Suppenrezept). Es muß entweder ein neuer Weg angegeben oder eine neue Wirkung gewährleistet werden. Der neue Weg wird entweder in völlig neuer Richtung gehen oder, wenn er in der alten Richtung liegt, in der Regel doch bestehende Schwierigkeiten umgehen oder sonstige Vorteile bringen müssen (RG 21. 2. 1941 Mitt. 1941, 151). Die neue Wirkung kann sich der Art oder dem Grade nach zeigen. Die ihrer Art nach neue Wirkung wird regelmäßig die Patentfähigkeit begründen. Bei der Steigerung des Grades der Leistung wird das Maß entscheidend sein (Anm. 36). In der bloßen klaren, schärferen Fassung einer bekannten Lehre liegt noch kein erfinderisches Verdienst (RG 25. 1. 1936 GRUR 1937, 346, 348).

Arbeitet ein Verfahren einfacher, schneller und zuverlässiger als bekannte Verfahren, oder ist das Verfahrenserzeugnis wertvoller und besser als das bisher erreichte, so ist Fortschritt gegeben (BGH 23. 11. 1965 GRUR 1966, 249, 250 – Suppenrezept – unter Berufung auf Pietzcker, § 1 Anm. 36). Beruht der technische Fortschritt eines Herstellungsverfahrens darauf, daß es einfacher und billiger als das vorbekannte Verfahren ist, so kann dahingestellt bleiben, ob auch die Güte des Erzeugnisses besser ist als die des nur gleichwertigen Vorerzeugnisses (BPatG 26. 11. 1962 E 3, 1 ff.).

Wird auf einem in der Entwicklung begriffenen neuen Gebiet (z. B. Fernsehtechnik) **ein grundsätzlich völlig neuer Weg** für die Ausgestaltung des Verfahrens und der dazu nötigen Geräte gezeigt, so wird nach RG 9. 12.

1938 (Mitt. 1939, 61) die Technik bereichert, auch wenn nicht feststeht, ob auf diesem Wege etwas Besseres oder gleich Gutes erreicht werden kann. Demgegenüber betont RG 21. 2. 1941 (a. a. O.), daß der grundsätzliche neue Weg für sich allein noch nicht die Technik bereichert, wenn er nicht ferner gegenüber bekannten Lösungen »mindestens ebenso gut ist und nicht auch einen Bedarf nach andersartigen Mitteln befriedigt«; ebenso BGH 24. 3. 1959 I ZR 164/54. Nach der grundlegenden, die Grundsätze der bisherigen Rechtsprechung zur Beurteilung des technischen Fortschritts zusammenfassenden Entscheidung BGH 24. 2. 1970 GRUR 1970, 408, 411 – Anthradipyrazol – kann ein technischer Fortschritt stets auch dann zu bejahen sein, wenn mit der neuen Lehre zwar nicht ein besserer, wohl aber ein **weiterer, »soundsovielter« Weg** neben bereits bekannten Wegen gewiesen wird, für den noch ein **Bedürfnis** besteht, oder wenn etwa dem Fachmann ein Weg eröffnet wird, bei verschiedenen sachlichen und örtlichen Gegebenheiten und Bedürfnissen **zwischen mehreren Möglichkeiten** nach Zweckmäßigkeitsgründen **zu wählen** (vgl. dazu auch Beil, Mitt. 1969, 242 ff.).

Technischer Fortschritt ist zu **verneinen,** wenn durch eine Neuerung, die als solche technisch rückschrittlich ist, einem wirtschaftlichen Bedürfnis zu genügen gesucht wird (PA 30. 6. 1934 GRUR 1934, 535 – Ersatz eines automatisch wirkenden Maschinenteils durch Handbetrieb zwecks Arbeitsbeschaffung). Ebensowenig genügt Verbesserung eines rückständig gewordenen Arbeitsweges (PA 2. 11. 1940 MuW 1941, 40); ferner nicht Ausgleich des durch eine andere Maschine veranlaßten Rückschritts (RG 2. 9. 1938 Mitt. 1939, 40). Kein Fortschritt liegt vor, wenn in Zeiten der Rohstoffverknappung aus Gründen der Materialersparnis technische Unvollkommenheiten in Kauf genommen werden (BGH 15. 10. 1957 GRUR 1958, 177, 178 – Aluminiumflachfolien).

Für die Annahme technischen Fortschritts ist zu fordern, daß das durch technische Neuerung gewonnene technische Ergebnis eine fortschrittliche Auswirkung im Sinne irgendeiner der Allgemeinheit zugute kommenden (sozialen) Nützlichkeit (Anm. 30) hat. Das Gebiet, auf dem ein nützlicher Fortschritt unmittelbar oder mittelbar erzielt sein muß, kann auch auf einem anderen als dem technischen Sektor des Gebietes der sozialen Nützlichkeit liegen, z. B. auf wirtschaftlichem, sozialem oder ästhetischem Gebiet oder etwa auf dem Gebiet der Ausnutzung biologischer Naturkräfte und Erscheinungen (BGH 24. 2. 1970 GRUR 1970, 408, 411 – Anthradipyrazol; 27. 3. 1969 BGHZ 52, 74, 79 – Rote Taube). Die erzielten Vorteile können jeweils auch gleichzeitig auf zwei Gebieten liegen, indem z. B. eine technische Verbesserung zugleich wirtschaftliche Erfolge zur Folge hat. Stets ist allerdings Voraussetzung für die Bejahung des Fortschritts, daß von einer **neuen technischen Maßregel** Gebrauch gemacht wird (BGH 23. 11. 1965 GRUR 1966, 249, 250 – Suppenrezept – mit weiteren Nachweisen). Nur der für die Allgemeinheit mit dem neuen »Mittel« herbeigeführte nützliche »Erfolg« selbst braucht mithin nicht notwendig auf technischem Gebiet zu liegen (BGH 24. 2. 1970 a. a. O. S. 411).

Technischer Fortschritt ist nach alledem dann gegeben, wenn eine Neuerung auf technischem Gebiet, die als solche einen technischen Rückschritt nicht darstellt und auch nicht lediglich eine von einem anderen bereits erzielte technische Position zu erreichen trachtet, einem Bedürfnis auf dem Gebiet sozialer Nützlichkeit fortschrittlicher nachzukommen gestattet.

Über technischen Fortschritt bei chemischen Analogieverfahren s. Anm. 54, bei chemischen Stofferfindungen s. Anm. 82.

2. Fortschritt auf verschiedenen Gebieten

Im einzelnen sind für eine Nützlichkeitserhöhung zu nennen:

a) **Technische** Vorteile: Vorteile durch Arbeitskontinuität (RG 2. 7. 1930 35
MuW 1930, 482). Schaffung einer parallel laufenden Neuerung, selbst wenn diese weniger gut ist (RG 22. 4. 1936 Mitt. 1936, 187). Handgriffersparung (RG 21. 3. 1931 MuW 1931, 329). Anpassung an besondere fabrikationstechnische Gegebenheiten (RG 14. 10. 1936 GRUR 1937, 965). Einfachheit der Ausführung (RG 15. 10. 1940 MuW 1941, 67). Einfachheit und Betriebssicherung (RG 29. 10. 1936 GRUR 1937, 454). Einfachheit und daher geringere Abnutzung (RG 12. 7. 1935 GRUR 1936, 46). Steigerung der Arbeitsgeschwindigkeit eines Geräts (BGH 7. 1. 1955 GRUR 1955, 244, 246 – Repassiernadel). Nicht unerheblicher Fortschritt auf einem eng begrenzten technischen Spezialgebiet (BGH 25. 5. 1956 GRUR 1957, 120, 121 – Plattenspieler II). Fertigungstechnisch vereinfachte Herstellung bei Massenartikeln (BGH 8. 6. 1962 GRUR 1962, 518, 519 – Blitzlichtgerät). Schonung des Werkstoffs (RG 3. 2. 1939 MuW 1939, 172). Wahl eines angriffssicheren Werkstoffs (RG 1. 11. 1933 GRUR 1934, 28). Verringerter Platzbedarf und Möglichkeit herabgesetzter Genauigkeitsanforderungen an die Einzelteile (BGH 6. 5. 1960 GRUR 1960, 427, 428 – Fensterbeschläge).

b) **Wirtschaftliche Vorteile:** Verbilligung der Herstellung (RG 25. 4. 1931 MuW 1931, 435; 24. 2. 1939 Mitt. 1939, 141; BGH 8. 6. 1962 GRUR 1962, 518, 519 – Blitzlichtgerät; BPatG 26. 11. 1962 E 31). Rohstoffersatz (PA 23. 1. 1919 Bl. 1920, 51). Erweiterung des Anwendungsgebietes (RG 24. 5. 1940 MuW 1940, 158). Frachtkostenverbilligung (RG 20. 1. 1939 GRUR 1939, 838). Verbilligung des vertriebenen Gegenstandes, falls sie sich beim letzten Verbraucher auswirkt (RG 13. 12. 1938 GRUR 1939, 475). Reduzierung von Investitions- und Bedienungskosten sowie Einsparung des Platzbedarfes wegen der Entbehrlichkeit von bisher als unentbehrlich erachteten Anlagen (BGH 30. 6. 1964 GRUR 1964, 612, 617 – Bierabfüllung).

c) **Sozialhygienische Vorteile:** Sicherheitserhöhung (RG 30. 4. 1936 MuW 1936, 351).

d) Vorteile auf **ästhetischem Gebiet:** RG 29. 3. 1938 GRUR 1939, 343; 2. 9. 1938 MuW 1939, 8; BGH 23. 11. 1965 GRUR 1966, 249 – Suppenrezept; 18. 5. 1967 GRUR 1967, 590 – Garagentor. Das gilt nicht nur für Verfahrenspatente, sondern auch für Sachpatente (BGH 18. 5. 1967 a. a. O., S. 591). Die ästhetische Wirkung muß aber nennenswert sein (vgl. oben Anm. 9).

e) Vorteile auf **therapeutischem Gebiet:** BGH 27. 2. 1969 BGHZ 51, 378, 382 = GRUR 1969, 265, 266 – Disiloxan.

f) Vorteile auf dem **Gebiet der planmäßigen Ausnutzung biologischer Naturkräfte** und Erscheinungen: BGH 27. 3. 1969 BGHZ 52, 74, 79 – GRUR 1969, 672, 673 – Rote Taube.

3. Abwägung von Vor- und Nachteilen. Gesamtergebnis

36 Festzustellen ist stets das unter Abwägung von Vor- und Nachteilen sich herausstellende **Gesamtergebnis** (RG 6. 1. 1934 Mitt. 1934, 34; 8. 1. 1936 MuW 1936, 98, 99). Wirtschaftliche Nachteile sind dabei mit Rücksicht auf die Möglichkeit eines Wechsels nur mit Vorsicht als negativ ausschlaggebend zu bewerten und brauchen selbst bei erheblichem Umfang einen technischen Vorteil nicht auszugleichen. Anders ist die Erhöhung der wirtschaftlichen Vorteile (Exportfähigkeit) gegenüber gewissen technischen Verschlechterungen beurteilt worden (RG 20. 1. 1939 GRUR 1939, 838; 17. 1. 1939 Mitt. 1939, 90). Es ist davon auszugehen, daß bei einer weitgreifenden technischen Regel in dem einen oder anderen Fall keine besonders günstigen Ergebnisse erzielt werden. Der Umstand, daß in einem Sonderfall ein weniger gutes Resultat erhalten wird, vermag der Patentfähigkeit eines allgemein beanspruchten Verfahrens nicht patenthindernd im Wege zu stehen (PA 17. 10. 1935 Mitt. 1935, 381; vgl. zur Frage des technischen Fortschritts bei materialersparenden, aber mit gewissen Nachteilen verbundenen Maßnahmen die in Anm. 34 zitierte Entscheidung BGH 15. 10. 1957 GRUR 1958, 177, 178 – Aluminiumflachfolien). Mit einem erzielten Fortschritt zunächst verbundene gewisse Nachteile treten in den Hintergrund, wenn ihre Behebbarkeit erkennbar ist (BPatG 26. 10. 1961 E 1, 4).

Ein **besonderes Maß von technischem Fortschritt wird nicht gefordert** (Lindenmaier, GRUR 1939, 153 ff.). Bei einem unerheblichen Fortschritt wird eine Bereicherung im allgemeinen nicht angenommen werden können (RG 21. 9. 1927 MuW 1927/28, 131), es sei denn, daß es sich um ein noch wenig erforschtes Gebiet (RG 28. 11. 1928 MuW 1929, 82) oder um eine Massenware (RG 27. 4. 1935 GRUR 1935, 921, 922; BGH 8. 6. 1962 GRUR 1962, 518, 519 – Blitzlichtgerät) handelt. Auch »kleine« Erfindungen können erstmals eine Aufgabe lösen oder erstmalig ein bisher nicht bedachtes Bedürfnis befriedigen und damit zu einer patentwürdigen Bereicherung der Technik führen (BGH 24. 2. 1970 GRUR 1970, 408, 411 – Anthradipyrazol). Entscheidungen, die ohne Rücksicht auf diese Gesichtspunkte schlechthin jedem nur geringen Fortschritt jede patentbegründende Wirkung versagen (RG 17. 11. 1927 MuW 1927/1928, 216) oder erheblichen oder sprunghaften Fortschritt fordern (PA 5. 5. 1938 GRUR 1939, 182), kann nicht zugestimmt werden (ebenso Reimer § 1 Anm. 26 und Technau in Klauer-Möhring § 1 Anm. 47).

Zeitlich ist für die Beurteilung des Fortschritts der Tag der Anmeldung maßgebend. Späteres Eintreten oder der spätere Fortfall des Fortschritts ist ohne Bedeutung (RG 16. 6. 1928 MuW 1929, 71; 22. 6. 1927 MuW 1927/28, 127).

Wegen des Begriffs des auf technischem Fortschritt zu würdigenden **Standes der Technik** vgl. § 2 Anm. 1.

4. Objektives Werturteil

Die Beurteilung des technischen Fortschritts ist **objektives Werturteil** 37
(RG 28. 9. 1927 MuW 1927/28, 130; Lindenmaier, GRUR 1939, 153). Dieses Werturteil hat **jede Entgegenhaltung als solche** zu erfassen. Die Prüfung des Fortschritts hat also durch Vergleich mit jeder Entgegenhaltung besonders zu erfolgen (RG 26. 8. 1941 GRUR 1941, 465; RG 23. 1. 1942 GRUR 1942, 261; BGH 2. 12. 1952 GRUR 1953, 120 – Kabelhalter; 8. 6. 1962 GRUR 1962, 518, 519 – Blitzlichtgerät) und sich darauf zu erstrecken, ob der Fortschritt von solcher Bedeutung ist, daß er die Gewährung eines Ausschlußrechtes tragbar erscheinen läßt.

Liegt kein geeigneter Vergleichsmaßstab vor, weil das Arbeitsmittel oder das Verfahren der Vorveröffentlichung von demjenigen des Streitpatents grundlegend abweicht, so entfällt die Prüfung überhaupt, vgl. BGH 24. 2. 1970 GRUR 1970, 408, 411 – Anthradipyrazol.

5. Nicht erkannte und nicht offenbarte Vorteile

Nicht erforderlich ist in der Regel **die subjektive Erkenntnis** des **Erfinders von den Vorteilen,** also die Erkenntnis, worin der technische Fort- 38
schritt zu erblicken ist (RG 2. 7. 1930 MuW 1930, 482). Angabe der Vorteile in der Patentschrift ist nicht notwendig; Unrichtigkeit ist unschädlich. Es genügt, wenn die Vorteile aus der offenbarten technischen Anweisung ohne weiteres, d. h. ohne erfinderische Kraft von dem Durchschnittsfachmann erkannt werden können (RG 10. 11. 1937 GRUR 1938; 107; RG 5. 12. 1941 GRUR 1942, 160, 161). Im Beschwerdeverfahren sowie im Nichtigkeitsstreit kann daher die Patentfähigkeit auch aus anderen Vorteilen hergeleitet werden, als der Erfinder sie angegeben oder erkannt hat (RG 26. 5. 1913 Mitt. 1913, 109; RG 29. 11. 1924 GRUR 1925, 124; RG

4. 4. 1925 MuW 1924/25, 176). Irrtum des Erfinders über einen weiterreichenden Stand der Technik, als er in Wahrheit vorhanden ist, bleibt ohne Belang, solange nicht die Patenterteilung dadurch beeinflußt wird (RG 1. 2. 1930 MuW 1930, 187).

Grundsätzlich können demnach auch nicht erkannte und nicht offenbarte Vorteile einer Lehre für die Beurteilung des Fortschritts einer Erfindung herangezogen werden (BGH 22. 9. 1961 GRUR 1962, 83, 85 – Einlegesohle). Auf diese Weise darf aber nicht im Nichtigkeitsstreit oder Verletzungsstreit an die Stelle der angemeldeten technischen Maßnahme, die den Erfindungsgegenstand ausmacht, eine andere gesetzt werden (RG 18. 6. 1927 MuW 1927/28, 128; RG 13. 4. 1929 MuW 1929, 289). Ein **Vorteil** (Zweck), der **das eigentliche Wesen der Erfindung** ausmacht und dessen Ausnutzung der in einem Patent gegebenen Lehre erst ihren eigentlichen Sinn gibt, bedarf der **Offenbarung;** denn unter dem Begriff des Vorteils darf nicht eine Maßnahme eingeführt werden, die sich in der Sache als eine neue Lehre zum technischen Handeln darstellt (BGH 22. 9. 1961 a. a. O. unter Hinweis auf RG GRUR 1942, 156, 158 und BGH GRUR 1960, 542 – Flugzeugbetankung, 30. 3. 1971 GRUR 1971, 403, 406 – Hubwagen); vgl. auch BPatG 18. 2. 1963 E 6, 181, wonach nachträgliche Vorteils- oder Zweckangaben, die dem Anmeldungsgegenstand eine vollkommen andere und nicht ohne weiteres zu erwartende Funktion zuweisen und ihn damit in ein anderes technisches Arbeitsgebiet einreihen, nicht mehr geltend gemacht werden können.

In gleicher Weise ist ein Sachverhalt zu beurteilen, bei dem – im Nichtigkeitsverfahren – **nachträglich** geltend gemacht wird, einer Lehre zum technischen Handeln komme deswegen Erfindungshöhe zu, weil mit ihr ein zusätzlicher **entscheidender Vorteil** zu erzielen sei. Ist dieser Vorteil für den Durchschnittsfachmann nicht ohne erfinderische Leistung aus der Patentschrift zu entnehmen, so kann er weder bei der Beurteilung des technischen Fortschritts noch bei der Würdigung der Erfindungshöhe Berücksichtigung finden (BGH 30. 3. 1971 GRUR 1971, 403 – Hubwagen).

Wird eine in der **Zeichnung** dargestellte Ausführungsform in der Beschreibung nur beispielsweise erwähnt, ohne dabei anzudeuten, daß sich der behauptete Vorteil gerade aus dieser Ausführungsform ergibt, muß sie bei der Beurteilung der Patentfähigkeit ausscheiden (BGH 2. 12. 1958 Mitt. 62, 74 ff.; vgl. BGH 25. 3. 1965 GRUR 1966, 192 ff. – Phosphatierung).

6. Beweislast

39 **Beweislast** für den technischen Fortschritt liegt beim Anmelder (BPatG 3. 11. 1967 Mitt. 1968, 14 ff.), im Einspruchsverfahren bei dem als Vorliegen des Fortschritts bekämpfenden Einsprechenden (PA 20. 1. 1935 Mitt.

1935, 72; PA 26. 1. 1935 Mitt. 1935, 74), im Nichtigkeitsstreit beim Kläger (BGH 26. 5. 1961 Mitt. 1962, 110). Bei Auffindung eines neuen Weges, bei dem der Beweis des Fortschritts insoweit Schwierigkeiten begegnet, als er nur durch umfangreiche Versuche und Erklärungen in der Praxis erfolgen kann, genügt es, daß begründete Zweifel an der Brauchbarkeit nicht bestehen (PA 29. 8. 1940 GRUR 1942, 66).

IX. Erfindungshöhe

1. Allgemeines

Der Ausdruck **Erfindungshöhe** ist geprägt von Wirth (GRUR 1906, 40
57; Mitt. 1938, 169; vgl. auch Schuster, GRUR 1937, 1045; ders. GRUR 1942, 237; W. Fischer, GRUR 1939, 89; Lindenmaier, GRUR 1939, 153). Er stellt klar, daß zur Betätigung des gewöhnlichen fachmännischen Könnens noch etwas darüber Hinausgehendes, auf einer höheren Ebene der Geistestätigkeit Beruhendes hinzukommen muß (Pietzcker § 1 Anm. 26), um eine Erfindung patentwürdig zu machen. Dieses Mehr wird als Erfindungshöhe bezeichnet. Sie ist durch das **Vorhandensein einer höheren geistigen Leistung** bedingt, als sie dem Durchschnittsfachmann bei seiner herkömmlichen gewöhnlichen Arbeit der Regel nach möglich ist. Es ist also **in objektiver Beziehung** eine Erfindungsleistung erforderlich, die einem mit dem Stand der Technik des Anmeldetages vertrauten Durchschnittsfachmann weder auf Grund seines Fachwissens noch auf Grund von ihm zu erwartender Überlegung zugänglich war (BGH 23. 6. 1959 GRUR 1959, 532, 536 – Elektromagnetische Rühreinrichtung; 6. 5. 1960 GRUR 1960, 427, 428 – Fensterbeschläge). Die Feststellung der Erfindungshöhe erfolgt mittels eines **objektiven Werurteils.** Die Erfindungshöhe ist neben Fortschrittlichkeit vom RG und ihm folgend vom BGH und dem BPatG in ständiger Rechtsprechung als Patenterfordernis betrachtet worden. Ebenso – nach früherem Schwanken – das PA (21. 6. 1930 Mitt. 1930, 246). Im Schrifttum a. A. Bueren, GRUR 1933, 341, Bryn »Über die Frage der Erfindungshöhe«, Berlin 1931, Wirth, GRUR 1941, 58; dagegen Lindenmaier, GRUR 1939, 153, Schuster, GRUR 1942, 237. Aus neuerer Zeit u. a. Trüstedt, GRUR 1958, 309; Lindenmaier, Mitt. 1959, 121 ff.; Mediger, Mitt. 1959, 125; Winkler, GRUR 1958, 309; ders., Mitt. 1963, 16; Öhlschlegel, GRUR 1964, 477; Lange, Mitt. 1965, 101; Kumm, GRUR 1964, 236 und 1965, 1 – jeweils mit zahlreichen Nachweisen.

Maßgebend für die Beurteilung der Erfindungshöhe ist der Stand der Technik, der gemäß § 2 als vorbekannt zu behandeln ist, auch wenn die Auffassung ausländischen Schrifttums im Inland nicht anerkannt ist (RG 26. 8. 1941 GRUR 1941, 466; 16. 9. 1941 GRUR 1942, 149). Dieser Stand

der Technik ist – im Gegensatz zur Feststellung der Neuheit und des Fortschritts (s. § 2 Anm. 17 und § 1 Anm. 37) – **in seiner Gesamtheit zu würdigen** (RG 26. 8. 1941 GRUR 1941, 466, 468, 469; 23. 1. 1942 GRUR 1942, 261; BGH 2. 12. 1952 GRUR 1953, 120 – Kabelhalter; 25. 9. 1953 GRUR 1954, 107, 110 – Mehrfachschelle; 16. 2. 1954 GRUR 1954, 317, 320 – Entwicklungsgerät). Was der ausländischen Technik angehört und nur durch mündliche Mitteilung einzelnen sachkundigen Personen bekanntgeworden ist, hat außer Betracht zu bleiben.

Darüber hinaus ist aber ganz allgemein mit einer **allmählichen fortschrittlichen Entwicklung der Technik** durch ihre durchschnittlichen Fachleute zu rechnen (PA 25. 1. 1916 GRUR 1916, 59; RG 9. 2. 1940 GRUR 1940, 195, 196). Für den Fachmann ist es naheliegend, einen solchen Gang der Entwicklung vorauszusehen. Erfinderisch ist hiernach, wenn dem Vorstoß nicht nur über den »effektiven«, sondern **auch über den »potentiellen« Stand der Technik hinaus** in das Gebiet des unerschlossenen und der Erschließbarkeit durch den Durchschnittsfachmann nicht zugänglichen Standes der Technik hinein **objektive** Hindernisse entgegenstehen und überwunden werden (Lindenmaier, Mitt. 1959, 121 ff.). Die Erfindung nimmt demnach **»entwicklungsraffend«** (BGH 30. 6. 1953 GRUR 1954, 391 – Latex) die jenseits des patentfreien Raumes (Starck, MuW 1913, 561 und ihm folgend Ohnesorge, MuW 1932, 295, GRUR 1938, 91) liegende Entwicklung vorweg. Eine entwicklungsraffende Leistung bewirkt durch eine sprunghafte Leistungssteigerung eine sprunghafte Verbesserung und Weiterentwicklung der Technik.

2. Maß und Genesis der Erfindung

41 Das **Maß** des für die Patentfähigkeit erforderlichen geistigen Aktes ist nicht festgelegt. Es kann heruntergehen bis zu dem durch Werturteile noch zu erfassenden Maß der Überschreitung des von dem Durchschnittsfachmann zu Erwartenden. Andererseits muß die geistige Leistung erheblich über dem für Gebrauchsmusterfähigkeit zu fordernden Maß liegen (RG 15. 12. 1928 MuW 1929, 131; BGH 2. 11. 1956 GRUR 1957, 270, 271 – Unfallverhütungsschutz). Das »Entwicklungsraffende« muß in einem solchen Ausmaß vorhanden sein, daß es rechtspolitisch die Gewährung der mit der Patentierung verbundenen Vorteile rechtfertigt.

Die **Genesis,** der Werdegang der Erfindung, **ist dabei ohne Bedeutung.** Sie kann auf bewußtem Denken, auf glücklicher Intuition, systematischer Arbeitsplanung oder systematischem Arbeitseinsatz, Erkenntnis der Verwendbarkeit eines zufällig sich darbietenden Ergebnisses beruhen (Pietzcker Einl. Anm. 3, S. 23, § 1 Anm. 26, § 1 Anm. 64; Lindenmaier, GRUR 1939, 153 ff.).

Eine **schöpferische Leistung** als Voraussetzung für die Patentfähigkeit darf **nur im Sinne einer höheren geistigen Leistung** gefordert werden, die der Entwicklung entgegenstehende Hindernisse überwindet. Eine höhere geistige Leistung erfordert in objektiver Beziehung eine Entwicklungsleistung, die einem mit dem gesamten Stand der Technik vertrauten Durchschnittsfachmann (Anm. 43) weder auf Grund seines Wissens noch auf Grund von ihm zu erwartender Überlegungen zugänglich war (BGH 6. 5. 1960 GRUR 1960, 427, 428 – Fensterbeschläge). Schöpferisch ist hiernach alles, was bei üblicher Überlegungsweise nicht erkannt wird; etwas außerordentlich Geniales darf nicht darunter verstanden werden (Blum-Pedrazzini Art. 1 Anm. 19, Reimer § 1 Anm. 31). Ohne Bedeutung ist, ob der Erfinder den Stand der Technik gekannt hat und ihm das Überspringen des patentfreien Zwischenraums zum Bewußtsein gekommen ist (RG 31. 5. 1938 GRUR 1939, 892). Nur die **objektive geistige Leistung** kommt für die Würdigung auf Erfindungshöhe in Betracht.

3. Komplementärverhältnis zwischen Fortschritt und Erfindungshöhe

Früher (RG 23. 8. 1938 MuW 1938, 365, 366) wurde ein **Komplementärverhältnis** zwischen technischem Fortschritt und Erfindung dahin angenommen, daß bei großem technischen Fortschritt an die Erfindungshöhe geringere Anforderungen gestellt werden könnten und umgekehrt. Später haben das RG und ihm folgend der BGH diese Auffassung grundsätzlich abgelehnt und einen **erheblichen technischen Fortschritt** lediglich als ein **Beweisanzeichen** für die Erfindungshöhe bezeichnet (RG 9. 2. 1940 GRUR 1940, 195; 1. 10. 1940 GRUR 1940, 543, 546; BGH 21. 12. 1962 BGHZ 39, 333, 350 = GRUR 1963, 645, 649 – Warmpressen; 22. 12. 1964 GRUR 1965, 473, 478 – Dauerwellen; 2. 7. 1968 GRUR 1969, 182, 184 – Betondosierer). Man wird auch denjenigen Fortschritt als ein äußerlich in Erscheinung tretendes Moment betrachten können, aus dem sich Anzeichen für einen entwicklungsraffenden geistigen Akt ergeben können. 42

Unrichtig formuliert erscheint die Ausdrucksweise des PA (8. 8. 1939 Bl. 1939, 139; 26. 1. 1940 Bl. 1940, 54), daß bei großem Geltungsbereich des Patentes an die Erfindungshöhe große Anforderungen zu stellen seien und umgekehrt. Eine weite Anspruchsfassung wird nur bei Entwicklungsraffung zulässig sein, die die natürliche technische Entwicklung weitgehend vorwegnimmt. Daraus wird sich die Erfindungshöhe von selbst ergeben.

Es ist danach zwischen technischem Fortschritt und Erfindungshöhe grundsätzlich zu unterscheiden. Ein Mangel an Erfindungshöhe kann grundsätzlich nicht durch geltend gemachte Vorteile ausgeglichen werden (PA 21. 7. 1959 Bl. 1959, 359; BGH 14. 7. 1966 GRUR 1967, 25, 29 – Spritzgußmaschine III).

4. Durchschnittsfachmann als Beurteilungsmaßstab

43 Der als Maßstab für die Erfindungshöhe dienende **Durchschnittsfachmann** ist der auf dem einschlägigen technischen Gebiet mit durchschnittlichem Wissensstand ausgerüstete Techniker, der die auf dem Fachgebiet sich einstellenden Vorgänge praktisch und erkenntnistheoretisch übersehen kann (PA 26. 4. 1941 Mitt. 1941, 119). Er ist also weder mit überragenden Fachkenntnissen ausgestattet, noch gehört er der Masse der Beschäftigten an, deren Wissensstand nicht ein solches Maß erreicht.

Dieser Fachmann ist nur eine **hypothetische Größe.** Seine Beurteilung ist für das gesamte Patentrecht einheitlich. Es ist mithin derselbe Fachmann, der die Frage der Offenbarung zu entscheiden und andererseits zu beurteilen hat, ob eine Erfindung gegenüber dem Stand der Technik naheliegt (so mit Recht v. Falck in Mitt. 1969, 252 ff.). Es hängt von dem von ihm bearbeiteten Fachgebiet ab, welches Wissen bei ihm vorausgesetzt werden kann (vgl. Troller a. a. O. 4. Kap. § 11 S. 191 ff.). Beispielsweise kann bei Bergleuten, die auf die Abwendung ständig drohender Gefahren mehr als andere Facharbeiter über Tage auf die Anpassung an die mannigfach wechselnden Arbeitsbedingungen ihres Arbeitsplatzes eingestellt und deshalb zur Verwertung und Kombination aller sich bietenden Mittel durch ihren Beruf erzogen sind, das Maß praktischen Fachwissens nicht gering veranschlagt werden (BGH 18. 12. 1953 GRUR 1954, 258, 259 – Schaleisenanordnung).

Aus welchem **Personenkreis** der Fachmann zu entnehmen ist, der für das jeweilige Fachgebiet den Bewertungsmaßstab darstellt, ist eine häufig streitige Frage. Maßgebend ist grundsätzlich die Zielsetzung und Übung auf dem betreffenden Fachgebiet, die sich bis zu einem Stab wissenschaftlich geschulter Mitarbeiter steigern kann (RG 20. 12. 1933 Bl. 1934, 32). Das technische Sachgebiet, auf dem die Lösung zu suchen ist, ist in der Regel durch den Inhalt der Aufgabe, insbesondere auch durch den etwaigen Verwendungszweck einer Einrichtung gekennzeichnet.

Der Fachmann, an den sich die Lehre zur Verwendung von bei niederen Temperaturen selbst erhärtenden Kunststoffen richtet, ist nicht der Zahnarzt, der das erfindungsgemäße Verfahren in seiner Praxis verwenden will, sondern der akademisch ausgebildete Industrietechniker, der die erfindungsgemäßen Ausgangsstoffe als handelsübliche Ware auf Gebrauchsanweisung für den Zahnarzt herstellt (BGH 5. 11. 1964 GRUR 1965, 138, 141 – Polymerisierbeschleuniger). Der Elektrotechniker ist der zur Lösung berufene Fachmann bei einer elektromagnetischen Rühreinrichtung, der sich die Aufgabe gestellt hat, die Einrichtung auf elektromagnetischem Wege zu betätigen, nicht der Maschinenbauer (BGH 23. 6. 1959 GRUR 1959, 532, 536 – Elektromagnetische Rühreinrichtung mit Anm. Heine). Oft wird es dem Durchschnittsfachmann naheliegen, sich bei demjenigen Fachmann zu unterrichten, der für die dem anderen Fachgebiet zugehörige Lösung zuständig ist. Für den Durchschnittsfachmann auf dem Gebiete der Rückstrahlerherstellung liegt es nahe, sich bei einem Kunststoff-Fachmann über das Formverhalten von bestimmten Kunststoffharzen beim Pressen zu unterrichten (BGH 20. 2. 1962 GRUR 1962, 350, 352 – Dreispiegel – Rückstrahler). Für die Beurteilung einer Brieftaubenreisekabine ist als Durchschnittsfachmann der Techniker anzusehen, der Transporteinrichtungen oder Karosserien herstellt, nicht der Taubenzüchter oder der Sachverständige für den Reisetaubensport (BGH 14. 11. 1961 GRUR 1962, 290, 293 – Brieftaubenreisekabine).

Konstrukteure und Entwicklungsingenieure auf dem Gebiete des Elektrozubehörs (Stecker) können Erfahrungen, die bei Gerätesteckdosen gemacht worden sind, nicht außer acht lassen (BGH 23. 4. 1961 Bl. 1963, 365).

Es kommt also stets auf den Fachmann des Gebietes an, das durch die Lehre des Patents berührt wird (RG 18. 6. 1927 Bl. 1927, 236). Ist eine Aufgabe auf einem Nachbargebiet gelöst, so liegt es für den Durchschnittsfachmann nahe, die Lösung für die gestellte Aufgabe dort zu suchen, auch wenn sich die Entwicklungsarbeiten des Erfinders auf ein Sondergebiet beziehen (BGH 25. 4. 1963 GRUR 1963, 568 ff. – Wimpernfärbestift).

Eine Aufspaltung des Fachwissens darf nicht vorgenommen werden. So ist für die Kenntnis funktionsmäßiger Probleme bei Fensterbeschlägen das Fachwissen eines Durchschnittsingenieurs maßgebend, der gleichzeitig über Fabrikationserfahrungen in der Beschlagbranche verfügt, also auf beiden Gebieten ein durchschnittliches Fachwissen besitzt (BGH 6. 5. 1960 GRUR 1960, 427, 428 – Fensterbeschläge). Im übrigen vgl. Anm. 47 – Übertragungserfindungen.

Keinesfalls ist eine **rückschauende Betrachtungsweise** zulässig. Die Beurteilung der Erfindungshöhe darf – ebenso wie die der Neuheit (§ 2 Anm. 14) – nur mit den Augen des **vorwärtsblickenden** Durchschnittsfachmanns **zur Zeit der Anmeldung** erfolgen, der das Neugeschaffene, auf seine Erfindungshöhe zu Prüfende noch **nicht** kannte (RG 26. 8. 1941 GRUR 1941, 465, 469).

5. Einzelfälle (Beweisanzeichen)

Es spricht für Erfindungshöhe, wenn der Erfinder sich einer **durch Vorveröffentlichungen nahegebrachten Lehre nicht bedient hat** (PA 29. 9. 1941 GRUR 1942, 37). Auch kann es ein Anzeichen für Erfindungshöhe sein, wenn kurze Zeit vor der Anmeldung einer Erfindung eine Produktion aufgenommen wird, welche die erfindungsmäßige Lehre nicht verwirklicht, obwohl dies vorteilhaft gewesen wäre (BPatG 15. 1. 1965 E 6, 145). 44

Doppelerfindung (§ 3 Anm. 34) kann, insbesondere wenn es sich um Kombination an sich bekannter Einzelelemente handelt, gegen das Vorliegen von Erfindungshöhe sprechen, stellt aber immer nur **einen** Umstand neben der sonstigen Gestaltung des Einzelfalles dar. So ist die Erfindungshöhe verneint worden in einem Fall, in welchem eine Synthese von einer vier bekannte Elemente enthaltenden Erfindung in kurzer Zeit zum Gegenstand von vier Gebrauchsmustern gemacht war (BGH 7. 11. 1952 GRUR 1953, 384 – Zwischenstecker), bejaht dagegen trotz Anmeldung einer Doppelerfindung im Ausland die Erkenntnis zweckmäßiger Lösung nach früheren vergeblichen Versuchen (BGH 14. 11. 1952 GRUR 1953, 120 – Glimmschalter). Sind aber in unmittelbarer zeitlicher Nähe zum Streitpatent zwei andere Erfindungen offenbart worden, die zu völlig abweichenden Lösungen gelangten, so kann das für die Erfindungsqualität der Lehre sprechen (BGH 6. 5. 1960 GRUR 1960, 427, 428 – Fensterbeschläge).

Bei einem in der Entwicklung weit vorgeschrittenen Gebiet können schon kleine Verbesserungen erfinderisch sein. Erfindungshöhe auf einem **engbegrenzten technischen Spezialgebiet:** BGH 25. 5. 1956 GRUR 1957, 120 – Plattenspieler II. Als Anzeichen für eine geistige Leistung ist auch angesehen worden, wenn jede weitere Erkenntnis auf einem **wenig erforschten Gebiet** forschende Tätigkeit erfordert (BGH 19. 10. 1954 GRUR 1955, 283 – Strahlentransformator).

Zusammenfassung bekannter technischer Merkmale mit erheblichem, bisher vergeblich angestrebtem Erfolg (RG 8. 7. 1936 GRUR 1936, 937). Gemeinsame Anordnung bekannter Einzelelemente in einer **Kombination mit neuartigen Konstruktionselementen** zur Lösung der gestellten Aufgabe, die keineswegs die einzig mögliche war (BGH 20. 4. 1961 GRUR 1961, 572 ff. – Metallfenster). **Kombination mit teilweise vorbekannten Elementen,** bei der die Vereinigung der Elemente durch den Stand der Technik nicht nahegelegt war (BPatG 9. 3. 1962 E 1, 70).

Andererseits kann das erfinderische Verdienst darin bestehen, einige Kombinationsmerkmale **wegzulassen,** also zu erkennen, daß sich die technische Aufgabe auch mit weniger Merkmalen lösen läßt (PA 28. 10. 1941 Mitt. 1942, 56). Der Fachmann muß in diesen Fällen dem Patent entnehmen können, daß der von dem Erfindungsgedanken erstrebte Erfolg gerade durch das Weglassen erzielt wird. Diese Lehre muß mithin aus der Patentschrift in ihrer Bedeutung als selbständige Lehre zum technischen Handeln erkennbar sein. Werden bestimmte Teile einer Maschine fortgelassen, so muß dadurch ein technischer Fortschritt erzielt werden (PA 30. 6. 1934 GRUR 1934, 535).

Die Erfindungsqualität einer **Gesamtkonzeption,** die eine folgerichtige und fortschrittliche optimale Lösung für eine vollautomatisch und rationell arbeitende Maschine aufzeigt, entfällt nicht deshalb, weil zur Lösung auf bekannte oder durch den Stand der Technik nahegelegte Mittel zurückgegriffen wurde (BGH 28. 7. 1964 GRUR 1964, 676, 679 – Läppen).

Überraschender, ruckartig vermittelter Fortschritt: RG 29. 3. 1924 Bl. 1924, 220; 24. 6. 1925 MuW 1925/26, 39; 15. 10. 1940 MuW 1941, 67, 70;

BGH 2. 12. 1952 GRUR 1953, 120 – Kabelhalter; 19. 10. 1954 GRUR 1955, 283, 286 – Strahlentransformator; ohne jedoch bei nicht überraschendem Ergebnis die Erfindungshöhe grundsätzlich auszuschließen (RG 4. 11. 1933 Bl. 1934, 37).

Ergebnisse planmäßigen Ausprobierens (Pietzcker Einl. S. 23; Lindenmaier, GRUR 1939, 153, 155) oder **planmäßiger Berechnung** (RG 17. 11 1927 MuW 1927/28, 216; 26. 4. 1938 GRUR 1938, 424); anders BGH 6. 4. 1954 GRUR 1954, 584 – Holzschutzmittel, wo Erfindungshöhe für das Heraussuchen eines besonders geeigneten Mittels trotz langwieriger und schwieriger Vergleichsversuche verneint wird. Die Abweichung zu der bisherigen Rechtsprechung beruht aber nur auf der besonderen Fallgestaltung – s. dazu BPatG 24. 4. 1964 E 5, 78: Erfindungen auf dem Gebiete der Mikrobiologie als Ergebnis systematischer Versuche.

Wenn bei der **Berechnung eines Konstruktionsteils** einige Fachleute von unrichtigen Voraussetzungen ausgehen, so kann die Erkenntnis der richtigen Berechnungsgrundlage nur erfinderisch sein, wenn ihre Auffindung für den Durchschnittsfachmann nicht ohne weiteres möglich ist (PA 18. 6. 1941 Mitt. 1941, 156, 157).

Keine Erfindungshöhe bei naheliegendem, keine Schwierigkeiten bereitendem **Versuch, obwohl dieser technischen Fortschritt brachte.** Anders, wenn es sich um schwierig auszuwertende Versuche handelt, die der Beseitigung von Mängeln gelten (RG 9. 2. 1935 GRUR 1935, 427; BGH 2. 12. 1952 GRUR 1953, 120, 122 – Kabelhalter); ebenso, wenn bereits vielfache Lösungen vorgeschlagen waren, die jedoch keinen Fortschritt gebracht hatten (BGH 8. 6. 1962 GRUR 1962, 518, 519 – Blitzlichtgerät), oder bei Notwendigkeit von Forschungstätigkeit (BGH 19. 10. 1954 GRUR 55, 283 – Strahlentransformator).

Eine erfinderische Leistung ist es, wenn jemand aus einer großen Fülle von technischen Möglichkeiten durch einen glücklichen Griff oder etwa durch Überwindung von Vorurteilen gerade eine solche auswählt, die sich als besonders vorteilhaft verwerten läßt (sog. **Auswahlerfindung,** s. dazu § 2 Anm. 7), vgl. RG 29. 3. 1933 MuW 1933, 354; 21. 9. 1935 GRUR 1936, 585; ebenso BPatG 11. 10. 1965 E 8, 18, 22; 2. 6. 1971 E 13, 1 ff. In diesen Fällen kann auch die Verbesserungsbedürftigkeit eines patentierten Verfahrens nicht entgegengehalten werden, wenn die Erfindung im übrigen einen neuen, technisch besonders zweckmäßigen Weg aufweist (RG 27. 11. 1937 GRUR 1938, 763, 766). Andererseits stellt die Auswahl von für ein großes Anwendungsgebiet geeigneten Werkstoffen mit bestimmten Eigenschaften für ein Unterverwendungsgebiet im allgemeinen keine erfinderische Leistung dar (PA 12. 5. 1938 Mitt. 1938, 251). Ebenso, wenn der zur Verwendung vorgeschlagene Stoff keine von den bereits bekannten Stoffen abweichenden und dadurch etwa überraschenden Eigenschaften aufweist (BGH 14. 3. 1969 GRUR 1969, 531, 532 – Geflügelfutter).

Auswahlerfindungen spielen insbesondere in der **Chemie** eine große Rolle, z. B. PA 6. 3. 1933 Mitt. 1937, 174: erfinderische Auswahl einer chemischen Verbindung mit bestimmten Eigenschaften aus einer bekannten Stoffgruppe, die eine sehr große Anzahl ähnlicher Verbindungen enthält. Ähnlich RG 27. 11. 1937 Mitt. 1938, 9 ff.; vgl. auch Vogt, GRUR 1964, 169, 171 ff.; Beil, GRUR 1971, 53 ff. mit weiteren Nachweisen und § 2 Anm. 7.

Bei vorliegendem Bedürfnis nach Lösung des Problems und bisherigem vergeblichem Suchen nach ihr ist die Erkenntnis der Mängel früherer Lösungen und **offener Blick für die sich bietenden Lösungsmöglichkeiten** erfinderisch (BGH 2. 12. 1952 GRUR 1953, 120 – Kabelhalter; 7. 1. 1955 GRUR 1955, 244, 246 – Repassiernadel; PA 11. 5. 1955 Mitt. 1955, 96; BGH 3. 5. 1957 GRUR 1957, 543 – Polstersessel; BGH 6. 5. 1960 GRUR 1960, 427, 428 – Fensterbeschläge). Neuer Weg zur Herstellung eines vielgebrauchten **Massenartikels** ist in der Regel erfinderisch (BGH 30. 6. 1953 GRUR 1954, 391 – Latex; 3. 5. 1957 GRUR 1957, 543 – Polstersessel; 8. 6. 1962 GRUR 1962, 518, 519 – Blitzlichtgerät). Ebenso **Neuaufnahme eines bereits aufgegebenen Weges** (RG 10. 10. 1934 MuW 1934, 447). Eine Fülle von Vorveröffentlichungen genügt als solche nicht (PA 11. 5. 1955 Mitt. 1955, 96), wohl aber genügen **Benutzungsfälle in langer Zeit, die nicht zur Erkenntnis geführt haben** (BGH 19. 2. 1957 GRUR 1957, 488 – Schleudergardine).

Der Umstand allein, daß ein durch die Lehre des Patents befriedigtes Bedürfnis längere Zeit bestanden hat, stellt lediglich ein **Beweisanzeichen** für das Vorliegen der Erfindungshöhe dar (BGH 20. 2. 1962 GRUR 1962, 350, 353 – Dreispiegel-Rückstrahler – unter Hinweis auf das Urteil vom 11. 11. 1960 – I ZR 36/57 S. 21). Andererseits ist die Tatsache, daß eine Druckschrift lange Zeit (50 Jahre) **keine Anregung** für die Erfindung gegeben hat, **noch kein Indiz** für die Erfindungshöhe, wenn sich ein Bedürfnis erst kurze Zeit vor der Patentanmeldung ergeben hat (BPatG 10. 1. 1963 E 3, 3). Auf einem **vielbearbeiteten Gebiet** kann zwar ein Schluß auf erfinderische Leistung gezogen werden, wenn trotz Vorliegens eines Bedürfnisses und trotz vielfacher Lösungsversuche längere Zeit hindurch eine besonders vorteilhafte Lösung nicht gefunden worden ist; indessen ist stets zu fragen, ob etwa besondere Umstände, z. B. die Kriegs- oder Nachkriegszeit, der Verwirklichung des Erfindungsgedankens entgegengestanden haben (BGH 23. 4. 1963 Bl. 1963, 365 ff.; vgl. auch BGH 16. 6. 1961 GRUR 1962, 80, 83 – Rohrdichtung; 14. 11. 1961 GRUR 1962, 290, 294 – Brieftaubenreisekabine; BPatG 10. 1. 1963 E 3, 3). Bejaht worden ist die Erfindungshöhe für die Herstellung von **Massenartikeln** auf einem einfacheren und billigeren Weg, obwohl **seit langem ein Bedarf** dazu bestanden hat; ähnlich BGH 2. 12. 1952 (GRUR 1953, 120 – Kabelhalter) in einem Fall, in dem ein erhebliches Bedürfnis seit längerer Zeit bestanden hatte und die vielfachen früheren Versuche in einer anderen Richtung verlaufen waren, oder in einem Fall, in dem die einzelnen Elemente einer Kombination seit langem bekannt waren und bei der fortschreitenden und sich überstürzenden Entwicklung der Elektrotechnik ein großes Bedürfnis für ein Befestigungsmittel bestand, aber gleichwohl erst **lange Zeit** verging, bis der Erfinder als erster mit einem einfachen, praktischen und vorteilhaften Mittel hervorgetreten ist (BGH 25. 9. 1953 GRUR 1954, 107, 110 – Mehrfachschelle).

Besteht kein Anlaß für die Annahme, daß besondere technische Schwierigkeiten zu überwinden waren, um zur Lösung zu gelangen, dann vermag auch ein lange bestehendes Bedürfnis für sich allein noch nicht die Erfindungshöhe zu begründen (BGH 25. 4. 1963 GRUR 1963, 568 ff. – Wimpernfärbstift). Auch bei **langlebigen teuren Wirtschaftsgütern** braucht der Umstand, daß man zur Fortentwicklung des Standes der Technik lange Zeit (20 Jahre) benötigte, noch keine Erfindungshöhe zu begründen (BGH 2. 12. 1958 Mitt. 1962, 74 ff.). Ebenfalls keine Erfindungshöhe, wenn ein Werkstoff **erst kurze Zeit vor der Anmeldung** in ausreichendem Maße zur Verfügung gestanden hat (BGH 30. 6. 1959 GRUR 1960, 27, 29 – Verbindungsklemme).

Überwindung eines technischen Vorurteils ist in der Regel erfinderisch (RG 8. 10. 1930 MuW 1931, 24; 11. 2. 1938 GRUR 1939, 173; BGH 6. 4. 1954 GRUR 1954, 584, 585 – Holzschutzmittel; 18. 10. 1955 GRUR 1956, 73, 76 – Kaliforniaschuhe; 21. 1. 1958 GRUR 1958, 389 – Kranportal). Überwindung eines Vorurteils gegen wirtschaftliche Verwertbarkeit kann dagegen Erfindungshöhe nicht begründen (BGH 18. 6. 1953 GRUR 1953, 438 – Ausweishülle). Es muß sich stets um Überwindung eines **einhelligen** technischen Vorurteils der Fachwelt handeln (BGH 30. 6. 1964 GRUR 1964, 612 ff. – Bierabfüllung), nicht lediglich um ablehnende Haltung bei Einführung in die Praxis (BGH 7. 12. 1956 GRUR 1957, 212 – Karbidofen). Ebensowenig, wenn es sich nicht um Vorurteile, sondern lediglich um allgemeine, je nach Lage verwendete Fachregeln handelt oder um Fachregeln, die der Fachmann selbst als nicht uneingeschränkt verbindlich betrachtet und bei Bedarf durchbrochen hat (BGH 21. 10. 1952 GRUR 1953, 86 – Schreibhefte). Vorurteile nur hinsichtlich eines Teils der Verwendungsmöglichkeiten genügen nicht (BGH 14. 7. 1966 GRUR 1967, 25, 28 – Spritzgußmaschine III).

Zur Frage der Erfindungshöhe bei **Stoffaustausch:** BGH 20. 2. 1962 GRUR 1962, 350, 353 – Dreispiegelrückstrahler – unter Hinweis auf GRUR 1960, 27, 29 – Verbindungsklemme – und GRUR 1962, 80, 82 – Rohrdichtung. Der Stoffaustausch entbehrt der Erfindungshöhe, wenn der Durchschnittsfachmann von den Eigenschaften oder dem Verhalten des neu anzuwendenden Stoffes Kenntnis hat oder diese von einem Fachmann auf dem in Betracht kommenden Gebiet erfragt werden können. Insoweit kommt es auch auf die auf dem Anwendungsgebiet etwa vorhandene Übung an (vgl. Anm. 43). Konnte er nicht ohne erfinderische Überlegung auf den Gedanken einer Befragung in sachgerechter Weise kommen, so kann Erfindungshöhe zu bejahen sein. Ebenso, wenn die Verwendung des neuen Stoffes die Überwindung von Hemmungen oder Bedenken wesentlicher Art erforderte (RG 20. 1. 1932 Bl. 1932, 130; 1. 11. 1933 GRUR 1934, 28; PA 31. 3. 1941 GRUR 1941, 275). Im Einzelfall kann auch eine erfinderische Leistung anerkannt werden, wenn die Verwendung eines bereits bekannten Stoffes zu einem bestimmten Zweck bisher nicht erkannte Vorteile mit sich bringt (RG 29. 5. 1935 MuW 1935, 392).

Über **Analogieverfahren** und unerwartete technische oder therapeutische Effekte vgl. Anm. 52 ff.

Keine Erfindungshöhe besitzen **bloße Handgriffe und Geschicklichkeiten,** die jedem Durchschnittsfachmann zur Verfügung stehen und nur eine Frage rein handwerklicher Überlegungen sind (BGH 18. 10. 1955 GRUR 1956, 73, 76 – Kaliforniaschuhe). **Bloße Konstruktionen,** denen eine Zusammenstellung von jedem Durchschnittsfachmann geläufigen technischen Regeln oder Maßnahmen zugrunde liegt, stehen im Gegensatz zur Erfindung (RG 17. 12. 1904 Bl. 1905, 125; RG 3. 2. 1906 Bl. 1906, 253, 254; BGH 12. 5. 1961 GRUR 1961, 529, 533 – Strahlenapparat). Ebenso mosaikartige Zusammenstellung vorteilhafter Einzelmerkmale aus dem Stand der Technik (BGH 23. 4. 1963 Bl. 1963, 365 – Schutzkontaktstecker). In diesem Sinne sind **Dimensionsänderungen** oder **rein konstruktive Ausgestaltungen eines Gegenstandes,** die im Zuge der technischen Entwicklung liegen (BGH 30. 6. 1959 GRUR 1960, 27, 29 – Verbindungsklemme), in der Regel nur Arbeiten eines Konstruktionsbüros und entbehren als rein konstruktive Maßnahmen der Erfindungshöhe (RG 25. 9. 1907 Bl. 1908, 11; 14. 3. 1910 Bl. 1910, 295; 24. 11. 1926 GRUR 1927, 117; PA 10. 2. 1928 GRUR 1928, 489). Eine bloße Änderung der Größenabmessung von bekannten Vorrichtungen (Dimensionierung) kann indessen patentwürdig sein, wenn dabei Schwierigkeiten zu überwinden waren, deren Bewältigung erfinderische Kraft erfordert (RG 25. 9. 1929 MuW 1929, 581). Erfinderisch ist auch eine neue Bemessungsregel für einen von dem bekannten Bereich eines Geräts verschiedenen und gegen ihn abgegrenzten Bereich, wenn durch die Abweichung in unerwarteter Weise zusätzliche Wirkungen erzielt werden, welche die zu erwartenden Nachteile überwiegen (BPatG 27. 3. 1963 E 3, 153). Als bloß konstruktive, in der Regel nicht erfinderische Maßnahmen sind ferner anzusehen die **rein additive Zusammenfügung** bereits bekannter Arbeitsmittel oder Arbeitsverfahren (RG 4. 7. 1900 Bl. 1900, 368; 22. 10. 1930 MuW 1931, 25; PA 26. 5. 1944 GRUR 1944, 132); ebenso sog. **kinematische Umkehrung** (Vertauschung der ruhenden und sich bewegenden Teile: RG 26. 10. 1901 Bl. 1902, 154; 14. 10. 1925 MuW 1925/26, 124), wenn die Wirkung nach dem Durchschnittswissen zu erwarten war; Feststellung des **Punktes optimaler Wirkung** in bekannter Reihe

(Tetzner § 1 Anm. 112 Fußn. 587). Ein **Konstruktionsprinzip** ist nur schutzfähig, wenn sich aus ihm die Konstruktionseinzelfälle ohne neue Erfindung ergeben und wenn sich in allen Fällen die gewünschte Wirkung erreichen läßt (PA 5. 1. 1944 Bl. 1944, 6; BPatG 24. 10. 1962 E 3, 95 ff.) oder wenn der Erfinder als erster die Erkenntnis der funktionellen Bedeutung der technischen Merkmale zu einer Verbesserung früherer Konstruktionen verwendet hat (BGH 15. 11. 1955 GRUR 1956, 77 – Spann- und Haltevorrichtung).

Konstruktive Maßnahmen können auch über bloße Routine hinausgehen und erfinderische Kraft erfordern (RG 10. 11. 1937 GRUR 1938, 107, 110, Übertragung bekannter Konstruktionsgedanken auf raumbegrenzte und komplizierte Konstruktionen; RG 3. 7. 1935 GRUR 1936, 231, 235; 13. 11. 1935 GRUR 1936, 590). Auch kann Abkehr von einer alten eingebürgerten Bauart trotz gewisser konstruktiver Bedenken erfinderisch sein (BPatG 26. 10. 1961 E 1, 4).

X. Erfindungen, die gewisse Eigenarten aufweisen

Es gibt Erfindungen, welche, ohne einer besonderen Kategorie anzugehören, **in der Ausgestaltung der Lösungsidee** gewisse Eigenarten aufweisen (vgl. Blum-Pedrazzini Art. I Anm. 32).

1. Kombinationserfindungen, Aggregationen

a) Eine **Kombinationserfindung** liegt vor, wenn mehrere Einzelmerkmale **45**
(Arbeitsmittel oder Verfahren) derart einem gemeinsamen Ziel dienen, daß durch ihr aufeinander abgestimmtes Zusammenwirken ein einheitlicher technischer Erfolg erzielt wird (RG 29. 11. 1933 RGZ 142, 325, 327). Die einzelnen Elemente dürfen mithin nicht ein bloßes zusammenhangloses Nebeneinander bilden, so daß sich etwa ihre Wirkung im Sinne von Einzelwirkungen erschöpft (BGH 20. 4. 1961 GRUR 1961, 572, 575 – Metallfenster; BPatG 15. 12. 1961 E 1, 6 ff.). Ist der technische Erfolg, der von den für die Gestaltung und Anordnung des einen Elements gemachten Vorschlägen erwartet wird, jeweils unabhängig von den für die Gestaltung und Anordnung der anderen Elemente gemachten Vorschlägen, so sind die Voraussetzungen für eine Kombinationserfindung nicht erfüllt (BGH 29. 4. 1960 GRUR 1960, 542, 544 – Flugzeugbetankung I). Für eine solche Erfindung ist vielmehr wesentlich, daß die **mehreren sich gegenseitig beeinflussenden, fördernden oder ergänzenden Teile zusammenwirken, um das einheitliche technische Ziel, den Gesamterfolg, zu erreichen** (RG 29. 1. 1930 GRUR 1930, 438; 22. 11. 1930 GRUR 1931, 262; 16. 9. 1933 GRUR 1933, 840; 5. 6. 1942 GRUR 1942, 543; 14. 3. 1944 GRUR 1944, 122;

BGH 13. 1. 1956 GRUR 1956, 317 318 – Wasch- und Bleichmittel; 11. 7. 1958 GRUR 1959, 22 – Einkochdose; 23. 6. 1959 GRUR 1959, 532, 534 – Elektromagnetische Rühreinrichtung; 29. 4. 1960 GRUR 1960, 542, 544 – Flugzeugbetankung I; 20. 4. 1961 GRUR 1961, 572, 575 – Metallfenster). Einige Entscheidungen übernehmen den vom RG geprägten Ausdruck einer »funktionellen Verschmelzung« der einzelnen Elemente. Die Bezeichnung ist einprägsam, aber erscheint nicht besonders klar.

Es muß sich um eine **quantitativ oder qualitativ neuartige und einheitliche Wirkung** handeln (RG 12. 7. 1933 GRUR 1933, 712; 16. 9. 1933 GRUR 1933, 840). Der Erfindungsgedanke bezieht sich bei einer Kombinationserfindung auf eine Mehrheit von Elementen. Die einzelnen Verfahrensabschnitte können bei einem chemischen Verfahren nicht nur zeitlich aneinandergereiht, sondern auch auf einen längeren Zeitraum verteilt werden (RG 27. 11. 1937 Mitt. 1938, 9, 11). Unzulässig ist es, die Wirkung des Kombinationsschutzes dadurch hinfällig zu machen, daß die Kombination willkürlich auseinandergerissen und etwa als Gegenstand des Patents eine Vorrichtung bezeichnet wird, bestehend aus dem in der Kombination bekannten Merkmal, gekennzeichnet durch das in der Kombination bisher nicht bekannte Element (RG 26. 8. 1938 Mitt. 1938, 310, 312 = MuW 1938, 363). Andere Teile, die zwar noch außerdem vorhanden sein können, scheiden für die Kombination aus (Koksofenpatent RG 15. 5. 1926 GRUR 1926, 339).

Unter den Kombinationsbegriff fällt es nicht, wenn bei einer Maschine ein betriebswichtiger Teil, so ein Ventil, durch ein erfinderisch neues Ventil ersetzt, also erfinderisch verbessert wird (RG 25. 11. 1933 GRUR 1934, 106). Es fehlt dafür an dem Mitwirken der in Betracht kommenden sonstigen Arbeitsmittel zu einem einheitlichen Erfolg. Die patentrechtliche Kombination beschränkt sich auf diejenigen Elemente, die in ihrem **Zusammenwirken** die eigenartige und erfinderische Wirkung hervorbringen.

Kombination von technischen und nichttechnischen Merkmalen ist nicht möglich (BPatG 11. 10. 1961 E 1, 151, 153; 24. 1. 1963 E 4, 3, 7).

Die ehemals vertretene Auffassung, es müsse bei einer Kombinationserfindung eine Einheitswirkung erzielt werden, die sich nicht in abgegrenzte Teile zerlegen und in diesen Teilen auf die Elemente als Ursache zurückführen lasse, wird vom naturwissenschaftlichen Standpunkt aus wohl nicht aufrechtzuerhalten sein. Wegen ihrer technisch-naturwissenschaftlichen Anfechtbarkeit hat die Rechtsprechung auch die frühere Auffassung aufgegeben, es müsse eine über die Summe oder Multiplikationswirkung (Wirkungsaggregation) hinausgehende Wirkung vorliegen; s. aber dazu Zeunert, Beiträge S. 126 ff. **Nicht notwendig** ist es, daß jedes Element einer Kombination von dem anderen abhängt und die Elemente **in gleicher Weise** zur Erzielung des technischen Gesamterfolges beitragen (BGH 11. 7. 1958 GRUR 1959, 22 – Einkochdose).

Der Begriff der Kombinationserfindung wurde ehedem überhaupt in Frage gestellt (PA 24. 9. 1913 Bl. 1913, 292; Isay § 1 Anm. 19). Die Rechtsprechung ebenso wie das Schrifttum haben gleichwohl mit Recht an dem Begriff festgehalten.

Die innere Berechtigung des Schutzes von Kombinationserfindungen beruht auf der Bedeutung eines einheitlichen technischen Erfolges, der durch das Zusammenwirken von mehreren Merkmalen oder Einzelelementen erzielt wird (RG 26. 8. 1938 MuW 1938, 363). Der Begriff der Kombinationserfindung erleichtert somit die Ermittlung des allein wesentlichen Erfindungsgedankens der Gesamtkombination und bewirkt so einen wirksamen Erfinderschutz.

Wie jede andere Erfindung muß die Kombinationserfindung dem Durchschnittsfachmann am Anmeldetag als eine brauchbare Lehre zum technischen Handeln **offenbart** sein (BGH 16. 6. 1961 GRUR 1962, 80 ff. – Rohrdichtung). Was zu den Elementen einer geschützten Kombination gehört, kann jeweils nur aus dem **Wesen der Erfindung** ermittelt werden. Danach gehören zu diesen Elementen nur solche Vorrichtungsteile, in denen sich der Erfindungsgedanke **unmittelbar** verwirklicht (BGH 12.6. 1951 BGHZ 2, 261, 264 = GRUR 1951, 449 – Tauchpumpensatz; 15. 6. 1951 BGHZ 2, 387, 390 = GRUR 1951, 452 – Mülltonne II). Stehen innerhalb einer zusammengesetzten Vorrichtung diejenigen Teile, die außerhalb des Erfindungsgedankens liegen, in notwendigem gegenseitigem Wirkungszusammenhang, so genügt dieser rein funktionelle Zusammenhang nicht, um den Patentschutz auf diese Teile zu erstrecken (BGH 12. 6. 1951 a. a. O. S. 265 mit Nachweisen; 15. 6. 1951 a. a. O.).

Offenbart der Anmelder **erst im Laufe eines Erteilungsverfahrens,** daß ein Zusammenwirken mehrerer bestimmter Merkmale aus der Fülle der ursprünglich offenbarten Merkmale eine Kombination ergibt, so kann dem Schutzbegehren mit der ursprünglichen Priorität nicht stattgegeben werden (BPatG 12. 9. 1963 E 4, 111, 115; vgl. auch BPatG 5. 9. 1962 E 3, 48, 52).

Die Zusammenfassung der Merkmale muß auch **neu, fortschrittlich und erfinderisch** sein (RG 3. 10. 1934 GRUR 1935, 33, 35; 18. 2. 1938 GRUR 1939, 682; BGH 16. 2. 1954 GRUR 1954, 317, 320 – Entwicklungsgerät; 14. 6. 1957 GRUR 1958, 134 – Milchkanne; 20. 4. 1961 GRUR 1961, 572 – Metallfenster; 28. 7. 1964 GRUR 1964, 676 – Läppen). Bei der Prüfung dieser Erfordernisse ist zwangsläufig die Prüfung ausschließlich auf die **Gesamtkombination** abzustellen (RG 25. 11. 1941 GRUR 1942, 204 ff.; BGH 2. 12. 1952 GRUR 1953, 120 ff. – Kabelhalter; 25. 9. 1953 GRUR 1954, 107 – Mehrfachschelle; 11. 7. 1958 GRUR 1959, 22 – Einkochdose; 14. 11. 1961 GRUR 1962, 290 – Brieftaubenreisekabine; 23. 4. 1963 Bl. 1963, 365 – Schutzkontaktstecker). Über Schutzfähigkeit von **Unterkombinationen** und **Elementen** vgl. § 6 Anm. 52. Auch **bekannte Mittel** können zu einer Kombinationserfindung vereinigt werden (RG 17. 6. 1938 GRUR 1938, 844; RG 30. 9. 1938 GRUR 1939, 283; BGH 20. 4. 1961 GRUR 1961, 572 – Metallfenster). In diesem Falle bedarf die Erfindungshöhe besonderer Prüfung. Die Vereinigung der bekannten Merkmale muß Überlegungen erfordern, die wegen der besonderen Umstände von einem Durchschnittsfachmann nicht zu erwarten sind (BGH 2. 7. 1968 GRUR 1969, 182, 183 – Betondosierer).

Die **sprachliche Fassung** des Patentanspruches ist für die Frage des Vorhandenseins einer Kombination nicht wesentlich (BGH 12. 6. 1951 BGHZ 2, 261 = GRUR 1951, 449 – Tauchpumpe). Es ist daher ohne Bedeutung, ob ein Merkmal im Oberbegriff oder im kennzeichnenden Teil des Anspruchs aufgeführt ist (BGH 16. 6. 1961 GRUR 1962, 80, 81 – Rohrdichtung). Allein entscheidend ist, ob das Merkmal von dem erfindungswesentlichen funktionellen Zusammenwirken erfaßt ist (BGH 28. 11. 1963 GRUR 1964, 196, 198 – Mischmaschine).

Eine Kombination liegt nicht vor, wenn zwar im Kennzeichnungsteil des Anspruchs mehrere Elemente nebeneinander aufgeführt sind, in Wirklichkeit aber die Erfindung nur eines dieser Elemente betrifft, während die übrigen bei richtiger Fassung des Anspruchs in den Oberbegriff gehören (RG 17. 3. 1937 GRUR 1937, 551) oder wenn umgekehrt ein zur geschützten Kombination gehöriges Arbeitsmittel in den Oberbegriff verwiesen ist.

Verlangt der Anmelder **im Erteilungsverfahren** die Kombination von a + b, so prüfte das Patentamt ehedem nur, ob die Verbindung dieser Glieder (Elemente) neu ist und Kombinationswert hat. Dieser Praxis sind bereits PA 23. 5. 1936 Bl. 1936, 246, 247; 20. 3. 1939 GRUR 1942, 66 entgegengetreten (vgl. auch Lutter, GRUR 1930, 1009 ff.), ebenso PA 28. 11. 1951 Bl. 1952, 63 ff.; 9. 7. 1955 Mitt. 1956, 113, 114. Nach BPatG 9. 3. 1962 E 1, 70 ff. kann eine Schutzbeschränkung durch einen Vermerk in der Beschreibung zum Ausdruck gebracht werden, etwa dahin gehend, daß der Patentanspruch ausschließlich die Gesamtkombination seiner Merkmale schützen soll. Ähnlich BPatG 10. 3. 1967 E 9, 24 ff., wo es heißt, daß es zulässig und sogar geboten sei, bereits im Erteilungsverfahren den Schutzbereich des zur Erteilung stehenden Patents abzugrenzen, soweit dies unter Berücksichtigung des im Verfahren zur Erörterung kommenden Standes der Technik möglich sei. Eine solche Abgrenzung durch Klarstellung des Schutzes der verwendeten Elemente liegt in der Tat nicht nur im Interesse des Erfinders, sondern auch der Allgemeinheit und des Verletzungsrichters.

Verzichtet der Anmelder auf den Schutz der Einzelelemente, oder erklärt das Patentamt unzweideutig, daß sich der Schutz nur auf die Gesamtkombination erstrecke, so ist damit der Schutzumfang des Patents bindend für die Gerichte festgelegt (BGH 17. 12. 1963 GRUR 1964, 433 ff. – Christbaumbehang). Ein Verzicht nur auf den Schutz eines Einzelelementes bedeutet noch nicht den Verzicht auf seinen Schutz innerhalb der Kombination (BGH 16. 6. 1961 GRUR 1962, 80, 81 – Rohrdichtung). Auch können trotz Versagung des Schutzes auf einen Unteranspruch die Merkmale dieses Unteranspruchs Teil des eine mehrgliedrige Kombination bildenden allgemeinen Erfindungsgedankens sein (BGH 27. 4. 1956 GRUR 1956, 542, 546 – Anhängerkupplung). Liegt keine Schutzbeschränkung vor, so haben die Gerichte zu prüfen, ob den Elementen ein selbständiger Schutz zu gewähren ist (vgl. § 6 Anm. 53 ff.).

b) Lange Zeit ist eine **Aggregation,** bei der die spezifischen Wirkungen der voneinander unabhängigen Elemente auch in ihrer Zusammenfassung bestehenbleiben, im Gegensatz zur »funktionellen Verschmelzung« der Wirkungen der Einzelelemente gestellt und die erstere als nicht schutzfähig bezeichnet worden (Schanze, Das Kombinationspatent 1910 S. 5 ff.; Pietzcker § 1 Anm. 24; Bernhardt S. 41). Dieser Auffassung kann indessen nicht zugestimmt werden. Auch wenn die für eine **Aggregation** typische bloße Hinzufügung eines Mittels nur die Addition einer bekannten oder zu erwartenden Wirkung bringt, so braucht eine solche Maßnahme im Einzelfall nicht ohne weiteres im Wissen des Durchschnittsfachmanns zu liegen, sondern kann besondere Schwierigkeiten bereiten und vorteilhafte Wirkungen auslösen (BPatG 12. 9. 1963 E 4, 111, 114). Für die Beurteilung der Patentfähigkeit einer solchen Zusammenfassung mehrerer Merkmale ist es mithin allein entscheidend, ob die in Frage stehende Lösung neu, fortschrittlich und erfinderisch ist. Stellt eine mosaikartige Zusammenstellung vorteilhafter Einzelmerkmale aus dem bekannten Stand der Technik an das Können eines Fachmanns keine überdurchschnittlichen Anforderungen, so ist die Erfindungshöhe allerdings zu verneinen (BGH 23. 4. 1963 Bl. 1963, 365, 366 – Schutzkontaktstecker). In Grenzfällen kann es daher offengelassen werden, ob sich eine Vereinigung von Merkmalen als Kombination im engeren Sinn, d. h. im Sinne eines sog. Kombinationseffekts oder als Aggregation darstellt (BPatG 12. 9. 1963 a. a. O. S. 116; vgl. auch Trüstedt, GRUR 1956, 349, 356; Kähler, Aggregation und Kombination des Patentrechts, GRUR 1952, 447 ff.; Kumm, System des patentrechtlichen Erfindungsschutzes, S. 96 ff.). 46

Eine gemeinsame Anwendung auch von mehr als zwei bekannten Merkmalen (Aggregation) ist allerdings nicht patentierbar, wenn sich die mit ihr erreichbare Wirkung ohne weiteres aus der Summe der Einzelwirkungen ergibt (BPatG 15. 12. 1961 E 1, 6 ff.).

Ebenso ist die Verbindung einer vorbekannten technischen Anweisung und einer weiteren technischen Anweisung, die zusätzlich zu der vorbekannten erfolgte und nur eine zusätzliche Wirkung erzeugte, nicht als patentfähige Erfindung angesehen worden (BGH 13. 1. 1956 GRUR 1956, 317 – Wasch- und Bleichmittel).

Über Aggregationserfindungen auf dem Gebiet der Chemie vgl. PA 25. 11. 1953 Mitt. 1955, 129 ff. Die Entscheidung PA 14. 6. 1955 Bl. 1955, 329 meint, daß die Aneinanderreihung mehrerer selbständiger Einzelstufen eines chemischen Verfahrens nur dann als patentfähig anerkannt werden könne, wenn mindestens eine Einzelstufe neu sei und eine Bereicherung der Technik erzielt werde. Diese Begründung begegnet nach dem oben Gesagten Bedenken.

2. Übertragungserfindungen

47 Eine Übertragungserfindung liegt vor, wenn der für ein bestimmtes technisches Gebiet bereits bekannte Lösungsgedanke nunmehr auf ein anderes Gebiet übertragen wird. Es soll mithin eine neue Aufgabe mit einem bereits bekannten Mittel oder Verfahren gelöst werden. Über den Unterschied der Übertragungserfindung gegenüber einer Verwendungserfindung vgl. Anm. 48. Für die Übertragung einer Erfindung auf ein **naheliegendes oder benachbartes Gebiet der Technik** wird die Erfindungshöhe in der Regel verneint, wenn eine Unterrichtung auf diesem Gebiet der Technik in dem einschlägigen Gebiet für den Durchschnittsfachmann üblich oder nach der technischen Entwicklung des betreffenden Entwicklungszweiges geboten ist (RG 8. 10. 1930 MuW 1931, 24; 25. 1. 1936 GRUR 1936, 735; 21. 10. 1936 GRUR 1937, 997; 31. 3. 1939 MuW 1939, 293, 294; BGH 12. 2. 1957 GRUR 1958, 131, 132 – Schmierverfahren; 23. 4. 1963 Bl. 1963, 365, 366 – Schutzkontaktstecker; 2. 7. 1968 GRUR 1969, 182, 183 – Betondosierer). Für die Annahme gleicher oder jedenfalls nahe verwandter technischer Gebiete spricht es z. B., wenn die Herstellung von Maschinen für verschiedenartige Verwendungszwecke, etwa zur Verarbeitung unterschiedlicher Stoffe, von den gleichen Firmen vorgenommen wird, oder auch, wenn die zu verarbeitenden Rohstoffe artverwandte Eigenschaften aufweisen (BGH 14. 7. 1966 GRUR 1967, 25, 27 – Spritzgußmaschine III).

Sind diese Voraussetzungen nicht gegeben, so kann eine erfinderische Leistung vorliegen, z. B. RG 9. 2. 1935 GRUR 135, 427; 8. 4. 1938 GRUR 1938, 709, 713; 13. 11. 1942 GRUR 1943, 120, 122; 11. 6. 1943 GRUR 1943, 284; PA 4. 12. 1958 Mitt. 1959, 58; BPatG 18. 12. 1962 E 3, 88 ff. In Zweifelsfällen ist entscheidend, ob es im Rahmen der gestellten Aufgabe oder etwa im Hinblick auf den Verwendungszweck nahegelegen hat, sich auf einem anderen Gebiet umzusehen, auf dem die gleiche Aufgabe zu lösen war (RG 28. 6. 1938 MuW 1938, 324, 325; BGH 23. 6. 1959 GRUR 1959, 532, 536 – Elektromagn. Rühreinrichtung; 14. 11. 1961 GRUR 1962, 290 – Brieftaubenreisekabine; 14. 7. 1966 GRUR 1967, 25, 27 – Spritzgußmaschine III). Es kann auch nahegelegen haben, einem Fachmann auf dem Nachbargebiet entsprechende Fragen vorzulegen, wobei es insbesondere auf die etwa vorhandene Übung ankommt (BGH 20. 2. 1962 GRUR 1962, 350, 352 – Dreispiegelrückstrahler – mit Zitaten). Dient die besondere Ausbildung einer Einrichtung im Streitpatent **anderen Zwecken**, als dies bei der Vorveröffentlichung der Fall war, so wird die Erfindungshöhe in der Regel zu bejahen sein (RG 19. 12. 1936 GRUR 1937,

126, 127; 13. 11. 1942 GRUR 1943, 120). Grundsätzlich muß sich aber ein Fachmann »quer über die verschiedenen Fachgebiete hinweg« unterrichten (RG 8. 4. 1938 GRUR 1938, 709).

Wird insbesondere ein **Gedanke von allgemeiner Tragweite** auf einem Sondergebiet angewendet, das mit einem weiteren Gebiet in engem Zusammenhang steht, so darf nicht allein auf die Kenntnisse des Fachmanns auf dem Sondergebiet abgestellt werden (RG 23. 1. 1932 Mitt. 1932, 122; BGH 14. 7. 1966 GRUR 1967, 25, 27 – Spritzgußmaschine III). Keine Übertragungserfindung liegt vor, wenn die Lösung eine Aufgabe von allgemeiner Bedeutung betrifft und der Fachmann das sie betreffende Fachwissen als ein einheitliches Wissensgebiet betrachtet, mag es auch auf verschiedenen Sondergebieten der Technik zur Anwendung gelangen. In diesem Fall ist bereits **die Neuheit** zu verneinen (RG 11. 6. 1943 GRUR 1943, 284; BGH 25. 4. 1963 GRUR 1963, 568 – Wimpernfärbestift).

Ein erfinderisches Verdienst kann darin liegen, daß eine Besonderheit, die nur in einzelnen, wenig bekannten Patentschriften ein von der Fachwelt unbeachtetes Dasein gefristet hat, durch Übertragung auf ein anderes, wenn auch verwandtes Gebiet, dem technischen Leben zugeführt wird (PA 19. 2. 1914 Bl. 1915, 121). Hat schon in der Vergangenheit eine Übertragung auf das neue Gebiet vorgelegen, mag diese sich auch auf eine andere Vorrichtung bezogen haben, so wird sie dem Fachmann in der Regel geläufig sein (RG 25. 1. 1936 GRUR 1936, 735).

Niemals dürfen theoretische Ergebnisse maßgebend sein, sondern es kommt stets auf die technische Entwicklung an, welche die der Beurteilung unterliegenden Gebiete genommen haben (RG 11. 6. 1943 GRUR 1943, 284). Eine von wissenschaftlicher Erkenntnis der technischen Vorgänge getragene Übertragung bekannter Maßnahmen auf ein anderes Anwendungsgebiet ist als patentwürdig angesehen worden (RG 1. 11. 1917 GRUR 1942, 254).

Ungeachtet der Unterrichtungspflicht auf Nachbargebieten können der Übertragung des Lösungsmittels tatsächliche Hindernisse, insbesondere Anpassungsschwierigkeiten entgegengestanden haben, deren Überwindung erfinderische Kräfte erforderte (RG 12. 3. 1930 MuW 1930, 369; 7. 12. 1935 GRUR 1936, 247; 27. 9. 1940 MuW 1941, 16).

Die Beweisanzeichen für eine Erfindungshöhe decken sich grundsätzlich mit denjenigen, die ganz allgemein für die Annahme einer Erfindungshöhe maßgebend sind, z. B. Vorurteil der Fachwelt, keine Übertragung in der Vergangenheit trotz eines vorliegenden Bedürfnisses, überraschender, ruckartig vermittelter Fortschritt usw. (Anm. 44).

Ein das Durchschnittsmaß übersteigender **wirtschaftlicher und kaufmännischer** Blick für die Übertragung eines Verfahrens auf ein anderes technisches Gebiet begründet **keine Erfindungshöhe** (BGH 12. 2. 1957 GRUR 1958, 131 ff. – Schmierverfahren). Der zuweilen erhobene Einwand, die

Erfindungshöhe würde oft nicht durch eine besondere geistige Leistung erreicht, sondern dadurch, daß der Erfinder auf mehreren, nicht eng benachbarten technischen Gebieten rein zufällig Fachmann ist, mag in Einzelfällen zutreffen; es beweist aber nur, daß strenge Maßstäbe an die Unterrichtungspflicht des Fachmanns angelegt werden müssen.

Vgl. im übrigen oben Anm. 43.

3. Anwendungs-Verwendungserfindungen; sog. Funktionserfindungen

48 a) Hat der Erfinder eine neue Funktion (Wirkungsweise) eines bereits bekannten Arbeitsmittels oder Verfahrens erkannt und will er sie als neue technische Regel der Fachwelt offenbaren, so geschieht dies regelmäßig in der Weise, daß er ihre Anwendung oder Verwendung für einen neuen Zweck vorschlägt. In diesen Fällen liegt eine Anwendungs-Verwendungserfindung vor, die sich als **Unterfall einer Verfahrenserfindung** darstellt. Die neue Inbezugsetzung von Mittel und bestimmtem Ergebnis stellt das Wesentliche der Erfindung dar. Dieser im Hinblick auf ein bestimmtes Ergebnis ausgerichtete Vorgang des Inbeziehungsetzens kann sich nur im Wege eines verfahrensmäßigen Geschehnisablaufs abspielen. Mit Recht wird daher der Verwendungsanspruch im Schrifttum als ein Verfahrensanspruch angesehen (Reimer § 1 Anm. 70, Trüstedt, GRUR 1960, 55, 57; Schwanhäusser, GRUR 1961, 56, 59; Herbst, GRUR 1961, 153, 156). Auch in der Rechtsprechung ist anerkannt, daß ein Anspruch, der z. B. die Verwendung eines besonders gekennzeichneten Wirkstoffs als Schädlingsbekämpfungsmittel zum Inhalt hat, ein Verfahren zur (Ver-)Anwendung des Wirkstoffs bei der Schädlingsbekämpfung unter Schutz stellt (BGH 24. 2. 1970 GRUR 1970, 361, 363 – Schädlingsbekämpfungsmittel; vgl. auch BGH 14. 3. 1972 GRUR 1972, 638, 639 r. Sp. – Aufhellungsmittel). Hieraus folgt zugleich, daß von einer solchen Erfindung, soweit die Anwendung ein Herstellungsverfahren betrifft, auch etwaige Verfahrenserzeugnisse erfaßt werden (Pietzcker § 1 Anm. 95 S. 116; § 4 Anm. 9 Ziff. 1; Reimer § 1 Anm. 70). Anders, wenn es sich bei der Anwendung um ein Arbeitsverfahren handelt (vgl. Anm. 50).

Der **Unterschied der Anwendungserfindung gegenüber der Übertragungserfindung** besteht darin, daß bei letzterer die **bereits bekannte »Funktion«** eines Erzeugnisses, Arbeitsmittels oder Verfahrens, d. h. ihre Wirkungsweise auf ein neues Arbeitsgebiet übertragen wird, während bei der Anwendungserfindung eine **neu erkannte »Funktion«** eines bekannten Mittels oder Verfahrens für ein dafür geeignetes neues Arbeitsgebiet, d. h. für einen neuen Zweck verwendet wird. Der höhere Oberbegriff, der sowohl die neue Anwendung wie auch die Übertragung umfaßt, ist die **Verwendung zu einem neuen Zweck** (Pietzcker § 1 Anm. 95).

Ob es sinnvoll ist, eine Unterscheidung zwischen beiden »Erfindungsarten« dahin zu machen, daß die verwendete Funktion die alte, auf einem fremden Arbeitsgebiet schon bekannte, oder aber eine neuentdeckte und für einen neuen Zweck verwendete ist, erscheint recht zweifelhaft (vgl. U. Weiss, GRUR 1966, 113, 114).

In der Regel ergeben sich aus der Auffindung und Anwendung einer neuen Funktion keine besonderen Rechtsprobleme. Es bedarf nur der Untersuchung, ob die Aufzeigung der durch die neuentdeckte Funktion bedingten **Brauchbarkeit** einer Sache oder eines Verfahrens eine neue Erfindung darstellt (Tetzner § 1 Anm. 44 ff.; Pietzcker § 1 Anm. 89; RG 21. 6. 1930 MuW 1930, 486 – Verwendung einer vorbekannten Drossel zur Herbeiführung zusätzlicher Verzögerung; 28. 6. 1930 MuW 1930, 481 – Verwendung eines Verfahrens, das der Erdbebenberechnung diente, zur Ermittlung des Aufbaus von Gesteinsschichten; RG 1. 7. 1933 RGZ 141, 295 – Verwendung geringer Mengen von Lezithin bei der Schokoladenherstellung zwecks Ersparnis von Kakao, Butter anstelle des bislang lediglich zur Haltbarmachung verwandten Lezithins).

Umstritten ist, ob sich die neue Erfindung ausschließlich durch ihren Verwendungszweck von dem Stand der Technik abzugrenzen braucht oder ob darüber hinaus auch Änderungen in der Technik erforderlich sind, wie sie das Reichsgericht jedenfalls für Verfahrenspatente gefordert hat. Gegen diese Rechtsprechung zutreffend Pietzcker (§ 1 Anm. 85 und 86 mit Nachweisen); ebenso Axster (Mitt. 1959, 224, 228).

Eine Anwendungserfindung ist allerdings niemals in Fällen möglich, in denen in Wahrheit lediglich entdeckt ist, daß notwendigerweise eine bisher schon befolgte Regel ohne jede Änderung bis dahin unbeachtet gebliebene Wirkungen im Gefolge hat. In RG 16. 4. 1919 GRUR 1923, 41 betraf das Patent ein Verfahren zur Ausscheidung der im Wasser absorbierten Gase. Nach dem Patentanspruch sollte das Wasser durch Dreh- oder Hobelspäne aus beliebigem Material oder durch Faserstoffe geleitet werden. Aus dem Stand der Technik ergab sich, daß die Verwendung von Hobelspänen und von Holzwolle zur Reinigung von Wasser bereits vor Anwendung des angegriffenen Patents bekannt war. Nicht erkannt war nur, daß die vom Wasser aufgesaugten Gase dabei gleichzeitig aus dem Wasser ausgeschieden werden. Das Verdienst des Erfinders bestand also lediglich darin, daß er als erster bei Anwendung des alten Verfahrens, das zur Entfernung körperlicher Verunreinigungen diente, den gleichzeitigen Eintritt der Gasausscheidung erkannt hatte. Weitere Beispiele bei Pietzcker (§ 1 Anm. 85 und 95) und Tetzner (§ 1 Anm. 45). In allen diesen Fällen steht der Patenterteilung nicht nur die Tatsache entgegen, daß es sich um eine bloße Entdeckung handelt, sondern auch der Umstand, daß keine genügend klaren Abgrenzungsmöglichkeiten der Verwendungszwecke bestehen (U. Weiss, GRUR 1966 S. 113, 116, 117). Pietzcker erklärt zu diesen Fällen zu Recht (§ 1 Anm. 89 S. 104 a. E.): »Man kann den Leuten nicht verbieten, weiter zu tun, was sie bisher getan haben.«

48a b) Die Anwendung oder Verwendung neuentdeckter Funktionen, d. h. der Wirkungs- oder Arbeitsweisen eines bekannten Arbeitsmittels oder Verfahrens, wird häufig als »**Funktionserfindung**« bezeichnet (vgl. U. Weiss a. a. O. S. 114 ff. mit Hinweisen auf die unterschiedlichen Auslegungen des Begriffs einer Funktionserfindung in Schrifttum und Rechtsprechung). Da man eine Funktion, d. h. die Art und Weise, wie die Wirkung erzielt wird, nur auffinden, d. h. entdecken kann, sollte schon aus diesem Grunde der Begriff vermieden werden. Stets handelt es sich bei ihm in Wahrheit nur um die Erkenntnis und Anwendung einer neuen technischen Funktion eines bekannten oder auch neuen Arbeitsmittels (a. A. Nastelski in Reimer § 1 Anm. 2; zustimmend Bock in Benkard § 1 Anm. 4).

Der bestimmte neue Zweck, zu dem das Lösungsmittel auf Grund der neuentdeckten Funktion verwendet werden soll, gehört als Bestandteil der Aufgabe zum **Inhalt der Patentlehre,** die erst durch ihre Kenntnis einen technisch verwertbaren Sinn erhält (oben Anm. 38). Es bedarf daher seiner **Offenbarung** (RG 28. 11. 1941 GRUR 1942, 156, 158; ebenso BGH 29. 4. 1960 GRUR 1960, 542, 544 – Flugzeugbetankung; 22. 9. 1961 GRUR 1962, 83, 85 – Einlegesohle). In der letztgenannten Entscheidung vom 22. 9. 1961 war der soziale Verwendungszweck, nämlich die Heilwirkung, ursprünglich nicht offenbart und konnte aus diesem Grunde auch nicht als Teil der Aufgabe angesehen werden. Die Lehre hätte nach der richtigen Auffassung des BGH a. a. O. als Verwendungserfindung formuliert werden sollen, also als »Verfahren zur Schweißfußbekämpfung, gekennzeichnet durch die Verwendung einer Einlegesohle aus Polyäthylen«.

Auch der vielumstrittene Rahmenantennenfall (RG 29. 3. 1924 GRUR 1924, 95) ist unter dem Gesichtspunkt einer neuen Verwendungserfindung zu würdigen. Denn dort war ungeachtet der **zufälligen** zeichnerischen Übereinstimmung in einer Vorveröffentlichung **erstmals ein neuer Verwendungszweck »planmäßig« gelehrt worden,** nämlich die viereckige Antenne über Eck stets mit der Spitze nach unten aufzustellen, um auf diese Weise einen schädlichen Einfluß von Erdströmen auszuschalten.

In der Begründung nicht zutreffend – und zwar auch unter Zugrundelegung der bisherigen Lehre über Funktionserfindungen – ist die Entscheidung BGH 15. 11. 1955 GRUR 1956, 77 ff. – Spann- und Haltevorrichtung, in der eine sog. Funktionserfindung angenommen worden ist, obwohl es sich um **ein neues Arbeitsmittel** handelte und **nicht um ein bekanntes mit neuentdeckter Funktion** (vgl. Axster, Mitt. 1959, 224 ff.).

48b c) An den **erfinderischen Schritt** einer neuen und fortschrittlichen Lehre hat die Rechtspraxis stets strenge Anforderungen gestellt. So ist die Verwendung einer an sich bekannten Vorrichtung für ein besonderes Anwendungsgebiet (technisches Spezialgebiet) als nicht erfinderisch angesehen worden, obwohl in diesem Fall zwischen der ersten Bekanntmachung der Vorrichtung und ihrer mit keinen technischen Schwierigkeiten verbundenen Einführung in die ihr offenstehenden Gebiete ein Zeitraum von mehreren

Jahren verstrichen war. Denn für eine solche Einführung muß stets mit einer gewissen Einlaufszeit gerechnet werden (PA 23. 3. 1933 GRUR 1933, 391). Auch muß es der Allgemeinheit überlassen bleiben, nützliche Eigenschaften eines Stoffes für die verschiedenen Zwecke erst einmal auszuprobieren. Vgl. auch PA 31. 3. 1941 GRUR 1941, 275, wonach es in der Regel nicht erfinderisch ist, bekannte Eigenschaften eines bekannten Stoffes für einen anderen Gegenstand nutzbar zu machen. Anders aber z. B. dann, wenn besondere technische Schwierigkeiten oder Vorurteile zu überwinden waren (PA 22. 6. 1932 Mitt. 1932, 219, 220) oder wenn die einen wesentlichen technischen Vorteil mit sich bringende Verwendung eines an sich bekannten Materials zu einem bekannten Zweck vorgeschlagen wird, zu dem dieses Material Jahrzehnte hindurch trotz bestehenden Bedürfnisses nicht verwendet worden war (RG 29. 5. 1935 GRUR 1936, 103).

Ein Patentschutz für eine Verwendung, welche bereits in der Beschreibung aus älteren nicht vorveröffentlichten Verfahrenspatenten zur Begründung der gewerblichen Verwertbarkeit angeführt worden ist, ist zu Recht verneint worden (PA 19. 10. 1935 Bl. 1935, 176; 29. 5. 1937 GRUR 1937, 1070; 23. 10. 1957 Bl. 1958, 10). Ist aber der Anspruch auf Verwendung des Verfahrenserzeugnisses für einen bestimmten Zweck **wegen Nichteinheitlichkeit** ausgeschieden worden, so steht das für das Herstellungsverfahren erteilte Patent der abgezweigten Anmeldung auch dann nicht entgegen, wenn der Verwendungszweck bereits in der Beschreibung des Herstellungspatents angegeben ist (PA 7. 2. 1955 Bl. 1955, 153).

Wegen Herleitung der Priorität eines Verwendungsanspruchs aus einer als Herstellungsverfahren bekanntgemachten Anmeldung vgl. auch PA 5. 5. 1951 GRUR 1951, 281 und Dersin, GRUR 1951, 251 ff.

Über Verwendungsansprüche für chemisch hergestellte Stoffe s. Anm. 71, für Nahrungs-, Genuß- und Arzneimittel Anm. 68 und Anm. 82 S. 99 ff., über »verkappte« Verwendungsansprüche Anm. 57 S. 74, über den Schutz der Verwendung eines chemischen Stoffes neben einem chemischen Herstellungsverfahren Anm. 57, über Neuheitsschädlichkeit bei einer Verwendungserfindung § 2 Anm. 7 S. 114.

XI. Patentkategorien

1. Bestimmung der Patentkategorie. Allgemeines

Für die Patentgestaltung ist zu unterscheiden zwischen **zwei Patentkategorien,** nämlich dem **Verfahrenspatent** und dem **Sach-** oder **Erzeugnispatent.** Noch in der 4. Auflage wurden als weitere Kategorien Patente auf Anwendung bzw. Verwendung sowie auf eine Anordnung aufgeführt. Da das Anwendungs-Verwendungspatent nach zutreffender Auffassung einen Unterfall des Verfahrenspatentes darstellt (Anm. 48) und die sog. Anordnungspatente als besondere Fälle der Sachpatente anzusehen sind (Anm. 58), 49 ist es ausreichend, von zwei Patentkategorien zu sprechen (Zeunert, Bl. 1952, 247; Reimer § 1 Anm. 67; BPatG 18. 3. 1965 E 7, 15, 16; 5. 2. 1965 E 8, 136, 138). Die Einteilung in Patentkategorien hat nur Bedeutung, soweit die Rechtsfolgen unterschiedlich sind. Nur für die beiden genannten Kategorien trifft diese Voraussetzung zu.

Die Patentkategorie kann vom Anmelder nicht willkürlich bestimmt werden, sondern ist unter Mitwirkung des PA **nach objektiven Gesichtspunkten** so zu wählen, daß die den Gegenstand der Anmeldung bildende Erfindung in ihren wesentlichen Merkmalen, d. h. **in ihrem Wesenskern** gekennzeichnet wird (PA 18. 12. 1934 Bl. 1935, 28; 29. 11. 1941 GRUR 1942, 163; BPatG 18. 3. 1965 E 7, 15, 16; 5. 2. 1965 E 8, 136, 138, 141 ff). Im Grundsatz ist der Patentanmelder hinsichtlich der Auswahl einer generell zulässigen Kategorie »Herr der Anmeldung« (PA 24. 9. 1952 Bl. 1953, 60; BGH 29. 11. 1966 GRUR 1967, 241, 242 – Mehrschichtplatte; 18. 6. 1970 BGHZ 53, 181, 185 = GRUR 1970, 601, 602 – Fungizid); denn er vermag in der Regel am besten die Art und den Umfang der Auswertungsmöglichkeit und sonstige für die Wahl der Kategorie maßgebenden Gründe zu erkennen (BPatG 29. 1. 1965 E 7, 1, 6 ff.). Tatsächlich besitzt er auch kraft seines Persönlichkeitsrechts die Verfügung über die Erfindung und hat daher selber darüber zu entscheiden, in welcher Weise er seine Erfindung der Allgemeinheit zugänglich machen will, allerdings immer vorausgesetzt, daß die von ihm gewählte Kategorie zulässig ist.

Auch Ansprüche verschiedener Patentkategorien können im Rahmen einer einzigen Patentanmeldung zulässig sein (s. unten Anm. 57; § 26 Anm. 53 a).

Für die Frage, ob ein Sachpatent oder ein Verfahrenspatent vorliegt, ist die Fassung des Patentanspruchs nicht unbedingt maßgeblich (RG 5. 6. 1935 GRUR 1935, 804, 805; 27. 8. 1940 GRUR 1940, 537; BGH 14. 6. 1960 GRUR 1960, 483, 484 – Polsterformkörper). Auch ist die Grenze zwischen beiden in vielen Fällen flüssig (RG 28. 1. 1933 GRUR 1933, 292; 1. 11. 1933 GRUR 1934, 28; 24. 3. 1937 GRUR 1937, 855; 17. 6. 1938 GRUR 1939, 46; BPatG 18. 3. 1965 E 7, 15, 17).

In Sonderfällen können auch **Mischformen** zwischen dem Sach- und dem Verfahrenspatent vorkommen (PA 29. 11. 1941 GRUR 1942, 163, 164; BGH 14. 6. 1960 GRUR 1960, 483, 485 – Sachpatent, dessen Schutz auf eine bestimmte Art der Herstellung beschränkt wurde – Polsterformkörper; 6. 7. 1962 GRUR 1962, 577, 579 – Rosenzüchtung; **Pietzcker § 1** Anm. 57. In Zweifelsfällen sollten die **Erteilungsakten** herangezogen werden, um den Willen der Erteilungsbehörde zu ermitteln (PA 21. 5. 1932 Mitt. 1932, 182, 183; 1. 11. 1933 GRUR 1934, 28). Mit Recht weist BPatG 5. 2. 1965 E 8, 136, 142 darauf hin, daß grundsätzlich die Patentbehörde zu einer begrifflichen Auseinanderhaltung verpflichtet ist, da sonst ein Vergleich mit dem Stand der Technik und damit eine einwandfreie Prüfung und Festlegung eines unmißverständlichen Ausschlußrechtes nicht möglich ist.

Im Hinblick auf die unterschiedlichen Rechtsfolgen ist die größte Sorgfalt erforderlich, um den Kern der die Erfindung erfassenden Ansprüche herauszuschälen (Zeunert, Bl. 1952, 247 ff.).

Eine **spätere Umdeutung der Patentkategorie** ist sowohl im **Nichtigkeits-** wie auch **im Verletzungsstreit** nur bei einem **offensichtlich** dem Wesen der Erfindung nicht gerecht werdenden, unbeabsichtigten Fehlgreifen in der Ausdrucksweise zulässig; RG 19. 10. 1935 RGZ 149, 102, 109 (Verletzungsstr.); 27. 8. 1940 GRUR 1940, 537, 538 (Verletzungsstr.); BGH 14. 6. 1960 GRUR 1960, 483, 484 – Polsterformkörper (Verletzungsstr.); 14. 7. 1966 GRUR 1967, 25, 29 – Spritzgußmaschine III (Nichtigkeitsstr.); 29. 11. 1966 GRUR 1967, 241, 242 – Mehrschichtplatte (Nichtigkeitsstr.). Sofern ein offensichtlicher Fehlgriff nicht festzustellen ist, ist der Richter im Nichtigkeits- und Verletzungsstreit an die in den Patentansprüchen angegebene Kategorie gebunden (vgl. die Zusammenstellung der Rechtsprechung des RG bei Zeunert, Bl. 1952, 247, 250, 251 ff.; ferner Reimer, Mitt. 1956, 181 ff.).

Einen Ausnahmefall stellt die Entscheidung BPatG 24. 10. 1962 E 2, 192 ff. dar. Hier wurde noch **im Einspruchsverfahren** die Umstellung eines zweckgebundenen Herstellungsanalogieverfahrens auf ein Anwendungsverfahren als zulässig angesehen. Dies wird man allenfalls noch billigen können, weil in dem zur Entscheidung stehenden Fall eine Änderung der Erfindung in Wahrheit nicht vorgenommen wurde. Das an sich nicht schutzfähige Analogieverfahren wird erst durch die Angabe über die wertvollen Eigenschaften der Verfahrensprodukte patentfähig. Es handelte sich also, wie der Senat zutreffend ausführt, bei der Erteilung des Verwendungspatents anstelle des zunächst nachgesuchten Herstellungspatents nur um die andere der beiden an sich möglichen Formen des Schutzes ein und derselben Erfindung (zustimmend Wolf Müller, GRUR 1963, 194; kritisch Spieß, GRUR 1967, 29, 30). In der Folgezeit hat das BPatG eine solche Umstellung des Patentbegehrens nach der Bekanntmachung nicht mehr zugelassen (BPatG 10. 12. 1970 E 12, 119 ff.). Gegen letztere Entscheidung mit beachtlichen Gründen Kockläuner, GRUR 1973, 57 ff.

Einen **Nichtigkeitsgrund** i. S. des § 13 PatG stellt die Einreihung in eine unrichtige Kategorie **nicht** dar (RG 17. 6. 1938 GRUR 1939, 46, 48; BGH 29. 11. 1966 GRUR 1967, 241, 242 – Mehrschichtplatte).

Über Patenterteilung in Fällen, in denen sich die technische Lehre in mehrere Patentkategorien einordnen läßt, vgl. Anm. 57.

2. Verfahrenspatente

Nach heutiger Rechtsprechung sind zwei Arten von Verfahren zu unterscheiden, das **Herstellungsverfahren** und das **Arbeitsverfahren** (BPatG 5. 2. 1965 E 8, 136, 138 ff.), s. dazu Fromme, Bl. 1952, 254 ff. 50

Ein **Herstellungsverfahren** ist ein Verfahren, bei dem auf ein bestimmtes – festes, flüssiges oder gasförmiges – Substrat zum Zweck der Veränderung in einer näher bestimmten Weise eingewirkt und ein sich vom Substrat unterscheidendes **Erzeugnis** hervorgebracht wird. Als Beispiele für Herstellungsverfahren nennt BPatG 5. 2. 1965 a. a. O. insbesondere das Fräsen, Schmieden, Lochen, Anpressen, Ziehen, Stanzen, Schweißen und Sintern bestimmter Substrate, also das Einwirken auf Ausgangswerkstücke, das zu bestimmten, der gewerblichen Verwertbarkeit zugänglichen Endprodukten führt. Von »Substraten« ist deswegen die Rede, weil sich das Herstellungsverfahren nicht auf die Einwirkung auf einen Stoff in beliebigem Aggregatzustand beschränkt. Vielmehr sollen auch diejenigen Fälle erfaßt werden, in denen es sich um die Einwirkung auf Energieformen und Wellen handelt, z. B. Wechselströme, magnetische Kraftfelder, Elektronen, β-Strahlen usw., also Fälle, in denen Kraftfelder und Energien in statische oder dynamische Energien veränderter Form umgewandelt werden (vgl. im einzelnen Fromme, Bl. 1952, 254, 255).

Über chemisch eigenartige Herstellungsverfahren und sog. chemisch analoge Herstellungsverfahren vgl. Anm. 51, 52 ff.

Über den Schutz für Herstellungs- und Verwendungsverfahren im Rahmen eines einzigen Patentbegehrens vgl. Anm. 57.

Demgegenüber ist ein **Arbeitsverfahren** diejenige Tätigkeit, bei der zwar auch auf ein Substrat eingewirkt und Arbeitsschritte vollzogen werden, um ein bestimmtes Arbeitsziel zu erreichen. Das Ziel der Einwirkung geht bei diesem Verfahren aber nicht dahin, das behandelte Objekt selbst zu verändern, z. B. Fördern, Wenden, Ordnen, Zählen, Reinigen, Messen bestimmter Objekte (BPatG 5. 2. 1965 E 8, 136, 138, 139; 18. 3. 1965 E 7, 15, 16).

Gemäß § 6 Satz 2 erstreckt sich die Schutzwirkung der Patente auf ein **Herstellungsverfahren** auch auf die **durch dieses Verfahren unmittelbar hergestellten Erzeugnisse.** Das Ergebnis eines **Arbeitsverfahrens** kann, wie sich aus der Sache ergibt, einen solchen Schutz grundsätzlich nicht genießen (BPatG 18. 3. 1965 E 7, 15, 16; 5. 2. 1965 E 8, 136, 142); s. aber über Verarbeitung einer Sache und Reparaturverfahren § 6 Anm. 47 und Anm. 48. Für Verfahren, die die Herstellung eines neuen Stoffes zum Gegenstand haben, gilt die Beweisvermutung des § 47 Abs. 3.

3. Sonderfall: Chemische Verfahren

Man unterscheidet **chemisch eigenartige Verfahren** und sog. **Analogieverfahren.**

Über Schutzfähigkeit »bestimmter Verfahren« im Gegensatz zu bloßen Mischverfahren zweier chemischer Verbindungen vgl. Anm. 68. Über Schutz von Mischungen durch Sachpatent vgl. Anm. 69.

a) Chemisch eigenartige Verfahren

51 Bei **chemischen Herstellungsverfahren** kann die Arbeitsweise Patentschutz genießen, wenn sie nicht vorhersehbare verfahrensmäßige Vorteile bietet (geringerer Energieaufwand, Einsparung früher üblicher Verfahrensstufen); sie kann auch einen bekannten Stoff in reinerer Beschaffenheit oder größerer Ausbeute liefern (Dersin, Ullmanns Enzyklopädie Bd. II, 2 S. 550). Auch kann die Herstellung neuer Stoffe in Betracht kommen. Das Erfinderische liegt dann in der chemischen Methodik (Dersin a. a. O.; ders. auch Angew. Chem. 1951, 137). Diese Verfahren bezeichnet man als **eigenartige Herstellungsverfahren.** Für sie gelten die üblichen Schutzvoraussetzungen, d. h. sie müssen neu, fortschrittlich und erfinderisch sein (vgl. PA 10. 11. 1954 Mitt. 1954, 60; 14. 6. 1955 Bl. 1955, 329).

b) Chemische Analogieverfahren

52 aa) Neue und erfinderische (eigenartige) chemische Herstellungsverfahren sind selten. Die meisten wertvollen Stoffe werden in analog bekannten Verfahren hergestellt. Analog bedeutet, daß die Stoffe den in einem Grundverfahren hergestellten Stoffen konstitutionsgleich sind.

Kennzeichen eines chemischen Analogieverfahrens ist, daß bei der Lösung einer sich aus dem Stand der Technik ergebenden Aufgabe die aufeinander wirkenden Stoffe bei analoger Konstitution chemisch in analogem Sinne wie bei dem bekannten Grundverfahren reagieren (PA 7. 10. 1952 Bl. 1952, 477; BGH 3. 2. 1966 BGHZ 45, 102, 105 = GRUR 1966, 312, 315 – Appetitzügler I; 27. 2. 1969 BGHZ 51, 378, 381 = GRUR 1969, 265, 266 – Disiloxan).

Neben der **Analogie der Ausgangsstoffe** ist auch eine **Analogie der Arbeitsweise** möglich. Bei letzterem Analogieverfahren wird eine in analoger Weise abgeänderte Arbeitsweise verwendet, während Ausgangsstoffe und Endprodukte die gleichen sind (Dersin, GRUR 1958, 413, 414; BGH 3. 2. 1966 a. a. O.).

Der Begriff analog ist **nicht** mit **äquivalent** gleichzusetzen.

Die Lehre von der **Äquivalenz** (§ 6 Anm. 17 ff.) dient dem Schutz des Erfinders, um zu verhindern, daß ein vom Verletzer verwendetes gleichwertiges Mittel dem Erfinder den ihm gebührenden Lohn schmälert. Zum Begriff der glatten und nichtglatten Äquivalente bei chemischen Verfahren s. OLG München 29. 10. 1964 GRUR 1965, 421 – Taxilan II, mit Nachweisen; vgl. auch LG München I 22. 9. 1964 GRUR 1965, 536 – Muskelentspannung; v. Pechmann, GRUR 1962, 1, 4 ff.; Beil, Chem. Ing. Techn. 1963; 873). Auch BGH 29. 1. 1970 GRUR 1970, 237, 242 — Appetitzügler II bestätigt, daß kein Grund besteht, den Schutz aus einem Patent auf ein chemisches Analogieverfahren nach den allgemein geltenden Grundsätzen nicht auch auf andere Verfahren zu erstrecken, die äquivalent, d. h. i. S. des konkreten Erfindungsgedankes des Klagepatents gleichwirkend sind.

Die **Analogie** will demgegenüber hervorheben, worin die Unterschiedlichkeit eines neuen Verfahrens gegenüber einem bekannten Grundverfahren liegt (Dersin, Angew. Chem. 1958, 125 l. Sp.; auch Schramm, Der Patentverletzungsprozeß S. 139 ff.).

Analoge Herstellungsverfahren liegen für den Fachmann nahe. Sie gehören nach dem Erfahrungswissen zum »potentiellen« Stand der Technik (Kirchner, GRUR 1949, 215; BGH 13. 2. 1964 BGHZ 41, 231, 244 = GRUR 1964, 439 – Arzneimittelgemisch). Bei diesen Verfahren ist das Ergebnis hinsichtlich des Endproduktes voraussehbar (Dersin, GRUR 1958, 413; PA 10. 11. 1954 Mitt. 1954, 60; 18. 7. 1956 Bl. 1956, 358; 19. 3. 1957 Mitt. 1957, 116).

Seit der Kongorot-Entscheidung (RG 20. 3. 1889 Bl. 1889, 209 ff.) werden in ständiger Rechtsprechung auf sie gleichwohl Patente erteilt, wenn die nach diesen Verfahren hergestellten Erzeugnisse auf dem Anwendungsgebiet, für das sie bestimmt sind, gegenüber bekannten Stoffen vergleichbarer Zusammensetzung neue unerwartete und technisch, therapeutisch oder sonstwie wertvolle Eigenschaften aufweisen (BGH 13. 2. 1964 BGHZ 41, 231, 242 ff. = GRUR 1964, 439, 442 – Arzneimittelgemisch; BPatG 29. 1. 1965 E 7, 1; BGH 3. 2. 1966 BGHZ 45, 102, 105 ff. = GRUR 1966, 312, 315 – Appetitzügler). Das Analogieverfahren erhält demnach seinen technisch fortschrittlichen Charakter durch diese Wirkungen oder Eigenschaften des neugewonnenen Erzeugnisses, die allerdings ihrerseits durch die **Aufzeigung** und **Auswahl** der Ausgangsstoffe bedingt sind (vgl. dazu Vogt, GRUR 1964, 169, 171).

Mit Recht betont BPatG 29. 1. 1965 a. a. O., daß für diese Rechtsprechung reine Zweckmäßigkeitserwägungen ausschlaggebend sind. Im Schrifttum werden im wesentlichen die gleichen Gedankengänge vertreten. Grundsätzliche Bedenken gegen das Analogieverfahren äußert u. a. Kumm, GRUR 1963, 57 und 1965, 507. Auch Vogt, GRUR 1964, 169 ff. weist auf theoretische Bedenken hin. Die zitierte Entscheidung des BPatG hält sie mit Recht für unbegründet.

53 bb) Nach PA 11. 3. 1959 Bl. 1959, 325, 326 und früherer ständiger Praxis des PA reicht es zur **Offenbarung eines analogen Herstellungsverfahrens** aus, Ausgangsstoffe, Arbeitsweise und Endprodukte in den ersten Unterlagen anzugeben. Die Angaben über besondere Eigenschaften des Erzeugnisses und technischen Effekt können später nachgereicht werden. Diese Entscheidung ist im Schrifttum stark diskutiert worden.

Das BPatG hat in den Entscheidungen vom 28. 10. 1963 Mitt. 1965, 10 mit Anm. v. Pechmann, und vom 10. 9. 1964 E 7, 73 einen abweichenden Standpunkt eingenommen und ausgesprochen, es müsse der Allgemeinheit schon in den ursprünglichen Unterlagen offenbart werden, daß der neue Stoff auf Grund besonderer Eigenschaften der chemischen Technik bestimmte fortschrittliche Verwendungsmöglichkeiten erschließt; andernfalls sei eine unvollständige und daher nicht schutzfähige Erfindung offenbart.

Dieser Auffassung ist der BGH in dem Beschluß vom 3. 2. 1966 BGHZ 45, 102, 107 ff. = GRUR 1966, 312 ff. – Appetitzügler I entgegengetreten. Hiernach genügen für eine ausreichende Offenbarung Angaben über Ausgangsstoff, Arbeitsmethode und Endprodukt, wenn sie so beschrieben sind, daß der Fachmann die dadurch gekennzeichnete Lehre befolgen kann. In der Regel sei bei der Anmeldung eines chemischen Analogieverfahrens nur die **Angabe eines allgemeinen technischen Gebiets** (z. B. Pharmazeutika) zu fordern, auf dem die neue Lehre des beanspruchten Verfahrens Anwendung finden soll. Die zur Begründung der Patentwürdigkeit erforderlichen **Angaben über die besonderen technischen, therapeutischen oder sonstwie wertvollen Eigenschaften könnten nachgereicht werden.** Sie gehörten nicht mehr zum Inhalt der zu offenbarenden Lehre, sondern zu dem im Erteilungsverfahren zu erörternden Fragenkreis des technischen Fortschritts und der Erfindungshöhe. Zeunert (Beiträge S. 69 ff.) bedauert die Entscheidung, weil sie der Rechtsunsicherheit Vorschub leiste und die Voraussetzungen für die Durchführung eines Erteilungsverfahrens unberücksichtigt lasse. Im Ergebnis ebenso Blum-Pedrazzini Art. 2 Anm. 25 S. 261 ff. und die in BGH 3. 2. 1966 a. a. O. S. 106 für die abweichende Ansicht genannten Schrifttumsstellen. Einzuräumen ist, daß im Hinblick auf die äußerst schwierig aufzuklärenden chemischen Vorgänge z. B. die speziellen therapeutischen Wirkungen eines Arzneimittels häufig erst nach vielen Jahren werden erkannt werden können (Vogt, GRUR 1966, 319; vgl. auch die in BGH 3. 2. 1966 a. a. O. S. 107 für die abweichende Auffassung zitierten Nachweise). Diese Gründe mögen auch den BGH zu der Entscheidung bewogen haben. Aber gleichwohl bleibt gegenüber dieser Rechtsprechung die berechtigte Frage, ob ein Verfahren zur Herstellung von einem Arzneimittel, für das im Zeitpunkt der Anmeldung noch keine Indikation vollständig angegeben werden kann, die Voraussetzungen einer **fertigen** technischen Erfindung erfüllt. Die allgemeine Angabe, ein Arzneimittel sei für »pharmazeutische Zwecke« geeignet, befriedigt nicht das soziale Bedürfnis der Allgemeinheit (Anm. 30). Niemandem kann eine Lehre etwas nützen, wenn er im Grunde gar nicht weiß, wozu er sie nutzen soll. Eine solche Lehre steht geradezu im Widerspruch zum Interesse des Betroffenen, der präzise Angaben über das von ihm zu gebrauchende Mittel benötigt und auch berechtigt ist, sie zu fordern. Die Entscheidung dürfte aber auch nicht mit BGH 21. 5. 1963 (BGHZ 39, 389 – Taxilan) zu vereinbaren sein, wonach **Tierversuche** mit einem nach einem neuen chemischen Verfahren hergestellten Arzneimittel, die – ungeachtet der Erkenntnis der hauptsächlichen pharmazeutischen Eigenschaften des Mittels – fortgesetzt werden, um die Möglichkeit seiner Anwendung am **Menschen** zu klären, **nicht** die Voraussetzungen eines **Vorbenutzungsrechts** begründen, wenn sie dazu dienen, den Willen zur gewerblichen Benutzung der Erfindung für die **Humanmedizin** erst zu bilden. Mit Recht äußert Löscher in der Anmerkung in L M § 7 PatG Nr. 2 die Besorgnis, die Taxilan-Entscheidung könnte das Bestreben fördern, noch nicht ausgereifte Arzneimittelerfindungen vorzeitig zum Patent anzumelden. Der »Vorbenutzer« ist in der Tat nach den Grundsätzen der Taxilan-Entscheidung erheblich schlechter gestellt als der »frühzeitige« Anmelder eines Patents. Aber nicht so sehr die wohl rechtlich unbedenkliche Taxilan-Entscheidung dürfte den Erfindern Anlaß geben, noch nicht ausgereifte, d. h. unfertige Erfindungen anzumelden, sondern dies würde wohl eher die Folge der Appetitzügler-Entscheidung a. a. O. sein, die solchen Anmeldungen einen weiten Spielraum lät.

BGH 29. 1. 1970 GRUR 1970, 237 – Appetitzügler II – bestätigt jetzt aber BGH 3. 2. 1966 a. a. O.

54 cc) Mit der Entscheidung vom 3. 2. 1966 a. a. O. ist auch die früher äußerst streitig gewesene Frage entschieden, ob es erforderlich ist, in den Anspruch bei einem chemischen Analogieverfahren eine Zweckangabe aufzunehmen. Über sog. **zweckgebundene Verfahrensansprüche** vgl. Dersin, Angew. Chem. 1951, 139; GRUR 1952, 360, 363; Langer, GRUR 1960, 1. ff.; Vogt, GRUR 1964, 169, 173; Spieß, GRUR 1964, 49, 51; v. Pechmann, GRUR 1962, 1. Genügt bei einem chemischen Analogieverfahren nach BGH 3. 2. 1966 a. a. O. die Offenbarung von Ausgangsstoff, Arbeitsmethode und Endprodukt, so ergibt sich daraus zwangsläufig, daß auch eine besondere Zweckangabe **im Patentanspruch nicht erforderlich** ist (ebenso Vogt in der Anm. GRUR 1966, 318 und Moser v. Filseck, GRUR 1967, 169, 171). Der Schutz umfaßt hiernach auch sämtliche Brauchbarkeiten der Produkte (vgl. § 6 Anm. 77 a. E.); über Zweckbindung bei **Stoffansprüchen** s. Anm. 74.

55 dd) Können bei einem chemischen Verfahren die einzuhaltenden Bedingungen nicht durch Formeln oder Worte definiert werden, so ist die notwendige Definition auch mittels einer **graphischen Darstellung** (Diagramm) zulässig (BPatG 28. 4. 1970 E 11, 199). Zu beachten bleibt ferner, daß ein Anmelder **nicht** verpflichtet ist, auch noch die **Formel des Endprodukts** in den Anspruch aufzunehmen, soweit dieses Endprodukt in den Verfahrensansprüchen bezeichnungsmäßig definiert und für den Chemiker ein offensichtlich bestimmter Begriff ist (BPatG 23. 6. 1970 GRUR 1971, 112 – Arylsulfenhalogenide).

Sind bei einem Verfahren Ausgangsstoffe und Endprodukte weder in ihrer Konstitution noch in ihren Eigenschaften am Anmeldetag bekannt gewesen und konnte bei ihm die zu lösende Aufgabe auf Grund des Standes der Technik überhaupt nicht gestellt werden, so kann ein naheliegendes Analogieverfahren nicht vorliegen (PA 7. 10. 1952 Bl. 1952, 477). Ist nur der Ausgangsstoff bei dem Verfahren unbekannt gewesen, so handelt es sich gleichfalls nicht um ein Analogieverfahren, da keine Angaben über die Durchführbarkeit der Reaktion möglich sind (PA 13. 2. 1956 Mitt. 1957,

54). Diese beiden sog. Chloramphenicol-Entscheidungen sind im Schrifttum auf heftige Kritik gestoßen; vgl. u. a. Beil, GRUR 1961, 320 mit Schrifttumsnachweisen, Vogt, GRUR 1964, 169, 176; s. auch v. Pechmann, Mitt. 1957, 95.

ee) Erfindungen auf chemischem Gebiet, gleichgültig, ob es sich um Analogieverfahren, um chemisch eigenartige Verfahren oder um Stofferfindungen handelt, sind im wesentlichen nicht anders zu beurteilen als Erfindungen auf dem Gebiet der mechanischen Industrie (BGH 24. 2. 1970 GRUR 1970, 408, 412 – Anthradipyrazol). Daher müssen auch für die Feststellung eines **technischen Fortschritts** die gleichen Voraussetzungen gelten, wie sie oben in Anm. 34 im Anschluß an BGH 24. 2. 1970 a. a. O. ganz allgemein dargelegt sind. Der durch ein Analogieverfahren erfindungsgemäß gewonnene Stoff muß hiernach Eigenschaften – oder auch nur eine Eigenschaft – aufweisen, kraft derer er durch seine Verwendung zu einem technischen, therapeutischen oder sonstigen Zweck in einer **allen** wirkungsmäßig vergleichbaren bekannten Stoffen gegenüber – **nicht** etwa nur allen wirkungsmäßig **und** konstitutionell vergleichbaren Stoffen gegenüber – überlegenen Weise wirkt (BGH 27. 2. 1969 BGHZ 51, 378, 382 = GRUR 1969, 265 – Disiloxan, 24. 2. 1970 GRUR 1970, 408, 412 – Anthradipyrazol). Darüber hinaus kann er sich aber auch aus der Bereitstellung eines **weiteren,** nicht notwendig besseren Mittels ergeben, soweit hierdurch einem dahingehenden **Bedürfnis** abgeholfen wird. Je nach Lage des Falles kann es genügen, den Vergleich mit **einem** anerkannt gut wirkenden Mittel durchzuführen (BGH 24. 2. 1970 a. a. O.; vgl. auch BGH 27. 2. 1969 a. a. O.). 55a

Die **Erfindungshöhe** eines Analogieverfahrens bestimmt sich danach, ob die Überlegenheit der Eigenschaften bzw. Wirkungen des neuen Stoffes gegenüber denen von vergleichbaren bekannten Stoffen nach dem Stand der chemischen Wissenschaft und Erfahrung zur Zeit der Patentanmeldung nicht oder nicht in gleichem Maße erwartet werden konnte, sondern **überraschend** war (BGH 27. 2. 1969 BGHZ 51, 378, 382 = GRUR 1969, 265, 266 – Disiloxan).

Die für die Analogieverfahren entwickelten Grundsätze finden auch auf **biologische Analogieverfahren** Anwendung (PA 16. 8. 1956 Mitt. 1957, 77).

Auf **Sachansprüche,** z. B. Stoffmischungen, passen die Grundsätze des Analogieverfahrens indessen nicht (Beil, GRUR 1958, 603 gegen PA 21. 11. 1957, Bl. 1958, 188).

c) Zwischenprodukte

(Kirchner, GRUR 1949, 218 ff.; v. Kreisler – H. Beckheimer, Mitt. 1955, 142 ff.; Dersin, GRUR 1958, 413 ff.; Beil, Chem. Ing.-Techn. 1959, 550 und GRUR 1969, 443 ff.; Walter, GRUR 1964, 1 ff.; Klar, GRUR 1965, 580 ff.; Eggert, Chem.-Ing.-Techn. 1967, 879, 880; Moser v. Filseck, GRUR 1968, 470 ff.). 56

Bei der Patentierung von Analogieverfahren ist lange Zeit streitig gewesen, ob diese Verfahren auch dann patentfähig sind, wenn sie nur zu sog. **Zwischenprodukten** führen. Der Begriff Zwischenprodukt wird im PatG nicht verwendet. Von der Rechtsprechung wird er für Stoffe der synthetischen Chemie gebraucht (Dersin, GRUR 1958, 414), die im Zuge der Herstellung eines anderen chemischen Stoffes intermediär in Erscheinung treten (Kirchner, GRUR 1949, 215, 219). Wann die Reihe der **Vorstufen** für die Herstellung eines Endprodukts abgeschlossen ist, hängt von den Umständen des Einzelfalls ab (Beil, GRUR 1969, 443). Führt ein Analogieverfahren zu Produkten, die lediglich als Zwischenglieder ohne eigene neuartige technische Wirkung verwendbar und zu nichts anderem brauchbar sind als weiterverarbeitet zu werden, so konnten nach der st. Praxis des PA die wertvollen Eigenschaften des **End**produkts nicht zur Begründung der Patentfähigkeit des zu dem Zwischenprodukt führenden Analogieverfahrens herangezogen werden. Sie waren mithin nach dieser Praxis **nicht patentfähig** (PA 10. 11. 1954 Mitt. 1954, 60, 61; 18. 7. 1956 Bl. 1956, 358; 19. 3. 1957 Mitt. 1957, 116; vgl. auch die von v. Kreisler-Beckheimer a. a. O. S. 143, 144 mitgeteilten PA-Entscheidungen 10. 2. 1940 und 24. 1. 1945 sowie BPatG 18. 12. 1962 E 5, 1).

Der BGH (vgl. die Entscheidungen 27. 2. 1969 BGHZ 51, 378 ff. = GRUR 1969, 265 ff. – Disiloxan; 27. 2. 1969 GRUR 1969, 269 – Epoxidverbindungen und 27. 2. 1969 GRUR 1969, 270 – Farbstoffbildungskomponenten mit zahlreichen Nachweisen aus dem Schrifttum) hat den Standpunkt des PA nicht gebilligt. In den auf die Rechtsbeschwerden hin aufgehobenen Entscheidungen hatte das BPatG in Übereinstimmung mit der bisherigen Praxis des PA angenommen, daß die überlegenen Eigenschaften bzw. Wirkungen des neuen technischen Stoffes nur dann als Maßstab für die Feststellung des technischen Fortschritts herangezogen werden könnten, wenn der beanspruchte neue chemische Stoff den Charakter eines technisch, therapeutisch oder sonstwie **unmittelbar** verwendbaren **Endprodukts** habe, nicht aber auch dann, wenn sich die vorteilhaft wirksamen Eigenschaften erst nach einer durch anderweitige chemische Umsetzung erfolgenden Weiterverarbeitung der Zwischenprodukte an den Endprodukten zeigten. Demgegenüber hat der BGH in den eingehend begründeten Entscheidungen a. a. O. den Standpunkt vertreten, daß der für die Bejahung des gewerblich verwertbaren Zwischenprodukts erforderliche technische Fortschritt in einem solchen Fall zwar erst bei der Verwendung des **Endprodukts** in Erscheinung trete, tatsächlich aber bereits in den immanenten Eigenschaften des zur Weiterverarbeitung bestimmten Zwischenprodukts begründet sei. Allein dem Anmelder müsse es in einem solchen Fall, bei dem es nur auf den **Kausalzusammenhang** zwischen den Eigenschaften des Zwischenprodukts und den beim Endprodukt auftretenden Eigenschaften bzw. Wirkungen ankomme, überlassen bleiben, wo er seine Erfindung geschützt wissen wolle, nämlich dort, wo der technische Fortschritt **begründet** werde, oder dort, wo er in **Erscheinung** trete. Eine gegenteilige Auffassung läuft in der Tat auf eine nicht gerechtfertigte Versagung eines ausreichenden Patentschutzes für die Herstellung chemischer Zwischenprodukte hinaus. Daß der neue Stoff zumindest bei **einer** vom Anmelder anzugebenden Verwendung einen technischen Fortschritt bringen muß, wird in der Entscheidung a. a. O. zu Recht gefordert.

Im übrigen hat der Anmelder nicht nur, wie selbstverständlich, den neuen Stoff selbst bzw. das Verfahren zur Herstellung **zu offenbaren,** sondern er hat darüber hinaus den Fachmann darüber **zu unterrichten,** – und zwar bereits in den ursprünglichen Unterlagen (BGH 25. 4. 1972 GRUR 1972, 642 ff. – Lactame) – **wie** der neue Stoff **weiterzuverarbeiten** ist, damit die immanenten Eigenschaften bei der Verwendung des Endprodukts als dessen vorteilhaft wirksame Eigenschaften in Erscheinung treten (BGH 27. 2. 1969 a. a. O. S. 267 – Disiloxan; ebenso jetzt BPatG 22. 3. 1971 GRUR 1971, 561 – Chlorepoxyde); vgl. Beil, GRUR 1969, 443 ff.

Ergänzend hat der BGH die Disiloxan-Entscheidung durch Entscheidung vom 18. 6. 1970 (GRUR 1970, 506 – Dilactame) dahin klargestellt, daß die sich bei Verwendung des Endprodukts zeigenden vorteilhaften Eigenschaften bzw. Wirkungen keineswegs bereits an den Zwischenprodukten in Erscheinung treten müssen. Beide Eigenschaften müssen grundsätzlich auseinandergehalten werden und sind nicht etwa identisch. Entscheidend ist allein, daß der Kausalzusammenhang zwischen »den im Ausgangsstoff liegenden Eigenschaften« und »den sich am Endprodukt auswirkenden Eigenschaften« gewahrt bleibt. Auch auf die Unterschiedlichkeit der **mehreren Verfahrensschritte** und die Unterschiedlichkeit der **chemischen Konstitution** der jeweiligen Produkte der Verfahrensabschnitte kommt es nicht an (so bereits BGH 27. 2. 1969 GRUR 1969, 265, 267 – Disiloxan).

d) Patentierung von Ansprüchen verschiedener Patentkategorien in einer Anmeldung

Streitig war lange Zeit die Frage, ob Patentansprüche, die **verschiedenen** 57 **Patentkategorien** angehören, nebeneinander patentiert werden können. Insbesondere ist in diesem Zusammenhang häufig das Problem erörtert worden, ob **neben dem patentfähigen** eigenartigen oder analogen **Herstellungsverfahren** (Anm. 51, 52) – die insoweit gleich zu behandeln sind (PA 19. 10. 1935 Bl. 1935, 176 ff.; Dersin, GRUR 1950, 204, 206) – **die Verwendung** der Verfahrenserzeugnisse selbständig geschützt werden kann, vgl. Dersin (GRUR 1951, 106 und GRUR 1952, 153, 162); Reimer § 1 Anm. 72 ff.; Trüstedt (GRUR 1960, 55 ff. mit weiteren Nachweisen; ders. GRUR 1967, 2 ff.).

Das RPA hatte es ursprünglich abgelehnt, neben dem Verfahren zur Herstellung eines chemischen Stoffes auch ein Verfahren unter Verwendung des Stoffes zu schützen, wenn dieser Schutz für ein Gebiet begehrt wurde, auf dem das Erzeugnis des Herstellungsverfahrens **bestimmungsgemäß** verwendet werden sollte. In diesen Fällen lag nach Ansicht des RPA beiden Verfahren die gleiche Erfindung zugrunde, nämlich die Auffindung eines neuen, für ein bestimmtes Anwendungsgebiet mit Vorteil verwendbaren Stoffes (PA 10. 2./17. 3. 1905 Bl. 1905, 120 ff.; 19. 10. 1935 Bl. 1935, 176). Später nahm die Rechtsprechung eine Schwenkung vor (Dersin a. a. O. S. 208), die insbesondere ihren Ausdruck in den Entscheidungen vom 28. 12. 1938 (GRUR 1940, 199) und 29. 11. 1941 (GRUR 1942, 163) fand. In der letztgenannten Entscheidung wurde es bereits als oberster Grundsatz bezeichnet, den Anspruch so zu fassen und »die Anspruchskategorie (Herstellung und/oder Anwendung) so zu wählen, daß der Anspruch seiner im Gesetz verankerten Zweckbestimmung möglichst gerecht« werde. Ebenso hat schon Pietzcker (§ 1 Anm. 96) die Meinung vertreten, daß die Schlußfolgerung des RPA, es sei unzulässig, auf dieselbe Erfindung zwei Patente zu erteilen, nicht überzeugend sei. Die Anwendung eines Farbstoffes zum Färben sei z. B. nicht Inhalt der Herstellungserfindung, sondern nur Voraussetzung der Patentfähigkeit jener Erfindung. In der Entscheidung 17. 9. 1957 (Bl. 1958, 9) hat das PA diesen Bedenken Rechnung getragen (zustimmend Moser v. Filseck, GRUR 1967, 169), während sich PA 14. 11. 1960 (Bl. 1961, 58) dem früheren Standpunkt des PA angeschlossen hatte. In beiden Entscheidungen handelte es sich zwar neben einem als **Sach**anspruch formulierten Hauptanspruch (»**Mittel**, gekennzeichnet durch einen Gehalt an einem bestimmten Stoff als Wirkstoff«) um einen auf das Analogieverfahren zur Herstellung desselben Wirkstoffes gerichteten Verfahrensanspruch. Zutreffend ist aber darauf hingewiesen worden (Beil, GRUR 1958, 138), daß ein in dieser Weise gefaßter Sachanspruch gleichbedeutend mit einem Verwendungsanspruch auf den Stoff, also nur ein **»verkappter« Verwendungsanspruch** ist. Beider Ansprüche decken sich indessen nicht vollständig. Denn der **Verwendungs**anspruch hat ein **Verfahren** zur Anwendung der erfindungsgemäßen Verbindungen zum Inhalt, während der **Mittel**anspruch ein Sachanspruch ist, der ein Gemisch kennzeichnet, das als solches dem genannten Zweck dienen soll (BGH 14. 3. 1972 GRUR 1972, 638, 639 – Aufhellungsmittel).

In jüngerer Zeit hat das BPatG in mehreren Entscheidungen zu der Streitfrage eingehend im Sinne der Entscheidung vom 17. 9. 1957 a. a. O. Stellung genommen (16. BS 7. 12. 1967 Mitt. 1969, 12 ff.; 15. BS 7. 10. 1968 E 10, 148; 32. BS 22. 11. 1968 Mitt. 1969, 75). Die Entscheidung vom 7. 10. 1968 betrifft Ansprüche, die auf ein Verfahren zur Herstellung eines Produkts gerichtet sind, neben Ansprüchen auf die bestimmungsgemäße Verwendung dieses Produkts, während die beiden anderen Entscheidungen das Zusammentreffen von auf ein »Mittel« gerichteten Ansprüchen mit Herstellungsansprüchen unter Verwendung dieses Mittels zum Gegenstand haben. Die Entscheidungen gelangen übereinstimmend zu dem Ergebnis, daß ganz allgemein Ansprüche verschiedener Kategorien im Rahmen eines einzigen Patentbegehrens zulässig seien, wenn sie eine einheitliche patentfähige Erfindung zum Gegenstand haben und der in verschiedener Richtung gehende Schutzbereich der in Betracht kommenden Anspruchsarten die Zulässigkeit ihrer Patentierung rechtfertige. Denn in Wahrheit drücke jeder Anspruch nur den gleichen Erfindungsgedanken **im Zuschnitt auf die seiner Kategorie entsprechende Form** aus (BPatG 22. 11. 1968 a. a. O.).

In Übereinstimmung mit den Grundsätzen der zitierten Beschlüsse des BPatG hat der BGH durch den grundlegenden Beschluß vom 18. 6. 1970 BGHZ 54, 181 ff. = GRUR 1970, 601 ff. – Fungizid – die Gewährbarkeit eines Verwendungsanspruchs neben einem Stoffanspruch anerkannt. Die Rechtfertigung für die Annahme, daß der Erteilungsanspruch vom Anmelder auf sämtliche in Betracht kommenden Patent-Kategorien bezogen werden könne, erblickt der BGH in dem öffentlich-rechtlichen Anspruch auf Erteilung des Patents (vgl. § 3 Anm. 3), der die Erfindung in ihrer konkreten Gestalt betrifft. Demzufolge könne der Erfinder grundsätzlich einen Schutz in der Ausgestaltung verlangen, die der gegebenen neuen Lehre entspreche. Die Aufstellung eines **Verwendungsanspruchs** erleichtert nach Ansicht des BGH die Wahrung und Verfolgung der Rechte der Anmeldung und hält andererseits die Möglichkeit offen, die Anmeldung oder das Patent auf die Verwendung zu beschränken für den Fall, daß sich später der Stoff als nicht schutzfähig herausstellen sollte. Sie dient ferner der Rechtsklarheit, ohne eine unvertretbare Belastung der Allgemeinheit jedenfalls dann darzustellen, wenn es sich um einen einzigen Verwendungsanspruch handelt.

Nur für den Fall, daß etwa im Einzelfall aus besonderen Gründen **keinerlei Interesse** des Anmelders erkennbar ist, insbesondere, wenn das Verlangen des Anmelders **mißbräuchlich** ist, besteht kein Anspruch auf Patenterteilung.

Diese Rechtsprechung hat der BGH in mehreren nachfolgenden Beschlüssen erläutert: 14. 3. 1972 GRUR 1972, 638 ff. – Aufhellungsmittel (kein Rechtsschutzbedürfnis neben Stoff-, Herstellungs- und Verwendungsansprüchen für einen Anspruch auf ein Mittel, das den im Stoffanspruch gekennzeichneten Stoff als Wirkstoff neben nicht näher bezeichneten Bestandteilen enthält); 27. 6. 1972 GRUR 1972, 644 – Gelbe Pigmente (Rechtsschutzbedürfnis dagegen bejaht für einen Mittelanspruch neben Ansprüchen, die auf einen Stoff und dessen Herstellung – nicht aber auf eine Verwendung – gerichtet sind); 27. 6. 1972 GRUR 1972, 696 – Schreibpaste (neben Stoff, Herstellung und Verwendung ist es unzulässig, auch noch die unter Verwendung des Stoffes hergestellten Erzeugnisse in einen Anspruch aufzunehmen, da dies mit der Ordnungsfunktion des § 26 Abs. 1 Satz 2 nicht vereinbar ist) vgl. zu den letztgenannten Entscheidungen Schmied-Kowarzik GRUR 1973, 115 ff.

4. Sachpatente

58 Die durch Sachpatente geschützte Erfindung betrifft den **Raum ausfüllende oder in ihm wirkende körperliche Gegenstände mit bestimmten Merkmalen und Eigenschaften.** Daher können Energie, Licht, Schall usw. durch ein Sachpatent nicht geschützt werden (s. aber § 6 Anm. 76). Es ist zwischen **Sachen** (Mittel, Erzeugnisse, Stoffe), für die die Formgebung, Gestaltung oder Stoffzusammensetzung wesentlich ist, und **Vorrichtungen** (Einrichtungen) zu unterscheiden. Aufgabe der Vorrichtung ist es in aller Regel, die bestimmungsgemäßen Einwirkungen oder Tätigkeiten von Herstellungs- und Arbeitsverfahren nach Art und Reihenfolge mittels bestimmter Organe durchzuführen, die ihrerseits meistens unveränderlich sind und bestimmte Funktionen ausüben sollen (BPatG 5. 2. 1965 E 8, 136, 139 ff.). Unter Vorrichtungen sind auch die Einzelteile zu verstehen, vor allem ihre Arbeits- und Anpassungsorgane. Die Arbeitsweise einer Vorrichtung und der Funktionsablauf ihrer Organe bzw. deren bestimmungsgemäßes Tätigwerden sind aber begrifflich und der Kategorie nach streng von dem Verfahren zu trennen. Vorrichtungen und der Funktionsablauf ihrer Organe dürfen daher keinesfalls als Arbeits- oder Herstellungsverfahren bezeichnet werden (BPatG 5. 2. 1965 a. a. O.).

Auch durch ein Sachpatent wird stets nur die **technische Regel,** der Erfindungsgedanke, geschützt, der sich in der äußeren Formgebung oder inneren Gestaltung der Sache bzw. Vorrichtung äußert und in ihnen zur technischen Wirkung gelangt. Es wäre ein Irrtum anzunehmen, daß die Erfindung etwa der konkrete Gegenstand ist. Die neue Sache oder Vorrichtung wird nur als Folge der geistigen Idee geschützt. Denn die Erfindung selbst kann stets nur geistiger Natur sein (Hubmann, Gewerblicher Rechtsschutz, § 17 IV 1 S. 119; Blum-Pedrazzini Art. 52 Anm. 6).

Grundstücke können **nicht** den Gegenstand von Sachpatenten bilden. Patentfähig sind dagegen die zum Einbauen in Grundstücke bestimmten Teile (PA 12. 6. 1914 Bl. 1914, 257; 27. 12. 1920 Bl. 1921, 187). Über den Ausschluß einer Sache vom Patentschutz, die beim Einbau als selbständiger Gegenstand untergeht und untrennbarer Bestandteil eines neuen Ganzen wird, vgl. § 6 Anm. 47 und 77 d.

Stets ist Voraussetzung für die Erteilung eines Sachpatents, daß die Sache (Stoff) oder Vorrichtung auf irgendeinem Wege (mechanisch, physikalisch oder chemisch) **hergestellt** werden kann sowie daß sie **irgendeinem Zweck** dient. Wären diese Voraussetzungen nicht erfüllt, würde es einerseits an Ausführbarkeit (oben Anm. 27), andererseits an gewerblicher Verwertbarkeit (oben Anm. 32) fehlen.

Nach BGH 25. 4. 1956 (GRUR 1959, 125 – Textilgarn) genügt es bei einem Sachpatent, daß erst **in den Unteransprüchen** oder der **Beschreibung** Angaben über die Art der Herstellung, also über das Herstellungsverfahren gemacht werden, wenn die im Hauptanspruch unter Schutz gestellte Sache mit den bisher bekannten Mitteln nicht herstellbar ist.

Diese Rechtsprechung ist im Schrifttum umstritten (vgl. dazu Zeunert, Offenbarung Kap. XI S. 158 ff. und Beiträge Kap. 2 S. 41 ff. mit zahlreichen Nachweisen aus Rspr. und Schrifttum). Zustimmend insbesondere Bock in Festschr. f. G. Wilde, S. 1 ff. mit Nachweisen.

Früher hatte die auch in der Vorauflage (§ 1 Anm. 58) gebilligte Rechtspraxis des PA stets den Standpunkt vertreten, daß ein nur mit körperlichen oder entsprechenden Merkmalen gekennzeichneter Gegenstand dann nicht als Sachanspruch zugelassen werden könne, wenn nicht die Herstellbarkeit und der Verwendungszweck selbst ohne weiteres aus dem Patentanspruch herzuleiten waren. Für den Fall, daß nur die Besonderheiten des Ergebnisses in Gestalt eines Erzeugnisses oder einer Vorrichtung, also eines konkreten Gegenstandes, im Anspruch beschrieben wurden, erblickte man darin nur die Wiederholung der Aufgabe ohne Lösung (Schade, GRUR 1959, 312, 319; vgl. auch Blum-Pedrazzini Art. 52 Anm. 6; ähnlich Dersin, GRUR 1951, 482). Diese Rechtspraxis des PA (28. 6. 1930 DJZ 1932, 615; 15. 5. 1952 GRUR 1952, 402; 23. 6. 1954 Bl. 1955, 65, 66) fand auch in der Rechtsprechung des RG ihre Stütze. Der Entscheidung RG 16. 6. 1937 (GRUR 1938, 29) lag ebenfalls ein Sachanspruch (schraubenförmiger Wolframkörper für elektrische Glühlampen) zugrunde. Das RG hat in diesem Fall ausgeführt, daß der Patentanspruch 1 keine Lösung für die gestellte Aufgabe gebe, Kristalle zu schaffen, die ganze Windungen lang und dabei unverbogen sind. Die Lösung war tatsächlich erst in Anspruch 2 offenbart. Das aber hat das RG – im Gegensatz zum BGH – nicht als ausreichend für einen Sachschutz angesehen, sondern hat erläutert, in einem solchen Falle handele es sich nicht um ein Sachpatent, sondern um einen Anspruch, der nur eine genauer gefaßte Aufgabe für ein nicht offenbartes Verfahren enthalte, dessen Lösung erst in dem folgenden Anspruch 2 offenbart werde. Auch Reimer, 2. Aufl. § 6 Anm. 47 und Nastelski in Reimer § 6 Anm. 47 haben die zitierte RG-Entscheidung gebilligt.

Gleichwohl steht heute die überwiegende Meinung (vgl. Bock a. a. O. und das dort in Anm. 32 zitierte Schrifttum) in Übereinstimmung mit der Textilgarn-Entscheidung auf dem Standpunkt, es genüge, die Möglichkeit der Herstellung und der Verwendung der im Patentanspruch gekennzeichneten Sache in der Patentschrift darzustellen; die neue Sache stelle als Erfindung zugleich die Lösung dar (Bock a. a. O. S. 14). Auch Tetzner (§ 1 Anm. 56) stimmt der Textilgarn-Entscheidung zu. Indessen sollte sein – unter Bezugnahme auf PA 15. 5. 1952 (GRUR 1952, 402) – gegebener Hinweis (§ 6 Anm. 107), daß die ständige Erteilungspraxis des PA »gar nicht so weit entfernt ist von den meisten ausländischen Rechtslagen, die so betont auf das, was in den Patentansprüchen enthalten ist, abstellen«, im Hinblick auf das künftige europäische Patentrecht nicht unbeachtet bleiben.

Allerdings haben sich jetzt auch PA 26. 6. 1957 Mitt. 1957, 175, 176; 3. 3. 1959 Mitt. 1959, 157; 20. 3. 1959 Bl. 1960, 86, 87 und BPatG 27. 9. 1964 E 7, 12 der Textilgarn-Entscheidung angeschlossen. Heute dürfte die Streitfrage dadurch ihre Bedeutung verloren haben, daß durch die BGH-Entscheidung vom 14. 3. 1972 (GRUR 1972, 541 ff. – Imidazoline) für Stoffpatente, die nach feststehender Rechtsprechung zu der Kategorie der Sachpatente gehören, der sog. **absolute** Stoffschutz anerkannt ist mit der Folge, daß Herstellungs- und Verwendungsart des Stoffes nicht zum Gegenstand der Stofferfindung gehören (vgl. Anm. 74).

Der **Schutzumfang** eines Sachpatents ergreift jeden Gegenstand, der die **gleichen Eigenschaften** hat und damit **dieselben Vorteile** bietet, unabhängig davon, auf welchem Wege er gewonnen worden ist und ob der Anmelder an den von dem seinigen abweichenden Herstellungsweg bereits gedacht hat (RG 16. 6. 1937 GRUR 1938, 29, 30; 27. 8. 1940 GRUR 1940, 537, 538 ff.; BGH 25. 4. 1956 GRUR 1959, 125 – Textilgarn). Zwar kann sich der Erfinder eines neuen und erfinderischen Verfahrens dieses Verfahren noch patentieren lassen. Das Patent ist dann aber abhängig von dem Sachpatent (§ 6 Anm. 65).

Über Sachpatente auf Stoffe, die durch eine auf mechanischem oder physikalischem Wege durchgeführte Vereinigung mehrerer Stoffe gewonnen werden (Mischungen, Lösungen, Dispersionen usw.), vgl. unten Anm. 69. Über Sachpatente auf Nahrungs-, Genuß- und Arzneimittel sowie auf chemische Stoffe vgl. Anm. 65 ff. und Anm. 74 ff., 82 ff.

Der Gegenstand des Sachpatents kann auch in der Weise festgelegt werden, daß der **Schutz auf eine bestimmte Art der Herstellung** der geschützten Sache **begrenzt wird** (BGH 14. 6. 1960 GRUR 1960, 483 – Polsterformkörper). Doch sollte eine solche Mischform nur in Ausnahmefällen zugelassen werden (vgl. oben Anm. 49).

Über den Schutz »unmittelbarer« Verfahrenserzeugnisse vgl. § 6 Anm. 76 ff.

Noch in der 4. Auflage ist für eine **Anordnung** (z. B. Schaltung) eine besondere Patentkategorie angenommen worden. Dieser Standpunkt wird aufgegeben. Block (MuW 1934, 313) und ihm folgend Kunze (Bl. 1952, 258 ff.) haben überzeugend nachgewiesen, daß eine solche Anordnung als technischer Komplex aus verschiedenen Elementen und Koppelungen von der Kategorie der **Sachpatente** miterfaßt wird. Anordnung oder Schaltung sind in der Tat nur eine technische Bezeichnung, die erläutert, daß es sich um einen zusammengesetzten Gegenstand handelt, dessen Elemente schaltungstechnisch oder mechanisch miteinander verbunden sind (Kunze a. a. O. S. 260). Für eine besondere Kategorie bietet die Anordnung demnach keinen Raum. Daher heißt es auch in BGH 30. 1. 1964 (BGHZ 42, 263 = GRUR 65, 239 – Verstärker) in einer Gebrauchsmustersache zu Recht, daß dem Begriff »Anordnung« kein selbständiger Inhalt eigen sei; dieser Begriff sei vielmehr wesensgleich mit den Prinzipien, die bereits durch die Begriffe »Gestaltung« und »Vorrichtung« bezeichnet würden. Vgl. auch BGH 30. 1. 1964 BGHZ 42, 248 = GRUR 1965, 234 – Spannungsregler und 30. 1. 1964 GRUR 1965, 247 – UHF-Empfänger.

5. Zusammenfassend bezeichnete Patente besonderer gemeinschaftlicher Eigenart

Die Bezeichnungen dieser Patente sind nur dazu bestimmt, das jeweils charakteristische Merkmal herauszuheben, das die Patente im Hinblick auf ihren Schutzumfang oder ihre Wirkungen und Zwecke von anderen Patenten unterscheidet. Die Bezeichnungen sind häufig unklar und führen leicht irre. Patentrechtliche Bedeutung haben sie nicht, insbesondere stellen sie keine besonderen Kategorien dar: 59

Pionierpatente. Grundlegende, bahnbrechende Erfindungen, worin erstmalig auf einem bisher nicht bearbeiteten Gebiet der Technik ein allgemeiner Lösungsgedanke für eine technische Aufgabe offenbart wird (RG 7. 4. 1937 GRUR 1937, 786, 787). Wegen der Unschärfe des Begriffes sollte der Ausdruck vermieden werden (BGH 19. 2. 1970 – XZR 55/67).

Nicht weniger unbestimmt ist der Ausdruck **Konstruktionspatent.** Unter ihm werden in der Regel Patente verstanden, die lediglich Gesamtkonstruktionen, nicht deren Einzelheiten schützen, und bei denen der Schutzumfang auf die in der Patentschrift gezeigte Ausführungsform und höchstens deren glatte Äquivalente beschränkt ist. Es kann aber auch anders liegen. Der Schutz hängt jeweils von den Umständen des Einzelfalls ab. Deswegen hat sich schon RG 2. 12. 1941 GRUR 1942, 307, 309 für eine Vermeidung dieses Begriffs ausgesprochen. Der BGH ist ihm in einer unveröffentlichten Entscheidung gefolgt.

Sperr- oder Wegelagererpatent. Man pflegt darunter Patente zu verstehen, mit deren Erwirkung der Anmelder unlautere Zwecke verfolgt (weniger um danach zu arbeiten, als vielmehr um das Gebiet für andere zu sperren). Für einen Fall, in dem ein Vorrichtungspatent lediglich zum Zweck der Sperrung des Verfahrenspatents angemeldet worden war, ist Haftung aus unerlaubter Handlung angenommen worden (RG 14. 6. 1940 GRUR 1940, 437).

Die Bezeichnungen **Herstellungspatent,** das Verfahren zur Herstellung eines Erzeugnisses betrifft (Anm. 50), **Erzeugnispatente** (Anm. 58), **Anwendungs- und Übertragungspatente,** die die Anwendung bzw. Übertragung einer neu erkannten oder bekannten Funktion auf ein dafür geeignetes Arbeitsgebiet zum Inhalt haben (Anm. 47, 48), **Auswahlpatente** (Anm. 44 S. 49 ff. und § 2 Anm. 7), **Kombinationspatente,** bei denen die Zusammenfassung der Einzelpatente eine neue einheitliche technische Wirkung hervorbringen (Anm. 45), **chemische Patente,** die sowohl die chemischen Verfahrens- (auch Analogieverfahrens-)Erfindungen als auch die chemischen Stofferfindungen schützen (Anm. 51 ff.; 69; 74), sowie **Pflanzenzüchtungspatente** (Anm. 18 ff.) usw. bedürfen nach den vorangegangenen Erläuterungen keiner weiteren Kommentierung. Alle diese Bezeichnungen sollten eigentlich vermieden werden, weil die Eigenart der so gekennzeichneten Patente gar nicht in ihrer »Art« begründet ist, sondern allein durch den Inhalt der Erfindung bestimmt wird, deren Schutz die Patente dienen.

Patentrechtlich von Bedeutung sind dagegen die **Zusatzpatente,** die eine besondere gesetzliche Regelung gefunden haben, sowie die sog. **Abhängigkeitspatente,** bei denen eine gesetzliche Regelung fehlt. Über die Begriffserfordernisse dieser beiden Patentarten vgl. im einzelnen § 10 und § 6 Anm. 65.

B. Patenthindernisse nach § 1 Abs. 2

I. Patenthindernisse nach geltender und früherer Fassung

60 Patente werden nach der geltenden Fassung des § 1 Abs. 2 nicht erteilt für Erfindungen, deren Verwertung den **Gesetzen** (mit den im § 1 Abs. 2 vorgesehenen Einschränkungen) oder den **guten Sitten** zuwiderläuft. Ausgenommen sind weiterhin **Erfindungen von Pflanzensorten,** die ihrer Art nach im Artenverzeichnis zum Sortenschutzgesetz vom 20. 5. 1968 aufgeführt sind, sowie von Verfahren zur Züchtung einer solchen Pflanzensorte.

Die letztgenannte Ausnahmeregelung (§ 1 Abs. 2 Nr. 2) ist erst auf Grund des § 56 des Sortenschutzgesetzes vom 20. 5. 1968 (Anm. 19) eingefügt worden. Durch Art. 1 Nr. 1 PatÄndG vom 4. 9. 1967 (BGBl. 1967 I S. 953 = Bl. 1967, 234) hatte der frühere § 1 Abs. 2 Nr. 2 nur durch die Beseitigung des Stoffschutzverbotes eine Änderung erfahren, d. h. es waren in ihm nur diejenigen Ausnahmen ausgeführt, die den Inhalt des bisherigen Abs. 2 Nr. 1 (Erfindungen, deren Verwertung den Gesetzen oder guten Sitten zuwiderlaufen würden) bildeten. Die durch das PatÄndG vom 4. 9. 1967 eingefügte Fassung hat mithin nur für die Zeit vom 1. 1. bis 30. 6. 1968 Geltung gehabt. Gleichwohl ist es heute üblich geworden, mit der »alten Fassung« den vor dem Inkrafttreten des PatÄndG geltenden § 1 Abs. 2 zu bezeichnen; genaugenommen enthält die der jetzigen Fassung vorangegangene »alte Fassung« nur die Aufhebung des Stoffschutzverbots.

Die Patenthindernisse des § 1 Abs. 2 Ziff. **2 a. F.** bedürfen auch weiterhin ungeachtet der Einführung des Stoffschutzes, d. h. der Streichung des § 1 Abs. 2 Ziff. 2 (Anm. 73) bereits deswegen noch der Kommentierung, weil es nach Art. 7 § 1 Abs. 1 PatÄndG vom 4. 9. 1967 für bereits vor Inkrafttreten des Gesetzes, d. h. vor dem 1. 10. 1968 (§ 6 Abs. 2 a a. a. O.) bekanntgemachte oder wenn auch nicht bekanntgemachte, jedoch vom Patentamt mangels Patentfähigkeit (§§ 1, 2 und 4 Abs. 2) zurückgewiesene Anmeldungen bei den bisherigen Vorschriften verbleibt.

II. Ausnahmen des § 1 Abs. 2

1. Allgemeines (Abs. 2 Nr. 1)

Maßgebend ist die Gesetzeslage im **Zeitpunkt der Erteilung,** nicht der Anmeldung, da nicht ein sachlicher Erfindungsmangel vorliegt, sondern ein prozessuales Hindernis der Sachentscheidung entgegensteht (PA 28. 10. 1919 Bl. 1920, 52; Reimer, GRUR 1956, 3, 9 und die dort in Anm. 10 zitierte herrschende Meinung; Tetzner, GRUR Ausl. 1960, 107 ff.). Nur solche Erfindungen sind nach dieser Vorschrift von der Patentierung ausgeschlossen, welche **notwendig** oder **bestimmungsgemäß** einem Ziel dienen, das sich als **ungesetzlich oder unsittlich** darstellt (RG 25. 6. 1902 Bl. 1904, 35; PA 28. 10. 1919 Bl. 1920, 52). Die bloße Möglichkeit des Mißbrauchs hindert nicht die Patentierung (Gifte, Sprengstoffe, Waffen; PA 28. 10. 1919 Bl. 1920, 52). Das gleiche gilt von Erfindungen, deren technische **Durchführung** gegen Gesetze oder ethische Normen verstößt (RG 11. 4. 1901 RGZ 48, 114, 124; Tetzner, GRUR Ausl. 1960, 107, 109). Für das GebrMG gelten die gleichen Bestimmungen, obwohl der Gesetzestext kein Verbot enthält (Busse, GRUR 1952, 123, 133). 61

2. Gesetzesverstoß

Gesetz ist jede das Gebiet des Patentgesetzes, also **das gesamte deutsche Bundesgebiet** erfassende Regelung. Auch Verordnungen haben Gesetzeskraft, wenn der Gesetzgeber eine Ermächtigung an eine andere behördliche Stelle zu ihrem Erlaß erteilt hat (PA 17. 1. 1956 Mitt. 1956, 162; BPatG 5. 2. 1969 Mitt. 1970, 97); unerheblich ist, ob sie einen auswechselbaren, unveränderlichen Teil des Gesetzes darstellen. 62

Kein Patenthindernis ist ein **Gesetz, das nur für eine vorübergehende Zeit Gültigkeit hat,** also zeitbedingt ist, z. B. Kriegs- oder Übergangsgesetzgebung, von der vorauszusehen ist, daß sie die Laufzeit des Patentes nicht überdauern wird (PA 23. 12. 1940 Mitt. 1941, 58; 17. 1. 1956 Mitt. 1956, 162, 163; vgl. auch PA 13. 3. 1934 Mitt. 1934, 145).

Das gleiche gilt für ein Gesetz oder eine Ausführungsverordnung, die die Möglichkeit von **Ausnahmegenehmigungen** offenlassen (Tetzner, GRUR 1952, 304; Dersin, GRUR 1955, 313; BPatG 8. 11. 1962 E 2, 161, 163 und 24. 10. 1966 Mitt. 1967, 14 mit Anm. v. Pechmann).

Verstößt die Herstellung von Lebensmitteln wegen eines Fremdzusatzes an sich gegen die lebensmittelrechtlichen Bestimmungen, ist aber die **Herstellung für den Export** durch das Gesetz zugelassen, so reicht die theoretische Möglichkeit des Exports aus, um § 1 Abs. 2 PatG unanwendbar zu machen (BPatG 24. 10. 1966 Mitt. 1967, 14; vgl. auch BPatG 15. 2. 1969 Mitt. 1970, 97, 98 ff.; 13. 1. 1970 E 11, 1, 5 ff.).

Eine Zusammenstellung der für einen Verstoß in Betracht kommenden

Gesetze – neben dem Lebensmittelgesetz vom 17. 1. 1936 i. d. F. vom 21. 12. 1958 (BGBl. I S. 950, zuletzt geändert durch Ges. vom 8. 9. 1969 BGBl. I S. 1590) vor allem zahlreiche Gesetze und Ausführungsverordnungen betr. Nahrungs- und Genußmittel, ebenso Geschlechtskrankheitengesetz vom 18. 2. 1927 (RGBl. I, 61), Durchführungs-VO vom 25. 6. 1934 (RGBl. I, 524) betr. mechanisch betriebene Spiele usw. – findet sich bei Busse § 1 Rnr. 50 S. 125 ff.; vgl. auch die Übersicht in »Taschenbuch des Gewerblichen Rechtsschutzes« unter Nr. 250.

Nach der durch das 6. ÜG eingeführten Einschränkung des Verbots (2. Halbsatz, beginnend mit »soweit es«) kann ein Patentschutz nicht versagt werden, wenn durch das Gesetz **nur der Vertrieb** (Feilhalten und Inverkehrbringen) des Gegenstandes oder, wenn Gegenstand der Erfindung ein Verfahren ist, des durch das Verfahren **unmittelbar hergestellten** Erzeugnisses verboten ist. Die Änderung beruht auf der Einführung des Art. 4 quater PVÜ, der verhindern soll, daß wertvolle Erfindungen nicht schutzfähig sind, obwohl bei einer späteren Änderung des Gesetzes die Verwertung nachträglich zugelassen wird (Begründung zum Regierungsentwurf des 6. ÜG Bl. 1961, 140, 143). Über die Auswirkungen dieser Einschränkung bei der Prüfung von Erfindungen auf dem Lebensmittelgebiet vgl. Kranz, GRUR 1962, 389 ff.; BPatG 15. 1. 1970 E 11, 1, 6 ff.

Es müssen alle vier Benutzungsarten gesetzwidrig sein. v. Pechmann (GRUR 1959, 441, 448) und Blum-Pedrazzini (Art. 2 Anm. 5 S. 203) wollen es ausreichen lassen, daß nur eine einzelne Verwendungsmöglichkeit gegen gesetzliche Vorschriften verstößt. Zu Recht wird diese Auffassung von der herrschenden Meinung abgelehnt (Tetzner, GRUR Ausl. 1960, 107, 109; vgl. BPatG 20. 1. 1964 E 5, 129, 134).

3. Verstoß gegen die guten Sitten

63 Gegen die guten Sitten verstößt, was dem Anstandsgefühl aller billig und gerecht Denkenden widerspricht. Von Bedeutung ist hier jedoch nur der **objektive** Verstoß. Ein Verwerflichkeitsmoment, das aus dem konkreten Begleitumstand folgt (RG 13. 3. 1936 RGZ 150, 1) und etwa die subjektive sittliche Entscheidung des einzelnen bestimmt, ist nicht maßgebend (Tetzner § 1 Anm. 161). Die Meinung darüber, was einen Verstoß gegen die guten Sitten darstellt, ist zeitbedingt und dem Wandel unterworfen. Empfängnisverhütungsmittel sind nach heutiger Auffassung in der Anwendung nicht zwangsläufig sittenwidrig. Die Patentierung solcher Mittel wurde früher vom Patentamt abgelehnt (Präs.Entsch. 17. 12. 1915 Bl. 1915, 248; PA 15. 12. 1933 Mitt. 1934, 19), dann zugelassen, wenn nicht das Mittel schon äußerlich, namentlich seine zeichnerische Darstellung grob anstößig wirkt (vgl. RG 15. 11. 1935 RGZ 149, 224, 229 – sittenwidrige Anpreisung von Präservativen). Wegen der Arzneimitteleigenschaft dieser Mittel vgl. Anm. 67.

4. Erfindungen von Pflanzensorten

Erfindungen von Pflanzensorten, die ihrer Art nach im Artenverzeichnis zum Sortenschutzgesetz aufgeführt sind, sowie von Verfahren zur Züchtung einer solchen Pflanzensorte, sind nunmehr ebenfalls vom Patentschutz ausgeschlossen. Das Sortenschutzrecht kann hier im einzelnen nicht erläutert werden (vgl. aber oben Anm. 19). Es ist zwar insoweit dem gewerblichen Schutzrecht nahe verwandt, als es ebenfalls ein **absolutes immaterielles Recht** ist, das gleich dem Patent durch privatrechtsbegründenden Verwaltungsakt einer Behörde, des Bundessortenamts, entsteht. In seiner **formalen** Struktur ist es daher zwar dem Patent vergleichbar (BGH 16. 6. 1964 GRUR 1964, 682, 685 – Climax, 29. 2. 1968 GRUR Int. 1968, 129, 130 – Voran); gleichwohl gehört es **nicht** zu den gewerblichen Schutzrechten (dazu Amtl. Begründung Bl. 1968, 216). Aus diesem Grunde war auch ursprünglich im Gesetz nicht das Bundespatentgericht, sondern ein besonderes Oberlandesgericht als zuständiges Gericht vorgesehen. Erst der Rechtsausschuß hat »im Interesse einer Erleichterung und Vereinheitlichung des Rechtsweges« den Sortenschutz im gerichtlichen Verfahren dem Patentrecht gleichgestellt (Amtl. Begr. a. a. O. S. 230 zu Abschn. IV). 64

III. Ausnahmen des früheren § 1 Abs. 2 Ziff. 2 PatG

Für **Nahrungs-, Genuß- und Arzneimittel sowie chemische Stoffe** durften keine Stoffpatente, sondern **nur** ein **bestimmtes Herstellungsverfahren** betreffende Patente erteilt werden. Sinn der Bestimmung war also: Kein Erzeugnis-(Stoff-)Patent für die Mittel, sondern Patentschutz nur für das Herstellungsverfahren, und auch hier **nur für das »bestimmte« Verfahren** (Anm. 68). Der Ausnahme (für Nahrungs-, Genuß- u. Arzneimittel) lag nach den Motiven die Absicht zugrunde, die zur Förderung der Wohlfahrtspflege erwünschte Zugänglichkeit der Mittel nicht zu erschweren sowie zu verhüten, daß der gesetzliche Schutz zu Reklamezwecken mißbraucht werde. Der Ausschluß der Patentierung chemischer Stoffe beruhte insbesondere auf der Befürchtung, daß durch die Abhängigkeit älterer Verfahrenspatente von dem Stoffgebiet der Anreiz zur Auffindung neuer und besserer Herstellungsverfahren genommen werden könnte. Das Streben nach neuen Herstellungsverfahren sollte nicht eingeengt werden (Kommissionsprot. d. Dtsch. Reichstags zum PatG 1877, 9; vgl. auch BGH 13. 2. 1964 BGHZ 41, 231, 236 ff. – Arzneimittelgemisch; 25. 11. 1965 GRUR 1966, 201, 205 – Ferromagnetischer Körper). Das nach dem Verfahren hergestellte Erzeugnis selbst genoß den Schutz nach § 6 Satz 2, § 47 Abs. 3 (wegen der Gründe für die Aufhebung dieses Verbots vgl. schriftl. Bericht des Rechtsausschusses, Drucks. zu V/1631 d. Deutschen Bundestages). 65

1. Nahrungs- und Genußmittel

66 **Nahrungsmittel** sind Mittel zur Ernährung des menschlichen Körpers (vgl. den Bericht in Mitt. 1905, 42; RG 10. 4. 1937 RGZ 154, 325; BPatG 10. 10. 1963 E 4, 133, 136 ff. mit zahlreichen Nachweisen), nicht auch solche zur Ernährung des tierischen Körpers (PA 31. 10. 1910 Bl. 1911, 116; 28. 10. 1919 Bl. 1920, 52, 53). Für Einschließung auch der letzteren zu Recht Lindenmaier (GRUR 1942, 485).

Die Begriffsbestimmungen im Lebensmittelgesetz in der Neufassung vom 21. 12. 1958 (BGBl. 1958 I, S. 950) können wegen des andersartigen gesetzgeberischen Zwecks nicht ohne weiteres auf die Begriffsbestimmungen »Nahrungs- und Genußmittel« des § 1 Abs. 2 Ziff. 2 PatG a. F. übertragen werden (BPatG 10. 10. 1963 E 4, 133, 137).

Ein Nahrungsmittel liegt nach der Rechtsprechung dann nicht vor, wenn der wesentliche Bestandteil des Erfindungsgegenstandes nicht verzehrt und nur ein Teil davon in den menschlichen Körper aufgenommen werden kann (RG 10. 4. 1937 RGZ 154, 325, 329 – Behälter zur Aufnahme von Speiseeis, der zur Erhöhung des Wärmeschutzes eine Waffelschicht aufweist) (vgl. auch BPatG 27. 9. 1961 E 1, 157 – Zigarette mit gelochtem Zigarettenpapier).

Backhilfsmittel sind kein Nahrungsmittel (PA 2. 11. 1940 Mitt. 1942, 23); ebensowenig Konservierungsmittel (BPatG 10. 10. 1963 E 4, 133, 137).

Genußmittel wirken vornehmlich nur anregend, z. B. Kaffee, Tabak, Tee. Doch ist die Grenze zwischen Nahrungs- und Genußmittel nicht scharf. Gemeinschaftlich ist beiden, daß sie, gleichviel in welcher Form, in den menschlichen Körper aufgenommen werden (Aufnahme in den Stoffwechsel). Genießbare Verpackung eines Brausepulvers ist ein Genußmittel (BPatG 23. 7. 1965 E 7, 118, 120). Das gilt nicht für den Bestandteil eines Genußmittels, der selbst kein Genußmittel ist, aber zwangsläufig mitgenossen werden muß (BPatG 14. 7. 1965 E 7, 88 – Rezeßfilterzigarette).

Mischungen von Nahrungs- und Genußmitteln waren nicht patentfähig (Anm. 68). Anders, wenn eine konservierende Wirkung auf das Mischprodukt eines Nahrungsmittels ausgeübt wurde (vgl. Köhler, Mitt. 1954, 15 ff.).

2. Arzneimittel

67 Arzneimittel sind alle Stoffe, Stoffgemische bzw. Zubereitungen, die der Verhütung, Behandlung, Heilung oder Linderung von Krankheiten dienen (BPatG 8. 5. 1962 E 2, 7, 9; 3. 7. 1962 E 2, 13 ff. mit Nachweisen; 11. 5. 1965 E 7, 83, 85). Maßgeblich kommt es stets auf die **Zweckbestimmung** der Mittel, nicht auf ihre Wirksamkeit an (PA 23. 2. 1959 Bl. 1959, 172 ff.; BPatG 8. 5. 1962 E 2, 7, 8; 3. 7. 1962 E 2, 13, 15; 11. 12. 1964 E 6,

1). Die Begriffsbestimmungen des § 1 des Arzneimittelgesetzes sind für den patentrechtlichen Arzneimittelbegriff nicht verbindlich (BPatG 11. 12. 1964 a. a. O.). Ebenso wie die Arzneimittel selbst vom Patentschutz ausgeschlossen waren, galt dies auch für die Verwendung des Stoffes als Heilmittel (BPatG 11. 5. 1965 E 7, 83, 85).

Nicht nur die Stoffe selbst sind Arzneimittel, sondern auch ihre **Verarbeitung in Pillen, Tabletten** usw. (PA 15. 12. 1933 Mitt. 1934, 19 ff.). Arzneimittel werden bei einmaliger Anwendung – im Gegensatz zu ärztlichen Instrumenten usw. – verbraucht, wobei es unerheblich ist, ob sie den Körper unverändert wieder verlassen oder nicht. Mit »Verbrauch« soll lediglich zum Ausdruck gebracht werden, daß das Mittel nur einmal verwendet werden kann (BPatG 8. 5. 1962 E 2, 7, 9).

Dienen Arzneimittel **mehreren Zwecken,** also auch nicht therapeutischen, so wird hierdurch ihre Eigenschaft als Arzneimittel nicht berührt (BGH 13. 5. 1965 GRUR 1966, 28 ff. – Darmreinigungsmittel).

Hatte eine Erfindung nicht die stoffliche Zusammensetzung, sondern lediglich die **äußerliche Gestaltung** eines Arzneimittels zum Gegenstand, so fiel sie nicht unter das Patentierungsverbot (BPatG 4. 5. 1965 E 7, 7 ff.). Weitere Beispiele für Arzneimittel aus der Rechtsprechung: Mittel zur Auflösung von Nierensteinen. – **Symptomatische Therapie** (BPatG 3. 7. 1962 E 2, 13 ff.). Ebenso **Vorbeugungsmittel** wie Seren und Impfstoffe (BPatG 8. 5. 1962 E 2, 7, 10 oder Mittel zur vorbeugenden Silikosebekämpfung 11. 5. 1965 E 7, 83, 85). **Desinfektionsmittel** waren dann vom Patentschutz ausgeschlossen, wenn sie zugleich eine heilende oder vorbeugende Wirkung hatten und nicht ausschließlich der Entfernung bzw. Abtötung von Bakterien auf der gesunden Körperfläche dienten (PA 16. 12. 1931 Mitt. 1932, 24; vgl. auch BPatG 11. 12. 1964 E 6, 1, 3). **Abführmittel** zur Behebung und Linderung der Verstopfung sind Arzneimittel, auch wenn sie eine unmittelbare physiologische Wirkung auf den Organismus nicht ausüben (BPatG 8. 5. 1962 E 2, 7, 10); s. auch oben BGH 13. 5. 1965 a. a. O.

Auch wenn Mittel nicht dazu dienten, Krankheiten zu heilen, also ihrer Zweckbestimmung nach keine eigentlichen Arzneimittel waren, versagte das Patentamt einen Patentschutz, wenn an der Wirkung des **wie ein Arzneimittel wirkenden Mittels** physiologische Vorgänge des Körpers irgendwie beteiligt waren oder durch das Mittel irgendwie beeinflußt wurden (PA 5. 10. 1953 Bl. 1954, 231 – **Desodorierungsmittel).** Ebenso PA 14. 12. 1953 Bl. 1954, 232 für **empfängnisverhütende** Mittel, soweit sie per os, rectal oder parenteral angewendet werden. Fand jedoch eine intravaginale Anwendung solcher Mittel statt, so konnten sie nach ständiger Übung des PA patentiert werden (PA 14. 12. 1953 a. a. O.; BPatG 11. 12. 1964 E 6, 1 ff.). Empfängnisverhütende Mittel sind keine echten Arzneimittel, weil die Schwangerschaft keine Krankheit ist (BPatG 11. 12. 1964 a. a. O. S. 3). Das gleiche gilt von Mitteln, die das Auftreten von **Alterserscheinungen** verzögern sollen. Das Altern ist kein anormaler, sondern ein natürlicher physiologischer Vorgang (BPatG 3. 2. 1967 E 9, 1 ff.).

Gegen die Praxis des PA, die einen Unterschied zwischen den eigentlichen Arzneimitteln und den diesen gleichgestellten Mitteln vornahm, sind begründete Bedenken erhoben worden (vgl. insbesondere Beszédes, Mitt. 1963, 33, 37). Da § 1 Abs. 2 Nr. 2 eine Ausnahmebestimmung darstellte, hätte sie in jedem Falle eng ausgelegt werden müssen. Die richtige Fragestellung wäre in allen Fällen gewesen, ob das zur Entscheidung stehende Mittel im Hinblick auf seine Zweckbestimmung (Heilung, Linderung oder Vorbeugung) vom Patentschutz auszuschließen war.

Diagnostika, z. B. Röntgenkontrastmittel, sind vom Patentamt nicht als Arzneimittel angesehen worden, wenn ihre Wirkung nur in der Wiedergabe innerer Organe durch Schattenbildung unter Einfluß der Röntgenstrahlen bestand und keinerlei physiologische Nebenwirkungen zur Erzielung des Röntgenbildes erforderlich waren (PA 28. 1. 1935 Bl. 1935, 31); anders, wenn die Wirkung des Kontrastmittels durch die Azidität des Mageninhalts und die Körperwärme bedingt war (PA 29. 6. 1937 Mitt. 1937, 250). Nach der Rechtsprechung des BPatG (2. 3. 1962 E 2, 1; vgl. auch 11. 5. 1965 E 7, 83, 87) waren und sind dagegen Diagnostika auch dann stets patentfähig, wenn ihre Wirkung auf dem Ablauf chemischer Reaktionen im lebenden Organismus beruht. Ein Diagnostikum ist nach Auffassung des BPatG ein Mittel zur Feststellung von Krankheiten, nicht aber zu deren Heilung, Linderung oder Vorbeugung. Wegen Diagnoseverfahren vgl. aber oben Anm. 12.

Auch **Arzneimittel für Tiere** waren nicht patentfähig (PA 16. 12. 1931 Mitt. 1932, 24; ebenso Lindenmaier, GRUR 1942, 496).

Keine Heilmittel sind Stoffe zum Ausstreichen der Zahnhöhlen vor Einbringen der Plombe oder Zahnfüllmittel (BPatG 18. 12. 1962 E 5, 1, 3). Ebenso nicht Prothesen zur Armierung des Trommelfells (PA 6. 10. 1953 GRUR 1954, 163). Auch künstliche Glieder, chirurgische Instrumente, Verbandstoffe u. dgl. waren und sind patentfähig (BPatG 8. 5. 1962 E 2, 7, 9).

Haarwuchs- oder Waschmittel, Hautpflegemittel, Zahnpasten und Mundpflegemittel – auch wenn sie prophylaktische Wirkung haben (BPatG 21. 3. 1965 E 4, 1 ff.), dienen der Verschönerung des Körpers und sind daher **nicht** einem Arzneimittel gleichzustellen. Dies auch dann nicht, wenn die Wirkung eines rein äußerlich zur Anwendung kommenden Mittels auf einer physiologischen Einwirkung auf den menschlichen Organismus beruht (PA 23. 2. 1959 Bl. 1959, 172 ff. – Hautpflegemittel zum Straffen der Haut). Die Erschlaffung der Haut ist eine Alterserscheinung und kein Krankheitszustand (vgl. v. Pechmann, Mitt. 1959, 101 ff.). Dauerwellenmittel waren ebenfalls patentfähig (BGH 22. 12. 1964 GRUR 1965, 473 – Dauerwellen).

3. »Bestimmte« Herstellungsverfahren, Mischverfahren und Anwendungsverfahren

Während Nahrungs-, Genuß- und Arzneimittel (ebenso wie die chemischen Stoffe, Anm. 69) dem Patentschutz nicht zugänglich waren, waren die zu ihrer Herstellung führenden Verfahren patentfähig. **Patentschutz** konnte aber **nur für »bestimmte« Verfahren** gewährt werden, d. h. für solche Verfahren, die nach Ausgangsstoff, Mittel und Arbeitsweise oder Enderzeugnis von anderen denkbaren Herstellungsverfahren unterscheidbar waren (BGH 23. 11. 1965 GRUR 1966, 249, 250 – Suppenrezept). In Wahrheit besagte der Gesetzestext nur etwas Selbstverständliches. Denn alle Verfahrenspatente – chemische und nichtchemische – setzen bestimmte, individualisierte Verfahren voraus (Pietzcker § 1 Anm. 101). Voraussetzung für einen Verfahrensschutz war stets, daß das Herstellungsverfahren nicht das »einzig mögliche« Verfahren war. Als **bestimmte Verfahrn** wurden daher **nur solche Verfahren** angesehen, **die einen von mehreren Wegen zur Erlangung des Verfahrensproduktes eröffneten.** Andernfalls hätte der Gesetzeszweck, die Bevölkerung vor den angeblich schädlichen Folgen einer »Monopolisierung« der Nahrungs-, Genuß- und Arzneimittel zu schützen, nicht erreicht werden können. Eine **Patentierung wäre einem** »verkappten« **Stoffschutz gleichgekommen** (BGH 13. 2. 1964 BGHZ 41, 231, 235 ff. = GRUR 1964, 439, 441 – Arzneimittelgemisch – mit zahlreichen Nachweisen). Mit dieser Begründung hat der BGH die lange streitig gewesene Frage entschieden, daß **einfache Mischverfahren,** also **mechanische** Mischungen zweier chemischen Verbindungen zur **Herstellung von Arzneimitteln** keinen Patentschutz genießen konnten. Auch die Patentierung eines Heilverfahrens, das lediglich in der **Anwendung** eines **Arzneimittels** bestand, war hiernach ausgeschlossen, weil sie ebenfalls in der Wirkung der Patentierung des Arzneimittels selbst gleichgekommen wäre. Ebenso BGH 13. 5. 1965 GRUR 1966, 28 – Darmreinigungsmittel, bei dem die Komponenten des Mischprodukts **aus therapeutisch indifferenten Stoffen** bestanden. Entsprechendes galt für **Nahrungs- und Genußmittel** (BPatG 3. 2. 1967 E 9, 1, 2). 68

Andererseits konnte nach der Praxis des PA die Schutzfähigkeit für **Mischverfahren,** die auf der erfinderischen Lösung eines **technischen Problems** mit bestimmten **technischen Mitteln** beruhte, mit dem Eintreten eines in vitro nachweisbaren (überraschenden) **technischen** Effekts (also nicht eines therapeutischen Effekts) begründet werden. (PA 23. 5. 1934 Mitt. 1934, 249; 22. 12. 1937 Mitt. 1938, 71; 20. 5. 1952 GRUR 1952, 405, 406.) In der Entscheidung vom 13. 2. 1964 a. a. O. S. 248 ist offengeblieben, ob der BGH dieser Auffassung folgen wollte. Zustimmend allerdings wohl BGH 13. 5. 1965 a. a. O. S. 29.

Über chemische Analogieverfahren, die zu Endprodukten mit neuen überraschenden, **therapeutisch wertvollen** Eigenschaften führen (BGH 3. 2. 1966 BGHZ 45, 102, 106 – Appetitzügler), s. oben Anm. 53 ff.

4. Chemische Stoffe

a) Kennzeichen eines chemischen Stoffes

69 Chemische Stoffe, die **unter Veränderung ihrer stofflichen Zusammensetzung** gewonnen werden, waren ebenfalls von der Patenterteilung **ausgeschlossen,** soweit die Erfindungen **nicht** ein **bestimmtes** Herstellungsverfahren (vgl. Anm. 68) betrafen. **Kennzeichen eines chemischen Stoffes** ist seine Entstehung aus Ausgangsstoffen, die im stöchiometrischen Verhältnis nach dem Gesetz der konstanten und multiplen Proportion stehen; darüber hinaus liegt ein auf chemischem Weg hergestellter Stoff dann vor, wenn bei seiner Entstehung Austauschkräfte zwischen den Molekülen der Ausgangskomponenten wirksam werden (BPatG 27. 2. 1964 E 5, 73, 76 – durch Sintern von Metalloxyden hergestelltes ferromagnetisches Ferritmaterial). Sind die Ausgangsstoffe je für sich auf chemischem Wege hergestellt, so lag nur dann ein auf chemischem Wege hergestellter Stoff i. S. des § 1 Abs. 2 Ziff. 2 a. F. vor, wenn auch die **Bildung des zusammengesetzten Stoffes** aus den Ausgangsstoffen **auf chemischem Wege** erfolgte (BGH 25. 11. 1965 GRUR 1966, 201 – Ferromagnetische Körper – mit Anm. Spieß).

Ob chemische Umsetzungen oder aber mechanisch-physikalische Vorgänge zu dem neuen Stoff geführt haben, kann im Einzelfall zweifelhaft sein. Die Frage kann allein von der wissenschaftlichen Erkenntnis des Fachmanns beantwortet werden (E. Müller, Chemie und Patentrecht S. 22). Stets mußte der Begriff des chemischen Stoffes jedoch eng ausgelegt werden, da es sich um eine Ausnahmebestimmung handelte (BPatG 10. 10. 1963 E 4, 133, 137).

Über durch Kernreaktionen erzeugte Stoffe vgl. Beil, Chem. Ing. Technik 1961, 647.

Erfindungen, die nicht die stoffliche Zusammensetzung, sondern lediglich die **äußere Gestaltung** eines aus chemischen Stoffen zusammengesetzten Gegenstandes zum Inhalt hatten, unterlagen nicht dem Patentierungsverbot (BPatG 4. 5. 1965 E 7, 7, 11). Ebenso waren **nicht auf chemischem Wege hergestellte Kunststoffäden** mit besonderen äußerlichen Merkmalen auch nach früherem Recht patentfähig; für sie waren Sachansprüche zulässig (PA 26. 6. 1957 Mitt. 1957, 175; PA 3. 3. 1959 Mitt. 1959, 157). Künstliche Fäden aus regenerierter Zellulose, die aus Viskose in einem Füllbad hergestellt sind, sind als auf chemischem Wege hergestellte Stoffe angesehen worden (PA 23. 6. 1954 Bl. 1955, 65).

Auf Stoffe, die – ohne chemische Bindung – durch eine auf mechanischem oder physikalischem Wege durchgeführte Vereinigung mehrerer (an sich auf chemischem Wege hergestellter) Stoffe gewonnen werden, konnten **Sachpatente** erteilt werden. Zu ihnen gehörten bestimmte **Mischungen** und **Lösungen** von Stoffen (RG 22. 12. 1923 Bl. 1924, 107; RG 3. 3. 1939 Mitt.

1939, 140; RG 15. 5. 1939 GRUR 1939, 905 ff.), und zwar auch dann, wenn einzelne Zusatzstoffe, z. B. durch Verdunstung, in der gebrauchsfähigen Mischung oder Lösung nicht mehr oder nur noch in ganz geringen Mengen vorhanden waren (BGH 24. 2. 1970 GRUR 1970, 361, 362 – Schädlingsbekämpfungsmittel). Jedoch waren Sachansprüche auf Gemische von untereinander reagierenden Stoffen dann nicht zulässig, wenn sich das entstehende Produkt nicht mehr auf die Ausgangsstoffe zurückführen und gegenüber Produkten nach dem Stand der Technik nicht mehr abgrenzen ließ (BPatG 9. 2. 1971 E 12, 112 ff.). Sachpatente konnten ferner auf bestimmte **Emulsionen, kolloidale Lösungen und Adsorptionen** erteilt werden (E. Müller a. a. O. S. 24 ff.). Das gleiche galt für den Vorgang des **Ausfällens,** der auch nur die Änderung der Lösungsverhältnisse bewirkt (Eggert, GRUR 1964, 592, 597 unter Hinweis auf PA 26. 6. 1957 Mitt. 1957, 175 und 3. 3. 1959 Mitt. 1959, 157). Auch bestimmte **Kristallformen,** die durch besondere Eingriffe neu gewonnen werden, waren schutzfähig, soweit die Änderungen der Formen nicht auf chemischem Wege erfolgten (E. Müller, a. a. O. S. 24; Eggert, a. a. O. S. 597). Bei **Aggregatzuständen** (fest, flüssig, gasförmig) war eine **neue** Erfindung in der Regel nicht möglich. Wurde der Aggregatzustand aber durch Überführen in den Kolloidalzustand geändert, so konnte Patentfähigkeit gegeben sein, wenn das Verfahren kein chemisches war (Tetzner, 2. Aufl. § 1 Anm. 86). Über Entdeckung eines angeblichen vierten Aggregatzustandes vgl. Blum-Pedrazzini, Art. 2, Anm. 23, S. 249. Über Arzneimittelgemische sowie Gemische von Nahrungs- und Genußmitteln vgl. oben Anm. 68. **Legierungen** fielen nicht unter die Ausnahmevorschrift, wenn sie aus physikalischen Gemengen oder Gemischen mehrerer Metalle bestanden. Spielten sich bei der Herstellung von Legierungen auch chemische Umsetzungen ab, so war – soweit der Zusatz unverbundener Metalle nicht etwa zweck- und wirkungslos war – die Patentfähigkeit anzuerkennen, da man »ein Erzeugnis als Ganzes nicht wohl als auf chemischem Wege hergestellt bezeichnen kann, wenn es integrierende Bestandteile enthält, die chemisch nicht verändert sind« (RG 22. 12. 1923 Bl. 1924, 107). In diesem Falle bestimmen sie den Charakter des Endproduktes. Der Grundsatz galt ganz allgemein (Eggert, GRUR 1964, 592, 593 mit Zitaten). Bei Legierungen waren stets Stoff-, Verfahrens- und Verwendungsansprüche möglich (Grützner, GRUR 1952, 121; Lidle, Mitt. 1942, 129; Lindenmaier, GRUR 1942, 485, 500; Bayer, Schwarzmaier, Zeiler, Festschr. BPatG S. 201 ff.).

b) »Bestimmte« Verfahren zur Herstellung des Stoffes

Um patentfähig zu sein, mußte das **Verfahren,** das der Herstellung 70
des chemischen Stoffes dient, **»bestimmt«** (Anm. 68) sein. Der Anmelder mußte also angeben, mit welchen Mitteln und auf welchem Wege er das näher zu kennzeichnende Erzeugnis erhalten wollte und welche technischen

Eigenschaften dieses besaß. Bloße Reaktionen, d. h. die chemischen Vorgänge und Veränderungen beim Zusammentreffen chemischer Stoffe, wurden nicht patentiert.

Nicht patentfähig waren und sind allgemeine chemische Methoden, Probleme, Prinzipien usw. (E. Müller, a. a. O. S. 37).

c) Verwendungsansprüche. Zweckgebundene Sachansprüche (Mittelansprüche)

71 **Verwendungsansprüche** für auf chemischem Wege hergestellte Stoffe waren, anders als für Nahrungs-, Genuß- und Arzneimittel (vgl. Anm. 68) zulässig, weil das Gesetz nur den Stoff als solchen vom Schutz ausnehmen wollte. Der Gewährbarkeit eines Verwendungsanspruchs stand daher auch nicht entgegen, daß die zu schützende Verwendung des Stoffes im einzelnen Fall die zur Zeit einzig in Betracht zu ziehende Verwendung des Stoffes war (BGH 25. 11. 1965 GRUR 1966, 201, 204 – Ferromagnetischer Körper).

Über die Frage, ob **neben** einem Verfahren zur **Herstellung** eines chemischen Stoffes auch das Verfahren zur **Verwendung** des Stoffes zulässig ist, s. oben Anm. 57.

71a Ebenso wie Verwendungsansprüche wurden vom PA auch sog. **»zweckgebundene Sachansprüche«** gewährt, häufig als **»Mittelansprüche«** bezeichnet. Über die rechtlichen Unterschiede zwischen Verwendungs- und Mittelanspruch s. Anm. 57.

Da unter der Herrschaft des Stoffschutzverbots die auf chemischem Weg hergestellten Stoffe als solche nicht geschützt werden konnten, glaubte man, einen Sachschutz durch eine Anspruchfassung erzielen zu können, die die »Mittel«, die aus diesen chemischen Stoffen bestanden oder sie enthielten, für bestimmte Zwecke unter Schutz stellte (z. B. PA 25. 11. 1954 Bl. 1955, 220 – Insektenbekämpfungsmittel, gekennzeichnet durch den Stoff X als Wirkstoff). An dem ehemaligen Stoffschutzverbot mußte indessen auch der Schutzbereich solcher Patente seine absolute Grenze finden. Tatsächlich wurde durch sie nichts anderes als eine **bestimmte** Verwendung des Werkstoffs unter Schutz gestellt (BGH 24. 2. 1970 GRUR 1970, 361, 363 – Schädlingsbekämpfungsmittel mit Anm. Spiess). In Wahrheit handelt es sich bei diesen Ansprüchen nur um sog. **verkappte Verwendungsansprüche** (Beil, Chem. Ing. Techn. 1958, 625, 626) mit der Folge, daß der Schutz in diesen Fällen auch nur auf die Verwendung des Stoffes beschränkt blieb; vgl. dazu § 6 Anm. 40. Anders nur dann, wenn die in einem solchen »Mittelanspruch« verkörperte Erfindung in einer **Mischung** des chemischen Werkstoffes mit anderen Stoffen auf mechanischem oder physikalischem Weg bestand. Die Erteilung von Sachpatenten auf solche Mischungen, die natürlich alle Voraussetzungen einer patentfähigen Erfindung erfüllen mußten, ist stets als zulässig angesehen worden (vgl. Anm. 69).

d) Gattungserfindungen

Gattungserfindungen, bei denen das Verfahren oder Mittel nicht nur auf den einzelnen Körper oder Stoff, sondern auf eine **ganze Klasse von Körpern oder Stoffen** angewandt werden soll, waren vom Patentschutz nicht grundsätzlich ausgeschlossen (Pietzcker § 1 Anm. 101; E. Müller, a. a. O. S. 340 ff.; Schwanhäusser, GRUR 1963, 503, 508; s. dazu unten Anm. 77). 72

IV. Aufhebung des Verbots des Stoffschutzes

Durch die Aufhebung des Verbots können gemäß Art. 7 § 6 Abs. 2 des PatÄndG vom 4. 9. 1967 (BGBl. I S. 953) ab 1. 1. 1968 Patente auch für Nahrungs-, Genuß- und Arzneimittel sowie für auf chemischem Wege hergestellte Stoffe erteilt werden. Diese Neuregelung, die von der Annahme ausgeht, daß dadurch eine Vereinfachung des Prüfungsverfahrens erreicht wird, und die zum anderen einer Anpassung an das von der Bundesrepublik bereits unterzeichnete und demnächst zu ratifizierende europäische »Übereinkommen über die Vereinheitlichung gewisser Begriffe des Patentrechts« vom 27. 11. 1963 (Bl. 1964, 372 ff.) dienen soll, wirft viele neue Probleme auf, deren endgültige Lösung durch die höchstrichterliche Rechtsprechung noch längere Zeit in Anspruch nehmen wird. 73

1. a) **Absoluter oder zweckgebundener Stoffschutz.** Gegenstand des Schutzes ist der Stoff als solcher. Ob ein absoluter oder aber ein zweckgebundener Stoffschutz gewährt werden soll, ist der Neufassung des § 1 Abs. 1 PatG nicht unmittelbar zu entnehmen (vgl. auch Schriftlichen Bericht des Rechtsausschusses, Drucks. zu V/1631 des dtsch. Bundestags). Gleichwohl ging die überwiegende Auffassung im Schrifttum bereits bald nach Erlaß des Gesetzes dahin, daß der Anspruch unbeschränkt auf die Substanz als solche gerichtet werden könne, ohne die Zweckgebundenheit des Stoffes im Anspruch zum Ausdruck bringen zu müssen. Die Auffassung wurde insbesondere damit begründet, daß durch Aufhebung des Stoffschutzverbots den Anmeldern für chemische Erfindungen ersichtlich ein umfassenderer Schutz habe gewährt werden sollen, als dies in der Vergangenheit der Fall gewesen sei. Schon nach bisherigem Recht habe aber auf die Verwendung von Stoffen als Mittel für ein **bestimmtes Gebiet** ein zweckbezogener Sachanspruch gewährt werden können (Anm. 71 a). Man verwies ferner darauf, daß auch in den anderen Industriestaaten, insbes. in den Vereinigten Staaten von Amerika, in Belgien, Frankreich, Großbritannien, Italien ebenso wie in vielen Staaten des Commonwealth und einigen lateinamerikanischen Staaten ein unbeschränkter Stoffschutz bestehe, der gerade in den vorangegangenen Diskussionen über die Einführung des Stoffschutzes in der Bundesrepublik als Richtlinie gedient habe. Daß diese 74

Annahme allerdings nicht uneingeschränkt zutrifft, ergibt sich aus der für verschiedene Staaten (Frankreich, Vereinigte Staaten sowie die skandinavischen Länder) vorgenommenen gründlichen Untersuchung von B. Geißler »Der Umfang des Stoffschutzes für chemische Erfindungen« Kap. 2–5. Die aus alledem gezogene Folgerung, daß der Anspruch unbeschränkt auf die Substanz als solche gerichtet werden könne, ohne eine Zweckgebundenheit des Stoffes im Anspruch zum Ausdruck bringen zu müssen, hat der BGH nunmehr in der Entscheidung vom 14. 3. 1972 (GRUR 1972, 541 ff. – Imidazoline mit Anm. Spiess) bestätigt (vgl. dazu auch BGH 27. 2. 1969 BGHZ 51, 378 ff. = GRUR 1969, 265 ff. – Disiloxan). Nach dieser Entscheidung ist die Beseitigung des früheren Stoffschutzverbots dahin zu werten, daß Erfindungen, die auf chemischem Weg hergestellte Stoffe betreffen, fortan nach denselben Regeln zu behandeln sind, wie Erfindungen auf allen übrigen Gebieten der Technik. Da es eine Regelung hinsichtlich eines nur zweckgebundenen Schutzes auf den übrigen Bereichen der Technik im Grundsatz nicht gebe, könne sie auch für Stoffschutzerfindungen keine Geltung beanspruchen (vgl. BGH 14. 3. 1972 a. a. O. S. 543). S. dazu auch Geißler a. a. O., insbesondere S. 143 ff., der im Hinblick auf das von ihm erörterte System und die theoretischen Grundlagen des geltenden deutschen Patentrechts für einen »zweckgebundenen« Stoffschutz eintritt.

Ist hiernach im Grundsatz der absolute Stoffschutz vom BGH anerkannt, so bleiben dessenungeachtet auch weiterhin sog. zweckgebundene Stoffansprüche (Anm. 57) zulässig (BGH 14. 3. 1972 a. a. O. S. 544).

Ist eine **Verwendungsangabe** somit in einem **Stoffanspruch** nicht **notwendig,** so muß dies entgegen der bisherigen Praxis des BGH (25. 11. 1954 Bl. 1955, 220) auch für **Stoffgemische** gelten. Es gibt keinen einleuchtenden Grund, insoweit einen Unterschied zu machen. S. dazu auch BPatG 22. 5. 1969 Mitt. 1970, 134 ff. mit Anm. Willems.

Gleichwohl ist neben den Angaben über die Herstellung **mindestens eine belegbare Angabe eines Verwendungszwecks in der Beschreibung** erforderlich, weil sonst dem Erfordernis der »Ausführbarkeit« bzw. »gewerblichen Verwertbarkeit« nicht genügt würde (vgl. BGH 3. 2. 1966 GRUR 1966, 312, 316 – Appetitzügler I; 27. 2. 1969 a. a. O. S. 389 – Disiloxan).

b) Die im Schrifttum äußerst umstrittene Frage, was bei einer chemischen Stofferfindung in den **ursprünglichen** Anmeldungsunterlagen zu **offenbaren** ist, beantwortet nunmehr der Beschluß BGH 14. 3. 1972 GRUR 1972, 541 ff. – Imidazoline, und zwar in Übereinstimmung mit den Grundsätzen, die der Beschluß vom 3. 2. 1966 (BGHZ 45, 102, 107 ff. = GRUR 1966, 312 – Appetitzügler I) für den Umfang der Offenbarung bei einem chemischen Analogieverfahren aufgestellt hat (oben Anm. 53). Die der Erfindung zugrunde liegende Aufgabe, die nach diesem Beschluß allein darin besteht, einen neuen chemischen Stoff einer näher umschriebenen Art oder Konstitution bereitzustellen, findet ihre Lösung ausschließlich in der

Schaffung des neuen Stoffes. Zum Gegenstand der Stofferfindung gehören demzufolge nicht die Angaben über den technischen oder therapeutischen Zweck des beanspruchten Stoffes. Sie brauchen aus diesem Grunde auch noch nicht in den ursprünglichen Unterlagen offenbart zu werden, sondern können noch im Laufe des Erteilungsverfahrens nachgeholt werden. Zu fordern ist nur, daß bei der Anmeldung in der Regel ein technisches Gebiet angegeben wird, auf dem die Erfindung Anwendung finden soll.

Die **Neuheits**prüfung einer Stofferfindung erstreckt sich nur »auf die Neuheit des Stoffes als solchen« (BGH 14. 3. 1972 GRUR 1972, 541, 544 – Imidazoline). Auf Wirkung und bisherige Verwendung für einen bestimmten Zweck kommt es folgerichtig nicht an. Nach den für chemische Analogieverfahren dargelegten Grundsätzen (oben Anm. 55 a), die in gleicher Weise auch für Stofferfindungen gelten (BGH 24. 2. 1970 GRUR 1970, 408, 413 lk. Sp. – Anthradipyrazol), ist auch eine Stofferfindung dann **fortschrittlich** und **erfinderisch,** wenn der neue Stoff Eigenschaften (oder auch nur eine Eigenschaft) aufweist, der gegenüber allen wirkungsmäßig vergleichbaren Stoffen bei seiner Verwendung zu einem technischen, therapeutischen oder sonstigen Zweck in überlegener Weise wirkt (technischer Fortschritt), und diese Überlegenheit der Wirkungen oder Eigenschaften gegenüber dem bekannten Stoff überraschend war, also nicht in gleichem Maße erwartet werden konnte (Erfindungshöhe) (BGH 27. 2. 1969 BGHZ 51, 378, 382 = GRUR 1969, 265, 266 – Disiloxan). Wegen der Einzelheiten zur Feststellung des Fortschritts, insbes. auch zu der Frage der patentwürdigen Bereicherung, soweit trotz Bekanntseins mehrerer Stoffe für den erfindungsgemäß erhältlichen neuen Stoff noch ein **Bedürfnis** besteht, vgl. BGH 24. 2. 1970 GRUR 1970, 408, 412 – Anthradipyrazol und Anm. 55 a.

c) Der **Schutzumfang** von Stoffansprüchen ist wie der anderer Patentkategorien zu bestimmen. Daher muß auch die Lehre von der **Äquivalenz** zur Anwendung kommen (Anm. 52; BGH 29. 1. 1970 GRUR 1970, 237, 240 – Appetitzügler II).

2. Der Schutz eines chemischen Stoffes setzt voraus, daß der Stoff in 75
Anspruch und Beschreibung **eindeutig identifiziert** wird. Nur auf diese Weise kann der Stoff vom Stand der Technik abgegrenzt und die ungestörte Benutzung bekannter Stoffe gewährleistet werden. Während es in der **niedermolekularen** Chemie in der Regel keine großen Schwierigkeiten bereitet, z. B. durch **Nennung der Strukturformel** oder des **wissenschaftlichen,** allerdings nicht immer einheitlich festgelegten **Namens** festzustellen, wann ein niedermolekularer Stoff gegenüber einem anderen Stoff deutlich erkennbar abweicht, also neu ist, sind die Verhältnisse bei dem makromolekularen Stoff erheblich komplizierter. In der **makromolekularen** Chemie kann man sich für die Strukturaufteilung nicht auf chemische Methoden stützen, sondern es müssen in der Regel die einzelnen eindeutigen Kenngrößen der

Struktur (**Grundparameter** bzw. Meßwerte) erfaßt werden (vgl. Hellfritz in »Kunststoffe« 1960, 502 und GRUR 1968, 1 ff.). Die Anforderungen, die insoweit zu stellen sind, sind in dem grundsätzlichen BGH-Beschluß vom 6. 7. 1971 (GRUR 1972, 80 ff. – Trioxan) eingehend behandelt. Hiernach kann die Aufstellung einer vollständigen und exakten Strukturformel eines makromolekularen Stoffes dann nicht verlangt werden, wenn eine Aufklärung den Erkenntnismöglichkeiten z. Z. der Patentanmeldung verschlossen ist oder im Verhältnis zum wirtschaftlichen Nutzen einen nicht vertretbaren Aufwand erfordert. Der Anmelder wird dann nicht vom Patentschutz ausgeschlossen, wenn er den Stoff **»auf andere Weise«** eindeutig identifiziert, was allerdings eine sorgfältige Ermittlung des Anmeldungsgegenstands nach Aufgabe und Lösung erfordert. Hierfür sieht es der Beschluß als ausreichend an, daß der durch Beschreibung erläuterte Patentanspruch so viel Angaben zur Kennzeichnung des makromolekularen Stoffes unbekannter Struktur enthält, wie erforderlich sind, »um seine erfinderische Eigenart durch zuverlässig feststellbare (meßbare) Charakteristiken (Parameter) von zuverlässig feststellbaren Charakteristiken anderer (nicht beanspruchter) Stoffe zu unterscheiden und um die Voraussetzungen der Patentfähigkeit zuverlässig beurteilen zu können«. Ebenso jetzt BPatG 24. 3. 1972 E 14, 1 ff. Bezieht sich der beanspruchte Schutz auf ein **Gemisch** von Makromolekülen, so braucht nur das Gemisch, nicht aber das einzelne Individuum des Gemisches eindeutig identifizierbar bezeichnet zu werden (BGH 6. 7. 1971 a. a. O. S. 85 – Trioxan).

76 3. a) Zulässig ist nach dem BGH-Beschluß vom 6. 7. 1971 (GRUR 1972, 80, 88 – Trioxan) auch, einen chemischen Stoff, der nicht durch die Strukturformel oder meßbare Charakteristiken (Parameter) gekennzeichnet werden kann, durch ein **Herstellungsverfahren** zu schützen (sog. **product by process claims).** Die entgegenstehende Auffassung des BPatG bezeichnet der Beschluß als nicht mit § 26 Abs. 1 Satz 3 PatG vereinbar, weil diese Vorschrift dem Anmelder freie Wahl lasse, welchen Schutz er für seine Erfindung beanspruchen wolle, vgl. dazu BGH 18. 6. 1970 GRUR 1970, 601, 602 – Fungizid). Da kein Gebot bestehe, einen Stoff, der allein durch Verfahrensmerkmale identifiziert ist, nur durch einen Verfahrensanspruch zu schützen, seien auch Stoffansprüche zu gewähren. Ebenso jetzt BPatG 9. 11. 1971 (E 13, 14 ff. für Katalysatoren). Der BGH läßt allerdings dahingestellt, ob ein derartiger Stoffanspruch auch dann zulässig ist, wenn die vollständige Strukturformel für den Stoff bekannt ist. Über die in der Entscheidung noch offengelassenen Fragen, insbes. auch zur Formulierung solcher Ansprüche, vgl. Schmied-Kowarzik, GRUR 1972, 255, 260 ff.

b) Noch keine endgültige Klärung hat die Frage nach dem Patentschutz für Erfindungen auf dem Gebiet der **Mikrobiologie** gefunden. Im Schrifttum (Wirtz, GRUR 1971, 238 ff.) ist die Auffassung vertreten worden, daß bei der Herstellung wertvoller Stoffe mittels biologischer Verfahren unter Verwendung neuer Mikroorganismen ein **Sachschutz** für den Mikroorganismusstamm zuerkannt werden sollte. Denn die erfinderische Leistung müsse in der Namhaftmachung dieses »Kleinstlebewesenskernes« erblickt werden. Demgegenüber hat man darauf hingewiesen (v. Pechmann, GRUR 1972, 51 ff.), daß bisher noch in keinem Lande der Mikroorganismus an sich als reines Sachpatent geschützt worden sei. Der Grund ist darin zu erblicken, daß der in der Natur aufgefundene neue Organismus als Entdeckung eines nichtpatentfähigen Naturstoffes beurteilt wird. Als geeignete Schutzgrundlage sieht v. Pechmann a. a. O. auch im Hinblick auf eine künftige einheitliche Regelung den Schutz eines **Verwendungs-** oder **Herstellungsverfahrens** an. Dem wird zuzustimmen sein. Auch Art. 2 b des sog. Straßburger Abkommen vom 27. 11. 1963 (Bl. 1964, 372) erkennt die Patentierbarkeit der mikrobiologischen Verfahren und der mit Hilfe dieser Verfahren gewonnenen Erzeugnisse an (vgl. im übrigen zu dem Fragenkomplex Duttenhöfer in Festschr. BPatG S. 171, 182 ff.; Windisch, GRUR 1971, 550, 557).

Die Rechtsprechung hat bisher nur Einzelfragen behandelt, z. B. das Problem der hinreichenden Offenbarung durch Hinterlegung des Mikroorganismus. Nach BPatG 30. 6. 1967 E 9, 150 ist die **Offenbarung** der Erfindung nur dann als ausreichend anzusehen, wenn der Organismus spätestens zugleich mit der **Anmeldung** an einer dafür geeigneten Stelle **hinterlegt** wird und in den ursprünglichen Unterlagen die Hinterlegungsstelle und die Hinterlegungsbezeichnung angegeben wird. Nach Bekanntmachung ist dem Einsprechenden ein Anspruch auf Auslieferung der Kultur zugesprochen worden, um die Nacharbeitbarkeit des Verfahrens zu überprüfen. Die **bloße Beschreibung** eines Mikroorganismus in der Druckschrift wird vom Patentgericht nicht als ausreichend angesehen (Duttenhöfer a. a. O. S. 188 unter Hinweis auf die unveröffentlichte Entscheidung des BPatG vom 17. 11. 1970). Im übrigen vgl. auch BPatG 24. 4. 1964 E 5, 78 ff. zur Frage der Erfindungshöhe von mikrobiologischen Erfindungen. BGH-Entscheidungen sind bisher noch nicht ergangen.

4. a) Ansprüche, **die nicht nur einzelne Stoffe, sondern jeweils eine Klasse oder Gruppe,** d. h. eine Vielzahl von Stoffen umfassen (sog. **Gattungserfindungen** vgl. Anm. 72) sind nur zulässig, wenn die angemeldeten Eigenschaften nachweisbar vorhanden sind. Wie hoch die Anforderungen sind, die an den Nachweis oder die Glaubhaftmachung der Eigenschaften bzw. Wirkungen bei einem auf einen Stoff gerichteten Anspruch zu stellen sind, läßt sich nicht nach einer festen Regel bestimmen. Nach BPatG 19. 10. 1970 (GRUR 1971, 351, 354 – Butene) müssen sich, sofern es sich bei dem beanspruchten Stoff (ebenso wie bei dem Erzeugnis eines beanspruchten Verfahrens) um eine Gruppe von vielen – auch unbestimmten – Verbindungen handelt, **die zu fordernden Versuche** auf solche und so viele Verbindungen erstrecken, daß es glaubhaft erscheint, daß nach den aus den Ver- 77

suchen gewonnenen Ergebnissen die geltend gemachte Wirkung auch bei den übrigen zu der Gruppe gehörenden Verbindungen eintritt. Gleichartige Überlegungen treffen auch für die Beurteilung der Frage zu, **wie viele** einzelne Verbindungen als Vertreter einer Gruppe tatsächlich hergestellt worden sein müssen (vgl. dazu insbesondere Fabel, GRUR 1972, 188 ff. sowie Spiess, GRUR 1969, 107 ff.).

Niemals sollte in einem Anspruch eine zu weitgehende Abstraktion vorgenommen werden. Wäre dies der Fall, so würde in Wahrheit nicht mehr eine auf tatsächlicher Grundlage beruhende Erfindung offenbart sein, sondern es würde sich um eine reine Spekulation handeln (PA 25. 11. 1937 Bl. 1938, 5).

Die »Richtlinien« des Präsidenten des DPA vom 14. 9. 1972 (Bl. 1972, 311 zu V 2 e) weisen im übrigen zutreffend darauf hin, daß bei sog. Gattungserfindungen nur die betreffende Gruppe, nicht aber jedes einzelne Individuum dieser Gruppe eindeutig zu identifizieren ist. An eine solche Kennzeichnung sind aber nach den Richtlinien a. a. O. strenge Anforderungen zu stellen, da sie gegenüber der Strukturformel oder dem wissenschaftlichen Namen nur einen Behelf darstellt.

b) Noch nicht ist durch die Rechtsprechung die Frage geklärt, ob bzw. unter welchen Voraussetzungen ein **zweiter Erfinder** Patentschutz erlangen kann, wenn er für einen **bestimmten Vertreter einer Stoffgruppe** Schutz begehrt, für die **dem ersten Erfinder bereits Stoffschutz** durch ein Patent gewährt worden ist **(sog. Auswahlerfindungen).** Da sich der Schutz eines Gruppenpatents auf jedes einzelne Glied der Gruppe erstreckt, wird der ausgewählte Stoff in der Regel nicht mehr als neu angesehen werden können. Anders natürlich, wenn für die bezeichnete Erfindung eine neue und erfinderische Verwendung aufgezeigt wird. Die Frage ist indessen streitig (s. dazu Nastelski, GRUR Int. 1972, 43, 51 ff. mit Schrifttum unter gleichzeitigem Hinweis auf das Hindernis § 4 Abs. 2 PatG).

78 5. Die Gewährung von **Ansprüchen auf ein analoges Herstellungsverfahren neben Stoffansprüchen** war in der Vergangenheit im Hinblick auf die Übergangsvorschrift in Art. 7 § 1 Abs. 5 Satz 5 PatÄndG 1967 zwar insoweit nicht streitig, als bei einer **vor** dem 1. 1. 1969 eingereichten Patentanmeldung auf ein Analogieverfahren gerichtete Ansprüche neben Stoffansprüchen zuzulassen sind. Ob aber dasselbe auch für die **nach** dem 1. 1. 1969 eingerichten Anmeldungen gelten würde, war zunächst ungewiß. Noch in der Entscheidung vom 27. 2. 1969 GRUR 1969, 265 – Disiloxan – hat der BGH diese Frage ausdrücklich als noch nicht entschieden bezeichnet. Der BPatG-Beschluß vom 21. 2. 1972 (GRUR 1972, 648 ff. – Acematide –) hat nunmehr ein berechtigtes Interesse des Anmelders an der Inanspruchnahme eines Schutzes für **beide** Anspruchskategorien anerkannt. Die Entscheidung wird damit begründet, daß die zur Kennzeichnung einer chemischen Verbindung in einer Stoffanspruchsgruppe benutzte Bezeichnung,

Formel oder Parameter sich nachträglich als fehlerhaft herausstellen oder sich der Stoff selbst bei der Prüfung als vorbeschrieben erweisen können. In einem solchen Falle kann der Herstellungsanspruch nach Ansicht des BPatG später eine »Rückzugsmöglichkeit« bilden und die Möglichkeit der Schutzfähigkeit eines u. U. eingeschränkten Verfahrensanspruchs eröffnen. Der BGH hat zu den Gründen des Beschlusses bisher noch nicht ausdrücklich Stellung genommen. Im Hinblick auf die Fungizid-Entscheidung vom 18. 6. 1969 (GRUR 1969, 601), bei der es sich allerdings nur um die Zulässigkeit eines Verwendungsanspruchs neben einem Stoffanspruch handelte, dürfte indessen mit seiner Zustimmung zu rechnen sein (vgl. dazu Schmied-Kowarzik, GRUR 1973, 115, 118 ff.). Denn in dieser Entscheidung ist jedenfalls bereits ein Rechtsschutzbedürfnis an der Beibehaltung des Analogieverfahrensanspruchs anerkannt worden (vgl. Eggert in der Anm. zu der Entscheidung GRUR 1969, 603). Im übrigen hat der BPatG-Beschluß 19. 10. 1970 (GRUR 1971, 352 ff. – Butene) zum Ausdruck gebracht, daß bei einem auf einen **Stoff** gerichteten Patentbegehren hinsichtlich des **Nachweises** bzw. der **Glaubhaftmachung** der geltend gemachten Wirkungen die gleichen Anforderungen wie bei einem auf ein Analogieverfahren gerichteten Anspruch zu stellen sind.

6. **Kategorien der Erfindung und Einheitlichkeit.** Unter dem Gesichtspunkt der Einheitlichkeit bestehen in der Regel keine Bedenken dagegen, 79
in einer Anmeldung einen Stoff, das Verfahren zu seiner Herstellung und seine Verwendung zusammenzufassen. Der BGH (28. 6. 1971 GRUR 1971, 512, 513 – Isomerisierung) begründet diese Auffassung mit dem Hinweis auf die Grundsätze der Entscheidung des RPA vom 24. 9. 1913 (Bl. 1913, 29 ff.), wonach unter einer Erfindung im Sinne des § 26 Abs. 1 Satz 2 PatG auch ein Komplex von Erfindungen verstanden werden kann, sofern diesem ein Gesamtproblem (Gesamtaufgabe) zugrunde liegt. Letzteres ist insbesondere nach technischen und wirtschaftlichen Gesichtspunkten unter Beachtung praktischer Bedürfnisse und der Verkehrsanschauung zu beurteilen; ebenso BGH 27. 6. 1972 (GRUR 1972, 646, 647 – Schreibpaste); im einzelnen vgl. § 26 Anm. 16 ff. Auch Anmeldungen, die auf den Stoff, dessen Herstellung und Verwendung sowie ein entsprechendes **Mittel** gerichtet sind, sind grundsätzlich einheitlich. Vgl. BPatG 24. 5. 1972 GRUR 1972, 89 – Gerbstoffe. Enthält das Mittel allerdings neben dem Wirkstoff und dem Fachmann bekannten Zusätzen noch einen weiteren Wirkstoff, so kann dieser Umstand der Einheitlichkeit entgegenstehen (BGH 27. 6. 1972 GRUR 1972, 644 ff. – Gelbe Pigmente); ebenso jetzt Richtlinien des Präsidenten des DPA (Bl. 1972, 310 zu V 2 b).

Bei Anmeldung **mehrerer** Verwendungsansprüche ist die Einheitlichkeit nur unter der Voraussetzung zu bejahen, daß es sich um **homogene,** d. h. gleichartige Verwendungen handelt. Anmeldungen für mehrere Verwendungsansprüche auf technischen Gebieten, zwischen denen – wenn überhaupt – nur ein loser Zusammenhang besteht (**heterogene** Verwendung), können nicht als einheitlich angesehen werden und sind daher auszuscheiden (»Richtlinien« a. a. O. zu V 2 b).

80 7. **In der Natur vorhandene Stoffe** werden als solche **nicht** vom Stoffschutz umfaßt. Das soll grundsätzlich auch für synthetisch hergestellte Stoffe gelten, die in der Natur vorkommen (»Richtlinien«, Bl. 1972, 311 zu V 2 f). Die Frage des Schutzes von Naturstoffen und mit ihnen identischer Kunstprodukte ist bisher im Schrifttum wenig behandelt worden. Pietzcker (§ 1 Anm. 14 S. 40; Anm. 52 zu 3) ist der Auffassung, daß Kunstprodukte, die mit Naturprodukten übereinstimmen, mangels Neuheit nicht durch Sachpatente geschützt werden könnten. Tetzner (§ 1 Anm. 32) will die **Sachpatent**fähigkeit bejahen, wenn die Änderungen der physikalischen Eigenschaften gegenüber dem Naturprodukt so bedeutend sind, daß der Stoff als eine »neue« Sache anzusehen ist. Auch für Stoffpatente, die der Kategorie der **Sachpatente** zuzurechnen sind, wird man von diesen Grundsätzen auszugehen haben. Patente werden daher jedenfalls auf solche Erfindungen erteilt werden können, die bisher **noch nicht bekannte Erscheinungsformen oder Isolierungen** von Naturstoffen betreffen (Richtlinien V 2 f). Im einzelnen Hüni, GRUR 1970, 9 ff. und Schmied-Kowarzik, Mitt. 1968, 126, 130, der der Auffassung ist, der Schutz von synthetisch hergestellten Naturprodukten sei zulässig, weil die Vorschriften der §§ 1, 2, PatG – mangels Vorliegens der dafür erforderlichen Voraussetzungen – nicht mit Erfolg diesen Stoffansprüchen entgegengehalten werden könnten.

Gegen Verfahrensansprüche, die auf Gewinnung von Naturprodukten gerichtet sind, bestehen grundsätzlich keine Bedenken, soweit die allgemeinen Kriterien der Patentierbarkeit vorliegen. Das gleiche gilt für Ansprüche auf Verwendung eines Naturvorkommens; vgl. BGH 14. 3. 1969 GRUR 1969, 531, 532 – Geflügelfutter.

81 8. Der Patentfähigkeit von Analogieverfahren, die zu **Zwischenprodukten** führen, steht nach den drei in Anm. 56 zitierten BGH-Entscheidungen nunmehr auch dann kein Hindernis entgegen, wenn sich die vorteilhaft wirksamen Eigenschaften der Zwischenprodukte erst nach einer durch chemische Umsetzung erfolgenden Weiterverarbeitung am Endprodukt zeigen (vgl. im einzelnen Anm. 56).

82 9. Auch **Nahrungs- und Genußmittel** können jetzt in Form von Stoffansprüchen geschützt werden. Für einen **auf diese Mittel** gerichteten Patentschutz ebenso **wie ganz allgemein für den Schutz anderer chemischer Stofferfindungen** gilt das Erfordernis, daß der neue Stoff Eigenschaften (oder auch nur eine Eigenschaft) aufweist, »kraft deren er bei seiner Verwendung zu einem technischen, therapeutischen oder sonstigen Zweck in einer – vergleichbaren Stoffen gegenüber – überlegenen Weise wirkt **(technischer Fortschritt)** und daß diese Überlegenheit der Eigenschaften bzw. Wirkungen des neuen Stoffes gegenüber denen von vergleichbaren bekannten Stof-

fen nach dem Stande der chemischen Wissenschaft und Erfahrungen zur Zeit der Patentanmeldung nicht oder nicht in gleichem Maße erwartet werden konnte, sondern überraschend war **(Erfindungshöhe)**« (BGH 27. 2. 1969 BGHZ 51, 378, 382 – Disiloxan). Nicht genügt es demnach, daß der neue Stoff sich lediglich in seiner chemischen Konstitution, in der Farbe, im Gewicht, im pH-Wert oder anderen »wertfreien« chemischen oder physikalischen Eigenschaften unterscheidet (BGH 27. 2. 1969 a. a. O.).

Unter diesen Voraussetzungen ist jetzt auch die Erteilung eines **Stoffpatents** auf **Arzneimittel** (Anm. 67) zulässig. **Neue** Stoffe, die als Arzneimittel Verwendung finden sollen, können demnach patentiert werden, soweit wenigstens ein Herstellungsweg (mechanisch, physikalisch, chemisch) beschrieben und ein Verwendungszweck angegeben sind (vgl. Anm. 58, 74). Neben der Erteilung eines reinen Stoffpatents stehen heute – entgegen der früheren Rechtsprechung (Anm. 68 a) – auch der Gewährung von Verwendungspatenten auf Arzneimittel im Grundsatz keine Bedenken entgegen. Soweit der Stoff allerdings bereits auf **anderen technischen Gebieten** benutzt worden ist oder für ein **schon bekanntes** Pharmazeutikum nur ein neues Indikationsgebiet angegeben wird, erhebt sich die von der Rechtsprechung noch nicht entschiedene Frage, ob der Patentschutz für den Verwendungsanspruch deshalb zu versagen ist, weil es sich bei der neuen Verwendungsart in Wirklichkeit um ein dem Patentschutz nicht zugängliches **Heilverfahren** (Anm. 15) handelt. Der Versuch, in der erfindungsgemäßen Verwendung von Arzneimitteln keinen ein Heilverfahren betreffenden Verfahrensanspruch zu erblicken, weil es an dem durch den Arzt auszuführenden Verfahrensschritten fehle (Schmied-Kowarzik, Mitt. 1968, 121, 123), muß fehlschlagen. Sicherlich ist die Verwendung eines Stoffes als Arzneimittel nicht mit einer ärztlichen Tätigkeit, »die beim Durchtrennen einer Sehne notwendig ist«, gleichzusetzen. Aber daraus folgt nicht, daß die Behandlung eines Patienten mit Arzneimitteln nicht ebenfalls alle Merkmale eines der Heilung, Kräftigung oder Vorbeugung gegen gesundheitliche Störungen dienenden Verfahrens (Anm. 11) aufweist (ebenso Nastelski, Festschr. für G. Wilde, S. 113, 118). Auch der Vorschlag, wegen des Bekanntseins des Stoffes nur einen auf das Mittel gerichteten Sachanspruch aufzustellen (Eggert, Mitt. 1961, 233, 235), kann entgegen dem noch in der Vorauflage eingenommenen Standpunkt nicht zum Erfolg führen. Mit überzeugender Begründung hat Nastelski a. a. O. S. 177 auseinandergesetzt, daß ein zweckgebundener Stoffanspruch (d. h. ein sog. Mittelanspruch, Anm. 71 a) auf »eine Hypostasierung« des Mittelbegriffs hinauslaufen würde, für die es an einer rechtlichen Begründung fehlt. Ein Stoffschutz, sei es auch in Form eines Mittelanspruchs, kann im Falle mangelnder Neuheit des Stoffes keinesfalls in Betracht kommen (vgl. dazu auch BGH 14. 3. 1972 GRUR 1972, 638, 640 – Aufhellungsmittel). Eine Schutzmöglichkeit bietet sich unter diesen Umständen nur an, wenn ein Arzneimittel in seiner Zusammensetzung

(z. B. Mischung) neu ist (vgl. Schmied-Kowarzik, GRUR 1972, 255, 265; s. dazu aber auch die folgende Anm. 83).

Ein Schutz für Verwendungsverfahren von bekannten Arzneimitteln ist neuerdings im Schrifttum (Nastelski a. a. O.; Kraft, GRUR 1971, 373, 377) allerdings unter der Voraussetzung als möglich erwogen worden, daß die in einem Gewerbebetrieb ausführbare Zubereitung des Stoffes für einen therapeutischen Zweck erfolgt. In der Zubereitung soll ein zu dem Verwendungsverfahren gehörender Verfahrensschritt, also ein Teil des Verfahrens erblickt werden, so daß die Verarbeitung des Wirkstoffes zu der geschützten Verwendung als patentverletzend anzusehen wäre. Die BGH-Entscheidung vom 14. 3. 1972 (GRUR 1972, 638, 640 – Aufhellungsmittel) hat auf diese Gedankengänge hingewiesen, jedoch zu ihnen noch nicht abschließend Stellung genommen. Mit der bisherigen Rechtsprechung dürften sie kaum in Einklang zu bringen sein (vgl. § 6 Anm. 40).

83 10. Der Umstand, daß auch Stoffmischungen (als Arzneimittel) nunmehr schutzfähig sind, könnte zur Beeinträchtigung der **Rezepturfreiheit** des Arztes führen, die eine Heilbehandlung zum Inhalt hat (Löscher, BB 1967, Beilage zu 7/1967 S. 15). Nastelski in Reimer § 1 Anm. 91 erblickt die Lösung des Problems darin, daß an eine Patentierung von Arzneimittelmischungen hohe Anforderungen hinsichtlich der Erfindungshöhe gestellt werden müssen. Dem wird zuzustimmen sein. Das Gesetz in seiner heutigen Fassung wird kaum eine Möglichkeit bieten, die Rezepturfreiheit, die allerdings ihre praktische Bedeutung eingebüßt hat, weiterhin zu bejahen (Löscher, a. a. O.). Vgl. dazu auch Schmied-Kowarzik, Mitt. 1968, 121, 126.

84 11. Als Übergangsregelung sieht Art. 7 § 1 Abs. 1 PatÄndG vom 4. 9. 1967 vor, daß es für Patentanmeldungen, deren **Bekanntmachung** das Patentamt bis zum Inkrafttreten dieses Gesetzes bereits **beschlossen** hat, bei den bisherigen Vorschriften verbleibt, vgl. hierzu BGH 16. 5. 1968 GRUR 1969, 84 ff. – Derivate. Das gleiche gilt für noch nicht bekanntgemachte Patentanmeldungen, die vom PA bei Inkrafttreten des Gesetzes, d. h. vor dem 1. 10. 1968, aus einem der Gründe der §§ 1, 2, 4 Abs. 2 PatG wegen mangelnder Patentfähigkeit zurückgewiesen worden sind, ohne daß der entsprechende Beschluß Rechtskraft erlangt hat (BPatG 8. 11. 1968 E 10, 175 ff.). Die Zurückweisung der Patentanmeldung kann sowohl aus formellen Gründen als auch aus Gründen mangelnder Patentfähigkeit erfolgt sein (BPatG 24. 9. 1970 E 13, 95 ff.).

Soweit andererseits Patentanmeldungen, die bei Inkrafttreten des Patentänderungsgesetzes noch nicht erledigt sind und deren Bekanntmachung das PA noch nicht beschlossen hat, Erfindungen von Nahrungs-, Genuß- oder Arzneimitteln oder von Stoffen, die auf chemischem Wege hergestellt werden, zum Gegenstand haben, sind sie nach der neuen Fassung des Gesetzes zu behandeln (Art. 7 § 1 Abs. 5). Diese Anmeldungen gelten als an dem

Tag eingereicht (Prioritätstag), an dem die Erfindung in den Anmeldungsunterlagen ausreichend für die Nachbenutzung durch andere Sachverständige beschrieben ist (§ 26 Abs. 1 Satz 4). Die Anmeldungen werden also nicht so behandelt, als wären sie erst bei Inkrafttreten des Gesetzes eingegangen, vielmehr sollen sie den Zeitrang ihres tatsächlichen Eingangs beim PA genießen (vgl. dazu Schriftl. Bereicht des Rechtsausschusses zu Art. 6 [jetzt Art. 7] § 1 Abschn. 2 a, Bl. 1967, 287). Unberührt bleiben die Vorschriften, nach denen für die Anmeldung ein früherer Zeitpunkt als maßgebend in Anspruch genommen werden kann. Damit ist die Inanspruchnahme einer Auslandspriorität zugelassen. Die Prioritätserklärung (§ 27 Satz 1) konnte bis zum Ablauf von zwei Monaten nach Inkrafttreten des Patentänderungsgesetzes, d. h. bis zum 29. 2. 1968 nachgeholt werden.

Nach § 1 Abs. 5 Satz 5 a. a. O. steht einem Dritten, der den Gegenstand einer Stoffanmeldung bereits vor dem Inkrafttreten des PatÄndG in Benutzung genommen oder die dazu erforderlichen Veranstaltungen getroffen hat, ein dem § 43 Abs. 4 entsprechendes nur mit dem Betrieb vererbliches oder veräußerliches **Weiterbenutzungsrecht** an dem Gegenstand der Patentanmeldung für die Bedürfnisse des eigenen Betriebs in eigenen oder fremden Werkstätten zu. Nach dem Bericht des Rechtsausschusses soll dadurch verhindert werden, daß derjenige, dem es nach dem bisherigen Recht freistand, gewisse Stoffe herzustellen und zu verteilen, nunmehr Patentverletzungsklagen ausgesetzt wird, die ihn entscheidend in seiner wirtschaftlichen Existenz gefährden könnten, vgl. zur Übergangsregelung § 26 Anm. 84.

Ungeachtet des Weiterbenutzungsrechts kann aber ein Anmelder bzw. Patentinhaber die in einer Anmeldung bereits offenbarten Verfahrensansprüche in demselben Umfang wie bisher geltend machen. Würde man dieser heute einhellig anerkannten Meinung nicht folgen, so würde dies einer durch nichts gerechtfertigten Enteignung gleichkommen (vgl. u. a. v. Pechmann, GRUR 1967, 501, 507). Das wird auch für das Analogieverfahren gelten.

C. Patent und Gebrauchsmuster

Als Gebrauchsmuster werden solche gewerblichen Erzeugnisse geschützt, 85
bei denen durch eine äußere Gestaltung, Anordnung oder Vorrichtung (Raumform, Modellfähigkeit) der Gebrauchszweck der Sache gefördert werden soll. Gegenstand des Gebrauchsmusters ist allerdings niemals die Raumform als solche, sondern der in der Raumform in Erscheinung tretende Erfindungsgedanke (BGH 2. 11. 1956 GRUR 1957, 270, 271 – Unfall-Verhütungsschutz). Der Unterschied zwischen Patent und Gebrauchsmuster liegt einmal darin, daß der technische Fortschritt bei letzterem nur durch eine Formgebung verwirklicht werden darf, während der patentfähigen Er-

findung alle Mittel der Technik offenstehen. Der zweite wesentliche Unterschied besteht darin, daß die Anforderungen an Fortschrittlichkeit und Erfindungshöhe bei Gebrauchsmustern erheblich geringer sind als bei Patenten. Hieraus ergibt sich, daß, soweit die Erfindung in einer Raumform besteht, sowohl Patentschutz wie Gebrauchsmusterschutz möglich sind. Schließlich besteht ein ins Gewicht fallender Unterschied darin, daß das Gebrauchsmuster erst im Verletzungsstreit auf seine Gültigkeit nachgeprüft wird.

Dem Erfinder ist es, wenn die Voraussetzungen dafür gegeben sind, freigestellt, gleichzeitig beide Arten des Schutzes zu nehmen, was sich namentlich dann empfehlen wird, wenn sich die Patenterteilung länger hinauszieht oder wenn er sich die Entscheidung über den Verzicht auf das kostspielige Patent für später vorbehalten will. Für den Erfinder kann es schließlich auch von Wichtigkeit sein, zunächst zu versuchen, ob er für seine Sache ein Patent erhalten wird, und erst wenn dies nicht der Fall ist, also bedingt, sich mit dem GebrM-Schutz zu begnügen. Diese sog. Eventualanmeldung eines Gebrauchsmusters ist in § 2 Abs. 6 GebrMG zugelassen; die Gebühren sind dann zur Hälfte bei der bedingten Anmeldung, zur anderen Hälfte vor der Eintragung zu entrichten. Die Priorität der GebrM-Anmeldung richtet sich aber immer nach ihrem eigenen Datum. Es wäre unzulässig, einer GebrM-Anmeldung nachträglich die Priorität einer früheren Patentanmeldung zu geben und umgekehrt.

D. Patent und Geschmacksmuster

86 Das Geschmacksmustergesetz vom 11. 1. 1876, zuletzt geändert durch Gesetz vom 26. 7. 1957 (BGBl. I S. 861), bezieht sich auf »neue« und »eigentümliche« gewerbliche Muster oder Modelle. Ihr Schutz hängt – außer von den formellen Erfordernissen einer Anmeldung, Niederlegung und Eintragung – davon ab, daß sie bestimmt und geeignet erscheinen, auf den Formen- oder Farbensinn zu wirken und so das ästhetische Gefühl anzusprechen. Das ergibt sich zwar nicht aus dem Wortlaut des Gesetzes, ist aber in ständiger Rechtsprechung als Wesensmerkmal des Gegenstands eines Geschmacksmusters angenommen worden (Furler § 1 Anm. 7 mit zahlreichen Nachweisen). Das Geschmacksmuster unterscheidet sich demnach vom Patent darin, daß es sich ausschließlich an das **geschmacklich-ästhetische Empfinden** wendet; mit den Regeln, die der Lösung technischer Probleme dienen, hat es nichts zu tun. Zwar kann eine nennenswerte, in die Augen fallende ästhetische Wirkung zur Begründung eines durch eine technische Erfindung erzielten **Fortschritts** herangezogen werden (Anm. 35). Indessen wird hierbei vorausgesetzt, daß von einer **technischen Lehre** Gebrauch gemacht wird. Denn nur ein technisch funktioneller Gedanke kann Gegenstand eines Patents sein.

Ein weiterer grundsätzlicher Unterschied zum Patent besteht darin, daß ein Geschmacksmuster stets nur die **konkrete, individuelle Form** schützt, nicht aber eine **abstrakte** Anweisung, mit bestimmten technischen Mitteln ein technisches Ergebnis zur Lösung einer technischen Aufgabe zu erzielen (vgl. Furler a. a. O. S. 21 ff.). Daher sind auch die **Schutzwirkungen** insoweit andere, als das Patent einen Schutz gegen **jede** Art einer gewerbsmäßigen Benutzung gewährt, während das Geschmacksmuster nur gegen **Nachbildungen** und die gewerbsmäßige **Verbreitung** der nachgebildeten Muster schützt, nicht aber gegen selbständige, wenn auch mit dem Muster völlig übereinstimmende eigene Schöpfungen (Ulmer § 94 III S. 421).

Diese Unterschiede, die sich im wesentlichen aus der Natur des Geschmacksmusterrechts ergeben, das dem Urheberrecht nahesteht und seinem Wesen nach als ein dem Urheberrecht verwandtes Schutzrecht zu kennzeichnen ist (Ulmer § 4 I 2; § 93 III), schließen Gemeinsamkeiten beider gewerblichen Schutzrechte allerdings nicht aus. Diese bestehen insbesondere darin, daß auch der Gegenstand des Geschmacksmusterrechts, also die Muster und Modelle, neu (§ 1 Abs. 2 GeschmG) und gewerblich verwertbar (§ 1 Abs. 1 GeschmG) sein muß. Auch steht der Anmeldung eines Geschmacksmusters nicht die Möglichkeit entgegen, unabhängig von dieser Anmeldung auf **denselben Gegenstand** einen Patentschutz zu erhalten, soweit gleichzeitig die Voraussetzungen einer patentfähigen Erfindung erfüllt sind. Ist allerdings die Ausgestaltung des Musters oder Modells ausschließlich technisch bedingt, hängt also ihre geschmackliche Wirkung ausschließlich von der technischen Ausgestaltung ab, so muß ein Schutz nach dem Geschmacksmuster ausscheiden (BGH 30. 9. 1964 GRUR 1965, 198, 199 – Küchenmaschine; 21. 5. 1965 GRUR 1966, 97, 99 – Zündaufsatz; v. Gamm, Geschmacksmustergesetz, § 1 Anm. 20 mit weiteren Nachweisen). Die grundsätzliche Verschiedenheit beider Rechte wird durch diese Berührungspunkte nicht angetastet.

E. Patent und Urheberrecht

Das Gesetz über Urheberrechte und verwandte Schutzrechte vom 9. 9. 87
1965 (BGBl. I S. 1273) erfaßt nicht nur die im bisherigen Gesetz »betreffend das Urheberrecht an Werken der Literatur und Tonkunst« vom 19. 6. 1907/22. 5. 1910 geregelten Urheberrechte, sondern neben anderen verwandten Schutzrechten auch solche Rechte, die früher Gegenstand des Gesetzes »betreffend das Urheberrecht an Werken der bildenden Künste und der Photographie« (KUG) aus dem Jahre 1907 waren. Grundsätzlich besteht keine unmittelbare Verbindung einerseits zwischen dem Urheberrecht, das den Urheber in seinen geistigen und persönlichen Beziehungen zu seinem Werk, d. h. zu seiner persönlichen geistigen Schöpfung (§ 2 Abs. 2 UrhG)

sowie in der Nutzung dieses konkreten Werks schützt (§ 11 UrhG), und andererseits dem Patentrecht, das die Schutzvoraussetzungen einer technischen Lehre zum Gegenstand hat. Das trifft auch für die nunmehr in § 2 Abs. 1 Ziff. 4 genannten »Werke der bildenden Kunst einschließlich der Werke der Baukunst und der angewandten Kunst und Entwürfe solcher Werke« zu. Soweit diese im Hinblick auf ihre künstlerische Formgestaltung urheberrechtlich geschützten Werke allerdings zugleich eine technische Lehre verkörpern, gelten die oben (Anm. 86) über das Verhältnis vom Geschmacksmuster zum Patent gegebenen Erläuterungen entsprechend. Denn zwischen Geschmacksmustern und den Schutzobjekten des § 2 Abs. 1 Ziff. 4 besteht nur ein gradmäßiger Unterschied, wenngleich nach der Rechtsprechung die Grenze zwischen Kunstwerken und bloß geschmacksmusterfähigen Erzeugnissen nicht zu niedrig abgesteckt werden darf (BGH 4. 11. 1966 GRUR 1967, 315, 316 – skai-cubana). Daher kann auch in diesen Fällen ein Tatbestand gegeben sein, bei dem der gleiche körperliche Gegenstand sowohl dem Urheber- wie auch dem Patentschutz unterliegt. Sind die Voraussetzungen für das Bestehen beider Schutzrechte erfüllt, so wird selbstverständlich urheberrechtlich stets nur die »künstlerische« Leistung, patentrechtlich nur die »erfinderisch-fortschrittlich« technische Leistung erfaßt. Die Schutzwirkungen bleiben demgemäß stets abhängig von dem jeweils verletzten Recht.

Über den urheberrechtlichen Schutz von Patentanmeldungen und technischen Zeichnungen s. § 26 Anm. 15, 75, von Rechenprogrammen oben Anm. 4.

F. Patentschutz im Verhältnis zum Wettbewerbs- und Ausstattungsschutz:

s. § 6 Anm. 78 ff.

§ 2

Eine Erfindung gilt nicht als neu, wenn sie zur Zeit der Anmeldung (§ 26) in öffentlichen Druckschriften aus den letzten hundert Jahren bereits derart beschrieben oder im Inland bereits so offenkundig benutzt ist, daß danach die Benutzung durch andere Sachverständige möglich erscheint. Eine innerhalb von sechs Monaten vor der Anmeldung erfolgte Beschreibung oder Benutzung bleibt außer Betracht, wenn sie auf der Erfindung des Anmelders oder seines Rechtsvorgängers beruht.

ÜBERSICHT

A. § 2 Satz 1

I. Neuheit, Grundsätzliches

1. Begriff der Neuheit

1 Nur die im Sinne des § 2 neue Erfindung ist patentfähig. Behandelt wird in § 2 nur die für die Patentfähigkeit erforderliche Neuheit, nicht die erfinderische Neuheit, also nicht die Frage, unter welchen weiteren Voraussetzungen eine an sich neue Anordnung den an den Begriff »patentfähige Erfindung« zu stellenden Anforderungen genügt. Der Begriff der Neuheit ist daher streng von dem des erfinderischen Gehalts (Erfindungshöhe) zu trennen.

Die Erfindung muß **objektiv** neu sein. Ob sie für die Erfinder subjektiv neu ist, ist ohne Bedeutung (BGH 21. 11. 1972 GRUR 1973, 263, 265 – Rotterdamgeräte). Auch ist allein der **äußere Stand der Technik** maßgebend, d. h. der durch Druckschriften oder offenkundige Vorbenutzung bekannte, **nicht der sog. innere oder innerbetriebliche Stand der Technik,** unter dem die Gesamtheit der technischen Kenntnisse und Erfahrungen zu verstehen ist, die in einem der Fachwelt nicht zugänglichen Betrieb intern gesammelt worden sind. Letzterer Begriff spielt im Recht der Arbeitnehmererfindung eine Rolle, insbesondere für die Höhe der Erfindervergütung wie auch für die Feststellung der Miterfinder im Hinblick auf die von ihnen geleistete Tätigkeit (Reimer-Schade-Schippel, ArbErfG § 4 Anm. 20; vgl. BGH 28. 4. 1970 GRUR 1970, 459, 461 – Scheinwerfereinstellgerät).

Obwohl in § 2 der **technische Fortschritt und die Erfindungshöhe** nicht besonders angesprochen werden, ist es allgemein anerkannt, daß diese Schutzvoraussetzungen an dem **gleichen Stand der Technik** zu messen sind, der nach § 2 Satz 1 der Beurteilung der **Neuheit** zugrunde zu legen ist (BGH 19. 12. 1968 GRUR 1969, 271, 272 mit Nachweisen – Zugseilführung).

2. Unwiderlegbare Vermutung

2 Neu ist, was vom bisher Bekannten abweicht. Das Gesetz gibt in nicht nur beispielsweiser, sondern erschöpfender Aufzählung der die Nichtneuheit

begründenden Umstände eine unwiderlegbare Vermutung für die Nichtneuheit (BGH 30. 11. 1967 BGHZ 49, 227, 228 = GRUR 1968, 305 – Halteorgan; vgl. aber auch BGH 8. 7. 1955 BGHZ 18, 81, 87 = GRUR 1955, 393, 395 – Zwischenstecker), wo die Begriffe unwiderlegbare Vermutung und Fiktion offenbar gleichbedeutend verwendet werden. Zutreffender dürfte es sein, von einer unwiderlegbaren Vermutung zu sprechen, da diese im Interesse der Rechtssicherheit den Gegenbeweis der Unrichtigkeit ausschließt (RG 1. 4. 1914 RGZ 84, 362; 21. 5. 1940 GRUR 1940, 431, 433), während die Fiktion durch bewußte Gleichstellung von zwei ungleichen Tatbeständen den Richter anweist, trotz Verschiedenheit der Tatbestände gleiche Rechtsfolgen anzunehmen (Lange, BGB Allg. Teil S. 52). Letzteres entspricht indessen nicht dem Sinn des § 2; vielmehr bezweckt die Vorschrift die Erleichterung der Beweisführung. Sie hat demnach prozessualen Charakter (vgl. Hubmann, Gewerblicher Rechtsschutz § 9 II 5).

Die **unwiderlegbare Nichtneuheitsvermutung** enthält gleichzeitig für den von ihr nicht betroffenen Bereich **eine unwiderlegbare Neuheitsvermutung** (RG 26. 8. 1941 Mitt. 1942, 8, 11; BGH 8. 7. 1955 BGHZ 18, 81, 87 – Zwischenstecker; 30. 11. 1967 BGHZ 49, 227 = GRUR 1968, 305 mit weiteren Nachweisen – Halteorgan). Angesichts der Unwiderlegbarkeit der Vermutungen ist bedeutungslos, ob sie im Einzelfall tatsächlich nicht zutreffen oder nicht zutreffen können, z. B.: eine im Kriege im feindlichen Ausland veröffentlichte Druckschrift (RG 27. 4. 1929 MuW 1929, 345), eine am Tage der Anmeldung veröffentlichte ausländische Patentschrift (PA 5. 10. 1929 Mitt. 1930, 55, 58), eine ausländische offenkundige Vorbenutzung, die im Inland nicht durch öffentliche Druckschriften in den letzten 100 Jahren bekanntgeworden ist (30. 10. 1935 RGZ 149, 181).

Das starre Vermutungsprinzip gilt auch hinsichtlich des **»papierenen«** (nicht in die Praxis übergegangenen) **Standes der Technik** (RG 21. 5. 1940 GRUR 1940, 431, 434 unter Ablehnung abweichender Auffassung des Schrifttums; 26. 8. 1941 GRUR 1941, 465, 468). Um etwaige Härten zu mildern, sind strenge Anforderungen an die Offenbarung der Entgegenhaltung zu stellen. Denn nur das, was dem Durchschnittsfachmann (Anm. 13) durch die Druckschriften oder inländischen Vorbenutzungen tatsächlich wahrnehmbar geworden ist, was also ohne weiteres von ihm verwirklicht werden kann, wenn ihm die Vorveröffentlichungen und die Beweisunterlagen über die offenkundige Vorbenutzung vorgelegt werden, wird durch die unwiderlegbare Vermutung des § 2 ausgeschlossen (so zutreffend Mediger, GRUR 1941, 390, 391; vgl. § 6 Anm. 9). Oftmals wird auch eine Vermutung gegen eine frühere Offenbarung sprechen (RG 18. 4. 1928 MuW 1927/28, 571, 572). Gegen die abweichende Auffassung u. a. Lindhorst, GRUR 1939, 760; v. d. Trenck, GRUR 1941, 1 ff., 292 ff.; Mitt. 1942, 40; zutreffend auch Lidle, Mitt. 1942, 129.

3. Stand der Technik

3 Mit der gesetzlichen **unwiderlegbaren Nichtneuheitsvermutung ist der** für die patentrechtliche Beurteilung der Patenterfordernisse maßgebliche **sog. Stand der Technik festgelegt:**

Stand der Technik ist, was **bis zum Zeitpunkt der Anmeldung** (Anm. 4) in öffentlichen Druckschriften aus den letzten 100 Jahren derart beschrieben oder im **Inland** bereits so offenkundig benutzt ist, daß danach die Benutzung durch andere Sachverständige möglich erscheint (vgl. Anm. 13, 14). Auch die **Offenlegung** der Anmeldungsunterlagen (§ 24 Abs. 4) bewirkt, daß diese Unterlagen nunmehr zum Stand der Technik zu rechnen sind (Schriftl. Bericht des Rechtsausschusses [Bl. 1967, 279, 281] Schramm-Henne, GRUR 1968, 667, 668 zu 4).

Stand der Technik ist nicht, was in öffentlichen Druckschriften und den ihnen gleichgestellten Vervielfältigungen (Anm. 8), die **weiter als 100 Jahre zurückliegen,** beschrieben worden ist, selbst wenn danach die Benutzung durch andere Sachverständige möglich erscheint; ferner **nicht,** was **im Ausland** offenkundig vorbenutzt worden ist (RG 30. 10. 1935 RGZ 149, 180, 181), endlich **nicht,** was im In- oder Ausland **nur durch Vorträge** (soweit sie nicht etwa durch gleichzeitige Demonstrationen den Charakter inländischer offenkundiger Vorbenutzungen erhalten haben – RG 8. 9. 1941 MuW 1941, 215) oder **mündliche Mitteilungen,** durch **nicht öffentliche Druckschriften** oder **andere Schriftstücke** bekanntgeworden ist.

Über die Problematik, die sich daraus ergibt, daß die Druckschrift nicht älter als 100 Jahre sein darf, vgl. Dersin, Bl. 1952, 211 ff.; Harraeus, GRUR 1961, 105, 106.

Alles, was nicht zum Stand der Technik gehört, ist **neu.**

Nach Art. 4 Abs. 2 des sog. Straßburger Übereinkommens zur Vereinheitlichung gewisser Begriffe des materiellen Rechts der Erfindungspatente (Bl. 1964, 372) soll den Stand der Technik alles bilden, was vor dem Tag der Einreichung der Patentanmeldung oder einer ausländischen Anmeldung, deren Priorität gültig beansprucht wird, durch schriftliche oder mündliche Beschreibung, durch Benutzung oder in sonstiger Weise der Öffentlichkeit zugänglich gemacht worden ist (sog. absoluter Neuheitsbegriff).

4. Neuheit zur Zeit der Anmeldung

4 **Die Neuheit** muß **im Zeitpunkt der Anmeldung beim PA** vorhanden sein, d. h. **vor dem Tage, an dem die Anmeldung beim Patentamt eingereicht worden ist** (RG 27. 11. 1920 RGZ 101, 36; BGH 21. 5. 1963 GRUR 1963, 518 – Trockenschleuder). Es entscheidet der kalendermäßige Beginn des Anmeldetages; was erst im Laufe des Anmeldetages erscheint oder im Inland offenkundig vorbenutzt wird, scheidet als Vorwegnahme aus (RG

27. 11. 1920 RGZ 101, 36). Noch nach § 32 DPAVO vom 1. 8. 1953 (BGBl. I S. 714) und später nach § 16 DPAVO vom 9. 5. 1961 (BGBl. I S. 585) war für Prioritätsbestimmung die Uhrzeit des Eingangs der Anmeldung maßgebend. Seit dem Inkrafttreten der DPAVO vom 5. 9. 1968 (BGBl. I 1968 S. 997 = Bl. 1968, S. 278, d. h. mit Wirkung vom 1. 10. 1968) wird nur noch der Tag des Eingangs, also nicht mehr die Uhrzeit des Eingangs auf den Geschäftssachen vermerkt (§ 13). Als kleinste Zeiteinheit ist jetzt mithin wieder der Anmeldetag maßgebend (vgl. § 26 Anm. 10). Auch bei der Unions- und Ausstellungspriorität kommt es auf den **Tag** der Priorität an, weil dieser dort ebenfalls als kleinste Zeiteinheit gilt (Trüstedt, GRUR Ausl. 1959, 575, 576; Busse § 2 Rnr. 2).

Anmeldung im Sinne des § 2 Satz 1 ist **nur eine deutsche,** d. h. **beim Deutschen Patentamt angemeldete Erfindung** (PA 1. 8. 1940 GRUR 1940, 552 ff.).

Nur der **Inhalt der ursprünglichen Anmeldung** ist für die Neuheitsprüfung maßgebend (vgl. § 1 Anm. 22). Über die Frage, ob und in welchem Umfang eine Anmeldung ohne Prioritätsverlust im Verlauf des Erteilungsverfahrens noch ergänzt oder berichtigt werden kann, vgl. BGH 30. 10. 1962 GRUR 1963, 563, 566 – Aufhängevorrichtung; s. jetzt aber wegen Neufassung des § 26 Abs. 5 durch PatÄndG vom 4. 9. 1967 § 26 Anm. 85 ff.

Unabänderlich bleibt die **Festsetzung des Zeitpunkts der Anmeldung in der Patentschrift** für Beginn und Ende der Laufzeit des Patents (BGH 30. 10. 1962 a. a. O.) sowie für die Berechnung und Fälligkeit der Jahresgebühren (§ 11 Abs. 1 PatG). Wegen Nachprüfbarkeit der Priorität im Verletzungs- und Nichtigkeitsstreit s. oben § 1 Anm. 24.

5. Ausnahmen von der Anmeldungspriorität

a) Unionspriorität

Bei Erfindungen, die auf Grund der Pariser Verbandsübereinkunft vom 20. 3. 1883, der Deutschland mit Wirkung vom 1. 5. 1903 beigetreten ist, geschützt sind (maßgebend ist jetzt die Lissaboner Fassung vom 23. 3. 1961, Bl. 1961, 217 ff.; die Stockholmer Fassung vom 19. 7. 1967 ist noch nicht in Kraft getreten), entscheidet der Zeitpunkt der ersten Hinterlegung der Anmeldung im Auslandsstaat (Art. 4 PVÜ). Enthält die Nachanmeldung mehr als die prioritätsbegründende Voranmeldung, so ist für die Neuheit des nicht durch die Unionspriorität gedeckten Mehr der Zeitpunkt der Nachanmeldung maßgebend (RG 21. 11. 1938 GRUR 1939, 895); im einzelnen vgl. § 27. 5

Den zwischenstaatlichen **Sonderverträgen,** die dazu bestimmt waren, durch **Verlängerung** der Prioritätsfristen und Prioritätserklärungsfristen für die Nachkriegszeit die Rechtsverhältnisse neu zu ordnen, kommt infolge Fristablaufs heute keine praktische Bedeutung mehr zu. Über diese Abkommen vgl. Busse, 3. Aufl. § 2 Anhang B S. 151.

Auch die Prioritätsfragen, die gemäß Art. 6 des AHKGes. Nr. 8 für alliierte Staatsangehörige verlängert worden sind, haben ihre Bedeutung verloren.

b) Ausstellungspriorität

Petersen, Bl. 1949, Sonderheft Dezember 1949, 18 ff.; Starck, MuW 1939, 373; Fritz, Mitt. 1958, 27 ff.; Fischer, GRUR 1959, 402; Hamburger, GRUR Ausl. 1963, 189 ff.

Nach dem in Ausführung von Art. 11 PVÜ erlassenen Gesetz betreffend den Schutz von Erfindungen, Mustern und Warenzeichen auf Ausstellungen vom 18. 3. 1904 (RGBl. 1904, 141) in der Fassung vom 3. 2. 1949 (WiGBl. 1949, 13 = Bl. 1949, 94) sind Erfindungen, die auf einer durch **Bekanntmachung des Bundesjustizministers** (VO 8. 9. 1950 BGBl. I S. 678) im Bundesgesetzblatt von Fall zu Fall zu bezeichnenden Ausstellung **zur Schau gestellt** werden, gegen den Verlust der patentrechtlichen Neuheit geschützt. Der Schutz wird auch für **ausländische** Ausstellungen gewährt (vgl. Mitt. 1938, 36; weitere Beispiele in Mitt. 1938, 128).

Wird die Patentanmeldung von dem Aussteller oder seinem Rechtsnachfolger **binnen 6 Monaten nach Eröffnung der Ausstellung** bewirkt, so steht die Schaustellung oder eine anderweitige spätere Benutzung oder eine spätere Veröffentlichung der Erfindung **nicht neuheitsschädlich** entgegen (Ziffer 2 Satz 1 des Ges. vom 18. 3. 1904). Die Anmeldung geht anderen Anmeldungen vor, die nach dem Tag des Beginns der Schaustellung eingereicht worden sind (Ziff. 2 Satz 2 a. a. O.). Das gilt auch dann, wenn nicht der spätere Anmelder, sondern sein **Lizenznehmer** oder der **Zweiterwerber der Lizenz** die Erfindung ausstellt (RG 24. 6. 1932 RGZ 137, 64, 67).

Der Fall der **Schaustellung** ist gegeben, wenn der Gegenstand der Erfindung in Verbindung mit der Schaustellung weiteren Kreisen zugänglich gemacht ist. In der Regel ist Zurschaustellung als Zugänglichmachen für den Besucherkreis, nicht als bloße Erprobung anzusehen (RG 30. 3. 1944 GRUR 1944, 125).

Eröffnung ist der Tag, an dem die Ausstellung allgemein für den Aussteller zugänglich wird, nicht schon der Tag der Eröffnungsfeier (BayVG München 2. 9. 1960 Bl. 1961, 62 ff.).

Der **Zeitpunkt** des Beginns der Schaustellung braucht nicht notwendig mit dem Zeitpunkt der Eröffnung der Ausstellung zusammenzufallen. Bei Schaustellung erst **nach** Beginn der Ausstellung muß die **Neuheit** im **Zeitpunkt der Schaustellung** der Erfindung (nicht nur zur Zeit der etwa früher liegenden Eröffnung der Ausstellung) vorhanden gewesen sein, vgl. BayVG München 2. 9. 1960 a. a. O.

Unschädlich sind **Vorbereitungshandlungen vor** Beginn der Ausstellung, z. B. durch Aufstellung einer Maschine (RG 27. 11. 1920 RGZ 101, 36, 39).

Außer der Schaustellung verliert auch jede sonstige spätere Bekanntgabe der Erfindung, sei es durch Benutzung der Erfindung oder durch druckschriftliche Veröffentlichung, die neuheitsschädliche Wirkung, und zwar ohne daß zu prüfen ist, ob die Bekanntgabe mit der Ausstellung zusammenhängt (also weitergehend als § 2 Satz 2, vgl. Anm. 33).

Um die Wirkung des Ausstellungsschutzes zu erlangen, braucht der Anmelder nicht schon im Erteilungsverfahren die Ausstellungspriorität zu beanspruchen (RG 24. 6. 1932 RGZ 137, 64; PA 15. 11. 1932 Mitt. 1933, 185; PA 30. 5. 1959 Bl. 1959, 257; BPatG 27. 2. 1963 E 3, 116, 117). Die Geltendmachung der Rechte ist erst erforderlich, wenn es auf die Priorität ankommt, d. h. wenn dem Anmelder bei der Prüfung im Prioritätsintervall veröffentlichte Druckschriften entgegengehalten werden. In diesem Fall ist die Aufnahme eines Vermerks über die beanspruchte Ausstellungspriorität in die Auslege- oder Patentschrift geboten. Sind solche Druckschriften nicht vorgelegt worden, so kann der Anmelder an einer früher abgegebenen Erklärung nicht festgehalten werden. Es steht in seinem Ermessen, ob und wann er sich auf die Prioritätsrechte berufen will (BPatG 27. 2. 1963 a. a. O.).

Die Priorität der Schaustellung auf Ausstellungen gilt auch für **ausländische Staatsangehörige,** soweit der ausländische Staat Gegenseitigkeit gewährt. Das trifft für die Mitglieder der Pariser Verbandsübereinkunft zu (Benkard § 2 Anm. 66.)

Eine **Wiedereinsetzung** gegen die Versäumung der 6-Monatsfrist ist **nicht** zulässig (PA 26. 9. 1936 Mitt. 1936, 333; vgl. § 43 Anm. 5).

In dem Zeitraum zwischen dem Beginn der Schaustellung oder Auslandsanmeldung einerseits und der Inlandsanmeldung andererseits ist ein **Erwerb von Vorbenutzungsrechten** entgegen dem früheren Recht nicht mehr möglich (§ 7 Abs. 3, vgl. § 7 Anm. 24).

Die Ausstellungspriorität verlängert die Fristen des Art. 4 PVÜ **nicht** (Art. 11 Abs. 2 PVÜ).

c) Entnahmepriorität

Über diese Priorität (§ 4 Abs. 3 Satz 2) vgl. § 4 Anm. 28. 6

d) Niederlegungspriorität

Vgl. unten Anm. 35. 6a

6. Prüfung auf Neuheit

Neuheitsprüfung kommt in Frage, wenn ein gleiches oder ähnliches Gebiet der Technik in Vergleich zu setzen ist, mit dem der Durchschnittsfachmann auf Grund einheitlicher Entwicklung als vertraut angesehen werden kann. Im grundsätzlichen gilt folgendes: 7

Nur wenn sich bei der Prüfung herausstellt, daß die Erfindung durch den Stand der Technik **voll vorweggenommen** ist, ist die **Neuheit zu verneinen.** Diese Voraussetzung liegt in der Regel nur vor, wenn die gleiche oder doch ähnliche technische Aufgabe im gleichen Gebiet der Technik schon mit wesentlich übereinstimmenden Mitteln gelöst worden ist, worunter insbesondere auch die vorbekannten **technisch äquivalenten Mittel** fallen (BGH 24. 6. 1952 GRUR 1953, 29 ff. – Plattenspieler; 24. 10. 1961 GRUR 1962, 86, 89 – Fischereifahrzeug; 25. 4. 1963 GRUR 1963, 568 ff. – Wimpernfärbestift). Dasselbe muß auch für **glatt patentrechtlich äquivalente Mittel** gelten (s. § 6 Anm. 19, 22). Vgl. auch Schramm, Mitt. 1964, 181 ff., ders. GRUR 1962, 353 in d. Anm.

Wegen **teilweiser** Vorwegnahme s. § 6 Anm. 22.

Häufig liegt der Tatbestand auch so, daß eine technische Aufgabe durch Mittel gelöst wird, die auf einem anderen technischen Gebiet bereits bekannt sind. Hier tritt in der Regel die Frage auf, ob es **erfinderisch** war, die bekannten Lösungsmittel auf das neue Gebiet zu übertragen (vgl. § 1 Anm. 47 – sog. Übertragungserfindung). Aber **bereits für die Frage der Neuheit** kann es unerheblich sein, bei welcher Art von Vorrichtungen das über das Sondergebiet hinausgehende Fachwissen benutzt worden ist. Denn schon die **Neuheit** ist bei einer Übertragungserfindung nicht mehr zu bejahen, wenn es sich um eine **Aufgabe von allgemeiner Bedeutung** für verschiedene technische Gebiete handelt und die Fachleute das sie betreffende Wissen auf Grund der technischen Entwicklung als ein **einheitliches Gebiet** betrachten (RG 11. 6. 1943 GRUR 1943, 284; BGH 25. 4. 1963 GRUR 1963, 568 ff. – Wimpernfärbestift, vgl. auch BGH 12. 2. 1957 GRUR 1958, 131, 132 – Schmierverfahren); im übrigen vgl. § 1 Anm. 43.

In BGH 14. 7. 1966 (GRUR 1967, 25 – Spritzgußmaschine III) ist die Neuheit der Vorrichtung nach dem Streitpatent bejaht worden, obwohl in einer französischen Vorveröffentlichung eine Vorrichtung mit im wesentlichen gleichen konstruktiven Merkmalen bereits offenbart war. Lediglich der Arbeitszweck der Vorrichtungen (Maschinen für Verarbeitung von thermoplastischen Kunststoffen anstatt von Kautschuk) war unterschiedlich. Der BGH hat bejaht, daß es sich um nahe verwandte technische Gebiete handele, beide Stoffe zähflüssig seien und sich in ihrer Viskosität ungefähr entsprächen. Vom Durchschnittsfachmann sei jedenfalls die Heranziehung der beim Bau von Maschinen für die Verarbeitung des anderen Stoffes gewonnenen Erkenntnisse zu erwarten gewesen. Unter diesen Umständen hätte es nahegelegen, das Streitpatent unter Anwendung der Grundsätze der oben zitierten Entscheidungen bereits wegen mangelnder Neuheit, und nicht, wie der BGH entschieden hat, wegen mangelnder Erfindungshöhe zu vernichten. (Vgl. Spieß in der Anm. GRUR 1967, 29; ders. GRUR 1967, 123 ff.)

Bei **Kombinationserfindungen** (vgl. § 1 Anm. 45) ist auf die Gesamtkombination abzustellen, deren Neuheit durch das Vorbekanntsein nur einzelner Elemente oder Unterkombinationen nicht beeinträchtigt wird (RG 25. 11. 1941 GRUR 1942, 204; BGH 2. 12. 1952 GRUR 1953, 120 – Kabelhalter; 16. 2. 1954 GRUR 1954, 317 – Entwicklungsgerät; 14. 7. 1961 GRUR 1962, 29, 31 ff. – Drehkippbeschlag). Nur wenn sämtliche Kombinationselemente durch eine Entgegenhaltung bereits bekannt gewesen sind (BGH 18. 2. 1955 BGHZ 16, 326, 331 = GRUR 1955, 466 – Kleinkraftwagen; 23. 6. 1959 GRUR 1959, 532, 535 – Elektomagnetische Rühreinrichtung) oder aber etwa einzelne durch technische oder glatt patentrechtlich äquivalente Merkmale ersetzt worden sind (BGH 24. 10. 1961 GRUR 1962, 86 ff. – Fischereifahrzeug; s. auch 24. 6. 1952 GRUR 1953, 29 ff. – Plattenspieler), ist eine Kombinationserfindung vorweggenommen. Handelt es sich um die Schutzfähigkeit einer Unterkombination oder eines Kombinationselementes (vgl. § 6 Anm. 52) oder um die Schutzfähigkeit eines in erweiternder Auslegung gewonnenen Gegenstandes der Erfindung (vgl. § 6 Anm. 16 ff.), so ist die notwendig werdende Neuheitsprüfung auf das unter Schutz zu Stellende zu richten.

Eine bei Verfahrens- wie auch bei Sach- oder Stofferfindungen mögliche **Auswahlerfindung,** die vor allem in der Chemie praktische Bedeutung hat, kann neu sein, wenn der Erfinder aus einem allgemeinen Bereich, beispielsweise aus einer Vielzahl möglicher Mischungsverhältnisse von verschiedenen Komponenten einen zahlenmäßig eng begrenzten Mischungsbereich der Komponenten herausgefunden hat, der für die Herstellung einer bestimmten Substanz besonders vorteilhaft ist. In diesen Fällen steht der Umstand, daß der speziell abgegrenzte Mischungsbereich bereits in einem allgemeiner gefaßten Bereich enthalten ist, der Neuheit der Erfindung nicht entgegen (BPatG 11. 10. 1965 E 8, 18, 22). Denn der Erfinder hat eine **neue konkrete Lehre** gegeben, die bisher, weil unbekannt, nicht oder vielleicht nur zufällig einmal befolgt worden ist. Entsprechendes gilt, wenn eine in einer allgemeinen chemischen Formel dargestellte Stoffgruppe bekannt war, und nunmehr ein Erfinder »gezielt« eine bestimmte, im Rahmen der allgemeinen Strukturformel liegende, aber bisher nicht individualisierte Verbindung im Hinblick auf die mit ihr verbundenen Vorteile als (Auswahl-)Erfindung beansprucht (vgl. Beil, GRUR 1971, 382 ff.; BPatG 2. 6. 1971 E 13, 1 ff.). In diesen Fällen wird dem Durchschnittsfachmann nur dann **keine** neue Lehre vermittelt, wenn er bereits aus dem vorbekannten Stand der Technik auf Grund seiner Fachkenntnisse unmittelbar die von dem Erfinder beanspruchte Lehre entnehmen (Anm. 13), d. h. wenn er die Einzelverbindung aus der allgemeinen Formel als ausführbar herleiten und ihre Eigenschaften entsprechend beurteilen konnte (Bruchhausen, GRUR 1972, 226 ff.; BPatG 2. 6. 71 a. a. O.; vgl. dazu u. a. auch Windisch, GRUR 1971, 550, 554; Pfab, Mitt. 1972, 3, 8 ff.).

Für **Metallegierungen** vertreten Bayer, Schwarzmaier und Zeiler in

Festschr. BPatG S. 201, 210 ff. den Standpunkt, daß eine »konkrete Auswahlerfindung«, die sich als Ausschnitt aus einem bekannten größeren Legierungsbereich erweise, nicht mehr neu sei. Ebenso Hillinger, Mitt. 1972, 100 ff. Demgegenüber treten Müller, GRUR 1972, 464 und W. H. Röhl, GRUR 1972, 167 ff. – in Übereinstimmung mit Pfab, Mitt. 1972, 3, 9 – zutreffend dafür ein, daß die Institution der Auswahlerfindung auch im Bereich der Legierungen Geltung haben müsse.

Für eine **Verwendungserfindung** (§ 1 Anm. 48) ist es neuheitsschädlich, wenn in einer Vorveröffentlichung der Vorschlag, einen bestimmten bekannten oder neuen Stoff in neuer oder bekannter Gebrauchsart für einen besonderen neuen oder bekannten technischen Zweck zu verwenden, dem Fachmann ohne Zutaten oder Heranziehen ergänzender Umstände nachahmbar offenbart ist (BGH 6. 4. 1954 GRUR 1954, 584 – Holzschutzmittel).

Neuheitsschädlich ist auch eine Vorwegnahme durch eine Erfindung, **deren Aufgabenlösung zwangsläufig, wenn auch unerkannt,** bereits einen Erfolg zeitigt, dessen Erreichen zum Gegenstand der angemeldeten Erfindung gemacht worden ist (RG 16. 4. 1919 GRUR 1923, 41 – Wasserreinigung mittels Durchleitens des Wassers durch Dreh- und Hobelspäne führte gleichzeitig zwangsläufig, aber unerkannt zu Wasserentgasung). Vgl. § 1 Anm. 48.

Bei der Prüfung der Neuheit ist **jede einzelne Entgegenhaltung** als solche, gegebenenfalls ihr aus der Beschreibung sich ergebender, wenn auch gegenüber dem Anspruchswortlaut engerer Gegenstand der Erfindung mit der Erfindung in Vergleich zu setzen (RG 23. 1. 1942 GRUR 1942, 261, 264; BGH 2. 12. 1952 GRUR 1953, 120 – Kabelhalter; 16. 2. 1954 GRUR 1954, 317, 320 – Entwicklungsgerät; 15. 11. 1955 GRUR 1956, 77, 79 – Spann- und Haltevorrichtung). Gegen diesen Grundsatz wird jedoch nicht verstoßen und auch keine unzulässige Feststellung des Standes der Technik durch Verbindung mehrerer Schrifttumsstellen (Anm. 14) vorgenommen, wenn der Aussagegehalt eines Patents aus den zwischen seiner Anmeldung und der Anmeldung des jeweiligen Streitpatentes veröffentlichten Druckschriften **als Auslegungshilfe** ermittelt wird (BGH 30. 6. 1964 GRUR 1964, 612, 616 – Bierabfüllung).

Neuheitsschädliche Vorwegnahme erfolgt durch **öffentliche Druckschriften** aus den letzten 100 Jahren (II) **sowie offenkundige inländische Vorbenutzung** (III), wenn danach die Möglichkeit der Benutzung durch Sachverständige (Nachbenutzung) eröffnet wird.

II. Öffentliche Druckschriften

1. Druckschriften

a) Druckschriften und ihnen gleichgestellte Schriftstücke

Unter Druckschriften sind zunächst alle **Erzeugnisse der Buchdruckerpresse** zu verstehen. Die von den Alliierten veröffentlichten Auszüge aus deutschen Patentanmeldungen (Summaries) sind als öffentliche Druckschriften zu bewerten (PA 29. 9. 1952 GRUR 1953, 219). Dazu gehören nunmehr auch die Unterlagen bekanntgemachter Patentanmeldungen, die seit dem 1. 9. 1955 gedruckt werden (Bl. 1955, 233). 8

Der Gegensatz ist handschriftliche Niederlegung in Einzelstücken. Übt das Schriftstück in verkehrserheblichem Maß **die übliche Funktion eines Druckereierzeugnisses** aus, liegt es also zwischen Buchdruck und Handschrift (Pietzcker § 2 Anm. 12), so sind solche **Vervielfältigungsstücke, gleich auf welchem Wege sie hergestellt sind,** entsprechend dem Gebot der modernen technischen Entwicklung den Druckschriften **gleichzustellen** (BGH 7. 12. 1965 GRUR 1966, 255 – Schaufenstereinfassung; 15. 12. 1970 GRUR 1971, 214 – customer prints). In diesem Sinne fallen unter die Kategorie eines Druckereierzeugnisses auch durch mechanische oder chemische Mittel anderer Art bewirkte Vervielfältigungen von Schriften (PA 21. 9. 1934 GRUR 1935, 46), z. B. hektographische Abzüge. Ferner Lichtbilder sowie Filme jeder Art, d. h. auch Fernsehfilme (nicht aber die Fernsehsendungen; dazu vgl. unten Anm. 20) und Photokopien der Betriebsausforschungsstellen der alliierten Streitkräfte, sog. FIAT-Berichte (PA 20. 5. 1952 GRUR 1952, 404; 14. 10. 1955 Bl. 1955, 391; BGH 7. 12. 1965 GRUR 1966, 255 – Schaufenstereinfassung). Ebenso von der Lichtbildstelle des PA hergestellte Filmnegative und Photokopien ausgelegter Unterlagen (PA 28. 6. 1956 Bl. 1956, 321) oder im Wege der Fotokopie hergestellte Vervielfältigungsstücke von Kundenzeichnungen (BGH 15. 12. 1970 GRUR 1971, 214 – customer prints). Darunter fallen auch mit der Schreibmaschine geschriebene Manuskripte (BPatG 18. 4. 1969 Mitt. 1970, 17). Allerdings werden sie in der Regel nicht öffentlich sein. Anders die mit Hilfe einer Schreibmaschine hergestellten Vervielfältigungen einer Dissertationsschrift, die bestimmungsgemäß in öffentliche Bibliotheken eingereiht werden müssen (PA 21. 9. 1934 GRUR 1935, 46; vgl. dazu BPatG 18. 4. 1969 a. a. O.). Andererseits sind aber Handschriften nicht unter Druckschriften zu zählen, weil es grundsätzlich nicht zulässig ist, das Wort »Druckschrift« durch das Wort »Schriftstück« zu ersetzen (BGH 8. 7. 1955 BGHZ 18, 81, 87 – Zwischenstecker).

Vorträge, auch durch **Schallplatte** oder **Rundfunk,** also durch akustische Mittel verbreitet, sind nicht neuheitsschädlich. Reimer (§ 2 Anm. 4) neigt dazu, Schallplatten und Tonträger, die einen mündlichen Vortrag festhalten, den Druckschriften gleichzustellen; ebenso jetzt Technau in Klauer-Möhring § 2 Anm. 9 und Pfab, Mitt. 1972, 3, 5. Das dürfte eine zu weitgehende Interpretation des Gesetzeswortlauts sein, es sei denn, man entschließt sich, von dem Wortlaut des Gesetzes überhaupt abzusehen und jede beliebige Möglichkeit der öffentlichen Kenntnisnahme des Erfindungsgedankens durch Fachleute genügen zu lassen (so de lege ferenda Lindenmaier, GRUR 1949, 485, 503). Im Ergebnis übereinstimmend Tetzner § 2 Anm. 5, der aber andererseits die Einspeicherung in Computern »aus der ratio legis heraus« als neuheitsschädlich ansehen will. Diese Frage dürfte noch einer eingehenden Untersuchung bedürfen. Blindenschrift dagegen ist neuheitsschädlich (Tetzner § 2 a. a. O.). Nach deutschem Recht ist nicht mehr bestritten, daß auch zeichnerische und bildhafte Darstellungen unter § 2 fallen (PA 7. 8. 1953 Bl. 1953, 336, 337).

Die **Sprache der Druckschrift** ist ohne Bedeutung. Die Einschränkung von Pietzcker (§ 2 Anm. 18), das Verständnis dürfe nicht schwierige linguistische Studien erfordern, ist unbegründet. Unter Umständen mag dies für die Nachbenutzungsmöglichkeit (Anm. 13 ff.) von Bedeutung sein.

b) Ausgelegte Unterlagen deutscher Patentanmeldungen

9 Auch Schriftstücke, die selbst **nicht im Wege eines Vervielfältigungsverfahrens** hergestellt sind und daher keine Druckschriften im Sinne des § 2 PatG darstellen, sind entgegen früherer Rechtsprechung **rechtlich wie Druckschriften** zu behandeln, vorausgesezt, daß sie zur Vervielfältigung und Verbreitung in der Öffentlichkeit **geeignet, bestimmt und zugelassen** sind. Diese Voraussetzungen hat der BGH für die **Auslegungsstücke deutscher Patentanmeldungen** und **eingetragener Gebrauchsmuster** in der Entscheidung vom 8. 7. 1955 (BGHZ 18, 81, 89 – Zwischenstecker) mit der Begründung bejaht, daß die Auslegungsstücke etwa seit 5. 12. 1927, spätestens aber seit Januar 1931 (vgl. Bericht von Pfanner, GRUR 1955, 110 ff.) der Öffentlichkeit bestimmungsgemäß unter Umständen bekanntgegeben worden seien, die es den jeweils Interessierten ermöglichten, in zulässiger Weise alsbald Vervielfältigungsstücke in beliebiger Zahl zu erhalten. Gegenüber der vorangegangenen, insoweit abweichenden Entscheidung des Großen Senats des PA vom 7. 8. 1953 (GRUR 1953, 440 ff.) hat der BGH einschränkend zum Ausdruck gebracht, daß der »neue Rechtssatz«, wonach nunmehr ausgelegte Unterlagen neuheitsschädlich seien, nur **für die Zukunft** wirke, also auf Patente, die **vor** dem 7. 8. 1953, d. h. vor dem Erlaß der Entscheidung des Großen Senats des PA erteilt sind, oder auf Patentanmeldungen, die **am Stichtag** noch schweben, **nicht** anwendbar sei; denn bis zu diesem Zeitpunkt habe der gewohnheitsrechtliche Rechtssatz gegolten, daß solche Unterlagen nicht als neuheitsschädlich anzusehen seien. An dieser Auffassung hat der BGH in den Entscheidungen 19. 2. 1957 (GRUR 1957, 488 ff. – Schleudergardine) und 14. 7. 1961 (GRUR 1962, 29, 31 – Drehkippbeschlag) festgehalten.

Seinen Rechtsstandpunkt hat der BGH sodann erneut in den grundsätzlichen Rechtsbeschwerdeentscheidungen vom 19. 6. 1962 (BGHZ 37, 219 ff. = GRUR 1962, 642 – Drahtseilverbindung und 25. 11. 1965 (BGHZ 44, 346 ff. = GRUR 1966, 251 – Batterie) bestätigt. Vgl. dazu Löscher in LM PatG § 2 Nr. 9 und Nr. 15.

Damit ist die ehedem äußerst umstritten gewesene Frage, ob der früheren Rechtsauffassung ein gewohnheitsrechtlicher Rang beizumessen war (verneinend BayVG 13. 11. 1957 GRUR 1960, 290; 3. 6. 1960 Bl. 1960, 342 und 4. 12. 1959 Bl. 1961, 60 sowie der BayVGH 8. 11. 1960 Bl. 1961, 59; bejahend BPatG 17. 11. 1961 E 1, 8), ebenso abschließend entschieden wie die weitere, nicht weniger diskutierte Frage, ob die Entscheidung des PA vom 7. 8. 1953 a. a. O. überhaupt gültiges Gewohnheitsrecht außer Kraft setzen konnte. Letzteres ist nach Auffassung des BGH (19. 6. 1962 a. a. O. S. 225) tatsächlich nicht durch diese Entscheidung, sondern im wesentlichen dadurch erfolgt, daß sich die allgemeine Überzeugung von der Richtigkeit des bisherigen Grundsatzes gewandelt habe und die Entscheidung des Patentamts als ein sicheres Beweisanzeichen für die geschwundene Rechtsüberzeugung der Fachleute und als Auftakt für eine völlige Schwenkung der Rechtsanwendung gewertet werden müsse.

Nach BGH 30. 11. 1967 (BGHZ 47, 227 = GRUR 1968, 305 – Halteorgan) gilt der neue Rechtssatz auch für das Verhältnis einer vor dem 7. 8. 1953 eingereichten **Zusatzanmeldung** zu der vor dieser Einreichung bekanntgemachten **Hauptanmeldung** desselben Anmelders. Die Bekanntmachung der Hauptanmeldung durch Auslegung ihrer Anmeldeunterlagen stellt somit keine druckschriftliche Vorveröffentlichung gegenüber einer vor dem 7. 8. 1953 eingereichten Zusatzanmeldung dar.

Die im **Prioritätsintervall** eingetretene »Änderung« des inländischen Patentrechts (Abbau des Gewohnheitsrechts) ist auch bei der Prüfung der **nach** dem 7. 8. 1953 in Deutschland eingereichten Nachfolgeanmeldungen zu berücksichtigen. Eine solche Gesetzesänderung ist keine »Tatsache« im Sinne des Art. 4 B PVÜ. Nur wenn die Anmeldung vor dem 7. 8. 1953 erfolgt ist, finden demnach die ausgelegten Unterlagen keine Berücksichtigung (BGH 25. 11. 1965 BGHZ 44, 263, 265 = GRUR 1966, 309, 310 – Flächentransistor; ebenso BPatG 2. 11. 1962 E 2, 164, 167).

Hiernach hat das umfangreiche Schrifttum, das zu den aufgeworfenen Streitfragen Stellung genommen hat, vorwiegend nur noch historische Bedeutung (vgl. u. a. Reimer, GRUR 1956, 3, 5 ff.; Richter, GRUR 1956, 245; Mediger, Mitt. 1956, 62 und 1960, 233; Johannesson, GRUR 1957, 303; die 4. Aufl., S. 73 des Nachtrags zu § 2 Anm. 9).

c) Ausgelegte Unterlagen ausländischer Patentanmeldungen

Die Grundsätze für ausgelegte Unterlagen deutscher Patentanmeldungen gelten auch für die **Unterlagen ausländischer Anmeldungen,** die in 10

gleicher oder ähnlicher Weise hergestellt, vervielfältigt und der Öffentlichkeit bekanntgemacht worden sind. Ob diese Voraussetzungen vorliegen, ist stets im Einzelfall festzustellen (BGH 8. 7. 1955 BGHZ 18, 81, 89 – Zwischenstecker; BGH 21. 5. 1963 GRUR 1963, 518 ff. – Trockenschleuder; 25. 11. 1965 BGHZ 44, 263 – Flächentransistor; BPatG 8. 11. 1962 E 2, 164, 165).

Übersicht u. a. bei Zeller, Mitt. 1955, 37; Dersin, GRUR 1955, 311, 321 ff.; Hubbuch, Mitt. 1957, 83; 1960, 236.

Beispiele aus der deutschen Rechtsprechung (vgl. Röhl, Neuheitsschädlichkeit ausländischer Patentunterlagen GRUR Ausl. 1963, 473 ff.):

Belgien: DPA 18. 1. 1957 Mitt. 1957, 58; 22. 2. 1957 Bl. 1957, 150; BPatG 30. 11. 1962 E 2, 197, 198; BGH 25. 11. 1965 BGHZ 44, 263 = GRUR 1966, 309 m. Anm. v. Falck; BPatG 16. 12. 1971 E 13, 155 ff.

Frankreich: BPatG 5. 11. 1962 E 3, 104 ff.; 11. 1. 1966 E 8, 144; BGH 21. 5. 1963 GRUR 1963, 519 mit Anm. D. Reimer; s. a. Rheinfelder, Neuheitsschädlichkeit nicht gedruckter französischer Patentschr., GRUR 1957, 306.

Großbritannien: BPatG 10. 1. 1963 E 3, 4, 5.

Italien: BGH 4. 3. 1971 GRUR 1971, 304.

Österreich: PA 23. 11. 1956 Bl. 1957, 21; BPatG 10. 10. 1963 E 4, 117.

Schweden: PA 18. 4. 1956 Bl. 1956, 224; BPatG 2. 11. 1962 E 2, 164.

Tschechoslowakei: PA 6. 8. 1959 Mitt. 1960, 16.

Zur Frage der Neuheitsschädlichkeit sowjetischer Druckschriften: v. Füner, GRUR 1965, 217 ff.; Technau in Klauer-Möhring § 2 Anm. 12. Über Neuheitsschädlichkeit einer in Ungarn bekanntgemachten Anmeldung, Dersin, Mitt. 1955, 75.

2. Öffentlichkeit der Druckschriften

a) Begriff der Öffentlichkeit

11 **Öffentlich** muß die Druckschrift sein. Dies ist dann der Fall, wenn sie einem an sich nicht beschränkten Personenkreis und nicht nur bestimmten einzelnen Personen zugänglich ist. Die Allgemeinheit als ein Personenkreis von unbestimmter Zahl muß also die Möglichkeit haben, von einem bestimmten Vorgang oder Schriftstück Kenntnis zu nehmen (PA Gr. S. GRUR 1953, 440, 441; BGH 8. 7. 1955 BGHZ 18, 81, 82 – Zwischenstecker; 12. 2. 1960 GRUR 1961, 24, 25 – Holzimprägnierung; BPatG 18. 4. 1969 Mitt. 1970, 17).

Diese Voraussetzung ist z. B. erfüllt, wenn die Druckschrift im Buchhandel erschienen ist oder wenn sie in öffentlichen Büchereien, z. B. als in Maschinenschrift gefertigte Doktordissertation (PA 21. 9. 1934 GRUR 1935, 46) oder an sonstigen öffentlichen Stellen niedergelegt wurde; ferner wenn sie als gedrucktes Rundschreiben an einen weiteren, nicht begrenzten Kreis von Personen (RG 30. 11. 1927 MuW 1927/28, 215; PA 31. 12. 1930 Mitt. 1931, 37; PA 13. 10. 1932 Mitt. 1932, 306) oder öffentlich verteilt oder ausgehängt worden ist. Auch eine Druckschrift, die im Rahmen einer geschlossenen Dozententagung an einen zahlenmäßig begrenzten Kreis von Tagungsteilnehmern verteilt worden ist, gilt solange nicht als öffentliche Druckschrift, als sie nicht in eine öffentliche Bibliothek eingereiht worden ist (BPatG 18. 4. 1969 Mitt. 1970, 17).

Öffentlichkeit ist zu **verneinen** bei einem nur für den Empfänger bestimmten Geschäftsschreiben. Andererseits liegt aber ein **unbeschränkter** Kreis schon dann vor, wenn die Druckschrift einem **nur durch die in Betracht kommenden Interessenten bestimmten Kreis** zugänglich war (BGH 12. 2. 1960 GRUR 1961, 24 ff. mit Nachweisen – Holzimprägnierung).

Bereits **in dem Augenblick** ist eine Druckschrift öffentlich, in dem einem über einen engen Kreis von bestimmten Interessenten hinausgehenden Empfängerkreis bekanntgegeben worden ist, daß sie angefordert werden kann und zur Verteilung bereitgehalten wird (BGH 15. 12. 1970 GRUR 1971, 214 – customer prints). Es reicht demnach aus, daß sie auf Anforderung **alsbald** angefertigt und ausgehändigt werden kann. Jedoch wird man beispielsweise etwa in der »Vorankündigung« von Büchern – anders als bei hektografischen Kundenzeichnungen – noch nicht ein »Zugänglichmachen« einer Druckschrift erblicken können (Tetzner § 2 Anm. 6). In diesen Fällen wird es in der Regel an der Voraussetzung einer »alsbaldigen« Zusendung fehlen.

Ob der Inhalt der Schrift der Allgemeinheit tatsächlich bekannt ist, ist gleichgültig. Unerheblich ist auch, ob die Druckschrift noch vorhanden ist; ihr Inhalt kann auf andere Weise als durch Vorlage der Schrift selbst bewiesen werden. Auch auf den Ort des Erscheinens, ob Inland oder Ausland, kommt es nicht an. Entscheidend ist allein die Tatsache der Veröffentlichung. Auch Veröffentlichungen des Erfinders selbst sind neuheitsschädlich (vgl. jedoch § 2 Satz 2). Für Neuheitsschädlichkeit reicht es aus, daß die Erfindung zwar nicht aus der betreffenden Patentschrift selbst, wohl aber aus einem druckschriftlichen Bericht darüber zu entnehmen ist. (PA 9. 12. 1930 DJZ 1931, 1589.)

b) Berechtigter oder unberechtigter Abdruck

Ob ein berechtigter oder unrechtmäßiger Abdruck vorliegt, ist be- **12**
langlos (BGH 7. 12. 1965 GRUR 1966, 255 – Schaufenstereinfassung). Auch wenn er gegen den Willen des Verfassers der Druckschrift erfolgt, ist Neuheitsschädlichkeit zu bejahen. Aus der Tatsache, daß etwas bereits durch Gesetz als öffentliche Druckschrift verboten worden ist (Werbeaufdruck auf Zündholzschachteln), folgt, daß die verbotene Maßnahme nicht mehr neu sein kann (PA 13. 12. 1950 GRUR 1951, 409). **Vorbehalte** sind nicht **beachtlich.** Deshalb sind neuheitsschädlich auch Druckschriften mit dem Vermerk »als Manuskript gedruckt« (RG 23. 10. 1880 Pbl. 1881, 29, 33).

3. Möglichkeit der Nachbenutzung

13 Auf Grund der öffentlichen Druckschrift muß für jeden Durchschnittsfachmann **die Möglichkeit der Nachbenutzung** gegeben sein. Das bedeutet:

Es muß eine **fertige Erfindung** beschrieben sein. Die Vorveröffentlichung muß die technische Lehre **nach Ursache und Wirkung** derart beschreiben, daß ein **Durchschnittssachverständiger,** d. h. ein mit der Materie vertrauter und auf dem einschlägigen Wissensgebiet mit einem durchschnittlichen Wissensstand ausgerüsteter Techniker (PA 26. 4. 1941 Mitt. 1941, 119; dazu § 1 Anm. 22, 43) ohne eigene Zutat nach dem Fachwissen, wie es z. Z. der neuen Anmeldung besteht, die Erfindung **unmittelbar** aus der Patentschrift entnehmen kann (RG 6. 11. 1935 GRUR 1936, 542; 24. 5. 1940 MuW 1940, 158, 159; 25. 10. 1940 GRUR 1941, 30; BGH 7. 1. 1955 GRUR 1955, 244, 245 – Repassiernadel; 15. 11. 1955 GRUR 1956, 77, 79 – Spann- und Haltevorrichtung – st. Rspr.). Es darf also nichts in die Vorveröffentlichung hineingetragen werden, was nicht in ihr enthalten ist (BGH 6. 4. 1954 GRUR 1954, 584 – Holzschutzmittel). Nicht kann als vorbeschrieben gelten, was der Fachmann nur **in Weiterbildung** des Beschriebenen kraft eigener Kenntnis und Erfahrung aus der Druckschrift glaubt entnehmen zu können (RG 3. 1. 1934 MuW 1934, 112; 3. 4. 1935 GRUR 1935, 913; 11. 2. 1938 GRUR 1938, 508, 512; 26. 8. 1941 GRUR 1941, 466, 468). Jedoch sind **glatte Äquivalente** einer in einer Veröffentlichung beschriebenen Vorrichtung für den Neuheitsbegriff in Betracht zu ziehen (BGH 24. 10. 1961 GRUR 1962, 86, 89 – Fischereifahrzeug – oben Anm. 7). Einzelne **Andeutungen** ohne ausreichende Wegangabe genügen nicht (RG 12. 12. 1934 GRUR 1935, 359; PA 29. 9. 1941 GRUR 1942, 37). Auch **Anregungen zu Versuchen** reichen nicht aus (RG 25. 10. 1940 GRUR 1941, 30). Selbst wenn eine Auslegungsmöglichkeit dem Wortlaut nach in Betracht kommt, muß sie dann ausscheiden, wenn der Stand der Technik den Fachmann von einer solchen Auslegung ablenkt, etwa deshalb, weil das betreffende Verfahren **technisch nicht ausführbar** erscheint (BGH 30. 6. 1964 GRUR 1964, 612 – Bierabfüllung). Erkenntnisse und Anregungen, die noch nicht zur technischen Anweisung gediehen sind, sind grundsätzlich nicht neuheitsschädlich (BGH 17. 12. 1954 GRUR 1955, 386 – Verfahren für optische Teile). Aus einem vorveröffentlichten Patent kann auch ein **ausreichend offenbarter allgemeiner Erfindungsgedanke** (§ 6 Anm. 24) als neuheitsschädlich entgegengehalten werden (RG 9. 6. 1942 GRUR 1942, 544 ff.).

14 Neuheitsschädlich ist stets nur eine Vorveröffentlichung, aus der der **Fachmann** auch den von der neuen Erfindung verfolgten technischen Erfolg erkennen konnte (RG 3. 7. 1935 GRUR 1936, 231, 234). Die **funktionelle Bedeutung** einer neuen Einrichtung muß sich also bereits aus der Einrichtung nach der Vorveröffentlichung ergeben. Daß in einer Vorveröffentlichung,

die ein anderes Ziel anstrebt, die von einer Erfindung erstrebte technische Wirkung bereits unerkannt in gewissem Umfang erzielt wurde, offenbart diese Wirkung noch nicht (RG 5. 5. 1934 Mitt. 1934, 163; 23. 10. 1929 RGZ 126, 62).

Inbesondere liegt Neuheitsschädlichkeit **nicht** vor, wenn ein Fachmann **erst rückblickend** erkennen kann, daß eine Vorveröffentlichung sich auch im Sinne des Erfindungsgedankens ausgestalten läßt (RG 5. 12. 1934 GRUR 1935, 291, 293 = RGZ 146, 79, 84; vgl. auch RG 29. 3. 1924 GRUR 1924, 95 = Recht 1924 Nr. 857 – Rahmenantenne – s. auch Anm. 2). Nicht genügend ist ferner, daß ein Fachmann erst nachträglich in der Lage ist, durch **mühevolle Zusammenstellung** (sog. **Mosaikarbeit**) aus einer größeren Zahl einzeln verstreuter Veröffentlichungen den Erfindungsgedanken nachzuweisen. Denn die Vorläufer hatten nur die Teile in ihrer Hand, das geistige Band schuf erst der neue Anmelder (RG 3. 7. 1935 GRUR 1936, 231, 234; 27. 5. 1936 GRUR 1937, 990, 992; BGH 2. 12. 1952 GRUR 1952, 120, 121 – Kabelhalter).

Auch darf nicht **nach Belehrung** durch die streitige Anmeldung oder Patentschrift der älteren Druckschrift ein ihr völlig fehlender, erst nach Belehrung durch die neue Erfindung gewonnener Gedankeninhalt beigelegt werden (RG 12. 11. 1932 GRUR 1933, 136; 5. 12. 1934 RGZ 146, 79, 84; BGH 3. 7. 1971 Bl. 1971, 347, 351 r. Sp. – Funkpeiler).

Fachausdrücke, die in der Druckschrift vorkommen, können nur in dem Sinne verstanden werden, der ihnen in der Fachwelt bei Erscheinen der Druckschrift beigelegt wurde; denn der Techniker, an den sich die Patentschrift wendet, versteht die dort verwendeten Ausdrücke so, wie sie ihm durch den Stand der Technik nahegelegt werden (BGH 30. 6. 1964 GRUR 1964, 612, 615 – Bierabfüllung; 3. 2. 1966 GRUR 1966, 312, 317 – Appetitzügler). Eine spätere Festlegung eines bestimmten Sinnes ist nicht zu berücksichtigen. Weitere Auffassung ausländischen Schrifttums ist auch bei eingeschränkter Auffassung inländischer Fachleute zu beachten (RG 16. 9. 1941 GRUR 1942, 149). 15

Druckfehler. Druckschriften mit einem durch einen Druckfehler bewirkten neuheitsschädlichen Inhalt sind in der fehlerhaften Form maßgebend. Es kommt nur darauf an, ob die Fachwelt durch die Erfindung bereichert ist. Anders nur dann, wenn der Druckfehler als solcher aus dem sonstigen Inhalt der Druckschrift erkennbar ist (PA 8. 7. 1933 Mitt. 1937, 382). 16

III. Offenkundige Vorbenutzung im Inland

1. Vorbenutzung. Grundsätzliches

17 Benutzen umfaßt im Grundsatz zunächst **die vier Benutzungsarten des § 6:** Herstellen, Inverkehrbringen, Feilhalten und Gebrauchen. Im Hinblick auf den **unterschiedlichen Gesetzeszweck der §§ 2 und 6** decken sich indessen die Begriffe nicht völlig. In den Fällen des § 2 braucht die Benutzung nur eine technische, nicht eine gewerbsmäßige zu sein, da § 2 den Zweck verfolgt, dasjenige, was bereits bekanntgeworden ist, vom Patentschutz auszuschließen. Ebenso wie Druckschriften neuheitsschädlich wirken, auch wenn sie nicht gewerblichen Zwecken dienen, so gilt Gleiches für die Benutzung (RG 23. 5. 1936 GRUR 1937, 213, 215; 30. 3. 1944 GRUR 1944, 125; BGH 20. 1. 1956 GRUR 1956, 208, 209 – Klöppelhandschuh).

18 Andererseits **beschränkt sich der Begriff der Benutzung** nach dem Gesetzeszweck nach § 2 **nicht auf die Benutzungsarten des § 6,** sondern er erfaßt alle Handlungen, die den Erfindungsgedanken **erkennbar** hervortreten lassen (RG 18. 10. 1933 GRUR 1934, 31), oder mit den – nichts Abweichendes besagenden – Worten des BGH alle Handlungen, die **ihrer Art nach geeignet sind, das Wesen der Erfindung kundbar zu machen** (BGH 20. 1. 1956 a. a. O. und 24. 10. 1961 GRUR 1962, 86, 88 – Fischereifahrzeug).

a) Voraussetzungen einer Vorbenutzung

19 Benutzung der Erfindung **setzt Fertigsein der Erfindung voraus.** Es kommt auch hier (vgl. Anm. 13) stets darauf an, daß die Erfindung z. Z. ihrer Benutzung fertig war (PA 19. 4. 1934 Bl. 1934, 104; RG 22. 1. 1936 RGZ 150, 95 ff.; vgl. § 1 Anm. 26 ff.). Nicht geheimgehaltene technische Ausprobungen einer unfertigen Erfindung durch den Erfinder selbst stellen daher keine Benutzung dar. Ebensowenig sind bloße Laboratoriumsversuche eine Benutzung. Sollen die Versuche oder Proben dem Veranstalter indessen nicht erst ein Urteil darüber verschaffen, ob er die gestellte Aufgabe gelöst hat, oder dienten sie nur dazu, die Wirtschaftlichkeit der Erfindung zu erproben, so liegt eine fertige Erfindung vor (RG 22. 1. 1936 a. a. O.; vgl. § 1 Anm. 28).

Der Hersteller oder Benutzer der **älteren** Anordnung braucht nach heutiger ständiger Rechtsprechung weder den darin verkörperten Erfindungsgedanken erkannt zu haben, noch sich der technischen Zusammenhänge bewußt geworden zu sein (RG 23. 5. 1936 GRUR 1937, 213, 215; 21. 4. 1937 GRUR 1938, 865, 867). Jedoch muß für den mit den Kenntnissen des Standes der Technik z. Z. der Anmeldung der **neuen** Erfindung ausgestatteten **Durchschnittsfachmann,** der von einem Vorbenutzungsfall weiß, der **äußere Ursachenzusammenhang zwischen Arbeitsmittel und Erfolg bei der Vorbenutzungshandlung erkennbar sein** (RG 23. 5. 1936 GRUR 1937, 213, 215, 216; 21. 4. 1937 GRUR 1938, 865, 867; 12. 12. 1939 MuW 1940, 74, 75). Vgl. § 1 Anm. 26.

Ein Erfindungsbesitz (§ 3 Anm. 5) ist bei dem Vorbenutzer also nicht erforderlich. A. A. Tetzner § 2 Anm. 10, 12, der die Auffassung vertritt, eine »gegenständliche Benutzung« könne stets nur in Kenntnis der technischen Lehre, d. h. des Erfindungsgedankens, stattfinden. Dieser Standpunkt führt indessen zu einem unbefriedigenden Ergebnis. Für die Frage, ob die Technik bereichert worden ist, kann es billigerweise nur auf das durch die Vorbenutzung dem Durchschnittsfachmann vermittelte Wissen ankommen.

b) Ausstellungen, Messen, Demonstrationen

Nach diesen Grundsätzen ist das Ausstellen in einem **öffentlichen Museum** eine Vorbenutzung, wenn es geeignet ist, das Wesen der Erfindung kundbar zu machen und die Benutzer über die technische Ausgestaltung der ausgestellten Gegenstände zu unterrichten (BGH 20. 1. 1956 GRUR 1956, 208 – Klöppelhandschuh; 18. 12. 1969 GRUR 1970, 358, 359 r. Sp. – Heißläuferdetektor). Ebenso Zurschaustellung von Arbeiten in einer **Ausstellung einer Kunstgewerbeschule** (RG 21. 10. 1938 GRUR 1939, 710, 712; 30. 5. 1941 GRUR 1941, 370 ff.; 30. 3. 1944 GRUR 1944, 125 – Stahlrohrstühle). 20

Vorführung auf einer **Messe** mit Erläuterungen des Erfindungsgedankens, wenn der vorgeführte Gegenstand diesen Gedanken noch nicht erkennen ließ, ist neuheitsschädlich (RG 27. 9. 1933 Mitt. 1933, 291). Ebenso ist die Vorführung zu wissenschaftlichen Zwecken eine Vorbenutzung: **Fachunterricht mit Demonstrationen** vor Schülern (PA 23. 1. 1934 Bl. 1934, 28). Solche Demonstrationen können nicht nur anhand von gebrauchsfertigen Apparaten oder Modellen vorgenommen werden, sondern auch durch Zeichnungen, Lichtbilder oder Zahlentafeln anläßlich des Vortrages eines Leiters eines Fachinstituts vor Fachleuten (PA 11. 6. 1937 Mitt. 1937, 210, 211). Auch **Fernsehsendungen** können den Tatbestand einer (offenkundigen) Vorbenutzung erfüllen, soweit sie das Wesen der Erfindung kundbar machen. Über offenkundige Vorbenutzung eines Verfahrens durch Vorführung des Farbfilms »Münchhausen« vgl. PA 24. 11. 1959 Mitt. 1964, 72 ff.

c) Die verschiedenen Benutzungsarten

Als Benutzungsart kommt neben dem Feilhalten und Inverkehrbringen vor allem das **Gebrauchen** in Betracht. Aber auch die **Herstellung** eines Erfindererzeugnisses fällt – neben seinem Inverkehrbringen – unter den Begriff des Benutzens, wenn es in einer Weise geschieht, daß dadurch der Erfindungsgedanke erkennbar hervortritt (RG 18. 10. 1933 GRUR 1934, 31, 32). Eine bloße Vorlegung oder Übersendung von Mustern stellt noch keine Benutzungshandlung dar (PA 21. 12. 1956 Mitt. 1957, 78). 21

Schon **ein** Benutzungsfall des Herstellens, Inverkehrbringens, Feilhaltens und Gebrauchens – seine Offenkundigkeit vorausgesetzt – kann ausreichen, eine Neuheitsschädlichkeit zu begründen. So genügt die Anfertigung eines einzigen Stückes – ohne Ausnahme für Massenartikel (RG 5. 1. 1929 GRUR 1929, 349) – oder der Verkauf eines einzigen Gegenstandes (RG 21. 12. 1932 Mitt. 1933, 136).

Unerheblich ist, ob die Herstellung oder der Verkauf des fertigen Stücks, das den Erfindungsgedanken verkörpert, nur zu Versuchszwecken oder zur Anregung von Verbesserungen geschieht (RG 27. 5. 1936 GRUR 1936, 875, 877).

Beim **Feilhalten** ist nicht einmal das Vorhandensein eines körperlich fertig vorhandenen Gegenstandes erforderlich. Es reicht aus, daß das Angebot einer Vorrichtung in Gestalt von Zeichnungen und Beschreibung erfolgt (BGH 17. 10. 1958 GRUR 1959, 178 ff. – Heizpreßplatte, mit Anm. Tetzner; 24. 10. 1961 GRUR 1962, 86 ff. – Fischereifahrzeug; 8. 6. 1962 GRUR 1962, 518, 520 – Blitzlichtgerät). Dieses Angebot muß allerdings eindeutig alle technischen Einzelheiten enthalten.

Zur Erfüllung des Tatbestandes des Feilhaltens, das nicht mit dem juristischen Begriff eines Vertragsangebotes zusammenfällt, sondern **ganz im wirtschaftlichen Sinne** zu verstehen ist, ist eine alsbaldige Lieferbereitschaft, wie sie die Voraussetzung eines Feilhaltens im Sinne des § 6 ist (§ 6 Anm. 41), nicht erforderlich. (BGH 24. 10. 1961 a. a. O. mit Anm. Heydt.)

Auch **Verfahren** können feilgehalten werden, insbesondere durch Anbieten zum Verkauf oder zur Benutzung gegen Lizenz (RG 28. 12. 1910 RGZ 75, 128, 131). Die Lizenzerteilung ist als solche keine Benutzungshandlung (PA 22. 10. 1919 Mitt. 1919, 85). In der Entäußerung der Verfahrensvorschrift an beliebige Dritte ohne Geheimhaltungspflicht (Rezept) kann eine Benutzung des Verfahrens erblickt werden (RG 18. 12. 1920 RGZ 101, 135, 138; RG 19. 10. 1935 RGZ 149, 103, 104; RG 20. 2. 1940 MuW 1940, 113, 114 vgl. § 6 Anm. 41 b).

Die Vorbenutzung eines Verfahrens kann auch dadurch erfolgen, daß ein Fachmann **auf Grund des fertigen Erzeugnisses** Kenntnis von dem Herstellungsverfahren erlangt. (BGH 18. 10. 1955 GRUR 1956, 73 – Kaliforniaschuh, mit Nachweisen.) Ebenso liegt eine Vorbenutzung vor, wenn aus einer zur Durchführung eines Verfahrens geeigneten Vorrichtung das Verfahren unmittelbar **aus der Vorrichtung erkennbar** ist. Ist indessen die Vorrichtung in vielseitiger Weise verwendbar, so muß hinzukommen, daß die Eignung der Vorrichtung gerade in Ausübung des von der üblichen Verwendungsweise abweichenden bestimmten Verfahrens dem Fachmann durch Beschreibung oder Vorführung ersichtlich gemacht worden ist (BGH 30. 6. 1964 GRUR 1964, 612 – Bierabfüllung).

Andererseits steht einer neuheitsschädlichen Vorbenutzung eines **Sachpatents** nicht entgegen, daß bei der Herstellung des vorbenutzten Stückes ein anderes Verfahren angewendet worden ist als das in der Beschreibung des Sachpatents wiedergegebene Verfahren (RG 4. 4. 1941 GRUR 1941, 270, 271).

Die Vorbenutzung kann **durch den Erfinder selbst** mit neuheitsschädlicher Wirkung erfolgen, sofern die Voraussetzungen des § 2 Satz 2 nicht erfüllt sind.

d) Mittelbare Benutzung

Diese Benutzung (vgl. § 6 Anm. 55 ff.) hat für § 2 PatG keine ins Gewicht fallende Bedeutung. Die bloße Herstellung einer Spezialmaschine ohne Inbetriebsetzung durch den Verkäufer ist noch keine Benutzung des Verfahrens selbst, zu dessen Ausübung sie bestimmt ist. Anders allerdings dann, wenn das Verfahren aus der im Handel befindlichen Vorrichtung erkennbar ist (PA 14. 5. 1926 Mitt. 1926, 128; RG 14. 7. 1934 Mitt. 1934, 234 sowie die in Anm. 21 aufgeführten Entscheidungen; BGH 18. 10. 1955 GRUR 1956, 73 und 30. 6. 1964 GRUR 1964, 612). 22

e) Benutzen im Inland

aa) Begriff »Inland«

Die Vorbenutzung muß im **Inland** erfolgt sein. Der Begriff »Inland« ist im Gesetz nicht näher bestimmt. Auch die Motive geben keinen näheren Aufschluß. Daraus hat BGH 12. 7. 1968 BGHZ 50, 213, 217 = GRUR 1969, 38 – Schwenkverschraubung – gefolgert, daß der Gesetzgeber eine Erläuterung nicht als erforderlich angesehen hat, sondern den Begriff im Sinne des damaligen allgemeinen Sprachgebrauchs, also in dem Sinne von »**Staatsgebiet**« schlechthin hat verstanden wissen wollen. 23

Das sich hiernach mit dem Begriff »Inland« deckende Staatsgebiet umfaßt in der Regel den innerhalb der Grenzen befindlichen Teil der Erdoberfläche, den darüber befindlichen Luftraum sowie den darunter liegenden Teil des Erdinneren. Die Grenzen des Staatsgebiets können Land- oder Flußgrenzen sein sowie in Binnenseen oder am Meer verlaufen. In letzterem Falle ist zwischen Eigengewässern (Seehäfen, Reeden, Buchten, Mündungsgebieten usw.), Küstengewässern, Anschluß- oder Schutzzonen und Festlandsockel zu unterscheiden. Über die zahlreichen (völkerrechtlichen) Streit- und Zweifelsfragen wegen des Grenzverlaufs, die regelmäßig auch für die Anwendung des Patentgesetzes maßgeblich sind, vgl. im einzelnen Seidl-Hohenveldern, Völkerrecht, 2. Aufl. 1969, S. 185 ff.; Verdross, Völkerrecht, 5. Aufl. 1964, S. 270 ff.; Jungmann, Das internationale Patentrecht, 2. Aufl. 1933, S. 6 ff.

Die Grenzen eines Staatsgebiets **oberhalb der Erdoberfläche** reichen so weit, wie sich der Herrschaftsbereich des Staates erstreckt (sog. Grundsatz der Effektivität, vgl. Verdross, a. a. O. S. 273, 274). Ausgenommen ist der Weltraum (vgl. Weltraumvertrag vom 27. 1. 1967, The American Journal of International Law – AJIL – 61 [1967] S. 644 ff.) sowie der Ätherraum, der der Weitergabe von Wellen dient (vgl. Seidl-Hohenveldern, a. a. O. S. 198 ff.). Die Grenzen **unterhalb der Erdoberfläche** reichen bis zur technischen Nutzungsmöglichkeit (z. B. Bergwerke, Tunnelanlagen, Kanalisation, Telegrafenleitungen, Kabelanschlüsse usw., s. Verdross, a. a. O. S. 274).

Zum Inland gehören **Zollausschlüsse** und **Freihafengebiete** (RG 2. 12. 1899 RGZ 45, 147; 25. 10. 1890 RGSt. 21, 205). Ebenso Grundstücke, die im Eigentum eines fremden Staates stehen, also insbes. **Botschafts-** und **Gesandtschaftsgebäude,** ungeachtet der ihnen zustehenden Exterritorialität. Nicht zum Inland rechnen jedoch die sog. **Zollanschlußgebiete,** in denen nur deutsches Zollrecht herrscht (vgl. Benkard, GRUR 1951, 177 ff.).

Deutsche Handelsschiffe in **Auslandshäfen** stellen kein inländisches Gebiet dar (RGSt. 2, 17; RG 12. 9. 1941 RGZ 168, 1, 11). Das gleiche muß ganz allgemein für Handelsschiffe in **fremden Küstengewässern** gelten, die der Herrschaft des jeweiligen Küstenstaates unterstehen (Jungmann, a. a. O. S. 7 ff.; a. A. Reimer, § 6 Anm. 2). Allerdings gehören **deutsche Kriegsschiffe** auch in fremden Gewässern zum Inland (so zutreffend Kisch, Handbuch § 41 Anm. 8). **Schiffe auf hoher See** unterstehen grundsätzlich der Herrschaft des Staates, dessen Flagge sie führen, vgl. Bundesges. über das Flaggenrecht der Seeschiffe sowie Flaggenführung der Binnenschiffe (Flaggenrechtsgesetz vom 8. 12. 1951 BGBl. S. 79). Daher ist die auf einem deutschen Schiff auf hoher See erfolgte Benutzung einer Vorrichtung (eines Grundschleppnetzes) als eine Benutzung im Inland anzusehen (PA 18. 10. 1960 Mitt. 1961, 18 ff. mit Nachweisen).

Für Luftfahrzeuge gelten sinngemäß die gleichen Grundsätze (Verdross a. a. O. S. 283).

bb) Territorialer Geltungsbereich des PatG und offenkundige Vorbenutzung

23a In der Rechtsprechung (RG 4. 4. 1914 RGZ 84, 370, 375; RG 24. 1. 1934 GRUR 1934, 187, 188; OLG Düsseldorf 9. 12. 1966 Mitt. 1967, 74) wie auch im Schrifttum (Benkard, Inlandsbegriffe im gewerblichen Rechtsschutz, GRUR 1951, 177, 178; Tetzner § 2 Anm. 32; Bernhardt § 9 III 4; Reimer § 2 Anm. 21) wird vorwiegend der Standpunkt vertreten, daß sich der **Geltungsbereich des PatG** nur auf das Bundesgebiet **(Staatsgebiet)** einschließlich Berlin-West – (Gesetz vom 20. 9. 1950 GRUR 1950, 514) – erstreckt. Aus systematischen, in der Sache selbst liegenden Gründen muß nach dieser Ansicht das territoriale Herrschaftsgebiet des PatG mit dem Bereich der **»inländischen«** neuheitsschädlich sich auswirkenden Benutzung übereinstimmen (Tetzner a. a. O.).

Demgegenüber hat BGH 12. 7. 1968 BGHZ 50, 213, 215 – Schwenkverschraubung ausgesprochen, von der Sache her bestehe keine innere Notwendigkeit, daß sich der räumliche Bereich, innerhalb dessen eine **offenkundige Vorbenutzung** stattgefunden haben müsse, wenn sie schutzhindernd sein solle, mit dem räumlichen Geltungsbereich des PatG oder mit dem räumlichen Wirkungsbereich eines im Geltungsbereich dieses Gesetzes angemeldeten Schutzrechts decke. Hiernach ist es also durchaus möglich, den Geltungsbereich erteilter Schutzrechte und die Neuheitsschädlichkeit offenkundiger Vorbenutzungen unterschiedlich zu begrenzen. Als Beispiele für einen nicht notwendigen inneren Zusammenhang verweist der BGH insbesondere auf Art. 8 des französischen PatG, auf Art. 4 Abs. 2 des Straßburger Abkommens zur Vereinheitlichung gewisser Begriffe des materiellen Rechts der Erfindungspatente vom 27. 11. 1963 (Bl. 1964, 372), auf § 2 Abs. 2 des neuen Sortenschutzgesetzes (s. § 1 Anm. 19) sowie auf § 11 des Saareingliederungsgesetzes vom 30. 6. 1959 (Bl. 1959, 209, 211).

Ähnlich wie der BGH hat auch bereits Zeller, GRUR 1966, 229, 231, darauf hingewiesen, daß sich alles, was in § 7 und § 16, sinngemäß auch in § 6 stehe, auf die Wirkung und den Wirkungsbereich des Patents beziehe, während in § 2 dieser **Wirkungsbereich völlig gleichgültig** sei und es dort nur darum gehe, welche **von außen kommenden Ereignisse** dem Patent neuheitsschädlich sein könnten, indem sie als patenthindernd **gelten.**

Von dieser Grundlage ausgehend hat der BGH a. a. O. angenommen, daß eine offenkundige Vorbenutzung »im anderen Teil Deutschlands« im Verhältnis zur Bundesrepublik für den in der Entscheidung in Betracht kommenden Zeitraum (1959/1960) grundsätzlich **nicht als im Ausland** erfolgt anzusehen sei. Der Umstand, daß die Patentgesetzgebung in beiden Teilen eine getrennte Entwicklung genommen habe, sei im Hinblick darauf, daß die Neuheitsschädlichkeit offenkundiger Vorbenutzung mit dem räumlichen Geltungsbereich nichts zu tun habe, ohne Bedeutung. Jedenfalls liege es nicht im Zuge der Rechtsentwicklung, wenn ohne zwingenden Grund »im gegenwärtigen Zeitpunkt« der Begriff des »Inlands« im Sinne des § 2 Satz 1 PatG, § 1 Abs. 2 GbmG enger als nötig ausgelegt werde.

Das Ergebnis dieser Entscheidung entspricht der ständigen Rechtspraxis des PA, Vorbenutzungen auf dem Gebiet der DDR als neuheitsschädlich anzusehen (Busse § 2 Rnr. 9).

Im Zusammenhang **mit den Inlandsvertreterbestimmungen des PatG** hat neuerdings Kirchner (GRUR 1972, 416) die Streitfrage des Inlandsbegriffs in bezug auf die DDR wieder aufgegriffen. Er ist der Auffassung, daß insbesondere im Hinblick auf den Vorbehalt zugunsten einer künftigen gesamtdeutschen Regelung, wie er in den Vereinbarungen der ehemaligen Alliierten aus den Jahren 1954/55 enthalten ist, jedenfalls im Rahmen des von ihm angesprochenen Problems z. Z. kein Anlaß bestehe, die DDR als Ausland anzusehen, soweit dies nicht im Einzelfall zu Unzuträglichkeiten führen sollte.

Ob die höchstrichterliche Rechtsprechung, die sich bisher nur über die Zeit bis 1959/60 ausgesprochen hat, für den Bereich der Neuheitsschädlichkeit einer offenkundigen Vorbenutzung eine endgültige politische Lösung der Frage abwarten oder aber die »normative Kraft des Faktischen«, wie

Tetzner (§ 2 Anm. 32) es fordert, anerkennen wird, bleibt abzuwarten.

Eine offenkundige Vorbenutzung in den **unter polnischer oder russischer Verwaltung** stehenden Gebieten Deutschlands stellt keine inländische Benutzung dar; diese Gebiete wurden auch bisher nicht als Inland nach § 2 behandelt.

Für das **Saarland** hat § 11 des Ges. vom 30. 6. 1959 (BGBl. I S. 388 = Bl. 1959, 209, 211) eine ausdrückliche Regelung dahingehend getroffen, daß eine Erfindung, die Gegenstand eines nach diesem Gesetz auf das Saarland erstreckten Patentes oder des einstweiligen Schutzes einer Patentanmeldung ist, auch dann nicht als neu im Sinne des § 2 Satz 1 PatG gilt, wenn sie z. Z. der Anmeldung im Saarland so offenkundig vorbenutzt worden ist, daß danach die Benutzung durch andere Sachverständige möglich erscheint. Die Begründung zum Gesetz (Bl. 1959, 287, 291) hebt hervor, daß § 11 eine **Klarstellung** sei, die zweckmäßig erscheine, weil früher im Schrifttum teilweise die Auffassung vertreten worden sei, daß das Saarland nicht als Inland im Sinne der Vorschriften des PatG anzusehen sei.

Über die staatsrechtliche Stellung des Saargebiets auf Grund des Versailler Vertrags vgl. OLG Hamm 7. 5. 1934, GRUR 1934, 539.

Im **Inland** müssen sich diejenigen Vorgänge abgespielt haben, welche die Offenbarung in sich schließen (RG 30. 10. 1935 RGZ 149, 181). Es **genügt nicht, daß die im Ausland erfolgte Benutzung im Inland bekanntgeworden ist.** Liegt darüber ein Bericht einer öffentlichen Druckschrift vor, so kommt es allein darauf an, ob der Durchschnittsfachmann aus dem Inhalt des Berichts den Gegenstand der Erfindung entnehmen kann (RG 28. 4. 1939 Mitt. 1939, 192).

Für die **Änderung der Gebietshoheit** ergibt sich folgendes: Nach der Gesetzesfassung kommt es nur darauf an, ob **zu beliebiger Zeit** eine Benutzungshandlung im Inland stattgefunden hat (Lindenmaier, ZAkDR 1936, 516; RG 23. 11. 1929 Bl. 1930, 42; PA 13. 12. 1930 GRUR 1931, 151). Denn das Gesetz sagt nichts darüber, wann die Vorbenutzung stattgefunden haben muß, insbesondere läßt sich aus ihm nicht die frühere Auffassung herleiten, der Benutzungsort müsse z. Z. der Anmeldung zum Inland gehört haben. Eine Lehre für technisches Handeln muß billigerweise zum Stand der Technik gehören, wenn sie überhaupt einmal im Inland, d. h. im Bundesgebiet offenbart worden ist. Durch eine spätere Gebietsänderung kann diese Tatsache nicht ungeschehen gemacht werden (PA 13. 12. 1930 a. a. O.).

Vorbenutzungen in einem **während des Krieges besetzten Gebiete** sind nicht neuheitsschädlich (RG 24. 1. 1934 GRUR 1934, 187 ff.), wohl aber Vorbenutzungen, die in den ehedem angegliedert gewesenen Ländern stattgefunden haben, z. B. in Österreich und den Ostgebieten des Deutschen Reiches (Busse § 2 Rnr. 41).

Vorbenutzungen in einem **ausländischen Gebiet,** das erst **nach Anmeldung** der neuen Erfindung **eingegliedert** wird, sind **nicht** im Inland erfolgt.

2. Offenkundigkeit der Vorbenutzung

a) Begriff

Die Benutzung der angemeldeten und geschützten Erfindung muß offenkundig gewesen sein. **Offenkundigkeit** setzt voraus, daß nach der Lebenserfahrung die Benutzung die nicht zu entfernte Möglichkeit eröffnet, daß beliebige Dritte und damit auch Sachverständige eine zuverlässige, ausreichende Kenntnis von dem Gegenstand oder Verfahren erhalten. Dies kann durch eine unmittelbare Wahrnehmung oder jedenfalls Wahrnehmungsmöglichkeit seitens eines unbegrenzten Personenkreises geschehen oder auch mittelbar dadurch, daß nur einzelne die Benutzung wahrnehmen, unter denen sich nicht zur Geheimhaltung verpflichtete Sachverständige befinden oder bei denen zumindest die Möglichkeit besteht, daß ihre Kenntnis an beliebige Dritte und damit über den engen Kreis einzelner Personen heraus auch an andere Sachverständige weiterdringt (RG 23. 1. 1942 GRUR 1942, 261, 264; BGH 7. 11. 1952 GRUR 1953, 384, 385 – Zwischenstekker; 22. 1. 1963, GRUR 1963, 311, 312 – Stapelpresse; 25. 11. 1965, GRUR 1966, 484, 486 – Pfennigabsatz). **24**

Ob der Sachverständige von der Gelegenheit, die Erfindung kennenzulernen, tatsächlich Gebrauch gemacht hat, ist unerheblich.

b) Einzelfälle

Keine Offenkundigkeit liegt vor bei einem unbeachtet gebliebenen Handgriff eines Arbeiters, mag sich auch seine Arbeitsweise in der Öffentlichkeit abgespielt haben (RG 28. 9. 1927 MuW 1927/28, 130). Ebensowenig, wenn der Erfindungsgedanke für den Fachmann aus der Vorführung nicht erkennbar war (RG 10. 1. 1934 MuW 1934, 164; 9. 4. 1937 GRUR 1938, 865, 867). Andererseits ist offenkundige Vorbenutzung durch Feilhalten eines Verfahrens bejaht worden, wenn Gebrauchsanweisungen, die die wesentlichen Eigenschaften des Verfahrens beschreiben, an zwei Interessenten übersandt werden (PA 13. 10. 1932 Mitt. 1932, 306). Ebenso schriftliches Lieferungsangebot neuheitsschädlicher Ware unter Beifügung einer genauen Beschreibung oder einer Zeichnung an einen bestimmten Kunden, das ihn in den Stand setzt, Aufgabe und Lösung zu erkennen (RG 23. 1. 1942 GRUR 1942, 261 ff.), oder Übersendung einer Zeichnung an zwei Reeder, die diesen ohne Erläuterung die technischen Besonderheiten offenbart (BGH 24. 10. 1961 GRUR 1962, 86 ff. – Fischereifahrzeug). **25**

Stets bleibt dabei zu beachten, daß Offenkundigkeit des Feilhaltens in solchen Fällen nur dann zu bejahen ist, wenn **keine Geheimhaltungspflicht** besteht **und die Weiterverbreitung** der von dem Empfänger eines Angebots erhaltenen Kenntnis an beliebige Dritte **nach der Lebenserfahrung naheliegt** (BGH 17. 10. 1958 GRUR 1959, 178, 179 – Heizpreßplatte, mit Nachweisen; 8. 6. 1962 GRUR 1962, 518, 520 – Blitzlichtgerät).

In dem **vorbehaltlosen Verkauf** der Ware liegt regelmäßig eine offenkundige Vorbenutzung der Erzeugnis- oder Vorrichtungserfindung, vorausgesetzt, daß für den Fachmann die nicht entfernte Möglichkeit eröffnet wird, von dem technischen Gedanken, der in dem verkauften Gegenstand verkörpert wird, Kenntnis zu erhalten (RG 7. 12. 1935 GRUR 1936, 247 ff.). In welcher Weise der Käufer mit dem Gegenstand verfährt, ob er ihn geheimhält oder in seiner Fabrik an unzugänglicher Stelle anbringt, ist belanglos, sofern er nur nicht selbst zur Geheimhaltung verpflichtet ist (RG 21. 12. 1932 Mitt. 1933, 136, 137). Aber auch in letzterem Falle hört Geheimhaltungspflicht auf, wenn die Ware auf einen gutgläubigen Besitznachfolger übergeht (RG 27. 11. 1935 GRUR 1936, 550, 551).

c) Geheimhaltungspflicht

26 Wird die Erfindung **unter Geheimhaltung** benutzt, so ist die Benutzung **nicht offenkundig.** Dies ist der Fall, wenn ausreichende Anstalten getroffen sind, die verhüten, daß die Benutzungstätigkeit von andern gesehen werden kann, mag man auch z. B. von einem Turm aus in das umschlossene Benutzungsgelände hineinsehen können. **Dem völligen Abschluß steht es gleich,** wenn nur solchen Personen der Zutritt gestattet wird, die auf Grund eines Vertrauensverhältnisses zum Erfinder, sei es kraft ihrer Beziehungen zu ihm (Verwandte, Freunde, Angestellte), sei es durch Auferlegung einer Geheimhaltungspflicht, zur Verschwiegenheit verpflichtet sind. Ersteres gilt besonders für die Arbeiter und Angestellten einer Fabrik, ebenso für betriebsfremde Handwerker, die Ausbesserungen an den Fabrikeinrichtungen ausführen oder dort bestellte Arbeiten abliefern (RG 25. 11. 1903 RGZ 56, 54; 10. 3. 1915 RGZ 86, 315; 10. 11. 1928 RGZ 122, 243; 7. 12. 1935 GRUR 1936, 247 ff. – Besichtigung einer Stellwerksanlage durch Hochschullehrer und -studierende; BGH 21. 11. 1972 GRUR 1973, 263 ff. – Rotterdam-Geräte – in einer Arbeitsgemeinschaft durchgeführte Erörterungen über Radaranlagen im Kriege abgeschossener oder abgestürzter Flugzeuge, an der neben Vertretern der Behörden und der Wehrmacht auch Angehörige einzelner Industrieunternehmen teilnahmen).

Das Bahngelände der Bundesbahn, im allgemeinen auch das einer Kommunal- oder Privatbahn, steht der geschlossenen Fabrikanlage gleich (PA 11. 10. 1933 GRUR 1934, 108; 21. 10. 1953 GRUR 1953, 526). Lieferungen an Bahnbetriebe ohne Geheimhaltungspflicht bewirken aber Offenkundigkeit (PA 21. 10. 1953 a. a. O.). Jedoch sind Vorgänge im Frachtverkehr zwischen der Fabrik und dem abnehmenden Betrieb in der Regel nicht offenkundig, weil sie sich im allgemeinen in Räumen und auf Fahrzeugen abspielen, die Dritten nicht ohne weiteres zugänglich sind (PA 28. 9. 1943 Mitt. 1944, 19). Wie eine Fabrikanlage zu behandeln ist auch der Untertagebetrieb einer Grube (RG 22. 11. 1940 GRUR 1941, 95). Auch ein Zechenplatz ist als ein nach dem Willen der Aufsichtsbehörde nicht öffentliches Gelände anzusehen (PA 28. 9. 1943, a. a. O.). Anders dann, wenn auf einem Zechengelände für andere Sachverständige die Möglichkeit der Kenntnisnahme bestand (PA 29. 10. 1968 Mitt. 1969, 178).

Bauliche Einrichtungen in Krankenhäusern sind nicht geheim (PA 29. 6. 1933 Bl. 1933, 184). Keine Beeinträchtigung der Offenkundigkeit eines inländischen Fachleuten zugänglichen Verfahrens einer Fabrik dadurch, daß diese zum Schutz gegen Sabotage und feindliche Spionage militärisch bewacht und jeder Besucher kontrolliert wird (RG 4. 11. 1936 RGZ 153, 47). Bei militärisch wichtigem Gerät besteht für alle Beteiligten Geheimhaltungspflicht (RG 24. 1. 1934 GRUR 1934, 187 ff.; 6. 6. 1934 GRUR 1934, 530).

Einer ausdrücklichen Vereinbarung über die Geheimhaltungspflicht bedarf es nicht. Auch ein **stillschweigend zur Verschwiegenheit verpflichtendes Treueverhältnis** reicht aus, die Pflicht zu begründen. Der Besucher einer Fabrik wird in der Regel zur Geheimhaltung verpflichtet sein, insbesondere wenn feststeht, daß nicht jeder Beliebige die Fabrik besuchen darf (PA 26. 2. 1931 GRUR 1931, 517). Für den Besucher einer Fabrik sollte es eine selbstverständliche Anstandspflicht sein, von dem Gesehenen ohne Einwilligung des Betriebs keinen Gebrauch zu machen (so schon Isay § 2 Anm. 17; ebenso Heine, GRUR 1963, 314). Sind daher der Zutritt und die Besichtigung einer Vorrichtung nur aus geschäftlichen und persönlichen Gründen erfolgt, so folgt daraus bereits ein Vertrauensverhältnis, ohne daß es der ausdrücklichen Auferlegung einer Geheimhaltungspflicht bedürfen würde (RG 1. 5. 1930 Bl. 1930, 234; PA 2. 9. 1931 Mitt. 1931, 260). Werden jedoch Erzeugnisse frei auf einem Fabrikhof gelagert, ohne daß Vorkehrungen gegen die Besichtigung durch Besucher der Lagerstätte getroffen sind, und sehen die Besucher das Erzeugnis weder selbst als Geheimnis an, noch ist es den Arbeitern und Angestellten als solches bezeichnet worden, so ist die Lagerung offenkundig (PA 19. 1. 1917 Mitt. 1917, 7).

Auch die Lieferung einer nach den eigenen Angaben und Anweisungen des Auftraggebers gebauten Maschine beruht auf einem Vertrauensverhältnis ebenso wie die offene Aufstellung einer solchen nach den Konstruktionsangaben des Auftraggebers hergestellten Vorrichtung, die im Betrieb des Auftraggebers stattfindet, und ihre dortige probeweise Inbetriebnahme (PA 19. 7. 1960 Bl. 1961, 243 ff. mit Anm. W. Müller, GRUR 1961, 412).

In RG 29. 11. 1938 (GRUR 1939, 472) wird zu Recht betont, daß die Regel nur dann eine Ausnahme erleide, wenn der Fabrikant nach Lage der Verhältnisse gar nicht auf den Gedanken habe kommen können, daß es sich bei der Bestellung um etwas Besonderes handele. Grundsätzlich liegen Vorschläge, die ein Unterlieferant seinem Hauptlieferanten macht, im Rahmen der Geheimhaltungssphäre und erfüllen somit nicht die Voraussetzungen einer offenkundigen Vorbenutzung. In diesen Fällen wird schon ein eigenes geschäftliches Interesse des Hauptlieferanten daran bestehen, daß die Öffentlichkeit und damit die Konkurrenz nichts von den Vorschlägen erfahren (BGH 17. 10. 1958 GRUR 1959, 178 ff. mit Anm. Tetzner – Heizpreßplatte). Keine Geheimhaltungspflicht besteht, wenn nach der Lebenserfahrung damit zu rechnen ist, daß die Angebotsempfänger eine erhaltene Zeichnung mit technischen Beratern erörtern oder Konkurrenten zwecks Abgabe eines Vergleichsangebots vorlegen werden (BGH 24. 10. 1961 GRUR 1962, 86, 89 – Fischereifahrzeug).

Eine offenkundige Vorbenutzung liegt auch dann nicht vor, wenn ein Fabrikat einem Fachmann zur Begutachtung vorgelegt ist, da einem solchen Berater eine Pflicht zur Geheimhaltung obliegt, die verbietet, die erworbenen Kenntnisse weiter zu verbreiten (BGH 28. 11. 1963 GRUR 1964, 259 ff. – Schreibstift). Das Angebot des Erfinders an einen Dritten zur Übertragung der Rechte aus der Erfindung begründet ebenfalls keine offenkundige Vorbenutzung, solange der Angebotsempfänger nach Treu und Glauben mit der Möglichkeit rechnen muß, daß der Anbietende oder sein Rechtsnachfolger die Erfinderrechte weiter verfolgen wird (RG 22. 11. 1940 GRUR 1941, 95). Versendet der Hersteller neuheitsschädliche Gegenstände über einen Exporteur in verschlossenen Kisten ins Ausland, so liegt darin auch dann keine offenkundige Vorbenutzung, wenn der Absender mit der Möglichkeit des Absatzes im Inland rechnet (RG 23. 1. 1942 GRUR 1942, 261 ff.).

Offenkundige Vorbenutzung eines im Untertagebetrieb angewendeten Verfahrens (PA 3. 12. 1932 Mitt. 1956, 115).

d) Bruch der Geheimhaltungspflicht

27 Wird die Erfindung **unter Bruch einer Geheimhaltungspflicht** von dem Geheimhaltungspflichtigen benutzt, so stellt ein solches Verhalten entgegen der früheren Rechtsauffassung eine offenkundige Vorbenutzung dar. Ebenso können Vorbenutzungshandlungen Dritter neuheitsschädlich sein, die ihre Kenntnis der Erfindung dem Geheimhaltungspflichtigen verdanken. Der ehedem oft wiederholte Satz, daß Geheimnisverrat die Offenkundigkeit der Vorbenutzung ausschließe, gilt spätestens seit der RG-Entscheidung vom 7. 10. 1941 (RGZ 167, 339 unter eingehender Würdigung der früheren Rechtsprechung) nicht mehr. Ob eine Vorbenutzungshandlung rechtlich zu billigen oder mißbilligen ist, ist für die Frage der Neuheitsschädlichkeit unerheblich. Solche Erwägungen würden nach zutreffender Auffassung des RG die Verkehrssicherheit in einem nicht zu rechtfertigenden Maße gefährden. Der Erfindungsberechtigte ist also in diesen Fällen beschränkt auf Schadenersatzansprüche gegen den Geheimhaltungspflichtigen und die Geheimnisausnutzer sowie auf die Einrede unzulässiger Rechtsausübung, soweit die Vorgenannten sich auf neuheitsschädliche Vorbenutzung berufen (RG 7. 10. 1941 a. a. O.). Dieser Rechtsprechung hat sich der BGH angeschlossen (BGH 8. 6. 1962 GRUR 1962, 518, 521 – Blitzlichtgerät; 25. 11.

1965 GRUR 1966, 484, 487 – Pfennigabsatz; vgl. auch BGH 28. 11. 1963 GRUR 1964, 259, 260 a. E. – Schreibstift; 7. 12. 1965 GRUR 1966, 255, 256 – Schaufenstereinfassung).

3. Möglichkeit der Nachbenutzung

Die Benutzung muß – ganz wie im Falle der druckschriftlichen Vorveröffentlichung (Anm. 13 ff.) – derart beschaffen sein, daß daraus der Durchschnittsfachmann, ausgerüstet mit den Kenntnissen des Standes der Technik zur Zeit der Anmeldung der Erfindung, das Wesen der Erfindung zu erkennen vermag (RG 10. 2. 1939 Bl. 1939, 114). Was der Fachmann nur in »Weiterbildung« des Vorbenutzten kraft eigener Kenntnis und Erfahrung zu entnehmen vermag (im einzelnen vgl. Anm. 13), beruht nicht auf der Benutzung. Der Ausdruck »Benutzung« (durch andere Sachverständige) ist hier nicht im Sinne des § 6 gebraucht, sondern bedeutet lediglich Ausführung, Nachbau. 28

Die **Tatsachen,** aus denen sich die offenkundige Vorbenutzung ergeben soll, **bedürfen einer substantiierten Darlegung,** die die Möglichkeit einer sorgfältigen Nachprüfung gestattet, ob der angeblich offenkundig vorbenutzte Gegenstand die Neuheit, den technischen Fortschritt oder die Erfindungshöhe einer angegriffenen Patentanmeldung berührt (BPatG 21. 1. 1963 E 3, 167, 168; 6. 4. 1972 E 14, 47 ff.). Es müssen also ganz konkrete Angaben über Art und Zeit der Benutzung gemacht werden, die für die Feststellung der Merkmale der Offenkundigkeit wesentlich sind. Hierzu gehören die gesamten Tatumstände des Einzelfalls, aus denen sich nach der Lebenserfahrung eine nicht zu entfernte Möglichkeit ergibt, daß Dritte eine zuverlässige Kenntnis von dem Gegenstand der Vorbenutzung erhalten (BGH 22. 1. 1963 GRUR 1963, 311 ff. – Stapelpresse – mit Anm. Heine). Gegenüber Zeugenaussagen haben die Gerichte größte Vorsicht walten zu lassen (RG 15. 1. 1936 GRUR 1936, 253, 254; 3. 2. 1937 GRUR 1937, 370, 371). Beweisanträge zur Ausforschung sind unstatthaft (RG 29. 11. 1930 GRUR 1931, 263, 265).

4. Zeit der Vorbenutzung

Aus den Worten »daß **danach** die Benutzung durch andere Sachverständige möglich erscheint« ist gefolgert worden, die offenkundige Vorbenutzung dürfe nicht allzu lange Zeit zurückliegen (so RG 2. 12. 1932 MuW 1933, 192, 194). Zwingend ist dieser Schluß aber nicht, um so weniger, als auch verschollene Druckschriften neuheitsschädlich sein können. Nach der neueren Rechtsprechung (RG 5. 12. 1934 GRUR 1936, 910, 911 mit Nachweisen) kommt es daher im Hinblick auf den unwiderlegbaren Vermutungscharakter der Vorschrift (Anm. 2) auf die Länge der zwischen 29 offenkundiger Vorbenutzung und Patentanmeldung verstrichenen Zeit nicht an. Man wird aber die Beweismittel für eine lange zurückliegende Vorbenutzung stets besonders kritisch und mit äußerster Vorsicht zu würdigen haben. Ohne Bedeutung ist, ob von der Möglichkeit Gebrauch gemacht worden ist.

Über die Erkennbarkeit eines Verfahrens aus einem Erzeugnis oder aus einer in vielseitiger Weise verwendbaren Vorrichtung s. Anm. 21.

5. Wahrscheinlichkeit der Kenntnisnahme

30 Es genügt die **Wahrscheinlichkeit einer Kenntnisnahme,** die sich aus dem besonderen Interesse der Fachwelt an Neuerungen auf dem in Betracht kommenden Marktgebiet ergeben kann (BGH 18. 10. 1955 GRUR 1956, 73 ff. – Kaliforniaschuh; 8. 6. 1962 GRUR 1962, 518 – Blitzlichtgerät). Kann das Wesen einer vorbenutzten Erfindung nur durch eine Untersuchung der die Erfindung verkörpernden Sache erkannt werden, so reicht zur Feststellung der Offenkundigkeit nicht die Möglichkeit der Untersuchung aus, wenn feststeht, daß eine solche tatsächlich nicht stattgefunden hat (BGH 25. 11. 1965 GRUR 1966, 484 ff. – Pfennigabsatz).

Die Vorbenutzung kann selbst dann offenkundig sein, wenn der Sachverständige, um die Neuerung zu erkennen, den Gegenstand zerstören muß. Indessen ist auf die Lage des Einzelfalls Rücksicht zu nehmen. Wenn die Zerstörung großer wirtschaftlicher Werte notwendig werden würde, wird die Wahrscheinlichkeit in der Regel recht gering sein (BGH 18. 10. 1955 a. a. O. mit Nachweisen). Denkbar ist der Fall, daß ein Brunnenfilter, ohne vorher dem Besteller übergeben zu werden, vom Lieferer aus der Fabrik unmittelbar in einen Brunnenschacht eingebaut wird. Der Besteller müßte die ganze Anlage zerstören, um die Beschaffenheit des ihm vor dem Einbau nicht gezeigten Filters kennenzulernen. Ebenso der in RG 23. 5. 1936 GRUR 1937, 213 behandelte Fall, wo ein Abdeckgitter mit Rostschutzfarbe so bestrichen war, daß weder der Besteller und Benutzer noch ein Sachverständiger die für die Erfindung wesentlichen Merkmale aus den Gitterstäben erkennen konnte.

Unerheblich ist, ob einem von der Vorbenutzungshandlung Kenntnis nehmenden Sachverständigen vor der nachfolgenden Patentanmeldung genügend Zeit geblieben wäre, den Gegenstand tatsächlich nachzubauen (RG 22. 1. 1936 RGZ 150, 95, 96).

B. § 2 Satz 2. Erfinderschutzfrist

1. Zweck der Vorschrift

31 Dem im Gesetz besonders erstrebten Erfinderschutz wird dadurch Rechnung getragen, daß die **Beschreibung** und **Benutzung** der Erfindung durch den Erfinder selbst oder seinen Rechtsnachfolger diesem nicht nachteilig sein soll, wenn er innerhalb von 6 Monaten anmeldet. Auf diese Weise soll der Erfinder einmal gegen eine ungerechtfertigte Schädigung gegenüber Dritten geschützt werden, die ohne seinen Willen Kenntnis von der Erfindung erlangt haben und dieses Wissen in öffentlichen Druckschriften oder offenkundigen Vorbenutzungen verwerten. Zum anderen soll dem Erfinder aber auch die Möglichkeit eröffnet werden, seine Erfindung zunächst zur öffentlichen Erörterung zu stellen und so zu erfahren, ob sich eine Patentanmeldung verlohnt, und um ggf. Geldgeber zur Durchführung des Verfahrens zu gewinnen. Schließlich sollen auch Härtefälle für unerfahrene Erfinder möglichst ausgeschlossen werden (Amtl. Begr. zu § 2 Satz 2, Bl. 1936, 103; vgl. dazu BGH 19. 12. 1968 GRUR 1969, 271, 272 – Zugseilführung). In BGH 25. 11. 1965 (GRUR 1966, 251, 254 – Batterie) ist im Wege der Rechtsgestaltung Erfindern, die ihre Erfindung vor der am 7. 8. 1953 eingetretenen Rechtsänderung (oben Anm. 9) bereits zum **Gebrauchsmuster** angemeldet hatten, zur Vermeidung von Härten gleichfalls eine Schon- und Übergangsfrist von 6 Monaten im Anschluß an den Stichtag für eine etwaige Patentanmeldung zugebilligt worden; dazu Jacobsohn, GRUR 1966, 551.

Alle in die Sechsmonatsfrist fallenden Vorveröffentlichungen einschl. druckschriftlich vorveröffentlichter ausländischer Patentschriften (PA 4. 3. 1937 Mitt. 1938, 252; BPatG 15. 12. 1967 E 9, 174, 175) und Vorbenutzungshandlungen des Erfinders und seines Rechtsnachfolgers verlieren dann – jedoch nur zugunsten deutscher, nicht auch zugunsten ausländischer Anmeldungen – die Neuheitsschädlichkeit; vgl. BGH 25. 11. 1965 GRUR 1966, 309, 310 – Flächentransistor. Derjenige, der ein **Auslandsschutzrecht** erwirken will, muß stets beachten, daß eine auf seiner Erfindung beruhende Beschreibung oder Benutzung einer späteren Auslandsanmeldung entgegenstehen kann, weil die meisten Staaten eine Schonfrist nicht kennen (im einzelnen Theiss, Bl. 1952, 215 ff.; Hamburger, GRUR Ausl. 1963, 189 ff.).

2. Berechnung der Schonfrist, Wiedereinsetzung in den vorigen Stand

32 Für die **Berechnung der Schonfrist** ist nur der Tag der deutschen Anmeldung oder, bei Abzweigung eines Teils dieser Anmeldung wegen Nichteinheitlichkeit des Erfindungsgedankens und Neuanmeldung des abgezweigten Teils, der für ihn geltende Prioritätstag maßgebend. Die Priorität einer

älteren ausländischen Anmeldung (Art. 4 PVÜ) ist dagegen ohne Bedeutung (PA Gr. S. 1. 8. 1940 GRUR 1940, 552). Eine Verlängerung der Schonfrist um die Unionsprioritätsfrist findet also nicht statt (BPatG 18. 7. 1966 E 8, 190 ff.). Die BGH-Entscheidung vom 15. 12. 1970 GRUR 1971, 214, 215 – customer prints – hat sich dieser Rechtsprechung angeschlossen.

Für die unter das **Ausstellungsschutzgesetz** vom 18. 3. 1904 (Anm. 6) fallenden Anmeldungen tritt ebenfalls eine Erweiterung der Schonfrist **nicht** ein. Die Vergünstigungen des § 2 Satz 2 PatG und des Ausstellungsschutzes gehen selbständig nebeneinander her.

Wiedereinsetzung in den vorigen Stand wegen Fristversäumung ist ausgeschlossen (Präs.Besch. 7. 2. 1950 Bl. 1950, 52).

Die Vergünstigung ist **von Amts wegen** im Erteilungs- und Einspruchsverfahren zu berücksichtigen, auch wenn der Beteiligte nicht auf sie hinweist (PA 13. 10. 1959 Mitt. 1960, 14).

3. »Beruhen« der Vorwegnahme auf der Erfindung

a) Personenidentität

33 **Vorwegnahmen innerhalb der Schonfrist** sind nur dann nicht neuheitsschädlich, wenn sie auf der – später innerhalb der Sechsmonatsfrist angemeldeten – Erfindung **beruhen.** Ein solches Beruhen setzt unmittelbare oder mittelbare Zurückführbarkeit auf die geistige Tätigkeit des **Erfinders** oder **seines Rechtsnachfolgers** voraus (BPatG 6. 8. 1964 E 5, 211, 214; 15. 12. 1967 E 9, 174, 175). Ihnen gleichzustellen ist z. B. der Arbeitnehmererfinder (Reimer § 2 Anm. 32; Bock-Bruchhausen in Benkard § 2 Anm. 50). Dem Rechtsnachfolger wird die Vergünstigung gewährt, gleichgültig, ob es sich um einen oder mehrere Gesamt- oder Einzelnachfolger handelt und ob die Nachfolge auf Gesetz oder Vertrag beruht.

Ein Beruhen der Benutzung auf der Erfindung des Anmelders liegt auch dann vor, wenn die Benutzung **unter Verwendung von Verbesserungsvorschlägen** erfolgt ist, die nach dem zugrunde liegenden Vertragsverhältnis mit dem Verbessernden dem Anmelder zugute kommen sollen (RG 1. 9. 1937, GRUR 1937, 863).

Erfolgt die öffentliche Beschreibung oder offenkundige Vorbenutzung **durch nur einen oder mehrere Miterfinder,** so muß die Vergünstigung des § 2 Satz 2 auch zugunsten der anderen eintreten (BPatG 6. 8. 1964 a. a. O.). Eine Trennung würde nicht nur zu Unbilligkeiten führen, sondern auch praktisch nicht durchführbar sein (Lüdecke, Erfindungsgemeinschaften S. 175, 176).

Auch im Falle eines der Öffentlichkeit unbefugt, etwa durch einen **Bruch der Geheimhaltungspflicht** (Anm. 27), bekanntgegebenen technischen Gedankens oder im Falle einer **widerrechtlichen Entnahme** kann sich der Verletzte bei der Neuanmeldung (§ 4 Anm. 28) auf die Neuheitsschonfrist berufen. Denn die Beschreibung oder Benutzung beruhen dann auf der Erfindung des Anmelders. Wesentlich ist mithin nur, daß sich die Veröffentlichungen oder Vorbenutzungen **objektiv** auf die Erfindung des Anmelders oder seines Rechtsvorgängers gründen. Der wahre Erfinder darf im Falle des § 4 Abs. 3 Satz 2 nicht schlechter gestellt werden, als wenn er seine Erfindung selbst angemeldet hätte.

Beteiligung des Verfassers neuheitsschädlicher Vorveröffentlichung an einer Anmeldung, die weniger als 6 Monate nach dieser Vorveröffentlichung erfolgt ist, macht die Vorveröffentlichung nicht neuheitsunschädlich (PA 6. 3. 1939 GRUR 1948, 258). Entgegengesetzter Auffassung PA 8. 9. 1942 (GRUR 1948, 258 mit zutreffender Kritik der Schriftleitung).

b) Keine gegenständliche Identität

Gegenständlich braucht die Vorveröffentlichung mit der späteren Anmeldung **nicht identisch** zu sein; es genügt der ohne erfinderische Bemühung mögliche Übergang vom Gegenstand der Vorveröffentlichung zum Gegenstand der Anmeldung (PA 4. 3. 1937 Mitt. 1938, 252; 18. 12. 1937 Mitt. 1938, 69; 2. 4. 1942 GRUR 1942, 321 ff. mit Zitaten; BPatG 15. 12. 1967 E 9, 174, 175). Zugehörigkeit zum gleichen Fragenkomplex reicht allerdings nicht aus (PA 8. 6. 1955 Mitt. 1956, 110; BPatG 13. 12. 1962 E 3, 107, 108; 6. 8. 1964 E 5, 211, 214). Dieser Rechtsprechung hat sich der BGH 19. 12. 1968 GRUR 1969, 271 ff. – Zugseilführung – mit ausführlicher Begründung angeschlossen. **34**

Die gleichen Grundsätze haben nach BGH a. a. O. S. 273 r. Sp. dann zu gelten, wenn die frühere Veröffentlichung eine **ältere Anmeldung** betrifft; ebenso BPatG 16. 3. 1971 – 15 W (pat) 109/69. Indessen wird das Verbot des Doppelschutzes (§ 4 Abs. 2) hierdurch nicht berührt. Betreffen daher die frühere und die spätere Anmeldung den gleichen Gegenstand, so kommt § 2 Satz 2 nicht zur Anwendung.

Es ist **nicht** erforderlich, daß die Erfindung bereits **fertig** vorgelegen hat. Nach BGH 19. 12. 1968 GRUR 1969, 271 ff. – Zugseilführung – nötigen Inhalt und Sinn der Vorschrift des § 2 Satz 2 entgegen der in Rechtsprechung und Schrifttum häufig vertretenen Auffassung nicht zu der Einschränkung, der Beschreibung oder Benutzung müsse bereits die volle Erkenntnis der Erfindung zugrunde liegen. Veröffentlichung oder offenkundige Benutzung innerhalb der Neuheitsschonfrist begründen **kein** Recht in bezug auf die später angemeldete Erfindung, schaffen also **keinen Zeitvorrang,** wie dies bei der Entstehung des Vorbenutzungsrechts (§ 7) oder eines Prioritätsrechts (§ 4 PVÜ, Ges. betreffend den Schutz von Erfindungen, Mustern und Warenzeichen auf Ausstellungen vom 18. 3. 1904, Anm. 6) der Fall ist. Sie gewähren dem Anmelder eine inhaltlich derart beschränkte Vergünstigung, daß es nicht notwendig ist, den Besitz einer fertigen Erfindung zu fordern (BGH a. a. O.). Die überzeugende Begründung der Entscheidung stellt die in der Praxis oft übersehenen **Unterschiede zwischen der Vorschrift des § 2 Satz 2** und **echten Prioritätsrechten** erfreulich klar heraus und sollte verhindern, daß in Zukunft beide überhaupt noch miteinander in Verbindung gesetzt werden.

Streitig ist die Frage, ob sich der Anmelder einer **Zusatzerfindung** auf die Schonfrist berufen kann, wenn die Bekanntmachung der Hauptanmeldung oder die Erteilung des Hauptpatents innerhalb von 6 Monaten vor dem Eingang der Anmeldung der Zusatzerfindung erfolgt ist (Weißig, Mitt. 1957, 221). Heute stellt sich weiterhin die Frage, wie zu entscheiden ist, wenn die Offenlegung der Unterlagen der Hauptanmeldung (§ 24 Abs. 3) innerhalb der Schonfrist vor Anmeldung des Zusatzpatents stattgefunden hat. Die erste Frage ist früher in einigen Entscheidungen des PA verneint worden (9. 6. 1941 Mitt. 1941, 186; 8. 6. 1955 Mitt. 1956, 110). In der 4. Auflage ist der gleiche Standpunkt vertreten worden. Diese Ansicht kann indessen nicht uneingeschränkt aufrechterhalten werden. Die Rechtslage ist folgende: Gegenüber einem **nicht vorveröffentlichten Hauptpatent** genügt es, wenn das Zusatzpatent – wie ein Unteranspruch – eine zweckmäßige und nicht ohne weiteres selbstverständliche Ausgestaltung der Erfindung des Hauptpatents zum Gegenstand hat (§ 10 Anm. 7). In diesem Falle braucht also keine selbständige patentfähige Zusatzerfindung gegenüber dem erteilten Hauptpatent oder der mit der Bekanntmachung veröffentlichten Auslegeschrift der Hauptanmeldung vorzuliegen. Trifft diese Voraussetzung zu, so beruhen Zusatzanmeldung und Hauptanmeldung oder Hauptpatent auf derselben Erfindung (BPatG 13. 12. 1963 E 3, 107 mit Nachweisen). Anders, wenn der Zusatzanmeldung eine erfinderische Leistung zugrunde liegt, da sich in diesem Fall zwei selbständige patentfähige Erfindungen gegenüberstehen (Reimer § 2 Anm. 33; Bock-Bruchausen in Benkard § 10 Anm. 16). Der Beschluß BPatG 15. 12. 1967, E 9, 174 hat sich der Auffassung des PA vom 9. 6. 1941 a. a. O. und 8. 6. 1955 a. a. O. angeschlossen. Entscheidungserheblich war für ihn aber der neue Gesichtspunkt, daß der Zusatzanmeldung deswegen keine Schonfrist zugebilligt werden könne, weil die vorangegangene Bekanntmachung der älteren Hauptanmeldung zur Verhütung von Nachteilen für den Anmelder schon gemäß § 30 Abs. 4 auf 6 Monate habe ausgesetzt werden können. In einem solchen Fall würde nach Meinung des BPatG die Gewährung einer Schonfrist der vom Gesetzgeber bezweckten Vermeidung eines Anreizes zu einer unangemessenen Verzögerung der Anmeldung widersprechen.

Dieser Auffassung ist BGH 19. 12. 1968 GRUR 1969, 271 – Zugseilführung – mit dem Hinweis entgegengetreten, die Aussetzung der Bekanntmachung habe zur Folge, daß der Berechtigte für die Dauer der Aussetzung auf den mit der Bekanntmachung eintretenden einstweiligen Schutz verzichten müsse. Der gesetzlichen Regelung über die Neuheitsschonfrist, die keinen subsidiären Charakter habe, sei aber nicht zu entnehmen, daß dem Berechtigten habe zugemutet werden sollen, andere Nachteile in Kauf zu nehmen, um nicht die Aussicht auf den gesetzlichen Schutz zu verlieren. Diesen Gründen ist zuzustimmen. Die dem Anmelder durch das Gesetz gewährten Rechte können ihm nicht im Hinblick auf andere, gleichzeitig im Gesetz vorgesehene Vorschriften wieder entzogen werden, ohne daß dies im Gesetz selber zum Ausdruck käme.

Sind auch offenkundige Vorbenutzungen, die innerhalb der Sechsmonatsfrist vor der Patentanmeldung vorgenommen sind, nicht neuheitsschädlich, so können solche (auch nicht offenkundige) Benutzungshandlungen doch ein **Vorbenutzungsrecht nach § 7 Abs. 1** begründen, obwohl sich ein den Anforderungen des § 7 Abs. 1 Satz 4 (vgl. § 7 Anm. 21) genügender Vorbehalt nicht feststellen läßt (BGH 7. 1. 1965 GRUR 1965, 411, 415 – Lacktränkeinrichtung).

c) Niederlegungspriorität

Eine erweiterte Schonfrist war dem Erfinder nach § 4 des 1. ÜG vom **35**
8. 7. 1949 (Bl. 1949, 229, 230) mit Rücksicht auf die patentamtslose Zeit zugestanden worden. Sie betraf vor dem 1. 10. 1948 vollendete Erfindungen, die in der Zeit zwischen dem 1. 7. 1944 und 1. 10. 1948 so **niedergelegt** waren, daß die Nachbenutzung durch andere Sachverständige möglich erschien (Amtl. Begr. Bl. 1949, 235, 242). Die Erfindung mußte spätestens einen Monat nach Eröffnung des Patentamtes, also bis zum 2. 11. 1949, angemeldet sein. Für die Praxis ist diese Frist heute ohne Bedeutung und bedarf daher an dieser Stelle keiner Erörterung mehr, vgl. dazu BGH 12. 2. 1957 GRUR 1958, 131 ff. – Schmierverfahren; 16. 10. 1959 GRUR 1960, 179 – Prallmühle II.

§ 3

Das Recht auf das Patent hat der Erfinder oder sein Rechtsnachfolger. Haben mehrere gemeinsam eine Erfindung gemacht, so steht ihnen das Recht auf das Patent gemeinschaftlich zu. Haben mehrere die Erfindung unabhängig voneinander gemacht, so steht das Recht dem zu, der die Erfindung zuerst beim Patentamt angemeldet hat.

ÜBERSICHT

A. Das Recht an der Erfindung vor der Anmeldung

1. Rechtsnatur des Erfinderrechts und Ansprüche aus ihm

a) Erfinderrecht. Allgemeines

1 Im Gegensatz zum Patentgesetz vor 1936, das keine Bestimmungen über den geistigen Urheber der Erfindung enthielt und das **Recht auf das Patent** dem ersten Anmelder zusprach, wird dieses Recht durch das geltende

Gesetz **dem Erfinder** oder **seinem Rechtsnachfolger** beigelegt (§ 3 Satz 1). Es ist nichts anderes als ein Ausfluß des Rechts an der Erfindung.

Dieses sog. **Erfinderrecht,** das die Grundlage des Patentrechts darstellt, ist entstanden, sobald eine fertige Erfindung (§ 1 Anm. 26 ff.) vorliegt. Es genügt, daß die Überlegungen im Kopf des Erfinders einen die Anmeldung des Patents ermöglichenden Abschluß gefunden haben; äußere Kundmachung in schriftlichen Aufzeichnungen, Modellen, praktischen Versuchen od. dgl. ist nicht erforderlich, wenngleich ohne solche Unterlagen der Nachweis für die Vollendung der Erfindung in der Regel nicht wird geführt werden können. Einzuräumen ist auch, daß Streitfälle wegen der Erfindung regelmäßig erst auftreten werden, wenn sich der Erfinder ihrer in irgendeiner Form entäußert und sie damit der Außenwelt zur Kenntnis gebracht hat (Benkard, GRUR 1950, 181, 188). Das besagt aber nicht, daß eine Erfindung nicht existiert, ehe sie verlautbart ist. Den geistigen Besitz an einer Erfindung kann man auch haben, ohne daß dies nach außen sichtbar wird (so zutreffend Reimer § 7 Anm. 7).

Das **Erfinderrecht** hat einen doppelten Charakter: Es ist einerseits ein an die Person des Erfinders geknüpftes **Persönlichkeitsrecht** und es ist zum anderen ein **Vermögensrecht.**

b) Erfinderpersönlichkeitsrecht

In persönlichkeitsrechtlicher Ausstrahlung erwächst dem Erfinder ein Recht auf Anerkennung als Erfinder, das in §§ 26 Abs. 6 und 7, 36 in Gestalt des Rechtes auf Nennung des Erfinders zum Ausdruck gebracht ist. Dieses **Erfinderpersönlichkeitsrecht** war zwar in dem bis 1936 geltenden deutschen Patentrecht bereits in Ansätzen bekannt (RG 7. 12. 1932 RGZ 139, 87 ff.); es hat aber erstmalig in dem geltenden Patentgesetz Ausdruck gefunden. Der Erfinder kann dieses Recht, das ein absolutes Recht ist (BGH 30. 4. 1968 GRUR 1969, 133 – Luftfilter) und daher zu den »sonstigen Rechten« im Sinne des § 823 Abs. 1 BGB gehört, für den Fall, daß es ihm von einem Dritten streitig gemacht wird, auch auf dem Wege einer Unterlassungs-, Beseitigungs- oder Feststellungsklage gerichtlich durchsetzen. Auch kann er gegen Dritte gemäß § 824 BGB vorgehen, wenn ihm wahrheitswidrig seine Erfinderschaft bestritten und damit sein Kredit geschädigt wird (Ehlers, GRUR 1950, 359 ff.). Im übrigen ergeben sich seine Rechte aus § 36 Abs. 2 und 3, d. h. dem Erfinder stehen wegen Verletzung des Erfinderpersönlichkeitsrechts Ansprüche auf Zustimmung zur Berichtigung gegen den Patentsucher oder Patentinhaber sowie den zu Unrecht als Erfinder Benannten zu, wenn bei der Bekanntmachung der Anmeldung, der Patenterteilung oder auf der Patentschrift die Person des Erfinders unrichtig oder im Falle des § 36 Abs. 1 Satz 3 überhaupt nicht angegeben ist. Alle diese Ansprüche gründen sich zwar auf das Rechtsgut der Erfinderehre. In der Regel werden aber mit ihnen nicht allein ideelle, sondern auch nicht uner- 2 hebliche wirtschaftliche Interessen verfolgt (BGH 22. 6. 1954 BGHZ 14, 72, 74 – Autostadt).

Über das Erfinderpersönlichkeitsrecht gegenüber **Miterfindern,** insbesondere den Anspruch auf Berichtigung der Erfinderbenennung (§ 26 Abs. 6), vgl. BGH 30. 4. 1968 GRUR 1969, 133 ff. – Luftfilter und § 36 Anm. 6.

Das Persönlichkeitsrecht gewährt seinem Träger auch das Recht zu bestimmen, ob und wann er die Erfindung der Allgemeinheit offenbaren will. Es ist allein seinem persönlichkeitsrechtlichen Herrschaftsbereich überlassen, darüber zu entscheiden, ob die Erfindung aus seiner privaten Gedankenwelt heraustreten oder etwa aus Gründen weiterer Entwicklung noch in seiner Geheimsphäre zurückgehalten werden soll (Tetzner § 9 Anm. 74). Insoweit stellt die Erfindung schon vor ihrer Verlautbarung als Persönlichkeitsrecht ein echtes Rechtsgut dar (Benkard, GRUR 1950, 481, 488), dessen Verletzung **durch unbefugte Veröffentlichung** Unterlassungs- und Schadenersatzansprüche (§§ 823, 1004 BGB) auslöst.

Im Grundsatz kann der Erfinder wegen Verletzung des Persönlichkeitsrechts auch einen Anspruch auf Ersatz nicht vermögensrechtlichen Schadens geltend machen. Indessen setzt dieser Anspruch eine besonders schwere Beeinträchtigung voraus (vgl. OLG Frankfurt 6. 6. 1963 GRUR 1964, 561 mit Nachweisen aus der einschlägigen BGH-Rechtsprechung).

Eine ausschließliche Benutzungsbefugnis gewährt das Persönlichkeitsrecht nicht (BGH 13. 11. 1951 BGHZ 3, 365, 368 = GRUR 1952, 562 – Gummisohle; 25. 1. 1955 BGHZ 16, 172, 175 = GRUR 1955, 388 – Dücko). Auch bleibt es stets an die Person des Erfinders geknüpft. Es ist unverzichtbar (§ 36 Abs. 1 Satz 5) und grundsätzlich nicht übertragbar. Indessen ist einzuräumen, daß die Bestimmung über die **Veröffentlichung einer Erfindung** auf einen Dritten übertragen werden kann (vgl. Hubmann, § 22 II 1c S. 141 unter Hinweis auf BGH 26. 11. 1954 BGHZ 15, 249, 258 – Cosima Wagner). Das Persönlichkeitsrecht verbleibt dem Erfinder, selbst wenn er seine – übertragbare – vermögensrechtliche Stellung aufgegeben oder verloren hat, und steht ihm auch noch nach Ablauf des Patentschutzes zu (Hubmann, Das Persönlichkeitsrecht, S. 340, 343 mit Nachw.). Es ist **vererblich** nur insoweit, als die Erben ein Recht auf Benennung des Erblassers als des Erfinders ausüben können. Stets bleibt auch das Persönlichkeitsrecht eines **Arbeitnehmers** unberührt, selbst wenn der Arbeitgeber die Erfindung in Anspruch genommen hat (Reimer-Schade-Schippel, ArbEG § 7 Anm. 1 und § 15 Anm. 2).

Das Persönlichkeitsrecht darf andererseits auch nicht überspannt und »ins Uferlose« ausgedehnt werden. Daher gewährt es z. B. dem Erfinder grundsätzlich keinen Anspruch gegen den Käufer seiner Erfindung, ihm bei Erlangung einer Ehrung im Zusammenhang mit einem Ausstellungserfolg behilflich zu sein (BGH 17. 3. 1961 GRUR 1961, 470, 472 – Mitarbeiter-Urkunde).

c) Absolutes Vermögensrecht

Als **Recht an der Erfindung** (Recht auf das Patent) entsteht dem Erfinder ferner vor der Anmeldung ein zwar nicht gegen einen Zweiterfinder, im übrigen aber gegen jeden Dritten wirkendes unvollkommenes **absolutes Vermögensrecht** (BGH 19. 6. 1962 BGHZ 37, 219, 231 = GRUR 1962, 642 – Drahtseilverbindung; BPatG 29. 9. 1964 E 6, 20, 23). Dieses Recht wird als »**unvollkommen**« insbesondere deswegen bezeichnet (RG 7. 12. 1932 RGZ 139, 87, 92; RG 18. 12. 1937 GRUR 1938, 256, 258), weil es das Nebeneinanderstehen gleichartiger Rechte (mehrerer Erfindungsberechtigter wie auch mehrerer zueinander in keiner Beziehung stehender Erfindungsbesitzer) nicht ausschließt. Es unterliegt dem Schutz des Art. 14 GG (BPatG 15. 12. 1969 Bl. 1970, 49, 60). 3

Dieses Vermögensrecht hat einmal zum Gegenstand das **Recht auf Anmeldung der Erfindung** zum Patentschutz. Es gewährt dem wahren Erfinder Schutz gegen widerrechtliche Entnahme oder Anmeldungen seitens eines Nichtberechtigten (§ 4 Abs. 3; § 5) und begründet die Nichtigkeitsklage wegen widerrechtlicher Entnahme (§ 13 Abs. 1 Nr. 3; vgl. Anm. 9 und § 5 Anm. 7). Zum anderen ergibt sich aus ihm ein **Anspruch auf Erteilung des Patents,** soweit die Voraussetzungen einer patentfähigen Erfindung (§ 1 Anm. 4 ff.) vorliegen. Allerdings verwirklicht erst die **Anmeldung** dieses privatrechtliche Anwartschaftsrecht auf das Patent, durch die der Patentsucher einen **öffentlich-rechtlichen** Anspruch auf Patenterteilung gegen das PA erwirkt (BGH 26. 1. 1967 BGHZ 47, 132, 141 – UHF-Empfänger II). Im Verfahren vor dem PA ist dieser Anspruch allein an die Tatsache der Erstanmeldung der Erfindung geknüpft (BGH 19. 6. 1962 BGHZ 37, 219 – Drahtseilverbindung). Eine **unentziehbare** Anwartschaft auf Erteilung des Patents ist dem Erfinder jedoch nicht verliehen (BGH 18. 6. 1970 BGHZ 54, 181, 184 = GRUR 1970, 601, 602 – Fungizid). Das ihm gewährte »Recht auf das Patent« beschränkt sich auf die Grundsatzerklärung, daß – falls überhaupt jemand nach den anzuwendenden Bestimmungen ein Patent erhalten kann – dieses dem wahren Erfinder verliehen werden soll (BGH 25. 11. 1965 BGHZ 44, 346, 356 = GRUR 1966, 251 – Batterie). Wegen Übertragung dieses Rechts s. § 9 Anm. 3.

Das (Vermögens-)Recht an der Erfindung stellt im Verhältnis zum störenden Dritten ein **»sonstiges Recht« im Sinne des § 823 Abs. 1 BGB** dar und läßt bei rechtswidriger Verletzung die sich aus dieser Gesetzesnorm ergebenden **obligatorischen Ansprüche** auf Unterlassung und Schadenersatz entstehen, z. B. solche **auf Wiederherstellung der verletzten Rechtsstellung** in Gestalt von Übertragung der durch eine unberechtigte Patentanmeldung erworbenen Stellung im Anmeldungsverfahren (RG 25. 9. 1911 RGZ 77, 81). Kein Grund besteht für die Annahme, daß dieses Recht durch den dinglichen Vindikationsanspruch aus § 5 beseitigt ist (a. A. Reimer § 5 Anm. 2, allerdings entgegen § 3 Anm. 7). Gegen jede Störung oder auch nur drohende Störung seines Rechts auf das Patent muß der Verletzte geschützt sein. Über weitere gesetzlich bestimmte Rechte des Erfindungsberechtigten vgl. Anm. 9.

Das **(Vermögens-)Recht an der Erfindung** verleiht als solches indessen **kein Recht auf alleiniges Herstellen, Inverkehrbringen, Feilhalten oder Gebrauchen.** Unterlassungs- oder Schadenersatzansprüche können aus ihm insoweit nicht erwachsen (RG 25. 9. 1911 a. a. O.; 2. 10. 1944 GRUR 1951, 278, 281; BGH 13. 11. 1951 BGHZ 3, 365, 368 = GRUR 1952, 562 – Gummisohle; 25. 1. 1955 BGHZ 16, 172, 175 = GRUR 1955, 388, 389 – Dücko). Ansprüche gegen den die noch ungeschützte Erfindung benutzenden Dritten auf Unterlassung der Benutzung und Schadenersatz sind vielmehr **nur** gegeben, soweit die Handlungsweise des Benutzers eine vorsätzliche, gegen die guten Sitten verstoßende Schadenszufügung darstellt oder ihr auf Grund besonderer Umstände der Stempel der Unlauterbarkeit aufgeprägt ist (§ 826 BGB; §§ 1, 17, 18 UWG i. V. mit § 823 Abs. 2 BGB; vgl. RG 2. 10. 1944 a. a. O.; BGH 13. 11. 1951 a. a. O.; 25. 1. 1955 a. a. O.; im übrigen § 6 Anm. 78 ff.) oder aber etwa die Voraussetzungen eines Eingriffs in das Recht am eingerichteten und ausgeübten Gewerbebetrieb erfüllt sind (BGH 25. 1. 1955 a. a. O. S. 176).

Eine unlautere Handlungsweise im Sinne der §§ 1 UWG, 826 BGB kann aber beispielsweise dann nicht vorliegen, wenn die Benutzung auf der eigenen Erfindung des in Anspruch Genommenen oder auf der Erfindung eines unbeteiligten Dritten beruht oder wenn sie dem Stand der Technik entspricht. Das gilt auch dann, wenn der Benutzer nachträglich erkennt, daß die Erfindung oder die Anmeldung des Klägers älteren Datums ist als seine eigene Benutzung (BGH 13. 11. 1951 a. a. O. S. 369). Wegen der mit der »Offenlegung« der Patentanmeldung verbundenen einstweiligen »Schutzwirkungen« vgl. § 24 Anm. 41.

d) Bestehenbleiben des Erfinderrechts

4 Vor Inkrafttreten des Patentgesetzes vom 6. 5. 1936 wurde angenommen, daß **mit der Anmeldung zum Patent,** spätestens aber mit seiner **Erteilung,** das **Erfinderrecht gegenstandslos** werde (RG 13. 2. 1911 RGZ 75, 225, 228; 25. 2. 1933 RGZ 140, 53, 55 a. E.; 18. 12. 1937 GRUR 1938, 256, 258; RG 10. 10. 1939 GRUR 1940, 339, 340). Im Hinblick auf die in §§ 4 Abs. 3; 5 und 13 Abs. 1 Nr. 3 dem Erfinder eingeräumten Rechte kann diese Auffassung jedenfalls gegenüber der Patenterteilung an einen nicht berechtigten Anmelder nicht aufrechterhalten werden.

Über das Recht **aus** dem Patent s. § 9 Anm. 1 a. E.

2. Erfindungsbesitz

5 Der Erfindungsberechtigte hat neben den genannten Rechten auch den sog. **Erfindungsbesitz.** Als Erfindungsbesitz wird der **tatsächliche Zustand**

bezeichnet, der nach Auffassung des Verkehrs die Möglichkeit gewährt, eine fertige Erfindung ihrer Eigenart entsprechend zu benutzen (RG 15. 12. 1928 RGZ 123, 58 ff.). In der Regel wird der Erfindungsbesitzer der wahre Erfinder sein. Eine erfinderische Leistung ist indessen für die Erfüllung des Tatbestandes des Erfindungsbesitzes nicht erforderlich. Notwendig ist allein, daß der Erfindungsgedanke, d. h. die sich aus Aufgabe und Lösung ergebende technische Lehre, **subjektiv erkannt** und die Erfindung damit **objektiv fertig** ist (RG 5. 6. 1937 GRUR 1937, 621, 623 mit Nachweisen; BGH 21. 6. 1960 GRUR 1960, 546, 548 mit Nachweisen – Bierhahn; vgl. auch 30. 4. 1964 GRUR 1964, 496, 497 – Formsand II; 21. 5. 1963 BGHZ 39, 389 = GRUR 1964, 20 – Taxilan – Erfindungsbesitz an chemischen Analogieverfahren). Einer äußerlichen Dokumentation, etwa in schriftlichen Aufzeichnungen, Modellen, praktischen Versuchen usw. bedarf der Erfindungsbesitz nicht (RG 16. 12. 1938 GRUR 1939, 193, 197; 12. 12. 1941 GRUR 1942, 209, 211). Auch eine unredlich oder widerrechtlich erworbene Kenntnis des Erfindungsgedankens reicht aus.

Der Erfindungsbesitz ist für die Rechtstellung seines Inhabers von erheblicher Bedeutung. Ihm stehen die in Anm. 9 genannten Rechte zu. Darüber hinaus knüpfen auch das Vorbenutzungsrecht (§ 7) und das Weiterbenutzungsrecht von Zwischenbenutzern (§ 43 Abs. 4) an den Erfindungsbesitz an; vgl. auch Gesetz über die Frist für die Anfechtung von Entscheidungen d. DPA vom 17. 2. 1960 (BGBl. I S. 78 = Bl. 1960, 29) und Art. 7 Nr. 1 AHKG Nr. 8.

Das Gesetz enthält keine Definition des von der Rechtsprechung und dem Schrifttum entwickelten Begriffs des Erfindungsbesitzes. Tatsächlich ist der Ausdruck recht ungenau. Mit dem Besitzbegriff des BGB an körperlichen Sachen hat er schlechterdings nichts zu tun (ebenso Hubmann § 12 II 2). Denn die erforderliche Kenntnis der ursächlichen Beziehung von technischem Handeln und technischer Wirkung ist nichts Körperliches. Daher stehen dem Erfindungsbesitzer auch nicht die possessorischen Ansprüche der §§ 858 ff. BGB zu (a. A. Nirk in Klauer-Möhring § 3 Anm. 13). Die Kenntnis der technischen Regel bleibt auch demjenigen, dem der Erfindungsbesitz entzogen ist.

Einen bürgerlich-rechtlichen Besitzschutz genießt der Erfindungsbesitzer nur für Zeichnungen, Beschreibungen und Modelle, die eine körperliche Wiedergabe des Erfindungsgedankens darstellen. In diesem Falle liegt ein echtes Besitzverhältnis an einer körperlichen Sache vor.

Auch eine juristische Person kann einen Erfindungsbesitz haben, wenn die Unterlagen der Erfindung (Beschreibung, Zeichnung usw.) zu ihrem Vermögen gehören.

Der Erfindungsbesitz als solcher ist auch nicht durch Ansprüche aus § 823 Abs. 1 BGB geschützt (a. A. offenbar Nirk in Klauer-Möhring § 3 Anm. 13 S. 154). Obgleich er kein sonstiges Recht im Sinne dieser Vorschrift darstellt, können doch auf Grund besonderer Umstände die Voraussetzungen der § 826 BGB, §§ 1, 17, 18 UWG i. V. mit § 823 Abs. 2 BGB vorliegen. Ebenso können Ansprüche wegen Eingriffs in den Gewerbebetrieb in Betracht kommen.

Nur insoweit der Erfindungsbesitzer gleichzeitig Erfindungsberechtigter ist, stehen ihm im Verhältnis zu Störern die sich aus dem Vermögensrecht an der Erfindung ergebenden Ansprüche zu (vgl. dazu Anm. 3). Aus der Tatsache, daß der Anmelder nach § 4 Abs. 1 als Erfinder gilt, kann ein materielles Recht nicht hergeleitet werden. Auch aus § 5 folgt ein solches Recht nicht, da die Vindikationsklage dem sachlich Berechtigten gegenüber nicht durchgreift (§ 5 Anm. 4).

3. Pfändung und konkursmäßige Beschlagnahme

6 In Rücksicht auf das dem Erfinder erwachsene Recht, die Erfindung in seiner persönlichen Geheimsphäre zu behalten, kann eine Möglichkeit der **Pfändung** sowie der **konkursmäßigen Beschlagnahme** vor der Anmeldung der Erfindung erst eintreten, wenn der Erfinder seinen **Willen zur wirtschaftlichen Verwertung** der Erfindung **kundgetan** bzw. mit der Verwertung des in der Erfindung enthaltenen Vermögensrechtes begonnen hat (BGH 25. 1. 1955 BGHZ 16, 172 mit Schrifttumsangaben; Jaeger KO § 1 Anm. 11). Anzeichen des Verwertungswillens sind Verhandlungen darüber, Zurschaustellung auf Ausstellungen, Verpfändung, Sicherungsübereignung, Ausbeutung als Geheimverfahren (Tetzner § 9 Anm. 75). Die Übertragung des Erfinderrechts ist danach auch vor der Anmeldung **anfechtbar** im Sinne der KO (Jaeger § 29 Anm. 22). **Nach Anmeldung,** welche ja in Verwertungsabsicht erfolgt, ist die Pfändbarkeit zu bejahen. Die Pfändung erfaßt hier die **Anwartschaft auf das patentmäßige Ausschlußrecht,** nicht jedoch den »Anspruch« des Anmelders, von dem PA die Prüfung der Anmeldung und gegebenenfalls die Erteilung des Patents als hoheitsrechtlichen Verwaltungsakt zu verlangen (Präs.-Besch. 11. 2. 1950 GRUR 1950, 294; RG 3. 10. 1902 RGZ 52, 227). Eine Zurücknahme der Anmeldung nach erfolgter Pfändung oder Konkursbeschlagnahme muß bei Zugrundelegung der vorstehend genannten Gedankengänge als unzulässig angesehen werden (Jaeger KO § 1 Anm. 12). Die Pfändung erfolgt im Wege des § 857 ZPO; im einzelnen § 9 Anm. 61 ff.

B. Recht auf das Patent (§ 3 Satz 1)

1. Erfinderprinzip

7 Das Recht auf das Patent steht dem Erfinder oder seinem Rechtsnachfolger, d. h. dem Erwerber des Rechts durch Vertrag, Zwangsvollstreckung oder Erbfolge **bereits vor der Anmeldung** zu. Es verleiht dem Erfinder

allerdings keine **unentziehbare Anwartschaft** auf **Erteilung des Patents** (Anm. 1). Damit ist das Patentgesetz von dem früher geltenden Anmeldergrundsatz zu dem Erfindergrundsatz übergegangen. Durch die Einführung dieses Grundsatzes ist Übereinstimmung mit einer Reihe ausländischer Gesetze hergestellt. In den Vereinigten Staaten z. B. gilt uneingeschränkt der Grundsatz, daß das Patent dem »ersten und wahren« Erfinder gebührt. Im Falle konkurrierender Patentanmeldungen wird die Frage der Priorität in dem recht komplizierten Interferenzverfahren vor dem Patentamt festgestellt (s. dazu Frederico, GRUR Int. 1972, 99 ff.). Eine Erfindervermutung des Anmelders (§ 4 Abs. 1) kennt dieses Rechtssystem nicht. Ähnlich ist die Regelung im kanadischen Patentgesetz. Dagegen gehen z. B. Frankreich, Belgien und Luxemburg von dem Prinzip des 1. Anmelders aus (s. dazu Nirk in Klauer-Möhring § 3 Anm. 5).

Das Erfinderprinzip wird jedoch in mehrfacher Beziehung durchbrochen.

2. Durchbrechung des Erfinderprinzips

Nach § 4 Abs. 1 **gilt** im Verfahren vor dem PA der Anmelder als berech- 8
tigt, die Erteilung des Patents zu verlangen. Man will also nach wie vor das patentamtliche Verfahren nicht mit den zeitraubenden Ermittlungen nach der Person des Erfinders belasten. Das wird in § 4 Abs. 1 ausdrücklich hervorgehoben. Allerdings soll bei der Anmeldung der Name des Erfinders angegeben werden; doch prüft das PA die Richtigkeit dieser Angaben nicht nach, auch kann Frist hierfür gewährt werden, ohne bei Nachholung die Wirkung der Anmeldung zu beeinträchtigen (§ 26 Abs. 6 und 7).

Haben **mehrere** die Erfindung unabhängig voneinander gemacht (Doppelerfindung), so entscheidet für den Anspruch auf Erteilung des Patents, wer von ihnen die Erfindung **zuerst anmeldet** (§ 3 Satz 3; Anm. 34).

3. Weitere gesetzlich bestimmte Rechte des Erfindungsberechtigten

Dem Erfindungsberechtigten bzw. dem Erfindungsbesitzer stehen zu:

a) Das Recht zum **Einspruch wegen widerrechtlicher Entnahme** nach 9
§§ **4 Abs. 3,** 32 Abs. 1 Satz 1; so ausdrücklich die Begr. II S. 15 zu Nr. 2 Abs. 4 (Bl. 1936, 103, 104), »da sonst dem RPA wieder die schwierige und zeitraubende Nachforschung nach dem Erfinder zuzumuten wäre, was unter allen Umständen verhütet werden muß«;

b) das Recht zur eigenen Anmeldung nach Zurückweisung oder Zurücknahme der Anmeldung gemäß § 4 Abs. 3;

c) das Recht auf Übertragung des Anspruchs auf Erteilung des Patents oder auf Übertragung des bereits erteilten Patents gegenüber einem nichtberechtigten Anmelder (§ 5);

d) das Recht zur Erhebung der Nichtigkeitsklage (§ 13 Abs. 1 Nr. 3).

C. Vertragliche Vereinbarungen über das Erfinderrecht

1. Grundsatz der Vertragsfreiheit

10 Das Recht auf das Patent steht nach § 3 Satz 1 auch dem »**Rechtsnachfolger**« des Erfinders, also auch demjenigen zu, auf den der Erfinder dieses Recht durch vertragliche Vereinbarung übertragen hat. Nach dem **Grundsatz der Vertragsfreiheit** können Parteien ihre vertraglichen Beziehungen über ein Erfinderrecht beliebig gestalten. Keine Vertragsfreiheit besteht indessen für Parteien, die im Verhältnis von Arbeitgeber und Arbeitnehmer stehen, und deren Abreden daher den Bestimmungen des Arbeitnehmererfindungsgesetzes vom 25. 7. 1957 (BGBl. I S. 756) unterliegen (BGH 16. 11. 1954 GRUR 1955, 286, 289 – Schnellkopiergerät; OLG Hamburg 6. 11. 1958 GRUR 1960, 487, 488). Es bedarf daher stets der Prüfung, ob die zur Tätigkeit verpflichtete Partei unter Würdigung aller Umstände, insbesondere nach Zeit, Dauer, Ort und Art der Arbeit, dem Weisungsrecht des Dienstberechtigten untersteht, also eine unselbständige Tätigkeit nach Bestimmung des Dienstberechtigten auszuführen hat (BGH 11. 7. 1953 BGHZ 10, 187, 190; 30. 9. 1964 GRUR 1965, 198; Lindenmaier-Lüdecke ArbEG § 1 Anm. 5; Reimer-Schade-Schippel ArbEG § 1 Anm. 3 ff.). **Freie Erfinder** sind z. B. die Organe einer juristischen Person (BGH 11. 7. 1953 a. a. O.; vgl. auch 25. 2. 1958 GRUR 1958, 334, 336 – Mitteilungs- u. Meldepflicht), Vorstandsmitglieder einer Aktiengesellschaft (BGH 22. 10. 1964 GRUR 1965, 302, 304 – Schellenreibungskupplung), persönlich haftende Gesellschafter einer Kommanditgesellschaft (BGH 16. 11. 1954 GRUR 1955, 286, 289 – Schnellkopiergerät), ebenso Gesellschafter einer Offenen Handelsgesellschaft oder einer Gesellschaft bürgerlichen Rechts, Geschäftsführer einer GmbH (BGH 22. 10. 1964 GRUR 1965, 302, 304 – Schellenreibungskupplung), Genossen einer Genossenschaft, selbständige Handwerksmeister (BGH 24. 6. 1952 GRUR 1953, 29 – freie Mitarbeiter; 13. 7. 1956 GRUR 1956, 500, 501 – Capysal; 21. 3. 1961 GRUR 1961, 432 – Klebemittel).

2. Rechtsnatur der Vereinbarungen

11 **Vertragliche Vereinbarungen,** die Übertragungen von Erfinderrechten zum Gegenstand haben, können **sehr verschiedenartiger Natur** sein. In der Regel wird es sich um Auftrags-, Dienst-, Werk- oder Werklieferungsverträge handeln (RG 30. 11. 1932 Bl. 1933, 129). Die Parteien können auch die Anwendung des ArbEG vereinbaren und damit ein diesem Gesetz entsprechendes Vertragsverhältnis begründen (Lindenmaier-Lüdecke § 1 Anm. 5; BGH 22. 10. 1964 GRUR 1965, 302, 306 – Schellenreibungskupplung).

12 Haben die Parteien **ausdrücklich vereinbart,** daß das Ergebnis der

erfinderischen Tätigkeit dem **Auftraggeber** »gehören« soll, so ist zu unterscheiden, ob dieser das Recht an der Erfindung erst durch die Übertragung erwerben soll oder ob es dazu keiner Übertragung bedarf. Die Frage war früher streitig. Das Reichsgericht nahm an, daß das Recht an der Diensterfindung unmittelbar in der Person des Dienstherrn entstehen solle (RG 5. 2. 1930 RGZ 127, 197; 21. 2. 1931 RGZ 131, 328 ff.; 11. 6. 1932 RGZ 136, 415, 418; 25. 2. 1933 RGZ 140, 53, 55). Über das Entstehen von Erfinderrechten, die in eine Gesellschaft zur gemeinsamen Verwertung eingebracht werden, vgl. RG 18. 12. 1937 (GRUR 1938, 256, 262). Nach dem geltenden Recht liegt **stets nur ein vom Erfinder abgeleiteter Rechtserwerb** vor. Denn § 3 läßt keine Ausnahme von dem Grundsatz zu, daß das Recht auf Erteilung des Patentes dem Erfinder gehört (BGH 16. 11. 1954, GRUR 1955, 286, 289 – Schnellkopiergerät). Das schließt indes nicht aus, daß die Parteien entweder im voraus über künftige Erfindungen **dinglich verfügen** (a. A. Schramm, BB 1961, 105, 106 zu Anm. 19) oder aber sich zur Übertragung solcher Erfindungen **verpflichten** können. Im Falle der Verfügung erwirbt dann der Berechtigte das Recht auf das Patent mit der Entstehung der Erfindung ohne weiteren Übertragungsakt. Hierbei ist allerdings Voraussetzung, daß die Erfindung ihrem Gegenstand nach hinreichend bestimmt oder zumindest bestimmbar war (BGH 16. 11. 1954 GRUR 1955, 286, 289 – Schnellkopiergerät). Im Falle der Verpflichtung bedarf es noch der Übertragung. Beim Fehlen einer ausdrücklichen Abrede über die Art des Überganges der Erfindung ist unter Würdigung aller Umstände zu prüfen, ob ein unmittelbarer Erwerb des Berechtigten als stillschweigend gewollt angesehen werden kann oder ob nur eine Verpflichtung zur Übertragung der Erfindung besteht (BGH 16. 11. 1954 a. a. O.).

Ob, unter welchen Voraussetzungen und in welchem Umfange einer **Gesellschaft** an den Erfindungen eines Gesellschafters Rechte zustehen sollen, ist nach den gleichen Grundsätzen zu beurteilen. Es kommt auf den Inhalt und Zweck des Gesellschaftsvertrages an; insbesondere kann von Bedeutung sein, ob der Gesellschafter verpflichtet ist, für die Gesellschaft erfinderisch tätig zu sein (BGH 16. 11. 1954 GRUR 1955, 286, 289 – Schnellkopiergerät; 22. 10. 1964 GRUR 1965, 302, 304 – Schellenreibungskupplung).

Auch **ohne eine ausdrückliche Vereinbarung** kann eine Partei ein Recht auf die Erfindung haben, wenn nach Art des Vertragsverhältnisses anzunehmen ist, daß das Ergebnis der erfinderischen Tätigkeit ihr zufallen soll. Wann eine **stillschweigende Vereinbarung** anzunehmen ist, hängt wiederum von den Tatumständen des Einzelfalls ab. Die Vertragslage muß nach Sinn und dem mit der getroffenen Vereinbarung verfolgten Zweck geprüft werden. Insbesondere ist hierbei der Aufgaben- und Pflichtenkreis des Verpflichteten zu berücksichtigen (BGH 24. 6. 1952 GRUR 1953, 29, 30 – Plattenspieler; ebenso RG 5. 2. 1930 RGZ 127, 197; 21. 2. 1931 RGZ 131, 328, 331; 22. 12. 1939 RGZ 163, 112, 116). Die Verpflichtung kann sich 13 auch aus der mit den dienstvertraglichen Beziehungen verbundenen **Treuepflicht** ergeben (BGH 22. 10. 1964 GRUR 1965, 302, 304 – Schellenreibungskupplung). Auch **die Höhe der Vergütung** kann einen Anhaltspunkt dafür abgeben, ob die Gegenleistung in Form der Übertragung der Erfindung erfolgen soll (BGH 24. 6. 1952 a. a. O.).

Stets wird als **Beweisanzeichen** zu berücksichtigen sein, welche Anregungen oder betriebliche Unterstützungen der Verpflichtete etwa erhalten hat oder welcher Einblick in den sog. inneren Stand der Technik ihm gewährt worden ist, um eine erfinderische Tätigkeit auszuüben (BGH 24. 6. 1952 GRUR 1953, 29, 31; Schramm, BB 1961, 105, 107 mit weiteren Rechtsprechungsnachweisen und Beispielen).

Eine Anwendung der Vorschriften des ArbEG darf weder unmittelbar noch mittelbar erfolgen (BGH 22. 10. 1964 GRUR 1965, 302 – Schellenreibungskupplung).

Möglich ist, daß sich nach den Vertragsabreden das **Recht an einer Erfindung** nur **auf dessen Benutzung** beschränken soll, sei es der ausschließlichen Benutzung, sei es der Mitbenutzung (BGH 16. 11. 1954 GRUR 1955, 286, 289 – Schnellkopiergerät). Auch kann sich aus den Umständen ergeben, daß der Erfinder **kein Ausschlußrecht** gegenüber seinem Vertragspartner geltend machen darf, was insbesondere dann gilt, wenn sich der Erfinder die im Betrieb gewonnenen Erfahrungen und Erkenntnisse für seine Erfindung zunutze gemacht hat (BGH 24. 6. 1952 GRUR 1953, 29, 30 ff. – Plattenspieler).

Ist unter Abwägung aller Tatumstände davon auszugehen, daß die Erfindung nicht in den Rahmen der vom Erfinder übernommenen Tätigkeit fällt, so gehört sie ihm im vollen Umfange. In diesem Falle ist es auch ohne Bedeutung, daß sie etwa im Betriebe des Unternehmers zustande gekommen ist oder während einer etwa ausbedungenen Arbeitszeit; unerheblich ist auch, daß gegebenenfalls Werkstoffe und Werkzeuge des Auftraggebers verwendet worden sind. Aus einem solchen Verhalten können nur Schadenersatz- oder Bereicherungsansprüche gegen den Erfinder hergeleitet werden.

3. Höhe der Vergütung

14 Ist die **Höhe der Vergütung** nicht ausdrücklich festgesetzt, so ist ebenfalls auf das Vertragsverhältnis der Parteien zurückzugreifen (BGH 22. 10. 1964 GRUR 1965, 302, 304 – Schellenreibungskupplung). Aus einer Erhöhung der Bezüge nach Überlassung von Diensterfindungen kann keine stillschweigende Abgeltung schon bestehender Vergütungsansprüche hergeleitet und erst recht nicht auf eine stillschweigende Vorausabgeltung späterer Erfindungen geschlossen werden (BGH 22. 10. 1964 a. a. O. S. 305).

Für die im Rahmen der §§ 315, 316 BGB und § 157 BGB zu ermittelnde Vergütung kann es auch auf die Bedeutung der Dienstleistung ankommen, die in erster Linie aus den schon bei Vertragsschluß erkennbaren Umständen, daneben aus dem erzielten Umsatz abzulesen ist (BGH 21. 3. 1961 GRUR 1961, 432, 435 – Klebemittel). Für außergewöhnliche Leistungen, die über den Vertragsrahmen hinausgehen und eine wertvolle Bereicherung des Vertragspartners zur Folge haben, kann der Erfinder nach Treu und Glauben auch ohne ausdrückliche Vertragsabrede eine Vergütung beanspruchen (BGH 13. 7. 1956 GRUR 1956, 500 ff. – Capysal; vgl. auch 21. 3. 1961 a. a. O. mit Nachweisen).

4. Beendigung des Vertragsverhältnisses

Ein Recht an der Erfindung kann seitens des Berechtigten im Falle der **Beendigung des Vertragsverhältnisses** nur geltend gemacht werden, wenn zu diesem Zeitpunkt bereits die fertige, anmeldefähige Erfindung vorhanden war (RG 25. 2. 1933 RGZ 140, 53, 57 ff.). 15

5. Prozessuales

Die **Behauptungs- und Beweislast** dafür, daß die Erfindung schon vor Vertragsende gemacht worden ist, liegt bei demjenigen, der ein Recht an der Erfindung geltend machen will. Im Einzelfall kann sich aber eine Treuepflicht des Erfinders ergeben darzulegen, wann und auf welche Weise er die Erfindung gemacht hat, insbesondere wenn er seine Erfindung »kurze Zeit« nach seinem Ausscheiden zum Patent angemeldet hat. Auch kann bereits aus der Tatsache, daß der Erfinder allein in der Lage ist, die nötige Aufklärung zu geben, seine Darlegungspflicht folgen (BGH 16. 11. 1954 GRUR 1955, 286, 290 – Schnellkopiergerät); nach PA 27. 6. 1960 Bl. 1960, 314, 315 ist aber eine Umkehrung der Beweislast dann nicht gerechtfertigt, wenn seit dem Ausscheiden ein Zeitraum von 10 Monaten verstrichen ist; vgl. auch BPatG 25. 2. 1969 E 10, 207, 216 – Einspruch vor dem BPatG. 16

Im übrigen vgl. § 9 Anm. 3 ff.

D. Gemeinschaftserfindungen (§ 3 Satz 2)

Lüdecke, Erfindungsgemeinschaften 1962; Wunderlich, Die gemeinschaftliche Erfindung 1962.

I. Voraussetzungen einer gemeinschaftlichen Erfindung

Haben **mehrere gemeinsam eine Erfindung** gemacht, so steht ihnen nach § 3 Satz 2 das Recht auf das Patent gemeinschaftlich zu. Das Gesetz läßt offen, wann die Mitwirkungshandlungen mehrerer Personen am Zustande- 17 kommen einer Erfindung ausreichen, um den Beteiligten die Stellung eines Miterfinders zu schaffen. Diese Frage nach der Qualität der Mitarbeit betrifft **allein die persönlichkeitsrechtliche, nicht die vermögensrechtliche Seite der Miterfinderschaft.**

Nach der ständigen Rechtsprechung des RG ist **Voraussetzung einer gemeinschaftlichen Erfindung,** daß mehrere – auch auf Grund sukzessiver Tätigkeit oder unabhängig voneinander unter späterer »Verschweißung« ihrer Leistungen in einer einheitlichen Patentanmeldung (RG 17. 10. 1938 JW 1939, 239 Nr. 26) – für die Lösung einer technischen Aufgabe wesentliche Beiträge in dem Sinne leisten, daß das Ergebnis auf einer erfinderischen oder schöpferischen Leistung der Mitarbeiter beruht (RG 18. 12. 1937 GRUR 1938, 256, 262; 16. 5. 1939 Mitt. 1939, 198; 10. 10. 1939 GRUR 1940, 339, 341; 31. 1. 1941 GRUR 1941, 152; 7. 1. 1944 GRUR 1944, 80, 81). Der BGH (5. 5. 1966 GRUR 1966, 558 ff. – Spanplatten) hat diese Rechtsprechung mit der allerdings einschränkenden Maßgabe aufrechterhalten, daß der Teilbeitrag des einzelnen nicht isoliert gewürdigt und an das **Vorliegen eines schöpferischen Teilbetrages** ein nicht zu strenger Maßstab angelegt werden dürfe. Im Zeitalter, in dem Gemeinschaftserfindungen in erster Linie von sog. working teams in Entwicklungs- und Forschungsstätten gewerblicher Betriebe gemacht werden, scheint dies indessen keine befriedigende Lösung des Problems. Aus seinem eigenen Hinweis, daß eine schöpferische Leistung nicht bei Zufallserfindungen oder bei Erfindungen auf Grund langwieriger Forschungsaufträge und planmäßiger Versuchsreihen vorliege, hat der BGH keine zufriedenstellenden Folgerungen gezogen, indem er gleichwohl einen »schöpferischen« Beitrag jedenfalls in dem zur Entscheidung stehenden Sachverhalt fordert. In dem Vorschlag von Lüdecke, eine »qualifizierte Mitwirkung« ausreichen zu lassen, erblickt der BGH allerdings wohl mit Recht nur eine Umschreibung dessen, was bisher unter »schöpferischer Leistung« verstanden worden ist. Aber schon im Jahre 1938 hat Spengler (GRUR 1938, 234, 235) auf eine Entscheidung des OLG Frankfurt hingewiesen, in der ausgeführt wird, daß bei einer Zusammenarbeit mehrerer Parteien in Wahrheit das erfinderische Endprodukt aus der Summe aller Anregungen, Versuche, Vorschläge, Mißerfolge usw. entstehe, selbst wenn der entscheidende Gedanke, die glückliche Endlösung schließlich von einem der Beteiligten zuerst erkannt worden sein sollte. Dem ist in vollem Umfang zuzustimmen. Man sollte in diesem Zusammenhang nicht den Hinweis von Mediger (GRUR 1938, 457, 465) vergessen, daß z. B. das Spiel einer Fußballmannschaft auch nicht allein durch einen noch so guten Spieler, der vielleicht sogar allein die Tore geschossen hat, gewonnen wird, sondern nur durch das Zusammenspiel und den Geist, der die gesamte Mannschaft, den Mannschaftsführer, Trainer usw. beseelt. Dieser Vergleich zeigt recht deutlich, daß die bisherige Rechtsprechung dem Wesen des Problems wohl noch nicht gerecht geworden ist. Schippel hat dies in seiner

Anm. zu der zitierten Entscheidung des BGH (GRUR 1966, 558, 561) richtig erkannt, indem er darauf hinweist, daß die Erfindungshöhe trotz ihrer personenbezogenen Definition eine Eigenschaft der Erfindung und **nicht** des Erfinders ist, und daß Begriffsmerkmale der Erfindung nicht auf die Person des Erfinders übertragen werden sollten. Ebenso vor allem Wunderlich a. a. O. S. 43 ff., der im übrigen aufschlußreich auf die Würdigung der sog. joint invention im Schrifttum der USA hinweist (S. 55), wonach die Entstehung einer gemeinsamen Erfindung gerade durch die Tatsache charakterisiert wird, daß die individuellen Beiträge der Erfinder **nicht** feststellbar und trennbar sind. Überzeugend hat auch bereits PA 6. 8. 1951 (Bl. 1951, 294 ff.) ausgesprochen, daß bei einer Gemeinschaftsarbeit die einzelnen Leistungen der beteiligten Personen in einem Zusammenhang verbunden gegenseitig aufeinander einwirken. »Eine Leistung ist nicht ohne die andere denkbar. Es handelt sich nicht um eine Summierung, sondern um eine Integration.« So erklärt sich in der Tat, wie das PA a. a. O. fortfährt, daß die Gesamtheit der Leistungen eine patentfähige Erfindung sein kann, ohne daß die einzelnen Teilleistungen für sich genommen die nötige Erfindungshöhe aufweisen. Vgl. auch LG Nürnberg-Fürth 25. 10. 1967 GRUR 1968, 252 ff.

Fehlt es hiernach an der Berechtigung, von einem Miterfinder eine besondere geistige Leistung zu fordern, so ist es sicherlich andererseits nicht möglich, jeden Mitarbeiter als Miterfinder zu bezeichnen. Vielmehr wird dies nach dem von Wunderlich a. a. O. S. 66 ff. eingehend begründeten Vorschlag nur für diejenigen Mitarbeiter gelten können, die im gemeinsamen geistigen Schaffen an der erfinderischen Idee gearbeitet und dabei einen **selbständigen, nicht nur rein handwerklichen Beitrag** bei der erfinderischen Lösung des gestellten Problems geleistet haben (ebenso jetzt Reimer § 3 Anm. 10; Reimer-Schade-Schippel § 5 Anm. 23; a. A. Bock/Bruchhausen in Benkard § 3 Anm. 32). Die Entscheidung BGH 26. 11. 1968 GRUR 1969, 341, 342 – Räumzange – fordert einen »wesentlichen Beitrag« an dem Gesamtergebnis der Entwicklung; ähnlich die Entscheidung BGH 27. 11. 1969 – X ZR 89/63 – Allzweck-Landmaschine – insoweit in GRUR 1970, 296 nicht abgedruckt –, die die Frage zur Prüfung stellt, ob beide Parteien als »Miterfinder« einen »ins Gewicht fallenden Beitrag« geleistet haben. Die Grenze läßt sich allerdings nur jeweils im Einzelfall ziehen, vgl. dazu auch die Entscheidung OLG Düsseldorf (30. 10. 1970 GRUR 1971, 215), nach der eine nur durchschnittlichem Können entsprechende Mitwirkung dann keinen Anteil an der Erfindung begründen kann, wenn einer einen schöpferischen Anteil beigesteuert hat.

In jedem Fall sollte vermieden werden, den von der Rechtsprechung entwickelten Begriff der **»Betriebserfindung«** wieder einzuführen, unter dem man eine im Betrieb gemachte Erfindung verstand, die nicht auf das erfinderische Verdienst eines Betriebsangehörigen zurückgeführt werden konnte

(RG 7. 12. 1932 RGZ 139, 87, 93 mit Nachweisen; Reimer-Schade-Schippel § 5 Anm. 17 ff.). Mit Recht erklärt BGH 5. 5. 1966 GRUR 1966, 558, 560, daß der Begriff der Betriebserfindung seine Grundlage verloren habe, seitdem das Patentgesetz von 1936 das »Erfinderprinzip« eingeführt habe und ersichtlich davon ausgegangen sei, daß keine Erfindung ohne die geistige Leistung einer natürlichen Person denkbar sei. Vgl. dazu insbesondere auch die überzeugende Begründung des Beschlusses PA 6. 8. 1951 Bl. 1951, 294 ff.

Über die nicht einhellige Meinung des Schrifttums s. Reimer-Schade-Schippel a. a. O.; a. A. insbesondere auch Tetzner § 3 Anm. 10.

Das Maß dessen, was im Einzelfall jeder Erfinder beigetragen hat, also der quotenmäßige Anteil, ist erst bei der vermögensrechtlichen Feststellung der Anteile zu berücksichtigen.

Hat ein Miterfinder allein die Erfindung zum Patent angemeldet, so können andere Miterfinder die Eintragung einer Mitberechtigung verlangen (s. § 4 Anm. 26).

II. Rechtsformen der Erfindergemeinschaft

18 Welche Rechtsform für die **Erfindergemeinschaft** gilt, läßt § 3 Satz 2 offen. Zwei Möglichkeiten sind gegeben: Die Gemeinschaft ist **ohne vertragliche Vereinbarung** durch die bloße Tatsache der gemeinsamen »erfinderischen« Tätigkeit in dem oben erläuterten Sinne entstanden, oder aber die Parteien haben sich **vertraglich** ausdrücklich oder stillschweigend zusammengeschlossen, um ein technisches Problem gemeinsam zu lösen. Im ersteren Falle bestimmt sich die Rechtsform der **Gemeinschaft** nach §§ 741 ff. BGB (RG 18. 12. 1937 GRUR 1938, 256, 258), im zweiten Fall richtet sich die Stellung der Parteien zueinander nach dem **Vertragswillen** (RG 18. 12. 1937 a. a. O.; 16. 5. 1939 MuW 1939, 345 ff.; 10. 10. 1939 GRUR 1940, 339, 340). Ist nichts Abweichendes vereinbart, so sind die Vorschriften über die **Gesellschaft** (§§ 705 ff. BGB) maßgebend, denen im Handelsrecht die Vorschriften über die OHG und Kommandit-Gesellschaft (§ 105 Abs. 2 bzw. § 161 Abs. 2 HGB) entsprechen. Die Erfindung gehört in diesem Fall zum Gesellschaftsvermögen.

Nicht unter § 3 Satz 2 fallen jedoch Tatbestände der sog. Gesellschaftererfindung, bei der ein einzelner Gesellschafter im Rahmen einer Gesellschaft eine Erfindung macht; s. dazu Anm. 27.

1. Rechtsgemeinschaft nach Bruchteilen

Das Wesen dieser Gemeinschaft wird durch die §§ 741 ff. BGB näher bestimmt.

a) Gleiche Anteile der Teilhaber (§ 742 BGB)

Im Zweifel stehen den **Teilhabern gleiche** (sog. ideelle, also bloß rechnerisch bestimmte, nicht reale) **Anteile** an der gemeinschaftlichen Erfindung bzw. dem später erteilten Patent zu, dessen einzelne Ansprüche dann ein **einheitliches Ganzes** bilden (RG 17. 9. 1927 RGZ 118, 46 = GRUR 1927, 880, 881). Dieses ist nur eine Auslegungsregel, deren Vermutung seitens jedes Teilhabers im Hinblick auf eine von ihm geleistete, höher zu bewertende Mitarbeit an dem Erfindungsgedanken entkräftet werden kann. Als Beweisanzeichen für eine gleiche Beteiligung in der Gemeinschaft ist der Umstand angesehen worden, daß die Erfinder ihre unabhängig voneinander gemachten Erfindungsgedanken miteinander ausgetauscht haben und im gegenseitigen Einvernehmen die Neubearbeitung der Patentanmeldung durch einen Patentanwalt haben vornehmen lassen (RG 31. 1. 1941 GRUR 1941, 152 ff.; vgl. auch RG 10. 10. 1939 GRUR 1940, 339, 341). 19

b) Befugnisse der Teilhaber gegeneinander

In den §§ 743 ff. BGB sind **die den Teilhabern gegeneinander zustehenden Befugnisse** geregelt. Sie betreffen die **Verfügung**, die **Verwaltung**, den **Gebrauch** (Benutzung), die **Fruchtziehung** und die **Aufhebung der Gemeinschaft** (Kisch, GRUR 1952, 267 ff.). Im folgenden können nur die wesentlichen Streitfragen behandelt werden. Für die Einzelheiten vgl. insbes. Lüdecke a. a. O., Wunderlich a. a. O. sowie die einschlägigen BGB-Kommentare zu §§ 741 ff. BGB. 20

aa) Verfügung

Jeder Miterfinder kann über seinen Anteil an der Erfindergemeinschaft **verfügen**, also seinen Anteil veräußern oder mit einem Pfandrecht belasten. Über die Erfindung im ganzen können die Miterfinder nur gemeinschaftlich verfügen (§ 747 BGB). 21

Die Vergabe einer **ausschließlichen Lizenz** an dem **gemeinschaftlichen Patent** kann wegen ihres dinglichen Charakters nur von allen Teilhabern gemeinsam erfolgen. Aber auch an seinem **Gemeinschaftsanteil** kann ein Teilhaber keine solche Lizenz erteilen, da ein ausschließlicher Lizenznehmer niemals das Recht verlieren darf, »das Patent innerhalb eines sicher umgrenzten Bereichs auf einem bestimmten Marktgebiet unter Ausschluß anderer Mitbewerber allein auszubeuten«. (RG 17. 3. 1934 GRUR 1934, 306; vgl. § 9 Anm. 33). Diese Voraussetzungen werden bei einer Gemeinschaft – in Ermangelung einer ausdrücklichen Vereinbarung – nicht erfüllt, weil die Teilhaber ihrerseits zur Benutzung berechtigt bleiben und ihnen dieses Recht im Grundsatz von niemandem verwehrt werden kann. Obwohl die Vergabe einer **einfachen Lizenz** an einem Anteil nur ein Verpflichtungsgeschäft darstellt, ist sie nach herrschender Auffassung ebenfalls nicht möglich (vgl. Anm. 23).

Die Bestellung eines **Nießbrauchs** gewährt gleichfalls ein Benutzungsrecht (§§ 1030, 1068 Abs. 2 BGB). Aus den gleichen Gründen, die der Erteilung einer einfachen Lizenz durch einen Teilhaber an seinem Anteil entgegenstehen (Anm. 23), ist auch eine Nießbrauchsbestellung weder am gemeinsamen Erfinderrecht noch an dem eigenen Anteilsrecht möglich. Sie ist stets von der Zustimmung aller Teilhaber abhängig (Lüdecke a. a. O. S. 230 ff.; Wunderlich a. a. O., S. 126; a. A. Kisch, GRUR 1952, 268).

Eine Verfügung durch **Bestellung eines Pfandrechts** ist unbestritten sowohl am gemeinsamen Erfinderrecht wie auch an dem Anteilsrecht möglich, da das Pfandrecht kein Benutzungsrecht gewährt.

Ein **Verzicht eines Miterfinders gegenüber dem PA** auf seinen Anteil ist wirkungslos. Eine Anwachsung des Anteils auf Grund des Verzichts kann nicht erfolgen, da bei einer Gemeinschaft die Anteile der Teilhaber voneinander unabhängig sind. Ein Verzicht kann demnach nur durch einen Übernahmevertrag mit den übrigen Teilhabern erfolgen oder aber in diesem Sinne umgedeutet werden (PA 31. 5. 1954 GRUR 1954, 396).

bb) Verwaltung

22 Die Verwaltung eines Rechtes wird in den §§ 744, 745 BGB behandelt. Sie umfaßt alle Handlungen, »die seiner Erhaltung, seiner Veränderung, seiner wirtschaftlichen Ausnutzung, seiner Geltendmachung, sowie der Wahrnehmung der mit ihnen verbundenen tatsächlichen und rechtlichen Geschäfte dienen« (Kisch, GRUR 1952, 268).

Die Anmeldung einer gemeinsamen Erfindung ist eine Verwaltungshandlung (a. A. Kisch, Handbuch S. 75, Lüdecke, a. a. O. S. 159). Steht sie auch als solche grundsätzlich allen Teilhabern gemeinschaftlich zu, so soll gleichwohl nach herrschender Auffassung jeder Teilhaber das Recht haben, die Erfindung gemäß § 744 Abs. 2 BGB auf den Namen aller Erfinder anzumelden, weil sie eine zur Erhaltung des Gegenstandes der Erfindung notwendige Maßnahme sei (RG 30. 4. 1927 RGZ 117, 47, 50 ff.). Diese Annahme ist jedoch nicht unbedenklich. Tatsächlich dürften die Voraussetzungen des § 744 Abs. 2 BGB nur dann zu bejahen sein, wenn wirklich eine Gefahr droht (Wunderlich a. a. O. S. 114). Es ist daher der Auffassung der Vorzug zu geben, daß grundsätzlich eine Anmeldung nur mit Zustimmung aller Teilhaber erfolgen kann (ebenso Lüdecke a. a. O. S. 157, 160 ff.). Auch eine **Auslandsanmeldung** ist nicht ohne weiteres zur Erhaltung des Wertes des angemeldeten Schutzrechts notwendig. Es kommt vielmehr auf den Inhalt der Erfindung und die Umstände des Einzelfalls an (RG 31. 1. 1941 GRUR 1941, 152, 153).

Als der Erhaltung der Erfindung dienende Maßnahme (§ 744 Abs. 2 BGB) steht jedem Teilhaber das **Recht auf Einspruch** gegen eine bekanntgemachte Anmeldung zu (§ 32 PatG), obwohl es sich hier um keine eigentliche Verwaltungsmaßnahme handelt. Wegen des Einspruchs eines Dritten bei widerrechtlicher Entnahme seitens eines Miterfinders vgl. § 4 Anm. 26, 27. Jeder Miterfinder hat das **Recht zur Verteidigung** der Erfindung **gegenüber einer Nichtigkeitsklage,** die allerdings gegen alle Miterfinder als notwendige Streitgenossen (§ 62 ZPO) zu richten ist. Die Berufung gegen ein patentvernichtendes Urteil kann von einem Miterfinder allein eingelegt werden. Sie kann von ihm auch weiterverfolgt werden, nachdem ein anderer das Rechtsmittel zurückgenommen hat (RG 22. 5. 1911 RGZ 76, 298 ff.). Ein anderes Ergebnis würde zu § 747 Satz 2 BGB im Widerspruch stehen. Der eine Teilhaber erhielte auf diese Weise die Macht, über das ganze Patent zu verfügen. Andererseits ist nach feststehender Rechtsprechung in der Regel einem Miterfinder nach Treu und Glauben unter dem Gesichtspunkt einer unzulässigen Rechtsausübung **das Recht** verwehrt, seinerseits eine **Nichtigkeitsklage zu erheben** (vgl. dazu § 9 Anm. 56).

Über die Rechtsfolgen der Anmeldung seitens eines Miterfinders gegenüber einem anderen benachteiligten Miterfinder vgl. § 4 Anm. 26.

Auch die **Unterlassungsklage** wegen Verletzung des Erfinderrechts oder wegen des Bestreitens dieses Rechts durch einen Dritten findet ihre Rechtsgrundlage in § 744 Abs. 2 BGB (nach Kisch a. a. O. in §§ 1012, 432 BGB). Eine **Schadenersatzklage** wegen gemeinsam erlittenen Schadens kann von allen Teilhabern gemeinsam oder von einem Teilhaber mit Ermächtigung der anderen erhoben werden. Es muß Zahlung an alle gefordert werden (Reimer § 3 Anm. 11; Nirk in Klauer-Möhring § 3 Anm. 18). Bedenken werden von Lüdecke a. a. O. S. 195 mit der Begründung geäußert, daß das Einklagen einer gemeinsamen Schadenersatzforderung nur in Ausnahmefällen eine notwendige Erhaltungsmaßnahme sein werde. Erwächst nur dem klagenden Miterfinder ein Schaden, so ist er allerdings auch nach Lüdecke a. a. O. in entsprechender Anwendung des § 1012 BGB allein zur Klage auf Zahlung berechtigt (RG 21. 5. 1927, GRUR 1927, 582).

Die Kosten eines Rechtsstreits sind ebenso wie die Patentgebühren, Kosten der Anmeldung und Verwaltungskosten von allen Teilhabern gemeinsam zu tragen (§ 748 BGB).

cc) Gebrauch (Benutzung)

Nach § 743 Abs. 2 BGB ist jeder Teilhaber zum Gebrauch des 23
gemeinschaftlichen Gegenstandes insoweit befugt, als nicht der Mitgebrauch der übrigen Teilhaber beeinträchtigt wird. Äußerst umstritten ist, ob jeder Teilhaber auch ohne Zustimmung der Miterfinder alle ihm nach § 6 zustehenden Benutzungsbefugnisse ausüben darf oder ob hierfür die Zustimmung aller nötig ist. Es ist die Auffassung vertreten worden, daß ein beliebiger Gebrauch nicht zugelassen werden könne, weil dies zu einer »Vervielfältigung der Benutzung« führen würde. Andere wollen einer Ausbeutung der Erfindung seitens eines kapitalkräftigen Miterfinders, die eine gewinnbringende Benutzung durch einen anderen Teilhaber ausschließen würde,

dadurch begegnen, daß ein Ausgleichsanspruch durch Lizenzzahlung gewährt werden soll (Reimer § 3 Anm. 11; vgl. auch Schiedsstelle vom 1. 3. 1961 Bl. 1962, 17). Das stärkste Argument gegen die Anwendung des § 743 Abs. 2 in diesen Fällen ist wohl der im Gesetz verankerte Grundsatz der Gleichberechtigung aller Teilhaber (§§ 742, 747, 745 Abs. 3 Satz 2 BGB), der die Vorschrift des § 743 Abs. 2 jedenfalls bei Erfindungsgemeinschaften überlagern dürfte (vgl. Lüdecke a. a. O. S. 210 ff. im Anschluß an Isay, GRUR 1924, 26 ff.).

Zu den Benutzungshandlungen gehört insbesondere **die Vergabe von einfachen Lizenzen** seitens eines Teilhabers, die aus den obigen Erwägungen mit der herrschenden Auffassung als **nicht zulässig** anzusehen ist (für ausschließliche Lizenz vgl. Anm. 21). Das gilt insbesondere auch für den Fall, daß ein Teilhaber eine auf seinen Anteil beschränkte Lizenz erteilen will. Ein solches Benutzungsrecht durch Lizenzvergabe an einem ideellen Anteil dürfte im übrigen nicht recht vorstellbar sein. Denn die ideellen Anteile ergreifen ja die ganze Erfindung (Wunderlich a. a. O. S. 12; Lüdecke a. a. O. S. 227 ff.; a. A. Kisch, GRUR 1952, 267, 269).

Im übrigen wird der Gebrauch (Benutzung) in erster Linie durch Mehrheitsbeschluß (§ 745 Abs. 1 BGB) oder durch Vereinbarung geregelt (Engländer, GRUR 1924, 53, 54; a. A. Lüdecke a. a. O. S. 215, der die Anwendbarkeit des § 745 Abs. 1 schlechthin verneint). Soweit ein Mehrheitsbeschluß oder eine Vereinbarung nicht erreicht werden kann, ist jeder Teilhaber, ggf. durch Anrufung des Gerichts, befugt, eine nach billigem Ermessen zu treffende Entscheidung zu fordern, die den gemeinsamen Interessen gerecht wird (§ 745 Abs. 2 BGB).

dd) Fruchtziehung (§ 743 Abs. 1 BGB)

24 Jedem Miterfinder gebührt ein seinem Anteil entsprechender Bruchteil der Früchte (RG 3. 10. 1936 GRUR 1937, 37, 38), d. h. aller Erträge, welche das Recht seiner Bestimmung gemäß gewährt (§ 99 Abs. 2 BGB). Dazu gehören in erster Linie die Lizenzerträge, aber auch sonstige Nutzungen (§ 100 BGB), z. B. Reinerträge aus der Patentbenutzung. Jeder Teilhaber kann indessen nur Leistung an die Gemeinschaft, nicht etwa Zahlung eines seinem Anteil entsprechenden Teils der Forderung fordern (BGB 11. 7. 1958 NJW 1958, 1723). Abgetreten werden kann das Recht auf den Anteil am Fruchtgenuß.

ee) Aufhebung der Gemeinschaft

25 Gemäß § 749 BGB kann die Aufhebung der Gemeinschaft jederzeit von jedem Teilhaber verlangt werden. Nur durch Vereinbarung kann dieses Recht für immer oder auf Zeit ausgeschlossen werden, es sei denn, es liegt ein wichtiger Grund zur Kündigung vor (§ 749 Abs. 2 BGB). Im Schrifttum wird daher der Standpunkt vertreten, daß eine Aufhebung

– auch ohne Vereinbarung – nur aus wichtigem Grund verlangt werden könne (Reimer § 3 Anm. 12; Wunderlich a. a. O. S. 137). Hiergegen richtet sich Lüdecke a. a. O. S. 148 ff. mit der Begründung, daß eine Erfindergemeinschaft in der Regel nur durch ein tatsächliches Tun entstehe und nicht ersichtlich sei, weswegen die Befugnis des einzelnen, sich von der communio coincidens zu lösen, auf das Vorliegen eines wichtigen Grundes beschränkt sein solle. Seiner Auffassung, daß die Ausübung jeden Rechts nur nach Treu und Glauben gestattet sei und daher nur unter diesem Gesichtspunkt eine Lösungsmöglichkeit im Einzelfall gesucht werden könne, ist zuzustimmen. Vgl. auch Nirk in Klauer-Möhring § 3 Anm. 18.

Soweit eine Teilung in Natur ausgeschlossen ist, erfolgt sie **durch öffentliche Versteigerung** des Patents und Teilung des Erlöses (§ 753 BGB). Doch können auch andere Arten der Verwertung vereinbart werden, was häufig zweckmäßig sein wird, um einer Verschleuderung vorzubeugen. Vgl. auch § 753 Abs. 2 BGB.

2. Gesellschaft

a) Gesellschaftsvertrag

26 Haben sich die Parteien durch Vertrag zu einer gemeinsamen Arbeit an einer noch ungelösten technischen Aufgabe mit dem Willen verbunden, die Erfindung im Falle ihres Gelingens gemeinsam zu erwerben und zu verwerten (RG 18. 12. 1937 GRUR 1938, 256), so stellt sich dieser Vertrag in der Regel als **Gesellschaftsvertrag** dar, bei dem der Gesellschaftszweck in dem gemeinsamen Erwerb und der Verwertung der Erfindung besteht. Jede Erfindung, die im Rahmen des mit der gesellschaftlichen Vereinigung verfolgten Zweckes erfolgt, unterliegt sodann den Bestimmungen über die Gesellschaft (§ 705 BGB ff.).

b) Unmittelbarer Rechtserwerb der Gesellschaft

27 Haben mehrere Gesellschafter die Erfindung gemacht, so findet nach § 3 Satz 2 ein originärer unmittelbarer Rechtserwerb statt. **Anders** dann, wenn ein Gesellschafter im **Rahmen seiner durch den Gesellschaftsvertrag begründeten Pflichten** eine Erfindung gemacht hat. In diesem Fällen ist der Gesellschaftsvertrag für die Frage entscheidend, ob die Erfindung, die zunächst stets dem Gesellschafter als Erfinder zusteht, etwa kraft ausdrücklicher oder stillschweigender Vorausverfügung der Gesellschaft unmittelbar zufällt oder ob nur eine obligatorische Verpflichtung des Gesellschafters zur Übertragung besteht (vgl. Anm. 12 und BGH 16. 11. 1954 GRUR 1955, 286, 289 – Schnellkopiergerät).

c) Unterschiede gegenüber der Gemeinschaft

28 Ein wesentlicher **Unterschied gegenüber der Gemeinschaft** besteht darin, daß ein Gesellschafter nicht über seinen Anteil am Gesellschaftsver-

mögen und an den einzelnen dazugehörigen Gegenständen verfügen kann (§ 719 BGB). Mangels abweichender Vereinbarung steht auch die Führung der Geschäfte, also die Verwaltung, den Gesellschaftern gemeinschaftlich zu. Für jedes Geschäft ist die Zustimmung aller erforderlich (§ 709 BGB). Im einzelnen kann auf die einschlägigen BGB-Kommentare verwiesen werden. Wichtig ist, daß die Vorschrift des § 744 Abs. 2 BGB, nach der jeder Gemeinschaftsteilhaber die zur Erhaltung des gemeinschaftlichen Gegenstandes notwendigen Maßnahmen ohne Zustimmung der anderen Teilhaber treffen kann, auch für das Recht der Gesellschaft entsprechende Anwendung findet (BGH 4. 5. 1955 BGHZ 17, 181 mit Schrifttumsnachweisen). Daraus folgt das grundsätzliche Recht, fällige Patentgebühren zu zahlen, um dem Erlöschen des Patents zuvorzukommen, weiterhin das Recht auf Einspruch gegen widerrechtliche Entnahme seitens eines Dritten, das Recht, Unterlassungs- und Verletzungsklagen zu erheben sowie sich gegenüber einer Nichtigkeitsklage zu verteidigen (vgl. Bernhardt § 15 II, 1).

d) Ausscheiden aus der Gesellschaft. Aufhebung der Gesellschaft

29 Jeder Gesellschafter kann im Einverständnis aller aus der Gesellschaft **ausscheiden.** In diesem Fall wächst sein Anteil am Gesellschaftsvermögen den übrigen Gesellschaftern an. Ein **Verzicht** auf den Anteil am Gesellschaftsvermögen, d. h. dem gemeinsamen Patent, ist zwar nicht möglich (§ 719 BGB). Er stellt sich aber, wenn er mit Zustimmung aller erfolgt ist, als ein vertragsmäßiges Ausscheiden aus der Gesellschaft mit der Folge des Anwachsens des Anteils an die übrigen dar (Lüdecke, a. a. O. S. 145). Andererseits ist bei **Aufhebung der Gesellschaft** ein Patent, das der Gesellschaft zur Benutzung überlassen war, an den Gesellschafter gemäß § 732 BGB zurückzugeben. Anders nur dann, wenn der Gesellschaft ein Zurückbehaltungsrecht zusteht oder das Patent während der Auseinandersetzung von der Gesellschaft benutzt wird (RG 3. 11. 1937 GRUR 1938, 335 ff.).

Wegen des Kündigungsrechts vgl. §§ 723, 724 BGB.

III. Arbeitnehmererfindung. Miterfindung mehrerer Arbeitnehmer

Das Recht der Arbeitnehmererfindungen ist durch das Gesetz über Arbeitnehmererfindungen vom 25. 7. 1957 (BGBl. I S. 756) geregelt. Dieses Gesetz soll hier im wesentlichen nur insoweit behandelt werden, als es die **Miterfindung** von Arbeitnehmern regelt.

1. Anwendungsbereich des ArbEG. Meldepflicht

30 Das Gesetz (ArbEG) bezieht sich nur auf Erfindungen, die patent- oder gebrauchsmusterfähig sind (§ 2). Auch Betriebsgeheimnisse können darunter fallen (§ 17 ArbEG), nicht hingegen technische Verbesserungsvorschläge (§ 3 ArbEG). Für sog. qualifizierte technische Verbesserungsvor-

schläge besteht eine angemessene Vergütungspflicht (§ 20 ArbEG; vgl. dazu BGH 26. 11. 1968 GRUR 1969, 341 ff. – Räumzange).

Diensterfindungen sind während der Dauer des Arbeitsverhältnisses gemachte Erfindungen, gleichgültig, ob an ihnen während der Dienst- oder der Freizeit (Urlaub, Krankheit u. ä.) gearbeitet worden ist. Die Erfindung muß entweder aus der dem Arbeitnehmer obliegenden Tätigkeit entstanden sein (§ 4 Nr. 1 ArbEG) oder aber maßgeblich auf Erfahrungen oder Arbeiten des Betriebes oder der öffentlichen Verwaltung beruhen (§ 4 Nr. 2 ArbEG).

Nach § 5 ArbEG muß jeder Arbeitnehmer eine Diensterfindung unverzüglich dem Arbeitgeber schriftlich melden. Sind **mehrere** Arbeitnehmer an der Erfindung beteiligt, so können sie die Meldung nicht nur einzeln, sondern auch **gemeinsam** abgeben. Der Inhalt der Meldung bestimmt sich nach § 5 Abs. 2 ArbEG. Die Meldung muß, da Schriftform vorgeschrieben ist, von allen Arbeitnehmern eigenhändig unterzeichnet werden (§ 126 BGB). Auch für »freie Erfindungen« besteht eine sog. Mitteilungspflicht nach Maßgabe des § 19 ArbEG (vgl. dazu BGH 25. 2. 1958 GRUR 1958, 334, 335 – Mitteilungspflicht).

2. Inanspruchnahme der Erfindung

Die **Inanspruchnahme** seitens des Arbeitgebers (§ 6 ArbEG) bzw. die 31
Freigabe der Diensterfindung (§ 8 ArbEG) muß ebenfalls gegenüber **jedem** Miterfinder – unbeschränkt oder beschränkt – erklärt werden. Die Erklärung soll sobald als möglich, spätestens bis zum Ablauf von 4 Monaten nach Eingang der ordnungsgemäßen Meldung abgegeben werden (§ 6 Abs. 2 ArbEG). Eine Erklärung gegenüber einem Miterfinder wirkt nicht gegenüber dem anderen (Reimer-Schade-Schippel § 6 Anm. 11). Mit der **unbeschränkten** Inanspruchnahme geht jeder Miterfinderanteil ohne einen Übertragungsakt auf den Arbeitgeber über (§ 7 Abs. 1 ArbEG). Die zwischen den Arbeitnehmer-Miterfindern bestehende vermögensrechtliche Gemeinschaft findet damit ihr Ende (Reimer-Schade-Schippel a. a. O. § 12 Anm. 22 mit Nachweisen).

Andererseits erwirbt der Arbeitgeber durch eine **beschränkte Inanspruchnahme** (§ 7 Abs. 2 ArbEG) nur ein nicht ausschließliches Recht zur Benutzung der Erfindung mit den in § 7 Abs. 2 ArbEG genannten Folgen für den Fall der unbilligen Erschwerung einer anderweitigen Verwertung. Es verbleiben dann den Arbeitnehmern die ihnen als Erfindern gemeinschaftlich zustehenden Rechte eines Schutzrechtsinhabers.

Die **Versäumung der Frist für die Inanspruchnahme** gegenüber **einem** Miterfinder führt zu einem Freiwerden der Erfindung ihm gegenüber. Die Inanspruchnahme kann gegenüber einem Miterfinder erfolgen, während sie gegenüber einem anderen nicht ausgesprochen wird. Der in der 4. Auflage vertretene Standpunkt, daß die Inanspruchnahmeerklärung nur einheitlich erfolgen könne, läßt sich angesichts der selbständigen Beziehung jedes Arbeitnehmers zu dem Arbeitgeber nicht aufrechterhalten. Erfolgt nur einem Miterfinder gegenüber eine Inanspruchnahme, so tritt eine Erfindergemeinschaft (§ 3 Satz 2 PatG) des Arbeitgebers mit diesem ein. Ebenso wenn die Erfindung bei mehreren an ihr beteiligten Arbeitnehmern für den einen Teil von ihnen gebunden, für den anderen frei ist. Rechtsgemeinschaft zwischen Arbeitgeber und einem an der Erfindung beteiligten freien Erfinder tritt auch dann ein, wenn die Erfindung für den anderen Beteiligten gebunden ist.

Eine Inanspruchnahme des Anteils nur eines Erfinders aus unsachlichen Gründen, z. B. um eine Vergütung zu ersparen oder etwa eine Verwertung der Erfindung zu verhindern, wäre unzulässig (Wunderlich a. a. O. S. 133, 134). Bei völliger Freigabe der Erfindung bilden die Miterfinder eine Erfindergemeinschaft.

3. Verfügungen des Arbeitnehmers vor Inanspruchnahme

Verfügungen, die ein Arbeitnehmer **vor** der Inanspruchnahme getroffen hat, sind bei Beeinträchtigung der Rechte des Arbeitgebers diesem gegenüber unwirksam (§ 7 Abs. 3 ArbEG).

4. Vergütungsanspruch

33 Die **Versäumung der Frist für die Inanspruchnahme** gegenüber **einem** dung zu zahlen hat, muß angemessen sein (§§ 9, 10 ArbEG). Jedem Miterfinder steht ein eigener Vergütungsanspruch zu. Was »angemessen« ist, kann nur aus dem Einzelfall heraus ermittelt werden. In § 9 Abs. 2 ArbEG werden einzelne Gesichtspunkte aufgeführt, die für die Bemessung maßgeblich sein können. Auch die »Richtlinien für die Vergütung von Arbeitnehmererfindungen im privaten Dienst« vom 20. 7. 1959 (BArbBl. 1959, 599 = Bl. 1959, 300) geben Anhaltspunkte, die aber sicherlich nicht für alle Fälle anwendbar sind (Reimer-Schade-Schippel § 9 Anm. 31 ff.; vgl. u. a. Tetzner, GRUR 1967, 513 ff.). Durch Vereinbarung zwischen Arbeitgeber und Arbeitnehmer ist die Vergütung für jeden Arbeitnehmer gesondert festzustellen. Die Gesamthöhe der Vergütung und die Anteile der einzelnen Erfinder an der Diensterfindung hat der Arbeitgeber den Beteiligten bekanntzugeben (§ 12 Abs. 2 ArbEG). Kommt eine Vereinbarung nicht zustande, so erfolgt eine Festsetzung durch eine begründete schriftliche Erklärung seitens des Arbeitgebers (§ 12 Abs. 3 ArbEG). Diese Festsetzung wird nicht verbindlich, wenn einer der Arbeitnehmer der Festsetzung mit der Begründung widerspricht, daß sein Anteil unrichtig festgesetzt sei. Der Arbeitgeber kann die Vergütung für alle Berechtigten neu festsetzen (§ 12 Abs. 5), um eine gütliche Einigung herbeizuführen. Kann eine Einigung auch dann nicht erzielt werden, so ist zunächst die Schiedsstelle anzurufen (§§ 37, 38 ff.).

Lindenmaier, Das Patentgesetz, 6. Auflage

Berichtigung zu Seite 162

Am linken Rand ist auf Höhe der Überschrift „3. Verfügungen des Arbeitnehmers vor Inanspruchnahme“ die Anmerkungsnummer 32 nachzutragen.

Die erste Zeile der nachfolgenden Anmerkung 33 muß lauten: „Die **Vergütung,** die der Arbeitgeber nach Inanspruchnahme der Erfin-“

Carl Heymanns Verlag KG · Köln · Berlin · Bonn · München

Wegen der **Fristen,** die bei der Festsetzung der Vergütung bzw. be einem Widerspruch einzuhalten sind, vgl. im einzelnen die einschlägigen Kommentare zum ArbEG und die umstrittene Entscheidung BGH 28. 6. 1962 BGHZ 37, 281, 287 ff. = GRUR 1963, 135, 137 – Cromegal; vgl. dazu auch Schiedsstelle Bl. 1962, 78, 79.

E. Doppelerfindung (§ 3 Satz 3)

Eine Doppelerfindung liegt vor, wenn mehrere die gleiche Erfindung unabhängig voneinander gemacht haben. In diesen Fällen erwirbt zwar jeder Erfinder gemäß § 3 Satz 1 das Recht auf das Patent (oben Anm. 1 ff.). Indessen entscheidet allein die Priorität der Anmeldung, wem das Patent zu **erteilen** ist. Denn nach § 3 Satz 3 steht das Recht demjenigen zu, der **zuerst** die Erfindung beim PA **angemeldet** hat. Voraussetzung ist somit, daß die Erfindung **von mehreren Erfindern** herrührt, denen nach § 3 Satz 1 ihre Rechtsnachfolger gleichstehen, und daß die Erfindungen **die gleichen,** d. h. identisch sind (s. § 4 Anm. 12), also nach Aufgabe und Lösung den gleichen Erfindungsgegenstand offenbaren. Ist dieser Tatbestand erfüllt, so büßen die später anmeldenden Erfinder ihren Anspruch auf Patenterteilung ein. Der Wortlaut des § 3 ist allerdings nicht ganz korrekt. Denn das Recht auf das Patent **entsteht** natürlich auch für den nachfolgenden Erfinder; es ist ihm nur versagt, dieses Recht geltend zu machen, solange die erste Anmeldung noch schwebt. Kommt sie aus irgendeinem Grunde in Fortfall, z. B. durch Rücknahme (PA 16. 7. 1957 Mitt. 1958, 56, 57) oder durch Zurückweisung, so lebt die Anmeldung des Doppelerfinders wieder auf, soweit nicht in der Zwischenzeit z. B. durch Offenlegung (§ 24 Abs. 3 Ziff. 2) oder Bekanntmachung der älteren Anmeldung ein neuheitsschädlicher Umstand eingetreten ist. 34

Führt die erste Anmeldung zur Patentierung, so entfallen die Rechte des späteren Erfinders endgültig. Erlischt etwa das erteilte Patent später wieder infolge des Eintritts der Endigungsgründe des § 12, so bleibt es gleichwohl als Stand der Technik der späteren Anmeldung gegenüber neuheitsschädlich. Die Erlöschungsgründe wirken nur für die Zukunft. Auch die Vernichtung des Patents ist für den Doppelerfinder ohne Bedeutung. Denn ungeachtet der rückwirkenden Kraft einer Nichtigerklärung ist der Erfindungsgedanke durch die Patentschrift der Öffentlichkeit bekanntgeworden. Die Erfindung, die den Gegenstand der jüngeren Anmeldung bildet, kann demnach schon aus diesem Grunde nicht mehr neu sein (RG 9. 1. 1929 RGZ 123, 113, 115).

Eine **Ausnahme** bildet nur das nicht bekanntgemachte **sog. Geheimpatent** (§ 30 a).

Der Doppelerfinder behält allerdings neben seinem Erfinderpersönlichkeitsrecht stets ein Vorbenutzungsrecht (§ 7), soweit er die Erfindung zur Zeit der Anmeldung bereits in Benutzung genommen hatte.

Durch die Vorschrift des § 3 Satz 3 soll ein Erfinder, der die Erfindung und Anmeldung des gleichen Gegenstandes seitens anderer zu befürchten hat, zur Beschleunigung seiner Anmeldung veranlaßt werden. Daneben will die Vorschrift Doppelpatentierungen verhindern (BGH 17. 3. 1964 BGHZ 41, 378, 380 = GRUR 1965, 28 – Erntemaschine).

Haben **mehrere Arbeitnehmer** die gleiche Erfindung unabhängig voneinander gemacht, so wird derjenige als Erfinder zu gelten haben, der die Erfindung dem Arbeitgeber als erster gemeldet hat (vgl. Reimer-Schade-Schippel § 5 Anm. 4; Dörner, GRUR 1962, 169, 170 ff.). Sind die Meldungen gleichzeitig erfolgt, so besteht eine Bruchteilsgemeinschaft. Beiden Erfindern steht in diesem Fall als Miterfinder der Anspruch auf die Erfindervergütung (oben Anm. 33) zu.

§ 4

(1) Damit die sachliche Prüfung der Patentanmeldung durch die Feststellung des Erfinders nicht verzögert wird, gilt im Verfahren vor dem Patentamt der Anmelder als berechtigt, die Erteilung des Patents zu verlangen.

(2) Jedoch kann eine spätere Anmeldung den Anspruch auf Erteilung des Patents nicht begründen, wenn die Erfindung Gegenstand des auf eine frühere Anmeldung erteilten Patents ist. Trifft diese Voraussetzung teilweise zu, so hat der Anmelder Anspruch auf Erteilung des Patents in entsprechender Beschränkung.

(3) Auch hat der Patentsucher keinen Anspruch auf Erteilung des Patents, wenn der wesentliche Inhalt seiner Anmeldung den Beschreibungen, Zeichnungen, Modellen, Geräteschaften oder Einrichtungen eines anderen oder einem von diesem agewendeten Verfahren ohne dessen Einwilligung entnommen ist und der andere aus diesem Grunde Einspruch erhoben hat. Führt der Einspruch zur Zurücknahme oder Zurückweisung der Anmeldung und meldet der Einsprechende innerhalb eines Monats seit der amtlichen Mitteilung hiervon die Erfindung seinerseits an, so kann er verlangen, daß als Tag seiner Anmeldung der Tag der früheren Anmeldung festgesetzt wird.

ÜBERSICHT

A. Die Anmeldung

1. Erfindervermutung des Anmelders

1 Im **Verfahren vor dem Patentamt** gilt der Anmelder als berechtigt, die Erteilung des Patents zu verlangen (§ 4 Abs. 1). Die Vorschrift soll eine etwaige Verzögerung des patentamtlichen Verfahrens durch Ermittlung der Urheberschaft an der Erfindung erschweren oder verhindern (BGH 26. 1. 1967 BGHZ 47, 132, 137 = GRUR 1967, 477 – UHF-Empfänger II). Das Gesetz stellt demnach für dieses Verfahren eine **unwiderlegbare Vermutung** auf, daß der Anmelder oder sein Rechtsnachfolger der Erfinder ist. Das Erfinderprinzip (§ 3 Anm. 7) wird damit durchbrochen. Das sachliche Recht auf das Patent (§ 3), das sich als Ausfluß des Rechts an der Erfindung ergibt (§ 3 Anm. 3), verbleibt selbstverständlich dem wirklichen Erfinder. Er kann daher nach § 5 Satz 1 vom Patentsucher verlangen, daß ihm der Anspruch auf Erteilung des Patents abgetreten wird, oder nach § 13 Abs. 1 Nr. 3 Nichtigkeitsklage oder auch nach § 36 Abs. 2 Klage auf Zustimmung zur Berichtigung der Erfindernennung erheben.

Im übrigen ist aber auch der Grundsatz, daß Grundlage der Patenterteilung die Anmeldung ist, die dem Anmelder bei Vorliegen einer schutzfähigen Erfindung einen öffentlich-rechtlichen Anspruch auf Erteilung des Patents gewährt (§ 3 Anm. 3; vgl. auch BGH 19. 6. 1962 BGHZ 37, 219, 229 = GRUR 1962, 642 – Drahtseilverbindung), an zwei Voraussetzungen geknüpft:

Nach § 4 Abs. 2 kann eine »spätere« Anmeldung keinen Patenterteilungsanspruch begründen, wenn die Erfindung bereits Gegenstand eines auf eine »frühere« Anmeldung erteilten Patents ist, und nach § 4 Abs. 3 besteht dann kein Anspruch auf Erteilung, wenn der Anmelder den wesentlichen Inhalt seiner Anmeldung dem Erfindungsbesitzer widerrechtlich entnommen und dieser deswegen Einspruch eingelegt hat.

2. Zeitpunkt der Anmeldung

2 Für die Festsetzung des Beginns der Geltungsdauer des Patents ist der Zeitpunkt der Anmeldung maßgebend. Es kommt stets darauf an, an welchem Tage die Anmeldung der zuständigen Dienststelle, d. h. der Annahmestelle, zugegangen ist. Es gelten jetzt die Bestimmungen des § 13 DPAVO vom 5. 9. 1968 (Bl. 1968, 278), wonach auf allen Geschäftssachen nur »der Tag des Eingangs« vermerkt wird. Anmeldungen, die am selben Tag eingegangen sind, haben demnach im Gegensatz zu der bisherigen Regelung des § 16 DPAVO vom 9. 5. 1961 (Bl. 1961, 203), die den Vermerk von Tag, Stunde und Minute des Eingangs vorsah, gleichen Altersrang, vgl. im einzelnen § 26 Anm. 9 ff. Nicht ausreichend ist die Übergabe an einen beliebigen Beamten (RG 21. 4. 1931 Bl. 1931, 260).

Für Fernschreiben und den Zeitpunkt ihres Eingangs s. Mitt. des Präs. PA 22. 7. 1952, Bl. 1952, 312.

3 Vom Zeitpunkt des Anmeldetages (Priorität) sind abhängig:
die Patentfähigkeit (§ 1)
die Frage der Identität (§ 4 Anm. 9)
die Dauer des Patents (§ 10 Abs. 1)
die Berechnung und Fälligkeit der Jahresgebühren (§ 11 Abs. 1)
die Frage der Abhängigkeit (§ 6 Anm. 65)
das Vorbenutzungsrecht (§ 7)
die Frage, ob ein Zusatzpatent erteilt werden kann (§ 10 Anm. 4)
die Offenlegung der Anmeldung (§ 24 Abs. 3).

4 Die Zeitpunkte, nach denen sich die Dauer des Patents (vgl. § 10) und die Berechnung sowie Fälligkeit der Jahresgebühren bestimmen (vgl. § 11), sind **unabänderlich** (§ 26 Anm. 13).

Hingegen kann für Patentfähigkeit und Priorität auf Grund zwischenstaatlichen Rechts (insbesondere Unionspriorität, § 2 Anm. 5), hinsichtlich der Neuheit auch auf Grund des Gesetzes vom 18. 3. 1904/3. 2. 1949 (Ausstellungspriorität, § 2 Anm. 6) und des § 2 Satz 2 (eigene Vorveröffentlichung oder offenkundige Vorbenutzung des Anmelders, § 2 Anm. 31 ff.) ein früherer Zeitpunkt maßgeblich sein. Für den Prioritätsanspruch bei erfolgreichem Einspruch wegen widerrechtlicher Entnahme (§ 4 Abs. 3) vgl. Anm. 28. Auch wegen mangelnder Offenbarung der Erfindung kann nach ständiger Rechtsprechung eine spätere Priorität in Frage kommen (§ 1 Anm. 24, § 26 Anm. 13).

3. Wirkungen der Anmeldung

5 Die Anmeldung setzt einmal das Erteilungsverfahren in Gang und begründet ein Verfahrensverhältnis zum Patentamt als Erteilungsbehörde. Sie stellt somit die prozessuale Voraussetzung für das Erteilungsverfahren dar

und hat insoweit **prozessuale Wirkungen.** Aber durch die Anmeldung wird nicht nur – wie bei der zivilrechtlichen Klage – ein Anspruch gegen das Patentamt auf eine bestimmte verfahrensrechtliche Behandlung ausgelöst. Die Patentanmeldung ist darüber hinaus auch **ein rechtsgestaltender Akt,** der den Anspruch des Erfinders auf Patentschutz endgültig zur Entstehung gelangen läßt (PA 9. 1. 1954 GRUR 1954, 118, 119 ff.). Indem die Anmeldung den Erfindungsgedanken offenbart und für ihn Schutz begehrt, begründet sie die **materielle Voraussetzung** für die endgültige Begründung des Anwartschaftsrechts auf das Patent. Somit ist die Anmeldung ein **einheitlicher Rechtsakt, der materiellrechtliche und prozessuale Elemente in sich vereinigt** (PA 9. 1. 1954 a. a. O.).

6 Die Wirkungen der prioritätsbegründenden Anmeldung bleiben in Kraft, solange die Anmeldung bestehen bleibt. Sie gehen verloren, wenn die Anmeldung zurückgezogen, zurückgewiesen oder sonst erledigt wird. Für eine **spätere** Anmeldung auf denselben Gegenstand kann die **frühere** Priorität nicht in Anspruch genommen werden (vgl. § 29 Anm. 48). Für die **Begründung der Priorität des Anmeldetages** ist erforderlich, daß in den ursprünglichen Anmeldungsunterlagen alle wesentlichen Merkmale des Erfindungsgedankens für den Durchschnittsfachmann erkennbar enthalten sind (vgl. BGH 2. 12. 1952 GRUR 1953, 120, 121 – Kabelhalter; 30. 10. 1962 GRUR 1963, 563, 566 – Aufhängevorrichtung; 28. 10. 1965 GRUR 1966, 198, 199 – Plastikflaschen; im übrigen § 26 Anm. 101).

4. Person des Anmelders

7 **Anmelder** kann jedes Rechtssubjekt sein (natürliche Person, juristische Person, Offene Handelsgesellschaft, Kommanditgesellschaft, rechtsfähiger Verein oder eine Mehrheit natürlicher Personen, die dann Streitgenossen i. S. des § 62 ZPO sind [RG 22. 5. 1911 RGZ 76, 298, 299 ff.], jedoch nicht die nicht rechtsfähige Gesellschaft des bürgerlichen Rechts); im einzelnen § 26 Anm. 3. Entgegen der früher herrschenden Lehre (PA 14. 4. 1902 Bl. 1902, 204) können nach zutreffender Ansicht auch **Geschäftsunfähige** mit nachträglicher Genehmigung des gesetzlichen Vertreters eine Anmeldung vornehmen, da diese in erster Linie Prozeßhandlung ist, die nach § 56 Abs. 2 ZPO durch Genehmigung geheilt werden kann (so mit Recht Pfanner, GRUR 1955, 556 ff.; Reimer § 26 Anm. 2; Ballhaus in Benkard § 26 Anm. 2). Das gilt erst recht für die Anmeldung **beschränkt Geschäftsfähiger.** Würde man dieser Ansicht nicht folgen, so würden entgegen der bisher herrschenden Meinung auch Anmeldungen beschränkt Geschäftsfähiger ohne Einwilligung des gesetzlichen Vertreters unwirksam sein, weil sie einseitige Rechtsgeschäfte darstellen (§§ 111, 114 BGB). Tatsächlich kann eine Anwendung materiellen Rechts auf Prozeßhandlungen mit Doppelnatur (vgl. oben Anm. 5) nur insoweit erfolgen, als dadurch ihr Charakter als Ver-

fahrenshandlung nicht beeinträchtigt wird (Pfanner, a. a. O. S. 560). Wegen Rückzahlung der Anmeldegebühr für den Fall, daß der gesetzliche Vertreter seine Zustimmung verweigert, vgl. § 26 Anm. 77.

Wird die **Erfindung von mehreren ohne einen gemeinschaftlichen Bevollmächtigten** angemeldet, so müssen sie dem Patentamt anzeigen, wer von ihnen zur Entgegennahme der amtlichen Verfügungen befugt sein soll (§ 26 Anm. 8).

5. Konkurs des Anmelders

8 Dem Anmelder erwächst bereits aus der prozessualen Handlung der Anmeldung ein Anspruch auf Erteilung des Patents, soweit er der erste Anmelder ist (§ 3 Satz 3). Daran wird auch durch die Tatsache eines **Konkurses** des Anmelders unmittelbar nichts geändert. Da das Patentamt einer sachlichen Prüfung der Anmeldeberechtigung grundsätzlich enthoben ist, hat es auf eine formgerechte Anmeldung (§§ 26, 28) seitens des Erfinders das Erteilungsverfahren auch dann einzuleiten und durchzuführen, wenn durch den Konkurs des Erfinders der Anspruch auf das Patent als Vermögensrecht in die Konkursmasse gefallen ist (§ 9 Anm. 65; RG 3. 10. 1902 RGZ 52, 227; Stein-Jonas-Schönke, ZPO § 857 Anm. II, 3; Jaeger, KO § 1 Anm. 11). Der Konkursverwalter kann aber anstelle des Gemeinschuldners in das Erteilungsverfahren eintreten.

B. Patenthindernis der Identität mit älterem Patent (§ 4 Abs. 2)

I. Zweck der Vorschrift. Grundsätzliches

1. Vermeidung der Doppelpatentierung

9 Die Vorschrift des § 4 Abs. 2 bezweckt die **Vermeidung einer Doppelpatentierung** (BGH 17. 3. 1964 BGHZ 41, 378, 380 = GRUR 1965, 28 – Erntemaschine), weil das die Erteilung eines Ausschlußrechts rechtfertigende Interesse der Allgemeinheit durch die einmalige Offenbarung erschöpft ist (PA 26. 11. 1954 Bl. 1955, 25, 26). Für das Verbot der Doppelpatentierung spricht einmal der Gesichtspunkt, daß die Verlängerung der Schutzzeit über die Laufzeit des erstangemeldeten Patents auf diese Weise vermieden wird. Zum anderen wird auch verhindert, daß ein Dritter aus mehreren Patenten in Anspruch genommen werden kann (BPatG 7. 12. 1967 Mitt. 1969, 12, 16). Die letztzitierte BPatG-Entscheidung weist a. a. O. zutreffend darauf hin, daß der Begriff der »Doppelpatentierung« nur eine **unvollkommene Kurzbezeichnung** dafür ist, daß eine **spätere** Anmeldung den Anspruch auf Patenterteilung nicht begründen kann, wenn die Erfindung Gegenstand des

auf eine **frühere** Anmeldung **erteilten** Patents ist. Es ist demnach stets Voraussetzung, daß zwei **verschiedene** Anmeldungen zu **verschiedenen** Zeitpunkten eingereicht werden und die **frühere** von ihnen zur Erteilung des Patents geführt hat.

Auf die frühere, d. h. prioritätsältere Anmeldung muß also ein **Patent** erteilt sein (BGH 16. 2. 1954 GRUR 1954, 317, 321 – Entwicklungsgut; BPatG 28. 3. 1962 E 1, 57, 59; 13. 6. 1962 E 2, 32, 39). Ob das frühere Patent noch besteht oder durch Verzicht, wegen Nichtzahlung der Gebühren oder Zeitablaufs erloschen bzw. zurückgenommen worden ist (§§ 10, 12, 15 Abs. 2), ist für die Identitätsannahme ohne Belang (RG 9. 1. 1929 RGZ 123, 113, 114; BGH 14. 6. 1957 GRUR 1958, 134 ff. – Milchkanne; PA 16. 7. 1957 Mitt. 1958, 56, 57). Jedoch kann ein **vernichtetes** älteres Patent einem jüngeren nicht wegen Identität entgegengehalten werden, weil mit rückwirkender Kraft festgestellt worden ist, daß es niemals Rechtsbestand gehabt hat (RG 9. 1. 1929 a. a. O.; 4. 7. 1941 GRUR 1942, 32 ff.; BGH 8. 7. 1955 BGHZ 18, 81, 96 = GRUR 1955, 393 – Zwischenstecker; 14. 6. 1957 a. a. O.; 13. 12. 1962 GRUR 1963, 519, 520 ff. – Klebemax).

Ist ein Patent einmal erteilt worden, so stellt es ein älteres Recht i. S. des § 4 Abs. 2 dar, ohne daß es darauf ankommt, ob die Eintragung in die Patentrolle und die Veröffentlichung der Patentschrift erfolgt sind (PA 3. 6. 1954 GRUR 1954, 398, 399).

Ausländische Patente dürfen nicht berücksichtigt werden, weil ein ausländisches Patent im Inland keine Rechtswirkung hat (RG 7. 7. 1924 MuW 24/25, 176; PA 15. 4. 1943 Bl. 1943, 96).

Stellt das ältere Recht eine **Gebrauchsmusteranmeldung** dar, so steht diese dem Schutz einer jüngeren Patentanmeldung nicht entgegen (PA 4. 11. 1936 Mitt. 1936, 411; BPatG 28. 10. 1965 E 7, 96, 97). Indessen darf nach § 6 GebrMG das Recht aus dem später angemeldeten Patent ohne die Erlaubnis des Gebrauchsmusterinhabers **nicht ausgeübt** werden, soweit es in ein nach § 5 GebrMG begründetes Recht eingreift. Hierauf kann sich der als Verletzer in Anspruch genommene Inhaber des Gebrauchsmusters oder dessen Lizenznehmer im Wege der Einrede mit Erfolg berufen (BGH 30. 10. 1962 GRUR 1963, 563, 565 – Aufhängevorrichtung). Da die Unterlagen eingetragener Gebrauchsmuster, die in der Zeit vom 7. 8. 1953 ab angemeldet worden sind, als öffentliche Druckschriften zu bewerten und daher einer jüngeren Patentanmeldung gegenüber neuheitsschädlich sind (BGH 8. 7. 1955 BGHZ 18, 81 – Zwischenstecker), werden von der Vorschrift des § 6 GebrMG allerdings heute nur noch solche Gebrauchsmuster erfaßt, deren Anmeldung im Zeitpunkt der jüngeren Patentanmeldung noch nicht zur Eintragung geführt hat.

Über das Benutzungsrecht des Inhabers eines älteren Schutzrechts gegenüber einem identischen jüngeren Patent vgl. § 6 Anm. 43 ff.

2. Durchbrechung des Grundsatzes der Doppelpatentierung

Der **Grundsatz,** daß für eine Erfindung nur **ein** Patent erteilt werden kann, wird allerdings **mehrfach durchbrochen.** 10

Gleichen Zeitrang haben:

a) mehrere Anmeldungen von verschiedenen Inhabern mit dem gleichen Eingangsstempel (§ 13 DPAVO, vgl. § 26 Anm. 13)
b) Anmeldungen verschiedener Personen mit gleicher Unionspriorität (§ 2 Anm. 5)
c) Anmeldungen verschiedener Personen mit gleicher Ausstellungspriorität (§ 2 Anm. 6)
d) eine Stammanmeldung, aus der ein Teil z. B. wegen Nichteinheitlichkeit ausgeschieden ist und die abgezweigte Ausscheidungsanmeldung (vgl. BGH 22. 12. 1964 GRUR 1965, 473, 479 – Dauerwellen – mit Nachweisen und Anm. 11).
e) Hilfsgebrauchsmusteranmeldungen, die gleichzeitig neben der Patentanmeldung eingereicht werden (§ 2 Abs. 6 GebrMG).

Wegen der Rechtsfolgen für die Stellung der verschiedenen Schutzrechtsinhaber zueinander vgl. Trüstedt, GRUR 1967, 2 ff. und Zeller, GRUR 1938, 383, 384.

3. Gleichzeitige, inhaltsgleiche Anmeldungen desselben Erfinders

Stammen die gleichzeitigen, inhaltlich übereinstimmenden Anmeldungen von **demselben** Erfinder, so soll nach PA 10. 2. 1905 Bl. 1905, 120, 121 nur **ein** Patent erteilt werden können. Die Frage ist nicht unbestritten. Das PatG enthält kein ausdrückliches Verbot der Patentierung gleichrangiger und inhaltsgleicher Anmeldungen. Auch kann ein solches Verbot nicht etwa aus § 4 Abs. 2 Satz 1 hergeleitet werden, da diese Vorschrift sich nur auf zwei zeitlich verschieden eingereichte Anmeldungen bezieht (Anm. 9). Aus dem Sinn und Zweck des Verbots der Doppelpatentierung kann auch im übrigen kein gegenteiliger Schluß gezogen werden. Insbesondere wird bei einer gleichzeitigen Anmeldung auch die Gesamtdauer des Patents von 18 Jahren nicht überschritten (vgl. Trüstedt, GRUR 1967, 2, 3). Ein ganz ähnliches, wenn nicht das gleiche Problem ist in der Rechtsprechung häufig im Zusammenhang mit der Frage der Zulässigkeit von inhaltsgleichen Patentanmeldungen **verschiedener Kategorien** behandelt worden (§ 1 Anm. 57). 11

In BGH 22. 12. 1964 GRUR 1965, 473 – Dauerwellen – ist entschieden worden, es könnte für den Fall, daß auf eine Stammanmeldung und auf eine davon abgezweigte, dieselbe Priorität besitzende Ausscheidungsanmeldung zwei gesonderte Patente erteilt worden sind, aus keinem der beiden Patente ein Nichtigkeitsgrund gegen das andere Patent hergeleitet werden. Die Entscheidung läßt aber dahingestellt, ob andere Gesichtspunkte etwa im Erteilungsverfahren eine Rolle spielen könnten. Lutter (§ 26 Anm. 11 S. 307) ist der Meinung, daß eine bloße Wiederholung des gleichen Erfindungsgegenstands in zwei Ansprüchen überflüssig und daher nicht zuzulassen sei. Trüstedt a. a. O. vertritt die Auffassung, daß dem PA die Prüfung identischer, prioritätsgleicher Anmeldungen nicht zugemutet werden könne und daher der Anmelder bei Feststellung eines Mißbrauchs des PA durch inhaltlich und auch äußerlich völlig identische Anmeldungen aufzufordern sei, sich mit einer Zusammenlegung der Anmeldungen einverstanden zu erklären, verneinendenfalls beide Anmeldungen zurückzuweisen seien. Die neuere Rechtsprechung des BPatG (7. 12. 1967 Mitt. 1969, 12 ff.; vgl. § 1 Anm. 57) sowie des BGH 18. 6. 1970 BGHZ 54, 181, 185 = GRUR 1970, 601, 602 – Fungizid (vgl. § 1 Anm. 57) geht für die Aufstellung inhaltsgleicher Ansprüche verschiedener Kategorien in derselben Anmeldung ebenfalls davon aus, daß die Gewährung solcher Ansprüche dann unzulässig ist, wenn an der Patentierung im Einzelfall aus besonderen Gründen **keinerlei Interesse** des Anmelders erkennbar ist, insbesondere wenn das Verlangen des Anmelders **mißbräuchlich** erscheint.

Dieser Auffassung ist zuzustimmen. Dem Anmelder gebührt kein Schutz, wenn er nichts anderes tut, als der Allgemeinheit den gleichen Erfindungsgedanken mehrfach zu offenbaren. Grundsätzlich darf das PA für die gleiche Erfindung nur **ein** Ausschließlichkeitsrecht gewähren. Für etwas Überflüssiges kann das Vorhandensein eines **Rechtsschutzbedürfnisses** nicht anerkannt werden. Niemand darf die Behörden unnütz bemühen oder ein Verfahren zur Verfolgung zweckwidriger und insoweit nicht schutzwürdiger Ziele ausnutzen (BGH 18. 6. 1970 a. a. O.; vgl. auch 6. 7. 1971 GRUR 1972, 80, 88 – Trioxan). Ob allerdings wirklich volle Identität vorliegt bzw. welche der gleichzeitigen Anmeldungen im Zweifelsfall zunächst zu prüfen und gegenüber den anderen abzugrenzen ist, wird zweckmäßigerweise von der Prüfungsstelle **vor** der Entscheidung mit dem Anmelder zu erörtern sein (vgl. im einzelnen Trüstedt a. a. O.).

II. Gegenstand des Patents des früheren Anmelders

1. Begriffserläuterung

12 Es bestand lange Zeit Streit darüber, was unter »**Gegenstand des auf eine frühere Anmeldung erteilten Patents**« zu verstehen ist. Die reichsgerichtliche Rechtsprechung stand früher grundsätzlich auf dem Standpunkt, daß »Gegenstand des Patents« nach § 4 nur die durch einen Patentanspruch gekennzeichnete Erfindung sei, und zwar unter Ausschaltung alles dessen, was im **Auslegungswege** unter einen allgemeinen Erfindungsgedanken, den Schutzumfang, fallen könnte. Eine Verschiedenheit der Lösung

der gleichen Aufgabe sollte die Identität nur dann nicht hindern, wenn die neue Lösung nur ein glattes Äquivalent der alten Lösung darstellte (vgl. u. a. RG 19. 3. 1913 Bl. 1914, 320; RG 12. 6. 1929 MuW 1929, 502, 503; RG 28. 11. 1932 MuW 1933, 33; RG 20. 11. 1937 GRUR 1939, 331, 334; 2. 9. 1938 GRUR 1939, 691, 694; 3. 2. 1939 GRUR 1939, 539, 540). Später hat das RG seinen Standpunkt geändert. Maßgebend für die neue Rechtsprechung wurde das Urteil vom 31. 3. 1942 (GRUR 1942, 349), in dem das RG zum Ausdruck brachte, daß ein bereits in einem älteren Patent geschützter »allgemeinerer« Erfindungsgedanke als solcher nicht auch in einem jüngeren Patent geschützt sein könne. Diese Auffassung hatte das PA schon seit der sog. Schuster-Entscheidung vom 16. 10. 1933 (Bl. 1933, 263) vertreten und auch in der Folgezeit bis in die jüngste Zeit (u. a. PA 26. 11. 1954 Bl. 1955, 25, 26; 17. 5. 1956 Bl. 1956, 279, 280; 15. 11. 1956 Mitt. 1957, 59; 4. 2. 1959 Bl. 1959, 227, 228; anders nur PA 26. 7. 1955 Bl. 1956, 16, 18) fast ausnahmslos aufrechterhalten. – Über die Entwicklung der Rechtsprechung im einzelnen insbesondere Schuster, GRUR 1934, 211 ff.; GRUR 1957, 401 ff.; Kraußе, MuW 1934, 257 ff.; Trüstedt, GRUR 1957, 176 ff.; Reimer, GRUR 1956, 396; 1957, 189 ff.

Der BGH hatte sich dieser Rechtsprechung zunächst nicht angeschlossen. Nur der Gegenstand des älteren Rechts sollte nach seiner Auffassung unter Einschluß der technischen und glatten patentrechtlichen Äquivalente bei Identität der jüngeren Anmeldung patenthindernd sein (BGH 7. 1. 1955 GRUR 1955, 244, 246 – Repassiernadel; 14. 6. 1957 GRUR 1958, 134, 135 – Milchkanne). In der Entscheidung 7. 1. 1955 a. a. O. wurde, ohne daß die Rechtslage es erforderte, die Auffassung geäußert, daß gegen die Berücksichtigung eines allgemeinen Erfindungsgedankens »nach wie vor« erhebliche Bedenken bestünden.

Der hierdurch entstandenen Unsicherheit hat der BGH durch die Entscheidung vom 17. 3. 1964 (BGHZ 41, 378 ff. = GRUR 1965, 28 ff. – Erntemaschine – mit umfassender Darstellung des Schrifttums) ein Ende bereitet.

In der Entscheidung wird zum Ausdruck gebracht, daß kein einleuchtender Grund zu finden sei, der es rechtfertigen könnte, den in § 4 Abs. 2 enthaltenen Begriff »Gegenstand des Patents« anders aufzufassen als den gleichbedeutenden Begriff »Gegenstand der Erfindung«, wie er in § 6 verwendet werde. Dem ist im vollen Umfange zuzustimmen. Der Identitätsprüfung ist demnach derjenige Erfindungsgedanke zugrunde zu legen, den der mit den durchschnittlichen Kenntnissen und Fähigkeiten des Prioritätstages ausgerüstete Fachmann als die **durch den Anspruchswortlaut** – unter Erläuterung durch Patentbeschreibung und -abbildung anhand des ihm geläufigen St. d. T. – vermittelte technische Lehre ansieht. Der Erfindungsgedanke muß sich bei der Identitätsprüfung **aus den Ansprüchen** herleiten lassen. Anders als bei der Neuheitsprüfung gegenüber vorveröffentlichten Rechten genügt es nicht, daß etwa nur die Beschreibung des älteren Rechts – unabhängig vom Wortlaut der Ansprüche – neuheitsschädlich ist (BGH 17. 3. 1964, a. a. O. S. 383).

Dieser Erfindungsgegenstand erfaßt alle dem Fachmann ohne weiteres zur Verfügung stehenden **glatten Äquivalente.** Aber er erstreckt sich darüber hinaus auch auf den **allgemeinen Erfindungsgedanken,** d. h. denjenigen Gedanken, der dem älteren Recht ohne besondere Überlegung entnommen werden kann und dazu dient, dem wesentlichen Kern der Erfindung einen Schutz zu schaffen (§ 6 Anm. 24 ff.). Wollte man anders entscheiden, würde in der Tat der Zweck des § 4 Abs. 2, Doppelpatentierungen zu verhindern, nicht erreicht werden. Ebenso BGH 30. 11. 1967 (BGHZ 49, 227, 230 = GRUR 1968, 305 – Halteorgan; BPatG 10. 5. 1968 E 10, 4, 8 ff.). Während sich bei der Verletzungsfrage das erteilte Patent und die Verletzungsform gegenüberstehen und der Verletzungsrichter den Schutzumfang des Patentes in der Richtung auf die Verletzungsform abgrenzt, stehen sich bei der Identitätsfrage das Vorpatent und die Anmeldung gegenüber und es ist der Schutzbereich dieses Vorpatents gegenüber dem jüngeren Patent oder der jüngeren Anmeldung abzugrenzen. Der Umstand, daß sich die Abgrenzung bei der Identitätsprüfung auf das jüngere Patent oder die jüngere Anmeldung schlechthin und nicht – wie im Verletzungsstreit – auf eine konkrete Ausführungsform erstreckt, steht nach BGH a. a. O. S. 383 der Erkennbarkeit eines allgemeinen Erfindungsgedankens, der das ältere und das jüngere Patent umfaßt, nicht entgegen.

Steht hiernach nunmehr fest, daß auch der **sog. allgemeine Erfindungsgedanke** eines prioritätsälteren, aber nicht vorveröffentlichten Rechts bei der Identitätsprüfung zu berücksichtigen ist, so folgt daraus, daß auch alle Voraussetzungen für die Schutzfähigkeit des prioritätsälteren Rechts erfüllt sein müssen. Der Erfindungsgedanke muß also offenbart, neu, fortschrittlich und erfinderisch gegenüber dem bekannten St. d. T. sein, und es dürfen keine Beschränkungen oder ausdrückliche Verzichte erfolgt sein (PA 8. 5. 1926 Bl. 1926, 146; 26. 11. 1954 Bl. 1955, 25, 26 sowie die in § 6 Anm. 25 ff. zitierte Rechtsprechung; vgl. auch Moser v. Filseck in »Festschrift für Philipp Möhring«, S. 245 ff., der – jedenfalls de lege ferenda – zur Erwägung stellt, die Offenbarung einer technischen Lehre in einer früher bekanntgemachten Anmeldung genügen zu lassen und auf eine Prüfung der Schutzwürdigkeit zu verzichten; ders. auch GRUR 1965, 565 ff.).

2. Einzelfragen

a) Prüfung auf Fortschritt und Erfindungshöhe der jüngeren Anmeldung

13 **Eine Prüfung auf Fortschritt und Erfindungshöhe der jüngeren Anmeldung** gegenüber einem älteren Recht ist **an sich nicht erforderlich,** um deren Identität mit dem älteren Recht auszuschließen. Die Gesetzesvor-

schrift will nur die Doppelpatentierung vermeiden; die Schutzwürdigkeit der jüngeren Anmeldung berührt diesen Gesichtspunkt im Grundsatz nicht (PA 26. 11. 1954 Bl. 1955, 25, 26 mit Nachweisen; 26. 7. 1955 Bl. 1956, 16 ff.; 15. 11. 1956 Mitt. 1957, 59, 60; BPatG 9. 1. 1963 E 3, 109, 111). Gleichwohl ergibt sich mittelbar das Erfordernis der Feststellung eines erfinderischen Überschusses der jüngeren Anmeldung gegenüber dem älteren Recht daraus, daß der Inhaber des Vorpatents in seinen Rechten nicht beeinträchtigt werden darf. Ist nach der geltenden Rechtsprechung »Gegenstand« des Vorpatents auch der zwar nicht nächstliegende, aber andererseits auch nicht aus erfinderischem Zutun sich ergebende sog. allgemeine Erfindungsgedanke, so folgt daraus, daß dem Inhaber dieses Rechts alles geschützt bleiben muß, was in dessen Schutzbereich fällt. Ein bereits in einem älteren Patent geschützter »allgemeinerer« Erfindungsgedanke, von den Fällen des Haupt- und Zusatzpatents abgesehen (Anm. 17), kann als solcher nicht auch in einem jüngeren Patent geschützt werden (RG 31. 3. 1942 GRUR 1942, 349). Die jüngere Anmeldung muß danach dem Schutzumfang des älteren Patents gegenüber einen erfinderischen Überschuß aufweisen; anderenfalls läge eine Doppelpatentierung vor.

Bereits Schuster (GRUR 1934, 211, 220) hat diesen Gedanken klar zum Ausdruck gebracht, indem er darauf hinwies, daß an sich nicht die Feststellung einer über eine bestimmte Höhe hinausragenden technischen Schöpfung erforderlich sei, sondern nur die Erfassung dessen, was **von der Seite des Vorpatents her gesehen** noch unterhalb seiner Erfindungsgrenze liege und aus diesem Grunde als Patentgegenstand mit umfaßt werde (PA 16. 10. 1933 Bl. 1933, 263, 265 ff.). Durch diese Prüfung auf Erfindungshöhe wird also nur dasjenige abgegrenzt und festgestellt, worauf der Patentinhaber nach dem Wissensstand der Technik ein Anrecht hat (Schuster a. a. O.).

Eine Prüfung auf **technischen Fortschritt** der jüngeren Anmeldung ist in der Regel **nicht erforderlich.** Denn es handelt sich bei dieser Prüfung nicht um die Wahrung der Belange der Allgemeinheit, der etwas technisch Wertvolles geboten werden muß, um schutzwürdig zu sein, sondern nur darum, dem Patentinhaber sein natürliches Recht zum Ausbau seiner Erfindung zu sichern. Die Frage des technischen Fortschritts gegenüber dem älteren Recht interessiert die Allgemeinheit nicht (Schuster, GRUR 1957, 401, 405, 406; im Ergebnis ebenso Reimer § 4 Anm. 12 mit weiteren Schrifttumsnachweisen). Wenn gleichwohl in der Praxis zuweilen eine Prüfung des technischen Fortschritts erfolgt ist, so nur, um festzustellen, ob der Anmeldungsgegenstand dem Gegenstand des älteren Rechts technisch äquivalent ist oder nicht. Denn eine glaubhaft gemachte technische Überlegenheit kann die Folgerung gestatten, daß nicht nur eine bloße Ausführungsform des Gegenstands des Vorpatents, sondern eine andere Erfindung vorliegt (PA 26. 11. 1954, Bl. 1955, 25, 26 unter Hinweis auf PA 4. 3. 1940, Mitt. 1941, 120).

b) Verschiedenheit des technischen Problems

14 Bei **Verschiedenheit des technischen Problems** kommt Identität nicht in Frage (RG 25. 11. 1933 GRUR 1934, 106; 8. 4. 1936 GRUR 1937, 35; 2. 9. 1938 GRUR 1939, 691, 64; 3. 2. 1939 GRUR 1939, 539, 540; PA 15. 11. 1956 Mitt. 1957, 59). Gleichheit der Lösungsmittel ist insoweit ohne Bedeutung. Ist in einem jüngeren Patent neben einer Hauptaufgabe auch eine Nebenaufgabe gelöst, in dem älteren Patent jedoch nur die Nebenaufgabe, so liegt Identität nicht vor (RG 29. 6. 1929 Bl. 1929, 207). Wird eine Sonderaufgabe des jüngeren Patents in dem älteren Patent nicht erwähnt, so ist ebenfalls Identität zu verneinen (RG 13. 4. 1935 GRUR 1935, 872).

c) Verschiedenheit des Lösungsweges

15 **Verschiedenheit des Lösungsweges** hat gleichfalls identitätshindernde Bedeutung (RG 16. 6. 1937 GRUR 1937, 858, 860; 3. 2. 1939 GRUR 1939, 539, 540; 8. 3. 1940 GRUR 1940, 346, 350), soweit es sich nicht um ein glattes – technisches oder patentrechtliches – Äquivalent oder eine Lösungsform im Rahmen des geschützten allgemeinen Erfindungsgedankens (Anm. 12) handelt. Eine äußere Übereinstimmung der Lösungsmittel beweist noch nichts, s. dazu § 6 Anm. 49. **Verschiedenheit der Zahlenangaben** im älteren und jüngeren Patent ist dann bedeutungslos, wenn sie der Aufgabe des älteren Patents entsprechende und dem Durchschnittsfachmann ohne weiteres zur Verfügung stehende Zahlenwerte betrifft (PA 1. 2. 1956 Bl. 1956, 154).

Hiernach ist für die Identität zweier Erfindungsgedanken neben der **Gleichheit der Aufgabe** (Anm. 14) stets auch die **Übereinstimmung der Lösungsmittel** maßgebend (RG 16. 6. 1937 GRUR 1937, 858; PA 13. 11. 1951 GRUR 1952, 235; BGH 17. 3. 1964 GRUR 1965, 567 – Erntemaschine; insoweit nicht in BGHZ 41, 378 ff. abgedruckt). Dabei ist zu beachten, daß die Übereinstimmung der Lösungsmittel stets von der ihnen zugrunde liegenden Funktion (Wirkungsweise) abhängt (vgl. § 6 Anm. 49 S. 254).

d) Verschiedenheit der Patentkategorien

16 Der Umstand, daß zwei Patente **verschiedenen Patentkategorien** angehören, schließt die Feststellung ihrer Identität nicht schlechthin aus (RG 8. 3. 1940 GRUR 1940, 346, 349). Die Verschiedenheit ist dann bedeutungslos, wenn eine richtige Beurteilung der tatsächlich in Betracht kommenden Kategorien eine Kategoriengleichheit ergibt, wenn also die Anspruchsfassung nur eine mehr zufällige und eine rein äußerliche Verschiedenheit aufweist oder wenn ein Verfahren zwangsläufig zu dem geschützten Gegenstand gehört (RG 14. 6. 1933 GRUR 1933, 697, 699; PA 9. 11. 1935 Mitt. 1935, 422). Entscheidend ist stets, was in beiden Patenten als **erfindungswesentlich** offenbart worden ist.

Trotz Verschiedenheit der Patentkategorien ist z. B. die Feststellung ihrer Identität möglich, wenn ein **älteres Verfahrenspatent** die zu seiner Ausführung erforderliche Vorrichtung so vollständig erkennen läßt, daß ein Vergleich dieser **Vorrichtung** mit der streitigen angegriffenen Vorrichtung vorgenommen werden kann (RG 16. 6. 1937 GRUR 1937, 858; 3. 2. 1939 GRUR 1939, 539, 540). Ebenso wenn das Verfahren, für dessen Ausführung die Vorrichtung des älteren Patents bestimmt ist, mit dem Verfahren des angegriffenen Patents völlig übereinstimmt (RG 8. 3. 1940 GRUR 1940, 346). Ist in einem **älteren Herstellungsverfahrenspatent** eine **Verwendungsangabe** für die Verfahrensprodukte enthalten, so schließt dies grundsätzlich die Erteilung eines entsprechenden Anwendungspatents aus (PA 29. 5. 1937 GRUR 1937, 1070; für Analogieherstellungsverfahren PA 24. 9. 1952 Bl. 1953, 60; 23. 10. 1957 Bl. 1958, 10 ff.). In der Entscheidung 18. 6. 1970 GRUR 1970, 601, 602 – Fungizid läßt der BGH die Frage dahingestellt, »ob bereits die Angaben in der Beschreibung des Stoffpatents über die Verwendbarkeit des neuen Stoffes, die vornehmlich der Darlegung der Patentwürdigkeit dienen, einer späteren, auf die beanspruchte Verwendung bezogenen Anmeldung als älteres Recht gemäß § 4 Abs. 2 entgegenstehen«. Stellt die neu gefundene Verwendbarkeit eines Herstellungsprodukts zu einem bestimmten Zweck einen erfinderischen Schritt dar, so scheidet selbstverständlich das Hindernis einer Doppelpatentierung aus.

Stets ist zu beachten, daß die in § 1 Anm. 57 zitierte Rechtsprechung zu der Frage, ob z. B. neben Verfahrens- noch Sach- oder Verwendungsansprüche, d. h. mehrere **zeitgleiche** Anspruchskategorien auf **eine** Patentanmeldung gewährt werden können, für die Beurteilung des Problems, ob gegen das Verbot verstoßen wird, auf eine **spätere** Anmeldung ein Patent zu erteilen, wenn die Erfindung Gegenstand des auf eine **frühere** Anmeldung erteilten Patents ist, grundsätzlich nicht herangezogen werden kann, da es sich insoweit um völlig verschiedene Fragen handelt und die Interessenlage unterschiedlich ist; vgl. BPatG 7. 12. 1967 Mitt. 1969, 12, 16.

e) Zusatz- und Hauptpatent

Für ein **Zusatzpatent** ist im Verhältnis zum nicht vorveröffentlichten Hauptpatent nur ein Zusatz an technischer Anweisung erforderlich, wie er für einen Unteranspruch zum Hauptpatent ausreichen würde. Die der Verbesserung oder weiteren Ausbildung dienende Lehre des Zusatzpatents darf nur nicht wesensgleich mit der Lehre des Hauptpatents sein und nicht lediglich eine platte Selbstverständlichkeit darstellen (BGH 30. 11. 1967 BGHZ 49, 227, 229 = GRUR 1968, 305 – Halteorgan; vgl. im einzelnen § 10 Anm. 7 ff.). **Identität von Zusatzpatent und Hauptpatent** liegt hiernach außer **im Falle rein trivialer Fortbildung** dann vor, wenn der Gegenstand des Zusatzpatents auch Gegenstand des Hauptpatents ist, z. B. **bei einem Ausführungsbeispiel** (PA 9. 11. 1935 Mitt. 1935, 422). 17

Ein der älteren Anmeldung zu entnehmender **allgemeiner Erfindungsgedanke** ist bei einer späteren Zusatzanmeldung nicht zu berücksichtigen. Denn bei der Ermöglichung der Zusatzpatentierung handelt es sich auch materiellrechtlich um etwas anderes als bei dem Verbot der Doppelpatentierung in § 4 Abs. 2 (BGH 30. 11. 1967 BGHZ 49, 227, 229 ff. – Halteorgan; vgl. auch 17. 3. 1964 BGHZ 41, 378, 381 – Erntemaschine – unter Hinweis auf RG 31. 3. 1942 GRUR 1942, 349).

f) Identität bei Kombinationen

18 **Identität bei Kombinationen** liegt vor, wenn die jüngere Anmeldung (oder das jüngere Patent) ein **selbständiges Kombinationselement** oder **eine selbständige Unterkombination** des älteren Kombinationspatents zum Gegenstand hat (RG 2. 7. 1930 MuW 1930, 488, 489; 21. 4. 1934 MuW 1934, 293; PA 4. 2. 1959, Bl. 1959, 227, 228 [mit Anm. Wolf Müller in GRUR 1959, 482] unter Hinweis insbesondere auf PA 30. 4. 1954 Bl. 1954, 272 ff. und RG 31. 3. 1942 GRUR 1942, 349, 350). Da sich bei einer Kombinationserfindung der Schutz auf eine Unterkombination oder auf ein einzelnes Element nur dann erstreckt, wenn alle für den Schutz eines **allgemeinen Erfindungsgedankens** notwendigen Voraussetzungen erfüllt sind (§ 6 Anm. 52), ergibt sich bereits aus BGH 17. 3. 1964 a. a. O. die Beantwortung der Frage, wann die Lehre des älteren Rechts der jüngeren Anmeldung einer Unterkombination oder eines Elements entgegensteht.

Betrifft andererseits der Gegenstand der Erfindung des **jüngeren Rechts** eine echte mehrgliedrige Kombination und enthält das **ältere Patent** nur **ein** Element dieser Kombination, so ist eine Identität nicht vorhanden.

Stehen sich schließlich **zwei Kombinationen** gegenüber, so kommt es darauf an, ob die Kombinationsgedanken die gleichen sind, bzw. darauf, ob die Ersetzung eines Kombinationselements durch ein anderes zur Zeit der Anmeldung des älteren Patents im Bereich des allgemeinen Fachwissens eines Durchschnittsfachmanns lag oder ob sie erfinderisch war.

g) Aussetzung

19 Bei Vorliegen einer **älteren, zum mindesten teilweise identischen Patentanmeldung** ist das Prüfungsverfahren der jüngeren Anmeldung **auszusetzen** (PA 4. 1. 1904 Bl. 1904, 33; 20. 8. 1935 Bl. 1935, 148, 149; vgl. auch BPatG 28. 3. 1962 E 1, 57, 59; 13. 6. 1962 E 2, 32, 34; 29. 4. 1963 E 3, 160, 162; 29. 9. 1964 E 6, 20, 24). Die Gründe sind mitzuteilen (PA 14. 12. 1899 Bl. 1900, 19; BPatG 29. 9. 1964 a. a. O. S. 25). Gegen die Ablehnung des Antrags, das ausgesetzte Verfahren fortzusetzen bzw. eine die Aussetzung betreffende Anordnung wieder aufzuheben, ist die Beschwerde zulässig (vgl. § 36 l Anm. 3). Auf Grund der Neuregelung des Patentgesetzes ist nunmehr der Inhaber der jüngeren Anmeldung durch eine Aussetzung noch ungünstiger gestellt, als das bereits in der Vergangenheit

der Fall war. Wird nämlich für die ältere Anmeldung **kein Prüfungsantrag** gestellt, so muß es dem Inhaber des jüngeren Rechts überlassen bleiben, die Prüfung zu beantragen, was insbesondere bei Vorliegen mehrerer älterer Rechte zu einer starken Belastung führen kann (vgl. dazu Althammer, GRUR 1967, 441, 451 ff.).

Ein vorliegendes **Nichtigkeitsverfahren** kann auf Grund einer älteren Patentanmeldung, deren Anspruchsfassung den Gegenstand des Streitpatents möglicherweise umfassen könnte, **nicht ausgesetzt** werden. Die das Nichtigkeitsverfahren weitgehend beherrschende Offizialmaxime rechtfertigt die Berücksichtigung eines etwa künftig entstehenden Nichtigkeitsgrundes nicht (BGH 16. 2. 1954 GRUR 1954, 317, 321 ff. – Entwicklungsgerät).

III. Teilweise Identität (§ 4 Abs. 2 Satz 2)

a) Teilbarkeit der Erfindung

Stimmt die jüngere Anmeldung nur **teilweise** mit der älteren 20
Anmeldung überein, so besteht ein Anspruch auf Patenterteilung »in entsprechender Beschränkung«. Voraussetzung ist, daß die jüngere Anmeldung **aus mehreren selbständigen Teilen** besteht. Werden z. B. mehrere Ansprüche angemeldet, so können diejenigen Ansprüche gestrichen werden, die in dem älteren Recht bereits offenbart sind. Ebenso kann eine – qualitative – Teilung dadurch erfolgen, daß **ein Merkmal aus dem Kennzeichnungsteil des Patentanspruchs** herausgenommen und in den Oberbegriff eingefügt wird. Bei einer **echten Kombination** ist dies allerdings nicht möglich, weil ihr Charakter nicht dadurch verändert wird, daß einzelne Merkmale in den Oberbegriff aufgenommen werden. **Eine Teilvernichtung ist hier nur möglich durch einschränkende Einfügung weiterer Kennzeichen** (RG 14. 10. 1941 GRUR 1942, 63, 64 ff.). Anders, wenn mehrere Einzelmerkmale nur additiv zusammengestellt sind, ohne zu einem einheitlichen technischen Erfolg zusammenzuwirken (BPatG 3. 12. 1964 E 6, 153 ff.). Die Entscheidung betrifft den Fall, daß der verbleibende Überschuß im Anspruch der jüngeren Anmeldung **dem am Tage der jüngeren Anmeldung bekannten Stand der Technik angehört** (s. Anm. 21) und dieser Überschuß in keinem sich funktionell beeinflussenden Zusammenhang mit den im Oberbegriff des Anspruchs angegebenen nicht schutzfähigen Merkmalen steht. Mit Recht ist bei einer solchen Sachlage ein Patent versagt worden (ebenso PA 8. 5. 1926 Bl. 1926, 146; 26. 11. 1954 Bl. 1955, 25, 26; a. A. Moser v. Filseck, GRUR 1965, 565, 569, der aber nicht genügend berücksichtigt, daß die Merkmale des Oberbegriffs und des kennzeichnenden Teils unabhängig voneinander waren und daher keine echte patentrechtliche Kombination darstellten).

b) Verbleiben eines erfinderischen Überschusses

21 Der verbleibende **Überschuß** der jüngeren Anmeldung, der beispielsweise in der Empfehlung der Verwendung eines an sich geschützten Arbeitsmittels auf einem besonders gekennzeichneten Sondergebiet (RG 16. 10. 1937 GRUR 1938, 103, 105 ff.) bestehen oder etwa dann vorliegen kann, wenn ein selbständiges, abtrennbares Element der geschützten Kombination als abgeschlossener schutzfähiger Erfindungsgedanke der Fachwelt durch das Vorpatent noch **nicht** offenbart war (RG 3. 11. 1942 GRUR 1943, 70), ist zunächst festzustellen. Über seine Ermittlung bei einer Kombinationserfindung im übrigen vgl. BPatG 17. 2. 1965 E 6, 157, 160. Dieser Überschuß muß nach allgemeinen Grundsätzen gegenüber dem vorbekannten Stand der Technik neu, fortschrittlich und erfinderisch sein (PA 26. 11. 1954 Bl. 1955, 25, 26 mit Nachweisen; BPatG 3. 12. 1964 E 6, 153, 156). Im Patentanspruch ist der Überschuß nach den allgemeinen Grundsätzen selbständig, d. h. ohne Bezugnahme auf das ältere Patent anzugeben (RG 26. 9. 1898 Bl. 1900, 195; PA 9. 7. 1900 Bl. 1900, 301); unzulässig wäre also eine Bezugnahme auf die geschützte Erfindung. Darin läge eine Abhängigkeitserklärung, die niemals Gegenstand des Erteilungs- oder Nichtigkeitsverfahrens sein kann. Nur wegen Identität des Gegenstandes, nicht aber aus dem Gesichtspunkt der Abhängigkeit (§ 6 Anm. 65 ff.) kann ein Patent versagt werden (RG 20. 12. 1899 RGZ 45, 72 unter Hinweis auf RGZ 33, 149).

Über den Unterschied zwischen Identität und Abhängigkeit vgl. § 6 Anm. 65.

C. Widerrechtliche Entnahme (§ 4 Abs. 3)

1. Allgemeines

22 Weiss, Die Anmeldung im Tatbestand der widerrechtlichen Entnahme, GRUR 1955, 455; V. Tetzner, Die erfinderische Zutat bei widerrechtlicher Entnahme, GRUR 1963, 550.

Die Bezeichnung »widerrechtliche Entnahme« ist ungenau. Denn eine solche ist erst dann möglich, wenn der **Erfindungsbesitz** (vgl. § 3 Anm. 5) des Anmelders auf der Mitteilung des Erfindungsberechtigten selbst beruht. Nicht die Erlangung des Erfindungsbesitzes, sondern seine **Verwertung durch Anmeldung** zum Patent, also die widerrechtliche Aneignung der Rechtsstellung des Erfindungsbesitzers (PA 17. 2. 1904 Bl. 1904, 187, 188; OLG München 22. 12. 1950 GRUR 1951, 157, 158) ist das, was hier Rechtsfolgen zeitigt.

Das Entnommene muß **erfinderisch neu** im Sinne des § 2 sein. Ist der Gegenstand, der entnommen sein soll, zur Zeit der Anmeldung bereits vorveröffentlicht oder offenkundig vorbenutzt, so scheidet der Tatbestand der widerrechtlichen Entnahme aus (PA 22. 11. 1938 Mitt. 1938, 388; RG 13. 6. 1939 GRUR 1940, 35, 39; 14. 6. 1940 GRUR 1940, 437, 438; PA Gr. Sen. 18. 2. 1942 Bl. 1942, 40, 41).

Es muß eine **fertige** Erfindung entnommen sein. Anderenfalls fehlt es am Erfindungsbesitz des Verletzten (vgl. § 3 Anm. 5). Noch nicht ausgereifte Ideen des anderen (Verletzten) oder bloße Anregungen, in welcher Richtung die Lösung zu suchen ist, genügen nicht (PA 22. 11. 1938 Mitt. 1938, 388; RG 13. 6. 1939 GRUR 1940, 35, 39); s. im übrigen § 1 Anm. 26 ff.

Nur auf einer **mündlichen Mitteilung** des anderen beruhende Kenntnis der Erfindung reicht aus, den Tatbestand des § 4 Abs. 3 zu erfüllen (RG 8. 1. 1908 Bl. 1909, 11; 13. 6. 1939 GRUR 1940, 35, 39). Denn die in § 4 Abs. 3 enthaltene Aufzählung der Unterlagen (»Beschreibungen, Zeichnungen, Modelle, Gerätschaften oder Einrichtungen eines anderen oder einem von diesem angewendeten Verfahren«), aus denen die Erfindung ohne Einwilligung »des anderen« entnommen sein kann, gilt nur beispielhaft (PA 21. 1. 1959 Bl. 1959, 115, 116). Entscheidend ist stets, daß die Erfindung der **Außenwelt** – ohne Einwilligung des Erfinders – von einem Dritten mitgeteilt worden ist.

2. Entnahme des »wesentlichen Inhalts« der Anmeldung

Der sich aus den Beschreibungen, Zeichnungen, Modellen u. dgl. ergebende **Erfindungsbesitz des Einsprechenden** ist mit der Anmeldung zu vergleichen. Anstelle der Ansprüche, die im Regelfall noch nicht vorliegen werden, muß der **Kern** des in den Unterlagen **offenbarten Gedankenguts** dem Vergleich mit der Anmeldung zugrunde gelegt werden. Denn der Verletzte hat Anspruch darauf, daß ihm Schutz für alles gewährt wird, was – für den Durchschnittsfachmann erkennbar – zu dem Bereich seiner Erfindung gehört und ihm entnommen ist. Daher umfaßt der Erfindungsgedanke des **entnommenen** Gedankenguts neben den technischen und glatten patentrechtlichen Äquivalenten alles, was der **Durchschnittsfachmann** zwar nicht ohne weiteres, aber ohne erfinderisches Bemühen der Beschreibung usw. zu entnehmen vermag. Es müssen die gleichen Grundsätze gelten, die für die Feststellung der Identität nach § 4 Abs. 2 maßgebend sind (Reimer § 4 Anm. 26). 23

Hatte der Erfinder einen der Erfindung zugrunde liegenden **Erfindungsgedanken** nicht erkannt, so scheidet dieser für die Entnahme aus. Das folgt bereits aus dem Begriff des Erfindungsbesitzes (vgl. § 3 Anm. 5). Die Voraussetzungen sind insoweit die gleichen wie beim Vorbenutzungsrecht (§ 7 Anm. 2).

Die Anmeldung ist **in der Fassung** zu berücksichtigen, in der sie **bekanntgemacht** worden ist. Etwaiger abweichender Inhalt der ursprünglichen Anmeldungsunterlagen kommt lediglich als Beweisumstand für die Widerrechtlichkeit in Betracht (RG 9. 12. 1936 GRUR 1937, 365). Der **Schutzumfang des** durch den Entnehmer **angemeldeten Erfindungsgedankens** ist hier sowenig wie sonst der Schutzumfang eines angegriffenen Patents im **Nichtigkeitsstreit** nachzuprüfen (RG 29. 10. 1930 RGZ 130, 158).

Die Frage, ob **Verzichte** des nichtberechtigten Entnehmers im Erteilungsverfahren und daraufhin vom PA vorgenommene **Beschränkungen** bei einem Vergleich zwischen Entnahmeobjekt und Gegenstand der Anmeldung zu berücksichtigen sind, ist bisher von der Rechtsprechung nicht entschieden worden. Da der Verzicht eines zwar prozessual, nicht aber materiell Berechtigten das Recht des Verletzten nicht beeinträchtigen, d. h. den wahren Berechtigten nicht binden kann, wird der Auffassung beizutreten sein, daß solche Verzichte eines Entnehmers bei dem Vergleich außer Betracht zu bleiben haben (Weiss, GRUR 1955, 455, 458 ff.).

24 Ist die Erfindung des Verletzten eine **Kombination** und hat der Anmelder ihr **ein Element** entnommen, so kann eine widerrechtliche Entnahme nur vorliegen, wenn dieses Element erfinderisch neu war; vgl. dazu § 6 Anm. 51 ff. Betrifft umgekehrt die Anmeldung eine Kombination und bezieht sich die Erfindung des Verletzten nur auf ein einzelnes Element, so liegt lediglich Abhängigkeit, nicht aber eine Entnahme vor (RG 29. 10. 1906 Bl. 1907, 106; PA 18. 12. 1936 Mitt. 1937, 58, 59).

25 Ist die Erfindung als Ganzes oder auch nur ein Teil von ihr entnommen und hat der Entnehmer **zusätzliche Änderungen des Erfindungsgedankens** vorgenommen, so kommt es darauf an, ob diese Änderungen einen **selbständigen erfinderischen Überschuß** ergeben oder ob dies nicht zutrifft. Im letzteren Fall liegt Entnahme vor. Stellen die Änderungen indessen erfinderische Zutaten dar, so ist entscheidend, ob das Patent oder die Anmeldung **teilbar** ist. Läßt sich eine Aufteilung in zwei selbständige Erfindungsgedanken vornehmen, so ist § 4 Abs. 2 Satz 2 entsprechend anzuwenden. Nur soweit Entnahme vorliegt, ist die Anmeldung zu versagen. Ist die eigene erfinderische Leistung nicht abtrennbar, so hält Reimer (§ 4 Anm. 26) den Einspruch für begründet, weil ein Erfindungsbesitzer nicht zu dulden brauche, daß sein Geistesgut gegen seinen Willen patentiert werde. Die Frage ist recht streitig (vgl. Weiss, GRUR 1955, 455; V. Tetzner, GRUR 1963, 550 ff.). Gegenüber der von Reimer vertretenen Auffassung ist zu bedenken, daß unter Umständen wertvolle Erfindungen auf diese Weise der Allgemeinheit verlorengehen können (ebenso Tetzner § 4 Anm. 38 Fußnote 153). Es wird daher der Ansicht der Vorzug zu geben sein, daß in diesem Fall kein Entnahmeanspruch besteht. Die erfinderische Ausgestaltung des Erfindungsbesitzes kann aber dann in vollem Umfange abhängig sein. Auch steht dem Verletzten ein Anspruch auf Einräumung einer Mitberechtigung zu (§ 5).

3. Widerrechtlichkeit der Entnahme

Objektiv unberechtigte Entnahme genügt (RG 27. 3. 1918 GRUR 1930, 1110). Gutgläubigkeit des Anmelders ist also ohne Bedeutung (RG 23. 10. 1880 RGZ 2, 137). Objektiv unberechtigt ist die Entnahme, d. h. die Verwertung des Erfindungsbesitzes zur Patentanmeldung, wenn die **Einwilligung** des Verletzten **fehlt.** In der Mitteilung der Erfindung allein liegt eine Einwilligung noch nicht. Die Einwilligung unterliegt als **Rechtsgeschäft** den allgemeinen Regeln (Geschäftsfähigkeit; Anfechtung wegen Willensmangel). Die Entscheidung steht im Streitfall, obwohl es sich um eine zivilrechtliche Streitigkeit handelt, dem PA bzw. dem PatG zu (Reimer § 4 Anm. 28 a. E.). 26

Der Erfindungsbesitz des Anmelders muß sich **unmittelbar oder mittelbar über einen Zwischenbesitzer** von dem, der den Einspruch erhebt, herleiten. Hat z. B. der Anmelder die (nach § 2 neue) Erfindung aus der praktischen Anwendung **im Ausland** kennengelernt, so ist sie **nicht** dem Besitz des inländischen Erfindungsberechtigten entnommen, gleichgültig, ob die – nicht neuheitsschädliche – offenkundige Vorbenutzung im Ausland ihrerseits auf den Erfindungsbesitz des Einsprechenden zurückzuführen ist oder nicht (OLG Hamm 28. 3. 1934 GRUR 1935, 539; a. A. Nirk in Klauer-Möhring § 4 Anm. 27). Grundsätzlich kann jedoch die widerrechtliche Entnahme auch im Ausland erfolgen, z. B. Entnahme aus einer im Ausland geheim erfolgten Vorbenutzung (so zutreffend Tetzner § 4 Anm. 35).

Keine widerrechtliche Entnahme erfolgt durch Anmeldung seitens eines Miterfinders gegenüber dem anderen (RG 30. 4. 1927 RGZ 117, 47, 50; 18. 1. 1930 Bl. 1930, 258, 259; PA 17. 12. 1942 Mitt. 1943, 75, 76). Miterfinder stehen sich nicht als Berechtigter und Nichtberechtigter gegenüber. Der benachteiligte Miterfinder kann vor dem ordentlichen Gericht auf Zurückziehung der Anmeldung oder auf Eintritt als Mitanmelder in das Patenterteilungsverfahren bzw. auf Umschreibung des Patents auf seinen Namen als Mitberechtigter klagen. Es handelt sich dann um eine Patentstreitsache im Sinne des § 51 (a. A. zu Unrecht Tetzner § 4 Anm. 43).

Erfolgt die Anmeldung auf den Namen aller Miterfinder, so liegt gleichfalls keine widerrechtliche Entnahme vor.

Meldet ein **Arbeitnehmer unbefugt eine Diensterfindung** an, nachdem der Arbeitgeber sie in Anspruch genommen hat, so liegt widerrechtliche Entnahme gegenüber dem Unternehmer vor. Aber auch dann, wenn eine Inanspruchnahme seitens des Arbeitgebers noch nicht stattgefunden hat, stellt die Anmeldung eines Arbeitnehmers eine widerrechtliche Entnahme dar (PA 21. 1. 1959 Bl. 1959, 115; BPatG 25. 2. 1969 E 10, 207, 214; Reimer-Schade-Schippel ArbEG § 7 Anm. 4). Die Gegenmeinung, die vor Inanspruchnahme nur eine Pflichtverletzung des Arbeitnehmers annehmen will (u. a. Nirk in Klauer-Möhring § 4 Anm. 26; Tetzner § 4 Anm. 42), berücksichtigt wohl nicht genügend, daß das Recht zur Inanspruchnahme, mit dem das Erfinderrecht des anmeldenden Arbeitnehmers belastet ist, nicht obligatorischer, sondern dinglicher Natur ist. Daraus zieht BPatG 25. 2. 1969 a. a. O. zutreffend die Folgerung, daß die Widerrechtlichkeit nicht etwa erst mit der Inanspruchnahme eintritt, sondern bereits von Anfang an vorgelegen hat, obgleich sie erst geltend gemacht werden kann, wenn eine wirksame Inanspruchnahme stattgefunden hat. Die Versagung der Patenterteilung kann daher in der Tat erst erfolgen, wenn der Nachweis einer wirksamen Inanspruchnahme erfolgt ist (so schon PA 21. 1. 1959 a. a. O.); ebenso Zwischenbescheid der Schiedsstelle vom 28. 3. 1966 (Bl. 1967, 131 ff.) und BPatG 25. 2. 1969 a. a. O. Besteht darüber Streit, ob eine Diensterfindung vorliegt, kann die Entscheidung nur durch die nach § 51 PatG bestimmten Gerichte erfolgen. Bis zur Entscheidung dieser Vorfrage kann das Einspruchsverfahren entsprechend § 148 ZPO ausgesetzt werden (BPatG 25. 2. 1969 a. a. O.).

Meldet andererseits ein Arbeitnehmererfinder eine ganz oder anteilsmäßig von ihm stammende, durch Versäumung der Fristen nach §§ 6 Abs. 2, 18 Abs. 2 ArbEG frei gewordene Erfindung für sich an, so liegt eine widerrechtliche Entnahme gegenüber einem Arbeitgeber nicht vor (Schiedsstelle PA 28. 3./12. 8. 1966 Bl. 1967, 131 ff.).

4. Die Rechte des Verletzten

a) Einspruch

27 **Der Einspruchsberechtigte** nach § 4 Abs. 3 ist der durch die widerrechtliche Entnahme Verletzte (»der andere«). Er braucht nicht notwendig der Erfinder oder dessen Rechtsnachfolger zu sein. Es kann auch jeder frühere Erfindungsbesitzer sein, auf den der Besitz des Anmelders zurückzuführen ist (RG 23. 10. 1880 RGZ 2, 137, 138). Der Einwand der Entnahme kann abgetreten werden, jedoch nur, wenn zugleich die Erfinderrechte abgetreten werden (RG 30. 9. 1936 GRUR 1937, 378); vgl. dazu Tetzner § 4 Anm. 33. Nach der amtlichen Begründung (vgl. Bl. 1936, 104) soll dem Patentamt lediglich »die schwierige und zeitraubende Nachforschung nach dem Erfinder« erspart werden. In der Regel wird sich allerdings nur der Erfindungsberechtigte als Verletzter melden.

Der Verletzte muß die rechtswidrige Entnahme **im Wege des Einspruchs** geltend machen und beweisen; bis dahin gilt der Anmelder als aktiv legitimiert. Von Amts wegen findet also eine Patentversagung im Falle der Entnahme nicht statt.

Die Einwendung des Anmelders, daß auch der Einsprechende nicht der Erfindungsberechtigte sei, ist unzulässig, weil lediglich der frühere Besitz der Erfindung das entscheidende ist. Anders, wenn der Anmelder behauptet, selbst der Erfindungsberechtigte zu sein.

Einspruchsberechtigt ist nach § 32 Abs. 1 Satz 1 **nur der Verletzte oder sein Rechtsnachfolger,** der den Einspruch rechtzeitig, d. h. **binnen 3 Monaten** nach der Bekanntmachung, erheben muß.

Der beweispflichtige Verletzte erreicht durch den Einspruch lediglich, daß es überhaupt zu keiner Patenterteilung kommt.

b) Eigene Anmeldung

Der **Verletzte,** der sein Recht zur eigenen Anmeldung geltend machen 28
will, **hat zu beweisen,** daß die **Zurücknahme** oder **Zurückweisung** der Anmeldung **die Folge des Einspruchs war.** Dies kann **im Falle der Zurücknahme** insbesondere bei Vorhandensein mehrerer Einsprüche zu Schwierigkeiten führen. Die Entscheidung PA 27. 6. 1960 (Bl. 1960, 314, 315) »neigt« dazu, für den Regelfall auch ohne weitere Darlegung widerlegbar zu vermuten, daß bei einer Zurücknahme der Anmeldung nach dem Eingang eines auf widerrechtliche Entnahme gestützten Einspruchs ein ursächlicher Zusammenhang vorliegt (ebenso Nirk in Klauer/Möhring § 4 Anm. 32). Die Vermutung ist aber widerlegbar.

Der Verletzte muß **für die eigene Anmeldung,** die im übrigen allen Erfordernissen der patentfähigen Erfindung zu genügen hat, die vorgeschriebene **Frist von einem Monat** seit der amtlichen Mitteilung über Zurücknahme oder Zurückweisung der Anmeldung des Verletzten wahren (BPatG 13. 1. 1967 E 9, 196, 199). Gegen die Fristversäumung ist eine **Wiedereinsetzung in den vorigen Stand nicht zulässig** (§ 43 Abs. 1).

Hat der wahre Erfinder mit seiner Anmeldung nicht gewartet, sondern seine Anmeldung bereits unabhängig von derjenigen des Entnehmers getätigt, so kann von ihm eine Neuanmeldung nicht gefordert werden (PA 8. 12. 1943 Bl. 1943, 129).

Auf diese Weise kann der Verletzte ein **Patent mit der Priorität der Anmeldung des Verletzers** erlangen. Der Einspruch hat also nicht nur eine negative, auf Patentversagung gehende, sondern auch eine auf Geltendmachung der Prioritätsrechte gerichtete positive Seite. Er hat somit neben dem prozessualen auch einen materiellrechtlichen Charakter (PA Gr. Sen. 18. 2. 1942 Bl. 1942, 40, 41).

Ist das Patent wegen mangelnder Patentfähigkeit, in erster Linie also wegen mangelnder Neuheit versagt worden, so steht dem durch widerrechtliche Entnahme Verletzten, der gegen die Bekanntmachung der Patentanmeldung Einspruch eingelegt hat, im Hinblick auf seine Prioritätsanwartschaft ein **Beschwerderecht** gegen den Beschluß zu. Er ist beschwert, wenn die Patentanmeldung **ohne** Entscheidung über die widerrechtliche Entnahme zurückgewiesen worden ist (PA Gr. Sen. 18. 2. 1942, a. a. O.; BPatG 13. 1. 1967 E 9, 196, 199).

Ein **ausdrücklicher Antrag,** daß der Tag der früheren Anmeldung als Tag der Anmeldung festgesetzt werde, **ist notwendig;** ohne einen solchen Antrag erfolgt keine Vordatierung. Liegen die Voraussetzungen für diese vor, so ist der Tag der früheren Anmeldung auch maßgebend hinsichtlich der Dauer des Patents (§ 10) und der Berechnung der Jahresgebühren (§ 11) (PA 8. 12. 43 Bl. 1943, 129; abweichend noch PA 15. 4. 1942 Mitt. 1942, 86). Auch die Entstehung eines Vorbenutzungsrechts (§ 7) ist für die Zwischenzeit ausgeschlossen.

Die Neuheitsschonfrist des § 2 Satz 2 kommt dem Verletzten zugute; herrsch. Auff. vgl. dazu PA 22. 11. 1938 Mitt. 1938, 388, 389.

Bei Anmeldung eines **weitergehenden Patents,** als es der widerrechtlichen Entnahme entspricht, muß entweder auf die Rückdatierung verzichtet werden oder Ausscheidung des Mehr und dessen selbständige Anmeldung mit eigener Priorität stattfinden (PA 8. 12. 1943 a. a. O.). Heute wird allerdings § 26 Abs. 5 zu berücksichtigen sein.

c) Sonstige Rechte des Verletzten

29 Der Verletzte kann auch auf schuldrechtlicher Grundlage **im ordentlichen Rechtsweg** Einweisung in die Rechtsstellung des Patentinhabers verlangen (§ 3 Anm. 3). Ihm steht daneben die **Vindikationsklage aus § 5** sowie die **Nichtigkeitsklage nach § 13 Abs. 1 Nr. 3** zu. Diese Rechtsbehelfe sind auch nebeneinander zulässig (BGH 27. 10. 1961 GRUR 1962, 140, 141 – Stangenführungsrohre II – mit Nachweisen).

Gegenüber der **Verletzungsklage** aus dem Patent kann sich der Beklagte auf die widerrechtliche Entnahme der Erfindung berufen (vgl. § 5 Anm. 9), wenn **der Kläger** selbst der **Entnehmer** ist **oder** das Patent in **Kenntnis von der widerrechtlichen Entnahme** erworben hat. Grundlage des Einwands ist hier nicht die Entnahme als solche, sondern die Bösgläubigkeit des Klägers, sein Treu und Glauben widersprechendes Handeln (RG 29. 10. 1930 RGZ 130, 158, 160; 12. 11. 1930 GRUR 1931, 147).

Ob die Einrede darüber hinaus auch gegenüber der Verletzungsklage des **gutgläubigen** Patentinhabers auf erfinderrechtlicher Grundlage aus Billigkeitserwägungen zuzulassen ist, ist streitig. Aus den in § 5 Anm. 9 genannten Gründen wird man die Frage entgegen dem in der Vorauflage vertretenen Standpunkt verneinen müssen.

Der Verletzte kann den Entnehmer auch aus **unerlaubter Handlung** (§§ 823, 826 BGB) oder **unlauterem Wettbewerb** (§§ 1, 17, 18 UWG) **auf Schadensersatz** in Anspruch nehmen (RG 8. 11. 1930 MuW 1931, 168, 169). Eine unzutreffende schriftliche oder mündliche Behauptung einer widerrechtlichen Entnahme kann **eine üble Nachrede** im Sinne des § 186 StGB oder einen widerrechtlichen **Eingriff in den eingerichteten Gewerbebetrieb** des Verletzten darstellen, durch die eine Unterlassungs- und Schadensersatzpflicht begründet wird (BGH 16. 5. 1961 GRUR 1962, 34, 35 – Torsana). Im übrigen vgl. § 5.

Schließlich steht dem Verletzten der **Anspruch auf Benennung als Erfinder zu** (§ 36). Erfolgt die Anmeldung nicht auf seinen Namen, so kann er, da die Richtigkeit der Angaben vom Patentamt nicht nachgeprüft wird (§ 26 Abs. 6), im ordentlichen Rechtsweg auf Zustimmung des Anmelders klagen, daß die Anmeldung im Erteilungsverfahren auf seinen Namen behandelt wird (§ 36 Abs. 2 Satz 3).

§ 5

Der Berechtigte, dessen Erfindung von einem Nichtberechtigten angemeldet ist, oder der durch widerrechtliche Entnahme Verletzte kann vom Patentsucher verlangen, daß ihm der Anspruch auf Erteilung des Patents abgetreten wird. Hat die Anmeldung bereits zum Patent geführt, so kann er vom Patentinhaber die Übertragung des Patents verlangen. Der Anspruch kann bis zum Ablauf eines Jahres nach der Bekanntmachung über die Erteilung des Patents (§ 35 Abs. 1) durch Klage geltend gemacht werden, später nur dann, wenn der Patentinhaber beim Erwerb des Patents nicht in gutem Glauben war.

ÜBERSICHT

Dazu: Kleef, Der Gegenstand des Anspruchs des durch widerrechtliche Entnahme Verletzten aus § 5 Patentgesetz nach Erteilung des Patents, GRUR 1939, 874; Starck, Der gute Glaube im Patentgesetz, MuW 1938, 318; V. Tetzner, Die erfinderische Zutat bei widerrechtlicher Entnahme, GRUR 1963, 550; Lüdecke, Die erfinderrechtliche Vindikation (§ 5 PatG) und erteilte Lizenzen, GRUR 1966, 1; Bruchhausen, Die widerrechtliche Entnahme im Vorentwurf eines Abkommens über ein europäisches Patentrecht, GRUR Ausl. 1963, 299.

I. Erfinderrechtliche Vindikation

1 Nach dem bis 1936 geltenden Patentgesetz war der Erfinder grundsätzlich darauf angewiesen, den Tatbestand der §§ 823, 826 BGB (RG 28. 5. 1892 RGZ 29, 49; 9. 12. 1936, GRUR 1937, 365; 25. 2. 1933 RGZ 140, 53, 56) oder der auftraglosen Geschäftsführung (RG 14. 1. 1914 RGZ 84, 49, 53) darzutun, d. h. obligatorische Ansprüche geltend zu machen. Nach

geltendem Recht bildet nunmehr § 5 die Grundlage für den **dinglichen Übertragungsanspruch,** der aus dem Grundsatz folgt, daß nur der Erfinder das Recht auf das Patent hat (§ 3), und zwar – wenn auch zeitlich beschränkt – selbst dann, wenn ein gutgläubiger Dritter das Patent angemeldet oder erhalten hat. Im Hinblick auf die dingliche Natur des Übertragungsanspruchs spricht man von der **erfinderrechtlichen Vindikation.** Diese tritt neben die auch bisher schon anerkannte, auf patentrechtlicher Grundlage beruhende **Patentvindikation,** bei der sich der Übertragungsanspruch aus dem Patentrecht, nicht aus dem Erfinderrecht herleitet (§ 9 Anm. 3). Der vom RG 25. 1. 1933 RGZ 150, 53 ausgesprochene Satz, daß das Erfinderrecht mit der Patenterteilung ende, ist dadurch überholt.

Der Einwand, daß der in Anlehnung an die römisch-rechtliche rei vindicatio, d. h. die sachenrechtliche Herausgabeklage des Eigentümers gegen den Besitzer geprägte Begriff »Vindikation« den Sachverhalt nicht ganz treffe, weil der Kläger als dinglich Berechtigter mit der Klage in der Regel mehr fordere, als ihm im Zeitpunkt der Entnahme – ohne Anmeldung bzw. ohne Patenterteilung – zugestanden habe (vgl. Blum/Pedrazzini, Art. 29 Anm. 1), berücksichtigt nicht genügend, daß sich auch die echte Vindikation auf Herausgabe der Nutzungen usw. erstreckt (§ 987 ff. BGB), also auf das, was der Nichtberechtigte aus der Sache erzielt hat (Lüdecke, GRUR 1966, 1, 3). Es könnte eher geltend gemacht werden, die Bezeichnung sei deswegen ungenau, weil auch ein nichtberechtigter Erfindungsbesitzer den Anspruch aus § 5 geltend machen kann.

Anlaß für die Annahme, daß die obligationsrechtliche Haftung nicht mehr in Frage komme, besteht nicht. Der obligatorische Anspruch, der sich aus dem Gesichtspunkt schuldhafter Verletzung des Erfinderrechts ergibt (§ 3 Anm. 1), ist insbesondere dann von Bedeutung, wenn der Verletzte nicht in eine Rechtsgemeinschaft mit dem Entnehmer, der der Anmeldung oder dem Patent eine eigene erfinderische Leistung hinzugefügt hat (Anm. 6), treten will. Bei Bösgläubigkeit kann der Verletzer auf dem Wege des **Schadenersatzes** (§ 823 BGB) sowie aus **unberechtigter Geschäftsführung** (§ 687 Abs. 2 BGB) eine solche Gemeinschaft verhindern (vgl. im einzelnen Tetzner, GRUR 1963, 550, 553 ff.).

Der Anspruch aus § 5 wird im **ordentlichen Rechtsstreit** vor dem nach § 51 Abs. 1 und 2 zuständigen Gericht verfolgt (vgl. § 51 Anm. 1, 4).

II. Erfindung, Einwand der mangelnden Schutzfähigkeit

Ob wirklich eine **Erfindung** vorliegt und ob alle Voraussetzungen einer patentierbaren Erfindung erfüllt sind, ist auf die Anmeldung hin vom Patentamt erst zu prüfen. Für die Zeitspanne vor der Patentanmeldung sollte man mithin besser von dem Besitz an der vom Anmelder dem Patentamt vorgelegten Anweisung zu technischem Handeln sprechen. 2

Der Anmelder kann als **Verteidigung** gegenüber dem Abtretungsanspruch nicht geltend machen, es liege keine Erfindung oder keine patentierbare Erfindung vor. Was dem Verletzten eingeräumt werden soll, ist ja vor Erteilung des Patents gerade die durch die Anmeldung erzielte Rechtsstellung in dem auf die Anmeldung einsetztenden verwaltungsrechtlichen Verfahren wegen Erteilung des Patents. Der **Einwand mangelnder Patentwürdigkeit** ist demzufolge dem Prozeß wesensfremd. Er würde nicht nur eine unbillige Verzögerung des Verfahrens herbeiführen, sondern sich darüber hinaus auch als Gefährdung des Verletzten auf Rechtsschutz darstellen, etwa wenn der Verletzte, der selber gar nicht die Erlangung eines Schutzrechts anstrebt, sich nur dagegen schützen will, daß der Entnehmer ein Patent erwirbt, auf das er sich dem Berechtigten gegenüber berufen könnte (BGH 27. 10. 1961 GRUR 1962, 140 ff. – Stangenführungsrohre). Derselbe Gesichtspunkt gilt erst recht, wenn das Patent bereits erteilt ist.

III. Aktivlegitimation, Anspruchsberechtigter

1. Erfindungsberechtigter und Erfindungsbesitzer

3 Der in § 5 Satz 1 genannte **»Berechtigte«** ist der Erfindungsberechtigte im Sinne von § 3 (vgl. BGH 26. 1. 1967 BGHZ 47, 132, 136), **»der durch widerrechtliche Entnahme Verletzte«** ist der verletzte Erfindungsbesitzer.

Während des **Erteilungsverfahrens** kann der Berechtigte oder der durch widerrechtliche Entnahme Verletzte verlangen, daß ihm der Anspruch auf Erteilung des Patents **abgetreten** wird (§ 5 Satz 1). Hierbei ist es unerheblich, ob etwa der Verletzte seinerseits eine Anmeldung schon vorher vorgenommen hatte (RG 18. 9. 1929 JW 1930, 1730; LG Berlin 17. 10. 1938 Mitt. 1939, 66 ff.). Ist das **Patent** bereits **erteilt,** so kann er vom Patentinhaber die **Übertragung** des Patents verlangen (§ 5 Satz 2). Wegen der einjährigen Befristung des Anspruchs aus § 5 Satz 2 vgl. unten Anm. 8.

Die Ansprüche aus widerrechtlicher Entnahme sind seitens des Erfindungsbesitzers übertragbar. Ist der Erfindungsbesitzer **zugleich materiell Berechtigter,** so kann er seine Ansprüche allerdings nur zusammen mit dem Erfinderrecht übertragen (RG 30. 9. 1936 GRUR 1937, 378).

2. Stellung des Erfindungsbesitzers

4 Auch der nicht erfindungsberechtigte Erfindungsbesitzer kann die Rechte aus widerrechtlicher Entnahme geltend machen. Die abweichende Ansicht (Reimer § 5 Anm. 7; Hubmann § 16 VI S. 110), die sich darauf stützt, daß nach dem Erfindungsprinzip das Recht nur dem wahren Erfinder zustehe, legt nicht genügend Gewicht auf den Gesichtspunkt, daß das Patentgesetz gerade dem Verletzten den häufig schwierigen und zeitraubenden Nachweis seiner materiellen Erfindungsberechtigung ersparen will (OLG München 22. 10. 1950 GRUR 1951, 157, 158).

Allerdings kann der Erfindungsbesitzer einen Anspruch auf Übertragung **nicht dem wahren Erfindungsberechtigten gegenüber** durchsetzen. Denn letzterer muß befugt bleiben, sich auf sein stärkeres sachliches Erfinderrecht zu berufen. Die Klage des nichtberechtigten Erfindungsbesitzers muß daher abgewiesen werden, wenn der materiell Berechtigte sein Recht auf die Erfindung beweist (§ 4 Anm. 29; Bock-Bruchhausen in Benkard § 5 Anm. 3).

3. Voraussetzung für die Legitimation

Voraussetzung für die Legitimation ist stets, daß die Erfindung des Verletzten bereits diejenigen Merkmale umfaßt hat, die für die von dem angeblichen Verletzer angemeldete Erfindung **wesentlich** sind (RG 21. 4. 1939 GRUR 1939, 779). Es muß also der wesentliche Inhalt der Anmeldung oder des Patents mit dem entnommenen Gedankengut übereinstimmen, d. h. die zum Patent angemeldete oder bereits patentierte Erfindung muß mit der entnommenen Erfindung identisch sein (vgl. § 4 Anm. 23). Hierfür ist der Kläger beweispflichtig (RG 21. 4. 1939 a. a. O.). Keine widerrechtliche Entnahme erfolgt durch die Anmeldung eines Miterfinders gegenüber dem anderen (§ 4 Anm. 26). Soweit die Voraussetzungen des § 3 Satz 2 vorliegen (§ 3 Anm. 17), kann nur die Einräumung einer Mitberechtigung verlangt werden. 5

4. Veränderungen und Verbesserungen der entnommenen Erfindung

Hat der Entnehmer **Veränderungen** oder **Verbesserungen** an der Erfindung vorgenommen, die **keinen eigenen Erfindungsgedanken** enthalten, sondern nur zweckmäßige Ausgestaltungen darstellen, so erwächst daraus für ihn keine Mitberechtigung an dem Patent; er muß es vielmehr in vollem Umfang auf den Verletzten übertragen (Kleef, GRUR 1939, 874, 875). 6

Hat er andererseits die Erfindung durch Verbesserungen **erfinderisch weiterentwickelt,** so entsteht eine Erfindergemeinschaft (§ 3 Anm. 7). Eine solche Gemeinschaft kann sich nicht etwa nur auf Grund einer von vornherein vereinbarten Zusammenarbeit, sondern auch im Wege der Weiterentwicklung einer widerrechtlich entnommenen Lehre durch den Entnehmer ergeben (BGH 12. 4. 1960 – I ZR 98/58). Der Berechtigte kann hiernach die Vindikationsklage nur auf **Einräumung einer Mitberechtigung** an der Patenterfindung (§§ 741 ff. BGB) und Umschreibung in der Rolle richten. Denn der Verletzte kann einerseits nicht mehr fordern, als ihm widerrechtlich entnommen ist, zum anderen kann er auch nicht die Übertragung des auf ihn entfallenden Teils verlangen, weil eine Realteilung des Patents oder einer Patentanmeldung nicht möglich ist. Auch eine teilweise Übertragung eines oder mehrerer Ansprüche ist nicht zulässig (Kleef, GRUR 1939, a. a. O.; V. Tetzner, GRUR 1963, 550, 553). Das gleiche gilt, wenn dem

Entnehmer ein Kombinationspatent erteilt ist, von dem ein Element dem Verletzten entnommen ist. Da eine Trennung der Kombination nicht erfolgen kann, kommt auch in diesem Fall nur Einräumung einer Mitinhaberschaft in Betracht.

Hat eine Anmeldung noch nicht zum Patent geführt, so steht dem Verletzten, wenn Teilung der Anmeldung nicht möglich ist, ebenfalls nur ein Anspruch auf Einräumung der Mitberechtigung zu. Anders, wenn ein Teil der Anmeldung z. B. wegen Uneinheitlichkeit abgezweigt werden kann (vgl. dazu auch V. Tetzner, GRUR 1963, 550, 553).

Dem etwa bestehenden Recht des Berechtigten, als **Miterfinder** anteilige Übertragung (oder auch Vollübertragung) des Patents zu verlangen, kann im Einzelfall mit dem **Einwand aus § 242 BGB** entgegengetreten werden. Konnte beispielsweise der Entnehmer nach den Umständen annehmen, der Berechtigte werde ihm das Schutzrecht belassen, so würde die Geltendmachung des Anspruchs im Widerspruch zu dem früheren Verhalten des Berechtigten stehen (BGH 27. 6. 1963 I a ZR 110/63; vgl. auch Anm. 9).

5. Prozessuales

7 Der **Klageantrag** lautet im Falle des § 5 Satz 1 dahin, den Anspruch auf Erteilung des Patents aus der Anmeldung X auf den Kläger zu übertragen und gegenüber dem Patentamt darin einzuwilligen, daß die Anmeldung für den Kläger weiterbehandelt wird. Ein Urteil ergeht dann gemäß § 894 ZPO. Ist das Patent dem Entnehmer bereits erteilt (§ 5 Satz 2), so geht der Antrag auf Übertragung des Patents und Einwilligung in die Umschreibung in der Rolle (BPatG 13. 1. 1967 E 9, 196, 198).

Neben dem Anspruch aus § 5 ist die **Nichtigkeitsklage** oder – bei Gebrauchsmustern – der Löschungsantrag als Rechtsbehelf gegeben (RG 27. 3. 1918 GRUR 1930, 1110; BGH 27. 10. 1961 GRUR 1962, 140 ff. – Stangenführungsrohre; a. A. Pietzcker § 10 Anm. 18, der zu Unrecht nur die alternative, nicht aber die kumulative Klageerhebung für zulässig hält). Die Nichtigkeitsklage nach § 13 Abs. 1 Ziff. 3 kann auch nach Ablauf der einjährigen Frist erhoben werden, da es für diese Klage genügt, daß die Anmeldung objektiv auf der widerrechtlichen Entnahme beruht, ein Verschulden somit nicht vorausgesetzt wird (RG 27. 3. 1918 GRUR 1930, 1110 mit Anmerkung Isay).

Schließlich steht dem Verletzten neben der Vindikationsklage auch der **Anspruch nach §§ 4 Absatz 3, 32** zu. Wegen der obligatorischen Ansprüche vgl. oben Anm. 1.

Wird dem Klageantrag wegen widerrechtlicher Entnahme stattgegeben, so ist das Einspruchs- oder Nichtigkeitsverfahren in der Hauptsache erledigt. Umgekehrt findet der Rechtsstreit über das Herausgabeverlangen seine Erledigung, wenn dem Einspruch stattgegeben oder das Patent vernichtet wird; ebenso, wenn das Patent im Erteilungsverfahren versagt wird (vgl. Busse § 5 Rnr. 4). Über die Kosten ist in diesem Falle gemäß § 91 a ZPO zu entscheiden.

Häufig wird es zweckmäßig sein, eine **einstweilige Verfügung** zu beantragen, um dem Beklagten die Verfügung über das Patent, etwa durch Verzicht oder Nichtzahlung der Gebühren, oder über die Patentanmeldung zu verbieten (vgl. OLG München 22. 12. 1950 Bl. 1951, 96 ff.; OLG Karlsruhe 31. 10. 1953 GRUR 1954, 259; LG München 6. 12. 1955 GRUR 1956, 415, 416). Über Sicherung des Übertragungsanspruches durch **Sequestration** (§ 938 Abs. 2 ZPO) vgl. § 47 Anm. 67.

Bei Klagen auf **Unterlassung** der **Behauptung,** der Gegenstand der klägerischen Erfindung sei gegenüber dem Beklagten durch widerrechtliche Entnahme erlangt, ist zu prüfen, ob alle Voraussetzungen erfüllt sind, die von der Rechtsprechung für den Rechtsbegriff der widerrechtlichen Entnahme gefordert werden (RG 13. 6. 1939 GRUR 1940, 35, 39 ff.). Den Beklagten trifft in diesem Fall die Beweislast für die Richtigkeit der von ihm gegen den Kläger erhobenen Anschuldigung (BGH 16. 5. 1961 GRUR 1962, 34, 35 – Torsana). Eine der Rechtskraft fähige Entscheidung über die Frage, wer der Erfindungsberechtigte ist, ergeht damit selbstverständlich nicht. Unmittelbar kann die widerrechtliche Entnahme **nicht** Gegenstand einer **Feststellungsklage** sein, weil der Tatbestand der widerrechtlichen Entnahme als solcher eine Tatsache und kein Rechtsverhältnis ist. Festgestellt werden könnte aber z. B., daß dem Beklagten keine Ansprüche aus einer angeblichen widerrechtlichen Entnahme zustehen (RG 13. 6. 1939 a. a. O. S. 41).

IV. Passivlegitimation. Anspruchsverpflichteter

1. Nichtberechtigter Anmelder und nichtberechtigter Inhaber eines Patents. Guter Glaube

Passiv legitimiert ist der nichtberechtigte **Patentanmelder** oder, falls die 8
Anmeldung bereits zum Patent geführt hat, der nichtberechtigte **Patentinhaber,** gleichgültig, ob er derjenige ist, der dem Erfinder die Erfindung **entwendet hat,** oder ein seinen Erfindungsbesitz von einem solchen Entwender ableitender **gutgläubiger** Dritter ist. Bei mehreren am Patent Beteiligten müssen nach übereinstimmender Auffassung alle gutgläubig sein (vgl. Hesse in Klauer-Möhring § 5 Anm. 10).

Im Falle der **Gutgläubigkeit** des Patentinhabers ist allerdings der Vindikationsanspruch zeitlich **bis zum Ablauf eines Jahres** nach der Bekanntmachung über die Erteilung des Patents begrenzt (§ 5 Satz 3). Nach Ablauf der Frist erlischt der Anspruch (Lüdecke, GRUR 1966, 1, 3), während er gegen den bösgläubigen Erwerber fortbesteht.

Nicht in gutem Glauben ist entsprechend der nach herrschender Auffassung hier anwendbaren Vorschrift des § 932 Abs. 2 BGB ein Patentinhaber, dem »beim Erwerb« des Patents bekannt oder infolge grober Fahrlässigkeit unbekannt war, daß weder ihm noch seinem Rechtsvorgänger ein Recht an der Erfindung, der Anmeldung oder dem Patent zustand. Starck (MuW 1938, 318, 319) will zu Unrecht einfache Fahrlässigkeit genügen lassen.

Maßgeblich für den guten Glauben ist stets **der Zeitpunkt des Erwerbs des Patents.** Guter Glaube muß also noch im Zeitpunkt der Patenterteilung vorhanden sein. Heydt (GRUR 1936, 1013, 1018) meint, die Gutgläubigkeit »beim Erwerb des Patents« sei der Gutgläubigkeit beim **Erwerb** der **Erfindung** gleichzusetzen. Auch Hesse in Klauer-Möhring (§ 5 Anm. 10) und Reimer (§ 5 Anm. 14) teilen die Meinung, daß der Gesetzeswortlaut ungenau sei und nicht wörtlich genommen werden müsse. Der hier vertretene Standpunkt, wonach eine nach Anmeldung eintretende Bösgläubigkeit dem gutgläubigen Erwerber einer noch nicht patentierten Erfindung schadet, mag zuweilen eine gewisse Härte darstellen. Er entspricht aber dem eindeutigen Wortlaut des Gesetzes, der kaum einer Auslegung zugänglich sein dürfte.

Unerheblich ist, ob der Patentinhaber etwa nachträglich im Zeitpunkt der Klageerhebung bösgläubig geworden ist. Auch schadet Bösgläubigkeit dem Patentinhaber dann nicht, wenn sein Rechtsvorgänger »beim Erwerb« des Patentes in gutem Glauben gewesen ist, vorausgesetzt, diesem gegenüber ist die einjährige Ausschlußfrist verstrichen. Der abweichenden Ansicht von Bock-Bruchhausen in Benkard (§ 5 Anm. 9) kann im Interesse der Rechtssicherheit und des Verkehrsschutzes nicht beigetreten werden (vgl. Tetzner § 5 Anm. 12; Hesse in Klauer-Möhring § 5 Anm. 10).

Der Kläger ist nach Ablauf der Jahresfrist für die Bösgläubigkeit des Beklagten **beweispflichtig.**

Nicht begründet ist der Anspruch gegen denjenigen Patentanmelder, der die Erfindung **unabhängig** von dem sich verletzt fühlenden Erfinder selbständig gemacht hat (sog. Doppelerfindung). Daraus folgt, daß der Kläger stets nachweisen muß, daß Anmeldung oder Patent auf **seine** Erfindung zurückzuführen ist.

Wiedereinsetzung in den vorigen Stand gegen die Versäumung der nach §§ 187, 188 BGB zu berechnenden einjährigen Frist zur Erhebung der Klage ist unter den Voraussetzungen der §§ 233 ff. ZPO zulässig; eine der in § 43 genannten Ausnahmen liegt nicht vor (im Ergebnis ebenso Reimer § 5 Anm. 4; a. A. Bock-Bruchhausen in Benkard § 5 Anm. 7).

2. Einwand der Arglist

9 Dem gut- oder bösgläubigen Patentinhaber kann der durch widerrechtliche Entnahme Verletzte im **Verletzungsprozeß** vor Ablauf der Jahresfrist stets den Einwand entgegenhalten, ihm gegenüber sei das Patent (oder die

Anmeldung) widerrechtlich erlangt. Ob der **Einwand der Arglist** auch noch nach Ablauf der Jahresfrist **gegenüber einem gutgläubigen Inhaber** des Patents erhoben werden kann, ist streitig. Insbesondere unter Hinweis auf die Tatsache, daß auch die Nichtigkeitsklage gegenüber dem gutgläubigen Patentinhaber unbefristet gegeben sei, wird im Schrifttum (Reimer § 5 Anm. 32, die Voraufl. ds. Komm., § 5 Anm. 32) die Einrede aus Billigkeitsgründen auch dann zugelassen, wenn dem Verletzten kein Vorbenutzungsrecht nach § 7 zusteht. Überzeugend ist diese Begründung indessen nicht. Auf diese Weise würde dem früher Berechtigten in der Tat mehr als durch eine Nichtigkeitsklage gegeben werden; denn diese stellt den Kläger im Falle des Erfolges jedem Dritten gleich, während er bei Zubilligung der Einrede die Ausschließlichkeit nur mit dem Patentinhaber zu teilen hat (so Hesse in Klauer-Möhring § 5 Anm. 2). Darüber hinaus erscheint es aber auch nicht gerechtfertigt, einen Erfinder durch die Zubilligung eines Weiterbenutzungsrechts noch dafür zu belohnen, daß er in der Vergangenheit versäumt hat, die Anmeldung rechtzeitig der Allgemeinheit zu offenbaren (Tetzner § 5 Anm. 4). Die Inanspruchnahme durch einen Dritten wird sich der Erfinder in der Regel selbst zuzuschreiben haben. Allerdings mögen Ausnahmefälle denkbar sein, die bei Vorliegen besonderer Umstände eine andere Entscheidung aus Billigkeitsgründen rechtfertigen können.

Auch der Einwand der Verwirkung kann im Einzelfall unter dem Gesichtspunkt der Arglist durchgreifen (vgl. Anm. 6, § 47 Anm. 50).

V. Rechtsstellung des Lizenznehmers im Vindikationsstreit

Der einfache oder ausschließliche **Lizenznehmer** nimmt die gleiche Stel- 10
lung wie der Lizenzgeber ein; denn niemals kann ein Lizenznehmer mehr Rechte erwerben, als sein Lizenzgeber besitzt. Ein Schutz des guten Glaubens besteht nicht. Daher ist es ohne rechtliche Bedeutung, ob der Lizenznehmer im Hinblick auf die Berechtigung oder Nichtberechtigung des Lizenzgebers gut- oder bösgläubig war. Erwirbt der Lizenznehmer seine Rechte von einem gut- oder bösgläubigen Patentinhaber, der wegen Nichtablaufs der Jahresfrist den Ansprüchen aus § 5 ausgesetzt ist, so kommt es für die Frage der Wirksamkeit des Lizenzvertrages allein darauf an, welche Rechtsstellung der Lizenzgeber bei der Lizenzvergabe besessen hat. Die herrschende Auffassung (Reimer § 5 Anm. 12; Benkard § 5 Anm. 4; Lüdecke, GRUR 1966, 1, 4) geht davon aus, daß der Lizenzgeber (Patentinhaber) bis zum Ablauf der Jahresfrist im Verhältnis zum Berechtigten nur ein »schutzwürdiges Scheinrecht« (BGH 27. 10. 1961 GRUR 1962, 140, 141 l. Sp.), jedoch kein materielles Recht an dem Patent erworben habe und daher der Lizenznehmer seine Rechte bis zu dem genannten Zeitpunkt von einem Nichtberechtigten herleite. Diesem auch in der Vorauflage dieses Kommentars vertretenen Standpunkt gegenüber beruft sich die Gegen-

meinung (vgl. Hesse in Klauer-Möhring § 5 Anm. 24) darauf, daß der Lizenznehmer seine Rechte aus dem Patent herleite und die Wirksamkeit der Lizenzbestellung durch die Erfüllung des Anspruchs aus § 5 auflösend bedingt sei (im Ergebnis übereinstimmend Tetzner § 5 Anm. 5). Diese Ansicht dürfte indessen nicht ausreichend beachten, daß der Gesetzgeber in § 5 dem Berechtigten einen dinglichen Anspruch gewährt, der bei objektiver Verletzung innerhalb der Jahresfrist auch gegenüber dem gutgläubigen Erwerber eines Patents wirkt (§ 5 Satz 2). Ein von diesem (Schein-)Patent nur abgeleitetes Patentrecht kann nicht stärker wirken. Dem »Berechtigten« gegenüber wird der Patentinhaber nun einmal vom Gesetzgeber so behandelt, als sei er lediglich Inhaber einer formellen Position. Auch der Lizenznehmer kann daher selbst von einem gutgläubigen Nichtberechtigten erst nach Ablauf der Jahresfrist das – bis dahin schwebend unwirksame – Recht erlangen (Lüdecke a. a. O.).

Ist die Jahresfrist abgelaufen, so kommt es nur darauf an, ob der Patentinhaber bei Erwerb des Patents gut- oder bösgläubig war. War er bösgläubig, so wird der Lizenznehmer durch seinen eigenen guten Glauben nicht gedeckt. Der etwaige böse Glaube des Lizenznehmers schadet diesem andererseits nicht, wenn der Lizenzgeber seinerseits gutgläubig war.

Wegen Zubilligung eines Weiterbenutzungsrechts des gutgläubigen Lizenznehmers gegen angemessene Gebühr aus Billigkeitsgründen vgl. Lüdecke, a. a. O. unter Hinweis auf die Regelung im Schweizer Patentgesetz.

§ 6

Das Patent hat die Wirkung, daß allein der Patentinhaber befugt ist, gewerbsmäßig den Gegenstand der Erfindung herzustellen, in Verkehr zu bringen, feilzuhalten oder zu gebrauchen. Ist das Patent für ein Verfahren erteilt, so erstreckt sich die Wirkung auch auf die durch das Verfahren unmittelbar hergestellten Erzeugnisse.

ÜBERSICHT

A. Recht zur Benutzung der patentierten Erfindung

I. Gegenstand der Erfindung und Schutzbereich

Lindenmaier, GRUR 1944, 49; Propriété Industrielle 1949, 227; Bl. 1949 Sonderheft S. 22; Reimer, GRUR 1956, 387.

Das Gesetz spricht in Abs. 1 von dem Recht des Patentinhabers zur ausschließlichen gewerblichen Benutzung des »Gegenstandes der Erfindung«. Es kann kein Zweifel obwalten, daß hier, wo es sich um die aus der Patenterteilung folgende grundsätzliche Berechtigung des Patentinhabers handelt, unter dem Gegenstand der Erfindung das durch das Patent Geschützte seinem gesamten möglichen Umfang nach, mit anderen Worten der gesamte mögliche Schutzumfang des Patents, zu verstehen ist. Der **»Gegenstand der** 1

Erfindung« ist daher hier gleichzusetzen dem »geschützten Erfindungsgedanken«. Die Ausdrucksweise des Gesetzes geht auf die von Isay (Wesen und Auslegung des Patentanspruchs, Mitt. 1909, 138) und in der RG-Entscheidung vom 9. 2. 1910 (RGZ 80, 54) vertretene Auffassung zurück, daß es Aufgabe des Patentanspruches sei, in erster Linie den Gegenstand der Erfindung gegenüber dem Stand der Technik abzugrenzen, insbesondere bei mehreren Merkmalen diejenigen zu bezeichnen, in deren Verbindung die Erfindung neu und patentwürdig erscheine, nicht aber, den daraus sich ergebenden Patentschutz nach allen Richtungen abzustecken, was Sache des Verletzungsrichters sei. Schon bei Zugrundelegung dieser Sinngabe erscheint der Ausdruck »Gegenstand der Erfindung« in § 6 nicht glücklich gewählt, da die Grundsätze der Entscheidung RGZ 80, 54 eine Erstreckung des Schutzbereichs über den dort zugrunde gelegten Gegenstand der Erfindung hinaus nicht ausschließen, § 6 auch die Eigenbefugnis zur Benutzung der Erfindung und das Ausschlußrecht gegenüber jedem Benutzer des geschützten Erfindungsgedankens gewähren will. In der jüngeren Rechtsprechung des Reichsgerichts ist im Gegensatz dazu unter Erfindungsgegenstand die konkretisierte Darstellung verstanden worden, die der Erfindungsgedanke im Anspruch gefunden hat. Diese Anspruchsfassung ist gegebenenfalls erweiternd auszulegen. Darüber hinaus kann noch ein »allgemeiner Erfindungsgedanke« geschützt sein. Diese gesamte Schutzbereichsmöglichkeit wird man unter dem Gegenstand der Erfindung des § 6 zu verstehen und diesem Ausdruck am besten den Ausdruck »Erfindungsgedanke« gleichzusetzen haben.

II. Schutzumfang

2 Logisch begründet erscheint, zunächst erläuternd das zu behandeln, was als Ergebnis des Patentschutzes der Befugnis der Patentbenutzung unterliegt, und erst anschließend die in Betracht kommenden Benutzungshandlungen selbst zu erörtern.

Den Schutzumfang ergibt zunächst und in erster Linie (vgl. unten) der **»Gegenstand der Erfindung«**, wie er nach dem Inhalt des Anspruchs an Hand des Inhalts der Patentschrift und des technischen Durchschnittswissens sich für den Fachmann als technische Vorstellung ergibt. Bei Vorliegen bestimmter Voraussetzungen beschränkt der Gegenstand der Erfindung sich nach der Rechtsprechung auf die rein aus dem Wortlaut des Anspruchs unter Ausschluß jeder erweiternden Auslegung sich ergebende technische Vorstellung (**unmittelbarer Gegenstand der Erfindung**) oder erweitert sich auf einen **»allgemeinen Erfindungsgedanken«.** Diese Rechtsprechung beruht auf dem Gedanken der Entscheidung RG 9. 2. 1910 RGZ 80, 54, daß der Schutzumfang dem Umfang der durch das Patent der Technik gewährten

Bereicherung entsprechen müsse (Lindenmaier, GRUR 1939, 505). Dieser konsequent vom Reichsgericht seit etwa 1936 festgehaltenen Auffassung hat sich der Bundesgerichtshof angeschlossen (13. 11. 1951 BGHZ 3, 365 – Schuhsohle; 28. 10. 1952 GRUR 1953, 112 – Feueranzünder; st. Rspr.).

a) Zeitliche Entwicklung der Grundsätze zum Schutzumfang

Vor Erörterung der zur Zeit nach der Rechtsprechung des Reichsgerichts 3
und des Bundesgerichtshofs zum Umfang des Schutzbereichs und zu dessen Feststellung maßgebenden Grundsätze erscheint es geboten, kurz die zeitliche Entwicklung der Beantwortung dieser Frage zu umreißen. Dadurch wird verhindert, daß ältere Entscheidungen, die in früheren, von abweichender Auffassung getragenen Entwicklungsstadien ergangen sind, nicht als zu einem überholten Stadium gehörig erkannt und noch jetzt mit verwirrender Wirkung herangezogen werden.

Im wesentlichen hat sich die Entwicklung in drei **Perioden** vollzogen (Isay, PatG § 4 Anm. 1; Lindenmaier, Bl. 1949 Sonderheft S. 22 ff.).

In der **ersten Periode** wurde die Patentschrift in der ihr durch den Erteilungsbeschluß gegebenen Fassung als Willenserklärung des PA betrachtet. Der in ihr enthaltene Schutzwille wurde nach den gleichen juristischen Grundsätzen wie eine Willenserklärung des Privatrechts nach ihrem logischen Sinn ausgelegt (RG 15. 12. 1890; Gareis, Die patentamtlichen und gerichtlichen Entscheidungen in Patentsachen 9, 235). Dabei wurden die im Erteilungsverfahren erfolgten Eingaben und Bescheide wie Parteierklärungen herangezogen (RG 16. 5. 1888; Bolze, Die Praxis des RG in Zivilsachen 6, Nr. 156). Von Bedeutung für den Schutzumfang war ferner die persönliche Auffassung des Anmelders über die Tragweite seiner Erfindung (RG 9. 11. 1887 RGZ 20, 40). Eine Erstreckung des Patents auf technische und patentrechtliche Äquivalente wurde anerkannt (Pietzcker, § 4 Anm. 43), auch die Möglichkeit, daß der Schutz in geeigneten Fällen in sonstiger Beziehung über den logischen Sinn hinausgehen könne (Pietzcker, a. a. O.). Um zu diesen Ergebnissen zu gelangen, mußte das Reichsgericht jedoch von seiner Auffassung aus den Weg über einen vermuteten Willen des Anmelders gehen, alles nach dem Stand der Technik Schützbare anmelden zu wollen, und weiter einen entsprechenden Schutzwillen des Patentamts annehmen (RG 4. 5. 1889 Gareis, a. a. O. 7, 173; Bolze, a. a. O. 7, Nr. 162; 15. 5. 1889 Gareis, a. a. O. 7, 2 = Bolze, a. a. O. 8, Nr. 125 = JW 1889, 258). Grundsätzliche Richtlinien fehlten jedoch. Elementenschutz bei Kombinationspatenten wurde teilweise abgelehnt (RGSt. 26, 377), teils bei erfinderischer Qualität bejaht (RG 24. 4. 1889 Bolze, a. a. O. 7, Nr. 160 = JW 1889, 232). Auch der Schutz einer allgemeinen »Erfindungsidee« klang bereits an (RG 15. 5. 1889 Bolze, a. a. O. 8, Nr. 125). Es fehlte jedoch auch insofern an Grundsätzen über Voraussetzungen und Begrenzung. Die Entscheidungen aus dieser Periode können nur mit Vorsicht verwertet werden.

Die die **zweite Periode** bestimmende Rechtsauffassung kam in dem Urteil vom 9. 2. 1910 (RGZ 80, 54) zum präzisen Ausdruck, wenn sich auch schon vorher gelegentlich Anklänge finden und die ältere Auffassung auch später noch gelegentlich herangezogen wird. Für diese zweite Periode ist bezeichnend, daß die vorerwähnte Fiktion des vermuteten Willens von Anmelder und Erteilungsbehörde aufgegeben und im Zweifel als maßgebend für den Schutzumfang der Umfang der der Technik durch das Patent gewährten Bereicherung angesehen wird, sofern nicht im Erteilungsverfahren in irgendeiner Beziehung Einschränkungen des Schutzumfanges durch die Erteilungsbehörde oder Verzichte des Anmelders Platz gegriffen haben (RG 2. 3. 1907 Bl. 1907, 175). Diese Auffassung begegnete jedoch im Laufe der Zeit lebhaften Angriffen, weil es an Grundsätzen fehlte, die eine zu weit gehende Verallgemeinerung gegenüber dem in der Patentschrift Offenbarten hinderten (Pietzcker, S. 265, 271). Im übrigen ist noch zu bemerken, daß bei teilweisem Vorbekanntsein des Erfindungsgedankens der Schutz sich auf den verbleibenden Überschuß bis hinab zum Anspruchswortlaut beschränken sollte (RGZ 80, 54). Ein Fall völliger Vorwegnahme des Erfindungsgedankens im Stand der Technik kam nicht zur Entscheidung. Schutz von Unterkombinationen und Elementen einer Kombination erschien bei erfinderischer Qualität zulässig (RG 30. 6. 1913 Mitt. 1913, 156). Erweiternde Auslegung war bis an die Grenze des Offenbarten möglich (RG 7. 12. 1927 MuW 1927/28, 275). Neben dem Weg über den Schutz des Erfindungsgedankens wurde auch noch der Weg über die Äquivalenz benutzt (RG 21. 12. 1929 MuW 1930, 189). Eine Grenzlinie für den Schutz über den Erfindungsgedanken und die Äquivalenz war jedoch nicht gezogen. Allein schon aus diesem Grunde sind auch die Entscheidungen aus dieser zweiten Epoche zum Teil nur mit Vorsicht zu benutzen. Es fehlt außerdem hier noch die Anerkennung der »mittelbaren Patentverletzung«, vgl. Anm. 55 ff.

Die **dritte Periode** ist die der jetzigen Rechtsauffassung. Für sie kann als typisch angesehen werden die Einteilung in den Schutzumfang des unmittelbaren Gegenstandes der Erfindung, des Gegenstandes der Erfindung und des allgemeinen Erfindungsgedankens sowie die Festlegung der Voraussetzungen, unter denen deren Schutzumfang in bezug auf die Verletzungsform (einschließlich der Äquivalente) Platz greift.

b) Erfindungsgegenstand

4 Da der geschützte Erfindungsgedanke zunächst und in erster Linie gleich dem Gegenstand der Erfindung ist (RG 1. 10. 1940 GRUR 1940, 543, 545; 12. 9. 1941 GRUR 1942, 51; 15. 11. 1943 GRUR 1944, 22, 23), da auch die sonstigen Schutzmöglichkeiten anderen Umfangs mit ihm in Zusammenhang stehen, ist es zur Findung richtiger Entscheidung zweckmäßig, bei Feststellung des Schutzumfanges eines Patents zunächst den Gegenstand der Erfindung zu ermitteln. Die vom RG entwickelten Grundsätze sind

vom BGH (28. 10. 1952 GRUR 1953, 112 ff. – Feueranzünder; 22. 11. 1957 GRUR 1958, 179, 181 – Resin; 10. 5. 1960 GRUR 1960, 478 ff. – Blockpedale – mit Nachweisen; 31. 1. 1961 GRUR 1961, 335, 337 – Bettcouch) übernommen worden.

1. Der Patentanspruch als Grundlage der Auslegung

Die Grundlage für die Ermittlung des Gegenstandes der Erfindung bildet, selbst wenn die beschriebene Ausführungsform enger ist, **der Wortlaut des Anspruchs** in der ihm durch das PA erteilten Fassung (RG 12. 9. 1941 GRUR 1942, 51 ff.; 19. 5. 1942 GRUR 1942, 416, 417; BGH 22. 11. 1957 GRUR 1958, 179, 181 – Resin; 31. 1. 1961 GRUR 1961, 335, 337 – Bettcouch). Das gleiche gilt gegenüber einer sich aus der Zeichnung ergebenden engeren Ausführungsform (BGH 17. 2. 1961 GRUR 1961, 409, 410 – Drillmaschinen – mit Anm. Tetzner). Auch wenn sich aus einer Patentbeschreibung ein patentfähiger Erfindungsgedanke ergibt, kann dieser nicht Gegenstand der geschützten Erfindung sein, wenn er sich nicht aus der nach dem Patentanspruch geschützten gegenständlichen Erfindung herleiten läßt. Er könnte nur Gegenstand einer besonderen Patentanmeldung werden (BGH 11. 5. 1954 GRUR 1955, 29, 32 – Nobeltbund; 25. 3. 1965 GRUR 1966, 192, 196 – Phosphatierung). Andererseits **scheidet** eine dem Wortlaut des Anspruchs nach an sich in Betracht kommende Auslegungsmöglichkeit dann **aus,** wenn der Stand der Technik den Durchschnittsfachmann dahin belehrt, daß eine Auslegung »in dieser oder jener Richtung« **nicht in Betracht kommen kann,** z. B. deswegen nicht, weil das betreffende Verfahren nicht ausführbar ist (BGH 30. 6. 1964 GRUR 1964, 612, 615 – Bierabfüllung). 5

Ist der Wortlaut an sich sinnvoll, dürfen in ihm die **Merkmale eines Unteranspruchs** oder **eines engeren Ausführungsbeispiels** zur Bestimmung des Gegenstandes der Erfindung nicht aufgenommen werden (RG 29. 4. 1941 GRUR 1941, 360; 21. 1. 1944 GRUR 1944, 72). Der Schutz des Patents kann auch nicht auf ein Merkmal erstreckt werden, das der Fachmann, weil zwar in der Zeichnung, aber nicht in der Beschreibung enthalten, als nicht zum Gegenstand der Erfindung gehörig ansieht (RG 11. 5. 1944 GRUR 1944, 140). Bei Bestimmung des Schutzumfanges des Gegenstandes der Erfindung ist die **Umdeutung** in einen allgemeineren Gedanken **mit weniger Merkmalen** unzulässig (RG 19. 5. 1942 GRUR 1942, 416).

2. Auslegung des technischen Sinns des Anspruchs

Zu ermitteln ist stets der **technische Sinn** des Anspruchs im Rahmen der gestellten Aufgabe und der gegebenen Lösung (BGH 6. 10. 1954 GRUR 1954, 111, 115 – Repassiermaschine; § 1 Anm. 22 ff.), nicht sein philologi- 6 scher (RG 7. 12. 1934 Mitt. 1934, 232, 233; BGH 6. 3. 1959 GRUR 1959, 320, 322 – Mopedkupplung; 10. 5. 1960 GRUR 1960, 478, 480 – Blockpedale; 30. 6. 1964 GRUR 1964, 612, 615 – Bierabfüllung). Zur Erläuterung der technischen Bedeutung des Patentanspruchs ist insbesondere auch eine in der Beschreibung enthaltene Bestimmung des erstrebten technischen Erfolges heranzuziehen (BGH 24. 6. 1952 GRUR 1953, 29, 31 – Plattenspieler; 17. 2. 1961 GRUR 1961, 409, 410 – Drillmaschine). Vgl. auch BGH 27. 10. 1966 GRUR 1967, 194, 198 – Hohlwalze (Auslegung eines Merkmals des Patentanspruchs auf Grund des Gesamtinhalts der Patentschrift, weil es im Anspruch nicht schärfer bestimmt werden konnte).

Ganz generell ist zu beachten, daß im Patentanspruch dem Fachmann **nicht in allen Einzelheiten** vorgeschrieben werden muß, was er zu tun hat (BGH 25. 11. 1965 GRUR 1966, 201, 205 – Ferromagnetischer Körper; 14. 6. 1966 GRUR 1967, 56, 58 – Gasheizplatte; 21. 12. 1967 GRUR 1968, 311, 313 – Garmachverfahren). Ebensowenig ist es Zweck eines Patentanspruchs, eine lückenlose **Konstruktionsanweisung** zu geben (BGH 16. 5. 1972 GRUR 1972, 707, 708 – Streckwalze). Es reicht aus, daß dem Durchschnittsfachmann die **entscheidende Richtung** angegeben wird, in der er mit Erfolg weiterarbeiten und die jeweils günstigste Lösung – allerdings ohne erfinderische Überlegung – auffinden kann (BGH 21. 12. 1967 a. a. O. mit zahlreichen Nachweisen). Ergeben sich die weiteren Einzelheiten für den Fachmann z. B. aus dem Gattungsbegriff oder aus der Beschreibung in Verbindung mit dem allgemeinen Fachwissen, so genügt es, wenn der Patentanspruch im kennzeichnenden Teil lediglich die erfindungswesentlichen Merkmale der Lehre angibt (BGH 25. 11. 1965 a. a. O.). Ähnlich BPatG 18. 3. 1965 E 7, 15, 16. Ebensowenig brauchen im Patentanspruch immer konkrete **Größen und Maße** genannt zu werden, wenn nur die Beschreibung dem Fachmann die Gesichtspunkte liefert, unter denen er bei der Anwendung seines Fachwissens die jeweils in Betracht kommenden konkreten Größen ermitteln kann (BGH 21. 12. 1967 a. a. O.). Zu diesen Gesichtspunkten gehören auch die zum Zweck der Abgrenzung gemachten Angaben der Anmelder über den Stand der Technik. Auch in dem der BGH-Entscheidung 19. 10. 1971 (GRUR 1972, 704, 706 – Wasseraufbereitung) zugrunde liegenden Sachverhalt, in dem die chemische Zusammensetzung des Gebrauchswassers nicht mit allgemeiner Gültigkeit für alle Verhältnisse angegeben werden konnte, ist die Angabe konkreter Maße, Größen und Verhältnisse nicht als notwendig angesehen worden. Dem Durchschnittsfachmann war es aufgrund seines Fachwissens möglich, anhand der Angaben im Patentanspruch und in der Beschreibung sowie dem Stand der Technik die maßgebenden Werte durch nur wenige Versuche im zumutbaren Umfang festzustellen.

Andererseits dürfen der Inhalt der Patentschrift und die Erteilungsakten überhaupt nur dann zur Auslegung herangezogen werden, wenn **Zweifel** darüber bestehen, was als Gegenstand der Erfindung **in den Patentansprüchen** bezeichnet werden sollte (RG 14. 10. 1938 GRUR 1939, 528, 529; 24. 2. 1939 GRUR 1939, 477).

Die Auslegung erfolgt:

aa) **anhand der Beschreibung und der Zeichnungen** der Patentschrift 7
(RG 2. 9. 1941 GRUR 1941, 472; 19. 5. 1942 GRUR 1942, 416; 5. 6. 1942 GRUR 1942, 543; 2. 10. 1944 GRUR 1951, 278; BGH 24. 6. 1952 GRUR 1953, 29 – Plattenspieler; 16. 6. 1961 GRUR 1962, 80 ff. – Rohrdichtung; 26. 1. 1967 GRUR 1967, 476 – Dampferzeuger; st. Rspr.). Kurze Erwähnung einer Betriebsanlage im Ausführungsbeispiel erstreckt den Erfindungsgedanken nicht auf diese Anlage (BGH 6. 10. 1953 GRUR 1954, 111, 115 – Repassiermaschine). Die Zeichnungen stellen im allgemeinen schematische Skizzen dar und sind keine Konstruktionszeichnungen (RG 17. 6. 1941 GRUR 1941, 368, 369). Nicht zu berücksichtigen sind der Teil der Beschreibung und die Zeichnungen, die zu dem sonstigen Inhalt der Beschreibung und dem Wortlaut der Ansprüche in unlösbarem Widerspruch stehen, insbesondere in Rücksicht auf eine früher erstrebte, aber fallengelassene Fassung des Anspruchs gewählt waren und versehentlich nicht gestrichen worden sind (RG 12. 9. 1941 GRUR 1942, 51; 15. 11. 1943 GRUR 1944, 22; BGH 7. 1. 1955 GRUR 1955, 244 ff. – Repassiernadel). Vgl. auch BPatG 29. 5. 1962 E 2, 46 ff., wonach sich der Gegenstand der Erfindung nicht auf einen gemäß § 26 Abs. 1 Satz 2 ausgeschiedenen Teil erstreckt, und zwar auch dann nicht, wenn die Erläuterung dieses Teils in der Beschreibung verblieben ist.

Wenn in einem Anspruch die **Ziffern** oder **Buchstaben** aus einer Patentzeichnung genannt werden, so folgt daraus allein noch nicht, daß nur die im Ausführungsbeispiel beschriebenen Baumittel geschützt sind (BGH 30. 10. 1962 GRUR 1963, 563 ff. – Aufhängevorrichtung – mit Nachweisen).

Bei einem **Widerspruch zwischen Anspruch und Abbildungen** ist für die Bestimmung des Gegenstandes der Erfindung stets der Anspruch maßgebend (BGH 7. 1. 1955 GRUR 1955, 244, 245 – Repassiernadel; 17. 2. 1961 GRUR 1961, 409, 410 – Drillmaschine; st. Rspr.). Bei Bestimmung des Erfindungsgegenstandes eines Anspruchs müssen allerdings im wesentlichen Zufälligkeiten außer Betracht bleiben, die sich in den Abbildungen der Patentschrift finden und von da auf die Wortfassung der Beschreibung und der Ansprüche zurückgewirkt haben (BGH 17. 2. 1961 GRUR 1961, 409, 411 – Drillmaschine). Auch darf eine nach dem sonstigen Inhalt der Patentschrift an sich gebotene weitere Auslegung nicht auf die in der Zeichnung gezeigte besondere Ausführungsform beschränkt werden (BGH 7. 1. 1955 GRUR 1955, 244; 10. 5. 1960 GRUR 1960, 478, 481 – Blockpedale). Sind Merkmale nur in einem Ausführungsbeispiel enthalten, so dürfen sie grundsätzlich nicht in den Hauptanspruch einbezogen werden; das gleiche gilt von Merkmalen, die nur in den der Ausgestaltung der neuen Lehre dienenden Unteransprüchen enthalten sind (RG 21. 1. 1944 GRUR 1944, 72 ff.).

Bei **Widerspruch zwischen Beschreibung und Zeichnung** hat in der Regel die erstgenannte den Vorrang (RG 27. 4. 1925 MuW 1924/25, 202; 6. 11. 1926 MuW 1926/27, 189; 18. 4. 1939 Mitt. 1939, 197). Im übrigen können Zeichnungen als der Beschreibung (einschließlich der Ansprüche) beigefügt (§ 26 Abs. 1 Satz 6) diese auch keineswegs ersetzen, sondern sollen sie nur erläutern und ergänzen (BGH 26. 1. 1967 GRUR 1967, 476, 477 – Dampferzeuger). Ein Merkmal, das nur in der Zeichnung zu finden ist, ohne daß die Beschreibung oder der Anspruch etwas darüber enthält, betrachtet der Fachmann vielfach als nicht zur Erfindung gehörig. In diesem Fall erstreckt sich der Schutz des Patents nicht auf dieses Merkmal (RG 11. 5. 1944 GRUR 1944, 140, 141 ff.), vgl. dazu auch Anm. 23.

Nicht zu verkennen ist, daß sich zuweilen eine Anordnung, z. B. eine elektrische Schaltung, besser graphisch darstellen läßt und in diesen Fällen der Zeichnung eine besondere Bedeutung zukommen muß (Pietzcker, § 4 Anm. 26 a. E.).

8 bb) **anhand des Fachwissens,** das dem **Durchschnittsfachmann** (s. § 1 Anm. 22, 43) ohne erfinderische Betätigung zur Verfügung steht (RG 1. 10. 1940 GRUR 1940, 543; 2. 12. 1941 GRUR 1942, 307; 10. 11. 1942 GRUR 1943, 73; 21. 1. 1944 GRUR 1944, 72; BGH 16. 2. 1954 GRUR 1954, 317, 318 – Entwicklungsgerät; 7. 1. 1955 GRUR 1955, 244 – Repassiernadel).

Im Falle des Schweigens des Anspruchswortlauts über die technischen Mittel, mit welchen der erstrebte Erfolg erreicht werden soll, erfaßt dieser nicht nur die als Ausführungsbeispiel gezeigte Ausführungsform, sondern auch jede weitere Ausführungsform, die sich dem Fachmann aufgrund seines Fachwissens ohne weiteres darbietet (BGH 24. 6. 1952 GRUR 1953, 29 – Plattenspieler; 22. 11. 1957 GRUR 1958, 179, 181 – Resin).

In allen diesen Fällen handelt es sich lediglich um eine technische Auslegung des Anspruchs. Es darf daher nicht anstelle des dort zum Ausdruck gelangten Erfindungsgedankens ein inhaltlich anderer gesetzt werden (RG 29. 4. 1941 GRUR 1941, 360; anstelle der im Anspruch allein zum Ausdruck gelangten qualitativen Zusammensetzung darf nicht auch ein die quantitative Zusammensetzung des Ausführungsbeispiels mitumfassender Erfindungsgedanke treten), vgl. dazu auch RG 13. 10. 1942 GRUR 1943, 167, 169.

Im übrigen wegen Auslegung des Anspruchs § 1 Anm. 22 ff.

3. Begriffsbestimmung des Erfindungsgegenstands

9 **Gegenstand der Erfindung** ist hiernach der Erfindungsgedanke, den der mit den durchschnittlichen Kenntnissen und Fähigkeiten des Prioritätstages ausgerüstete Fachmann aufgrund seines Fachwissens als durch den An-

spruchswortlaut ihm vermittelte technische Vorstellung ohne erfinderische Überlegung gewinnt, wenn er diesen Wortlaut unter Berücksichtigung von Beschreibung und Zeichnung, des allgemeinen Fachwissens und des ihm als bekannt zu unterstellenden Standes der Technik sowie ihm dadurch ohne weiteres selbstverständlicher Modifikationen würdigt (RG 30. 8. 1940 GRUR 1940, 540; 1. 10. 1940 GRUR 1940, 543; 14. 11. 1941 GRUR 1942, 153; BGH 16. 2. 1954 GRUR 1954, 317, 319 – Entwicklungsgerät; 7. 1. 1955 GRUR 1955, 244 – Repassiernadel; 17. 2. 1961 GRUR 1961, 409, 410 – Drillmaschine; 28. 11. 1963 GRUR 1964, 196, 197 – Mischmaschine; 30. 6. 1964 GRUR 1964, 612, 615 – Bierabfüllung; 3. 2. 1966 GRUR 1966, 312, 317 – Appetitzügler; 14. 6. 1966 GRUR 1967, 56, 57 – Gasheizplatte; 21. 12. 1967 GRUR 1968, 311 ff. – Garmachverfahren; st. Rspr.).

Diese Begriffsbestimmung des Erfindungsgegenstands besagt **nicht** etwa, es sei in unwiderlegbarer Vermutung vorauszusetzen, daß dem Durchschnittsfachmann der gesamte Stand der Technik aus den letzten 100 Jahren oder alle – zeitlich nicht begrenzten – inländischen Vorbenutzungen bekannt seien. Die Befürchtungen, die v. Falck in Mitt. 1969, 252 ff. in dieser Richtung äußert, sind unbegründet. Einen über solche Kenntnisse verfügenden Fachmann, geschweige denn einen Durchschnittsfachmann, gibt es nicht; er müßte zudem ein Sprachgenie sein. Die Bestimmung des Erfindungsgegenstands geht in Wahrheit nur davon aus, daß der Durchschnittsfachmann den Anspruchswortlaut unter »Berücksichtigung« oder unter »Heranziehung« des ihm als bekannt zu unterstellenden Stands der Technik oder der Vorbenutzungen zu würdigen hat. Es wird also vorausgesetzt, daß ihm das angeblich neuheitsschädliche Material zur Prüfung vorgelegt worden ist. Die zitierte Bestimmung des Begriffs des Erfindungsgegenstands folgt zwingend aus dem Neuheitsbegriff des § 2, der ebenfalls nicht etwa festlegt, was als bekannt gelten soll (Mediger, GRUR 1941, 390), sondern als neu nur ausschließt, was von einem Durchschnittsfachmann verwirklicht werden kann, wenn ihm das in Betracht kommende Material nachgewiesen worden ist.

Der **Stand der Technik** im Rahmen des § 6 ist selbstverständlich kein anderer als derjenige, der für die Beurteilung der Neuheit (§ 2 Anm. 3) maßgebend ist (ebenso Reimer § 6 Anm. 33).

Die Vorstellung, die der **Erfinder** von den durch die Erfindung erzielten Vorteilen hat, ist für die Auslegung des Anspruchs **nicht** maßgebend (BGH 24. 6. 1952 GRUR 1953, 29, 31 ff. – Plattenspieler; 7. 1. 1955 a. a. O. S. 245 – Repassiernadel).

4. Erklärungen des Anmelders und des PA im Erteilungsverfahren

10 Erklärungen des Anmelders und des PA – abgesehen von unzweideutigen Beschränkungen und Verzichten (Anm. 32) – haben nur die Bedeutung fachmännischer Äußerungen (RG 15. 11. 1943 GRUR 1944, 22, 24). Das Ergebnis des Prüfungsverfahrens mit Äußerungen des Prüfers im Erteilungsverfahren kann ein gewichtiges **Beweisanzeichen** dafür sein, welchen Lösungsgedanken der Durchschnittsfachmann den Anmeldeunterlagen entnimmt (RG 29. 4. 1941 GRUR 1941, 360; BGH 30. 10. 1962 GRUR 1963, 563, 566 – Aufhängevorrichtung; 21. 12. 1967 GRUR 1968, 311, 313 – Garmachverfahren). Aber durch das Patent wird grundsätzlich nur geschützt, was in der Patentschrift selbst offenbart ist. Was nur in den Erteilungsakten enthalten ist, dagegen aus der Patentschrift in keiner Weise entnommen werden kann, darf auch im Wege der Klarstellung oder Erläuterung nicht in das Patent hineingetragen werden (RG 26. 4. 1938 GRUR 1938, 768, 770; 15. 11. 1943 GRUR 1944, 22, 23; BGH 16. 12. 1958 GRUR 1959, 317, 319 – Schaumgummi – mit Belegen). Daher wird nur bei Unklarheiten oder Auslegungsschwierigkeiten, z. B. wegen der Bedeutung eines bestimmten Wortes oder Begriffs in der Patentschrift (vgl. BGH 27. 10. 1966 GRUR 1967, 194, 195 – Hohlwalze), der Versuch, aus den Erteilungsakten eine Klärung herbeizuführen, gerechtfertigt sein, und immer auch nur, um aus ihm die fachmännischen Ansichten des PA oder des Anmelders kennenzulernen (Moser v. Filseck, Mitt. 1959, 250 ff.; vgl. auch BGH 24. 2. 1970 BGHZ 53, 274 = GRUR 1970, 361, 362 ff. – Schädlingsbekämpfungsmittel).

Über Beschränkungen seitens der Erteilungsbehörde und Verzichte des Anmelders vgl. Anm. 29.

5. Bindung des Verletzungsrichters an den Patenterteilungsakt

11 Eine Prüfung des Gegenstandes der Erfindung auf **technischen Fortschritt, Erfindungshöhe** und die **sonstigen Voraussetzungen der Patentfähigkeit** (Anm. 23) steht dem Verletzungsrichter nicht zu. Es ist Sache der Erteilungsbehörde und gegebenenfalls der Instanzen im Nichtigkeitsverfahren, eine Entscheidung über diese Voraussetzungen zu treffen (RG 16. 1. 1942 GRUR 1942, 258, 261; 21. 1. 1944 GRUR 1944, 72, 73; BGH 13. 11. 1951 BGHZ 3, 365, 371 = GRUR 1952, 562 – Gummisohle; 28. 10. 1952 GRUR 1953, 112, 114 – Feueranzünder; 22. 11. 1957 GRUR 1958, 179 181 – Resin; 10. 5. 1960 GRUR 1960, 478, 479 – Blockpedale; 16. 6. 1964, GRUR 1964, 682, 685 – Climax; 18. 6. 1964 GRUR 1964, 606, 609 – Förderband). Jedoch hat der Verletzungsrichter – als **Ausnahme** dieses Grundsatzes – den vorbekannten Stand der Technik unter dem Gesichtspunkt der **ganzen** oder **teilweisen Vorwegnahme,** d. h. der **Neuheit,** zu prü-

fen (Anm. 22 ff.). Diese Prüfung auf Neuheit ist nur ein Hilfsmittel zur Auslegung des Patents, zur Ermittlung der Tragweite des Anspruchs. Sie ist also nicht eine Anmaßung einer lediglich dem PA zugewiesenen Funktion, nicht Erteilung eines anderen Patents (Lindenmaier, GRUR 1944, 49, 54). Der Verletzungsrichter ist grundsätzlich nur an die **Tatbestandswirkung** des Aktes der Patenterteilung, **nicht** aber **an die Gründe** gebunden, die für Erteilung des Patents durch das PA maßgebend gewesen sind. Eine inhaltliche **Bindung an die Feststellungen,** die von einer anderen Behörde zur Begründung eines Aktes getroffen werden, **kennt das Gesetz nicht** (Forsthoff, Bd. I, § 6, S. 101; Bock-Bruchhausen in Benkard § 6 Anm. 115; Nirk in Festschr. BPatG S. 85, 87).

Bei Prüfung des **allgemeinen Erfindungsgedankens** (Anm. 25) besteht eine Bindung grundsätzlich nicht, da das PA diesen Erfindungsgedanken in der Regel noch nicht geprüft hat (BGH 11. 7. 1963 GRUR 1964, 132, 134 – Kappenverschluß). Es kann aber eine **ausdrückliche Beschränkung des Schutzumfangs im Erteilungsverfahren** erfolgt sein (Anm. 29 ff.). Ebenso kann in der Patentschrift unmittelbar zum Ausdruck gebracht sein, daß eine bestimmte Gestaltung des Erfindungsgedankens vom Patentschutz nicht erfaßt wird (Anm. 20).

Im Verletzungsstreit steht die **bekanntgemachte Anmeldung** dem Patent gleich; auch gegenüber einer solchen Anmeldung reicht daher das Prüfungsrecht des Verletzungsrichters nicht weiter als gegenüber dem erteilten Patent (RG 9. 4. 1941 GRUR 1941, 275; 20. 2. 1942 Mitt. 1943, 113, 114; BGH 30. 10. 1962 GRUR 1963, 563, 565 – Aufhängevorrichtung).

Ist der selbständige Schutz für einen **Unteranspruch** (§ 26 Anm. 73) ausdrücklich versagt oder aber sein Schutzumfang »in irgendeiner Richtung« ausdrücklich festgelegt, ist das Verletzungsgericht ebenfalls an die Entscheidung der Erteilungsbehörde gebunden (RG 24. 11. 1934 GRUR 1935, 161, 162). Das gilt auch, wenn die Erteilungsbehörde eine Aufgabe als erfinderisch und ohne weiteres lösbar angesehen hat (RG 15. 5. 1939 GRUR 1939, 905). Ist andererseits ein Unteranspruch, der in Wirklichkeit ein Nebenanspruch (§ 26 Anm. 74) ist, vom Patentamt nur im Zusammenhang mit dem Hauptanspruch geschützt, so ist die Prüfung auf einen selbständigen Patentschutz von den Gerichten nachzuholen (RG 30. 8. 1938 GRUR 1939, 541, 543; a. A. Bock-Bruchhausen in Benkard, § 6 Anm. 74). Der Verletzungsrichter ist somit zur Überprüfung der etwaigen Erfindungsqualität eines Anspruchs stets dann befugt, wenn die Erteilungsbehörde eine Prüfung ersichtlich bisher noch nicht vorgenommen hat (RG 24. 11. 1934 GRUR 1935, 161, 162; vgl. auch Nirk, in Festschr. BPatG S. 94 ff.).

Auch an die Fassung des Patents, das dieses durch die Entscheidung im Nichtigkeitsstreit oder im Beschränkungsverfahren (§ 36 a) erhalten hat, ist der Verletzungsrichter gebunden (Anm. 32, 33).

Das Prüfungsrecht des Gerichts wegen Benutzung des Gegenstands einer **offengelegten** Anmeldung (§ 24 Abs. 4 Satz 1) erstreckt sich heute auch darauf, ob der Gegenstand der Anmeldung »offensichtlich nicht patentfähig« ist (§ 24 Abs. 5 Satz 2). Ebenso ist jetzt nach § 26 Abs. 5 Satz 2 im Verletzungsprozeß eine **Erweiterung** nachzuprüfen. Denn soweit eine solche Erweiterung vorliegt, können aus ihr keine Rechte hergeleitet werden (BGH 27. 11. 1969 GRUR 1970, 296, 297 r. Sp. – Allzweck-Landmaschine; im einzelnen § 26 Anm. 95).

Über Nachprüfbarkeit des **Zeitpunkts,** in dem die Erfindung offenbart ist, vgl. § 1 Anm. 24; § 26 Anm. 13.

Über Nachprüfung (Umdeutung) der **Patentkategorie** s. § 1 Anm. 49.

6. Mehrfacher Gegenstand der Erfindung

12 Da jeder Anspruch einen besonderen Gegenstand der Erfindung enthält, kann in einem Patent auch **ein mehrfacher Gegenstand der Erfindung** geschützt sein. Daraus ergibt sich die Unzulässigkeit, zur Ergänzung eines Hauptanspruchs Merkmale heranzuziehen, die lediglich in einem Unteranspruch erscheinen, z. B. Merkmale eines eine bestimmte Gestaltung schützenden Unteranspruchs in den einen allgemeineren Gedanken schützenden Hauptanspruch zu übernehmen (RG 21. 1. 1944 GRUR 1944, 72, 74; BGH 7. 1. 1955 GRUR 1955, 244, 245 – Repassiernadel).

7. Parteivereinbarung über den Erfindungsgegenstand

13 Eine Parteivereinbarung, in der **ein bestimmter Gegenstand der Erfindung festgelegt wird,** ist begrifflich **unzulässig,** weil es sich beim Gegenstand der Erfindung um einen Rechtsbegriff handelt. Allein der durch den Stand der Technik gesetzte objektive Maßstab ist für den Inhalt des Patents entscheidend (Anm. 21). Kann der Patentinhaber demnach an dem Gegenstand des Patents inhaltlich nichts ändern, so ist es ihm andererseits unbenommen, einseitig auf das ganze Patent oder auf einzelne Schutzansprüche zu verzichten (§ 12). Er kann aber auch durch Vereinbarung mit einem Dritten auf die **Geltendmachung seiner Ansprüche** verzichten; der Bestand des Patents wird durch einen solchen Verzicht indessen nicht berührt (RG 9. 1. 1937 RGZ 153, 329, 331). Er verschafft dem wegen Patentverletzung in Anspruch genommenen Dritten vielmehr nur eine Einrede.

Über die kartellrechtliche Zulässigkeit bzw. Unzulässigkeit der Vereinbarung eines bestimmten Schutzbereichs vgl. § 9 Anm. 70.

8. Auslegung des Anspruchs

Die zum Gegenstand der Erfindung führende **Auslegung** kann den Anspruchswortlaut **klarstellen, einschränken** oder **erweitern.**

aa) **Klarstellende Auslegung.** Der Gegenstand eines Patents umfaßt alle Anweisungen zum technischen Handeln, die die Patentschrift dem Fachmann wirklich offenbart (§ 1 Anm. 22). Was nicht erwähnt ist, kann im Wege der Klarstellung ergänzt werden, mag es sich um eine Frage der Ausdrucksweise handeln oder darum, daß eine nach dem Gesamtinhalt der Patentschrift selbstverständliche Ergänzung in Frage steht (RG 30. 8. 1940 GRUR 1940, 540 ff.). So kann auch ein Element eines Erfindungsgedankens keiner besonderen Gestaltungsanweisung bedürfen, weil sich diese für den Durchschnittsfachmann aus dem Gesamtinhalt der Patentbeschreibung ergibt (BGH 16. 2. 1954 GRUR 1954, 317 – Entwicklungsgerät). Weitere Beispiele für klarstellende Auslegung: BGH 25. 9. 1953 GRUR 1954, 107, 109 – Kabelschelle und 16. 6. 1961 GRUR 1962, 80, 81 – Rohrdichtung. 14

bb) **Fälle einschränkender Auslegung:** RG 20. 12. 1937 GRUR 1939, 35, 15
38 (Beschränkung des Erfindungsgegenstands durch Streichung eines – nicht wesentlichen – Merkmals im Patentanspruch); RG 23. 1. 1942 GRUR 1942, 261 (einschränkende Auslegung, wenn der Durchschnittsfachmann der Patentschrift nicht so viel entnimmt, wie diese nach ihrem Wortlaut zunächst zu lehren scheint); andererseits RG 14. 11. 1941 GRUR 1942, 153 (Verneinung einer einschränkenden Auslegung, weil der Stand der Technik eine solche Beschränkung nicht erfordert); RG 19. 11. 1943 GRUR 1944, 26, 27 (obwohl in dem Patentanspruch und in der Beschreibung über die Beschaffenheit eines verbindenden Elements nichts gesagt ist, entnimmt der Fachmann aus der Patentschrift die Anweisung, daß nur eine unstarre Verbindung hergestellt werden soll. Allein eine solche Ausführung entspricht daher der – eingeschränkten – Lehre des Klagepatents); RG 21. 1. 1944 GRUR 1944, 72, 74 (bei der Bestimmung eines Erfindungsgegenstandes können weitere Merkmale einem Anspruch zugefügt werden, der Anspruch also eingeschränkt werden, wenn der Durchschnittsfachmann sie nach der Gesamtheit der Patentschrift als notwendig und unzweideutig ansieht; unzulässig ist es allerdings, einen Anspruch, der mit weniger Merkmalen eine allgemeine Lehre schützt, durch ein Merkmal, das lediglich in dem Ausführungsbeispiel erscheint, auf eine engere Lehre einzuschränken; so auch BGH 27. 10. 1970 X ZR 9/68 S. 9 – Faltenrohre); BGH 30. 6. 1964 GRUR 1964, 612, 615 – Bierabfüllung (eine dem Wortlaut nach in Betracht kommende Auslegungsmöglichkeit scheidet aus, wenn der Stand der Technik den Fachmann belehrt, daß eine Auslegung in dieser oder jener Richtung nicht in Betracht kommen kann); BGH 16. 12. 1958 GRUR 1959, 317 ff. – Schaumgummi (Beschränkung eines nach dem Inhalt des Streitpatents im Wege erweiternder Auslegung an sich möglichen Schutzumfangs, wenn ein älteres Recht im Erteilungsverfahren eingehend erörtert und bei der Fassung der Patentansprüche des jüngeren Rechts bewußt auf eine Abgrenzung gegenüber dem älteren Recht Wert gelegt worden ist); BGH

14. 6. 1960 GRUR 1960, 483 ff. – Polsterformkörper (Auslegung eines Patents als Sachpatent, dessen Schutz auf eine bestimmte Art der Herstellung beschränkt ist); BGH 31. 1. 1961 GRUR 1961, 335 – Bettcouch (an eine durch die Entscheidung eines Nichtigkeitssenats ausgesprochene Beschränkung ist der Verletzungsrichter auch dann gebunden, wenn die Entscheidungsgründe die Beschränkung nicht ohne weiteres erkennen lassen); BGH 5. 7. 1960 GRUR 1961, 77, 78 – Blinkleuchte (eine unzweideutige Beschränkung kommt nicht nur für die Inanspruchnahme eines allgemeinen Erfindungsgedankens in Betracht, sondern auch ein sich aus dem Erfindungsgegenstand ergebender, die Äquivalente einschließender Schutzbereich kann durch eine Beschränkung im Erteilungsverfahren festgelegt werden).

16 cc) Fälle **erweiternder** Auslegung: RG 5. 6. 1942 GRUR 1942, 543, 544 (die Auslegung muß aus dem mit der Lehre verfolgten Zweck erfolgen und nicht nur aus dem, was die Beschreibung nur an Hand eines Ausführungsbeispiels erklärt); 10. 11. 1942 GRUR 1943, 73 (der Fachmann versteht den Patentanspruch nicht wörtlich, sondern **sinngemäß** nach dem Gesamtinhalt der Patentschrift); BGH 17. 2. 1961 GRUR 1961, 409 ff. – Drillmaschine (finden sich Zufälligkeiten in den Anmeldungen der Patentschriften, die von da auf die Wortfassung der Beschreibung und auch auf die Ansprüche zurückgewirkt haben, so ist gleichwohl allein maßgebend der nach der Aufgabe des Patents erstrebte Erfolg, wie ihn der Sachverständige aus der Patentschrift entnimmt). Ebenso BGH 22. 11. 1957 GRUR 1958, 179, 181 – Resin; 10. 5. 1960 GRUR 1960, 478, 479 – Blockpedale (der Wortlaut des Patentanspruchs ist auch dann maßgebend, wenn die beschriebene Ausführungsform enger ist).

Im übrigen ist bei jeder Auslegung zu beachten, daß dem Erfinder, der der Industrie **wirklich grundlegende neue Wege** durch seine Erfindung gewiesen hat, durch die Rechtsprechung ein weitgehender Schutz zugebilligt worden ist (RG 27. 10. 1937 GRUR 1938, 249, 250). Der Erfinder soll, so erklärt die Entscheidung, dagegen geschützt werden, daß von seinen Grundgedanken in einer Weise Gebrauch gemacht wird, die nur aus dem Grund den Schein der Patentfreiheit in sich trägt, weil der Erfinder nicht an alle Lösungsmöglichkeiten gedacht hat. Indessen weist Wilde in Klauer-Möhring § 6 Anm. 38 nicht zu Unrecht einschränkend darauf hin, daß mit diesem Grundsatz nur eine Richtlinie gegeben sei. Seine Verwendung bei der Auslegung im Einzelfall wird in der Tat nur selten zu zuverlässigen Ergebnissen führen. Auch ist in diesem Zusammenhang daran zu erinnern, daß selbst bei einer erstmaligen Lösung eines Problems der **Offenbarungsgehalt** eines Patents **stets den Schutzbereich des Patents begrenzt** (BGH 19. 2. 1970 – X ZR 55/67 – S. 16 unter Hinweis auf RG 27. 10. 1937 a. a. O.).

9. Glatte Äquivalente

Aus der Ergänzungsmöglichkeit aufgrund des Fachwissens und sich anhand dessen ergebender technischer Selbstverständlichkeiten hat die Rechtsprechung **in erweiternder Auslegung** den Schluß gezogen, daß **in der Regel** der geschützte Erfindungsgedanke, also **der Erfindungsgegenstand, alle glatten Äquivalente** der verwendeten Arbeitsmittel und Arbeitsverfahren mitumfaßt, d. h. solche Mittel und Verfahren gleicher Wirkung, die dem Durchschnittsfachmann mit den Kenntnissen **im Prioritätszeitpunkt** des Patents auf Grund seines Fachwissens anstelle der im Anspruch ausdrücklich genannten ohne weiteres zur Verfügung stehen (BGH 13. 11. 1951 BGHZ 3, 365 ff. = GRUR 1952, 562 ff. – Gummisohle; 24. 6. 1952 GRUR 1953, 29 – Plattenspieler; 28. 10. 1952 GRUR 1953, 112, 113 – Feueranzünder; 24. 4. 1969 GRUR 1969, 534, 535 – Skistiefelverschluß; st. Rspr.). 17

Diese Lehre von der glatten (sowie der nichtglatten – Anm. 24) Äquivalenz ist von der Rechtsprechung entwickelt worden, um den Erfinder im Rahmen seines Schutzanspruchs mit einer ausschließlichen Rechtsstellung zu belohnen und ihm für alles ausreichenden Schutz zu gewähren, was er der Allgemeinheit in seinem Patent offenbart hat (BGH 24. 4. 1969 a. a. O.). Stets können daher nur solche gleichwirkenden Mittel ein Patent verletzen, die sich dem Durchschnittsfachmann mit seinem Fachwissen aus der Patentschrift aufgrund des dort **offenbarten** Erfindungsgedankens zur Lösung der im Patent gestellten Aufgabe als gleichwirkend erschließen (BGH 24. 4. 1969 a. a. O. S. 536).

Dabei stellt es nach BGH 14. 7. 1961 (GRUR 1962, 29, 31 – Drehkippbeschlag) einen Unterschied dar, ob dem Erfinder die Lösung einer Aufgabe **zum erstenmal** gelungen ist oder ob sie **schon vielfach** und **mit vielerlei Mitteln** in praktisch brauchbarer Weise gelöst worden ist. In ersterem Falle würde es eine unbillige Verkürzung des dem Erfinder gebührenden Lohns sein, wenn der Schutz seines Patents – jedenfalls im Grundsatz – nicht auch Mittel umfassen würde, die von ihm nicht zur Lösung der Aufgabe benutzt, aber patentrechtlich gleichwertig sind. Zeigt der Erfinder hingegen nach bereits vielfacher Lösung einer Aufgabe nur eine bessere Lösung auf, so würde es nach dieser Rechtsprechung eine Bevorzugung zum Schaden der Allgemeinheit darstellen, wenn man ihm die Benutzung auch solcher Mittel vorbehielte, die mit dem im Patent vorgeschlagenen Mittel wenig oder nichts gemeinsam haben, »dagegen vorbekannten Mitteln **nahestehen**« (s. dazu auch Anm. 19 a. E.).

aa) Technische Äquivalente

Glatte Äquivalente können zunächst die sog. **technischen Äquivalente** sein, das sind Äquivalente, die nach den Lehren der Technik allgemein ihrer regelmäßigen Funktion nach als zur Erfüllung gleicher Wirkung ge- 18 eignet bekannt sind (RG 18. 12. 1939 GRUR 1940, 342; 26. 8. 1941 GRUR 1941, 465; 2. 10. 1944 GRUR 1951, 278, 280 – Flugzeughallentore; BGH 28. 10. 1952 GRUR 1953, 112, 113 – Feueranzünder; 12. 6. 1956 GRUR 1957, 20, 22 – Leitbleche; 29. 5. 1962 GRUR 1962, 575 – Standtank). Da es stets auf die gleiche Wirkung **im Sinne des Erfindungsgedankens** ankommt, kommt patentrechtlich dem Begriff in Wahrheit keine wesentliche Bedeutung zu. Auch ist eine unbeschränkte technische Gleichwirkung schlechthin in der Technik überhaupt nur selten anzutreffen. Eine solche Gleichwirkung kann vielmehr auf einem technischen Gebiet zu bejahen, auf dem anderen zu verneinen sein (so zutreffend Reimer, GRUR 1956, 387, 390; ähnlich Lindenmaier, GRUR 1944, 49, 50). Da der Begriff sonach einmal ungenau und zum anderen für den Verletzungsprozeß rechtlich nicht erheblich ist, sollte auf ihn überhaupt verzichtet werden. Vgl. dazu einschränkend Wilde in Klauer-Möhring § 6 Anm. 34.

bb) Glatte patentrechtliche Äquivalente

19 Zu den glatten Äquivalenten gehören auch die sog. **glatten patentrechtlichen Äquivalente,** d. h. Lösungen des gestellten technischen Problems durch gleichwirkende Arbeitsmittel oder Arbeitsverfahren, soweit diese glatt sind, d. h. dem Durchschnittsfachmann mit einem dem Stand der Technik vom Anmeldetag entsprechenden Fachwissen im gegebenen Einzelfall ohne weiteres als zur Verfügung stehend erkennbar sind (RG 2. 10. 1944 GRUR 1951, 278, 281; BGH 24. 6. 1952 GRUR 1953, 29, 32 – Plattenspieler; 2. 6. 1953 GRUR 1955, 139, 140 – Eiserner Grubenausbau; 11. 5. 1954 GRUR 1955, 29 – Nobeltbund; 12. 6. 1956 GRUR 1957, 20, 22 – Leitbleche; 29. 5. 1962 GRUR 1962, 575 – Standtank; 18. 6. 1964 GRUR 1964, 606, 608 – Förderband). Dabei ist zu beachten, daß zur Feststellung der patentrechtlichen Äquivalenz nicht die Verwendung zweier unterschiedlicher Lösungsmittel in übereinstimmender Funktion genügt, sondern darüber hinaus auch das für den Patentschutz in Anspruch genommene Lösungsmittel der angegriffenen Ausführungsform **im Sinne des konkreten Erfindungsgedankens** gleichwirkend ist, von ihm also umfaßt sein muß (RG 2. 12. 1941 GRUR 1942, 307, 309; BGH 11. 5. 1954 GRUR 1955, 29, 31 – Nobeltbund; 10. 5. 1960 GRUR 1960, 478, 481 – Blockpedale; 14. 7. 1961 GRUR 1962, 29, 31 – Drehkippbeschlag; 18. 6. 1964 GRUR 1964, 606, 608 – Förderband; 24. 4. 1969 GRUR 1969, 535, 536 – Skistiefelverschluß).

Die Bejahung einer patentrechtlichen Äquivalenz setzt stets voraus, daß zunächst das den Gegenstand der Erfindung bildende technische Problem klargestellt wird. Stellt sich nämlich bei der angeblichen Verletzungsform die **technische Aufgabe** der speziellen Erfindung gar **nicht,** so kann für sie auch nicht eine Verwendung »glatter Äquivalente« zur Lösung dieser Aufgabe in Frage kommen (BGH 11. 5. 1954 GRUR 1955, 29, 31 – Nobeltbund – mit zahlreichen Nachweisen). Bei **Unterschiedlichkeit der objektiv zu ermittelnden Aufgabe** (vgl. § 1 Anm. 20) entfallen mithin die Voraussetzungen der Äquivalenz; die Frage der Lösungsmittel ist dann rechtlich bedeutungslos, da diese Mittel nicht mehr in den Rahmen des Erfindungsgedankens fallen können (BGH 14. 7. 1966 GRUR 1967, 84, 85 – Christbaumbehang II; st. Rspr.).

Ist eine als glatt äquivalent beanspruchte angegriffene Ausführungsform als solche **vollständig** im Stand der Technik bekannt, so verbietet sich ihre Einbeziehung in den Schutzbereich des Klagepatents (BGH 2. 6. 1953 GRUR 1955, 139, 140 – Grubenausbau). Bei einer **Kombination** trifft diese Voraussetzung nur dann zu, wenn die **gesamte** Kombination des Patentanspruchs mit einem dem Klagepatent gegenüber funktionsgleich ausgetauschten Arbeitsmittel voll und ganz vorbekannt ist. Es muß also die **Gesamtlehre** vorbekannt sein (BGH 17. 1. 1967 I a ZR 50/66 – biegsame Papier- und Geweberohre; 14. 3. 1972 GRUR 1972, 597, 599 – Schienenschalter II mit weiteren Nachweisen. S. dazu auch BGH 24. 10. 1961 GRUR 1962, 86 ff. – Fischereifahrzeug).

Eine **verschlechterte Ausführungsform** fällt in den Bereich des glatten Äquivalents, wenn sie von der technischen Lehre des verletzten Schutzrechts Gebrauch macht (BGH 13. 12. 1962 GRUR 1963, 519, 522 – Klebemax – mit Nachweisen). Ebenso eine **verbesserte Ausführungsform,** soweit sie nicht ihrerseits gegenüber dem verletzten Schutzrecht erfinderisch ist. Denn der Schutz des Erfindungsgegenstands des Klagepatents kann sich nur auf solche glatten Äquivalente beziehen, die ihm gegenüber **keinen erfinderischen Schritt** darstellen (BGH 11. 7. 1963 GRUR 1964, 132, 134 – Kappenverschluß). Erreicht die beanstandete Ausführungsform nicht die erfindungswesentlichen Vorteile des Patents, so scheidet die Annahme eines glatten Äquivalents aus (BGH 18. 6. 1964 GRUR 1964, 606, 609 – Förderband). Im übrigen vgl. Anm. 50.

Auch der Schutz einer **erfinderischen Unterkombination** oder **eines erfinderischen Elements** (Anm. 52) erstreckt sich auf die glatten patentrechtlichen Äquivalente (BGH 25. 11. 1965 – I a ZR 222/63, S. 27).

Zur glatten Äquivalenz gehört in der Regel auch der Fall der sog. **kinematischen Umkehr der Bewegung** zweier Arbeitsmittel (vgl. § 1 Anm. 44 a. E.). Wird auf eine solche Bewegungsumkehr in der Patentschrift besonders hingewiesen, so ergibt sich daraus »fast zwangsläufig«, daß eine Vielzahl konstruktiver Gestaltungsmöglichkeiten einer Vorrichtung in den Erfindungsgegenstand einzubeziehen ist (BGH 30. 6. 1964 GRUR 1964, 669, 672 r. Sp. – Abtastnadel). Im Einzelfall kann aber auch nichtglatte Äquivalenz vorliegen oder eine Äquivalenz überhaupt ausscheiden (so zutreffend Bock-Bruchhausen in Benkard § 6 Anm. 148 mit Nachweisen).

Ein glattes Äquivalent liegt dann keinesfalls vor, wenn das Patent von der Benutzung des Äquivalents geradezu **ablenkt;** in diesem Fall fehlt es an einer Offenbarung des Mittels (RG 18. 12. 1939 GRUR 1940, 342).

Der Schutz des Gegenstandes der Erfindung erfaßt die glatten Äquivalente auch dann nicht, wenn der Erfindungsgedanke darin besteht, daß gerade die Verwendung eines unter mehreren zur Verfügung stehenden äquivalenten, d. h. funktionsgleichen Mitteln als die beste Wirkung verheißend den Inhalt der technischen Anweisung bildet. Ist in dieser Weise das Patent **auf eines der mehreren möglichen unterschiedlichen Lösungsmittel beschränkt,** dann können die übrigen Mittel nicht mehr in den Schutzbereich des Patents als äquivalent einbezogen werden. Es bleibt indessen zulässig, den Schutzbereich auf **solche Ausführungsformen** zu erstrecken, die **diesem Lösungsmittel, nicht aber den übrigen Mitteln** äquivalent sind (BGH 30. 6. 1964 GRUR 1964, 669, 672 – Abtastnadel – mit Anm. Fischer).

Auch wenn die angegriffene Ausführungsform sich eines auf der Hand liegenden Lösungsmittels bedient, das als äquivalent anzusehen ist, aber im **Prioritätszeitpunkt** noch **nicht bekannt** war, liegt eine Patentverletzung vor (RG 22. 3. 1938 GRUR 1938, 706, 707; Pietzcker § 4 Anm. 36 S. 258; Lutter § 6 Anm. 6; vgl. auch Johannesson, Mitt. 1971, 249, 252). Es genügt, daß dem Fachmann ohne weiteres erkennbar ist, der durch die Erfindung erstrebte Erfolg werde nicht nur durch das im Patent vorgeschlagene Mittel erreicht, sondern er könne auch durch andere, **wenn auch im Zeitpunkt der Anmeldung noch nicht bekannte Mittel,** die für die geschützte Lehre als gleichwertig in Betracht kommen, verwirklicht werden (vgl. BGH 2. 11. 1956 GRUR 1957, 270, 272 – Unfallverhütungsschutz). Treffend hat Tetzner (§ 6 Anm. 123) die Rechtslage mit dem Hinweis charakterisiert, daß auch die äquivalenten Mittel mit dem Stand der Technik innerhalb desselben Radius »wachsen«, den die fragliche Gleichwertgruppe allgemein zugebilligt erhält. Anders nur dann, wenn der im Patent vorgeschlagene Werkstoff wesentliches Merkmal des offenbarten Erfindungsgedankens ist oder wenn die Wirkung des Patents wegen der vielfachen und mit vielerlei Mitteln bereits erfolgten Lösung der Aufgabe (s. oben Anm. 17) auf die in ihm offenbarte Lösung beschränkt bleiben muß.

Steht die angegriffene Ausführungsform den anderen, im Stand der Technik vorbekannten Äquivalenten **»näher«** als dem Arbeitsmittel nach dem Klagepatent, so soll sie nach BGH 14. 7. 1961 (GRUR 1962, 29, 31 – Drehkippbeschlag) nicht als patentrechtlicher Gleichwert anzusehen und von dem gegenständlichen Schutzbereich auszunehmen sein (vgl. dazu auch BGH 18. 6. 1963 GRUR 1964, 606, 610 – Förderband). Es ist nicht zu verkennen, daß diese unter Hinweis auf RGZ 119, 70 ergangene Entscheidung die in der Rechtsprechung bewährte Methode verläßt, wonach für die Frage der Patentverletzung stets von der Bestimmung des Erfindungsgegenstandes und des Schutzumfangs des Klagepatents auszugehen ist (z. B. RG 23. 1. 1942 GRUR 1942, 261, 262 ff.; BGH 10. 5. 1960 GRUR 1960, 478, 479 ff. – Blockpedale; st. Rspr.). Indem die Entscheidung den umgekehrten Weg einschlägt, geht sie in Wahrheit den für die Berücksichtigung des Einwandes des freien Standes der Technik (Anm. 22) typischen Weg, der die Verletzungsform mit dem Stand der Technik vergleicht, ohne überhaupt die Frage der Rechtsbeständigkeit des Klagepatents zu prüfen (so zutreffend Ohl, GRUR 1969, 1, 4). Einen Lösungsweg ins Auge zu fassen, der die Einführung des recht unklaren und im patentrechtlichen Vokabular so gut wie unbekannten Begriffs des »Näherstehens« bedingt, erscheint schon deswegen nicht gerechtfertigt, weil die neuere höchstrichterliche Rechtsprechung ihn überflüssig gemacht hat. Der BGH hat bei der Heranziehung der Entscheidung RGZ 119, 70 wohl nicht genügend bedacht, daß das RG im Jahre 1928 noch von der Zweiteilung des Schutzbereichs des Patents ausgegangen ist (vgl. oben Anm. 3). Als es später zur Dreiteilung überging, ist es zu Recht auf diese Rechtsprechung nicht mehr zurückgekommen. Auch Lindenmaier hat in seinem grundlegenden Aufsatz über den Schutzumfang des Patents »nach der neueren Rechtsprechung« (GRUR 1944, 49 ff.) diese Entscheidung nicht mehr aufgenommen, weil er ersichtlich die Ansicht vertrat, daß bereits die Auslegung des Patents dazu führt, bekannte Ausführungsformen vom Erfindungsgedanken auszuschließen. Denn maßgebend für diese Auslegung ist stets die **objektive** Bereicherung der Technik (Anm. 21). Der BGH hätte sich daher besser auf die Prüfung der Frage beschränkt, ob die Verletzungsform etwa deswegen nicht vom Klagepatent erfaßt werde, weil der Stand der Technik eine einschränkende Auslegung (oben Anm. 15) erforderlich mache. Unter diesem Gesichtspunkt kann sich sowohl die Einbeziehung technischer Äquivalente (BGH 24. 6. 1952 GRUR 1953, 29, 32 – Plattenspieler; vgl. auch BGH 24. 10. 1961 GRUR 1962, 86, 89 – Fischereifahrzeug) wie auch die Berücksichtigung glatter patentrechtlicher Äquivalente (BGH 2. 6. 1953 GRUR 1955, 139, 140 – Grubenausbau – unter Hinweis auf BGHZ 3, 365, 371 – Gummisohle) verbieten. Dies gilt auch dann, wenn diese glatten Äquivalente im Prioritätszeitpunkt zwar nicht vorbekannt, aber durch den vorbekannten Stand der Technik jedenfalls **»zweifelsfrei« nahegelegt** sind (vgl. Wilde in Klauer-Möhring § 6 Anm. 48). Denn dem Erfinder darf niemals mehr zugesprochen werden, als seinem Verdienst um die Förderung und Bereicherung der Technik aufgrund der Offenbarung seiner Erfindung entspricht. Allerdings vertritt die BGH-Entscheidung vom 14. 3. 1972 (GRUR 1972, 597, 599 – Schienenschalter II mit Anm. Pietzcker) ungeachtet ihrer Zurückhaltung gegenüber dem Gesichtspunkt des »Näherstehens« einen abweichenden Standpunkt. Die Entscheidung will offenbar neben dem Einwand der völligen Vorwegnahme nur den Einwand zulassen, daß eine als glatt äquivalent beanspruchte Ausführungsform als solche vollständig im

Stand der Technik bekannt war. Es erscheint indessen zweifelhaft, ob diese Auffassung stets eine befriedigende Lösung für alle in Betracht kommenden Tatbestände darstellt (vgl. dazu auch Breuer, Mitt. 1969, 264 ff. und Bock, Mitt. 1969, 269 ff. mit zahlreichen Nachweisen aus Schriftt. und Rspr.). Nur der unmittelbare »Gegenstand der Erfindung« kann als »unantastbarer Rest« durch den Einwand des freien Stands der Technik nicht beseitigt werden (vgl. dazu unten Anm. 22). Diese Rechtsprechung aufzugeben, hat auch der BGH offenbar nicht beabsichtigt.

Wegen nichtglatter Äquivalente, die sich nur dadurch von den glatten unterscheiden, daß sie dem Durchschnittsfachmann nicht »ohne weiteres«, sondern erst **aufgrund näherer oder besonderer,** nicht aber erfinderischer **Überlegungen** als Lösungsmittel der gestellten Aufgabe zur Verfügung stehen, vgl. Anm. 24. Das Gemeinsame beider Arten von Äquivalenz besteht darin, daß sie auf einem Erfindungsgedanken beruhen, den der Durchschnittsfachmann der Patentschrift **aufgrund seines Fachkönnens** entnehmen kann (BGH 24. 4. 1969 GRUR 1969, 534, 536 – Skistiefelverschluß).

Über Äquivalenz bei Analogieverfahren s. § 1 Anm. 52. Im übrigen wegen Patentverletzung durch gleichwirkende Lösungsmittel vgl. Anm. 49.

10 .Ausschluß oder Einschränkung erweiternder Auslegung:

aa) im Hinblick auf die Fassung der Patentschrift oder den Gegenstand der Erfindung

20 Erweiternde Auslegung ist zunächst **nicht zulässig,** soweit die **Fassung der Patentschrift** oder **der Gegenstand der Erfindung** dies ausschließen. In der erstgenannten Beziehung wird gelegentlich in der Beschreibung oder auch sogar im Anspruch unmittelbar zum Ausdruck gebracht, daß eine bestimmte Gestaltung vom Schutz nicht erfaßt werde. Die Lehre des Streitpatents kann nicht in einer ihrem deutlich ausgesprochenen Zweck zuwiderlaufenden Weise ausgelegt werden (RG 5. 6. 1942 GRUR 1942, 543). Ausgeschlossen ist erweiternde Auslegung überhaupt in allen Fällen, in denen der Gegenstand der Erfindung und sein Umfang ganz **zweifelsfrei festgelegt** sind, so daß für eine Auslegung kein Raum bleibt (RG 14. 10. 1938 GRUR 1939, 528, 529; 24. 2. 1939 GRUR 1939, 477 ff.). Dem Gegenstand nach kann sich z. B. aus der Art der Erfindung ergeben, daß ein weiterer Schutz nicht in Frage kommt, weil allein ein bestimmter Stoff die benutzte Eigenschaft besitzt (Pietzcker § 4 Anm. 31). Dies kommt vor allem auch dann in Betracht, wenn nur der äußere Kausalzusammenhang zwischen der Verwendung eines bestimmten Stoffes und dem Erfolg bekannt ist, der naturgesetzliche Zusammenhang aber nicht.

bb) wegen Mangel an Neuheit

21 Entsprechend den in RGZ 80, 54 entwickelten Grundsätzen schließt **mangelnde Neuheit** des an sich durch erweiternde Auslegung gewonnenen

Schutzumfangs die Erstreckung des Schutzumfangs in dieser Beziehung aus. Maßgebend ist, wie weit die **objektive Bereicherung der Technik** geht (RG 20. 12. 1933 MuW 1934, 168; 7. 1. 1938 RGZ 157, 154; BGH 12. 6. 1951 BGHZ 2, 261, 265 – Tauchpumpensatz). Ohne Bedeutung ist für die Vornahme der Prüfung, daß eine Klage auf völlige oder teilweise Nichtigkeitserklärung des Patents möglich ist (RG 30. 3. 1944 GRUR 1944, 125; BGH 13. 11. 1951 BGHZ 3, 365 – Gummisohle).

Wesentlich bei der Prüfung der Neuheit ist nur die Frage, in welchem Ausmaß der Erfinder die Technik bereichert hat, **ausgeschlossen ist eine Prüfung auf Erfindungshöhe und technischen Fortschritt** (vgl. Anm. 11). Wegen der Prüfung auf sonstige Patenterfordernisse vgl. unten Anm. 23.

11. Unmittelbarer Gegenstand der Erfindung

aa) Vollständige und teilweise Vorwegnahme der Erfindung; Einwand der Vorwegnahme

22 Die untere Grenze der Einschränkung der Auslegung bildet der **unmittelbare Gegenstand** der Erfindung, d. h. die technische Vorstellung, die der Durchschnittsfachmann aufgrund von Beschreibung und Zeichnung anhand seines Fachwissens vom Inhalt des Anspruchswortlauts, jedoch unter Ausschluß vorbekannter Erweiterungen gewinnt. Es handelt sich dann um den Fall einer sog. Vorwegnahme.

Eine **völlige Vorwegnahme** des Gegenstands der Anmeldung oder des Patents liegt nach der Rechtsprechung (BGH 24. 6. 1952 GRUR 1953, 29 – Plattenspieler; 24. 10. 1961 GRUR 1962, 86, 89 – Fischereifahrzeug) vor, wenn die gleiche oder doch ähnliche technische Aufgabe im gleichen Gebiet der Technik mit identischen oder auch nur im **wesentlichen** übereinstimmenden technischen Mitteln gelöst war. Unter diesen Mitteln sind nach den in Anm. 19 zitierten Entscheidungen BGH 24. 6. 1952 a. a. O. und 2. 6. 1953 a. a. O. sowohl die **technischen** wie auch die **patentrechtlichen äquivalenten Arbeitsmittel** zu verstehen; so jetzt auch BGH 14. 3. 1972 (GRUR 1972, 597, 599 – Schienenschalter II).

Bei **völliger Vorwegnahme** der Erweiterung über den unmittelbaren Gegenstand der Erfindung hinaus oder auch der teilweisen oder völligen Vorwegnahme des unmittelbaren Gegenstands der Erfindung (Heydt: »Fehlpatent« GRUR 1934, 95) bleibt ein **Schutzumfang** dennoch erhalten, und zwar **beschränkt** er sich **auf den unmittelbaren Gegenstand der Erfindung unter Ausschluß auch der vorbekannten glatten technischen und patentrechtlichen Äquivalente.** Der angebliche Verletzer kann sich auf einen solchen Tatbestand **im Wege der Einwendung** berufen (so zutreffend Tetzner, GRUR 1969, 12; a. A. Hesse, GRUR 1968, 287, der eine Einrede

– im patentrechtlichen Sinn –, also ein Gegenrecht annimmt). Die gegenständliche Lehre muß in diesem Fall auf den engstmöglichen Bereich, nämlich den **formalen Wortlaut der Patentansprüche,** eingeschränkt werden (RG 7. 1. 1938 RGZ 157, 154; 7. 10. 1941 RGZ 167, 339, 343; 21. 1. 1944 GRUR 1944, 72, 73; BGH 13. 11. 1951 BGHZ 3, 366, 376 – Gummisohle; 28. 10. 1952 GRUR 1953, 112, 114 – Feueranzünder; 6. 3. 1959 GRUR 1959, 320, 324 – Mopedkupplung; 10. 5. 1960 GRUR 1960, 478, 481 – Blockpedale – mit weiteren Nachweisen; 30. 10. 1962 GRUR 1963, 563, 565 – Aufhängevorrichtung; 16. 6. 1964 GRUR 1964, 606, 609 – Förderband; st. Rspr.), nicht aber beschränkt auf ein gegenüber dem unmittelbaren Gegenstand der Erfindung noch engeres Ausführungsbeispiel (BGH 8. 10. 1957 GRUR 1958, 75, 77 – Tonfilmwand; 22. 11. 1957 GRUR 1958, 179, 181 – Resin; 16. 12. 1958 GRUR 1959, 317, 319 – Schaumgummi). Beispiel für völlige Vorwegnahme eines Erfindungsgedankens durch **teils identische,** teils **äquivalente Verwendung** seiner verschiedenen Kombinationsmerkmale innerhalb derselben Entgegenhaltung: BGH 24. 10. 1961 GRUR 1962, 86, 89 – Fischereifahrzeug.

Bei nur **teilweiser Vorwegnahme** der Erweiterung über den unmittelbaren Erfindungsgegenstand hinaus braucht nur ein Ausschluß der Erweiterung einzutreten, soweit dies der Inhalt der Erweiterung zuläßt. Der teilweisen Vorwegnahme eines **teilbaren Gegenstands** der Erfindung kann also stets durch eine entsprechende Einschränkung des Gegenstands der Erfindung Rechnung getragen werden (RG 21. 1. 1944 GRUR 1944, 72; BGH 13. 11. 1951 BGHZ 3, 365, 371 = GRUR 1952, 562, 563 – Gummisohle; 24. 6. 1952 GRUR 1953, 29, 32 – Plattenspieler; 6. 3. 1959 GRUR 1959, 320, 324 – Mopedkupplung; 10. 5. 1960 GRUR 1960, 478, 479 – Blockpedale). Bildet eine **Kombinationserfindung** eine **unteilbare Einheit,** so ist ihr Schutzumfang ohne Rücksicht auf eine Vorwegnahme im Stand der Technik jedenfalls auf den dem Anspruchswortlaut entsprechenden Schutzumfang zu bemessen (BGH 27. 5. 1952 GRUR 1952, 564 – Wäschepresse). Denn bei **Unteilbarkeit** des über den unmittelbaren Gegenstand der Erfindung Hinausgehenden muß eine Einschränkung des Schutzumfangs auf den unmittelbaren Gegenstand der Erfindung eintreten.

Eine **bekanntgemachte Anmeldung** steht dem erteilten Patent gleich. Auch sie kann bei identischer Vorwegnahme nicht unter den Anspruchswortlaut eingeschränkt werden (BGH 30. 10. 1962 GRUR 1963, 563, 565).

Wegen Vorwegnahme durch **nicht vorveröffentlichte** Patente **älterer Anmeldungen** vgl. Anm. 34.

Gegen die Rechtsprechung über die Berücksichtigung der völligen Vorwegnahme im Verletzungsprozeß sind im Schrifttum neuerdings wiederum Bedenken erhoben worden (Hesse, GRUR 1968, 278 ff.). Es wird die Auffassung vertreten, daß nach Wegfall der fünfjährigen Präklusivfrist zur Erhebung der Nichtigkeitsklage (VO 23. 10. 1941 RGBl. II, 372) die vom

BGH 22. 2. 1957 (BGHZ 23, 365, 371/372) zur Begründung der Aufrechterhaltung der früheren RG-Rechtsprechung geäußerte Meinung, die wirtschaftliche oder vertragliche Belastung des Mitbewerbers durch eine etwaige Nichtigkeitsklage rechtfertige Beibehaltung dieser Rechtsprechung, nicht mehr haltbar, aber auch im Ergebnis nicht erwünscht sei. Wenngleich die Begründung der Entscheidung 22. 2. 1957 a. a. O., der sich BGH 10. 5. 1960 GRUR 1960, 478, 479 »zur Vermeidung grober Unbilligkeiten« angeschlossen hat, nicht in allen Teilen überzeugend sein mag, so erscheint doch andererseits die Forderung, daß dem Verletzungsrichter jegliche Berücksichtigung patenthindernder Tatsachen untersagt sein soll, wenig befriedigend und im Hinblick darauf, daß die gegenständliche Lehre ebenso wie der Schutzbereich eines Patents auch sonst nach anerkannten Grundsätzen des Patentrechts durch Abgrenzung gegenüber dem Stand der Technik ermittelt wird, nicht gerechtfertigt. Ebenso Tetzner, GRUR 1969, 12 ff., der insbesondere auf die unerfreulichen Folgen hinweist, die sich ergeben, wenn dem Verletzungsbeklagten bei völliger Vorwegnahme auch noch die Last eines Nichtigkeitsverfahrens aufgebürdet würde, und Wilde, Mitt. 1969, 258, 263.

bb) Vorwegnahme der Verletzungsform
Einwand des freien Stands der Technik

Während der Einwand der völligen Vorwegnahme die Frage aufwirft, ob das Klagepatent im Prioritätszeitpunkt bereits bekannt war, befaßt sich **der Einwand des freien Standes der Technik** mit dem Klagepatent überhaupt nicht, sondern würdigt nur die **angegriffene angebliche Verletzungsform** in ihrem Verhältnis zum vorbekannten Stand der Technik (Völp, GRUR 1956, 12 ff.). Üblich ist es allerdings, in diesen Fällen von einer »Einrede« zu sprechen. Der Bezeichnung »Einwand« dürfte indessen der Vorzug zu geben sein, weil der vorgetragene Stand der Technik von den Gerichten zu berücksichtigen ist, ohne daß es der Geltendmachung eines echten Gegenrechts bedarf (zutreffend Ohl, GRUR 1969, 1 ff.). 22a

Die Berufung auf den freien Stand der Technik ist vom RG in ständiger Rechtsprechung abgelehnt worden (vgl. RG 21. 4. 1937 GRUR 1938, 865, 867; 15. 5. 1939 GRUR 1939, 905, 909; 7. 10. 1941 RGZ 167, 339, 343). Allerdings stammen diese Entscheidungen aus der Zeit vor Aufhebung der Präklusivfrist. Der BGH hatte sich mit dem Einwand bereits in der Entscheidung vom 18. 6. 1964 (GRUR 1964, 606, 610 – Förderband) kurz befaßt; vgl. auch dazu BGH 2. 6. 1953 GRUR 1955, 139, 140 – Grubenausbau. Nunmehr bringt BGH 14. 3. 1972 (GRUR 1972, 597, 599 – Schienenschalter II) klar zum Ausdruck, daß sich der Verletzer bei einer identischen Patentbenutzung nicht darauf berufen könne, er bewege sich im freien Stand der Technik. Damit folgt der BGH der Auffassung des RG.

Soweit dem Begriff des Einwands des freien Stands der Technik nur die Bedeutung beigemessen wird, daß der Verletzungsrichter den Stand der Technik bei der Bestimmung des Schutzbereichs des Klagepatents als Auslegungsmaßstab zu würdigen habe, sind gegen ihn an sich keine Bedenken zu erheben. Allerdings ist hierbei vorauszusetzen, daß mit der Gewährung des Einwands keine Einschränkung des Schutzbereichs **unter den unmittelbaren Erfindungsgegenstand** eintritt. In Wahrheit aber beschränkte sich die Bedeutung des Einwandes, wie er jedenfalls nach seiner Entstehungsgeschichte zu verstehen ist, bisher auf den Fall, daß dem Verletzungsbeklagten mit Mitteln der Auslegung nicht mehr geholfen werden konnte, weil die Verletzungsform auch bei engster Auslegung stets einen Eingriff in das Patent darstellte (Wilde, Mitt. 1969, 258, 259). In den Fällen, in denen der Verletzungsbeklagte identisch oder in technischer Äquivalenz lediglich den freien Stand der Technik benutzte und gleichzeitig mit seiner Ausführungsform **auch in den unmittelbaren Gegenstand des Klagepatents** eingriff, stellte der Einwand, wie Wilde a. a. O. im einzelnen erläutert hat, den »Notschrei« des Verletzungsbeklagten dar, der das Patent auch mit einer Nichtigkeitsklage – nach Ablauf der bis 1941 noch gültigen Präklusivfrist – nicht mehr angreifen konnte. Gleichwohl hat die Rechtsprechung auch nach Abschaffung dieser Frist den Einwand, soweit er eine Neuheitsprüfung erforderlich gemacht hätte, stets im Hinblick auf die Kompetenzverteilung zwischen Patentamt und Gericht als unzulässig angesehen. Der demgegenüber von Ohl (GRUR 1969, 1, 5 ff.) vertretenen Auffassung, daß die Tatbestandswirkung eines Fehlpatents sich in einer nur formellen Bindung des Verletzungsgerichts erschöpfe, so daß eine **inhaltliche** Bindung dieses Gerichts nicht einbegriffen sei, kann keinesfalls gefolgt werden. Wenn auch das Gericht nicht an die Gründe des Verwaltungsakts und die in ihm getroffenen Feststellungen gebunden ist (oben Anm. 11), so bedeutet das doch nicht, daß ein Richter im Verletzungsstreit etwa den Standpunkt einnehmen dürfte, ein völlig vorweggenommenes Fehlpatent brauche von ihm nicht berücksichtigt zu werden. Ein rechtskräftig erteiltes Patent ist, so wie es erteilt ist, hinzunehmen und darf nicht auf seine Rechtsbeständigkeit geprüft werden, ebenso jetzt BGH 14. 3. 1972 GRUR 1972, 597, 599 – Schienenschalter II; vgl. dazu auch Wilde a. a. O.; Bock in Mitt. 1969, 269, 270.

Über Ausnahme von der Bindung des Verletzungsrichters bei unzulässiger Erweiterung des Gegenstands der Anmeldung s. § 26 Anm. 95.

12. Mängel am Patenterfordernis der Ausführbarkeit, Wiederholbarkeit und der technischen Brauchbarkeit

23 Diese Mängel können grundsätzlich nicht gerügt werden, da die durch das PA insoweit bereits vorgenommene Prüfung für den Verletzungsrichter bindend ist (RG 28. 11. 1934 GRUR 1935, 233, 236; 2. 3. 1935 GRUR

1935, 668, 669; 19. 11. 1943 GRUR 1944, 26, 27; OLG Hamburg 5. 10. 1949 GRUR 1950, 38, 40; BGH 28. 10. 1952 GRUR 1953, 192, 194 – Feueranzünder).

Nach RG 16. 11. 1941 GRUR 1942, 256 und OLG Hamburg 5. 10. 1949 a. a. O. ist jedoch ebenso wie in den Fällen der Vorwegnahme des Erfindungsgegenstandes (Anm. 22) **die technische Ausführbarkeit** eines Patents jedenfalls insoweit nachprüfbar, als beim Fehlen dieses Patenterfordernisses der Erfindungsgedanke auf den unmittelbaren Erfindungsgegenstand unter Ausschluß jeder über den Wortlaut hinausgehenden Auslegung beschränkt wird. Schon in der Entscheidung vom 19. 12. 1938 (GRUR 1939, 533, 534) hat das RG ausgesprochen, daß der Schutzbereich eng auf die beschriebene Ausführungsform eingeschränkt werden muß, wenn das Klagepatent wirklich praktisch völlig unbrauchbar ist. Ebenso ist in RG 10. 11. 1942 (GRUR 1943, 73, 74) erwogen worden (dort allerdings verneint), den Gegenstand der Erfindung aus dem Gesichtspunkt der **Leistungsunfähigkeit** im Verletzungsprozeß »auf den engsten, durch den unmittelbaren Wortlaut der Ansprüche gekennzeichneten Bereich« einzuschränken. Dieser Auffassung wird zu folgen sein. Es kann sich sehr wohl ergeben, daß z. B. ein chemisches Verfahren bei einer bestimmten äquivalenten Gruppe wider Erwarten nicht ausführbar ist oder daß eine solche Gruppe in bezug auf ihren technischen Erfolg keine höhere Leistungsfähigkeit besitzt als vorbekannte Gruppen. Diesen Teil des durch erweiternde Auslegung gefundenen Gegenstandes der Erfindung auszuscheiden, ist durchaus geboten. Denn das Maß des Erfinderschutzes hat sich stets nach dem Verdienst zu richten, das sich der Erfinder um das Fortschreiten der Technik erworben hat (RG 19. 12. 1938 a. a. O.). Die Beweislast für den Mangel trifft den sich darauf Berufenden. Eine Stellungnahme des BGH liegt bisher nicht vor.

c) Allgemeiner Erfindungsgedanke – Nichtglatte patentrechtliche Äquivalente

1. Allgemeines

Das Gebot ausreichenden Schutzes des Erfinders läßt es als notwendig erscheinen, auch **dem wesentlichen Kern der Patentlehre** einen Schutz zu schaffen, selbst wenn dieser im Anspruchswortlaut nicht klar hervorgetreten ist und in Rücksicht auf die vielfachen Möglichkeiten technischer Gestaltung und Umgehung von vornherein nicht so hervortreten konnte, wie es notwendig gewesen wäre, die möglichen Umgehungen zu erfassen. Das führte zu dem Ergebnis, den Schutz eines **allgemeinen Erfindungsgedankens** anzuerkennen, ein Bedürfnis, das schon, wie die vorstehend gegebene Darstellung der Entwicklung des Patentschutzes zeigt, seit Jahrzehnten Befriedigung suchte. Die gemachten Erfahrungen ließen allerdings 24 die Forderung stellen, gegen eine untragbare Ausdehnung des Schutzes Kautelen einzufügen, Kautelen sowohl für ein patentrechtliches Begründetsein des Schutzes wie auch für sein Verbundensein mit dem erteilten Patent. Geschaffen werden mußte im Interesse der Einheitlichkeit des patentrechtlichen Gedankenweges nach Möglichkeit auch die Ausschaltung des Weges über die Äquivalenz als eines zweiten grundsätzlichen Weges zur Erfassung von Patentverletzungen. Auch dieser Weg mußte in den Schutz des Gegenstandes der Erfindung (vgl. Anm. 4) oder in den Schutz eines allgemeinen Erfindungsgedankens eingebaut werden.

Die diesbezüglichen Auffassungen der reichsgerichtlichen Rechtsprechung (26. 8. 1941 GRUR 1941, 465; 29. 8. 1941 GRUR 1941, 469; 16. 12. 1941 GRUR 1942, 256; 23. 1. 1942 GRUR 1942, 261) hat der BGH grundsätzlich – unter Ersatz der früher üblichen Bezeichnung »allgemeinerer Erfindungsgedanke« durch die Bezeichnung »allgemeiner Erfindungsgedanke« – übernommen (BGH 28. 10. 1952 GRUR 1953, 112 – Feueranzünder; 11. 5. 1954 GRUR 1955, 29, 32 – Nobeltbund; 2. 6. 1953 GRUR 1955, 139, 140 – Eiserner Grubenausbau; 12. 6. 1956 GRUR 1957, 20, 22 – Leitbleche; 10. 5. 1960 GRUR 1960, 478, 481 – Blockpedale; 14. 6. 1960 GRUR 1960, 483, 486 – Polsterformkörper; 14. 7. 1961 GRUR 1962, 29, 31 – Drehkippbeschlag; st. Rspr.).

Der allgemeine Erfindungsgedanke muß für den **Durchschnittsfachmann** (§ 1 Anm. 43) am Anmeldetag aus der Patentschrift als umfassender Erfindungsgedanke zu entnehmen sein, der sowohl die Gestaltung der Erfindung, die im Anspruch Ausdruck gefunden hat, als auch die in Betracht kommende Verletzungsform mitumfaßt (RG 23. 1. 1942 GRUR 1942, 261; BGH 11. 5. 1954 GRUR 1955, 29, 32 – Nobeltbund; 12. 6. 1956 GRUR 1957, 20, 22 – Leitbleche; 10. 5. 1960 GRUR 1960, 478, 479 – Blockpedale). Bei der Ermittlung des allgemeinen Erfindungsgedankens muß also die Prüfung von vornherein **auf die angegriffene Verletzungsform** abgestellt werden. Er steht nicht von vornherein fest, sondern kann jeweils erst im Hinblick auf die Verletzungsform ermittelt werden. Ein allgemeiner Erfindungsgedanke ohne Blick auf die Verletzungsform würde im luftleeren Raum schweben und für den Verletzungstatbestand ohne Bedeutung sein (BGH 10. 5. 1960 GRUR 1960, 478, 479 – Blockpedale). Er kann sich daraus ergeben, daß konstruktive Merkmale des Anspruchs auf ihre grundsätzliche Funktion zurückgeführt oder spezielle Arbeitsmittel oder Arbeitsverfahren durch solche übergeordneter allgemeinerer Bedeutung ersetzt werden (RG 26. 8. 1941 GRUR 1941, 465; 13. 10. 1942 GRUR 1943, 167).

Ferner kann er dadurch erhalten werden, daß ein **nichtglattes patentrechtliches Äquivalent,** d. h. ein solches, das im Gegensatz zum glatten Äquivalent einem Durchschnittsfachmann nicht ohne weiteres, aber doch erst bei besonderer, d. h. näherer Überlegung, aber ohne erfinderische Bemühungen zur Verfügung steht, mit dem im Anspruch zum Ausdruck gelangten Erfindungsgedanken zu einer übergeordneten Lehre vereinigt wird (RG 18. 12. 1939 GRUR 1940, 342; 23. 5. 1941 GRUR 1941, 462; 29. 8. 1941 GRUR 1941, 469; 12. 9. 1941 GRUR 1942, 51; 2. 12. 1941 GRUR 1942, 307, 309; 4. 9. 1942 GRUR 1943, 30; BGH 2. 6. 1956 GRUR 1957, 20, 22 – Leitbleche; 11. 7. 1963 GRUR 1964, 132, 134 – Kappenverschluß; 28. 11. 1963 BGHZ 40, 332 = GRUR 1964, 196, 198 – Mischmaschine – mit Anm. v. Moser; 8. 2. 1966 Mitt. 1966, 197, 198 – Fußbodenleiste [Gbm]). Wie die Entscheidung BGH 24. 4. 1969 (GRUR 1969, 534, 536 – Skistiefelverschluß) zutreffend erklärt, hängt es an sich nur von der **Betrachtungsweise** ab, ob die Prüfung unter dem Blickpunkt eines allgemeinen Erfindungsgedankens oder eines nichtglatten Äquivalents erfolgt. Denn im ersteren Fall richtet sich das Augenmerk mehr auf das dem Klagepatent und der angegriffenen Ausführungsform **gemeinsame Prinzip,** im zweiten Fall mehr **auf die Funktion** der als verletzend beanspruchten Mittel. In der 4. Auflage dieses Kommentars war in Erwägung gezogen worden, solche Äquivalente entsprechend den glatten zu behandeln. Im Hinblick auf diesen Gedanken ist in der Entscheidung BGH 15. 3. 1960 (GRUR 1960, 474 – Landkarte) erwogen worden, auch die nichtglatten Äquivalente in den gegenständlichen Schutzumfang einzubeziehen. Der Gedanke ist jedoch in BGH 11. 7. 1963 (GRUR 1964, 132 – Kappenverschluß) zu Recht wieder aufgegeben worden. Die Erteilungsbehörde erstreckt die Prüfung nicht auf die nichtglatten patentrechtlichen Gleichwerte und kann sie auf sie nicht erstrecken. Diese Prüfung muß mithin nachgeholt werden, weil anderenfalls die nichtglatten Äquivalente besser gestellt würden als die Ausführungsformen, die im Erteilungsverfahren hinsichtlich aller Schutzvoraussetzungen geprüft worden sind.

Da nichtglatte patentrechtliche Äquivalente stets unter dem Gesichtspunkt eines allgemeinen Erfindungsgedankens zu prüfen sind (z. B. BGH 28. 11. 1963 GRUR 1964, 196, 198 – Mischmaschine), wäre es gut, wenn die Rechtsprechung diesen Begriff überhaupt fallenließe und sich darauf beschränkte, nur noch von patentrechtlichen Äquivalenten zu sprechen; vgl. dazu aber Wilde in Klauer-Möhring § 6 Anm. 40 S. 296.

Über den Unterschied in der Beurteilung des allgemeinen Erfindungsgedankens als eines durch **Abstraktion** zu gewinnenden Lösungsprinzips und eines Äquivalents als eines **konkreten Lösungswegs,** der sich aus einem Vergleich der Lösungsmittel ergibt, vgl. Schramm, GRUR 1964, 413, 419 und in der Anm. GRUR 1964, 225, 226; s. dazu auch Storch in Festschrift Wilhelm Wendel S. 35, 37 ff.

Die Verallgemeinerung kann sich auch daraus ergeben, daß spezialisierende Merkmale des Anspruchs unberücksichtigt bleiben, daß z. B. bei einer geschützten Kombination der Schutz nur auf eine **Unterkombination** oder ein **einzelnes Element der Kombination** abgestellt wird (RG 27. 1. 1937 GRUR 1937, 545; 1. 4. 1941 GRUR 1941, 313; 26. 8. 1941 GRUR 1941, 465; BGH 28. 10. 1952 GRUR 1953, 112, 113 – Feueranzünder; 11. 5. 1954 GRUR 1955, 29, 32 – Nobeltbund; 28. 11. 1963 GRUR 1964, 196, 198 – Mischmaschine); vgl. im einzelnen § 1 Anm. 45 und unten Anm. 52. Auch schließt die Versagung selbständigen Schutzes für einen Unteranspruch im Erteilungsverfahren die Zubilligung einer Schutzfunktion für eine Unterkombination von Merkmalen des Hauptanspruchs und Merkmalen des Unteranspruchs nicht aus (BGH 27. 4. 1956 GRUR 1956, 542 ff. – Anhängerkupplung). Wegen Zulassung eines Teilkombinations- bzw. Elementenschutzes und deren Prüfung vgl. auch Winkler, GRUR 1965, 525, 528. Da nach § 26 Abs. 5 Satz 2 aus Ergänzungen oder Berichtigungen, die den Gegenstand der Anmeldungen erweitern, Rechte jetzt nicht mehr hergeleitet werden können, ist die Bedeutung eines solchen Schutzes sicherlich gegenüber der Vergangenheit gestiegen (so zutreffend Storch a. a. O. S. 44).

Ein bereits **in einem älteren Patent** geschützter allgemeiner Erfindungsgedanke kann nicht auch in einem jüngeren Patent geschützt sein, **soweit es sich nicht um Haupt- und Zusatzpatente handelt.** Schutzberechtigt ist vielmehr ebenso wie bei einer Lehre zum technischen Handeln, die den Gegenstand eines älteren Rechts bildet (§ 4 Abs. 2), nur der erste Anmelder (RG 31. 3. 1942 GRUR 1942, 349, 350 mit Anm. Lindenmaier; BGH 17. 3. 1964 BGHZ 41, 378 – Erntemaschine; 30. 11. 1967 BGHZ 49, 227, 230 = GRUR 1968, 305, 306 – Halteorgan), vgl. § 4 Anm. 12 u. 17.

Nicht den Gegenstand eines allgemeinen Erfindungsgedankens kann darstellen eine gewonnene, lediglich theoretische Erkenntnis, die vom Durchschnittsfachmann praktisch nicht verarbeitet werden kann (RG 28. 11. 1941 GRUR 1942, 156).

Auch kann nicht als allgemeiner Erfindungsgedanke eine dem gleichen sozialen Zweck dienende, aber mit anderen technischen Mitteln arbeitende technische Anweisung geschützt sein (BGH 11. 5. 1954 GRUR 1955, 29 – Nobeltbund).

2. Erfordernisse für den Schutz eines allgemeinen Erfindungsgedankens

Pietzcker, GRUR 1942, 517; Ohnesorge, GRUR 1943, 190; Lindenmaier, GRUR 1944, 49 ff.; Winkler, GRUR 1956, 299; ders. in GRUR 1968, 153 und in Mitt. 1969, 276.

Um sicherzustellen, daß durch den allgemeinen Erfindungsgedanken nicht ein aus dem geschützten Patent gar nicht erwachsender Erfindungsgedanke geschützt wird, sind folgende Erfordernisse für den Schutz aufgestellt worden:

aa) Herleitbarkeit aus dem Anspruch

Der allgemeine Erfindungsgedanke muß **aus dem Anspruch herleitbar** sein, also im Bereich der durch die technische Aufgabe und der zu ihrer Lösung gegebenen Anweisung zum technischen Handeln liegen. Er ist – wenn auch unter Heranziehung der einer Erläuterung der Ansprüche dienenden Beschreibung und Zeichnung – in erster Linie aus denjenigen Merkmalen zu bilden, die in den Patentansprüchen ihre Stütze finden. Es darf also nur der Erfindungsgegenstand verallgemeinert, nicht aber anstelle des in ihm enthaltenen Erfindungsgedankens ein anderer gesetzt werden. Denn das würde nicht mehr eine Auslegung des Patents, sondern die unzulässige Patentierung einer anderen Erfindung bedeuten (RG 29. 4. 1941 GRUR 1941, 360; BGH 11. 5. 1954 GRUR 1955, 29, 32 – Nobeltbund; 2. 6. 1953 GRUR 1955, 139, 141 – Eiserner Grubenausbau). So auch die BGH-Entscheidung 25. 2. 1972 GRUR 1972, 538, 540 – Parkeinrichtung, die hervorhebt, daß das Erfordernis der Herleitbarkeit eines allgemeinen Erfindungsgedankens aus den Ansprüchen im Hinblick auf die **Rechtssicherheit** in Übereinstimmung mit der gesetzlichen Regelung in § 26 Abs. 1 Satz 5 aufgestellt worden ist. 25

bb) Offenbarung

Für den allgemeinen Erfindungsgedanken ist ferner ausreichende **Offenbarung** im Prioritätszeitpunkt erforderlich. Eine hinreichende Offenbarung ist zu bejahen, wenn der Gedanke entweder unmittelbar aus der Patentschrift von dem Durchschnittsfachmann zu entnehmen ist oder aus ihr mit Hilfe gewisser Überlegungen, zu denen die Patentschrift anregt, die jedoch keine erfinderische Geistestätigkeit erfordern dürfen, vom Durchschnittsfachmann abgeleitet werden kann (OGHBr.Z 14. 10. 1949 GRUR 1950, 140, 141; BGH 2. 6. 1953 GRUR 1955, 139, 140 – Eiserner Grubenausbau; 14. 6. 1960 GRUR 1960, 483, 486 – Polsterformkörper – mit Nachweisen; 28. 11. 1963 GRUR 1964, 196, 197 – Mischmaschine – mit Nachweisen). Die Offenbarung erfolgt mithin entweder in der Patentschrift selbst (RG 27. 1. 1937 GRUR 1937, 545; 26. 4. 1938 GRUR 1938, 424; 2. 12. 1941 GRUR 1942, 307; 13. 10. 1942 GRUR 1943, 167; BGH 28. 10. 1952 GRUR 1953, 112, 113 – Feueranzünder; 12. 6. 1956 GRUR 1957, 20, 22 – Leitbleche; 10. 5. 1960 GRUR 1960, 478, 481 – Blockpedale) oder im Wege einer vom Nebensächlichen absehenden, auf den **wesentlichen Kern** der empfohlenen Lehre abstrahierenden Geistestätigkeit (RG 13. 10. 1942 GRUR 1943, 167; 15. 5. 1943 GRUR 1943, 280; BGH 11. 5. 1954 GRUR 1955, 29, 32 – Nobeltbund). Erfordert die abstrahierende Würdigung erfinderische Bemühung, so entfällt ausreichende Offenbarung (RG 15. 5. 1943 GRUR 1943, 280; BGH 21. 12. 1967 GRUR 1968, 311, 313 – Garmachverfahren). 26

Über Offenbarung im übrigen oben Anm. 5 ff. und § 1 Anm. 22 ff.

Der allgemeine Erfindungsgedanke, den der Fachmann ohne eigenes erfinderisches Zutun der Patentschrift entnimmt, muß mindestens **noch einen anderen, ohne erfinderischen Einfall begehbaren Weg** zur Lösung der vom Erfinder gestellten Aufgabe weisen (RG 14. 1. 1938 GRUR 1938, 416, 418; 8. 2. 1938 GRUR 1938, 503, 504; 23. 1. 1942 GRUR 1942, 261, 262; BGH 2. 6. 1953 GRUR 1955, 139, 140 – Eiserner Grubenausbau; 14. 6. 1960 GRUR 1960, 483, 486 – Polsterformkörper). An einem solchen Lösungsweg fehlt es, wenn der vom Erfinder beanspruchte allgemeine Erfindungsgedanke in Wahrheit nur **Aufgabencharakter** hat (RG 14. 1. 1938 GRUR 1938, 416, 418; BGH 2. 6. 1953 GRUR 1955, 139, 141 – Eiserner Grubenausbau; 12. 6. 1956 GRUR 1957, 20, 22 – Leitbleche; 15. 3. 1960 GRUR 1960, 474, 477 – Landkarte). Anders dann, wenn die Erfindung bereits in der Stellung der Aufgabe besteht und ein Lösungsweg sich ohne weiteres für den Fachmann ergibt (erfinderische Aufgabenstellung § 1 Anm. 20). In diesem Falle sind alle Lösungen Gegenstand des Erfindungsgedankens.

Als offenbart muß jede Ausführungsform des allgemeinen Erfindungsgedankens gelten, die im Bereich des fachmännischen Könnens liegt (RG 28. 5. 1943 Mitt. 1944, 4; BGH 16. 2. 1954 GRUR 1954, 318, 319 – Entwicklungsgerät). Für die Prüfung, ob der Durchschnittsfachmann den beanspruchten allgemeinen Erfindungsgedanken der Patentschrift zu entnehmen vermag, ist es nicht ohne Bedeutung, wenn auch die Beschwerdeabteilung des PA nicht auf diesen Gedanken gekommen ist (RG 27. 2. 1942 GRUR 1942, 323, 327). Auch Äußerungen des Prüfers im Erteilungsverfahren können ein gewichtiges Beweisanzeichen dafür bilden, welchen Lösungsgedanken der Durchschnittsfachmann den Anmeldeunterlagen entnimmt (BGH 30. 10. 1962 GRUR 1963, 563, 566 – Aufhängevorrichtung). Ähnlich ganz allgemein für Äußerungen der Beteiligten im Erteilungsverfahren BGH 21. 12. 1967 (GRUR 1968, 311, 313 – Garmachverfahren). Ebenso kann das eigene Verhalten des Erfinders nach Anmeldung Anhaltspunkte für die Auslegung der Patentschrift bieten (RG 13. 2. 1937 GRUR 1937, 617, 619), ebenso BGH 14. 7. 1966 GRUR 1967, 84, 86 – Christbaumbehang II und 30. 12. 1962 GRUR 1963, 563, 566 – Aufhängevorrichtung (ein auf einen allgemeinen Erfindungsgedanken gerichteter Anspruch ist erst viereinhalb Jahre nach Einreichung der Anmeldung erstmalig von der Anmelderin aufgestellt worden).

Der Auffassung der reichsgerichtlichen Rechtsprechung (13. 10. 1942 GRUR 1943, 167), vom allgemeinen Erfindungsgedanken werde auch eine erfinderischer Bemühung bedürftige Ausführungsform erfaßt, ist nur in dem Falle beizupflichten, daß der allgemeine Erfindungsgedanke benutzt, die Ausführungsform aber erfinderisch weiterentwickelt ist. Insofern handelt es sich dann um eine **abhängige** Erfindung (RG 28. 5. 1943 Mitt. 1944, 4). Damit wird zugleich die Auffassung widerlegt, daß bei Zugrundelegung eines Schutzes eines allgemeinen Erfindungsgedankens keine abhängige Erfindung, deren Benutzung zugleich notwendig auch die Benutzung des allgemeinen Erfindungsgedankens darstelle (RG 22. 10. 1940 GRUR 1940, 550; 26. 1. 1943 GRUR 1943, 205), denkbar sei.

cc) Schutzfähigkeit

27 Um einer ins uferlose gehenden Erweiterung des Schutzbereichs vorzubeugen, hat der Verletzungsrichter einem allgemeinen Erfindungsgedanken auch nur Schutz zu verleihen, wenn dieser die **Voraussetzungen einer patentfähigen Erfindung nach allen Richtungen** erfüllt. Der Verletzungsrichter hat ihn also auch zu prüfen auf Neuheit, Erfindungshöhe, technischen Fortschritt, Ausführbarkeit, Wiederholbarkeit und gewerbliche Verwendbarkeit (RG 23. 5. 1941 GRUR 1941, 462; 16. 12. 1941 GRUR 1942, 256; 23. 1. 1942 GRUR 1942, 261; 31. 3. 1942 GRUR 1942, 349). Der BGH hat auch diese Grundsätze übernommen (BGH 28. 10. 1952 GRUR 1953, 112 – Feueranzünder; 11. 5. 1954 GRUR 1955, 29, 32 – Nobeltbund; 12. 6. 1956 GRUR 1957, 20, 22 – Leitbleche; 10. 5. 1960 GRUR 1960, 478, 480 – Blockpedale).

Die **Beweislast** für das Vorhandensein der Patenterfordernisse trifft den Patentinhaber (RG 16. 12. 1941 GRUR 1942, 256). Auch der allgemeine Erfindungsgedanke eines prioritätsälteren, aber nicht vorveröffentlichten Rechts kann nach der heutigen Rechtsprechung dem jüngeren Recht unter dem Gesichtspunkt des Verbots der Doppelpatentierung entgegengehalten werden (§ 4 Anm. 12).

Über Schutz eines allgemeinen Erfindungsgedankens bei **Unterkombination** oder **einzelnen Elementen** sowie bei **Unteransprüchen** s. Anm. 52 ff.

3. Ausschluß erweiternder Auslegung auf einen allgemeinen Erfindungsgedanken

28 Der erweiternden Auslegung auf einen allgemeinen Erfindungsgedanken können nach Gegenstand und Inhalt der Patentschrift wie jeder sonstigen erweiternden Auslegung gleiche Hindernisse entgegenstehen (vgl. Anm. 20).

d) Einschränkungen des Schutzumfanges durch Hoheitsakte

29 Es handelt sich bei solchen Einschränkungen um Hoheitsakte der zur Patent- und damit Schutzerteilung berufenen amtlichen Stelle, die der Einwirkung durch den Verletzungsrichter entzogen sind. Der Grund für die Berücksichtigung des Verzichts liegt darin, daß kein Anlaß besteht, einen Schutzanspruch anzunehmen, den der Anmelder im Erteilungsverfahren unzweideutig hat fallenlassen.

aa) Einschränkungen und Verzichte

30 Verzichte und Einschränkungen treten im allgemeinen nicht als zwei selbständige Einschränkungstatsachen in Erscheinung, sondern greifen ineinander und gehören zusammen, weil dem Anmelder gegen seinen Willen ein Patent nicht erteilt wird (§ 32 Anm. 48).

Die Beachtlichkeit von Verzichten und Einschränkungen seitens der Erteilungsbehörde im Verletzungsverfahren ist in ständiger höchstrichterlicher Rechtsprechung anerkannt worden (RG 4. 11. 1936 RGZ 153, 47; BGH 5. 7. 1960 GRUR 1961, 77 ff. – Blinkleuchte; 27. 1. 1961 GRUR 1961, 404, 408 – Klebeverbindung; 31. 1. 1961 GRUR 1961, 335 – Bettcouch; 11. 7. 1963 GRUR 1964, 132, 134 – Kappenverschluß; 18. 6. 1964 GRUR 1964, 606, 609 – Förderband; 25. 1. 1966 Mitt. 1966, 217 – Schalungsstein). Die Vorgänge im Erteilungsverfahren sind auch der Prüfung des Revisionsgerichts zugänglich, da sie als unstreitig den Erteilungsakten zu entnehmen sind (BGH 11. 7. 1963 a. a. O. mit Nachweisen; 18. 6. 1964 a. a. O.; § 47 Anm. 68). Eine Beschränkung kann seitens des Patentamts auch noch im Einspruchsverfahren ausgesprochen werden (BGH 5. 7. 1960 GRUR 1961, 77, 78 – Blinkleuchte). Ebenso kann eine Verzichterklärung noch im Beschwerdeverfahren vor dem Bundespatentgericht (BPatG 3. 11. 1961 E 1, 63, 64) oder im Nichtigkeitsverfahren (RG 8. 2. 1936 GRUR 1936, 799, 801) abgegeben werden. Über unzweideutige Beschränkung des Schutzumfangs auf die **Gesamtkombination** aller Merkmale des Patentanspruchs, also Ausschluß des Elementenschutzes oder eines Schutzes für Unterkombinationen, vgl. BGH 17. 12. 1963 GRUR 1964, 433 – Christbaumbehang I.

In dieser Weise kann der Schutz jedes Erfindungsgedankens eingeschränkt werden, also sowohl der Schutz, der dem Gegenstand der Erfindung durch eine etwaige erweiternde Auslegung zukommt, z. B. in bezug auf den Schutz der zum Gegenstand gehörigen **Äquivalente** (RG 19. 9. 1941 Mitt. 1942, 74; BGH 17. 12. 1963 GRUR 1964, 433, 436 – Christbaumbehang), als auch der Schutz **eines allgemeinen Gedankens** (BGH 5. 7. 1960 GRUR 1961, 77 ff. – Blinkleuchte; 11. 7. 1963 GRUR 1964, 132, 134 – Kappenverschluß).

Niemals darf allerdings der Schutzbereich eines Patents aufgrund der Erteilungsakten **unter** den sich aus dem Wortlaut des Anspruchs ergebenden sog. unmittelbaren Erfindungsgegenstand eingeschränkt werden (BGH 16. 12. 1958 GRUR 1959, 317, 319 – Schaumgummi; 5. 7. 1960 a. a. O.).

Während früher die Einschränkung des Schutzumfangs von der Rechtspr. d. RG nicht einhellig beurteilt wurde (Seligsohn § 4 Anm. 3 c), sind jetzt **nur absichtlich verfügte Einschränkungen** und **unzweideutig erklärte Verzichte** maßgebend (RG 26. 8. 1941 GRUR 1941, 465, 468; 23. 1. 1942 GRUR 1942, 261, 263). Diese müssen nicht mit ausdrücklichen Worten, aber doch in einer jeden Zweifel ausschließenden Weise ausgesprochen werden (RG 24. 1. 1941 GRUR 1941, 150; BGH 6. 3. 1959 GRUR 1959, 320, 322 – Moped-Kupplung; 5. 7. 1960 GRUR 1961, 77, 78 – Blinkleuchte; 16. 6. 1961 GRUR 1962, 80, 81 – Rohrdichtung). Beachtlich ist also der Wille der Prüfungsstelle stets nur dann, wenn er in der Patentschrift seinen eindeutigen Ausdruck gefunden hat (BGH 24. 2. 1970 GRUR 1970, 361, 363 – Schädlingsbekämpfungsmittel). Der Anmelder muß seine im Erteilungsverfahren abgegebenen Erklärungen so gegen sich gelten lassen, wie sie im Verkehr nach Treu und Glauben zu verstehen waren (RG 14. 10. 1938 GRUR 1939, 528, 530; 12. 5. 1939 GRUR 1939, 956, 959; 28. 10. 1939 Mitt. 1940, 6, 7; BGH 27. 1. 1961 GRUR 1961, 404, 408 – Klebebindung).

Die im Erteilungsverfahren **mit Rücksicht auf den Stand der Technik** verlangten Änderungen der Anmeldung betreffen **in der Regel** nur **eine möglichst scharfe Abgrenzung** des Gegenstandes der Erfindung, ohne daß darin eine Einschränkung des Schutzumfanges liegen würde (RG 16. 1. 1932 GRUR 1932, 447, 450; 3. 2. 1932 GRUR 1932, 577, 579; BGH 6. 3. 1959 a. a. O.; 5. 7. 1960 a. a. O.).

Aufgabe des PA ist es, den Schutz eines Patentes **aufgrund des Standes der Technik** möglichst klar zu umreißen und abzugrenzen, was besonders für die Merkmale eines Unteranspruchs sowie für Einzelmerkmale im Kombinationspatent gilt. Das Patentamt hat nicht nur ein Recht, sondern auch die Pflicht zu einer Abgrenzung, die allerdings nur nach genauer Prüfung möglich und zulässig ist (PA 9. 7. 1955 Bl. 1956, 43 ff.; 14. 9. 1960 Mitt. 1961, 19 ff.; auch RG 15. 11. 1940 RGZ 165, 209).

Kommt der Anmelder der Aufforderung nach, die Erfindung gegenüber dem Bekannten näher abzugrenzen, ohne seinen Standpunkt ersichtlich aufzugeben, so kann von einem Verzicht keine Rede sein. Eine Änderung des Patentanspruchs bedeutet noch nicht ohne weiteres einen Verzicht (RG 3. 2. 1932 GRUR 1932, 577, 579).

Ebensowenig zwingen die im Erteilungsverfahren vorgenommene Änderung und Zusammenfassung der ursprünglichen Ansprüche zur Ausschließung von Äquivalenten, noch hindern sie die Prüfung eines etwaigen allgemeinen Erfindungsgedankens (BGH 11. 7. 1963 GRUR 1964, 132, 134 – Kappenverschluß – mit zahlreichen Belegen). Selbst die Aufnahme eines zusätzlichen Merkmals (im Nichtigkeitsverfahren) schließt eine Ausdehnung des Schutzumfangs auf Äquivalente noch nicht grundsätzlich **aus,** wenn dies nur **zwecks Klarstellung** geschieht (BGH 30. 6. 1964 GRUR 1964, 669, 672 – Abtastnadel).

Gleiches gilt, wenn das Patent durch Teilvernichtung eine echte Beschränkung erfahren hat, hinsichtlich des als schutzfähig noch verbliebenen Rechts. Ist aber das Patent auf eines der unterschiedlichen Lösungsmittel beschränkt worden, so können die übrigen in der Regel nicht unter dem Gesichtspunkt der Äquivalenz in seinen Schutzbereich einbezogen werden (BGH 30. 6. 1964 a. a. O.).

In der Regel werden Verzicht und Einschränkung nur in Frage kommen, wenn der Anmelder **zunächst einen weitergehenden Schutz** beantragt hat, den das PA nicht für gerechtfertigt gehalten hat (RG 15. 3. 1940 GRUR 1940, 262, 264; 27. 8. 1940 GRUR 1940, 537, 539; BGH 5. 7. 1960 GRUR 1961, 77, 78 – Blinkleuchte). Ausnahmen können jedoch im Grundsatz nicht ausgeschlossen werden. Allerdings bedarf es dann stets einer eingehenden Prüfung, ob wirklich eine unzweideutige Beschränkung vorliegt (BGH 5. 7. 1960 a. a. O.).

Nicht jedes »Fallenlassen« von Ansprüchen im Erteilungsverfahren kann als Verzicht und nicht jede Zusammenziehung kann als Beschränkung angesehen werden. Es hängt vielmehr von den Umständen des Einzelfalls ab, ob es sich um ein Fallenlassen von Ansprüchen »der Form nach« handelt, etwa um eine mißglückte Anspruchsformulierung durch eine bessere zu ersetzen, oder ob es sich um ein Fallenlassen von Ansprüchen »der Sache nach« handelt, also um einen »Verzicht« bzw. eine »Beschränkung«, z. B. wenn sich der Anmelder mit dem Fallenlassen eines Anspruchs oder der Zusammenziehung mehrerer Ansprüche dem Verlangen der Erteilungsbehörde gebeugt hat (BGH 9. 3. 1967 GRUR 1967, 413, 417 – Kaskodeverstärker – u. a. unter Hinweis auf BPatG E 1, 63; vgl. auch BGH 13. 5. 1965 GRUR 1966, 146 ff. – Beschränkter Bekanntmachungsantrag).

Ob **Verzicht und Einschränkung** durch den Stand der Technik geboten **waren, ist ohne Belang** (RG 19. 11. 1932 GRUR 1933, 223, 225; 18. 10. 1938 GRUR 1939, 286, 287; 25. 10. 1938 RGZ 159, 1, 9 ff.; BGH 27. 4. 1956 GRUR 1956, 542, 546 – Anhängerkupplung; 27. 1. 1961 GRUR 1961, 404, 408 – Klebebindung; st. Rspr.). Ist eine **eindeutige Schutzbeschränkung** seitens der Erteilungsbehörde ausgesprochen, so **bindet** sie den **Verletzungsrichter auch dann,** wenn sie ohne vorgängigen Verzicht des Anmelders auf einen weitergehenden Schutz erfolgt ist (BGH 27. 4. 1956 a. a. O.).

Allgemein wird man zu dem Ergebnis kommen müssen, daß die Gründe, aus denen das PA zu seiner Entschließung gelangt ist, **im Verletzungsprozeß nicht nachgeprüft** und **vermeintliche Fehler nicht berichtigt werden können,** immer vorausgesetzt, daß die Willenserklärung des PA klar erkennbar ist (RG 4. 5. 1943 GRUR 1943, 245, 246).

Zulässig ist es, zur Verdeutlichung der Erklärungen des PA und des Anmelders auch andere Verfahren heranzuziehen, in denen zwischen ihnen über die gleiche oder eine ähnliche Frage verhandelt worden ist (RG 12. 5. 1939 GRUR 1939, 956 ff.).

bb) Einschränkungen aus formellen Gründen

Einschränkende Verfügungen und Verzichte des Anmelders haben die RG-Entscheidungen vom 12. 5. 1939 GRUR 1939, 956 und 3. 11. 1939 GRUR 1940, 89, 93 auch dann für durchgreifend erachtet, wenn sie ihren Grund **lediglich** darin hatten, daß die Erteilungsbehörde in der Neufassung des Anspruchs eine **unzulässige Erweiterung** des ursprünglichen Anmeldungsgegenstands erblickt hat (a. A. allerdings RG 18. 1. 1938 GRUR 1939, 670, 673). Dieser Ausdehnung, bei der die Zurückweisung unzulässiger Erweiterungen und der Verzicht auf diese lediglich auf **verfahrensrechtlichen** Maßnahmen beruhte, also nicht im Hinblick auf den Stand der Technik erfolgt ist, ist die Rechtsprechung des BGH entgegengetreten. 31

In der Entscheidung vom 27. 11. 1969 (GRUR 1970, 289 – Dia-Rähmchen IV) hat der BGH in einem Fall der **nachträglichen** Erweiterung bzw. Veränderung des in den **ursprünglichen** Patentansprüchen niedergelegten Schutzbegehrens den Schutzumfang durch Beseitigung der Erweiterung (Streichung des Worts »vorzugsweise«) auf den einer bekanntgemachten Anmeldung zukommenden Schutzumfang zurückgeführt. Der BGH vertritt die Auffassung, es sei in diesen Fällen patentrechtlich durch nichts begründet, den Schutzumfang etwa auf den Wortlaut des bekanntgemachten Anspruchs zu beschränken. Demzufolge erstreckt sich der Schutzumfang bei Beschränkungen im Hinblick auf unzulässige Erweiterungen auch weiterhin auf solche Äquivalente, auf die sich der bekanntgemachte Anspruch erstreckt hat. Diese Grundsätze gelten nach BGH 15. 4. 1971 (GRUR 1971, 472, 474 – Wäschesack) auch für den Fall, daß im Verlauf des Erteilungsverfahrens geänderte Schutzansprüche **noch vor der Bekanntmachung** wegen unzulässiger Erweiterung auf den Gegenstand der ursprünglichen Anmeldung zurückgeführt werden.

Als fraglich hat RG 29. 1. 1943 (GRUR 1943, 243, 245) es bezeichnet, ob bei einer **ohne Prüfung der Patentfähigkeit** aus **Ordnungsgründen** erfolgten **Ausscheidung,** z. B. **wegen Uneinheitlichkeit,** Rückschlüsse im Sinne einer Einschränkung des Schutzumfangs gezogen werden dürfen. Man wird mit BGH 9. 3. 1967 GRUR 1967, 413, 417 – Kaskodeverstärker – zu dem Ergebnis kommen müssen, daß es von den jeweiligen Umständen des Einzelfalls abhängt, ob damit auf einen nicht mit ausgeschiedenen Teil, insbesondere auf einen bisher beanspruchten übergeordneten Erfindungsgegenstand, verzichtet worden ist oder nicht. Als Beispiel für die erste Alternative verweist der BGH a. a. O. auf PA Bl. 1935, 8, für die zweite auf PA GRUR 1931, 71. Die zitierte Entscheidung leitet aus den von ihr beurteilten Umständen her, daß das Verhalten der Anmelderin im Zusammenhang mit der Ausscheidung der »nebengeordneten Anspruchsgruppe« aus der Stammanmeldung als ein Verzicht auf den bis dahin in der Stammanmeldung erfolgten »Dachanspruch« gewertet werden müsse.

e) Nachträgliche einschränkende Änderungen des Anspruchs (§ 36 a)

32 Bei nachträglicher einschränkender Änderung des Anspruchs im Beschränkungsverfahren (§ 36 a) hat die Auslegung des Patents nach der der Beschränkung gemäß § 36 a Abs. 3 anzupassenden Patentschrift zu erfolgen. Da die Rechtslage insoweit ebenso zu würdigen ist, als wenn das Patent im Nichtigkeitsverfahren vernichtet oder klargestellt worden wäre, unterliegt auch die Frage, ob die Änderung des Anspruchs und der Beschreibung tatsächlich eine Beschränkung oder aber eine unzulässige Änderung oder gar eine Erweiterung des Erfindungsgegenstands darstellt, keiner Nachprüfung (BGH 6. 7. 1962 GRUR 1962, 577 ff. – Rosenzüchtung).

Das gleiche gilt für den Restanspruch des durch eine **einverständliche** Erklärung der Parteien beschränkten Gegenstands des Patents im Nichtigkeitsstreit (vgl. BGH 14. 1. 1964 BGHZ 41, 13, 15 ff. = GRUR 1964, 308 ff. – Dosier- und Mischanlage – mit Anm. Heine); s. Anm. 33.

f) Klarstellung und Teilvernichtung durch Nichtigkeitsentscheidung

33 Nichtigkeitsentscheidungen haben nach der neueren Rechtsprechung (RG 2. 2. 1943 RGZ 170, 346; 26. 1. 1943 GRUR 1943, 205; BGH 12. 7. 1955 GRUR 1955, 573 – Kabelschelle) für die Auslegung des Patents im Verletzungsverfahren unmittelbare Bedeutung nur noch, soweit sie den Anspruch im Wege der **Klarstellung** oder **Teilvernichtung** (§ 13 Anm. 15, 16) ändern. Insoweit tritt die Begründung der Entscheidung anstelle der maßgebenden Ausführungen der Patentschrift zu dem darauf bezüglichen Patentteil (BGH 12. 7. 1955 a. a. O. S. 574; 28. 11. 1963 GRUR 1964, 196, 198 – Mischmaschine; 30. 6. 1964 GRUR 1964, 669, 670 – Abtastnadel – mit zahlreichen Belegen). Das ist auch dann der Fall, wenn die Entscheidung im Nichtigkeitsstreit erst nach Abschluß der mündlichen Verhandlung vor dem Berufungsgericht ergangen ist (BGH 12. 7. 1955 a. a. O. S. 573).

Erklärt der Patentinhaber im Nichtigkeitsverfahren, nur einen **beschränkten Inhalt seines Patents verteidigen** zu wollen, so erzielt er damit einen endgültigen Ausspruch über die Grenze des geschützten Rechts mit Wirkung gegen alle, ohne den Weg des § 36 a gehen zu müssen. Im Verfahren ist dann zu prüfen, ob und inwieweit es sich um eine zulässige Beschränkung handelt (BGH 30. 5. 1956 BGHZ 21, 8 = GRUR 1956, 409 – Spritzgußmaschine I; vgl. auch BGH 23. 2. 1965 GRUR 1965, 480, 482 – Harnstoff).

Der Verletzungsrichter ist an die **Beschränkung durch die Nichtigkeitsentscheidung** auch dann gebunden, wenn die Gründe die Berechtigung nicht eindeutig erkennen lassen. Klafft zwischen dem durch die Neufassung eines Anspruchs zum Ausdruck gebrachten Willen und den Entscheidungsgründen eine Lücke, so bleibt stets der **Tenor der Entscheidung** (neuer Anspruchswortlaut) maßgebend (BGH 31. 1. 1961 GRUR 1961, 335, 337 – Bettcouch). Auch wenn die Nichtigkeitsentscheidung **zwischen anderen Parteien** ergangen ist, ist der Gegenstand des Patents durch sie bindend für den Verletzungsstreit festgestellt (RG 20. 9. 1941 GRUR 1942, 53). Ist die Nichtigkeitsklage **abgewiesen,** so binden die Erwägungen des BPatG und des BGH im Nichtigkeitsstreit den Verletzungsrichter nicht. Sie können aber als Hilfsmittel bei der Auslegung des Patents herangezogen werden (BGH 28. 11. 1963 GRUR 1964, 196, 198 – Mischmaschine – mit Nachweisen; 6. 7. 1967 GRUR 1968, 33, 37 – Elektrolackieren).

Unzulässig ist eine Schutzerstreckung, die zu der Teilvernichtung oder Klarstellung im Widerspruch steht (BGH 12. 7. 1955 a. a. O.; 31. 1. 1961 GRUR 1961, 335, 338 – Bettcouch). Entsprechendes gilt für die im Nichtigkeitsverfahren erfolgende Beseitigung einer Erweiterung, die bei nachträglicher Einschränkung des Patents (§ 36 a) in den Anspruch hineingeraten ist.

g) Nicht vorveröffentlichte Patente älterer Anmeldungen

Aufgabe des Patents ist die Bereicherung der Technik. Entfällt diese Bereicherung ganz oder teilweise, weil ein älteres, wenn auch nicht vorveröffentlichtes Patent gleichen oder teilweise gleichen Inhalts vorhanden ist, so steht dies der erweiternden Auslegung des jüngeren Patents entgegen, soweit nicht Anspruch und Inhalt des jüngeren Patents so bestimmt sind, daß sie dies unmöglich machen (RG 2. 7. 1932 GRUR 1932, 960, 962; 28. 1. 1933 GRUR 1933, 292, 294; 6. 2. 1940 GRUR 1940, 194; BGH 16. 12. 1958 GRUR 1959, 317, 319 – Schaumgummi; 10. 5. 1960 GRUR 1960, 478, 479 – Blockpedale). Der Schutz eines **allgemeinen Erfindungsgedankens** des älteren Patents schließt den Schutz eines entsprechenden Erfindungsgedankens im jüngeren Patent aus, nicht aber umgekehrt (RG 13. 10. 1942 GRUR 1943, 167, 169; BGH 17. 3. 1964 BGHZ 41, 378 ff. – Erntemaschine; 30. 11. 1967 BGHZ 49, 227, 230 = GRUR 1968, 305, 306 – Halteorgan). Im übrigen vgl. § 4 Anm. 12. 34

Eine Beschränkung des Schutzumfangs des jüngeren Patents kann auch in solchem Fall keinesfalls weiter gehen, als **dem unmittelbaren Gegenstand** des jüngeren Patents entspricht (BGH 16. 12. 1958 a. a. O.; 10. 5. 1960 a. a. O.). Vgl. dazu Anm. 22.

B. Benutzung des geschützten Erfindungsgedankens

I. Die vier Arten gewerbsmäßiger Benutzung

In Frage kommen nach § 6 Abs. 1: Gewerbsmäßiges Herstellen, Inverkehrbringen, Feilhalten, Gebrauchen.

Wegen des unterschiedlichen Gesetzeszwecks deckt sich der Benutzungsbegriff des § 6 nicht mit dem des § 2 (vgl. § 2 Anm. 18), wohl aber mit dem

Begriff der Inbenutzungnahme nach § 7 (vgl. § 7 Anm. 6). Auch eine auf § 47 gestützte Klage setzt eine nach § 6 unerlaubte Benutzung der Erfindung voraus; ebenso § 49 für strafrechtliche Verfolgungen von Patentverletzungen.

a) Gewerbsmäßigkeit der Benutzung

35 Der Begriff ist nach der amtlichen Begründung zum Gesetzentwurf 1891 (H. Tetzner, Gewerbsmäßige Benutzung, Mitt. 1967, 45 ff.; Reichstagsdrucks., 8. Legislaturperiode 1890/91 Nr. 152 S. 15) in weitestem Umfang zu verstehen; insbesondere sollte hiernach auch die Benutzung im Bereich der Land- und Forstwirtschaft, des Bergbaus, des Verkehrswesens usw. getroffen werden. (Die Begründung ist insoweit abgedruckt bei V. Tetzner, GRUR 1966, 604.) Der Begriff, der sich nicht mit dem Begriff der »gewerblichen Verwertung« nach § 1 deckt (vgl. § 1 Anm. 32), umfaßt also nicht nur, wie bei anderen Gesetzen, die auf Schaffung einer dauernden Einkommensquelle gerichtete Tätigkeit, sondern jede nicht **lediglich auf die persönliche** (Studium, Basteln), **häusliche und hauswirtschaftliche Benutzung** beschränkte Tätigkeit (BGH 26. 9. 1967 BGHZ 48, 313, 323 ff. = GRUR 1968, 142, 145 – Glatzenoperation). Daher fällt nicht nur die Benutzung der Erfindung zu rein gewerblichen und geschäftlichen Zwecken in den eigentlichen Gewerbebetrieben, sondern auch die Benutzung in dem öffentlichen Wohl dienenden staatlichen Betrieben, in Krankenhäusern, in Kirchen oder Schulen, in Wohlfahrtsanstalten usw. unter das Patent (RG 31. 3. 1897 RGZ 39, 32; 29. 5. 1907 RGZ 66, 164 – Verwendung einer Läutevorrichtung für Glocken durch eine Kirche; RGSt. 1. 7. 1910 Bl. 1912, 219 – Anbringen von patentierten Gardinenhaken durch Vermieter in vermieteten Wohnungen; RG 24. 11. 1942 GRUR 1943, 170, 174 – ein Geflügelzüchter, der für seinen Gewerbebetrieb Brutapparate herstellt; LG Mannheim 4. 7. 1952 GRUR 1953, 33 – Ausleihen eines Gerätes an andere Betriebe, um Erfahrungen in bezug auf Wirtschaftlichkeit und Eignung für Versuchsbetriebe zu sammeln; BGH 26. 9. 1967 a. a. O. S. 323 ff. – ein Arzt oder Rechtsanwalt, der eine patentierte Lampe im Warte-, Sprech-, Untersuchungszimmer benutzt). Liegt die Benutzung innerhalb eines solchen Anwendungsgebiets, so kann auch eine einmalige Benutzung gewerbsmäßig sein (RG 5. 11. 1886 RGSt. 15, 34, 39).

Versuche, die Forschungszwecken dienen, sind dann **nicht gewerbsmäßig,** wenn sie ausschließlich Studienzwecken bzw. der persönlichen Fortbildung dienen, die Forschung also um der Forschung willen betrieben wird, nicht auch dann, wenn ein fremdes Patent in der gewerblichen Sphäre ausgenutzt wird und die Ausnutzung in einem irgendwie gearteten Interesse der Berufsausübung erfolgt (H. Tetzner, Mitt. 1967, 45 ff.; Gaul-Bartenbach, GRUR 1968, 281 ff.; vgl. auch V. Tetzner, GRUR 1966, 604; a. A. Metzger, GRUR 1967, 126; Witte, GRUR 1967, 128 ff.; Walenda, GRUR 1967,

192; Vomhof, GRUR 1967, 278). Wissenschaftliche Vorarbeiten, die etwa im Rahmen eines Forschungsauftrages eines industriellen Unternehmens erfolgen, können häufig den entscheidenden Ausschlag für das Beschreiten neuer richtungweisender Wege geben, für die dem Erfinder eine Belohnung nicht entzogen werden darf (V. Tetzner a. a. O. S. 607). Im Hinblick auf Art. 5 Abs. 3 Satz 1 GG (Gewährleistung der Freiheit von Wissenschaft, Forschung und Lehre) und einen dadurch der sog. Grundlagenforschung oder auch der angewandten Wissenschaft und Forschung etwa gewährleisteten Vorrang gegenüber dem Verbietungsrecht aus dem Patent schlagen Gaul-Bartenbach a. a. O. de lege ferenda vor, eine Duldungspflicht des Patentberechtigten durch Gewährung einer angemessenen Lizenz auszugleichen. Diese Gedankengänge sollten bei einer Reform des Patentrechts berücksichtigt werden. Wegen Gebrauchs zu Versuchszwecken vgl. Anm. 42.

b) Die vier Benutzungsarten

Die **vier Benutzungsarten** passen nicht für alle Patentkategorien. Herstellen, Feilhalten und Liefern einer durch ein Patent geschützten Vorrichtung, die zur Ausführung eines Verfahrens geeignet ist, stellen keinen Eingriff in das Verfahren dar (RG 31. 1. 1931 RGZ 146, 26, 28 mit Nachweisen; 19. 10. 1935 RGZ 149, 102, 104; 26. 1. 1943 GRUR 1943, 205). Nach BGH 30. 6. 1964 GRUR 1964, 612, 616 – Bierabfüllung – soll ein Verfahren auch dadurch benutzt werden können, daß eine zur Durchführung des Verfahrens geeignete Vorrichtung einem Dritten angeboten wird. In dieser Allgemeinheit kann der Entscheidung nicht zugestimmt werden. Die Frage ist nach den Grundsätzen der mittelbaren Patentverletzung zu entscheiden; vgl. im einzelnen wegen mittelbarer Verfahrensverletzung durch Inverkehrbringen einer Vorrichtung Anm. 55 ff. Benutzen durch Herstellen paßt nicht für Verfahrenspatente (RG 19. 10. 1935 a. a. O. S. 104). Die Frage, ob für Verfahrenspatente ein Inverkehrbringen möglich ist, ist zu bejahen (Anm. 40). 36

Durch jede der vier Benutzungsarten wird der Tatbestand einer Verletzung der dem Patentinhaber allein vorbehaltenen Benutzungsbefugnisse erfüllt. Daher können von ihm auch jeweils gesonderte Entschädigungsansprüche aus den unterschiedlichen Verletzungstatbeständen hergeleitet werden (§ 47 Anm. 40 a).

Die **mittelbare Benutzung** (Anm. 55 ff.) ist nicht eine fünfte Benutzungsart, sondern eine Beteiligungsform an einer der vier den Patentinhabern vorbehaltenen Benutzungsarten (vgl. auch Harmsen, GRUR 1964, 498).

Im übrigen ist zu beachten, daß sich die Wirkungen eines Verfahrenspatents stets auch auf das gewerbsmäßige Herstellen und Gebrauchen sowie das Inverkehrbringen und Feilhalten der unmittelbaren **Erzeugnisse** des Verfahrens erstrecken. Denn derjenige, der das Verfahren »benutzt«, bewirkt dies in wirtschaftlicher Beziehung dadurch, daß er die Verfahrenserzeugnisse benutzt, d. h. verwertet (vgl. BGH 17. 3. 1964 GRUR 1964, 491, 493 – Chloramphenicol).

1. Herstellen

37 Das dem Patentinhaber zustehende Ausschließlichkeitsrecht umfaßt die gesamte Tätigkeit des Herstellens von ihrem Beginn an und beschränkt sich nicht etwa auf den letzten, die Vollendung unmittelbar herbeiführenden Tätigkeitsakt (BGH 15. 6. 1951 BGHZ 2, 387, 391 = GRUR 1951, 452, 454 – unter Hinweis auf RGZ 40, 78 – Mülltonne II). Entscheidend für das Eingreifen des Ausschließlichkeitsrechtes ist der **Zeitpunkt der Herstellung;** ob die hergestellte Sache erst nach Ablauf des Patentschutzes geliefert werden soll, ist belanglos. Daher stellt eine Vereinbarung über zukünftige Herstellung und Lieferung einer Maschine in der patentfreien Zeit keine Patentverletzung dar (RG 19. 6. 1918 RGZ 93, 172, vgl. aber § 9 Anm. 49).

Bloße Vorbereitungshandlungen sind keine Herstellung, so z. B. die Beschaffung und Errichtung der Maschinen für die Herstellung der geschützten Vorrichtung, die Anfertigung von Modellen (PA 21. 12. 1915 Bl. 1916, 75, 76), regelmäßig auch nicht die Herstellung von Bauzeichnungen (RG 10. 11. 1928 RGZ 122, 243, 246). Für Werkstattzeichnungen hat jedoch das Reichsgericht (12. 6. 1929 RGZ 124, 368) einen Herstellungsbeginn in einem Falle angenommen, in dem die Anlage nicht nur nach den Zeichnungen gebaut worden war, sondern auch der Zusammenbau der im Ausland hergestellten Teile aufgrund von Anweisungen aus dem Inland erfolgte, von entsandten Angestellten überwacht und die fertige Vorrichtung durch sie schließlich überprüft worden war.

Die Herstellung von **Teilen** einer Vorrichtung, in denen sich der Erfindungsgedanke nicht unmittelbar verwirklicht, ist patentfrei. Auch wenn diese Teile mit anderen Teilen, die den Erfindungsgedanken verwirklichen, in notwendigem gegenseitigem Wirkungszusammenhang stehen, genügt dieser rein funktionelle Zusammenhang nicht, um den Patentschutz auf sie zu erstrecken (BGH 12. 6. 1951 BGHZ 2, 261, 265 = GRUR 1951, 449, 451 mit Nachweisen – Tauchpumpensatz; 15. 6. 1951 BGHZ 2, 387, 390 = GRUR 1951, 452, 453 – Mülltonne II). Auch die Herstellung sog. **neutraler Teile einer Kombination,** d. h. derjenigen Teile, die nach Abmessung und Form gebräuchlich sind und auch anderen Zwecken als denen der geschützten Vorrichtung dienen (RG 9. 6. 1934 GRUR 1934, 534), kann der Patentinhaber nicht verbieten, es sei denn, daß sie im Rahmen und als Teil einer geschützten Kombinationserfindung selbständigen Schutz genießen (RG 29. 11. 1933 RGZ 142, 325, 329). Glieder und Einzelteile schließlich, die gemäß der Erfindung **»erfindungsgemäß individualisiert«** sind, d. h.

die zur Verwendung in einer Kombination einer besonderen erfindungsfunktionellen Gestaltung oder Anpassung bedürfen, weil sie in der Technik sonst in ihrer erfindungsfunktionellen Gestaltung nicht vorkommen (BGH 21. 11. 1958 GRUR 1959, 232, 234 – Förderband), sind wie selbständig geschützte Kombinationsglieder zu behandeln (BGH 15. 6. 1951 a. a. O.; 6. 10. 1953 GRUR 1954, 111, 115).

Bereits die Herstellung der erfindungsfunktionell individualisierten Teile einer geschützten Gesamtvorrichtung ist patentverletzend (BGH 14. 7. 1970 GRUR 1971, 78, 80 – Dia-Rähmchen V – unter Hinweis auf RG GRUR 1926, 163, 164; 1936, 160, 162; 1936, 236, 240 und die oben zitierten BGH-Entscheidungen vom 12. 6. 1951 und 15. 6. 1951). Die Entscheidung, die es als unerheblich ansieht, ob auch der letzte Herstellungsakt als patentverletzend zu beurteilen ist, »etwa weil er im patentfreien Raum (im Ausland oder im privaten Bereich) erfolgt ist«, grenzt sich allerdings nicht gegen die bereits in der Vorauflage ds. Komm. herangezogene Entscheidung vom 12. 3. 1961 (GRUR 1961, 460, 469 – Gewinderollkopf) ab, in der der BGH bei Teilherstellung **mittelbare** Patentverletzung angenommen hat. Die begriffliche Unterscheidung zwischen unmittelbarer und mittelbarer Patentverletzung mag in der Tat dann entbehrlich sein, wenn die in Betracht kommende Kombination und damit die »endgültige Patentverletzung« im Inland vollzogen worden ist (OLG Düsseldorf 11. 1. 1963 GRUR 1964, 203, 204). So lag es ersichtlich in dem der BGH-Entscheidung vom 14. 7. 1970 a. a. O. zugrunde liegenden Tatbestand. Werden aber die individualisierten Teile unstreitig nur ins Ausland geliefert und erfolgt erst dort die Verwirklichung der Kombination (entsprechend dem Sachverhalt der Entscheidung des OLG Düsseldorf a. a. O.), so kann die Unterscheidung durchaus von Erheblichkeit sein. Denn eine mittelbare Patentverletzung im Ausland ist nicht möglich (Anm. 59), und man kann bei einer solchen Fallgestaltung auch den Ort, wo der »letzte Herstellungsakt« vorgenommen worden ist, nicht als unerheblich ansehen, es sei denn, dem Patentinhaber wäre etwa ein Elementenschutz an dem bereits im Inland hergestellten Teil zuzubilligen. Vgl. dazu auch Moser v. Filseck in der Anm. GRUR 1971, 81, der unter Hinweis auf die unveröffentlichte BGH-Entscheidung I a ZR 270/63 die Entscheidung über die Qualifizierung der Verletzungstatbestände davon abhängig machen will, ob der »Kern« der geschützten Erfindung von der angegriffenen Partei oder erst durch das Zusammenwirken mehrerer Teile verwirklicht wird. Nur in letzterem Fall soll eine mittelbare Patentverletzung zu bejahen sein. Ob diese Unterscheidung für alle in Betracht kommenden Tatbestände eine befriedigend klare Lösung darstellt, mag allerdings fraglich sein. Die Abgrenzung wird, wie auch Moser v. Filseck hervorhebt, wohl nur jeweils im Einzelfall erfolgen können.

Über Herstellen im Sinne von Wiederherstellen (Ausbesserung) patentgeschützter Vorrichtungen und ihrer Teile vgl. Anm. 48.

Wegen mittelbarer Benutzung neutraler bzw. erfindungsfunktionell gestalteter Teile vgl. Anm. 58.

2. Inverkehrbringen

38 Joerden, Zum Feilhalten und Inverkehrbringen eines Verfahrens, Festschrift Werner vom Stein, S. 61 ff. Paul, Inverkehrbringen nach Patent- und Warenzeichenrecht, NJW 1963, 980 ff.

Inverkehrbringen bedeutet den **tatsächlichen Entäußerungsvorgang,** durch den – in eigenem oder fremdem Namen, für eigene oder fremde Rechnung (RG 2. 12. 1899 RGZ 45, 147) – eine Erfindung in eine andere Verfügungsgewalt oder Verfügungsmöglichkeit gelangt (RGSt. 21. 12. 1905 Bl. 1906, 166, 168). Hauptbeispiel ist die käufliche Lieferung. Andere Fälle: Überlassen zur Leihe, zur Miete; Aufstellen eines Verkaufsautomaten, nicht aber die Sicherungsübereignung, bei der dem Verfügenden der Besitz der Sache verbleibt (vgl. Bußmann-Pietzcker-Kleine § 10 V S. 227). Vgl. auch den Fall der Gardinenhaken, die der Vermieter in der Mietwohnung anbringen läßt (RGSt. 1. 7. 1910 Bl. 1912, 219, 220).

Der Begriff »Verkehr« ist nicht beförderungstechnisch zu verstehen, sondern als **Handelsverkehr,** der Umsatz- und Veräußerungsgeschäfte zum Gegenstand hat. Es genügt nicht, daß die Ware in irgendeiner Form im Inland befördert wird (BGH 15. 1. 1957 BGHZ 23, 100, 103, 104 ff. – WZ).

39 aa) Der Erwerber einer in Verkehr gebrachten **Sache,** der diese behält, ist am Inverkehrbringen nicht beteiligt. Es wird überhaupt allgemein gefordert werden müssen, daß dem Inverkehrbringen ein darauf gerichteter Willensakt zugrunde liegt; zutreffend RG 12. 3. 1915 Bl. 1915, 192 ff. (kein Inverkehrbringen durch Diebstahl; ebenso Paul, NJW 1963, 980, 983; a. A. Reimer § 6 Anm. 80).

Auch bei Gegenständen, die **für den Gebrauch im Ausland bestimmt** sind, fällt nach der herrschenden Meinung bei Versendung des Gegenstandes aus dem Inland ins Ausland der Vorgang des Inverkehrbringens zum Teil ins Inland, weil er hier bereits Gegenstand des Handelsverkehrs geworden ist (vgl. im einzelnen Anm. 71).

Inverkehrbringen bedeutet nicht, etwas als neu erstmalig in den Verkehr einführen; vielmehr kann ein bereits vom Patentinhaber in den Verkehr gebrachter Gegenstand **in anderen Stücken** stets aufs neue wieder in den Verkehr gebracht werden und unterliegt dann nach wie vor dem Ausschließungsrecht des Patentinhabers. Aber der nämliche Ausführungsgegenstand der Erfindung, der durch den Patentinhaber einmal in Verkehr gebracht worden ist, kann nunmehr allgemein frei benutzt werden. Schuldrechtliche Abreden des Patentinhabers können diese Wirkungen nicht verhüten (Erschöpfung des Patentrechts vgl. Anm. 46).

Zuweilen wird die Grenze zwischen Inverkehrbringen und Feilhalten nicht beachtet und beides sogar als gleichbedeutend gebraucht. Das Ausstellen des Erfindungsgegenstandes zu Verkaufszwecken, das Verkaufsangebot unter Vorlegung von Proben stellt kein Inverkehrbringen dar, sondern fällt unter das Feilhalten (a. A. RG 28. 12. 1910 RGZ 75, 128, 131; 15. 10. 1911 RGZ 77, 248).

Handelt es sich um einen körperlichen Gegenstand, so muß er angefertigt sein, bevor er in den Verkehr gebracht werden kann. Anders beim Feilhalten, s. Anm. 41. Bereits in der Lieferung von **individualisierten Einzelteilen** einer Gesamtvorrichtung liegt ein Inverkehrbringen, selbst wenn die abschließende Zusammenfügung nicht bei dem Beklagten stattfindet. Die rechtliche Problematik ist hier die gleiche wie beim Herstellen solcher Teile; vgl. Anm. 37.

bb) Ob ein **Verfahren** überhaupt in Verkehr gebracht werden kann, ist **40** lange Zeit streitig gewesen. Die Frage wird indessen heute von der herrschenden Meinung mit Recht bejaht (a. A. noch Damme-Lutter, S. 475; Lutter § 6 Anm. 9 b). Nach der reichsgerichtlichen Rechtsprechung wird ein Verfahren in Verkehr gebracht durch eine aus Erwerbsrücksichten erfolgte Entäußerung der Verfahrensvorschrift (RG 19. 10. 1935 RGZ 149, 102, 104 unter Hinweis auf RGZ 46, 14; 75, 128, 131; 101, 135). Auch durch eine ausreichend genaue Beschreibung eines Verfahrens in einem Werbeschreiben soll nach RG 19. 10. 1935 a. a. O. S. 105 ein Inverkehrbringen erfolgen können. Andererseits kann nicht derjenige eine Patentverletzung begehen, der einem anderen über das einem Dritten geschützte Verfahren bloß Mitteilung macht. Entgeltlichkeit des Inverkehrbringens eines Verfahrens wird gefordert (RG 7. 3. 1900 RGZ 46, 14; 19. 10. 1935 a. a. O. S. 104). Mit Pietzcker (§ 4 Anm. 5) wird man jedenfalls das Erfordernis aufstellen müssen, daß mit der Mitteilung irgendeine Beziehung zum Erwerbsleben des Mitteilenden verknüpft ist. Tetzner (§ 6 Anm. 25) will als Richtlinie ansehen, daß das Mitteilen der Verfahrensvorschrift im Rahmen einer gewerbsmäßigen Tätigkeit liegt und die Verfahrensvorschrift dabei irgendwie selbst zum Gegenstand eines Rechtsgeschäfts gemacht wird, während nach Hesse in Klauer-Möhring § 6 Anm. 104 der Verletzer des Verfahrens die Verfahrensvorschrift »so bekanntmachen« müsse, daß dadurch die Verwertungsabsichten des Patentinhabers geschmälert würden; vgl. dazu auch Anm. 41 b).

Nicht in Verkehr gebracht wird ein Verfahren im Inland dadurch, daß über die Herstellung von Erzeugnissen, die im Ausland nach dem geschützten Verfahren hergestellt werden sollen, im Inland Verträge geschlossen werden (Pietzcker, § 4 Anm. 5). Wegen Patentverletzung durch Absatz eines im Ausland hergestellten Verfahrenserzeugnisses im Inland vgl. aber RG 20. 10. 1937 GRUR 1939, 354, 357 und Anm. 71.

Auch wird ein geschütztes **Verfahren nicht bereits dadurch in Verkehr gebracht,** daß die Verfügungsgewalt über die zur Ausführung des Verfahrens nötige **Vorrichtung** auf den Vertragspartner übergeht (RG 19. 10. 1935 RGZ 149, 102, 104 unter Hinweis auf RGZ 65, 157, 159; 101, 135; 146, 26). S. dazu auch Anm. 46. Ebenso nicht durch **Herstellung von Bauzeichnungen** für eine Vorrichtung, mit der ein Verfahren ausgeübt werden soll, und zwar auch dann nicht, wenn der Fachmann aus den Zeichnungen das beabsichtigte Verfahren erkennen konnte (RG 10. 11. 1928 RGZ 122, 243, 246).

Nach dem Schuhkappenurteil (RG 25. 5. 1927 GRUR 1927, 696) soll ein **Verwendungsverfahren** auch durch den Verkauf des zur Ausübung des Verwendungsverfahrens nötigen Stoffes in den Verkehr gebracht werden können. Diese Annahme erscheint bedenklich (vgl. hierzu Krausse, MuW 1927/28, 555, 560). Da ein auf die Verwendung eines Stoffes gerichteter Patentanspruch stets nur das Verfahren zu seiner Anwendung unter Schutz stellt, kann ein Inverkehrbringen des Stoffes nicht (ebensowenig wie ein Herstellen oder Feilhalten) einen Teil des Anwendungsverfahrens darstellen. Der Tatbestand einer unmittelbaren Patentverletzung scheidet daher in diesen Fällen aus (BGH 24. 2. 1970 GRUR 1970, 361, 363 – Schädlingsbekämpfungsmittel). In jüngster Zeit ist allerdings im Zusammenhang mit dem Problem eines Verwendungsschutzes für Arzneimittelerfindungen erwogen worden, die etwaige Zubereitung eines Stoffes bereits als einen zu dem Anwendungsverfahren gehörenden Verfahrensschritt und damit als einen Teil dieses Verfahrens anzusehen (Nastelski in Festschr. für G. Wilde S. 113, 121 ff.; Kraft, GRUR 1971, 373, 378). Vgl. dazu BGH 14. 3. 1972 (GRUR 1972, 638, 640 – Aufhellungsmittel) und § 1 Anm. 82 a. E.

Liegt dem Inverkehrbringen ein Veräußerungsgeschäft zugrunde, so bringt nur der Veräußerer den Gegenstand in Verkehr, nicht der Empfänger.

Wegen Inverkehrbringens bei **bloßer Durchfuhr** vgl. Anm. 73.

Über Inverkehrbringen mit **Zielrichtung auf das Ausland** vgl. Anm. 71.

3. Feilhalten

Joerden, »Zum Feilhalten und Inverkehrbringen eines Verfahrens«, Festschrift Werner vom Stein, S. 61 ff.

41 Feilgehalten werden kann ein Gegenstand oder eine Verfahrensvorschrift zum Verkauf, Vermieten, Verpachten, Verleihen, Lizenzgeben, durch ausdrückliches oder stillschweigendes Angebot, im ersten Fall mündlich, fernmündlich, schriftlich, drahtlich, in beiden Fällen durch Ausstellen oder Vorführen des Gegenstandes (RG 8. 4. 1941 RGZ 166, 326, 330 ff.); anders bei Ausstellen oder Vorführen zu wissenschaftlichen Zwecken.

Der bloße Abschluß eines einzelnen Vertrages über die Lieferung eines patentgeschützten Gegenstandes, der kein Feilhalten bedeutet, ist statthaft (BGH 29. 3. 1960 GRUR 1960, 423, 426 – Kreuzbodenventilsäcke – mit Anm. Heine; vgl. dazu RG 15. 10. 1892 RGZ 30, 52; 28. 12. 1910 RGZ 75, 128; 19. 6. 1918 RGZ 93, 172, 174). Andererseits kann aber ein Feilhalten durchaus auch schon in der Abgabe von Einzelangeboten gefunden werden (BGH 29. 3. 1960 a. a. O. mit zahlreichen Nachweisen).

Der Begriff des Feilhaltens ist für das Patentrecht unter Berücksichtigung des Sprachgebrauchs und nach dem Zusammenhang zu bestimmen, in dem er im Gesetz mit den anderen Benutzungsarten steht. Danach ist darunter eine Handlung zu verstehen, durch die der Gegenstand des Patents (und entsprechend eine Verfahrensvorschrift) in äußerlich wahrnehmbarer Weise anderen Personen zum Erwerb der Verfügungsmacht darüber angeboten und bereitgestellt wird. Ist hiernach auch ein Angebot erforderlich, so ist dieses Angebot doch ganz in wirtschaftlichem Sinne zu verstehen. Der Begriff fällt nicht etwa mit dem juristischen Begriff eines Vertragsangebots zusammen. Ein Feilhalten kann daher auch in einem bloßen ernstlichen Liefervorschlag bestehen, der allerdings in eindeutiger Weise alle technischen Einzelheiten enthalten muß, die für die Herstellung durch andere Fachleute notwendig sind (BGH 24. 10. 1961 GRUR 1962, 86 ff. – Fischereifahrzeug).

Der Begriff des Feilhaltens ist als ein »**Feilbieten**«, also ein »**zum Kauf Anbieten**« zu verstehen; darunter kann auch ein erfolgloses mündliches Einzelangebot fallen (BGH 28. 5. 1968 GRUR 1969, 35, 36 – Europareise – unter Hinweis auf RG GRUR 1938, 770, 771; ebenso BGH 29. 3. 1960 GRUR 1960, 423 – Kreuzbodenventilsäcke). Ein an die Öffentlichkeit gerichtetes Ausbieten ist nicht erforderlich (BGH 29. 3. 1960 a. a. O. S. 426).

Auch auf einer »**Leistungsschau**« gezeigte Gegenstände können im Einzelfall im Sinne des § 6 feilgehalten werden. In der Regel ist aber in der Ausstellung und der Vorführung einer Vorrichtung auf einer solchen Schau, soweit sie nicht den Charakter einer »Verkaufsmesse« hat, ungeachtet einer etwaigen »Werbewirkung« keine rechtswidrige Benutzung zu erblicken (BGH 18. 12. 1969 GRUR 1970, 358, 359 – Heißläuferdetektor).

Das Feilhalten eines Gegenstandes einer Erfindung (oder eines Verfahrens) ist nicht lediglich eine dem Herstellen und Inverkehrbringen vorausgehende Vorbereitungshandlung, sondern eine neben dem Inverkehrbringen, Herstellen und Gebrauchen **selbständige Benutzungsart** (BGH 6. 7. 1954 GRUR 1955, 87, 89 – Bäckereimaschinen; 29. 3. 1960 GRUR 1960, 423, 424 – Kreuzbodenventil; 28. 5. 1968 GRUR 1969, 35, 36 – Europareise), die auch einen selbständigen Schadensersatzanspruch auslöst.

Auch in dem Angebot individualisierter Einzelteile einer Gesamtvorrichtung ist ein Feilhalten zu erblicken. Die sich daraus ergebenden Rechtsfragen sind die gleichen wie beim Herstellen solcher Teile; vgl. Anm. 37.

Ein Feilhalten, das sich auf die Lieferung eines patentierten Gegenstands **für die Zeit nach Ablauf des Patents** bezieht, wird man ebenso als zulässig ansehen müssen, wie dies die Rechtsprechung für eine Vereinbarung über die zukünftige Herstellung einer Vorrichtung in der patentfreien Zeit angenommen hat (RG 19. 6. 1918 RGZ 93, 172; vgl. oben Anm. 37). Den gleichen Standpunkt vertritt im Grundsatz auch Nastelski in Reimer § 6 Anm. 79 mit der Begründung, das Feilhalten sei nur eine Vorstufe des späteren Vertragschlusses. Er macht indessen die Einschränkung, daß im Einzelfall z. B. die Art des Feilhaltens eine Beunruhigung des Marktes und eine Geschäftsschädigung des Patentinhabers darstellen könne und in solchen Fällen eine Patentverletzung bejaht werden müsse. Es erscheint indessen nicht unbedenklich, die genannten Gesichtspunkte, die das Gebiet des Wettbewerbsrechts betreffen, für die Bejahung einer patentverletzenden Handlungsweise heranzuziehen. Dazu ausführlich Tetzner (§ 6 Anm. 32; a. A. Hesse in Klauer-Möhring § 6 Anm. 112 und wohl auch Heine in der Anm. GRUR 1960, 427).

41a aa) **Feilhalten der Lehre von Sachpatenten.** Das Anbieten kann in der verschiedensten Art geschehen: mündlich, brieflich, durch Zeitungsankündigung, Versendung von Werbeschreiben, Aufstellen in Läden, Schaufenstern oder Ausstellungs- und Marktständen, Anpreisung an Anschlagsäulen u. dgl. Nicht unbedingt erforderlich ist, daß die angebotene Ware bereits körperlich hergestellt worden und im räumlichen Schutzbereich des verletzten Patents vorrätig ist. Ein Feilhalten kann vielmehr auch in dem Anbieten der **alsbaldigen** Herstellung und Lieferung des Gegenstandes liegen (BGH 29. 3. 1960 GRUR 1960, 423, 425 – Kreuzbodenventilsäcke – mit Belegen aus Rechtsprechung und Schrifttum; 24. 10. 1961 GRUR 1962, 86 – Fischereifahrzeug). Das gilt auch für das Feilhalten erst später zu importierender Gegenstände im Inland (BGH 28. 5. 1968 GRUR 1969, 35, 36 – Europareise). Insbesondere in Industrien, bei denen der herzustellende Gegenstand in der Form stets den jeweiligen Verwendungsumständen angepaßt sein muß und die daher nur auf Bestellung arbeiten, vollzieht sich das Feilhalten bereits durch Bekanntgabe von Beschreibungen, durch Ausstellung von Modellen oder Vorführung solcher oder durch Angebote, in denen die Merkmale der Erfindung **ersichtlich** gemacht worden sind (RG 16. 8. 1938 GRUR 1938, 971 ff.; 23. 1. 1942 GRUR 1942, 261, 265; BGH 29. 3. 1960 a. a. O. S. 425). Einschränkend betont jetzt allerdings BGH 28. 5. 1968 (GRUR 1969, 35, 36 – Europareise), daß für die Erfüllung des Begriffs des Feilhaltens einer Vorrichtung die Erfindung aus dem Angebot nicht erkennbar zu sein brauche oder der Angesprochene sie gar nicht erkannt haben müsse. Es genügt, daß sie **objektiv** in der Vorrichtung verkörpert ist. Die bisherige Rechtsprechung führt die Entscheidung darauf zurück, daß in diesen Fällen (d. h. in RG GRUR 1938, 770, 771; BGH

GRUR 1960, 423, 425) ersichtlich die Angebotsunterlagen oder das Angebot selbst die Erfindung verkörpert hätten.

Für den Begriff des Feilhaltens ist es stets unerläßlich, daß eine **örtliche Beziehung** des feilgehaltenen Gegenstandes zu **einer inländischen Stätte des Feilhaltens** vorhanden ist; vgl. Anm. 70, 72.

Das Feilhalten endet im Erfolgsfall mit dem Abschluß eines Vertrages. Erst dessen Ausführung bewirkt das Inverkehrbringen (wenn dies auch nicht die einzige Art des Inverkehrbringens ist).

bb) **Feilhalten der Lehre von Verfahrenspatenten** durch Suchen eines Lizenznehmers (RG 28. 12. 1910 RGZ 75, 128, 131; vgl. auch RG 11. 5. 1898 GRUR 1899, 242) oder Angebot der Rezeptüberlassung (vgl. Anm. 40). Mit dem Feilhalten der Lehre eines Verfahrenspatents muß die wirtschaftliche Verwertung eines Patents **unmittelbar** betrieben werden. Kein Feilhalten liegt vor, wenn lediglich die Mitteilung einer bestimmten Verfahrensweise erfolgt ohne Berühmung, über Schutzrechte zu verfügen oder die Benutzung erlauben zu müssen (OLG Düsseldorf 19. 3. 1962 GRUR 1963, 78 ff.). Auch dann ist ein Feilhalten des Verfahrens zu verneinen, wenn in einem im Inland hergestellten, aber lediglich im Ausland vertriebenen Werbeschreiben nur die zu seiner Ausübung geeignete Maschine angeboten wird (RG 19. 10. 1935 RGZ 149, 102, 105); über Feilhalten eines Verfahrens mit Zielrichtung auf das **Ausland** s. Anm. 72. 41b

Über Feilhalten eines Verfahrens durch Angebot einer zur Durchführung des Verfahrens geeigneten Vorrichtung vgl. oben Anm. 46.

4. Gebrauchen

Der Gebrauch kann sich auf die Erzeugnisse und Stoffe sowie auf die Arbeitsmittel, seien sie **körperlich** (Maschinen, Betriebsvorrichtungen, Werkzeuge) oder **unkörperlich** (Verfahren), die als solche Gegenstand eines Patents sind, beziehen. Insoweit umfaßt das Gebrauchsrecht des Patentinhabers grundsätzlich **alle Brauchbarkeiten** der in ihm gezeigten technischen Lösung, soweit nicht die Auffindung der neuen Brauchbarkeit selbst wieder erfinderisch ist (vgl. § 1 Anm. 48). 42

Das Ausschließungsrecht umfaßt nur den **gewerbsmäßigen** Gebrauch (oben Anm. 35) solcher Patentgegenstände, die patentwidrig in den Verkehr gelangt sind, vgl. RG 1. 11. 1933 RGZ 142, 168, 169 ff.

Anwendungspatente (§ 1 Anm. 48) werden im patentrechtlichen Sinne nur innerhalb ihres Anwendungsgebiets gebraucht.

Erzeugnisse eines Verfahrens (§ 6 Satz 2) werden zwar, von Anwendungspatenten abgesehen, auch für andere als im Patent genannte Zwecke mitgeschützt (RG 23. 5. 1914 RGZ 85, 95, 98). Das gilt aber nur für Erzeugnisse, die gewerbsmäßig verwertbar sind, nicht für solche, die nur die Eigenschaft einer Beweisurkunde dafür besitzen, daß die Maschine mit zufriedenstellendem Ergebnis geprüft worden ist (RG 19. 10. 1935 RGZ 149, 102, 108). Die Begründung dieser Entscheidung ist nicht unbedenklich.

Gebrauchen zu **Versuchszwecken** ist in der Regel wie gewöhnliches Gebrauchen zu behandeln. Es ist nur dann keine Patentverletzung, wenn die Erfindung wirklich bloß auf ihre Funktionsfähigkeit erprobt werden soll (RG 28. 1. 1933 GRUR 1933, 292, 294), also die Benutzung auf ein bloßes Ausprobieren der Erfindung, auf Laboratoriumsversuche, hinausläuft (RG 9. 2. 1929 MuW 1929, 277, 278); vgl. auch § 1 Anm. 28.

Erfolgt das Gebrauchen nicht, um zu sehen, ob die Maschine überhaupt arbeitet, sondern ob sie sich für den betreffenden Betrieb eignet oder wirtschaftlich ist, wird man in der Regel ein dem Patentinhaber vorbehaltenes Gebrauchen annehmen müssen (RG 26. 6. 1929 GRUR 1929, 1199; 28. 1. 1933 GRUR 1933, 292). Kein Gebrauchen ist das Ingangbringen einer Maschine im Leerlauf (RG 27. 11. 1920 RGZ 101, 36, 39). Ebenso nicht Erprobung einer Maschine auf ihre richtige Einstellung durch Bearbeitung eines Probestücks, wenn zum ordnungsmäßigen Gang eine mit dem Auge nicht ohne weiteres feststellbare Einstellung auf Bruchteile von Millimetern notwendig ist (RG 19. 10. 1935 RGZ 149, 102, 108).

Die Vorführung eines geschützten Verfahrens zum Zwecke der Kundenwerbung ist Gebrauchen (RG 31. 1. 1931 RGZ 146, 26).

c) Benutzungsrecht des Patentinhabers

43 Der Patentinhaber hat die alleinige Befugnis zur gewerbsmäßigen Benutzung der patentierten Erfindung; das besagt: das Recht **zur eigenen gewerblichen Benutzung** und das Recht, **andere von der Benutzung auszuschließen** (RG 15. 6. 1935 RGZ 148, 146; RG 4. 2. 1941 GRUR 1941, 154, 155). Das positive Recht des Erfinders, seine Erfindung zu benutzen, wird allerdings teilweise im Schrifttum (Pietzcker § 1 Anm. 3; ebenso Bußmann-Pietzcker-Kleine § 10 A I S. 213 ff.) in Zweifel gezogen. Wegen des zeitlichen Beginns dieses Rechts vgl. Wichards, GRUR 1937, 895 ff.; § 30 Anm. 12, 13.

44 1. **Eigenes älteres Benutzungsrecht** (Mediger, GRUR 1943, 266). Aus dem Benutzungsrecht folgt, daß dem Patentinhaber dasjenige, wozu er nach seinem älteren vorveröffentlichten oder noch nicht vorveröffentlichten, zum mindesten jedenfalls vorläufig geschützten Patent berechtigt ist, nicht aufgrund eines jüngeren Patents eines anderen verboten werden kann (BGH 30. 10. 1962 GRUR 1963, 563, 565 – Aufhängevorrichtung, unter Hinweis auf RGZ 159, 11; 169, 289 und GRUR 1940, 23; 18. 6. 1964 GRUR 1964, 606, 610 – Förderband).

Das positive Benutzungsrecht an einem älteren Patent ist auf diejenige technische Lehre zu beschränken, die in der älteren Patentschrift dem Fachmann offenbart ist. Dazu gehört aber auch der allgemeine Erfindungsgedanke (RG 4. 2. 1941 a. a. O.; Wichards, GRUR 1937, 895, 898). Der

Grundsatz, daß dieses Recht so weit reicht, wie der Inhaber des älteren Rechts Dritten die Benutzung untersagen kann, gilt aber nur mit der Einschränkung, daß es im Verhältnis zum jüngeren Recht dasjenige umfaßt, worin die beiden Schutzrechte sich »überschneiden«. Ohne diese Einschränkung würde der Berechtigte am älteren Patent ein Benutzungsrecht im Rahmen aller von dem seinigen **abhängigen Patente** (Anm. 65 ff.) erhalten, was nicht möglich wäre. Das Benutzungsrecht und das Untersagungsrecht können mithin in solchen Fällen auseinanderfallen (RG 25. 10. 1938 RGZ 159, 11 mit authentischer Interpretation durch RG 11. 9. 1939 GRUR 1940, 23).

Dem Inhaber des älteren Rechts steht ein ausschließlicher, nicht aber ein einfacher Lizenznehmer gleich (Wichards, GRUR 1937, 895, 898; a. A. Nastelski in Reimer § 6 Anm. 62).

Ist auch ein vorläufiger Schutz noch nicht entstanden, so kommt zugunsten des älteren Anmelders im Verhältnis zu der konkurrierenden Berechtigung nur ein Vorbenutzungsrecht in Betracht (RG 7. 11. 1939 GRUR 1940, 154, 157 ff.).

Auch **nach dem Erlöschen des Schutzrechts** durch Zeitablauf darf der Inhaber gegenüber einem jüngeren Schutzrecht die ihm geschützt gewesene Erfindung für die Bedürfnisse seines Betriebes **weiterbenutzen,** sofern er sie während der Wirksamkeit des Schutzrechtes gewerblich benutzt oder Veranstaltungen dazu getroffen hat (RG 17. 7. 1942 RGZ 169, 289); dazu Wichards, GRUR 1943, 49, 53 ff., der dieses Recht wohl zu Recht auch dem **einfachen** Lizenznehmer zugestehen will, was das RG offengelassen hat; kritisch Mediger, GRUR 1943, 266 ff.; zustimmend Nastelski in Reimer, § 6 Anm. 62.

2. **Ausschlußrecht gegenüber Dritten.** Dies ist das Kernstück der wirtschaftlichen Bedeutung des Patentrechts. BGH 25. 1. 1955 (BGHZ 16, 172 = GRUR 1955, 388 – Dücko) gibt ein Ausschlußrecht auch dem Erwerber eines Geheimverfahrens im Konkurse unter Heranziehung des dem Erfinder eines Geheimverfahrens zustehenden (Vermögens-)Rechts an der Erfindung vor der Anmeldung (§ 3 Anm. 3). 45

d) Erschöpfung des Patentrechts

Finger, GRUR 1941, 402; Lindenmaier, GRUR 1952, 294; Blasendorff, Festschrift Werner vom Stein, 1961, S. 13 ff.; H. Tetzner, NJW 1962, 2033 ff.; Finger, NJW 1968, 2178; D. Reimer, GRUR Int. 1972, 221, 227.

1. Allgemeines

Das Recht des Patentinhabers beschränkt das Recht des Eigentümers auch bei gutgläubigem Erwerb des Eigentums. Diejenige Patentware jedoch, die einmal **berechtigterweise** in den Verkehr gebracht worden ist, ist dadurch **gemeinfrei benutzbar** gemacht worden. Dem Erwerber steht sodann 46 das **Recht zum bestimmungsgemäßen Verbrauch** zu (Lindenmaier, GRUR 1939, 505, 508; BGH 5. 10. 1951 BGHZ 3, 193, 200 – Tauchpumpe; 21. 11. 1958 GRUR 1959, 232, 234 – Förderrinne; 29. 2. 1968 GRUR 1968, 195, 196 – Voran). Dazu gehören alle üblichen Maßnahmen zur Inbetriebnahme, zum Inbetriebhalten und zur Pflege der Vorrichtung. Auch alle Ausbesserungen gehören dazu, sobald sie nicht unter den Begriff der »Neuerstellung« fallen (BGH 21. 11. 1958 a. a. O.). Die Herstellung verbleibt stets allein dem Berechtigten; im einzelnen vgl. Anm. 48.

Der patentrechtlich anerkannte Satz von der Erschöpfung des Patentrechts beruht nicht auf einer stillschweigenden Lizenz – das müßte nämlich zur Folge haben, daß das Ausschlußrecht des Patentinhabers wiederauflebt, sobald die in Verkehr gebrachte Patentsache einem späteren Besitzer gegen dessen Willen abhanden kommt (vgl. Anm. 39); er wird auch durch das Stichwort des »Zusammenhangs der Benutzungsart« (Kohler, Handbuch des deutschen Patentrechts, S. 452, 457) nicht gedeckt (vgl. auch Pietzcker § 4 Anm. 17 Nr. 2; RG 10. 5. 1912 RGSt. 46, 92, 94; 26. 3. 1902 RGZ 51, 139; 16. 6. 1915 RGZ 86, 436, 440). Er ist rechtspolitisch als berechtigt und geboten anzuerkennen, weil der Patentberechtigte in dem Gegenstand, in dem das Patentrecht sich bei seinem **Inverkehrbringen** konkretisiert hat, die Möglichkeit hatte, die Erfindung unter Aufrechterhaltung seines Benutzungsrechts im übrigen zu verwerten und insoweit den Lohn für seine Erfindung zu finden (Lindenmaier a. a. O.; BGH 21. 11. 1958 GRUR 1959, 232, 233 – Förderrinne).

Auch wenn die geschützte Ware nicht vom Patentinhaber selbst, sondern vom **Inhaber einer ausschließlichen Herstellungs- und Verkaufslizenz** in den Verkehr gebracht wird, wird die Ware patentfrei (RG 1. 11. 1933 RGZ 142, 168, 169; BGH 12. 6. 1951 BGHZ 2, 261, 268 = GRUR 1951, 319 – Tauchpumpensatz; 5. 10. 1951 BGHZ 3, 193, 200 = GRUR 1952, 142 – Tauchpumpen). Dasselbe muß für **den einfachen Lizenznehmer** gelten (Nastelski in Reimer § 6 Anm. 87; Tetzner, NJW 1962, 2033, 2035 ff.; RG 10. 5. 1912 RGSt. 46, 92, 94). Anders dann, wenn der Lizenznehmer die Grenzen der ihm dem Umfang nach auferlegten Befugnisse überschreitet (§ 9 Anm. 34). In diesen Fällen tritt keine Erschöpfung ein. Ebenso D. Reimer, GRUR Int. 1972, 221, 228.

Da andererseits das aus der Erteilung eines Schutzrechts entspringende subjektive Patentrecht seine Wirkungen nur innerhalb des Staatsgebiets äußert, dessen zuständige Behörde das Patent erteilt hat (Anm. 69), und daher ebenso viele Patentrechte auf dieselbe Erfindung – und zwar demselben Berechtigten – verliehen werden können, wie es patenterteilende Staaten gibt, **gilt das Prinzip der Erschöpfung nicht für territorial verschiedene Patentrechte.** Die »Erschöpfung« des in einem Staat bestehenden Patentrechts hat mithin selbst bei Identität des Patentinhabers nicht auch die »Erschöpfung« der in anderen Staaten bestehenden **Parallelschutzrechte**

(d. h. der Rechte desselben Inhabers über die gleiche Erfindung in mehreren Ländern) zur Folge (BGH 29. 2. 1968 BGHZ 49, 331, 334 = GRUR 1968, 195 – Voran – unter Hinweis auf RGZ 51, 263 und RGZ 84, 370, 378, 376); dazu Samwer, GRUR Int. 1969, 1 ff.; a. A. D. Reimer a. a. O. S. 227 ff.

Allerdings erscheint es heute im Hinblick auf die Rechtsprechung des Europäischen Gerichtshofs recht zweifelhaft, ob das Territorialitätsprinzip auch künftig noch für die Erschöpfung des Patentrechts ohne Einschränkung herangezogen werden kann. Der EuGH nimmt ersichtlich bereits für die Gegenwart – unabhängig von einer Regelung in dem Übereinkommen über ein Europäisches Patent für den Gemeinsamen Markt – an, daß mit Rücksicht auf die Zielsetzung des EWG-Vertrags, den freien Warenaustausch im Gemeinsamen Markt zu sichern, bei dem Inverkehrbringen eines Erzeugnisses in einem Staat der Erschöpfungsgrundsatz innerhalb aller Länder des einheitlichen Marktes anzuwenden ist. Vgl. insbesondere die sog. Polydor-Entscheidung des EuGH vom 6. 6. 1971 (GRUR Int. 1971, 450) betreffend die Auswertung von Schallplattenaufnahmen. Im einzelnen D. Reimer a. a. O. S. 230 ff. sowie Ulmer, GRUR Int. 1971, 415 ff. Vgl. auch die Parke Davis-Entscheidung des EuGH vom 29. 2. 1968 GRUR Int. 1968, 99 ff. mit Anm. Magen und Deringer, GRUR Int. 1968, 105.

2. Einzelfälle

Im einzelnen sind folgende Fälle zu unterscheiden:

aa) Es ist eine **Vorrichtung** geschützt, und der Patentinhaber verkauft da- **46a**
nach hergestellte Gegenstände. Dann liegt der Fall so, wie vorstehend dargestellt ist.

bb) Es ist ein **Verfahren** geschützt. Die Erschöpfung eines Verfahrenspatents durch Inverkehrbringen des Verfahrens als solche ist zu verneinen, weil die Konsumtion des Patentes hier in rechtspolitisch nicht tragbarer Weise das ganze Patent freimachen würde (so auch Heydt, MuW 1933, 226 ff.; Lindenmaier, GRUR 1952, 294). Anderes gilt hinsichtlich der einzelnen **Verfahrenserzeugnisse,** soweit diese durch § 6 Satz 2 geschützt sind (RG 19. 7. 1935 GRUR 1936, 121, 123).

cc) Umstritten sind die Fälle, bei denen **ein Verfahren und eine Vorrichtung zur Ausübung des Verfahrens** geschützt sind. Nach dem RG zieht in solchen Fällen der Verkauf der Vorrichtung für den Erwerber und dessen Nachfolger das Recht zur freien Benutzung des Verfahrens mittels der gekauften Vorrichtung nach sich (RG 14. 10. 1931 RGZ 133, 326). Vgl. Reimer (§ 6 Anm. 88), der durch Lieferung der geschützten Vorrichtung das Patent insoweit als verbraucht ansieht, und dazu Lindenmaier (GRUR 1952, 294, 295). Man wird aber in solchen Fällen in Betracht ziehen müssen, ob nicht mit dem Verkauf der Vorrichtung eine Lizenzerteilung für die Verfahrensanmeldung verbunden ist.

Ist **nur das Verfahren** geschützt und verkauft der Patentinhaber eine zur Ausführung des Verfahrens dienende Spezialmaschine, so kann ebenfalls von einer Erschöpfung des Verfahrenspatents keine Rede sein. In dem Verkauf liegt aber wohl regelmäßig eine stillschweigend erteilte Lizenz zur Benutzung des geschützten Verfahrens. Dies scheint nicht genügend unterschieden zu sein in RG 10. 2. 1932 (RGZ 135, 145, 148) mit nicht widerspruchsloser Ausdrucksweise. Der stillschweigenden Lizenzerteilung beim Inverkehrbringen einer Vorrichtung zur Anwendung eines geschützten Verfahrens dürfte an sich überhaupt größere Bedeutung beizumessen sein, als ihr patentrechtlich gemeinhin zuerkannt wird. Vgl. Anm. 48 a. E.

Kann die **verkaufte Maschine verschiedenen Zwecken** dienen, so ist der Käufer der Maschine nicht ohne weiteres zur Benutzung des geschützten Verfahrens berechtigt. Entsprechendes gilt dann, wenn es sich um eine geschützte Vorrichtung handelt, zu deren Herstellung die Maschine **neben anderen Zwecken** verwendbar ist, so z. B. auch zum Zweck der Herstellung sog. neutraler Teile der Vorrichtung (RG 1. 11. 1933 RGZ 142, 168). Auch in diesen Fällen kommt es entscheidend allein auf die Frage an, ob etwa eine stillschweigende Lizenz zur Benutzung des geschützten Verfahrens oder zur Herstellung der geschützten Vorrichtung erteilt worden ist; s. auch Anm. 36.

Hat der Patentinhaber die Patentware in den Verkehr gebracht, so haben Einschränkungen, die er seinen Abnehmern auferlegt, nur schuldrechtliche Bedeutung (RG 26. 3. 1902 RGZ 51, 139; 23. 2. 1903 RGSt. 36, 178; 10. 5. 1912 RGSt. 46, 92; BGH 21. 11. 1958 GRUR 1959, 232, 234 – Förderrinne). Dies bezieht sich aber nur auf weiteres Inverkehrbringen, Feilhalten und Gebrauchen, nicht uneingeschränkt auf Wiederherstellung (Ausbesserung), vgl. Anm. 48. Anders liegt der Fall, wenn der Patentinhaber die Patentware nur durch einen anderen herstellen läßt, sich aber das Inverkehrbringen vorbehält (RG 29. 9. 1906 RGZ 64, 143).

Heute können die wirtschaftliche Bewegungsfreiheit einschränkende Verträge nach Maßgabe des § 18 Abs. 1 Nr. 1 und 3 GWB von der Kartellbehörde mit sofortiger Wirkung oder zu einem künftigen Zeitpunkt für unwirksam erklärt und die Anwendung einer neuen, gleichartigen Bindung verboten werden.

e) Verarbeiten, Einbauen

47 Veränderungen am Eigentum, die sich gemäß § 946 BGB vollziehen, lassen das Patentrecht unberührt. Im einzelnen ist zu beachten (außerhalb der Fälle der Erschöpfung des Patentrechts)

1. der Fall des § 6 Satz 2, wo der Patentschutz auf das unmittelbare Verfahrenserzeugnis eingeschränkt ist; vgl. Anm. 76.

2. die Verarbeitung eines durch Sachpatent geschützten Gegenstandes. Hier begeht nicht nur der Verarbeiter eine Patentverletzung durch Gebrauchchen, sondern auch das Verarbeitungsergebnis selbst bleibt patentwidrig, solange der geschützte Gegenstand nicht durch die Verarbeitung in seinem Wesen zerstört, d. h. untergegangen ist. Dies kommt insbesondere dann in Frage, wenn es sich um den Einbau des Gegenstands als wesentlichen Bestandteil in Grundstücke (Häuser) handelt (z. B. patentierte Treppenkonstruktion).

Die Eigentumsfrage ist hier nicht entscheidend, da das Patentrecht kein dingliches Recht wie das Eigentum ist; es kommt vielmehr in patentrechtlicher Hinsicht darauf an, ob der eingebaute Gegenstand als solcher noch vorhanden ist (Herausnehmbarkeit). Dies ist nicht der Fall, wenn der Gegenstand ohne Zerstörung oder Veränderung seines Wesens von dem anderen Teil nicht getrennt werden kann. Er verliert damit die Fähigkeit, Träger eines besonderen Rechts zu sein. Daher erlischt an ihm auch das Patentrecht (a. A. Bernhardt, § 23 S. 126). Der Patentinhaber ist unter entsprechender Anwendung des § 951 BGB auf einen Bereicherungs- oder Schadensersatzanspruch beschränkt (vgl. auch Pietzcker § 4 Anm. 16, der bei Wiederherstellung der Trennung den Patentschutz wiederaufleben läßt). Im übrigen unten Anm. 77 zu d.

f) Ausbesserung, Wiederherstellung, Umbau und Ersatz in Verkehr gebrachter patentgeschützter Vorrichtungen und ihrer Teile

Pietzcker § 4 Anm. 2, 15; Ohnesorge, Mitt. 1937, 38; GRUR 1939, 5; Manger, GRUR 1951, 63; Lindenmaier, GRUR 1939, 505; 1952, 294; E. Fischer, GRUR 1960, 98.

Es handelt sich um die schwierige Frage, inwieweit das Recht zur Ausbes- 48
serung von Vorrichtungen und zu ihrem Ersatz sowie zur entsprechenden Behandlung von Teilen von Vorrichtungen vom Recht des Patentinhabers erfaßt wird. Lindenmaier (GRUR 1939, 505) und Reimer (§ 1 Anm. 69) kamen zu dem Ergebnis, daß die Entscheidung unter Abwägung des angemessenen Erfinderinteresses und der Bedürfnisse eines nicht unangemessen eingeschränkten Wirtschaftslebens gefunden werden müsse. Unter Heranziehung neuerer Entscheidungen des Bundesgerichtshofs hat dann Lindenmaier zu einer grundsätzlichen Linie zu gelangen versucht. An die Spitze zu stellen ist nach diesen Gedankengängen (GRUR 1952, 294) der Satz, daß die Beseitigung einer Veränderung, die an einem in den Verkehr gebrachten geschützten Gegenstand erfolgt und eine Neuerstellung ist, **ein erneuertes Herstellen des geschützten Gegenstandes** darstellt, das durch das Patentrecht geschützt ist, weil das Patentrecht die gesamte Tätigkeit des Herstellens in allen Teilen erfaßt (RG 18. 9. 1897 RGZ 40, 78). Gleichgültig ist in solchem Falle, ob der bestimmungsgemäße Verbrauch gerade im Ver-

brauch besteht, ob betriebliche oder außerbetriebliche Zufälle oder regelmäßiger Verschleiß die Änderung bedingt haben (Blasendorff, Festschr. Werner vom Stein S. 13, 16). Ebensowenig ist selbstverständlich von Bedeutung, ob die Neuerstellung zur Tarnung in mehrere Abschnitte zerlegt ist.

Hier ist einzureihen auch der **Umbau** einer Vorrichtung in eine geschützte Vorrichtung (KG 8. 11. 1930 GRUR 1931, 1280; LG Düsseldorf 7. 1. 1956 GRUR 1957, 599, 600). Wird die patentierte Vorrichtung in einer Weise umgebaut, die dazu führt, daß die Erfindung, wenn auch **in äquivalenter Form**, erneut verwirklicht wird, so liegt eine den Bereich des bestimmungsgemäßen Gebrauchs überschreitende, allein dem Patentinhaber vorbehaltene Neuherstellung vor (BGH 8. 3. 1973 – X ZR 6/70 – Spielautomat II).

Patentfrei sind dagegen die **üblichen Maßnahmen** zur Inbetriebnahme, zum Inbetriebhalten und zur Pflege eines geschützten Gegenstandes, **die nicht unter den Begriff der Neuerstellung** fallen (BGH 21. 11. 1958 GRUR 1959, 232, 234 – Förderrinne). Ohne Bedeutung ist dabei, ob dadurch die Gesamtlebensdauer der Vorrichtung verlängert wird (a. A. Ohnesorge a. a. O.; unentschieden gelassen im BGH 21. 11. 1958 GRUR 1959, 232, 234). Kritisch Nastelski in Reimer § 6 Anm. 72. Dieser Satz muß ganz allgemein für jede Ausbesserung und für jeden Ersatz an der geschützten Gesamtvorrichtung sowie für entsprechende Behandlung von Teilen gelten.

Patentfrei sind **ferner** auch die Zuführung des benötigten Betriebsstoffes (RG 4. 10. 1938 GRUR 1939, 184, 187), ebenso Antriebsmittel einer geschützten Vorrichtung, die nicht Teil des Geschützten sind (BGH 12. 6. 1951 BGHZ 2, 261 – Tauchpumpe). Lindenmaier (GRUR 1952, 298) faßt die maßgebenden Grundsätze in dem allgemeinen Satz zusammen: »Im Rahmen einer zusammengesetzten Vorrichtung kommen für eine Auswirkung des Patentschutzes diejenigen« (nicht selbständig geschützten) »Glieder keinesfalls in Betracht, die nicht auch unmittelbare Glieder des im Rahmen einer solchen Gesamtvorrichtung verkörperten geschützten Erfindungsgedankens sind.« Patentfrei sind danach auch ungeschützte Vorrichtungen, die der Patentinhaber nur zusammen und verbunden mit einer geschützten, als solche selbständig verwendbaren Vorrichtung in Verkehr bringt (RG 5. 11. 1930 RGZ 130, 242) oder die zwar zur Anwendung des Patents erforderlich sind, aber nicht zum Gegenstand der Erfindung gehören (RG 15. 11. 1893 RGZ 32, 52). Unter diesen Gedankengang sind einzureihen die Fälle der Entscheidungen: RG 15. 11. 1893 RGZ 32, 52; 29. 11. 1933 RGZ 142, 325; BGH 12. 6. 1951 BGHZ 2, 261, 265 – Tauchpumpensatz; 15. 6. 1951 BGHZ 2, 387, 390 – Mülltonne II. Abzulehnen ist dagegen die Auffassung RG 7. 10. 1925 RGZ 111, 350, daß für die Erstreckung des patentrechtlichen Schutzes auf zu ersetzende Teile auch die wirtschaftliche Bedeutung, welche die Lieferung von Teilen der geschützten Vorrichtung für den Patentinhaber besitze, von Bedeutung sein könne.

Hiernach kommen für eine patentwidrige »Ausbesserung« nur selbständig geschützte Teile einer geschützten Vorrichtung (z. B. selbständig geschützte Unterkombinationen oder Kombinationselemente, vgl. Anm. 52) oder aber nicht selbständig geschützte, jedoch »erfindungsfunktionell individualisierte« Teile in Betracht, d. h. solche Teile, die zur Verwendung in der Kombination einer besonderen erfindungsfunktionellen Anpassung bedürfen (BGH 21. 11.1958 GRUR 1959, 232, 234 – Förderrinne). Auszuscheiden sind diejenigen Teile, die in einem wenn auch notwendig funktionellen gegenseitigen Wirkungszusammenhang stehen, ohne damit jedoch den in der geschützten Kombination zum Ausdruck gekommenen Erfindungsgedanken unmittelbar zu verwirklichen (BGH 15. 6. 1951 BGHZ 2, 387, 390 – Mülltonne II; vgl. dazu auch Anm. 37).

Es hängt von der Würdigung des Einzelfalls ab, ob und wann bei Vorliegen dieser Voraussetzungen ein Wiederherstellen und Ausbessern im Rahmen der allein dem Patentinhaber vorbehaltenen Herstellung liegt. Die Frage, welche Gesichtspunkte bei dieser Würdigung zu berücksichtigen sind, ist vom BGH a. a. O. in Übereinstimmung mit der eingangs wiedergegebenen Auffassung von Lindenmaier und Reimer dahin beantwortet worden, daß die Entscheidung stets unter Abwägung des angemessenen Erfinderinteresses und der Bedürfnisse eines nicht unangemessen eingeschränkten Wirtschafts- und Verkehrslebens erfolgen muß (BGH 21. 11. 1958 a. a. O. S. 235). Ein Patentmonopol des Patentinhabers, d. h. ein Monopol, wonach etwa jede Ausbesserung eines selbständig geschützten oder erfindungsfunktionell wesentlichen Teils einer geschützten Gesamtvorrichtung noch vom Patentschutz erfaßt würde, ist vom BGH a. a. O. mit Recht abgelehnt worden.

Im allgemeinen ist aber vor allem noch zu bemerken: In sehr vielen Fällen bedarf es der Prüfung, ob nicht die beim Inverkehrbringen erfolgende Entäußerung einer geschützten Vorrichtung begleitet ist von einer **stillschweigenden Lizenzerteilung** zur freien Erneuerung und Ausbesserung in Abgang kommender Teile. Das entspricht häufig der Verkehrsgewohnheit und der verkehrsmäßigen Auffassung der Industrie (z. B. bei Vorrichtungen, bei denen an dem Schutz einer Vorrichtung eine Mehrzahl von Patenten beteiligt ist). Ferner könnte es bei sich verschleißenden und sich verbrauchenden Teilen, die in fremden Patentrechten als »perishable« bezeichnet werden (Pietzcker § 4 Anm. 15), sowie bei Zufällen besonders ausgesetzten Teilen der Fall sein; ebenso der Sache nach RG 16. 1. 1939 (GRUR 1939, 609).

g) Patentverletzung

Eine Verletzung liegt nicht nur dann vor, wenn das Patent in allen 49
seinen Teilen benutzt wird, sondern schon dann – und diese Fälle bilden die Regel –, wenn bei der Verletzungsform etwas fortgelassen oder etwas

hinzugefügt oder etwas ersetzt worden ist. Denn patentrechtlich geschützt ist nicht nur die in der Patentschrift beschriebene Erscheinungsform der Erfindung, sondern zugleich die dahinterstehende, hierdurch nur versinnbildlichte Erfindung selbst. Die unbefugte Benutzung des Patents durch Dritte, **die Verletzungsform,** deckt sich also kaum jemals mit der geschützten Erfindung. Für die Frage, ob eine Patentverletzung vorliegt, ist in erster Linie der Schutzumfang des Patents maßgebend. Dazu vgl. oben Anm. 4 ff. (Erfindungsgegenstand, allgemeiner Erfindungsgedanke und Gleichwerte).

Darüber, welche Art der Benutzung dem Patentberechtigten vorbehalten ist, vgl. oben Anm. 35 ff.

Auf folgende allgemeine Gesichtspunkte ist **zusammenfassend** hinzuweisen:

Für die Frage einer Patentverletzung kommt es **nicht sowohl auf die Unterschiede als auf die Übereinstimmungen** zwischen dem Gegenstand der Erfindung und der Ausführungsweise des als Verletzer in Anspruch Genommenen an (RG 28. 5. 1930 GRUR 1930, 959, 961; 9. 3. 1935 GRUR 1936, 100, 101; 28. 3. 1941 GRUR 1941, 221, 223).

Verwendet der Verletzer alle Merkmale des Patents identisch, so wird in der Regel eine Patentverletzung vorliegen. Erfüllt ein Gerät in einer zweiteiligen Ausgestaltung erfindungsgemäß eine **doppelte Funktion,** so setzt eine gegenständliche Verletzung des Patents voraus, daß auch der Benutzer für beide Funktionen gleiche oder gleichwertige Mittel anwendet (BGH 1. 4. 1969 GRUR 1969, 532, 534 – Früchtezerteiler). Allerdings beweist eine äußere Übereinstimmung zwischen Benutzungsform und dem Patent noch nicht den Tatbestand einer Patentverletzung. Denn niemals werden die Mittel als solche geschützt, sondern der Patentschutz erstreckt sich stets auf das **Lösungsmittel in Verbindung mit der ihm zugrunde liegenden Funktion.** Auf diese, d. h. auf die Wirkungsweise oder Arbeitsweise der Mittel, kommt es daher in erster Linie an. Hinzutreten muß aber stets, daß die **Gleichwirkung** als Folge der gleichen Wirkungsweise **im Sinne des konkreten Erfindungsgedankens gegeben ist** (BGH 14. 7. 1961 GRUR 1962, 29, 31 – Drehkippbeschlag – mit Nachweisen). Also nur wenn das für den Patentschutz in Anspruch genommene Lösungsmittel im Sinne des in seiner Tragweite durch Auslegung zu ermittelnden Erfindungsgedankens gleichwirkend ist, kann von einem Patenteingriff die Rede sein (BGH 10. 5. 1960 GRUR 1960, 478, 481 – Blockpedale – mit Belegen).

Auch darf der Schutzbereich eines Patents niemals über das hinaus erstreckt werden, was der Durchschnittsfachmann im Prioritätszeitpunkt aus der Patentschrift aufgrund seines Fachwissens entnehmen kann. Das **gleichwirkende Lösungsmittel** muß also durch den der Patentschrift zu entnehmenden Erfindungsgedanken **offenbart** sein (BGH 24. 4. 1969 GRUR 1969, 534, 535 ff. – Skistiefelverschluß).

Der konkrete Erfindungsgedanke kann seinerseits nicht ohne Klarstellung der den Gegenstand der Erfindung bildenden individuellen **Aufgabe** gefunden werden. Denn nur, wenn die Mittel einer Erfindung in Erfüllung der ihr zugrunde liegenden gleichen Aufgabe benutzt werden, kommt eine Verletzung in Betracht (BGH 6. 7. 1967 GRUR 1968, 33, 36 – Elektrolackieren). Entfällt das technische Problem bei der angeblichen Verletzungsform, so scheidet auch eine Lösung dieses Problems ohne weiteres aus (BGH 11. 5. 1954 GRUR 1955, 29, 31 – Nobeltbund; 14. 7. 1966 GRUR 1967, 84, 85 – Christbaumbehang II). Es entfällt damit auch die Möglichkeit, die besonderen Lösungsmittel des Klagepatents durch funktionell gleichwirkende Mittel oder durch einen beiden Ausführungsformen übergeordneten Erfindungsgedanken zu ersetzen.

Ob der Verletzungsform die gleiche Aufgabe zugrunde liegt, hängt von der **»objektivierten Gestalt« der Verletzungsform** ab und nicht von dem subjektiven Werdegang, den einerseits die Erfindung des Klagepatents und andererseits die Entwicklung der Verletzungsform genommen hat. Denn es kommt auf den erreichten technischen Erfolg einer Erfindung an, nicht auf eine subjektive Charakteristik dessen, was ein Erfinder gewollt hat (BGH 7. 1. 1955 GRUR 1955, 244, 245 – Repassiernadel; 21. 6. 1960 GRUR 1960, 546, 548 – Bierhahn).

Wird die **übereinstimmende Aufgabe** mit **anderen Mitteln** gelöst, ohne daß die vorhandenen Mittel auch nur zu einer unterstützenden Wirkung kommen, so liegt eine Patentverletzung nicht vor. Andererseits ist es aber für die Wirksamkeit des Patentschutzes eines Lösungsgedankens gleichgültig, ob etwa eines der als **Ausführung gegebenen Beispiele** »mehr oder weniger« versagt (RG 18. 5. 1935 GRUR 1936, 156, 158; BGH 27. 10. 1970 X ZR 9/68 S. 20 – Faltenrohre). Eine Verletzung ist zu verneinen, wenn die Mittel des Patents, selbst wenn sie **zufällig** vorhanden sind, nicht zur Wirkung kommen (RG 25. 4. 1944 GRUR 1944, 126 ff.) oder wenn durch Hinzufügung weiterer Arbeitsmittel zu den im Patent verwendeten die im Patent erstrebte Wirkung aufgehoben wird (RG 29. 1. 1943 GRUR 1943, 243). Im einzelnen vgl. Anm. 50. Hängt der Eintritt der Gleichwirkung vom **Zufall** ab, so kann von der Verwendung eines gleichwertigen Mittels nicht die Rede sein (RG 22. 11. 1938 GRUR 1939, 469, 471 r. Sp.).

Jede unter den vorstehend hervorgehobenen Gesichtspunkten vorgenommene Prüfung der Verletzungsform ist in erster Linie darauf zu richten, ob ein im **»Erfindungsgegenstand«** offenbarter Erfindungsgedanke bei sinngemäßer Auslegung (Anm. 5 ff.) durch Mittel mit gleicher Funktion oder aber durch gleichwertige Mittel (sog. technische oder glatte patentrechtliche Äquivalente – Anm. 17 ff.) verwirklicht wird. Ist dies nicht der Fall, so bleibt weiterhin zu untersuchen, ob etwa im Sinne eines beiden Ausführungsformen übergeordneten **allgemeinen Erfindungsgedankens** (nichtglatte Äquivalente – Anm. 24) eine Übereinstimmung in den Lösungsmitteln besteht.

Für die Frage der **objektiven Patentverletzung** ist es belanglos, ob der Benutzer das fremde Schutzrecht kennt oder weiß, daß er den gleichen technischen Erfolg wie das Patent (allein oder neben einem anderen technischen Erfolg) herbeiführt, sofern er ihn nur objektiv in merklicher Weise bewirkt (RG 28. 3. 1941 GRUR 1941, 221, 223; 10. 11. 1942 GRUR 1943, 73, 74, st. Rspr.). Auch wird eine Verletzung nicht etwa dadurch ausgeschlossen, daß die normale Art der Bedienung einer Vorrichtung vielleicht eine andere als die im Patent vorgesehene ist und daß infolgedessen die Abnehmer von der patentierten Einrichtung noch gar keinen Gebrauch gemacht haben (RG 9. 7. 1932 GRUR 1932, 1030, 1032). Andererseits kommt die rein theoretische Möglichkeit einer patentverletzenden Benutzung, die jeder praktischen Bedeutung entbehrt und womöglich unwirtschaftlich ist, als Verletzung nicht in Betracht (RG 14. 11. 1934 GRUR 1935, 157, 160).

Das Recht aus dem Patent kann nach dessen Erteilung nicht durch den Inhaber nach dessen Willen geändert werden. Wohl aber kann der Patentinhaber im Wege vertraglicher Vereinbarung im Verhältnis zu Dritten auf die **Geltendmachung** gewisser Ansprüche aus dem Patent verzichten (Anm. 13). Der tatsächliche Umfang eines solchen Verzichts läßt sich jedoch in manchen Fällen erst aus dem Schutzumfang, dessen Bestimmung daher nicht überflüssig zu werden braucht, ermitteln (RG 9. 1. 1937 RGZ 153, 329).

Als Verletzungsformen kommen insbesondere in Betracht:

1. Ersatz und Ausbesserung von patentgeschützten Vorrichtungen und Erzeugnissen (dazu vgl. Anm. 48);
2. die unvollkommene oder verschlechterte Benutzung (Anm. 50);
3. Verletzung von Kombinationspatenten (Anm. 51 ff.);
4. die mittelbare Benutzung (Anm. 55 ff.).

h) »Verschlechterte« oder »verbesserte« Benutzung

50 Der Ausdruck ist üblich geworden, obwohl er Anlaß zu manchen Unklarheiten gibt. Pietzcker § 4 Anm. 21 spricht von »qualitativer Nachahmung«, der Bundesgerichtshof (BGH 2. 6. 1953 GRUR 1955, 139 – Grubenausbau) von »unvollkommener Nachahmung«, Winkler, Die verschlechterte Ausführungsform, GRUR 1956, 487 ff. (zustimmend Schramm, Der Patentverletzungsprozeß, S. 117), von »qualitativer Veränderung der Wirkung«, womit er zu Recht zum Ausdruck zu bringen sucht, daß die Norm der verschlechterten und auch verbesserten Ausführung nicht auf das Arbeitsmittel beschränkt ist, sondern auf das **Endergebnis** bezogen werden muß.

Der Regel nach erfaßt der Gegenstand der Erfindung auch eine Benutzung der im Patentanspruch gezeigten Arbeitsmittel und Arbeitsverfahren, die nur zu einem Ergebnis führt, das gegenüber dem bei Befolgung der Anweisung erzielten **verschlechtert oder auch verbessert ist.** Hier wird zur Lösung der **gleichen Aufgabe** durch Fortlassung, Hinzufügung oder Ersatz von Einzelheiten **nicht die volle Wirkung** der Erfindung erreicht, aber doch von erfindungswesentlichen Merkmalen des Patents Gebrauch gemacht und daher in den Schutzbereich eingegriffen (BGH 2. 6. 1953 GRUR 1955, 139, 141 – Eiserner Grubenausbau; 12. 7. 1955 GRUR 1955, 573, 574 – Kabelschelle; 17. 2. 1961 GRUR 1961, 409 – Drillmaschine; 24. 3. 1966 GRUR 1966, 553, 556 – Bratpfanne). Eine »unvollkommene« Benutzung setzt also stets voraus, daß der Benutzer **im Rahmen der durch das Klagepatent gestellten Aufgabe** handelt, d. h. daß er die klagepatentmäßige und nicht eine andersartige Vorrichtung herstellt (BGH 14. 7. 1966 GRUR 1967, 84, 86 – Christbaumbehang II; so auch 11. 5. 1954 GRUR 1955, 29, 31 – Nobeltbund). Zu beachten ist weiterhin, daß stets die Benutzung **aller** erfindungswesentlichen Merkmale (nicht auch unwesentlicher Teile) erforderlich ist. So kann z. B. bei einer Kombinationserfindung (§ 1 Anm. 45) eine **verschlechterte** Benutzung begriffsnotwendig nur dann in einen Erfindungsgedanken eingreifen, wenn **sämtliche** Merkmale des Erfindungsgegenstandes, wenn auch in besserer oder schlechterer Weise, benutzt werden (BGH 1. 12. 1960 – Blitzleuchte, zitiert in BGH GRUR 1962, 575 – Standtank – mit Anm. v. Falck; 17. 12. 1963 GRUR 1964, 433, 437 – Christbaumbehang; 24. 3. 1966 GRUR 1966, 553, 556 – Bratpfanne). Liegt nur eine **teilweise Benutzung** vor, so bedarf es der Prüfung, ob alle Voraussetzungen für einen allgemeinen Erfindungsgedanken (Elementenschutz) erfüllt sind; denn auch ein **allgemeiner Erfindungsgedanke** kann durch eine verschlechterte Ausführungsform verletzt werden (RG 15. 3. 1940 GRUR 1940, 262, 264; 15. 5. 1943 GRUR 1943, 280, 283; BGH 6. 3. 1969 – X ZR 32/66 S. 20; vgl. Winkler, GRUR 1956, 487 ff.).

Auch der Tatbestand einer **mittelbaren Patentverletzung** (Anm. 55 ff.) kann durch eine nur unvollkommene Benutzung oder Benutzung in verschlechterter Ausführungsform verwirklicht werden (RG 30. 11. 1936 GRUR 1938, 891, 894).

Innerhalb der Grenzen der Benutzung des Erfindungsgedankens liegt nur diejenige Benutzung, die **in praktisch erheblichem Maße** die Arbeitsmittel und Arbeitsverfahren oder deren glatte Äquivalente benutzt und dadurch den durch das Patent erzielten Fortschritt noch in praktisch erheblichem Maße herbeiführt (RG 19. 12. 1938 GRUR 1939, 533; 15. 5. 1939 GRUR 1939, 905; BGH 28. 10. 1952 GRUR 1953, 112, 114 – Feueranzünder; 29. 5. 1962 GRUR 1962, 575, 576 – Standtank; 13. 12. 1962 GRUR 1963, 519, 522 – Klebemax). Auf die nicht erfindungswesentlichen Vorteile kommt es für die Verletzungsfrage nicht an (BGH 18. 6. 1964 GRUR 1964, 606, 609 – Förderband).

Anwendung von Mitteln und Verfahren, die in ihrer **schlechteren Wirkung vorbekannt** waren, fallen **nicht** in den Schutzumfang des Erfindungsgegenstandes (RG 31. 5. 1933 GRUR 1933, 633, 635; BGH 2. 6. 1953 GRUR 1955, 139 – Eiserner Grubenausbau). Außerhalb der Grenzen der verschlechterten Ausführung liegt auch die **völlige Fehlkonstruktion**, die der technischen Aufgabe des Patents überhaupt nicht gerecht wird (RG 29. 10. 1940 GRUR 1941, 31), ferner auch die Konstruktion, die durch die Hinzufügung weiterer Arbeitsmittel zu den im Patent verwendeten die im Gegenstand der Erfindung **erstrebte Wirkungsweise wieder aufhebt** (RG 29. 1. 1943 GRUR 1943, 243, 245; 25. 4. 1944 GRUR 1944, 126). Entsprechendes muß gelten, wenn die Verletzungsform **frühere konstruktionelle Mängel**, die das Patent beseitigen will, **in Kauf nimmt** und auf den durch das Patent erzielten Fortschritt verzichtet (BGH 11. 5. 1954 GRUR 1955, 29, 31 – Nobeltbund; 29. 5. 1962 GRUR 1962, 575, 576 – Standtank).

Im Falle der **Abweichung von Zahlen und Maßangaben** eines Patents ist eine Verletzung dann zu bejahen, wenn die Wirkung der geschützten Lehre bei Benutzung der Abweichungen ganz oder zum Teil eintritt. Anders nur, wenn das erfinderisch Neue gerade in der Zahlen- oder Maßangabe liegt (OGH BrZ 14. 10. 1949 GRUR 1950, 140, 142). Patentverletzung liegt auch dann nicht vor, wenn man die **Wirkung** des benutzten Mittels derart abschwächt, daß sie lediglich der eines vorbekannten **andersartigen** Mittels gleichkommt (RG 8. 11. 1938 GRUR 1939, 712).

Außerhalb der Grenze **verschlechterter** Nachahmung liegt die Benutzung, die technisch überhaupt nicht oder jedenfalls nicht in irgendwie praktisch erheblichem Maße in Erscheinung tritt, insbesondere die Unvollkommenheiten, deren Beseitigung vom Patent erstrebt wird, noch enthält (RG 19. 9. 1934 GRUR 1934, 728; 30. 8. 1935 GRUR 1936, 236, 238; 18. 10. 1937 GRUR 1938, 331; 13. 6. 1941 GRUR 1941, 316; BGH 28. 10. 1952 GRUR 1953, 112, 114 – Feueranzünder; 29. 5. 1962 GRUR 1962, 575, 576 – Standtank).

Verbesserte Wirkung beseitigt die an sich festzustellende, vielleicht sogar erfinderisch verbesserte Benutzung des Erfindungsgedankens nicht (RG 19. 9. 1934 GRUR 1934, 728, 731; 25. 11. 1936 GRUR 1937, 541, 543). Auch sie fällt nicht aus dem gegenständlichen Schutzbereich, solange sie von erfindungswesentlichen Merkmalen des Patents Gebrauch macht (BGH 12. 7. 1955 GRUR 1955, 573, 574 – Kabelschelle; 23. 2. 1962 GRUR 1962, 354, 356 – Furniergitter). Gegebenenfalls liegt eine abhängige Erfindung vor (BGH 17. 2. 1961 GRUR 1961, 409, 411 – Drillmaschine). Über abhängige Erfindungen Anm. 65 ff.

Der Auffassung, daß bei sehr viel besserer Wirkung eine Nichtbenutzung des Patents anzunehmen sei, tritt RG 30. 9. 1938 (GRUR 1939, 283) mit Recht entgegen, indem dort die Benutzung des Gegenstandes der Erfindung auch in solchem Falle bejaht wird.

i) Verletzung eines Kombinationspatents

1. Allgemeines

Auszugehen ist von dem in der Entscheidung vom 19. 3. 1932 (MuW 1932, 352, 354) ausgesprochenen Grundsatz: »Selbstverständlich sind nahezu alle Vorrichtungen, in erster Linie aber Maschinen, Kombinationen: immer sollen alle Teile zusammenwirken, um das gewollte Ergebnis zu erreichen. Aber im Patentrecht betrachtet man deshalb noch nicht alle diese Teile als zugehörig zu der **patentrechtlichen** Kombination, wenn irgendeine Vorrichtung an der Maschine unter Patentschutz steht.« (Ähnlich RG 25. 11. 1933 GRUR 1934, 106, 108.) Die Schutzfähigkeit einer solchen Kombination ist, wie oben (§ 1 Anm. 45) dargestellt, durch die Herbeiführung eines einheitlichen technischen Erfolges infolge des Zusammenwirkens der Kombinationselemente bedingt. 51

Zu den Elementen einer geschützten Kombination gehören stets nur solche, in denen sich der Erfindungsgedanke unmittelbar verwirklicht. Stehen diese Elemente nun mit anderen Teilen, die aber außerhalb des Erfindungsgedankens liegen, in rein funktionellem Zusammenhang, so erstreckt sich der Patentschutz nicht auf die anderen Teile (BGH 12. 6. 1951 BGHZ 2, 261, 265 ff. – Tauchpumpensatz – mit zahlreichen Nachweisen aus der Rechtsprechung, insbesondere RGZ 130, 242; 142, 325, 327; GRUR 1939, 610, und dem Schrifttum; 15. 6. 1951 BGHZ 2, 387, 390 – Mülltonne II; 6. 10. 1953 GRUR 1954, 111, 115 – Repassiermaschine). Stets ist also in erster Linie bei einer Kombination zu prüfen, ob die Vorrichtungsteile zu den Kombinationselementen zu zählen sind. Das kann nur jeweils aus dem Wesen der Erfindung ermittelt werden (BGH 12. 6. 1951 a. a. O.). Ob ein Merkmal im Oberbegriff oder im kennzeichnenden Teil des Patentanspruchs steht, ist nicht entscheidend; es kommt allein darauf an, ob das Merkmal von dem erfindungswesentlichen funktionellen Zusammenwirken erfaßt ist (BGH 28. 11. 1963 GRUR 1964, 196, 198 – Mischmaschine – mit weiteren Nachweisen).

2. Schutz einer Kombination, einer Unterkombination sowie eines Kombinationselements

In der Verletzungsfrage ist im Rahmen einer Kombination zu unterscheiden: Entweder verwendet der Verletzungsbeklagte die **Kombination in gleicher bzw. umgestalteter Form,** oder aber er verwendet nur eine **Unterkombination** bzw. ein **Element** der Kombination. Im ersteren Fall kommt es darauf an, ob die Ausführungsform des Verletzungsbeklagten von dem Kombinationsgedanken Gebrauch macht: 52

aa) Wird die gleiche Ausführungsform **mit allen Merkmalen** der geschützten Kombination verwendet, so kann die Verletzung nicht zweifelhaft sein (RG 16. 9. 1933 GRUR 1933, 840; 22. 3. 1938 GRUR 1939, 363, 365; BGH 17. 12. 1963 GRUR 1964, 433, 437 – Christbaumbehang).

Werden **ein oder mehrere Elemente** der geschützten Erfindung durch andere Elemente **ersetzt,** so kommt es darauf an, ob die so geänderte Ausführungsform ebenso im Rahmen des geschützten Erfindungsgedankens wirkt wie die geschützte Kombination, dieser also **äquivalent** ist (RG 8. 3. 1933 GRUR 1933, 486; 21. 10. 1938 GRUR 1939, 710, 715; BGH 29. 5. 1962 GRUR 1962, 575 ff. – Standtank; 17. 12. 1963 a. a. O.).

bb) Werden ein oder mehrere Kombinationselemente weggelassen, so tritt die Frage des **Unterkombinations-** und des **Elementenschutzes** auf.

Der Schutz erstreckt sich auf die Unterkombination oder auf das einzelne Element, wenn die Voraussetzungen der Patentfähigkeit und die sonstigen für den **Schutz eines allgemeinen Erfindungsgedankens** notwendigen Erfordernisse gegeben sind (BGH 11. 5. 1954 GRUR 1955, 29, 32 – Nobeltbund, vgl. dazu oben Anm. 24), es sei denn, daß der Unterkombinations- oder Elementenschutz **im Erteilungsverfahren abgelehnt** worden ist (RG 6. 1. 1942 GRUR 1942, 313, 315). Allerdings besteht auch in diesem Fall Schutz gegen **äquivalente Ausführungsformen der Kombination** unter der Voraussetzung, daß **alle** Merkmale des Patentanspruchs in ihrer Gesamtkombination in äquivalenter Form verwirklicht sind (BGH 17. 12. 1963 a. a. O.).

Entsprechendes gilt für den Schutz von **Unteransprüchen** (über echte und unechte Unteransprüche vgl. § 26 Anm. 73, 74). Es handelt sich hier um die sog. unechten Unteransprüche, die ungeachtet ihrer Bezugnahme auf den Hauptanspruch einen eigenen Erfindungsgedanken enthalten, der losgelöst vom Inhalt des Hauptanspruchs alle Voraussetzungen der Patentfähigkeit erfüllen muß (vgl. RG 14. 11. 1934 RGZ 146, 29, 32; 29. 4. 1938 RGZ 158, 385, 387; st. Rspr.). Auch wenn einem Unteranspruch ein selbständiger Schutz von der Erteilungsbehörde versagt worden ist, kann eine **Unterkombination,** bestehend aus Einzelmerkmalen des Hauptanspruchs und einzelnen oder allen Merkmalen des Unteranspruchs, schutzfähig sein (BGH 27. 4. 1956 GRUR 1956, 542 – Anhängerkupplung).

Die Unterkombination braucht nicht alle mit der Lösung des Patents erstrebten Vorteile zu erzielen; sie muß nur im wesentlichen von dem Erfindungsgedanken des Patents Gebrauch machen. Es genügt, daß einige der vom Erfinder des Kombinationspatents erstrebten Vorteile erzielt werden (BGH 28. 11. 1963 GRUR 1964, 221, 224 mit Nachweisen – Rolladen). Der Kern der Erfindung darf auf diese Weise nicht verändert werden.

Aber auch wenn die Voraussetzungen einer Unterkombination **nicht** erfüllt sind, kann eine Kombination unter dem Gesichtspunkt eines allgemeinen Erfindungsgedankens geschützt sein, z. B. wenn bei der Kombination auf die Lösung einer Teilaufgabe des Klagepatents verzichtet wird und die für die Lösung dieser Teilaufgabe vorgesehenen Maßnahmen in der Weise abgewandelt sind, daß sie nur noch die ihnen im Rahmen der patentierten Kombination sonst zugewiesenen Funktionen erfüllen (BGH 12. 12. 1972 – X ZR 43/69 – Dia-Rähmchen VI).

3. Herleitbarkeit und Offenbarung der Teilprobleme. Einzelfälle

Bei einem begehrten **Unterkombinations-** oder **Elementenschutz** ist zu beachten, daß dem Durchschnittsfachmann die Erkenntnis des selbständigen Schutzes aus den Ansprüchen **herleitbar** und ausreichend **offenbart** sein muß. Stets bedarf es daher einer sorgfältigen Prüfung, ob dem Durchschnittsfachmann in Beschreibung und Ansprüchen die **Teilprobleme** und ihre **Lösungsmittel** unabhängig von der Gesamtkombination so offenbart sind, daß ihre selbständige Bedeutung ausreichend erkennbar ist, RG 19. 8. 1938 GRUR 1939, 482, 489. Ausdrückliche Hinweise sind hierfür allerdings nicht erforderlich. Auch die mit einer Teilkombination erzielte Wirkung muß zu einem Ergebnis führen, das im Rahmen der ursprünglichen Aufgabe liegt. Es ist demnach nicht jeder beliebige Teil der Kombination geschützt, sondern nur ein solcher Teil, der zu dem einheitlichen Ziel der Kombination beiträgt, also in der Richtung des Kombinationsgedankens liegt (BGH 12. 12. 1972 – X ZR 43/69 – Dia-Rähmchen VI). 53

Das gleiche gilt für den Elementenschutz.

Beispiele:

Für **Unterkombinationen:** RG 18. 6. 1940 GRUR 1940, 484; 1. 4. 1941 GRUR 1941, 313, 315; 26. 8. 1941 GRUR 1941, 465, 467; BGH 28. 10. 1952 GRUR 1953, 112, 113 – Feueranzünder; 11. 5. 1954 GRUR 1955, 29, 32 – Nobeltbund; 27. 4. 1956 GRUR 1956, 542, 546 – Anhängerkupplung: Unterkombination, bestehend aus Einzelmerkmalen des Hauptanspruchs und einzelnen oder allen Merkmalen des Unteranspruchs; 15. 3. 1960 GRUR 1960, 474, 477 – Landkarte; 27. 1. 1961 GRUR 1961, 404, 408 – Klebebindung; 14. 7. 1961 GRUR 1962, 29, 32 – Drehkippbeschlag: Unterkombination aus vier Merkmalen des Hauptanspruchs und drei Unteransprüchen; 28. 11. 1963 GRUR 1964, 221, 224 – Rolladen.

Für **Kombinationselemente:** RG 5. 2. 1936 GRUR 1936, 797; 1. 2. 1936 GRUR 1936, 923; 12. 5. 1937 GRUR 1938, 868; 4. 3. 1938 GRUR 1939, 684; 28. 3. 1941 GRUR 1941, 221; 5. 5. 1942 GRUR 1942, 411; BGH 11. 5. 1954 GRUR 1955, 29, 32 – Nobeltbund.

Eine **Prüfung** unter dem Gesichtspunkt einer Teilkombination oder eines Elementenschutzes **seitens des Gerichts** setzt voraus, daß die **Fassung des gestellten Antrags** und die für sie gegebene **Begründung** dazu Veranlassung geben. Das hat BGH 10. 6. 1965 Mitt. 1967, 16, 17 im Hinblick auf die Frage, in welchem Umfang das PA über Erteilungsanträge (auch Hilfsanträge) zu entscheiden hat, ausdrücklich ausgesprochen, indem es dort heißt, daß dem Antrag nicht zu entnehmen sei, ein Patent habe gegebenenfalls auch für **irgendeine** vom Beschwerdesenat für patentfähig zu erachtende Kombination (aus 28 Ansprüchen!) beantragt werden sollen. Zeunert (Beiträge S. 96) begründet überzeugend die Auffassung, daß ein solcher Antrag auch gar nicht zulässig gewesen wäre.

4. Beschränkung des Patentschutzes

54 **Ausdrückliche Beschränkung des Patentschutzes auf die Gesamtkombination** unter Ausschluß des Schutzes der Elemente im Erteilungsverfahren (RG 25. 10. 1938 RGZ 159, 1; BGH 27. 4. 1956 GRUR 1956, 542, 546 – Anhängerkupplung; 17. 12. 1963 GRUR 1964, 433 – Christbaumbehang; 14. 7. 1966 GRUR 1967, 84, 86 – Christbaumbehang II).

Hat das Patentamt die Schutzfähigkeit eines einzelnen Elementes oder einer Untergruppe von Merkmalen ausdrücklich verneint, so ist die Entscheidung für den Verletzungsrichter bindend und das Gericht nicht befugt, ihre Richtigkeit nachzuprüfen (RG 24. 11. 1934 GRUR 1935, 161, 162; 15. 11. 1940 RGZ 165, 209, 217; BGH 16. 6. 1961 GRUR 1962, 80, 81 – Rohrdichtung).

Dabei ist es unerheblich, ob die Ablehnung zu Recht erfolgt ist oder ob in Wahrheit die Voraussetzungen für einen selbständigen Schutz gegeben gewesen wären (BGH 27. 4. 1956 GRUR 1956, 542, 546 – Anhängerkupplung; 27. 1. 1961 GRUR 1961, 404 – Klebebindung). Im einzelnen oben Anm. 30.

Für ein in der Beschreibung als **bekannt** bezeichnetes Merkmal kann nach BGH 27. 10. 1970 GRUR 1971, 115, 117 – Lenkradbezug (Gbm) »aus Rechtssicherheitsgründen« ein Elementenschutz nicht beansprucht werden. Die Entscheidung verweist insoweit auf Benkard § 6 Anm. 103 a. E., wo allerdings unter Zitierung der einschlägigen Rechtsprechung nur gesagt wird, daß die Bezeichnung eines Merkmals »als bekannt« **in der Regel darauf hindeute,** das Patentamt habe dieses Merkmal nicht geschützt. Mehr wird man in der Tat aus einem solchen Hinweis grundsätzlich nicht entnehmen dürfen. Über Erklärungen des Anmelders **in den ursprünglichen Anmeldungsunterlagen,** daß ein bestimmter Gegenstand »bekannt« sei, und deren Würdigung durch die **Erteilungsbehörde** vgl. BPatG 20. 1. 1964 E 5, 129, 133.

Ist ein Patent für eine aus je für sich nicht schutzfähigen Merkmalen bestehende **Kombination** erteilt worden, während Gegenstand des **bekanntgemachten** Anspruchs nicht die Kombination, sondern nur das eine der beiden Kombinationsmerkmale gewesen ist, so stellt eine Benutzung der Kombination **zwischen Bekanntmachung und Patenterteilung** keine Patentverletzung dar (BGH 27. 11. 1969 GRUR 1970, 296 ff. – Allzweck-Landmaschine).

Über die Frage, wann ein Kombinationspatent durch eine Neuerstellung und eine Ausbesserung verletzt wird, vgl. Anm. 48.

Über die Frage, ob ein Kombinationspatent durch Herstellung und Lieferung eines nicht selbständig geschützten, aber erfindungsfunktionell individualisierten Teils verletzt werden kann, Anm. 37, im übrigen s. § 1 Anm. 45.

k) Mittelbare Patentverletzung

1. Historische Entwicklung des Begriffs

Krausse, MuW 1927/28, 555; ders., MuW 1929, 260; H. Axter, GRUR 1931, 653 ff.; Ernst Reimer, JR 1951, 307; Schips, GRUR 1961, 53 ff.

Die Lieferung von Vorrichtungen oder Stoffen, die zur Verwendung 55
eines geschützten Verfahrens benötigt werden, wurde in der Rechtsprechung des Reichsgerichts zunächst streng unter dem Gesichtspunkt der Beihilfe zur Patentverletzung betrachtet. Gemeinsames vorsätzliches Handeln (§ 49 StGB) von Täter und Gehilfen wurde gefordert (RGZ 65, 157), dann aber abmildernd nur noch Fahrlässigkeit beider Teile (RG 18. 12. 1920 RGZ 101, 136; 25. 1. 1928 GRUR 1928, 386). In der Entscheidung vom 25. 5. 1927 GRUR 1927, 696 fand der Gesichtspunkt der mittelbaren Benutzung bereits Erwähnung. Er setzte sich in der reichsgerichtlichen Rechtsprechung durch (RG 25. 1. 1928 GRUR 1928, 386; 22. 2. 1928 MuW 1927/28, 312; 3. 10. 1928 MuW 1929, 75; 10. 11. 1928 RGZ 122, 244; 31. 1. 1931 RGZ 146, 26; 8. 7. 1933 RGZ 141, 336; 5. 10. 1935 RGZ 149, 12; 23. 5. 1936 GRUR 1937, 213, 216; 25. 1. 1938 GRUR 1938, 584; 3. 11. 1939 GRUR 1940, 89; im übrigen vgl. die bei Schips, GRUR 1961, 54 Anm. 6 zitierten Entscheidungen). Der Bundesgerichtshof hat sich dieser Rechtsprechung angeschlossen (BGH 22. 11. 1957 GRUR 1958, 179 ff. – Resin; 17. 3. 1961 GRUR 1961, 466, 469 – Gewinderollkopf; 8. 11. 1960 GRUR 1961, 627 – Metallspritzverfahren; 30. 4. 1964 GRUR 1964, 496 ff. – Formsand II).

2. Anwendungsbereich der mittelbaren Benutzung

Die Theorie der mittelbaren Benutzung beläßt es im wesentlichen bei 56
den Ergebnissen der früheren Rechtsprechung und erstrebt wie diese den nötigen Schutz für Patente, vermeidet aber den bisher verwendeten rechtlich bedenklichen Gesichtspunkt der fahrlässigen Beihilfe; sie stellt nicht eine weitere selbständige Form der Patentbenutzung, sondern lediglich eine Beteiligung an den bereits erörterten Möglichkeiten der Patentbenutzung dar (Anm. 36).

Die mittelbare Benutzung ist nicht beschränkt auf die Anwendung für Verfahrenspatente. Das Bedürfnis zu ihrer Anwendung tritt auch für Sachpatente hervor, wenngleich im allgemeinen in geringerem Umfang, z. B. bei **Inverkehrbringen** von **individuell angepaßten Teilen** zur Herstellung einer geschützten Vorrichtung (BGH 17. 3. 1961 GRUR 1961, 466, 469 – Gewinderollkopf; 14. 7. 1970 GRUR 1971, 78, 80 – Dia-Rähmchen V; ebenso schon RG 18. 5. 1935 GRUR 1936, 160, 163; 7. 7. 1939 GRUR 1939, 910, 913) oder von **Vorrichtungen,** die zu einer patentverletzenden Verwendung geeignet sind, für eine bestimmte geschützte Verwendungsweise (RG 14. 11. 1934 RGZ 146, 29, 34; 23. 5. 1936 GRUR 1937, 213, 216; 5. 12. 1936 GRUR 1937, 973, 974). Neben Inverkehrbringen können auch **Herstellen** (RG 10. 11. 1928 RGZ 122, 243) sowie **Feilhalten** (RG 31. 1. 1931 RGZ 146, 26) in Frage kommen.

Mittelbare Benutzung kann auch ein **Vorbenutzungsrecht** begründen (§ 7 Anm. 6). Über offenkundige Vorbenutzung durch mittelbare Benutzung s. § 2 Anm. 22.

3. Begriffsbestimmung

57 Die Theorie der mittelbaren Benutzung geht dahin: Auch die Lieferung des Mittels für das geschützte Verfahren oder für die geschützte Vorrichtung kann, wenn der Bezieher dann das Mittel entsprechend benutzt, das Patent mittelbar verletzen. Die mittelbare Benutzung ist ein **mehraktiger Vorgang,** der sich zusammensetzt aus der seitens des mittelbaren Benutzers bewirkten Lieferung eines Mittels, das aus seiner Natur heraus zu einer patentverletzenden Benutzung oder zu einem sich unmittelbar aus der Natur des Mittels ergebenden Bevorstehen solcher Benutzung (Axster, GRUR 1931, 653 ff.) führt, und der patentverletzenden Benutzung des Mittels durch den unmittelbaren Benutzer.

4. Neutrale Teile

58 Niemals kommt als mittelbare Patentverletzung die Benutzung **neutraler Teile** in Betracht, d. h. solcher Teile, die einer Kombination allenfalls in bezug auf ihre Abmessungen, aber nicht erfindungsfunktionell angepaßt sind. Die Lieferung solcher nicht individualisierten neutralen Teile ist stets patentrechtlich zulässig; in ihnen verwirklicht sich der Erfindungsgedanke nicht unmittelbar (BGH 17. 3. 1961 GRUR 1961, 466, 469 – Gewinderollkopf; 14. 7. 1970 GRUR 1971, 78, 80 – Dia-Rähmchen V; vgl. auch oben Anm. 37). Für eine erfindungsfunktionelle Anpassung kann es aber genügen, daß das Mittel, z. B. Sand, der Glaukonit in körniger Form enthält, **von Natur aus** zur Verwendung für ein patentgeschütztes Aufbereitungsverfahren geeignet ist. Besitzt daher ein Verfah-

rensmittel bereits bei seiner Gewinnung die erforderlichen Eigenschaften, so sind insoweit keine besonderen weiteren Zurichtungen erforderlich (BGH 30. 4. 1964 GRUR 1964, 496 ff. – Formsand II).

5. Objektive und subjektive Voraussetzungen

Im einzelnen ist zu unterscheiden:

aa) In **objektiver Beziehung** ist für den Tatbestand der mittelbaren Pa- 59
tentverletzung erforderlich, daß der Lieferer (mittelbare Benutzer) das zur Ausübung des Verfahrens oder für die geschützte Vorrichtung **geeignete Mittel** dem Erwerber überläßt **und** dieser in **patentverletzender Weise** das Verfahren ausübt oder die geschützte Vorrichtung verwirklicht (RG 3. 11. 1939 GRUR 1940, 89, 94; BGH 30. 4. 1964 GRUR 1964, 496, 497 – Formsand II). Keine mittelbare Benutzung des Lieferers liegt daher vor, wenn die Maschinen für das Verfahren im Inland hergestellt werden, die Ausübung des Verfahrens aber **im Ausland,** also auf patentfreiem Territorium, stattfindet (RG 19. 7. 1935 GRUR 1936, 121, 123; 19. 10. 1935 RGZ 149, 102, 105 ff.). Ebensowenig, wenn zwar im Inland die Herstellung des erfindungsfunktionell gestalteten Teils einer geschützten Kombination zwecks Lieferung ins Ausland erfolgt, jedoch die Kombination erst im Ausland durch Zusammenfügung der Einzelteile verwirklicht wird (OLG Düsseldorf 11. 1. 1963 GRUR 1964, 203, 204; anders BGH 14. 7. 1970 GRUR 1971, 78, 80 – Dia-Rähmchen V; s. dazu oben Anm. 37). Entsprechendes gilt, wenn die unmittelbare Benutzung durch den Abnehmer mit Erlaubnis des Patentberechtigten stattfindet.

Der mittelbare Benutzer **und** der unmittelbare Benutzer müssen **gewerbsmäßig** (Anm. 35) handeln. Die hier früher vertretene Auffassung, daß gewerbsmäßig nur der mittelbare Benutzer (Lieferer) zu handeln brauchte, kann nicht aufrechterhalten werden; sonst würde der Patentschutz überssteigert werden (vgl. Schips, GRUR 1961, 53, 54 mit Nachweisen aus dem Schrifttum).

Für einen **Unterlassungsanspruch** ist der Nachweis eines unmittelbaren Patenteingriffs des Abnehmers, bei dem eine **ordnungsmäßige und bestimmungsgemäße Benutzung** des Mittels vorauszusetzen ist (RG 12. 2. 1936 GRUR 1936, 926, 927; 18. 10. 1937 GRUR 1938, 331, 333), nicht unbedingt erforderlich. Für die vorbeugende Unterlassungsklage genügt schon die **Besorgnis** eines objektiven Eingriffs in das Patentrecht. Nur darf eine solche Besorgnis nach den Umständen nicht fernliegen (RG 31. 1. 1931 RGZ 146, 26, 28; 5. 10. 1935 RGZ 149, 12, 17; 3. 11. 1939 GRUR 1940, 89, 95; BGH 30. 4. 1964 GRUR 1964, 496, 497 – Formsand II). Die bloße Möglichkeit gelegentlicher Verletzungshandlungen wäre also nicht ausreichend, um eine Verletzungsgefahr zu bejahen (BGH 30. 4. 1964 a. a. O. S. 497); vgl. dazu Anm. 49.

60 bb) In **subjektiver Beziehung** sind auf seiten des **Abnehmers** Anforderungen nicht zu stellen. Er muß lediglich beim Gebrauch des Mittels zur Ausübung des Verfahrens das Patent objektiv verletzt haben.

61 cc) Es besteht kein Streit darüber, daß es in Fällen, in denen ein Mittel **ausschließlich** zur Ausübung des geschützten Verfahrens oder zum Verwirklichen der geschützten Vorrichtung geeignet ist, auch auf seiten des **Lieferers** (mittelbaren Benutzers) keiner subjektiven Voraussetzungen bedarf, um eine **Unterlassungsklage** zu begründen (RG 5. 10. 1935 RGZ 149, 12, 17; 8. 1. 1936 GRUR 1936, 871, 873; 25. 1. 1938 GRUR 1938, 584, 588).

In denjenigen Fällen jedoch, in denen **sowohl patentfreie wie patentverletzende Benutzung** möglich ist, hat das RG bereits für die Unterlassungsklage gefordert, daß beim Lieferer Erkenntnis, zum mindesten Erkenntnismöglichkeit der möglichen patentverletzenden Benutzung notwendig sei (RG 31. 1. 1931 RGZ 146, 26, 29; 14. 11. 1934 RGZ 146, 29, 34, 35; 3. 11. 1939 GRUR 1940, 89, 94 ff.). Hiernach muß der Lieferer zum mindesten wissen, daß die Besorgnis besteht, seine Abnehmer würden eine Patentverletzung begehen (RG 23. 5. 1936 GRUR 1937, 213, 216; 19. 10. 1935 RGZ 149, 102, 107; 5. 12. 1936 GRUR 1937, 973, 974). Dieser Rechtsprechung hat sich der BGH 8. 11. 1960 (GRUR 1961, 627 – Metallspritzverfahren) angeschlossen und eine Verpflichtung der Lieferanten zur **Unterlassung** nur unter der Voraussetzung als begründet angesehen, daß sie wissen, damit rechnen oder infolge von Fahrlässigkeit nicht wissen, daß der Patentschutz besteht und die Abnehmer den geschützten Gegenstand in patentverletzender Weise benutzen oder möglicherweise benutzen werden.

Schon Axster (a. a. O. S. 665) hat darauf hingewiesen, daß sich die Tätigkeit des mittelbaren Patentverletzers **objektiv** in einem Tun erschöpfe, und hat bemängelt, daß R. Isay (MuW 1910, 71) ebenso wie Krausse (MuW 1927/28, 555) angenommen haben, der mittelbare Benutzer müsse das Wissen oder den Willen haben, durch seine Abkäufer das Verfahren benutzen zu lassen. Ebenso bemängelt Tetzner (§ 6 Anm. 41), daß die Rechtsprechung für den **objektiven** Tatbestand Kenntnis oder Kenntnismöglichkeit gefordert habe. Ablehnend hat sich auch Nastelski in Reimer (§ 6 Anm. 97) geäußert.

Bei der zitierten höchstrichterlichen Rechtsprechung hat offensichtlich die Absicht mitgesprochen, das Anwendungsgebiet der mittelbaren Benutzung nicht weiter auszudehnen, als dies für die Wirtschaft noch als tragbar angesehen wurde (vgl. dazu Tetzner, a. a. O.). Gleichwohl erscheinen die gegen diese Rechtsprechung erhobenen Bedenken begründet. Nach § 47 steht dem Schutzrechtsinhaber gegenüber demjenigen, der seine Erfindung den Vorschriften der §§ 7 und 8 zuwider benutzt, ein Unterlassungsanspruch zu. Gewährt aber das Gesetz einen solchen negatorischen Schutz für ein absolutes Recht, so kommt es für die Durchsetzung dieses Anspruchs auf die subjektive Einstellung des Verletzers zu seiner Handlung nicht an (Baur, JZ 1966, 381, 383). Es kann insoweit keinen Unterschied machen, ob das Patent durch eine unmittelbare oder nur mittelbare Benutzung verletzt wird. Ist die mittelbare Benutzung als die Beteiligung an einer Benutzungsform des § 6 anzusehen, die nach der Rechtsprechung, ohne etwa nur »Beihilfe« zu sein, unter dem Gesichtspunkt der mittelbaren Patentverletzung einen Eingriff in das Patent darstellt, dann sollten für sie auch dieselben Gesichtspunkte gelten wie für die unmittelbare Patentverletzung selbst. Daher sollte es für die Unterlassungsklage ausreichen, daß ein **objektiv widerrechtlicher Eingriff** in das Patentrecht erfolgt ist oder jedenfalls eine objektive, nicht fernliegende Besorgnis besteht, ein solcher Eingriff werde in Zukunft erfolgen. Auch das Erfordernis der Rechtswidrigkeit des Eingriffs kann an diesem Ergebnis nichts ändern. Denn grundsätzlich sieht das Gesetz jede Beeinträchtigung eines absoluten Rechts als widerrechtlich an, soweit keine besonderen Rechtfertigungsgründe vorliegen (Larenz, Lehrbuch des Schuldrechts II. Band, § 66 I e). Zur Begründung der Widerrechtlichkeit sind mithin keine weiteren Handlungselemente erforderlich als die **generelle** Eignung zur Störung (Zeuner, JZ 1961, 41, 44).

Soweit die neuere Lehre demgegenüber betont, daß dieser Satz nur für **unmittelbare,** also noch im Rahmen des Handlungsablaufs liegende Einwirkungen gilt (Larenz a. a. O. S. 430), kann dieser Gesichtspunkt die Tatbestandsmäßigkeit der mittelbaren Patentbenutzung, die gerade den bestimmten, sich aus Handlungen des mittelbaren wie unmittelbaren Verletzers zusammensetzenden Handlungsablauf voraussetzt, nicht beeinflussen. Der von Nastelski in Reimer a. a. O. allerdings nur zusätzlich gegebene Hinweis, die gegenteilige Ansicht beachte nicht, daß der Unterlassungsanspruch sich in die Zukunft richte und der mittelbare Benutzer spätestens mit dem Unterlassungsurteil die möglicherweise bis dahin vermißte Kenntnis erlange, dürfte allerdings zur Lösung des Problems nichts beitragen. Ist es auch richtig, daß der Unterlassungsanspruch in die Zukunft gerichtet ist, und ist gerade aus diesem Grunde die **Besorgnis** einer Schutzrechtsverletzung Voraussetzung für die Durchsetzung des Anspruchs, so hat dieser Gesichtspunkt doch nichts mit der ganz anderen Frage zu tun, ob vom Unterlassungskläger auch der Nachweis der **Erkenntnis** oder **Erkenntnismöglichkeit** einer bereits erfolgten oder zukünftigen Patentverletzung durch den mittelbaren Verletzer, d. h. die Erfüllung einer **weiteren** Voraussetzung, zu fordern ist. Im übrigen würde ein etwaiges Unterlassungsurteil den Betroffenen nicht von den Kosten befreien, die durch den Rechtsstreit entstanden sind, ohne daß er jedenfalls **bis** zur Urteilsverkündung Kenntnis von den Verletzungshandlungen gehabt hat oder hätte haben können.

6. Unterlassungspflicht des mittelbaren Benutzers

62 Eine **Unterlassungspflicht** besteht in allen diesen Fällen allerdings nur dann, wenn es für den Lieferanten bei der gegebenen Sachlage **zumutbar** ist, seinerseits Vorkehrungen zur Vermeidung etwaiger Patentverletzungen zu treffen. Allgemeingültige Regeln, was der Lieferer tun muß, um eine patentverletzende Handlung auszuschließen, lassen sich nicht aufstellen. Die Entscheidung über die Anforderungen kann angesichts der widerstreitenden Belange der Parteien jeweils nur nach den Umständen des Falles aufgrund der pflichtgemäßen Interessenabwägung erfolgen. Eine mittelbare Verletzung entfällt nach der Rechtsprechung, wenn der Lieferer dem Belieferten klare Angaben über die ihm vorgeschriebenen Beschränkungen macht (RG 7. 7. 1939 GRUR 1939, 910) und durch geeignete Maßnahmen wie Warnung, Ausbedingung einer Vertragsstrafe (RG 31. 1. 1931 RGZ 146, 26) ernstliche Vorsorge gegen eine patentverletzende Verwendung des Mittels trifft (RG 31. 1. 1931 a. a. O.; 5. 10. 1935 RGZ 149, 12 = GRUR 1935, 88; 3. 11. 1939 GRUR 1940, 89; BGH 8. 11. 1960 GRUR 1961, 627 ff. – Metallspritzverfahren; 30. 4. 1964 GRUR 1964, 496, 497 – Formsand II). Dem Ausmaß der Gefahr patentverletzender Benutzung muß das Ausmaß der Sicherungsmaßnahme entsprechen (RG 7. 7. 1939 GRUR 1939, 910, 913; BGH 8. 11. 1960 a. a. O. S. 628; 30. 4. 1964 a. a. O. S. 497). Wenn es nicht möglich ist, eine klare Grenzziehung zwischen einer das Patent verletzenden und einer patentfreien Ausgestaltung des geschützten Verfahrens vorzunehmen, kann es die **Interessenlage** der Parteien rechtfertigen, dem Lieferanten nur aufzuerlegen, die Abnehmer bei der Lieferung auf das Klagepatent hinzuweisen, ohne Unterlassungspflichten zu vereinbaren (BGH 30. 4. 1964 a. a. O.).

Stets kann der mittelbare Benutzer nur dazu verurteilt werden, das zu unterlassen, was ihm als Patentverletzung zu tun verboten ist. Die Urteilsformel muß also in dieser Hinsicht der Verletzungsform angepaßt werden (BGH 22. 11. 1957 GRUR 1958, 179, 182 – Resin).

Im Hinblick auf die erhebliche Behinderung freier geschäftlicher Betätigung bedarf die Auferlegung von Vertragsstrafen besonders sorgfältiger Prüfung (BGH 8. 11. 1960 GRUR 1961, 627, 628 – Metallspritzverfahren; 30. 4. 1964 GRUR 1964, 496, 497 – Formsonde II). Der Kläger hat jedenfalls darzutun, daß die Abnehmer auch bei entsprechender Aufklärung und Verpflichtung das Patent verletzen würden und hiervon nur durch Vereinbarung von Vertragsstrafen abgehalten werden könnten (BGH 8. 11. 1960 a. a. O.).

Stets hat eine Verurteilung diejenigen Fälle auszunehmen, in denen entsprechende Sicherungsmaßnahmen bereits getroffen worden sind (RG 21. 4. 1937 GRUR 1938, 865, 867; 31. 1. 1931 RGZ 146, 26, 28; 5. 10. 1935 RGZ 149, 12, 17).

7. Schadensersatzansprüche

Schadensersatzansprüche gegen den **mittelbaren Patentverletzer** erfordern nach übereinstimmender Auffassung nur dessen schuldhaftes Handeln, nicht auch ein solches des unmittelbaren Benutzers. Ein Verschulden des mittelbaren Verletzers setzt die Erkenntnis, zum mindesten die Erkenntnismöglichkeit der möglichen patentverletzenden Benutzung voraus (s. die in Anm. 61 zitierten Entscheidungen). Volle Kenntnis der beabsichtigten Verwendungsart braucht hiernach nicht vorzuliegen. Es genügen bedingter Vorsatz, fahrlässige Unkenntnis der durch den Erwerber erfolgten oder möglichen patentverletzenden Benutzung, fahrlässige Unkenntnis über das Eingreifen der Verwendung des Mittels in das Patent oder fahrlässige irrtümliche Annahme der Benutzungsberechtigung. Ein Verschulden kann entfallen, wenn der Lieferer davon ausgehen durfte, daß er alle ihm nach der gegebenen Sachlage zumutbaren Vorkehrungen getroffen hatte, um etwaige Patentverletzungen zu vermeiden (s. Anm. 62). 63

Wegen Irrtums über den Begriff der mittelbaren Patentbenutzung § 47 Anm. 29.

Stets ist aber nach ständiger Rechtsprechung Voraussetzung, daß der **unmittelbare Benutzer** sich einer objektiv rechtswidrigen Patentverletzung durch Benutzung schuldig gemacht hat. Anders als bei dem Unterlassungsanspruch genügt also eine bloße Verletzungsgefahr nicht. Es muß **mindestens ein Verletzungsfall** festgestellt werden (BGH 30. 4. 1964 GRUR 1964, 496, 497 – Formsand II – mit zahlreichen Nachweisen aus der Rechtspr. des RG).

Auch ein Rechnungslegungsanspruch kann bei Verschulden des Lieferanten begründet sein (RG 31. 1. 1931 RGZ 146, 26, 28). Der mittelbare Verletzer ist dann in der Regel verpflichtet, auch die **Namen seiner Abnehmer,** die als Verletzer in Betracht kommen, zu nennen (BGH 28. 10. 1965 GRUR 1966, 198, 199 – Plastikflaschen). Vgl. dazu § 47 Anm. 41 ff.

Soweit **Ansprüche aus § 830 Abs. 2 BGB, § 49 StGB** geltend gemacht werden, ist Vorsatz des Gehilfen und Haupttäters erforderlich.

8. Kartellrecht

Die Anerkennung der mittelbaren Benutzung stellt **keinen Verstoß gegen das Kartellgesetz** (GWB) oder die früher geltenden Dekartellisierungsvorschriften dar (BGH 22. 11. 1957 GRUR 1958, 179, 182 – Resin; 8. 11. 1960 GRUR 1961, 627 – Metallspritzverfahren). 64

l) Abhängigkeit

Lehmann, Die abhängige Erfindung 1931; Beil, Das Benutzungsrecht aus abhängigem und dominierendem Patent, GRUR 1948, 60; Winkler, Probleme der abhängigen Erfindung, Mitt. 1959, 265.

1. Begriff

65 Abhängigkeit eines Patents liegt vor, wenn man das jüngere Patent nicht benützen kann, ohne den wesentlichen Erfindungsgedanken des älteren Patents ganz oder teilweise zu benutzen. Abhängig ist daher ein Patent von einem älteren Patent, **wenn jede mögliche Verwendung eines in den Schutzbereich des jüngeren Patents fallenden Mittels auch in den Schutzbereich des älteren fällt** (RG 6. 6. 1936 GRUR 1937, 286, 287 – Abhängigkeit gegenüber einem selbständig schutzfähigen Element eines älteren Kombinationspatents; RG 22. 10. 1940 GRUR 1940, 550, 551; 26. 1. 1943 GRUR 1943, 205, 207; BGH 28. 10. 1952 GRUR 1953, 112, 114 – Feueranzünder). Die Abhängigkeit ist daher auch beim Vorliegen eines durch das ältere Recht geschützten **allgemeinen Erfindungsgedankens** begründet (BGH 21. 12. 1962 – I ZR 145/59 – S. 12). Auch dann wird der geschützte Erfindungsgedanke von dem jüngeren Patent benutzt, wenn dessen Inhaber ihn mit erfinderischer Kraft weiterentwickelt hat (RG 6. 3. 1937 GRUR 1938, 543, 545; 26. 1. 1943 GRUR 1943, 205). »Das ist gerade der Hauptfall der Abhängigkeit« (RG 19. 8. 1938 GRUR 1939, 482, 485).

Ob das jüngere Patent die Wirkungen des älteren erstrebt, ist für die Frage der Abhängigkeit ohne Bedeutung. Es kommt nur darauf an, daß die den jüngeren Rechten entsprechenden Vorrichtungen von Mitteln Gebrauch machen, die in den Schutzbereich des älteren Rechts fallen und damit die Wirkungen des älteren Rechts, **wenn auch in verschlechterter Form,** erreichen (RG 19. 12. 1938 GRUR 1939, 533, 534). Da es an einer gesetzlichen Regelung der Abhängigkeit fehlt, ist diese aus allgemeinen Grundsätzen abzuleiten.

Die **Abhängigkeit** unterscheidet sich von der **Identität** in folgendem: Bei der Abhängigkeit sind zwei Erfindungsgedanken vorhanden, bei der Identität handelt es sich indessen um den gleichen Erfindungsgedanken (vgl. RG 7. 7. 1894 RGZ 33, 149 ff.; 22. 12. 1920 GRUR 1921, 185, 186). Für die Abhängigkeit kommt es allein auf die Übereinstimmungen beider Patente an, nicht auf die Unterschiede (RG 8. 4. 1938 GRUR 1938, 828, 830; 22. 10. 1940 GRUR 1940, 550; 26. 1. 1943 GRUR 1943, 205). Falls sich die jüngere Erfindung auch in das ältere Patent nicht verletzender Art benutzen läßt, liegt Abhängigkeit nicht vor.

Ein **Vorrichtungspatent** kann von einem **Verfahrenspatent** nur abhängig sein, soweit bestimmungsgemäßer Gebrauch des Vorrichtungspatentes notwendig in jedem Fall das Verfahrenspatent benutzt (RG 26. 1. 1943 GRUR 1943, 205). Umgekehrt kann auch ein **Anwendungs**patent von einem Vorrichtungs- oder einem Verfahrenspatent abhängig sein (RG 23. 5. 1914 RGZ 85, 95, 99). Über abhängige Erfindung eines neuen Verfahrens zur Herstellung einer patentierten Vorrichtung vgl. RG 7. 7. 1894 RGZ 33, 199 ff.

Maßgebend sind nur die im jüngeren Patent **offenbarten** Ausführungsformen, ohne Bedeutung dagegen die Art und Weise, wie der Benutzer des jüngeren Patents die geschützte Vorrichtung tatsächlich ausführt (RG 11. 11. 1938 GRUR 1939, 715, 716). RG 2. 5. 1936 (GRUR 1937, 349, 351) erklärt zutreffend, daß eine **außerhalb** des offenbarten Erfindungsgedankens liegende Nebenwirkung, die der Erfinder des Klagepatents nicht erkannt hatte, von dem Schutzumfang seines Patents nicht umfaßt werde und daher in einem solchen Fall auch eine Abhängigkeit nicht bejaht werden könne, obwohl sich im übrigen die beiden Vorrichtungen (Sämereiausleser) im wesentlichen entsprachen (vgl. dazu Zeunert, Offenbarung S. 26 ff.).

2. Beschränkte Abhängigkeit (teilweise Abhängigkeit, unechte Abhängigkeit)

Möglich ist, daß nicht jede der vier Benutzungsformen, sondern **nur das Gebrauchen** in das ältere Patent eingreift. Man spricht dann von beschränkter Abhängigkeit des Gebrauchs. Es sind jedoch zwei Fälle zu unterscheiden: Entweder greifen die Erfindungen nur in dieser einen Benutzungsart (beim Gebrauchen) ineinander (sog. **Teilabhängigkeit**; vgl. die oben zitierte RG-Entscheidung 26. 1. 1943 GRUR 1943, 205), oder sie tun es überhaupt nicht, sondern die eine fängt da an, wo die andere aufhört (sog. **unechte Abhängigkeit**). Beispiel: B besitzt ein Patent auf die **neuartige Verwendung** eines Gegenstands (Stoffes), dessen **Herstellung** dem A geschützt worden ist. Ob man die Fälle der letztgenannten Art noch zu den Abhängigkeitspatenten rechnen kann, ist bestritten (ablehnend z. B. RG 20. 9. 1913 MuW 1913/14, 144; ebenso Pietzcker § 3 Anm. 21). Eine echte Abhängigkeit liegt in diesen Fällen deswegen nicht vor, weil B sich nur den geschützten, von A bereits in den Handel gebrachten Gegenstand (Stoff) für seine neue Verwendung in legaler Weise zu verschaffen braucht. 66

3. Wirkung der Abhängigkeit

Der Inhaber des älteren Patents kann dem Inhaber des abhängigen Patents allgemein dessen Benutzung oder dessen Gebrauch verbieten (RG 25. 10. 1938 RGZ 159, 11; BGH 18. 6. 1964 GRUR 1964, 606, 611 – Förderband). Ob bei dem jüngeren Patent **Verbesserungen** erzielt worden sind, ist belanglos (RG 28. 3. 1941 GRUR 1941, 221, 223 a. E.). Etwaige Übelstände können teilweise im Wege des **§ 15 (Zwangslizenzen)** beseitigt werden. Umgekehrt ist natürlich auch der Inhaber des älteren Patents nicht befugt, das Abhängigkeitspatent zu benutzen (RG 11. 1. 1902 RGZ 50, 111, 114). Das **Verbietungsrecht** des Inhabers des Abhängigkeitspatents ebenso wie der Anspruch auf Schadensersatz bleiben also unberührt (RG 6. 11. 1929 RGZ 126, 127, 130 ff.). 67

Über das **positive Benutzungsrecht** des Patentinhabers an einem älteren Schutzrecht im allgemeinen vgl. Anm. 44.

Ein Patent kann auch von einem **älteren Gebrauchsmuster** abhängig sein. Die Rechtslage ist die gleiche wie bei Abhängigkeit von einem Patent. Streitig ist, ob dieser Fall in § 6 GbmG geregelt oder ob dort nur die Identität behandelt ist. Da aber im PatG die Abhängigkeitsfrage nicht ausdrücklich geregelt ist, so dürfte auch § 6 GbmG eine solche Regelung nicht bezwecken.

Über **weniger Lizenzen** vgl. § 15 Anm. 2 u. 5.

4. Geltendmachen der Abhängigkeit

68 Über die Abhängigkeit haben nur die ordentlichen Gerichte zu befinden, nicht das Patentamt, ebensowenig das Berufungsgericht (RG bzw. BGH) in Nichtigkeitsverfahren (RG 10. 11. 1937 GRUR 1938, 31, 33; 8. 4. 1938 GRUR 1938, 828, 831; BGH 18. 6. 1964 GRUR 1964, 606, 611 – Förderband). Allerdings wollte man in § 3 des alten Gesetzes mit der Einfügung des dritten Satzes in Abs. 1 (jetzt § 4 Abs. 2 Satz 2) die Entscheidung darüber dem Patentamt zuteilen. Es besteht aber heute kein Streit mehr darüber, daß dies nicht Rechtens geworden ist, weil jener Satz es nicht zum Ausdruck gebracht hat. Vgl. RG 7. 7. 1894 RGZ 33, 149; PA 11. 11. 1930 Mitt. 1931, 127. Auch im **Zwangsvergleichsverfahren** ist die Frage der Abhängigkeit nicht zu entscheiden; sie ist vielmehr für dieses Verfahren zu unterstellen (RG 1. 2. 1938 GRUR 1938, 320 ff. unter Hinweis auf RGZ 91, 188).

Eine der Rechtskraft fähige Entscheidung über die Abhängigkeit wird durch die **Feststellungsklage** erreicht. Wird nur wegen Patentverletzung (auf Unterlassung, Rechnungslegung, Feststellung der Schadensersatzpflicht) geklagt, so gibt die Abhängigkeit bloß einen Entscheidungsgrund ab. Die Feststellungsklage ist nach allgemeinen Grundsätzen zulässig, wenn der Inhaber des älteren Patents ein **rechtliches Interesse** daran hat, durch richterliche Entscheidung eine alsbaldige Feststellung darüber zu erhalten, daß das jüngere Patent von seinem Patent abhängig ist (RG 22. 12. 1920 GRUR 1921, 185). **Erledigt** sich die Feststellungsklage dadurch, daß das angeblich abhängige Patent im Laufe des Rechtsstreites vernichtet wird, so richtet sich die Kostenentscheidung danach, ob die Klage Erfolg gehabt hätte, wenn die Nichtigerklärung nicht ausgesprochen worden wäre (RG 19. 8. 1938 GRUR 1939, 482, 483).

Das Feststellungsinteresse ist gegeben, wenn die Ausführung des jüngeren Patents zu besorgen ist; schon das Bestreiten der Abhängigkeit oder ausweichendes Verhalten des andern kann dieses Interesse rechtfertigen, z. B. wenn im Rechtsstreit erklärt worden ist, die Abhängigkeit nicht mehr bestreiten zu wollen, ein Anerkenntnis aber nicht stattgefunden hat (RG 30. 4. 1919 RGZ 95, 304; 18. 12. 1920 RGZ 101, 136, 138)

Umgekehrt kann aber der Inhaber des jüngeren Patents ein Interesse an **negativer Feststellung** (Nichtabhängigkeit) haben; hier gilt Entsprechendes (RG 5. 5. 1937 GRUR 1938, 188). Feststellungs- und Verletzungsklage können miteinander verbunden werden (RG 22. 12. 1920 GRUR 1921, 185; 19. 8. 1938 GRUR 1938, 482, 483 ff.). Bei Erteilung einer ausschließlichen Lizenz sind Lizenzgeber und Lizenznehmer im Abhängigkeitsstreit nebeneinander aktiv legitimiert (RG 30. 4. 1919 RGZ 95, 304, 306); s. § 9 Anm. 32. Im einzelnen über das Verhältnis von **Feststellungsklage** und **Leistungsklage** s. § 47 Anm. 54.

Das Klagerecht des aus dem abhängigen Patent Berechtigten gegen dessen Verletzer wird durch die Abhängigkeit nicht beeinträchtigt. Im Verletzungsprozeß kann mithin eine Einrede des Verletzers gegenüber dem Unterlassungs- oder Schadensersatzanspruch nicht erhoben werden. Dies selbst dann nicht, wenn der Inhaber des älteren Patents dem Inhaber des abhängigen Patents die Benutzung seines Patents verboten hatte und der Verletzer bereits auf die Klage des Inhabers des älteren Patents zur Unterlassung verurteilt war (RG 6. 11. 1929 RGZ 126, 127).

Dem Erfinder des abhängigen Patents steht grundsätzlich auch das Recht zu, ohne Einwilligung des Erfinders des älteren Patents **Lizenzen** einzuräumen (BGH 13. 2. 1962 GRUR 1962, 370, 374 – Schallplatteneinkleidung – unter Hinweis auf RG GRUR 1935, 306).

II. Räumlicher Geltungsbereich des Patents

a) Territorialitätsprinzip, lex rei sitae, Jurisdiktion und internationale Zuständigkeit

Nur innerhalb des deutschen Bundesgebiets einschließlich der Westsek- 69
toren von Berlin (Berlin-Gesetz 20. 9. 1950, Bl. 1950, 263) ist der Patentschutz wirksam; denn die Rechtsmacht eines einzelnen Staates endet stets an seiner Staatsgrenze (**Territorialitätsgrundsatz,** der in allen Industriestaaten anerkannt ist, Nirk i. Ehrengabe für Bruno Heusinger S. 217, 221 mit Nachweisen in Anm. 14 und 15; RG 15. 10. 1892 RGZ 30, 52, 55; 4. 4. 1914 RGZ 84, 370, 375; 19. 10. 1935 RGZ 149, 102, 105; BGH 29. 2. 1968 BGHZ 49, 331, 334 = GRUR 1968, 195 – Voran; 12. 7. 1968 BGHZ 50, 213 = GRUR 1969, 38 – Schwenkverschraubung).

Unter dem Begriff Inland, der ausdrücklich nur in §§ 2 Satz 1, 7 Abs. 1, 16 und 43 Abs. 4 PatG verwendet wird, aber auch in §§ 6, 47, 49 PatG stillschweigend vorausgesetzt wird, ist hiernach stets das **Staatsgebiet** schlechthin zu verstehen (BGH 12. 7. 1968 BGHZ 50, 213, 217). Innerhalb dieses Staatsgebietes wirkt der Schutz ohne Rücksicht auf völkerrechtliche Exterritorialität. Über Inland im einzelnen § 2 Anm. 23. In der Bundesrepublik aufrechterhaltene Patente sind im Bundesgebiet belegen.

Enteignungsmaßnahmen der DDR erfassen sie nicht (BGH 10. 5. 1955 BGHZ 17, 209 = GRUR 1955, 490 – Heynemann; 7. 6. 1955 BGHZ 18, 1, 8 = GRUR 1955, 575 – Hückel).

Die Benutzung des Patents **im Ausland** berührt, auch wenn sie durch einen Inländer geschieht, den Patentschutz nicht, weil sie der räumlichen Beziehung zum Inland ermangelt. Soviel Patente in verschiedenen Staaten für die nämliche Erfindung, soviel voneinander unabhängige Patentrechte (RG 4. 4. 1914 RGZ 84, 370, 375; BGH 29. 2. 1968 BGHZ 49, 331 – Voran).

Wegen des Wirkungsbereichs eines im Ausland begründeten Vorbenutzungsrechts vgl. § 7 Anm. 13.

Über den räumlichen Geltungsbereich einer offenkundigen Vorbenutzung vgl. § 2 Anm. 23.

Über Benutzung patentgeschützter Vorrichtungen oder Verfahren, die teils im Inland, teils im Ausland erfolgt, s. Anm. 71.

Über Erschöpfung territorial verschiedener Patentrechte s. Anm. 46.

Von der Frage der Patentwirkung zu scheiden ist die Frage des **internationalen Privatrechts, wann** das deutsche Patentrecht zur Anwendung zu kommen hat. Diese Frage wird durch die Rechtsordnung »der belegenen Sache«, die sog. **lex rei sitae,** entschieden. Dieses Sachstatut gilt nicht nur für den gesamten Bereich des Sachenrechts, sondern ist nach allgemein anerkannter Rechtsauffassung auch für die gewerblichen Schutzrechte, also auch für das Patentrecht, maßgebend (Raape, Internationales Privatrecht, § 64 S. 634 ff.; Martin Wolff, Internationales Privatrecht, S. 183; Nirk a. a. O. S. 227 ff.). Wenngleich keine Bedenken dagegen erhoben werden, daß das Patentrecht an den Raum desjenigen Staates gebunden ist, der es verliehen hat, so besteht andererseits im Schrifttum keine einhellige Meinung darüber, wie weit dieses zwingend anzuwendende, d. h. der Parteiautonomie entzogene Statut reicht. Die heute wohl überwiegende Auffassung nimmt an (vgl. Nirk a. a. O. S. 231 ff. und in Mitt. 1969, 328 ff., mit zahlreichen Nachweisen), daß die lex rei sitae nur für die **unmittelbar** mit der **Erteilung, dem Bestand** und **dem Umfang des Patents** zusammenhängenden Fragen maßgebend ist. Demgegenüber sind obligatorische Verträge, wie etwa Lizenz- oder Patentverwertungsverträge u. ä., die zwar im Hinblick auf patentierte oder nichtpatentierte Erfindungen geschlossen worden sind, mit den materiellen oder formellen Voraussetzungen des Patentrechts selbst aber nicht zusammenhängen, der freien Parteivereinbarung zugänglich. Dieser Auffassung, die allein zu vernünftigen Ergebnissen in der Praxis führt, ist beizutreten; vgl. dazu auch Riezler, Internationales Zivilprozeßrecht S. 301; Langen, Internationale Lizenzverträge S. 132; Lichtenstein, NJW 1964, 1345, 1349.

Über **Lizenzverträge** und Internationales Privatrecht s. § 9 Anm. 66.

Nicht mit dem Territorialitätsprinzip oder dem Statut der belegenen Sache ist die Frage der **Jurisdiktion** verknüpft. Die Jurisdiktion, d. h. die aus der staatlichen Souveränität fließende, durch den Staat seinen Gerichten **generell** verliehene Entscheidungsgewalt, besteht grundsätzlich auch für Streitfragen mit internationalen Beziehungen. Für letztere kann sie allerdings kraft Völkerrechts ausgeschlossen sein (BGH 24. 7. 1957 GRUR 1958, 189, 196 – Zeiss).

Von der Jurisdiktion zu unterscheiden ist wiederum der Begriff der **internationalen Zuständigkeit,** der nur die Frage betrifft, ob **im Einzelfall** das zur Entscheidung einer Streitsache mit ausländischen Beziehungen angerufene inländische Gericht für die erbetene Entscheidung zuständig ist (BGH 24. 7. 1957 a. a. O. unter Hinweis auf RGZ 157, 389). Diese Frage ist vorbehaltlich abweichender völkerrechtlicher Vereinbarungen nach den Vorschriften über die **örtliche** Zuständigkeit zu beurteilen (BGH 18. 12. 1959 GRUR 1960, 372, 377 – Kodak; 14. 6. 1965 BGHZ 44, 46 ff.; 13. 12. 1967 BGHZ 49, 124, 126 ff.). Der Mangel an internationaler Zuständigkeit hat nur zur Folge, daß das Gericht seine Gerichtsbarkeit in dem in Betracht kommenden Einzelfall nicht **ausüben** kann (BGH 24. 7. 1957 a. a. O.).

Die Parteien können auch die ausschließliche Zuständigkeit eines ausländischen Gerichts **vereinbaren,** selbst wenn dessen Urteil mangels Verbürgung der Gegenseitigkeit nicht anerkannt wird. Voraussetzung einer gültigen Vereinbarung ist allerdings, daß der Streitgegenstand ihrer Verfügung unterliegt und die deutschen Gerichte nicht ausschließlich zuständig sind (BGH 13. 12. 1967 BGHZ 49, 124; vgl. § 9 Anm. 66). Eine **stillschweigende** Vereinbarung des Gerichtsstandes kann ebenfalls in Betracht kommen (BGH 30. 1. 1969 GRUR 1969, 373, 375 – Multoplane).

Die deutschen Gerichte prüfen auch die internationale Zuständigkeit eines ausländischen Gerichts, das z. B. gegen eine Partei ein Versäumnisurteil erlassen hat (BGH 26. 3. 1969 NJW 1969, 1536 ff.).

Nach der Rechtsprechung des Reichsgerichts kann vor deutschen Gerichten wegen einer im **Ausland** begangenen Verletzung eines **ausländischen** Patents nicht Klage erhoben werden (RG 18. 6. 1890 JW 1890, 280 Nr. 24; RG 6. 6. 1934 GRUR 1934, 657, 664). Überwiegend verneinend auch das ältere Schrifttum (Zusammenstellung bei Krausse, MuW 1931, 596, 600 ff.; Lindenmaier, Das Recht der schöpferischen Menschen, ZAkDR 1936, 185 ff.; ders. bejahend de lege ferenda, GRUR 1942, 508; vgl. auch Troller, Immaterialgüterrecht, 3. Kap., § 9 S. 151 ff.; Groß, GRUR Ausl. 1957, 346).

Nach heutiger Rechtsauffassung wird die Frage zu bejahen sein, vorausgesetzt, daß das deutsche Gericht für die Entscheidung örtlich zuständig ist. Für das Warenzeichenrecht hat der BGH durch die Entscheidung 2. 10. 1956 BGHZ 22, 1, 13 = GRUR 1957, 215 – Flava-Erdgold – mit zahlreichen

Belegen sich der seit langem in Rechtsprechung und Schrifttum (für Warenzeichen) anerkannten Auffassung angeschlossen, daß auch ein Inländer mit inländischem Gerichtsstand, der die Verletzungshandlung gegen ein im ausländischen Staat geschütztes Warenzeichen **dort** begangen hat, vor einem deutschen Gericht aufgrund des ausländischen Warenzeichenrechts auf Unterlassung sowie auf Schadensersatz in Anspruch genommen werden kann. Das gleiche hat BGH 30. 6. 1961 (GRUR 1962, 243, 244 – Kindersaugflaschen –) für die Verletzung eines im Ausland bestehenden Ausstattungsrechts angenommen; s. dazu die Ergänzung: BGH 20. 12. 1963 BGHZ 40, 391 ff. = GRUR 1964, 316 – Stahlexport. Es ist kein vernünftiger Grund ersichtlich, für das Patentrecht andere Grundsätze gelten zu lassen. Die ausländische Souveränität bleibt unangetastet. Auch das Prinzip des örtlichen Schutzbereichs des Patents wird sicherlich nicht berührt. Andererseits werden erhebliche Unbilligkeiten vermieden, insbesondere dann, wenn der Verletzer Vermögen ausschließlich in der Bundesrepublik besitzt (so wohl auch Nastelski in Reimer § 6 Anm. 31; Bock-Bruchhausen in Benkard § 6 Rdn. 12; Auerswald, Festschr. Werner vom Stein, S. 8 ff.; Bernhardt § 26 S. 150; Raape a. a. O. § 64 S. 640: »Es kann dem anderen Staat nur recht sein, wenn wir helfen, seinen Willen zu verwirklichen«; LG Düsseldorf 27. 10. 1966 GRUR Int. 1968, 101 ff.). So jetzt auch OLG Düsseldorf 25. 3. 1966 GRUR Int. 1968, 100. Die Entscheidung läßt allerdings dahingestellt, ob angesichts der Auswirkungen eines von einem deutschen Gericht ausgesprochenen Verbots auf das ausländische Hoheitsgebiet die deutsche Jurisdiktion auch für Unterlassungsansprüche zu bejahen ist. Diese Bedenken erscheinen aus den Gründen der Entscheidung BGH 2. 10. 1956 BGHZ 22, 1, 13 – Flava-Erdgold – nicht gerechtfertigt.

Kein Streit besteht darüber, daß eine **Nichtigkeitsklage** gegen ein ausländisches Patent unzulässig ist. Durch eine solche Klage würde in die ausländischen Hoheitsrechte eingegriffen werden. Andererseits ist es aber zulässig, daß ein deutsches Gericht über die **Vorfrage** entscheidet, ob ein ausländisches Patent nach den Grundsätzen des ausländischen Rechts, dem es unterworfen ist, als gültig anzusehen ist. Ein Eingriff in die Entscheidungsbefugnis des ausländischen Gerichts liegt hierin nicht (Nastelski in Reimer § 6 Anm. 3; Bock-Bruchhausen in Benkard § 6 Anm. 13; Nirk, Mitt. 1969, 331 mit zahlreichen weiteren Nachweisen).

Unstreitig ist, daß Ansprüche aus inländischen Verträgen über ausländische Patente vor deutschen Gerichten geltend gemacht werden können (RG 1. 7. 1931 MuW 1931, 534). Das gleiche gilt, wenn sich die **vom Inland** aus bewirkte Anmeldung im Ausland als eine durch **unerlaubte Handlung** (widerrechtliche Entnahme) begangene Verletzung des Erfinderrechts des Berechtigten oder als eine unbefugte Verfügung über dasselbe darstellt (RG 14. 6. 1940 GRUR 1940, 437 ff.).

b) Benutzungshandlungen mit Zielrichtung auf das Ausland

Rechtsprechung und Rechtslehre hierzu sind in ihren Ergebnissen unsicher. 70
Allgemein wird man den Satz an die Spitze stellen können, daß die in Frage stehende Benutzungshandlung sowohl in patentrechtlicher wie in örtlicher Beziehung zum Inland stehen muß (RG 15. 10. 1892 RGZ 30, 52 ff.; 25. 10. 1911 RGZ 77, 248; 13. 1. 1934 RGZ 143, 170, 173; 19. 10. 1935 RGZ 149, 102; BGH 29. 3. 1960 GRUR 1960, 423, 425 – Kreuzbodenventilsäcke).

Im einzelnen ergibt sich für die Art der Benutzung:

1. Inverkehrbringen

Zum Begriff oben Anm. 38. Versendung und Verfrachtung von im Inland patentverletzend hergestellter Ware ins Ausland ist patentverletzendes Inverkehrbringen, nachdem mit den zum Verkaufsabschluß führenden Verhandlungen bereits patentverletzendes Feilhalten stattgefunden hat (RG 12. 5. 1923 MuW 1922/23, 193, 195 a. E.). Der die Einführung in den Verkehr bewirkende Rechtsakt vollzieht sich im Inland durch die Absendung, gleichviel ob der rechtsgeschäftliche Erfüllungsort im Inland oder im Ausland ist (RG 26. 3. 1902 RGZ 51, 139, 142). Auch Lieferung eines Erzeugnisses ins Inland, das im Ausland nach einem im Inland geschützten Verfahren hergestellt ist, stellt ein patentverletzendes Inverkehrbringen dar (RG 20. 10. 1937 GRUR 1939, 354, 357; vgl. auch LG Düsseldorf 18. 9. 1969 GRUR 1970, 550, 551). Ebenso Übersendung einer im Ausland hergestellten, im Inland geschützten Maschine vom Ausland an den Besteller im Inland (RG 2. 12. 1899 RGZ 45, 147, 150; 26. 3. 1902 a. a. O.; 23. 2. 1903 RGSt. 36, 178, 179 ff.). Patentverletzendes Inverkehrbringen liegt nach der Rechtsprechung des RG ferner vor, wenn wesentliche den Erfindungsgedanken verkörpernde Teile im Inland in der Weise hergestellt worden sind, daß sie eigens der geschützten Erfindung angepaßt und sodann ins Ausland geliefert worden sind. Dagegen keine Patentverletzung, wenn es sich um neutrale Teile handelt, die sich so, wie sie sind, ebensogut für andere Zwecke eignen (RG 18. 9. 1897 Bl. 1897, 229 ff.; 2. 5. 1925 MuW 1924/25, 203; 30. 8. 1935 GRUR 1936, 236, 240; abweichend RG 12. 12. 1908 Mitt. 1909, 60). 71

Die Voraussetzungen des Inverkehrbringens sind bereits erfüllt, wenn Muster oder Proben eines im Ausland nach einem deutschen Patent hergestellten Fabrikats im Inland vorgelegt werden, um Käufer zu finden (RG 25. 10. 1911 RGZ 77, 248, 249 ff.). Wird ein Verkaufslager der im Ausland hergestellten, nur im Inland geschützten Ware im Inland unterhalten, so ist die Lagerung der Ware für das inländische Handelsgewerbe und Weiterversand, gleichviel ob ins Inland oder Ausland, ein Inverkehrbringen (RG 3. 4. 1884 RGSt. 10, 349). Ebenso vom Ausland käuflich erworbener Stoff, der im Freihafengebiet gelagert und von hier nach dem Ausland verkauft wird (RG 25. 10. 1890 RGSt. 21, 205).

Die Wiedereinführung eines geschützten Gegenstandes aus dem Ausland enthält dann keine Patentverletzung, wenn der Berechtigte selbst den Gegenstand bereits im Inland in Verkehr gebracht hat. Ein solches Inverkehrbringen hat stattgefunden, wenn der Berechtigte das von ihm hergestellte Produkt zwecks Benutzung und Weiterveräußerung vom Inland nach dem Ausland versandt hat. Daher kann auch die Wiedereinführung eines solchen Produktes aus dem Ausland keine Patentverletzung sein (RG 26. 3. 1902 RGZ 51, 139, 142).

Andererseits gilt das Prinzip der Erschöpfung des Patentrechts nicht für territorial verschiedene Parallelpatente (oben Anm. 46). Da jedes Patentrecht unabhängig von dem anderen ist, wird seine Wirksamkeit nicht von dem Schicksal berührt, das die anderen Patente auf den gleichen Gegenstand trifft. Die in einem Staat rechtmäßig gefertigte Sache darf daher ohne Erteilung einer besonderen Erlaubnis nicht in einem anderen Patentstaat in Verkehr gebracht oder sonst in Benutzung genommen werden (BGH 29. 2. 1968 BGHZ 49, 331, 334 = GRUR 1968, 195 – Voran).

In der Einfuhr »zum Zwecke weiterer Handelsoperationen« liegt auch dann eine Patentverletzung, wenn demnächst die Ware wieder ausgeführt werden soll (RG 2. 12. 1899 RGZ 45, 147; 26. 3. 1902 RGZ 51, 139, 142). Ebenso BGH 15. 1. 1957 BGHZ 23, 100, 106 = GRUR 1957, 231 – Taeschner-Pertussin –, wonach Importgeschäfte über im Inland geschützte Waren, die ausschließlich zu Zwecken des Exports abgeschlossen werden, als Inverkehrbringen im Inland anzusehen sind.

Dagegen stellen im Inland abgeschlossene Verträge über Ausländergut zur Lieferung ins Ausland kein Inverkehrbringen dar (RG 15. 10. 1892 RGZ 30, 52). Solche Abschlüsse müssen frei sein, weil die örtliche Beziehung der geschützten Sache (oder des geschützten Verfahrens) zum Inland fehlt; eine entgegengesetzte Beurteilung würde ins uferlose führen. Auch die Lieferung nichtgeschützter Waren ins Ausland mit der Verpflichtung, sie dort nach einem inländischen Verfahrenspatent zu bearbeiten, stellt nach RG 28. 12. 1910 RGZ 75, 128 kein patentverletzendes Inverkehrbringen dar.

Wegen Durchfuhr vgl. Anm. 73

2. Feilhalten

72 Schramm, Feilhalten und Inverkehrbringen eines Verfahrens, insbesondere ins Ausland, MuW 1933, 58; Moser v. Filseck, Patentverletzendes Feilhalten und erlaubter Vertragsschluß bei Auslandsgeschäften, GRUR 1961, 178; ders., Verletzung deutscher Patente durch Handlungen, die im Verkehr mit dem Ausland vorgenommen werden, GRUR 1961, 613 ff. Zum Begriff »Feilhalten« s. oben Anm. 41.

Feilhalten eines Verfahrens im Inland wird von der herrschenden Meinung dann angenommen, wenn Rezepte für ein geschütztes Verfahren vom Inland aus zur Benutzung im Ausland angeboten und verkauft werden. So wird in RG 7. 3. 1900 RGZ 46, 14, 16 ein Eingriff in den Bereich eines im Inland geschützten Verfahrens darin gesehen, daß im Inland oder vom Inland aus ein Rezept für das Verfahren an Ausländer, um es gewerblich zu verwerten, zum Gebrauch im Ausland gegen Entgelt mitgeteilt wird. Im Anschluß hieran hat sich das Schrifttum überwiegend auf den Standpunkt gestellt, daß die Übersendung eines Rezepts vom Inland ins Ausland als Inverkehrbringen des Verfahrens im Inland zu gelten habe (Kisch, Handbuch, S. 179). Nach der abweichenden Auffassung des RG vom 19. 10. 1935 (RGZ 149, 102, 105) erfüllt die Versendung eines Werbeschreibens, das das Verfahren eines inländischen Patents beschreibt, aus dem Inland in das Ausland weder den Tatbestand des Feilhaltens noch des Inverkehrbringens. Da die patentrechtliche Wirkung des Werbeschreibens sich beim Feilhalten erst bei der Mitteilung des Schreibens äußere, also lediglich im Ausland erfolge, fehle es an der erforderlichen räumlichen Beziehung zum Inland; die bloße Versendung vom Inland aus genüge nicht (a. A. Nastelski in Reimer § 6 Anm. 78; Hesse in Klauer-Möhring § 6 Anm. 111; Schramm, MuW 1933, 58 ff.). Der Auffassung des RG wird jedoch aus den Gründen der Entscheidung beizutreten sein (ebenso Pietzcker § 6 Anm. 11; Moser v. Filseck, GRUR 1961, 613, 618).

Wird eine im Inland nicht patentverletzend hergestellte Maschine mit dem Erbieten feilgehalten, sie im Ausland in eine dem Patent entsprechende Form umzubauen, so liegt darin grundsätzlich eine Patentverletzung (BGH 29. 3. 1960 GRUR 1960, 423 – Kreuzbodenventilsäcke – mit Anm. Heine; dazu auch Moser v. Filseck i. Festschr. Werner vom Stein, 1961, S. 86 ff.).

Feilhalten im Inland liegt auch vor, wenn bloß ein Lager von verkleinerten, nicht verwendungsfähigen Mustern gehalten wird, die ihrerseits Erzeugnisse des patentierten Verfahrens sind (RG 25. 10. 1911 RGZ 77, 248; BGH 28. 5. 1968 GRUR 1969, 35, 36 – Europareise).

Die erforderliche örtliche Beziehung zum Inland ist ferner vorhanden, wenn die im Inland oder im Ausland lagernde geschützte Ware so im Inland mündlich oder schriftlich angeboten wird, daß dadurch eine genaue, für den Fachmann ausreichende Beschreibung der Ware gegeben wird, namentlich dann, wenn erläuternde Abbildungen, Schnittzeichnungen und dergleichen beigefügt werden (RG 13. 1. 1934 GRUR 1934, 184 ff.; zum Teil abgedruckt in RGZ 143, 173).

Handelt es sich um nicht vorrätige Inlandsware, so genügt für die örtliche Beziehung schon das Vorhandensein von Betriebsanlagen, die eine alsbaldige Herstellung des feilgehaltenen Gegenstandes ermöglichen (RG 16. 8. 1938 GRUR 1938, 971 ff.; BGH 29. 3. 1960 GRUR 1960, 423 ff. – Kreuzbodenventilsäcke).

3. Durchfuhr

73 Wird eine im Ausland hergestellte und für das Ausland bestimmte Ware lediglich über inländisches Gebiet **befördert**, ohne daß im Inland eine weitere ihren Verkehr betreffende gewerbliche Handlung vorgenommen wird, so kommt nach der herrschenden Meinung ein Inverkehrbringen im Inland nicht in Betracht, somit auch kein Eingriff in inländischen Patentschutz. Wenn jedoch ein Inländer als Selbstkäufer oder Einkaufskommissionär Auslandsware im Ausland bestellt, um sie nach Übersendung in Originalpackung und unverzollt ins Ausland weiterzubefördern, so wird nach Auffassung des RG die Ware im Inland in Verkehr gebracht, da sie zum Gegenstand eines inländischen Handelsgewerbes wird und durch ihre Verwendung einer weiteren inländischen Verkehrsmaßnahme unterliegt (RG 2. 12. 1899 RGZ 45, 147). In RGSt. 17. 9. 1915 (Bl. 1915, 230) wird ein Inverkehrbringen im Inland darin gesehen, daß Ware, die nach einem im Inland geschützten Verfahren in der Schweiz hergestellt und von dort an einen in einer deutschen Grenzstation ansässigen Spediteur gesandt war, der auftragsgemäß die Weiterbeförderung nach Rußland besorgte, in den inländischen Verkehr gelangt sei, weil der Spediteur nach § 435 HGB die Auslieferung der Ware habe fordern können und damit die Verfügungsgewalt über sie erlangt habe. Anders, wenn die Ware als reines Transitgut auf durchgehendem Frachtbrief weiter ins Ausland befördert wird (Pietzcker § 4 Anm. 3).

Den gegen RG 5. 12. 1890 RGSt. 21, 230 von Pietzcker (§ 4 Anm. 4, 22) und in der 4. Aufl. ds. Komm. (§ 6 Anm. 57) erhobenen Bedenken ist beizutreten. Ebenso BGH 15. 1. 1957 (BGHZ 23, 100, 104 = GRUR 1957, 231 – Taeschner-Pertussin – mit weiteren Nachweisen; 24. 7. 1957 GRUR 1958, 189, 197 – Zeiss), wonach die Begründung der Verfügungsgewalt eines Spediteurs oder Frachtführers für sich allein noch kein verletzendes Inverkehrbringen darstellt und ein berechtigtes Interesse inländischer Schutzrechtsinhaber, eine derartige Durchfuhr allein aufgrund ihrer deutschen Schutzrechte zu verbieten, nicht anerkannt werden kann. Anders wäre nur dann zu entscheiden, wenn die für das Ausland bestimmte Ware im Inland Gegenstand eines Umsatz- oder Veräußerungsgeschäftes geworden ist.

III. Zeitlicher Geltungsbereich des Patents

74 Eine vorläufige Schutzwirkung beginnt **mit der Bekanntmachung des Schutzes** (§ 30), die endgültige mit der rechtskräftigen Patenterteilung. Ein eingeschränkter vorläufiger Schutz ist nunmehr durch § 24 Abs. 5 n. F. mit der Folge eingeführt, daß vorsätzliche oder fahrlässige Benutzung der Er-

findung nur einen Anspruch auf eine nach den Umständen angemessene Entschädigung, nicht auf Unterlassung oder volle Entschädigung begründet. Ihr Ende findet die Schutzwirkung mit der rechtskräftigen Ablehnung der Patenterteilung, dem zeitlichen Ablauf des erteilten Patents (§ 10), Verzicht auf das Patent oder nicht rechtzeitiger Gebührenzahlung (§ 12), rechtskräftiger Zurücknahme des Patents (§ 15 Abs. 2), rechtskräftiger Entscheidung, daß das Patent nicht mehr geltend gemacht werden kann (§ 13), gegebenenfalls auch bei teilweiser Vernichtung oder Beschränkung gemäß § 36 a. Wegen Beendigung eines Zusatzpatents § 10 Anm. 13, 14.

Dem **Zeitpunkt der Anmeldung** kommt nur Bedeutung für den **Altersrang** des Patents und für die Berechnung der Laufzeit zu (RG 2. 10. 1944 GRUR 1951, 278; BGH 16. 2. 1951 BGHZ 1, 194 = GRUR 1951, 314 – Motorblock).

IV. Sachliche Beschränkung des Patentrechts

Die Benutzungsbefugnis kann sachlich beschränkt sein durch ein Vorbe- 75
nutzungsrecht (§ 7 Abs. 1); ferner gegenüber vorübergehend ins Inland gelangenden Fahrzeugen (§ 7 Abs. 4), gegenüber demjenigen, dem der Patentinhaber die Erfindung widerrechtlich entnommen hat (§ 4 Anm. 22 ff.), sowie durch Abhängigkeit von einem älteren Patent (§ 6 Anm. 65 ff.).

V. Ansprüche wegen unberechtigter Warnung vor Patentverletzung: § 47 Anm. 2 ff.

VI. Ansprüche wegen Patentverrufs: § 47 Anm. 11

VII. Ansprüche wegen unberechtigter Patentberühmung: § 55

VIII. Einwand des Erschleichens der Patenterteilung und der Patentruhe: § 47 Anm. 51, 52

IX. Einwand der Verwirkung: § 47 Anm. 50

C. § 6 Satz 2. Unmittelbare Verfahrenserzeugnisse

Trüstedt, Gibt es Verfahrenserzeugnisse eines Reparaturverfahrens? GRUR 1952, 63 ff.; Nähring-Zeunert, Das unmittelbare Verfahrenserzeugnis nach § 6 Satz 2 PatG, GRUR 1953, 60 ff.; Bruchhausen, Über den Schutz der »unmittelbaren Verfahrenserzeugnisse« gemäß § 6 Satz 2 PatG, in Festschrift Werner vom Stein, 1961, S. 31 ff.; Schweikhardt, Die Beweislast bei Verletzung von Schutzrechten auf Verfahren und Vorrichtungen, deren Verwendung am fertigen Erzeugnis nicht zu erkennen ist, GRUR 1962, 116 ff.; V. Tetzner, Die Energie als »Erzeugnis« im Sinne von § 6 Satz 2 PatG, Mitt. 1967, 5 ff.; Hahn, Der Schutz von Erzeugnissen patentierter Verfahren, 1968.

I. Allgemeine Voraussetzungen des Schutzes

76 Das Patent auf ein Verfahren, sei es ein chemisches oder mechanisches (RG 22. 3. 1919 Bl. 1919, 56), schützt nach § 6 Satz 2 auch die **durch das Verfahren unmittelbar hergestellten Erzeugnisse** ebenso, als ob diese selbst durch ein Sachpatent geschützt wären. Die Erzeugnisse dürfen daher ohne Genehmigung des Berechtigten nicht in den Verkehr gebracht, feilgehalten oder gebraucht werden. Mit dieser Vorschrift wurde ein jedenfalls »bedingter« Stoffschutz für Nahrungs-, Genuß- und Arzneimittel sowie für chemische Stoffe bereits vor Aufhebung des Stoffschutzverbots (§ 1 Anm. 73) insoweit eingeführt, als diese Gegenstände durch das geschützte Verfahren »unmittelbar« hergestellt werden (BGH 13. 2. 1964 BGHZ 41, 231, 238 = GRUR 1964, 439, 441 – Arzneimittelgemisch). Ohne die Vorschrift könnten Erzeugnisse im Ausland hergestellt und im Inland feilgehalten werden. Gerade das Bestreben, die Verwertung von Erzeugnissen zu verhindern, die nach Herstellung im Ausland, wohin der Verfahrensschutz nicht reicht, in das Inland eingeführt werden, bildete den tragenden Grund für die erst in der Fassung der Novelle 1891 eingefügte Norm (Nähring-Zeunert, GRUR 1953, 60). Der Gesichtspunkt des Eigentumserwerbs kommt hier ebensowenig in Betracht wie bei Sachpatenten (Anm. 47).

76a a) Auf die unmittelbaren Erzeugnisse einer geschützten **Vorrichtung** bezieht sich die Vorschrift des § 6 Satz 2 **nicht** (RG 26. 10. 1901 Bl. 1902, 154; vgl. dazu Hahn, a. a. O. S. 27 ff.; Schweikhardt, GRUR 1962, 116, 117).

76b b) Daß das Verfahren noch in dem Erzeugnis **wahrgenommen** werden kann, bildet **kein Erfordernis.** Auch neu braucht das Erzeugnis eines Herstellungsverfahrens nicht zu sein (RG 20. 12. 1913 Bl. 1914, 136). Bei bekannten Erzeugnissen besteht aber nicht die Vermutung des § 47 Abs. 3.

76c c) Ein Verfahrenserzeugnis muß Gegenstand des Verkehrs sein können. Es muß also **Marktfähigkeit** aufweisen; belanglose Änderungen gegenüber dem Ausgangsstoff genügen nicht (Nähring-Zeunert, GRUR 1953, 60, 61). Unter diesem Gesichtspunkt wird bei Energiegewinnungsverfahren auch die hergestellte Energie als »Erzeugnis« im Sinne des § 6 Satz 2 anzusehen sein (V. Tetzner, Mitt. 1967, 5, 6). Elektrizität kann veräußert und damit Gegenstand des Verkehrs sein; ebenso Wärme, die in einem Werk nach einem geschützten Verfahren hergestellt und von dort abgegeben wird

(Hahn, a. a. O. S. 38). Die von Nähring-Zeunert a. a. O. S. 62 geäußerte, allerdings mit der wohl überwiegenden Ansicht des Schrifttums (vgl. Hahn, a. a. O. S. 36 Anm. 11) übereinstimmende Ansicht, daß das Verfahrenserzeugnis **körperlicher** Gegenstand des Handels und Verkehrs sein müsse, steht offensichtlich im Widerspruch zu ihrer Forderung, daß entscheidendes Merkmal eines Erzeugnisses dessen Marktfähigkeit sei. Richtig ist jedoch, daß Energie, Licht, Schall usw. nicht durch ein Sachpatent geschützt werden können (§ 1 Anm. 58).

d) Gegenüber dem Verletzungsbeklagten muß der Patentinhaber nach- **76d**
weisen, daß das fremde Erzeugnis **mittels des ihm geschützten Verfahrens** gewonnen ist. Anders dann, wenn es sich um ein Verfahren zur Herstellung eines **neuen** Stoffes handelt; hier wird bis zum Beweis des Gegenteils angenommen, daß der Stoff nach dem patentierten Verfahren hergestellt worden ist (§ 47 Abs. 3 und Anm. 60 dazu).

II. »Unmittelbar« hergestellte Verfahrenserzeugnisse

1. Begriffsbestimmung

Nur das **unmittelbar** durch das Verfahren hergestellte Erzeugnis soll **77**
geschützt sein. Die Einfügung des Wortes »unmittelbar« fand sich noch nicht im Entwurf des Gesetzes vom 7. 4. 1891; es wurde erst durch die Reichstagskommission eingefügt »in der ausgesprochenen Absicht, damit einer zu weiten Ausdehnung des Gesetzesschutzes vorzubeugen«. Man wollte verhüten, auch noch solche Gegenstände in den Schutz des Patents fallen zu lassen, die mit patentierten oder nach patentierten Verfahren hergestellten Stoffen zusammen verarbeitet werden (RG 15. 10. 1912 RGSt. 46, 262, 263; 1. 7. 1936 RGZ 152, 113, 114 = GRUR 1936, 880).

Zweifelsfrei liegt ein unmittelbar hergestelltes Erzeugnis vor, wenn es im Wege der Bearbeitung ungeschützter Rohstoffe unmittelbar durch das Verfahren die Beschaffenheit erlangt, in der es in den Verkehr gebracht wird. Damit ist der Sinn der Vorschrift jedoch nicht erschöpft.

Schon in der Entscheidung RG 15. 10. 1912 a. a. O. heißt es, daß Verfahren möglich seien, die zwar zunächst nur darauf abzielten, Änderungen und Verbesserungen an einer Sache zu bewerkstelligen, deren Ergebnis aber wirtschaftlich betrachtet gleichwohl auf ein Neuschaffen hinauslaufe. Die durch das Verfahren erzielten Verbesserungen könnten so durchgreifender Art sein, daß sie das Wesen der Sache veränderten und daß diese infolgedessen vom Verkehr nunmehr als etwas Neues angesehen würden. **Das Bearbeiten** oder **Verarbeiten eines** bereits vorhandenen **Gegenstandes** kann demnach dem Herstellen eines neuen Erzeugnisses unter den genannten Voraussetzungen gleichgestellt werden, so daß ein Herstellungsverfahren im eigentlichen Sinne nicht erforderlich ist, um von einem unmittelbaren Erzeugnis im Sinne des § 6 Satz 2 sprechen zu können.

Für eine weitere Auslegung des Begriffs »Herstellung« hat sich neuerdings Hahn, a. a. O. S. 50 ff., ausgesprochen. Er will unter »Herstellung« jede Einwirkung auf ein Substrat fallen lassen, die dessen wirtschaftliche Wertschätzung in den Augen des Verkehrs vorteilhaft beeinflußt. Eine solche Auslegung dürfte in Anbetracht des Wortlauts des Gesetzes recht weitgehend sein. Das gleiche trifft für die vorgeschlagene Auslegung des Begriffs »unmittelbar« (S. 89 ff.) zu. Eine Grenzziehung ist allerdings nicht einfach und hat in Rechtsprechung und Schrifttum auch heute noch nicht zu einer völligen Übereinstimmung geführt.

Im einzelnen wird folgendes zu gelten haben: Werden Änderungen oder Bearbeitungen des Erzeugnisses vorgenommen, die verkehrsüblich mit jedermann zugänglichen Mitteln ausgeführt werden und nur dazu dienen, ihm die für den Gebrauchszweck erforderliche äußere Form zu geben, so erstreckt sich der Schutz auch auf diese neuen Formen des Erzeugnisses. So bleibt ein nach einem geschützten Verfahren hergestelltes Gewebe unmittelbares Erzeugnis des Verfahrens, auch wenn es später mit einem verkehrsfreien Farbstoff gefärbt wird. Gleiches hat auch dann zu gelten, wenn das Erzeugnis später durch eine beim Verfahren bereits vorausgesetzte Umarbeitung die Gestalt erhält, in der es üblicherweise in den Verkehr gebracht wird und in der es erst die Vorteile des Verfahrens offenbart. Beispiele: Geschützt ist ein Verfahren zur Herstellung eines besonders lockeren Brotteigs, der die Schmackhaftigkeit des damit hergestellten Brotes erhöhen soll. Da der Teig als solcher nicht in den Verkehr gebracht wird, so wird das Brot als unmittelbares Erzeugnis des Verfahrens anzusehen sein. Anders, wenn das Verfahren lediglich die Beschleunigung der Teigherstellung betrifft; dann kommt als unmittelbares Erzeugnis nur der Teig selbst, nicht aber das Brot in Betracht, da in diesem die Besonderheiten des Verfahrens nicht mehr zutage treten; vgl. RG 31. 3. 1897 RGZ 39, 32, 34. In den Einzelheiten gehen die Meinungen des Schrifttums auseinander.

2. Einzelfälle

77a a) **Werden ungeschützte Stoffe verarbeitet mit solchen, die nach einem geschützten Verfahren hergestellt worden sind,** so ist das nunmehr gewonnene Ergebnis nicht mehr als unmittelbares Ergebnis des Verfahrens anzusehen; also kein unmittelbares Erzeugnis des Verfahrens, wenn ein Farbstoff durch **Mischung** ungeschützter Stoffe und eines nach einem geschützten Verfahren hergestellten Stoffes gewonnen wird; vgl. die unten zu c) zitierte Entscheidung RG 24. 5. 1909 RGSt. 42, 357. Anders jedoch, wenn ein Stoff, der bereits einem anderen nichtgeschützten Verfahren unterworfen war, nach dem geschützten Verfahren weiterbearbeitet wird und dadurch erst die Beschaffenheit erhält, in der er üblicherweise in den Verkehr gebracht wird. Hier ist das schließliche Erzeugnis als unmittelbares Erzeugnis des geschützten Verfahrens anzusehen, z. B. Färben eines Stoffes, Schleifen einer

Kristallschale. Aus RG 15. 10. 1912 RGSt. 46, 262 dürfte keine abweichende Auffassung zu entnehmen sein. Wenn dort als entscheidend angesehen wird, daß das Imprägnieren eines Treibriemens keine neue körperliche Sache hervorbringe, so ist dies eine tatsächliche Würdigung im Einzelfall. Jedenfalls findet sich in dieser Entscheidung das oben wiedergegebene Zitat, in dem die Bearbeitung als ein mögliches Neuschaffen gerade herausgestellt wird.

b) Es werden gleichzeitig **mehrere Herstellungsverfahren,** darunter das 77b geschützte, **nebeneinander angewendet,** um das einheitliche Erzeugnis zu gewinnen. In diesem Falle wird das Fabrikat als unmittelbares Erzeugnis des geschützten Verfahrens anzusehen sein, wenn dieses an seiner Herstellung **wesentlich** beteiligt war (RG 1. 7. 1936 RGZ 152, 113, 114).

c) Es entsteht **durch das geschützte Verfahren zunächst ein Rohstoff oder** 77c **ein Halbfabrikat.** Zur Herstellung des Fertigfabrikates muß sich ein **weiteres Verfahren** anschließen. Hier kann man, ohne der gesetzlichen Vorschrift Gewalt anzutun, nicht mehr von einem unmittelbaren Erzeugnis reden. Der Gesichtspunkt des § 950 BGB, der sich mit der Regelung der Eigentumsfrage befaßt, spielt hier keine Rolle. Die gegenteilige Auffassung, die sich meist auf die Verkehrsanschauung beruft, ist offenbar von dem Bestreben geleitet, den Schutz des Patentinhabers wirksamer zu gestalten; aber auch die Verkehrsanschauung liefert keine eindeutige Lösung (vgl. Bruchhausen, a. a. O. S. 34). Regelmäßig wird daher in diesem Falle das Vorliegen eines unmittelbaren Erzeugnisses des geschützten Verfahrens zu verneinen sein (vgl. RG 1. 7. 1936 a. a. O.).

Die frühere reichsgerichtliche Rechtsprechung ist nicht einheitlich; z. B. RG 24. 5. 1909 RGSt. 42, 357, 358: Mischung eines Rohstoffes, der nach einem patentierten Verfahren hergestellt ist, mit einem anderen Stoff; das Erzeugnis daraus ist kein unmittelbares Erzeugnis des geschützten Verfahrens, wenn der nach diesem Verfahren hergestellte Stoff durch die Verbindung mit dem anderen Stoff zum unselbständigen Bestandteil einer zusammengesetzten Sache geworden ist. Auch dann verliert ein Erzeugnis nach dieser Entscheidung seinen Schutz, wenn es nur Rohstoff oder Halbfabrikat ist, aus dem die fertige Sache hergestellt wird, oder wenn es durch die Be- oder Verarbeitung diejenigen Eigenschaften ganz oder wesentlich wieder verloren hat, in deren Herstellung das Wesen des patentierten Verfahrens besteht, ebenso RG 23. 1. 1934 GRUR 1934, 192, 193 – Saneuron. Anders wohl RG 13. 5. 1916 (Bl. 1916, 135: Das geschützte Verfahren betrifft Herstellung eines Bindemittels für Farben und andere Stoffe, also ein Halbfabrikat; die streichfertige Farbe, die durch Anreiben mit dem Farbkörper hergestellt wird, soll unmittelbares Erzeugnis des geschützten Verfahrens sein); ebenso KG 11. 3. 1922 MuW 1923/24, 58 (Herstellung von Glühlampen unter Verwendung eines nach geschützten Verfahren hergestellten Metallfadens), vgl. auch RG 1. 7. 1936 RGZ 152, 113, 114 (die durch eine sachgemäße Entgasung gebrauchsfertig gemachte Vakuumröhre ist durch das patentierte Verfahren zur Entgasung von Metallteilen und Vakuumröhren unmittelbar hergestelltes Erzeugnis).

77d d) Die Erwägungen zu c) greifen auch Platz beim **Einbauen des unmittelbaren Erzeugnisses eines Verfahrens in ein Grundstück** (s. oben Anm. 47); ebenso z. B. Verwendung von Nägeln bei Herstellung von Kisten, wenn die Nägel mittels eines geschützten Verfahrens hergestellt worden waren. In diesen Fällen sind die hergestellten Erzeugnisse **unselbständige und untrennbare Bestandteile eines neuen Ganzen** geworden, z. B. eines Hauses oder einer Kiste (Nähring-Zeunert, GRUR 1953, 60, 64; RG 31. 3. 1897 RGZ 39, 32 – Eisenbalkendecke; 23. 9. 1899 RGZ 44, 74 – Wölbestein; 23. 1. 1934 GRUR 1934, 192, 193; KG 23. 11. 1935 GRUR 1936, 743 – Dachdecke) und daher vom Patentschutz ausgeschlossen. Die Frage, ob ein Stallfußboden als Teil einer unbeweglichen Sache durch Sachpatent geschützt werden kann, bleibt in BPatG 2. 4. 1963 E 4, 159 unentschieden. Die Erzeugnisse verlieren jedoch ihre Selbständigkeit dann **nicht,** wenn sie jederzeit von dem Ganzen wieder gelöst und anderweitig verwendet werden können (RG 23. 9. 1899 a. a. O. und KG 23. 11. 1935 a. a. O.). Vgl. dazu auch RG 9. 4. 1941 GRUR 1941, 275 – Betonpfahl.

In KG 23. 11. 1935 a. a. O. wird zutreffend ausgesprochen, daß die jeweiligen Eigentumsverhältnisse an dem Gegenstand patentrechtlich grundsätzlich ohne Bedeutung sind; ebenso RG 11. 3. 1922 MuW 1923/24, 58.

Der Verarbeiter des unmittelbaren Erzeugnisses oder der Einbauende selbst machen sich selbstverständlich immer patentrechtlich haftbar, falls das unmittelbare Erzeugnis nicht patentfrei geworden war (Anm. 47).

77e e) Da Bearbeitungsverfahren dem eigentlichen Herstellungsverfahren dann gleichzustellen sind, wenn das Fabrikat selbst wesentlich umgestaltet oder verändert wird (Anm. 48), so muß im Grundsatz auch das Ergebnis eines **Reparaturverfahrens** dem Schutz des § 6 Satz 2 unterliegen.

Im Falle von Ausbesserungen und Wiederherstellungen wird als entscheidend zu betrachten sein, ob lediglich einem unbrauchbar gewordenen Gegenstand durch ein geschütztes Verfahren diese Eigenschaft **wieder zurückverliehen oder** ob ein **in seiner Wesenhaftigkeit** als solcher **nicht mehr vorhandener Gegenstand geschaffen oder wieder geschaffen wird.** Der BGH 16. 2. 1951 (BGHZ 1, 194 = GRUR 1951, 314 – Motorblock) stellt – wohl noch etwas zu eng – darauf ab, ob der betreffende Gegenstand auch in abgenutztem Zustand seiner Gestaltung nach seine Zweckbestimmungen und Funktionen beibehalten hat, und verneint in solchem Falle seine Eigenschaft als unmittelbares Ergebnis des Wiederherstellungsverfahrens (s. dazu Trüstedt, GRUR 1952, 63; Beil, Chem. Ing. Tech., 1951, 599; Hahn, a. a. O. S. 66 ff.).

f) Ist ein **Erzeugnis neu und erfinderisch,** so kann es neben dem Herstellungsverfahren geschützt werden (PA 28. 1. 1905 Bl. 1905, 98; Pietzcker § 1 Anm. 50). Der Schutz kann in einem Haupt- und Nebenanspruch erfolgen oder auch in zwei getrennten Patenten. 77f

Erzeugnisse im Sinne des § 6 Satz 2 sind **nicht Erzeugnisproben,** die dem Erwerber zum Nachweis des Funktionierens einer Verfahrensvorrichtung überliefert werden (RG 19. 10. 1935 RGZ 149, 102). Die Entscheidung ist bedenklich. Kritisch auch Benkard (§ 6 Anm. 45).

Geschützt sind auch **alle Verwendungsmöglichkeiten** des gewerblich verwertbaren unmittelbaren Erzeugnisses (RG 23. 5. 1914 RGZ 85, 95; 19. 10. 1935 RGZ 149, 102, 108; Dersin, GRUR 1951, 106, 108).

D. Patentschutz im Verhältnis zum Wettbewerbs- und Ausstattungsschutz

I. Gegenstand des Wettbewerbs- und Ausstattungsrechts gegenüber Normen des Patentrechts

Allgemein anerkannt ist, daß das Patentrecht zum umfassenden Gebiet 78 des Wettbewerbsrechts gehört. Es geht dessen Normen jedoch als Spezialgesetz vor, soweit sie zu den Normen des Patentrechts im Widerspruch stehen oder als sinngemäß durch sie ausgeschlossen zu betrachten sind (RG 30. 10. 1926 RGZ 115, 180; 31. 1. 1928 RGZ 120, 94). Entsprechendes muß für einschlägige Normen des allgemeinen Rechts, insbesondere §§ 823, 826 BGB gelten. Alle diese Normen kommen nur ergänzend in Betracht und stets nur dann, wenn sittenwidrige Ausnutzungshandlungen verhindert werden sollen, z. B. wenn eine Partei unter Ausnutzung eines Verstoßes gegen die Geheimhaltung eine Erfindung vor Eintritt des einstweiligen Schutzes in Benutzung genommen hat, obwohl sie mit der Anmeldungsabsicht des Erfinders rechnen mußte (RG 2. 10. 1944 GRUR 1951, 278, 281).

Das Wettbewerbsrecht hat nicht den Schutz des Arbeitsergebnisses als solchen zum Gegenstand, sondern nur **die Art und Weise,** wie eine fremde Arbeitsleistung vom Mitbewerber ausgenutzt wird (BGH 4. 11. 1966 GRUR 1967, 315, 317 – skai-cubana; 3. 5. 1968 BGHZ 50, 128 = GRUR 1968, 591, 592 – Pulverbehälter). In diesem Sinne sieht z. B. BGH 16. 3. 1956 GRUR 1956, 265 – Rheinmetall-Borsig I – die Benutzung eines erloschenen Patents als wettbewerbswidrig an, wenn der Benutzer weiß oder doch mit der Möglichkeit rechnet, daß dem Patentsucher ein Wiedereinsetzungsgrund zur Verfügung steht und dieser die Wiedereinsetzung betreibt oder doch zu betreiben beabsichtigt. Insbesondere ist es auch nicht Aufgabe des Wettbewerbsrechts, den auf eine bestimmte Zeit gesetzlich beschränkten Schutzanspruch aus einem Patent entgegen dem Willen des

Gesetzgebers etwa zu erweitern. Nur soweit es sich um Werte handelt, die über den technischen Gehalt der Leistung **hinausgehen,** kann das Wettbewerbsrecht einen Schutz gewähren (RG 18. 12. 1940 GRUR 1941, 116, 119). Hierfür kommen vor allem der Anspruch des Schöpfers in Betracht, in seiner gewerblichen Betätigung nicht durch die unlautere Weise beeinträchtigt zu werden, in der sein Erzeugnis nachgeahmt und in den Verkehr gebracht wird (nachfolgend zu a), sowie die Rechte, die sich auf eine nach Ablauf der Schutzfrist fortbestehende oder nach diesem Zeitpunkt erworbene Geltung im Verkehr stützen (Ausstattungsschutz § 25 WZG; nachfolgend zu b; RG 18. 12. 1940 a. a. O.).

a) Wettbewerbsschutz und sklavischer Nachbau technischer Erzeugnisse

79 Es entspricht der ständigen Rechtsprechung, daß ein **sog. sklavischer Nachbau technischer Erzeugnisse,** für die weder Patent- noch Gebrauchsmusterschutz besteht, selbst dann nicht gegen §§ 1 UWG, 826 BGB verstößt, wenn die Erzeugnisse maßstäblich genau nachgebaut worden sind.

Diese Rechtsprechung beruht auf der Erwägung, daß Leistungen der Gegenwart stets auf dem Erbe der Vergangenheit aufbauen und niemand verpflichtet ist, den bereits erreichten Entwicklungsstand und eine günstige Marktnachfrage ungenützt zu lassen (BGH 4. 11. 1966 GRUR 1967, 315, 317 – skai-cubana; st. Rspr.). Dem Nachbauenden müssen nicht nur die technisch unbedingt notwendigen Merkmale (BGH 30. 10. 1953 BGHZ 11, 129 = GRUR 1954, 121 – Zählkassetten) sowie die technisch zweckmäßigen Merkmale (BGH 8. 5. 1959 GRUR 1959, 423 – Fußballstiefel) freistehen, sondern es besteht ein Freihaltebedürfnis darüber hinaus auch für solche Merkmale (BGH 3. 5. 1968 BGHZ 50, 125, 128 = GRUR 1968, 591, 592 – Pulverbehälter), die unter mehreren Lösungen als **angemessene** Verwirklichung einer technischen Aufgabe erscheinen.

Unzulässig ist der sklavische Nachbau nur dann, wenn **besondere Umstände** hinzutreten, die geeignet sind, ihn als unlauter oder sittenwidrig erscheinen zu lassen (BGH 12. 3. 1954 GRUR 1954, 337, 339 – Radschutz; 13. 7. 1956 BGHZ 21, 266, 269 = GRUR 1957, 37 – Uhrwerke; st. Rspr.). Wann dies der Fall ist, ist unter Würdigung des Gesamtsachverhalts zu entscheiden.

Ein besonders häufig auftretendes Beispiel für das Hinzutreten solcher besonderen Umstände stellte der Fall dar, daß der Nachbau ein **eigenartiges, überdurchschnittliches** Erzeugnis betrifft, das Herkunfts- und Gütevorstellungen auslöst, und sich der Nachahmende um die Gefahr von Verwechslungen mit dem Vorbild **nicht kümmert** oder die ihm **zumutbaren** Maßnahmen zur Vermeidung der Verwechslungsgefahr nicht trifft (BGH 13. 7. 1956 a. a. O.; 6. 11. 1963 BGHZ 41, 55, 58 = GRUR 1964, 621 – Klemmbaustein – mit weiteren Nachweisen; 24. 6. 1966 GRUR 1966, 617, 619 – Saxophon).

Ein eigenartiges und überdurchschnittliches Erzeugnis im Sinn des § 1 hat die Rechtsprechung angenommen, wenn es in psychologischer, ästhetischer oder technischer Beziehung Merkmale aufweist, die es von den auf demselben Gebiet verschiedenen Konkurrenzerzeugnissen deutlich abheben und dadurch als Hinweis auf eine bestimmte Ursprungsstätte und auf die Güte des Erzeugnisses wirken können (BGH 13. 7. 1956 a. a. O.; 27. 10. 1959 GRUR 1960, 232, 234 – Feuerzeug-Ausstattung). Das Erfordernis der Eigenart und Überdurchschnittlichkeit setzt **nicht** voraus, daß es sich um ein Erzeugnis **besonderer** Eigenart und **überragender** technischer Qualität handeln muß. Es soll vielmehr nur klarstellen, daß diejenigen Erzeugnisse dem Wettbewerbsschutz **nicht** zugänglich sind, denen jede **wettbewerbliche** Eigenart deshalb fehlt, weil der Verkehr keinen Wert auf die Herkunft aus einem bestimmten Betrieb legt. Das nachgeahmte Erzeugnis muß mithin nur seiner Art nach **geeignet** sein, sich als **Herkunftshinweis** durchzusetzen (BGH 30. 1. 1963 GRUR 1963, 328, 330 – Fahrradschutzbleche; 3. 5. 1968 BGHZ 50, 125 – Pulverbehälter; 17. 12. 1969 GRUR 1970, 244 – Spritzgußengel). Denn erforderlich ist nur, daß aufgrund der Übereinstimmung der vom Publikum als Herkunftszeichen angesehenen Merkmale die Gefahr einer betrieblichen Herkunftsverwechslung begründet wird (vgl. auch BGH 30. 6. 1961 GRUR 1962, 243, 246 – Kindersaugflaschen).

Ob der Übernehmende alle geeigneten und ihm zumutbaren Vorkehrungen getroffen, sich also ausreichend um die Gefahr von Herkunftsverwechslungen »gekümmert« hat, um eine Verwechslungsgefahr zu verhüten oder zu verringern, bedarf stets einer sorgfältigen Prüfung. Ist ein Merkmal innerhalb einer Vorrichtung **technisch bedingt,** so wird es in der Regel nicht zumutbar sein, zur Vermeidung von Verwechslungen von dieser Form abzugehen. Gegebenenfalls kann ein Hinweis auf die Herkunftsstätte erforderlich werden (BGH 12. 3. 1954 GRUR 1954, 337, 340 – Radschutz).

Anders, wenn die Form der Einzelmerkmale **freier Ausgestaltung zugänglich** ist (BGH 13. 7. 1956 BGHZ 21, 266 = GRUR 1957, 37, 39, 40 – Uhrwerke) oder der Hersteller eine Täuschungsgefahr durch Ausweichen auf eine andere Lösungsform vermeiden könnte, ohne dabei ins Gewicht fallende und ihm deshalb nicht zuzumutende Nachteile in Kauf zu nehmen (BGH 26. 10. 1962 GRUR 1963, 152, 157 – Rotaprint; 9. 1. 1962 GRUR 1962, 299, 304 – form-strip). Bei **ästhetischen** Gestaltungen von wettbewerblicher Eigenart besteht im allgemeinen kein sachlich gerechtfertigter Grund zu einer identischen oder nahezu identischen Formgebung der Erzeugnisse (BGH 18. 12. 1968 GRUR 1969, 292 – Buntstreifensatin II). Welche Maßnahmen zur Vermeidung der Verwechslungsgefahr im einzelnen geeignet sind, ist weitgehend eine Frage der tatrichterlichen Beurteilung. Bei hochentwickelten Gegenständen hält BGH 3. 5. 1968 BGHZ 50, 125 = GRUR 1968, 591 – Pulverbehälter – mit Recht eine strengere Würdigung für gerechtfertigt, weil dann zu der Gefahr bloßer Herkunftsverwechslung die Gefahr einer Täuschung von Qualitätserwartungen des Publikums hinzutritt und andererseits auch die ältere Ware in Mißkredit gebracht werden kann.

Über weitere besondere Umstände, die den **Nachbau** als wettbewerbswidrig erscheinen lassen, insbesondere u. a. **Erschleichen** der Möglichkeit für eine Nachahmung (BGH 1. 7. 1960 GRUR 1961, 40, 41 – Wurftaubenpresse), **Vertrauensbruch** (BGH 16. 3. 1956 GRUR 1956, 284 – Rheinmetall-Borsig II; 10. 7. 1963 GRUR 1964, 31, 32 – Petromax II), **systematisches bzw. schmarotzerhaftes Nachahmen** (BGH 27. 11. 1959 GRUR 1960, 244 – Simili-Schmuck; 13. 10. 1965 BGHZ 44, 288 = GRUR 1966, 504, 506 – Apfel-Madonna; 30. 10. 1968 BGHZ 51, 41, 45 ff. – Reprint; 17. 12. 1969 GRUR 1970, 244 – Spritzgußengel), vgl. im einzelnen Baumbach-Hefermehl, Bd. I UWG § 1 Anm. 278 ff.

b) Ausstattungsschutz technischer Erzeugnisse

G. Wilde, Technische Gestaltungen im Ausstattungs- und Wettbewerbsrecht, in Festschrift für W. Hefermehl S. 223 ff.

80 Nicht nur das Wettbewerbsrecht kann in Fällen des Nachbaus dem Verletzten Schutz gewähren, soweit die in Betracht kommenden Werte über den technischen Gehalt der Leistung hinausgehen, sondern auch das sachliche Zeichen- oder **Ausstattungsrecht** (§ 25 WZG) billigt dem Schöpfer Ansprüche wegen Nachahmung von Merkmalen eines technischen Erzeugnisses zu, die für dessen Herkunft kennzeichnend sind. An den Begriff der Ausstattung knüpfen sich zahlreiche Streitfragen, die insbesondere daraus folgen, daß dieses Rechtsinstitut nicht durch eine genaue gesetzliche Begriffsbestimmung erläutert wird. Im Rahmen der Erläuterung des Patentgesetzes kann hier auf Einzelheiten nicht eingegangen werden. Die folgenden Erörterungen müssen sich auf die Frage beschränken, welche Bedeutung der **technischen Gestaltungsform** einer Ware im Hinblick auf den Ausstattungsschutz zukommt.

Das Gesetz gewährt einen warenzeichenähnlichen Schutz derjenigen **äußeren Aufmachung** einer Ware, die im Verkehr als Hinweis auf die Herkunft aus einem bestimmten Betrieb gewertet wird. Dieser Schutz kann stets nur an der äußeren Erscheinungsform haften und niemals etwa eine technische Lehre umfassen, die in der Herstellung der Ware gegenständlich geworden ist (BGH 30. 10. 1953 BGHZ 11, 129, 131 – Zählkassette). Bei technischen Elementen einer Ware ist nach der st. Rspr. des BGH, die allerdings nicht mit der früheren Rechtsprechung des RG übereinstimmt (vgl. dazu im einzelnen Baumbach-Hefermehl Bd. II WZG § 25 Anm. 17), zu unterscheiden zwischen den Elementen des äußeren Gesamtbildes einer Ware, die das **Wesen der Ware selbst** ausmachen und durch den mit ihr verfolgten Zweck **technisch bedingt sind** – was nach objektiven Gesichtspunkten zu beurteilen ist (BGH 14. 7. 1961 BGHZ 35, 341, 348 – Bundstreifensatin) –, und andererseits denjenigen Elementen, die **willkürlich** gewählt werden können, wofür es genügt, daß diese Elemente sowohl unter dem Gesichtspunkt des Gebrauchszwecks als auch der Herstellungskosten ohne ins Gewicht fallende Nachteile auch anders gestaltet werden können (BGH 11. 5. 1962 GRUR 1962, 459, 460 – Lichtkuppeln). Nur im letzteren Fall wird von der Rechtsprechung den Gestaltungselementen die Fähigkeit zum Ausstattungsschutz zuerkannt, mögen sie daneben auch den Gebrauchszweck der Waren unterstützen und fördern. Die sog. technischen funktionellen Elemente werden hingegen zur Ware selbst gerechnet und sind daher als solche dem Ausstattungsschutz nicht zugänglich (BGH 30. 10. 1953 a. a. O.; 5. 1. 1962 GRUR 1962, 409 ff. – Wandsteckdose; 6. 11. 1963 BGHZ 41, 55, 56 – Klemmbausteine; st. Rspr.). Durch diese Unterscheidung will die Rechtsprechung verhindern, daß auf dem Wege über die Anerkennung eines Ausstattungsschutzes etwa ein Alleinherstellungsrecht an wesensbestimmenden Merkmalen der Ware erworben werden kann, das sich als Sperre gegen die Herstellung und den Vertrieb gleicher oder gleichartiger Waren auswirken würde. Die Entscheidung BGH 9. 1. 1962 GRUR 1962, 299, 301 verweist zu Recht darauf, daß eine solche Wirkung mit dem begrenzten Zweck des Ausstattungsrechts, das nur ein **Warenkennzeichnungsmittel** schützen solle (BGHZ 35, 341, 345), unvereinbar wäre.

Soweit ein Schutz gewährbar ist, hängt er im übrigen davon ab, daß der Verkehr in dem äußeren Erscheinungsbild der Ware einen **Herkunftshinweis** erblickt, also aus den Gestaltungselementen den Rückschluß auf eine bestimmte Herstellungsstätte zieht (BGH 6. 11. 1963 GRUR 1964, 621, 623). Dabei ist nach BGH 5. 1. 1962 a. a. O. zu beachten, daß auch sachkundige Abnehmer nur zögernd Elemente der Ware selbst als Herkunfts- und Unterscheidungsmerkmale für Erzeugnisse eines bestimmten Betriebs werten. Wegen der zahlreichen Einzelfragen, die sich an die Herkunftsfunktion knüpfen, vgl. Baumbach-Hefermehl, Bd. II WZG § 25 Anm. 35 ff.

Ob für bestimmte Merkmale ein Patent- oder Gebrauchsmusterschutz besteht oder bestanden hat, ist an sich gleichgültig. Nach BGH 9. 1. 1962 GRUR 1962, 299, 301 – form-strip (unter Hinweis auf BGH GRUR 1957, 603, 604 l. Sp. – Taschenstreifen) – kann indessen das Vorhandensein eines solchen Schutzrechts ein Beweisanzeichen dafür sein, daß die Gestaltungsmerkmale, für die Ausstattungsschutz begehrt wird, tatsächlich technisch bedingt, also für das Wesen der Ware bestimmend sind.

II. Wettbewerblicher Schutz in der patentamtslosen Zeit

Obgleich es grundsätzlich nicht Aufgabe des Wettbewerbsrechts ist, das 81
Ergebnis einer geistigen Arbeit zu schützen, hat die zeitbedingte Rechtsprechung in der **patentamtslosen** Zeit unter bestimmten Voraussetzungen einer technischen Erfindung einen wettbewerblichen Schutz zugebilligt. Nach

OLG Hamburg 3. 11. 1949 (GRUR 1950, 82) handelte im Sinne der §§ 1 UWG, 826 BGB unlauter, wer eine fremde **schutzfähige** Erfindung, die ohne Verschulden des Erfinders **schutzlos** geblieben war, ohne Verfügungsberechtigung auswertete, sofern er die objektiven Tatbestandsmerkmale kannte oder infolge leichtfertigen, gewissenlosen Verhaltens nicht kannte. Ebenso die Entscheidung BGH 13. 11. 1951 BGHZ 3, 366 – Gummisohle, die herausstellte, daß der Nachahmer seine Einrichtungen und Erzeugnisse von der Leistung des anderen abgeleitet haben müsse und die Benutzung nicht dem Stand der Technik entsprechen dürfe (vgl. dazu u. a. Lindenmaier, GRUR 1949, 309; Bock, DRiZ 55, 130; KG GRUR 1948, 207; OHG BrZ 3, 63, 69).

§ 7

(1) Die Wirkung des Patents tritt gegen den nicht ein, der zur Zeit der Anmeldung bereits im Inland die Erfindung in Benutzung genommen oder die dazu erforderlichen Veranstaltungen getroffen hatte. Dieser ist befugt, die Erfindung für die Bedürfnisse seines eigenen Betriebs in eigenen oder fremden Werkstätten auszunutzen. Die Befugnis kann nur zusammen mit dem Betrieb vererbt oder veräußert werden. Hat der Anmelder oder sein Rechtsvorgänger die Erfindung vor der Anmeldung anderen mitgeteilt und sich dabei seine Rechte für den Fall der Patenterteilung vorbehalten, so kann sich der, welcher die Erfindung infolge der Mitteilung erfahren hat, nicht auf Maßnahmen nach Satz 1 berufen, die er innerhalb von sechs Monaten nach der Mitteilung getroffen hat.

(2) (weggefallen)

(3) Steht dem Patentinhaber nach einem Staatsvertrag ein Prioritätsanspruch (§ 27) oder nach dem Gesetz betreffend den Schutz von Erfindungen, Mustern und Warenzeichen auf Ausstellungen vom 18. März 1904 (Reichsgesetzbl. S. 141) ein zeitweiliger Schutz zu, so ist an Stelle der in Absatz 1 bezeichneten Anmeldung die vorangegangene ausländische Anmeldung oder der Beginn der Schaustellung der Erfindung maßgebend. Dies gilt jedoch nicht für Angehörige eines ausländischen Staates, der hierin keine Gegenseitigkeit gewährt.

(4) Auf Einrichtungen an Fahrzeugen, die nur vorübergehend ins Inland gelangen, erstreckt sich die Wirkung des Patents nicht.

ÜBERSICHT

A. Vorbenutzungsrecht (§ 7 Abs. 1)

I. Zweck und Bedeutung der Vorschrift

1 Das Vorbenutzungsrecht, d. h. das Recht, das sich aus der Vorbenutzung ergibt, ist aus Billigkeitserwägungen geschaffen worden, um zu verhindern, daß Zeit, Kraft und Kapital auf bestehende Anlagen, die entweder die Erfindung bereits verwerten oder bei denen der ernstliche Wille, sie zu verwerten, durch »Veranstaltungen zur Benutzung« betätigt worden ist, nicht umsonst aufgewandt sind. Ein solcher Besitzstand darf durch die Patentanmeldung eines anderen nicht entwertet werden (BGH 21. 5. 1963 BGHZ 39, 389, 397 = GRUR 1964, 20, 23 – Taxilan; 28. 5. 1968 GRUR 1969, 35 – Europareise; ebenso schon RG 25. 2. 1911 RGZ 75, 317, 318; 15. 12. 1928 RGZ 123, 58, 61; st. Rspr.).

Das Vorbenutzungsrecht bedeutet nicht eine Belastung des Rechtes am Patent; es ist vielmehr dahin zu verstehen, daß ein Patentschutz von vornherein insoweit nicht entstehen kann, als der **rechtlich geschützte Besitzstand** eines Vorbenutzers reicht (RG 3. 2. 1912 RGZ 78, 363; 4. 1. 1937 RGZ 153, 321, 324 ff.; BGH 7. 1. 1965 GRUR 1965, 411, 413 – Lacktränkeinrichtung). Das Vorbenutzungsrecht bedeutet also die Anerkennung des auf Kenntnis und Erkenntnis des Erfindungsgedankens beruhenden Besitzstandes in den Grenzen seiner ausgeübten oder doch vorbereiteten Benutzung (RG 4. 1. 1937 a. a. O.).

Das Vorbenutzungsrecht hat zur Folge: **In negativer Richtung** eine sachliche Beschränkung des gegenüber Dritten bestehenden Alleinbenutzungsrechts des Patentberechtigten (§ 6 Anm. 45), **in positiver Richtung** für den Vorbenutzer ein Benutzungsrecht **beschränkten** Inhalts. Es ergibt sich folgender allgemeiner Grundsatz (RG 9. 12. 1941 GRUR 1942, 207, 208): Die

Benutzung eines fremden Patents ist an sich widerrechtlich. Wer sich auf ein Vorbenutzungsrecht berufen kann, beseitigt die Widerrechtlichkeit.

Gegenüber den einstweiligen gesetzlichen Wirkungen aus einer bekanntgemachten Anmeldung ist der Vorbenutzer ebenfalls gedeckt (§ 30 Abs. 1 Satz 2).

Obwohl sich § 7 nur auf die Wirkung eines Patents bezieht, kann sinngemäß ein Vorbenutzungsrecht **auch gegenüber dem Entschädigungsanspruch** aus § 24 Abs. 5 geltend gemacht werden (Krieger, GRUR 1968, 225, 226; ebenso Löscher, BB Beilage 7/1967 Fußn. 36).

Für Entstehung und Umfang des Vorbenutzungsrechts trifft denjenigen die **Beweislast,** der sich auf das Recht beruft (RG 4. 1. 1937 RGZ 153, 321, 325). An den Nachweis sind strenge Anforderungen zu stellen, wobei insbesondere zu beachten ist, daß die zu berücksichtigenden Vorgänge oftmals lange Zeit zurückliegen können. Bei einem Zeugenbeweis ist daher zu fordern, daß genügend bestimmte und spezifizierte Tatsachen angegeben werden, welche die Annahme einer Vorbenutzung rechtfertigen. Ganz allgemeine Angaben genügen nicht; das gilt vor allem auch für den Zeitpunkt der Vorbenutzung. Kann der Vorbenutzer zwar ein Vorbenutzungsrecht nicht dartun, wohl aber, daß er sich im **entschuldbaren Irrtum** über dessen Bestehen befunden habe, so entfällt gegen ihn ein Anspruch auf Entschädigung wegen schuldhafter Patentverletzung (RG 9. 12. 1941 a. a. O., vgl. auch RG 4. 1. 1937 GRUR 1937, 367, 368; im übrigen § 47 Anm. 26, 28).

II. Voraussetzungen des Vorbenutzungsrechts

a) Betätigung zur Ausübung des Erfindungsbesitzes

Voraussetzung für das Entstehen des Vorbenutzungsrechts ist nach den von der Rechtsprechung entwickelten Grundsätzen zunächst, daß der Vorbenutzer sich im **Zeitpunkt der Patentanmeldung** (Anm. 11) im sog. **Erfindungsbesitz** befunden hat (BGH 21. 6. 1960 GRUR 1960, 546, 548 – Bierhahn; 30. 4. 1964 GRUR 1964, 496, 497 – Formsand II; 30. 6. 1964 GRUR 1964, 673, 674 – Fußabtrittsroste). Der Erfindungsbesitz setzt den Besitz einer **fertigen** Erfindung voraus. Der Erfindungsgedanke muß also subjektiv erkannt und die Erfindung objektiv fertig sein (vgl. dazu § 3 Anm. 5 und § 1 Anm. 26). 2

Bei einem **chemischen Analogieverfahren,** bei dem nach der Rechtsprechung des BGH (§ 1 Anm. 53) Gegenstand der Erfindung das Verfahren als solches ist, also sich auf den Erfindungsgedanken beschränkt, aus bestimmten Ausgangsstoffen mittels bestimmter Arbeitsmethoden bestimmte Endprodukte zu erhalten, gehört demzufolge die Kenntnis der technischen, therapeutischen oder sonstigen wertvollen und unerwarteten Eigenschaften des gewonnenen Erzeugnisses nicht mehr zum Erfindungsgegenstand. Der

Vorbenutzer ist hiernach im Erfindungsbesitz, wenn er Ausgangsstoffe – Verfahren – und Endprodukte kennt. Gleichwohl ist auch insoweit die Kenntnis der bezeichneten Eigenschaften erforderlich, um die **weiteren** Voraussetzungen eines Vorbenutzungsrechts, nämlich das gewerbsmäßige Benutzen der Erfindung oder das Treffen der erforderlichen Veranstaltungen, zu erfüllen.

Über den Zeitpunkt, an dem die letztgenannten Voraussetzungen vorliegen müssen, vgl. Anm. 7.

Mindestens **empirische Erkenntnis des ursächlichen Zusammenhangs** ist erforderlich. Unerheblich ist die Unkenntnis über die wissenschaftlich-theoretische Grundlage (RG 17. 1. 1938 GRUR 1939, 300; 7. 6. 1940 GRUR 1940, 434; 13. 7. 1943 GRUR 1943, 286, 287). Unbewußte Ergebnisse oder Zufallstreffer reichen nicht aus (RG 11. 7. 1936 GRUR 1937, 45; Tetzner § 7 Anm. 16; Blum-Pedrazzini Art. 53 Anm. 2 S. 535). Nicht notwendig ist die Erkenntnis der Patentfähigkeit (RG 28. 10. 1905 Bl. 1906, 9).

Wie schon hervorgehoben, macht das Gesetz die Entstehung des Vorbenutzungsrechts weiterhin von der **Betätigung des Erfindungsbesitzes** abhängig. Diese Betätigung umfaßt die **Benutzung** der Erfindung (Anm. 6) oder das **Treffen von Veranstaltungen** (Anm. 7). Beides muß **vor der Priorität des Patents,** also regelmäßig und mindestens vor der Anmeldung der Erfindung zum Patent (RG 13. 1. 1940 GRUR 1940, 265, 267; 6. 9. 1941 GRUR 1942, 34, 35), bei Unions- oder Ausstellungspriorität außerdem vor dem Prioritätsdatum oder dem Beginn der Schaustellung (Anm. 24 und § 2 Anm. 6) erfolgt sein.

Wird in einem **Verletzungsstreit** festgestellt, daß die **patentierte** Lehre (der Erfindungsgegenstand) tatsächlich erst in einem **nach** der Patentanmeldung liegenden Zeitpunkt **offenbart** worden ist, so kann sich der Vorbenutzer auf ein zwischen dem Zeitpunkt der Patentanmeldung und dem Zeitpunkt der nachfolgenden Offenbarung entstandenes Vorbenutzungsrecht berufen, und zwar auch noch in der Revisionsinstanz (BGH 17. 12. 1963 GRUR 1964, 433, 438 – Christbaumbehang; 28. 10. 1965 GRUR 1966, 198, 199 – Plastikflaschen).

Ebenso kann eine nachträgliche Erweiterung bzw. Veränderung des Gegenstands der ursprünglichen Anmeldung (§ 26 Abs. 5) im Verletzungsprozeß von Bedeutung sein, wenn eine die Erweiterung verletzende, aber vorher erfolgte bzw. vorher begonnene Benutzung festgestellt wird. Eine Vorbenutzung, die vor der Erweiterung erfolgt ist, ist in diesem Falle zu berücksichtigen, und zwar auch ohne daß ein Fall des § 26 Abs. 5 Satz 2 PatG n. F. vorliegt (BGH 15. 12. 1969 GRUR 1970, 289, 292 – Dia-Rähmchen IV; ebenso 27. 11. 1969 GRUR 1970, 296, 297 – Allzweck-Landmaschinen; vgl. auch BGH 15. 4. 1971 GRUR 1971, 472 ff. – Wäschesack.

b) Redlicher Erwerb und redliche Betätigung des Erfindungsbesitzes

Weder der Patentinhaber noch der Vorbenutzer brauchen die Erfinder 3
zu sein (RG 7. 7. 1926 RGZ 114, 246, 250; 13. 7. 1943 GRUR 1943, 286); eine Doppelerfindung, wie sie früher vom RG dem Tatbestand des § 7 zugrunde gelegt wurde (RG 11. 6. 1890 RGZ 26, 64; 11. 4. 1896 RGZ 37, 41, 44), ist nicht erforderlich. Ein Vorbenutzungsrecht kann daher auch nach der Rechtsprechung des BGH (30. 6. 1964 GRUR 1964, 673, 675 – Fußabtrittsroste) nicht bereits dann versagt werden, wenn der Erfindungsbesitz von dem späteren Schutzrechtsinhaber abgeleitet, insbesondere ohne oder sogar gegen dessen Willen erlangt worden ist. Der Patentinhaber oder Vorbenutzer kann beispielsweise die Erkenntnis der Erfindung **ausländischer und** daher nicht neuheitsschädlicher **offenkundiger Vorbenutzung** (§ 2 Anm. 23) entnommen haben.

Stets ist indessen erforderlich, daß der Vorbenutzer **auf redliche Weise** den Erfindungsbesitz erworben hat (RG 7. 7. 1926 RGZ 114, 246, 250; 4. 1. 1937 RGZ 153, 321, 324; BGH 17. 3. 1964 GRUR 1964, 491, 494 – Chloramphenicol; 30. 6. 1964 a. a. O.).

Ein Vorbenutzungsrecht ist nicht nur bei **unredlichem Erwerb** des Erfindungsbesitzes zu versagen, sondern entfällt auch dann, wenn der Benutzer bei der **Ausübung oder Betätigung des Erfindungsbesitzes,** d. h. bei der Inanspruchnahme und dem Treffen von Veranstaltungen, **unredlich** gewesen ist (BGH 30. 6. 1964 a. a. O.; BGH 3. 2. 1959 GRUR 1959, 528 – Autodachzelt – ist mißverständlich).

Unredlichkeit ist von der Rechtsprechung stets angenommen worden, wenn der Vorbenutzer eine der Öffentlichkeit noch nicht übergebene Erfindung dem späteren Patentinhaber entwendet hat (BGH 17. 3. 1964 a. a. O. S. 494 unter Hinweis auf RGZ 114, 246, 249 und RG in GRUR 1951, 278, 281; 30. 6. 1964 a. a. O. S. 675 unter Hinweis auf RG in GRUR 1942, 34, 37). Auch ist eine Benutzung dann unredlich, wenn der Vorbenutzer eine fremde, nur im Ausland geschützte Erfindung in Benutzung genommen hat und Umstände für die Annahme vorliegen, daß noch ein Inlandspatent mit der ausländischen Priorität erteilt werden könnte oder noch um ein inländisches Patent nachgesucht werden würde (BGH 17. 3. 1964 a. a. O.).

Wenn eine zum Ausschluß des Vorbenutzungsrechts führende Unredlichkeit nicht dem Vorbenutzer selbst zur Last fällt, sondern demjenigen, der ihm die Kenntnis der Erfindung vermittelt hat, ist der Vorwurf eines unredlichen Verhaltens unter der Voraussetzung zu bejahen, daß der Vorbenutzer die Unredlichkeit erkannt oder aber grobfahrlässig nicht erkannt hat (BGH 30. 6. 1964 a. a. O. unter Hinweis auf RG 29. 10. 1930 MuW 1931, 30 mit Anm. von Moser v. Filseck, der mit beachtlichen Gründen einfache Fahrlässigkeit genügen lassen will). Ebenso, wenn dem Vorbenutzer der Erfindungsgedanke unter Verletzung einer bestehenden Geheimhaltungspflicht, also widerrechtlich zugänglich gemacht worden ist und der Vorbenutzer diesen Tatbestand erkannt oder grobfahrlässig nicht erkannt hat (BGH 30. 6. 1964 a. a. O. unter Hinweis auf RG in MuW 1933, 362, 365; so auch schon RG 2. 10. 1944 GRUR 1951, 278, 281).

c) Billigkeitserwägungen

4 Aufgegeben ist der frühere Standpunkt des RG (15. 12. 1928 RGZ 123, 58), wonach § 7 Abs. 1 Satz 1 einer einschränkenden Auslegung dahin bedürfe, daß dort, wo Gründe der Billigkeit vollkommen fehlten, der Erwerb eines Vorbenutzungsrechts ausgeschlossen sei. Bereits in RG 6. 9. 1941 (GRUR 1942, 34, 37) ist ausgesprochen, daß in **Billigkeitserwägungen kein selbständiges** Tatbestandserfordernis für das Vorbenutzungsrecht gefunden werden könne. Ebenso jetzt BGH 30. 6. 1964 (GRUR 1964, 673, 674 – Fußabtrittsroste), wonach in solchen Erwägungen nur ein **Maßstab** für die Bewertung der Benutzung oder der Veranstaltung gesehen werden kann. Vgl. auch BGH 7. 1. 1965 GRUR 1965, 411, 413 – Lacktränkeinrichtung.

d) Betätigung des Erfindungsbesitzes

5 Das Gesetz unterscheidet zwei Formen von Betätigungen, das **Inbenutzungnehmen** und das **Treffen von Veranstaltungen.** Nur auf eine dieser beiden Arten der Betätigung kann das Vorbenutzungsrecht erworben werden.

aa) Inbenutzungnahme

6 **Gleichwertigkeit aller vier Benutzungsarten** ist zu bejahen. Der Begriff der Inbenutzungnahme umfaßt die **Benutzungsarten des § 6,** die der Patentinhaber jedem anderen verbieten kann (BGH 17. 3. 1964 GRUR 1964, 491, 493 – Chloramphenicol). Das Vorbenutzungsrecht erwirbt daher, wer eine der untereinander gleichwertigen Benutzungshandlungen vorgenommen hat (BGH 17. 3. 1964 a. a. O. S. 493 unter Hinweis auf RG 24. 6. 1912 RGZ 80, 15 ff.). Daher begründet auch ein Vorbenutzungsrecht, wer die patentierte Ware nur feilgehalten (RG 8. 4. 1941 RGZ 166, 326 ff.; 1. 7. 1938 GRUR 1938, 770; 28. 5. 1968 GRUR 1969, 35, 36 – Europareise) oder nur hergestellt, in Verkehr gebracht oder gebraucht hat.

Über die Frage, ob zwischen den verschiedenen Benutzungsarten unterschieden und je nach Art der Vorbenutzung ein Herstellungs-Vorbenutzungsrecht, ein Feilhaltungs-Vorbenutzungsrecht usw. angenommen werden muß, vgl. nachstehend Anm. 15.

Handlungen, die lediglich die technische Ausführbarkeit und Brauchbarkeit eines Erfindungsgedankens **ausprobieren** sollen, sind keine Benutzung (RG 13. 7. 1943 GRUR 1943, 286 ff.), insbesondere nicht Laboratoriumsversuche – im Gegensatz zur fabrikmäßigen Herstellung (RG 9. 2. 1929 RGZ 123, 252, 256) – oder Versuche, die erst Klarheit darüber verschaffen sollen, ob die gemachte Erfindung auch gewerblich genutzt werden kann, »die also dazu dienen, den auf die gewerbliche Benutzung gerichteten Willen erst zu bilden« (BGH 21. 5. 1963 BGHZ 39, 389, 398 – Taxilan). Im übrigen vgl. § 1 Anm. 28.

Auch **mittelbare Benutzung** (§ 6 Anm. 55) kann ein Vorbenutzungsrecht begründen (BGH 30. 4. 1964 GRUR 1964, 496, 497 – Formsand II unter Hinweis auf RG in GRUR 1940, 89, 95). Der mittelbare Vorbenutzer muß die gesamten Voraussetzungen für die Entstehung des Vorbenutzungsrechts erfüllen; er muß also im Erfindungsbesitz gewesen sein, das Verfahrensmittel zur Anwendung des Verfahrens geliefert und der Abnehmer muß es in patentverletzender Weise benutzt haben.

Gegenstände, die **unmittelbare Erzeugnisse** eines patentierten Verfahrens sind (§ 6 Anm. 76), können nach RG 24. 6. 1912 (RGZ 80, 15) von dem ausländischen Fabrikanten, der sie im Inland schon früher feilgehalten oder in Verkehr gebracht hat, auch weiter in dieser Weise benutzt werden, falls die sonstigen Voraussetzungen für das Vorbenutzungsrecht erfüllt sind; ebenso BGH 17. 3. 1964 GRUR 1964, 491, 493 – Chloramphenicol. Dadurch erlangt der Händler jedoch nicht etwa ein Vorbenutzungsrecht insoweit, als er auch zur Ausübung des Verfahrens übergehen dürfte. Aus § 6 Satz 2 läßt sich ein solches Recht nicht herleiten. Wenn nach dieser Vorschrift die Wirkungen des Verfahrens sich auf dessen unmittelbare Erzeugnisse erstrecken, so ist damit keineswegs gesagt, daß ein Recht am Erzeugnis auch ein Recht am Verfahren begründet.

bb) Treffen von Veranstaltungen

Die Veranstaltungen zur Benützung müssen zwei Erfordernissen genügen. 7
Sie müssen die Erfindung im wesentlichen **auszuführen bestimmt** sein, und es muß aus ihnen **der ernstliche Wille** erhellen, die Erfindung **alsbald** zu benutzen (RG 16. 9. 1938 RGZ 158, 291, 293; 6. 9. 1941 GRUR 1942, 34, 36; 18. 11. 1941 GRUR 1942, 155, 156; BGH 21. 6. 1960 GRUR 1960, 546, 549 – Bierhahn; 21. 5. 1963 BGHZ 39, 389, 397 = GRUR 1964, 20, 23 – Taxilan – mit weiteren Nachweisen; 30. 6. 1964 GRUR 1964, 673, 674 – Fußabtrittsroste; 28. 5. 1968 GRUR 1969, 35 – Europareise).

Ob das **Ausprobieren** einer fertigen Erfindung **durch Anstellen von Versuchen** eine »Veranstaltung« darstellt, hängt von den Umständen des Einzelfalls ab (BGH 21. 5. 1963 a. a. O. S. 395). Nicht genügen bloße vorsorgliche Bemühungen, welche die Möglichkeit einer Benutzung zu einem späteren und ungewissen Zeitpunkt erst schaffen und vorbereiten sollen (RG 6. 9. 1941 GRUR 1942, 34, 35; 13. 7. 1943 GRUR 1943, 286), ebensowenig Versuche zu wissenschaftlichen Zwecken oder mit dem Ziel der Erprobung für eine gewerbliche Nutzung (Anm. 6). Andererseits sind Versuche, die nicht mehr der Erlangung des Erfindungsbesitzes dienen, nicht stets deswegen schon »Veranstaltungen« im Sinne des § 7 Abs. 1. Um die Voraussetzungen einer zur Inanspruchnahme der Erfindung erforderlichen »Veranstaltung« zu erfüllen, müssen die nach Erlangung des Erfindungsbesitzes angestellten Versuche vielmehr den bereits gefaßten Entschluß, die Erfindung alsbald gewerbsmäßig zu benutzen, in die Tat umsetzen (BGH 21. 5. 1963 a. a. O. S. 398 mit weiteren Nachweisen). In dieser Entscheidung wird eine »Veranstaltung« verneint, weil ungeachtet des Erfindungsbesitzes der Beklagten an einer Aethylverbindung die mit der Verbindung angestellten **Tierversuche** nur der Prüfung ihrer Verwendbarkeit in der **Humanmedizin** dienten. Die Versuche sollten also den Willen der gewerblichen Benutzung der Erfindung für die Humanmedizin tatsächlich erst bilden. Ablehnend Beil, GRUR 1964, 23 ff., der der Auffassung ist, daß es in der Regel im Hinblick auf die Besonderheiten einer Chemie- insbesondere einer Arzneimittelerfindung gerechtfertigt sei, in dem Entschluß, eine breit angelegte Prüfung des Stoffes im Tierversuch durchzuführen, »ein gut Teil« der Bereitschaft zur Entwicklung eines Handelsprodukts zu erblicken. Bereits ein solches Verhalten müsse daher dem im Normalfall verlangten Entschluß zur definitiven Benutzung der Erfindung gleichgestellt werden. Ähnlich im Ergebnis Neuhaus in Klauer-Möhring § 7 Anm. 25. Dieser Standpunkt erscheint gerade für das Gebiet der Arzneimittelherstellung im Hinblick auf die nicht absehbaren Folgen für die menschliche Gesundheit äußerst bedenklich und sollte von den Gerichten keinesfalls gebilligt werden; vgl. dazu Tetzner § 7 Anm. 34 und Löscher in LM § 7 PatG Nr. 2.

Das mit **»alsbald«** umschriebene Zeitmoment der Veranstaltung soll Raum für eine Beurteilung des Einzelfalls geben, die den Notwendigkeiten der Entwicklung technischer Neuerungen zur Marktreife Rechnung trägt (BGH 28. 5. 1968 GRUR 1969, 35, 37 – Europareise – mit zahlreichen Nachweisen aus der Rechtsprechung des RG und des BGH). Die Einführung technischer Neuerungen, so erläutert der BGH a. a. O., erfordert erhebliche Anstrengungen, insbesondere auf einem fremden und daher schwer überschaubaren Markt. Hierfür müsse ein zeitlicher Spielraum gewährt werden.

Beispiele:

Werkstattzeichnungen können im Gegensatz zu schematischen Zeichnungen genügen (RG 18. 2. 1925 RGZ 110, 218, 223, 224; 18. 11. 1941 GRUR 1942, 155, 156; BGH 21. 6. 1960 GRUR 1960, 546, 549 – Bierhahn), soweit nicht die ernstliche Absicht der Ausführung fehlt (RG 23. 4. 1932 GRUR 1932, 870; BGH 21. 6. 1960 a. a. O.). Bei einer nur zur Beteiligung an einer **Ausschreibung** eingereichten Zeichnung fehlt es in der Regel bis zur Erteilung des Zuschlages an dem unbedingten Willen zur Ausführung (anders RG 27. 9. 1911 Bl. 1911, 313). In der Anfertigung von **Modellen** kann eine ausreichende Veranstaltung liegen (RG 28. 11. 1883 RGZ 10, 94; 14. 1. 1893 RGZ 30, 63; 5. 6. 1937 GRUR 1937, 621, 624; 16. 9. 1938 RGZ 158, 292, 293). Nicht erforderlich ist, daß bereits ein fertigungsreifes Muster vorliegt (BGH 21. 6. 1960 GRUR 1960, 546, 549 – Bierhahn). Die

Anschaffung einer Gußform, die den Erfindungsgedanken verkörpert, bringt den Willen zur alsbaldigen Benutzung zum Ausdruck (BGH 30. 6. 1964 GRUR 1964, 673, 674 – Fußabtrittroste).

Nicht technische, wirtschaftliche Veranstaltungen, z. B. Inauftraggabe von Bestellungen, Abschluß von Werk- oder Lieferungsverträgen, die zur Durchführung der Erfindung benötigt werden, können ebenfalls genügen (RG 28. 11. 1914 Mitt. 1929, 329; Pietzcker § 5 Anm. 13 zu 1), ebenso Herrichtung der für die Ausführung des Verfahrens notwendigen Anlagen und Maschinen (RG 4. 3. 1912 RGZ 78, 436, 439) oder Werbemaßnahmen und Anstellung kaufmännischen Personals (Tetzner § 7 Anm. 28); anders (aber abzulehnen) RG 24. 1. 1900 RGZ 45, 116 (Bestellung einer später im Inland patentierten Maschine im Ausland. Lieferung nach Patentanmeldung: keine Veranstaltung, obwohl ein Teil des Kaufpreises gezahlt und der Besteller sich nach Abschluß des Kaufvertrages eine Skizze der Maschine hatte schicken lassen, aus welcher das Wesen der Erfindung erkennbar war). S. dazu auch Reimer § 7 Anm. 29, der die Entscheidung ebenfalls nicht zu billigen scheint.

Die **Anmeldung eines Schutzrechtes** ist keine Veranstaltung, da sie noch nicht zwangsläufig auf den Willen zur sofortigen Benutzung schließen läßt (RG 21. 10. 1931 RGZ 133, 377, 381; 7. 11. 1939 GRUR 1940, 154, 157 ff.; 17. 7. 1942 RGZ 169, 289, 290).

e) Betätigung des Erfindungsbesitzes für eigene Belange

Der Vorbenutzer muß den Erfindungsbesitz selbständig **für seine eigenen** 8
Belange ausgeübt haben (RG 28. 6. 1902 RGZ 52, 90; 13. 7. 1943 GRUR 1943, 286, 287). Diese Voraussetzung ist nicht erfüllt, wenn ein Erfinder einem anderen seine Erfindung zum Ausproben oder zur Anfertigung einer der Erfindung entsprechenden Vorrichtung zeitweise anvertraut hat (RG 9. 1. 1932 GRUR 1932, 291, 292; 29. 11. 1938 GRUR 1939, 472, 474). Eine Benutzungshandlung, die **nur** in eines anderen Interesse vorgenommen ist, kann ein eigenes Vorbenutzungsrecht nicht begründen (RG 13. 7. 1943 GRUR 1943, 286, 287). Zuweilen kann es zweifelhaft sein, zu wessen Gunsten die Tätigkeit einer selbständigen, nicht im Arbeitsverhältnis stehenden Partei ausgeübt werden soll. Die Beantwortung dieser Frage hängt jeweils von den Vereinbarungen ab, die die Parteien ihrem Vertragsverhältnis zugrunde gelegt haben. Es kommen insoweit Auftrags-, Dienst- und Werkverträge oder auch Werklieferungsverträge in Betracht. Für **nichtselbständige Arbeitnehmer** gilt das Arbeitnehmererfindungsgesetz, vgl. insbesondere §§ 6, 7, 8 ArbErfG. Auf die Kommentare zu diesem Gesetz muß hier für die Frage, wem eine Erfindung zuzurechnen ist, verwiesen werden.

Nach dem Grundsatz der Vertragsfreiheit können selbständige Parteien ihre vertraglichen Beziehungen frei gestalten und vereinbaren, wem das Ergebnis der Tätigkeit, insbesondere auch etwaiger eigener erfinderischer

Zutaten zufallen soll (s. § 3 Anm. 11 ff.). Übt ein Unternehmer nach dem unter Abwägung aller Umstände auszulegenden Vertrag seine Tätigkeit im Auftrag und nach Weisung des Bestellers aus, so kann auch nur dieser den Erfindungsbesitz erwerben (RG 6. 9. 1941 GRUR 1942, 34, 37). Pietzcker (§ 5 Anm. 10) kommt allerdings unter Hinweis auf RG 25. 1. 1908 Bl. 1908, 188 ff. zu einem abweichenden Ergebnis. Nach der genannten Entscheidung hatte die Beklagte im Auftrage der amerikanischen Regierung Geschütze hergestellt. Die erforderlichen »Urzeichnungen« mit Beschreibung hatte sie »fix und fertig« von der Regierung erhalten und hatte nach ihnen den Auftrag ausgeführt. Gleichwohl hatte sie ein Vorbenutzungsrecht in Anspruch genommen, das ihr vom RG auch zugesprochen worden ist. Das RG hat angenommen, es sei nicht erheblich, ob die Beklagte die Erfindung selbst gemacht oder nur die von einem Dritten bereits gemachte Erfindung ausgeführt habe, »da das Vorbenutzungsrecht nicht eine Folge des subjektiven Erfinderrechts ist, sondern auf dem in der Benutzung betätigten Besitz der Erfindung beruht«. Die Begründung ist nicht zu billigen. Tatsächlich konnte die Beklagte unter den gegebenen Voraussetzungen keinen eigenen Erfindungsbesitz begründen und daher auch kein Vorbenutzungsrecht erwerben. Für das Vorliegen einer abweichenden Vereinbarung, die an sich möglich gewesen wäre, bieten die Entscheidungsgründe keinen Anhalt.

Eine **juristische Person** erwirbt ein Vorbenutzungsrecht nur dann, wenn die Benutzungshandlungen oder die Veranstaltungen dazu von ihren gesetzlichen Vertretern oder solchen Personen angeordnet worden sind, die dazu nach der inneren Diensteinteilung berechtigt waren (RG 17. 1. 1938 GRUR 1939, 300, 304 unter Hinweis auf RG 4. 3. 1912 RGZ 78, 436, 440). Zu diesem Personenkreis ist auch der Chefkonstrukteur zu rechnen (BGH 21. 6. 1960 GRUR 1960, 546, 548 – Bierhahn).

f) Offenbarung des Erfindungsgedankens

9 **Die Benutzungshandlungen nach § 7** brauchen Dritten den Erfindungsgedanken **nicht notwendig zu offenbaren.** Ist z. B. ein Gerät vorgelegt worden, in dem die Erfindung verkörpert, jedoch von außen nicht erkennbar war, so kann für den Erwerb des Vorbenutzungsrechts nicht noch zusätzlich verlangt werden, daß dem Angesprochenen die Erfindung erkennbar war oder daß er sie erkannt hat (BGH 28. 5. 1968 GRUR 1969, 35, 36 – Europareise). Andererseits schließt Offenkundigkeit der Vorbenutzung die Entstehung eines Vorbenutzungsrechts nicht aus (RG 7. 7. 1926 RGZ 114, 246, 249; BGH 7. 1. 1965 GRUR 1965, 411, 415 – Lacktränkeinrichtung).

Die Frage war früher recht umstritten. Eine andere Auffassung würde aber den Vorbenutzer dazu zwingen, zunächst eine Nichtigkeitsklage zu erheben. Das wäre für einen Vorbenutzer eine nicht zumutbare Forderung (vgl. dazu Tetzner § 7 Anm. 26).

g) Gewerbsmäßigkeit der Betätigung

Gewerbsmäßigkeit der Betätigung des Erfindungsbesitzes ist zur Begründung eines Vorbenutzungsrechts zu fordern (BGH 17. 3. 1964 GRUR 1964, 491, 493 – Chloramphenicol; Reimer § 7 Anm. 12; Neuhaus in Klauer-Möhring § 7 Anm. 18; a. A. Bock/Bruchhausen in Benkard § 7 Anm. 10). Gesichtspunkte zum Schutz einer nur privaten Vorbenutzung sind nicht ersichtlich; denn eine solche kann ja gemäß § 6 auch nach Erteilung des Patents fortgesetzt werden. 10

h) Zeit der Betätigung

aa) bei Inbenutzungnahme

Die Erfindung muß **»z. Z. der Anmeldung«** in Benutzung genommen sein. Die **Inbenutzungnahme** braucht also nicht noch am Tage der Anmeldung des Patentes stattgefunden zu haben. Es genügt, wenn sie vorher zu dem Bestand von technischen Mitteln gehört hat, deren sich der Vorbenutzer je nach Bedarf bedienen konnte. Nicht jede Unterbrechung der Benutzung braucht dem Vorbenutzer schädlich zu sein (vgl. RG 9. 2. 1929 RGZ 123, 252, 255; 1. 7. 1938 GRUR 1938, 770; 28. 5. 1968 GRUR 1969, 35, 36 – Europareise). Sind die Benutzungshandlungen allerdings **vor der Anmeldung** des Patentes eines Dritten aus **freien Stücken endgültig** aufgegeben, so geht ein etwaiges Vorbenutzungsrecht unter (BGH 7. 1. 1965 GRUR 1965, 411, 413 – Lacktränkeinrichtung II). Dem ist der Fall der Aufgabe für eine völlig unbestimmte Zeit gleichzustellen (28. 5. 1968 GRUR 1969, 35, 36 unter Hinweis auf GRUR 1943, 67, 68 und RGZ 123, 252, 255). Übt der Vorbenutzer **nach** Anmeldung seinen Erfindungsbesitz nicht mehr aus, so erlischt die ihm zustehende Befugnis auch nicht ohne weiteres. Es kommt vielmehr stets auf die Umstände an, ob eine freiwillige endgültige Aufgabe erfolgen oder aber nur eine zeitbedingte Unterbrechung stattfinden sollte (RG 9. 2. 1929 a. a. O.; 20. 5. 1936 GRUR 1937, 357 ff.). 11

Auf eine endgültige Betriebseinstellung läßt sich z. B. noch nicht allein aus einer Einstellung des Gewerbebetriebs durch den **Konkursverwalter** und einer gewissen Dauer dieses Zustands schließen. Nur wenn andere Maßnahmen hinzutreten, wie etwa die vollständige Versilberung der Masse in Verbindung mit völliger Mittellosigkeit des Gemeinschuldners kann der Schluß gerechtfertigt sein, daß aus der vorläufigen eine endgültige Betriebseinstellung geworden ist (RG 2. 5. 1939 GRUR 1939, 963, 964).

Reine Billigkeitserwägungen können nicht maßgebend sein. Ebensowenig wie solche Erwägungen das Vorbenutzungsrecht im Einzelfall entstehen lassen (Anm. 4), können sie das entstandene Vorbenutzungsrecht auch nicht zerstören (BGH 7. 1. 1965 a. a. O.). Entschließt sich der Vorbenutzer trotz endgültiger Einstellung gleichwohl mehrere Jahre später, die Benutzungshandlungen wiederaufzunehmen, so kann der Patentinhaber dem Vorbenutzer den **Verwirkungseinwand** entgegensetzen, wenn dessen Voraussetzungen erfüllt sind (BGH 7. 1. 1965 a. a. O. mit Nachweisen aus Schrifttum und Rechtsprechung). S. dazu § 47 Anm. 50.

Ein Erlöschen des Vorbenutzungsrechts findet in jedem Fall dann statt, wenn der Vorbenutzer **den Betrieb,** an den das Vorbenutzungsrecht gebunden ist (§ 7 Abs. 1 Satz 2), **endgültig einstellt** oder wenn der Betrieb unter Ausschluß des mit ihm verbundenen Vorbenutzungsrechts **vererbt** oder **veräußert** wird (§ 7 Abs. 1 Satz 3; BGH 7. 1. 1965 a. a. O.). Auch ein **Verzicht** des Vorbenutzers auf sein Recht ist möglich (BGH 7. 1. 1965 a. a. O.).

Übergehen von einer Benutzungsart zu einer anderen, die unter den gleichen Erfindungsgedanken fällt, ist nicht als Aufgabe der Vorbenutzung zu werten (RG 20. 5. 1936 GRUR 1937, 357).

Beispiele für Aufgaben des Vorbenutzungsrechts: RG 12. 11. 1930 GRUR 1931, 147; 2. 10. 1942 GRUR 1943, 67.

bb) bei Veranstaltungen

12 Für **Veranstaltungen** stellt die Rechtsprechung strengere Anforderungen. Nach RG 5. 6. 1937 (GRUR 1937, 621, 624); 19. 9. 1936 (GRUR 1937, 963, 964) müssen Veranstaltungen so sein, daß aus ihnen z. Z. der Anmeldung des Klagepatents die Fortdauer des Entschlusses zur alsbaldigen Benutzung der Erfindung noch hervorgeht. Es muß die bis zur Anmeldung des Patents **niemals unterbrochene Absicht** bestanden haben, die Erfindung alsbald auszuführen (RG 16. 9. 1938 RGZ 158, 291, 293; 8. 4. 1941 RGZ 166, 326, 331; 18. 11. 1941 GRUR 1942, 155, 156; BGH 28. 5. 1968 GRUR 1969, 35, 37 mit weiteren Nachweisen – Europareise). Schon längere Zeit vor der Anmeldung getroffene, aber dann unbenutzt gebliebene Veranstaltungen zur Benutzung des Erfindungsbesitzes lassen auf mangelnden Willen zur sofortigen Benutzung schließen (RG 9. 2. 1929 RGZ 123, 252, 256). Allerdings will BGH 13. 11. 1951 (GRUR 1952, 562, 567 – Gummisohle) offenbar zeitlichen Intervallen von äußerlich nachweisbaren Veranstaltungen ein »minderes« Gewicht beilegen, wenn sie in eine Zeit großer Rohstoff- und Beschaffungsschwierigkeiten fallen und nichts dafür spricht, daß der Vorbenutzer in der Zwischenzeit untätig geblieben ist.

Kritisch zu der Rechtsprechung äußert sich Reimer (§ 7 Anm. 24). Indessen sollten an »Veranstaltungen«, die ja nur Vorbereitungshandlungen darstellen, stets strenge Anforderungen gestellt werden.

i) Ort der Betätigung

13 Nur die **inländische Betätigung** der Erfindung genießt den Schutz des § 7, vgl. RG 24. 6. 1912 RGZ 80, 15 ff. – der Inlandsvertrieb von Erzeugnissen, die im Ausland hergestellt sind, ist geeignet, ein Vorbenutzungsrecht zu begründen. Ebenso BGH 17. 3. 1964 GRUR 1964, 491, 493 – Chloramphenicol. Eine durch einen Inländer oder Ausländer im Ausland statt-

findende Betätigung kommt für das Vorbenutzungsrecht nicht in Betracht (BGH 28. 5. 1968 GRUR 1969, 35, 37 – Europareise). Die in einer ausländischen Fabrik vor der Anmeldung hergestellte, aber erst nach der Anmeldung von dort in das Inland gelangte Ware unterliegt daher der Wirkung des Patents (s. die in Anm. 7 a. E. zitierte Entsch. RGZ 45, 116). Die Kenntnis des Erfindungsgedankens kann dagegen im Ausland erworben worden sein.

Die Vorbenutzung verliert bei **Gebietsabtretungen** ihre Wirkung, da sie dann nicht mehr in Inland, d. h. im territorialen Hoheitsbereich des deutschen Patentgesetzes, erfolgt. Ist andererseits ein Gebiet nach einer Anmeldung **eingegliedert** worden, so sind etwaige vor der Anmeldung unternommene Vorbenutzungshandlungen zwar auf ausländischem Territorium erfolgt. Man wird jedoch Reimer (§ 7 Anm. 19) zustimmen müssen, daß in diesem Falle aus Billigkeitserwägungen eine in einem bisher ausländischen Gebietsteil erfolgte Vorbenutzungshandlung als inländische Vorbenutzung anzusehen ist. Tatsächlich werden diese bei Gebietsveränderungen auftretenden, im Schrifttum äußerst umstrittenen Rechtsfragen regelmäßig durch die Gesetzgebung – auch abweichend – geregelt, vgl. Art. 311 des Versailler Vertrags oder das Gesetz über die Eingliederung des Saarlandes auf dem Gebiet des gewerblichen Rechtsschutzes vom 30. 6. 1959 (Bl. 1959, 209 ff.). Zu letztgenanntem Gesetz s. BGH 17. 3. 1964 GRUR 1964, 491 ff. – Chloramphenicol.

Über den Begriff Inland vgl. § 2 Anm. 23.

Über Wechsel der Gebietshoheit bei offenkundiger Vorbenutzung § 2 Anm. 23 a S. 128.

III. Inhalt des Vorbenutzungsrechts

Das Vorbenutzungsrecht bewirkt rechtlich nur, daß das Patentrecht nicht 14 entsteht, soweit der geschützte Besitzstand reicht (Anm. 1). Dies ist für die Haftung des Patentinhabers bei Lizenzerteilung (BGB § 434) von Belang, vgl. § 9 Anm. 42, 43. Der Vorbenutzer kann zwar grundsätzlich Störungen seines Rechts abwehren. Er kann also Rechte aus §§ 823, 1004 BGB auf Beseitigung oder Unterlassung geltend machen bzw. Schadenersatzansprüche wegen Beeinträchtigung des Vorbenutzungsrechts erheben. Gegen Patentverletzungen, auch wenn sie wirtschaftlich den Genuß seines Rechts beeinträchtigen, kann er jedoch nicht vorgehen. Ein **Ausschließungsrecht gegen Dritte** erwirbt der Vorbenutzer **nicht** (RG 15. 2. 1936 GRUR 1937, 135, 136).

a) Wechsel der Benutzungsarten

Nach RG 11. 6. 1890 (RGZ 26, 64) ist das Vorbenutzungsrecht 15 nicht nur auf die Benutzungshandlung oder die Vorbereitung einer solchen, auf die es sich gründet, sondern auch auf alle anderen Benutzungsarten zu erstrecken. Später hat das RG (21. 10. 1931 RGZ 133, 377, 380) dagegen ausgesprochen, das Vorbenutzungsrecht ermächtige lediglich zu der Art der Vorbenutzung, wie sie tatsächlich stattgefunden habe, einschließlich der glatten Äquivalente. In RG 1. 7. 1938 (GRUR 1938, 770, 771) ist dem Vorbenutzer ein Vorbenutzungsrecht, das er durch Feilhalten eines Gegenstandes mittels Zeichnungen erworben hatte, für alle Benutzungsarten zugesprochen worden, weil der Feilhaltende sich in diesem Falle auch mit Herstellung und Lieferung derartiger Gegenstände gewerbsmäßig befaßt hatte. Man wird zu dem Ergebnis kommen müssen, daß dem Vorbenutzer auf Grund Herstellens, Feilhaltens oder Inverkehrbringens jede Benutzungsart zusteht, der er sich nach außen hin in seinem Betrieb z. Z. der Betätigung des Erfindungsbesitzes bedient hat. Nur in der Weise, wie er bisher die Vorbenutzung bewirkt hat, darf er sie demnach fortsetzen. Weiter gehen aus Billigkeitsrücksichten Reimer § 7 Anm. 33 sowie Neuhaus in Klauer-Möhring § 7 Anm. 32.

Dem Hersteller stehen allerdings nach der hier vertretenen Auffassung auch alle übrigen Benutzungsarten **auf dem weiteren Wege** bis zum Inverkehrbringen frei, dem Feilhaltenden auch das Inverkehrbringen, niemals aber das Herstellen. Dem nur im internen Betrieb Gebrauchenden steht dagegen nur dieses Recht weiter zu.

Sofern nur die Art des Geschäftsbetriebs nicht geändert wird, ist der Vorbenutzer in den genannten Grenzen hinsichtlich der **Art und Weise** der Benutzung wie auch hinsichtlich ihres **Umfangs** nicht beschränkt (RG 4. 1. 1937 RGZ 153, 321, 326).

b) Änderung der benutzten Ausführungsform

16 In den Rahmen des Vorbenutzungsrechts sind einzubeziehen auch die **glatten Äquivalente** (RG 21. 10. 1931 RGZ 133, 377, 380; 28. 10. 1933 GRUR 1934, 26, 28), ferner auch alle Ausführungsformen eines vorbenutzten allgemeinen Erfindungsgedankens (§ 6 Anm. 24). Die auf Kenntnis und Erkenntnis des **allgemeinen Erfindungsgedankens** des Patents beruhende Benutzung einer bestimmten Ausführungsform dieses Gedankens schafft ein Vorbenutzungsrecht nicht nur im Umfang der tatsächlichen Benutzung (RG 21. 10. 1931 RGZ 133, 377, 380), sondern auch hinsichtlich einer abweichenden Form, in welcher jener Erfindungsgedanke ohne weiteres wiedergegeben werden kann (RG 4. 1. 1937 RGZ 153, 321, 326). Der Vorbenutzer, der im Besitz des allgemeinen Erfindungsgedankens ist, ihn also **erkannt haben muß,** darf ihn demnach auch, ohne dadurch aus dem Vorbenutzungsrecht herauszutreten, ebenso abwandeln, weiterentwickeln, »ja selbst erfinderisch fortbilden«, wie es auch sonst im Patentrecht dem Inhaber eines allgemeinen Erfindungsgedankens erlaubt ist (RG 8. 4. 1941 RGZ 166, 326, 331).

Das Recht des Vorbenutzers ist indessen dahin beschränkt, daß er solche Verbesserungen auch nicht erfinderischer Art nicht benutzen darf, die sich mit der in der Patentschrift gezeigten Ausführungsform decken (RG 21. 10. 1931 RGZ 133, 377, 380; 4. 1. 1937 RGZ 153, 321, 326; 8. 4. 1941 RGZ 166, 326, 332).

c) Zusammenhang mit dem Betrieb

17 Ein Zusammenhang mit dem eigenen Betrieb muß gegeben sein. Denn das Vorbenutzungsrecht haftet stets an dem Betrieb. Beim nachträglichen Übergang von der privaten zu einer betrieblichen Benutzung kann ein Vorbenutzungsrecht nicht vorhanden sein, wenn man die Auffassung zugrunde legt, daß die Betätigung des Erfindungsbesitzes gewerbsmäßig sein muß (vgl. Anm. 10). Es genügt allerdings, wenn Veranstaltungen getroffen worden sind, um **einen Betrieb zu eröffnen. Betriebserweiterungen** sind dem Vorbenutzer gestattet (RG 18. 2. 1925 RGZ 110, 218, 224; 19. 12. 1925 RGZ 112, 242; 25. 5. 1927 GRUR 1927, 696; 7. 6. 1940 GRUR 1940, 434, 435). Daher ist nach herrschender Auffassung auch der Übergang vom handwerklichen zum fabrikmäßigen Betrieb oder vom Einzel- zum Großhandel statthaft, vgl. Reimer § 7 Anm. 34.

d) Ausübung des Vorbenutzungsrechts für den eigenen Betrieb (§ 7 Abs. 1 Satz 2)

18 Eine Benutzung der Erfindung darf nur für die **Bedürfnisse des eigenen Betriebes** stattfinden. Sie kann auch in **fremden Werkstätten** erfolgen, soweit der Vorbenutzungsberechtigte einen bestimmenden, sich für ihn wirtschaftlich auswirkenden Einfluß auf die Art und den Umfang der Herstellung und des Vertriebes der in den fremden Werkstätten hergestellten Erzeugnisse hat. Ein Dritter dagegen, der mit Zustimmung des Vorbenutzers dessen Recht auf eigene Rechnung und Gefahr ausübt, kann sich auf das Recht des Vorbenutzers nicht berufen (RG 4. 1. 1937 RGZ 153, 321, 326 ff.).

IV. Übertragbarkeit, Vererblichkeit und Beschlagnahmefähigkeit des Vorbenutzungsrechts (§ 7 Abs. 1 Satz 3)

19 Vererblich und veräußerlich ist das Vorbenutzungsrecht **stets nur mit dem Betriebe.** Es genügt Vererbung oder Veräußerung des innerhalb eines Unternehmens bestehenden Betriebes **im Sinne einer unter technischen Gesichtspunkten zusammengehaltenen** einheitlichen Organisation, in deren Rahmen das Vorbenutzungsrecht ausgeübt wurde (Tetzner § 7 Anm. 56). Die Übertragung des Vorbenutzungsrechts mit dem zugehörigen **Betriebsteil** ist zulässig (BGH 7. 10. 1965 GRUR 1966, 370, 373 – Dauerwellen II; ebenso schon RG 19. 12. 1925 RGZ 112, 242, 244, 245).

Da ein Betrieb nicht pfändbar ist, ist auch das **Vorbenutzungsrecht selbst unpfändbar.** Im **Konkurs** fällt das Vorbenutzungsrecht aber in die Konkursmasse (BGH 7. 10. 1965 a. a. O. S. 374). Bestand kein Betrieb, sondern fand nur private häusliche Benutzung statt, so entsteht nach der in Anm. 10 vertretenen Auffassung kein Vorbenutzungsrecht. Vererblichkeit, Übertragbarkeit oder Beschlagnahmefähigkeit kommen daher schon aus diesem Grunde nicht in Frage.

Eine **Vervielfältigung** des Vorbenutzungsrechtes ist grundsätzlich ausgeschlossen (RG 7. 11. 1939 GRUR 1940, 154, 155), so z. B. bei der Auseinandersetzung von Gesellschaftern oder bei einer Erbauseinandersetzung. Das Vorbenutzungsrecht kann also auch bei einer Änderung der rechtlichen Zugehörigkeit des Betriebes **weder verdoppelt noch** in die einzelnen Befugnisse, die § 6 gewährt, **gespalten** werden (RG 19. 12. 1925 RGZ 112, 242, 245; BGH 7. 10. 1965 a. a. O. S. 373). Hinsichtlich stillschweigender Übertragung in solchem Falle vgl. RG 19. 12. 1925 RGZ 112, 242.

Der **Bezieher** eines unter Patentschutz gestellten **Erzeugnisses** kann sich jedoch auf das Vorbenutzungsrecht des Lieferanten berufen (RG 7. 6. 1940 GRUR 1940, 434, 435).

V. Patentfreiwerden durch Inverkehrbringen seitens des Vorbenutzers

20 Auch Inverkehrbringen durch den Vorbenutzer läßt für patentrechtlich geschützte Gegenstände den Grundsatz über den Verbrauch des Patentrechts (§ 6 Anm. 49) wirksam werden (RG 20. 9. 1902 Bl. 1902, 246).

VI. Benutzung infolge Mitteilung des Erfinders (§ 7 Abs. 1 Satz 4)

Buss, GRUR 1936, 833, 838.

21 Nach der Gesetzesbegründung (Bl. 1936, 103, 105) soll ein Vorbenutzungsrecht demjenigen nicht versagt sein, der die Erfindung unter Aufwand von Mühe und Kosten in Benutzung genommen hat, ohne damit rechnen zu müssen, daß sie zum Patent angemeldet werden würde. Die Vorschrift des Abs. 1 Satz 4 schränkt daher den in der **früheren** Rechtsprechung anerkannten Grundsatz ein, daß die Entstehung eines Vorbenutzungsrechts ausgeschlossen ist, wenn der Erfindungsbesitz des Benutzers von der Erfindung des späteren Patentinhabers unmittelbar oder mittelbar abgeleitet ist (vgl. oben Anm. 3). Nach Satz 4 kann derjenige Benutzer, der seine Maßnahmen zur Benutzung **infolge einer mündlichen oder schriftlichen Mitteilung des Anmelders** der Erfindung oder seines Rechtsvorgängers getroffen hat, sich auf diese Maßnahmen nicht zur Begründung eines Vorbenutzungsrechts berufen, wenn der Anmelder oder sein Rechtsvorgänger **bei** der

Mitteilung sich seine Rechte für den Fall der Patenterteilung ausdrücklich oder nach allgemeinen Grundsätzen auch nur stillschweigend (BGH 30. 6. 1964 GRUR 1964 ,673, 674 – Fußabtrittroste) **vorbehalten** hat und die Maßnahmen **innerhalb von 6 Monaten** seit der Mitteilung, mit der der Vorbehalt in unmittelbarem Zusammenhang zu machen ist, getroffen worden sind.

Auch ein unmittelbar **vor** der Mitteilung erklärter Vorbehalt wird dann genügen, wenn aus ihm klar hervorgeht, daß die spätere Mitteilung von ihm gedeckt werden soll (Tetzner § 7 Anm. 62 unter Hinweis auf RG 11. 1. 1905 RGZ 59, 378, 379 und 8. 3. 1910 RGZ 73, 146, 148). Es wird insoweit stets auf die Einzelumstände ankommen. Ein **nach** der Mitteilung erklärter Vorbehalt dürfte rechtsunwirksam sein; a. A. Bock-Bruchhausen in Benkard § 7 Anm. 17, die es vom Einzelfall abhängig machen wollen, ob ein kurze Zeit nach der Mitteilung erklärter Vorbehalt noch als Vorbehalt »bei« der Mitteilung gelten kann.

Voraussetzung für die Erfüllung des Tatbestands des § 7 Abs. 1 Satz 4 ist zwar stets, daß der die Vorbenutzung Inanspruchnehmende seine Kenntnis von demjenigen erhalten hat, demgegenüber die Mitteilung gemacht worden ist. Im Hinblick auf den Gesetzeswortlaut ist aber nicht etwa erforderlich, daß der Erfindungsbesitzer von dieser Mitteilung weiß oder überhaupt Kenntnis davon hat, daß er seinen Erfindungsbesitz nicht von dem Erfinder erworben hat. Selbst im Falle der Unkenntnis kann ein Vorbenutzungsrecht von ihm nicht in Anspruch genommen werden. (In der Begründung abweichend Neuhaus in Klauer-Möhring § 7 Anm. 39; wie hier Tetzner § 7 Anm. 62.)

Stets ist zu beachten, daß durch die positive Regelung des § 7 Abs. 1 Satz 4 die von der Rechtsprechung über den Ausschluß einer Entstehung des Vorbenutzungsrechts entwickelten Grundsätze unberührt geblieben sind (BGH 30. 6. 1964 GRUR 1964, 673, 674 ff. – Fußabtrittroste). Bereits aus diesem Grunde kann die zum Schutz des Erfinders getroffene Vorschrift des § 7 Abs. 1 Satz 4 nicht auf Fälle der widerrechtlichen Entnahme bezogen werden (RG 2. 10. 1944 GRUR 1951, 278, 281 – Flugzeughallentore). Das gleiche gilt, wenn dem Erfindungsbesitzer die Erfindungsgedanken unter Verletzung einer Geheimhaltungspflicht zugänglich gemacht worden sind (BGH 30. 6. 1964, a. a. O.).

VII. Weiterbenutzungsrechte

Ein Vorbenutzungsrecht besteht nur dann, wenn die Erfindung **vor der Anmeldung** des anderen vorbenutzt ist (oben Anm. 11). Im Anschluß an BGH 16. 2. 1951 (BGHZ 1, 194 = GRUR 1951, 314 – Motorblock) ist im Schrifttum die Frage heftig diskutiert worden, wie die Rechtslage ist, 22 wenn die Inbenutzungnahme oder das Treffen von Veranstaltungen **nach der Anmeldung** des Schutzrechtsinhabers, aber **vor der Bekanntmachung** erfolgt ist. Hat auch niemals Streit darüber bestanden, daß in diesen Fällen eine weitere Herstellung unzulässig ist, so ist doch äußerst umstritten, ob dem Hersteller jedenfalls ein Verwertungsrecht verbleibt oder einem Abnehmer das Recht zusteht, weiter den Gegenstand zu benutzen. Wilde (GRUR 1954, 421 ff. unter Zusammenstellung des Schrifttums aus der Vorkriegs- und Nachkriegszeit) hat über dieses Problem einen ausführlichen Bericht erstattet, der zutreffend zu dem Ergebnis gelangt, daß nach dem geltenden Rechtszustand keine Verwertungsrechte und auch keine Weiterbenutzungsrechte des Herstellers oder Abnehmers anerkannt werden können. In Anbetracht des Schweigens des Gesetzgebers dürfte es in der Tat nicht möglich sein, etwa aus Billigkeitsgründen solche Rechte zu gewähren. Vgl. insbesondere auch Hegel, GRUR 1959, 508 mit weiteren Nachweisen; Bucher, GRUR 1960, 365 ff., beide mit Vorschlägen für eine gesetzliche Regelung, und Hamburger, GRUR 1961, 1.

Die Streitfrage ist vom BGH 3. 2. 1959 (GRUR 1959, 528, 530 – Autodachzelt – mit zahlreichen Nachweisen) zwar angesprochen, aber nicht abschließend entschieden worden. Sie hat im Hinblick auf die nunmehr im § 24 Abs. 3 vorgesehene Offenlegung der Akten innerhalb von 18 Monaten an Bedeutung eingebüßt. Vgl. dazu auch Wilde a. a. O. S. 423 r. Sp.

Auch ein Verwertungs- oder Weiterbenutzungsrecht **ohne Entschädigungspflicht** (§ 24 Abs. 5) ist heute selbstverständlich für Gegenstände zu **verneinen,** die nach Offenlegung, aber vor Bekanntmachung hergestellt worden sind. Auch derjenige, der eine angemessene Entschädigung gemäß § 24 Abs. 5 bereits gezahlt hat, darf nicht etwa im Hinblick auf das für die Benutzung vor der Bekanntmachung gezahlte Entgelt die Benutzung fortsetzen (ebenso Neuhaus in Klauer-Möhring § 7 Anm. 14).

Ein Weiterbenutzungsrecht wird dem Zwischenbenutzer bei **Wiedereinsetzung in den vorigen Stand** gewährt (vgl. § 43).

Über gesetzliche Weiterbenutzungsrechte nach dem 1. ÜG vom 8. 7. 1949, dem Art. 7 AHKG Nr. 8 vom 20. 10. 1949, dem Patentverlängerungsgesetz vom 15. 5. 1951, dem Anfechtungsgesetz vom 17. 2. 1960 und dem Saargesetz vom 30. 6. 1959 s. die Zusammenstellung bei Busse Anh. zu § 7.

Wegen des Weiterbenutzungsrechts nach Art. 7 Abs. 1 PatÄnG s. § 1 Anm. 84.

B. Wegfall des § 7 Abs. 2

23 Weggefallen nach dem 1. ÜG vom 8. 7. 1949 § 1 Ziff. 1. Die Vorschrift betraf das Vorbenutzungsrecht des Reichs und der selbständigen Reichsverkehrsanstalten unter erleichterten Voraussetzungen.

C. Vorbenutzungsrecht im Prioritätsintervall (§ 7 Abs. 3)

Nach früher herrschender Ansicht konnte jeder, der in der Zeit zwischen der beanspruchten Unionspriorität und der Anmeldung des Patentes oder dem Beginn des zeitweiligen Ausstellungsschutzes seinen Erfindungsbesitz betätigt hatte, ein Vorbenutzungsrecht erwerben. Die Vorschrift des § 7 Abs. 3 hat die Frage nunmehr im Hinblick auf die Änderung des Art. 4 PVÜ auf der Londoner Konferenz 1934 (vgl. Begründung zum PatG 1936 Bl. 1936, 103, 105) in gleicher Weise wie schon vorher beim Ausstellungsschutz geregelt. Maßgebend ist hiernach der Tag der vorangegangenen ausländischen Anmeldung oder der Beginn der Schaustellung (nicht des Tages der Eröffnung s. oben § 2 Anm. 6) anstelle der in § 7 Abs. 1 bezeichneten Anmeldung (vgl. RG 4. 1. 1937 RGZ 153, 321, 324). 24

Die Vorschrift gilt nicht für Angehörige derjenigen ausländischen Staaten, die keine Gegenseitigkeit gewähren.

D. Freiheit des internationalen Verkehrs (§ 7 Abs. 4)

Spielmann, GRUR 1908, 145; Meurer, MuW 1940, 61.

Die Pariser Verbandsübereinkunft enthält bereits in ihrer Haager Fassung (1925) Art. 5ter eine entsprechende Vorschrift und ist zur Auslegung der § 7 Abs. 4 heranzuziehen. (Vgl. Prop. Ind. 1926, 221 ff.) Die Vorschrift verschafft für die **Einrichtungen** an inländischen oder ausländischen Fahrzeugen jeder Art (auf dem Wasser, in der Luft, auf der Erde oder unter der Erde) eine Beseitigung der Wirkung eines deutschen Patentrechts während einer nur **vorübergehenden** Anwesenheit im Geltungsbereich des deutschen Patentgesetzes. 25

Unter »Einrichtungen« (»moyens« in Art. 5ter) wird man alle den Patentschutz genießenden Gegenstände zu verstehen haben, die mit einem Fahrzeug fest verbunden oder dessen Zubehör sind (vgl. Tetzner § 7 Anm. 69; Blum-Pedrazzini Art. 35 Anm. 13 mit Beispielen). Die Auslegung des recht unbestimmten Begriffs »vorübergehend« hat im Einzelfall unter Würdigung aller Tatumstände zu erfolgen. Nach der VO über internationalen Kraftverkehr vom 12. 11. 1934 (RGBl. I 1137) gilt der Aufenthalt eines Kraftfahrzeugs bis zu einem Jahr als vorübergehend. Dieser Zeitraum wird als Maßstab u. a. auch für andere Verkehrsmittel herangezogen werden können. Schiffe, die von ihrem deutschen Heimathafen regelmäßig Fahrten nach ausländischen Häfen und zurück unternehmen, fallen nicht unter die Vorschrift (RG 20. 10. 1887 PatBl. 1887, 371).

Aus dem Wortlaut des § 7 Abs. 3 darf nicht gefolgert werden, daß alle Benutzungsarten des § 6 freigestellt sind. Feilhalten oder Inverkehrbringen entsprechen nicht dem Sinn der Vorschrift als einer der Förderung des internationalen Verkehrs dienenden Bestimmung. Ein Verkauf wird andererseits nicht schlechthin auszunehmen sein, da durch ihn die Belange des Patentinhabers nicht beeinträchtigt werden, soweit sich das Fahrzeug **nur vorübergehend im Inland** aufhält. Anders allerdings der Verkauf eines im Inland befindlichen Verkehrsmittels von einem Ausländer an einen Inländer (R. Pietzcker in Bussmann-Pietzcker-Kleine, § 10 VI S. 238). Gebrauchen muß als uneingeschränkt zulässig angesehen werden. Auch die in Regie der Schiffsleitung **mit Bordmitteln** erfolgende **Reparatur oder Neuerstellung** von Einrichtungsgegenständen muß als zulässig erachtet werden. Auch für andere Neuerstellungen ist auf Grund des Gesetzesinhalts Entsprechendes anzunehmen, ebenso für selbständig geschützte oder nicht selbständig geschützte, absolut oder relativ neutrale oder selbst erfindungsfunktionell bedeutsame Teile. (Vgl. § 6 Anm. 48; R. Pietzcker a. a. O.)

Für Privatluftfahrzeuge gelten jetzt die teilweise noch weiter gehenden Bestimmungen des in Chikago am 7. 12. 1944 unterzeichneten Abkommens über die internationale Zivilluftfahrt (insbesondere Art. 27 »Befreiung von Beschlagnahme wegen Patentverletzung«), dem die Bundesrepublik durch Gesetz vom 7. 4. 1956 mit Wirkung vom 8. 6. 1956 beigetreten ist (Bl. 1962, 67 ff.).

Da die Ausnahmevorschrift lediglich die Sicherung des internationalen Verkehrs bezweckt, hindert sie nicht, daß Einrichtungen, die durch den Gebrauch im Inland offenkundig benutzt werden, nach § 2 neuheitsschädlich wirken können.

§ 8

(1) Die Wirkung des Patents tritt insoweit nicht ein, als die Bundesregierung anordnet, daß die Erfindung im Interesse der öffentlichen Wohlfahrt benutzt werden soll. Sie erstreckt sich ferner nicht auf eine Benutzung der Erfindung, die im Interesse der Sicherheit des Bundes von der zuständigen obersten Bundesbehörde oder in deren Auftrag von einer nachgeordneten Stelle angeordnet wird.

(2) Für die Anfechtung einer Anordnung nach Absatz 1 ist das Bundesverwaltungsgericht zuständig, wenn sie von der Bundesregierung oder der zuständigen obersten Bundesbehörde getroffen ist.

(3) Der Patentinhaber hat in den Fällen des Absatzes 1 gegen den Bund Anspruch auf angemessene Vergütung. Wegen deren Höhe steht im Streitfall der Rechtsweg vor den ordentlichen Gerichten offen. Eine Anordnung der Bundesregierung nach Absatz 1 Satz 1 ist dem in der Rolle (§ 24 Abs. 1) als Patentinhaber Eingetragenen vor Benutzung der Erfindung mitzuteilen. Erlangt die oberste Bundesbehörde, von der eine Anordnung oder ein Auftrag nach Absatz 1 Satz 2 ausgeht, Kenntnis von der Entstehung eines Vergütungsanspruchs nach Satz 1, so hat sie dem als Patentinhaber Eingetragenen davon Mitteilung zu machen.

ÜBERSICHT

Die Bestimmung des § 8 ist neu gefaßt durch Art. 1 Ziff. 2 des 1. ÜG (Amtl. Begründung GRUR 1949, 337, 342) sowie durch Art. 1 des 5. ÜG (Amtl. Begründung GRUR 1953, 347, 348).

1. Benutzungsberechtigung des Bundes

Voraussetzung für die Anwendbarkeit der Bestimmung ist, daß das Pa- 1
tent im Interesse der Wohlfahrt oder der Sicherheit des Bundes benutzt werden soll. Im Falle des Satzes 1 hat die Bundesregierung (ohne Möglichkeit der Delegation auf einen Ressortminister), im Falle des Satzes 2 die

zuständige oberste Bundesbehörde oder eine ihr nachgeordnete zuständige Behörde – unter den im Gesetz angegebenen, vom Gericht nicht nachprüfbaren Voraussetzungen – den erforderlichen Eingriff in das Patent anzuordnen. Dies gilt auch, wenn nach Bestimmung der Bundesregierung z. B. ein privates Gewerbeunternehmen die Befugnis oder den Auftrag zur Benutzung erhält.

Die **Rechtsnatur des Eingriffs** in das Benutzungsrecht des Patentinhabers ist streitig. Das RG hat zunächst angenommen, durch die Vorschrift sei der Grundsatz des Enteignungsrechts für das Gebiet des Patentrechts anerkannt worden. Wo es sich um das Wohl des Ganzen handele, solle das private Patentrecht keine unüberwindlichen Schranken bilden (RG 22. 6. 1912 RGZ 79, 427, 430). Später hat das RG die Bezeichnung »Zwangslizenz« gewählt (RG 28. 9. 1921 RGZ 102, 390; 6. 10. 1939 RGZ 161, 387), ohne für die abweichende Beurteilung eine Begründung zu geben. Die Vermutung liegt nahe, daß das RG von einer »Enteignung« abgerückt ist, weil das Patentrecht als solches im Falle des § 8 dem Patentinhaber nicht entzogen wird (so Krausse-Katluhn-Lindenmaier, 3. Aufl., § 8 Anm. 1). Ob diese Annahme für das frühere Recht zutrifft, mag dahinstehen. Im Sinne der durch den grundlegenden Beschluß des BGH vom 10. 6. 1962 (BGHZ 6, 270) eingeleiteten neueren Rechtsprechung sind die Voraussetzungen für eine Enteignung nicht erfüllt. Denn es liegt keine Rechtsbeschränkung einzelner oder aus einzelnen bestehender Gruppen durch einen Einzelakt vor, sondern eine sachliche Allgemeinbeschränkung des Patentrechts. Im Ergebnis ebenso Neumar in Reimer § 8 Anm. 1 und Tetzner § 8 Anm. 5; a. A. Bock-Bruchhausen in Benkard § 8 Anm. 13, die der Auffassung sind, auf Grund der Benutzungsanordnung werde dem Patentinhaber ein Sonderopfer zugunsten der Allgemeinheit aufgezwungen, das diesen gegenüber anderen Staatsbürgern ungleich treffe. Gleicher Ansicht Nirk in Klauer-Möhring § 8 Anm. 3.

Für den **Umfang des Eingriffs** ist die Bestimmung der Bundesregierung oder obersten Bundesbehörde maßgebend. Die Behörden können anordnen, daß sich die Benutzung ganz oder teilweise auf die Erfindung erstrecken soll. Die Benutzung kann alle Benutzungsarten oder nur Teile von ihnen betreffen, z. B. nur Herstellung oder Gebrauch, nicht auch Feilhalten und Vertreiben (Kisch, Handbuch S. 201). Auch kann der Eingriff für die ganze Dauer des Patentschutzes oder nur für eine kürzere Zeit festgesetzt oder örtlich beschränkt werden. Der Umfang des Eingriffs kann also demjenigen einer einfachen oder ausschließlichen Lizenz entsprechen.

Wird das Benutzungsrecht einer privaten oder öffentlichen Stelle überlassen, so muß sich diese selbstverständlich im Rahmen des Auftrags halten (vgl. OLG Frankfurt 25. 4. 1949 Bl. 49, 330, 331).

Vom **deutschen Normenausschuß** vorgeschriebene Normen berühren bei Eingreifen in ein Patent die Wirksamkeit des Patents nicht, falls nicht die

Bundesregierung seine Benutzung insoweit für zulässig erklärt. Ohne Bedeutung ist dabei, ob der Patentinhaber im Normenausschuß mitgewirkt hat, sofern er dabei nicht seinen Willen, das Patent der Allgemeinheit für die Herstellung der genormten Gegenstände freizugeben, unzweideutig zum Ausdruck gebracht hat (RG 7. 7. 1939 RGZ 161, 385; vgl. auch BGH 16. 12. 1952 BGHZ 8, 202 = GRUR 53, 175 – Kabelkennzeichnung).

2. Duldungsverpflichteter

Zur Duldung verpflichtet ist nicht nur der Inhaber eines erteilten Patents, sondern auch der gem. § 30 vorläufig Berechtigte und ein Lizenzinhaber. Sie besitzen mithin keine Ansprüche aus § 47 (Unterlassung und Schadensersatz). Den Inhaber einer nur offengelegten Anmeldung, dem bereits durch die Vorschrift des § 24 Abs. 5 Satz 1 Ansprüche aus § 47 versagt sind oder den Inhaber einer noch nicht zum Patent angemeldeten Erfindung wird man nicht in den Kreis der Verpflichteten einbeziehen können. Maßgebend muß der Zeitpunkt sein, in dem das Ausschlußrecht wirksam wird (ebenso Bock/Bruchhausen in Benkard § 8 Anm. 8 Anm. 1; a. A. wohl Neumar in Reimer § 8 Anm. 1; Tetzner § 8 Anm. 8). 2

3. Öffentliche Wohlfahrt, Sicherheit des Bundes

Öffentliche Wohlfahrt ist im weitesten Sinne zu verstehen. Ob ein Interesse der öffentlichen Wohlfahrt begründet ist, kann nur im Einzelfall unter Abwägung aller in Betracht kommenden öffentlichen Belange entschieden werden. Der Begriff ist umfassender als der des öffentlichen Interesses, der den Maßstab für die Bewilligung einer Zwangslizenz (§ 15) darstellt. Beispiele sind Bekämpfung von Seuchen, Verhütung von Arbeitergefährdung u. dgl. 3

Das Interesse der **Sicherheit des Bundes** ist nicht wie bei der früheren Gesetzesfassung auf die Zwecke der Landesverteidigung beschränkt. Auch Angriffe, die **von innen** gegen die Sicherheit des Bundes gerichtet sind, werden von dem jetzigen Gesetzestext erfaßt. Die Benutzungsanordnungen können nur von der zuständigen obersten Behörde oder in ihrem Auftrag erlassen werden, um auf diese Weise die Anwendung der Bestimmung auf das unbedingt notwendige Maß zu beschränken (Amtl. Begr. GRUR 1953, 347, 348).

4. Anfechtung gem. Abs. 2

Nach dieser gegenüber dem früheren Recht neuen Vorschrift ist für die rechtliche Nachprüfung der Voraussetzungen der Benutzungsanordnung das Bundesverwaltungsgericht zuständig, wenn die Anordnung von der Bundesregierung oder der zuständigen obersten Bundesbehörde getroffen ist (vgl. 4

Ges. über das Bundesverwaltungsgericht vom 23. 9. 1952, BGBl. I 625). Soweit aber »nachgeordnete Behörden mit dem Erlaß solcher Anordnungen beauftragt werden, wird es sich im Zweifel um Angelegenheiten geringerer Bedeutung handeln, so daß es für die Anfechtung dieser Anordnungen bei der allgemeinen Zuständigkeit bleibt« (Amtl. Begr. GRUR 1953, 348). Es sind dann die Verwaltungsgerichte zuständig. Wegen der Einzelheiten des Verwaltungsstreitverfahrens wird auf die Erläuterungsbücher zur Verwaltungsgerichtsordnung vom 21. 1. 1960 verwiesen.

5. Vergütung gem. Abs. 3

5 Die Vergütungspflicht findet ihre Grundlage in der gesetzlichen Bestimmung des Abs. 3 Satz 1. Ein Anspruch auf Unterlassung ist nicht gegeben (RG 28. 6. 1911 RGZ 77, 14; 6. 10. 1939 RGZ 161, 387, 390). **Anspruchsberechtigt** ist der Duldungsverpflichtete, d. h. der Patentinhaber oder auch der ausschließliche Lizenznehmer. Letzteres streitig: wie hier Pietzcker § 5 Anm. 23; Bock-Bruchhausen in Benkard § 8 Anm. 13; Neumar in Reimer § 8 Anm. 6 nur für den Fall, daß der Lizenznehmer den Patentinhaber völlig abgefunden hat; a. A. Nirk in Klauer-Möhring § 8 Anm. 9, der in Anbetracht des Wortlauts des § 8 Abs. 3 grundsätzlich nur den Patentinhaber als Träger des Vergütungsanspruchs ansehen will. **Anspruchsverpflichtet** ist der Bund.

Die **Höhe der angemessenen Vergütung** (§ 315 BGB) ist unter Berücksichtigung aller Umstände zu bestimmen. Die Vergütung soll dem Betroffenen einen Ausgleich für die durch den Eingriff in seine Rechtssphäre auferlegten Nachteile bieten. Die Grundsätze für Zwangslizenzen (§ 15) erscheinen anwendbar, soweit sich nicht eine verschiedene Betrachtungsweise daraus ergibt, daß im Falle des § 8 der Eingriff im Interesse der öffentlichen Wohlfahrt erfolgt. Die Vergütung ist in der Regel geringer als eine als Schadensersatz zu leistende Lizenzgebühr (RG 19. 12. 1925 RGZ 112, 242, 248 vgl. auch BGH 25. 6. 1959 BGHZ 30, 338, 351 – betreffend eine angemessene Entschädigung für hoheitlichen Eingriff).

Da der Anspruch auf Vergütung kein Schadensersatzanspruch ist, unterliegt er **nicht der kurzen Verjährung nach § 48** (RG 6. 10. 1939 RGZ 161, 387 ff.; BGH 12. 4. 1954 BGHZ 13, 88, 98 mit weiteren Nachweisen).

Im Falle der Nichteinigung sind zur Entscheidung die für die Patentstreitsachen zuständigen Gerichte (§ 51) berufen, die aber die Voraussetzungen des Eingriffs **nicht** nachzuprüfen haben, da es sich um einen öffentlichrechtlichen Akt handelt, für den der ordentliche Rechtsweg ausgeschlossen ist (§ 13 GVG). Hat die Anordnung den erstrebten Vorteil gebracht, bleibt die Entschädigungsverpflichtung bestehen, auch wenn die Anordnung nachträglich als irrtümlich widerrufen wird (RG 11. 4. 1933 RGZ 140, 276, 283).

6. Mitteilungspflicht

6 Eine Pflicht zur Mitteilung von der Anordnung nach Abs. 1 Satz 1 gegenüber dem in der Rolle als Patentinhaber Eingetragenen (§ 8 Abs. 3 Satz 3 und 4) ist vorgesehen worden, um dem Betroffenen rechtzeitig Gelegenheit zur Geltendmachung seiner Rechte zu geben. Die Anordnung im Interesse der öffentlichen Wohlfahrt wird danach erst wirksam, wenn die Mitteilung erfolgt ist. Unterlassung oder Verspätung der Mitteilung ist rechtswidrig und kann Rechte auf Staats- oder Beamtenhaftung auslösen (vgl. OLG Frankfurt 25. 4. 1949 Bl. 1949, 330, 331). Eine vorherige Mitteilung ist indessen nicht erforderlich, wenn die Benutzungsanordnung im Interesse der Sicherheit des Bundes erfolgt. In diesem Falle gehen die Interessen des Bundes vor. Es kann ihm bei drohender Gefahr nicht zugemutet werden, zunächst ein langwieriges Verfahren durchzuführen. Es reicht daher aus, eine Mitteilung dem als Patentinhaber Eingetragenen zugehen zu lassen, wenn die für die Anordnung zuständige oberste Bundesbehörde Kenntnis von der Entstehung eines Vergütungsanspruchs nach Satz 1 erhalten hat.

7. Eingriff in Ausübung eines Hoheitsrechtes ohne Anordnung gem. Abs. 1

7 Greift der Bund in Ausübung eines Hoheitsrechtes in ein Patent ein, ohne daß eine Anordnung nach § 8 Abs. 1 ergangen war, oder erläßt eine öffentlich-rechtliche Körperschaft einen Hoheitsakt (z. B. polizeiliche Anordnung), dem ohne Eingriff in das Patent nicht nachgekommen werden kann, so hat das RG auf Grund einer §§ 74, 75 Einl. Pr. ALR entsprechenden Rechtsauffassung dem Patentinhaber einen Anspruch auf Ersatz des entstandenen Wertverlustes, der auch entgangene Nutzungen einbegreifen konnte, zuerkannt (vgl. RG 3. 3. 1928 RGZ 120, 264, 268; 11. 4. 1933 RGZ 140, 276, 282 ff.).

Die Rechtsprechung des BGH gewährt einen sog. **Aufopferungsanspruch** in Anlehnung an §§ 74, 75 a. a. O. nur bei einem Eingriff in **nicht** vermögenswerte Rechte (BGH 12. 4. 1954 BGHZ 13, 88, 90). Für einen unrechtmäßigen schuldhaften oder schuldlosen Eingriff der Staatsgewalt in vermögenswerte Rechte ist von dieser Rechtsprechung der Begriff des **enteignungsgleichen Eingriffs** geprägt (vgl. BGH 10. 6. 1952 BGHZ 6, 270, 290; 12. 4. 1954 BGHZ 13, 88, 90 st. Rsp.).

Da enteignungsgleiche Eingriffe grundsätzlich ebenso zu behandeln sind wie echte Enteignungen, kommt auch kein Schadensersatzanspruch in Betracht, sondern nur ein **Entschädigungsanspruch.** Seinem Umfang nach geht dieser Entschädigungsanspruch nicht über den Vergütungsanspruch hinaus, der bei einem rechtmäßigen Eingriff der Behörde nach § 8 Abs. 3 zu gewähren wäre (ebenso Bock-Bruchhausen in Benkard § 8 Anm 17).

Bei einem schuldhaften rechtswidrigen Eingriff kann auch ein **Amtshaftungsanspruch** aus § 839 Abs. 1 Satz 2 BGB geltend gemacht werden (BGH 25. 6. 1953 BGHZ 10, 137). Die aus Amtspflichtverletzung in Anspruch genommene Behörde kann den Betroffenen **nicht** auf den Entschädigungsanspruch aus enteignungsgleichem Eingriff verweisen (BGH 12. 4. 1954 BGHZ 13, 88).

Ein **Anspruch auf Unterlassung** ist auch hier **nicht** gegeben (RG 28. 6. 1911 RGZ 77, 14, 17; 3. 3. 1928 RGZ 120, 264, 267; 6. 10. 1939 RGZ 161, 387, 390).

8. Eingriff ohne Ausübung eines Hoheitsrechts und ohne Anordnung

8 Bei einem solchen Eingriff für gewerbliche Zwecke, z. B. im Betriebe eines staatlichen gewerblichen Unternehmens, gelten die allgemeinen Bestimmungen. Es erwachsen dann alle Ansprüche aus Patentverletzung (RG 6. 10. 1939 RGZ 161, 387, 390).

§ 9

Das Recht auf das Patent, der Anspruch auf Erteilung des Patents und das Recht aus dem Patent gehen auf die Erben über. Sie können beschränkt oder unbeschränkt auf andere übertragen werden.

ÜBERSICHT

A. Übertragung der in § 9 Satz 1 genannten Rechte

I. Grundsätzliches

a) Recht auf das Patent, Anspruch auf Erteilung des Patents und Recht aus dem Patent

1 Das Gesetz bezeichnet als **vererblich** und auf andere **übertragbar** das »Recht auf das Patent«, den »Anspruch auf Erteilung des Patents« und das »Recht aus dem Patent«. Was unter diesen Rechten zu verstehen ist, ist in § 3 Anm. 3 erläutert worden. Für den Erfinder erwächst danach schon vor der Anmeldung ein **Recht auf das Patent,** das neben **dem nicht übertragbaren** und nur hinsichtlich des Anspruchs auf Anerkennung des Erblassers als Erfinder vererblichen **Persönlichkeitsrecht** ein unvollkommenes **absolutes Vermögensrecht** darstellt und ein Recht auf Anmeldung der Erfindung zum Patent zum Inhalt hat. Vor der Anmeldung beschränkt sich dieses Recht allerdings auf die Grundsatzerklärung, daß – falls überhaupt jemand nach den anzuwendenden Bestimmungen ein Patent erhalten kann – dieses dem wahren Erfinder verliehen werden soll (BGH 25. 11. 1965 BGHZ 44, 346, 356 = GRUR 1966, 251, 254 – Batterie).

Nicht zu trennen von diesem Recht auf Anmeldung ist der **verwaltungsrechtliche Anspruch** des Erfinders gegen das PA **auf Erteilung des Patents,** der erst durch die das Recht auf das Patent verwirklichende Anmeldung erworben wird und voraussetzt, daß alle Merkmale einer Erfindung erfüllt sind (BGH 26. 1. 1967 BGHZ 47, 132, 141 = GRUR 1967, 477, 480 – UHF-Empfänger II).

Im Verfahren vor dem PA ist dieser verwaltungsrechtliche Anspruch vom Patentgesetz allein an die Tatsache der Erstanmeldung der Erfindung geknüpft (BGH 19. 6. 1962 BGHZ 37, 219, 231 = GRUR 1962, 642, 646 – Drahtseilverbindung). Denn nach § 4 Abs. **1 gilt** in dem Verfahren vor dem PA – zwecks Vermeidung einer Verzögerung der Prüfung der Erfindung – der Anmelder als berechtigt, die Erteilung des Patents zu verlangen. Im Falle eines Rechtsübergangs tritt der erweisliche Nachfolger gegenüber dem PA in die Rechtsstellung des Anmelders ein und erwirbt gleichzeitig das Erfinderrecht als Vermögensrecht (RG 3. 10. 1902 RGZ 52, 227).

Das »**Recht aus dem Patent**« ist die sich aus §§ 30, 6, in abgeschwächter Form aus § 24 Abs. 5 ergebende vorläufige oder endgültige Benutzungsberechtigung (§ 6 Anm. 35 ff.).

b) Rechtsnatur der Übertragung

2 Die zahlreichen und häufig nicht einfach zu beurteilenden Möglichkeiten, die sich an die **Übertragung** von Patentrechten knüpfen und insbesondere auch auf dem weiten Feld des **Lizenzrechts** auftauchen, sind im Gesetz nicht besonders geregelt. Vergeblich ist das Bemühen, namentlich bei

der Patentlizenz, diese Fragen dadurch zu lösen, daß man sie einem bekannten Rechtsgebiet (Pacht, Kauf, Gesellschaft u. dgl.) unterordnet. Im Verlauf einer langjährigen Rechtsprechung hat sich erwiesen, daß in zahlreichen Punkten andere Lösungen gesucht werden müssen, weil die sich ergebenden Rechtslagen nicht in jene Rechtsformen hineinpassen. Drei Gesichtspunkte sind vor allem hervorzuheben. In erster Linie das Merkmal des **gewagten Geschäfts.** Gewagt deshalb, weil nicht vorhersehbar ist, ob das Patent ein Nichtigkeitsverfahren überstehen wird, ob das Patent nicht abhängig ist oder Vorbenutzungsrechte auftauchen, eine Zwangslizenz erteilt wird oder aus anderen Gründen, etwa infolge der Veränderung der Marktverhältnisse oder des Fortschritts der Technik, eine Verwertung unwirtschaftlich wird (vgl. RG 23. 4. 1932 GRUR 1932, 865, 867; 12. 6. 1942 GRUR 1943, 35; BGH 5. 7. 1960 GRUR 1961, 27, 28 – Holzbauträger; 17. 3. 1961 GRUR 1961, 466, 468 – Gewinderollkopf); im einzelnen Anm. 9. Das bedeutet allerdings nicht, daß solche Verträge etwa einen echten aleatorischen Charakter im Sinne eines kalkulierten Risikos haben (so zutreffend Schwerdtner GRUR 1968, 9, 22 mit Nachweisen; a. A. Mediger GRUR 1968, 564, 565; vgl. auch Tetzner § 9 Anm. 78). Der zweite Punkt ist der **Einfluß des Kausalgeschäfts** auf das Rechtsverhältnis zwischen Übertrager und Erwerber eines Patentrechts (gegebenenfalls auch zwischen Lizenzgeber und Lizenznehmer). Noch erheblicher wird schließlich die rechtliche Wirkung der Übertragung mehrfach durch den damit verbundenen **wirtschaftlichen Zweck** beeinflußt (vgl. Anm. 28). So erklärt sich das System der von Rechtsprechung und Rechtslehre ausgebildeten, im einzelnen nicht immer unstreitigen Grundsätze, wobei die allgemeinen Grundsätze des bürgerlichen Rechts stets herangezogen werden müssen.

II. Übertragung von Patentrechten im allgemeinen

a) Vererbung, Übertragung

Die **vermögensrechtlichen** Bestandteile der Ansprüche sowohl an der 3
Erfindung (§ 3 Anm. 3) als auch aus dem Patent sind im Wege der gesetzlichen Erbfolge sowie auf Grund einer Verfügung von Todes wegen **vererblich** und durch vertragliche Verfügungen **übertragbar.** Das gilt auch für **Geheimpatente.** Ihre Übertragung (ebenso wie ihre Lizenzvergabe) ist durch das Gesetz nicht ausgeschlossen, sondern allenfalls praktisch auf einen engen Kreis möglicher Anwärter beschränkt (vgl. BGH 1. 12. 1966 GRUR 1967, 245, 246 – Lizenzbereitschaft für Geheimpatente). Der obligatorische Übertragungsvertrag und die dingliche Übertragung (Übertragungshandlung) fallen bei schon erteilten Patenten in der Regel zusammen (RG 14. 12. 1929 RGZ 126, 280, 284). Aber auch eine gegenwärtige (dingliche) Übertragung erst künftig zu nehmender und noch nicht angemeldeter Pa-

tente ist zulässig, wenn das künftige Recht seinem Gegenstand nach hinreichend bestimmt oder zumindest bestimmbar ist (BGH 16. 11. 1954 GRUR 1955, 286, 289 – Schnellkopiergerät; vgl. auch RG 30. 11. 1932 RGZ 139, 52, 56). Eine solche **Vorausverfügung über künftige Erfindungen** kann ausdrücklich oder stillschweigend in dem Sinne getroffen werden, daß die Erfindungen ohne einen besonderen Übertragungsakt unmittelbar auf den Berechtigten übergehen. Durch § 3 Satz 1 ist ein solches Recht des Erfinders zur Vorausverfügung nicht ausgeschlossen. Ein **originärer** Erwerb einer künftigen Erfindung findet allerdings nach heutigem Recht nicht statt (BGH 16. 11. 1954 a. a. O.). Natürlich kann sich der Erfinder auch zur Übertragung künftiger Erfindungen nur **verpflichten,** so daß es zum Erwerb der Erfindung noch der Übertragung bedarf, auf die der Unternehmer auf Grund der getroffenen Vereinbarung dann einen schuldrechtlichen Anspruch hat (BGH 16. 11. 1954 a. a. O.; 24. 6. 1952 GRUR 1953, 29, 30); im einzelnen § 3 Anm. 11 ff.

Wegen Übertragung von Geheimverfahren (Betriebsgeheimnissen) und Know-How Anm. 26, 26 a.

Unzulässig ist es, von dem Recht aus dem Patent einen für dessen Begriff **wesentlichen Bestandteil abzuspalten** und etwa das Verbietungsrecht allein auf einen anderen zu übertragen, sei es allgemein, sei es nur gegenüber einem einzelnen Störer. Der Unterlassungsanspruch als solcher ist zur Abtretung nicht geeignet. Dagegen kann an dessen Stelle die Ermächtigung eines Dritten treten, den Unterlassungsanspruch im eigenen Namen, aber für Rechnung des ermächtigenden Patentinhabers geltend zu machen, falls ein eigenes rechtliches Interesse des Ermächtigten an der Geltendmachung des Rechts besteht (RG 15. 6. 1935 RGZ 148, 146).

Wegen Unwirksamkeit des **vertraglichen Ausschlusses einer Weiterübertragung** eines **lizenzierten** Patents seitens des Lizenzgebers gegenüber Dritten vgl. Anm. 57.

Über kartellrechtliche Beschränkungen bei Übertragungen vgl. Anm. 67 ff. Über Nichtübertragbarkeit bzw. Nichtvererblichkeit des Persönlichkeitsrechts vgl. § 3 Anm. 2.

Aus der Übertragung eines Patents **unter gleichzeitiger Übernahme der Patentamtsgebühren** durch den Erwerber folgt noch nicht ohne weiteres, daß auf diesen auch **Schadensersatzansprüche** wegen Patentverletzungen aus der Zeit vor der Übertragung stillschweigend übergehen. Hierfür bedarf es vielmehr einer besonderen Abtretung, da die Schadensersatzansprüche keine Nebenrechte im Sinne des § 401 Abs. 1 BGB sind; das gleiche gilt für etwaige Ansprüche aus Lizenzverträgen (BGH 14. 1. 1958 GRUR 1958, 288 ff. – Dia-Rähmchen – mit Nachweisen; vgl. Moser v. Filseck, JR 1951, 306).

b) Form der Übertragung

Obligatorischer und dinglicher Übertragungsvertrag sind **formfrei**, 4
werden aber in der Praxis fast immer schriftlich abgeschlossen. Um für Klarheit zu sorgen, ist Schriftform zu empfehlen (Lüdecke, GRUR 1954, 379, 384). Auch ist heute stets § 34 GWB zu beachten, wonach Verträge, soweit sie Beschränkungen der in §§ 20, 21 GWB bezeichneten Art enthalten, schriftlich abzufassen sind, um den Gerichten und Kartellbehörden die Nachprüfung etwaiger unzulässiger Wettbewerbsbeschränkungen zu gestatten (BGH 8. 6. 1967 GRUR 1967, 676, 680 – Gymnastiksandale; vgl. Anm. 58). Dabei reicht es nicht einmal aus, wenn sich der schriftlichen Abfassung lediglich die Beschränkung, nicht aber der übrige Inhalt des Vertrages entnehmen läßt. Denn die Kartellbehörde muß in der Lage sein, den **gesamten Inhalt des Vertrages** festzustellen (BGH 9. 11. 1967 GRUR 1968, 219, 221 – Getränkebezug).

Hat sich ein Patentinhaber durch einen **Vorvertrag** bindend verpflichtet, über seine Patente nicht mehr zu verfügen oder sie nicht mehr auszuwerten, so ist es Frage der Auslegung, ob das für den Hauptvertrag vereinbarte **Formerfordernis** sich nach dem Willen der Parteien auch auf den Vorvertrag erstrecken soll (BGH 3. 6. 1958 GRUR 1958, 564, 566 – Baustützen).

Im einzelnen über Vorverträge und Optionsverträge Anm. 28 a.

c) Legitimationsfragen

Nach § 24 bleibt der frühere Patentinhaber, solange das Patent noch 5
nicht auf den Erwerber **umgeschrieben** ist, nach Maßgabe des Patentgesetzes berechtigt und verpflichtet (RG 14. 12. 1929 RGZ 126, 280, 284). Dies hat aber nur Bedeutung für **Legitimationsfragen** sowohl dem PA und BPatG gegenüber wie auch im bürgerlichen Rechtsstreit. Der materiell Berechtigte ist danach zur Geltendmachung der Rechte aus dem Patent nicht ausgewiesen.

Im **Erteilungsverfahren** kann die **Anzeige der Übertragung einer Patentanmeldung** gegenüber dem PA von Bedeutung werden, wenn die **Anmeldung nach Übertragung** von dem ursprünglichen Anmelder, der nach Maßgabe des Patentgesetzes (§ 24 Abs. 2) allein berechtigt und verpflichtet ist, **zurückgenommen wird.** Da ein Dritter erst dann in das Verfahren eintreten kann, wenn die Übertragung dem PA mitgeteilt ist, ist eine solche Rücknahme rechtswirksam; eine Weiterbehandlung der Anmeldung durch das PA kann in diesem Fall nicht mehr erfolgen (BPatG 23. 11. 1962 E 3, 38 ff.). Auch bei der Entscheidung über die **Wiedereinsetzung** in die versäumte Frist zur Zahlung von Patentgebühren können in der Regel nur solche Tatsachen berücksichtigt werden, die in der Person desjenigen entstanden sind, der in der Patentrolle als Patentinhaber eingetragen ist (BPatG 4. 10. 1961 E 1, 126 ff.). Allerdings kann ein Wiedereinsetzungsgesuch für den Fall, daß innerhalb der Zahlungsfrist die Umschreibung unter Vorlage der notwendigen Unterlagen von dem neuen Inhaber beantragt worden ist, darauf gestützt werden, daß dieser infolge eines nach diesem Zeitpunkt eingetretenen unabwendbaren Zufalls an der Innehaltung der Frist gehindert war (BPatG 18. 1. 1963 E 3, 140, 141).

Für die **materielle Berechtigung als solche** ist die Eintragung in der Patentrolle im übrigen ohne Bedeutung (RG 30. 11. 1932 RGZ 139, 52, 57; 18. 4. 1936 RGZ 151, 129, 135; RG 4. 10. 1938 GRUR 1939, 371, 373; 5. 12. 1939 MuW 1940, 76).

Nach §§ 403, 413 BGB kann der Erwerber vom Übertrager Erteilung einer **öffentlich beglaubigten Urkunde** über die Übertragung verlangen; eine Vorleistungspflicht des Verkäufers ist dies nicht (RG 14. 12. 1929 RGZ 126, 280, 284, 285).

Im übrigen vgl. § 24 Anm. 5 ff.

d) Geschäftsfähigkeit für die Übertragungserklärung

6 Die Fähigkeit zur Abgabe einer wirksamen Übertragungs- oder Annahmeerklärung bestimmt sich nach den allgemeinen Grundsätzen des BGB über **Geschäftsfähigkeit** (§§ 104 ff.). Überträgt ein Vater ein Patent auf sein minderjähriges Kind, so muß dieses, um rechtswirksam das Patent zu erwerben, durch einen Pfleger vertreten sein (BGB §§ 1630 Abs. 2, 1795 Nr. 1, 1909; RG 18. 4. 1936 RGZ 151, 129, 134). Bei der Umschreibungsbewilligung, die eine »amtsempfangsbedürftige« Willenserklärung ist, ist § 181 BGB (Verbot des Selbstkontrahierens) ausgeschlossen (F. Schlüter, GRUR 1953, 470).

e) Beschränkte Übertragung durch Nießbrauchsbestellung und Verpfändung

7 Die Übertragung von Patentrechten braucht nicht stets zu Zwecken des Übergangs des Vollrechts erfolgen. Auch eine inhaltlich beschränkte Übertragung durch Bestellung des **Nießbrauchs** oder eines **Pfandrechts** ist möglich (Meurer, Nießbrauch, Nutznießung und Pfandrecht an Patenten unter Berücksichtigung des internationalen Privatrechts, MuW 1936, 397; Rasch, S. 63, 64). Über eine beschränkte Übertragung des **Benutzungsrechts** durch **Einräumung von Lizenzen** vgl. unten Anm. 27 ff.

Nießbrauchsbestellung, bei der der Schutzrechtsinhaber nur einen Teil seiner Rechte überträgt, ist selten. Der Nießbraucher kann, wie grundsätzlich auch der ausschließliche Lizenznehmer (Anm. 55), Lizenzen vergeben. Dagegen kann er den Nießbrauch seinem Bestandteil nach nicht übertragen (§§ 1068 Abs. 2, 1059 BGB). Anders, wenn der Nießbrauch einer juristischen Person zusteht (s. dazu §§ 1059 a–e BGB). Auch kann der Patentinhaber auf das mit einem Nießbrauch belastete Patent nicht rechtswirksam verzichten (§ 1071 BGB). Durch Veräußerung des Patents erlischt der Nießbrauch nicht.

Die **Verpfändung** eines Patentrechts erstreckt sich auf Lizenzen nur, wenn das besonders vereinbart ist. Der **Verpfänder** ist auch nicht gehindert, weitere Lizenzen zu erteilen. Dagegen ist der Pfandgläubiger im Zweifel nicht berechtigt, die patentierte Erfindung zu benutzen und Lizenzen zu erteilen (§ 1273 Abs. 2 Satz 2 i. V. m. § 1213 BGB). Der Patentinhaber kann auf das Patent nicht rechtswirksam verzichten (§ 1276 BGB). Das Pfandrecht erlischt, wenn das Patent für nichtig erklärt wird, ebenso wenn die Gebühren nicht gezahlt werden. Die **Pfandverwertung** erfolgt im Wege der Zwangsvollstreckung, nachdem der Pfandgläubiger zuvor einen Schuldtitel erwirkt hat (§ 1277 BGB). Abweichende Vereinbarungen sind zulässig, jedoch sind hierbei die §§ 1229, 1245 BGB zu beachten.

Die Lizenzen bleiben – abgesehen von der rein negativen Benutzungserlaubnis (vgl. Anm. 29) – trotz der Versteigerung bestehen. Die Einnahmen aus diesen fließen fortan dem Erwerber zu. Die Patentrechte unterliegen der Einzelvollstreckung und dem Konkurs. Über **Pfändung** von Erfindungen und von Patentrechten vgl. Anm. 61.

f) Übertragung zu einem Bruchteil; befristete Übertragung

Das Patentrecht (ebenso wie das Recht auf das Patent und das Recht aus einer Patentanmeldung) kann **zu einem ideellen Bruchteil übertragen** werden, eine reale Teilung (etwa nach Bezirken oder Benutzungsarten wie bei der Lizenzerteilung, vgl. unten Anm. 33, oder nach Patentansprüchen) ist ausgeschlossen. 8

Übertragung eines ideellen Anteils **mit zeitlicher Beschränkung** (Endtermin) und mit der Folge, daß das übertragene Recht mit Ablauf der Frist ohne besonderen Übertragungsakt wieder zurückfällt, ist zulässig (RG 19. 10. 1943 GRUR 1943, 355).

Auch die **befristete** Übertragung eines Patentrechts auf einen **Treuhänder,** der in der Verfügung über die Rechte aus einer Patentanmeldung oder an dem Patent sachlich nicht beschränkt ist, ist möglich (PA Gr. Sen. 21. 1. 1931 Bl. 1931, 22 ff.). Die Frage, ob das Patentrecht nach Beendigung des Treuhandverhältnisses unmittelbar zurückfällt, ist streitig (bejahend Nirk in Klauer-Möhring § 9 Anm. 18; verneinend Reimer § 9 Anm. 20 unter Hinweis auf Jaeger KO § 43 Anm. 39). Der letztgenannten Auffassung ist der Vorzug zu geben.

Wegen **Sequestration** zwecks Sicherung des Patentübertragungsanspruchs vgl. § 47 Anm. 67.

Bei Übertragung zu einem – ideellen – Bruchteil entsteht eine **Patentgemeinschaft** (§§ 741 ff. BGB). Ebenso dann, wenn mehrere gemeinsam eine Erfindung gemacht oder zum Patent angemeldet haben (§ 3 Anm. 17 ff.). Bei der davon zu unterscheidenden Einbringung eines Patents in eine **Gesellschaft** kann das Patent zu **Eigentum** übertragen und zu einem Teil des Gesellschaftsvermögens (Gesamthandseigentum) werden (§ 3 Anm. 12,

13). Es kann aber auch die Gesellschaft nur das Recht **zur Benutzung** des Patents erhalten, in welchem Falle bei Auflösung der Gesellschaft das Patent ohne besonderen Rückübertragungsakt an den Patentinhaber zurückfällt (§ 732 BGB), soweit es nicht noch für die Zwecke der Auseinandersetzung benötigt wird (RG 3. 11. 1937 GRUR 1938, 335, 337).

Ist zweifelhaft, ob der Patentinhaber das **Patent** oder **nur das Recht zu dessen Benutzung** zu übertragen verpflichtet ist, ist von dem **Erfahrungssatz** auszugehen, daß in der Regel der Patentinhaber bei der Einräumung eines Rechts von seinem Recht so wenig wie möglich aufgeben will (RG 17. 6. 1936 GRUR 1937, 1001; vgl. auch BGH 16. 11. 1954 GRUR 1955, 286, 289 – Schnellkopiergerät).

Über **Individualrechte** des Gemeinschafters und Gesellschafters vgl. § 3 Anm. 20 ff. und 26 ff.

III. Patentübertragung und Haftung

1. Die Haftung für Mängel bei Übertragung von Patentrechten

a) Allgemeines

9 aa) Den Regelfall bildet die **entgeltliche** Übertragung, vor allem also **Kaufvertrag** als Grundgeschäft (vgl. §§ 433, 493 BGB). Wegen unentgeltlicher Übertragung vgl. BGH 21. 11. 1950 GRUR 1951, 70 – Holzverwertung. In der Folge kann das Patent für **nichtig** erklärt werden, oder es kann sich herausstellen, daß ein **Vorbenutzungsrecht** besteht, daß das Patent **abhängig** ist; auch kann eine **Zwangslizenz** erteilt werden. Alles das sind Umstände, die den Rechtsbestand des Patents beeinträchtigen oder doch seine Benutzbarkeit rechtlich einschränken. Aber auch die geschützte Erfindung selbst kann mangelhaft sein, entweder überhaupt **nicht ausführbar** oder doch **nicht brauchbar** für den angegebenen Zweck. Schließlich ist es möglich, daß **Zusicherungen** des Verkäufers sich nicht verwirklichen oder daß dieser den Erwerber über Eigenschaften der geschützten Erfindung **arglistig getäuscht hat.**

Die Beurteilung dieser Fälle hat den in Anm. 9 a erwähnten Gesichtspunkten Rechnung zu tragen. Dabei ist für diese Beurteilung zu beachten, daß es für Fragen der Haftung in vielen Fällen nicht entscheidend darauf ankommt, ob die Patentrechte selbst oder nur Ausübungsbefugnisse mit obligatorischer Wirkung übertragen worden sind; denn Übertragung von Patentrechten zum Vollrecht (Patentverkauf) und die Bestellung einer ausschließlichen Lizenz sind in rechtlicher und wirtschaftlicher Beziehung weitgehend einander angenähert (Pietzcker § 6 Anm. 14); vgl. dazu RG 5. 6. 1935 GRUR 1935, 952, 954. Das gilt insbesondere auch, wenn ein Patent gegen eine Umsatzbeteiligung übertragen worden ist und sich beide Teile über eine längere Zeit hinweg verpflichtet haben, die Erfahrungen, Verbesserungen und Erfindungen miteinander auszutauschen, sie gegenüber Dritten geheimzuhalten und sich gegenseitig keine Konkurrenz zu machen (BGH 25. 10. 1957 BGHZ 26, 7, 8 = GRUR 1958, 136 – Sympatol). Ebenso, wenn ein Patent gegen einen Anteil am Reingewinn veräußert worden ist, wobei der Gewinnanteil die Kaufpreisforderung darstellt (BGH 23. 9. 1958 GRUR 1959, 125, 126 – Pansana), oder wenn das Entgelt in einer Stückgebühr besteht mit der Verpflichtung des Käufers, auf längere Zeit Rechnung zu legen und die Erfindung zu benutzen. Der BGH spricht daher häufig bei Verträgen, auch wenn sie an sich die Übertragung von Patentrechten zum Gegenstand haben, von »Veräußerungs- oder Lizenzverträgen« bzw. »Kauf- oder Lizenzverträgen« und bezeichnet den Vertragspartner des Patentinhabers als »Erwerber oder Lizenznehmer« bzw. als »Lizenznehmer oder Übertragungsempfänger« (BGH 12. 4. 1957 GRUR 1957, 595, 596 – Verwandlungstisch) oder verweist bei einem Auswertungsvertrag auf die Haftungsgrundsätze, die für einen »Patentverkäufer oder Lizenzgeber« gelten (BGH 17. 3. 1961 GRUR 1961, 466, 468 – Gewinderollkopf). Obgleich die Grenzen zwischen der Patentübertragung und der Lizenzbestellung demnach flüssig sind, ist im Folgenden aus systematischen Gründen zwischen Patentübertragungsverträgen und Lizenzverträgen unterschieden worden. Das schließt indessen nicht aus, daß in vielen Fällen die zu Lizenzverträgen ergangenen Entscheidungen auch für Übertragungsverträge Bedeutung haben und umgekehrt. Soweit dies nicht der Fall, wird dies im Folgenden ausdrücklich hervorgehoben werden.

bb) **Die gemeinsame Problematik** bei der Beurteilung dieser Fälle liegt in der angemessenen Verteilung des diesen Verträgen innewohnenden **Risikos** (vgl. Anm. 2), das in der Regel nicht von vornherein der einen oder anderen Vertragspartei in ganzem Umfang aufgebürdet werden kann. Ein Lizenzvertrag beispw. enthält für den Lizenznehmer häufig ein Wagnis, weil sich die wirtschaftliche Verwertbarkeit des Schutzrechts vielfach nicht im voraus mit Sicherheit abschätzen läßt; es besteht für den Lizenzgeber andererseits darin, daß die in die Leistungen und Fähigkeiten des Lizenznehmers gesetzten Erwartungen täuschen können, und kann sich für beide Teile schließlich daraus ergeben, daß unvorhergesehene Ereignisse eintreten, die der weiteren Durchführung des Vertrages vorzeitig ein Ende setzen (BGH 5. 7. 1960 GRUR 1961, 27, 28 – Holzbauträger). Ähnliche Gesichtspunkte gelten für einen Patentveräußerungsvertrag (BGH 17. 3. 1961 GRUR 1961, 466, 468 – Gewinderollkopf). **9a**

Aus den Bestimmungen des BGB sind die auftretenden **Haftungsprobleme** für den Fortbestand eines übertragenen oder zur Nutzung überlassenen Schutzrechts nicht immer befriedigend zu lösen. So wird eine auch nur rechtsähnliche Anwendung z. B. der für andere Fälle gedachten kaufrechtlichen Gewährleistungsvorschriften über Rechtsmängel (§ 434 BGB) oder Rechtskauf (§ 437 BGB) bei Ereignissen, die nachträglich den Rechtsbestand oder die Brauchbarkeit des Patents bzw. die Verwertbarkeit der Erfindung beeinträchtigen, nicht selten zu unbilligen Ergebnissen führen (vgl. dazu Hubmann, § 23 II 1 b S. 148). Im Schrifttum wird häufig bedauert, daß **diese** Problematik noch keine erschöpfende dogmatische Darstellung und Lösung gefunden habe. Aber auch in Zukunft wird dies nicht uneingeschränkt möglich sein, weil stets die Gestaltung des Einzelfalls für die Risikoverteilung maßgebend bleiben muß. Unter diesen Umständen erscheint es entgegen der Ansicht von Tetzner (§ 9 Anm. 15) nur als eine sehr reale Einschätzung der gegebenen Möglichkeiten und keineswegs als eine »Kapitulation«, wenn Lindenmaier (GRUR 1955, 507, 509) vorgeschlagen hat, bei zweifelhaften Fallgestaltungen die maßgebenden Rechtssätze »nach Zweckmäßigkeit, Zumutbarkeit, Verkehrssitte und Verkehrsbedürfnis (§ 242 BGB) zu ermitteln.« Im Grunde entspricht diese Ansicht auch der bereits von Nirk (GRUR 1970, 329, 336) zitierten Lehre im neueren Schrifttum, wonach jeweils auf den **Inhalt des Vertrages** abzustellen ist, inwieweit es **nach den besonderen Umständen des Einzelfalls** gerechtfertigt ist, dem Schuldner nach Treu und Glauben das volle **Erfüllungsrisiko (Beschaffungsrisiko)** aufzuerlegen (vgl. Esser, Schuldrecht Bd. I § 33 II 2; ebenso Larenz, Lehrbuch d. Schuldrechts, Allgemeiner Teil Bd. I § 8 II S. 87 im Anschluß an Oertmann). Eine Einheitslösung, die auf alle zur Entscheidung stehenden Tatbestände zutreffen würde, dürfte trotz aller gegenteiligen Versuche kaum möglich sein.

b) Haftung für Zusicherungen, Täuschung, positive Vertragsverletzung und Verschulden bei Vertragsschluß

10 aa) Bei **Nichterfüllung gemachter Zusicherungen,** z. B. eines bestimmten Schutzumfangs, der Fabrikationsreife, der Verwertbarkeit, oder in dem ensprechend zu behandelnden Fall der **Täuschung** (RG 5. 3. 1931 RGZ 132, 76, 78; RG 19. 11. 1940 GRUR 1941, 99, 101; BGH 28. 6. 1957 GRUR 1958, 175, 176 – Wendemanschette) kann der Erwerber oder Lizenznehmer unter Anwendung des den §§ 325, 463 BGB zugrunde liegenden Rechtsgedankens zurücktreten oder Schadensersatz wegen Nichterfüllung verlangen (Lindenmaier, GRUR 1955, 507, 508). **Zusicherungen** sind allerdings nur dann anzunehmen, wenn sie im Sinne einer Verpflichtungsübernahme zu **echten Vertragsbestandteilen** geworden sind und nicht etwa nur bei Gelegenheit der Verhandlungen erklärt sind; insbesondere also nicht bloß einseitige Erklärungen darstellen (Palandt § 459 BGB Anm. 7).

Die Begründung war nicht einheitlich. RG 28. 4. 1928 (MuW 1927/28, 498, 499) will §§ 437, 440, 326 BGB, d. h. die Vorschriften über den Verkauf eines Rechts (für den Fall der Zusicherung eines bestimmten Schutzumfangs), anwenden (vgl. auch RG 12. 4. 1913 RGZ 82, 155, 158). Nach

RG 3. 7. 1937 (GRUR 1938, 33, 35) stehen dem Käufer bei Nichterfüllung gemachter Zusicherungen (hinsichtlich der Verwertbarkeit der Erfindung) die Rechte aus §§ 459, 462 BGB (Wandlung und Minderung) zu. Er kann nach dieser Entscheidung aber auch die Einrede des nicht erfüllten Vertrages erheben, den Verkäufer in Verzug setzen und nach § 326 BGB vom Vertrage zurücktreten. Die Haftung des Verkäufers für zugesicherte Eigenschaften wird auch in BGH 22. 5. 1959 (GRUR 1960, 44, 46 – Uhrgehäuse) bejaht; jedoch ist die Begründung hierfür offengelassen. Nunmehr hat BGH 11. 6. 1970 GRUR 1970, 547 ff. – Kleinfilter – entschieden, daß sich beim Fehlen zugesicherter Eigenschaften ein Schadensersatzanspruch des Lizenznehmers wegen Nichterfüllung in entsprechender Anwendung der in den §§ 463 und 538, 581 BGB getroffenen Regelung für das Kauf-, Miet- und Pachtrecht rechtfertige (kritisch dazu Fischer in der Anm. a. a. O. S. 549 ff.).

bb) Unter dem Gesichtspunkt der **positiven Vertragsverletzung** sind alle schuldhaften Forderungsverletzungen zu prüfen, die weder eine Unmöglichkeit der Leistung noch Verzug zur Folge haben. Die Vertragsverbindlichkeit umfaßt nicht nur alle Haupt- und Nebenpflichten, sondern auch die sog. »Gläubigerobliegenheiten« (BGH 13. 11. 1953 BGHZ 11, 80, 83). Über das Verhältnis zwischen der gesetzlichen Haftung für Rechts- und Sachmängel einer Kaufsache (§§ 439 BGB ff., 459 BGB ff.) und der Haftung für positive Vertragsverletzung vgl. Medicus JuS 1965, 209, 216 ff.

Der durch die Vertragsverletzung betroffene Vertragsteil kann Schadensersatz wegen Nichterfüllung verlangen oder ist zum Rücktritt bzw. zur Kündigung des Vertrages berechtigt, wenn die weitere Erfüllung des Vertrages für ihn kein Interesse mehr hat oder aber der Vertragszweck durch die Verletzung derart gefährdet ist, daß dem vertragstreuen Teil unter Berücksichtigung aller Umstände des Falls nach Treu und Glauben eine Fortsetzung des Vertrages nicht zugemutet werden kann. Im einzelnen kann auf die BGB-Kommentare (vgl. BGB-RGRK § 276 Anm. 114 ff.; Palandt, § 276 Anm. 7) verwiesen werden.

cc) Aus dem Gesichtspunkt des **Verschuldens beim Vertragsschluß**, dessen Grundsätze anwendbar sind (BGH 12. 1. 1961 GRUR 1961, 494, 495 – Hubroller), kann Schadensersatz oder Rücktritt begehrt werden. Diese Haftung ergibt sich nach st. höchstrichterl. Rechtsprechung (BGH 20. 6. 1952 BGHZ 6, 330, 333) aus einem in Ergänzung des geschriebenen Rechts geschaffenen gesetzlichen Schuldverhältnis, das aus der Aufnahme von bereits verbindlichen Vertragsverhandlungen entspringt und zur verkehrsüblichen Sorgfalt im Verhältnis gegenüber dem Vertragspartner verpflichtet. Insbesondere kommen hier Verletzungen einer – vorvertraglichen – Offenbarungs- oder Aufklärungspflicht in Betracht, z. B. Verschweigen eines ungünstigen Zwischenbescheids des PA, drohender Nichtigerklärung, des Bestehens ausschließlicher Lizenzrechte, einer Abhängigkeit des Patents u. ä., vgl. Lindenmaier, GRUR 1955, 507, 508. Nach diesen Grundsätzen kann auch ein durch **Täuschung** zum Abschluß eines ihm ungünstigen Vertrages veranlaßter Vertragspartner nicht an dem Vertrag festgehalten werden, wenn er den Vertrag bei wahrheitsgemäßer Darstellung der Sachlage nicht abgeschlossen hätte (BGH 8. 12. 1970 X ZR 29/68, S. 13 unter Hinweis auf RGZ 159, 33, 55 und BGH NJW 1967, 1196, 1198); s. auch BGH 31. 1. 1962 LM § 276 (H) BGB Nr. 5, wonach die §§ 123 BGB ff. nicht als Spezialvorschrift anzusehen sind, die die Erhebung eines Schadensersatzanspruchs wegen Verschuldens bei Vertragsabschluß ausschließen. Im einzelnen vgl. Medicus, Grenzen der Haftung für c. i. c., JuS 1965, 209 ff. Der Schadensersatz umfaßt auf jeden Fall das Vertrauensinteresse (z. B. Aufwendungsersatz). Das positive Erfüllungsinteresse kann nur verlangt werden, wenn der Geschädigte einen Erfüllungsanspruch gehabt hätte, wenn z. B. der Vertrag ohne das Verschulden zu günstigeren Bedingungen zustande gekommen wäre (RG 29. 10. 1938 RGZ 159, 33, 55 ff.; BGB-RGRK § 276 Anm. 89 ff.; Palandt § 276 BGB Anm. 6).

c) Haftung für Bestehen und Belastungsfreiheit des Patents, Unabhängigkeit von einem anderen Patent, Nichtbestehen eines Vorbenutzungsrechts bei Übertragung

Trüstedt, Haftung für Rechtsmängel im Patentrecht, GRUR 1939, 516 ff.; Lindenmaier, Die Haftung des Patentinhabers bei Veräußerung des Patents und Lizenzbestellung, GRUR 1955, 507 ff. Nirk, Die Einordnung der Gewährleistungsansprüche und Leistungsstörungen bei Verträgen über Patente im Bürgerlichen Gesetzbuch GRUR 1970, 329 ff.

11 Der Patentverkäufer hat in rechtsähnlicher Anwendung der §§ 437, 440 Abs. 1, 443, 320–327 BGB (RG 28. 4. 1928 MuW 1927/28, 498, 499; 3. 7. 1937 GRUR 1938, 33, 34) dem Käufer das Patent **frei von Mängeln im rechtlichen Bestand zu verschaffen.** Er haftet also grundsätzlich dafür, daß das Patent erteilt und daß es nicht bereits wieder gelöscht oder vernichtet ist, ferner dafür, daß keine Beeinträchtigungen seiner Rechtswirkung, z. B. durch Nießbrauch, Pfandrecht oder Benutzungsberechtigung Dritter (Lizenzen), Abhängigkeit von einem anderen Patent oder Bestehen eines Vorbenutzungsrechts vorliegen (RG 12. 4. 1913 RGZ 82, 155). Kann der Verkäufer das Recht dem Käufer nicht verschaffen, so haftet er nach §§ 437, 440, 325 BGB auf Schadensersatz, und zwar auf das Erfüllungsinteresse (RG 12. 4. 1913 a. a. O.), also nach § 252 BGB auch auf den entgangenen Gewinn. Der Käufer ist so zu stellen, wie er stehen würde, wenn der Verkäufer ordnungsgemäß erfüllt hätte (a. A. Pietzcker § 6 Anm. 3, 35, der zu Unrecht wegen der bestehenden Beweisschwierigkeiten nur das negative Interesse, Ersatz von Aufwendungen, geben will). Der Veräußerungsvertrag ist mithin nicht etwa ohne weiteres nach § 306 BGB nichtig. § 437 BGB enthält insoweit eine Ausnahme von der allgemeinen Bestimmung des § 306 BGB (BGH 12. 4. 1957 GRUR 1957, 595 – Verwandlungstisch).

Anders nur dann, wenn die Schutzfähigkeit der Erfindung von vornherein absolut ausgeschlossen, die Erfindung nicht ausführbar oder aber ein Verfahrensmittel zu dem angegebenen Zweck völlig untauglich war (BGH 12. 4. 1957 a. a. O.).

2. Haftung für n a c h Übertragung auftretende Mängel des rechtlichen Bestandes

a) Keine Garantieverpflichtung

Eine **Garantieverpflichtung** für **Rechtsmängel,** die erst **nachträglich** 12 auftreten und dem Patentverkäufer **nicht bekannt** waren, **besteht nicht.** Der Patentverkäufer oder Lizenzgeber haftet grundsätzlich nicht für den zukünftigen Bestand des Schutzrechts (RG 3. 2. 1912 RGZ 78, 363, 367; 21. 11. 1914 RGZ 86, 45, 53, 56; BGH 12. 4. 1957 GRUR 1957, 595, 596 – Verwandlungstisch; BGH 17. 3. 1961 GRUR 1961, 466, 468 – Gewinderollkopf). Er ist daher in der Regel auch nicht zum Schadensersatz wegen Nichterfüllung verpflichtet.

b) Nachträgliche Vollvernichtung des Patents

Bei nachträglicher Vernichtung des Patents ist der Erwerber oder 13 Lizenznehmer berechtigt, das Vertragsverhältnis **für die Zukunft** zu lösen (RG 21. 11. 1914 RGZ 86, 45, 56; 22. 1. 1921 RGZ 101, 235, 238). Dieser Auffassung hat sich der BGH (12. 4. 1957 GRUR 1957, 595, 596 – Verwandlungstisch; 28. 6. 1957 GRUR 1958, 175, 177 – Wendemanschette; 17. 3. 1961 GRUR 1961, 466, 468 – Gewinderollkopf) angeschlossen. Er geht im Anschluß an Lindenmaier (GRUR 1955, 507, 509 ff.) zur rechtlichen Begründung davon aus, daß bei Verträgen der hier in Rede stehenden Art das Vorhandensein und Bestehenbleiben des Patentschutzes in der Regel als **Geschäftsgrundlage** zu gelten habe und diese Grundlage bei hervortretendem Fehlen der Patentfähigkeit weggefallen sei, woraus das Recht zur Auflösung des Vertrages mit einer Treu und Glauben entsprechenden Bemessung der Lasten erwachsen könne (BGH 12. 4. 1957 a. a. O.).

Dem Fall der Vernichtung des Patents hat BGH a. a. O. zu Recht den Fall gleichgestellt, daß infolge der **offenbar** oder **wahrscheinlich gewordenen Nichtigkeit** dem Käufer oder Lizenznehmer die Vertragsvorteile in einem nicht mehr zumutbaren Maße entzogen werden, z. B. wenn die Konkurrenz, ohne eine Verletzungsklage befürchten zu müssen, nach dem Patent arbeitet (BGH 28. 6. 1957 GRUR 1958, 175, 177 – Wendemanschette; 24. 9. 1957 GRUR 1958, 231, 232 – Rundstuhlwirkware; 17. 10. 1968 GRUR 1969, 409, 411 – Metallrahmen; ähnlich bereits RGZ 21. 11. 1914 a. a. O.).

Über die Rechte des Erwerbers bei Übertragung des Rechts aus einer **Patentanmeldung** vgl. unten Anm. 25.

Solange das Patent dem Erwerber (Lizenznehmer) tatsächlich Vorteile gewährt hat, bleibt er, obwohl die Nichtigerklärung eines Patents auf den Zeitpunkt der Anmeldung zurückwirkt, in der Regel bis zum rechtskräftigen Erlöschen des Patents eine der Benutzungsfreiheit und der Benutzungsmöglichkeit entsprechende Lizenz schuldig, die sich aber im Fall nicht möglicher Ausnutzung bis zum Wegfall der Entgeltsverpflichtung ermäßigen kann (so schon RG in st. Rspr. vgl. 21. 11. 1914 RGZ 86, 45, 50; 21. 1. 1921 RGZ 101, 235, 238; 9. 1. 1929 RGZ 123, 113, 116; 15. 2. 1936 GRUR 1937, 135, 137; 18. 8. 1937 RGZ 155, 306, 314; ebenso BGH 12. 4. 1957 GRUR 1957, 595, 596 – Verwandlungstisch; 28. 6. 1957 a. a. O.; 24. 9. 1957 a. a. O.; 8. 6. 1962 GRUR 1963, 52, 54 – Spritzgußmaschine). Ebenso, wenn die Parteien den kennzeichnenden Teil eines **Unteranspruchs** eines Patents losgelöst von dem Gattungsbegriff des Hauptanspruchs für sich allein zum Gegenstand des Lizenzvertrags gemacht haben. Auch in diesem Fall entfällt die Verpflichtung zur Zahlung der Lizenzgebühr in der Regel nicht schon dann, wenn sich nach Ablauf der Vertragsdauer herausstellt, daß der Gegenstand des kennzeichnenden Teils des Unteranspruchs entgegen der Annahme der Parteien nicht selbst auch schutzfähig ist (BGH 26. 1969 GRUR 1969, 677 ff. – Rüben-Verladeeinrichtung).

c) Nachträgliche Teilvernichtung des Patents und Beschränkung gemäß § 36 a

14 **Bei teilweiser Patentvernichtung** (BGH 12. 4. 1957 GRUR 1957, 595, 596) und nachträglicher **Beschränkung gemäß § 36 a** (BGH 24. 9. 1957 GRUR 1958, 231 – Rundstuhlwirkware) gelten dieselben Grundsätze. Die rechtlichen Wirkungen einer Teilvernichtung und einer Patentbeschränkung sind die gleichen. Je nach dem Umfang, in dem sich die Teilvernichtung oder Beschränkung auf die tatsächliche Nutzungsmöglichkeit und geschäftliche Stellung des Patenterwerbers oder Lizenznehmers auswirkt, ist demnach die Anpassung der geschuldeten Leistung an die veränderte Sach- und Rechtslage vorzunehmen. Ein Einfluß kann im Einzelfall auch überhaupt fehlen, weil etwa von dem Patent noch so viel aufrechterhalten bleibt, daß der Erwerber oder Lizenznehmer die von ihm beabsichtigten Benutzungshandlungen nicht ohne das auf ihn übergegangene Recht hätte ausführen dürfen (BGH 24. 9. 1957 a. a. O.). In diesem Falle bleiben die geschuldeten Lizenzzahlungen unberührt, soweit nicht etwa durch die Teilunwirksamkeit eine Beeinträchtigung der Alleinstellung des Lizenznehmers bei der Herstellung des Fabrikats gegenüber Konkurrenzunternehmen eingetreten ist (BGH 24. 9. 1957 a. a. O. S. 232). Die Entscheidung betraf einen Tatbestand, bei dem die Minderung der Lizenzpflicht für die Zeit **vor** der Patentbeschränkung im Streit stand.

14a Diese Rechtsprechung (zu b und c) ist vorwiegend aus dogmatischen Gründen im Schrifttum nicht unwidersprochen geblieben. Es wird ihr gegenüber die Auffassung vertreten (Möhring, Mitt. 1969, 296 ff.), daß das Vertragsverhältnis nach § 306 BGB nichtig sei und daher für die Rückgewähr der bereits erbrachten Leistungen die Grundsätze der ungerechtfertigten Bereicherung (§§ 812, 818 Abs. 2 BGB) zur Anwendung kommen müßten. Hiernach sei nur der bei den bereits vollzogenen Leistungen zu ermittelnde Überschuß entsprechend der heute allgemein anerkannten Saldotheorie zu verrechnen bzw. auszugleichen. Auf diese Weise könnten alle bei der nachträglichen Vernichtung eines Patents auftretenden Probleme befriedigender und folgerichtiger als bisher gelöst werden. Vgl. dazu auch Nirk in GRUR 1970, 329, 336, 338.

Der BGH hat zu diesen Argumenten noch nicht Stellung genommen. Bedenken gegen sie dürften sich daraus ergeben, daß das Patent nach der bisherigen Rechtsprechung ungeachtet des ihm anhaftenden Rechtsmangels jedenfalls **wirtschaftlich wie ein rechtsgültiges** wirkt und dem Lizenznehmer somit bis zur Vernichtung die Vorteile eines rechtsgültigen Patents gewährt (vgl. dazu Tetzner § 9 Anm. 26, der die neue Betrachtungsweise als zu formal bezeichnet).

d) Nachträgliches Hervortreten eines Vorbenutzungsrechts

Bei einem **nachträglichen Hervortreten eines Vorbenutzungsrechts** 15
gebührt dem Erwerber eines Patents oder Nehmer einer ausschließlichen Lizenz in der Regel ein Kündigungs- oder Minderungsrecht (Minderung: RG 3. 2. 1912 RGZ 78, 363, 368; Trüstedt, GRUR 1939, 516, 517). Nach RG 25. 4. 1936 (GRUR 1936, 1056, 1059) rechtfertigt jedoch ein dem Lizenzgeber oder Veräußerer unbekanntes Vorbenutzungsrecht nicht ohne weiteres eine Kündigung des Vertrages; denn mit Vorbenutzungsrechten muß gerechnet werden. Der Lizenzgeber überträgt **im Zweifel** sein Recht nur in dem Umfang, als es nicht durch Vorbenutzungsrechte eingeschränkt ist.

Die Anwendung der Grundsätze von Anmerkung 13 kann auch hier begründet sein, vorausgesetzt, daß sich aus dem Inhalt des Vertrages keine anderweitige Risikoverteilung ergibt und ein Festhalten an dem Vertrage für den betroffenen Vertragsteil unzumutbar ist (vgl. BGH 24. 9. 1957 GRUR 1958, 231).

e) Bekanntwerden der Abhängigkeit

Im Falle des **nachträglichen Bekanntwerdens der Abhängigkeit** von 16
einem älteren Recht (wegen des Begriffs der Abhängigkeit vgl. § 6 Anm. 65) kann der Erwerber dem Veräußerer entsprechend § 542 BGB eine Frist zur Beseitigung des Mangels (durch Vernichtung des älteren Patents, dessen Aufkauf oder Herbeiführung der Genehmigung zur Benutzung des jüngeren) setzen. Wird die Genehmigung im letztgenannten Falle nur gegen Zahlung einer Lizenzgebühr erteilt: Minderungsrecht (RG 17. 10. 1934

GRUR 1935, 306, 308; BGH 13. 2. 1962 GRUR 1962, 370, 374 – Schallplatteneinblendung). Kisch (Handbuch S. 210) will § 326 BGB anwenden. Auch hier geben die Grundsätze der Lehre vom Wegfall der Geschäftsgrundlage nach § 242 BGB die Möglichkeit der Einräumung eines Kündigungs- oder Minderungsrechts (vgl. RG 17. 10. 1934 GRUR 1935, 306, 308; BGH 24. 9. 1957 GRUR 1958, 231 – Rundstuhlwirkware). **Anfechtung wegen Irrtums** (RG 7. 1. 1888 RGZ 20, 94 für den Fall der Abhängigkeit) wird in Anbetracht des gewagten Geschäfts nicht zuzulassen sein. Hier in jedem Fall dem Erwerber ein Rücktrittsrecht zu geben, besteht keine ausreichende Veranlassung. Dazu besteht vielmehr nur Grund, wenn dem Erwerber die Fortsetzung des Vertragsverhältnisses schlechthin nicht mehr zuzumuten ist.

f) Nachträgliche Erteilung einer Zwangslizenz

17 Die Gefahr der **nachträglichen Erteilung einer Zwangslizenz**, die mit einem Patent als solchem gem. § 15 verknüpft ist, hat der Erwerber zu tragen (Pietzcker § 6 Anm. 11 a. E. und 35); a. A. Nirk in Klauer-Möhring § 9 Anm. 71.

g) Nachträgliche Einschränkung des Schutzumfangs

18 Über die Behandlung des Falles, daß sich nachträglich, z. B. durch Urteil in einem Verletzungsstreit, ein Schutzumfang geringeren Ausmaßes herausstellt, als ihn die Parteien bei Vertragsschluß angenommen haben, besteht keine Einhelligkeit. Die RG-Entscheidung 18. 11. 1911 (RGZ 78, 10), die Nichtigkeit gemäß § 306 BGB annimmt, bezieht sich lediglich auf einen Lizenzvertrag und nimmt den Fall der Veräußerung des gesamten Schutzrechts ausdrücklich aus. In RG 4. 3. 1922 (MuW 1921/22, 215) wird aber sodann dem Erwerber ein Rücktrittsrecht mit Wirkung ex nunc zugestanden. Rasch (a. a. O. S. 17 ff.) will unterschieden wissen zwischen Allgemeinirrtum der einschlägigen Kreise über den Schutzumfang und einem solchen lediglich der Veräußerungsparteien. Im ersten Fall sollen die bei nachträglicher Vernichtung maßgebenden Grundsätze Anwendung finden, im anderen Fall § 306 BGB, d. h. Nichtigkeit des Vertrags, eintreten. In der 4. Aufl. (§ 9 Anm. 9) hat Lindenmaier demgegenüber die Auffassung vertreten, es könne nur darauf ankommen, ob der bei der Übertragung zugrunde gelegte Schutzumfang tatsächlich vorhanden war. Hierbei wird aber wohl nicht genügend berücksichtigt, daß auch bei einem Irrtum der beteiligten Verkehrskreise über den Schutzumfang der Käufer tatsächliche Vorteile genossen haben kann, die entsprechend den Fällen der späteren teilweisen oder völligen Vernichtung des Patents dem Käufer zugute gekommen sind. Denn die Mitbewerber haben ja bei dem unterstellten Sachverhalt das vermeintliche Schutzrecht in einem wenn auch objektiv nicht berechtigten Umfang respek-

tiert. Erscheint insoweit die Kritik nicht gerechtfertigt, so ist andererseits der Auffassung zuzustimmen, daß auch hier maßgebend allein der bei Fortfall der Geschäftsgrundlage die Rechtsbeziehungen der Parteien bestimmende § 242 BGB sein muß, wonach im Einzelfall dem Lizenznehmer ein Recht zur sofortigen Kündigung des Vertrages bzw. zur Minderung der Lizenzgebühren zustehen oder andererseits sich für den Veräußerer oder Lizenzgeber die Verpflichtung ergeben kann, die bereits gezahlten Beträge in voller Höhe zurückzuzahlen. Es besteht kein Grund, die Grundsätze der völligen oder teilweisen Vernichtung oder Beschränkung gemäß § 36 a (oben Anm. 13, 14) nicht auch bei den Fällen der Beschränkung des Schutzumfangs zur Anwendung zu bringen. Das gleiche muß für Lizenzverträge gelten. Im Ergebnis ebenso Reimer § 9 Anm. 29; a. A. jetzt Tetzner § 9 Anm. 27.

3. Haftung für Mängel, die die Erfindung selbst betreffen

Malzer, Zur Haftung für die Ausführbarkeit der technischen Lehre bei der Übertragung von Rechten aus dem Patentgesetz, GRUR 1970, 107 ff.; Nirk, Die Einordnung der Gewährleistungsansprüche und Leistungsstörungen bei Verträgen über Patente im Bürgerlichen Gesetzbuch, GRUR 1970, 329.

a) Ausführbarkeit, technische Brauchbarkeit

In Betracht kommen die Erfindungserfordernisse der **Ausführbarkeit** 19
und der technischen **Brauchbarkeit.** Unter Ausführbarkeit versteht die Rechtsprechung die Möglichkeit, am Anmeldungstag die Erkenntnis der technischen Mittel und die Mittel selbst zur Verfügung zu haben, mittels derer nach dem Inhalt der Erfindung das in ihr erstrebte technische Ziel wiederholbar erreicht werden kann (BGH 26. 11. 1954 GRUR 1955, 338, 340 – Beschlagfreie Brillengläser; 1. 12. 1964 GRUR 1965, 298, 301 – Reaktionsmeßgerät). Technische Brauchbarkeit liegt vor, wenn die Erfindung den erstrebten technischen Verwendungszweck erreicht (BGH 26. 11. 1954 a. a. O.; 1. 12. 1964 a. a. O.). In letzterer Entscheidung wird zu Recht darauf verwiesen, daß die technische Brauchbarkeit nur **einen besonderen Aspekt** der Ausführbarkeit darstellt (über die beiden Begriffe vgl. § 1 Anm. 27). Diese Erfordernisse können auf seiten des Erwerbers für die eigene Benutzung des Patents oder für dessen Verwertung von Bedeutung sein. Das RG hat sich zunächst in st. Rspr. für eine entsprechende Gewährleistung für Mängel ausgesprochen: 1. 3. 1911 RGZ 75, 400, 403; 12. 4. 1913 RGZ 82, 155, 158; 14. 3. 1923 RGZ 106, 362, 366; 3. 7. 1937 GRUR 1938, 33 (unter Ausschluß jedoch der Verjährungsfrist des § 477 BGB). Dann lehnt aber RG 11. 7. 1939 (RGZ 163, 1) die Anwendung von Gewährleistungsvorschriften ab und fordert Beurteilung nach den allgemeinen Bestimmungen über gegenseitige Verträge (§§ 320 ff. BGB; ähnlich im Er-

gebnis RG 29. 4. 1931 MuW 1931, 441). Zum Teil nimmt die frühere Rechtsprechung im Falle völliger Unausführbarkeit oder Unbrauchbarkeit Vertragsnichtigkeit gemäß § 306 BGB an (RG 1. 3. 1930 MuW 1930, 256, 257; 12. 3. 1930 MuW 1930, 252, 253; 18. 4. 1934 GRUR 1934, 542, 544). Solche wird aber nur in Fällen anzuerkennen sein, in denen Schutzgewährung von vornherein absolut ausgeschlossen ist (z. B. Verbotsverstoß, Überschreitung des zweifelsfreien Schutzumfangs oder der Patentdauer; Lindenmaier, GRUR 1955, 509, 511).

Der BGH hat sich zwar der Rechtsprechung des RG angeschlossen, nach der der Verkäufer einer geschützten oder ungeschützten Erfindung sowohl für die technische Ausführbarkeit wie auch für die Brauchbarkeit haftet (BGH 26. 11. 1954 a. a. O. und 1. 12. 1964 a. a. O.). Der BGH hat aber zu den Fragen, ob und unter welchen Voraussetzungen die kaufrechtlichen Vorschriften über die Gewährleistung bei Rechts- und Sachmängeln (§§ 437 ff., 459 ff. BGB) entsprechend oder die Vorschriften über die Unmöglichkeit bei gegenseitigen Verträgen (§§ 320 ff. BGB) anzuwenden sind oder ob etwa ein Rücktrittsrecht unter dem Gesichtspunkt von Treu und Glauben wegen fehlender Geschäftsgrundlage zuzubilligen und in den Fällen völliger Untauglichkeit oder Unausführbarkeit eine Vertragsnichtigkeit nach § 306 BGB anzunehmen ist, noch keine abschließende Stellung genommen (BGH 12. 4. 1957 GRUR 1957, 595 – Verwandlungstisch; 22. 5. 1959 GRUR 1960, 44, 45 – Uhrgehäuse; 12. 1. 1961 GRUR 1961, 494, 495 – Hubroller; 1. 12. 1964 GRUR 1965, 298, 301 – Reaktionsmeßgerät). Auch die Entscheidung BGH 24. 3. 1970 X ZR 65/68 S. 9, die dem Lizenznehmer bei mangelnder Ausführbarkeit der Erfindung grundsätzlich ein **Leistungsverweigerungsrecht** hinsichtlich der Pflicht zur Zahlung der Lizenzgebühren zubilligt, läßt ausdrücklich offen, ob sich dieses Recht auf § 323 BGB, § 478 BGB oder unmittelbar auf § 242 BGB (Geschäftsgrundlage) gründet.

Der Veräußerer oder Lizenzgeber hat dafür einzustehen, daß die erfindungsgemäße Ausführbarkeit bereits z. Z. der **Anmeldung** als dem maßgeblichen Zeitpunkt (§ 1 Anm. 27) vorliegt. Indessen sind auch hier stets die Grundsätze zu beachten, wonach ein rechtlicher Mangel des Patents solange den Patentveräußerungsvertrag oder den Lizenzvertrag nicht berührt, als das Patent tatsächlich, d. h. wirtschaftlich wie ein rechtsgültiges wirkt und der Patentinhaber bzw. Lizenznehmer daher an der durch das Patent begründeten Vorzugsstellung gegenüber dem Wettbewerber teilnimmt. Denn für die praktischen Vorteile wird die Gegenleistung versprochen, nicht für den theoretischen Bestand des Ausschließungsrechts (RG 15. 2. 1936 GRUR 1937, 135, 137). Diesen Gesichtspunkt hat das Reichsgericht (29. 6. 1943 GRUR 1943, 288, 294) auch für den Fall herangezogen, daß die in einem Patent geschützte Erfindung etwa noch nicht so weit entwickelt war, daß sich ohne weiteres marktfähige Erzeugnisse in größeren Mengen herstellen ließen. Denn die Möglichkeit, in der Zwischenzeit Versuchs- und Entwicklungsarbeiten fortzuführen, bringt nach der Entscheidung bereits einen erheblichen Vorteil und einen Vorsprung vor dem Mitbewerber mit sich.

Wegen Gewährleistung bei Mängeln nur lediglich zum Patent **angemeldeter** Erfindung s. unten Anm. 25.

Die Heranziehung von Gewährleistungsvorschriften gibt keine ausreichende Grundlage für die Regelung aller Möglichkeiten. Auch hier schafft die in BGH 1. 12. 1964 a. a. O. als möglich vermerkte Anwendung des § 242 BGB wegen Fehlens der Geschäftsgrundlage eine bessere Fundierung der Regelung der in Betracht kommenden Rechtsbeziehungen (ebenso v. Falck, GRUR 1965, 302). Auf dieser Basis stehen Vertragslösung mit oder ohne Rückforderungsrecht gemachter Leistungen (vgl. z. B. im Falle des Gewinnes wirtschaftlicher Vorteile trotz Unbrauchbarkeit und Unausführbarkeit der Erfindung RG 15. 2. 1936 GRUR 1937, 135) und Anrechnung gemachter Aufwendung zur Verfügung.

Zur **Schadensersatzfrage** vgl. Rasch, a. a. O. S. 26, bejahend **Auslagenersatz** bei technischer Unausführbarkeit, verneinend bei fehlender Fabrikationsreife (vgl. RG 16. 9. 1936 MuW 1936, 449 ff. = Mitt. 1936, 323 ff.; 12. 6. 1942 GRUR 1943, 35, 36). Im Grundsatz ebenso Reimer (§ 9 Anm. 40), der aber die Zubilligung eines Anspruchs auf Auslagenersatz stets von der Prüfung im Einzelfall abhängig machen will. Pietzcker (§ 6 Anm. 5, 22, 35) gesteht lediglich im Verschuldensfall Auslagenersatz zu. Ein **echter Schadensersatzanspruch** kommt nur in den Fällen der Anm. 10 in Betracht.

Anfängliche einer Konstruktion anhaftende Mängel, die inzwischen beseitigt sind, können nach jahrelanger vorbehaltloser Zusammenarbeit **infolge Verwirkung** nicht mehr geltend gemacht werden (BGH 17. 3. 1961 GRUR 1961, 466, 467 – Gewinderollkopf).

b) Schädliche Nebenwirkungen

Bei **schädlichen Nebenwirkungen** der überlassenen ausführbaren Erfindung für die **Gesundheit oder das Leben** ergibt sich aus § 242 BGB ohne weiteres ein Kündigungsrecht (so Tetzner § 9 Anm. 26 unter Bezugnahme auf OLG Düsseldorf 1. 5. 1929 JW 1929, 3093 Nr. 3; ebenso Rasch a. a. O. S. 26; Reimer § 9 Anm. 41; Benkard § 9 Anm. 74). **20**

c) Rentabilität und Wettbewerbsfähigkeit

Über das Nichtbestehen einer Haftungspflicht **ohne besondere Zusicherung** für Ertragsfähigkeit, Wettbewerbsfähigkeit, gewerbliche Verwertbarkeit und Nützlichkeit sowie Fabrikationsreife besteht Einhelligkeit (RG 23. 4. 1932 GRUR 1932, 865, 867; 11. 7. 1939 RGZ 163, 1, 6; 12. 6. 1942 GRUR 1943, 35, 36; BGH 26. 11. 1954 GRUR 1955, 338, 340, 341 – Beschlagfreie Brillengläser). **21**

Allerdings gilt auch in diesen Fällen der von der höchstrichterl. Rechtsprechung geprägte Satz, daß bei wesentlich veränderten Verhältnissen ein Kündigungs- oder Anpassungsrecht dem Betroffenen verbleibt, wenn es für ihn unter Berücksichtigung aller Umstände schlechthin unzumutbar ist, am Vertrage festzuhalten (BGH 5. 1. 1961 I ZR 81/60 mit Nachweisen).

IV. Sonstige Pflichten des Übertragers

a) Anweisungen für die Benutzung

22 Soweit die Patentschrift **lückenhaft** oder **nicht genügend klar** ist, muß der Übertrager dem Erwerber die **nötigen Anweisungen** geben; auch wird es zumeist der Vertragsabsicht entsprechen, daß der Veräußerer **etwaige Kunstgriffe,** die zur sachgemäßen Ausbeutung der Erfindung nötig sind, dem Erwerber mitteilt. Im übrigen s. Anm. 37.

b) Verpflichtungen im Hinblick auf künftige Verbesserungen

23 Häufig verpflichtet sich der Übertrager oder Lizenzgeber, dem Erwerber **künftige Verbesserungen** mitzuteilen, die er nachträglich noch erfinden wird, oder ihm künftige Patente zu übertragen oder Lizenzen (RG 11. 5. 1935 GRUR 1935, 948; 19. 6. 1935 GRUR 1936, 57) an ihnen zu bestellen. Heute ist bei Verträgen dieser Art zu prüfen, ob sie **kartellrechtlich** zulässig sind (s. Anm. 74). Sittenwidrig sind Verträge, durch die Verbesserungen ohne Entgelt überlassen werden, im Grundsatz nicht (RG 23. 1. 1926 RGZ 112, 361).

Für die Feststellung des Kreises der in einen solchen Vertrag etwa einbezogenen Verbesserungserfindungen ist nicht jeder Zusammenhang mit der wirtschaftlichen Verwertung des Schutzgegenstands maßgebend; vielmehr kommt es in der Regel darauf an, ob die Verbesserungserfindung **dem Schutzgegenstand des Vertrages wirtschaftlich so nahesteht,** daß der Absatz und die Verwertung des Schutzgegenstands durch den Gegenstand der Verbesserungserfindung beeinträchtigt werden kann (RG 11. 5. 1935 GRUR 1935, 948, 949). Grundsätzlich sind entsprechende Vertragsbestimmungen eng auszulegen (RG 19. 6. 1935 GRUR 1936, 57, 58; 14. 6. 1940 GRUR 1940, 439, 440; BGH 29. 1. 1957 GRUR 1957, 485, 487 – Chenillemaschine).

c) Patentrechtliche Vindikation

24 **Handelt der Veräußerer seiner Verpflichtung zuwider** und überträgt er nachträglich erworbene Patente auf einen Dritten, so macht er sich zwar seinem Erstvertragsgegner schuldrechtlich haftbar; dieser kann aber nicht gegen den Dritten vorgehen, sofern ihm nicht besondere Rechtsgründe (etwa § 1 UWG) zur Seite stehen. **Anders** dagegen, wenn **unmittelbarer Übergang**

der künftigen Patente auf den Vertragspartner vereinbart worden war. Ein solcher Vertrag ist vorbehaltlich der Erlaubnis des Kartellamts (Anm. 74) grundsätzlich zulässig (oben Anm. 3). Es bedarf aber stets sorgfältiger Prüfung, ob wirklich unmittelbarer Rechtserwerb gewollt ist. Im Zweifel wird unmittelbarer Übergang der zukünftigen Patente und nicht nur die Verpflichtung zur alsbaldigen Übertragung als gewollt anzusehen sein (Pietzcker § 6 Anm. 2 und 7). Das Erfordernis der **Bestimmtheit** bedarf insoweit besonderer Beachtung (BGH 25. 10. 1952 BGHZ 7, 365; 16. 11. 1954 GRUR 1955, 286, 289 – Schnellkopiergerät; vgl. § 3 Anm. 12). Ist aber ein solcher Fall gegeben, dann könnte ein Dritter nichts mehr erwerben, weil die neu erteilten Patente kraft der früheren Vereinbarung von selbst auf den Versprechensempfänger übergegangen waren. **Fall der sog. patentrechtlichen Vindikation;** guter Glaube des Dritten ändert daran nicht. Dies ist klar ausgesprochen in RG 10. 6. 1922 MuW 1922/23, 90; vgl. auch RG 30. 11. 1932 RGZ 139, 52, 56 ff.

V. Haftung bei Übertragung des Rechtes aus einer Patentanmeldung

Hier ist die Erteilung eines Patentes noch in der Schwebe und dadurch **25**
schon bei Vertragsabschluß offensichtlich eine Unsicherheit für die Vertragsparteien vorhanden, die in haftungsnegativem Sinne zu berücksichtigen ist. Häufig werden daher solche Verträge als unter der stillschweigenden Bedingung geschlossen zu betrachten sein, daß es überhaupt zur Patenterteilung kommt (RG 25. 4. 1936 GRUR 1936, 1056, 1058; 12. 6. 1942 GRUR 1943, 35, 36). Abreden, bei denen der Lizenznehmer die Versagung des Patents auf sich nimmt, stellen Ausnahmen dar, für deren Vorliegen besondere Umstände namhaft gemacht werden müssen (RG 25. 4. 1936 a. a. O.). Mangels ausdrücklicher Abreden ist es stets eine Frage der Auslegung, ob der Vertrag nur bei Erteilung des Patents wirksam werden soll (RG 17. 9. 1940 GRUR 1940, 558). Heute steht bei solchen Abreden die Frage der kartellrechtlichen Zulässigkeit im Vordergrund (Anm. 68).

Im übrigen gelten die gleichen Grundsätze wie bei Veräußerung von bereits erteilten Patenten (RG 25. 2. 1914 Bl. 1914, 351, 352; BGH 26. 11. 1954 GRUR 1955, 338, 340 – Beschlagfreie Brillengläser).

Sind die Parteien bei der Veräußerung einer ungeschützten technischen Konstruktion von der Erwartung ausgegangen, ein Patentschutz könne für den Vertragsgegenstand erreicht werden, so kann ein derartiges, in der bloßen Erwartung zukünftiger Entwicklung abgeschlossenes Geschäft seine Grundlage erst dann verlieren, wenn der von vornherein in Rechnung gestellte Schwebezustand infolge endgültigen Scheiterns der Anfangserwartungen fortgefallen ist (BGH 17. 3. 1961 GRUR 1961, 466, 468 – Gewinderollkopf).

Die Verpflichtungen der Vertragsparteien aus Vereinbarungen über die Benutzung von **angemeldeten Erfindungen** oder von **Erfindungen, deren Anmeldung ernstlich angestrebt** wird, entfallen bei einer **rechtskräftigen Versagung des Patents** nicht schon allein wegen der Versagung auch für die zurückliegende Zeit (BGH 26. 6. 1969 GRUR 1969, 677, 678 ff. – Rüben-Verladeeinrichtung).

Da der Veräußerer an sich nicht dafür einzustehen hat, daß das Patent erteilt wird, erwächst ihm insoweit **kein Anspruch auf Schadensersatz wegen Nichterfüllung.** Anders, wenn dem Veräußerer positive Vertragsverletzung oder Verschulden bei Vertragsschluß, z. B. durch Verschweigen wesentlicher Umstände, zur Last fällt. Die Offenbarungspflicht des Veräußerers wird insoweit vom RG streng bemessen (RG 25. 4. 1938 GRUR 1938, 846).

Bei **Patentanmeldungen,** die **bereits bekanntgemacht** sind, bei denen also der vorläufige Schutz des § 30 wirksam geworden ist, gaben RG 25. 4. 1936 (GRUR 1936, 1056) und 12. 6. 1942 (GRUR 1943, 35, 38) von der Versagung ab ein **Kündigungsrecht** unter Verbleib der bis dahin gezahlten Lizenzen beim Veräußerer. Auch nach BGH 26. 6. 1969 GRUR 1969, 677 – Rüben-Verladeeinrichtung – berührt die Versagung eines Patents in diesem Falle für sich allein nicht die vertraglichen Vereinbarungen über die Benutzung des Gegenstands der bekanntgemachten Patentanmeldung für die Zeit **bis** zur rechtskräftigen Versagung des Patents. Jedoch bringt der BGH (1. 10. 1964 GRUR 1965, 160, 162 – Abbauhammer) in diesen Fällen die Grundsätze über den Fortfall der Geschäftsgrundlage zur Anwendung. Kannten die Parteien allerdings die tatsächliche und rechtliche Schwäche des Patentschutzes, so hat sich durch eine vom PA bereits vor Vertragsschluß angekündigte, aber infolge einer eingelegten Beschwerde noch nicht rechtskräftige Versagung des Patents nichts Wesentliches geändert. Daher kann in diesem Fall von einer Veränderung oder einem Wegfall der Geschäftsgrundlage keine Rede sein. Entsprechendes muß bei der Patenterteilung **in verengtem** oder ohne Erweiterung **abgeändertem Umfang** gelten. Dazu kritisch Nirk in Klauer-Möhring § 9 Anm. 86.

Auch Anfechtung wegen Irrtums oder Täuschung ist möglich (RG 25. 4. 1938 GRUR 1938, 846).

VI. Haftung bei Übertragung des Rechts aus einer noch nicht angemeldeten Erfindung oder von Betriebsgeheimnissen (Geheimverfahren) und Know-How

Im allgemeinen werden die in Anm. 10 ff. bzw. 38 ff. entwickelten Grundsätze auch hier zur Anwendung zu bringen sein, soweit sich nicht aus der Eigenart der Verträge Unterschiede ergeben. Diese werden im folgenden erörtert.

a) **Betriebsgeheimnisse (Geheimverfahren)**

26 Für die Übertragung von **Geheimverfahren,** die praktisch für eine Übertragung eines **Betriebsgeheimnisses** allein in Frage kommen, ist zu bemerken: Die Zulässigkeit solcher Verträge ist nach dem Grundsatz der Vertragsfreiheit nicht zu bezweifeln (RG 11. 7. 1939 RGZ 163, 1, 5; BGH 15. 3. 1955 GRUR 1955, 424, 426 – Möbelwachspaste; 18. 3. 1955 BGHZ 17, 41, 51 = GRUR 1955, 468 – Kokillenguss; 16. 10. 1962 GRUR 1963, 207, 210 – Kieselsäure). Das gleiche gilt für den zur Ausnutzung eines Geheimverfahrens geschlossenen Lizenzvertrag, der ebenso wie ein Lizenzvertrag über Schutzrechte (Anm. 28) ein Rechtsverhältnis »eigener Art« begründet (vgl. RG 11. 7. 1939 a. a. O.; BGH 18. 3. 1955 a. a. O.).

Betriebsgeheimnisse stellen einen durch die Vorschriften der §§ 1, 17, 18 UWG, 823, 826 BGB besonders geschützten Vermögenswert dar (BGH 16. 10. 1962 a. a. O.). Sie sind keine gewerblichen Schutzrechte. Unter einem Geschäfts- oder Betriebsgeheimnis im Sinne der §§ 17, 18 UWG ist jede Tatsache zu verstehen, die im Zusammenhang mit einem Geschäftsbetrieb steht, nur einem eng begrenzten Personenkreis bekannt, also nicht offenkundig ist und nach dem bekundeten oder doch erkennbaren Willen des Betriebsinhabers, der ein berechtigtes wirtschaftliches Interesse an der Geheimhaltung haben muß, geheimgehalten werden soll (BGH 15. 3. 1955 GRUR 1955, 424, 426 – Möbelwachspaste – mit Nachweisen; 1. 7. 1960 GRUR 1961, 40, 43 – Wurftaubenpresse). Es kommt also darauf an, daß das Verfahren zur Zeit des Vertragsabschlusses **nicht offenkundig,** also nicht einem beliebigen fremden Zugriff preisgegeben war (Baumbach-Hefermehl, Bd. I § 17 UWG Anm. 3), **nicht aber darauf,** ob es im Sinne des Patentgesetzes **noch neu** oder **gar erfinderisch** war.

Für den **Begriff des Betriebsgeheimnisses** genügt es, daß die Einzelheiten **nicht so bekannt** sind, daß sie von jedem Interessenten ohne große Schwierigkeiten und Opfer in Erfahrung gebracht werden können (RG 17. 3. 1936 GRUR 1936, 573). Eine einzelne ausländische Patentschrift, die nicht allgemein bekannt ist, rechtfertigt nicht ohne weiteres die Annahme der Offenkundigkeit (BGH 16. 10. 1962 GRUR 1963, 207, 211 – Kieselsäure). **Aber auch ein an sich bekanntes Verfahren** kann Gegenstand eines Betriebsgeheimnisses sein, sofern geheim ist, daß sich ein Unternehmen des Verfahrens bedient (BGH 15. 3. 1955 a. a. O. S. 425; 16. 10. 1962 a. a. O. S. 210). Anders nur, wenn das Verfahren in der Fachwelt so bekannt ist, daß es für sie ohne weiteres klar ist, auch der betreffende Betrieb arbeite nach dem bekannten Verfahren (BGH 16. 10. 1962 a. a. O.). Durch Bekanntmachung einer deutschen Patentanmeldung und Erteilung von Patenten im Ausland wird ein Verfahren regelmäßig bekannt (BGH 5. 5. 1967 GRUR 1967, 670, 675 – Fischbearbeitungsmaschine).

Beide Parteien sind nach Treu und Glauben auch ohne besondere Zusicherung verpflichtet, das Verfahren weiterhin geheimzuhalten. Der Veräußerer muß daher die Anmeldung zum Patent unterlassen und darf die Erfindung einem Dritten nicht mitteilen (RG 22. 1. 1914 MuW 1913/14, 589, 590). Der Veräußerer eines Geheimverfahrens hat dafür einzustehen, daß unbeteiligte Dritte nicht imstande sind, nach dem veräußerten Verfahren zu arbeiten (RG 4. 4. 1914 Bl. 1914, 251, 253). Er kann nach der genannten Entscheidung Rechte aus § 323 BGB geltend machen oder er kann auch den Vertrag wegen Irrtums anfechten. Für **Neuheit** haftet der Veräußerer oder Lizenzgeber nur in dem Fall, daß sie besonders **zugesichert** oder zur **Vertragsbedingung** gemacht worden ist (RG 11. 7. 1939 RGZ 163, 1; 15. 3. 1955 GRUR 1955, 424, 426 – Möbelwachspaste; 22. 5. 1959 GRUR 1960, 44, 45 – Uhrgehäuse; vgl. dazu RG 12. 4. 1913 RGZ 82, 155).

Wenn das Verfahren **bei Vertragsabschluß** in vollem Umfang bekanntgeworden ist, ist nach RG 11. 7. 1939 (RGZ 163, 1) in der Regel Nichtigkeit des Vertrages nach § 306 BGB anzunehmen, weil alsdann dem Veräußerer die Erfüllung seines Versprechens, dem Erwerber das Geheimverfahren mit ausschließlicher Benutzungsmöglichkeit zu verschaffen, sachlich unmöglich ist. Der technische Erfolg muß aber bei Annahme der Nichtigkeit nach § 306 BGB schlechthin unerreichbar und mithin die versprochene Leistung schlechthin unmöglich sein (BGH 22. 5. 1959 GRUR 1960, 44, 45 – Uhrgehäuse; vgl. dazu auch BGH 12. 4. 1957 GRUR 1957, 595 – Verwandlungstisch; 16. 10. 1962 GRUR 1963, 207, 209 – Kieselsäure – und Lindenmaier, GRUR 1955, 507, 511). Heute stellt sich im Falle der Offenkundigkeit des Verfahrens bei Vertragsschluß insbesondere die Frage einer unzulässigen Beschränkung nach dem GWB (BGH 18. 3. 1955 BGHZ 17, 41, 52; 16. 10. 1962 GRUR 1963, 207, 210); dazu unten Anm. 81.

Wird das Betriebsgeheimnis (Geheimverfahren) **nachträglich offenkundig,** so kann der Käufer oder Lizenznehmer nach den Grundsätzen des Fortfalls der Geschäftsgrundlage je nach den Umständen des Falles ein Kündigungs- oder Minderungsrecht haben. Es müssen hier die Grundsätze der Entscheidung BGH 12. 4. 1957 (GRUR 1957, 595 – Anm. 13) zur Anwendung kommen. Denn das Offenkundigwerden eines Betriebsgeheimnisses entspricht dem Ablauf oder der Vernichtung eines Patents (BGH 16. 10. 1962 GRUR 1963, 207, 210 – Kieselsäure; ebenso Bock-Bruchhausen in Benkard § 9 Anm. 41; Wildanger, GRUR 1963, 288 f.; anders Reimer § 9 Anm. 35).

Wegen der **kartellrechtlichen** Beurteilung vgl. Anm. 81.

Mit der Offenkundigkeit erlöschen auch alle Rechte an den »anvertrauten«, d. h. der Allgemeinheit bisher nicht zugänglich gewesenen technischen Unterlagen und Zeichnungen oder Modellen (BGH 18. 3. 1955 BGHZ 17,

41, 52 – Kokillenguß; s. auch BGH 22. 11. 1957 GRUR 1958, 346, 349 – Spitzenmuster [UWG]).

In Fällen des nachträglichen Bekanntwerdens der **Abhängigkeit** oder bei lediglich in ein **Verwendungs**patent eingreifendem Vertrieb des Erzeugnisses liegt ein Leistungsunvermögen, d. h. eine behebbare Leistungsunmöglichkeit vor, die unter Berücksichtigung der gewagten Natur des Geschäfts und nach dem Gebot von Treu und Glauben zu entscheiden ist (RG 11. 7. 1939 RGZ 163, 1). Das gleiche ist für das nachträgliche Hervortreten eines **Vorbenutzungsrechts** anzunehmen (vgl. Anm. 15). Auch für **Ausführbarkeit** und **Brauchbarkeit** eines Verfahrens haftet der Veräußerer oder Lizenzgeber (Anm. 19), jedoch **nicht für Rentabilitäts- und Wettbewerbsfähigkeit** (Anm. 21).

Schadensersatzansprüche können bei ausdrücklicher oder stillschweigender **Zusicherung** geltend gemacht werden. In den Fällen, in denen es dem Veräußerer oder Lizenzgeber **bekannt** war, daß das Verfahren nicht mehr geheim war, liegt eine zum Schadenersatz verpflichtende **positive Vertragsverletzung** (Anm. 10) vor. Auch ist der Lizenzgeber, der ohne Einwilligung des Lizenznehmers **die Erfindung anmeldet,** für die sich daraus ergebenden etwaigen Folgen haftbar. Das gleiche gilt, wenn er **weitere Lizenzen** an dem Geheimverfahren einräumt. Jedenfalls handelt er dann auf sein eigenes Risiko (Tetzner § 9 Anm. 70).

Endigt der Lizenzvertrag **vor** dem Offenkundigwerden des Betriebsgeheimnisses, so kann der Lizenzgeber dem Lizenznehmer die Auswertung des diesem anvertrauten Betriebsgeheimnisses untersagen (RG 24. 11. 1934 GRUR 1935, 807; BGH 18. 3. 1955 BGHZ 17, 42, 52 = GRUR 1955, 468, 473 – Kokillenguß mit Nachweisen; vgl. auch RG 21. 7. 1942 GRUR 1942, 553, 555).

Wegen Übertragung einer dem Konkurszugriff unterliegenden, nicht patentierten Geheimerfindung durch den Konkursverwalter und erfolgreicher Geltendmachung eines Ausschlußrechts gegenüber dem Gemeinschuldner durch den Erwerber vgl. BGH 25. 1. 1955 BGHZ 16, 172 = GRUR 1955, 388 – Dücko.

b) Know-How

Auch das sog. **Know-How** wird in der Regel von dem Begriff des Betriebsgeheimnisses umfaßt. Das **technische** Know-How, das bei der modernen industriellen Entwicklung ständig an Bedeutung gewinnt, aber kein gewerbliches Schutzrecht darstellt, umschließt im wesentlichen alle technischen Kenntnisse und Erfahrungen, die für die industrielle Anwendung nützlich sind und daher einen wirtschaftlichen Wert haben (vgl. Fischer, Bericht der Dt. Landesgruppe, GRUR-Int. 1970, 240; Stumpf, Der Know-How-Vertrag Rdn. 10 S. 26). Eine abschließende Klärung des Begriffes ist bisher nicht gelungen, doch ist er nach allgemeiner Rechtsauffassung mög- **26a** lichst weit zu fassen. Das Know-How beschränkt sich nicht unbedingt auf einen Geschäftsbetrieb. Auch ist es nicht auf Informationen technischer Art beschränkt; **betriebswirtschaftliche** und **kaufmännische Kenntnisse und Erfahrungen** sind ebenfalls als Know-How anzuerkennen. Insbesondere kann es Spezialwissen enthalten, das **nicht notwendig zur Geheimsphäre** gehört, wenngleich es in der Regel ein Erfahrungswissen voraussetzen wird, das nicht schlechthin jedem ohne Zeitaufwand oder Arbeit zur Verfügung steht (Skaupy, GRUR 1964, 539, 540; Stumpf, a. a. O. Rdn. 9, 10). Vgl. auch den Bericht der Internat. Vereinigung f. Gewerblichen Rechtsschutz (GRUR Int. 1973, 68, 72), nach dem unter Know-How Kenntnisse und Erfahrungen zu verstehen sind, die nicht nur für die praktische Anwendung einer Technik, sondern auch für »die industrielle, kommerzielle, administrative und finanzielle Führung eines Unternehmens« erworben worden sind.

Einen Rechtsschutz nach den Bestimmungen über den unlauteren Wettbewerb (§§ 1, 17, 18, 19 UWG) genießt nur das **geheime** bzw. **vertrauliche** technische Know-How. Soweit diese Voraussetzungen nicht vorliegen, kann ein Schutz nur aus den vertraglichen Abreden hergeleitet werden, es sei denn, daß die Kenntnis von dem Know-How durch besondere, qualifizierende Umstände, etwa durch Verleitung zum Vertragsbruch, unlautere Ausnutzung fremden Vertragsbruchs u. ä. erlangt worden ist (Krasser, Der Schutz des Know-How nach deutschem Recht GRUR 1970 587, 595 ff.).

Im übrigen begründen auch Know-How-Verträge als Verträge eigener Art Rechtsverhältnisse, die wirtschaftlich und rechtlich ganz verschieden gestaltet sein können (Anm. 28).

Zur **Untervergabe** durch den Know-How-Nehmer vgl. Stumpf a. a. O. Rdn. 73 ff. S. 68 ff. und Rdn. 162 S. 118 ff. Im Hinblick auf das mit der Vergabe eines Know-How notwendig verbundene Vertrauensverhältnis wird der Know-How-Nehmer in der Regel nicht zur Weitergabe ohne Ermächtigung berechtigt sein.

B. Lizenzen

Literatur: Rasch, Der Lizenzvertrag in rechtsvergleichender Darstellung, 1933; Beckert, Der Lizenzvertrag ,1949; Lieberknecht, Patente, Lizenzverträge und Verbot von Wettbewerbsbeschränkungen, 1953; Zeller, Erfindervertragsrecht, 1953; Lüdecke-Fischer, Lizenzverträge, 1957; Lüdecke, Lizenzgebühren für Erfindungen (Darmstadt 1955); Stumpf, Der Lizenzvertrag, 1968.

I. Allgemeines

1. Lizenzrecht und Rechtsprechung

Die Erteilung von Lizenzen spielt im Rechtsleben eine noch größere Rolle 27
als die Übertragung von Patentrechten. Das PatG regelt das Lizenzrecht nicht. Das Wort Lizenz wird im Gesetz überhaupt nur in den Wortverbindungen Lizenzbereitschaft (§ 25 Abs. 2) und Zwangslizenz (§§ 15 Abs. 1, 37, 41, 42 m) verwendet. Ohne eine feste Grundlage im Gesetz ist das Lizenzrecht erst durch die Rechtsprechung und die Rechtslehre entwickelt worden (BGH 25. 10. 1966 BGHZ 46, 365, 375 = GRUR 1967, 378 – Schweißbolzen). Der Mangel einer gesetzlichen Regelung, die Besonderheit des Gegenstandes und die damit verbundene Schwierigkeit der theoretischen Eingruppierung verursachten auch hier eine große Zahl von Streitfragen, von denen im Rahmen dieses Kommentars nur die wichtigsten erörtert werden können.

2. Lizenzverträge. Vorverträge und Optionsverträge

a) Rechtsnatur des Lizenzvertrages

Dazu: Lichtenstein, NJW 1965, 1839; Lüdecke, NJW 1966, 815. 28

Während bei der Übertragung eines Patentrechts das ganze Recht – mit Ausnahme des Persönlichkeitsrechts (Erfinderehre) – auf den Erwerber übergeht (Verfügungs- und Benutzungsrecht), wird bei der Erteilung einer Lizenz nur das Mit- oder Alleinbenutzungsrecht übertragen (RG 3. 10. 1936 GRUR 1937, 37). Das Patentrecht selbst bleibt in Gestalt des Verfügungsrechts – unter Ausschluß allerdings von Verfügungen, die das Lizenzrecht vereiteln würden – beim Patentinhaber.

Lizenzen können nicht nur an Patenten, sondern **auch an Patentanmeldungen** erteilt werden, gleichgültig, ob die Anmeldungen schon offengelegt bzw. bekanntgemacht worden sind oder nicht (vgl. RG 15. 5. 1935 GRUR 1935, 812, 813; BGH 1. 10. 1964 GRUR 1965, 160, 162 – Abbauhammer). Wegen Lizenzen an Geheimverfahren, Betriebsgeheimnissen und Know-How vgl. Anm. 44, 26 und Anm. 81; Lizenzen an Geheimpatenten vgl. BGH 1. 12. 1966 GRUR 1967, 245, 246 – Lizenzbereitschaft für Geheimpatente.

Auch der Inhaber eines **abhängigen Patents** kann grundsätzlich ohne Einwilligung des Erfinders des älteren Patents, dessen Erfindungsgedanken er in abhängiger Weise benutzt, Lizenzen erteilen (BGH 13. 2. 1962 GRUR 1962, 370, 374 – Schallplatteneinblendung).

Zum **notwendigen Inhalt** eines Lizenzvertrages gehört die Einigung über Einräumung des Benutzungsrechts an einer näher bestimmten oder jedenfalls bestimmbaren Erfindung und, soweit eine Vergütung geleistet werden soll, die Einigung über die Vergütung (BGH 9. 4. 1970 X ZR 50/67 S. 14; vgl. auch BGH 3. 2. 1959 GRUR 1959, 528, 530 – Autodachzelt).

Die Versuche, die Lizenz **einer bestimmten Rechtsfigur** unterzuordnen, haben nur bedingten Wert, weil die einzelnen Rechtsfolgen sich nicht nach jener, sondern nach der Eigenart der Lizenzerteilung und ihrem wirtschaftlichen Zweck richten, also nur auf ganz allgemeiner Rechtsgrundlage nach der Natur der Sache zu beurteilen sind.

Ein Lizenzvertrag stellt nach Inhalt und Gegenstand in Wahrheit einen **Vertrag eigener Art** dar. Es bedarf daher stets der Prüfung, inwieweit der Vertrag Merkmale aufweist, die eine entsprechende Anwendung einzelner für andere Vertragsarten geltenden Vorschriften rechtfertigen (RG 11. 11. 1933 RGZ 142, 212, 213 unter Hinweis auf RG 1. 3. 1911 RGZ 75, 400, 405 und 12. 4. 1913 RGZ 82, 155, 158; 18. 8. 1937 RGZ 155, 306, 310; 25. 8. 1937 GRUR 1939, 377, 379; 1. 2. 1938 GRUR 1939, 700, 704). Vgl. auch BGH 23. 9. 1958 BGHZ 28, 144 = GRUR 1959, 125, 127 – Pansana. Als Vertragsarten sind neben einzelnen die **Gesellschaft** betreffenden Bestimmungen (Anm. 60) ferner Vorschriften über den **Kauf** (z. B. RG 12. 4. 1913 RGZ 82, 155, 158; 5. 12. 1939 MuW 1940, 76, 77; BGH 17. 4. 1969 GRUR 1969, 560, 561 – Frischhaltegefäß) sowie über **(Rechts-)Pacht** oder **Miete** (RG 1. 3. 1911 RGZ 75, 400; 28. 9. 1928 RGZ 122, 70; 26. 10. 1931 RGZ 134, 91, 97; 18. 10. 1932 RGZ 137, 358) in Betracht gezogen worden; letzteres insbesondere für die einfache Lizenz (RG 28. 10. 1932 RGZ 137, 358). Gegen eine schematische Eingliederung als Pachtvertrag vgl. RG 24. 6. 1933 MuW 1933, 420 und 11. 11. 1933 RGZ 142, 212, 213. In BGH 5. 7. 1960 (GRUR 1961, 27, 29 – Holzbauträger) wird auf den wesentlichen Unterschied eines Lizenzvertrages als eines gewagten Geschäfts gegenüber einem Mietvertrag verwiesen, bei dem die Gegenleistung, die der Mieter zu erwarten hat, von vornherein eindeutig feststeht. Zu beachten ist stets, daß ein Vertrag nur als das zu werten ist, was er bei natürlicher Betrachtungsweise ist. Stellt sich ein Vertrag als ein **Werklieferungsvertrag** dar, so dürfen in ihn nicht etwa noch Merkmale eines Lizenzvertrages hineingelegt werden (BGH 25. 10. 1966 BGHZ 46, 365, 373 – Schweißbolzen).

b) Inhalt und Gegenstand von Vorverträgen und Optionsverträgen

28a Bereits durch einen **Vorvertrag** zu einem Lizenzvertrag kann sich ein Patentinhaber **bindend** verpflichten, über seine Patente nicht mehr zu verfügen, sie nicht mehr auszuwerten oder durch andere auswerten zu lassen. Verstößt der Lizenzgeber gegen diese Pflichten, deren Inhalt im Hinblick auf den noch zu schließenden Hauptvertrag hinreichend genau bestimmt oder wenigstens bestimmbar sein muß (BGH 3. 6. 1958 GRUR 1958, 564, 566 – Baustützen), so sind bei einer Verurteilung die seit Abschluß des Vertrages eingetretenen Veränderungen der tatsächlichen Verhältnisse zu berücksichtigen und die Bestimmungen in dem Hauptvertrag so festzulegen, wie sie bei Kenntnis der Veränderungen von den Parteien festgelegt worden wären (BGH 8. 6. 1962 GRUR 1963, 52, 55 – Blitzlichtgerät). Im übrigen vgl. Anm. 4.

Ein Vorvertrag kann auch unter **einer aufschiebenden Bedingung** abgeschlossen werden. In diesem Fall wird der fest vereinbarte Vorvertrag erst wirksam, wenn bestimmte Tatsachen vorliegen, von deren Eintritt die Leistungspflicht des Schuldner abhängig gemacht worden ist. Maßgebend für das Wirksamwerden des Vertrages sind also nicht freie Willkür des Verpflichteten, sondern nur objektive Gründe (vgl. RG 15. 4. 1932 GRUR 1932, 868 ff. mit Beispielen). Auch kann eine Vereinbarung unter einer **auflösenden Bedingung** in Betracht kommen.

Hiervon zu unterscheiden sind die sog. **Optionsverträge.** In diesen Fällen ist ein eigentlicher Lizenzvertrag noch nicht abgeschlossen (auch kein bedingter). Vielmehr unterliegt es der freien Entschließung des Lizenznehmers, erst durch Abgabe einer Erklärung den allerdings in seinem Inhalt bereits vorher festgelegten Lizenzvertrag zum Abschluß zu bringen oder aber die Option aufzugeben. Es ist Tatfrage und bedarf jeweils der Auslegung, ob die Parteien einen Optionsvertrag oder einen bedingten Vertrag beabsichtigt haben (RG 15. 4. 1932 a. a. O.). Durch den Optionsvertrag werden zwischen den Parteien bereits verschiedene Rechte und Pflichten begründet, die sich im wesentlichen nach Treu und Glauben bestimmen. Hiernach hat der Verpflichtete jede Beeinträchtigung der Rechtsstellung zu vermeiden, die er durch Gewährung der Option dem Berechtigten eingeräumt hat, z. B. muß er die Möglichkeit der Patentierung der Erfindung offenhalten, insbes. eine noch nicht patentierte Erfindung geheimhalten oder eine Patentanmeldung nicht verfallen lassen (vgl. RG 12. 4. 1938 Mitt. 1938, 212 ff.).

Aus dem Schrifttum: Henrich, Vorvertrag, Optionsvertrag und Vorrechtsvertrag 1965, Berlin, Tübingen.

3. Lizenzarten

a) Negative und positive Lizenz

Entsprechend der ursprünglichen Auffassung der Lizenzerteilung als Verzicht des Patentinhabers auf sein Ausschließungsrecht (vgl. dazu Damme-Lutter, S. 490) wird als **»negative Lizenz«** bezeichnet die bloße Verpflichtung des Patentinhabers, von seinem Verbietungsrecht keinen Gebrauch zu machen (z. B. RG 17. 4. 1917 RGZ 90, 162, 164; 2. 5. 1939 GRUR 1939, 963, 964). Eine Haftung des Patentinhabers für Mängel des Patents hat diese Verpflichtung nicht zur Folge und ist auch gegenüber einem dritten Patenterwerber ohne Wirksamkeit. 29

Die **»positive Lizenz«** verschafft dagegen dem Inhaber ein positives Benutzungsrecht.

b) Ausschließliche und einfache Lizenz

30 Unter den positiven Lizenzrechten unterscheidet man Benutzungsrechte mit und ohne Ausschließlichkeit der Benutzung.

Das Wesen der **Ausschließlichkeit** besteht darin, daß der Patentinhaber über sein Patent in dem Umfange, in dem er dem Lizenznehmer Nutzungsrechte erteilt hat, selbst nicht mehr verfügen darf, soweit er sich das nicht vertraglich vorbehalten hat. Er entäußert sich **mit Wirkung gegen Dritte** im vollen oder beschränkten Umfange seines Benutzungsrechts.

Die ausschließliche Lizenz stellt daher ein **quasidingliches Benutzungsrecht** dar (RG 16. 1. 1904 RGZ 57, 38, 40). RG 5. 5. 1911 (RGZ 76, 235, 236) und 20. 6. 1913 (RGZ 82, 431) sprechen von »absolutem Recht«, ebenso RG 26. 10. 1931 (RGZ 134, 91).

Ist einmal eine **ausschließliche** Lizenz erteilt, so ist die Erteilung jeder **weiteren** Lizenz auf gleichem Gebiet durch den Patentinhaber unwirksam (RG 21. 3. 1934 RGZ 144, 187, 190). Der Patentinhaber kann vor Erteilung der ausschließlichen Lizenz einfache Lizenzen erteilen; der ausschließliche Lizenznehmer muß solche Benutzungsrechte, die bei Gewährung der ausschließlichen Lizenz bereits bestanden, gegen sich gelten lassen (RG 17. 3. 1934 GRUR 1934, 306, 307).

Bei der nicht ausschließlichen, d. h. der **einfachen** Lizenz verbleibt dem Patentinhaber das Recht, das Patent in vollem Umfange weiter zu benutzen (RG 17. 3. 1934 GRUR 1934, 306, 307). Auch die einfache Lizenz beschränkt sich nicht auf einen bloßen Verbietungsverzicht, sondern beinhaltet gleichzeitig ein positives Benutzungsrecht, das dem Lizenzgeber die Verpflichtung auferlegt, während der ganzen Vertragsdauer die Benutzung der geschützten Erfindung zu ermöglichen (RG 18. 8. 1937 RGZ 155, 306, 310, 313, BGH 29. 4. 1965 GRUR 1965, 591, 595 – Wellplatten). Die einfache Lizenz hat indessen keinen dinglichen Charakter, sondern ist ausschließlich **schuldrechtlicher** Natur. Der Geber einer einfachen Lizenz behält das Recht zur Verleihung eines weiteren Lizenzrechts an Mitbewerber (RG 17. 7. 1942 RGZ 169, 289, 294). Eine Verpflichtung des Patentinhabers gegenüber dem einfachen Lizenznehmer, keine weiteren Lizenzen zu erteilen, wirkt nur schuldrechtlich (RG 17. 9. 1913 RGZ 83, 93, 95, 96; 14. 3. 1939 GRUR 1939, 826, 828, 829).

aa) Verhältnis zwischen Lizenzgeber und Lizenznehmer

31 Der Nehmer einer **ausschließlichen Lizenz** erwirbt unter Ausschluß anderer Mitbewerber im Rahmen des ihm gewährten Benutzungsrechts das alleinige Benutzungsrecht auch gegenüber dem Lizenzgeber. Sofern keine gegenteiligen Vereinbarungen mit dem Lizenzgeber getroffen sind, bleibt es ihm überlassen, welche Ausführungsform er von den etwa verschiedenen möglichen Gestaltungsformen verwerten will. Auch darf er bei der Aus-

führung der ihm überlassenen Erfindung eigene abhängige Erfindungen verwerten (RG 1. 2. 1938 GRUR 1939, 700, 705).

Wegen Vergabe von Unterlizenzen vgl. unten Anm. 55.

Ausschließliche Lizenznehmer können auch mehrere vertraglich **zur gemeinsamen Verwertung** zusammengeschlossene Personen sein, bei denen die Ausübung der Lizenzbefugnisse von der internen Regelung zwischen ihnen abhängt (RG 3. 11. 1939 GRUR 1940, 89, 91). Bei Fehlen solcher Verbundenheit können mehrere ausschließliche Lizenzberechtigungen nicht vergeben werden (anders RGZ 76, 235).

bb) Legitimationsfragen

Bei der **ausschließlichen Lizenz** behält der **Lizenzgeber (Patentinhaber)** 32
zunächst die **Legitimation** für das Verfahren wegen **Nichtigerklärung oder Zurücknahme des Patents,** für **Zwangslizenzverfahren** (§ 37 Abs. 1 Satz 2) sowie für Streitigkeiten wegen **Abhängigkeit** des Lizenzpatents von einem älteren oder eines jüngeren Patents vom Lizenzpatent. Im **Abhängigkeitsstreit** ist jedoch neben dem Patentinhaber **auch der Inhaber der ausschließlichen Lizenz** aktiv und passiv legitimiert (RG 30. 4. 1919 RGZ 95, 304). Aus der dinglichen Wirkung der ausschließlichen Lizenz folgt ferner das **selbständige Recht des Lizenznehmers,** bei **Verletzung des Patents** auf Unterlassung, Rechnungslegung und Schadensersatz zu klagen (RG 17. 9. 1913 RGZ 83, 93, 94 ff.; 15. 6. 1935 RGZ 148, 146, 147; 17. 3. 1934 GRUR 1934, 306, 307; 26. 9. 1936 GRUR 1937, 627, 629 st. Rspr.). Für diese Klagebefugnis ist nicht erforderlich, daß etwa der Patentinhaber, der die ausschließliche Lizenz erteilt hat, in der Patentrolle eingetragen ist (RG 1. 11. 1916 RGZ 89, 81; a. A. Reimer, § 9 Anm. 63 unter Hinweis auf KG 9. 2. 1916 GRUR 1916, 180). Die Patentrolle ist nur für die Legitimation des Patentinhabers, nicht aber des Lizenznehmers von Bedeutung; vgl. § 25, wonach auf Antrag nur die ausschließliche Lizenz, nicht aber der Name des Lizenznehmers in die Rolle eingetragen wird. Die Klagebefugnis des ausschließlichen Lizenznehmers kann daher auch nicht von einer ergangenen Eintragung in die Patentrolle abhängig sein.

Die Klage kann auch gegen den nicht mehr benutzungsberechtigten Lizenzgeber gerichtet werden. **Keine Legitimation** hat der **ausschließliche Lizenznehmer** zur Stellung eines **Wiedereinsetzungsantrags** bei Versäumung einer Frist zur Zahlung von Jahresgebühren (BPatG 4. 10. 1961 E 1, 126, 128 ff. mit Nachweisen), wohl aber zur Stellung eines **Strafantrags** (RG 17. 9. 1913 RGZ 83, 93, 94); s. § 49 Anm. 5.

Trotz Erteilung einer ausschließlichen Lizenz bleibt auch der **Patentinhaber** nach herrschender Auffassung weiterhin zur Erhebung einer **Unterlassungsklage gegen eine Patentverletzung** legitimiert. Er muß dagegen geschützt sein, daß sich der Lizenznehmer entweder überhaupt nicht gegen einen Verletzer zur Wehr setzt oder aber etwa den Prozeß nicht mit der erforderlichen Sorgfalt führt und auf diese Weise dazu beiträgt, den wirtschaftlichen Wert des Patents zu beeinträchtigen oder gar zu zerstören. Auch **Schadensersatzansprüche des Patentinhabers** gegen den Verletzer sind möglich, soweit die dem Patentinhaber verbliebenen Rechte durch die Verletzung betroffen werden, z. B. dann, wenn die patentverletzend hergestellten Anlagen ohne die Verletzung vom Lizenznehmer hergestellt worden wären und der Lizenznehmer dafür dem Patentinhaber eine Vergütung zu zahlen gehabt hätte (RG 28. 5. 1932 RGZ 136, 320; 17. 6. 1936 GRUR 1937, 670, 672; 24. 11. 1942 GRUR 1943, 169, 172).

Über die **Verpflichtung** des Lizenzgebers (Patentinhabers) zum Einschreiten gegen Patentverletzungen vgl. Anm. 37.

Der **Inhaber einer einfachen Lizenz kann Rechte** aus Patentverletzungen nicht gegen den Verletzer geltend machen (RG 17. 9. 1913 RGZ 83, 93; RG 8. 7. 1918 MuW 1918/19, 58, 59; KG 25. 10. 1939 GRUR 1940, 32, 33). Er kann aber ermächtigt werden, in eigenem Namen für Rechnung des ermächtigenden Patentinhabers Ansprüche auf Unterlassung geltend zu machen, vorausgesetzt, daß der Ermächtigte ein eigenes rechtliches Interesse an der Geltendmachung des Rechts hat (RG 15. 6. 1935 RGZ 148, 146, 147). Auch Schadensersatzansprüche können unter dieser Voraussetzung von dem einfachen Lizenznehmer geltend gemacht werden (RG 14. 3. 1939 GRUR 1939, 826, 828). Lichtenstein (GRUR 1965, 344) will bei Vorliegen eines durch besondere Umstände begründeten Rechtsschutzbedürfnisses auch einem einfachen Lizenznehmer die Unterlassungsklage gegen Patentverletzer gewähren.

Bei der **ausschließlichen Lizenz** ist der **Patentinhaber** nach herrschender Auffassung **nicht berechtigt,** solche Verfügungen zu treffen, durch die das Recht des Lizenznehmers vereitelt würde. Sein **Verzicht** auf das Patent (§ 12) ist daher ohne Wirkung (Lüdecke-Fischer, C 93 S. 270 mit Nachweisen; Nirk in Klauer-Möhring § 9 Anm. 36; a. A. Stumpf, a. a. O. Rand-Nr. 250). Bei der **einfachen Lizenz** läßt der Verzicht des Patentinhabers das Patent erlöschen. Nur schuldrechtliche Haftung des Lizenzgebers gegenüber dem Lizenznehmer besteht dann noch; vgl. dazu auch Anm. 37.

Der Patentinhaber kann trotz Bestehens von Lizenzverträgen das Patent veräußern; der Inhalt des Lizenzvertrages wird dadurch nicht berührt (s. Anm. 57).

c) Unbeschränkte und beschränkte Lizenz

33 Eine Lizenz, **auch eine ausschließliche,** kann **unter räumlicher, zeitlicher, persönlicher, benutzungsmäßiger Beschränkung** erteilt werden, z. B. als beschränkte ausschließliche Lizenz (RG 1. 3. 1911 RGZ 75, 400; 5. 5. 1911 RGZ 76, 235; 17. 9. 1913 RGZ 83, 93, 94) oder als unbeschränkte einfache Lizenz. Niemals darf aber die **ausschließliche** Lizenz dahin beschränkt werden, daß der Lizenznehmer die Befugnis verliert, das Patent innerhalb eines

sicher umgrenzten Bereichs auf einem bestimmten Marktgebiet unter Ausschluß anderer Wettbewerber allein auszubeuten (RG 17. 9. 1913 RGZ 83, 93, 94; 17. 3. 1934 GRUR 1934, 306, 307).

Die **unbeschränkte ausschließliche Lizenz** wird häufig als **Generallizenz** bezeichnet. Bei ihr verbleibt dem Lizenzgeber in der Regel nur noch das formale Patentrecht (RG 26. 9. 1936 GRUR 1937, 627, 629; BGH 20. 1. 1961 I ZR 8/59 – Rillenscheider), selbstverständlich einschließlich des Persönlichkeitsrechts (§ 3 Anm. 2).

Im einzelnen ist zu unterscheiden:

aa) **Räumlich beschränkte Lizenz,** sog. **Bezirkslizenz** (RG 3. 4. 1903 RGZ 54, 272, 274). Sie kann sowohl eine einfache als auch eine ausschließliche Lizenz sein. In beiden Fällen stellt eine Lieferung des Lizenznehmers in ein Gebiet außerhalb des Bezirks eine **Patentverletzung** dar. Ob dem Lizenznehmer innerhalb des genau und eindeutig zu bestimmenden Bezirks alle Benutzungsarten des § 6 gestattet sind, richtet sich nach dem Vertragsinhalt und ist bei Schweigen des Vertrages im Wege der Auslegung zu ermitteln.

Wegen Erschöpfung des Patentrechts außerhalb des Staatsgebiets vgl. § 6 Anm. 46.

bb) **Zeitlich beschränkte Lizenz,** sog. **Zeitlizenz** (RG 1. 3. 1911 RGZ 75, 400, 402; 18. 8. 1937 RGZ 155, 306, 309, 315). **Im Zweifel** gelten Lizenzverträge als auf die Dauer des Patents geschlossen (RG 9. 9. 1936 GRUR 1937, 1003, 1005). Es kann sich aber auch ein abweichender Parteiwille aus den Umständen ergeben (RG 5. 5. 1911 RGZ 76, 235, 237; vgl. auch BGH 29. 10. 1954 GRUR 1955, 143, 145 – Sympatol).

Wegen der kartellrechtlichen Beurteilung bei Ausdehnung des Vertrags über die Laufzeit des Patents hinaus vgl. unten Anm. 77.

Über die Frage, ob der Lizenznehmer noch nach Ablauf des Vertrages bereits vorher hergestellte Gegenstände weiter vertreiben darf, vgl. Anm. 49.

cc) **Persönlich beschränkte Lizenz** ist eine einfache Lizenz (RG 5. 5. 1911 RGZ 76, 235). In diesen Fällen ist das persönliche Vertrauen des Lizenzgebers in die technischen oder wirtschaftlichen Fähigkeiten des Lizenznehmers für die Vergabe der Lizenz maßgebend. Diese Lizenz ist also **unübertragbar;** vgl. im übrigen Anm. 55.

Oft wird die Lizenz nicht der Person des Lizenznehmers erteilt, sondern sie wird ihm nur in seiner Eigenschaft als Inhaber eines Betriebes gewährt (**Betriebslizenz**). Die Benutzung durch den Lizenznehmer darf dann nur innerhalb des Betriebes stattfinden, wobei es Frage der Vertragsauslegung ist, was die Parteien unter dem »Betrieb« haben verstanden wissen wollen. In der Regel wird nicht nur die Werkstatt oder die Fabrik, sondern das ganze wirtschaftliche Unternehmen gemeint sein, in dem die Erfindung benutzt werden darf (Lüdecke-Fischer, D 46 ff.). Auch die Tatsache zukünftiger Veränderungen des »Betriebes« in den Größenverhältnissen oder seine Zusammenlegung mit anderen »Betrieben« kann zu Auslegungsfragen führen, die jeweils nur aus dem Sinn und Zweck des Vertrages unter Berücksichtigung der Interessenlage der Parteien und der wirtschaftlichen Voraussetzungen gelöst werden können, unter denen die Lizenz »dem Betrieb« erteilt worden ist. Bei der Betriebslizenz kann es sich um eine **einfache oder eine ausschließliche Lizenz** handeln (RG 26. 10. 1931 RGZ 134, 91). Stets ist die Betriebslizenz nur **mit dem Betrieb übertragbar** (RG 16. 11. 1929 GRUR 1930, 174, 175; 26. 10. 1931 RGZ 134, 91, 96; 2. 5. 1939 GRUR 1939, 963, 964). Durch ihre Übertragung darf sich die Betriebslizenz nicht wesentlich in ihrem Inhalt verändern und ihre Eigenschaft als eine auf einen bestimmten Betrieb beschränkte Lizenz nicht verlieren (RG 16. 11. 1929 a. a. O.).

dd) Auch **technisch** kann eine Lizenz **beschränkt** sein, z. B. auf ein bestimmtes **technisches Anwendungsgebiet** (RG 16. 1. 1904 RGZ 57, 38: Verfahren zur Metallbearbeitung darf nur zur Herstellung eiserner Fässer benutzt werden); 16. 11. 1929 GRUR 1930, 174 ff. (Beschränkung der Anwendung des Verfahrens auf Verzinnung von Flaschenverschlüssen und Konservenbüchsen); BGH 26. 6. 1969 GRUR 1969, 677 – Rüben-Verladeeinrichtung (Einräumung des Benutzungsrechts auf den kennzeichnenden Teil eines **selbständig schutzfähigen Unteranspruchs,** losgelöst vom Gattungsbegriff dieses Anspruchs, der sich mit dem Inhalt des in Bezug genommenen Hauptanspruchs deckt). Für **verschiedene** Anwendungsgebiete können einfache und ausschließliche Lizenzen nebeneinander erteilt werden (RG 17. 3. 1934 MuW 1934, 244).

ee) Eine **Quotenlizenz** kann in dem Sinn erteilt werden, daß die Befugnis des Lizenznehmers zur Herstellung auf eine bestimmte Menge beschränkt wird. Der Lizenznehmer darf in diesem Fall die ihm gesetzte Quote nicht überschreiten, anderenfalls er eine Patentverletzung begeht; vgl. BGH 17. 4. 1969 BGHZ 52, 55, 58 = GRUR 1969, 560, 561 – Frischhaltegefäß.

ff) Die Beschränkung kann **auf eine der vier Benutzungsarten** (Herstellen, Feilhalten, Inverkehrbringen, Gebrauchen) abgestellt werden (BGH 20. 5. 1966 GRUR 1966, 576, 580 – Zimcofot); vgl. dazu BGH 3. 2. 1959 (GRUR 1959, 528, 531 – Autodachzelt unter Hinweis auf GRUR 1936, 497, 499). So z. B. **Herstellungslizenz,** wenn der Lizenznehmer die hergestellten Gegenstände nur an den Lizenzgeber liefern darf; dies jedoch vorbehaltlich des Rechts des Selbsthilfeverkaufs gem. § 373 HGB (RG 29. 9. 1906 RGZ 64, 143). Im Zweifel schließt die Einräumung einer Herstellungslizenz das Recht des Lizenznehmers ein, das Erzeugnis auch in Verkehr zu bringen und zu gebrauchen (RG 26. 2. 1916 GRUR 1916, 178); so auch die herrschende Auffassung.

Bei der **Verkaufslizenz (Vertriebslizenz)** darf der Lizenznehmer die patentierte Ware nicht herstellen, sondern **nur vertreiben,** d. h. sie feilhalten, verkaufen und an den Käufer liefern (RG 12. 1. 1907 RGZ 65, 87). Für die echte Verkaufslizenz ist aber nur Raum, wenn der Lizenznehmer die patentierte Ware unmittelbar ab Lager des Patentinhabers oder lizenzierten Herstellers liefert. War die Ware dagegen bereits in den Verkehr gelangt (vgl. dazu § 6 Anm. 46), so liegt nur eine schuldrechtliche Abrede ohne patentrechtliche Bedeutung vor. Die Ware ist durch berechtigtes Inverkehrbringen patentfrei geworden (RG 11. 5. 1929 MuW 1929, 453; BGH 12. 6. 1951 BGHZ 2, 261, 267 = GRUR 51, 449, 452 – Tauchpumpensatz; 5. 10. 1951 BGHZ 3, 193, 200 = GRUR 52, 141, 145 – Tauchpumpen; 8. 6. 1967 GRUR 1967, 676, 680 – Gymnastiksandale).

Ähnlich ist die Rechtslage bei der **Gebrauchslizenz,** wenn sie nicht ein Verfahren, sondern eine Vorrichtung betrifft (Pietzcker § 6 Anm. 28). Die Gebrauchslizenz erlaubt dem Lizenznehmer, den Gegenstand im Sinne des § 6 PatG zu gebrauchen (RG 11. 5. 1929 RGZ 124, 317 – Überlassung einer Maschine bis zum Ablauf des Patents gegen eine Lizenzgebühr).

Bei der **Einfuhrlizenz** gestattet der Lizenzgeber dem Lizenznehmer, die patentierten Erzeugnisse aus dem Ausland einzuführen und im Inland in Verkehr zu bringen oder sie feilzuhalten und zu gebrauchen (Kohler, Handb. S. 523; Kisch, Handb. S. 323).

Ausfuhrlizenzen haben für den Fall Bedeutung, daß der Lizenzgeber in den Ländern, in die exportiert werden soll, Patentschutz genießt (vgl. dazu Stumpf a. a. O. Rand-Nr. 30).

Konzernlizenzen sind für die Industrie von erheblicher Bedeutung; insbes. trifft dies auch für Verträge mit Betrieben aus den Ostblockstaaten zu. Unter diesem Begriff werden Verträge verstanden, die alle zum Konzern gehörigen Gesellschaften (Mutter-, Tochtergesellschaften u. ä.) von vornherein in den Vertragsbereich einbeziehen, ohne daß es hierfür der Vergabe von Unterlizenzen bedürfen würde. Über die rechtliche Problematik, die mit derartigen Lizenzverträgen verbunden ist, vgl. Henn, Problematik und Systematik des internationalen Patentlizenzvertrages 1967 § 12 S. 41 ff.

d) Patentrechtliche und schuldrechtliche Beschränkungen

Bei den zu c) aufgeführten Beschränkungen handelt es sich um Beschrän- 34
kungen des Patentrechts selbst. Das allein dem Patentinhaber zustehende Benutzungsrecht ist nicht in vollem Umfang übertragen, sondern jeweils beschränkt auf den vereinbarten Gegenstand und Umfang. Überschreitet der Lizenznehmer die Grenzen seiner Befugnisse, so greift er in das dem Patentinhaber verbliebene **Patentrecht** ein. Er macht sich nicht nur einer Vertragsverletzung, sondern auch einer **Patentverletzung** schuldig. Ebenso begeht der **Abnehmer** des Lizenznehmers eine Patentverletzung, und zwar auch dann, wenn er gutgläubig war. Die Zulässigkeit solcher Beschränkun-

gen wird in entsprechender Anwendung des § 1030 Abs. 2 BGB (Beschränkung der Bestellung des dinglichen Nießbrauchs) allgemein als zulässig anerkannt.

Häufig legt der Lizenzgeber seinem Lizenznehmer noch weitere Beschränkungen auf, beispielsweise im Hinblick auf die Bemessung der Preise, Lieferung von Rohstoffen, Kennzeichnung der Waren, Anbringung eines Patentvermerks, Absatzbedingungen bei Belieferung bestimmter Personen oder Firmen u. ä. und verpflichtet ihn, auch seinen etwaigen Abnehmern die gleiche Verpflichtung aufzuerlegen. Derartige Verpflichtungen berühren nicht den patentrechtlichen Inhalt der Lizenz, sondern nur die Art und Weise der Benutzung, ihnen kommt nur **schuldrechtliche Bedeutung** zu (RG 26. 3. 1902 RGZ 51, 139, 141). Ihre Nichtbeachtung macht zwar den Lizenznehmer schuldrechtlich verantwortlich, schafft aber keinen patentwidrigen Zustand; die lizenzmäßig in den Verkehr gebrachten Erzeugnisse sind patentfrei. Der zuwiderhandelnde Lizenznehmer begeht eine Vertragsverletzung, keine Patentverletzung; in Einzelfällen kann die Grenze fließend sein, vgl. auch Anm. 50.

In einer älteren Entscheidung (RGSt 24. 3. 1902 Bl. 1902, 157) hat das RG auch die Möglichkeit der Erteilung einer **bedingten** Lizenz bejaht, die je nachdem, ob der Lizenznehmer den ihm vom Lizenzgeber auferlegten Bedingungen nachkommt oder nicht, patentrechtlich wirksam oder unwirksam sein soll – nicht nur vertraglich. Die Entscheidung ist zu Recht schon von Pietzcker (§ 6 Anm. 26 a. E.) angegriffen worden, weil es mit dem Begriff eines absoluten, gegen jedermann wirksamen Rechts nicht verträglich ist, die Berechtigung der **Ausübung im einzelnen Fall** von einer Bedingung abhängig zu machen. Dagegen ist es zulässig, die **Entstehung** oder **Beendigung** des Lizenzrechts an eine aufschiebende oder auflösende Bedingung zu knüpfen (§ 158 BGB). Das Gesetz hat den Kreis der dinglichen Rechte fest umgrenzt. Es kann daher nicht in dem Ermessen der Parteien liegen, diesen dinglichen Rechten im Einzelfall eine andere Wirkung zu verleihen (Palandt, Einl. 2 b vor § 854 BGB).

Wegen der kartellrechtlichen zulässigen bzw. unzulässigen Beschränkungen vgl. Anm. 69 ff.

e) Sonstige Lizenzarten

35 Von einer **Verlagslizenz** spricht man, wenn der Lizenznehmer die Verpflichtung übernommen hat, die Erfindung zu benutzen. Diese nicht sehr glückliche Bezeichnung ist im Hinblick auf § 14 VerlG gewählt worden, in dem bestimmt ist, daß der Verleger zur Vervielfältigung und Verbreitung des ihm überlassenen Werks verpflichtet ist. Eine solche Verpflichtung ist bei der Vereinbarung einer **Stücklizenz** (Lizenzgebühr berechnet nach der Zahl der verkauften Stücke oder einer Mindestzahl von Stücken) in der Regel ohne weiteres anzunehmen (RG 3. 10. 1936 GRUR 1937, 37, 38).

Aus den Umständen kann sich aber auch eine andere Regelung ergeben.

Über Pflicht des Lizenznehmers zur Benutzung und Werbung vgl. Anm. 53.

Nicht selten räumt der Patentinhaber dem Nichtigkeitskläger, um einer den Bestand des Patents gefährdenden Fortsetzung des Verfahrens vorzubeugen, für die Zurücknahme der Nichtigkeitsklage oder anderen Personen für die Nichterhebung einer Nichtigkeitsklage eine sog. **Gratislizenz** (oder **Freilizenz**) ein. Eine Gratislizenz wird im Zweifel nur als Einräumung eines sog. negativen Lizenzrechts (oben Anm. 29) gelten können. Sie gewährt dem Inhaber ein Benutzungsrecht, wie es aus einer einfachen Lizenz folgt; nur ist eine Haftung des Patentinhabers für Sach- und Rechtsmängel ausgeschlossen. Die Freilizenz ist im allgemeinen keine Betriebslizenz (RG 2. 5. 1939 GRUR 1939, 963, 964).

Auch ein nicht neues, **geheimgehaltenes Betriebsverfahren** kann zum Gegenstand eines Lizenzvertrages gemacht werden, vgl. oben Anm. 26.

II. Rechte und Pflichten beim Lizenzvertrag

1. Auslegung von Lizenzverträgen

Dazu Lüdecke, Zur Auslegung von Lizenzverträgen, GRUR 1954, 379 ff. 36

Die Auslegung von Lizenzverträgen (bzw. den oben behandelten Patentveräußerungsverträgen – Anm. 3 ff.) unterliegt den allgemeinen Auslegungsregeln über Verträge, und zwar sowohl hinsichtlich der Frage, ob ein Vertrag rechtswirksam zustande gekommen ist, wie auch der Prüfung, welchen Inhalt der Vertrag hat (Lüdecke a. a. O. S. 380). Die Auslegung hat daher gemäß §§ 133, 157, 242 BGB nach Treu und Glauben mit Rücksicht auf die Verkehrssitte zu erfolgen. Im wesentlichen kann insoweit auf die Erläuterungsbücher des BGB verwiesen werden. Es genügt hier, einige Grundsätze, die bei Auslegung von Lizenzverträgen häufig eine besondere Rolle gespielt haben, hervorzuheben.

Voraussetzung jeder Auslegung eines Vertrages ist seine **Auslegungsfähigkeit.** Für eine Auslegung besteht kein Raum, wenn der Vertrag klar und eindeutig ist (BGH 6. 7. 1954 GRUR 1955, 87, 88 – Bäckereimaschinen). Daher kann bei der Ermittlung des Parteiwillens auch die Verkehrsüblichkeit zum mindesten dann nicht maßgebend sein, wenn ein bestimmter Wille der Parteien zu ermitteln ist (BGH 26. 6. 1969 GRUR 1969, 677, 679 – Rüben-Verladeeinrichtung). Eine klare schriftliche Erklärung hat grundsätzlich die **Vermutung der Richtigkeit und Vollständigkeit** für sich (BGH 19. 10. 1962 GRUR 1963, 40, 43 – Straßen – gestern und morgen – mit weiteren Nachweisen). Doch schließt dies im Einzelfall nicht die Pflicht des Gerichts aus, Beweis über eine Behauptung zu erheben, daß noch weitere rechtsverbindliche Zusicherungen gemacht worden seien (BGH 22. 5. 1959 GRUR 1960, 44, 46 – Uhrgehäuse).

Wie bei jeder Vertragsauslegung ist davon auszugehen, daß das, was mit den Grundsätzen von Treu und Glauben im Widerspruch steht, nicht als von den Parteien gewollt anzusehen ist. Die Auslegung ist daher nicht so sehr auf die Feststellung hypothetischer subjektiver Vorstellungen der Parteien als vielmehr auf eine **vernünftige Interessenabwägung** auf rein objektiver Grundlage zu richten (BGH 20. 9. 1960 BGHZ 33, 163, 164 = GRUR 1961, 307, 308 ff. – Krankenwagen II).

Stets sind bei einem Vertrag zur Ermittlung des Parteiwillens Sprachgebrauch, Vorgeschichte des Vertrages sowie Umstände, die seinen Abschluß begleitet haben und für seinen Inhalt wesentlich sind, zu würdigen (RG 17. 3. 1934 GRUR 1934, 306, 310). Auf einzelne, häufig von rechtlich nicht geschulten Personen gebrauchte Ausdrücke kommt es nicht an; vielmehr ist stets der Gesamtinhalt des Vertrages maßgebend, wie er vom Standpunkt der Allgemeinheit zu verstehen ist (RG 5. 6. 1935 GRUR 1935, 952, 954). Insbesondere bei der Auslegung von Verträgen, bei denen es beispielsweise zweifelhaft sein kann, ob eine Partei das Patent einer Gesellschaft als Eigentum zur gesamten Hand oder aber nur zur Benutzung übertragen hat, ist der Erfahrungssatz zu berücksichtigen, daß niemand mehr Rechte als notwendig überträgt, d. h. bei einer Einräumung eines Rechts an einem Patent von seinen Rechten so wenig wie möglich aufgeben will (RG 17. 6. 1936 GRUR 1937, 1001, 1002; 19. 10. 1943 GRUR 1943, 355). Auch besteht eine **Vermutung,** daß niemand seine Rechte in stärkerem Maße einschränken will, als er erklärt. In diesen Fällen ist eine enge Auslegung geboten (Lüdecke a. a. O. unter Hinweis auf RG 14. 6. 1940 GRUR 1940, 439, 441).

Haben die Parteien im Vertrag eine **Lücke** gelassen, deren Nichtausfüllung einer Partei einen ihr nicht zumutbaren Nachteil verursachen würde, so ist diese Lücke durch ergänzende Auslegung unter Beachtung von Treu und Glauben so auszufüllen, wie die Parteien den ungeregelten Punkt geregelt haben würden, wenn sie bei Vertragsabschluß bemerkt hätten, daß ein wesentlicher Punkt bei ihren Abreden offengeblieben war (RG 27. 6. 1940 RGZ 164, 202; 28. 7. 1942 GRUR 1943, 76; BGH 22. 4. 1953 BGHZ 9, 273, 277; 18. 12. 1954 BGHZ 16, 72, 76; 13. 1. 1959 GRUR 1959, 384, 387 – Postkalender; 8. 6. 1962 GRUR 1963, 52, 55 – Spritzgußmaschine; 26. 6. 1969 GRUR 1969, 677, 679 – Rüben-Verladeeinrichtung). Es ist dabei der in den Vertragsbestimmungen zum Ausdruck gelangte Sinn und Zweck des Parteiwillens zu berücksichtigen. Zu berücksichtigen sind insoweit auch Vor- und Begleitverhandlungen, insbesondere die Interessenlage, die Lebenserfahrung und die Verkehrssitte (BGH 13. 1. 1959 a. a. O.). Stets muß sich die ergänzende Vertragsauslegung nach alledem als zwingende selbstverständliche Folge aus dem ganzen Zusammenhang des Vereinbarten ergeben, so daß ohne die Ergänzung das Ergebnis im offenbaren Widerspruch mit dem nach dem Inhalt des Vertrags tatsächlich Vereinbarten stehen würde (BGH 10. 7. 1963 BGHZ 40, 91, 104 mit Nachw.). Bei der Schließung der Lücke muß es sich also um eine echte Ergänzung des Vertragsinhalts und nicht etwa um eine unzulässige Erweiterung des Vertragsgegenstands handeln (BGH 22. 4. 1953 BGHZ 9, 273, 278; 10. 7. 1963 a. a. O. S. 103).

Ungewöhnliche, bedenkliche, unklare und mehrdeutige Vertragsbestimmungen sind eng auszulegen (RG 14. 6. 1940 GRUR 1940, 439). Auch gehen grundsätzlich Unklarheiten eines Vertragstextes zu Lasten dessen, der den Text formuliert hat (OLG Hamburg JW 1938, 1891 Nr. 32); vgl. auch § 9 Anm. 8 a. E.

Zur **Begründung der Angemessenheit** einer Stücklizenz in einer lückenhaften Vereinbarung genügt es, wenn die Umstände bezeichnet werden, welche die Parteien nach Auffassung des Gerichts zu berücksichtigen gehabt hätten. Die Berechnung selbst ist eine Frage der Gesamtwürdigung aller Umstände, die nicht im einzelnen belegt zu werden brauchen (BGH 26. 6. 1969 GRUR 1969, 677, 680 – Rüben-Verladeeinrichtung).

Wegen des individuellen, atypischen Inhalts von Patentveräußerungs- oder Lizenzverträgen kann deren Auslegung im Revisionsrechtszug nur auf Verletzung gesetzlicher und allgemein anerkannter Auslegungsregeln, von Denkgesetzen, Erfahrungssätzen oder Verfahrensvorschriften überprüft werden (BGH 17. 4. 1969 GRUR 1969, 560, 561 – Frischhaltegefäß – st. Rspr., vgl. dazu § 47 Anm. 68 a. E.).

2. Pflichten des Lizenzgebers, insbesondere Unterweisungs- und Fürsorgepflichten

Die Verpflichtung des Lizenzgebers bei Einräumung einer Lizenz erschöpft sich nicht in der einmaligen Begründung eines positiven Benutzungsrechts zugunsten des Lizenznehmers, sondern schließt die Pflicht ein, während der ganzen Vertragsdauer bestrebt zu sein, das überlassene Schutzrecht aufrechtzuerhalten und die Benutzung der in ihm offenbarten Lehre zu ermöglichen, sowie Angriffe gegen den Bestand des Schutzrechts abzuwehren, insbes. auch technische Unterlagen für die Bekämpfung einer Nichtigkeitsklage zu liefern (RG 18. 8. 1937 RGZ 155, 306, 313 = GRUR 1937, 1086, 1088; 17. 10. 1934 GRUR 1935, 306, 308). Ob ein Lizenzgeber durch einen Antrag auf Selbstbeschränkung (§ 36 a) gegen seine Verpflichtungen aus dem Lizenzvertrag verstößt, hängt davon ab, wieweit er nach Lage der Sache begründeten Anlaß zur Stellung eines solchen Antrages haben konnte (BGH 20. 4. 1961 GRUR 1961, 572, 574 – Metallfenster). 37

Weiterhin können die Pflichten des Lizenzgebers, auch ohne daß über sie besondere Vereinbarungen getroffen sind, unter dem Gesichtspunkt von Treu und Glauben darin bestehen, daß der Lizenzgeber dem Lizenznehmer seine Erfahrungen und seinen Rat sowie etwaige technische Unterlagen bei der Einführung der Erfindung zur Verfügung stellen und ihm die notwendigen Unterweisungen geben muß, um die Lizenz erteilungsmäßig benutzen zu können. Auch wird es zumeist der Vertragsabsicht entsprechen, daß der Lizenzgeber etwaige Kunstgriffe, die zur sachgemäßen Ausbeutung der Erfindung notwendig sind, dem Lizenznehmer mitteilt. Der Lizenzgeber wird ferner in der Regel als verpflichtet anzusehen sein, den Lizenznehmer über etwaige schwebende Rechtsstreitigkeiten, ihm bekannte Vorbenutzungsrechte oder sonstige Mängel zu unterrichten, die den Bestand oder den Wert des Schutzrechtes beeinträchtigen können. Allerdings dürfen die Anforderungen an diese Aufklärungspflicht nicht überspannt werden. Ein Lizenzgeber ist beispielsweise nicht verpflichtet, den Lizenznehmer über seine vorangegangenen vergeblichen Bemühungen zu unterrichten, andere Firmen für seine Erfindungen zu interessieren (BGH 28. 6. 1957 GRUR 1958, 175, 176 – Wendemanschette).

Zu **Auslandsanmeldungen** ist der Lizenzgeber in der Regel nicht verpflichtet. Denn ein allgemeiner Satz, daß der Wert einer Erfindung nur erhalten werden könne, wenn auch **im Ausland** Schutz nachgesucht werde, besteht nicht (RG 31. 1. 1941 GRUR 1941, 152, 153). Eine vertraglich übernommene Pflicht zur Auslandsanmeldung ist nach Treu und Glauben im allgemeinen dahin zu verstehen, daß sie nicht zu Maßnahmen verpflichtet, die zu keinen wirtschaftlichen Erträgen führen können (RG 7. 1. 1944 GRUR 1944, 80).

Über die Pflicht des Lizenzgebers, bis zum Ablauf des Vertrages die Jahresgebühren zu zahlen, vgl. unten Anm. 51; über die Pflicht, künftige Verbesserungen mitzuteilen, vgl. Anm. 23.

Ohne besondere Verpflichtung ist der Lizenzgeber dem Lizenznehmer gegenüber in der Regel **nicht** gehalten, **gegen Patentverletzungen einzuschreiten.** Es kommt auf den Einzelfall an, ob eine solche **Verpflichtung** zu bejahen ist, wie weit sie geht und welche Auswirkungen die Mißachtung einer derartigen Verpflichtung hat (BGH 29. 4. 1965 GRUR 1965, 591, 596 – Wellplatten). Der durch eine **Meistbegünstigungsklausel** gebundene Geber einer **einfachen** Lizenz kann auch ohne besondere Abmachungen nach Treu und Glauben verpflichtet sein, **gegen fortgesetzte Verletzungshandlungen** Dritter vorzugehen. Denn die Meistbegünstigungsklausel hat den Zweck, gleiche Bedingungen für alle Lizenznehmer zu schaffen. Dieser Zweck wird unter Umständen dann nicht erreicht, wenn dritte Personen das Schutzrecht unberechtigt benutzen können und im Gegensatz zum Lizenznehmer keine Lizenzgebühren zahlen. Schreitet der Lizenzgeber in einem solchen Fall gegen Verletzer nicht ein, kann ein Bestehen auf Lizenzzahlungen unter dem Gesichtspunkt der Unzumutbarkeit gegen Treu und Glauben verstoßen (BGH 29. 4. 1965 a. a. O. S. 595); vgl. dazu auch Finger, Die Meistbegünstigungs-Klausel in Patentlizenzverträgen, BB 1970, 1154 ff.

Über die Pflicht des Lizenzgebers, nicht auf das Patent zu verzichten und es nicht weiter zu übertragen, vgl. Anm. 32, 57.

Die Erteilung einer Lizenz an einem Betriebsgeheimnis verpflichtet den Lizenzgeber auch ohne besondere Zusicherung, das Geheimnis weiterhin zu wahren (oben Anm. 26).

Nach dem Recht der aufgeschobenen Prüfung ist im Zweifel der Lizenzgeber einer **noch nicht bekanntgemachten Anmeldung** auf Verlangen des Lizenznehmers auch verpflichtet, den **Prüfungsantrag** zu stellen und die **Prüfungsgebühr** zu bezahlen oder sie dem Lizenznehmer zu erstatten, wenn dieser bereits den Antrag gestellt hat. Denn grundsätzlich obliegt dem Veräußerer ebenso wie dem Lizenzgeber, die Verpflichtung, alle notwendigen Vorkehrungen zu treffen, um eine baldige Patenterteilung durchzusetzen (vgl. Lüdecke, NJW 1968, 1358, 1359), auch wenn er im übrigen nicht für die Erteilung des Patents einzustehen hat. Die Umstände des Einzelfalls können allerdings auch eine andere Regelung rechtfertigen.

3. Haftung des Lizenzgebers

Die Haftung des Lizenzgebers (s. Lindenmaier, GRUR 1955, 507) entspricht im allgemeinen derjenigen des Veräußerers eines Patents (Anm. 9 ff.). In mehreren Punkten bestehen jedoch Abweichungen.

a) Haftung für Zusicherung, Täuschung, positive Vertragsverletzung und Verschulden beim Vertragsabschluß vgl. Anm. 10 38

b) Haftung für Bestehen des Patents

Wie der Veräußerer eines Patents haftet der Lizenzgeber dafür, daß die 39 Erfindung patentiert und der Patentschutz noch nicht erloschen ist. Die Rechte des Lizenznehmers ergeben sich in rechtsähnlicher Anwendung der §§ 437, 440, 443, 320 bis 327 BGB (Anm. 11 ff.). Die Haftung erstreckt sich auf das Erfüllungsinteresse (Anm. 10). § 306 BGB ist auf Lizenzverträge allenfalls dann anwendbar, wenn das lizenzierte Schutzrecht nicht existiert und auch seinem Wesen nach einem Patent- oder Gebrauchsmusterschutz nicht zugänglich ist (BGH 12. 4. 1957 GRUR 1957, 595 – Verwandlungstisch; Lindenmaier, GRUR 1955, 509, 511).

c) Haftung für spätere Nichtigerklärung und Beschränkung des Patents sowie widerrechtlicher Entnahme

Auch für den Fall der **völligen oder teilweisen Nichtigerklärung des** 40 **Patents** gelten die gleichen Grundsätze wie bei Übertragung eines Patentrechts (Anm. 13).

Der nachträglichen Nichtigerklärung des Patents bei einem bereits teilweise erfüllten Lizenzvertrag ist regelmäßig der Fall gleichzusetzen, daß ein Lizenzvertrag über eine erst **angemeldete** Erfindung in der Erwartung späterer Patenterteilung abgeschlossen, die Erfindung dem Lizenznehmer zur Verfügung gestellt und das Patent hinterher versagt wird (Anm. 25). Anders liegt der Fall, wenn das Patentrecht vor Ablauf des Vertrages aus anderen Gründen endet, z. B. durch Zeitablauf. Hier entscheidet ergänzende Vertragsauslegung (Weiterzahlung der Lizenzgebühr trotz Erledigung des Schutzrechts nicht ausgeschlossen, insbesondere dann nicht, wenn der Lizenznehmer vom Lizenzgeber über dessen Erfahrungen und Verbesserungsvorschläge unterrichtet worden ist; RG 28. 3. 1934 GRUR 1934, 357, 358). Wegen der kartellrechtlichen Beurteilung vgl. unten Anm. 77.

Eine **spätere Beschränkung des Patents,** die durch den nachgewiesenen Stand der Technik sachlich geboten ist, stellt in der Regel keine Vertragsverletzung des Lizenzgebers dar (BGH 20. 4. 1961 GRUR 1961, 572, 574 – Metallfenster).

Im Falle der **widerrechtlichen Entnahme** verliert der Lizenzgeber (Entnehmer) bei erfolgreicher Durchführung der Vindikationsklage (§ 5) seitens des Berechtigten seine formale Rechtsposition. Ein materielles Benutzungsrecht kann in diesem Falle der einfache und ausschließliche Lizenznehmer von dem nicht berechtigten Lizenzgeber (Entnehmer) auch gutgläubig gegenüber dem Berechtigten nicht erwerben. Schadensersatzansprüche gegen den Patentinhaber bleiben unberührt (Lüdecke, GRUR 1966, 1 ff.).

41 **d) Haftung für nachträgliche Einschränkung des Schutzumfangs**

vgl. Anm. 18

e) Haftung für Bestehen eines Vorbenutzungsrechts, Abhängigkeit des Patents des Lizenzgebers, Zwangslizenz

aa) Bei einfacher Lizenz

42 Der Lizenznehmer hat mit dem Vorhandensein **anderer** Lizenzen zu rechnen. Will er sich dem nicht aussetzen, so muß er besondere Vereinbarungen treffen. Verschweigen anderer als ausschließlicher Lizenzen kann nicht als Verschulden beim Vertragsabschluß gelten. Die spätere Erteilung einer **Zwangslizenz** ist entsprechend zu behandeln, weil der Lizenznehmer das durch öffentliche Interessen bestimmte Schicksal des Patents tragen muß.

Entsprechendes wie für das Vorhandensein anderer Lizenzen muß für das Vorhandensein eines dem Lizenzgeber **unbekannten Vorbenutzungsrechts** gelten (RG 25. 4. 1936 GRUR 1936, 1056, 1059; anders Rasch a. a. O. 20 ff.).

Im Falle der **Abhängigkeit** müssen dagegen die Grundsätze der Anm. 16 gelten. Eine ihm bekannte Abhängigkeit muß der Lizenzgeber dem Lizenznehmer mitteilen.

bb) Bei ausschließlicher Lizenz

43 Es besteht eine **Aufklärungspflicht** des Lizenzgebers auch **über bereits erteilte Lizenzen** einschlägiger Art. Nichterfüllung dieser Pflicht ist positive Vertragsverletzung.

Wird nachträglich ein **Vorbenutzungsrecht** geltend gemacht oder stellt sich nachträglich die **Abhängigkeit** des Patents heraus, so gilt Entsprechendes wie bei Übertragung von Patentrechten (Anm. 15, 16).

Der Erfinder eines abhängigen Patents kann grundsätzlich ohne Einwilligung des Erfinders des älteren Patents, dessen Erfindungsgedanken er in **abhängiger** Weise benutzt, Lizenzen einräumen. Verweigert der Erfinder des älteren Patents seine Zustimmung, so haftet der Lizenzgeber unter Umständen nach den Grundsätzen eines Mangels im Recht (RG 17. 10. 1934 GRUR 1935, 306; BGH 13. 2. 1962 GRUR 1962, 370, 374).

Die im Falle der Erteilung einer **Zwangslizenz** dem Patentinhaber zuzusprechende Vergütung müßte an sich dem Inhaber der ausschließlichen Lizenz zukommen. Das führt dazu, dem Lizenznehmer unter dem Gesichtspunkt des Wegfalls der Geschäftsgrundlage das Recht zuzugestehen, die ihm obliegenden Lizenzzahlungen entsprechend zu kürzen, sofern ihm nicht ein Rücktrittsrecht zukommt und er davon Gebrauch macht (ähnlich Pietzcker § 6 Anm. 33; Stumpf, a. a. O. Rand-Nr. 328).

f) Haftung für Mängel, die die Erfindung selbst betreffen (Ausführbarkeit und Brauchbarkeit) 44

entspricht derjenigen bei Veräußerung des Patents (vgl. Anm. 19).

g) Haftung bei Lizenz auf ein Geheimverfahren und Know-How 45

vgl. Anm. 26 und 81.

h) Haftung bei Verzicht auf Erteilung weiterer Lizenzen

46 Auch bei Erteilung einer einfachen Lizenz ist eine Verpflichtung des Lizenzgebers, keine weiteren Lizenzen zu erteilen, zulässig. Frage der Auslegung ist es, ob in einem solchen Falle nicht die Erteilung einer ausschließlichen Lizenz vorliegt. Besteht nur eine schuldrechtliche Verpflichtung, so läßt ihre Verletzung die Wirksamkeit später erteilter Lizenzen unberührt (RG 17. 9. 1913 RGZ 83, 93; 14. 3. 1939 GRUR 1939, 826, 828, 829). Anders ist die Lage bei Erteilung einer ausschließlichen Lizenz, vgl. Anm. 32.

4. Pflichten des Lizenznehmers

a) Pflicht zur Entrichtung der Lizenzgebühr

47 **aa) Grundlagen für die Berechnung der Lizenzgebühr.** Regelmäßig enthält der Vertrag die erforderlichen Festsetzungen, bei deren Vereinbarung

die Parteien völlig frei sind. In ihrem Belieben steht es, wie sie die Grundlagen für die Berechnung der Lizenzgebühr im einzelnen bestimmen wollen. Diese kann **einmalig** sein, in **festen Jahreszahlungen** bestehen oder nach dem **fortlaufenden Ertrag** der Benutzung berechnet werden, insbesondere nach der Anzahl der hergestellten oder veräußerten Gegenstände (**Stücklizenz,** RG 18. 8. 1937 GRUR 1937, 1086, 1087, bei der im Regelfalle auch eine **Benutzungspflicht** anzunehmen ist: RG 3. 10. 1936 GRUR 1937, 37, 38, vgl. unten Anm. 53).

Besteht die Vergütung in einer Quote des Umsatzes (RG 28. 5. 1932 RGZ 136, 320) oder einem prozentualen Anteil an den Einkünften des Lizenznehmers (RG 4. 2. 1927 RGZ 116, 78, 82), so spricht man von einer **partiarischen** Lizenzvergütung (vgl. Pietzcker § 6 Anm. 23).

Auch kann das Entgelt in anderen Leistungen als in Geld, also auch in der Übertragung von Erfindungen, Verbesserungen, technischen Informationen usw. bestehen (BGH 18. 3. 1955 BGHZ 17, 41, 58 = GRUR 1955, 468 – Kokillen-Gießverfahren).

Häufig findet sich auch die Vereinbarung einer **Mindestlizenz** für einen bestimmten Zeitabschnitt (RG 15. 10. 1930 MuW 1931, 32). Verspricht der Lizenznehmer eine Mindestlizenzgebühr, so übernimmt er in der Regel die Gefahr, die in der Unsicherheit liegt, ob ein entsprechender Mindestabsatz erreicht wird (RG 25. 4. 1936 GRUR 1936, 1056, 1059; 12. 5. 1937 GRUR 1938, 563, 566). Höhere Gewalt wirkt in der Regel nur dann als Befreiungsgrund, wenn und solange sie dem Lizenznehmer die gewerbliche Ausnutzung der Vertragsrechte unmöglich macht (RG 12. 6. 1942 GRUR 1943, 35, 36).

Auch wenn der Lizenznehmer das geschützte Verfahren mit **selbsterfundenen Verbesserungen** ausübt, wird er regelmäßig von der Pflicht zur Gebührenzahlung nicht frei; unter besonderen Umständen kann aber nach Treu und Glauben eine Herabsetzung der Gebühren gerechtfertigt sein (RG 21. 3. 1934 RGZ 144, 187, 193; 14. 7. 1934 Mitt. 1934, 236; BGH 15. 6. 1967 GRUR 1967, 655, 659 – Altix). Die Lizenzpflicht bleibt jedenfalls dann bestehen, wenn sich das abweichende Verfahren innerhalb der Variationsbreite des überlassenen Verfahrens hält (BGH 15. 3. 1955 GRUR 1955, 424, 427 – Möbelwachspaste).

Die vertragliche Festlegung einer Lizenzpflicht für Verbesserungen, welche von einem der beiden Vertragsteile an dem Schutzgegenstand gemacht werden, bezieht sich regelmäßig auf alle Erfindungen, die dem Vertragsgegenstand wirtschaftlich so nahestehen, daß ihre Verwertung geeignet ist, den Absatz des Lizenzgegenstands zu beeinträchtigen (RG 11. 5. 1935 GRUR 1935, 948, 949).

Im übrigen über die Pflicht des Lizenznehmers, Verbesserungen vorzunehmen bzw. anzuwenden, vgl. Anm. 53.

In einem Lizenzvertrag kann auch eine laufende Lizenzgebühr und zusätzlich eine **einmalige Pauschalgebühr** vereinbart werden. Es ist dann Tatfrage, ob bei einer Kündigung des Vertrages der Lizenznehmer verpflichtet ist, eine vorausgezahlte Pauschalgebühr zurückzuzahlen, oder ob sie dem Lizenzgeber verbleibt (BGH 5. 7. 1960 GRUR 1961, 27 ff. – Holzbauträger – mit Anm. Heine).

Ein Lizenznehmer, der die ihm eingeräumte Befugnis zur Benutzung eines Patents erlaubterweise auf einen Dritten überträgt **(Unterlizenz)**, bleibt in der Regel zur Leistung des vereinbarten Entgelts verpflichtet (BGH 7. 11. 1952 GRUR 1953, 114, 118 – Reinigungsverfahren).

Lizenzgebühren sind wiederkehrende Leistungen. Sie **verjähren** in 4 Jahren, gerechnet vom Ende des Jahres ab, in dem sie fällig werden (§§ 197, 201 BGB). Da es sich bei einem Lizenzvertrag um einen Vertrag eigener Art handelt (Anm. 28), ist die Anwendung der Verjährungsvorschriften des § 477 BGB ausgeschlossen (RG 12. 4. 1913 RGZ 82, 155, 159).

bb) Höhe der Lizenzgebühr. Dazu: Lüdecke, Lizenzgebühren für Erfindungen; Lüdecke-Fischer, Lizenzverträge S. 512 ff.; Rasch, Der Lizenzvertrag S. 34 ff.; Bechet, Mitt. 1956, 2. **48**

Sollte die **Höhe** der Lizenz nicht vereinbart sein, so sind die Vorschriften der §§ 315, 316 BGB maßgeblich (RG 26. 9. 1931 MuW 1932, 96; BGH 3. 6. 1958 GRUR 1958, 564, 566 – Baustützen). Es gilt dann eine **angemessene** Lizenzgebühr als geschuldet (BGH 10. 7. 1959 I ZR 73/58). Ist ein verkehrsmäßiger üblicher Wert der Benutzungsberechtigung nicht festzustellen, so ist ihr objektiv sachlich angemessener Wert **zur Zeit der Benutzung** unter Würdigung aller Tatumstände zu ermitteln; dieser kann sich insbesondere auch aus den Gewinnaussichten des Patents oder einer etwaigen Monopolstellung des Patentinhabers ergeben (BGH 13. 3. 1962 GRUR 1962, 401, 404 mit zahlreichen Nachweisen – Kreuzbodenventilsäcke III).

Mangels ausdrücklicher Vereinbarung ist auch die Frage, in welcher Weise, d. h. **wovon** eine angemessene Lizenz zu berechnen ist, wenn eine **Gesamtvorrichtung** vom Lizenznehmer vertrieben wird, die neben den patentgeschützten Teilen auch neutrale Teile enthält, unter Berücksichtigung aller Umstände des Einzelfalles zu entscheiden. Die Rechtsprechung, die hierzu im Rahmen der Ermittlung einer angemessenen Zwangslizenzgebühr (§ 15) und insbesondere der Feststellung einer im Verletzungsfall zu zahlenden angemessenen Lizenzgebühr ergangen ist, gibt maßgebliche Anhaltspunkte. In BGH 13. 3. 1962 a. a. O. werden diese Fragen eingehend erörtert (s. § 47 Anm. 37). Häufig wird der Wert der Gesamtanlage dann zugrunde zu legen sein, wenn diese üblicherweise als Ganzes geliefert und durch die patentgeschützten Teile der Gesamtheit der Anlage, nicht nur der einzelnen Teile erhöht wird (RG 21. 3. 1934 RGZ 144, 187; 12. 9. 1936 GRUR 1937, 531; 20. 6. 1944 GRUR 1944, 133; vgl. auch 12. 5. 1942 GRUR 1942, 358 – Zwangslizenz). Die besonderen Umstände können aber auch zu abweichenden Bemessungsgrundlagen führen. Allgemein gültige Angaben lassen sich nicht aufstellen (BGH 13. 3. 1962 a. a. O.). Zu beachten ist stets, daß die Verkehrsüblichkeit dann keine Rolle spielen kann, wenn ein bestimmter Wille der Parteien zu ermitteln ist (BGH 26. 6. 1969 GRUR 1969, 677, 679 ff. – Rüben-Verladeeinrichtung); vgl. auch Anm. 73 wegen der kartellrechtlichen Beurteilung.

Bei **Verfahrenspatenten** wird die Lizenzgebühr in der Regel nach dem Wert des durch das geschützte Verfahren gewonnenen Erzeugnisses berechnet. Entgegen dieser Regel kann aber im Einzelfall auch eine andere Berechnungsart angebracht sein (BGH 15. 6. 1967 GRUR 1967, 655, 657 – Altix).

Zur Berechnung des Gewinns bei einem Patentverwertungsvertrag, in dem eine Beteiligung des Erfinders am Reingewinn vorgesehen ist, wenn der Schuldner **zeitweilig mit Verlust** arbeitet: BGH 23. 9. 1958 BGHZ 28, 144, 149 ff. = GRUR 1959, 125 – Pansana. Die Grundsätze dieser Entscheidung müssen auch für Lizenzverträge gelten. Solche **Gewinnanteilansprüche** stellen ebenfalls regelmäßig wiederkehrende Leistungen dar, obwohl sie ihrer Natur nach in wechselnder Höhe ausfallen können. Sie **verjähren** daher nach § 197 BGB ebenso wie Lizenzgebühren in 4 Jahren (BGH 23. 9. 1958 a. a. O.).

49 **cc) Dauer der Gebührenpflicht; Auslauf-Klauseln.** Beim Vertragsende wird es bei Fehlen von besonderen **Auslauf-Klauseln** häufig streitig, ob der Lizenzgeber dem Lizenznehmer noch zu gestatten hat, gewisse **Auslauf-Benutzungshandlungen** vorzunehmen (Lüdecke-Fischer, a. a. O. G 17 ff.). Die herrschende Meinung nimmt an, daß der Lizenznehmer nach Treu und Glauben die während der Lizenzdauer bereits **hergestellten** Gegenstände im Zweifel auch noch nach Ablauf der Lizenzzeit veräußern darf (Rasch a. a. O. S. 90, Reimer § 9 Anm. 9 und 113). Teilweise wird allerdings die Einschränkung gemacht, daß im Hinblick auf das Vertragsende die – selbstverständlich lizenzpflichtige – Herstellung seitens des Lizenznehmers nicht »forciert« werden dürfe (Nirk in Klauer-Möhring, § 9 Anm. 51).

Es wird jedoch nicht einfach sein, für diese Auffassung eine rechtliche Begründung zu finden. Denn es kann nicht ohne weiteres, d. h. nicht ohne eine vertragliche Bindung, als gegen Treu und Glauben oder gegen die guten Sitten verstoßend angesehen werden, wenn ein Lizenznehmer im Rahmen der ihm eingeräumten Befugnisse auch von dem ihm zustehenden Herstellungsrecht während der Vertragszeit Gebrauch macht (vgl. dazu Tetzner § 9 Anm. 50).

Nach RGSt 21. 12. 1905 (Bl. 1906, 166, 167) ergibt sich die Berechtigung, die vertragsmäßig hergestellten Gegenstände noch nach Beendigung des Lizenzvertrages zu veräußern und in Verkehr zu bringen, aus dem natürlichen Zusammenhang der Benutzungsarten, »zumal dann, wenn die ausschließliche fabrikmäßige Ausbeutung der Erfindung der Gesellschaft

(d. i. die Lizenznehmerin) überlassen ist«, vgl. dazu BGH 3. 2. 1959 (GRUR 1959, 528, 531 – Autodachzelt).

Auch für während der Schutzdauer des Patents nur in **Auftrag** genommene, aber erst nach Ablauf der Schutzdauer hergestellte und gelieferte Gegenstände ist der Lizenznehmer lizenzpflichtig, weil er seine Vorzugsstellung vor anderen Wettbewerbern nicht nur für die bis zum Ablauf ausgeführten, sondern auch für die vor Ablauf bestellten Gegenstände gehabt hat (so BGH 6. 7. 1954 GRUR 1955, 87, 89 – Bäckereimaschinen unter Hinweis auf RG 27. 12. 1902 GRUR 1903, 145 ff. und 9. 4. 1943 GRUR 1943, 247, 248). Dazu kritisch Schramm, Grundlagenforschung S. 128 ff., der die zitierten RG-Entscheidungen wohl zu Unrecht ablehnt. Daß allerdings Ausnahmefälle möglich sind, hat auch der BGH 6. 7. 1954 a. a. O. ausdrücklich anerkannt, vgl. dazu auch § 6 Anm. 37.

Wegen der kartellrechtlichen Beurteilung vgl. Anm. 77.

Zur Auslegung von Lizenzverträgen, wenn das Schutzrecht vor Ablauf des Vertrages erlischt: RG 28. 3. 1934 GRUR 1934, 357; s. auch oben Anm. 13.

Der ausschließliche Lizenznehmer kann in der Regel auch **bei teilweiser Vernichtung** und **nachträglicher Beschränkung des Patents** die Lizenzgebühr mindern (BGH 12. 4. 1957 GRUR 1957, 595 – Verwandlungstisch; 24. 9. 1957 GRUR 1958, 231 – Rundstuhlwirkware; vgl. Anm. 14). Werden **Betriebsgeheimnisse,** für welche eine Lizenz entrichtet wird, offenkundig, so entfällt die Pflicht zur Lizenzzahlung (BGH 18. 3. 1955 BGHZ 17, 42, 53 – Kokillenguß; 16. 10. 1962 GRUR 1963, 207, 210 – Kieselsäure), vgl. dazu Anm. 26, 81.

dd) Verzug des Lizenznehmers. Kommt der Lizenznehmer mit Zahlung **49a**
der Lizenzgebühren in Verzug, so ergeben sich die Ansprüche des Gläubigers auf Schadenersatz aus den allgemeinen Vorschriften des BGB (§§ 280, 325, 326 BGB). Ein Rücktrittsrecht nach § 326 BGB wird allerdings nur dann zu bejahen sein, wenn die Gesamtumstände unter Berücksichtigung der wirtschaftlichen Interessen der Parteien eine Lösung des Vertragsverhältnisses für die Vergangenheit rechtfertigen. Grundsätzlich wird in entsprechender Anwendung der §§ 581 Abs. 1, 543 BGB nur eine Kündigung für die Zukunft in Betracht kommen. Reimer (§ 9 Anm. 52) befürwortet ein Kündigungsrecht in entsprechender Anwendung des § 554 BGB, d. h. bei Schuldnerverzug mit zwei aufeinanderfolgenden Raten (vgl. auch RG 10. 6. 1933 MuW 1933, 519).

b) Pflicht zur Einhaltung der sachlichen Lizenzgrenze

Überschreitet der Inhaber einer **beschränkten Lizenz** (Anm. 33) deren **50**
Grenzen, so verletzt er, unbeschadet der Möglichkeit einer Patentverletzung, auch den Lizenzvertrag und ist daher lizenzvergütungspflichtig (Anm. 34, Pietzcker, § 6 Anm. 25). Steht die Patentverletzung in gar kei-

nem Zusammenhang mit der Lizenzausübung, greifen nur die Regeln des § 47 Platz. Umgekehrt kann es aber auch so liegen, daß die Verletzung ausschließlich Vertragspflichten berührt, die mit einer Patentbenutzung nichts zu tun haben, so daß nur Ansprüche aus Vertragsverletzung erhoben werden können (RG 26. 3. 1902 RGZ 51, 139, 141).

Bei verlängertem Patent (§ 10 Anm. 2) erstreckt sich ein Lizenzvertrag auf Patentdauer auch auf die Verlängerungszeit (Ges. üb. Verläng. d. Patentdauer v. 15. 3. 1951, § 4). Jede Lizenzpartei kann dann auf Änderung oder Ergänzung des Lizenzvertrages für die Verlängerungszeit entsprechend den Umständen klagen.

c) Pflicht zur Entrichtung der Jahresgebühren

51 Nach herrschender Meinung hat der **Nehmer einer ausschließlichen, unbeschränkten Lizenz** in der Regel die Jahresgebühren für das Patent zu tragen (Lüdecke-Fischer C 85, S. 259; Reimer § 9 Anm. 59; Nirk in Klauer-Möhring § 9 Anm. 79). Diese Auffassung wird damit begründet, daß der Schutzrechtsinhaber praktisch zum bloßen Lizenzgebührenempfänger geworden sei (Lüdecke-Fischer, a. a. O.). Dies mag für die sog. Generallizenz zutreffen, stellt aber nicht die Regel dar. Zu Recht wird daher diese auch in der 4. Aufl. ds. Komm. vertretene Meinung heute in Frage gestellt (Stumpf, a. a. O. Rand-Nr. 254 ff.; P. Schade, Die Ausübungspflicht bei Lizenzen, S. 83).

Bei der **einfachen Lizenz** hat der Lizenzgeber die Jahresgebühren zu zahlen (PA 22. 10. 1913 Bl. 1914, 47). Erlischt das Patent durch Nichtzahlung der Jahresgebühren seitens des Lizenzgebers, so wird der Lizenznehmer von der Weiterzahlung der Lizenzgebühren für die Zukunft befreit (KG 25. 3. 1931 GRUR 1931, 629). Bei schuldhaftem Fallenlassen des Patents ist der Lizenzgeber schadensersatzpflichtig (Pietzcker § 6 Anm. 35; Rasch a. a. O. S. 29).

d) Rechnungslegungspflicht

52 Um dem Lizenzgeber die Prüfung zu ermöglichen, ob und in welcher Höhe ihm Ansprüche gegen den Lizenznehmer zustehen, ist dieser nach ständiger Rechtsprechung zur **Rechnungslegung** verpflichtet (RG 12. 2. 1930 RGZ 127, 243; 9. 9. 1936 GRUR 1937, 1003, 1006). Form und Umfang bestimmen sich nach den Umständen des Einzelfalls unter Berücksichtigung von Treu und Glauben und der Verkehrsübung (RG 12. 2. 1930 a. a. O.; 4. 1. 1936 GRUR 1936, 943, 945). Es genügt danach grundsätzlich nicht, etwa nur die Summe der verkauften lizenzpflichtigen Waren anzugeben. Der Inhalt des Anspruchs auf Rechnungslegung ist stets abhängig von dem Inhalt des Rechtsverhältnisses, wegen dessen die Rechnung gelegt werden soll. Er hat also keinen gleichbleibenden Inhalt. In einem Anspruch auf Rechnungslegung wegen des ganzen Gegenstandes ist demnach nicht

denknotwendig auch der Anspruch auf Rechnungslegung seiner Teile mitenthalten (RG 17. 11. 1939 GRUR 1940, 146, 149).

Der Lizenznehmer ist im besonderen zur Rechnungslegung verpflichtet, wenn **Stücklizenz** vereinbart ist oder die Lizenzgebühr sich sonst **nach dem Ertrag der Nutzung** bemißt (12. 2. 1930 RGZ 127, 243 für Zwangslizenz; 9. 9. 1936 GRUR 1937, 1003). Ob die Rechnungslegungspflicht als Hauptleistung im Sinne des § 326 BGB oder nur als Nebenleistung anzusehen ist, entscheidet sich in erster Linie nach dem Parteiwillen, im übrigen nach den Umständen des Falles (RG 9. 9. 1936 a. a. O.).

Auf Feststellung der Pflicht zur Rechnungslegung kann geklagt werden, wenn die lizenzpflichtigen Handlungen überwiegend erst in der Zukunft zu erwarten sind (RG 8. 11. 1938 Mitt. 1939, 12, 13). Der Anspruch auf Rechnungslegung ist im Verhältnis zu dem Anspruch, um dessentwillen Rechnungslegung begehrt wird, nur Hilfsanspruch und fällt fort, sobald feststeht, daß der Hauptanspruch nicht besteht oder daß bereits Rechnung gelegt worden ist (RG 17. 11. 1939 GRUR 1940, 146, 149).

Es besteht kein Recht des Lizenzgebers, **Einsicht in die Bücher** des Lizenznehmers zu nehmen. Dagegen entsprechen Vereinbarungen, auf Grund deren erteilte Abrechnungen durch geeignete Buchsachverständige nachgeprüft werden dürfen, ständiger Übung. Nach BGH 17. 3. 1961 (GRUR 1961, 466 – Gewinderollkopf, mit kritischer Anm. Moser v. Filseck) hat der Lizenzgeber ohne eine entsprechende Vereinbarung grundsätzlich dieses Recht nicht; anders nur, wenn Grund zur Annahme besteht, daß bei Stücklizenz die Angaben nicht mit der erforderlichen Sorgfalt gemacht worden sind. Besteht ein solcher begründeter Verdacht, so hat der Rechnungslegungspflichtige den Offenbarungseid zu leisten (BGH 13. 3. 1962 GRUR 1962, 398, 400 – Kreuzbodenventilsäcke II). Diese Pflicht kann der Lizenznehmer nicht etwa dadurch abwenden, daß er sich auf das Zeugnis eines Angestellten für die Richtigkeit seiner Angaben beruft. Der Lizenznehmer selbst, nicht aber seine Angestellten sind Rechenschaft schuldig (RG 6. 4. 1927 MuW 1926/27, 392).

Über den Inhalt der Rechnungslegung im übrigen s. § 47 Anm. 42.

Wer erlaubterweise die Befugnis zur Benutzung eines Patents auf einen Dritten überträgt, hat dafür einzustehen, daß auch die Rechnungslegungspflicht erfüllt wird (BGH 7. 11. 1952 GRUR 1953, 114 – Reinigungsverfahren).

e) Pflicht des Lizenznehmers zur Benutzung des Patents, Werbepflicht

Gross, GRUR 1951, 369; Lüdecke, GRUR 1952, 211; Rasch, a. a. O. **53**
S. 40; Spengler, GRUR 1964, 425 ff.; insbesondere P. Schade, Die Ausübungspflicht bei Lizenzen, 1967.

Ob der Lizenznehmer **zur Benutzung der Erfindung** verpflichtet ist (vgl. auch oben Anm. 35), kann in Anbetracht des Fehlens einer gesetzlichen Regelung nur aus der jeweiligen vertraglichen Vereinbarung entnommen werden. Fehlt es an einer ausdrücklichen Vertragserklärung, so bedarf der Vertrag im Hinblick auf Sinn und Zweck der ergänzenden Auslegung. So wird sich insbesondere aus einem gesellschaftlichem Lizenzvertrag zur Verwirklichung eines gemeinschaftlichen Zwecks (vgl. Anm. 60) in der Regel auch die Verpflichtung zur Ausnutzung des Patentes ergeben (RG 1. 11. 1922 RGZ 105, 315, 316; RG 14. 1. 1938 GRUR 1939, 380, 384 – dort verneint).

Die **Ausschließlichkeit** der Lizenz kann ein allerdings durch entgegenstehende Umstände im Einzelfall entkräftbares Indiz für die Ausübungspflicht darstellen (Lüdecke-Fischer, E 9 S. 445 ff.), während bei einer **einfachen Lizenz** nach wohl übereinstimmender Auffassung des Schrifttums eine Ausübungspflicht ohne Hinzutreten besonderer Umstände zu verneinen ist.

Keine Ausübungspflicht ist grundsätzlich bei einer – einfachen oder auch ausschließlichen – **Gratislizenz** (oben Anm. 35) anzunehmen, da diese allein im Interesse des Lizenznehmers eingeräumt wird. Ebensowenig bei einer **Pauschallizenz** (oben Anm. 47) im Sinne eines unabhängig von dem Umsatz oder Gewinn seitens des Lizenznehmers einmalig zu zahlenden Entgelts für die ausschließliche oder einfache Benutzung des Lizenzrechts. A. A. Lüdecke-Fischer a. a. O. E 11 S. 449 ff. für den Fall der Vergabe einer ausschließlichen Lizenz.

Bei einer **einfachen Know-How-Vergabe** werden allerdings häufig Gründe der Sicherung der dem Know-How-Geber gebührenden Vergütung für eine Bejahung der Ausübungspflicht sprechen (s. Stumpf, Der Know-How-Vertrag G III S. 97 ff.). Zur Frage der Benutzungspflicht bei einer **Zwangslizenz** § 15 Anm. 18.

Bei Vereinbarung einer Vergütung in Form von **Stücklizenz** ist in der Regel eine Pflicht zur Benutzung der Erfindung als stillschweigend vereinbart anzusehen (KG 8. 5. 1935 GRUR 1935, 892, 893; RG 3. 10. 1936 GRUR 1937, 37, 38; vgl. auch BGH 17. 3. 1961 GRUR 1961, 470, 471 – Mitarbeiterurkunde). Grundsätzlich besteht diese Pflicht, unabhängig davon, ob es sich um eine einfache oder eine ausschließliche Lizenz handelt (KG 8. 5. 1935 a. a. O.). Bei der einfachen Lizenz kann dies allerdings zweifelhaft sein, insbesondere dann, wenn eine **Mindestgarantie** von dem Lizenznehmer gewährt worden ist; vgl. BGH 17. 4. 1969 GRUR 1969, 560, 561 – Frischhaltegefäß.

In **welchem Umfang** und in **welcher Weise** der Lizenznehmer seiner Benutzungspflicht nachzukommen hat, hängt ebenso wie Art und Umfang einer etwaigen **Werbepflicht** des Lizenznehmers (KG 3. 9. 1938 GRUR 1939, 66 ff.) von den Umständen des Einzelfalls ab (vgl. Stumpf, a. a. O. Rand-Nr. 138 ff.; P. Schade, a. a. O. S. 68 ff.).

Das gilt insbesondere auch für die Frage, ob der Lizenznehmer im Einzelfall die Pflicht hat, von ihm gefundene **Verbesserungen** anzuwenden. Sind hierüber besondere Vereinbarungen getroffen, so werden diese in der Regel eng auszulegen sein (RG 14. 6. 1940 GRUR 1940, 439, 440; BGH 29. 1. 1957 GRUR 1957, 485, 487 – Chenillemaschine). Hat der Lizenznehmer andererseits keine ausdrücklichen Verpflichtungen übernommen, so ist er zwar nicht gehalten, über etwaige Verbesserungen nachzusinnen. Aus einer engen Zusammenarbeit der Parteien kann sich aber nach Treu und Glauben die Verpflichtung des Lizenznehmers ergeben, etwaige Mängel der Vorrichtung oder des überlassenen Verfahrens zu beseitigen, um dadurch das Betriebsergebnis zu verbessern (RG 14. 7. 1934 Mitt. 1934, 236, 237). Nicht zu bezweifeln ist das **Recht** des Lizenznehmers, Verbesserungen an der Erfindung vorzunehmen (RG 14. 7. 1934 a. a. O.). Ob er auch verpflichtet ist, vom **Lizenzgeber** gefundene Verbesserungen zu benutzen, richtet sich nach den Umständen des Einzelfalls (vgl. Lüdecke-Fischer E 22 S. 461; Lüdecke, GRUR 1958, 415 ff.).

Über den Einfluß selbsterfundener Verbesserungen des Lizenznehmers auf die Pflicht zur Gebührenzahlung vgl. Anm. 47.

Wegen der kartellrechtlichen Zulässigkeit von Lizenzvereinbarungen über Verbesserungserfindungen s. Anm. 74.

Die Benutzungspflicht **entfällt** einmal, wenn der Schuldner nach dem Vertrage seiner Rechte aufgrund einer sog. Verwirkungs- oder Verfallklausel verlustig gehen soll. In diesem Fall hat die Abrede in der Regel nur die Wirkung eines Rücktrittsvorbehalts (§ 360 BGB). Die Benutzungspflicht kommt aber auch dann in Fortfall oder wird gemindert, wenn Treu und Glauben und der Vertragszweck es erfordern. Diese Voraussetzung ist insbesondere dann erfüllt, wenn der Fortschritt der Technik der Verwendung der überholten Erfindung entgegensteht oder sonstige objektive Gründe vorliegen, aus denen eine bestimmungsmäßige Verwendung der Erfindung nicht mehr möglich ist, etwa weil der Betrieb stillgelegt wird (KG 8. 5. 1935 GRUR 1935, 892, 893). Ebenso, wenn sich das Schutzrecht als unwirksam erweist (RG 14. 1. 1938 GRUR 1939, 380). Die Grundsätze der Lehre vom Wegfall der Geschäftsgrundlage gestatten es in diesen Fällen, die Rechte und Pflichten der Parteien bei Abwicklung solcher Verträge unter Berücksichtigung von Treu und Glauben an die veränderten Umstände anzupassen. Stets ist allerdings zu beachten, daß eine Anpassung des Vertragsverhältnisses an wesentlich veränderte Umstände nur dann erfolgen und ein Kündigungsrecht dem Lizenznehmer nur dann eingeräumt werden dürfen, wenn von ihm unter Berücksichtigung aller Umstände, insbesondere **der bei Vertragsabschluß erkennbar gewordenen Risikoverteilung,** nicht erwartet werden kann, namentlich wirtschaftliche Opfer für die Ausübung der Lizenzpflicht **in einem nicht mehr zumutbaren Umfang** zu erbringen (BGH 5. 1. 1962 I ZR 81/60; 12. 4. 1957 GRUR 1957, 595,

596 – Verwandlungstisch). Dem Lizenznehmer obliegt in diesen Fällen die Beweispflicht.

Verletzt der Lizenznehmer **schuldhaft** die ihm obliegende Ausübungspflicht, so haftet er nach §§ 280, 325 BGB auf Schadensersatz (RG 14. 1. 1938 GRUR 1939, 380 ff.; 30. 4. 1940 MuW 1940, 170, 171). Auch kann der Lizenzgeber, der aus wichtigem Grunde die fristlose Kündigung ausgesprochen hat, den Schadensersatzanspruch auf ein die Kündigung auslösendes schuldhaftes Verhalten (Verzug, Herbeiführung der Unmöglichkeit oder positive Vertragsverletzung) stützen (BGH 22. 5. 1959 GRUR 1959, 616, 618 – Metallabsatz).

Wegen der kartellrechtlichen Beurteilung von Ausübungspflichten vgl. Anm. 71.

f) Keine Pflicht zur Verteidigung des Patents

54 Der **ausschließliche** Lizenznehmer kann im Gegensatz zum einfachen Lizenznehmer Rechte aus Verletzung des Patents selbst geltend machen (vgl. Anm. 32). Eine **Verpflichtung** zur Verteidigung des Patents besteht für ihn indessen nicht; denn der Schutzrechtsinhaber hat das Klagerecht nicht verloren. In Ermangelung besonderer Abreden obliegt daher im Verhältnis beider Parteien zueinander **keiner** Partei eine Verpflichtung zur Klageerhebung (Lüdecke-Fischer, C 108). Das gleiche gilt für die **Abhängigkeitsklage.**

5. Rechte des Lizenznehmers, die nicht das Gegenstück zu Pflichten des Lizenzgebers bilden

a) Übertragung des Lizenzrechts, Unterlizenzen

55 Ob der **Lizenznehmer** seine Rechte aus dem Lizenzvertrag auf einen Dritten **übertragen** darf, richtet sich nach dem im Vertrag zum Ausdruck gebrachten Parteiwillen. Sind keine ausdrücklichen Abreden getroffen, so ist die Interessenlage zu erforschen. Im Einzelfall wird insbesondere die Tatsache eines persönlichen Vertrauensverhältnisses, einer persönlichen Zusammenarbeit oder besonderer persönlicher Fähigkeiten des Lizenznehmers der Annahme einer freien Übertragbarkeit der Lizenz entgegenstehen (Lüdecke-Fischer, A 34 ff.). Das gilt sowohl für die Übertragung der ausschließlichen wie der einfachen Lizenz. Der Satz, daß eine ausschließliche Lizenz **in der Regel** frei übertragbar sei (vgl. Zitat bei Spengler, GRUR 1950, 204), trifft jedenfalls **nicht** zu. Stets bedarf es für die Vertragsübernahme, d. h. der Übernahme des Forderungen und Pflichten umfassenden Vertragsverhältnisses, eines Abänderungsvertrages i. S. des § 305 BGB, bei dem die Inhaltsänderung sowohl den Fall des Gläubiger- (§ 398 BGB) als auch den des Schuldnerwechsels (§ 414 BGB) darstellen kann (BGB-RGRK § 305 Anm. 2). Auch Schuldumschaffung (Novation) kann im Einzelfall in Betracht kommen (BGB-RGRK a. a. O. Anm. 4).

Ein vielzitiertes Beispiel ist die Entscheidung RG 6. 6. 1934 (GRUR 1934, 657, 661), in der die Abtretung der Lizenz an einen Wettbewerber des Lizenzgebers als stillschweigend ausgeschlossen angesehen worden ist. Demgegenüber vertritt Tetzner (§ 9 Anm. 1) den Standpunkt, ein solcher Ausschluß könne grundsätzlich nur ausdrücklich – nicht stillschwiegend – festgelegt werden. Diese Auffassung dürfte rechtlich wohl kaum zu begründen sein.

Wegen Übertragbarkeit einer Betriebslizenz vgl. Anm. 33.

Unterlizenzen (Anm. 47 a E.) kann nur der Inhaber einer **ausschließlichen Lizenz erteilen,** sofern dies nicht vertraglich ausgeschlossen ist (RG 1. 11. 1933 RGZ 142, 168, 170; 26. 9. 1936 GRUR 1937, 627, 628; BGH 26. 11. 1954 GRUR 1955, 338, 340 – Beschlagfreie Brillengläser). Dagegen hat der **einfache Lizenznehmer** ohne besondere Ermächtigung kein Recht zur Vergebung von Unterlizenzen. Eine etwaige Verpflichtung des Lizenzgebers wirkt nur schuldrechtlich (RG 14. 3. 1939 GRUR 1939, 827, 828, 829).

Die Unterlizenz **endet** mit Wegfall der Hauptlizenz, soweit nicht weitergehende Ermächtigung seitens des Patentinhabers vorliegt (RG 1. 11. 1933 RGZ 142, 168, 170). Wer aber vom Hauptlizenznehmer eine Maschine erworben hat, die ihrer Art nach gerade der Ausübung des patentierten Verfahrens dient oder zur Herstellung des patentierten Gegenstandes zu dienen bestimmt ist, darf diese auch nach Wegfall der Hauptlizenz weiter benutzen (RG 1. 11. 1933 a. a. O. S. 169; vgl. auch Schumann, GRUR 1932, 539).

Bei Auswertung des Patents seitens des Lizenznehmers durch Vergabe einer Unterlizenz bleiben die Ansprüche des Lizenzgebers gegen den Lizenznehmer bestehen. Unterläßt es der Lizenznehmer bei der Vereinbarung mit einem Dritten, die Erfüllung seiner Pflichten gegenüber dem Lizenzgeber zu sichern, so muß er die Folgen tragen (BGH 7. 11. 1952 GRUR 1953, 114, 118 – Reinigungsverfahren).

b) Klagerecht. Nichtangriffsabrede

Ein selbständiges Klagerecht **gegen Patentverletzer** steht **nur dem Inhaber einer ausschließlichen Lizenz** zu. Der **Inhaber einer einfachen Lizenz** kann gegen einen Patentverletzer nur klagen, wenn er von dem Patentinhaber oder dem Inhaber einer ausschließlichen Lizenz **ermächtigt wird,** die Klage im eigenen Namen für Rechnung des Ermächtigenden zu erheben, und gleichzeitig ein **eigenes rechtliches Interesse** an der Klageerhebung hat (RG 15. 6. 1935 RGZ 148, 146, 147; 14. 3. 1939 GRUR 1939, 828); vgl. Anm. 32, 54). 56

Die Erhebung einer **Nichtigkeitsklage** durch den Lizenznehmer ist rechtsgrundsätzlich möglich (BGH 20. 5. 1953 BGHZ 10, 22, 29 = GRUR 1953, 385 – Beschriftung von Konservendosen; 29. 1. 1957 GRUR 1957, 482,

483 mit Nachweisen – Chenillefäden). Eine allgemeine sittliche Verpflichtung einer Partei, von der Ausübung des Rechtes für den Fall der Schädigung des Vertragsgegners abzusehen, besteht nicht (BGH 18. 11. 1955 BGHZ 19, 72, 75 = GRUR 1956, 118, 120 – Gesangbuch). Die Nichtigkeitsklage kann ihm jedoch nicht nur im Fall einer ausdrücklich vereinbarten **Nichtangriffsabrede** (dazu § 37 Anm. 5 ff. u. unten Anm. 75), sondern auch ganz allgemein unter dem Gesichtspunkt einer unzulässigen Rechtsausübung **nach Treu und Glauben** verwehrt sein (RG 22. 1. 1921 RGZ 101, 235; BGH 12. 7. 1955 GRUR 1955, 535, 536 – Zählwerkgetriebe; 2. 3. 1956 GRUR 1956, 264 – Wendemanschette; 29. 1. 1957 GRUR 1957, 485, 486 – Chenillemaschine; 15. 10. 1957 GRUR 1958, 177, 178 – Aluminiumflachfolien; BGH 14. 7. 1964 GRUR 1965, 135, 137 – Vanalpatent, mit weiteren Nachweisen; BPatG 22. 11. 1966 E 9, 34, 37; 30. 11. 1967 GRUR 1971, 243 – Gewindeschneidvorrichtungen).

Die Klage ist gegebenenfalls als unzulässig abzuweisen, vgl. auch Alexander Katz, GRUR 1954, 23; Kuhbier, GRUR 1954, 187 ff.; Schippel, GRUR 1955, 322; Schwerdtner, GRUR 1968, 9, 11 ff. und § 13 Anm. 9.

Auch die Geltendmachung nur bestimmter Nichtigkeitsgründe, z. B. mangelnde Erfindungshöhe, kann nach BPatG 3. 12. 1965 E 6, 191 durch eine Nichtangriffsabrede ausgeschlossen werden. Nicht nur die Erhebung einer Nichtigkeitsklage, sondern auch sonstige Angriffe gegen ein Schutzrecht können eine vertraglich vereinbarte Nichtangriffsabrede verletzen, z. B. die Behauptung der Unbrauchbarkeit der Erfindung (BGH 28. 5. 1957 GRUR 1957, 597 – Konservendosen II).

Im **Einspruchsverfahren** wird der Einwand der unzulässigen Rechtsausübung nicht anerkannt (PA 2. 11. 1954 Bl. 1954, 439).

Über die Wirksamkeit einer Verpflichtung, **keinen Prüfungsantrag** zu stellen, vgl. unten Anm. 75.

Ein Verstoß gegen Treu und Glauben ist insbesondere in den Fällen bejaht worden, in denen die Parteien sich **zu einer gemeinsamen Ausnutzung** der Erfindung verbunden und ein besonderes Vertrauens- oder gesellschaftsähnliches Verhältnis begründet haben (BGH 29. 1. 1957 GRUR 1957, 482, 483 – Chenillefäden; 15. 10. 1957 GRUR 1958, 177, 178 – Aluminiumflachfolien; 30. 11. 1967 GRUR 1971, 243 – Gewindeschneidvorrichtungen), oder für den Fall, daß ein Lizenznehmer ein ihm im Rahmen einer sog. Verbesserungsklausel unentgeltlich zur Benutzung überlassenes Patent angreift (BGH 29. 1. 1957 GRUR 1957, 485 mit kritischer Anm. Heine). Ein Angriffsrecht besteht grundsätzlich auch dann nicht, wenn der Lizenzgeber es übernommen hat, für die Aufrechterhaltung des Patentschutzes zu sorgen und Angriffe auf das Patent abzuwehren, während es dem Lizenznehmer obgelegen hat, ihn über die Angriffe zu unterrichten (BGH 2. 3. 1956 GRUR 1956, 264, 265 – Wendemanschette).

Ebenso wie der Gesellschafter nicht das auf Grund des Gesellschaftsvertrages eingebrachte Patent mit der Nichtigkeitsklage angreifen darf, ist eine solche Klage in der Regel auch dem Verkäufer gegenüber dem verkauften Patent sowie einem Arbeitnehmer versagt, der für seinen Arbeitgeber erfinderisch tätig geworden ist und die Erfindung in Erfüllung seiner Vertragspflichten auf diesen übertragen hat (BGH 12. 7. 1955 GRUR 1955, 535, 537 – Zählwerkgetriebe).

In BGH 30. 11. 1967 GRUR 1971, 243 – Gewindeschneidvorrichtungen – wird die Frage, ob der Lizenznehmer eines ausländischen Patents in bezug auf das deutsche Parallelpatent des Lizenzgebers einer Nichtangriffspflicht unterliegt, offengelassen.

Über weitere Fälle einer Verpflichtung, das Patent nicht anzugreifen, vgl. § 37 Anm. 5 ff.

Es bedeutet grundsätzlich keinen Verstoß gegen Treu und Glauben, wenn **nach regulärer Vertragsbeendigung** Nichtigkeitsklage vom Lizenznehmer erhoben wird (BGH 2. 3. 1956 GRUR 1956, 264, 265 – Wendemanschette; 14. 7. 1964 GRUR 1965, 135, 137 – Vanalpatent). Jedoch sind Ausnahmen denkbar, insbesondere dann, wenn sich aus einem Vertragsverhältnis über seine Beendigung hinaus fortwirkende Treupflichten ergeben (BGH 2. 3. 1956 a. a. O.; 14. 7. 1964 a. a. O.; 30. 11. 1967 a. a. O.).

Stets ist der Zeitpunkt der letzten mündlichen Verhandlung für die Frage maßgebend, ob die Erhebung der Nichtigkeitsklage gegen Treu und Glauben verstößt (BGH 29. 1. 1957 GRUR 1957, 485, 486 – Chenillemaschine – mit Nachweisen).

Nichtangriffsabreden können auch **mißbräuchlich** getroffen werden. So kann eine in Kenntnis der Vernichtbarkeit des Patents getroffene Nichtangriffsabrede bei Vorliegen der Voraussetzungen des § 138 BGB nichtig sein (BGH 20. 5. 1953 BGHZ 10, 22, 27 = GRUR 1953, 385 – Beschriftung v. Konservendosen). Vgl. dazu § 47 Anm. 52.

Wegen der kartellrechtlichen Beurteilung vgl. Anm. 75.

c) Übertragung des Lizenzpatents

Die Übertragung eines Patents kann gemäß § 137 BGB mit dinglicher Wirkung nicht ausgeschlossen werden (RG 5. 2. 1930 RGZ 127, 198, 205; BGB-RGRK § 399 Anm. 3 a. E.; Staudinger-Werner, BGB § 399 II; Palandt, BGB § 137 Anm. 1; anders nur Staudinger-Coing, BGB 11. Aufl., § 137 Anm. 10). Ein abredewidrig veräußertes Patent geht daher auf den Erwerber über, gleichgültig, ob dieser die Ausschlußabrede kennt oder nicht. Auch die ausschließliche Lizenz bleibt im Hinblick auf ihre dingliche Natur bei Veräußerung des Patents bestehen (Lüdecke, GRUR 1964, 470, 471, 474; vgl. RG 1. 11. 1933 RGZ 142, 168, 170; 5. 5. 1911 RGZ 76, 235, 236). Das gleiche wird in entsprechender Anwendung der §§ 571, 582 Abs. 2 BGB auch für die einfache Lizenz zu gelten haben; anders nur bei der 57

»negativen« Lizenz (Anm. 29) und der Gratislizenz (Anm. 35) (so zutreffend Lüdecke, a. a. O. S. 473; a. A. Bock-Bruchhausen in Benkard § 9 Anm. 49).

Eine **Verpflichtung,** über das Patent nicht zu verfügen, wird durch § 137 Satz 1 BGB nicht berührt (§ 137 Satz 2 BGB). Die Verletzung einer solchen Verpflichtung gewährt dem Lizenznehmer in der Regel ein Kündigungsrecht wegen der Veränderung der Geschäftsgrundlage. Das gilt insbesondere bei einem gesellschaftsähnlichen Verhältnis. Auch kann ein Schadensersatzanspruch aus positiver Vertragsverletzung entstehen, der auf Rückerwerb des Rechtes gerichtet werden kann (Palandt § 137 Anm. 1 BGB).

III. Form der Lizenzeinräumung

58 Grundsätzlich bedürfen weder der Lizenzvertrag noch die Übertragungshandlung einer Form. Die Eintragung des ausschließlichen Lizenzrechts in die Patentrolle ist statthaft, aber nicht erforderlich. Sie geschieht ohne Nennung des Lizenznehmers (§ 25 Abs. 1 Satz 3).

Die **Schriftform** des § 34 GWB erstreckt sich aber auf alle Vor- und Hauptverträge, in denen irgendwelche Beschränkungen des Erwerbers oder Lizenznehmers, des Veräußerers oder Lizenzgebers enthalten sind (E. Reimer, BB 61, 21). Diese Formvorschrift gilt nicht nur für die beschränkenden Vertragsbestimmungen selbst, sondern schlechthin für alle Verträge, die Beschränkungen der im § 20 GWB bezeichneten Art enthalten (BGH 8. 6. 1967 GRUR 1967, 676, 680 – Gymnastiksandale; BGH 9. 11. 1967 GRUR 1968, 219, 221 – Getränkebezug). Ist Schriftform für den Hauptvertrag nicht gesetzlich vorgeschrieben, so ist es Frage der Auslegung, ob das vereinbarte Formerfordernis sich nach dem Willen der Vertragsparteien auch auf den **Vorvertrag** erstrecken soll (BGH 3. 6. 1958 GRUR 1958, 564 – Baustützen – mit Anm. von Schramm).

IV. Beendigung des Lizenzvertrages

a) Regelmäßiges Erlöschen

59 Wenn Vereinbarungen über das Vertragsende nicht getroffen worden sind, so gelten Lizenzverträge im Zweifel als **auf die Dauer des Patents** geschlossen; der Lizenzvertrag endet dann regelmäßig mit dem Erlöschen des Patents (RG 9. 9. 1936 GRUR 1937, 1003, 1005; 17. 9. 1940 GRUR 1940, 558, 559), die Betriebslizenz auch bereits mit der endgültigen Aufgabe des Betriebs, für den sie erteilt worden ist (RG 2. 5. 1939 GRUR 1939, 963, 964).

Wegen Beendigung der Unterlizenz s. Anm. 55.

Bei Verträgen über Benutzung von **Geheimverfahren** oder **Know-How**, denen kein Schutzrecht zugrunde liegt, werden regelmäßig die Grundsätze des Pachtvertrages (jährliche Kündigung mit halbjährlicher Kündigungsfrist § 595 BGB), bei gesellschaftsähnlichen Verträgen die Bestimmungen der §§ 723 BGB ff. zur Anwendung kommen (vgl. Isay § 6 Anm. 26 a. E.). Lüdecke-Fischer G 10 S. 579 verweisen allerdings darauf, daß ein jederzeitiges Kündigungsrecht nach § 723 BGB in der Regel nicht dem Parteiwillen entsprechen wird. Vgl. dazu auch Stumpf, Der Know-How-Vertrag, Rdnr. 208 ff.

b) Erlöschen des Lizenzvertrages vor Ablauf der Vertragsdauer, Kündigung aus wichtigem Grunde

aa) Ein Erlöschen **vor Ablauf der Vertragsdauer** kann auf Grundlage 60
von § 242 BGB durch Rücktritt oder Kündigung wegen Wegfalls der Geschäftsgrundlage oder beiderseitigen Irrtums über diese oder wegen positiver Vertragsverletzung eintreten. Im einzelnen ergeben sich die Gründe, die eine vorzeitige Beendigung des Lizenzvertrages herbeiführen, aus den Anm. 38 ff. bzw. Anm. 10 ff.

bb) **Bei Lizenz- oder Übertragungsverträgen mit gesellschaftsähnlichem Einschlag** vor Ablauf der vertragsmäßigen Dauer wird nach ständiger Rechtsprechung (RG 11. 11. 1933 RGZ 142, 212; RG 20. 10. 1934 GRUR 1935, 166, 170; 25. 4. 1944 GRUR 1944, 135; BGH 26. 11. 1954 GRUR 1955, 338 – Beschlagfreie Brillengläser) ein **Kündigungsrecht bei Vorliegen eines wichtigen Grundes** anerkannt. Die Ausübung der Rechte gemäß § 326 BGB ist nur zulässig, wenn die Abwicklung der Vertragsbeziehungen auf diesem Wege ohne besondere Schwierigkeiten möglich ist (RG 29. 9. 1942 GRUR 1943, 78; BGH 22. 5. 1959 GRUR 1959, 616 – Metallabsatz).

Die eng auszulegende Vorschrift des § 452 BGB findet auf gesellschaftsähnlich gestaltete Dauerrechtsverhältnisse keine Anwendung (BGH 25. 10. 1957 BGHZ 26, 79 = GRUR 1958, 136 – Sympatol).

Ein **gesellschaftsähnlicher Einschlag** ist nicht schon dann anzunehmen, wenn ein Lizenzvertrag allein durch die Vereinbarung einer **Stücklizenz** einem Gesellschaftsvertrag nahekommt (RG 26. 10. 1929 RGZ 126, 65, 67), ebensowenig wie es für einen Patentübertragungs- oder Veräußerungsvertrag ausreicht, daß der Veräußerer als Gegenleistung einen irgendwie bemessenen Bruchteil vom Ertrag der geschützten Erfindung zugesagt erhält. Gesellschaftsähnlicher Einschlag liegt vielmehr erst dann vor, wenn Ausnutzung des Patents **gemeinschaftliches Ziel der Beteiligten** und ihr persönliches Zusammenwirken zu diesem Zweck, z. B. durch gegenseitigen Austausch aller Erfahrungen, künftiger technischer Verbesserungen und Erfindungen und ständiges gegenseitiges Vertrauen usw. erforderlich ist (RG 11. 11. 1933 RGZ 142, 212, 214; 15. 5. 1935 GRUR 1935, 812, 813; 23. 8. 1935 GRUR 1935, 954, 955; 4. 1. 1936 GRUR 1936, 943, 945; 17. 12. 1937

GRUR 1938, 195, 199; 25. 8. 1937 GRUR 1939, 377, 378; 1. 2. 1938 GRUR 1939, 700, 704; BGH 26. 11. 1954 GRUR 1955, 338, 339 – Beschlagfreie Brillengläser; 29. 1. 1957 GRUR 1957, 482, 484 – Chenillefäden; 25. 10. 1957 GRUR 1958, 136, 137 – Sympatol; BPatG 5. 6. 1962 E 2, 102, 104 ff.).

Ein gesellschaftsähnlicher Einschlag des Vertragsverhältnisses wird für die Kündigung aus wichtigem Grund nicht verlangt, wenn es sich um Verträge von **längerer Dauer** handelt, die stark in die Lebensbetätigung der Beteiligten eingreifen, eine besondere gegenseitige Interessenverpflichtung mit sich bringen und ein ungestörtes gegenseitiges Vertrauen der Beteiligten erfordern (RG 11. 11. 1933 RGZ 142, 212, 218; RG 9. 9. 1936 GRUR 1937, 1003, 1005; 22. 5. 1937 GRUR 1938, 567, 574; 17. 9. 1940 GRUR 1940, 558, 559; BGH 28. 10. 1955 GRUR 1956, 93 – Bioglutan; 28. 6. 1957 GRUR 1958, 175, 177 – Wendemanschette; 22. 5. 1959 GRUR 1959, 616, 617 – Metallabsatz).

cc) Ein **wichtiger Grund** zur Kündigung ist gegeben, wenn die Durchführung des Vertrages erheblich gefährdet ist und nach den Umständen des Falles dem Kündigenden eine Fortsetzung des Vertragsverhältnisses nicht zuzumuten ist (RG 11. 11. 1933 RGZ 142, 212; 26. 2. 1936 GRUR 1936, 940, 942; 9. 9. 1936 GRUR 1937, 1003, 1005; BGH 28. 10. 1955 GRUR 1956, 93, 95; 28. 6. 1957 GRUR 1958, 175, 177; 22. 5. 1959 GRUR 1959, 616, 617).

Insoweit können subjektive Momente (z. B. Vertragsverletzung, treuwidriges Verhalten) wie auch objektive Momente (z. B. Unmöglichkeit der Vertragserfüllung) in Betracht kommen (RG 25. 4. 1944 GRUR 1944, 135, 137).

Eine endgültige Entscheidung darüber, ob die Vertragsregelung der Parteien als ein Gesellschaftsverhältnis oder als ein besonderes Vertrauensverhältnis von längerer Dauer zu betrachten ist, braucht nicht getroffen zu werden, sofern nur feststeht, daß eine der beiden Möglichkeiten vorliegt. Denn auch auf die gekennzeichneten Rechtsverhältnisse von längerer Dauer finden nach ständiger Rechtsprechung die Bestimmungen über die Kündigung der Gesellschaft aus wichtigem Grund (§ 723 BGB) entsprechende Anwendung. Die gleiche Vertragsgrundlage in Verträgen beider Art führt mithin notwendig zur gleichen Würdigung der sich aus ihnen ergebenden gegenseitigen Pflichten (RG 17. 12. 1937 GRUR 1938, 195, 200 ff.).

Das der Partei gesetzlich zustehende Recht, den Vertrag aus wichtigem Grunde zu kündigen, geht ihr nicht durch die etwaige Nichtausübung eines vertraglichen Rücktrittsrechts verloren (RG 23. 8. 1935 GRUR 1935, 954, 956).

Kündigung durch den subjektiv Schuldigen kann nur erfolgen, wenn ein ferneres gedeihliches Zusammenwirken völlig ausgeschlossen ist (RG 12. 10. 1932 MuW 1933, 38). Eine Partei kann nicht zum Anlaß einer Kündigung ein Verhalten des Vertragsgegners machen, das sie ohne Grund herausgefordert hat (RG 15. 9. 1937 GRUR 1938, 574, 577). Wird infolge eines treuwidrigen Verhaltens einer Vertragspartei der Lizenzvertrag fristlos gekündigt, so bleibt ein Anspruch des Vertragsbrüchigen auf Umsatzbeteiligung insoweit bestehen, als die Umsatzbeteiligung die Gegenleistung für die Überlassung eines vertraglich überlassenen Präparats darstellt (BGH 28. 10. 1955 GRUR 1956, 93, 95 ff. – Bioglutan).

Beispielsfälle für eine Nichtzumutbarkeit der Fortsetzung des Vertragsverhältnisses: Vertragszweck läßt sich nicht mehr erreichen oder ein gedeihliches Zusammenwirken der Vertragsteile ist nicht mehr möglich (RG 11. 11. 1933 RGZ 142, 212 ff.). Die wesentliche wirtschaftliche Umgestaltung des Betriebes des Lizenznehmers gibt dem Lizenzgeber in der Regel ein Kündigungsrecht (RG 11. 11. 1933 a. a. O.). Ebenso die Schließung des Betriebes des Lizenznehmers (RG 6. 6. 1934 GRUR 1934, 657, 663; 2. 5. 1939 GRUR 1939, 963, 964) oder der Zusammenbruch der Fabrikations-GmbH (RG 11. 10. 1930 MuW 1931, 36 mit weiteren Nachweisen). Unmöglichkeit gedeihlichen Zusammenarbeitens wegen Erschütterung der Vertragsgrundlage verleiht, gleichgültig wer die Schuld trägt, jedem Vertragsteil ein Kündigungsrecht (RG 26. 2. 1936 GRUR 1936, 940, 942).

Stets können Verträge, die auf längere Zeit eingegangen sind, nur gekündigt werden, wenn **das Vertrauen in einem solchen Maße erschüttert** ist, daß dem Kündigenden die Fortsetzung des Vertrages nicht zugemutet werden kann (RG 9. 9. 1936 GRUR 1937, 1003, 1005; BGH 28. 10. 1955 GRUR 1956, 93, 95 – Bioglutan; 28. 6. 1957 GRUR 1958, 175, 177 – Wendemanschette). Das gute Einvernehmen, welches bestehen muß, wenn Verträge von längerer Dauer ein persönliches Zusammenarbeiten der Parteien erfordern, kann durch Rechtsstreitigkeiten zerstört werden (RG 4. 1. 1936 GRUR 1936, 943, 945) oder durch Beleidigungen, die objektiv so schwer sind, daß ein gedeihliches Zusammenarbeiten unmöglich gemacht ist. (RG 12. 4. 1938 GRUR 1939, 374, 376; BGH 26. 11. 1954 GRUR 1955, 338, 340 – Beschlagfreie Brillengläser).

Niemals dürfen Akte einer Partei, die die Vertragsgrundlage erschüttern, isoliert betrachtet werden (BGH 26. 11. 1954 a. a. O. S. 339). Eine Erschütterung des Vertrauensverhältnisses kann nicht bei jeder Nichterfüllung einer Vertragspflicht bejaht werden, sondern nur dann, wenn eine **wesentliche** Vertragspflicht schuldhaft verletzt wird (RG 17. 12. 1937 GRUR 1938, 195, 200). Widersetzt sich eine Partei **dauernd** begründeten Ansprüchen oder billigen Wünschen des Vertragsgegners, so kann daraus ein Kündigungsrecht erwachsen (RG 15. 9. 1937 GRUR 1938, 574, 577). Ebenso bei Leugnen des Bestehens jeglicher vertraglicher Vereinbarung, schuldhafter Verweigerung der Zahlungen und unrichtiger Rechnungslegung (RG 10. 10. 1939 GRUR 1940, 339, 342), bei einjährigem vergeblichen Bemühen, den Vertragspartner zur Erfüllung der Vertragspflichten zu veranlassen (BGH

22. 5. 1959 GRUR 1959, 616, 617 – Metallabsatz), oder bei Versuchen des Lizenznehmers, die chemische Zusammensetzung einer lizenzierten Lösung auszukundschaften usw. (BGH 26. 11. 1954 GRUR 1955, 338, 340 – Beschlagfreie Brillengläser). Ein wichtiger Grund kann gegebenenfalls auch darin erblickt werden, daß ein lizenziertes Verfahren durch die Fortentwicklung der Technik praktisch nicht mehr wirtschaftlich und daher nicht mehr verwertbar ist (BGH 26. 11. 1954 a. a. O.).

Umstände, die zwar eine Erschütterung der Vertrauensgrundlage bewirkt, aber nicht zur Kündigung geführt haben, können zur Unterstützung herangezogen werden, wenn **eine neue Erschütterung** des Vertrauens eine weitere Zusammenarbeit unmöglich macht (BGH 26. 11. 1954 GRUR 1955, 338 – Beschlagfreie Brillengläser).

Nach der Kündigung hervorgetretene wichtige Gründe, die die Kündigung erst berechtigt erscheinen lassen, können mit der Wirkung herangezogen werden, daß die Kündigung vom Zeitpunkt des Geltendmachens dieser Gründe aus wirksam wird (RG 18. 9. 1928 RGZ 122, 38; 12. 4. 1938 GRUR 1938, 374, 375).

Vertragsmäßige **Ausschließung** bestimmter Tatbestände als wichtiger Grund ist bei Beurteilung der Wichtigkeit des Grundes zu berücksichtigen (RG 25. 4. 1944 GRUR 1944, 135). Im übrigen ist aber ein vorheriger Ausschluß in entsprechender Anwendung des § 723 Abs. 3 BGB als nichtig zu erachten (RG 18. 9. 1915 RGZ 87, 215; 5. 3. 1932 GRUR 1932, 592, 596).

Bei Kündigung **zur Unzeit** können **Schadensersatzansprüche** begründet sein (RG 30. 10. 1940 GRUR 1941, 46, 48). Im übrigen steht dem Kündigenden ein Schadensersatzanspruch in den Fällen zu, in denen der Vertragspartner **die Kündigung veranlaßt** hat. Das schuldhafte Verhalten kann in Verzug, Herbeiführung der Unmöglichkeit oder positiver Vertragsverletzung bestehen (BGH 22. 5. 1959 GRUR 1959, 616, 618 – Metallabsatz).

Die Kündigung hat **Auseinandersetzung** zur Folge. Befriedigung einzelner Ansprüche nur bei besonderer Dringlichkeit (RG 30. 3. 1920 RGZ 98, 298) oder einfacher Sachlage (RG 11. 12. 1928 RGZ 123, 23). Gegebenenfalls Feststellungsklage hinsichtlich eines Streitpunktes (RG 30. 3. 1938 GRUR 1941, 38).

Der Lizenznehmer hat **nach Auflösung des Vertragsverhältnisses** alles zu unterlassen, was die künftige Ausnutzung des Schutzrechts unmittelbar beeinträchtigen würde. Er darf daher auch nicht etwa die innerhalb beteiligter Verkehrskreise als Kennzeichen einer Ware geltende **Ausstattung,** die an eine besondere Eigenschaft der patentrechtlich geschützten Ware anknüpft, auf andere von ihm hergestellte Waren übertragen (OLG München 31. 3. 1955 WRP 1955, 223).

Wegen Auslaufklauseln nach Beendigung des Lizenzvertrages vgl. oben Anm. 49.

V. Patentrechte, Rechte aus Patentanmeldungen und Lizenzen in der Zwangsvollstreckung, im Konkurs und im Vergleichsverfahren

a) Pfändung

aa) **Pfändbare Rechte.** Im gleichen Umfang wie die bezeichneten Rechte übertragbar und verpfändbar sind, können sie auch gepfändet werden. Pfändbar sind also die Rechte auf das Patent, die Rechte aus Patentanmeldungen (über letztere vgl. vor allem RG 3. 10. 1902 RGZ 52, 227, 233) sowie die Rechte aus dem Patent. Die Pfändung der Rechte aus einer Anmeldung erfaßt die Anwartschaft auf das patentmäßige Ausschlußrecht (Besch. Präs. PA GRUR 1950, 294). 61

Auch bereits **vor der Patentanmeldung** unterliegt das Recht auf das Patent der Zwangsvollstreckung, jedoch nur unter der Voraussetzung, daß der Erfinder seine Absicht kundgetan hat, die Erfindung zu verwerten (BGH 25. 1. 1955 BGHZ 16, 172, 175 = GRUR 1955, 388, 389 – Dücko; Tetzner § 9 Anm. 74; ders. DJ 41, 1139; Jaeger § 1 KO Anm. 11; a. M. früher Isay, Anh. hinter §§ 1, 2 Anm. 20; Kisch, Handbuch S. 56). **Anzeichen des Verwertungswillens** sind Verhandlungen über die Verwertung, Zurschaustellungen, Verpfändung, Sicherungsübereignung usw. Vor einer solchen Kundgabe besteht eine Pfändbarkeit des Rechts nicht, weil durch die Pfändung das Persönlichkeitsrecht des Erfinders (§ 3 Anm. 2) verletzt würde, kraft dessen er allein darüber zu befinden hat, ob und wann seine Erfindung der Öffentlichkeit zugänglich zu machen ist. Für die Möglichkeit der Vollstreckung in Rechte aus einem Geheimverfahren gelten die gleichen Grundsätze (BGH 25. 1. 1955 a. a. O.).

Pfändbar sind auch die – frei übertragbaren – **ausschließlichen Lizenzen.** Eine **Betriebslizenz** (Anm. 33) ist jedoch **unpfändbar,** selbst wenn sie eine ausschließliche Lizenz sein sollte, weil ein Betrieb als solcher nicht Gegenstand einer Pfändung sein kann (RG 26. 10. 1931 RGZ 134, 91, 98). Die **einfache Lizenz** ebenso wie die **persönlich beschränkte Lizenz** (Anm. 33) unterliegen nicht der Pfändung, weil sie nicht übertragbar sind.

bb) **Form der Pfändung.** Die Pfändung erfolgt nach § 857 ZPO (Zwangsvollstreckung in »andere« Vermögensrechte). Ein Drittschuldner ist nicht vorhanden, insbesondere ist nicht etwa das PA Drittschuldner (Besch. Präs. PA 11. 2. 1950 GRUR 1950, 294). Daher Wirksamwerden der Pfändung mit der Zustellung des Pfändungsbeschlusses an den Schuldner. Mitteilung hiervon an das PA ist zweckmäßig (s. zu cc); dies auch wegen etwaiger Entrichtung der Patentgebühren durch den Pfändungsgläubiger selbst. 62

Mangels Vorhandenseins eines Drittschuldners ist auch eine **Vorpfändung** nach § 845 ZPO unzulässig (ebenso Tetzner § 9 Anm. 79; a. A. Reimer § 9 Anm. 119, Nirk in Klauer-Möhring § 9 Anm. 91). Sollte sie dennoch vorgenommen werden, so wird der Vorpfändende vom PA dahin zu bescheiden sein, daß das Amt durch die Benachrichtigung nicht berührt wird; die auf Grund von § 840 ZPO verlangten Erklärungen sind abzulehnen.

Die Pfändung der **Patenturkunde** ist ohne rechtliche Bedeutung, weil sie nicht Trägerin des Rechts, sondern nur Beweisurkunde ist (§ 1 Anm. 1); ihre Aushändigung an den Pfändungsgläubiger unterliegt dem Ermessen des Vollstreckungsgerichts.

Zuständig zum Erlaß des Pfändungsbeschlusses ist das **Amtsgericht**, bei dem der Schuldner im Inland seinen allgemeinen Gerichtsstand (§§ 13–19 ZPO) hat (§ 828 Abs. 2 ZPO), oder, wenn dieser im Ausland wohnt, der Ort, wo sein nach § 16 bestellter Inlandsvertreter seine Geschäftsräume bzw. seinen Wohnsitz hat, in dessen Ermangelung der Sitz des PA. Die Pfändung und Verwertung ausländischer Patente eines Inländers mit inländischem Gerichtsstand sind als zulässig anzusehen (vgl. dazu Schramm, GRUR 1958, 480, 481). Ihre sachliche Wirksamkeit hängt aber von der ausländischen Gesetzgebung ab. Das PA erkennt die Pfändung deutscher Patente durch ausländische Vollstreckungsbehörden nicht als wirksam an (PA 12. 6. 1911 Bl. 1911, 215). S. Kisch, a. a. O. S. 214 Anm. 54.

63 cc) **Wirkung der Pfändung.** Zweifellos sind nach § 1276 BGB, § 804 Abs. 1 ZPO spätere Verzichte des Patentinhabers auf das Patent sowie des ausschließlichen Lizenzinhabers auf die Lizenz unwirksam. Durch das gerichtliche Verfügungsverbot (§§ 829 Abs. 1, 857 ZPO) verliert der Patentinhaber gegenüber dem Pfändungsgläubiger die Befugnis, über das Patent anderweit zu verfügen, insbesondere zu veräußern. Eine trotzdem vorgenommene Veräußerung bewirkt aber den Übergang des Patents auf den Erwerber, da diesem gegenüber Unwirksamkeit nicht besteht. Der Pfändungsgläubiger kann jedoch sein Pfandrecht auch gegenüber dem Erwerber ausüben, da er nach §§ 136, 135 BGB sich so verhalten darf, als wäre eine Übertragung nicht erfolgt. Dies gilt auch gegenüber dem gutgläubigen Erwerber, da ein Schutz für den gutgläubigen Erwerber von Rechten im BGB nicht vorgesehen ist. Wenn das PA bei Kenntnis von der Pfändung zur Umschreibung des Patents auf den Erwerber den Nachweis der Zustimmung des Pfandgläubigers oder der Aufhebung der Pfändung verlangt (PA 27. 9. 1917 Bl. 1917, 100; 24. 11. 1941 Mitt. 1942, 25), so ist das nicht zu beanstanden, weil es nicht seine Sache ist, über streitige Patentrechte zu entscheiden.

Die Pfändung einer Anmeldung bewirkt **keinen Eintritt** des Pfändungsgläubigers in **das Prüfungs- oder Eintragungsverfahren** (BPatG 18. 1. 1965 E 6, 220, 222). Auch erwirbt der Pfändungsgläubiger bei nicht offengelegten oder bekanntgemachten Anmeldungen **kein Recht auf Akteneinsicht** (BPatG 18. 1. 1965 a. a. O.).

64 dd) **Die Verwertung der gepfändeten Rechte** erfolgt nach §§ 857, 844 ZPO. Hauptsächlich kommt die **Veräußerung** des Patents in Betracht. Auch

die **Zwangsverwaltung** ist zulässig, ebenso die Verwaltung durch einen **Sequester** (vgl. § 47 Anm. 67).

b) Konkurs des Rechtsinhabers und Vergleichsverfahren

Die in § 9 bezeichneten Rechte – das Recht auf das Patent, der Anspruch auf Erteilung des Patents und das Recht aus dem Patent – gehören im Falle des Konkurses des Berechtigten zur Konkursmasse. Infolgedessen gehen mit der Eröffnung des Konkurses auf den Konkursverwalter auch über: die Befugnis zur Anmeldung des Patents (§ 4, § 26), der Anspruch des Erfinders gegen einen nicht berechtigten Anmelder auf Abtretung des Anspruchs auf Patenterteilung oder auf Übertragung des bereits erteilten Patents (§ 5), das Recht zur Benutzung des Patents (§ 6), zur Übertragung der Ansprüche aus § 9 und zur Lizenzerteilung, das Recht zum Verzicht auf das Patent (§ 12), der Anspruch gegen den Patentverletzer auf Unterlassung, Rechnungslegung und Schadensersatz (§ 47), der Anspruch auf eine angemessene Vergütung gegen den Bund bei Benutzung der Erfindung im Interesse der öffentlichen Wohlfahrt oder im Interesse der Sicherheit des Bundes (§ 8), der Vergütungsanspruch bei Lizenzbereitschaft (§ 14), der Anspruch auf Zahlung einer rechtskräftig zuerkannten Buße (§ 50) und der Bereicherungsanspruch im Falle der Verjährung der Entschädigungsforderung (§ 48); (vgl. Jaeger § 1 KO Anm. 11 ff.). 65

In RG 3. 10. 1902 RGZ 52, 227, 232 ist angedeutet, daß der Erfinder die Patentanmeldung auch noch nach Konkurseröffnung zurückziehen könne. Dem ist nicht zuzustimmen, weil das Erfinderrecht wie das Recht aus der Anmeldung zu dem der Zwangsvollstreckung unterliegenden Vermögen des Erfinders gehören (Jaeger § 1 KO Anm. 12).

Beim Konkurs des **Lizenznehmers** fällt die ausschließliche Lizenz in die Konkursmasse, wenn sie nicht auf einen bestimmten Betrieb beschränkt ist. Die einfache, nicht übertragbare Lizenz gehört nicht zur Masse des Lizenznehmers (Jaeger § 1 KO Anm. 12); s. dazu Anm. 61. Sowohl der Lizenzgeber wie auch der Konkursverwalter des Lizenznehmers sind berechtigt, gemäß § 19 KO den Vertrag fristlos zu kündigen (RG 28. 9. 1928 RGZ 12, 70 – betreffend Lizenzvertrag über ein Geheimverfahren; 26. 10. 1931 RGZ 134, 91 – Bestellung einer ausschließlichen Betriebslizenz; Jaeger § 19 KO Anm. 1, Anm. 3 b, Ziff. 8). Im Falle des Konkurses des **Lizenzgebers** bleiben nach herrschender Meinung Lizenzverträge wirksam – entsprechend Pachtverträgen nach § 21 KO, sofern die verpachtete Sache schon überlassen ist (vgl. Reimer § 9 Anm. 123 S. 596). War die Erfindung noch nicht überlassen, so steht dem Konkursverwalter nach § 17 KO das Wahlrecht zu, den Vertrag zu erfüllen oder die Erfüllung abzulösen.

Im **Vergleichsverfahren** über das Vermögen des **einfachen Lizenznehmers** sind die Leistungen des Lizenzgebers als teilbar im Sinne des § 36 Abs. 2 VerglO anzusehen, sofern dem Lizenznehmer ein positives Benutzungsrecht eingeräumt ist; der Lizenzgeber ist deshalb am Vergleichsverfahren über das Vermögen des Lizenznehmers beteiligt und kann so die rückständigen Lizenzgebühren und die Vergleichsquote fordern (RG 18. 8. 1937 RGZ 155, 306). Das gleiche wird auch für Leistungen eines ausschließlichen Lizenzgebers anzunehmen sein (so auch Nirk in Klauer-Möhring § 9 Anm. 92). Im übrigen werden die zur Zeit der Eröffnung des Vergleichsverfahrens von beiden Seiten noch nicht vollständig erfüllten Ansprüche aus gegenseitigen Verträgen durch das Vergleichsverfahren nicht berührt (RG 17. 10. 1934 GRUR 1935, 306).

VI. Lizenzverträge und Internationales Privatrecht

Henn, Problematik und Systematik des internationalen Patentlizenzrechts 1967.

66 Nach anerkannter Rechtsauffassung ist für die Frage, welchem Recht ein schuldrechtlicher Vertrag zwischen einem Inländer und einem Ausländer zu unterstellen ist, also für die Bestimmung des **Schuldstatuts** im Sinne des internationalen Privatrechts (vgl. v. Beringe, DB 1957, Beilage Nr. 8 zu Heft 18, zu XIV), in erster Linie der ausdrücklich oder stillschweigend erklärte Parteiwille, gegebenenfalls der sog. mutmaßliche (hypothetische) Parteiwille maßgebend (BGH 22. 11. 1955 BGHZ 19, 110, 111 mit Nachweisen). Das gilt auch für Lizenzverträge, deren Auslegung selbstverständlich diesen allgemein gültigen Grundsätzen nicht widersprechen darf. Bei der Ermittlung des hypothetischen Parteiwillens handelt es sich in Wirklichkeit nicht um Erforschung hypothetisch-subjektiver Vorstellungen der Parteien, sondern um eine vernünftige – im Wege der ergänzenden Rechtsfindung vorzunehmende – Interessenabwägung. Wie BGH 14. 4. 1953 BGHZ 9, 221, 223 betont, ist die nach dieser Richtung anzustellende Ermittlung das Suchen des nächsten Anknüpfungspunktes zu den jeweils in Betracht kommenden Rechtsordnungen. Es sind also die Interessen der Beteiligten auf objektiver Grundlage in vernünftiger Weise abzuwägen, um festzustellen, ob der Schwerpunkt des Schuldverhältnisses auf eine bestimmte Rechtsordnung hinweist (BGH 30. 3. 1955 BGHZ 17, 89, 92). Als Anhaltspunkte hierfür kommen z. B. der Abschlußort, der Wohnsitz oder der Geschäftssitz, die Staatsangehörigkeit, die vereinbarte Währung oder andere Umstände in Betracht, die sich aus der Gestaltung des Einzelfalls ergeben. Die Grenze zwischen einem stillschweigenden und einem hypothetischen Parteiwillen kann zuweilen recht flüssig sein (Soergel-Kegel Anm. 244 vor Art. 7 EG BGB). Läßt sich auch ein hypothetischer Parteiwille nicht feststellen, so entscheidet an letzter Stelle der Erfüllungsort (BGH 30. 3. 1955 a. a. O.), dessen Maßgeblichkeit aber zum Teil auf den hypothetischen Parteiwillen gestützt wird (vgl. Soergel-Kegel a. a. O. Anm. 265). Im übrigen haben sich für verschiedene Vertragsarten bestimmte Sonderregeln herausgebildet (Troller, Internationale Lizenzverträge GRUR-Int. 1952, 108,

Entscheidungen des BGH, die sich speziell mit der Bestimmung des Schuldstatuts bei Patentlizenzverträgen zwischen Inländern und Ausländern auseinandersetzen, sind bisher, soweit ersichtlich, nicht veröffentlicht worden. In der nichtveröffentlichten Entscheidung vom 15. 6. 1965 I ZR 19/64 wird die Auslegung eines zwischen einer holländischen und einer deutschen Firma geschlossenen Vertrages vorgenommen. Den Gesichtspunkt, daß der Vertrag in Holland unter Beteiligung einer holländischen Firma abgeschlossen war, hat der BGH in dem zur Entscheidung stehenden Sachverhalt nicht als maßgebend anerkannt. Er hat vielmehr für die Anwendbarkeit deutschen Rechts unter Hinweis auf BGHZ 9, 221, 222, LG Düsseldorf, GRUR Ausl. 1958, 430, 431, OLG Düsseldorf, GRUR Ausl. 1962, 256, 257 »schwerpunktmäßig« als entscheidend angesehen, daß der Vertrag eine Herstellungs-Vertriebslizenz für Deutschland begründete.

Diese Rechtsprechung steht in Übereinstimmung mit dem auch im Schrifttum vorwiegend vertretenen Standpunkt, für die Prüfung eines Lizenzvertrags den Ort entscheidend sein zu lassen, an dem der »gesamte Vertragsorganismus« seine »wenigstens faktische Verknüpfung« hat (Lichtenstein, Der Lizenzvertrag mit dem Ausland, NJW 1964, 1345, 1348). Im einzelnen muß auf Darstellung der sich bei einem Lizenzvertrag ergebenden Streitfragen an dieser Stelle verzichtet werden. Nur auf die folgenden Gesichtspunkte ist hinzuweisen:

Stets ist bei einer vertraglichen Vereinbarung zu prüfen, ob die Parteien allein auf das **ausländische sachliche Recht** haben verweisen wollen oder ob sich die Verweisung **auch** auf die **ausländischen Kollisionsnormen** beziehen soll, so daß im Einzelfall auch eine Weiter- oder Rückverweisung (renvoi) in dem ausländischen Recht zu beachten wäre (Lichtenstein a. a. O. S. 1349; vgl. dazu z. B. LG Düsseldorf a. a. O. S. 431). Vereinbarungen können stets nur über das **materielle Recht, nicht** aber über ein anderes **Verfahrensrecht** getroffen werden (Stumpf, Der Lizenzvertrag, Rand-Nr. 444). Ein Streit über den **Bestand** eines dem Lizenzvertrag zugrunde liegenden inländischen Patents kann nur von einem deutschen Gericht entschieden werden (s. § 6 Anm. 69). Ebenso Lichtenstein, a. a. O. S. 1349, der zu Recht erklärt, daß das gleiche auch für die Frage gelten müsse, unter welchen materiellen und formellen Voraussetzungen die Rechtssituation einer Lizenz geschaffen werden könne. Bei allen Verträgen, die **Verfügungen** über Rechte aus Erfindungen oder Patenten betreffen, also auch bei Verträgen, die das Patentrecht **übertragen,** ist grundsätzlich das Schutzland als der wirtschaftliche Schwerpunkt des Vertrages anzuerkennen (Soergel-Kegel, a. a. O. Anm. 311; Troller, Das Internationale Privat- und Zivilprozeßrecht im Gewerblichen Rechtsschutz, 1952, S. 184, 188; vgl. auch OLG München 29. 1. 1959 GRUR Ausl. 1960, 75, 76; Nirk, Mitt. 1969, 328 ff.).

Die Frage, nach welchem Recht sich der Übergang der in § 9 genannten Rechte auf den **Erben** richtet, ist in Art. 24, 25 EGBGB geregelt.

C. Überblick zu kartellrechtlichen Fragen

bei Verträgen über Erwerb oder Benutzung von Patenten, Gebrauchsmustern oder Sortenschutzrechten (§§ 20, 21 GWB).

§ 20 Lizenzverträge
(1) Verträge über Erwerb oder Benutzung von Patenten, Gebrauchsmustern oder Sortenschutzrechten sind unwirksam, soweit sie dem Erwerber oder Lizenznehmer Beschränkungen im Geschäftsverkehr auferlegen, die über den Inhalt des Schutzrechts hinausgehen; Beschränkungen hinsichtlich Art, Umfang, Menge, Gebiet oder Zeit der Ausübung des Schutzrechts gehen nicht über den Inhalt des Schutzrechts hinaus.
(2) Abs. 1 gilt nicht

1. für Beschränkungen des Erwerbers oder Lizenznehmers, soweit und solange sie durch ein Interesse des Veräußerers oder Lizenzgebers an einer technisch einwandfreien Ausnutzung des Gegenstandes des Schutzrechtes gerechtfertigt sind,
2. für Bindungen des Erwerbers oder Lizenznehmers hinsichtlich der Preisstellung für den geschützten Gegenstand,
3. für Verpflichtungen des Erwerbers oder Lizenznehmers zum Erfahrungsaustausch oder zur Gewährung von Lizenzen auf Verbesserungs- oder Anwendungserfindungen, sofern diesen gleichartige Verpflichtungen des Patentinhabers oder Lizenzgebers entsprechen,
4. für Verpflichtungen des Erwerbers oder Lizenznehmers zum Nichtangriff auf das Schutzrecht,
5. für Verpflichtungen des Erwerbers oder Lizenznehmers, soweit sie sich auf die Regelung des Wettbewerbs auf Märkten außerhalb des Geltungsbereichs dieses Gesetzes beziehen,

soweit diese Beschränkungen die Laufzeit des erworbenen oder in Lizenz genommenen Schutzrechts nicht überschreiten.
(3) Die Kartellbehörde kann auf Antrag die Erlaubnis zu einem Vertrag der in Absatz 1 bezeichneten Art erteilen, wenn die wirtschaftliche Bewegungsfreiheit des Erwerbers oder Lizenznehmers oder anderer Unternehmen nicht unbillig eingeschränkt und durch das Ausmaß der Beschränkungen der Wettbewerb auf dem Markt nicht wesentlich beeinträchtigt wird. § 11 Abs. 3 bis 5 gilt entsprechend.
(4) Die §§ 1 bis 14 bleiben unberührt.

§ 21 Verträge über nicht geschützte Leistungen und über Saatgut
(1) § 20 ist bei Verträgen über Überlassung oder Benutzung gesetzlich nicht geschützter Erfindungsleistungen, Fabrikationsverfahren, Konstruktionen, sonstiger die Technik bereichernder Leistungen sowie nicht geschützter, den Pflanzenbau bereichernder Leistungen auf dem Gebiet

der Pflanzenzüchtung, soweit sie Betriebsgeheimnisse darstellen, entsprechend anzuwenden.

(2) § 20 ist auf Verträge über Saatgut einer in der Sortenliste (§§ 44 und 68 des Saatgutverkehrsgesetzes vom 20. Mai 1968, Bundesgesetzbl. I S. 444) eingetragenen Sorte zwischen einem Züchter und einem Vermehrer oder einem Unternehmen auf der Vermehrungsstufe entsprechend anzuwenden.

1. Allgemeines

a) Die Dekartellierungsgesetze der amerikanischen Militärregierung (Gesetz Nr. 56 vom 28. 1. 1947), der britischen Militärregierung (VO Nr. 78) und des französischen Oberkommandos (VO Nr. 96) vom 9. 6. 1947 sind durch § 109 des am 1. 1. 1958 in Kraft getretenen Gesetzes gegen Wettbewerbsbeschränkungen vom 27. 7. 1957 (BGBl. 1957, 1081 ff.) aufgehoben worden. Für das Patentrecht sind die oben wiedergegebenen Bestimmungen der §§ 20, 21 GWB von besonderer Bedeutung. Über diese Vorschriften kann hier nur eine gedrängte Übersicht gegeben werden, und auch dies vorwiegend nur unter Berücksichtigung derjenigen kartellrechtlichen Fragen, die in unmittelbarem Zusammenhang zu den vorangegangenen Erläuterungen des § 9 stehen. 67

Wegen der Einzelheiten wird auf die zahlreichen Kommentare zum GWB und das einschlägige Schrifttum verwiesen; vgl. jetzt auch Bandasch-Lemhoefer-Horn, Die Verwaltungspraxis des Bundeskartellamts zu den Lizenzverträgen nach §§ 20, 21 GWB in Kartellrundschau, Heft 10.

b) Nach § 20 Abs. 1 Satz 1 GWB sind Verträge über Erwerb oder Benutzung von Patenten, Gebrauchsmustern oder Sortenschutzrechten unwirksam, soweit sie dem **Erwerber** oder **Lizenznehmer** Beschränkungen im Geschäftsverkehr auferlegen, die über den Inhalt des Schutzrechtes hinausgehen. Bei der Prüfung der Wirksamkeit ist stets die zur Zeit der Abmachung geltende Patentrechtslage maßgebend. Wenn ein Patent **später** für nichtig erklärt worden ist, kommt der rechtskräftigen Vernichtung des Patents nach allgemeinen Grundsätzen keine rückwirkende Kraft zu; s. unten Anm. 69. Die Vorschrift bezieht sich nur auf **technische** Ausschlußrechte sowie auf die **Sortenschutzrechte.** Auf Geschmacksmusterrechte, Warenzeichenrechte, Urheber- und Verlagsrechte, also Rechte nichttechnischer Art, findet sie keine Anwendung.

Der Gesetzgeber hat mit dieser Vorschrift nicht die Rechte der Schutzrechtsinhaber beschränken wollen. Die bürgerlich-rechtliche Vertragsfreiheit wird daher im Grundsatz durch das Gesetz nicht berührt (BGH 14. 11. 1968 BGHZ 51, 263, 265 = GRUR 1969, 493, 494 – Silobehälter). Die Absicht ging vielmehr dahin, einer **mißbräuchlichen Ausnutzung** eines durch die Schutzrechte begründeten Monopols entgegenzutreten (BT-Drucks.

1158/1953 S. 38 zu §§ 15, 16 des Entwurfs). Die Wettbewerbsfreiheit und die geschäftliche Handlungsweise werden nur insoweit eingeschränkt, als sie nicht mehr durch die Schutzrechte gerechtfertigt sind. Der **Bestand** dieser Schutzrechte in den durch die Gesetze gezogenen Grenzen ist unangetastet geblieben (BGH 8. 11. 1960 GRUR 1961, 627 – Metallspritzverfahren).

Über das Verhältnis von Patentmonopol zum Wettbewerbsverbot vgl. Walleser GRUR 1963, 512 und Spengler GRUR 1961, 607 mit zahlreichen weiteren Schrifttumsnachweisen; ders. Mitt. 1962, 142.

2. Unter § 20 GWB fallende Verträge

68 Die Vorschrift des § 20 GWB geht als besondere Vorschrift (lex specialis) den ihrem Wortlaut nach an sich etwa auch anwendbaren Vorschriften der §§ 15 und 18 GWB vor (BGH 25. 10. 1966 BGHZ 46, 365, 379 = GRUR 1967, 378, 384 – Schweißbolzen). Sie schränkt den **Personenkreis,** der Vertragspartner von Verwertungsverträgen sein kann, nicht ein. Der Inhalt von Verwertungsverträgen ist daher ohne Rücksicht auf die Person der Vertragspartner, die sowohl Unternehmen als auch Privatpersonen sein können, zu würdigen (Kellermann, GRUR 1958, 581, 586). Die Vorschrift findet nach allgemeiner Ansicht nicht nur auf Verträge über **bereits erteilte Patente,** sondern auch auf Verträge über solche Erfindungen Anwendung, die **Gegenstand bekanntgemachter Patentanmeldungen** sind und daher den Schutz aus § 30 Abs. 1 Satz 2 PatG genießen (BGH 1. 10. 1964 GRUR 1965, 160, 162 – Abbauhammer). Darüber hinaus ist nach BGH 14. 11. 1968 (BGHZ 51, 263 ff. = GRUR 1969, 493 ff. – Silobehälter) die Vorschrift des § 20 GWB auch bei Verträgen über Erfindungen anwendbar, die **erst zur Patenterteilung angemeldet** sind, und ferner auch bei Verträgen über solche Erfindungen, **deren Anmeldung noch nicht erfolgt** ist, nach dem Vertrag aber ernstlich angestrebt wird.

Unter § 20 GWB fallen **nach dem sachlichen Anwendungsbereich** nicht nur reine Lizenzverträge, sondern alle Vereinbarungen über den Erwerb oder die Benutzung gewerblicher Schutzrechte »in weitest möglichem Sinn«, gleichgültig ob der Vertrag als Lizenzvertrag bezeichnet ist, ob der »Benutzende« noch eine gewisse eigene Dispositionsmöglichkeit hinsichtlich des »Benutzens« hat oder ob es sich lediglich etwa um einen »**Werklieferungsvertrag** über patentgeschützte Gegenstände« handelt (BGH 25. 10. 1966 BGHZ 46, 365, 378 = GRUR 1967, 378, 384 – Schweißbolzen) oder um einen Vertrag, in dem ein ausschließlicher Lizenznehmer seine Rechte und Pflichten aus dem Lizenzverhältnis auf einen anderen überträgt. Denn auch Verträge über den Erwerb von Patentnutzungsrechten sind im § 20 GWB dem Sinne nach mit gemeint (BGH 17. 4. 1969 BGHZ 52, 55, 57 = GRUR 1969, 560, 561 – Frischhaltegefäß). Allerdings fallen **Kauf- und Mietverträge** über eine patentierte Maschine **nicht** unter § 20 GWB, weil eine solche Maschine mit dem Verkauf oder der Vermietung in den Verkehr gelangt und damit das Patentrecht an ihr erlischt (§ 6 Anm. 46; a. A. Reimer § 9 Anm. 158; Baumbach-Hefermehl § 20 GWB Anm. 8).

Stets muß es sich um dem Erwerber oder Lizenznehmer auferlegte »Beschränkungen im **Geschäftsverkehr**« handeln. Die Beschränkungen brauchen sich also nicht als Wettbewerbsbeschränkungen auszuwirken. Eine solche Auslegung würde nach Auffassung des Bundeskartellamts ein willkürlicher Austausch der gesetzlichen Tatbestandsmerkmale sein (Bandasch-Lemhoefer-Horn a. a. O. S. 15 mit kritischem Hinweis auf BGH 25. 10. 1966 a. a. O.).

Handelt es sich um sog. **gemischte** Verträge, die sowohl Lizenzabreden im Sinne des § 20 Abs. 1 GWB als auch Elemente anderer Vertragstypen aufweisen (vgl. Lemhoefer, GRUR 1964, 573, 584 ff.), so werden nach ständiger Übung des BKartA die Vorschriften über Lizenzverträge (§§ 20, 21 GWB) einheitlich auf den ganzen Vertrag angewendet, wenn dieser überwiegend oder vorherrschend lizenzvertragliche Elemente enthält (BKartA Februar 1962, GRUR 1963, 91, 92). In der Praxis nimmt das Bundeskartellamt eine Vorprüfung dahin vor, ob sich die vertraglichen Vereinbarungen **trennen** lassen. Nur wenn diese Voraussetzungen nicht gegeben sind, findet eine einheitliche Anwendung der §§ 20, 21 GWB statt (Lemhoefer a. a. O.). Ist es dagegen möglich, die betreffenden Vertragsteile zu trennen, oder beruhen die dem Vertragspartner auferlegten Beschränkungen nicht auf den in § 20 Abs. 1 genannten Schutzrechten, so findet nur § 18 Anwendung (Tätigkeitsbericht d. BKartA 1964, S. 52 zu A).

Auf Verträge von **ausländischen Lizenzgebern** mit inländischen Lizenznehmern über die **Benutzung ausländischer Patente** findet § 20 Anwendung, wenn sich die in den Verträgen enthaltenen Wettbewerbsbeschränkungen im Geltungsbereich des GWB auswirken (BGH 5. 5. 1967 GRUR 1967, 670 ff. – Fischbearbeitungsmaschine – s. dazu Nirk in Ehrengabe für Bruno Heusinger S. 217, 220). Offengelassen ist vom BGH die umgekehrte Frage, wie die Rechtslage bei Verträgen eines **inländischen Lizenzgebers** mit einem ausländischen Lizenznehmer über Auslandspatente zu beurteilen ist (dazu Schwartz in der Anm. der zitierten Entsch. GRUR 1967, 675 r. Sp. mit Nachw.). Vgl. dazu auch Anm. 76.

§ 20 GWB ist auch auf gerichtliche und außergerichtliche **Vergleiche** zur Beilegung von Streitigkeiten z. B. im Patentverletzungsprozeß oder im Verfahren vor dem PA oder PatG, die Vereinbarungen über Erwerb oder Benutzung von gewerblichen Schutzrechten enthalten, anwendbar (Tätigkeitsbericht des BKartA 1964, S. 52 zu A).

3. Beschränkungen nach § 20 Abs. 1 GWB

Das Kriterium für die Abgrenzung zwischen kartellrechtlich ohne weiteres zulässigen und kartellrechtlich an sich unzulässigen Beschränkungen ist 69 bei Verträgen über Patent- und Gebrauchsmuster der »Inhalt des Schutzrechts« (BGH 16. 10. 1962 GRUR 1963, 207, 210 – Kieselsäure).

Über den Inhalt des Schutzrechts hinaus gehen alle diejenigen Beschränkungen, auf die der Lizenzgeber allein aus dem Schutzrecht, d. h. ohne Vertrag, keinen Einfluß nehmen könnte (Völp, WRP 1957, 313, 315).

Soweit sich der Schutzrechtsinhaber im Rahmen seines Schutzrechts, d. h. im Bereich der im § 6 PatG zusammengefaßten Befugnisse hält, kann er mithin Beschränkungen aussprechen (BGH 20. 5. 1966 GRUR 1966, 576, 580 – Zimcofort). Die in § 20 Abs. 1 Satz 2 GWB genannten Beschränkungen hinsichtlich **Art, Umfang, Menge oder Zeit der Ausübung,** die nach ausdrücklicher Gesetzesvorschrift **nicht** über den Inhalt des Schutzrechts hinausgehen, stellen nach allg. Auffassung nur Beispiele möglicher Beschränkungen dar. Diese Beispielfälle stimmen im wesentlichen mit den oben in Anm. 33 erläuterten Beschränkungen mit dinglicher Wirkung überein.

Daraus darf allerdings nicht entnommen werden, daß es für die Auslegung des § 20 Abs. 1 GWB stets auf die Unterschiede zwischen dinglicher und obligatorischer Wirkung einer Beschränkung des Lizenzrechtes ankommt. Denn wesentlich sind für die Auslegung dieser Vorschrift die wettbewerbspolitischen Probleme und nicht so sehr patentrechtliche Fragen über die Folgen einer Verletzung des Patentrechts (Frankf. Komm. § 20 Tz 48).

Der Erwerber einer Lizenz hat außerhalb des Inhalts, d. h. der Grenzen des Schutzrechts, kein Benutzungsrecht. Der Lizenzgeber kann räumlich, zeitlich oder mengenmäßig das Schutzrecht ebenso begrenzen, wie es ihm freisteht, eine gegenständliche Beschränkung in dem Sinne vorzunehmen, daß nur eine bestimmte Benutzungsart der Erfindung zulässig sein soll (vgl. im einzelnen oben Anm. 33). Nach herrschender Auffassung (Kellermann WuW 1960, 603, 605 mit zahlreichen Nachweisen) kann er auch die Zahl der vom Lizenznehmer zu beliefernden **Kunden** begrenzen, und zwar nicht nur in dem Sinne, daß Warenhäuser, Großhändler usw. ausgeschlossen sein sollen, sondern auch im Hinblick auf nur einzelne individuell bezeichnete Unternehmer als Geschäftspartner. Ein solches Wettbewerbsverhalten beeinträchtigt nicht die wirtschaftliche Handlungsfreiheit derjenigen, die von dem Vertriebsverbot betroffen werden. Denn diese hätten auch vorher nicht von dem Lizenznehmer beziehen können (vgl. Frankf. Komm. § 20 Tz 42).

Auch die in der **Verpflichtung zur Lizenzzahlung** liegende »Beschränkung im Geschäftsverkehr« kann, **solange** die durch das bereits entstandene **Schutzrecht** oder die durch die noch nicht jedermann zugängliche **Erfindung** begründete **Vorzugsstellung besteht** (vgl. oben Anm. 13), nicht im Sinne des § 20 Abs. 1 GWB »über den Inhalt des Schutzrechts hinausgehen« (BGH 1. 10. 1964 GRUR 1965, 160, 162 – Abbauhammer; 25. 10. 1966 BGHZ 46, 365, 371 – Schweißbolzen; 17. 10. 1968 GRUR 1969, 409, 410 – Metallrahmen; 14. 11. 1968 BGHZ 51, 263, 267 – Silobehälter; 26. 6.

1969 GRUR 1969, 677 ff. – Rüben-Verladeeinrichtung). Die **Vernichtung** eines Patents hat demnach auch für die kartellrechtliche Beurteilung gegenüber Verträgen über die Benutzung der patentierten Erfindung **keine rückwirkende Kraft.**

Die **Höhe der Lizenzgebühr** und die **Art ihrer Berechnung** können von den Parteien ebenfalls frei vereinbart werden. Daher kann auch eine nach den Umständen zu hohe Lizenzgebühr nicht als Wettbewerbsbeschränkung unzulässig sein (vgl. BGH 26. 6. 1969 GRUR 1969, 677, 679 – Rüben-Verladeeinrichtung). Nur dürfen keine Lizenzgebühren für einen ungeschützten Gegenstand gefordert werden. Daraus folgt auch die Unzulässigkeit von Vereinbarungen, die den Lizenznehmer verpflichten, für die Herstellung und den Vertrieb bestimmter Gegenstände in den Fällen eine Lizenzgebühr zu zahlen, in denen die Schutzrechte nicht verwendet werden (Tätigkeitsbericht d. BKartA 1960 Ziff. 49; Reimer § 9 Anm. 145).

Zur Frage der Lizenzgebührenbemessung für Waren, die sich aus patentgeschützten und neutralen Teilen zusammensetzen, vgl. oben Anm. 48.

Soweit Verpflichtungen des Erwerbers oder Lizenznehmers kartellrechtlich nicht zu beanstanden sind, begegnet ein zur Sicherung dieser Verpflichtungen abgegebenes **Vertragsstrafeversprechen** keinen rechtlichen Bedenken (BGH 17. 4. 1969 BGHZ 52, 55, 58 = GRUR 1969, 560, 561 – Frischhaltegefäß).

4. Vereinbarungen über den Schutzumfang

Vereinbarungen über den Schutzumfang eines Schutzrechts sind im 70
Grundsatz unzulässig (vgl. § 6 Anm. 13). Der BGH hat indessen während der Geltung der Dekartellierungsgesetze ausgesprochen, daß eine solche Vereinbarung dann zulässig ist, wenn sie sich innerhalb derjenigen Grenzen des Schutzumfangs hält, über die auch bei objektiver Beurteilung ernste Zweifel bestehen können, und beide Parteien im guten Glauben gehandelt haben, durch die Abmachung dem Ausschließlichkeitsrecht keinen weitergehenden Inhalt zu geben, als ihm bei richtiger Auslegung des Patents gesetzlich zukommt. Den Parteien müsse bei Verletzungsstreitigkeiten über den Schutzumfang eines Patents die Möglichkeit gegeben werden, sich auf gütlichem Wege über eine Abgrenzung des Schutzrechtes zu einigen (BGH 5. 10. 1951 BGHZ 3, 193 = GRUR 1952, 142 – Tauchpumpen). Diese Entscheidung hat der BGH durch Urteil vom 15. 2. 1955 (BGHZ 16, 296 – Rote Herzwandvase) dahin ergänzt, daß die gleichen Erwägungen auch bei einem Vergleich über den **Bestand** eines in Wirklichkeit nicht vorhandenen Schutzrechts gelten. Der angebliche Schutzrechtsinhaber muß dann bei Abschluß des Vergleiches in der Vorstellung gehandelt haben, aus seinem angeblichen Ausschließungsrecht keine weitergehenden Rechte herzuleiten, als sie ihm das Gesetz zubilligt. Die Entscheidungen haben nach herrschender

Auffassung auch für das GWB Gültigkeit. Allerdings sind hiergegen auch Bedenken erhoben worden (vgl. Kellermann, GRUR 1958, 581, 586). Das Bundeskartellamt hält Vereinbarungen über den Umfang und den Bestand eines Schutzrechts für zulässig, soweit sie nach den Umständen des Falles geboten sind und den Rahmen der nach Lage der Sache vorliegenden Regelungsnotwendigkeit nicht unter Verletzung kartellrechtlicher Vorschriften übersteigen (so Bandasch-Lemhoefer-Horn, a. a. O. S. 11).

5. Wettbewerbsverbote, Ausübungspflicht

71 Wettbewerbsverbote werden häufig in Verträge aufgenommen, um den Erwerber oder Lizenznehmer bei der Benutzung oder Verwertung konkurrierender Erfindungen oder Erzeugnisse zu beschränken. Solche Wettbewerbsverbote oder Konkurrenzklauseln sind in der mannigfaltigsten Weise denkbar. Oft ist das Verbot darauf gerichtet, daß der Vertragspartner keine mit den unter die lizenzierten Schutzrechte fallenden Gegenständen in Wettbewerb stehenden Erzeugnisse herstellen und verbreiten und keine anderen Erfindungen auf demselben gewerblichen Gebiet erwerben oder benutzen darf. Solche Verträge sind nach der Praxis des Kartellamts in der Regel unwirksam, wenn dadurch die Herstellung und der Vertrieb von Erzeugnissen gehindert wird, die **nicht** unter die eingeräumten Schutzrechte fallen (BKartA vom 6. 5. und 20. 6. 1960 BB 1960, 962 – Tätigkeitsbericht d. BKartA 1971, 97 zu a; Lüdecke-Fischer, N 30; Kellermann, GRUR 1959, 569, 575 und WuW 1960, 603, 606).

Ob ein Konkurrenzverbot im Einzelfall den Erwerber oder Lizenznehmer unbillig beschränkt (vgl. Lüdecke-Fischer, N 30; auch Bruchhausen, GRUR 1963, 561 ff.), prüft das Bundeskartellamt unter Abwägung der berechtigten Interessen der Vertragsparteien (Kellermann, WuW 1960, 603, 607).

Eine vertraglich übernommene **Ausübungspflicht** ist auf jeden Fall dann zulässig, wenn kein Wettbewerbsverbot damit verbunden ist (Magen, Lizenzverträge und Kartellrecht, S. 179; vgl. auch Frankf. Komm. § 20 Tz. 89). Allerdings wird der Lizenznehmer bei Übernahme einer solchen Pflicht, beispielsweise bei einer ausschließlichen Lizenz gegen Stückgebühren (vgl. oben Anm. 53), in der Regel zwangsläufig von der Herstellung von Konkurrenzprodukten abgehalten werden. Über den Konflikt zwischen Ausübungspflicht und Wettbewerbsfreiheit vgl. Spengler, GRUR 1964, 425, 431 ff.; Hefermehl, GRUR 1963, 385, 386; Tätigkeitsbericht des BKartA 1964, 53 Ziff. 2; Klauer-Möhring § 9 Anhang Anm. 18.

Die Lösung dieses Konflikts wird unter dem Gesichtspunkt zu erfolgen haben, daß das kartellrechtliche Verbot von Wettbewerbsbeschränkungen seine Grenzen entsprechend dem übergeordneten Grundsatz von Treu und Glauben bei Vereinbarungen findet, bei denen sich die Beschränkung nur als

Folgeerscheinung einer im übrigen kartellrechtlich zulässigen und schutzwürdigen Vereinbarung darstellt (so zutreffend P. Schade, Die Ausübungspflicht bei Lizenzen, S. 113, mit Nachweisen).

6. Zulässige Beschränkungen nach § 20 Abs. 2 GWB

§ 20 Abs. 2 GWB führt eine Reihe von **Ausnahmen** von dem grundsätzlichen, in Abs. 1 normierten Verbot von über den Inhalt des Schutzrechts hinausgehenden Beschränkungen auf. Diese Ausnahmen rechtfertigen sich jeweils aus dem Schutzbedürfnis des Erfinders sowie aus den besonderen technischen oder wirtschaftlichen Umständen (vgl. Kellermann, WuW 1960, 603, 609).

a) Bezugspflichten, Auflagen bei Herstellung

Gemäß § 20 Abs. 2 Nr. 1 GWB sind Beschränkungen des Erwerbers oder 72
Lizenznehmers, »**soweit und solange**« sie durch ein Interesse des Veräußerers oder Lizenzgebers an einer **technisch einwandfreien Ausnutzung** des Gegenstandes des Schutzrechts gerechtfertigt sind, zulässig. Nach der Amtl. Begründung (BT-Drucks. 1158/1953 zu § 15 unter 3 a) hat der Erfinder ein berechtigtes Interesse, daß nicht infolge technisch unzureichender Herstellung schlechte Erzeugnisse auf den Markt kommen, die den Wert seiner Erfindung mindern oder die Höhe der ihm zukommenden Lizenzen gefährden können. Um eine technisch einwandfreie Produktion sicherzustellen, kann der Berechtigte daher »den Erwerber oder Lizenznehmer verpflichten, bestimmte Rohstoffe oder Apparaturen, die allein der Berechtigte (oder ein Dritter) herstellen kann, ausschließlich von ihm (oder diesem Dritten) zu beziehen«.

Es kommt jedoch stets auf die Gestaltung des Einzelfalls an. Als technisch einwandfrei wird eine Ausnutzung zu bezeichnen sein, welche die beste Qualität bringt, die sich mit den geschützten Stoffen erreichen läßt, z. B. wenn der vorgeschriebene Rohstoff zu einer überdurchschnittlichen Qualität führt, während die Verwendung anderer Rohstoffe nur durchschnittliche Qualitäten bewirkt (Frankf. Komm. § 20 Tz 93; ähnlich Lieberknecht, DB 1957, 1011, 1015). Sind andererseits die von dem Lizenzgeber zu beziehenden Rohstoffe oder andere für die Herstellung benötigte Stoffe bzw. Einzelteile, Zubehör u. dgl. in gleicher Qualität und zu gleichen Preisen auf dem Markt erhältlich und werden sie von dem Gegenstand des Schutzrechts nicht umfaßt, so sind die Voraussetzungen des § 20 Abs. 2 Nr. 1 nicht erfüllt. In diesen Fällen handelt es sich in der Regel um Beschränkungen, die dem Lizenznehmer aus wirtschaftlichen Interessen des Lizenzgebers auferlegt worden sind (Tätigkeitsbericht d. BKartA 1965, 64 Ziff. 4; Kellermann, GRUR 1959, 569, 573; vgl. auch Heine, GRUR 1960, 265).

Die Vorschrift spielt nicht nur bei der **Herstellung von Gegenständen** im Sinn von Stoffen und Materialien eine Rolle, sondern auch bei der **Verwendung geschützter Verfahren** (Heine a. a. O.).

Nur das Interesse an technisch einwandfreier Anwendung der Erfindung rechtfertigt die Beschränkung, nicht wirtschaftliche Gründe allein, z. B. nicht nur das Interesse, den Absatz der Erzeugnisse zu fördern und dadurch eine zusätzliche Einnahmequelle zu schaffen (BKartA WuW 1961, 217, 219; Stumpf a. a. O. Rand-Nr. 521). Unzulässig ist es daher auch, die Durchsetzung von Bezugsbeschränkungen, die der Erzielung zusätzlicher Einnahmequellen dienen sollen, durch die Erhöhung von Lizenzgebühren im Falle von Fremdbezügen wirtschaftlich zu erzwingen (Tätigkeitsbericht d. BKartA 1965, 64 Ziff. 4).

Unter § 20 Abs. 2 Nr. 1 fallen nicht nur Bezugspflichten, sondern auch andere Auflagen, beispielsweise Qualitätsvorschriften des Lizenzgebers oder bestimmte Konstruktions-, Gebrauchs- und Verfahrensanweisungen sowie Vertriebsbindungen und Verkaufsbeschränkungen (Lieberknecht, DB 1957, 1012, 1013; Kellermann, WuW 1960, 603, 610).

Auch Beschränkungen, die der Verhinderung **mittelbarer Patentverletzungen** dienen, verstoßen nicht gegen das GWB (BGH 8. 11. 1960 GRUR 1961, 627 – Metallspritzverfahren; dazu Reimer § 9 Anm. 143).

Wird eine ausschließliche Bezugsverpflichtung in einem Lizenzvertrag in die Form einer **Bezugsempfehlung** gekleidet und scheidet die Nichtbefolgung dieser Empfehlung im Hinblick auf die für diesen Fall vorgesehenen wirtschaftlichen und rechtlichen Nachteile des Lizenznehmers praktisch aus, so liegt eine unzulässige »Beschränkung im Wirtschaftsverkehr« vor (Tätigkeitsbericht d. BKartA 1965, 63 Ziff. 2).

b) Preisbindung

73 Nach § 20 Abs. 2 Nr. 2 GWB sind Bindungen des Erwerbers oder Lizenznehmers hinsichtlich der Preisstellung für den geschützten Gegenstand zulässig. Nicht erlaubt ist es indessen, etwaige **Abnehmer** des Lizenznehmers an die vereinbarten Preise zu binden (Rasch-Westrick § 20 Anm. 18 – Tätigkeitsbericht d. BKartA 1965, 64 Ziff. 5). In diesen Fällen muß die Erlaubnis der Kartellbehörde eingeholt werden.

Schon unter der Herrschaft der Dekartellierungsgesetze hat der BGH Preisabreden mit der Begründung als zulässig angesehen, daß von einer Beschränkung des Wettbewerbs bei Preisbindungen des Lizenznehmers, der ohne Lizenzerteilung den geschützten Gegenstand überhaupt nicht vertreiben dürfe, durch den Lizenzgeber im allgemeinen nicht gesprochen werden könne. Durch die Lizenzerteilung wird tatsächlich der Wettbewerb überhaupt erst eröffnet, mithin nicht beschränkt (BGH 18. 3. 1955 BGHZ 17, 41, 51 = GRUR 1955, 468 – Kokillenguß). Der Patentinhaber darf auf diesem Wege allerdings nicht seine Monopolstellung unangemessen vergrößern (BGH 18. 6. 1957 GRUR 1957, 545, 546 – Universal-Schraubstock).

Setzen sich die zum Verkauf gelangenden Gegenstände aus **patentgeschützten** und sog. **neutralen Teilen** zusammen, so kann grundsätzlich dem Lizenznehmer ein Gesamtpreis für das ganze Erzeugnis vorgeschrieben werden, wenn dieses nach der Verkehrsauffassung von dem patentierten Teil bestimmt wird. Eine Preisbindung ist dagegen nicht zulässig, wenn nur ein untergeordnetes Einzelteil geschützt ist (Lieberknecht, DB 1957, 1011, 1014). Bei einem patentgeschützten Teilstück muß es sich nach der Praxis des BKartA um den Hauptbestandteil handeln, der dem Gesamterzeugnis das charakteristische Gepräge gibt und für dessen Gebrauchszweck und Funktion bestimmend ist (Tätigkeitsbericht d. BKartA 1961, 58 zu d). Wird ein ungeschütztes Zubehör zusammen mit einer geschützten Hauptsache verkauft, so findet § 20 Abs. 2 Nr. 2 GWB Anwendung, wenn Zubehör und Hauptsache im allgemeinen zusammen verkauft und einheitlich berechnet werden (Lieberknecht a. a. O.).

Zulässig ist es auch, die **Geschäftsbedingungen** des Lizenznehmers zu binden, soweit auf diese Weise eine Umgehung der Preisbindung verhindert werden soll (Klauer-Möhring § 9 Anhang Anm. 30 mit weiteren Nachweisen).

Ein **Werbekostenaufwand** ist zwar ein Kalkulationselement des Preises. Er gehört jedoch nach Ansicht des BKartA **nicht** zum Begriff Preisbindung im Sinne des § 20 Abs. 2 Nr. 2 GWB (WuW/E BKartA 911, 915). Ebensowenig fallen darunter Preisstellungsbindungen von Lizenznehmern, die auf ein **»inhaltsleeres«** oder bei der Lizenzherstellung **nicht ausgeübtes** Patent gegründet sind (Tätigkeitsbericht d. BKartA 1966, 72 Ziff. 4).

c) Erfahrungsaustausch, Lizenzen an Verbesserungs- oder Anwendungserfindungen

Nach § 20 Abs. 2 Nr. 3 GWB sind Verpflichtungen des Erwerbers oder Lizenznehmers zum **Erfahrungsaustausch** oder zur Gewährung von Lizenzen auf **Verbesserungs- oder Anwendungserfindungen** zulässig, sofern diesen gleichartige Verpflichtungen des Patentinhabers oder Lizenzgebers entsprechen. Parallelerfindungen werden nicht von der Bestimmung erfaßt (s. dazu WuW/E BKartA (1. 12. 1960) 331, 333; Bekanntm d. BKartA vom 9. 1. 1961 WuW 1961, 94; Tätigkeitsbericht d. BKartA 1971, 98 Ziff. 3). Stets müssen die Verpflichtungen zum Erfahrungsaustausch den geschützten Gegenstand, also **technische** Informationen, betreffen (Tätigkeitsbericht d. BKartA 1963, 68 Ziff. 5 a). Nicht freigestellt sind Verpflichtungen des Lizenznehmers, dem Lizenzgeber **kaufmännische** Kenntnisse während der 74 gesamten Vertragsdauer preiszugeben oder etwa die **einseitige** Verpflichtung, alle Forschungs-, Erzeugnis- und Herstellungsinformationen sowie technisches Wissen über Eigenschaften und Anwendungsmöglichkeiten des Lizenzerzeugnisses während der Vertragszeit laufend offenzulegen (Tätigkeitsbericht d. BKartA 1965, 64 Ziff. 6); vgl. auch BKartA 1969, 97 ff. Ziff. 5.

Auch werden durch § 20 Abs. 2 Nr. 3 GWB keine Vertragsbestimmungen zu Lasten des Lizenznehmers gedeckt, welche die **Lizenzgebührenpflicht** auf Verbesserungs- oder Anwendungserfindungen des Lizenznehmers erstrecken (Tätigkeitsbericht d. BKartA 1961, 58 zu e und 1968, 88 Ziff. 4; a. A. Klauer-Möhring § 9 Anhang Anm. 35).

Verpflichtungen zur **Übertragung** von Verbesserungs- oder Anwendungserfindungen sind nur mit Erlaubnis der Kartellbehörde (§ 20 Abs. 3) zulässig (Baumbach-Hefermehl § 20 GWB Anm. 22; Frankf. Komm. § 20 Tz. 104; Tätigkeitsbericht d. BKartA 1962, 58 zu e). Das gleiche gilt für eine Verpflichtung des Lizenznehmers, alles zu unterlassen, was die Lizenzpatente gefährden kann (Tätigkeitsbericht d. BKartA 1965, 64 Ziff. 7).

Die gleichartigen Verpflichtungen des Patentinhabers oder Lizenzgebers brauchen nicht inhaltsidentisch zu sein. Entsprechend der unterschiedlichen Stellung und der Interessenlage von Lizenzgeber und Lizenznehmer ist bei der Prüfung der Gleichartigkeit die wirtschaftliche Äquivalenz der Verpflichtungen von besonderer Bedeutung (Tätigkeitsbericht d. BKartA 1964, 53 Ziff. 5; 1966, 72 Ziff. 5).

d) Nichtangriffsklausel

75 Gemäß § 20 Abs. 2 Nr. 4 GWB sind Verpflichtungen des Erwerbes oder Lizenznehmers zum Nichtangriff auf das in Lizenz gegebene oder erworbene Schutzrecht kartellrechtlich wirksam, vgl. oben Anm. 56. Auch für künftige Schutzrechte kann eine solche Verpflichtung eingegangen werden. Die künftigen Schutzrechte müssen allerdings als Vertragsschutzrechte in den Lizenzvertrag mit einbezogen werden (Tätigkeitsbericht BKartA 1964, 53, Ziff. 6; Lüdecke-Fischer, N 31).

Der Verpflichtung zum Nichtangriff auf ein Schutzrecht entspricht bei Verträgen über **Betriebsgeheimnisse** sinngemäß die Verpflichtung des Lizenznehmers zur Geheimhaltung des Betriebsgeheimnisses bis zu deren Offenkundigkeit (Tätigkeitsbericht d. BKartA 1962, 71 Ziff. 6; BKartA 19. 12. 1964 GRUR 1965, 495, 501).

Wirksame Nichtangriffsabreden können auch für die Zeit zwischen Beendigung des Vertrages und dem Ablauf des dem Vertrag zugrunde liegenden Schutzrechts getroffen werden (Tätigkeitsbericht d. BKartA 1965, 68, Ziff. 6).

Der BGH hat schon unter der Herrschaft der Dekartellierungsgesetze ausgesprochen, daß vertragliche Verpflichtungen, Patente nicht mit der Nichtigkeitsklage anzugreifen, keine unzulässigen Wettbewerbsbeschränkungen enthalten (BGH 20. 5. 1953 BGHZ 10, 22 – Konservendosen; 18. 3. 1955 BGHZ 17, 41 – Kokillenguß).

Im übrigen vgl. auch Anm. 70 über die Zulässigkeit einer **vergleichsweisen** Regelung über den Bestand eines Schutzrechts. Auch Nichtangriffsabreden können Inhalt eines Vertrages sein (Baumbach-Hefermehl § 20 GWB Anm. 26).

Abreden, durch die der Lizenznehmer sich verpflichtet, **andere** Patente des Lizenzgebers, an denen keine Lizenzen erteilt sind, nicht anzugreifen, sind indessen unzulässig (Lieberknecht, Patente, Lizenzverträge und Verbot von Wettbewerbsbeschränkungen, S. 246; Tätigkeitsbericht d. BKartA 1961, 58 zu i; 1967, 88 Ziff. 6).

Kartellrechtliche Bedenken bestehen auch gegen Nichtangriffsklauseln, die getroffen werden, obwohl die Parteien **positiv wissen**, daß das Patent nichtig ist (Kellermann, WuW 1960, 603, 616; Lüdecke-Fischer, N 31 S. 722; Frankf. Komm. § 20 Tz. 108; BGH 17. 10. 1968 GRUR 1969, 409, 411 – Metallrahmen). In solchen Fällen kann die Nichtangriffsabrede gemäß § 138 BGB nichtig sein (oben Anm. 56). Jedoch stellt eine Nichtangriffsabrede keinen Verstoß gegen § 20 GWB dar, wenn das lizenzierte Patent nur tatsächlich **vernichtbar** ist. Das Gesetz macht insoweit keinen Unterschied, ob die Vernichtbarkeit mehr oder weniger »klar und zweifelsfrei« ist (BGH 17. 10. 1968 a. a. O.).

Die Verpflichtung, **keinen Prüfungsantrag** gemäß § 28 b zu stellen, dürfte durch § 20 Abs. 2 Nr. 4 GWB nicht gedeckt sein (H. Tetzner, GRUR 1967, 121, 123; Preu in Festschrift Wilhelm Wendel, S. 115, 128; a. A. Klauer-Möhring § 9 Anhang Anm. 37). Das gleiche wird hinsichtlich einer Vertragsabrede zu gelten haben, **keinen Einspruch** einzulegen. Preu a. a. O. weist zu Recht auf den Grundsatz hin, daß Nichtangriffsabreden nur dem »Bestandsschutz« und nicht dem »Erwerbsschutz« dienen können. Vgl. auch oben Anm. 56.

Wegen der erforderlichen Schriftform (§ 34 GWB) vgl. oben Anm. 4, 58.

e) Vereinbarungen über Auslandsmärkte

Gemäß § 20 Abs. 2 Nr. 5 GWB sind Verpflichtungen des Erwerbers oder **76**
Lizenznehmers, soweit sie sich auf die Regelung des Wettbewerbs auf Märkten außerhalb des Geltungsbereichs dieses Gesetzes beziehen, wirksam. Durch diese Bestimmung wollte der Gesetzgeber dem Lizenzgeber die Möglichkeit geben, einen inländischen Lizenznehmer daran zu hindern, mit den patentierten Erzeugnissen auf ausländischen Märkten als Konkurrent des Lizenzgebers aufzutreten (BKartA, Dezember 1960, WuW 1961, 297, 299).

Erlaubt ist hiernach insbesondere das Verbot, den geschützten und lizenzierten Gegenstand im patentfreien Ausland herzustellen und zu vertreiben, oder das Eingehen einer Verpflichtung zur Zahlung von Lizenzgebühren für Herstellung und Vertrieb im patentfreien Ausland (Kellermann, WuW 1960, 604, 617). Beschränkungen ausländischer Lizenznehmer, die ihren Sitz nicht in den Mitgliedsstaaten haben, sind weitgehend als freigestellt anzusehen (Tätigkeitsbericht d. BKartA 1963, 68 Ziff. 7; 1964, 53 Ziff. 7).

Exportverbote sind bereits nach § 20 Abs. 1 Halbsatz 2 kartellrechtlich zulässig. Sie stellen eine erlaubte Gebietsbeschränkung dar. Die Verpflichtung des Lizenznehmers, seinen **Abnehmern** ein Exportverbot aufzuerlegen, wird aber vom Inhalt der Vertragsschutzrechte nicht gedeckt, weil die lizenzierten Gegenstände mit der durch die Lizenznehmer bewirkten Veräußerung patentfrei werden (BKartA WuW 1961, 297, 299; Lieberknecht a. a. O. S. 207; a. A. zu Unrecht Stumpf, a. a. O. Rand-Nr. 516).

In Anbetracht des Wortlauts des § 20 Abs. 2 Nr. 5 ist allerdings bereits die Frage umstritten, ob die Bestimmung sich **nur** auf die durch die Vertragsschutzrechte geschützten Gegenstände bezieht oder aber der Lizenzgeber darüber hinaus berechtigt ist, dem Lizenznehmer für dessen gesamte, auch nicht unter die lizenzierten Schutzrechte fallende Produktion Beschränkungen für den Wettbewerb im Ausland aufzuerlegen. Die im Schrifttum vertretene Auffassung (z. B. Frankf. Komm. § 20 Tz 112), daß § 20 Abs. 2 Nr. 5 GWB für alle von Abs. 1 erfaßten Verträge gelten müsse, soweit sie den Wettbewerb auf Auslandsmärkten regeln, wird vom Kartellamt nicht geteilt. In ständiger Praxis vertritt das Kartellamt vielmehr den Standpunkt, daß die auf § 20 Abs. 2 Nr. 5 gegründeten Beschränkungen des Lizenznehmers, die sich auf Auslandsmärkte beziehen, das lizenzierte Schutzrecht bzw. Betriebsgeheimnis betreffen müssen (Beschluß vom Dezember 1960, WuW 1961, 297; Tätigkeitsberichte d. BKartA 1962, 72; 1963 68 = GRUR 1964, 491 zu Ziff. 7). In dem letztgenannten Beschluß (1963, 68 ff.) wird indessen eingeräumt, daß eine hinlängliche Beziehung bejaht und § 20 Abs. 2 Nr. 5 angewendet werden könne, wenn ein ausländischer Lizenzgeber einem im weit entfernten – z. B. außereuropäischen – Ausland ansässigen Lizenznehmer ein Wettbewerbsverbot auferlegt habe, um einen unkontrollierbaren vertragswidrigen Gebrauch lizenzierter **technischer Betriebsgeheimnisse** durch lizenzgebührenlose Fremdfertigungen zu verhindern (s. dazu Lemhoefer, GRUR 1964, 573, 587 ff.).

Freigestellt sind nur Verpflichtungen von Schutzrechtbenutzern hinsichtlich ihrer **Auswirkungen auf Auslandsmärkte.** Dagegen ist § 20 Abs. 2 Nr. 5 nicht anwendbar, wenn die Verpflichtungen des Erwerbers oder Lizenznehmers – auch eines im Ausland ansässigen Lizenznehmers (BKartA WuW/E KartA 317) – nicht nur den Wettbewerb auf einem ausländischen Markt betreffen, sondern auch spürbare tatsächliche Auswirkungen im Inland zur Folge haben (Tätigkeitsbericht d. BKartA 1963, 68

Ziff. 7). S. dazu Frankf. Komm. § 20 Tz 110 mit dem Hinweis, daß angesichts der engen Verflechtung aller Märkte kaum Bindungen für Exportgeschäfte ohne eine Reflexwirkung auf den Inlandsmarkt denkbar seien und daher der Rahmen des Zulässigen nur überschritten werde, wenn die Vereinbarungen unmittelbare Bindungen für Inlandsgeschäfte enthalten. Diese Erwägung trifft sicherlich zu; ihr begegnet das Bundeskartellamt a. a. O. jedoch mit der Forderung, daß die tatsächlichen Auswirkungen **spürbar** sein müssen. Keineswegs genügt eine bloß theoretisch vorstellbare Eignung zur Marktbeeinflussung (so BGH 7. 6. 1962 BGHZ 37, 194, 200 – SPAR; vgl. auch BGH 5. 5. 1967 GRUR 1967, 670, 674 – Fischbearbeitungsmaschine). Nach Klauer-Möhring § 9 Anhang Anm. 38 kommt es entscheidend allein darauf an, daß durch § 20 Abs. 2 Ziff. 5 GWB der Wettbewerb auf ausländischen Märkten geregelt werden soll.

7. Zeitliche Begrenzung erlaubter Beschränkungen
(§ 20 Abs. 2 letzter Halbsatz GWB)

Die zulässigen Beschränkungen des § 20 Abs. 2 GWB, die nur mit schuldrechtlicher Wirkung vereinbart werden können, dürfen die Laufzeit des erworbenen oder in Lizenz genommenen Schutzrechts nicht überschreiten. Beschränkungen hinsichtlich der Zeit der Ausübung des Schutzrechts sind nach § 20 Abs. 1 Halbsatz 2 GWB ausdrücklich erlaubt. Sie gehen nicht über den Inhalt des Schutzrechts hinaus. Dagegen können über den Ablauf des Schutzrechts hinaus dem Erwerber oder Lizenznehmer wirksam keine Beschränkungen auferlegt werden. Daher ist auch eine Vereinbarung, nach der Lizenzgebühren noch nach Erlöschen des Schutzrechts zu zahlen sind, in der Regel unwirksam (BGH 18. 3. 1955 BGHZ 17, 41 – Kokillenguß; 16. 10. 1962 GRUR 1963, 207, 210 – Kieselsäure). Anders nur dann, wenn es sich um eine bloße Zahlungsmodalität handelt (BGH 16. 10. 1962 a. a. O. unter Hinweis auf LG Düsseldorf, WuW/E LG/AG 127). 77

Für den Fall, daß mehrere Lizenzen mit zeitlich verschiedener Lizenzzeit erteilt sind, kann vereinbart werden, daß der Vertrag erst endet, wenn das letztbestehende Schutzrecht erloschen oder das Betriebsgeheimnis offenkundig geworden ist. Allerdings muß diese sog. **»Längstlaufklausel«** Schutzrechte oder Betriebsgeheimnisse betreffen, die **wesentlich** für die Fortführung des Vertrages sind, insbesondere einen angemessenen Gegenwert für die weggefallenen Schutzrechte darstellen (Stumpf, a. a. O. Rand-Nr. 541, 542; Tätigkeitsbericht des BKartA 1964, 53 Ziff. 2; 1969, 96, 97 Ziff. 2).

Auch die Beschränkungen des § 20 Abs. 1 GWB binsichtlich Art, Umfang, Menge, Gebiet und Zeit der Ausübung dürfen nicht über die Laufzeit des Schutzrechts hinausgehen.

Vertragliche Vorverlegung des Patentschutzes gegenüber dem Vertragspartner für eine Erfindung ist zulässig, um den Erfinder während der Zeit der Entstehung und Erprobung der Erfindung und der Patentanmeldung vor seinen Mitarbeitern zu sichern (BGH 19. 12. 1958 GRUR 1959, 293, 294 – Bremsmotore).

Gegen die sog. Auslaufklauseln (oben Anm. 49) bestehen keine kartellrechtlichen Bedenken.

8. Ausnahmeerlaubnis (§ 20 Abs. 3 GWB)

78 Dazu: Lemhoefer, Die Verwaltungspraxis des Bundeskartellamts bei Erlaubnisbeschlüssen nach § 20 Abs. 3 GWB, GRUR 1964, 573 f.

Die Kartellbehörde kann **auf Antrag** die Erlaubnis zu einem Vertrag, der Beschränkungen im Geschäftsverkehr auferlegt, die über den Inhalt des Schutzrechts bzw. des Betriebsgeheimnisses hinausgehen und von den Ausnahmen des § 20 Abs. 2 nicht gedeckt sind, erteilen. Die Erlaubnis erstreckt sich also nur auf die nach §§ 20, 21 unwirksamen Beschränkungen der **Lizenznehmer** oder **Erwerber,** nicht aber auf Beschränkungen, die dem Lizenzgeber oder Veräußerer auferlegt werden (Tätigkeitsbericht d. BKartA 1971, 99 Ziff. 6). Die Erlaubnis ist indessen an folgende Voraussetzungen geknüpft:

a) Die wirtschaftliche Bewegungsfreiheit des Erwerbers oder Lizenznehmers oder anderer Unternehmer darf nicht unbillig eingeschränkt werden.

b) Das Ausmaß der Beschränkungen darf den Wettbewerb auf dem Markt nicht wesentlich beeinträchtigen.

Die Voraussetzungen müssen nebeneinander (kumulativ) vorliegen. (Tetzner, Kartellr. S. 97.) Ob die Kartellbehörde die Erlaubnis erteilen will, steht in ihrem pflichtgemäßen Ermessen. Die Erlaubnis wird stets lediglich für den ganzen Vertrag, nicht nur für einzelne Vertragsbestimmungen erteilt (BKartA 1960, WuW 1961, 217, 220). Die Erlaubnis kann auch nach Maßgabe des § 11 Abs. 3 mit Beschränkungen und Auflagen verbunden werden. Die Erteilung einer Erlaubnis wirkt nicht zurück. Der Vertrag bleibt also für die Zwischenzeit schwebend unwirksam (Frankf. Komm. § 20 Tz 130).

Stets kann die Erlaubnis nur zu einem bereits abgeschlossenen Vertrag erteilt werden. Vertragsentwürfe und Vertragsmuster scheiden für das Erlaubnisverfahren aus (Tätigkeitsbericht d. BKartA 1964, 53 Ziff. 8).

9. Anwendbarkeit des § 139 BGB

79 Ohne Erlaubnis der Kartellbehörde sind die gegen § 20 Abs. 1 verstoßenden Verträge unwirksam. Sind nur einzelne Vertragsbestimmungen unwirksam, so erhebt sich die Frage der **Anwendbarkeit des § 139** BGB. Während der Geltung der Dekartellierungsgesetze hat BGH 18. 3. 1955

BGHZ 17, 41 = GRUR 1955, 468 – Kokillenguß – die Vermutung des § 139 BGB auf vor deren Inkrafttreten abgeschlossene Verträge (»Altverträge«) nicht angewendet, weil Lizenzverträge möglichst in ihrem Bestand zu erhalten seien. Seine Auffassung leitet der BGH vor allem aus dem Zweck des Gesetzes her, das der Aufrechterhaltung und Förderung des Wettbewerbs dienen soll. Die Monopolstellung des Patentinhabers würde nach der zu billigenden Auffassung des BGH nur verstärkt und die Wettbewerbsstellung in aller Regel mehr eingeschränkt werden als durch die gegen das Gesetz verstoßende Einzelbestimmung. An diesen Grundsätzen wird auch für »Neuverträge« festzuhalten sein (LG Düsseldorf 15. 8. 1961 WuW/E LG/AG 186). Doch ist die Frage im Schrifttum nicht unstreitig (vgl. Reimer § 9 Anm. 161).

10. Lizenzvertrag und Kartellvertrag (§ 20 Abs. 4 GWB) Schiedssprüche

Es ist möglich, daß ein Lizenzvertrag zugleich einen **Kartellvertrag** (§ 1 GWB) darstellt, z. B. bei gegenseitigem Austausch einfacher oder ausschließlicher Lizenzen (dazu Rasch-Westrick § 20 Anm. 31). In diesem Falle gelten die §§ 1 bis 14 GWB (§ 20 Abs. 4 GWB). Über das Verhältnis des § 20 GWB zu § 1 GWB im einzelnen vgl. Frankf. Komm. § 20 Tz 132 ff. 80

Die ordentlichen Gerichte haben in eigener Zuständigkeit nach § 1041 Abs. 1 Ziff. 2 ZPO auch **Schiedssprüche** eines vereinbarten Schiedsgerichts unter dem Gesichtspunkt eines Verstoßes gegen zwingende kartellrechtliche Vorschriften nachzuprüfen. Das gilt nach BGH 20. 5. 1966 GRUR 1966, 576 – Zimcofot, 25. 10. 1966 BGHZ 46, 365, 370 = GRUR 1967, 378, 381 – Schweißbolzen – insbesondere auch für die Fälle, in denen die Anerkennung des Schiedsspruchs gegen die Vorschriften der §§ 20, 21 GWB verstoßen würde. Diese Rechtsprechung ist im Schrifttum, insbesondere unter Hinweis auf die Sonderregelung des § 91 GWB, äußerst umstritten (s. u. a. Kroitzsch, GRUR 1968, 387 ff. mit zahlreichen Nachweisen).

11. Betriebsgeheimnisse (§ 21 Abs. 1 GWB)

Nach § 21 GWB ist bei Verträgen über Überlassung oder Benutzung gesetzlich nicht geschützter Erfindungsleistungen, Fabrikationsverfahren, Konstruktionen, sonstiger die Technik bereichernder Leistungen sowie nicht geschützter, den Pflanzenbau bereichernder Leistungen auf dem Gebiet der Pflanzenzüchtung, soweit sie **Betriebsgeheimnisse** darstellen, § 20 GWB **entsprechend** anwendbar (Tätigkeitsbericht d. BKartA 1971, 99 Ziff. 7). Die Aufzählung enthält nur Beispielsfälle aller die Technik bzw. den Pflanzenbau bereichernden Leistungen. Entscheidend ist das Merkmal des Betriebsgeheimnisses (Lieberknecht, DB 1957, 1011, 1015). 81

Ein Vertrag über ein Betriebsgeheimnis im Sinne des § 21 Abs. 1 GWB liegt vor, wenn der Lizenzgeber nicht offenkundiges, derzeitiges und zukünftiges innerbetrieblich erarbeitetes technisches Wissen und praktische Fertigungserfahrung, die in diesem Umfang nur dem Lizenzgeber und/oder seinem Geschäftsbetrieb zugänglich sind und nach seinem bekundeten oder erkennbaren Willen nicht offenkundig werden sollen, dem Lizenznehmer zur vertragsgemäßen Auswertung unter Auferlegung der Geheimhaltungspflicht zur Verfügung stellt (BKartA vom Februar 1962 GRUR 1963, 91). Noch deutlicher heißt es im Tätigkeitsbericht 1966 S. 73 Ziff. 9, daß nur technisch qualifizierte Leistungen in Betracht kommen, die den **Grundvoraussetzungen einer Erfindung** genügen. »Sie müssen unter Zugrundelegung des bisherigen Standes der Technik neu und technisch fortschrittlich sein sowie eine feststellbare Erfindungshöhe aufweisen.« An die Erfindungsleistungen seien »erhebliche« Ansprüche zu stellen. Das Bundeskartellamt hebt a. a. O. hervor, daß die Anforderungen an die »die Technik bereichernden Leistungen« gegenüber der früheren Praxis strenger geworden seien, nachdem Versuche bekanntgeworden seien, die mit § 20 GWB gebotenen Vorteile für als Betriebsgeheimnisse ausgegebene technische »Geringleistungen« in Anspruch zu nehmen, die den Stand der Technik nicht förderten.

Demgegenüber läßt BGH 16. 10. 1962 (GRUR 1963, 207, 210 – Kieselsäure) es für ein Betriebsgeheimnis genügen, daß die Erfindungs- oder sonstigen Leistungen die Technik bereichert haben. Auch soll nach dieser Entscheidung (ebenso schon BGH 15. 3. 1955 GRUR 1955, 424, 426 – Möbelpaste; 1. 7. 1960 GRUR 1961, 40 – Wurftaubenpresse; 21. 12. 1962 WuW/E BGH 548 – Hartbeton) ein Betriebsgeheimnis, das in einem **an sich bekannten** Herstellungsverfahren besteht, zum Gegenstand eines Lizenzvertrags gemacht werden können. Denn Gegenstand des Geheimnisses und seines Offenkundigwerdens ist nach dieser Rechtsprechung nicht die geheimzuhaltende Tatsache als solche, sondern die **Beziehung** dieser geheimzuhaltenden Tatsache zu dem betreffenden Betrieb. Mit der Spruchpraxis des Bundeskartellamts über die Voraussetzungen eines Betriebsgeheimnisses stimmt die Auffassung des BGH nicht überein, vgl. Bandasch-Lemhoefer-Horn a. a. O. S. 44 Anm. 168, die ihre Kritik insbesondere auf den unterschiedlichen Schutzzweck der §§ 17 UWG und 21 Abs. 1 GWB stützen; Finger, GRUR 1970, 3, 5.

Verträge über Erwerb oder Benutzung von Betriebsgeheimnissen unterliegen grundsätzlich keinen kartellrechtlichen Bedenken. Aus der in § 21 GWB vorgesehenen entsprechenden Anwendung des § 20 GWB folgt, daß Beschränkungen hinsichtlich Art, Umfang, Menge, Gebiet oder Zeit der Ausübung des Geheimnisses zulässig sind (vgl. Anm. 69). Weitere Beschränkungen sind im Hinblick auf die Bezugnahme in § 21 GWB zulässig, soweit die Voraussetzungen des § 20 Abs. 2 GWB erfüllt sind. Auch können sie nach § 20 Abs. 3 erlaubt werden.

Unzulässig sind bei Verträgen über ein Betriebsgeheimnis nur Beschränkungen, die über den Umfang der tatsächlich vermittelten technischen Vorzugsstellung hinausgehen (Kellermann, WuW 1960, 613, 618). Diese Einschränkung entspricht der in § 20 Abs. 1 Satz 1 vorgeschriebenen Unzulässigkeit von über den Inhalt des Schutzrechts hinausgehenden Beschränkungen. Die vorangegangenen Erläuterungen zu § 20 gelten demnach entsprechend auch für Betriebsgeheimnisse (Tätigkeitsbericht d. BKartA 1971, 99 Ziff. 7).

Daher entfallen bei **»Offenkundigwerden«** des Betriebsgeheimnisses, das dem Ablauf eines Patents oder Gebrauchsmusters entspricht, in der Regel alle Beschränkungen des Lizenznehmers, insbesondere auch seine Verpflichtung zur Zahlung von Lizenzgebühren, es sei denn, daß es sich um Zahlungsmodalitäten handelt (BGH 16. 10. 1962 GRUR 1963, 207, 210 mit Nachweisen – Kieselsäure; BKartA, Februar 1962 GRUR 1963, 91, 95). Lag bereits bei Lizenzerteilung »Offenkundigkeit« vor, war also ein Verfahren von vornherein nicht geheim, so sind gleichfalls alle Beschränkungen hinfällig (BGH a. a. O.; BGH 18. 3. 1955 BGHZ 17, 41, 52 – Kokillenguß).

Der Begriff der »Offenkundigkeit« im Sinne des Kartellrechts stimmt nach Auffassung des BGH mit dem Begriff der »Offenkundigkeit« überein, der einem »Geschäfts- oder Betriebsgeheimnis« im Sinne des § 17 UWG diese Eigenschaft nimmt (s. dazu oben Anm. 26; BGH 16. 10. 1962 a. a. O. S. 211).

12. Verträge über Saatgut (§ 21 Abs. 2 GWB)

Die Bestimmung des § 21 Abs. 2 ist durch Art. 85 Abs. 1 Nr. 1 des Saat- **82**
gutverkehrsgesetzes vom 20. 5. 1968 (BGBl. I S. 444, 456) neu gefaßt. Hiernach ist § 20 auch auf **Verträge über Saatgut** einer in die Sortenliste eingetragenen Sorte zwischen einem Züchter und einem Vermehrer oder einem Unternehmen auf der Vermehrungsstufe entsprechend anzuwenden. Vgl. dazu Tätigkeitsbericht d. BKartA 1971, 97 zu b.

13. Art. 85, 86 EWGV

Der Vertrag zur Gründung der Europäischen Wirtschaftsgemeinschaft **83**
vom 25. 3. 1957 (Auszug: GRUR-Int. 1962, 304, 305) regelt das materielle **Kartellrecht** der **Europäischen Wirtschaftsgemeinschaft.** Die Wettbewerbsregeln des Art. 85 (Verbot wettbewerbsbeschränkender Vereinbarungen oder Beschlüsse, d. h. von Vereinbarungen und aufeinander abgestimmten Verhaltensweisen, welche den Handel zwischen Mitgliedsstaaten zu beein-

trächtigen geeignet sind und eine Verhinderung, Einschränkung oder Verfälschung des Wettbewerbs innerhalb des Gemeinsamen Marktes bezwekken oder bewirken) sowie des Art. 86 (Verbot mißbräuchlicher Ausnutzung einer beherrschenden Stellung auf dem Gemeinsamen Markt oder auf einem wesentlichen Teil desselben durch ein oder mehrere Unternehmen, soweit dies dazu führen kann, den Handel zwischen Mitgliedsstaaten zu beeinträchtigen) sind mit dem Inkrafttreten der ersten Durchführungsverordnung (VO Nr. 17 des Rats der EWG v. 6. 2. 1962, Amtsbl. d. Europäischen Gemeinschaften 1962 S. 204 ff. = GRUR-Int. 1962, 295), d. h. ab 13. 3. 1962, **unmittelbar anwendbares Recht** geworden.

Entgegen der früher vom Kartellamt vertretenen Auffassung, daß das EWG-Kartellrecht grundsätzlich gleichen Rang mit dem nationalen Kartellrecht habe (WuW/E BKartA 25, 28), hat sich der Gerichtshof d. Europäischen Gemeinschaft in dem Urteil vom 13. 2. 1968 (WuW/E EWG/MUV 201) auf den Standpunkt gestellt, daß dem Kartellrecht der Gemeinschaft Vorrang vor dem innerstaatlichen Kartellrecht gebühre. Die gleichzeitige Anwendung des nationalen Rechts hält der Gerichtshof – im Hinblick auf die allgemeine Zielsetzung des EWG-Vertrages – nur dann für statthaft, wenn sie die einheitliche Anwendung des Gemeinschafts-Kartellrechts und die volle Wirksamkeit der zu seinem Vollzug ergangenen Maßnahmen auf dem gesamten Gemeinsamen Markt nicht beeinträchtigt.

Auf eine auch nur gedrängte Übersicht der keineswegs mit den §§ 20, 21 übereinstimmenden Vorschriften muß hier verzichtet werden (s. dazu u. a. v. Gamm, Das Kartellrecht der EWG, Kartellrundschau, Heft 3).

In der Bekanntmachung über Lizenzverträge vom 24. 12. 1962 (Amtsbl. der Europäischen Gemeinschaften vom 24. 12. 1962 S. 2922 = Bl. 1963, 68, 69) sind Vereinbarungen in Patentlizenzverträgen aufgeführt, die nach Auffassung der EWG-Kommission **nicht** von dem Verbot des Art. 85 Abs. 1 erfaßt werden. Mit dieser allerdings nicht erschöpfenden Aufzählung (IV Abs. 1 letzter Satz) wird nach dem ausdrücklichen Hinweis der Bekanntmachung (III Abs. 1 letzter Satz) der Auffassung anderer zuständiger Behörden, insbesondere der Gerichte, nicht vorgegriffen.

§ 10

(1) Das Patent dauert achtzehn Jahre, die mit dem Tag beginnnen, der auf die Anmeldung der Erfindung folgt. Bezweckt eine Erfindung die Verbesserung oder weitere Ausbildung einer anderen, dem Patentsucher durch ein Patent geschützten Erfindung, so kann er die Erteilung eines Zusatzpatents nachsuchen, das mit dem Patent für die ältere Erfindung endet.

(2) Fällt das Hauptpatent durch Erklärung der Nichtigkeit, durch Zurücknahme oder durch Verzicht fort, so wird das Zusatzpatent zu einem selbständigen Patent; seine Dauer bestimmt sich nach dem Anfangstag des Hauptpatents. Von mehreren Zusatzpatenten wird nur das erste selbständig; die übrigen gelten als dessen Zusatzpatente.

ÜBERSICHT

I. Dauer des Patents

1. Regelmäßige Dauer

Für die Berechnung der Dauer sind §§ 187 Abs. 2, 188 Abs. 2 BGB maß- 1
gebend; demgemäß endigt das Patent mit dem Ablauf desjenigen Tages, der nach **18 Jahren** dem Tage vorangeht, der nach seinem Monatsnamen und seiner Zahl dem Anfangstage des Patents entspricht. Hierbei ist es gleichgültig, ob der Tag, an dem die Laufzeit des Patents beginnt oder

endigt, ein Sonn- oder Feiertag oder ein Werktag ist. § 193 BGB (Verschiebung der Frist von Sonn- und Feiertagen auf den nächstfolgenden Werktag) ist mangels der dafür im Gesetz aufgestellten Voraussetzungen hier nicht anwendbar (PA 13. 11. 1929 Bl. 1929, 326). Die Festlegung des Anfangstages von dem auf die Anmeldung folgenden Tag hat bei der oft langen Dauer des Erteilungsverfahrens die Folge, daß die **Patentschutzdauer** in allen Fällen kürzer ist als die gewöhnliche **Patentdauer.** Der Beginn des **Patentschutzes** bestimmt sich nach dem Zeitpunkt der **Bekanntmachung** (§ 30 PatG), die **keine rückwirkende Kraft** hat (BGH 3. 2. 1959 GRUR 1959, 528, 530 – Autodachzelt). Der Anmeldetag hat somit nur Bedeutung für die Berechnung der Laufzeit und des Altersranges (BGH 16. 2. 1951 BGHZ 1, 194 = GRUR 1951, 341 – Motorblock) sowie für die Gebühren (§ 11 Abs. 3). Über die mit der Veröffentlichung des Hinweises auf die »Offenlegung« der Patentanmeldung verbundenen **einstweiligen Schutzwirkungen** vgl. § 24 Anm. 41. Wegen Unabänderlichkeit des vom Patentamt festgelegten Anfangstages vgl. BGH 30. 10. 1962 GRUR 1963, 563, 566 – Aufhängevorrichtung. Eine zeitliche Ausdehnung der Schutzfrist durch vertragliche Vereinbarung ist kartellrechtlich unzulässig (§ 9 Anm. 77).

Die Patentdauer, die in die Rolle eingetragen wird (§ 24 Abs. 1), wird von der Priorität der Erfindung nicht betroffen. Die Priorität richtet sich vielmehr nach dem Zeitpunkt, in dem die fertige Erfindung offenbart worden ist. Sie ist stets nachprüfbar (§ 1 Anm. 24).

Auch die Unionspriorität ist unabhängig von der Patentdauer (vgl. § 27).

Nach Artikel 61 des 1. Entwurfs eines Übereinkommens über ein Europäisches Patenterteilungsverfahren (Dokument Nr. 1 vom 18. 9. 1972) beträgt die Laufzeit des europäischen Patents 20 Jahre.

2. Verlängerte Dauer

2 Die gewöhnliche Dauer des Patents (18 Jahre) ist bei Vorliegen außerordentlicher Umstände in der Vergangenheit des öfteren **verlängert** worden: Gemäß **Gesetz betreffend eine verlängerte Schutzdauer** usw. vom 27. 4. 1920 (RGBl. II S. 675 = Bl. 1920, 74) Art. I § 1 war Verlängerung um weitere fünf Jahre möglich.

Nach der **Verordnung über außerordentliche Maßnahmen im Patent- und Gebrauchsmusterrecht vom 10. 1. 1942** (RGBl. II S. 81; Bl. 1942, 1) behielten diejenigen Patente, die mit dem Tage der Verkündung der VO (16. 1. 1942) oder später wegen Ablaufs der 18jährigen Schutzdauer erloschen, weiteren Bestand, soweit ihre Inhaber nicht Ausländer oder Gesellschaften mit ausländischem Sitz waren (§ 2). Die VO ist durch Art. 12 § 36 Abs. 2 des 1. ÜG vom 8. 7. 1949 (Bl. 1949, 229) aufgehoben worden. Wegen Einzelheiten vgl. Kühnemann, Mitt. 1942, 33.

Das Ges. üb. d. Verlängerung bestimmter Patente vom 15. 7. 1951 (BGBl. I S. 449; Bl. 1951, 229 nebst Begründung) setzte die Verlängerung der Dauer der in § 1 a. a. O. näher bezeichneten Patente fest. Die einen Antrag voraussetzende Verlängerung hatte die Wirkung, daß der Zeitraum vom 8. 5. 1945 bis einschließlich 7. 5. 1950 nicht auf die Patentdauer angerechnet wurde (§ 2). Wegen Zweifelsfragen vgl. Trüstedt, GRUR 1951, 484; Johannesson, GRUR 1951, 430; Busse, GRUR 1953, 457.

Das **AHKG Nr. 8 vom 20. 10. 1949** (Amtsbl. AHK vom 27. 10. 1949 S. 18; Bl. 1949, 316), in Kraft getreten am 1. 10. 1949 (Art. 15), Änderungen vom 29. 6. 1950 (Bl. 1950, 194), 21. 9. 1950 (Bl. 1950, 302), 15. 11. 1951 (Bl. 1951, 357), in Verbindung mit der Ersten DVO zum Ges. Nr. 8 vom 8. 5. 1950 (BGBl. 1950, 357) ermöglichte auf Grund eines beim Patentamt vor dem 3. 10. 1950 gestellten Antrages für ausländische Staaten oder deren Angehörige oder andere als Feinde behandelte und dadurch beeinträchtigte Personen die Verlängerung von angemeldeten oder erteilten Patenten um eine Zeitspanne entsprechend derjenigen zwischen dem Beginn des Kriegszustandes und dem 30. 9. 1949. Diejenigen Patente, die nach VO 10. 1. 1942 (§ 2) von einer Verlängerung ausgeschlossen waren, waren nach Ges. Nr. 8 zu beurteilen (BGH 6. 10. 1953 GRUR 1954, 112). Für Einzelfragen vgl. Busse, GRUR 1951, 98; 1953, 457; Lengner, GRUR 1951, 368; Johannesson, GRUR 1951, 430; 1952, 374; Spitz, GRUR 1952, 57; Dersin, GRUR 1955, 315; Benkard, GRUR 1955, 361.

Im Lizenzfestsetzungsverfahren nach Art. 7 a. a.O. erfolgte keine sachliche Entscheidung über das Vorliegen der Voraussetzungen für eine Verlängerung nach Gesetz Nr. 8. Rechtskräftige Schutzdauerverlängerung nach Art. 5 war als gültig anzuerkennen, solange sie nicht durch ein Nichtigkeitsverfahren nach § 32 1. DVO beseitigt wurde. Bei der Schutzdauerverlängerung wurde eine Beeinträchtigung durch das Bestehen eines Kriegszustandes in der Regel als eingetreten unterstellt (PA GrS 17. 1. 1955 Bl. 1955, 249).

II. Zusatzpatent

1. Allgemeines. Voraussetzungen

Oft bringt erst die weitere Durcharbeitung einer Erfindung den Erfinder 3
auf Verbesserungen oder auf eine sonstige Weiterentwicklung der Erfindung, wodurch dann recht eigentlich erst ihr Wert begründet wird. Um diese Möglichkeit zu fördern, soll der Patentinhaber sein Patent durch Zusätze ergänzen können, ohne die Gebühren für ein Patent tragen zu müssen.

Die **Voraussetzungen** eines Zusatzpatentes sind:

a) eine durch Patent geschützte **Haupterfindung** (Anm. 4)

b) eine andere Erfindung, welche die **Verbesserung oder sonstige weitere Ausbildung** der Haupterfindung bezweckt (Anm. 5)

c) **Identität des Anmelders** der Zusatzanmeldung **und des Inhabers des Hauptpatents** (Anm. 10).

Erforderlich ist stets technologische Einheit von Haupt- und Zusatzpatent (PA 18. 6. 1942 GRUR 1943, 75). Die Erfindungsgedanken beider Patente müssen der Befriedigung eines bestimmten sozialen Bedürfnisses, wenn auch nur durch Lösung von Einzelproblemen, dienen (s. unten Anm. 9). Unter den genannten Voraussetzungen ist auch die Erteilung mehrerer Zusatzpatente zu einem Hauptpatent zulässig. Ein Zusatzpatent kann auch zum Hauptpatent und dessen erstem Zusatzpatent erteilt werden (BPatG 11. 3. 1963 E 3, 157, 158). Unzulässig dagegen ist, weil zu unlösbaren Verwicklungen führend, die Erteilung eines Zusatzpatents für mehrere Hauptpatente BPatG 11. 3. 1963 a. a. O. Im Interesse der Klarheit sollte in der Überschrift der Patentschrift das Zusatzverhältnis zum Ausdruck gebracht werden (BPatG 11. 3. 1963 a. a. O. S. 159). Auch gegen ein Zusatzpatent nur **zu einzelnen Ansprüchen** eines Hauptpatents bestehen keine Bedenken (PA 30. 5. 1908 Bl. 1908, 259; RG 16. 3. 1935 Mitt. 1935, 227 – Zusatzpatent zu einem Nebenanspruch).

Die Erteilung eines Zusatzpatentes muß **besonders beantragt** sein, ebenso das erteilte Zusatzpatent **besonders als solches bezeichnet** werden. **Bis zur Erteilung** ist der Anmelder befugt, seinen Antrag dahin zu ändern, daß anstelle des Zusatzpatents ein Hauptpatent begehrt wird (PA 16. 3. 1942 Mitt. 1942, 83 ff.). Auch **noch in der Beschwerdeinstanz** kann die Umwandlung einer Zusatzanmeldung in eine Hauptanmeldung beantragt werden, wenn das Hauptpatent **wegen Nichtzahlung der Gebühren** bereits erloschen und trotzdem versehentlich noch ein Zusatzpatent **eingetragen worden** ist; s. dazu Anm. 14 zu bb). In einem solchen Fall steht dem Anmelder eine Beschwerde gegen den antragsmäßig ein Zusatzpatent erteilenden Beschluß zu (BPatG 19. 11. 1963 E 4, 164 ff.). Maßgebend für die Eigenschaft als Zusatzpatent ist der erklärte Wille des Anmelders (PA 25. 5. 1934 Bl. 1934, 129).

Die **ältere Unionspriorität** einer jüngeren Anmeldung kann nicht als genügend erachtet werden, um das Verhältnis der deutschen Anmeldungen zueinander zu ändern; für dieses ist allein der Zeitpunkt ihres Eingangs beim PA maßgebend (PA 25. 5. 1934 a. a. O.).

Nach Abschluß des Erteilungsverfahrens kann eine Umwandlung in ein Zusatzpatent nicht mehr erfolgen, mithin auch nicht mehr im Nichtigkeitsverfahren (BGH 29. 4. 1960 GRUR 1960, 545, 546 – Flugzeugbetankung).

Vgl. im übrigen Mitt. Präsid. DPA über Richtlinien zur Behandlung von Zusatzpatenten und Zusatzanmeldungen vom 14. 9. 1972 (Bl. 1972, 312 zu VI).

2. Erste Voraussetzung: Bestehen eines Hauptpatents

Das Patent auf die Haupterfindung muß rechtskräftig erteilt sein, bevor das Zusatzpatent erteilt werden kann. Jedoch ist es zulässig, das Zusatzpatent schon vorher anzumelden. Das PA setzt dann in der Regel die Entscheidung über die vorliegende Zusatzanmeldung aus, bis der Gegenstand der Hauptanmeldung bekanntmachungsreif oder über ihn endgültig entschieden ist (BPatG 17. 2. 1965 E 6, 157, 163). Ist für das Hauptpatent noch kein Prüfungsantrag gestellt, so kann gleichwohl eine Zusatzanmeldung eingereicht werden (vgl. §§ 28 a Abs. 2 Satz 5, 28 b Abs. 4 Satz 2). Eine jüngere Anmeldung kann nie Hauptpatent zu einer älteren werden. Sind beide Anmeldungen am selben Tage und somit »gleichzeitig« eingegangen, da heute gemäß § 13 DPAVO nur der Tag und nicht mehr die Uhrzeit des Eingangs vermerkt wird, so ist der Wille des Anmelders ausschlaggebend (vgl. PA 25. 5. 1934 Bl. 1934, 129). Auf die Reihenfolge der Geschäftsnummern, die noch nach § 32 DPAVO vom 6. 7. 1936 maßgebend war, kommt es nicht an. Die Bekanntmachung der Zusatzanmeldung wird frühestens gleichzeitig mit der Bekanntmachung der Hauptanmeldung erfolgen dürfen. Eine Zurückweisung der Zusatzanmeldung aus sachlichen Gründen kann erst erfolgen, wenn der Gegenstand der Hauptanmeldung in seiner für die Bekanntmachung bestimmten Kennzeichnung festgelegt oder über ihn endgültig entschieden ist (BPatG 17. 2. 1965 a. a. O.). 4

3. Zweite Voraussetzung: Zusätzliche Erfindung

Die Zusatzanmeldung muß einmal eine neue Erfindung im Sinne der §§ 1 bis 3 sein, ferner zugleich im Sinne von § 10 eine zusätzliche Erfindung zur geschützten Haupterfindung enthalten. Das bedeutet: 5

a) Eigener Erfindungsgehalt der Zusatzanmeldung

Bloß konstruktive Zutaten, rein äußerliche Änderungen oder weitere Ausführungsbeispiele der Haupterfindung ohne eigenen erfinderischen Gehalt können durch Zusatzpatent nicht geschützt werden. Die Zusatzanmeldung wird vielmehr ganz wie die Anmeldung für ein gewöhnliches Patent darauf hin geprüft, ob sie die Erfordernisse einer eigenen patentfähigen Erfindung erfüllt (vgl. PA 8. 8. 1939 GRUR 1942, 65, 66; BPatG 17. 4. 1964 E 5, 81, 87; 17. 2. 1965 E 6, 157, 162 ff.; BGH 30. 11. 1967 BGHZ 49, 227, 229 = GRUR 1968, 305 – Halteorgan). Allein hier besteht eine doppelte Möglichkeit: 6

aa) Hauptpatent: Nicht Stand der Technik

7 Ist das **Hauptpatent nicht vorveröffentlicht oder offenkundig vorbenutzt,** so braucht das Zusatzpatent dem Hauptpatent gegenüber keine patentfähige Erfindung zu enthalten, wenn es nur mit jenem nicht wesensgleich ist (Anm. 9). Es genügt im Verhältnis zum Hauptpatent, daß das Zusatzpatent wie ein Unteranspruch eine zweckmäßige, nicht ohne weiteres selbstverständliche Ausgestaltung der Erfindung des Hauptpatents zum Gegenstand hat (PA 8. 7. 1941 Mitt. 1941, 185; RG 23. 8. 1935 RGZ 148, 297; 16. 6. 1937 GRUR 1937, 790; 1. 10. 1940 GRUR 1940, 543, 545; PA 21. 11. 1940 GRUR 1942, 67; PA 2. 12. 1952 GRUR 1953, 126, 127). Ebenso BPatG 17. 2. 1965 E 6, 157, 162 und BGH 30. 11. 1967 BGHZ 49, 227, 229 = GRUR 1968, 305 – Halteorgan.

Die in jüngerer Zeit im Schrifttum vertretene Auffassung (Zeunert, GRUR 1966, 285), daß eine Zusatzerfindung auch gegenüber dem nicht vorveröffentlichten Hauptpatent Erfindungshöhe aufweisen müsse, der bereits u. a. Weißig (GRUR 1967, 224 ff.) und Meyer-Kockläuner (GRUR 1967, 63 ff.) entgegengetreten waren, hat der BGH 30. 11. 1967 a. a. O. abgelehnt. Er hat insbesondere in diesem Zusammenhang gegenüber Zeunert a. a. O. auseinandergesetzt, daß eine »andere« Erfindung als die des Hauptpatents im Sinne des § 10 Abs. 1 Satz 2 die »Erfindung« des Zusatzpatents auch dann sein könne, wenn sie sich von dem nicht vorveröffentlichten und deshalb nicht zum Stand der Technik gehörigen Hauptpatent **nicht** durch einen erfinderischen Überschuß abhebe.

Dem **Stand der Technik gegenüber** muß das Zusatzpatent **zur Zeit seiner Anmeldung** den Anforderungen einer patentfähigen Erfindung genügen (RG 27. 5. 1938 GRUR 1938, 969, 970; 1. 10. 1940 GRUR 1940, 543, 545; 23. 1. 1942 GRUR 1942, 261, 264. Ebenso BPatG 17. 2. 1965 E 6, 157, 162; BGH 29. 4. 1960 GRUR 1960, 545, 546 – Flugzeugbetankung II; BGH 30. 11. 1967 a. a. O. S. 229 mit weiteren Nachweisen). Steht fest, daß bereits der Gegenstand des Hauptpatents gegenüber dem Stand der Technik neu, fortschrittlich und erfinderisch ist, so muß es der Gegenstand des Zusatzpatents gegenüber dem Stand der Technik erst recht sein, wenn er außer den sämtlichen Merkmalen des Hauptpatents noch ein zusätzliches, das Hauptpatent verbesserndes Merkmal aufweist (BGH 30. 11. 1967 GRUR 1968, 305, 306 – Halteorgan, insoweit in BGHZ 49, 227 ff. nicht abgedruckt). Möglich ist indessen, daß in dem Intervall zwischen dem Anmeldetag der Hauptanmeldung und dem der Zusatzanmeldung ein zusätzlicher Stand der Technik entstanden ist (BPatG 17. 2. 1965 a. a. O.).

Auch weist die letztzitierte Entscheidung mit Recht darauf hin, daß beispielsweise der Gegenstand der Hauptanmeldung in dem patentwürdigen **Weglassen** eines Merkmals **aus einer bekannten Kombination** bestehen kann, während das Zusatzpatent auf das **Wiederhinzufügen** dieses Merkmals oder eines entsprechenden Äquivalents gerichtet wird. In einem solchen Fall ist das Zusatzpatent in vollem Umfang vorweggenommen und muß versagt werden. Es ist also nicht so, daß eine positive oder negative Entscheidung über die Hauptanmeldung stets auch die gleiche Entscheidung über die Zusatzanmeldung zwangläufig zur Folge haben müßte (BPatG 17. 2. 1965 a. a. O.). Im gleichen Sinn erklärt der BGH 30. 11. 1967 (GRUR 1968, 305, 306 – Halteorgan – unter Hinweis auf RG GRUR 1938, 422, 423 und BGH GRUR 1955, 476, 477, 478), daß der Anspruch eines Zusatzpatents auch den Charakter eines Nebenanspruchs haben kann, wenn er dem Merkmal eines Hauptanspruchs nicht lediglich ein weiteres Merkmal hinzufügt, sondern ein erfindungswesentliches Merkmal des Hauptpatents durch ein anderes ersetzt. Im Falle einer Nichtigkeitsklage ist das Zusatzpatent sodann auf Neuheit, Fortschritt und Erfindungshöhe gegenüber dem Stand der Technik zu prüfen.

Bei der Prüfung der Zusatzanmeldung ist die **Vereinigung** aller in der Hauptanmeldung und in der Zusatzanmeldung enthaltenen Merkmale mit dem Stand der Technik zu vergleichen, nicht etwa nur die kennzeichnenden Merkmale der Zusatzanmeldung allein. So zutreffend BPatG 17. 2. 1965 E 6, 157; a. A. BPatG 9. 1. 1963 E 3, 109. Dabei handelt es sich nicht um die Beanspruchung zweier Prioritäten. Denn die Vereinigung aller genannten Merkmale ist erst mit dem Tage der Einreichung der Zusatzanmeldung offenbart worden; auch sind die Voraussetzungen einer Doppelpatentierung nicht schon dadurch gegeben, daß ein Merkmal einmal für sich allein und ein zweitesmal mit einem weiteren Merkmal unter Schutz gestellt wird (BPatG 17. 2. 1965 a. a. O.).

Die **Neuheitsschonfrist des § 2 Satz 2** kommt der Zusatzanmeldung zugute, es sei denn, daß diese eine selbständige erfinderische Leistung zum Inhalt hat (BPatG 13. 12. 1962 E 3, 107, 108 ff.). Im einzelnen vgl. § 2 Anm. 34.

Wird nach Erteilung des Zusatzpatentes **auf den Anspruch** des nicht zum Stand der Technik gehörenden Hauptpatents **verzichtet**, dessen Ausgestaltung das Zusatzpatent bezweckte, so kann dieses im **Nichtigkeitsverfahren** nur aufrechterhalten werden, wenn es eine selbständige patentfähige Erfindung darstellt.

Der Verzicht auf einen Anspruch des Hauptpatents hat zur Folge, daß die Lehre dieses Anspruchs keinen Sonderschutz mehr genießt. Die Lehre bleibt aber als Teillehre in der Gesamtlehre des Zusatzpatents enthalten, und das Zusatzpatent kann in einem solchen Fall aufrechterhalten werden, wenn die Gesamtlehre ihrerseits neu, fortschrittlich und erfinderisch ist. Der Verzicht hindert demnach nicht, die Lehre des fortgefallenen Anspruchs zur Begründung der Erfindungseigenschaft des Zusatzpatents heranzuziehen (RG 10. 6. 1941 GRUR 1941, 363, 366 unter Hinweis auf RG 1. 10. 1940 GRUR 1940, 543).

bb) Hauptpatent: Stand der Technik

8 Wenn **das Hauptpatent bereits veröffentlicht** ist und gegenüber der Zusatzanmeldung als öffentliche Druckschrift beachtet werden muß, sind an das Zusatzpatent die gleichen Anforderungen zu stellen wie an jedes andere Patent (s. oben Anm. 6; vgl. auch BPatG 13. 12. 1962 E 3, 107 ff.). Daß bei Bemessung der Erfindungshöhe ein geringerer Maßstab angelegt werden müßte, wenn aus der Patentschrift hervorgeht, daß dem Zusatzpatent nur ein beschränkter Schutzbereich zukomme (PA 16. 2. 1937 GRUR 1942, 65; PA 8. 8. 1939 Bl. 1939, 139), kann nicht anerkannt werden. Vgl. Schuster, MuW 1940, 64.

b) Zusätzliche Beziehung zum Hauptpatent

9 Die neue Erfindung soll eine **Verbesserung** oder **weitere Ausbildung** der Haupterfindung darstellen. Diese Voraussetzungen unterliegen der Offensichtlichkeitsprüfung (§ 28 Abs. 2).

Die **Verbesserungserfindung** hat die gleiche Aufgabe wie das Hauptpatent, will aber eine technisch oder wirtschaftlich vorteilhaftere Lösung geben. Es wird z. B. außer den sämtlichen Merkmalen des Hauptpatents noch ein zusätzliches, das Hauptpatent verbesserndes Merkmal vorgeschlagen (BGH 30. 11. 1967 GRUR 1968, 305, 306 r. Sp. – Halteorgan; vgl. auch RG 5. 4. 1938 GRUR 1938, 766 ff.).

Um eine **weitere Ausbildung** der älteren Erfindung handelt es sich, wenn die zusätzliche Erfindung von ihr nicht wesensverschieden ist, sondern unter Beibehaltung des tragenden Erfindungsgedankesn nur eine Abwandlung der durch die Haupterfindung geschützten Erfindung darstellt, zum Beispiel wenn diejenigen Arbeitsabschnitte, die vor oder hinter den bisher geschützten technischen Vorgängen liegen, nunmehr erfinderisch mit einbezogen werden oder wenn die bereits geschützte Erfindung die Regelung gewisser Vorgänge darin dem Belieben des Fachmanns überlassen hatte und nun die Zusatzerfindung diese Lücken erfinderisch ausfüllt.

Stets muß bei der Prüfung des Zusatzverhältnisses zunächst festgestellt werden, was durch das Hauptpatent geschützt ist. Ergibt sich, daß einem nur im Unteranspruch enthaltenen Merkmal ein selbständiger Schutz zukommt, so ist ein Zusatzverhältnis anzuerkennen, wenn lediglich die im Unteranspruch, nicht aber die im Hauptanspruch angegebenen Merkmale weiter ausgebildet werden – die erforderliche Einheitlichkeit der Zusatzerfindung mit der Haupterfindung stets vorausgesetzt (PA 10. 7./12. 11. 1935 GRUR 1936, 115).

Nach BPatG 28. 4. 1969 E 11, 19 ist es **nicht** als eine Verbesserung oder weitere Ausbildung einer durch ein Stoffpatent geschützten (älteren) Erfindung anzusehen, wenn das **Herstellungsverfahren**, für das die Erteilung eines Zusatzpatents begehrt wird, zu dem nach Art und Qualität **gleichen**

Stoff führt, für den das Stoffpatent erteilt ist. Kritisch dazu Moser v. Filseck GRUR 1971, 51.

Unzulässig ist ein Zusatzpatent mit völliger Identiät zum Hauptpatent (PA 28. 10. 1933 Mitt. 1933, 325; RG 1. 10. 1940 GRUR 1940, 543, 545; BGH 30. 11. 1967 BGHZ 49, 227, 229 = GRUR 1968, 305 – Halteorgan). Es muß sich stets um zwei unterschiedliche Erfindungen handeln (BPatG 9. 1. 1963 E 3, 109 ff. mit zahlreichen Belegen). Jedoch ist ein im älteren Hauptpatent geschützter **allgemeiner Erfindungsgedanke** nicht zu berücksichtigen (BGH 30. 11. 1967 a. a. O. S. 231, vgl. dazu § 4 Anm. 17).

Ob die Voraussetzungen für die Erteilung eines Zusatzpatentes, d. h. Verbesserung oder weitere Ausbildung des Hauptpatents, gegeben waren, kann im **Nichtigkeitsverfahren** nicht nachgeprüft werden. In ihm ist vielmehr nur zu prüfen, ob die Lehre des Zusatzpatents gegenüber dem Stand der Technik neu, fortschrittlich und erfinderisch und ob sie nicht wesensgleich dem Gegenstand des früher angemeldeten Patents ist (RG 30. 11. 1935 RGZ 149, 357; 1. 10. 1940 GRUR 1940, 543, 545).

Ein Zusatzpatent ist nur zulässig auf dem Gebiet, für das noch **Einheitlichkeit** mit dem Erfindungsgedanken des Hauptpatents besteht (PA 13. 10. 1941 GRUR 1942, 162, 163; 18. 6. 1942 GRUR 1943, 74; PA 2. 12. 1952 GRUR 1953, 126, 127; BPatG 17. 4. 1964 E 5, 81, 84). Eine vorhandene Einheitlichkeit wird durch das Wort »insbesondere« nicht aufgehoben (PA 24. 5. 1941 Mitt. 1942, 22; PA 2. 12. 1952 GRUR 1953, 126; BPatG 17. 4. 1964 a. a. O. S. 87). Dieses »einheitliche« Gebiet umfaßt den gesamten Erfindungskomplex, der gekennzeichnet wird durch die zur Befriedigung eines bestimmten sozialen Bedürfnisses auftretenden technischen Probleme und deren Lösung (PA 24. 9. 1913 Bl. 1913, 292). Der Erteilung eines Zusatzpatents steht es nach PA 5. 12. 1939 Mitt. 1940, 174 nicht entgegen, daß es sich bei der Zusatzanmeldung um eine Anmeldung handelt, die aus der dem zugeordneten Hauptpatent zugrunde liegenden Anmeldung (**wegen früher angenommener Einheitlichkeitsmängel**) ausgeschieden wurde: s. dazu Tetzner, § 10 Anm. 17, der auf das Bedenken hinweist, daß in solchem Fall die Zusatzanmeldung nicht jünger als das Hauptpatent sein könne.

Die Zusatzerfindung kann der Erfindung des Hauptpatents **untergeordnet, nebengeordnet** oder **übergeordnet** sein (BPatG 17. 4. 1964 E 5, 81, 84 ff.).

Unterordnung kommt vor allem bei verbesserten Zusätzen in Frage, durch welche die angestrebte Wirkung noch erhöht wird. Hier kann das Zusatzpatent einem nachgeholten Unteranspruch entsprechen (BPatG 17. 4. 1964 a. a. O. S. 64).

Beispiele für **Nebenordnung:** Erfindung einer Maschine zur Ausübung des im Hauptpatent geschützten Verfahrens (PA 11. 6. 1913 Zschr. f. IndR 1914, 135) sowie Veränderungen eines Verfahrens, durch die es in irgendeiner Beziehung abgewandelt, etwa ein Bestimmungsmerkmal durch ein anderes Merkmal **ersetzt** wird (PA 13. 10. 1941 GRUR 1942, 162, 163); s. dazu auch BGH 30. 11. 1967 GRUR 1968, 305, 306 a. E. – Halteorgan, wo die Frage, ob das **Ersetzen** eines Merkmals eine weitere Ausbildung darstellen kann, offengelassen ist. Ob in diesen Fällen ein Zusatzverhältnis anerkannt werden kann, hängt jeweils insbesondere auch davon ab, ob die in allen Fällen erforderliche Voraussetzung der Einheitlichkeit der Erfindung erfüllt ist (vgl. BPatG 17. 4. 1964 E 5, 81, 87).

Die Möglichkeit der **Überordnung** verneint RG 21. 1. 1931 GRUR 1931, 385, bejaht dagegen PA 30. 3. 1933 Mitt. 1934, 81. Es ist kein Grund ersichtlich, im Zusatzpatent nicht auch etwas über den Schutzbereich des Hauptpatents Hinausgehendes zu schützen. Das Zusatzpatent kann daher auch einen **allgemeinen Erfindungsgedanken** zum Gegenstand haben (RG 16. 6. 1937 GRUR 1937, 790; PA 13. 10. 1941 GRUR 1942, 162; RG 23. 1. 1942 GRUR 1942, 261, 262; s. aber Anm. 11; PA 2. 12. 1952 GRUR 1953, 126, 127). Bei einer Verletzung des Zusatzpatents braucht danach das Hauptpatent nicht ebenfalls verletzt zu sein (RG 10. 2. 1932 GRUR 1932, 713, 714).

Für die **Anspruchsfassung** eines Zusatzpatents ist eine bestimmte Form nicht vorgeschrieben. Daher kann beispielsweise die Form der Rückbeziehung auf den Hauptanspruch aus § 26 PatG nur beanstandet werden, wenn unklar ist, was als patentfähig unter Schutz gestellt ist (BPatG 17. 4. 1964 E 5, 81, 86).

4. Dritte Voraussetzung: Identität zwischen dem Anmelder des Zusatzpatents und dem Inhaber des Hauptpatents

10 Maßgebend für die Identität ist der Zeitpunkt der Erteilung des Zusatzpatents. An einen anderen als den Inhaber des Hauptpatents wird ein Zusatzpatent nicht erteilt, weder an einen einzelnen von mehreren Mitinhabern des Patents noch an den Nießbraucher oder an den Lizenznehmer. Der **nichteingetragene** Patentinhaber muß sich zuvor als Patentinhaber eintragen lassen, wenn er ein Zusatzpatent erlangen will (§§ 24 Abs. 2 Satz 3). Allerdings braucht der Anmelder der Zusatzanmeldung nicht gleichzeitig der Erfinder zu sein; daher können Haupt- und Zusatzanmeldung verschiedene Erfinder haben (BPatG 17. 2. 1965 E 6, 157, 161). Geht, während das Verfahren über die Erteilung des Zusatzpatents schwebt, das Hauptpatent auf einen anderen Inhaber über, so entfällt damit die Möglichkeit zur Erteilung eines Zusatzpatents für den früheren Inhaber.

Eine **nachträgliche** Abtretung des Hauptpatents an den Zusatzanmelder oder der Zusatzanmeldung an den Inhaber des Hauptpatents ist nach PA 16. 11. 1930 (Mitt. 1931, 81) als ausreichend zur Erfüllung der Identitätsforderung anzusehen. Dem ist beizutreten. Zusatzpatente bleiben auch nach Abtretung von der Zahlung der Jahresgebühren frei (ebenso Bock-Bruchhausen in Benkard, § 10 Anm. 13, ständ. Praxis des PA; a. A. Tetzner § 10 Anm. 27 im Anschluß an Pietzcker § 7 Anm. 8).

5. Schutzumfang

Für die Feststellung des Schutzumfanges des Zusatzpatentes gelten die im allgemeinen hierfür maßgebenden Grundsätze einschließlich derjenigen über den Schutz eines allgemeinen Erfindungsgedankens (§ 6 Anm. 5 ff.; vgl. dazu RG 16. 6. 1937 GRUR 1937, 790; PA 2. 12. 1952 GRUR 1953, 126, 127). **Selbständigwerden des Zusatzpatentes** ändertt nichts an dem Schutzumfang. Es setzt selbstverständlich voraus, daß die Lehre des Zusatzpatents gegenüber dem Stand der Technik im Zeitpunkt der Anmeldung neu, fortschrittlich und erfinderisch war (vgl. Anm. 7). Der Schutzumfang des Zusatzpatentes kann jedoch nicht auf dasjenige erstreckt werden, was bereits in den Schutzbereich des Hauptpatents fällt (PA 28. 10. 1933 Mitt. 1933, 325). Er muß sich in den Grenzen einer Verbesserung oder weiteren Ausbildung des Hauptpatents halten. 11

6. Lizenzverträge,

die sich auf das Hauptpatent beziehen, erstrecken sich in der Regel nicht auf das Zusatzpatent. Andererseits umfaßt die **Lizenz** am Zusatzpatent grundsätzlich auch die Mitbenutzung am Hauptpatent, falls sich aus dem Lizenzvertrag nichts Abweichendes ergibt (Tetzner § 10 Anm. 28; Bock/Bruchhausen in Benkard § 10 Anm. 19). 12

Die Wirkung der **Lizenzbereitschaftserklärung,** die für ein Hauptpatent abgegeben wird, erstreckt sich auch nach § 14 Abs. 1 Satz 2 auf sämtliche Zusatzpatente (im einzelnen § 14 Anm. 6).

7. Beendigung des Zusatzpatents

a) Allgemeine Endigungsgründe

Endigungsgründe des Zusatzpatents sind zunächst die gewöhnlichen: Nichtigerklärung (§ 13), Verzicht (§ 12 Abs. 1 Nr. 1), Unterlassung der Erfinderbenennung (§ 12 Abs. 1 Nr. 2), Nichtzahlung der Gebühren (§ 12 Abs. 1 Nr. 3) sowie Rücknahme (§ 15 Abs. 2, § 35 Abs. 2 Satz 2). Der Endigungsgrund wegen Nichtzahlung von Patentjahresgebühren scheidet aus, da für das Zusatzpatent Jahresgebühren nicht zu entrichten sind (§ 11 Abs. 2 Satz 2). 13

b) Besondere Endigungsgründe des Zusatzpatents

aa) Die Beendigung des Hauptpatents **durch Zeitablauf.** Die Bemessung der Dauer des Zusatzpatentes vom Anfangstage des Hauptpatents ab verhütet, daß mit Hilfe eines Zusatzpatentes eine zeitliche Ausdehnung des 14

Schutzes für den im Zusatzpatent wiederkehrenden Erfindungsgedanken des Hauptpatents erreicht werden könnte.

Das Zusatzpatent endet mit Ablauf von 18 Jahren auch dann, wenn das Hauptpatent auf Grund des Verlängerungsgesetzes vom 15. 7. 1951 (Anm. 2) oder gemäß Art. 5 AHKG Nr. 8 (Anm. 2) verlängert worden ist (PA 29. 3. 1961 Bl. 1961, 266 ff. mit Anm. Müller in GRUR 1961, 535).

bb) Der Verfall des Hauptpatents **wegen Nichtzahlung der Jahresgebühren** (§ 12 Abs. 1 Nr. 3). Der Patentinhaber verwirkt, wenn er die Jahresgebühren für das Hauptpatent nicht zahlt, auch sein Zusatzpatent. Ist das Hauptpatent **bei Erteilung des Zusatzpatents** wegen Nichtzahlung der Gebühr erloschen, so erlischt auch das Zusatzpatent bereits wieder mit seiner Erteilung (BPatG 19. 11. 1963 E 4, 164, 165). Entgegen dem in den früheren Auflagen dieses Kommentars vertretenen Standpunkt geht auch das auf einen anderen **übertragene** Zusatzpatent unter, wenn das Hauptpatent wegen Nichtzahlung der Jahresgebühren erlischt. Kein Patent kann ohne Zahlung der Jahresgebühren bestehen.

8. Selbständigwerden des Zusatzpatents (§ 10 Abs. 2)

15 Dieses tritt – und zwar selbst dann, wenn auf das Hauptpatent Bezug genommen worden ist (PA 30. 11. 1953 GRUR 1954, 67) – bei **Nichtigerklärung oder Zurücknahme des Hauptpatents sowie bei Verzicht** darauf ein. Das Zusatzpatent läuft dann mit der bisherigen Laufzeit des Hauptpatents weiter und übernimmt die Gebührenpflicht in der Lage, wie sie bisher dem Hauptpatent oblag (§ 11 Abs. 2 Satz 2 und Anm. 5 daselbst). Fallen das Hauptpatent und das erste Zusatzpatent fort, so wird das zweite Zusatzpatent zum Hauptpatent (BPatG 11. 3. 1963 E 3, 157, 159).

Ob bei **Teilvernichtung** des Hauptpatents das Zusatzverhältnis bestehen bleibt, ist streitig. Dafür PA 30. 5. 1908 Bl. 1908, 259; Nirk in Klauer-Möhring § 10 Anm. 12; Neumar in Reimer § 10 Anm. 14; Tetzner § 10 Anm. 32; a. A. Pietzcker § 10 Anm. 7 für den Fall, daß das Zusatzverhältnis nur zu dem vernichteten Teil des Hauptpatents begründet war. Diese Auffassung wird als die logische angesehen werden müssen, was auch Reimer a. a. O. trotz anderem Endergebnis anerkennt. Der Gesichtspunkt, daß sachliche Schwierigkeiten entstehen könnten, dürfte nicht ausschlaggebend sein. Das gleiche muß für **Beschränkung** des Hauptpatents **nach § 36 a** gelten.

Die Sonderregelung in § 10 Abs. 2 Satz 2 für den Fall, daß mehrere Zusatzpatente vorhanden sind, will dem Patentinhaber die Vergünstigung in der Gebührenzahlung, die für die Zulassung der Zusatzpatente überhaupt bestimmend war (Anm. 3), auch für solche Fälle erhalten (Amtl. Begr. in Bl. 1936, 103, 106).

Gebührenpflicht: § 11 Abs. 2

§ 11

(1) Für jede Anmeldung ist vor der Bekanntmachung eine Bekanntmachungsgebühr (§ 31), für jede Anmeldung und für jedes Patent bei Beginn des dritten und jedes folgenden Jahres nach dem auf die Anmeldung folgenden Tag eine Jahresgebühr nach dem Tarif zu entrichten.

(2) Für ein Zusatzpatent (§ 10 Abs. 1 Satz 2) sind Jahresgebühren nicht zu entrichten. Wird das Zusatzpatent zu einem selbständigen Patent, so wird es gebührenpflichtig; Fälligkeitstag und Jahresbetrag richten sich nach dem Anfangstag des bisherigen Hauptpatents. Für die Anmeldung eines Zusatzpatents gelten diese Bestimmungen entsprechend mit der Maßgabe, daß in den Fällen, in denen die Anmeldung eines Zusatzpatents als Anmeldung eines selbständigen Patents gilt, die Jahresgebühren wie für eine von Anfang an selbständige Anmeldung zu entrichten sind.

(3) Die Gebühren für das dritte und die folgenden Jahre sind bis zum Ablauf von zwei Monaten nach Fälligkeit zu entrichten. Wird die Frist versäumt, so muß der tarifmäßige Zuschlag für die Verspätung der Zahlung entrichtet werden. Nach Ablauf der Frist gibt das Patentamt dem Anmelder oder Patentinhaber Nachricht, daß die Anmeldung als zurückgenommen gilt (§ 35 Abs. 3) oder das Patent erlischt (§ 12), wenn die Gebühr mit dem tarifmäßigen Zuschlag nicht bis zum Ablauf von sechs Monaten nach Fälligkeit oder bis zum Ablauf eines Monats nach Zustellung der Nachricht, sofern diese Frist später als sechs Monate nach Fälligkeit abläuft, entrichtet wird.

(4) Das Patentamt kann die Absendung der Nachricht auf Antrag des Anmelders oder Patentinhabers hinausschieben, wenn er nachweist, daß ihm die Zahlung nach Lage seiner Mittel zur Zeit nicht zuzumuten ist. Es kann die Hinausschiebung davon abhängig machen, daß innerhalb bestimmter Fristen Teilzahlungen geleistet werden. Erfolgt eine Teilzahlung nicht fristgemäß, so benachrichtigt das Patentamt den Anmelder oder Patentinhaber, daß die Anmeldung als zurückgenommen gilt oder das Patent erlischt, wenn der Restbetrag nicht innerhalb eines Monats nach Zustellung gezahlt wird.

(5) Ist ein Antrag, die Absendung der Nachricht hinauszuschieben, nicht gestellt worden, so können Gebühr und Zuschlag beim Nachweis, daß die Zahlung nicht zuzumuten ist, noch nach Zustellung der Nachricht gestundet werden, wenn dies innerhalb von vierzehn Tagen nach der Zustellung beantragt und die bisherige Säumnis genügend entschuldigt wird. Die Stundung kann auch unter Auferlegung von Teilzahlungen bewilligt werden. Wird ein gestundeter Betrag nicht rechtzeitig entrichtet, so wiederholt das Patentamt die Nachricht, wobei der gesamte Restbetrag eingefordert wird. Nach Zustellung der zweiten Nachricht ist eine weitere Stundung unzulässig.

(6) Die Nachricht, die auf Antrag hinausgeschoben worden ist (Absatz 4) oder die nach gewährter Stundung erneut zu ergehen hat (Absatz 5), muß spätestens zwei Jahre nach Fälligkeit der Gebühr abgesandt werden. Geleistete Teilzahlungen werden nicht erstattet, wenn wegen Nichtzahlung des Restbetrags das Patent erlischt (§ 12) oder die Anmeldung als zurückgenommen gilt (§ 35 Abs. 3).

(7) Wenn der Anmelder oder Patentinhaber seine Bedürftigkeit nachweist, können ihm die Gebühren für die Bekanntmachung und für das dritte bis neunte Jahr bis zum Beginn des zehnten gestundet und, wenn die Anmeldung zurückgenommen wird oder das Patent innerhalb der ersten zehn Jahre erlischt, erlassen werden.

(8) Ist ein Patent erteilt worden, so kann zugunsten eines bedürftigen Anmelders, der eine Erklärung nach § 14 Abs. 1 abgibt, angeordnet werden, daß ihm die angemessenen Auslagen für Zeichnungen, Modelle und Gutachten, deren Beibringung im Erteilungsverfahren notwendig war, aus der Bundeskasse zu erstatten sind. Das Erstattungsgesuch muß innerhalb von sechs Monaten nach Erteilung des Patents beim Patentamt angebracht werden. Die Erstattung ist in der Rolle (§ 24 Abs. 1) zu vermerken. Wenn es später nach den Umständen gerechtfertigt erscheint, soll das Patentamt anordnen, daß der gezahlte Betrag ganz oder teilweise zurückzuerstatten ist. Die Rückzahlungen werden als Zuschlag zu den Patentjahresgebühren festgesetzt und als Teil dieser behandelt.

(9) Die Gebühren können vor Eintritt der Fälligkeit gezahlt werden. Wird auf das Patent verzichtet oder wird es für nichtig erklärt oder zurückgenommen oder wird die Anmeldung zurückgenommen oder zurückgewiesen, so sind die nicht fällig gewordenen Gebühren zurückzuzahlen.

Fassung PatG 1961
§ 11

(1) Für jedes Patent ist vor der Bekanntmachung der Anmeldung eine Bekanntmachungsgebühr (§ 31), ferner bei Beginn des dritten und jedes folgenden Jahres der Dauer des Patents eine Jahresgebühr nach dem Tarif zu entrichten.

(2) Beim Zusatzpatent (§ 10 Abs. 1 Satz 2) ist nur die Gebühr für die Bekanntmachung zu zahlen; die Jahresgebühren fallen fort. Hört die Gebührenzahlung für das Hauptpatent auf und wird das Zusatzpatent gebührenpflichtig (§ 10 Abs. 2), so richten sich Fälligkeitstag und Jahresbetrag nach dem Anfangstag des bisherigen Hauptpatents.

(3) Die Gebühren für das dritte und die folgenden Jahre sind bis zum Ablauf von zwei Monaten nach Fälligkeit zu entrichten. Werden die Gebühren mit der Erteilung des Patents fällig, so beträgt die Frist vier Monate. Wird die Frist versäumt, so muß der tarifmäßige Zuschlag für die Verspätung der Zahlung entrichtet werden. Nach Ablauf der Frist gibt das Patentamt dem Patentinhaber Nachricht, daß

das Patent erlischt (§ 12), wenn die Gebühr mit dem tarifmäßigen Zuschlag nicht bis zum Ablauf von sechs Monaten nach Fälligkeit oder bis zum Ablauf eines Monats nach Zustellung der Nachricht, sofern diese Frist später als sechs Monate nach Fälligkeit abläuft, entrichtet wird.

(4) Das Patentamt kann die Absendung der Nachricht auf Antrag des Patentinhabers hinausschieben, wenn er nachweist, daß ihm die Zahlung nach Lage seiner Mittel zur Zeit nicht zuzumuten ist. Es kann die Hinausschiebung davon abhängig machen, daß innerhalb bestimmter Fristen Teilzahlungen geleistet werden. Erfolgt eine Teilzahlung nicht fristgemäß, so benachrichtigt das Patentamt den Patentinhaber, daß das Patent erlischt, wenn der Restbetrag nicht innerhalb eines Monats nach Zustellung gezahlt wird.

(5) unverändert.

(6) Die Nachricht, die auf Antrag hinausgeschoben worden ist (Absatz 4) oder die nach gewährter Stundung erneut zu ergehen hat (Absatz 5), muß spätestens zwei Jahre nach Fälligkeit der Gebühr abgesandt werden. Geleistete Teilzahlungen werden nicht erstattet, wenn das Patent wegen Nichtzahlung des Restbetrags erlischt.

(7) Wenn der Anmelder oder Patentinhaber seine Bedürftigkeit nachweist, können ihm die Gebühren für die Bekanntmachung und für das dritte bis sechste Jahr bis zum Beginn des siebenten gestundet und, wenn das Patent innerhalb der ersten sieben Jahre erlischt, erlassen werden.

(8) unverändert.

(9) Die Gebühren können vor Eintritt der Fälligkeit gezahlt werden. Wird auf das Patent verzichtet oder wird es für nichtig erklärt oder zurückgenommen, so sind die nicht fällig gewordenen Gebühren zurückzuzahlen.

ÜBERSICHT

A. Allgemeines

I. Übersicht

1 Die Bestimmungen des § 11 behandeln nur die Bekanntmachungsgebühr und die Jahresgebühren für selbständige und Zusatzanmeldungen. Im einzelnen sind die nachträgliche Zahlung der Gebühr mit Zuschlag, die Folgen der Nichtzahlung und verschiedene Möglichkeiten des Hinausschiebens der Zahlungsaufforderung, von Teilzahlungen, von Stundungen, Gebühren- und Auslagenerstattungen geregelt. Ergänzend zum § 11 kommen in Betracht: Gesetz über die Gebühren des Patentamts und des Patentgerichts in der Fassung vom 2. 1. 1968, Bl. 1968, 44, und die VO über die Zahlung der Gebühren des DPA und des PatGer vom 5. 9. 1968, Bl. 1968, 280. Zur Problematik der Patentjahresgebühren vgl. Harraeus, GRUR 1962, 549 ff.

Kosten (Gebühren und Auslagen) für Amtshandlungen des Patentamts, über die nicht anderweitig durch das Patentgesetz oder auf Grund gesetzlicher Ermächtigungen Bestimmungen getroffen sind, werden nach den Vorschriften des § 1 der VwKostVO 1970 (s. § 22) erhoben. Für die Zahlung der Gebühren gilt die genannte VO über die Zahlung der Gebühren.

II. Rechtsnatur der Gebührenvorschriften

Die Gebühren sind kein Entgelt für bestimmte behördliche Gegenleistungen, sondern eine öffentlich-rechtliche Abgabe, die zur (teilweisen) Deckung der Ausgaben für eine dem Allgemeinwohl dienende Einrichtung bestimmt ist; BPatG 10. 12. 1963, E 5, 24 mit Fundstellen. Nach RG 29. 11. 1928, Bl. 1928, 301, 302 sind die Gebührenvorschriften nicht bürgerlich-, sondern öffentlich-rechtlicher Art. Insbesondere steht die Aufrechnungsbefugnis des bürgerlichen Rechts (§§ 387 ff. BGB) dem Patentamt hinsichtlich der ihm zu entrichtenden Gebühren nicht zu Gebote, da kein Schuldverhältnis besteht, kraft dessen es die Gebühren fordern könnte. Vielmehr hängt es lediglich vom freien Entschluß des Gebührenpflichtigen ab, ob er die Gebühr entrichten oder ob er deren Zahlung unterlassen und die an die Nichtzahlung geknüpften Rechtsfolgen auf sich nehmen will, die durchaus anderer Art sind als diejenigen der Nichterfüllung einer nach bürgerlichem Recht geschuldeten Leistung; RG 29. 11. 1928, a. a. O. In diesem Sinn auch PA 12. 11. 1951, Bl. 1951, 374; PA 12. 11. 1953, Bl. 1953, 420. Anders verhält es sich aber, wenn es sich um nur gestundete Gebühren oder solche handelt, deren Zahlung nur hinausgezögert ist. 2

Ballhaus vertritt in Benkard § 11 Anm. 8 u. a. mit Hinweis auf die JBeitrO mit wesentlichen Argumenten die Auffassung, daß es sich bei der fälligen Gebührenschuld um eine echte Verpflichtung handelt, die freilich nur unter bestimmten Voraussetzungen erzwingbar ist; hierzu ferner ders., Mitt. 1962, 1, 4 und 41, 43, 44 und Hüfner, MuW XVII (1918), 76.

Wegen der Beitreibung vgl. hier Anm. 37.

III. Änderungen gem. Patentänderungsgesetz

Nach der früheren Regelung wurden Jahresgebühren nur für erteilte Patente mit Beginn des dritten Jahres, vom Anmeldetag ab gerechnet, erhoben. Bei später erfolgender Patenterteilung mußten die inzwischen angefallenen Jahresgebühren nachgezahlt werden. Nach den Vorstellungen des Gesetzgebers wird bei Praktizierung der aufgeschobenen Prüfung erwartet, daß wegen wirtschaftlicher Belanglosigkeit viele Anmeldungen zurückge- 3 nommen werden, ohne daß ein Prüfungsantrag gestellt wird. Um zu verhindern, daß offengelegte ungeprüfte, möglicherweise also gar nicht schutzfähige und deshalb die Mitbewerber des Anmelders ungerechtfertigt behindernde Anmeldungen ungebührlich lange aufrechterhalten werden, obwohl der Anmelder vielleicht schon die Wertlosigkeit des Gegenstands der Anmeldung erkannt hat, wurde die Fälligkeit der Jahresgebühren ohne Rücksicht auf den Stand des Erteilungsverfahrens auf den Beginn des dritten Jahres nach dem Anmeldetag festgesetzt. Vgl. hierzu Begr. PatÄndG, Teil B zu Art. 1 zu Nr. 1 und 2, Bl. 1967, 251; Schriftl. Ber., Teil B zu Art. 1 zu Nr. 1 und 5, Bl. 1967, 251, 252, ferner Althammer, GRUR 1967, 444; Löscher, BB. Beilage zu Nr. 7/67 S. 8. Die Überführung dieser Handhabung in das Gesetz erforderte, den Gesetzestext in der Fassung von 1961 in den Absätzen 1 bis 4, 6 bis 8 entsprechend zu ändern.

B. Bekanntmachungsgebühr

4 Nach Abs. 1 ist für jede Anmeldung vor der Bekanntmachung gem. § 31 eine Bekanntmachungsgebühr zu zahlen. Diese wird nur anfallen, wenn ein Prüfungsantrag gestellt wird und das Prüfungsergebnis entsprechend positiv ist. Wegen Zahlung der Bekanntmachungsgebühr und der Folgen bei Versäumnis der Zahlungsfrist vgl. § 31, Anm. 2, 3. Für Geheimpatente gilt § 30 e Abs. 2.

C. Behandlung von Zusatzpatenten (§ 11 Abs. 2)

5 Für Zusatz-**Patente** sind keine Jahresgebühren zu entrichten; Abs. 2 Satz 1. Wird ein Zusatzpatent aber selbständig, z. B. durch Fortfall des Hauptpatents wegen Vernichtung, Zurücknahme oder Verzicht, so wird es gebührenpflichtig. Fälligkeitstag und Jahresbetrag richten sich nach dem Anfangstag des bisherigen Hauptpatents; Abs. 2 Satz 2. Es sind lediglich die nächstfällige und die dann folgenden Gebühren zu zahlen. Beim Vorhandensein mehrerer Zusatzpatente zu einem Hauptpatent wird nur das erste selbständig; nur für dieses werden Gebühren fällig. Erlischt das Hauptpatent wegen Nichtzahlung der Jahresgebühr (§ 12 Anm. 9) oder Nichtabgabe der Erfinderbenennung (vgl. § 26 Anm. 131), so erlischt auch das Zusatzpatent.

Nach § 12 Abs. 1 Nr. 3 erlischt das Patent, wenn die Gebühren nicht rechtzeitig nach Zustellung der amtlichen Nachricht (§ 11 Abs. 3) eingezahlt werden. Da in § 10 Abs. 2, erster Halbsatz, der das Selbständigwerden eines Zusatzpatents bei Fortfall des Hauptpatents in den dort angeführten Fällen betrifft, nicht der Fall des Erlöschens des Patents wegen Nichtzahlung der

Jahresgebühr genannt ist, ist klar, daß auch vorhandene Zusatzpatente zwangsläufig mit erlöschen. Will der Anmelder das vermeiden, muß er rechtzeitig, d. h. vor Erlöschen des Hauptpatents, Antrag auf Umwandlung des Zusatzpatents in ein selbständiges Patent stellen mit der daraus erwachsenden Gebührenverpflichtung für das selbständig gewordene Zusatzpatent. Aus der Tatsache der Nichtzahlung der Gebühr für das Hauptpatent muß beim Fehlen eines Antrags auf Umwandlung des Zusatzpatents die Interessenlosigkeit des Patentinhabers an allen zusammenhängenden Patenten geschlossen werden.

Beispiel: Die Laufzeit eines am 30. 6. 1955 angemeldeten Patents hat am 1. 7. 1955 begonnen; dann ist die am Beginn des 3. Jahres fällige, erstmals zu zahlende Jahresgebühr am 1. 7. 1957 fällig geworden. Angenommen, ein im Jahre 1960 angemeldetes Zusatzpatent wurde am 1. 10. 1963 wegen Vernichtung des Hauptpatents selbständig, dann wäre für dieses Patent am 1. 7. 1964 die neunte Jahresgebühr zu zahlen gewesen.

Für Zusatz-**Anmeldungen** gelten gem. Abs. 2 Satz 3 die Bestimmungen der Sätze 1 und 2 entsprechend mit der Maßgabe, daß in den Fällen, in denen die Anmeldung eines Zusatzpatents als Anmeldung eines selbständigen Patents gilt, die Jahresgebühren wie für eine von Anfang an selbständige Anmeldung zu entrichten sind. Wegen der **nachzuentrichtenden Jahresgebühren** vgl. Anm. 13 a.

Wird für eine Patentanmeldung nachträglich ein Zusatzverhältnis beantragt und gewährt, so werden bisher gezahlte Jahresgebühren nicht zurückzuerstatten sein, denn der Antrag und die Gewährung sind nicht rückwirkend (vgl. BGH 13. 5. 1971, Bl. 1971 317 = GRUR 1971, 56 – Dipolantenne), ebensowenig wie im Falle der Abgabe der Lizenzbereitschaftserklärung (§ 14) vorher fällig gewordene Jahresgebühren nicht etwa zur Hälfte zurückerstattet werden; vgl. auch § 14 Anm. 7. Bei der **Umwandlung** einer auf die Erteilung eines selbständigen Patents gerichteten Patentanmeldung **in eine Zusatzanmeldung** erstreckt sich die Freistellung von Jahresgebühren auch auf eine bereits fällig gewordene, aber im Zeitpunkt der Umwandlung noch nicht gezahlte Jahresgebühr; BPatG 13. 5. 1971, a. a. O. Auch bei einer ex tunc wirkenden Nichtigerklärung werden nur nicht fällig gewordene Jahresgebühren zurückgezahlt; s. Anm. 30.

D. Jahresgebühren für Patente und Anmeldungen

I. Allgemeines

Jahresgebühren sind nach der neuen Regelung (Abs. 1, 2. Halbsatz) nicht **6**
nur für erteilte Patente, sondern auch für noch schwebende, offengelegte Anmeldungen zu zahlen, und zwar bei Beginn des 3. und jedes folgenden

Jahres nach dem auf die Anmeldung folgenden Tag. Wird bis zum Ablauf der in § 28 b Abs. 2 bezeichneten Frist von sieben Jahren nach Einreichung der Anmeldung kein Prüfungsantrag gestellt, oder wird eine für die Anmeldung zu entrichtende Jahresgebühr nicht rechtzeitig entrichtet, so gilt gem. § 35 Abs. 3 die Anmeldung als zurückgenommen. In solchen Fällen werden daher höchstens sieben Jahresgebühren anfallen. Eine Erstattung der geleisteten Jahresgebühren ist nicht vorgesehen. Dies erscheint gerechtfertigt; einerseits genießen die offengelegten Schutzbegehren einen gewissen Schutz aus § 24 Abs. 5, und andererseits würde eine Rückzahlung der Konzeption des Gesetzgebers widersprechen; vgl. Begr. Teil B zu Art. 1 zu Nr. 1 und 2, Bl. 1967, 251; Althammer, GRUR 1967, 444 unter 6 a. Wegen der Lebensdauer erteilter Patente s. Statistik DPA für 1972, Bl. 1973, 84.

Zur dem Arbeitgeber gegebenenfalls obliegenden Verpflichtung zur Zahlung fällig gewordener Jahresgebühren nach **Übertragung einer Diensterfindung** auf den Arbeitnehmererfinder s. Witte, Mitt. 1963, 45 und Fink, Mitt. 1960, 51.

Jahresgebühren sind nicht nur für nach dem Anmeldetag selbständig werdende Zusatzanmeldungen (s. Anm. 5) **nachzuentrichten,** sondern auch für im Laufe des Verfahrens **ausgeschiedene Anmeldungsteile** (wegen Nichteinheitlichkeit s. § 26 Anm. 27, und wegen unzulässiger Erweiterung bei vor dem 1. 10. 1968 bekanntgemachten Anmeldungen s. § 26 Anm. 96), die **in einer selbständigen Anmeldung weiterverfolgt werden.** Wegen der Zahlung der Jahresgebühren für **Anmeldungen,** die **nach den Übergangsbestimmungen** des PatÄndG vom 4. 9. 1967 zu behandeln sind, vgl. auch Anm. 38.

Die Zahlung einer Jahresgebühr ist doppelter Natur, sie ist nicht nur Tathandlung, sondern beinhaltet zugleich auch eine materiell-rechtliche, auf Verlängerung des Patentschutzes abzielende, rechtsgeschäftliche Willenserklärung; BPatG 29. 11. 1961, E 1, 25, 27 = Bl. 1962, 70, 71. In diesem Sinne schon Sennewald, Mitt. 1932, 4. Die Entscheidung setzt sich auch mit PA 31. 1. 1925, Bl. 1925, 18 auseinander.

II. Fälligkeitstag

7 Die Jahresgebühren werden erstmalig bei Beginn des dritten Jahres fällig. Nach PA 12. 11. 1953, Bl. 1953, 420 ist im Zusammenhang mit den Jahresgebühren unter »fällig« nicht der schuldrechtliche Begriff der Fälligkeit zu verstehen. Damit soll vielmehr die Zuordnung der Gebühren zu den einzelnen Patentjahren bezeichnet werden. **Fälligkeitstag** ist der Tag, der auf den Anmeldetag folgt; Abs. 1. Ein Patent sei z. B. am 1. 2. 1969 angemeldet, dann wird erstmals am 2. 2. 1971, d. h. am Beginn des dritten Jahres, die dritte Jahresgebühr fällig. Vgl. hierzu Mitt. Präs. vom 12. 8. 1968 über

die Fälligkeit der Patentjahresgebühren, Bl. 1968, 276. Die Fälligkeit der Jahresgebühr verschiebt sich nicht auf den nächsten Werktag, wenn der gem. § 11 Abs. 1 errechnete Fälligkeitstag auf einen Sonnabend, einen Sonntag oder einen gesetzlichen Feiertag fällt; BPatG 10. 10. 1969, E 11, 23. Wegen Überwachung der Jahresgebühren vgl. Haertel, GRUR 1968, 459, 464. Wegen des Fälligkeitstages bei Ausscheidungsanmeldungen vgl. § 26 Anm. 27. Wegen Überwachung in einer Industrieabteilung vgl. Pollmeier, GRUR 1972, 165. Ein nicht zur Einzahlung von Jahresgebühren beauftragter Verfahrensbevollmächtigter braucht die Entrichtung der Jahresgebühr weder selbst zu bewirken noch die fristgerechte Einzahlung durch den Anmelder zu überwachen; BPatG 1. 12. 1971, E 13,87 = Mitt. 1972, 32.

III. Zahlungsfrist

Am Fälligkeitstag beginnt die zweimonatige Zahlungsfrist; Abs. 3 Satz 1. 8
Nach dem Fälligkeitstag berechnet sich gegebenenfalls auch die Sechsmonatsfrist für die Gebührenzahlung mit Zuschlag; Abs. 3 Satz 3, s. Anm. 11. Der Fälligkeitstag ist auch Stichtag für eine nach § 11 Abs. 9 Satz 2 mögliche Rückerstattung nicht fällig gewordener Gebühren; s. Anm. 30. Wegen der **Berechnung der Zahlungsfristen** nach § 11 Abs. 3 ist § 187 Abs. 2 BGB heranzuziehen: »Ist der Beginn eines Tages der für den Anfang einer Frist maßgebende Zeitpunkt, so wird dieser Tag bei der Berechnung der Frist mitgerechnet.« Nicht anwendbar ist also Abs. 1, denn die Fristsetzungen betreffen keinen Zeitpunkt, der in den Lauf eines Tages fällt. Vgl. hierzu BGH 28. 10. 1965, E 7, 270, 272.

Eine Aufforderung zur Zahlung erfolgt vor Ablauf der Zweimonatsfrist nicht; Mitt. Präs. 12. 8. 1968, Bl. 1968, 276. Gebührennachrichten nach § 11 Abs. 3 Satz 3 sind nicht aus Formgründen unwirksam, wenn sie lediglich mit dem Abdruck des Dienstsiegels versehen sind; BGH 11. 3. 1971, BGHZ 56, 7 = GRUR 1971, 246, 247 – Hopfenextrakt-Computerbescheide. Vgl. auch Althammer, GRUR 1970, 216 r. Sp.

Die frühere »Viermonatsfrist« (§ 11 Abs. 3 Satz 2 a. F.) ist fortgefallen, weil die Jahresgebühren in der Regel jährlich fällig werden. Eine Häufung von fälligen Jahresgebühren ist nur noch ausnahmsweise möglich; vgl. Anm. 5 und § 26 Anm. 27. Wegen der Weiteranwendung der früheren Vorschrift (Viermonatsfrist) in bestimmtem Umfange für am 1. 10. 1968 schwebende Anmeldungen vgl. Anm. 38. Für diese Anmeldungen ist noch die alte Rechtsprechung zu § 11 Abs. 3 Satz 2 a. F. von Bedeutung. Danach ist das Patent mit der Zustellung des Erteilungsbeschlusses oder mit dessen Verkündung erteilt. Damit wird die Zahlungsfrist in Lauf gesetzt, nicht mit Ablauf einer Rechtsmittelfrist; BPatG 28. 3. 1962, E 1, 15, 17 = Bl. 1962, 152; BPatG 18. 10. 1962, E 2, 172 = Bl. 1963, 12. Eine notwendige Berichtigung berührt die Wirksamkeit des Erteilungsbeschlusses nicht; BPatG 28. 3. 1962, a. a. O., 19. Wird Beschwerde gegen einen erstinstanzlichen Beschluß eingelegt, hat diese aufschiebende Wirkung; BPatG 28. 3. 1962, a. a. O., 18. Gilt die Beschwerde aber als nicht erhoben, entsteht keine aufschiebende Wirkung; BPatG 5. 3. 1965, E 6, 186.

IV. Fristgerechte Zahlung

9 Vgl. auch Anm. 34 (Einzahlungstag)

Bei jeder Gebührenüberweisung sind das vollständige Aktenzeichen (bei Patentakten einschließlich der Prüfziffer = Ziffer nach dem Punkt) und die Gebührenart anzugeben; vgl. Mitt. Präs. 16. 7. 1971, Bl. 1971, 233.

Zur Fristwahrung genügt es nicht, die geforderte Gebühr rechtzeitig einzuzahlen, sondern innerhalb der Frist ist auch der Nachweis der Zahlung zu erbringen; RG 21. 9. 1928, RGZ 122, 47. Der Nachweis ist auch dann als geführt anzusehen, wenn bei falscher Angabe des Aktenzeichens auf dem Posteinzahlungsabschnitt diese nach Ablauf der Frist berichtigt wird; RG 21. 9. 1928, a. a. O. Zur fristgerechten Entrichtung der Gebühr gehört außer der Hingabe des Geldbetrages eine für das Patentamt erkennbare rechtzeitige Offenbarung des Bestimmungszwecks; PA 13. 8. 1957, Bl. 1957, 367. Fehlen innerhalb der Frist Angabe des Aktenzeichens und die Zweckbestimmung einer geleisteten Zahlung, kann diese nicht als geschehen angesehen werden; PA 5. 12. 1955, Bl. 1956, 62. Vgl. auch PA 20. 3. 1959, Mitt. 1960, 38, 39. Kann der Zweck der rechtzeitig gezahlten Gebühr – vor oder nach Ablauf der Zahlungsfrist – festgestellt werden, sollen nach BPatG 17. 10. 1962, E 2, 196 die Anforderungen an fristgerechte Zahlung erfüllt sein; ebenso Ballhaus, Mitt. 1962, 42; Bendler, Mitt. 1962, 98. Wegen einer möglichen Handhabung bei offensichtlich unrichtiger Angabe des Aktenzeichens vgl. Reimer (Neumar) § 11 Anm. 11. Grundsätzlich ist die Gebührenzahlung Sache des in der Patentrolle (§ 24 Anm. 5) eingetragenen Patentinhabers bzw. des Anmelders. Patentjahresgebühren können auch mit rechtlicher Wirkung von Dritten geleistet werden; BPatG 4. 10. 1961, E 1, 126, 130; PA 9. 2. 1933, Bl. 1933, 30. Bezüglich der Wiedereinsetzung ist diese Entscheidung aber überholt; vgl. Anm. 13. Nach Fälligkeit gezahlte Jahresgebühren können nicht zurückgezahlt werden; BPatG 8. 9. 1971, E 13, 12, 14.

V. Versäumnis der Zweimonatsfrist

1. Zuschlag

10 Nach Abs. 3 Satz 2 muß bei verspäteter Zahlung der tarifmäßige Zuschlag entrichtet werden. Dieser beträgt z. Z. nach dem Gebührentarif von 1968 § 1, D 10 % der nachzuzahlenden Gebühr. Der nach Versäumnis der

Zahlungsfrist fällige Verspätungszuschlag ist auch dann zu entrichten, wenn die Absendung der Nachricht gem. § 11 Abs. 4 antragsgemäß hinausgeschoben wurde; BPatG 15. 6. 1964, E 5, 88. Sind mehrere Patentjahresgebühren gleichzeitig fällig geworden, z. B. beim Selbständigwerden einer Zusatzanmeldung, und ist die fristgerechte Zahlung versäumt, so stellt der Betrag der fälligen Patentjahresgebühren eine im Rechtssinn einheitliche Gebühr dar, und der Verspätungszuschlag ist nach der Gesamtsumme der Jahresgebühren zu berechnen; BPatG 8. 10. 1964, E 6, 5 unter Aufgabe von E 6, 3. Wegen des Versäumniszuschlages bei eingetretener Gebührenänderung vgl. PA 18. 2. 1954, Bl. 1954, 96 = GRUR 1954, 162.

2. Benachrichtigung

Nach Abs. 3 Satz 3 gibt das Patentamt dem Anmelder oder Patent- 11
inhaber Nachricht, daß die Anmeldung als zurückgenommen gilt (§ 35 Abs. 3) oder das Patent erlischt (§ 12), wenn die Gebühr mit dem tarifmäßigen Zuschlag nicht bis zum Ablauf von **sechs Monaten nach Fälligkeit** oder bis zum Ablauf eines Monats nach Zustellung der Nachricht, sofern diese Frist später als sechs Monate nach Fälligkeit abläuft, entrichtet wird. Die Frist in dieser Bemessung wurde erstmals in das Patentgesetz von 1961 wegen des Art. 5bis der Lissaboner Fassung PVÜ aufgenommen, weil darin die Nachfrist für die Gebührenzahlung zur Aufrechterhaltung gewerblicher Schutzrechte von drei auf sechs Monate verlängert worden ist; vgl. hierzu auch Präs. Bescheid 31. 12. 1954, Mitt. 1955, 11.

Das PatG enthält keine nähere Regelung über die **Form der Benachrichtigung** nach § 11 Abs. 3 Satz 3, sondern schreibt nur eine bestimmte Form für deren Bekanntgabe vor, nämlich Zustellung an den Patentanmelder oder Patentinhaber; BGH 11. 3. 1971, BGHZ 56, 7 = Bl. 1971, 196, 197 unter II 1 = GRUR 1971, 246 – Hopfenextrakt-Computerbescheide. Die Bestimmung über die Form der vom Patentamt zu erlassenden Bescheide und damit auch der nach § 11 Abs. 3 Satz 3 zu erlassenden Gebührennachricht ist durch § 22 dem BMJ übertragen worden; BGH 11. 3. 1971, a. a. O. unter II 2. Durch DPAVO 1968 § 16 Abs. 2 ist bestimmt, daß die Bescheide des PA mit der Unterschrift, mit einem Abdruck oder Stempelaufdruck des Namens des Zeichnungsberechtigten oder mit dem Abdruck des Dienstsiegels des PA zu versehen sind. Hierdurch wird auch die gesetzliche Regelung in § 11 Abs. 3 Satz 3 hinsichtlich der Form der Benachrichtigung ergänzt. Durch die ausdrückliche Zulassung der Verwendung eines Abdrucks des Dienstsiegels – vgl. auch § 22 – wurden die rechtlichen Voraussetzungen für den Einsatz von elektronischen Datenverarbeitungsanlagen geschaffen; BGH 11. 3. 1971, a. a. O. Vgl. hierzu auch Althammer, GRUR 1970, 209, 216, 217 und Piepenbrock, Mitt. 1970, 68. Soweit in BPatG 5. 11. 1969, E 11, 76; BPatG 29. 1. 1970, E 11, 80; BPatG 3. 4. 1970, Bl. 1970,

196; BPatG 1. 9. 1970, 4 W(pat) 75/70 entgegengesetzte Rechtsauffassungen vertreten wurden, sind diese Beschlüsse überholt.

Die Zustellung der Benachrichtigung des Patentamts gem. § 11 Abs. 3 setzt die nicht verlängerbaren Fristen von sechs bzw. einem Monat für die Nachholung der Zahlung der Patentjahresgebühren in Lauf; BPatG 14. 2. 1962, E 1, 13, 14, 15. Die Benachrichtigungen stellen keine selbständigen Entschließungen des Patentamts, sondern amtliche Maßnahmen dar, die den rechtlichen Erfolg der Ingangsetzung der Nachholungsfrist unmittelbar herbeiführen; BPatG 4. 2. 1963, E 3, 8, 10. Wegen Benachrichtigung eines Patentinhabers ohne Wohnsitz im Inland bei fehlendem Vertreter durch Aufgabe zur Post vgl. PA 15. 10. 1926, GRUR 1926, 592. Vgl. weiter § 45 a Anm. 18, 19.

12 Eine einmal **ordnungsmäßig** ergangene Benachrichtigung kann das Patentamt nicht rückgängig machen; PA 15. 3. 1927, Mitt. 1927, 48, 49; BPatG 4. 2. 1963, E 3, 8, 11. Stellt das Patentamt aber bei einer Nachprüfung der Rechtmäßigkeit der Benachrichtigung fest, daß die Voraussetzungen für ihren Erlaß fehlten, so ist die Benachrichtigung ohne weiteres zu widerrufen; vgl. hierzu PA 15. 10. 1926, a. a. O. Die Wirksamkeit der Benachrichtigung wird nicht durch Fehlen eines vorherigen Hinweises auf Gebührenänderung beeinträchtigt; PA 18. 2. 1954, GRUR 1954, 162. **Selbständig** befinden kann die Patentverwaltungsabteilung aber über die Rechtmäßigkeit nicht. Das kann nur im Zusammenhang mit der beschwerdemäßigen Entschließung über die Löschung des Patents oder die Rückzahlung zu Unrecht entrichteter Zuschlaggebühren erfolgen; BPatG 4. 2. 1963, a. a. O. Eine gesetzwidrige Benachrichtigung vermag nicht die gesetzlichen Folgen herbeizuführen; BGH 27. 5. 1952, BGHZ 6, 172, 177 = GRUR 1952, 564, 566. Vgl. hierzu auch BGH 28. 10. 1965, E 7, 270. Ist in der Benachrichtigung ein zu niedriger Betrag angegeben, löst sie die angedrohte Wirkung nicht aus; BPatG 5. 11. 1969, Mitt. 1970, 37.

Das Patentamt ist verpflichtet, in der Nachricht aus § 11 Abs. 3 Satz 4 (jetzt Satz 3) den Zeitpunkt der Fälligkeit der Patentjahresgebühren oder den Tag des Ablaufs der Sechsmonatsfrist anzugeben, wenn es auf diese Frist ankommt. Der Mangel dieser Angabe macht die Nachricht unwirksam; BPatG 5. 10. 1962, E 3, 6. Ebenso bei unrichtiger Angabe betr. Fälligkeit und Zahlungsfrist; BPatG 21. 6. 1972, Mitt. 1972, 217 = E 14, 9. Die Sechsmonatsfrist berechnet sich nach § 187 Abs. 2 BGB; BGH 28. 10. 1965, E 7, 270, 272 = GRUR 1966, 200. Das Patentamt braucht die Nachricht nur dem in der Patentrolle Eingetragenen zuzustellen; BPatG 4. 10. 1961, E 1, 126, 130 = Bl. 1961, 398. Vgl. aber auch PA 16. 10. 1936, Bl. 1936, 224 betr. abschriftlicher Benachrichtigung eines Pfändungspfandgläubigers oder Lizenznehmers. Handelt es sich um ein noch nicht erteiltes Patent, ist nur dem Anmelder die Nachricht zuzustellen. Ist ein Zusatzpatent vorhanden und an einen anderen übertragen worden, so erhält nur der Inhaber des

Hauptpatents die Benachrichtigung; PA 16. 10. 1930, Mitt. 1931, 80. Wird das Zusatzpatent aber vor Ablauf einer im Hauptpatent gestellten Zahlungsfrist selbständig, muß eine entsprechende Benachrichtigung an den Inhaber des Zusatzpatents ergehen; PA 15. 1. 1925, Bl. 1925, 17. Wegen der Gebührenfrage bei Veräußerung eines Zusatzpatents vgl. § 10 Anm. 10.

Wegen des Erlöschens des Patents vgl. § 12 Anm. 9.

VI. Wiedereinsetzung

Die Vorschrift des § 43 betr. den Rechtsbehelf der Wiedereinsetzung in 13
die versäumte Frist, die nach **gesetzlicher** Vorschrift einen Rechtsnachteil zur Folge hat, ist auch für die Entrichtung der Bekanntmachungsgebühr und der Jahresgebühren anwendbar. Beim Vorliegen der Voraussetzungen des § 43 ist eine Wiedereinsetzung in die in § 11 Abs. 3 genannte Frist von zwei Monaten nach Fälligkeit der Jahresgebühr zur Zahlung der Gebühr ohne Verspätungszuschlag statthaft; auch noch, nachdem die Nachricht gem. § 11 Abs. 3 zugestellt ist; PA 19. 1. 1955, Bl. 1955, 90; vgl. hierzu auch noch PA 16. 5. 1953, Bl. 1953, 261. Wegen der Anwendung der Wiedereinsetzungsvorschrift auf die Sechsmonatsfrist und der Anforderungen an die Sorgfaltspflicht vgl. BGH 28. 10. 1965, E 7, 270, 272, 273.

Antragsberechtigt ist nur der in der Rolle des Patentamts als Patentinhaber Eingetragene oder der materielle Patentinhaber; BPatG 4. 10. 1961, E 1, 126; ebenso Schulte, GRUR 1961, 525, 526. Damit wurde die Auffassung des RPA, daß auch der Pfandgläubiger (9. 2. 1933, Bl. 1933, 30), der Lizenznehmer (1. 3. 1917, Bl. 1917, 32) oder der Arbeitnehmererfinder (12. 8. 1937, Bl. 1937, 56) sachlich legitimiert sei, einen Wiedereinsetzungsantrag zu stellen, aufgegeben. Schon PA 19. 5. 1954, Bl. 1954, 226 hatte dem Angestelltenerfinder das Antragsrecht auf Wiedereinsetzung abgesprochen. Die Auffassung von Lindenmaier, 4. Aufl., § 43 Anm. 6 wird als überholt angesehen.

Im Falle mehrerer Patentinhaber kann jeder einzelne Antrag stellen; PA 20. 2. 1918, MuW XVIII (1918), 18.

Wegen der **Anforderungen** an den Wiedereinsetzungsantrag bei Versäumnis der Gebührenfrist nach § 11 Abs. 3 vgl. PA 16. 5. 1953, Bl. 1953, 261. Wer die Jahresgebühr nicht innerhalb von zwei Monaten nach Fälligkeit entrichtet und es zur Fristsetzung gem. § 11 Abs. 3 kommen läßt, muß auf die Einhaltung dieser Frist besondere Sorgfalt verwenden; PA 16. 5. 1953, a. a. O. Zum Beginn der Zweimonatsfrist des § 43 Abs. 2 bei Versäumnis der Einzahlungsfrist (§ 11 Abs. 3) s. BPatG 1. 12. 1971, E 13, 87 = Mitt. 1972, 32. Wegen des Inhalts des Begriffs »unabwendbarer Zufall«, der die entscheidende Voraussetzung für die Möglichkeit einer Wiedereinsetzung ist, vgl. im einzelnen bei § 43 Anm. 7. BGH 26. 5. 1959, Mitt. 1960, 59 behandelt im Zusammenhang mit der Wiedereinsetzung den Fall, wann bei Zahlung mittels Postscheck das betreffende Konto gedeckt sein muß.

VII. Nachzuentrichtende Jahresgebühren bei in selbständige Anmeldungen umgewandelten Zusatzanmeldungen

13a Für Zusatzanmeldungen gelten gem. Abs. 2 Satz 3 die Bestimmungen der Sätze 1 und 2 (s. Anm. 5) entsprechend mit der Maßgabe, daß in den Fällen, in denen die Anmeldung eines Zusatzpatents als Anmeldung eines selbständigen Patents gilt, die Jahresgebühren wie für eine von Anfang an selbständige Anmeldung zu entrichten sind. Als selbständige Anmeldungen gelten als Zusatzpatent angemeldete Anmeldungen, wenn in den Fällen der §§ 28 a Abs. 2 Satz 5 und 28 b Abs. 4 Satz 2 in der zugehörigen Hauptanmeldung kein Antrag auf Erteilung eines selbständigen Patents gestellt wird. Gelten heißt hier soviel wie: sind zu behandeln, und zwar trotz des bestehenden Antrags auf Erteilung eines Zusatzpatents. Vgl. § 28 a Anm. 4 und Ballhaus in Benkard § 11 Anm. 26.

In der Zwischenzeit angefallene Gebühren sind nachzuentrichten. Im Rechtssinn stellen die nachzuentrichtenden Gebühren eine **einheitliche Gebühr** dar; vgl. BPatG 8. 10. 1964, E 6, 5. Durch die Bestimmung soll verhindert werden, daß unechte Zusatzanmeldungen nur zwecks Gebührenersparnis eingereicht werden; vgl. amtl. Begr. Bl. 1967, 251 r. Sp.

Ferner gilt nach § 28 a Abs. 2 Satz 5 eine als Zusatzpatent angemeldete Anmeldung als Anmeldung eines selbständigen Patents, wenn in einer Zusatzanmeldung ein Recherchenantrag gestellt ist und der Patentsucher nach Aufforderung innerhalb eines Monats für die Hauptanmeldung keinen Recherchenantrag stellt. Das gleiche gilt, wenn bei Stellung eines Prüfungsantrags nach § 28 b Abs. 1 nicht auch ein Prüfungsantrag für die zugehörige Hauptanmeldung gestellt ist oder wird; vgl. § 28 b Abs. 4 Satz 2. Ebenso wirkt ein Verzicht auf das Zusatzverhältnis oder die Nichtanerkennung eines geltend gemachten Zusatzverhältnisses.

Als **Fälligkeitstag für die nachzuentrichtenden, bereits aufgelaufenen Jahresgebühren** ist – falls die Zusatzanmeldung erst nach Beginn des dritten Patentjahres in eine selbständige Anmeldung umgewandelt ist – der Tag des Eingangs der Erklärung anzusehen, mit dem die Erteilung eines selbständigen Patents wirksam beantragt wird; Prüf.-Richtl. VI 2. Der Anmelder hat von diesem Zeitpunkt an zwei Monate Zeit, die Gebühren ohne Zuschlag zu zahlen; nach deren Ablauf setzt das Mahnverfahren nach § 11 Abs. 3 ein. Diese Regelung gilt auch dann, wenn die Erklärung auf Erteilung eines selbständigen Patents abgegeben wird, weil kein Recherchen- oder Prüfungsantrag in der Hauptanmeldung gem. § 28 a Abs. 2 Satz 2 gestellt wird; **Fälligkeitstag** ist der Eingang der Erklärung; so auch die erwähnten Richtlinien. Diese Handhabung ist auch dann anzuwenden, wenn die Hauptanmeldung wegen Zurücknahme, Zurückweisung oder Versagung im Einspruchsverfahren fortgefallen und in der Zusatzanmeldung Erteilung eines selbständigen Patents beantragt ist, oder wenn von der Prüfungsstelle oder Patentabteilung das geltend gemachte Zusatzverhältnis nicht anerkannt wird und daraufhin der Anmelder die Erklärung auf Erteilung eines selbständigen Patents abgibt.

Wird aber die Frage erst **im Beschwerdeverfahren** unter Anerkennung der erstinstanzlichen Auffassung entschieden, so beginnt die Zweimonatsfrist mit dem Tag der Verkündung oder der Zustellung der Entscheidung an den Anmelder. Hilft die erste Instanz der Beschwerde gem. § 36 l Abs. 4 ab, weil inzwischen Antrag auf Erteilung eines selbständigen Patents gestellt wurde, so beginnt die Zweimonatsfrist mit der Zustellung des Abhilfebeschlusses.

Werden **vor dem 1. 10. 1968 eingegangene Zusatzanmeldungen** in eine selbständige Anmeldung umgewandelt, so werden nur Gebühren für Patentjahre fällig, die nach dem 30. 9. 1968 zu laufen begonnen haben; die Gebühren für die übrigen Patentjahre werden erst mit der Patenterteilung fällig.

Die spätere Fälligkeit der laufend anfallenden Jahresgebühren – jeweils bei Beginn jedes folgenden Jahres nach dem auf die Anmeldung folgenden Tag – wird durch die besondere Fälligkeit der nachzuentrichtenden Jahresgebühren nicht berührt.

VIII. Jahresgebühren bei Ausscheidungsanmeldungen

Für Ausscheidungsanmeldungen (entstanden wegen Nichteinheitlichkeit, **13b**
s. § 26 Anm. 27, wegen unzulässiger Erweiterung, s. § 26 Anm. 96, wegen »Teilung«, s. § 26 Anm. 33–37) sind Jahresgebühren zu zahlen, sofern nicht etwa eine Ausscheidung wegen unzulässiger Erweiterung vorliegt, für die Behandlung als Zusatzanmeldung zur Stammanmeldung mit Erfolg beantragt ist. Hat bei der Ausscheidung schon das 3. Patentjahr begonnen, so ist **Fälligkeitstag** für die bereits angefallenen Jahresgebühren, mit dem die Zweimonatsfrist beginnt, der Eingangstag der Ausscheidungserklärung; BPatG 21. 6. 1972, E 14, 9; BPatG 29. 11. 1971, E 13, 47. Des weiteren ist die Handhabung wie beim Selbständigwerden von Zusatzanmeldungen, s. Anm. 13 a. Wegen der Fälligkeit der Jahresgebühren in nach Art. 7 § 1 Abs. 2 PatÄndG zu behandelnden **Alt-Anmeldungen** vgl. Prüf.-Richtl. VII 2 i. Vgl. hierzu Zeller, Mitt. 1971, 44 (Fälligkeit aufgelaufener Jahresgebühren bei Ausscheidungsanmeldungen).

Eine für die Stammanmeldung abgegebene Lizenzbereitschaftserklärung löst auch für das Trennverfahren die Rechtsfolge der Ermäßigung der Jahresgebühren aus; BPatG 28. 4. 1972, E 13, 159.

E. Zahlungserleichterungen

I. Allgemeines

14 Nur bei der Bekanntmachungsgebühr und den Jahresgebühren besteht die Möglichkeit einer Zahlungserleichterung nach § 11. Wegen Gebührenstundung bei Lizenzbereitschaft vgl. § 14. Zu unterscheiden ist zwischen **Hinausschiebung der Zahlungsnachricht** und eigentlicher **Stundung.** Dazu treten der **Erlaß von Gebühren** und die **Erstattung von Auslagen** im Fall von Lizenzbereitschaft. Gemeinsam gilt für die Hinausschiebung der Zahlungsnachricht und die Stundung gem. Abs. 5, daß die Vergünstigung bei jeder Jahresgebühr zulässig ist, daß sie nur dem Patentinhaber, nicht aber einem Lizenznehmer, Nießbraucher oder sonstigen Beteiligten zustatten kommen kann, und daß geleistete Teilzahlungen verfallen, wenn das Patent infolge Nichtzahlung des Restbetrages erlischt (Abs. 6).

Als **Antragsteller** kommt nur der als Patentinhaber in der Patentrolle Eingetragene in Betracht. Bei mehreren Patentinhabern oder Anmeldern kommt die Bewilligung von Zahlungserleichterungen nur dann in Frage, wenn bei allen von ihnen die Voraussetzungen für die Nichtzumutbarkeit der Zahlung oder für die Bedürftigkeit erfüllt sind; PA 23. 4. 1937, Bl. 1937, 91; Ballhaus in Benkard § 11 Anm. 42. Sollte nur einem von ihnen die Zahlungserleichterung bewilligt worden sein, so würden die anderen gem. den gesetzlichen Bestimmungen ihrer Rechte verlustig gehen, falls sie die Zahlung der Gebühren nicht leisten; Damme/Lutter, S. 347, 527.

II. Antrag auf Hinausschiebung der Nachricht

1. Allgemeines

15 Der Anmelder oder Patentinhaber kann beantragen, daß die Absendung der Nachricht gem. Abs. 3 Satz 3 hinausgeschoben wird; er muß aber nachweisen, daß ihm die Zahlung nach Lage seiner Mittel z. Z. nicht zuzumuten ist; Abs. 4 Satz 1. Der Antrag auf Hinausschiebung der Absendung der Nachricht ersetzt die Entrichtung der Gebühr nicht, sondern verzögert nur die Folgen einer nicht rechtzeitigen Zahlung; BPatG 15. 6. 1964, E 5, 88, 89.

Die Hinausschiebung der Nachricht betr. die Zahlung ist im Gesetz nur für Jahresgebühren vorgesehen, denn die Zahlung der Bekanntmachungsgebühr ist im § 31 ganz eindeutig geregelt. Deshalb kann der Auffassung von Reimer (§ 11 Anm. 25), die Vorschrift des § 11 Abs. 4 sei auch für die Zahlung der Bekanntmachungsgebühr anwendbar, nicht gefolgt werden. Die Möglichkeit einer Hinauszögerung würde dem Abschluß bzw. dem Fortgang des Verfahrens im Wege stehen; ebenso Ballhaus in Benkard § 31 Anm. 5. PA 12. 11. 1958, Bl. 1959, 9 betrifft den Fall, daß die Zahlung einer Bekanntmachungsgebühr auf Grund der Bestimmung in § 11 Abs. 7 wegen Bedürftigkeit gestundet war.

2. Antragstellung und Unzumutbarkeitsnachweis

Der Antrag auf Hinausschiebung der Nachricht ist vom Anmelder oder Patentinhaber **vor** Zustellung der Nachricht zu stellen. Es ist i. S. von § 294 ZPO glaubhaft zu machen, daß die Zahlung nach Lage der Mittel des Antragstellers **zur Zeit nicht zumutbar** ist; PA 23. 4. 1941, Mitt. 1941, 122. Das ist dann der Fall, wenn die Zahlung für den Anmelder bzw. Patentinhaber eine unbillige Härte darstellen würde. Auch **vorübergehende Zahlungsschwierigkeiten** sind zu berücksichtigen. Rein wirtschaftliche Überlegungen betr. die Aufrechterhaltung des Schutzrechts greifen nicht durch; PA 15. 2. 1938, Mitt. 1938, 114. Bei mehreren Anmeldern bzw. Patentinhabern müssen alle die Voraussetzungen der angeblichen Unzumutbarkeit erfüllen; PA 23. 4. 1937, Bl. 1937, 91. Wegen sinngemäßer Anwendung des § 114 Abs. 4 ZPO zugunsten juristischer Personen kann auch PA 25. 4. 1956, Bl. 1956, 268 herangezogen werden. 16

Der **Beweis** kann durch alle üblichen Beweismittel, wie Zeugnisse von Behörden, eidesstattliche Versicherungen, Einreichung von Bilanzen u. dgl., geführt werden. Die Anforderungen (unbillige Härte, vorübergehende Zahlungsschwierigkeiten) sind geringer als beim Bedürftigkeitsnachweis. Der Nachweis kann auch noch innerhalb einer hierfür gewährten Fristverlängerung oder in der Beschwerdeinstanz gebracht werden; PA 30. 6. 1899, Bl. 1900, 17; PA 2. 6. 1911, Bl. 1911, 215.

Ein erneuter Antrag auf weitere Hinausschiebung der Nachricht muß zumindest vor Absendung derselben beim Patentamt eingehen, denn die Absendung kann nicht mehr verzögert werden, wenn sie bereits erfolgt ist; BPatG 14. 2. 1962, E 1, 13, 14, 15. Die Absendung einer Nachricht gem. § 11 kann unter besonderen Umständen (z. B. bei DDR-Bewohnern) wiederholt hinausgeschoben werden, auch wenn die bei einer vorausgegangenen Hinausschiebung bewilligte Frist versäumt worden ist; PA 20. 10. 1955, Bl. 1955, 390.

3. Zuständigkeit für die Entscheidung

17 Zuständig für die Entscheidung über den Antrag ist die Patentverwaltungsabteilung. Bei positiver Entscheidung erfolgt Hinausschiebung der Absendung der Nachricht gem. Abs. 3 Satz 3. Damit sind die Rechtsfolgen der Nichtzahlung zunächst aufgehoben.

Nach Abs. 6 Satz 1 muß die hinausgeschobene Nachricht gem. Abs. 3 Satz 3 aber spätestens zwei Jahre nach Fälligkeit der Gebühr abgesandt werden. Ballhaus weist mit Recht in Mitt. 1962, 44 darauf hin, daß die Nachholung oder Wiederholung (s. Anm. 18) der Benachrichtigung (§ 11 Abs. 6) nur zur Klärung dient, ob das Patent für die Zukunft fortbestehen kann.

4. Anordnung von Teilzahlungen

17a Nach Abs. 4 Satz 2 kann das Patentamt die Hinausschiebung der Nachricht davon abhängig machen, daß innerhalb bestimmter Fristen Teilzahlungen geleistet werden. Im einzelnen vgl. bei Anm. 19.

III. Stundung gem. Abs. 5

1. Antrag und Voraussetzung

18 Die Stundung der Zahlung der Jahresgebühren nach Abs. 5 ist von der Stundung nach Abs. 7 (bei Bedürftigkeit und auch für Bekanntmachungsgebühr) zu unterscheiden; vgl. hierzu BPatG 15. 6. 1964, E 5, 88, 89 unter 2. Eine Stundung bedeutet, daß die Wirkung einer Nichtzahlung hinausgeschoben wird; PA 17. 3. 1955, Mitt. 1955, 58. Eine schon gezahlte Gebühr kann nicht nachträglich gestundet werden; PA 17. 3. 1955, a. a. O.

Die Bestimmung gem. Abs. 5 ermöglicht dem Anmelder bzw. Patentinhaber, dem die Gebührenzahlung nach Lage seiner derzeitigen Mittel nicht zuzumuten ist, auch noch nach Zustellung der Zahlungsnachricht das Erlöschen des Patents abzuwenden, wenn er **binnen zwei Wochen** nach der Zustellung den Antrag auf Stundung der Gebühr und des tariflichen Zuschlags stellt und seine bisherige Säumnis genügend entschuldigt. Innerhalb der 14-Tage-Frist muß auch der »Nachweis, daß die Zahlung nicht zuzumuten ist«, mindestens angetreten, d. h. die Tatsachen und Beweismittel müssen angegeben sein; BPatG 7. 8. 1969, E 11, 21, 22. A. M. Neumar in Reimer § 11 Anm. 30. Das Patentamt kann dann noch, ohne oder mit Bewilligung von Teilzahlungen, **Stundung** gewähren. Der Stundungsantrag kann mehrmals gestellt werden; er muß aber vor Ablauf der letzten Stundungsfrist eingehen; BPatG 14. 2. 1962, E 1, 13, 14, 15. Nach BPatG 16. 11. 1962, E 2, 175 kann aber auch ein nach Ablauf der Stundungsfrist erneut eingehendes Stundungsgesuch berücksichtigt werden, sofern es vor Zustellung der Nachricht gem. § 11 Abs. 5 Satz 3 eingegangen ist. Wegen möglicher Wiedereinsetzung in die versäumte Zweiwochenfrist vgl. PA 12. 8. 1937, MuW 1937, 358 = Mitt. 1937, 299 und Anm. 13.

Die Stundung nach Abs. 5 kann nur **längstens auf zwei Jahre nach Fälligkeit** erstreckt werden, da dann die **erneute Zahlungsnachricht gem. Abs. 6** unter allen Umständen abgesandt werden muß; PA 15. 1. 1938, MuW 1938, 227. Wie im Fall der Hinausschiebung (Abs. 4) ist – wenn ein gestundeter Betrag nicht rechtzeitig entrichtet wird – vom Patentamt die Nachricht zu wiederholen, wobei der **gesamte Restbetrag** eingefordert wird; Abs. 5 Satz 3. Nach Zustellung dieser Nachricht ist eine weitere Stundung derselben Jahresgebühr ausgeschlossen; Abs. 5 Satz 4.

Nach der Begründung zur VO, DJ 1934, 45, durch die Abs. 5 in § 11 eingefügt worden ist, sollen sich die Absätze 4 und 5 gegenseitig ausschließen. Wenn aber lediglich versäumt worden ist, rechtzeitig vor Absendung der Nachricht gem. Abs. 4 erneut Antrag auf Hinausschiebung derselben zu stellen, kann ein Antrag auf Stundung von Patentjahresgebühren gem. § 11 Abs. 5 noch zugelassen werden; BPatG 14. 2. 1962, E 1, 13, 14, 15.

Für die Stundung patentamtlicher Gebühren zugunsten juristischer Personen ist § 114 Abs. 4 ZPO sinngemäß anzuwenden; PA 25. 4. 1956, Bl. 1956, 268. Eine von der Patentabteilung zugebilligte Gebührenstundung ist nicht deshalb wirkungslos, weil die Stundung nicht mehr zulässig gewesen ist. Sie kann auch nicht mit rückwirkender Kraft aufgehoben werden; PA 4. 1. 1954, Bl. 1954, 48.

2. Teilzahlungen

Nach Abs. 5 Satz 2 kann die Stundung auch unter Auferlegung von Teilzahlungen bewilligt werden. Teilzahlungen können z. B. in Höhe der Hälfte oder eine Viertels der Jahresgebühr über ein Jahr verteilt werden. Bei nicht rechtzeitiger Leistung der Teilzahlung wird der Restbetrag unter Wiederholung der Nachricht eingefordert (Zahlungsfrist innerhalb eines Monats nach Zustellung). Der tarifmäßige Zuschlag von 10 % ist ebenfalls zu zahlen und wird von der gesamten Summe, nicht nur von dem Restbetrag erhoben; Sennewald, Mitt. 1932, 6. Geleistete Teilzahlungen werden nicht erstattet, wenn wegen Nichtzahlung des Restbetrages das Patent erlischt (§ 12) oder die Anmeldung als zurückgenommen gilt (§ 35 Abs. 3), Abs. 6 Satz 2. 19

IV. Stundung und Erlaß von Gebühren gem. Abs. 7

1. Allgemeines betr. Stundung

20 Wenn der Anmelder oder Patentinhaber seine Bedürftigkeit nachweist, können ihm die Gebühren für die Bekanntmachung und für das dritte bis neunte Jahr bis zum Beginn des zehnten gestundet werden; Abs. 7, erster Halbsatz.

Durch das Patentgesetz von 1936 war der Zeitraum für die Möglichkeit der Gebührenstundung bis zu Beginn des 7. Jahres ausgedehnt worden; vordem war eine Stundung nur für die beiden ersten Jahre möglich gewesen. Durch das Gesetz von 1968 ist der Zeitraum bis zu Beginn des 9. Jahres erstreckt worden. Dies wurde wegen der Vorverlegung des Fälligkeitszeitpunktes für die Entrichtung der Patentjahresgebühren veranlaßt. Wirtschaftlich schwächeren Einzelerfindern soll diese erhebliche finanzielle Belastung so lange abgenommen werden können, bis sich die wirtschaftliche Bedeutung der Erfindung übersehen läßt; Begr. Reg. Entw. Teil B zu Art. 1 zu Nr. 3, Bl. 1967, 252.

2. Stundung der Bekanntmachungsgebühr

21 s. bei § 31 Anm. 4.

3. Stundung der Jahresgebühren

22 Durch die Stundung einer Gebühr werden im Patentrecht die Wirkungen einer Nichtzahlung derselben hinausgeschoben; PA 17. 3. 1955, Bl. 1955, 296 = Mitt. 1955, 58. Eine schon gezahlte Gebühr kann nicht nachträglich gestundet werden; PA 17. 3. 1955, a. a. O. Gegen einen die Stundung ablehnenden Beschluß ist die gebührenfreie Beschwerde aus § 36 l Abs. 1 zulässig. Antragsberechtigt ist nur der Anmelder oder ein eingetragener Patentinhaber, nicht aber der ausschließliche Lizenznehmer; PA 9. 4. 1934, Bl. 1934, 162. Der **Stundungsantrag** muß **spätestens** vor Ablauf der für die Zahlungsanmahnung maßgeblichen Frist (Abs. 3 Satz 3) gestellt werden.

4. Bedürftigkeit

23 Nach PA 18. 2. 1905, Bl. 1905, 99 liegt Bedürftigkeit vor, wenn dem Antragsteller »im Hinblick auf seine Vermögensverhältnisse im allgemeinen die Gebührenzahlung **schwerfällt**«, insbesondere, wenn ihm die Zahlung »Opfer in seiner sonstigen Lebensführung« auferlegen würde. Nach dieser Entscheidung soll die Höhe der zu stundenden Gebühr nicht als Maßstab für die Bedürftigkeit angenommen werden. Die Allgemeinheit des Be-

griffs der Bedürftigkeit lasse dem freien Ermessen vollen Spielraum. PA 23. 4. 1941, Mitt. 1941, 122 fordert konkrete Tatsachen für die Begründung der Stundung. Das **eigene** Unvermögen sei nachzuweisen. Die wirtschaftlichen Verhältnisse (**Netto**einkommen, Zahl der zu unterhaltenden Personen, etwaige Schulden) seien näher zu erläutern. Mindestens sei eine eidesstattliche Versicherung abzugeben. Vgl. evtl. auch noch PA 7. 5. 1937, Mitt. 1937, 180.

Bei einer **Gemeinschaft von Anmeldern** bzw. von Patentinhabern müssen alle bedürftig sein; PA 23. 4. 1937, Bl. 1937, 91; PA 9. 6. 1934, Bl. 1934, 162. Die vorliegende Bedürftigkeit kann nach Fristablauf glaubhaft gemacht werden; PA 2. 6. 1911, Bl. 1911, 215.

5. Bewilligung der Stundung

Die bewilligte Stundung gilt nur für die Person des Antragstellers, nicht auch für einen etwaigen Rechtsnachfolger. 24

Wird dem Anmelder auf einen während der Zweimonatsfrist gestellten Antrag Stundung der ersten Jahresgebühr bewilligt, so beginnt bei Eintritt des Stundungstermins die Zweimonatsfrist von neuem zu laufen. Während dieses Zeitraums kann die erste Jahresgebühr ohne Zuschlag gezahlt werden; PA 20. 9. 1934, Bl. 1934, 237. War die Zweimonatsfrist bei Antragstellung aber schon verstrichen, so ist nach beendigter Stundung die Nachricht gem. Abs. 3 Satz 3 abzusenden. Zuständig für die Stundung ist die Patentverwaltungsabteilung.

6. Widerruf der Stundung

Bei Besserung der wirtschaftlichen Verhältnisse des Anmelders bzw. Patentinhabers ist Widerruf der Stundung möglich. Gegebenenfalls ist auch nochmalige Stundung zulässig. 25

7. Erlaß der Gebühren

Wenn die Anmeldung zurückgenommen wird oder das Patent innerhalb der ersten zehn Jahre erlischt, können die gestundeten Gebühren erlassen werden; Abs. 7, 2. Halbsatz. Voraussetzung ist, daß die Bedürftigkeit fortbesteht. Dies hat der Patentinhaber beim **Antrag auf Erlaß der Gebühren** glaubhaft zu machen, insbesondere dann, wenn seinerseits Prüfungsantrag gestellt sein sollte. 26

Nach der Amtsübung werden – falls der Fortbestand der Bedürftigkeit glaubhaft erscheint – die gestundeten Gebühren niedergeschlagen.

F. Auslagenerstattung bei Patenterteilung (Abs. 8)

I. Voraussetzungen

27 Nach Abs. 8 Satz 1 kann, falls ein **Patent erteilt** ist, zugunsten eines **bedürftigen** Anmelders, der eine **Lizenzbereitschaftserklärung** (§ 14 Abs. 1) abgegeben hat oder abgibt, angeordnet werden, daß ihm die **angemessenen Auslagen** für Zeichnungen, Modelle und Gutachten, deren Beibringung im Erteilungsverfahren notwendig war, aus der Bundeskasse zu erstatten sind. Ein Erstattungsgesuch muß innerhalb von **sechs Monaten** nach Erteilung des Patents angebracht werden; Abs. 8 Satz 2.

Antragsberechtigt ist nur der das Patent noch innehabende Anmelder, nicht etwa ein späterer Erwerber. Wegen des Begriffs Bedürftigkeit und des Nachweises der Bedürftigkeit s. Anm. 23.

Was als angemessene Auslagen anzusehen ist, entscheidet das Patentamt (Patentverwaltungsabteilung) in Würdigung aller Umstände im Rahmen des beschwerdefähigen Beschlusses über den Antrag.

Gem. Abs. 8 Satz 3 ist die erfolgte Erstattung in der Patentrolle (§ 24 Abs. 1) zu vermerken.

II. Rückerstattung

28 Ändern sich die wirtschaftlichen Verhältnisse des Patentinhabers nach erfolgter Erstattung zu seinen Gunsten und erscheint es nach den Umständen gerechtfertigt, soll das Patentamt gem. Abs. 8 Satz 4 anordnen, daß der erstattete Betrag **ganz oder teilweise** zurückzuerstatten ist. Da es sich um eine Verpflichtung des Patentamts handelt, wird es in zweckentsprechender Weise die wirtschaftliche Lage des Patentinhabers beachten müssen. Anzeichen für eine günstigere Gestaltung können z. B. eine Veräußerung des Patents mit Rollenumschreibung oder ein Antrag auf Festsetzung einer angemessenen Vergütung für die Benutzung der Erfindung sein. Angeordnete Rückzahlungen werden gem. Abs. 8 Satz 5 als Zuschlag zu den Patentjahresgebühren festgesetzt und als Teil dieser behandelt. Gegenüber dem Patentamt zur Zahlung verpflichtet ist der jeweils eingetragene Patentinhaber; das ergibt sich auch daraus, daß die Rückerstattung in der Patentrolle zu vermerken und der Rückerstattungsbetrag der Jahresgebühr zuzuschlagen ist. An die Unterlassung der Entrichtung der den Jahresgebühren zugefügten Zuschläge knüpfen sich dieselben Rechtsfolgen wie an die Nichtbezahlung der Jahresgebühren, also gegebenenfalls der tarifmäßige Zuschlag auf die erhöhte Jahreszahlung und das Erlöschen des Patents.

G. Vorauszahlung von Gebühren (Abs. 9 Satz 1)

Nach Abs. 9 Satz 1 können die Gebühren vor Eintritt der Fälligkeit gezahlt werden. Diese Möglichkeit soll die Folgen einer nicht rechtzeitigen oder verspäteten Zahlung verhindern. Die Höhe der vorausgezahlten Gebühren richtet sich nach dem gerade gültigen Tarif. Spätere Änderungen des Tarifs (in beiden Richtungen) bleiben unberücksichtigt; PA 26. 5. 1926, Bl. 1926, 148; PA 27. 8. 1932, Mitt. 1932, 255. Es sei denn, es werden ausdrücklich abweichende gesetzliche Bestimmungen getroffen; vgl. z. B. 5. ÜG § 13 Nr. 4, der nur die vor Inkrafttreten des Gesetzes fällig werdenden Gebühren von der Zuschlagzahlung ausnimmt. Deshalb war die Zuschlaggebühr auch für nach Inkrafttreten des 5. ÜG fällig gewordene Patentjahresgebühren zu zahlen, obgleich diese vor dem Stichtag vorausgezahlt waren; PA 12. 11. 1953, Bl. 1953, 420. Wegen der Höhe des Verspätungszuschlages in derartigen Fällen vgl. PA 18. 2. 1954, Bl. 1954, 96 = GRUR 1954, 162. Aus rechtsstaatlichen Gründen sind rückwirkend belastende Gesetze grundsätzlich nicht zulässig. Wegen zulässiger Ausnahmen vgl. BVerwG 6. 10. 1960, Bl. 1961, 9. Wegen der Anrechnung von Vorauszahlungen bei Währungsumstellungen vgl. PA 12. 8. 1953, Bl. 1953, 344. 29

H. Rückzahlung nicht fällig gewordener Gebühren (Abs. 9 Satz 2)

Wird auf das Patent verzichtet oder wird es für nichtig erklärt oder wird die Anmeldung zurückgenommen oder zurückgewiesen, so sind nicht fällig gewordene, vorausgezahlte Gebühren gem. Abs. 9 Satz 2 zurückzuzahlen. Gegenüber der Gesetzesfassung von 1961 sind in die Fassung von 1968 nur die Worte mit Bezug auf die Anmeldung eingefügt, weil für diese Jahresgebühren zu entrichten sind. 30

Jahresgebühren können – unabhängig von dem Zeitpunkt ihrer Zahlung – dann nicht zurückgefordert werden, wenn sie vor dem Wirksamwerden einer die Anmeldung endgültig zurückweisenden oder das Patent endgültig versagenden Entscheidung fällig geworden sind; BPatG 13. 2. 1970, E 11, 200, 202. Demgegenüber ist in BPatG 2. 12. 1971, Mitt. 1972, 236 ausgesprochen worden, daß eine entrichtete Jahresgebühr dann zurückzuzahlen ist, wenn zum Zeitpunkt der Zahlung der Gebühr keine gebührenpflichtige Anmeldung mehr vorhanden ist, und zwar auch dann, wenn zum Zeitpunkt der Fälligkeit die Anmeldung noch anhängig war. Keine Erstattung einer fälligen Patentjahresgebühr, die zwischen Nichtigkeitsurteil und Ablauf der Berufungsfrist gezahlt worden ist; PA 22. 8. 1931, Mitt. 1931, 308. Erlischt ein Patent wegen Nichtzahlung einer Jahresgebühr, so kann eine Erstattung der nach dieser Jahresgebühr fällig gewordenen, aber vor Erlöschen des Patents entrichteten Jahresgebühren nicht verlangt werden; BPatG 8. 9. 1971, Bl. 1972, 283 (Leitsatz) = E 13, 12. Nur unter den im Gesetzestext angeführten Voraussetzungen kann die Rückzahlung erfolgen; BPatG 10. 5. 1962, E 2, 17. Da sich der Fälligkeitstag der Jahresgebühr nicht auf den nächsten Werktag verschiebt, wenn der gem. § 11 Abs. 1 errechnete Fälligkeitstag auf einen Sonnabend oder dgl. fällt (s. Anm. 7), kann eine vorzeitig gezahlte Jahresgebühr nicht zurückgezahlt werden, wenn die Patentanmeldung erst an dem auf den Zeitpunkt der Fälligkeit folgenden Werktag zurückgenommen wird; BPatG 10. 10. 1969, E 11, 23; BPatG 3. 12. 1970, Bl. 1972, 262, 263. Gegebenenfalls ist aber unverzügliche Anfechtung wegen Erklärungsirrtum (§ 119 Abs. 1 BGB) möglich; BPatG 29. 11. 1961, Bl. 1962, 70, 71; BPatG 10. 5. 1962, a. a. O., 19. Irrtum über den erteilten Auftrag ist Motivirrtum und berechtigt nicht zur Anfechtung; BPatG 3. 12. 1970, a. a. O.

Aus dem Gesetzestext ergibt sich eindeutig, daß auch im Falle der an sich ex tunc wirkenden Nichtigerklärung nur nicht fällig gewordene vorausgezahlte Jahresgebühren zurückzuzahlen sind.

I. Gebühren

I. Höhe der Gebühr

31 Das **Gesetz über die Gebühren** des Patentamts und des Patentgerichts vom 9. 5. 1961, Bl. 1961, 201 wurde durch das PatÄndG vom 4. 9. 1967 (Art. 4) geändert und in der alten Fassung aufgehoben. Jetzt gilt das Gebührengesetz vom 2. 1. 1968, Bl. 1968, 44. Die Gebühr für die Bekanntmachung und die Jahresgebühren (§ 1 A Nr. 2 und 3) blieben unverändert.

II. Zahlung der Gebühren

32 Auf Grund der im Art. 2 a GebG n. F. enthaltenen Ermächtigung hat der Bundesminister der Justiz Bestimmungen darüber erlassen, welche Zahlungsformen der Barzahlung gleichgestellt werden. Dementsprechend erging die **VO über die Zahlung der Gebühren** (GebZahlVO) des DPA und des BPatGer vom 5. 9. 1968, Bl. 1968, 280. Abgesehen von redaktionellen Änderungen ist die frühere VO vom 9. 5. 1961, Bl. 1961, 204 nur bezüglich des § 3 wesentlich geändert worden, in dem bestimmt ist, welcher Tag als **Einzahlungstag** bei der Entrichtung der Gebühren gilt. Die bisherige Regelung erforderte manchmal schwierige Ermittlungen. Da nunmehr auch in der Amtskasse des DPA eine elektronische Datenverarbeitungsanlage

eingesetzt wird, erforderte dies eine einheitliche Regelung für die Festsetzung des Einzahlungstages. Im einzelnen vgl. unter IV. Nach Mitt. Präs. 23. 2. 1968, Bl. 1968, 81 sind aus organisatorischen Gründen Einzahlungen **der Patentjahresgebühren gesondert von anderen Gebühren** zu entrichten. Aktenzeichen bzw. Patentnummer sind anzugeben; Mitt. Präs. 13. 2. 1965, Bl. 1965, 81. Bei Gebührenzahlungen ist die Gebührenart und die Patentakten-Prüfziffer (Ziffer des Aktenzeichens der Patentanmeldung nach dem Punkt) anzugeben; Mitt. Präs. 16. 7. 1971, Bl. 1971, 233.

III. Zahlungsmittel und Zahlungsart

Nach § 1 GebZahlVO können die Gebühren des Patentamts und des Patentgerichts außer durch Barzahlung entrichtet werden: Durch Übergabe oder Übersendung von Gebührenmarken (Bekm. BJM 22. 3. 1955, Bl. 1955, 134; Mitt. Präs. 2. 11. 1963, Bl. 1964, 365), von Schecks, die auf ein Kreditinstitut im Geltungsbereich dieser VO gezogen und nicht mit Indossament versehen sind, von Postschecks und Postüberweisungsaufträgen an ein Postscheckamt im Geltungsbereich dieser VO. Durch Überweisung oder Postscheck. Mit Zahlkarte oder Postanweisung. Bei Zahlung mittels Gebührenmarken können nur die **Gebührenmarken des DPA**, nicht Gerichtskostenmarken der Bundesländer verwendet werden; BPatG 6. 5. 1970, E 11, 283. 33

Sofern nicht Gebührenmarken verwendet werden, sind die Gebühren an die Zahlstelle des DPA oder die Zahlstelle der Dienststelle Berlin des DPA zu entrichten; § 2 GebZahlVO.

Wegen der erwünschten Zahlungsweise der Jahresgebühren vgl. Mitt. Präs. vom 12. 8. 1968, Bl. 1968, 276. Aus der Aufstellung der Zahlungsmittel ergibt sich, daß Zahlung mittels **Wechsels** nicht zugelassen ist; vgl. auch Präs. 28. 2. 1928, Bl. 1928, 34. Nur unterschriebene Schecks bewirken eine gültige Zahlung; PA 14. 3. 1938, Mitt. 1938, 149. Auf etwa anfallende Bankgebühren muß der Zahlungsverpflichtete bei der Anweisung Rücksicht nehmen, da diese vom DPA nicht getragen werden; Präs. 30. 6. 1952, Bl. 1952, 312 und 22. 10. 1952, Bl. 1952, 417. Bei Zahlungen in fremder Währung müssen etwaige Kursschwankungen berücksichtigt werden; Sennewald, Mitt. 1932, 2, 6.

IV. Einzahlungstag

Gegenüber den früheren Bestimmungen betr. den Einzahlungstag sind 34
diese gem. § 3 GebZahlVO vom 5. 9. 1968, Bl. 1968, 280, in zweifacher Hinsicht wesentlich geändert worden; vgl. Mitt. Präs. vom 4. 9. 1968, Bl. 1968, 275. Gem. Neuregelung ist danach zu beachten:

Bei Überweisung auf das **Postscheckkonto** oder bei Einzahlung durch Postscheck gilt nunmehr als Einzahlungstag der Tag, der sich aus dem **Tagesstempelabdruck** des Postscheckamts, bei dem der Einzahler sein Konto hat, ergibt (§ 3 Nr. 3 GebZahlVO).

Bei Überweisung auf das **Girokonto bei der Deutschen Bundesbank** gilt nach der Neufassung der Tag als Einzahlungstag, an dem der Betrag auf dem Konto der Zahlstelle des DPA oder der Zahlstelle der Dienststelle Berlin des DPA gutgeschrieben wird (§ 3 Nr. 6 GebZahlVO).

Die Bestimmungen über die Entrichtung von Gebühren aus einem anderen Währungsgebiet sind den neuen Regelungen angepaßt (§ 3 Nr. 5 GebZahlVO).

Zur Vermeidung von Rechtsnachteilen wird empfohlen, bei Benutzung der obengenannten Zahlungsarten die **Zahlung nicht auf den letzten Tag einer Frist zu verlegen.** Die Möglichkeit, mit Zahlkarte oder Postanweisung oder durch Übersendung eines Schecks (ggf. Einwurf in den Nachtbriefkasten des DPA) fristwahrend zu zahlen, besteht nach wie vor.

Die Vorverlegungen des Einzahlungstages auf frühere Zeitpunkte, die ein Entgegenkommen gegenüber dem Anmelder bzw. Patentinhaber darstellten, sind somit fortgefallen. Jeder Zahlungspflichtige wird die Dienstzeiten der in Anspruch genommenen Post- oder Bankdienststellen in Rechnung stellen und sich unter gegebenen Verhältnissen der Gebührenmarken bedienen müssen.

Die frühere Rechtsprechung, soweit sie sich auf »vorverlegte Eingangstage« bezieht, ist damit überholt; z. B. PA 17. 3. 1955, Mitt. 1955, 59. Auch BGH 26. 5. 1959, Mitt. 1960, 59 dürfte nicht mehr anwendbar sein, denn wenn der Buchungstag nach dem letzten Tag der Zahlungsfrist liegt, ist die Zahlung verspätet.

Die Einrichtung von Guthaben-Konten bei der Kasse des PA ist seit 1917 abgeschafft; Sennewald, Mitt. 1932, 2, 6. Es ist aber möglich, einem ursprünglich für einen anderen Zweck vorausgezahlten Betrag den anfallenden Gebührenbetrag zu entnehmen, sofern entsprechende ausdrückliche Erklärungen des Berechtigten innerhalb der betreffenden Gebührenfrist vorliegen; PA 29. 11. 1928, Bl. 1928, 301; Sennewald, a. a. O. Zur Frage der Einzahlung in nicht deutsche Postanstalten vgl. PA 14. 10. 1914, MuW 1915, 160.

V. Zahlungen mit Vorbehalt

35 Zahlungen mit Vorbehalt sind rechtlich unwirksam; PA 26. 5. 1926, Bl. 1926, 148; PA 17. 3. 1955, Bl. 1955, 296 = Mitt. 1955, 58; Sennewald, Mitt. 1932, 2, 6. Vgl. auch Ballhaus in Benkard § 11 Anm. 14; Reimer § 11 Anm. 15.

VI. Anfechtbarkeit von Zahlungen

36 Die Zahlung einer **Patentjahresgebühr** kann wegen Irrtums angefochten werden; BPatG 29. 11. 1961 E 1, 25, 27 = Bl. 1962, 70, 71; BPatG 10. 5. 1962, E 2, 17, 19. Die **Anmeldegebühr** kann nicht zurückgezahlt werden, auch nicht bei umgehender Zurücknahme oder bei Anfechtung wegen Irrtums; PA 30. 6. 1936, Bl. 1936, 202.

VII. Beitreibung von Gebühren

37 Die Einziehung von Gebühren ist in der JustizbeitreibungsVO vom 11. 3. 1937 (BGBl. III 365–1) geregelt, die nach ihrem § 1 Abs. 5 auch für Gebühren des DPA zuständig ist; BPatG 11. 4. 1972, E 13, 163, 166.

Aufgrund der Kostenverpflichtung des § 4 VwKostVO kommen für eine Beitreibung von Gebühren nur solche in Betracht, für die nicht bestimmte Folgen für den Fall der Nichtzahlung (Fiktion der Zurücknahme im Fall von § 11 Abs. 3 und 4) gesetzlich bestimmt sind. Anders ist es für Gebühren, deren Zahlung nur hinausgezögert oder nur gestundet ist (§ 11 Abs. 4, 5, 6, 7) oder für die nur einstweilige Befreiung mit Nachzahlungsverpflichtung (§§ 46 a ff.) gewährt wird. Die Aufrechnungsbefugnis des bürgerlichen Rechts (§§ 387 ff. BGB) steht dem Patentamt hinsichtlich der ihm zu entrichtenden Gebühren nicht zu; PA 29. 11. 1928, Bl. 1928, 301. Beitreibung von Gebühren kann deshalb in der Regel nur in Frage kommen, wenn rechtliche Wirkungen ohne Zahlung von Gebühren eingetreten sind. Vollstreckungsbehörde für beim DPA entstandene Ansprüche ist die Justizbeitreibungsstelle des BPatG, Bl. 1972, 274. Ein **Wiedereinzahlungsbegehren** des DPA für eine zurückgezahlte Gebühr kann nur nach Bereicherungsgrundsätzen (§ 812 BGB) gefordert werden; zuständig ist die Justizbeitreibungsstelle im DPA; BPatG 11. 4. 1972, Mitt. 1972, 177, 179 = E 13, 163.

Zweifelhaft könnte es bei gestundeter Bekanntmachungsgebühr sein, weil hier die Wirkungen der Bekanntmachung eintraten. In PA 12. 11. 1958, Bl. 1959, 9 wird hierzu ausgeführt, daß der vorläufige Schutz aber wieder rückwirkend beseitigt werden könne. Vgl. auch § 31 Anm. 1. Im übrigen betrifft PA 12. 11. 1958 einen Sonderfall, weil hier die Bekanntmachungsgebühr bis über die Patenterteilung hinaus gestundet war und das Patent in Anwendung von § 11 Abs. 3 Satz 2 erlosch. Vgl. hierzu Neumar in Reimer Anm. 26 zu § 11 und Ballhaus in Benkard § 11 Anm. 18; ders. Mitt. 1962, 41, 43, 44.

K. Übergangsbestimmungen gem. PatÄndG vom 4. 9. 1967

38 Patentanmeldungen, deren Bekanntmachung am 1. 10. 1968 bereits beschlossen war oder die nach Durchführung der Prüfung auf Patentfähigkeit nicht rechtskräftig zurückgewiesen waren, sind zwar künftig nach den Bestimmungen des PatG von 1961 zu behandeln, jedoch sind für die Entrichtung der Jahresgebühren für das nach dem Inkrafttreten dieses Gesetzes beginnende dritte und jedes weitere Jahr nach dem auf die Anmeldung folgenden Tage die Vorschriften des Gesetzes von 1968 anzuwenden; Art. 7 § 1 Abs. 1 PatÄndG. Althammer hat die praktische Anwendung der Vorschrift in GRUR 1967, 447 r. Sp. Abs. 2 an einem Beispiel erläutert. Diese Regelung verstößt nicht gegen das GG; BPatG 26. 7. 1972, E 14, 93.

Auf die am 1. 10. 1968 noch nicht erledigten Patentanmeldungen sind gem. Art. 7 § 1 Abs. 2 PatÄndG die Vorschriften des PatG von 1968 mit bestimmten Maßgaben anzuwenden. Nach Abs. 2 Nr. 4 Satz 2 verbleibt es aber für die Entrichtung von Jahresgebühren für Patentjahre, die bereits vor dem Inkrafttreten des PatÄndG zu laufen begonnen haben, bei den bisherigen Vorschriften, d. h. diese sind erst im Falle einer rechtskräftigen Patenterteilung zu entrichten. Vgl. hierzu Mitt. Präs. über die Fälligkeit der Patentjahresgebühren vom 12. 8. 1968, Bl. 1968, 276 mit Beispiel.

Für die Fälligkeit der Jahresgebühren gilt die frühere gesetzliche Regelung; nach § 11 Abs. 3 Satz 2 a. F. beträgt die Frist für mit der Erteilung des Patents fällig werdende Gebühren vier Monate. Diese Viermonatsfrist wird durch die Zustellung des Patenterteilungsbeschlusses oder dessen Verkündung, nicht mit dem Ablauf der Rechtsmittelfrist, in Lauf gesetzt; BPatG 28. 3. 1962, E 1, 15, 17 = Bl. 1962, 152; BPatG 18. 10. 1962, E 2, 172 = Bl. 1963, 12. Bei mehreren Beteiligten ist die letzte Zustellung maßgeblich; BGH 17. 1. 1962, BPatGE 1, 239, 242. Wird innerhalb von zwei Monaten nach Zustellung des Patenterteilungsbeschlusses gem. § 11 Abs. 3 Satz 1 a. F. eine Jahresgebühr fällig, so endet die Zahlungsfrist für diese Gebühr nicht vor Ablauf der Viermonatsfrist des § 11 Abs. 3 Satz 2 a. F.; BPatG 6. 12. 1961, E 1, 10. Durch eine Beschwerde gegen den Erteilungsbeschluß wird der Beginn der Frist aufgeschoben, z. B. bis zur Zustellung der Entscheidung über die Beschwerde oder bis zum Eingang der Erklärung über deren Rücknahme beim BPatG; BPatG 28. 3. 1962, a. a. O. Bei einem vom BPatG verkündeten Beschluß ist das Patent mit der Verkündung des Beschlusses erteilt; BPatG 18. 10. 1962, E 2, 172 = Bl. 1963, 12.

Vgl. hierzu auch noch die Begr. PatÄndG Teil B zu Art. 6 (jetzt Art. 7) zu § 1 Nr. 1 Bl. 1967, 251.

Die gebührenrechtlichen Vorschriften im Art. 7 § 3 der Übergangsbestimmungen PatÄndG entsprechen den §§ 3 Abs. 1 bzw. 5 des GebührenG vom 2. 1. 1968. Danach sind Gebühren, die vor dem Inkrafttreten des PatÄndG fällig geworden sind, nach den bisherigen Gebührensätzen zu entrichten; der Fälligkeitszeitpunkt ist also maßgeblich. Die weiteren Bestimmungen bezwecken, den Eintritt von Rechtsverlusten infolge von Unkenntnis der Neuordnung zu vermeiden; der Zeitraum hierfür ist aber beschränkt gewesen. Vgl. hierzu Begr. PatÄndG, Bl. 1967, 277 und Althammer, GRUR 1967, 450.

L. Sonderregelung für Flüchtlinge und Vertriebene (§ 17, 6. ÜG)

Wer dem im § 17 des 6. ÜG (Bl. 1961, 139) näher angegebenen Personenkreis (anerkannte Vertriebene, Flüchtlinge, Heimkehrer, Evakuierte und Personen mit ständigem Wohnsitz in der DDR) angehört, kann bis zum Ablauf der Frist zur Entrichtung patentamtlicher Gebühren, die durch Zustellung der Nachricht nach § 11 Abs. 3 und 4, § 26 Abs. 2, § 31 Satz 3 des PatG (und durch weitere hier nicht erläuterte Bestimmungen im Gbm- und WZ-Gesetz) in Lauf gesetzt wird, beim Patentamt **Stundung der Gebühren und des tariflichen Zuschlags** unter der Voraussetzung beantragen, daß er an der **rechtzeitigen Zahlung durch außergewöhnliche Umstände** gehindert ist. Nur den behördlich anerkannten Flüchtlingen kann Stundung gewährt werden; BPatG 24. 10. 1962, E 2, 176. Die Erfüllung des Begriffs »außergewöhnliche Umstände« erfordert geringere Voraussetzungen als der Begriff »unabwendbarer Zufall« (§ 43 Abs. 1 Satz 1); vgl. hierzu Schade, GRUR 1953, 51 und Trüstedt, GRUR 1950, 490, ferner PA 2. 11. 1951, Bl. 1951, 373; PA 20. 10. 1955, Bl. 1955, 390. 39

Eine wiederholte Stundung ist zulässig; sie muß vor dem Ende der laufenden Stundungsfrist beantragt werden. Gegen einen den Antrag zurückweisenden Beschluß ist die gebührenfreie Beschwerde innerhalb eines Monats nach dessen Zustellung zulässig. Im einzelnen ist in Abs. 2 des § 17 angegeben, welche Vorschriften im Verfahren vor dem Patentgericht anzuwenden sind.

Gegenüber den Stundungsvorschriften im § 11 PatG sieht die Regelung nach § 17 des 6. ÜG keine zeitliche Beschränkung vor; vgl. hierzu BPatG 17. 4. 1967, E 9, 82.

Wegen der Frage der Anerkennung als »Sowjetzonenflüchtling« vgl. BPatG 24. 10. 1962, E 2, 176. Ferner s. PA 20. 10. 1955, Bl. 1955, 390 (wiederholte Hinausschiebung der Absendung der Nachricht gem. § 11) und PA 23. 5. 1956, Bl. 1956, 269 (Gemeinschaft von Patentinhabern, von denen einer in der DDR wohnt).

§ 12

(1) Das Patent erlischt, wenn

1. der Patentinhaber darauf durch schriftliche Erklärung an das Patentamt verzichtet,
2. die in § 26 Abs. 6 vorgeschriebenen Erklärungen nicht rechtzeitig nach Zustellung der amtlichen Nachricht (§ 26 Abs. 7) abgegeben werden oder
3. die Gebühren nicht rechtzeitig nach Zustellung der amtlichen Nachricht (§ 11 Abs. 3) eingezahlt werden.

(2) Über die Rechtzeitigkeit der Abgabe der nach § 26 Abs. 6 vorgeschriebenen Erklärung sowie über die Rechtzeitigkeit der Zahlung entscheidet nur das Patentamt; die §§ 36 l und 41 p bleiben unberührt.

ÜBERSICHT

A. Vorbemerkung

1 Der gewährte Patentschutz kann aus den in Anm. 2 angegebenen Gründen sein Ende finden.

Wegen des Vermerks über das Erlöschen des Patentschutzes in der Rolle s. § 24 Anm. 4, 5. Betr. Verzichte im Erteilungsverfahren beachte den Hinweis in Anm. 4.

B. Endigungsgründe

2 Ursachen für das Ende des Patentschutzes sind:

1. Zeitablauf; § 10 Abs. 1.
2. Nichtigerklärung gem. § 13.
3. Zurücknahme des Patens gem. § 15 Abs. 2.

In den Fällen 2 und 3 wird der bestehende Schutz durch Gerichtsurteil beseitigt. Während die Nichtigerklärung auf den Zeitpunkt der Anmeldung zurückwirkt und nunmehr eine Rechtslage schafft, als ob nie ein Schutz bestanden hat (vgl. hierzu aber § 13 Anm. 14, insbes. Anm. 22), hat die Zurücknahme des Patents keine Rückwirkung (§ 15 Anm. 27). Im einzelnen wird wegen dieser Endigungsgründe auf die Erläuterungen bei den betreffenden Paragraphen verwiesen.

In § 12 sind nur folgende Endigungsgründe geregelt:

4. Schriftliche Verzichterklärung; § 12 Abs. 1 Nr. 1.
5. Nicht rechtzeitige Abgabe der Erfinderbenennung entsprechend den Bestimmungen in § 26 Abs. 7; § 12 Abs. 1 Nr. 2.
6. Nicht rechtzeitige Zahlung der Jahresgebühren für das dritte und die folgenden Jahre entsprechend den Bestimmungen des § 11 Abs. 3; § 12 Abs. 1 Nr. 3.

In diesen Fällen tritt der Natur der Endigungsgründe entsprechend keine Rückwirkung auf den Anmeldungszeitpunkt ein. Wegen der Wirkung eines Verzichts nur für die Zukunft kann PA 3. 6. 1937, Mitt. 1937, 213 verglichen werden.

Die während des Bestehens des Patents entstandenen Ansprüche werden durch seine Beendigung – mit Ausnahme der gegenstandslos gewordenen Unterlassungsklage – insoweit nicht berührt. Auch das erloschene oder zurückgenommene Patent kann zwecks Herbeiführung der Rückwirkung für nichtig erklärt werden; RG 6. 11. 1920, MuW 1920/21, 15; vgl. § 13 Anm. 22. Zurückgenommen werden kann dagegen ein erloschenes Patent nicht mehr.

Wegen der unterschiedlichen Laufzeit geprüfter und ungeprüfter Patente vgl. Schade, GRUR 1971, 535, 539.

Das Erlöschen des entsprechenden Auslandspatents ist für das Inlandspatent bedeutungslos; Art. 4bis Unionsvertrag, Haager, Londoner, Lissabonner und Stockholmer Fassung.

C. Schriftliche Verzichterklärung

Nach § 12 Abs. 1 erlischt das Patent, wenn der Patentinhaber (oder ein 3
zur Abgabe der Erklärung von diesem ermächtigter Dritter; s. Anm. 7) darauf durch schriftliche Erklärung an das Patentamt verzichtet. Die Patentverzichterklärung unterliegt der Schriftform des § 126 BGB. Ein Fernschreiben erfüllt diese Formerfordernisse nicht; BPatG 21. 12. 1970 (rechtskr.), E 12, 81, 84. Ein Verzicht kann **nur gegenüber dem Patentamt** erklärt werden, entweder auf das ganze Patent oder auf einen **ganzen** Anspruch; BGH 1. 12. 1961, GRUR 1962, 294, 295, 296 – Hafendrehkran.

Eine entsprechende Erklärung, die im Nichtigkeitsverfahren gegenüber dem BPatGer und gegenüber der Klägerin abgegeben wird, ist unerheblich, also ohne Rechtswirkung; BPatG 23. 4. 1963, E 3, 172, 173. Deshalb haben auch während eines Nichtigkeitsverfahrens abgegebene Verzichterklärungen auf bestimmte Ansprüche so lange keine endgültige Bedeutung, wie sie nicht gegenüber dem Patentamt erklärt sind oder solange das betreffende Patent nicht durch rechtskräftiges Nichtigkeitsurteil entsprechend beschränkt ist; vgl. hierzu BPatG 13. 12. 1962, E 4, 30.

Die Verzichterklärung ist eine empfangsbedürftige Willenserklärung, die der Auslegung gem. § 133 BGB unterliegt; PA 1. 12. 1930, Mitt. 1931, 162. Gem. § 130 BGB wird eine solche Willenserklärung erst mit dem Zeitpunkt wirksam, in dem sie dem Empfänger – hier Patentamt – zugeht; PA 13. 5. 1955, Bl. 1955, 256. Um wirksam zu sein, müssen Verzichterklärungen eindeutig und bedingungslos ausgesprochen werden; PA 7. 10. 1954, Mitt. 1955, 10; PA 31. 1. 1961, Bl. 1961, 175. Hiergegen äußert bezüglich Befristungen Nirk in Klauer-Möhring in § 12 Anm. 5 Bedenken. Die Erklärung, an der Aufrechterhaltung des Patents nicht mehr interessiert zu sein, entbehrt der erforderlichen Klarheit und Eindeutigkeit; BPatG 21. 12. 1970, E 12, 81, 83. Rechtswirksam gegenüber dem Patentamt abgegebene Verzichte sind in der Patentrolle einzutragen; s. § 24 Anm. 4.

4 **Teilverzicht auf einzelne Patentansprüche** ist zulässig; RG 9. 1. 1937, RGZ 153, 329. Ein Teilverzicht muß vom Patentamt ohne materielle Prüfung des Restschutzrechtes entgegengenommen werden; BGH 14. 1. 1964, BGHZ 41, 13 = GRUR 1964, 308, 309 – Dosier- und Mischanlage. Nicht zulässig ist Verzicht auf einzelne Elemente eines Anspruchs; PA 8. 12. 1910, Bl. 1911, 28. Unzulässig ist auch ein Verzicht durch bloße Änderung des Anspruchswortlauts (BGH 21. 10. 1952, GRUR 1953, 86) oder im Sinne einer Einschränkung durch Einfügung eines Merkmals, PA Gr. S. 18. 10. 1932, Bl. 1932, 243 = GRUR 1932, 1184. Ein differenzierterer Verzicht durch Änderung des Patentanspruchs kann nur im Wege des Beschränkungsverfahrens bewirkt werden; vgl. § 36 a.

Von dem hier behandelten Verzicht auf erteilte Patente sind die Verzichte im Erteilungsverfahren zu unterscheiden; vgl. §§ 28 b, c, 29 Anm. 48–55.

D. Abgabe der Verzichterklärung

I. Durch Patentinhaber

5 Wirksam verzichten kann nur ein geschäftsfähiger und voll verfügungsberechtigter Patentinhaber, der in der Patentrolle eingetragen ist; RG 8. 10. 1930, MuW 1931, 34. Dabei ist zu beachten, daß die Eintragung in

der Patentrolle keine materiell-rechtliche Wirkung hat; sie gibt vielmehr nur Auskunft über die formelle Berechtigung; vgl. § 24 Abs. 1 (Patentrolle). Deshalb ist die Löschung nur ein formeller Vorgang. Verzichtet der in der Patentrolle Eingetragene auf das Patent, so unterstellt das Patentamt auch seine materiell-rechtliche Berechtigung. Besteht die Eintragung zu Unrecht, so ist der Verzicht unwirksam; PA 22. 9. 1927, DJZ 1928, 1552; RG 8. 10. 1930, MuW 1931, 34. Vgl. hierzu auch Tetzner, § 12 Anm. 5 und Neumar in Reimer, § 12, Anm. 3.

Die **Verfügungsfähigkeit** kann eingeschränkt sein durch Bestehen eines Nießbrauchs (§ 1071 BGB; Schumann, GRUR 1932, 539), eines Pfändungspfandrechts (§ 804 ZPO) oder eines Arrests (§ 930 ZPO), überhaupt eines gerichtlichen Verfügungsverbots (PA 24. 11. 1941, Mitt. 1943, 182). Ob bei mehreren Mitinhabern eines Patents nur alle Mitinhaber oder auch einzelne rechtswirksam verzichten können, bestimmt sich nach dem der Mitinhaberschaft zugrunde liegenden Rechtsverhältnis; vgl. § 3 Anm. 21. Bei Mangel der Verfügungsfähigkeit ist Zustimmung des Berechtigten erforderlich; PA 24. 11. 1941, a. a. O.

Bei **Verzicht auf den Hauptanspruch** hängt die Rechtsbeständigkeit des Restpatents von der Substanz der verbleibenden Ansprüche ab. Gegebenenfalls muß eine Klärung im Nichtigkeitsverfahren erfolgen. Wegen der Wirkung eines dem Patentamt gegenüber bezüglich bestimmter Ansprüche ausgesprochenen Teilverzichts auf die verbliebenen Patentansprüche bei einem Nichtigkeitsstreit vgl. RG 15. 2. 1936, RGZ 150, 280 = Bl. 1936, 154 = GRUR 1937, 33 und auch RG 29. 4. 1938, RGZ 158, 385; s. ferner § 13 Anm. 19. Wegen **Selbständigwerden des Zusatzpatents** bei Verzicht auf das Hauptpatent vgl. § 10 Anm. 15.

Der Verzicht auf ein Patent kann wegen **Irrtums** angefochten werden; 6
PA 5. 3. 1952, Bl. 1952, 150 = GRUR 1952, 232. Die Anfechtung ist dem Patentamt gegenüber zu erklären; PA 14. 2. 1917, Bl. 1917, 50; PA 26. 8. 1935, Bl. 1935, 149; RG 26. 6. 1937, MuW 1937, 357, 358. Die Anfechtung muß gem. § 121 Abs. 1 Satz 1 BGB ohne schuldhaftes Verzögern (unverzüglich) erfolgen, nachdem der Anfechtungsberechtigte von dem Anfechtungsgrunde Kenntnis erhalten hat; PA 14. 2. 1917, a. a. O.; PA 26. 6. 1937, a. a. O.; vgl. auch Witte, Die Irrtumsanfechtung von Willenserklärungen gegenüber dem Patentamt, GRUR 1962, 497, 498. Fälle des Irrtums bringt Tetzner in § 12 Anm. 12 **Widerruf** der Anfechtung nach deren Eingang beim PA ist nicht mehr zulässig; RG 23. 9. 1914, RGZ 85, 280. Im einzelnen vgl. wegen Irrtumsanfechtung auch §§ 28 b, 28 c, 29 Anm. 49, 50. Anfechtung nach dem **Anfechtungsgesetz** oder der **Konkursordnung** ist wegen Fehlens eines Anfechtungsgegners nicht möglich; OLG Düsseldorf 18. 4. 1952, Bl. 1953, 91 = GRUR 1953, 165. Mit der herrschenden Meinung zu bejahen ist die Frage, ob § 134 BGB in Verbindung mit § 288

StGB und § 239 Nr. 1 KO den Verzicht unwirksam machen kann. A. M. Pietzcker, § 9 Anm. 9 und Nirk in Klauer-Möhring § 12 Anm. 6. Der Verzicht kann auch einen Verstoß gegen die guten Sitten darstellen und nach § 138 BGB nichtig sein; OLG Düsseldorf a. a. O.

II. Durch Vertreter

7 Ein Vertreter muß zur Abgabe der Erklärung des Verzichts auf das Patent seines Mandanten gegenüber dem Patentamt ausdrücklich bevollmächtigt sein. Andernfalls ist die Erklärung unwirksam. Dasselbe gilt, wenn eine entsprechende Vollmachtsurkunde des Vertreters nicht vorliegt und das Patentamt deshalb die Verzichtserklärung unverzüglich unter Berufung auf § 174 BGB zurückweist; BPatG 3. 12. 1963, E 5, 5, 6, 7.

Die übliche Vertretervollmacht berechtigt den Inlandsvertreter (§ 16) nicht zur Abgabe der Verzichterklärung; PA 8. 11. 1951, Bl. 1952, 408, 409; PA 22. 1. 1955, Bl. 1955, 58; BPatG 25. 10. 1961, E 1, 21, 22, 23.

E. Nichtabgabe der Erfinderbenennung

8 Das Patent erlischt gem. § 12 Abs. 1 Nr. 2, wenn die notwendigen Erklärungen zur Erfinderbenennung gem. § 26 Abs. 6 nicht innerhalb der sechsmonatigen Schutzfrist nach der amtlichen Nachricht vom drohenden Erlöschen des Patents abgegeben werden; vgl. hierzu § 26 Anm. 132.

Nach § 12 Abs. 2 entscheidet über die Rechtzeitigkeit der Abgabe der nach § 26 Abs. 6 vorgeschriebenen Erklärungen nur das Patentamt. Diese Vorschrift soll besagen, daß die ordentlichen Gerichte an die Entscheidung des Patentamts gebunden sind. Wegen der Verselbständigung der Beschwerdesenate im Bundespatentgericht wurde durch Einfügung des Hinweises, daß die §§ 36 l (Beschwerde gegen die patentamtlichen Beschlüsse beim BPatGer) und 41 p (Rechtsbeschwerdemöglichkeit) unberührt bleiben, klargestellt, daß die Anfechtung der erstinstanzlichen Beschlüsse möglich ist; im einzelnen vgl. Begr. 6. ÜG, Bl. 1961, 144.

F. Nicht rechtzeitige Zahlung der Jahresgebühren

9 Das Patent erlischt gem. § 12 Abs. 1 Nr. 3, wenn die Gebühren für das dritte und die folgenden Jahre nicht rechtzeitig nach Zustellung der amtlichen Nachricht (§ 11 Abs. 3) eingezahlt werden; vgl. z. B. BGH 27. 5. 1952, BGHZ 6, 272 = GRUR 1952, 564, 567. Mit der Zustellung der amtlichen Nachricht nach § 11 Abs. 3 beginnt eine Zahlungsfrist, bei deren Ver-

säumnis die Anmeldung als zurückgenommen gilt (§ 35 Abs. 3) oder das Patent erlischt. Das Patent erlischt erst mit dem Ablauf der in § 11 Abs. 3–5 vorgesehenen Fristen, eine Rückwirkung auf einen früheren Zeitpunkt, etwa den der Fälligkeit der betreffenden Gebühr, findet nicht statt; BGH 16. 3. 1956, GRUR 1956, 265, 267 r. Sp. unten. Etwa vorhandene Zusatzpatente erlöschen mit dem Hauptpatent. Im übrigen vgl. § 11 Anm. 11, 12.

Wegen der Zahlung der Gebühren und insbesondere wegen der fristgerechten Zahlung der Gebühren vgl. § 11 Anm. 9 und 32, 34.

Auch an die Entscheidung über die Rechtzeitigkeit der Zahlung sind nach § 12 Abs. 2 – wie für die Rechtzeitigkeit der Abgabe der Erfinderbenennung, s. Anm. 8 Abs. 2 – die Gerichte gebunden. Das Erlöschen des Patents tritt erst mit Ablauf der Zahlungsfristen für das laufende Patentjahr (§ 11 Abs. 4) ein; KG 25. 3. 1931, MuW 1931, 461.

G. Erlöschen des Patents während schwebender Verfahren

Ist das Patent bereits vor der letzten Verhandlung vor dem Berufungs- 10
gericht ohne dessen Kenntnis erloschen, so muß dies in der Revisionsinstanz von Amts wegen berücksichtigt werden; RG 12. 10. 1935, RGZ 148, 400 = Bl. 1936, 7 = GRUR 1936, 167. Unter Bezug auf diese Entscheidung besagt BGH 21. 11. 1950, GRUR 1951, 70, daß die nach Erlaß des Berufungsurteils eingetretene Nichtigkeit ebenso wie sein Erlöschen infolge Nichtzahlung der Gebühr auch in der Revisionsinstanz zu beachten ist.

Wegen eines Verzichts auf das Patent oder dessen rechtskräftiger Vernichtung oder Fortfalls aus einem sonstigen Grund während eines schwebenden Nichtigkeitsverfahrens oder Verletzungsprozesses vgl. § 13 Anm. 22, 23.

Unter Inanspruchnahme der Unionspriorität angemeldete Patente sind gemäß Art. 4bis Abs. 2 PVÜ unabhängig vom Schicksal der entsprechenden Patente in anderen Unionsländern.

§ 13

(1) Das Patent wird auf Antrag (§ 37) für nichtig erklärt, wenn sich ergibt, daß

1. der Gegenstand nach den §§ 1 und 2 nicht patentfähig war,
2. die Erfindung Gegenstand des Patents eines früheren Anmelders ist oder
3. der wesentliche Inhalt der Anmeldung den Beschreibungen, Zeichnungen, Modellen, Gerätschaften oder Einrichtungen eines anderen oder einem von diesem angewendeten Verfahren ohne seine Einwilligung entnommen war.

(2) Trifft eine dieser Voraussetzungen nur teilweise zu, so wird die Nichtigkeit durch entsprechende Beschränkung des Patents erklärt.

ÜBERSICHT

A. Gesetzeszweck und Wesen des Nichtigkeitsverfahrens

Da jedes zu Unrecht erteilte Patent eine Belastung der Allgemeinheit durch ungerechtfertigten Ausschluß eines Teils des Standes der Technik von der freien Benutzung darstellt, geben die Bestimmungen des Patentgestzes den betroffenen Kreisen Gelegenheit, einmal nach erfolgter Bekanntmachung (§ 30) die endgültige Patenterteilung einspruchsweise (§ 32) zu bekämpfen, dann aber auch noch nach Patenterteilung im Klagewege eine volle oder teilweise Nichtigerklärung des Patents zu erreichen. Das **Rechtsschutzbedürfnis** an der Vernichtung nicht stichhaltiger Patente ist damit anerkannt. Da der Verletzungsrichter selbst bei völliger Vorwegnahme des Patents durch den Stand der Technik den unmittelbaren Gegenstand des Patents respektieren muß – z. B. BGH 10. 5. 1960, GRUR 1960, 478, 479 – Blockpedale; BGH 30. 10. 1962, GRUR 1963, 563, 565, r. Sp. oben – Aufhängevorrichtung; RG 7. 10. 1941, RGZ 167, 339; RG 7. 1. 1938, RGZ 157, 154 –, bleibt dem Verletzungsbeklagten nur der Weg der Nichtigkeitsklage; vgl. z. B. 16. 12. 1958, GRUR 1959, 317, 319, 1. Sp. unten – Schaumgummi; im einzelnen s. § 6 Anm. 22. Zur Kompetenzverteilung im Nichtigkeitsverfahren und Verletzungsprozeß vgl. auch Nirk, Festschr. BPatG, 85 ff. u. ders., GRUR 1970, 329, 337 ff. 1

Wenngleich die Nichtigkeitsklage in erster Linie im eigenen Interesse, also im Parteiinteresse erhoben wird, und die klagende Partei ihren Antrag zurücknehmen kann, so spielt doch das »öffentliche Interesse« an der Vernichtung nicht stichhaltiger Patente eine Rolle. Deshalb hat das Gericht im Rahmen des Klageantrags den Sachverhalt von Amts wegen zu erforschen. Vgl. hierzu RG 20. 11. 1909, RGZ 72, 242; BGH 16. 11. 1962, E 2, 244, 251 – Weidepumpe.

Erlischt das angegriffene Patent während des anhängigen Nichtigkeitsverfahrens durch Zeitablauf, so fällt damit zwar das »öffentliche Interesse« an der Vernichtung des Patents fort, unter gegebenen Voraussetzungen kann aber ein rechtliches Interesse des Klägers an der rückwirkenden Vernichtung des Patent anerkannt werden; BGH 1. 4. 1965, GRUR 1966, 141 – Stahlveredlung. Zur Frage des Rechtschutzbedürfnisses s. im einzelnen § 37 Anm. 2, 3.

Patentgericht und Bundesgerichtshof sind an das Vorbringen und die Beweisanträge der Parteien nicht gebunden; § 41 b Abs. 1 Satz 2 bzw. § 42 e Abs. 1 Satz 2. Deshalb kann auch von den Parteien nicht vorgetragenes neuheitsschädliches Material herangezogen werden, vorausgesetzt, daß aus § 13 Abs. 1 Nr. 1 geklagt wird; vgl. BGH 8. 5. 1955, BGHZ 18, 82 = GRUR 1955, 393, 397 – Zwischenstecker und auch § 37 Anm. 58. Amtsprüfung darf also nur im Rahmen des Klageantrages erfolgen, selbst wenn sich aus dem vorgetragenen Sachverhalt ein Vernichtungsgrund ergäbe;

BPatG 13. 10. 1964, E 6, 189, 190. Der Bundesgerichtshof kann auch Tatsachen und Beweise berücksichtigen, mit denen die Parteien ausgeschlossen sind; § 42 g Abs. 2.

Im Nichtigkeitsverfahren wird nur die **materielle Berechtigung** des Patents nachgeprüft; RG 21. 10. 1938, Mitt. 1939, 49. Der **Schutzumfang** des angegriffenen Patents ist im Nichtigkeitsverfahren nicht zu prüfen; s. auch Anm. 11. Darüber ist nur im Verletzungsprozeß zu entscheiden; BGH 21. 5. 1963, GRUR 1963, 518 unter 1 c – Trockenschleuder; BGH 1. 12. 1961, GRUR 1962, 294, 295, r. Sp. unter 2 – Hafendrehkran; RG 29. 10. 1930, RGZ 130, 158; RG 6. 9. 1938, GRUR 1939, 118; A. M. Reimer § 13 Rdn. 27 S. 781 u. 782. Zur Frage des Schutzumfangs bei Teilvernichtung vgl. Anm. 18. V. Tetzner, GRUR 1963, 550, 552 fordert bei geltend gemachter widerrechtlicher Entnahme die Zulässigkeit der Einschränkung des Schutzumfangs. Im Nichtigkeitsverfahren ist auch keine **Abhängigkeit** festzustellen; RG 24. 3. 1937, GRUR 1937, 855, 857. Vgl. auch Anm. 11.

Über die Nichtigkeitsklage wird in einem eine Mischung von Streit- und Offizialverfahren darstellenden Verfahren vor einem Nichtigkeitssenat des Bundespatentgerichts (§§ 37 bis 40) mit Berufungsmöglichkeit an den Bundesgerichtshof (§ 42 Abs. 2) entschieden. Die Zuständigkeit vor dem Bundespatentgericht regeln §§ 36 b Abs. 1, 36 c Abs. 1 Nr. 2 und 36 d Abs. 2. Bewilligung des Armenrechts ist möglich; § 46 d Abs. 1. Die Präklusivfrist (Ausschluß der Nichtigkeitsklage nach fünf Jahren seit Bekanntmachung über die Patenterteilung) wurde durch VO 23. 10. 1941 (RGBl. II 372) abgeschafft; vgl. auch Wilde, Mitt. 1969, 259 r. Sp.

Die Nichtigkeitsverfahren sind schon immer einem Rechtsweg im Sinne des Art. 19 Abs. 4 GG zugänglich gewesen; BGH 16. 11. 1962, E 2, 244, 252 = GRUR 1963, 279 – Weidepumpe. Nach RG 2. 2. 1943, RGZ 170, 346 – Graviermaschine – ist das Nichtigkeitsverfahren den Rechtsgestaltungsklagen des Zivilprozesses vergleichbar; Ziel der Klage ist eine Rechtsänderung durch die Nichtigkeitsbehörde.

Die beiläufige Äußerung in BGH 8. 7. 1955 BGHZ 18, 81 = GRUR 1955, 393, 396 unter IV 1 (übernommen in BPatG 20. 2. 1963, E 3, 119, 212; ebenso Hesse in Klauer/Möhring § 13 Anm. 1) kann kaum als abschließende Meinung angesehen werden. Wenn es – auch damals vor Erlaß des 6. ÜG – ein Verwaltungsstreitverfahren gewesen wäre, hätte der BGH schwerlich als 2. Instanz zuständig sein können. Mindestens nach Errichtung des BPatG ist dieses ein besonderes Gericht der ordentlichen Gerichtsbarkeit; vgl. auch Ballhaus in Benkard, § 13 Anm. 2; Röhl, NJW 1960, 1739 und DRiZ 1962, 11 und W. Horn, Mitt. 1962, 125, 127. Wegen der grundsätzlichen Trennung von Patentverletzungsprozeß und Nichtigkeitsverfahren vgl. W. Horn, GRUR 1969, 169 ff.

Nichtgeprüfte Patente sind nichtigkeitsanfälliger als geprüfte Patente; wegen der statistischen Bestätigung vgl. Schade, GRUR 1971, 535, 540.

B. Nichtigkeitsgründe

I. Allgemeines

Die Nichtigkeitsgründe (§ 13 Abs. 1 PatG) entsprechen genau den Gründen, auf die ein Einspruch gegründet werden kann (§ 32 Abs. 1 Satz 3), und sind ebenso wie diese das genaue Spiegelbild der sachlich-rechtlichen Voraussetzungen für die Erteilung eines Patents (§§ 1, 2, 4 PatG); BGH 16. 11. 1962, E 2, 244, 251 = GRUR 1963, 279, 281 – Weidepumpe. Jeder der in § 13 Abs. 1 bis 3 aufgeführten Nichtigkeitsgründe wird in sich als ein einheitlicher »Klagegrund« angesehen; BGH 19. 2. 1963, GRUR 1964, 18 – Konditioniereinrichtung. 2

Unter den **»einheitlichen Klagegrund«** aus § 13 Abs. 1 Nr. 1 fallen dementsprechend so unterschiedliche Tatbestände, wie sie mit den in Anm. 3 angeführten patentrechtlichen Begriffen zwangsläufig verbunden sind. Am häufigsten wird »mangelnde Neuheit« geltend gemacht; in diesem Fall ist Klagegrund der Komplex »Mangel an Neuheit« und nicht die einzelne Vorveröffentlichung; BGH 24. 5. 1955, BGHZ 17, 305 = GRUR 1955, 531, 532 – Schlafwagen. An sich könnten im Laufe des Verfahrens aber jeder oder mehrere der in Anm. 3 aufgeführten verschiedenen Tatbestände geltend gemacht werden. Diese Handhabung ist nicht sehr einleuchtend und ist deshalb wiederholt bekämpft worden; Lindenmaier in der 4. Aufl. dieses Kommentars § 13 Anm. 2, Gaul, GRUR 1965, 337 und früher schon Theumer, GRUR 1942, 245. Die bedenkliche Folge ist, daß der einmal abgewiesene Nichtigkeitskläger nicht erneut aus einem der sich aus Anm. 3 ergebenden Gründe nochmals Klage erheben kann, sei es auch, daß es sich um einen ganz anderen Grund innerhalb der Kategorie Nr. 1 handelt, oder daß inzwischen neues Material bekannt geworden ist. Lindenmaier, a. a. O., will es deshalb auch im Nichtigkeitsverfahren bei dem gemeinhin anerkannten Begriff des Klagegrundes (i. S. von vorgetragenem Tatsachenkomplex) belassen. Der Klagegrund würde sich somit von dem vorgetragenen Tatsachenkomplex herleiten und den Streitgegenstand bestimmen; eine Klageänderung läge bei Änderung des Streitgegenstandes vor. Würde also eine neue Nichtigkeitsklage auf anderes Material gestützt werden, so handelte es sich um einen anderen Streitgegenstand. Dann könnte der früher abgewiesene Nichtigkeitskläger auch in den Fällen erneut Nichtigkeitsklage erheben, in denen er derzeit ausgeschlossen ist. Im öffentlichen Interesse sollten alle Möglichkeiten erhalten bleiben, nicht stichhaltige Patente zu vernichten und der materiellen Wahrheit zum Siege zu verhelfen; in diesem Sinne auch die Gedankengänge in BGH 24. 5. 1955, a. a. O. Letzten Endes wurde auch aus diesem Grunde 1941 die Präklusivfrist (s. Anm. 1) aufgehoben.

Zur Klageänderung und Klageerweiterung vgl. § 37 Anm. 60, 61.

Die Nichtigkeitsgründe sind in § 13 Nr. 1 bis 3 erschöpfend aufgezählt; RG 5. 11. 1910, RGZ 74, 394 = Bl. 1911, 118; RG 12. 11. 1930, MuW 1931, 161; RG 23. 11. 1932, RGZ 139, 3 = Bl. 1933, 128. Abhängigkeit ist kein Nichtigkeitsgrund; RG 7. 7. 1894, RGZ 33, 149, 154. Auch kann die Nichtigkeitsklage nicht mit der Behauptung begründet werden, der ursprüngliche Gegenstand der Anmeldung sei unzulässig erweitert oder verändert (aliud) worden (vgl. Anm. 7). Bei Patenten, auf die aber die Bestimmungen des jetzt gültigen Patentgesetzes anzuwenden sind, muß eine unzulässige Erweiterung oder Veränderung von Amts wegen beachtet werden; s. Anm. 12. Die neue Bestimmung des § 26 Abs. 5 Satz 2 hat keine rückwirkende Kraft; BPatG 29. 11. 1971, Mitt. 1972, 69, 70.

II. Nichtpatentfähigkeit i. S. §§ 1 und 2 PatG

3 Nichtigkeitsgründe, die sich aus den §§ 1 und 2 ergeben, sind: **mangelnde Offenbarung einer fertigen Erfindung** (z. B. RG 12. 11. 1930, MuW 1931, 161, im einzelnen s. § 1 Anm. 26) und **Fehlen der Erfordernisse einer patentfähigen Erfindung,** und zwar im einzelnen wegen Mangel an Neuheit (s. § 2), Fortschritt (s. § 1 Anm. 34–39) und Erfindungshöhe (s. § 1 Anm. 40 ff.). Ferner: **mangelnde technische Brauchbarkeit** (RG 23. 9. 1933, MuW 1933, 570), **mangelnde gewerbliche Verwertbarkeit** (s. § 1 Anm. 32), **mangelnde Ausführbarkeit;** wegen technischer Ausführbarkeit und Brauchbarkeit s. § 1 Anm. 27. Dazu kommen als **Nichtigkeitsgründe** Einwendungen, die sich **aus § 1 Abs. 2** herleiten: Das Patent verstößt gegen Gesetze oder die guten Sitten oder gegen das Verbot der Patentierung von Pflanzensorten.

III. Nichtpatentfähigkeit i. S. § 4 Abs. 2

4 Nichtpatentfähigkeit kann sich ergeben, weil die Erfindung Gegenstand des Patents eines früheren Anmelders ist, m. a. Worten, weil die Voraussetzungen des Tatbestands des § 4 Abs. 2 vorliegen. Wegen des **Vorliegens von Identität** vgl. § 4 Anm. 9 ff. Nach RG 3. 11. 1942, GRUR 1943, 70 greift bei Wesensgleichheit des jüngeren Patents mit einem Einzelmerkmal eines älteren Patents das Angriffsmittel der Identität durch, wenn das Einzelmerkmal nach dem Stande der Technik am Anmeldetag des Vorpatents eine schutzfähige Erfindung darstellt. Wegen der möglichen Identität bei verschiedener Kategorie vgl. § 4 Anm. 16 und ferner RG 14. 10. 1941 in Anm. 17 und § 4 Anm. 20. Nachdem nunmehr auch nach BGH 17. 3. 1964, BGHZ 41, 378 = Bl. 1964, 282 = GRUR 1965, 28 – Erntemaschine – entschieden ist, daß ein als identisch entgegengehaltener allgemeiner Erfindungsgedanke eines prioritätsälteren, aber nicht vorveröffentlichten Patents

zu berücksichtigen ist, kann dieser auch im Nichtigkeitsverfahren gegenüber dem Gegenstand des Streitpatents geltend gemacht werden. Nur ein erteiltes älteres Patent kann entgegengehalten werden; BGH 16. 2. 1954, GRUR 1954, 317, 321 unter VII – Entwicklungsgerät. Eine Aussetzung des Nichtigkeitsverfahrens bis zum Abschluß des Prüfungsverfahrens in der älteren Anmeldung ist nicht zulässig; BGH 16. 2. 1954, a. a. O. Sind auf eine Stammanmeldung und auf eine davon abgezweigte, dieselbe Priorität besitzende Ausscheidungsanmeldung zwei gesonderte Patente erteilt worden, so kann aus keinem der beiden Patente ein Nichtigkeitsgrund gegen das andere Patent hergeleitet werden; BGH 22. 12. 1964, GRUR 1965, 473, 478, 479 – Dauerwellen. Die Nichtigkeit eines älteren wegen eines jüngeren Patents, weil jenes einen nach dem Anmeldetag der jüngeren Anmeldung unzulässig erweiterten Erfindungsgedanken beinhaltet, behandelt RG 11. 10. 1940, GRUR 1940, 546, 547; hierzu Zeunert, Offenbarung, S. 32 und 48 ff.

Auch das **erloschene oder zurückgenommene ältere Patent** kann als Angriffsmittel herangezogen werden; aber nicht das vernichtete ältere Patent; so mit Recht RG 9. 1. 1929, RGZ 123, 113 = Bl. 1929, 118 = GRUR 1929, 355; RG 4. 7. 1941, GRUR 1942, 32; RG 12. 8. 1941, Mitt. 1942, 6; BGH 14. 6. 1957, GRUR 1958, 134 – Milchkanne. Ebenso Reimer § 13, Anm. 17. Kritisch: Fischer, Festgabe Isay, 50. Vgl. auch Kisch, GRUR 1936, 227 und Herse, GRUR 1935, 850. Bei späterer Priorität, als dem Anmeldetag entspricht, kann ein später angemeldetes Patent frühere Priorität erlangen und die Grundlage für Vernichtung wegen Identität bilden; RG 7. 4. 1901, RGZ 63, 161 = Bl. 1907, 2. Kollidiert das Patent mit einem älteren Gebrauchsmuster, so kann das Patent nicht nichtig erklärt werden, vielmehr hat nur die Ausübung des Patents während der Zeit des Bestehens des älteren Rechts zu ruhen; RG 21. 10. 1905, RGZ 61, 399 (vgl. auch § 6 GebrMG).

IV. Widerrechtliche Entnahme i. S. § 4 Abs. 3

Derjenige, dem der wesentliche Inhalt der Anmeldung aus seinen Be- 5
schreibungen, Zeichnungen, Modellen, Gerätschaften oder Einrichtungen oder aus einem von ihm angewendeten Verfahren ohne seine Einwilligung entnommen ist, kann das erteilte Patent mit der Nichtigkeitsklage angreifen. Auch bei einer auf widerrechtliche Entnahme gestützten Nichtigkeitsklage ist nur der Gegenstand des angegriffenen Patents mit dem Gegenstand der entnommenen Erfindung zu vergleichen; RG 29. 10. 1930, RGZ 130, 158 = Bl. 1931, 7. Wegen Behandlung der erfinderischen Zutat bei widerrechtlicher Entnahme vgl. Tetzner, GRUR 1963, 550. Im übrigen vgl. wegen »widerrechtlicher Entnahme« § 4 Anm. 22 ff. und § 32 Anm. 21.

V. Zur Frage der Patenterschleichung als Nichtigkeitsgrund

6 Es ist zweifelhaft, ob sich nach Fortfall der Präklusivfrist des früheren § 37 Abs. 3 überhaupt noch ein Tatbestand denken läßt, der ein Bedürfnis nach Anerkennung des Tatbestands der »Patenterschleichung« als besonderen Nichtigkeitsgrund rechtfertigen könnte; BGH 16. 2. 1954, GRUR 1954, 317, 319. Nach der Entscheidung erfüllen bewußt **falsche Angaben** des Anmelders **bei der Erfinderbenennung** nicht den Tatbestand der Patenterschleichung; denn die Irreführung muß ursächlich für die Patenterteilung gewesen sein. Dagegen Reimer § 13 Anm. 5. Auch **bewußtes Verschweigen des Standes der Technik** rechtfertigt nach Fortfall der Präklusivfrist nicht mehr die Zulassung dieses Tatbestands als besonderen Nichtigkeitsgrund; BGH 25. 9. 1953, GRUR 1954, 107, 111 l. Sp. – Mehrfachschelle. Im einzelnen s. zur Frage der Patenterschleichung § 47 Anm. 51.

VI. Mängel im Erteilungsverfahren und sonstige Mängel ohne Nichtigkeitsfolge

7 Mängel im Erteilungsverfahren können nach ständiger Rechtsprechung als Nichtigkeitsgrund nicht geltend gemacht werden; BGH 22. 12. 1964, GRUR 1965, 473, 479 – Dauerwellen; BGH 16. 11. 1962, E 2, 244, 251 = GRUR 1963, 279 – Weidepumpe. Weiter vgl. hierzu mit Bezug auf **Nichteinheitlichkeit** RG 5. 4. 1938, GRUR 1938, 422; RG 16. 1. 1940, GRUR 1940, 258; BGH 15. 4. 1955, GRUR 1955, 476 = Bl. 1955, 330 – Spülbecken, mit Bezug auf **unzulässige Erweiterung** (soweit es sich um vor Inkrafttreten des PatG von 1968 erfolgte Vorgänge handelt!) RG 28. 6. 1935, GRUR 1935, 936, 937; RG 16. 6. 1937, GRUR 1937, 858; RG 12. 12. 1939, MuW 1940, 74; RG 8. 3. 1940, GRUR 1940, 346, 347; RG 4. 7. 1939, Bl. 1940, 5; RG 27. 4. 1929, MuW 1929, 345 (Patent entspreche nicht dem in der ursprünglichen Anmeldung enthaltenen Erfindungsgedanken; ebenso RG 8. 3. 1940, a. a. O.); PA 7. 12. 1908, Bl. 1909, 205, mit Bezug auf **fehlendes Zusatzverhältnis** RG 30. 11. 1935, RGZ 149, 357; RG 1. 10. 1940, GRUR 1940, 544; einschränkend Reimer § 13 Anm. 4, mit Bezug auf **mögliche Doppelpatentierung** BGH 22. 12. 1964, GRUR 1965, 473, 479 – Dauerwellen, mit Bezug auf Einordnung in **falsche Patentkategorie** RG 17. 6. 1938, GRUR 1939, 46; BGH 29. 11. 1966, GRUR 1967, 241, 242 – Mehrschichtplatte und mit Bezug auf **Unstimmigkeiten in der Patentschrift und im Erteilungsverfahren** RG 5. 11. 1910, RGZ 74, 394 (fehlende Bekanntmachung, Abweichungen in den Unterlagen); RG 18. 1. 1937, RGZ 153, 315 = Bl. 1937, 94 = GRUR 1937, 615 (abweichende Fassung der Patentschrift vom Erteilungsbeschluß); BGH 31. 1. 1967, GRUR 1967, 543, 545 – Bleiphosphit (fehlende Be-

kanntmachung, nicht zuständige Besetzung). Eine **falsche Erfinderbenennung** erfüllt nicht den Tatbestand eines Klagegrundes im Nichtigkeitsverfahren; BGH 16. 2. 1954, GRUR 1954, 317, 319 – Entwicklungsgerät, a. M. Neumar in Reimer § 13 Anm. 5.

Wegen Streichung einer unzulässigen Erweiterung im Nichtigkeitsverfahren, weil deren Priorität Material entgegensteht, vgl. BPatG 22. 11. 1966, E 9, 34, 41, 42.

Nicht nachprüfbar im Nichtigkeitsverfahren ist auch die Frage, ob die Berichtigung einer Patentschrift sachlich berechtigt war oder nicht (RG 27. 4. 1927, GRUR 1927, 472, 473 r. Sp.) und ob für die Gewährung einer an sich statthaften **Wiedereinsetzung in den vorigen Stand** seitens der Prüfungsstelle die sachlichen Voraussetzungen vorgelegen haben; BGH 6. 10. 1959, GRUR Ausl. 1960, 506 – Schiffslukenverschluß; dasselbe gilt für die Entscheidung über aufrechterhaltene Altschutzrechte; BGH 11. 11. 1952, GRUR 1953, 88 – Anschlußberufung. Ebenso ist nicht nachprüfbar, ob bei der Anmeldung eines Patents die **Unionspriorität in der vorgeschriebenen Form** beansprucht wurde; PA 1. 11. 1934, Bl. 1935, 33. Wegen der materiellrechtlichen Nachprüfung der Priorität vgl. Anm. 12.

VII. Nichtigerklärung im Zusammenhang mit Beschränkungsverfahren

Vgl. § 13 a, § 36 a Anm. 10 und § 37 Anm. 36.

C. Antragsbefugnis

I. Popularklage – Einfluß auf Verletzungsprozeß

Antragsberechtigt ist ohne Nachweis eines besonderen (eigenen) Interesses grundsätzlich jedermann; z. B. BGH 15. 4. 1955, GRUR 1955, 476 – Spülbecken; BGH 16. 11. 1962, E 2, 244, 251 = GRUR 1963, 279 – Weidepumpe; im einzelnen vgl. § 37 Anm. 1. Nur **öffentliches Interesse** an der Vernichtung zu Unrecht erteilter Patente genügt für den Erlaß eines Nichtigkeitsurteils nicht; z. B. BGH 29. 9. 1964, GRUR 1965, 231, 232. Der Nichtigkeitsbeklagte ist für seine Einwendungen gegen die Zulässigkeit der Nichtigkeitsklage beweispflichtig; BPatG 22. 11. 1966, E 9, 34, 39. Im einzelnen vgl. § 37 Anm. 3. Wird die Nichtigkeitsklage auf § 13 Abs. 1 Nr. 3 gestützt, ist gem. § 37 Abs. 2 nur der Verletzte zur Erhebung der Klage berechtigt; s. § 37 Anm. 46. Zum **Klagantrag** und der Bindung des Gerichts an diesen s. § 37 Anm. 51, 52. Wegen Begründung der Klage vgl. § 37 Anm. 55 ff.; ferner bei § 32 Anm. 13 ff. Erweiterung des Klageantrags ist zulässig, auch noch nach Ablauf der Berufungsfrist; BGH 24. 5. 1955, BGHZ 17, 305 = GRUR 1955, 531. Im einzelnen s. § 37 Anm. 60 ff. 8

Die Anträge bestimmen den Umfang des Verfahrens; der Grundsatz von § 308 Abs. 1 ZPO ist anzuwenden. Vgl. hierzu RG 13. 1. 1937, GRUR 1938, 861, 865; BGH 18. 2. 1955, BGHZ 16, 326, 332 = GRUR 1955, 466, 467 – Kleinkraftwagen – mit weiteren Hinweisen. Der Antrag kann allein auf Vernichtung eines Unteranspruchs beschränkt sein; BGH 15. 4. 1955, GRUR 1955, 476, 478 – Spülbecken. Wegen Ausnahmen s. Anm. 19. Haben die Parteien den Prozeßstoff mit bindender Wirkung begrenzt, muß sich die weitere Prüfung und Entscheidung auf den begrenzten Gegenstand beschränken; BGH 1. 12. 1961, GRUR 1962, 294, 296 unter 4 – Hafendrehkran. Vgl. hierzu auch § 37 Anm. 52.

Die Beweislast trifft grundsätzlich den Angreifer; RG 8. 10. 1930, MuW 1931, 34, 35. Nach ordnungsmäßiger Erteilung des Patents obliegt dem Nichtigkeitskläger in der Regel die Widerlegung der zugunsten des Patentsuchers angenommenen Umstände; RG 1. 11. 1917, GRUR 1942, 254, 256. Dies gilt auch für den Nachweis mangelnden technischen Fortschritts; BGH 26. 5. 1961, Mitt. 1962, 110. Bei Behauptung widerrechtlicher Entnahme muß der Kläger beweisen, daß er die gleiche Erfindung schon vor der Anmeldung des Streitpatents gemacht hat; RG 21. 4. 1939, GRUR 1939, 779. **Umkehr der Beweislast** (Beklagter beweisfällig) kann eintreten, wenn bei Bezweiflung der Ausführbarkeit des patentierten Verfahrens seitens des gerichtlichen Sachverständigen das Gericht Vorführung des Verfahrens beschließt, der Patentinhaber aber die Vorführung nicht vornimmt; RG 17. 12. 1927, MuW 1927/28, 278. Wegen Verteilung der Beweislast in den patentrechtlichen Verfahren s. Redies, GRUR 1966, 231. Stürner, GRUR 1958, 162 fordert Umkehrung der Beweislast bei ungeprüften Patenten; hiergegen mit Recht Löscher in Benkard § 13 Anm. 34 und Hesse in Klauer/Möhring § 13 Anm. 26.

Ist Nichtigkeitsklage erhoben worden, kann ein anhängiger **Patentverletzungsprozeß** gem. § 148 ZPO ausgesetzt werden; LG München (rechtskr.) 12. 2. 1954, GRUR 1956, 209, 210; KG 15. 7. 1936, GRUR 1936, 939. Die Aussetzung ist auch in der Revisionsinstanz zulässig; BGH 8. 10. 1957, GRUR 1958, 75; BGH 22. 11. 1957, GRUR 1958, 179; BGH 28. 10. 1965, GRUR 1966, 198, 199 – Plastikflaschen. Grundsätzliche Voraussetzung für die Aussetzung des Verfahrens ist, daß die Nichtigkeitsklage voraussichtlich erfolgreich sein wird; BGH 8. 10. 1957 a. a. O.; RG 30. 6. 1937, RGZ 155, 321. Zur Frage der Aussetzung s. auch Horn, GRUR 1969, 169, 170 ff. Vgl. Harraeus, GRUR 1964, 181 ff. über den gleichzeitigen Ablauf von Patentverletzungs- und Patentnichtigkeitsverfahren. Im einzelnen s. § 47 Anm. 56.

II. Ausschluß der Klagebefugnis

Die Unzulässigkeit einer Nichtigkeitsklage kann sich nach feststehender Rechtsprechung (BGH 14. 7. 1964, GRUR 1965, 135) sowohl aus den ausdrücklichen Bestimmungen eines Vertrages oder seiner ergänzenden Auslegung (§ 157 BGB) als auch aus den Grundsätzen von Treu und Glauben (§ 242 BGB) ergeben; BPatG 22. 11. 1966, E 9, 34, 37. Vgl. ferner RG 22. 1. 1921, RGZ 101, 235; BGH 12. 7. 1955, GRUR 1955, 535; BGH 29. 1. 1957, GRUR 1957, 482 und 485; BPatG 1. 2. 1967, E 9, 42, PA 26. 5. 1959, Mitt. 1960, 77; PA 17. 10. 1960, Bl. 1961, 265. **In solchen Fällen ist die Nichtigkeitsklage ohne Sachprüfung abzuweisen;** BGH 2. 3. 1956, GRUR 1956, 264; BGH 20. 5. 1953, BGHZ 10, 22, 23 = GRUR 1953, 385 = Bl. 1953, 382; BGH 12. 7. 1955, a. a. O. Ein Vertrag über die Rücknahme der Nichtigkeitsklage im Zusammenhang mit der Gewährung einer einfachen Lizenz steht einer erneuten Nichtigkeitsklage bei entscheidend verändertem Stand der Technik nicht entgegen; BPatG 22. 11. 1966, a. a. O., 38. **Im einzelnen vgl.** § 9 Anm. 56, 75 **und** § 37 Anm. 5 bis 18. 9

D. Das zu prüfende Streitpatent

Nur ein **endgültig** (unanfechtbar) **erteiltes Patent** kann mit der Nichtigkeitsklage angegriffen werden; BGH 16. 11. 1962, E 2, 244, 251 = GRUR 1963, 279 – Weidepumpe; BPatG 20. 2. 1963, E 3, 119 = Bl. 1963, 170. Nichtigkeitsklage gegen ein noch nicht endgültig erteiltes Patent ist unzulässig; BPatG 20. 2. 1963, E 3, 119, 121 = Bl. 1963, 170. Auch gegen **Geheimpatente** kann Nichtigkeitsklage erhoben werden; RG 17. 5. 1919, GRUR 1920, 8. Zugrunde zu legen ist das Patent in der Fassung gem. Erteilungsbeschluß, und zwar ohne Rücksicht auf etwaige formelle oder sachliche Mängel des Erteilungsverfahrens; BGH 22. 12. 1964, GRUR 1965, 473, 479; RG 27. 4. 1927, GRUR 1927, 472 (gegebenenfalls auch mit zu Unrecht erfolgten Berichtigungen); RG 18. 1. 1937, RGZ 153, 315 = Bl. 1939, 94 (auch bei Unstimmigkeit in der Patentschrift); RG 4. 7. 1939, Bl. 1940, 5. Wurde das Patent durch früheres rechtskräftiges Nichtigkeitsurteil teilweise vernichtet oder klargestellt, so gilt die entsprechende Fassung; BGH 6. 7. 1962, GRUR 1962, 577, 578 m. w. Hinweisen – Rosenzüchtung. Die wirkliche Fassung der Patentschrift ist maßgebend, nicht das darin nicht berücksichtigte Verfahren, das der Patentinhaber angeblich praktisch verwendet; RG 12. 4. 1930, GRUR 1930, 797, 799. Fehler des Anmelders oder des Patentamts bei der Kennzeichnung der Erfindung können im Nichtigkeitsverfahren nicht nachgeprüft und deshalb nur bei der Neuheitsprüfung (Priorität; s. Anm. 12) berücksichtigt werden; RG 4. 7. 1939, Bl. 1940, 5. Maßgeblich für die Fassung des Patentanspruchs ist im 10

Zweifelsfall der Erteilungsbeschluß, nicht die gedruckte Patentschrift; RG 27. 4. 1927, GRUR 1927, 472. Gegebenenfalls kommt, wie im Verletzungsprozeß, die Fassung in Betracht, die das Patent in einem etwa vorangegangenen Beschränkungsverfahren (BGH 18. 2. 1955, BGHZ 16, 326, 329 = GRUR 1958, 466, 467 l. Sp.; BGH 14. 6. 1957, GRUR 1958, 134, 135) oder in einem vorangegangenen Nichtigkeitsverfahren (BGH 31. 1. 1961, GRUR 1961, 335) erhalten hat. Legt im Nichtigkeitsverfahren nach der erstinstanzlichen Entscheidung nur die Klägerin Berufung ein, ist im Berufungsverfahren das Patent in der Fassung zugrunde zu legen, die es durch die erstinstanzliche Nichtigkeitsentscheidung erhalten hat; BGH 3. 5. 1957, Bl. 1958, 114, 115 = GRUR 1957, 543; RG 6. 1. 1937, GRUR 1937, 611; RG 27. 4. 1927, GRUR 1927, 472.

Legt nur der Patentinhaber Berufung ein und erweist sich diese als unbegründet, ist die vom Nichtigkeitssenat erteilte Fassung nicht nachzuprüfen, auch wenn eine völlige Vernichtung gerechtfertigt erscheint; RG 13. 1. 1937, GRUR 1938, 861, 864.

Durch die **Erklärung des Patentinhabers, das Patent nur in beschränktem Umfang verteidigen zu wollen,** kann ohne vorhergehendes Beschränkungsverfahren (§ 36 a) der Prozeßstoff auf diesen Umfang beschränkt werden; BGH 30. 5. 1956, BGHZ 21, 8, 10 = Bl. 1956, 283 = GRUR 1956, 409; BGH 29. 4. 1960, GRUR 1960, 542, 543. Es ist dann im Nichtigkeitsverfahren zu prüfen, ob und inwieweit es sich um eine zulässige Beschränkung handelt. Nicht zu prüfen ist, inwieweit die Beschränkung notwendig ist; BGH 21. 10. 1952, Bl. 1953, 14 = GRUR 1953, 86. Erklärt der Patentinhaber im Nichtigkeitsverfahren, auf bestimmte, mit der Klage angegriffene Patentansprüche zu verzichten, so ist das Gericht an die Erklärung gebunden; BPatG 13. 12. 1962, E 4, 30. Ein Erlöschen des Patents gem. § 12 tritt aber insoweit noch nicht ein, sondern gegebenenfalls erst mit der rechtskräftigen teilweisen Vernichtung des Patents durch das Gericht aufgrund der Verzichterklärungen; BGH 1. 12. 1961, GRUR 1962, 294, 297; BPatG 13. 12. 1962, a. a. O. Sofern das Nichtigkeitsverfahren noch nicht rechtskräftig erledigt ist, kann der Patentinhaber aber von einer einmal erklärten Beschränkung nachträglich wieder abrücken; BGH 23. 2. 1965, GRUR 1965, 480, 482 r. Sp.

Zur Frage der Beschränkung des Prozeßstoffes durch **Selbstbeschränkung** des Beklagten und durch **teilweise Zurücknahme der Klage** vgl. BGH 14. 1. 1964, BGHZ 41, 13 = GRUR 1964, 308, 309; BGH 1. 12. 1961, Bl. 1962, 182 = GRUR 1962, 294, 296 und auch BGH 20. 4. 1961, GRUR 1961, 572, wo auch etwaige Verpflichtungen aus dem Lizenzvertrag behandelt sind. Danach kann der Lizenznehmer als Nebenintervenient nicht mit der Anschlußberufung die völlige Abweisung der Nichtigkeitsklage und damit die volle Aufrechterhaltung des Patents mit den ursprünglichen Ansprüchen begehren.

Im Nichtigkeitsverfahren kann das Patent in weiterem Umfang als in einem noch nicht erledigten Beschränkungsverfahren (§ 36 a Anm. 10) verteidigt werden; BGH 12. 5. 1961, GRUR 1961, 529. Ist aber ein Beschluß im **Beschränkungsverfahren** (§ 36 a) ergangen, ist das Patent in der Neufassung zugrunde zu legen; BGH 14. 6. 1957, GRUR 1958, 134, 135; BGH 6. 7. 1962, GRUR 1962, 577. Die Nachprüfung der Patentfähigkeit eines in der 1. Nichtigkeitsinstanz geänderten Patentbegehrens ist der 2. Nichtigkeitsinstanz entzogen, wenn die Klägerin die Abweisung ihrer auf vollständige bzw. teilweise Nichtigerklärung des Streitpatents gerichtete Klage durch das BPatG hingenommen hat; BGH 20. 3. 1970, X. ZR 59/68 S. 7.

Der Antrag auf Umwandlung eines Patents in ein Zusatzpatent ist nach Abschluß des Erteilungsverfahrens nicht mehr möglich, also auch nicht im Nichtigkeitsverfahren; BGH 29. 4. 1960, GRUR 1960, 545, 546 – Flugzeugbetankung II.

E. Grundsätze für die materiell-rechtliche Prüfung

Für die Beurteilung der Rechtmäßigkeit der Patenterteilung ist grund- 11
sätzlich **dasjenige Recht maßgeblich,** das im Zeitpunkt der Patenterteilung oder des Eingangs der Anmeldung gegolten hat; etwa rückwirkende gesetzliche Änderungen dürfen sich für den Patentinhaber nicht schädlich auswirken; BGH 8. 7. 1955, BGHZ 18, 82 = GRUR 1955, 393, 396, 397 – Zwischenstecker für Radioempfänger (hier: Frage der Neuheitsschädlichkeit ausgelegter Patentanmeldungen und Gebrauchsmusterunterlagen; im einzelnen s. § 2 Anm. 9, 10). Vgl. auch PA Gr. Sen. 19. 12. 1955, GRUR 1956, 80, 81 unter 1. Das im Zeitpunkt der Patentanmeldung geltende Recht ist auch dafür maßgeblich, was zum Stand der Technik zu rechnen ist; BGH 25. 11. 1965, BGHZ 44, 346, 356 = GRUR 1966, 251, 254 l. Sp. Abs. 2 – Batterie. Wegen des Zeitpunktes des Inkrafttretens von Rechtsvorschriften s. auch Heinze, NJW 1961, 345. Eine für den Patentinhaber günstige gesetzliche Regelung (hier: betreffend die Neuheitsschonfrist) kann u. U. schon vor Inkrafttreten des betreffenden Gesetzes angewendet werden; RG 19. 12. 1936, RGZ 153, 174; BGH 30. 5. 1956, BGHZ 21, 8, 13 = GRUR 1956, 409, 411 l. Sp. – Spritzgußmaschine. Die Rechtsbeständigkeit eines Patents im Nichtigkeitsverfahren ist ausschließlich nach der im Zeitpunkt seiner Anmeldung gegebenen tatsächlichen Lage zu beurteilen; BGH 8. 7. 1955 a. a. O. Eine inzwischen gewandelte Rechtsanwendung darf sich nicht zum Nachteil solcher Patentanmelder auswirken, zu deren Gunsten bereits gewisse Rechtswirkungen eingetreten sind; BGH 19. 6. 1962, BGHZ 37, 219, 229 = GRUR 1962, 642, 646 l. Sp. – Drahtseilverbindung. Wegen der weitgehenden Gestaltungsfreiheit des

Gesetzgebers bei notwendigen Übergangsregelungen s. BGH 16.5.1968, GRUR 1969, 84, 86 – Derivate – m. Hinweisen auf d. Rechtspr. und BGH 5. 5. 1970, GRUR 1970, 456, 457 – Salzlösung.

Die Nichtigkeitsinstanzen sind für die Prüfung auf Patentfähigkeit in demselben Umfang zuständig wie die patenterteilenden Instanzen; BGH 16. 11. 1962, E 2, 244, 251 = GRUR 1963, 279 – Weidepumpe; PA 7. 12. 1908, Bl. 1909, 205, 208.

Die **Begründung der Nichtigkeitsklage** legt die Richtung der Nachprüfung des Patents fest und hat auch starken Einfluß auf den Gang des Verfahrens; BGH 20. 5. 1953, BGHZ 10, 22, 27 – Beschriftung von Konservendosen; BGH 16. 2. 1954, GRUR 1954, 317, 322 – Entwicklungsgerät; BPatG 13. 10. 1964, E 6, 189, 190. Richtet sich der Klageantrag z. B. nur gegen die Ansprüche 2 bis 6, so wird nicht von Amts wegen geprüft, ob die sachlichen Voraussetzungen für die Vernichtung des Anspruchs 1 vorliegen; RG 24. 3. 1937, GRUR 1937, 855 – Adergruppen f. Fernmeldekabel. Gibt der Kläger Nichtigerklärung des Anspruchs 1 anheim, so liegt darin keine Erweiterung der Nichtigkeitsklage; RG 24. 3. 1937, a. a. O. Die Untersuchungen im Nichtigkeitsverfahren erstrecken sich in der Regel nur auf den Gegenstand der Erfindung, und zwar darauf, ob dieser die in §§ 1, 2 und 4 Abs. 2 aufgestellten Schutzanforderungen erfüllt, nicht etwa auf die Frage des Schutzumfangs; BGH 19. 1. 1965, GRUR 1965, 355 – Bolzenschießgerät; BGH 21. 5. 1963, GRUR 1963, 518 – Trockenschleuder; BGH 1. 12. 1961, GRUR 1962, 294 – Hafendrehkran. RG 6. 9. 1938, GRUR 1939, 118; RG 29. 10. 1930, RGZ 130, 158; z. T. abweichend mit weit. Hinw. Reimer § 13, Rdn. 27, S. 782. Es ist also lediglich zu prüfen, ob gegen das angegriffene Patent einer der im Gesetz (§§ 13, 13 a) bezeichneten, vom Nichtigkeitskläger geltend gemachten Nichtigkeitsgründe gegeben ist; BGH 22. 12. 1964, GRUR 1965, 473, 479 – Dauerwelle.

Grundlage für die Ermittlung der im Streitpatent offenbarten Lehre ist in erster Linie – wie im Verletzungsprozeß – der Patentanspruch gemäß seinem Wortlaut; vgl. z. B. BGH 31. 1. 1961, GRUR 1961, 335; BGH 22. 11. 1957, GRUR 1958, 179 – Resin; im übrigen s. § 6 Anm. 4 ff. Falls Zweifel bestehen, was in dem Anspruch als Gegenstand der Erfindung bezeichnet werden sollte, so ist der übrige Inhalt der Patentschrift, eventuell auch der Inhalt der Erteilungsakte, heranzuziehen; BGH 16. 6. 1961, GRUR 1962, 80, 81 – Rohrdichtung; BGH 25. 9. 1953, GRUR 1954, 107, 109 – Mehrfachschelle. Eine wesentliche Rolle werden dabei die Angaben zur Ermittlung und Lösung der Aufgabe spielen; s. z. B. BGH 22. 12. 1964, GRUR 1965, 473, 474, 475 – Dauerwellen; BGH 5. 11. 1964, GRUR 1965, 138, 139, 140 – Polymerisationsbeschleuniger. Auch ist festzustellen, daß die Lehre des Streitpatents eine »fertige Erfindung« darstellt; BGH

22. 12. 1964, a. a. O., 475. Daher muß gegebenenfalls auch untersucht werden, ob die Lehre des Streitpatents »ausführbar« ist; BGH 5. 11. 1964, a. a. O., 141. Im einzelnen vgl. § 1 Anm. 27.

Wird weder in der Patentbeschreibung noch in den Zeichnungen offenbart, daß sich die mit dem Patent erstrebten Vorteile durch jede beliebige Art von (Befestigungs-)Mitteln erreichen lassen, sondern nur von ganz bestimmten, in der Patentschrift offenbarten Mitteln, so sind allein diese für die Bestimmung des Gegenstands der Erfindung maßgebend; BGH 25. 9. 1953, GRUR 1954, 107, 109 – Mehrfachschelle. Ferner kann der Gegenstand der Erfindung nicht auf etwas präzisiert werden, was bisher nur beiläufig zum Ausdruck gelangt war; BGH 15. 10. 1957, GRUR 1958, 179 – Aluminiumflachfolien. Dem Anmelder darf nicht anstelle der von ihm gelösten technischen Aufgabe eine ganz andere von ihm gar nicht offenbarte Erfindung geschützt werden; BGH 22. 1. 1961, GRUR 1962, 83, 85 – Einlegesohle.

Die Forderung in BGH 1. 12. 1961, GRUR 1962, 294, 296 unter Nr. 4 – Hafendrehkran, daß bei Prüfung der neu vorgelegten Patentansprüche auf Nichtvorhandensein einer unzulässigen Erweiterung oder Inhaltsänderung diese mit dem – ursprünglichen – Gegenstand dieser Ansprüche zu vergleichen sei, ergibt sich daraus, daß es sich hier um ein ungeprüftes, ohne Einspruchsverfahren erteiltes Patent handelte. Sonst stellt sich im Nichtigkeitsverfahren die Frage nach der **ursprünglichen Offenbarung** des beanspruchten Gegenstands der Erfindung nur in Patenten, in denen unzulässige Erweiterungen vor Inkrafttreten der Neuregelung des § 26 Abs. 5 Satz 2 (s. § 26 Anm. 95) eingebracht worden sind, wenn im Nichtigkeitsverfahren unter Hinweis auf eine nach der beanspruchten Priorität veröffentlichte Druckschrift geltend gemacht wird, daß die betreffende Lehre im Erteilungsverfahren erst zu einem Zeitpunkt offenbart wurde, als sie im Hinblick auf den entgegengehaltenen Stand der Technik schon bekannt war; RG 4. 7. 1939, Bl. 1940, 5; RG 16. 1. 1940, GRUR 1940, 258; RG 8. 3. 1940, GRUR 1940, 346, 347. Wegen der Handhabung bei Patenten, in denen nach dem 1. 10. 1968 unzulässige Änderungen bzw. Erweiterungen festgestellt werden, vgl. Anm. 12. In solchen Anmeldungen ist zu prüfen, ob die im Nichtigkeitsverfahren verteidigte Fassung gegenüber dem ursprünglichen Gegenstand der Anmeldung (s. § 26 Anm. 100) auch keine unzulässige Erweiterung bzw. Änderung (s. § 26 Anm. 83) erhalten hat.

Eine **unrichtige (zu weit reichende) Darstellung des Standes der Technik** in der Beschreibung des Streitpatents ist für dessen Bestand unschädlich, insofern es innerhalb des Rahmens des erteilten Patents (also kein aliud) gleichgültig ist, worin der Anmelder das Patentwürdige gesehen hat, insbesondere was er für vorbekannt und was er für neu gehalten hat; RG 1. 2. 1930, MuW 1930, 187, 188. Vgl. aber § 26 Anm. 109 und auch BPatG

8. 10. 1964, E 6, 207, 214. Bleibt deshalb nach Unberücksichtigtlassen der als bekannt vorausgesetzten Erfindungsmerkmale kein patentfähiger Überschuß im Anspruch, so ist dieser nicht mehr haltbar.

Hier ist zunächst zu untersuchen, welche Änderungen des erteilten Patentanspruchs im Nichtigkeitsverfahren bei notwendiger Einschränkung wegen des Klagevorbringens zulässig sind.

Da die hauptsächlichen Grundsätze für zulässige und unzulässige Änderungen in jedem Stadium des Patenterteilungsverfahrens gelten (s. § 26 Anm. 102) und im Nichtigkeitsverfahren die Patentfähigkeit nach den gleichen Regeln wie im Erteilungsverfahren geprüft wird – vgl. BGH 16. 11. 1962, E 2, 244, 251 –, müssen auch die **Grundsätze für zulässige und unzulässige Änderungen** im Erteilungs- und Nichtigkeitsverfahren die gleichen sein, mit der Maßgabe, daß für die Feststellung des Gegenstands des Patents von der erteilten Fassung der Unterlagen auszugehen sein wird. Deshalb sind für die Zulässigkeit der Änderungen die entsprechenden Erläuterungen im § 26 Anm. 99 bis 123, gegebenenfalls sinngemäß, heranzuziehen. Zur Frage, was als **Gegenstand der ursprünglichen Anmeldung** im Sinne des § 26 Abs. 5 (erfindungswesentliche Merkmale) vom Durchschnittsfachmann anzusehen ist, vgl. BGH 26. 1. 1967, GRUR 1967, 476 = Bl. 1967, 197. Im einzelnen s. Zeunert, GRUR 1966, 405 und § 26 Anm. 99–101. Zur Feststellung des **Gegenstands des Patents** gelten auch im Nichtigkeitsverfahren die allgemein gültigen Grundsätze, die bei § 6 erläutert sind. Hier kommt aber nur die Feststellung des »Gegenstands der Erfindung« in Betracht. Bei der Feststellung ist zunächst **immer vom Patentanspruch auszugehen;** vgl. z. B. RG 4. 5. 1943, Bl. 1943, 100 r. Sp. Ende = GRUR 1943, 245; BGH 17. 2. 1961, GRUR 1961, 409, 410 r. Sp.; BGH 10. 5. 1960, GRUR 1960, 478, 479 r. Sp. Voraussetzung ist die vorangehende Feststellung, daß der erteilte Patentanspruch im Rahmen des ursprünglich offenbarten Erfindungsgedankens liegt. Bei der Auslegung des Patentanspruchs ist **in der Regel** davon auszugehen, daß die Erteilungsbehörde Merkmale, die im **Oberbegriff des Anspruchs** stehen, vom Schutz hat ausnehmen wollen; vgl. hierzu § 26 Anm. 55, 56, 57, 65. Wegen zulässiger Anspruchsklarstellung vgl. Anm. 15, 16. Zwecks Ermittlung des Gegenstands der Erfindung bzw. zur Erläuterung der technischen Bedeutung des Patentanspruchs ist gegebenenfalls auch eine in der Beschreibung enthaltene Bestimmung des erstrebten technischen Erfolgs heranzuziehen; BGH 17. 2. 1961, GRUR 1961, 409, 410 unter 2 b. Bei den Untersuchungen sind der **Gang des Erteilungsverfahrens** zu berücksichtigen und insbesondere die ursprünglichen Angaben betr. Aufgabe und Lösung; s. BGH 27. 10. 1966, GRUR 1967, 194, 196 ff.; BGH 16. 6. 1961, GRUR 1962, 80, 81 bei II 3; BGH 25. 9. 1953, GRUR 1954, 107, 109; RG 15. 11. 1943, GRUR 1944, 22; RG 26. 4. 1938, Mitt. 1938, 230; RG 9. 10. 1937, GRUR 1938, 177; RG 21. 10. 1935, GRUR 1936, 308. Eindeutige **Be-**

schränkungen im Erteilungsverfahren (§ 26 Anm. 65, 125, 126) sind auch im Nichtigkeitsverfahren bindend; vgl. z. B. BGH 27. 1. 1961, GRUR 1961, 404, 408 – Klebeverbindung.

Zur **Feststellung der Aufgabe** sind in erster Linie die Ausführungen in der Beschreibungseinleitung maßgebend; vgl. § 26 Anm. 45. Zu der auf Pietzcker zurückgehenden These betr. einer objektiven Charakteristik der Erfindung, nach der die Aufgabe aus dem erreichten technischen Erfolg, angeschaut aus der Zeit vor Vollendung der Erfindung, zu ermitteln ist, vgl. BGH 21. 6. 1960, GRUR 1960, 546, 547, 548 und hierzu Zeunert, Beiträge, Kap. I h. Zur Bestimmung der Aufgabe herangezogene **vorteilhafte Wirkungen** brauchen nicht unbedingt ursprünglich angegeben zu sein, **vorausgesetzt** nur, daß die ursprünglich offenbarte Lehre selbst dadurch keine Änderung erfahren hat; BGH 27. 10. 1966, GRUR 1967, 194, 196 ff.; hierzu Zeunert, Beiträge, S. 92, 93. Tetzner, GRUR 1961, 411 weist im Zuzusammenhang mit BGH 17. 2. 1961, a. a. O. ganz allgemein mit Recht darauf hin, daß das Nachbringen von »Vorteilen« immer mit Vorsicht zu betrachten ist. Macht die Zweckbestimmung des Erfindungsgegenstandes das Wesen der Erfindung aus, so muß diese ursprünglich offenbart gewesen sein; BGH 22. 9. 1961, GRUR 1962, 83 – Einlegesohle. Nach BGH 30. 3. 1971, GRUR 1971, 403 = Bl. 1971, 290, 291 – Hubwagen – können im Nichtigkeitsverfahren auch nicht erkannte und nicht offenbarte Vorteile einer Lehre für die Beurteilung des in einer Erfindung liegenden Fortschritts herangezogen werden, sofern die Vorteile nur die Brauchbarkeit und Verwendbarkeit der Erfindung belegen sollen, nicht aber den Inhalt der Lehre darstellen.

Der Gegenstand der Erfindung kann nicht auf etwas präzisiert werden, was bisher nur beiläufig zum Ausdruck gelangt ist; BGH 15. 10. 1957, GRUR 1958, 177 – Aluminiumflachfolien. Ausreichende **Offenbarung** liegt auch nicht vor, wenn später erst eine bestimmte Gestaltung von zwei als gleichwertig behandelten und bisher nicht als wesentlich angesehenen Gestaltungen zum Gegenstand der Erfindung gemacht werden soll; RG 5. 11. 1932, GRUR 1933, 31 = MuW 1933, 23. Ferner kann der Gegenstand der Erfindung im Nichtigkeitsverfahren nicht auf eine ganz bestimmte Anwendung des ursprünglich Offenbarten mit einem bestimmten Ergebnis ausgedehnt werden, die der Durchschnittsfachmann nicht ohne Aufwand schöpferischer Tätigkeit entnehmen konnte; RG 16. 1. 1940, GRUR 1940, 258 ff. (hierzu Zeunert, Offenbarung S. 33). Dagegen ist die Beschränkung des Patentanspruchs auf eine bestimmte von mehreren unter den ursprünglichen Patentanspruch fallenden Lösungen zulässig, wenn diese ursprünglich entsprechend »differenziert beschrieben« worden ist; BGH 3. 2. 1966, GRUR 1966, 319, 321 – Seifenzusatz. Ist bei der Anmeldung der Erfindung deren wesentlicher Kern verschwiegen worden, so kann die nachträglich bekanntgegebene Erfindung im Nichtigkeitsverfahren nicht geschützt werden; BGH

2. 12. 1958, Mitt. 1962, 74, 76 unter d mit Bezug auf RG 26. 9. 1934, GRUR 1935, 88, 90 – Gummiförderband.

Eine recht ungenaue Verhaltensregel kann noch als fertige Erfindung anerkannt werden, wenn dem Fachmann der spezielle Lösungsweg **ohne weiteres** zur Verfügung steht; BGH 16. 6. 1961, GRUR 1962, 80, 81 – Rohrdichtung. Auch hindert gegebenenfalls die Notwendigkeit von Versuchen die Anerkennung ausreichender Offenbarung nicht; RG 6. 1. 1937, GRUR 1937, 611. Bedenklich muß BGH 22. 12. 1964, GRUR 1965, 473, 475 unter A I 5 – Dauerwellen - bezüglich der Anerkennung des Vorliegens einer fertigen Erfindung erscheinen.

Wegen der im Nichtigkeitsverfahren in der Regel nicht zulässigen Umdeutung der Patentkategorie vgl. § 1 Anm. 49 am Ende. Die Umwandlung eines als Vorrichtungspatent erteilten Patents in ein Verfahrenspatent ist im Nichtigkeitsverfahren grundsätzlich nicht möglich; BGH 14. 7. 1966, GRUR 1967, 25, 29 – Spritzgußmaschine II.

Auch bei der Identitätsprüfung findet keine Schutzumfangprüfung statt; RG 29. 10. 1930, Mitt. 1930, 343. Hier wurde aber im jüngeren Patent das Vorhandensein einer »erfinderischen Zutat« gefordert.

Im Nichtigkeitsverfahren ist auch nicht zu entscheiden, welche Folgerungen aus einer Bezugnahme in einem Patentanspruch auf übergeordnete Ansprüche für den Schutzumfang zu ziehen sind; BGH 19. 1. 1965, GRUR 1965, 355 – Bolzenschießgerät.

Wegen zulässiger **Klarstellungen** und wegen möglicher **Beschränkungen** vgl. Anm. 15–17. Wegen der Prüfung der Frage, ob dem geltend gemachten Patentbegehren die ursprüngliche **Priorität** zukommt, s. im einzelnen Anm. 12.

Wegen der **Prüfung der Neuheit** vgl. Erläuterungen zu § 2, auf **Fortschrittlichkeit** vgl. § 1 Anm. 34–39 und auf Erfindungshöhe vgl. § 1 Anm. 40 ff.

F. Behandlung unzulässig geänderter Ansprüche (Nachprüfung der Priorität)

12 Die Nachprüfung der Priorität dient zur Feststellung, ob die erteilte oder die im Nichtigkeitsverfahren verteidigte Fassung des Patentanspruchs für den Durchschnittsfachmann erkennbar im Rahmen des ursprünglich offenbarten Gegenstands der Anmeldung (s. § 26 Anm. 100) liegt, oder ob sie eine unzulässige Erweiterung oder unzulässige Änderung (aliud) enthält. Zwingend ist die Nachprüfung von Amts wegen in Anbetracht der Bestimmung des § 26 Abs. 5 Satz 2 (s. § 26 Anm. 95) bei Patenten, die seit dem 1. 10. 1968 neu angemeldet wurden, oder die auf Altanmeldungen zurückgehen, die nach den neuen Bestimmungen zu behandeln sind (s. § 26 Anm. 96).

Die Nachprüfung der Priorität entspricht der im Verletzungsprozeß;

s. z. B. BGH 30. 10. 1962, GRUR 1963, 563, 566 – Aufhängevorrichtung – mit Hinweis auf BGH 2. 12. 1952, GRUR 1953, 120.

Ist im Erteilungsverfahren der **Gegenstand der Anmeldung vor dem Wirksamwerden des PatÄndG** vom 4. 9. 1967 – also vor dem 1. 10. 1968 – **unzulässig geändert** worden (§ 26 Abs. 5 PatG), so kann im Nichtigkeitsverfahren dem erteilten Patent, soweit die unzulässige Erweiterung reicht, derjenige Stand der Technik entgegengehalten werden, der z. Z. der Einführung der unzulässigen Änderung im Erteilungsverfahren bestand; BGH 16. 11. 1962, E 2, 244, 251 = GRUR 1963, 279. Vgl. auch BGH 28. 10. 1965, GRUR 1966, 198, 199 – Plastikflaschen; BGH 27. 11. 1969, GRUR 1970, 289, 292 unter a) – Dia-Rähmchen IV. Im übrigen ist der weiteren Prüfung die erteilte Fassung des Streitpatents zugrunde zu legen, ohne daß noch des näheren auf die Unterschiede zwischen dieser Fassung und der ursprünglichen Anmeldung eingegangen werden müßte; BGH I a ZR 295/63 vom 16. 3. 1965, Bl. 8, 9. Vgl. hierzu ferner z. B. RG 18. 4. 1906, RGZ 63, 161; RG 5. 12. 1934, RGZ 146, 79; RG 4. 7. 1939, Bl. 1940, 5; RG 12. 12. 1939, MuW 1940, 74; BGH 2. 12. 1952, GRUR 1953, 120 – Kabelhalter –; BPatG 22. 11. 1966, E 9, 34, 41.

Nach BGH 27. 11. 1969, GRUR 1970, 289, 293 unter d – Dia-Rähmchen IV – muß eine Erweiterung des Schutzbegehrens (hier: Einfügung von »vorzugsweise« im Oberbegriff) im Nichtigkeitsverfahren wieder beseitigt werden, wenn ihr eine vor der Erweiterung veröffentlichte Druckschrift (hier: die Auslegeschrift des Streitpatents) entgegensteht. Der Schutzumfang des Anspruchs soll dadurch aber nicht präjudiziert werden; BGH 27. 11. 1969, a. a. O. unter e; so wurde bei diesem Patent die gestrichene Einfügung im Verletzungsprozeß im Wege der Auslegung wieder berücksichtigt; BGH 14. 7. 1970, GRUR 1971, 78, 79 r. Sp.

Es fragt sich, ob die in BGH 27. 11. 1969, a. a. O., 292 r. Sp. (vgl. auch Anm. Moser von Filseck, S. 295) getroffene Unterscheidung zwischen dem »Gegenstand der in den ursprünglichen Unterlagen offenbarten Erfindung» (behandelt im Nichtigkeits- und Verletzungsprozeß) und dem »in den ursprünglichen Patentansprüchen niedergelegten Schutzbegehren« (behandelt im Erteilungsverfahren) notwendig und zweckmäßig ist. Denn auch im Erteilungsverfahren wird nicht allein von dem ursprünglichen Schutzbegehren, sondern von der aus den ursprünglichen Unterlagen entnehmbaren Erfindung ausgegangen.

Nach BGH 26. 1. 1967, GRUR 1967, 476 – Dampferzeuger – ist »Gegenstand der Anmeldung« i. S. des § 26 Abs. 5 (a. F.) das, was bei der Anmeldung nach Maßgabe des § 26 Abs. 1 »als ihr Gegenstand« offenbart ist. Des näheren wird ausgeführt, daß nur das »Gegenstand« ist, was bei der Anmeldung tatsächlich als zum »Gegenstand der Erfindung gehörig offenbart ist.« Wegen der Änderungsmöglichkeiten im Erteilungsverfahren vgl. § 26 Anm. 82 ff.

Gegebenenfalls kann auch im Erteilungsverfahren – soweit tunlich – der Schutzumfang abgegrenzt werden. Die Regeln für die Feststellung zulässiger bzw. unzulässiger Änderungen sind immer gleich; nur ist der Tatbestand, auf den sie anzuwenden sind, je nach dem Verfahren und Verfahrensstand, entsprechend gegebenenfalls zu berücksichtigenden Beschränkungen und Verzichten umfangsmäßig verschieden.

Nach BPatG 4. 5. 1965, E 8, 15, 17, 2. Abs. sollen die Verfahrensgrundsätze für Anspruchsänderungen im Nichtigkeitsverfahren anders sein als im Erteilungsverfahren (nach der Bekanntmachung). Wenngleich auch im Nichtigkeitsverfahren bei Klarstellungen des Anspruchs besondere Vorsicht erforderlich ist, so sind doch die Regeln für die Ermittlung der Zulässigkeit einer Änderung im Nichtigkeitsverfahren die gleichen wie im Erteilungsverfahren; in beiden Fällen entscheidet sich auf Grund der ermittelten, dem Patent zugrunde liegenden, ursprünglich offenbarten Aufgabe die Zulässigkeit oder Unzulässigkeit einer Klarstellung (zur Vermeidung einer falschen Auslegung) oder Änderung (wegen des Standes der Technik); vgl. z. B. BGH 27. 10. 1966, GRUR 1967, 194, 196 ff. – Hohlwalze. Wegen der Anm. von Fischer vgl. Zeunert, Beiträge S. 93.

Prioritätsnachprüfung ist auch nötig, um zu klären, ob ein zur Stützung der Nichtigkeitsklage entgegengehaltenes **älteres Recht** gegebenenfalls auch als Vorveröffentlichung entgegensteht; RG 8. 3. 1940, GRUR 1940, 346 = MuW 1940, 114; RG 11. 11. 1940, GRUR 1940, 1940, 546 = MuW 1940, 235. Ob eine Änderung der Ansprüche und Beschreibung des Patents ohne Schaden für die Prioritätsrechte zulässig ist, hängt davon ab, ob die nachgebrachte Fassung mit dem, was ursprünglich dem Patentamt offenbart war, noch wesensgleich ist; RG 9. 10. 1937, GRUR 1938, 177. Der Gegenstand der ursprünglichen Anmeldung muß erhalten bleiben; RG 5. 12. 1934, RGZ 146, 79 = GRUR 1935, 291. Soll die ursprüngliche Priorität zuerkannt werden, muß der beanspruchte Erfindungsgedanke in den ersten Unterlagen richtig erkannt gewesen sein; RG 26. 9. 1934, Bl. 1935, 9, 10 = GRUR 1935, 1935, 88. Betreffen die ursprünglichen Unterlagen in bezug auf Aufgabe, Lösung und Wirkung ein ganz anderes Verfahren und führen die Ausführungsbeispiele gerade von dem beanspruchten Verfahren fort, so fehlt ausreichende Offenbarung; RG 16. 1. 1940, GRUR 1940, 258.

Wenn in BGH 16. 11. 1962, a. a. O., einerseits auf die Parallelen des Nichtigkeitsverfahrens zum Einspruchsverfahren und auf das genaue Spiegelbild der sachlich-rechtlichen Voraussetzungen für das Erteilungsverfahren und andererseits darauf hingewiesen ist, daß im Erteilungsverfahren der Gegenstand der Änderung hätte ausgeschieden werden müssen, so sollte daraus der Schluß gezogen werden, daß der **Gegenstand einer unzulässigen Erweiterung** – ganz gleich, ob dazwischenliegendes Material genannt wird oder nicht – für die Beurteilung der Patentfähigkeit nicht zu beachten ist. Die Einführung einer unzulässigen Erweiterung rührt an die **materielle**

Substanz des Patents. Deshalb ist mit Recht von Reimer, § 32 Anm. 3, S. 1098 Abs. 2 und von Zeller, Mitt 1941, 165 gefordert worden, diesen Tatbestand als Einspruchsgrund zuzulassen.

In nach dem 1. 10. 1968 eingereichten Anmeldungen und in denjenigen Altanmeldungen, die nach den neuen Bestimmungen zu behandeln sind (s. § 26 Anm. 96), **werden auf jeden Fall gemäß § 26 Abs. 5 Satz 2 keine Rechte aus unzulässigen Erweiterungen hergeleitet werden können.** Falls im Nichtigkeitsverfahren der Patentinhaber von sich aus nicht auf ein Patentbegehren, das i. S. von § 26 Abs. 5 Satz 2 als unzulässige Erweiterung festgestellt wird, eindeutig verzichtet, wird im Nichtigkeitsurteil Streichung des betreffenden Teils des Patentbegehrens festzustellen sein. Bedenken hat Hesse, GRUR 1970, 437, 439 und in Klauer/Möhring § 13 Anm. 17. Bei Verzicht bzw. Streichung handelt es sich um Klarstellung des Gegenstands der Erfindung durch Beschränkung auf den ursprünglichen Umfang. Die Streichung durch das BPatG stellt für den Patentinhaber einen Berufungsgrund dar; ebenso Löscher in Benkard § 13 Anm. 37 b. Unter dem Gesichtspunkt, daß am Anmeldetag eine fertige Lehre vorgelegen haben muß, wird das Restpatent nach Wegfall des Gegenstands der unzulässigen Erweiterung zu vernichten sein, wenn durch den Gegenstand des Restpatents die gestellte Aufgabe nicht gelöst wird oder dieser doch nur nichterfinderische Maßnahmen enthält; die rechtliche Grundlage ist § 13 Abs. 1 Nr. 1; so auch Löscher in Benkard § 13 Anm. 16 a. Wegen des Umfangs der Nachprüfung der in Anspruch genommenen Unionspriorität im Nichtigkeitsverfahren vgl. § 27 Anm. 17.

Es sollte also mindestens eine Nichtigkeitsklage zulässig sein, in der geltend gemacht wird, das Patent enthalte nach Fortfall des Gegenstands der unzulässigen Erweiterung, aus der keine Rechte hergeleitet werden könnten, keine fertige Erfindung. Gleicherweise könnte auch geltend gemacht werden, daß nach Fortfall des Gegenstands der unzulässigen Erweiterung der Gegenstand des Restpatents mangels notwendiger Patenterfordernisse – z. B. mangels Erfindungshöhe – nicht patentfähig sei. Im Schrifttum vgl. hierzu noch Ballhaus in Benkard § 26 Anm. 73; Grünecker, Festschrift für Wendel, München 1969, S. 12, 17; Hesse, GRUR 1970, 437.

G. Die Entscheidung über den Nichtigkeitsantrag

I. Die beiden Grenzfälle

1. Abweisung der Nichtigkeitsklage

Einem Urteil, durch das die Nichtigkeitsklage **uneingeschränkt und ohne** 13
Änderung des Anspruchs abgewiesen wird, kommt **keine rechtsgestaltende Bedeutung** zu. Ein solches Urteil hat keine allgemeinverbindliche Wirkung,

sondern **nur Rechtskraft zwischen den Parteien** des Verfahrens; RG 2. 3. 1943, RGZ 170, 346 = GRUR 1943, 123 = Bl. 1943, 96. Die Rechtskraft erstreckt sich hierbei nur auf den vom Kläger gem. § 13 Abs. 1 PatG geltend gemachten Klagegrund; BGH 19. 2. 1963, Bl. 1964, 22 = GRUR 1964, 18; BPatG 3. 12. 1964, E 6, 189. Ein Dritter (bisher Unbeteiligter) kann in einem solchen Fall eine neue Nichtigkeitsklage erheben. RG 20. 9. 1941, GRUR 1942, 53 ist überholt. Dagegen kann der frühere Nichtigkeitskläger aus dem gleichen Klagegrund (dabei bilden z. B. die unter §§ 1 und 2 fallenden Tatbestände **einen** Klagegrund) nicht nochmals Nichtigkeitsklage erheben; BGH 19. 2. 1963, a. a. O.; BGH 16. 2. 1954, GRUR 1954, 317, 322; RG 23. 11. 1932, RGZ 139, 3; BPatG 13. 10. 1964, E 6, 189, 190. Ihm würde mit der **Einrede der Rechtskraft** begegnet werden. Reimer, § 13 Anm. 19 bezeichnet diese Auffassung als recht weitgehend und weist auf RG 11. 11. 1913, Mitt. 1913, 50, 51 und Theumer, GRUR 1942, 243, 245 hin. Wegen der abweichenden Handhabung bei Klagerücknahme s. Anm. 23. Vgl. auch § 40 Anm. 16 ff.

Die **Gründe einer Nichtigkeitsentscheidung** nehmen auch im Nichtigkeitsverfahren an der Rechtskraft nicht teil; RG 29. 4. 1938, RGZ 158, 385, 386. Deshalb kann der Patentinhaber nicht gegen eine die Nichtigkeitsklage abweisende Entscheidung Berufung einlegen mit dem Hinweis, das Patent sei in den Gründen zu Unrecht einschränkend ausgelegt; RG 27. 2. 1937, RGZ 154, 140; RG 2. 2. 1943, RGZ 170, 346. Zur Frage der Beschwer durch die Entscheidungsgründe vgl. Seydel, GRUR 1959, 512 und § 42 Anm. 3.

Bei Abweisung der Nichtigkeitsklage ist weiterhin für den Gegenstand der Erfindung der Patentanspruch maßgeblich; RG 18. 1. 1937, RGZ 153, 315, 318. Die Entscheidungsgründe des in einem Nichtigkeitsverfahren ergangenen, ein Patent ohne Fassungsänderung der Ansprüche bestätigenden Urteils sind für den Verletzungsrichter lediglich Hilfsmittel bei der ihm obliegenden eigenen Auslegung des Schutzrechts; BGH 6. 7. 1967, GRUR 1968, 33, 37 unter IV 2; s. auch BGH 28. 11. 1963, GRUR 1964, 196, 198 unter 3 a.

Ist der Erfindungsgedanke eines mit Nichtigkeitsklage angegriffenen Patents nicht teilbar, ist die Klage abzuweisen; RG 29. 10. 1930, RGZ 130, 158 = Bl. 1931, 7.

2. Vollvernichtung

14 Vollvernichtung wird ausgesprochen, wenn gegenüber dem Stand der Technik des Nichtigkeitsklägers das angegriffene Patent keinen patentfähigen Überschuß mehr aufweist. So z. B. wenn der über eine offenkundige Vorbenutzung hinaus verbleibende Rest der Anmeldung keine Erfindung mehr darstellt; RG 24. 11. 1937, Mitt. 1938, 49. Ein Patent ist nur stich-

haltig, wenn sein Gegenstand am Anmeldetag **ausführbar** war; fehlt diese Voraussetzung bis zum Abschluß des Prüfungsverfahrens, so ist es für nichtig zu erklären, auch dann, wenn die Lehre nach Patenterteilung ausführbar geworden ist; BGH 1. 4. 1965, GRUR 1966, 141, 143 – Stahlveredlung – mit Hinw. auf RG 16. 1. 1929, MuW 1929, 127 und Anm. von Moser von Filseck, der mit Recht Ausführbarkeit am Anmeldetag fordert, ebenso Zeunert, Beiträge, Fußn. I 53 a. Im einzelnen vgl. hierzu § 1 Anm. 27. Vollvernichtung des Hauptanspruchs wurde ausgesprochen, weil der Hauptanspruch nur eine Aufgabe stellt, ohne daß die Lösungsmittel etwa aus dem übrigen Inhalt der Patentschrift zu entnehmen sind; RG 30. 3. 1935, GRUR 1935, 535, 537 l. Sp. Wegen der heutigen Auffassung vgl. § 26 Anm. 52, 52 a. Nach RG 30. 3. 1935, a. a. O., 538 l. Sp. soll Vernichtung eines Anspruchs auch ausgesprochen werden, wenn die Weisung zur technischen Arbeit auch im Zusammenhang mit den Erteilungsakten keinen Anhalt dafür gibt, daß der Anmelder den beanspruchten Erfindungsgedanken nach Ursache und Wirkung erkannt hat. Der im Fall RG 22. 5. 1937, GRUR 1938, 551 vertretenen Auffassung, daß im Anspruch die Lösungsmittel fehlen, kann nicht gefolgt werden; der Anspruch enthält lediglich Lücken, die an Hand der Beschreibung zu klären sind; vgl. Zeunert, Offenbarung, Kap. XI a.

Bei Vernichtung des Hauptanspruchs ist das ganze Patent zu vernichten, wenn nicht ersichtlich ist, daß die Unteransprüche eines selbständigen Schutzes fähig sind; RG 21. 11. 1938, GRUR 1939, 895, 898. Vgl. ferner Anm. 19. Verzicht nach Erhebung der Nichtigkeitsklage schafft Rechtslage, die im Erfolg einer Anerkennung des Klageanspruchs gleichkommt; RG 13. 3. 1929, Bl. 1929, 140. In einem solchen Fall ist Vernichtung des Patents auszusprechen, mit der sich daraus ergebenden Folge der zeitlichen Wirkung. Vgl. auch § 12 Anm. 3.

Das rechtskräftige, das Patent vernichtende Urteil wirkt rechtsgestaltend, indem es das angegriffene Patent **mit auf den Zeitpunkt der Anmeldung rückwirkender Kraft** und mit Wirkung für und gegen alle vernichtet, so daß nunmehr die Rechtslage so anzusehen ist, als ob es nie bestanden hätte; BGH 29. 9. 1964, GRUR 1965, 231, 232; BGH 13. 12. 1962, GRUR 1963, 519, 520 r. Sp. unten; BPatG 20. 2. 1963, E 3, 119, 121; RG 2. 2. 1943, RGZ 170, 346 = GRUR 1943, 123 = Bl. 1943, 96, vgl. ferner RG 9. 1. 1929, RGZ 123, 113; RG 10. 12. 1935, RGZ 148, 100 = Bl. 1936, 6 = GRUR 1936, 167. Die Patentvernichtung ist in einem anhängigen Rechtsstreit – auch noch in der Revisionsinstanz – zu beachten; RG 4. 4. 1906, RGZ 63, 140; RG 12. 10. 1935, RGZ 148, 400 = Bl. 1936, 7 = GRUR 1936, 167; BGH 12. 7. 1955, GRUR 1955, 573, 574; BGH 21. 11. 1950, GRUR 1951, 70. Zur Problematik der Wirkungen des Nichtigkeitsurteils insbesondere wegen der konstitutiven Wirkung des Patenterteilungsaktes vgl. Nirk, GRUR 1970, 329, 336 ff. (Teil C).

Die spätere Vernichtung des Patents steht der **Anwendung des § 20 GWB** auf einen vor der Nichtigerklärung des Patents abgeschlossenen Vertrag über die Benutzung der durch das Patent geschützten Erfindung und auf die vor der Nichtigerklärung liegenden Handlungen oder Zuwiderhandlungen der Vertragsparteien bei Durchführung des Vertrags nicht entgegen; BGH 25. 10. 1966, BGHZ 46, 365 =GRUR 1967, 378 – Schweißbolzen. Vgl. im einzelnen mit Nachweisen § 9 Anm. 69.

Wegen der Rechtswirkungen bei Vollvernichtung vgl. Anm. 22.

II. Umgestaltung des Patents durch die Entscheidung

1. Klarstellung

15 Vgl. hierzu Aders, Umgestaltung des Patents im Nichtigkeitsverfahren, GRUR 1952, 537/544. Einen Sonderfall stellt das die Nichtigkeitsklage abweisende Urteil dar, das aber in der Entscheidungsformel zwecks Klarstellung eine Änderung eines oder mehrerer Ansprüche ausspricht. Eine Klarstellung soll einer fehlerhaften Auslegung des Patents vorbeugen; vgl. z. B. RG 2. 2. 1943, RGZ 170, 346 = GRUR 1943, 123. Die **Fassungsänderung des Anspruchs** gehört zum Wesen der Klarstellung; BGH 6. 7. 1967, GRUR 1968, 33, 37 unter IV 2 mit Hinweis auf RG 2. 2. 1943, a. a. O. Sie bezweckt eine treffendere Umschreibung des Erfindungsgedankens, z. B. durch Streichung (RG 20. 12. 1937, GRUR 1939, 35, 38) oder Hinzufügung (RG 28. 10. 1936, GRUR 1937, 539, 541) oder Zusammenziehung (RG 5. 4. 1937, GRUR 1938, 545, 550) von Merkmalen im angegriffenen Anspruch. Die Grenzen zwischen Teilvernichtung und Klarstellung sind fließend. Nach RG 26. 1. 1943, Bl. 1943, 56 = GRUR 1943, 205, 207 ist ein grundsätzlicher Unterschied nicht festzustellen. Aber gerade deshalb sollte, wenn nur eine Klarstellung erforderlich ist, alles versucht werden, die Neufassung so zu formulieren, daß sie eben wirklich nur eine Klarstellung ist; BGH 27. 10. 1966, GRUR 1967, 194, 198. Eine präzisere Fassung des Anspruchs ist Klarstellung, nicht Teilvernichtung, und die klare Abgrenzung der Merkmale des Erfindungsgedankens greift der Entscheidung des Verletzungsrichters nicht vor; RG 24. 2. 1937, GRUR 1937, 679, 681. Ist der Wortlaut eines Patentanspruchs zweifelsfrei, ist es nicht Aufgabe des Nichtigkeitsverfahrens, ohne zwingenden Grund an der Wortfassung des Anspruchs entbehrliche Verbesserungen vorzunehmen; RG 17. 4. 1935, GRUR 1935, 873, 875. Die Streichung einer eine unzulässige Erweiterung darstellenden Kennzeichnung im Anspruch stellt nur eine Klarstellung dar; BGH 27. 11. 1969, GRUR 1970, 289, 293 unter e – Dia-Rähmchen IV. Wegen zulässiger und unzulässiger Änderungen vgl. auch § 26 Anm. 99 ff.

Ganz allgemein gilt, daß durch die Umgestaltung des Patents im Nichtigkeitsverfahren an die Stelle der patentierten Erfindung keine andere gesetzt werden darf; RG 18. 6. 1927, Bl. 1927, 236, 240; RG 25. 1. 1938, Mitt. 1938, 101. Weitere Voraussetzung für die Zulässigkeit der Beschränkung des Schutzbegehrens – zweck Klarstellung oder Einschränkung – ist, daß die betreffende technische Lehre in den **ursprünglichen** Unterlagen offenbart worden ist; BGH 25. 3. 1965, GRUR 1966, 138, 140. So stellt z. B. eine **Umdeutung der Patentkategorie** (Verfahren oder Vorrichtung) insbesondere wegen der damit unter Umständen verbundenen abweichenden Rechtsfolgen nur eine seltene Ausnahme dar und ist nur in zwingenden Fällen zulässig; BGH 29. 11. 1966, GRUR 1967, 241, 242 – Mehrschichtplatte; BGH 14. 7. 1966, GRUR 1967, 25, 29 – Spritzgußmaschine III; RG 19. 10. 1935, RGZ 149, 103, 109 = GRUR 1936, 108, 111. Die Verschiedenheit der Kategorien kann aber im Nichtigkeitsverfahren bei der Identitätsprüfung nicht zur Klageabweisung führen, wenn diese Verschiedenheit sich als eine nur mehr zufällige und rein äußerliche zeigt; RG 14. 6. 1933, GRUR 1933, 697 = Mitt. 1933, 239. Im einzelnen s. § 1 Anm. 49 und § 26 Anm. 52, 53.

Die Versetzung einzelner als solche vorbekannter Elemente aus dem kennzeichnenden Teil in den Oberbegriff des Patentanspruchs stellt nach RG 7. 1. 1941, GRUR 1941, 149, 150 = Mitt. 1941, 74, RG 14. 10. 1941, GRUR 1942, 63, 64 und RG 25. 11. 1941, GRUR 1942, 204 = Mitt. 1942, 76 keine Teilvernichtung, sondern eine Klarstellung dar. Gegen eine solche Handhabung RG 28. 2. 1931, GRUR 1931, 512. Klarstellungen, die lediglich eine Einschränkung des Schutzumfangs bezwecken, sind im Nichtigkeitsverfahren nicht zulässig; RG 6. 1. 1942, Mitt. 1942, 109 (s. hierzu auch Anm. 16 bei Berufung); RG 7. 9. 1940, GRUR 1942, 313. Denn über die Grenzen des Schutzumfangs ist nur im Verletzungsprozeß zu entscheiden; RG 9. 10. 1937, GRUR 1938, 177.

Zum Zwecke der Klarstellung darf nur dann ein Merkmal in den Anspruch aufgenommen werden, wenn dessen Notwendigkeit aus der Patentschrift zu entnehmen ist, d. h. wenn dort offenbart ist, daß der Anspruch nur eine Lücke enthält, die ein Sachverständiger bei einigem Nachdenken der Beschreibung ohne weiteres entnehmen kann; RG 26. 4. 1938, GRUR 1938, 768, 770 = Mitt. 1938, 233. Ursprünglich nicht erkannte Erkenntnisse können nachträglich nicht geschützt werden. Es ist im Nichtigkeitsverfahren zulässig, einen im Anspruch nicht ausreichend offenbarten technischen Gedanken zur Klarstellung des Gegenstands der Erfindung nachträglich durch eine in dem in der Patentbeschreibung und Zeichnung erläuterten Ausführungsbeispiel enthaltene Maßnahme zu ergänzen, wenn anhand der Ausführungen in der Patentschrift die gestellte Aufgabe und Lösung untersucht und festgestellt ist, daß das einzufügende Merkmal im Ausführungsbeispiel ausreichend offenbart und seine technische Bedeutung für 16 den Fachmann auch ausreichend erläutert ist; RG 21. 10. 1935, GRUR 1936, 308. Es kann aber ein erläutertes Ausführungsbeispiel nicht an die Stelle der im Anspruch offenbarten Lehre gesetzt werden, wenn darauf das Patentbegehren nicht gerichtet war; RG 29. 4. 1941, GRUR 1941, 360 = Mitt. 1941, 135; ebenso Pinzger, GRUR 1942, 521, 522. Durch das Patent kann nur geschützt sein, was **in der Patentschrift selbst** offenbart ist, nicht aber dürfen zur Klarstellung des Gegenstands der Erfindung Merkmale aus den Erteilungsakten entnommen werden; RG 15. 11. 1943, GRUR 1944, 22, 23 r. Sp., 25 r. Sp.; RG 26. 4. 1938, GRUR 1938, 768, 770 = Mitt. 1938, 233.

Bei der Beantwortung der Frage, ob ein Anspruch Lücken hat oder etwa eine ungelöste Aufgabe kennzeichnet, ist auch zu bedenken, daß mitunter im Erteilungsverfahren angenommen worden sein kann, die fehlende Maßnahme sei zur Lösung nicht so wesentlich, als daß sie im Hauptanspruch zu kennzeichnen wäre. Ergibt sich nachträglich doch ihre wesentliche Bedeutung, so sollte sie im Falle eines Nichtigkeitsverfahrens in den Hauptanspruch aufgenommen werden, sofern dadurch am Wesen der Erfindung nichts geändert wird. Denn etwa fehlende Angaben dürfen nur Lücken in der Lösung, nicht aber zur Lösung grundsätzliche Elemente betreffen. Im einzelnen vgl. hierzu Zeunert, Offenbarung, Kap. XI a, insb. S. 148.

Ausnahmsweise kann im Nichtigkeitsverfahren auch der Anwendungsbereich der Erfindung erweitert werden; BGH 21. 1. 1958, GRUR 1958, 389, 391 – Kranportal.

Klargestellte Patentansprüche haben im Rechtsverkehr **allgemein verbindliche Wirkung** und sind der Auslegung des Patents zugrunde zu legen; die Auslegung darf sich nicht mit dem Sinn und Zweck der Klarstellung in Widerspruch setzen; RG 2. 2. 1943, RGZ 170, 346 = GRUR 1943, 123; BGH 12. 7. 1955, GRUR 1955, 573 – Kabelschelle. Auch eine **Klarstellung ist rechtsgestaltend;** ist der Patentanspruch neu gefaßt worden, so ist damit die Auslegungsmöglichkeit festgelegt, und nach Rechtskraft kann auf eine abgelehnte Auslegungsauffassung nicht zurückgegriffen werden; RG 26. 1. 1943, GRUR 1943, 205, 207. Über einen allgemeinen Erfindungsgedanken kann der Patentanspruch nicht in der Weise erweitert werden, daß ein durch die Klarstellung in den Anspruch aufgenommenes Merkmal wieder aus dem Anspruch ausgeschieden wird; BGH 8. 5. 1962, I ZR 141/59, Bl. 44 (unveröff.). Wegen der **Rolle der Entscheidungsgründe** bei der Auslegung vgl. Anm. 21.

Gegen eine die Nichtigkeitsklage abweisende Entscheidung kann der Patentinhaber **Berufung** einlegen, wenn im Patentanspruch zu dessen Klarstellung Änderungen vorgenommen sind; RG 20. 5. 1938, RGZ 158, 1 = GRUR 1938, 521 = Bl. 1938, 204; RG 25. 11. 1941, Mitt. 1942, 76; RG 2. 2. 1943, RGZ 170, 346 = GRUR 1943, 123; BGH 27. 10. 1966, GRUR 1967, 194, 195 r. Sp. Betrifft eine als Klarstellung bezeichnete Änderung des Anspruchs im Nichtigkeitsverfahren nicht den Gegenstand der Erfindung, sondern bezweckt sie lediglich eine Einschränkung des Schutzumfangs, so kann die Beseitigung der Klarstellung nach RG 6. 1. 1942, Bl. 1942, 88 = GRUR 1942, 313 = Mitt. 1942, 109 im Berufungsverfahren mit Erfolg verfolgt werden. Es muß bezweifelt werden, ob diese Auffassung dann haltbar ist, wenn z. B. die materielle Nicht-Neuheit aller sogenannter »Kombinations«-Merkmale festgestellt wird und dies im Anspruch klargestellt wird. Vgl. hierzu die in Anm. 15 behandelten RG 7. 1. 1941, GRUR 1941, 149, 150 und RG 14. 10. 1941, GRUR 1942, 63, 64. Mit solchen Klarstellungen soll nur einer erweiternden Auslegung vorgebeugt bzw. ausgesprochen werden, daß innerhalb der »Kombination« ein Merkmal oder eine Unterkombination keinen Sonderschutz genießt.

Bei Abweisung der Nichtigkeitsklage ohne Änderung des Anspruchs fehlt es am Erfordernis der Rechtsmittelfähigkeit der Entscheidung, mögen auch die **Entscheidungsgründe einschränkende Erwägungen** über den Gegenstand der Erfindung enthalten, denn diese sind für den Verletzungsrichter nicht verbindlich; BGH 6. 7. 1967, GRUR 1968, 33, 37 unter IV 2 – Elektrolackieren.

Zur Frage der Statthaftigkeit der Berufung vgl. § 42 Anm. 1 bis 3.

Im Nichtigkeitsverfahren ist auch **Anschlußberufung** zugelassen; RG 20. 5. 1938, RGZ 158, 1 = Bl. 1938, 204; BGH 11. 11. 1952, GRUR 1953, 88; BGH 24. 5. 1955, BGHZ 17, 305, 307 = GRUR 1955, 531. Im einzelnen vgl. § 42 Anm. 5–7.

2. Teilvernichtung durch Beschränkung

Eine Teilvernichtung stellt eine Beschränkung des Patents dar; sie kann 17 in der Streichung von Ansprüchen, in der Einfügung weiterer Merkmale, in der Zusammenfassung einzelner Merkmale oder in der Beschränkung auf eine genügend deutlich in der Patentschrift offenbarte Ausführungsform bestehen. Beschränkung des Patentanspruchs setzt voraus, daß das neuheitsschädliche Material zu der beschränkenden Änderung zwingt; RG 17. 4. 1935, GRUR 1935, 873, 875. Nach RG 18. 1. 1937, GRUR 1937, 615, 616 ist Beschränkung des Patents auf die Verwendung des patentierten Gegenstands für bestimmte Zwecke möglich. Wegen Beschränkung eines auf eine Gattung gerichteten Patentanspruchs im Nichtigkeitsverfahren auf einen Einzelfall vgl. RG 29. 10. 1931, Mitt. 1932, 304. (Wegen der Problematik der Entscheidung vgl. Zeunert, Offenbarung bei IV 18). Vgl. hierzu auch § 26 Anm. 121. Bei notwendiger **Teilvernichtung** ist für die Erteilung eines entsprechend beschränkten Patents Voraussetzung, daß das Patent derart teilbar ist, daß der **verbleibende Rest** die Anforderungen an **selbständige Patentfähigkeit** erfüllt; hierzu kann verglichen werden RG 26. 4. 1938, GRUR 1938, 768, 770; RG 16. 10. 1937, GRUR 1938, 103;

RG 29. 10. 1930, RGZ 130, 158 = Mitt. 1930, 343, ebenso Aders, GRUR 1952, 537, 538, 539. Der Erfindungsrest muß ausreichend offenbart gewesen sein; RG 8. 5. 1929, MuW 1929, 452. Bei mangelnder Teilbarkeit ist die Nichtigkeitsklage abzuweisen; RG 29. 10. 1930, RGZ 130, 158 = Bl. 1931, 158. Andernfalls ist das Patent zu vernichten; PA 25. 11. 1897, Bl. 1898, 101. Durch die beschränkende Fassung des Patentanspruchs bei Teilvernichtung darf nicht ein anderes Patent erteilt werden; RG 11. 1. 1930 Mitt. 1932, 52; RG 4. 7. 1939, Bl. 1940, 5; RG 16. 1. 1940, GRUR 1941, 360. Die eingeschränkte Fassung muß sich innerhalb des in der Patentschrift verständlich beschriebenen Erfindungsgedankens halten; RG 6. 1. 1937, GRUR 1937, 611, 612. Teilvernichtung ist nur i. S. der Beschränkung des **erteilten Gegenstands** zulässig; RG 4. 7. 1939, a. a. O.

Beschränkung des Patentbegehrens im Nichtigkeitsverfahren durch **Einfügung neuer Merkmale** ist nur dann möglich, wenn diese in der Patentschrift bereits als wesentlich und erfinderisch gekennzeichnet sind; Lutter, § 13 Anm. 5, S. 219; s. auch RG 8. 5. 1929, MuW 1929, 452 (Beschränkung auf Sonderausführung); RG 5. 11. 1932, GRUR 1933, 31 (mangelnde Offenbarung bei nachträglicher Auswahl); ebenso RG 11. 10. 1940, GRUR 1940, 546; RG 24. 3. 1937, GRUR 1937, 856 mit Bezug auf RG 8. 5. 1929, a. a. O. Die Einfügung weiterer Merkmale muß abgelehnt werden, wenn der Inhalt der Patentschrift hierzu keine Unterlage bietet (hier: zwecks »Kombinationsbildung«); RG 14. 10. 1925, MuW XXV (1926) 124, 125; hierzu auch Reimer § 13 Anm. 25. Auf Merkmale, deren technische Bedeutung dem Fachmann bei Kenntnisnahme der Anmeldung nicht nähergebracht ist, kann der Schutz nicht gerichtet werden; RG 1. 6. 1943, Mitt. 1944, 22; RG 2. 10. 1937, Bl. 1938, 17. Für die Zulässigkeit einer Beschränkung spielen der Gang des Erteilungsverfahrens und die ursprünglichen Angaben zum offenbarten Erfindungsgedanken (Aufgabe und Lösung) eine wichtige Rolle; RG 9. 10. 1937, GRUR 1938, 177; RG 21. 10. 1935, GRUR 1936, 308. Die Beschränkung auf eine von Anfang an als bevorzugt offenbarte und beanspruchte Ausführungsform ist im Nichtigkeitsverfahren zulässig; BGH 5. 11. 1964, GRUR 1965, 138 = Bl. 1965, 207 (Auszug). Die Beschränkung durch Zusammenfassung von Merkmalen auch unter Heranziehung bisher in den Ansprüchen nicht enthaltener Merkmale ist möglich, wenn die in dem neuen Anspruch verkörperte **Ausführungsform** in den ursprünglichen Unterlagen als solche deutlich offenbart, d. h. **differenziert beschrieben** war; BGH 21. 2. 1967, GRUR 1967, 585; vgl. ferner BGH 20. 4. 1961, GRUR 1961, 572, 574 unter II 1. Wegen nachträglicher Beschränkung auf Ausführungsbeispiele vgl. auch § 26 Anm. 112, 113. Ist der wesentliche Kern der Erfindung bei der Anmeldung verschwiegen, so kann im Nichtigkeitsverfahren darauf der Schutz nicht abgestellt werden; BGH 2. 12. 1958, Mitt. 1962, 74. In PA 29. 10. 1931, Mitt. 1932, 304 wurde die Beschränkung eines auf eine allgemeine Gattung gerichteten Anspruchs auf eine in der Beschreibung nicht erwähnte Untergattung (im Oberbegriff) zugelassen; kritisch Zeunert, Offenbarung, bei Fußn. IV 18. Unter Umständen ist Beschränkung auf ein bestimmtes offenbartes Gebiet möglich, wenn der Gegenstand des Patents dort als fertige brauchbare Erfindung verwendbar ist; RG 29. 4. 1931, GRUR 1931, 751. Nach RG 14. 10. 1941, GRUR 1942, 63 = Mitt. 1942, 75 soll keine Teilvernichtung ausgesprochen werden, wenn der **Gegenstand der jüngeren Anmeldung** nicht derart teilbar ist, daß sich die den Inhalt des älteren Patents bildende Teillehre so herauslösen läßt, daß der verbleibende Rest noch eine selbständige Lehre zum technischen Handeln darstellt. Der Ausspruch, daß in einem solchen Fall einer Unterkombination von Merkmalen kein Sonderschutz zukommt, ist nach der Entscheidung im Nichtigkeitsverfahren nicht gegeben. Dem kann nur zugestimmt werden, wenn es sich um eine echte, d. h. patentrechtlich erhebliche Kombination handelt.

Teilvernichtung erfolgt gegebenenfalls durch Streichung des Hauptanspruchs und Aufnahme weiterer Merkmale in den bisherigen Anspruch 2; RG 10. 4. 1937, GRUR 1938, 311. RG 2. 3. 1932, GRUR 1932, 584, 586 behandelt den Fall teilweiser Vernichtung durch eine einschränkende Einfügung in den Oberbegriff (exakte Verzahnung anstelle einer Verzahnung allgemeiner Art bei einer Schmiervorrichtung). Der Austausch von Merkmalen innerhalb des Anspruchs wird als Klarstellung angesehen; s. Anm. 15. Teilweise Nichtigkeit eines Patents wurde durch **Streichung einer unzulässigen** Erweiterung erklärt, nachdem deren Nichtpatentfähigkeit festgestellt war; BPatG 22. 11. 1966, E 9, 34, 41, 42.

Wird das angegriffene **Patent nur teilweise rechtskräftig für nichtig erklärt, so wird es nur hinsichtlich dieses Teils mit allgemeiner Wirkung rückwirkend vernichtet.** In diesem Umfang kann das Patent auch nicht auf dem Umweg über den Begriff des »Schutzumfangs« wiederhergestellt werden; vgl. RG 2. 2. 1943, RGZ 170, 346; BGH 31. 1. 1961, GRUR 1961, 335 – Bettcouch. Nur bei zwingendem Grund sollte deshalb durch Teilvernichtung der Gegenstand des Patents aufs engste auf ein Ausführungsbeispiel begrenzt werden, weil damit praktisch eine Beschränkung auf den »unmittelbaren Gegenstand des Patents« erfolgt; RG 17. 4. 1935, GRUR 1935, 873, 875. Die Beschränkung auf ein bestimmtes Lösungsmittel durch Verweisung desselben in den Oberbegriff des Patentanspruchs schließt nur dann eine Ausdehnung des Schutzumfangs auf Äquivalente nicht aus, wenn dadurch nur die Beschränkung auf ein bestimmtes Lösungsprinzip zum Ausdruck kommen soll; BGH 30. 6. 1964, GRUR 1964, 669 – Abtastnadel. Bei Teilvernichtung können die **Entscheidungsgründe als Auslegungsmittel** zur Bestimmung des nach dem beschränkten Inhalt der Ansprüche bestehen gebliebenen Gegenstands der Erfindung herangezogen werden; PA 3. 11. 1952, GRUR 1953, 124; RG 2. 2. 1943, RGZ 170, 346 = Bl. 1943, 96 = GRUR 1943, 123. Die **Rechtskraft er-** 18 streckt sich hierbei **nur auf den** vom Kläger gem. § 13 Abs. 1 PatG **geltend gemachten Klagegrund;** BGH 19. 2. 1963, Bl. 1964, 22 = GRUR 1964, 18. Für den **Verletzungsrichter** ist eine Beschränkung des Patentanspruchs durch Nichtigkeitsentscheidung rechtsverbindlich; RG 6. 9. 1938, GRUR 1939, 118; auch dann, wenn die Gründe der Entscheidung die Berechtigung der Beschränkung nicht ohne weiteres und nicht eindeutig erkennen lassen; BGH 31. 1. 1961, GRUR 1961, 335, 337. Für **Verträge über das Patent** wird die Nichtigkeit aber erst vom Zeitpunkt der Nichtigkeitsentscheidung wirksam. Vgl. hierzu z. B. RG 21. 11. 1914, RGZ 86, 45; im einzelnen § 9 Anm. 40, 13.

III. Einzelheiten

1. Behandlung von Unteransprüchen und Nebenansprüchen

19 Vgl. Lindenmaier, Mitt. 1955, 107/09.

Vernichtung des Hauptanspruchs zieht auch ohne besonderen Antrag **Vernichtung echter Unteransprüche** nach sich; BGH 30. 6. 1959, GRUR 1960, 27, 29 – Verbindungsklemme; BGH 18. 2. 1955, BGHZ 16, 326, 333 = Bl. 1955, 329 = GRUR 1955, 466 – Kleinkraftwagen; RG 14. 3. 1944, GRUR 1944, 122; RG 29. 4. 1938, RGZ 158, 385, 387 = Bl. 1939, 63. Bleibt der **Hauptanspruch erhalten,** so sind auch die auf ihn bezogenen mit der Klage angegriffenen Unteransprüche rechtsbeständig; BGH 16. 2. 1954, GRUR 1954, 317, 322 – Entwicklungsgerät; BGH 14. 6. 1966, GRUR 1967, 56, 58 – Gasheizplatte. Einen Sonderfall, in dem bei Bestand des Hauptanspruchs der echte Unteranspruch 2 wegen Prioritätsmangels vernichtet wurde, stellt BPatG 20. 2. 1964, E 5, 215, 221 dar.

Ist die **Nichtigkeitsklage nur gegen einen Unteranspruch** gerichtet, so ist die Schutzfähigkeit schon dann zu bejahen, wenn Gegenstand des Unteranspruchs eine zweckmäßige Ausgestaltung des Erfindungsgedankens des als rechtsbeständig hinzunehmenden Hauptanspruchs ist; BGH 15. 4. 1955, GRUR 1955, 476 = Bl. 1955, 330. Bei der **Beschränkung** des Patents **auf einen Unteranspruch** muß der selbständige Erfindungsgedanke aus der Patentschrift zu entnehmen sein; RG 14. 11. 1934, RGZ 146, 29, 32; RG 27. 1. 1937, GRUR 1937, 545. Nach RG 25. 1. 1938, GRUR 1938, 313 ist es unzulässig, im Nichtigkeitsverfahren einen ungeprüften Unteranspruch, von dem im ganzen Erteilungsverfahren keine Rede gewesen ist, als einen nicht in Streit befindlichen Hauptanspruch zu gewähren. Wegen der Bedeutung der Bezugnahme auf Anspruch 1 im Oberbegriff eines Unteranspruchs vgl. RG 1. 2. 1937, GRUR 1937, 1067, 1068. Nach RG 29. 4. 1938, RGZ 158, 385 kann ein **Nebenanspruch** nicht wegen bloßer Abhängigkeit von einem vernichteten Hauptanspruch gestrichen werden. Wegen Behandlung eines rückbezogenen Anspruchs, der der Sache nach ein **Nebenanspruch** ist, vgl. BGH 19. 1. 1965, GRUR 1965, 355.

2. Behandlung von Überbestimmungen

Auch im Nichtigkeitsverfahren kann geprüft werden, ob ein im Patentanspruch enthaltenes Merkmal eine Überbestimmung enthält. Eine entsprechende Feststellung kann jedoch nur in den Gründen der Entscheidung des Nichtigkeitsverfahrens ausgesprochen werden; BGH 30. 9. 1958, GRUR 1959, 81, 82 in Abweichung von RG 19. 3. 1940, GRUR 1940, 198 = Mitt. 1940, 61. Feststellungen in den Entscheidungsgründen binden den Verletzungsrichter nicht, sie sollen ihm nur Auslegungshilfe sein; RG 2. 2. 1943, RGZ 170, 346, 355 ff. = GRUR 1943, 123, 127 f. 20

3. Keine Änderung der Beschreibung bei Beschränkung

Im Nichtigkeitsverfahren kann nur eine völlige oder teilweise Vernichtung des Patents, also des im Anspruch festgelegten Gegenstands der Erfindung erreicht werden, nicht aber eine Änderung des Inhalts der Beschreibung oder der Darstellung in der Zeichnung; RG 18. 1. 1937, RGZ 153, 315 = Bl. 1937, 94; kritisch Reimer § 13 Anm. 21 (S. 776), 22. Bei Teilvernichtung oder Klarstellung treten die Gründe des Nichtigkeitsurteils an die Stelle der Beschreibung; BGH 12. 7. 1955, GRUR 1955, 573, 574; PA 3. 11. 1952, Bl. 1953, 57; RG 2. 2. 1943, RGZ 170, 346 = GRUR 1943, 123; RG 3. 2. 1915, RGZ 86, 197. Die Entscheidungsgründe sind für den Verletzungsrichter lediglich Hilfsmittel bei der ihm obliegenden eigenen Auslegung des Schutzrechts; BGH 6. 7. 1967, GRUR 1968, 33, 37 unter IV 2 – Elektrolackieren. Die Bemerkung in den Gründen einer Nichtigkeitsentscheidung, ein bestimmter Gedanke könne der Patentschrift nicht »ohne weiteres« entnommen werden, bindet den Verletzungsrichter nicht, um so weniger, wenn betont wird, daß es keine im Nichtigkeitsverfahren zu treffende Entscheidung sei, ob und inwieweit diese Lehre im Rahmen eines »allgemeinen Erfindungsgedankens« liege; BGH 28. 11. 1963, BGHZ 40, 332 = GRUR 1964, 196, 198 unter II 2 a – Mischmaschine. 21

IV. Wirkung des Nichtigkeitsurteils

Das die **Vernichtung** des Patents (voll oder teilweise) aussprechende Urteil hat **rechtsgestaltende Wirkung** für die Allgemeinheit; vgl. Anm. 14 und 17. 22

Die **Fassung des Patents,** die es **durch die rechtskräftige Nichtigkeitsentscheidung** erhalten hat, gilt – im Gegensatz zum Verzicht – mit auf den Zeitpunkt der Anmeldung **rückwirkender** Kraft für den weiteren Rechtsverkehr, also auch für den Verletzungsprozeß; BGH 29. 9. 1964, GRUR 1965, 231, 232 r. Sp. – Zierfalten; BGH 8. 7. 1955, BGHZ 18, 82 =

GRUR 1955, 393, 397 r. Sp. oben – Zwischenstecker für Radioempfänger; BGH 20. 5. 1953, BGHZ 10, 22, 24 = GRUR 1953, 385 – Beschriftung von Konservendosen; RG 2. 2. 1943, RGZ 170, 346. Ein Urteil, das auf vollständige oder Teilvernichtung des Patents lautet, wirkt für und gegen jedermann, hat also absolute Bedeutung; RG 5. 11. 1904, RGZ 59, 133. Die zitierten Aussagen in den beiden folgenden Entscheidungen sind problematisch. In RG 4. 4. 1906, RGZ 63, 140, heißt es, daß die Vernichtung ausspricht, daß das Patent nicht hätte erteilt werden dürfen, und daß der Patentinhaber das Ausschließungsrecht und das Verbotsrecht gegen andere nie mit Recht in Anspruch nehmen konnte. Nach RG 9. 1. 1929, RGZ 123, 113 = GRUR 1929, 335 ist ein vernichtetes Patent von Anfang an nur ein Scheinrecht gewesen. Die rückwirkende Kraft des Vernichtungsurteils wirkt aber für den weiteren Rechtsverkehr erst vom Tage der rechtskräftigen Vernichtung ab. (Dieser Auffassung kommt RG 2. 2. 1943, RGZ 170, 346 insofern näher als es dort bezüglich der Rückwirkung der Vernichtung heißt, daß die Rechtslage »nunmehr« – d. h. also vom Tag der Rechskraft des Urteils ab – so anzusehen sei, als ob das Patent nie bestanden hätte.) Erst durch den nachträglich ergänzten Tatbestand wird dem seinerzeit aufgrund des damals im Prüfungs- und gegebenenfalls Einspruchsverfahren herbeigezogenen Standes der Technik »zu Recht« erteilten Patent der Boden entzogen. Bis zu diesem Zeitpunkt wirken dementsprechend auch **Rechte und Pflichten aus Lizenzverträgen** (s. weiter unten). In diesem Sinne auch Kisch, GRUR 1936, 277 (wirksamer Staatsakt bis zur Feststellung des Mangels), Trüstedt, GRUR 1939, 516, 518, 519 und Nirk in GRUR 1970, 329, 337 unter Hinweis auf Larenz. Die Beachtung der nach Schluß der mündlichen Verhandlung in der Tatsacheninstanz eingetretenen **Veränderung der Patentlage in der Revisionsinstanz** (z. B. Patentvernichtung, Teilvernichtung, Klarstellung, Beschränkung oder Erlöschen des Patents) ist gefestigte Rechtsprechung; BGH 28. 11. 1963, GRUR 1964, 221, 222 r. Sp.; ebenso BGH 6. 7. 1967, GRUR 1968, 34 – Elektrolackieren; BGH 14. 7. 1970, GRUR 1971, 78, 79 – Dia-Rähmchen V –; BGH 12. 7. 1955, GRUR 1955, 573. Die Begründung hierfür stützt sich immer noch auf die alte RG-Rechtsprechung, nach der das Patent als »Sondergesetz« (= objektive Rechtsnorm) betrachtet wird; BGH 12. 7. 1955, GRUR 1955, 573 bestätigt RG 4. 4. 1906, RGZ 63, 140; RG 12. 10. 1935, RGZ 148, 400; RG 15. 3. 1940, MuW 1940, 116 = GRUR 1940, 262; kritisch hierzu § 1 Anm. 3.

Die Ansicht der Rechtsprechung, daß die Vernichtung des Patents oder der Verzicht auf das Patent auch noch in der Revisionsinstanz zu berücksichtigen ist, wird von Kisch, S. 256 Anm. 17, Lutter § 47 A I 1 (S. 430) und Stein-Jonas-Schönke, § 561 Anm. II 3 mit der Begründung bekämpft, daß der Untergang des Patents als Tatsache, die erst nach Schluß der mündlichen Verhandlung in der Berufungsinstanz eintritt, nicht mehr in Betracht gezogen werden kann. In neuerer Zeit ist dieser Auffassung Schwerdtner, GRUR 1968, 9, 15 beigetreten. Dieser Standpunkt ist vom Rechtsgefühl aus unbefriedigend.

Die Beachtung der veränderten Patentlage noch in der Revisionsinstanz dürfte sich wohl aus § 580 Ziff. 6 ZPO rechtfertigen lassen; vgl. § 47 Anm. 69, ferner Haueisen, NJW 1965, 1214 ff. Ganz gleich, wie man die Handhabung begründen will, wird jedenfalls **aus prozeßökonomischen Gründen** der vom Reichsgericht befolgten Verfahrensweise beizupflichten sein. Auch BGH 8. 10. 1957, GRUR 1958, 75, 76 r. Sp. bekräftigt, daß der allgemeine Rechtssatz, das Revisionsgericht habe einen neuen Sachvortrag nicht zu berücksichtigen, keine Geltung beanspruchen kann, soweit es sich um die Vernichtung von Patenten handelt. Diese Entscheidung beruft sich auf die frühere Rechtsprechung (s. oben), ohne sich mit der dort gegebenen Begründung auseinanderzusetzen.

Zur Wirkung des Nichtigkeitsurteils vgl. hier weiterhin Anm. 16 und 18. Sind **zwei dasselbe Patent betreffende Nichtigkeitsverfahren** in der Berufungsinstanz zum Zwecke gemeinsamer Verhandlung verbunden worden und wird in dem einen Nichtigkeitsverfahren das Patent in vollem Umfange für nichtig erklärt, so ist das zweite Nichtigkeitsverfahren, wenn gegen die darin vom Patentamt ausgesprochene Teilvernichtung dieses Patents nur die Nichtigkeitsbeklagte Berufung eingelegt hat, in der Hauptsache erledigt; BGH 30. 6. 1959, GRUR 1960, 27 – Verbindungsklemme.

Ein die **Nichtigkeitsklage abweisendes Urteil** hat keine rechtsgestaltende Wirkung; vgl. Anm. 13. Schwerdtner, GRUR 1968, 9, 14, 15 vertritt die Auffassung, daß ein Patenterteilungsbeschluß dann nicht mit Wirkung für die Vergangenheit zurückgenommen werden kann, wenn der Patentinhaber gutgläubig im Vertrauen auf den Bestand des Patents Dispositionen getroffen hat; vgl. dazu § 40 Anm. 13.

Wird **während eines Patentverletzungsprozesses** das Klagepatent für nichtig erklärt (§ 13), dann ist die auf das Patent gestützte Verletzungs- oder Abhängigkeitsklage als unbegründet abzuweisen und nicht nur für in der Hauptsache erledigt zu erklären; BGH 28. 3. 1963, GRUR 1963, 494 m. Anm. von Heydt; RG 21. 11. 1914, RGZ 86, 45, 54; KG 14. 6. 1913, MuW XIII, 37. Dagegen erledigt bei einer Abhängigkeitsklage die Vernichtung des jüngeren Patents die Klage; RG 19. 8. 1938, GRUR 1939, 482 = MuW 1939, 9; Reimer § 13 Anm. 33. Ist **vor rechtskräftiger Vernichtung** des Patents ein **Verletzungsbeklagter schon rechtskräftig verurteilt,** so steht ihm die Vollstreckungsgegenklage aus § 767 ZPO zu. Aber § 580 Ziff. 7 b ZPO (Restitutionsklage) ist nicht anwendbar; Kisch, GRUR 1936, 277; ebenso Reimer § 13 Anm. 33. Löscher in Benkard, § 13 Anm. 39, hält nunmehr dann, wenn das BPatG mit der Erteilung des Patents befaßt war, den Restitutionsgrund aus § 580 Ziff. 6 ZPO für gegeben. Vgl. hierzu aber §§ 1 Anm. 3, 47 Anm. 69.

Die Wirkung der Patentvernichtung auf die Zahlung der **Jahresgebühren** ist in § 11 Anm. 30 behandelt. Zur Frage der **Bereicherungshaftung** bei Patentvernichtung vgl. § 47 Anm. 44.

Wegen der **Kostenentscheidung** im Nichtigkeitsverfahren s. § 40 Anm. 21 ff.

Auf **Lizenzverträge** wirkt die völlige oder teilweise Vernichtung des Patents erst vom Zeitpunkt der Rechtskraft des Urteils ab, sofern für diesen Fall im Vertrag nicht besondere Abmachungen getroffen sind; vgl. z. B. BGH 26. 6. 1969, GRUR 1969, 677, 678 – Rüben-Verladeeinrichtung; BGH 17. 10. 1968, GRUR 1969, 409, 410 – Metallrahmen (mit Anm. von Moser von Filseck); BGH 1. 10. 1964, GRUR 1965, 160, 162 – Abbauhammer; BGH 12. 4. 1957, GRUR 1957, 595 m. weit. Nachw.; RG 25. 4. 1936, GRUR 1936, 1056; RG 22. 1. 1921, RGZ 101, 235; RG 21. 11. 1914, RGZ 86, 45. Wegen der Frage der Zulässigkeit besonderer Vereinbarungen s. § 9 Anm. 77. Möhring, Mitt. 1969, 296 (Festschrift für Nastelski) ist im Gegensatz zur herrschenden Meinung der Auffassung, daß die Vernichtung eines Patents seine Rückwirkung auch auf bestehende Vertragsverhältnisse erstreckt. Zur Problematik der Auswirkungen des Nichtigkeitsurteils auf Lizenzverträge und Verletzungshandlungen (teilweise Einschränkung der ex tunc-Wirkung) s. § 9 Anm. 13 ff.

Wegen der vollen Wirksamkeit der von den früheren Senaten des DPA vor dem 1. 7. 1961 ergangenen Nichtigkeitsurteile vgl. BGH 17. 1. 1962, GRUR 1962, 384 – Wiedereinsetzung.

H. Erfordernis eigenen Rechtsschutzinteresses bei beendetem Patentschutz/Klagerücknahme

23 Endigt im Verlauf des Nichtigkeitsverfahrens aus diesem oder jenem Grund der Patentschutz, so entfällt das bis dahin vorhandene öffentliche Interesse an der Vernichtung eines zu Unrecht erteilten Patentes. Unter besonderen Umständen kann aber auch dann ein berechtigtes Interesse des Nichtigkeitsklägers an der Nichtigerklärung des Patents für die Zeit vor Endigung des Patents bestehen. Der Nachweis eines derartigen besonderen Interesses ist nicht nur dann erforderlich, wenn das bekämpfte Patent **vor Erhebung der Nichtigkeitsklage** infolge **Verzichts** (§ 12 Abs. 1 Nr. 1 PatG), durch **Zeitablauf** (§ 10 Abs. 1 PatG), wegen **Nichtzahlung der Jahresgebühren** (§ 12 Abs. 1 Nr. 3 PatG) oder wegen **Rücknahme** (§ 14 Abs. 2 PatG) bereits ohne Rückwirkung erloschen ist, sondern auch dann, wenn einer der aufgezählten Erlöschensgründe erst **während des anhängigen Nichtigkeitsverfahrens** eintritt; BGH 29. 9. 1964, GRUR 1965, 231, 233 – Zierfalten. Weitere Entscheidungen hierzu:

a) Erlöschen **während** des Nichtigkeitsverfahrens durch Zeitablauf; BGH 25. 9. 1953, GRUR 1954, 107, 108 r. Sp.; RG 15. 2. 1936, RGZ 150, 281. Der Auffassung von Klauer/Möhring, § 37 Anm. 2, 2. Aufl. und von Lindenmaier, 4. Aufl. § 13 Anm. 6, daß bei Erlöschen des Patents während einer Nichtigkeitsklage kein besonderes Interesse an der Fortführung des Verfahrens seitens des Nichtigkeitsklägers nachzuweisen sei, wird in BGH 29. 9. 1964, a. a. O., S. 233 l. Sp. widersprochen, vgl. § 37 Anm. 3. S. auch Klauer-Möhring, a. a. O., 3. Aufl.

b) Erlöschen **vor** Erhebung der Nichtigkeitsklage durch Zeitablauf ohne Rückwirkung; BGH 1. 4. 1965, GRUR 1966, 141 r. Sp. – Stahlveredlung.

Das **Vorliegen** eines **berechtigten Interesses** ist ohne weiteres zu bejahen, wenn die Beklagte die Nichtigkeitsklägerin noch weiterhin wegen der Verletzung des Streitpatents für die Zeit vor dem Wirksamwerden des Verzichts in Anspruch nehmen könnte; BGH 29. 9. 1964, a. a. O., S. 233 l. Sp.; RG 13. 1. 1937, GRUR 1938, 861; PA 12. 3. 1957, Mitt. 1957, 147, 148. Kein berechtigtes Interesse am Erlaß eines Nichtigkeitsurteils besteht, wenn der Patentinhaber nach Rücknahme der auf sein Patent gestützten Verletzungsklage auf das Patent verzichtet und der Nichtigkeitsklägerin gegenüber erklärt, auf alle Ansprüche aus dem Streitpatent zu verzichten; BGH 29. 9. 1964, a. a. O., S. 233.

Der Verzicht auf den Hauptanspruch erstreckt sich notwendigerweise auch auf echte Unteransprüche; RG 15. 2. 1936, RGZ 150, 280. Wurde die gegen den Hauptanspruch gerichtete Nichtigkeitsklage zurückgenommen, so wirkt der Fortfall der Unteransprüche gem. RG 15. 2. 1936 erst ab der für den Hauptanspruch abgegebenen Verzichterklärung.

Der **Antrag auf Nichtigerklärung kann in jeder Lage des Verfahrens – auch zwischen den Instanzen – zurückgenommen werden,** ohne daß es der Einwilligung des Beklagten bedarf; BGH 19. 2. 1963, GRUR 1964, 18; RG 15. 1. 1943, GRUR 1943, 211. Der Nebenintervenient kann das Nichtigkeitsverfahren nach Klagerücknahme durch die Hauptpartei nicht fortführen; BGH 22. 12. 1964, GRUR 1965, 297. Bei **Klagerücknahme in der zweiten Instanz** tritt eine gegebenenfalls in der ersten Instanz ausgesprochene Vernichtung außer Kraft; RG 9. 5. 1931, MuW 1931, 443; ebenso BGH 19. 2. 1963, a. a. O.; BGH 2. 6. 1959 in I ZR 38/58 S. 6, denn die Entscheidung der Nichtigkeitsklage kann nur im Rahmen der Anträge (§ 37) ergehen. Bei Rücknahme der Nichtigkeitsklage kann – anders als bei Klageabweisung (s. Anm. 13) – derselbe Nichtigkeitskläger erneut aus dem früheren Klagegrund Nichtigkeitsklage erheben; BGH 19. 2. 1963, a. a. O. Ein vom Patentinhaber ausgesprochener Verzicht auf das Patent (z. B. während des Nichtigkeitsverfahrens) wirkt – im Gegensatz zur Nichtigerklärung – nur für die Zukunft vom Tage des Verzichts ab; BGH 29. 9. 1964, GRUR 1965, 231, 232 r. Sp. – Zierfalten.

Wegen der Möglichkeit einer Restitutionsklage vgl. Zeller, GRUR 1962, 552; im einzelnen § 40 Anm. 19.

I. Sonderregelungen

24 Im Zusammenhang mit dem Kriegsausgang waren auch auf dem Gebiet des Patentwesens zahlreiche Sonderregelungen notwendig. Hier sind die folgenden zu erwähnen, die aber mehr oder weniger nur noch für wenige Fälle anzuwenden sein werden.

Saarland: Für die aufgrund des Ges. über die Eingliederung des Saarlandes vom 30. 6. 1959, Bl. 1959, 209 bestehenden Patente gelten für die Nichtigerklärung und das Nichtigkeitsverfahren §§ 25, 26 des betr. Gesetzes. Zuständig ist das LG bzw. OLG Saarbrücken mit Revision an den BGH. Betr. der Eingliederung s. vor § 17 Anm. 3.

Alt-Patente österreichischen Ursprungs: Gem. 3. ÜG vom 3. 10. 1951 §§ 12, 13 Bl. 1951, 330 können Einwendungen gegen die Aufrechterhaltung, Weiterbehandlung und gegen die Erteilung von Altpatenten österreichischen Ursprungs auf Antrag im Wege des Nichtigkeitsverfahrens geltend gemacht werden. Vgl. hierzu BGH 18. 12. 1955, BGHZ 16, 326 = GRUR 1955, 466.

Alt-Patente: Alt-Patente gem. § 13 ff. 1. ÜG vom 8. 7. 1949, Bl. 1949, 235 können gem. § 14 1. ÜG in der Bundesrepublik im Wege der Nichtigkeitsklage **nicht** »nichtig« geklagt werden. Es kann nur festgestellt werden, daß sie im Gebiet der Bundesrepublik Deutschland und West-Berlins nicht mehr geltend gemacht werden können. Eine vom Patentamt ausgesprochene Aufrechterhaltung ist im Nichtigkeitsverfahren nicht nachzuprüfen; BGH 11. 11. 1952, GRUR 1953, 88.

Ges. Nr. 8 AHK: Gem. § 32 Abs. 1 unter b der 1. DVO vom 8. 5. 1950, Bl. 1950, 195 konnten Einwendungen gegen die Wiederherstellung, Verlängerung oder Wiedereinsetzung im Nichtigkeitsverfahren geltend gemacht werden. Über Beschwerden gegen Beschlüsse entscheidet gem. § 29 ein besonderer Senat beim BPatG. Vgl. hierzu auch BGH 30. 6. 1953, GRUR 1953, 438; PA 15. 5. 1952, Bl. 1954, 265; PA 7. 11. 1955, Bl. 1956, 39. Wegen einer Erläuterung des Ges. Nr. 8 der AHK vom 20. 10. 1949, Bl. 1949, 316 (betr. Wiederherstellung ausländischer, im Krieg beeinträchtigter gewerblicher Eigentumsrechte) vgl. Reimer, PatG, 2. Aufl. S. 1326 ff.; Busse, PatG, 3. Aufl. S. 679. Zeller, Rechtsprechung zum Ges Nr. 8, Mitt. Sonderheft, April 1957.

§ 13 a

Das Patent wird auf Antrag (§ 37) insoweit für nichtig erklärt, als eine zur Beschränkung des Patents angeordnete Änderung der Patentansprüche (§ 36 a) eine Erweiterung enthält.

ÜBERSICHT

A. Allgemeines

Gleichzeitig mit der Einführung des Beschränkungsverfahrens gem. § 36 a durch das 5. ÜG vom 18. 7. 1953, Bl. 1953, 269 wurde § 13 a geschaffen, nach dem ein Patent auf Antrag insoweit für nichtig erklärt werden kann, als eine zur Beschränkung des Patents im Verfahren nach § 36 a angeordnete Änderung der Patentansprüche eine Erweiterung enthält. Vgl. auch Begr. 5. ÜG, Bl. 1953, 295, 297. Die Vorschrift des § 13 a ist also nicht auf etwa im Erteilungsverfahren erfolgte Erweiterungen anwendbar. 1

Wegen des Zwecks des Beschränkungsverfahrens, der Verfahrenshandhabung und der Wirkung einer Beschränkung vgl. § 36 a. Ob eine im Beschränkungsverfahren (§ 36 a) vorgenommene Änderung tatsächlich eine Beschränkung oder aber eine unzulässige Änderung oder gar eine unzulässige Erweiterung des Gegenstands der Erfindung darstellt, darf nicht im Verletzungsverfahren nachgeprüft werden, sondern kann nur im Wege der Nichtigkeitsklage aus § 13 a festgestellt werden; BGH 6. 7. 1962, GRUR 1962, 577, 578, l. Sp. – Rosenzüchtung.

Der Begriff »**Erweiterung**« erfaßt auch hier selbstverständlich jeden Tatbestand, durch den der Gegenstand des Patents unzulässig verändert wird; vgl. hierzu § 26 Anm. 83.

Neumar (in Reimer § 13 a unter 2) tritt für die Anwendbarkeit des § 13 a auch auf Fälle ein, in denen »versehentlich eine Erweiterung der Anmeldung gem. § 26 Abs. 5 n. F. im Erteilungsverfahren unbeanstandet geblieben und das Patent einschließlich der Erweiterung mit der Priorität der ursprünglichen Anmeldung erteilt wurde«. Nach den neuen gesetzlichen Bestimmungen könnten zwar aus Erweiterungen keine Rechte hergeleitet werden, aber der Öffentlichkeit müßte ermöglicht werden, zur Vermeidung von Rechtsunsicherheit die Frage zu klären, ob eine Erweiterung vorliegt oder nicht. So begrüßenswert eine solche Handhabung wäre, so dürfte doch zweifelhaft sein, ob die an ein vorangegangenes Beschränkungsverfahren geknüpfte Bestimmung so weit ausgelegt werden kann. Der Tatbestand »unzulässige Erweiterung« sollte aber de lege ferende als Nichtigkeitsgrund zugelassen werden; vgl. § 13 Anm. 7 und 12.

Wegen Verzichts auf einzelne Merkmale im Falle widerrechtlicher Entnahme vgl. Weiss, GRUR 1955, 455, 459.

B. Das Verfahren

2 Für die **Antragsberechtigung** und die **Durchführung des Verfahrens** gilt die allgemeine Handhabung im Nichtigkeitsverfahren; vgl. §§ 13 bzw. 37. Die Nichtigkeitsklage aus § 13 kann mit der Nichtigkeitsklage aus § 13 a verbunden werden. Ist das der Fall, ist zunächst das Vorbringen aus § 13 a zu behandeln. Bei einer auf §§ 13 a, 13 Abs. 1 PatG gestützten Nichtigkeitsklage muß zuerst geprüft werden, ob die gem. § 36 a PatG erfolgte Änderung der Patentansprüche eine Erweiterung enthält; BGH 21. 2. 1967, GRUR 1967, 585, 586 – Faltenrohre. Der Antragsteller muß nachweisen, daß die »beschränkte« Fassung gegenüber der erteilten Fassung keine Beschränkung, sondern ein aliud ist, sei es durch Veränderung oder durch Erweiterung des Gegenstands des erteilten Patentbegehrens. Ergibt sich, daß schon die bekanntgemachte oder erteilte Fassung des Patentbegehrens gegenüber dem ursprünglichen Gegenstand der Anmeldung (vgl. bei § 26 Anm. 100 ff.) erweitert oder verändert ist, ist auch das bei der Begründung des Antrags auseinanderzusetzen. Dabei ist zu berücksichtigen, daß auf etwa in den bekanntgemachten Unterlagen nicht mehr enthaltene Merkmale der ursprünglichen Unterlagen nicht mehr zur Kennzeichnung des Patentbegehrens zurückgegriffen werden darf. Im übrigen gelten die Grundsätze, die im Zusammenhang mit § 26 Abs. 5 entwickelt sind, auch bei der Prüfung auf Zulässigkeit einer Änderung im Beschränkungsverfahren; vgl. § 26 Anm. 83 ff.

In BGH 21. 2. 1967, GRUR 1967, 585, 586 (praktischer Fall einer Nachprüfung im Beschränkungsverfahren auf unzulässige Erweiterung) wird ausgesprochen, daß der Patentinhaber ganz eigenständig darüber befinden kann, ob und in welcher Richtung er sein erteiltes Schutzrecht einzuschränken wünscht. Die vorgenommene Einschränkung muß aber den Erfordernissen der Offenbarung und Herleitbarkeit aus den ursprünglichen Ansprüchen genügen.

Eine Prüfung des Patentbegehrens nach Beseitigung der festgestellten Erweiterung, die zu einer Neuformulierung des Anspruchs oder auch zu einer Wiederherstellung des erteilten Anspruchs führen wird bzw. kann, auf Patentfähigkeit ist nur zulässig, wenn der Antrag nicht nur auf § 13 a, sondern zugleich auf § 13 gestützt ist.

C. Die Entscheidung

Greift der Nichtigkeitsantrag aus tatsächlichen Gründen nicht durch, ist die Klage abzuweisen. Andernfalls kommt Teilvernichtung oder Klarstellung wie bei einer Klage aus § 13 in Frage. Die Bestimmung von § 36 a Abs. 3 Satz 3 betr. Anpassung der Patentschrift an die Beschränkung dürfte mangels eines entsprechenden Hinweises im § 13 a nicht anwendbar sein. Das ist zu bedauern. Wie im Nichtigkeitsverfahren müssen dann die Entscheidungsgründe zur Auslegung der Patentschrift herangezogen werden. Ebenso wie eine Beschränkung nach § 36 a Abs. 1 **rückwirkende Kraft** hat, gilt dies gleichfalls für die Entscheidung einer Klage aus § 13 a. 3

Gem. § 24 Abs. 1 Satz 2 und Abs. 4 ist die Teilvernichtung sowohl in der Patentrolle zu vermerken als auch im Patentblatt durch einen Hinweis zu veröffentlichen.

§ 14

(1) Erklärt sich der Patentsucher oder der in der Rolle (§ 24 Abs. 1) als Patentinhaber Eingetragene dem Patentamt gegenüber schriftlich bereit, jedermann die Benutzung der Erfindung gegen angemessene Vergütung zu gestatten, so ermäßigen sich die für das Patent nach Eingang der Erklärung fällig werdenden Jahresgebühren auf die Hälfte des im Tarif bestimmten Betrages. Die Wirkung der Erklärung, die für ein Hauptpatent abgegeben wird, erstreckt sich auf sämtliche Zusatzpatente. Die Erklärung ist unwiderruflich. Sie ist in die Patentrolle einzutragen und einmal im Patentblatt bekanntzumachen.

(2) Die Erklärung ist unzulässig, solange in der Patentrolle ein Vermerk über die Einräumung eines Rechts zur ausschließlichen Benutzung der Erfindung (§ 25 Abs. 1) eingetragen ist oder ein Antrag auf Eintragung eines solchen Vermerks dem Patentamt vorliegt.

(3) Wer nach Eintragung der Erklärung die Erfindung benutzen will, hat seine Absicht dem Patentinhaber anzuzeigen. Die Anzeige gilt als bewirkt, wenn sie durch Aufgabe eines eingeschriebenen Briefes an den in der Rolle als Patentinhaber Eingetragenen oder seinen eingetragenen Vertreter abgesandt worden ist. In der Anzeige ist anzugeben, wie die Erfindung benutzt werden soll. Nach der Anzeige ist der Anzeigende zur Benutzung in der von ihm angegebenen Weise berechtigt. Er ist verpflichtet, dem Patentinhaber nach Ablauf jedes Kalendervierteljahres Auskunft über die erfolgte Benutzung zu geben und die Vergütung dafür zu entrichten. Kommt er dieser Verpflichtung nicht in gehöriger Zeit nach, so kann der als Patentinhaber Eingetragene ihm hierzu eine angemessene Nachfrist setzen und nach fruchtlosem Ablauf die Weiterbenutzung der Erfindung untersagen.

(4) Die angemessene Vergütung wird auf schriftlichen Antrag eines Beteiligten durch das Patentamt festgesetzt. Die Entscheidung trifft die Patentabteilung. Für das Verfahren gelten die Vorschriften des § 33 entsprechend. Mit dem Antrag, der gegen mehrere Beteiligte gerichtet werden kann, ist eine Gebühr nach dem Tarif zu zahlen; wird sie nicht gezahlt, so gilt der Antrag als nicht gestellt. Das Patentamt kann bei der Festsetzung der Vergütung anordnen, daß die Gebühr ganz oder teilweise von den Antragsgegnern zu erstatten ist. Einem Patentinhaber, der seine Bedürftigkeit nachweist, kann die Gebühr bis zum Ablauf von sechs Monaten nach Abschluß des Verfahrens gestundet werden. Wird sie auch dann nicht gezahlt, so kann angeordnet werden, daß die Antragsgegner die Vergütung für die Benutzung der Erfindung so lange für Rechnung des Patentinhabers an das Patentamt zu zahlen haben, bis die Gebührenschuld beglichen ist.

(5) Nach Ablauf eines Jahres seit der letzten Festsetzung kann jeder davon Betroffene ihre Änderung beantragen, wenn inzwischen Umstände eingetreten oder bekanntgeworden sind, welche die festgesetzte Vergütung offenbar unangemessen erscheinen lassen. Mit dem Antrag ist eine Gebühr nach dem Tarif zu entrichten. Im übrigen gilt Absatz 4 Satz 1 bis 5 entsprechend.

(6) Wird die Erklärung für eine Anmeldung abgegeben, so sind die Bestimmungen der Absätze 1 bis 5 entsprechend anzuwenden.

Fassung PatG 1961

§ 14 enthielt Abs. 6 n. F. nicht.

ÜBERSICHT

A. Gesetzeszweck, Wesen und Anwendungsbereich der Bestimmung

1 Die Vorschriften über die Lizenzbereitschaftserklärung erscheinen erstmals im Patentgesetz von 1936. Sie sollen einerseits dem nicht kapitalkräftigen Erfinder und dem Erfinder, der keine Möglichkeit hat, die Erfindung im eigenen Betrieb auszuwerten, die Lizenzvergabe und durch Halbierung der Jahresgebühren die Aufrechterhaltung des Patents und andererseits der Allgemeinheit die Benutzung der Erfindung erleichtern. Vgl. hierzu amtl. Begr., Bl. 1936, 107; Kühnemann (zur geschichtlichen Entwicklung), ZAKDR 1936, 507; Tetzner, § 14 Anm. 1 (Aushöhlung des Patents). Wegen Sinn und Zweck des Rechtsinstituts der Lizenzbereitschaftserklärung vgl. auch PA 11. 5. 1938, GRUR 1938, 427 = Bl. 1938, 120.

Die Lizenzbereitschaftserklärung ist nicht nur prozessualen, sondern auch materiellen Inhalts; PA 22. 1. 1955, Bl. 1955, 58. Deshalb ist § 180 BGB anzuwenden; BPatG 3. 12. 1963, E 5, 5; BPatG 16. 10. 1964, E 6, 10, 12. Die Lizenzbereitschaftserklärung stellt eine materiellrechtliche Verfügung dar. Der Patentinhaber verzichtet damit **unwiderruflich** auf wesentliche Teile seines Rechts zur allgemeinen Benutzung und die Möglichkeit der Vergabe einer Generallizenz; vgl. BPatG 13. 7. 1967, E 9, 147, 149; PA 22. 1. 1955, Bl. 1955, 58. Wegen eventuellen Widerrufs bis zur Rolleneintragung s. Anm. 3.

Auch für **Geheimpatente** kann die Lizenzbereitschaftserklärung abgegeben werden; BGH 1. 12. 1966, E 8, 246 = Bl. 1967, 82 = GRUR 1967, 245.

Durch das **PatÄndG** vom 4. 9. 1967 wurde dem bisherigen § 14 ein **Abs. 6 angefügt,** der besagt, daß die Bestimmungen der übrigen Abs. 1 bis 5 auch dann anzuwenden sind, wenn die Bereitschaftserklärung für eine **Anmeldung** abgegeben wird. Diese Änderung trägt lediglich der Vorverlegung des Fälligkeitszeitpunktes der Jahresgebühren Rechnung. Handelt es sich aber um eine ungeprüfte Anmeldung, wird das bei der Festsetzung der Vergütung wesentlich sein; s. Anm. 11.

Für ersatzlose Streichung des § 14 bei Neufassung des Patentgesetzes ist Eggert, GRUR 1972, 231 eingetreten.

B. Erklärungsberechtigung

2 **Voraussetzung** für die Abgabe einer Lizenzbereitschaftserklärung, die in der Patentrolle eingetragen wird (vgl. Anm. 5), ist, daß in der Patentrolle ein Vermerk über die Einräumung eines Rechts zur ausschließlichen Benutzung der Erfindung (§ 25 Abs. 1) nicht eingetragen ist oder ein Antrag auf Eintragung eines solchen Vermerks dem Patentamt nicht vorliegt; § 14 Abs. 2. Die Vergabe einer einfachen Lizenz hindert dagegen die Abgabe der Erklärung nicht. **Erklärungsberechtigt** nach § 14 Abs. 1 Satz 1 ist im Erteilungsverfahren der Anmelder, nach Erteilung des Patents der in der Rolle (§ 24) eingetragene Patentinhaber, nicht aber der Inhaber einer ausschließlichen Lizenz. Gesetzliche, behördliche oder gerichtliche Verfügungsverbote (z. B. einstweilige Verfügungen, Pfändungen) i. S. der §§ 135, 136 BGB stehen der Erklärung entgegen; ob auch vertragliche Verfügungsbeschränkungen, z. B. bei Nießbrauch oder Verpfändung, ist streitig (bejahend Reimer § 14 Anm. 4, verneinend Nirk in Klauer/Möhring § 14 Anm. 7 und Tetzner § 14 Anm. 7). Mangels absoluter Wirkung wird durch sie die Berechtigungserklärung nicht wirkungslos.

Beim Auseinanderfallen von formeller und materieller Berechtigung gibt Nirk in Klauer/Möhring (§ 14 Anm. 3) dem Eingetragenen das Vorrecht (ebenso Tetzner § 14 Anm. 5). Reimer (§ 14 Anm. 2) will dem materiell Berechtigten nach Eintragung ein Recht zum Widerruf der vom formell Berechtigten abgegebenen Erklärung zugestehen. Entsprechende Anwendung des § 185 BGB (Verfügung eines Nichtberechtigten) wird dem Interesse des wirklich Berechtigten gerecht werden. § 185 ist auch auf die Erklärung eines an sich zu solcher nichtberechtigten Inlandsvertreters (Reimer a. a. O.) anzuwenden.

Bei einem Auseinanderfallen von Inhaberschaft an einem **Haupt- und Zusatzpatent** oder bei Eintragung einer ausschließlichen Lizenz an einem Zusatzpatent vgl. Anm. 6.

Da es sich bei der Lizenzbereitschaftserklärung nicht nur um eine prozessuale, sondern vor allem um eine materiellrechtliche Verfügung über das Patent handelt, bedarf ein **Vertreter** einer auf die Abgabe der Erklärung bezüglichen Vollmacht; PA 22. 1. 1955, Bl. 1955, 58. Eine Generalvollmacht, wie sie früher zulässig war, berechtigt **nicht** zur Abgabe der Erklärung der Lizenzbereitschaft gegenüber dem Patentamt; BPatG 12. 11. 1962, E 3, 13. **Nachträgliche Genehmigung** der Erklärung des Nichtbevollmächtigten macht die Erklärung aber wirksam; BPatG 12. 11. 1962, a. a. O., 14. Eine Vollmacht gem. § 16 berechtigt den Inlandsvertreter **nicht** zur Abgabe einer Lizenzbereitschaftserklärung; BPatG 13. 7. 1967, E 9, 147. Vgl. auch Starck: Der Patentvertreter im Bereitschaftsverfahren, MuW 1938, 269.

C. Zeitpunkt der Erklärung — Widerruf — Anfechtung

Die Erklärung kann jederzeit, d. h. vor oder nach Patenterteilung, abgegeben werden; § 14 Abs. 6 besagt das; s. auch Merkblatt für Patentanmelder, Ausgabe 1968 Nr. 5.5. Da dem Patentsucher für die Abgabe der Erklärung keine Frist gesetzt ist, kann auch **keine Wiedereinsetzung** in den vorigen Stand gewährt werden; BPatG 25. 9. 1963, E 4, 122, 127; PA 5. 5. 1937, Bl. 1937, 91 = GRUR 1937, 793. Wegen ihres materiellrechtlichen Inhaltes ist eine wirksam gewordene Lizenzbereitschaftserklärung nicht widerruflich. Wirksam geworden ist die Erklärung mit ihrem Eingang beim Patentamt (§ 130 BGB). Deshalb kann die klare Gesetzesvorschrift in § 14 Abs. 1 Satz 3 nicht im Sinne von PA 9. 8. 1938, Bl. 1938, 173 gehandhabt werden, wonach Widerruf bis zur Eintragung der Erklärung in die Patentrolle möglich sein soll. Mit der früheren Praxis (die hier nunmehr nicht mehr als maßgeblich angesehen wird) wollte man Anmeldern, die sich der Tragweite der Erklärung nicht bewußt waren, entgegenkommen; das ist nicht möglich. Der Anmelder muß sich wie bei anderen Rechtsgeschäften von vornherein der materiellrechtlichen Wirkung der Erklärung bewußt sein; s. Anm. 1. In gleichem Sinne Nirk in Klauer/Möhring § 14 Anm. 3; 3

a. M. Löscher in Benkard § 14 Anm. 4 und Neumar in Reimer § 14 Anm. 9. Eine Anfechtung der Erklärung wegen eines Irrtums über deren Inhalt (§§ 119 ff. BGB) sollte aber wie bei materiellrechtlichen Verzichten (vgl. z. B. § 12 Anm. 6) bis zur Rolleneintragung möglich sein; ebenso Löscher in Benkard § 14 Anm. 4; Neumar in Reimer § 14 Anm. 9 und Skaupy, GRUR 1939, 8. Neumar (a. a. O.) will die Anfechtbarkeit wie Lindenmaier (4. Aufl. § 14 Anm. 8) uneingeschränkt gestatten. Eine Anfechtung wegen eines Irrtums über die rechtliche Auswirkung der Erklärung ist dagegen unbeachtlich; PA 11. 5. 1938, Bl. 1938, 120. Wegen Anfechtung und Widerruf von Erklärungen vgl. auch §§ 28 b/29 Anm. 48, 49.

D. Form der Erklärung

4 Die Erklärung ist dem Patentamt gegenüber **schriftlich** (BGB § 126) auf einem besonderen Blatt abzugeben; § 14 Abs. 1 Satz 1. **Fernschreiben** erfüllt die Formerfordernisse **nicht;** BPatG 16. 10. 1964, E 6, 10; BPatG 21. 12. 1970, E 14, 15, 17. Vorbehalte oder Ausnahmen darf die Erklärung nicht enthalten; PA 11. 5. 1938, GRUR 1938, 427 = Bl. 1938, 120. **Gegen die Ablehnung** der Eintragung ist **Beschwerde** aus § 36 l zulässig; BPatG 12. 11. 1962, E 3, 13.

E. Veröffentlichung der Erklärung

5 Die Erklärung wird gem. § 14 Abs. 1 Satz 4 dadurch für die Allgemeinheit bekanntgemacht, daß sie in die **Patentrolle** eingetragen und daß sie einmal im **Patentblatt** bekanntgemacht wird.

F. Wirkung der Erklärung

I. Allgemeines

6 Gem. § 14 Abs. 1 Satz 1 hat die Abgabe der Lizenzbereitschaftserklärung die Wirkung, daß sich die für das Patent **nach Eingang der Erklärung** fällig werdenden Jahresgebühren auf die Hälfte des tariflichen Betrages ermäßigen; vgl. auch BPatG 16. 10. 1964, E 6, 10, 13. Nach der ab 1. 10. 1968 gültigen Bestimmung in Abs. 6 gilt die Gebührenermäßigung auch für jahresgebührenpflichtige Anmeldungen. Nach Abs. 1 Satz 2 erstreckt sich die Wirkung der Erklärung, die für das Hauptpatent abgegeben wird, auch auf sämtliche **Zusatzpatente.** Als Voraussetzung muß angenommen werden, daß

das Zusatzpatent noch dem Inhaber des Hauptpatents zusteht und nicht durch Sonderübertragung selbständig geworden ist. Ist der Inhaber des Hauptpatents und des Zusatzpatents ein verschiedener oder ist für das Zusatzpatent eine ausschließliche Lizenz eingetragen, so soll nach Klauer/Möhring (§ 14 Anm. 7) auch für das Hauptpatent eine Bereitschaftserklärung nicht mehr zulässig sein (keine abschließende Stellungnahme dazu bei Reimer, § 14 Anm. 3; vgl. auch Tetzner, § 14 Anm. 14 bis 16). Die Bestimmung des Abs. 1 Satz 2 dürfte aber in dem Sinne zu verstehen sein, daß sie sich nur auf Zusatzpatente erstreckt, die sich noch in der Verfügungsgewalt des Hauptpatentinhabers befinden; ebenso Benkard/Löscher § 14 Anm. 8. Der Zulässigkeit des kaum praktisch werdenden Falles der Bereitschaftserklärung seitens des Zusatzpatentinhabers können grundsätzliche Bedenken nicht entgegengesetzt werden (ebenso Reimer a. a. O.; a. A. Starck, GRUR 1939, 227. Vgl. auch Starck MuW 1939, 44).

Der spätere Wegfall des Hauptpatents hat auf die bereits entstandene Lizenzbereitschaft am Zusatzpatent keinen Einfluß; das gilt auch für eine Zusatzanmeldung, falls diese vor Patenterteilung selbständig wird.

Eine in einem noch nicht abgeschlossenen Patenterteilungsverfahren abgegebene Lizenzbereitschaftserklärung umfaßt die gesamte Erfindung, also auch den durch die später erfolgte Ausscheidung abgetrennten Teil des Anmeldungsgegenstandes; sie löst also auch die Ermäßigung der Jahresgebühren aus; BPatG 28. 4. 1972, E 13, 159 = Mitt. 1972, 137, 138.

Nach Abs. 1 Satz 3 ist die **Lizenzbereitschaftserklärung unwiderruflich**; vgl. Anm. 3.

Einfache Lizenzen werden durch spätere Erklärung der Lizenzbereitschaft grundsätzlich nicht berührt. Der Inhaber einer gewährten, aber nicht eingetragenen **ausschließlichen** Lizenz wird mit der Benutzung des Patents durch andere auf eine einfache Lizenz beschränkt, hat aber Schadensersatzansprüche wegen positiver Vertragsverletzung gegen den Patentinhaber. Wegen der Wirkung der Lizenzbereitschaftserklärung auf bestehende Lizenzverträge vgl. auch Neumar in Reimer § 14 Anm. 19.

Wegen der möglichen Erstattung gewisser im Erteilungsverfahren angefallener Auslagen des Anmelders aus der Bundeskasse nach Abgabe der Lizenzbereitschaftserklärung vgl. § 11 Anm. 27, 28.

II. Gebührenermäßigung

Der **Zeitpunkt für die Fälligkeit der Jahresgebühren** ist der maßgebliche Zeitpunkt für den Eintritt der Gebührenermäßigung, nicht etwa der Ablauf der Zahlungsfrist; BPatG 25. 9. 1963, E 4, 122, 125; ebenso schon PA 3. 6. 1938, Bl. 1938, 136; PA 15. 4. 1938, Bl. 1938, 178; PA 10. 8. 1941, Mitt. 1941, 187; PA 15. 4. 1953, Bl. 1953, 178; vgl. aber Neumar in Reimer § 14 Anm. 7. Falls das Patent vom Patentamt erteilt wird, wird die Gebühr 7 mit der Zustellung des Erteilungsbeschlusses fällig. Bei Anfechtung des Erteilungsbeschlusses tritt Verschiebung bis zur Beendigung des Beschwerdeverfahrens ein; BPatG 28. 3. 1962, E 1, 15. Reimer ist s. Z. für eine großzügigere Handhabung wegen des Fälligkeitszeitpunktes eingetreten; § 14 Anm. 7. Dagegen BPatG 25. 9. 1963, a. a. O., 124. Wegen der Gebührenermäßigung bei Ausscheidungsanmeldungen s. Anm. 6.

G. Benutzungsanzeige

I. Inhalt der Anzeige

8 Wer nach Eintragung der Lizenzbereitschaftserklärung die Erfindung benutzen will, muß gem. § 14 Abs. 3 seinen Benutzungswillen dem Patentinhaber bzw. dem Anmelder oder dem eingetragenen Vertreter anzeigen und in der Anzeige angeben, wie die Erfindung benutzt werden soll. Eine bestimmte Form der Benutzungsanzeige ist nicht vorgeschrieben. Durch die Aufgabe eines **eingeschriebenen Briefes** ist die Anzeige an den Empfangsberechtigten als bewirkt zu betrachten; Abs. 3 Satz 2.

Wichtiger Bestandteil der Anzeige ist die **Angabe der beabsichtigten Benutzungsart** der Erfindung. Praktisch werden alle in § 6 angegebenen Benutzungsarten in Betracht kommen. Sehr wesentlich wird die Angabe des Umfangs der Benutzung sein, ob der gesamte Gegenstand des Patents oder nur bestimmte Teile der Erfindung (entsprechend bestimmten Ansprüchen) benutzt werden sollen. Dies ist wichtig für die Bemessung der Höhe der Vergütung. Bei örtlicher Beschränkung der Benutzung wird auch das anzugeben sein.

II. Wirkung der Anzeige

9 Mit der Anzeige kommt ein Vertrag über die Lizenz mit sofort wirksamem Benutzungsrecht bindend (Abs. 3 Satz 4) zustande. Für den Anzeigenden tritt auch die Verpflichtung zur **vierteljährlichen Auskunftserteilung** (Rechnungslegung § 259 BGB) und zur Entrichtung der angemessenen Vergütung (Abs. 3 Satz 5) ein. Abweichende Vereinbarungen sind zulässig; vgl. Begr. Bl. 1936, 107, 108. Dem Patentinhaber steht kein Einspruchsrecht i. S. des Ausschlusses bestimmter Benutzungswilliger zu. Das Benutzungsrecht entsteht auch, wenn über die Vergütung noch keine Einigung erzielt ist; Reimer § 14 Anm. 13. Handelt es sich bei dem benutzten Patent um ein abhängiges Patent, muß vor Benutzung eine entsprechende Vereinbarung mit dem Inhaber des älteren Patents getroffen werden; ebenso Reimer § 14 Anm. 13; Klauer-Möhring § 14 Anm. 15; Benkard § 14 Anm. 10.

III. Untersagung der Weiterbenutzung

Kommt der Benutzer der Verpflichtung gegenüber dem Patentinhaber, nach Ablauf jedes Kalendervierteljahres Auskunft über die erfolgte Benutzung zu geben und die Vergütung dafür zu entrichten, nicht nach, so kann ihm der als Patentinhaber Eingetragene gem. § 14 Abs. 3 Satz 6 hierzu eine angemessene **Nachfrist** (entsprechend § 326 BGB) setzen und nach fruchtlosem Ablauf die Weiterbenutzung der Erfindung untersagen. 10

Wiederholung der Benutzungsanzeige muß in solchem Fall als verwirkt betrachtet werden (§ 242 BGB; s. auch § 47 Anm. 50). Aktiv legitimiert sind in der vorstehend erörterten Beziehung der materiell berechtigte Patentinhaber und der Inlandsvertreter auch vor Eintragung in der Rolle; so mit Recht Reimer § 14 Anm. 15 gegen Starck MuW 1938, 269.

H. Angemessene Vergütung

I. Höhe der Vergütung

Die Wahl der Berechnungsgrundlage für die Lizenzgebühr wird von den Umständen des Einzelfalls abhängen; BGH 15. 6. 1967, GRUR 1967, 655, 657. Die Bemessung der Höhe soll einen gerechten Ausgleich zwischen den Interessen des Patentinhabers und denen des Benutzers herbeiführen; BGH 15. 6. 1967, a. a. O., 658. Ausgangspunkt für die Bemessung der Höhe der Benutzungsgebühr werden die Angaben in der Benutzungsanzeige (s. Anm. 8) und die Bedeutung des Patents sein. Weitere wesentliche Gesichtspunkte werden sein, ob die Benutzung des Patents auch nicht von einem anderen, einem Dritten gehörenden Patent abhängig ist, oder ob das benutzte Patent erst durch eine vom Benutzer gemachte weitere Erfindung interessant ist; vgl. hierzu auch BGH 15. 6. 1967, a. a. O., 655. Eine wichtige Rolle wird auch spielen, ob noch weitere Lizenznehmer aus § 14 vorhanden sind; a. A. Vorwerk, GRUR 1973, 63, 65. Wegen weiterer Umstände für die Ermittlung der angemessenen Vergütung vgl. bei § 9 Anm. 48 und § 15 Anm. 15. 11

Handelt es sich bei der Erfindung, für die eine Lizenzbereitschaftserklärung und eine Benutzungserklärung abgegeben sind, um eine noch **ungeprüfte Anmeldung,** so dürfte in der Regel vor Festsetzung einer angemessenen Vergütung erst ein Prüfungsantrag zu stellen sein, da erst dessen Ergebnis konkrete Unterlagen für die Festsetzung liefert. Ob lediglich ein Recherchenantrag und dessen Ergebnis ausreichen, erscheint fraglich; mindestens würden dabei die Umstände eine besondere Rolle spielen. Außerdem wäre bei Festsetzung der Vergütung im Falle einer ungeprüften Anmeldung zu berücksichtigen, daß der Gegenstand der Anmeldung gem. § 24 Abs. 5 Satz 1, zweiter Halbsatz, die Inanspruchnahme eines Verletzers auf Unterlassung (§ 47 Abs. 1) ausschließt.

II. Einigung der Beteiligten unter sich

12 Über die angemessene Vergütung können sich der Patentinhaber und die Benutzer im Wege freier Vereinbarung einigen.

III. Antrag auf Festsetzung der Vergütung und Antrag auf Änderung derselben

13 Kommt eine freie Vereinbarung nicht zustande, kann auf **schriftlichen** Antrag eines der Beteiligten die angemessene Vergütung durch das **Patentamt** festgesetzt werden; § 14 Abs. 4 Satz 1. Gem. Abs. 5 Satz 1 kann nach Ablauf eines Jahres seit der letzten Festsetzung der Vergütung jeder davon Betroffene ihre **Abänderung** beantragen, wenn inzwischen Umstände eingetreten oder bekanntgeworden sind, welche die festgesetzte Vergütung offenbar unangemessen erscheinen lassen. Antrag des Patentinhabers gleichzeitig gegen mehrere Lizenznehmer und mehrerer Lizenznehmer gleichzeitig gegen den Patentinhaber ist zulässig; Abs. 4 Satz 4. Bei mehreren Patentinhabern sind diese notwendige Streitgenossen; BGH 15. 6. 1967, GRUR 1967, 655, 656 – Altix. Wie die »angemessene Vergütung« zu berechnen ist, ist im PatG nicht geregelt; BGH 15. 6. 1967, a. a. O., 657. Die Wahl der Berechnungsgrundlage hängt von den Umständen des Einzelfalles ab; BGH 15. 6. 1967, a. a. O., 657.

Die Anträge auf Vergütungsfestsetzung bzw. Änderung der Festsetzung sind **gebührenpflichtig;** Abs. 4 Satz 4 bzw. Abs. 5 Satz 2. Die Gebühren betragen z. Z. 50 DM bzw. 100 DM; GebührenG 1968 Art. 1 § 1 A Nr. 4 bzw. 5. Werden die Gebühren nicht gezahlt, so gilt der Antrag als nicht gestellt; Abs. 4 Satz 4 bzw. Abs. 5 Satz 3. Das Patentamt kann in der Entscheidung betr. die Festsetzung der Vergütung anordnen, daß die Gebühr ganz oder teilweise von den Antragsgegnern zu erstatten ist; Abs. 4 Satz 5 bzw. Abs. 5 Satz 3. Nach Abs. 4 Satz 6 kann einem Patentinhaber, der seine **Bedürftigkeit** nachweist, die Gebühr bis zum Ablauf von sechs Monaten nach Abschluß des Verfahrens gestundet werden. Wird sie auch dann nicht gezahlt, so kann angeordnet werden, daß die Antragsgegner die Vergütung für die Benutzung der Erfindung so lange für Rechnung des Patentinhabers an das Patentamt zu zahlen haben, bis die Gebührenschuld beglichen ist; Abs. 4 Satz 7. Gebührenstundung im Falle eines Antrags auf Abänderung ist nicht vorgesehen.

14 Voraussetzung für eine Vergütungsfestsetzung durch das Patentamt ist, daß die Beteiligten über die Lizenzpflicht einig sind; PA 28. 9. 1942, Bl. 1942, 141, 142. **Zuständig** für die Entscheidung über den Antrag ist die **Patentabteilung,** § 14 Abs. 4 Satz 2, deren Besetzung in § 18 geregelt ist. Ein rechtskundiges Mitglied sollte in der Regel mitwirken; § 18 Abs. 3

Satz 2. **Beschwerde** aus § 36 l an das BPatG (gegebenenfalls Rechtsbeschwerde an den BGH) ist gegeben; vgl. z. B. BGH 15. 6. 1967, GRUR 1967, 655, 656. Die Zuständigkeit in der zweiten Instanz regelt sich nach § 36 d; s. dort Anm. 3. Wegen der klaren Bestimmung des Abs. 4 Satz 2 und 3 muß es zweifelhaft erscheinen, ob die Beteiligten statt dessen eine Zuständigkeit der ordentlichen Gerichte für die Festsetzung der Lizenzhöhe vereinbaren können, wie es die herrschende Meinung für möglich hält.

Nur wenn erst festgestellt werden muß, ob das Patent, für das die Erklärung nach § 14 abgegeben worden ist, im anstehenden Fall wirklich benutzt wird, sollte in Abweichung von der Regel aus praktischen Gründen gegebenenfalls auch die Vergütung vom Verletzungsgericht festgesetzt werden können. Vgl. auch LG Mannheim 29. 7. 1955, GRUR 1956, 412.

Für die **Verfahrenshandhabung** ist in Abs. 4 Satz 3 auf die entsprechende Anwendung der Vorschriften des § 33 verwiesen. Das besagt in erster Linie, daß alle zur Aufklärung der Sache erforderlichen Ermittlungen angestellt werden können; insbesondere wird mündliche Verhandlung in Betracht kommen. Die **Kosten,** die durch eine Anhörung oder Beweisaufnahme verursacht werden, können nach billigem Ermessen ganz oder teilweise einem Beteiligten auferlegt werden. Im einzelnen vgl. bei § 33 Anm. 16, 17. Für die beantragte **Festsetzung der erstattungsfähigen Kosten** des patentamtlichen Verfahrens im Zusammenhang mit der Festsetzung einer Lizenzvergütung gem. § 14 ist der Beamte des gehobenen Dienstes der Patentverwaltungsabteilung zuständig; BGH 19. 7. 1967, GRUR 1968, 447, 449. Für die Festsetzung des zu erstattenden Betrages der im Beschwerdeverfahren vor dem BPatG erwachsenen Kosten ist der Urkundsbeamte der Geschäftsstelle des BPatG zuständig; BGH 19. 7. 1967 a. a. O., 452, insoweit abweichend von BPatG 20. 3. 1963, E 3, 185.

»Offenbare Unangemessenheit« der Vergütung liegt nach RG 12. 5. 1920, RGZ 99, 105 (zu § 315 ff. BGB) vor, wenn die Nichtangemessenheit sich für einen fachkundigen unbefangenen Dritten sofort aufdrängt. Lindenmaier (4. Aufl. Anm. 11) tritt Reimer (§ 14 Anm. 17) darin bei, daß eine Änderung der Vergütungsfestsetzung jederzeit müßte beantragt werden können, wenn eine Änderung des Benutzungsumfangs erfolgt.

IV. Angemessene Vergütung als Vermögensrecht

Der Anspruch auf angemessene Vergütung ist ein Vermögensrecht und 15
kann wie jedes andere Vermögensrecht übertragen und verpfändet werden, unterliegt auch der Zwangsvollstreckung und gehört zum Konkursvermögen. Ein Streit um die Vergütung vor den ordentlichen Gerichten ist Patentstreitsache i. S. § 51. Dazu gehören auch Streitigkeiten, die Fragen wie die angemessene Nachfrist und die Untersagung der Weiterbenutzung betreffen.

§ 15

(1) Weigert sich der Patentsucher oder der Patentinhaber, die Benutzung der Erfindung einem anderen zu gestatten, der sich erbietet, eine angemessene Vergütung zu zahlen und Sicherheit dafür zu leisten, so ist diesem die Befugnis zur Benutzung zuzusprechen (Zwangslizenz), wenn die Erlaubnis im öffentlichen Interesse geboten ist. Die Erteilung der Zwangslizenz ist erst nach der Bekanntmachung der Anmeldung (§ 30) oder nach der Erteilung des Patents zulässig. Die Zwangslizenz kann eingeschränkt erteilt und von Bedingungen abhängig gemacht werden.

(2) Das Patent ist, soweit nicht Staatsverträge entgegenstehen, zurückzunehmen, wenn die Erfindung ausschließlich oder hauptsächlich außerhalb Deutschlands ausgeführt wird. Die Zurücknahme kann erst zwei Jahre nach rechtskräftiger Erteilung einer Zwangslizenz und nur dann verlangt werden, wenn dem öffentlichen Interesse durch Erteilung von Zwangslizenzen weiterhin nicht genügt werden kann. Diese Einschränkungen gelten jedoch nicht bei Angehörigen eines ausländischen Staates, der hierin keine Gegenseitigkeit gewährt. Die Übertragung des Patents auf einen anderen ist insofern wirkungslos, als sie nur den Zweck hat, der Zurücknahme zu entgehen.

ÜBERSICHT

A. Allgemeines

1 Die Bestimmungen des § 15 dienen der **Wahrung des öffentlichen Interesses** gegen Mißbrauch des Ausschließungsrechtes, das ein Patent gewährt. Im Gegensatz zur Regelung des § 14 betrifft § 15 Abs. 1 den Fall, daß sich ein Patentinhaber weigert, eine Lizenz zu erteilen. Eine wesentliche Voraussetzung für die Erteilung einer Zwangslizenz ist das öffentliche Interesse daran. Der Lizenzsucher hat somit einen öffentlich-rechtlichen Anspruch auf Erteilung einer Lizenz; vgl. hierzu im einzelnen Ballhaus, Mitt. 1961, 182. Weitere Voraussetzung für die Erteilung einer Zwangslizenz ist das Angebot einer angemessenen Vergütung mit Sicherheitsleistung. Ferner ist die Zwangslizenzerteilung erst nach der Bekanntmachung gem. § 30 oder nach Patenterteilung zulässig. Die Zwangslizenz nach § 15 hat den rechtlichen Charakter einer gewöhnlichen, nicht ausschließlichen Lizenz; RG 8. 11. 1913, RGZ 83, 274; RG 16. 6. 1915, RGZ 86, 436.

§ 15 Abs. 2, dem in der Praxis nur geringe Bedeutung zukommt, ermöglicht eine Klage auf Zurücknahme eines Patents, wenn die Erfindung ausschließlich oder hauptsächlich im Ausland ausgeführt wird.

Durch das PatG 1936 war dem RPA bzw. RG die Prüfung des »öffentlichen Interesses« (Wahrung der Belange der Allgemeinheit) entzogen und der Reichsregierung vorbehalten; vgl. hierzu z. B. RG 29. 4. 1943, RGZ 171, 227. Durch das 1. ÜG vom 8. 7. 1949 § 1 Nr. 4 wurde wieder die volle richterliche Zuständigkeit hergestellt.

Bis zum Jahre 1961 war Voraussetzung für die Erteilung einer Zwangslizenz, daß mindestens drei Jahre seit Bekanntmachung der Erteilung des Patents vergangen waren. Diese Wartezeit war oft wegen der sich immer schneller entwickelnden Technik als dem Fortschritt hinderlich und damit dem öffentlichen Interesse abträglich empfunden worden. Einer Änderung stand bis dahin der in seiner Bedeutung umstrittene Abs. 4 des Art. 5 A der PVÜ entgegen. Die Neufassung dieses Art. auf der Lissabonner Konferenz hat die Unklarheit beseitigt und damit eine **Änderung des § 15** Abs. 1 PatG ermöglicht; vgl. Begr. 6. ÜG Bl. 1961, 140, 144. Die Änderung war insbesondere auch wegen des Art. 17 des Euratom-Vertrages vom 25. 3. 1957 (Bl. 1957, 259; Begr. Bl. 1957, 176; Auszug in GRUR Ausl. 1957, 418, 419; Begr. a. a. O., 426, 427) wünschenswert, der keine Frist für eine Zwangslizenz kennt und dadurch zu Ungerechtigkeiten führte. Art. 17 Euratom-Vertr. ermöglicht über § 15 hinaus die Erteilung von Zwangslizenzen zugunsten der Gemeinschaft, der gemeinsamen Unternehmen und zugunsten von Personen und Unternehmen im Gebiet der Gemeinschaft. Vgl. hierzu Pfanner/Sünner, Der gewerbliche Rechtsschutz im Euratom-Vertrag, Köln 1958; Pelzer, DB 1962, 394; U. Krieger, GRUR Ausl. 1963, 75, 76; und Denkschrift zum Ratifikationsgesetz, Bl. 1961, 233, 234. Ferner vgl. wegen der Behandlung der Euratom mitgeteilten Patentanmeldungen GRUR Ausl. 1960, 201.

Unberührt von der Neufassung 1961 blieb die Wartezeit im Abs. 2 des § 15 betr. Zurücknahme des Patents.

Die Erteilung von Zwangslizenzen wurde auf Patente ausgedehnt, die auf das Saarland erstreckt wurden; § 8 Saarl.Einglied.G vom 30. 6. 1959, Bl. 1959, 209; Begr. Bl. 1959, 287.

Nach § 11 a GebrMG vom 2. 1. 1968, Bl. 1968, 29 gelten die Vorschriften des PatG über die Erteilung einer Zwangslizenz für eingetragene GebrM entsprechend; vgl. hierzu auch Begr. 6. ÜG, Bl. 1961, 140, 162.

Wegen der historischen Entwicklung und der Beweggründe des Gesetzgebers vgl. Schade, Mitt. 1964, 101; Busse § 15 vor Anm. 1 und Lutter, 10. Aufl. § 15 Anm. 1. Schade, a. a. O. und Neumeyer, GRUR Ausl. 1958, 1 geben einen sich z. T. ergänzenden rechtsvergleichenden Überblick der verschiedenen nationalen Regelungen. Heine, GRUR 1948, 170 und Möhring, GRUR 1950, 496, 499 haben dargelegt, daß die Übelstände in den USA durch Monopolmißbrauch, die dort zu umfangreichen Untersuchungen führten, bei uns infolge andersartiger Gesetzesregelungen nicht auftreten können.

2 Die verhältnismäßig geringe Zahl der Zwangslizenzklagen und die verschwindend geringe Zahl erteilter Zwangslizenzen (nach Damme-Lutter sind 1911 bis 1925 nur 14 Zwangslizenzen erteilt worden, und seit Bestehen des DPA wurden wohl 19 Fälle behandelt, aber keine Zwangslizenz erteilt) darf nicht dazu verleiten, die Regelung des § 15 für unwesentlich zu halten. Allein das Vorhandensein dieser gesetzlichen Bestimmungen hat sicherlich gütliche Einigungen wegen Lizenzvergabe stark gefördert. Schon mit Rücksicht auf das GWB sollte am Rechtsinstitut der Zwangslizenz festgehalten werden. Der **Begriff »öffentliches Interesse«** wird zukünftig wohl weiter auszulegen sein. Preu hält dies – wenn überhaupt – nur in sehr beschränktem Umfang für möglich; Festschr. BPatG S. 239, 247. Eine Frage ist, ob zukünftig auch die **Vergabe von Zwangslizenzen für abhängige Patente** gesetzlich geregelt werden soll. Von einer Regelung hat der Gesetzgeber bewußt abgesehen, da er glaubt, daß die Bestimmungen der §§ 8 und 15

gegenwärtig ausreichen; Schriftl. Bericht, Bl. 1967, 286. Der Vorentwurf für ein EWG-Patentrecht – vgl. GRUR Ausl. 1962, 561, 579 – sah dies in Art. 137 vor. Der endgültige europäische Entwurf enthält auch im zweiten Übereinkommen (s. Anh. Anm. 111) keine Regelung; s. aber Anh. Anm. 120.

De lege ferenda wird gefordert, als einen die Erteilung einer Zwangslizenz rechtfertigenden Tatbestand neben dem »öffentlichen Interesse« auch den »Mißbrauch des durch das Patent begründeten Ausschließlichkeitsrechts« vorzusehen; GRUR 1971, 541/547 Punkt 20 bis 29 (Bericht von v. Falck und Ohl). Dadurch sollen insbesondere Fälle wie die Verweigerung einer vertraglichen Lizenz erfaßt werden können, wenn dadurch – ohne Berührung des »öffentlichen Interesses« – die wirtschaftliche Existenz des Lizenzbewerbers ohne ersichtliche Beeinträchtigung der Vorzugsstellung des Patentinhabers bedroht wird. Früher wurde sogenannter Kontraktzwang bei Monopolmißbrauch immer abgelehnt; vgl. hierzu z. B. RG 8. 4. 1922, RGZ 115, 254, 258; RG 7. 11. 1931, RGZ 133, 388, 391 und Fuchslocher, GRUR 1949, 261, 263. Überwiegend abgelehnt wird als Zwangslizenz-Tatbestand die Abhängigkeit eines jüngeren Patents von einem älteren, da eine Aushöhlung des Patentschutzes (insbesondere bei geschützten Stoffen) befürchtet wird. Sollte dennoch eine Abhängigkeits-Lizenz eingeführt werden, sollte damit die Gewährung einer Gegenlizenz verbunden werden; a. a. O. Für Erteilung von gegenseitigen Zwangslizenzen bei Abhängigkeit haben sich Henriques und Walenda, GRUR Int. 1970, 335 ff. unter Angabe verschiedener ausländischer Regelungen ausgesprochen. Ebenso befürwortet Preu, Festschr. BPatG S. 239, 248 eine gesetzliche Regelung für die Erteilung von Zwangslizenzen, um die Benutzung abhängiger Erfindungen zu ermöglichen, offenbar auch ohne Vorliegen eines öffentlichen Interesses; eventuell soll eine Gegenlizenz gewährt werden. Auf Schades (Mitt. 1964, 101) rechtsvergleichende Untersuchungen ist zu verweisen. Die hier angesprochene gegenseitige Verflechtung der Schutzrechte mit ihrer Blockierungswirkung hat weitgehend ihre Ursache in der nachträglichen Erstrekkung der Patente über das wirklich als erfunden Offenbarte im Wege der Auslegung.

De lege ferenda wird es auch für angebracht gehalten in § 15 Abs. 1, die Zwangslizenz als nicht ausschließliche Mitbenutzungserlaubnis zu definieren (wegen der zwangsläufig damit verbundenen Folgen), ferner klarzustellen, daß sich die Zwangslizenz nicht auf Zusatzpatente erstreckt und die Änderung der Bedingungen und die Aufhebung der Zwangslizenz zu regeln; Bericht von v. Falk und Ohl, a. a. O. Ferner hat man sich bei der Festsetzung der angemessenen Vergütung für eine Berücksichtigung des Forschungsaufwandes des Patentinhabers ausgesprochen; a. a. O. Bezüglich der Frage der für die Erteilung der Zwangslizenz zuständigen Behörden gehen die Meinungen auseinander.

Ob der Begriff »öffentliches Interesse« in Angleichung an die PVÜ durch den **Begriff »Mißbrauch«** ersetzt werden sollte, um auch die Berücksichtigung privater Interessen zu ermöglichen, wird zu überlegen sein.

Wegen des Ausübungszwanges und Zwangslizenzen im Gemeinsamen Markt mit ausführlicher rechtsvergleichender Darstellung des Rechts der Mitgliedsstaaten und den früheren, nicht angenommenen Vorschriften des Konventionsentwurf vgl. Schatz, GRUR Int. 1968, 273. Ferner: Segade, Zwangslizenzen für pharmazeutische Erfindungen (rechtsvergleichende Darstellung), GRUR Int. 1973, 95 ff., 123 ff., 190 ff. Wegen Einführung oder Abschaffung von Zwangslizenzen vgl. auch Machlup, GRUR Ausl. 1961, 533. Ferner s. Neumayer, Kartellrecht und gewerblicher Rechtsschutz in Skandinavien, GRUR Ausl. 1963, 137.

B. Zwangslizenz

I. Voraussetzungen für den Zuspruch einer Zwangslizenz

1. Allgemeines

3 Die Vorrichtung oder das Verfahren, dessen Benutzung der Lizenzsucher anstrebt, braucht nicht Gegenstand eines erteilten Patents zu sein, es genügt, daß es sich um eine bekanntgemachte – also **geprüfte** – Anmeldung handelt, deren Gegenstand einstweiligen Schutz genießt. Voraussetzung ist auch nicht das Nichtvorhandensein einer einfachen oder selbst einer ausschließlichen Lizenz; RG 30. 11. 1929, RGZ 126, 266; Kisch, S. 207. Der Lizenzerteilung steht auch nicht entgegen, daß der Lizenzsucher das Patent, an dem er eine Zwangslizenz begehrt, bereits verletzt hat; RG 27. 6. 1928, RGZ 121, 328 = GRUR 1928, 705; RG 9. 6. 1934, Bl. 1935, 50.

Zwangslizenzsucher kann auch der Lizenznehmer an einem abhängigen Patent sein; RG 17. 11. 1917, RGZ 91, 188, 195. Mit Pietzcker § 11 Anm. 15 Nr. 5 ist auch die Antragsberechtigung eines einfachen Lizenznehmers zu bejahen. Streitig ist die Frage, ob auch an einem Geheimpatent eine Zwangslizenz erteilt werden kann; vgl. Nirk in Klauer/Möhring § 15 Anm. 17 (bejahend) und Löscher in Benkard § 15 Anm. 4 (verneinend). Praktische Bedeutung dürfte der Fall nur bei zwei korrespondierenden Geheimpatenten erhalten können; dann ist nicht einzusehen, warum hier nicht eine Zwangslizenz erteilt werden könnte.

2. Erfordernisse seitens des Lizenzsuchers

a) Gewerbliche Stellung des Antragstellers

4 Der Lizenzsucher muß selbst in der Lage sein, das Patent gewerbsmäßig zu benutzen; RG 26. 11. 1930, RGZ 130, 360 = Bl. 1931, 74. Wenn der

Zwangslizenznehmer auch einem Dritten keine Unterlizenz erteilen kann, so schließt das nicht aus, daß er sich zur Herstellung des geschützten Gegenstands einer »fremden« Werkstätte bedient; RG 8. 11. 1913, RGZ 83, 274 = Bl. 1914, 186; vgl. auch PA 23. 9. 1915, Mitt. 1916, 68, 71. Herstellen lassen, um bloß Handel mit den hergestellten Gegenständen zu betreiben, genügt nicht, die Lizenz darf nur zu technischen Zwecken gewährt werden; ebenso Nirk in Klauer/Möhring § 15 Anm. 14; Pietzcker, § 11 Anm. 15; Reimer, § 15 Anm. 2. Der Lizenzsucher muß also Fachmann sein; RG 8. 11. 1913, RGZ 83, 274.

Eingetragene Vereine, deren Zweck nicht auf einen wirtschaftlichen Geschäftsbetrieb gerichtet ist, sind nicht antragsberechtigt, ebenso nicht Liquidationsgesellschaften; RG 26. 11. 1930, RGZ 130, 360 = Bl. 1931, 74 bzw. RG 25. 11. 1931, GRUR 1932, 171.

b) Zur Frage der Abhängigkeit

Oft wird um Erteilung einer Zwangslizenz ersucht, um ein vom Streitpatent abhängiges Patent benutzen zu können. Für das Zwangslizenzverfahren ist aber die Feststellung der Abhängigkeit, die rechtskräftig nur in einem Zivilprozeß festgestellt werden kann, nicht Voraussetzung; RG 17. 11. 1917, RGZ 91, 188 = Bl. 1918, 20 = GRUR 1918, 31. Um eine Verzögerung des Verfahrens zu vermeiden, kann die Behauptung des Lizenzsuchers, daß das jüngere Patent von dem älteren abhängig sei, für das Zwangslizenzverfahren als richtig unterstellt werden; RG 17. 11. 1917 a. a. O.; RG 24. 11. 1934, RGZ 143, 223; RG 1. 2. 1938, GRUR 1938, 320. Anders, wenn die Nichtbenutzung des Patents bereits rechtskräftig festgestellt war; RG 24. 11. 1927, Bl. 1928, 38 = GRUR 1928, 131; RG 17. 11. 1917, a. a. O. 5

Einer entgegengesetzten Feststellung im Abhängigkeitsstreit, daß keine Abhängigkeit bestehe, und der einer Zwangslizenz die Grundlage entziehenden Wirkung wird dadurch nicht vorgegriffen. Eine solche Feststellung ist auch dann zu berücksichtigen, wenn sie erst bei schwebendem Zwangslizenzverfahren erfolgt.

Zur Frage, wie de lege ferenda die Abhängigkeit als Zwangslizenz-Tatbestand behandelt werden soll, vgl. Anm. 2.

c) Vergütungs- und Sicherheitsangebot

Vor Einreichung einer Zwangslizenzklage muß der Lizenzsucher beim Patentinhaber mit Fristsetzung um Gewährung einer Lizenz nachgesucht haben und ihm die Zahlung einer angemessenen Vergütung mit Sicherheitsleistung angeboten haben. Auch Nachholung des Angebots noch in der Klage ist möglich; RG 11. 3. 1926, RGZ 113, 115 = Bl. 1926, 223. Nennung eines bestimmten Betrages ist nicht erforderlich; RG 29. 6. 1943, RGZ 171, 227 = GRUR 1943, 289. Zweckmäßig wird vielmehr im Klageantrag 6 die Bemessung der Höhe der Vergütung den Nichtigkeitsbehörden überlassen; RG 3. 3. 1913 MuW 1913 XII, 505.

Wegen der Sicherheitsleistung vgl. auch Anm. 17.

3. Verweigerung der Lizenz durch den Patentinhaber

7 Weigert sich der Patentinhaber, dem Ersuchen um Gewährung einer Lizenz zu entsprechen, so ist damit der Weg für eine Klage auf Zuspruch einer Benutzungserlaubnis (Zwangslizenz) freigegeben. Die Verweigerung der Erlaubnis ist unberechtigt, sobald ein öffentliches Interesse an der Benutzung gegeben ist. Von Bedeutung ist nur die Verweigerung durch den Patentinhaber; RG 30. 11. 1929, RGZ 126, 266, 271 = Bl. 1930, 100 = GRUR 1930, 177, nicht auch die des einfachen oder ausschließlichen Lizenzinhabers. Denn allein der in der Rolle (s. § 24 Anm. 5) eingetragene Patentinhaber ist den Behörden gegenüber berechtigt und verpflichtet. Deshalb schafft nur die unberechtigte Verweigerung des Patentinhabers die prozessualen Voraussetzungen für eine Zwangslizenzklage. Hält der Patentinhaber eine entsprechende Klage für begründet, so hindert ihn eine erteilte allgemeine Lizenz nicht an der Gewährung einer weiteren Lizenz; RG 30. 11. 1929, a. a. O., 271. Ebenso Neumar in Reimer § 15 Anm. 4 und Nirk in Klauer/Möhring § 15 Anm. 18. Siehe auch § 9 Anm. 42.

4. Öffentliches Interesse

a) Allgemeines

8 Der unbestimmte Rechtsbegriff »öffentliches Interesse« wird von den jeweiligen Zeitumständen wirtschaftlicher und politischer Art beeinflußt, läßt sich also nicht eindeutig festlegen. Dies ist bei der Heranziehung älterer Entscheidungen zu berücksichtigen; hierzu vgl. Schade, Mitt. 1964, 101; W. Horn, Mitt. 1970, 184; Kellermann, GRUR 1961, 625 und Anm. 11. Der Begriff bedarf der Auslegung durch die Rechtsprechung; ein Ermessensspielraum entfällt bei aller Beurteilungsbreite, so mit Recht Horn, a. a. O.

Je bedeutender die Erfindung ist, um so größeres Interesse hat die Allgemeinheit daran, daß die Erfindung technisch verbessert wird; RG 11. 11. 1913, RGZ 83, 274. Daß der Lizenzsucher seine eigenen Belange fördern will, schließt nicht aus, daß die Erteilung einer Zwangslizenz dem öffentlichen Interesse entspricht; RG 11. 3. 1926, RGZ 113, 115. Ein öffentliches Interesse wird sogar dadurch nicht ausgeschlossen, daß der Lizenzsucher durch die Zwangslizenz eine Monopolstellung erhält; RG 5. 7. 1899, Bl. 1899, 202 (Krupp-Patent). Daß der Inhaber des Patents eine Monopolstellung hat, steht dem Vorliegen öffentlichen Interesses – sofern nicht besondere Umstände hinzutreten – nicht entgegen; RG 27. 6. 1913, RGZ 83, 9, 14. Eine Zwangslizenz soll nicht die Nebenwirkung haben, dem

Zwangslizenznehmer einen Vorsprung vor Mitbewerbern zu verschaffen, die eine einfache Lizenz haben; RG 8. 7. 1936, GRUR 1937, 676. Im allgemeinen wird man folgenden Grundsatz aufstellen können: Die Erteilung eines Patents darf nicht dazu führen, die Entwicklung der gewerblichen Technik hintenan zu halten und zu schädigen; RG 11. 2. 1903, RGZ 54, 4 = Bl. 1903, 279; RG 8. 11. 1913, RGZ 83, 274; RG 26. 11. 1930, RGZ 130, 360. Das mit der Erteilung verbundene Ausschlußrecht darf nicht dazu benutzt werden, der Allgemeinheit die Erfindung vorzuenthalten, wenn für diese ein Bedarf besteht. Die Wirkung des Ausschlußrechts als solches kann allerdings zu solchem Ergebnis noch nicht führen, es müssen besondere Umstände vorliegen, die in Rücksicht auf das Allgemeinwohl zu mißbilligen sind; RG a. a. O.; vgl. auch RG 21. 12. 1935, GRUR 1936, 489, 490 (Mißbrauch der Monopolstllung durch Lizenzverweigerung). Es kann nicht als zulässig erachtet werden, das Ausschlußrecht in einer unter Berücksichtigung der dem Erfinder gebührenden Belohnung das billige Maß überschreitenden Weise auszubeuten (RG 27. 6. 1913, RGZ 83, 9) und durch Lizenzversagung den Bestand ganzer Industriezweige zu gefährden.

Als besondere Umstände können technische, wirtschaftliche und sozialpolitische Gesichtspunkte in Frage kommen; s. unten.

Gesichtspunkte mit positiver Wirkung sind gegenüber gleichzeitig vorliegenden Gesichtspunkten mit negativer Wirkung abzuwägen; RG 31. 5. 1930, Bl. 1930, 203.

Von Mitgliedern des **Bundeskartellamtes** wurde gefordert, den Begriff des öffentlichen Interesses i. S. des § 15 PatG in anderer Weise als bisher auszulegen, da diese Bestimmung ihre auch jetzt noch anerkannte Auslegung in der Zeit völliger Kartellfreiheit erfahren habe; vgl. Sitzungsbericht betr. Kartellrecht vom 14. 9. 1961, GRUR 1961, 624, 625 im Anschluß an Vortrag von Spengler, GRUR 1961, 607. Hierzu vgl. auch Mayer, GRUR 1963, 164 ff. und insb. Preu, Festschr. BPatG S. 239 ff.

Die Frage, ob etwa mittels der Vorschriften des § 26 Abs. 2 GWB einem Mißbrauch bei Lizenzvergabe aus einem marktbeherrschenden Patent-Pool unmittelbar durch Erteilung einer Zwangslizenz begegnet werden kann (vgl. z. B. Kellermann, GRUR 1958, 581, 585), ist allein deshalb zu verneinen, weil für die Vergabe von Zwangslizenzen ausschließlich § 15 PatG maßgeblich ist. Mit der abweichenden Meinung von Völp hat sich Nirk in Klauer/Möhring § 15 Anm. 9 ausführlich auseinandergesetzt. Lediglich die Rücksicht auf Ermöglichung des Wettbewerbs und der Ausfuhrfähigkeit kann in der Regel die Anwendung des § 15 nicht rechtfertigen; RG 20. 1. 1923, RGZ 106, 214, 215.

Sofern über andere Bestimmungen des UWG (§ 22) ein Patentinhaber durch Auferlegung einer Ordnungsstrafe zur Vergabe einer Lizenz gezwungen werden könnte, hätte das mit einer Zwangslizenz nach § 15 nichts zu tun.

b) Technische Gesichtspunkte

9 Eine abhängige **Verbesserungserfindung** kann eine Förderung der Technik in einem einen Eingriff in das ältere Schutzrecht rechtfertigenden Maße bedeuten (RG 3. 12. 1930, Bl. 1931, 27), wenn sie für die Belange der Allgemeinheit einen wesentlichen Fortschritt bringt; RG 31. 5. 1930, Bl. 1930, 203; RG 26. 11. 1930, RGZ 130, 360. Kann der Patentinhaber allerdings darauf verweisen, daß er selbst bereits in Gestalt von Veredelungspatenten der Allgemeinheit Gleichwertiges wie der Lizenzsucher zu bieten vermag, so ist das öffentliche Interesse zu verneinen; RG 26. 11. 1930, a. a. O. Auch die Eröffnung eines weiteren gleich gut zum Ziele führenden Weges ist als ausreichend anerkannt worden; RG 30. 11. 1929, RGZ 126, 266; RG 3. 1. 1927, MuW 1927/28, 193 = Bl. 1927, 151 (Erhöhung der Betriebssicherheit); RG 14. 2. 1934, Bl. 1934, 89 = GRUR 1934, 435 (Erhöhung der Verkehrssicherheit); RG 21. 12. 1935, GRUR 1936, 489, 491 (Erhaltung kleiner, aber leistungsfähiger Betriebe).

Für die Beseitigung wertloser Patente kommt nach Fortfall der Präklusivfrist nur die Nichtigkeitsklage in Frage; RG 8. 1. 1906, Bl. 1906, 259.

c) Wirtschaftliche Gesichtspunkte

10 **Hauptfall:** Mangelnde Deckung des inländischen Bedarfs; RG 27. 5. 1918, RGZ 93, 50 = GRUR 1919, 152; RG 18. 1. 1936, GRUR 1936, 604, 606 (elektrische Stromversorgung). Als weiterer Gesichtspunkt ist die Ersparnis der Einfuhr teurer Stoffe, z. B. von Platin, durch das Verfahren des Lizenzsuchers anerkannt worden; RG 20. 1. 1923, RGZ 106, 214; RG 27. 6. 1928, MuW 1927/28, 606. Gleichzeitige nachteilige Rückwirkung auf die allgemeine Wirtschaft ist hierbei zu beachten; RG 3. 12. 1930, Bl. 1931, 27. Die momentanen wirtschaftlichen Verhältnisse können eine Rolle spielen; RG 20. 1. 1923, a. a. O. Wegen wirtschaftspolitischer Gesichtspunkte vgl. RG 21. 12. 1935, GRUR 1936, 489, 490; RG 8. 7. 1936, GRUR 1937, 676.

Preissenkung genügt als solche zur Begründung einer Zwangslizenzerteilung nicht. Anders dann, wenn die Verbilligung der Erzeugnisse auf technischer Verbesserung beruht, d. h. wenn ein Erzeugnis, für das allgemeiner Bedarf besteht, auf einfachere und billigere Weise hergestellt wird.

Falls die Höhe der Monopolpreise eine lohnende Verwertung der Erzeugnisse verbietet, liegt ungenügende Bedarfsdeckung vor.

d) Sozialpolitische Gesichtspunkte

11 Unter besonderen Umständen kann das Allgemeinwohl erfordern, daß es nicht zur Stillegung eines Betriebes kommt, die als solche als patentrechtliche Folge noch nicht die Erteilung einer Zwangslizenz rechtfertigt. In Betracht kommen weiter z. B. drohende Arbeitslosigkeit; RG 11. 3. 1926, RGZ 113, 115; 24. 1. 1934, RGZ 143, 223 = Bl. 1934, 109 = GRUR

1934, 246; RG 8. 7. 1936, a. a. O.; anders wegen veränderter Zeitumstände, RG 1. 2. 1938, GRUR 1938, 320.

Als ausreichende besondere Umstände ist auch anerkannt worden: die Herbeiführung besserer hygienischer Verhältnisse; RG 30. 11. 1929, RGZ 126, 266 (größere Sauberkeit bei der Herstellung von Backware); RG 11. 2. 1903, RGZ 54, 4; RG 13. 2. 1934, GRUR 1934, 435; RG 18. 1. 1936, GRUR 1936, 604 (erhöhte Betriebssicherheit); RG 3. 1. 1927, GRUR 1927, 179, 180 (erhöhtes Sicherheitsgefühl); 27. 6. 1928, MuW 1927/1928, 606 (erhöhtes Sicherheitsgefühl); 13. 11. 1930, Mitt. 1933, 97, 98 (verbesserte Lebensmittelkontrolle); RG 16. 8. 1935, GRUR 1935, 877, 878 (zahnhygienische Gesichtspunkte). Nach letztgenannter Entscheidung reicht im Fall der Förderung der Volksgesundheit eine geringe Verbesserung aus. Kein öffentliches Interesse wurde anerkannt, falls eine ausreichende Anzahl Ausweichmittel eines Arzneimittels zur Verfügung stehen, zumal wenn nur noch ein kurzer Benutzungszeitraum ansteht; BGH 3. 6. 1970, GRUR 1972, 471, 472 – Cafilon.

II. Verfahren in Zwangslizenzsachen

Für das Verfahren sind die Bestimmungen der §§ 37 bis 42 anzuwenden; 12
s. dort. Vgl. auch Meurer, GRUR 1936, 18. **Zuständig** ist nach § 36 c Abs. 1 in der ersten Instanz das BPatG. Über die Klagen wird durch Urteil entschieden; § 40 Abs. 1 Satz 1. Über die **Zulässigkeit der Klage** kann durch Zwischenurteil entschieden werden; § 40 Abs. 1 Satz 2. In dem Verfahren wegen Erteilung der Zwangslizenz kann dem Kläger auf seinen Antrag die Benutzung der Erfindung durch **einstweilige Verfügung** gestattet werden, wenn er glaubhaft macht, daß die Voraussetzungen des § 15 Abs. 1 vorliegen, und daß die alsbaldige Erteilung der Erlaubnis im öffentlichen Interesse dringend geboten ist; § 41 Abs. 1. Vgl. hierzu BGH 26. 2. 1952, GRUR 1952, 393. Wegen der sachlichen Voraussetzungen hierfür und der Frage der Vergütung vgl. z. B. RG 29. 6. 1943, RGZ 171, 227.

Gegen die Urteile des Patentgerichts findet die **Berufung an den BGH** statt; § 42 Abs. 1 Satz 1. Klageerweiterung ist zulässig; RG 21. 12. 1935, GRUR 1936, 489, 490. Gegen die Urteile des Nichtigkeitssenats des Patentgerichts über den Erlaß einstweiliger Verfügungen im Verfahren wegen Erteilung einer Zwangslizenz (§ 41) findet die **Beschwerde** an den BGH statt; § 42 m Abs. 1.

Wegen **Fortfall des Rechtsschutzinteresses,** wenn die Lizenzsucherin im Verletzungsprozeß das erreicht hat, was sie mit der Lizenzklage erstrebte, vgl. RG 14. 10. 1938, RGZ 158, 219.

Den Lizenzsucher trifft die **Beweislast** für die Erfüllung der Voraussetzungen für die Zuerkennung einer Benutzungslizenz an der Erfindung. Der

Patentinhaber wird insbesondere darzulegen haben, daß dem öffentlichen Bedürfnis durch den derzeitigen Zustand ausreichend genügt wird.

Wegen der **Urteilsformel** (Tenor) bei Zwangslizenzsachen vgl. z. B. RG 20. 1. 1923, RGZ 106, 214, 215; RG 11. 3. 1926, RGZ 113, 115, 116; RG 16. 8. 1935, GRUR 1935, 877.

III. Die erteilte Zwangslizenz

1. Rechtscharakter und Inhalt der Erteilung

13 Die in RG 29. 6. 1943, RGZ 171, 227 getroffene Feststellung, die Erteilung einer Zwangslizenz sei rechtsgestaltender Verwaltungsakt, war an sich nur im Zusammenhang mit der Vergütungsfeststellung getroffen. Zutreffend kann mindestens heute nur die Auffassung sein, daß es sich um ein **gerichtliches Gestaltungsurteil** handelt; ebenso Löscher in Benkard, § 15 Anm. 10 und Nirk in Klauer/Möhring, § 15 Anm. 19.

Die Zwangslizenz gewährt immer nur eine einfache Lizenz, und zwar – wenn beschränkt auf den Betrieb des Lizenznehmers – nur eine Betriebslizenz; RG 8. 11. 1913, RGZ 83, 274; RG 16. 6. 1915, RGZ 86, 436; PA 13. 11. 1941, Mitt. 1943, 21. Die Erteilung einer Zwangslizenz verleiht dem Lizenzinhaber ein Nutzungsrecht an dem betreffenden Patent in dem im Tenor des betreffenden Urteils ausgesprochenen Umfang; RG 16. 6. 1915, RGZ 86, 436; RG 14. 10. 1938, RGZ 158, 219. Bei Überschreiten des Umfangs mit Patenteingriff ist der Tatbestand der Patentverletzung gegeben. Die erteilte Zwangslizenz bindet den Patentinhaber nicht daran, weitere Lizenzen zu erteilen. Der Patentinhaber ist zur Verfolgung von Patentverletzungen und zur Aufrechterhaltung des Patents nicht verpflichtet.

2. Auflagen und Beschränkungen

14 Die Zwangslizenzerteilung als solche kann nicht bedingt sein. Es handelt sich trotz des Gesetzeswortlautes bei Bedingungen nicht um echte Bedingungen, sondern um behördliche Maßnahmen oder Auflagen, ohne deren Erfüllung die Benutzung des Patents durch den Lizenznehmer unberechtigt ist; Kisch, 208. Als Beispiel vgl. RG 27. 5. 1918, RGZ 93, 50, wo die Anbringung des Vermerks »Underwood-Erfindung« auf den vom Zwangslizenznehmer herzustellenden Vorrichtungen vorgeschrieben ist. Bei der Zusprechung der Zwangslizenz sind bezüglich des Fortbestands des Patents besondere Vorbehalte nicht erforderlich, denn bei Fortfall des Patents verliert die Nutzungsberechtigung ihre Grundlage; RG 17. 11. 1917, RGZ 91, 188.

Nach Beier, GRUR 1972, 214, 225 sollte im Zwangslizenzverfahren die Mitüberlassung des erforderlichen know how zur Auflage gemacht werden. Hiergegen mit beachtlichen Argumenten H. Tetzner, GRUR 1973, 62. Das know how darf niemals eine hinreichende Offenbarung der geschützten Erfindung ersetzen!

Die **Beschränkung** kann sachlich, zeitlich oder räumlich erfolgen; RG 27. 5. 1918, RGZ 93, 50 = GRUR 1919, 150; RG 20. 1. 1923, RGZ 106, 214, 216; RG 11. 3. 1926, MuW 1926/27, 15, 20. In RG 16. 6. 1915, RGZ 86, 436 = Bl. 1915, 200 wird verneint, daß an einem Patent auf ein Verfahren und auf eine Vorrichtung zur Ausübung des Verfahrens eine unbeschränkte Zwangslizenz dahin erteilt werden kann, daß der Lizenznehmer bei dem Vertrieb der Vorrichtung seinen Abnehmern die Berechtigung verleihen dürfe, das Verfahren zu benutzen. Hiergegen haben mit Recht Pietzcker (§ 11 Anm. 20), Kisch (208), Reimer (§ 15 Anm. 11) und Klauer/Möhring (§ 15 Anm. 20) hinsichtlich allgemeiner grundsätzlicher Anwendbarkeit Bedenken erhoben. Tetzner (§ 15 Anm. 33) will in einem solchen Fall den Patentinhaber durch dem Zwangslizenznehmer auferlegte Bedingungen schützen.

3. Angemessene Vergütung

Für die Bemessung der Vergütung werden in sinngemäßem Umfang die Rechtsgrundsätze heranzuziehen sein, die zur Höhe der vom Patentverletzer geschuldeten Lizenz entwickelt worden sind; vgl. § 47; Lindenmaier, GRUR 1955, 359; Beckensträter, GRUR 1963, 231, 235 r. Sp. Abs. 2. Danach sind alle Umstände des Einzelfalles zu berücksichtigen; vgl. u. a. RG 29. 3. 1919, RGZ 95, 20; RG 21. 3. 1934, RGZ 144, 187 = Bl. 1934, 215 = GRUR 1934, 438; RG 13. 5. 1938, GRUR 1938, 336; RG 24. 3. 1939, GRUR 1939, 898. Maßgebend ist im allgemeinen der verkehrsmäßig übliche Wert des Patents; RG 13. 5. 1938, a. a. O.; 13. 2. 1942, GRUR 1942, 316; die objektive Angemessenheit der Vergütung; RG 16. 9. 1941, GRUR 1942, 160; RG 29. 6. 1943, GRUR 1943, 288. Die Lizenz soll also nicht zu einer ungebührenden Bereicherung des Patentinhabers führen; RG 12. 2. 1930, Bl. 1930, 157 = GRUR 1930, 430; sie soll den Lizenzinhaber auch nicht besser stellen als einen vertragsmäßig Berechtigten; RG 21. 3. 1934, RGZ 144, 187; RG 13. 10. 1937, RGZ 156, 65 = Bl. 1938, 93 = GRUR 1937, 1072. Bei Festlegung der angemessenen Vergütung ist somit danach zu fragen, was vernünftige Vertragspartner beim Eingehen eines Lizenzvertrages vereinbaren würden; RG 29. 6. 1943, RGZ 171, 227, 239. Vgl. auch Pietzcker § 11 Anm. 21. **15**

Die **Zwangslizenzgebühr** soll dem Patentinhaber eine angemessene Entschädigung und dem Lizenznehmer die Aufrechterhaltung seines Betriebs gestatten; RG 24. 1. 1934, RGZ 143, 223. Die als angemessene Vergütung **16** zuerkannten Prozentsätze, bezogen auf den Verkaufspreis, schwanken in der Regel zwischen 2 und 10 %. Vgl. z. B. RG 24. 1. 1934, RGZ 143, a. a. O. (2 %); RG 20. 3. 1918, RGZ 92, 329 (6 %); RG 30. 11. 1929, RGZ 126, 266 (8 %); RG 16. 8. 1935, GRUR 1935, 877 (10 %); als Ausnahme vgl. RG 18. 1. 1936, GRUR 1936, 604 (15 %). Wegen gestaffelter Lizenz, abhängig vom Absatz, vgl. PA 13. 11. 1941, Mitt. 1943, 21, 23. Bei der Bemessung der Lizenzgebühr wird es ganz entscheidend auf die Bedeutung der Erfindung und die Aufwendungen für ihre Entwicklung ankommen. Besonders wenn es sich um ein grundlegendes Patent handelt, wird dies eine Rolle spielen, und es ist denkbar, daß dann die Lizenzgebühr weit über 10 bis 15 % hinausgehen kann. Schade, Mitt. 1969, 291 (Festschrift für Nastelski) hat die Berechtigung und Ausgestaltung der Staffelung der Ermäßigung des Lizenzsatzes bei sehr hohen Umsätzen im Zusammenhang mit der Vergütung für Arbeitnehmererfindungen untersucht.

Handelt es sich nur um einen geschützten **Einzelteil** einer zusammengesetzten Vorrichtung, so kann die Lizenz auf Grundlage des Wertes der Gesamtvorrichtung festgesetzt werden, wenn diese durch den geschützten Teil eine Werterhöhung erhält; RG 1. 12. 1939, MuW 1940, 370; RG 12. 5. 1942, GRUR 1942, 358; oder der Teil nur zusammen mit der Gesamtanlage verkauft wird; RG 21. 3. 1934, RGZ 144, 187 = Bl. 1934, 215 = GRUR 1934, 438; RG 12. 5. 1942, GRUR 1942, 358. Daß der Teil das eigentliche Erfindungsprinzip verkörpert, ist dabei ebenfalls zu berücksichtigen; PA GrSen 17. 1. 1955, Bl. 1955, 249. Wegen Berechnung der angemessenen Vergütung insbesondere bei mittelbarer Benutzung einer Verfahrenserfindung und bei Mitbenutzung einer eigenen (abhängigen) Erfindung des mittelbaren Benutzers vgl. auch BGH 15. 6. 1967, GRUR 1967, 655 – Altix.

Die Festsetzung einer **Stücklizenz** mit Rechnungslegungspflicht (RG 12. 2. 1930, RGZ 127, 243 = Bl. 1930, 157 = GRUR 1930, 430) oder einer **Mindestlizenz** (RG 24. 1. 1934, RGZ 143, 223 = GRUR 1934, 246) – diese jedoch nur, wie Reimer § 15 Anm. 9 mit Recht fordert, bei ausreichender Sicherheit der künftigen Entwicklung – kann angebracht sein. Die Stücklizenz kann auf den Wert der patentierten Teilanlage bezogen werden; RG 20. 3. 1918, RGZ 92, 329. Wegen der Abrechnung (hier: vierteljährlich nach jedem Verkauf) s. RG 30. 11. 1929, RGZ 126, 266, 271.

4. Sicherheit

17 Während eine angemessene Sicherheit immer **angeboten** werden muß, ist nach Lage des Falles zu bestimmen, ob sie auch zu **leisten** ist. Maßgebend ist, ob der Lizenzsucher auf jeden Fall objektiv oder subjektiv in der Lage erscheint, seine Gesamtverpflichtung zu erfüllen; Pietzcker § 11 Anm. 22; Reimer § 15 Anm. 10. Zu Unrecht stellt, wie Reimer hervorhebt,

RG 30. 11. 1929, RGZ 126, 266 nur auf schuldhafte Nichterfüllung ab. Nach RG 24. 1. 1934, RGZ 143, 223, 231 soll die Sicherheit dem Jahresbetrag der Zwangslizenzgebühr entsprechen; vgl. auch RG 30. 11. 1929, a. a. O.

Art der Sicherheitsleistung: BGB §§ 232 ff. sowie durch Bürgschaft einer Großbank; RG 24. 1. 1934, RGZ 143, 223 = GRUR 1934, 246.

5. Wirkung der Zwangslizenzerteilung. Übertragbarkeit

Die Erteilung der Zwangslizenz hindert nicht an der Erhebung der **Nichtigkeitsklage** oder der Klage auf Feststellung der Nichtabhängigkeit des jüngeren Patents vom Lizenzpatent; Anm. 5. 18

Eine **Benutzungspflicht** des Lizenznehmers besteht nicht; RG 17. 11. 1917, RGZ 91, 188 = Bl. 1918, 20. Bei Nichtbenutzung ist eine Lizenzgebühr nicht zu entrichten; RG 17. 11. 1917, a. a. O. Eine Ausnahme ist allerdings für den Fall einer Mindestlizenz zu machen.

Übertragbarkeit ist nur vorhanden, soweit beim Erwerbenden die Berechtigungsvoraussetzungen vorhanden sind (Tetzner § 15 Anm. 9). **Pfändung** ist unzulässig; RG 27. 5. 1918, RGZ 93, 50. **Konkursfähigkeit** ist zu bejahen; RG 8. 11. 1913, RGZ 83, 274. Verwertung durch den Konkursverwalter ist nur möglich, wenn beim neuen Inhaber die Aktivlegitimation zum Erwerb der Zwangslizenz gegeben ist (Tetzner § 15 Anm. 10; Reimer § 15 Anm. 17).

Der Inhaber einer Zwangslizenz kann einem anderen keine **Unterlizenz** erteilen; RG 8. 11. 1913, RGZ 83, 274. Aber der Patentinhaber ist durch die Zwangslizenz nicht gehindert, **anderweitige Lizenzen** zu vergeben oder die **Lizenzbereitschaft** gem. § 14 zu erklären.

IV. Beendigung der Zwangslizenz

Feststellung im bürgerlichen Rechtsstreit, daß das jüngere Patent von dem älteren **nicht abhängig** ist, macht die Erteilung der Zwangslizenz ohne weiteres gegenstandslos; RG 17. 11. 1917, RGZ 91, 188. Eine Gebührenpflicht entfällt in solchem Fall selbstverständlich. Das gleiche gilt, wenn das Patent, an dem die Zwangslizenz zuerkannt ist, seine Kraft verliert; RG 17. 11. 1917 a. a. O. Ist eine **einstweilige Verfügung** durch Rücknahme des Antrags auf Erteilung einer Zwangslizenz unwirksam geworden, so ist zum mindesten dann an den Patentinhaber eine angemessene Vergütung zu entrichten, wenn er von der Erlaubnis Gebrauch gemacht hat; RG 29. 6. 1943, RGZ 171, 227. 19

Über die **Haftung des Patentinhabers** vgl. § 9 Anm. 42, im Falle der Vernichtung des Patents § 9 Anm. 40, 13. Ist der Lizenznehmer mit mehr als zwei Lizenzraten im Rückstand, so will Kisch (S. 208) dem Patentinhaber unter entsprechender Anwendung von BGB § 554 ein Kündigungsrecht zubilligen. Anderer Auffassung: RG 27. 3. 1918, RGZ 93, 50; dort wird das Recht aus der Zwangslizenz als unentziehbares Recht angesehen. Nach der 3. Aufl. dieses Kommentars (§ 15 Anm. 27) sollte BGB § 326 entsprechend anwendbar sein. Reimer (§ 15 Anm. 21) will nur in »krassen Fällen« BGB § 554 anwenden. Tetzner (§ 15 Anm. 37) nimmt Wegfall der Erteilungsgrundlagen an. Pietzcker (§ 11 Anm. 15 Nr. 2) will im Falle einer **Nichtbenutzung** des Patents den Patentinhaber im bürgerlichen Rechtsstreit feststellen lassen, daß der Lizenznehmer wegen Nichtbenutzung der Lizenz aus der Lizenzerteilung kein Recht herleiten könnte.

Die Zulässigkeit des bürgerlichen Rechtsweges erscheint aber überhaupt, da es sich um einen behördlichen Akt handelt, durchaus zweifelhaft (Lutter, § 15 Anm. 2 a. E.). Ein **Rechtsbehelf des Patentinhabers gegenüber dem nichtbenutzenden oder in seiner Verpflichtungserfüllung säumigen Lizenznehmer** bzw. des Lizenzinhabers bei wesentlicher Änderung der Umstände für die Bemessung der Vergütung (z. B. Erteilung weiterer Lizenzen) erscheint aber andererseits dringend geboten. Die Lösung wird dahin zu suchen sein, daß entsprechend den Grundsätzen von § 323 ZPO die für die Zwangslizenzerteilung befugten Stellen auch als zur Entscheidung über den Wegfall oder über die Höhe der Zwangslizenzgebühr berufen anzusehen sind; vgl. Meurer, GRUR 1936, 18, 22, 23; Benkard § 15 Anm. 19; anscheinend auch Tetzner § 15 Anm. 37, 39, der darauf hinweist, daß dies im § 14 ausdrücklich geregelt sei; für die Fälle der Geldentwertung s. PA 2. 3. 1922, GRUR 1923, 41; PA 16. 3. 1922, Bl. 1923, 148. Bedenken gegen einen Vergleich mit § 14 äußert Nirk in Klauer/Möhring § 15 Anm. 23. Eine zukünftige gesetzliche Regelung wäre erwünscht.

C. Zurücknahme des Patents

I. Vorbemerkung

20 Der im Patentgesetz von 1891 im § 11 enthaltene Ausführungszwang (unterblieb die Ausführung der Erfindung im Inland in angemessener Weise, konnte das Patent nach Ablauf von zwei Jahren seit Bekanntmachung der Erteilung zurückgenommen werden) wurde durch die Patentnovelle von 1911 aufgehoben. Durch die Bestimmung des § 15 Abs. 2 des geltenden Patentgesetzes, die der Fassung von 1961 entspricht, und durch Art. 5 A der PVÜ (s. Anm. 22 unter e) sind die Möglichkeiten des Verlangens nach einer Zwangslizenz oder des Verfalls (Zurücknahme) des Patents wegen unterlassener oder ungenügender Auswertung des Patents weiter eingeschränkt worden. Deshalb sind in den letzten Jahren Zurücknahmen von

Patenten nicht bekanntgeworden. Trotzdem hat man sich für Beibehaltung dieses Rechtsinstituts ausgesprochen, weil es der deutschen Regierung die Möglichkeit gibt, im Interesse der deutschen Inhaber ausländischer Patente mit den betreffenden Staaten Abkommen über die Aufhebung des Ausführungszwangs zu schließen; von Falck und Ohl, Bericht, GRUR 1971, 541, 546 Nr. 26. **Zuständigkeit und Verfahren:** sinngemäß wie beim Zwangslizenzverfahren; s. Anm. 12.

II. Zweckbestimmung

Die Bestimmung des § 15 Abs. 2 (Zurücknahme des Patents, wenn die 21
Erfindung ausschließlich oder hauptsächlich außerhalb Deutschlands ausgeführt wird) soll gegebenenfalls als Handhabe gegenüber einer schädlichen ausländischen Einfuhr dienen, wenn die Verhinderung der ausschließlichen Einfuhr aus dem Ausland im öffentlichen Interesse liegt, also zum Schutz der deutschen Industrie erforderlich ist; RG 15. 1. 1927, RGZ 116, 3 = Bl. 1927, 107 = GRUR 1927, 232. Lindenmaier (4. Aufl. Anm. 18) hat unter Hinweis auf Kisch, 238 und Pietzcker § 11, Anm. 26 diese Auffassung als zu eng bezeichnet; u. U. sei die Zurücknahme auch erforderlich, wenn überhaupt keine Versorgung der inländischen Wirtschaft erfolgt. Reimer, § 15 Anm. 24 hat dem mit Recht entgegengehalten, daß unter solchen Umständen der typische Fall der Zwangslizenz vorliege. Ausführung einer in der Bundesrepublik patentierten Erfindung im Ausland, wo kein Schutz besteht, ist keine Ausführung i. S. § 15 Abs. 2; RG 22. 4. 1896, RGZ 37, 49; RG 20. 11. 1909, RGZ 72, 242. Wie der Fall in RGZ 116, 3 lag, dürfte dieser Entscheidung zuzustimmen sein.

III. Voraussetzungen für die Zurücknahme

1. Ausschließliche oder hauptsächliche Ausführung im Ausland – Ausnahme bei Staatsverträgen

Die Zurücknahme ist nur möglich, wenn die Erfindung **ausschließlich** 22
oder hauptsächlich außerhalb Deutschlands ausgeführt wird, sofern **keine Staatsverträge** entgegenstehen; § 15 Abs. 2 Satz 1. Die jetzt gültige Fassung besagt, daß Nichtausführung im In- und Ausland die Voraussetzung für die Zurücknahme nicht erfüllt. Diese liegt erst vor, wenn keine oder nur eine unbedeutende inländische Ausübung, dagegen aber eine erhebliche Ausübung im Ausland erfolgt. Denn die praktisch alleinige Herstellung im Ausland kann für die inländische Industrie und Wirtschaft durch die Abhängigkeit von notwendiger Einfuhr nachteilig sein; vgl. RG 15. 1. 1927, s. oben unter Anm. 21.

Als eine Zurücknahme ausschließende Staatsverträge kommen in Betracht:

a) Art. 5 des deutsch-**schweizerischen** Abkommens vom 13. 4. 1892/26. 5. 1902, Bl. 1894, 95, 70; Bl. 1903, 114; Bl. 1941, 126. Wegen der Weiteranwendung vgl. Notenwechsel vom 2. 11. 1950, Bl. 1955, 292. Wegen der seinerzeitigen Auslegung des Abkommens vgl. RG 22. 4. 1896, RGZ 37, 49; RG 16. 4. 1898, RGZ 41, 77.

b) Abkommen zwischen dem Deutschen Reich und den **USA** vom 23. 2. 1909, Bl. 1909, 203. Wegen Wiederinkraftsetzung vgl. Bekanntmachung vom 5. 1. 1954, Bl. 1954, 44. Kein Ausführungszwang. Wegen der Bedeutung des Abkommens vgl. RG 20. 11. 1909, RGZ 72, 242, 248 und insbesondere RG 27. 6. 1928, RGZ 121, 328.

c) Staatsvertrag zwischen dem Deutschen Reich und **Österreich** vom 15. 2. 1930, Bl. 1930, 97. Wegen Wiederanwendbarkeit vgl. Bekanntmachung vom 13. 3. 1952, Bl. 1952, 147. Keine Rücknahme wegen Nichtausübung.

d) Das deutsch-**griechische** Abkommen vom 9. 8./24. 12. 1925 wurde durch den vorläufigen Handelsvertrag vom 12. 2. 1951, Bl. 1952, 321 ersetzt. Dieser ist am 12. 11. 1953 in Kraft getreten; Bl. 1955, 390.

e) Nach Art. 5 A der **Lissaboner Fassung der PVÜ** ist es den Verbandsländern freigestellt, die Gewährung von **Zwangslizenzen** vorzusehen, um **Mißbräuche** zu verhüten, die sich z. B. infolge unterlassener Ausübung ergeben. Ein **Verfall** des Patents kann aber nur dann vorgesehen werden, wenn die Gewährung von Zwangslizenzen zur Verhütung der Mißbräuche nicht ausreicht. Vor Ablauf von zwei Jahren seit Gewährung der ersten Zwangslizenz kann aber kein Verfahren auf Verfall oder Zurücknahme eingeleitet werden. Vgl. hierzu Anm. 24. Für das Verlangen einer Zwangslizenz wegen unterlassener oder ungenügender Ausübung schreibt Art. 5 A Abs. 4 noch die Erfüllung verschiedener zeitlicher Voraussetzungen vor. Eine Entschuldigung der Untätigkeit mit berechtigten Gründen ist möglich.

23 Der Ausführungszwang ist somit auf Fälle beschränkt, in denen das Patent mißbräuchlich gehandhabt wird. Der Begriff »Mißbrauch« entspricht nicht dem Begriff »öffentliches Interesse«. Trotzdem wird man letzten Endes davon ausgehen können, daß die Beseitigung mißbräuchlicher Nichtausübung des Patents im Inland im öffentlichen Interesse liegt.

Als Entschuldigungsgründe sind unter dem früheren Recht angesehen worden: vergebliche ernstliche Bemühungen, der Ware im Inland Absatz zu verschaffen; RG 22. 4. 1912, Bl. 1912, 257. Ferner Scheitern der Ausführung an persönlichen oder sachlichen Schwierigkeiten (Krankheit, Kapitalmangel). Weitere Beispiele s. Kisch S. 241. Unkenntnis des Gesetzes entschuldigt nicht; RG 22. 3. 1893, PatBl. 1893, 205.

Im praktischen Fall wird zu prüfen sein, welche Fassung der PVÜ von dem Staat ratifiziert ist, dem der betreffende ausländische Patentinhaber angehört. Es kommen nur noch die **Haager Fassung** vom 6. 11. 1925, Bl. 1926, 190 (für sehr wenige Länder), die **Londoner Fassung** vom 2. 6. 1934, Bl. 1937, 172, die **Lissabonner Fassung** vom 31. 10. 1958, GRUR Ausl. 1959, 114 und Berichtigung 649 und die Stockholmer Fassung vom 14. 7. 1967 in Betracht. Im einzelnen vgl. auch Bericht zur Lissabonner Konferenz GRUR Ausl. 1959, 58, 69 und Sonderheft zur Vorbereitung der Konferenz GRUR Ausl. 1958. Wegen einer Übersicht betr. den **Stand der Zugehörigkeit** der verschiedenen Staaten zu den einzelnen Fassungen vgl. Bl. 1973, 106 = GRUR Int. 1973, 162. (In jedem Jahr eine neue Zusammenstellung.) Ferner werden auch die **Sonderabkommen** zu berücksichtigen sein, die oben unter a) bis d) aufgeführt sind.

2. Erteilung einer Zwangslizenz unzureichend

Erschwerend für die Zurücknahme ist die Bestimmung im Satz 2 des 24
Abs. 2: Die Zurücknahme kann erst **zwei Jahre** nach rechtskräftiger Erteilung einer Zwangslizenz und nur dann verlangt werden, wenn dem **öffentlichen Interesse** durch Erteilung von Zwangslizenzen weiterhin nicht genügt werden kann.

Es müssen sonach schon ganz besondere Umstände vorliegen, um eine Zurücknahme mit Erfolg zu erwirken.

3. Nichtanwendung der Einschränkungen

a) Fehlende Gegenseitigkeit

Nach Abs. 2 Satz 3 gelten die Einschränkungen unter Nr. 1 und 2 nicht, 25
wenn es sich beim Patentinhaber um einen Angehörigen eines ausländischen Staates handelt, der bezüglich der unter 1 und 2 behandelten Voraussetzungen für den Ausspruch einer Zurücknahme keine Gegenseitigkeit gewährt. Gegebenenfalls muß der Patentinhaber nachweisen, daß in seinem Staat Angehörigen der Bundesrepublik aufgrund der bestehenden Gesetze Gegenseitigkeit gewährt wird; so mit Recht – aus praktischen Gründen – Reimer § 15 Anm. 27; a. M. Nirk in Klauer/Möhring § 15 Anm. 30.

b) Umgehungsübertragung

Nach Abs. 2 Satz 4 ist die Übertragung des Patents auf einen anderen 26
insofern wirkungslos, als sie nur bezweckt, der Zurücknahme zu entgehen. Der Zurücknahmekläger muß dartun und beweisen, daß die an sich zulässige Übertragung den Tatbestand der Bestimmung des Satzes 4 erfüllt; RG 18. 12. 1909, Bl. 1910, 116. Wegen Auslegung des deutsch-amerikanischen Abkommens vgl. RG 20. 11. 1909, RGZ 72, 242.

IV. Wirkung der Zurücknahme/Teilrücknahme

27 Der Patentschutz wird mit Rechtskraft des Urteils beseitigt. Im Gegensatz zur Nichtigerklärung wirkt die Zurücknahme des Patents auf den Zeitpunkt der Anmeldung nicht zurück; RG 6. 12. 1893, PatBl. 1894, 92. Ein erloschenes Patent kann daher nicht zurückgenommen werden; RG 12. 3. 1900, JW 1900, 397. Aber ein zurückgenommenes Patent kann zur Beseitigung der Folgen früherer Verletzungen für nichtig erklärt werden. Eine Klage auf Unterlassung der Patentverletzung ist nicht mehr zulässig.

Teilrücknahme ist zulässig; RG 11. 10. 1905, Bl. 1906, 130. Im einzelnen kann in dieser Beziehung auf die zu § 13, Anm. 17, 18 entwickelten Grundsätze verwiesen werden, die entsprechend anzuwenden sind.

§ 16

Wer im Inland weder Wohnsitz noch Niederlassung hat, kann an einem in diesem Gesetz geregelten Verfahren vor dem Patentamt oder dem Patentgericht nur teilnehmen und die Rechte aus einem Patent nur geltend machen, wenn er im Inland einen Patentanwalt oder einen Rechtsanwalt als Vertreter bestellt hat. Dieser ist im Verfahren vor dem Patentamt und dem Patentgericht und in bürgerlichen Rechtsstreitigkeiten, die das Patent betreffen, zur Vertretung befugt; er kann auch Strafanträge stellen. Der Ort, wo der Vertreter seinen Geschäftsraum hat, gilt im Sinne des § 23 der Zivilprozeßordnung als der Ort, wo sich der Vermögensgegenstand befindet; fehlt ein Geschäftsraum, so ist der Ort maßgebend, wo der Vertreter seinen Wohnsitz, und in Ermangelung eines solchen der Ort, wo das Patentamt seinen Sitz hat.

ÜBERSICHT

A. Zweck der Bestimmung

Gem. Art. 2 PVÜ sind alle Verbandsangehörigen – ganz gleich, wo sie ihren Wohnsitz haben – gleich zu behandeln; ausdrücklich vorbehalten ist im Abs. 3 des Art. 2 der Erlaß von Vorschriften betr. die Bestellung eines Vertreters. Eine entsprechende Vorschrift enthält § 16 PatG. 1

Im Satz 1 des § 16 ist vorgeschrieben, daß derjenige, der im Inland weder Wohnsitz noch Niederlassung hat, nur an einem in diesem Gesetz geregelten Verfahren vor dem Patentamt oder dem Patentgericht teilnehmen und die Rechte aus einem Patent geltend machen kann, wenn er im Inland einen Patentanwalt oder einen Rechtsanwalt als Vertreter bestellt hat. Die

Vorschrift ist vorgesehen, »um sowohl den beteiligten Kreisen als auch dem Patentamt den geschäftlichen Verkehr mit dem im Ausland wohnhaften Berechtigten zu erleichtern«; RG 14. 11. 1898, RGZ 42, 92 = Bl. 1899, 30; PA 20. 3. 1935, Mitt. 1935, 198; BPatG 22. 10. 1963, E 4, 160, 161; BGH 17. 12. 1968, BGHZ 51, 269 = GRUR 1969, 437, 438. Aus Sicherheitsgründen soll eine ordnungsgemäße Zustellung im Inland gewährleistet werden; PA 2. 11. 1954, Bl. 1954, 439 = GRUR 1955, 146. Außerdem soll für Klagen gegen im Ausland ansässige Schutzrechtinhaber ein »bequemer Gerichtsstand« geschaffen werden; Begr. (vorläufiger Entwurf PatG) Bl. 1913, Beil. zu Nr. 7/8 S. 36.

Zur Vertretung vor dem zukünftigen Europäischen Patentamt liegt eine Stellungnahme der FICPI vor. Mitt. 1971, 13.

B. Voraussetzungen für notwendige Bestellung eines Inlandsvertreters

I. Mangel eines Wohnsitzes oder einer Niederlassung im Inland

2 Maßgebend ist das Fehlen eines Wohnsitzes i. S. §§ 7 ff. BGB oder einer Niederlassung im Inland, nicht die ausländische Staatsangehörigkeit. Die spätere Einfügung der Bestimmung »Niederlassung« neben der Bestimmung »Wohnsitz« sollte klären, daß auch eine gewerbliche Niederlassung (i. S. von § 21 ZPO) eines ausländischen Unternehmens einen Wohnsitz begründet. Für juristische Personen und gleich zu behandelnde Handelsgesellschaften gilt als Wohnsitz der Ort der Verwaltung; §§ 24, 80 BGB. Eine Zweigniederlassung im Inland entbindet zwar von der Bestellung eines Vertreters, aber eine deutsche GmbH kann als selbständige juristische Person selbst dann nicht als Zweigniederlassung einer ausländischen AG gelten, wenn beide Gesellschaften demselben Konzern angehören; PA 20. 3. 1935, Mitt. 1935, 198. Eine einer inländischen Gesellschaft angegliederte Patentabteilung kann nicht als Zweigniederlassung einer ausländischen Gesellschaft angesehen werden; PA 20. 3. 1935, a. a. O. Zum Begriff »Niederlassung« vgl. noch Nirk in Klauer/Möhring § 16 Anm. 3.

Die bisherige ständige Praxis, daß in der DDR ansässige Patentanmelder und Patentinhaber keinen Inlandsvertreter benötigen (so auch Kirchner, GRUR 1972, 416, 419 mit einschlägigen Schrifttumshinweisen und Aufzeigung gewisser Unzuträglichkeiten) wird auch nach Inkrafttreten des Grundvertrages zwischen der BRD und DDR aufrechtzuerhalten sein. Denn durch die Erklärung der BRD und den Briefwechsel zu Art. 9 des Grundvertrages ist klargestellt worden, daß im Verhältnis beider deutscher Staaten der andere deutsche Staat kein Ausland ist. Wegen der Schwierigkeiten

s. im einzelnen Kirchner, a. a. O. Gegen Kirchner in der Frage der Bestellung eines Anwalts aus der DDR als Inlandsvertreter H. Tetzner, GRUR 1973, 62, 63. Nirk verlangt in Klauer-Möhring, § 16 Anm. 4, für DDR-Angehörige Bestellung eines Inland-Vertreters; früher schon Benkard, GRUR 1951, 177, dem aber in BGH 12. 7. 1968, BGHZ 50, 213, 218 = GRUR 1969, 38 mit Anm. von Pietzcker widersprochen wird. Zum Inlandsbegriff vgl. auch § 2 Anm. 23.

II. Teilnahme an einem Verfahren vor Patentamt oder Patentgericht

Aus dem Gesetzestext ergibt sich, daß nicht nur der Patentsucher bzw. 3
Patentinhaber eines Vertreters bedarf, sondern jeder im Ausland wohnende Verfahrensbeteiligte, z. B. der Einsprechende und Nichtigkeitskläger; Begr., Bl. 1936, 108. Auch ein im Ausland wohnender Beschwerdeführer bedarf eines § 16-Vertreters; BPatG 31. 8. 1962, E 2, 5. Auch muß bei einer Anmeldergemeinschaft ein im Ausland Wohnender einen Vertreter bestellen.

Im einzelnen ist die Bestellung eines Inlandsvertreters insbesondere in folgenden Fällen erforderlich: im Anmeldeverfahren einschließlich des Prüfungsverfahrens (§ 28 b Abs. 4 Satz 2) und Einspruch- und Beschwerdeverfahren, im Nichtigkeits-, Zwangslizenz- und Zurücknahmeverfahren. Einzuschließen sind in den genannten Verfahren auch Recherchenanträge (§ 28 a Abs. 2 Satz 3) und Anträge auf einstweilige Verfügungen (§ 41) und Wiedereinsetzung in den vorigen Stand (§ 43). Auch das Berufungsverfahren vor dem BGH in Nichtigkeits-, Zwangslizenz- und Zurücknahmeverfahren stellt aufgrund des § 42 ein im Patentgesetz geregeltes Verfahren dar; ebenso Reimer, § 16 Anm. 5; Nirk in Klauer/Möhring § 16 Anm. 9; a. M. Tetzner, § 16 Anm. 6. Für das Rechtsbeschwerdeverfahren vor dem BGH gilt aber die Bestimmung des § 41 r Abs. 5. Ein Nichtinländer, der eine der in § 14 geregelten Erklärungen, Anzeigen abgeben oder Anträge stellen will, bedarf eines Vertreters nach § 16 und – falls er die Erklärungen nicht selbst abgibt – muß der Vertreter entsprechend bevollmächtigt sein; s. auch Anm. 7.

Gebühreneinzahlungen, Umschreibungen in der Rolle und Verzichte betr. erteilte Patente können nicht mehr als »Verfahren vor dem Patentamt« i. S. des § 16 angesprochen werden und erfordern deshalb keinen Inlandsvertreter; ebenso Neumar in Reimer, § 16 Anm. 5. Dagegen will Neumar a. a. O. mit Recht das Verfahren betr. die Gebührenstundung (§ 11 Abs. 5) als in den Rahmen des § 16 fallend ansehen, weil dies dem Zweck der gesetzlichen Bestimmung (Erleichterung des geschäftlichen Verkehrs mit dem Nichtinländer) entspreche. Nirk in Klauer/Möhring § 16 Anm. 8 hält insgesamt bei der Durchführung dieser verwaltungsgemäßen Angelegenheiten Vertreterbestellung nach § 16 für erforderlich. Ballhaus in Benkard § 16 Anm. 4 will die Verpflichtung der Vertreterbestellung zwar weit auslegen, ob aber davon auch Gebührenzahlungen u. dgl. betroffen sein sollen, erscheint zweifelhaft. Tetzner § 16 Anm. 8 hält für alle mehr verwaltungsmäßigen Angelegenheiten, soweit nicht Rechte aus dem Patent geltend gemacht werden, Vertreterbestellung nicht für erforderlich.

Auch eine **Zustellung an den Anmelder trotz bestellten Vertreters** ist wirksam; § 176 ZPO ist nicht entsprechend anwendbar; selbstverständlich soll aber grundsätzlich an den bestellten Vertreter zugestellt werden; Präs. 12. 9. 1938,Mitt . 1938, 359.

III. Geltendmachen von Rechten aus einem Patent

4 Das Geltendmachen von Rechten aus einem Patent erfordert gem. § 16 Satz 1 die Bestellung eines Inlandsvertreters. Für entsprechende Klagen auf Unterlassung und Schadensersatz wegen **Patentverletzung** gem. § 47 sind die ordentlichen Gerichte zuständig. Hierzu sind auch Klagen auf Feststellung der **Abhängigkeit** eines jüngeren Patents von einem älteren zu rechnen. Auch der umgekehrte Fall – Klage auf Feststellung der **Nichtabhängigkeit** eines jüngeren Patents von einem älteren – fällt darunter, weil es sich um die Feststellung eines bestimmten Schutzumfangs handelt; ebenso Ballhaus in Benkard § 16 Anm. 4; a. M. Neumar in Reimer § 16 Anm. 6; Nirk in Klauer/Möhring § 16 Anm. 12.

Beim Streit im Zusammenhang mit einem **Vorbenutzungsrecht** wird der beteiligte **auswärtige Patentinhaber** einen Vertreter zu bestellen haben. Klagt aber ein Auswärtiger auf Feststellung der Vorbenutzung, so bedarf es keines Vertreters, weil er keine »Rechte aus einem Patent« geltend macht; so auch Neumar in Reimer § 16 Anm. 6 und Nirk in Klauer/Möhring § 16 Anm. 12. Bei Klage auf **angemessene Vergütung im Fall des § 8** ist Inlandsvertreter erforderlich; ebenso Neumar in Reimer § 16 Anm. 6 gegen Klauer/Möhring § 16 Anm. 12 und Tetzner § 16 Anm. 9. Auch im Fall der Klage des Patentinhabers gegen den Inhaber einer Zwangslizenz auf Zahlung der Vergütung (§ 15) ist Inlandsvertreter notwendig.

Der am Patentrecht dinglich Berechtigte (Nießbraucher, Pfand- und Pfändungsgläubiger, Nehmer ausschließlicher Lizenz) bedarf zur Geltendmachung seiner Rechte der Bestellung eines Inlandvertreters, wenn er nicht im Inland ansässig ist. Dabei spielt es keine Rolle, ob etwa der nicht im Inland ansässige Patentinhaber einen Inlandsvertreter bestellt hat. Nach § 16 Satz 1 hat derjenige, der Rechte aus dem Patent geltend machen will, einen Inlandsvertreter zu bestellen.

Die Vertretungsbefugnis erstreckt sich gem. § 16 Satz 2, 2. Halbsatz auch auf die Stellung von Strafanträgen (§ 49), Erhebung der Privatklage (§ 374 StPO) und Nebenklage (§ 395 StPO).

C. Nichtbestellung eines Vertreters

Die unterlassene Bestellung eines Inlandsvertreters binnen einer angemessenen Frist kann zur Zurückweisung der Anmeldung bzw. Beschwerde führen (BPatG 3. 1. 1962, E 1, 31; BPatG 13. 4. 1962, E 1, 32; PA 20. 3. 1935, Mitt. 1935, 198) oder bei anderen Verfahren den Mangel einer Verfahrensvoraussetzung darstellen. Nach BPatG 24. 8. 1962, E 2, 19 soll in solchen Fällen keine Zurückweisung der Beschwerde ausgesprochen werden, diese soll vielmehr »als unzulässig verworfen« werden, weil eine sachliche Prüfung der Beschwerdegründe nicht stattgefunden hat. Vgl. hierzu Ballhaus in Benkard § 16 Anm. 17. Die Bestimmung des § 87 Abs. 1 ZPO, nach dem bei Kündigung der Vollmacht diese erst durch Bestellung eines anderen Vertreters wirksam wird, ist im patentgerichtlichen Verfahren nicht anwendbar; s. die gen. Entscheidungen. Die amtliche Aufforderung zur Bestellung eines Vertreters kann gem. § 45 a Abs. 1 Ziff. 2 PatG an einen Empfänger im Ausland durch Aufgabe zur Post nach §§ 175, 213 ZPO bewirkt werden; BPatG 3. 1. 1962, E 1, 31; BPatG 13. 4. 1962, E 1, 32. Mangel der Vollmacht bei Einlegung der Beschwerde ist bedeutungslos, wenn er durch Nachreichung der Vollmacht geheilt wird; BPatG 14. 3. 1972, Mitt. 1972, 175, 176. 5

Die Zulässigkeit des Verfahrens kann der in Anspruch Genommene nicht dadurch vereiteln, daß er keinen Vertreter bestellt; RG 14. 11. 1898, Bl. 1899, 30 = GRUR 1899, 237. Der auswärtige Patentberechtigte verliert dadurch, daß er ohne Vertreter ist, noch nicht sein Recht; er kann es nur so lange, als er keinen Vertreter bestellt hat, – möglicherweise mit nachteiligen Folgen – nicht geltend machen. Gegebenenfalls kann der prozessuale Mangel, da vom Patentsucher ohne Bestellung eines Inlandsvertreters gestellte Anträge wirkungslos sind, dadurch geheilt werden, daß der dann doch bestellte Vertreter diese aufnimmt. Wird der notwendige Inlandsvertreter im Falle von Recherchen- oder Prüfungsanträgen (s. Anm. 3) in angemessener Frist nicht bestellt, so sind die betreffenden Anträge »unwirksam«; vgl. § 28 a Anm. 3 und §§ 28 b, c, 29 Anm. 12 a.

D. Zugelassene Vertreter

Durch die seit 1936 bestehende gesetzliche Vorschrift wurde der Kreis der zugelassenen Inlandsvertreter auf Patentanwälte und Rechtsanwälte beschränkt. Eine entsprechende Bestimmung enthielt vordem § 10 des Patentanwaltgesetzes von 1933. Erlaubnisscheininhaber waren als Inlandsvertreter ausgeschlossen; PA 16. 12. 1957, Mitt. 1958, 14. Grundsätzlich gilt diese Regelung auch zukünftig. Im Zuge der Neuregelung des Vertreterwesens durch die PatAnwO vom 7. 9. 1966, Bl. 1966, 313 ff. konnten aber 6 aufgrund einer **Übergangsregelung** in § 178 **Erlaubnisscheininhaber,** die die in § 178 im einzelnen genannten Bedingungen erfüllen und innerhalb von sechs Monaten nach Inkrafttreten (8. 9. 1966) der PatAnwO einen entsprechenden Antrag gestellt hatten, die Befugnis zur Vertretung von Ausländern erhalten. Eine erteilte erweiterte Befugnis muß auf dem Erlaubnisschein vermerkt und veröffentlicht sein. Vgl. Begründung, Bl. 1966, 357, 358 zu § 176.

Patentassessoren (§ 11 PatAnwO), die gem. § 14 Nr. 9 PatAnwO, Bl. 1966, 377 ff. wegen eines ständigen Dienst- oder ähnlichen Beschäftigungsverhältnisses z. B. i. S. eines Syndikus, als Patentanwalt nicht zugelassen werden können, dürfen aber gem. § 155 PatAnwO im Rahmen dieses Dienstverhältnisses unter bestimmten Voraussetzungen auch die Vertretung »Dritter«, und zwar auch als Vertreter i. S. des § 16 PatG übernehmen; vgl. Kelbel, Mitt. 1966, 231. So kann ein Patentassessor von einem auswärtigen Vertragspartner seines Dienstherrn zum Inlandsvertreter bestellt werden, wenn durch Vorlage des Vertrages nachgewiesen wird, daß es sich bei der Rechtsbesorgung nur um eine Nebenfolge einer getroffenen Vereinbarung handelt; BPatG 7. 10. 1971, E 13, 19. Zur Frage eines Konzerns als Dienstherr eines Patentassessors vgl. BPatG 7. 10. 1971, E 13, 19, 23.

In Mitt. Präs. 17. 11. 1969, Bl. 1969, 365 ist ein **Hinweis auf den zur Vertretung vor dem DPA berechtigten Personenkreis enthalten.**

Im Verfahren vor dem Patentamt ist der ständige Vertreter eines Patentanwalts diesem gleichgestellt; § 46 Abs. 7 PatAnwO; vgl. auch PA 7. 11 1953, Bl. 1954, 23. Für die Vertretung beim Patentgericht ist Einzelvollmacht erforderlich; § 41 m Abs. 2. Beim Verfahren vor dem Patentamt können allgemeine Vollmachten hinterlegt werden; vgl. § 26 Anm. 7. Nach § 18 DPAVO Abs. 2 müssen die Vollmachten – soweit sie nicht nur zum Empfang von Zustellungen ermächtigten – auf prozeßfähige, mit ihrem bürgerlichen Namen bezeichnete Personen lauten.

Für die **Rolleneintragung des Vertreters** gelten die Bestimmungen des § 24 Abs. 2; s. dort Anm. 4.

E. Die Vertreter-Vollmacht

I. Form und Umfang einer Vollmacht

7 Die Vollmacht ist schriftlich zu erteilen und als Anlage dem Patenterteilungsantrag beizufügen. Notarielle Beglaubigung ist nicht erforderlich; Präs. 20. 2. 1950, Bl. 1950, 53. Ferner vgl. bei § 26 Anm. 7.

Der Umfang der Vollmacht für **inländische** Anmelder ist gesetzlich nicht vorgeschrieben und hängt vom Willen des Vollmachtgebers ab; BPatG 29. 11. 1961, E 1, 28, 29 = Bl. 1962, 71. Im Gegensatz hierzu muß aber eine **Vollmacht i. S. des § 16** dem Gesetzestext entsprechend zur Wahrnehmung aller Prozeßhandlungen im Zusammenhang mit den im Patentgesetz geregelten Verfahren vor dem Patentamt oder dem Patentgericht und zur Geltendmachung der Rechte aus einem Patent ermächtigen. Eine Vollmacht nach § 16 PatG ist daher regelmäßig nicht auf das Anmeldeverfahren begrenzt, sondern erstreckt sich auch auf das erteilte Patent; BPatG 29. 11. 1961, E 1, 25 = Bl. 1962, 70, 71 und E 1, 28, 29.

Der gem. § 16 bevollmächtigte Vertreter kann die eingereichte Anmeldung zurückziehen, aber ein Verzicht auf das Patent fällt nicht in den Rahmen der § 16-Vollmacht; BGH 25. 1. 1972, GRUR 1972, 536, 537 – Akustische Wand; BPatG 25. 10. 1961, E 1, 21 = Bl. 1962, 45; so schon früher PA 27. 11. 1914, Mitt. 1914, 169. § 16 PatG regelt in Satz 1 lediglich die Voraussetzungen, unter denen ein Inlandsvertreter bestellt werden muß, während Satz 2, 1. Halbsatz dessen Vertretungsmacht zwar umreißt, aber nicht in allen Punkten festlegt; BPatG 13. 7. 1967, E 9, 147, 149. Gem. dem Beschluß besagt die Bestimmung nicht, daß der nach § 16 bevollmächtigte Vertreter zu allen Erklärungen ermächtigt ist, die im Rahmen eines im Patentgesetz geregelten Verfahrens überhaupt denkbar sind. Der **Umfang seiner Vollmacht bedarf** vielmehr **der Auslegung.** Sie umfaßt nur verfahrensrechtliche, nicht materiellrechtliche Erklärungen. Daher fällt auch die **Erklärung der Lizenzbereitschaft** gem. § 14 nicht unter die durch die § 16-Vollmacht gedeckte Berechtigung; BPatG 13. 7. 1967, a. a. O., Bestätigung von PA 22. 1. 1955, Bl. 1955, 58. Der bevollmächtigte Vertreter ist **»Bevollmächtigter«**, aber nicht gesetzlicher Vertreter; RG 17. 11. 1903 Bl. 1904, 368.

Zur Irrtumsanfechtung bei einer Rückziehungserklärung s. §§ 28 b/29 Anm. 49.

Werden **»allgemeine Vollmachten«** (Mitt. Präs. 17. 11. 1969, Bl. 1969, 365) für ausländische Auftraggeber abgegeben, so bestimmt sich der Umfang der Bevollmächtigung aus dem vorgeschriebenen Vollmachtstext. Es wird deshalb erforderlich sein, eine Ergänzung anzufügen, daß die Vollmacht auch zur Vertretung i. S. des § 16 berechtigen soll.

Der frühere Abs. 3 des § 21 DPAVO 1961 (jetzt § 18 DPAVO 1968), der sich auf die **gegenseitige Vertretung bei mehreren Bevollmächtigten** bezog, wurde nicht mehr übernommen, weil es sich um eine Frage des bürgerlichen Rechts handelt, die nicht im Rahmen der VO-Ermächtigung liegt. Grundsätzlich entsprach die Vorschrift des § 21 Abs. 3 DPAVO 1961 dem § 84 ZPO, so daß die weitere sinngemäße Anwendbarkeit der gesetzlichen Regel gegeben sein sollte. Danach können bei mehreren Bevollmächtigten diese sowohl gemeinschaftlich als einzeln die Vertretung wahrnehmen, und eine abweichende Bestimmung der Vollmacht hat den übrigen Beteiligten gegenüber keine rechtliche Bedeutung.

Nach BGH 29. 4. 1963, MDR 1963, 659 sollen bei der Beauftragung eines Anwalts einer Anwaltssozietät die Anwälte nicht nebeneinander, sondern gegebenenfalls nacheinander tätig werden. Der beauftragte Anwalt sei aber befugt, jeden zur Sozietät gehörenden Anwalt als Mitarbeiter, Vertreter oder Substituten heranzuziehen.

Wegen einer unter Umständen bestehenden Verpflichtung des Vertreters, auch ohne besondere Weisung vorsorglich Beschwerde einzulegen, s. BPatG 2. 8. 1968, Mitt. 1969, 39.

II. Zurücknahme und Niederlegung der Vollmacht

8 Nach Niederlegung der Vertretung durch den bisherigen Vertreter muß innerhalb angemessener Frist ein neuer Vertreter bestellt werden, andernfalls ist eine Beschwerde »als unzulässig zu verwerfen«; BPatG 31. 8. 1962, E 2, 19. Bei Zurücknahme der Vollmacht kommt die entsprechende Anwendung des § 87 Abs. 1, 2. Halbsatz ZPO (rechtliche Wirksamkeit der Kündigung erst durch Bestellung eines anderen Anwalts) gem. § 41 o Abs. 1 PatG nicht in Betracht; BPatG 3. 1. 1962, E 1, 31; BPatG 31. 8. 1962, a. a. O. Bei Aufforderung zur Bestellung eines neuen Vertreters ist einem im fernen Ausland ansässigen Beteiligten eine ausreichende Frist zur Bestellung des neuen Vertreters zu gewähren; BPatG 20. 2. 1969, Mitt. 1969, 153.

III. Beendigung der Vollmacht

9 Die Vollmacht erlischt durch Widerruf (§ 168 BGB), Niederlegung und den Tod des Vertreters (§§ 675, 673 BGB), nicht aber durch den Tod des Vollmachtgebers (§§ 675, 672 BGB). Legt ein Patentanwalt die Vertretung einer Anmeldung durch eine Erklärung gegenüber dem Patentamt nieder, dann bedarf es nicht eines näheren Nachweises der Kündigung des Vollmachtvertrages; BPatG 22. 1. 1968, Mitt. 1968, 239. Auch die dem Sozius erteilte Untervollmacht erlischt mit dem Tod des bestellten Inlandsvertreters. Nur Verfahrenshandlungen sind noch zulässig, die keinen Aufschub erlauben; PA 13. 5. 1954, Bl. 1954, 229. Stirbt der Inlandsvertreter, so kann der »auswärtige« Beteiligte in dem Verfahren selbst verhandeln; ein Mangel nach § 41 p Abs. 3 Nr. 5 PatG tritt nicht ein; das Verfahren wird auch nicht entsprechend § 244 ZPO unterbrochen; BGH 17. 12. 1968, BGHZ 51, 269 = GRUR 1969, 437 = Bl. 1969, 246 – Inlandsvertreter.

F. Eigene Handlungsmöglichkeit des auswärtigen Patentanmelders oder Patentinhabers

Eigenes Handeln des Vollmachtgebers wird durch die Vollmacht nicht ausgeschlossen, weil der Patentvertreter nicht gesetzlicher Vertreter des Patentberechtigten ist; PA 2. 11. 1954, Bl. 1954, 439 = GRUR 1955, 146; BPatG 22. 10. 1963, E 4, 160. Der »Auswärtige« wird nicht verhandlungsunfähig; BGH 25. 1. 1972, GRUR 1972, 536, 537 – Akustische Wand; BGH 17. 12. 1968, a. a. O. Ein Anwaltszwang im Verfahren vor dem Patentamt und Patentgericht besteht durch § 16 nicht; PA 2. 11. 1954, a. a. O.; BPatG 13. 4. 1962, E 1, 32. Der Anmelder kann im Verfahren vor dem Patentamt und Patentgericht unter Umgehung seines gem. § 16 bestellten Anwalts selbständig Schriftsätze einreichen; BPatG 13. 4. 1962, a. a. O.; PA 2. 11. 1954, a. a. O. Ebenso kann eine Klage gegen einen auswärtigen Patentinhaber diesem selbst zugestellt werden, und dieser ist in seiner Prozeßführung nicht an seinen nach § 12 (jetzt § 16) bestellten Vertreter gebunden; RG 14. 11. 1898, RGZ 42, 92 = Bl. 1899, 30; PA 20. 3. 1935, Mitt. 1935, 198. Die Bestellung eines § 16-Vertreters schließt nicht die Vertretung durch eine andere, vom ausländischen Verfahrensbeteiligten bevollmächtigte Person, die nicht Patentanwalt oder Rechtsanwalt zu sein braucht, aus; BPatG 22. 10. 1963, E 4, 160; PA 2. 11. 1954, a. a. O. Andererseits muß der ausländische Anmelder oder Verfahrensbeteiligte alle von seinem Inlandsvertreter vorgenommenen Handlungen gegen sich gelten lassen; BPatG 22. 10. 1963, a. a. O. Denn der Inlandsvertreter ist kraft der gesetzlichen Vollmacht gem. § 16 zur Führung des Prozesses im Namen des ausländischen Patentinhabers befugt; s. auch RG 14. 11. 1898, RGZ 42, 92 = Bl. 1899, 30. Die Vertretung eines ausländischen Patentanmelders durch einen Inlandsvertreter und einen ausländischen Korrespondenzanwalt ist weder ein Fall der Gesamtvertretung noch der stufenweisen Vertretung; BPatG 11. 5. 1970, E 12, 128, 131, 132. Wegen Irrtumsanfechtung in solchem Fall s. §§ 28 b-29 Anm. 49. 10

G. Gerichtsstand

Im § 16 Satz 3 sind Bestimmungen über den Gerichtsstand i. S. des § 23 ZPO enthalten. Nach § 23 Satz 1 ZPO ist für Klagen wegen vermögensrechtlicher Ansprüche gegen eine Person, die im Inland keinen Wohnsitz hat, das Gericht zuständig, in dessen Bezirk sich Vermögen derselben oder der mit der Klage in Anspruch genommene Gegenstand befindet. Nach § 16 Satz 3 PatG gilt der Ort, wo der Inlandsvertreter seinen Geschäftsraum hat, i. S. des § 23 ZPO als der Ort, wo sich der Vermögensgegenstand be- 11 findet. Dies dürfte der Regelfall sein. Fehlt ein Geschäftsraum, so ist der Ort maßgebend, wo der Vertreter seinen Wohnsitz, und in Ermangelung eines solchen der Ort, wo das Patentamt seinen Sitz hat. Mindestens der letztgenannte Fall ist kaum denkbar.

Patentrechte ausländischer Patentinhaber sind als inländische Vermögensgegenstände anzusehen; BGH 10. 5. 1955, BGHZ 17, 210 = GRUR 1955, 490; RG 4. 2. 1927, RGZ 116, 78 = Bl. 1927, 234.

Die **Zuständigkeit in Patentstreitsachen** gem. § 51 Abs. 2 bleibt unberührt, d. h. sie hat Vorrang; LG München I 30. 5. 1961, Mitt. 1961, 148.

Zweiter Abschnitt Patentamt

Vorbemerkungen

ÜBERSICHT

A. Das Deutsche Patentamt

Das Deutsche Patentamt wurde durch das Gesetz vom 12. 8. 1949, Bl. 1949, 262 im damals »Vereinigten Wirtschaftsgebiet« mit seinem Sitz in München errichtet und am 1. 10. 1949 zunächst im »Deutschen Museum« eröffnet; Bekanntm. 25. 8. 1949, Bl. 1949, 262. Mit der Eröffnung des Patentamts wurden die als Zwischenlösung dienenden Annahmestellen in Darmstadt und Berlin wieder aufgelöst. Sie waren ein Jahr vor Eröffnung des DPA durch das Gesetz vom 5. 7. 1948, Bl. 1948, 3 (Durchführungsverordnung Bl. 1948, 4) eingerichtet worden. Ihre Aufgaben und Befugnisse gingen auf das Patentamt über. Nach Errichtung eigener Dienstgebäude zog das DPA einige Jahre später in die Zweibrückenstraße 12 (München 2) um. Das DPA ist eine obere Bundesbehörde, die dem Bundesminister der Justiz untersteht. Zur Entwicklung der deutschen Gesetzgebung auf dem Gebiet des gewerblichen Rechtsschutzes seit dem Zusammenbruch vgl. Strauß, Bl. 1949, Sonderheft, S. 7 und Bl. 1952, 205. 1

Im November 1971 sind eine Reihe Dienststellen des DPA in das Bürohaus Breiterhof, Zweibrückenstraße 5–7, verlegt worden; Mitt Präs. 19. 11. 1971, Bl. 1971, 353. Es handelt sich um die Abteilungen Klassifikation, Dokumentation, Rechtsabteilung, Urheberrechtsabteilung, Gebrauchsmusterabteilung I und II, die Arbeitsgruppe Europäisches Patentrecht, die Abteilung Organisation, Planung (ohne das Referat elektronische Datenverarbeitung) und das Referat Patentanwalts- und Vertreterwesen.

Die Patentabteilungen 01, 12–16, 21–27, 31–35, 45, 51–53 und 09 verbleiben im Dienstgebäude Zweibrückenstraße 12. Die Patentabteilungen 41–44, die Gebrauchsmusterstelle und die Warenzeichenabteilung einschließlich der Markenstelle befinden sich im Dienstgebäude Winzererstraße 47 a; s. hierzu Mitt. Präs. 23. 2. 1968, Bl. 1968, 83.

Aufgrund der VO vom 20. 1. 1950, Bl. 1950, 28 wurde in Berlin durch Bekanntmachung vom 4. 2. 1950, Bl. 1950, 29 die **Dienststelle Berlin des DPA** errichtet. Bei dieser Dienststelle können ab 1. 2. 1950 Anmeldungen mit prioritätsbegründender Wirkung angenommen werden. Der Aufgabenkreis der Dienststelle Berlin wurde später erweitert: Bekanntm. vom 30. 11. 1950, Bl. 1950, 329; Bekanntm. vom 5. 3. 1951, Bl. 1951, 67; ferner Mitt. 4. 6. 1951, Bl. 1951, 166; Bekanntm. vom 21. 1. 1956, Bl. 1956, 21; Bekanntm. vom 31. 8. 1962, Bl. 1962, 258. Die Anschrift ist 1 Berlin 61, Gitschiner Straße 97–103.

Für die **Verfahrenshandhabung** vor dem DPA wurde grundsätzlich vom Patentgesetz von 1936 ausgegangen, allerdings wurde anfänglich in vereinfachter Weise prozediert; vgl. 1. ÜG vom 8. 7. 1949, Bl. 1949, 229. Als Rechtsnachfolger des Reichspatentamts kann das Deutsche Patentamt nicht angesehen werden, da von ihm bezüglich der noch in Kraft befindlichen Altpatente nur die Aufgaben des RPA für das Vereinigte Wirtschaftsgebiet (die spätere Bundesrepublik Deutschland) wahrgenommen (§ 13) und die vor dem 8. 5. 1945 eingereichten, noch nicht erledigten Anmeldungen auf Antrag weiterbehandelt wurden; vgl. auch Begr. 1. ÜG zu Art. 6 § 13, GRUR 1949, 345, 346. An die Rechtsprechung des früheren RPA waren die Senate des DPA nicht gebunden; PA 10. 11. 1950, Bl. 1950, 352. Wegen der früheren Organisation des DPA vgl. Reich, Bl. 1952, 232.

Jetzt gilt das durch das PatÄndG vom 4. 9. 1967, Bl. 1967, 234 geänderte PatG vom 2. 1. 1968 in der durch § 58 des SortenschG vom 20. 5. 1968, Bl. 1968, 204 (in § 1 Abs. 2), durch das 8. StrafÄndG vom 25. 6. 1968, Bl. 1968, 278 (in den §§ 30 a, 30 c und 30 d) und durch Art. 8 des KostenermächtÄndG vom 23. 6. 1970, Bl. 1970, 205 (in § 22) geänderten Fassung. Ergänzend gilt die DPAVO vom 2. 3. 1968, Bl. 1968, 278.

Wegen BVerwG 13. 6. 1959, Bl. 1959, 258 (s. vor § 26 Anm. 4) wurden durch das 6. ÜG vom 23. 6. 1961, Bl. 1961, 224 in Vbdg. mit dem 12. Ges. zur Änd. des GG vom 6. 3. 1961, Bl. 1961, 122 die bisher zum DPA gehörenden **Beschwerde- und Nichtigkeitssenate** als **Bundespatentgericht** verselbständigt.

Wegen der Entwicklung des DPA und des **durch das PatÄndG vom 4. 9. 1967 bewirkten Umbruchs** und der vorgenommenen **Neuorganisation des Patentamts** vgl. Haertel, GRUR 1968, 459. Wegen der Aufgaben, der Organisation und Arbeitsweise des DPA nach dem Stand Ende 1969 vgl. Althammmer, Das Deutsche Patentamt, Köln, Berlin, Bonn, München 1970. Dort sind auch in schaubildlicher Darstellung ein Organisationsplan und eine Erläuterung des Patenterteilungsverfahrens vor dem Patentamt angegeben. Der Organisationsplan ist inzwischen (Mitte 1972) etwas geändert bzw. ergänzt worden.

Wegen der **Rechtsstellung des Patentamts** vgl. Anm. 3, 4 vor § 26. Danach muß man das Patentamt als eine ein justizförmiges Verfahren praktizierende Verwaltungsbehörde ansehen; mindestens im Ergebnis ähnlich Ballhaus in Benkard vor § 17 Anm. 9.

Angaben zum **Haushalt des DPA und des BPatG** sind in Bl. 1972, 98 veröffentlicht. Zur Geschäftslage des DPA vgl. Statistik 1969, Bl. 1970, 75 ff. mit Überblick betr. 1968 erteilter Patente S. 106; Statistik 1970, Bl. 1971, 66 ff. mit Überblick betr. 1969 erteilter Patente S. 103; Statistik 1971, Bl. 1972, 66 ff. mit Überblick betr. 1970 erteilter Patente S. 99, 364; Statistik 1972, Bl. 1973, 68 ff. mit Überblick betr. 1971 erteilter Patente S. 103, 104.

Nach § 18 Abs. 1 des Ges. über die Wahrnehmung von Urheberrechten und verwandten Schutzrechten vom 9. 9. 1965, Bl. 1965, 344 ist das Patentamt **Aufsichtsbehörde über die Verwertungsgesellschaften.** Gem. § 14 Abs. 4 des Ges. wurde durch VO vom 18. 12. 1965, Bl. 1966, 21, geändert durch VO vom 26. 6. 1970, BGBl. I S. 840, eine **Schiedsstelle** errichtet.

B. Das ehemalige Reichspatentamt

Das Reichspatentamt wurde 1877 gegründet; es hatte seinen Sitz in Berlin. Zur Entstehung des ersten Patentgesetzes des Deutschen Reiches vgl. Blum, GRUR 1952, 341. Das erste gesamtdeutsche Patentgesetz vom 25. 5. 1877 (RGBl. S. 501) wurde verschiedentlich revidiert und neu gefaßt. Zur Geschichte des RPA vgl. Eylau, Bl. 1949, Sonderheft, S. 14; ferner Wernekke, GRUR 1933, 195 und Fischer, Das deutsche Patentamt 1877–1945, Mitt. 1968, 5. Im Frühjahr 1945 fand die fast siebzigjährige Tätigkeit durch den Zusammenbruch des Deutschen Reiches ein Ende. Es war eines der größten Ämter Deutschlands und genoß weltweites Ansehen. 2

Der Magistrat und die Stadtverordnetenversammlung von West-Berlin errichteten durch Gesetz vom 9. 1. 1951, Bl. 1951, 138 in Berlin die **»Treuhandstelle Reichspatentamt«** (Neufassung des Gesetzes vom 10. 6. 1965, Bl. 1965, 103.) Durch Gesetz vom 22. 3. 1968 (Berlin/West) wurde sie aufgehoben; Bl. 1968, 143 mit Begründung.

Ihre Hauptaufgabe war die Erteilung von Auskünften über den Stand der Technik. Das Personal der ehemaligen Treuhandstelle wurde gem. Mitt. Präs. 26. 4. 1968, Bl. 1968, 141 in das DPA als Technische Abteilung seiner Dienststelle Berlin eingegliedert; vgl. hierzu auch Haertel, GRUR 1968, 459, 463; DB 1968, 840. Die ersatzlose Aufhebung der Treuhandstelle war wesentliche Voraussetzung für die anschließende Eingliederung in das DPA. Die neue **Technische Abteilung der Dienststelle Berlin des DPA** soll die **isolierte Recherche** gem. § 28 a durchführen. Wegen der entsprechenden Ermächtigung vgl. § 28 a Anm. 12. Die Tätigkeit der Technischen Abteilung beschränkt sich auf die Erstellung der isolierten Recherche; Haertel, GRUR 1968, 459, 463; sie ist daher keine Patentabteilung i. S. von § 18 Abs. 1 Nr. 2, und die ihr angehörenden Prüfer haben nicht die Stellung der technischen Mitglieder i. S. von § 17 Abs. 2 und § 18 Abs. 2.

C. Eingliederung des Saarlandes

3 Wegen der Eingliederung des Saarlandes vgl. bezüglich des gewerblichen Rechtsschutzes das Ges. vom 30. 6. 1959, Bl. 1959, 209, Haertel/Krieger, GRUR 1957, 98 und Deringer, GRUR 1959, 406.

Die Eingliederung erforderte auf dem Gebiet des gewerblichen Rechtsschutzes die Erstreckung des einschlägigen deutschen Rechts auf das Saarland, die Aufrechterhaltung der am Ende der wirtschaftlichen Übergangszeit im Saarland bestehenden gewerblichen Schutzrechte (auf Grund von Art. 66 Saarlandvertrag), die Erstreckung der deutschen Schutzrechte und Anmeldungen auf das Saarland und die Erstreckung der am Ende der Übergangszeit bestehenden Schutzrechte und Anmeldungen saarländischer Inhaber auf das übrige Bundesgebiet; Begr. zum SaarEinglG, Bl. 1959, 287. Einzelheiten siehe dort.

Wegen der Behandlung offenkundiger Vorbenutzung bei einem auf das Saarland erstreckten Patent s. § 2 Anm. 23. BGH 25. 3. 1969, GRUR 1969, 471 – Chloramphenicol – betrifft die Frage der Tragweite eines französischen, im Saarland aufrechterhaltenen Patents. Wegen der Nichtigerklärung von Patenten aufgrund des EinglG s. § 13 Anm. 24. BGH 17. 3. 1964, GRUR 1964, 491 behandelt den Erwerb des Weiterbenutzungsrechts nach § 9 Abs. 5 SaarEinglG bei einem auf das Saarland erstreckten deutschen Patent.

Aufgrund des SaarEinglG (§ 31) ist **beim Deutschen Patentamt** eine **Schiedsstelle** errichtet worden; s. Anm. 8.

D. Organisatorische Neugliederung des Deutschen Patentamts

4 Nach Mitt. Präs. DPA vom 21. 8. 1968, Bl. 1968, 269 ist das Deutsche Patentamt mit Wirkung vom 1. 10. 1968 in vier Hauptabteilungen Patentwesen / Rechtswesen / Klassifikation, Dokumentation und Information /

Allgemeine Verwaltung und die Dienststelle Berlin gegliedert. Die Dienststelle Berlin wird nunmehr als Hauptabteilung 5 geführt. Im einzelnen heißt es in der Mitt. Präs. 21. 8. 1968 zu der Einteilung:

»Der **Hauptabteilung Patentwesen** werden die gegenwärtigen 25 Patentabteilungen 12 bis 53, die Vorprüfungsabteilung (jetzt PatAbt. 01 bezeichnet) und die Patentverwaltungsabteilung zugewiesen.

Zur **Hauptabteilung Rechtswesen** gehören die Gebrauchsmusterstelle, die Gebrauchsmusterabteilungen I und II, die Warenzeichenabteilung mit der Markenstelle, die Urheberrechtsabteilung (vgl. hierzu v. Gamm, Mitt. 1969, 101 unter II 2) und die Rechtsabteilung mit den Referaten allgemeine Rechtsangelegenheiten und Veröffentlichungswesen, inländischer gewerblicher Rechtsschutz, ausländischer und internationaler gewerblicher Rechtsschutz und Sprachendienst sowie Sicherheitswesen.

In der **Hauptabteilung Klassifikation, Dokumentation, Information** sind die Referate Klassifikation, Auszeichnung und Prüfstoff sowie Dokumentation und die Bibliothek zusammengefaßt. (Wegen des Schrifttumbestandes der Bibliothek s. Bl. 1972, 98.)

Zur **Hauptabteilung Allgemeine Verwaltung** gehören die Referate Personal, Ausbildung und Besoldung, Planung und Organisation, Haushalts-, Kassen- und Rechnungsangelegenheiten, innerer Dienst sowie Patentanwalts- und Vertreterwesen.«

Die **Dienststelle Berlin** (Hauptabteilung 5) ist in zwei Technische Abteilungen sowie eine Rechts- und Verwaltungsabteilung gegliedert.

»Die **gesetzliche Zuständigkeit** der Prüfungsstellen im Patent- und Warenzeichenbereich, der Gebrauchsmusterstelle sowie der Patentabteilungen, der Gebrauchsmusterabteilungen, der Warenzeichenabteilung und der Urheberrechtsabteilung **hinsichtlich der Verfahrensführung** wird durch die Neugliederung nicht berührt.«

E. Verschiedenes

I. Dienststunden

Die Öffnungszeiten des DPA ab 1. 1. 1971 sind für die Annahmestelle, 5
Auslegehalle und öffentlichen Lesesaal von Montag bis Donnerstag von 7 Uhr 30 bis 16 Uhr 30 und Freitag von 7 Uhr 30 bis 14 Uhr 45; für die Rollenkarteien und Zahlstelle von Montag bis Donnerstag 8 Uhr 30 bis 16 Uhr 45 und Freitag von 8 Uhr 30 bis 14 Uhr 30. Vgl. Bl. 1971, 429. In der Dienststelle Berlin des DPA sind die Dienststunden für alle dortigen Dienststellen von Montag bis Donnerstag von 7 Uhr 30 bis 16 Uhr und Freitag von 7 Uhr 30 bis 14 Uhr 30. Vgl. Bl. 1972, 2.

II. Patentanwaltsausbildung und -zulassung – Prüfungskommission

6 Im Zusammenhang mit der Ausbildung und Zulassung der Patentanwaltskandidaten zur Prüfung, der Zulassung zur Patentanwaltschaft und der Zurücknahme der Zulassung sind dem Präsidenten des Patentamts eine Reihe wichtiger Befugnisse übertragen; vgl. z. B. §§ 6, 7, 9, 10, 15 ff., 23 ff., 34, 35 PatAnwO vom 7. 9. 1966, Bl. 1966, 313. Beim Patentamt wird eine **Liste der Patentanwälte** geführt; § 29 Abs. 1 PatAnwO. Wegen der beim Patentamt gebildeten **Prüfungskommission** (§ 9 PatAnwO) und der Prüfung vgl. § 26 ff. der Ausbildungs- und Prüfungsordnung vom 3. 1. 1967, Bl. 1967, 63, geändert durch VO vom 21. 3. 1969, Bl. 1969, 133, 139, 140. Wegen der Ausbildung beim Patentamt und Patentgericht und der Bildung von Arbeitsgemeinschaften vgl. §§ 22 bis 25 der Ausbildungs- und Prüfungsordnung vom 21. 3. 1969, a. a. O., 139. Die frühere AusbildungsVO vom 20. 6. 1950, Bl. 1950, 192 wurde aufgehoben; Präs. 29. 4. 1969, Bl. 1969, 133. Vgl. ferner § 17 Anm. 4. Zu den Änderungen des Patentanwaltsrechts vgl. Kelbel, Mitt. 1969, 121, 130 ff., insbesondere den Zweiten Teil betr. die Ausbildungs- und Prüfungsordnung gemäß § 12 der PatAnwO in der Fassung vom 21. 3. 1969. Vgl. auch Weiss, Festschr. BPatG, 65–84, Der Patentanwalt von morgen; Gedanken über eine Reform der juristischen Ausbildung der Kandidaten.

III. Schiedsstellen beim DPA

7 Seit dem 1. 10. 1957 ist beim DPA aufgrund von § 29 ArbEG vom 25. 7. 1957, Bl. 1957, 218 eine **Schiedsstelle für Arbeitnehmererfindungen** eingerichtet worden, deren Aufgabe es nach § 28 ArbEG ist, in allen Streitfällen zwischen Arbeitgeber und Arbeitnehmer aufgrund des ArbEG die Herbeiführung einer gütlichen Einigung zu versuchen. Die Besetzung der Schiedsstelle ist in § 30 ArbEG geregelt. Bei der Dienststelle Berlin des DPA ist in Anwendung von § 47 ArbEG eine weitere Schiedsstelle mit auf das Land Berlin beschränktem Tätigkeitsbereich errichtet; vgl. 1. DVO ArbEG vom 1. 10. 1957, Bl. 1957, 333. Wegen der Verfahrensgestaltung und der Rechtsnatur des Schiedsverfahrens vgl. Schade, Mitt. 1959, 253. Wegen Erfahrungen mit der Schiedsstelle s. Schade, GRUR 1958, 519, 524; ders., GRUR 1965, 662 und GRUR 1970, 585; ferner Volmer, BB 1968, 253 und Haertel, Mitt. 1971, 202, 203.

8 Der 7. Abschn. (§§ 31–40) des **SaarEinglG** behandelt das Schiedsverfahren, das vorgesehen ist, um auf Antrag eine gütliche Einigung über Fragen zu vermitteln, die sich aus der nach dem Gesetz vorgesehenen **Erstreckung eines Warenzeichens** ergeben. Die betreffende **Schiedsstelle** ist beim DPA errichtet worden (§ 31 Abs. 1).

Ferner ist beim DPA eine **Schiedsstelle für Urheberrecht** errichtet worden; vgl. Mitt. Präs. 22. 9. 1966, Bl. 1966, 306. Die Errichtung geht auf § 14 des Ges. über die Wahrnehmung von Urheberrechten und verwandten Schutzrechten vom 9. 9. 1965, BGBl. I, 1294 zurück; hierzu ÄnderungsVO vom 26. 6. 1970, BGBl. I, 840. 9

IV. Lichtbildstelle des DPA

Die Lichtbildstelle des DPA hat das Negativarchiv zu führen, dieses fort- 10
laufend zu ergänzen, auf Bestellung Filmnegative und Ablichtungen herzustellen und die nach VwKostVO 1961 zu berechnenden Kosten einzuziehen. Die Lichtbildstelle gehört zu den Dienststellen des Bürodirektors und untersteht dem Leiter der Schriftgutherstellung- und -verwaltung. **Bestellungen** sind schriftlich vorzunehmen. Soweit die Bestellungen nicht von Dienststellen der Patentbehörden erfolgen, ist bei Ablichtungen aus Akten der amtliche Bescheid über die Genehmigung der Akteneinsicht bzw. Ablichtung vorzulegen.

§ 17

(1) Das Patentamt besteht aus einem Präsidenten und weiteren Mitgliedern. Sie müssen die Befähigung zum Richteramt nach dem Deutschen Richtergesetz besitzen (rechtskundige Mitglieder) oder in einem Zweig der Technik sachverständig sein (technische Mitglieder). Die Mitglieder werden auf Lebenszeit berufen.

(2) Als technisches Mitglied soll in der Regel nur angestellt werden, wer im Inland als ordentlicher Studierender einer Universität, einer technischen oder landwirtschaftlichen Hochschule oder einer Bergakademie sich dem Studium naturwissenschaftlicher und technischer Fächer gewidmet, dann eine staatliche oder akademische Abschlußprüfung bestanden, außerdem danach mindestens fünf Jahre hindurch praktisch gearbeitet hat und im Besitz der erforderlichen Rechtskenntnisse ist. Der Besuch ausländischer Universitäten, Hochschulen oder Akademien kann bis zur Dauer von zwei Jahren auf die Studienzeit angerechnet werden; die Abschlußprüfung muß auch in diesem Fall im Inland abgelegt worden sein.

(3) Wenn ein voraussichtlich zeitlich begrenztes Bedürfnis besteht, kann der Präsident des Patentamts Personen, welche die für die Mitglieder geforderte Vorbildung haben (Absatz 1 und 2), mit den Verrichtungen eines Mitglieds des Patentamts beauftragen (Hilfsmitglieder). Der Auftrag kann auf eine bestimmte Zeit oder auf die Dauer des Bedürfnisses erteilt werden und ist so lange nicht widerruflich. Im übrigen gelten die Vorschriften über Mitglieder auch für die Hilfsmitglieder.

Fassung PatG 1961

Im Abs. 3 Satz 1 stehen anstelle der Worte »Präsident des Patentamts« die Worte »Bundesminister der Justiz«.

ÜBERSICHT

A. Allgemeines

Mitglieder des Patentamts sind der Präsident, der Vizepräsident (im Patentgesetz nicht genannt), die Vorsitzenden der Patentabteilungen (§ 18 Abs. 4 PatG und § 2 DPAVO vom 5. 9. 1968) und die Mitglieder der Patentabteilungen; § 17 Abs. 1. Ihre Ernennung erfolgt vom Bundespräsidenten. Es werden rechtskundige und technische Mitglieder unterschieden; alle werden auf Lebenszeit berufen. Der Begriff »Mitglied« ist hier im Sinne von »Mitglied eines Spruchkörpers« zu verstehen. Das Amt des Vizepräsidenten besteht seit Eröffnung des DPA; vgl. Haertel, GRUR 1968, 463 r. Sp. 1

B. Der Präsident

I. Qualifikation

Der Präsident ist bisher immer ein rechtskundiges Mitglied gewesen. 2
Solange im Patentamt auch die Beschwerde- und vor allen Dingen die Nichtigkeitssenate eingegliedert waren, konnte dies als notwendig über § 5 Abs. 4 und § 3 Abs. 3 DPAVO 1953 hergeleitet werden; so Lindenmaier in der 4. Aufl. dieses Kommentars, Anm. 4 zu § 17. Nach Ausgliederung der Beschwerdesenate aus dem Patentamt durch das 6. ÜG ist diese Notwendigkeit fortgefallen. Ebenso Ballhaus in Benkard, Anm. 2 zu § 17. Unabdingbare Voraussetzungen für die Qualifikation zum Präsidenten sind aber, insb. wegen der Teilnahme an internationalen Verhandlungen, umfangreiches theoretisches und praktisch juristisches Wissen und Verhandlungsgewandtheit; sehr zweckmäßig sind auch gute Sprachenkenntnisse.

II. Rechte und Pflichten

Nach § 12 DPAVO vom 5. 9. 1968 leitet und beaufsichtigt der Präsident 3
den gesamten Geschäftsbetrieb des Patentamts. Er hat auf eine gleichmäßige Behandlung der Geschäfte und auf die Beachtung gleicher Grundsätze hinzuwirken. Vgl. z. B. die Richtlinien für die Prüfung von Patentanmeldungen vom 14. 9. 1972, Bl. 1972, 298 ff. und die Richtlinien für die Durchführung des Einspruchsverfahrens vom 24. 4. 1972, Bl. 1972, 146 ff. Nach § 1 Abs. 1 DPAVO vom 5. 9. 1968 bestimmt der Präsident den Geschäftskreis der Patentabteilungen und Prüfungsstellen. Diese Bestimmung betrifft die Geschäftsverteilung nach Sachgebieten aufgrund des Klassenverzeichnisses. Der Geschäftsverteilungsplan wird für längere Dauer aufgestellt und nur bei

Notwendigkeit, z. B. wegen Belastungsänderungen, entsprechend abgeändert. Wegen Beauftragung der »Hilfsmitglieder« durch den Präsidenten vgl. Anm. 12. Zur Frage der Weisungsbefugnis des Präsidenten vgl. Anm. 14. Das Recht zur Ernennung der Bundesbeamten der Besoldungsgruppen A 1 bis A 11 (bis zur Anstellung) und zur Entlassung wurde durch die Anordnung über Ernennung und Entlassung von Bundesbeamten der Bundesjustizverwaltung vom 26. 5. 1970, Bl. 1970, 205 dem Präsidenten des DPA (bzw. dem Präsidenten des BPatG) widerruflich übertragen. Aufgrund des § 174 Abs. 3 BBG hat der BMJ gem. Anordnung vom 8. 12. 1971, Bl. 1972, 34 die Vertretung des Dienstherrn bei Klagen aus dem Beamtenverhältnis (soweit die Besoldungsgruppen A 1 bis A 11 betroffen sind) dem Präsidenten für seinen Geschäftsbereich übertragen. Gem. Bekanntm. BJM 8. 6. 1972, Bl. 1972, 210 wurden durch Erlaß vom 19. 2. 1972 dem Präsidenten des DPA Befugnisse zur Stundung, Niederschlagung und zum Erlaß von Forderungen des Bundes übertragen.

4 Nach Abs. 2 des § 1 DPAVO 1968 entscheidet der Präsident über die Zugehörigkeit der einzelnen Sachen zu den Patentklassen und Unterklassen. Gegenüber dem entsprechenden Abs. 2 des § 3 DPAVO 1961 wurde das Wort »bestimmt« in »entscheidet« abgeändert. Eine offene Frage hierbei ist, inwieweit etwa bei Feststellung in der zweiten Instanz, daß die angemeldete Erfindung bisher nicht in der zutreffenden Klasse geprüft und damit nicht sichergestellt ist, ob bei Beurteilung der Erfindungshöhe der richtige Maßstab angelegt ist, der Präsident des Patentamts genötigt ist, seine Entscheidung betr. die Klassenzugehörigkeit zu ändern; vgl. hierzu Harraeus, GRUR 1960, 50, 53 l. Sp. Abs. 3 und Bartels, GRUR 1959, 257, ferner PA 9. 10. 1939, Mitt. 1941, 60 und PA 22. 1. 1937, Mitt. 1937, 91; abweichend PA 20. 11. 1958, Bl. 1959, 11. Die Problematik erhellt z. T. auch aus BPatG 12. 11. 1962 in 6 W 314/61, auszugsweise referiert in GRUR 1963, 501 l. Sp.

Die Aufführung einzelner zur Organisationsgewalt des Präsidenten des DPA gehörender Bestimmungen wurde in die DPAVO n. F. nicht übernommen, weil die betreffenden Regelungen sich aus der Organisationsgewalt von selbst ergeben und keine Rechtsverordnung erfordern. Es handelt sich um die Zuweisung der Mitglieder (außer der Vorsitzenden) zu den Patentabteilungen und Prüfungsstellen und die Bestellung der regelmäßigen Vertreter (§ 3 Abs. 2 S. 2 DPAVO 1961) und die Zuweisung aller Angelegenheiten, welche die erteilten Patente betreffen (ausgenommen die Bearbeitung von Beschränkungsanträgen), an **eine** Patentabteilung (§ 3 Abs. 1 Satz 3 DPAVO 1961). Zur Organisationsbefugnis des Präsidenten vgl. auch BPatG 10. 5. 1971, E 12, 85, 90.

Für **Dienstaufsichtsbeschwerden** ist in erster Instanz der Präsident, in zweiter Instanz der Bundesminister der Justiz zuständig.

Im Rahmen der PatAnwO vom 7. 9. 1966, Bl. 1966, 313 stehen dem Präsidenten des DPA eine Reihe von Befugnissen zu; u. a. entscheidet er über die Zulassung zur Patentanwaltsprüfung (§ 10 Abs. 1) und über Anträge auf Zulassung zur Patentanwaltschaft (§ 15 Abs. 1). Nach der Ausb. und PrüfO vom 3. 1. 1967 (§ 12 PatAnwO), Bl. 1967, 63 ist das Gesuch des Bewerbers um Zulassung und Ausbildung an den Präsidenten des DPA zu richten (§ 2), der einen Plan für die Ausbildung beim PA aufstellt (§ 22); der Antrag auf Zulassung zur Prüfung ist an den Präsidenten des DPA zu richten (§ 27).

Vgl. auch vor § 17 Anm. 6.

III. Ermächtigungen

Durch § 20 DPAVO 1968 sind dem Präsidenten eine Reihe **Ermächtigungen** übertragen worden, welche, soweit sie sich auf das Patentrecht beziehen, betreffen: 5

die Betrauung von Beamten des gehobenen und mittleren Dienstes mit der Wahrnehmung näher bezeichneter, den Prüfungsstellen oder den Patentabteilungen obliegender Geschäfte (§ 18 Abs. 5),

den Erlaß von Anmeldebestimmungen (§ 26 Abs. 3) und

den Erlaß von Vorschriften betr. die Erfinderbenennung (§ 36 Abs. 4).

In Rechtsstreitigkeiten, die mit der Tätigkeit des Deutschen Patentamts zusammenhängen, vertritt der Präsident die Bundesrepublik Deutschland; vgl. Vertretungsordnung BJM vom 25. 4. 1958, Bl. 1958, 121 und Ergänzung vom 8. 6. 1961, Bl. 1961, 247.

C. Rechtskundige Mitglieder

Rechtskundige Mitglieder müssen die Befähigung zum Richteramt nach dem Deutschen Richtergesetz besitzen; vgl. §§ 5–7 DRiG. Die Befähigung zum höheren Verwaltungsdienst genügt nicht; vgl. Begründung zum 6. ÜG 1961, Teil B zu Nr. 10, Bl. 1961, 140, 145. Die Regelung ist auch wegen des verhältnismäßig häufigen Wechsels der Mitglieder in die zweite richterliche Instanz geboten. Die Zulässigkeit nicht auf Lebenszeit berufener Mitglieder wurde aufgehoben. Eine Übergangsregelung war nicht erforderlich, weil es derartige Mitglieder seit geraumer Zeit nicht mehr gab. 6

Wegen der Tätigkeit der rechtskundigen Mitglieder im Rahmen der Hauptabteilung Patentwesen vgl. § 18 Anm. 8, 9 (Zuziehung im Spruchkörper Patentabteilung), § 18 Anm. 5 (Leitung der Patentverwaltungsabteilung) und § 23 Anm. 3 (Mitwirkung bei Gutachtenabgabe). Die Besetzung der Beschwerde- und Nichtigkeitssenate mit rechtskundigen Mitgliedern ist in § 36 d geregelt; s. dort.

D. Technische Mitglieder

I. Vorbildung

7 Technische Mitglieder müssen in einem Zweig der Technik sachverständig sein; § 17 Abs. 1. Nach Abs. 2 soll sich ein technisches Mitglied im Inland als ordentlicher Studierender einer Universität, einer technischen oder landwirtschaftlichen Hochschule oder Bergakademie dem Studium naturwissenschaftlicher und technischer Fächer gewidmet und eine staatliche oder akademische Abschlußprüfung bestanden haben. Nach der Prüfung soll er außerdem mindestens fünf Jahre hindurch praktisch gearbeitet haben und im Besitz der erforderlichen Rechtskenntnisse sein. Die Tätigkeit nach dem Studium muß derart sein, daß das zukünftige technische Mitglied sich ein hinreichendes Bild von der technischen Praxis, insbesondere betr. die Weiterentwicklung technischer Gegenstände und Probleme, machen kann, um später in der Lage zu sein, durchschnittliche und schöpferische technische oder naturwissenschaftliche Arbeit zu unterscheiden. Da sich Naturwissenschaften und Technik heute viel schneller wandeln, ist es unerläßlich, daß die finanziellen Mittel für die Teilnahme an Fachtagungen und Besichtigungsreisen zwecks Erhaltung eines zeitgemäßen Bildes der Technik in hinreichender Weise bereitgestellt werden. Wenn ein Anwärter für den höheren Dienst im Patentamt eine qualifizierte technische praktische Tätigkeit gehabt hat, sollte zukünftig eine dreijährige Tätigkeit genügen; dies wurde praktisch einstimmig von einer Studienkommission, die sich mit Ausbildungsfragen auf dem Gebiet des gewerblichen Rechtsschutzes befaßte, anerkannt; vgl. hierzu den in Anm. 9 genannten VDI-Bericht Nr. 63. Englische und französische Sprachkenntnisse sind zum Verständnis der fremdsprachigen Fachliteratur (insb. Patentschriften) unabdingbar.

II. Laufbahn

8 Der Anwärter auf den höheren technischen Dienst wird zunächst im Angestelltenverhältnis als »Hilfsarbeiter« nach VergGr. III BAT beschäftigt. Wenn sich innerhalb des ersten Jahres der Einarbeitungszeit die Eignung abzeichnet, wird der Anwärter unter Berufung in das Beamtenverhältnis auf Probe zum Technischen Assessor ernannt. Nach 18 Monaten wird im allgemeinen die Ausbildungs- und Einarbeitungszeit im wesentlichen abgeschlossen sein und die Ernennung zum Hilfsmitglied im Wege der Beauftragung durch den Präsidenten (§ 17 Abs. 3; s. Anm. 12) erfolgen. Bei Bewährung kann nach drei bis vier Jahren der Anwärter für den höheren technischen Dienst mit seiner Ernennung zum Regierungsrat bei Über-

nahme in das Beamtenverhältnis auf Lebenszeit rechnen. Nach weiterer Bewährung kann nach Maßgabe der zur Verfügung stehenden Planstellen eine Beförderung zum Oberregierungsrat erfolgen. Siehe auch »Blätter für Berufskunde«, Bd. 3, 1959, Beamter des höheren technischen Dienstes beim Deutschen Patentamt.

III. Ausbildung im Patentamt

Die im § 17 Abs. 2 Satz 1 verlangten **Rechtskenntnisse** werden dem zu- 9
künftigen technischen Mitglied durch die praktische Ausbildung unter Anleitung eines geeigneten Prüfers und durch z. Z. fünf, sich jeweils über mehrere Monate erstreckende Lehrgänge vermittelt. Die Lehrgänge betreffen allgemeines Recht, Patentrecht, die Praxis der Prüfung von Patentanmeldungen und spezielle patentrechtliche Fragen. Die Kurse laufen neben der eigentlichen Tätigkeit bei der Einweisung durch den ausbildenden Prüfer. Oft wird die Ausbildung durch Kolloquien des Vorsitzenden der Patentabteilung vervollständigt. Sehr wertvoll für die Abrundung der Ausbildung ist das Kollegialverfahren. In der Hauptabteilung 4 (Allgemeine Verwaltung) wurde ein Referat »Aus- und Fortbildung« eingerichtet.

Die Frage der Ablegung einer besonderen Prüfung zum Nachweis der Rechtskenntnisse ist verschiedentlich angeschnitten worden; vgl. z. B. GRUR 1927, 519–523. Nach der Begr. des vorläufigen Reg.Entw. eines PatG aus dem Jahre 1913, Beil. zum Bl. 1913 Nr. 7/8 S. 28 ist es der Verwaltung überlassen, durch geeignete Mittel dafür zu sorgen, daß sich die Mitglieder den juristischen Anforderungen bei Erfüllung ihrer Aufgaben gewachsen zeigen. Nach von Specht (früherer Präs. PA) ist die Praxis die Hauptsache. Wegen Einzelheiten s. Zeunert, Die Gerichtsbarkeit in Patentstreitsachen, VDI, Düsseldorf 1957, 44–48 und VDI-Ber. Nr. 63 betr. Studium und Laufbahnen im Gewerblichen Rechtsschutz (Vorträge einer VDI-Tagung in Frankfurt 1961), Düsseldorf 1962. Im VDI-Ber. Nr. 63, S. 16–18 vgl. auch die Ausführungen von Weiss zur Ausbildung der technischen Mitglieder.

IV. Umfang des zulässigen Tätigwerdens

Die Bestimmung im § 17 Abs. 1, daß technische Mitglieder »in einem 10
Zweig« der Technik sachverständig sein müssen, erhält ihre Ergänzung durch den Hinweis auf das abgeschlossene technische und naturwissenschaftliche Hochschulstudium. Durch dieses Studium erhält das zukünftige technische Mitglied die Befähigung, grundsätzlich auf allen Gebieten der Technik im Patenterteilungsverfahren tätig werden zu können, ähnlich wie ein volljuristisches Studium und die Befähigung zum Richteramt ermöglicht,

auf den verschiedensten Sachgebieten Recht zu sprechen. Selbstverständlich setzt man hier wie dort wegen der Spezialisierung der Fachgebiete in der Regel nur entsprechend spezialisierte Mitglieder ein. Für die technischen Mitglieder der ersten Instanz muß sinngemäß das gleiche gelten, wie der BGH für die technischen Mitglieder des BPatG in BGH 26. 10. 1962, BGHZ 38, 166 = Bl. 1963, 41 = GRUR 1963, 129 – Kunststofftablett – ausgesprochen hat: Als ernannte Mitglieder können sie grundsätzlich bei allen Sachen aus allen Gebieten der Technik mitwirken.

V. Besuch ausländischer Hochschulen

11 Gem. § 17 Abs. 2 Satz 2 kann der Besuch ausländischer Universitäten, Hochschulen oder Akademien bis zur Dauer von zwei Jahren auf die Studienzeit angerechnet werden. Die Abschlußprüfung muß aber auf jeden Fall im Inland abgelegt worden sein.

Grundsätzlich wird auch beim Eintritt in den höheren Dienst des Patentamts die Vorlage des Reifezeugnisses (Abiturium) verlangt. Damit scheiden alle »Akademien« aus, die etwa für das Studium nicht das Reifezeignis voraussetzen.

E. Hilfsmitglieder

12 Nach der bis zum 1. 10. 1968 geltenden Regelung wurden die »Hilfsmitglieder« vom Bundesminister der Justiz berufen. Wegen des hiermit verbundenen Verwaltungsaufwandes, der oft auch zeitliche Verzögerungen mit sich brachte, wurde die Zuständigkeit für die Berufung der Hilfsmitglieder auf den Präsidenten des DPA übertragen. In der Begr. des Schriftl. Ber., Bl. 1967, 283 wird noch darauf hingewiesen, daß durch die Regelung vom Rechtsausschuß nicht zu der Frage Stellung genommen werden soll, welche sachliche Bedeutung der Berufung von Prüfern des Patentamts zu Mitgliedern oder Hilfsmitgliedern nach der Entscheidung des BVerwG vom 13. 6. 1959, Bl. 1959, 258 heute noch zukommt.

Die Fassung des Abs. 3 des § 17, nach der der Präsident des Patentamts Personen, welche die für die Mitglieder geforderte Vorbildung haben, für eine bestimmte Zeit oder für ein voraussichtlich zeitlich begrenztes Bedürfnis mit den Verrichtungen eines Mitgliedes des Patentamts beauftragen kann, erklärt sich aus den früheren Verhältnissen. Als durch das Gesetz vom 18. 5. 1908, Bl. 1908, 177 erstmals eine solche Regelung getroffen wurde, war diese zeitlich begrenzt. Inzwischen ist sie seit langem eine Dauereinrichtung und praktisch die Vorstufe für außerplanmäßige Beamte bis zum Einrücken in die Planstelle eines »Mitglieds«. Die Bestellung zum »Hilfsmitglied« erfolgt in der Regel für das laufende Jahr, mitunter auch nur für ein halbes Jahr, und zwar am Ende der Ausbildung. Die Funktion eines Hilfsmitglieds entspricht sonst der eines auf Lebenszeit bestellten Mitglieds. Mit der Beauftragung der Verrichtung eines Mitglieds (als Hilfsmitglied) ist die selbständige Zeichnungsbefugnis für die erlassenen Bescheide und Beschlüsse verbunden. Für die ausgesprochene Dauer der Bestellung ist der Auftrag nicht widerruflich. Wegen der Stellung der Hilfsmitglieder vgl. auch PA 1. 3. 1932, Mitt. 1932, 280. Es gibt sowohl technische als auch rechtskundige Hilfsmitglieder; letztgenannte werden von der Justiz abgeordnet.

Wegen des **Aufgabenkreises der technischen Mitglieder** vgl. bei § 18, Anm. 10.

F. Rechtsstellung der Mitglieder des Patentamts – Amtshaftung – Sachliche Unabhängigkeit

Die Beamten des DPA sind Bundesbeamte. Deshalb gelten für die »Mitglieder« und die übrigen Beamten des Patentamts die Vorschriften des Bundesbeamtengesetzes vom 14. 7. 1953, BGBl. I, 551. Den Beamten des DPA ist es nicht erlaubt, eigene Schutzrechte anzumelden oder zu besitzen oder sich an fremden Schutzrechten zu beteiligen. Dies bestätigt auch BVerwG 27. 6. 1961, Bl. 1961, 400. Wegen der Annahme von sogenannten Werbegeschenken (Kalender und dergleichen) vgl. Bulletin der Bundesreg. Nr. 180/1958 S. 1799, 1800. Grundsätzlich bestehen strengere Regeln als für den allgemeinen Geschäftsverkehr. 13

Wegen der Nebentätigkeit der Beamten kommen die §§ 65 und 66 des BBG vom 18. 9. 1957, BGBl. I S. 1337 und die VO über die Nebentätigkeit in der Fassung vom 24. 1. 1951/26. 8. 1953, BGBl. 1951 I S. 94 und 1954 I S. 1034 in Betracht.

Wegen der **Haftung bei Amtspflichtverletzungen** wird Art. 34 GG in Verbindung mit § 839 BGB und § 78 BBG in Betracht kommen. Amtspflichtverletzung in Ausübung eines dem Beamten anvertrauten Amtes behandelt BVerwG 17. 9. 1964, BVerwGE 19, 243; BGH 5. 4. 1965, DB 1965, 740. Unrichtige Gesetzesauslegung durch einen Beamten stellt nur dann eine schuldhafte Amtspflichtverletzung dar, wenn sie gegen den eindeutigen Gesetzeswortlaut oder gegen gefestigte höchstrichterliche Rechtsprechung verstößt; eine objektive unrichtige Auslegung einer Vorschrift, deren Inhalt zweifelhaft sein kann, stellt in der Regel kein Verschulden dar; BGH 23. 3. 1959, BB 1959, 463 mit weiteren Nachweisen. Vgl. ferner: Tietgen, Die Amtshaftung im System der Ersatzleistungen und des Rechtsschutzes (mit zahlreichen Hinweisen), DVBl. 1955, 549; Kayer-Leiss, Die Amtshaftung, 2. Aufl., 1958. Wegen früherer Auffassungen wird auf die 4. Aufl. dieses Kommentars § 17 Anm. 10 und Reimer, 2. Aufl. § 17 Anm. 11 verwiesen.

14 Ballhaus in Benkard, § 17 Anm. 7, weist zur Frage der **Weisungsfreiheit** darauf hin, daß diese für Beamte nicht besteht. Aus Rechtsgründen sei auch eine zunächst vorgesehene abweichende Regelung für technische Mitglieder des Patentamts im 6. ÜG nicht aufgenommen worden. Vgl. hierzu auch Trüstedt in Reimer §§ 28–29 Anm. 12 (Prüfer arbeite wie ein Richter; er sei an die erarbeitete Rechtsprechung gebunden, er sei nur in eingeschränktem Sinn weisungsgebunden); Neumüller, Mitt. 1968, 28. Es handelt sich um eine sehr diffizile Frage. Sie kann mit Bezug auf die Tätigkeit der technischen (und, soweit in Betracht kommend, auch der erstinstanzlichen rechtskundigen) Mitglieder des Patentamts sinnvoll nur unter Berücksichtigung aller Umstände beantwortet werden. Da der BGH wiederholt ausgesprochen hat, daß das patentamtliche Verfahren ein gerichtsähnliches Verwaltungsverfahren ist (vgl. Vorbem. zum III. Abschn. PatG Anm. 4), und da diese Tatsache Voraussetzung für die Möglichkeit der Nachschaltung eines grundsätzlich nur in einer abschließenden Instanz tätig werdenden Gerichts ist (s. a. a. O.), darf die **sachliche Unabhängigkeit** des bzw. der technischen (bzw. rechtskundigen) Mitglieder in der einzelnen Entscheidung niemals angetastet oder auch nur in Zweifel gezogen werden. Hier liegt die Grenze der **Weisungsbefugnis** des Präsidenten. Gegen seine Befugnis zum Erlaß allgemeiner Richtlinien, die jeweils nur die Gesamtheit aller gleichgelagerten Fälle betreffen kann, kann nichts eingewendet werden. Solche Richtlinien sind im Interesse der Allgemeinheit erwünscht oder sogar notwendig. Gerade bei neuen gesetzlichen Regelungen müssen bei einer Behörde mit einer so großen Zahl Mitglieder, die eine so große Zahl einzelner Fälle zu entscheiden haben, die zunächst noch fehlenden, vom übergeordneten BPatG (bzw. im Falle einer Rechtsbeschwerde vom BGH) noch zu setzenden Grundsätze von einer dafür zuständigen Stelle, hier dem Präsidenten des DPA, gegeben werden. Nötigenfalls werden diese dann von der Rechtsprechung der zuständigen gerichtlichen Instanz bestätigt oder korrigiert. Grundlage jeder Rechtsanwendung müssen gleiche Grundsätze für alle sein. Da auch der Beamte für die Gesetzmäßigkeit seiner Handlungsweise verantwortlich ist, muß er Bedenken gegen eine allgemeine dienstliche Anweisung des Präsidenten bei diesem geltend machen. Es bleibt ihm auch unbenommen, eine begründete abweichende Ansicht im Schrifttum zu vertreten, um der Rechtsprechung Gelegenheit zu geben, sich damit auseinanderzusetzen.

Den **Geschäftsstellen** des DPA und BPatG sind neben den Beamten des gehobenen und mittleren Dienstes **Angestellte auf Privatdienstvertrag** zugewiesen. Auf diese ist die WahrnVO sinngemäß anwendbar; der Beamtenbegriff ist hier im funktionellen Sinn zu verstehen; ebenso Ballhaus in Benkard § 18 Anm. 10.

§ 18

(1) Im Patentamt werden gebildet

1. Prüfungsstellen für die Prüfung der Patentanmeldungen und für die Erteilung der Patente, soweit nicht die Patentabteilungen hierfür zuständig sind;
2. Patentabteilungen für die Bearbeitung der Patentanmeldungen im Einspruchsverfahren (§ 32 Abs. 2), der Gesuche um Bewilligung des Armenrechts (§ 46 g Abs. 2 Nr. 1) und für alle Angelegenheiten, welche die erteilten Patente betreffen, einschließlich der Anträge auf Beschränkung des Patents (§ 36 a Abs. 3). Innerhalb ihres Geschäftskreises obliegt jeder Patentabteilung auch die Abgabe von Gutachten (§ 23).

(2) Die Obliegenheiten der Prüfungsstelle nimmt ein technisches Mitglied der Patentabteilung (Prüfer) wahr.

(3) Die Patentabteilung ist bei Mitwirkung von mindestens drei Mitgliedern beschlußfähig, unter denen sich, soweit die Abteilung im Einspruchsverfahren tätig wird, zwei technische Mitglieder befinden müssen. Bietet die Sache besondere rechtliche Schwierigkeiten und gehört keiner der Mitwirkenden zu den rechtskundigen Mitgliedern, so soll bei der Beschlußfassung ein der Patentabteilung angehörendes rechtskundiges Mitglied hinzutreten. Ein Beschluß, durch den ein Antrag auf Zuziehung eines rechtskundigen Mitglieds abgelehnt wird, ist selbständig nicht anfechtbar.

(4) Der Vorsitzende der Patentabteilung kann die Angelegenheiten der Patentabteilung, welche die erteilten Patente betreffen, mit Ausnahme der Beschlußfassung über die Beschränkung des Patents (§ 36 a Abs. 3) allein bearbeiten.

(5) Der Bundesminister der Justiz wird ermächtigt, durch Rechtsverordnung mit der Wahrnehmung einzelner den Prüfungsstellen oder den Patentabteilungen obliegender Geschäfte, die technisch oder rechtlich keine Schwierigkeiten bieten, auch Beamte des gehobenen und des mittleren Dienstes zu betrauen; ausgeschlossen davon sind jedoch die Erteilung des Patents und die Zurückweisung der Anmeldung aus Gründen, denen der Anmelder widersprochen hat. Der Bundesminister der Justiz kann diese Ermächtigung durch Rechtsverordnung auf den Präsidenten des Patentamts übertragen.

(6) Für die Ausschließung und Ablehnung der Prüfer und der übrigen Mitglieder der Patentabteilungen gelten die §§ 41 bis 44, 45 Abs. 2 Satz 2, §§ 47 bis 49 der Zivilprozeßordnung über Ausschließung und Ablehnung der Gerichtspersonen sinngemäß. Das gleiche gilt für die Beamten des gehobenen und des mittleren Dienstes, soweit sie nach Absatz 5 mit der Wahrnehmung einzelner den Prüfungsstellen oder Patentabteilungen ob-

liegender Geschäfte betraut worden sind. Über das Ablehnungsgesuch entscheidet, soweit es einer Entscheidung bedarf, die Patentabteilung.

(7) Zu den Beratungen in den Patentabteilungen können Sachverständige, die nicht Mitglieder sind, zugezogen werden; sie dürfen an den Abstimmungen nicht teilnehmen.

ÜBERSICHT

A. Patentabteilungen und Prüfungsstellen

I. Prüfungsstellen und Patentabteilungen für das erstinstanzliche Prüfungs-, Einspruchs- und Beschränkungsverfahren

1 Im Patentamt bestehen z. Z. 25 Patentabteilungen. In jeder Patentabteilung sind gem. § 18 Abs. 1 Nr. 1 **Prüfungsstellen** für die Prüfung der Patentanmeldungen und für die Erteilung der Patente, soweit nicht hierfür die Patentabteilung zuständig ist, gebildet. Der Präsident des DPA weist den Patentabteilungen die als »Prüfer« tätigen »Mitglieder« zu; vgl. § 17 Anm. 13. Die Prüfung der Patentanmeldungen schließt gegebenenfalls auch die Durchführung der Recherchen gem. § 28 a ein, soweit sie nicht an anderen Stellen ausgeführt werden; s. § 28 a Anm. 12. Die eigentliche Tätigkeit der Prüfungsstellen, die ein »Technisches Mitglied« (s. Anm. 10) wahrnimmt, betrifft die Prüfung eingegangener Patentanmeldungen auf Patentfähigkeit auf Grund eines Antrags gem. § 28 b; vgl. §§ 28 b, 28 c, 29

Anm. 9, 5, 6. Ausgeschlossen ist die Bearbeitung der Anmeldung allein durch den Prüfer, wenn Einspruch erhoben wird.

Die **Patentabteilungen**, soweit sie im Kollegialverfahren prozedieren, sind für die Bearbeitung der Patentanmeldungen im Einspruchsverfahren (s. § 32 Anm. 23), der Gesuche um Bewilligung des Armenrechts (s. § 46 g Anm. 2) und der Anträge auf Beschränkung des Patents (s. § 36 a Anm. 8, 9) zuständig; § 18 Abs. 1 Nr. 2.

Den **Geschäftskreis** der Patentabteilungen und Prüfungsstellen bestimmt der Präsident; DPAVO 5. 9. 1968 § 1 Abs. 1, vgl. § 17 Anm. 3. Wegen der sachlichen Aufteilung und Bezeichnung der Patentabteilungen vgl. Präs. 26. 2. 1968, Bl. 1968, 81. Wegen einer Änderung in der Bezeichnung der Arbeitsgebiete vgl. auch noch Mitt. Präs. 3. 5. 1968, Bl. 1968, 142. Ab 1. 4 1968 werden die Patentabteilungen mit arabischen Ziffern (Nr. 12 bis 53) bezeichnet. Mit Wirkung vom 1. 1. 1968 sind **in jeder Patentabteilung zunächst drei Gruppen** gebildet worden, in denen jeweils eine Anzahl Prüfungsstellen, im wesentlichen nach Fachgebieten gegliedert, zusammengefaßt sind; Präs. 26. 2. 1968, a. a. O. unter b). Mitte 1971 wurde dann die Zahl der Gruppen innerhalb der Patentabteilungen – z. T. bis zu fünf je Abteilung – vergrößert. Vorsitzender der Patentabteilung ist ein leitender Regierungsdirektor. Die Gruppenleiter sind Regierungsdirektoren, einer von ihnen ist stellvertretender Abteilungsvorsitzender. Den Vorsitz in Abteilungssachen hat der Vorsitzende oder sein Stellvertreter. Die Gruppenleiter sollen den Abteilungsvorsitzenden insbesondere auch von Verwaltungsarbeiten entlasten.

Leiter der Hauptabteilung Patentwesen ist ein Abteilungspräsident. Nach der Prüf.Richtl. I (Vorbemerkung) sollen **Grundsatzentscheidungen** in jedem Fall dem Hauptabteilungsleiter vorgelegt werden, damit sie erforderlichenfalls allen Stellen zur Kenntnisnahme vorgelegt werden können, bei denen das gleiche Problem auftreten kann. In gleichgelagerten Fällen soll dann bis zu einer Entscheidung des BGH oder einer rechtskräftigen Entscheidung des BPatG die getroffene Grundsatzentscheidung beachtet werden. Der Hauptabteilungsleiter Patentwesen soll berechtigt sein, im Rahmen der Prüf.Richtl. Einzelfragen näher zu regeln. In Grundsatzfragen soll vor der Entscheidung eine Stellungnahme der Rechtsabteilung eingeholt werden.

II. Die Vorprüfungsabteilung

1. Besetzung und Funktionen

Mit Wirkung vom 1. 10. 1968 ist im Patentamt eine weitere – 26. – 2
Patentabteilung mit der Bezeichnung »Vorprüfungsabteilung« gebildet worden, die für das Verfahren bis zum Eingang eines Prüfungsantrags zuständig ist. Sie wird nunmehr als Pat.Abt. 01 bezeichnet; s. Bl. 1969, 367.

In der Pat.Abt. 01 sind 25 Prüfungsstellen eingerichtet worden, deren Nummer jeweils mit der Nummer und mit dem Arbeitsgebiet einer der entsprechenden Patentabteilungen übereinstimmt; Mitt. Präs. 26. 2. 1968, Bl. 1968, 81 unter c). In der Pat.Abt. 01 werden die Klassenauszeichnung und die Offensichtlichkeitsprüfung durchgeführt. Zugrunde gelegt wird bei der Auszeichnung neben der deutschen Patentklassifikation (Gruppeneinteilung der Patentklassen; s. § 24 Anm. 36) zunehmend die Internationale Patentklassifikation. Diese wird laufend in das deutsche Gruppenverzeichnis der Patentklassen eingefügt, so daß große Teile der im Gruppenverzeichnis der Patentklassen enthaltenen Gruppen und Untergruppen mit den Einteilungsmerkmalen der Internationalen Patentklassifikation übereinstimmen. Diese Maßnahmen werden dahin führen, daß eines Tages nach einer Übergangszeit das deutsche Klassifikationssystem wird aufgegeben werden können. Nach der Mitt. Präs. vom 23. 8. 1968, Bl. 1968, 270 werden in der Pat.Abt. 01 (früher »Vorprüfungsabteilung« genannt) neben der Prüfung der Patentanmeldungen nach § 28 Abs. 1 und 2 PatG (vgl. § 28, insb. Anm. 6) alle Arbeiten zur maschinellen Registrierung von Patentanmeldungen einschließlich der Herstellung von Adressierungsunterlagen für Bescheide und Beschlüsse, die Herstellung und Ausgabe von Filmunterlagen zur Einsichtnahme in Akten von Patentanmeldungen, die Vorbereitung und Durchführung der Offenlegungen gem. § 24 Abs. 3 Satz 2 ff. 2 PatG, die Vorbearbeitung von Recherchen- und Prüfungsanträgen gem. § 28 a Abs. 2 und § 28 b Abs. 2 und 3 PatG und die verwaltungstechnische Abwicklung der Recherchen einschließlich der Ausfertigung der Recherchenberichte sowie eine Reihe von Hilfsarbeiten für die Hauptabteilung Patentwesen durchgeführt. Auch werden verschiedene Fristen in der Vorprüfungsabteilung zentral überwacht; Schulze/Wesener, S. 99 Erl. 46. Weiter ist Pat.Abt. 01 tätig als Bekanntmachungsstelle, Erteilungsstelle, Redaktionsstelle für das Patentblatt (s. § 24 Anm. 31); ferner führt sie die Rollenkartei (s. § 24 Anm. 2 ff.). Die Wahrnehmung der Offensichtlichkeitsprüfung (§ 28) durch die Prüfungsstellen der Patentabteilung 01 gilt für die nach dem 1. 10. 1968 eingegangenen Anmeldungen; Prüf.Richtl. II 2. Die Prüfung auf offensichtliche formelle Mängel nach § 28 Abs. 1 (ausgenommen die offensichtlich fehlende Einheitlichkeit) obliegt den mit der Wahrnehmung einzelner den Prüfungsstellen obliegender Geschäfte beauftragten Beamten des gehobenen und mittleren Dienstes; vgl. § 18 Anm. 11. Die Offensichtlichkeitsprüfung auf Einheitlichkeit und materiellrechtliche Mängel nach § 28 Abs. 2 wird von den Prüfern der Pat.Abt. 01 durchgeführt; diese nehmen auch die Klassifizierung vor. Vgl. Prüf.Richtl. II 2.

3 Der Vorsitzende der Pat.Abt. 01 hat die Stellung eines Leitenden Regierungsdirektors. Die 25 Prüfungsstellen sind für die Arbeitsgebiete der entsprechenden Patentabteilungen zuständig. Die Mitglieder der Vorprüfungsabteilung haben eine Doppelfunktion; einerseits sind sie als Prüfer Mitglied

i. S. von § 17 PatG, andererseits steht ihre Tätigkeit in enger Berührung mit dem Sachgebiet Klassifikation, Dokumentation und Information. Als »Mitglied« weist der Prüfer gegebenenfalls die Anmeldung mit beschwerdefähigem Beschluß zurück; vgl. § 28 Anm. 8. Im Falle von Armenrechtssachen tritt die Vorprüfungsabteilung unter dem Vorsitzenden und zwei Mitgliedern zwecks Entscheidung zusammen. Die Unterschrift eines Prüfungsbescheides oder Beschlusses darf keinen Zweifel auslösen, ob ihn die zuständige Stelle (Patentabteilung oder Prüfungsstelle) erlassen hat; BPatG 13. 5. 1971, E 12, 177, 179.

Durch die Klassifikation wird für etwa eingehende Recherchen- oder Prüfungsanträge die für die entsprechende Bearbeitung zuständige Stelle im Patentamt festgelegt. Geht ein Recherchenantrag ein, so wird die Akte der zuständigen Stelle im Patentamt (Dienststelle Berlin) zugeleitet; die erstellte Recherche wird aber nach Erfassung in der Datenverarbeitungsanlage von der Pat.Abt. 01 ausgefertigt.

Ein Stück der Anmeldeunterlagen erhält den Stempelaufdruck »Belegstück« und darf dementsprechend von keiner Stelle verändert werden.

Wegen **Durchführung der Offensichtlichkeitsprüfung** vgl. § 28.

2. Neue Aktenzeichen im patentamtlichen Verfahren

Wegen der Vornahme verschiedener organisatorischer Umstellungen, insbesondere wegen einer zentralen Registrierung (z. T. Übergang auf eine elektronische Datenverarbeitung) war die Einführung eines neuen Aktenzeichens für Anmeldungen ab 1. 10. 1968 erforderlich. Es handelt sich bei dem Aktenzeichen um eine siebenstellige Zahl; die ersten beiden Ziffern stellen eine verschlüsselte Angabe des Eingangsjahres dar. Die Bezeichnung begann am 1. 10. 1968 mit der Zahl 18 00 001 und wurde am 1. 1. 1969 mit der Zahl 19 00 001 fortgeführt. Die Bezeichnung der Patentabteilung wird dem neuen Aktenzeichen ab 1. 10. 1968 mit Bindestrich beigefügt; Präs. 26. 2. 1968, Bl. 1968, 82 unter a). Diese nummernmäßige Angabe des Aktenzeichens wird gleichzeitig die Nummer der Offenlegungsschrift, der Auslegeschrift, des Patents und der Patentschrift sein. Wegen der **amtlichen Schreibweise** des Aktenzeichens wird auf Mitt. Präs. 29. 1. 1968, Bl. 1968, 54 **verwiesen.** Danach sind **zwei Leerschritte** eingefügt, z. B. P 15 12 739.6. Die Verwendung dieser Schreibweise wird amtlicherseits **dringend** erbeten. Entsprechend der genannten Mitteilung sind auch die damals vorliegenden Anmeldungen, in denen kein Bekanntmachungsbeschluß ergangen ist, und die bis zum 30. 9. 1968 eingegangenen Anmeldungen auf ein neues Aktenzeichen umgestellt worden. Im Patentblatt sind **Konkordanzlisten** veröffentlicht, die das alte und neue Aktenzeichen der sogenannten »Alt«-Anmeldungen enthalten. 4

III. Die Patentverwaltungsabteilung

5 Nach § 18 Abs. 1 Nr. 2 Satz 1 sind die Patentabteilungen auch »für alle Angelegenheiten, welche die erteilten Patente betreffen«, zuständig. Um die mit dem Erteilungsverfahren befaßten Patentabteilungen von der Verwaltungsarbeit zu entlasten und um eine einheitliche Handhabung zu gewährleisten, wurde aus Zweckmäßigkeitsgründen schon im Reichspatentamt am 1. 3. 1929 die **Patentverwaltungsabteilung** eingerichtet; wegen der damaligen Organisation vgl. GRUR 1929, 395 und Wernecke, GRUR 1930, 582. Diese Einrichtung wurde bei der Errichtung des Deutschen Patentamts übernommen; vgl. Reich, Bl. 1952, 232, 234 l. Sp. unten. Nach rechtskräftiger Patenterteilung übernimmt die Patentverwaltungsabteilung (Bezeichnung: Pat.Abt. 09, s. Bl. 1969, 367) insbesondere die Überwachung der Jahresgebühren, deren Stundung und Erlaß, Wiedereinsetzung in versäumte Zahlungsfristen, Verfügungen betr. Löschung, Umschreibung, Eintragung der Lizenzbereitschaft (§ 14) und ausschließlicher Lizenzen.

Die Patentverwaltungsabteilung leitet ein rechtskundiges Mitglied in der Stellung eines Lt.Reg.Dir. Auf Grund der Vorschrift des § 18 Abs. 4 kann er die Angelegenheiten der erteilten Patente allein bearbeiten. Beschlüsse der Patentverwaltungsabteilung, die einen Antrag ablehnen, sind zu begründen und beschwerdefähig; vgl. z. B. PA 11. 1. 1937, Mitt. 1937, 58; PA 26. 4. 1937, Mitt. 1937, 179; PA 20. 11. 1934, Mitt. 1935, 25.

B. Der Vorsitzende der Patentabteilung

6 Jede Patentabteilung hat einen Vorsitzenden, der seiner Stellung nach »Leitender Regierungsdirektor« ist. Die Bestellung des Vorsitzenden gehört zur Organisationsgewalt des Bundesministers der Justiz. Sie werden aus früheren Mitgliedern des Patentamts ernannt, die in der Regel mindestens ein Jahr dem Bundespatentgericht als Richter angehört haben. Ferner wurde die Stellung eines »Gruppenleiters« innerhalb der Patentabteilung mit der Stellung eines »Regierungsdirektors« geschaffen; s. Anm. 1.

Der Vorsitzende jeder Patentabteilung entwirft für seine Abteilung einen Geschäftsverteilungsplan, der die ihm zugewiesenen Sachgebiete auf die der Abteilung angehörenden »Mitglieder« und »Hilfsmitglieder« verteilt. Dieser Geschäftsverteilungsplan muß dem Präsidenten zur Genehmigung vorgelegt werden, denn die Bestimmung der Geschäftskreise der Patentabteilungen obliegt gem. § 1 Abs. 1 DPAVO 1968 dem Präsidenten. Vgl. auch Krebel, Die Verteilung der Geschäfte durch den Vorsitzenden, JZ 1965, 244. Wegen der Geschäftsverteilung nach dem zeitlichen Eingang der Sachen vgl. BGH 10. 7. 1963, JVBl. 1963, 196.

Dem Vorsitzenden der Patentabteilung steht die **Geschäftsleitung im Verfahren vor der Patentabteilung** zu; § 2 DPAVO 1968. In der DPAVO 1968 sind in § 2 (bisher § 4 DPAVO 1961) die Worte »im Verfahren« im Zusammenhang mit der Stellung des Vorsitzenden innerhalb der Abteilung eingefügt. Dies soll zum Ausdruck bringen, daß diese Bestimmung die Stellung des Vorsitzenden des »Spruchkörpers Patentabteilung« betrifft und nicht die Organisation der Patentabteilung.

C. Der »Spruchkörper Patentabteilung«

I. Zuständigkeit

Der »Spruchkörper Patentabteilung« ist für die Bearbeitung der bekanntgemachten Patentanmeldungen, gegen die Einspruch erhoben ist (§ 32 Abs. 2), der Gesuche um Bewilligung des Armenrechts (§ 46 g Abs. 2 Nr. 1) und der Anträge auf Beschränkung des Patents (§ 36 a Abs. 3) zuständig; § 18 Abs. 1 Nr. 2. 7

II. Zusammensetzung

Damit die Patentabteilung als Spruchkörper beschlußfähig ist, müssen drei »Mitglieder« mitwirken. Soweit die Abteilung im Einspruchsverfahren tätig wird, müssen dem Spruchkörper mindestens zwei technische Mitglieder angehören; § 18 Abs. 3 Satz 1. Der Vorsitzende der Patentabteilung ist das hierzu ernannte technische Mitglied. Bis 1929 gab es z. T. jur. Vorsitzende; GRUR 1929, 395. Gem. § 18 Abs. 3 Satz 2 soll in Sachen, bei denen die Beschlußfassung »besondere rechtliche Schwierigkeiten« bietet, ein der Patentabteilung angehörendes rechtskundiges Mitglied hinzutreten. Wird von den Beteiligten beantragt, ein rechtskundiges Mitglied zuzuziehen, so ist der Beschluß, der dies ablehnt, nicht selbständig anfechtbar; § 18 Abs. 3 Satz 3. Bei der Abgabe von Gutachten und bei Beschlüssen, die die Abgabe eines Gutachtens ablehnen, soll gem. § 4 Abs. 2 DPAVO vom 5. 9. 1968 ein rechtskundiges Mitglied bei der Beratung und Abstimmung hinzutreten. 8

Der Vorsitzende eines Spruchkörpers soll eine gute und einheitliche Rechtsprechung gewährleisten; vgl. z. B. BGH 23. 4. 1953, BGHZ 9, 292; BGH 28. 10. 1954, BGHZ 15, 137. Ist der Vorsitzende verhindert, ist dies aktenkundig zu machen. Vertreten wird er durch seinen Stellvertreter oder bei dessen Verhinderung durch den fachlich zuständigen Gruppenleiter. Bei starker Belastung der Abteilung mit Einspruchsverfahren kann der Vorsitzende oder in seiner Abwesenheit der Stellvertreter für einen grundsätzlich genau festgelegten Teil der anhängigen Verfahren durch schriftliche

Verfügung in den einzelnen Akten bestimmen, daß ein Gruppenleiter den Vorsitz führt; Einsp.Richtl. Nr. 2. Auch zur Verfahrensbeschleunigung oder aus anderen sachdienlichen Gründen kann der Vorsitzende mit schriftlicher Verfügung in den Akten den oder die Berichterstatter durch andere Mitglieder der Abteilung ersetzen; Einsp.Richtl. Nr. 2.

III. Das Verfahren

9 Der Vorsitzende der Patentabteilung oder sein Vertreter (s. Anm. 1) leitet die Sitzungen der Patentabteilung. Nach § 4 Abs. 1 DPAVO 1968 bedarf es für die Beschlußfassung im Verfahren vor der Patentabteilung der Beratung und Abstimmung in einer Sitzung

1. für Beschlüsse, durch die über die Erteilung oder Beschränkung des Patents entschieden wird, und
2. für Gutachten und Beschlüsse, durch welche die Abgabe eines Gutachtens abgelehnt wird.

Die Patentabteilung entscheidet nach Stimmenmehrheit; bei Stimmengleichheit gibt die Stimme des Vorsitzenden den Ausschlag; § 5 DPAVO vom 5. 9. 1968. Stimmengleichheit kann nur bei Hinzutritt eines rechtskundigen Mitglieds eintreten.

Neu eingefügt wurde in die DPAVO vom 5. 9. 1968 am Ende des Abs. 1 eine Ermächtigung für den Vorsitzenden, von der Beratung und Abstimmung in einer Sitzung abzusehen, sofern er dies für sachdienlich hält. Offenbar soll diese Möglichkeit der Entlastung der Patentabteilung von solchen Sitzungen dienen, die ohnehin nicht viel mehr als eine reine Formsache sind. Grundsätzlich dient die Beratung zur Einigung der Mitglieder des Spruchkörpers über die Entscheidung. Vorbereitet wird diese durch das Votum des Berichterstatters auf dem Äußerungsbogen und die Stellungnahme des Beisitzers, gegebenenfalls auch durch eine ergangene Zwischenverfügung. Sind sich alle Mitglieder des Spruchkörpers einig, gegebenenfalls auch unter Berücksichtigung noch von den Beteiligten vorgetragener weiterer Gesichtspunkte, oder hat sich einer der Beteiligten nach Kenntnisnahme der aus der Zwischenverfügung erkennbaren Bedenken zu seiner Auffassung nicht mehr geäußert oder ist Entscheidung nach Aktenlage beantragt, so wird offensichtlich die Entscheidung in der Regel im »Umlaufverfahren« getroffen werden können, d. h., der Entwurf des vom Berichterstatter aufgesetzten Beschlusses läuft bei den Mitgliedern des Spruchkörpers um, und die Beisitzer und der Vorsitzende stimmen durch ihre Unterschrift zu. Es wird also durch schriftliche Abstimmung beschlossen. Wünscht der Vorsitzende wesentliche Änderungen des vom Berichterstatter abgesetzten Beschlusses, so bedarf dies der Zustimmung des Kollegiums, insbesondere des Berichterstatters; vgl. NJW 1955, 1856.

Nicht sachdienlich ist die Beschlußfassung ohne Beratung dann, wenn die Beratung von einem der Mitglieder des Spruchkörpers gewünscht wird oder die Notwendigkeit sich aus den schriftlichen Stellungnahmen auf dem Äußerungsbogen ergibt oder wenn die Entscheidung »auf des Messers Schneide« steht oder wenn irgendwelche Zweifel bestehen oder wenn zwar Einigkeit über die Entscheidung selbst besteht, man sich aber über die Begründung nicht einig ist. Denn nach § 3 Satz 3 DPAVO 1968 beschließt die Patentabteilung über sachliche Meinungsverschiedenheiten.

Beim Gebrauch der Möglichkeit des Verzichts auf Beratung und Abstimmung muß man sich vor Augen halten, daß die judizielle Natur des Patenterteilungsverfahrens auch in der ersten Instanz nicht wesentlich beeinträchtigt werden darf; denn die judizielle Handhabung des erstinstanzlichen Verfahrens ist Voraussetzung für die Möglichkeit, daß das Bundespatentgericht praktisch letztinstanzlich entscheidet; vgl. Vorbem. zu § 26 unter B.

Wegen der **Form der Beschlüsse** vgl. § 34 Anm. 13 ff., und wegen der **Ausfertigung** der Beschlüsse und Bescheide vgl. § 34 Anm. 17.

D. Das »Technische Mitglied« der Patentabteilung

Zunächst ist das technische Mitglied der Patentabteilung **Inhaber einer** 10
Prüfungsstelle (kurz »Prüfer« genannt). Als solchem obliegt ihm – soweit die Technische Abteilung dazu nicht in der Lage ist (vgl. § 28 a Anm. 12) – die Erstellung der isolierten Recherche (vgl. § 28 a Anm. 12), insbesondere aber die Prüfung der Patentanmeldungen, die in seinem ihm nach der Geschäftsverteilung zugewiesenen Sachgebiet (bestimmte Klassen und Gruppen entsprechend dem Klassenverzeichnis) eingehen, auf Patentfähigkeit, zunächst nur bis zur Entscheidung der Frage, ob die Anmeldung die Voraussetzungen für den Erlaß des Bekanntmachungsbeschlusses erfüllt. Gegebenenfalls wird dieser vom Prüfer erlassen, oder aber die Anmeldung wird mit einem begründeten und beschwerdefähigen Beschluß zurückgewiesen. Zu diesem Tätigkeitsbereich gehört die Pflege des Prüfstoffs, d. h. die Auszeichnung der neu eingehenden in- und ausländischen Patentschriften und des sonstigen einschlägigen Schrifttums nach Klassen, Gruppen und Untergruppen.

Darüber hinaus ist der Prüfer als **Mitglied der Patentabteilung** im als Kollegialverfahren durchgeführten Einspruchsverfahren, im Beschränkungsverfahren und im Verfahren betr. die Gewährung des Armenrechts auf dem ihm zugewiesenen Sachgebiet Berichterstatter, er hält Vortrag in den Sitzungen und entwirft Beschlüsse und Gutachten; § 3 DPAVO 1968. Schließlich wirkt er in weiteren durch den Geschäftsverteilungsplan festgelegten Sachgebieten als Beisitzer mit.

Wegen der Stellung des Prüfers im Patentprüfungsverfahren vgl. auch

Harraeus, GRUR 1959, 501. In den Prüfungsstellen trifft er die für den Fortgang der Sachen erforderlichen Anordnungen. Wegen der Selbstverständlichkeit dieser Regelung wurde die frühere entsprechende Bestimmung der DPAVO 1961 in § 8 nicht in die neue DPAVO übernommen. Vgl. ferner Neumüller, Die Tätigkeit der Prüfungsstellen und Patentabteilungen des DPA, Mitt. 1968, 28.

Die auch heute noch gelegentlich gehörte Bezeichnung »Vorprüfer« ist durch die Änderung des Verfahrens überholt. Nach dem Patentgesetz vom 7. 4. 1891, RGBl. 1891 S. 79, vgl. §§ 21–24, ergingen auch der Zurückweisungsbeschluß und Bekanntmachungsbeschluß durch die Abteilung im Kollegialverfahren. Das vorbereitende Verfahren führte der »Vorprüfer« (ein Mitglied der Patentabteilung, das nur unter bestimmten Voraussetzungen an der Beschlußfassung mitwirken durfte) durch; vgl. Ergänzungsband zum Bl. 1901, 177/182. Diese Verfahrenshandhabung wurde während des ersten Weltkrieges aus Gründen der Sparsamkeit und Vereinfachung aufgegeben. Ob sich nunmehr die Bezeichnung »Vorprüfer« für die Mitglieder der Vorprüfungsabteilung (s. Anm. 2 und § 28 Anm. 6) inoffiziell einführt, bleibt abzuwarten. Gegebenenfalls muß man sich klar sein, daß die frühere Bezeichnung »Vorprüfer« die hier erläuterte Bedeutung hatte.

E. Wahrnehmung einzelner Geschäfte durch Beamte des gehobenen und mittleren Dienstes

11 Nach § 18 Abs. 5 können durch Rechtsverordnung Beamte des gehobenen und des mittleren Dienstes mit der Wahrnehmung einzelner den Prüfungsstellen oder den Patentabteilungen obliegender Geschäfte, die technisch und rechtlich keine Schwierigkeiten bieten, betraut werden. **Zweck** dieser Maßnahme ist, die Mitglieder der Patentabteilung zu entlasten, damit sie sich ihrer eigentlichen Tätigkeit mehr widmen können; vgl. Begründung PatG 1936, Bl. 1936, 103, 109. Zur ÜbertragungsVO des DPA 1961 vgl. Veismann, Mitt. 1962, 51. Zum Wesen der ÜbertragungsVO vgl. auch BPatG 29. 1. 1970, E 11, 80, 84, 85. Leider ist die Bezeichnung der VO als ÜbertragungsVO oder WahrnehmungsVO nicht einheitlich. Nach dem Wortlaut der VO müßte WahrnVO zutreffend sein.

Die Ermächtigung in § 18 Abs. 5 betrifft nur die Wahrnehmung einzelner Geschäfte auch durch Beamte des gehobenen und mittleren Dienstes; sie erstreckt sich nicht auf eine Regelung der Form des Verfahrens und damit auch nicht auf eine Bestimmung der Form der Bescheide in den übertragenen Angelegenheiten (vgl. § 11 Anm. 11 und die dort zit. BGH-Entsch. vom 11. 3. 1971).

Geschäfte des Patentamts, die vom Gesetzgeber nicht den Prüfungsstellen oder Patentabteilungen zugewiesen sind, bedürfen zur Übertragung auf

Beamte des gehobenen und mittleren Dienstes nicht der Ermächtigung durch § 18 Abs. 5; BPatG 10. 5. 1971, E 12, 85, 89; BPatG 24. 1. 1972, Bl. 1972, 288 (Leits.). Eine solche Beauftragung (z. B. Unterzeichnung der Benachrichtigung gem. Art. 7 § 1 Abs. 2 Nr. 1 PatÄndG) durch Verwaltungsanordnung unterliegt der Organisationsgewalt des Präsidenten gem. § 12 DPAVO; BPatG 10. 5. 1971, a. a. O.; BPatG 24. 1. 1972, a. a. O.

Von der im Satz 2 des Abs. 5 im § 18 enthaltenen Delegationsbefugnis auf den Präsidenten des Patentamts hat der Bundesminister der Justiz Gebrauch gemacht; § 20 DPAVO 1968. Nunmehr gilt die vom Präsidenten erlassene **WahrnehmungsVO** in der Fassung **vom 22. 5. 1970**, BGBl. I Nr. 50 S. 663 = Bl. 1970, 201. Durch Erlaß der **WahrnVO vom 22. 5. 1970**, Bl. 1970, 201 wurde die WahrnVO vom 19. 7. 1961, Bl. 1961, 275 insgesamt aufgehoben; § 5 der früheren WahrnVO war schon durch die ÄndVO vom 19. 12. 1969, Bl. 1970, 34 aufgehoben worden (s. auch Mitt. Präs. 23. 12. 1969, Bl. 1970, 33 und BGH 11. 3. 1971, Bl. 1971, 196, 197 unter II 3 = GRUR 1971, 246, 248 – Hopfenextrakt-Computerbescheide – m. Anm. von Fischer). Durch BGH 11. 3. 1971, a. a. O., sind BPatG 5. 11. 1969, Bl. 1970, 126; BPatG 29. 1. 1970, Bl. 1970, 127; BPatG 3. 4. 1970, Bl. 1970, 196 überholt, soweit sie den alleinigen Abdruck des Dienstsiegels unter Computerbescheide als ungenügend bezeichnen.

In ihrem Aufbau weicht die VO über die Wahrnehmung einzelner den Prüfungsstellen, der Gebrauchsmusterstelle oder den Abteilungen des DPA obliegender Geschäfte durch Beamte des gehobenen und mittleren Dienstes (WahrnVO) vom 22. 5. 1970 von der WahrnVO vom 19. 7. 1961 ab. In § 1 Abs. 1 und § 4 Abs. 1 WahrnVO n. F. sind zwar auch bestimmte Geschäfte verzeichnet, mit deren Wahrnehmung neben den Prüfern auch Beamte des gehobenen und mittleren Dienstes betraut werden, aber im § 1 Abs. 3 n. F. bzw. § 4 Abs. 3 n. F. sind nunmehr die **Geschäfte** nach Art eines Katalogs **zusammengefaßt, die dem Prüfer bzw. der Patentabteilung vorbehalten sind.** Die neue Art, wie die Geschäfte gekennzeichnet sind, die von den Beamten des gehobenen und mittleren Dienstes wahrgenommen werden können, hat den Vorteil, daß zweifelsfrei klargestellt ist, welche wesentlichen Geschäfte **nur** vom Prüfer bzw. der Patentabteilung erledigt werden dürfen. Wegen der Einzelheiten der WahrnVO wird auf diese verwiesen.

Nach BPatG 14. 7. 1971, E 13, 30 = Bl. 1971, 344, 345 = GRUR 1972, 100 und BPatG 20. 10. 1971, E 13, 26 = Bl. 1972, 27 = Mitt. 1972, 35 ist bei Fassung der WahrnVO unberücksichtigt geblieben, daß auf Beamte des gehobenen Dienstes nur solche Geschäfte übertragen werden durften, die technisch oder rechtlich keine Schwierigkeiten bieten. Dazu gehören Entscheidungen über Anträge auf Rückzahlung der Beschwerdegebühr und Entscheidungen über Wiedereinsetzungsanträge nicht; soweit nach § 1 Abs. 2 WahrnVO solche Entscheidungen übertragen worden sind, sind sie durch die ihr zugrunde liegende Ermächtigung des § 18 Abs. 5 nicht gedeckt; entsprechende Entscheidungen von Beamten des gehobenen Dienstes im patentamtlichen Verfahren sind daher ohne Sachprüfung aufzuheben; s. BPatG 14. 7. 1971, a. a. O., und BPatG 20. 10. 1971, a. a. O. Die Entscheidung über Akteneinsichtsanträge, denen der Anmelder nicht zugestimmt hat und die auch nicht unter § 24 Abs. 3 Satz 2 PatG n. F. fallen, stellt kein Geschäft i. S. des § 18 Abs. 5 PatG dar, das rechtlich keine Schwierigkeiten bietet; BPatG 27. 3. 1972, E 14, 14. Ist den Gründen eines Bescheides widersprochen worden, kann auch nach späterem Antrag auf Entscheidung nach Lage der Akten kein Formularbeschluß durch den Beamten des gehobenen Dienstes ergehen; BPatG 26. 9. 1971, E 13, 65. Im Einspruchsverfahren kann der Beamte des gehobenen Dienstes keinen Beschluß wegen Nichtvorlage der Vollmacht des Inlandvertreters ergehen lassen; BPatG 14. 3. 1972, Mitt. 1972, 175, 176. Entscheidungen über die Wirksamkeit einer Zurücknahmeerklärung und die Weiterbehandlung der Anmeldung sind dem zuständigen Prüfer vorbehalten; BGH 25. 1. 1972, GRUR 1972, 536, 537 – Akustische Wand. Ein Beschluß betr. Prioritätsverwirkung wegen nicht fristgerechter Vorlage einer Abschrift der Voranmeldung (§ 27 Satz 2 und 4) kann durch den Beamten des gehobenen Dienstes ergehen; BPatG 9. 10. 1972, Mitt. 1973, 79.

Nach früherer Rechtsprechung war schon geklärt, daß für die Ablehnung eines Fristgesuches mit Zurückweisung der Anmeldung der Beamte des gehobenen Dienstes nicht zuständig ist; BPatG 9. 1. 1963, E 4, 12 = Mitt. 1963, 152; PA 31. 1. 1957, Mitt. 1957, 93.

Gem. der WahrnVO nimmt der zuständige Beamte des gehobenen Dienstes als **Kostenbeamter** die Berechnung und Festsetzung der Höhe zu entrichtender Gebühren vor, die beim Patentamt, aber auch bei einer anderen ersuchten Behörde entstanden sein können, fordert auch einen Auslagenvorschuß an und ist für den Verzicht auf die Erhebung von Kosten gem. § 8 VwKostVO (s. § 22) zuständig.

Wegen der Tätigkeit der Beamten des gehobenen und mittleren Dienstes in der PatAbt. 01 s. § 28 Anm. 1.

F. Ausschließung und Ablehnung von Prüfern, Mitgliedern der Patentabteilung und von mit der Geschäftswahrnehmung betrauten Beamten

I. Allgemeines

12 Gem. § 18 Abs. 6 Satz 1 gelten die Bestimmungen der §§ 41 bis 44, 45 Abs. 2 Satz 2, §§ 47 bis 49 ZPO über die Ausschließung und Ablehnung der Gerichtspersonen sinngemäß auch für die Prüfer und die übrigen Mitglieder

der Patentabteilungen. Nach Satz 2 des Abs. 6 gilt das gleiche auch für die Beamten des gehobenen und des mittleren Dienstes, soweit sie nach Abs. 5 mit der Wahrnehmung der genannten Geschäfte betraut sind.

II. Ausschließung

13 Ausschließungsgründe kraft Gesetzes sind in § 41 ZPO angegeben. Der sonst häufige Fall, Mitwirkung in derselben Sache in einem früheren Rechtszug, fällt in der ersten Instanz praktisch fort; so auch BPatG 10. 4. 1967, E 9, 3. Daher sind Mitglieder des Patentamts durch eine frühere Mitwirkung als Richter an einer Entscheidung beim BPatG nicht gehindert, in der gleichen Sache am Verfahren vor der Patentabteilung mitzuwirken. So schon früher PA 6. 4. 1909, Bl. 1909, 205. Ebenso schließt allein die Mitwirkung in einem Patenterteilungs-Beschwerdeverfahren die Mitwirkung in einem dieselbe Erfindung betreffenden Gbm-Löschungs-Beschwerdeverfahren nicht aus; BGH 28. 7. 1964, E 6, 252 – Schrankbett; vgl. auch noch BGH 21. 12. 1962, GRUR 1963, 593, 594 – Radgehäuse. Nach PA 10. 3. 1902, Bl. 1902, 42 ist frühere Mitwirkung bei der Beschlußfassung in einer nicht veröffentlichten Anmeldung unschädlich für die Prüfung einer Neuanmeldung der gleichen Erfindung durch denselben Anmelder. Es verbleiben deshalb als Ausschließungsgründe in erster Linie das Bestehen eines verwandtschaftlichen Verhältnisses mit einem der Beteiligten und die frühere Mitwirkung als Zeuge oder Sachverständiger in derselben Angelegenheit. Zulässig ist frühere Mitwirkung als Sachverständiger in einem gerichtlichen Verfahren; PA 16. 12. 1910, Bl. 1911, 117.

III. Ablehnung

14 Ablehnungsgründe (§ 42 ZPO) sind sowohl die Fälle, in denen ein Richter von der Ausübung seines Amtes kraft Gesetzes ausgeschlossen ist, als auch Fälle wegen Besorgnis der Befangenheit. Es muß ein persönlicher Grund sein, der das Mißtrauen in die Unparteilichkeit des Richters rechtfertigt; PA 16. 12. 1910, a. a. O.; vgl. auch PA 10. 3. 1902, a. a. O. Für die Frage der Befangenheit ist zu prüfen, ob der objektiv festgestellte Umstand, vom Standpunkt des Antragstellers aus gesehen (insofern subjektiv), die Besorgnis rechtfertigt; ebenso PA 15. 1. 1932, Mitt. 1932, 218. Aus der vorläufigen Meinungsäußerung des Berichterstatters in einem Zwischenbescheid kann kein Beteiligter eine Besorgnis der Befangenheit herleiten; BPatG 19. 6. 1970, Mitt. 1970, 155. Es wird noch hingewiesen auf: PA 19. 11. 1931, Mitt. 1933, 31 (Ablehnung wegen angeblich sachlicher Unzuständigkeit; vgl. hierzu auch BGH 26. 10. 1962, BHGZ 38, 166 = Bl. 1963, 41 = GRUR 1962, 129 – Kunststoff-Tablett);

PA 15. 1. 1932, Mitt. 1932, 218; PA 21. 1. 1930, Bl. 1930, 38 (Vorwurf mangelnder Sachkunde kein Ablehnungsgrund);

PA 21. 1. 1930, Bl. 1930, 38 = GRUR 1930, 434 (Vertreter des Anmelders besitzt kein persönliches Ablehnungsrecht; vgl. hierzu Rongen, Mitt. 1930, 274 und Mitt. 1932, 241; Schack, GRUR 1930, 383);

PA 6. 6. 1939, Mitt. 1941, 188 (bloße Tatsache, daß ein Richter an einer dieselbe Frage betreffenden Entscheidung teilgenommen hat oder sonst eine bestimmte **Rechts**auffassung über die gleiche Frage kundgetan hat, kann **in der Regel** kein Grund für Annahme der Parteilichkeit sein);

PA 25. 4. 1954, Mitt. 1958, 243 (als Beleidigung aufgefaßte Äußerungen des Prüfers gegenüber dem Patentanwalt geben dem Anmelder kein Ab-

Keine Besorgnis der Befangenheit kann aus der Mitwirkung eines Prüfers bei der Entscheidung über die Löschung eines Gbm für die Mitwirkung bei der Entscheidung über die Erteilung eines Patents für den gleichen Gegenstand hergeleitet werden; BPatG 13. 6. 1962, E 2, 85 = Bl. 1962, 305; BPatG 3. 10. 1962, E 2, 86.
lehnungsrecht).

Ablehnung geht verloren, wenn die Beteiligten trotz Kenntnis des Ablehnungsgrundes sich in eine Verhandlung eingelassen haben (§ 43 ZPO); vgl. PA 22. 9. 1930, Bl. 1930, 258.

Ablehnungsgesuch ist entsprechend § 44 ZPO bei der Prüfungsstelle bzw. der Patentabteilung anzubringen; es kann auch vor der zuständigen Geschäftsstelle zu Protokoll gegeben werden. Der Ablehnungsgrund ist glaubhaft zu machen. Der abgelehnte Prüfer bzw. das Mitglied der Abteilung (gegebenenfalls auch der Vorsitzende bzw. das ganze Kollegium) hat sich über den Ablehnungsgrund dienstlich zu äußern; § 44 Abs. 3 ZPO.

Selbstablehnung sämtlicher Mitglieder einer Spruchstelle ist begründet, wenn in der zu entscheidenden Sache ein Mitglied als Erfinder genannt ist; BPatG 15. 7. 1969, E 10, 229.

IV. Entscheidung über das Ablehnungsgesuch

15 Keine Entscheidung ist nötig, wenn es der Abgelehnte für begründet hält. Der Vorsitzende der Patentabteilung muß einen anderen Prüfer bestellen; in erster Linie wird wohl der ständige Vertreter in Betracht kommen. Wird der Prüfer einer Prüfungsstelle abgelehnt, so hat gem. § 18 Abs. 6 Satz 3 die Patentabteilung über den Antrag zu entscheiden, soweit es einer Entscheidung bedarf. Die Entscheidung ist nicht selbständig anfechtbar, BPatG 22. 6. 1962, Bl. 1962, 350. Wird ein Mitglied des »Spruchkörpers Patentabteilung« abgelehnt, so entscheidet gem. § 45 Abs. 1 ZPO das Kollegium, das zuvor durch ein anderes Mitglied zu vervollständigen ist. Anstelle des etwa abgelehnten Vorsitzenden tritt sein Stellvertreter. Bei Ablehnung des

ganzen Kollegiums muß der Präsident ein anderes Kollegium bestellen, das über das Ablehnungsgesuch befinden muß.

Wegen Einzelheiten vgl. die Bestimmungen der Zivilprozeßordnung und die einschlägigen Kommentare dazu; ferner Bernatz, Ausschließung und Ablehnung von Beamten des Deutschen Patentamts und von Richtern des Bundespatentgerichts, Mitt. 1968, 30; Swarzenski, JW 1956, 176; vgl. auch Becher, Befangenheit beim Patentamt, GRUR 1969, 206.

G. Hinzuziehung von Sachverständigen

Die Hinzuziehung von außenstehenden Sachverständigen im Verfahren 16
vor der Patentabteilung wird in der Regel nicht in Betracht kommen, weil die Mitglieder des Kollegiums im allgemeinen selbst über ausreichende Sachkunde verfügen werden. Die Zuziehung anderer Mitglieder des Patentamts könnte dann von Bedeutung sein, wenn ausnahmsweise eine spezielle Sachfrage für die Entscheidung eine Rolle spielt, über die nur ein anderes Mitglied der Abteilung oder ein Mitglied einer anderen Abteilung eine ganz besondere Kenntnis hat. Vgl. § 33 Anm. 15 a und Kisch S. 280 III. Ebenso Ballhaus in Benkard § 18 Anm. 12 und Neumar in Reimer § 18 Anm. 9. Nach § 18 Abs. 7 dürfen Sachverständige, die nicht Mitglieder der Patentabteilung sind, zwar an den Beratungen teilnehmen, sie dürfen aber selbstverständlich nicht mit abstimmen. Ein hinzugezogener Sachverständiger kann aus denselben Gründen wie ein Richter (vgl. § 406 ZPO) abgelehnt werden.

H. Klassifikation, Dokumentation, Information

Zur **Vereinheitlichung der Patentklassifikation** wurde die **Europäische** 17
Übereinkunft über die Internationale Patentklassifikation vom 19. 12. 1954, Bl. 1955, 84 abgeschlossen. Wegen des Inkrafttretens der Übereinkunft für die BRD s. Bekanntm. vom 28. 5. 1956, Bl. 1956, 161. Die erste abgeänderte Fassung (s. Bl. 1956, 3–47) trat am 16. 12. 1961 in Kraft; s. Bl. 1965, 2. Eine nochmals geänderte und erweiterte Fassung ist am 1. 9. 1968 in Kraft getreten; Haertel, GRUR 1968, 459, 464; Bekanntm. 13. 11. 1969, Bl. 1969, 20. Zur Einteilung und zum Grundprinzip der Internationalen Patentklassifikation s. Haertel, GRUR Int. 1972, 65–68, Teil IV und Rubach, GRUR Int. 1968, 61, 64. Wegen des früheren deutschen Systems s. Rubach, Bl. 1952, 219. Mit der allmählichen Überführung der früheren deutschen Patentklassifikation in die Internationale Patentklassifikation wurde 1961 begonnen. **Bis Ende 1972 waren 38 % der internationalen** Feineinteilung Bestandteil des deutschen Klassenverzeichnisses. Der Rest soll bis 1975 umgeordnet sein. Dementsprechend sind auf sämtlichen

Druckschriften des Patentamtes die internationalen Symbole bis zur Untergruppe anzugeben, und der gesamte Prüfstoff des Patentamts (z. Z. etwa 10 Millionen Patentschriften) ist umzuklassifizieren und entsprechend umzuordnen; vgl. hierzu Haertel, GRUR 1968, 459, 464.

Zu der am 1. 9. 1968 in Kraft getretenen offiziellen Fassung der Internationalen Patentklassifikation in englischer und französischer Sprache (1968 in London veröffentlicht) erschien 1970 in Carl Heymanns Verlag eine dreibändige Ausgabe in deutscher Sprache; die Fassung wurde vom Sachverständigenausschuß für Patentwesen des Europarates gebilligt. Mittels einer Konkordanzliste (Carl Heymanns Verlag 1971) können beim Ausgehen von der deutschen Gruppeneinteilung der Patentklassen entsprechende Gruppen oder Gruppenbereiche der Int. Cl. ermittelt werden. Letzten Endes – z. B. in Klassifikationszweifelfällen – ist die englische Fassung maßgebend.

Um der Internationalen Klassifikation über den europäischen Rahmen hinaus einen **universellen Charakter** zu geben und um ihre Annahme auf weltweiter Ebene zu erleichtern, fand nach mehrjährigen Vorarbeiten in Straßburg eine Diplomatische Konferenz statt, die zu dem **Straßburger Abkommen über die Internationale Patentklassifikation vom 24. 3. 1971** führte. Eine amtliche deutsche Übersetzung ist in GRUR Int. 1972, 83 ff. und der dazugehörige Generalbericht a. a. O., 77 ff. abgedruckt. Vgl. hierzu den englischen Text mit einer vorangestellten Note, die vom International Bureau of WIPO stammt, in Industrial Property 1971, 94 ff. Das Abkommen wurde am Tage seines Datums von 16 Staaten (auch der BRD) unterzeichnet. Weitere Staaten haben bis zum 30. 9. 1971 (Zeichnungsschluß) unterzeichnet; s. Haertel, GRUR Int. 1972, 65, 67. Vgl. ferner Weiß, Berichte der 14. Jahrestagung Patentdokumentation, München 1972, 285 ff. Hierzu s. auch Anh. Anm. 10.

Die laufende Anpassung der Internationalen Patentklassifikation an die technische Entwicklung ist Aufgabe eines gemischten Ausschusses (Joint ad hoc Committee), dem fünf Staaten des Europarates und fünf Staaten der WIPO angehören. Die **erste Revision** der Internationalen Patentklassifikation soll im Laufe des Jahres 1974 abgeschlossen sein. Vordem wird die Konvention nicht in Kraft treten; bis dahin bleibt die Europäische Übereinkunft wirksam.

Im Jahre 1958 wurde auf Anregung der Deutschen Gesellschaft für Dokumentation ein **Ausschuß für Patentdokumentation** gegründet. Eine größere Anzahl Arbeitsgruppen zum Aufbau einer Fachdokumentation wurde gebildet. Dokumentationsmethoden und -mittel wurden entwickelt. Im DPA wurde 1959 eine zentrale Stelle zur Steuerung der Dokumentationsarbeit eingerichtet; s. Rubach, GRUR Ausl. 1965, 1, 5; Fricke, Mitt. 1959, 103. Zur internationalen Zusammenarbeit im Rahmen der ICIREPAT (s. auch Anhang Anm. 144) – International Cooperation in

Information Retrieval Among Examining Patent Offices – s. GRUR 1967, 474, 475. In GRUR 1971, 371 ist über Arbeiten des Ausschusses für Patentdokumentation berichtet worden; jährlich werden Berichtshefte veröffentlicht. Vgl. auch Brenner, GRUR Int. 1969, 46 und GRUR Int. Ber. 1970, 191. Zur Frage der Zugänglichmachung der Patentdokumentation für die Allgemeinheit vgl. Seibert, GRUR 1971, 402.

Nach dem »Bericht über die Ergebnisse und weitere Planung des Datenverarbeitungs-Projekts ›Informationssystem Deutsches Patentamt‹«, Beilage zum Bundesanz. Nr. 76 vom 23. 4. 1971, läßt es sich bezüglich der Text erschließenden Dokumentation (2.2.1) absehen, daß es auf dem Gebiet der technischen Information nicht gelingen wird, ein allgemeingültiges, für jeden Einzelfall zufriedenstellend arbeitendes System zu entwickeln. Es wird auch in großen Prüferkreisen die Auffassung vertreten, daß der in internationaler Zusammenarbeit (ICIREPAT) aufgestellte Plan bei weitem nicht erfüllt werden konnte (zeitaufwendig und wenig effektiv). Es wird über den Stand und das Ziel der Arbeiten und eine Meinungsumfrage betr. Klassifikationssysteme, Prüfstoff und Bedeutung bestimmter Recherchierhilfsmittel berichtet.

In »Berichte der 14. Jahrestagung des Ausschusses für Patentdokumentation« (Mai 1972) DGS-Schrift (APD – 1) 4/72 gibt Wittmann Aufschluß über die **Einteilung der Informationsmittel des DPA** (Ablage nach Erscheinungsdatum bzw. laufender Nummer; nach Klassifikationsgesichtspunkten (Prüfstoff); nach inhaltserschließenden Dokumentationssystemen). Die Unterbringungsschwierigkeiten des ständig anwachsenden Schrifttums führten zur Verwendung von Filmlochkarten, die sich sowohl für die Einsichtnahme als auch für die Rückvergrößerung eignen. In der Auslegehalle des DPA werden seit dem 1. 2. 1973 der Öffentlichkeit sämtliche seit **1. 10. 1968 erschienenen Schutzrechtsschriften als Filmlochkarten** zur Verfügung gestellt. Auch andere Patentämter wollen ihre Schutzrechtsschriften in gleicher Form herausgeben.

Über die Hälfte des technischen Schrifttums wird vorläufig weiterhin nur in konventioneller Ablage zur Verfügung stehen. Zunehmend wird dieser Teil aber durch inhalterschließende Dokumentationssysteme, die sehr kostspielig sind, erfaßt werden; vgl. hierzu Wittmann, a. a. O.

Zur Entwicklung ICIREPAT sind in dem genannten Berichtsheft Referate von Gehring und Weiß veröffentlicht. Sautter weist in seinem Referat auf die vom Gemeinschaftsausschuß der Technik (GdT) verabschiedete Entschließung zum **Aufbau einer gesetzlich verankerten Patentdokumentation** (hierzu GdT-Schrift Nr. 3/1971, Düsseldorf) hin und erläutert die notwendigen Vorarbeiten.

Das erwähnte Berichtsheft enthält weitere Referate zu Einzelfragen.

Als neue Aufgabe tritt die **Dokumentation von Rechtsentscheidungen** in Erscheinung. Aus den Entscheidungen werden aufgrund zunächst anzufertigender und laufend aufgrund praktischer Erfahrung zu ergänzender Begriffslisten die entsprechenden Stichworte festzuhalten sein. Bei der Herstellung der Begriffslisten sollte – soweit möglich – auf internationale Begriffe Rücksicht genommen werden. Über die z. Z. bestehende konventionelle Entscheidungs-Dokumentation beim BPatG und über weitere Pläne berichtet von Albert, Berichtsheft zur 14. Dokumentationstagung (s. oben), S. 159 ff. Am gleichen Ort, S. 165–193 ist auf die ausführliche Darstellung über die Rechtsprechungsdokumentation im Juristischen Informationssystem von Uhlig hinzuweisen. Wegen der Aussuchmöglichkeiten von Informationen vgl. Steinbuch, Taschenbuch der Nachrichtenverarbeitung, 2. Aufl. 1967, S. 1235–1340.

Wegen **Information** (Veröffentlichungen des Patentamts) vgl. § 24 Anm. 30–38.

Hinweis betr. die gestrichenen Paragraphen 19 bis 21

Die §§ 19 bis 21 in der Fassung von 1953 wurden durch das 6. ÜG von 1961 gestrichen; vgl. im einzelnen Begr. zum 6. ÜG, Bl. 1961, 140, 145, 146. Der Große Senat (§ 19) entfiel wegen der neuen Möglichkeit der Erhebung der Rechtsbeschwerde (§§ 41 p ff. PatG n. F.). Die Bestimmungen des § 20 (Begründungszwang) wurden teilweise in § 34 Abs. 1 n. F. und teilweise in § 41 i Abs. 2 n. F. übernommen. Die Regelung des § 21 (kostenfreie reine Rechtsbeschwerde und die Möglichkeit der Abhilfe der Beschwerde durch die erste Instanz) wurde in § 36 l Abs. 1, 4 und 5 n. F. übernommen.

§ 19
(weggefallen)

§ 20
(weggefallen)

§ 21
(weggefallen)

§ 22

(1) Der Bundesminister der Justiz regelt die Einrichtung und den Geschäftsgang des Patentamts und bestimmt durch Rechtsverordnung die Form des Verfahrens, soweit nicht durch Gesetz Bestimmungen darüber getroffen sind.

(2) Der Bundesminister der Justiz wird ermächtigt, durch Rechtsverordnung zur Deckung der durch eine Inanspruchnahme des Patentamts entstehenden Kosten, soweit nicht durch Gesetz Bestimmungen darüber getroffen sind, die Erhebung von Verwaltungskosten anzuordnen, insbesondere

1. **zu bestimmen, daß Gebühren für Bescheinigungen, Beglaubigungen, Akteneinsicht und Auskünfte sowie Auslagen erhoben werden,**
2. **Bestimmungen über den Kostenschuldner, die Fälligkeit von Kosten, die Kostenvorschußpflicht, Kostenbefreiungen, die Verjährung und das Kostenfestsetzungsverfahren zu treffen.**

Durch das Kostenermächtigungs-Änderungsgesetz vom 23. 6. 1970, BGBl. I S. 805 = Bl. 1970, 205, vgl. Art. 8, S. 807/808, wurde § 22 des PatG in der Fassung vom 2. 1. 1968 geändert, weil wegen BVerfG 11. 10. 1966, BVerfGE 20, 57 = NJW 1967, 339 zahlreiche Ermächtigungen in Bundesgesetzen zum Erlaß von Gebührenvorschriften verfassungsrechtlich zweifelhaft geworden waren; sie bedurften einer Konkretisierung. Vgl. hierzu Schulte, Mitt. 1970, 141.

In § 22 ist eine Reihe Ermächtigungen enthalten, durch die der Gesetzgeber dem Bundesjustizminister die Befugnis übertragen hat, die Einrichtung und den Geschäftsgang des Patentamts zu regeln und Rechtsverordnungen hierzu – auch wegen Erhebung der Verwaltungskosten – zu erlassen, soweit nicht entsprechende gesetzliche Regelungen vorliegen.

Dementsprechend sind ergangen:

Die **DPAVO vom 5. 9. 1968,** BGBl. I 997 = Bl. 1968, 278, in der – soweit es sich um das Patentamt handelt – u. a. angeordnet ist, daß der Präsident den Geschäftskreis der Patentabteilungen und Prüfungsstellen bestimmt und über die Zugehörigkeit der einzelnen Sachen zu den Patentklassen und Unterklassen entscheidet. Weiter ist das Verfahren vor dem Patentamt geregelt. In den allgemeinen Vorschriften der VO ist bestimmt, daß der Präsident den gesamten Geschäftsbetrieb des Patentamts leitet und beaufsichtigt und daß der Präsident auf eine gleichmäßige Behandlung der Geschäfte und auf die Beobachtung gleicher Grundsätze hinzuwirken hat. Ferner sind Regelungen betreffend die Annahme der Geschäftssachen und die Akteneinsicht getroffen. Letztgenannte kann danach auch unter Ausgabe von Mikrofilmen gewährt werden.

Die Vorschrift des § 16 Abs. 2 DPAVO stellt verschiedene Formen der Kenntlichmachung der Herkunft der Bescheide zur Wahl und überläßt damit die Auswahl der jeweils zu verwendenden Kennzeichnung dem pflichtgemäßen Ermessen des Patentamts; BGH 11. 3. 1971, BGHZ 56, 7 = Bl. 1971, 196, 199 = GRUR 1971, 246 – Hopfenextrakt-Computerbescheide. § 16 Abs. 2 DPAVO bezieht sich aber nicht auf anfechtbare Entscheidungen; hierfür gilt § 34 PatG.

Unter **»Abdruck« des Dienstsiegels** ist entsprechend BPatG 3. 4. 1970, Bl. 1970, 196, 199 nicht nur die Anbringung des Dienstsiegels durch den zuständigen Beamten nach Fertigstellung des Schriftstückes zu verstehen, sondern auch dessen drucktechnische Wiedergabe; BGH 11. 3. 1971, a. a. O., unter IV. Soweit § 16 Abs. 2 DPAVO die **Angabe des Namens des Zeichnungsberechtigten** regelt, kann der Name des Zeichnungsberechtigten auch mit drucktechnischen Mitteln auf dem Schriftstück angebracht und mithin auf dem Schriftstück vorgedruckt werden; BGH 11. 3. 1971, a. a. O. Da nach § 16 Abs. 2 DPAVO der Abdruck des Dienstsiegels genügt, hat im Sinne des § 2 Abs. 1 Satz 1 VwZG jedes ordnungsgemäß vom Patentamt hergestellte Schriftstück, das mit dem Abdruck des Dienstsiegels versehen ist, den Charakter der »Urschrift«; BGH 11. 3. 1971, a. a. O. Zur Regelung in § 16 Abs. 2 DPAVO vgl. auch § 11 Anm. 11.

Weitere Vorschriften sind aus der VO zu entnehmen. Im einzelnen sind die Bestimmungen im Zusammenhang mit den in Betracht kommenden Paragraphen des PatG behandelt.

Die Verordnung über Verwaltungskosten beim Deutschen Patentamt gilt nunmehr in der **Fassung vom 26. 6. 1970,** BGBl. I S. 835 = Bl. 1970, 210. Das **Kostenverzeichnis** befindet sich in der Anlage, a. a. O., S. 837/838. Die VO ist am 1. 7. 1970 in Kraft getreten. Wegen der Vorgeschichte, des Anwendungsbereiches und der Einzelbestimmungen s. Schulte, Mitt. 1970, 141. Gegenüber der alten VwKostVO vom 9. 5. 1961, Bl. 1961, 205 stellt die neue VO eine Vereinfachung dar; die Höhe der entstehenden Kosten ist vorher genau erkennbar, so daß diese mit dem Antrag mittels Gebührenmarken entrichtet werden können. Nach § 5 VwKostVO werden die Gebühren mit Stellung des Antrags auf Vornahme der gebührenpflichtigen Amtshandlung fällig. Bei schriftlichen Anträgen ist der Zeitpunkt des Eingangs beim PA für die Fälligkeit maßgeblich. Auslagen werden sofort nach ihrer Entstehung fällig. Vgl. hierzu auch BPatG 28. 2. 1964, E 5, 226. Im einzelnen s. Schulte, Mitt. 1970, 141, 143 unter II 3. Wegen des unbestimmten Rechtsbegriffs »bei richtiger Behandlung der Sache« (§ 7 Abs. 1 VwKostVO) vgl. § 36 a Anm. 7. Vgl. auch Anmerkung am Schluß.

In § 20 DPAVO ist bestimmt, daß u. a. die in § 18 Abs. 5 (Wahrnehmung bestimmter Geschäfte durch Beamte des gehobenen und mittleren Dienstes), § 26 Abs. 3 (Anmeldebestimmungen) und § 36 Abs. 4 (Nennung des Erfinders) enthaltenen **Ermächtigungen auf den Präsidenten des Patentamtes übertragen** werden (s. unten).

Eine **weitere Ermächtigung** für den Bundesjustizminister ist in § 2 a des **Gesetzes über die Gebühren** des Patentamts und des Patentgerichts in der Fassung vom 2. 1. 1968 (BGBl. I S. 39 = Bl. 1968, 44) enthalten. Danach kann der Bundesjustizminister durch Rechtsverordnung Bestimmungen darüber erlassen, welche Zahlungsformen der Barzahlung gleichgestellt werden.

Dementsprechend ist ergangen: die **VO über die Zahlung der Gebühren** des DPA und BPatG vom 5. 9. 1968, BGBl. 1968, I S. 1000 = Bl. 1968, 280.

Schließlich ist noch auf die **Ermächtigung im § 28 a Abs. 8 PatG** hinzuweisen, durch die der Bundesjustizminister ermächtigt wird, durch Rechtsverordnung zu bestimmen, daß die Recherche auch an einer anderen Stelle als der Prüfungsstelle durchgeführt wird, daß unter bestimmten Voraussetzungen gegenseitige Unterrichtungen über das Prüfungsergebnis mit ausländischen oder zwischenstaatlichen Stellen erfolgen können und daß die Prüfung der Patentanmeldungen nach § 28 und andere Funktionen ganz oder teilweise anderen Stellen des Patentamts als den Prüfungsstellen oder Patentabteilungen übertragen werden. Dementsprechend ist ergangen: **VO zu § 28 a** des PatG vom 1. 10. 1968, BGBl. I S. 1042 = Bl. 1968, 302. Im einzelnen vgl. § 28 a Anm. 12.

Aufgrund der ihm vom Bundesjustizminister übertragenen Ermächtigungen hat der **Präsident des DPA folgende Verordnungen** erlassen:

VO über die Wahrnehmung einzelner den Prüfungsstellen, der Gebrauchsmusterabteilung oder den Abteilungen des DPA obliegender **Geschäfte durch Beamte des gehobenen und des mittleren Dienstes** vom 22. 5. 1970, BGBl. I Nr. 50, S. 636 = Bl. 1970, 201. Im einzelnen vgl. § 18 Anm. 11.

Anmeldebestimmungen für Patente vom 30. 7. 1968, BGBl. 1968, I S. 1004 = Bl. 1968, 282. Im einzelnen vgl. § 26 Anm. 79.

Bestimmungen über die Nennung des Erfinders vom 16. 10. 1954, BAnz. Nr. 217 = Bl. 1954, 387. Im einzelnen vgl. § 36 Anm. 2, 3.

Anmerkung: Durch das Kostenermächtigungs-Änderungsgesetz vom 23. 6. 1970, BGBl. I 805 wurde das vorsorglich erlassene entsprechende Gesetz vom 22. 7. 1969, BGBl. I S. 901 = Bl. 1969, 264 aufgehoben. Der in dem aufgehobenen Gesetz für das Patentgesetz in Betracht kommende Art. III Nr. II 1 trat am 1. 7. 1970 wieder außer Kraft.

§ 23

(1) **Das Patentamt ist verpflichtet, auf Ersuchen der Gerichte oder der Staatsanwaltschaften über Fragen, die Patente betreffen, Gutachten abzugeben, wenn in dem Verfahren voneinander abweichende Gutachten mehrerer Sachverständiger vorliegen.**

(2) **Im übrigen ist das Patentamt nicht befugt, ohne Genehmigung des Bundesministers der Justiz außerhalb seines gesetzlichen Geschäftskreises Beschlüsse zu fassen oder Gutachten abzugeben.**

ÜBERSICHT

A. Allgemeines

1 Die Abgabe von Obergutachten seitens des Patentamts ist in der Praxis recht selten. Zur Einholung eines Obergutachtens sind Gerichte und Staatsanwaltschaften nicht verpflichtet; RG 20. 6. 1905, Bl. 1905, 241. Die im Obergutachten vertretene Auffassung bindet das Gericht nicht; § 286 ZPO.

B. Voraussetzungen für Gutachtenerstattung

2 Die Verpflichtung des Patentamts, gem. § 23 Abs. 1 als Obergutachter tätig zu werden, hat zur Voraussetzung:

a) Das Ersuchen eines Gerichts oder einer Staatsanwaltschaft muß vorliegen.

b) Es muß sich um Fragen handeln, die bundesdeutsche Patente betreffen. Zu diesen sind hier auch bekanntgemachte Patentanmeldungen zu rechnen; so auch Reimer, § 23 Anm. 1. Die Fragen müssen überwiegend technischer Natur sein; vgl. hierzu RG 31. 3. 1914, MuW XIV (1915), 365. Dabei wird selbstverständlich die patentrechtliche Beurteilung des technischen Tatbestands i. S. von Patentfähigkeit, Identität und Äquivalenz nicht auszuschließen sein; so auch Ballhaus in Benkard § 23 Anm. 2.

c) Es müssen in dem betreffenden Verfahren voneinander abweichende Gutachten mehrerer Sachverständiger vorliegen. Es muß sich um auf Ersuchen des Gerichts erstattete Gutachten, nicht um Privatgutachten handeln; RG 11. 2. 1914, MuW XIV (1914), 8, 9; ebenso PA 16. 11. 1950, Bl. 1951, 30 = GRUR 1951, 71; Ballhaus in Benkard § 23 Anm. 1; Busse § 23 Anm. 6; Klauer/Möhring § 23 Anm. 2. A. M. Lindenmaier, 4. Aufl. dieses Kommentars S. 343; Reimer mit ausführlicher Begründung, § 23 Anm. 1; Tetzner § 23 Anm. 3. Diese Auffassung ist dann berechtigt, wenn der gerichtliche Sachverständige im Gegensatz zu einem renommierten Privatgutachter der patentrechtlichen Seite in seinem Gutachten nicht genügend Beachtung geschenkt hat. Das ist oft Veranlassung für die Erstattung von Privatgutachten. Durch eine etwas freiere Handhabung könnte mitunter der Gefahr von Fehlentscheidungen vorgebeugt werden. Vgl. hierzu auch RG 3. 1. 1920, GRUR 1920, 56 mit Anm. von Osterrieth.

C. Zuständige Stelle und Verfahrenshandhabung

3 Bis zum Jahr 1961 gehörte die Abgabe von Gutachten i. S. von § 23 gem. § 3 Abs. 2 DPAVO, Bl. 1953, 293 zu den Aufgaben der Beschwerdesenate. Da mit der Gerichtseigenschaft der Beschwerdesenate eine solche Gutachtertätigkeit nicht vereinbar erscheint, wurde diese den Patentabteilungen innerhalb ihrer Geschäftskreise übertragen; Begrdg. zum 6. ÜG Bl. 1961, 145. **Zuständig** ist die sachlich zuständige Patentabteilung. Die Berichterstattung wird in der Regel das nach der Geschäftsverteilung zuständige technische Mitglied übernehmen. Alle zur Aufklärung notwendigen Ermittlungen sind zulässig. Die Abteilung muß über das Gutachten beraten und beschließen. In § 4 Abs. 1 Nr. 2 DPAVO vom 5. 9. 1968 in Verbindung mit Abs. 2 ist bestimmt, daß bei der Beratung und Abstimmung in einer Sitzung der Patentabteilung, durch die die Abgabe eines Gutachtens abgelehnt wird, ein rechtskundiges Mitglied hinzutreten soll, falls keiner der Mitwirkenden zu den rechtskundigen Mitgliedern gehört; das wird in der Regel der Fall sein. Bei der Ablehnung einer Gutachtenerstattung kann es sich nur darum handeln, daß entweder eine nicht berechtigte Stelle um Abgabe eines Gutachtens ersucht oder daß um Gutachtenerstattung in Fragen ersucht wird, für die das Patentamt nicht zuständig ist. Nicht zuständig ist das Patentamt z. B. in Nichtigkeitssachen und in reinen Rechtsfragen.

Eine Befugnis zur Erteilung von Abschriften des Obergutachtens an Parteien oder Dritte besteht nicht; vgl. PA 4. 7. 1912, MuW XII (1912), 104. Nach RG 2. 4. 1921, Bl. 1921, 157 findet keine mündliche Erläuterung des Gutachtens durch ein Mitglied des PA statt; ebenso Ballhaus in Benkard, § 23 Anm. 2; a. M. Lindenmaier in der 4. Aufl. dieses Kommentars § 23 Anm. 3 und Reimer § 23 Anm. 3.

D. Gutachten außerhalb des Geschäftskreises

Außerhalb seines Geschäftskreises ist gem. Abs. 2 das Patentamt nicht befugt, ohne Genehmigung des Bundesministers der Justiz Beschlüsse zu fassen oder Gutachten abzugeben. Deshalb sollten Äußerungen zu patentrechtlichen Fragen, die mit dem Erteilungsverfahren nichts zu tun haben, unterlassen werden, weil sie u. U. als gutachtliche Äußerung angesehen werden könnten. Die anläßlich eines Akteneinsichtsantrags getroffene Feststellung der Möglichkeit eines Eingriffs in das Schutzrecht stellt aber kein Rechtsgutachten i. S. § 18 Abs. 2 (jetzt § 23) dar; PA 15. 4. 1931, Bl. 1931, 93, 94; PA 2. 9. 1931, Mitt. 1931, 263, 264. 4

Spiess, GRUR 1956, 146, 152 hat die Schaffung gesetzlicher Grundlagen angeregt, die ein Ersuchen an das Patentamt um gutachtliche Äußerung aufgrund eines Beweisbeschlusses des Gerichts ermöglichen sollen.

Wegen **außerdienstlicher Abgabe von Gutachten** aktiver Beamter vgl. § 62 und § 65 BBG vom 14. 7. 1953 und VO über die Nebentätigkeit von Beamten 1937/51. Gelegentlich ist vom BJM eine Genehmigung erteilt worden; Voraussetzung ist, daß ein Konflikt mit dem dienstlichen Aufgabenkreis des Betreffenden ausgeschlossen erscheint. Vgl. hierzu im einzelnen noch Reimer § 23 Anm. 6.

§ 24

(1) Das Patentamt führt eine Rolle, die den Gegenstand und die Dauer der erteilten Patente sowie den Namen und Wohnort der Patentinhaber und ihrer etwa bestellten Vertreter (§ 16) angibt. Auch sind darin Anfang, Ablauf, Erlöschen, Anordnung der Beschränkung, Erklärung der Nichtigkeit und Zurücknahme der Patente zu vermerken.

(2) Das Patentamt vermerkt in der Rolle eine Änderung in der Person des Patentinhabers oder seines Vertreters, wenn sie ihm nachgewiesen wird. Mit dem Antrag ist eine Gebühr nach dem Tarif zu zahlen; wird sie nicht gezahlt, so gilt der Antrag als nicht gestellt. Solange die Änderung nicht eingetragen ist, bleiben der frühere Patentinhaber und sein früherer Vertreter nach Maßgabe dieses Gesetzes berechtigt und verpflichtet.

(3) Das Patentamt gewährt jedermann auf Antrag Einsicht in die Akten sowie in die zu den Akten gehörenden Modelle und Probestücke, wenn und soweit ein berechtigtes Interesse glaubhaft gemacht wird. Jedoch steht die Einsicht in

1. die Rolle,
2. die Akten von nicht bekanntgemachten Patentanmeldungen, wenn seit dem Tag der Einreichung der Anmeldung oder, sofern für die Anmeldung ein früherer Zeitpunkt als maßgebend in Anspruch genommen wird, seit diesem Zeitpunkt achtzehn Monate verstrichen sind und ein Hinweis gemäß Absatz 4 veröffentlicht worden ist,
3. die Akten bekanntgemachter Patentmeldungen und
4. die Akten erteilter Patente einschließlich der Akten von Beschränkungsverfahren (§ 36 a)

sowie in die zu den Akten gehörenden Modelle und Probestücke jedermann frei. In die Benennung des Erfinders (§ 26 Abs. 6) wird, wenn der vom Anmelder angegebene Erfinder es beantragt, Einsicht nur nach Satz 1 gewährt; § 36 Abs. 1 Satz 4 und 5 ist entsprechend anzuwenden. In die Akten von Patentanmeldungen und Patenten, für die gemäß § 30 a jede Bekanntmachung unterbleibt, kann das Patentamt nur nach Anhörung der zuständigen obersten Bundesbehörde Einsicht gewähren, wenn und soweit ein besonderes schutzwürdiges Interesse des Antragstellers die Gewährung der Einsicht geboten erscheinen läßt und hierdurch eine Gefährdung des Wohls der Bundesrepublik Deutschland oder eines ihrer Länder nicht zu erwarten ist.

(4) Das Patentamt veröffentlicht die Beschreibungen und Zeichnungen, auf Grund deren die Patente erteilt worden sind (Patentschriften), regelmäßig erscheinende Übersichten über die Eintragungen in die Rolle, soweit sie nicht nur den regelmäßigen Ablauf der Patente betreffen, und Hinweise auf die Möglichkeit der Einsicht in die Akten noch nicht bekanntgemachter Patentanmeldungen (Patentblatt). Das Patentamt kann

auch den Inhalt der nach Absatz 3 Nr. 2 jedermann zur Einsicht freistehenden Akten veröffentlichen. § 30 a Abs. 1 bleibt unberührt.

(5) Von der Veröffentlichung des Hinweises gemäß Absatz 4 Satz 1 an kann der Patentsucher von demjenigen, der den Gegenstand der Anmeldung benutzt hat, obwohl er wußte oder wissen mußte, daß die von ihm benutzte Erfindung Gegenstand der Anmeldung war, eine nach den Umständen angemessene Entschädigung verlangen; für die Zeit bis zur Bekanntmachung der Anmeldung sind Ansprüche nach § 47 Abs. 1 und 2 ausgeschlossen. Der Anspruch besteht nicht, wenn der Gegenstand der Anmeldung offensichtlich nicht patentfähig ist. § 48 Satz 1 ist entsprechend anzuwenden.

(6) In der Patentschrift sind die Druckschriften anzugeben, die das Patentamt zur Abgrenzung des Gegenstands der Anmeldung von dem Stand der Technik in Betracht gezogen hat.

Fassung PatG 1961

(1) Unverändert.

(2) Unverändert.

(3) Die Einsicht in die Rolle, die Beschreibungen, Zeichnungen, Modelle und Probestücke, auf Grund deren die Patente erteilt worden sind, steht jedermann frei, soweit es sich nicht um ein Patent handelt, das gemäß § 30 a nicht bekanntgemacht worden ist. In die Akten bekanntgemachter Patentanmeldungen und erteilter Patente sowie die dazugehörenden sonstigen Modelle und Probestücke wird Einsicht nur auf Antrag gewährt. Vor der Entscheidung über den Antrag ist der Patentsucher oder Patentinhaber zu hören; die Einsicht wird nicht gewährt, wenn und soweit der Patentsucher oder Patentinhaber ein entgegenstehendes schutzwürdiges Interesse dartut. Das Patentamt kann nach Anhörung der zuständigen obersten Bundesbehörde auch in Akten von Patenten, die gemäß § 30 a nicht bekanntgemacht worden sind, Einsicht gewähren, wenn und soweit ein besonderes schutzwürdiges Interesse des Antragstellers die Gewährung der Einsicht geboten erscheinen läßt und hierdurch eine Gefährdung des Wohls der Bundesrepublik Deutschland oder eines ihrer Länder nicht zu erwarten ist.

(4) Das Patentamt veröffentlicht die Beschreibungen und Zeichnungen, auf Grund deren die Patente erteilt worden sind (Patentschriften), und regelmäßig erscheinende Übersichten über die Eintragungen in die Rolle, soweit sie nicht nur den regelmäßigen Ablauf der Patente betreffen (Patentblatt). § 30 a Abs. 1 bleibt unberührt.

(5) entspricht neuem (6).

ÜBERSICHT

A. Grundsatz der Öffentlichkeit

Um die Kenntnis der Erfindung tunlichst zu verbreiten, gilt der durch die Bestimmungen des § 24 verwirklichte Grundsatz der Öffentlichkeit. Als Mittel hierzu dienen: die Eintragung in die Patentrolle, die Bekanntmachung im Patentblatt, die Offenlegung der Anmeldungen, die weiteren Möglichkeiten einer Akteneinsichtnahme und die Veröffentlichung von Patentschriften. 1

B. Die Patentrolle (§ 24 Abs. 1 und 2)

I. Allgemeines zur Rolleneintragung

Die Eintragungen in die Patentrolle werden gemäß § 24 Abs. 1 teils von Amts wegen, teils gemäß § 24 Abs. 2 auf Antrag vorgenommen. Die Angaben im Tenor eines Erteilungsbeschlusses binden das PA sowohl für den Druck der Patentschrift wie für die Eintragung in die Patentrolle; BPatG 2. 11. 1962, E 2, 178. Die **Einsicht** in die Rolle steht gem. § 24 Abs. 3 Satz 2 Nr. 1 **jedermann frei. Rollenauszüge** können beantragt werden; wegen der Kosten s. im Kostenverzeichnis (unter Nr. 2) zur VwKostVO. Nicht eingetragen werden in diese Rolle Geheimpatente; vgl. §§ 30 a, 30 e Abs. 1; hierfür besteht gem. § 30 e Abs. 1 Satz 1 eine besondere Rolle. Ferner wird noch ein Sonderband der Patentrolle über Saarpatente geführt; vgl. Präs. Bestimmungen Bl. 1959, 285, und § 2 Ges. über die Eingliederung des Saarlands auf dem Gebiet des gewerblichen Rechtsschutzes vom 30. 6. 1959, Bl. 1959, 209. (S. vor § 17 Anm. 3.) 2

II. Berichtigung von Rolleneintragungen

Da Rolleneintragungen keine Rechtsentscheidungen sind, beschränkt sich die Änderungsbefugnis des Patentamts nicht auf Schreibfehler u. dgl. im Sinne von § 319 ZPO. Vgl. hierzu PA 30. 5. 1921, Mitt. 1921, 109. Auszunehmen sind Änderungen in der Person des Patentinhabers oder seines Vertreters. 3

III. Die einzelnen Rolleneintragungen

Bis 1968 war die Patentrolle nach Art eines Registers mit verschiedenen Spalten angelegt. Ab 1. 1. 1957 wurde sie mit dem Bekanntmachungsregister vereinigt; Bekm. Präs. 19. 10. 1956, Bl. 1956, 365. 4

Die **Patentrolle in der neuen Gestalt** (mit den AZ-Nummern ab 14 00 001; vgl. § 18 Anm. 4) ist **in Karteiform** angelegt. Die Kartei ist im Vorraum bei der Annahmestelle des DPA aufgestellt. Die Patentrolle gibt vollständige Auskunft über die gesetzlich vorgeschriebenen Eintragungen; darüber hinaus enthält sie noch weitere Informationen. Sie wird dauernd auf dem laufenden gehalten; einige Eintragungen sind aber mit einem Verzug von etwa zwei Wochen verbunden.

Sämtliche schwebenden Anmeldungen sind auf die neue Rollenform umgestellt. Die Rolleneintragungen betr. Patente mit Nummern über 1 000 001 (vgl. Anm. 33) sind aus den bisherigen Bänden in Karteiform umgetragen worden. Nur die alte Patentrolle mit Patentnummern ab 800 000 bis unter 1 000 000, also zu Patenten, zu denen keine Auslegeschriften erschienen sind, bleibt in der bisherigen Form bestehen.

Im einzelnen sind in der Patentrolle eingetragen:

Die Nummer des Aktenzeichens, das für die Offenlegungs- bzw. Auslege- bzw. Patentschrift gilt.

Die Patentklasse und Gruppe; gem. Mitt. Präs. 21. 1. 1966, Bl. 1966, 33 wird zusätzlich auch die internationale Klasse angegeben.

Name und Wohnort des Erfinders; die Eintragung entspricht der Forderung des § 36 Abs. 1.

Name und Wohnsitz des Anmelders und des Vertreters eines ausländischen Anmelders gem. § 16. Vertreter von Inländern sind nicht einzutragen. Bei einem ausländischen Anmelder mit einer Niederlassung im Gebiet der Bundesrepublik ist nicht nur die ausländische Firma, sondern auch deren deutsche Niederlassung in die Patentrolle einzutragen und bekanntzumachen; BPatG 6. 12. 1961, E 1, 60.

Die Bezeichnung des Anmeldungsgegenstandes entsprechend § 26 Abs. 1 Satz 3.

Die beanspruchte Unionspriorität nach Land und Zeit gem. den Angaben im Bekanntmachungsbeschluß. Gegebenenfalls ist auch eine Ausstellungspriorität zu vermerken. Wegen der Unterlassung der Bekanntgabe einer ursprünglich geltend gemachten Ausstellungspriorität auf Antrag vgl. BPatG 27. 2. 1963, E 3, 116, 118.

Der Tag der Anmeldung, gegebenenfalls der Patenterteilungstag.

Ergeben sich Änderungen der Eintragungen betr. Name und Wohnsitz des Inhabers und Vertreters gem. § 16 eines ausländischen Anmelders, z. B. bei erfolgter Umschreibung, oder betr. der Bezeichnung des Patentgegenstands, z. B. im Lauf des Verfahrens durch Beschränkung, so werden diese in der Rolle vermerkt.

In der neuen Rolle finden sich auch Vermerke betr. die Stellung eines Recherchenantrags, das Ergehen eines Recherchenberichts, den Offenlegungstag, die Stellung eines Prüfungsantrages, die Erhebung eines Einspruchs oder einer Beschwerde.

Weitere Rubriken sind vorgesehen für **Erledigungsvermerke,** wie Erlöschen wegen Verzichts oder Nichtzahlung einer fälligen Jahresgebühr oder Nichtbenennung des Erfinders, ferner für Vermerke betr. die Beschränkung (§ 36 a) oder die Nichtig- oder Teilnichtigerklärung des Patents. Auch vom Patentinhaber gegenüber dem Patentamt ausgesprochene Verzichte auf einzelne Ansprüche sind in der Rolle eingetragen; vgl. hierzu z. B. RG 15. 2. 1936, RGZ 150, 280.

Schließlich werden in der Rolle vermerkt die Abgabe einer Lizenzbereitschaftserklärung (§ 14), die Eintragung einer ausschließlichen Lizenz (§ 25), das Selbständigwerden eines Zusatzpatents (§ 10 Abs. 2) und Erstattungen zugunsten eines bedürftigen Anmelders (§ 11 Abs. 8). Zur Frage des Auseinanderfallens von formeller und materieller Berechtigung zur Abgabe der Lizenzbereitschaftserklärung s. § 14 Anm. 2. Ist eine Wiedereinsetzung in den einstweiligen Schutz gem. § 43 Abs. 5 erfolgt, wird auch das in der Rolle angegeben. Eintragung auf einen Sequester ist auf Antrag zulässig; PA 11. 1. 1961, Bl. 1961, 82. Vgl. auch Gr. Sen. PA 20. 1. 1931, Bl. 1931, 22 und Anm. 7.

Weitere Eintragungen werden nicht vorgenommen. Neumar in Reimer § 24 Anm. 2 befürwortet die Eintragung des Nießbrauchs, des Pfandrechts, der Pfändung und eines gerichtlichen Veräußerungsverbotes (§ 136 BGB). Wenngleich solche Eintragungen keine rechtsverbindliche Wirkung hätten, würden sie doch eine u. U. hilfreiche Information geben.

IV. Rechtliche Bedeutung der Rolleneintragung

Die Patentrolle gibt in erster Linie Auskunft darüber, wer dem Patentamt gegenüber berechtigt und verpflichtet ist; PA 11. 1. 1961, Bl. 1961, 82, 83; BGH 29. 9. 1964, GRUR 1965, 232. Die Eintragung in die Rolle hat nur Bekanntmachungs- und Legitimationsfunktion; BGH 27. 5. 1952, BGHZ 6, 272 = GRUR 1952, 564, 566. Unabhängig von der Rolleneintragung kann das Patentrecht durch bloßen formfreien Vertrag (§§ 398, 413 BGB) auf einen Dritten übertragen werden; RG 13. 2. 1911, RGZ 75, 225 = Bl. 1911, 218; RG 1. 11. 1916, RGZ 89, 81 = Bl. 1916, 153 = GRUR 1917, 81; RG 14. 12. 1929, RGZ 126, 280 = Bl. 1930, 102; RG 18. 4. 1936, RGZ 151, 129, 135 = Bl. 1937, 79, 81 = GRUR 1936, 558, 560. Die Eintragung in der Patentrolle hat somit keine materiellrechtliche rechtsbegründende Wirkung und ist daher in keiner Weise mit der Grundbucheintragung vergleichbar. Das Patentrecht entsteht allein mit dem Erteilungsbeschluß (§ 35), und es erlischt, wenn einer der Tatbestände des § 12 erfüllt ist, oder es wird ganz oder teilweise vernichtet, wenn einer der Tatbestände der §§ 13 bzw. 13 a erfüllt ist. Durch die Eintragung des 5

Ausspruchs teilweiser Vernichtung des Patents in die Patentrolle kommt zum Ausdruck, daß das Patent nur noch in beschränktem Umfang rechtlichen Bestand hat; RG 2. 2. 1943, RGZ 170, 346, 354, 355. Vgl. auch § 9 Anm. 5.

6 Die Übertragung des Patentrechts kann – wie gesagt – ohne Umschreibung in der Rolle vorgenommen werden. Dem Patentamt gegenüber bleibt aber – solange keine Umschreibung erfolgt ist – der Eingetragene berechtigt und verpflichtet. Diese Legitimationswirkung bedeutet daher Sachberechtigung und Sachverpflichtung. Sie gilt auch gegenüber den Gerichten; namentlich in Patentstreitverfahren.

Die Eintragung in der Patentrolle hinsichtlich des berechtigten Patentinhabers bietet somit keine Gewähr für die wirkliche Lage des sachlichen Rechts, sondern ist im Streitfall lediglich ein Beweisanzeichen. Der eingetragene Nichtberechtigte, welcher Schadensersatz wegen Patentverletzung einklagt, wird aber, wenn der Beklagte dies geltend macht (ähnlich wie bei Abtretung des rechtshängigen Anspruchs, vgl. RGZ 88, 7), den Klageantrag auf Zahlung an den sachlich Berechtigten stellen müssen. Stehen sich Berechtigter und Unberechtigter unmittelbar gegenüber, kann jedoch der berechtigte Patentinhaber gegen den eingetragenen Nichtberechtigten Ansprüche wegen Patentverletzung geltend machen, ohne gleichzeitig die Berichtigung der Patentrolle verlangen zu müssen; RG 6. 6. 1934, RGZ 144, 389 = Bl. 1934, 226 = GRUR 1934, 664. Ebenso wird angesichts der Übung des PA, bei Ausbringung von Pfändungen eine Umschreibung nicht mehr vorzunehmen, der wahre Patentinhaber trotz Nichteintragung als Kläger zuzulassen sein, wenn er von Pfändungsgläubigern des eingetragenen nichtberechtigten Inhabers die Einwilligung in die Umschreibung verlangt. Eine weitere Ausnahme bildet die Passivlegitimation der Erben des eingetragenen Patentinhabers; Kisch S. 290 Anm. 67. Wegen der Legitimation zum Antrag auf Wiedereinsetzung in den vorigen Stand wegen Versäumung der Zahlung der Jahresgebühr vgl. § 43 Anm. 6. Bei gelöschten Patenten kann die Legitimation auf jede Art erbracht werden; zu eng PA 9. 4. 1929, MuW 1929, 294, wonach auch bei gelöschten Patenten früher nicht vermerkte Änderungen in der Rolle zum Zwecke der Legitimation nachzutragen sind. Keine Maßgeblichkeit besitzt die Eintragung ferner für die Legitimation von Abtretungsempfängern, denen bestimmte Schadensersatzansprüche übertragen worden sind, hinsichtlich einer auf diese gerichteten Klage, ebenso nicht für die Legitimation eines früheren Patentinhabers hinsichtlich der Geltendmachung seiner Rechte aus der Zeit seiner Inhaberschaft; im einzelnen vgl. § 9 Anm. 5 ff.

Zum **Wesen der Umschreibungsbewilligung** vgl. Schlüter, GRUR 1953, 470.

V. Änderungsvermerk in der Patentrolle

1. Änderung der Person

Das Recht auf das Patent und der Anspruch aus dem Patent ist gem. § 9 PatG übertragbar. Die **Übertragung** richtet sich nach den Vorschriften des BGB (§§ 413, 398 ff.). Vor dem Patentamt gilt der Anmelder als Berechtigter; § 4 Abs. 1 PatG. Gem. § 24 Abs. 2 Satz 1 ist eine Änderung in der Person des Patentinhabers oder seines Vertreters in der Rolle zu vermerken, wenn sie dem Patentamt nachgewiesen wird. 7

Die **Person des Patentinhabers** ändert sich, wenn das Recht auf das Patent ganz oder teilweise auf ein anderes Rechtssubjekt übertragen wird (§ 9), z. B. auch bei angenommenem Verzicht zugunsten eines anderen; PA 31. 5. 1954, GRUR 1954, 396. Auch nach Erlöschen des Patents kann in diesem Falle noch Umschreibung verlangt werden; PA 9. 4. 1929, MuW 1929, 294. Die einstweilige Verfügung eines Gerichts kann das Patentamt zu keiner Eintragung in die Patentrolle veranlassen; PA 7. 12. 1898, Bl. 1899, 3; vgl. hierzu Reimer, § 24 Anm. 6 S. 886. Ist ein Schutzrecht durch einstweilige Verfügung auf einen Sequester übertragen, ist das Schutzrecht in der Rolle umzuschreiben, auch wenn der Sequester in seiner Verfügungsbefugnis beschränkt ist (keine Veräußerung, keine Löschung); PA 11. 1. 1961, Bl. 1961, 82.

Bei Änderung in der **Person des Anmelders** sind diese Grundsätze sinngemäß anzuwenden. Es hat ein entsprechender Vermerk in der Rolle zu erfolgen; PA Gr. Sen. 20. 1. 1931, Bl. 1931, 22; PA 17. 1. 1934, Mitt. 1934, 109.

Wegen **Sequestration** im gewerblichen Rechtsschutz vgl. v. Gamm, GRUR 1958, 172 und betr. Pfändung und Sequestration **ausländischer Patente** s. Schramm, GRUR 1958, 480.

Keine Änderung in der Person des Patentinhabers liegt vor bei Änderung der eingetragenen Firma; PA 14. 12. 1901, Bl. 1902, 177. Verneint wird eine Personenänderung auch bei Umwandlung einer AG in eine GmbH; PA 13. 5. 1938, Bl. 1938, 115. Dagegen wird sie bejaht bei Auflösung einer AG unter gleichzeitiger Errichtung einer oHG; PA 3. 6. 1937, Bl. 1937, 113 = GRUR 1937, 626. Bei Umwandlung einer AG in eine GmbH findet ebenfalls eine Änderung des Rechtssubjekts statt, die der Eintragung bedarf. Die Person des Patentinhabers ändert sich auch bei der Eintragung eines für ihn bestellten Treuhänders; PA Gr. Sen. 20. 1. 1931, Bl. 1931, 22.

Der Anteil eines von **mehreren Anmeldern** an der **gemeinschaftlichen Patentanmeldung** wird auch ohne Zustimmung der anderen Mitanmelder auf den Erwerber umgeschrieben; PA 15. 10. 1910, Bl. 1911, 195. Besteht aber gesamthänderische Bindung (§ 719 BGB), **Erbengemeinschaft** (§ 2032 BGB) oder dgl., so kann der einzelne nicht allein verfügen; Umschreibung ist nur mit Einwilligung aller möglich. Bei Verzicht eines Mitanmelders wächst in diesem Fall der Anteil den Mitanmeldern zu. Anders bei Übertragung des Mitanmelderteils; PA 14. 9. 1929, Bl. 1929, 251; s. § 3 Anm. 21, § 26 Anm. 8 u. Lüdecke, Erfindungsgemeinschaften S. 142 ff. Mit etwaiger Konkurseröffnung hat der Anmelder bzw. Patentinhaber das Verfügungsrecht an den Konkursverwalter verloren. Geht eine Firma in Liquidation, wird der Liquidator gesetzlicher Vertreter. Ein Patent kann auch aufgrund seiner Versteigerung umgeschrieben werden; PA 22. 12. 1932, Mitt. 1933, 30.

Die Person des **Inlandsvertreters** ändert sich, wenn anstelle des früheren Vertreters ein anderer bestellt wird. Gleichgültig ist dabei, ob die Löschung des früheren Vertreters zeitlich mit der Eintragung des neuen zusammenfällt. Auch wenn infolge Todes, Niederlegung oder Entziehung der Vollmacht der Vertreter weggefallen und dies in der Rolle vermerkt war, ist die Bestellung des neuen Vertreters als gebührenpflichtige Änderung anzusehen; PA 11. 1. 1937, MuW 1937, 314 = Mitt. 1937, 58; PA 26. 4. 1937, GRUR 1937, 179. Auch die Erben des Vertreters können den Antrag auf Löschung stellen. Stellt der bisherige oder neue Vertreter, wie zulässig, selbst den Antrag, so ist Einwilligungserklärung des Patentinhabers erforderlich; Reimer, § 24 Anm. 10. Auch bei Änderungen in der Person des Inlandsvertreters eines Patent**anmelders** gilt Entsprechendes; Reimer, § 24 Anm. 21.

Zur Umschreibung eines erloschenen Patents vgl. PA 9. 4. 1929, Mitt. 1929, 180.

2. Umschreibungserfordernisse

8 Das Patentamt beschäftigt sich nur mit den formellen Voraussetzungen für eine Umschreibung; PA 28. 5. 1936, Bl. 1936, 223 = MuW 1937, 47.

Ein **Umschreibungsantrag** kann vom bisherigen Anmelder oder Patentinhaber oder von seinem Rechtsnachfolger gestellt werden. Dem Antrag muß die Einverständniserklärung (**Umschreibungsbewilligung**) des bisher Berechtigten beigefügt sein; die Unterschrift muß notariell beglaubigt sein; PA 17. 1. 1934, Mitt. 1934, 109. Gelegentlich wurde auch nur polizeiliche Beglaubigung unter Beifügung des Dienstsiegels als ausreichend angesehen; PA 18. 9. 1939, Bl. 1939, 138. Bei einer Firma muß die Vertretungsberechtigung durch Handelsregisterauszug neuesten Datums oder in der notariellen Beglaubigung nachgewiesen sein. Die **Annahmeerklärung** des neuen Inhabers bedarf keiner Beglaubigung; PA 9. 11. 1906, Bl. 1907, 210. Falls der neue Inhaber eines Inlandsvertreters gem. § 16 bedarf, ist dessen Bevollmächtigung beizufügen. PA 17. 11. 1938, Bl. 1938, 211 fordert mit Recht vollen Nachweis der Änderung; aber Wahrung des Prinzips freier Beweiswürdigung entsprechend PA 28. 10. 1937, Bl. 1937, 195 = GRUR 1937, 1070. Wegen Umschreibung aufgrund eines notariell beglaubigten Abtretungsvertrages vgl. PA 7. 3. 1961, Mitt. 1961, 75. Nach PA 11. 1. 1937, MuW 1937, 314 = Mitt. 1937, 58 genügt als Antrag, wenn die erforderlichen Unterlagen dem Patentamt mit der erkennbaren Absicht überreicht worden sind, die Eintragung der Änderung zu veranlassen. Nach PA 9. 11. 1906, a. a. O. genügt es auch als Umschreibungsbewilligung, wenn derjenige, auf den das Patent umgeschrieben werden soll, den Umschreibungsantrag stellt. Zum **Nachweis der Erbfolge** zwecks Rollenumschreibung kommt in erster Linie Vorlage des Erbscheins in Betracht. Nur wenn ein gegenständlich beschränkter (§ 2369 BGB) Erbschein vorgelegt wird, kann dieser zu den Akten genommen werden. Vgl. auch Düsing, Mitt. 1954, 73, 74. Wird die Übertragungserklärung im Ausland ausgestellt, so muß sie den betreffenden ausländischen Erfordernissen entsprechen und im allgemeinen durch den deutschen Konsul oder Gesandten legalisiert sein. Keine Legalisation ist erforderlich aufgrund zwischenstaatlicher Vereinbarungen im Falle von Dänemark, Österreich und der Schweiz. Wegen **Unterschriftsbeglaubigung** und **Vertretungsbescheinigung** im In- und Ausland vgl. im einzelnen Zschucke, GRUR 1953, 71. Gemäß Haager Übereinkommen vom 5. 10. 1961, Bl. 1965, 230 und Bl. 1970, 205 kann jetzt zwischen Mitgliedsstaaten – soweit es für sie in Kraft getreten ist (vgl. Übersicht Stand 1. 1. 1972, Bl. 1972, 104) – Befreiung von der Legalisation ausländischer öffentlicher Urkunden gewährt werden; das hat besonders für ausländische Umschreibungsbewilligungen Bedeutung; s. auch Anh. 12. Der Text der Beglaubigungsbescheinigung für die Echtheit der Unterschrift und des Siegels (**Apostille**) ist vorgeschrieben. Die für die Erteilung zuständigen Behörden sind in den Bekanntmachungen vom 1. 4. 1970, Bl. 1970, 404 bzw. vom 26. 3. 1971, Bl. 1971, 186 angegeben. Nach Gesetz vom 21. 6. 1965 (geändert: 23. 6. 1970), Bl. 1965, 280 bzw. 1970, 205 ist das Übereinkommen für die Bundesrepublik am 13. 2. 1966, Bl. 1966, 121 in Kraft getreten. Wegen der Ausstellung der Apostille nach Art. 3 des Haager Übereinkommens s. VO vom 23. 2. 1966, geändert durch VO vom 27. 6. 1970, Bl. 1966, 70 bzw. Bl. 1970, 388. Für den Bereich des DPA und BPatG ist der Präsident des DPA zuständig. Wegen des Europäischen Übereinkommens betr. Befreiung von der Legalisation vgl. Anh. 12.

Da eine Umschreibungsbewilligung eine empfangsbedürftige Willenserklärung i. S. § 130 Abs. 1 Satz 1 BGB ist, wird sie nach Satz 2 nicht wirksam, wenn dem PA vorher oder gleichzeitig ein **Widerruf der Umschreibung** zugeht; so auch PA 1. 7. 1964, Mitt. 1964, 176. Dementsprechend ist die Handhabung gem. PA 2. 3. 1932, Bl. 1932, 116 (Widerruf möglich bis zur Ausführung der Umschreibung) überholt. Treten erst nachträglich Umstände auf, die einer Umschreibung im Wege gestanden hätten, so darf diese nicht rückgängig gemacht werden. Erfolgt die Rückumschreibung nicht, ist der Klageweg zu beschreiten; PA 2. 3. 1932, a. a. O. Zur Frage der **Aufhebung der Umschreibung** eines Schutzrechts (hier: WZ) und zur Bedeutung des »Nachweises« des Rechtsüberganges als Grundlage der Umschreibung vgl. BGH 5. 6. 1968, GRUR 1969, 43, 45 = Bl. 1969, 60 – Marpin.

3. Bedeutung der Rollenänderung im Verhältnis zum Patentamt

9 Für den Übergang des Patentrechts bedarf es keiner Eintragung in die Patentrolle; vgl. unter Anm. 5 (Rechtliche Bedeutung der Rolleneintragung). Gem. § 24 Abs. 2 Satz 3 bleiben aber der in der Rolle eingetragene Patentinhaber und sein Vertreter **»nach Maßgabe des Patentgesetzes«** so lange berechtigt und verpflichtet, wie eine Änderung nicht eingetragen ist. Um dies kundzumachen, muß die geschehene Änderung in beweisender Form zur Kenntnis des Patentamts gebracht werden; RG 14. 12. 1929, RGZ 126, 280; RG 18. 4. 1936, RGZ 151, 135. **»Berechtigt«** ist danach so aufzufassen, daß nur der in der Rolle Eingetragene Anträge z. B. auf Zurücknahme, Beschränkung stellen kann. **»Verpflichtet«** hat hauptsächlich Bedeutung für die Zahlung der Jahresgebühren. An den in der Rolle Eingetragenen werden z. B. Nachrichten mit Setzung von Zahlungsfristen i. S. von § 11 geschickt. Deshalb ist die Zurücknahme einer Patentanmeldung durch den ursprünglichen Anmelder auch dann wirksam, wenn die Anmeldung vorher auf einen Dritten übergegangen war, die Übertragung aber dem Patentamt bis zur Zurücknahme nicht angezeigt worden ist; BPatG 23. 11. 1962, E 3, 38; PA 20. 9. 1956, Bl. 1956, 356. In letztgenannter Entscheidung ist auf das besondere Rechtsverhältnis zwischen Anmelder und Patentamt hingewiesen, aufgrund dessen die das Verfahren betreffenden Handlungen gerade von dem Anmelder oder ihm gegenüber vorzunehmen sind. Wegen der **Bedeutung der Rolleneintragung bei einem Antrag auf Wiedereinsetzung** in die versäumte Frist zur Zahlung von Jahresgebühren vgl. BPatG 18. 1. 1963, E 3, 140, 141, 142; BPatG 4. 10. 1961, E 1, 126.

Mangelnde Verfügungsfähigkeit des Patentinhabers ist auch beim Bestehen von Pfändungspfandrechten anzunehmen; PA 27. 9. 1917, Bl. 1917, 100. **Vertragsmäßiges Pfandrecht** beschränkt die Verfügungsfähigkeit des Patentinhabers nicht. War das Patent an einen anderen abgetreten, so bedarf es zur Umschreibung auf diesen des Nachweises der Bewilligung des Eingetragenen; PA 11. 6. 1915, MuW 1915, 243.

Die Umschreibungsbewilligung kann durch Gerichtsurteil (ZPO § 894) oder durch ein den Erwerb in der Zwangsversteigerung erweisendes Protokoll ersetzt werden; PA 28. 5. 1936, Bl. 1936, 226.

4. Umschreibungsgebühr (§ 24 Abs. 2 Satz 2)

Für die beantragte Änderung der Person in der Patentrolle ist **mit dem Antrag** die **tarifmäßige Gebühr** zu zahlen. Bei Nichtzahlung gilt der Antrag als nicht gestellt. Die Gebühr beträgt nach dem GbmG vom 2. 1. 1968 20,– DM. Die Gebühr verfällt mit der Entgegennahme des ordnungsmäßigen Umschreibungsantrages. Bei Zurücknahme des Antrags keine Erstattung; PA 13. 7. 1953, Bl. 1953, 339 = GRUR 1953, 442. 10

Nacheinanderfolgende Übertragung erfordert bei Eintragung nur des letzten Erwerbers nur eine Gebühr; DRP 506 529, Mitt. 1937, 175. Gebührenpflicht besteht, wenn mit der Umschreibung der Firmenänderung zugleich ein früher vorgenommener Inhaberwechsel verlautbart wird; BPatG 3. 12. 1963, E 5, 71. Gleichzeitiger Wechsel des Patentinhabers und Vertreters erfordert nur eine Gebühr; PA 11. 1. 1937, Bl. 1937, 28.

Gebührenfrei ist gem. PA 13. 5. 1938, Bl. 1938, 115 die Umschreibung bei Umwandlung einer AG in eine GmbH. Auch wenn eine GmbH mit der AG, die bisher als Rechtsinhaberin in der Rolle eingetragen war, gem. § 249 AktG verschmolzen wird, liegen die Voraussetzungen für Gebührenpflicht nicht vor, weil sich an der Inhaberin durch die Verschmelzung als solche nichts geändert hat; BPatG 6. 7. 1965, E 7, 91. Wird aber eine neue Gesellschaft gebildet (§ 233 Nr. 2 AktG), ist die Umschreibung gebührenpflichtig; BPatG 6. 7. 1965, a. a. O. Gebührenfrei ist die Umschreibung in der Firmenbezeichnung, im Wohnsitz usw.; PA 27. 4. 1918, Bl. 1918, 50.

C. Akteneinsicht (§ 24 Abs. 3)

Gem. § 41 o gilt für die Gewährung der Akteneinsicht durch das Patentgericht an Dritte § 24 Abs. 3 entsprechend; im einzelnen s. § 41 o Anm. 6 ff.

I. Bestimmungen betr. die Akteneinsicht gem. PatG 1961

Zur Handhabung der Akteneinsicht nach PatG 1961 vgl. Ballhaus in Mitt. 1961, 201/07 und Trüstedt in Mitt. 1962, 121. Wegen der geltend gemachten Kritik vgl. Kockläuner, GRUR 1963, 65–72. Zur Unterscheidung der Handhabung nach PatG 1961 und der vorhergehenden Regelung vgl. BGH 26. 5. 1964, GRUR 1964, 548, 549. Kurz zusammengefaßt regelte sich die Akteneinsicht nach den Bestimmungen des PatG 1961 wie folgt: 11

Wurde im patentamtlichen Verfahren Einsicht in die **Akten bekanntgemachter Anmeldungen und erteilter Patente** beantragt, galt § 24 Abs. 3 PatG a. F. Danach kann jedermann den Antrag stellen, aber der Patentsucher bzw. Patentinhaber muß vor der Entscheidung über den Antrag gehört werden, ob er ein der beantragten Einsichtnahme entgegenstehendes

»**schutzwürdiges Interesse**« geltend macht. Beschwerde gegen den Beschluß ist möglich.

Die sonstige Einsicht in die Akten des Patentamts, d. h. in die **Akten nicht bekanntgemachter Patentanmeldungen,** war im § 18 DPAVO 1961 geregelt. Jedermann ist antragsberechtigt; ein »**berechtigtes Interesse**« an der Akteneinsicht muß aber geltend gemacht werden. Das Patentamt kann, soweit es Akteneinsicht gewähren kann, auch Auskünfte über den Akteninhalt oder Abschriften und Auszüge aus den Akten erteilen; § 18 Abs. 2 DPAVO 1961. Wegen der Deckung des § 18 DPAVO 1961 durch § 22 PatG 1961 vgl. Anm. 29.

Gem. § 41 o Abs. 3 PatG a. F. galten die Vorschriften des § 24 Abs. 3 PatG a. F. auch für die Akteneinsichtsgewährung des BPatG. Vgl. hierzu Zeunert, GRUR 1963, 454.

Die durch die Vorschriften des § 24 Abs. 3 PatG 1961 erstrebte Vereinfachung des Akteneinsichtsverfahrens blieb aus; Busse, PatG 3. Aufl. § 24 Anm. 11 unter II b; Althammer, GRUR 1967, 441; Löscher BB, Beilage zu Nr. 7/1967, 11.

II. Beschränkte Weiteranwendung der Akteneinsichtsvorschriften 1961

12 Die Bestimmungen betr. die Akteneinsicht von 1961 gelten nach Inkrafttreten der neuen Bestimmungen des Patentgesetzes in der Fassung vom 2. 1. 1968 noch für die Übergangszeit für am 1. 10. 1968 schwebende Anmeldungen und für bereits erteilte Patente.

Wegen der ergangenen Rechtsprechung zur Akteneinsicht entsprechend dem PatG 1961 vgl. Anm. 21 ff.

Nichts geändert wurde an der Regelung, daß für die Gewährung der **Akteneinsicht im Verfahren vor dem Patentgericht** die Bestimmungen des § 24 Abs. 3 entsprechend gelten; § 41 o Abs. 3. Über die Anträge entscheidet das Patentgericht. Im einzelnen vgl. § 41 o Anm. 6 ff.; ferner Ballhaus, Mitt. 1961, 205.

Gem. Art. 7 § 1 PatÄndG vom 4. 9. 1967 sind vier verschiedene Fälle bei noch nicht am 1. 10. 1968 erledigten Patentanmeldungen oder zu diesem Zeitpunkt erteilten Patenten zu unterscheiden:

13 a) **Nach Abs. 1:** Für **Patentanmeldungen, deren Bekanntmachung** das Patentamt bis zum Inkrafttreten des PatÄndG am **1. 10. 1968 bereits beschlossen** hat, soll es bei den bisherigen Vorschriften verbleiben. Das gleiche gilt für **bis dahin noch nicht bekanntgemachte Patentanmeldungen, die** vom Patentamt mit der Begründung **zurückgewiesen** sind, eine nach §§ 1, 2, 4 Abs. 2 PatG patentfähige Erfindung liege nicht vor. Solche Anmeldungen können sich in der zweiten Instanz befinden oder von dieser in die erste Instanz zurückverwiesen sein.

Für die Praxis heißt das, daß bis zur Bekanntmachung nur bei »berechtigtem Interesse« des Antragstellers Einsicht gewährt und nach der Bekanntmachung keine Einsicht in Teile gewährt wird, für deren Geheimhaltung das vom Patentsucher geltend gemachte »schutzwürdige Interesse« anerkannt werden kann.

b) **Nach Abs. 2 Nr. 1:** Für **noch nicht erledigte und noch nicht bekanntgemachte Patentanmeldungen** war eine besondere Regelung notwendig, weil in vielen dieser Anmeldungen die Unterlagen nicht mehr unverändert, mitunter darin auch unzulässige Erweiterungen enthalten sein werden. Der Anmelder hat deshalb die **Wahl,** entweder sich **mit der Offenlegung aller vor dem 1. 10. 1968 eingegangenen Unterlagen** zur Einsicht für jedermann **einverstanden** zu erklären, d. h. die neuen Bestimmungen des PatG für Akteneinsicht kommen zum Zuge, **oder neue Unterlagen für die Offenlegung** einzureichen, in denen er dann (im eigenen Interesse) alles das fortlassen kann, was durch die ursprünglichen Unterlagen nicht gedeckt ist. Vgl. hierzu die amtl. Begründung zum PatÄndG zu Art. 6 (jetzt 7) zu § 1 in Verbindung mit dem schriftl. Ber. zu Art. 6 zu § 1, Bl. 1967, 275 bzw. 287. Diese Regelung gilt **schon ab 1. 1. 1968;** Art. 7 § 6 Abs. 2 PatÄndG 4. 9. 1967. Ein noch nicht bis zum 30. 9. 1968 an die Postabfertigungsstelle abgegebener Beschluß ist noch nicht ergangen; BPatG 1. 3. 1972, Mitt. 1972, 177. 14

Sind neue Unterlagen eingereicht worden, so steht **Einsicht nur in diese** (als neu eingereicht gekennzeichnet) und etwa nach dem 1. 10. 1968 eingehende Eingaben **jedermann frei; im übrigen verbleibt es für die Einsicht in die bis zum 1. 10. 1968 entstandenen Teile von Akten** dieser Patentanmeldungen **bei den bisherigen Vorschriften,** d. h. bis zur Bekanntmachung gilt die Regelung nach § 18 DPAVO 1961 und nach der Bekanntmachung § 24 Abs. 3 PatG a. F. Die Einsicht in die vor dem 1. 10. 1968 entstandenen Teile der Akten von Patentanmeldungen, zu denen neue vollständige Unterlagen eingereicht worden sind, bestimmt sich auch nach der »Offenlegung« dieser Unterlagen bis zur Bekanntmachung der Anmeldung nach § 18 DPAVO a. F.; BGH 17. 7. 1970, GRUR 1970, 623 – Akteneinsicht VII. Bei der nach § 18 DPAVO a. F. vorzunehmenden Interessenabwägung ist der Tatsache der »Offenlegung« der neuen vollständigen Unterlagen Rechnung zu tragen; BGH 17. 7. 1970, a. a. O. Keine Offenlegungsschrift, sondern eine Auslegeschrift erscheint, wenn die Anmeldung bekanntgemacht wird; dann regelt sich die Akteneinsicht nach Art. 7 § 1 Abs. 3 und 4 PatÄndG. Wird die Anmeldung vor der Offenlegung zurückgenommen, so erscheint ebenfalls keine Offenlegungsschrift; für die Akteneinsicht gilt § 18 DPAVO a. F. Vgl. hierzu Prüf.Richtl. VII 2 d. Anstelle der »Bekanntmachung« als Zäsur die »Offenlegung« zu setzen (vgl. Löscher, BB, Beil. zu Nr. 7/1967 S. 12), dürfte nicht zulässig sein; ebenso Ballhaus in Benkard § 24 Anm. 27. Vgl. auch Zeunert, Beiträge S. 167, letzter Abs.

Um dem Anmelder Zeit für seine Entscheidung zu geben, ist bestimmt, daß die **Veröffentlichung des Hinweises auf die Möglichkeit der Akteneinsicht gem. § 24 Abs. 4 Satz 1 PatG n. F. nicht vor Ablauf von sechs Monaten nach einer Benachrichtigung** des Patentsuchers oder nach einer vom Präsidenten des Patentamts im Patentblatt zu veröffentlichenden entsprechenden Mitteilung und nicht vor Ablauf von 18 Monaten nach dem Datum der betreffenden Erstanmeldung erfolgt, sofern keine vollständigen neuen Unterlagen (§ 26 Abs. 1) eingereicht werden. Der Vorlagebeschluß BPatG Bl. 1970, 49 (betr. Verfassungsmäßigkeit des Art. 7 § 1 Abs. 2 PatÄndG, s. diese Anm. am Ende) macht die Benachrichtigung nicht unwirksam; BPatG 27. 7. 1970, E 12, 32.

Wegen der **Reihenfolge der Benachrichtigungen** vgl. Mitt. Präs. 16. 11. 1967, Bl. 1967, 361 und Mitt. Präs. 22. 7. 1968, Bl. 1968, 273. Zur Gestaltungsfreiheit des Präsidenten hinsichtlich des Aufrufs vgl. BPatG 10. 5. 1971, E 12, 85, 91. Wegen der notwendigen Vollständigkeit der Benachrichtigung vgl. §§ 28 b/29 Anm. 8 (BPatG 30. 7. 1970, BPatG 14. 3. 1972). Beamte des mittleren Dienstes sind zur Unterzeichnung der Benachrichtigung befugt; BPatG 10. 5. 1971, E 12, 85. Im einzelnen vgl. wegen des Aufrufs und der Offenlegung Prüf. Richtl. VII 2 b und 2 d.

Die Offenlegung von vor dem 1. 10. 1968 eingegangenen Patentanmeldungen ist nahezu abgeschlossen; sie soll im Jahr 1973 auslaufen; Mitt. Präs. 19. 1. 1972, Bl. 1972, 33. Vgl. auch die Statistik in §§ 28 b/29 Anm. 8.

In vor dem 1. 10. 1968 eingegangenen **Zusatzanmeldungen** soll im Falle des Art. 7 § 1 Abs. 1 Satz 2 PatÄndG der Aufruf erst ergehen, nachdem die Bekanntmachung in der Hauptanmeldung beschlossen worden ist. Ist die Hauptanmeldung nach Art. 7 § 1 Abs. 2 PatÄndG (gültig für vor dem 1. 10. 1968 eingegangene und bis dahin noch nicht bekanntgemachte Anmeldungen) nach den neuen Vorschriften zu behandeln, so darf der Aufruf in der Zusatzanmeldung nicht vor dem Aufruf der Hauptanmeldung erfolgen; BPatG 24. 1. 1969 Bl. 1969, 201. Kein Aufruf ist für nach dem 1. 10. 1968 eingegangene Zusatzanmeldungen erforderlich; sie werden unabhängig vom Verfahrensstand in der Hauptanmeldung offengelegt; vgl. im einzelnen Prüf.Richtl. VII 2 b.

Im Fall von Ausscheidungsanmeldungen, deren Stammanmeldung vor dem 1. 10. 1968 eingegangen ist, ist auch dann eine Benachrichtigung gem. Art. 7 § 1 Abs. 2 Nr. 1 PatÄndG zuzustellen, wenn in der Stammanmeldung bereits eine Benachrichtigung erfolgte; vgl. Mitt. Präs. betr. Richtlinien zur Behandlung von Zusatz- und Ausscheidungsanmeldungen vom 25. 2. 1969, Bl. 1969, 65 ff. unter 2 a und Prüf.Richtl. VII 2 i.

Die Benachrichtigung nach Art. 7 § 1 Abs. 2 Nr. 1 PatÄndG vom 4. 9. 1967 (»Aufruf«) ist nicht mit der Beschwerde anfechtbar; BPatG 5. 7. 1968, E 10, 43. Dagegen war ein »Bescheid« der Prüfungsstelle, durch den der Antrag auf Aufhebung einer Benachrichtigung nach Art. 7 § 1 Abs. 2 Nr. 1

PatÄndG und auf beschleunigte Prüfung gestellt wurde, eine mit der Beschwerde anfechtbare Entscheidung; BPatG 7. 6. 1968, E 10, 35.

Die Anordnung Präs. DPA (Mitt. 16. 11. 1967, Bl. 1967, 361), daß – sofern der Anmelder **nicht** innerhalb der Sechsmonatsfrist des Art. 7 § 1 Abs. 2 Nr. 1 PatÄndG neue vollständige Unterlagen eingereicht hat – der Offenlegungsschrift die ursprünglichen Unterlagen (ohne etwaige zwischenzeitliche Änderungen und ohne Berücksichtigung des bisherigen Prüfungsergebnisses) zugrunde zu legen sind, beruht auf sachgerechten Erwägungen und ist daher nicht zu beanstanden; BPatG 8. 11. 1968, Bl. 1969, 161 = Mitt. 1969, 32 = E 10, 188 (Rechtsbeschwerde zugelassen, aber nicht eingelegt). Rechtliche Interessen des Patentanmelders werden nicht dadurch beeinträchtigt, daß das Patentamt der Offenlegungsschrift – von dem Fall rechtzeitiger Einreichung neuer vollständiger Unterlagen gem. Art. 7 § 1 Abs. 2 Nr. 1 PatÄndG abgesehen – nur die ursprünglichen Unterlagen der Patentanmeldung zugrunde legt; BGH 27. 11. 1969, GRUR 1970, 300 – Offenlegungsschrift.

Bei der Sechsmonatsfrist handelt es sich um eine nicht verlängerbare gesetzliche Frist, die auch durch einen in dieser Zeit gestellten Prüfungsantrag nicht unterbrochen wird; Wiedereinsetzung nach § 43 ist bei entsprechenden Voraussetzungen aber möglich. Die Sechsmonatsfrist beginnt für alle Anmeldungen (auch für solche, in denen die Benachrichtigung vor dem 1. 10. 1968 erging) mit dem Tag der Zustellung der Benachrichtigung. Nach den Richtlinien sind nach Ablauf der Sechsmonatsfrist eingehende Unterlagen unbeachtlich und lösen insbesondere nicht die Rechtsfolge aus, daß nur die Einsicht in die neuen Unterlagen, nicht aber in die bis zum Inkrafttreten des Gesetzes entstandenen Teile der Akten jedermann freisteht. Die Sechsmonatsfrist ist nicht verlängerbar, auch dann nicht, wenn der »Aufruf« bereits vor dem 1. 4. 1968 zugestellt, die Frist mithin vor dem 1. 10. und damit vor dem Zeitpunkt abgelaufen war, an dem die Offenlegung frühestens erfolgen konnte. Daher konnten nach Ablauf der Frist, aber vor dem 1. 10. 1968 eingereichte neue Unterlagen keine Wirkung auslösen; BPatG 28. 11. 1968, Mitt. 1969, 38 = E 10, 183. Vgl. hierzu auch Prüf.Richtl. VII 2 c.

Nach den Richtlinien unterliegen die **neuen Unterlagen weder** der **Offensichtlichkeitsprüfung noch** einer **sachlichen Prüfung. Für ihren Inhalt ist daher der Anmelder allein verantwortlich.** Sie können bis zum Ablauf der Sechsmonatsfrist zurückgenommen oder ganz oder teilweise durch andere Unterlagen ersetzt werden. Die neuen Unterlagen werden amtlicherseits lediglich auf Vollständigkeit durchgesehen; auf fehlende Teile wird der Anmelder zwecks Vervollständigung unverzüglich hingewiesen; Prüf.Richtl. VII 2 c. Es wird nicht geprüft, ob die neuen Unterlagen sich im Rahmen der ursprünglichen halten und ob allen Merkmalen der offengelegten Schutzansprüche der Altersrang des Anmeldetages zukommt; BGH 18. 4.

1972, Bl. 1972, 378, 379 = GRUR 1972, 640 – Akteneinsicht X. Aus etwa vorgenommenen unzulässigen Erweiterungen können keine Rechte hergeleitet werden; s. § 26 Anm. 96.

Nach Mitt. Präs. vom 29. 1. 1968, Bl. 1968, 54 bedarf es im Falle der **Einreichung neuer Unterlagen** der erneuten Einreichung des Antrags nicht. Dagegen müssen die neuen Unterlagen alle übrigen Bestandteile einer Patentanmeldung enthalten. Bezugnahme auf früher eingereichte Unterlagen genügt nicht. Einreichung neuer Unterlagen dürfte in der Regel nur dann notwendig sein, wenn sich in den Amtsakten Angaben befinden, die der Anmelder von der uneingeschränkten Akteneinsicht ab Offenlegung auszuschließen wünscht. Im einzelnen wird wegen »Neuer Unterlagen« und ihrer »Offenlegung« auf Prüf.Richtl. VII Nr. 2 c und d verwiesen.

Gegen die **Verfassungsmäßigkeit** des Art. 7 § 1 Abs. 2 betr. die Offenlegung von vor dem 1. 10. 1968 bewirkten Patentanmeldungen sind vom 4. Sen. in BPatG 19. 12. 1969, Mitt. 1970, 47, 64 und in BPatG 15. 12. 1969, Bl. 1970, 49, 50 Bedenken geäußert worden. In BGH 18. 4. 1972, Bl. 1972, 378, 379 r. Sp. ist ausgeführt, daß die in den beiden Vorlagebeschlüssen dargelegten verfassungsrechtlichen Bedenken nicht geteilt werden. Vgl. hierzu auch Althammer, GRUR 1970, 209, 212, 213.

15 c) **Nach Abs. 3: Für bekanntgemachte Patentanmeldungen und erteilte Patente einschließlich der Akten eines Beschränkungsverfahrens** (§ 36 a) verbleibt es für die bis zum 1. 10. 1968 entstandenen Teile der Akten bei den bisher geltenden Vorschriften, d. h. der Patentsucher kann bei beantragter Akteneinsicht für die Geheimhaltung bestimmter Teile ein »schutzwürdiges Interesse« geltend machen.

Nach Althammer, GRUR 1967, 447 r. Sp. ergibt sich aus dieser Bestimmung im Umkehrschluß, daß alle Teile der genannten Akten, die nach dem Inkrafttreten der Neuregelung entstehen, nach § 24 Abs. 3 Satz 2 Nr. 3 u. 4 PatG zur Einsicht für jedermann freistehen. Dieser Auffassung ist beizutreten, obgleich dann die Absicht des Gesetzgebers, vgl. amtl. Begr. zu Art. 6 (jetzt 7) zu § 1 Nr. 3, Bl. 1967, 276, nicht verwirklicht wird, aus praktischen Gründen für die Offenlegung eine Zerlegung in vor und nach Inkrafttreten des PatÄndG eingegangene Aktenteile zu vermeiden. Vgl. hierzu BPatG 16. 2. 1971, E 12, 104, 105 ff.

Im zweiten Halbsatz des Abs. 2 ist abweichend von der früheren Regelung bestimmt, daß im Falle einer Beschwerde der Beschwerdesenat in der Besetzung mit einem rechtskundigen Mitglied als Vorsitzenden, einem weiteren rechtskundigen Mitglied und einem technischen Mitglied entscheidet.

d) **Nach Abs. 4:** Für die **Einsicht in die Akten des Patentamts** sind die neuen Vorschriften anzuwenden. Da die betreffende Regelung in § 24 Abs. 3 Satz 1 n. F. der früher in § 18 Abs. 1 DPAVO 1961 befindlichen Bestimmung entspricht, bleibt es praktisch auch in diesem Fall bei der früheren Handhabung; im einzelnen s. unter Anm. 11 und 17.

III. Die Neuregelung gem. PatG 1968

1. Die Grundsätze der Neuregelung

Zur Entwicklung der Neuregelung vgl. Althammer, GRUR 1967, 441/43 Nr. 4. 16

Nach § 24 Abs. 3 Satz 2 Nr. 4 n. F. steht jedem die **Einsicht in die Akten** sowie in die zu den Akten gehörenden Modelle und Probestücke **erteilter Patente einschließlich der Akten von Beschränkungsverfahren** (gem. § 36 a) **frei.** (Wegen der früheren Handhabung vgl. Anm. 11.)

Insbesondere gegenüber der Regelung nach § 24 Abs. 3 a. F. (s. Anm. 11) bringen die Vorschriften nach dem PatG von 1968 gem. § 24 Abs. 3 Satz 2 Nr. 2 einen ganz entscheidenden Wandel:

Jedermann steht die Einsicht in die **Akten nicht bekanntgemachter Patentanmeldungen frei,** wenn seit dem Tag der Einreichung der Anmeldung beim DPA – oder im Fall von Nachanmeldungen mit Prioritätsbeanspruchung, wenn seit dem Tag der Erstanmeldung – **achtzehn Monate** verstrichen sind, **und** wenn ein **entsprechender Hinweis auf die Möglichkeit der Akteneinsichtnahme** (§ 24 Abs. 4 Satz 1 zweite Hälfte) im Patentblatt veröffentlicht ist, s. Anm. 31. Zwei Gesichtspunkte haben den Gesetzgeber bei der grundlegenden Neugestaltung der Akteneinsicht bestimmt:

Erstens soll durch die frühzeitige Möglichkeit der Akteneinsicht die Wirtschaft vor wirtschaftlichem Schaden durch plötzlich auftauchende Schutzrechte mit weit zurückliegender Priorität bewahrt werden. Zweitens soll die Öffentlichkeit über alle beim Patentamt eingehenden Anmeldungen nicht nur alsbald unterrichtet werden, sondern auch die Möglichkeit haben, den jeweiligen Stand der Patentanmeldung und den übrigen Akteninhalt kennenzulernen, um daraus gegebenenfalls wirtschaftliche Folgerungen rechtzeitig ziehen zu können.

Deshalb ist bestimmt, daß die **gesamte Akte der Patentanmeldung zur Einsicht offengelegt** wird. Abgesehen von der Regelung gem. § 41 o Abs. 3 (vgl. § 41 o Anm. 8–10) werden also auch zurückgezogene Anmeldungsteile offengelegt. Als **Akten der Patentanmeldung** sind nur solche Vorgänge anzusehen, die das Erteilungsverfahren unmittelbar betreffen und betroffen haben, nicht jedoch Vorgänge eines rechtlich selbständigen anderen Verfahrens, die nicht das Patenterteilungsverfahren selbst betreffen; BPatG 15. 7. 1971, E 13, 33, 37 = GRUR 1972, 147; BPatG 22. 1. 1964, E 5, 106, 107, 108 (Akten des Nichtigkeitsverfahrens). Aktenteile des Einspruchsverfahrens gehören zu den Erteilungsakten; BPatG 11. 4. 1962, E 2, 23. Die Erfinderbenennung ist Teil der Anmeldungsakten; BPatG 7. 2. 1962, E 2, 22.

Ein weiterer wichtiger Gesichtspunkt für die Einführung der Neuregelung war, daß sie ermöglicht, grundsätzlich auf das bisherige kontradiktorische Verfahren zu verzichten. Ferner wird in der Begründung bemerkt, daß die

Neuregelung im Interesse der Rechtsvereinheitlichung zweckmäßig sei. Auf entsprechende Bestimmungen im geltenden niederländischen Patentgesetz, die letzte Fassung des Entwurfs für ein Abkommen über ein europäisches Patentrecht und den Entwurf eines gemeinsamen skandinavischen Patentgesetzes wird hingewiesen. Auch sei das bisherige Ergebnis der Erörterungen des Sachverständigenausschusses für Patentfragen des Europarats berücksichtigt. Vgl. im einzelnen Amtl. Begr. zum PatÄndG Teil B zu Art. 1 zu Nr. 6, Bl. 1967, 252, 253. Vgl. hierzu auch Anhang betr. Internationale Regelungen und Bestrebungen Anm. 64, 131.

Der Grund dafür, daß die Offenlegung nicht nur vom Ablauf von 18 Monaten abhängig gemacht wurde, sondern von der Veröffentlichung eines entsprechenden Hinweises auf die Möglichkeit der Akteneinsichtnahme, ist die praktische Unmöglichkeit, die Akteneinsicht genau nach Ablauf von 18 Monaten nach Prioritätsdatum gewähren zu können. Der Hinweis im Patentblatt soll die Möglichkeit gleichzeitiger Kenntnisnahme vom Zeitpunkt der Offenlegung für alle Wettbewerber sicherstellen; vgl. amtl. Begr. a. a. O.

Da die Mitbewerber des Anmelders nur durch Einsichtnahme in die Akten der eingegangenen Patentanmeldungen die Möglichkeit haben, deren Inhalt kennenzulernen, wird sich die Zahl der Akteneinsichtsbegehren gegenüber der bisherigen Zahl der Akteneinsichtsanträge sicherlich vervielfachen. Um dem Patentamt zu ermöglichen, den Einsichtsbegehren ohne Störung des eigenen Geschäftsablaufs und ohne unverhältnismäßige Verwaltungsarbeit entsprechen zu können, wurden folgende Maßnahmen getroffen:

Das Patentamt gibt im Zeitpunkt der Freigabe der Akteneinsicht eine »**Offenlegungsschrift**« von allen nach dem 1. 10. 1968 eingehenden Patentanmeldungen heraus. Diese stellt eine fotomechanische Vervielfältigung der ursprünglichen Anmeldungsunterlagen dar und kann im Abonnement oder einzeln bestellt werden. Ferner wird für diejenigen Interessenten, die neben den Anmeldungsunterlagen auch den übrigen Akteninhalt kennenlernen wollen, der Akteninhalt bei Bedarf auf Mikrofilm aufgenommen; vgl. Althammer, GRUR 1967, 443. Im einzelnen vgl. wegen der Offenlegungsschriften Anm. 35.

Nach der Mitt. Präs. vom 13. 8. 1968, Bl. 1968, 271 kann aus technischen Gründen im Zusammenhang mit der Vorbereitung, Verpackung und pünktlichen Auslieferung der Offenlegungs-, Auslege- oder Patentschriften die **Ausgabe dieser Schriften nur verhindert werden, wenn die Erklärung über die Zurücknahme einer Patentanmeldung mindestens vierzehn Tage vor dem Ausgabetag** der Schrift beim Patentamt eingeht.

Abs. 1 der Mitt. Präs. vom 9. 6. 1969, Bl. 1969, 201, welcher den Verzicht auf die Herausgabe einer Offenlegungsschrift im Falle einer anstehenden Bekanntmachung (§ 30) betrifft, wurde gem. Mitt. Präs. 16. 2. 1970, Bl.

1970, 69 wieder gestrichen. In Zukunft wird in jedem Fall ein Hinweis gem. § 24 Abs. 4 Satz 1 veröffentlicht und eine Offenlegungsschrift herausgegeben werden, sofern nicht im Einzelfall die Auslegungsschrift schon vor Ablauf der Achtzehnmonatsfrist gem. § 24 Abs. 3 erschienen ist; vgl. auch Prüf.Richtl. II 6 und noch Anm. 14. Sonst wird die Frist von 18 Monaten, die nach der Offenlegung gem. § 24 Abs. 3 Satz 2 Nr. 2 in Vbdg. mit Abs. 4 Satz 1 verstrichen sein soll, grundsätzlich nicht durch ein laufendes Verfahren (Offensichtlichkeitsprüfung oder Prüfung auf Patentfähigkeit) gehemmt. Eine Aussetzung der Offenlegung sollte bei **Neu**-Anmeldungen nur eine seltene Ausnahme sein.

Tetzner, Mitt. 1969, 187, 188 unter 3 wirft die Frage auf, ob die Zusatzanmeldung offengelegt werden kann, solange für die Hauptanmeldung noch kein Prüfungsantrag gestellt ist. Da die Bestimmung für die Offenlegung in § 24 Abs. 3 Satz 2 Nr. 2 keine Ausnahme vorsieht, ist sie auch für Zusatzanmeldungen unabhängig vom Verfahrensstand in der Hauptanmeldung zwingend, ganz abgesehen davon, daß sonst auch der Gesetzeszweck umgangen werden würde.

Gleichgestellt hinsichtlich der Akteneinsicht erteilter Patente sind gem. § 24 Abs. 3 Satz 2 Nr. 3 **die Akten bekanntgemachter Patentanmeldungen.** Die Einsicht in diese Akten umfaßt regelmäßig den gesamten Akteninhalt; BPatG 16. 2. 1971, E 12, 104.

Für Gewährung der Akteneinsicht in die Akten des Patentgerichts **an Dritte** gilt gem. § 41o Abs. 3 der § 24 Abs. 3 entsprechend. Die Entscheidung steht dem Patentgericht zu. Einsicht in die Akten von **Nichtigkeitsverfahren** wird nach § 41o Abs. 3 Satz 3 nicht gewährt, wenn und soweit der Patentinhaber ein entgegenstehendes schutzwürdiges Interesse dartut; im einzelnen s. § 41o Anm. 10.

2. Akteneinsicht in noch nicht oder überhaupt nicht offengelegte bzw. bekanntgemachte Akten

An den Bestimmungen für die Gewährung der Einsicht in die Akten noch 17
nicht offengelegter oder noch nicht bekanntgemachter oder vor Offenlegung oder Bekanntmachung zurückgezogener oder zurückgewiesener Patentanmeldungen ist durch das PatÄndG vom 4. 9. 1967 nichts geändert worden. Die bisher in § 18 DPAVO 1961 Abs. 1 enthaltenen Vorschriften sind in § 24 Abs. 3 Satz 1 übernommen worden. Das gilt auch für vor dem 1. 10. 1968 zurückgenommene oder rechtskräftig zurückgewiesene Anmeldungen; BPatG 12. 5. 1969, E 11, 26. Danach gewährt das Patentamt jedermann **auf Antrag** Einsicht in die Akten sowie in die zu den Akten gehörenden Modelle und Probestücke, **wenn und soweit ein berechtigtes Interesse glaubhaft gemacht wird.** Die **Zuständigkeit** für die Entscheidung über Anträge nach § 24 Abs. 3 Satz 1 ist in der DPAVO vom 5. 9. 1968 in § 15

Abs. 1 geregelt. Danach entscheidet die Stelle des Patentamts, die für die Bearbeitung der Sache, über welche die Akten geführt werden, zuständig ist, oder, falls die Bearbeitung abgeschlossen ist, die zuletzt zuständige Stelle, sofern nicht der Präsident etwas anderes bestimmt. Die Möglichkeit, daß der Präsident eine abweichende Zuständigkeitsregelung treffen kann, wurde wegen der Einrichtung der Vorprüfungsabteilung im Patentamt getroffen, weil diese in der Regel nicht in der Lage ist, das erforderliche berechtigte Interesse an der Akteneinsicht nachzuprüfen. Für Beschwerden ist der 5. Sen. BPatG zuständig; BPatG 12. 5. 1969, E 11, 26.

Nimmt eine Zusatzanmeldung zur Erläuterung des Erfindungsgegenstandes auf eine Hauptanmeldung Bezug, so ist das Interesse an der Akteneinsicht in die ursprüngliche Beschreibung der ohne vorherige Bekanntmachung zurückgenommenen Hauptanmeldung zur Feststellung etwaiger unzulässiger Erweiterungen oder Veränderungen des Gegenstands der selbständig gewordenen Zusatzanmeldung infolge des Wegfalls der Bezugnahme grundsätzlich berechtigt; BGH 26. 9. 1972, Bl. 1973, 173 – Akteneinsicht-Zusatzanmeldung.

Ein Anspruch auf **Akteneinsicht aufgrund materiellen Rechts** (hier: Lizenzvertrag) kann nicht beim Patentamt mit einem Akteneinsichtsantrag verfolgt werden, sondern muß durch Klage vor den ordentlichen Gerichten geltend gemacht werden; BPatG 23. 6. 1971, E 12, 93, 97; vgl. ferner BPatG 10. 1. 1963, E 2, 189; PA 8. 2. 1957, Mitt. 1957, 76.

Der Begriff »berechtigtes Interesse« ist in Anm. 25 erläutert.

Mit einigen Möglichkeiten, eventuellen Nachteilen durch frühzeitige Offenlegung bei nur beschränktem Schutz zu begegnen, befaßt sich Wenzel, Mitt. 1969, 88.

Wegen der Unmöglichkeit einer Anwendung der Bestimmungen des § 24 Abs. 3 Satz 1 auf die Beschwerdeakten eines Gbm.-Löschungsverfahrens s. BPatG 19. 6. 1970, E 11, 242, 245.

3. Form der Akteneinsicht-Gewährung (Mikrofilme)

18 Grundsätzlich sind die Akten, in die Einsicht gewährt ist, beim Patentamt oder beim Patentgericht einzusehen. Enthalten Aktenseiten geheimzuhaltende Stellen und Stellen, deren Offenlegung unbedenklich ist, so kann insoweit die Akteneinsicht davon abhängig gemacht werden, daß der Antragsteller beantragt, auf seine Kosten Abschriften der Aktenseiten anzufertigen; PA 27. 12. 1960, Bl. 1961, 82. Wegen der Übersendung von Akten noch nicht bekanntgemachter Anmeldungen auf Antrag an Behörden vgl. Präs. Besch. 26. 11. 1934, Mitt. 1935, 22. Für Akteneinsichtgewährung auf Antrag im Büro des Anwalts (vgl. Mitt. 1935, 159) besteht keine gesetzliche Grundlage; ebenso Ballhaus in Benkard § 24 Anm. 52; a. A. Neumar in Reimer § 24 Anm. 36. Wiederholte Akteneinsicht ist möglich; PA 15. 3. 1935, Mitt. 1935, 161.

Nach § 15 Abs. 2 DPAVO vom 5. 9. 1968 wird in den Fällen, in denen gem. § 24 Abs. 3 Satz 1 Akteneinsicht bei berechtigtem Interesse jedermann gewährt wird, und in den Fällen, in denen gem. § 24 Abs. 3 Satz 2 die Akteneinsicht jedermann freisteht, soweit der Inhalt von Akten des Patentamts auf Mikrofilm aufgenommen ist, Akteneinsicht dadurch gewährt, daß der Mikrofilm zur Verfügung gestellt wird. In der Auslegehalle bzw. in der Halle vor der Annahmestelle des DPA sind Lesegeräte aufgestellt, die ein Lesen der kostenlos ausgeliehenen Filmkopien ermöglichen. Vgl. hierzu das vom PA herausgegebene Merkblatt betr. den Bezug von Druckschriften ... Ausg. 1972, Bl. 1972, 272, 273 unter Nr. 3. Ferner sind Rückvergrößerungsgeräte bereitgestellt, mit denen gegen Kostenerstattung Vergrößerungen der Filmkopien (auch von einzelnen Filmbildern) angefertigt werden können. Kopien der Filmunterlagen können zum Preise von 1,– DM bezogen werden. Die Lieferung des gesamten Akteninhalts als Rückvergrößerung ist ebenfalls wie bisher möglich.

Ablichtungen aus zur Einsicht freigegebenen Akten bzw. **Mikrofilme** sind bei der Lichtbildstelle des DPA zu bestellen; vgl. das genannte Merkblatt, S. 4, 5. Wegen der genauen Bezeichnung der abzulichtenden Teile vgl. Mitt. Präs. 31. 1. 1972, Bl. 1972, 62.

Das ursprüngliche Verfahren der Verfilmung der Akten von Patentanmeldungen vom Zeitpunkt der Offenlegung bzw. Bekanntmachung an – vgl. Mitt. Präs. vom 27. 8. 1968, Bl. 1969, 272 und Althammer, GRUR 1967, 443 – wurde wegen Unwirtschaftlichkeit aufgegeben; Mitt. Präs. 19. 6. 1969, Bl. 1969, 201. **Die Akten werden daher nur noch verfilmt, wenn Akteneinsichtsbegehren vorliegen.** In der Regel stehen deshalb zum Lesen des Akteninhalts mittels der in der Auslegehalle bzw. der Halle vor der Annahmestelle des DPA aufgestellten Lesegeräte die gewünschten Akten unangemeldet nicht zur Verfügung. Häufig wird es auch nicht möglich sein, die Originalakten kurzfristig zur Verfügung zu stellen, weil sie im Geschäftsgang sind. Zwecks Vermeidung einer erfolglosen Vorsprache soll daher der Wunsch nach Akteneinsichtnahme mindestens zehn Tage zuvor angezeigt werden, damit die Akten verfilmt oder die Originalakten bereitgestellt werden können.

Wegen bei der Akteneinsicht etwa entstehender Gebühren vgl. Schulte, Mitt. 1970, 147.

4. Aktenaufbewahrung und Aktenvernichtung

Die Akten angemeldeter und eingetragener Schutzrechte werden im PA **18a**
aus räumlichen Gründen nicht unbegrenzt aufbewahrt, sondern in der Regel nach Ablauf bestimmter Fristen vernichtet; vgl. hierzu Mitt. Präs. 11. 9. 1968, Bl. 1968, 302. Dadurch ist in den meisten Fällen die Akteneinsicht zeitlich begrenzt. Entsprechende Aufbewahrungsfristen bestehen beim BPatG; vgl. Mitt. Präs. BPatG 4. 5. 1972, Bl. 1972, 209.

IV. Ausnahmen von der Akteneinsicht

1. Erfinderbenennung

19 Ist vom Erfinder gem. § 36 Abs. 1 Satz 3 beantragt worden, ihn nach außen nicht zu nennen, so wird die Erfinderbenennung nicht offengelegt. Es wird dann gem. § 24 Abs. 3 Satz 3 Einsicht in diese nur entsprechend Abs. 3 Satz 1 gewährt. Das heißt, bei beantragter Einsicht in die Erfinderbenennung muß ein berechtigtes Interesse glaubhaft gemacht werden. Vom Antragsteller könnte z. B. geltend gemacht werden, selbst der Erfinder zu sein. Im einzelnen s. Anm. 26.

2. Akten von Geheimpatenten

20 An der Regelung für die Einsicht in die Akten von Geheimpatenten ist gegenüber dem bisherigen Zustand (§ 24 Abs. 3 Satz 4 PatG a. F.) nichts geändert worden. Gem. § 24 Abs. 3 Satz 4 PatG n. F. kann das Patentamt in Akten von Patentanmeldungen und Patenten, für die gem. § 30 a jede Bekanntmachung unterbleibt, nur nach Anhörung der zuständigen obersten Bundesbehörde Einsicht gewähren, wenn und soweit ein besonderes schutzwürdiges Interesse des Antragstellers die Gewährung geboten erscheinen läßt und hierdurch eine Gefährdung des Wohls der Bundesrepublik Deutschland oder eines ihrer Länder nicht zu erwarten ist. Wenn ein Geheimpatent einer jüngeren, offenen oder geheimzuhaltenden Patentanmeldung als älteres Recht i. S. des § 4 Abs. 2 entgegengehalten wird, hat der jüngere Anmelder ein Interesse an der Kenntnisnahme des entgegengehaltenen älteren Rechts. Auch in einem solchen Fall ist die Einsichtnahme ausgeschlossen, wenn der Patentinhaber ein schutzwürdiges Interesse geltend macht, oder wenn eine konkrete Gefährdung des Allgemeinwohls nicht ausgeschlossen werden kann; die widerstreitenden Interessen sind gegeneinander abzuwägen. Vgl. amtl. Begr. zum 6. ÜG vom 23. 3. 1961, Teil B zu Art. 1 zu Nr. 15, 16, Bl. 1961, 140, 146. Vor Gewährung einer Akteneinsicht ist die zuständige oberste Bundesbehörde auf alle Fälle zu hören.

Nach Zschucke, Mitt. 1960, 219, 224 kann einem Patentsucher, dem im Einspruchverfahren ein Geheimpatent entgegengehalten wird, in die geheimen Akten unter der Verpflichtung des § 353 c Abs. 2 StGB Einsicht gewährt werden; zustimmend Kelbel, GRUR 1969, 155, 158, 159 unter II, der dort auch eine mögliche Handhabung erörtert, wenn der Anmelder im Ausland wohnt, oder wenn eine Verletzungsklage auf ein Geheimpatent gestützt wird. Bei der Entscheidung werden das Allgemeininteresse (Staatssicherheit), die Bedeutung des Einspruchvorbringens und die Stellungnahme der zuständigen obersten Bundesbehörde zu berücksichtigen sein. Da es sich bei dem Vorbringen nur um ein Detail handeln kann, wird sich der Patentsucher möglicherweise auch mit einer für ihn nicht wesentlichen Einschränkung seines Patentbegehrens unter Verzicht auf Akteneinsicht bescheiden.

Nach PA 17. 7. 1909, Bl. 1909, 257 hat der jüngere Anmelder aber keinen Anspruch auf Vorlage der Unterlagen des Geheimpatents.

3. Angaben betr. Auslandsanmeldungen und weitere Ausnahmen

Angaben über Land und Aktenzeichen der den gleichen Gegenstand betreffenden Auslandsanmeldungen (gem. § 26 Abs. 4 Satz 2) unterliegen nicht der Akteneinsicht, sofern sie **auf einem gesonderten Blatt** eingereicht werden; im einzelnen s. § 26 Anm. 81. Das entsprechende Blatt wird nicht verfilmt und nicht zu den Akten, sondern in ein Beiheft genommen. Ferner unterliegen die Akten eines **Armenrechtsverfahrens** nicht der Akteneinsicht, weil sie für das Erteilungsverfahren keine Rolle spielen. Gleiches gilt für Vorgänge, welche die Ausstellung von **Prioritätsbelegen** und **Stundungsanträge** betreffen. **Andere Akteneinsichtsverfahren** sind ebenfalls auszuschließen. Vgl. auch BPatG 16. 2. 1971, E 12, 104, 108. 20 a

V. Die seit 1961 entwickelte Rechtsprechung

1. Anwendbarkeit der bisherigen Rechtsprechung

Inwieweit die unter der Herrschaft der früheren Gesetze entwickelte Rechtsprechung noch unter der Wirksamkeit der Vorschriften des Patentgesetzes von 1968 anwendbar sein wird, wird von Fall zu Fall zu prüfen sein. In erster Linie werden die einschlägigen früheren Entscheidungen bei den nach den Übergangsbestimmungen in Art. 7 § 1 PatÄndG zu behandelnden bis zum 1. 10. 1968 bekanntgemachten Anmeldungen Bedeutung haben; vgl. Anm. 13–15. Da die früheren Vorschriften in § 18 Abs. 1 DPAVO 1961 in § 24 Abs. 3 Satz 1 übernommen wurden, wird die vor 1968 entstandene Rechtsprechung für die Akteneinsicht in noch nicht oder überhaupt nicht veröffentlichte Patentanmeldungen grundsätzlich weiter Gültigkeit haben, ganz gleich, ob es sich um Altanmeldungen oder nach neuem Recht zu behandelnde Anmeldungen handelt. Darüber hinaus wird die entwickelte Rechtsprechung zu den Begriffen »berechtigtes Interesse« und »schutzwürdiges Interesse« und zu anderen Einzelfragen herbeizuziehen sein. Ähnliches gilt für die vor 1961 entwickelte Spruchpraxis (Anm. 29). 21

2. Die Rechtsprechung im einzelnen

a) Zur Zuständigkeit

Eine Aufstellung der **BGH-Entscheidungen I bis X zur Akteneinsicht** mit Fundstellen ist in GRUR 1972, 726 im Anschluß an BGH Akteneinsicht XI veröffentlicht. 22

Akteneinsichtsanträge sind an diejenige Behörde zu richten, die die Akten vereinnahmt hat, in die Einsicht begehrt wird; BPatG 21. 8. 1964,

E 6, 14. Beim Patentamt ist das je nach dem Stand des Erteilungsverfahrens die Prüfungsstelle (für schwebende oder ohne Patenterteilung erledigte Anmeldungen; vgl. z. B. PA 26. 5. 1955, Bl. 1955, 359), die Patentabteilung (während des Einspruchverfahrens) oder die Patentverwaltungsabteilung (für erteilte Patente); beim Patentgericht ist der Senat zuständig, bei dem die Sache anhängig ist.

Das Patentgericht ist für die Dauer des Beschwerdeverfahrens für die Einsicht in die bei den Gerichtsakten befindlichen Patentamtsakten zuständig; BPatG 19. 12. 1961, E 1, 36; BPatG 24. 1. 1962, E 1, 38; BPatG 3. 7. 1962, E 2, 35; BPatG 3. 10. 1962, E 2, 182. Die Zuständigkeit endet mit der Verkündung oder Zustellung der das Beschwerdeverfahren abschließenden Entscheidung; BPatG 7. 2. 1964, E 5, 113. Andererseits sind auch die Akten des Beschwerdeverfahrens, wenn sie auf Grund verwaltungsmäßiger Vereinbarung beim Patentamt vereinnahmt sind, bei diesem einzusehen, und das Patentamt ist für die Entscheidung über die Gewährung der Einsicht in diese Akten zuständig; BPatG 21. 8. 1964, E 6, 14, 17. Bei anhängigem Rechtsbeschwerdeverfahren entscheidet aber der Bundesgerichtshof in der Regel nicht über Anträge von am Rechtsbeschwerdeverfahren nicht beteiligten Dritten, welche Einsicht in solche Akten des Patentamts und des Patentgerichts begehren, die sich als Instanzakten bei den Akten des Bundesgerichtshofs befinden; BGH 27. 6. 1966, GRUR 1966, 639, 640 – Akteneinsicht III – mit Äußerung zu BPatG 3. 10. 1962 a. a. O., 640 l. Sp. unten.

b) Zum Umfang der Akteneinsicht

23 Die im Einspruchsverfahren entstehenden Aktenteile gehören zu den »Akten bekanntgemachter Patentanmeldungen« i. S. des § 24 Abs. 3 Satz 2 a. F.; vgl. z. B. BPatG 11. 4. 1962, E 2, 23 = 1962, 276; BGH 26. 5. 1964, BGHZ 42, 19 = GRUR 1964, 548 = Bl. 1964, 247 – Akteneinsicht I; weitere Entscheidungen bei Zeunert, GRUR 1963, 454, Fußn. 29. Die bis zur Entscheidung über den Antrag angefallenen Akten sind offenzulegen; BPatG 6. 2. 1962, E 1, 47 = Bl. 1962, 137. Auch die Akten einer nach der Bekanntmachung zurückgenommenen Anmeldung oder eines versagten Patents sind auf einfachen Antrag grundsätzlich offenzulegen; BPatG 17. 9. 1962, E 2, 21 = Bl. 1963, 10 = GRUR 1963, 132; BGH 26. 5. 1964, a. a. O. Vgl. auch BGH 26. 5. 1964, BGHZ 42, 32 = GRUR 1964, 602 – Akteneinsicht II.

Zu den offenzulegenden Akten gehören auch Prioritätsunterlagen; PA 20. 3. 1958, Mitt. 1958, 96. Ebenso gehören dazu Vorgänge, die Fristgesuche oder Wiedereinsetzungen betreffen. Schriftstücke, die der Klarstellung der Rechtspersönlichkeit einer Anmelderin dienen, sind mit den Erteilungsakten gem. § 24 Abs. 3 Satz 2 a. F. auf Antrag offenzulegen; BPatG 15. 1. 1962, E 1, 44.

c) Der »Interessen«-Begriff bei der Akteneinsicht

24 Im Zusammenhang mit der Akteneinsicht in Patentverfahren werden »berechtigtes« Interesse (§ 24 Abs. 3 Satz 1), »schutzwürdiges« Interesse (§ 24 Abs. 4 Satz 3) und »rechtliches« Interesse (§ 41 o i. V. m. § 299 Abs. 2 ZPO) unterschieden. Der Begriff »schutzwürdiges« Interesse findet sich auch in § 24 Abs. 3 und 4 a. F.

Ein **»rechtliches« Interesse** hat jeder Dritte, dessen Rechtskreis das Verfahren oder die einzusehenden Akten berühren; BPatG 22. 3. 1965, E 6, 171, 178 unter Hinweis auf Baumbach-Lauterbach Anm. 4 zu § 299 ZPO. Ein »rechtliches« Interesse setzt voraus, daß eigene (nicht nur allgemeine) Rechtsbeziehungen zwischen dem Antragsteller und dem Inhaber des Schutzrechtes **bestehen,** in dessen Akten Einsicht begehrt wird, und daß unter Umständen in die beiderseitige Rechtslage, z. B. durch eine Nichtigkeitsentscheidung, eingegriffen werden kann. Hierzu kann auch BPatG 22. 1. 1964, E 5, 106, 108, 109 verglichen werden. Darin ist u. a. erläutert, warum sich eine gegenüber der Einsicht in die Nichtigkeitsakten erleichterte Einsicht in die Erteilungsakten rechtfertigt. Demgegenüber setzt die Entscheidung, ob ein **»berechtigtes« Interesse** an der begehrten Akteneinsicht anzuerkennen ist, nicht voraus, daß zwischen Antragsteller und Antragsgegner schon Rechtsbeziehungen i. S. des erläuterten »rechtlichen« Interesses bestehen. In den Fällen des § 24 Abs. 3 Satz 1 (s. Anm. 17) handelt es sich um Akten noch schwebender Erteilungsverfahren oder um abgeschlossene, nicht veröffentlichte Anmeldungsakten, die aber für künftige Rechtsverhältnisse des Antragstellers irgendwie von Bedeutung werden können; vgl. hierzu etwa BPatG 18. 2. 1963, E 3, 23, 27. Bei der Entscheidung dieser Fälle sind die widerstreitenden Interessen der Beteiligten gegeneinander abzuwägen. Ähnlich Ballhaus in Benkard, § 24 Anm. 40; Neumar in Reimer § 24 Anm. 28. Nirk in Klauer/Möhring, § 24 Anm. 30 hält eine genauere allgemeingültige Definition nicht für möglich. Eine scharfe systematische Trennung wird oft auch deswegen kaum möglich sein, weil die Begriffsinhalte häufig ineinander übergehen werden; vgl. z. B. BPatG 22. 3. 1965, E 6, 171, 178. Lutter § 24 Anm. 5 III und VI ordnet das »berechtigte Interesse« dem § 34 FGG und das »rechtliche Interesse« dem § 299 ZPO zu.

Ein der begehrten Akteneinsicht entgegenstehendes **»schutzwürdiges« Interesse** in den gesetzlich bezeichneten Fällen an der Geheimhaltung wird in der Regel nur für bestimmte Aktenteile geltend gemacht werden.

d) Berechtigtes Interesse

25 Für die Entscheidung über einen Antrag auf Einsicht in die Akten noch nicht bekanntgemachter Patentanmeldungen beim Geltendmachen berechtigten Interesses sind die Belange des Antragstellers und des Antraggegners gegeneinander abzuwägen; BPatG 23. 3. 1962, E 1, 52, 53; BVerfG 10. 6. 1964, GRUR 1964, 554, 555, 556; BGH 14. 7. 1966, GRUR 1966, 698,

700 = Bl. 1966, 309 – Akteneinsicht IV; BGH 18. 4. 1972, Bl. 1972, 378 = GRUR 1972, 640 – Akteneinsicht X. Zur Begründung eines berechtigten Interesses an der Einsicht in die Akten einer Anmeldung, die einen wegen Nichteinheitlichkeit ausgeschiedenen Teil betrifft, genügt es nicht, daß der Einsichtbegehrende in der zugehörigen Stammanmeldung beteiligt war, auch nicht beim Tätigsein auf demselben Fachgebiet; BPatG 18. 2. 1972, E 13, 167. Allein wissenschaftliches und berufliches Interesse berechtigen nicht; BPatG 18. 2. 1963, E 3, 23, 27. Lediglich wirtschaftliche Verknüpfungen oder Mitbearbeitung der Patentangelegenheiten können die Akteneinsicht nicht rechtfertigen; BPatG 5. 10. 1971, Mitt. 1972, 237. Berechtigtes Interesse wurde anerkannt für die Anfertigung eines Guchtachtens betr. den Schutzumfang eines beschränkten Patents (§ 36 a); BPatG 12. 7. 1962, E 2, 37, 39. Das berechtigte Interesse in die Einsicht der Akten einer **nicht bekanntgemachten Anmeldung** kann nicht allein damit begründet werden, daß nach materiellem Recht ein Anspruch auf Akteneinsicht besteht; BPatG 10. 1. 1963, E 2, 189; BPatG 23. 6. 1971, E 12, 93, 97. Bei der Prüfung der Berechtigung des Interesses an der Akteneinsicht oder Mitteilung der Entgegenhaltungen bei nicht oder noch nicht bekanntgemachten Anmeldungen ist ein strenger Maßstab anzulegen; BGH 14. 7. 1966, a. a. O. – Akteneinsicht IV. Einsicht in die Akten einer nicht bekanntgemachten Anmeldung kann nicht mit einer Verwarnung aus einem französischen Patent, für das die Priorität der deutschen Anmeldung in Anspruch genommen ist, und mit Betätigung auf dem gleichen engen Fachgebiet begründet werden; BPatG 30. 7. 1968, Mitt. 1968, 216. Die Inanspruchnahme aus einem ausländischen Schutzrecht, für das die Unionspriorität beansprucht wurde, rechtfertigt nicht Gewährung von Einsicht in die Akten der prioritätsbegründenden nicht bekanntgemachten deutschen Anmeldung; BPatG 27. 3. 1972, Bl. 1972, 263, 265 (ebenso 4. Sen. Mitt. 1968, 216, 217; 1970, 76, 77; a. A. BPatG 27. 10. 1972, Bl. 1973, 201).

Ein überwiegendes Geheimhaltungsinteresse entfällt auch nicht dadurch, daß der Gegenstand der Patentanmeldung durch eine ausländische Patentschrift bereits veröffentlicht worden ist; BPatG 9. 9. 1969, Mitt. 1970, 76.

Nimmt eine **Zusatzanmeldung** zur Erläuterung des Erfindungsgegenstandes auf eine Hauptanmeldung Bezug, so ist das Interesse an der Akteneinsicht in die ursprüngliche Beschreibung der **ohne vorherige Bekanntmachung zurückgezogenen Hauptanmeldung** zur Feststellung etwaiger unzulässiger Erweiterungen oder Veränderungen des Gegenstandes der selbständig gewordenen Zusatzanmeldung infolge des Wegfalls der Bezugnahme grundsätzlich berechtigt; BGH 26. 9. 1972, GRUR 1973, 154 – Akteneinsicht XII.

Zur Frage der Akteneinsicht in die vor dem 1. 10. 1968 entstandenen Aktenteile einer mit neuen Unterlagen offengelegten Altanmeldung, die ein ausländischer Lizenznehmer des Patentanmelders, mit dem er einen Prozeß wegen des Lizenzvertrages führt, begehrt, vgl. BPatG 23. 6. 1971, E 12, 93.

Wegen des berechtigten Interesses des **jüngeren Anmelders** in die **Einsicht der Akten einer älteren nicht bekanntgemachten Anmeldung** vgl. BPatG 28. 3. 1962, E 1, 57; BPatG 13. 6. 1962, E 2, 32; BPatG 29. 4. 1963, E 3, 160; BPatG 27. 7. 1962, E 4, 7. Wegen der Abkehr von der bisherigen Rechtsprechung vgl. BPatG 29. 9. 1964, E 6, 20; ferner BPatG 29. 12. 1964, E 6, 26. Der Anmelder einer jüngeren Patentanmeldung hat ein berechtigtes Interesse an der Einsicht in die ursprünglichen Unterlagen (Beschreibung, Ansprüche, Zeichnungen) einer älteren vor dem 1. 10. 1968 eingereichten und nach dem 1. 10. 1968 mit neuen Unterlagen offengelegten Patentanmeldung, wenn der Inhaber der älteren Anmeldung wegen dieser Anmeldung Einspruch gegen die jüngere Anmeldung erhoben hat; BGH 18. 4. 1972, Bl. 1972, 378 – Akteneinsicht X. Wegen des bisherigen Interesses an der Akteneinsicht in **nicht bekanntgemachte Ausscheidungsanmeldungen** vgl. BPatG 17. 12. 1962, E 2, 187. Behauptung widerrechtlicher Entnahme gibt kein Einsichtsrecht in die Akten einer nicht bekanntgemachten Anmeldung; BPatG 17. 8. 1965, E 8, 4.

Die Frage des berechtigten Interesses an der Akteneinsichtnahme bei **zusammenhängenden Gebrauchsmuster- und Patentanmeldungen** behandeln BPatG 23. 3. 1962, E 1, 52 (Inanspruchnahme aus Hilfs-Gbm); BPatG 22. 7. 1963, E 4, 130 (Inanspruchnahme ausländischer Priorität); BPatG 29. 11. 1963, E 5, 90 (abweich. v. E 1, 52); BPatG 31. 10. 1963, E 4, 157 (Schutzumfangfeststellung); BPatG 9. 1. 1964, E 5, 100 (Tätigwerden auf gleichem, engem Fachgebiet); BPatG 21. 12. 1967, E 9, 181 (Löschungsantrag gegen Hilfsgbm.); BPatG 22. 3. 1965, E 6, 171, 178, 181 (Glaubhaftmachung eines rechtlichen Interesses); BGH 14. 7. 1966, Bl. 1966, 309 = GRUR 1966, 698 (Glaubhaftmachung eines berechtigten Interesses). Berechtigtes Interesse an der Einsicht in eine weder offengelegte noch bekanntgemachte Patentanmeldung kann ein aus einem eingetragenen Gbm. Verwarnter auch dann haben, wenn es sich nicht um eine Gbm.-Hilfsanmeldung handelt, aber die Identität der betreffenden Anmeldungen sich ohne weiteres ergibt; BPatG 20. 1. 1971, Bl. 1971, 188 (Leitsatz) rechtskr. = E 12, 98, 101 (Fortbildung von BGH 14. 7. 1966, a. a. O.). Ein berechtigtes Interesse an der Akteneinsicht in eine nicht oder noch nicht bekanntgemachte Patentanmeldung ist auch anzuerkennen, wenn in einem Gbm.-Rechtsstreit das nicht hilfsweise angemeldete Gbm. als gleichlautend mit der Anmeldung bezeichnet wurde; BGH 17. 3. 1972, Bl. 1972, 376 = Mitt. 1972, 175 – Akteneinsicht XI (Fortbildung Akteneinsicht IV). Kein berechtigtes Interesse an der Akteneinsicht in die korrespondierende Patentanmeldung nach Ablauf der Schutzdauer des Hilfs-Gbm. anerkannt; BPatG 9. 9. 1971, E 13, 173 = GRUR 1973, 48; BPatG 27. 3. 1972, E 14, 14. BPatG 6. 12. 1967, E 10, 10 und 22. 1. 1968, E 10, 15 bestätigen BPatG E 5, 100 und weichen von BPatG E 5, 90 ab; Leitsatz s. Bl. 1968,

390. BPatG 9. 4. 1968, Leitsatz Bl. 1968, 390 bestätigt BPatG E 1, 52; E 4, 157 und E 5, 100 entgegen E 5, 90. Wegen weiterer unveröffentlichter Rechtsprechung s. BPatG 15. 12. 1969, Bl. 1970, 49, 52, 53.

Auskünfte über im Prüfungsverfahren einer **noch nicht bekanntgemachten Anmeldung entgegengehaltene** Patentschriften gem. § 18 Abs. 2 DPAVO 1961 setzen ein besonderes, gerade durch die in Frage stehende Patentanmeldung begründetes Interesse voraus; BPatG 5. 11. 1964, E 6, 30 = Bl. 1965, 48; BGH 14. 7. 1966, GRUR 1966, 698 = Bl. 1966, 309; BPatG 12. 5. 1969, E 11, 26, 27.

e) Schutzwürdiges Interesse

25a In der Regel besteht kein schutzwürdiges Interesse an Geheimhaltung **von aufgrund von Entgegenhaltungen fallengelassenen Teilen;** BPatG 17. 1. 1962, E 1, 45; BPatG 8. 2. 1962, E 1, 48; BPatG 3. 10. 1962, E 2, 182; PA 1. 12. 1955, Bl. 1956, 38. Ein solches Interesse kann sich aber daraus ergeben, daß in den fallengelassenen Teilen eine noch nicht angemeldete Erfindung enthalten ist; BPatG 17. 1. 1962, a. a. O. Auch können Ausführungen über **interne Betriebserfahrungen** oder dgl. ein schutzwürdiges Interesse begründen. Bloße **Vermutung eines Mißbrauchs** zu Wettbewerbszwecken begründet aber kein schutzwürdiges Interesse; BPatG 20. 12. 1961, E 1, 34. Kein schutzwürdiges Interesse kann für die Geheimhaltung der **Namen der Einsprechenden** geltend gemacht werden; BPatG 2. 11. 1962, E 3, 15. Das gleiche gilt für die Geheimhaltung von Aktenteilen betr. die Rechtspersönlichkeit der Anmelderin; BPatG 15. 1. 1962, E 1, 44.

Zur Frage eines schutzwürdigen Interesses an der **Geheimhaltung eines Teils der Stammanmeldung,** der den Gegenstand der **noch nicht bekanntgemachten Trennanmeldung** betrifft, vgl. BPatG 9. 12. 1965, E 8, 1. Ein schutzwürdiges Interesse an der Geheimhaltung bestimmter Aktenteile entfällt nicht schon dadurch, daß ein **Dritter bereits Kenntnis dieser** Aktenteile (z. B. in einer stattgefundenen öffentlichen mündlichen Verhandlung) erhalten hat; BPatG 21. 8. 1964, E 6, 14, 19.

Zum Begriff »schutzwürdiges Interesse« hat sich der BGH im Beschluß vom 26. 5. 1964, BGHZ 42, 19 = GRUR 1964, 548 – Akteneinsicht I – geäußert. Er stimmt der in BPatG E 1, 35, 36 und 3, 17, 18 gegebenen Auslegung des Begriffs insofern zu, als das der Akteneinsicht entgegengestellte »schutzwürdige Interesse« sich aus dem Inhalt gerade derjenigen Akten ergeben müsse, deren Offenlegung der Patentsucher oder Patentinhaber widerspricht. Deshalb könne lediglich der Wunsch, unbeteiligten Dritten schlechthin die Einsicht in die Akten zu verwehren, u. dgl. nicht als schutzwürdiges Interesse angesehen werden. Die **Person des Antragstellers und dessen Interesse** könnten aber für die Entscheidung, ob ein schutzwürdiges Interesse anzuerkennen ist, wesentlich sein, wenn begründeter Verdacht besteht, daß der Antragsteller die Kenntnisse, die er durch die Einsicht in die

Akten erlangen würde, mißbräuchlich verwenden wolle. Es sei ein Erfordernis prozessualer Ordnung, daß ein **berufsmäßiger Vertreter** anderer bei der Stellung eines Akteneinsichtsantrages angibt, für wen er ihn stellt.

Auch das BVerfG hat sich im Beschluß vom 10. 6. 1964, GRUR 1964, 554 mit der Frage des schutzwürdigen Interesses im Zusammenhang mit der Geheimhaltung eines Anmeldungsteils befaßt, den die Prüfungsstelle wegen **mangelnder Verwertbarkeit** beanstandet und den der Anmelder daraufhin fortgelassen hatte. Das Geheimhaltungsinteresse des Anmelders könne den Vorrang haben, wenn die noch nicht fertige, gewerblich noch nicht verwertbare Lösung durch weitere erfinderische Bemühungen möglicherweise doch noch patentfähig gemacht werden kann.

f) Geheimzuhaltende Teile

Hat der Erfinder beantragt, nach außen nicht genannt zu werden, so 26 sind in der Regel von Amts wegen alle Schriftstücke oder Teile hiervon auszunehmen, die den **Namen des Erfinders** enthalten; BPatG 10. 1. 1962, E 1, 42; BPatG 6. 2. 1962, E 1, 47; BPatG 7. 2. 1962, E 2, 22. Geheimhaltung einzelner Aktenteile kann allein aus Gründen allgemeiner Natur, die sich objektiv aus dem Akteninhalt ergeben (z. B. **Vorliegen ausgeschiedener und in abgezweigten Anmeldungen** weitervervolgter Teile), angeordnet werden; BPatG 9. 11. 1962, E 3, 17, 18. Enthalten Aktenseiten geheimzuhaltende und offenzulegende Stellen, so kann die Akteneinsicht davon abhängig gemacht werden, daß der Antragsteller beantragt, auf seine Kosten Abschriften der Aktenseiten anzufertigen; PA 27. 12. 1960, Bl. 1961, 82.

g) Nennung des Auftraggebers vom Vertreter

Von gewerbsmäßigen Vertretern gestellte Akteneinsichtsanträge erfor- 27 dern **Angabe des Auftraggebers;** BGH 26. 5. 1964, GRUR 1964, 548, 552 = Bl. 1964, 247 – Akteneinsicht I; BPatG 29. 11. 1966, E 8, 199. Auch Patentberichterstatter müssen den Auftraggeber angeben; BPatG 20. 10. 1964, E 6, 28. Bestreitet der Gegner die Richtigkeit der Angabe des auftraggebenden Mandanten, besteht **Substantiierungspflicht;** BPatG 26. 1. 1965, E 6, 168. Bestehen berechtigte Zweifel, daß der Antragsteller die Einsichtnahme im eigenen Interesse begehrt, so muß der Antragsteller angeben, in wessen Interesse die Einsichtnahme erfolgen soll; BPatG 22. 9. 1965, E 7, 94. Ein im erklärten Interesse einer Firma Akteneinsicht begehrender Patentanwalt tritt nicht als deren Verfahrensbevollmächtigter auf, sondern handelt in eigenem Namen für diese Firma, ist also selbst Verfahrensbeteiligter; BPatG 22. 12. 1971, Mitt. 1972, 238.

h) Allgemeines

Die Offenlegung der Akten gem. § 24 Abs. 3 a. F. verstößt grundsätzlich 28 weder gegen **Eigentums- noch Urheberrechte** des Anmelders oder Patentinhabers; BPatG 9. 11. 1962, E 3, 17, 19 = GRUR 1964, 554. Die Frage, ob die Regelung der Akteneinsicht in § 18 DPAVO 1961 durch **§ 22 PatG 1961** gedeckt und daher rechtsgültig war, wurde vom BGH bejaht; BGH 14. 7. 1966, Bl. 1966, 309 = GRUR 1966, 698 – Akteneinsicht IV.

Die Erklärung, dem Akteneinsichtsantrag nicht widersprechen zu wollen, ist unwiderruflich; BPatG 5. 12. 1962, E 3, 20. Der **vertragliche Verzicht** auf Akteneinsichtnahme aus § 24 Abs. 3 PatG a. F. ist rechtswirksam; BPatG 2. 10. 1964, E 6, 163. Erklärt der Antragsteller in einem Akteneinsichtsverfahren gem. § 24 Abs. 3 Satz 2 und 3 PatG a. F. die Hauptsache für erledigt und widerspricht der Antragsgegner der Erledigung, so ist für die Frage der Wirksamkeit der **Erledigungserklärung** – anders als im Zivilprozeß – nicht zu prüfen, ob der Antrag auf Akteneinsicht begründet war; BPatG 8. 11. 1971, E 13, 180.

Der **Pfändungspfandgläubiger einer Schutzrechtanmeldung** hat ohne Zustimmung des Anmelders kein Recht auf Akteneinsichtnahme; BPatG 18. 1. 1965, E 6, 220.

Vor dem 1. 10. 1961 entstandene Beschränkungsakten: BPatG 13. 7. 1962, E 2, 37 hat für Akteneinsicht in die patentamtlichen Akten eines abgeschlossenen Beschränkungsverfahrens die Glaubhaftmachung eines **berechtigten Interesses** gefordert; s. auch unter »berechtigtes Interesse«. Ebenso für noch nicht abgeschlossene Beschränkungsverfahren; BPatG 28. 2. 1962, E 1, 49.

VI. Vor 1961 entstandene Rechtsprechung

29 Die vor der Wirksamkeit des PatG von 1961 liegende Rechtsprechung ist nicht nur von historischem Interesse, sondern gibt insbesondere für allgemeine Fragen weiterhin beachtliche Hinweise für die praktische Handhabung in Einzelfällen. Nachfolgend wird hierzu eine Auswahl angeführt. Nach der Regelung vor dem Patentgesetz von 1961 konnte in die Erteilungsakten bekanntgemachter Patentanmeldungen und erteilter Patente Einsicht genommen werden, soweit nicht ein schutzwürdiges Interesse des Patentsuchers oder Patentinhabers entgegenstand; BGH 26. 5. 1964, GRUR 1964, 548, 549 r. Sp. – Akteneinsicht I.

Im einzelnen ergingen zur Akteneinsicht im Zusammenhang mit **veröffentlichten Anmeldungen und Patenten** u. a. folgende Entscheidungen: Der Einsprechende hat in der Regel Anrecht auf Akteneinsicht in alle bis zur Bekanntmachung angewachsenen Aktenteile; PA 5. 8. 1957, Bl. 1957, 321. Akteneinsicht des Einsprechenden zur Prioritätsnachprüfung ist zu gewähren; PA 20. 3. 1958, Mitt. 1958, 96. Zum schutzwürdigen Interesse an der Geheimhaltung nicht veröffentlichter »ausgeschiedener« Teile vgl. PA 29. 3. 1935, Mitt. 1935, 200; PA 10. 7. 1936, GRUR 1936, 565. Dagegen wurde berechtigtes Interesse an der Kenntnisnahme vor der Bekanntmachung gestrichener, aber nicht ausgeschiedener Aktenteile anerkannt; PA 17. 7. 1953, Bl. 1953, 341 = GRUR 1953, 479. Zum Akteneinsichtsrecht in einen zurückgezogenen Einspruch vgl. PA 28. 12. 1955, Mitt. 1956, 119 und PA 19. 5. 1954, Bl. 1954, 225. Die Frage des Akteneinsichtsrechts des wegen Patentverletzung Verwarnten behandeln PA 9. 1. 1961, Mitt. 1961, 54; PA 21. 12. 1953, Bl. 1954, 47; PA 8. 1. 1934, Mitt. 1934, 49. Der Antrag eines gegen eine abgezweigte Anmeldung Einsprechenden auf beschränkte Akteneinsicht in das bereits erteilte Stammpatent zwecks Prioritäts-Nachprüfung wurde s. Z. abgelehnt; statt dessen wurde eine Prioritätsbestätigung erteilt; PA 16. 4. 1934, GRUR 1934, 653.

Aus der Spruchpraxis im Zusammenhang mit **nicht veröffentlichten Patentanmeldungen** werden genannt: In noch nicht veröffentlichte Akten kann nur mit Zustimmung des Anmelders Akteneinsicht gewährt werden; PA 15. 3. 1934, Bl. 1934, 87; PA 26. 5. 1955, Bl. 1955, 359; PA 8. 2. 1957, Mitt. 1957, 76. Bei mehreren Anmeldern hat jeder einzelne ohne Zustimmung des oder der anderen Anspruch auf Einsicht in eine vor der Bekanntmachung zurückgewiesene gemeinsame Anmeldung; PA 17. 10. 1934, Mitt. 1934, 326, 327. Wegen Geheimhaltung von aufgrund von Entgegenhaltungen fallengelassenen Teilen s. PA 17. 7. 1953, Bl. 1953, 341, 342. Offengelegt werden nur die in den Akten befindlichen Unterlagen; PA 13. 7. 1953, Bl. 1953, 339. Zur Frage der Verwarnung aufgrund einer unveröffentlichten Anmeldung bei Verweigerung der Akteneinsicht vgl. BGH 4. 5. 1954, BGHZ 13, 210 = GRUR 1954, 391 – Prallmühle. Berechtigtes Interesse an Akteneinsicht wurde zur Feststellung des wahren Erfinders zwecks Vorbereitung einer Klage anerkannt; PA 21. 4. 1954, Bl. 1954, 222. Berechtigtes Interesse hat der aus § 4 Abs. 2 Einsprechende; PA 14. 5. 1954, Bl. 1954, 225, aber nicht während des Aussetzungszeitraumes; PA 9. 3. 1956, Mitt. 1956, 118.

Schließlich wird auf folgende Entscheidungen hingewiesen, die **allgemeine Fragen** betreffen: Die Prioritätsbelege gehören zu den Erteilungsakten; PA 20. 3. 1958, Mitt. 1958, 96. Wegen des Anrechts auf Akteneinsicht in aufgrund von Entgegenhaltungen fallengelassene Aktenteile s. PA 1. 12. 1955, Bl. 1956, 38. Der aufgrund eines Patents Verklagte ist nicht zur Akteneinsicht in die Zusatzanmeldung berechtigt; PA 23. 8. 1935, Mitt. 1935, 361. Mit der Erstattung eines Privatgutachtens kann Akteneinsicht allein (d. h. hier ohne Angabe des Auftraggebers) nicht geltend gemacht werden; PA 7. 12. 1934; Bl. 1934, 239; PA 6. 12. 1954, Bl. 1955, 22. Einem Verband kann Akteneinsicht gewährt werden, wenn dessen Aufgabenkreis berührt wird; PA 29. 9. 1931, GRUR 1931, 1144. Wird eine aus der Akte eines Dritten hervorgehende Vorbenutzung entgegengehalten, so besteht Anspruch auf Akteneinsicht in den betreffenden Teil jener Akte; PA 17. 12. 1935, Mitt. 1936, 64. Hat jemand Akteneinsicht in Erteilungsakten eines

Patents beantragt und legt er in diesem Zusammenhang zur Begründung eine Zeichnung vor, so hat der Patentinhaber kein Recht auf Kenntnisnahme dieser Zeichnung; PA 5. 11. 1954, Bl. 1954, 440. Zum Akteneinsichtsinteresse des Angestelltenerfinders vgl. PA 10. 1. 1953, Bl. 1953, 85; PA 23. 5. 1958, Bl. 1958, 190. Der Treuhänder einer eingereichten Anmeldung hat in der Regel berechtigtes Interesse an Akteneinsicht; PA 27. 4. 1956, Bl. 1956, 223. Beantragt ein Vertreter Akteneinsicht, so muß er den Auftraggeber angeben (PA 16. 11. 1917, Bl. 1917, 128), der auch dem Patentinhaber nicht vorenthalten werden darf (PA 7. 12. 1934, Bl. 1934, 239). Akteneinsicht kann wiederholt gewährt werden; PA 15. 3. 1935, Mitt. 1935, 161. Zum Beschwerderecht bei einer Vorabentscheidung über die Akteneinsicht im Einspruchsverfahren vgl. PA 14. 12. 1958, Bl. 1959, 68. Wegen Offenlegung der Nichtigkeitsakten bei erfolgter Klarstellung vgl. PA 3. 11. 1952, Bl. 1953, 57; PA 1. 10. 1938, Mitt. 1938, 345.

VII. Antragsgebühren

29a Die Gebühren für Anträge auf Einsicht in Verfahrensakten des DPA oder auf Erteilung von Abschriften oder Auszügen betragen 6,– DM. **Gebührenfrei** sind Anträge auf Einsicht in solche Unterlagen, deren Einsicht jedermann freisteht. Vgl. hierzu im einzelnen I. Teil Nr. 3 des Geb.Verz. (Anlage zu § 2 VwKostVO vom 26. 6. 1970; vgl. § 22). Akteneinsichtsanträge, die noch gem. § 24 Abs. 3 Satz 2 a. F. zu behandeln sind, sind gebührenpflichtig; BPatG 4. 3. 1963, E 4, 127. Die **Gebühr** wird mit der Stellung des Antrags **fällig,** ohne Rücksicht auf das Schicksal des Antrags; BPatG 28. 2. 1964, E 5, 226. Akteneinsichtsanträge beim BPatG sind gebührenfrei. Ein nach § 2 Abs. 1 VerwKostVO (1. Teil Nr. 5 KostVerz.) gebührenpflichtiger »Antrag auf Erteilung von Auskunft aus Akten« kann nicht wegen Verweigerung der Gebührenzahlung zurückgewiesen werden, vielmehr ist nach § 6 Abs. 2 und (gegebenenfalls) § 9 Abs. 2 Satz 1 VerwKostVO zu verfahren; BPatG 13. 1. 1972, E 13, 178.

VIII. Entscheidung über den Antrag

29b Der Akteneinsichtsantrag leitet immer gegenüber dem Erteilungsverfahren ein selbständiges Verfahren ein; die die Akteneinsicht betreffenden Vorgänge werden gesondert gesammelt und aufbewahrt (Beiheft); vgl. BPatG 14. 1. 1966, E 8, 5, 9. Wegen der Zuständigkeit vgl. Anm. 22. Die Entscheidung über den Akteneinsichtsantrag ist zu begründen und darf nur auf Gründe gestützt werden, zu denen sich die Beteiligten äußern können. Die Nichtmitteilung bestimmter Umstände kann gem. PA 5. 11. 1954, Bl.

1954, 440 in Ausnahmefällen zulässig sein; a. A. Ballhaus in Benkard § 24 Anm. 51. Es kann nur über Aktenteile entschieden werden, die bis zur Entscheidung über den Antrag entstanden sind; BPatG 6. 2. 1962, E 1, 47. Vor der Entscheidung über den Antrag des Einsprechenden muß der Patentsucher gehört werden; BPatG 14. 3. 1962, E 1, 41, 42.

Bei am 1. 10. 1968 noch nicht erledigten Patentanmeldungen hat bezüglich der bis zum 30. 9. 1968 entstandenen Aktenteile der Anmelder bzw. Einsprechende vor Entscheidung des Antrags Anspruch auf rechtliches Gehör; BPatG 16. 2. 1971, E 12, 104, 106. Für solche Altanmeldungen gilt auch noch BPatG 14. 1. 1966, E 8, 5; danach hat der Einsprechende kein Recht, zu Akteneinsichtsanträgen Dritter gehört zu werden. Bei beantragter Einsicht in die Akten **nicht oder noch nicht bekanntgemachter Anmeldungen** oder auf Mitteilung der dieser entgegengehaltenen öffentlichen Druckschriften ist der Patentanmelder gegebenenfalls zu hören; BGH 14. 7. 1966, Bl. 1966, 309 = GRUR 1966, 698 – Akteneinsicht IV.

Im **Akteneinsichts-Beschwerdeverfahren** ist der Senat an einer Sachentscheidung nicht dadurch gehindert, daß der Antrag auf Akteneinsicht auf **andere Gründe** gestützt ist als im Verfahren vor dem Patentamt; BPatG 21. 12. 1967, E 9, 181. Wegen der vorschriftsmäßigen **Besetzung** des entscheidenden Senats in Akteneinsichtssachen bei Anwendung des früheren Rechts vgl. BGH 26. 5. 1964, BGHZ 42, 32 = GRUR 1964, 602 = Bl. 1964, 283 – Akteneinsicht II. Durch das PatÄndG vom 4. 9. 1967 ist die Besetzungsvorschrift geändert; vgl. § 36 d Abs. 1 und auch Art. 7 § 1 Abs. 3, 2. Halbsatz PatÄndG. Zur Frage inwieweit das BVerfG die Anwendung der Vorschriften über die Akteneinsicht nachprüfen kann, vgl. BVerfG 10. 6. 1964, E 5, 235 = GRUR 1964, 554.

Eine **Kostenentscheidung** wird im erstinstanzlichen Akteneinsichtsverfahren fast nie in Betracht kommen, weil die Voraussetzungen des § 33 Abs. 2 praktisch nicht gegeben sein werden. Nur in besonderen Fällen (etwa bei schuldhaftem Verhalten) kann eine Kostenentscheidung billig erscheinen; BPatG 18. 10. 1961, Mitt. 1962, 33. Die Kosten des Beschwerdeverfahrens sind aber gegebenenfalls gem. § 36 q Abs. 1 aufzuerlegen; BPatG 18. 2. 1963, E 3, 23, 29; BPatG 22. 12. 1971, Mitt. 1972, 238. Abweichend BPatG 31. 1. 1972, Mitt. 1972, 176; jeder Beteiligte trägt eigene Kosten. Vgl. hierzu z. B. noch BPatG 16. 1. 1964, E 5, 112 wegen der Kostenpflicht des Antragsgegners im Akteneinsichtsverfahren bei fehlendem Geltendmachen des berechtigten Interesses an der Geheimhaltung von Aktenteilen.

D. Veröffentlichungen des Patentamts (§ 24 Abs. 4 und 6)

I. Neue Regelungen

30 Im Abs. 4 sind die Veröffentlichungen des Patentamts (außer der öffentlichen Patentrolle) aufgeführt. Gegenüber der Fassung des PatG 1961 ist Abs. 4 ergänzt betr. die Veröffentlichung von Hinweisen auf die Möglichkeit der Einsicht in die Akten noch nicht bekanntgemachter Patentanmeldungen und die Möglichkeit der Gewährung dieser Akteneinsicht durch Veröffentlichung von »Offenlegungsschriften«; s. Anm. 35.

Folgende Veröffentlichungen veranlaßt das Patentamt:

II. Patentblatt

31 **Schrifttum:** Wesener, Patentblatt und Namensverzeichnis als Hilfsmittel zur Patentinformation, Mitt. 1973, 47–49.

Das Patentblatt ist in seinem Aufbau **klassenorientiert** und gliedert sich in vier Teile: Im Teil 1 werden veröffentlicht die **Offenlegungen,** im Teil 2 die **Bekanntmachungen,** im Teil 3 die **Erteilungen** und im Teil 4 Gebrauchsmuster.

Die einzelnen Hinweise enthalten Klassenangaben (deutsche und Internationale Klassen), die Nummer der Schrift, den Anmeldetag, die Bezeichnung der Erfindung, den Anmelder, gegebenenfalls den Vertreter und den Erfinder, falls dieser nicht beantragt hat, daß seine Nennung unterbleiben soll. Etwa ab 1974 kann damit gerechnet werden, daß die Internationale Patentklassifikation (IPC) an die erste Stelle tritt. Konkordanzlisten der eingeführten Unterklassen werden im Patentblatt veröffentlicht.

Im **Teil 1** werden bekanntgegeben:

Hinweise auf die **Möglichkeit der Einsicht in die Akten noch nicht bekanntgemachter Patentanmeldungen** gem. § 24 Abs. 4 Satz 1, zweite Hälfte (s. Anm. 16),
die Eingänge von **Recherchenanträgen** gem. § 28 a Abs. 3,
Mitteilungen betr. das **Vorliegen von Recherchenergebnissen** gem. § 28 a Abs. 7,
die Eingänge von **Prüfungsanträgen** gem. § 28 b Abs. 4 Satz 2,
Mitteilungen über die **Unwirksamkeit** eines von einem Dritten **gestellten Prüfungsantrages** gem. § 28 b Abs. 4 Satz 4.

Weitere Abschnitte im Teil 1 betreffen Erklärungen der **Lizenzbereitschaft** (§ 14) vor der Bekanntmachung, **Änderungen** und **Verschiedenes.**

Im Teil 2 werden bekanntgegeben:
die **Bekanntmachungen von Patentanmeldungen** gem. § 30 Abs. 2,
die **Zurücknahme von Anmeldungen nach der Bekanntmachung** gem. § 35 Abs. 2 Satz 1,
Bekanntgabe von Anmeldungen, in denen innerhalb der Siebenjahresfrist **kein Prüfungsantrag gestellt** wurde oder eine fällige **Jahresgebühr nicht** rechtzeitig **entrichtet** wurde gem. § 35 Abs. 3,
Versagungen nachgesuchter Patente **im Einspruchsverfahren** gem. § 35 Abs. 2 Satz 1.

Im **Teil 3** werden bekanntgegeben:
erteilte Patente gem. § 35 Abs. 1,
Löschungen erteilter Patente wegen Verzichts gem. § 12 Abs. 1 Nr. 1, Nichtabgabe der Erfinderbenennung gem. § 12 Abs. 1 Nr. 2, Nichtzahlung einer Jahresgebühr gem. § 12 Abs. 1 Nr. 3 und wegen Nichtigerklärung gem. § 13. Nach der Bekanntmachung oder nach der Erteilung abgegebene **Lizenzbereitschaftserklärungen** werden in Teil 2 bzw. Teil 3 eingetragen.

In der Übergangszeit werden im Patentblatt auch **Konkordanzlisten** veröffentlicht, die das alte und neue Aktenzeichen der sogenannten Altanmeldungen enthalten; Mitt. Präs. 17. 4. 1968, Bl. 1968, 142. S. auch Bl. 1973, 177.

Das Patentblatt wurde in Verfolg des PatÄndG 1967 umgestaltet; es wird im Photo-Offsetverfahren hergestellt und ist dadurch wesentlich umfangreicher geworden.

Da im Patentblatt nur Klassifikation und Nummer berücksichtigt sind, wurde zur weiteren Information das Namensregister geschaffen. Seit 1970 wird statt dessen dem Patentblatt das »Wöchentliche Namensverzeichnis« beigefügt. Im einzelnen vgl. Hallmann (s. Schrifttum).

III. Patentrollen-Kartei und andere Informationsmittel

Als neues Auskunftsmittel wurde die **Patentrollen-Kartei** für offen- 32
gelegte Anmeldungen eingeführt; die Karteiblätter werden von Schreibautomaten laufend ergänzt. Die Kartei ist jedermann zugänglich; Ablichtungen und telefonische Auskünfte sind möglich. Im einzelnen vgl. Anm. 4.

Zur weiteren Information sind in der Auslegehalle des DPA **nummernorientierte, klassenorientierte und namensorientierte Register** vorhanden. Das Namensregister ist ab 1. 1. 1970 geschlossen worden; an seiner Stelle werden als Bestandteil des Patentblatts wöchentlich Namensverzeichnisse veröffentlicht.

IV. Patentschriften

33 Die Veröffentlichung der Patentschriften, welche aus den Beschreibungen (zu denen die Patentansprüche gehören) und Zeichnungen bestehen, und zwar in der Fassung, in der die Patente erteilt worden sind, ist in § 24 Abs. 4 Satz 1 vorgeschrieben. Wegen der Neugestaltung der Auslege- und Patentschriften vgl. Präs. 26. 11. 1963, Bl. 1963, 353. Die Symbole der Internationalen Patentklassifikation werden wie bei den Offenlegungs- und Auslegeschriften angegeben; vgl. Anm. 35 und § 30 Anm. 11. Die Patentschriften werden auf weißem Papier gedruckt.

Der **Inhalt der Patentschrift** muß seine Grundlage in der mit der Anmeldung offenbarten Erfindung haben. Ort hierfür ist die als Anlage zum Patenterteilungsantrag (vgl. § 26 Anm. 38–40) einzureichende Beschreibung mit den Patentansprüchen (vgl. § 26 Anm. 41 ff.). Der Inhalt der Patentschrift muß ferner mit dem Erteilungsbeschluß (s. § 35 Anm. 1) übereinstimmen; BPatG 9. 11. 1962, E 2, 181. Die Angaben im Tenor des Erteilungsbeschlusses sind für den Druck der Patentschrift verbindlich; BPatG 2. 11. 1962, E 2, 178, 179. Vgl. auch § 30 Anm. 10 wegen der notwendigen Zustimmung des Anmelders mit dem veröffentlichten Inhalt. Wegen der Patenturkunde vgl. § 35 Anm. 5.

Gem. § 24 Abs. 6 sind in der Patentschrift die **Druckschriften anzugeben, die das Patentamt zur Abgrenzung des Gegenstands der Anmeldung vom Stand der Technik** in Betracht gezogen hat. Die im Wege der Beschwerde nicht nachprüfbare Entscheidung darüber, welche Druckschriften in der Auslegeschrift bzw. Patentschrift angegeben werden, steht im pflichtgemäßen Ermessen der Prüfungsstelle bzw. des 1. Berichterstatters; PA 11. 8. 1954, Bl. 1954, 369 und PA 24. 3. 1955, Bl. 1955, 186 = GRUR 1955, 337 (Leitsatz). Ein gleichmäßiger Maßstab ist bei der Auswahl der bekanntgemachten Druckschriften anzuwenden. Es kommen sowohl die von Amts wegen herbeigezogenen wie die einspruchsweise entgegengehaltenen Druckschriften in Betracht. Im allgemeinen werden nur die Entgegenhaltungen auszuschließen sein, die sich als völlig neben der Sache liegend erwiesen haben und nichts mit dem Gegenstand der Anmeldung zu tun haben. Vor allen Dingen sind alle Druckschriften zu nennen, denen gegenüber der Anmeldungsgegenstand eingeschränkt wurde. Es entspricht einer Übung des Amts, in einem getrennten Absatz auch die in Betracht gezogenen älteren Rechte (aber keine schwebenden älteren Anmeldungen) aufzuführen.

In jeder Patentschrift mit einer Nummer über 1 000 000 wird angegeben, ob sie mit der zugehörigen Auslegeschrift gleicher Nummer übereinstimmt; Präs. 19. 10. 1956, Bl. 1956, 365; Präs. 26. 11. 1963, Bl. 1963, 354. Patentschriften, für die eine Auslegeschrift überhaupt nicht oder vor dem 1. 1. 1957 ausgegeben worden ist, haben weiterhin Nummern unter 1 000 000 erhalten. Wegen der mit dem Verfahren nach dem PatÄndG eingeführten **neuen Aktenzeichen,** die gleichzeitig die Nummer der Offenlegungs-, der Auslege- und der Patentschrift ist, vgl. § 18, Anm. 4.

In der Patentschrift wird diejenige Person als Inhaber angegeben, der das Patent nach dem Erteilungsbeschluß erteilt ist; PA 23. 6. 1952, Bl. 1952, 404.

Berichtigung der Patentschrift kann nur im Wege der Berichtigung des ihre rechtliche Grundlage bildenden Erteilungsbeschlusses erfolgen; PA 16. 10. 1913, Bl. 1913, 188; BPatG 9. 11. 1962, E 2, 181; BPatG 8. 9. 1971, GRUR 1972, 90, 91 = E 13, 77. Die Berichtigung einer veröffentlichten Patentschrift wegen offenbarer Unrichtigkeit ist nicht zulässig, wenn es sich bei der Textstelle, deren Berichtigung beantragt wird, um eine nicht irrtümliche, sondern vorbedachte Wortfassung durch die Prüfungsstelle handelt; PA 5. 10. 1953, Bl. 1953, 402. Es ist gleichgültig, ob die Unrichtigkeit auf ein amtliches Versehen oder auf unverändert übernommene Angaben der Verfahrensbeteiligten zurückgeht; BPatG 8. 9. 1971, E 13, 77 = GRUR 1972, 90, 91. Wird die offenbare Unrichtigkeit mit einer widersprüchlichen Formulierung begründet, so muß diese für jeden sachkundigen Außenstehenden erkennbar sein; eine solche offenbare Unrichtigkeit kann auch vorliegen, wenn die zu berichtigende Stelle Naturgesetzen oder gefestigten naturwissenschaftlichen Erkenntnissen widerspricht; BPatG 8. 9. 1971, a. a. O., 92. Eine beantragte Berichtigung darf zu keiner nachträglichen Änderung des bei Erlaß des Erteilungsbeschlusses Gewollten führen; BPatG 8. 9. 1971, a. a. O., 91. Wegen Berichtigung vgl. auch § 34 Anm. 20.

Patentschriftenvertriebsstelle: DPA, Dienststelle Berlin; s. Anm. 39.

V. Auslegeschriften

Auslegeschriften (in grüner Farbe) werden seit dem 1. 9. 1955 ausgegeben; Präs. Bl. 1955, 233. Sie enthalten gem. § 30 Abs. 3 die Beschreibung und Zeichnung, die der Bekanntmachung zugrunde liegen. Wegen der Numerierung, beginnend mit der Nummer 1 000 001, vgl. Präs. 19. 10. 1956, Bl. 1956, 365. Im Verwaltungswege ist angeordnet, daß auch in ihnen die bei der Prüfung in Betracht gezogenen Patentschriften anzugeben sind. Ab 1. 1. 1972 werden bei Auslege- und Patentschriften die Patentansprüche vor die Beschreibung gesetzt; Mitt. Präs. 21. 10. 1971, Bl. 1971, 326. 34

Aussetzung der Drucklegung der Auslegeschrift ist nicht möglich; sinngemäß PA 11. 7. 1934, Bl. 1934, 214. Vgl. § 30 Anm. 11.

VI. Offenlegungsschriften

Offenlegungsschriften wurden in Durchführung des PatÄndG vom 4. 9. 1967, und zwar in Anwendung der Bestimmung im § 24 Abs. 4 Satz 2 für 35 die gem. § 24 Abs. 3 Nr. 2 zur Einsicht freigegebenen Anmeldungen eingeführt. Die eigentliche Offenlegungsschrift ist eine fotomechanische Wiedergabe der **ursprünglichen Unterlagen.** Auf einem Deckblatt (im Buchdruck) werden folgende Angaben gemacht: die internationale Klasse, Nebenklassen, die deutschen Klassen (Hauptklasse und Nebenklassen), die Nr. der Offenlegungsschrift, das neue Aktenzeichen (gegebenenfalls auch das alte Aktenzeichen), der Anmeldetag, der Offenlegungstag, Prioritätsangaben mit Aktenzeichen, die Bezeichnung, Hinweise auf Zusatzverhältnis oder eine Ausscheidung, Anmelder, Vertreter und Erfinder. Gegebenenfalls wird ein erstellter Recherchenbericht mitgeteilt (Schriften im Prioritätsintervall werden durch Hinzusetzen des Datums gekennzeichnet), ebenso wird auf einen etwa gestellten Prüfungsantrag und den Tag der Zustellung der Benachrichtigung gem. Art. 7 § 1 Abs. 2 Nr. 1 PatÄndG vom 4. 9. 1967 hingewiesen. Bis zur Offenlegung eingereichte Anspruchsänderungen werden nach der Praxis des DPA in der Offenlegungsschrift nicht berücksichtigt, sondern nur zu den Akten genommen; vgl. hierzu § 26 Anm. 89.

Die Farbe des Papiers ist zum Unterschied zu den Auslege- und Patentschriften dunkelgelb. Wegen der **Klassifikationsangaben** auf den Offenlegungsschriften (Angabe der vollständigen Symbole der deutschen und Internationalen Patentklassifikation) vgl. Mitt. Präs. vom 28. 8. 1968, Bl. 1968, 277 und vom 1. 7. 1971, Bl. 1971, 201.

In einer Mitt. Präs. vom 31. 7. 1968, Bl. 1968, 270/271 sind wegen der **Herausgabe von Offenlegungsschriften** weitere Einzelheiten angegeben. In den Offenlegungsschriften werden Abkürzungen verwendet. Es bedeuten:

OS = Offenlegungsschrift
AS = Auslegeschrift
PS = Patentschrift.

Eine Anlage zu der Mitteilung enthält einen Code für die **abgekürzten Staaten-Bezeichnungen.** Es bedeutet z. B.: AT = EURATOM, BE = Belgien, CA = Canada, CH = Schweiz, CP = BIRPI, DL = DDR, DT = BRD, EP = Europäisches Patentamt, FR = Frankreich, GB = Großbritannien, IT = Italien, JA = Japan, NC = Skandinavische Staaten, NL = Niederlande, NO = Norwegen, SU = Sowjetunion, SW = Schweden, US = Vereinigte Staaten von Amerika.

Die am linken Rand in Kreisen stehenden Zahlen dienen nach einer Empfehlung von ICIREPAT dem leichteren Auffinden der einzelnen Daten. Durchschnittlich wird eine Offenlegungsschrift voraussichtlich 14 Seiten haben. Die **wichtigste Zeichnung** befindet sich auf der letzten Seite zwecks schneller Orientierung. **Der die Erfindung am besten kennzeichnende Patentanspruch** wird durch einen Kreis um die Ziffer des Anspruchs angegeben. Diese Art der Kennzeichnung ist selbstverständlich für die Bewertung des Schutzes nicht endgültig verbindlich.

Offenlegungsschriften von bis zum 30. 9. 1968 eingegangenen Anmeldungen, deren Unterlagen innerhalb der Sechsmonatsfrist (vgl. Anm. 14) vollständig neu eingereicht wurden, tragen einen Stempelvermerk »**Neue Unterlagen**«. Nach Mitt. Präs. 14. 12. 1968, Bl. 1969, 1 legt das PA Anmeldern von **vor dem 1. 10. 1968 eingereichten Anmeldungen** in den Fällen, in denen **keine zur fotomechanischen Vervielfältigung geeignete Unterlagen** vorliegen, nahe, druckfähige Unterlagen nachzureichen. Kommt der Anmelder der Bitte nicht nach, wird anstelle einer vollständigen Offenlegungsschrift von diesen Anmeldungen nur das Deckblatt der Offenlegungsschrift herausgegeben unter Hinweis darauf, daß die Unterlagen zur fotomechanischen Vervielfältigung nicht geeignet sind. Nach Mitt. Präs. 28. 4. 1970, Bl. 1970, 141 werden vor dem 1. 10. 1968 eingegangene Anmeldungen, zu denen keine zur fotomechanischen Vervielfältigung geeigneten Unterlagen eingereicht worden sind, ab 25. 6. 1970 auf der ausgelegten Titelseite mit einem entsprechenden Vermerk versehen. Im Teil 1 a des Patentblatts und auf der Rollenkarte werden die Bibliographien solcher Anmeldungen mit »OB« und von vorher eingereichten Anmeldungen mit neu eingereichten Unterlagen mit »N« gekennzeichnet. Im einzelnen s. die gen. Mitt. Präs. Nach Mitt. Präs. 8. 10. 1971, Bl. 1971, 325 wird auch ab 1. 12. 1971 bei mangelnder Qualität der Neuanmeldungsunterlagen in gleicher Weise (Mitt. Präs. 28. 4. 1970) bei seit dem 1. 10. 1968 eingegangenen Unterlagen verfahren. Stellt sich eine teilweise mangelnde Druckfähigkeit erst beim Druck heraus, so werden trotzdem Offenlegungsschriften bzw. Mikrofilmlochkarten mit dem Vermerk »Vorlage nicht bester Kopierfähigkeit« ausgegeben; Mitt. Präs. 24. 2. 1972, Bl. 1972, 113.

Einsicht in diese Akten kann durch Bezug von Mikrofilmen (s. Anm. 18) oder, falls sich keine lesbaren Mikrofilme herstellen lassen, durch Einsichtnahme in die Originalakten genommen werden.

Wegen Herausgabe der Offenlegungsschriften vgl. auch Haertel, GRUR 1968, 459, 463. Ab 1. 2. 1973 werden sämtliche seit 1. 10. 1968 erschienenen Patentschriften als Filmlochkarten zur Verfügung gestellt; vgl. § 18 Anm. 17. Ab 1. 2. 1973 steht statt der Wochenbände eine Filmlochkarten-Nummernkartei der nach dem 1. 10. 1968 erschienen OS, AS und PS für die Besucher der Auslegehalle zur Verfügung. Rückvergrößerungen können bei den im Hause befindlichen Ablichtungsfirmen sowie bei der Lichtbildstelle des DPA bestellt werden; Mitt. Präs. 12. 1. 1973, Bl. 1973, 33.

Enthalten veröffentlichte Offenlegungsschriften Fehler (z. B. falsche Ansprüche), so werden gegebenenfalls neue, berichtigte Offenlegungsschriften herausgegeben. Wegen des Vertriebs vgl. Anm. 39.

VII. Weitere amtliche und nichtamtliche Veröffentlichungen

1. Amtliche Veröffentlichungen

36 **Gruppeneinteilung der Patentklassen** 7. Auflage, einschließlich 7 Ergänzungslieferungen, Stand 1. 4. 1969; vgl. hierzu Mitt. Präs. 1. 7. 1971, Bl. 1971, 201 und 11. 11. 1971, Bl. 1971, 359. Am 1. 11. 1972 wurde die Gruppeneinteilung durch den 1. Nachtrag ergänzt; Mitt. Präs. 22. 8. 1972, Bl. 1972, 269.

Stichwörterverzeichnis (Das alte deutsche Stichwörterverzeichnis wird nicht wieder aufgelegt werden.) Wegen einer Kurzfassung des Stichwörterverzeichnisses der IPC vgl. § 18 Anm. 17, erster Abs.

Blatt für Patent-, Muster- und Zeichenwesen: Es erscheint monatlich und enthält u. a. den Abdruck von in- und ausländischen Gesetzen, internationalen Abkommen, Verordnungen, Mitteilungen des Präsidenten des DPA, Statistiken, Verzeichnisse der Auslegestellen, den Stand der Internationalen Union und einen umfangreichen Entscheidungsteil.

2. Nichtamtliche Veröffentlichungen

37 **Jahresverzeichnis** der Auslegeschriften und erteilten Patente (Carl Heymanns Verlag KG).

Auszüge aus den Patentschriften (Anspruch und Zeichnung) in Karteiform (Wila-Verlag, München).

Entscheidungen des Bundespatentgerichts, herausgegeben von Richtern des Bundespatentgerichts (Carl Heymanns Verlag KG). Bisher sind 14 Bände erschienen.

VIII. Auslegestellen

38 Auslegestellen, die vom DPA laufend Offenlegungs-, Auslege- und Patentschriften erhalten und diese während der Öffnungszeiten zur Einsichtnahme durch jedermann auslegen, befinden sich außer beim DPA in München und bei der Dienststelle Berlin des DPA in weiteren 25 Städten der Bundesrepublik. Vgl. hierzu im einzelnen das Verzeichnis (Stand 1. 1. 1973), Bl. 1973, 3 f., in dem u. a. angegeben ist, welche Schriften ausliegen und wann die Stellen geöffnet sind. Wegen einer Änderung (Fortfall von Essen) s. Bl. 1972, 153. Die Gruppenmappen für Offenlegungs-, Auslege- und Patentschriften werden nicht mehr nach aufsteigender Nummernfolge, sondern nach den Veröffentlichungstagen der Schriften geführt; Mitt. Präs. 30. 12. 1968, Bl. 1969, 3. Vgl. auch Althammer, Das Deutsche Patentamt 1970 S. 55 ff. Maßnahmen zur Förderung der Auslegestellen in der BRD erörtert Lincke, Ber. 14. Tag. Dok. S. 201.

Die **Öffnungszeiten beim DPA** sind aus der Vorbemerkung zum II. Abschnitt des PatG vor § 17 Anm. 5 zu ersehen.

IX. Bezug von Offenlegungs-, Auslege- und Patentschriften

Wegen der Bezugsmöglichkeiten beim Schriftenvertrieb der Dienststelle Berlin des DPA bzw. bei der Lichtbildstelle des DPA München vgl. das vom DPA herausgegebene Merkblatt, Ausgabe 1972, Bl. 1972, 277 ff. 39

Offenlegungs-, Auslege- und Patentschriften können vom Deutschen Patentamt, Dienststelle Berlin – **Schriftenvertrieb** –, in 1000 Berlin 61, Gitschiner Str. 97–103, bezogen werden; vgl. hierzu das vom Patentamt herausgegebene Merkblatt, Ausgabe 1972, Bl. 1972, 272 ff. **Einzelbestellungen** werden sofort ausgeführt. Da nunmehr in Verbindung mit dem Herstellungsverfahren der herausgegebenen Schriften eine elektronische Datenverarbeitungsanlage (vgl. Haertel, GRUR 1968, 459, 464, 465) eingesetzt worden ist, werden auch die Daten für die Abonnements der Schriften eingespeichert. Nach Mitt. Präs. vom 3. 9. 1968, Bl. 1968, 271 können deshalb aus technischen Gründen Abonnements nur mit einer Frist von drei Monaten gekündigt werden. Aus dem gleichen Grunde können Neubestellungen im Abonnement erst mit einer Verzögerung von drei Monaten ab Eingang ausgeführt werden.

Die Preise und Bedingungen für den Vertrieb sind für Offenlegungs-, Auslege- und Patentschriften gleich; Mitt. Präs. 31. 7. 1968, Bl. 1968, 270 und das oben genannte Merkblatt. Im einzelnen vgl. hierzu Mitt. Präs. 19. 12. 1966 und 3. 1. 1967, Bl. 1966, 369 bzw. 1967, 2 und Mitt. Präs. 10. 7. 1972, Bl. 1972, 209. Wegen des Abonnementsbezuges von Gebrauchsmusterunterlagen vgl. Mitt. Präs. 2. 7. 1971, Bl. 1971, 233.

Bestellungen von Ablichtungen österreichischer und schweizerischer Patentschriften sind an den Schriftenvertrieb des DPA, Dienststelle Berlin zu richten; Mitt. Präs. 22. 11. 1971, Bl. 1971, 359.

X. Abgabe von Fotokopien von Prüfstoff- und Umstellungslisten

Wegen der Abgabe schon fertiggestellter Fotokopien von Prüfstoff- und Umstellungslisten sowie Lochkarten bzw. tabellierte Listen, die im Zuge der Einführung der Internationalen Patentklassifikation des Prüfstoffs angefertigt werden (vgl. Präs. 8. 12. 1964, Bl. 1965, 1), vgl. Mitt. Präs. vom 29. 6. 1966, Bl. 1966, 209; vom 20. 8. 1968, Bl. 1968, 277; vom 6. 11. 1972, Bl. 1972, 357. In den Mitt. befinden sich Verzeichnisse der Klassen, in denen Prüfstofflisten vorliegen. Die Kosten richten sich nach der VerwKost-VO DPA vom 9. 5. 1961, Bl. 1961, 205 ff. Wegen Abgabe von Fotokopien von den in Umstellungslisten erfaßten Patentschriften vgl. Mitt. Präs. vom 29. 6. 1966, Bl. 1966, 210. Es ergingen weitere Mitteilungen, jeweils mit dem Hinweis auf die vorhergehende letzte Mitt. Letzte Mitteilung vom 9. 3. 1973, Bl. 1973, 117. 40

E. Entschädigungsanspruch bei Benutzung offengelegter Erfindungen

I. Voraussetzungen für einen Entschädigungsanspruch

41 Durch das PatÄndG wurde in § 24 ein neuer Absatz eingefügt, und zwar als Absatz 5 (anstelle des bisherigen Abs. 5, der die Nr. 6 erhalten hat), der bestimmt, daß vom Zeitpunkt der Offenlegung ab (bzw. vom Zeitpunkt des Hinweises auf die Offenlegung; s. Anm. 14, 16) der Patentsucher von demjenigen, der den **Gegenstand der Anmeldung** benutzt hat, **obwohl er wußte oder wissen mußte,** daß die von ihm benutzte Erfindung Gegenstand der Anmeldung war, **eine nach den Umständen angemessene Entschädigung** verlangen kann. Den Unterschied im Schutz, den die Bekanntmachung nach § 30 dem Gegenstand einer amtlich geprüften Anmeldung gewährt, hat der Gesetzgeber durch den zweiten Halbsatz im Abs. 5 Satz 1 unterstrichen; denn für die Zeit bis zur Bekanntmachung der Anmeldung sind **Unterlassungsansprüche und unbeschränkte Schadensersatzansprüche** nach § 47 Abs. 1 und 2 **ausgeschlossen.** Zum Unterschied vgl. auch BGH 17. 7. 1970, GRUR 1970, 623, 624 – Akteneinsicht VII. Außerdem besteht nach Satz 2 dieses Absatzes überhaupt kein Anspruch, wenn der Gegenstand der Anmeldung offensichtlich nicht patentfähig ist. H. Tetzner, NJW 1969, 642, 643 fragt mit Recht, was im Sinne von § 24 Abs. 5 Satz 1 »**Gegenstand der Anmeldung**« sei und ob dieser sich im Erteilungsverfahren ändere. Der Gegenstand der Anmeldung und der Umfang späterer Änderungen können nur nach den von Rechtsprechung und Lehre entwickelten Grundsätzen (vgl. § 26 Anm. 99 ff. insb. Anm. 100 und §§ 28 b/29 Anm. 31) ermittelt werden.

Die Bestimmungen dieses Absatzes wurden als Kompromißvorschlag des Rechtsausschusses in § 24 eingefügt. Einerseits sind die offengelegten Unterlagen als Informationsmaterial etwa den Auslegeschriften gleichwertig. Andererseits handelt es sich um auf materielle Patentfähigkeit nicht geprüfte Erfindungen. Würde man vollen (vorläufigen) Schutz gewähren, könnte dies unter Umständen zu einem ungerechtfertigten Eingriff in den freien Stand der Technik führen. Im Schriftl. Ber. Teil III 5 b, Bl. 1967, 281 wird deshalb zur Wahrung des berechtigten Interesses des Anmelders die getroffene Regelung für ausreichend gehalten. Vgl. hierzu die Bedenken von Wenzel, Mitt. 1968, 88 mit Hinweis auf die Möglichkeit einer gleichzeitigen Gbm-Anmeldung.

Da Ansprüche aus § 47 Abs. 1 und 2 ausgeschlossen sind, muß man eine **Benutzung zwischen Offenlegung und Bekanntmachung** als »**befugt**« ansehen; s. hier § 47 Anm. 3; ebenso Ballhaus in Benkard § 30 Anm. 13; Schramm/Henner, GRUR 1968, 669; Löscher, BB Beil. 7/1967 S. 7 l. Sp.;

a. M. Schweikhardt, Mitt. 1969, 84; zu Schweikhardt s. auch Schwanhäusser, Mitt. 1970, 1.

Voraussetzung für die **Entstehung eines Entschädigungsanspruches** ist, daß der Benutzer »wußte oder wissen mußte, daß die benutzte Erfindung Gegenstand einer Anmeldung war«. Der Benutzer muß somit von der Erfindung und deren Anmeldung nicht nur Kenntnis erlangt haben, sondern sich auch darüber klar geworden sein, daß er bei einer von ihm angewendeten technischen Maßnahme **die angemeldete Erfindung** benutzt. Das Wissen von der angemeldeten Erfindung kann ihm unmittelbar, z. B. von dem betreffenden Anmelder durch einen Hinweis, vermittelt sein (dann »wußte« er von der Erfindungsanmeldung). Um dem Vorwurf zu begegnen, daß er die angemeldete Erfindung hätte kennen müssen, ist jeder Mitbewerber verpflichtet, die Offenlegungsschriften seines Interessengebietes zu überwachen (Erkundigungspflicht; s. § 47 Anm. 30). Der Kreis, der **nichts** von der Erfindung **zu »wissen« brauchte,** wird praktisch sehr klein sein (z. B. kleine Handwerksbetriebe; s. auch § 47 Anm. 30).

Stellt ein Mitbewerber eine einschlägige offengelegte Anmeldung fest, die seine gewerbliche Betätigung berühren könnte, muß er versuchen, sich ein möglichst zutreffendes Bild vom Gegenstand der beanspruchten Erfindung zu machen. Da durch Benutzung einer angemeldeten, offensichtlich nicht patentfähigen Erfindung ein Entschädigungsanspruch nicht entsteht, muß der Mitbewerber auch prüfen, ob diese Einschränkung für den Gegenstand der betreffenden Anmeldung zutrifft. Ganz abgesehen davon, wird er auch Überlegungen wegen des Werts der offengelegten Erfindung anstellen müssen, da er mit einer späteren Patentierung der Erfindung und den sich daraus möglicherweise für ihn ergebenden Folgen zu rechnen hat. Diese Prüfung erfordert nicht nur eine kritische Durchsicht der Beschreibung und der Patentansprüche, sondern auch eine gewisse Ermittlung des Standes der einschlägigen Technik, unter Umständen aufgrund eines Antrags gem. § 28 a. Mit Recht ist deshalb in BGH 17. 9. 1970, GRUR 1970, 623, 624 – Akteneinsicht VII – bemerkt, daß die »Offenlegung« einer Anmeldung die gewerbliche Tätigkeit Dritter erheblich berühren kann. Im Gegensatz zur Offensichtlichkeitsprüfung nach § 28 handelt es sich hier in erster Linie um die materiell-rechtliche Seite der Patentfähigkeit.

Zur Entschädigungsvoraussetzung »wußte oder wissen mußte« vgl. auch Schramm/Henner GRUR 1968, 667, 670; zur Verschuldensfrage Löscher, BB Beil. 7/1967 S. 7.

II. Gesichtspunkte für eine angemessene Entschädigung

Zur Frage der Entschädigung heißt es im Schriftl.Ber., Bl. 1967, 281: 42

»Welche Entschädigung angemessen ist, wird dann insbesondere davon abhängen, ob der »Verletzer« die Anmeldung kannte oder kennen mußte, ob der Tatbestand der Verletzung genügend klar zutage lag, ob der Anmelder bei der Formulierung der Anmeldung den von ihm beanspruchten Schutzbereich genügend klar herausgearbeitet und gegen den Stand der Technik abgegrenzt hat oder ob er im Gegenteil durch übermäßig weit gefaßte Ansprüche selbst zur Unklarheit der Rechtsverhältnisse beigetragen hat. Auf diese Weise sollen die Anmelder auch davon abgehalten werden, sich durch eine sachlich nicht gerechtfertigte Ausweitung ihrer Anmeldung Vorteile zu verschaffen, die ihnen nicht zukommen.«

Die angeführten Gesichtspunkte treffen das Wesentliche. Die Höhe der **Entschädigung** wird im **Höchstfall** einer Lizenzgebühr entsprechen; so mit Recht Schriftl.Ber., Bl. 1967, 281. Dieser Fall wird gegeben sein, wenn der Benutzer vorsätzlich oder fahrlässig gehandelt hat und der Wert der Erfindung offenkundig ist. Die vom möglichen Benutzer in **Erfüllung der Erkundigungspflicht** zu fordernden Untersuchungen – s. Anm. 41 – müssen begrenzt sein; sonst würde man von ihm einen Arbeitsaufwand verlangen, wie ihn früher das Patentamt für die Allgemeinheit leistete. Die Klarheit und Eindeutigkeit der betreffenden Offenlegungsschrift, insbesondere der darin angeführten Ansprüche (s. Schriftl.Ber., a. a. O.), sollte bei der Beurteilung der Angemessenheit der Entschädigung ein schwerwiegender Faktor sein. Es ist unzumutbar, daß ein Dritter sich aufgrund mehrdeutiger und verschwommener Unterlagen ein möglichst zutreffendes Bild von dem machen soll, was etwa beansprucht wird.

Zur Frage des Entschädigungsanspruchs vgl. Löscher, BB Beil. Nr. 7/1967, S. 7; Schramm/Henner, GRUR 1968, 667, 671; ferner Schwanhäusser, GRUR 1969, 110, 113 u. Mitt. 1970, 1. Problematisch ist die etwaige Beteiligung eines **Arbeitnehmererfinders** an einer gezahlten Benutzungsentschädigung, weil nach § 12 Abs. 6 Satz 1 ArbErfG geleistete Vergütungen nicht zurückverlangt (vgl. Anm. 43) werden können. Eine mittlere Lösung wird sich anbieten in Gestalt eines vorläufigen Entgeltes, dessen Höhe von den jeweiligen Umständen (insbesondere von der Übersehbarkeit der Patentfähigkeit) abhängig sein wird; vgl. hierzu auch BGH 28. 6. 1962, GRUR 1963, 135, 138 – Cromegal. Gaul/Bartenbach, BB 1968, 1061, 1064 wollen dem Arbeitgeber ein Recht zur Ablehnung einer Beteiligung an einer Benutzungsentschädigung einräumen.

III. Geltendmachung des Entschädigungsanspruches

42 a Zur Geltendmachung eines Entschädigungsanspruches ist in der Regel (§ 24 Abs. 5 Satz 1) nur der Patentsucher berechtigt; vgl. hierzu § 9 Anm. 32. Eine Ausnahme sollte für einen ausschließlichen Lizenznehmer gelten; ebenso Nirk in Klauer/Möhring § 24 Anm. 63; a. M. Wiede, GRUR 1969, 203, 204.

Ein **Entschädigungsanspruch** aus § 24 Abs. 5 ist bei den zuständigen Verletzungsgerichten (s. § 51 Anm. 3–6) geltend zu machen. Da bei Benutzung der angemeldeten Erfindung ein Entschädigungsanspruch mit der Offenlegung der Anmeldung entsteht, kann als Voraussetzung für dessen **Anerkennung** keine amtliche Prüfung auf Patentfähigkeit verlangt werden; denn mit der »Bekanntmachung« nach § 30 würde der weitergehende Schutz wirksam werden; ebenso Schramm/Henner, a. a. O. unter VI; a. M. Schwanhäusser, GRUR 1969, 110. Wiede, GRUR 1969, 203, fordert bei Abschluß eines Lizenzvertrages aber mit Recht Stellung eines Prüfungsantrages.

Die **Verjährungsfristen** berechnen sich nach § 48; siehe § 24 Abs. 5 Satz 3.

IV. Eintritt und Fortfall des Schutzes aus § 24 Abs. 5

Mit der Offenlegung des Gegenstands der Anmeldung tritt der gegebenenfalls eine angemessene Entschädigung rechtfertigende **vorläufige,** in der Regel längstens sieben Jahre währende **Schutz ein.** Der Entschädigungsanspruch entsteht unabhängig von der Patentfähigkeit des Gegenstands der Anmeldung, es sei denn, die Nichtpatentfähigkeit ist offensichtlich; ebenso Ballhaus in Benkard § 24 Anm. 74; Schramm/Henner, GRUR 1968, 667, 672, 673. Wird ein Prüfungsantrag gestellt und aufgrund der Prüfung die Patentfähigkeit zunächst anerkannt und dementsprechend die Anmeldung bekanntgemacht (§ 30 Abs. 1), so geht der bisherige – verhältnismäßig schwache – Schutz in den einstweiligen Schutz mit den Wirkungen eines erteilten Patents über. Damit endet die Benutzungsbefugnis. 43

Wird die Patentanmeldung während des Prüfungsverfahrens **zurückgenommen oder zurückgewiesen,** so geht die einstweilige (geringe) Wirkung aus § 24 Abs. 5 Satz 1 rückwirkend verloren. Auch wenn die Anmeldung nach der Bekanntmachung (§ 30) zurückgenommen oder das Patent versagt wird, gelten die Wirkungen des »einstweiligen Schutzes« aus § 24 Abs. 5 Satz 1 als nicht eingetreten; § 35 Abs. 2 Satz 2. Deshalb kann der Entschädigungsanspruch erst als endgültig angesehen werden, wenn es zur Patenterteilung kommt. Entfällt die Wirkung aus § 24 Abs. 5 Satz 1, ist eine etwa gezahlte Entschädigung nach dem Grundsatz der ungerechtfertigten Bereicherung (§ 812 Abs. 1 BGB) zurückzuzahlen; s. dazu § 47 Anm. 44. H. Tetzner, NJW 1969, 642, 644, will bei freiwilliger Entschädigungszahlung das Rückforderungsrecht ausschließen; hiergegen mit überzeugenden Argumenten Nirk in Klauer/Möhring § 24 Anm. 76 und Schwanhäusser, NJW 1969, 1886, 1887. Im Falle einer späteren (rückwirkenden) **Nichtigerklärung** wird dem Entschädigungsanspruch zwar ebenfalls der Boden entzogen, ob aber trotzdem eine gezahlte Entschädigung zurückzuzahlen ist, erscheint zweifelhaft. Man sollte wie bei gezahlten Lizenzgebühren (s. § 13

Anm. 23) verfahren, zumal in vielen Fällen eine Benutzungsbefugnis zweckmäßigerweise in einen Lizenzvertrag umgewandelt worden sein wird. Vgl. hierzu auch Gaul-Bartenbach, BB 1969, 1061, 1064. Wird innerhalb der **Siebenjahresfrist** kein Prüfungsantrag gestellt, entfällt ohne weiteres jeder Entschädigungsanspruch.

Weil **Schadensersatzforderungen** wegen ungerechtfertigter Verwarnung möglich sind, sollte sich ein Patentanmelder zu einer Bedrohung aus § 24 Abs. 5 Satz 1 erst nach sorgfältiger Prüfung der Patentlage (Recherchenantrag nach § 28 a) entschließen.

Da ein **Vorbenutzungsrecht** gegenüber dem Schutz aus § 30 durchgreift, muß es erst recht gegenüber der schwächeren Wirkung aus § 24 Abs. 5 Geltung haben; s. auch § 7 Anm. 1. Ebenso A. Krieger, GRUR 1968, 225, 226 und H. Tetzner, NJW 1969, 642, 643.

Nachtrag: Zur Frage der offensichtlichen Nichtpatentfähigkeit des Gegenstandes der offengelegten Patentanmeldung vgl. OLG Karlsruhe 21. 11. 1972, Mitt. 1973, 112.

§ 25

(1) In der Rolle (§ 24 Abs. 1) kann die Einräumung eines Rechts zur ausschließlichen Benutzung der durch ein Patent geschützten Erfindung vermerkt werden. Das Patentamt trägt den Vermerk auf Antrag ein, wenn die Einwilligung des als Patentinhaber Eingetragenen oder seines Rechtsnachfolgers nachgewiesen wird. Mit dem Antrag ist anzugeben, wem das Recht eingeräumt worden ist (Berechtigter); die Angabe wird nicht in die Rolle aufgenommen.

(2) Der Antrag auf Eintragung des Vermerks ist unzulässig, nachdem eine Lizenzbereitschaft (§ 14 Abs. 1) erklärt worden ist.

(3) Der Vermerk wird auf Antrag gelöscht, wenn die Einwilligung des bei der Eintragung benannten Berechtigten oder seines Rechtsnachfolgers nachgewiesen wird.

(4) Mit den Anträgen nach den Absätzen 1 und 3 ist eine Gebühr nach dem Tarif zu zahlen; wird sie nicht gezahlt, so gilt der Antrag als nicht gestellt.

(5) Eintragungen und Löschungen nach den Absätzen 1 und 3 werden nicht veröffentlicht.

ÜBERSICHT

A. Zweck des Rollenvermerks

Zum Begriff der ausschließlichen Lizenz vgl. § 9 Anm. 30.

1 Wie in der amtl. Begr. PatG 1936 zu § 14, Bl. 1936, 108, 110 ausgeführt ist, soll der Inhaber einer ausschließlichen Lizenz durch Eintragenlassen derselben in die Patentrolle sich dagegen schützen können, daß sein Recht vom Patentinhaber durch die Erklärung der Lizenzbereitschaft vereitelt wird. Ein positiver Rechtsnachweis betr. die wirksame Einräumung einer

Generallizenz wird durch den Vermerk nicht erbracht. Die Eintragung ist auch dann zulässig, wenn das inhaltlich ausschließliche Benutzungsrecht räumlich, zeitlich, persönlich oder der Benutzungsart nach beschränkt ist.

B. Ausschluß der Eintragung

2 Die Eintragung einer ausschließlichen Lizenz schließt die Zulässigkeit der Abgabe einer Lizenzbereitschaftserklärung aus; vgl. § 13 Abs. 1 und 2. Andererseits ist gem. § 25 Abs. 2 – da offensichtlich miteinander nicht vereinbar – der Antrag auf Eintragung eines Vermerks betr. die Einräumung einer ausschließlichen Lizenz unzulässig, wenn eine Lizenzbereitschaftserklärung gem. § 14 abgegeben ist, weil diese unwiderruflich ist. Ist für das Hauptpatent eine Lizenzbereitschaftserklärung abgegeben, so kann wegen der Vorschrift in § 14 Abs. 1 Satz 2 für ein Zusatzpatent keine ausschließliche Lizenz eingetragen werden.

C. Antragstellung

1. Antragsberechtigung

3 Antragsberechtigt ist der eingetragene Patentinhaber oder sein Rechtsnachfolger oder der Lizenzberechtigte. Stellt letztgenannter den Antrag, ist die Einwilligung des Patentinhabers oder seines Rechtsnachfolgers nachzuweisen. Der Lizenzvertrag braucht nicht eingereicht zu werden, da nicht geprüft wird, ob ein wirksamer Vertrag vorliegt. Vgl. hierzu auch Heydt, JW 1936, 2843. Der Zweck der Eintragung ist also nur ein negativer. Mit dem Antrag ist gem. Abs. 1 Satz 3 der Lizenzberechtigte anzugeben; die Angabe wird in der Rolle aber nicht aufgenommen.

2. Löschung des Vermerks

4 Der Vermerk in der Rolle kann auf Antrag gelöscht werden, wenn die Einwilligung des bei der Eintragung benannten Berechtigten oder seines Rechtsnachfolgers nachgewiesen wird; § 25 Abs. 3.

3. Unterschriften der Anträge

5 Für die Beglaubigung der Unterschriften der Anträge werden sinngemäß die Anforderungen wie bei Umschreibungen (s. § 24 Anm. 8) zu stellen sein.

4. Antragsgebühr

Nach Abs. 4 ist mit den Anträgen nach Abs. 1 und 3 (Eintragung bzw. Löschung) die tarifmäßige Gebühr (z. Z. 20,– DM) zu zahlen. Bei Nichtzahlung gilt der Antrag als nicht gestellt. 6

5. Keine Veröffentlichung im Patentblatt

Eintragungen und Löschungen werden im Patentblatt nicht veröffentlicht; § 25 Abs. 5. 7

D. Rechtsmittel

Beschwerde ist zulässig gegen Unrichtigkeiten der Eintragung; z. B. gegen die Bejahung der Einwilligung des als Patentinhaber Eingetragenen. Die bloße Fassung des Eintragungsvermerks ist jedoch als verwaltungsmäßige Angelegenheit der Beschwerde entzogen; PA 20. 1. 1938, Bl. 1938, 31 = GRUR 1938, 256. Abänderungsanträge sind an den Vorsitzenden der Patentverwaltungsabteilung zu richten; vgl. § 18 Anm. 5. 8

Dritter Abschnitt Verfahren vor dem Patentamt

Vorbemerkungen zum Dritten Abschnitt des Patentgesetzes

ÜBERSICHT

A. Einleitung

Der Dritte Abschnitt des Patentgesetzes umfaßt die §§ 26 bis 36 a und ist 1 »Verfahren vor dem Patentamt« überschrieben. Die Bestimmungen des § 26 betreffen die Anforderungen an den materiellen Inhalt der Anmeldung und den Umfang der zulässigen Änderungen desselben, ferner formelle Vorschriften. § 27 regelt die Inanspruchnahme einer früheren Priorität für die Anmeldung aufgrund eines Staatsvertrages. In den §§ 28 bis 30 sind Vorschriften für die verschiedenen Verfahrensabschnitte vor dem Patentamt bis zur Offenlegung und gegebenenfalls Bekanntmachung und in § 32 solche für das Verfahren nach der Bekanntmachung enthalten, sofern Einspruch erhoben wird. § 33 enthält weitere allgemeine Vorschriften für das Verfahren vor dem Patentamt, die zur Aufklärung des Sachverhalts dienen und die die Möglichkeit einer Kostenauferlegung eröffnen. § 31 regelt die Zahlung der Bekanntmachungsgebühr. Die §§ 34 bis 36 enthalten insbesondere Bestimmungen für die patentamtlichen Beschlüsse, über Bekanntmachungen im Patentblatt und die Erfindernennung. In den §§ 30 a bis 30 g ist die Behandlung von Geheimanmeldungen geregelt. § 36 a betrifft das Beschränkungsverfahren.

In einigen Paragraphen ist auf die entsprechende Anwendbarkeit bestimmter Vorschriften der ZPO hingewiesen. Für das Patenterteilungsverfahren gelten weiterhin die aufgrund des § 26 Abs. 3 Satz 2 erlassene Verordnung über das Patentamt vom 5. 9. 1968 und die auf Grund des § 26 Abs. 3 Satz 1 erlassenen Anmeldebestimmungen vom 30. 7. 1968.

Die Verfahrensänderung durch das Patentänderungsgesetz vom 4. 9. 1967 erfordert die Unterteilung des § 28 a. F. in die §§ 28 a, 28 b und 28 c entsprechend der Aufteilung des Verfahrens in die obligatorische sogenannte

Offensichtlichkeitsprüfung (§ 28), die auf Antrag durchgeführte Recherche (§ 28 a) und die auf Antrag erfolgende Prüfung auf Patentfähigkeit (§§ 28 b und 28 c), die zusammen mit § 29 grundsätzlich dem bisherigen Prüfungsverfahren entspricht.

B. Zweck und Wesen des Patenterteilungsverfahrens

2 Der Erlaß eines Spezialgesetzes besagt, daß es sich um ein Verfahren eigener Art handelt. Soweit zur Ausfüllung von Lücken im Gesetz für das Patenterteilungsverfahren erster Instanz andere Gesetze heranzuziehen sind, ist immer zu prüfen, inwieweit sich die Anwendung anderer gesetzlicher Bestimmungen mit dem Zweck des Patentgesetzes verträgt; PA 27. 5. 1932, Mitt. 1932, 176, 177.

Das patentamtliche Prüfungsverfahren dient dazu, im Verein mit dem Anmelder festzustellen, ob und was unter Patentschutz gestellt werden kann. Ergebnis dieses Verfahrens bildet der Bekanntmachungsbeschluß; PA 15. 4. 1910, Bl. 1910, 180 r. Sp. unten. Das Patentamt hat im Erteilungsverfahren davon auszugehen, daß die Feststellung der Erfindung ausschließlich seine Aufgabe ist, und daß der Gegenstand des Patents im Patentanspruch derart niederzulegen ist, daß Zweifel über die Auslegung des Patents für die von der Wirkung des Patents betroffenen Kreise und im Verletzungsfall für die Gerichte nach Möglichkeit ausgeschlossen werden; PA 16. 12. 1912, Bl. 1912, 322. Ebenso das Reichsgericht: Das Erteilungsverfahren hat bei der Neuheitsprüfung im wesentlichen die Aufgabe, den Gegenstand der Erfindung soweit wie möglich gegenüber dem ermittelten Stand der Technik abzugrenzen und in den Ansprüchen so klar wie möglich zu sagen, was der Anmelder wirklich erfunden hat; RG 13. 6. 1939, Bl. 1939, 199 r. Sp. unten, 200. Kirchhoff, GRUR 1952, 545 und GRUR 1957, 512 und Schade, GRUR 1958, 1 haben die Möglichkeiten im Erteilungsverfahren zur Erhöhung der im Allgemeininteresse liegenden Rechtssicherheit bei der Schutzumfangbestimmung aufgezeigt. Das Verfahren wird grundsätzlich schriftlich durchgeführt; vgl. § 33 Anm. 1.

3 Bis zum Jahre 1961 wurde davon ausgegangen, daß ein Wesensunterschied zwischen dem Patenterteilungsverfahren erster Instanz und demjenigen zweiter Instanz nicht besteht, und daß die tragenden Grundsätze des Verfahrens in beiden Instanzen nicht verschieden zu handhaben sind; Gr.Sen. PA 17. 3. 1943, Bl. 1943, 40, 41 r. Sp. vorl. Abs.; Gr.Sen. PA 18. 10. 1932, GRUR 1932, 1184, 1186 l. Sp. letzter Abs. = Bl. 1932, 243. Vgl. in letztgen. Entscheidung auch im 3. Abs. die Ausführungen betr. Ziele und Zwecke des Patenterteilungsverfahrens. Von geringfügigen Einzelheiten abgesehen, hat sich daran auch nach 1961 nichts geändert; BPatG 23. 12. 1965, E 8, 28, 33.

Die Ausgestaltung des Patenterteilungsverfahrens ist auch in der ersten Instanz justizförmig: Der Grundsatz des rechtlichen Gehörs ist ausdrücklich durch die patentgesetzlichen Bestimmungen gewährleistet. Für Ermessensentscheidungen, etwa nach Zweckmäßigkeitsgesichtspunkten, wie solche im reinen Verwaltungsverfahren eine Rolle spielen, ist durch die Verfahrensbestimmungen kein Raum. Die Beschlüsse sind zu begründen. Die im Patenterteilungsverfahren tätigen Mitglieder des Patentamts sind in der Sache weisungsfrei. (Zur Frage der Weisungsfreiheit vgl. im einzelnen § 17 Anm. 14.) Rechtsprechung und Schrifttum haben daher früher mit Recht das Patenterteilungsverfahren in beiden Instanzen als ein der freiwilligen Gerichtsbarkeit nahestehendes Verfahren angesehen; PA 27. 5. 1932, Mitt. 1932, 176, 177; PA 30. 4. 1934, Mitt. 1934, 212; Duchesne, GRUR 1926, 256; Lutter, 10. Aufl. S. 290; Reimer, 2. Aufl., Anm. 1 zu § 33, S. 801. PA 3. 5. 1930, Bl. 1930, 176 sprach sich dagegen aus, die dem Patenterteilungsverfahren gesetzlich gegebene Freiheit und Elastizität durch herbeigeholte Analogien unzweckmäßig starr zu gestalten. Da gleichzeitig aber auf die Lückenausfüllung durch die Vorschriften des FGG und der ZPO hingewiesen ist, sollten Bedenken, ob die früheren Gedankengänge heute noch heranzuziehen seien (vgl. Wuesthoff in Klauer/Möhring § 26 Anm. 2 S. 747) nicht zu schwer wiegen.

Besonders wegen des Einspruchsverfahrens wurde auch auf die Parallelen zur ZPO hingewiesen: PA 9. 1. 1954, GRUR 1954, 118 und PA 30. 4. 1954, GRUR 1954, 393, 394. Nach BGH 27. 4. 1967, GRUR 1967, 586 – Rohrhalterung – verbietet sich eine Anwendung von Grundsätzen aus dem Bereich der freiwilligen Gerichtsbarkeit. Denn beim Einspruchsverfahren handele es sich um ein quasi-kontradiktorisches Verfahren, das der streitigen Gerichtsbarkeit nahesteht; a. M. BGH 28. 11. 1961, Bl. 1962, 56, 57 r. Sp. unter b = GRUR 1962, 273, 274 – Beschwerdekosten. BPatG 23. 4. 1968, E 10, 155, 157, meint, daß das Patenterteilungsverfahren der freiwilligen Gerichtsbarkeit nahestehe.

Vgl. im Zusammenhang mit dem Streit um die Rechtsstellung des Patentamts Schultze-Rhonhof, GRUR 1958, 365; Kern, Rechtsnatur und Zukunft des Bundespatentamts, NJW 1960, 1429–1431 und Ulmer, Aufbau, Verfahren und Rechtsstellung der Patentämter 1960, 17 (»Justiznähe, die bereits die erste Instanz kennzeichnet«). In Mitt. 1961, 1, 5 bemerkt Ulmer, man solle sich vor doktrinärer Überspannung der Unterscheidung zwischen Verwaltungsbehörde und Gericht hüten. Die Qualität der ersten Instanz als Verwaltungsbehörde und der zweiten als Gericht dürfe nicht zur Annahme führen, es handle sich um zwei wesensverschiedene Behörden.

Im Urteil des BVerwG vom 13. 6. 1959, GRUR 1959, 435 wurde aber – 4
mit nicht immer überzeugender Begründung – ausgesprochen, daß die Entscheidungen des Deutschen Patentamts in beiden Instanzen nicht als das Verfahren endgültig abschließende Entscheidungen angesehen und deshalb

vor den Verwaltungsgerichten angefochten werden könnten. Hierzu: Harraeus, GRUR 1959, 393.

Durch das Sechste Überleitungsgesetz vom 23. 3. 1961 wurden die Senate des DPA aus diesem ausgegliedert und als Bundespatentgericht konstituiert. Seitdem gilt das Patentamt zwar als Verwaltungsbehörde, aber das Verfahren vor dem Patentamt – insbesondere als Einspruchsverfahren – wird als gerichtsähnliches Verwaltungsverfahren angesehen; BGH 28. 4. 1966, GRUR 1966, 583, 585 – Abtastverfahren. In BGH 27. 4. 1967, GRUR 1967, 587 – Rohrhalterung – heißt es, »wenn das Patentamt auch eine Verwaltungsbehörde ist (BVerwGE 8, 350 = GRUR 1959, 435), so ist doch das strengen Regeln unterworfene Erteilungsverfahren und insbesondere das Einspruchsverfahren einem justizmäßigen Verfahren weitgehend angenähert (BGH GRUR 1966, 583, 585 – Abtastverfahren), so daß etwaige Formerleichterungen, wie sie in Verwaltungsverfahren zugelassen sein mögen, nicht übertragbar sind«. Durch das 6. ÜG wurde zwar eine organisatorische Trennung zwischen Patentamt (als Verwaltungsbehörde) und dem Bundespatentgericht (als Gericht) vollzogen, aber der Sache nach wurde nichts daran geändert, daß von der »ersten Instanz« des Patentamts ein »Instanzenzug« zu den Beschwerdesenaten (nunmehr des Bundespatentgerichts) führt; BGH 19. 7. 1967, GRUR 1968, 447, 449 – Flaschenkasten; BGH 29. 4. 1969, GRUR 1969, 562, 563 – Appreturmittel. Während im allgemeinen Verwaltungsbehörden ein verwaltungsmäßiges Eigeninteresse am Verfahrensausgang haben, das sie durch ihre Beteiligung am gerichtlichen Verfahren geltend zu machen befugt sind, verfolgt die Tätigkeit des Patentamts im Einzelfall keine eigene verwaltungsmäßige Zielsetzung, sondern beschränkt sich auf die bloße Entscheidung des Einzelfalls nach den dazu gestellten Anträgen und gemäß den dafür maßgebenden Rechtsvorschriften; BGH 29. 4. 1969, a. a. O. Allein schon diese besondere Vergleichbarkeit der Entscheidungen des PA mit den richterlichen Erkenntnissen gestattet die Folgerung, daß das patentamtliche Erteilungsverfahren und das patentgerichtliche Beschwerdeverfahren der Sache nach eine verfahrensmäßige Einheit bilden, innerhalb deren das Beschwerdeverfahren die Stelle eines Rechtsmittelverfahrens einnimmt; BGH 29. 4. 1969, a. a. O. Weiter heißt es in der Entscheidung, die Beschwerde setze mithin nicht ein erstinstanzliches Verfahren in Gang, sondern eröffne vielmehr eine zweite (gerichtliche) Tatsacheninstanz (mit Hinweis auf Reimer S. 1234). Die Bezeichnung des patentamtlichen Verfahrens als justiznahe begründet sich auf die besonderen, gerichtlichen Verfahren entsprechenden Rechtsgarantien, mit denen der Gesetzgeber das Verfahren in Anbetracht der schwierigen technischen und rechtlichen Prüfung über die Patentfähigkeit von Erfindungen ausgestattet hat; BGH 11. 3. 1971, GRUR 1971, 246, 248 unter III 2 = Bl. 1971, 196, 198 – Hopfenextrakt – Computerbescheide. Ausschlaggebend dabei ist, daß in dem patentamtlichen Verfahren eine wertende

Beurteilung und Entscheidung zu erfolgen hat; BGH 11. 3. 1971, a. a. O. Vgl. hierzu auch Haeuseler, GRUR 1962, 77, 78 r. Sp. und Horn, GRUR 1969, 169, 175, der mit Bezug auf das erstinstanzliche Verfahren sagt: »das Verfahren ist jedoch weitgehend justizförmig gestaltet und trägt im Einspruchsverfahren sogar streitentscheidende Züge«.

Daß das erstinstanzliche Verfahren derartigen »strengen Regeln« unterworfen ist, ermöglicht es letzten Endes erst, daß das Bundespatentgericht als erste und letzte »gerichtliche« Instanz (abgesehen von der nur ausnahmsweise möglichen Rechtsbeschwerde) verfassungsrechtlich nicht beanstandet werden kann. Denn die Entscheidung durch ein Gericht erster und letzter Instanz genügt jedenfalls dann rechtsstaatlichen Ansprüchen, wenn ein Verwaltungsverfahren vorangegangen ist, innerhalb dessen die Behörde Gewähr dafür bietet, daß sie ihre Entscheidungen in Bindung an das Recht getroffen hat; BVerfG 10. 6. 1958, NJW 1958, 2011. Vgl. hierzu auch betr. Weisungsfreiheit und Weisungsbefugnis § 17 Anm. 14.

Das Patenterteilungsverfahren findet **bei Beschwerde** seine organische Fortsetzung vor dem Patentgericht und wird hier unter Beachtung der gleichen Prinzipien weitergeführt; BPatG 23. 12. 1965, E 8, 28, 33. Die Meinung von Wey, GRUR 1972, 270, 271 r. Sp., daß sich das Verfahren zweiter Instanz gegenüber dem früheren Zustand (vor 1961) grundlegend änderte, kann aus dem PatG in der Fassung vom 9. 5. 1961 nicht hergeleitet werden.

Über Zweck und Wesen des Einspruchsverfahrens, das an sich ein Teil des Erteilungsverfahrens und nicht ein besonderes Verfahren ist, vgl. bei § 32 Anm. 1, 2.

C. Zweck und Wesen der aufgeschobenen Prüfung

Anlaß für die Änderung des Verfahrens durch das Patentänderungsgesetz **5**
vom 4. 9. 1967 war die in den letzten Jahren ständig zunehmende Zahl unerledigter, schwebender Anmeldungen, verursacht durch die ansteigende Zahl ausländischer Anmeldungen, die ungenügende Personalvermehrung und das zu große, nicht gerechtfertigte Entgegenkommen in der Verfahrenshandhabung bezüglich der zulässigen Änderungen des Patentbegehrens und der Möglichkeit der Ausscheidungen sogenannter unzulässiger Erweiterungen; zu letztgenanntem Problem vgl. Zeunert, Beitr., Kap. V.

Kern der Verfahrensänderung ist, daß zwar grundsätzlich das Prüfungsverfahren in der hergebrachten Form aufrechterhalten wird, aber nur auf Antrag in Gang gesetzt wird; gegenüber der bisherigen Anmeldegebühr ist die Antragsgebühr für das Prüfungsverfahren erheblich erhöht. Wird der Antrag vom Anmelder oder einem Dritten nicht innerhalb von sieben Jahren gestellt, gilt die Anmeldung als zurückgenommen. Durch die Möglichkeit der Hinausschiebung der Prüfung auf materielle Patentfähigkeit wird vom Gesetzgeber erwartet, daß ein sehr erheblicher Teil Anmeldungen für den Anmelder und die interessierten Kreise von vornherein nicht so wichtig ist oder inzwischen an Interesse verliert, daß auf eine Prüfung verzichtet wird. Hierdurch sollen die Prüfungsstellen des Patentamts entlastet werden, und der hohe Aufwand einer Prüfung auf materielle Patentfähigkeit soll auf diejenigen wichtigen Anmeldungen konzentriert werden, für die sich eine solche Prüfung rechtfertigen läßt. Gegebenenfalls kann diese Prüfung sofort bei der Anmeldung beantragt werden. Vgl. hierzu amtliche Begründung Teil A, insb. II d, Bl. 1967 S. 244 ff. und schriftl. Ber. Rechtsaussch. Teil A, insb. unter III Nr. 2, 4 b, 5, Bl. 1967 S. 279 ff.

Im Zusammenhang mit der Verfahrensänderung wurden die »Offensichtlichkeits-Prüfung« und die auf kostenpflichtigen Antrag durchgeführte »Recherche« eingeführt. Beide stellen nur Vorverfahren dar. Durch die erstgenannte obligatorische Prüfung sollen aus Gründen, die nichts mit der materiellen Patentfähigkeit zu tun haben, offensichtlich nicht patentfähige Erfindungen oder offensichtlich nicht einheitliche Erfindungen von vornherein ausgeschieden werden. Die Beantragung einer Recherche soll den beteiligten Kreisen ermöglichen, sich ein Bild von der Bedeutung und Patentfähigkeit des Gegenstands der Anmeldung zu machen.

Das Gesetz ist als Ganzes am 1. 10. 1968 in Kraft getreten; die Bestimmungen betr. Aufhebung des Stoffschutzverbotes (vgl. § 1 Anm. 73 ff.; § 26 Anm. 69) und betr. den Aufruf der Altanmeldungen zwecks Offenlegung (vgl. § 24 Anm. 14) sind schon am 1. 1. 1968 in Kraft getreten; vgl. hierzu Art. 7 § 6 PatÄndG vom 4. 9. 1967.

Zur Entstehungsgeschichte des Patentänderungsgesetzes vgl. Althammer, Gesetz zur Änderung des Patentgesetzes, des Warenzeichengesetzes und weiterer Gesetze, 1. Teil, GRUR 1967, S. 394 ff. insb. Nr. I. und Löscher, Das neue Patentrecht, BB 1967 S. 1053 ff. Wegen des nunmehr »weitgehend andersartigen Verfahrens« und der Neuorganisation des Patentamts in diesem Zusammenhang vgl. Haertel, Das Patentamt im Umbruch, GRUR 1968, 459. Schwerdtner, GRUR 1968, 9, 14 Fußn. 88 meint, daß die aufgeschobene Prüfung vom rechtsstaatlichen Standpunkt aus nicht unbedenklich sei.

Wegen der bisherigen niederländischen Erfahrungen mit der aufgeschobenen Prüfung (examen différé), der erhöhten Bedeutung der Anspruchsfassung und der u. U. zweckmäßigen Abschaffung der Siebenjahresfrist vgl. Henriquez und Walenda, GRUR 1968, 233; ferner van Benthem, GRUR Int. 1966, 617.

Das Ziel der gesetzlichen Neuregelung (Abbau der am 1. 10. 1968 vorhandenen Rückstände unerledigter Patentanmeldungen in angemessener Zeit und eine zügige Bearbeitung der Neuanmeldungen) wurde bis September 1972 trotz beachtlicher Fortschritte nicht vollständig erreicht. Angestrebt wird eine Herabsetzung der durchschnittlichen Dauer des Prüfungsverfahrens bis zum Erlaß des Bekanntmachungs- oder Zurückweisungsbeschlusses auf höchstens zwei Jahre; Prüf. Richtl. 1972, I. Vorbemerkung.

§ 26

(1) Eine Erfindung ist zur Erteilung eines Patents schriftlich beim Patentamt anzumelden. Für jede Erfindung ist eine besondere Anmeldung erforderlich. Sie muß den Antrag auf Erteilung des Patents enthalten und in dem Antrag den Gegenstand, der durch das Patent geschützt werden soll, genau bezeichnen. In einer Anlage ist die Erfindung so zu beschreiben, daß danach ihre Benutzung durch andere Sachverständige möglich erscheint. Am Schluß der Beschreibung ist anzugeben, was als patentfähig unter Schutz gestellt werden soll (Patentanspruch). Die erforderlichen Zeichnungen, bildlichen Darstellungen, Modelle und Probestücke sind beizufügen.

(2) Mit der Anmeldung ist für die Kosten des Verfahrens eine Gebühr nach dem Tarif zu entrichten. Unterbleibt die Zahlung, so gibt das Patentamt dem Anmelder Nachricht, daß die Anmeldung als zurückgenommen gilt, wenn die Gebühr nicht bis zum Ablauf eines Monats nach Zustellung der Nachricht entrichtet wird.

(3) Der Bundesminister der Justiz wird ermächtigt, durch Rechtsverordnung Bestimmungen über die sonstigen Erfordernisse der Anmeldung zu erlassen. Er kann diese Ermächtigung durch Rechtsverordnung auf den Präsidenten des Patentamts übertragen.

(4) Auf Verlangen des Patentamts hat der Anmelder den Stand der Technik nach seinem besten Wissen vollständig und wahrheitsgemäß anzugeben und in die Beschreibung (Absatz 1) aufzunehmen. Hat der Anmelder die Erfindung auch in einem anderen Staat angemeldet, so hat er dem Patentamt unabhängig von einer Aufforderung nach Satz 1 das Aktenzeichen dieser Anmeldung und die Druckschriften anzugeben, die ihm im Verfahren vor dem Patentamt des anderen Staates entgegengehalten werden.

(5) Bis zum Beschluß über die Bekanntmachung der Anmeldung sind Ergänzungen und Berichtigungen der in ihr enthaltenen Angaben, die den Gegenstand der Anmeldung nicht erweitern, zulässig, bis zum Eingang des Antrags auf Prüfung (§ 28 b) jedoch nur, soweit es sich um die Berichtigung offensichtlicher Unrichtigkeiten, um die Beseitigung der von der Prüfungsstelle bezeichneten Mängel oder um Ergänzungen oder Berichtigungen des Patentanspruchs handelt. Aus Ergänzungen oder Berichtigungen, die den Gegenstand der Anmeldung erweitern, können Rechte nicht hergeleitet werden.

(6) Innerhalb von drei Monaten nach Einreichung der Anmeldung hat der Anmelder den oder die Erfinder zu benennen und zu versichern, daß weitere Personen seines Wissens an der Erfindung nicht beteiligt sind. Ist

der Anmelder nicht oder nicht allein der Erfinder, so hat er auch anzugeben, wie das Recht auf das Patent an ihn gelangt ist. Die Richtigkeit der Angaben wird vom Patentamt nicht geprüft.

(7) Macht der Anmelder glaubhaft, daß er durch außergewöhnliche Umstände verhindert ist, die in Absatz 6 vorgeschriebenen Erklärungen rechtzeitig abzugeben, so hat ihm das Patentamt eine angemessene Fristverlängerung zu gewähren. Die Frist soll nicht über den Erlaß des Beschlusses über die Erteilung des Patents hinaus verlängert werden. Bestehen zu diesem Zeitpunkt die Hinderungsgründe noch fort, so hat das Patentamt die Frist erneut zu verlängern. Sechs Monate vor Ablauf der Frist gibt das Patentamt dem Patentinhaber Nachricht, daß das Patent erlischt, wenn er die vorgeschriebenen Erklärungen nicht innerhalb von sechs Monaten nach Zustellung der Nachricht abgibt.

Fassung PatG 1961

(1) unverändert.

(2) unverändert.

(3) unverändert.

(4) Auf Verlangen des Patentamts hat der Anmelder den Stand der Technik nach seinem besten Wissen vollständig und wahrheitsgemäß anzugeben und in die Beschreibung (Absatz 1) aufzunehmen.

(5) Bis zum Beschluß über die Bekanntmachung der Anmeldung sind Ergänzungen und Berichtigungen der in ihr enthaltenen Angaben, die den Gegenstand der Anmeldung nicht verändern, zulässig.

(6) Vor Erlaß des Beschlusses hat der Anmelder den oder die Erfinder zu benennen und zu versichern, daß weitere Personen seines Wissens an der Erfindung nicht beteiligt sind. Ist der Anmelder nicht oder nicht allein der Erfinder, so hat er auch anzugeben, wie das Recht auf das Patent an ihn gelangt ist. Die Richtigkeit der Angaben wird vom Patentamt nicht geprüft.

(7) Macht der Anmelder glaubhaft, daß er durch außergewöhnliche Umstände verhindert ist, die in Absatz 6 vorgeschriebenen Erklärungen rechtzeitig abzugeben, so hat ihm das Patentamt eine Frist zur Abgabe dieser Erklärungen bis zum Erlaß des Beschlusses über die Erteilung des Patents zu gewähren. Bestehen zu diesem Zeitpunkt die Hinderungsgründe noch fort, so hat das Patentamt die Frist zu verlängern. Sechs Monate vor Ablauf der Frist gibt das Patentamt dem Patentinhaber Nachricht, daß das Patent erlischt, wenn er die vorgeschriebenen Erklärungen nicht innerhalb von sechs Monaten nach Zustellung der Nachricht abgibt.

ÜBERSICHT

A. Voraussetzungen für die Anmeldung einer Erfindung

I. Vorliegen einer fertigen Erfindung

1 Nur eine Anmeldung, die sich auf eine fertige Erfindung stützt, kann zur Patenterteilung führen. Eine Erfindung, die nach Aufgabe und Lösung in den **ursprünglichen Unterlagen** nicht offenbart ist, kann in der betreffenden Anmeldung nicht patentiert werden; BGH 30. 3. 1971, GRUR 1971, 403, 405 unter II 4 – Hubwagen.

Zur Wahrung der Priorität kann nichts Unfertiges angemeldet werden und die eigentliche Erfindung erst im Laufe des Erteilungsverfahrens vorgenommen werden; RG 5. 12. 1934, RGZ 146, 79. Es muß sich um eine Anweisung handeln, mit bestimmten technischen Mitteln ein technisches Ergebnis zur Lösung einer technischen Aufgabe zu erzielen; BGH 23. 3. 1965, E 7, 234, 237 – Typensatz. Zum Begriff **»technische« Erfindung** vgl. im einzelnen § 1 Anm. 4 ff. Da für eine technische Erfindung nicht Voraussetzung ist, daß Naturkräfte zwecks Änderung eines Bewegungsablaufs innerhalb einer Vorrichtung oder dgl. benutzt werden, sind auch Raumformen und Raumformänderungen eine Vorrichtung technischer Art; BPatG 29. 3. 1965, E 7, 78, 82, 83. Läßt sich die betreffende Aufgabe mit den offenbarten Mitteln gar nicht lösen, so liegt eine vollendete Erfindung nicht vor; RG 21. 12. 1935, GRUR 1936, 912. RG 3. 7. 1935, GRUR 1936, 231, 234 1. Sp. Der **beanspruchte Erfindungsgedanke** muß von vornherein vom Erfinder in den ursprünglichen Unterlagen offenbart sein; vgl. z. B. BPatG 16. 3. 1962, E 2, 155, 160/61; BPatG 19. 10. 1962, E 3, 31, 35. Denn gemäß § 26 Abs. 5 PatG dürfen bis zum Beschluß über die Bekanntmachung Ergänzungen und Berichtigungen der in der Anmeldung enthaltenen Angaben nur insoweit vorgenommen werden, als der Gegenstand der Anmeldung nicht erweitert wird. Nach BGH 10. 11. 1970, GRUR 1971 210, 213 = Bl. 1971, 193 – Wildverbißverhinderung – (mit kritischer Anm. von Fischer) muß die Erfindung bei objektiver Betrachtung dem Durchschnittsfachmann eine konkrete **ausführbare** Lehre zum technischen Handeln offenbaren. Die Ausführungen in der Entscheidung, daß ein Irrtum über die technische Ausführbarkeit der Erfindung für die Entstehung der Erfindung keine Rolle spielen kann, ist nur aus dem einspruchsweise geltend gemachten Tatbestand widerrechtlicher Entnahme zu erklären; darauf bezieht sich die Abweichung von BGH 5. 5. 1966, GRUR 1966, 588 – Spanplatte.

Wegen des Begriffs »**Gegenstand der Anmeldung**« vgl. BGH 26. 1. 1967, Bl. 1967, 197/98 = GRUR 1967, 476 – Dampferzeuger – und Zeunert, GRUR 1966, S. 405 bis 412, Teil I und II. Es müssen also alle für die Erfindung wesentlichen Angaben – vgl. Anm. 46–47 – in den ursprünglichen Unterlagen enthalten sein, und zwar in einem solchen Umfang, daß die **Nachbenutzung durch andere Sachverständige** möglich erscheint; vgl. § 26 Abs. 1 Satz 4 PatG. Zum Begriff der Möglichkeit der Nachbenutzung vgl. § 2 Anm. 13. Einzelheiten betr. die Anforderungen an eine fertige Erfindung s. § 1 Anm. 26 bis 32.

II. Eindeutige Beschreibung der Erfindung in den ursprünglichen Anmeldungsunterlagen

Die grundlegende Bedeutung der eindeutigen Identifizierbarkeit einer Erfindung für das Erteilungsverfahren und die schutzwürdigen Belange der Allgemeinheit ist in BGH 6. 7. 1971, Bl. 1971, 374, 378 – unter Hinweis auf § 26 Abs. 1 Satz 3 und 5 treffend umschrieben worden: 1 a

»Die Voraussetzung ›eindeutiger Identifizierbarkeit‹ einer Erfindung ist an patentrechtlichen Erfordernissen auszurichten. ›**Die Prüfung auf Patentfähigkeit**‹ ist nur möglich, wenn das Prüfungsobjekt – die beanspruchte Lehre zum technischen Handeln – eindeutig umschrieben ist. Mit Rücksicht auf die grundrechtlich abgesicherte Handlungsfreiheit (Art. 2 GG) und das in einem Rechtsstaat geltende Gebot möglichst klarer und eindeutiger Verhaltensnormen (BVerfGE 4, 352, 357 f.; 17, 306, 314 m. w. N.) muß ferner den von der Patenterteilung Betroffenen eindeutig erkennbar sein, welche ›Lehre zum technischen Handeln‹ in einem Patent unter Schutz gestellt und deshalb für dessen Laufzeit der freien gewerbsmäßigen Benutzung entzogen ist.«

B. Die gesetzlichen Erfordernisse einer Patentanmeldung (§ 26 Abs. 1)

I. Schriftlichkeit

Nach § 26 Abs. 1 Satz 1 muß ein Patent beim Patentamt schriftlich angemeldet werden. Dieses Erfordernis ergibt sich aus der notwendigen Eindeutigkeit der Offenbarung der Erfindung am Anmeldetag. § 45 PatG 2 schreibt vor, daß nur Eingaben in **deutscher Sprache** berücksichtigt werden können; PA 2. 10. 1950, Bl. 1950, 324; PA 31. 5. 1951, Bl. 1951, 221 und auch Anmeldebestimmungen vom 30. 3. 1968, § 1. Wird neben der in deutscher Sprache eingereichten Anmeldungsbeschreibung auch eine fremdsprachige Fassung beigefügt, so bleibt diese unberücksichtigt; für den Offenbarungsinhalt ist sie bedeutungslos; BPatG 20. 4. 1966, E 8, 159, 162. Das Nebeneinander verschiedener Sprachen ist schon wegen der unter Umständen unterschiedlichen Bedeutungsinhalte der in den verwendeten Sprachen benutzten Begriffe abzulehnen. Mit Hinweisen auf die anstehende Europäisierung (Wuesthoff in Klauer-Möhring § 26 Anm. 5) wird nichts gewonnen, weil auch im Europäischen Patenterteilungsverfahren die einmal gewählte Amtssprache in allen Verfahren zu verwenden ist. Die Frage hat auch nicht durch die Bestimmung des § 27 Satz 2 an Bedeutung verloren, weil die Vorlage nur zum Nachweis der Berechtigung der Prioritätsinanspruchnahme dient. Ausnahmsweise sollte die Beifügung eines Begriffs in der Ursprungssprache in Klammern in der Beschreibung in Zweifelsfällen zur Klarstellung herangezogen werden, sofern dadurch nichts am Wesen der Erfindung geändert wird; vgl. auch BPatG 20. 4. 1966, a. a. O., 163. Auch Art. 3 Abs. 1 der Europäischen Übereinkunft über Formerfordernisse der Patentanmeldungen setzt die Vorlage einer Anmeldungsbeschreibung in der Sprache des Landes, in dem angemeldet wird, voraus. Hinweise auf Merkmale in einer noch nicht bekanntgemachten ausländischen Patentanmeldung sind nicht prioritätsbegründend; BGH 24. 3. 1966, GRUR 1966, 488 = Bl. 1966, 230 – Ferrit. Die Auffassung in PA 18. 3. 1913, Mitt. 1913, 177 ist überholt. Nach den Anmeldebestimmungen 1968, § 2 Nr. 6 muß der Antrag vom Anmelder oder Vertreter unterschrieben sein. Bei juristischen Personen oder Firmen hat die Unterschrift mit der registerlichen Eintragung übereinzustimmen. Die Angabe nur des Firmenkurzwortes genügt nicht, der Name der verantwortlichen vertretungsberechtigten natürlichen Person muß hinzugefügt werden; BGH 27. 4. 1967, GRUR 1967, 586, 588 – Rohrhalterung; BGH 28. 10. 1965, GRUR 1966, 210, 281 – Stromrichter. Die **Unterschrift** muß mit eigenem Namen handschriftlich vollzogen sein; Faksimile-Stempel und dgl. sind nicht zulässig. Zum bürgerlichen Namen gehört die Angabe des Vor-(Ruf-)Namens, bei Frauen auch die des Geburtsnamens (AnmbestPat. § 2 Nr. 1). Eingaben in Form eines Telegramms oder Fernschreibens sind zulässig; vgl. Anm. 9. 10. Dementsprechend kann auch die fehlende Unterschrift unter der Anmeldung ausnahmsweise nachgeholt werden. Vgl. hierzu BGH 28. 10. 1965, a. a. O. Die Priorität wird dadurch nicht berührt, wenn ersichtlich ist, daß die Erklärung von dem Erklärenden stammt; PA 22. 1. 1912, Z. f. IR 1912, 90. Eine Unterschrift in Fotokopie genügt nicht; BGH 29. 5. 1962, NJW 1962, 1505. Eine gegebene Blankett-Unterschrift muß man gegebenenfalls gegen sich gelten lassen; BGH 11. 7. 1963, MDR 1963, 921. Eine Anmeldung kann nicht über einen Aktenvermerk in der mündlichen Verhandlung vorgenommen werden; PA 12. 5. 1902, Bl. 1902, 176; PA 14. 9. 1916, Mitt. 1917, 4; PA 16. 12. 1933, Mitt. 1934, 81.

Wegen des Inhalts des Antrags vgl. Anm. 38.

II. Der Anmelder

1. Zugelassene Anmelder

Als Anmelder zugelassen sind jede geschäftsfähige natürliche Person und juristische Personen. Patentanmeldungen durch Angehörige des Patentamts sind jedoch ausgeschlossen; BVerwG 27. 6. 1961, Bl. 1961, 400. Die Anmeldung hat bei natürlichen Personen unter dem eigenen bürgerlichen Namen zu erfolgen, vgl. z. B. BVerwG 29. 5. 1956, BB 1956, 572 und auch § 32 Anm. 9. Anmeldung unter Pseudonym, auch wenn dies aus dem bürgerlichen Namen mit Zusatz gebildet ist, ist nicht zulässig; PA 25. 5. 1954, Bl. 1954, 227 = GRUR 1954, 326. Erforderlich für eine rechtswirksame Anmeldung ist Partei- und Prozeßfähigkeit; ZPO §§ 50, 51. 3

Außer juristischen Personen können auch handelsgerichtlich eingetragene Firmen (z. B. offene Handelsgesellschaften, Kommanditgesellschaften) anmelden. Die Firmenbezeichnung muß der Handelsregistereintragung entsprechen. Anmelder von nicht handelsgerichtlich eingetragenen Firmen können nur als Einzelanmelder anmelden. Kraft Gewohnheitsrechts gelten auch ausländische handelsrechtliche Erwerbsgesellschaften als rechtsfähig, wenn ihnen in ihrem Heimatland Rechtsfähigkeit zusteht; RG 24. 2. 1913, Bl. 1913, 190.

Die frühere Auffassung, die **Anmeldung eines Parteiunfähigen** sei ein »nullum«, PA 14. 4. 1902, Bl. 1902, muß als überholt angesehen werden, wie Pfanner, Die Patentanmeldung Geschäftsunfähiger und Geschäftsbeschränkter, GRUR 1955, 556–564, 561, 562 überzeugend nachgewiesen hat; vgl. im einzelnen bei § 4 Anm. 7. In solchen Fällen ist in einem Zwischenbescheid unter Fristsetzung Beseitigung des Mangels der Anmeldung (fehlende Prozeßvoraussetzung) durch nachträgliche Genehmigung seitens des gesetzlichen Vertreters oder Nachweis der etwa inzwischen eingetretenen Prozeßfähigkeit zu fordern. Wird der Mangel nicht behoben, ergeht Zurückweisungsbeschluß. Entgegen der Auffassung von Pfanner (a. a. O.) ist aber die Anmeldegebühr zurückzuzahlen, weil die wirksame Zahlung der Anmeldegebühr die Geschäftsfähigkeit des Zahlenden voraussetzt; PA 2. 1. 1957, Mitt. 1957, 93.

Beim **Tod des Anmelders** tritt eine Verfahrensunterbrechung nicht ein; 4
die Erben sind durch Anfrage bei der Polizei oder beim zuständigen Amtsgericht zu ermitteln. Vgl. auch BPatG 8. 9. 1961, E 1, 1, 4. Die Erben haben

sich durch gerichtlichen Erbschein oder gerichtliches oder notarielles Testament auszuweisen. Falls sich die ermittelten Erben nicht ausweisen, erfolgt Zustellung des Zurückweisungsbeschlusses an diese. Mit zunächst nur polizeilich ausgewiesenen Erben darf das Verfahren nur bis zum Stadium vor Patenterteilung durchgeführt werden. Ist ein Rechtsnachfolger des verstorbenen Anmelders nicht zu ermitteln, ist Bestellung eines Pflegers (§ 1913 BGB) zu veranlassen.

Bei **Änderung in der Person des Anmelders** ist gerichtlich oder notariell beglaubigte Übertragungserklärung erforderlich. Geht daraus gegebenenfalls die Zeichnungsbefugnis nicht hervor, ist ein Handelsregisterauszug neuesten Datums vorzulegen. Der Erwerber muß nur eine einfache Annahmmeerklärung vorlegen. Vgl. PA 28. 10. 1937, Bl. 1937, 195. **Anmeldung durch Handlungsbevollmächtigten:** Anmeldung im Vorstadium der erst Rechtsfähigkeit herbeiführenden Eintragung einer GmbH hat das Patentamt als Anmeldung zugunsten des Geschäftsführers angesehen; PA 16. 3. 1912, Bl. 1912, 133. Es wird jedoch von dem Rechtsverhältnis der Gründungsbeteiligten abhängen, zu wessen Gunsten die Anmeldung als erfolgt zu betrachten ist.

5 **Hochschulinstitute** können im allgemeinen nicht als Anmelder auftreten, da sie keine Rechtspersönlichkeit sind. Als Anmelder tritt dann gegebenenfalls die übergeordnete Stelle, z. B. die Technische Hochschule oder der Staat, vertreten durch den Rektor, auf. Wegen Vertretung des Fiskus (Bund, Länder) s. Stein/Jonas/Pohle, ZPO, 1964 § 18 II und öffentlichrechtliche Einrichtungen vgl. die bei Wieczorek ZPO § 51 D III abgedruckten Vertretungsordnungen.

2. Vertreter

6 Anmeldung durch **gesetzliche oder gewillkürte Vertreter** ist zulässig. Vertreterzwang besteht aber für Inländer nicht; PA 9. 5. 1908, Bl. 1908, 182. Dagegen ist für **Personen, die im Inland weder Wohnsitz noch Niederlassung haben,** die Lestellung eines Vertreters gesetzlich vorgeschrieben; vgl. § 16. Vertreter kann nur eine prozeßfähige, mit ihrem bürgerlichen Namen bezeichnete Person sein, keine Firma oder Gesellschaft, die allerdings als Zustellungsbevollmächtigter bestellt werden kann. PA 4. 5. 1951, Bl. 1951, 192. Im einzelnen vgl. hierzu Anmeldebestimmungen vom 30. 7. 1968 § 2 Nr. 4 und 5. Nicht berufsmäßige Vertretung durch einen Dritten (ohne Entgelt) ist erlaubt. Zur **berufmäßigen Vertretung bei der Anmeldung** sind grundsätzlich nur Patentanwälte und Rechtsanwälte befugt. Wegen der Vertretung durch Patentanwälte vgl. die PatAnwO vom 7. 9. 1966, Bl. 1966, 313 ff. (Begr. 335 ff.), die am 8. 9. 1966 in Kraft getreten ist. (Wegen Änderung der PatAnwO durch Ges. vom 13. 1. 1969 vgl. Bl. 1969, 103.) Im Falle der **Ablehnung eines Auftrages** muß dies unverzüglich

geschehen, weil bei schuldhafter Verzögerung Schadensersatzpflicht besteht; § 40 PatAnwO, vgl. auch Begr. Bl. 1966, 347 (zu § 39). Gem. der Übergangsregelung nach § 177 dürfen Personen, die bei Inkrafttreten der PatAnwO einen nach den Vorschriften des 2. ÜG vom 2. 7. 1949, Bl. 1949, 256 aufrechterhaltenen oder neu erteilten Erlaubnisschein besitzen, auch nach Inkrafttreten der PatAnwO die Vertretertätigkeit vor dem Patentamt und Patentgericht und die Beratungstätigkeit im bisher zulässigen Umfang berufsmäßig für eigene Rechnung weiter ausüben; im einzelnen s. § 16 Anm. 6. Vgl. dort auch wegen des Umfangs der Vertretungsberechtigung der **Patentassessoren.** Eine Übersicht betr. den zur Vertretung vor dem DPA berechtigten Personenkreis befindet sich in Mitt. Präs. 17. 11. 1969, Bl. 1969, 365. Auch **Angestellte** dürfen Rechtsangelegenheiten ihres Dienstherren erledigen, also auch dessen Angelegenheiten beim DPA wahrnehmen. Voraussetzung hierfür ist das Bestehen eines Angestelltenvertrags, der von vornherein die Rechtsbesorgung zum Inhalt hat; im einzelnen s. Mitt. Präs. 17. 11. 1969, a. a. O. Wegen der Beiordnung eines Vertreters auf Grund des **Armenrechts** vgl. § 46 e. Die gesetzlichen Grundlagen des Berufs des Patentanwalts in einigen westeuropäischen Ländern behandelt Radt, Mitt. 1969, 207.

Im Verfahren vor dem PA ist der ständige Vertreter eines Patentanwalts diesem gleichgestellt; PA 7. 11. 1953, Bl. 1954, 23. Beim Tod des Vertreters wird das Verfahren mit einem inländischen Anmelder fortgesetzt; ein ausländischer Anmelder muß neuen Vertreter bestellen.

Wegen der vorzulegenden **Vollmacht des Vertreters** vgl. § 18 DPAVO 7
1968. Auch die neue VO schließt die Vorlage sog. Generalvollmachten nicht aus, aber diese müssen den vorgeschriebenen einheitlichen Text (gem. Anlage zur Mitt. Präs. 17. 11. 1969, Bl. 1969, 365) wörtlich wiedergeben. Auf mehrere Personen lautende allgemeine Vollmachten werden nur entgegengenommen, wenn es sich bei den Bevollmächtigten um Anwaltssozietäten handelt. Andernfalls muß für jeden Bevollmächtigten eine besondere »allgemeine Vollmacht« eingereicht werden. Wegen der **Hinterlegung allgemeiner Vollmachten** vgl. im einzelnen Mitt. Präs. 17. 11. 1969, Bl. 1969, 365. Die früheren Bekanntmachungen betr. Generalvollmachten (Bl. 1949, 325 und Bl. 1950, 330) wurden aufgehoben. Nur das Vollmachtsoriginal ist zu hinterlegen. Der vorgeschriebene Vollmachtstext gibt die Berechtigungen an. Notarielle Beglaubigung, gegebenenfalls Legalisation ist nötig. Zur weiteren Vereinfachung des Verfahrens können auch sogenannte **Gattungsvollmachten** (z. B. allgemeine Vollmachten, die sich nur auf Patent- und Gebrauchsmusterangelegenheiten erstrecken) hinterlegt werden; Mitt. Präs. Nr. 5/70 vom 25. 2. 1970, Bl. 1970, 69 (mit Muster solcher Vollmachten). Wegen der Beifügung einer besonderen Vollmacht für **Gebrauchsmusterhilfsanmeldung** s. Anm. 38. Für die **Vertretung vor dem Patentgericht** ist aber gem. § 41 m Abs. 2 Einzelvollmacht erforderlich. Vgl. hierzu Horn,

Mitt. 1962, 166. Wegen zusammenfassender Vollmachten für mehrere Anmeldungen vgl. Präs. 20. 2. 1950, Bl. 1950, 53. Bei mehreren bevollmächtigten Personen ist jeder einzelne handlungsberechtigt. Hat die Vollmacht für das Verfahren vor dem Patentamt keine ausdrückliche Vorbehalte, umfaßt sie alle vorzunehmenden Rechtshandlungen; PA 11. 3. 1911, Bl. 1911, 310 und PA 8. 11. 1951, Bl. 1952, 408, 409. Der gemäß § 16 PatG bevollmächtigte Vertreter kann auch die Anmeldung zurücknehmen; BPatG 25. 10. 1961, E 1, 21, 23 = Bl. 1962, 45; BPatG 29. 11. 1961, E 1, 25 = Bl. 1962, 70, 71. Die Vollmacht erlischt durch Widerruf, Niederlegung oder Tod (§ 673 BGB); PA 3. 1. 1918, MuW 1918, 180. Zweifel, ob rechtsgültige Vertretung vorliegt, sind von Amts wegen zu klären; PA 3. 2. 1914, MuW 1914, S. 333. Wegen bei Lebzeiten erteilter **Untervollmachten** vgl. PA 23. 3. 1910, Bl. 1910, 157. Bringt der vorgebliche Vertreter die Vollmacht innerhalb der gesetzlichen Frist nicht bei, erfolgt Zustellung des Zurückweisungsbeschlusses an diesen; PA 1. 12. 1909, MuW 1909, 206. Der Anmelder erhält eine Abschrift des Beschlusses. Wegen nachträglicher Genehmigung von für einen Anmelder abgegebener Erklärungen nicht prozeßfähiger Personen vgl. PA 25. 11. 1908, Bl. 1909, 204.

Wegen Nachweises der Vertretungsberechtigung vgl. Zschucke, Die Unterschriftsbeglaubigung und Vertretungsbescheinigung im Inland und Ausland; GRUR 1953 S. 71 bis 76.

3. Mehrzahl von Anmeldern

8 **Anmeldung durch mehrere Personen** in eigenem Namen oder durch mehrere Vertreter ist zulässig. Die letztgenannten müssen einzeln und gemeinschaftlich zur Vertretung befugt sein. Entgegenstehender Vollmachtsinhalt ist unzulässig. Mehrere Anmelder oder gemeinsame Vertreter müssen einen **Zustellungsbevollmächtigten** angeben (Anmeldebestimmungen § 2 Nr. 5); auch die Benennung einer Firma ist zulässig. Bei mehreren Anmeldern **ohne** Vertreter muß jede Eingabe von sämtlichen Anmeldern unterschrieben sein. Denn eine gemeinschaftliche Anmeldung kann nur dann Erfolg haben, wenn die Anträge der Anmelder übereinstimmen; PA 17. 10. 1934, Mitt. 1934, 326. Jeder einzelne Anmelder kann aber nach herrschender Auffassung allein im Namen aller Anmelder anmelden; vgl. hierzu jedoch § 3 Anm. 27. Jeder Mitanmelder allein ist zu rechtserhaltenden Maßnahmen befugt. Denn im Falle fehlender Vereinbarung stehen mehrere Anmelder in Rechtsgemeinschaft nach § 741 BGB, die in bezug auf Maßnahmen zur Erhaltung des Patents der notwendigen Streitgenossenschaft des § 62 ZPO entspricht; PA 21. 11. 1911, MuW 1913/14, 42; PA 20. 2. 1918, MuW 1918/19, 18. Vgl. auch Anmeldebestimmungen § 2 Nr. 4 und 5 und im einzelnen § 3 Anm. 17 ff. Der Anteil eines bedingungslos Zurücktretenden wächst den Anteilen der anderen Anmelder zu; PA 21. 11.

1911, a. a. O., es sei denn der Ausscheidende erklärt, er widerspreche dem Anwachsen seines Anteils an den oder die Mitanmelder. Andernfalls bleibt er am Verfahren beteiligt; PA 14. 9. 1929, Bl. 1929, 251. Ein einzelner Mitanmelder kann durch seinen Verzicht ohne Zustimmung der übrigen die Anmeldung nicht zu Fall bringen; PA 30. 6. 1933, Mitt. 1933, 250. Vgl. auch Damme/Lutter S. 290 ff. Bei unbekanntem Aufenthaltsort eines Mitanmelders ist beim zuständigen Vormundschaftsgericht (Wohnsitz des Abwesenden; § 39 Abs. 1 FGG) die Bestellung eines Abwesenheitspflegers herbeizuführen.

III. Die Anmeldung / Der Anmeldetag

Mit der Anmeldung tritt der Anmelder in ein prozessuales Verhältnis zur 9
Erteilungsbehörde; BPatG 2. 12. 1970, E 12, 153, 155; BPatG 18. 1. 1971, E 12, 133, 139. Die schriftliche Anmeldung einer Erfindung beim Patentamt zur Erteilung eines Patents erfolgt in der Regel durch Übersendung der erforderlichen Unterlagen mittels der Post an das Deutsche Patentamt in München oder an dessen Dienststelle in Berlin. Postzustellung in München nur einmal täglich; Mitt. Präs. 18. 2. 1972, Bl. 1972, 62. Die Anmeldung kann auch durch persönliche Abgabe der Anmeldung bei den Annahmestellen des Deutschen Patentamts und der Dienststelle in Berlin während der Dienststunden geschehen. Die Annahmestelle ist das hierfür zuständige Organ; PA 9. 1. 1907, Bl. 1907, 29, 31. Wegen der Dienststunden vgl. Vorbem. zum 2. Abschn. PatG Anm. 5. Außerhalb der Dienststunden kann die Anmeldung in die Nachtbriefkästen beider Behörden (s. Anm. 10) abgeworfen werden. Weitere Möglichkeiten der Anmeldung bieten Fernschreiben und Telegramm. In diesen Fällen ist darauf zu achten, daß die Erfindung ausreichend offenbart ist; PA 4. 12. 1950, Bl. 1951, 55.

Wirksam zugegangen i. S. des § 130 Abs. 1 und 3 BGB ist die Anmeldung 10
erst, wenn sie dem zur Annahme des Schriftstücks berufenen und befähigten Organ vorliegt und damit in den Geschäftsgang des Patentamts gelangt; PA 11. 6. 1930, Mitt. 1930, 244. Der Eingangsstempel zeigte bisher gem. § 16 der inzwischen aufgehobenen DPAVO 1961 Tag und Stunde des Eingangs an. Nach § 13 Abs. 1 DPAVO 1968 fällt diese Handhabung fort; auf sämtlichen eingehenden Geschäftssachen wird nunmehr nur noch der Tag des Eingangs mittels Perforationsstempelung vermerkt. Die frühere Handhabung wurde abgeschafft, weil sie in erster Linie am Sitz des DPA Wohnende bevorzugt. Ganz abgesehen davon sind Fälle, in denen es auf den Zeitpunkt am Eingangstag ankommt, selten. Auch dann konnte die als früher eingegangen geltende Sendung diesen Vorzug zufällig erhalten haben. Die früher aufgedruckten PA-Nummern, die den Zeitrang festlegten und zur Kennzeichnung zusammengehöriger Schriftstücke dienten (vgl. z. B.

PA 10. 8. 1954, Mitt. 1954, 39), wurden abgeschafft. Am gleichen Tag eingegangene Anmeldungen sind also gleichrangig; vgl. z. B. BPatG 3. 5. 1967, GRUR 1971, 115. An Sonntagen und staatlich anerkannten allgemeinen Feiertagen werden keine Geschäftssachen angenommen; § 13 Abs. 2 DPAVO 1968. Nach Dienstschluß können aber Sendungen in die **Nachtbriefkästen** abgeworfen werden. Die Eingänge werden automatisch in Sendungen getrennt, die vor oder nach 24 Uhr abgeworfen sind, und erhalten den entsprechenden Anmeldetag. An Sonnabenden können Geschäftssachen nur in diese Briefkästen eingeworfen werden. Da an Sonn- und Feiertagen keine Sendungen angenommen werden, rechnen die nach Ablauf eines vorangegangenen Sonnabends oder Werktags (also nach 24 Uhr) an Sonn- und Feiertagen eingeworfenen Sendungen erst als am nachfolgenden Werktag eingegangen. Nach Dienstschluß eingehende Einschreibe- oder Eilsendungen nimmt der Pförtner an.

Die wesentlichen **Daten einer Patentanmeldung** werden in einem Vordruck, der durch eine **elektronische Datenverarbeitungsanlage** hergestellt wird, **erfaßt**; vgl. auch BGH 11. 3. 1971, Bl. 1971, 196 unter A. Wegen des Zeitpunktes bei Eingang von Fernschreiben vgl. Mitt. Präs. vom 22. 7. 1952, Bl. 1952, S. 312. Wegen des Eingangs telegrafischer Eingaben vgl. PA 4. 12. 1950, Bl. 1951, 55. Für eingehende Patentanmeldungen übersendet das Patentamt eine **Empfangsbescheinigung.** Wegen der Schreibweise und Bedeutung der verwendeten Code-Nummern in den Empfangsbescheinigungen vgl. Mitt. Präs. 20. 12. 1968, Bl. 1969, 2, 3. Vorbereitete Empfangsbescheinigungen müssen nur noch für sonstige Eingaben – falls gewünscht – beigefügt werden; vgl. Merkblatt für Patentanmelder, Ausgabe 1968 unter 3, 5. Eine trotzdem beigefügte Empfangsbescheinigung wird aber bestätigt. Für den Anmeldetag ist nur der amtliche Vermerk auf der Anmeldung maßgebend; PA 23. 9. 1943, Mitt. 1944, 20.

Wegen der neuen Aktenzeichen vgl. § 18 Anm. 4.

11 Als »vorläufige« Anmeldungen gekennzeichnete Eingaben zur Wahrung der Priorität sind rechtsunwirksam, weil etwas derartiges dem Patentgesetz fremd ist; PA 17. 12. 1903, Bl. 1904, 10; PA 4. 12. 1930, Mitt. 1931, 36; PA 4. 12. 1950 a. a. O. Eine etwa gezahlte Anmeldegebühr ist zurückzuerstatten. Ist der Eingang einer Anmeldung beim Patentamt nicht feststellbar und kann dieser vom Anmelder nicht nachgewiesen werden, muß eine angebliche Anmeldung als nicht eingegangen betrachtet werden; Präs. PA 6. 6. 1950, Bl. 1950, 136.

12 **Ausscheidungsanmeldungen** entstehen durch Abgabe entsprechender schriftlicher Erklärungen, die übersandt oder aber auch in mündlichen Verhandlungen schriftlich abgegeben werden können. Maßgebend für das abgezweigte Verfahren sind allein die in der Ausscheidungsanmeldung eingereichten ersten Unterlagen, nicht das, was der Anmelder abzuzweigen berechtigt gewesen wäre; PA 29. 11. 1927, Mitt. 1928, 15; vgl. ferner BGH

9. 3. 1967, GRUR 1967, 413, 416, 417 – Kaskodeverstärker. Wegen der Voraussetzungen für die Zuerkennung einer Ausscheidungspriorität vgl. PA 28. 3. 1942, Mitt. 1942, 114. Vgl. Anm. 26 bis 32 und 96 bis 97.

Zurücknahme der Anmeldung: Vgl. bei §§ 28 b/29 Anm. 48 bis 50.

Der amtlich festgestellte Zeitpunkt des Eingangs der Anmeldung – **der** 13
Anmeldetag – legt **die Priorität,** den Zeitrang der Anmeldung, fest. Diese ist maßgebend für die Neuheitsprüfung, die Identitätsprüfung, die Fälligkeit der Jahresgebühren, die Fristen für die Inanspruchnahme der Unions- oder der Ausstellungspriorität, die Prioritätserklärungsfrist, die Neuheitsschonfrist und die Berücksichtigung der Rechte Dritter. Wegen der Behandlung prioritätsgleicher Anmeldungen vgl. Trüstedt, GRUR 1967, 2/7. Liegen prioritäts- und inhaltsgleiche Anmeldungen verschiedener Anmelder vor, welche eine patentfähige Erfindung beinhalten, bleibt nur die Erteilung zweier Patente übrig; vgl. hierzu BPatG 3. 5. 1967, GRUR 1971, 115. Eine Vorabentscheidung über den Anmeldetag ist nicht zulässig; PA 25. 3. 1955, Bl. 1955, 216; BPatG 9. 5. 1962, Bl. 1962, 235. Der Anmeldetag ist nicht verschiebbar; PA 8. 9. 1921, Bl. 1921, 202; PA Gr.Sen. 17. 11. 1929, Bl. 1929, 312. Die Auffassung in der letztgenannten Entscheidung, die Veröffentlichung mit einem falschen Anmeldetag erfordere keine Wiederholung der Bekanntmachung, wurde revidiert; BPatG 20. 12. 1965, E 8, 23. Ein Patent kann nur mit einheitlicher Priorität erteilt werden; RG 12. 5. 1939, GRUR 1939, 958 r. Sp. Z. 18 von unten – Naphthalingewinnung. Momber, GRUR 1932 S. 370 bis 377 ist für die Zulässigkeit einer Verschiebung des Anmeldetags eingetreten.

Der Anspruch auf Zugrundelegung des richtigen Anmeldetages kann in jedem Stadium des Erteilungsverfahrens geltend gemacht werden; er ist in jedem Stadium des Verfahrens auch von Amts wegen zu berücksichtigen; BGH 13. 7. 1971, GRUR 1971, 565, 567 – Funkpeiler.

Aus einer früheren Gebrauchsmuster-Anmeldung kann keine Priorität für eine spätere Patentanmeldung hergeleitet werden; BPatG 28. 10. 1965, E 7, 65. Auch kann aus einem nicht bekanntgemachten Teil der ursprünglichen Anmeldung nach der Bekanntmachung eine Priorität nicht mehr beansprucht werden; BGH 13. 5. 1965, E 7, 244, 249, 251–253 = GRUR 1966, 146, 148 – Beschränkter Bekanntmachungsantrag; BGH 9. 3. 1967, GRUR 1967, 413, 417 – Kaskodeverstärker; BPatG 17. 4. 1964, Mitt. 1965, 52; PA 3. 5. 1930, Bl. 1930, 176.

Damit für den im Patentanspruch gekennzeichneten Erfindungsgedanken die ursprüngliche Priorität zugestanden werden kann, darf dieser nachträglich nicht unzulässig verändert werden; vgl. Anm. 82 ff., insb. 83, 88, 89, 93, 95–97. Unabhängig von den Feststellungen der Prüfungsstelle ist die Nachprüfung der **Priorität** in allen Patent-Verfahren zulässig; PA 25. 3. 1955, Bl. 1955, 216. Wegen Nachprüfung im Einspruchsverfahren vgl. § 32 Anm. 32. Wegen Nachprüfung im Nichtigkeitsverfahren vgl. § 13

Anm. 12. Schließlich sind auch oft im Verletzungsprozeß Untersuchungen über die Rechtmäßigkeit der in Anspruch genommenen Priorität für den geltend gemachten Erfindungsgedanken erforderlich; vgl. z. B. BGH 28. 10. 1965, GRUR 166, 198 – Plastikflaschen; BGH 30. 10. 1962, GRUR 1963, 563 – Aufhängevorrichtung; BGH 6. 3. 1959, GRUR 1959, 320, 323 r. Sp. – Mopedkupplung; BGH 27. 5. 1952, GRUR 1952, 564, 566 – Wäschepresse – (bedenklich Zeunert, Offenbarung S. 45); RG 29. 4. 1941, GRUR 1941, 360 = Mitt. 1941, 135. Zur Frage, inwieweit auch in der Revisionsinstanz die Priorität nachgeprüft werden kann vgl. Zeunert, Beiträge bei Fußn. IV 6.

Wird bei alter Rechtsanwendung im Nichtigkeitsverfahren oder Verletzungsprozeß festgestellt, daß dem beanspruchten Erfindungsgedanken die ursprüngliche Priorität nicht zukommt, so kann im Nichtigkeitsverfahren dem Patent derjenige Stand der Technik entgegengehalten werden, der bis zum Tag der späteren Offenbarung des betreffenden Teils vorlag (BGH 16. 11. 1962, GRUR 1963, 279, l. Sp. – Weidepumpe –), und im Verletzungsprozeß erfolgt sogenannte »Prioritätsverschiebung«, d. h. die Schutzwirkung tritt entsprechend später ein; BGH 30. 10. 1962, GRUR 1963, 563, 566 l. Sp. – Aufhängevorrichtung. Bei Patenten, auf die die Bestimmungen des neuen Patentgesetzes § 26 Abs. 5 Satz 2 anzuwenden sind, kann aus unzulässigen Erweiterungen überhaupt kein Schutz mehr hergeleitet werden; vgl. § 26 Anm. 95.

IV. Rechtscharakter der Anmeldung

14 Durch die Anmeldung erwächst ein öffentlich-rechtlicher »Anspruch auf Erteilung des Patents« durch das Patentamt; BGH 16. 9. 1962, BGHZ 37, 219 = GRUR 1962, 642 = Bl. 1962, 280. Zur Lehre vom Rechtscharakter der Patentanmeldung vgl. Pfanner, GRUR 1955, 556 mit zahlreichen Hinweisen und § 4 Anm. 5.

Die Unterscheidung zwischen **zivilistischem** und **prozessualem Teil** der Anmeldung stammt von Kohler; Handbuch des Deutschen Patentrechts, 1900, S. 272 ff. vgl. insb. S. 284. Danach betrifft der zivilistische Teil die eigentliche Offenbarung des beanspruchten Erfindungsgedankens, also den materiellrechtlichen Teil der Anmeldung in den ursprünglichen Unterlagen, und der prozessuale Teil die Willenserklärung auf Patentschutz. Vgl. auch Hüfner, Die zivilistische Anmeldung als Grundlage der Priorität, GRUR 1913, 145 ff. Nach heutiger wohl fast einstimmiger Meinung ist die **Anmeldung ein einheitlicher Rechtsakt**; vgl. auch Anm. 40. Reimer, § 26 Anm. 1 S. 939 tritt dem Vorschlag Müller-Liebenaus, Mitt. 1932 S. 7 bis 17, bei, nach dem man in nachholbare und nicht nachholbare Erfordernisse der Anmeldung einteilen sollte. Vgl. auch Benkard § 26 Anm. 7 und hier § 4 Anm. 5.

In PA 9. 1. 1954, Bl. 1954, 49 = GRUR 1954, 118, 119, 120 wird die Auffassung begründet, daß sich die Bedeutung der Patentanmeldung nicht lediglich in der Einleitung des Erteilungsverfahrens erschöpft. Die Patentanmeldung sei darüber hinaus auch ein **rechtsgestaltender Akt,** der für den Erfinder das Anwartschaftsrecht auf Patentschutz endgültig zur Entstehung gelangen läßt. Vgl. hierzu wegen der Anwartschaft auch bei § 4 Anm. 3. Die **Doppelnatur** einer derartigen prozessualen Willenserklärung (Gestaltung der Prozeßlage und unmittelbare Gestaltung eines materiellen Rechtsverhältnisses) läßt sich nicht zerreißen; PA 9. 1. 1954, a. a. O. In dieser Feststellung liegt die Abweichung der Entscheidung von der Kohlerschen These. Vgl. Pfanner, GRUR 1955, 556–564. Neuerdings hat sich Wuesthoff in Klauer-Möhring § 26 Anm. 3 für die Kohlersche Lehre ausgesprochen.

Die Frage, ob **Patentanmeldungen Urheberrechtsschutz** genießen, ist um- **15**
stritten; bejahend Wuesthoff in Klauer/Möhring § 30 Anm. 10; Bernhardt § 46 III 2; RG 12. 2. 1895, RGSt. 27, 21; a. M. KG 17. 2. 1912, MuW XII (1912/13) 575; Tetzner § 30 Anm. 6 mit verschiedenen Hinweisen. Wegen der Frage des Urheberrechtsschutzes bei Patentschriften u. dgl. vgl. § 30 Anm. 11.

Noch nicht veröffentlichte Patentanmeldungen dürfen von Dritten selbstverständlich ohne Einwilligung des Berechtigten nicht veröffentlicht werden, ganz gleich, ob man § 2 UrhG oder (vgl. Reimer § 26 Anm. 47, S. 1000) § 823 Abs. 1 bzw. § 826 BGB für anwendbar hält. Anders ist die Sachlage nach erfolgter Veröffentlichung (Bekanntmachung bzw. Offenlegung; vgl. § 24 Anm. 28 und § 30 Anm. 11).

Wegen des möglichen Urheberrechts des Patentanwalts an der von ihm verfaßten Patentschrift ist Pinzger, GRUR 1932, 1155 beizutreten; mit Einreichung der Anmeldung oder vorheriger Übergabe an den Anmelder geht das Urheberrecht (bzw. Miturheberrecht) mangels besonderer Vereinbarung stillschweigend auf den Anmelder über. Vgl. auch Trüstedt in Reimer § 26 Anm. 47 S. 1000. Mit Pinzger, a. a. O., 1162 ist ein Urheberrecht des Prüfers bei der Redaktion der Patentunterlagen abzulehnen.

V. Die Einheitlichkeit der Anmeldung

1. Anforderungen an die Einheitlichkeit (Richtlinien)

Neuere Aufsätze: Boecker, Der Begriff der Einheitlichkeit der Erfindung **16**
und seine Anwendung, GRUR 1962 S. 63/67. Harraeus, Der Erfindungsbegriff und das Einheitlichkeitsproblem, GRUR 1962, S. 393/397. Zur historischen Entwicklung s. Schuster, Bl. 1949, 28, 29. Wegen Behandlung der Einheitlichkeit in den USA s. Fasse, Mitt. 1972, 129, 132.

Nach § 26 Abs. 1 Satz 2 ist **für jede Erfindung eine besondere Anmeldung** erforderlich. In der grundlegenden und auch heute noch im wesentlichen für die Beurteilung der Einheitlichkeit einer Erfindung **maßgeblichen Entscheidung** des PA vom 24. 9. 1913, Bl. 1913, 292 ist am Anfang der Entscheidungsgründe auch der **Zweck der gesetzlichen Bestimmung** erörtert: Es soll verhindert werden, daß in ein und dieselbe Anmeldung eine Mehrheit von Erfindungen aufgenommen wird, die offensichtlich nichts miteinander zu tun haben, und daß durch willkürliches Zusammenfassen von Erfindungen die Gebühren unter den vom Gesetz bestimmten Betrag herabgedrückt werden. Die Vorschrift soll zugleich die Ordnung der Prüfung und der Registrierung, sowie die Übersichtlichkeit über die beanspruchten und erteilten Schutzrechte gewährleisten. Nach BGH 9. 3. 1967, GRUR 1967, 413, 417 – Kaskodeverstärker – ist die Einheitlichkeitsvorschrift eine auf Zweckmäßigkeitsgründen fußende Ordnungsvorschrift; der Hinweis auf PA 20. 12. 1943, GRUR 1944, 129, 130 ist nicht glücklich, weil die damaligen Ausführungen von einer inzwischen überholten Kriegs-VO ausgingen. Die Frage nach der Einheitlichkeit ist keine Rechtsfrage im engeren Sinn, sondern eine mit Rechtswirkungen verbundene technische Tatfrage.

17 Durch die Entscheidung vom 24. 9. 1913 (Teil III) wurden an Stelle der in der Entscheidung erörterten früheren engeren Grundsätze – vgl. Ergänzungsband zum Bl. 1901, Berlin 1902, S. 172/73 – folgende **Richtlinien für die Beurteilung der Einheitlichkeit** gesetzt:

1. Eine Erfindung ist einheitlich im Sinne des § 20 Satz 2 (jetzt § 26 Abs. 1, Satz 2) des Patentgesetzes, wenn das ihr zugrunde liegende **Problem einheitlich** ist, und alle ihre Teile zur Problemlösung nötig sind, oder auch nur geeignet, sie zu fördern.
2. Ist das **Problem** als solches **neu,** so können **mehrere selbständige Lösungen in einer Anmeldung** behandelt werden.
   Ist das **Problem als solches bekannt und gelöst,** so müssen die in einer Anmeldung zu behandelnden Lösungen unter sich auf **demselben Lösungsprinzip** beruhen.
   In beiden Fällen hat jede Lösung oder Ausführungsform den unter 1 für die Erfindungsteile gestellten Forderungen zu genügen.

18 Das Problem ist die begriffliche Fragestellung, aus der sich die Aufgabe herleitet. Deshalb kann ohne Schaden für die richtige Anwendung der Richtlinien für die Einheitlichkeit in diesen der Begriff »Problem« mit »Aufgabe« gleichgesetzt werden. Dies ist terminologisch vereinfachend, da sich die Erfindung aus Aufgabe und Lösung zusammensetzt. Dementsprechend wird im Schrifttum mit Recht oft an Stelle von Problem »Aufgabe« gesetzt bzw. beide Begriffe werden identifiziert: Boecker, a. a. O. Teil III; im einzelnen Zeunert, Beiträge, Kap. I b. Zutreffend heißt es in der Entscheidung vom 24. 9. 1913, daß das Problem bestimmt umrissen (konkret) sein muß und sich nicht in einer allgemeinen spekulativen Idee erschöpfen darf. Die Lösung des Problems muß einem am Tage der Anmeldung bestehenden, sozialen Bedürfnis (vgl. bei § 1 Anm. 30) dienen; es muß sich um ein technisches Problem (vgl. bei § 1 Anm. 4) handeln. Als Problem kann also nichts ganz Allgemeines angesehen werden, wie z. B. Herstellung einer Uhr, Verbesserung einer Lampe u. dgl. Vielmehr wird von dem mehr oder weniger engen Stand der Technik auszugehen sein, an den die Erfindung anknüpft. Je enger der bekannte Stand der Technik auf dem betreffenden Gebiet ist, um so enger und konkreter wird das Problem im allgemeinen zu fassen sein; im einzelnen vgl. Reimer § 26 Anm. 25 S. 971.

Nach der Entscheidung vom 24. 9. 1913 ist unter »jeder Erfindung« nicht nur eine Erfindung, sondern auch ein **Komplex von Erfindungen** zu verstehen, sofern dieser sich zu einer einheitlichen Gesamterfindung zusammenschließen läßt. Nach BGH 21. 1. 1958, a. a. O. können mehrere Ausbildungsformen einer Erfindung in einem Patent zusammengefaßt werden, wenn sie derselben Gesamtaufgabe dienen. Nach der Entscheidung vom 24. 9. 1913 können in einer Anmeldung ein Verfahren und eine Maschine zur Ausführung des Verfahrens, gegebenenfalls ein Erzeugnis, Verfahren, Arbeitsmittel und Einrichtung zugelassen werden. Was Gegenstand eines Zusatzpatents sein könnte, ist auch einheitlich; umgekehrt gilt der Satz aber nicht. Deshalb kann niemals etwas zusätzlich sein, was wegen Nichteinheitlichkeit ausgeschieden wurde. Vgl. noch Anm. 24. Wegen Einheitlichkeit bei Ansprüchen verschiedener Kategorien, s. Anm. 53 a.

Handelt es sich um einen Erfindungskomplex (siehe oben), »so kann auch das Problem trotz seiner Konkretisierung aus mehreren einzelnen Problemen bestehen, sofern diese in einem Gehilfenverhältnis zueinander stehen und sich so zu einem **einheitlichen Gesamtproblem** zusammenschließen lassen«. Zum »Gehilfenverhältnis« vgl. evtl. Baader, GRUR 1973, 67, 69. Die Voraussetzungen für die Anerkennung des Vorliegens eines einheitlichen Problems sind in den Richtlinien unter Nr. 1 angegeben. Nach der Entscheidung vom 24. 9. 1913 (S. 295 r. Sp. vorl. Abs.) braucht ein als einheitlich festgestelltes Problem als solches im einzelnen nicht neu zu sein; vgl. auch PA 25. 5. 1928, Bl. 1928, 266. Als Voraussetzung für die Neuheit des Problems als solches fordert die Entscheidung vom 24. 9. 1913 (S. 295 r. Sp. letzter Abs.), daß »das Problem in der Anmeldung zum ersten Male gestellt ist, oder, wenn es bereits gestellt war, in der Anmeldung zum ersten Male gelöst ist«. Eine etwas mildere Auffassung wird in PA 12. 3. 1934, Mitt. 1934, 176 vertreten. Danach liegt ein »neues Problem« noch so lange vor, wie das Problem noch nicht in einer die Bedürfnisse befriedigenden Weise gelöst ist. Es können also schon Versuche in der Richtung der Problemlösung vorliegen.

Wegen einer Definition des Begriffs »Aufgabe« und der Elemente, aus denen sich diese zusammensetzt, vgl. Anm. 45.

Die Richtlinien der Entscheidung vom 24. 9. 1913 ermöglichen die Aufstellung von Nebenansprüchen und auch von sogenannten unechten Unteransprüchen (s. Anm. 72 bis 73). Nach PA 8. 12. 1930, GRUR 1931, 151 begründet die allgemeine Verwendbarkeit des Gegenstandes eines Unteranspruchs und seine Unabhängigkeit von den anderen Ansprüchen keinen die Teilung der Anmeldung rechtfertigenden Einheitsmangel; ebenso PA 24. 5. 1941, Mitt. 1942, 22. Gewährung von Elementenschutz wird durch die Forderung der Einheitlichkeit nicht ausgeschlossen; PA 30. 4. 1954, Bl. 1954, 272. PA 28. 5. 1941, GRUR 1942, 67 will aber strenge Unterordnung der Unterprobleme unter das Hauptproblem verlangen.

Nach BPatG 15. 1. 1971, Bl. 1971, 286 (Leitsatz) ist, wenn ohne weiteres zweifelsfrei erkennbar ist, daß die Anmeldung mehrere Aufgaben enthält, die Anmeldung offensichtlich uneinheitlich; Rechtsbeschwerde ist eingelegt.

19 Zu der Frage, was bei **bekanntem und gelöstem Problem** die Worte »unter sich auf demselben Lösungsprinzip« beruhend, besagen, äußert sich PA 13. 3. 1933, Mitt. 1933, 246 dahingehend, daß die weiteren Lösungen als durch ein bestimmtes Lösungsprinzip zusammengeschlossener Komplex den bekannten Lösungen gegenübertreten sollen, d. h. das den weiteren Lösungen gemeinsame Lösungsprinzip soll diese **unter sich,** d. h. **unter Ausschluß** der bekannten Lösungen zu einer Einheit zusammenschließen.

Die **Richtlinien der Entscheidung** betr. die Einheitlichkeit als weiterhin gültig wurden bestätigt in PA 17. 6. 1933, GRUR 1933, 715, PA 25. 7. 1951, Bl. 1951, 318 = GRUR 1951, 510, BGH 21. 1. 1958, GRUR 1958, 389, 391 r. Sp. vorl. Abs. – Kranportal; BPatG 19. 7. 1963, E 5, 116, BPatG 10. 10. 1963, E 4, 133, 134, 135 = Bl. 1964, 21, BPatG 27. 7. 1964, E 7, 99, 101, BPatG 22. 7. 1965, E 8, 13; BGH 29. 6. 1971, GRUR 1971, 512, 514 – Isomerisierung; BGH 27. 6. 1972, Bl. 1972, 323 – Gelbe Pigmente. Die Ausführungen in Abschn. V der Entscheidung betr. die Erfindungshöhe sind überholt. Kritisch gegenüber den Einheitlichkeits-Richtlinien Jochem, Mitt. 1971, 126.

2. Handhabung in der Praxis

20 **Grundsätzliches:** Vgl. PrüfRichtl. II 4 a, III 4 b, IV 4 c. Auf Einheitlichkeit ist in gleicher Weise bei Haupt- und Zusatzanmeldungen zu prüfen. Die Feststellungen werden bei der Durchsicht der materiellen Anmeldungsunterlagen oder aber bei der Neuheitsprüfung getroffen, da sich Nichteinheitlichkeit u. U. erst nach Fortfall des Hauptanspruchs, gegebenenfalls auch erst bei Eingang neuer Ansprüche ergibt. In der Regel soll die Ermittlung des Problems der angemeldeten Erfindung der Neuheitsprüfung vorangehen; PA 12. 3. 1934, Mitt. 1934, 176. Die in PA 24. 9. 1913, a. a. O. S. 294/95 geforderte strenge Trennung zwischen Neuheits- und Einheitlich-

keitsprüfung ist überholt; so auch Harraeus, a. a. O. S. 396 r. Sp. unter Nr. 1 und 2. Liegen allerdings verschwommene Unterlagen vor, welche das der Anmeldung zugrunde liegende Problem bzw. die Aufgabe nicht erkennen lassen, ist der Anmelder zunächst zur Klärung aufzufordern. Auf erkennbar werdende Nichteinheitlichkeit bei Fortfall nicht patentfähiger Ansprüche sollte so früh wie möglich hingewiesen werden. Die Anmeldung ist nicht sofort deshalb zurückzuweisen, weil ein Teil nicht einheitlich ist; PA 13. 6. 1914, Mitt. 1915, 14. PA 20. 12. 1943, GRUR 1944, 129 ist überholt, weil auf KriegVO 12. 5. 1943 beruhend.

Die Einheitlichkeitsvorschrift ist mit gewisser Milde anzuwenden, um 21
eine unnötige und nicht wiedergutzumachende Zerstückelung der Anmeldung zu vermeiden. Andererseits ist aber die Unterbringung in einer Anmeldung nicht zu vermutender Gegenstände in der Beschreibung und insbesondere in Unteransprüchen unstatthaft. Nichteinheitlichkeit wird erst beanstandet, wenn nicht einheitliche Patentansprüche vorliegen. Falls nur die Beschreibung uneinheitliche Gegenstände betrifft, ist der Anmelder zur Streichung derjenigen Beschreibungsteile aufzufordern, welche nicht zur Erläuterung der in den Patentansprüchen gekennzeichneten Erfindung dienen. Denn bloße Anregungen oder Andeutungen in den Unterlagen der Anmeldung oder in späteren Eingaben können nicht patentbegründend wirken; **es ist vielmehr erforderlich** – vgl. z. B. PA 15. 3. 1929, GRUR 1929, 590 –, **daß der Wille zum Ausdruck gebracht wird, auf das Offenbarte ein Patent zu erhalten;** ebenso PA 25. 1. 1957, Bl. 1957, 185; vgl. auch Anm. 41. Die beanstandete Nichteinheitlichkeit ist unter gruppenweiser Zusammenfassung der Ansprüche zu begründen. Der Anmelder wird unter Fristsetzung und Androhung der Zurückweisung der ganzen Anmeldung aufgefordert, die Anmeldung auf einen der Gegenstände zu beschränken und zu erklären, ob die übrigen Gegenstände in abgezweigten, kostenpflichtigen Anmeldungen unter Inanspruchnahme der Priorität aus der Stammanmeldung weiterverfolgt werden sollen oder nicht. Wegen Behandlung der Frage der Einheitlichkeit bei der **Offensichtlichkeitsprüfung** nach § 28 s. dort Anm. 4.

In BPatG 7. 7. 1969, Mitt. 1971, 192, 195 ist auf eine anscheinend gelegentlich geübte (frühere) Handhabung im Verfahren vor der Bekanntmachung verwiesen, nach der bei Nichteinheitlichkeit eine Anspruchsgruppe zunächst nur gestrichen und zu einem späteren Zeitpunkt wieder anstelle der zunächst aufrechterhaltenen Anspruchsgruppe zum Schutzbegehren gemacht werden konnte. Die gegebene Begründung greift mindestens für nach neuem Recht zu behandelnde Anmeldungen (kein Recht aus Erweiterungen) nicht mehr durch. Die Handhabung und der der Entscheidung vorangestellte Leitsatz 1 sind aber schon allein wegen eines offensichtlichen Verstoßes gegen die Einheitlichkeitsbestimmung abzulehnen.

Wegen **Behandlung einer Gebrauchsmusterhilfsanmeldung,** falls ein Teil 22 der zugehörigen Patentanmeldung durch Ausscheidung eines nichteinheitlichen Teils erledigt wurde, vgl. PA 30. 9. 1954, Bl. 1954, 410.

23 **Nach der Bekanntmachung** wird die Frage der Nichteinheitlichkeit nur in besonderen Fällen angeschnitten, wenn z. B. der Hauptanspruch erst im Einspruchsverfahren als bekannt nachgewiesen wird und dadurch die verbleibenden Unteransprüche – sofern sie einen patentfähigen Überschuß enthalten – uneinheitlich werden; vgl. PA 7. 11. 1934, Bl. 1935, 8; PA 28. 3. 1942, Mitt. 1942, 114. Ganz klar heißt es in PA 22. 12. 1959, Bl. 1960, 151, insb. 152 r. Sp., falls sich erst nach Bekanntmachung durch Änderung der Unterlagen oder andere Umstände Uneinheitlichkeit ergebe, dürfe auf die uneinheitlichen Gegenstände kein einheitliches Patent erteilt werden. Die frühere abweichende Auffassung (PA 6. 5. 1910, Bl. 1910, 182; PA 5. 3. 1930, Bl. 1930, 176) ist daher überholt.

Sollte etwa ausnahmsweise im Nichtigkeitsverfahren durch die neue Anspruchsfassung der Patentschutz (hier bezüglich des Anwendungsbereiches) erweitert werden, ist darauf zu achten, daß die Einheitlichkeit der Erfindung gewahrt bleibt; vgl. hierzu BGH 21. 1. 1958, GRUR 1958, 389, 391 r. Sp.

24 **Einheitlichkeit und Zusätzlichkeit:** Nach PA 24. 9. 1913, Bl. 1913, 292, 294, l. Sp. deckt sich der Begriff der Erfindungseinheit nicht mit dem des Zusatzverhältnisses, letztgenannter ist enger; vgl. hierzu auch PA 22. 4. 1933, Bl. 1933, 182. Gegen diese Auffassung Reimer, 3. Aufl. § 10 Anm. 2 S. 680 unter Hinweis auf PA 13. 10. 1941, GRUR 1942, 162, 163 und Hüfner GRUR 1912, 265, 267 Ziff. 3. In PA 13. 10. 1941 a. a. O. ist mit Bezug auf chemische Sachverhalte die Zusätzlichkeit **nebengeordneter** Ansprüche anerkannt worden, die PA 22. 4. 1933 a. a. O. verneint. Im Schrifttum ist die Frage mehrfach behandelt: Bloch und Schuster in »Patentrechtliche Fragen« (Vorträge im RPA), Berlin 1930 S. 65 bzw. 70; Ohnesorge in MuW 1938, 358. Die Einheitlichkeit einer Zusatzanmeldung wird dadurch allein nicht hergestellt, daß jede der Neuerungen für sich in einem technischen Zusatzverhältnis zu dem Inhalt des Hauptpatents steht; Gesch. Ber. PA für 1891/1900, Erg.Bd. zu Bl. 1901, 175. Die Beanspruchung auch selbständigen Schutzes für den Gegenstand einer Zusatzanmeldung (... »insbesondere für« ...) schließt die Anerkennung der Einheitlichkeit nicht aus; PA 2. 12. 1952, GRUR 1953, 126, 127. Die Aussage in PA 18. 6. 1942, GRUR 1943, 75, daß es für die Zusätzlichkeit genügt, wenn ein hinreichender technologischer Zusammenhang mit dem Hauptanspruch gewährt ist, ist zu unbestimmt; welche Grenzen etwa die Einheitlichkeit setzt, ist nicht behandelt. Vgl. auch § 10 Anm. 9.

25 **Einzelne Entscheidungen:** Der bloße »technologische Zusammenhang« zwischen Ansprüchen gleicher und verschiedener Kategorien ist nicht das ausschlaggebende Kriterium für die Einheitlichkeit einer Anmeldung; BPatG 7. 7. 1969, Mitt. 1971, 192, 194. Die Handhabung nach PA 28. 10.

1936, Mitt. 1936, 411 muß wegen Nr. 2 Abs. 1 der Richtlinien als regelwidrig angesehen werden. Auch kann fehlende Einheitlichkeit nicht durch Zusammenfassen uneinheitlicher Ansprüche zu einer »Kombination« hergeleitet werden, wie es vom Anmelder in PA 17. 10. 1927, Mitt. 1927, 190 versucht wurde. Die Begründung in PA 28. 5. 1941, GRUR 1942, 67 betr. das erforderliche Gehilfenverhältnis der Einzelprobleme zum Hauptproblem ist nicht überzeugend. PA 20. 7. 1942 und 20. 12. 1943, GRUR 1944, 131 bzw. 129 entsprangen nur den damaligen Verhältnissen. Wegen der Einheitlichkeit bei nebengeordneten Ansprüchen vgl. PA 28. 10. 1936, Mitt. 1936, 411.

Die Auffassung in BGH 30. 1. 1962, E 1, 237 betr. das **Verhältnis der Einheitlichkeit zur unzulässigen Erweiterung** kann nicht als zutreffend angesehen werden; Zeunert, Beiträge bei Fußn. IV 38.

Chemische Sachverhalte: Die Einheitlichkeit kann nicht lediglich unter formellem Hinweis auf die Patentklasseneinteilung verneint werden; BPatG 27. 7. 1964, E 7, 99, 100. Einheitlichkeit kann auch anerkannt werden, wenn sich die Ausgangsstoffe für eine durch spezielle Behandlung bewirkte Umwandlung nicht streng unter einen einheitlichen Gattungsbegriff einordnen lassen; BGH 19. 7. 1963, E 5, 116. Einheitlichkeit wurde anerkannt: bei Polymerisation mit anschließender thermischer Vernetzung; BPatG 23. 10. 1961, E 2, 47; für Konservierungs- und Desinfektionsmittel, bestimmt sowohl zur Behandlung von technischen Gegenständen als auch von Lebensmitteln; BPatG 10. 10. 1963, E 4, 133. BPatG 7. 12. 1967, Mitt. 1969, 12 und BPatG 14. 3. 1968, Mitt. 1969, 18 sind am Ende von Anm. 53 a behandelt.

Liegt zwei **verschiedenen Anspruchskategorien** zugeordneten Ansprüchen **keine einheitliche Aufgabe** zugrunde, so besteht Uneinheitlichkeit; BPatG 7. 7. 1969, Mitt. 1971, 192, 194 (hier: Katalysatorsystem und Verfahren zur Dimerisation von Olefinen). Der Sachverhalt ist anders als in BPatG 7. 12. 1967, Mitt. 1969, 12. In einer Anmeldung können die Herstellung eines Katalysators und auf diesen gerichtete (gegebenenfalls **»product-by-process«**) Ansprüche enthalten sein; BPatG 9. 11. 1971, E 13, 44. Ein chemischer **Stoff,** seine **Herstellung** und **Verwendung** können dann als einheitliche Erfindung angesehen werden, wenn sie der **Lösung einer Aufgabe** dienen; BPatG 9. 2. 1970, GRUR 1970, 365.

Bei der **Offensichtlichkeitsprüfung** kann davon ausgegangen werden, daß unter dem Gesichtspunkt der Einheitlichkeit der Anmeldung in der Regel keine Bedenken bestehen, einen Stoff, das Verfahren zu seiner Herstellung und seine Verwendung in einer Anmeldung zusammenzufassen; BGH 27. 6. 1972, GRUR 1972, 644, 646 unter III b – Gelbe Pigmente. Handelt es sich bei einem **Mittelanspruch** um inhaltlich nichts anderes als um die (zweckgerichtete) Mischung des erfinderischen Stoffes mit anderen üblichen Stoffen, kann er hinsichtlich der Einheitlichkeit nicht anders beurteilt werden als ein entsprechender Verwendungsanspruch; BGH 27. 6. 1972, a. a. O., unter III c. In einer Anmeldung können neben **Stoff, Herstellung und Verwendung** nicht auch noch die unter Verwendung des Stoffes hergestellten Erzeugnisse aufgenommen werden; BGH 27. 6. 1972, GRUR 1972, 646 – Schreibpasten. Unter dem Gesichtspunkt der Einheitlichkeit der Anmeldung bestehen in der Regel keine Bedenken, einen Stoff, das Analogieverfahren zu seiner Herstellung und einen Arzneipräparateanspruch in einer Anmeldung zusammenzufassen, wenn das Arzneipräparat den Stoff als alleinigen Wirkstoff enthält; BPatG 21. 2. 1972 (rechtskräftig) GRUR 1972, 648 – Acetamide.

Ältere Auffassungen: Früher wurde schon ein als Sachanspruch formulierter, auf ein Mittel gerichteter Anspruch und ein Analogieverfahren zu seiner Herstellung als eine einheitliche Erfindung angesehen; PA 17. 9. 1957, Bl. 1958, 9; a. M. PA 14. 11. 1960, Bl. 1961, 180 (dazu W. Müller, GRUR 1961, 180, 181. In PA 17. 6. 1933, GRUR 1933, 715 wurde die Frage, ob in einem Patent die Herstellung eines Zwischenproduktes und eines Endproduktes unabhängig voneinander geschützt werden können, bejaht; hierzu Anm. GRUR 1933, 679; a. M. PA 22. 5. 1940, Mitt. 1940, 137 und PA 21. 6. 1938, Mitt. 1938, 343 = GRUR 1939, 51. Vgl. ferner Herbst, GRUR 1961, 153; Trüstedt, GRUR 1960, 55, 62, 63; Moser von Filseck, GRUR 1967, 169, 172, 173.

Vgl. auch die Entscheidungen in Anm. 53 a im Zusammenhang mit Fragen der Patentkategorie.

3. Die Ausscheidung bei Nichteinheitlichkeit

26 Es ist zu beachten, daß der wegen Nichteinheitlichkeit auszuscheidende Erfindungsgegenstand in den ursprünglichen Unterlagen als erfindungswesentlich erkennbar gewesen und in der Regel bei beantragter Ausscheidung noch in der Anmeldung aufrechterhalten sein muß, damit ihm die Priorität der Stammanmeldung zuerkannt werden kann; andernfalls handelt es sich um eine unzulässige Erweiterung. In diesem Sinn auch Ballhaus in Benkard § 26 Anm. 41. Die Abzweigung eines Ausscheidungsteils aus der Stammanmeldung ist eine prozessuale Frage, die nicht nur auf Veranlassung der Prüfungsstelle, sondern auch auf Anregung des Anmelders vorgenommen werden kann; BPatG 7. 12. 1961, E 1, 65. Ebenso schon früher PA 28. 6. 1937, Mitt. 1941, 85 und PA 28. 3. 1942, Mitt. 1942, 114. Eine Ausscheidung gegen den ausdrücklichen Willen des Anmelders ist unzulässig und ohne rechtliche Wirkung; PA 8. 2. 1961 in F 17 262 (unveröffentlicht). Vgl. auch BGH 30. 1. 1962, GRUR 1962, 398. Die Ausscheidung ist eine bloße äußerliche Trennung, vergleichbar einer Prozeßtrennung nach § 145 ZPO; BGH 9. 3. 1967, GRUR 1967, 413, 417 – Kaskodeverstärker; BGH 7. 12. 1971, Bl. 1972, 291, 292 = GRUR 1972, 474 – Ausscheidungsanmeldung; BPatG 7. 12. 1961, a. a. O.

Nach der amtlichen Aufforderung zur Ausscheidung sind vom Anmelder die zur Herstellung der Einheitlichkeit der Anmeldung geforderten Erklärungen in eindeutiger Weise und in doppelter Ausfertigung abzugeben, es sei denn, der amtlichen Aufforderung wird mit ausführlicher Begründung widersprochen. Bei Ausscheidung wegen fehlender Einheitlichkeit behält die Ausscheidungsanmeldung das wirksam in Anspruch genommene Prioritätsrecht der Stammanmeldung; eine erneute Abschrift der Voranmeldung ist nicht erforderlich; BPatG 23. 8. 1972, E 14, 135. Zur Entgegennahme der Ausscheidungserklärung ist auch das BPatG zuständig; BPatG 23. 12. 1965, E 8, 28, 34. In der Erklärung muß deutlich angegeben werden, welcher Gegenstand in der Stammanmeldung weiterverfolgt wird; ferner muß erklärt werden, entweder, daß auf eine Weiterverfolgung der anderen Gegenstände verzichtet wird oder, daß der oder die anderen Gegenstände ausgeschieden und in einer oder mehreren abgezweigten Anmeldungen unter Inanspruchnahme der Priorität der Stammanmeldung weiterverfolgt werden. Auf eine genaue Bezeichnung der Gegenstände (nach Ansprüchen, Beschreibungsteilen und Abbildungen) ist zu achten. Amtlicherseits ist die Eindeutigkeit der Erklärungen sorgfältig zu prüfen. Nicht eindeutig ist z. B. bei Vorlage neuer Unterlagen die Erklärung, daß alle Ansprüche fortgelassen seien, die mit dem Hauptanspruch keinen einheitlichen Erfindungszusammenhang besäßen, oder wenn bei Vorlage neuer Ansprüche über die Weiterbehandlung der anderen geschwiegen wird. Solche Vorgänge enthalten keine Verzichte auf eventuelle Weiterverfolgungen; PA 16. 11. 1935, Bl. 1936, 4 = GRUR 1942, 65 und PA 30. 11. 1937, Mitt. 1938, 26. Der in BPatG 7. 7. 1969, Mitt. 1971, 192, 195 erwähnten gelegentlichen Handhabung ist nicht zuzustimmen; s. Anm. 21.

Nach neuerer Regelung (vgl. Prüf.Richtl. IV 4 c) werden für auszuscheidende Teile **nicht mehr Trennakten,** sondern zunächst **leere Neuakten** angelegt. Reicht der Anmelder zu einer solchen Neuanmeldung keine Unterlagen ein und zahlt er die Anmeldegebühr und gegebenenfalls Jahresgebühren nicht rechtzeitig, so müssen diese angemahnt werden. Bleibt diese Aufforderung erfolglos, wird nach Fristablauf die Neuanmeldung zurückgewiesen. Auf jeden Fall muß darauf geachtet werden, daß Teile, deren Ausscheidung aus der Sammelanmeldung erklärt wurde, nicht in der Schwebe bleiben; PA 23. 7. 1956, Bl. 1956, 318.

Erfolgt eine **Ausscheidung in der Beschwerdeinstanz,** so ist diese bei Weiterverfolgung des Gegenstands der Ausscheidung für die Weiterführung des Verfahrens **zuständig,** nachdem die mit der Einreichung der Neuakten für den ausgeschiedenen Teil verbundenen Formalitäten (Aktenzeichen, Klassifikation, Anmeldegebühr) vom DPA erledigt sind. Zur sachlichen Behandlung der Trennakte ist das Patentamt nicht befugt; BGH 7. 12. 1971, Bl. 1972, 291, 292, 293 = GRUR 1972, 474 = Mitt. 1972, 96 – Ausscheidungsanmeldung. Erst wenn der Beschwerdesenat festgestellt hat, daß sich aus dem Verfahren in der Stammanmeldung keine Zurückweisungsgründe auch für den Gegenstand der Ausscheidung ergeben, kann Zurückverweisung an die erste Instanz ausgesprochen werden; vgl. hierzu BPatG 19. 10. 1962, E 2, 190; BPatG 20. 12. 1965, E 8, 23; BPatG 21. 2. 1969, Mitt. 1969, 172; BPatG 7. 12. 1971, a. a. O. Die Zuständigkeit ist der Disposition des Anmelders entzogen; deshalb kann ein Bestreiten der Zuständigkeit seitens des Anmelders keinen Zurückweisungsgrund ergeben; BGH 7. 12. 1971, a. a. O.

27 Die **neue Anmeldegebühr** wird mit dem Eingang der Ausscheidungserklärung und nicht erst mit der Einreichung neuer Unterlagen bezüglich des ausgeschiedenen Teiles oder mit der Bekanntgabe eines neuen Aktenzeichens durch das Patentamt fällig; vgl. PA 31. 7. 1956, Bl. 1956, 319; BPatG 29. 11. 1971, E 13, 47 = Mitt. 1972, 69. Gegen die Verallgemeinerung der Entscheidung vom 31. 7. 1956 wendet sich O. Zeller, Mitt. 1957, 223/25.

Für eine Ausscheidungsanmeldung werden mit der Ausscheidungserklärung auch etwa inzwischen angefallene **Jahresgebühren** fällig; vgl. bei § 11 Anm. 13 b.

Für eine ausgeschiedene Anmeldung ist gegebenenfalls außer der Anmeldegebühr die Bekanntmachungsgebühr zu zahlen, auch wenn eine erneute Bekanntmachung im Ausscheidungsverfahren nicht notwendig ist; PA 22. 12. 1959, Bl. 1960, 151; ebenso früher PA 15. 4. 1910, Bl. 1910, 180 und 10. 10. 1910, Bl. 1910, 294. Bei Ausscheidung eines Anmeldungsteils (wegen Nichteinheitlichkeit) bleibt der Patenterteilungsantrag für diesen bestehen und bedarf nur der prozessualen Vervollständigung. Eine nur vorsorglich gezahlte Anmeldegebühr ist auf Antrag zurückzuzahlen, falls die notwendige Erklärung betr. die Weiterverfolgung in einem abgetrennten Verfahren nicht eingeht; PA 13. 8. 1930, GRUR 1930, 1045. Eine einheitliche Handhabung der Dienststellen des DPA bezüglich der Notwendigkeit einer **Vollmacht für die Ausscheidungsanmeldung** ist nicht festzustellen. Hält eine Prüfungsstelle die Vorlage einer Vollmacht auch für die Trennakte für erforderlich, so stellt dies keinen Verfahrensfehler dar; PA 7. 2. 1961, Mitt. 1961, 74.

Wegen der Verfahrenshandhabung und der Fälligkeit der Gebühren in **Ausscheidungsanmeldungen,** die nach Art. 7 § 1 Abs. 2 PatÄndG zu behandelnde **Alt-Anmeldungen betreffen,** vgl. Prüf.Richtl. VII 2 i.

28 Der **Anmeldetag,** der einem ausgeschiedenen Teil zukommt, wird erst im Verfahren der abgezweigten Anmeldung, nicht in der Stammanmeldung festgesetzt; PA 7. 11. 1934, Bl. 1935, 8; PA 23. 3. 1955, Bl. 1955, 216; BPatG 7. 12. 1961, E 1, 65, 68; BPatG 9. 5. 1962, E 2, 56, 59, 60; BPatG 19. 2. 1970, Mitt. 1970, 236. Wie Lutter, GRUR 1931, 439, 441 schon mit Recht ausführt, ist nämlich der **ausgeschiedene Teil** vielfach als Unterlage einer neuen selbständigen Anmeldung formell nicht brauchbar, so daß eine den gesetzlichen Erfordernissen entsprechende Anmeldung nachgereicht wer-

den muß. Die Prüfungsstelle muß dann erst entscheiden, ob die neuen Unterlagen mit dem Ausgeschiedenen übereinstimmen. Von dem Ergebnis dieser Prüfung hängt es ab, ob die ursprüngliche Priorität zuerkannt werden kann. Bei keiner Einigung mit dem Anmelder betr. die Priorität muß Zurückweisungsbeschluß ergehen; BGH 24. 11. 1971, Bl. 1972, 289, 290 = GRUR 1972, 472 – Zurückverweisung.

Ein **Prioritätsrecht** aus Art. 4 G Abs. 1 PVÜ bleibt **für den ausgeschiedenen Teil** auch ohne förmliche Inanspruchnahme erhalten; BPatG 8. 12. 1972, Mitt. 1973, 51.

Bei **Nichtabgabe der Ausscheidungserklärung oder einer Verzichterklärung** auf die beanstandeten Teile erfolgt die für diesen Fall in der vorangehenden Zwischenverfügung angedrohte Zurückweisung der Anmeldung.

Wird das Vorliegen eindeutiger Erklärungen wegen der Weiterbehandlung der ausgeschiedenen Teile übersehen, so kann der Anmelder für einen solchen in der Schwebe befindlichen Gegenstand zeitlich nicht unbegrenzt nachträglich eine Priorität aus der Stammanmeldung herleiten. Das weitere Verhalten des Anmelders ist maßgebend. Mehrjähriges Schweigen muß als endgültiger Verzicht auf Weiterverfolgung der fallengelassenen Teile gewertet werden. Vgl. PA 16. 11. 1935, Bl. 1936, 4 = GRUR 1942, 60; PA 30. 11. 1937, Mitt. 1938, 26; PA 28. 3. 1942, Mitt. 1942, 114. Vgl. auch Lach, Mitt. 1938, 95.

In BPatG 29. 5. 1962, E 2, 46 wird die Auffassung vertreten, daß mit der Ausscheidungserklärung die wegen Nichteinheitlichkeit **ausgeschiedenen Gegenstände** aus der Stammanmeldung entfernt und – zumal wenn sie zum Gegenstand einer abgezweigten Anmeldung gemacht worden seien – nicht mehr in der Stammanmeldung enthalten und durch das hierauf erteilte Patent geschützt seien. Das gelte auch dann, wenn die Anwendungsgebiete zwar noch in der Beschreibung enthalten, jedoch nicht mehr Gegenstand der Patentansprüche der Stammanmeldung seien; auf PA 7. 2. 1953, Bl. 1953, 153 und RG 15. 11. 1943, GRUR 1944, 22, 24 wird hingewiesen.

Die bisherige Rechtsprechung ließ die Ausscheidung ursprünglich zwar **29**
beschriebener, aber nicht beanspruchter Gegenstände **nach der Bekanntmachung** unter Inanspruchnahme der ursprünglichen Priorität nicht zu; z. B. PA 3. 5. 1930, Bl. 1930, 176; ebenso Klauer/Möhring § 26 Anm. 17. Auch Benkard/Ballhaus § 26 Anm. 41 erwähnt die Entscheidung, aber ohne Zäsur. Reimer/Trüstedt § 26 Anm. 31 bemerkt m. R., daß die Einheitlichkeitsfrage in der Regel nur vor Erlaß des Bekanntmachungsbeschlusses anzuschneiden ist. Diese Praxis hat sich aus Ordnungsgründen bewährt; auch Spieß, GRUR 1971, 568, 569 ist für diese Zeitbegrenzung. Grundsätzlich wird in BGH 13. 5. 1965, E 7, 244, 249 = GRUR 1966, 146, 147 – beschränkter Bekanntmachungsantrag – einer Handhabung zugestimmt, die bei vom Patentanmelder **vorbehaltlos** erklärtem Einverständnis mit einem

vom Patentamt vorgeschlagenen beschränkten Patentanspruch und bei Vorlage einer diesem Anspruch angepaßten neuen Patentbeschreibung und bei **vorbehaltloser** Stellung eines auf diese Unterlagen bezogenen Bekanntmachungsantrags, regelmäßig den Verzicht darauf erblickt, das über den nunmehrigen Anspruch hinausgehende Patentbegehren in dem auf die ursprüngliche Anmeldung eingeleiteten (oder in einem davon abzuzweigenden) Erteilungsverfahren weiterzuverfolgen.

Etwaige erklärte oder sonst aus den Umständen erkennbare **»Vorbehalte«** sind vor Erlaß des Bekanntmachungsbeschlusses von der Prüfungsstelle zu klären. Vorbehalte kann der Anmelder aber nur machen, wenn außer dem bekanntzumachenden Gegenstand noch weitere, möglicherweise patentfähige Substanz vorhanden ist, deren Nichteinheitlichkeit mit dem Gegenstand der vorgesehenen Bekanntmachung amtlicherseits anerkannt werden kann. Gegebenenfalls muß der Anmelder vor Bekanntmachung der Stammanmeldung die Ausscheidungserklärung abgeben; vorbehalten kann er sich zunächst nur, ob er für den ausgeschiedenen Teil auch eine Anmeldung unter Inanspruchnahme der Priorität der Stammanmeldung einreichen will. (Hierzu s. auch Zeunert, Beiträge, Kap. V a S. 143–145.) In BGH 13. 5. 1965 heißt es noch (a. a. O. 251), daß die Verfahrensweise nicht auf einer »Zäsurwirkung« des Bekanntmachungsbeschlusses, sondern auf der – allerdings aus der Bedeutung der Bekanntmachung gefolgerten – Auslegung des Bekanntmachungsantrages beruht; die grundsätzlichen Gedankengänge von PA 3. 5. 1930, Bl. 1930, 176 werden anerkannt. Mit der genannten BGH-Entscheidung wurde die Rechtsbeschwerde in BPatG 17. 4. 1964, Mitt. 1965, 52 entschieden.

Aus dem erkennbaren Tatbestand in BGH 31. 1. 1967, GRUR 1967, 543 geht hervor, daß die Prüfungsstelle die Aufnahme des **nach der Bekanntmachung** eingereichten Anspruchs 3 wegen Nichterkennbarkeit als Teil der Erfindung – vgl. PA 3. 5. 1930, a. a. O. – ablehnte. Dieser Hinderungsgrund ist vom BPatG offenbar übersehen worden. Darauf haben die Beschwerdeführer hingewiesen (a. a. O. 544 r. Sp. unten). Das nachträgliche Patentbegehren hätte nur als nach der Bekanntmachung erfolgte unzulässige Erweiterung (gegebenenfalls mit Bekanntmachung) – nicht als nichteinheitlicher Teil – behandelt werden können.

In BPatG 1. 6. 1965 (s. folg. BGH 9. 3. 1967) ist die überzeugende Auffassung vertreten worden, daß für den **»Gegenstand einer Ausscheidung«** nur maßgebend ist, was der Anmelder wirklich abgezweigt hat. Der Gegenstand der Abzweigung bestimmt sich aus der in der Stammanmeldung abgegebenen Erklärung. Nachdem die beschränkte Stammanmeldung durch rechtskräftige Versagung erledigt ist, kann der ursprüngliche Gegenstand der Stammanmeldung in der Ausscheidungsanmeldung nicht nochmals mit der alten Priorität beansprucht werden; ein solches Patentbegehren stellt eine unzulässige Erweiterung dar. BGH 9. 3. 1967, GRUR 1967, 413, 416, 417 – Kaskodeverstärker – bezeichnete BPatG 1. 6. 1965 im Ergebnis als richtig, wenn auch z. T. aus anderen Gründen. Nach BGH 9. 3. 1967, a. a. O. ist grundsätzlich der ausgeschiedene Erfindungsgegenstand in der Ausscheidungsanmeldung, der nicht ausgeschiedene weiterhin in der Stammanmeldung zu prüfen; u. U. könne aber auch in der Ausscheidungsanmeldung noch auf Teile der Stammanmeldung zurückgegriffen werden, sofern auf diese nicht verzichtet ist (oder ihre Nichtpatentfähigkeit schon festgestellt wurde); es hängt von den Umständen ab, ob auf einen nicht ausgeschiedenen (insbesondere einen übergeordneten Erfindungsgedanken) verzichtet ist. Als Beispiele werden PA 7. 11. 1934 Bl. 1935, 8 und PA 31. 10. 1930, GRUR 1931, 71 genannt. Vgl. auch kritische Anm. von Spieß a. a. O., 418.

Einer Patentanmeldung, die einen schon in einer früheren Anmeldung beschriebenen Gegenstand betrifft, kann nur dann der Tag des Eingangs der früheren Anmeldung zugrundegelegt werden, wenn sich die spätere Anmeldung nach den Umständen des Falles als Ausscheidung aus der früheren Anmeldung darstellt und wenn der Wille des Anmelders, mit der neu eingereichten Anmeldung die frühere Anmeldung teilweise fortzuführen, ausreichend erkennbar geworden ist; BGH 13. 7. 1971, Bl. 1971, 347 = GRUR 1971, 565 – Funkpeiler.

Zur Frage der Verallgemeinerung des Anwendungsbereiches in der Ausscheidungsanmeldung. 30

Wird eine Anmeldung wegen Uneinheitlichkeit geteilt, so hängt die Entscheidung der Frage, ob der im Oberbegriff des Hauptanspruchs der Ausscheidungsanmeldung angegebene Anwendungsbereich des ausgeschiedenen Gegenstandes über den im Hauptanspruch der ursprünglichen Stammanmeldung angegebenen Anwendungsbereich ohne unzulässige Erweiterung hinausgehen darf, davon ab, ob für den Durchschnittsfachmann des Anmeldetages aus den ursprünglichen Unterlagen eine allgemeinere Verwendbarkeit ohne erfinderisches Zutun seinerseits erkennbar war. Diese Frage bedarf dann besonders der Prüfung, wenn die ausgeschiedenen Ansprüche auf den ursprünglichen Hauptanspruch zurückbezogene Unteransprüche waren; vgl. hierzu die unveröffentlichte Entscheidung des PA vom 11. 10. 1955 in DBP 1 951 062.

Rückgängigmachen einer Ausscheidung: Nach PA 15. 6. 1928, Mitt. 31
1928, 104 ist die Wiederaufnahme ausgeschiedener Teile in der Stammanmeldung nicht möglich, da sie nicht mehr Gegenstand der Anmeldung sind. Dagegen haben sich PA 31. 10. 1930, GRUR 1931, 71 = Mitt. 1931, 156 und PA 30. 3. 1954, Mitt. 1955, 95 auf den Standpunkt gestellt, die Ausscheidung eines Teils der ursprünglichen Anmeldung aus dem Grunde **fehlender Einheitlichkeit** sei vor der Bekanntmachung nicht in jedem Fall eine

endgültige und unwiderrufliche Maßnahme. Der Fall PA 31. 10. 1930 kann nicht mehr eintreten, weil inzwischen auch unechte Unteransprüche ohne Beanstandung der Einheitlichkeit zugelassen werden; PA 24. 5. 1941, Mitt. 1942, 22.

Auch der BGH hat ausgesprochen, daß eine der Prozeßtrennung nach § 145 ZPO vergleichbare rein prozessuale Aufspaltung oder Teilung des Verfahrens wegen Uneinheitlichkeit u. U. auch wieder rückgängig gemacht werden kann; BGH 9. 3. 1967, GRUR 1967, 413, 417 1. Sp. oben – Kaskodeverstärker. Im einzelnen s. zu der Entscheidung auch Anm. 29. Rückgängigmachung einer wegen Uneinheitlichkeit vor der Bekanntmachung vorgenommenen Ausscheidung ist nach BPatG 22. 7. 1970, E 12, 15 möglich, wenn kein Verzicht ausgesprochen worden ist, und wenn die betreffenden Merkmale zur Bildung einer vollständigen Lehre in der ursprünglichen Anmeldung erforderlich gewesen wären. Vgl. auch PA 7. 12. 1959, Mitt. 1960, 151.

32 Mit der Bedeutung einer vorgenommenen Ausscheidung für den Schutzumfang befaßt sich RG 29. 1. 1943, GRUR 1943, 243; auch von Lindenmaier in GRUR 1944, 56 r. Sp. vorl. Abs. zitiert. Es wird in Zweifel gezogen, ob eine von der Prüfungsstelle aus Ordnungsgründen (Nichteinheitlichkeit) ohne Prüfung der Schutzfähigkeit vorgenommene Ausscheidung von Teilen der Anmeldung für den Schutzumfang der restlichen Anmeldung Bedeutung im Sinne einer Einschränkung haben kann. Denn nach der Entscheidung bedeutet es im allgemeinen für die Frage der Beschränkung des Schutzumfangs einen Unterschied, aus welchen Gründen im Erteilungsverfahren eine Ausscheidung vorgenommen wird.

VI. Teilung der Anmeldung auf Antrag

1. Neue Regelung im Unionsvertrag

33 **Eine Teilung der Anmeldung auf Antrag des Anmelders, ohne daß Nichteinheitlichkeit vorliegt,** ist in Art. 4 G Abs. 2 der Lissaboner Fassung der Pariser Verbandsübereinkunft vorgesehen; vgl. GRUR Ausl. 1959, 117; ferner GRUR Ausl. 1959, 57, 65, 66. Die Lissabonner Fassung ist von der Bundesrepublik Deutschland und 58 weiteren Staaten ratifiziert und ab 4. 1. 1962 in Kraft; vgl. Ges. vom 23. 3. 1961, Bl. 1961, 27. **Nach Abs. 2 steht es jedem Verbandsland frei, die Bedingungen festzulegen, unter denen diese Teilung zugelassen wird.** Vgl. hierzu auch den Bericht von Redies für die Deutsche Vereinigung für Gewerblichen Rechtsschutz und Urheberrecht auf dem Berliner Kongreß 1936, GRUR 1936, 352. Im Bericht wurde eine solche Regelung als den Interessen der chemischen Industrie dienend bezeichnet.

2. Frühere Auffassungen

Mit der Teilung von Anmeldungen auf Antrag des Anmelders zur Beschleunigung des Verfahrens hat sich Dunkhase, GRUR 1910, 88/89 befaßt. Eine solche Abtrennung, z. B. eines Anspruchs, soll dann zugelassen werden, wenn diesem eine ältere Anmeldung entgegenstehe, so daß das gesamte Verfahren ausgesetzt werden müßte. Weiter soll die Teilung zweier erfinderischer Lösungen derselben Aufgabe derart möglich sein, daß das Verfahren in der einen Anmeldung und die Maschine zur Ausführung des Verfahrens in der anderen Anmeldung behandelt wird. Dunkhase weist darauf hin, daß es sich immer um trennbare Erfindungen handeln müsse. Nach der Bekanntmachung soll eine Teilung nur ausnahmsweise möglich sein. Einige Überlegungen sind durch die Entwicklung der Rechtsprechung überholt. 34

Die Frage, ob der Anmelder ohne amtliche Aufforderung die Anmeldung vor der Bekanntmachung teilen kann, hat früher Hüfner in Auseinandersetzung mit abweichenden Meinungen in GRUR 1913, 50/53 verneint. R. Wirth, GRUR 1913, 101/05 vertritt eine großzügige Auffassung, die nur »berechtigte Gründe« des Anmelders als Richtschnur nehmen will, läßt aber die Notwendigkeit objektiver Beurteilungsgrundlagen für die Zulässigkeit einer Teilung außer acht. Hüfner hat hierauf in GRUR 1913, 157 geantwortet. Zu der Abzweigung von Bestandteilen einer Patentanmeldung vgl. auch noch Lutter, GRUR 1913, 53/58 und Stort, Mitt. 1913, 69/71.

Insgesamt hat die Praxis früher derartige Teilungen nicht zugelassen. Abweichend nur PA 27. 4. 1905, Bl. 1905, 227. Auf Antrag des Anmelders wurde in der ersten Instanz eine Teilung der Anmeldung genehmigt, ohne daß Nichteinheitlichkeit geltend gemacht wurde. Die Nichtigkeitsabteilung nahm hierzu grundsätzlich nicht Stellung. Im Fall PA 29. 6. 1943, Mitt. 1943, 181 wurde trotz bestehender Einheitlichkeit auf Antrag die Ausscheidung eines Anspruchs zugelassen, weil der ausgeschiedene Anspruch auf einen anderen, von der Anmelderin mitbenannten Erfinder zurückging und die Anmelderin an der Weiterverfolgung dieses Anspruchs im eigenen Namen kein Interesse mehr hatte. Aufgrund gesetzlicher Bestimmungen (Recht der Arbeitnehmererfindungen) war die Anmelderin aber verpflichtet, den entsprechenden Anspruch dem mitbenannten Erfinder zur Übernahme anzubieten.

3. Handhabung der neuen Regelung

Im Bericht von Mitgliedern der deutschen Delegation über die Lissabonner Konferenz, GRUR Ausl. 1959, 57 ff., Teil B Abschn. V S. 65/66 ist ausgeführt, daß deutschen Bedenken betr. den **Zeitpunkt, bis zu dem eine Teilung zugelassen werden** soll, dadurch Rechnung getragen wurde, daß hierzu 35 überhaupt kein Zeitpunkt genannt wurde, bis zu welchem die Teilung der Anmeldung zu erfolgen hat. Ferner wird in dem Bericht bemerkt, daß es bei der praktischen Durchführung auch möglich sei, die Teilung der Anmeldung nur bis zur Bekanntmachung zuzulassen. Wenn man auch in der Bundesrepublik Deutschland kaum an der bisherigen Übung des DPA festhalten könnte, die Teilung der Anmeldung nur bei mangelnder Einheitlichkeit zuzulassen, so dürfte es wohl möglich sein, die Zulassung einer vom Anmelder aus irgendeinem Grund beantragten Teilung der Anmeldung davon abhängig zu machen, daß die Prüfungsstelle sie als nützlich ansieht und zustimmt.

Nach der Denkschrift der Bundesregierung zum Entwurf des Zustimmungsgesetzes zur Lissaboner Fassung, Bl. 1961, 233, 234 (B I e zu Art. 4 G) hält diese die Aufstellung gesetzlicher Bestimmungen für entbehrlich; die Ausgestaltung müsse der Praxis und Rechtsprechung des Bundespatentgerichts überlassen bleiben. In diesem Sinne ist eine inneramtliche Verfügung des Präsidenten des DPA vom 9. 9. 1964 (vgl. BPatG E 9, 168) ergangen.

Pfanner behandelt die Frage in GRUR Ausl. 1966, 258/70: Eine Teilung auf Antrag soll nur bis zur Bekanntmachung zulässig sein, wenn der Anmelder eine einheitliche Anmeldung in mehrere gegeneinander abgrenzbare Teilerfindungen zerlegen möchte, wie etwa ein einheitliches Herstellungsverfahren und die Vorrichtung dazu. Da durch die Ratifikation und das nachfolgende Inkrafttreten von Art. 4 G die betreffenden Bestimmungen unmittelbar geltendes deutsches Recht geworden sind (s. § 27 Anm. 2), müssen sie, wie Pfanner mit Recht folgert, auch auf deutsche Anmelder angewendet werden; ebenso BPatG 16. 10. 1972, Bl. 1973, 168.

36 Der in einem erstinstanzlichen Beschluß vertretenen Auffassung, den entscheidenden Stellen des Patentamts stehe es frei, Bedingungen für die Teilung festzulegen, ist das BPatG nicht beigetreten. Nach BPatG 25. 7. 1967, E 9, 163, 165, 166 = GRUR Ausl. 1968, 132 gibt Art. 4 G PVÜ dem Anmelder nicht ein bloßes Antragsrecht, sondern erkennt ihm vielmehr das Recht zu, durch eine den Inhalt seines Patentgesuchs bestimmende Erklärung die Teilung von sich aus herbeizuführen. **Bedingungen** könnten nur durch einen Rechtsetzungsakt (Akt der Legislative) »festgelegt« werden. Die Meinung, die Zulassung einer vom Anmelder aus irgendeinem Grunde »beantragten« Teilung davon abhängig zu machen, daß die Prüfungsstelle sie als »nützlich ansieht und ihr zustimmt«, hält der Beschluß nicht für zulässig. Die in der Verfügung des Präsidenten des DPA wie in den Ausführungen von Pfanner geforderten Bedingungen für eine Teilung (Antragstellung vor Bekanntmachung und Teilanmeldung muß selbständige Erfindung beinhalten) werden nicht für zulässig gehalten. Solange die Bundesrepublik Deutschland das Teilungsrecht nach Art. 4 G Abs. 2 PVÜ nicht gesetzlich eingeschränkt hat, dürften es auch das DPA und das BPatG nicht tun.

Es ist bedauerlich, daß die Entscheidung nicht die Grundlage für eine Rechtsbeschwerde gebildet hat, denn die Praktizierung der Vorschrift des Art. 4 G PVÜ hängt nun in der Luft. Es bleibt abzuwarten, ob der Gesetzgeber etwa im Zusammenhang mit der Großen Patentgesetzreform die Sache aufgreift. Da es in Art. 4 G Abs. 2 Satz 2 heißt, daß es jedem Verbandsland freisteht, die **Bedingungen** festzulegen, unter denen die Teilung zuzulassen ist, können als aus dem Unionsvertrag zu übernehmendes verbindliches innerdeutsches Recht nur die Rahmenbestimmungen des Satzes 1 angesehen werden. Danach kann der Anmelder von sich aus die Patentanmeldung teilen. Ganz eng ausgelegt, könnte das heißen, daß es dem Anmelder freisteht, eine Erstanmeldung, für die in einer Nachanmeldung Priorität beansprucht wird, von vornherein zu teilen und entsprechende Teilanmeldungen jeweils unter Prioritätsinanspruchnahme einzureichen. Das wäre der umgekehrte Fall der Einreichung einer mehrere Stammanmeldungen zusammenfassenden Nachanmeldung, die mehrere Erstanmeldungen mit verschiedenen Prioritäten beansprucht. Will man die Vorschrift so eng nicht handhaben, so sollte auf alle Fälle die Bekanntmachung der letzte Termin sein. Wegen des PatÄndG vom 4. 9. 1967 muß überlegt werden, ob nicht besser der Offenlegungstermin zu wählen ist. Als praktischer Mittelweg bietet sich an: Zulässig auch für Inländer, letzter Termin die Offenlegung, Voraussetzung ohne Schwierigkeit abgrenzbare wesentliche technische Tatbestände. 37

Wegen Handhabung der **Ausscheidung** und Fälligkeit der Jahresgebühren in der Ausscheidungsanmeldung gilt die bei sonstigen Ausscheidungen übliche Handhabung; vgl. Anm. 27 und § 11 Anm. 13 b.

Zur Handhabung von Teilanmeldungen nach dem **Europäischen Patenterteilungsverfahren** vgl. Anh. Anm. 53.

VII. Der Patenterteilungsantrag

1. Inhalt des Antrags

Hierzu sind die Anmeldebestimmungen für Patente vom 30. 7. 1968, Bl. 1968, 282, § 2, Mitt. Präs. 13. 8. 1968, Bl. 1968, 274, Abs. 4 und Althammer und Schulte, GRUR 1965 S. 389 ff. insbes. S. 391 l. Sp. zu vergleichen. Der Antrag auf Patenterteilung (§ 26 Abs. 1 Satz 1) ist **schriftlich**, und zwar in zwei übereinstimmenden Stücken **auf den vom Patentamt herausgegebenen Formblättern** einzureichen. Die neuen Vordrucksätze mit Erläuterungen sind durch Mitt. Präs. 18. 11. 1971, Bl. 1971, 253–258 veröffentlicht. Die Unterschrift muß eigenhändig vollzogen sein, ist aber nachholbar; vgl. Europäische Übereinkunft über Formerfordernisse vom 11. 12. 1953, Art. 3, 1. Aus dem Antrag muß genau hervorgehen, wer Anmelder ist, 38

z. B. ein Einzelanmelder oder eine Firma. Vgl. hierzu auch Mitt. Präs. 12. 3. 1969, Bl. 1969, 101 über die Abkürzung von Gesellschaftsbezeichnungen von Anmeldern im patentamtlichen Verfahren; die Verwendung der abgekürzten Form hat lediglich arbeitstechnische Gründe. Wegen der Verwendung von Abkürzungen ausländischer Gesellschaftsbezeichnungen vgl. Mitt. Präs. 22. 11. 1969, Bl. 1969, 367; ferner Mitt. Präs. 6. 10. 1972, Bl. 1972, 297 (Anwendung auch bei Beschlüssen).

Bei minderjährigen oder sonst in der Geschäftsfähigkeit beschränkten Anmeldern ist das schriftliche Einverständnis des gesetzlichen Vertreters zu erklären. Aus dem Antrag muß hervorgehen, daß die Erteilung eines Patents beantragt wird. Wird **Erteilung eines Zusatzpatents** begehrt, ist die Nummer des Hauptpatents oder das Aktenzeichen der betreffenden Anmeldung abzugeben (AnmbestPat. § 2 Nr. 3 Satz 2). Soll mit der Anmeldung hilfsweise – d. h. wenn die Anmeldung zu keiner Patenterteilung führt – die **Eintragung eines Gebrauchsmusters** beantragt werden, ist dies im Antrag anzugeben, mit dem Zusatz, daß die Eintragung erst vorgenommen werden soll, wenn die Patentanmeldung erledigt ist; GbmG § 2 Abs. 6. Einer Gbm.-Hilfsanmeldung dürfte nur noch Bedeutung zukommen, wenn in der Patentanmeldung alsbald Prüfungs- oder mindestens Recherchenantrag gestellt wird. Läßt sich dann mit gewisser Sicherheit die Schutzfähigkeit des Anmeldungsgegenstandes feststellen, könnte bei Offenlegung der Patentanmeldung Antrag auf Eintragung des Gbm. (dann sind die AnmbestGbm. zu beachten) wegen des damit verbundenen Verbietungsrechtes vorteilhaft sein. Vgl. auch Trüstedt in Reimer S. 1825. Ist für eine Gbm.-Hilfsanmeldung ein Vertreter bestellt, so ist dem Antrag die für die Hilfsanmeldung bestimmte gesonderte Vollmacht beizufügen; Mitt. Präs. 1. 2. 1972, Bl. 1972, 61. Soweit bisher nur eine Originalvollmacht zugelassen wurde, ist Mitt. Präs. 9. 8. 1965, Bl. 1965, 245 überholt. Ist aus einer Patentanmeldung nicht der Wille erkennbar, gegebenenfalls auch ein Gebrauchsmuster zu erlangen, kann aus jener nicht der Antrag hergeleitet werden, hilfsweise die Erfindung als Gebrauchsmuster einzutragen; PA 5. 5. 1955, Betr. 1955, 1160. Vgl. auch PA 20. 10. 1955, Bl. 1956, 16.

Der Altersrang einer Gebrauchsmusteranmeldung kann nachträglich nicht für eine Patentanmeldung geltend gemacht werden; BPatG 28. 10. 1965, E 7, 96. Nur das, was als zur Erfindung gehörig aus den ursprünglichen Unterlagen entnommen werden kann, wird vom Patenterteilungsantrag erfaßt; vgl. z. B. BPatG 26. 4. 1965, E 7, 20; BPatG 20. 1. 1964, E 5, 129.

Wegen des Wesens und der Bedeutung des Patenterteilungsantrages vgl. Anm. 40. Wegen der »Schriftlichkeit« vgl. Anm. 2.

Die **Inanspruchnahme** einer **Unionspriorität** (s. § 27 Anm. 12) oder **Ausstellungspriorität** (s. § 2 Anm. 6) kann im Erteilungsantrag geltend gemacht werden.

2. Bezeichnung des angemeldeten Gegenstands

Nach der Bestimmung des § 26 Abs. 1 Satz 3 muß in dem Antrag der Gegenstand, der durch das Patent geschützt werden soll; **genau** bezeichnet werden. Die bisherige Handhabung dieser Vorschrift war zu großzügig, so daß ihr Zweck nicht erfüllt wurde; Zeunert, GRUR 1966, 405 r. Sp. Nach den neuen Anmeldebestimmungen § 2 Nr. 2 soll die Bezeichnung kurz und genau das **technische** Gebiet der Erfindung möglichst unter Berücksichtigung der technischen Eigenart des Anmeldungsgegenstandes angeben. Die technische Bezeichnung soll mit der einleitenden Bezeichnung am Anfang des Oberbegriffs übereinstimmen; vgl. § 3 a unter Nr. 2 a der Anmeldebestimmungen. Phantasiebezeichnungen sind unzulässig. Falls ein Verfahren und eine Vorrichtung Gegenstand der Anmeldung sind, muß auch die Bezeichnung auf »Verfahren und Vorrichtung . . .« lauten. 39

Der **Patenterteilungsantrag** als Ausdruck des Willens, ein Patent zu erhalten, **und die in einer Anlage beizufügende Beschreibung** (§ 26 Abs. 1 Satz 4) als technische Offenbarung der Erfindung stellen **erst gemeinsam eine ordnungsmäßige Anmeldung** dar und bilden damit eine Einheit; PA 11. 2. 1924, Bl. 1924, 319; PA 27. 9. 1938, Mitt. 1939, 2, 3; RG 29. 4. 1941, GRUR 1941, 360 – Holzkonservierungsmittel; PA 2. 10. 1950, Bl. 1950, 324; PA 31. 5. 1951, Bl. 1951, 221; BPatG 20. 1. 1964, E 5, 129. Am Schluß der Beschreibung ist im **Patentanspruch** anzugeben, was als patentfähig geschützt werden soll; § 26 Abs. 1 Satz 5. Dieser Anspruch oder diese **Ansprüche stellen den konkreten Antrag** dar, über den entschieden werden muß. Ein vom Patenterteilungsantrag abweichendes Patent darf nicht erteilt werden; BGH 1. 6. 1965, GRUR 1966, 85, 86 – Aussetzung der Bekanntmachung; PA 2. 2. 1955, Mitt. 1955, 129; PA 19. 1. 1955, Bl. 1955, 91. Wegen Wesen und Bedeutung des Antrags im gesamten Patenterteilungsverfahren vgl. BGH 10. 6. 1965, Mitt. 1967, 16. Zu dieser Entscheidung vgl. auch Zeunert, Beiträge IV 32. Wegen eventueller Stellung von Hilfsanträgen vgl. BGH 16. 7. 1964, GRUR 1964, 697, 698 unter II – Fotoleiter; ferner betr. Hilfsantragshäufung, Völcker, Mitt. 1972, 141 ff. 40

Das Einverständnis mit der Bekanntmachung ist unabdingbarer Inhalt jedes Patenterteilungsantrages; BGH 1. 6. 1965, GRUR 1966, 85, 87 – Aussetzung der Bekanntmachung. Vgl. hierzu § 30 Anm. 30. Das Patentamt ist berechtigt und verpflichtet, dem Anmelder nur das zu patentieren, was er beansprucht; Lutter, Patentrechtl. Fragen, Bln. 1930, S. 16, 18.

VIII. Die Anlage zum Patenterteilungsantrag: Die Beschreibung

1. Allgemeines

41 Nach § 26 Abs. 1 Satz 4 ist in einer Anlage zum Patenterteilungsantrag die Erfindung so zu beschreiben, daß danach ihre Benutzung durch andere Sachverständige – d. h. Fachleute des einschlägigen Gebiets mit durchschnittlichen Fachkenntnissen – möglich erscheint. Die Beschreibung (hierzu gehören gem. § 26 Abs. 1 Satz 5 auch die Ansprüche) ist der **Ort der Offenbarung der Erfindung.** Der Schutzumfang wird durch die Offenbarung bestimmt; BGH 24. 4. 1969, GRUR 1969, 534, 535 – Skistiefelverschluß. Auf Grund der Beschreibung muß ein sog. Durchschnittsfachmann die Erfindung wiederholen können, d. h. die Forderung der »Wiederholbarkeit« muß erfüllt sein. Wegen der Anforderungen an die Wiederholbarkeit bei Erfindungen von **Züchtungsverfahren** vgl. BGH 27. 3. 1969, GRUR 1969, 672, 673 f. = Bl. 1970, 21 – Rote Taube; ferner Hesse, GRUR 1969, 644, 647 ff.; Duttenhöfer, Festschr. BPatG 1971, 195 ff.; im einzelnen s. § 1 Anm. 16. Im § 3 der auf Grund des § 26 Abs. 3 in der Fassung des PatG vom 2. 1. 1968 in Verbindung mit § 20 der DPAVO in der Fassung vom 5. 9. 1968 ergangenen Anmeldebestimmungen vom 30. 7. 1968 sind Einzelheiten betr. die Angaben zur Beschreibung der Erfindung enthalten. Vgl. das vom DPA herausgegebene Merkblatt für Patentanmelder, Ausg. 1968, Bl. 1968, 285 ff.; auf S. 290 ist ein Beispiel für die Abfassung von Beschreibung und Patentansprüchen gegeben. Zur dokumentationsgerechten Abfassung von Schutzrechtschriften und zur Verwendung der Sach- und Sprachnormung vgl. Doering, Ber. 12. Tag. Dok., S. 119 mit Hinweis auf DIN-Begriffslexikon und für den Praktiker auf das DIN-Blatt 2330 (Begriffe und Definition).

Wegen der Anforderungen an die Beschreibung von chemischen Stofferfindungen derart, daß diese eine ausreichende Offenbarung der beanspruchten Erfindung darstellen, vgl. Prüf.Richtl. V 2 e, g und § 1 Anm. 75. Die Stoffe müssen im Anspruch und in der Beschreibung so gekennzeichnet werden, daß sie eindeutig identifiziert werden können. Neben den Angaben über die Herstellung wird mindestens eine bestimmte, belegbare Verwendung verlangt, die nicht lediglich spekulativer Art sein darf.

Wird für ein **chemisches Zwischenprodukt** oder das Verfahren zu seiner Herstellung Patentschutz begehrt, dann ist in den **ursprünglichen** Anmeldungsunterlagen zu offenbaren, wie das Zwischenprodukt zum Endprodukt weiterzuverarbeiten ist, falls dies dem Fachmann nicht geläufig ist; BGH 25. 4. 1972, GRUR 1972, 642 – Laktame.

Bei **mikrobiologischen** Erfindungen genügt die Beschreibung mit Wort, Zeichnung und Formel nicht, wenn die Erfindung vom Stoffwechsel eines in der Literatur nicht beschriebenen Mikroorganismus Gebrauch macht. Zur ausreichenden Offenbarung muß der Organismus vielmehr spätestens zugleich mit der Anmeldung an einer dafür geeigneten Stelle (unter Angabe dieser und der Bezeichnung) hinterlegt werden. Hierzu s. im einzelnen BPatG 30. 6. 1967, E 9, 150 und Duttenhöfer, Festschr. BPatG 1971, 171, 187, 188. Wegen der Hinterlegungsstellen vgl. von Pechmann, GRUR 1972, 51, 53, 54.

Macht ein biologisches Verfahren vom Stoffwechsel eines speziellen Mikrobenstammes Gebrauch, muß aus der Beschreibung hervorgehen, inwiefern dieser der Öffentlichkeit seit dem Anmeldetag zugänglich ist; BPatG 17. 11. 1970, 32 W 189/70. Zur Frage, unter welchen Voraussetzungen die Beschreibung eines biochemischen Verfahrens zur Herstellung eines bestimmten Stoffes durch Spaltung eines bestimmten anderen mittels Bakterien als bestimmtes Verfahren i. S. einer durchführbaren Lehre zum technischen Handeln anzusehen ist, vgl. BPatG 24. 5. 1971, GRUR 1972, 178. Wegen der Anforderungen an die Offenbarung auf dem Gebiet der **künstlichen Veränderung der Erbanlagen** vgl. BGH 27. 3. 1969, BGHZ 52, 74 = GRUR 1969, 673 ff. und Fabel, Zur Offenbarung mikrobiologischer Verfahren, Mitt. 1971, 45. Der **technische oder therapeutische Effekt** braucht bei einer Stofferfindung nicht in den ursprünglichen Anmeldungsunterlagen offenbart zu werden; BGH 14. 3. 1972, BGHZ 58, 280 = GRUR 1972, 541 = Bl. 1972, 319 – Imidazoline. Entsprechende Angaben können im Laufe des Erteilungsverfahrens nachgeholt und auch geändert werden; BGH 14. 3. 1972, a. a. O. Es gelten hinsichtlich der ursprünglichen Offenbarung bei chemischen Stofferfindungen die Grundsätze, die in BGH 3. 2. 1966, BGHZ 45, 102, 107 ff. – Appetitzügler I – für den Umfang der Offenbarung bei einem **chemischen Analogieverfahren** aufgestellt sind; BGH 14. 3. 1972, a. a. O. Brauchen **Angaben zum technischen Fortschritt und zur Erfindungshöhe** auch nicht notwendig in den ursprünglichen Anmeldungsunterlagen gemacht zu werden, so sind sie jedoch nützlich, wenn die Anmeldung bei mangelnder Neuheit der Stofferfindung unter Wahrung der Priorität auf eine Verwendung des bekannten Stoffes beschränkt werden kann, sofern der technische oder therapeutische Effekt eine nicht naheliegende Verwendungsweise für den bekannten Stoff aufzeigt; BGH 14. 3. 1972, a. a. O.

Der historischen Wahrheit wegen ist hier anzumerken, daß das Reichsgericht im **Kongorot-Fall** (RG 20. 3. 1889, Pat.Bl. 1889, 209, 211, 212) s. Zt. die Patentfähigkeit des Analogieverfahrens nur anerkannt hat, weil der gerichtliche Sachverständige Caro in seinem Gutachten (an drei Stellen) darauf hingewiesen hatte, daß in den **ursprünglichen** Unterlagen angegeben war, daß Kongorot »Baumwolle ohne Beize substantiv färbt«; vgl. hierzu noch Zeunert, Beitr. Kap. III b, insb. S. 69/71. Trüstedt, GRUR 1960, 55, 64, 65 hatte s. Zt. auch gegen die Nachholbarkeit und besonders gegen den Wechsel des »technischen Effekts« gewisse Bedenken. Die Tatsache des s. Zt. entscheidenden Hinweises auf die Offenbarung in den ursprünglichen Unterlagen wird heute beim Zitieren der Kongorot-Entscheidung außer acht gelassen (vgl. z. B. Kreisler, Mitt. 1972, 21, 23 r. Sp.). Wegen der eindeutigen Identifikation s. auch Huch, Anm. 69. Vgl. auch Zimmermann, Die Wahrheit über das Gutachten im Kongorot-Streit, Chem. Ing. Techn. 1966, 1015, 1016.

Bei der Abfassung der Beschreibung muß sich der Anmelder über das Wesen der Erfindung klar sein, um den Kern der Erfindung herauszustellen und um erfindungswesentliche, nur zweckmäßige und unwesentliche Merkmale und Maßnahmen klar unterscheiden zu können. Was in der ursprünglichen Beschreibung an wesentlichen Merkmalen der Erfindung fehlt, kann nachträglich nicht hineingebracht werden. Alles, was aber nicht zur Klarstellung der Erfindung dient, ist in die Beschreibung nicht aufzunehmen. Die Beschreibung ist auf dasjenige zu beschränken, was zur Erläuterung der Erfindung unbedingt notwendig ist; PA 22. 9. 1930, Bl. 1933, 233; BPatG 16. 7. 1965, E 7, 102, 103. Vgl. § 3 Nr. 6 AnmbestPat. und wegen der Bedeutung der Bestimmung BGH 26. 6. 1969, GRUR 1970, 258, 260. Da ein Patent aus sich heraus voll verständlich sein soll, ist die bloße Bezugnahme auf andere Schriftstücke, insbesondere andere Anmeldungen oder Patentschriften, in der Beschreibung nicht zulässig; PA 3. 4. 1940, Bl. 1940, 88; BGH 24. 3. 1966, GRUR 1966, 488 – Ferrit. Ausnahme: Bezugnahme auf ein Hauptpatent in einer Zusatzanmeldung. Bei der Formulierung der Beschreibung ist zu bedenken, daß unklar oder ungenau gefaßte Patentansprüche aus dem sonstigen Inhalt der Patentschrift zu ergänzen sind, da diese ein einheitliches Ganzes bildet; RG 13. 5. 1925, Bl. 1925, 200, 201. Die Beschreibung kann zur Auslegung der Patentansprüche und zur Bestimmung des Gegenstandes herangezogen werden; RG 21. 9. 1935, GRUR 1936, 585; RG 14. 10. 1938, GRUR 1939, 528, im einzelnen vgl. § 6 Anm. 7. Wegen der Notwendigkeit nachträglicher Änderung der Beschreibung vgl. Anm. 124–126. Stets ist zu bedenken, daß ein neben der (in den Ansprüchen) **geschützten** Erfindung liegender Erfindungsgedanke (der vielleicht aus der Beschreibung entnommen werden kann) nicht mitgeschützt ist; BGH 11. 5. 1954, GRUR 1955, 29, 32 – Nobeltbund.

Die Bildung eines zutreffenden Urteils über das Wesen der Erfindung wird weitgehend davon abhängen, wie klar der Kern des Gegenstands der Anmeldung in der Beschreibungseinleitung dargestellt ist und wieweit die Ansprüche die wesentlichen Merkmale der Erfindung enthalten. Hierzu vgl. §§ 28 b/29 Anm. 31. Daß bei einem Patentsystem mit aufgeschobener Prüfung für den Anmelder eine ganz besondere Sorgfaltspflicht bei Formulierung der Anmeldungsunterlagen, insb. der Patentansprüche, besteht, liegt auf der Hand, weil sonst die Rechtsunsicherheit für die beteiligten Industrie- und Erfinderkreise untragbar würde. Der Anmelder, der bewußt oder unbewußt unklar formuliert, darf nicht damit rechnen, daß ihm nachträglich etwas geschützt wird, was mit dem ursprünglich erkennbaren Erfindungsgedanken nichts zu tun hat. Diesen Willen hat der Gesetzgeber unmißverständlich im Zusammenhang mit der Entschädigungspflicht zum Ausdruck gebracht, die davon abhängig sein soll, »ob der Anmelder bei der Formulierung der Anmeldung den von ihm beanspruchten Schutzbereich genügend klar herausgearbeitet und gegen den Stand der Technik abgegrenzt hat oder ob er im Gegenteil durch übermäßig weit gefaßte Ansprüche selbst zur Unklarheit der Rechtsverhältnisse beigetragen hat. Auf diese Weise sollen die Anmelder auch davon abgehalten werden, sich durch eine sachlich nicht gerechtfertigte Ausweitung ihrer Anmeldungen Vorteile zu verschaffen, die ihnen nicht zukommen«; vgl. Schriftl.Ber. Teil A III unter 5 b. Bl. 1967, 281 r. Sp. oben.

Wegen der Bildung neuer Fachausdrücke im Zuge der Entwicklung neuer technischer Gebiete und wegen der Schreibweise mathematischer Formeln in Anmeldungsunterlagen vgl. BPatG 19. 10. 1966, E 9, 6, 10, 11. Wegen der zu benutzenden **Maßeinheiten** und **chemischen Formeln** vgl. Nr. 8 § 3 Anmbest. Die Kennzeichnung durch Molprozente ist zulässig; BPatG 8. 11. 1967, E 10, 47, 49. Nach Nr. 10 darf die Beschreibung bildliche Darstellungen nicht enthalten. Um eine Entwertung von Warenzeichen zu vermeiden, sind diese in die Beschreibung nicht aufzunehmen; PA 5. 11. 1953, GRUR 1954, 69. Wegen vorgeschlagener international nicht gesetzlich geschützter Bezeichnungen **pharmazeutischer Substanzen** vgl. Hinweis in Bl. 1972, 357. 42

Gem. § 3 Nr. 9 der Anmel.Best. dürfen Phantasiebezeichnungen, Warenzeichen oder andere Bezeichnungen, die zur eindeutigen Angabe der Beschaffenheit eines Gegenstandes nicht geeignet sind, nicht verwendet werden; BPatG 19. 10. 1966, E 9, 6. Draub, GRUR 1955, S. 5/6, hat darauf hingewiesen, daß ein **Warenzeichen** keine klare physikalische oder chemische Beschaffenheitsangabe i. S. des § 26 PatG und der Anmeldebstimmungen darstellt. PA 10. 3. 1961, Mitt. 1961, 100 hält dagegen die Nennung eines WZ dann für unbedenklich, wenn dieses technisch für die Fachwelt eine eindeutige Kennzeichnung ist. Es muß aber in Klammern mindestens darauf hingewiesen werden, daß der Begriff ein WZ ist. Wegen der Festlegung neuer technischer Begriffe in der Patentschrift vgl. auch Kunze, GRUR 1957, 308.

Der Beschreibung sind der Name oder die Firma des Anmelders und die Bezeichnung der Erfindung voranzustellen; § 3 Nr. 3 Anmel.Best. 43

Eine **nicht in deutscher Sprache abgefaßte Beschreibung** kann bei der Offenbarung der Erfindung nicht als »Beschreibung der Erfindung« berücksichtigt werden; PA 11. 2. 1924, Bl. 1924, 319. Nur der Inhalt der Zeichnung kann herangezogen werden; inwiefern daraus ein bestimmter Erfindungsgedanke als ausreichend eindeutig offenbart angesehen werden kann, muß von Fall zu Fall entschieden werden.

Schrifttum: Kumm, Die technische Analyse und rationelle Beschreibung technischer Erfindungen, GRUR 1966, 349; von Ettenreich, Die Darstellung des »Standes der Technik« in der Patentbeschreibung, Mitt. 1939, 5; Hassenstein, Klarheit der Patentschrift, Mitt. 1940, 26. Die Anforderungen an die Offenbarung in US-Anmeldungen sollten gegebenenfalls auch in einer deutschen Erstanmeldung beachtet werden; vgl. hierzu Fasse, Mitt. 1972, 129.

2. Äußere Form

44 Nach der Mitt. Präs. über die Herausgabe von Offenlegungsschriften vom 31. 7. 1968, Bl. 1968, 270 (vgl. § 24 Anm. 35) muß auf die **äußere Qualität der Unterlagen** besonderer Bedacht genommen werden, da die Unterlagen der Anmeldung (Beschreibung, Ansprüche, Zeichnungen) beim Foto-Offsetverfahren so wiedergegeben werden, wie sie der Anmelder eingereicht hat. Erhöhte Anforderungen sind auch wegen der Mikrofilmherstellung für die Akteneinsicht (Mitt. Präs. 27. 8. 1968, Bl. 1968, 272) erforderlich. Vgl. hierzu Mitt. Präs. 4. 10. 1968, Bl. 1968, 301 und 14. 12. 1968, Bl. 1969, 1. Es ist weißes, reproduktionsfähiges Papier, einseitig beschrieben, im Format DIN A 4 zu verwenden. Die Blätter sind mit Maschinenschrift 1 1/2zeilig zu beschreiben; die Schrift muß leicht lesbar, in schwarzer oder einer anderen dunklen Farbe ausgeführt sein. Wegen der äußeren Form der einzureichenden Anmeldungsunterlagen vgl. auch die §§ 4 bis 6 **AnmbestPat.** Unterlagen, die den Anmeldebestimmungen nicht entsprechen, müssen beanstandet werden. Soweit in diesen Bestimmungen und Verlautbarungen des Präsidenten Anforderungen gestellt werden, die über die in der Bundesrepublik Gesetzeswirkung habenden Vorschriften (hier: § 5 b) der Europäischen Übereinkunft über Formerfordernisse (s. Anh. Anm. 8) hinausgehen, sind sie unwirksam; BPatG 22. 4. 1971, E 12, 124, 127 = Mitt. 1971, 118. Danach kann z. B. nicht gefordert werden, daß die Schriftzeichen in schwarzer Farbe ausgeführt sind. Es stellt sich die Frage, ob nicht die Straßburger Übereinkunft den erhöhten Anforderungen moderner Reproduktionstechnik angepaßt werden sollte.

3. Beschreibungseinleitung

45 Es ist üblich, in der Beschreibungseinleitung – dem allgemeinen Teil der Beschreibung – am Anfang den **Stand der Technik,** von dem die Erfindung ausgeht, kurz, aber deutlich zu umschreiben. Soweit dem Anmelder bekannt, muß zur Klarstellung auf bestimmte Literaturstellen hingewiesen werden, vgl. § 3 Nr. 4 b der Anmeldebestimmungen. Die alleinige Angabe der Fundstellen genügt aber nicht; PA 3. 4. 1940, Bl. 1940, 88. Wegen Benennung des Standes der Technik vgl. auch Anm. 80, 81.

Anschließend ist anzugeben, welche **Aufgabe bzw. welches Problem** durch den Anmeldungsgegenstand gelöst werden soll. Die Aufgabe muß hinreichend bestimmt aus der Darstellung der Erfindung in der Beschreibung, insbesondere in Verbindung mit den Patentansprüchen, entnommen werden können; vgl. § 3 Nr. 4 c der Anmeldebestimmungen. Vgl. hierzu auch Althammer/Schulte in GRUR 1965, 392. Wegen der Rolle der »Aufgabe« bei der Feststellung des Wesens der Erfindung vgl. Zeunert, Beiträge Kap. I. (Zur Aufgabe vgl. ferner Anm. 100). Als **Definition einer Aufgabe** im patentrechtlichen Sinn ist dort kurz zusammengefaßt angegeben: Die Aufgabe fragt – ausgehend von einem bestimmten Ausgangspunkt – nach bestimmten Mitteln, mit denen unter bestimmten Voraussetzungen ein bestimmtes Ziel erreicht wird.

Die Angabe des Ausgangspunktes ist erforderlich, weil das erstrebte Ziel von verschiedenen Ausgangspunkten her erreicht werden kann. Da die Lösung der Aufgabe in den meisten Fällen von gegebenen Voraussetzungen abhängt, müssen gegebenenfalls auch diese angegeben werden. Zu den Voraussetzungen gehören die Umstände und Bedingungen, unter denen das Geschehen stattfindet. Im einzelnen sind die Zusammenhänge an der angegebenen Stelle erläutert. Zur »Aufgabe« vgl. ferner § 1 Anm. 20 und Schramm, Der Patentverletzungsprozeß, 1965, S. 37, Nr. 6, S. 38 unter c, S. 39 und S. 48 und Schuster, Patentrechtliche Fragen, Berlin 1930, S. 70 bis 77, insb. S. 71 bis 73. Schuster behandelt die Frage im Zusammenhang mit der Einheitlichkeitsentscheidung. Zur Aufgabe und Lösung vgl. § 1 Anm. 20 ff.

In der Beschreibungseinleitung sind auch die Anwendungsgebiete der Erfindung anzugeben; § 3 Nr. 4 a der Anmeldebestimmungen. Gegebenenfalls ist auch auch Nachbargebiete hinzuweisen, auf denen eine Verwendung in Betracht kommt.

Im folgenden Absatz der Beschreibung sind **die zur Lösung der Aufgabe wesentlichen Mittel** anzugeben; s. auch § 1 Anm. 21. Falls es sich um eine Erfindung von grundsätzlicher Bedeutung handelt, ist zuerst das Lösungsprinzip auseinanderzusetzen, dann sind die zur Lösung notwendigen Maßnahmen im einzelnen konkret anzugeben. Gegebenenfalls sind verschiedene Lösungsmöglichkeiten unter Hinweis auf ihre Eigenarten zu unterscheiden. Zur besseren Erkennbarkeit des Wesens der Erfindung und zur Beurteilung, welche Lösungmittel wesentlich sind, sind schon in den ersten Unterlagen nähere Angaben zum erzielten Fortschritt gegenüber dem gegebenenfalls im einzelnen erörterten Stand der Technik zu machen. Um Unklarheiten (Widersprüche zwischen Ausführungen in der Beschreibung und im Schutzbegehren) auszuschließen, wird oft am Ende der Einleitung – meist wörtlich – der Inhalt der Hauptanspruchs, mitunter auch der eines oder mehrerer Unteransprüche, mit dem Hinweis wiederholt, daß durch diese Mittel die geschilderten Nachteile behoben bzw. die angeführte Aufgabe gelöst werden soll. Vgl. hierzu die Anregung von Bartels, GRUR 1964, 547 und Werner, Mitt. 1972, 154. Sofern die erforderliche Klarheit gewährleistet wird, kann auf wörtliches Wiederholen des Oberbegriffs und des kennzeichnenden Teils verzichtet werden; Mitt. Präs. 22. 1. 1973, Bl. 1973, 33.

Wenn die **erzielten Vorteile** im Sinne von BGH 22. 9. 1961, GRUR 1962, 83 – Einlegesohle – das eigentliche Wesen der Erfindung ausmachen, müssen sie in den ursprünglichen Unterlagen angegeben sein; im einzelnen s. § 1 Anm. 38. Vgl. auch BPatG 28. 5. 1962 in 22 W 171/61, erwähnt in GRUR 1963, 498 r. Sp. Wegen der Wichtigkeit der Angabe »erfindungswesentliche Vorteile« vgl. BGH 18. 6. 1964, GRUR 1964, 606, 609 l. Sp. – Förderband. Denn es ist nicht zulässig, **nachträglich** für eine Lehre einen zusätzlichen erheblichen, **entscheidenden Vorteil** geltend zu machen, wenn ihr dadurch ein über die ursprüngliche Offenbarung hinausgehender Sinn gegeben wird; BGH 30. 3. 1971, GRUR 1971, 403 = Bl. 1971, 290 – Hubwagen.

Dem Durchschnittsfachmann selbstverständlich erscheinende **technische Grundlagen** erfordern in der Patentschrift keine besonderen Darlegungen. Auch bedarf es keiner besonderen Anweisung über die Ausgestaltung eines bestimmten Elements des Erfindungsgegenstands, wenn sich dies auf Grund durchschnittlichen Fachwissens aus dem Gesamtinhalt der Patentschrift ergibt. Vgl. hierzu BGH 7. 4. 1964 in I a ZR 93/63 S. 10 und RG 8. 2. 1936, GRUR 1936, 799, 800.

4. Spezielle Beschreibung

46 Im Anschluß an den allgemeinen Teil der Beschreibung ist im sogenannten speziellen Teil der Beschreibung der Gegenstand der Erfindung im einzelnen an einem oder mehreren Beispielen (Ausführungsformen, Bauarten, Verfahrensweisen) zu erläutern. Werden hierzu Abbildungen benötigt, ist zunächst anzugeben, was die einzelnen Abbildungen darstellen. Die spezielle Beschreibung muß den Erfindungsgegenstand seinem Aufbau nach folgerichtig unter Benutzung der für die einzelnen Teile und Merkmale in den Abbildungen eingetragenen Bezugszeichen (arabische Zahlen in fortlaufender Folge entsprechend dem Gang der Beschreibung) auseinandersetzen. Hierbei ist zuerst der Stand der Technik – und zwar nur in dem Umfang, in dem er Ausgangspunkt für die Erfindung ist – möglichst kurz, aber klar zu erläutern. Zweckmäßig wird an der Stelle, an der die Beschreibung der für erfinderisch gehaltenen Maßnahmen einsetzt, der Absatz etwa mit den Worten begonnen: Hier setzt nun die Erfindung ein. Das Neue und für erfinderisch Gehaltene ist genügend ausführlich, aber nicht weitschweifig zu erläutern. Von Einzelheiten, die mit der Erfindung nichts zu tun haben, ist abzusehen. Wegen der Möglichkeit graphischer Darstellungen bei chemischen Verfahren s. BPatG 28. 4. 1970, E 11, 199 (vgl. auch Anm. 69).

Falls verschiedene Ausführungsformen offenbart werden, sind nur die Unterschiede und die damit verbundenen andersartigen Wirkungen oder sonstigen Eigenarten zu schildern. Der Anmelder sollte es unterlassen, zwei oder mehrere von ihm offenbarte Lösungen als gleichwertig zu bezeichnen, wenn er dies nicht festgestellt hat. Es ist immer richtig, den Kern der Erfindung herauszustellen, der das betreffen wird, was der Erfinder wirklich erkannt und etwa aufgrund von Versuchen festgestellt hat. Eine verschwommene Darstellung der Erfindung – etwa in der Meinung, sich dadurch einen möglichst großen Schutzumfang zu sichern oder sich etwa nachträglich erst auf den angeblichen Kern der Erfindung festlegen zu wollen – kann leicht zum Untergang der ganzen Anmeldung führen. Trägt der Anmelder selbst zur Unklarheit der Rechtsverhältnisse bei, geht das zu seinen Lasten; vgl. Schriftl. Bericht des Rechtsausschusses zum PatÄndG vom 4. 9. 1967, Teil III unter Nr. 5 b, Bl. 1967, 279, 281 und auch Meurer von Inffeld, GRUR 1959, 297/303. 47

Am Schluß der Beschreibung sind die Patentansprüche anzufügen; vgl. Anm. 51 ff.

Schlußbemerkungen in der Beschreibung etwa des Inhalts, daß sich die Erfindung nicht auf die beschriebenen und in den Zeichnungen dargestellten Ausführungsbeispiele beschränkt, sondern auch Varianten im Rahmen des wesentlichen Erfindungsgedankens umfaßt, sind zu streichen. Wegen ihrer Unbestimmtheit dienen sie nicht zur Erläuterung der Erfindung; sie sind nur geeignet, Rechtsunsicherheit Vorschub zu leisten.

Die Beschreibung und die Patentansprüche werden in den meisten Fällen im Laufe des Erteilungsverfahrens zur Berücksichtigung des sich aus dem entgegengehaltenen Stand der Technik ergebenden neuen Tatbestands mehr oder weniger geändert und ergänzt werden müssen. Wegen des zulässigen und notwendigen Umfangs dieser Änderungen vgl. Anm. 82 ff. 48

Wegen notwendiger **Umarbeitung der ausländischen** Urfassung für die Anmeldung beim DPA vgl. Präs. DPA 2. 2. 1952, GRUR 1952, 151/52 = Bl. 1952, 33. Außer der Übersetzung bedürfen solche Unterlagen oftmals einer tiefgreifenden Umarbeitung, Neugestaltung, Zusammenfassung usw. Aufgabe und Lösung im Sinne des deutschen Patentgesetzes müssen klar erkennbar sein. Die abweichende Anspruchsgestaltung wird oft die hohe Zahl der Patentansprüche in der Urfassung unnötig machen. Die Umarbeitung ist Sache des Anmelders; BPatG 16. 7. 1965, E 7, 102, 104. Alle Mängel, die aus einer falschen Fassung der ursprünglichen Unterlagen herrühren, gehen zu Lasten des Anmelders. Bei Anmeldungen, für die eine Unionspriorität beansprucht wird, wird besonders sorgfältig darauf zu achten sein, daß der in der Nachanmeldung beanspruchte Erfindungsgedanke durch die Erstanmeldung gedeckt ist; RG 21. 11. 1938, GRUR 1939, 895. Im einzelnen vgl. hierzu § 27 Anm. 6 bis 8.

5. Ausführungsbeispiele

49 **Ursprünglich offenbarte Ausführungsbeispiele.** Soll eine beschriebene Ausführungsform erfindungswesentlich sein, so daß für sie Schutz beansprucht werden kann, muß sie in den ursprünglichen Unterlagen so beschrieben sein, daß dies für den Durchschnittsfachmann deutlich erkennbar ist; BGH 30. 5. 1967, GRUR 1968, 86, 89, 90 – Ladegerät – mit Hinweis auf BPatG 26. 4. 1965, E 7, 20, 23 (ursprünglich genügend »differenzierte« Beschreibung). Ausführungsformen als besonders vorteilhafte Lösungen eines im Hauptanspruch aufgenommenen allgemeinen Erfindungsgedankens sollten zweckmäßig schon in den ursprünglichen Unterlagen in Unteransprüchen angegeben werden; RG 30. 9. 1938, Mitt. 1939, 41; PA 24. 2. 1942, GRUR 1942, 321; BGH 25. 3. 1965, GRUR 1966, 138, 139 r. Sp. – Wärmeschreiber. Die Aufnahme in Unteransprüchen sollte nach den neuen Vorschriften gemäß PatÄndG vom 4. 9. 1967 selbstverständlich sein. Nach BPatG 11. 10. 1965, E 8, 18, 20 stellen nach ständiger Rechtsprechung die in einer Patentanmeldung enthaltenenen, zahlenmäßig bestimmten Beispiele bevorzugte Ausführungsformen des in der Anspruchsfassung gekennzeichneten Anmeldungsgegenstandes dar. Wegen der Behandlung ursprünglich nebeneinander gestellter Ausführungsbeispiele vgl. Zeunert, Beiträge Kap. IV a S. 104. Nach RG 29. 4. 1941, GRUR 1941, 360, 361 r. Sp. = Mitt. 1941, 153 ist ein »Beispiel« dazu bestimmt, eine Weisung zu geben für eine Ausführung der bereits anderweitig, in erster Linie im Anspruch, offenbarten Lehre. Wohl kann das Beispiel dazu dienen, diese Lehre zu erläutern oder zu ergänzen. Keinesfalls aber kann das Beispiel an die Stelle des Anspruchs gesetzt werden mit der Folge, daß nun etwas anderes, ja im Grunde sogar Widersprüchliches als geschützt erscheint.

50 **Nachgebrachte Ausführungsbeispiele.** Das Nachbringen von Ausführungsbeispielen insbesondere zum Nachweis der Ausführbarkeit ist bei Anmeldungen aus dem Gebiet der Chemie verbreitet. Aus solchen nachgebrachten Beispielen kann ein über den ursprünglich offenbarten Erfindungsgedanken hinausgehendes Patentbegehren nicht hergeleitet werden; vgl. hierzu z. B. PA 25. 11. 1937, Bl. 1938, 5. Selbstverständlich kann über nachgebrachte Ausführungsbeispiele ein ursprünglicher Offenbarungsmangel niemals geheilt werden. Es ist sorgfältig zu prüfen, ob durch nachgebrachte Ausführungsbeispiele der Gegenstand der Anmeldung nicht verändert wird; PA 29. 10. 1938, Bl. 1938, 36 = GRUR 1939, 52; PA 19. 3. 1932, GRUR 1932, 806. Vgl. hierzu Schmied-Kowarzik, GRUR 1972, 255, 259 und wegen der Beweislast §§ 28 b/29 Anm. 34.

IX. Patentansprüche

1. Allgemeines

Nach § 26 Abs. 1 Satz 5 PatG ist am Schluß der Beschreibung anzugeben, was als patentfähig unter Schutz gestellt werden soll. Die Angabe erfolgt in einem, meistens aber in mehreren Patentansprüchen. Wie die Patentansprüche dieser Forderung am besten gerecht werden können, ist in der Vergangenheit Gegenstand zahlreicher Veröffentlichungen gewesen. Hier sei nur hingewiesen auf: Müller-Liebenau, Das Wesen der Erfindung, S. 256; Lehmann, Der Patentanspruch (eine vergleichende Untersuchung über die Stellung und Behandlung des Patentanspruchs in den Gesetzen einzelner Staaten) GRUR 1949, 243 bis 257; Patentrechtliche Fragen, Vorträge gehalten im RPA, Berlin 1930, mit Beiträgen von Lutter, Pietzcker, Wiegand, Seligsohn, Habermann und R. Wirth über Haupt-, Neben- und Unteransprüche und Patentschrift und Anspruchsformulierung; Kumm, Die Formen des Patentanspruchs aus rechtsvergleichender Sicht, GRUR Ausl. 1966, 72. 51

Der Inhalt des Anspruchs wird durch die (von der beanspruchten Erfindung zu lösende) Aufgabe bestimmt; Isay, § 20 Anm. 15 S. 485. Im einzelnen vgl. Anm. 45 und 100. Der Anspruch muß eindeutig erkennen lassen, wodurch sich der Anmeldungsgegenstand von bekannten Gegenständen unterscheidet; BPatG 9. 2. 1971, E 12, 112, 114. Der Gegenstand der Anmeldung ist für die Prüfung auf Patentfähigkeit so hinzunehmen, wie er sich nach der Anspruchsfassung darstellt; BPatG 19. 10. 1970, GRUR 1971, 352, 354 und Fabel, GRUR 1971, 188, 190.

Die ideale Patentanspruchfassung würde eine Erfindungsdefinition sein, die alle zu schützenden Ausführungsarten umfassen würde (vgl. z. B. Blum-Pedrazzini III S. 115), oder eine Formulierung, die das das Wesen der Erfindung individualisierende Moment festlegte (österreichische gerichtliche Entscheidung, vgl. Kassler-Koch S. 473 Nr. 33). Der Versuch, einen Patentanspruch diesen Gedankengängen entsprechend zu formulieren, muß in der Praxis daran scheitern, daß ein entsprechend abstrakt gehaltener Anspruch – zumal wenn es sich um komplexe Gebilde handelt – viel zu weitläufig und unbestimmt würde. Außerdem lassen sich im Stadium des Patenterteilungsverfahrens alle denkbaren Verletzungsmöglichkeiten nicht vorhersehen.

Im deutschen Recht wird deshalb der Bestimmung des § 26 Abs. 1 Satz 5 PatG nach ständiger Praxis dadurch Rechnung getragen, daß die den Gegenstand der Anmeldung bildende Erfindung in ihren wesentlichen Merkmalen gekennzeichnet wird; vgl. BPatG 18. 3. 1965, E 7, 15, 16 und Reimer, § 26 Anm. 17 Abs. 1 unter Hinweis auf Lutter PatG, 10. Aufl. S. 305.

Der durch die Beschreibung erläuterte Patentanspruch muß im Falle der Patenterteilung für den Patentinhaber und die interessierte Allgemeinheit erkennen lassen, was im Patent unter Schutz gestellt ist; Schutzrechte mit völlig unbestimmtem Inhalt dürfen nicht erteilt werden; BGH 6. 7. 1971, GRUR 1972, 80, 82 – Trioxan – unter B 1. Der Patentanspruch soll eine **Lehre zum technischen Handeln** geben; im kennzeichnenden Teil brauchen jedoch nur die **erfindungswesentlichen Merkmale** angegeben zu werden; BGH 25. 11. 1965, GRUR 1966, 201, 205 – Ferromagnetischer Körper – unter 4. Die Angabe aller Einzelheiten ist nicht erforderlich; BGH 25. 11. 1965, a. a. O. Aber die entscheidende Richtung muß angegeben werden, in der ein Durchschnittsfachmann – **ohne Aufwand eigener erfinderischer Tätigkeit,** aber auch ohne am Wortlaut zu haften – die jeweils günstigste Lösung auffinden kann. Nicht immer brauchen im Patentanspruch konkrete Größen und Maße angegeben zu werden, wenn nur die Beschreibung die notwendigen konkreten Angaben enthält. Hierzu vgl. BGH 19. 10. 1971, GRUR 1972, 704 – Wasser-Aufbereitung. Bei Stofferfindungen ist im Patentanspruch Bedacht darauf zu nehmen, daß die erfinderische Eigenart, nämlich das, worin die den neuen Stoff betreffende Erfindung besteht, im Patentanspruch eindeutig umschrieben wird; BGH 6. 7. 1971, a. a. O., 84 unter C 1. Hierzu hat eine sorgfältige Ermittlung des Anmeldungsgegenstandes nach Aufgabe und Lösung zu erfolgen; a. a. O.

Die Patentansprüche sind rechtsbegründend. Reimer weist in Anm. 17 zu § 6 mit Recht darauf hin, daß der Patentanspruch das erste und wichtigste Auslegungsmittel bei der Erforschung des wirklichen Erfindungsgedankens (vgl. § 6 Anm. 6 und § 1 Anm. 23) ist. Dementsprechend bedarf die Abfassung der Patentansprüche größter Sorgfalt. Je treffender der Patentanspruch formuliert ist, um so weniger werden bei der Auslegung des Patents Zweifel entstehen können, und um so seltener wird der Verletzungsrichter genötigt sein, den Anspruchsaufbau zu ändern; in diesem Sinne schon PA 16. 12. 1912, Bl. 1912, 322 r. Sp. oben. Der Patentanspruch ist so zu fassen, daß er aus sich heraus zu verstehen ist und Auslegungszweifel von vornherein ausgeschaltet sind; BGH 29. 1. 1970, Mitt. 1970, 120. Zur Bedeutung des Patentanspruchs als Grundlage für die Ermittlung des Erfindungsgegenstands s. § 1 Anm. 23. Zur Auslegung der Patentansprüche im Patentstreitverfahren s. § 6 Anm. 5 ff.

Nur ganz ausnahmsweise sollten Patentansprüche nicht mit den ursprünglichen Unterlagen vorgelegt werden. Ein Nachreichen ohne Gefahr für den Anmelder ist nur möglich, wenn das, wofür Patentschutz beansprucht wird (der beanspruchte Erfindungsgedanke) aus der Beschreibung eindeutig (expressis verbis) hervorgeht. Denn grundsätzlich stellen erst die Patentansprüche den konkreten Patenterteilungsantrag dar (s. § 26 Anm. 40) und die Priorität des Anmeldetages wird nur für den ursprünglich offenbarten Erfindungsgedanken gewährt (§ 26 Anm. 101). Auch die Zäsur betr. die

Änderungsperiode (§ 26 Abs. 5 Satz 1) – vgl. Anm. 88 – erlaubt keine nachträgliche Änderung des beanspruchten Erfindungsgedankens. Werden also Patentansprüche nachgereicht, so muß deren Inhalt mit dem aus der ursprünglichen Beschreibung eindeutig entnehmbaren Gegenstand der Anmeldung (Anm. 99) übereinstimmen, andernfalls würden derartige nachgereichte Ansprüche eine unzulässige Änderung, für die kein Schutz gewährt werden kann (§ 26 Abs. 5 Satz 2), darstellen.

Soweit es sich um die Feststellung handelt, welche Merkmale als erfindungswesentlich in dem Anspruch aufzunehmen sind, um eine patentfähige Erfindung zu kennzeichnen, handelt es sich um eine materiellrechtliche Entscheidung über die Patentfähigkeit. Soweit festzustellen ist, ob die Anspruchsfassung zur eindeutigen Identifizierung der Erfindung zulässig ist, handelt es sich mehr um eine formelle Entscheidung. In der Praxis werden sich die Untersuchungen oft überschneiden; vgl. z. B. BPatG 26. 8. 1969, E 11, 183, 185 bei A. Praktische Bedeutung haben sie eigentlich nur bei Entscheidungen, ob zurückgewiesene Altanmeldungen nach altem oder neuen Recht zu behandeln sind; vgl. z. B. BPatG 22. 9. 1970, E 12, 17, 21; BGH 6. 7. 1971, GRUR 1972, 80, 81, 82; ferner s. §§ 28 b–29 Anm. 6.

Zur Patentanspruchsfassung in der anglo-amerikanischen Rechtsprechung vgl. Robinson, GRUR 1972, 251 und Sonnenberg-Norten, Mitt. 1973, 106.

2. Die zutreffende Patentkategorie

Erfindungsgedanke und Patentkategorie: die richtige Fassung des Hauptanspruchs setzt Klarheit über die zutreffende Patentkategorie und die wesentlichen Mittel zur Lösung der auf Grund der ursprünglichen Anmeldungsunterlagen festgestellten Aufgabe voraus. Zur Wahl der Patentkategorie vgl. PA 29. 11. 1941, GRUR 1942, 163, 164. Die Wahl der Patentkategorie steht nicht völlig im Belieben des Anmelders, sondern die Entscheidung darüber hängt von objektiven Gesichtspunkten ab; PA 31. 10. 1906, Bl. 1906, 325; BPatG 5. 2. 1965, E 8, 136, 141; BPatG 18. 3. 1965, E 7, 15, 16, 17; BPatG 3. 6. 1971, Mitt. 1971, 156; ferner Zeunert, Bl. 1952, 248 und Reimer, Mitt. 1956, 181 l. Sp. Im einzelnen s. § 1 Anm. 49 ff. Deshalb ist es erforderlich, das Wesen, den Kern des Anmeldungsgegenstandes (den Sitz der Erfindung) festzustellen; so auch Reimer, a. a. O. Der zu schützende Erfindungsgedanke ergibt sich aus Aufgabe und Lösung. **Erfindungswesentliche Merkmale** bzw. Maßnahmen sind solche, die ursächlich dafür sind, daß das beabsichtigte Ergebnis erzielt wird. Bei den Lösungsmitteln muß es sich immer um die Angabe greifbarer Merkmale oder bestimmt angegebener Verfahrensschritte oder um eine in der Fachwelt anerkannte geläufige Kennzeichnung durch Formeln handeln. **Wirkungsangaben** können nur ausnahmsweise, z. B. zur Klarstellung einer neu erkannten Wirkung eines im Anspruch angegebenen bekannten Mittels oder 52 allenfalls zur Abstraktion einer Maßnahme dienen, die auf Grund dieser Angabe der Fachmann ohne erfinderisches Zutun auf verschiedene Weise vornehmen kann.

53 **Zur Problematik des Sachanspruchs:** Als **Lösungsmittel** (gegebenenfalls »Lösungsprinzip«) können nur solche Angaben im Patentanspruch – grundsätzlich im kennzeichnenden Teil – zugelassen werden, mit denen der Durchschnittsfachmann allein auf Grund seiner üblichen Kenntnisse (gegebenenfalls unter Herbeiziehen weiterer Angaben in der Patentschrift) die in Betracht kommende Aufgabe lösen kann. Spekulative Angaben sind keine Lösungsmittel. Bis etwa der Mitte der fünfziger Jahre hat mindestens die patentamtliche Spruchpraxis den Standpunkt vertreten, daß in Fällen, in denen der auf einen Gegenstand gerichtete und deshalb nur mit körperlichen oder entsprechenden Merkmalen gekennzeichnete Gegenstand am Anmeldetag nicht auf Grund der bis dahin geläufigen Fachkenntnisse hergestellt werden konnte, ein Sachanspruch nicht zugelassen werden konnte. Wurde vom Anmelder in der Anmeldung auch das Herstellungsverfahren offenbart, so hielt man nur ein Verfahrenspatent (und damit die entsprechende Patentkategorie) für zulässig. Eine nicht ohne weiteres herstellbare Sache sah man als unfertige Erfindung an, weil ohne Kenntnis der Herstellbarkeit die Lehre unvollständig war. (Man forderte also nicht etwa einen durch Herstellungsangaben ergänzten Sachanspruch.) Diese Meinung wurde nicht nur in der patentamtlichen Spruchpraxis (vgl. PA 26. 6. 1930, DJurZtg. 1932, 615; PA 23. 6. 1954, Bl. 1955, 65, 66) und der reichsgerichtlichen Rechtsprechung (vgl. 16. 6. 1937, GRUR 1938, 29 und RG 3. 11. 1937, GRUR 1938, 47, 48) vertreten, sondern auch von der Lehre gebilligt (vgl. Reimer § 6 Anm. 47). Mitte der fünfziger Jahre wurde diese Auffassung im DPA von der Chemie-Rechtsprechung mit PA 26. 6. 1957, Mitt. 1957, 176 und PA 20. 3. 1959, Bl. 1960, 86, 87 mit Berufung auf die Textilgarn-Entscheidung BGH 25. 4. 1956, GRUR 1959, 125 verlassen. Vgl. hierzu Dersin, Mitt. 1959, 234 ff. Siehe auch § 1 Anm. 58.

Heute gilt allgemein, daß Sachansprüche auch zuzulassen sind, wenn die Herstellung der beanspruchten Sache (Stoff) erstmalig in der Patentbeschreibung offenbart ist. Kann eine Sache (Stoff) mit bis zum Anmeldetag bekannten Mitteln nicht hergestellt werden, so ist daraus nicht die Notwendigkeit herzuleiten, als Hauptanspruch nur einen Verfahrensanspruch zuzulassen. Diese Handhabung ist in erster Linie seit Einführung des absoluten Stoffschutzes für chemische Stoffpatente von Bedeutung. Denn die Kennzeichnung chemischer Stoffe durch Strukturformeln, Parameter u. dgl. genügt sehr oft nicht, um den Fachmann in die Lage zu versetzen, den Stoff auf Grund am Anmeldetag geläufiger Fachkenntnisse herzustellen. Hierzu werden oft weitere **erfinderische** Angaben benötigt, die entweder in der Patentschrift oder in der Regel in einem Nebenanspruch enthalten sind. Ohne diese ergänzenden Angaben würde in einem solchen Fall die Ausführbarkeit der Erfindung fehlen, und ein Patent könnte nicht erteilt werden. Zu dem Fragenkomplex vgl. auch § 1 Anm. 49.

Inwieweit auf nicht-chemischen Gebieten derartige nicht aus sich heraus ausführbare Sachansprüche Bedeutung erlangen werden, ist nicht zu übersehen. Die Entscheidung BPatG 17. 11. 1964, E 7, 12 beruft sich zwar auf die Textilgarn-Entscheidung, behandelt selbst aber keinen Sachanspruch »ohne Lösungsmittel«, sondern der betreffende Anspruch enthält das Lösungsprinzip, wie in E 7, 15, 19 dargelegt ist. In diesem Zusammenhang ist anzumerken, daß es sich im »Textilgarn«-Fall (BGH 25. 4. 1956, GRUR 1959, 125) bei dem behandelten Textilgarn gar nicht um eine neue Sache, sondern um eine neue Art der an sich üblichen Nachbehandlung der Sache »Textilgarn« handelte. Da der Sitz der Erfindung die Art der Nachbehandlung war, hatte die erste Nichtigkeitsinstanz mit ihrer Entscheidung Recht; a. M. Bock, Festschr. für Wilde, 1 ff. Auch Pietzcker, § 1 Anm. 65, S. 81 sagt eindeutig, daß durch das Patent nicht die Erreichung der Wirkung, sondern die Art und Weise, wie sie erreicht wird, die Mittel, durch die sie erreicht wird, geschützt wird; ebenso § 1 Anm. 72 S. 89. Bleibt ein Stoff seinem Wesen und seiner Zusammensetzung nach derselbe und wird ihm nur ein besonderer mechanischer oder physikalischer Zustand verliehen, so kommt nur ein Verfahrenspatent in Frage; Pietzcker, § 1 Anm. 52 Nr. 5.

Zur Problematik von Mischkategorien: Die Erteilung eines Sachpatents mit der Beschränkung, daß der Gegenstand nach einem bestimmten Verfahren hergestellt ist, wurde früher als unzulässig angesehen; RG 13. 6. 1885, RGZ 14, 76. Abweichend hiervon soll nach BGH 14. 6. 1960, GRUR 1960, 483 = NJW 1960, 2001 – Polsterformkörper – eine **Mischform der Patentkategorien ausnahmsweise** zulässig sein; vgl. auch Trüstedt, GRUR 1960, 57 l. Sp. Abs. 2. In BPatG 5. 2. 1965, E 8, 136, 142 ist auseinandergesetzt worden, daß solche Mischformen mindestens auf nichtchemischem Sektor entbehrlich sind und ihre Zulassung nur Rechtsunsicherheit bringen würde. Abgesehen davon ist im Polsterkörper-Fall die Mischkategorie nur durch eine unrichtige Wortwahl zustandegekommen; s. Zeunert, Beiträge, Kap. II, S. 54. Aus dem Vorhandensein eines Vorrichtungsmerkmals im Anspruch kann allein nicht ein Hindernis für die Gewährung eines (Arbeits) Verfahrensanspruchs hergeleitet werden; BPatG 3. 6. 1971, Mitt. 1971, 156.

Wegen sogenannter **»product-by-process«-Ansprüche** s. Anm. 69.

Ansprüche verschiedener Kategorien in einer Anmeldung: Unter gegebenen Voraussetzungen (insbesondere vorhandener Einheitlichkeit; s. Anm. 25) können in einem Patent z. B. ein Gegenstand und ein Verfahren zu dessen Herstellung oder ein Verfahren und eine Vorrichtung zur Durchführung des Verfahrens geschützt werden. Voraussetzung hierfür ist – abgesehen von der notwendigen Offenbarung der verschiedenen Gegenstände 53a in den ursprünglichen Unterlagen –, daß die Einheitlichkeitsgrundsätze dies im Hinblick auf den Stand der Technik zulassen. Die betreffenden Ansprüche werden grundsätzlich im Verhältnis der Nebenordnung stehen. Läßt sich eine vom Anmelder geplante technische Lehre in **mehrere Patentkategorien** einordnen, so bleibt es dem Anmelder überlassen, sie auf sämtliche in Betracht kommende Kategorien zu beziehen; BGH 18. 6. 1970, BGHZ 54, 181 = GRUR 1970, 601 – Fungizid; BGH 14. 3. 1972, Bl. 1972, 321 = GRUR 1972, 638 – Aufhellungsmittel. Für einen **Verwendungsanspruch** neben einem Stoffanspruch ist in der Regel das Rechtsschutzbedürfnis nicht zu verneinen; BGH 18. 6. 1970; a. a. O. Neben Ansprüchen, die auf einen Stoff und auf dessen Verwendung gerichtet sind, ist ein Anspruch auf ein Mittel, das den im Stoffanspruch gekennzeichneten Stoff als Wirkstoff neben nicht näher definierten Bestandteilen enthält, nicht zuzulassen, weil hierfür kein Rechtsschutzbedürfnis besteht; BGH 14. 3. 1972, a. a. O. **Weitere Entscheidungen** hierzu sind im Zusammenhang mit Fragen der Einheitlichkeit behandelt; **s. Anm. 25.** Zur Frage der **Anspruchsfassung und Patentkategorie bei chemischen Erfindungen** vgl. Trüstedt, GRUR 1960, 55, 61 ff. und Schmied-Kowarzik, Mitt. 1968, 41 ff. und 61 ff.

Wegen mehrerer Anspruchskategorien in einer Anmeldung vgl. auch Lutter und Pietzcker in Patentr. Fragen (Vorträge im RPA), Berlin 1930 S. 19 l. Sp. unten bzw. S. 25 l. Sp. oben.

Grundsätzlich ist die Gewährung besonderer Ansprüche für den üblichen Gebrauch eines in einem **übergeordneten** Anspruch gekennzeichneten Gegenstands nicht zulässig, weil ein derartiger Gebrauch nur die sich aus § 6 Satz 1 PatG ergebende patentrechtliche Wirkung zum Ausdruck bringen würde; PA 17. 10. 1917, Bl. 1917, 99, 100, Ziff. 3. Nach PA 14. 11. 1960, Bl. 1961, 58, 59 l. Sp. Abs. 3 war es nicht zulässig, zugleich Sachansprüche und Analogieverfahrensansprüche aufzustellen (Abweichung von PA 17. 9. 1957, Bl. 1958, 9). Nach den neuene Prüf.Richtl. V 2 c soll neben einem Stoffanspruch auch ein auf ein **Analogieverfahren** zu seiner Herstellung gerichteter Anspruch zulässig sein; die dort angeführten BGH-Entscheidungen belegen dies nicht. Aber nach BPatG 21. 2. 1972, GRUR 1972, 648, 651 – Acetamide – ist auch bei nach dem 1. 1. 1968 eingereichten Anmeldungen für einen Analogieverfahrensanspruch neben einem Stoffanspruch und einem Arzneipräparateanspruch in der Regel das Rechtsschutzbedürfnis nicht zu verneinen (im Anschluß an BGH in GRUR 1970, 601 – Fungizid). Ebenso Schmied-Kowarzik, GRUR 1972, 255, 257, 268; noch zweifelnd Nastelski, GRUR Int. 1972, 43, 50.

Nach jetziger Rechtsprechung (BPatG 7. 12.1967, Mitt. 1969, 12; BPatG 24. 5. 1971, GRUR 1972, 89, 90) sind auf ein Mittel gerichtete Ansprüche neben den auf die bestimmungsgemäße Verwendung der Mittel gerichteten Verfahrensansprüchen des gleichen Patentbegehrens nebeneinander zulässig, weil die Schutzwirkung der Ansprüche in verschiedene Richtungen geht.

Insofern ist die Sachlage anders als in PA 17. 10. 1917, a. a. O.; vgl. BPatG 7. 12. 1967, a. a. O., 17 l. Sp. Der Unterschied zwischen den Sachverhalten PA 17. 10. 1917 und BPatG 7. 12. 1967 besteht auch darin, daß im erstgenannten Fall der Hauptanspruch ein echter Sachanspruch war und nur auf die bestimmungsgemäße Verwendung gerichtete Unteransprüche nicht für zulässig erklärt wurden, während im letztgenannten Fall der Hauptanspruch ein Verwendungsverfahren betrifft und die in Betracht kommenden Unteransprüche auf die verwendeten Mittel gerichtet sind. Durch die Unteransprüche werden somit die Mittel unabhängig von ihrer Herstellung geschützt; BPatG 7. 12. 1967, a. a. O. 18 Abs. 2. Es handelt sich hier also um die Frage, ob man Mittel absolut schützen will, d. h. unabhängig von ihrer Herstellungsart. Will man das, ist ein besonderer Unteranspruch notwendig, ist man anderer Auffassung, ist ein solcher Unteranspruch nicht gerechtfertigt. BPatG 7. 12. 1967, a. a. O., 17 unter VII erkennt an, daß PA 14. 11. 1960, Bl. 1961, 58 für den damals zu entscheidenden Fall richtig war. Ein Teil der Gründe in BPatG 7. 12. 1967 ist auch in E 10, 148 veröffentlicht.

Der von Lederer, Mitt. 1969, 10, 11 r. Sp. Abs. 2 diskutierte Fall liegt wieder anders. Die Patentfähigkeit des auf die Verwendung eines bekannten Stoffes gerichteten Anspruchs hängt davon ab, ob die Verwendung für den Durchschnittsfachmann naheliegt oder nicht.

Nach BPatG 14. 3. 1968, Mitt. 1969, 18 kann neben einem Hauptanspruch, der auf ein photographisches Verfahren gerichtet ist, ein auf ein hierbei verwendetes photographisches Material, z. B. auf ein Aufnahmematerial, ein Bildempfangsmaterial oder einen Entwickler, gerichteter Nebenanspruch nicht gewährt werden, und zwar entweder wegen sachlicher Identität oder, falls diese nicht vorliegt, wegen mangelnder Einheitlichkeit. In den Gründen der Entscheidung wird auf PA 14. 11. 1960, a. a. O. und PA 17. 10. 1917, a. a. O. verwiesen.

Nach BPatG 22. 11. 1968, Mitt. 1969, 75 sind Ansprüche, die auf ein Verfahren und auf Mittel zu seiner Durchführung gerichtet sind, im Rahmen einer Anmeldung zulässig. Der Fall dürfte sich etwas von BPatG 7. 12. 1967, a. a. O. (zu beiden Entscheidungen vgl. Koenigsberger, Mitt. 1969, 69) unterscheiden, weil es hier tatsächlich nur auf das konkrete Mittel zur Durchführung des Verfahrens ankommt, während in jenem Fall im Hintergrund der Schutz für die Herstellung der verschiedenen Mittel steht.

BPatG 7. 10. 1968, Mitt. 1969, 76, 77 liegt auf der Ebene von BPatG 7. 12. 1967 a. a. O. Die Entscheidung vom 7. 10. 1968 hält Hesse, Mitt. 1969, 246, 251 für bedenklich, weil die Verwendung des Verfahrensproduktes keine nähere Ausgestaltung des Verfahrens sei.

Grundsätzlich Allgemeingültiges: Wird wegen der Patentkategorie mit dem Anmelder keine Einigkeit erzielt, so muß die Anmeldung zurückgewiesen werden; PA 18. 12. 1934, Mitt. 1935, 28. PA 19. 12. 1950, Bl. 1951, 31 galt nur für nach dem 1. ÜG zu behandelnde Anmeldungen, sofern kein Einspruch eingelegt wurde.

3. Unterscheidung der Ansprüche

54 Die Trennung in Haupt-, Neben- und Unteransprüche wird wegen der unterschiedlichen Substanz der Ansprüche vorgenommen; die Unterscheidung hat für die Rechtsfolgen Bedeutung. Haupt- und Unteransprüche unterscheiden sich inhaltlich dadurch, daß der **Hauptanspruch** alle für die zu schützende Erfindung wesentlichen, d. h. diejenigen Mittel enthalten muß, die zur Lösung der aus der Anmeldungsbeschreibung feststellbaren Aufgabe unabdingbar sind; vgl. hierzu AnmbestPat. § 3 a Nr. 3 (zustimmend Lange, Mitt. 1967, 209) und BPatG 18. 3. 1965, E 7, 15, 16. Nur zweckmäßige, weiterbildende Einzelheiten, die zur Lösung der Aufgabe nicht unbedingt notwendig sind, gehören in der Regel in **Unteransprüche.** Haupt- und Unteransprüche trennen inhaltlich also Wesentliches vom nur Zweckmäßigen; PA 5. 10. 1917, Bl. 1917, 100; vgl. auch PA 8. 5. 1926, Bl. 1926, 146, 147. **Nebenansprüche** sind vom Hauptanspruch unabhängig, sie beinhalten selbständige Erfindungen, die alle Anforderungen an die Patentfähigkeit eines Hauptanspruchs erfüllen müssen; RG 29. 4. 1938, Bl. 1939, 62 = RGZ 158, 385; RG 14. 10. 1938, GRUR 1939, 528 und RG 24. 11. 1934, GRUR 1935, 161.

54a Vgl. auch noch RG 23. 9. 1931, GRUR 1931, 1137, 1140 r. Sp. – Sicherheitsrasiergerät; danach kann außer dem Hauptanspruch selbständigen Schutz ein Unteranspruch genießen, dessen Gegenstand nicht nur in Verbindung (Kombination) mit dem Hauptanspruch, sondern unabhängig von diesem selbständig (Elementenschutz) beansprucht wird.

Vgl. wegen Nebenansprüche im einzelnen Anm. 72.

Die **Bezugnahme eines nachgeordneten Anspruchs auf den vorangehenden Hauptanspruch** ist dann nicht ohne Problematik, **wenn die Ansprüche verschiedenen Patentkategorien angehören.** Während schon früher solche nachgeordneten Ansprüche unter Bezugnahme auf den Hauptanspruch insbesondere dann aufgestellt wurden, wenn der Hauptanspruch ein Verfahren zum Gegenstand hatte und der nachfolgende zurückbezogene Anspruch eine Vorrichtung zur Durchführung des Verfahrens betraf (vgl. z. B. DBP 1 016 009, angeführt bei Hesse, Mitt. 1969, 246) oder der Hauptanspruch sich auf einen Stoff und der zurückbezogene zweite Anspruch auf ein Analogieverfahren zu seiner Herstellung bezog (vgl. z. B. PA 17. 9. 1957, Bl. 1960, 9), so werden heute viel häufiger – besonders auf dem Gebiet der Chemie – Ansprüche verschiedener Kategorien (z. B. Herstellungsverfahrens-Anspruch oder Stoffanspruch und Verwendungsanspruch; dazu BPatG 7. 10. 1968, Mitt. 1969, 76; BGH 18. 6. 1970, GRUR 1970, 601 – Fungizid – Gewährung nur zur Vergrößerung der Tragweite des Patents; dazu kritisch Hesse, a. a. O. 251, Fußn. 70) erteilt. In der überwiegenden Mehrzahl solcher Fälle sind die zurückbezogenen Ansprüche – trotz verschiedener Kategoriezugehörigkeit – nicht selbständig patentfähig. Sie haben patentrechtlich tatsächlich nur die Bedeutung echter Unteransprüche. Auch Ballhaus, § 26 Anm. 33 letzter Abs. will einen Vorrichtungsanspruch als echten Unteranspruch eines Verfahrensanspruches zulassen. Hesse, Vorrichtungsansprüche in Verfahrenspatenten, Mitt. 1969, 246, 250 vertritt nun die Auffassung, daß wegen der verschiedenen Zielrichtungen eines Verfahrens und einer Vorrichtung diese in einem Patent nur als Nebenansprüche mit voneinander unabhängiger Erfindungsqualität geschützt werden können. Trotz der Argumente von Hesse und der uneinheitlichen höchstrichterlichen Rechtsprechung (nicht veröffentlicht, s. bei Hesse und in diesem Kommentar, 5. Aufl. § 26 Anm. 54 a) wird man aus praktischen Gründen der Auffassung den Vorzug geben müssen, daß auch **Ansprüche verschiedener Kategorien nicht nur als** (nicht zurückbezogene) **Nebenansprüche, sondern auch als zurückbezogene Unteransprüche** zugelassen werden können. Dabei kann es sich um echte oder unechte Unteransprüche (s. Anm. 73, 74) handeln. Dieser Auffassung wird gegenüber der in der Vorauflage (a. a. O.) vertretenen strengeren nunmehr aus praktischen Gründen der Vorzug gegeben. Es sei angemerkt, daß Schmied-Kowarzick, Mitt. 1968, 61, 63 Anm. 19 meint, daß sich die Kategorieregeln nicht auf das Gebiet der Chemie übertragen ließen.

Ob im Fall BPatG 30. 5. 1972, Mitt. 1973, 32, 33 dem zurückbezogenen Anspruch 12 (mit vom Hauptanspruch abweichender Kategorie) mit Recht ein selbständiger Schutz zugebilligt werden kann, hängt nur davon ab, ob der Durchschnittsfachmann aus der Patentschrift entnehmen kann, daß der Gegenstand des Anspruchs 12 ein selbständiges, vom Gegenstand des Hauptanspruchs unabhängiges Problem behandelt (vgl. RG 28. 3. 1925, GRUR 1925, 158; RG 10. 6. 1925, MuW 1925/26, 41; RG 27. 1. 1937, JW 1937, 1135). Diese Anforderung muß auch am Anmeldetag erfüllt gewesen sein.

4. Inhalt und Aufbau des Hauptanspruchs

a) Oberbegriff und kennzeichnender Teil

Der Hauptanspruch ist möglichst kurz, prägnant ohne alles Beiwerk abzufassen und auf die wesentlichen Merkmale zu beschränken; vgl. Lutter, PatG, 10. Aufl. S. 305 und PA 29. 11. 1941, GRUR 1942, 163. Üblich ist die Gliederung des Hauptanspruchs in Oberbegriff (oder Gattungsbegriff) und kennzeichnenden Teil. Die AnmelbestPat. schreiben das jetzt in § 3 a vor. Ist auch der Erfindungsgegenstand durch die Gesamtheit der im Anspruch angeführten Merkmale gekennzeichnet (PA 26. 1. 1934, Mitt. 1934, 55

48) und hat die Unterteilung nicht von vornherein unbedingte Bindung für die Auslegung (RG 24. 6. 1925, Mitt. 1925, 164, 166), so dient sie doch grundsätzlich der Klarstellung (RG 25. 11. 1941, GRUR 1942, 204). Die Unterteilung hat deshalb nicht nur formelle Bedeutung (Zweckmäßigkeitsgründe) – vgl. BPatG 28. 4. 1965, E 7, 26, 28; BPatG 22. 9. 1970, E 12, 17 – sondern ihr kommt bei richtiger Handhabung materiellrechtliche Bedeutung zu, nämlich dann, wenn die Unterteilung sachlich begründet ist und dies aus der Patentschrift oder den Erteilungsakten ersichtlich ist; BPatG 26. 8. 1969, E 11, 183 und hier Anm. 64, 65 und §§ 28 b/29 Anm. 33; ferner s. Nirk in Klauer/Möhring § 13 Anm. 28 (S. 607). Deshalb ist die Unterteilung mit sorgfältiger Überlegung vorzunehmen; so auch Trüstedt in Reimer § 26 Anm. 18 S. 964. Wegen späterer Möglichkeit, unzweckmäßige Unterteilungen zu korrigieren, s. Anm. 65. Die fast ausschließlich angewendete Fassung des Patentanspruchs in einem Satz hat sich bewährt; erforderlichenfalls dürfen auch mehrere Sätze gebildet werden; PA 28. 1. 1913, Bl. 1913, 35. Gegen die Aufteilung und Formulierung in einem Satz in neuerer Zeit Bauer, GRUR 1972, 25 und 508.

56 Im **Oberbegriff** ist kurz die bekannte Gattung bzw. das bekannte Gebiet anzugeben, auf dem die Erfindung liegt. In den meisten Fällen wird von einem, in einer einzelnen Patentschrift oder Literaturstelle enthaltenen Stand der Technik ausgegangen, an den die Erfindung anknüpft bzw. welcher der Erfindung problemmäßig am nächsten kommt. Hierzu kann BPatG 20. 12. 1963, E 6, 182 = Mitt. 1965, 99 und BPatG 7. 4. 1971, E 12, 109 verglichen werden. Alle der bekannten Bauart (bzw. dem bekannten Verfahren oder dgl.) und dem Anmeldungsgegenstand gemeinsamen Merkmale, die im Rahmen des Problems wesentlich sind (nur diese!), werden im Oberbegriff aufgenommen. Zur Bildung des Oberbegriffs ist von den Entgegenhaltungen diejenige auszuwählen, die den im Anspruch enthaltenen Merkmalkomplex im Hinblick auf die ursprünglich gestellte Aufgabe und deren Lösung am weitesten abdeckt, also den Oberbegriff so speziell wie möglich gestaltet und Aufgabe und Lösung am meisten einengt; BPatG 26. 8. 1969, E 11, 183 = Bl. 1971, 25. Druckschriften oder Vorpatente, die nicht das Gebiet des Anmeldungsgegenstandes betreffen, können zur Bildung des Oberbegriffs auch dann nicht herangezogen werden, wenn sie einen noch weiterreichenden Bestand an mit dem Anmeldungsgegenstand übereinstimmenden Merkmalen aufweisen; BPatG 26. 8. 1969, a. a. O. Im Patentanspruch ist nach dieser Entscheidung dasjenige nächstzugehörige Bekannte oder Vorpatentierte anzugeben, das das Bedürfnis zum erfindungsgemäßen Verbessern und damit zum Stellen der Aufgabe hervorgerufen hat. **Gattung und Aufgabe** erweisen sich hierdurch als untrennbare Einheit; BPatG 26. 8. 1969, a. a. O.

Als seltene **Ausnahme** ist zu beachten: Bildet ein Stand der Technik, der durch die nichtpatentfähige Vereinigung zweier oder mehrerer bekannter

Maßnahmen, die an verschiedenen Stellen veröffentlicht sind, erst die Grundlage für die Erfindung, so bestehen keine Bedenken, diesem Tatbestand im Oberbegriff des Anspruchs Rechnung zu tragen; vgl. Schuster, GRUR 1933, 517/20. Er weist mit Recht darauf hin, daß im Oberbegriff das Nichtschutzfähige aufzunehmen ist; ebenso Reimer, § 26 Anm. 18 S. 964. Gegebenenfalls kann es deshalb auch zweckmäßig sein, im Oberbegriff etwas als bekannt nicht Nachgewiesenes, das nicht erfinderisch ist, aufzunehmen; PA 7. 10. 1920, GRUR 1936, 252; PA 15. 4. 1936, Mitt. 1936, 163. Dementsprechend wird auch in ständiger Praxis im Oberbegriff das berücksichtigt, was durch ein älteres Recht geschützt ist und einer nochmaligen Patenterteilung gem. § 4 Abs. 2 PatG nicht mehr zugänglich ist; z. B. PA 7. 10. 1920, a. a. O. und PA 11. 4. 1931, GRUR 1936, 253. Dabei ist nur der identische Teil des älteren Rechts anzuführen, der bei der jüngeren Anmeldung zur Lösung der Aufgabe benötigt wird. Umfaßt ein entgegenstehender, in einer älteren Anmeldung enthaltener allgemeiner Erfindungsgedanke die in der jüngeren Anmeldung angegebene erfinderische Ausführungsform, so kann er die Gattung in deren Hauptanspruch bilden; BPatG 30. 4. 1971, Bl. 1972, 29 (Leitsatz). Vgl. hierzu auch Kumm, GRUR Ausl. 1966, 72, der leider die Schusterschen Überlegungen nicht berücksichtigt hat.

Die Aufnahme eines Merkmals im Oberbegriff braucht bei der Auslegung nicht notwendig zur Beschränkung zu führen; RG 10. 3. 1928, GRUR 1928, 481, 482. Gegebenenfalls ist im Verletzungsprozeß zu untersuchen, ob eine im Erteilungsverfahren vorgenommene Einfügung in den Oberbegriff in Form einer genaueren Umschreibung eines Merkmals bei der Auslegung des Schutzumfangs bindende Wirkung hat; BGH 6. 3. 1959, GRUR 1959, 320, 322 r. Sp. – Mopedkupplung.

Üblicherweise geht aus der technischen Bezeichnung im Oberbegriff des Anspruchs das **Anwendungsgebiet** des geschützten Gegenstandes hervor.

Auf dem **Gebiet der Chemie** erfordert ein **Sachanspruch keine Zweckbindung;** es reicht aus, wenn die diesbezüglichen Angaben in der Beschreibung enthalten sind; BPatG 22. 5. 1969, Mitt. 1970, 134; BGH 14. 3. 1972, BGHZ 58, 280 = GRUR 1972, 541 = Bl. 1972, 319 – Imidiazoline. Wegen der früher anderen Auffassung vgl. DPA 15. 5. 1952, Bl. 1952, 330. Vor der Gefahr einer Überspannung des absoluten Stoffschutzes hat s. Zt. von Pechmann, GRUR 1967, 503, 505 gewarnt. Im einzelnen s. § 1 Anm. 74 und § 26 Anm. 69, 69 a und 70. **Zweckgebundene Sachansprüche** bleiben aber weiterhin zulässig; s. auch PrüfRichtlPat. V 2 a.

Die im Oberbegriff erscheinenden bekannten Merkmale erhalten den bestimmten Artikel. Oberbegriff und kennzeichnender Teil werden gewöhnlich durch die Worte »dadurch gekennzeichnet, daß« oder »gekennzeichnet durch« getrennt. Im kennzeichnenden Teil werden erstmals erscheinende Merkmale mit dem unbestimmten Artikel eingeführt, bei ihrer Wiederholung und Merkmale aus dem Oberbegriff mit dem bestimmten Artikel bezeichnet. Im **kennzeichnenden Teil** der Ansprüche muß das als patentfähig zu Schützende grundsätzlich auch ohne Bezugnahme auf Beschreibung und Zeichnungen klar erkennbar sein. Liegen Zeichnungen vor, sind in der Regel im kennzeichnenden Teil die Bezugszeichen in Klammern einzufügen. Vgl. hierzu AnmbestPat. § 3 a Nr. 7. Eine Beschränkung des Anmeldungsgegenstandes auf die in der Zeichnung offenbarte Ausbildung ist damit nicht gegeben; BGH 25. 9. 1962, I ZR 46/61 unveröff. Bl. 10. (RG 14. 1. 1941, Mitt. 1942, 55 ist überholt.)

57 In den **kennzeichnenden Teil** des Hauptanspruchs gehören alle erfindungswesentlichen Merkmale; BGH 25. 11. 1965, GRUR 1966, 201, 205 unter 4. Erfindungswesentlich sind solche, die zum Erzielen der Wirkung unerläßlich sind, auf welcher der gegenüber dem Stand der Technik zur Begründung der Patentfähigkeit geltend gemachte technische Fortschritt beruht; BPatG 18. 3. 1965, E 7, 15, 16; BPatG 5. 9. 1962, E 3, 48, 52. Die **wesentlichen Lösungsmittel** müssen mit der erforderlichen Bestimmtheit angegeben werden; RG 19. 10. 1932, GRUR 1933, 30; ferner PA 11. 9. 1933, Bl. 1933, 233; PA 2. 11. 1933, Mitt. 1934, 107; PA 14. 2. 1936, Mitt. 1936, 118; PA 29. 11. 1941, GRUR 1942, 163, 164; PA 17. 5. 1961, Mitt. 1961, 147. Überbestimmungen sind zu vermeiden; PA 2. 11. 1933 a. a. O. Sofern es der Stand der Technik zuläßt, braucht die Kennzeichnung nicht unnötig konkret zu sein, etwa in Anpassung an Einzelheiten des Ausführungsbeispiels; RG 17. 4. 1935, GRUR 1935, 873; RG 11. 7. 1941, Mitt. 1941, 184; PA 12. 6. 1942, Mitt. 1942, 150. Nach BPatG 7. 4. 1971, E 12, 109 ist die Unterscheidung zwischen neuen und an sich bekannten Merkmalen im **kennzeichnenden** Teil eines Patentanspruchs nicht zweckmäßig. Eine etwa notwendige Klarstellung kann bei Erörterung des Standes der Technik in der Beschreibung erfolgen.

b) Unbestimmte Angaben

58 Wegen der Voraussetzungen, unter denen für erfindungswesentliche Bauteile oder Verfahrensmerkmale **unbestimmte Angaben** (z. B. »möglichst klein«) **im Anspruch** verwendet werden dürfen, vgl. BGH 14. 6. 1966, GRUR 1967, 56, 57; BGH 21. 12. 1967, GRUR 1968, 311 – Garmachverfahren; BGH 19. 10. 1971, GRUR 1972, 704 = Mitt. 1972, 135 – Wasser-Aufbereitung. Konkrete Zahlen- und Maßangaben sind insbesondere im Patentanspruch nicht immer erforderlich, wenn nur die Beschreibung dem Fachmann die Gesichtspunkte liefert, unter denen er bei Anwendung seines Fachwissens die jeweils in Betracht kommenden konkreten Werte ermitteln kann; BGH 21. 12. 1967, a. a. O., 313; s. auch BGH 25. 11. 1965, GRUR 1966, 201, 205 unter 4. Wegen der Verwendung des Wortes **»vorzugsweise«** vgl. BGH 5. 11. 1964, GRUR 1965, 138 = Bl. 1965, 207; abweichend BGH 20. 11. 1962, I ZR 29/61 Bl. 6 und BGH

21. 11. 1961, I ZR 32/59 Bl. 7. Im einzelnen erläutert in Zeunert, Beiträge S. 104, 105. Die nachträgliche Einfügung stellt eine Erweiterung dar; BGH 27. 11. 1969, GRUR 1970, 289, 293 – Dia-Rähmchen IV – und § 13 Anm. 12. Mit der **»insbesonderen«** Anwendung einer Maßnahme befaßt sich PA 27. 9. 1938, Mitt. 1939, 23. Vgl. auch Anm. 62.

c) Prinzipielle Kennzeichnung

Ausnahmsweise kann die Erfindung in einer das **Prinzip** verkörpernden 59
Weise gekennzeichnet werden; RG 2. 7. 1913, Bl. 1929, 233, 235 (Hauptanspruch – Kern der Erfindung); RG 29. 3. 1916, Bl. 1929, 228, 230 (Hauptanspruch – erfinderische Grundidee); RG 12. 10. 1921, Bl. 1929, 237 (Hauptanspruch – allgemeines Prinzip); PA 24. 2. 1942, GRUR 1942, 321 = Mitt. 1942, 152. Nach letztgenannter Entscheidung müssen aber auch bei einer von den besonderen technischen Einzelheiten absehenden Kennzeichnung die Mittel hinreichend bestimmt und klar bezeichnet sein. Eine Verallgemeinerung der Lösungsmittel darf nicht zu weit getrieben werden; PA 11. 9. 1933, Bl. 1933, 233, r. Sp. Abs. 2. Nach RG 30. 9. 1938, GRUR 1939, 283 = Mitt. 1939, 41 muß bei einer Kennzeichnung nur durch die erfinderische Idee der Fachmann auf Grund dieser in der Lage sein, kraft seines Fachwissens eine entsprechende Lösung zu finden. Ein bloßes Prinzip, das nichts als eine ungelöste Aufgabe darstellt, kann nicht den Inhalt eines Anspruchs bilden; RG 19. 11. 1900, Bl. 1904, 329 und RG 27. 4. 1904, Bl. 1904, 330. Erst die Lösungsmittel geben in einem solchen Fall eine wiederholbare Lehre zum technischen Handeln; RG 13. 2. 1935, GRUR 1935, 533, 534. Hält die Prüfungsstelle eine Lösung der vom Erfinder gestellten Aufgabe ohne erfinderische Leistung nicht für möglich, müssen bauliche Lösungsmittel in den Patentanspruch eingefügt werden, damit der Erfindungsgegenstand hinreichend offenbart ist; RG 4. 5. 1943, Bl. 1943, 100 r. Sp. Ende = GRUR 1943, 245. Denn ein Patentanspruch, dessen Lehre so unbestimmt ist, daß die beabsichtigte fortschrittliche Wirkung nicht gesichert ist, ist nicht gewährbar; BPatG 5. 9. 1962, E 3, 48, 52. Vgl. auch BPatG 18. 3. 1965, E 7, 15, 16. Zur Frage der Grenze zwischen »Aufgabe« und »Lösungsprinzip« vgl. auch Schack, Mitt. 1940, 121.

Hierzu ist auch noch RG 5. 6. 1935, GRUR 1935, 804, 805 zu vergleichen. Darin heißt es sinngemäß: der **Gedanke,** etwas in einem Arbeitsgang herzustellen und mit einer weiteren Ausgestaltung zu versehen, ist **keine Erfindung, sondern eine Aufgabe.** Zur Erfindung kann der Gedanke erst dadurch werden, daß der Erfinder ein **bestimmtes** Verfahren darlegt und soweit beschreibt, daß ein Durchschnittsfachmann den Gegenstand in einem einheitlichen Arbeitsgang sowohl herstellen als auch mit der betreffenden Ausgestaltung versehen kann. Nur dieses bestimmt gekennzeichnete Verfahren, nicht aber die oben genannte Aufgabe der Herstellung, zu deren Lösung das Verfahren angewendet wird, stellt die Erfindung dar. Weiter wird ausdrücklich gesagt, daß das Verfahren in seinem Gange und seinen Mitteln bestimmt zu kennzeichnen sei.

d) Nachträgliche Zusammenfassung von Ansprüchen

60 Erforderlichenfalls sind **mehrere Ansprüche zusammenzufassen,** wenn die in ihnen enthaltenen Merkmale erst eine vollständige Lösung der Aufgabe ergeben; PA 17. 5. 1961, Mitt. 1961, 147. Eine amtlicherseits verlangte Zusammenziehung weist den Verletzungsrichter darauf hin, daß Sonderschutz für die Einzelmerkmale nicht hat gewährt werden sollen; RG 14. 6. 1940, GRUR 1940, 441 insb. 444 l. Sp. Abs. 2. Eine Zusammenziehung ist aber nicht möglich, wenn dadurch eine andere als die bisher festgestellte Aufgabe gelöst wird. Bei der Fassung der Patentansprüche ist darauf zu achten, daß diese sich an den offenbarten Erfindungsgedanken hält und nicht über die Vorstellung des Anmelders von seiner Erfindung hinausgeht; RG 16. 11. 1903, Bl. 1904, 216. Zu weit gefaßte Ansprüche erleichtern Nichtigkeitsklagen; RG 19. 5. 1926, MuW 1926/27, 53.

e) Verwendungsansprüche

61 Sog. Verwendungs- oder Anwendungsansprüche kommen in Betracht, wenn die Erfindung in der Aufdeckung einer neuen Verwendungsmöglichkeit an sich bekannter Vorrichtungen zur Lösung einer neuen Aufgabe besteht; vgl. z. B. RG 6. 2. 1935, MuW 1935, 259; RG 10. 4. 1935, MuW 1935, 251; PA 24. 4. 1939, Mitt. 1939, 267 und BGH 15. 11. 1955, GRUR 1956, 77, 78 unter a. Ein Beispiel für ein nichtpatentfähiges Naturvorkommen gibt BGH 14. 3. 1969, GRUR 1969, 531. Vgl. hierzu § 1 Anm. 48. Zweckmäßig werden solche Ansprüche formuliert: Verwendung von ... (bekannte Vorrichtung o. dgl.) zum ... (zu lösende Aufgabe bzw. Zweck) durch ... (eventuell Angabe der Maßnahme, durch welche die Verwendbarkeit erreicht wird). Vgl. auch Hüfner, GRUR 1917, 144, 148 unter 7.

f) Einzelheiten

62 **Zweckangaben** gehören in der Regel nicht in den kennzeichnenden Teil des Anspruchs, da sie nicht geeignet sind, die neue Einrichtung »als neuen technischen Begriff« zu »konstituieren«. Ausnahme: Liegt die Erfindung in einer neuen Art, mit einer an sich bekannten Einrichtung umzugehen, um sie einem neuen Zweck anzupassen, so kann auch der Zweck im kennzeichnenden Teil erscheinen. Dagegen können Zweckangaben im Oberbegriff zur kurzen genauen Bezeichnung der der Erfindung nächst übergeordneten Gattung nützlich sein; vgl. hierzu PA 27. 3. 1915, Bl. 1915, 246, 247. Die Aufnahme der Zweckbestimmung in den Patentanspruch (zur Kennzeichnung der Aufgabe) ist für dessen Schutzumfang nach RG 27. 4. 1929, MuW 1929, 346 ohne Bedeutung. Die **Angabe von Vorteilen** gehört in die Beschreibung, nicht in den Anspruch; PA 12. 9. 1933, Mitt. 1933, 325. **Zahlen-**

mäßige Angaben (Bemessungsangaben) sind für die Bestimmung des Schutzumfangs in Patentansprüchen oft problematisch, lassen sich aber in manchen Fällen und insbesondere auf bestimmten Gebieten nicht vermeiden; RG 19. 11. 1906, Bl. 1907, 107/15 (Formel). PA 11. 7. 1941, Mitt. 1941, 184 meint, da im Hauptanspruch nur der erfinderische Gedanke unter Schutz zu stellen sei, sei die Beschränkung auf zahlenmäßige Angaben im Hauptanspruch nicht erforderlich, wenn diese nur einen optimalen Wert betreffen; kleine Abweichungen seien doch mitgeschützt. **Hinweise auf wahlweise Ausbildung** wie »z. B.« oder »vorzugsweise« sind im Patentanspruch in der Regel nicht angebracht; BGH 25. 9. 1953, Bl. 1954, 24/27 = GRUR 1954, 107. Derartige Hinweise gehören in die Beschreibung oder sind zum Gegenstand eines Unteranspruchs zu machen. Vgl. auch BGH 20. 11. 1962, I ZR 29/61 S. 4/6 und BPatG 5. 9. 1962, E 3, 48, 52, 53. Nach BGH 21. 11. 1961, I ZR 32/59 – Straßenbeleuchtung – unveröffentlicht, ist es nicht unzulässig, in einem Patentanspruch sowohl Elemente mechanischer als auch lichttechnischer Art aufzunehmen, **wenn zwischen diesen ein funktioneller Zusammenhang** besteht. Unter Umständen kann eines von mehreren Anspruchsmerkmalen auch durch Anführung einer Funktion umschrieben werden; BGH 23. 3. 1965, E 7, 234, 238. Nicht in einem funktionellen Zusammenhang stehende Merkmale gehören in verschiedene Ansprüche; vgl. BGH 9. 11. 1962 – I ZR 147/62 – Brieftaubenreisekabine III – unveröff. Sogenannte »**Omnibus-Ansprüche**« (»wie dargestellt und beschrieben«) sind unzulässig; PA 26. 2. 1943, Mitt. 1943, 78 und PA 5. 5. 1938, Mitt. 1938, 217. Wegen der Anspruchsfassung bei Bezeichnung der gezeichneten Anlage als Erfindung s. BPatG 16. 7. 1971, E 12, 77.

Ein Patentanspruch, der auf ein aus **mehreren räumlich voneinander getrennten Grundmischungen** bestehendes »Reparaturmaterial« (für vulkanisierte Kautschuckgegenstände) gerichtet ist, ist nicht zulässig; BPatG 27. 3. 1972, E 14, 1.

g) Anspruchsfassung beim Vorliegen einer echten Kombinationserfindung

Wegen des Kombinationsbegriffs vgl. § 1 Anm. 45, 46 und wegen seiner 63
Auslegung § 6 Anm. 51 ff.

Eine sogenannte »**funktionelle Verschmelzung**« der Einzelwirkungen der verschiedenen Maßnahmen kann nur als vorliegend anerkannt werden, wenn durch die neue Merkmalsvereinigung eine über das allgemeine Fachwissen hinausgehende Wirkung erzielt wird. Andernfalls hätte der Kombinationsbegriff keine bestimmten Grenzen; RG 19. 3. 1932, MuW 1932, 352, 354 = JW 1932, 1828 und RG 25. 11. 1933, MuW 1934, 108, 109.

Bei der im folgenden behandelten Anspruchsfassung handelt es sich um den **Sonderfall einer echten Kombinationserfindung,** wenn also eine patentrechtlich erhebliche Kombination vorliegt. In einem solchen Fall bedarf die Anspruchsfassung besonderer Sorgfalt. In der grundsätzlichen

Entscheidung des BPatG 12. 9. 1963, E 4, 111, 114, 115 sind die **Zusammenhänge zwischen Kombination und Aggregation,** die Frage ihrer Patentfähigkeit und die Anforderungen an die Offenbarung einer echten Kombination ausführlich behandelt. Zum Begriff »echte Kombination«, die ein unteilbares Ganzes darstellt, vgl. auch PA 22. 1. 1935, Mitt. 1935, 157.

Die Gewährbarkeit eines Anspruchs für eine echte Kombinationserfindung setzt voraus, daß in den **ursprünglichen** Anmeldungsunterlagen offenbart ist, inwiefern durch die **Vereinigung ganz bestimmter Merkmale,** die teilweise oder alle an sich bekannt sein können, eine eigenartige, neue, auf Grund durchschnittlichen Fachwissens nicht zu erwartende Wirkung erzielt wird; vgl. hierzu auch Kähler, GRUR 1952, 447, 449, insb. 448 Abschn. IV.

64 Nur wenn man sich über diese Zusammenhänge im klaren ist, kann im Falle des Vorliegens einer echten – d. h. patentrechtlich erheblichen – Kombination der Patentanspruch richtig gefaßt werden. Im Fall einer echten Kombination gehören nur die Kombinationsmerkmale – die ursprünglich als solche, d. h. als allein maßgeblich für die Lösung der betreffenden Aufgabe offenbart sein müssen – in den kennzeichnenden Teil. Der Oberbegriff ist nach der üblichen Regel zu bilden. In einem solchen Fall dürfte regelmäßig Elementenschutz ausscheiden. Der Fall einer echten Kombination erfordert Klarstellung des Wesens der Erfindung als echte Kombination mindestens in den Erteilungsakten, besser noch in der Patentschrift, dahingehend, daß die geschützte Erfindung nur in der ganz bestimmten Kombination der im kennzeichnenden Teil des Anspruchs enthaltenen Merkmale besteht. Sind diese Verhältnisse klargestellt, wird bei einer späteren Auslegung des Patentanspruchs in der Regel keine Notwendigkeit bestehen, Merkmale zwischen Oberbegriff und Kennzeichen auszuwechseln. Grundsätzlich richtig ist die Auffassung, daß nur der wirkliche Gegenstand der Erfindung, nicht die Kombination mit den bekannten Elementen, welche die Grundlage bilden, unter Schutz gestellt ist; RG 11. 7. 1934, Mitt. 1934, 232. Der abweichenden Auffassung in PA 28. 7. 1940, GRUR 1940, 486 widerspicht mit Recht auch Reimer, § 26 Anm. 18 S. 964 wegen der Gefahr irrtümlicher Auslegung. In der neueren höchstrichterlichen Rechtspechung scheint sich trotz der nicht zu billigenden Einkochdosen-Entscheidung BGH 11. 7. 1958, GRUR 1959, 22 nunmehr erfreulicherweise eine strengere Handhabung des Kombinationsbegriffs durchzusetzen; vgl. z. B. BGH 13. 1. 1956, Bl. 1956, 280 = GRUR 1956, 317; BGH 29. 4. 1960, GRUR 1960, 542, 544 l. Sp. Abs. 1; BGH 23. 4. 1963, Bl. 1963, 365 (trotz Bezugnahme auf die Einkochdosen-Entscheidung grundsätzliche Abweichung davon!); ferner Zeunert »Beiträge«, Kap. IV c.

Schickedanz, Die Kombinationserfindung in neuer Sicht, GRUR 1970, 340 (mit ausführlichem Schrifttum) hält die Hilfsbegriffe »Summeneffekt«, »Aggregation« und »funktionelle Verschmelzung« für entbehrlich.

65 Die wiederholt insbesondere im Zusammenhang mit Kombinationspatenten ausgesprochene **Auslegungsregel,** daß Merkmale zwischen Oberbegriff und kennzeichnendem Teil ausgewechselt werden können, d. h., daß die Zäsur im Anspruch für den Verletzungsrichter nicht bindend ist – vgl. z. B. RG 7. 3. 1937, MuW 1937, 235; RG 28. 1. 1938, GRUR 1938, 316 = MuW 1938, 205; RG 25. 11. 1941, GRUR 1942, 206; GRUR 14. 3. 1944, GRUR 1944, 122; BGH 12. 6. 1951, BGHZ 2, 261 = GRUR 1951, 449; BGH 16. 6. 1961, GRUR 1962, 80, 81 r. Sp. Abs. 1; BGH 28. 11. 1963, GRUR 1964, 196, 198 –, kann nach Vorstehendem nur zur Anwendung kommen, wenn der Kombinationsbegriff nicht in engerem (patentrechtlich erheblichem), sondern in weiterem Sinn zugrunde gelegt wird. Auch dann ist für Benutzung der Auslegungsregel Voraussetzung, daß die nähere Prüfung eine falsche Fassung des Patentanspruchs ergibt, weil z. B. im Oberbegriff Merkmale aufgenommen wurden, die im Zusammenhang mit dem im Oberbegriff als Grundlage der Erfindung angeführten Tatbestand nicht bekannt waren und deren Hinzunahme auch nicht für den Fachmann nahelag, die vielmehr im Zusammenhang mit der offenbarten Lösung der festgestellten Aufgabe neu waren. Der Auffassung in BGH 28. 11. 1963, a. a. O. ist zuzustimmen, daß es entscheidend (für die Zugehörigkeit zum Erfindungsgedanken) darauf ankommt, ob das betreffende Merkmal – ganz abgesehen von seiner Stellung im Oberbegriff oder Kennzeichen – von dem erfindungsfunktionellen Zusammenhang erfaßt wird. Vgl. hierzu Schuster, GRUR 1933, 517, 519 l. Sp. Abs. 3. Da es die Gerichte bei der Auslegung der Patente für gleichgültig hielten, ob ein Merkmal vor oder hinter »gekennzeichnet« stehen würde, empfiehlt Lutter, Patentrechtl. Frag. Berlin 1930 S. 16, 17 zur möglichst unangreifbaren Bestimmung des Schutzinhaltes nicht nur ein nicht zu schützendes Merkmal in den Oberbegriff aufzunehmen, sondern dies in bestimmter, jeden Zweifel ausschließender Weise zum Ausdruck zu bringen.

BGH 27. 10. 1970, GRUR 1971, 115 = Bl. 1971, 190 – in einer Gbm.-Sache – ist ein Beispiel für die patentrechtlich nichtssagende Bezeichnung der konstruktiven Vereinigung dreier bekannter und eines neuen Merkmals als »Gesamtkombination«. Durch das neue Merkmal wird lediglich eine zusätzliche, aber keine neue (unvorhersehbare) Gesamtwirkung erzielt. In einem solchen Fall schafft die Verweisung des bekannten Standes der Technik in den Oberbegriff von vornherein klare Rechtsverhältnisse. Als Beispiel für eine nichtpatentfähige Vereinigung im wesentlichen bekannter Elemente kann BGH 2. 7. 1968, GRUR 1969, 182, 183 – Betondosierer – verglichen werden.

Die uneinheitlichen Vorstellungen vom Kombinationsbegriff und das oft – jedenfalls auf dem Gebiet des Maschinenbaus, s. PA 24. 9. 1913, Bl. 1913, 292, 293 l. Sp. unten und r. Sp. oben – schwer objektiv feststellbare Vorliegen einer funktionellen Verschmelzung sind leicht die Quelle von Rechtsunsicherheit. Deshalb können begründete Äußerungen zur Frage der Wahl des Oberbegriffs (warum der dort angeführte Tatbestand als Ausgangspunkt gewählt wurde bzw. nicht mehr als schutzfähig angesehene Merkmale dort aufgenommen, und warum die im Kennzeichen aufgeführten Mittel als die erfinderischen Lösungsmittel angesehen wurden) die Rechtssicherheit erhöhen. Aber nur in Fällen, in denen eine Beschränkung des Schutzes, z. B. auf die im kennzeichnenden Teil des Anspruchs bezeichnete Kombination, **sachlich begründet** ist, sollte amtlicherseits auf einen entsprechenden Hinweis in der Beschreibung gedrungen werden; denn es ist zu bedenken, daß an eine eindeutige Beschränkung der Verletzungsrichter gebunden ist, unabhängig von ihrer objektiven Berechtigung (vgl. z. B. BGH 17. 12. 1963, GRUR 1964, 433 – Christbaumbehang). Sollte sich im Erteilungsverfahren ergeben, daß einem Element der Kombination, unabhängig von der durch die Kombination erzielten Gesamtwirkung, selbständige erfinderische Bedeutung zukommt, sollte ein Nebenanspruch aufgestellt werden.

66 Die oft anzutreffende Auffassung, eine **Aggregation** sei grundsätzlich nicht patentfähig, ist nicht haltbar; in Grenzfällen kann es offengelassen werden, ob eine Vereinigung von Merkmalen als Kombination oder als Aggregation angesehen werden kann. Denn für die Beurteilung der Patentfähigkeit ist letzten Endes entscheidend, ob die in Frage stehende Lösung neu, fortschrittlich und erfinderisch ist. Vgl. hierzu BPatG 12. 9. 1963, E 3, 111. Trüstedt, GRUR 1956, 349 ff., vgl. S. 356 unter b), hat schon mit Recht darauf hingewiesen, daß der Begriff der Kombination im engeren Sinn, d. h. im Gegensatz zur Aggregation, seit der Einführung der Erfindungshöhe und der gleichzeitigen Abschaffung eines besonders qualifizierten technischen Ergebnisses an Bedeutung verloren zu haben scheine.

h) Aufgabenansprüche

67 Sogenannte Aufgabenansprüche sind nur zulässig, sofern das erfinderische Verdienst in der Stellung der Aufgabe oder in der Erkenntnis des Bedürfnisses liegt und die Lösung sich von selbst ergibt; die Aufgabenstellung darf also bisher nicht bekannt gewesen sein. Durch Formulierung der Aufgabe, durch Fassung des Problems muß ein neuer Leitgedanke mit dadurch ohne weiteres gegebener Lösung offenbart werden. Die Lösung muß mit Stellen der Aufgabe erkennbar sein. Vgl. hierzu BPatG 18. 3. 1965, E 7, 15, 16; RG 22. 11. 1913, Mitt. 1929, 325; RG 20. 11. 1926, MuW 1926/27, 151; RG 1. 11. 1930, MuW 1931, 22; RG 13. 2. 1935, GRUR 1935, 533; RG 9. 12. 1936, Bl. 1937, 82 und PA 26. 5. 1932, Mitt. 1932, 184. Die in BPatG 17. 12. 1964, E 7, 12, 14 Abs. 2 vertretene Auffassung wegen Zulassung aufgabenhafter Ansprüche ist nicht überzeugend; vgl. BPatG 18. 3. 1965, a. a. O. und Zeunert, Beiträge Kap. II a. Als Beispiele für nicht patentfähige Aufgaben vgl. RG 18. 12. 1939, GRUR 1940, 342, 343 = Mitt. 1940, 91, 92 und RG 18. 10. 1940, Mitt. 1941, 6, 7. Auch ein nur eine

ungelöste Aufgabe beinhaltender Sachanspruch ist grundsätzlich nicht gewährbar; RG 16. 6. 1937, GRUR 1938, 29; vgl. hierzu aber die neuere Entwicklung insbesondere im Zusammenhang mit dem chemischen Stoffschutz unter Anm. 52, 53. Es gibt Grenzfälle, in denen nur lückenhafte Ansprüche als Aufgabenansprüche oder als Ansprüche mit allgemeinem Erfindungsgedanken bezeichnet werden; vgl. RG 22. 5. 1937, GRUR 1938, 551; RG 7. 7. 1940, GRUR 1940, 484; im einzelnen s. Zeunert, Offenbarung, S. 148. Vgl. auch Anm. 59 und Hüfner, GRUR 1917, 144, 148 unter 6. Angaben von errechenbaren Mengenverhältnissen der Ausgangsstoffe zur Herstellung von Alkydharzen sind keine aufgabenhaften Anspruchsmerkmale; BPatG 23. 1. 1968, Mitt. 1968, 211. Fälle von Aufgabenansprüchen sind praktisch selten, RG 1. 4. 1936, GRUR 1936, 908, 909.

i) Wirkungsangaben im Anspruch

Wegen Kennzeichnung eines Erfindungsmerkmals durch **Angabe des zu erzielenden Erfolgs** vgl. RG 7. 7. 1940, Mitt. 1940, 154. 68

Der **Gebrauch von Wirkungsangaben zur verallgemeinerten Kennzeichnung** von Mitteln, die zum Erreichen des durch die der Erfindung zugrunde liegende Aufgabe bestimmten Ziels dienen, ist nur zulässig, wenn der Durchschnittsfachmann auf Grund dieser Angaben ohne eigene erfinderische Tätigkeit in der Lage ist, die Aufgabe zu lösen; im einzelnen Zeunert, Beiträge Kap. II a. Als Beispiel eines Anspruchs, in dem bei der Kennzeichnung des Lösungsprinzips u. a. Wirkungsäußerungen der nach dem Anspruch zu treffenden Maßnahmen benutzt wurden, vgl. den Fall der oben schon erwähnten BPatG 17. 9. 1964, E 7, 12. Wirkungsangaben sind bei Vorrichtungsansprüchen oft unvermeidbar und dann unbedenklich, wenn sie eine sonst schwer verständliche Aneinanderreihung von konstruktiven Elementen in einen durchschaubaren Sinnzusammenhang bringen; BGH 16. 5. 1972, GRUR 1972, 707, 708 – Streckwalze. Gelegentlich können neben körperlichen Anspruchsmerkmalen auch solche verwendet werden, die eine nichttechnische Funktion (hier: Lesbarkeit des Abdrucks) umschreiben; BGH 23. 3. 1965, GRUR 1965, 533 – Typensatz.

5. Patentansprüche für chemische Erfindungen, insbesondere Stofferfindungen

Das Stoffschutzverbot wurde mit Wirkung vom 1. 1. 1968 aufgehoben; 69
Art. 7 § 6 Abs. 1 PatÄndG 4. 9. 1967. In bei Inkrafttreten des Gesetzes anhängigen Anmeldungen konnten und können noch nachträglich Stoffansprüche aufgestellt werden; s. Anm. 69 a.

Wegen der Anforderungen an die Identifizierung chemischer Erfindungen in der Beschreibung vgl. Anm. 41 und § 1 Anm. 75.

Handelt es sich um einen im Wege eines **neuen** chemischen Verfahrens gewonnenen Stoff, so ist zu unterscheiden, ob der Stoff schon bekannt oder ob er neu ist. Ist der Stoff mit seinen Eigenschaften bekannt, so ist allein das neue Verfahren Sitz der Erfindung, und der Anspruch ist auf das Herstellungsverfahren zu richten. Ist dagegen der Stoff neu, so ist dieser im Anspruch entsprechend seiner Konstitution zu kennzeichnen, sofern diese bekannt ist. Das Herstellungsverfahren sollte, falls es eigentümlich ist, in einem Nebenanspruch gekennzeichnet werden. Nunmehr ist auch höchstrichterlich entschieden worden, daß **absoluter Stoffschutz** gewährt wird, so daß grundsätzlich ein Hinweis auf das Anwendungsgebiet im Oberbegriff des Hauptanspruchs nicht gegeben zu werden braucht; vgl. im einzelnen Anm. 56. Wegen der Zulässigkeit verschiedener Patentkategorien s. Anm. 53 a.

PrüfRichtlPat. V 2 g geben die Voraussetzungen an, unter denen Stoffansprüche zuzulassen sind, die eine Vielzahl von Verbindungen umfassen. Die Definition eines Sachanspruchs (hier: Reaktionslack) **durch Kennzeichnung verschiedener miteinander reagierender Ausgangsstoffe** verstößt gegen § 26 Abs. 1 Satz 5, wenn durch den Reaktionsablauf Produkte entstehen, die sich nicht mehr auf die Ausgangsstoffe zurückführen und daher gegenüber Produkten nach dem Stand der Technik nicht abgrenzen lassen; BPatG 9. 2. 1971, E 12, 112 (zugel. Rechtsbeschw. nicht eingelegt). Ist die Konstitution des beanspruchten Stoffs unbekannt, so muß dieser anderweitig unverwechselbar gekennzeichnet werden. Hierfür bieten sich an, je nachdem einzeln oder gemeinsam, die Elementaranalyse, das Molekulargewicht, die optische Drehung in Wasser, die Löslichkeit, der Schmelzpunkt und vor allen Dingen das Infrarotspektrum. Bei biologischen Stoffen müßten die biologischen Eigenschaften und die positive oder negative Wirkung auf zahlreiche bekannte Mikroorganismen angegeben werden. Bei einem Antibiotikum wird auch in der Regel ein Hinweis auf dessen Hinterlegung unter einer bestimmten Nummer bei einem anerkannten neutralen Institut notwendig sein. Schwierigkeiten werden wegen der Kennzeichnung bei den hochmolekularen Kunststoffen bestehen. Hier wird man in der Regel auf Struktureigenschaften und Fähigkeiten der Stoffe im Sinne von Parametern zurückgreifen müssen; vgl. hierzu Hellfritz, Kennzeichnung von Stofferfindungen auf makromolekularem Gebiet, GRUR 1968, 1–8. Vgl. hierzu auch BPatG 26. 6. 1964, E 6, 33; BPatG 30. 7. 1967, E 9, 150.

Nach BGH 6. 7. 1971, GRUR 1972, 80 = Bl. 1971, 374, 378 – Trioxan – ist ein Stoffanspruch, in dem ein chemischer Stoff durch das Herstellungsverfahren gekennzeichnet ist (sogenannter **product-by-process-Anspruch**; s. hierzu § 1 Anm. 76), jedenfalls dann zulässig, wenn weder die Strukturformel des chemischen Stoffes bekannt ist, noch der chemische Stoff durch zuverlässig feststellbare Charakteristiken identifiziert werden kann. Im Anschluß hieran vgl. BPatG 9. 11. 1971, E 13, 44. Bei solchen **makromolekularen Stoffen** muß der durch die Beschreibung erläuterte Patentanspruch soviel Angaben zur Kennzeichnung enthalten, wie erforderlich sind, um seine erfinderische Eigenart durch zuverlässig (feststellbare) meßbare Charakteristiken (sog. Parameter) von zuverlässig feststellbaren Charakteristiken anderer (nicht beanspruchter) makromolekularer Stoffe zu unterscheiden und um die Voraussetzungen der Patentfähigkeit zuverlässig beurteilen zu können; BGH 6. 7. 1971, a. a. O.; BPatG 24. 3. 1972, E 14, 4. Vgl. hierzu auch Klöpsch, Zur Kennzeichnung von chemischen Stoffen unbekannter Konstitution, GRUR 1970, 539. Ferner Huch, GRUR 1971, 235. Die »freien« Strukturmerkmale nach Huch gehören in Unteransprüche. Bei einer eindeutigen Identifikation einer Erfindung handelt es sich immer nur um zur Verwirklichung des Erfindungsgedankens wesentliche Merkmale.

Nach BPatG 28. 4. 1970, E 11, 199 ist, falls bei einem **chemischen Verfahren** die einzuhaltenden Bedingungen weder durch Worte noch durch chemische oder mathematische Formeln ausreichend definiert werden können, eine **Definition** – in der Beschreibung und im Anspruch – auch **mittels einer graphischen Darstellung** in Form eines Diagramms zulässig. Wenn ein Verfahrensanspruch die Ausgangsstoffe klar kennzeichnet, die anzuwendende Verfahrensweise deutlich angibt und die Endprodukte bezeichnungsmäßig definiert, offenbart er die unter Schutz zu stellende technische Lehre in der ihre Nacharbeitung ermöglichenden Bestimmtheit und Vollständigkeit; eine engere (formelmäßige) Definierung des Endprodukts ist nicht erforderlich; BPatG 23. 6. 1970, GRUR 1971, 112.

Nach BPatG 26. 6. 1964, E 6, 33 ist es bei **mikrobiologischen Verfahren** nicht ausreichend, wenn im Hauptanspruch die Lösungsmittel nur so allgemein angegeben sind, daß es umfangreicher Versuche bedarf, um festzustellen, welche Voraussetzungen im einzelnen erfüllt sein müssen, um zu dem erwünschten Ergebnis zu gelangen. Wegen der Voraussetzungen, unter denen ein biochemisches Verfahren zur Herstellung eines bestimmten Stoffes durch Spaltung eines bestimmten anderen Stoffes mittels Bakterien bereits durch den Hinweis auf die Verwendung geeigneter Bakterien zu einem bestimmten Verfahren wird, das eine durchführbare Lehre zum technischen Handeln kennzeichnet, vgl. BPatG 24. 5. 1971, GRUR 1972, 178 – 6 – Aminopenicillansäure. Wegen der schwerwiegenden Unterschiede zwischen einem chemischen und biologischen Herstellungsverfahren sollte der Begriff »biologisches Analogieverfahren« nicht verwendet werden; Duttenhöfer, Festschr. BPatG, 1971, 187. Gegen die Auffassung von Wirtz, GRUR 1970, 105 und 1971, 238, daß der Sachschutz für erfinderische Anwendungen mikrobiologischer Stoffwechselprozesse nicht auf die Verfahrenserzeugnisse, sondern auf die Kleinstlebewesen als die Träger der Fermente zu beziehen ist, wendet sich Hüni, GRUR 1970, 542: in der Regel seien die mittels neuer Mikroorganismen gewonnenen Endstoffe zu schützen; die neuen Mikroorganismen seien nur dann patentierbar, wenn ein wiederholbares Verfahren zu ihrer Gewinnung angegeben werden kann.

69a Gem. PatÄndG vom 4. 9. 1967 Art. 7 § 6 wurde das Stoffschutzverbot schon vorweg ab 1. 1. 1968 aufgehoben. **Gem. Art. 7 § 1 Abs. 5 PatÄndG können** in Patentanmeldungen, die bei Inkrafttreten des Gesetzes noch nicht erledigt waren und deren Bekanntmachung das Patentamt noch nicht beschlossen hatte, **noch nachträglich Patentansprüche auf chemisch hergestellte neue Stoffe gerichtet werden,** wenn die ursprünglichen Unterlagen die entsprechenden Voraussetzungen (erkennbare Offenbarung des neuen Stoffes) erfüllen. Vgl. hierzu auch Anm. 84. Als Prioritätstag soll der Tag gelten, an dem diese Erfindungen in den Anmeldungsunterlagen so beschrieben sind, daß danach ihre Benutzung durch andere Sachverständige möglich erscheint. In der Regel sollte das der Anmeldetag (gegebenenfalls der in Anspruch genommene Unionsprioritätstag) sein; es ist aber denkbar, daß auch ein späterer Tag (aber vor dem 1. 1. 1968) in Betracht kommt. Streng genommen hätte dann eine Ausscheidung wegen unzulässiger Änderung erfolgen müssen. Davon hat der Gesetzgeber aber, wie aus Satz 2 des Abs. 5 hervorgeht, abgesehen. Erhält ein Altanmelder gem. Art. 7 § 1 Abs. 2 Nr. 1 PatÄndG die Benachrichtigung betr. die beabsichtigte Offenlegung gem. § 24 Abs. 4 Satz 1 (s. § 24 Anm. 14), so muß er gegebenenfalls vor Ablauf der Sechsmonatsfrist ein auf Stoffschutz gerichtetes Patentbegehren mit einer angepaßten Beschreibung einreichen.

Wegen der möglichen Nachholung der Prioritätserklärung vgl. § 27 Anm. 12 und wegen der Rechtsstellung Dritter, die den Gegenstand des nachträglich gestellten Stoffschutzbegehrens vor Inkrafttreten des Gesetzes in Benutzung genommen hatten, vgl. § 7 Anm. 22.

Vgl. hierzu auch Bericht des Rechtaussch. Teil B VII zu Art. 6 § 1 Nr. 2, Bl. 1967, 287, 288 und Löscher, Beil. BB Nr. 7/1967 S. 15.

70 Da auch weiterhin chemische Erfindungen im Rahmen eines **Analogieverfahrens** geschützt werden sollen, sind in diesen Fällen im Patentanspruch der Ausgangsstoff, die Arbeitsmethode und das Endprodukt des Verfahrens anzugeben. Nunmehr hat sich die erstmals in BGH 3. 2. 1966, GRUR 1966, 312 – Appetitzügler – vertretene Auffassung durchgesetzt, daß im Anspruch ein Hinweis auf die Verwendungsart oder die Eigenschaften des Endproduktes nicht aufzunehmen ist. Diese an sich erforderlichen Angaben brauchen sogar in den ursprünglichen Unterlagen nicht angegeben zu werden (im Gegensatz zum »Kongorot«-Fall, s. Anm. 41), sondern können nachgebracht werden. Damit ist BPatG 28. 10. 1963, Mitt. 1965, 10 überholt und die hier in der Vorauflage vertretene abweichende Ansicht nicht zum Zuge gekommen.

Die Frage, ob neben einem Stoffanspruch noch ein auf ein Analogieverfahren gerichteter weiterer Anspruch zulässig ist, wurde höchstrichterlich noch nicht geklärt; vgl. Anm. 53 a. Nach BPatG 19. 10. 1970 (rechtskr.), GRUR 1971, 352, 353 – Butene – sind in »Übergangsanmeldungen« in einem Patentbegehren chemische Stoffansprüche und ein Analogie-Verfahrensanspruch zulässig. BPatG 21. 2. 1972 GRUR 1972, 648 (rechtskr.) – Acetamide – bejaht dies ganz allgemein. Vgl. hierzu auch § 1 Anm. 78 und Schmied-Kowarzik, GRUR 1972, 255, 257.

Nach BGH 27. 2. 1969, BGHZ 51, 378 = Bl. 1969, 251 bzw. 256 = GRUR 1969, 265 – Disiloxan – sind auf **Zwischenprodukte** gerichtete Ansprüche neben Stoffansprüchen zulässig, wenn die dem Zwischenprodukt immanenten Eigenschaften bei dessen Weiterverarbeitung in das Endprodukt »übernommen« werden und dann dort in Erscheinung treten; GRUR a. a. O., 267 l. oben. Im Anschluß an diese Entscheidung ist ergänzend BGH 18. 6. 1970, GRUR 1970, 506 = Bl. 1971, 165 – Dilactame – ergangen. In BPatG 22. 3. 1971, Mitt. 1971, 195 wurde schließlich festgestellt, daß die chemische Konstitution des Zwischenproduktes die wertvollen Eigenschaften des Endproduktes kausal bedingen kann; hierzu Anm. von Zumstein, a. a. O. 197. Vgl. ferner Schmied-Kowarzik, GRUR 1972, 255, 256. Vgl. auch Prüf. Richtl. V 2 d; im einzelnen s. hierzu § 1 Anm. 56.

Da nunmehr nach Änderung des § 1 Abs. 2 **Heilmittel** jeglicher Art patentiert werden können (im einzelnen vgl. § 1 Anm. 67), können auch entsprechende Patentansprüche aufgestellt werden. Auf **Heilverfahren** gerichtete Patentansprüche sind nach wie vor **nicht** zulässig; BGH 26. 9. 1967, Bl. 1968, 47 = GRUR 1968, 142 – Glatzenoperation. Vgl. auch Prüf. Richtl. V 2 h. Wegen pharmazeutischer Mittel-Ansprüche vgl. Dimé, Mitt. 1970, 181 und Hirsch, Über die Patentfähigkeit von Arzneimittelansprüchen, Präparative Pharmazie 1969, 150, dazu Vossius, GRUR 1971, 59, 60 und Fabel, GRUR 1971, 63.

Wegen der Problematik der Gewährung von **Verwendungsansprüchen in der Chemie** vgl. BGH 25. 11. 1965, GRUR 1966, 201, 204 – Ferromagnetischer Körper. Obgleich nach BGH 18. 6. 1970, BGHZ 54, 181 = GRUR 1970, 601 = Bl. 1971, 163 – Fungizid – für einen Verwendungsanspruch neben einem Stoffanspruch in der Regel das **Rechtsschutzbedürfnis** nicht zu verneinen ist, erscheint die Aufstellung besonderer Ansprüche für die übliche Verwendung geschützter chemischer Stoffe nicht erforderlich. Auf keinen Fall ist die Aufstellung mehrerer Ansprüche für mehrere uneinheitliche Verwendungen zulässig; PA 23. 10. 1957, Bl. 1958, 10, 11. Vgl. hierzu Anm. 53 a.

Wird der Erfindungsgehalt eines **Mittelanspruchs** allein von dem erfindungsgemäßen Wirkstoff nach dem Stoffanspruch getragen, so besteht für ihn neben einem Stoffanspruch und Verwendungsansprüchen kein Rechtsschutzbedürfnis; BGH 14. 3. 1972, Bl. 1972, 321 – Aufhellungsmittel. Anders liegt die Sache, wenn kein Verwendungsanspruch aufgestellt ist; dann kann das Rechtsschutzbedürfnis für einen Mittel-Anspruch in der Regel nicht verneint werden; BGH 27. 6. 1972, GRUR 1972, 644 – Gelbe Pigmente. Die Frage, wann das Rechtsschutzbedürfnis etwa mit der Einheitlichkeit kollidieren könnte, wird in BGH 27. 6. 1972 angeschnitten.

6. Ansprüche auf Spezialgebieten

71 Wegen der Abfassung von Patentansprüchen auf **optischem Gebiet** vgl. Stumpf, GRUR 1950, 323, Nähring, Optik 1953, 485/491, Lange, GRUR 1962, 283/285 und Mitt. 1967, 209 (Haupt- und Unteransprüche mit Hinweis auf Wirth, Mitt. 1967, 63). Maßgebliche Entscheidungen sind PA 5. 1. 1944, Bl. 1944, 6 und BPatG 24. 10. 1962, E 3, 95, 100, 103. Wegen der Formulierung von Patentansprüchen auf dem Gebiet der **elektronischen Datenverarbeitung** vgl. Huber, Mitt. 1965, 21, 23. Beispiele für Anspruchsfassungen bei **Metall-Legierungen** (in Form von Stoff- bzw. Anwendungsschutz) geben Bayer, Schwarzmann und Zeiler, Festschr. BPatG, 201 ff. Ihre Untersuchungen fassen sie dahingehend zusammen, daß ein Sachschutz bisher bei Legierungen seltener in Anspruch genommen sei, und daß Sachansprüche den beanspruchten Gegenstand hinsichtlich Stoff und Menge so kennzeichnen müssen, daß er auch herstellbar sei. **Auswahlerfindungen** auf dem Gebiet der Legierungen (aus einem bekannten Stoffbereich) könnten nur in Form eines Anwendungs- oder Verwendungspatents geschützt werden; ebenso Hillinger, Mitt. 1972, 102, 105; a. A. Pfab, Mitt. 1972, 3, 9, 10. Letztgenannter Auffassung ist beizutreten. Wird mit einer späteren engen oder ganz bestimmten Auswahl aus einem früheren verhältnismäßig weit gesteckten Bereich eine besondere oder andersartige Wirkung erzielt und damit eine andere Aufgabe gelöst, so liegt eine neue Erfindung vor. Der erste Anmelder hätte nachträglich mit der ursprünglichen Priorität einen zusätzlichen Anspruch auf die nachträgliche Auswahl nicht erhalten. Dem späteren Anmelder wird in der Regel unabhängiger Stoffschutz zustehen.

7. Nebenansprüche

72 Die Gegenstände des Hauptanspruchs und des Nebenanspruchs dienen der Lösung einer einheitlichen Gesamtaufgabe. Die den beiderseitigen Ansprüchen zugrunde liegenden Erfindungsgedanken stehen aber nicht in Abhängigkeit voneinander; vielmehr enthält der Nebenanspruch einen unabhängigen selbständigen Erfindungsgedanken. Vgl. hierzu RG 5. 4. 1938, GRUR 1938, 422, 423; RG 15. 4. 1938, Mitt. 1938, 175; BGH 15. 4. 1955, GRUR 1955, 476, 477. Der Nebenanspruch enthält eine vom Hauptanspruch verschiedenartige Lösung; RG 14. 10. 1938, GRUR 1939, 528; RG 30. 8. 1938 und 9. 9. 1938, GRUR 1939, 541. Die Nebenerfindung besteht aus Teilen (der Gesamterfindung) von solcher Selbständigkeit, daß sie unabhängige schutzwürdige Erfindungen sind, aber doch von solcher Zusammengehörigkeit, daß sie eine einheitliche Gesamterfindung bilden; Pietzcker, Patentrechtl. Fragen, Berlin 1930 S. 20 unter Bezug auf Wirth, Mitt. 1917, 73. Handelt es sich um mehrere nebengeordnete Ansprüche (vgl. PA 28. 12. 1928, Mitt. 1929, 84, 85 mit Druckfehlerberichtigung 156), muß das ihnen

übergeordnete einzige Problem neu sein; PA 20. 12. 1943, GRUR 1944, 129. Vom Unteranspruch unterscheidet sich der Nebenanspruch dadurch, daß er selbständig eine Erweiterung des Erfindungsgedankens des Hauptanspruchs enthält; RG 24. 11. 1934, MuW 1935, 102. Trotz Verweisung im Oberbegriff auf übergeordnete Ansprüche kann einem Unteranspruch, der sich auf eine andere Aufgabe als die übergeordneten Ansprüche bezieht, die Bedeutung eines Nebenanspruchs zukommen; jedoch ist dann nach BGH 19. 1. 1965, GRUR 1965, 355 der Inhalt der in Bezug genommenen Ansprüche in den Oberbegriff des Nebenanspruchs einzubeziehen; welche Rolle das für den Schutzumfang spielt, ist im Nichtigkeitsverfahren nicht zu entscheiden. Wegen der Problematik, die sich dann stellt, wenn ein auf den Hauptanspruch zurückbezogener Anspruch eine andere Patentkategorie betrifft als jener, vgl. Anm. 54 a. Ein Nebenanspruch kann nicht wegen bloßer Abhängigkeit von einem vernichteten Hauptanspruch gestrichen werden; RG 29. 4. 1938, RGZ 158, 385 = Bl. 1939, 62 = GRUR 1938, 832.

Da ein Nebenanspruch eine in sich unabhängige Erfindung zum Gegenstand hat, sind alle Voraussetzungen der Patentfähigkeit (Neuheit, Fortschritt, Erfindungshöhe) selbständig zu prüfen; BGH 15. 4. 1955, GRUR 1955, 476, 478 – Spülbecken. Der Nebenanspruch entspricht einem selbständigen Patent; Lutter, Patentrechtl. Frag. Berlin 1930, S. 19 r. Sp. Abs. 1.

Vgl. auch Lindenmaier, Echte und unechte Unteransprüche sowie Nebenansprüche und deren Nichtigerklärung; Mitt. 1955, 107. Vgl. ferner Anm. 54, 54 a.

8. Unteransprüche

Unteransprüche sind der Ort für den Schutz zweckmäßiger Ausgestaltung 73
des eigentlichen Erfindungsgedankens, der seinen Niederschlag im Hauptanspruch in dem oben erläuterten unabdingbaren Umfang gefunden haben muß. Auch nicht erfinderische Ausführungsformen gehören in die Unteransprüche. Die Zulassung von Unteransprüchen soll dem Anmelder die Möglichkeit eröffnen, an sich bekannte, in anderem Zusammenhang schon verwendete Mittel zu einer nicht ohne weiteres selbstverständlichen Ausgestaltung seiner Erfindung heranzuziehen; RG 14. 3. 1944, GRUR 1944, 122, 124 l. Sp. unten. Diese Unteransprüche sind immer auf den Hauptanspruch und etwa vorangehende Unteransprüche zurückbezogen (z. B. ». . . Maschine nach Anspruch 1 und 2 . . .«).

Wegen der Formulierung von Unteransprüchen bei Stofferfindungen auf dem Gebiet der Gläser, Legierungen, Lösungen vgl. Balk, Mitt. 1967, 7; Mitt. 1969, 26 und mit a. M. Kockläuner, Mitt. 1967, 210 und Mitt. 1970, 107.

Man unterscheidet **echte und unechte Unteransprüche**; BGH 15. 4. 1955, GRUR 1955, 476, 478; RG 29. 4. 1938, RGZ 158, 385, 387 = Bl. 1939, 62, 63 r. Sp. = GRUR 1938, 832, ferner Lindenmaier, Echte und unechte Unteransprüche sowie Nebenansprüche und deren Nichtigerklärung, Mitt. 1955, 107/09. Einem **echten Unteranspruch** kommt nur Schutz im Zusammenhang mit den Gegenständen der Ansprüche zu, auf die Bezug genommen ist. Fällt etwa im Nichtigkeitsverfahren der Hauptanspruch, so werden damit auch alle echten Unteransprüche hinfällig. Ein echter Unteranspruch gestaltet den Erfindungsgedanken des Hauptanspruchs – im einzelnen hinzufügend, ändernd, auslassend – lediglich aus, und zwar ohne daß diese Ausgestaltung wieder erfinderischen Gehalt hätte; RG 29. 4. 1938 a. a. O.; BGH 18. 2. 1955 BGHZ 16, 326 = GRUR 1955, 466 = Mitt. 1955, 103 und 15. 4. 1955, Mitt. 1955, 105 = GRUR 1955, 476, 478; ferner Lindenmaier, a. a. O. Im Hinblick auf diesen beschränkten Schutzbereich werden echte Unteransprüche nur dann nicht gewährt, wenn es sich um platte Selbstverständlichkeiten handelt; BGH 16. 2. 1954, GRUR 1954, 317. In einem echten Unteranspruch können deshalb auch an sich auf dem betreffenden Gebiet bekannte Merkmale aufgenommen werden; aber immer muß es sich dabei um eine Ergänzung handeln, welche der Verwirklichung des im Hauptanspruch geschützten Erfindungsgedankens förderlich ist; RG 5. 4. 1938, Mitt. 1938, 175. Die Frage, ob neben einem Verfahrens-Hauptanspruch ein nicht erfinderischer Vorrichtungsanspruch als Unteranspruch zulässig ist, ist zu verneinen. S. Anm. 54 a.

74 **Unechte Unteransprüche** haben einen Gegenstand zum Inhalt, der sowohl eine zweckmäßige Ausgestaltung, aber auch außerhalb des Haupterfindungsgedankens auf Nachbargebieten selbständig verwendbar ist und seiner Bedeutung nach eine selbständige patentfähige Erfindung ist; RG 26. 10. 1935, MuW 1936, 49. In manchen Fällen wird anstelle eines Unteranspruchs auch die Form eines Nebenanspruchs gewählt werden können. Ist das nicht angängig, sollte aber im Oberbegriff des Anspruchs durch nur bedingte Zurückbeziehung auf den Hauptanspruch (etwa in der Form: »Vorrichtung ... insbesondere nach Anspruch 1 ...«) zum Ausdruck gebracht werden, daß es sich um einen unechten Unteranspruch handelt; PA 24. 5. 1941, Mitt. 1942, 22. Ein unechter Unteranspruch muß eigene Erfindungseigenschaft haben; PA 20. 12. 1943, GRUR 1944, 129, 131. Im übrigen müssen in einem unechten Unteranspruch alle diejenigen Merkmale enthalten sein, die unbedingt für das Lösen der Teilaufgabe wesentlich sind. Oft ist die selbständige Patentfähigkeit eines Unteranspruchs im Erteilungsverfahren nicht geprüft worden und wird erst im Verletzungsprozeß geltend gemacht. Wird die selbständige Patentfähigkeit aber im Erteilungsverfahren beansprucht oder ist die **Klarstellung eines Elementenschutzes** sonst nötig, ist dies zu prüfen und darüber zu befinden, wie überhaupt Zweifel über die Bedeutung von den Schutzumfang betreffenden Merkmalen zu klären sind;

PA 18. 1. 1934, GRUR 1937, 131; BPatG 10. 3. 1967, E 9, 24; BPatG 14. 8. 1968, E 10, 153. Im Fall RG 24. 11. 1934, GRUR 1935, 161, 162, hatte das PA auf die Einfügung der Bezugnahme auf Anspruch 1 im Anspruch 2 bestanden. Dies wurde vom RG aber nicht als ausdrückliche Schutzversagung angesehen. Eine von der Erteilungsbehörde beabsichtigte Beschränkung des Schutzumfangs ist also eindeutiger zum Ausdruck zu bringen.

Voraussetzung dafür, daß für einen Unteranspruch **nachträglich selbständiger Patentschutz** beansprucht werden kann, ist, daß ein Durchschnittsfachmann einen im Verhältnis zum Erfindungsgedanken des Hauptanspruchs selbständigen Erfindungsgedanken der Beschreibung und den Ansprüchen von Anfang an, d. h. zur Zeit der Anmeldung, klar entnehmen konnte; vgl. hierzu RG 14. 11. 1934, RGZ 146, 29; RG 26. 10. 1935, GRUR 1936, 315, 316; RG 27. 1. 1937, JW 1937, 1153. Der Erfindungsgedanke muß offenbart sein, allein die Darstellung des Merkmals in einer Abbildung ist unzureichend, weil daraus die Erkenntnis des Erfinders nicht hervorgeht; RG 28. 3. 1925, GRUR 1925, 158; RG 10. 6. 1925, MuW 1925/26, 41. Der Gegenstand, für den selbständiger Schutz beansprucht wird, muß gegenüber dem Stand der Technik erfinderische Bedeutung haben; RG 26. 10. 1935, GRUR 1936, 315; RG 24. 11. 1934, GRUR 1935, 161, 162.

Gegebenenfalls muß im Erteilungsverfahren die Eigenschaft unechter Unteransprüche klargestellt werden; BPatG 28. 1. 1972, E 13, 184; PA 20. 12. 1943, GRUR 1944, 129; PA 28. 11. 1951, GRUR 1952, 191. Dies ist in der Fassung des Anspruchs zum Ausdruck zu bringen; Lutter, S. 307. Leinweber hatte früher schon, Mitt. 1933, 15, mit Recht darauf hingewiesen, daß die Kennzeichnung eines unechten Unteranspruchs durch den Zusatz »insbesondere nach Anspruch ...« die Einheitlichkeit der Erfindung nicht zerstört; vgl. hierzu auch A. Schmidt, Mitt. 1933, 169 und Leinweber, Mitt. 1933, 235.

Die Rechtsunsicherheit als Folge nachträglichen Geltendmachens eines selbständigen Schutzes für den Gegenstand auf den Hauptanspruch zurückbezogener Patentansprüche ist zweifellos vorhanden. Sie ließe sich nur beseitigen, wenn man entweder verlangen könnte, daß vom Anmelder im Patenterteilungsantrag hierzu bindende Erklärungen abgegeben, oder aber, daß für alle Unteransprüche entsprechende amtliche Feststellungen im Prüfungsverfahren getroffen würden. Die praktische Durchführung beider Möglichkeiten erforderte aber – abgesehen von dem Arbeitsaufwand – in Grenzfällen Überlegungen, die im Zeitpunkt der Patentanmeldung nicht immer zu richtigen Ergebnissen führen könnten. Man muß sich deshalb mit einem Mittelweg bescheiden; vgl. wegen der Prüfung von Unteransprüchen auf Patentfähigkeit im Erteilungsverfahren §§ 28 b/29 Anm. 33.

Die Problematik der Rechtsunsicherheit in diesem Zusammenhang wurde im Schrifttum ausgiebig erörtert; vgl. Kirchhoff, GRUR 1952, 545, 555;

Schuster, GRUR 1937, 1045 (fordert Verdeutlichung echter und unechter Unteransprüche); Tetzner, PatG 1951 S. 460 (tritt Pietzckers Kritik, Patr.-Frag. 1930 S. 20 bei, weist aber auf die Belastung und Verlängerung des Erteilungsverfahrens hin). Seiner Zeit wurde das Thema auch in Vorträgen im RPA behandelt (Patr.Frag. 1930), Lutter, S. 15; Pietzcker, S. 20; Habermann, S. 33, 38. Ferner vgl. Karsten, Mitt. 1927, Sondernummer, S. 125 bis 132 (für ausdrückliche Angaben); von Boehmer, Mitt. 1932, 326 (für bindende Festlegung); Ohnesorge, MuW 1935, 241 (gegen bindende Festlegung); Schuster, Mitt. 1935, 291 (weist im Anschluß an Pinzger, Mitt. 1935, 291 darauf hin, daß das Patentamt alle Hinweise in der Beschreibung auf ein mögliches Geltendmachen selbständiger Schutzfähigkeit zu prüfen habe); Schlatter, GRUR 1939, 164 (wie Schuster, a. a. O.).

Wegen Behandlung von Unteransprüchen und Nebenansprüchen im Nichtigkeitsverfahren vgl. § 13 Anm. 19.

9. Ansprüche für Zusatzerfindungen

74a Grundsätzlich gelten für die Formulierung von Patentansprüchen für Zusatzerfindungen (§ 10 Abs. 1 Satz 2) die vorher erörterten Gesichtspunkte. Aus dem Oberbegriff des Hauptanspruchs eines Zusatzpatents muß immer klar der innere technologische Zusammenhang des im kennzeichnenden Teil Beanspruchten mit dem Gegenstand des Hauptpatents hervorgehen. Es muß erkennbar sein, was an der im Hauptpatent geschützten Erfindung verbessert oder weitergebildet werden soll. Lediglich der Hinweis auf die Nummer des Hauptpatents im Oberbegriff des Anspruchs wird in der Regel ungenügend sein, weil es dann meist nicht eindeutig sein wird, in welcher Hinsicht der Gegenstand des Zusatzpatents an den Gegenstand des Hauptpatents anknüpft, weitergebildet oder verbessert wird. Falls sich bereits im Erteilungsverfahren ergibt, daß dem Gegenstand des Zusatzpatents auch ein vom Hauptpatent unabhängiger Schutz zukommen soll, ist das durch entsprechende Formulierung wie z. B. »Vorrichtung . . ., insbesondere nach Patent . . .« von vornherein klarzustellen; PA 2. 12. 1952, Bl. 1953, 59.

Wird ein formal zulässiges Zusatzverhältnis erst nach dem Anmeldetag einer zunächst selbständigen Patentanmeldung beansprucht, so kann sich das Zusatzverhältnis nur auf eine Verbesserung oder weitere Ausbildung solcher Merkmale der Erfindung des Hauptpatents erstrecken, die in der späteren Zusatzanmeldung ursprünglich offenbart worden sind; BPatG 27. 7. 1970, E 12, 7; PA 12. 3. 1958, Mitt. 1958, 155 ist damit überholt.

10. Zeichnungen, Modelle usw.

75 Wegen der Anzahl, Größe und Ausführung der Zeichnungen vgl. § 4 der Anmeldebestimmungen. Abweichend von § 4 Nr. 7 Abs. 1 AnmbestPat. ist

es erwünscht, Druckzeichnungen auf **nicht**durchscheinendem Papier einzureichen; im einzelnen s. Mitt. Präs. 26. 1. 1971, Bl. 1971, 33. Falls Merkmale, die in erster Linie in der Zeichnung dargestellt sind, für den beanspruchten Erfindungsgedanken wesentlich sind, muß darauf in der ursprünglichen Beschreibung entsprechend hingewiesen werden. Ist das nicht der Fall, kann dafür nachträglich kein Schutz geltend gemacht werden; vgl. aus der ständigen Rechtsprechung z. B. RG 28. 10. 1936, GRUR 1937, 537; RG 11. 5. 1944, GRUR 1944, 140; BGH 2. 12. 1958, Mitt. 1962, 74; BGH 26. 1. 1967, Bl. 1967, 197; vgl. auch PA 11. 2. 1924, Bl. 1924, 319 und den Leitsatz BPatG 11. 3. 1966, Bl. 1966, 287. Nachträgliche Änderungen der Zeichnungen sind in der Regel nicht nur im Gebrauchsmusterverfahren, sondern auch im Patenterteilungsverfahren nicht zulässig; PA 27. 4. 1956, Mitt. 1956, 164. Nachgereichte Zeichnungen dürfen über den Inhalt der ursprünglichen Beschreibung nicht hinausgehen.

Ist die zeichnerische Darstellung einer Anlage in der Beschreibung von vornherein ausdrücklich als die Erfindung bezeichnet, so sind alle in der Verbindung mit der Figur in der Beschreibung erläuterten Merkmale in das Patentbegehren einzubeziehen, soweit diese nicht absolut selbstverständlich sind; BPatG 16. 7. 1971, E 12, 77. Ist am Anmeldetag lediglich eine Zeichnung eingereicht worden, kann daraus allenfalls dann die Offenbarung einer Erfindung hergeleitet werden, wenn sich eine solche etwa im Zusammenhang mit der Bezeichnung der Erfindung im Antrag klar und eindeutig ergibt. Das wird regelmäßig eine sehr einfache Materie voraussetzen. Einen solchen Fall hat einmal den 3. BS des DPA (21. 3. 1958 in St. 3329 XII/47 c) beschäftigt. Die Sache erledigte sich wegen immer wieder angestrebter Erweiterungen durch Zurückweisung.

Modelle und Proben sind nur auf Anforderung des Patentamts einzureichen; im einzelnen vgl. § 5 Nr. 1 der Anmel.Best. Wegen des urheberrechtlichen Schutzes bei technischen Zeichnungen von Bauwerken oder Bauwerkteilen vgl. Hereth in NJW 1963, 2256/60.

C. Die Anmeldegebühr

Zum Rechtswirksamwerden jeder Patentanmeldung gehört die **Zahlung der mit der Anmeldung fällig werdenden Anmeldegebühr;** § 26 Abs. 2. **76**
Die Anmeldegebühr für eine Ausscheidungsanmeldung wird bereits mit dem Tage der Ausscheidungserklärung fällig und nicht etwa erst mit der Einreichung der erforderlichen Unterlagen oder der Bekanntgabe des neuen Aktenzeichens; PA 23. und 31. 7. 1956, Bl. 1956, 318 und 319; 28. 5. 1958, Mitt. 1958, 155. Die Anmeldegebühr beträgt nach PatGebG in der Fassung vom 2. 1. 1968, Bl. 1968, 44 z. Z. gem. Rubr. A 1 unverändert 50 DM. Wegen der Verwendung von Gebührenmarken vgl. die Bekanntmachung

über deren Einführung beim Patentamt vom 22. 3. 1955, Bl. 1955, 134. Vgl. hierzu auch § 11 Anm. 33. Die Gebühr ist im ganzen zu zahlen; PA 5. 7. 1937, MuW 1937, 314. Die Anmeldegebühr kann auch nicht – abgesehen von dem Fall des § 17 des 6. ÜG – gestundet und nicht erlassen werden; PA 5. 7. 1937, a. a. O. Nach § 17 des 6. ÜG kann auf Antrag die Anmeldegebühr anerkannten Vertriebenen, Flüchtlingen aus der DDR, anerkannten Heimkehrern, Evakuierten und Personen mit Wohnsitz in der DDR gestundet werden, wenn der genannte Personenkreis durch außergewöhnliche Umstände an der rechtzeitigen Zahlung gehindert ist. Vgl. hierzu BPatG 24. 10. 1962, E 2, 176. Einstweilige Befreiung im Wege des Armenrechts ist nur im Falle des § 4 Abs. 3 Satz 2 möglich; s. § 46 b Abs. 2 a.

77 Wegen der **Zahlungsformen der Gebühr** vgl. GebZahlVO vom 5. 9. 1968, Bl. 1968, 280. Aus § 3 dieser VO ergibt sich, welcher Tag jeweils als Einzahlungstag gilt; vgl. hierzu § 11 Anm. 34. Wegen des Zeitpunkts der Zahlung bei Überweisung im Postscheckverkehr (Tag der Abbuchung) vgl. auch BGH 5. 12. 1963, BB 1964, 102 = NJW 1964, 499. Geschieht die Zahlung nicht mittels auf den Patenterteilungsantrag aufgeklebter Gebührenmarken, ist in jedem Fall bei der Zahlung genau anzugeben, wofür die Gebühr gezahlt wird. Ist das Aktenzeichen schon bekannt, ist dieses zu nennen und anzugeben, daß es sich um eine Patentanmeldung handelt. Die Anmeldegebühr verfällt als Verfahrensgebühr mit dem Eingang der Anmeldung beim Patentamt. Auch bei alsbaldiger Zurücknahme der Anmeldung nach Zahlung der Anmeldegebühr ist Erstattung ausgeschlossen; PA 3. 11. 1951, GRUR 1952, 92 = Bl. 1952, 29; vgl. auch PA 30. 6. 1936, Bl. 1936, 202. Auch aus Billigkeitsgründen ist Zurückzahlung nicht möglich. Falls die Zahlung der Anmeldegebühr durch einen geschäftsunfähigen Anmelder nicht von dessen gesetzlichem Vertreter genehmigt wird, ist sie unwirksam; PA 2. 1. 1957, Mitt. 1957, 93. Eine unter Vorbehalt gezahlte Anmeldegebühr (hier für Ausscheidung) ist nicht rechtswirksam und zurückzuzahlen; PA 29. 3. 1930, Mitt. 1930, 91, 92.

78 **Anmahnung.** Nach § 26 Abs. 2 Satz 2 (Neufassung durch 6. ÜG) benachrichtigt das Patentamt **bei unterbliebener Zahlung** der Anmeldegebühr den Anmelder (mittels Formular), daß die Anmeldung als zurückgenommen gilt, wenn die Gebühr nicht bis zum Ablauf eines Monats nach Zustellung der Nachricht entrichtet wird. Die Benachrichtigung ergeht, wenn nach Bekanntgabe des Aktenzeichens die Gebühr nicht innerhalb angemessener Frist eingegangen ist. Eine Hinauszögerung der Benachrichtigung ist nicht zulässig. Durch die Neufassung wurde das frühere zeitraubende Verfahren mit Zurückweisung (vgl. z. B. PA 19. 5. 1933, Bl. 1933, 155) und Beschwerdemöglichkeit beseitigt. Ein zu niedrig eingeforderter Gebührenbetrag kann dem Zahlungspflichtigen nicht zum Nachteil gereichen; RG 22. 10. 1926, RGZ 115, 24, 26. Wegen Form der Anmahnung vgl. § 18 Anm. 11.

D. Sonstige Erfordernisse einer Patentanmeldung

Die von Fall zu Fall erwähnten »Anmeldebestimmungen für Patente«, 79
jetzt gültig in der Fassung von 30. 7. 1968, Bl. 1968, 382 ff. sind auf Grund der Ermächtigung im § 26 Abs. 3, die durch die DPAVO vom 5. 9. 1968, Bl. 1968, 278 ff. § 20 auf den Präsidenten des Patentamts übertragen wurde, ergangen. Diese Anmeldebestimmungen enthalten die in § 26 Abs. 3 erwähnten »sonstigen Erfordernisse der Anmeldung«. Gegenüber der Fassung vom 30. 3. 1965, Bl. 1965, 157 ff. enthält die Neufassung nur insoweit Änderungen, als dies wegen des PatÄndG vom 4. 9. 1967 im Zusammenhang mit der Durchführung der Akteneinsicht erforderlich war. Vgl. hierzu auch Mitt. Präs. vom 13. 8. 1968, Bl. 1968, 274. Deshalb ist die Kommentierung der Anmeldebestimmungen von 1965 durch Althammer und Schulte in GRUR 1965, 389/396 nach wie vor gültig. Die geltenden Verfahrens- und Formvorschriften sind auch für ausländische Teilnehmer am deutschen Patenterteilungsverfahren zu beachten; BGH 28. 10. 1965, GRUR 1966, 280, 281 – Stromrichter. Wegen des Zwecks der Anmeldebestimmungen vgl. die in GRUR 1965, 296 abgedruckte Notiz im BB 1965, 515. Althammer/Schulte weisen darauf hin, daß auch wegen der auf die Europäische Übereinkunft über Formerfordernisse bei Patentanmeldungen vom 11. 12. 1953, GRUR Ausl. 1954, 153 = Bl. 1954, 212 zu nehmende Rücksicht der Neufassung der Anmeldebestimmungen gewisse Grenzen gezogen gewesen seien. Durch die Anmeldebestimmungen sollen die im Patentgesetz geregelten Anmeldungserfordernisse näher ausgelegt werden. Das Schwergewicht der Neufassung von 1965 gegenüber der Fassung von 1954 liegt in der Änderung des früheren § 3 betr. die Beschreibung und den Patentanspruch. So soll z. B. die Bestimmung Nr. 3 des § 3 a der neuen Anmeldebestimmungen verhindern, daß der Anmelder alle zur Lösung der gestellten Aufgabe notwendigen Erfindungsmerkmale zwar in die Beschreibung, nicht jedoch in die Patentansprüche aufnimmt. Der Hauptanspruch muß danach alle Merkmale enthalten, die zur Lösung der gestellten Aufgabe gemäß der Erfindung notwendig sind. Wichtig ist auch die Bestimmung der Nr. 6 des § 6 der Anmeldebestimmungen, nach der bei Änderung der Beschreibung, Patentansprüche oder Zeichnungen im Laufe des Verfahrens der Anmelder im einzelnen angeben soll – sofern die Änderungen nicht vom Patentamt vorgeschlagen sind –, an welcher Stelle die in den neuen Unterlagen beschriebenen Erfindungsmerkmale in den ursprünglichen Unterlagen offenbart sind. Das Verhältnis von § 26 Abs. 1 Satz 4 zur Vorschrift des § 3 Abs. 6 AnmbestPat. (Fassung 1965 und 1968 unverändert) erläutert BGH 26. 6. 1969, X ZB 10/68, Bl. 8 unter III 1 a – dahingehend, daß § 26 vorschreibt, was die Beschreibung enthalten muß, und § 3, was nicht in die Beschreibung aufgenommen werden darf.

E. Auskunftverpflichtung betr. den Stand der Technik

80 Der Zweck der Bestimmungen in § 26 Abs. 4 ist Klarstellung des Standes der Technik (einschließlich offenkundigen Vorbenutzungen) nicht nur soweit er neuheitsschädlich ist, sondern auch soweit er zur Beurteilung der Erfindungshöhe von Bedeutung sein kann; vgl. PA 14. 10. 1937, Mitt. 1938, 114. Zu den betreffenden Angaben gehören nach dieser Entscheidung auch ältere Rechte. Um eine richtige Bewertung des vom Anmelder angegebenen Standes der Technik zu ermöglichen, ist gegebenenfalls auch die betreffende Druckschrift genau zu benennen; PA 18. 1. 1938, Bl. 1938, 78 = GRUR 1938, 329. Der möglichst umfassend klargestellte Stand der Technik soll den beteiligten Kreisen gestatten, sich von der Bedeutung und Tragweite des Schutzbegehrens ein zutreffendes Bild zu machen; in diesem Sinne auch von Falck, GRUR 1972, 233, 234 r. Sp. Soweit diese Angaben dem Anmelder bekannt sind, sind sie schon **in den ursprünglichen Unterlagen** zu machen. Dies ist für die sachgerechte Recherche und Beurteilung des Wesens der beanspruchten Erfindung unerläßlich und hat besonders nach der neuen Verfahrensgestaltung gar nicht zu unterschätzende Bedeutung. Sobald dem Anmelder neue Tatsachen dieser Art bekannt werden, wird er sie alsbald von sich aus zur Kenntnis der Erteilungsbehörden zu bringen haben. Ein Verschweigen solcher Tatsachen ist absichtliche Irreführung der das Patent erteilenden Stelle und kann bei arglistigem Aufrechterhalten des Irrtums den Tatbestand des § 826 BGB, hier im Sinne von Patenterschleichung, erfüllen; RG 25. 3. 1933, RGZ 140, 184; wegen möglicher Kostenfolgen oder Schadensersatzforderungen Dritter s. § 44 Abs. 4. Ein Nichtigkeitsgrund aus § 13 Abs. 1 Ziff. 3 wird aber überwiegend nicht mehr als vorliegend angesehen; s. §§ 13 Anm. 6 und 47 Anm. 51. Nach § 44 PatG müssen die an einem Verfahren vor dem Patentamt, Patentgericht oder Bundesgerichtshof Beteiligten ihre Erklärungen über tatsächliche Umstände **vollständig und der Wahrheit gemäß** abgeben. Letztgenannte Bestimmung legt die verantwortliche Mitwirkung des Anmelders bei der Feststellung des Standes der Technik – nicht nur des »neuheitsschädlichen«, sondern auch des »anderen« Standes der Technik – fest; PA 15. 1. 1937, Mitt. 1937, 172. Obgleich es sich aus Vorstehendem eigentlich als selbstverständlich ergibt, daß der Anmelder von sich aus verpflichtet ist, den Stand der Technik »vollständig und wahrheitsgemäß nach seinem besten Wissen« anzugeben, ist im Satz 1 des § 26 Abs. 4 festgelegt, daß dies auf amtliches Verlangen zu geschehen hat. Zu einem solchen amtlichen Verlangen wird Veranlassung bestehen, wenn vermutet werden muß, daß dem Anmelder einschlägiger Vergleichsstoff leichter zugänglich ist als der Prüfungsstelle. Vgl. hierzu auch Begr. zum Patentgesetz 1936, zu § 26 Abs. 4, Bl. 1936, 110. Außerdem enthält die betreffende gesetzliche Vorschrift die **Verpflichtung zur Aufnahme der Angaben in die Beschreibung.** Gegen die zutreffende Hervorhebung eines Vor-

teils der jüngeren Erfindung gegenüber einer älteren kann kein Einwand erhoben werden; PA 19. 1. 1942, Mitt. 1942, 83; PA 22. 5. 1941, Mitt. 1944, 55.

Zum Stand der Technik als einheitlichen Rechtsbegriff s. Kolle, GRUR Int. 1971, 63 ff.

Der durch das PatÄndG vom 4. 9. 1967 neu eingefügte Satz 2 verpflichtet den Anmelder, über die Bestimmungen im 1. Satz hinaus von sich aus im Falle von **Auslandsanmeldungen** deren **Aktenzeichen** und die im Lauf ausländischer Verfahren **entgegengehaltenen Druckschriften** mitzuteilen. Nach der Begr.Reg.Entw., Teil B, Art. 1 zu Nr. 7 Bl. 1967, 253 soll diese Bestimmung die eigenen amtlichen Nachforschungen erleichtern und sicherstellen, daß der Anmelder alle Entgegenhaltungen nennt und nicht seiner Meinung nach fernliegende ausscheidet; vgl. auch BPatG 2. 5. 1972, Mitt. 1972, 138. Die neue Vorschrift hat Vorbilder im Art. 23 Abs. 2 des niederländischen Patentgesetzes und Art. 163 des Vorentwurfs eines Abkommens über ein Europäisches Patentrecht. PA 30. 5. 1958, Bl. 1958, 190 = GRUR 1958, 485 – nur Leitsatz und Anm. von W. Müller – betr. das Verlangen des Einsprechenden, den Patentsucher zum Ergebnis eines ausländischen Prüfungsverfahrens zu befragen, ist wegen der neuen Gesetzesvorschrift überholt. **81**

Die Nennung des entgegengehaltenen Materials wird auch den die Akten Einsehenden die Beurteilung ungeprüfter Anmeldungen erleichtern. Allerdings wird die Vorschrift durch die immer geringer werdende Zahl vorprüfender Länder beeinträchtigt.

Bei der Bestimmung handelt es sich um eine Verpflichtung, die in jedem Stadium des Verfahrens besteht. Die Verpflichtung gilt natürlich auch für Inländer, die etwa im Ausland anmeldeten. Handelt es sich um eine Nachanmeldung, wird unter Umständen entgegengehaltenes Material schon sofort bei der Anmeldung zu nennen sein, andernfalls nach Ergehen von Prüfungsbescheiden in ausländischen Anmeldungen mit Entgegenhaltungen; so auch Schulze-Wesener § 26/27 Erl. 37. Löscher, BB, Beil. 7/1967 S. 1 Fußn. 5 meint, ein »Verlangen«, die Angaben zu machen, werde das Patentamt wohl erst dann stellen, wenn ein Antrag nach § 28 a oder § 28 b vorliege. Das »Verlangen« kann nur § 26 Abs. 4 Satz 1 betreffen. Die »Verpflichtung« nach § 26 Abs. 4 Satz 2 bleibt aber unberührt. Zur laufenden Verpflichtung der Nennung der entgegengehaltenen Druckschriften unabhängig von einer amtlichen Aufforderung vgl. auch Mitt. Präs. 28. 4. 1972, Bl. 1972, 153. Wird dieser Verpflichtung nicht entsprochen, kann die Anmeldung auf Grund von § 28 Abs. 1 oder § 28 c Abs. 1 zurückgewiesen werden; ebenso Ballhaus in Benkard § 26 Anm. 25. Wegen der Auskunftsverpflichtung vgl. auch Prüf. Richtl. IV 3 und Althammer, GRUR 1970, 209, 215, 216. Voraussetzung für die Zurückweisung ist aber eine vorangegangene Aufforderung durch die Prüfungsstelle mit dem Hinweis auf mögliche Zurückweisung; BPatG 2. 5. 1972, Mitt. 1972, 138. Die Auskunftsverpflichtung gilt auch für die gem. Art. 7 § 1 Abs. 2 PatÄndG nach den neuen Vorschriften zu behandelnden Altanmeldungen; vgl. Prüf. Richtl. VII 2 h.

Angaben des Anmelders nach § 26 Abs. 4 Satz 2 PatG n. F. über Land und Aktenzeichen der den gleichen Gegenstand betreffenden Auslandsanmeldung unterliegen nicht der Akteneinsicht; BPatG 15. 7. 1971 (rechtskr.), E 13, 33 = GRUR 1972, 147; BPatG 4. 5. 1972, Bl. 1973, 57 (Leits./rechtskr.). Hingegen sind die auf Grund der gleichen Vorschrift gemachten Angaben über Druckschriften, die der Anmeldung im Ausland entgegengehalten worden sind, als Bestandteile der Patentanmeldung der Akteneinsicht nach Maßgabe der gesetzlichen Vorschriften (§ 24 Abs. 3 PatG n. F.) auch dann unterworfen, wenn sie auf einem besonderen Blatt eingereicht worden sind; BPatG 15. 7. 1971, a. a. O. Vgl. hierzu auch Mitt. Präs. 10. 1. 1972, Bl. 1972, 33 im Anschluß an Mitt. Präs. 14. 12. 1968, Bl. 1969, 1 und auch Althammer, GRUR 1970, 209, 216. Die Abgabe der Erklärung kann nicht mit der Begründung zurückgehalten werden, die Anmeldung sei in einem sog. Nicht-Prüfungsland erfolgt; BPatG 2. 6. 1972, E 14, 116. Die Verpflichtung zur Abgabe der Erklärung erfaßt nur Entgegenhaltungen in Anmeldungen des Anmelders selbst, nicht solche in Anmeldungen im Namen von rechtlich selbständigen Konzerngesellschaften; BPatG 31. 8. 1972, E 14, 121.

F. Umfang der zulässigen nachträglichen Änderungen der Patentanmeldung

I. Die neue Regelung ab 1. 10. 1968

1. Unterteilung in zwei Änderungszeiträume

82 Durch das Patentänderungsgesetz vom 4. 9. 1967 sind die Bestimmungen des Abs. 5 im § 26 betr. die zulässigen Änderungen der Anmeldeunterlagen neu gefaßt worden. Wegen der Möglichkeit der aufgeschobenen Prüfung mußte die Zulassung von Ergänzungen und Berichtigungen sachlich und formell auf das unbedingt Notwendige beschränkt werden, um Mißbräuchen durch Vornahme unzulässiger Änderungen (Erweiterungen) innerhalb des Zeitraums bis zur Stellung eines Prüfungsantrags vorzubeugen; vgl. Begr. Reg.Entw. Teil B zu Art. 1 zu Nr. 8, Bl. 1967, 244, 253/55. Wegen **weiterer Einzelheiten,** auch wegen der Entstehungsgeschichte der Änderungsvorschriften, vgl. Zeunert, Beiträge Kap. VI.

Nach Satz 1 im Abs. 5 des § 26 sind zwei Änderungszeiträume, die beide mit dem Prioritätstag beginnen, zu unterscheiden:

a) der Zeitraum bis zum Eingang eines Prüfungsantrags (§ 28 b),

b) der Zeitraum danach, der bis zum Beschluß über die Bekanntmachung reicht.

Für den Gesamtzeitraum (a und b) gilt grundsätzlich die alte Bestimmung, daß bis zum Beschluß über die Bekanntmachung der Anmeldung Ergänzungen und Berichtigungen der in ihr enthaltenen Angaben, die den Gegenstand der Anmeldung nicht erweitern (bisher verändern), zulässig sind. Für den Zeitraum bis zum Eingang des Prüfungsantrags (Zeitraum a) gilt diese Regelung jedoch nur, soweit es sich handelt:

1. um Ergänzungen und Berichtigungen offensichtlicher Unrichtigkeiten,
2. um die Beseitigung von der Prüfungsstelle bezeichneter Mängel und
3. um Ergänzungen und Berichtigungen der Patentansprüche.

2. Der Begriff »erweitern«

Gegenüber § 26 Abs. 5 a. F. heißt es nunmehr wegen des Umfangs der zulässigen Änderungen und Berichtigungen der in der Anmeldung enthaltenen Angaben, daß diese nicht »erweitert« werden dürfen; bisher hieß es »verändert«. Althammer, GRUR 1967, 445 r. Sp. vorletzter Absatz bemerkt hierzu, daß der Wortwechsel keine Änderung der Rechtslage, sondern lediglich eine Anpassung des Gesetzeswortlautes an die Rechtsprechung mit sich bringen soll. **83**

Bisher wurden die Begriffe »erweitern« und »verändern« in der Praxis und in der Rechtsprechung nebeneinander ohne deutliche Unterscheidung gebraucht. Gelegentlich wurde aber auch unterschieden; vgl. PA Gr. Sen. 17. 11. 1929, Bl. 1929, 312 und Zeunert, GRUR 1966, 409, 410. Es kann keinem Zweifel unterliegen, daß der Begriff »erweitern« auch diejenigen Fälle mitumfaßt, die bisher als »Änderungen« bezeichnet wurden. So wird auch in BGH 27. 11. 1969, GRUR 1970, 296, 297 r. Sp. unter b) ein »aliud« als unzulässige »erweiternde« Veränderung bezeichnet. Der mehrfach zum Ausdruck gebrachte Wille des Gesetzgebers, die Änderungsmöglichkeiten zu beschränken, schließt jedenfalls eine Auslegung aus, mit dem Begriffswechsel eine Vergrößerung des Umfangs der zulässigen Änderungen und Berichtigungen gegenüber der früheren Regelung zu verbinden; der Gesetzgeber hält vielmehr eine Einschränkung für notwendig. Schulze-Wesener, S. 87 unten und S. 88 oben erläutern in diesem Zusammenhang, eine »Erweiterung« liege vor, wenn »das Schutzbegehren auf etwas erstreckt wurde, was ursprünglich nicht als zum Schutzbegehren gehörend erkennbar war«.

Um schwierige Fragen zu vermeiden, die ihre Ursache in Erweiterungen bzw. Veränderungen haben, hat Moser von Filseck, GRUR 1970, 295 vorgeschlagen, Änderungen der ursprünglichen Beschreibung grundsätzlich nicht zuzulassen und es nur zu gestatten, die im Ergebnis beanspruchte Erfindung durch einen Nachtrag zur Beschreibung gegenüber dem Stand der Technik abzugrenzen.

3. Übergangsregelung betr. nachträgliche Aufstellung von Stoffansprüchen

84 Vgl. hierzu auch Anm. 69 a.

Im Abs. 5 des § 1 des Art. 7 PatÄndG vom 4. 9. 1967 ist eine Übergangsregelung für die bei Inkrafttreten des Gesetzes bereits vorliegenden Stofferfindungen enthalten. Im Schriftl. Ber. des RA, Bl. 1967 ist hierzu ausgeführt, daß vor Inkrafttreten der Neuregelung, durch die das Verbot chemischen Stoffschutzes ab 1. 10. 1968 fortgefallen ist (§ 1 PatG n. F. und Art. 7 § 6 Abs. 2 PatÄndG), auch unter Wirksamkeit des früheren PatG bereits Erfindungen von Stoffen angemeldet worden seien (z. B. zur Prioritätswahrung im Ausland), bzw. daß solche Anmeldungen implicite für den Durchschnittsfachmann erkennbar Stofferfindungen beschrieben hätten. Für diese Fälle sei zur Vermeidung von Streitfällen die im Art. 7 § 1 Abs. 5 enthaltene Regelung getroffen worden. Danach ist die Neuregelung auch für bei Inkrafttreten des PatG n. F. noch nicht erledigte Patentanmeldungen, die Erfindungen von Nahrungs-, Genuß- oder Arzneimitteln oder von Stoffen, die auf chemischem Wege hergestellt werden, zum Gegenstand haben, und deren Bekanntmachung das Patentamt noch nicht beschlossen hat, anzuwenden. Vgl. z. B. BPatG 23. 6. 1970, GRUR 1970, 112; BPatG 19. 10. 1970, Mitt. 1971, 177. Siehe ferner auch § 1 Anm. 84.

Nach BGH 16. 5. 1968, GRUR 1969, 84 ist die erläuterte Übergangsvorschrift ihrem Wortlaut gemäß dahingehend aufzufassen, daß nach dem Erlaß des Bekanntmachungsbeschlusses die Aufstellung von Stoffansprüchen nicht mehr zulässig ist.

II. Zulässige Änderungen bis zum Eingang eines Prüfungsantrags

85 Für die Rechtssicherheit am einwandfreiesten wäre, wenn die Anmeldung unverändert bis zum Eingang eines gegebenenfalls gestellten Prüfungsantrags ruhte. Die zugelassenen Änderungsmöglichkeiten sollen nur Änderungen erlauben, die der Rechtssicherheit wegen erwünscht sind: z. B. gewisse Klarstellungen, Einschränkungen wegen des bekanntgewordenen Standes der Technik oder Anpassung der Ansprüche an die Anmeldebestimmungen. Im einzelnen sind bis zum Eingang eines Prüfungsantrags (§ 28 b) nur zulässig:

1. Die Berichtigung offensichtlicher Unrichtigkeiten

Die Begründung hat bewußt davon abgesehen, Anwendungsfälle offensichtlicher Unrichtigkeiten im einzelnen aufzuführen, um den Begriff etwa in Anlehnung an § 319 ZPO abzugrenzen. In der Praxis wird jeweils zu unterscheiden sein, ob der Gegenstand einer »Berichtigung« von einem Durchschnittsfachmann als ein auf der Hand liegender Fehler zu erkennen ist oder ob durch die »Berichtigung« am Wesen der Anmeldung etwas geändert wird. Denn auch für den zweiten Fall des ersten Satzes des Abs. 5 gilt die Bedingung, daß der Gegenstand der Anmeldung nicht erweitert werden darf. In Zweifelsfällen wird der Anmelder »Unrichtigkeiten« seiner Anmeldung gegen sich sprechen lassen müssen. Nach BPatG 28. 1. 1971, Mitt. 1971, 157, 158 ist eine berichtigungsfähige Unrichtigkeit dann gegeben, wenn der Fehler sich aus dem Zusammenhang der Anmeldungsunterlagen für einen unbefangenen Durchschnittsfachmann bei der Prüfung an Hand des Berichtigungsantrags ohne weiteres ergibt. Vgl. ferner BPatG 20. 2. 1973, Mitt. 1973, 78. **86**

2. Die Beseitigung der von der Prüfungsstelle bezeichneten Mängel

In welchem Umfang bei der Offensichtlichkeitsprüfung amtlicherseits im einzelnen Änderungen verlangt werden, hängt von der Güte der vorgelegten Anmeldungsunterlagen und der mehr oder weniger großzügigen Handhabung der Bestimmung ab. Vermutlich wird sich nach einiger Zeit ein vernünftiger Mittelweg einspielen, der den verschiedenen Gesichtspunkten Rechnung trägt. Wegen des mit der verschobenen Prüfung verfolgten Zwecks wird man versuchen, mit einer nicht zu strengen Handhabung auszukommen. Änderungen werden erforderlich sein, wenn eine Zusatzanmeldung selbständig wird oder wenn eine Anmeldung wegen offensichtlicher Uneinheitlichkeit geteilt werden muß. U. U. werden grobe Formverstöße Ergänzungen erforderlich machen, z. B. fehlende Patentansprüche. Falls sofort erkennbar, wird auch die Vorlage eines hinreichend eindeutigen Anspruchs an Stelle eines völlig nichtssagenden Anspruchs zu fordern sein. Wegen der **Mitwirkungspflicht** des Anmelders bzw. seines Vertreters bei der Fassung der Unterlagen vgl. BPatG 6. 12. 1965, E 8, 39. Nichtbeachtung der AnmbestPat. führt zur Verfahrensverzögerung; Prüfrichtl. 1972, I Vorbem. **87**

3. Ergänzungen und Berichtigungen des Patentanspruchs bis zum Eingang eines Prüfungsantrags

Besondere Bestimmungen für den Umfang der zulässigen Änderungen der Patentansprüche waren im § 26 Abs. 5 a. F. nicht erforderlich. Der Patentanspruch ist ein Teil der Beschreibung, und zwar der wichtigste, da **88** sich aus ihm die Schutzwirkung bestimmt. **Im Erteilungsverfahren sind die jeweils vorliegenden Ansprüche die eigentlichen Anträge, über die zu entscheiden ist.**

Aus der Zäsur, die im Satz 1 des § 26 Abs. 5 betr. die Änderungsperioden getroffen ist, kommt in Verbindung mit der Gesetzesbegründung deutlich zum Ausdruck, daß in dem ersten Änderungsabschnitt (bis zum Eingang eines Prüfungsantrags) so wenig wie möglich geändert werden soll. Für den Patentanspruch ist im einzelnen vorgeschrieben, daß nur »Ergänzungen und Berichtigungen« zulässig sind. Durch diese Bestimmung erhält die ursprüngliche Fassung der Patentansprüche eine viel einschneidendere Bedeutung als bisher, denn der Ersatz der ursprünglichen Patentansprüche durch anders gefaßte Patentansprüche darf sich nur im Rahmen von Ergänzungen und Berichtigungen bewegen. Von einer »Ergänzung oder Berichtigung« eines Anspruchs kann dann nicht mehr gesprochen werden, wenn der Gegenstand der ursprünglichen Ansprüche wesensmäßig verändert wird, d. h., wenn der durch Aufgabe und Lösung bestimmte Erfindungsgedanke grundsätzlich geändert wird, so daß an die Stelle der ursprünglich beanspruchten Erfindung eine andere Erfindung tritt.

89 Bei **Ergänzungen** kann es sich um die Aufnahme weiterer **erfindungswesentlicher** Merkmale aus Beschreibung und Unteransprüchen handeln, die zur Klarstellung oder Einschränkung dienen. Veranlassung für eine Änderung sollte grundsätzlich nur eine amtliche Aufforderung bei der Offensichtlichkeitsprüfung (Anpassung an die Anmeldebestimmungen) oder das Bekanntwerden eines zur Einschränkung nötigenden Standes der Technik – etwa auf Grund des Ergebnisses eines Recherchenantrags – sein. Bei **Änderungen des Patentbegehrens vor der Offenlegung** sollte der Anmelder besonders vorsichtig sein, damit das Wesen des Gegenstandes der Anmeldung nicht verändert wird, denn aus einer unzulässigen Änderung kann ein Schutz nicht hergeleitet werden, und ein Zurückgreifen auf das ursprüngliche Schutzbegehren ist nach Offenlegung mit einem ganz anderen Patentanspruch nicht zulässig, weil dann die Öffentlichkeit unter Umständen jahrelang irregeführt worden wäre. Die Zulässigkeit einer **Berichtigung** setzt voraus, daß unzweifelhaft erkennbar ist, was in Würdigung aller Umstände richtig ist, und daß demgegenüber die zu berichtigende Fassung objektiv falsch ist. Zu den zu berücksichtigenden Umständen gehören die aus den ursprünglichen Unterlagen zu entnehmende Aufgabe und der Stand der Technik. Erweist sich die Aufgabe als bereits gelöst, kann nachträglich nicht eine nach Aufgabe und Lösung ganz abweichende Erfindung als angemeldet unterstellt werden.

Auf das Risiko des Anmelders bei nicht sorgfältiger Prüfung der Zulässigkeit einer Anspruchsänderung weisen Schulze-Wesener in Erl. 38 auf S. 38/39 hin. Nach der **bisherigen Praxis des Patentamts** werden bis zur Offenlegung eingereichte Anspruchsänderungen zu den Akten genommen, also nicht der Offenlegungsschrift (vgl. § 24 Anm. 35) zu Grunde gelegt. Man steht auf dem Standpunkt, daß nur die unveränderten Ansprüche über die ursprüngliche Offenbarung Auskunft geben. Ob diese Auffassung durch den Gesetzeswortlaut gedeckt ist, muß bezweifelt werden. Wenn auch die Begründung des Reg. Entw. des PatÄndG betr. zulässige Änderungen auf die Bekanntmachung abstellte (s. Bl. 1967, 254), so muß doch daraus entnommen werden, daß man z. B. die Änderung von Ansprüchen ausländischer Erstanmeldungen zwecks Anpassung an die deutschen Vorschriften nach Einreichung der Anmeldung zulassen wollte. Daß eine solche Abänderung in der Regel alsbald nach der Einreichung der Anmeldung erfolgen wird, ist erwünscht. Ebenso wird eine Abänderung der Ansprüche bei sofort gestelltem Recherchenantrag nach Eingang des Ergebnisses naheliegen.

Zweckmäßig wäre es, in solchen Fällen die Offenlegungsschrift nicht nur mit den ursprünglichen, sondern auch mit den aus den genannten Gründen abgeänderten Ansprüchen zu veröffentlichen; ebenso Ballhaus in Benkard § 26 Anm. 57. Andernfalls müßte jeder Interessent vorsorglich Akteneinsicht nehmen, um festzustellen, ob die Ansprüche geändert sind. Vgl. auch § 24 Anm. 16.

Zu der von Althammer, GRUR 1967, 446 l. Sp. Ende Abs. 1 und von Bardehle, Mitt. 1967, 151 l. Sp. Abs. 2 angeschnittenen Frage, ob der Zeitpunkt der Offenlegung eine der Zäsur des bisherigen Bekanntmachungsbeschlusses gleichkommende Funktion für die Zulässigkeit von Änderungen haben würde, ist zu bemerken, daß der ursprünglich offenbarte Erfindungsgedanke niemals – d. h. in keinem Stadium des Verfahrens – unzulässig verändert werden darf. Die Zäsur der Offenlegung oder Bekanntmachung hat daher nur Bedeutung für den Umfang dessen, was in den betreffenden Unterlagen noch Gegenstand der Anmeldung ist; vgl. noch Anm. 94. Im übrigen gilt für beide Verfahrensabschnitte (siehe a) und b) in Anm. 82) dieselbe Vorschrift für zulässige Änderungen des Patentanspruchs. Des weiteren vgl. Anm. 94. 90

III. Zulässige Änderungen nach Stellung des Prüfungsantrags bis zum Beschluß über die Bekanntmachung

Aus der Begründung des Reg. Entw. – vgl. Teil B zu Art. 1 zu Nr. 8 bei 4 c, Bl. 1967, 254 – geht hervor, daß der Gesetzgeber grundsätzlich für die Zeit nach Beginn des Prüfungsverfahrens Änderungen der Anmeldung in demselben Umfang zulassen will wie bisher. Soweit also **gleich bei der Anmeldung Prüfungsantrag** gestellt wird, wird sich jedenfalls bis zum Zeitpunkt der Offenlegung der Anmeldung nach 18 Monaten an der bisherigen Handhabung nichts ändern. Werden auf Grund des Prüfungsverfahrens oder auf Antrag des Anmelders gegenüber den ursprünglichen Unterlagen 91 eingeschränkte Unterlagen (insbes. Ansprüche) offengelegt, so kann auf andere, ursprünglich vorhandene, aber nicht offengelegte Teile oder weitergehende Patentbegehren nach der Offenlegung nicht mehr zurückgegriffen werden. In diesem Sinne ist die Offenlegung eine Zäsur für den Umfang dessen, was noch als Gegenstand der Anmeldung angesehen werden kann. Für die Ermittlung dessen, was jeweils Gegenstand der Anmeldung ist, gelten dagegen in jedem Stadium des Verfahrens die gleichen Gesichtspunkte. Wegen der bisherigen Handhabung vgl. Anm. 99 ff.

92 Wird der **Prüfungsantrag nach Offenlegung** gestellt, so ist zu untersuchen, ob das geltend gemachte Patentbegehren und die sonstigen Unterlagen (Beschreibung und Zeichnung) von den ursprünglichen Unterlagen abweichen. Bei Abweichen ist zu prüfen, ob die Veränderungen auch keine unzulässige Erweiterung (worin unzulässige Änderungen einbegriffen sind; vgl. Anm. 83) darstellen. Bejahendenfalls sind Ansprüche und Beschreibung so zu ändern, daß sie im Rahmen des ursprünglichen Gegenstands der Anmeldung bleiben, vorausgesetzt, daß eine solche Bereinigung möglich ist, d. h., daß dadurch nicht das **offengelegte** Patentbegehren in seinem Wesen geändert wird. Läßt sich die Voraussetzung nicht erfüllen, wird eine Patenterteilung wegen § 26 Abs. 5 Satz 2 nicht möglich sein. Diese Prüfung ist sehr sorgfältig und nicht »großzügig« vorzunehmen, weil die Priorität in jedem Stadium des Verfahrens, auch im Nichtigkeitsverfahren und Verletzungsprozeß, nachgeprüft werden kann und aus Erweiterungen keine Rechte hergeleitet werden können. Nur mit einem sich im Rahmen des ursprünglich offenbarten Gegenstands der Anmeldung haltenden Patentbegehren ist das Prüfungsverfahren zu beginnen, während dessen dann Änderungen wie bisher (vgl. Anm. 98) zulässig sind. Wurde vom Anmelder oder von Amts wegen nur ein Teil oder ein eingeschränkter Teil der ursprünglichen Anmeldung offengelegt, gilt das oben Gesagte. Wegen der verfahrensmäßigen Handhabung vgl. Anm. 95, 96, 97.

IV. Zulässige Änderungen nach der Bekanntmachung

93 Für den Umfang der zulässigen Änderungen nach der Bekanntmachung gelten die bisherigen, von der Rechtsprechung erarbeiteten Grundsätze; s. Anm. 98 und 119.

V. Übergeordnete, allgemein gültige Regel betr. den Umfang der zulässigen Änderungen des Patentanspruchs

94 Aus den vorhergehenden Abschnitten betr. die zulässigen Änderungen in den verschiedenen Verfahrensabschnitten läßt sich folgende übergeordnete allgemeingültige Regel herleiten: Der Umfang der zulässigen Änderungen

des Patentanspruchs bestimmt sich – vorausgesetzt, daß anschließende Bedingung erfüllt ist – für alle Stadien des Verfahrens aus dem, was ein Durchschnittsfachmann auf Grund der jeweils gültigen Unterlagen als Gegenstand der angemeldeten Erfindung entnehmen kann und muß; das Wesen dieses Gegenstands der Erfindung wird durch die aus Aufgabe und Lösung umrissene technische Lehre, die hinreichend bestimmt sein muß, charakterisiert. Unabdingbare Voraussetzung ist dabei, daß dieser Gegenstand der Erfindung gegenüber den ursprünglichen Unterlagen i. S. des § 26 Abs. 5 nicht erweitert (d. h. auch nicht verändert) ist. Sind bei etwa erfolgter Offenlegung ursprüngliche Anmeldungsteile fortgelassen oder ist das Patentbegehren gegenüber dem ursprünglichen eindeutig eingeschränkt worden, so kann ein Schutz aus fortgelassenen Anmeldungsteilen nicht mehr hergeleitet, auch kann das Patentbegehren über eine unzweideutig erfolgte Einschränkung hinaus nicht wieder ausgedehnt werden.

Ist in irgendeinem Stadium des Verfahrens das Patentbegehren über den Rahmen dessen erweitert worden, was ein Durchschnittsfachmann aus den **ursprünglichen** Unterlagen als Gegenstand der Erfindung entnehmen mußte, so muß der Gegenstand der Erfindung wieder auf den zulässigen Umfang zurückgeführt werden, sofern das ohne Änderung des Wesens des offengelegten Patentbegehrens möglich ist.

Wird ein Patentanspruch im Erteilungsverfahren ohne Entgegenhaltung neuheitsschädlichen Materials formell wegen unzulässiger Änderung auf die ursprüngliche Fassung beschränkt (durch Wiederhereinnahme eines ursprünglich im Anspruch vorhanden gewesenen, einschränkenden Merkmals), so wird damit – sofern kein eindeutiger Verzicht oder keine Beschränkung ausgesprochen wurde – nicht die Möglichkeit späterer weiterer Auslegung des Schutzumfangs im Rahmen der für den Durchschnittsfachmann erkennbaren Offenbarung ausgeschlossen; BGH 15. 4. 1971, Bl. 1971, 313, 314 = GRUR 1971, 472, 474 – Wäschesack – mit Anm. von Moser v. Filseck. Die Entscheidung schließt an BGH 27. 11. 1969, GRUR 1970, 289, 293 – Dia-Rähmchen IV an, s. bei § 13 Anm. 12.

VI. Folgen einer Erweiterung des Gegenstands der Anmeldung

1. Neuregelung

Satz 2 des Abs. 5 von § 26 spricht ganz klar aus, daß aus Ergänzungen oder Berichtigungen, die den Gegenstand der Anmeldung erweitern, Rechte nicht hergeleitet werden können. Wegen der grundsätzlichen Erwägungen des Gesetzgebers für die Einführung der neuen Bestimmung vgl. die amtl. Begr. Teil B zu Art. 1 zu Nr. 8 unter 4 d, Bl. 1967, 254, 255 und Schriftl. Ber., Bl. 1967, 283 (zu Nr. 8). Zur neuen Gesetzesvorschrift vgl. auch 95

BPatG 21. 2. 1969, Mitt. 1969, 172, 174 unter V 1. Die Bestimmung des § 26 Abs. 5 Satz 2 hat **keine rückwirkende Kraft;** sie gilt also nur für unzulässige Erweiterungen, die nach Inkrafttreten dieser Bestimmung vom Anmelder eingebracht worden sind; BPatG 29. 11. 1971, Mitt. 1972, 69, 70. Das trifft auch für Altanmeldungen zu, auf die sonst die Neuregelung gem. Art. 7 § 1 Abs. 2 PatÄndG anzuwenden ist; BPatG 29. 11. 1971, a. a. O. Für nach dem 1. 10. 1968 vorgenommene Erweiterungen ist keine Ausscheidung unter Prioritätsbeanspruchung zulässig; das Anmeldungsdatum spielt dabei keine Rolle; Ausnahmen bestehen nur für nach Art. 7 § 1 Abs. 1 PatÄndG weiterzubehandelnde Anmeldungen; s. Anm. 96. Die neue Regelung betr. unzulässige Erweiterung gilt auch für Gbm-Sachen; BPatG 9. 11. 1971, E 13, 216.

Ließe man bei einem am Ende des Zeitraums zur Stellung des Prüfungsantrags beginnenden Prüfungsverfahren nach Feststellung einer unzulässigen Erweiterung deren Ausscheidung mit Zuerkennung der Priorität von dem Tag des Eingangs des unzulässig veränderten Patentbegehrens zu, würden die Mitbewerber durch Patentbegehren mit weit zurückliegenden Prioritäten überrascht, mit denen sie billigerweise nicht rechnen konnten. Ganz abgesehen davon ist die Handhabung der Zulässigkeit von Ausscheidungen wegen unzulässiger Erweiterungen (bzw. Änderungen) umständlich und hat nie zu einer ganz einheitlichen Handhabung geführt. **Wird daher eine unzulässige Erweiterung festgestellt, so müssen die erweiterten Teile gestrichen werden.** Zunächst muß hierzu aber amtlicherseits eine befristete und begründete Aufforderung ergehen, in der im einzelnen die zu streichenden Teile bezeichnet sind. Mit der Aufforderung ist der Hinweis zu verbinden, daß mit der Zurückweisung der ganzen Anmeldung zu rechnen ist, falls keine eindeutigen Erklärungen betr. die Streichung abgegeben werden. Glaubt der Anmelder, daß ihm zu Unrecht eine unzulässige Erweiterung vorgeworfen wird, kann er der Aufforderung begründet widersprechen. Falls seine Darlegungen die Prüfungsstelle nicht überzeugen und deshalb die Anmeldung zurückgewiesen wird, bleibt ihm der Beschwerdeweg offen. Nach Prüf. Richtl. IV 4 d kann die Erweiterung auch durch Einreichung neuer Unterlagen aus der Anmeldung entfernt werden.

Die Erwägungen von Trüstedt in Reimer § 26 Anm. 40 S. 988 unter a sind bedenklich. Ist dem Anmelder klar, daß er mit einer Eingabe seinen ursprünglich offenbarten Erfindungsgedanken erweitert, sollte er in dem von Trüstedt behandelten Fall die Stammanmeldung zurückziehen und bei nicht vorveröffentlichter »Stammanmeldung« sofort eine Neuanmeldung einreichen. Eine andere Handhabung könnte zur Abgabe vorsorglicher Erklärungen bei Vorlage neuer Unterlagen oder dazu führen, daß die »Stammanmeldung« zur Grundlage einer neuen erweiterten Anmeldung gemacht wird. Das Verfahren soll aber gerade von allen »Ausscheidungen« entlastet werden. Außerdem steht einer solchen Handhabung die klare gesetzliche Vorschrift des § 26 Abs. 5 Satz 2 entgegen. Ablehnend auch BPatG 21. 2. 1969, Mitt. 1969, 172, 175 unter V 3.

Vgl. auch Schulze-Wesener, Erl. 39 S. 89 und 90 insb. Fußn. 38, die sehr richtig darauf hinweisen, daß einer Neuanmeldung eines gestrichenen Teils oft die Offenlegung der Stammanmeldung entgegenstehen wird, und daß es sich in der Regel empfehlen wird, vor einer Änderung der Patentansprüche zu untersuchen, ob es nicht zweckmäßiger ist, die beabsichtigte Änderung von vornherein zum Gegenstand einer Neuanmeldung zu machen. Die Prüf. Richtl. (IV 4 d) empfehlen dem Prüfer, falls erkennbar ist, daß ein erweitertes Patentbegehren geltend gemacht wird, gegebenenfalls dem unerfahrenen Anmelder nahezulegen, rasch eine Neuanmeldung einzureichen.

Sollte sich nachträglich herausstellen, daß in **erteilten Patenten,** die auf Grund der Neuregelung zu behandeln sind, unzulässige Erweiterungen enthalten sind, so kann daraus kein Schutz hergeleitet werden, auch nicht etwa vom Zeitpunkt der unzulässigen Erweiterung. Diese materiellrechtliche Folge ist für Verletzungsprozesse wichtig; so auch Löscher, BB, Beilage Nr. 7/1967 S. 13 in Fußn. 63, Abs. 2.

Wegen des Einwandes im **Nichtigkeitsverfahren,** das erteilte Patent enthalte eine unzulässige Erweiterung, vgl. § 13 Anm. 12 am Ende.

Die Verfahrenshandhabung im **Verletzungsprozeß,** falls der Beklagte geltend macht, das erteilte Patent enthalte eine unzulässige Erweiterung, aus der gem. § 26 Abs. 5 Satz 2 keine Rechte hergeleitet werden könnten, ist nicht ohne Probleme; vgl. Ballhaus in Benkard § 26 Anm. 74; Trüstedt in Reimer § 26 Anm. 40; Merz, Festschr. Wendel, 1969, S. 19 ff.; Hesse, GRUR 1970, 437, 438; Nirk, Festschr. BPatG 84, 92; Wilde in Klauer/Möhring § 6 Anm. 70.

Der Einwand im Verletzungsprozeß, das Klagepatent enthalte eine unzulässige Erweiterung, ist vom Verletzungsrichter in Parallele zur Nachprüfung der Anmeldepriorität (s. § 1 Anm. 24 und § 26 Anm. 13) zu prüfen; das ergibt sich aus der klaren Gesetzesvorschrift und ist heute fast einhellige Meinung; a. A. Merz, a. a. O. (Auseinandersetzung damit vgl. 5. Aufl. dieses Kommentars, § 26 Anm. 95) und Körber, Mitt. 1972, 121, 128, 129. Wird der Einwand als berechtigt anerkannt, erhebt sich die Frage, wie das verbleibende **Restpatent** zu behandeln ist. Ob der Verletzungsrichter das Restpatent als rechtswirksam behandeln kann, wird davon abhängen, ob sein Gegenstand entsprechend der ursprünglichen Aufgabe, die die Erfindung lösen soll, noch eine fertige Erfindung darstellt und ob kein Wechsel des ursprünglich offenbarten Erfindungsgedankens (nach Aufgabe und Lösung) stattgefunden hat. Liegt beim Restpatent eine fertige Erfindung und auch kein Wandel des Erfindungsgedankens vor, bestünde an sich kein Bedenken, daß der Verletzungsrichter das Patent mindestens bis zum »unmittelbaren Gegenstand des Patents« als wirksames Patent berücksichtigte. Wird vom Beklagten mit hinreichend überzeugenden Gründen aber die Patentfähigkeit (Neuheit, Fortschritt, Erfindungshöhe) des Restpatents bestritten, sollte der Beklagte Nichtigkeitsklage erheben und der Verletzungsprozeß ausgesetzt werden.

2. Übergangsregelung mit Ausscheidung

96 Da es nach Art. 7 § 1, Abs. 1 Satz 1 des PatÄndG vom 4. 9. 1967 für **Patentanmeldungen, deren Bekanntmachung das Patentamt bis zum 1. 10. 1968 bereits beschlossen** hatte, bei den **bisherigen Vorschriften** verbleibt, ist es zulässig, aus diesen Anmeldungen etwa darin enthaltene und festgestellte unzulässige Erweiterungen noch unter Prioritätsinanspruchnahme auszuscheiden und zum Gegenstand einer abgetrennten Anmeldung zu machen. Das kann also auch nach dem 1. 10. 1968 sein; so auch BPatG 21. 2. 1969, Mitt. 1969, 172, 177. Diente die Ausscheidung der Bereinigung des Gegenstands der Stammanmeldung von einer unzulässigen Erweiterung und erfolgte dies im Verlauf des betreffenden Beschwerdeverfahrens, so ist nach Einreichung der Ausscheidungsanmeldung beim DPA, wo die Formalitäten durchzuführen sind, für die Bearbeitung der Ausscheidungsanmeldung das Beschwerdegericht zuständig, das zu prüfen hat, ob etwa der Zurückweisungsgrund in der Stammanmeldung auch für den Gegenstand der Ausscheidungsanmeldung durchgreift. Ist das nicht der Fall, wird Zurückverweisung an das Patentamt, das in der Sache noch nicht entschieden hat, zu erfolgen haben; vgl. BPatG 21. 2. 1969, Mitt. 1969, 172, 173 mit Bezug auf BPatG 16. 6. 1966, E 9, 30.

Das gleiche gilt für noch nicht bekanntgemachte Anmeldungen, die bei Inkrafttreten des Gesetzes wegen mangelnder Patentfähigkeit (§§ 1, 2, 4 Abs. 2) zurückgewiesen worden waren; Art. 7 § 1 Abs. 1 Satz 2 PatÄndG. Durch BPatG 8. 11. 1968, E 10, 175 ist klargestellt worden, daß hierzu auch durch Beschluß des BPatG an das DPA zurückverwiesene Anmeldungen gehören; vgl. §§ 28 b, c, 29 Anm. 6. Die Vorschrift des § 26 Abs. 5 Satz 2 steht der Behandlung **vor dem 1. 10. 1968 eingereichter Ausscheidungsanmeldungen** nicht entgegen, ganz gleich in welcher Verfahrenslage (1. oder 2. Instanz) sich die Stammanmeldung oder die Ausscheidungsanmeldung selbst am 1. 10. 1968 befand. Ist oder war die Stammanmeldung eine nach altem Recht zu behandelnde Anmeldung, so können Ausscheidungsanmeldungen auch nach dem 1. 10. 1968 eingereicht und behandelt werden, ohne Rücksicht darauf, ob die Erweiterung vor oder nach dem 1. 10. 1968 in die Stammanmeldung gelangt ist; BPatG 27. 1. 1969, E 10, 231, 239 = Bl. 1970, 157; BPatG 21. 2. 1969, Mitt. 1969, 172, 177; ebenso BPatG 29. 11. 1971, E 13, 47 = Mitt. 1972, 69, 70. Fällt die Anmeldung unter Art. 7 § 1 Abs. 2 PatÄndG (also Behandlung nach neuem Recht), so muß nach den beiden erstgenannten Entscheidungen eine eine Erweiterung betreffende Ausscheidung vor dem 1. 10. 1968 erfolgt sein. Diese Forderung ist nicht einleuchtend; so auch Künneth, Mitt. 1970, 186 und Körber, Mitt. 1972, 121, 125. Gefordert werden kann – und muß – nur, daß die unzulässige Erweiterung vor dem 1. 10. 1968 in die Anmeldung gelangte; so mit Recht BPatG 29. 11. 1971, a. a. O. und Prüf. Richtl. IV 4 d und VII 2 i. Eine Ausscheidungsanmeldung wird mit dem Eingang der Ausscheidungserklärung existent, nicht erst mit der Einreichung der Unterlagen; BPatG 29. 11. 1971, a. a. O.

Für die **verfahrensmäßige Handhabung** gilt sinngemäß diejenige, die bei Ausscheidungen wegen Nichteinheitlichkeit der Anmeldung angewendet wird; vgl. unter Anm. 26 bis 32; ferner Harraeus, GRUR 1960, 153. Wegen der **materiellrechtlichen Voraussetzungen** für einen ausscheidungsfähigen Tatbestand und der bisherigen Handhabung vgl. Zeunert, Beiträge, Kap. V, insb. Teil c.

Keine Ausscheidungsmöglichkeit unter Prioritätsinanspruchnahme besteht aber für Erweiterungen, die etwa in auf Grund des Art. 7 § 1 Abs. 2 Nr. 1 PatÄndG (s. § 24 Anm. 14) eingereichten Anmeldungen vorgenommen wurden. Vgl. hierzu auch BPatG 21. 2. 1969, Mitt. 1969, 172, 177.

Zur Frage erneuter Bekanntmachung eines nach der Bekanntmachung ausgeschiedenen Teils vgl. § 30 Anm. 4.

Hier wird nur kurz auf die **wesentliche Rechtsprechung** hingewiesen: 97
Nach der Bekanntmachung kann aus **vor der Bekanntmachung gestrichenen Teilen** eine Priorität nicht mehr hergeleitet werden; PA 3. 5. 1930, Bl. 1930, 176; PA 21. 3. 1959, Bl. 1959, 358. Diese Praxis wird bestätigt durch BPatG 17. 4. 1964, Mitt. 1965, 52 und BGH 13. 5. 1965, E 7, 244, 249, 251/53. Stellt sich erst nach der Bekanntmachung heraus, daß im Verfahren **vor der Bekanntmachung in den ausgelegten Anspruch** eine **unzulässige Änderung aufgenommen** wurde, so muß die Erweiterung ausgeschieden werden; Gr. Sen. PA 17. 11. 1929, Bl. 1929, 321 = GRUR 1930, 319. Abweichend von dieser Entscheidung hat BPatG 20. 12. 1965, E 8, 23 ausgesprochen, daß in einem solchen Fall die Ausscheidungsanmeldung nach erfolgter Prüfung gegebenenfalls nochmals mit zutreffender Priorität bekanntgemacht werden muß; a. A. Ballhaus in Benkard § 26, Anm. 42 wegen möglicher Verletzung der Rechte des Anmelders. **Nach der Bekanntmachung** sind Ausscheidungen unter Beanspruchung einer älteren Priorität nur für solche Gegenstände möglich, die **in der ausgelegten Beschreibung als Erfindung bezeichnet** sind; PA 22. 9. 1934, Mitt. 1934, 289; PA 18. 11. 1933, Mitt. 1934, 48; Pa 13. 8. 1935, Mitt. 1937, 335. Falls nach Ausscheidung der unzulässigen Erweiterung in der Stammanmeldung kein patentfähiger Überschuß verbleibt, ist das nachgesuchte Patent zu versagen; PA 27. 10. 1934, Mitt. 1934, 377; BPatG 22. 7. 1966, E 8, 201. **Nach der Bekanntmachung erfolgten Erweiterungen** kommt nur die Priorität der erstmaligen Offenbarung im Einspruchsverfahren zu; PA 13. 12. 1935, a. a. O.

Wird eine von der Prüfungsstelle nicht gebilligte Änderung in der Beschwerdeinstanz rückgängig gemacht, so kann dessen ungeachtet der Beschwerdesenat aus einem anderen von der Prüfungsstelle nicht berücksichtigten Grund zurückweisen; BPatG 16. 6. 1966, E 9, 30.

VII. Umfang der weiteren Anwendbarkeit der bisherigen Grundsätze für zulässige Änderungen

98 Für die Zeit nach Stellung des Prüfungsantrags sollen grundsätzlich Änderungen in demselben Umfang wie bisher zugelassen werden; vgl. Anm. 92, 93. Da entsprechend den Übergangsbestimmungen in Art. 7 § 1 Nr. 1 PatÄndG vom 4. 9. 1967 es für Patentanmeldungen, deren Bekanntmachung das Patentamt bis zum Inkrafttreten dieses Gesetzes bereits beschlossen hat, bei den bisherigen Vorschriften verbleibt, gilt für Änderungen dieser Anmeldungen die bisher bei bekanntgemachten Anmeldungen geübte Handhabung. Außerdem wird die bisherige Rechtsprechung auch Richtlinien geben, wenn untersucht werden muß, ob eine Anmeldung vor Offenlegung oder nach Offenlegung bis zum Beginn eines beantragten Prüfungsverfahrens unzulässig erweitert oder geändert ist.

Praktisch werden alle diejenigen Entscheidungen grundsätzlich anwendbar sein, welche die für die heutige Rechtsprechung maßgebliche Regel berücksichtigen, daß der Gegenstand der ursprünglichen Anmeldung – d. h. der ursprünglich offenbarte Erfindungsgedanke – nicht unzulässig verändert oder erweitert werden darf. Diese Rechtsprechung ist an sich nicht neu, sondern insbesondere vom Patentamt schon immer überwiegend angewendet worden. Auch das Reichsgericht hat seit Mitte der dreißiger Jahre diese Rechtsprechung, welche fordert, daß der beanspruchte Erfindungsgedanke in den ursprünglichen Anmeldungsunterlagen eindeutig offenbart sein muß, immer wieder in seinen Entscheidungen als maßgeblich erläutert. Der Bundesgerichtshof und das Bundespatentgericht haben diese Rechtsprechung übernommen und weiter ausgebaut; aus neuerer Zeit vgl. z. B. BGH 27. 11. 1969, GRUR 1970, 296, 297 unter 4 b – Allzweck-Landmaschine. Grundsätzlich sind die Gedankengänge dieser Rechtsprechung also alt; gelegentliche Einwände dagegen sind nicht stichhaltig. Es kann ernstlich nicht zweifelhaft sein, welche Rechtssätze heute zu dieser Frage maßgeblich sind.

Bei offengelegten Anmeldungen, deren Patentbegehren vor oder nach der Offenlegung geändert wurde, wird darauf zu achten sein, daß gegenüber dem ursprünglich offenbarten Erfindungsgedanken, wie er von einem Durchschnittsfachmann aus den ursprünglichen Unterlagen auf Grund der Angaben zur Aufgabe und zu den Lösungsmitteln entnommen werden muß, keine unzulässigen Änderungen (z. B. durch Wandel der Aufgabe, durch ganz andere Lösungsmittel als ursprünglich als erfindungswesentlich hingestellt wurden usw.) vorgenommen wurden. Dabei ist zu bedenken, daß bis zum Prüfungsantrag die Änderungen ohnehin auf das Notwendige eingeschränkt werden sollen. Nicht motivierte Änderungen in diesem Zeitraum werden besonders genau auf ihre Zulässigkeit zu prüfen sein.

VIII. Die von Schrifttum und Rechtsprechung erarbeiteten Grundsätze betr. zulässige und unzulässige Änderungen des Patentbegehrens

1. Feststellung der Erfindung, die Gegenstand der Anmeldung ist, als Ausgangspunkt für die Beurteilung der Zulässigkeit von Änderungen

Die Prüfung auf Zulässigkeit einer Änderung erfordert Klarheit über den ursprünglichen Anmeldungsgegenstand; PA 27. 9. 1938, Mitt. 1939, 23. Die Feststellung der Zulässigkeit von Änderungen setzt deshalb die **Ermittlung der Erfindung voraus, die Gegenstand der Anmeldung ist.** Wenn auch den ursprünglichen Anspruchsformulierungen nur vorläufiger Charakter zukommt (PA 27. 9. 1938, Mitt. 1939, 23), so geben doch die ursprünglichen Ansprüche wichtige Hinweise, was der Anmelder für wesentlich gehalten hat. Die neuen Anmel.Best. vom 30. 8. 1968, Bl. 1968, 282 sollen verhindern, daß vom Anmelder nicht alle zur Lösung der gestellten Aufgabe notwendigen Erfindungsmerkmale in den Hauptanspruch aufgenommen werden. Die Ausführungen von Althammer und Schulte, GRUR 1965, 393 r. Sp. unter Nr. 3 haben weiterhin Gültigkeit. 99

»Gegenstand der Anmeldung« im Sinne des § 26 Abs. 1 PatG ist das, was bei der Anmeldung nach Maßgabe des § 26 Abs. 1 PatG als ihr »Gegenstand« offenbart ist; BGH 26. 1. 1967, Bl. 1967, 197 = GRUR 1967, 476. Nur was danach bei der Anmeldung tatsächlich als zum Gegenstand der Erfindung gehörig offenbart ist, kann gem. BGH 26. 1. 1967 – gegebenenfalls mit den nach § 26 Abs. 5 zulässigen Änderungen – im Rahmen dieser Anmeldung und mit deren Priorität zum Patent führen.

Gegenstand einer Anmeldung kann nur eine fertige, einheitliche Erfindung (gegebenenfalls einheitlicher Erfindungskomplex) sein, deren Wesen durch eine aus Aufgabe und Lösung umrissene, bestimmte technische Lehre charakterisiert wird, die von einem Durchschnittsfachmann aus den ursprünglichen Unterlagen eindeutig zu erkennen ist; Zeunert, GRUR 1966, 407 l. Sp. In der **Wechselbeziehung zwischen Aufgabe und Lösung** offenbart sich der eigentliche Kern einer jeden Erfindung, der sogenannte **Erfindungsgedanke;** Klauer/Möhring, § 1 Anm. 4 und 30. Vgl. hierzu auch RG 22. 1. 1936, RGZ 150, 95 = GRUR 1936, 323; im übrigen s. bei § 1 Anm. 22. Hat sich der Anmelder bezüglich der Lösung geirrt, so kann 100 außerhalb der angegebenen irrigen Lösung kein Schutz beansprucht werden; RG 2. 1. 1935, RGZ 146, 273, 275 = GRUR 1935, 240. Nachträglich in den Anspruch aufgenommene Merkmale müssen ursprünglich als zur Erfindung gehörig offenbart gewesen sein (der geltend gemachte Vorteil wurde hier als Aufgabe umgedeutet); BPatG 28. 2. 1967, Mitt. 1967, 114.

Zur Ermittlung der Aufgabe dienen die am Anmeldetag hierzu in den Anmeldungsunterlagen zu machenden Angaben; vgl. Anm. 45. Als die zur Lösung der gestellten Aufgabe wesentlichen Lösungsmittel werden zunächst die im Hauptanspruch enthaltenen Angaben angesehen werden müssen. Weitere Hinweise wird die erforderliche erkennbare Darlegung der objektiven kausalen Voraussetzungen des technischen Erfolgs in der Beschreibung geben; daraus wird sich u. U. auch ergeben, ob gewisse Merkmale aus den Unteransprüchen etwa in den Hauptanspruch gehören. Im Lauf des Erteilungsverfahrens darf das Wesen der Erfindung nicht verändert werden; RG 9. 10. 1937, GRUR 1938, 177. Die Aufgabe darf nicht gewandelt werden, so daß an Stelle der ursprünglichen Erfindung ein aliud tritt; BPatG 16. 3. 1962, E 2, 155, 160/61. In PA 29. 10. 1938, Bl. 1938, 263 ist versucht worden, den Spielraum für zulässige Änderungen zu umschreiben. Danach handelt es sich um die Beseitigung von Lücken in der in der ursprünglichen Beschreibung offenbarten Erfindung, deren Ausfüllung im Interesse der Schaffung klarer Rechtsverhältnisse erwünscht ist, durch die aber die ursprünglich zu offenbarende Erfindungssubstanz nicht in Frage gestellt wird.

101 Die **Priorität des Eingangstags** der Anmeldung kann nur zugestanden werden, soweit in den **ursprünglichen** Anmeldungsunterlagen der in Anspruch genommene **Erfindungsgedanke** – der sich aus Aufgabe und Lösung ergibt – für den Durchschnittsfachmann **erkennbar** enthalten ist; BPatG 16. 3. 1962, E 2, 155, 160/61. Im einzelnen ist zu verweisen auf § 1 Anm. 22. Auch muß bei (später) beanspruchten Maßnahmen ursprünglich der Wille erkennbar gewesen sein, dafür Patentschutz zu erhalten; BGH 25. 3. 1965, GRUR 1966, 192, 196 r. Sp.; BPatG 19. 10. 1962, E 3, 31; PA 11. 2. 1924, Bl. 1924, 319, 320; PA 15. 3. 1929, GRUR 1929, 50; PA 27. 9. 1938, Mitt. 1939, 23; PA 23. 12. 1938, Bl. 1941, 39; PA 25. 1. 1957, Bl. 1957, 185; PA 25. 2. 1958, Mitt. 1958, 178; PA 28. 4. 1959, Bl. 1959, 257. Ein später beanspruchter Erfindungsgedanke muß in der »ursprünglichen Anmeldung« (gegebenenfalls unter Beanspruchung einer Unionspriorität) vorgelegen haben (durch Offenbarung der betreffenden Merkmale als zur Erfindung gehörig), und es muß auch der Wille, ein Patent darauf zu erhalten, erkennbar gewesen sein; BPatG 28. 1. 1972, E 13, 189, 191.

Eine unfertige Erfindung ist nicht prioritätsbegründend; RG 5. 12. 1934, RGZ 146, 79 = Bl. 1935, 85. Wegen der Anforderungen an eine fertige Erfindung vgl. bei § 1 Anm. 26 ff. Voraussetzung dafür, daß einem Erfindungsgedanken die Priorität des Anmeldetages zuerkannt werden kann, ist, daß der Anmelder bzw. Erfinder am Anmeldetag die – äußere – Ursache für den erfindungsgemäßen Erfolg erkannt und sie im Patent bekanntgegeben hat. Die Offenbarung einer Wirkung allein genügt nicht; RG 29. 4. 1941, GRUR 1941, 360; RG 30. 3. 1935, GRUR 1935, 535 und RG 29. 2. 1928, RGZ 120, 224. Der Erfinder muß die objektiven kausalen Voraussetzungen des technischen Erfolgs angegeben haben; BGH 17. 12. 1954, Bl. 1955, 307 = GRUR 1955, 386. Ursprünglich nicht offenbarte **Nebenwirkungen,** die das Wesen der Erfindung verändern, können nachträglich nicht geschützt werden; RG 2. 5. 1936, GRUR 1937, 349 – Sämereiausleser.

Diese hauptsächlichen Grundsätze gelten in jedem Stadium des Verfahrens, d. h. vor und nach der Bekanntmachung; so zutreffend Damme-Lutter, S. 340 l. Sp., S. 341 oben: Der Erfindungsinhalt selbst darf überhaupt nicht, weder vor noch nach dem Beschluß, geändert werden, weil damit ja auch eine Veränderung des Offenbarungsinhalts und somit der Priorität erfolgen würde. **Die Auffassung, daß bezüglich der Änderungsmöglichkeiten der Bekanntmachungsbeschluß eine Zäsur derart darstellt,** daß vor und nach Erlaß desselben verschiedene Regeln für die zulässigen Änderungen anzuwenden sind, rührt aus der Zeit bis zum Beginn der 30er Jahre her, in der die Änderungsmöglichkeit nach der Bekanntmachung sehr eng bemessen war; vgl. PA 12. 1. 1938, Bl. 1938, 28, 29 l. Sp. Sie **ist jetzt überholt.** Die seinerzeit von Reimer, Patentgesetz, 1. Aufl. Bd. II S. 783 getroffene Feststellung, daß es in Wirklichkeit, entgegen dem Gesetzeswortlaut, eine unterschiedliche Behandlung in dem Verfahrensabschnitt bis zum Erlaß des Bekanntmachungsbeschlusses und in dem Verfahrensabschnitt nach Erlaß des Bekanntmachungsbeschlusses nicht gebe, ist insoweit zutreffend. Die **Verfahrenszäsur durch den Bekanntmachungsbeschluß** hat in diesem Zusammenhang nur Bedeutung für den Umfang des Tatbestands, auf den die einheitlichen Regeln für die zulässigen Änderungen anzuwenden sind. Vgl. hierzu auch BGH 13. 5. 1965, E 7, 244, 251. Vgl. auch § 30 Anm. 9. 102

Dieser Umfang bestimmt sich jeweils aus der Feststellung, was – d. h. welche Erfindung – noch Gegenstand der Anmeldung ist. Ganz allgemein gilt für jeden Zeitraum des Verfahrens – also nicht nur für den Zeitpunkt des Bekanntmachungsbeschlusses –, daß nur das Gegenstand der Anmeldung ist, was nach endgültigen Verzichten oder Einschränkungen des ursprünglichen Gegenstandes der Anmeldung noch in der Anmeldung rechtswirksam verblieben ist. Nach dem Bekanntmachungsbeschluß ist alles das nicht mehr Gegenstand des anhängigen Verfahrens, was nicht mehr Gegenstand der bekanntgemachten Unterlagen ist; im einzelnen vgl. Anm. 119 bis 121. Es ist aber auch möglich, daß schon vor Erlaß des Bekanntmachungsbeschlusses – ganz abgesehen von ausgeschiedenen Teilen – auf bestimmte ursprüngliche Ansprüche endgültig verzichtet worden ist.

2. Zulässige und unzulässige Änderungen

103 Wenn festgestellt ist, welche Erfindung Gegenstand der Anmeldung ist, kann verhältnismäßig sicher beurteilt werden, welche nachträglichen Änderungen des Patentbegehrens zulässig sind. Alle Ergänzungen und Berichtigungen sind zulässig, die den **ermittelten Gegenstand der Anmeldung** nicht verändern; BPatG 20. 1. 1964, E 5, 129, 132, 133; PA 17. 2. 1937, GRUR 1937, 922; BGH 30. 10. 1962, GRUR 1963, 563, 566 – Aufhängevorrichtung; BGH 25. 3. 1965, GRUR 1966, 138, 140 – Wärmeschreiber. Eine nachträgliche Richtigstellung des Erfindungsgedankens wegen des bekanntgegebenen Standes der Technik ist nicht möglich; BPatG 8. 10. 1964, E 6, 207, 209, 210, 214.

Wegen der Verpflichtung des Anmelders, bei Änderung der Unterlagen von seiner Seite die Grundlage der ursprünglichen Offenbarung des geänderten Schutzbegehrens anzugeben, vgl. Anmel.Best. § 6 Nr. 6, s. auch Anm. 79.

3. Nachträgliche Einfügung von Merkmalen in den Anspruch

104 Nachträglich dürfen in das Patentbegehren nur solche Maßnahmen oder Merkmale aus der Beschreibung aufgenommen werden, die auf Grund der ursprünglichen Unterlagen vom Durchschnittsfachmann als **zur offenbarten Erfindung gehörige Merkmale** (oft auch **erfindungswesentliche Merkmale genannt**) erkannt werden können; PA 14. 9. 1936, Mitt. 1937, 334; BGH 2. 12. 1958, Mitt. 1962, 74. Voraussetzung für Anspruchsergänzungen zur Ausfüllung von Lücken, zur Beseitigung von Ungenauigkeiten und Richtigstellung einer fehlerhaften Anspruchsfassung aus der Beschreibung und gegebenenfalls in Verbindung mit der Zeichnung ist, daß das nachträglich eingefügte Merkmal in den zur Ergänzung herangezogenen Angaben in der Beschreibung nicht »irgendwo«, also etwa beiläufig angegeben ist, sondern als »erfindungswesentlich« erkennbar, d. h. sich nach dem ganzen Gedankeninhalt der Beschreibung als wesentlich für die Erfindung ergibt; PA 3. 10. 1933, Bl. 1933, 263; PA 22. 12. 1936, Mitt. 1937, 57; PA 15. 1. 1940, Mitt. 1940, 46. Nach der genannten Entscheidung vom 22. 12. 1936 ist es belanglos, ob die Klarstellung durch Einfügung von Merkmalen in den kennzeichnenden Teil oder in den Oberbegriff des Anspruchs erfolgt und ob der neuformulierte Anspruch nur die alten oder alte und neue oder nur neue Merkmale enthält. Letztgenannter Fall kann offenbar nur ausnahmsweise eintreten. Ursprünglich mit anderen Möglichkeiten als gleichwertig oder als unwesentlich behandelte Maßnahmen können nachträglich nicht als erfindungswesentlich hingestellt werden; PA 10. 4. 1929, Mitt. 1929, 85; PA 13. 12. 1936, Mitt. 1937, 334. Nach PA 21. 5. 1941, Mitt. 1941, 155 muß eine nachträglich beanspruchte Maßnahme mindestens als vorteilhaft

oder zweckmäßig für den offenbarten Erfindungsgedanken bezeichnet oder ohne weiteres erkennbar sein. Ergeben beanspruchte Merkmale verschiedenartige Wirkungen, ist Voraussetzung für ihre Inanspruchnahme mit der ursprünglichen Priorität, daß mit der Aufgabenstellung der Verwendungszweck angegeben wurde; RG 28. 11. 1941, GRUR 1942, 156, 158; vgl. auch BPatG 23. 6. 1965 in 11 W (pat) 16/64.

Auf Grund des aus den ursprünglichen Unterlagen festgestellten Wesens 105 der Erfindung heben sich die als **erfindungswesentlich** offenbarten von den nur allgemein erläuternden Merkmalen ab. Die Einwendungen von Beil in GRUR 1966, 589, insb. 594 l. Sp. Abs. 4, gegen den Gebrauch des Begriffs »erfindungswesentlich« überzeugen nicht; vgl. Zeunert, Beiträge Teil I g. Der Begriff »erfindungswesentlich« kann bezüglich einer geltend gemachten bestimmten Maßnahme auch dahingehend interpretiert werden, daß sie als eine in Betracht kommende Lösung in der ursprünglichen Beschreibung hervorgehoben ist; BGH 24. 3. 1966, GRUR 1966, 488, 491 r. Sp. unter aa) – Ferrit. Nach BGH 30. 5. 1967, GRUR 1968, 86 = Mitt. 1968, 16, 18, 19 – Ladegerät – genügt nicht jede Offenbarung eines technischen Merkmals in den ursprünglichen Unterlagen zur nachträglichen Inanspruchnahme ohne Prioritätsverlust; der Fachmann muß vielmehr aus den ursprünglichen Unterlagen ersehen, daß die damit vorgeschlagene Lösung als eine im Sinne der Erfindung in Betracht kommende Lösung der Aufgabe, was den Begriffen »erfindungsgemäß«, »erfindungswesentlich« oder auch »als zum Gegenstand der Erfindung gehörig« entspricht, offenbart ist. Weicht ein **lediglich als Beispiel angeführtes Rezept** von der Lehre, wie sie dem Durchschnittsfachmann im Prioritätszeitpunkt mit den ursprünglichen Ansprüchen offenbart wurde, ab, so liegt die abweichende, **nicht als erfindungswesentlich offenbarte Lehre** des nur beispielsweise angegebenen Rezepts außerhalb des Bereichs der allein durch die technische Aufgabe und Lösung gegebenen Anweisung zum technischen Handeln und kann nicht berücksichtigt werden. Denn für die nicht als erfindungswesentlich offenbarte Abweichung ist **Patentschutz weder begehrt noch gewährt;** BGH 25. 3. 1965, GRUR 1966, 192, 196 (Phosphatierung). Auf dem Gebiet der Chemie wurde die Beschränkung auf ein ursprünglich nicht genanntes, aber vom ursprünglich offenbarten allgemeinen Begriff umfaßtes Merkmal für zulässig angesehen, wenn es sich als nächstliegende Lösung anbietet; BPatG 27. 11. 1962, E 3, 37, 38. Vgl. auch Anm. 113 betr. Abgrenzbarkeit innerhalb des Rahmens der angemeldeten Lehre.

4. Bedeutung der Merkmale zueinander

Bei Einschränkung des ursprünglichen Patentbegehrens kann sich u. U. 106 das Gewicht der einzelnen Erfindungsmerkmale verlagern, ohne daß deshalb das geänderte Patentbegehren unzulässig zu sein braucht; RG 21. 11. 1938, GRUR 1939, 895.

5. Streichung und Zusammenfassung von Merkmalen

107 Ist ein Verfahren ausschließlich durch die Anwendung mehrerer Stufen gekennzeichnet, so kann es nachträglich nicht nur unter Fortfall einer Stufe gekennzeichnet werden; PA in RG 12. 5. 1939, GRUR 1939, 956, 958; ebenso PA 28. 10. 1933, Mitt. 1933, 325, 326 r. Sp. Ein ursprünglich durch die Kombination zweier als erfindungswesentlich bezeichneter Maßnahmen gekennzeichnetes Patentbegehren kann nachträglich nicht auf nur eine der beiden (die 2. sei Überbestimmung) abgestellt werden; BGH 13. 12. 1962, I ZR 5/61 S. 18/19, referiert in GRUR 1966, 411 l. Sp. Ist ursprünglich der angestrebte Erfolg nur bei Anwendung besonders geeigneter Mittel für möglich gehalten worden, so kann nachträglich (auf Grund der späteren, richtigen Erkenntnis) das Patentbegehren nicht auf eine Lösung ohne die zusätzliche Maßnahme gerichtet werden; RG 2. 1. 1935, GRUR 1935, 240.

6. Zusammenfassung von Ansprüchen bzw. von mehreren Merkmalen aus verschiedenen Ansprüchen oder aus der Beschreibung

108 Die Zusammenfassung mehrerer Ansprüche bzw. die Zusammenfassung mehrerer Merkmale aus verschiedenen Ansprüchen kann nur zulässig sein, wenn auf Grund der Ausführungen zur Aufgabe und Lösung in den ursprünglichen Unterlagen ein Durchschnittsfachmann erkennen kann, daß die betreffenden Merkmale zur Lösung der ursprünglich angegebenen Aufgabe notwendig zusammengehören, und daß die ursprüngliche Fassung objektiv lückenhaft war. Dabei ist immer zu bedenken, daß durch die Hinzufügung einer auf dem betreffenden Gebiet bekannten Maßnahme zum Erzielen einer dem Fachmann geläufigen Wirkung ein nicht patentfähiger Anspruch nicht etwa Patentfähigkeit erhalten kann; vgl. z. B. BGH 13. 1. 1956, GRUR 1956, 317, 318 = Bl. 1956, 280. Das Erzielen einer sogenannten echten (vom Fachmann nicht erwarteten) Kombinationswirkung durch die gemeinsame Verwendung ganz bestimmter Maßnahmen muß **ursprünglich** offenbart gewesen sein, vgl. Anm. 63.

Es können auch andere Merkmale (aus der Beschreibung) berücksichtigt werden, vorausgesetzt, daß die im beschränkten neuen Anspruch verkörperte Ausführungsform in den ursprünglichen Unterlagen als solche deutlich offenbart, d. h. **differenziert** beschrieben war; BGH 21. 2. 1967, GRUR 1967, 585, 586 r. Sp. – Faltenrohre.

7. Als bekannt vorausgesetzte und rein beschreibende Merkmale

109 Kein Prioritätsrecht für Merkmale, die in den ursprünglichen Unterlagen ausdrücklich als Gegenstand einer anderen Anmeldung bezeichnet sind, oder die lediglich beispielsweise erwähnt sind, ohne daß sie als vorteilhaft oder

zweckmäßig bezeichnet oder ohne weiteres erkennbar sind; PA 21. 5. 1941, Mitt. 1941, 155, 156 1. Sp. Kein Zurückgreifen auf Merkmale, die ursprünglich als nicht zum Gegenstand der Erfindung gehörig gekennzeichnet sind; PA 5. 11. 1925, MuW 1925/26, 185 insb. 185 r. Sp. 3. Abs. Ursprünglich als Stand der Technik angegebene Merkmale können wegen der klaren Willenäußerung nicht zum Patentbegehren gemacht werden; PA 29. 4. 1953 in p 53 267 VIII c/21 g und L 15 425 VIII c/ 21 g; BPatG 20. 1. 1964, E 5, 129, 132, 133. Vgl. auch BPatG 8. 10. 1964, E 6,207,214 in einer Gbm.-Sache. Wegen abweichender Handhabung bei einem Kombinationsgbm. BGH 27. 10. 1970, GRUR 1971, 115 – Lenkradbezug.

In gleicher Richtung auch von Falck, GRUR 1972, 233, 237: Eine Berichtigung eines zu weit angegebenen Standes der Technik vor Veröffentlichung der Anmeldung ist nur soweit möglich, wie der als geschützt beanspruchte Gegenstand nicht verändert oder erweitert wird. Nach Veröffentlichung muß der Patentsucher einen irrtümlich zu stark angegebenen Stand der Technik gegen sich gelten lassen. Diese Auffassung ist zutreffend.

8. Klarstellung von Merkmalen, Unvollständigkeiten

Bei der Beseitigung von Unvollständigkeiten und Unklarheiten ist 110 äußerste Vorsicht geboten, die nachgebrachte Fassung muß mit dem ursprünglich Offenbarten wesensgleich sein; RG 5. 12. 1934, RGZ 146, 79 = Bl. 1935, 85. Klarstellung des Patentbegehrens durch Angaben in der Patentbeschreibung ist möglich, wenn dort ursprünglich offenbart ist, was unter den allgemein gehaltenen Anspruchsmerkmalen genauer zu verstehen ist; BGH 16. 6. 1961, GRUR 1962, 80. Vgl. auch BGH 16. 2. 1954, GRUR 1954, 317, 319; BGH 11. 5. 1954, GRUR 1955, 29, 32.

9. Beschränkung auf Unteranspruch

Der Auffassung in PA 2. 2. 1939, Mitt. 1939, 176, daß nach Fortfall des 111 Hauptanspruchs alle Merkmale des Hauptanspruchs in den selbständig werdenden – echten – Unteranspruch übernommen werden müßten, da nur die »Kombination« beider Ansprüche geschützt sei, kann nicht gefolgt werden; denn der Gegenstand des Unteranspruchs kann durchaus selbständigen, unabhängigen Charakter haben. Im übrigen dürfte sich eine Handhabung gem. PA 8. 11. 1930, Mitt. 1931, 197 wie beim Selbständigwerden eines Zusatzpatents empfehlen.

10. Beschränkung auf Ausführungsbeispiel/Auswahl

Die nachträgliche Aufnahme einer in einem in der Patentbeschreibung 112 und Zeichnung erläuterten Ausführungsbeispiel enthaltenen Maßnahme in den Anspruch ist nur zulässig, wenn deren technische Bedeutung für die

Lösung der gestellten Aufgabe aus der Beschreibung deutlich hervorgeht. Ein Ausführungsbeispiel kann nicht an die Stelle der im Anspruch offenbarten Lehre gesetzt werden, wenn es mit dieser nichts zu tun hat; RG 29. 4. 1941, GRUR 1941, 360 = Mitt. 1941, 135; ebenso Pinzger in GRUR 1942, S. 521 l. Sp. und S. 522 Abs. 1. Das gilt auch für nur nebenher erwähnte Ausführungsformen, deren Verbindung mit dem zu schützenden Erfindungsgedanken nicht kenntlich gemacht ist; Lutter, PatG 1928 S. 76, letzter Abs. Vgl. auch BGH 25. 3. 1965, GRUR 1966, 192, 196; Näheres s. Anm. 105.

Eine nachträglich beanspruchte Ausführungsform muß ursprünglich als erfindungswesentliche Ausgestaltung offenbart gewesen sein; BGH 2. 12. 1958, Mitt. 1962, 74. Nach BPatG 5. 2. 1964, 15 W 377/61, in BPatG E 7, 25 im letzten Abs. zitiert, kann sich der Anmelder nach ständiger Rechtsprechung nur von einem allgemeinen Erfindungsgedanken auf eine bereits ursprünglich als besonders zweckmäßig bzw. vorteilhaft herausgestellte Ausführungsform zurückziehen. Sind ursprünglich – vgl. BPatG 23. 1. 1964, E 5, 10 = Bl. 1964, 163 – zwei Maßnahmen hinsichtlich ihrer Wirkung nicht unterschieden, ist vielmehr die Anwendung der einen oder anderen offengelassen, so kann das Schutzbegehren nicht auf eine von beiden beschränkt werden, wenn gerade durch diese Maßnahme eine bestimmte, bisher nicht angegebene Aufgabe gelöst wird. Wegen der zu kurzen Formulierung des Leitsatzes ist die Entscheidung heftig angegriffen worden; die in der Begründung der Entscheidung dargelegte patentrechtliche Auffassung ist aber richtig.

113 Zur Frage der Voraussetzungen für die Zulässigkeit der nachträglichen Beschränkung des Patentbegehrens auf eine bestimmte Ausführungsform von mehreren, ursprünglich nebeneinander gestellten Lösungen sind in der letzten Zeit mehrere grundsätzliche Entscheidungen ergangen. Nach BPatG 26. 4. 1965, E 7, 20, 23 = Mitt. 1965, 116 muß die später beanspruchte Lehre ursprünglich so differenziert beschrieben sein, daß sie der Durchschnittsfachmann auf Grund dieser Angaben nacharbeiten kann. Hierbei soll »**so differenziert beschrieben**« besagen, daß sich die nachträglich beanspruchte Lehre (bzw. Ausführungsform) von vornherein deutlich von sonstigen Angaben in den ursprünglichen Unterlagen abheben muß und nicht erst (wie etwa z. B. in PA 10. 4. 1929, Mitt. 1929, 85; PA 13. 12. 1935, Mitt. 1937, 336; RG 5. 11. 1932, GRUR 1933, 31 und RG 11. 10. 1940, GRUR 1940, 546) nachträglich aus beiläufigen Bemerkungen oder von vornherein nicht klar unterschiedenen, gleichgestellten und nebensächlich behandelten Angaben herausgedeutet wird, nachdem ein Teil der ursprünglich beanspruchten Maßnahmen sich als bekannt oder unbrauchbar erwiesen hat. Zu der Bemerkung von Lewinsky zu der Entscheidung in Mitt. 1965, 119 vgl. Zeunert, GRUR 1966, 413. In den beiden BGH-Entscheidungen vom 3. 2. 1966 (»Appetitzügler« und »Seifenzusatz«) BGHZ 45, 102 = GRUR

1966, 312, 316 Abschn. 5 bzw. GRUR 1966, 319/321/322 – in beiden werden chemische Tatbestände behandelt – ist der Begriff »differenziert beschrieben« übernommen. In einer Beschränkung auf eine von mehreren unter den ursprünglichen Patentanspruch fallenden Lösungen sei jedenfalls dann keine unzulässige Änderung des Patentbegehrens zu sehen, wenn die nunmehr allein beanspruchte Lösung in der Beschreibung von vornherein deutlich als eine in Betracht kommende Lösung hervorgehoben worden ist und andere, ursprünglich gleichgestellte Lösungen sich als vorbekannt erwiesen haben. Die in den beiden BGH-Entscheidungen dargelegten Rechtsgrundsätze hat der BGH dann auf einen nichtchemischen Tatbestand angewendet; vgl. BGH 29. 11. 1966, GRUR 1967, 241. Die Gleichsetzung des in dieser Entscheidung herausgestellten »Doppel-T-Träger-Effekts« mit dem technischen bzw. therapeutischen Effekt beim chemischen Analogieverfahren ist bedenklich und zur Entscheidungsfindung nicht notwendig. Im einzelnen vgl. Zeunert, Beiträge Kap. IV bei Fußn. 56, 59, 60, 61 und 74.

Ausführungsbeispiele, deren besondere Merkmale zu Unteransprüchen erhoben sind, stellen regelmäßig bevorzugte Ausführungsformen dar; BGH 25. 3. 1965, GRUR 1966, 138, 139 = Bl. 1966, 54.

Eine **Beschränkung** des Patentbegehrens **auf bestimmte zu verwendende Verbindungen,** die zwar von einer offenbarten allgemeinen chemischen Formel umfaßt werden, deren Verwendung als solche aber nicht von vornherein deutlich als eine in Betracht kommende Lösung der Aufgabe konkret angeführt ist, ist nicht zulässig; BPatG 4. 3. 1971, E 12, 116. Zur Frage der Abgrenzbarkeit der angemeldeten Verwendungsart einer Legierung im Rahmen der angemeldeten Lehre; BGH 27. 6. 1972, Bl. 1973, 170. Zum Problem der nachträglichen unzulässigen Auswahl vgl. auch Meurer von Inffeld, GRUR 1959, 297, insb. 300 unter IV.

11. Verallgemeinerungen

Falls für den Fachmann klar erkennbar, daß in den ursprünglichen **114**
Unterlagen ein weitergehender allgemeiner Erfindungsgedanke enthalten ist, können im Laufe des Erteilungsverfahrens ursprünglich konkreter gefaßte Ansprüche allgemeiner gefaßt werden; PA 11. 9. 1933, Bl. 1933, 233. Die Abstraktion darf aber nicht zur Verwendung unbestimmter, nebelhafter Begriffe führen; auch darf dadurch nicht als Erfindung hingestellt werden, was aus den ursprünglichen Unterlagen nicht erkennbar war. Ferner ist die nachträgliche Verallgemeinerung ausgeschlossen, wenn es gerade auf die besondere Ausführung ankommt.

Die Einführung eines abstrahierenden Dachbegriffs in den Hauptanspruch anstelle des ursprünglich offenbarten speziellen Mittels ist zulässig, wenn der Fachmann erkennen kann, daß der wesentliche Lösungsgedanke von dem speziellen Mittel völlig unabhängig ist, und daß die Abstrahierung nicht zu einer unbestimmten, nebelhaften Begriffsbildung führt, sondern nur dem Bestreben zur Herausarbeitung des wesentlichen Erfindungsgedankens dient; BPatG 31. 1. 1969, Mitt. 1969, 200.

12. Erweiterungen des Anwendungsgebietes

115 Naheliegende Erweiterungen des Anwendungsgebietes im Gattungsbegriff durch entsprechende Abstraktion sind zulässig; PA 17. 3. 1930, Mitt. 1931, 160.

13. Bedeutung der Zeichnung

116 Ist kein Hinweis in der Beschreibung auf die erfindungswesentliche Bedeutung einer nur in der Zeichnung dargestellten Ausführungsform, kann nachträglich dafür die ursprüngliche Priorität nicht in Anspruch genommen werden; BGH 2. 12. 1958, Mitt. 1962, 74; BGH 26. 1. 1967, GRUR 1967, 476 – Dampferzeuger. BGH 14. 3. 1972, GRUR 1972, 595 = Bl. 1973, 25 – Schienenschalter I – bestätigte BGH 26. 1. 1967, a. a. O. In diesem Fall wurden die Voraussetzungen bejaht, unter denen nur der Zeichnung zu entnehmende Merkmale in den Patentanspruch aufgenommen werden können. Vgl. auch Hagen, Erfindungsoffenbarung durch Zeichnung, GRUR 1972, 569. Bei Widerspruch zwischen klarer Aussage des Patentanspruchs und Zeichnung geht erstgenannter vor; BPatG 29. 10. 1969, E 14, 22. Kann, wie in BPatG 20. 7. 1971, Mitt. 1972, 29, 30 geschehen, eine im Beschluß als erfindungswesentlich bezeichnete Maßnahme nur im Wege der Textauslegung aus der Zeichnung entnommen werden, ist deren Einfügung in den Anspruch nicht bedenkenfrei.

14. Änderung der Patentkategorie

117 Nach der Bekanntmachung ist eine Änderung der Patentkategorie (Gegenstand oder Verfahren) wegen der unterschiedlichen Rechtsfolgen nur bei offensichtlichem Fehlgriff zulässig; PA 10. 4. 1935, Mitt. 1935, 314; PA 16. 9. 1940, Mitt. 1941, 18; vgl. ferner § 1 Anm. 49 (S. 59). Ebenso BPatG 10. 12. 1970, E 12, 119, 123, teilweise abweichend von E 2, 192.

15. Wiederaufnahme fallengelassener Ansprüche

118 Die Frage, ob ein fallengelassenes Patentbegehren im weiteren Verlauf des Erteilungsverfahrens wiederaufgenommen werden kann, beantwortet sich danach, ob das Verhalten und die früheren Erklärungen des Anmelders als endgültiger Verzicht angesehen werden müssen. Liegt ein solcher Verzicht vor, würde die Wiederaufnahme von Ansprüchen, auf die unwiderruflich verzichtet wurde – auch **vor** der Bekanntmachung –, eine unzu-

lässige Änderung (Erweiterung auf etwas, auf das endgültig verzichtet war) darstellen. Im einzelnen vgl. hierzu §§ 28 b/29 Anm. 54 bis 56.

16. Änderungen nach der Bekanntmachung

Vgl. hierzu Anm. 102. 119

Durch die Bekanntmachung wird der äußerste Umfang der zu patentierenden Erfindung endgültig festgelegt. Danach kann kein anderer als der bekanntgemachte Gegenstand patentiert werden. Eine Einschränkung desselben wird nicht als Änderung, sondern als Minus angesehen, PA 7. 10. 1930, Bl. 1931, 262. Eine Erweiterung des Schutzbegehrens, insbesondere die Ausdehnung auf die **nicht glatten Äquivalente,** ist nach der Bekanntmachung nicht mehr zulässig; BGH 27. 11. 1969, GRUR 1970, 289, 293 unter c, b – Diarähmchen IV. Nach der Bekanntmachung darf kein Schutzbegehren gewährt werden, bezüglich dessen das öffentliche Aufgebot gar nicht stattgefunden hat; PA 31. 5. 1934, Mitt. 1942, 153. Nach PA 18. 1. 1938, GRUR 1938, 327 ist für die bei Änderungen nach der Bekanntmachung einzuhaltenden Grenzen der erkennbare Inhalt des Schutzrechts maßgebend, also dasjenige, was nach den herrschenden Grundsätzen als zur bekanntgemachten und damit einstweilig unter Schutz gestellten Erfindung gehörig zu gelten hat; ebenso BPatG 4. 5. 1965, E 8, 15, 16. Es stellt eine unzulässige Änderung dar, wenn nach Bekanntmachung der Anmeldung ein neues Patentbegehren auf einen Gegenstand gerichtet wird, der zwar in der ausgelegten Beschreibung enthalten ist, jedoch außerhalb des Erfindungsgedankens der ausgelegten Patentansprüche liegt (Bestätigung der früheren Spruchpraxis des DPA); ein solches Patentbegehren mit der ursprünglichen Priorität ist auch dann nicht zulässig, wenn der betreffende Teil ausgeschieden wird; BPatG 28. 1. 1972, E 13, 189. Ist im Prüfungsverfahren auf einen Anspruchsgegenstand verzichtet worden, so kann darauf in der Beschwerdeinstanz kein Patentanspruch mehr gerichtet werden, auch wenn der Verzichtsgegenstand in der Auslegeschrift (zur genaueren Berechnung) enthalten ist; BPatG 29. 10. 1969, E 14, 22. Eine im Einverständnis mit dem Anmelder vorgenommene Beschränkung des Patentbegehrens kann nach der Bekanntmachung nicht mehr rückgängig gemacht werden; BPatG 29. 10. 1969, a. a. O. (eingelegte Rechtsbeschwerde zurückgenommen). Ist in den ursprünglichen und bekanntgemachten Unterlagen nur für eine bestimmte Anordnung, nicht aber auch für deren Vereinigung mit einem anderen Bauteil Schutz beansprucht, so ist nachträglich eine solche **»Kombination«** nicht zulässig; sie stellt ein »aliud«, d. h. eine »erweiternde« Veränderung dar; BGH 27. 11. 1969, GRUR 1970, 296, 297 r. Sp. – Allzweck-Landmaschine – mit Hinweis auf BGH 13. 5. 1965, GRUR 1966, 146, 147 – Beschränkter Bekanntmachungsantrag. Eine andere Sachlage kann sich ergeben, wenn die Vereinigung beider Maßnahmen

»nicht nur mehr oder weniger beiläufig in der Beschreibung erörtert« worden ist; BGH 27. 11. 1969, a. a. O. Da im genannten Fall aber jede der beiden Maßnahmen an sich nicht patentfähig waren, wäre für deren Patentfähigkeit das Erzielen einer echten Kombinationswirkung (s. Anm. 63, 64) notwendig gewesen. Diese Tatsache hätte dann aber in den ursprünglichen Unterlagen angegeben worden sein müssen. Nach der Bekanntmachung ist die Umstellung des auf ein Herstellungsverfahren (Kautschukmischungen) gerichteten Patentbegehrens auf die Verwendung der Mischungen nicht zulässig (teilw. abw. von E 2, 192); BPatG 10. 12. 1970, E 12, 119. Hiergegen Kockläuner, GRUR 1973, 57.

120 **Ergänzungen** des Anspruchs durch Aufnahme von Merkmalen aus den bekanntgemachten übrigen Unterlagen sind zulässig, sofern diese für den durchschnittlichen Fachmann als zum Erfindungsgedanken des ausgelegten Patentanspruchs gehörig ohne weiteres erkennbar sind; z. B. PA 22. 12. 1936, Mitt. 1937, 57. Eine Beschränkung des Patentbegehrens nach der Bekanntmachung durch Aufnahme eines speziellen, nur in einem Beispiel enthaltenen Merkmals unter Außerachtlassung der dort weiterhin gemachten, bestimmt gehaltenen Angaben ist aber nicht zulässig; BPatG 24. 7. 1972, E 14, 108. Durch Aufnahme von in den (bekanntgemachten) Unterlagen enthaltenen Angaben in den Anspruch nach der Bekanntmachung darf der bisherige Erfindungsgedanke nicht verlassen werden; PA 11. 6. 1928, Mitt. 1929, 25. Vgl. weiterhin PA 16. 5. 1928, GRUR 1938, 326; PA 23. 4. 1937, GRUR 1938, 326 mit irreführendem Leitsatz; PA 15. 1. 1940, Mitt. 1940, 46; PA 17. 10. 1940, Bl. 1940, 182; BPatG 4. 5. 1965, a. a. O. Nach PA 17. 10. 1940, a. a. O. kann auch noch eine **als zweckmäßig bezeichnete Maßnahme** als Unteranspruch eingefügt werden. **Überbestimmungen** in einem Anspruch können nach der Bekanntmachung nur gestrichen werden, wenn sie für das Wesen der Erfindung ohne Bedeutung sind; PA 2. 2. 1939, Mitt. 1939, 176. Reimer, Anm. 37 zu § 26, S. 984 empfiehlt mit Recht, die Möglichkeit der Streichung von Überbestimmungen auf offensichtliche Fälle zu beschränken. So auch PA 16. 2. 1934, GRUR 1935, 941. Für Beibehaltung der Überbestimmungen spricht sich PA 9. 4. 1935, Mitt. 1935, 316, 317 aus. Die Änderung eines mehrere Merkmale in Kombination enthaltenden Anspruchs nach der Bekanntmachung durch Weglassen oder Tausch eines Merkmals ist nicht zulässig; PA 2. 11. 1932, Mitt. 1933, 54. Wegen Streichung von Überbestimmungen vgl. auch Schuster, GRUR 1938, 287, 291. Die von Evers, Bl. 1952 S. 261 ff., vgl. insb. S. 263 l. Sp. vorl. Abs., erwähnte Zulassung der Zerlegung eines Patentanspruchs in zwei Ansprüche wird in der Regel insb. nach der Bekanntmachung nicht zulässig sein. Evers schränkt diese Möglichkeit auch schon durch die Voraussetzung ein, daß es sich um zwei offensichtlich nicht notwendig zusammenhängende Erfindungsteile handelt. Vgl. hierzu PA 23. 4. 1937, GRUR 1938, 326.

Die **Einschränkung von einer allgemeinen Gattung im Oberbegriff auf einen speziellen,** bisher nicht genannten **Fall** dürfte sehr problematisch sein; PA 29. 10. 1931, Mitt. 1932, 304 und hierzu Lutter, PatG, 10. Aufl. S. 219. Nach RG 5. 11. 1932, GRUR 1933, 31, 33 ist als Kriterium anzusehen, ob der Fachmann s. Z. das Vorteilhafte solchen Handelns auf dem beanspruchten Gebiet erkennen konnte. Als Beispiel einer nachträglichen Erweiterung des Anwendungsgebietes im Oberbegriff vgl. PA 17. 3. 1930, Mitt. 1931, 160. Die Auffassung in PA 9. 1. 1935, Mitt. 1936, 62 betr. den zulässigen Umfang der Änderungen war schon s. Z. nicht die Regel, wie PA 31. 5. 1934, Mitt. 1942, 153 zeigt, nach der nach der Bekanntmachung nicht beansprucht werden kann, was zuvor nicht ausdrücklich offenbart und beansprucht war. Die in BPatG 3. 11. 1961, E 1, 63 vertretene Auffassung ist nur zu billigen, wenn unter »Bekanntgemachtem« der bekanntgemachte Erfindungsgedanke verstanden wird, sonst wären auch die zitierten Damme und Lutter (s. unter I 1) mißverstanden. In BGH 15. 10. 1957, GRUR 1958, 177, 179 ist eindeutig zum Ausdruck gebracht, daß nach der Bekanntmachung der Gegenstand der Patentanmeldung weder im Erteilungsverfahren noch im Nichtigkeitsverfahren in der Weise abgeändert werden kann, daß anstelle des zunächst beanspruchten Schutzes das Schutzbegehren in unzulässiger Weise nach Aufgabe und Lösung auf ein aliud gerichtet wird. 121

17. Änderungen zwischen Bekanntmachungsbeschluß und Bekanntmachung

Beim Auffinden weiteren neuheitsschädlichen Materials nach Zustellung des Bekanntmachungsbeschlusses erhält man diesen aufrecht, sofern das Material noch einen patentfähigen Überschuß bestehen läßt. Das Material wird dem Anmelder mit der Aufforderung, sein Schutzbegehren entsprechend einzuschränken, mitgeteilt. Nach Vornahme der erforderlichen Berichtigung erfolgt Bekanntmachung. Etwa sich ergebende Überschreitung der Aussetzungsfrist wird in Kauf genommen. Vgl. PA 20. 12. 1954 in B 10 517 I a/46 f. Ebenso kann auch der Anmelder neue Ansprüche vorlegen; diese sind zu prüfen, ob sie wegen der Zäsur zulässig sind. Vgl. auch PA 9. 6. 1951 in p 13 719 XII/47 f D. Vgl. auch § 30 Anm. 7. Vgl. Evers, Bl. 1952, 261 ff. und Harraeus, GRUR 1961, 257 ff. 122

18. Erhaltung des ursprünglichen Erfindungsgegenstandes als Voraussetzung für eine zulässige Änderung

Vor der Bekanntmachung sind solche Änderungen unzulässig, die den Gegenstand der Anmeldung erweitern oder verändern; auch nach der Bekanntmachung bleiben Einschränkungen und Berichtigungen der Anmel- 123 dung statthaft, die den Gegenstand der Anmeldung nicht berühren. Es ist eine Tatfrage, ob eine bestimmte Änderung der Fassung des Patentanspruchs eine Änderung des Erfindungsgegenstandes enthält oder nicht. Vgl. PA 28. 2. 1931, Bl. 1931, 72; BGH 2. 12. 1952, Bl. 1953, 227. Wegen der Priorität hängt gem. RG 9. 10. 1937, GRUR 1938, 172 die Zulässigkeit einer nachträglichen Änderung davon ab, ob die nachgebrachte Fassung mit dem ursprünglich Offenbarten noch wesensgleich ist; bei dieser Untersuchung muß insb. die aus den ursprünglichen Unterlagen ersichtlich zu lösende Aufgabe festgestellt werden. Wenn die in einem Patentanspruch verwendeten Begriffe infolge der Weiterentwicklung der Technik eine andere Bedeutung bekommen haben, so kann auch später der Begriff nur in dem am Anmeldetag allgemein verstandenen Sinn ausgelegt werden; BGH 3. 2. 1966, GRUR 1966, 312, 317.

G. Notwendige Änderungen der ursprünglichen Beschreibung wegen des Prüfungsergebnisses

124 Gewisse Unvollkommenheiten der Anmeldung können ergänzt und Unklarheiten beseitigt werden; PA 17. 12. 1937, GRUR 1937, 922, 924. Nach der bisherigen Regelung waren Änderungen der Beschreibung vor und nach der Bekanntmachung möglich; PA 7. 10. 1930, Bl. 1931, 262. Es ist ständige Praxis, daß auf **amtliches Verlangen** der Stand der Technik anzugeben ist; PA 15. 1. 1937, Mitt. 1937, 172. Soweit dieser Stand der Technik von Amts wegen für erheblich gehalten wird, ist dieser und sonst im Erteilungsverfahren neu entgegengehaltener Stand der Technik kurz in der Beschreibung – vornehmlich in deren Einleitung – aufzunehmen. Wird der Aufforderung, eine im Verfahren behandelte Patentschrift gem. § 26 Abs. 4 a. F. (= § 26 Abs. 4 Satz 1 n. F.) in der Beschreibung zu berücksichtigen, nicht entsprochen, entsteht ein Zurückweisungsgrund; BGH 26. 6. 1969, GRUR 1970, 258, 260 unter III 1 c – Faltbehälter. Gegebenenfalls kann Angabe der Nummer einer entgegengehaltenen Patentschrift verlangt werden; PA 18. 1. 1938, Bl. 1938, 78. Hierfür ist besonders v. Ettenreich, Mitt. 1939, 5 eingetreten. Außer dem Stand der Technik sind gegebenenfalls auch ältere Rechte in der Beschreibungseinleitung anzugeben; PA 14. 10. 1937, Mitt. 1938, 114; die dort auch genannte PA 24. 1. 1938 entspricht nicht der Praxis. Bei der Auseinandersetzung mit dem Gegenstand eines älteren Rechts ist eine gewisse Zurückhaltung geboten. Eine vorsichtige Fassung sollte aber nicht auf den Hinweis gesicherter Vorteile des Anmeldungsgegenstands verzichten. Die Formulierung im Fall PA 22. 5. 1941, Mitt. 1944, 55 ist nicht befriedigend. Vgl. auch Schack, Mitt. 1942, 97.

Die **Beschreibung ist einer nachträglichen Anspruchsänderung anzupassen**, um Zweifel am Schutzbegehren und Schutzumfang auszuschließen; PA 11. 5. 1939, Bl. 1939, 113; vgl. auch PA 27. 11. 1937, Mitt. 1938, 73 und PA 11. 1. 1935, GRUR 1937, 131; Hassenstein, Klarheit der Patentschrift, Mitt. 1940, 26/29; Kirchhoff, GRUR 1957, 512, 517 l. Sp. und Schade, GRUR 1958, 1, 7 unter d). Schuster hat in GRUR 1935, 846/48 (Teil V) zutreffend ausgeführt, daß die Beschreibung sich in zwei Teile gliedert. Der eigentliche Teil, die wirkliche Beschreibung, gebe die wesentlichen Eigenschaften zur Ermöglichung der Benutzung durch andere Sachverständige an, während der andere Teil eine **Abhandlung über den Patentschutz** sei; z. T. enthielte er die Gründe für die Patenterteilung. Auch nach RG 24. 4. 1937, GRUR 1938, 550 ist es bei Beschränkung des Schutzumfangs wünschenswert und wichtig, den Inhalt der Patentbeschreibung zu überprüfen, damit nicht durch die Zeichnung und Beschreibung derselben wieder Unklarheiten bezüglich des Schutzumfangs entstehen. Beschreibungsteile, die nicht zur Klarstellung der Erfindung dienen, sind zu streichen; BPatG 16. 7. 1965, E 7, 102, 103; BGH 26. 6. 1969, GRUR 1970, 258, 260 – Faltbehälter. Wegen der notwendigen Sorgfalt bei Abfassung der Beschreibung im Interesse der Allgemeinheit vgl. auch Kirchhoff in GRUR 1952, 542 bis 556, insb. 552/53. Auch für den Verletzungsrichter sind die Angaben zur Aufgabe und Lösung von großer Bedeutung; Winkler, GRUR 1972, 275; s. auch §§ 28 b/29 Anm. 31. Ergibt eine Prüfung auf Elementenschutz oder die selbständige Schutzfähigkeit des Gegenstands eines Unteranspruchs, daß Schutz nicht gewährt werden kann, ist dies zur Klärung des Patentanspruchs in der Beschreibung anzugeben; PA 23. 5. und 6. 11. 1936, GRUR 1937, 131, 132; PA 28. 11. 1951, GRUR 1952, 191 = Bl. 1952, 63; PA 9. 7. 1955, Bl. 1956, 43; RG 15. 11. 1940, RGZ 165, 209 = Bl. 1941, 38; ebenso BPatG 3. 11. 1961, E 1, 63, 64, 65 und BPatG 10. 3. 1967, E 9, 24 = Bl. 1967, 196. Falls wegen des Standes der Technik und mangelnder Patentfähigkeit für die im Anspruch angegebene Vereinigung oder enthaltene echte Kombination nur Schutz für die Gesamtheit der Merkmale gewährt werden soll, kann dies in der Beschreibung angegeben werden; z. B. BPatG 9. 3. 1962, E 1, 70. Auch ein geltend gemachter allgemeiner Erfindungsgedanke kann vom Schutz ausgeschlossen werden; RG 15. 11. 1940, RGZ 165, 209 = Bl. 1941, 38. Die Festlegung des Schutzumfangs in bestimmter Richtung ist also zulässig; PA 14. 9. 1960, Mitt. 1961, 19. Vgl. auch BPatG 14. 8. 1968, E 10, 153 (Fortbildung von E 9, 24, s. oben). Ein angezweifelter Fortschritt gegenüber einer Entgegenhaltung ist ausführlich in einer »angepaßten« Beschreibung zu behandeln; BGH 26. 6. 1969, GRUR 1970, 258, 260 – Faltbehälter. 125

Solche **Begrenzungen des Schutzumfangs** in bestimmter Richtung sind aber nur dann zulässig, wenn der Stand der Technik hierzu einen objektiven Anlaß bietet; RG 24. 2. 1937, Mitt. 1937, 170. Es ist zu bedenken, daß der 126

Verletzungsrichter an unzweideutige Beschränkungen im Erteilungsverfahren gebunden ist, ganz gleich, ob sie gegenüber dem Stand der Technik gerechtfertigt sind; RG 25. 10. 1938, Bl. 1939, 65, 68; RG 29. 1. 1943, GRUR 1943, 243. Vgl. hierzu Windisch, GRUR 1963, 225, 227 und §§ 28 b/29 Anm. 53 ff. (Verzicht im Erteilungsverfahren). Enthält nur die Beschreibung eines chemischen Verfahrens, nicht aber der Patentanspruch Angaben über die Herstellung der Ausgangsstoffe, so ist diese nicht Gegenstand des Schutzbegehrens. Einer besonderen Erklärung des Anmelders hierzu bedarf es nicht; BPatG 24. 1. 1966, E 8, 149, 153. Bei einer sonstigen Überarbeitung der Beschreibung sind nur grobe Sprachverstöße und schlechte technische Verständlichkeit zu rügen; PA 26. 7. 1950, Bl. 1950, 300; PA 24. 2. 1956, Mitt. 1956, 116. Gegen den Willen des Anmelders können Änderungen nicht durchgeführt werden; **wird für notwendige, begründete Änderungen das Einverständnis nicht erteilt, erfolgt Zurückweisung bzw. Versagung;** PA 8. 3. 1913, Bl. 1913, 188; PA 18. 1. 1934, GRUR 1937, 131; PA 22. 9. 1930, Bl. 1933, 233; PA 11. 5. 1939 Bl. 1939, 113; BPatG 28. 6. 1963, E 4, 13, 15. Ohne Einverständnis des Anmelders von Amts wegen vorgenommene **wesentliche** Änderungen stellen Verfahrensmangel dar; PA 2. 2. 1955, Mitt. 1955, 129. Wegen der **Redaktion der Auslege- und Patentschriften** vgl. Prüf. Richtl. IV 4 b und 6 b.

Wegen der gesetzlich vorgeschriebenen **Angabe der im Erteilungsverfahren in Betracht gezogenen Durckschriften** in der Patentschrift vgl. § 24 Anm. 33.

H. Erfinderbenennung (§ 26 Abs. 6 und 7)

Die Erfinderbenennung dient zur Wahrung der Erfinderehre; vgl. hierzu auch §§ 3 und 36. Die Annahme einer »Betriebs«-Erfindung ist mit dem Gesetz nicht vereinbar; PA 25. 6. 1938, Mitt. 1938, 285.

I. Frist zur Abgabe der Erfinderbenennung

127 Durch das PatÄndG vom 4. 9. 1967 wurde Satz 1 des Abs. 6 neu gefaßt. Dadurch sind der oder die Erfinder **innerhalb von drei Monaten nach Einreichung der Anmeldung** vom Anmelder zu benennen. Die Verpflichtung zur Abgabe der Versicherung, daß weitere Personen seines Wissens an der Erfindung nicht beteiligt sind, blieb unberührt. Die vom Rechtsausschuß des Bundestags vorgenommene Änderung geht auf eine während der Beratungen des Gesetzentwurfs vorgetragene Anregung zurück. Infolge dieser Änderung wird in der Regel der Erfinder schon aus den offengelegten Anmeldungsunterlagen ersichtlich sein. Bisher wurde die Erfinderbenennung erst mit der Bekanntmachung (gem. § 36 Abs. 1) veröffentlicht.

Die Frist von drei Monaten ist eine gesetzlich vorgeschriebene Frist, für deren Nichteinhaltung aber kein unmittelbarer, gesetzlich festgelegter Rechtsnachteil vorgeschrieben ist. Wird der Erfinder innerhalb der Dreimonatsfrist nicht vorschriftsmäßig benannt, so wird dies bei der Offensichtlichkeitsprüfung (vgl. § 28 Anm. 4) zu beanstanden sein. Für die Behebung dieses offensichtlichen Mangels kann unter Hinweis auf die Frist im § 26 Abs. 6 Satz 1 eine kurze Frist gesetzt werden, sofern nicht weitere zu behebende Mängel eine etwas längere Frist empfehlen (vgl. § 28 Anm. 6). Wird innerhalb der gesetzten Frist die Erfinderbenennung nicht vorgenommen bzw. werden keine außergewöhnlichen Umstände (§ 26 Abs. 7, s. hier Anm. 131) glaubhaft gemacht, so ist die Anmeldung zurückzuweisen. Nach BPatG 6. 11. 1969, E 11, 28 schließt die Vorschrift des § 26 Abs. 6 nicht aus, daß der Erfinder erst nach Ablauf der Dreimonatsfrist innerhalb der bei der Aufforderung zur Vorlage der Erfinderbenennung gesetzten Frist benannt wird. In gleichem Sinne BPatG 19. 3. 1970, Mitt. 1971, 31; BPatG 15. 1. 1970, E 11, 1 und BPatG 23. 3. 1970, E 11, 32. Abweichend BPatG 18. 3. 1970, 6 W (pat) 95/69 unveröff. Vgl. auch Ballhaus in Benkard § 26 Rdn. 77.

Die Bestimmung des § 26 Abs. 6 PatG n. F. (Dreimonatsfrist für Einreichung der Erfinderbenennung ab Anmeldetag) gilt auch ab 1. 10. 1968 für die vor Inkrafttreten des Gesetzes eingereichten Anmeldungen, soweit sie nach den neuen Vorschriften zu behandeln sind (Art. 7 § 1 Abs. 2 PatÄndG). Damit sichergestellt wird, daß die Erfinderbenennung rechtzeitig vor der Offenlegung vorliegt, wird ab 1. 10. 1968 gleichzeitig mit der Benachrichtigung gem. Art. 7 § 1 Abs. 2 Nr. 1 PatÄndG (vgl. bei § 24 Anm. 14), jedoch mit gesondertem Bescheid, die Erfinderbenennung unter Fristsetzung von drei Monaten angefordert. Vgl. auch Prüf. Richtl. VII 2 f.

II. Formerfordernisse

Wegen der zu beachtenden Formerfordernisse vgl. die VO des Präs. DPA 128
betr. die Bestimmungen über die Nennung des Erfinders vom 16. 10. 1954, Bl. 1954, 387 = GRUR 1954, 570. Abweichend von § 1 Satz 2 ist die schriftliche Erklärung nur noch in einem Stück auf einem gesonderten Blatt einzureichen; Mitt. Präs. 7. 2. 1972, Bl. 1972, 61. § 2 enthält das Verzeichnis der notwendigen Angaben, und § 3 trifft Bestimmungen für den Fall, daß die Benennung nicht in deutscher Sprache erfolgt. Die Erfinderbenennung unterliegt wie alle vor dem Patentamt abzugebenden Erklärungen der Wahrheitspflicht, auf die § 44 ausdrücklich hinweist. Als Erfinder kann nur eine natürliche Person, nicht aber ein Betrieb genannt werden; PA 6. 8. 1951, Bl. 1951, 294. Die Erfinderbenennung muß vom Anmelder eigenhändig unterschrieben sein; vgl. im einzelnen Bescheid des Präs. des DPA 3. 3. 1950 betr. die Unterschrift der Erfinderbenennung, GRUR 1950, 191

= Bl. 1950, 51. Der vorletzte Absatz des Bescheids wurde aufgehoben; Mitt. Präs. 17. 11. 1969, Bl. 1969, 365.

III. Rechtsübergang

129 Falls der Anmelder nicht der Erfinder oder nicht der alleinige Erfinder ist, muß der Anmelder angeben, wie das Recht auf das Patent an ihn gelangt ist; § 26 Abs. 6 Satz 2. Wegen des Rechtsüberganges gem. § 26 Abs. 6 Satz 2 wird vom DPA im Regelfall bei Diensterfindungen die Angabe als genügend angesehen, bei dem benannten Erfinder handele es sich um einen Arbeitnehmer des Anmelders. Im übrigen ist bei sonstigen Erfindungen bzw. bei Rechtsübergängen außerhalb des Gesetzes über Arbeitnehmererfindungen vom 25. 7. 1957 die Angabe des Vertrags mit Datum notwendig. Das DPA muß sich vorbehalten, je nach Sachlage im Einzelfall weitere Angaben zu verlangen, die zur Glaubhaftmachung und ausreichenden Deutlichkeit des Rechtsüberganges notwendig sind. Vgl. hierzu Mitt. Präs. 7. 2. 1972, Bl. 1972, 61. Früher hierzu PA 27. 2. 1953, Bl. 1953, 124 und Witte, GRUR 1963, 76, 77. Zur Frage der Glaubhaftmachung des Rechtsübergangs s. noch PA 15. 11. 1950, Bl. 1951, 30 = GRUR 1951, 72. Auf sich hierbei ergebende Schwierigkeiten ist Rücksicht zu nehmen; PA 24. 7. 1939, Bl. 1939, 176.

IV. Falsche Angaben

130 Die Richtigkeit der Angaben zur Erfindernennung wird vom Patentamt nicht geprüft; § 26 Abs. 6 Satz 3. Deshalb hat die Erfindernennung im Patenterteilungsverfahren keine amtliche Beweiskraft; BPatG 10. 1. 1962, E 1, 42, 43. Offensichtlich falsche Angaben sind aber gem. § 28 Abs. 1 zu beanstanden. Bei nicht erfolgter Klarstellung ist die Anmeldung allein deshalb gem. § 28 Abs. 3 zurückzuweisen. Wegen **Berichtigung der Erfinderbenennung** vgl. § 36 Anm. 6. Vor Veröffentlichung der Anmeldung bedarf eine Änderung der Erfinderbenennung nicht der Zustimmung des vorher genannten Erfinders; BPatG 7. 10. 1971, Mitt. 1972, 116 = E 13, 53. Etwaige Streitigkeiten zwischen Anmelder und Erfinder sind vor den ordentlichen Gerichten auszutragen; vgl. z. B. BGH 30. 4. 1968, GRUR 1969, 133 – Luftfilter. Der Tatbestand sog. »Patentersschleichung« wird durch bewußt falsche Angaben des Anmelders bei der Erfinderbenennung nicht erfüllt; BGH 16. 2. 1954, Bl. 1954, 332; s. dazu § 47 Anm. 51.

V. Fristverlängerung für die Abgabe der Erfinderbenennung

131 Wegen der verhältnismäßig kurzen Frist gem. § 26 Abs. 6 zur **Abgabe der Erfinderbenennung** ist es denkbar, daß die Frist unter **außergewöhnlichen Umständen** auch bei Anwendung aller Bemühungen unzureichend ist.

Die Bestimmung in Abs. 7 eröffnet deshalb in einem solchen Fall, sofern der Anmelder glaubhaft macht, daß er dadurch an der rechtzeitigen Abgabe der in Abs. 6 vorgeschriebenen Erklärungen verhindert ist, die **Gewährung einer angemessenen Fristverlängerung.** Die Frist soll nicht über den Erlaß des Patenterteilungsbeschlusses hinaus verlängert werden. Bestehen dann aber doch noch die Hinderungsgründe, so hat das Patentamt die Frist erneut zu verlängern. Um einen Mißbrauch der großzügigen Bestimmung zu verhindern, werden die Anforderungen an die Glaubhaftmachung streng sein müssen. Zur Sicherung des Patentinhabers vor Verlust des Patents wegen Nichtabgabe der vorgeschriebenen Erklärung ist in Abs. 7 Satz 4 eine **sechsmonatige Schutzfrist** nach Benachrichtigung vom drohenden Erlöschen des Patents vorgesehen. Gegebenenfalls würden etwa vorhandene Zusatzpatente mit erlöschen.

Wegen des Begriffs **»außergewöhnliche Umstände«** vgl. PA 2. 11. 1951, Bl. 1951, 373 = GRUR 1952, 91; PA 20. 10. 1955, Bl. 1955, 390; ferner Trüstedt, GRUR 1950, 490; Schade, GRUR 1953, 49.

Solche Fristverlängerungen waren ursprünglich bei außergewöhnlichen Erschwerungen des Verkehrs mt dem Ausland und anderen außergewöhnlichen Umständen vorgesehen; vgl. VO 9. 11. 1940, Bl. 1940, 179, § 6 und VO 12. 5. 1943, Bl. 1943, 64, § 7. Beide Verordnungen wurden durch das 5. ÜG vom 18. 7. 1953, Bl. 1953, 269 = GRUR 1953, 323 § 16 außer Kraft gesetzt; die Regelung wurde aber in das Patentgesetz übernommen; vgl. Begr. 5. ÜG, Bl. 1953, 295, 308. Die Verordnungen waren zunächst wegen der Nachkriegsverhältnisse bestehen geblieben; Präs. PA 19. 7. 1951, Bl. 1951, 232. Vgl. hierzu evtl. Präs. PA 19. 1. 1950, Bl. 1950, 50 und PA 7. 12. 1951, Bl. 1952, 93.

Gegen Versäumnis der Fristen ist beim Vorliegen eines unabwendbaren Zufalls Wiedereinsetzung in den vorigen Stand möglich, denn es handelt sich um gesetzliche Fristen, deren Versäumnis einen Rechtsnachteil zur Folge hat.

VI. Verschiedenes

Wegen des **Antrags, den Erfinder nach außen geheimzuhalten,** vgl. **132**
§ 36 Abs. 1.

Da **Anhörungen** gem. § 33 PatG nur dann zu gewähren sind, wenn sie zur Sachaufklärung dienen, besteht bei Erörterungen über die Beibringung der Erfinderbenennung kein Anspruch auf Anhörung; PA 7. 12. 1951, Bl. 1952, 93.

Wegen der **früheren Handhabung der Erfinderbenennung** (vor dem 1. 10. 1936) vgl. Bekanntm. Präs. vom 15. 2. 1922, Bl. 1922, 22 und Präs. PA 12. 11. 1935, Mitt. 1935, 423. Wegen des Begriffs »Betriebs«- bzw. »Diensterfindung« vgl. RG 5. 2. 1930, RGZ 127, 202, RG 7. 12. 1932, RGZ 139, 87, 93.

§ 27

Wer nach einem Staatsvertrag den Zeitpunkt einer vorangegangenen ausländischen Anmeldung desselben Gegenstands als maßgebend in Anspruch nimmt, hat innerhalb einer Frist von zwei Monaten, die mit dem Tag nach der Anmeldung beim Patentamt beginnt, Zeit und Land der Voranmeldung anzugeben (Prioritätserklärung). Nach Eingang der Prioritätserklärung fordert das Patentamt den Anmelder auf, innerhalb einer Frist von zwei Monaten nach Zustellung der Aufforderung das Aktenzeichen der Voranmeldung zu nennen und eine Abschrift der Voranmeldung einzureichen, soweit dies nicht bereits geschehen ist. Innerhalb der Fristen können die Angaben geändert werden. Werden die Angaben nicht rechtzeitig gemacht, so wird der Prioritätsanspruch für die Anmeldung verwirkt.

ÜBERSICHT

Neueres Schrifttum

1 Bodenhausen, Pariser Verbandsübereinkunft zum Schutz des gewerblichen Eigentums, Köln, Berlin, Bonn, München 1971, Kommentar. Schricker, Fragen der Unionspriorität im Patentrecht, GRUR Ausl. 1967, 85; es sind u. a. die Fragen mehrfacher und partieller Prioritäten und die Rechtsfolgen bei zu Unrecht beanspruchter Priorität unter Berücksichtigung der Praxis in verschiedenen Verbandsländern behandelt; Trüstedt, Die Priorität einer Anmeldung nach deutschem Recht unter besonderer Berücksichtigung der Unionspriorität, GRUR Ausl. 1959, 573; von Uexküll: Das Wesen der Prioritätserklärung im Anmeldeverfahren, GRUR 1967, 61. **Einzelheiten zur PVÜ** sind im Anhang Anm. 1 ff. zu finden.

A. Das Prioritätsrecht aus dem Unionsvertrag

I. Rechtsnatur des Prioritätsanspruchs

Es ist streitig, ob der Prioritätsanspruch ein subjektives Recht darstellt 2
(K. Wolff, MuW 1932, 328; Reimer § 27 Anm. 1) oder nur eine Befugnis zur Gestaltung des Anspruchs auf Patenterteilung (Duchesne, MuW 1934, 148; Pietzcker S. 218). Nach Lindenmaier, 4. Aufl. § 27 Anm. 1 wird lediglich eine Befugnis zur Gestaltung der Voraussetzungen für die Patenterteilung anzunehmen sein, die bereits mit der prioritätsbegründenden Anmeldung entsteht. Nach Trüstedt, GRUR Ausl. 1959, 573, 577 hat der Erfindet oder sein Rechtsnachfolger nach den §§ 3, 9 PatG ein absolutes subjektives Recht, das er veräußern, vererben, verpfänden und über das er sonst verfügen kann. Das Unionsprioritätsrecht ist ein mit der Erstanmeldung einer Erfindung in einem Unionsstaat erwachsendes immaterielles Recht zur Inanspruchnahme der Priorität der Erstanmeldung bei einer rechtzeitigen identischen Nachanmeldung durch den Berechtigten in einem anderen Unionsland.

Die Bestimmungen des Unionsvertrages (PVÜ) sind als **innerdeutsches Recht** zu behandeln; PA 16. 12. 1905, Bl. 1906, 127, 128; RG 26. 10. 1914, RGZ 85, 374, 375; BPatG 27. 2. 1963, E 3, 116, 117; Pfanner, GRUR 1966, 262, 263 Abschnitt III. Für die Bundesrepublik ist seit dem 19. 9. 1970 die **Stockholmer Fassung** rechtswirksam; vgl. Anh. Anm. 3. Wegen der Änderungen, die die Lissaboner Fassung auf der Stockholmer Konferenz erfahren hat, s. Anh. Anm. 2, 3.

II. Voraussetzung für wirksame Inanspruchnahme

Aus Art. 4 A Abs. 1 und 4 D Abs. 1 und 4 PVÜ ergibt sich, daß das 3
Prioritätsrecht durch Inanspruchnahme entsteht und Schutzrechtgewährung ohne Prioritätsvermerk nicht zum Untergang des Prioritätsrechts führt; BPatG 10. 11. 1967 E 9, 211, 212. Voraussetzung für die Inanspruchnahme der Priorität einer ausländischen Voranmeldung ist das Vorhandensein eines Staatsvertrags. Hierfür kommt insbesondere die mehrfach revidierte Fassung der Pariser Verbandsübereinkunft zum Schutze des gewerblichen Eigentums, kurz Unionsvertrag genannt, vom 20. 3. 1883 in Betracht. Art. 4 dieses Vertrags gewährt den Angehörigen der Vertragsstaaten das sogenannte Prioritätsrecht für **Nachanmeldungen** in anderen Vertragsstaaten, wenn diese **innerhalb von 12 Monaten nach der Erstanmeldung** erfolgen. Wegen des wirksamen Zugangs beim DPA s. § 26 Anm. 9. Die Unionspriorität gem. Art. 4 A Abs. 2 PVÜ läuft in jedem Fall vom Tage der **ersten** vorschriftsmäßigen Hinterlegung in dem betreffenden Unions-

land; RG 1. 7. 1933, RGZ 141, 295 = MuW 1933, 573. Daran wird auch dann nichts geändert, wenn dort der Erstanmeldung aufgrund der innerstaatlichen Gesetzgebung eine andere Priorität zugebilligt wurde oder das Gesuch später zurückgenommen wird; RG 1. 7. 1933, a. a. O.; RG 21. 11. 1938, GRUR 1939, 895. Das Patentamt ist berechtigt, aufgrund der **Prioritätsbelege** den Zeitpunkt der Erstanmeldung **nachzuprüfen;** PA 27. 4. 1956, Bl. 1956, 278. Um dem Erfinder unter bestimmten Voraussetzungen zu ermöglichen, Irrtümer oder Unvollkommenheiten bei seiner Erstanmeldung durch eine jüngere Anmeldung zu korrigieren, wurde in Art. 4 C durch die Lissaboner Konferenz ein **neuer Abs. 4** eingefügt; vgl. hierzu GRUR Ausl. 1959, 61, 62. Danach wird auch eine jüngere Anmeldung, die denselben Gegenstand wie eine erste ältere, in demselben Verbandsland eingereichte Anmeldung betrifft, als »erste Anmeldung, von deren Hinterlegungszeitpunkt an die Priorität läuft«, angesehen, sofern diese ältere Anmeldung bis zum Zeitpunkt der Hinterlegung der jüngeren Anmeldung zurückgezogen, fallengelassen oder zurückgewiesen worden ist, und zwar bevor sie öffentlich ausgelegt worden ist und ohne daß Rechte bestehengeblieben sind; ebensowenig darf diese ältere Anmeldung schon Grundlage für die Inanspruchnahme des Prioritätsrechts gewesen sein. Die ältere Anmeldung kann in diesem Fall nicht mehr als Grundlage für die Inanspruchnahme des Prioritätsrechts dienen. Insoweit es in RG 1. 7. 1933, RGZ 141, 295 heißt, daß das einmal eingereichte älteste Gesuch das erste bleibt, ohne Rücksicht auf sein weiteres rechtliches Schicksal, ist diese Auffassung durch die neue Bestimmung im Art. 4 C Abs. 4 PVÜ überholt.

Der Begriff **»vorschriftsmäßige Hinterlegung«** ist in Art. 4 A Abs. 2 (Stockholmer Fassung) dahin gehend definiert, daß jede Hinterlegung als prioritätsbegründend anzuerkennen ist, der nach den innerstaatlichen Rechtsvorschriften jedes Verbandslandes oder nach den zwischen Verbandsländern abgeschlossenen zwei- oder mehrseitigen Verträgen die Bedeutung einer vorschriftsmäßigen nationalen Hinterlegung zukommt. Die Abweichung von der Lissaboner Fassung hat keine wesentliche Bedeutung.

Zur Auslegung des Art. 4 A Abs. 3 und Art. 4 C Abs. 2 und 4 vgl. auch Beier, GRUR Ausl. 1964, 24–26. In Großbritannien kann nach Patents Appeal Tribunal 23. 2. 1968, GRUR Int. 1968, 428 für eine britische Nachanmeldung die Priorität derjenigen ausländischen Anmeldung in Anspruch genommen werden, in welcher der Gegenstand der Erfindung erstmals beansprucht wurde, auch wenn bereits eine voraufgegangene ausländische Anmeldung sich auf die Erfindung bezog, sie aber nicht beanspruchte.

Als Ergebnis der Lissaboner Konferenz wurde zur Klarstellung der Definition dem Art. 4 A ein **weiterer Abs. 3** angefügt, nach dem unter »vorschriftsmäßiger nationaler Hinterlegung« jede Hinterlegung zu verstehen ist, die zur Festlegung des Zeitpunkts ausreicht, an dem die Anmeldung in dem betreffenden Land hinterlegt worden ist, wobei das spätere Schicksal der Anmeldung ohne Bedeutung ist. Wegen der Entstehung des neuen Abs. 3 vgl. GRUR Ausl. 1959, 60, 61. Danach bedeutet die Vorschrift nichts anderes als das, was zur Begründung eines Prioritätsrechts früher als »zivilistische Anmeldung« (s. § 26 Anm. 14) bezeichnet wurde.

Auch Nachanmeldungen mit Prioritätsinanspruchnahme müssen in deut- 4
scher Sprache erfolgen; PA 31. 5. 1951, Bl. 1951, 221.

Nehmen **Personen mit Wohnsitz oder Sitz in der DDR** die Priorität aus der Erstanmeldung eines gewerblichen Schutzrechts in der DDR in Anspruch, so werden diese Anträge ebenso wie Prioritätserklärungen behandelt, mit denen die Priorität einer Erstanmeldung in einem Vertragsstaat der Pariser Verbandsübereinkunft zum Schutz des gewerblichen Eigentums in Anspruch genommen wird; Mitt. Präs. auf Anordnung des Bundesministeriums der Justiz 5. 1. 1968, Bl. 1968, 2. Abweichend mindestens früher PA 10. 6. 1958, Mitt. 1959, 36; BGH 18. 12. 1959, BGHZ 31, 374 = GRUR 1960, 235 – Toskanella; BGH 19. 12. 1960, BGHZ 34, 91 = GRUR 1961, 294 – ESDE. Wegen der Behandlung der DDR als »Inland« vgl. auch BGH 12. 7. 1968, BGHZ 50, 213 = GRUR 1969, 38 – Schwenkverschraubung. S. auch § 2 Anm. 23, § 16 Anm. 2.

III. Wirkung der Inanspruchnahme

Die **Wirkung berechtigter Inanspruchnahme** der Priorität aus einer Erst- 5
anmeldung ist, daß im Prioritätszeitraum liegendes neuheitsschädliches und sonstiges Vergleichsmaterial, ältere Rechte und Vorbenutzungsrechte ausscheiden. Die Wirkung der Unionspriorität besteht also in einer Rangsicherung; BGH 25. 11. 1965, BGHZ 44, 263 = GRUR 1966, 309, 310 r. Sp. – Flächentransistor. Vor dem Prioritätstag **ausgelegte Unterlagen** von Patentanmeldungen bleiben nur dann unberücksichtigt, wenn die Anmeldung beim DPA vor dem 7. 8. 1953 bewirkt worden ist; BPatG 2. 11. 1962, E 2, 164, 168 ff. Vgl. auch § 2 Anm. 9 (S. 117). Eine im Prioritätszeitraum eingetretene Änderung des inländischen Patentrechts ist auch auf die Nachfolgeanmeldungen von Inhabern einer Unionspriorität anzuwenden; BGH 25. 11. 1965, a. a. O. Die Neuheitsschonfrist des § 2 Satz 2 ist vom Tage der Anmeldung beim DPA, nicht aber vom Unionsprioritätstage an zu berechnen; BPatG 18. 7. 1966, E 8, 190; BGH 15. 12. 1970, GRUR 1971, 214 = Bl. 1971, 230 – customer prints.

B. Umfang des Prioritätsrechts

Ein Unionsprioritätsanspruch aus einer Erstanmeldung ist nur in dem 6
Umfang begründet, wie diese den in der Nachanmeldung beanspruchten Erfindungsgedanken enthält; RG 21. 11. 1938, GRUR 1939, 895, so auch

Trüstedt in GRUR Ausl. 1959, 579 l. Sp. Abs. 3. Eine »ursprüngliche Anmeldung« i. S. Art. 4 G Abs. 2 PVÜ liegt nur insoweit vor, als deren Merkmale als zur Erfindung gehörig offenbart wurden; BPatG 28. 1. 1972, E 13, 189, 191. Die **Nachanmeldung** darf **gegenüber der Erstanmeldung keine Erweiterung oder Wesensänderung** (z. B. neue Erfindungsgedanken) erfahren haben; PA 5. 11. 1925, GRUR 1926, 115; RG 23. 2. 1929, GRUR 1930, 1111; RG 22. 3. 1930, GRUR 1930, 1112; RG 28. 5. 1930, Mitt. 1930, 238; RG 1. 7. 1933, RGZ 141, 295. Isays Kritik an PA 5. 11. 1925 in GRUR 1926, 14, 17 läßt außer acht, daß der beanspruchte Erfindungsgedanke selbstverständlich in den ursprünglichen Unterlagen für den Durchschnittsfachmann klar erkennbar enthalten sein muß. Der Kern der Entscheidung ist deshalb richtig; vgl. hierzu aber auch Trüstedt in Reimer § 27 Anm. 10. Auf Identität der Ansprüche kommt es nicht an, die Gesamtheit der Anmeldungsunterlagen muß aber die betreffenden Elemente der **Erfindung** offenbaren; PA 30. 1. 1935, MuW 1935, 337 und Art. 4 H Londoner Fassung bzw. Lissaboner Fassung der PVÜ, die nur in der Fassung etwas präziser formuliert ist. Nach Patents Appeal Tribunal 7. 4. 1965, GRUR Int. 1967, 102, 105 ist als Maßstab für die Feststellung der Identität der zu schützenden Erfindung in Vor- und Nachanmeldung nicht nur auf die Patentansprüche, sondern auf die gesamte Offenbarung der Anmeldung abzustellen.

7 Wegen des **abweichenden Offenbarungsinhalts** einer **britischen provisional specification und complete specification** vgl. BGH 6. 10. 1959, GRUR Ausl. 1960, 506, 508 – Schiffslukenverschluß. BGH 6. 10. 1959 bestätigt PA 29. 1. 1913, Bl. 1913, 36 37, dahingehend: falls die complete specification zusätzlichen Erfindungsstoff gegenüber der provisional specification enthält, begründet die complete specification Prioritätsrecht nur für das Hinzugebrachte (mit dem Datum der complete specification), nicht aber für das, was schon Inhalt der provisional specification ist. Hierzu vgl. auch Wirth, Mitt. 1937, 363. Ferner s. noch Kisch, Zur Frage der Unionspriorität, GRUR 1930, 901, ferner österr. PA 18. 9. 1959, GRUR Ausl. 1960, 510 und Zutrauen, Zur Frage der Identität zwischen Vor- und Nachanmeldung bei Beanspruchung der Unionspriorität, GRUR Ausl. 1960, 498. Österr. PA 7. 2. 1958, österr. Patentblatt 1958, 60 verneint die Inanspruchnahme eines allgemeinen Erfindungsgedankens mit der Priorität der Erstanmeldung, wenn in dieser nur eine spezielle Vorrichtung beschrieben ist. Eine **amerikanische Reissue-Anmeldung** ist nicht prioritätsbegründend; PA 1. 11. 1934, Bl. 1935, 33. Wegen Behandlung einer amerikanischen Continuation-in-part-Anmeldung s. bei Trüstedt GRUR Ausl. 1959, 573, 579.

8 Umfaßt die Erstanmeldung bezüglich eines Anspruchsgegenstandes nicht alle beanspruchten erfindungswesentlichen Merkmale, so ist der Anspruch durch die Priorität der Erstanmeldung nicht gedeckt; BPatG 20. 2. 1964,

E 5, 215. Es handelte sich um verschiedene Prioritäten aus einer provisional und einer complete specification. Das Prioritätsrecht erstreckt sich nicht auf Maßnahmen, die in der Stammanmeldung als Gegenstand einer anderen Anmeldung bezeichnet sind; PA 21. 5. 1941, Mitt. 1941, 155. Das ist schon aus Prioritätsgründen nicht möglich.

C. Teilpriorität / mehrere Prioriäten

Inanspruchnahme **voller Priorität** oder **mehrerer Prioritäten** in **einer** Nachanmeldung ist zulässig; bei mehreren Prioritäten können diese aus Anmeldungen in verschiedenen Ländern stammen. Voraussetzung ist nur, daß Erfindungseinheit im Sinne des Landesgesetzes, in dem die Nachanmeldung erfolgt, vorliegt; vgl. PVÜ, **Londoner Fassung** Art. 4 F. Liegt diese nicht vor, ist Aufteilung in mehrere Gesuche mit den entsprechenden Prioritäten zulässig; Art. 4 G. Vgl. hierzu auch Nebesky, Die Inanspruchnahme mehrerer Prioritäten für eine Nachanmeldung, Mitt. 1970, 221 und Schricker, Mehrfache und partielle Prioritäten, GRUR Int. 1967, 85, 86. 9

Durch die **Lissaboner Fassung** wurde Art. 4 F dahingehend ergänzt, daß für die Nachanmeldung nicht nur mehrere Prioritäten beansprucht werden können, sondern daß darin zusätzlich auch »ein oder mehrere Merkmale« enthalten sein dürfen, »die in der oder den Anmeldungen, deren Priorität beansprucht worden ist, nicht enthalten waren«. Das ist der Fall der **Teilpriorität.** Die Bestimmung betr. die Erfindungseinheit i. S. des Landesgesetzes blieb unverändert; vgl. hierzu den in BPatG 20. 2. 1964, E 5, 215 behandelten Fall. 10

Für **einen** Patentanspruch können selbstverständlich nicht verschiedene Prioritäten beansprucht werden; vgl. z. B. BPatG 20. 2. 1964, E 5, 215, 220, 221. Gegebenenfalls kann zur Klarstellung in den Anmeldungsunterlagen eine **Aufteilung der Patentansprüche entsprechend den einzelnen Prioritäten** gefordert werden; PA 23. 4. 1951, Bl. 1951, 193, 194 vorletzter Absatz. Sind in einer Anmeldung mehrere Prioritäten beansprucht und beschränkt der Anmelder die Anmeldung auf einen Anspruch, so ist eine Erklärung zu der hierfür in Anspruch genommenen Priorität zu fordern; vgl. Zwischenverfügung 22. 6. 1964, BPatG 11 W 329/61. Denn für einen Anspruch kann nur eine Priorität in Anspruch genommen werden. 11

Wegen der **Teilung einer Unionsanmeldung auf Antrag** gem. Art. 4 G Abs. 2 PVÜ, Lissaboner Fassung, vgl. § 26 Anm. 33.

D. Inanspruchnahme der Priorität / Erklärungsfrist

I. Die Prioritätserklärung

12 Die **Inanspruchnahme der Unionspriorität** erfordert Personenidentität; PA 18. 2. 1904, Bl. 1904, 259 und PA 3. 7. 1909, Bl. 1910, 5. Ein Deutscher kann zuerst im Ausland anmelden und für die nachfolgende deutsche Anmeldung das Prioritätsrecht geltend machen; PA 3. 7. 1909, a. a. O. Bei mehreren Anmeldern müssen alle Unionsangehörige sein; PA 18. 2. 1904, a. a. O.

Die **Prioritätserklärung** muß **innerhalb einer Frist von zwei Monaten,** die mit dem Tag nach der Anmeldung beim Patentamt beginnt, abgegeben werden; Zeit und Land der Voranmeldung sind anzugeben. Die **Berechnung der Zweimonatsfrist** hat gem. §§ 187 Abs. 2, 188 Abs. 2, 3 BGB zu erfolgen. Die Frist läuft daher vom Beginn des der Anmeldung folgenden Tages mit Einrechnung dieses Tages an und endigt mit dem Ablauf des Tages, der dem Tag vorangeht, der durch seine Zahl dem Anfangstag der Frist entspricht. Der Prioritätsanspruch wird verwirkt, wenn die Prioritätserklärung nicht innerhalb der Frist **vollständig** und **richtig** abgegeben wird; PA 18. 2. 1954, Bl. 1956, 61; PA 2. 5. 1953, Bl. 1953, 337 = GRUR 1953, 441. Eine fehlende Zeitangabe kann nach Fristablauf nicht mehr rechtswirksam nachgeholt werden; BPatG 18. 1. 1971, E 12, 133. (Zugelassene Rechtsbeschw. nicht eingelegt.) Im Regelfall besteht für das DPA keine Verpflichtung für einen entsprechenden Hinweis vor Fristablauf; BPatG 18. 1. 1971, a. a. O., 137. Das beanspruchte Prioritätsrecht bleibt auch für einen ausgeschiedenen Anmeldungsteil ohne förmliche Inanspruchnahme erhalten; BPatG 8. 12. 1972, Mitt. 1973, 51.

Wegen der weiteren Zweimonatsfrist, innerhalb der das Aktenzeichen der Erstanmeldung richtig, schriftlich und in deutscher Sprache (§ 44) angegeben werden muß, wenn nicht das Prioritätsrecht verloren gehen soll (BPatG 27. 6. 1962, E 2, 48 = Bl. 1962, 275 = GRUR Ausl. 1966, 387), vgl. Anm. 15. Auf Prioritätserklärungen, die vor dem 1. 7. 1961 nach bisherigem Recht ordnungsgemäß abgegeben worden sind, findet § 27 PatG in der Fassg. vom 9. 5. 1961 keine Anwendung; BPatG 27. 6. 1962, a. a. O.

Eine **Wiedereinsetzung** in die versäumte Frist ist im § 43 Abs. 1 Satz 2 PatG ausdrücklich **ausgeschlossen.** Der Ausschluß ist aus Gründen der Rechtssicherheit und Rechtsklarheit erforderlich; vgl. Begr. PatG 1936, Bl. 1936, 103, 112, 113; BPatG 18. 1. 1971, E 12, 133, 136, 140. **Innerhalb der Fristen können die Angaben zur Prioritätserklärung geändert werden**; das dürfte hauptsächlich für Berichtigungen und Ergänzungen in Betracht kommen; § 27 Satz 3.

Stellt sich nach der Zweimonatsfrist, aber vor Ablauf der Prioritätsfrist, heraus, daß die Prioritätserklärung unrichtige Angaben enthält, so kann die Anmeldung durch eine eindeutige Erklärung zurückgezogen und nochmals mit richtiger Prioritätserklärung angemeldet werden. Denn es steht der Inanspruchnahme der durch Art. 4 PVÜ gewährten Priorität nicht entgegen, daß sie bei einer früheren, inzwischen aber wirksam zurückgezogenen inländischen Nachanmeldung bereits einmal beansprucht worden war; BGH 6. 10. 1959, GRUR Ausl. 1960, 506 – Schiffslukenverschluß – mit Anm. von v. Pechmann; vgl. auch PA 28. 4. 1927, GRUR 1927, 583 und dazu Riedinger, Die Wiederholbarkeit der Prioritätsbeanspruchung, GRUR 1927, 422.

Falls nachträglich gem. Art. 7 § 1 Abs. 5 PatÄndG vom 4. 9. 1967 Stoffansprüche aufgestellt wurden (vgl. § 26 Anm. 69 a), konnte die Prioritätserklärung bis zum Ablauf von zwei Monaten nach Inkrafttreten des PatÄndG nachgeholt werden. Da das PatÄndG betr. die Zulassung des Stoffschutzes bereits am 1. 1. 1968 in Kraft getreten ist, lief die Frist am 29. 2. 1968 ab. Vgl. hierzu auch Bericht des Rechtsaussch. Teil B VII zu Art. 6 zu § 1 Nr. 2 b, Bl. 1967, 287, 288.

II. Nachträgliche Berichtigung

Eine unrichtige Angabe über den Zeitpunkt der Erstanmeldung macht die 13
Prioritätserklärung unwirksam; PA 2. 5. 1953, Bl. 1953, 337. Außerhalb der gesetzlichen Fristen ist eine **nachträgliche Berichtigung** der Prioritätsdaten nur bei Vorhandensein ausreichender Erkenntnismittel, daß es sich um eine »offenbare Unrichtigkeit« handelt, zulässig; PA 18. 2. 1954 Bl. 1956, 61; PA 3. 2. 1924, Mitt. 1924, 15, 18; PA 30. 12. 1936, Mitt. 1937, 56; PA 2. 5. 1953, Bl. 1953, 337; PA 18. 2. 1961, Bl. 1961, 239.

Nach letztgenannter Entscheidung liegt eine solche vor, wenn die Erklärung in sich widerspruchsvoll ist und das richtige Datum durch das Amt ohne Zuhilfenahme außeramtlicher Quellen ermittelt werden kann. Nach BPatG 14. 5. 1965, E 7, 104 ist die Berichtigung eines Schreibfehlers in der Datumsangabe nach Ablauf der Zweimonatsfrist jedenfalls dann zulässig, wenn die Unrichtigkeit innerhalb dieser Frist an Hand von im Patentamt vorhandenen Druckschriften hätte festgestellt werden können. Eine offensichtliche Unrichtigkeit kann auch in einer Auslassung (Land der Erstanmeldung) gesehen werden; PA 26. 11. 1956, Mitt. 1956, 236. Die an die Stelle einer erkennbar unrichtigen Angabe zu setzende richtige Angabe muß innerhalb der Erklärungsfrist beim Patentamt bereits latent vorgelegen haben; BPatG 18. 1. 1971, E 12, 133, 136. Vgl. hierzu ferner BPatG 29. 6. 1972, E 14, 124 und BPatG 23. 8. 1972, E 14, 130. Die Angabe des Aktenzeichens der Voranmeldung mit der Prioritätserklärung erfüllt die Voraussetzung nicht; BPatG 29. 6. 1972, a. a. O. Gründe, die einen unabwendbaren Zufall darstellen, rechtfertigen die Berichtigung nicht; BPatG 23. 8. 1972, a. a. O. Die in PA 9. 9. 1935, Mitt. 1935, 380 vertretene Auffassung

(Heranziehung außeramtlicher Erkenntnismittel) ist abzulehnen. Vgl. auch Speckmann, Unrichtige und unvollständige Prioritätserklärungen, GRUR 1954, 6.

E. Übertragung des Prioritätsrechts

14 Übertragung des Prioritätsrechts ist möglich. Der oder alle Erstanmelder müssen Unionsangehörige sein; PA 18. 2. 1904, Bl. 1904, 259. Der Rechtsnachfolger braucht nicht Unionsangehöriger zu sein; PA 28. 9. 1951, GRUR 1952, 33, 34 = Bl. 1951, 354. Die **Übertragung muß aber innerhalb des Prioritätsjahres vor der Nachanmeldung** in Deutschland erfolgt sein; PA 16. 12. 1905, Bl. 1906, 127; PA 16. 1. 1907, Bl. 1907, 128; PA 3. 7. 1909, Bl. 1910, 5. Die Rechtsnachfolge ist nach den Grundsätzen freier Beweiswürdigung festzustellen (PA 28. 4. 1927, GRUR 1927, 583), ohne daß sich das PA an bestimmte Formvorschriften halten muß (PA 16. 12. 1905, a. a. O.). Der Rechtsübergang ist bei Zweifeln dem DPA durch öffentlich beglaubigte Urkunden nachzuweisen. Es wird dringend empfohlen, für den Nachweis der Übertragung innerhalb des Prioritätsjahres und vor der Nachanmeldung Beweisurkunden zu errichten; PA 16. 12. 1905, a. a. O. Die rechtzeitige Übertragung kann nachträglich (spätestens, wenn Entgegenhaltungen im Prioritätsintervall liegen) nachgewiesen werden; PA 1. 11. 1934, Bl. 1935, 33. Aus der Prioritätsübertragungserklärung muß sich expressis verbis der Übergang des Rechts zur Nachanmeldung selbst als auch des Rechts zur Inanspruchnahme der Priorität der Ursprungsanmeldung auf die betreffende Rechtsnachfolgerin ergeben, s. Coldewey, Mitt. 1970, 105. Dazu Ehrmann, Mitt. 1970, 223. Ein Lizenznehmer ist nicht Rechtsnachfolger des Prioritätsrechtes; m. R. Hüfner, GRUR 1907, 129. Wegen des Prioritätsüberganges im ausländischen Recht s. Karsten, Mitt. 1906, 17. Zur Frage, ob auf ein Prioritätsrecht verzichtet werden kann, s. Trüstedt, GRUR Ausl. 1959, 573, 576. Die Frage, ob aus dem Gegenstand einer unzulässigen Erweiterung ein Prioritätsrecht hergeleitet werden kann, haben Trüstedt, GRUR Ausl. 1959, 573, 579, Beier, GRUR Ausl. 1964, 24, 25 und Berkenfeld, Mitt. 1969, 90, erörtert. Unter der Herrschaft des neuen Rechts (§ 26 Abs. 5 Satz 2) wird eine Prioritätsherleitung ausgeschlossen sein.

F. Angabe des Aktenzeichens und Vorlage von Abschriften der Erstanmeldung

15 In Verfolg der Beschlüsse der Lissaboner Revisionskonferenz im Jahr 1958 (vgl. Art. 4 D Abs. 5) war durch das 6. ÜG in § 27 in Satz 2 die Bestimmung aufgenommen worden, daß das **Patentamt den Anmelder nach**

Eingang der Prioritätserklärung aufzufordern hat, das Aktenzeichen der Voranmeldung zu nennen; s. Begr. 6. ÜG, Bl. 1961, 140, 146. Die ausdrücklich vorgeschriebene Aufforderung des Patentamts, **innerhalb einer Frist von zwei Monaten** nach Zustellung der Aufforderung das **Aktenzeichen** der Voranmeldung zu nennen, soll den Anmelder auf die einschneidende Folge (Verwirkung des Prioritätsanspruchs) der nicht rechtzeitigen Mitteilung hinweisen. Für die Fristberechnung kommen die Bestimmungen der §§ 188 Abs. 1 und 188 Abs. 2 BGB in Betracht. Ob wegen Art. 4 D Abs. 3 PVÜ die Zweimonatsfrist nicht vor Ablauf von drei Monaten nach dem Anmeldetag endigen darf, kann fraglich sein, weil beglaubigte Abschriften zunächst nicht verlangt werden; vgl. Ballhaus in Benkard § 27 Anm. 6. Hat der Anmelder das Aktenzeichen schon unaufgefordert, z. B. bei der Anmeldung, genannt, so muß gem. BPatG 23. 11. 1964, E 6, 39, 43, 45 trotzdem eine den besonderen Umständen angepaßte Benachrichtigung an den Anmelder ergehen, damit durch deren Zustellung die Zweimonatsfrist gem. § 27 Satz 2 zur möglichen Änderung der Angaben in Lauf gesetzt wird. Eine Aufforderung zur Angabe des Aktenzeichens ist nur wirksam, wenn sie mit der in § 27 Satz 2 vorgesehenen Fristsetzung verbunden ist; BPatG 2. 7. 1969, Mitt. 1971, 34.

Beglaubigte Unterlagen der Stammanmeldung zum Nachweis der berechtigten Inanspruchnahme der Priorität wurden bisher erst bei einem auftretenden Patenthindernis im Prioritätsintervall angefordert, s. z. B. BPatG 9. 2. 1962, E 1, 75; PA 24. 5. 1935, Bl. 1935, 125; PA 1. 11. 1934, Bl. 1935, 33. Durch das PatÄndG vom 4. 9. 1967 wurde gem. Art. 1 Nr. 16 der § 27 Satz 2 am Ende durch die Bestimmung ergänzt, daß **außer der Mitteilung des Aktenzeichens eine Abschrift der Voranmeldung** einzureichen ist. Deshalb ist nunmehr nach Eingang der Prioritätserklärung der Anmelder vom Patentamt aufzufordern, **innerhalb einer Frist von zwei Monaten** nach Zustellung der Aufforderung sowohl das Aktenzeichen der Voranmeldung zu nennen als auch eine Abschrift der Voranmeldung einzureichen. Hierdurch soll die Prüfung erleichtert werden, »ob die neue Anmeldung denselben Gegenstand hat wie die Voranmeldung und ob somit die Inanspruchnahme der Priorität der Voranmeldung begründet ist«; Begr., Bl. 1967, 225. Vgl. zur Entstehungsgeschichte auch Althammer, GRUR 1970, 209, 214. Solche Abschriften werden im allgemeinen nicht beglaubigt sein. Auch das PA will die einfache Abschrift gelten lassen; Präs. 19. 12. 1968, Bl. 1969, 2. Eine **Beglaubigung** wird insbesondere dann zu fordern sein, wenn im Prioritätsintervall liegender Vergleichsstoff zu berücksichtigen ist. Ob Übersetzungen vorzulegen sind, entscheidet die bearbeitende Stelle; Anm. Best. § 7. Nach BPatG 4. 6. 1970, Mitt. 1971, 34, 35, sollen bei Identität der Unterlagen von Vor- und Nachanmeldung keine Bedenken bestehen, aufgrund einer auf diesen Umstand hinweisenden und vor Ablauf der Zweimonatsfrist abgegebenen Erklärung der Anmelderin das der

Inlandsanmeldung beigefügte Doppel der Anmeldungsunterlagen als Voranmeldungsabschrift anzusehen. Abgesehen davon, daß eine solche Handhabung nur bei deutschsprachigen Originaltexten möglich ist, bestehen Bedenken, weil das der Inlandsanmeldung beigefügte Doppel zur Erfüllung der AnmbestPat der §§ 3 Nr. 2 und 3 a Nr. 8 dient. Die nachträgliche Benutzung zur Erfüllung der Bestimmung des § 27 Satz 2 bezüglich der Frist würde dieser weitgehend ihre Bedeutung nehmen. Bei nach dem 30. 9. 1968 eingegangenen Anmeldungen ergeht Aufforderung gem. § 27 Satz 2 frühestens 1 Monat, spätestens 2 Monate nach dem Anmeldetag; Präs. 19. 12. 1968, a. a. O. Die Zulässigkeit der Forderung beglaubigter Abschriften geht aus Art. 4 D Abs. 3 PVÜ hervor. Werden trotz Aufforderung keine Prioritätsbelege eingereicht, so gilt nur der Anmeldetag, und die Anmeldung ist bei neuheitsschädlichem Material im Prioritätsintervall zurückzuweisen; PA 20. 8. 1935, Bl. 1935, 148. Die nach § 27 Satz 2 und 4 erforderliche, fristgerechte Vorlage einer Abschrift der Voranmeldung wird durch die Einreichung einer deutschen Übersetzung der ausländischen Voranmeldung nicht erfüllt; BPatG 9. 10. 1972, E 14, 202 = Mitt. 1973, 79.

Nach § 43 Abs. 1 Satz 2 ist **nur die Frist zur Nennung des Aktenzeichens** der Voranmeldung von der **Wiedereinsetzung ausgeschlossen**; BGH 14. 1. 1972, Bl. 1972, 171, 173 = GRUR 1973, 139 – Prioritätsverlust.

Die neue Bestimmung (§ 27 Satz 2) gilt auch für vor dem 1. 10. 1968 eingegangene Anmeldungen; Präs. 27. 7. 1968, Bl. 1968, 273, 274 (unter Nr. 6). Nach Mitt. Präs. 19. 12. 1968, Bl. 1969, 2 wird im Hinblick auf BPatG 27. 6. 1962, E 2, 48 die Abschrift der Voranmeldung nur angefordert werden, wenn das Aktenzeichen der Voranmeldung nicht bereits vor dem 1. 10. 1968 angegeben worden ist. Vgl. im einzelnen Prüf. Richtl. VII 2 g. Nach neuerer Auffassung ist die Abschrift in jedem Fall anzufordern, BPatG 26. 6. 1972, Mitt. 1973, 34.

G. Verwirkung von Prioritätsansprüchen

16 Gem. Art. 4 D Abs. 4 Satz 2 der Lissaboner (= Stockholmer) Fassung PVÜ bestimmt jedes Verbandsland die **Folgen der Nichtbeachtung** der in diesem Artikel vorgesehenen Förmlichkeiten; jedoch dürfen diese Folgen über den Verlust des Prioritätsrechts nicht hinausgehen. Die Londoner Fassung dieser Bestimmung besagt im wesentlichen das gleiche.

Bei nicht rechtzeitiger Vorlage der erforderlichen **Angaben zur Prioritätserklärung** (§ 27 Satz 1) und der **Angabe des Aktenzeichens** (§ 27 Satz 2, vgl. Präs. 19. 12. 1968, Bl. 1969, 2) wird der Prioritätsanspruch für die Anmeldung verwirkt (§ 27 Satz 4); s. Anm. 12. Ist das Prioritätsjahr noch nicht abgelaufen, ist Neuanmeldung mit rechtzeitiger Beibringung der erforderlichen Angaben und Unterlagen möglich; ebenso Lutter, § 27 (abweichend § 4 Anm. 3 Abs. 4).

Versäumt der eine Auslandspriorität in Anspruch nehmende Anmelder die ihm vom Patentamt zur Einreichung einer **Abschrift der Voranmeldung** gem. § 27 Satz 2 gesetzte Frist, so wird dadurch der Prioritätsanspruch verwirkt; BGH 14. 1. 1972, GRUR 1973, 139. Damit wurde die zugelassene Rechtsbeschwerde i. S. BPatG 11. 5. 1970, E 11, 204 (ebenso BPatG 6. 7. 1971, 4 W[pat] 37/71) entgegen BPatG 28. 10. 1969, E 11, 34 und BPatG 25. 3. 1971, Mitt. 1971, 94 entschieden. Hierzu vgl. Keil, Mitt. 1972, 208, 211.

Darüber, ob die Unionspriorität formell zu Recht in Anspruch genommen ist, kann gegebenenfalls **vorab entschieden** werden; PA 19. 12. 1914, Bl. 1915, 29; PA 25. 3. 1955, Bl. 1955, 216; BPatG 10. 11. 1967, E 9, 211, 213.

Bei **offensichtlich unbegründetem Prioritätsanspruch,** z. B. wegen Überschreitung der Prioritätsfrist, weil das benannte Land kein Unionsland ist oder weil Personenidentität fehlt, kann seine Aufnahme in den Bekanntmachungsbeschluß nach entsprechendem Zwischenbescheid durch besonderen beschwerdefähigen Beschluß abgelehnt werden; PA 25. 3. 1935, Bl. 1935, 137; PA 18. 12. 1921, Mitt. 1922, 29. Ist bei einer Patentanmeldung über die Inanspruchnahme der Unionspriorität vorab entschieden, so darf vor Rechtskraft dieses Beschlusses über den Patenterteilungsantrag nicht entschieden werden, um eine Irreführung der Öffentlichkeit durch Bekanntmachung eines später sich als unzutreffend erweisenden Prioritätstags zu vermeiden; BPatG 10. 11. 1967, E 9, 211, 213. Über die vorschriftsmäßige Beanspruchung der Priorität wird sonst erst entschieden, wenn neuheitsschädliches Material im Prioritätszeitraum liegt, die Prioritätsfrage also von entscheidender Bedeutung ist. Eine Zwischenentscheidung über den Prioritätsanspruch ergeht dann nicht; PA 24. 5. 1935, Bl. 1935, 125; vgl. auch PA 19. 12. 1914, Bl. 1915, 29. 17

Ebenso wie die Priorität des Anmeldetages kann die im Erteilungsverfahren anerkannte Unionspriorität bezüglich der Frage, ob Identität zwischen Vor- und Nachanmeldung vorliegt, ob die Nachanmeldung von dem früheren Anmelder oder seinem Rechtsnachfolger eingereicht wurde und ob seit der Voranmeldung auch nicht mehr als zwölf Monate verflossen sind, auch im Nichtigkeitsverfahren nachgeprüft werden; PA 17. 6. 1926, Bl. 1926, 221. Dagegen ist eine von der Beschwerdeinstanz ausgesprochene Wiedereinsetzung in die versäumte Frist zur Abgabe der Prioritätserklärung für den Nichtigkeitsrichter bindend; BGH 6. 10. 1959, GRUR Ausl. 1960, 506 – Schiffslukenverschluß.

Verzeichnis der Unionsmitglieder: s. § 15 Anm. 23.

§ 28

(1) Genügt die Anmeldung den vorgeschriebenen Anforderungen (§ 26) offensichtlich nicht, so fordert die Prüfungsstelle den Patentsucher auf, die Mängel innerhalb einer bestimmten Frist zu beseitigen. Diese Frist soll, wenn im Falle des § 27 die Beibringung von Belegen (Abschriften der Voranmeldung nebst Beschreibung, Zeichnungen usw.) gefordert wird, so bemessen werden, daß sie frühestens drei Monate nach Einreichung der Anmeldung endet. Entspricht die Anmeldung nicht den Bestimmungen über die sonstigen Erfordernisse der Anmeldung (§ 26 Abs. 3), so kann die Prüfungsstelle bis zum Prüfungsverfahren (§ 28 b) von der Beanstandung dieser Mängel absehen.

(2) Ist nach Auffassung der Prüfungsstelle offensichtlich, daß der Gegenstand der Anmeldung

1. seinem Wesen nach keine Erfindung ist,
2. eine gewerbliche Verwertung nicht gestattet,
3. nach § 1 Abs. 2 von der Patenterteilung ausgeschlossen ist oder
4. im Falle des § 10 Abs. 1 Satz 2 eine Verbesserung oder weitere Ausbildung der anderen Erfindung nicht bezweckt,

so benachrichtigt die Prüfungsstelle den Patentsucher hiervon unter Angabe der Gründe und fordert ihn auf, sich innerhalb einer bestimmten Frist zu äußern.

(3) Die Prüfungsstelle weist die Anmeldung zurück, wenn die nach Absatz 1 gerügten Mängel nicht beseitigt werden oder wenn die Anmeldung aufrechterhalten wird, obgleich eine patentfähige Erfindung offensichtlich nicht vorliegt (Absatz 2 Nr. 1 bis 3) oder die Voraussetzungen des § 10 Abs. 1 Satz 2 offensichtlich nicht gegeben sind (Absatz 2 Nr. 4). Soll die Zurückweisung auf Umstände gegründet werden, die dem Patentsucher noch nicht mitgeteilt waren, so ist ihm vorher Gelegenheit zu geben, sich dazu innerhalb einer bestimmten Frist zu äußern.

Fassung PatG 1961

(1) Die Anmeldung wird durch die Prüfungsstelle geprüft.

(2) Genügt sie den vorgeschriebenen Anforderungen (§ 26) nicht, so fordert die Prüfungsstelle den Patentsucher auf, die Mängel innerhalb einer bestimmten Frist zu beseitigen. Diese Frist soll, wenn im Falle des § 27 die Beibringung von Belegen (Abschriften der Voranmeldung nebst Beschreibung, Zeichnungen usw.) gefordert wird, so bemessen werden, daß sie frühstens drei Monate nach der Anmeldung endet.

(3) Kommt die Prüfungsstelle zu dem Ergebnis, daß eine nach den §§ 1, 2 und 4 Abs. 2 patentfähige Erfindung nicht vorliegt, so benachrichtigt sie den Patentsucher hiervon unter Angabe der Gründe und fordert ihn auf, sich innerhalb einer bestimmten Frist zu äußern.

ÜBERSICHT

A. Zweck

1 Nach der in § 28 a. F. enthaltenen Regelung war die Anmeldung von der Prüfungsstelle vollständig, d. h. sowohl in formeller als auch in materieller Hinsicht zu prüfen. Nach der **Neuregelung** in § 28 n. F. ist die Prüfung zunächst im wesentlichen auf formelle Mängel, sofern diese **offensichtlich** sind, beschränkt. Zusätzlich ist zu prüfen, ob die angemeldete Erfindung bestimmte materiell-rechtliche Voraussetzungen (§ 28 Abs. 2) erfüllt.

Zuständig für die Offensichtlichkeitsprüfung für die seit dem 1. 10. 1968 eingegangenen Anmeldungen ist die Patentabteilung 01 (s. § 18 Anm. 2, 3) Im einzelnen vgl. **wegen der Neuregelung** vor § 26 Anm. 5 und wegen des Inkrafttretens der Neuregelung und wegen der Übergangsregelung bei §§ 28 b/29 Anm. 4.

Durch die Offensichtlichkeitsprüfung soll verhindert werden, daß dem Patentschutz grundsätzlich nicht zugängliche Anmeldungen, augenscheinlich uneinheitliche Anmeldungen und Anmeldungen, die in grober Weise gegen Formvorschriften verstoßen, offengelegt werden und damit einen gewissen – wenn auch gegenüber einer bekanntgemachten Anmeldung wesentlich eingeschränkten – Schutz erhalten. Ferner soll möglichst vermieden werden, daß Anmeldungen, die offensichtlich nicht im Zusatzverhältnis zu der angegebenen Hauptanmeldung stehen, als Zusatzanmeldungen behandelt werden.

B. Begriff »offensichtlich«

2 Leitgedanke bei der Interpretierung des Begriffs »offensichtlich« muß sein, daß einerseits die Prüfung schnell und ohne zu großen Arbeitsaufwand durchgeführt, und andererseits der vorher angegebene Zweck hinreichend wirkungsvoll erreicht werden kann. Die amtliche Begründung gibt keinen Hinweis für eine Definition des Begriffs. Löscher kommt in seiner Interpretation in Beil. zum BB 7/1968, 7 (I 2, insb. auch Fußn. 14) etwa zu der einleuchtenden Auslegung, daß »offensichtlich« ist, was dem Sachkundigen

aufgrund des ihm unterbreiteten Sachverhalts ohne weitere Nachprüfung zweifelsfrei erkennbar ist. Deshalb müsse die Anmeldung mit den Augen des Fachmanns so gründlich durchgesehen werden, daß die für einen Fachmann »offensichtlichen« Mängel entdeckt werden. Dieser Auffassung ist voll beizutreten, wenn unerträgliche Rechtsunsicherheit durch eine zu große Zahl völlig unklarer Anmeldungen mit ganz unsicheren Patentbegehren vermieden werden soll. Nach BPatG 7. 7. 1969, Mitt. 1971, 192, 192 ist ein **Mangel** (hier: Fehlen der Einheitlichkeit) jedenfalls **dann offensichtlich,** wenn er dem Sachkundigen aufgrund des ihm unterbreiteten Sachverhalts ohne weitere Erhebungen, insbesondere ohne Recherchen und ohne Hinzuziehung sonstiger Erkenntnisquellen aus den Anmeldungsunterlagen selbst erkennbar ist. Die Prüfungsstelle muß sich auch mit dem technischen Gehalt der der Offensichtlichkeitsprüfung zu unterziehenden Anmeldung befassen. Nach BGH 29. 6. 1971, GRUR 1971, 512 = Bl. 1971, 371 – Isomerisierung – ist ein Mangel als offensichtlich i. S. des § 28 Abs. 1 und 2 nur dann zu rügen, wenn er dem Prüfer aufgrund des ihm unterbreiteten Sachverhalts **ohne weitere Sachprüfung** – in technischer und rechtlicher Beziehung – zweifelsfrei als solcher erkennbar ist, d. h. als Mangel offen zutage tritt. **Fragen mit rechtlichem Einschlag** können in der Regel nur dann zur Grundlage der Untersuchungen auf offensichtliche Mängel gemacht werden, wenn insoweit eine gesicherte Rechtsprechung vorliegt; BGH 29. 6. 1971, a. a. O. Ebenso BGH 27. 6. 1972, Bl. 1972, 323 – Gelbe Pigmente. Vgl. ferner BGH 6. 7. 1971, BGHZ 51, 1 = GRUR 1972, 80, 86 unter D 2 – Trioxan; BPatG 5. 12. 1969, E 11, 47, 49 = Mitt. 1970, 97. Wegen des Begriffs Offensichtlichkeit vgl. auch PrüfRichtl. II 5.

C. Zu beanstandende Mängel

3 In der amtlichen Begründung heißt es, die Prüfungsstelle brauche im Verfahrensabschnitt bis zur Bekanntmachung (hier sinngemäß Offenlegung) der Anmeldung nur solche Mängel zu rügen, die einer Bekanntmachung (Offenlegung) der Anmeldung im Wege stehen. Eine Bezeichnung der Mängel im einzelnen empfehle sich nicht, da es von der jeweiligen Fassung der Anmeldebestimmungen für Patente und vom Einzelfall abhängen wird, was als formaler Mangel einer Anmeldung anzusehen ist und ob ein solcher Mangel der Bekanntmachung (Offenlegung) entgegensteht. Hieraus ergibt sich, daß Verstöße gegen die Anmeldebestimmungen, die fast immer offensichtlich sein werden (s. Begr., Bl. 1967, 255 zu Nr. 11) in der Regel zu beanstanden sein werden. Nach Satz 3 im Abs. 1 kann die Prüfungsstelle aber von der Beanstandung von Mängeln, die sich aus den Vorschriften AnmbestPat. ergeben, absehen. Nach den PrüfRichtl. II 3 sind Verstöße gegen die Vorschriften betr. Inhalt und Aufbau der Beschreibung und der

Patentansprüche nicht zu rügen, sofern es sich nicht um so schwerwiegende Mängel handelt, daß die ordnungsgemäße Durchführung der Offensichtlichkeitsprüfung behindert wird.

Da das DPA somit darauf verzichtet, bei der Offensichtlichkeitsprüfung Beanstandungen wegen Nichterkennbarkeit des beanspruchten Erfindungsgedankens (anhand der Ausführungen in der Beschreibung zur Aufgabe und Lösung und der Fassung des Patentanspruchs) zu erheben, wird dadurch wohl das Verfahren bei der Offensichtlichkeitsprüfung sehr abgekürzt, aber für die Vornahme der Recherche und die klare Information der Allgemeinheit ist dieser Verzicht ein schwerwiegender Nachteil.

Insbesondere wird der Patenterteilungsantrag auf Vollständigkeit und auf Übereinstimmung mit dem Inhalt der Vollmacht zu überprüfen sein. Aus dem Antrag muß klar hervorgehen, für wen das Patent begehrt wird (Einzelanmelder, gegebenenfalls unter seiner Firma oder unter seinem bürgerlichen Namen oder für eine Gesellschaft; s. im einzelnen PrüfRichtl. II 3 und § 26 Anm. 3).

Wird die Anmeldung von einem Vertreter eingereicht, ist auf das Vorliegen der Vollmacht zu achten. Geht aus dem Antrag hervor, daß der Anmelder seinen Wohnsitz im Ausland hat, muß ein Inlandsvertreter bestellt sein und die entsprechende Vollmacht (gem. § 16) bei den Akten sein. Auf die Erfüllung dieser Verfahrensvoraussetzungen ist bei der Offensichtlichkeitsprüfung zu achten.

Bei den Anforderungen, die sich aus § 26 ergeben – soweit diese nicht im 4
§ 28 Abs. 2 besonders angeführt sind (vgl. Anm. 5) –, werden außer fehlender Gebühr oder Erfinderbenennung (vgl. im einzelnen wegen der Handhabung bei § 26 Anm. 127) insbesondere fehlende Ansprüche, fehlende kurze und genaue Bezeichnung der Erfindung im Antrag, ganz unverständliche oder widersprüchliche Beschreibung, die das Wesen der Erfindung nicht erkennen läßt, im Vordergrund stehen. Auch nicht reproduktionsfähige Unterlagen werden zu beanstanden sein; vgl. Mitt. Präs. 14. 12. 1968, Bl. 1969, 1 und § 26 Anm. 44. Wegen der Anforderungen an die Druckfähigkeit vgl. auch Mitt. Präs. 4. 10. 1968, Bl. 1968, 301.

Auch die Frage, ob die angemeldete Erfindung **offensichtlich** der erforderlichen **Einheitlichkeit** entbehrt, ist zu prüfen. Bei der Frage handelt es sich um eine materiellrechtliche, die endgültig nur gegenüber dem festgestellten Stand der Technik entschieden werden kann. Da in jeder Anmeldung aber Angaben zum Stand der Technik, zur Aufgabe und Lösung enthalten sein müssen, ist es möglich, auf Grund dieser Angaben und des allgemeinen Fachwissens zu beurteilen, ob offensichtliche Uneinheitlichkeit vorliegt. Auf eine derartige Prüfung kann nicht verzichtet werden, um zu verhindern, daß mißbräuchlicherweise offensichtlich in keinem erfinderischen Zusammenhang stehende Gegenstände in einer Anmeldung angemeldet werden können, und daß eine derart uneinheitliche Erfindung offengelegt wird.

Vgl. hierzu BPatG 7. 7. 1969; s. Anm. 2. Wegen Behandlung der Einheitlichkeit bei der Offensichtlichkeitsprüfung vgl. § 26 Anm. 25 und PrüfRichtl. II 4 a. Nach BGH 29. 6. 1971, Bl. 1971, 371 ff. = GRUR 1971, 512 – Isomerisierung – kann bei der Offensichtlichkeitsprüfung grundsätzlich die Einheitlichkeit sämtlicher für den Anmeldungsgegenstand in Betracht kommender Patentkategorien anerkannt werden. Dabei kann es dahingestellt bleiben, wie die Frage der Einheitlichkeit im Prüfungsverfahren nach Antrag gem. § 28 b Abs. 1 letzten Endes zu entscheiden sein wird. Vgl. hierzu auch BGH 6. 7. 1971, Bl. 1971, 374, 381 unter D 2 – Trioxan.

Werden zu einer **Ausscheidungsanmeldung** nur die ursprünglichen Unterlagen der Stammanmeldung, nicht aber die Ausscheidung betreffende Patentansprüche und eine ihnen formell angepaßte Beschreibung vorgelegt, so liegt ein offensichtlicher Mangel vor; BPatG 22. 12. 1971, E 13, 57.

Vgl. auch Begr., Teil B zu Art. 1, zu Nr. 11, Bl. 1967, 255; Althammer, GRUR 1967, 399 l. Sp.; Schulze/Wesener § 28, Erl. 45.

Wird festgestellt, daß die Erfindung offensichtlich nicht einheitlich ist, muß die Anmeldung auf eine einheitliche Erfindung beschränkt werden, und die anderen Teile müssen ausgeschieden werden; vgl. § 26 Anm. 26, 27.

Da die offenzulegenden Anmeldungsunterlagen in Form von »Offenlegungsschriften« gedruckt werden, wird bei der Offensichtlichkeitsprüfung darauf zu achten sein, daß die Unterlagen bezüglich Satzspiegel, Zeilenabstand, Papierformat so beschaffen sind, daß sie für das anzuwendende Druckverfahren geeignet sind; s. Althammer, GRUR 1967, 399 l. oben.

5 Nach Abs. 2 des neuen § 28 unterliegen der Offensichtlichkeitsprüfung die Fragen,

1. ob der Gegenstand der Anmeldung seinem Wesen nach keine Erfindung ist,
2. ob der Gegenstand der Anmeldung eine gewerbliche Verwertung nicht gestattet,
3. ob wegen § 1 Abs. 2 PatG eine Patenterteilung ausgeschlossen ist, und
4. ob im Falle des § 10 Abs. 1 Satz 2 eine im Zusatzverhältnis stehende Verbesserung oder weitere Ausbildung der anderen Erfindung nicht bezweckt wird.

Bei der Prüfung zu 1. ist zu untersuchen, ob es sich beim Gegenstand der Anmeldung offensichtlich um keine **technische** Erfindung (vgl. § 1 Anm. 4) handelt. Nach Sinn und Zweck des Patentgesetzes ist unter einer Erfindung eine Anweisung zu verstehen, mit bestimmten technischen Mitteln zur Lösung einer technischen Aufgabe ein technisches Ergebnis zu erzielen; BGH 21. 3. 1958, GRUR 1958, 602 = Bl. 1958, 232 – Wettschein. Wissenschaftliche Lehr- und Grundsätze und reine Anweisungen an den menschlichen Geist sollen jedenfalls von vornherein ausgeschieden werden, soweit das offensichtlich ist; im einzelnen vgl. § 1 Anm. 6. Bei der Prüfung zu 2. wird zu untersuchen sein, ob der Gegenstand der Anmeldung in einem technischen Gewerbebetrieb hergestellt bzw. innerhalb eines solchen als technisches Arbeitsmittel benutzt werden kann; dabei ist der Ausdruck »gewerblich« im weitesten Sinn zu verstehen. Vgl. hierzu § 1 Anm. 32. Soweit es sich um die Bestimmungen des § 1 Abs. 2 Nr. 1 (Verstoß gegen gute Sitten) handelt, ist der Vorprüfer berechtigt und verpflichtet, die Texte der einschlägigen Gesetze und der hierzu erlassenen Verordnungen heranzuziehen und – soweit deren Auslegung zweifelsfrei ist – zu berücksichtigen; BPatG 5. 12. 1969, E 11, 47 = Mitt. 1970, 97. Gemäß der Bestimmung des § 1 Abs. 2 Nr. 2 ist zu prüfen, ob die Erfindung nicht eine im Artenverzeichnis zum Sortenschutzgesetz enthaltene Pflanze betrifft; vgl. zu den Patentierungsverboten § 1 Anm. 62 ff. und Prüf. Richtl. II 4 d. Für die Prüfung zu 4. wird die Akte der zugehörigen Hauptanmeldung beizuziehen sein, um entscheiden zu können, ob offensichtlich das Geltendmachen eines Zusatzverhältnisses gegeben ist. Hierbei darf nicht zu großzügig verfahren werden, um zu unterbinden, daß ein ungerechtfertigtes Zusatzverhältnis nur zwecks Gebührenersparnis geltend gemacht wird.

Wegen offensichtlicher formeller Mängel und wegen offensichtlich fehlender Einheitlichkeit und offensichtlicher materiell-rechtlicher Mängel vgl. Prüf. Richtl. II 3 und 4. Wegen der Zuständigkeit bei der Prüfung der Mängel vgl. § 18 Anm. 2 und hier Anm. 6.

D. Zuständigkeit und Verfahren bei der Offensichtlichkeitsprüfung

In Anwendung des § 28 a Abs. 8 Nr. 3 ist mit Wirkung vom 1. 10. 1968 6
eine »Vorprüfungsabteilung« als Patentabteilung 01 (s. § 18 Anm. 2, 3; vgl. fernerhin Althammer, GRUR 1967, 399 l. Sp. letzter Abs. und Haertel, GRUR 1968, 459, 462, 463) gebildet worden, welche die Offensichtlichkeitsprüfung durchführt. Die Offensichtlichkeitsprüfung wird auch durchgeführt, wenn zugleich mit der Anmeldung Prüfungsantrag nach § 28 b gestellt wird. Denn das Vorverfahren, das auch die Klassifizierung enthält, ist nicht trennbar. Außerdem ist auch die rechtzeitige Zahlung der Gebühr wegen der Bestimmung im § 28 b Abs. 3 und die Wirksamkeit des Antrags wegen der Bestimmung des § 28 b Abs. 4 Satz 3 festzustellen. A. A. Ballhaus in Benkard § 28 Anm. 3. Wegen der Praktizierung vgl. Prüf. Richtl. Teil II.

Die Prüfung der Anmeldung auf **offensichtliche formelle Mängel** nach § 28 Abs. 1 – ausgenommen die offensichtlich fehlende Einheitlichkeit – obliegt den Sachbearbeitern des gehobenen und mittleren Dienstes, die mit der Wahrnehmung einzelner den Prüfungsstellen obliegender Geschäfte betraut sind. Die **Offensichtlichkeitsprüfung auf Einheitlichkeit und mate-**

riell-rechtliche Mängel gem. § 28 Abs. 2 wird von den Prüfern der Patentabteilung 01 durchgeführt, die zugleich die **Klassifizierung** der Anmeldung vornehmen; Prüf. Richtl. II 2.

Bei der Offensichtlichkeitsprüfung sind folgende Regeln einzuhalten:

Sofern das Patentamt feststellt, daß aufgrund der Offensichtlichkeitsprüfung gem. § 28 Abs. 1 und Abs. 2 die Anmeldung für die Offenlegung ungeeignet ist, weil sie für die Offenlegung wesentliche Anforderungen nicht erfüllt, oder weil offensichtlich eine dem Patentschutz zugängliche Erfindung nicht vorliegt, oder das geltend gemachte Zusatzverhältnis offensichtlich nicht anerkannt werden kann, so fordert es entweder den Patentsucher auf, die Mängel innerhalb einer bestimmten Frist zu beseitigen, oder benachrichtigt den Patentsucher unter Angabe der Gründe, daß der Gegenstand der Anmeldung dem Patentschutz nicht zugänglich ist, oder daß Antrag auf Erteilung eines selbständigen Patents zu stellen, oder die Anmeldung wegen offensichtlicher Uneinheitlichkeit zu teilen (s. Anm. 4) ist. Dem Patentsucher ist eine angemessene **bestimmte Frist** zur Äußerung zu setzen. Falls die Beibringung von Prioritätsbelegen gefordert wird, soll die Frist hierfür frühestens drei Monate nach Einreichung der Anmeldung enden; § 28 Abs. 1 Satz 2. Diese Frist entspricht der Forderung von Art. 4 D Abs. 3 PVÜ, Lissabonner Fassg.; s. auch § 27 Anm. 15.

Beseitigt der Patentsucher die beanstandeten Mängel oder überzeugt er das Patentamt, daß die Beanstandungen aufgrund des § 28 Abs. 2 ungerechtfertigt sind, so ist die amtliche Offensichtlichkeitsprüfung beendet. Mindestens im letztgenannten Fall sollte der Patentsucher davon unterrichtet werden, daß die betreffenden Beanstandungen nicht weiter aufrechterhalten werden. Beseitigt der Patentsucher die beanstandeten Mängel nicht und hält er seinen Erteilungsantrag auch in einem der Fälle nach § 28 Abs. 2 aufrecht, so ist amtlicherseits zu prüfen, ob die Sache entscheidungsreif ist, oder ob etwa zunächst noch **weitere Umstände** dem Patentsucher mitzuteilen sind, weil die bisherige Stellungnahme noch nicht ausreichend begründet ist. Ist die Sache zurückweisungsreif, ist entsprechend zu beschließen.

Es ist Sache des Anmelders bzw. seines Vertreters, beanstandete Unterlagen entsprechend der amtsüblichen Fassung in Ordnung zu bringen; BPatG 6. 12. 1965, E 8, 39. Vgl. auch §§ 28 b/29 Anm. 37. Ein Antrag auf Berichtigung einer offensichtlichen Unrichtigkeit (§ 26 Abs. 5) kann auch während der Offensichtlichkeitsprüfung gestellt werden, und ist im Rahmen dieser Prüfung auf seine gesetzlichen Voraussetzungen zu prüfen (BPatG 28. 1. 1971, Mitt. 1971, 157, 158); hat der Anmelder einer Offenlegung mit unberichtigten Unterlagen ausdrücklich widersprochen, ist – bei Nichtentsprechen des Berichtigungsantrages – die Anmeldung zurückzuweisen.

Falls die Offensichtlichkeitsprüfung keine Veranlassung zu Beanstandungen gibt oder diese behoben worden sind, werden die Akten bis zum Ablauf der 18-Monats-Frist zurückgestellt; danach wird der Hinweis im Patentblatt gem. § 24 Abs. 4 betr. die Möglichkeit der Akteneinsicht veröffentlicht. Dieser Hinweis im Patentblatt erfolgt auch dann, wenn die Offensichtlichkeitsprüfung noch nicht beendet sein sollte. Für die Offenlegung werden grundsätzlich die ersten druckfähigen Unterlagen verwendet. Fehlende nachgebrachte Unterlagen werden ebenfalls in die Offenlegungsschrift aufgenommen. Nachgereichte Unterlagen sind deutlich zu kennzeichnen. Im einzelnen vgl. Prüf. Richtl. II 6. Ein amtlicher Hinweis auf die erfolgte Offensichtlichkeitsprüfung ist gesetzlich nicht vorgesehen (vgl. auch Löscher, BB 1967, 1055). Etwa gemachte Beanstandungen sind aus der Akteneinsichtnahme zu ersehen. 7

Unaufgefordert eingereichte neue Unterlagen werden zu den Akten genommen und nicht veröffentlicht, auch dann nicht, wenn der Anmelder dies beantragt hat. Auf unzulässige Erweiterungen werden nachgebrachte Unterlagen im Rahmen der Offensichtlichkeitsprüfung nicht geprüft.

Wegen rechtzeitiger Mitteilung einer etwa beabsichtigten Zurücknahme der Anmeldung vor Herausgabe der Offenlegungsschrift vgl. Mitt. Präs. vom 13. 8. 1968, Bl. 1968, 271; s. im einzelnen § 24 Anm. 16.

Nach den Prüf. Richtl. (II 6) soll die abschließende Entscheidung (Zurückweisung der Anmeldung oder Fallenlassen etwaiger Beanstandungen insbesondere bei Inanspruchnahme einer Unionspriorität) spätestens vier Monate nach dem Anmeldetag ergehen. Denn möglichst soll die Anmeldung mit amtsseitig geforderten **Berichtigungen** offengelegt werden. Ist der Abschluß der Offensichtlichkeitsprüfung nicht rechtzeitig möglich, muß Offenlegung mit unberichtigten Unterlagen erfolgen. Gegebenenfalls wird die Anmeldung auch offengelegt, wenn ein Beschwerdeverfahren noch anhängig ist.

E. Zurückweisung der Anmeldung

Erfolgt die Zurückweisung, weil den begründeten Beanstandungen des Patentamts nicht widersprochen ist und keine bereinigten Unterlagen eingegangen sind, kann sich der Zurückweisungsbeschluß auf den Hinweis auf die nicht widersprochenen Gründe des betreffenden Bescheids beschränken. Andernfalls muß in dem Beschluß begründet werden, warum auch die Ausführungen des Patentsuchers in seiner Erwiderung die schon mitgeteilten Gründe nicht haben widerlegen können. Der Beschluß soll sich nur auf wesentliche Tatsachen und Umstände beschränken und möglichst kurz sein. Wegen der Tatsachen kann auf die betreffenden Aktenteile verwiesen werden. Die Zurückweisung darf jedenfalls nicht auf Umstände (vgl. §§ 28 b, 8 c, 29 Anm. 27–30) gegründet werden, zu denen sich der Patentsucher noch nicht äußern konnte. Der Beschluß ist beschwerdefähig (gem. § 36 l). Soweit sich eine Rechtsprechung zur Offensichtlichkeitsprüfung herausgebildet hat, sollte in den dem Beschluß vorangehenden Bescheiden und gegebenenfalls im Zurückweisungsbeschluß kurz auf entschiedene Parallelfälle verwiesen werden.

F. Nachprüfung in der zweiten Instanz

9 In der Beschwerdeinstanz wird in erster Linie zu prüfen sein, ob es sich um einen bei der Offensichtlichkeitsprüfung zu beanstandenden Mangel handelt, gegebenenfalls, ob der beanstandete Mangel tatsächlich besteht oder nicht besteht. Die Frage, ob es sich um einen »offensichtlichen« Mangel handelt, wird nur in Grenzfällen eine Rolle spielen, wenn wegen der Offensichtlichkeit Zweifel bestehen und wenn die Entscheidung der Frage in diesem Stadium des Verfahrens (also bei der »Offensichtlichkeitsprüfung«) unbedingt erforderlich ist. Löscher (BB Beilage 7/1967 Fußn. 15) vertritt mit Recht die Auffassung, daß dann sicherlich kein offensichtlicher Mangel vorliegt, wenn dies auch noch in der zweiten Instanz zweifelhaft ist.

G. Wiederaufnahme der Offensichtlichkeitsprüfung

10 Eine Wiederaufnahme bzw. Fortsetzung der Offensichtlichkeitsprüfung durch die Vorprüfungsabteilung kann in Betracht kommen, wenn aufgrund einer Beschwerde die Sache an das Patentamt zurückverwiesen wird. Die Zurückverweisung kann erfolgen, weil der Anmelder im Verfahren vor der Beschwerdeinstanz die mit Recht beanstandeten Mängel beseitigt hat, oder wenn in der zweiten Instanz festgestellt wird, daß bestimmte Mängel zu Unrecht beanstandet wurden. Auch wenn nach Zurückverweisung an das Patentamt weitere Beanstandungen nicht erfolgen sollten, sollte in solchen Fällen kurz mitgeteilt werden, daß die Offensichtlichkeitsprüfung derzeit als abgeschlossen angesehen wird.

Da nach § 28 Abs. 1 Satz 3 von der Beanstandung gewisser Mängel abgesehen werden kann (vgl. Anm. 4), ist es nicht ausgeschlossen, daß sich z. B. bei der Bearbeitung eines Recherchenantrags ergibt, daß die Beanstandung eines offensichtlichen Mangels, der die sachgerechte Durchführung der Recherche unmöglich macht, unterlassen wurde. In **Ausnahmefällen** sollte deshalb eine Rückgabe der Anmeldung an die Vorprüfungsabteilung mit der Aufforderung, den Anmelder zur Aufklärung des betreffenden Tatbestands zu veranlassen, nicht ausgeschlossen sein; so auch Ballhaus in Benkard § 28 Anm. 11. Vgl. auch Prüf. Richtl. III 4 a.

Wird nachträglich beantragt, eine Anmeldung als Zusatzanmeldung zu einer anderen Anmeldung des gleichen Anmelders zu behandeln, so muß – falls die Offensichtlichkeitsprüfung zunächst abgeschlossen war – diese wieder aufgenommen werden, um zu prüfen, ob das geltend gemachte Zusatzverhältnis anerkannt werden kann.

H. Nennung von Druckschriften?

Löscher, BB, Beil. zu Nr. 7/1967 S. 3 Fußn. 12 hat die Frage aufgeworfen, ob nicht die Möglichkeit zugelassen werden sollte, im Rahmen der Offensichtlichkeitsprüfung in Ausnahmefällen, wenn in mißbräuchlicher Weise die Anmeldung eine mehr oder weniger wörtliche Wiedergabe einer der Vorprüfungsabteilung bekannten Druckschrift darstellt, auf diese von Amts wegen hinzuweisen und die Anmeldung zurückzuweisen. Da die klare Gesetzesvorschrift – wie s. Z. auch das 1. ÜG vom 8. 7. 1949, Art. 2 § 3 Nr. 1 – keine Neuheitsprüfung zuläßt, wird das nicht möglich sein. Ein entsprechender Hinweis auf die betreffende Druckschrift sollte amtlicherseits aber gemacht werden; so auch Ballhaus in Benkard § 28 Anm. 14. Wegen der Regelung des 1. ÜG vgl. Bl. 1949, 229 und PA 30. 3. 1951, Bl. 1951, 156. Art. 2 § 3 Nr. 7 des 1. ÜG ließ vor der Bekanntmachung auch nur die sogenannte Abgrenzungshilfe zu; s. Nr. 18 S. 1242, 1243, Reimer, PatG 2. Aufl. Anhang. 11

§ 28 a

(1) Das Patentamt ermittelt auf Antrag die öffentlichen Druckschriften, die für die Beurteilung der Patentfähigkeit der angemeldeten Erfindung in Betracht zu ziehen sind.

(2) Der Antrag kann von dem Patentsucher und jedem Dritten, der jedoch hierdurch nicht an dem Verfahren beteiligt wird, gestellt werden. Er ist schriftlich einzureichen. § 16 ist entsprechend anzuwenden. Mit dem Antrag ist eine Gebühr nach dem Tarif zu zahlen; wird sie nicht gezahlt, so gilt der Antrag als nicht gestellt. Wird der Antrag für die Anmeldung eines Zusatzpatents (§ 10 Abs. 1 Satz 2) gestellt, so fordert das Patentamt den Patentsucher auf, bis zum Ablauf eines Monats nach Zustellung der Aufforderung für die Anmeldung des Hauptpatents einen Antrag nach Absatz 1 zu stellen; wird der Antrag nicht gestellt, so gilt die Anmeldung des Zusatzpatents als Anmeldung eines selbständigen Patents.

(3) Der Eingang des Antrags wird im Patentblatt bekanntgemacht, jedoch nicht vor der Veröffentlichung des Hinweises gemäß § 24 Abs. 4 Satz 1. Hat ein Dritter den Antrag gestellt, so wird der Eingang des An-

trags außerdem dem Patentsucher mitgeteilt. Jedermann ist berechtigt, dem Patentamt Druckschriften anzugeben, die der Erteilung eines Patents entgegenstehen könnten.

(4) Der Antrag gilt als nicht gestellt, wenn bereits ein Antrag nach § 28 b gestellt worden ist. In diesem Fall teilt das Patentamt dem Antragsteller mit, zu welchem Zeitpunkt der Antrag nach § 28 b eingegangen ist. Die für den Antrg entrichtete Gebühr wird zurückgezahlt.

(5) Ist ein Antrag nach Absatz 1 eingegangen, so gelten spätere Anträge als nicht gestellt. Absatz 4 Satz 2 und 3 ist entsprechend anzuwenden.

(6) Erweist sich ein von einem Dritten gestellter Antrag nach der Mitteilung an den Patentsucher (Absatz 3 Satz 2) als unwirksam, so teilt das Patentamt dies außer dem Dritten auch dem Patentsucher mit.

(7) Das Patentamt teilt die nach Absatz 1 ermittelten Druckschriften dem Patentsucher und, wenn der Antrag von einem Dritten gestellt worden ist, diesem und dem Patentsucher ohne Gewähr für Vollständigkeit mit und macht im Patentblatt bekannt, daß diese Mitteilung ergangen ist.

(8) Der Bundesminister der Justiz wird ermächtigt, zur beschleunigten Erledigung der Patenterteilungsverfahren durch Rechtsverordnung zu bestimmen, daß

1. die Ermittlung der in Absatz 1 bezeichneten Druckschriften einer anderen Stelle des Patentamts als der Prüfungsstelle (§ 18 Abs. 1), einer anderen staatlichen oder einer zwischenstaatlichen Einrichtung vollständig oder für bestimmte Sachgebiete der Technik oder für bestimmte Sprachen übertragen wird, soweit diese Einrichtung für die Ermittlung der in Betracht zu ziehenden Druckschriften geeignet erscheint;

2. das Patentamt ausländischen oder zwischenstaatlichen Behörden Auskünfte aus Akten von Patentanmeldungen zur gegenseitigen Unterrichtung über das Ergebnis von Prüfungsverfahren und von Ermittlungen zum Stand der Technik erteilt, soweit es sich um Anmeldungen von Erfindungen handelt, für die auch bei diesen ausländischen oder zwischenstaatlichen Behörden die Erteilung eines Patents beantragt worden ist;

3. die Prüfung der Patentanmeldungen nach § 28 sowie die Kontrolle der Gebühren und Fristen ganz oder teilweise anderen Stellen des Patentamts als den Prüfungsstellen oder Patentabteilungen (§ 18 Abs. 1) übertragen wird.

Fassung PatG 1961

PatG 1961 enthält § 28 a nicht.

ÜBERSICHT

A. Vorbemerkung und Gesetzeszweck

Die ursprüngliche Absicht, zusammen mit der Offenlegung einen obligatorischen Bericht zum Stand der Technik auf dem Gebiet, dem die Anmeldung zugehört, zu veröffentlichen, wurde schließlich aufgegeben; vgl. hierzu Reg.Entw. Art. 1 Nr. 11 (§ 28 Abs. 3) und amtl. Begr. Teil B zu Art. 1 zu Nr. 11 unter 4, Bl. 1967, 256 und Schriftl. Ber. des Rechtsaussch. Teil A III 5, insbes. Abschn. c, Bl. 1967, 281 r. Sp. Statt dessen werden gem. § 28 a Abs. 1 **nur auf Antrag** vom Patentamt die öffentlichen Druckschriften ermittelt, die für die Beurteilung der Patentfähigkeit der angemeldeten Erfindung in Betracht kommen. 1

Der **Recherchenbericht** wurde vom Gesetzgeber vorgesehen, um den interessierten Kreisen trotz Fortfalls der obligatorischen Prüfung auf Patentfähigkeit zu ermöglichen, sich aufgrund des Berichts ein Bild von der Stichhaltigkeit bzw. Bedeutung des Gegenstands der Anmeldung zu machen.

Die Prüfungsrichtlinien befassen sich im Abschn. III mit der isolierten Recherche.

Wegen der Zahl der gestellten Recherchenanträge s. Statistik DPA für 1972 Bl. 1973, 68 ff.

B. Antragstellung

I. Antragszeitraum / Antragsteller

2 Da im § 28 a über den Zeitraum der möglichen Antragstellung nichts gesagt ist, ergibt sich, daß der Antrag vom Anmelder gleichzeitig mit der Anmeldung gestellt werden kann und von einem Dritten, sobald er durch die Bekanntmachung der Offenlegung oder sonstwie von der Anmeldung erfährt. Selbstverständlich kann auch der Erfinder den Antrag stellen, es sei denn, zwischen ihm und dem Anmelder seien besondere Vereinbarungen hierüber getroffen. Die Stellung eines Recherchenantrags erübrigt sich, sobald Prüfungsantrag gestellt oder der siebenjährige Zeitraum hierfür verstrichen ist.

II. Voraussetzungen für wirksame Antragstellung

3 Der Antrag muß **schriftlich** gestellt werden. Um eine »Unwirksamkeit« (vgl. Abs. 6) des Antrags zu vermeiden, werden als von dem antragsberechtigten Personenkreis zu erfüllende Voraussetzungen und als an die Schriftlichkeit des Antrags zu stellende Anforderungen im wesentlichen die gleichen wie bei einem Patenterteilungsantrag zugrunde zu legen sein; vgl. § 26 Anm. 2–5. Bei Stellung des Antrags durch einen Vertreter vgl. § 26 Anm. 7, 8. Der Antrag erfordert keine Begründung. Wer im Inland weder Wohnsitz noch Niederlassung hat, bedarf eines Vertreters nach § 16 PatG; vgl. § 16 Anm. 3 bis 6.

Der Antrag ist **gebührenpflichtig;** die Gebühr beträgt 100 DM. Bei **Nichtzahlung** gilt der Antrag als nicht gestellt. Die für einen Recherchenantrag gezahlte Gebühr kann nach Rücknahme dieses Antrags nicht für einen später erneut gestellten Recherchenantrag verwendet werden; BPatG 20. 12. 1971, E 13, 195 = Mitt. 1972, 117. Die analoge Anwendung des § 28 b Abs. 5 (Fortsetzung des Verfahrens von Amts wegen nach Antragsrücknahme) ist auf das Recherchenverfahren nicht anwendbar; BPatG 20. 12. 1971, a. a. O. Wegen Ermäßigung der Prüfungsgebühr bei vorher gestelltem Recherchenantrag vgl. §§ 28 b, c, 29 Anm. 12. Einstweilige Befreiung von der Zahlung der Antragsgebühr ist im Wege des Armenrechts gem. § 46 b Abs. 2 Nr. 2 möglich. Ist der Antragsteller ein Dritter, muß ein eigenes schutzwürdiges Interesse geltend gemacht werden. Im einzelnen vgl. wegen des Armenrechts § 46 b Anm. 2, 4 und 8. Auf Antrag und gegen Zahlung einer Gebühr von 15 DM werden Ablichtungen von den ermittelten Druckschriften geliefert; Bl. 1973, 209.

III. Antragstellung im Falle eines Zusatzpatents

4 Nach § 28 a Abs. 2 Satz 5 muß der Patentsucher einen Recherchenantrag für das Hauptpatent stellen, falls ein Recherchenantrag für das betreffende

Zusatzpatent gestellt ist; das gilt auch, wenn der Recherchenantrag für das Zusatzpatent von einem Dritten gestellt ist. Hierzu ergeht amtliche Aufforderung mit einmonatiger Frist, die mit der Zustellung beginnt. Die Klärung der Frage kann nicht dahingestellt bleiben; BPatG 9. 10. 1970, GRUR 1971, 88. Die gesetzliche Regelung rechtfertigt sich deshalb, weil eine Zusatzanmeldung meist ohne Kenntnisnahme der Hauptanmeldung nicht verständlich ist; für die Recherche der Zusatzanmeldung muß die Hauptanmeldung somit ohnehin herbeigezogen werden, was zusätzlich Arbeit erfordert. Wegen der engen Verbindung zwischen Haupt- und Zusatzanmeldung wird außerdem weitgehend der entgegengehaltene Vergleichsstoff derselbe sein, so daß ohne die gesetzliche Regelung für die Hauptanmeldung die Recherche praktisch kostenlos erstellt würde. Im zweiten Satzteil des Satzes 5 wird bestimmt, daß die Zusatzanmeldung als selbständige Anmeldung weiterbehandelt wird, falls Recherchenantrag für die Hauptanmeldung nicht gestellt wird. Damit kann zwar nicht verhindert werden, daß mittels einer Recherche praktisch für zwei Anmeldungen der Vergleichsstoff genannt wird, aber dem Anmelder geht die Gebührenermäßigung des Zusatzanmelders verloren. Tetzner, Mitt. 1969, 188 ist zuzustimmen, daß – falls nach Ablauf der Monatsfrist ein Recherchenantrag in der Hauptanmeldung nicht gestellt ist und darauf die Anmeldung des Zusatzpatents als selbständige Anmeldung gilt – eine Wiederherstellung des Zusatzverhältnisses nicht zulässig ist; a. M. wohl Ballhaus in Benkard § 28 a Anm. 16.

IV. Bekanntmachung des Recherchenantrags

Der **Eingang eines Recherchenantrags** wird gem. Abs. 3 des § 28 a im 5
Patentblatt (vgl. § 24 Abs. 4) **bekanntgemacht,** jedoch nicht vor der Veröffentlichung eines Hinweises im Patentblatt (gem. § 24 Abs. 4 Satz 1) auf die Möglichkeit der Einsicht in die Akten der gleichen Anmeldung nach durchgeführter Offensichtlichkeitsprüfung. **Falls** ein **Dritter den Recherchenantrag** gestellt hat, wird der Patentsucher vom Patentamt benachrichtigt.

V. Behandlung von Recherchenanträgen bei bereits gestellten Anträgen

Ist bei Eingang eines Recherchenantrags **bereits ein Prüfungsantrag** nach 6
§ 28 b **gestellt,** so gilt erstgenannter als nicht gestellt; Abs. 4 Satz 1. Dem Antragsteller wird die Antragsgebühr zurückgezahlt und mitgeteilt, wann der Antrag nach § 28 b eingegangen ist; Abs. 4 Satz 2 und 3. In gleicher Weise wird beim **Eingang weiterer Recherchenanträge** verfahren, wenn bereits ein Recherchenantrag vorliegt; Abs. 5. Im Abs. 6 ist bestimmt, daß dem Antragsteller und dem Patentsucher mitzuteilen ist, wenn sich der

Recherchenantrag des Dritten als unwirksam erweist. Die Mitteilung an den Anmelder oder einen Dritten gem. § 28 a Abs. 4 bzw. § 28 b Abs. 4 Satz 2, daß bereits ein Antrag nach § 28 a bzw. 28 b gestellt ist, sollte in der Regel erst ergehen, wenn feststeht, daß der frühere Antrag wirksam ist. Ebenso Ballhaus in Benkard § 28 a Anm. 15, der in diesem Zusammenhang noch auf die schwerwiegenden Folgen hinweist, die sich u. U. aus § 28 a Abs. 2 Satz 5 für den Patentsucher ergeben. Wird erst nach ergangener Mitteilung, daß bereits ein Antrag vorliegt (der zunächst für wirksam gehalten wurde), festgestellt, daß dieser doch nicht wirksam ist, weil sich z. B. erst nachträglich herausgestellt hat, daß der Antragsteller nicht prozeßfähig ist (vgl. auch Anm. 3 und 10), so müßte von der **Unwirksamkeit** gegebenenfalls auch ein Dritter unterrichtet werden, der ebenfalls einen Recherchenantrag gestellt hatte.

Im Gesetz ist im § 28 b Abs. 4 Satz 1 nur das Verfahren geregelt, wenn bei Eingang eines Prüfungsantrags schon ein Recherchenantrag vorliegt. Wird aber ausnahmsweise gleichzeitig Antrag auf Druckschriftenermittlung (§ 28 a) und auf Prüfung (§ 28 b) gestellt, so kann das nur so gedeutet werden, daß erst ein Recherchenbericht anzufertigen und mitzuteilen ist. Darauf beginnt erst das Prüfungsverfahren. Im Zweifelsfall sollte beim Anmelder zurückgefragt werden, ob wirklich erst ein Recherchenbericht gewünscht wird. Vgl. Prüf. Richtl. III 1 Abs. 4.

VI. Unzulässigkeit von Recherchenanträgen für vor dem 1. 10. 1968 eingegangene Anmeldungen

7 Nach Art. 7 § 1 Abs. 2 Nr. 2 des PatÄndG vom 4. 9. 1967 ist für die bei Inkrafttreten des Änderungsgesetzes noch nicht erledigten Patentanmeldungen § 28 a nicht anzuwenden, soweit nicht in § 28 b seine entsprechende Anwendung bestimmt ist; s. hierzu bei § 28 b Anm. 7. Die Regelung verstößt nicht gegen das Grundgesetz, BPatG 14. 12. 1970, rechtskr., Leits. Bl. 1971, 188 = E 12, 34; ebenso BPatG 9. 12. 1971, Mitt. 1972, 171 (rechtskr.). In Mitt. Präs. vom 22. 7. 1968, Bl. 1968, 273 ist unter Nr. 2, letzter Abs. nochmals ausdrücklich darauf hingewiesen, daß Recherchenanträge für vor dem 1. 10. 1968 eingegangene Anmeldungen nicht zulässig sind, daß bei trotzdem gestellten Anträgen auf deren Unzulässigkeit hingewiesen wird und die eingezahlten Gebühren zurückgezahlt werden. Wegen der Handhabung im Falle einer Zusatzanmeldung, deren Hauptanmeldung vor dem 1. 10. 1968 eingegangen ist, vgl. Prüf. Richtl. III 1 Abs. 5.

C. Die Recherche

I. Der Wille des Gesetzgebers

Nach dem Willen des Gesetzgebers, wie er im Schriftl. Ber. des Rechtsaussch. im Teil B zu Art. 1 zu Nr. 11 a unter 2, Bl. 1967, 284 r. Sp. vorletzter Abs. in den beiden letzten Sätzen zum Ausdruck gebracht ist, soll der Bericht über den Stand der Technik die Anmeldung vollständig umfassen und auch vielleicht vorweg gewisse Änderungsmöglichkeiten berücksichtigen, die sich im Falle eines Prüfungsverfahrens ergeben könnten. Der Bericht über den Stand der Technik sei also aufwendiger als die gezielte Recherche im Prüfungsverfahren; ebenso Löscher, Beilage 7/1967 zum BB auf S. 5 in Fußn. 20. Bei Vergabe der Recherche an reine Rechercheure wird deren Nichterfahrung in der Prüfung von Patentanmeldungen durch entsprechende Ausbildung so weit wie möglich ausgeglichen werden müssen. Vgl. auch zur Frage der isolierten und der gezielten Recherche Habrich, GRUR 1969, 599. 8

II. Voraussetzungen für die Durchführung der Recherche

Die Recherche soll auf die drei Kriterien »Neuheit, technischer Fortschritt, Erfindungshöhe« abstellen; Mitt. Präs. 23. 8. 1968, Bl. 1968, 272. Voraussetzung für die Möglichkeit der Erstellung einer ihren vom Gesetzgeber beabsichtigten Zweck erfüllenden Recherche ist das **Vorhandensein einer geeigneten Bezugsgrundlage** in Gestalt der ursprünglichen Beschreibung einschließlich der Patentansprüche; s. Anm. 10. Entstehen bei der Durchsicht dieser Unterlagen bei der Bearbeitung eines Recherchenantrags Schwierigkeiten, um ein zutreffendes Bild von der Erfindung zu erhalten, die Gegenstand der Anmeldung ist, so wird das meist ein Indiz für eine den Anmeldebestimmungen (§§ 3, 3 a) nicht entsprechende Anmeldung sein. Wegen eines möglichen Versuchs, diesen offensichtlichen Mangel durch den Anmelder beheben zu lassen, vgl. Anm. 10. Bei der Vorlage neuer Unterlagen oder Ergänzungen wird der Anmelder darauf zu achten haben, daß keine unzulässigen Erweiterungen in die Anmeldung gelangen, weil daraus keine Rechte hergeleitet werden können; vgl. § 26 Anm. 95. Der Anmelder muß sich deshalb im eigenen Interesse stets die **Folgen mangelnder Sorgfaltspflicht** bei der Abfassung der ursprünglichen Unterlagen vor Augen halten; vgl. § 26 Anm. 41. 9

Durch das Fehlen von Angaben zum technischen oder therapeutischen Effekt in den ursprünglichen Unterlagen von chemische Stofferfindungen betreffenden Anmeldungen wird die Erstellung des Recherchenberichts erheblich behindert. Aus grundsätzlichen Erwägungen hält BGH 14. 3. 1972,

Bl. 1972, 319 = GRUR 1972, 541 = Mitt. 1972, 168 – Imidazoline, solche Angaben in den ursprünglichen Unterlagen aber nicht für unabdingbar. Da die Angaben zum technischen und therapeutischen Effekt auch noch nachträglich geändert werden können (BGH 14. 3. 1972, a. a. O.) hat eine Rückfrage beim Anmelder während des Verfahrens nach § 28 a kaum viel Sinn, ganz abgesehen von der Verfahrensverzögerung. Derartige Recherchenberichte werden also zum Teil lückenhaft sein können.

Wegen Einzelheiten betr. den Recherchenbericht s. Anm. 13. Röhl, Chem.-Ing.-Techn. 1970, 1287, berichtet über die im DPA für den Prüfstoff in Betrieb genommene Datenverarbeitungsanlage.

III. Durchführung der Recherche

1. Zuständige amtliche Stelle, Prüfung der Zulässigkeit des Antrags und Ausgangspunkt für die Ermittlungen

10 Zur Durchführung der Recherche leitet die Patentabteilung 01 nach Eingang eines entsprechenden Antrags und Prüfung von dessen Zulässigkeit die Unterlagen der zuständigen Stelle im DPA (Dienststelle Berlin) zu; vgl. § 18 Anm. 3. Gegebenenfalls sind Mitteilungen Dritter zum Stand der Technik (s. Anm. 16) oder Austausch-Recherchenergebnisse (s. Anm. 14) beizufügen. Durch Antragstellung eines Dritten wird dieser nicht Verfahrensbeteiligter im eigentlichen Sinn; § 28 a Abs. 2 Satz 1. Diese Bestimmung kann aber nicht ausschließen, den Dritten, soweit es sich um die Erfüllung der Voraussetzungen für eine wirksame Antragstellung handelt (vgl. Anm. 3) von Amts wegen auf Mängel seines Antrags hinzuweisen und ihm eine angemessene Frist zu ihrer Beseitigung zu geben, vgl. hierzu auch Löscher, BB Beil. zu Nr. 7/1967, insb. Fußn. 27 und Ballhaus in Benkard § 28 a Anm. 13. An dem Verfahren betr. die Prüfung der Zulässigkeit des Antrags durch die Patentabteilung 01 ist nur der jeweilige Antragsteller beteiligt. Die Unwirksamkeit bzw. Unzulässigkeit eines Recherchenantrags ist durch beschwerdefähigen Beschluß festzustellen; ebenso Ballhaus in Benkard § 28 a Anm. 14, 22.

Als Ausgangspunkt für die Ermittlungen werden in erster Linie die zum Zeitpunkt des Antrags gültigen Patentansprüche dienen. Ist der Hauptanspruch sehr allgemein gehalten, wird besonderes Augenmerk auf die Unteransprüche zu richten sein. Die Beschreibungseinleitung sollte zur Orientierung darüber, welchen Stand der Technik der Anmelder selbst zugrunde gelegt hat und welche Aufgabe durch den Gegenstand der Erfindung gelöst werden soll, regelmäßig vor der Recherche gelesen werden. Inwieweit zum Verständnis des Patentbegehrens bzw. zur Erfassung dessen, was als Gegenstand der Anmeldung anzusehen ist, die spezielle Beschreibung heranzuziehen ist, wird vom Einzelfall abhängen.

Enthalten die Unterlagen der Durchführung der Recherche entgegenstehende, aber ohne unzulässige Erweiterung behebbar erscheinende Unklarheiten, sollte der Anmelder mit kurzer Frist zur Aufklärung aufgefordert werden. Hierfür ist die Patentabteilung 01 zuständig; vgl. § 28 Anm. 10. Wegen der Behandlung unklarer und unverständlicher Unterlagen und falsch klassifizierter Anmeldungen vgl. Prüf. Richtl. III 4 a bzw. c. Ein unmittelbarer Verkehr zwischen dem Rechercheur und dem Antragsteller findet auf keinen Fall statt; Prüf. Richtl. III 2.

Eine bei der Durchführung der Recherche festgestellte **Uneinheitlichkeit** bleibt unberücksichtigt; es werden sämtliche Patentansprüche recherchiert; Prüf. Richtl. III 4 b. Im Falle **falsch ausgezeichneter Patentanmeldungen** wird die Recherche zwar von der zuständigen Stelle durchgeführt, aber eine förmliche Umschreibung findet nicht statt; Prüf. Richtl. III 4 c. Stellt die Recherchenstelle fest, daß sachlich noch andere Stellen bei der Recherche zu berücksichtigen sind, so werden diesen aufgrund eines entsprechenden Vermerks über die Geschäftsstelle die Akten zugeleitet; Prüf. Richtl. III 6. Innerhalb einer Patentabteilung können die Akten auch von Hand zu Hand weitergegeben werden; s. Prüf. Richt. a. a. O.

2. Ermächtigung betr. die Recherchenstelle

In Abs. 8 des § 28 a sind drei näher bezeichnete Ermächtigungen für den Bundesjustizminister zum Erlaß von Rechtsverordnungen enthalten, um den Ablauf des Patenterteilungsverfahrens zu beschleunigen. 11

Nach Nr. 1 kann bestimmt werden, daß die Ermittlung der in Betracht zu ziehenden Druckschriften einer anderen Stelle des Patentamts, einer anderen staatlichen Stelle oder einer zwischenstaatlichen Einrichtung – soweit diese hierfür geeignet erscheint – übertragen werden kann. Die Übertragung kann vollständig oder für bestimmte Sachgebiete der Technik oder für bestimmte Sprachen geschehen. Als Recherchenstelle außerhalb des Patentamts kam z. Z. des Erlasses des PatÄndG außer der ehemaligen Treuhandstelle Reichspatentamt in Berlin nur das Internationale Patentinstitut in Den Haag in Betracht. Letztgenannte dürfte wegen der hohen Kosten z. Z. nur ganz ausnahmsweise herangezogen werden können. Im einzelnen vgl. hierzu amtl. Begründung Teil B zu Art. 1 zu Nr. 11 unter 5, Bl. 1967, 256 und Althammer in GRUR 1967, 400 r. Sp.

Von der Ermächtigung des § 28 a Abs. 8 ist durch Erlaß der VO zu § 28 a 12
des PatG vom 1. 10. 1968, Bl. 1968, 302, durch den Bundesjustizminister Gebrauch gemacht worden. Die Ermittlung der für die Beurteilung der Patentfähigkeit einer angemeldeten Erfindung in Betracht zu ziehenden öffentlichen Druckschriften ist nach § 1 der VO der **Technischen Abteilung der Dienststelle Berlin des DPA übertragen** worden. Diese Technische Abteilung wurde aus der vom Bund übernommenen und in das DPA eingeglie-

derten ehemaligen Treuhandstelle RPA gebildet; vgl. Präs. 26. 4. 1968, Bl. 1968, 141; s. hierzu Vorbemerkung vor § 17 Anm. 2. Die Regelung nach § 3 der VO ist überholt. Nach Vervollständigung des Prüfstoffes ist die Dienststelle Berlin des DPA allein für die Durchführung der Recherche zuständig und verantwortlich (Ausnahme: falls in Berlin Fehlanzeige); Mitt. Präs. 14. 12. 1972, Bl. 1973, 2.

3. Der Recherchenbericht

13 Die **Recherche** wird den gesamten Vergleichsstoff erfassen; bei vertretbarem Aufwand wird ein bestmögliches Ergebnis anzustreben sein. Grundsätzlich sollen alle Ansprüche nach den Lösungsmitteln erfaßt werden. Unteransprüche werden gegebenenfalls zusammengefaßt berücksichtigt. Zeichnung und Beschreibung werden nur dann näher durchgesehen, wenn es zur Feststellung der Aufgabe erforderlich ist. Das herangezogene Material soll nicht nur zur Beurteilung der Neuheit, sondern auch zur Beurteilung von Fortschritt und Erfindungshöhe dienen. Gegebenenfalls werden für jedes Merkmal mehrere Druckschriften genannt.

Falls Kombinationsansprüche aufgestellt sind, soll nach den Prüf. Richtl. III 3 die Kombination nur als Ganzes recherchiert werden. Auf die Einzelmerkmale soll danach die Kombination nur recherchiert werden, wenn deren wesentliche Bedeutung offensichtlich ist. Wegen der uneinheitlichen Behandlung des Kombinationsbegriffs (s. § 26 Anm. 63–66 und auch Anm. 107) wird in der Regel das Bekanntsein von Einzelmerkmalen, insbesondere aber von sog. Unterkombinationen zu belegen sein; vgl. §§ 28 b/29 Anm. 33. Nach den Prüf. Richtl. III 3 brauchen Merkmale, die in den Ansprüchen nicht erscheinen, selbst dann nicht berücksichtigt zu werden, wenn sie in der Beschreibung als erfindungswesentlich bezeichnet sind.

Es werden auch im Prioritätsintervall liegende Druckschriften angegeben. Inländische **ältere Rechte** können bei der Recherche nur soweit berücksichtigt werden, wie entsprechende Offenlegungsschriften vorhanden sind. Eine **Bewertung** der genannten Druckschriften mit Bezug auf den Gegenstand der Anmeldung muß selbstverständlich unterbleiben.

Wieweit gegebenenfalls von dritter Seite genannter Vergleichsstoff (s. Anm. 16) oder im Austauschwege erhaltene Recherchenergebnisse berücksichtigt werden, steht grundsätzlich im pflichtgemäßen Ermessen der recherchierenden Stelle. Nur wenn dieses Material offensichtlich neben der Sache liegt, sollte auf seine Angabe verzichtet werden. Die **Recherche** wird **regelmäßig sechs Monate nach dem Anmelde- bzw. Prioritätstag** durchgeführt, da dann erst im wesentlichen aller Prüfstoff vorhanden ist. **Bei ausdrücklichem Verlangen** des Antragstellers, das im Antrag nach § 28 a zum Ausdruck kommen muß, wird die Recherche unverzüglich durchgeführt. Eine spätere Nachrecherche im vervollständigten Prüfstoff findet aber nicht statt.

Vgl. hierzu Mitt. Präs. 1. 12. 1969, Bl. 1969, 365. Als Bearbeitungszeit wird von zwei bis drei Monaten auszugehen sein, zumal u. U. der Prüfungsbericht mehrerer Abteilungen zusammenzufassen sein wird.

Im einzelnen vergl. hierzu die Mitt. des Präs. DPA über die **Durchführung der Druckschriftenermittlungen** nach § 28 a PatG vom 23. 8. 1968, Bl. 1968, 272. Daraus geht hervor, daß – falls für ein Merkmal mehrere gleiche Patentschriften ermittelt worden sind – diese alle genannt werden. Vgl. hierzu auch Prüf. Richtl. III 3. Es wird ausdrücklich darauf hingewiesen, daß eine Gewähr für die Vollständigkeit nicht geleistet wird (§ 28 a Abs. 7 PatG). Im einzelnen sind **Angaben zur Ausgestaltung des Recherchenberichts** gemacht: Auf Blatt 1 befinden sich sämtliche bibliographischen Daten und die Angabe sämtlicher Klassen, Unterklassen usw., in denen eine Recherche durchgeführt worden ist. In einer Anlage zum Recherchenbericht werden die ermittelten Druckschriften (gegebenenfalls mit Stellenhinweisen) im Vergleich mit den einzelnen Patentansprüchen aufgeführt. Anschließend hieran wird in einem besonderen Abschnitt zur Abrundung des allgemeinen Standes der Technik ermitteltes Material genannt.

Wegen der Ausgestaltung des Recherchenberichts im einzelnen vgl. Prüf. Richtl. III 5.

Die Reihenfolge der benannten Druckschriften stellt keine Wertigkeit dar. Die **Druckschriftenliste** wird auch in der **Offenlegungsschrift** veröffentlicht, sofern der Recherchenbericht rechtzeitig vor der Offenlegung erstellt worden ist.

Es wurde angestrebt, die deutsche nationale Recherche so auszugestalten, daß sie sich mit der künftigen internationalen Recherche in Form und Inhalt möglichst deckt; Haertel, GRUR 1968, 459, 463.

4. Ermächtigung betr. internationalen Austausch von Recherchenergebnissen

Es soll dem Patentamt gem. Abs. 8 des § 28 a erlaubt werden können, 14
ausländischen oder zwischenstaatlichen Behörden **Auskünfte aus Akten von Patentanmeldungen** zur gegenseitigen Unterrichtung über das Ergebnis von Ermittlungen zum Stand der Technik zu erteilen, soweit bei den genannten ausländischen oder zwischenstaatlichen Behörden Parallelanträge auf Patenterteilung vorliegen. Diese vorsorglich weit gefaßte Ermächtigung soll die Möglichkeit eröffnen, Doppel- oder Mehrfacharbeit bei verschiedenen Patentämtern so weit wie möglich zu vermeiden. Probewise wurde ein Austausch von einer größeren Zahl von Recherchenergebnissen zwischen dem DPA und dem Patentamt der VStA im Jahre 1965 durchgeführt; vgl. Mitt. Präs. des DPA vom 24. 6. 1965, Bl. 1965, 217 f. Vgl. auch GRUR Ausl. Ber. Nr. 711/70 – 1292 – 1929 – GRUR Int. 1970 GRUR – Ber.

S. 102. Die Ergebnisse dieses Versuchs wurden in einem gemeinsamen Bericht beider Patentämter niedergelegt. Der Austausch von Recherchenergebnissen soll zukünftig zu einer ständigen Einrichtung gemacht werden; vgl. Bl. 1967, 145 bis 147. Hierzu und wegen denkbarer zukünftiger Entwicklungen vgl. amtl. Begr. Teil B zu Art. 1 zu Nr. 11 unter 6, Bl. 1967, 256 r. Sp. und Althammer, GRUR 1967, 401 l. Sp. Abs. 2. Im § 2 der VO vom 1. 10. 1968 (s. unter 1) ist vom Bundesjustizminister auch von dieser Ermächtigung Gebrauch gemacht.

Vgl. auch Anhang betr. Internationale Regelungen und Bestrebungen, Anm. 14, 15, 63, 129.

5. Ermächtigung zur Bildung der »Vorprüfungsabteilung«

15 Es soll gem. § 28 a Abs. 8 Nr. 3 bestimmt werden können, daß die Offensichtlichkeitsprüfung nach § 28 sowie die Kontrolle der Gebühren und Fristen ganz oder teilweise anderen Stellen des Patentamts als den Prüfungsstellen oder Patentabteilungen (§ 18 Abs. 1) übertragen wird; s. schriftl. Ber. Rechtsaussch., Teil B zu Art. 1 zu Nr. 11 a unter 1 b letzter Abs. Zur Bildung der Vorprüfungsabteilung (Pat. Abt. 01) vgl. § 28 Anm. 6, § 28 a Anm. 12 und § 18 Anm. 2, 3.

IV. Berechtigung Dritter zur Benennung von Vergleichsstoff

16 Eine wichtige Bestimmung, die bei sinnvoller Ausnutzung durch die Mitbewerber erheblich zur frühzeitigen Klarstellung der Bedeutung des Gegenstands der einzelnen Anmeldungen und damit zur Rechtssicherheit beitragen kann, ist die Berechtigung für jedermann, dem Patentamt Druckschriften mitzuteilen, die der Erteilung eines Patents entgegenstehen könnten; vgl. § 28 a Abs. 3 Satz 3. Eine zeitliche Beschränkung enthält die Bestimmung des Abs. 3 Satz 3 nicht. Entsprechende Mitteilungen sind dem Anmelder alsbald formlos bekanntzugeben und deshalb in doppelter Ausfertigung einzureichen; auch kommt Übersendung einer amtlichen Ablichtung in Betracht; Prüf. Richtl. III 4 d.

Wird nach Ablauf der Einspruchsfrist von einem Dritten Material genannt und liegt kein zulässiger Einspruch vor, so ist die Prüfungsstelle zuständig und muß gegebenenfalls dem Anmelder mit Äußerungsfrist mitteilen, ob bzw. in welchem Umfang ihrer Meinung nach noch eine Patenterteilung möglich erscheint; vgl. hierzu GRUR 1971, 109 mit Hinw. auf BPatG 3. 2. 1971. Liegen in einem solchen Fall wirksame Einsprüche vor, ist die Patentabteilung oder das BPatG zuständig; hierzu BPatG 2. 12. 1970, E 12, 153, 158 = Bl. 1971, 188. Vgl. auch § 32 Anm. 48.

Wegen der Verpflichtung des Patentsuchers, Angaben zum Stand der Technik zu machen und in ausländischen Parallelanmeldungen erfolgte Entgegenhaltungen zu nennen, vgl. § 26 Anm. 80, 81.

V. Bekanntmachung des Ergebnisses

Die aufgrund eines Recherchenantrags ermittelten Druckschriften werden vom Patentamt dem Patentsucher und gegebenenfalls einem dritten Antragsteller ohne Gewähr der Vollständigkeit von Amts wegen mitgeteilt; § 28 a Abs. 7. Im Patentblatt wird bekanntgemacht, daß diese Mitteilung ergangen ist; siehe Abs. 7. Gegebenenfalls kann die Mitteilung mit dem Offenlegungshinweis verbunden werden. Jedermann kann sich daraufhin durch Akteneinsichtnahme über das Recherchenergebnis unterrichten und dementsprechend seine weiteren Entschließungen fassen. Die Gebühr für die Mitteilung der entgegengehaltenen Druckschriften beträgt 4 DM. 17

§ 28 b

(1) Das Patentamt prüft auf Antrag, ob die Anmeldung den vorgeschriebenen Anforderungen (§ 26) genügt und ob der Gegenstand der Anmeldung nach den §§ 1, 2 und 4 Abs. 2 patentfähig ist.

(2) Der Antrag kann von dem Patentsucher und jedem Dritten, der jedoch hierdurch nicht an dem Prüfungsverfahren beteiligt wird, bis zum Ablauf von sieben Jahren nach Einreichung der Anmeldung gestellt werden.

(3) Mit dem Antrag ist eine Gebühr nach dem Tarif zu zahlen; wird sie nicht gezahlt, so gilt der Antrag als nicht gestellt.

(4) Ist bereits ein Antrag nach § 28 a gestellt worden, so beginnt das Prüfungsverfahren erst nach Erledigung des Antrags nach § 28 a. Im übrigen ist § 28 a Abs. 2 Satz 2, 3 und 5, Abs. 3, 5 und 6 entsprechend anzuwenden. Im Falle der Unwirksamkeit des von einem Dritten gestellten Antrags kann der Patentsucher noch bis zum Ablauf von drei Monaten nach Zustellung der Mitteilung, sofern diese Frist später als die in Absatz 2 bezeichnete Frist abläuft, selbst einen Antrag stellen. Stellt er den Antrag nicht, wird im Patentblatt unter Hinweis auf die Bekanntmachung des von dem Dritten gestellten Antrags bekanntgemacht, daß dieser Antrag unwirksam ist.

(5) Das Prüfungsverfahren wird auch dann fortgesetzt, wenn der Antrag auf Prüfung zurückgenommen wird. Im Falle des Absatzes 4 Satz 3 wird das Verfahren in dem Zustand fortgesetzt, in dem es sich im Zeitpunkt des Eingangs des vom Patentsucher gestellten Antrags auf Prüfung befindet.

§ 28 c

(1) Genügt die Anmeldung den vorgeschriebenen Anforderungen (§ 26) nicht, so fordert die Prüfungsstelle den Patentsucher auf, die Mängel innerhalb einer bestimmten Frist zu beseitigen. Diese Frist soll, wenn im Falle des § 27 die Beibringung von Belegen (Abschriften der Voranmeldung nebst Beschreibung, Zeichnungen usw.) gefordert wird, so bemessen werden, daß sie frühestens drei Monate nach Einreichung der Anmeldung endet.

(2) Kommt die Prüfungsstelle zu dem Ergebnis, daß eine nach den §§ 1, 2 und 4 Abs. 2 patentfähige Erfindung nicht vorliegt, so benachrichtigt sie den Patentsucher hiervon unter Angabe der Gründe und fordert ihn auf, sich innerhalb einer bestimmten Frist zu äußern.

§ 29

Die Prüfungsstelle weist die Anmeldung zurück, wenn die nach § 28 c Abs. 1 gerügten Mängel nicht beseitigt werden oder wenn die Anmeldung aufrechterhalten wird, obgleich eine nach den §§ 1, 2 und 4 Abs. 2 patentfähige Erfindung nicht vorliegt. § 28 Abs. 3 Satz 2 ist anzuwenden.

Fassung PatG 1961

Die Paragraphen 28 b und 28 c enthielt das PatG 1961 nicht.

§ 29

(1) Die Prüfungsstelle weist die Anmeldung zurück, wenn die nach § 28 Abs. 2 gerügten Mängel nicht beseitigt werden oder wenn die Anmeldung aufrechterhalten wird, obgleich eine nach den §§ 1, 2 und 4 Abs. 2 patentfähige Erfindung nicht vorliegt.

(2) Soll die Zurückweisung auf Umstände gegründet werden, die dem Patentsucher noch nicht mitgeteilt waren, so ist ihm vorher Gelegenheit zu geben, sich dazu innerhalb einer bestimmten Frist zu äußern.

ÜBERSICHT

Vorbemerkung

1 Die Bestimmung des § 28 b Abs. 1 entspricht sinngemäß der des § 28 Abs. 1 a. F., die Bestimmungen des § 28 c entsprechen denen des § 28 Abs. 2 und 3 a. F., die Bestimmung des § 29 Satz 1 der Bestimmung des § 29 Abs. 1 a. F. und die Bestimmung des § 29 Satz 2 sinngemäß der des § 29 Abs. 2 a. F.

2 **Die Richtlinien für die Prüfung von Patentanmeldungen** gelten seit dem 1. 11. 1972 in der **Fassung vom 14. 9. 1972** (s. Bl. 1972, 298 bis 315); Mitt. Präs. 14. 9. 1972, Bl. 1972, 297. Die Richtlinien sollen einer einheitlichen und straffen Durchführung des Patenterteilungsverfahrens dienen und ihre Veröffentlichung soll dem Anmelder erleichtern, sich auf die im Patentamt vorgesehene Abwicklung des Verfahrens abzustimmen. Die neuen Richtlinien wurden der Rechtsprechung angepaßt. Wegen der allgemeinen Weisungsbefugnis des Präsidenten des Patentamts und ihrer Grenze vgl.

§ 17 Anm. 14. Für die gerichtlichen Instanzen sind vom Präsidenten herausgegebene Richtlinien nicht verbindlich; BGH 27. 2. 1969, Bl. 1969, 251, 255 r. Sp. unter dd = GRUR 1969, 265, 269.

A. Geschichtliches

I. Frühere Entwicklung

Die Aufteilung der Bestimmungen für das patentrechtliche Erteilungsverfahren bis zum Beschluß über die Bekanntmachung in die §§ 28 und 29 erklärt sich aus der historischen Entwicklung des Verfahrens. Nach dem Patentgesetz von 1891 wurde die sogenannte Vorprüfung von einem Mitglied der Patentabteilung vorgenommen. Dieses konnte nicht selbst entscheiden, sondern erließ nur einen befristeten Vorbescheid, falls Mängel in bezug auf Formerfordernisse oder auf sachliche Patentvoraussetzungen zu beanstanden waren. Deshalb sprach man von »Vorprüfung« und vom »Vorprüfer«. (Die heutige »Vorprüfungsabteilung« [vgl. bei § 18 Anm. 2, 3] hat ganz andere Aufgaben.) Bei nicht rechtzeitiger Erklärung auf den Vorbescheid des »Vorprüfers« galt die Anmeldung als zurückgenommen. Erledigte sich das Verfahren nicht auf diese Weise, entschied die Patentabteilung. Durch VO vom 9. 3. 1917 (RGBl. 1917, 221) wurde die Durchführung des gesamten Verfahrens den mit Einzelprüfern besetzten Prüfungsstellen übertragen und damit die Rechtsvermutung der Zurücknahme bei unbeantwortetem Vorbescheid beseitigt.

In der Zeit vom 1. 10. 1949 bis zum 31. 12. 1951 eingegangene Anmeldungen waren aufgrund des 1. ÜG vom 8. 7. 1949, Bl. 1949, 229, geändert durch das 4. ÜG vom 20. 12. 1951, Bl. 1952, 2, von der obligatorischen amtlichen Prüfung auf Patentfähigkeit vor der Bekanntmachung ausgenommen, sogenannte Abgrenzungshilfe war anheimgestellt.

II. Entstehungsgeschichte der Neuregelung

Zur Entstehungsgeschichte der Regelung nach dem Patentänderungsgesetz 3
vom 4. 9. 1967 ist zu bemerken: Nach dem Regierungsentwurf war vorgesehen, daß vor der Bekanntmachung der Anmeldung (mit vorläufiger Schutzwirkung) außer der »Offensichtlichkeitsprüfung« eine obligatorische Mitteilung der für die Beurteilung der Patentfähigkeit der angemeldeten Erfindung in Betracht zu ziehenden Druckschriften erfolgen sollte. Erst nach der Bekanntmachung, die auf Antrag bis zum Ablauf einer Frist von 15 Monaten ausgesetzt werden konnte, sollte innerhalb von fünf Jahren

Prüfungsantrag gestellt werden können. Vor der Bekanntmachung mit einstweiliger Schutzwirkung hätte überhaupt keine Prüfung auf die materiellen Voraussetzungen der Patentfähigkeit stattgefunden. Nach der nunmehr durch das PatÄndG vom 4. 9. 1967 beschlossenen Gesetzesfassung kann auf Antrag sowohl vor als auch nach der »Offenlegung« das Prüfungsverfahren durchgeführt werden. Eine Bekanntmachung mit einstweiligem Schutz findet auf alle Fälle erst nach einer Prüfung auf Patentfähigkeit statt.

III. Inkrafttreten der Neuregelung und Übergangsregelung

1. Inkrafttreten der Neuregelung

4 Das Patentgesetz vom 2. 1. 1968 ist am 1. 10. 1968 in Kraft getreten, die Bestimmungen, die das Stoffschutzverbot aufheben (Art. 1 Nr. 1 PatÄndG), sind schon ab 1. 1. 1968 wirksam. Ebenso sind schon die nachfolgend unter 3. aufgeführten Bestimmungen betr. die noch nicht erledigten Alt-Anmeldungen am 1. 1. 1968 in Kraft getreten; vgl. Art. 7 § 6 PatÄndG. Wegen Einzelheiten betr. die Übergangsregelung vgl. Althammer, GRUR 1967, 441, 449, 450 und Schriftl. Ber. des Rechtsaussch., zu Art. 6 (jetzt Art. 7), zu § 1, Bl. 1967, 287; ferner Löscher, BB, Beilage 7/1967, 10, 11.

Wegen der Behandlung von vor dem 1. 10. 1968 eingegangenen Anmeldungen vgl. Prüf. Richtl. VII. Bei einem wegen formellen Mangels vor dem 1. 10. 1968 ergangenen Zurückweisungsbeschluß ist vom Patentgericht zu prüfen, ob der Beschluß zu Recht ergangen ist. Trifft das zu, ist die Sache damit endgültig erledigt. Ist der Mangel inzwischen durch Vorlage neuer Unterlagen behoben, so wird die Sache ans DPA zurückverwiesen und in das Verfahren (mit aufgeschobener Prüfung) übergeführt; hierzu vgl. BGH 5. 5. 1970, GRUR 1970, 456 – Salzlösung.

2. Weiteranwendung der bisherigen Handhabung

5 Nach Art. 7 § 1 Abs. 1 PatÄndG gilt die bisherige Handhabung, soweit es sich um das Patenterteilungsverfahren handelt, für folgende Patentanmeldungen:

a) Patentanmeldungen, deren Bekanntmachung das Patentamt bis zum Inkrafttreten des Gesetzes bereits beschlossen hatte,

b) noch nicht bekanntgemachte Patentanmeldungen, in denen bei Inkrafttreten des Gesetzes vom Patentamt Zurückweisungsbeschluß wegen Nichtpatentfähigkeit ergangen war. Diese Sachen werden größtenteils in die zweite Instanz gelangt sein.

Praktisch heißt das, daß für diese Anmeldungen bei Bekanntmachung – gegebenenfalls nach Ablauf einer beantragten Aussetzung (bis zu sechs Monaten) – eine Auslegungsschrift veröffentlicht wird, und zwar mit einer Patentnummer wie bisher. Bei Versagung oder Zurücknahme des Patents ist gemäß der früheren Regelung die halbe Bekanntmachungsgebühr zurückzuzahlen. Wegen der Akteneinsicht vgl. § 24 Anm. 11 und 13.

Ein Bekanntmachungsbeschluß ist vor Inkrafttreten des PatÄndG erlassen, wenn die Urschrift des Beschlusses vom Prüfer bis einschließlich 30. 9. 1968 unterzeichnet worden ist; vgl. Prüf. Richtl. VII 1 a. Vgl. aber BPatG 29. 6. 1972 E 14, 182. Nach BPatG 8. 11. 1968, Bl. 1969, 161 = E 10, 175 sind alle noch nicht erledigten Anmeldungen, die vom PA vor dem 1. 10. 1968 aus materiellen Gründen zurückgewiesen worden sind, nach altem Recht zu behandeln, auch wenn der Zurückweisungsbeschluß im Beschwerdeverfahren vor dem 1. 10. 1968 aufgehoben und die Sache an das DPA zurückverwiesen worden ist. Mit anderen Worten heißt das, daß nach altem Recht alle Anmeldungen behandelt werden sollen, die vom Patentamt vor Inkrafttreten des Gesetzes schon einmal einer abschließenden Prüfung auf Patentfähigkeit des Anmeldungsgegenstandes unterzogen worden waren, entweder mit dem Ergebnis, daß die Erteilung eines Patents in Aussicht genommen werden konnte (Bekanntmachungsbeschluß) oder daß die sachlichen Voraussetzungen hierfür verneint werden mußten (Zurückweisungsbeschluß). Ist eine Anmeldung zu Unrecht mangels Einheitlichkeit zurückgewiesen worden, so ist die Entscheidung aufzuheben und die Sache zurückzuverweisen; ob eine unzulässige Erweiterung vorliegt, ist nicht zu prüfen; BPatG 28. 1. 1969, E 10, 226. 6

Unter die Bestimmung des Art. 7 § 1 Abs. 1 Satz 2 PatÄndG (noch nicht bekanntgemachte Anmeldungen), die bei Inkrafttreten des PatÄndG (d. h. am 1. 10. 1968) mit der Begründung zurückgewiesen worden sind, daß eine nach §§ 1, 2 und 4 Abs. 2 patentfähige Erfindung nicht vorliegt, fallen auch solche Anmeldungen, in denen die Prüfungsstelle selbst der Beschwerde abgeholfen hat, nachdem der Zurückweisungsgrund aus den genannten Bestimmungen beseitigt wurde; gleicher Auff. offenbar auch BPatG 18. 8. 1970, Mitt. 1971, 36. Nach dieser Entscheidung betrifft der Anwendungsbereich eines Werkzeuges eine materiell-rechtliche Voraussetzung der Patentfähigkeit. Nach BPatG 24. 9. 1970, E 13, 95 verbleibt es bei Anwendung des Art. 7 § 1 Abs. 1 PatÄndG für noch nicht bekanntgemachte Patentanmeldungen auch dann bei den bisherigen Vorschriften, wenn vor dem Inkrafttreten des Gesetzes die Zurückweisung der Anmeldung sowohl aus formellen als aus Gründen mangelnder Patentfähigkeit erfolgte. Nach BGH 6. 7. 1971, GRUR 1972, 80, 81 – Trioxan – kann die Zurückweisung einer Anmeldung wegen mangelnder eindeutiger Kennzeichnung der unter Schutz zu stellenden Erfindung (»Lehre zu technischem Handeln«) sowohl sachlich-rechtliche als auch verfahrensrechtliche Gründe haben. Der Zurückweisungsgrund ist daher ausschlaggebend für die Anwendung alten bzw. neuen Rechts. Die **Frage der eindeutigen Identifizierbarkeit einer Erfindung** rechnet zu den sachlich-rechtlichen Erfordernissen der Patentfähigkeit; BGH 6. 7. 1971, a. a. O. Vgl. hierzu noch BPatG 22. 9. 1970, E 12, 17, 21.

Soweit vor dem 1. 10. 1968 ein Zurückweisungsbeschluß wegen eines formellen Mangels ergangen ist, muß der Zurückweisungsgrund, der dem Beschluß zugrunde liegt, im Beschwerdeverfahren im vollen Umfang daraufhin geprüft werden, ob der Mangel vorliegt oder nicht. Im Beschwerdeverfahren neu auftretende oder neu erkannte Mängel sind dagegen in Anwendung neuen Rechts nur auf Offensichtlichkeit zu prüfen; BGH 5. 5. 1970, GRUR 1970, 456, 458 – Salzlösung.

3. Eingeschränkte Verfahrenshandhabung nach den neuen Vorschriften (Art. 7 § 1 Abs. 2 PatÄndG)

7 Eine eingeschränkte Verfahrenshandhabung nach den neuen Vorschriften ist für bei Inkrafttreten des neuen Gesetzes **noch nicht erledigte Patentanmeldungen** vorgesehen. Dieser Teil des PatÄndG gilt ab 1. 1. 1968. Bei den **Einschränkungen** handelt es sich um folgende Maßnahmen:

a) Sonderregelung für die Freigabe der Akteneinsicht (Offenlegung); vgl. § 24 Anm. 14.

b) Die Bestimmungen des § 28 a betr. die Recherche sind nicht anzuwenden. Dagegen sind die formellen Vorschriften des § 28 a Abs. 2 Satz 2, 3 und 5 und die Vorschriften betr. die Behandlung eines Prüfungsantrages in § 28 a Abs. 3, 5 und 6 anzuwenden.
Wesentlich ist also, daß in diesen Anmeldungen ein **Recherchen-Antrag nicht zugelassen** ist; vgl. auch § 28 a Anm. 7.

8 c) **Prüfungsanträge** sind gem. Art. 7 § 1 Abs. 2 Nr. 3 erst nach der Benachrichtigung bzw. Mitteilung betr. die Offenlegung (Art. 7 § 1 Abs. 2 Nr. 1 PatÄndG) zulässig. Diese Regelung gilt auch für **Ausscheidungsanmeldungen;** vgl. § 24 Anm. 14. Die Frist zur Stellung des Prüfungsantrages endet nicht vor Ablauf von zwei Jahren nach dieser Benachrichtigung bzw. Mitteilung. Die Verfassungsmäßigkeit dieser Regelung ist gegeben; BPatG 27. 7. 1970 (rechtskr.) E 12, 32 = Mitt. 1971, 94. Solange eine vor dem 1. 10. 1968 verfügte Aussetzung des Prüfungsverfahrens andauert, kann die Siebenjahresfrist zur Stellung des Prüfungsantrags (§ 28 b Abs. 2 PatG i. V. m. Art. 7 § 1 Abs. 1 Nr. 3 PatÄndG) durch Zustellung der Benachrichtigung nach Art. 7 § 1 Abs. 2 Nr. 1 PatÄndG nicht in Lauf gesetzt werden; BPatG 3. 2. 1971, Mitt. 1972, 30. Erst wenn die Aufhebung der Aussetzung verfügt ist, beginnt die Frist zur Stellung des Prüfungsantrags. Stichtag für den Fristablauf bei Ausscheidungsanmeldungen wegen unzulässiger Erweiterung ist der Tag, an dem für

den Gegenstand der unzulässigen Erweiterung erstmals Schutz beansprucht wurde.

Ist in der Benachrichtigung der Hinweis auf die **Zweijahresfrist** unterblieben, begründet diese Unterlassung **Wiedereinsetzung** nach § 43; BPatG 30. 7. 1970, E 11, 230 = GRUR 1970, 113 = Mitt. 1970, 237. Auch fehlende Belehrung über die Fristgebundenheit des Prüfungsantrages kann Wiedereinsetzung begründen; BPatG 14. 3. 1972, E 13, 204. Wegen der Offenlegung dieser Anmeldungen vgl. § 24 Anm. 14.

In das neue Verfahren wurden 233 000 Anmeldungen mit einem Anmeldetag bis 30. 9. 1968 überführt. Von diesen wurden bis zum 31. 12. 1972 228 062 aufgerufen. Davon wurden 139 646 Anmeldungen gem. § 24 Abs. 4 Satz 2 offengelegt. In 107 421 Fällen wurde Prüfungsantrag gestellt; s. Statistik, Bl. 1973, 68, 79. Der Unterschied zwischen der Anzahl der Aufrufe und Offenlegungen erklärt sich daraus, daß eine erhebliche Anzahl von Anmeldungen durch Nichtzahlung der Jahresgebühren oder durch Zurückweisung im erneut begonnenen Prüfungsverfahren schon vor der vorgesehenen Offenlegung ihre Erledigung fand, bzw. daß statt der Offenlegung sogleich Bekanntmachung erfolgte.

Zur verfassungsrechtlichen Problematik der Übergangsregelung vgl. Nix, Mitt. 1969, 61. Wegen der aufgeworfenen **Frage der Verfassungsmäßigkeit der Bestimmung** des Art. 7 § 1 Abs. 2, soweit vor Inkrafttreten des PatÄndG bewirkte Patentanmeldungen der Offenlegung unterworfen werden, vgl. BPatG 15. 12. 1969, Bl. 1970, 49 und § 24 Anm. 14 am Ende. Die Verfassungsmäßigkeit der Übergangsregelung kann vom DPA nicht nachgeprüft werden; BPatG 16. 9. 1972, Mitt. 1972, 171.

Nach den **Richtlinien** in Mitt. Präs. 22. 7. 1968, Bl. 1968, 273 unter Nr. 2 wird bei vor der Benachrichtigung gestelltem Prüfungsantrag unter Rückzahlung der Prüfungsgebühr auf die Unzulässigkeit des Antrags hingewiesen und anheimgestellt, den Prüfungsantrag nach Zustellung der Benachrichtigung zu wiederholen. Wurde **nach** ergangener Benachrichtigung vor dem 1. 10. 1968 Prüfungsantrag gestellt, so ist dieser nur wirksam, wenn auch die Prüfungsgebühr von 300 DM (abzüglich der Anmeldegebühr, falls der Anmelder den Antrag stellte) gezahlt worden ist. Kommt es nach den Richtlinien auf den Zeitpunkt des Wirksamwerdens eines Prüfungsantrages an, z. B. in Fällen, wo mehrere Prüfungsanträge vorliegen, so ist, wenn die Gebühr nicht mit dem Antrag – z. B. in Gebührenmarken – entrichtet ist, der Tag maßgebend, an dem die Gebühr eingezahlt ist. Vgl. auch Prüf. Richtl. VII 2 e.

Wird ein Prüfungsantrag zurückgenommen, so wird das Prüfungsverfahren gem. § 28 b Abs. 5 PatG fortgesetzt. Eine Rückzahlung der Prüfungsgebühr ist nicht möglich.

Wegen der Prüfungsantragsgebühr wird noch auf Anm. 12 und wegen der Jahresgebühren auf § 11 Anm. 38 verwiesen.

B. Antragstellung

I. Antrag auf Prüfung der Patentfähigkeit und Bekanntmachung desselben

9 Einem Vorschlag des Rechtsausschusses des Bundestags folgend, ist in § 28 b Abs. 1 bestimmt, daß Antrag auf Prüfung der Patentfähigkeit gestellt werden kann, d. h. auf Prüfung,

1. ob die Anmeldung den in § 26 vorgeschriebenen Anforderungen genügt,

2. ob der Gegenstand der Anmeldung in Anwendung der Vorschriften der §§ 1, 2 und 4 Abs. 2 eine patentfähige Erfindung verkörpert. Der Antrag ist **schriftlich** zu stellen; vgl. Abs. 4 Satz 2. Wegen der Schriftlichkeit gelten die gleichen Anforderungen wie bei Anträgen auf Patenterteilung oder bei Einspruchserhebung; vgl. bei § 26 Anm. 2 und § 32 Anm. 9. Eine Begründung des Antrags ist nicht erforderlich. Die Bestimmungen des § 16 betr. Bestellung eines Inlandsvertreters sind entsprechend anzuwenden; vgl. Abs. 4 Satz 2 und § 16 Anm. 5. Wird **Antrag auf Prüfung eines Zusatzpatents** gestellt, so ist wie bei der Stellung eines Recherchenantrags zu verfahren; vgl. bei § 28 a Anm. 4. Eine Zurückweisung der Zusatzanmeldung ohne vorherige Aufforderung zur Stellung eines Prüfungsantrages in der Hauptanmeldung stellt einen Verfahrensfehler (mit Rückzahlung der Beschwerdegebühr) dar; BPatG 9. 10. 1970, GRUR 1971, 88 = E 12, 10. Der **Eingang des Antrags** wird **im Patentblatt bekanntgemacht**, jedoch nicht vor Veröffentlichung eines Hinweises im Patentblatt auf die Möglichkeit der Akteneinsichtnahme. Der Prüfungsantrag eines Dritten wird dem Patentsucher mitgeteilt. Vgl. im einzelnen bei § 28 a Anm. 5, da die Bestimmungen gem. § 28 b Abs. 4 Satz 2 entsprechend anzuwenden sind. Desgleichen gilt die entsprechende Anwendung für den Fall weiterer, späterer Prüfungsanträge und den Fall, daß sich der Antrag eines Dritten nachträglich als unwirksam erweist; vgl. im einzelnen bei § 28 a Anm. 6. Denn würde dieser Fall kurz vor Ablauf der Siebenjahresfrist eintreten, so könnte u. U. die Patentanmeldung ohne Absicht des Patentanmelders verfallen; vgl. § 35 Abs. 3. Um dem Anmelder in einem solchen Fall freizustellen, ob er nun selbst Prüfungsantrag stellen will, ist im Abs. 4 Satz 3 bestimmt, daß der Patentsucher noch bis zum Ablauf von drei Monaten nach Zustellung der Mitteilung von der Unwirksamkeit des Antrags des Dritten selbst Prüfung beantragen kann. Die Dreimonatsfrist gilt nur, falls diese später als die Siebenjahresfrist abläuft. Stellt der Patentsucher keinen Prüfungsantrag, wird im Patentblatt bekanntgemacht, daß der von dem Dritten gestellte Antrag unwirksam ist; Abs. 4 Satz 4. In der amtl. Begr. (Bl. 1967, 261 l. Sp. oben) heißt es hierzu, das Interesse der Öffentlichkeit sei offenbar ausreichend gewahrt: sie sei von der Unwirksamkeit des An-

trags unterrichtet, Dritte können gegebenenfalls erneut Antrag stellen, falls die Anmeldung nicht ohnehin wegen Fristablaufs verfällt.

Jeder neue Prüfungsantrag, der nach Feststellung der Unwirksamkeit eines früheren Antrags gestellt wird, bedarf selbstverständlich einer eigenen Antragsgebühr.

Ein Prüfungsantrag gem. § 28 b kann nicht wegen Irrtums angefochten werden; BPatG 23. 4. 1970, E 11, 219.

II. Zeitraum der Antragstellung

Eine Vorschrift, die den frühesten Zeitpunkt der Antragstellung be- 10
stimmt, ist nicht vorgesehen; der Antrag kann deshalb sofort, d. h. zugleich mit der Anmeldung, gestellt werden. Der Prüfungsantrag ist dann aber auf einem besonderen Blatt zu stellen, da hierfür im Anmeldeformular keine Rubrik vorgesehen ist. Trotzdem erfolgt zunächst die Offensichtlichkeitsprüfung (§ 28); s. § 28 Anm. 6. Der Zeitraum für die Antragstellung beträgt sieben Jahre, beginnend mit dem Anmeldetag. Die Frist berechnet sich nach §§ 187 Abs. 1, 188 Abs. 2 BGB. Wird der Antrag vor Offenlegung der Anmeldung (s. § 24 Anm. 16) gestellt, so ist zur Beschleunigung des Prüfungsverfahrens mit dem Antrag nach § 28 b ein weiteres Stück der Anmeldungsunterlagen einzureichen; Mitt. Präs. 22. 4. 1972, Bl. 1972, 145. Der Fortfall der zwangsläufig mit der Anmeldung verbundenen Prüfung auf Patentfähigkeit ist das Kernstück der aufgeschobenen Prüfung (examen différé). Durch die Möglichkeit, den Antrag auf Prüfung bis zu sieben Jahre hinauszuschieben, wird dem Anmelder bei Wahrung der Priorität die Möglichkeit gegeben, seine Entscheidung, ob eine Prüfung der Anmeldung auf Patentfähigkeit notwendig ist, von der Entwicklung auf dem betreffenden Gebiet abhängig zu machen. Die Höhe der Kosten eines Prüfungsantrags soll dazu dienen, die Entscheidung reiflich zu überlegen. Andererseits gestattet die getroffene Regelung, in wichtigen Fällen ohne Zeitverzug die Prüfung zu beantragen, die dann praktisch wie bisher verläuft. Die Bestimmung des PatG betr. die Prüfungsantragsfrist (§ 28 b Abs. 3) und betr. die Folge der Versäumnis dieser Frist (§ 35 Abs. 3) sind nicht verfassungswidrig; BPatG 6. 12. 1971, E 14, 31. Gegen die Versäumnis der Siebenjahresfrist ist bei Vorliegen der Voraussetzungen **Wiedereinsetzung in den vorigen Stand** möglich; vgl. § 43 Abs. 5 mit Hinweis auf § 24 Abs. 5 Satz 1.

Wegen der Zahl der gestellten Prüfungsanträge vgl. Statistik, Bl. 1973, 68 ff.

Leicht zunehmend wird bis 1975 mit etwa 60 % Prüfungsanträgen im Verhältnis zur Zahl der jeweils eingehenden Neuanmeldungen zu rechnen sein. Die Durchlaufzeit wird im Mittel etwa 2,5 Jahre betragen. Vgl.

hierzu Köhne, Ber. 14. Tag. Dok. S. 36, 37. Bei den aufgerufenen Altanmeldungen wurde in etwa 45 % der Anmeldungen Prüfungsantrag gestellt.

III. Antragsteller

11 Antragsteller kann jedermann sein, also sowohl der Patentsucher als auch jeder Dritte, der jedoch hierdurch nicht am Prüfungsverfahren beteiligt wird; § 28 b Abs. 2. Wegen der gegen eine Verfahrensbeteiligung sprechenden Überlegungen der Bundesregierung vgl. die amtl. Begründung Teil B zu Art. 1 zu Nr. 18 unter bb und cc, Bl. 1967, 259, 260; ebenso Althammer GRUR 1967 S. 401 r. Sp. Abs. 2. Ein Dritter als Antragsteller erhält keine Abschriften der Prüfungsbescheide oder Beschlüsse, lediglich eine Mitteilung über den Abschluß des Verfahrens; ihm steht die Möglichkeit der Akteneinsicht offen; vgl. Prüf. Richtl. IV 1. Die von dem antragsberechtigten Personenkreis zu erfüllenden Voraussetzungen sind die gleichen wie bei einem Patenterteilungsantrag; deshalb kann hierzu auf § 26 Anm. 3–5 verwiesen werden.

IV. Antragsgebühr

12 Die Wirksamkeit des Antrags setzt Zahlung der tarifmäßigen Gebühr »mit dem Antrag« voraus; vgl. auch BPatG 6. 12. 1971, E 14, 31. Wird die Gebühr nicht gezahlt, gilt der Antrag als nicht gestellt; § 28 b Abs. 3. Der Eingang der Gebühr ist somit der Stichtag für die Wirksamkeit des Antrags und den rechtzeitigen Eingang innerhalb der Siebenjahresfrist. Nach dem durch das Patentänderungsgesetz vom 4. 9. 1967 (vgl. Art. 4) geänderten bzw. ergänzten Gesetz über die Gebühren in der Fassung vom 2. 1. 1968 beträgt die Gebühr für den Antrag auf Prüfung der Anmeldung (§ 28 b), wenn ein Recherchenantrag nach § 28 a bereits gestellt worden ist, 200 DM, wenn ein solcher Antrag nicht gestellt worden ist, 300 DM. Wegen der Gebührenhöhe vgl. amtl. Begr. Teil B zu Art. 1 zu Nr. 18 unter d, Bl. 1967, 260. Althammer hat die Frage angeschnitten, wie gebührenmäßig zu verfahren ist, wenn mehrere Gebührenzahlungen für Prüfungsanträge am selben Tag eingehen; vgl. a. a. O. S. 401, r. Sp. letzter Abs.

Eine Rückzahlung der Prüfungsgebühr ist auch aus Billigkeitsgründen nicht möglich; BPatG 24. 2. 1971, Mitt. 1971, 115. Sie kann auch nicht zurückgefordert werden, weil im Prüfungsverfahren entgegengehaltene Druckschriften im Recherchenbericht nicht schon mitgeteilt waren; BPatG 11. 10. 1971, E 13, 60. Die Prüfungsgebühr (§ 28 b Abs. 3) kann nicht mit der Begründung zurückgefordert werden, der Prüfungsantrag sei später zurückgenommen worden; BPatG 6. 11. 1969, E 11, 55. Das gleiche gilt bei späterer Rücknahme der Patentanmeldung; BPatG 6. 4. 1970, E 11, 222.

Bei Eingang mehrerer Prüfungsanträge wird die **für den oder die später eingegangenen Anträge entrichtete Gebühr zurückgezahlt,** da die späteren Anträge als nicht gestellt gelten; § 28 b Abs. 4 Satz 2 in Vbdg. mit § 28 a Abs. 5 und Abs. 4 Satz 3. Vgl. hierzu im einzelnen Anm. 9, insb. aber § 28 a Anm. 6, die sinngemäß auch für Prüfungsanträge gilt.

Für Anmeldungen, die nach den Übergangsbestimmungen des PatÄndG vom 4. 9. 1967 Art. 7 § 1 Abs. 2 zu behandeln sind (vgl. Anm. 7, 8), ist nach Nr. 4 des Abs. 2 – falls der Prüfungsantrag vom Patentsucher gestellt wird – auf die mit dem Antrag zu entrichtende Gebühr (§ 28 b Abs. 3) die Anmeldegebühr (§ 26 Abs. 2 Satz 1) anzurechnen. Die Forderung nach Entrichtung der Prüfungsgebühr (§ 28 b Abs. 3) für Übergangsanmeldungen verstößt nicht gegen verfassungsrechtliche Vorschriften; BPatG 9. 12. 1971, Mitt. 1972, 171.

Die mit dem Prüfungsantrag zu entrichtende Gebühr ist keine zur Aufrechterhaltung eines Schutzrechts vorgesehene Gebühr im Sinne von Art. 5bis Abs. 1 PVÜ; BPatG 6. 12. 1971 E 14, 31. Eine verspätet gezahlte Antragsgebühr ist zurückzuzahlen; BPatG 8. 11. 1972 E 14, 206.

Bei **Bewilligung des Armenrechts** (§ 46 b Abs. 2 Nr. 2) ist der Patentsucher einstweilen von der Zahlung der Antragsgebühr befreit. Wird einstweilige Befreiung von der Zahlung der Antragsgebühr gem. § 46 b Abs. 5 Nr. 1 von einem antragstellenden Dritten beantragt, muß dieser ein eigenes schutzwürdiges Interesse glaubhaft machen. Im einzelnen vgl. wegen des Armenrechts § 46 b Anm. 2, 4 und 8.

V. »Wirksamkeit« des Antrags

Da nur ein mit Bezug auf die genannten Anforderungen (s. Anm. 9) **12a**
nicht zu beanstandender, innerhalb des Antragszeitraumes (s. Anm. 10) gestellter Antrag i. S. von § 28 b Abs. 4 Satz 3 »wirksam« sein kann, sofern die Antragsgebühr (s. Anm. 12) entrichtet ist und gegebenenfalls auch der Vertreter ordnungsgemäß bestellt ist (vgl. § 16 Anm. 3 und 5), sind alle diese Voraussetzungen sorgfältig zu prüfen. Bevor diese Prüfung nicht positiv abgeschlossen ist, kann die sachliche Bearbeitung des Prüfungsantrages nicht beginnen. Für diese Prüfung ist die Vorprüfungsabteilung zuständig; Prüf. Richtl. IV 2.

Die Prüfung der Zulässigkeit des Antrags hat unter Beteiligung des Antragstellers zu erfolgen. Dem steht die Bestimmung des § 28 b Abs. 2 nicht entgegen. Vgl. hierzu und wegen der **Verfahrenshandhabung** § 28 a Anm. 10, die sinngemäß gilt.

C. Gegenstand der Prüfung

12b Nach § 28 b ist auf Antrag zu prüfen, ob die Anmeldung den vorgeschriebenen Anforderungen (§ 26) genügt, und ob der Gegenstand der Anmeldung nach §§ 1, 2 und 4 Abs. 2 patentfähig ist. Bei der Prüfung aufgrund eines Antrags nach § 28 b Abs. 1 werden die Ergebnisse einer vorangegangenen Offensichtlichkeitsprüfung nach § 28 und eines Recherchenantrags nach § 28 a grundsätzlich Ausgangspunkt für die formelle bzw. sachliche Prüfung der Anmeldung sein. Die bisherigen Prüfungsergebnisse werden aber in der Regel zu ergänzen sein, z. B. weil bei der Offensichtlichkeitsprüfung gem. § 28 Abs. 3 die Beanstandung gewisser Mängel unterbleiben kann, und weil ein etwa vorliegender Recherchenbericht z. B. wegen einer daraufhin erfolgten Beschränkung des Patentbegehrens zu ergänzen sein wird. An die Ergebnisse der Offensichtlichkeitsprüfung und des Recherchenberichts sind die für die Prüfung gem. § 28 b Abs. 1 zuständigen Stellen nicht gebunden. Hat die Vorprüfungsabteilung aber den Anmelder in eine versäumte Frist wiedereingesetzt (vgl. § 18 Anm. 3), so ist das Ergebnis des Wiedereinsetzungsverfahrens verbindlich.

Ist bei Stellung eines Prüfungsantrages bereits ein Recherchenantrag (§ 28 a) gestellt worden, ist dieser vor Beginn der Prüfung zu erledigen; Prüf. Richtl. IV 1.

I. Prüfung der Erfüllung der Erfordernisse nach § 26

13 Die Prüfung auf Erfüllung der Erfordernisse des § 26 betrifft formelle und materielle Anforderungen. Auf **Einhaltung der AnmbestPat.** ist zu achten; vgl. hierzu § 26 Anm. 44, 79, 99. **Im einzelnen ist zu prüfen:**

Der **Antrag** insbesondere dahingehend, ob daraus eindeutig hervorgeht, **wer** der **Anmelder** ist (Einzelperson, mehrere Anmelder, Firma, Geschäftsfähigkeit); im einzelnen s. § 26 Anm. 3, 5, 8. Ferner, ob der Antrag die geforderte **genaue Bezeichnung der zu schützenden Erfindung** enthält; s. § 26 Anm. 39.

Bei Vertretung des Anmelders ist auf das Vorliegen und die Vollständigkeit der **Vollmacht** zu achten; s. § 26 Anm. 7. **Bei mehreren Anmeldern** ohne einen gemeinsamen Vertreter muß ein **Zustellungsbevollmächtigter** benannt sein; s. § 26 Anm. 8.

Es muß festgestellt werden, ob die **Anmeldegebühr** gezahlt ist; s. § 26 Anm. 77, 78, 79. Auch müssen die **»sonstigen Erfordernisse«** der Anmeldung entsprechend den Anmeldebestimmungen erfüllt sein; s. § 26 Anm. 80. Zu prüfen ist, ob die Erklärungen zur **Benennung des Erfinders,** gegebenenfalls Erklärungen zur Glaubhaftmachung vorhandener Hinderungsgründe eingereicht sind; s. § 26 Anm. 127 bis 132.

Die **Beschreibung** ist dahingehend durchzusehen, ob sie eine wiederholbare Lehre für technisches Handeln offenbart und ob der aus Aufgabe und Lösung bestehende Erfindungsgedanke hinreichend klar erkennbar ist, ob der Stand der Technik klargestellt und gegebenenfalls, ob auf ältere Rechte hingewiesen ist; s. § 26 Anm. 41 ff. Sind **Zeichnungen** eingereicht, muß darauf geachtet werden, ob sie deutlich sind und mit der Beschreibung in Übereinstimmung stehen; s. § 26 Anm. 75. Auf zutreffende Formulierung der **Patentansprüche,** insbesondere des Hauptanspruchs ist sehr zu achten; s. § 26 Anm. 51 ff. Falls die ursprünglichen Patentansprüche oder andere Anmeldungsunterlagen nach dem Anmeldetag oder Prioritätstag vor Prüfungsbeginn oder im Laufe des Erteilungsverfahrens **Änderungen** erfahren haben, ist deren Zulässigkeit zu prüfen; s. § 26 Anm. 83 ff.

Wichtig ist die **Feststellung des Anmeldetages** oder im Falle der Inanspruchnahme einer Priorität des **Prioritätstages,** gegebenenfalls unter Anforderung der Prioritätsbelege oder der Herbeiziehung der Stammanmeldung, falls eine Ausscheidungspriorität beansprucht wird; s. § 27. Hält der Anmelder an einem nicht anerkannten Anmeldetag fest, muß die Anmeldung zurückgewiesen werden, BGH 24. 3. 1966, GRUR 1966, 488.

Ist ein **Zusatzverhältnis** zu einer anderen Anmeldung geltend gemacht, so ist zu prüfen, ob das betreffende Hauptpatent oder die Hauptanmeldung noch besteht, und ob die Voraussetzungen für Zusätzlichkeit erfüllt sind; im einzelnen vgl. § 10.

Ist eine Offensichtlichkeitsprüfung (§ 28 a) vorangegangen, so werden deren Ergebnisse zu überprüfen und – soweit für das Prüfungsverfahren wesentlich – zu verwenden sein.

II. Prüfung der Erfüllung der Erfordernisse nach §§ 1, 2 und 4 Abs. 2

Zuerst ist zu prüfen: 14

Ob der Gegenstand der Anmeldung eine **fertige Erfindung** ist, d. h. ob die festgestellte Aufgabe mit den offenbarten Lösungsmitteln lösbar ist (s. § 26 Anm. 1), **ob** die Erfindung, die Gegenstand der Anmeldung ist, **gewerblich verwertbar** ist (s. § 1 Anm. 32) und **ob** die angemeldete Erfindung **nicht etwa unter die Ausnahmebestimmungen des § 1 Abs. 2 fällt** (s. § 1 Anm. 61 ff.).

Dann erst erfolgt:

Prüfung der Erfindung auf **Neuheit;** bei der Neuheitsprüfung ist besonders zu beachten, daß der Inhalt jeder Druckschrift nur für sich behandelt wird, also nicht in Kombination mit anderen Entgegenhaltungen, und daß nur die wirkliche Aussage der Druckschrift in Ansehung der darin angegebenen Aufgabe herangezogen wird. Alle aus diesem Stand der Technik sich für den Durchschnittsfachmann etwa ergebenden Anregungen werden nur bei

der Frage der Erfindungshöhe behandelt. Im einzelnen vgl. Erläuterungen zu § 2.
Prüfung der Erfindung auf **Fortschritt**; vgl. Anm. 34; Prüf. Richtl. IV 4 i und § 1 Anm. 34–39.
Prüfung der Erfindung auf **Erfindungshöhe**; vgl. § 32 Anm. 19; § 1 Anm. 40 ff.; ferner Prüf. Richtl. IV 4 j.
Prüfung, ob etwa **identische oder teilweise identische Patente oder Patentanmeldungen** zu berücksichtigen sind; vgl. Anm. 19 und § 4 Anm. 9 ff. Zur Frage der Tunlichkeit der Schutzumfangprüfung bei Identität vgl. auch H. Tetzner, Mitt. 1973, 31.

Eine Prüfung auf Abhängigkeit findet nicht statt; BGH 18. 6. 1964, GRUR 1964, 606, 611 – Förderband; RG 8. 4. 1938, Mitt. 1938, 227, 230.

III. Prüfung einer Zusatzanmeldung

14a Wegen der Anforderungen an die Patentfähigkeit eines Zusatzpatents vgl. § 10 Anm. 3 ff. Bei Fortfall des Hauptpatents (§ 10) oder dessen Erlöschen gem. § 12 während des Erteilungsverfahrens für ein beantragtes Zusatzpatent ist dem Antrag der Boden entzogen. Der Anmelder muß deshalb Erteilung eines selbständigen Patents beantragen. Andernfalls ist die Zusatzanmeldung zurückzuweisen (bzw. das beantragte Zusatzpatent zu versagen). Vgl. hierzu auch § 11 Anm. 5.

D. Die für die Prüfung zuständige amtliche Stelle

15 Im § 28 heißt es, daß das **Patentamt** auf Antrag die Prüfung vornimmt, während in den §§ 28 c und 29 von der **Prüfungsstelle** die Rede ist. Das Patentamt ist der übergeordnete Begriff. Auch in § 28 (Regelung der Offensichtlichkeitsprüfung) wird nur von der Prüfungsstelle gesprochen, während in § 28 a (Behandlung von Recherchenanträgen) wieder der Begriff »Patentamt« erscheint. In § 28 a Abs. 8 Nr. 3 ist aber die Ermächtigung enthalten, u. a. die Prüfung der Patentanmeldungen nach § 28 ganz oder teilweise anderen Stellen des Patentamts als den Prüfungsstellen oder Patentabteilungen zu übertragen; im einzelnen vgl. § 28 a Anm. 11, 12.

Da bei vorangegangener Offensichtlichkeitsprüfung (§ 28) und gegebenenfalls ebenfalls vorangegangener Erledigung eines Recherchenantrags (§ 28 a) bei der Prüfung nach § 28 b meistens Ergebnisse der vorangegangenen Tätigkeit anderer Stellen des Patentamts herbeigezogen werden, läßt sich die Verwendung des übergeordneten Begriffs »Patentamt« in § 28 b Abs. 1 rechtfertigen. **Grundsätzliche Entscheidungen über den Fortgang des Verfahrens** aufgrund der Prüfungsergebnisse trifft nur die Prüfungsstelle.

Soweit durch die WahrnVO (s. § 18 Anm. 11) bestimmte Geschäfte der Prüfungsstellen und Patentabteilung Beamten des gehobenen Dienstes übertragen sind, üben sie bei der Wahrnehmung dieser Geschäfte die Obliegenheiten der Prüfungsstelle und Patentabteilung aus.

Die **sachliche Zuständigkeit** der verschiedenen Patentabteilungen ergibt sich aus § 1 der DPAVO von 1968. Bestimmte Patentklassen und Unterklassen werden dem Geschäftskreis bestimmter Patentabteilungen und Prüfungsstellen zugewiesen. Aufgrund der von den Vorsitzenden der Patentabteilungen aufgestellten und vom Präsidenten genehmigten Geschäftsverteilungspläne sind jedem einzelnen Prüfer bestimmte Patentklassen, Unterklassen und Gruppen des amtlichen Klassenverzeichnisses zugewiesen. Der Geschäftsverteilungsplan darf keine vermeidbare Freiheit in der Heranziehung der einzelnen Prüfer haben. Vgl. sinngemäß BVerfG 24. 3. 64, BB 1964, 455 und BVerfG 7. 3. 63, BB 1963, 413. **16**

Die **Entscheidung über die Zugehörigkeit** der einzelnen Sachen zu den Patentklassen und Unterklassen steht dem Präsidenten nach § 1 Abs. 2 DPAVO 1968 zu; vgl. hierzu § 17 Anm. 4. Die Klassenauszeichnung wird in der Vorprüfungsabteilung durchgeführt. Im Laufe eines Prüfungsverfahrens notwendig werdende **Umschreibungen auf andere Klassen und damit** Abteilungen und Prüfungsstellen werden nach vorhergegangener inneramtlicher Klärung durch Umschreibungsverfügung der abgebenden Prüfungsstelle bewirkt. Zweifel an der Klassenzugehörigkeit können durch Rückfrage beim Anmelder geklärt werden. **17**

Mit dem Eingang eines Prüfungsantrags endet die Zuständigkeit der Patentabteilung 01; diese prüft nur noch den Antrag auf Wirksamkeit und veranlaßt die Bekanntmachung des Antragseinganges im Patentblatt und die Benachrichtigung des Anmelders, wenn ein Dritter Antragsteller ist; s. Prüf. Richtl. IV 2. Die Bearbeitung der Prüfungsanträge steht den Prüfungsstellen zu; § 18 Abs. 1 Nr. 1.

E. Das Verfahren im einzelnen

I. Verfahrensbeteiligte

Bis zur Bekanntmachung der Anmeldung ist nur der Patentsucher an dem bei der zuständigen Prüfungsstelle des Deutschen Patentamts (s. Anm. 16) durchgeführten Verfahren aufgrund eines Antrags nach § 28 b beteiligt. Dies gilt auch dann, wenn der Prüfungsantrag von einem Dritten gestellt ist; vgl. § 28 b Abs. 2. Eine aktive Verfahrensbeteiligung Dritter in diesem Stadium des Verfahrens hätte dieses kompliziert; so mit Recht Althammer, GRUR 1967, 401 r. Sp. Abs. 2. **18**

Eine indirekte Mitbeteiligung am Verfahren kann der Dritte aber durch die Berechtigung erreichen, Druckschriften, die der Erteilung eines Patents entgegenstehen könnten, dem Patentamt anzugeben; § 28 a Abs. 3 Satz 3, der gem. § 28 b Abs. 4 Satz 2 auch im Prüfungsverfahren anzuwenden ist.

Ist die 18-Monats-Frist des § 24 Abs. 3 Nr. 2 verstrichen, hat der Dritte durch wiederholte Akteneinsicht die Möglichkeit, sich vom Fortgang des Prüfungsverfahrens zu unterrichten und durch weitere gezielte Entgegenhaltungen (d. h. Benennung von Druckschriften mit Hinweis auf ganz bestimmte Stellen in ihnen) auch etwa eingeschränkte Patentbegehren anzugreifen.

II. Beginn, Aussetzung und Beendigung des Verfahrens

19 Der **Beginn der Prüfung** aufgrund eines Antrags nach § 28 b wird im wesentlichen vom Vorliegen älterer, noch nicht in Bearbeitung genommener Anträge abhängen. Ob und inwieweit etwa durch tatsächliche Unterlagen belegte Beschleunigungsgesuche um bevorzugte Bearbeitung gewährt werden können, wird von der Art der Begründung abhängen. Falls vor dem Prüfungsantrag schon ein Recherchenantrag nach § 28 a gestellt sein sollte, beginnt das Prüfungsverfahren erst nach Erledigung dieses Antrags; § 28 b Abs. 4 Satz 1.

Die Aussetzung des Verfahrens ist im PatG nicht geregelt. Wegen der Justizförmigkeit auch des erstinstanzlichen Verfahrens sind die Bestimmungen der §§ 148 und 249 ZPO sinngemäß anwendbar, soweit nicht Besonderheiten des patentamtlichen Verfahrens entgegenstehen; vgl. auch BPatG 18. 1. 1971, Mitt. 1971, 77, 78; BPatG 3. 2. 1971, Mitt. 1972, 30. Nach § 249 ZPO bewirkt die Aussetzung, daß der Lauf einer jeden Frist aufhört und nach Beendigung der Aussetzung die volle Frist von neuem zu laufen beginnt.

Eine **Aussetzung des Prüfungsverfahrens** wird in Frage kommen, wenn **bei der Identitätsprüfung** eine ältere Anmeldung dem Patentbegehren in der jüngeren Anmeldung teilweise oder ganz entgegensteht und das Verfahren in der älteren Sache noch nicht abgeschlossen ist, weil es sich z. B. noch im Beschwerde- oder Einspruchsverfahren befindet. Falls in der entgegengehaltenen älteren Anmeldung noch kein Prüfungsantrag gestellt ist und in jener Anmeldung sich die Siebenjahresfrist noch nicht dem Ende nähert, bleibt dem jüngeren Patentsucher zur Vermeidung einer unter Umständen mehrjährigen Verzögerung des Abschlusses des Verfahrens in seiner Anmeldung nur die Möglichkeit, selbst Prüfungsantrag in der älteren Sache zu stellen. Der **Aussetzungsbeschluß** des PA muß **begründet** sein, denn ohne Angabe der Berührungspunkte beider Anmeldungen ist der Inhaber der jüngeren Anmeldung nicht in der Lage, die Berechtigung der

Aussetzung nachzuprüfen und sie mit einem begründeten Rechtsmittel anzugreifen; BPatG 29. 9. 1964, E 6, 20, 25 = Bl. 1965, 92. Gegen einen Bescheid, mit dem die Aussetzung des Verfahrens in einer Patentanmeldung mit Rücksicht auf § 4 Abs. 2 bis zur Erledigung einer älteren Anmeldung verfügt worden ist, ist die Beschwerde zulässig; BPatG 7. 10. 1966, E 8, 205. Auch kann gegen einen Bescheid, der die Fortsetzung des wegen einer älteren Anmeldung ausgesetzten Prüfungsverfahrens ablehnt, Beschwerde erhoben werden; BPatG 30. 7. 1964, E 6, 53. Eine vom Prüfer angeordnete Aussetzung des Verfahrens kann nur von diesem wieder aufgehoben werden (§ 150 ZPO); BPatG 18. 1. 1971, Mitt. 1971, 77, 78. Die Wiederaufnahme eines ausgesetzt gewesenen Patenterteilungsverfahrens ist nur dann ordnungsmäßig, wenn sie allen Beteiligten zur Kenntnis gebracht wird; diese müssen Gelegenheit haben, sich zu der neuen Sach- und Rechtslage zu äußern; BPatG 18. 4. 1966, E 8, 157; BPatG 26. 5. 1965, E 7, 33. Aussetzung des Verfahrens kommt ferner bei einer **Zusatzanmeldung** in Betracht, wenn das Verfahren in der Hauptanmeldung noch nicht rechtskräftig abgeschlossen ist. (Vgl. auch BPatG 3. 2. 1971, Mitt. 1972, 30.) Das Prüfungsverfahren in der Zusatzanmeldung soll aber vor Aussetzung soweit wie möglich und verfahrensökonomisch vertretbar gefördert werden. Die Voraussetzungen für die Aussetzung des Verfahrens über die Zusatzanmeldung enden erst mit der endgültigen Entscheidung über die Hauptanmeldung, wegen der die Aussetzung erfolgt war; BPatG 18. 1. 1971, Mitt. 1971, 77, 78; BPatG 3. 2. 1971, a. a. O. BPatG 18. 1. 1971 läßt es dahingestellt, ob die Aussetzung des Verfahrens über die Zusatzanmeldung von selbst mit dem Erlaß des Beschlusses über die Erteilung des Hauptpatents endet. Eine solche Handhabung wäre nicht bedenkenfrei, sofern nicht bei der Aussetzung die Prüfung der Zusatzanmeldung praktisch beendet gewesen ist.

Die Tatsache, daß die gleiche Rechtsfrage Gegenstand sowohl eines Prüfungsverfahrens als auch eines mit diesem nicht zusammenhängenden Beschwerdeverfahrens ist, bietet keinen Anlaß zu einer förmlichen Aussetzung des Prüfungsverfahrens gem. § 148 ZPO; BPatG 1. 3. 1971, E 12, 141.

Wegen der Auslegung der Anmeldungen nach 18 Monaten wird die Zahl der zu berücksichtigenden älteren Anmeldungen als ältere Rechte abnehmen. Die Berücksichtigung älterer Anmeldungen ist für den Prüfer nur möglich, falls in diesen schon Prüfungsantrag gestellt ist. Eine Nachforschung in den Anmeldungen, in denen kein Prüfungsantrag gestellt ist, ist für den Prüfer nicht möglich. Die Berücksichtigung älterer Rechte wird deshalb praktisch weitgehend auf das Einspruchsverfahren verlagert werden. Um den jüngeren Anmelder vor unbilligen Härten zu bewahren, empfehlen die Prüf. Richtl. (IV 4 g), an die Prüfung nach § 4 Abs. 2 einen strengen Maßstab anzulegen. Auch wenn der jüngere Anmelder den Gegenstand seiner Anmeldung gegenüber dem Gegenstand der älteren Anmeldung nicht abgrenzt, soll das Prüfungsverfahren nur auf ausdrücklichen Wunsch des jüngeren Anmelders ausgesetzt werden. Andernfalls soll die Anmeldung ohne Abgrenzung gegenüber dem Gegenstand der älteren Anmeldung bekanntgemacht und der jüngere Anmelder darauf hingewiesen werden, daß, falls kein Einspruch eingelegt würde, in seiner Anmeldung erst nach Erledigung der älteren Anmeldung beschlossen werden könnte. Bis dahin wird dann das Verfahren in der jüngeren Anmeldung auszusetzen sein.

Eine gesetzliche Regelung, welche ältere Rechte den Vorveröffentlichungen gleichsetzen würde, wäre zwar für den jüngeren Anmelder eine gewisse Härte, würde aber nach Offenlegung der älteren Anmeldung ermöglichen, das Verfahren in der jüngeren Anmeldung zu Ende zu führen.

Maßnahmen zur Sicherstellung einheitlicher Entscheidungen bei der Prüfung von Patentanmeldungen, die **Nahrungs-, Genuß- und Arzneimittel sowie chemische Stoffe betreffen,** sind in den Prüf. Richtl. V 1 angegeben. Beim Vorliegen noch schwebender Grundsatzentscheidungen in gleichgelagerten Fällen kann Zurückstellung des Verfahrens in der anhängigen Sache bis zur rechtskräftigen gerichtlichen Entscheidung beim Anmelder angeregt werden. Eine förmliche Aussetzung des Verfahrens ist aber nicht möglich; BPatG 1. 3. 1971, Mitt. 1971, 139.

Wird im Lauf des Verfahrens **Nichteinheitlichkeit** festgestellt, ist die Anmeldung zu teilen; wegen der Handhabung vgl. § 26 Anm. 16 ff., insb. 26, 27 und auch Prüf. Richtl. IV 4 c.

20 Die **Beendigung des Verfahrens** bis zur Bekanntmachung kann bewirkt werden durch **Zurücknahme** der Anmeldung durch den Patentsucher, durch **rechtskräftige Zurückweisung** der Anmeldung oder durch den **Erlaß des Bekanntmachungsbeschlusses;** vgl. Anm. 48, 51 und § 30. **Nicht beendet** wird das Verfahren durch Zurücknahme des Prüfungsantrags, denn gem. § 28 b wird auch bei Zurücknahme des Prüfungsantrags das Verfahren fortgesetzt. Dadurch wird verhindert, daß durch Absprachen zwischen Patentanmelder und einem Dritten zum Schaden der Allgemeinheit u. U. nicht stichhaltige Patentbegehren bis zum Ablauf der Siebenjahresfrist aufrechterhalten werden, ferner ein Verfall der Anmeldung, wenn der Antrag eines Dritten nach Ablauf der Siebenjahresfrist zurückgenommen würde, und es entfällt die Notwendigkeit einer entsprechenden Bekanntmachung bei Zurücknahme des Antrags vor Ablauf der Siebenjahresfrist; vgl. noch die amtliche Begründung, Bl. 1967, 260 r. Sp. unter »h«.

III. Verfahrens-Maximen

1. Grundsätzliches

Nach PA 3. 5. 1930, Bl. 1930, 176, 177 r. Sp. ist das gesamte Erteilungsverfahren ein Rechtsverfahren und bietet für willkürliche Akte der patenterteilenden Behörde keinen Raum; Rücksichten des Wohlwollens oder der Nachsicht scheiden völlig aus. Eine einmal ausgesprochene Rechtsauffassung, die sich bei erneuter Prüfung als nicht stichhaltig erweist, darf unter keinen Umständen aufrechterhalten werden; PA 3. 5. 1930, a. a. O. 178 oben. Trotz der Entscheidung des BVerwG vom 13. 6. 1959, GRUR 1959, 435, nach der das Patentamt eine Verwaltungsbehörde ist, hat auch der Bundesgerichtshof ausgesprochen, daß das strengen Regeln unterworfene Erteilungs- und insbesondere Einspruchsverfahren einem justizmäßigen Verfahren weitgehend angenähert ist, so daß etwaige Formerleichterungen, wie sie im Verwaltungsverfahren zugelassen sein mögen, nicht übertragbar sind; BGH 27. 4. 1967, Mitt. 1967, 197, 198 r. Sp. und BGH 28. 4. 1966, Bl. 1966, 234, 236 r. Sp. unten = GRUR 1966, 583, 585, l. Sp. – Abtastverfahren. 21

Der Gang des Verfahrens und seine Durchführung im einzelnen sind, soweit den Beteiligten nicht aufgrund des Verfügungsgrundsatzes oder besonderer Antragsrechte eine Einflußnahme auf den Gang des Verfahrens vom Gesetz eingeräumt worden sind, ihrer Disposition grundsätzlich entzogen; BGH 7. 12. 1971, Bl. 1972, 291, 293 = GRUR 1972, 474 – Ausscheidungsanmeldung.

2. Verfügungsgrundsatz

Der Verfügungsgrundsatz gilt im Patenterteilungsverfahren im wesentlichen in folgender Hinsicht: Der Anmelder veranlaßt durch Einreichung der Anmeldung die Einleitung des Verfahrens. Durch die Gestaltung der Unterlagen legt er den Gegenstand der Anmeldung und durch Vorlage der Patentansprüche seinen Antrag bezüglich dessen fest, wofür er Patentschutz begehrt. Er kann seine Ansprüche im Laufe des Verfahrens beschränken und in bestimmten Grenzen ändern (vgl. § 26 Anm. 95, 98, 100 ff.). Das Einverständnis des Anmelders mit der endgültigen Fassung der Unterlagen, insb. der Patentansprüche, ist vor Beschluß der Bekanntmachung bzw. Patenterteilung erforderlich; BGH 30. 1. 1962, GRUR 1962, 398 – Atomschutzvorrichtung; BGH 1. 6. 1965, GRUR 1966, 85, 86 – Aussetzung der Bekanntmachung. Der Anmelder kann seine Anmeldung in jedem Stadium des Verfahrens – vor der Offenlegung, vor und nach der Bekanntmachung – zurücknehmen. Wegen der Abgabe von Erklärungen einzelner von mehreren Anmeldern und wegen Übertragung der Anmeldung auf 22 einen Dritten vgl. bei § 26 Anm. 4 und 8. Bei unbeschränkt in Anspruch genommenen Arbeitnehmererfindungen hat der Arbeitgeber die Bestimmung des § 16 ArbEG (Übertragungsangebot bei beabsichtigter Aufgabe der Anmeldung) zu beachten.

Das Patentamt kann den Anmelder nicht gegen seinen Willen zu einer bestimmten Fassung seiner Unterlagen zwingen; PA 8. 3. 1913, Bl. 1913, 188. Falls kein Einverständnis mit einer amtlicherseits für wesentlich gehaltenen bestimmten Fassung erzielt wird, kann die Prüfungsstelle die Anmeldung nur zurückweisen; PA 22. 9. 1930, Bl. 1933, 233; PA 5. 3. 1940, Bl. 1940, 66; PA 6. 3. 1961, Mitt. 1961, 147. Auch wenn der Anmelder einen bestimmten Anmeldetag (Priorität) beansprucht, dieser aber nicht anerkannt werden kann, darf die Anmeldung nicht bekanntgemacht, sondern muß zurückgewiesen werden; BGH 24. 3. 1966, GRUR 1966, 488, 490 – Ferrit.

Der Verfügungsgrundsatz muß aber im Ausgleich der widerstreitenden Interessen des Anmelders und der Allgemeinheit begrenzt werden; vgl. hierzu BGH 1. 6. 1965, GRUR 1966, 85, 87 – Aussetzung der Bekanntmachung.

3. Untersuchungsgrundsatz

23 Die Erwägung, daß die Anmelderin Herrin über den Erfindungsstoff ist und in gewissem Umfang durch ihre Verfügungen das Verfahren beeinflussen kann, rechtfertigt nicht die Berücksichtigung jedes beliebigen Begehrens. Ihre Freiheit findet an dem Interesse eines geordneten und gleichmäßigen Verfahrens und an dem Interesse der Gesamtheit ihre Schranken; PA 15. 4. 1910, Bl. 1910, 180, 182 l. Sp. unten. Insoweit ist für Parteidispositionen über das Verfahren kein Raum; PA 17. 12. 1907, Bl. 1908, 258. Denn das Patentamt hat die möglichen Rechte Dritter in jedem Stadium des Erteilungsverfahrens in gleicher Weise (wie das materielle Recht eines Patentanmelders) zu berücksichtigen, zumal diese auch nicht die Möglichkeit haben, zu den verfahrensrechtlichen Erklärungen (vor der Bekanntmachung) der Patentanmelderin Stellung zu nehmen; BPatG 25. 10. 1961, E 1, 21, 24.

Aus den Bestimmungen der §§ 28 b Abs. 1 und 5, 28 c, 29 und 33 geht klar hervor, daß das Erteilungsverfahren außer vom Verfügungsgrundsatz vom Untersuchungsgrundsatz (Offizialmaxime) beherrscht wird; vgl. PA 27. 5. 1932, Mitt. 1932, 176; ebenso: Ballhaus in Benkard Anm. 5 vor § 26; Trüstedt in Reimer §§ 28–29 Anm. 15; PA 30. 4. 1934, Mitt. 1934, 212. Alle für die Durchführung des Verfahrens notwendigen Feststellungen werden von Amts wegen veranlaßt und durch entsprechende Verfügungen des zuständigen Prüfers durchgeführt. Das besagt auch PA (Gr. Sen.) 17. 3. 1943, Bl. 1943, 40, 41 r. Sp.: es herrsche Amtsbetrieb. Hinsichtlich der Terminologie vgl. Bendler, GRUR 1963, 113, 115. Wegen der verschiedenen Prozeßgrundsätze vgl. die grundlegende Arbeit von A. Lang: Untersuchungs- und Verhandlungsmaxime, Verw.Archiv 1961, 60–91 und 175 bis 195. Diese Verfahrenshandhabung schließt nicht aus, daß der Anmelder weitgehend zur Mithilfe bei der Durchführung des Verfahrens gesetzlich verpflichtet ist; BGH 21. 12. 1962, E 2, 253, 258. Vgl. auch BPatG 6. 4. 1972, E 14, 47 (Grenze des Untersuchungsgrundsatzes bei mangelnder Mitwirkung des Beteiligten).

4. Ergänzende Anwendung von nicht im Patentgesetz geregelten Verfahrensvorschriften, insbesondere nach der ZPO

Das Erteilungsverfahren ist im Patentgesetz nur in großen Zügen geregelt und bedarf an sich mannigfacher Ergänzung durch analoge Anwendung von Rechtssätzen, die sich anderweit in der deutschen Gesetzgebung finden; PA 3. 5. 1930, Bl. 1930, 176, Abs. 2. Zunächst sind die Hinweise auf die Anwendung anderer Regelungen im Patentgesetz zu beachten. Außerdem ermächtigt § 22 den Bundesminister der Justiz zum Erlaß einer Rechtsverordnung, durch die u. a. die Form des Verfahrens bestimmt wird, soweit hierfür durch das Gesetz keine Bestimmungen getroffen sind. Dementsprechend ist die DPAVO vom 5. 9. 1968, Bl. 1968, 278 ergangen. § 20 der VO enthält u. a. die Übertragung der Ermächtigungen zum Erlaß der Rechtsverordnungen gem. § 18 Abs. 5 (betr. Wahrnehmung einzelner den Prüfungsstellen und Patentabteilungen obliegender Geschäfte durch Beamte des gehobenen und mittleren Dienstes), gem. § 26 Abs. 3 (betr. sonstige Erfordernisse der Anmeldung) und gem. § 36 Abs. 4 (betr. die Bekanntmachung der Erfindernennung) auf den Präsidenten des Patentamts. Vgl. hierzu im einzelnen die betreffenden §§ des Patentgesetzes. 24

Wegen der vorgeschriebenen sinngemäßen Anwendung der Bestimmungen der ZPO betr. die Ausschließung und Ablehnung von Prüfern und der übrigen Mitglieder der Patentabteilungen vgl. bei § 18 Abs. 6 und wegen der ebenfalls vorgeschriebenen Anwendung der ZPO im **Armenrechtsverfahren** vgl. bei §§ 46 h und 46 k Abs. 3. Schließlich bestimmt § 45 a für die **Zustellung** mit besonderen Maßgaben die Anwendung der Vorschriften des Verwaltungszustellungsgesetzes und der Bestimmungen der §§ 175, 213 ZPO; vgl. hierzu bei § 45 a. Wegen der Zustellung vgl. auch Anm. 37.

Über diese gesetzlichen Hinweise hinaus ist jeweils zu prüfen, ob **Lücken im Patentgesetz** durch andere gesetzliche Bestimmungen, z. B. für den Zivilprozeß, für das Verwaltungsgerichtsverfahren oder für das Verfahren der Freiwilligen Gerichtsbarkeit ausgefüllt werden können. Die Frage ihrer Anwendbarkeit beantwortet sich aus der Verträglichkeit der in Betracht kommenden Bestimmungen mit dem Zweck des Patentgesetzes, das an sich ein Verfahren **eigener** Art betrifft. Die entsprechende Anwendung der Bestimmung des § 139 Abs. 1 ZPO (**Aufklärungspflicht**) ist in dem weitgehend justizförmig ausgestalteten Verfahren vor dem PA geboten; BPatG 18. 1. 1971, E 12, 133, 138 m. weit. Hinw. Im einzelnen s. Anm. 27, 30.

Zweifelsfrei ergibt sich die Anwendbarkeit der Bestimmungen der §§ 373 ff. ZPO für den **Zeugenbeweis** und damit im Zusammenhang die Anwendung der Bestimmungen der §§ 159 ff. ZPO für das **Protokoll.** Im einzelnen vgl. bei § 33 Anm. 9.

Der § 148 ZPO betr. die **Aussetzung des Verfahrens,** wenn die Entscheidung ganz oder zum Teil vom Bestehen oder Nichtbestehen eines Rechtsverhältnisses abhängt, das Gegenstand eines anderen Verfahrens bildet, ist rechtsähnlich anzuwenden; z. B. BPatG 1. 3. 1971, E 12, 141, 143. Vgl. ferner Anm. 19 und § 4 Anm. 19.

Nicht ohne weiteres anwendbar sind die Bestimmungen des § 91 ZPO betr. die **Kostenauferlegung;** vgl. z. B. BPatG 11. 10. 1961, E 1, 94. **Dagegen gelten** gem. § 33 Abs. 2 PatG die Vorschriften der ZPO über das **Kostenfestsetzungsverfahren** und die **Zwangsvollstreckung** aus Kostenfestsetzungsbeschlüssen entsprechend. Vgl. hierzu § 33 Anm. 16 ff.

Nicht anwendbar sind die Bestimmungen des § 66 ZPO über die Nebenintervention; vgl. PA 30. 4. 1934, Mitt. 1934, 212.

25 Die Vorschriften über die Möglichkeit der Zurückverweisung aus der II. Instanz (Bundespatentgericht) an die I. Instanz (Patentamt) sind durch das PatÄndG vom 4. 9. 1967 in § 36 p Abs. 3 neu geregelt, und zwar in Anlehnung an einschlägige Bestimmungen der ZPO und der Verwaltungsgerichtsordnung; vgl. amtl. Begr. Teil B zu Art. 1 zu Nr. 27, Bl. 1967, 262. Vgl. auch Harraeus, Die Zurückverweisung im Patentprüfungsverfahren; GRUR 1960, 50 ff. Wegen Heranziehung der Grundsätze für die Irrtumsanfechtung der ZPO im Anmeldeverfahren vgl. PA 9. 1. 1954, Bl. 1954, 49, 50 l. Sp. Abs. 3. Im einzelnen vgl. hierzu Anm. 49.

Wird aufgrund der Beschwerde die Sache **an das DPA zurückverwiesen,** so kann die Entscheidung eine **Bindungswirkung** nach § 575 ZPO haben. Die Bindung der Vorinstanz an die Rechtsauffassung des Beschwerdegerichts hat seit jeher bestanden; BPatG 24. 10. 1966, Mitt. 1967, 14, 15. Etwaige Hinweise der zweiten Instanz betr. den einer Ausscheidungsanmeldung zukommenden Zeitrang binden aber die erste Instanz nicht; BGH 24. 11. 1971, Bl. 1972, 289, 291 = GRUR 1972, 472 – Zurückverweisung. Zur Frage »unrichtiger« Sachbehandlung i. S. des § 7 Abs. 1 VwkostVO vgl. BPatG 19. 11. 1969, Mitt. 1971, 174, 176. Nach BGH 18. 10. 1968, BGHZ 51, 131 = GRUR 1969, 433 – Waschmittel – mit Anm. von Klaka kann, wenn die Zurückverweisung »mit der Auflage« erfolgt, das Patent mit den vom Beschwerdesenat festgelegten Patentansprüchen »nach Anpassung der Beschreibung an diese Ansprüche zu erteilen«, darin der für das weitere Erteilungsverfahren bindende Ausspruch liegen, daß der durch die benannten Patentansprüche gekennzeichnete Anmeldungsgegenstand materiell patentfähig ist. Weiteres s. § 34 Anm. 12.

5. Rechtliches Gehör

Das Recht auf Gehör (Art. 103 Abs. 1 GG) verlangt, daß einer gerichtlichen Entscheidung nur solche Tatsachen und Beweisergebnisse zugrunde gelegt werden, zu denen sich die Beteiligten äußern konnten; BVerfG 25. 10. 1956, BVerfGE 6, 12. Die Anwendung dieses unerläßlichen Grundsatzes ist ebenso in gerichtsähnlichen, also justizförmig ausgestalteten Verwaltungsverfahren anzuwenden; BGH 21. 12. 1961, BB 1962, 384. Daß das Patenterteilungsverfahren auch in der ersten Instanz ein justizförmig ausgestaltetes Verfahren ist, kann nicht zweifelhaft sein. Nach BGH 27. 4. 1967, GRUR 1967, 586, 588 = Mitt. 1967, 197, 198 r. Sp. – Rohrhalterung – ist das »strengen Regeln unterworfene« Verfahren der patentamtlichen ersten Instanz – insbesondere das Einspruchsverfahren – einem justizförmigen Verfahren weitgehend angenähert. 26

Für das patentamtliche Verfahren ist eine entsprechende Handhabung schon immer durch Bestimmungen im Patentgesetz vorgeschrieben. § 28 c Abs. 2 n. F. = § 28 Abs. 3 a. F. verlangt, daß dem Anmelder in jedem Fall ein negatives Ergebnis der Prüfung der Erfindung auf Patentfähigkeit unter Setzung einer Äußerungsfrist mitzuteilen ist, und zwar unter Angabe der Gründe. Die letztgenannte Bestimmung stellt klar, daß allein die Mitteilung der patenthindernden Tatsachen (Vorveröffentlichungen und ältere Rechte) nicht genügt, sondern daß näher zu erläutern ist, inwiefern die Entgegenhaltungen patenthindernd sind. Die Bescheide müssen hinreichende Gründe für die Stellungnahme des Prüfers beibringen und namentlich bei dem Vorschlag einer neuen Formulierung des Anspruchs oder der Beschreibung die nötigen Erläuterungen dazu geben; Klauer-Möhring, § 28 Anm. 2. Als Begründung i. S. des § 28 Abs. 3 a. F. ist im Regelfall nicht die bloße Aufzählung der von der Prüfungsstelle festgestellten, vermeintlich patenthindernden Tatsachen zu verstehen, sondern auch die dazu gehörende Erläuterung; Reimer, § 29 Anm. 18. Nur ganz ausnahmsweise – im Falle einer kurzen, klaren Patentschrift – kann der bloße Hinweis auf die Vorveröffentlichung zulässig sein; PA 29. 4. 1940, Mitt. 1940, 112. Insbesondere, wenn das Vorliegen von Erfindungshöhe verneint wird, ist dies nicht lediglich mit dem Bemerken, es handele sich um eine naheliegende Maßnahme, abzutun, sondern dies ist in nachprüfbaren Darlegungen, die in jedem Fall eine lückenlos ineinandergreifende Gedankenkette zum Inhalt haben müssen, zu begründen; BPatG 23. 1. 1962, E 1, 76. Im einzelnen vgl. wegen der Anforderungen an eine Begründung § 34 Anm. 7 ff. Die praktische Verfahrenshandhabung erläutern Anm. 31 ff.

Vor einer Zurückweisung sind gegebenenfalls auch sich ergebende (neue) 27
Umstände mitzuteilen; § 29 Abs. 2 a. F. = § 29 Satz 2 n. F. In neuerer Zeit ist im Zusammenhang mit dem Einspruchsverfahren noch ergänzend auf die gerichtliche, sich aus § 139 ZPO ergebende **Aufklärungspflicht** hin-

gewiesen worden; vgl. PA 17. 5. 1952, Bl. 1952, 325 = GRUR 1952, 508. In BPatG 26. 5. 1965, E 7, 33, 34 ist unter Bezug auf § 139 ZPO auf die dem Patentamt obliegende Aufklärungspflicht – hier wegen Hinwirkung auf sachgerechte Antragstellung – aufmerksam gemacht. Aus § 839 BGB ergibt sich für einen Beamten die Verpflichtung, dienstliche Auskünfte richtig, klar und vollständig zu geben und gegebenenfalls auch einen rechtsunkundigen Gesuchsteller zu belehren und aufzuklären; BGH 5. 4. 1965, DB 1965, 740.

Um die weitere oder engere **Auslegung des in § 29 gebrauchten Begriffs »Umstände«** sind immer wieder verschiedene Meinungen geäußert worden. Nach Isay, PatG, 5. Aufl. S. 506 sind als »neue Umstände« im Patenterteilungsverfahren nicht nur Tatsachen und Beweismittel, sondern auch rechtliche Erwägungen oder Schlußfolgerungen angesehen worden; Klauer/Möhring, 2. Aufl. § 29 Anm. 2, S. 362 weisen unter Bezugnahme auf PA 18. 2. 1930, Mitt. 1930, 93 und PA 18. 11. 1935, Mitt. 1936, 23 darauf hin, daß auch eine veränderte Rechtsauffassung des Prüfers, neue rechtliche Erwägungen oder Schlußfolgerungen als »neue Umstände« anzusehen sind. Dagegen sei es nicht notwendig, wenn es bei der bisher vom Prüfer vertretenen Ansicht bleibt, sich in einem weiteren Bescheid mit den Gegenausführungen des Anmelders auseinanderzusetzen und selbst ergänzende Ausführungen hierzu zu machen. Diese Darstellung entspricht der tatsächlichen, mindestens ganz überwiegenden Handhabung des erstinstanzlichen Erteilungsverfahrens betr. § 29 Satz 2. Als Ausnahme vgl. PA 28. 8. 1941, Mitt. 1941, 184. Die s. Z. herausgegebenen amtlichen Prüfungsvorschriften 1941, S. 107, bestätigen dies. Dort werden die mitzuteilenden Erwägungen als »auf die Patentfähigkeit bezügliche Erwägungen« interpretiert. Tetzner, § 29 Anm. 5 sieht die Änderung einer mitgeteilten Rechtsauffassung als neuen Umstand i. S. § 29 an.

28 Die von Klauer/Möhring angeführte Entscheidung vom 18. 2. 1930 betrifft den Fall, daß eine zunächst **nur** im Zusammenhang mit der Einheitlichkeitsfrage herangezogene Patentschrift nicht ohne Zwischenbescheid zur Zurückweisung der Anmeldung aufgrund dieser Schrift führen kann, nachdem sich der Anmelder auf einen Anspruch zurückgezogen hat. Die zweitgenannte Entscheidung vom 18. 11. 1935 betrifft einen Fall, in dem der Anmelder nach Erfüllung aller Auflagen des vorangegangenen Bescheids zurückgewiesen wurde. Weitere Beispiele: Mit einer nur als teilweise neuheitsschädlich behandelten Patentschrift kann ohne Zwischenbescheid nicht der Zurückweisungsbeschluß dahingehend begründet werden, die Patentschrift stehe in vollem Umfang entgegen; PA 7. 12. 1928, Mitt. 1929, 131. Wurde in der mündlichen Verhandlung ein gewährbarer Anspruch vereinbart, so kann ohne Zwischenbescheid nicht zurückgewiesen werden; PA 18. 11. 1932, Mitt. 1932, 344; ähnlich PA ohne Datum, Mitt. 1933, 185. Diese Auffassung ist zweifellos richtig, denn bei einem **Wechsel** in der Auffassung der Prüfungsstelle über die Patentfähigkeit des Anmeldungsgegenstandes entspricht es der Amtspraxis, einen Zwischenbescheid zu erlassen, da andernfalls der Anmelder durch einen Versagungsbeschluß überrascht würde; PA 28. 10. 1955, Mitt. 1956, 77 l. Sp. untere Hälfte.

Wird durch eine entgegengehaltene Druckschrift ein bestimmter, von der Prüfungsstelle festgestellter technischer Tatbestand als erwiesen angesehen, so kann die Zurückweisung ohne vorangehenden Zwischenbescheid mit Äußerungsfrist nicht erfolgen, wenn die Prüfungsstelle nunmehr aus der gleichen Druckschrift einen anderen, bisher nicht unterstellten technischen Tatbestand als patenthindernd ansieht, denn es handelt sich hier um einen neuen »Umstand«, der auf tatsächlichem Gebiet liegt; PA 22. 10. 1959, Bl. 1961, 176. Auf PA 18. 2. 1930, Mitt. 1930, 93 und PA 8. 11. 1935, Mitt. 1935, 420 wird in der Entscheidung verwiesen. Zur rechtlichen Qualifizierung druckschriftlicher Entgegenhaltungen hinsichtlich der Begriffe »Umstände« und »Tatbestand« vgl. auch Röhl, BB 1968, 18, 20. 29

Anders ist die Sachlage, wenn die Prüfungsstelle wegen der Patentfähigkeit Zweifel geäußert hat. Ist dem Anmelder die Auffassung der Erteilungsbehörde hinreichend bekannt, so ist eine gewünschte nochmalige Erörterung der Sach- und Rechtslage nicht erforderlich; diese im Zusammenhang mit dem zweitinstanzlichen Verfahren geäußerte Auffassung – vgl. PA 11. 6. 1937, Mitt. 1937, 210, 212 r. Sp. – gilt auch für die erste Instanz. Wann ein neuer Umstand i. S. des Patentgesetzes vorliegt, wird von Fall zu Fall aufgrund des Sach- und Rechtsstandes zu beurteilen sein; vgl. hierzu auch PA 18. 7. 1933, Mitt. 1933, 248. Die neuere Auffassung will nun die Bestimmung des § 29 Abs. 2 a. F. enger auslegen und unter »Umständen« nur »Verhältnisse tatsächlicher Art« verstehen; PA 17. 5. 1952, Bl. 1952, 325 = GRUR 1952, 508. Der Anmelder soll danach vor einer Zurückweisung in die Lage versetzt werden, sich zu den »Umständen« und »den aus ihnen zu ziehenden Folgerungen« zu äußern. Um sich zu den Folgerungen äußern zu können, die die Prüfungsstelle mit Bezug auf die Patentfähigkeit des Anmeldungsgegenstandes aus den Tatsachen zieht, muß er diese kennen. Ganz überzeugen kann die Begründung für die engere Auslegung nicht, ganz abgesehen davon, daß in der Entscheidung weiter ausgeführt wird, es sei häufig zweckmäßig oder sogar geboten, rechtliche Gesichtspunkte zu erörtern, die bisher nicht berührt wurden, oder die Änderung einer erkennbar gewordenen Rechtsauffassung mitzuteilen; es könne sich hierbei aber nur um eine allgemeine, etwa dem § 139 ZPO entsprechende Aufklärungspflicht des Patentamts handeln. Der Auffassung betreffs einer engeren Auslegung des Begriffs »Umstände« haben sich einige Beschwerdesenate (zuständig für die Elektrotechnik) (BPatG 20. 9. 1962, E 3, 40, 44; BPatG 24. 2. 1964, E 5, 21, 23 und BPatG 1. 12. 1964 in 23 W 41/61) angeschlossen. Im Ergebnis wird aber im wesentlichen die gleiche Verfahrenshandhabung erzielt, ob man § 29 Abs. 2 a. F. (§ 29 Satz 2 n. F.) weiter auslegt 30 oder ob man bei engerer Auslegung § 139 ZPO hinzuzieht; vgl. hierzu auch BGH 28. 4. 1966, GRUR 1966, 583, 585 l. Sp. unter b) – Abtastverfahren. Sicherlich läßt sich weder über § 29 Satz 2 PatG noch § 139 ZPO das Verlangen rechtfertigen, daß vor der Entscheidung zwischen Prüfungsstelle und Anmelder ein ausführliches Rechtsgespräch zu führen ist; vgl. z. B. Bayer. VerfGH 26. 2. 1960, NJW 1960, 1051. In diesem Beschluß ist auch das Verhältnis des § 139 ZPO zum Grundsatz des rechtlichen Gehörs erläutert.

Wegen der **Verfahrenshandhabung im Einspruchsverfahren** vgl. § 32 Anm. 32 ff.

IV. Verfahrensablauf

1. Feststellung des Gegenstands der Anmeldung und des Standes der Technik

31 Um die nach § 28 b Abs. 1 vorgeschriebene Prüfung auf materielle Patentfähigkeit durchführen zu können, muß das Patentamt (die zuständige Prüfungsstelle) zuerst aufgrund der Anmeldungsbeschreibung einschließlich der Ansprüche feststellen, **welche Erfindung Gegenstand der Anmeldung ist;** vgl. Zeunert, GRUR 1966, 405, 407. Bei Anmeldung der Erfindung muß in der Beschreibung der beanspruchte Erfindungsgedanke, der aus Aufgabe und Lösung besteht, für den Durchschnittsfachmann hinreichend klar erkennbar sein, damit die Anmeldungspriorität zugestanden werden kann. Im Rahmen der ursprünglichen Angaben zur Aufgabe kann sich wegen des ermittelten Standes der Technik nur das Schwergewicht verschieben; dementsprechend kann die Aufgabe konkretisiert werden. **Als Antrag im eigentlichen Sinne sind die geltend gemachten Patentansprüche anzusehen.** Gegebenenfalls ist der sich aus Aufgabe und Lösung ergebende Erfindungsgedanke im Rahmen der erfindungswesentlichen Angaben in den ursprünglichen Unterlagen klarzustellen; hierzu kann PA 24. 2. 1956, Mitt. 1956, 116 und Winkler, GRUR 1972, 275 vgl. werden. Ist oder wird das Patentbegehren nachträglich geändert, ist zu prüfen, ob durch die Änderung auch nicht das **Wesen der ursprünglich offenbarten Erfindung** verändert worden ist. Besonders bei Anregungen seitens der Prüfungsstelle zur Vorlage bestimmter Ansprüche ist wegen der gesetzlichen Folgen aus § 26 Abs. 5 Satz 2 streng darauf zu achten, daß keine unzulässigen Änderungen (s. § 26 Anm. 99 ff.) eintreten; s. hierzu Prüf. Richtl. IV 4 d. Die notwendigen Feststellungen sind aktenkundig zu machen. Wegen der Priorität darf an die Stelle der ursprünglich offenbarten Erfindung keine andere oder eine weitere Erfindung gesetzt werden.

Nach diesen grundsätzlichen Untersuchungen ist der **Stand der Technik** auf dem Gebiet, dem die Erfindung angehört, und auf den Gebieten, die bei der Prüfung auf Erfindungshöhe etwa zusätzlich heranzuziehen sind, festzustellen. Hierfür kommen in Betracht:

1. Die Angaben hierzu in der Beschreibung; vgl. Anmeldebestimmungen, § 3 insb. Nr. 4 und 5. Vgl. hierzu auch Prüf. Richtl. IV 4 f.
2. Weitere im Lauf des Verfahrens angeforderte Angaben des Anmelders aufgrund der Bestimmung des § 26 Abs. 4 Satz 1, die noch die Verpflichtung unter 1. unterstreicht. Wegen der Auskunftverpflichtung vgl. im einzelnen § 26 Anm. 80, 81.
3. Benennung des gegebenenfalls in ausländischen Parallelanmeldungen entgegengehaltenen Materials gem. § 26 Abs. 4 Satz 2. Erforderlichenfalls ist der Anmelder auf seine gesetzliche Verpflichtung hinzuweisen; es kann auch eine Negativerklärung verlangt werden. Im Weigerungsfalle kann die Anmeldung zurückgewiesen werden. Vgl. Prüf. Richtl. IV 3; BPatG 2. 6. 1972, E 14, 116; BPatG 15. 6. 1972, E 14, 197.
4. Das etwa im Zusammenhang mit einem Recherchenantrag nach § 28 a Abs. 1 ermittelte Material.
5. Etwa aufgrund des § 28 a Abs. 3 Satz 3 dem Patentamt von Dritten genanntes Material.
6. Das im eigenen Prüfstoff der zuständigen Prüfungsstelle festgestellte Material. Vgl. hierzu Prüf. Richtl. IV 4 e. Ist **im Prioritätsintervall liegender Vergleichsstoff** ermittelt worden, müssen – falls nicht vorhanden – beglaubigte Prioritätsbelege angefordert werden; s. § 27 Anm. 15, 17.
7. Von der Prüfungsstelle aufgrund einer Nachfrage in anderen Prüfungsstellen erhaltener Vergleichsstoff.
8. Ein gegebenenfalls im Austauschwege erhaltenes Prüfungsergebnis ausländischer Patentämter; vgl. § 28 a Anm. 14.
9. Im Einspruchsverfahren benannter Vergleichsstoff.

Weiter sind einschlägige ältere Anmeldungen oder Patente bei der Prüfung zu berücksichtigen. Die entsprechenden Feststellungen werden von der Prüfungsstelle insbesondere aufgrund der Anmeldungskartei getroffen. In zweiter Linie kommen entsprechende Einwände im Einspruchsverfahren in Betracht.

2. Tatsachenwürdigung

Durch Vergleich eines zulässigen Patentbegehrens mit dem Stand der Technik ist festzustellen: 32

1. inwieweit der Gegenstand der beanspruchten Erfindung noch neu ist,

2. ob es glaubhaft ist, daß durch die gegenüber dem Stand der Technik beanspruchten neuen Maßnahmen ein wesentlicher technischer Fortschritt erzielt wird, und
3. ob sich die Gewährung des Patentschutzes für die erfindungswesentlichen Maßnahmen unter dem Gesichtspunkt der erforderlichen Erfindungshöhe rechtfertigen läßt.

Die technische Würdigung des Sachverhalts hat unter Anwendung der von der Rechtsprechung und Lehre entwickelten Grundsätze zu erfolgen; vgl. hierzu die §§ 1, 2, 4 Abs. 2.

3. Aufklärung des Sachverhalts

33 Ergeben sich bei der Prüfung der Anmeldung irgendwelche Unklarheiten, z. B. betreffend die **Wirkungsweise des Anmeldungsgegenstandes,** die **ausreichende Offenbarung** in den ursprünglichen Unterlagen, die **Zulässigkeit eines Patentbegehrens,** die **Formulierung des Patentbegehrens** (etwa wegen der Kategorie oder der notwendigen Lösungsmittel), die **Einheitlichkeit** (s. die Hinweise am Ende der Anm. 19), die **Zusätzlichkeit,** die **Erkennbarkeit des Erfindungsgedankens,** die **Formulierung der Beschreibung** – insbesondere der Einleitung –, die **Glaubhaftmachung** und den **Umfang des geltend gemachten Fortschritts** oder bezüglich der **Erfindungshöhe,** so sind diese zu klären; dies ergibt sich aus § 28 c. Zur Prüfung auf Fortschritt und Erfindungshöhe können entsprechende Angaben hierzu vom Anmelder verlangt werden; BGH 14. 3. 1972, Bl. 1972, 319 = GRUR 1972, 541 – Imidazoline. Die notwendigen Aufklärungen können veranlaßt werden,

1. durch Erlaß eines **Zwischenbescheids,**
2. durch **Anhörung** (mündliche Verhandlung), s. § 33 Anm. 6, 7, 8,
3. durch Vorführung des Anmeldungsgegenstandes,
4. durch Anforderung oder Vorlage eines Gutachtens eines anerkannten Sachverständigen,
5. durch Zeugenvernehmung. Zeugenvernehmung kommt im allgemeinen nur im Einspruchsverfahren bei geltend gemachter offenkundiger Vorbenutzung oder widerrechtlicher Entnahme in Betracht. Wegen **Anhörung** und **Zeugenvernehmung** wird auf § 32 Anm. 40, 41 und insb. § 33 Anm. 1 ff. verwiesen,
6. durch fernmündliche Rückfragen; vgl. Prüf. Richtl. unter IV 9. Danach können in dieser Weise die textliche Fassung der Beschreibung vor der Bekanntmachung kurz erörtert und auch fehlende Unterlagen angefordert werden. Wegen der Form der Durchführung der Rückfragen und der Bestätigung des Ergebnisses vgl. die Richtlinien. Nicht ge-

eignet ist ein derartiges fernmündliches Verfahren für sachliche Stellungnahmen zur Erfindung, die Gegenstand der Anmeldung ist. Alle für die Entscheidung wesentlichen Erklärungen müssen schriftlich festgelegt werden.

Besondere Sorgfalt wird auf die Klärung der Frage zu richten sein, ob es sich bei einem Patentbegehren, das auf die Vereinigung mehrerer Merkmale zur Lösung einer im Rahmen der ursprünglichen Aufgabe liegenden Aufgabe gerichtet ist, um eine sogenannte echte Kombination oder eine Aggregation handelt; vgl. § 26 Anm. 63–66. Die Frage des **Elementenschutzes** ist zu klären, wenn dieser beansprucht wird, oder wenn erkennbar ist, daß ein solcher den Umständen nach (z. B. von der Aufgabe der Erfindung unabhängige Verwendbarkeit des betreffenden Merkmals) in Betracht kommen kann. Eine regelmäßige Prüfung der Einzelelemente auf Neuheit ist zwar erwünscht, wird aber aus verfahrensökonomischen Gründen nicht immer durchführbar sein; vgl. hierzu auch Hüfner, GRUR 1917, 144, 148, 1. Abs. und 148 letzter Abs. und S. 149 Abs. 1–3. Ferner siehe Kirchhoff, GRUR 1957, 512, 517.

Zur Praxis der Klarstellung des Schutzes verwendeter Elemente im Erteilungsverfahren vgl. BPatG 10. 3. 1967, E 9, 24 = Bl. 1967, 196. Auch dürfen unter dem Deckmantel einer Kombination in einer Anmeldung nicht mehrere nicht einheitliche Elemente zusammengefaßt werden; BPatG 14. 8. 1968, E 10, 153, 154.

In der Regel ist **im ersten Prüfungsbescheid** (s. Anm. 35, 36) **nicht nur zum Hauptanspruch, sondern möglichst zu sämtlichen Ansprüchen aufgrund des ermittelten Standes der Technik und im Hinblick auf die zu lösende Aufgabe Stellung zu nehmen.** Schon im RPA (vgl. Prüfungsvorschriften, 1941, S. 46, letzter Abs. und S. 56, Abs. 2) war es üblich, auch die Merkmale von Unteransprüchen weitgehend auf Neuheit und Patentfähigkeit zu prüfen und – falls zur Klarstellung erforderlich – das Ergebnis der Prüfung im Falle einer Patenterteilung in der Beschreibungseinleitung oder in der Anspruchsfassung zum Ausdruck zu bringen; vgl. hierzu Schuster, GRUR 1935, 843, 846, 847. Geschähe das nicht und behandelte man immer nur jeweils den ersten Anspruch, so würde sich das Verfahren unverantwortlich in die Länge ziehen. Die geschilderte, zweifellos auch vom Gesichtspunkt der Rechtssicherheit aus erwünschte Handhabung findet ihre Grenze an der Ökonomie des Erteilungsverfahrens. D. h., es ist mit Bezug auf Unteransprüche auf Untersuchungen zu verzichten, die einen nicht vertretbaren Zeitaufwand erfordern. Ein verbleibender Rest muß dann gegebenenfalls in späteren Verfahren geklärt werden. Dabei ist zu bedenken, daß die Zahl der Nichtigkeitsverfahren und Verletzungsprozesse im Verhältnis zu den erteilten Patenten sehr gering ist.

Unerläßlich ist die Prüfung der dem Hauptanspruch nachgeordneten Patentansprüche auf Patentfähigkeit, wenn sich bei der Prüfung des Hauptanspruchs ergibt, daß dieser gegenüber dem Stand der Technik nicht patentfähig ist. Das gleiche gilt, wenn selbständiger Schutz für einen Unteranspruch (oder für ein Einzelmerkmal in einem Anspruch) beansprucht wird oder wenn aus den Formulierungen in der Beschreibung erkennbar ist, daß auch selbständiger Schutz angestrebt wird; s. auch Schade, GRUR 1958, 1, 6 r. Sp. Das Patentamt darf nicht auf jedwede Prüfung der Kombinationsteile verzichten; PA 18. 12. 1936, Mitt. 1937, 58.

In gleichem Sinne vgl. die Prüfungsrichtlinien Teil IV 4 h, in denen u. a. auch auf die Berücksichtigung der Tatsache hingewiesen ist, daß die Unteransprüche üblicherweise auf den Hauptanspruch zurückbezogen sind, also in Verbindung mit diesem zum Gegenstand der Prüfung zu machen seien. Würden die Unteransprüche nicht berücksichtigt, so würde gegebenenfalls ein teilweise ungeprüftes Patent erteilt.

Grundsätzliches betr. Unteransprüche ist in § 26 Anm. 73, 74 behandelt.

Eine Prüfung auf selbständige Schutzfähigkeit des Gegenstands eines Unteranspruchs ist immer dann entbehrlich, wenn der Anmelder **unzweideutig** erklärt, daß Schutz **allein** im Zusammenhang mit dem Gegenstand des Hauptanspruchs beansprucht wird. Zweideutige Fassungen in der Patentschrift hinsichtlich des Zwecks und der Bedeutung von in Unteransprüchen enthaltenen Merkmalen sind klarzustellen.

Die verschiedentlich anzutreffende **Auffassung, das Patentamt prüfe in der Regel nicht, ob der Gegenstand eines Unteranspruchs patentwürdig ist** (vgl. z. B. RG 27. 1. 1937, GRUR 1937, 545, 548), **gilt** nach Vorstehendem mindestens in dieser Allgemeinheit **nicht.** Auch dann, wenn im erteilten Patent in den Unteransprüchen keine Hinweise auf die nicht selbständige bzw. selbständige Patentfähigkeit enthalten sind, geben oft entweder die Patentschrift (s. Schuster, a. a. O.) oder die Erteilungsakten Aufschluß. Es können z. B. zu dem betreffenden Unteranspruch patenthindernde Entgegenhaltungen angeführt sein, oder es befinden sich in den Akten des Prüfungsverfahrens unzweideutige Einschränkungen und Verzichte. Auch wenn der Fall vorliegt, daß am Ende des Erteilungsverfahrens der Anmelder einen Hauptanspruch vorgelegt hat, dessen Gewährbarkeit anerkannt, und daß in diesem Zusammenhang von der Erteilungsbehörde erklärt wurde, gegen die Gewährung der weiteren Ansprüche bestünden im Zusammenhang mit dem Hauptanspruch keine Bedenken (vgl. z. B. RG 30. 8. 1938, GRUR 1939, 541, 542), werden sich oft zu solchen Unteransprüchen aus dem vorangegangenen Verfahren Angaben zum Stand der Technik finden, die die selbständige Patentfähigkeit ohne weiteres ausschließen. Denn die »weiteren« Ansprüche werden meist frühere, u. U. zusammengefaßte Unteransprüche sein. Nur in solchen oder ähnlichen (zu großzügiger Behandlung des Erteilungsverfahrens) Fällen kann später das Geltendmachen selbständigen Schutzes in Betracht kommen. In RG 27. 1. 1937, a. a. O. heißt es dementsprechend, das Patentamt habe keine den Schutz ausschließende Entscheidung getroffen. Grundsätzlich hätte in diesem Fall auch im Erteilungsverfahren der entsprechende Hinweis in der Patentschrift, dessen ursprüngliches Vorhandensein Voraussetzung für das nachträgliche Geltendmachen selbständigen Schutzes war, Veranlassung zur Prüfung auf selbständige Patentfähigkeit sein sollen.

Die rechtliche **Befugnis des Patentamts zur Festlegung des Schutzumfangs** ist allgemein anerkannt; vgl. z. B. RG 15. 11. 1940, RGZ 165, 209, 216 = Bl. 1941, 38; PA 28. 11. 1935, Mitt. 1936, 23; PA 23. 5. 1936, GRUR 1937, 132; PA 28. 11. 1951, GRUR 1952, 191; PA 9. 7. 1955, Mitt. 1956, 113; BPatG 10. 3. 1967, E 9, 24; Kirchhoff, GRUR 1957, 512; Schade, GRUR 1958, 1. Bestätigt wird dies auch durch die ständige höchstrichterliche Rechtsprechung, nach der unzweideutige Beschränkungen und Verzichte im Erteilungsverfahren die Verletzungsgerichte binden; vgl. z. B. BGH 5. 7. 1960, GRUR 1961, 77 – Blinkleuchte; BGH 27. 1. 1961, GRUR 1961, 404 – Klebebindung. Gegebenenfalls ist bei Ansprüchen, die aus einer Vereinigung mehrerer Merkmale bestehen, die Nichtpatentfähigkeit einzelner Merkmale oder Merkmalvereinigungen für sich festzustellen; ebenso Winkler, GRUR 1972, 275, 277. Im einzelnen vgl. hierzu auch § 6 Anm. 30.

4. Beweislast/Darlegungslast

Erfordert die Neuheitsprüfung den Nachweis der geltend gemachten 34
Unions- oder Ausstellungs-**Priorität**, ist der Anmelder zur Vorlage der beweisenden Urkunden verpflichtet. Insoweit begründete Zweifel an der **Ausführbarkeit**, der **Wirkungsweise** und **Wiederholbarkeit** des Anmeldungsgegenstandes bestehen, muß der Anmelder die Zweifel glaubhaft entkräften, gegebenenfalls durch Vorführung oder ein Gutachten; PA 8. 10. 1934, Mitt. 1934, 376; s. auch § 33 Anm. 14. Zur **Glaubhaftmachung** der geltend gemachten **vorteilhaften Wirkung** chemischer Stoffe auf einem bestimmten Anwendungsgebiet müssen sich – ohne Unterschied, ob es sich um einen Stoff oder um einen Verfahrensanspruch handelt – die der Glaubhaftmachung dienenden Versuche auf solche und so viele einzelne Verbindungen (Vertreter der Stoffgruppen) erstrecken, daß es glaubhaft erscheint, daß nach den aus den Versuchen gewonnenen Ergebnissen die geltend gemachte Wirkung auch bei den übrigen der zu der Gruppe gehörenden Verbindungen eintritt; BPatG 19. 10. 1970, GRUR 1971, 352, amtl. Leitsatz; GRUR 1971, 512. Zur Frage der notwendigen Anzahl der Vergleichsversuche s. auch Fabel, GRUR 1971, 188 und Vossius, GRUR 1971, 389.

Soweit amtlicherseits oder von den Einsprechenden gegenüber den Angaben des Anmelders die **Neuheit** der beanspruchten Maßnahmen bestritten wird, ist dies durch Druckschriften oder dgl. zu belegen. Besteht begründete Veranlassung, daß der geltend gemachte **Fortschritt** nicht glaubhaft erscheint, so muß der Anmelder gegebenenfalls durch Vergleichsversuche oder ein Sachverständigengutachten den Fortschritt nachweisen. Zur Beweislast für den technischen Erfolg s. BPatG 3. 11. 1967, Mitt. 1968, 14.

In BGH 24. 2. 1970, GRUR 1970, 408, 412–414 (mit Anm. von Spieß) = Bl. 1971, 131 – Anthradipyrazol – sind vornehmlich unter Berücksichtigung der Verhältnisse auf dem **Gebiet der Chemie** grundsätzliche Ausführungen betr. die **Glaubhaftmachung des Fortschritts** enthalten: Beim Vergleich mit vorbekannten Lehren kann es mit Rücksicht auf die Sachkunde der technischen Mitglieder des Patentamts und des Patentgerichts insb. auf dem Gebiet der Chemie genügen, daß die »Überlegenheit« des beanspruchten neuen Mittels nicht gegenüber allen bekannten Mitteln, sondern nur gegenüber einem anerkannt guten Mittel »nachgewiesen« wird. »Glaubhaftmachen« habe einerseits etwas mit der Überzeugungsbildung bei den Prüfungsstellen, Patentabteilungen und Senaten des Patentgerichts und andererseits mit der **Darlegungslast** der Beteiligten, namentlich des Anmelders, zu tun. Die Darlegungslast stelle weniger strenge Anforderungen als sie beim »Beweisen« zu stellen wären. Wenn zunächst das Vorliegen des erforderlichen Fortschritts nicht glaubhaft erscheint, wird dem Anmelder zunächst die Berufung auf bisher nicht herangezogene »Erfahrungssätze« zu ermöglichen sein. Ein erforderlicher **genauer Nachweis** unter Umständen unter Einschaltung eines außerhalb des Patentamtes oder Patentgerichts stehenden Sachverständigen kommt nach der Entscheidung nur in Frage, falls es ganz spezieller Sachkunde bedarf. Zur Frage der Bereitstellung eines weiteren (nicht notwendig besseren) Weges zum gleichen Zweck beim Vorliegen eines dahin gehenden Bedürfnisses s. BGH 24. 2. 1970, a. a. O., 411. In Abweichung von BPatG 10. 9. 1964, E 7, 73 = Mitt. 1965, 196 sind bei Beurteilung des technischen Fortschritts bei chemischen Erfindungen nicht nur alle »wirkungsmäßig und konstitutionell vergleichbaren«, sondern alle »wirkungsmäßig vergleichbaren« Mittel heranzuziehen; BGH 24. 2. 1970, a. a. O., 412. Im einzelnen s. § 1 Anm. 34.

Zur »Anzahl« der Vergleichsversuche vgl. auch Fabel, GRUR 1971, 188. Zur Bewertung von Erfahrungssätzen s. auch Schmied-Kowarzik, Mitt. 1971, 81, 86 ff.

Im Falle der **Erfindungshöhe** muß anhand von Indizien versucht werden, die jedem Urteil innewohnende subjektive Komponente so klein wie möglich zu machen. Vgl. hierzu PA 8. 8. 1939, Bl. 1939, 139; PA 27. 10. 1932, Mitt. 1933, 99; Lindenmaier, GRUR 1939, 156 l. Sp. Zur Heranziehung geeigneter Indizien sind alle Verfahrensbeteiligten verpflichtet.

5. Der Zwischenbescheid

Grundsätzlich ist das patentamtliche Verfahren schriftlich; PA 17. 10. 1927, Mitt. 1927, 190. In der Regel wird der Erlaß eines Zwischenbescheids erforderlich sein. In diesem wird meistens sowohl auf formelle als auch auf materielle Beanstandungen hingewiesen; vgl. hierzu BPatG 20. 3. 1963, E 3, 165. Aus verfahrensökonomischen Gründen müssen die Entgegenhaltungen so abgehandelt werden, daß der Anmelder erkennen kann, ob bzw. welche Merkmale in den Gattungsbegriff zu überführen sind; BPatG 30. 6. 1972, Mitt. 1972, 219. Insbesondere bei formellen Beanstandungen wird zweckmäßig auf die betreffenden gesetzlichen Bestimmungen hinzuweisen sein. Bei Beanstandungen der Einheitlichkeit der Erfindung wird dies im allgemeinen unter Hinweis auf den Stand der Technik geschehen, und die verschiedenen Gegenstände werden anspruchsweise zusammengefaßt zu bezeichnen sein. Die Ablehnung der Zulassung einer bestimmten Patentkategorie (vgl. § 26 Anm. 52) muß begründet werden. Unklarheiten in der Beschreibung müssen derart beanstandet werden, daß erkannt werden kann, worin die Unklarheit gesehen wird. Das Ergebnis der Tatsachenwürdigung ist mitzuteilen. Insbesondere wenn längere Patentschriften entgegengehalten werden, ist die Textstelle näher zu bezeichnen, die für wesentlich gehalten wird. Auf Antrag nur des Anmelders werden jeweils die im Prüfungsverfahren entgegengehaltenen Druckschriften zusammen mit dem Bescheid kostenpflichtig (s. Gebührenverzeichnis der VwKostVO) mitgeliefert. Bei Zahlung einer Literaturkostenpauschale (Nr. 4 b GebVerz. zur VwKostVO) sind alle Entgegenhaltungen zu liefern, auch wenn sie schon vom Anmelder als Stand der Technik genannt worden sind; BPatG 7. 9. 1972, E 14, 145. 35

Für den schnellen Ablauf des Verfahrens ist es sehr förderlich, wenn nicht nur die vorgelegten Ansprüche behandelt werden, sondern wenn auch entsprechend dem im Prüfungsverfahren sinngemäß anwendbaren § 139 ZPO dem Anmelder – falls ein beschränkter Patentschutz beim derzeitigen Stand des Verfahrens nicht ausgeschlossen erscheint – Anregungen für zweckmäßige Anspruchsformulierungen (eventuell in Gestalt eines gewährbar erscheinenden Anspruchsvorschlags) gegeben werden. Wegen der Zulässigkeit des Vorschlags von Änderungen durch die Prüfungsstelle vgl. PA 26. 1. 1929, Mitt. 1929, 1. Besteht kein besonderer Anlaß, wird im Erteilungsverfahren in der Regel nicht geprüft, ob der Gegenstand der Unteransprüche unabhängig vom Hauptanspruch patentfähig ist; RG 24. 11. 1934, MuW 1935, 102; RG 27. 1. 1937, GRUR 1937, 545, 548. 36

Wird ein patentfähiger Überschuß nicht für vorliegend erkannt, sollte möglichst schon im ersten Bescheid näher – gegebenenfalls unter Hinweis auf weitere Patentschriften – dargelegt werden, warum auch sonst im Rahmen des aus den ursprünglichen Unterlagen zu entnehmenden Erfindungsgedankens ein patentfähiger Überschuß nicht vorliegen dürfte. Bei nach neuem Recht zu behandelnden Übergangsanmeldungen (gem. Art. 7 § 1 Abs. 2 PatÄndG), in denen Prüfungsantrag gestellt wurde, muß vor beabsichtigter Zurückweisung der Anmeldung ein der Vorschrift des § 28 c Abs. 2 genügender Bescheid auch dann ergehen, wenn die Prüfungsstelle aufgrund der gleichen Umstände und Erwägungen, die sie bereits in dem vor dem 1. 10. 1968 durchgeführten Prüfungsverfahren dem Anmelder mitgeteilt hatte, zu dem Ergebnis kommt, daß eine patentfähige Erfindung nicht vorliegt; BPatG 13. 11. 1969, Mitt. 1971, 137. Zur Gliederung des Bescheides s. Prüf. Richtl. IV 4 k.

Ob nach Eingang der Erwiderung des Anmelders weitere Zwischenbescheide erforderlich werden, hängt davon ab, ob den Forderungen der Prüfungsstelle entsprochen bzw. ob Einwände gegen die amtliche Auffassung überzeugend sind. Wird in einer **Anhörung** (mündliche Verhandlung; s. § 33 Anm. 7–9) eine neue Druckschrift entgegengehalten, so muß dem Anmelder im Anschluß an die Verhandlung eine Äußerungsfrist gesetzt werden, falls er nicht ausdrücklich darauf verzichtet. In diesem Zusammenhang kann PA 17. 10. 1927, Mitt. 1927, 190 verglichen werden; in einem solchen Fall wird vor Zurückweisung der Anmeldung ein schriftlicher Bescheid im Anschluß an die mündliche Verhandlung gefordert, weil sonst das schriftliche Verfahren verletzt würde. Durch Übersendung der Niederschrift (s. Anm. 9) ist der Schriftlichkeit Genüge getan.

Eine Auffassungsänderung der Prüfungsstelle aufgrund überzeugender Gegengründe des Anmelders ist zu begründen; so mit Recht Prüf. Richtl. IV 5 b, Abs. 4. Wegen der Bearbeitungsreihenfolge, einem weiteren Prüfungsbescheid und der Vorbereitung der Bekanntmachung s. Prüf. Richtl. IV 5 und 6. Vorbereitende Maßnahmen enthalten noch keine bindenden Regelungen, die im Sinne von Verwaltungsakten einen Vertrauensschutz begründen; BGH 25. 1. 1972, GRUR 1972, 536, 538 – Akustische Wand.

Die **straffe Handhabung der Bestimmungen der §§ 28 c Abs. 2 und 29 Satz 2 n. F. erfordert** einen gründlichen ersten Sachbescheid. Es muß darauf geachtet werden, daß der Anmelder mit neuen Schutzbegehren nicht den Rahmen seiner ursprünglich offenbarten Erfindung, die er nicht beliebig variieren kann, verläßt.

6. Schriftsätze des Anmelders und der Beteiligten / Neue Unterlagen

37 Durch Gewährung des rechtlichen Gehörs ist dem Anmelder Gelegenheit gegeben, in der gesetzten Frist Mängel der Anmeldungsunterlagen zu beseitigen, sachgerechte Anträge (insb. durch Vorlage entsprechender Ansprüche) zu stellen und zu formellen und sachlichen Beanstandungen der Prüfungsstelle bzw. Patentabteilung bzw. des Patentgerichts Stellung zu nehmen. Insbesondere der **Patentsucher ist verpflichtet, das Prüfungsverfahren mit**

allen Mitteln zu fördern und einer Verschleppung des Verfahrens entgegenzuwirken; BPatG 6. 12. 1965, E 8, 39, 40. Nichtbeachtung der AnmbestPat. verzögert das Verfahren; Prüf. Richtl. I Vorbemerkung.

Die abzugebenden Erklärungen und Anträge müssen eindeutig und klar, vorgelegte Unterlagen verständlich sein und den Anmeldebestimmungen (insbesondere hinsichtlich der Geeignetheit zur Herstellung von Mikrofilmen) entsprechen. Wird in den Schriftsätzen auf Druckschriften Bezug genommen, sind die Textstellen genau zu bezeichnen, die die vorgetragene Auffassung begründen sollen. Es ist darauf zu achten, daß alle amtlichen Auflagen erfüllt werden, daß zu allen Fragen und Zweifeln Stellung genommen wird. Je sorgfältiger die Schriftsätze abgefaßt und der eigene Standpunkt begründet ist, um so größere Aussicht haben der Patentsucher und die Beteiligten, daß der betreffende Vortrag Erfolg hat.

Bei **Vorlage** neuer, vom Anmelder **wesentlich geänderter Unterlagen** (insb. Ansprüche) ist vom Anmelder genau anzugeben, an welcher Stelle die in den neuen Unterlagen beschriebenen Erfindungsmerkmale in den ursprünglichen Unterlagen offenbart worden sind; AnmbestPat. § 6 Nr. 6. Mit Recht interpretieren die Einspr. Richtl. in Nr. 4 e den Begriff »Erfindungsmerkmale« mit den Worten »die als erfindungswesentlich angesehenen Merkmale«. Ferner muß bei Vorlage neuer Ansprüche gleichzeitig die Beschreibung an die Ansprüche angepaßt werden (§ 3 AnmbestPat. § 3 Nr. 4 c) und der entgegengehaltene Stand der Technik sowie entgegengehaltene ältere Rechte gewürdigt werden (AnmbestPat. § 3 Nr. 4 b und 4 e).

Da alle Schriftsätze zur Akteneinsichtnahme (Offenlegung) verfilmt werden, muß die Qualität sämtlicher eingereichter Schriftsätze die gleichen Anforderungen wie die Anmeldungsunterlagen erfüllen; vgl. § 26 Anm. 44.

Da das patentamtliche Verfahren schriftlich ist, müssen **alle Schriftsätze,** nicht nur diejenigen, die Anträge oder die Einlegung von Rechtsmitteln betreffen, von dem betreffenden Beteiligten oder seinem bevollmächtigten Vertreter **unterschrieben** sein. Dies ist notwendig, um die Echtheit der Erklärungen zu gewährleisten; vgl. Baumbach-Lauterbach, ZPO, 30. Aufl. § 129 unter 1 D. Die Entscheidung RG 15. 5. 1936, RGZ 151, 82 behandelt zwar »bestimmende« Schriftsätze; auf S. 86 ist aber mit Recht bemerkt, daß keine Veranlassung besteht, Ausnahmen betr. die Unterschrift zuzulassen, wo die Unterzeichnung des eingereichten Schriftsatzes durchaus möglich ist. Eine »Paraphe« genügt nicht zur Unterzeichnung eines bestimmenden Schriftsatzes; BGH 13. 7. 1967, GRUR 1968, 108 – Paraphe. In BPatG 12. 12. 1967, E 9, 208, 210 ist die Verpflichtung zur Unterschrift offengelassen.

In Verfahren, in denen mehrere Personen beteiligt sind, sind den übrigen Beteiligten von Amts wegen Schriftsätze, die Sachanträge oder die Erklärung der Zurücknahme eines Antrags enthalten, zuzustellen; andere Schriftsätze sind ihnen formlos mitzuteilen, sofern nicht die Zustellung angeordnet wird; s. hierzu BPatG 20. 8. 1970, E 11, 216, 217 und insb. Röhl, Mitt. 1971, 19.

7. Äußerungsfristen

a) Richtlinien des Präsidenten des DPA

38 Wegen der Fristgewährung ist von den Prüf. Richtl. IV 7 auszugehen. Alle hierzu vordem veröffentlichten Richtlinien (insb. Bl. 1956, 21) sind überholt, soweit sie abweichen. Die Regelung betr. Fristverlängerungen steht mit allgemeinen Grundsätzen des Verfahrensrechts im Einklang; BPatG 30. 11. 1970, E 14, 38 = Mitt. 1971, 52; BPatG 29. 3. 1972, Bl. 1972, 284, 285. Wenn es sich um Erwiderungen auf Sachbescheide handelt, beträgt die **Normalfrist** für In- und Ausland einheitlich 4 Monate. Sind nur Formmängel zu beseitigen, wird in der Regel eine Frist von 1 Monat oder 2 Wochen genügen. Bei der Offensichtlichkeitsprüfung (§ 28) können die Fristen auf die Hälfte verkürzt werden. **Fristverlängerungsgesuche** müssen in ihrer Begründung auf nachprüfbare Umstände gestützt werden. Die Bezeichnung von Fristen als »letzte« Frist soll unterbleiben. Bei der Fristbemessung soll die Geschäftslage der Prüfungsstelle mitberücksichtigt werden. **Beschleunigungsgesuchen** soll nur ausnahmsweise bei überzeugender Begründung stattgegeben werden. Vgl. hierzu auch BGH 23. 3. 1959, BB 1959, 463. Zur Frage der Fristen und ihrer Verlängerung vor dem DPA s. Hallmann, Mitt. 1973, 21 ff.

Zu Fragen der Fristgewährung liegt eine umfangreiche **Rechtsprechung** vor, die auch weiterhin von Fall zu Fall ihre richtungweisende Bedeutung hat. Auch mit Bezug auf die neuen amtlichen Richtlinien für die Fristen gilt, daß die Frist je nach Sachlage und Entfernung des Wohnsitzes des Anmelders von der Prüfungsstelle festzusetzen sein wird; BPatG 10. 6. 1964, E 6, 45, 46 mit Hinweis auf die früheren Richtlinien. Ebenso wird davon auszugehen sein, daß es dem Vertrauensgrundsatz entspricht, daß die veröffentlichten Richtlinien grundsätzlich eingehalten werden; BPatG 10. 6. 1964, a. a. O., 47; in diesem Sinn auch Ballhaus in Benkard (mit Bezug auf die Richtlinien von 1956), § 28 c Anm. 9. Grundsätzlich ist den Beteiligten (Parteien) die Herrschaft über die Fristen entzogen; § 224 ZPO.

Der Prüfer muß die Fristsetzung als Mittel der Zeitordnung straff und zweckmäßig handhaben; Trüstedt, Die Zeitordnung im Verfahren vor dem Patentamt, GRUR 1956, 152, 153. Auch nach BPatG 10. 6. 1964, a. a. O., 48 kann aus Gründen der Beschleunigung des Verfahrens einem Fristverlängerungsgesuch nur stattgegeben werden, wenn ein wichtiger Grund glaubhaft gemacht worden ist. Die Bekanntm. Präs. 17. 5. 1957, Bl. 1957, 137 betr. Fristgewährung während der Sommerurlaubszeit wurde wieder zurückgenommen, weil die Fristgewährung allein in die Zuständigkeit der Prüfungsstellen fällt; Präs. 24. 1. 1958, Bl. 1958, 21.

Im Gegensatz zu den Verfahrensfristen stehen die »Ausschlußfristen«; vgl. z. B. BPatG 19. 3. 1970, Mitt. 1971, 31, 32.

b) Garantie des rechtlichen Gehörs

Im Gegensatz zu den nicht verlängerbaren gesetzlichen Fristen (z. B. Beschwerdefrist und Einspruchsfrist) sind ebenso wie richterliche Fristen die gesetzlich vorgeschriebenen Verfahrensfristen (**Äußerungsfristen**) verlängerbar. **Anspruch auf Verlängerung** einer nach § 28 Abs. 2 a. F. (§ 28 c Abs. 1 n. F.) oder § 29 Abs. 2 a. F. (§ 29 Satz 2 n. F.) bestimmten Frist besteht nur insoweit, als im Einzelfalle ohne eine Fristverlängerung der Garantie des rechtlichen Gehörs (Art. 103 GG) nicht angemessen entsprochen sein würde; BPatG 23. 2. 1967, E 9, 18; vgl. auch BGH 21. 12. 1962, E 2, 253. Nach letztgenanntem Beschluß (S. 258, 259) gibt das aber kein Recht, das Verfahren ohne triftige Gründe hinauszuzögern, insb. wenn das Verfahren schon lange anhängig ist. Nach BVerfG 7. 7. 1955, BVerfGE 4, 190 = NJW 1955, 1145 muß den Beteiligten für die Abgabe ihrer Erklärung eine angemessene Zeit eingeräumt sein; ebenso BSG 15. 12. 1955, NJW 1960, 501; ferner BPatG 10. 6. 1964, E 6, 45, 49. **39**

Die Setzung einer Frist von sechs Monaten zur Äußerung ab Zustellung des Bescheids ist im Falle einer Anmeldung aus dem Ausland als angemessen anzusehen; BPatG 23. 2. 1967, a. a. O. 20. In einem solchen Fall besteht grundsätzlich kein Anspruch auf Fristverlängerung, auch dann nicht, wenn eine »letzte Frist« noch nicht gesetzt worden ist, BPatG 23. 2. 1967, a. a. O., 20; ebenso schon PA 27. 4. 1956, Bl. 1956, 223 und PA 3. 11. 1955, Bl. 1956, 38. Wegen Bewilligung einer zu kurzen Frist im Falle eines ausländischen Anmelders vgl. BPatG 10. 6. 1964, E 6, 45, 49.

c) Kennzeichnung der Fristen

Die Kennzeichnung der Fristen als erste Frist, Nachfrist hat keine Bedeutung für die Gewährung oder Nichtgewährung einer weiteren Frist, insb. ist es nicht erforderlich, daß eine »**letzte Frist**« gesetzt sein muß; PA 27. 4. 1956, Bl. 1956, 223; PA 23. 7. 1956, Mitt. 1957, 115. Auch mit **inneramtlichen »Sicherheitsfristen«** ist nicht zu rechnen; PA 11. 1. 1956, Bl. 1956, 62; PA 28. 2. 1957, Mitt. 1957, 116. Auch eine »letzte Frist« ist nichts anderes als eine nach Ermessen zu bestimmende Frist, die bei Vorliegen eines wichtigen Grundes verlängerbar ist; BPatG 30. 10. 1967, Mitt. 1968, 13. Durch die Bezeichnung einer zur Äußerung auf den ersten Prüfungsbescheid gesetzten Frist als »unverlängerbar« ist die Prüfungsstelle nicht gehindert, eine in einem begründeten Fristgesuch erbetene Nachfrist zu gewähren; BPatG 19. 10. 1969, E 9, 177. Vgl. hierzu die in Anm. 38 erläuterten neuen amtlichen Richtlinien für die Fristgewährung. **40**

d) Fristversäumnis

41 Ein Anmelder, dem vom Patentamt unter Androhung der Zurückweisung seiner Anmeldung eine Frist zur Vornahme einer Handlung gesetzt ist, muß nach Versäumung der Frist mit **sofortiger Zurückweisung** rechnen; PA 3. 11. 1955, Bl. 1956, 38; PA 11. 1. 1956, Bl. 1956, 62. Die Feststellung des Endes der Frist unterliegt der Sorgfaltspflicht des Anwalts; BGH 23. 9. 1960, MDR 1961, 36. Vgl. auch Trüstedt, GRUR 1956, 152, 155, 156.

e) Voraussetzung für die Möglichkeit einer Fristverlängerung

42 Voraussetzung für eine mögliche Fristverlängerung ist, daß das Gesuch rechtzeitig eingeht und überzeugend begründet ist. Das Gesuch muß rechtzeitig **vor Fristablauf** eingehen, und der Anmelder muß **glaubhaft machen,** daß er aus besonderen, unverschuldeten Gründen zur rechtzeitigen Informationserteilung nicht gekommen ist; BPatG 23. 2. 1967, E 9, 18, 22. Diese Entscheidung hält die bloße Angabe, daß die erforderliche Information des Anmelders noch nicht eingegangen sei, auch im Falle eines ersten Fristgesuches nicht für ausreichend; a. M. BPatG 2. 8. 1966, E 8, 154. Allgemeine **formularmäßige** Hinweise (Nichterledigung wegen anderer dringender Arbeiten, BGH 21. 12. 1962, E 2, 257, 259; Arbeitsüberlastung, BPatG 30. 11. 1970, E 14, 38; Urlaubszeit oder erforderliche Rückfragen, BPatG 29. 3. 1972, Bl. 1972, 284) begründen ein Fristgesuch nicht ausreichend. Auch bei reichlich bemessener Frist sollte eine rechtzeitig erbetene und begründete kurze Aussetzung (hier um 8 Tage) der Beschlußfassung nach Fristablauf gewährt werden; BPatG 8. 2. 1968, Mitt. 1968, 95.

f) Rechtzeitiges Fristgesuch

43 Geht ein Fristgesuch auf Verlängerung einer Frist **rechtzeitig genug** ein, so kann im Fall seiner Ablehnung mit einer Benachrichtigung vor der Sachentscheidung gerechnet werden; BPatG 23. 2. 1967, E 9, 18, 23; BPatG 2. 8. 1966, E 8, 154; PA 23. 7. 1956, Mitt. 1957, 115. Aus verfahrensökonomischen Gründen ist dies auch dann angemessen, wenn die Gründe nach Ansicht der Prüfungsstelle nicht ausreichen (gegebenenfalls kurz bemessene Nachfrist); BPatG 12. 6. 1970, Mitt. 1970, 199.

g) Nicht rechtzeitiges Fristgesuch

44 Nicht rechtzeitiges Fristgesuch kann mit der Entscheidung in der Hauptsache abgelehnt werden; PA 4. 3. 1931, Mitt. 1931, 129; Präs. 23. 9. 1921, Bl. 1921, 182. Bei alsbald zu erwartender Erledigung evtl. kurze Nachfrist; BPatG 23. 11. 1972, E 14, 209.

h) Entscheidung über das Fristgesuch

Wird eine Nachfrist **kurz vor Fristablauf** erbeten mit dem Verzicht auf Nachricht im Falle der Fristgewährung, so darf bei Ablehnung mit einer Nachricht vor der Sachentscheidung nicht gerechnet werden; PA 17. 7. 1953, Bl. 1953, 341 = GRUR 1953, 479. Auch über ein **nicht oder nicht ausreichend begründetes** Fristverlängerungsgesuch braucht nicht vorweg gesondert entschieden zu werden, sondern das kann zugleich mit der Zurückweisung der Anmeldung geschehen; BGH 21. 12. 1962, E 2, 253. Über ein kurz vor Fristablauf eingegangenes Fristverlängerungsgesuch kann in der Entscheidung über die Sache mit entschieden werden; BPatG 23. 2. 1967, E 9, 18, 23; BPatG 30. 11. 1970, E 14, 38 = Mitt. 1971, 52. 45

Über **Ablehnung eines Fristgesuches** hat der Prüfer zu entscheiden, nicht der Beamte des gehobenen Dienstes; BPatG 9. 1. 1963, E 4, 12; PA 31. 1. 1957, Bl. 1957, 93. Die Ablehnung der beantragten Fristverlängerung ist zu **begründen;** BPatG 9. 1. 1963, a. a. O. Diese Begründung wird in der Regel sehr kurz gefaßt werden können.

i) Laufbeginn von Fristen

Verfahrensfristen rechnen **von der Zustellung ab,** dies gilt auch für in der mündlichen Verhandlung gesetzte Fristen, d. h. auch diese beginnen erst mit der Zustellung der Verhandlungsniederschrift zu laufen; Präs. 31. 3. 1942, Mitt. 1942, 118. **Fristverlängerungen** rechnen – falls nicht ausdrücklich etwas anderes bestimmt ist – unmittelbar **im Anschluß** an die abgelaufene Frist. Durch ein Fristgesuch wird die vorher bereits gewährte Äußerungsfrist nicht vorzeitig beendet; BPatG 2. 8. 1966, E 8, 154, 156. Stellt sich heraus, daß das **Empfangsbekenntnis** vom Prozeßbevollmächtigten (vgl. VwZG § 5 Abs. 2, Bl. 1952, 309) **unrichtig datiert** ist und das betreffende Schriftstück tatsächlich früher zugestellt wurde, so ist für den Lauf der Frist das Datum des tatsächlichen Empfanges maßgebend; BGH 10. 1. 1957, Bl. 1957, 350. Zur Empfangsbescheinigung vgl. noch § 30 Anm. 6. 46

Wird ein vor Fristablauf ergangener **Beschluß einer Prüfungsstelle aufgehoben,** so muß bei Fehlen einer zwischenzeitlichen Äußerung des Anmelders zunächst eine **neue Frist** gesetzt werden; PA 24. 7. 1959, Bl. 1959, 359.

k) Verschiedenes

Fristgesuche und Fristbewilligungen bedürfen für ihre rechtliche Wirksamkeit der **Schriftform;** PA 26. 11. 1959, Bl. 1961, 242. 47

Zur Frage des **Verfahrensfehlers** wird auf PA 19. 10. 1959, Bl. 1960, 15 (dazu Anm. von Müller, GRUR 1960, 122) verwiesen; danach liegt kein Verfahrensfehler vor, wenn ein am letzten Fristtag eingegangenes Fristverlängerungsgesuch nicht bis zum Erlaß des Beschlusses zu den Akten gelangt ist; vgl. auch PA 12. 6. 1956, Bl. 1956, 279.

Gelangt ein **rechtzeitig eingegangenes Fristgesuch** durch Versehen des Amtes **nicht zu den Akten** und wird die Anmeldung zurückgewiesen, so ist auf Beschwerde die Anmeldung unter Rückzahlung der Beschwerdegebühr an die Prüfungsstelle zurückzuverweisen; PA 7. 5. 1940, Mitt. 1940, 138. Geht eine **Erwiderung nach Fristablauf, aber vor Zustellung** des Zurückweisungsbeschlusses ein, kommt Aufhebung des Beschlusses in Betracht; PA 15. 7. 1955, Bl. 1955, 359.

Geht eine **sachliche Stellungnahme** des Anmelders **am letzten Tag** einer vom Prüfer gewährten Frist ein, und ist diese **überhaupt nicht oder nicht durch den bevollmächtigten Vertreter unterzeichnet,** so ist eine kurze Nachfrist zur Unterzeichnung der Eingabe zu gewähren; vgl. hierzu BPatG 12. 12. 1967, E 9, 208, 210. Grundsätzlich ist im schriftlichen Verfahren selbstverständlich jeder Schriftsatz vom Anmelder bzw. seinem Bevollmächtigten zu unterschreiben; vgl. §§ 28 b, c, 29 Anm. 37.

Die **Wiedereinsetzungsvorschriften** des § 43 können auf die hier behandelten Verfahrensfristen nicht angewendet werden; PA 7. 7. 1931, GRUR 1931, 1078.

V. Verfahrensabschluß ohne Bekanntmachung

1. Durch Zurücknahme der Anmeldung

48 Die Rücknahme eines Antrages beendet grundsätzlich das durch einen Antrag eingeleitete Verfahren; BPatG 20. 12. 1971, E 13, 195 = Mitt. 1972, 117, 118. Die Zurücknahme der Anmeldung durch den Anmelder vor der Bekanntmachung gem. § 30 bzw. vor der Offenlegung gem. § 24 Abs. 3 Nr. 2 macht sie unwirksam. Die Anmeldung kann wiederholt werden; selbstverständlich gilt dann nur der spätere Anmeldetag. Das ist bei einer beabsichtigten Neuanmeldung besonders dann zu beachten, wenn die zurückgenommene Anmeldung bereits veröffentlicht wurde; vgl. § 26 Anm. 95. Die Erklärung des Anmelders über die Zurücknahme seiner Anmeldung wurde seit Einführung des Uhrzeitstempels mit dem durch den Uhrzeitstempel festgestellten Zeitpunkt des Zugangs beim Patentamt wirksam. Ein auch nur kurze Zeit darauf noch am selben Tag zugegangener **Widerruf** kann die Wirksamkeit der Zurücknahmeerklärung nicht aufheben; PA 13. 5. 1955, Bl. 1955, 256. Der neue § 13 DPAVO 1968 entspricht dem früheren § 16 DPAVO 1961, ist aber **insofern wesentlich** geändert worden, als die Feststellung der Uhrzeit des Eingangs fortfällt. Dementsprechend wird zukünftig grundsätzlich der Tag i. S. des Gesetzes die kleinste Zeiteinheit sein. Nach PA 25. 6. 1909, Bl. 1909, 302 war, wenn am gleichen Tag, an dem die Zurückweisung erfolgte, die Zurücknahmeerklärung einging, diese unwirksam; hiergegen Lutter, 9. Aufl. § 22 Anm. 5

und Klauer-Möhring § 29 Anm. 6; vgl. auch Krauße-Katluhn-Lindenmaier, 3. Aufl. § 29 Anm. 15. Ist feststellbar, daß einer von zwei Vorgängen an demselben Tag der frühere ist, so sollte mindestens in solchen Fällen dieser den Vorrang haben. Der **Widerruf** einer empfangsbedürftigen Willenserklärung ist nur wirksam, wenn er dem Empfänger vor- oder gleichzeitig mit der Willenserklärung zugeht; RG 25. 10. 1917, RGZ 91, 60, 62, 63. Vgl. aber auch den Ausnahmefall PA 28. 10. 1936, Mitt. 1936, 412. Zum Widerruf der Zurücknahme von Patentanmeldungen s. Beier und Katzenberger, Festschr. BPatG, 251, 256 f.

Die Folgen einer wirksam gewordenen Rückziehungserklärung können 49
nur durch Anfechtung beseitigt werden. Eine solche ist wegen der materiellen Auswirkungen der prozessualen Rückziehungserklärung in gewisser Beziehung statthaft; BPatG 23. 12. 1965, E 8, 28; BPatG 12. 12. 1966, E 9, 15; BPatG 11. 5. 1970, E 12, 128, 131. Die Erklärung ist anfechtbar, wenn es sich um einen reinen **Irrtum über den Inhalt der Erklärung** handelt; PA 9. 1. 1954, Bl. 1954, 49, 50 l. Sp. Abs. 3; BPatG 23. 12. 1965, E 8, 28, 34 ff. Ebenso BPatG 25. 10. 1961, E 1, 21, 23 = Bl. 1962, 45, wonach auch die Zurücknahme wegen unrichtiger Übermittlung gem. § 120 BGB angefochten werden kann. Die Anfechtung der Erklärung eines Patentanwalts als Vertreter eines Anmelders, dessen Anmeldung zurückzuziehen, setzt nach § 119 BGB voraus, daß beim Anwalt nicht der Wille bestand, eine Erklärung dieses Inhalts abzugeben; BPatG 12. 12. 1966, E 9, 15. Bei Vertretung eines ausländischen Patentanmelders durch einen Inlandsvertreter müssen die Voraussetzungen für die Anfechtung der Zurücknahmeerklärung wegen Irrtums nach § 119 Abs. 1 BGB ausschließlich in der Person des Inlandsvertreters der Anmelderin liegen (§ 166 Abs. 1 BGB), nicht etwa auch in der eines ausländischen Korrespondenzanwaltes; BPatG 11. 5. 1970, E 12, 121, 128. Ebenso RG 23. 4. 1913, RGZ 82, 193. Durch die Entscheidung vom 9. 1. 1954 wurde die frühere Auffassung (vgl. z. B. PA 10. 5. 1951, Bl. 1951, 192 = GRUR 1951, 455), die eine Anfechtung der Zurücknahme einer Patentanmeldung wegen Irrtums in keinem Fall zuließ, gemildert. Dagegen ist eine Anfechtung nicht möglich, wenn ein **Irrtum im Motiv** der Zurücknahmeerklärung zugrunde lag; PA 18. 2. 1954 und 20. 2. 1954, Bl. 1954, 139 = GRUR 1954, 261; vgl. auch PA 21. 7. 1956, Bl. 1956, 375. Nach BPatG 3. 12. 1970, Bl. 1972, 262, 263 bedarf die Anfechtungserklärung keiner Begründung, nur der Willensmangel zu einer bestimmten Erklärung muß erkennbar gemacht sein. Wegen der Anfechtung der Zurücknahme von Patentanmeldungen vgl. Beier und Katzenberger, Festschr. BPatG 251, 257 ff. Beide Autoren setzen sich für eine weniger strenge Entscheidungspraxis ein; Lösungsvorschläge werden gemacht. Vgl. auch Friedrich, GRUR 1952, 271; Witte, GRUR 1962, 497 und § 12 Anm. 6. Ein auf die Anfechtung der Rücknahmeerklärung einer Patentanmeldung ergangener Bescheid, daß die Anmeldung weiterbehandelt werde, bindet nicht und

begründet keinen Vertrauensschutz; BGH 25. 1. 1972, GRUR 1972, 536 – Akustische Wand.

50 Die Erklärung, daß eine Anmeldung »nicht weiterverfolgt« werde, kann nur als Zurücknahme der Anmeldung verstanden werden; PA 10. 5. 1951, a. a. O. Ein gem. § 16 PatG bevollmächtigter Vertreter ist berechtigt, eine für den Vollmachtgeber eingereichte Patentanmeldung zurückzuziehen; BPatG 25. 10. 1961, E 1, 21; vgl. auch PA 11. 3. 1911, Bl. 1911, 310. Wegen der Wirksamkeit der Zurücknahme, auch wenn der Anwalt den Auftrag seines Mandanten mißverstanden hat, vgl. PA 23. 2. 1954, Bl. 1954, 140 = GRUR 1954, 262. Vgl. hierzu auch PA 3. 5. 1954, Bl. 1954, 223 = GRUR 1954, 395. Die Zurücknahme einer Patentanmeldung durch den ursprünglichen Anmelder ist auch dann wirksam, wenn die Anmeldung vorher auf einen Dritten übertragen war, die Übertragung aber dem Patentamt bis zur Zurücknahme noch nicht angezeigt worden ist; PA 20. 9. 1956, Bl. 1956, 356; BPatG 23. 11. 1962, E 3, 38. Dagegen ist die Zurücknahmeerklärung eines Rechtsnachfolgers, auf den die Anmeldung noch nicht umgeschrieben ist, nicht rechtswirksam; PA 5. 7. 1955, Bl. 1955, 298. Auch der Beschwerdesenat ist für die Entgegennahme der Zurücknahmeerklärung zuständig, wenn das die Anmeldung betreffende Verfahren als Beschwerdeverfahren beim Bundespatentgericht schwebt; BPatG 23. 12. 1965, E 8, 28, 34. Mit Bezug auf diese Entscheidung weist der Präsident des BPatG darauf hin (vgl. Mitt. vom 10. 3. 1969, Bl. 1969, 101), daß die **Zurücknahmeerklärung** an den zuständigen Senat des BPatG zu richten ist, wenn das Beschwerdeverfahren vor dem BPatG schwebt, um gegebenenfalls unnötige Arbeit zu vermeiden; eine Abschriftübersendung der Zurücknahmeerklärung an das PA bleibt unbenommen. Vgl. aber auch § 35 Anm. 6.

Wegen einer Zurücknahmeerklärung nur eines von mehreren Anmeldern vgl. bei § 26 Anm. 8. Eine Verzichterklärung ist unwirksam, wenn Verfügungsverbot (z. B. bei Pfändungsbeschluß) besteht.

2. Durch Zurückweisungsbeschluß

51 Nach § 29 Satz 1 ist die Anmeldung zurückzuweisen, wenn die nach § 28 c Abs. 1 gerügten Mängel nicht beseitigt werden, oder wenn die Anmeldung aufrechterhalten wird, obgleich eine nach den §§ 1, 2 und 4 Abs. 2 patentfähige Erfindung nicht vorliegt. Ein die Zurückweisung der Anmeldung rechtfertigender Mangel im Sinn von § 29 Abs. 1 a. F. (= § 29 Satz 1 n. F.) liegt vor, wie sich aus der Verweisung auf § 28 Abs. 2 a. F. (= § 28 c Abs. 1 n. F.) ergibt, wenn eine vorgeschriebene Anforderung nicht erfüllt wird; BGH 26. 6. 1969, X ZB 10/68 (Bl. 9–13 unter III 1 b). Dabei besteht kein Unterschied zwischen den im Gesetz und den in den Anmeldebestimmungen vorgeschriebenen Erfordernissen.

Als **Zurückweisungsgründe** – außer wegen Nichtpatentfähigkeit – können z. B. in Betracht kommen:

Beanspruchung eines von der Prüfungsstelle nicht anerkannten Anmelde-(Prioritäts-)tages; BGH 24. 3. 1966, GRUR 1966, 488, 490 – Ferrit; BGH 24. 11. 1971, Bl. 1972, 289, 291 = GRUR 1972, 472 – Zurückverweisung;

eine notwendige **Umarbeitung bzw. Ergänzung** der Beschreibung wurde nicht vorgenommen; vgl. § 26 Anm. 125 ff.;

materielle Unklarheiten wurden nicht beseitigt; vgl. z. B. PA 8. 3. 1913, Bl. 1913, 188;

das beanspruchte Patentbegehren ist **nicht ursprünglich ausreichend offenbart**; vgl. z. B. PA 26. 5. 1932, Mitt. 1932, 184; PA 10. 4. 1929, Mitt. 1929, 85; PA 13. 12. 1935, Mitt. 1937, 336; PA 25. 11. 1937, Bl. 1938, 5; BPatG 9. 1. 1962, E 1, 68, 69; BPatG 16. 3. 1962, E 2, 155, 160, 161; BGH 24. 3. 1966, GRUR 1966, 488, 491 – Ferrit;

erfolgte Erweiterung wurde nicht ausgeschieden bzw. fallengelassen, oder eine **uneinheitliche Anmeldung** wurde nicht geteilt; im einzelnen vgl. § 26 Anm. 26, 28, 95, 97;

gesetzte Frist wurde überschritten oder eine weitere Frist abgelehnt; vgl. z. B. PA 31. 1. 1957, Mitt. 1957, 93; im einzelnen vgl. Anm. 47;

der Verpflichtung, das Aktenzeichen von Auslandsanmeldungen und in diesen etwa entgegengehaltenes Material zu nennen, wurde nicht entsprochen; vgl. § 26, Anm. 81.

In § 29 Satz 2 ist ausdrücklich auf die Notwendigkeit der Anwendung der Bestimmungen des § 28 Abs. 3 Satz 2 hingewiesen. Die Zurückweisung der Anmeldung darf nicht auf Umstände gegründet werden, die dem Patentsucher noch nicht unter Setzung einer Äußerungsfrist mitgeteilt waren; vgl. z. B. BPatG 8. 8. 1972, Mitt. 1972, 219 (hier: mangelnde Ausführbarkeit). Was in diesem Zusammenhang unter »Umstände« zu verstehen ist, ist in Anm. 27 ff. auseinandergesetzt. Wegen der Anforderungen an die Begründung eines Beschlusses vgl. im einzelnen in § 34 Anm. 7 ff. Es ist über alle Anträge zu entscheiden, d. h. über alle **aufrechterhaltenen Ansprüche, für die selbständiger Patentschutz begehrt wird.** Das gilt auch für den Fall, daß mehrere wahlweise vorgelegte Anspruchsformulierungen vorgelegt wurden. Gegebenenfalls braucht die Begründung der Alternativansprüche sich nur mit dem von der Hauptfassung abweichenden Teil zu befassen, muß dann aber begründen, warum durch die zusätzliche bzw. abweichende Formulierung an der Nichtpatentfähigkeit nichts entscheidend geändert wird. Gibt der Anmelder dem Patentanspruch keine verständliche Fassung, die Zweifel bei seiner Auslegung ausschließen, ist Zurückweisung der Anmeldung gerechtfertigt; BGH 29. 1. 1970, Mitt. 1970, 120. Geht aus dem Vorbringen des Anmelders nicht hervor, inwiefern etwa **Unteransprü-**

chen selbständiger Charakter zukommt, braucht auf diese nicht näher eingegangen zu werden, sondern es genügt darzulegen, weshalb die Anwendung der an sich nicht patentfähigen Maßnahmen (im Hinblick auf ...) im Zusammenhang mit dem Gegenstand des Hauptanspruchs nichts Erfinderisches beinhaltet.

Die Zurückweisung einer Zusatzanmeldung vor der Bekanntmachung oder anderweitigen Erledigung der nicht vorveröffentlichten Hauptanmeldung ist dann unbedenklich und in der Regel angebracht, wenn das Patentbegehren der Zusatzanmeldung einschließlich der zu berücksichtigenden Merkmale der Hauptanmeldung eindeutig ermittelt werden kann und gegenüber dem Stand der Technik nicht erfinderisch ist; BPatG 27. 7. 1970, E 12, 7. Vgl. auch BPatG 17. 2. 1965, E 6, 157.

52 Je sorgfältiger die Auffassung der Prüfungsstelle in vorangehenden Bescheiden begründet ist, um so kürzer kann der Zurückweisungsbeschluß gefaßt werden. Es kann auf frühere Stellungnahmen verwiesen werden, und es braucht nur auseinandergesetzt zu werden, warum die letzten Ausführungen der Anmelderin an der bisherigen Stellungnahme nichts ändern konnten. Jedenfalls müssen aus dem Beschluß die **tragenden Überlegungen** der Prüfungsstelle **nachkontrollierbar** hervorgehen.

Vor Beschlußfassung ist darauf zu achten, daß etwa noch zulässige Ausscheidungen tatsächlich durchgeführt sind.

Wird Beschluß alsbald nach Fristablauf gefaßt, ist, soweit möglich, darauf zu achten, ob nicht noch eine Eingabe im Aktenlauf ist. Grundsätzlich braucht aber das Patentamt ein Vorbringen nicht mehr zu berücksichtigen, das erst eingeht, nachdem die Geschäftsstelle die zur Zustellung bestimmte Ausfertigung des Beschlusses bereits an die Postabfertigungsstelle abgegeben hat; BPatG 19. 8. 1971, Mitt. 1972, 71, 75 mit Hinw. auf BGH 9. 3. 1967, Bl. 1967, 324 – Isoharnstoffäther – (s. § 32 Anm. 45).

Verfahrensökonomische Gründe verbieten es in der Regel, eine Zurückweisung allein aus formellen Gründen ohne vorherige Stellungnahme zur Patentfähigkeit des Anmeldungsgegenstandes auszusprechen; BPatG 30. 6. 1972, Mitt. 1972, 219. Vgl. ferner BPatG 7. 8. 1972, E 14, 194.

Hat der Anmelder beantragt, **nach Lage der Akten zu entscheiden,** oder geht auf einen die Zurückweisung in Aussicht stellenden oder die Patentfähigkeit im Rahmen des geltend gemachten Patentbegehrens verneinenden Bescheid innerhalb der Äußerungsfrist eine Erwiderung nicht ein, oder wird der Prüfungsantrag in einem solchen Fall zurückgezogen, kann ein **Zurückweisungsbeschluß in verkürzter Form** ergehen. Die Begründung kann sich in einem solchen Fall auf den Hinweis beschränken, daß die Zurückweisung aus den nicht widerlegten Gründen des vorangehenden Bescheides erfolgt. Vgl. beispielsweise BPatG 23. 2. 1967, E 9, 18, 19. Hat die Anmelderin den in einem Prüfungsbescheid angegebenen Gründen widersprochen, dann später aber Entscheidung nach Aktenlage beantragt, so erfordert eine Zurückweisung einen begründeten Beschluß des Prüfers; BPatG 26. 9. 1971, E 13, 65.

Nach § 36 l Abs. 1 findet gegen die Beschlüsse der Prüfungsstellen und Patentabteilungen die **Beschwerde** statt. Nach § 34 Abs. 2 ist den Beschlüssen eine **Rechtsmittelbelehrung** beizufügen. Näheres s. § 34 Anm. 19 und § 32 Anm. 46. Zur Frage der Bindungswirkung der Beschwerdeentscheidung bei **Zurückverweisung** vgl. Anm. 25. Wegen Abhilfe der Beschwerde gegen den Beschluß durch die Prüfungsstelle vgl. § 34 Anm. 22.

VI. Verzichte im Erteilungsverfahren

Eindeutige Verzichte auf die Weiterverfolgung bestimmter Teile der 53 **Anmeldung** im Erteilungsverfahren sind zu fordern zur Herstellung der Einheitlichkeit der Anmeldung und zur Bereinigung unzulässiger Erweiterungen. Die Einheitlichkeit kann auch dadurch hergestellt werden, daß bestimmte Teile ausgeschieden und zum Gegenstand einer Trennanmeldung gemacht werden. Diese Möglichkeit besteht bei unzulässigen Erweiterungen nur für Anmeldungen, für die das Patentänderungsgesetz vom 4. 9. 1967 mit Einschränkungen gilt; vgl. § 26 Anm. 96, 97.

Weiter kann aber auch im Lauf des Erteilungsverfahrens die Abgabe von Verzichterklärungen aufgrund des Ergebnisses des Prüfungsverfahrens notwendig werden. Beispielsweise kann der Verzicht auf selbständigen Schutz für den Gegenstand von Unteransprüchen oder sogenannten Kombinationselementen, oder für bestimmte Merkmale oder Maßnahmen, oder der Verzicht auf die Inanspruchnahme eines allgemeinen Erfindungsgedankens oder die Inanspruchnahme einer geltend gemachten Priorität erforderlich sein. Solche Erklärungen haben insbesondere für die Auslegung des Schutzumfangs in einem später stattfindenden Verletzungsprozeß große Bedeutung. Ihnen gleichgestellt sind **von der Erteilungsbehörde ausgesprochene Beschränkungen des Schutzumfangs** und Feststellungen zum Gegenstand der Erfindung, oder die Feststellung, daß eine bestimmte, im Lauf des Erteilungsverfahrens beanspruchte Maßnahme ursprünglich nicht offenbart war. Eine solche Beschränkung stellt auch die Ablehnung des Schutzes eines geltend gemachten Erfindungsgedankens dar, weil dieser nur eine ungelöste Aufgabe beinhaltet.

Voraussetzung für die Wirksamkeit von Verzichten und Beschränkungen 54 ist, daß der entsprechende Wille unzweideutig erkennbar ist; die frühere Handhabung, daß solche Erklärungen ausdrücklich abgegeben werden mußten, ist nicht erforderlich; vgl. z. B. RG 13. 6. 1939, Bl. 1939, 199; RG 17. 4. 1935, GRUR 1935, 873, 875. Nach RG 13. 6. 1939, a. a. O. kann von einem Verzicht erst dann gesprochen werden, wenn der Anmelder in der

Erkenntnis, daß ihm etwas versagt werden soll, wofür er Schutz begehrt, sich dem Willen des Patentamts beugt; nicht aber schon dann, wenn er sich nur Ratschlägen des Patentamts über bessere Fassung der Ansprüche anpaßt. (Vgl. abweichend PA 8. 3. 1934, Mitt. 1934, 107.)

Allgemeine Einschränkungen und Verzichte müssen im Erteilungsverfahren klar und bestimmt ausgesprochen werden; RG 28. 11. 1934, MuW 1935, 99; RG 28. 10. 1939, Mitt. 1940, 6. Das Erfordernis der Klarheit und Unzweideutigkeit eines Verzichts ist erfüllt, wenn der Anmelder auf Vorhalt einer teilweise vorwegnehmenden Druckschrift unter gleichzeitiger Beschränkung des Anspruchs erklärt, daß nur mit dem beschränkten Merkmal zufriedenstellende Ergebnisse erzielbar seien; RG 28. 10. 1939, a. a. O. Verzichte und Beschränkungen im Erteilungsverfahren kommen nur in Frage, wenn vorher ein weitergehender Schutz begehrt war; RG 27. 8. 1940, Mitt. 1940, 157. Bei einem ausgesprochenen Verzicht ist es unerheblich, aus welchen Gründen er ausgesprochen ist, und ob die Voraussetzungen für den Verzicht zutreffen; RG 24. 4. 1937, GRUR 1938, 550; RG 28. 10. 1939, Mitt. 1940, 6. Hat sich der Anmelder im Erteilungsverfahren, um das Patent zu erlangen, den Forderungen auf Beschränkung des Patentbegehrens eindeutig unterworfen, so kann er im Verletzungsprozeß nicht einen weitergehenden Schutz geltend machen; RG 25. 10. 1938, RGZ 159, 1. Daran ändern auch nichts zweideutige Vorbehalte wegen des Schutzbereichs; RG 14. 6. 1940, GRUR 1940, 441, 445. Wegen Verzichterklärung zu Protokoll einer mündlichen Verhandlung und wegen Zurücknahme einer Verzichterklärung vgl. RG 24. 4. 1937, Mitt. 1937, 207. (Eine Zurücknahme des Verzichts muß die bewußte Billigung der Erteilungsbehörde gefunden haben.)

55 Erklärt sich der Patentanmelder **vorbehaltlos** mit einem vom Patentamt vorgeschlagenen beschränkten Patentanspruch einverstanden, legt er eine diesem Anspruch angepaßte neue Patentbeschreibung vor und stellt er vorbehaltlos einen auf diese Unterlagen bezogenen **Bekanntmachungsantrag,** so liegt darin regelmäßig der Verzicht darauf, das über den nunmehrigen Anspruch hinausgehende Patentbegehren in dem auf die ursprüngliche Anmeldung eingeleiteten (oder in einem davon abzuzweigenden) Erteilungsverfahren weiterzuverfolgen; BGH 13. 5. 1965, GRUR 1966, 146 – Beschränkter Bekanntmachungsantrag. Vgl. auch BGH 13. 5. 1965, a. a. O., 147 zur Auslegung und Nachprüfbarkeit von Erklärungen; ferner BPatG 29. 10. 1969, E 14, 22. Zur Frage des **Verzichts im Zusammenhang mit einer Ausscheidung** vgl. BGH 9. 3. 1967, GRUR 1967, 413, 417 und § 26 Anm. 29.

Ein sich gegebenenfalls aus § 6 Satz 2 ergebender Schutz kann nicht durch die Forderung nach Angabe einer entsprechenden Verzichtserklärung (hier Streichung eines diesbezüglichen Beschreibungsteils) ausgeschlossen werden; BPatG 11. 7. 1968, Mitt. 1969, 77.

Vgl. ferner v. Pechmann, Amtliche Forderungen auf Verzichterklärungen, Mitt. 1969, 67, aber auch Kirchhoff, Die Berücksichtigung des Allgemeininteresses im Patenterteilungsverfahren, GRUR 1952, 545, 552, 553 und Schade, Inwieweit kann das Patentamt im Erteilungsverfahren den Schutzumfang eines Patents bestimmen?, GRUR 1958, 1–8. S. auch § 26 Anm. 126 wegen Begrenzung des Schutzumfangs im Erteilungsverfahren.

Die **Wiederaufnahme** eines im Lauf des Erteilungsverfahrens fallengelassenen Anspruchs ist möglich, wenn auf das betreffende Patentbegehren nicht unwiderruflich verzichtet wurde. Abänderungen des Anspruchs nur aufgrund einer allgemein gehaltenen Bemerkung des Prüfers stellen keinen Teilverzicht dar; RG 10. 4. 1935, MuW 1935, 251. Werden wegen einer amtlichen Auflage auf einen bestimmten Anmeldungsteil beschränkte Ansprüche vorgelegt, so stellt das keinen Verzicht darauf dar, im Laufe des Verfahrens bei andersartiger Beurteilung des Patentbegehrens diesem andere ursprünglich beanspruchte Anmeldungsteile zugrunde zu legen; PA 8. 3. 1934, MuW 1934, 107. Der Ersatz eines beanstandeten Anspruchs durch andere, nicht beanstandete bedeutet nicht den endgültigen Verzicht auf den Inhalt des beanstandeten Anspruchs; PA 21. 9. 1929, Mitt. 1929, 332; PA 27. 3. 1929, Mitt. 1929, 331; PA 27. 1. 1927, Mitt. 1927, 133. Die Erklärung, ein Anspruch sei »gestrichen«, bedeutet nicht notwendig einen Verzicht; PA 13. 1. 1936, Mitt. 1936, 117. Die Erklärung, die Anmeldung auf bestimmte Ansprüche zu beschränken, stellt nach PA 17. 9. 1957, Bl. 1958, 9, 10 keinen unwiderruflichen Verzicht dar, wenn das Prüfungsergebnis hierzu keine Veranlassung gibt. Es ist nicht einzusehen, warum einer doch aus freien Stücken abgegebenen prozessualen Erklärung keine Wirksamkeit zukommen soll. 56

Erklärt der Anmelder im Einspruchsverfahren, daß sich seine Ansprüche auf eine ganz besondere Anordnung beschränkten, kann das als Verzicht auf weitergehenden Schutz (auch im Erteilungsverfahren) angesehen werden; RG 1. 4. 1933, Mitt. 1933, 158. Ist auf einen Anspruch im Erteilungsverfahren unzweideutig verzichtet worden, so kann dieser auch **vor** der Bekanntmachung nicht wiederaufgenommen werden; PA 8. 3. 1940, Mitt. 1940, 73. Nach der Bekanntmachung ist eine Wiederaufnahme überhaupt nicht möglich; PA 13. 1. 1936, Mitt. 1936, 117. Entscheidend ist, ob ein Anspruch nur der Form nach (zunächst vorübergehend) oder der Sache nach fallen gelassen ist; BGH 9. 3. 1967, GRUR 1967, 413, 417 – Kaskodeverstärker – m. weit. Hinw. Auch das vorbehaltlose Einverständnis mit einem vom Patentamt vorgeschlagenen Anspruch muß als Verzicht auf ein weitergehendes Patentbegehren angesehen werden; vgl. hierzu BGH 13. 5. 1965, E 7, 224, 249, 251–253 = GRUR 1966, 146 – beschränkter Bekanntmachungsantrag – (hier wurde die Frage aber nur im Zusammenhang mit dem Bekanntmachungsbeschluß entschieden). Ein Zurückgreifen auf ein weitergehendes Patentbegehren ist gem. PA 28. 3. 1942, Mitt. 1942,

114, 115 lange nachdem »schärfer« gefaßte Unterlagen vorgelegt wurden, nicht möglich; hierzu kann auch PA 16. 11. 1935, Bl. 1936, 4 verglichen werden. Wegen der Weiterverfolgung eines in einem Schriftsatz nicht mehr beanspruchten Anmeldungsteiles in einem 14 Tage nachfolgenden Schriftsatz s. BGH 3. 2. 1966, BGHZ 45, 102 = GRUR 1966, 312, 317 unter 7 – Appetitzügler. Hierbei spielen die Umstände und der Zeitraum eine entscheidende Rolle. Ein unzweideutiger Verzicht im erstinstanzlichen Erteilungsverfahren kann im Beschwerdeverfahren nicht widerrufen werden, gleichgültig, ob die Einschränkung im Hinblick auf das entgegengehaltene Material sachlich gerechtfertigt war oder nicht; PA 14. 4. 1956 in H 19826 XII/47 f. Vgl. hierzu auch BPatG 3. 11. 1961, E 1, 63, 65; danach sind unzweideutige Einschränkungen des Patentbegehrens durch den Anmelder für ihn bindend und die Wiederaufnahme ursprünglicher, weitergehender Patentansprüche ist nicht möglich. Wegen der in der Entscheidung geäußerten Auffassung betr. unzulässige Änderungen nach der Bekanntmachung vgl. § 26 Anm. 121. Vgl. auch die in Anm. 55 behandelte BGH-Entscheidung vom 13. 5. 1965.

VII. Prüfung von Patentanmeldungen betr. Nahrungs-, Genuß- und Arzneimittel sowie chemische Stoffe

57 Der Prüfung der oben bezeichneten Anmeldungen ist in den Prüf. Richtl. Abschn. V gewidmet. Zur Gewährleistung einheitlicher Entscheidungen noch offener Rechtsfragen sollen sowohl Bekanntmachungs- als auch Zurückweisungsbeschlüsse vor ihrer Absendung über den Gruppenleiter dem Abteilungsleiter vorgelegt werden. Ausgenommen sind Beschlüsse, die aus formellen Gründen ergehen. **Grundsatzfragen** sollen vor Erlaß der Entscheidung von dem Abteilungsleiter, dem Gruppenleiter und dem zuständigen Prüfer mit den übrigen Abteilungsleitern der durch die Änderung betroffenen Patentabteilungen erörtert werden; Prüf. Richtl. V 1. Grundsatzentscheidungen sollen unverzüglich allen Prüfungsstellen der chemischen Patentabteilungen bekanntgegeben werden, damit diese solange beachtet werden können, bis etwa eine abweichende BGH- oder rechtskräftige BPatG-Entscheidung ergeht; im einzelnen s. Prüf. Richtl., a. a. O. Die sonstigen im Abschn. V der Prüf. Richtl. angesprochenen Rechtsfragen sind hier an den betreffenden Stellen erörtert.

§ 30

(1) Genügt die Anmeldung den vorgeschriebenen Anforderungen (§ 26) und erachtet das Patentamt die Erteilung eines Patents nicht für ausgeschlossen, so beschließt es die Bekanntmachung der Anmeldung. Mit der Bekanntmachung treten für den Gegenstand der Anmeldung zugunsten des Patentsuchers einstweilen die gesetzlichen Wirkungen des Patents ein (§§ 6, 7 und 8).

(2) Die Anmeldung wird dadurch bekanntgemacht, daß der Name des Patentsuchers und der wesentliche Inhalt seines Antrags im Patentblatt einmal veröffentlicht werden. Damit wird die Anzeige verbunden, daß der Gegenstand der Anmeldung einstweilen auch gegen unbefugte Benutzung geschützt ist.

(3) Gleichzeitig sind die Beschreibung und Zeichnungen, die der Bekanntmachung zugrunde liegen, zu veröffentlichen (Auslegeschrift) und mit den sie erläuternden Anlagen der Anmeldung beim Patentamt zur Einsicht für jedermann auszulegen. Der Bundesminister der Justiz kann anordnen, daß die Anmeldung auch außerhalb des Sitzes des Patentamts auszulegen ist.

(4) Die Bekanntmachung wird auf Antrag des Patentsuchers bis zum Ablauf einer Frist von fünfzehn Monaten ausgesetzt, die mit dem Tag der Einreichung der Anmeldung beim Patentamt oder, falls für die Anmeldung ein früherer Zeitpunkt als maßgebend in Anspruch genommen wird, mit diesem Zeitpunkt beginnt.

ÜBERSICHT

A. Der Bekanntmachungsbeschluß

I. Unterschied zwischen »Offenlegung« und »Bekanntmachung«

1 Nach der bis zum 1. 10. 1968 geltenden früheren Regelung wurde die Patentanmeldung bis zum Tage der Auslegung aufgrund des Bekanntmachungsbeschlusses gem. § 30 geheimgehalten. Diese Regelung ist durch die Offenlegung der Anmeldungsakten gem. § 24 Abs. 3 Nr. 4 PatG n. F. grundlegend geändert worden; vgl. § 24 Anm. 16. Die offengelegten, nicht geprüften Anmeldungen sind aber nicht mit einem vollen Schutz ausgestattet worden, sodern berechtigen gegebenenfalls nur zu einer den Umständen nach angemessenen Entschädigung; vgl. § 24 Anm. 41. Die volle einstweilige Schutzwirkung tritt nach wie vor erst nach erfolgter Prüfung mit der Bekanntmachung gem. § 30 ein. Um dies deutlich zu machen, wurde durch das PatÄndG vom 4. 9. 1967 in § 30 Abs. 2 Satz 2 vor dem Wort »gegen« das Wort »auch« eingefügt; vgl. Schriftl. Ber. Rechtsaussch. Teil B zu Art. I zu Nr. 13, Bl. 1967, 295. Wegen des Unterschieds der Schutzwirkungen vgl. auch Löscher, BB Beilage Nr. 7/1967 S. 7/8 Nr. 6.

II. Rechtsnatur des Beschlusses

2 Der Bekanntmachungs-»Beschluß« hat im Patenterteilungsverfahren nicht den Charakter eines sachlich anfechtbaren Beschlusses, sondern bereitet gegebenenfalls den Patenterteilungsbeschluß lediglich vor; s. auch § 34 Anm. 4. Nur von einer verfahrensleitenden Zwischenverfügung zu sprechen, wie es mitunter geschieht, wird insofern seiner Bedeutung nicht ganz gerecht, als mit dem Bekanntmachungsbeschluß und seiner Ausführung Rechtswirkungen verbunden sind. Vgl. hierzu PA 29. 3. 1934, Mitt. 1934, 212; PA 3. 11. 1933, Mitt. 1934, 47; PA 18. 10. 1913, Bl. 1913, 324. Der Bekanntmachungsbeschluß bedarf keiner Begründung, weil gegen ihn eine Sachbeschwerde nicht gegeben ist. Beruht der Beschluß aber auf einem Verfahrensmangel, ist Beschwerde aus § 36 l zulässig; vgl. z. B. PA 24. 9. 1903, Bl. 1903, 246 und PA 20. 7. 1918, Bl. 1918, 80 (Vornahme von Änderungen ohne Anhörung des Anmelders); PA 26. 2. 1930, Mitt. 1930, 78 (Nichtberücksichtigung von vor Zustellung des Bekanntmachungsbeschlusses eingegangenen Unterlagen).

III. Voraussetzungen für Erlaß des Beschlusses

3 Der Beschluß über die Bekanntmachung der Anmeldung kann erst erfolgen, wenn die Prüfungsstelle oder die sonst zuständige Stelle zu dem Ergebnis gekommen ist, daß die Anmeldung gem. § 30 Abs. 1 den Anforde-

rungen des § 26 genügt und die Prüfung durch das Patentamt ergeben hat, daß die Erteilung eines Patents nicht ausgeschlossen erscheint. Außerdem müssen die dem Beschluß zugrunde liegenden Unterlagen, insbesondere die Patentansprüche, dem Antrag des Patentanmelders entsprechen. Der Bekanntmachungsbeschluß kann nicht entgegen dem erkennbaren Willen des Anmelders ergehen; PA 20. 1. 1926, Bl. 1926, 50; PA 19. 1. 1955, Bl. 1955, 91; BGH 1. 6. 1965, E 7, 265, 266 = GRUR 1966, 85, 86 – Aussetzung der Bekanntmachung. »Bedingte« Bekanntmachungsbeschlüsse sind nicht zu erlassen; das notwendige Einverständnis mit wesentlichen Änderungen ist **vor** Erlaß des Bekanntmachungsbeschlusses einzuholen. In der Stellung des Antrags auf Bekanntmachung liegt regelmäßig ein Verzicht auf Weiterverfolgung von nicht in den zur Bekanntmachung eingereichten Unterlangen enthaltenen Anmeldungsteilen; BGH 13. 5. 1965, GRUR 1966, 146, 147 – Beschränkter Bekanntmachungsantrag, s. bei §§ 28 b/29 Anm. 22, 54. Vgl. wegen Handhabung bei möglichen Vorbehalten Zeunert, Beiträge, Kap. V S. 143–145. »Teil«-Bekanntmachungen mit einem noch in der Anmeldung verbleibenden, nicht bekanntgemachten Teil gibt es nicht; BGH 13. 5. 1965, a. a. O., 148.

Bei Anmeldungen, die ein Staatsgeheimnis enthalten, unterbleibt die Bekanntmachung; PA 21. 7. 1958, Bl. 1958, 207. Vgl. hierzu § 30 a Anm. 7, 8.

Entgegen der früheren Handhabung (PA Gr. Sen. 17. 9. 1929, Bl. 1929, 4
312) ist eine **Ausscheidungsanmeldung** (wegen unzulässiger Erweiterung) mit dem ihr zukommenden Anmeldetag bekanntzumachen, auch wenn ihr Gegenstand schon im Rahmen der Stammanmeldung bekanntgemacht worden ist; BPatG 20. 12. 1965, E 8, 23; a. A. Ballhaus in Benkard § 26 Anm. 70. Die Handhabung im Erteilungsverfahren betr. nicht erneute Bekanntmachung eines nach der Bekanntmachung ausgeschiedenen, neu eingereichten Anspruchs, wie diese aus BGH 31. 1. 1967, GRUR 1967, 543 hervorgeht, erscheint bedenklich; vgl. auch § 32 Anm. 47. Die Ausscheidungsmöglichkeit besteht nur noch für Anmeldungen, die nach der Übergangsregelung zu behandeln sind; s. § 26, Anm. 96, 97.

IV. Form und Erlaß des Beschlusses

Im Bekanntmachungsbeschluß werden die auszulegenden Unterlagen nach 5
deren Eingangstag genau bezeichnet. Etwa inzwischen noch beantragte und vorgenommene Änderungen und etwa amtlicherseits bisher noch nicht mitgeteilte redaktionelle Änderungen sind anzugeben. Solche erst im Bekanntmachungsbeschluß mitgeteilte Abänderungen dürfen nur geringfügiger Natur sein. Widerspricht der Anmelder diesen Änderungen, ist der Bekanntmachungsbeschluß entsprechend abzuändern oder aufzuheben; PA 19. 1. 1955, Bl. 1955, 91.

Der Bekanntmachungsbeschluß enthält ferner den Namen und Wohnort des Anmelders, die Klasse und Unterklasse (mit Hinweis auf die entsprechende internationale Klasse), in der die Anmeldung bekanntgemacht wird, den Anmeldetag und gegebenenfalls Vermerke über die in Anspruch genommenen Prioritäten und Hinweise auf die Erfinderbenennung und eine etwa beantragte Aussetzung.

5a Nach § 1 Abs. 3 Ziff. 9 WahrnVO obliegt dem Prüfer die Anordnung des Erlasses des Bekanntmachungsbeschlusses. Nach § 1 Abs. 2 a. a. O. hat der Beamte des gehobenen Dienstes den Bekanntmachungsbeschluß zu erlassen. Mit der Anordnung zum Erlaß des Bekanntmachungsbeschlusses legt der Prüfer die Anmeldungsunterlagen fest, die in der Auslegeschrift zu drucken und im Bekanntmachungsbeschluß aufzuführen sind, und bestimmt bei von ihm noch vorgenommenen geringfügigen Änderungen, die nicht vereinbart oder fernmündlich vereinbart wurden, daß die betroffenen Seiten dem Beschluß in Ablichtung beizufügen sind. Der Beamte des gehobenen Dienstes unterzeichnet »Auf Anordnung des Prüfers«. Da der Bekanntmachungsbeschluß von jetzt ab durch die vorhandene Schreibautomatenanlage hergestellt wird, ist der Aufbau abweichend von den bisherigen Beschlüssen. Zusätzlich werden auch noch der Offenlegungstag, bei Ausscheidungsanmeldungen die Patentnummer des Ursprungspatents oder das Aktenzeichen der Ursprungsanmeldung, die Vertreter und die Erfinder im Rahmen der Bibliographie angegeben. Vgl. hierzu Mitt. Präs. 15. 10. 1971, Bl. 1971, 325, 384.

V. Zustellung des Beschlusses

6 Eine Ausfertigung des Bekanntmachungsbeschlusses ist dem Anmelder zuzustellen; denn gem. § 31 beginnt mit der wirksamen Zustellung des Beschlusses die Frist zur Zahlung der Bekanntmachungsgebühr zu laufen. Wegen der Form der Zustellung vgl. § 45 a. Der Bekanntmachungsbeschluß wird erst mit dem Tage seiner Zustellung rechtswirksam, so daß vorherige Anträge, die rechtzeitig zugegangen sind, zu berücksichtigen sind; PA 26. 2. 1930, Mitt. 1930, 78. Das Empfangsbekenntnis bei der Zustellung nach § 5 Abs. 2 VwZG ist mit dem vollen Namen zu unterschreiben; eine Paraphe genügt nicht; BGH 26. 10. 1971, BGHZ 57, 160 = GRUR 1972, 196 = Bl. 1972, 142 – Dosiervorrichtung.

VI. Abänderbarkeit und Rücknahme des Beschlusses

7 Der Bekanntmachungsbeschluß kann vor seiner Ausführung aufgehoben werden, wenn neues patenthinderndes Material gefunden wird; PA 18. 10. 1913, Bl. 1913, 324; PA 6. 6. 1932, Mitt. 1932, 281. Falls gegenüber dem

neuen Material noch ein patentfähiger Überschuß verbleibt, wird zweckmäßig der Beschluß nicht aufgehoben, sondern nur seine Ausführung zurückgestellt und versucht, das Einverständnis des Anmelders mit einer beschränkten Neufassung der Unterlagen zu erlangen. Nach der Zustellung des Bekanntmachungsbeschlusses kann ein ordnungsgemäß gefaßter Beschluß nicht aufgehoben werden; PA 30. 12. 1925, Mitt. 1926, 5. Der Anmelder kann aber vor der Ausführung des Bekanntmachungsbeschlusses die Gestaltung der Unterlagen noch durch entsprechende Anträge beeinflussen; vgl. PA 20. 1. 1926, Bl. 1926, 50. Nicht von der Prüfungsstelle gebilligte Änderungen, die der Anmelder nach Erlaß des Bekanntmachungsbeschlusses beantragt hat, führen gegebenenfalls zur Zurückweisung der Anmeldung; hierzu kann verglichen werden BPatG 16. 6. 1966, E 9, 30, 31. Zur Frage der Änderungen der Unterlagen, die dem Bekanntmachungsbeschluß zugrundegelegt sind, bis zur Bekanntmachung vgl. auch Evers, Bl. 1952, 261 ff. und Harraeus, GRUR 1961, 257 ff. Ein Widerruf und eine Wiederholung der Bekanntmachung sind nicht möglich, wenn etwa nach erfolgter Bekanntmachung ein Aussetzungsantrag gestellt wird (Wiedereinsetzung in den vorigen Stand ist nicht möglich); PA 29. 5. 1916, Bl. 1917, 117; PA 6. 3. 1936, Bl. 1936, 68. Vgl. auch § 26 Anm. 122.

Schreibfehler oder ähnliche **offenbare Unrichtigkeiten** können in entsprechender Anwendung des § 319 ZPO von Amts wegen oder auf Antrag – auch nach der Veröffentlichung – berichtigt werden; vgl. auch PA 8. 3. 1913, Bl. 1913, 188; PA 9. 11. 1938, Bl. 1938, 214. Vermerk im Erteilungsbeschluß betr. Zurücknahme der Einsprüche enthält keine Unrichtigkeit; PA 27. 11. 1954, Mitt. 1954, 64. Vgl. auch § 34 Anm. 20.

VII. Wiederholung des Beschlusses

Ein ordnungsgemäß bewirkter Bekanntmachungsbeschluß ist in demselben Patenterteilungsverfahren nicht wiederholbar. Ist dies aber nicht der Fall – sind z. B. die ausgelegten Unterlagen unvollständig oder falsch – und entbehrt deshalb der Beschluß der Rechtswirkung – ist die Bekanntmachung zu widerrufen und der Bekanntmachungsbeschluß ordnungsgemäß zu wiederholen; PA 19. 1. 1932, Mitt. 1932, 25; PA 26. 11. 1936, Mitt. 1937, 176, 178. Vgl. hierzu auch Anm. 4. 8

VIII. Verfahrensrechtliche Wirkung des Beschlusses

Nach rechtskräftiger Zustellung des Bekanntmachungsbeschlusses kann im Erteilungsverfahren nicht mehr auf Teile der Anmeldung zurückgegriffen werden, die nicht mehr in den bekanntgemachten Unterlagen enthalten 9 sind, sei es auch nur, um sie aus der Anmeldung unter Inanspruchnahme der Priorität auszuscheiden. Aus vor der Bekanntmachung gestrichenen Teilen kann keine Priorität hergeleitet werden; PA 21. 3. 1959, Bl. 1959, 358. Durch die Bekanntmachung wird das Patentbegehren für die weiteren Abschnitte des Erteilungsverfahren festgelegt; BGH 27. 11. 1969, GRUR 1970, 289, 293 unter c – Dia-Rähmchen IV – mit Hinweis auf BGH 13. 5. 1965, s. Anm. 3. Wegen der Rolle der sogenannten Zäsur des Bekanntmachungsbeschlusses für den Umfang der zulässigen Änderungen vgl. § 26 Anm. 102.

B. Die Ausführung der Bekanntmachung

I. Zweck der Bekanntmachung und Veröffentlichung im Patentblatt

10 Die Bekanntmachung nach § 30 hat die Natur eines öffentlichen Aufgebotes; BGH 26. 10. 1962, GRUR 1963, 190, 191 a. E. – Fleischzubereitung. Mit der Bekanntmachung, d. h. Veröffentlichung der sachlichen Unterlagen des Patentbegehrens soll der Öffentlichkeit – insbesondere den Mitbewerbern des Anmelders – ermöglicht werden, gegen die Patenterteilung gegebenenfalls Einspruch zu erheben. Wegen der Bedeutung des Einspruchs vgl. § 32 Anm. 1. Eine unterlassene Bekanntmachung macht den Erteilungsbeschluß aber nicht unwirksam; BGH 31. 1. 1967, GRUR 1967, 543, 546, 547; s. auch Anm. 4.

Voraussetzung der Ausführung der Bekanntmachung ist, daß die Bekanntmachungsgebühr fristgemäß seit Zustellung des Bekanntmachungsbeschlusses eingegangen ist; vgl. hierzu im einzelnen § 31 Anm. 2. Wegen Stundung der Bekanntmachungsgebühr vgl. § 11 Anm. 21. Für die Bekanntmachung einer Anmeldung ist die Zustimmung des Anmelders erforderlich; BPatG 27. 2. 1963, E 3, 116, 117. Eine geltend gemachte **Ausstellungspriorität,** die aber bei der Prüfung keine Rolle gespielt hat, darf auf Antrag nicht veröffentlicht werden; BPatG 27. 2. 1963, a. a. O. Wenn auch im entschiedenen Fall die geltend gemachte Ausstellungspriorität mit Rücksicht auf § 2 Satz 2 PatG unerheblich war, so sollte bei einer längst fälligen Reform des AusstellungsGes. vom 18. 3. 1904, Bl. 1904, 181 u. a. auch die Veröffentlichung einer geltend gemachten Ausstellungspriorität zwingend sein, damit die Öffentlichkeit nicht nach vielen Jahren mit einer Priorität überrascht wird, von der sie keine Ahnung haben konnte. Auch müßte die Möglichkeit der Inanspruchnahme zeitlich beschränkt sein. Vgl. hierzu die im Europäischen Patenterteilungsverfahren in Aussicht genommene erfreuliche Regelung; Anh. Anm. 41.

Die Anmeldung wird gem. § 30 Abs. 2 Satz 1 dadurch bekanntgemacht, daß der Name des Patentsuchers und der wesentliche Inhalt seines Antrags im Patentblatt einmal veröffentlicht wird. Unter »wesentlichem Inhalt« ist hier der Titel (s. § 26 Anm. 39) zu verstehen. Die Veröffentlichung im Patentblatt erfolgt unter Angabe der Klasse, Unterklasse und Gruppe und Angabe des Aktenzeichens und der Nummer der Auslegeschrift. Gegebenenfalls wird auch der bestellte Vertreter des Anmelders genannt. Ferner werden der Anmeldetag und – falls eine Priorität beansprucht wird – die notwendigen Angaben hierzu veröffentlicht. Den im Patentblatt veröffentlichten Angaben ist in Ausführung der Bestimmung des § 30 Abs. 2 Satz 2 die Anzeige vorangestellt, daß der Gegenstand der Anmeldung einstweilig auch gegen unbefugte Benutzung geschützt ist (sogenannter einstweiliger Schutz).

II. Die Auslegung

Gem. § 30 Abs. 3 Satz 1 sind die Beschreibung und Zeichnungen, die der 11
Bekanntmachung zugrunde liegen, zu veröffentlichen und mit den sie erläuternden Anlagen der Anmeldung zur Einsicht für jedermann auszulegen; vgl. hierzu auch die Begründung 6. ÜG, Bl. 1961, 147 zu Nr. 20.

Seit dem 1. 9. 1955 werden die ausgelegte Beschreibung, die Patentansprüche und Zeichnungen als **Auslegeschrift** (DAS) gedruckt, und zwar auf grünem Papier. Vgl. hierzu die Bekanntmachung über die Numerierung der Auslegeschriften und Patentschriften sowie die Einführung eines Registers der bekanntgemachten Unterlagen vom 19. 10. 1956, Bl. 1956, 365. Wegen der zusätzlichen Eintragung der Internationalen Klassenangabe vgl. die Bekanntmachung vom 21. 1. 1966, Bl. 1966, 33 sowie Mitt. Präs. 1. 7. 1971, Bl. 1971, 201 und wegen der Bestellung von Auslege- und Patentschriften die Bekanntmachungen des Präsidenten vom 15. 5. 1962, Bl. 1962, 169 und 258. Vgl. ferner die Bekanntmachungen vom 27. 11. 1956, Bl. 1957, 1 und vom 21. 1. 1956, Bl. 1956, 21.

Wegen der seinerzeitigen Neugestaltung der Auslege- und Patentschriften vgl. Präs. 26. 11. 1963, Bl. 1963, 353. Ab 1. 1. 1972 werden bei den Auslege- und Patentschriften die Patentansprüche vor die Beschreibung gesetzt; Mitt. Präs. 21. 10. 1971, Bl. 1971, 326. Wegen der Kennzeichnung der Patentschriften, die von der Auslegeschrift abweichen, vgl. Präs. 26. 11. 1963, Bl. 1963, 354. Die übliche Zeitspanne (ca. 12 Wochen) zwischen Eingang der Bekanntmachungsgebühr nach Zustellung des Bekanntmachungsbeschlusses und der Herausgabe der Auslegeschrift wird erst wieder Ende 1973 erreicht werden; Mitt. Präs. 4. 8. 1972, Bl. 1972, 269.

Auslegeschriften und **Patentschriften** genießen **keinen Urheberrechtsschutz,** weil sie mit ihrer Veröffentlichung als amtliche Schriften (hier verbunden mit einer Schutzwirkung) i. S. § 5 UrhG vom 9. 9. 1965, Bl. 1965, 328 anzusehen sind; sie können deshalb nachgedruckt werden. Dies ist allgemeine Meinung; vgl. z. B. Ballhaus in Benkard § 30 Anm. 7; Tetzner,

§ 30 Anm. 6 B; Trüstedt in Reimer § 26 Anm. 47. Das gleiche wird auch für **Offenlegungsschriften** zu gelten haben. Wegen der Rechtslage bei Patent**anmeldungen** vgl. § 26 Anm. 15.

Beim Wechsel des Anmelders ist auch die Umschreibungsverfügung im Auszug auszulegen; PA 18. 10. 1935, Bl. 1936, 4.

Die Auslegung erfolgt im Deutschen Patentamt in München (Auslegehalle) und in der Dienststelle Berlin des Deutschen Patentamts.

III. Gesetzliche Wirkungen der Auslegung (Einstweiliger Schutz)

12 Mit der Bekanntmachung der Anmeldung durch die öffentliche Auslegung treten gemäß § 30 Abs. 1 Satz 2 für den Gegenstand der Anmeldung zugunsten des Patentsuchers die gesetzlichen Wirkungen des Patents aus den §§ 6, 7 und 8 ein. Dieser rechtsbegründende behördliche Akt bewirkt zunächst nur einen **einstweiligen** Schutz. Ob dieser vorläufige Schutz zu einem endgültigen Schutz führt, hängt vom weiteren Verlauf des Verfahrens ab, insbesondere vom Ausgang eines etwa eingeleiteten Einspruchsverfahrens. Bei einer bekanntgemachten Patentanmeldung muß damit gerechnet werden, daß auch für den Gegenstand eines zurückbezogenen Unteranspruchs selbständiger Schutz beansprucht wird; BPatG 28. 1. 1972, E 13, 184. Vgl. hierzu § 26 Anm. 74; §§ 28 b/29 Anm. 33; § 6 Anm. 52.

Bei **Patentversagung** ist der einstweilige Schutz als nicht eingetreten zu behandeln; vgl. bei § 35 Anm. 7. Der einstweilige Schutz ist insoweit also auflösend bedingt; RG 8. 11. 1930, MuW 1931, 168. Selbstverständlich ist für die Priorität der Anmeldetag maßgebend, wenn auch die frühere von zwei identischen Anmeldungen später bekanntgemacht worden ist.

Vor der Bekanntmachung besteht auch dem bösgläubigen Benutzer gegenüber kein Recht auf Unterlassung, Auskunft oder Schadenersatz. Dagegen können Ansprüche aus § 826 BGB, § 1 UWG in Frage kommen; RG 2. 10. 1944, GRUR 1951, 278. Vgl. auch § 3 Anm. 3. Die Anmeldung hat nur Bedeutung für Priorität und Laufzeit des Patents; BGH 16. 2. 1951, BGHZ 1, 194 = Bl. 1951, 224 = GRUR 1951, 314 – Motorblock.

13 Die **einstweilige Schutzwirkung berechtigt** zur Geltendmachung der Ansprüche aus § 47, also zur Klageerhebung auf Unterlassung und Schadenersatz, falls die weiteren Voraussetzungen dafür gegeben sind; vgl. § 47; RG 11. 7. 1903, Bl. 1903, 229; RG 30. 1. 1935, GRUR 1935, 741. Das Prüfungsrecht des Verletzungsrichters (vgl. z. B. BGH 10. 5. 1960, GRUR 1960, 478 r. Sp. – Blockpedale – und BGH 22. 11. 1957, GRUR 1958, 179, 181 r. Sp. – Resin) reicht nicht weiter als gegenüber einem endgültig erteilten Patent, BGH 30. 10. 1962, GRUR 1963, 563, 565 – Aufhängevorrichtung; RG 20. 2. 1942, Mitt. 1943, 114. Auch eine vor der Bekanntmachung, aber nach der Anmeldung vorgenommene Benutzung ist jetzt

einzustellen; § 7 Abs. 1 Satz 1. Ebenso Ballhaus in Benkard, § 30 Anm. 13. Dieser Auffassung hat sich jetzt auch Reimer, § 30 Anm. 9 letzter Abs., angeschlossen. Vgl. hierzu Wilde, GRUR 1954, 421 und im einzelnen § 7 Anm. 22. Da zur Annahme eines Verschuldens Kenntnis des vorläufigen Schutzrechts erforderlich, diese aber vor der Bekanntmachung nicht möglich ist, kommt für die Zeit vor der Bekanntmachung eine Schadensersatzpflicht nicht in Frage; RG 26. 4. 1933, MuW 1933, 362. Gelten wegen Versagung des Patents die Wirkungen des einstweiligen Schutzes als nicht eingetreten (§ 35 Abs. 2 Satz 3), ist also der einstweilige Schutz mit Rückwirkung wieder fortgefallen, so muß der Patentsucher das aufgrund des einstweiligen Schutzes Erlangte als ohne Rechtsgrund erlangt nach den Grundsätzen über ungerechtfertigte Bereicherung (§§ 812 ff. BGB) wieder herausgeben; RG 16. 3. 1907, RGZ 65, 303 = Bl. 1907, 153; Lindenmaier, GRUR 1942, 514. Im einzelnen vgl. § 47 Anm. 44. Auch **Strafantrag** (§ 49) kann vor der Patenterteilung gestellt werden. Vgl. im übrigen § 49 Anm. 6 ff.

Wegen der Wirkung der deutschen Bekanntmachung für die Patenterteilung in den USA s. US-Entsch. 5. 2. 1969, GRUR Int. 1970, 55.

C. Aussetzung der Bekanntmachung

Die die Dauer der Aussetzung der Bekanntmachung regelnde Bestimmung **14**
im § 30 Abs. 4 mußte wegen der Offenlegung aller Anmeldungen gem. § 24 Abs. 3 Nr. 2, wenn seit dem Anmeldetag bzw. in Anspruch genommenen Prioritätstag 18 Monate vergangen sind, geändert werden. Die auf fünfzehn Monate seit der Anmeldung bzw. dem in Anspruch genommenen Prioritätstag begrenzte Aussetzungsmöglichkeit soll insbesondere die Anmelder im Falle von Auslandsanmeldungen in Staaten, die der Pariser Verbandsübereinkunft nicht angehören, davor schützen, daß etwa ihre in Deutschland bekanntgemachten Anmeldungen gegenüber den Nachanmeldungen neuheitsschädlich wirken. Im einzelnen vgl. BPatG 15. 12. 1967, E 9, 174, 175, 176 und amtl. Begr. zum PatÄndG, Teil B zu Art. 1 zu Nr. 15, Bl. 1967, 258. Die Aussetzung der Bekanntmachung hat zur Folge, daß der Berechtigte für die Dauer der Aussetzung auf den mit der Bekanntmachung eintretenden einstweiligen Schutz verzichten muß; BGH 19. 12. 1968, GRUR 1969, 271, 273 unter 5 – Zugseilführung.

Erklärungen des Anmelders nach Ablauf der gesetzlichen Aussetzungsfrist, erst eine spätere Bekanntmachung zu wünschen, sind unzulässig und nicht zu berücksichtigen. Der Anmelder kann mit ihnen nicht in den prozessualen Fortgang des Verfahrens eingreifen; BGH 1. 6. 1965, E 7, 265, 268 = GRUR 1966, 85 – Aussetzung der Bekanntmachung; ebenso PA 13. 8. 1952, Bl. 1952, 406, 407. Ein Grund zur Zurückweisung besteht aber nicht; entgegen der Auffassung in PA 28. 1. 1922, Bl. 1922, 39.

§ 30 a

(1) Wird ein Patent für eine Erfindung nachgesucht, die ein Staatsgeheimnis (§ 93 des Strafgesetzbuchs) ist, so ordnet die Prüfungsstelle von Amts wegen an, daß jede Bekanntmachung unterbleibt. Die zuständige oberste Bundesbehörde ist vor der Anordnung zu hören. Sie kann den Erlaß einer Anordnung beantragen.

(2) Die Prüfungsstelle hebt von Amts wegen oder auf Antrag der zuständigen obersten Bundesbehörde, des Anmelders oder des Patentinhabers eine Anordnung nach Absatz 1 auf, wenn deren Voraussetzungen entfallen sind. Die Prüfungsstelle prüft in jährlichen Abständen, ob die Voraussetzungen der Anordnung nach Absatz 1 fortbestehen. Vor der Aufhebung einer Anordnung nach Abs. 1 ist die zuständige oberste Bundesbehörde zu hören.

(3) Die Prüfungsstelle gibt den Beteiligten Nachricht, wenn gegen einen Beschluß der Prüfungsstelle, durch den ein Antrag auf Erlaß einer Anordnung nach Absatz 1 zurückgewiesen oder eine Anordnung nach Absatz 1 aufgehoben worden ist, innerhalb der Beschwerdefrist (§ 36 l Abs. 2) keine Beschwerde eingegangen ist.

(4) Die Absätze 1 bis 3 sind auf eine Erfindung entsprechend anzuwenden, die von einem fremden Staat aus Verteidigungsgründen geheimgehalten und der Bundesregierung mit deren Zustimmung unter der Auflage anvertraut wird, die Geheimhaltung zu wahren.

ÜBERSICHT

A. Gesetzliche Entwicklung

I. Frühere gesetzliche Bestimmungen

1 Schon in den Patentgesetzen von 1877 und 1891 waren im § 23 Bestimmungen über die Geheimhaltung von Erfindungen im Interesse der Landesverteidigung enthalten; vgl. hierzu Hüfner, GRUR 1911, 260 ff. Im Jahr 1917 wurden diese Bestimmungen durch eine Bundesratsverordnung, Bl. 1917, 13 ausgedehnt; vgl. auch Zschucke, Mitt. 1960, 220. Nach dem Patentgesetz von 1936, § 30 Abs. 5, Bl. 1936, 82 (so auch § 23 PatG v. 1923, Bl. 1923, 169, 170), konnten nur vom Reich oder selbständigen Reichsstellen für Landesverteidigung Patente nachgesucht werden, für die gleichzeitig Geheimhaltung beantragt wurde; dem Antrag mußte entsprochen werden. Privatpersonen konnten keine solchen Anmeldungen machen und mußten deshalb ihre Anmeldungen auf das Reich übertragen. Nach § 8 der VO vom 1. 9. 1939, Bl. 1939, 136 konnten auch Privatpersonen Geheimpatente erteilt werden. Das RPA konnte nach Anhörung der zuständigen Reichsstellen die Geheimhaltung einer Erfindung aus Rücksicht auf die Landesverteidigung für erforderlich halten. Die Geheimhaltungsbestimmungen des Ges. von 1936 und der VO von 1939 wurden durch die §§ 1 Nr. 8 und 36 Nr. 7 des 1. ÜG von 1949, Bl. 1949, 229 gestrichen bzw. außer Kraft gesetzt; vgl. auch Begr. Bl. 1949, 235.

II. Die Geheimhaltungsbestimmungen von 1953

2 Erstmals nach dem Zweiten Weltkrieg wurden im Interesse der Staatssicherheit wieder Geheimhaltungsbestimmungen durch das 5. ÜG von 1953, Bl. 1953, 275 = GRUR 1953, 329 mit § 30 a eingeführt. Durch das Strafrechtänderungsgesetz vom 30. 8. 1951, BGBl. I 1951, 739, §§ 99 und 100 StGB, wurde die Verletzung von Staatsgeheimnissen wieder unter Strafe gestellt. Das erforderte die Geheimhaltung von Erfindungen, die Staatsgeheimnisse darstellen; vgl. Begr. Bl. 1953, 295, 297. Nach § 30 a des Patentgesetzes von 1953 konnte der Bund die Erteilung von Geheimpatenten nachsuchen. Damit war praktisch die gesetzliche Regelung des Jahres 1936 wiederhergestellt. Wegen der Nachteile dieser Regelung und der verfassungsrechtlichen Bedenken dagegen vgl. von der Osten in GRUR 1958, 465/74. Wie versucht wurde, diesen Bedenken zu begegnen, ist in der amtl. Begr. zum 6. ÜG zu Nr. 21 und 22 unter e ausgeführt; Bl. 1961, 148. Die Konsequenzen, die sich nach der Regelung von 1953 dann ergaben, wenn der Erlaß einer Geheimhaltungsanordnung gefordert wurde, der Bund den Erwerb der Erfindung aber ablehnte, zeigt PA 21. 7. 1958, Bl. 1958, 207 = GRUR 1958, 544 (Leitsatz mit Anm. von W. Müller). Vgl.

hierzu auch Weller in GRUR 1959, 123.

Das AHK-Ges. Nr. 17 von 1949 betr. die Überwachung der Patentanmeldungen auf bestimmten Gebieten, Bl. 1950, 2 wurde im Jahr 1955 aufgehoben, Bl. 1955, 197.

3 Durch die **Regelung gem. 6. ÜG von 1961** wurden die Bestimmungen von 1953 verbessert. Mit den neuen §§ 30 a bis 30 g wurden detaillierte Vorschrifen für die Behandlung von geheimzuhaltenden Erfindungen in das Patentgesetz eingefügt und vor allen Dingen wieder die Anmeldung solcher Patente von jedermann – ohne Übertragung auf den Bund – zugelassen.

Wichtige Änderungen des Begriffs »Staatsgeheimnis« und damit der Strafbestimmungen im Zusammenhang mit geheimzuhaltenden Erfindungen bringt das **Achte Strafänderungsgesetz** vom 25. 6. 1968, BGBl. I 741 ff. = Bl. 1968, 278. Der bisher maßgebliche § 99 a. F. wurde durch § 93 n. F. ersetzt. Nach Art. 6 Nr. 2 des Achten Strafänderungsgesetzes wurden dementsprechend in den §§ 30 a, 30 c und 30 d die betreffenden Paragraphen-Hinweise geändert. § 30 c erhielt außerdem einen Abs. 2 betr. Strafandrohung.

III. Anwendung der Bestimmungen des PatÄndG

4 In der Mitt. Präs. vom 25. 7. 1968, Bl. 1968, 274, 275 ist auf die Bedeutung des PatÄndG vom 4. 9. 1967 auch für die Behandlung von Anmeldungen, in denen eine Anordnung nach § 30 a PatG ergangen ist, hingewiesen. Auch in Patentanmeldungen, in denen eine solche Anordnung ergangen ist und in denen der Patenterteilungsbeschluß bis zum 1. 10. 1968 nicht mehr erlassen werden konnte, wird eine Benachrichtigung nach Art. 7 § 1 Abs. 2 Nr. 1 PatÄndG ergehen; vgl. hierzu bei § 24 Anm. 14. Die Sechsmonatsfrist hat unter Umständen für Anmeldungen, in denen eine Anordnung nach § 30 a ergangen ist, die später aber aufgehoben wird, Bedeutung. Ferner kann von der Zustellung der Benachrichtigung an Prüfungsantrag gestellt werden. Die rechtliche Bedeutung der Benachrichtigung im einzelnen ist auf der Benachrichtigung erläutert.

IV. Allgemeines Schrifttum

5 **Hesse,** Der Schutz des Staatsgeheimnisses im neuen Patentrecht, BB 1968, 1058; **Kelbel,** Die Geheimerfindung, GRUR 1969, 155.

Bellstedt, Zur staatsrechtlichen Problematik, DÖV 1961, 811; **Reitstötter** in GRUR 1959, 557/68, auch mit ausführlichen Hinweisen zur ausländischen Rechtsgestaltung (S. 561–563); **Trüstedt** in BB 1960, 1141/43; **Zschucke** in GRUR 1954, 556 und in Mitt. 1960, 219–25.

Ferner vgl. zum neuen Staatsschutzstrafrecht: Breithaupt, NJW 1968, 1712; Müller-Emmert, NJW 1968, 2330; Woesner, NJW 1968, 2129.

B. Staatsgeheimnis

Staatsgeheimnisse nach § 93 StGB, auf den in § 30 a PatG verwiesen wird, sind nach § 93 Abs. 1 Tatsachen, Gegenstände oder Erkenntnisse, die nur einem begrenzten Personenkreis zugänglich sind und vor einer fremden Macht geheimgehalten werden müssen, um die Gefahr eines schweren Nachteils für die äußere Sicherheit der Bundesrepublik Deutschland abzuwenden. Den Staatsgeheimnissen nach § 93 StGB sind die militärischen Geheimnisse der NATO-Paktstaaten gleichgestellt; Art. 7 Abs. 1 Nr. 1 des 4. StrafändG i. d. F. des 8. StrafändG vom 25. 6. 1968. Vgl. hierzu Hesse, a. a. O.; Kelbel, GRUR 1969, 155, 166, 167. 6

Außer Patent- und Gebrauchsmusteranmeldungen und erteilten Patenten oder Gebrauchsmustern können auch noch im Entstehen begriffene, noch nicht fertige Erfindungen Gegenstand eines Staatsgeheimnisses sein; Kelbel, GRUR 1969, 155. Dort (a. a. O. 155, 156 unter b) finden sich auch Überlegungen im Zusammenhang mit dem möglichen Entstehen eines Staatsgeheimnisses durch eine echte Kombinationserfindung. Ebenso vgl. Kelbel, a. a. O., 155 unter b und 156 unter c, wegen des Sachverhaltes »nur einem begrenzten Personenkreis zugänglich« und des Begriffs »fremde Macht«. Nach §§ 94 ff. StGB n. F. ist es verboten, Staatsgeheimnisse öffentlich bekanntzugeben oder an einen Unbefugten gelangen zu lassen. Wegen Erläuterung des Begriffs »Gelangen lassen« vgl. Kelbel, a. a. O. 157 unter 3.

Zu der Frage, unter welchen Voraussetzungen von Ausländern (z. B. Gastarbeitern) im Hoheitsbereich der Bundesrepublik gemachte geheimhaltungsbedürftige Erfindungen i. S. des § 93 StGB n. F. deutsche Staatsgeheimnisse sein können, vgl. Kelbel, a. a. O. 157 unter I, 4. Kelbel, a. a. O. 158 unter I, 5 behandelt auch den formellen Geheimnisbegriff des § 353 c StGB betr. die unbefugte Weitergabe amtlicher geheimer oder vertraulicher Schriftstücke.

Die Definition des Begriffs »Staatsgeheimnis« wurde gegenüber dem vorherigen Zustand eingeschränkt. Bestimmte Tatbestände wurden aus dem Begriff herausgenommen und die Strafbarkeit bestimmter Handlungen davon abhängig gemacht, ob das betreffende offenbarte (§ 95 StGB), ausgekundschaftete (§ 96 StGB) oder preisgegebene (§ 97 StGB) Staatsgeheimnis amtlicherseits tatsächlich geheimgehalten wird. Die Anmeldung einer Erfindung, die ein Staatsgeheimnis beinhaltet, bei einem ausländischen Patentamt wird zukünftig nur unter den neuen § 94 Abs. 1 Nr. 1 (Mitteilung eines Staatsgeheimnisses an eine fremde Macht) fallen, wenn **absichtlich** die fremde Macht begünstigt werden soll. Wegen der unterschiedlichen Tatbestände der §§ 94 bis 97 n. F. (Offenbarung von Staatsgeheimnissen in verräterischer und nicht verräterischer Absicht) vgl. Kelbel a. a. O., 156, 157.

Nach den neuen Bestimmungen des StGB (§§ 93 ff.) wird mit Zuchthaus oder Gefängnis bestraft, wer in Benachteiligungsabsicht eine Erfindung, die ein Staatsgeheimnis beinhaltet, im Ausland zum Patent anmeldet.

Eine zum Patent angemeldete Erfindung, die ein Staatsgeheimnis beinhaltet, kann nur dadurch geheimgehalten werden, daß jede Bekanntmachung der Anmeldung unterbleibt; § 30 a Abs. 1 Satz 1. Die Prüfung kann nur bis zum Zeitpunkt vor Erlaß des Bekanntmachungsbeschlusses durchgeführt werden, vorausgesetzt, daß Prüfungsantrag (§ 28 b) gestellt wurde; vgl. § 30 e. Andernfalls ist nur die Offensichtlichkeitsprüfung (§ 28) vorzunehmen. Recherchenantrag (vgl. § 28 a Anm. 2–7) kann auch gestellt werden. Der Begriff »jede Bekanntmachung« i. S. § 30 a Abs. 1 Satz 1 geht – wie sich ohne weiteres aus dem Zweck der gesetzlichen Regelung ergibt – weiter als der Begriff »Bekanntmachung« i. S. des § 30. Dementsprechend unterbleibt auch die **Offenlegung** gem. § 24 Abs. 3 Satz 2 Nr. 2 (vgl. § 24 Anm. 16) und die Bekanntgabe des Eingangs und der Erledigung eines **Recherchenantrags** (vgl. § 28 a Anm. 5 und 17) oder eines **Prüfungsantrages** (vgl. §§ 28 b/29 Anm. 9).

Gem. § 11 Abs. 1 PatG sind vom Beginn des 3. Jahres seit der Anmeldung Jahresgebühren zu entrichten; vgl. § 11 Anm. 6.

Wegen einer Akteneinsicht vgl. § 24 Anm. 20.

C. Prüfung auf Geheimhaltungsbedürftigkeit

7 Die Bestimmungen des § 30 a Abs. 1 schreiben für angemeldete Erfindungen, die ein Staatsgeheimnis enthalten, vor, daß die Prüfungsstelle anzuordnen hat, daß jede Bekanntmachung unterbleibt. Vor der Anordnung ist die zuständige oberste Bundesbehörde (s. § 30 g) zu hören, auch kann sie den Erlaß einer Anordnung beantragen.

Schon nach der Verordnung des Präsidenten des DPA vom 14. 8. 1956, Bl. 1956, 242, ist zur Klärung der Frage, ob eine Anmeldung ein Staatsgeheimnis enthält, im Bedarfsfall von der Prüfungsstelle das Bundesverteidigungsministerium als die für dieses Gebiet zuständige oberste Bundesbehörde in das Verfahren einzuschalten. In der VO ist im einzelnen angegeben, wie s. Zt. vorgegangen wurde. Diese Handhabung dürfte auch derzeit noch gelten mit der Maßgabe, daß gemäß § 30 b die Einschaltung bei den in Frage kommenden Anmeldungen regelmäßig zu erfolgen hat. Außerdem werden die sich im Zusammenhang mit dem PatÄndG ergebenden organisationsmäßigen Änderungen zu berücksichtigen sein.

Selbstverständlich hat der Anmelder wegen der Bestimmungen der §§ 93 ff. StGB von sich aus zu überprüfen, ob eine Anmeldung im Interesse der Landesverteidigung geheimhaltungsbedürftig sein könnte. Zweifel sollten im eigenen Interesse schnellstens durch Rückfrage beim Patentamt geklärt werden. Bei alledem hat der Anmelder immer darauf zu achten, daß auch der Personenkreis, der von der betreffenden Erfindung etwa in seinem Betrieb Kenntnis erhalten hat, die Geheimhaltungsverpflichtung beachtet.

Folgt der Prüfer der Auffassung der obersten Bundesbehörde, sollte er strafrechtlich entlastet sein, es sei denn, eine offensichtliche Fehlentscheidung der Bundesbehörde ist erkennbar, die zu einer entsprechenden Rückfrage führen sollte.

D. Anordnung auf Unterlassung jeder Bekanntmachung

Die Entscheidung über eine Anordnung oder Nichtanordnung auf Unterlassung jeder Bekanntmachung hat allein der Prüfer, auch dann, wenn von der zuständigen obersten Bundesbehörde der Erlaß einer Anordnung beantragt ist. Die zuständige oberste Bundesbehörde ist vor der Anordnung zu hören; § 30 a Abs. 1 Satz 2. Aus den §§ 36 m Abs. 2 und 36 n Abs. 2 ergibt sich, daß die Anordnung in Form eines begründeten Beschlusses ergehen muß. Die Bestimmungen des § 34 sind anzuwenden. Bei der **Beschwerde** nach § 36 l handelt es sich um eine gebührenfreie Beschwerde, die innerhalb eines Monats schriftlich einzureichen ist; vgl. auch amtl. Begr. zu Nr. 21 und 22 unter a Abs. 3. Beschwerdeberechtigte **Verfahrensbeteiligte** sind der Anmelder und gem. § 36 m Abs. 2 die zuständige oberste Bundesbehörde. Nach § 36 n Abs. 2 hat aber mit Bezug auf die erlassene Anordnung nach § 30 a Abs. 1 der Prüfungsstelle die Beschwerde keine aufschiebende Wirkung. 8

Da die Offenlegung nach § 24 Abs. 3 Satz 2 Nr. 2 (vgl. § 24 Anm. 16 und 20) eine Bekanntmachung i. S. des § 30 a Abs. 1 Satz 1 ist, hat die Offenlegung und dementsprechend auch ein Hinweis gem. § 24 Abs. 4 Satz 1 zweite Hälfte (s. § 24 Anm. 16 und 31) zu unterbleiben. Ein Entschädigungsanspruch gem. § 24 Abs. 5 (vgl. § 24 Anm. 41) kann offenbar nicht geltend gemacht werden, weil die Möglichkeit einer Kenntnisnahme nicht gegeben ist. Auch Kelbel, GRUR 1969, 155, 165 r. Sp. oben stellt die Anwendbarkeit in Frage.

Eine Geheimanmeldung oder ein Geheimpatent kann – solange die Geheimhaltungsanordnung besteht – nicht die Wirkungen einer öffentlichen Druckschrift haben; so auch Trüstedt, BB 1960, 1141 und Kelbel, GRUR 1969, 155, 165.

Die Geheimhaltungsanordnung nach § 30 a beruht nicht auf einer Enteignung oder einem enteignungsgleichen staatlichen Eingriff; sie hat nur deklaratorischen Charakter; BGH 4. 5. 1972, Bl. 1972, 380 = GRUR 1973, 141 – Kernenergie.

E. Ablehnung einer Anordnung

9 Hält die Prüfungsstelle eine Anordnung gem. § 30 a nicht für erforderlich, und stellt auch die zuständige oberste Bundesbehörde keinen entsprechenden Antrag, so kann die Anmeldung wie jede andere Anmeldung behandelt werden. Ein besonderer schriftlicher Bescheid ist in diesem Fall nicht erforderlich. Vgl. auch bei § 30 d.

Will aber die Prüfungsstelle einem Antrag auf Anordnung der Geheimhaltung der zuständigen obersten Bundesbehörde nicht folgen, so muß sie einen entsprechenden beschwerdefähigen Beschluß (s. bei Anm. 8) fassen. Die abweichende Auffassung der Prüfungsstelle kann z. B. damit begründet werden, daß vom Anmelder in der irrigen Annahme, der Inhalt der Anmeldung sei kein Staatsgeheimnis, früher schon eine entsprechende Auslandsanmeldung gemacht sei, die als Druckschrift vorliegt. Es kann aber auch neuheitsschädliches Material ohne den eben angenommenen Tatbestand vorliegen.

F. Aufhebung einer Geheimhaltungsanordnung

10 Entfallen die Voraussetzungen für eine Geheimhaltung, so ist eine ergangene Anordnung von Amts wegen oder auf Antrag der zuständigen obersten Bundesbehörde oder auf Antrag des Anmelders oder Patentinhabers von der Prüfungsstelle aufzuheben. Vor Aufhebung ist die zuständige oberste Bundesbehörde zu hören; § 30 a Abs. 2 Satz 3. Die Anhörung der zuständigen obersten Bundesbehörde erfolgt, weil diese die Notwendigkeit einer weiteren Geheimhaltung besser übersehen kann; vgl. amtl. Begr. zu Nr. 21 und 22 unter a, Abs. 2, Bl. 1961, 147. Die Aufhebung hat, wie sich aus Abs. 3 ergibt, in jedem Falle in Form eines beschwerdefähigen Beschlusses zu erfolgen. Eine Beschwerde des Patentinhabers gegen die Verfügung der Aufhebung der Geheimhaltung zum BPatG ist unzulässig; durch Aufhebung der Geheimhaltung ist der Patentinhaber nicht beschwert, denn die durch die Geheimhaltung eingetretene Beeinträchtigung wird wieder beseitigt; BGH 13. 7. 1971, Bl. 1972, 30, 31 = GRUR 1972, 535 – Aufhebung der Geheimhaltung. Durch die Geheimhaltung eingetretene Nachteile fallen unter die Entschädigungspflicht nach § 30 f; BGH 13. 7. 1971, a. a. O. Dementsprechend kommt bei Aufhebung der Geheimhaltung gegebenenfalls nur eine Beschwerde der zuständigen obersten Bundesbehörde in Betracht; a. M. Körner, GRUR 1970, 387, der die Zustimmung des Patentinhabers zur Aufhebung der Geheimhaltungsanordnung für erforderlich hält.

§ 30 a Abs. 2 Satz 2 schreibt vor, daß von der Prüfungsstelle in jährlichen Abständen zu prüfen ist, ob die Voraussetzungen der Anordnung nach Abs. 1 fortbestehen.

Nach Aufhebung einer ergangenen Geheimhaltungsanordnung ist das Verfahren fortzusetzen; ist das Patent noch nicht erteilt, wird die Offenlegung (§ 24 Abs. 3 Nr. 2) anzuordnen sein und, falls Prüfungsantrag rechtzeitig gestellt ist oder wird, wird das Erteilungsverfahren zu betreiben sein. Ist das Patent bereits erteilt (s. § 30 e Anm. 2), wird anstelle der Rolleneintragung in der besonderen Rolle (s. §§ 24 Anm. 2; 30 e Anm. 3) die Eintragung in die allgemeine Rolle, die Veröffentlichung im Patentblatt (s. § 24 Anm. 31) und die Herausgabe der Patentschrift (s. § 24 Anm. 33) zu veranlassen sein.

G. Benachrichtigung der Beteiligten betr. Nichteingang einer Beschwerde

Damit sichergestellt ist, daß die Beteiligten so bald wie möglich erfahren, **11** ob innerhalb der Beschwerdefrist ein Rechtsmittel eingelegt worden ist, ist gem. § 30 a Abs. 3 vorgeschrieben, daß die Prüfungsstelle die Beteiligten benachrichtigen muß, wenn gegen den Beschluß der Prüfungsstelle, durch den ein Antrag auf Erlaß einer Anordnung nach Abs. 1 zurückgewiesen oder eine Anordnung nach Abs. 1 aufgehoben ist, innerhalb der Beschwerdefrist keine Beschwerde eingegangen ist. Das Patent kann dann in offenem Verfahren – wie sonst üblich – weiterbehandelt und gegebenenfalls offengelegt oder bekanntgemacht werden.

H. Anwendung auf Erfindungen betr. ausländische Staatsgeheimnisse

§ 30 a Abs. 4 sieht die Anwendung der Vorschriften der Abs. 1 bis 3 auch **12** auf eine Erfindung vor, die von einem fremden Staat aus Verteidigungsgründen geheimgehalten und der Bundesregierung mit deren Zustimmung unter der Auflage anvertraut wird, die Geheimhaltung zu wahren. Die Bestimmung dient den Interessen der Erfinder, um die Voraussetzungen für die Verbürgung von Gegenseitigkeit zu schaffen. Im einzelnen siehe die amtl. Begr. zu Nr. 21 und 22 unter a im letzten Absatz, Bl. 1961, 147.

Vgl. hierzu: das Abkommen mit den VStA zur Erleichterung des Austausches von Patenten und technischen Erfahrungen für Verteidigungszwecke vom 15. 3. 1956, Bl. 1956, 144 und Verfahrensbestimmungen hierzu vom 14. 4. 1965, Bl. 1965, 275; den Vertrag betr. Euratom vom 25. 3. 1957, Bl. 1957, 259, 264 (Art. 26); das Abkommen über gegenseitige Geheimhaltung von verteidigungswichtigen Erfindungen und technischen Erfahrungen mit der französischen Regierung vom 28. 9. 1961, Bl. 1963, 288 (Verfahrensregelung vom 1. 2. 1963 hierzu, Bl. 1963, 289); das deutschbelgische Abkommen vom 1. 2. 1963, Bl. 1963, 292 (Verfahrensregelung Bl. 1963, 293); das deutsch-britische Abkommen vom 4. 8. 1956, Bl. 1956, 314; das Abkommen mit den Niederlanden vom 21. 9. 1960, Bl. 1964, 313 (Verfahrensregelung Bl. 1964, 314, Inkrafttreten, Bl. 1972, 131); das Abkommen mit Kanada vom 21./28. 8. 1964, Bl. 1964, 373; das deutsch-italienische Abkommen vom 7. 12. 1972, Bl. 1973, 164. Ferner ist auf das Übereinkommen über die wechselseitige Geheimbehandlung verteidigungswichtiger Erfindungen, die den Gegenstand von Patentanmeldungen bilden, vom 21. 9. 1960, Bl. 1964, 224 hinzuweisen; wegen Übersicht (Stand 1. 1. 1973) s. Bl. 1973, 108.

Wegen des gewerblichen Rechtsschutzes im **Euratomvertrag** vgl. Pfanner, Der Betrieb 1957, 326; Sünner-Pfanner, Köln 1958; Pfanner, Der Betrieb 1958, 978 (Verschlußsachenverordnung). Über die Behandlung der der Euratom-Kommission mitgeteilten Erfindungen s. GRUR Ausl. 1960, 201. Ferner s. Die Patentpolitik der Europäischen Atomgemeinschaft, BB 1961, 698–699.

In gewissen Fällen kann ein der Bundesregierung anvertrautes ausländisches Staatsgeheimnis auch ein deutsches Staatsgeheimnis sein; vgl. BayObLG 9. 5. 1957, NJW 1957, 1328. Dann fällt die betreffende Erfindung unter die Bestimmungen des Abs. 1.

§ 30 b

Das Patentamt hat der zuständigen obersten Bundesbehörde zur Prüfung der Frage, ob jede Bekanntmachung einer Anmeldung gemäß § 30 a Abs. 1 zu unterbleiben hat oder ob eine gemäß § 30 a Abs. 1 ergangene Anordnung aufzuheben ist, Einsicht in die Akten zu gewähren.

Die Beteiligung der zuständigen obersten Bundesbehörde (s. § 30 g) bei der Feststellung, ob eine bestimmte Anmeldung einen geheimhaltungsbedürftigen Tatbestand enthält, war schon bis zum Erlaß des Patentgesetzes in der Fassung von 1961 üblich; vgl. Mitt. Präs. DPA vom 14. 8. 1956, 242. Sie ist nunmehr ausdrücklich in § 30 b festgelegt. Die zuständige oberste Bundesbehörde hat danach ein **Recht auf Akteneinsicht** zur Prüfung der Frage, ob jede Bekanntmachung der betreffenden Anmeldung zu unterbleiben hat oder ob eine ergangene Anordnung gem. § 30 a Abs. 1 aufzuheben ist. In der Begr. 6. ÜG von 1961, vgl. zu Nr. 21 und 22 unter b, Bl. 1961, 147, heißt es hierzu:

»Die Einsichtnahme in Patentanmeldungen durch Angehörige des Bundesverteidigungsministeriums stellt eine notwendige Ausnahme von der allgemeinen Regelung dar, nach der das Patentamt im Interesse des Erfinders zur Geheimhaltung der Anmeldung gegenüber jedem Dritten und damit auch gegenüber Behörden verpflichtet ist. Die Ausnahme stützt sich nach geltendem Recht auf § 18 Abs. 9 des Patentgesetzes (Zuziehung von Sachverständigen im Prüfungsverfahren) in Verbindung mit § 99 (a. F.!) des Strafgesetzbuches. Wegen des dem Erfinder im Patenterteilungsverfahren gewährten Vertrauensschutzes werden die betreffenden Angehörigen des Bundesverteidigungsministeriums zur Geheimhaltung der zu ihrer Kenntnis gebrachten Erfindung besonders verpflichtet und dürfen – ebenso wie die Angehörigen des Patentamts – selbst keine Patentanmeldungen einreichen.«

Aufgrund der gesetzlichen Regelung findet die Akteneinsichtsgewährung ohne förmliches Verfahren, also auch ohne Beteiligung des Anmelders statt.

Wegen Akteneinsicht Dritter vgl. § 24 Anm. 20.

§ 30 c

(1) Eine Erfindung, die ein Staatsgeheimnis (§ 93 des Strafgesetzbuchs) ist, darf außerhalb des Geltungsbereichs dieses Gesetzes zum Patent nur angemeldet werden, wenn die zuständige oberste Bundesbehörde hierzu die schriftliche Genehmigung erteilt. Die Genehmigung kann unter Auflagen erteilt werden.

(2) Mit Gefängnis und Geldstrafe oder einer dieser Strafen wird bestraft, wer

1. entgegen Abs. 1 Satz 1 eine Erfindung zum Patent anmeldet oder
2. einer Auflage nach Abs. 1 Satz 2 zuwiderhandelt.

ÜBERSICHT

A. Voraussetzungen für Auslandsanmeldungen

1 Erfindungen, die ein deutsches Staatsgeheimnis i. S. des § 93 StGB beinhalten, sind ohne Rücksicht darauf, ob sie beim DPA angemeldet worden sind, geheimzuhalten. Grundsätzlich schließt dies Auslandsanmeldungen aus. Durch die Regelung gem. § 30 c wird dem Erfinder ermöglicht, mit Genehmigung der zuständigen obersten Bundesbehörde (s. § 30 g) auch geheimhaltungsbedürftige Anmeldungen im Ausland anzumelden. Vgl. hierzu auch Kelbel, GRUR 1969, 155, 157 r. Sp. oben.

Die Möglichkeit einer Auslandsanmeldung setzt voraus, daß auch in dem betreffenden Staat die Geheimhaltung durch internationale Verträge oder Vereinbarung im Einzelfall gewährleistet ist. Da dies nur die zuständige oberste Bundesbehörde beurteilen kann, ist deren Genehmigung einzuholen. Vgl. näher die amtl. Begr. zu Nr. 21 und 22 unter c, Bl. 1961, 148. Nach § 30 c Abs. 1 Satz 2 kann die Genehmigung mit Auflagen verbunden sein. Vgl. hierzu Zschucke, Mitt. 1960, 223. Danach ist der entsprechende schriftliche Antrag unter Beifügung der Anmeldungsunterlagen und Angabe des Staates, in dem die Anmeldung erfolgen soll, an das Bundesverteidigungsministerium zu richten.

Ist bereits eine Anmeldung beim DPA erfolgt, sind das Aktenzeichen und der Anmeldetag anzugeben. Wegen des Prioritätsjahres ist der Antrag möglichst früh zu stellen.

B. Strafvorschrift für ungenehmigte Auslandsanmeldungen

Nach dem durch das Achte Strafänderungsgesetz vom 25. 6. 1968, Bl. 1968, 278 eingefügten Abs. 2 in § 30 c wird derjenige, der eine Erfindung, die ein Staatsgeheimnis i. S. des § 93 StGB ist, außerhalb des Geltungsbereichs des PatG (also außerhalb der Bundesrepublik) zum Patent anmeldet, obgleich die zuständige oberste Bundesbehörde hierzu die schriftliche Genehmigung nicht erteilt hat, oder der erteilten Auflage (§ 30 c Abs. 1 Satz 2) zuwiderhandelt, mit Gefängnis und Geldstrafe oder einer dieser Strafen bestraft. 2

Durch diese Vorschrift werden somit auch Fälle erfaßt, in denen eine Anmeldung beim DPA nicht vorgenommen wurde, also auch keine Geheimhaltungsanordnung ergehen konnte. Die Einfügung der Vorschrift war nötig, weil sonst Fälle, in denen mangels Kenntnisgabe amtlicherseits eine tatsächliche Geheimhaltung gar nicht erfolgen konnte, von den neuen Strafbestimmungen (§§ 94 ff. StGB) nicht erfaßt würden.

Die Strafvorschrift in § 30 c Abs. 2 wird nur zum Zuge kommen, wenn die Vorschriften der §§ 94 bis 98 StGB n. F. betr. landesverräterische Handlungen nicht verletzt sind. Andernfalls haben diese den Vorrang, also dann, wenn die **Absicht** einer Benachteiligung der Bundesrepublik vorliegt. Auch wird nur **vorsätzliche Tatbegehung** als mit Strafe bedroht anzusehen sein; Hesse, BB 1968, 1059 l. Sp. unter III. **Bedingt vorsätzliche Begehung** der Tat wird je nach den Umständen strafbar sein; Hesse, a. a. O.

Wegen der Umstände, die den Tatbestand des Vorsatzes erfüllen, vgl. BGH 18. 3. 1952, BGHStr. 2, 194. Danach ist zwischen Tatbestands- und Verbotsirrtum zu unterscheiden; s. § 49 Anm. 3.

Es kann davon ausgegangen werden, daß der Gesetzgeber nicht den Willen gehabt hat, die Bestimmungen des § 30 c Abs. 2 PatG auf militärische Geheimnisse der NATO-Verbündeten zu erstrecken; Hesse, BB 1968, 1058 r. Sp. Abs. 2 Ende.

§ 30 d

(1) Wird dem Anmelder innerhalb von vier Monaten seit der Anmeldung der Erfindung beim Patentamt keine Anordnung nach § 30 a Abs. 1 zugestellt, so können der Anmelder und jeder andere, der von der Erfindung Kenntnis hat, sofern sie im Zweifel darüber sind, ob die Geheimhaltung der Erfindung erforderlich ist (§ 93 des Strafgesetzbuchs), davon ausgehen, daß die Erfindung nicht der Geheimhaltung bedarf.

(2) Kann die Prüfung, ob jede Bekanntmachung einer Anmeldung gemäß § 30 a Abs. 1 zu unterbleiben hat, nicht innerhalb der in Absatz 1 genannten Frist abgeschlossen werden, so kann das Patentamt diese Frist durch eine Mitteilung, die dem Anmelder innerhalb der in Absatz 1 genannten Frist zuzustellen ist, um höchstens zwei Monate verlängern.

Die Bestimmungen des § 30 d ermöglichen einem Erfinder, im Zweifelsfall durch eine Anmeldung beim Patentamt festzustellen, ob eine bestimmte Erfindung ein Staatsgeheimnis i. S. des § 93 StGB darstellt. Dadurch können sich der Anmelder und der Personenkreis, der von der Erfindung Kenntnis hat, Klarheit über die Geheimhaltungsbedürftigkeit verschaffen und sich gegen einen möglichen Konflikt mit dem StGB schützen. Gegebenenfalls wird durch die Klärung der Weg für Auslandsanmeldungen und eine Verwertung der Erfindung frei. Erhält nämlich der Anmelder innerhalb von vier Monaten seit der Anmeldung der Erfindung beim Patentamt keine Anordnung nach § 30 a Abs. 1 zugestellt, so können der Anmelder und jeder andere, der von der Erfindung Kenntnis hat, davon ausgehen, daß die Erfindung nicht der Geheimhaltung bedarf; § 30 d Abs. 1.

Falls die Prüfung zur Entscheidung der Frage auf Geheimhaltungsbedürftigkeit nicht innerhalb von vier Monaten abgeschlossen werden kann, teilt das Patentamt dem Anmelder dies und die Verlängerung der Frist mit. Die Frist darf höchstens um zwei Monate verlängert werden. Die betreffende Mitteilung muß innerhalb der Viermonatsfrist zugestellt sein.

Die Fristen sind so bemessen, daß einerseits die Prüfung auf Geheimhaltungsbedürftigkeit durchgeführt werden kann und andererseits dem Anmelder noch genügend Zeit für etwa innerhalb des Prioritätsjahres beabsichtigte Auslandsanmeldungen verbleibt.

Ein Zwang zur Anmeldung der Erfindung beim DPA zwecks Klärung der Geheimhaltungsbedürftigkeit besteht nicht. Vgl. hierzu amtl. Begr. 6. ÜG zu Nr. 21 und 22 unter d, Bl. 1961, 148. Die Möglichkeit, daß auch noch später als nach vier oder sechs Monaten eine Anordnung gem. § 30 a ergeht, ist nicht ganz ausgeschlossen.

Ein Arbeitnehmererfinder kann bei einer Diensterfindung die Geheimhaltungsbedürftigkeit nicht über eine Patentanmeldung klären; Kelbel, GRUR 1969, 155, 157 l. Sp.

§ 30 e

(1) Genügt die Anmeldung einer Erfindung, für die eine Anordnung nach § 30 a Abs. 1 ergangen ist, den vorgeschriebenen Anforderungen (§ 26), und liegt eine nach den §§ 1, 2 und 4 Abs. 2 patentfähige Erfindung vor, so beschließt das Patentamt die Erteilung des Patents.

(2) Das Patent ist in eine besondere Rolle einzutragen. Vor Erlaß des Beschlusses sind die in § 26 Abs. 6 vorgeschriebenen Erklärungen abzugeben und ist eine Gebühr in Höhe der Bekanntmachungsgebühr zu entrichten; § 31 gilt entsprechend.

ÜBERSICHT

A. Prüfung einer Geheimanmeldung auf Patentfähigkeit

Nach § 30 a in Verbindung mit § 30 e kann jedermann auf eine Erfindung, für die eine Anordnung nach § 30 a Abs. 1 ergangen ist, ein Geheimpatent erhalten, sofern die in § 26 vorgeschriebenen Anforderungen erfüllt sind, und sofern die Prüfung – allerdings ohne Einspruchsverfahren – ergeben hat, daß eine nach den §§ 1, 2 und 4 Abs. 2 patentfähige Erfindung vorliegt. 1

Aus diesen Bestimmungen ergibt sich, daß die Prüfung auf formelle Erfordernisse und auf Patentfähigkeit bis vor Erlaß des Bekanntmachungsbeschlusses genau nach denselben Grundsätzen durchzuführen ist wie bei jeder anderen Anmeldung. Aufgrund des **PatÄndG** vom 4. 9. 1967 ist für **die Durchführung der Prüfung auf Patentfähigkeit** allerdings **Voraussetzung,** daß ein **Prüfungsantrag** gem. § 28 b Abs. 1 innerhalb von sieben Jahren seit Einreichung der Anmeldung gestellt wird; vgl. §§ 28 b/29 Anm. 9 ff.

Für die Vorlage der Erfinderbenennung nach § 26 Abs. 6 wird auch die auf drei Monate verkürzte Frist zum Zuge kommen, wenngleich natürlich wegen der grundlegenden Bestimmungen des § 30 a Abs. 1 eine Offenlegung unterbleibt.

Die Frage, ob ein Dritter, dem eine ältere Geheimanmeldung entgegengehalten wird, gegebenenfalls Prüfungsantrag wird stellen können, wird zu bejahen sein; das wird unabhängig davon sein, ob seine eigene Anmeldung geheim oder offen (weil sie vielleicht nur teilweise identisch ist) behandelt wird.

Wird die Kenntnisnahme eines Staatsgeheimnisses durch dessen Benutzung in der Öffentlichkeit ermöglicht, wird der Tatbestand offenkundiger Vorbenutzung erfüllt.

B. Patenterteilung

2 Ergibt eine bis zum Zeitpunkt vor dem üblicherweise zu erlassenden Bekanntmachungsbeschluß durchgeführte Prüfung die Bekanntmachungsreife der Anmeldung, so hat das Patentamt den Beschluß über die Erteilung des Patents zu fassen. Denn da für das Einspruchsverfahren die Bekanntmachung der Anmeldung Voraussetzung ist, muß es wegen der Vorschrift des § 30 a Abs. 1 entfallen. Der Anmelder hat keinen Anspruch auf Fortführung der Prüfung; PA 21. 7. 1958, Bl. 1958, 207.

§ 30 e Abs. 2 Satz 2 schreibt vor, daß vor Erlaß des Erteilungsbeschlusses eine Gebühr in der Höhe der Bekanntmachungsgebühr zu entrichten ist (so schon PA 28. 6. 1938, Bl. 1938, 161); insoweit ist § 31 entsprechend anzuwenden. Vgl. bei § 31. Die Bekanntmachungsgebühr wird mit der Zustellung der Zahlungsaufforderung fällig. Die weiteren Gebührenzahlungen richten sich nach § 31.

C. Rolleneintragung in besondere Rolle / Akteneinsicht

3 Für Geheimpatente wird beim DPA eine **besondere** Rolle geführt, da in die allgemeine Rolle (§ 24 Abs. 1) jedermann die Einsicht freisteht; § 24 Abs. 3 Nr. 1. Wegen der **Einsicht in die Akten** von Patentanmeldungen und Patenten, für die gem. § 30 a jede Bekanntmachung unterbleibt, vgl. bei § 24 Anm. 20.

D. Rechtswirksamkeit des Geheimpatents

4 Die Rechtswirksamkeit eines Geheimpatents beginnt mit der Zustellung des Erteilungsbeschlusses und ist grundsätzlich die gleiche wie die jedes anderen Patents. Der Patentinhaber kann sein Patent gegen jeden Verletzer geltend machen. Dabei ist aber immer die Geheimhaltungsnotwendigkeit zu beachten; vgl. Zschucke, Mitt. 1960, 224.

Auch für ein Geheimpatent kann die Lizenzbereitschaft gem. § 14 erklärt werden; BGH 1. 12. 1966, Bl. 1967, 82 = GRUR 1967, 245 = E 8, 246 – Lizenzbereitschaft für Geheimpatent.

Nach RG 17. 5. 1919, GRUR 1920, 8 kann gegen ein Geheimpatent Nichtigkeitsklage erhoben werden.

§ 30 f

(1) Ein Anmelder, Patentinhaber oder sein Rechtsnachfolger, der die Verwertung einer nach den §§ 1, 2 und 4 Abs. 2 patentfähigen Erfindung für friedliche Zwecke mit Rücksicht auf eine Anordnung nach § 30 a Abs. 1 unterläßt, hat wegen des ihm hierdurch entstehenden Vermögensschadens einen Anspruch auf Entschädigung gegen den Bund, wenn und soweit ihm nicht zugemutet werden kann, den Schaden selbst zu tragen. Bei Beurteilung der Zumutbarkeit sind insbesondere die wirtschaftliche Lage des Geschädigten, die Höhe seiner für die Erfindung oder für den Erwerb der Rechte an der Erfindung gemachten Aufwendungen, der bei Entstehung der Aufwendungen für ihn erkennbare Grad der Wahrscheinlichkeit einer Geheimhaltungsbedürftigkeit der Erfindung sowie der Nutzen zu berücksichtigen, der dem Geschädigten aus einer sonstigen Verwertung der Erfindung zufließt. Der Anspruch kann erst nach der Erteilung des Patents geltend gemacht werden. Die Entschädigung kann nur jeweils nachträglich und für Zeitabschnitte, die nicht kürzer als ein Jahr sind, verlangt werden.

(2) Der Anspruch ist bei der zuständigen obersten Bundesbehörde geltend zu machen. Der Rechtsweg vor den ordentlichen Gerichten steht offen.

(3) Eine Entschädigung gemäß Absatz 1 wird nur gewährt, wenn die erste Anmeldung der Erfindung beim Patentamt eingereicht und die Erfindung nicht schon vor dem Erlaß einer Anordnung nach § 30 a Abs. 1 von einem fremden Staat aus Verteidigungsgründen geheimgehalten worden ist.

ÜBERSICHT

A. Entschädigungsanspruch

Vom Gesetzgeber wurde anerkannt, daß die Anordnung der Geheim- 1
haltung einer Erfindung in gewissen Fällen ihre Verwertung in einer Weise beeinträchtigen kann, daß dem Anmelder oder Patentinhaber ein das normale, zumutbare Maß übersteigender Schaden entsteht. Deshalb hat der Gesetzgeber für diese besonders gelagerten Fälle eine besondere Regelung

für billig gehalten; vgl. Abs. 1 Satz 1 des § 30 f. Dort ist bestimmt, daß die Unterlassung der Verwertung der geschützten, also patentfähigen Erfindung für friedliche Zwecke wegen der Geheimhaltungsanordnung dem Anmelder infolge des ihm hierdurch entstehenden Vermögensschadens einen **Anspruch auf Entschädigung** gegen den Bund gibt unter der Voraussetzung, daß ihm nicht zugemutet werden kann, den Schaden ganz oder teilweise zu tragen. Vgl. hierzu im einzelnen die amtl. Begr. zum 6. ÜG zu Nr. 21 und 22 unter f, Bl. 1961, 149.

Voraussetzung für einen Entschädigungsanspruch ist aber gem. Abs. 3 des § 30 f, daß die betreffende Erfindung zuerst beim DPA angemeldet ist, es sich also nicht um eine Nachanmeldung handelt. Der Gesetzgeber vertritt die Auffassung, daß im Fall einer zuerst im Ausland angemeldeten Erfindung es gegebenenfalls Sache des anderen Staates ist, den Erfinder für durch die Geheimhaltung entstandene Nachteile zu entschädigen. Vgl. amtl. Begründung zum 6. ÜG zu Nr. 21 und 22 unter f. a. a. O.

Gaul, GRUR 1966, 293/97 macht gegen die Vorschrift des § 30 f unter Hinweis auf Art. 3 GG verfassungsrechtliche Bedenken geltend. (Verletzung des Gleichheitsgrundsatzes durch die Geheimhaltungspflicht und deshalb Entschädigungsverpflichtung.) Hiergegen BGH 4. 5. 1972, Bl. 1972, 380 – Kernenergie – und Kelbel, GRUR 1969, 155, 165–163 unter III, 4. Kelbel wird darin zuzustimmen sein, daß nur die wirtschaftliche Verwertungsmöglichkeit der im übrigen gleich behandelten Situationen beeinträchtigt wird. Es handelt sich um keine Enteignungsmaßnahme; BGH 4. 5. 1972, a. a. O. A. A. Körner, GRUR 1970, 387; er hält die Entschädigung nach § 30 f für unzureichend.

B. Zu berücksichtigende Umstände beim Entschädigungsanspruch

2 Da der Gesetzgeber an der Auffassung festgehalten hat, daß die Anordnung der Geheimhaltung der Erfindung keine Enteignung beinhaltet, geht er davon aus, daß der Erfinder ein gewisses Maß von Schaden wegen der im Interesse der Allgemeinheit notwendigen Geheimhaltung selbst zu tragen hat. Bei Berücksichtigung des darüber hinausgehenden Schadens sollen alle in Betracht kommenden Umstände herangezogen und abgewogen werden. Es soll aber nur der Schaden berücksichtigt werden, den der Anmelder dadurch erlitten hat, daß er die Verwertung einer patentfähigen Erfindung für **friedliche** Zwecke unterlassen mußte; nur insoweit erschienen die Interessen des Erfinders schutzwürdig; s. amtl. Begr. a. a. O. Unterstellung der Verwertungsmöglichkeit genügt nicht, es müssen vielmehr konkrete Veranstaltungen zwecks Verwertung getroffen sein; Kelbel, GRUR 1969, 155, 163, 164 unter III 5 b.

Der Gesetzgeber verzichtete wegen der Vielfalt der denkbaren Tatbestände darauf, im § 30 f Abs. 1 nähere Bestimmungen darüber zu treffen, wann der dem Erfinder wegen der Geheimhaltung der Erfindung entstandene Schaden ihm nicht mehr zumutbar ist. Beispielsweise werden nur folgende zu berücksichtigende Umstände hervorgehoben: 3

1. die wirtschaftliche Lage des Geschädigten,
2. die Höhe seiner für die Erfindung oder für den Erwerb der Rechte an der Erfindung gemachten Aufwendungen,
3. der bei der Entstehung der Aufwendungen für ihn erkennbare Grad der Wahrscheinlichkeit einer Geheimhaltungsbedürftigkeit der Erfindung und
4. der Nutzen, der dem Geschädigten aus einer sonstigen Verwertung zufließt.

Die Berücksichtigung des dritten Umstandes bei der Bestimmung der Zumutbarkeit des Schadens erscheint recht problematisch. Sie könnte von einem Erfinder als Warnung aufgefaßt werden, seine Aufwendungen zu hoch zu machen. Das ist eine gewisse Abschreckung, auf solchen Gebieten erfinderisch tätig zu sein, und widerspricht ganz allgemein dem eigentlichen Zweck des Patentgesetzes. In gleichem Sinn Neumar in Reimer § 30 f Anm. 8 und Kelbel, GRUR 1969, 155, 165 l. Sp.; vgl. ferner Ballhaus in Benkard § 30 f Anm. 12.

Je nach Sachlage sind bei Beurteilung der Zumutbarkeit weitere Gesichtspunkte heranzuziehen.

C. Zeitpunkt der Geltendmachung der Entschädigung

Der Anspruch auf Entschädigung kann erst nach Patenterteilung geltend gemacht werden; § 30 f Abs. 1 Satz 3. Das setzt also voraus, daß ein Prüfungsantrag gem. § 28 b Abs. 1 gestellt war. Denn weder der zuständigen obersten Bundesbehörde noch den Gerichten soll zugemutet werden, bei der Beurteilung von Entschädigungsansprüchen die Patentfähigkeit der Erfindung selbständig zu prüfen; s. amtl. Begr. a. a. O. Zu einer solchen Prüfung wären diese Stellen auch gar nicht befugt; vgl. § 28 b Abs. 1. 4

D. Nur nachträgliche Geltendmachung und für bestimmt lange Zeitabschnitte

In § 30 f Abs. 1 Satz 4 ist bestimmt, daß nur nachträglich für einen Schaden, der über einen Zeitabschnitt von mindestens einem Jahr entstanden ist, eine Entschädigung verlangt werden kann. Diese Regelung hat der Gesetzgeber insbesondere deshalb getroffen, weil der Festsetzung einer Ent- 5 schädigung für einen erst entstehenden Schaden möglicherweise während der Laufzeit des Patents durch Aufhebung der Geheimhaltungsanordnung jederzeit die Grundlage entzogen werden kann; amtl. Begr., a. a. O. Deshalb soll die Entschädigungsleistung grundsätzlich nur für den jeweils in der Vergangenheit entstandenen Schaden verlangt werden können. Für in der Zukunft entstehenden Schaden ist allerdings eine Feststellungsklage möglich; s. amtl. Begr., a. a. O. Vielfach wird die Entschädigung in Teilbeträgen festzusetzen sein. Die Bestimmung, daß die Entschädigung nur für Zeitabschnitte verlangt werden kann, die nicht kürzer als ein Jahr sind, soll eine zu häufige Inanspruchnahme der zuständigen obersten Bundesbehörde und der Gerichte verhindern.

E. Zuständige Stelle für das Geltendmachen von Entschädigungsansprüchen

6 Ein Anspruch auf Entschädigung ist bei der zuständigen obersten Bundesbehörde geltend zu machen. Dies ist der Bundesminister für Verteidigung; s. § 30 g Satz 1.

Nach Satz 2 steht der Rechtsweg vor den ordentlichen Gerichten offen. Da nach § 51 Abs. 1 und 2 für alle Klagen, durch die ein Anspruch aus einem der im Patentgesetz geregelten Rechtsverhältnisse geltend gemacht wird, ausschließlich bestimmte Landgerichte zuständig sind, ist gem. § 51 Abs. 2 die Patentstreitkammer beim LG Düsseldorf (wegen des Sitzes des Verteidigungsministeriums in Bonn) zuständig. Vor Erhebung einer Klage sollte auf jeden Fall eine gütliche Vereinbarung mit dem Bundesminister der Verteidigung angestrebt werden, obgleich das gesetzlich nicht ausdrücklich vorgeschrieben ist.

§ 30 g

Die Bundesregierung wird ermächtigt, die zuständige oberste Bundesbehörde im Sinne des § 24 Abs. 3 und der §§ 30 a bis 30 f und 36 m Abs. 2 durch Rechtsverordnung zu bestimmen.

Aufgrund der in § 30 g vom Gesetzgeber der Bundesregierung gegebenen Ermächtigung hat diese als zuständige oberste Bundesbehörde i. S. des § 24 Abs. 3 und der §§ 30 a bis 30 f und 36 m Abs. 2 durch Rechtsverordnung vom 24. 5. 1961, Bl. 1961, 210 den Bundesminister für Verteidigung bestimmt.

§ 31

Die Gebühr für die Bekanntmachung (§ 11 Abs. 1) ist innerhalb von zwei Monaten nach Zustellung des Beschlusses über die Bekanntmachung zu zahlen. Wird die Frist versäumt, so muß der tarifmäßige Zuschlag gezahlt werden. Nach Ablauf der zwei Monate gibt das Patentamt dem Patentsucher Nachricht, daß die Anmeldung als zurückgenommen gilt, wenn Gebühr und Zuschlag nicht innerhalb eines Monats nach Zustellung gezahlt werden.

ÜBERSICHT

A. Bekanntmachungsgebühr

1 Die Bekanntmachungsgebühr wurde gesetzlich 1936 eingeführt. Sie ist an die Stelle der ersten und zweiten Jahresgebühr getreten. Die erfolgte Zahlung der Gebühr ist Voraussetzung für die Bekanntmachung; § 11 Abs. 1. Auch für Ausscheidungsanmeldungen ist die Bekanntmachungsgebühr zu zahlen; PA 22. 12. 1959, Bl. 1960, 151. Desgleichen ist für Zusatzpatente die Bekanntmachungsgebühr zu zahlen; das ergibt sich aus § 11 Abs. 1 und 2; vgl. PA 28. 6. 1938, Bl. 1938, 160. Die Gebühr – z. Z. 60 DM – wird mit der Zustellung des Bekanntmachungsbeschlusses **fällig**; § 31 Satz 1. Auch ein Antrag auf Aussetzung der Bekanntmachung gem. § 30 Abs. 4 ändert nichts an der Fälligkeit. Wird aber die Anmeldung vor Ausführung der Bekanntmachung zurückgezogen, wird die Bekanntmachungsgebühr zurückgezahlt; PA 7. 1. 1938, Bl. 1938, 6. »Bedingte« Bekanntmachungsbeschlüsse mit entsprechend verzögertem Fristlauf für die Gebühr sind nicht zu erlassen. Die Bekanntmachungsgebühr ist nicht beitreibbar (vgl. § 11 Anm. 37), ihre Zahlung ist vielmehr vom freien Willen des Pflichtigen abhängig; PA 29. 11. 1928, Bl. 1928, 301. Wegen Fortfalls der Rückzahlung der halben Bekanntmachungsgebühr, wenn die bekanntgemachte Anmeldung nicht zur Patenterteilung führt, vgl. § 35 Anm. 6 (s. dort wegen Ausnahme).

B. Zahlungsfrist

2 Die Zahlungsfrist beträgt zwei Monate nach Fälligkeit. Als gesetzliche Frist ist sie nicht verlängerbar. Für die **Berechnung** der Frist gelten die Bestimmungen der §§ 187 Abs. 1, 188 Abs. 2 und 193 BGB. Also Fristbeginn: der auf die Zustellung folgende Tag, Fristende: mit Ablauf desjenigen Tages des zweiten Monats, welcher der Kennzeichnungszahl des Zustellungstages entspricht; ist der letzte Tag ein Sonntag oder staatlich anerkannter Feiertag (am Empfängnisort), so tritt an dessen Stelle der nächste Werktag. Gem. Ges. betr. Fristablauf am Sonnabend vom 10. 8. 1965, Bl. 1965, 295, wird der Sonnabend beim Ablauf von Fristen und Terminen ebenso behandelt wie ein Sonntag oder Feiertag.

Gegen Versäumnis der Zweimonatsfrist ist **Wiedereinsetzung** in den vorigen Stand gem. § 43 PatG zulässig; PA 13. 12. 1929, Mitt. 1930, 35; BPatG 28. 3. 1962, Bl. 1962, 152, 154.

C. Fristversäumnis-Folgen

3 Bei Fristversäumnis muß zur Gebühr ein tarifmäßiger Zuschlag von z. Z. 10 % gezahlt werden; § 31 Satz 2. Nach Fristablauf wird der Patentsucher vom Patentamt benachrichtigt, daß die Anmeldung als zurückgenommen gilt, wenn Gebühr und Zuschlag nunmehr nicht innerhalb eines Monats nach Zustellung gezahlt werden; § 31 Satz 3. Fristberechnung wie bei der Zweimonatsfrist. Der Versäumniszuschlag wird mit Ablauf der Zweimonatsfrist von selbst fällig; PA 13. 5. 1955, Bl. 1955, 257. Auch gegen Versäumnis der Einmonatsfrist ist Wiedereinsetzung in den vorigen Stand gem. § 43 möglich. Der Einsprechende hat gem. PA 16. 11. 1923, Bl. 1923, 146 kein Recht auf Beteiligung am Wiedereinsetzungsverfahren. Ein Hinausschieben der Benachrichtigung ist nicht möglich, weil dies im Gegensatz zur Regelung in § 11 Abs. 3 (vgl. § 11 Anm. 15) hier nicht im Gesetz vorgesehen ist. Bei Nichtzahlung der 1. Jahresgebühr (jetzt Bekanntmachungsgebühr) greift die Rechtsfolge, daß die Anmeldung als zurückgenommen gilt, auch dann Platz, wenn aus den sonstigen Umständen erhellt, daß der Anmelder die Anmeldung nicht zurücknehmen wollte; PA 29. 4. 1909, Bl. 1909, 181.

D. Stundung der Bekanntmachungsgebühr

4 Nach § 11 Abs. 7 PatG kann im Falle des Nachweises der Bedürftigkeit auch die Bekanntmachungsgebühr (gegebenenfalls mit Zuschlaggebühr) gestundet werden. Zuständig für die Entscheidung ist die Prüfungsstelle. Die

Stundung der Gebühr veranlaßt, daß die Wirkungen der Nichtzahlung gem. § 31 bis zum bewilligten Termin hinausgeschoben werden; PA 17. 3. 1955, Bl. 1955, 296 = Mitt. 1955, 58. Bei gewährter Stundung wird die Anmeldung unabhängig von der Nichtzahlung bekanntgemacht.

Nach Gebührenzahlung ist eine Stundung nicht mehr möglich; PA 17. 3. 1955, a. a. O. Wegen der Möglichkeit wiederholter Stundung von Gebühren z. B. für Flüchtlinge oder Bewohner der DDR beim Vorliegen außergewöhnlicher Umstände, die sie an der rechtzeitigen Zahlung gehindert haben, vgl. § 17 des 6. ÜG, Bl. 1961, 168. Bei Stundung der Bekanntmachungsgebühr über die Patenterteilung hinaus erlischt nach PA 12. 11. 1958, Bl. 1959, 9 das Patent, wenn die Gebühr trotz Nachricht gem. § 11 Abs. 3 Satz 3 nicht gezahlt wird; vgl. hierzu Ballhaus in Benkard § 31 Anm. 8.

E. Geheimpatente

5 Auch bei Patenten, die nach §§ 30 a bis 30 g zu behandeln sind, ist vor Patenterteilung eine Gebühr in Höhe der Bekanntmachungsgebühr zu zahlen; vgl. § 30 e Abs. 2 und die amtl. Begr., Bl. 1961, 148. Die Bekanntmachungsgebühr wird mit Zustellung der Zahlungsaufforderung fällig.

§ 32

(1) Innerhalb von drei Monaten nach der Bekanntmachung kann jeder, im Falle des § 4 Abs. 3 nur der Verletzte, gegen die Erteilung des Patents Einspruch erheben. Der Einspruch ist schriftlich einzureichen und mit Gründen zu versehen. Er kann nur auf die Behauptung gestützt werden, daß der Gegenstand nach den §§ 1, 2 und 4 Abs. 2 nicht patentfähig sei oder daß dem Patentsucher ein Anspruch auf Erteilung des Patents nach § 4 Abs. 3 nicht zustehe. Die Tatsachen, die diese Behauptung rechtfertigen, sind im einzelnen anzugeben. Die Angaben müssen, soweit sie nicht schon in der Einspruchsschrift enthalten sind, bis zum Ablauf der Einspruchsfrist schriftlich nachgebracht werden.

(2) Sobald Einspruch erhoben wird, geht das weitere Verfahren einschließlich der Beschlußfassung über die Erteilung des Patents von der Prüfungsstelle auf die Patentabteilung über.

(3) Wird kein Einspruch erhoben, so hat die Prüfungsstelle nach Ablauf der Frist über die Erteilung des Patents Beschluß zu fassen.

ÜBERSICHT

A. Der Einspruch

I. Bedeutung des Einspruchs (Gesetzeszweck)

1 Durch das Aufgebot und die Möglichkeit des Einspruchs gegen die Patenterteilung soll der Allgemeinheit, insbesondere den Mitbewerbern des Anmelders, Gelegenheit gegeben werden, ihr Interesse an der Verhinderung einer unberechtigten Einschränkung der Gewerbefreiheit durch nicht stichhaltige Patente in einem verhältnismäßig einfachen und billigen Verfahren geltend zu machen. Würde das Institut des Einspruchsverfahrens fortfallen, würden die Streitigkeiten über die Rechtmäßigkeit des Patents bald nach Patenterteilung in dem umständlicheren und kostspieligeren Nichtigkeitsverfahren ausgefochten werden; vgl. Ber. Präs., Ergänzungsband zum Bl. 1901, 185 und BPatG 20. 12. 1965, E 8, 23, 26. Gleicher Meinung Benkard PatG, § 32 Anm. 2, Bernhardt, Lehrbuch, 2. Aufl. S. 251, Busse, § 32 Anm. 2, Klauer/Möhring, § 32 Anm. 1, Lutter, § 32 Anm. 1, Reimer, PatG § 32 Anm. 1, Tetzner, PatG 2. Aufl. § 32 Anm. 1; ebenso Haertel, GRUR Int. 1970, 95, 99 l. Sp. W. Müller hat im Zusammenhang mit den Beratungen über das Patentänderungsgesetz Abschaffung des Einspruchsverfahrens angeregt, GRUR 1965, 450/55, vgl. 455. Hegel hat demgegenüber Abschaffung des Nichtigkeitsverfahrens und der Einspruchsfrist vorgeschlagen; Mitt. 1965, 201/05. Abschaffung der Einspruchsfrist wurde von Puls, Mitt. 1958, 127 angeregt; ebenso Völp, GRUR 1959, 260, 264. Für Verlängerung der Einspruchsfrist ist Redies eingetreten; GRUR 1966, 231, 235.

II. Rechtsnatur, Stellung des Einsprechenden

Durch das Einspruchsverfahren wird kein gesondertes Verfahren eingeleitet, sondern das Erteilungsverfahren wird unter Beteiligung der Einsprechenden fortgesetzt; so auch BGH 29. 4. 1969, GRUR 1969, 562, 563 – Appreturmittel; BPatG 23. 1. 1964, E 5, 16, 20 und Ballhaus, Mitt 1962, 222 r. Sp., der mit Recht darauf hinweist, daß das Erteilungsverfahren ein einheitliches, rechtlich unteilbares Verfahren ist. Das **Einspruchsverfahren** ist demnach nur **ein Verfahrensabschnitt unter Beteiligung Dritter.** Vgl. auch BGH 18. 2. 1965, GRUR 1965, 416, 417 r. Sp. – Schweißelektrode, letzter Absatz (besonderer Abschnitt im Patenterteilungsverfahren). Es ist **ein quasi-kontradiktorisches Verfahren;** BGH 28. 4. 1966, GRUR 1966, 583, 584 – Abtastverfahren; abweichend BGH 28. 11. 1961, E 1, 233, 236 = Bl. 1962, 56, 57 r. Sp. unter b = GRUR 1962, 273 – Beschwerdekosten. Das Verfahren entspricht wesensmäßig dem Streitverfahren vor Gericht, PA 9. 1. 1954, GRUR 1954, 118, 119 = Bl. 1954, 49, 50 l. Sp. 2. Abs. 2

Der Einsprechende begründet mit seinem Einspruch ein prozessuales Verhältnis zur Erteilungsbehörde und zum Anmelder; BPatG 2. 12. 1970, E 12, 153, 155. 3

Die **Stellung des Einsprechenden** ist die eines Verfahrensbeteiligten i. S. DPAVO 1968 § 14. Die frühere Auffassung (PA 18. 10. 1932, Bl. 1932, 245), der Einsprechende sei Gehilfe des Prüfers, ist überholt. Die Auffassung, welche dem Einsprechenden völlig die Stellung einer Partei zuerkennt (PA 30. 4. 1954, Bl. 1954, 260), dürfte etwas zu weit gehen; vgl. hierzu auch BPatG 23. 4. 1968, E 10, 155, 157 und bei der Verfahrenshandhabung Anm. 24. Wer frist- und formgerecht Einspruch erhoben hat, erlangt damit eine **besondere Rechtsstellung,** die als »Recht« i. S. § 35 VGG anzusehen ist; BGH 18. 2. 1965, GRUR 1965, 416, 417, 418 r. Sp. – Schweißelektrode. Ebenso schon BPatG 20. 2. 1963, E 3, 119, 125, 126 = Bl. 1963, 170. Zwischen mehreren Einsprechenden besteht kein Prozeßrechtsverhältnis nach Art der Streitgenossenschaft (§§ 59 ff. ZPO), selbst dann nicht, wenn der Einspruch in der gleichen Eingabe erhoben worden ist; 4. Aufl. dieses Kommentars; ebenso BPatG 2. 10. 1970, E 12, 158, 160 = Bl. 1971, 188; BPatG 29. 4. 1971, E 12, 163, 165. Ausnahmsweise besteht Streitgenossenschaft z. B. im Fall, daß mehrere Miterfinder wegen widerrechtlicher Entnahme einsprechen oder daß mehrere Einsprechende eine Erbengemeinschaft bilden; BPatG 2. 10. 1970, a. a. O., 161. Wegen des Umfangs der Beteiligung am Verfahren vgl. Anm. 33 ff.

III. Einspruchsberechtigung

1. Allgemeines

4 Den Einspruch kann jeder Prozeßfähige, auch eine juristische Person erheben. Auch nicht rechtsfähige Verbände können Einspruch einlegen; PA (ohne Datum), Mitt. 1917, 51. Wegen Nachreichung der Genehmigung des gesetzlichen Vertreters bei Einspruchеinlegung durch eine nicht prozeßfähige Person vgl. PA 5. 9. 1925, Mitt. 1929, 47. Nur bei Einsprüchen wegen widerrechtlicher Entnahme ist allein der Verletzte einspruchsberechtigt. Ein ausgeschiedener Mitanmelder kann nicht widerrechtliche Entnahme geltend machen; PA 18. 1. 1930, Bl. 1930, 258; s. auch PA 17. 12. 1942, Mitt. 1943, 76. Es ist gleichgültig, ob jemand im eigenen Interesse oder als **Strohmann** eines Dritten den Einspruch erhebt; PA 13. 3. 1937, MuW 1937, 319 = Mitt. 1937, 117. Nur die vorgeschobene, nicht die dahinter stehende Person ist am Verfahren beteiligt; PA 7. 1. 1939, Bl. 1939, 5. Wer im Inland weder einen Wohnsitz noch eine gewerbliche Niederlassung hat, muß zur Erhebung des Einspruchs einen Patent- oder Rechtsanwalt bestellen; vgl. § 16. Wegen einer Berichtigung der Bezeichnung des Einsprechenden (Gesellschaft anstelle ihres gesetzlichen Vertreters) s. BPatG 25. 2. 1969, E 10, 138.

Die **exceptio pacti** (hier: vertraglicher Ausschluß der Einspruchserhebung) wird im Einspruchsverfahren nicht anerkannt; PA 23. 5. 1958, Mitt. 1958, 117; PA 2. 11. 1954, Bl. 1954, 439; vgl. evtl. auch PA 9. 2. 1933, MuW 1933 = Mitt. 1933, 101. Der Arbeitgeber kann gegen eine noch nicht freigewordene, vom Arbeitnehmer angemeldete Diensterfindung Einspruch gem. § 4 Abs. 3 PatG erheben; PA 21. 2. 1959, Bl. 1959, 115. Auf die Behauptung, die Anmeldung beruhe auf einer nicht freigewordenen Diensterfindung, können sich als Einspruchsbegründung nur der Arbeitgeber, nicht aber andere, an dessen Schutzrechten beteiligte Personen stützen; BPatG 25. 2. 1969, E 10, 207, 211 ff. (rechtskr.); keine Rolle spielt, ob eine Diensterfindung vorliegt; für die Entscheidung dieser Vorfrage sind die Patentstreitkammern (§ 51) zuständig. Der Einwand der exceptio pacti vermag im Einspruchsverfahren und im Einspruchsbeschwerdeverfahren auch nach Fortfall des § 34 Abs. 3 Satz 2 PatG a. F. nicht durchzugreifen; BPatG 9. 2. 1968, E 10, 18 = Bl. 1969, 131.

Zur Einspruchsberechtigung vgl. auch Einspr. Richtl. Nr. 3 c.

2. Übertragung der Rechtsstellung des Einsprechenden

5 Es ist seit langem allgemein anerkannt, daß die Stellung des Einsprechenden bei einer Gesamtrechtsnachfolge als eine Rechtsbeziehung von vermögensrechtlicher Bedeutung mit auf den Rechtsnachfolger übergeht; BGH 18. 2. 1965, GRUR 1965, 416, 418 l. Sp. oben – Schweißelektrode – mit

Hinweis auf PA 10. 6. 1925, Bl. 1925, 168 und PA 7. 11. 1959, Mitt. 1960, 98. Ebenso BGH 28. 2. 1968, Bl. 1968, 327 = GRUR 1968, 613 – Gelenkkupplung. Vgl. ferner PA 11. 12. 1934, Mitt. 1937 335. Dies gilt auch im Fall der **Einzelrechtsnachfolge** bei Übertragung des Geschäftsbetriebs, in dessen Interesse der Einspruch erhoben worden ist; PA 10. 6. 1925, Bl. 1925, 168. In formeller Beziehung ist beim Übergang unter Lebenden die Zustimmung des bisherigen Einsprechenden zur Übernahme seiner Position durch den Erwerber erforderlich.

3. Konkurs oder Tod des Einsprechenden

Daß die Erhebung des Einspruchs ein selbständiges, der Zwangsvoll- 6
streckung unterliegendes Vermögensrecht schafft, verneint das Schrifttum, Kisch S. 363, Wohlgemuth GRUR 1925, 176. Vgl. auch RG 27. 9. 1933, RGZ 141, 427 = Mitt. 1933, 289. Beim Wegfall eines Einsprechenden, der nur von einem Dritten vorgeschoben war, tritt dieser nicht an die Stelle des Weggefallenen; PA 7. 1. 1939, Bl. 1939, 5. Die Vorschriften der ZPO (§§ 239 ff.) und KO (§§ 10, 11) über Unterbrechung und Aufnahme des Verfahrens finden keine entsprechende Anwendung; ebenso Reimer § 32 Anm. 29.

IV. Einspruchsfrist

Nach § 32 Abs. 1 Satz 1 beträgt die Einspruchsfrist ab 1. 1. 1955 drei Mo- 7
nate (vordem vier Monate). Sie beginnt in Anwendung von § 187 Abs. 1 BGB mit dem Tag nach der Bekanntmachung und endet entsprechend den Bestimmungen des § 188 Abs. 2 BGB (hier: mit Ablauf des Tages des dritten Monats, der durch seine Zahl dem Bekanntmachungstag entspricht). Fehlt der errechnete Ablauftag in dem betreffenden Monat, so gilt der letzte Tag dieses Monats; § 188 Abs. 3 BGB. Fällt der letzte Fristtag auf einen Sonn- oder Feiertag oder einen Sonnabend, so tritt an seine Stelle der nachfolgende Wochentag; § 193 BGB. Wegen der geltenden gesetzlichen Feiertage vgl. Mitt. Präs. 9. 5. 1950, Bl. 1950, 134 und 28. 5. 1954, Bl. 1954, 205. Gemäß § 43 Abs. 1 Satz 2 ist bei Versäumnis der Frist eine Wiedereinsetzung in den vorigen Stand nicht möglich.

Innerhalb der Einspruchsfrist ist der Einspruch zu begründen; § 32 Abs. 1 Satz 2. Durch die Begründungspflicht soll ein Mißbrauch des Einspruchsrechts und eine Verschleppung des Verfahrens verhindert werden; das schließt aber ein Nachbringen weiteren Einspruchsmaterials nicht aus; BPatG 25. 7. 1962, E 2, 195, 196. Vgl. auch Anm. 25, 28, 39. Wegen § 27 Satz 2 n. F. wird BPatG 1. 8. 1962, E 2, 52 (betr. Einspruchsbegründung auch mit im Prioritätsintervall liegenden Material, falls keine Prioritätsbelege vorliegen) kaum noch praktische Bedeutung haben.

8 Gelangt ein zulässiger, also rechtzeitig eingelegter Einspruch erst nach Zustellung des Erteilungsbeschlusses zu den Akten, so ist der Erteilungsbeschluß nicht rechtskräftig geworden und der Einsprechende ist auf das ihm zustehende Beschwerderecht hinzuweisen; PA 5. 12. 1934, Mitt. 1935, 160; PA 17. 6. 1937, Mitt. 1937, 212 und Präs. 26. 2. 1936, Mitt. 1936, 204.

Eingaben Dritter, die als Einspruch bezeichnet sind und vor der Bekanntmachung der betreffenden Anmeldung eingehen, wurden bisher mit dem Bemerken zurückgegeben, daß sich eine bekanntgemachte Anmeldung mit diesem Aktenzeichen nicht habe ermitteln lassen; es wurde anheimgestellt, die Veröffentlichungen im Patentblatt zu verfolgen. Nach der **neuen gesetzlichen Regelung** sollte mitgeteilt werden, daß die Anmeldung bisher nur offengelegt, ein Prüfungsantrag aber bisher nicht gestellt sei. Soweit das vorgetragene Material vorveröffentlichte Druckschriften und ältere Rechte betreffe, sei es amtsseitig entsprechend § 28 a Abs. 3 Satz 3 vorgemerkt, s. Anm. 48.

V. Einspruchsform

9 Nach § 32 Abs. 1 Satz 2 ist der **Einspruch schriftlich** einzureichen. Der Dritte muß erklären, daß er der Patenterteilung widerspricht. Der Einspruchsschriftsatz muß **handschriftlich unterschrieben** sein; BGH 27. 4. 1967, GRUR 1967, 586 = 1967, 225 – Rohrhalterung; vgl. auch BGH 13. 5. 1965, GRUR 1966, 50, 51 – Hinterachse. Eine Paraphe (abgekürzter Namenszug) genügt nicht zur Unterzeichnung; BGH 13. 7. 1967, GRUR 1968, 108 = Bl. 1968, 133 – Paraphe. Vgl. auch BPatG 26. 1. 1972, E 13, 198. Falls vor Ablauf der Einspruchsfrist möglich, sollte (ohne gesetzliche Verpflichtung) auf einen Mangel in der Unterschrift hingewiesen werden; so auch Einsp. Richtl. Nr. 3 b. Für einen 1964 eingelegten Einspruch gilt das Erfordernis der damaligen Amtsübung; BPatG 17. 11. 1969, E 11, 60. Er muß in **deutscher Sprache** abgefaßt sein und bis zum Ende der Einspruchsfrist vorliegen; PA 13. 5. 1930, Mitt. 1930, 136. Einlegen durch **Fernschreiben** ist zulässig; PA 1. 2. 1954, GRUR 1954, 270 = Bl. 1954, 99. Voraussetzung ist aber, daß die Anforderungen an die Begründung im Fernschreiben oder innerhalb der Einspruchsfrist erfüllt werden; BPatG 30. 6. 1970, Mitt. 1970, 233; PA 1. 2. 1954, a. a. O.; PA 12. 10. 1956, Bl. 1956, 375. Ein kurzer Hinweis auf die Patentschrift genügt nur, wenn diese kurz und übersichtlich ist und wenn der Vergleich mit dem Anmeldungsgegenstand keine besonderen Erwägungen erfordert; PA 23. 10. 1935, Mitt. 1935, 422. Im einzelnen s. Anm. 15. Das gleiche gilt bei **telegrafischer Einspruchserhebung;** PA 1. 2. 1954, a. a. O.; vgl. auch BGH 27. 4. 1967, GRUR 1967, 586 – Rohrhalterung. Die Anforderungen in PA 5. 3. 1934, Mitt. 1934, 143 sind unzureichend, denn die tatsächlichen Angaben müssen konkret gemacht werden. Wenn des Erfordernisses der **Unterschrift** bei

telegrafischer oder fernschriftlicher Einspruchserhebung vgl. BGH 27. 4. 1967, a. a. O. Wird hierbei auch vom Erfordernis der Eigenhändigkeit der Unterschrift abgesehen, so bedeutet dies doch nicht, daß das Schriftstück, das die Rechtsmitteleinlegung enthält, überhaupt nicht unterzeichnet zu sein braucht. Vielmehr muß sich aus dem Ankunftstelegramm bzw. dem Fernschreiben der Name der handelnden natürlichen Person ergeben, die für die Rechtsmittelschrift verantwortlich zeichnet (BVerwG in NJW 1956, 605); BGH 27. 4. 1967, a. a. O., 588. Die telegrafische oder fernschriftliche Einlegung eines Rechtsmittels befreit nicht von dem Erfordernis der Unterschrift, sie entbindet nur davon, daß die Unterschrift eigenhändig gezeichnet sein muß; BGH 28. 10. 1965, GRUR 1966, 280 – Stromrichter. Eine Unterzeichnung mit dem bloßen Firmenkurzwort genügt nicht; BGH 28. 10. 1965, a. a. O., 281. Ist ein Fernschreiben nicht mit dem Namen der Firma, sondern nur mit dem Namen der vertretungsberechtigten natürlichen Person unterschrieben, so ist ein Rechtsmittel dennoch zulässig, wenn jeder Zweifel an der Person des Rechtsmittelführers ausgeschlossen ist; BPatG 17. 11. 1969, E 11, 60, 62 mit Hinweis auf BGH 16. 7. 1965, GRUR 1966, 107 = Bl. 1965, 314 – Patentrolleneintrag. Wegen der grundsätzlichen Voraussetzungen für die Abgabe telegrafischer oder fernschriftlicher Willenserklärungen vgl. auch BPatG 21. 12. 1970, E 12, 81, 84, 85. Fotokopierte Unterschriften u. dgl. genügen nicht; BGH 29. 5. 1962, GRUR 1962, 453, 455. Vgl. auch in § 26 Anm. 2 und §§ 28 b/29 Anm. 37 und § 36 l Anm. 13–15. Die frühere patentamtliche Praxis (vgl. z. B. PA 28. 1. 1930, Mitt. 1930, 58; 1. 12. 1931, Mitt. 1932, 61; 6. 3. 1934, Mitt. 1934, 111) ist damit hinfällig.

Der Einspruchsschriftsatz muß auch den sich auf das begründete Einspruchsvorbringen (s. Anm. 10–22) stützenden **Antrag** auf Versagung des nachgesuchten Patents in vollem bzw. teilweisem Umfang enthalten. Gegebenenfalls kann auch sofort Antrag auf Anhörung (mündliche Verhandlung) – s. § 33 Anm. 2 – und auf Kostenauferlegung – s. § 33 Anm. 16 – gestellt werden.

Hat der Einsprechende einen Vertreter, muß dessen Vollmacht vorgelegt werden. Ein Einsprechender, der im Inland weder Wohnsitz noch Niederlassung hat, muß gem. § 16 einen Patentanwalt oder Rechtsanwalt zur Vertretung bestellen.

Die Einspruchsgebühr wurde durch das Vierte Überleitungsgesetz ab 1. 1. 1955 aufgehoben.

VI. Einspruchsgründe

10 In § 32 Abs. 1 Satz 3 sind folgende Einspruchsgründe als zulässig angeführt:

1. Der beanspruchte Gegenstand ist nach den §§ 1 und 2 nicht patentfähig, d. h. ihm fehlt die Erfindungseigenschaft. Im einzelnen kann der Einspruch auf die Behauptungen gestützt werden, das Patentbegehren beinhalte **keine Lehre für technisches Handeln,** es sei keine fertige Erfindung, der beanspruchte Erfindungsgegenstand sei in den **ursprünglichen Unterlagen nicht oder nicht in vollem Umfang offenbart,** der beanspruchte Erfindungsgegenstand sei **nicht ausführbar** oder es fehle ihm die **gewerbliche Verwertbarkeit,** die Verwertung der Erfindung würde den Gesetzen oder guten Sitten zuwiderlaufen oder aber – und das sind die hauptsächlich vorgetragenen Einwendungen – dem Erfindungsgegenstand ermangele es an **Neuheit, Fortschrittlichkeit und Erfindungshöhe.**
2. Dem beanspruchten Gegenstand stehe auf Grund des § 4 Abs. 2 ganz oder teilweise ein **älteres Recht** entgegen. Der Einspruch kann auch schon auf Grund einer vorliegenden älteren Anmeldung erhoben werden.
3. Der beanspruchte Gegenstand sei i. S. von § 4 Abs. 3 dem Einsprechenden ohne dessen Einwilligung in wesentlichem Umfang entnommen **(widerrechtliche Entnahme).**

11 Bisher wurde in der Praxis die Behauptung, die Anmeldung sei **unzulässig erweitert** worden, nicht als zulässiger Einspruchsgrund anerkannt; PA 22. 10. 1930, Mitt. 1930, 255; mit Recht dagegen Zeller, Mitt. 1941, 165, dem Reimer, § 32, Anm. 3 zustimmt. Da nunmehr nach § 26 Abs. 5 Satz 2 n. F. **aus unzulässigen Erweiterungen Rechte nicht mehr hergeleitet werden können,** muß auch die Zulässigkeit der einspruchsweise vorgetragenen Behauptung, die Anmeldung sei unzulässig erweitert worden, anerkannt werden. Der Einwand ist unter »Nichtpatentfähigkeit« (mangelnde Offenbarung) einzuordnen. Ganz abgesehen davon muß auch im Einspruchsverfahren **von Amts wegen die Priorität nachgeprüft werden;** vgl. hierzu im einzelnen Anm. 32 und auch § 13 Anm. 12 und § 27 Anm. 17. Auf die Prüfung, ob für das geltend gemachte Patentbegehren der richtige Anmeldetag zugrunde gelegt ist, hatte der Anmelder immer schon ein Anrecht, falls in dem fraglichen Intervall patenthinderndes Material geltend gemacht war; PA 27. 10. 1934, Mitt. 1934, 377.

Der Einwand mangelnder Einheitlichkeit wird als Einspruchsgrund nicht anerkannt; PA 28. 10. 1936, Mitt. 1936, 411; BPatG 18. 2. 1972, E 13, 167, 170. Ein Hinweis, daß bestimmte Anmeldungsteile wegen Nichteinheitlichkeit in Anbetracht einer Ausscheidungserklärung als ausgeschieden anzusehen seien, bleibt aber unbenommen; BPatG 18. 2. 1972, a. a. O.

VII. **Einspruchsänderung** (Wechsel der Einspruchskategorie)

Da nach § 32 Abs. 1 Satz 4 und 5 die tatsächlichen Angaben, die die einspruchsweise vorgetragenen Behauptungen rechtfertigen, **spätestens bis zum Ablauf der Einspruchsfrist** schriftlich vorgetragen sein müssen, ist nach Ablauf der Einspruchsfrist der Übergang von einer Einspruchskategorie auf eine andere nicht möglich; d. h. der Einspruch kann nachträglich nicht auf ein älteres Recht oder widerrechtliche Entnahme gestützt werden, wenn ursprünglich nur aus den §§ 1 und 2 eingesprochen wurde; vgl. hierzu PA 9. 12. 1933, GRUR 1934, 112; PA in M 110 202 X/34 l, Mitt. 1933, 182; PA 23. 3. 1934, Mitt. 1934, 176. In PA 23. 10. 1935, Mitt. 1935, 422 ist es offengelassen, ob der Übergang von behauptetem Neuheitsmangel auf die Behauptung mangelnden Fortschritts als Wechsel des Einspruchsgrundes anzusehen ist. Früher (PA 27. 10. 1930, Mitt. 1930, 347) wurde der Wechsel nicht als zulässig angesehen; dagegen Trüstedt in Reimer § 32 Anm. 15 m. Hinw. **Nachgebrachtes Material ist aber von Amts wegen zu berücksichtigen,** nur hat der Einsprechende grundsätzlich kein Anrecht, an der Erörterung dieses Materials beteiligt zu werden, so daß einer bewußten Verzögerung des Verfahrens durch stufenweise nachgebrachtes Material vorgebeugt ist. Die neue Bestimmung in § 28 a Abs. 3 Satz 3, daß **jedermann berechtigt ist, dem Patentamt Druckschriften anzugeben,** die der Erteilung eines Patents entgegenstehen könnten, gilt selbstverständlich auch für den Einsprechenden. 12

Wegen der Handhabung bei verspätet vorgebrachter Behauptung offenkundiger Vorbenutzung vgl. Anm. 13.

VIII. Einspruchsbegründung

1. Allgemeines

Die Begründung des Einspruchs hat innerhalb der Einspruchsfrist zu erfolgen. Die Anforderungen an die Begründung werden vom Einzelfall abhängen. Grundsätzlich sind unter **»Gründe«** i. S. des § 32 Abs. 1 **bestimmte Tatsachen** zu verstehen, die so weit spezialisiert und so vollständig sein müssen, daß das Patentamt schon auf Grund derselben prüfen kann, ob die angeführten Tatsachen im Falle ihres Beweises zur Versagung des angemeldeten Patents ausreichen. Kurz gesagt, die zur Begründung gemachten Angaben müssen auf ihre Richtigkeit nachgeprüft werden können. Der Einspruch ist i. S. des § 32 nur dann ausreichend begründet, wenn u. a. die Tatsachen angegeben sind, die die Behauptung rechtfertigen sollen, der angegriffene Gegenstand sei nach §§ 1 und 2 PatG nicht patentfähig; BGH 23. 2. 1972, Bl. 1972, 173, 174 = GRUR 1972, 592 – Sortiergerät; BPatG 13

21. 1. 1963, E 3, 167, 168; BPatG 30. 6. 1970, Mitt. 1970, 233; BPatG 28. 2. 1968, E 10, 21; PA 3. 1. 1935, GRUR 1935, 369. Es ist nicht möglich, einem Einspruch erst durch eine nach Ablauf der Einspruchsfrist ausreichende Substantiierung **nachträglich** zu seiner rechtlichen Wirksamkeit zu verhelfen; BPatG 28. 5. 1969, E 10, 218, 223. Die zur Begründung angeführten Tatsachen müssen einen bestimmten Tatbestand erkennen und sich auf ihre Richtigkeit nachprüfen lassen; BPatG 6. 6. 1967, E 9, 185, 187.

Wenn auch **Beweismittel** für den Nachweis der Richtigkeit aufgestellter Behauptungen noch später benannt werden können (vgl. z. B. PA 14. 7. 1953, Bl. 1953, 340), so bedeutet das nicht, daß die Behauptungen selbst, soweit ein Beweisantritt für sie vorliegt, nicht schon **während der Einspruchsfrist genügend substantiiert** vorgetragen sein müssen. Wird z. B. offenkundige Vorbenutzung auf Grund einer bestimmten Zeichnung behauptet, so muß die betreffende Zeichnung innerhalb der Einspruchsfrist vorgelegt werden, die Angabe der Zeichnungsnummer genügt nicht; PA 12. 10. 1956, Bl. 1956, 375.

Kohler, GRUR 1970, 53 will die verspätet vorgebrachte Behauptung offenkundiger Vorbenutzung grundsätzlich nicht berücksichtigt haben. Dem ist dann zuzustimmen, wenn das verspätete Vorbringen eine andere Einspruchskategorie (s. Anm. 12) als der rechtzeitig vorgetragene Einspruchsgrund betrifft oder das Vorbringen zu unbestimmt ist (s. Anm. 39) oder bei sorgfältiger Geschäftsführung schon früher bekannt sein konnte.

Die Prüfungsstelle (jetzt: Patentabteilung) ist nicht verpflichtet, die Einsprechende zum rechtzeitigen Nachbringen von Belegen für bloße Behauptungen im Einspruchsschriftsatz aufzufordern, besonders wenn hierzu keine ausreichende Zeit zur Verfügung steht; PA 5. 8. 1957, Mitt. 1957, 238. Vgl. auch früher PA 16. 11. 1933, Mitt. 1934, 82.

Die Frage, ob ein Einspruch i. S. des § 32 begründet und daher zulässig ist, ist streng von der Prüfung der Frage zu trennen, ob das Einspruchsvorbringen sachlich durchgreift; PA 2. 3. 1954, GRUR 1954, 399 = Bl. 1955, 62. Siehe auch Anm. 28, 29.

2. Bestreiten ausreichender Offenbarung, gewerblicher Verwertbarkeit und dgl.

14 Der begründete und rechtzeitige Einwand **mangelnder Offenbarung** einer eindeutigen und klaren Regel zum technischen Handeln kann auch für sich allein betrachtet als zulässiger Einspruchsgrund aus § 1 PatG zu werten sein; PA 22. 6. 1939, Mitt. 1939, 211, 213. Die Behauptung, daß keine Erfindung offenbart sei, muß durch auf ihre Richtigkeit nachprüfbare tatsächliche Angaben begründet sein; PA 9. 4. 1930, Mitt. 1930, 137. Im Einspruchsverfahren kann auch jederzeit eingewendet werden, daß ein bestimmtes, beanspruchtes Merkmal oder die beanspruchte Lehre ursprünglich

nicht offenbart war; vgl. z. B. PA 11. 9. 1933, Bl. 1933, 233; PA 22. 11. 1934, Mitt. 1934, 374; PA 27. 10. 1934, Mitt. 1934, 377.

Die Behauptung mangelnder **gewerblicher Verwertbarkeit** wegen Unausführbarkeit muß ernst gemeint und entsprechend begründet sein; PA 20. 1. 1936, Mitt. 1936, 119.

3. Bestreiten der Neuheit auf Grund von Vorveröffentlichungen

Die alleinige Angabe der Nummer einer Patentschrift ist nur ausreichend, 15
wenn die enge technische Beziehung mit dem Patentbegehren ohne weiteres erkennbar ist; PA 2. 3. 1954, GRUR 1954, 399 = Bl. 1955, 64. Dagegen sind **nähere Angaben** im Falle einer umfangreicheren Schrifttumsstelle mit zahlreichen Abbildungen erforderlich; PA 1. 2. 1954, Bl. 1954, 99 und PA 7. 2. 1955, Mitt. 1955, 32; BPatG 28. 2. 1968, E 10, 21, 23. Die listenmäßige Entgegenhaltung zahlreicher Literaturstellen ohne Erläuterung begründet in der Regel keinen zulässigen Einspruch; PA 4. 6. 1954, Bl. 1954, 274; BPatG 28. 2. 1968, Mitt. 1968, 212 = E 10, 21; BGH 23. 2. 1972, Bl. 1972, 173 = Mitt. 1972, 118 – Einspruchsbegründung. Der Hinweis auf die in der Auslegeschrift genannten »in Betracht gezogenen Patentschriften« genügt nicht; es muß näher angegeben werden, weshalb diese Druckschriften der Patenterteilung entgegenstehen sollen; PA 20. 3. 1957, Bl. 1957, 149. Kann der Anmeldungsgegenstand nur auf Grund besonderer Erwägungen mit den Vorveröffentlichungen verglichen werden, so bilden diese vom Einsprechenden anzustellenden Erwägungen einen wesentlichen Teil der Gründe des Einspruchs; PA 11. 6. 1917, Bl. 1917, 87; PA 3. 2. 1932, Bl. 1932, 39; PA 23. 10. 1935, Mitt. 1935, 422; PA 12. 11. 1937, Mitt. 1937, 382; PA 4. 6. 1954, Bl. 1954, 274. Die Anforderungen an die Begründungspflicht gelten in gleicher Weise auch für **telegrafische oder mittels Fernschreiben erhobene Einsprüche**; PA 1. 2. 1954, Bl. 1954, 99; PA 9. 10. 1954, Mitt. 1956, 39.

Wird innerhalb der Einspruchsfrist zum Nachweis druckschriftlicher Vorveröffentlichung eine Werbeschrift vorgelegt mit der Behauptung, diese sei acht bis zehn Jahre alt und sei deshalb mehrere Jahre vor dem Prioritätsdatum erschienen, so kann das Beweismittel für die Richtigkeit der Behauptung nachgebracht werden; PA 14. 7. 1953, Bl. 1953, 340, 341.

Es ist nicht mehr nötig, im Einspruch die Patentschrift auch nach Klasse, Unterklasse und Gruppe zu bezeichnen; Präs. PA 25. 7. 1965, Bl. 1965, 245.

4. Bestreiten der Neuheit auf Grund offenkundiger Vorbenutzung

Wird einspruchsweise offenkundige Vorbenutzung behauptet, so sind aus- 16
reichende sachliche Angaben über den angeblich vorbenutzten Gegenstand (was), die Art der Benutzungshandlung (wie) und den Zeitpunkt (wann)

und Ort der Vorbenutzung (wo) zu machen. Die Behauptungen sind durch Angabe eines oder mehrerer **Zeugen** unter Beweis zu stellen. Die **Zergliederung der Tatsachen** muß derart sein, daß sie einen Schluß auf die Wesensgleichheit der zu vergleichenden Gegenstände zuläßt. Diese Angaben sind innerhalb der Einspruchsfrist zu machen, damit der Einspruch ausreichend begründet ist. Bei Anstellung des Vergleichs sich etwa ergebende Zweifel können dagegen noch nach Ablauf der Einspruchsfrist behoben werden; PA 9. 2. 1934, Bl. 1934, 78. Die offenkundige Vorbenutzung muß so genau dargestellt sein, daß geprüft werden kann, ob der angeblich offenkundig vorbenutzte Gegenstand die Neuheit, den technischen Fortschritt oder die Erfindungshöhe der angegriffenen Patentanmeldung berühren kann, BPatG 21. 1. 1963, E 3, 167, 168 = Bl. 1963, 172. Nach dieser Entscheidung reicht im Regelfall der Vortrag nicht aus, den Gegenstand der angemeldeten Erfindung vorbenutzt zu haben, oder sich zur Kennzeichnung der angeblichen Vorbenutzung auf den oder die Ansprüche der bekanntgemachten Anmeldung zu beziehen; vgl. auch BPatG 1. 12. 1967, E 9, 192, 194. Nach BPatG 18. 3. 1964, E 5, 135 genügt als ausreichende Begründung, wenn die mit dem Anmeldungsgegenstand übereinstimmenden Merkmale des vorbenutzten Gegenstandes beschrieben sowie die Zeichnungsnummer, Datum und Nummer einer Versandanzeige angegeben sind. In der Regel sollte aber die Zeichnung innerhalb der Einspruchsfrist vorgelegt werden, wie PA 12. 10. 1956, Bl. 1956, 375 fordert. Alleinige Vorlage der den Gegenstand der behaupteten offenkundigen Vorbenutzung darstellenden Schemazeichnung genügt nicht; den Zeichnungen und den dazugehörigen Erläuterungen müssen alle zur Kennzeichnung der gemeinsamen Konstruktion notwendigen Einzelheiten zu entnehmen sein; BPatG 28. 5. 1969, E 10, 218, 221 ff. Ferner gehören dazu Angaben, inwiefern der Tatbestand Dritten zur Kenntnis gebracht und wann, wo und wie die Vorbenutzung offenkundig geworden ist; BPatG 28. 5. 1969, a. a. O.

17 **Einzelne Entscheidungen:** Es sind Tatsachen anzugeben, welche die Vorbenutzung darlegen und einen Schluß auf die Offenkundigkeit rechtfertigen; PA 10. 5. 1951, GRUR 1951, 455; PA 3. 11. 1931, Mitt. 1932, 220; BPatG 1. 12. 1967, E 9, 192, 194. Aus den Angaben muß erkennbar sein, daß bezüglich der Offenkundigkeit objektiv die – nicht zu entfernte – Möglichkeit eröffnet wurde, daß beliebige andere Sachverständige vor dem Prioritätszeitpunkt von der Erfindung Kenntnis erlangen konnten; BGH 25. 11. 1965, GRUR 1966, 484, 486 r. Sp. – Pfennigabsatz. Die Angaben müssen so genügend bestimmt und ausreichend zergliedert sein, daß man auf die Wesensgleichheit schließen kann. Wird ein ein allgemeines Konstruktionsprinzip enthaltender Hauptanspruch mit der Behauptung offenkundiger Vorbenutzung angegriffen, so sollen nach PA 19. 2. 1955, Bl. 1955, 150 – obwohl auch die Patentfähigkeit der Unteransprüche bestritten wird – unter Bezugnahme auf den Hauptanspruch allgemeine Ausführungen in der

Begründung genügen. Diese Handhabung dürfte nur ausnahmsweise zulässig sein. Durch die Benennung eines Zeugen wird die behauptete offenkundige Vorbenutzung unter Beweis gestellt; PA 26. 11. 1933, Mitt. 1933, 103. Die bloße Benennung eines Zeugen mit ganz allgemeinen Angaben genügt aber nicht; PA 21. 10. 1924, Mitt. 1926, 32; PA 29. 10. 1932, Mitt. 1932, 307; PA in H 130 007 I/46 c, Mitt. 1933, 182; PA 22. 12. 1920, Mitt. 1921, 92. In PA 6. 6. 1934, Mitt. 1934, 212 ist auf die erhöhten Anforderungen an die Zergliederung seit PA 1. 3. 1934, Mitt. 1934, 104 hingewiesen; vgl. auch PA 25. 9. 1931, Bl. 1931, 216. Wegen des Nachweises offenkundiger Vorbenutzung eines Verfahrens durch Lieferung eines nach dem Verfahren hergestellten Gegenstandes vgl. PA 26. 9. 1936, MuW 1936, 468 und PA 24. 5. 1937, Mitt. 1938, 173. Vgl. in diesem Zusammenhang RG 19. 2. 1927, Bl. 1927, 109 und BGH 18. 10. 1955, NJW 1956, 302. Bei Bezugnahme auf Lieferungen genügen ungenaue Angaben (»seit Jahren«, bzw. »an viele Firmen«) nicht; BPatG 1. 12. 1967, E 9, 192, 194, 195. Die **Vorbenutzung im Inland** muß klar hervorgehen; PA 26. 1. 1933, Mitt. 1933, 103; BPatG 1. 12. 1967, E 9, 192, 194, 195. Nach letztgenannter Entscheidung dürfen die Angaben betr. den **Zeitpunkt der Vorbenutzung** nicht unbestimmt sein. Geht aus der Art des gelieferten Gegenstandes, aus den Zeitumständen usw. **ohne weiteres** eine vorbehaltlose Lieferung im Inland hervor, so kann der Einspruch noch als zulässig angesehen werden; die näheren Angaben hierzu können dann nachträglich gemacht werden; PA 30. 3. 1953, Bl. 1953, 182. Eine im anderen Teil Deutschlands mindestens bis 1960 erfolgte Vorbenutzung i. S. § 2 kann entgegengehalten werden; BGH 12. 7. 1968, BB 1968, 1053 = GRUR 1969, 38 – Schwenkverschraubung. Vgl. auch H. Hubbuch, Neuheitsschädliche offenkundige Vorbenutzung, Mitt. 1958, 192/94.

Wegen der Erfüllung des Tatbestands der offenkundigen Vorbenutzung vgl. im einzelnen die Erläuterungen im § 2 Anm. 18 ff.

5. Bestreiten des technischen Fortschritts

Bei Bestreiten des technischen Fortschritts müssen in der Einspruchsbe- 18
gründung gegen die Annahme eines durch die Erfindung erzielten technischen Fortschritts sprechende beachtliche Erwägungen enthalten sein; PA 26. 7. 1955, Bl. 1955, 327; PA 9. 4. 1930, Mitt. 1930, 137. Die vorgebrachte Behauptung mangelnder Fortschrittlichkeit muß vom Patentamt ohne zeitraubende Analyse der in diesem Zusammenhang genannten Druckschriften nachprüfbar sein; BPatG 30.6. 1970, Mitt. 1970, 233, 234 r. Sp. Die bloße allgemeine Behauptung mangelnder Fortschrittlichkeit genügt nicht; PA 30. 6. 1932, Bl. 1932, 196. Die Ausführungen sollten sich möglichst auf tatsächliche Anhaltspunkte stützen und die daraus zu ziehenden Folgerungen überzeugend darlegen. Dabei kann auch von dem in der Patentschrift zu-

grunde gelegten Stand der Technik ausgegangen werden. Sorgsam zu beachten ist, daß die **Fortschrittlichkeit jeweils nur immer gegenüber einem einzelnen Tatbestand,** wie er z. B. aus einer bestimmten Patentschrift hervorgeht, **beurteilt** werden darf; vgl. § 1 Anm. 37. Wegen der Beweislast für und gegen die fortschrittliche Wirkung im Einspruchsverfahren vgl. PA 26. 1. 1935, Mitt. 1935, 74; s. auch BPatG 3. 11. 1967 Mitt. 1968, 14. Vgl. wegen Beweis- bzw. Darlegungslast §§ 28 b/29 Anm. 34.

6. Bestreiten der Erfindungshöhe

19 Beim Bestreiten der Erfindungshöhe der beanspruchten Maßnahme darf sich die Begründung nicht in belanglosen Redensarten erschöpfen; PA 28. 11. 1933, Mitt. 1933, 330; PA 30. 6. 1932, Bl. 1932, 196; PA 9. 11. 1934, Mitt. 1934, 378. Es ist vielmehr auf geeignete Beweisanzeichen hinzuweisen. Unter Bezugnahme auf tatsächliche Gegebenheiten ist darzulegen, warum für einen Durchschnittsfachmann die Anwendung der beanspruchten Maßnahmen keine schöpferische Tätigkeit erforderte; vgl. hierzu § 1 Anm. 40 ff. Hierbei kann der Stand der Technik herangezogen werden, wie er aus mehreren Patentschriften hervorgeht. Die Gedankengänge der Darlegungen müssen so detailliert sein, daß sie nachprüfbar sind; PA 6. 7. 1932, Mitt. 1932, 283. Die Nachprüfbarkeit ist erst dann erfüllt, wenn angegeben ist, von welchem Stand der Technik ausgegangen worden ist; BPatG 1. 12. 1967, E 9, 192, 195. Vgl. hierzu im einzelnen die Erläuterungen zu § 34 Anm. 7, 8, 9, die sinngemäß gelten. Bei Bezugnahme des Einspruchsvorbringens auf schon in den bekanntgemachten Unterlagen gewürdigten Stand der Technik muß die Begründung besonders sorgfältig sein; PA 12. 12. 1959, Mitt. 1959, 57. Im übrigen vgl. wegen der Anforderungen an die Begründung bei bestrittener Erfindungshöhe noch PA 24. 12. 1932, GRUR 1933, 299; PA 25. 6. 1936, Mitt. 1936, 335.

7. Behauptung des Entgegenstehens eines älteren Rechts

20 Wird einspruchsweise ein älteres Recht ganz oder teilweise entgegengehalten, ist die Patentnummer oder die Nummer der Auslegeschrift anzugeben und näher auszuführen, worin die Identität bestehen soll; vgl hierzu PA 31. 3. 1933, Mitt. 1933, 184; PA 23. 1. 1934, Mitt. 1935, 360; PA 30. 7. 1935, Mitt. 1937, 251. Die Auffassung in letztgenannter Entscheidung wegen der Zurückhaltung der Einspruchsbegründung durch das PA, wenn die betreffende ältere Anmeldung noch nicht bekanntgemacht ist, ist wegen der Offenlegung aller Anmeldungen gem. § 24 Abs. 3 Nr. 2 überholt. Der Einspruch kann sich auch auf eine noch nicht geprüfte Anmeldung stützen; vgl. hierzu PA 17. 10. 1933, Mitt. 1933, 300; PA 14. 4. 1931, GRUR 1931, 630. Die vor der Bekanntmachung erfolgte Beurteilung eines älteren Rechts

durch das BPatG bindet im Einspruchsverfahren weder das DPA noch das BPatG an diese Beurteilung; BGH 23. 2. 1972, Bl. 1972, 267 = GRUR 1972, 538 – Parkeinrichtung.

Ein für nichtig erklärtes Patent verliert seine Eigenschaft als älteres Recht gegenüber einer jüngeren Anmeldung, nicht aber ein z. B. wegen Verzicht erloschenes Patent.

8. Behauptung widerrechtlicher Entnahme

Während des Patenterteilungsverfahrens kann widerrechtliche Entnahme 21 nur durch Einspruchserhebung geltend gemacht werden; ein nachträgliches Eindringen des durch die Entnahme Verletzten in die Stellung des Anmelders ist nicht möglich; BPatG 13. 1. 1967, E 9, 196, 198.

Die Zulässigkeit des auf widerrechtliche Entnahme gestützten Einspruchs setzt Erfüllung des Tatbestands aus § 4 Abs. 3 voraus; s. § 4 Anm. 22 ff.

Ein auf widerrechtliche Entnahme gestützter Einspruch verlangt, daß **das Entnommene eine fertige und patentfähige Erfindung** gewesen ist; vgl. z. B. RG 29. 10. 1906, Bl. 1907, 106; PA 22. 11. 1938, Mitt. 1938, 388 und PA Gr. Sen. 18. 2. 1942, Bl. 1942, 40. Falls also das angegriffene Patentbegehren über das, was entnommen sein soll, hinausgeht, ist zu begründen, daß das Entnommene schon eine fertige und patentfähige Erfindung war und den wesentlichen Inhalt der bekämpften Anmeldung ausmacht; PA 18. 12. 1936, Mitt. 1937, 58. Weiter ist zu begründen, daß die Anmeldung tatsächlich auf dem Erfindungsbesitz des Verletzten beruht. Gegebenenfalls ist auf etwa vorhandenen Schriftwechsel oder mündliche Besprechungen im Zusammenhang mit der Entnahme hinzuweisen. Zweckmäßig ist der Schriftwechsel gleich beizufügen, er kann aber auch nachgereicht werden; PA 5. 4. 1935, Mitt. 1936, 203. Schließlich muß dargelegt werden, daß das Entnommene **ohne Einwilligung** des Erfindungsbesitzers angemeldet wurde. Die Beweismittel (Urkunden, Zeugen o. dgl.) sind anzugeben. Der **Verletzte ist beweispflichtig,** daß er im Besitz einer fertigen Erfindung war, und dafür, daß die Entwendung aus seinen Unterlagen erfolgte.

Der bloße Hinweis auf einen langjährigen Schriftwechsel der Einsprechenden mit der Anmelderin stellt keine für die Zulässigkeit des Einspruchs ausreichende Substantiierung dar; PA 10. 5. 1952, Bl. 1952, 330. Meldet ein Mitberechtigter eine Erfindung ohne Einwilligung der anderen Berechtigten allein an, so liegt keine widerrechtliche Entnahme vor; PA 30. 4. 1927, Bl. 1927, 189.

Ist **das Entnommene für sich eine patentfähige Erfindung** und enthält 22 die Anmeldung außer diesem Teil noch weitere selbständige Bestandteile, so kann die Anmeldung in Anwendung von Art. 4 G Abs. 2 der Lissaboner Fassung PVÜ ausnahmsweise auch nach der Offenlegung geteilt werden (vgl. § 26 Anm. 33–37), wenn sich die Beteiligten nicht einigen. Dem wegen widerrechtlicher Entnahme Einsprechenden steht der entnommene Teil zu, und der in der Anmeldung verbleibende Teil ist im Rahmen der ursprünglichen Gesamtaufgabe auf Patentfähigkeit zu prüfen, sofern das nicht etwa schon erfolgt sein sollte, etwa dann, wenn der eine Anspruch auf ein Verfahren und ein anderer auf eine Vorrichtung zur Durchführung des Verfahrens gerichtet ist.

Haben beide ein und dieselbe Aufgabe lösen wollen, und hat der wegen widerrechtlicher Entnahme Einsprechende zwar einen wesentlichen Gedanken gehabt, aber erst die Hinzufügung des weiteren Gedankens des »Entnehmers« ergab in Gestalt einer **patentrechtlich erheblichen Kombination** die Lösung der Aufgabe und damit die fertige Erfindung, so hat der wegen Entnahme Einsprechende kein Anrecht auf Teilung, weil diese gar nicht möglich ist.

Schließlich ist der Fall denkbar, daß der wegen widerrechtlicher Entnahme Einsprechende zur Lösung einer Aufgabe nur ein dreistufiges Verfahren für brauchbar hielt, der anmeldende »Entnehmer« aber erkannte, daß **zur Lösung der Aufgabe nur zwei der drei Stufen notwendig** sind, und nun sein Patentbegehren darauf richtete. Hier liegt nicht etwa der Unterfall des allgemeinen Erfindungsgedankens in Gestalt einer Unterkombination vor, weil die notwendige Erkenntnis dem Durchschnittsfachmann nicht vermittelt war; vgl. sinngemäß RG 12. 5. 1939, GRUR 1939, 956. Der Einsprechende hat kein Recht auf Übertragung der Erfindung, die er nicht gemacht hat.

Bloße Anregungen erhalten keinen Schutz; RG 26. 4. 1938, GRUR 1938, 424; RG 11. 11. 1938, GRUR 1939, 715, 716 r. Sp. Inwieweit in den beiden letztgenannten Fällen ein **Miterfinderrecht** geltend gemacht werden kann, ist eine andere Frage. Vgl. § 4 Anm. 26.

Wegen der Verfahrenshandhabung bei Geltendmachen widerrechtlicher Entnahme vgl. Anm. 32.

B. Das Verfahren in der ersten Instanz

I. Zuständigkeit

23 Gemäß § 32 Abs. 2 geht, sobald Einspruch erhoben ist, das weitere Verfahren einschließlich der Beschlußfassung über die Erteilung des Patents gemäß § 18 Abs. 1 Nr. 2 von der Prüfungsstelle auf die Patentabteilung über; vgl. § 18 Anm. 1, 7, 9. Diese Regelung gilt seit dem 1.7. 1961 nunmehr wieder ohne Einschränkung. Durch das 6. ÜG vom 6. 3. 1961, Bl. 1961, 124, 139, § 18 Nr. 3 wurde die Verordnung vom 1. 8. 1953, Bl. 1953, 294 = GRUR 1953, 374 aufgehoben; in dieser war bestimmt worden, daß die Bearbeitung der Patentanmeldungen im Einspruchsverfahren von der zuständigen Prüfungsstelle wahrzunehmen war. In der Begrünung zu § 18 (Bl. 1961, 168) ist darauf hingewiesen, daß das Ein-Mann-Verfahren zwar zu einer Entlastung des Patentamts führe, daß aber das von den beteiligten Kreisen gewünschte Kollegialverfahren nicht nur die Qualität der Entscheidungen erhöhe, sondern auch besonders geeignet sei, neu in das Patentamt eintretende Prüfer mit den Besonderheiten des Verfahrens und der Prüfung auf Patentfähigkeit vertraut zu machen. Vgl. hierzu auch Völcker, Entscheidungsrisiken des Einzelrichters und des Kollegialsystems insbesondere bei der Beurteilung von Erfindungen, Mitt. 1970, 201. Auch für nicht mit dem Einspruchsverfahren im Sachzusammenhang stehende Verfahrenshandlungen ist nach Einspruchserhebung die Patentabteilung zuständig; Einsp. Richtl. Nr. 2. Vgl. z. B. BPatG 14. 3. 1972, Mitt. 1972, 175 betr. Patentversagung wegen Nichtvorlage der Vollmacht des Inlandvertreters. Liegt nur ein Einspruch vor, der sich als unzulässig erweist, so ist es nach rechtskräftiger Entscheidung der Unzulässigkeit Sache der Prüfungsstelle, zu prüfen, ob das Material etwa von Amts wegen aufzugreifen ist; s. auch Anm. 29. Die Prüfungsstelle kann diese Entscheidung nicht vorweg nehmen, wie es der Vorschlag von Werner, GRUR 1971, 106 erforderte.

Eine nicht formell als Einspruch anerkannte, außerhalb der Einspruchsfrist eingereichte Eingabe begründet nicht die Zuständigkeit der Patentabteilung; PA 26. 7. 1935, Mitt. 1935, 317.

II. Umfang der Beteiligung der Einsprechenden

Bei Erhebung mehrerer Einsprüche sind **sämtliche Einsprechende** – sofern ihr Einspruch zulässig ist – **Beteiligte des einheitlichen Erteilungsverfahrens und daher auch im Verhältnis zu den anderen Einsprechenden in formeller Hinsicht Beteiligte;** BPatG 23. 1. 1964, E 5, 16, 19, 20 = Bl. 1964, 117. Als Beteiligter im materiellen Sinne wird derjenige angesehen, dessen Rechtsstellung durch die zu erlassende Entscheidung betroffen wird oder doch betroffen werden kann. Der Einsprechende hat nicht nur Anspruch auf Gehör, sondern auch auf die Berücksichtigung und sachliche Würdigung seines rechtzeitigen Vorbringens; BPatG 20. 2. 1963, E 3, 119, 125. Die Beteiligung des Einsprechenden beschränkt sich nicht auf die Prüfung der von ihm vorgebrachten Einspruchsgründe, sondern bezieht sich auf das Erteilungsverfahren als solches, in dem der Einsprechende von der Einlegung des Einspruchs an dem Anmelder i. S. des § 36 l Abs. 5 als ein anderer Verfahrensbeteiligter gegenübersteht. Er ist als solcher auch an einem Verfahren über einen **Wiedereinsetzungsantrag** des Anmelders (betr. versäumter Zahlungsfrist), dessen Ausgang das Patenterteilungsverfahren berühren kann, sachlich beteiligt; BGH 11. 3. 1971, Bl. 1971, 196 unter B = GRUR 1971, 246, 247 – Hopfenextrakt-Computerbescheide; s. auch 24

§ 36 m Anm. 3. PA 16. 11. 1923, Bl. 1923, 146 ist somit überholt.. Ballhaus hat in Mitt. 1961, 221, 222, 223 unter Hinweis auf das einheitliche, rechtlich unteilbare Verfahren überzeugend nachgewiesen, daß sämtliche Einsprechende unabhängig von dem Umfang ihrer sachlichen Beteiligung verfahrensrechtlich beteiligt sind. Es müsse unterschieden werden zwischen der Heranziehung zur Aufklärung des Sachverhalts und der Beteiligung aus Gründen des rechtlichen Gehörs. Vgl. auch die Entscheidung BPatG 5. 5. 1970, Mitt. 1970, 176 (Anm. 32). Die grundsätzliche Beschränkung jedes Beteiligten auf sein rechtzeitig vorgebrachtes Material soll gegebenenfalls eine Handhabe für eine schnelle und klare Verfahrensführung geben; PA 19. 5. 1954, Bl. 1954, 225, 226. Insoweit abweichende frühere Auffassungen (PA 16. 5. 1941, Mitt. 1941, 121; PA 19. 1. 1942, Mitt. 1942, 83; PA 7. 5. 1937, Mitt. 1937, 175, 176 – Beteiligung nur im Umfang des rechtzeitigen eigenen Vorbringens und keine Beteiligung an der Erörterung eines amtsseitig geltend gemachten Versagungsgrundes in der mündlichen Verhandlung) sind überholt. Aber auch seinerzeit stand es schon im Ermessen des Patentamts, einen Einsprechenden, der frist- und formgerecht eingesprochen hatte, über von ihm erst verspätet vorgetragene Tatsachen zu hören; PA 20. 3. 1939, Bl. 1939, 158 = Mitt. 1939, 126; ebenso PA 19. 6. 1939, Mitt. 1939, 214. Die Darstellung von Wuesthoff in Klauer/Möhring, § 32 (S. 938 unten, 939 oben) beruht wohl auf einem Mißverständnis.

25 Zusammengefaßt betrachtet hat die gesetzliche Bestimmung, daß der Einspruch innerhalb der Frist von drei Monaten zu begründen ist, für den Umfang der Beteiligung jedes einzelnen Einsprechenden die Wirkung, daß der Einsprechende nicht mehr Anspruch auf rechtliches Gehör für nachgebrachte Tatsachen hat, ganz gleich, ob diese innerhalb oder außerhalb der Einspruchskategorie liegen, der sein Einspruch angehört. Die **Offizialmaxime** erlaubt es aber nicht, verspätet vorgebrachtes Material einfach beiseite zu schieben. Darüber hinaus eröffnet – ganz abgesehen von den Bestimmungen des § 139 ZPO – allein schon die Bestimmung des § 33 Abs. 1 Satz 1 PatG die Möglichkeit, die **Einsprechenden an nachgebrachten Tatsachen und Beweismitteln zu beteiligen.** Die Einspruchsfrist ist praktisch ein Schutz gegen eine bewußte Verzögerung des Verfahrens. Der Einsprechende kann kein Beschwerderecht daraus herleiten, daß er etwa zu nachgebrachtem Material nicht »gehört« wurde. Ob dies auch für rechtzeitig, aber von anderer Seite vorgetragene Beweismittel im Rahmen der seinem Einspruch angehörenden Einspruchskategorie gilt, kann zweifelhaft sein, da verfahrensmäßig eine Trennung der Beweismittel unmöglich sein dürfte. Wegen der Beteiligung am nachgebrachten Material vgl. auch Anm. 39.

Eine **Ausnahme** erfordert nur das auf **widerrechtliche Entnahme** gestützte Einspruchsvorbringen. Dieses kann gem. § 32 Abs. 1 Satz 1 nur der Verletzte vortragen, darum kann auch nur er allein in diesem Fall Beteiligter sein. Obgleich auch der Einwand offenkundiger Vorbenutzung im allgemeinen nur von dem betreffenden Einsprechenden begründet werden kann, werden sich u. U. mehrere offenkundige Vorbenutzungen ergänzen, vielleicht auch im Zusammenhang mit druckschriftlichen Vorveröffentlichungen eine Rolle spielen. Deshalb werden erwiesene offenkundige Vorbenutzungen auch von den anderen Beteiligten bei etwaigen Erörterungen herangezogen werden können. Wegen der Beteiligung an Zeugenvernehmungen und mündlichen Verhandlungen vgl. Anm. 40, 41.

Die Beteiligung entsteht mit der wirksamen Einlegung des Einspruchs; 26 die Frage der Zulässigkeit hat mit der Begründetheit nichts zu tun; PA 9. 1. 1930, Mitt. 1930, 58. Bis zur rechtskräftigen Feststellung der Unzulässigkeit des Einspruchs ist der Einsprechende am Verfahren beteiligt; BGH 23. 2. 1972, Bl. 1972, 173, 174 – Sortiergerät; BPatG 20. 7. 1962, E 2, 80, 82 = Bl. 1962, 309; ebenso PA 30. 4. 1954, Bl. 1954, 260. Ein verspätet Einsprechender ist in keiner Weise am Verfahren beteiligt; PA 12. 10. 1940, Bl. 1940, 181. Am Beschwerdeverfahren sind bei mehreren Einsprechenden nur diejenigen beteiligt, die Beschwerde eingelegt haben; BPatG 2. 12. 1970, E 12, 153, 158 = Mitt. 1972, 71, 72; Zeunert, GRUR 1963, 393. Da zwischen mehreren Einsprechenden keine Streitgenossenschaft besteht (s. Anm. 3), sind sie grundsätzlich auch bei gemeinsamer Vertreterbestellung am **Beschwerdeverfahren** nur dann beteiligt, wenn für jede Beschwerde eine Gebühr gesondert bezahlt ist; BPatG 2. 10. 1970, E 12, 158, 160 = Bl. 1971, 188; BPatG 29. 4. 1971, E 12, 163, 165. Nachträglich kann die gemeinsam gezahlte Gebühr nicht als für eine bestimmte Beschwerde gezahlt bezeichnet werden; BPatG 29. 4. 1971, a. a. O., 167. Vgl. aber den Hinweis auf die Mitwirkungsmöglichkeit in BPatG 2. 12. 1970, E 12, 153, 158.

Die Beteiligung eines Dritten als **Nebenintervenient** ist im Einspruchsverfahren **nicht zulässig;** BPatG 20. 12. 1961, E 1, 122; BPatG 28. 8. 1962, E 2, 54; BPatG 23. 4. 1968, Mitt. 1968, 214; PA 26. 5. 1959, Bl. 1959, 266; BPatG 2. 12. 1970, Mitt. 1972, 71, 73; vgl. auch PA 30. 4. 1934, Mitt. 1934, 212. Eine Nebenintervention ist auch zugunsten des Patentsuchers (hier: Antrag des ausschließlichen Lizenznehmers) nicht zulässig; BPatG 23. 4. 1968, E 10, 155.

Wird ein **Einspruch aus der zweiten Instanz an die erste zurückverwiesen,** so sind auch diejenigen Einsprechenden am weiteren erstinstanzlichen 27 Verfahren beteiligt, die gegen den Erteilungsbeschluß keine Beschwerde erhoben haben; PA 2. 6. 1932, Mitt. 1932, 186. Zur Frage der Bindungswirkung der Beschwerdeentscheidung auf Grund des § 575 ZPO im Falle der Zurückverweisung vgl. §§ 28 b/29 Anm. 25. Wird eine Anmeldung, deren **Bekanntmachung widerrufen** wurde, erneut bekanntgemacht, ist der seinerzeit Einsprechende erneut zu beteiligen; PA 8. 12. 1955, Mitt. 1956, 114; ebenso Einspr. Richtl. Nr. 3 a. Wird im Einspruchsverfahren ein **Anmel-**

dungsteil ausgeschieden und später nochmals bekanntgemacht, so ist dies der Einsprechenden des Stammverfahrens von Amts wegen mitzuteilen, zweckmäßig mit dem Hinweis, daß sie ihren Einspruch, falls sie ihn aufrechterhalten will, innerhalb der hinsichtlich der Ausscheidungsanmeldung laufenden Einspruchsfrist durch weiteres Vorbringen ergänzend begründen kann; BPatG 20. 12. 1965, E 8, 23, 28.

III. Zulässige und unzulässige Einsprüche

1. Zulässigkeit des Einspruchs

28 Die Beurteilung der Frage, ob ein Einspruch im Sinne des § 32 als mit Gründen versehen anzuerkennen ist, kann nur von Fall zu Fall unter Berücksichtigung aller Umstände des Einzelfalls entschieden werden; PA 9. 2. 1934, Bl. 1934, 78; PA 30. 3. 1953, Bl. 1953, 182. Bei der Prüfung der Frage, ob der Einspruch zulässig ist, ist es unwesentlich, ob das Einspruchsvorbringen zu einer Versagung oder Beschränkung des nachgesuchten Patents führen kann; PA 2. 3. 1954, Bl. 1955, 64. Die Prüfung auf Zulässigkeit erfolgt in beiden Instanzen von Amts wegen; BGH 23. 2. 1972, GRUR 1972, 592 = Bl. 1972, 173, 175 r. Sp. – Sortiergerät.

Die Angabe eines **falschen Rechtssatzes** und eine erkennbare offensichtliche Unrichtigkeit beeinträchtigen die Zulässigkeit eines Einspruchs nicht; PA 28. 12. 1935, Bl. 1936, 5; PA 15. 3. 1933, Mitt. 1933, 148. Ein zulässiger Einspruch liegt auch vor, wenn der Einsprechende von dem vom Anmelder selbst zugrunde gelegten Stand der Technik ausgeht, ohne ihn nachzuweisen; PA 26. 7. 1955, Bl. 1955, 327; vgl. auch PA 9. 5. 1930, Mitt. 1930, 137. Ist im Einspruch **nur Material aus dem Prioritätsintervall** entgegengehalten, so war der Einspruch früher zulässig, wenn keine Prioritätsbelege ausgelegen hatten; BPatG 1. 8. 1962, E 2, 52; PA 28. 3. 1955, Bl. 1955, 188, ebenso PA 15. 3. 1934, Mitt. 1934, 143. Wegen § 27 Satz 2 n. F. (s. § 27 Anm. 15) wird diese Praxis nur noch ausnahmsweise in Betracht zu ziehen sein (etwa bei nicht beglaubigten Prioritätsbelegen oder wenn diese in einer hier ungeläufigen Sprache abgefaßt sind). Handelt es sich um eine in der Fachwelt bekannte Patentschrift, kann ausnahmsweise bei der Benennung einer älteren britischen Patentschrift nur die Angabe der Nummer ohne Angabe des dazugehörigen Jahres genügen; PA 14. 3. 1956, Mitt. 1957, 212. Zur Frage der Zulässigkeit eines Einspruchs bei irreführenden, fehlerhaften Angaben in der Patentschrift der angegriffenen Anmeldung vgl. BPatG 6. 7. 1967, E 9, 185, 190, 191.

Gegen die Anerkennung der Zulässigkeit eines Einspruchs hat der Anmelder kein selbständiges Beschwerderecht; PA 28. 3. 1954, Bl. 1955, 188.

2. Unzulässigkeit des Einspruchs

Unzulässig sind Einsprüche vor allen Dingen dann, wenn der Einspruch oder die Begründung **verspätet** einging, oder wenn aus anderen Gründen als den gesetzlich zulässigen Gründen eingesprochen wird, z. B. wegen angeblicher Nichteinheitlichkeit oder wegen prozessualer Mängel. Unzulässig sind Einsprüche mit nach den Umständen **unzureichender Substantiierung;** BPatG 30. 6. 1970, Mitt. 1970, 233; BPatG 28. 2. 1968, E 10, 21; PA 20. 3. 1957, Bl. 1957, 149. Erweisen sich die entgegengehaltenen Druckschriften als nicht vorveröffentlicht, ist der Einspruch unzulässig, falls nicht gleichzeitig detailliert geltend gemacht wird, daß dem Patentbegehren die in Anspruch genommene Priorität nicht zukommt. Es genügt nicht, anstelle der Nummer der entgegengehaltenen Patentschrift auf eine entsprechende ausländische Anmeldung hinzuweisen; vgl. PA 22. 11. 1954 in Patent 924 805. Feststellung der Unzulässigkeit des Einspruchs hat weitere Nichtbeteiligung am Verfahren zur Folge; BPatG 30. 6. 1970, a. a. O., 235. Die Patentabteilung bleibt zuständig; Einsp. Richtl. Nr. 2. Beteiligung einer unzulässig Einsprechenden endet erst mit Rechtskraft des Beschlusses, mit dem der Einspruch als unzulässig verworfen wird; BPatG 24. 11. 1965, Mitt. 1966, 179. 29

Verspätet eingegangene Einsprüche sind unzulässig. Nach der Amtsübung werden sie dem Anmelder zur Äußerung mitgeteilt, da das verspätete Einspruchsvorbringen von Amts wegen zu prüfen ist. Nach PA 16. 11. 1933, Mitt. 1934, 82 liegt es im Ermessen des Amts, ob einem unzulässigen Einspruch von Amts wegen nachgegangen wird. Schon allein wegen der Offizialmaxime und wegen der Bestimmung des § 28 a Abs. 3 Satz 3 wird in jedem Fall das in einem unzulässigen Einspruch dem Amt bekanntgegebene Material auf seine Stichhaltigkeit zu prüfen und gegebenenfalls zu berücksichtigen sein; vgl. auch RG 18. 3. 1938, GRUR 1938, 513. Anders in der II. Instanz: ein Beschwerdeverfahren kann nur so lange und nur in dem Umfang fortgeführt werden, wie es ein zur Beschwerdeerhebung **Berechtigter** betreibt; BPatG 20. 7. 1962, E 2, 80, 83 = Bl. 1962, 309 = GRUR 1963, 28; Ballhaus, Mitt. 1961, 163 r. Sp. oben. Vgl. hierzu auch Ruso, GRUR 1962, 493 und Bendler, GRUR 1963, 113

Wegen der Unzulässigkeit von Einsprüchen s. auch Einspr. Richtl. Nr. 3 e, f.

3. Beschwerderecht bei Unzulässigkeit

Sowohl gegen einen Erteilungsbeschluß als auch gegen einen Versagungsbeschluß des Patentamts, durch den zugleich die Unzulässigkeit des Einspruchs festgestellt ist, kann der Einsprechende Beschwerde einlegen; BPatG 20. 7. 1962, E 2, 80; BPatG 5. 9. 1962, E 3, 48. Bei Bestätigung der Un- 30 zulässigkeit des Einspruchs durch den Beschwerdesenat ist die Beschwerde ohne sachliche Nachprüfung zurückzuweisen; BPatG 20. 7. 1962, a. a. O.; BPatG 1. 12. 1967, E 9, 192, 195. Auch dann, wenn die Unzulässigkeit des Einspruchs (hier wegen mangelnder Substantiierung innerhalb der Einspruchsfrist) erst in der Beschwerdeinstanz festgestellt wird, ist die Beschwerde ohne sachliche Prüfung zurückzuweisen; BGH 23. 2. 1972, GRUR 1972, 592 = Bl. 1972, 173, 175 – Sortiergerät; BPatG 28. 5. 1969, E 10, 218, 225. Vgl. auch Anm. 46 und § 36 m Anm. 13 f. Im Fall PA 5. 12. 1934, Mitt. 1935, 160 wurde nach Feststellung der Zulässigkeit des Einspruchs durch die II. Instanz die Sache an die Vorinstanz zurückverwiesen, da die Einsprechende ein Recht gehabt hätte, am Verfahren in der Vorinstanz beteiligt zu werden. Im Fall eines Versagungsbeschlusses kann die Beschwerde als **unselbständige Anschlußbeschwerde** eingelegt werden, deren Zulässigkeit weder von der Einhaltung der Beschwerdefrist noch der Einzahlung der Beschwerdegebühr abhängig ist; BPatG 5. 9. 1962, a. a. O. Legt der Einsprechende, dessen Einspruch für unzulässig erklärt wurde, gegen einen Versagungsbeschluß nur vorsorglich Beschwerde ein, so muß er (falls sich der Patentsucher nicht beschwert) seine Beschwerde für in der Hauptsache erledigt erklären; die Beschwerdegebühr kann in Anbetracht der Gebührenfreiheit einer Anschlußbeschwerde (nur als solche hätte die Beschwerde Bedeutung erlangen können) nicht einbehalten werden; BPatG 20. 1. 1971, E 12, 173; abweichend BPatG 6. 11. 1963, E 4, 162.

IV. Übersendung der Schriftsätze / Zustellung / Fristen

31 Schriftsätze eines Beteiligten sind allen übrigen Beteiligten im Wege der Zustellung oder formlos zur Kenntnis zu bringen. Die Form der Kenntnisgabe bestimmt sich aus § 14 Abs. 2 DPAVO 1968. Danach müssen Schriftsätze, die Sachanträge oder die Erklärung der Zurücknahme eines Antrags enthalten, den übrigen Beteiligten von Amts wegen zugestellt werden. Die Schriftsätze sind **unverzüglich und vor Beschlußfassung** zwecks Unterrichtung der Beteiligten über das Vorbringen der anderen Beteiligten zuzustellen, selbst, wenn sie nach Auffassung der Patentabteilung keine entscheidungserheblichen Tatsachen enthalten; BPatG 5. 5. 1970, Mitt. 1970, 176. Mit Recht bemerkt Lederer in einer Anm., daß die Zustellung des Einspruchserwiderungsschriftsatzes wohl dann nicht erforderlich sei, wenn entsprechend den Anträgen entschieden wird. Nach BPatG 20. 8. 1970, E 11, 216 muß es in Verfahren, an denen mehrere Personen beteiligt sind, der Patentabteilung als Verwaltungsbehörde im Rahmen einer vernünftigen Verfahrensökonomie überlassen bleiben, wann sie das Einspruchsverfahren als entscheidungsreif ansieht und ob sie Schriftsätze der Beteiligten, die nichts Entscheidungserhebliches enthalten und deshalb nicht zwecks Gewäh-

rung des rechtlichen Gehörs eine Zustellung mit Fristsetzung zur Rückäußerung der übrigen Beteiligten erfordern, sofort oder später, mit oder ohne Fristsetzung, mit oder ohne begleitenden Sachbescheid zustellen will, sofern nur die Zustellung gem. § 14 Abs. 2 DPAVO (1968) überhaupt, spätestens mit dem Beschluß erfolgt. Vgl. ferner Röhl, Zustellung der Schriftsätze, Mitt. 1971, 19, der sich, anknüpfend an BPatG 20. 8. 1970, a. a. O., mit dem **Zeitpunkt der Zustellung** auseinandersetzt. Nach BGH 18. 11. 1966, E 8, 252, 255 (in WZ-Sache) erübrigt es sich, einen Schriftsatz der Anmelderin (Entgegnung auf den Schriftsatz der Widersprechenden) vor Beschlußfassung nochmals zuzustellen, wenn er kein neues Vorbringen enthält und ohne Einfluß auf die Entscheidung gewesen ist. Vgl. auch E 5, 21, 23, die in Anm. 36 behandelt ist, und Einspr. Richtl. Nr. 4 c, d, e. Eine Verpflichtung, den Einsprechenden die Namen der übrigen Einsprechenden bekanntzugeben, besteht nicht; die Namen werden aber ohnehin untereinander durch die gegenseitige Mitteilung der Schriftsätze bekannt; BPatG 23. 1. 1964, E 5, 16, 21 = Bl. 1964, 117. Vgl. hierzu auch BPatG 2. 11. 1962, E 3, 15. Die Zahl der Beteiligten ist gegebenenfalls diesen mitzuteilen, damit sie in der Lage sind, die erforderliche Anzahl Schriftsätze beizufügen; vgl. hierzu Mitt. des Präs. des DPA vom 16. 3. 1964, Bl. 1964, 101. Die Zustellung hat unverzüglich zu erfolgen; vgl. Anm. 36, 37 und Einspr. Richtl. Nr. 4 c; ferner § 36 l Anm. 39. Die Zustellung veranlaßt (gegebenenfalls unter Beachtung von Weisungen des Berichterstatters) die Geschäftsstelle; Einspr. Richtl. Nr. 4 c.

Selbstverständlich werden auch etwa ergehende amtliche Zwischenbescheide und die Beschlüsse allen Beteiligten zugestellt. Vgl. hierzu auch Anm. 46. Damit entfällt die frühere Praxis, daß Einspruchsvorbringen, die sich auf das Vorliegen älterer Rechte oder auf offenkundige Vorbenutzung oder widerrechtliche Entnahme stützen, weitgehend nur zwischen dem Patentanmelder und dem betreffenden Einsprechenden erörtert wurden. Den anderen Beteiligten wurde nur das Ergebnis der Prüfung mitgeteilt.

Wegen der Bemessung der **Verfahrensfristen** vgl. §§ 28 b/29 Anm. 38 bis 47 und Einspr. Richtl. Nr. 4 d.

V. Verfahrenshandhabung

1. Allgemeines

Zur **Vereinheitlichung und Straffung des Verfahrens** hat der Präsident die Einspr. Richtl. erlassen; vgl. Mitt. 24. 4. 1972, Bl. 1972, 146 bis 153. Die Richtlinien sollen eine Beachtung der Besonderheiten des Einzelfalls nicht ausschließen. Wegen Handhabung des Verfahrens vor der Patentabteilung s. § 18 Anm. 9. Zur Mitwirkungspflicht der Beteiligten vgl. § 26 Anm. 87, §§ 28 b/29 Anm. 23, 27. 32

Wie das vorhergegangene Verfahren vor der Bekanntmachung wird auch das Einspruchsverfahren vom **Untersuchungsgrundsatz (Offizialmaxime)** beherrscht. Im Rahmen der Anträge ist der wahre Sachverhalt ohne Rücksicht auf den Vortrag der Beteiligten zu erforschen; BPatG 10. 5. 1963, E 4, 24, 26. Durch die Erhebung des Einspruchs erhält der Einsprechende die Möglichkeit, seine Interessen an der Versagung des Patents in einem gesetzlich geregelten förmlichen Verfahren geltend zu machen; BPatG 20. 2. 1963, E 3, 119, 125. Vgl. auch Anm. 1, 2.

Nach § 26 Abs. 5 Satz 2 können aus **Ergänzungen oder Berichtigungen, die den Gegenstand der Anmeldung erweitern,** Rechte nicht hergeleitet werden; vgl. hierzu im einzelnen § 26 Anm. 13 und 95. Deshalb ist auch im Einspruchsverfahren von Amts wegen oder auf Antrag nachzuprüfen, ob die für das beanspruchte Patentbegehren in Anspruch genommene Priorität zu Recht besteht. Wegen der Handhabung bei Feststellung einer unzulässigen Erweiterung ist sinngemäß wie im Nichtigkeitsverfahren zu verfahren; vgl. § 13 Anm. 12. Auch früher konnte, falls die in den bekanntgemachten Unterlagen beschriebene Erfindung gegenüber der ursprünglich offenbarten Erfindung ein aliud darstellte, ein Patent mit entsprechenden Ansprüchen nicht erteilt werden; PA 10. 4. 1929, Mitt. 1929, 85. Vgl. ferner PA 5. 12. 1908, Bl. 1909, 155; PA 11. 9. 1933, Bl. 1933, 233; PA 2. 11. 1934, Mitt. 1934, 377; PA 27. 10. 1934, Mitt. 1934, 377.

Wegen der **Anforderungen an die Schriftsätze der Beteiligten** vgl. §§ 28 b/29 Anm. 37.

Wegen Verteilung der **Beweislast** für und gegen die fortschrittliche Wirkung der beanspruchten Maßnahme auf Anmelder und Einsprechenden vgl. PA 26. 1. 1935, Bl. 1935, 74, 75. Vgl. auch §§ 28 b/29 Anm. 34. Die Beurteilung eines **älteren Rechts** vor der Bekanntmachung hat keine Bindungswirkung; s. Anm. 20.

Die **Prüfung** eines **auf widerrechtliche Entnahme** gestützten Einspruchs erfolgt nur, falls andere die Patentfähigkeit bestreitende Einspruchsvorbringen nicht durchgreifen; PA Gr. Sen. 18. 2. 1942, Bl. 1942, 40. Dies ist bei Anerkennung erfolgter widerrechtlicher Entnahme im Beschluß festzustellen. Bei geltend gemachter widerrechtlicher Entnahme hat die Einsprechende die Beweislast.

Die **Wiederaufnahme eines** (wegen eines entgegengehaltenen älteren Rechts oder wegen der ausstehenden Erledigung der Hauptanmeldung) **ausgesetzten Patenterteilungsverfahrens** ist nur dann ordnungsgemäß, wenn sie allen Beteiligten zur Kenntnis gebracht wird; BPatG 18. 4. 1966, E 8, 157; BPatG 26. 5. 1965, E 7, 33. Eine vor der Aussetzung eingeräumte Äußerungsfrist beginnt nach Wiederaufnahme des Verfahrens erneut voll zu laufen oder muß neu gesetzt werden; BPatG 18. 4. 1966, a. a. O.

2. Rechtliches Gehör / Aufklärungs- und Erörterungspflicht

Wegen des entscheidenden Grundsatzes des rechtlichen Gehörs (§ 28 c Abs. 2 n. F.) und des in § 29 in Verbindung mit § 28 Abs. 3 Satz 2 gebrauchten Begriffs »Umstände« vgl. §§ 28 b/29 Anm. 26 ff. 33

Nach der Praxis des RPA, die mindestens auch überwiegend vom DPA fortgeführt wurde, wurden dem Einsprechenden vom Anmelder auf Grund des Einspruchs eingereichte Ansprüche in der Regel mit einer sachlichen Äußerung der Prüfungsstelle bzw. Patentabteilung zugestellt. Im allgemeinen wurde darauf gesehen, daß derjenige das letzte Wort gehabt hatte, gegen dessen Antrag entschieden wurde. Die **Zustellung der Erwiderung** des Anmelders auf den Einspruch wurde sonst von der Notwendigkeit weiterer Sachaufklärung abhängig gemacht; gegebenenfalls wurde damit eine amtliche sachliche Stellungnahme verbunden. Vgl. neuerdings in diesem Sinne auch BPatG 5. 5. 1970, Mitt. 1970, 176 m. Anm. von Lederer. Die Bestimmungen sowohl des § 28 Abs. 3 a. F. als auch des § 29 Abs. 2 a. F. wurden im allgemeinen als im Einspruchsverfahren sinngemäß anwendbar angegeben.

Aus der bloßen **Reihenfolge der Paragraphen im Patentgesetz** kann man **kaum Hinweise für die Anwendbarkeit der einzelnen Bestimmungen in den verschiedenen Verfahrensstufen** (Erteilungsverfahren vor und nach der Bekanntmachung) herleiten. Die §§ 26 bis 36 a sind im dritten Abschnitt, »Verfahren vor dem Patentamt«, zusammengefaßt. Die §§ 26 bis 29 betreffen das Verfahren vor der Prüfungsstelle; § 32 betrifft das Einspruchsverfahren vor der Patentabteilung, das aber wiederholt auf die Prüfungsstelle übertragen wurde. Der anschließende § 33 behandelt nochmals Vorschriften, die sowohl für die Prüfungsstelle als auch für die Patentabteilung bestimmt sind. Die Auffassung, daß es sich um in wesentlichen Punkten voneinander abweichende Verfahrensabschnitte handelt, vgl. BPatG 20. 9. 1962, E 3, 40, 44, ist bestritten; vgl. Anm. 2. Außer der Beteiligung der Einsprechenden am Verfahren kann man aus dem Gesetz keinen zwingenden Hinweis insbesondere für eine abweichende Verfahrenshandhabung entnehmen. Das Einspruchsverfahren ist keine neue Instanz, sondern eine Ergänzung des erstinstanzlichen Prüfungsverfahrens; vgl. Begründung zur Verordnung betr. das Einspruchsverfahren vom 1. 2. 1926, Bl. 1926, 43 r. Sp. Abs. 2. Es ist nicht überzeugend, wenn man § 29 Abs. 2 im Einspruchsverfahren für analog anwendbar hält, die Anwendbarkeit des § 28 Abs. 3 aber ausschließen will. Damit würde der Anmelder durch die Beteiligung der Einsprechenden am Verfahren schlechter als vordem gestellt; das ist aber nicht gerechtfertigt. Man muß ihm dann mindestens die rechtsähnliche Anwendung von § 139 ZPO, die auch BPatG 20. 9. 1962, a. a. O. nicht ausschließen will, zubilligen. Stellt man sich auf den Standpunkt, daß durch Übermittlung des Einspruchs an den Anmelder der Bestimmung des 34

§ 29 Abs. 2 Genüge getan ist, so muß im Rahmen der **rechtsähnlich anzuwendenden Aufklärungs- und Erörterungspflicht des § 139 ZPO** der Anmelder wissen, wie weit das Patentamt der Auffassung des Einsprechenden folgt. Andernfalls bleibt ihm nichts weiter übrig, als verschiedene Alternativanträge zu stellen, es sei denn, er hält überhaupt die zweite Instanz für geeigneter, um einen etwa gewährbaren Anspruch zu formulieren. Bei einem erstinstanzlichen Versagungsbeschluß müßte übrigens noch begründet werden, warum außerhalb des vorliegenden Patentbegehrens kein patentfähiger Überschuß mehr vorliegt, weil dadurch erst die unterbliebene weitere Sachaufklärung in einem Zwischenbescheid gerechtfertigt wird und eine Zurückverweisung aus der zweiten Instanz wegen dieser Unterlassung im allgemeinen vermieden werden kann. Eine ähnliche Meinung wie in BPatG 20. 9. 1962 wird auch in BPatG 1. 12. 1964 in 23 W 414/61 vertreten. Der Bundesgerichtshof hat sich dieser Auffassung im wesentlichen angeschlossen; BGH 28. 4. 1966, GRUR 1966, 583, 585 – Abtastverfahren. Wenngleich nach der Entscheidung der Verfassungsgrundsatz des rechtlichen Gehörs (Art. 103 Abs. 1) nicht unmittelbar angewendet werden kann, so handelt es sich – wie es weiter heißt – immerhin um ein gerichtsähnliches Verfahren, und es wäre systemwidrig, wenn sich das Einspruchsverfahren mit geringeren Kautelen begnügen sollte als das vorausgegangene Prüfungsverfahren und das nachfolgende Beschwerdeverfahren. Eine sinngemäße Anwendung der Vorschrift des § 29 Abs. 2 hält der BGH aber für angezeigt. Die ausgesprochene Nichtanwendbarkeit der Vorschrift des § 28 Abs. 3 a. F. ist aus den oben angegebenen Gründen nicht einleuchtend. Ein Zurückgreifen auf § 139 ZPO ist in dem Beschluß des BGH nur als Alternative zu der Regelung nach § 29 Abs. 2 a. F. erwähnt.

35 Die Frage, wie nun das Einspruchsverfahren nach Vorliegen der BGH-Entscheidung vom 28. 4. 1966 zu handhaben ist, beantwortet sich aus der **unbestrittenen Anwendbarkeit des § 29 Satz 2 (n. F.) und den rechtsähnlich anzuwendenden Bestimmungen des § 139 ZPO** betr. die Aufklärungs- und Erörterungspflicht. Dabei ist zu beachten, daß auch in den BPatG-Entscheidungen vom 20. 9. 1962 und 1. 12. 1964 darauf hingewiesen ist, daß es auf den speziellen Fall ankomme, **inwieweit ein Zwischenbescheid zu erlassen ist,** um den Patentsucher nicht zu überraschen (vgl. PA 1. 12. 1955, Mitt. 1956, 76, 77).

Falls sich klar ergibt, daß ein Einspruch zweifelsfrei nicht durchgreift, also eine Einschränkung des bekanntgemachten Patentbegehrens nicht notwendig ist, sollte nach Eingang der Erwiderung des Anmelders sofort beschlossen werden; es genügt dann, wenn die Erwiderung mit dem Beschluß übersandt wird. Eine rechtsähnliche Anwendung des § 28 Abs. 3 a. F. = § 28 c Abs. 2 n. F. auf den Einsprechenden würde sich inhaltlich auch schon ausschließen.

Anders ist die Lage, wenn auf Grund des Einspruchs das nachgesuchte

Patent als versagungsreif anzusehen ist. Hier kommt es darauf an, inwieweit rechtsähnlich § 139 ZPO anzuwenden ist, da § 28 Abs. 3 a. F. im Einspruchsverfahren für den Anmelder nicht anwendbar sein soll. Erblickt nun die Patentabteilung gegenüber den Entgegenhaltungen noch einen patentfähigen Überschuß im Rahmen des bekanntgemachten Patentbegehrens, so wird es vom **pflicht**gemäßen Ermessen der Patentabteilung abhängen, ob sie auch dann, wenn der Anmelder nicht selbst einen eingeschränkten Patentanspruch vorgelegt hat, eine entsprechende Formulierung empfiehlt; dies würde der **Anregung zur Stellung eines sachdienlichen Antrags** entsprechen. Ob so zu verfahren ist, wird von der sachlichen Überzeugungskraft der Argumentation des Anmelders gegenüber dem Einspruchsvorbringen abhängen. Andernfalls kann auch in einem solchen Fall – entgegen der weit verbreiteten früheren Praxis – sofort Versagung beschlossen werden. Auch hier sollte dann kurz begründet werden, warum auch ein eingeschränktes Patentbegehren als nicht patentfähig angesehen wird.

Sicherlich werden in vielen Fällen so klare Verhältnisse nicht vorliegen, **36**
so daß dann in einem **Zwischenbescheid** weitere Aufklärung der Sach- und Rechtslage erfolgen muß. Vgl. §§ 28 b/29 Anm. 35, 36. Nach den Einspr. Richtl. Nr. 4 e soll im Einspruchsverfahren möglichst ohne Bescheid Beschluß gefaßt werden. Zwingend erforderlich ist nach den Richtl. ein Bescheid jedoch dann, wenn die Patentabteilung neue Umstände in das Verfahren einführen will oder wesentliche Änderungen der Anmeldungsunterlagen für erforderlich hält.

Gegebenenfalls wird auch eine **mündliche Verhandlung** sachdienlich sein. Inwieweit dabei die für alle Beteiligten geltende Bestimmung des § 29 Satz 2 n. F. zum Zuge kommen wird, wird von Fall zu Fall zu entscheiden sein. Zweifellos kann über diese Bestimmung nicht verlangt werden, daß vor der Beschlußfassung mehr oder weniger verbindlich alle rechtlichen Überlegungen der Patentabteilung mitgeteilt worden sind. Es reicht aus, wenn vorher alle für die Entscheidung wesentlichen Tatbestände festgestellt wurden und auf mögliche rechtliche Bedenken auf Grund vorgelegter Anträge hingewiesen wurde.

Im einzelnen vgl. hierzu noch BPatG 18. 12. 1963, E 5, 15 (keine nochmalige Zustellung der Erwiderung des Anmelders vor der Patenterteilung, wenn darin keine neuen für die Beschlußfassung erheblichen Tatsachen enthalten) und BPatG 24. 2. 1964, E 5, 21 (kein erneutes Gehör des Einsprechenden zu einer Erwiderung des Anmelders, die lediglich von der Einspruchsbegründung abweichende Auffassungen äußert). Die in BPatG 18. 12 1963 a. a. O. geäußerte Meinung, das rechtliche Gehör sei dem Einsprechenden mit der Möglichkeit der Erhebung und Begründung des Einspruchs gewährt, dürfte nicht ausnahmslos gelten. Vgl. wegen wiederholter Zustellung vor Beschlußfassung auch Anm. 31.

37 Aus der früheren patentamtlichen Praxis wird auf folgende Entscheidungen verwiesen: Nach PA 24. 3. 1932, GRUR 1932, 716 stellt es mangelndes rechtliches Gehör dar, wenn eine **amtlich vorgeschlagene Anspruchsänderung** vor der Beschlußfassung nur der Anmelderin mitgeteilt wird; eine nur telephonische Mitteilung an die Einsprechende widerspricht dem Grundsatz schriftlichen Verfahrens. Falls die Patentfähigkeit des Patentanspruchs vom Nachweis des Fortschritts abhängig gemacht wird, stellt nach PA 18. 7. 1933, Mitt. 1933, 248 die zum Nachweis angeforderte neue Beschreibungseinleitung einen vor der Beschlußfassung den Einsprechenden mitzuteilenden neuen »Umstand« dar, wenn die Patentfähigkeit eines amtlich vorgeschlagenen Anspruchs von der glaubhaften Widerlegung der Einwände der Einsprechenden abhängig gemacht wird; sofortige Patenterteilung auf die Erwiderung des Anmelders hin ist nicht zulässig. Dagegen kann über in der mündlichen Verhandlung überreichte neue Ansprüche – ohne nochmalige Fristgewährung an die Einsprechende – Beschluß gefaßt werden; PA 28. 10. 1933, Mitt. 1934, 21. Die im Einspruchbeschwerdeverfahren ergangene Entscheidung BPatG 6. 8. 1971, E 13, 76 (rechtskr.) muß sinngemäß auch für das erstinstanzliche Verfahren gelten: nimmt der ordnungsgemäß geladene Einsprechende einen angesetzten Termin nicht wahr, kann auf der Grundlage eines erst im Termin vorgelegten Antrags entschieden werden. Vgl. auch BPatG E 8, 40 ff. (s. § 41 d Anm. 6).

3. Einführung amtlich bekannten bzw. sonst bekanntgewordenen Materials

38 Der **Untersuchungsgrundsatz (Offizialmaxime)** gilt auch für das Einspruchsverfahren. Ohne Rücksicht auf den Vortrag der Beteiligten ist im Rahmen der Anträge der **wahre Sachverhalt** zu ermitteln; BPatG 10. 5. 1963, E 4, 24, 26. Ist der zuständigen Patentabteilung Vergleichsstoff bekannt, der weiter geht oder treffender ist als der einspruchsweise entgegengehaltene, so dient es der Rechtssicherheit und der Verfahrensökonomie, wenn dieser von Amts wegen herbeigezogen wird; vgl. hierzu die entsprechende Handhabung in der zweiten Instanz, BPatG 7. 2. 1962, E 1, 109.

Es steht im pflichtgemäßen Ermessen des Patentamts, in welchem Umfang es im Einspruchsverfahren von Amts wegen weitere Ermittlungen über den Stand der Technik anstellt. Gegebenenfalls kann auch die Glaubwürdigkeit des geltend gemachten technischen Fortschritts ohne Versuche trotz Einspruchs anerkannt werden; PA 26. 1. 1935, Mitt. 1935, 74. Vgl. hierzu auch §§ 28 b/29 Anm. 34. Dem Verlangen einer Einsprechenden, die Anmelderin über das Prüfungsergebnis in der die gleiche Erfindung betreffenden Anmeldung im Ausland zu befragen, braucht amtlicherseits nicht entsprochen zu werden; insoweit gilt noch PA 30. 5. 1958, Bl. 1958, 190, 191. Im übrigen vgl. § 26 Anm. 81.

Es ist auch ständige Praxis, das **in einem unzulässigen Einspruch genannte Material von Amts wegen aufzugreifen, wenn es wesentlich ist;** PA 16. 11. 1933, Mitt. 1934, 82; so zutreffend auch PA 17. 7. 1963, Mitt. 1964, 136. **Amtlich einzuführender Vergleichsstoff zum Stand der Technik** ist den Beteiligten in einem Zwischenbescheid mitzuteilen. An der Erörterung dieses Materials sind die Einsprechenden nicht beteiligt, es ist ihnen aber nicht verwehrt, sich hierzu zu äußern. Aber auch bei der früheren strengen Handhabung der Verfahrensbeteiligung wurden die Einsprechenden, wenn ihr Einspruch mindestens teilweise zulässig war, gelegentlich an der Erörterung des nachgebrachten Materials beteiligt; PA 20. 3. 1939, Bl. 1939, 158 = Mitt. 1939, 126; vgl. hierzu auch Reimer § 32 Anm. 17. In der Entscheidung ist mit Recht auf die Schwierigkeit einer anderen Handhabung, z. B. in einer mündlichen Verhandlung, hingewiesen. Außerdem sei die Beteiligung auch im Interesse der Wahrheitsfindung tunlich. Vgl. auch PA Gr. Sen. 17. 3. 1943, Bl. 1943, 40, 41 r. Sp. Nachdem gemäß der neuen Regelung im § 28 a Abs. 3 Satz 3 (ohne zeitliche Beschränkung) jedermann berechtigt ist, dem Patentamt Druckschriften anzugeben, die der Erteilung eines Patents entgegenstehen könnten, stellen entsprechende Eingaben nach Ablauf der Einspruchsfrist kein Problem mehr dar. Das beigebrachte Material ist in das Verfahren einzuführen, und bei Stichhaltigkeit ist in einem Zwischenbescheid zu begründen, warum und inwieweit es patenthindernd ist. Ist das Material nicht stichhaltig, genügt – falls die Sache sonst entscheidungsreif ist – ein entsprechender Hinweis im Beschluß. 39

Durch die durch das Patentgesetz von 1936 eingeführte Verpflichtung zur Begründung des Einspruchs innerhalb der Einspruchsfrist sollen Verzögerungen durch zurückgehaltenen und erst im späteren Verlauf des Verfahrens eingeführten Vergleichsstoff und dadurch u. U. notwendiges wiederholtes Anhören vermieden werden; vgl. Begr. zu § 32 in Bl. 1936, 111. Die **Beteiligung am nachgebrachten Material** soll in geeigneten Fällen unbenommen bleiben. Dem Patentamt sollte nur eine größere verfahrensrechtliche Freiheit gegeben werden. Hiergegen Kruse, GRUR 1941, 298. Eine schuldhafte Erschwerung der Aufklärung des Sachverhalts seitens eines Beteiligten kann im Rahmen der freien Beweiswürdigung berücksichtigt werden; BVerwG 26. 4. 1960, BVerwGE 10, 270.

Wegen Nichtbeachtung sehr spät nachgebrachten Materials (zwei Jahre nach Bekanntmachung in mündlicher Verhandlung) in sinngemäßer Anwendung von § 279 ZPO vgl. PA 24. 2. 1939, Bl. 1939, 62. Anders, wenn das nachgebrachte Material der Anmelderin bekannt sein mußte; PA 19. 6. 1939, Mitt. 1939, 214.

4. Mündliche Verhandlung / Zeugenvernehmung

40 Eine Verpflichtung zur Anhörung (mündliche Verhandlung) der Beteiligten nach der Bekanntmachung besteht vor dem Patentamt gem. § 33 nicht. Es wird somit vom vorliegenden Fall abhängen, ob durch eine mündliche Verhandlung das Verfahren gefördert werden kann. Gegebenenfalls sollte von der Möglichkeit Gebrauch gemacht werden. Im einzelnen vgl. hierzu bei § 33. **Findet mündliche Verhandlung statt,** sind alle Beteiligten zu laden, auch dann, wenn etwa vorher eine Zeugenvernehmung stattgefunden hat. Wegen der **Anhörung vor der Patentabteilung vgl. § 33 Anm. 7 und Einspr. Richtl. 4 f.**

41 **Sind Zeugen zu vernehmen,** so ist die unmittelbare Vernehmung der Zeugen vor der erkennenden Instanz (hier Patentabteilung) nicht nur wegen der sachgemäßen Handhabung des den Beteiligten nach § 397 ZPO zustehenden Fragerechts, sondern auch wegen Gewinnung des persönlichen Eindrucks einer Vernehmung durch einen ersuchten Richter unbedingt vorzuziehen, sofern nicht besondere Umstände (z. B. Kostenfragen) eine wesentliche Rolle spielen; PA 6. 11. 1937, Bl. 1937, 196. Eine Beschwerde gegen die Ablehnung unmittelbarer Vernehmung ist aber nur zusammen mit der Anfechtung in der Hauptsache möglich; PA 6. 11. 1937, a. a. O. An **Terminen mit Zeugenvernehmungen** sind in der Regel nur diejenigen Einsprechenden zu beteiligen, über deren Vorbringen die Zeugen aussagen sollen. Ob noch der frühere Standpunkt gelten soll, daß der wegen widerrechtlicher Entnahme Einsprechende kein Anrecht auf Teilnahme an der mündlichen Verhandlung hat, da er an dem auf Versagung gerichteten Einspruchsverfahren nicht beteiligt ist, muß bezweifelt werden, denn für den wegen widerrechtlicher Entnahme Einsprechenden besteht ein Interesse daran, daß der Anmelder das Verfahren nicht nachlässig führt; vgl. wegen ähnlicher Überlegungen PA 10. 1. 1953, Bl. 1953, 85.

Im Einspruchsverfahren sind in sinngemäßer Anwendung des § 357 ZPO die Einsprechenden mit dem Anheimstellen zur Teilnahme zu laden. Die abweichende Auffassung PA 12. 6. 1915, GRUR 1916, 323 dürfte überholt sein. Vgl. auch Meurer, Mitt. 1937, 357. Versuche können vom gerichtlichen Sachverständigen in Abwesenheit der Parteien vorgenommen werden; RG 6. 3. 1926, Mitt. 1926, 156. Wegen der Teilnahme der Verfahrensbeteiligten an einer Vorführung des Anmeldungsgegenstands vgl. auch § 33 Anm. 14.

Zeugenvernehmung setzt einen Beweisbeschluß (§ 358 ZPO) voraus. Eine selbständige Anfechtbarkeit des Beschlusses, durch den die eine oder andere Art der Beweisaufnahme angeordnet wird, ist nicht gegeben (§ 355 ZPO). Im einzelnen **s. zur Zeugenvernehmung** Einspr. Richtl. Nr. 4 f.; §§ 41 c Anm. 5 ff.; 46 Anm. 1.

Wegen der **Kostenvorschußpflicht** des Einsprechenden für eine auf Grund seiner Behauptung angeordnete Beweisaufnahme vgl. PA 18. 12. 1916, Bl. 1917, 6. Betreffs der Entschädigung von Zeugen vgl. Meyer-Höver, Gesetz über die Entschädigung von Zeugen und Sachverständigen, Köln, Berlin, Bonn, München 1968.

Wegen der Zulässigkeit **eidesstattlicher Versicherungen** und der sinngemäßen Anwendung der §§ 448 und 452 ZPO (Parteivernehmung) im patentamtlichen Erteilungsverfahren vgl. PA 14. 7. 1953, 340, 341.

Die frühere Bestimmung des § 7 Satz 2 DPAVO a. F. betr. die notwen- **42**
dige Zustimmung der Beteiligten, daß gegebenenfalls **bei notwendigem Eintritt eines Mitglieds in die Patentabteilung, das an einer vorhergegangenen mündlichen Verhandlung nicht teilgenommen hat,** ohne Wiederholung der mündlichen Verhandlung entschieden werden kann (für das BPatG besteht die Bestimmung in § 41 h Abs. 3 PatG) wurde **nicht** in die neue DPAVO übernommen. Hierdurch soll offensichtlich der Verfahrensablauf beschleunigt werden. Außerdem werden die Kosten für die Beteiligten wesentlich vermindert. Da die mündliche Verhandlung im Einspruchsverfahren ohnehin fakultativ ist und noch die zweite Instanz verbleibt, sollten keine Bedenken gegen die Abschaffung des grundsätzlichen Zwanges zur Wiederholung der mündlichen Verhandlung im Einspruchsverfahren bestehen. In den meisten Fällen dieser Art wurde außerdem von den Beteiligten darauf verzichtet.

Vorführung bzw. Besichtigung des Gegenstands des nachgesuchten Patents oder einer entgegengehaltenen Einrichtung kann auf Antrag oder von Amts wegen angeordnet werden; s. § 33 Anm. 14.

VI. Zurücknahme des Einspruchs / Tod eines Beteiligten

Die Zurücknahme des Einspruchs erlangt mit dem Zugang beim DPA **43**
volle Wirksamkeit. Nach ihrem Eingang kann sie nicht – auch nicht kurz danach – widerrufen werden; PA 16. 5. 1955, Bl. 1955, 297. Aus der Rücknahme des Einspruchs folgt nicht, daß alle seit Erhebung des Einspruchs vorgefallenen Verfahrenshandlungen hinfällig würden; BPatG 11. 12. 1963, E 5, 33, 34 = Bl. 1964, 163. Auch bei Zurücknahme des Einspruchs bleibt die Patentabteilung zuständig; vgl. Einspr. Richtl. Nr. 2. Der Wegfall des Einspruchs entzieht dem bisherigen Einspruchsverfahren weder die Grundlage noch hindert er dessen Fortgang; BPatG 15. 7. 1971, E 12, 149, 150. Das Patentamt setzt – unabhängig von der Einlegung eines zulässigen Einspruchs – das Prüfungsverfahren von Amts wegen auch nach der Bekanntmachung mit der Wirkung fort, daß patenthinderndes Material (ganz gleich, wie es zur Kenntnis des PA gelangte) zu berücksichtigen ist; BGH 29. 4. 1969, GRUR 1969, 562, 563 – Appreturmittel. Eine Beschwerdeentscheidung im Einspruchsverfahren setzt dagegen die Aufrechterhaltung

eines Einspruchs voraus; BGH 29. 4. 1969, a. a. O., 564. Bei **Zurücknahme der Beschwerde des Einsprechenden** (vgl. auch Anm. 47) gegen einen erstinstanzlichen Erteilungsbeschluß wird das Verfahren in der zweiten Instanz beendet und der erstinstanzliche Erteilungsbeschluß rechtskräftig; z. B. BPatG 20. 7. 1962, E 2, 80. Vgl. auch Zeunert, GRUR Sonderheft, Aus der Arbeit des BPatG, 1963, 16, 17 (im wesentlichen = GRUR 1963, 449, 450). Erfolgt die Zurücknahme der Beschwerde des Einsprechenden aber erst nach Verkündung des Beschlusses des Beschwerdesenats, so wird dessen Wirksamkeit nicht berührt; BGH 29. 4. 1969, a. a. O. Die Zurückziehung des einzigen Einspruchs vor Einlegung der Beschwerde des Anmelders gegen den Versagungsbeschluß hindert nicht die Sachprüfung und -entscheidung des Beschwerdegerichts; BPatG 15. 6. 1971, E 12, 149.

Die Zurücknahme einer Beschwerde ist nur so lange zulässig, wie die Entscheidung über die Beschwerde noch nicht „ergangen" (hier: mit Verkündung) ist; BGH 29. 4. 1969, a. a. O. Eine weitergehende, die Wirksamkeit der Beschwerdeentscheidung beseitigende Bedeutung kommt auch der Zurücknahme des Einspruchs nicht zu; BGH 29. 4. 1969, a. a. O.

Im übrigen wird im Verfahren vor der **ersten** Instanz – falls das Einspruchsverfahren nicht wegen anderer Einsprüche fortzusetzen ist – von Amts wegen zu prüfen sein, ob mit den vorliegenden Ansprüchen (auf Grund eines Antrags des Anmelders oder mit dessen Einverständnis) eine Patenterteilung beschlossen werden kann oder ob etwa auf Grund des Standes der Technik weitere Einschränkung oder Versagung in Frage kommt. Das Verfahren ist dann mit dem Anmelder fortzusetzen. Grundlegend anders ist die Handhabung, wenn der einzige noch wirksame Einspruch **in der zweiten Instanz** zurückgenommen wird, weil dann automatisch der erstinstanzliche Erteilungsbeschluß **ohne Änderung** rechtskräftig wird, auch dann, wenn sich der Patentsucher im Einspruchsverfahren in der zweiten Instanz beschränkt hatte; vgl. Ballhaus in Mitt. 1961, 221, 228. PA 15. 2. 1952, Bl. 1952, 194 ist somit jedenfalls für die zweite Instanz hinfällig. Deshalb ist eine Zurücknahme des Einspruchs in der zweiten Instanz sehr problematisch; vgl. W. Horn, Mitt. 1962, 96 und Bendler, Mitt. 1962, 214. Das Beschwerdeverfahren kann von Amts wegen entgegen der Meinung von Ruso, GRUR 1962, 493 nicht fortgesetzt werden; Bendler, GRUR 1963, 113. Vgl. auch BPatG 30. 11. 1961, E 2, 197, 199 = Bl. 1962, 50; BPatG 20. 7. 1962, E 2, 80.

Die Erklärung des Einsprechenden, an der weiteren Bekämpfung der Anmeldung nicht mehr interessiert zu sein, ist als Rücknahme des Einspruchs anzusehen; vgl. hierzu BPatG 27. 3. 1962, E 1, 89. Geht die Rechtspersönlichkeit einer einsprechenden Gesellschaft durch Löschung im Handelsregister unter und ist nicht ersichtlich, daß Rechte aus dem erhobenen Einspruch auf Dritte übergegangen sind, fällt der Einspruch im Verfahren fort; BPatG 29. 3. 1962, E 1, 78, 79.

Nach BPatG 8. 9. 1961, E 1, 1 soll durch den Tod des Anmelders keine Verfahrensunterbrechung eintreten. Vgl. ferner Anm. 6.

VII. Vorabentscheidungen

Über die **Zulässigkeit des Einspruchs** kann vorab entschieden werden. 44
Eine solche Entscheidung ist notwendig, wenn sie der Einsprechende auf eine ihn von dem Verfahren ausschließende prozeßleitende Verfügung hin fordert. Sind die Fragen der Zulässigkeit des Einspruchs und der Patenterteilung gleichzeitig entscheidungsreif, so kann über beide Fragen in einem einheitlichen Beschluß entschieden werden, auch wenn der Einsprechende Vorabentscheidung beantragt; PA 30. 4. 1954, Bl. 1954, 260, 261. Vgl. auch PA 10. 6. 1959, Bl. 1959, 324; PA 9. 11. 1960, Bl. 1961, 57. Eine Vorabentscheidung über den **Zeitpunkt einer Patentanmeldung** ist nicht zulässig; PA 25. 3. 1955, Bl. 1955, 216, ebenso BPatG 9. 5. 1962, E 2, 56, 59. Nach letztgenannter Entscheidung ist es auch nicht statthaft, über die Zulässigkeit der **Weiterverfolgung eines fallengelassenen Anmeldungsteils** durch selbständigen Beschluß zu entscheiden. Über ein nicht ausreichend begründetes **Fristverlängerungsgesuch** braucht nicht vorweg gesondert entschieden zu werden; die Ablehnung kann zugleich mit der Zurückweisung der Anmeldung ausgesprochen werden; BGH 21. 12. 1962, E 2, 253.

Eine **selbständige Entscheidung** ist nur insoweit zulässig, als sie das Gesetz für den betreffenden Verfahrensabschnitt ausdrücklich oder nach dem Sinn des Verfahrens vorsieht; BPatG 9. 5. 1962, a. a. O. Eine **unzulässige Vorabentscheidung** stellt eine mit der Beschwerde anfechtbare Verfügung dar; BPatG 9. 5. 1962 a. a. O.

Gegen eine Vorabentscheidung der Prüfungsstelle (heute: Patentabteilung), mit der die Zulässigkeit eines Einspruchs bejaht wird, hat die Anmelderin kein selbständiges Beschwerderecht; PA 28. 3. 1955, Bl. 1955, 188.

Vgl. dazu § 36 l Anm. 3 unter »Einspruch«.

VIII. Beschlußfassung

Wenn der vorliegende Tatbestand geklärt und festgestellt ist und ge- 45
gebenenfalls auch der Aufklärungs- und Erörterungspflicht aus § 139 ZPO genügt ist (vgl. Anm. 33–37), ist die Sache entscheidungsreif. Daran hindert nicht etwa die inzwischen erfolgte Zustellung von nur zur Kenntnisnahme ohne Gewährung einer Äußerungsfrist übermittelter Schriftstücke.

Bei Versagung ist über alle aufrechterhaltenen **Anträge** zu entscheiden, insbesondere wenn vom Anmelder mehrere Alternativ-Ansprüche vorgelegt wurden. Auf jeden Fall dürfen bei der Entscheidung nur solche Tatsachen,

Beweisergebnisse und Tatumstände berücksichtigt werden, zu denen sich die Beteiligten äußern konnten; BGH 21. 12. 1962, E 2, 253, 257; BGH 28. 4. 1966, GRUR 1966, 583 = Bl. 1966, 234 – Abtastverfahren. Ausnahme: siehe die in Anm. 37 behandelte BPatG 6. 8. 1971, E 13, 76. Ein am Erteilungsverfahren Beteiligter muß sich darauf verlassen können, daß nicht einen Monat nach Eingang einer Eingabe noch negative Entscheidungen auslaufen, die dann überholt und inhaltlich unrichtig sind; BPatG 20. 2. 1969, Mitt. 1969, 153. Bei Patentversagung wegen Nichtpatentfähigkeit braucht über den Einspruchsgrund »widerrechtliche Entnahme« nicht entschieden zu werden; PA 11. 1. 1908, Bl. 1908, 132. Eine Beschlußverkündung im Anschluß an eine Anhörung ist zu unterlassen; s. § 33 Anm. 8.

Es kann lediglich ein **einheitlicher Beschluß** (entweder Versagung oder Erteilung im bekanntgemachten bzw. eingeschränkten bzw. klargestellten Umfang; PA 31. 1. 1911, MuW 1911/12, 449. Mit dem Beschluß wird auch über die Einsprüche entschieden. Wegen Behandlung eines **Antrags auf Kostenentscheidung** vgl. § 33 Anm. 16.

Beschlüsse über die Erteilung eines Patents ergehen vielfach ohne mündliche Verhandlung i. S. der ZPO. Unter Berücksichtigung des Geschäftsablaufs im DPA ist als Zeitpunkt, bis zu dem die Beteiligten Berücksichtigung neuer beim Patentamt eingegangener Vorbringen (Anträge) erwarten können, auf den vom Urkundsbeamten der Geschäftsstelle vermerkten Zeitpunkt der Abgabe der Entscheidung an die Postabfertigungsstelle, und nicht etwa auf den der Absendung der Entscheidung seitens der Postabfertigungsstelle, abzustellen; BGH 9. 3. 1967, Bl. 1967, 324, 326 = GRUR 1967, 435 – Isoharnstoffäther; BPatG 1. 3. 1972, Mitt. 1972, 177. S. auch §§ 28 b/29 Anm. 52 und § 34 Anm. 16.

46 Die **Begründung der Entscheidung** muß den an sie zu stellenden Anforderungen entsprechen; im einzelnen vgl. § 34 Abs. 1. Vgl. ferner PA 10. 12. 1957, Bl. 1957, 150, nach der die Gedankengänge, die zur Beschlußfassung geführt haben, anzugeben sind. Verbleibt nach einer wegen unzulässiger Erweiterung im Einspruchsverfahren vorgenommenen Ausscheidung kein einer Patentierung fähiger Rest in der Stammanmeldung, so kann in dieser der Versagungsbeschluß nicht damit begründet werden, der bekanntgemachte Anmeldungsgegenstand sei in unzulässiger Weise abgeändert worden; BPatG 22. 7. 1966, E 8, 201.

Mehrere Einsprüche werden mit ihren Anträgen in Zwischenbescheiden und Beschlüssen gemeinsam behandelt; vgl. z. B. PA 26. 9. 1929, Mitt. 1929, 342. Ein **einheitlicher Beschluß** ergeht auch dann, wenn einer der Einsprüche auf widerrechtliche Entnahme gestützt ist; PA 4. 3. 1937, Mitt. 1937, 118. Die zulässig Einsprechenden erhalten alle Gründe. Bei Behandlung eines auf **widerrechtliche Entnahme** gestützten Einspruchs ergehen erforderliche Zwischenbescheide nur an den beteiligten Einsprechenden. Wird die Feststellung der Unzulässigkeit des Einspruchs erst mit dem Erteilungsbeschluß verbunden, so ist dieser Beschluß dem unzulässig Einsprechenden vollständig zuzustellen; BPatG 24. 11. 1965, Mitt. 1966, 179; PA 30. 6. 1933, Mitt. 1933, 270 ist damit überholt. Wird die Zulässigkeit eines Einspruchs in der zweiten Instanz entgegen dem erstinstanzlichen Beschluß festgestellt, so braucht das in der Beschlußformel nicht ausdrücklich festgestellt zu werden; BPatG 6. 6. 1967, E 9, 185, 192.

Wegen der Zustellung der Beschlüsse vgl. § 34 Anm. 18 und § 45 a.

IX. Beschwerderecht

Gegen den Beschluß der Patentabteilung ist Beschwerde gem. § 36 l 47
Abs. 1 möglich. Wegen der erforderlichen Rechtsmittelbelehrung vgl. § 34 Anm. 19. Allein die Einzahlung der Beschwerdegebühr ohne fristgerechte Beschwerdeerklärung und Angabe des Verwendungszwecks ist ungenügend; PA 20. 3. 1959, Mitt. 1960, 38. Wegen der Unterschrift bei telegraphischer oder fernschriftlicher Beschwerdeeinlegung s. § 32 Anm. 9. Im einzelnen s. § 36 l Anm. 9 ff. Zum Beschwerderecht des Einsprechenden, dessen Einspruch für unzulässig erklärt ist, vgl. Anm. 30. Mehrere Einsprechende müssen bei gemeinsamer Vertreterbestellung für jede Beschwerde je eine Gebühr bezahlen; BPatG 2. 10. 1970, E 12, 158; s. weiter Anm. 26. Wegen Zurücknahme der Beschwerde und ihrer Auswirkung auf das Verfahren s. Anm. 43. Im Hinblick auf die Prioritätsanwartschaft des wegen widerrechtlicher Entnahme Einsprechenden steht diesem ein Beschwerderecht zu, wenn die Patentanmeldung ohne Berücksichtigung seines Einspruchs wegen widerrechtlicher Entnahme mangels Neuheit zurückgewiesen ist; PA Gr. Sen. 18. 2. 1942, Bl. 1942, 40; BPatG 13. 1. 1967, E 9, 196, 199. Betr. Beschwerderecht bei übersehenem Einspruch s. Anm. 49.

Unbefriedigend wegen der schwerwiegenden Folgen für die Praxis ist BGH 31. 1. 1967, GRUR 1967, 543, 546 = Bl. 1967, 223 – Bleiphosphit – soweit der Beschluß zu dem Ergebnis kommt, daß – da ein Beschwerderecht nur ein am Verfahren Beteiligter hat – ein solches Recht einem Dritten auch dann nicht zusteht, wenn dieser mangels **unterlassener Bekanntmachung** der Anmeldung einen Einspruch nicht einlegen konnte. Kritisch auch Beil im Anschluß an die Veröffentlichung. Im Beschluß (S. 547) ist auf die mögliche Handhabung nach BPatG 20. 12. 1965, E 8, 23, 27, 28 hingewiesen; hierzu aber kritisch Ballhaus in Benkard § 26 Anm. 70.

Vgl. auch Lewinsky, Mitt. 1958, 24, der unter Bezugnahme auf die Rechtsprechung einen Überblick zur Zulässigkeit der Beschwerde im Einspruchsverfahren gibt.

Im Einspruchsbeschwerdeverfahren hat grundsätzlich jeder Beteiligte seine Kosten selbst zu tragen; BPatG 28. 3. 1968, Mitt. 1969, 155. Im übrigen vgl. zur Kostenfrage § 33 Anm. 16.

C. Patenterteilung ohne Einspruch

48 Wird kein Einspruch erhoben, hat die Prüfungsstelle nach Ablauf der Einspruchsfrist gemäß § 32 Abs. 3 über die Erteilung des Patents Beschluß zu fassen. In der Regel wird das Patent dann auf Grund der ausgelegten Unterlagen erteilt werden. Voraussetzung ist, daß das Einverständnis des Anmelders mit der Fassung der ausgelegten Unterlagen (insbesondere der Patentansprüche) fortbesteht. Denn der **Erteilungsbeschluß** kann **nur mit den vom Anmelder genehmigten Unterlagen erfolgen;** PA 2. 2. 1955, Mitt. 1955, 129. Das Patentamt darf nicht vom Antrag des Anmelders abweichen; BGH 30. 1. 1962, GRUR 1962, 398 = Bl. 1962, 141 – Atomschutzvorrichtung.

Sollte jedoch in der Zwischenzeit der Prüfungsstelle ihrer Auffassung nach patenthinderndes Material bekanntgeworden sein – ganz gleich auf welche Weise – so hat sie dem Patentsucher dies mitzuteilen und darzulegen, ob bzw. in welchem Umfang ihrer Meinung nach noch eine Patenterteilung möglich erscheint. Je nach dem Ergebnis der Auseinandersetzung mit dem Patentsucher ist das Patent schließlich auf Grund der ausgelegten oder eingeschränkten Unterlagen zu erteilen, gegebenenfalls auch zu versagen; PA 26. 3. 1932, Mitt. 1932, 130, 131. Ebenso BGH 29. 4. 1969, GRUR 1969, 562, 563 unter III 2 – Appreturmittel. Wird gegen den Versagungsbeschluß Beschwerde eingelegt, hat das BPatG den Beschluß der Prüfungsstelle zu bestätigen oder das Patent zu erteilen; wegen Patenterteilung durch die zweite Instanz vgl. § 35 Anm. 1. Vgl. auch Anm. 8 und § 28 a Anm. 16.

49 Falls kein Einspruch erhoben wird, ist es amtsüblich, dem Patenterteilungsbeschluß keine Begründung beizufügen. Die Gründe, die zur Patenterteilung geführt haben, können dann nur aus den Erteilungsakten entnommen werden. Bei beabsichtigter **Erteilung eines Zusatzpatents** ist darauf zu achten, daß der Erteilungsbeschluß des Hauptpatents rechtskräftig geworden ist und das Patent noch besteht. Wegen eines laufenden **Umschreibungsantrags** sollte die Patenterteilung zurückgestellt werden, wenn dadurch nur eine kurze Verzögerung eintritt. Grundsätzlich findet in diesem Fall aber keine Aussetzung statt; PA 1. 6. 1912, Bl. 1912, 252. Wird versehentlich vor Ablauf der Einspruchsfrist ein **Patent erteilt, obwohl ein Einspruch eingegangen** ist oder innerhalb der Frist eingeht, ist der erlassene Patenterteilungsbeschluß nur im Wege der Beschwerde anfechtbar; BPatG 20. 6. 1972, E 14, 191; BPatG 14. 4. 1971, E 12, 151; BPatG 27. 9. 1968, Mitt. 1970, 154; PA 17. 6. 1937, Mitt. 1937, 212; PA 26. 2. 1936, Mitt. 1936, 204. Auf Beschwerde wird der Erteilungsbeschluß aufgehoben.

§ 33

(1) Die Prüfungsstelle und die Patentabteilung können jederzeit die Beteiligten laden und anhören, Zeugen, Sachverständige und Beteiligte eidlich oder uneidlich vernehmen sowie andere zur Aufklärung der Sache erforderliche Ermittlungen anstellen. Bis zum Beschluß über die Bekanntmachung ist der Patentsucher auf Antrag zu hören, wenn es sachdienlich ist. Der Antrag ist schriftlich einzureichen. Wird der Antrag nicht in der vorgeschriebenen Form eingereicht oder erachtet die Prüfungsstelle die Anhörung nicht für sachdienlich, so weist sie den Antrag zurück. Der Beschluß, durch den der Antrag zurückgewiesen wird, ist selbständig nicht anfechtbar. Über die Anhörungen und Vernehmungen ist eine Niederschrift zu fertigen, die den wesentlichen Gang der Verhandlung wiedergeben und die rechtserheblichen Erklärungen der Beteiligten enthalten soll. Die Niederschrift über die Aussage eines Zeugen, Sachverständigen oder Beteiligten ist diesem vorzulesen oder zur Durchsicht vorzulegen. In der Niederschrift ist zu vermerken, daß dies geschehen und sie genehmigt ist oder welche Einwendungen erhoben sind. Die Beteiligten erhalten eine Abschrift der Niederschrift.

(2) In dem Beschluß über die Erteilung des Patents kann das Patentamt nach billigem Ermessen bestimmen, inwieweit einem Beteiligten die durch eine Anhörung oder eine Beweisaufnahme verursachten Kosten zur Last fallen. Die Bestimmung kann auch getroffen werden, wenn die Anmeldung oder der Einspruch ganz oder teilweise zurückgenommen wird. Zu den Kosten gehören außer den Auslagen des Patentamts auch die den Beteiligten erwachsenen Kosten, soweit sie nach billigem Ermessen des Patentamts zur zweckentsprechenden Wahrung der Ansprüche und Rechte notwendig waren. Der Betrag der zu erstattenden Kosten wird auf Antrag durch das Patentamt festgesetzt. Die Vorschriften der Zivilprozeßordnung über das Kostenfestsetzungsverfahren und die Zwangsvollstrekaus Kostenfestsetzungsbeschlüssen gelten entsprechend. An die Stelle der Erinnerung tritt die Beschwerde gegen den Kostenfestsetzungsbeschluß; § 36 l ist mit der Maßgabe anzuwenden, daß die Beschwerde innerhalb von zwei Wochen einzulegen ist. Die vollstreckbare Ausfertigung wird vom Urkundsbeamten der Geschäftsstelle des Patentgerichts erteilt.

ÜBERSICHT

A. Sachaufklärung durch die Prüfungsstelle

I. Anhörung vor dem Patentamt

1. Anordnung von Amts wegen

1 Wegen der Natur der im Patenterteilungsverfahren behandelten Materie (entscheidende Bedeutung des Inhalts der ursprünglichen Beschreibung der beanspruchten Erfindung für jedes später geltend gemachte Patentbegehren) ist das Verfahren grundsätzlich schriftlich. Das Patentgesetz schreibt auch für viele Anträge (z. B. betr. Recherche, Prüfung, Beschränkung, Lizenzbereitschaft, Armenrechtgewährung) ausdrücklich Schriftform vor. Über den Sachverhalt wird im Patenterteilungsverfahren weitgehend schriftlich verhandelt. Deshalb braucht vor einer Entscheidung nicht notwendigerweise mündlich verhandelt worden zu sein und eine stattgefundene mündliche Verhandlung schließt eine weitere schriftliche Erörterung nicht aus, ohne deshalb zur nochmaligen mündlichen Verhandlung zu zwingen. Wegen des Zeitpunkts, bis zu dem die Beteiligten mit Berücksichtigung eines schriftlichen Vorbringens rechnen können, wenn ein Beschluß ohne mündliche Verhandlung zu erwarten ist, vgl. § 32 Anm. 45. Trotzdem kann die

mündliche Verhandlung (Gewährung des rechtlichen Gehörs durch mündliche Anhörung) auch im Erteilungsverfahren eine wichtige Rolle spielen; in ihr können Unklarheiten in den ursprünglichen Unterlagen erörtert werden, um entscheiden zu können, ob in den ursprünglichen Unterlagen eine fertige Lehre zum technischen Handeln offenbart wurde, in ihr können Zweifel an der Wirkungsweise, an der Fortschrittlichkeit und die Frage der Erfindungshöhe des beanspruchten Gegenstands gegenüber dem nachgewiesenen Stand der Technik untersucht werden. Schließlich kann die Frage der zutreffenden Anspruchsfassung besprochen werden. Dies alles sind beispielsweise Ermittlungen, die der Aufklärung der Sache dienen; vgl. § 33 Abs. 1 Satz 1. Eine Anhörung des vom Anmelder benannten Erfinders von Amts wegen läßt sich nur rechtfertigen, wenn er besondere Sachkenntnis besitzt; PA 10. 1. 1953, Bl. 1953, 85, 86. In der Regel ist eine solche Anhörung nicht üblich.

2. Antrag seitens des Anmelders oder der Einsprechenden

Antrag auf mündliche Verhandlung kann außer vom Anmelder im Ein- 2
spruchsverfahren auch von den anderen Beteiligten gestellt werden. **Bis zum Beschluß über die Bekanntmachung** ist der Patentsucher auf Antrag zu hören, wenn es **sachdienlich** ist; § 33 Abs. 1 Satz 2. **Nach der Bekanntmachung** steht es im **pflichtgemäßen Ermessen** der Patentabteilung, ob sie einem gestellten Antrag stattgeben will; es wird darauf ankommen, ob die mündliche Verhandlung zur Entscheidungsfindung notwendig ist.

Ein Antrag auf Anhörung ist gemäß § 33 Abs. 1 Satz 3 schriftlich zu stellen. Der Antrag muß klar und eindeutig sein. Ein Antrag auf Gelegenheit zur nochmaligen sachlichen Stellungnahme schließt einen Antrag auf mündliche Verhandlung nicht ein; gegebenenfalls kann daraufhin sofort entschieden werden; PA 8. 6. 1956, Bl. 1956, 278. In der Stellung eines Antrags auf Entscheidung nach Lage der Akten ist ein Verzicht auf eine vorher beantragte mündliche Verhandlung oder auf eine Wiederholung eingeschlossen; vgl. hierzu PA 27. 2. 1934, Mitt. 1937, 302. Bei mehreren Verfahrensbeteiligten kann sich der einzelne nicht darauf verlassen, daß auf Grund eines anderen Antrags mündlich verhandelt wird. Hält der Betreffende eine mündliche Verhandlung für zweckmäßig, muß er einen eigenen begründeten Antrag stellen.

An die Zusage einer mündlichen Verhandlung ist die Prüfungsstelle im allgemeinen gebunden; PA 10. 3. 1939, GRUR 1939, 482. Ein Verzicht auf mündliche Verhandlung kann jedenfalls dann nicht widerrufen werden, wenn auch der andere Verfahrensbeteiligte eine solche Verzichterklärung abgegeben hat; BVerwG 23. 5. 1957, BB 1957, 873. Wegen des Zeitpunktes, bis zu dem vor Beschlußzustellung eingehende Anträge zu berücksichtigen sind, s. § 34 Anm. 16.

3. Zur Frage der Sachdienlichkeit der Anhörung

3 **Voraussetzung für die Sachdienlichkeit** einer Anhörung ist, daß die materiellen Grundlagen der Anmeldung betroffen werden; PA 7. 12. 1951, Bl. 1952, 93; vgl. hierzu auch PA 28. 3. 1956, Mitt. 1956, 101 und PA 18. 4. 1956, Mitt. 1956, 103. Hierzu gehören Erörterungen betr. die technische Wirkungsweise (PA 13. 1. 1960 Bl. 1960, 224) und den Erfolg der beanspruchten Erfindung und Fragen der Offenbarung der beanspruchten Maßnahme, ferner Erörterungen betr. den Stand der Technik und dessen Verhältnis zum Anmeldungsgegenstand. Hält die Prüfungsstelle den technischen Sachverhalt nicht für abschließend geklärt, ist beantragte mündliche Verhandlung sachdienlich; BPatG 22. 9. 1970, E 12, 17. Ein Mangel an Aufklärung der wirklichen Sach- und Rechtslage ist Versagung des rechtlichen Gehörs; BPatG 13. 5. 1971, E 12, 177, 182.

4 Nicht zur Förderung der Sache dienend (**nicht sachdienlich**) werden angestrebte mündliche Erörterungen formaler Anmeldungserfordernisse (Zahlung der Anmeldegebühr, Benennung des Erfinders, Formmängel) sein; BPatG 28. 4. 1965, E 7, 26, 30, 31 und PA 18. 10. 1951, Bl. 1952, 93, 94 mit Hinweisen auf entsprechende RPA-Entscheidungen, die der heutigen Praxis entsprechen. Eine mündliche Verhandlung ist nicht erforderlich, wenn nur über die Erfüllung einer dem Anmelder auferlegten Verpflichtung verhandelt werden soll; PA 15. 1. 1937, Mitt. 1937, 172; PA 16. 9. 1937, Bl. 1937, 184. Die Entscheidung eines Wiedereinsetzungsantrags erfordert keine mündliche Verhandlung; BPatG 10. 10. 1961, E 1, 132, 136, 137. Die Entscheidung einer prozessualen Vorfrage gibt keine Veranlassung zur mündlichen Verhandlung; PA 19. 5. 1933, Bl. 1933, 155; PA 6. 6. 1934, Mitt. 1934, 212, 213 r. Sp. Offensichtlich nur zur Verschleppung des Verfahrens gestellte Anträge auf Anhörung rechtfertigen eine solche nicht; PA 16. 9. 1937, Bl. 1937, 184; PA 23. 12. 1937, Mitt. 1938, 70. Ist der technische Sachverhalt und das Patentbegehren im Rahmen des Möglichen (mit eingehenden Begründungen) geklärt und stehen sich im entscheidungswesentlichen Punkt gefestigte patentrechtliche Beurteilungen gegenüber, ist eine mündliche Anhörung nicht sachdienlich, BPatG 29. 7. 1971, E 13, 69.

4. Entscheidung über den Antrag auf Anhörung

5 Hält die Prüfungsstelle den Antrag auf mündliche Verhandlung für sachdienlich, wird entweder ein Termin angesetzt und es ergeht Ladung, oder aber zur Vorbereitung ergeht noch ein Zwischenbescheid, in dem z. B. neue Entgegenhaltungen genannt werden, die bei der Verhandlung berücksichtigt werden sollen.

Ein nicht formgerechter oder von der Prüfungsstelle als nicht sachdienlich erachteter Antrag auf Anhörung ist gemäß § 33 Abs. 1 Satz 4 und 5 durch begründeten Beschluß zurückzuweisen. Nach der bis zum 30. 6. 1961 gültigen Regelung war ein solcher Zurückweisungsbeschluß nicht anfechtbar. Die Anfechtbarkeit wurde, wie aus der amtl. Begr. zum 6. ÜG zur Neufassung des § 33 Abs. 1 Satz 5 hervorgeht, im Interesse einer Verstärkung der Rechtsgarantien innerhalb des patentamtlichen Verfahrens eingeführt; vgl. auch BPatG 28. 4. 1965, E 7, 26, 29, 30. Wegen § 34 Abs. 1 ist auch der Zurückweisungsbeschluß, der eine Anhörung als nicht sachdienlich ablehnt, zu begründen. Die Prüfungsstelle muß sich deshalb über die Sachdienlichkeit einer mündlichen Verhandlung schlüssige Gedanken machen und im Beschluß bekanntgeben, warum sie glaubt, daß eine mündliche Verhandlung die Sachlage nicht weiter klären bzw. das Verfahren nicht fördern kann; PA 13. 1. 1960, Bl. 1960, 224 und BPatG 27. 11. 1961, E 1, 80. Wegen der Auslegung des Begriffs »sachdienlich« vgl. insbesondere BPatG 28. 4. 1965, E 7, 26, 30, 31. Ablehnung einer beantragten sachdienlichen Anhörung kann nicht ausreichende Gewährung rechtlichen Gehörs sein und die Rückzahlung der Beschwerdegebühr rechtfertigen; BPatG 25. 5. 1962, E 2, 79. Vgl. auch BPatG 19. 11. 1969, Mitt. 1971, 174, 176 betr. »Verweigerung rechtlichen Gehörs« als »unrichtige« Sachbehandlung im Zusammenhang mit der Frage der Entstehung von Verwaltungskosten.

Die frühere Nichtanfechtbarkeit war nur ausgesprochen, um eine beabsichtigte Verzögerung des Verfahrens zu vermeiden; PA 13. 1. 1960, a. a. O. Aus dem gleichen Grund ist nach der gültigen gesetzlichen Regelung eine selbständige Anfechtbarkeit des Beschlusses nicht möglich; vgl. § 33 Abs. 1 Satz 5 und auch die amtl. Begr. zum 6. ÜG, Bl. 1961, 140, 149.

5. Ladung zur Anhörung

Ladung zum Termin und Absetzung eines Termins haben so rechtzeitig 6
wie möglich zu erfolgen; noch ermittelter Vergleichsstoff sollte möglichst vor der Verhandlung bekanntgegeben werden. Nach PA 17. 10. 1927, Mitt. 1927, 190 kann die Anmeldung – da das patentamtliche Verfahren grundsätzlich schriftlich ist – im Anschluß an die mündliche Verhandlung nicht auf Grund nur in dieser geäußerter Beanstandungen zurückgewiesen werden. Für die Zustellung gilt das VwZG vom 3. 7. 1952 in der Fassung vom 6. 10. 1965, vgl. § 45 a. Wegen der zu einer mündlichen Verhandlung im Einspruchsverfahren zu Ladenden vgl. bei § 32 Anm. 40.

Ein Antrag auf Vertagung (Verlegung) einer mündlichen Verhandlung setzt rechtzeitige Stellung eines entsprechenden Antrags und Ausschluß der Vermutung beabsichtigter Verschleppung voraus; PA 16. 12. 1926, Bl. 1927, 2. Grundsätzlich ist an die Genehmigung von Verlegungswünschen ein strenger Maßstab anzulegen; vgl. hierzu PA 16. 12. 1926, Bl. 1927, 2. Vgl. auch § 227 ZPO.

Bei Nichtwahrnehmung eines Termins kann sofort entschieden werden, wenn die Sache entscheidungsreif ist.

6. Die Anhörung

7 Findet eine Anhörung vor der Prüfungsstelle statt, leitet sie der Prüfer. Die Zulässigkeit der Zuziehung von Mitarbeitern des Prüfers oder anderer Mitglieder des Amts leitet sich aus § 18 Abs. 7 (früher Abs. 9) und § 33 Abs. 1 Satz 1 her. In der Regel (evtl. Ausnahme: wesentliche Änderung der Prozeßlage) wird dem Recht auf Anhörung mit einer einmaligen Verhandlung genügt sein; BPatG 23. 10. 1968, E 10, 296; BPatG 28. 12. 1970, E 12, 171. Nur unter ganz besonderen Umständen sollte ein neuer Termin zur Verhandlung angesetzt werden, wenn sich bei der Anhörung erweist, daß diese durch Verschulden eines Beteiligten (s. Einsp. Richtl. Nr. 4 f) nicht sachgerecht durchgeführt werden kann.

Bei der **Anhörung vor der Patentabteilung** müssen drei Mitglieder zugegen sein. Bei Zuziehung eines rechtskundigen Mitgliedes sollte es als viertes Mitglied in das Kollegium eintreten; s. hierzu § 18 Anm. 8. Nicht nur der Inländer, sondern auch der Ausländer braucht die Anhörung nicht durch den bevollmächtigten Vertreter wahrnehmen zu lassen, da kein dem § 78 ZPO entsprechender Anwaltszwang besteht; vgl. BPatG 22. 10. 1963, E 4, 160, 161. Der mit der Terminswahrnehmung Betraute muß hierzu aber mit Vollmacht versehen sein. Im Gegensatz zur mündlichen Verhandlung in der 2. Instanz, deren Öffentlichkeit sich nach § 369 Abs. 1 regelt, hat der Gesetzgeber eine solche Bestimmung für die Anhörung der Beteiligten im Einspruchsverfahren nicht getroffen. Die Anhörung der Beteiligten ist nicht öffentlich.

Nach Eröffnung der Sitzung sind die Namen der Erschienenen festzustellen und erforderliche Vollmachten zu den Akten zu nehmen und in der Niederschrift, die Ort und Tag der Verhandlung angeben muß, zu vermerken. Findet die mündliche Verhandlung vor der Patentabteilung statt, eröffnet und leitet der Vorsitzende die Sitzung. In diesem Fall ist noch zu prüfen, ob nicht erschienene Beteiligte ordnungsgemäß geladen waren; ist das der Fall, ist der Anspruch auf Anhörung für diese verwirkt. Zweck der mündlichen Verhandlung ist, strittige Punkte in Rede und Gegenrede zu erörtern. Insbesondere sind alle vorliegenden und in der Verhandlung gestellten Anträge zu behandeln, soweit nicht weitergehende Anträge genehmigt werden. Unklarheiten betr. die Wirkungsweise des Anmeldungsgegenstandes und entgegengehaltener Bauarten oder Verfahren und ihres Offenbarungsinhalts sind zu klären. Der Anmelder und gegebenenfalls die Beteiligten sind zu veranlassen, sich zu den Einwendungen der Prüfungsstelle bzw. Patentabteilung und der anderen Beteiligten insbesondere auch zur Frage des Fortschritts und der Erfindungshöhe zu äußern. Falls bei der Verhandlung ein patentfähiger Überschuß festgestellt wird und ein entsprechendes Patentbegehren gewährbar erscheint, aber die vorliegenden Ansprüche den Überschuß nicht zutreffend kennzeichnen, sind unter Mitwirkung des Anmelders entsprechende Ansprüche zu formulieren und festzustellen, ob diese der Anmelder in Form eines Antrags übernimmt. Gegebenenfalls sind diese als Antrag schriftlich niederzulegen und vom Anmelder zu unterschreiben. Wie auch sonst, ist besonders in der mündlichen Verhandlung darauf zu achten, daß das Patentbegehren nach Aufgabe und Lösung im Rahmen des ursprünglich offenbarten Erfindungsgedankens liegt.

Die Folgen unvorbereiteten Erscheinens zur Anhörung treffen den Anmelder selbst; so mit Recht Einspr. Richtl. Nr. 1.

Alle in der mündlichen Verhandlung abgegebenen rechtserheblichen Er- 8
klärungen (z. B. Verzichte) bedürfen der Schriftform. Die Unterschrift des zur Abgabe der Erklärung Berechtigten ist erforderlich. In der mündlichen Verhandlung übergebene Schriftsätze sind vom Vorsitzenden mit dem Vermerk »am . . . in der mündlichen Verhandlung übergeben« zu versehen.

Am Schluß der Verhandlung ist festzustellen, wie das Verfahren fortgehen soll. Sind noch Unterlagen – etwa angepaßte Beschreibungsteile (deren Inhalt hinreichend genau festzulegen ist) – einzureichen, wird die Gewährung einer Frist in Frage kommen, ebenso wenn aus anderen Gründen dem Anmelder oder etwa den Beteiligten noch Gelegenheit zur Äußerung z. B. zu einer erst in der mündlichen Verhandlung gemachten wesentlichen Entgegenhaltung zu geben ist. Vgl. hierzu §§ 28 b/29 Anm. 36 mit Hinweis auf PA 17. 10. 1927, Mitt. 1927, 190. Möglicherweise wird auch seitens der Prüfungsstelle oder der Abteilung noch ein Bescheid zu ergehen haben. Die früher gelegentlich geübte Beschlußverkündung am Ende der Anhörung (vgl. hierzu eventuell die 5. Aufl. dieses Kommentars § 33 Anm. 8) ist nach Einspr. Richtl. Nr. 4 f zu unterlassen; der Beschluß sollte jedoch regelmäßig im unmittelbaren Anschluß an die Anhörung gefaßt und abgesetzt werden.

Mit der mündlichen Verhandlung kann die Vorführung eines Modells verbunden werden.

In den **Prüfungsrichtlinien** ist die Anhörung im Abschn. IV 8 behandelt. Bei rechtserheblichen Erklärungen der Beteiligten (z. B. Zurücknahme der Anmeldung, Verzicht auf Ansprüche) soll die Niederschrift vom Beteiligten gegengezeichnet werden. In der Niederschrift ist zu vermerken, daß die Kenntnisgabe des Inhalts der Niederschrift erfolgt ist; etwaige Einwendungen sind zu vermerken. Die Beteiligten erhalten eine **Abschrift der Niederschrift.** Ändert der Prüfer auf Grund der Anhörung seine bisherige Auffassung, so sollen die Gründe hierfür aus der Niederschrift erkennbar sein. Eine förmliche Beschlußverkündung soll nach den Prüf. Richtl. in der Anhörung unterlassen und nur angekündigt werden; sie soll dann unmittelbar im Anschluß an die Anhörung erfolgen. Die Hinzuziehung sachverständiger

Kollegen zur Anhörung ist in geeigneten Fällen im Einvernehmen mit den Erschienenen möglich (vgl. hierzu Anm. 15 a). Ist der Erschienene nicht ausreichend vorbereitet, sollte die Anhörung abgebrochen und eventuell ein neuer Termin anberaumt werden.

7. Niederschrift über die Anhörung

9 § 33 Abs. 1 Satz 6 schreibt ausdrücklich vor, daß über Anhörungen und Vernehmungen eine Niederschrift anzufertigen ist, die den wesentlichen Gang der Verhandlung wiedergeben und die rechtserheblichen Erklärungen der Beteiligten enthalten soll. Hierdurch soll der Gang des Erteilungsverfahrens für später notwendige Erörterungen festgestellt werden können; vgl. Begr. PatG 1936, Bl. 1936, 111. Über den Gang der Verhandlung wird nur soviel zu sagen sein, wie er sich auf frühere Beanstandungen der Prüfungsstelle (insbesondere, ob und inwieweit und warum diese behoben sind) und etwa neue Entgegenhaltungen bezieht und zum Verständnis der gestellten Anträge und abgegebenen Erklärungen erforderlich ist. Unter Umständen wird es auch zweckmäßig sein, festzulegen, welcher Offenbarungsinhalt einer bestimmten Entgegenhaltung zukommt. Auflagen, die dem Anmelder gemacht werden, und etwa gewährte Fristen sind zu vermerken.

Auch bei einer Anhörung vor der Prüfungsstelle ist es üblich, die Niederschrift den Beteiligten vorzulesen und dies und die Tatsache, daß keine Einwendungen (bzw. welche) erhoben werden, am Ende der Niederschrift zu vermerken. Ausdrücklich vorgeschrieben ist diese Handhabung gem. § 33 Abs. 1 Satz 7 und 8, falls eine Zeugen- oder Sachverständigenaussage oder die Aussage eines Beteiligten stattgefunden hat. Die gemachten Aussagen sind in allen wesentlichen Punkten schriftlich festzulegen. Wegen Zeugenvernehmung vgl. Anm. 12. Wegen Protokollberichtigung vgl. PA 3. 3. 1939, Bl. 1939, 55 und PA 7. 7. 1939, Bl. 1939, 110.

8. Wiederholung einer Anhörung

10 Die Bestimmung des § 7 Abs. 2 DPAVO 1961, nach der ein Mitglied der Patentabteilung, das bei einer vorhergegangenen Anhörung nicht zugegen war, bei der Beschlußfassung nur mitwirken kann, wenn die Beteiligten zustimmen, wurde in die DPAVO 1968 nicht übernommen, weil sie für das Verfahren vor dem Patentamt nicht für erforderlich gehalten wird. Diese Bestimmung bezog sich ihrem Wortlaut nach auf das Kollegialverfahren. Sie wurde aber auch für das Verfahren vor der Prüfungsstelle praktiziert; vgl. PA 21. 10. 1927, Bl. 1927, 256 und ferner die bei Reimer, § 29 S. 1050, vorletzter Abs. angeführten Entscheidungen. Es ist zu begrüßen, daß der starre, rein formelle Zwang zur Wiederholung einer mündlichen Verhandlung bei Prüferwechsel fortgefallen ist.

Zur Verhinderung einer sachlich nicht gerechtfertigten Verschleppung des Verfahrens sollte man die Notwendigkeit einer Wiederholung davon abhängig machen, ob der zurückweisende Prüfer ausreichend rechtliches Gehör gewährt hat. Hierfür kann BPatG 5. 1. 1966, E 8, 37 = Bl. 1966, 124 eine Richtlinie sein. Danach ist insbesondere eine Wiederholung der Anhörung bei Prüferwechsel dann nicht erforderlich, wenn der neue Prüfer vor der Beschlußfassung durch Bescheid seine Auffassung mitgeteilt und der Anmelder daraufhin keine erneute Anhörung beantragt hat, sofern nicht neue wesentliche Argumente zur Anberaumung einer Anhörung von Amts wegen Anlaß geben. Nach PA 7. 4. 1959 in B 21 420/81 c ist, da die mündliche Verhandlung nicht mehr obligatorisch ist, bei Wechsel des Prüfers nach vorhergegangener Anhörung eine Wiederholung der mündlichen Verhandlung nur dann erforderlich, wenn sie im Interesse der Aufklärung des Sachverhalts sachdienlich ist. Vgl. hierzu auch BGH 13. 5. 1971 in GRUR 1971, 532 (Richterwechsel nach mündlicher Verhandlung ohne Sachergebnis ist unschädlich). 11

Für das Verfahren vor dem BPatG enthält § 41 h Abs. 3 eine eindeutige, dem genannten § 7 Abs. 2 DPAVO 1961 entsprechende Vorschrift.

II. Zeugenvernehmung

Zeugenvernehmung kommt praktisch nur im Einspruchsverfahren vor, wenn von einem Einsprechenden offenkundige Vorbenutzung oder widerrechtliche Entnahme behauptet wird. Vgl. § 32 Anm. 41 mit weit. Hinw. 12

III. Andere Ermittlungen

1. Sachverständigengutachten

Da die eigene Sachkunde des Patentamts in den meisten Fällen für die Entscheidung über die für die Beurteilung der Patentfähigkeit wesentlichen Fragen ausreicht, ist die Anforderung eines Sachverständigengutachtens vom Anmelder von Amts wegen verhältnismäßig sehr selten. Sie wird dann in Frage kommen, wenn die Behauptungen des Anmelders betr. die Wirkungsweise oder den Erfolg des Anmeldungsgegenstandes auf Grund üblicher fachmännischer Überlegungen »nicht glaubhaft erscheinen«, vielmehr berechtigte Zweifel erhoben werden müssen, oder wenn geeignete Anhaltspunkte überhaupt nicht ohne weiteres vorhanden sind. Die Beantwortung der Frage, wieweit die eigene Sachkunde ausreichend ist, hängt von dem Umfang ab, in dem diese für die Entscheidung erforderlich ist; BGH 13. 7. 1962, DB 1962, 1433. 13

Sofern der Anmelder nicht ohne Aufforderung ein Gutachten vorgelegt hat – dessen Stichhaltigkeit dann zu beurteilen sein wird –, ist bei Anforderung eines solchen von Amts wegen zunächst ein geeigneter vom DPA anerkannter deutscher Sachverständiger zu vereinbaren. Die Kosten des Gutachtens gehen zu Lasten des Anmelders. Findet eine Vernehmung des Sachverständigen statt, ist eine Niederschrift von den Aussagen des Sachverständigen anzufertigen. Versuche können vom Sachverständigen in Abwesenheit der Parteien vorgenommen werden; vgl. RG 6. 3. 1926, Mitt. 1926, 156.

2. Vorführung bzw. Besichtigung des Anmeldungsgegenstands

14 Je nach den Umständen wird eine angebotene oder von Amts wegen verlangte Vorführung des Anmeldungsgegenstandes im Patentamt oder an einem vom Anmelder vorgeschlagenen Ort stattfinden; bei auswärtiger Vorführung ist für die Teilnahme des Prüfers und gegebenenfalls weiterer Mitglieder der Patentabteilung ein amtlicherseits festgesetzter Kostenvorschuß einzuzahlen. Wegen der Anforderung des Kostenvorschusses vgl. § 18 Anm. 11. Ferner sind rechtzeitig vor der Vorführung die Einzelheiten derselben schriftlich festzulegen, damit vorher übersehen werden kann, ob die Vorführung die notwendigen Aufklärungen erbringen kann.

Da im Einspruchsverfahren die Einsprechenden Verfahrensbeteiligte sind, haben sie in Anwendung von § 357 ZPO ein Recht auf Teilnahme an einer Vorführung; sie sind mit dem Anheimstellen zur Teilnahme am Termin zu laden. PA 8. 5. 1915, GRUR 1916, 323 dürfte überholt sein. Vgl. hierzu auch Meurer (zum Anwesenheitsrecht des Einsprechenden im Betrieb des Anmelders) in Mitt. 1937, 357. Über die stattgefundene Vorführung und ihre wesentlichen Ergebnisse ist eine Niederschrift anzufertigen; vgl. im einzelnen unter Nr. 7. Nach RG 8. 11. 1938, GRUR 1939, 712 ist bei einer reinen Inaugenscheinnahme keine besondere Protokollierung erforderlich. Ein Aktenvermerk sollte aber auf jeden Fall hierzu gemacht werden, wenngleich Beantragung des Augenscheins lediglich zur Unterrichtung des Gerichts kein Beweisantritt ist, RG 22. 12. 1942, RGZ 170, 264.

Wegen der Werksbesichtigung durch Angehörige des Patentamts hatte s. Z. der Präsident des RPA die Bekanntmachung vom 30. 5. 1939, Bl. 1939, 86 erlassen.

3. Eidliche Vernehmung der Beteiligten / Eidesstattliche Versicherung

15 Die Prüfungsstelle hat die Möglichkeit, in sinngemäßer Anwendung des § 448 ZPO den Anmelder oder einen Verfahrensbeteiligten – erforderlichenfalls gem. § 452 ZPO eidlich – über seine Behauptungen zu vernehmen, wenn sie nach dem gesamten Sachverhalt zu dem Ergebnis kommt,

daß bereits eine gewisse Wahrscheinlichkeit für die Richtigkeit der Behauptungen besteht. Die Zulässigkeit der eidlichen oder uneidlichen Vernehmung der Verfahrensbeteiligten wurde ausdrücklich in das Patentgesetz in der Fassung von 1961 in § 33 Abs. 1 Satz 1 aufgenommen, um etwaige Zweifel an der Zulässigkeit zu beheben. Durch die Möglichkeit eidlicher Vernehmung der Beteiligten soll das Verfahren erleichtert werden. Vgl. Begr. zum 6. ÜG Bl. 1961, 149. Wegen der Niederschrift über eine Zeugenvernehmung vgl. Anm. 9.

Unter Umständen kann die Prüfungsstelle sogar eine **eidesstattliche Versicherung** des Einsprechenden als ausreichend ansehen; PA 14. 7. 1953, Bl. 1953, 340, 341. Die Abgabe einer falschen eidesstattlichen Versicherung ist gem. § 156 StGB strafbar; vgl. auch RG 17. 12. 1934, RGSt 69, 26 = GRUR 1935, 373 = Bl. 1935, 125. Eidesstattliche Versicherung sieht § 377 Abs. 3 und 4 ZPO in Fällen vor, in denen die Auskunft an Hand von Büchern oder Aufzeichnungen gegeben werden kann, oder bei Einverständnis der Parteien im Hinblick auf den Inhalt der Beweisfrage. Es ist aber zu bedenken, daß eine eidesstattliche Versicherung kein Beweismittel im Sinne der ZPO ist.

4. Hinzuziehung anderer Mitglieder des Patentamts

Die Hinzuziehung anderer Mitglieder des Patentamts zur Sachaufklä- 15a
rung ist durch die Bestimmung in Abs. 1 Satz 1 gedeckt, denn es wird sich immer nur um Ermittlungen handeln, die zur richtigen Entscheidung erforderlich sind; vgl. auch § 18 Anm. 16.

B. Bestimmungen über bestimmte Verfahrenskosten

I. Kostenentscheidung

Im Patenterteilungsverfahren hat im allgemeinen jeder Verfahrensbetei- 16
ligte unabhängig von dem bloßen Umstand des Unterliegens die ihm jeweils entstandenen Kosten des Verfahrens selbst zu tragen; BPatG 15. 12. 1970, Mitt. 1971, 76. Gem. § 33 Abs. 2 Satz 1 kann aber das Patentamt in dem Beschluß über die Erteilung des Patents nach billigem Ermessen bestimmen, inwieweit einem Beteiligten **die durch eine Anhörung oder eine Beweisaufnahme** verursachten Kosten zur Last fallen. Von jeher machte das Patentamt von diesem Ermessen nur dann Gebrauch, wenn die erstattungsfähigen Kosten von einem Beteiligten schuldhaft verursacht waren; BPatG 11. 10. 1961, E 1, 94, 96 (mit weiteren Nachweisen); BPatG 7. 5. 1962, E 2, 69; BPatG 28. 3. 1968, Mitt. 1969, 155. Ein Anmelder sollte insbeson-

dere nicht durch Rücksichtnahme auf etwa von ihm verursachte, zweckentsprechende Verfahrenskosten an der Verteidigung seiner Anmeldung mit allen ihm gesetzlichen zustehenden Mitteln gehindert werden; PA 23. 5. 1934, Mitt. 1934, 209 und BPatG 11. 10. 1961 a. a. O. Entsprechendes gilt für das Kostenrisiko des Einsprechenden; BGH 11. 10. 1961, a. a. O. Trüstedt in Reimer § 36 q Anm. 4 hält BPatG 28. 1. 1965, E 7, 36 vom Standpunkt des Verschuldensprinzips aus für nicht ganz unbedenklich. Ausschlaggebend war in diesem extremen Fall, daß in der mündlichen Verhandlung gegenüber dem eingehend begründeten erstinstanzlichen Versagungsbeschluß und der negativen Zwischenverfügung des Berichterstatters (wie aus der Beschlußbegründung klar ersichtlich ist) **überhaupt keine neuen Tatsachen und Argumente** vorgetragen wurden. Deshalb war es schuldhaft, auf einer mündlichen Verhandlung zu bestehen; vgl. auch § 36 q Anm. 20.

Wegen der geschichtlichen Entwicklung der kostenrechtlichen Bestimmungen im Patenterteilungsverfahren vgl. BPatG 11. 10. 1961 a. a. O. mit zahlreichen Entscheidungen und BPatG 7. 5. 1962, E 2, 69. Wegen des Begriffs »billiges Ermessen« vgl. BPatG 7. 5. 1962, a. a. O., 73, 74.

Eine Kostenentscheidung kann beantragt oder von Amts wegen getroffen werden. Bei fehlender Kostenentscheidung hat jeder am Verfahren Beteiligte kraft Gesetzes seine eigenen Kosten zu tragen; BGH 28. 11. 1961, E 1, 233 = GRUR 1962, 273 = Bl. 1962, 56 – Beschwerdekosten. Nach dieser Entscheidung braucht die Abstandnahme von einer Kostenentscheidung nicht begründet zu werden. Zur Frage, welche Kosten erstattungsfähig sind, und zum Begriff der Beweisaufnahme im Sinne des § 33 Abs. 2 vgl. BPatG 11. 10. 1961, a. a. O. Hat der Anmelder im Einspruchsverfahren mündliche Verhandlung beantragt und diese nicht wahrgenommen, so hat er die dem Einsprechenden entstandenen Kosten zu tragen, wenn er auch den Einsprechenden unmittelbar – allerdings zu spät – verständigte; PA 4. 11. 1952, Bl. 1953, 182. Zur Kostenauferlegung auf den Anmelder im Falle der Nichtwahrnehmung einer beantragten mündlichen Verhandlung vgl. noch PA 2. 7. 1954, Bl. 1954, 370; PA 10. 1. 1956, Mitt. 1956, 169; BPatG 21. 2. 1972, Mitt. 1972, 99. Auch Zurückziehung der Anmeldung kurz vor dem Termin kann zur Kostenpflicht führen; PA 8. 8. 1938, Mitt. 1939, 25. Ist im Einspruchsverfahren Antrag auf Kostenentscheidung gestellt, so ist über diesen Antrag in der Beschlußformel zu entscheiden; PA 29. 9. 1951, Bl. 1951, 353 = GRUR 1952, 33.

Die Patentabteilung kann auch im Falle der Zurücknahme der Anmeldung oder des Einspruchs nur über die durch eine Anhörung oder Beweisaufnahme verursachten Kosten entscheiden; BPatG 28. 11. 1963, E 4, 167. Der Beschwerdesenat kann in seiner Entscheidung über die Kosten des Beschwerdeverfahrens auch über die Kosten der Anhörung und Beweisaufnahme vor der Prüfungsstelle mit entscheiden; BPatG 11. 10. 1961, a. a. O. Wegen anzustellender **Billigkeitserwägungen** bei Kostenauferlegung oder Kostenerstattung, z. B. bei Rückzahlung der Beschwerdegebühr bei Rücknahme der Anmeldung, vgl. BPatG 7. 5. 1962, E 2 69. Vgl. auch § 36 q Anm. 5.

II. Kostenfestsetzung

17 Der Betrag der zu erstattenden Kosten wird auf Antrag vom Patentamt festgesetzt; § 33 Abs. 2 Satz 4.

Gem. § 33 Abs. 2 Satz 5 sind für die Kostenfestsetzung die Vorschriften der ZPO über das Kostenfestsetzungsverfahren entsprechend anzuwenden. Nach § 103 Abs. 1 ZPO kann der Anspruch auf Erstattung der Kosten nur auf Grund eines zur Zwangsvollstreckung geeigneten Titels geltend gemacht werden. Einen solchen Titel stellt eine Kostenentscheidung erst dar, wenn sie unanfechtbar geworden ist; BPatG 9. 5. 1962, E 2, 114, 115. **Gegen die Ablehnung der Kostenfestsetzung** ist gem. § 33 Abs. 2 Satz 6 die **Beschwerde an das Patentgericht** gegeben; BPatG 7. 12. 1962, E 3, 59 = Bl. 1963, 71 und E 5, 139. Nach diesen Entscheidungen ist die Beschwerde gem. § 36 l Abs. 2 Satz 1 innerhalb eines Monats nach Zustellung einzulegen. Wegen der Berichtigung des Beschlußtenors bei einer in den Entscheidungsgründen getroffenen, im Tenor aber nicht ausgesprochenen Kostenerstattungsanordnung vgl. BPatG 22. 4. 1970, E 11, 281 = GRUR 1971, 233.

18 Im Kostenfestsetzungsverfahren ist zu prüfen und zu entscheiden, ob und inwieweit die den Beteiligten erwachsenen und von ihnen in ihren Kostenberechnungen angesetzten Kosten »nach billigem Ermessen zur zweckentsprechenden Wahrung der Ansprüche und Rechte notwendig waren«; vgl. hierzu auch PA Gr. Sen. 3. 3. 1953, Bl. 1953, 81 = GRUR 1953, 186 und BGH 1. 4. 1965, BGHZ 43, 352 = GRUR 1965, 621, 623 l. Sp. Die Erstattungsfähigkeit der Patentanwaltsgebühren richtet sich im allgemeinen nach der Ausgabe der Gebührenordnung der Patentanwälte, die zur Zeit der Auftragserteilung gegolten hat; BPatG 7. 3. 1969, E 10, 514. Zur Frage, welche der in zeitlichen Abständen herausgegebenen Gebührenordnungen anzuwenden ist, vgl. Kirchner, Mitt. 1971, 16.

Für die Kostenfestsetzung ist in entsprechender Anwendung von § 104 ZPO **der Urkundsbeamte der zuständigen Geschäftsstelle des Patentamts zuständig.** »Urkundsbeamter der Geschäftsstelle« ist der entsprechende Beamte des gehobenen Dienstes; BPatG 17. 1. 1962, E 1, 173 = Bl. 1962, 73; BPatG 7. 12. 1962, E 3, 59 = Bl. 1963, 71; BGH 1. 4. 1965, GRUR 1965, 621, 622. Die Festsetzung von Patentanwaltsgebühren zugunsten des

Patentanwalts gegenüber der von ihm vertretenen Partei durch den Urkundsbeamten der Geschäftsstelle ist nicht statthaft; BPatG 31. 1. 1968, E 9, 272.

Einzelne Entscheidungen

19 Obwohl die »Gebührenordnung« der Patentanwälte kein Gesetz ist (vgl. z. B. BPatG 31. 1. 1968, E 9, 272, 274; BPatG 30. 5. 1963, E 4, 105, 108), sind einer Nachprüfung der nach der Patentanwaltsgebührenordnung bemessenen Vergütung unter dem Gesichtspunkt der »Angemessenheit« und der »Billigkeit« gewisse Grenzen gesetzt; BGH 1. 4. 1965, Bl. 1965, 621, 623, 624 und auch PA Gr. Sen. 3. 3. 1953, Bl. 1953, 81. Die in der »Gebührenordnung« vorgesehenen Grundgebühren sind als übliche Vergütung anzusehen und daher erstattungsfähig; BPatG 30. 5. 1963, a. a. O. Dasselbe gilt von den **Bearbeitungsgebühren,** soweit sie nach Billigkeit bemessen sind; BPatG 30. 5. 1963, a. a. O. Zur Erstattungsfähigkeit einer gegenüber den in der Gebührenordnung der Patentanwälte festgesetzten Regelgebühren erhöhten Gebühr vgl. BGH 1. 4. 1965, BGHZ 43, 352 = GRUR 1965, 621; BPatG 1. 3. 1966, E 8, 176; BPatG 21. 2. 1966, E 8, 180; BPatG 5. 7. 1971, Mitt. 1972, 37. Nach BPatG 25. 2. 1963, E 3, 183 ist die selbständige Festsetzung eines Gegenstandswerts für die Berechnung von **Rechtsanwaltsgebühren** im erstinstanzlichen Verfahren unzulässig; die Kosten bestimmen sich vielmehr nach § 118 BRAGebO. Dagegen Kirchner, GRUR 1969, 177, der die gesonderte Festsetzung des Gegenstandswerts auf Antrag für das Kostenfestsetzungsverfahren vor dem Patentamt in entsprechender Anwendung des § 10 Abs. 1 und 2 BRAGebO für geboten hält. Zur Berechnung des Gegenstandswertes kann BPatG 29. 9. 1970, Mitt. 1971, 38 verglichen werden.

Hat auch die PatAnwGebO keine Gesetzeskraft, so ist sie doch für die Mitglieder der Patentanwaltskammer verbindlich; BPatG 11. 2. 1963, E 3, 135, 139. Das Werben eines Patentanwalts um Aufträge mit (niedrigeren) Gebühren verstößt gegen die patentanwaltliche Berufspflicht; LG München, Kamm. f. PatAnw.sachen 16. 7. 1970 (rechtskr.), Mitt. 1972, 56. Bei Vertretung durch **Erlaubnisscheininhaber** gilt die PatAnwGebO nicht, die Kosten richten sich nach den Umständen; PA 29. 1. 1955, Bl. 1955, 149. Wegen der Höhe der **Vertretungsgebühren eines Patentingenieurs** – 8/10 der entsprechenden Patentanwaltsgebühren – (für die Zeit bis Januar 1966) vgl. BPatG 17. 7. 1968, E 10, 194. Ebenso nach 1966, BPatG 20. 1. 1971, Bl. 1971, 188 (Leitsatz) rechtskr.; BPatG 6. 2. 1970, E 12, 45. Wegen der »Bearbeitungsgebühren des Patentanwalts im Kostenfestsetzungsverfahren« vgl. Kirchner, Mitt. 1968, 221. Zur Frage, ob eine **Doppelvertretung** durch Rechtsanwalt und Patentanwalt »notwendig« war, vgl. BGH 1. 4. 1965, GRUR 1965, 621, 626 – Patentanwaltskosten; OLG Karlsruhe 18. 2. 1971, GRUR 1971, 283. Der Erstattungsberechtigte darf im Kostenfestsetzungsverfahren **nur die tatsächlich erwachsenen Kosten** ansetzen; BGH 1. 4. 1965, a. a. O., 624 r. Sp. Wegen der Handhabung bei **Eröffnung des Konkurses** über das Vermögen der Antragstellerin vgl. BGH 1. 4. 1965, a. a. O., 621, 622 r. Sp. oben. Zum **Begriff der »Beweisaufnahme«** i. S. des § 33 Abs. 2 vgl. BPatG 11. 10. 1961, E 1, 94, 100.

Der Patentanwalt hat (abgesehen vom Fall des § 19 Abs. 1–3 UStG) Anspruch auf Ersatz der auf seine Vergütung entfallenden Umsatzsteuer nach dem vom 1. 1. 1968 an geltenden Umsatzsteuergesetz (**Mehrwertsteuer**); BPatG 12. 7. 1968, E 10, 64 = Mitt. 1969, 156. Gegen den kostenpflichtigen Verfahrensbeteiligten ist im Kostenfestsetzungsverfahren die Umsatzsteuer in voller Höhe festzusetzen. Abweichend BPatG 4. 7. 1969, E 11, 171. Die Festsetzung ist also unabhängig davon, ob die obsiegende Partei berechtigt ist, die Steuer nach § 15 UStG als Vorsteuerbetrag von ihrer eigenen Steuerschuld abzuziehen; BPatG 12. 1. 1970, E 11, 109.

Die Dolmetschertätigkeit des Rechtsanwalts bei Übersetzung der Information seiner Partei wird nicht durch die Prozeßgebühr abgegolten und ist besonders zu vergüten; KG 14. 11. 1960, JR 1961, 183. Wegen **Übersetzungskosten** s. BPatG 31. 5. 1972, E 14, 49 und § 40 Anm. 54. Wegen des Umfangs der Erstattungsfähigkeit der **Reisekosten** von an der mündlichen Verhandlung teilnehmenden Firmenmitgliedern vgl. BPatG 11. 10. 1963, E 4, 139, 142; KG 7. 10. 1968, GRUR 1970, 100. Über Pauschbeträge für Reisekosten vgl. BB 1961, 852. **Abwesenheitsgelder** werden nur unter bestimmten Voraussetzungen anerkannt; PA 9. 11. 1959, Mitt. 1960, 39. Nicht erstattungsfähig sind die Gehaltsaufwendungen für mit der Sache befaßte Angestellte; BPatG 30. 9. 1970, E 12, 71. Wegen der Reisekosten eines Beteiligten, der anwaltlich vertreten ist, im Zusammenhang mit einer mündlichen Verhandlung vgl. BPatG 12. 1. 1970, Mitt. 1971, 37. Die Reisekostenerstattung im Zusammenhang mit einer sachdienlichen Besprechung zwischen Anwalt und Mandanten behandelt BPatG 22. 12. 1970, Mitt. 1972, 31. Kosten für vorbereitende Gutachten sind grundsätzlich nicht erstattungsfähig; BPatG 31. 5. 1972, Mitt. 1972, 197.

Im einzelnen vgl. bei den entsprechenden Vorschriften des gerichtlichen Verfahrens; § 40 Anm. 34 ff.

III. Beschwerde gegen den Kostenfestsetzungsbeschluß

Gem. § 33 Abs. 2 Satz 6 tritt an die Stelle der Erinnerung die Beschwerde 20
gegen den Kostenfestsetzungsbeschluß; § 36 l ist mit der Maßgabe anzuwenden, daß die Beschwerde **innerhalb von zwei Wochen** einzulegen ist. Die Beschwerde kann nur gegen die Höhe der angesetzten Kosten, nicht gegen die Kostenentscheidung als solche gerichtet werden.

IV. Zwangsvollstreckung

21 Für die Zwangsvollstreckung aus Kostenfestsetzungsbeschlüssen gelten gem. § 33 Abs. 2 Satz 5 die Vorschriften der ZPO entsprechend. Nur eine unanfechtbar gewordene Kostenentscheidung stellt einen zur Zwangsvollstreckung geeigneten Titel i. S. des § 794 Abs. 1 Nr. 2 ZPO dar; BPatG 9. 5. 1962, E 2, 114, 115.

Gem. Abs. 2 Satz 7 des § 33 wird die **vollstreckbare Ausfertigung** vom Urkundsbeamten der Geschäftsstelle des Bundespatentgerichts erteilt. Wegen weiterer Einzelheiten vgl. § 36 q Anm. 33 ff.

§ 34

(1) Die Beschlüsse der Prüfungsstellen und der Patentabteilungen sind mit Gründen zu versehen, schriftlich auszufertigen und allen Beteiligten von Amts wegen zuzustellen.

(2) Den Beschlüssen ist eine Erklärung beizufügen, durch welche die Beteiligten über die Beschwerde, die gegen den Beschluß gegeben ist, über die Stelle, bei der die Beschwerde einzulegen ist, über die Beschwerdefrist und, sofern eine Beschwerdegebühr zu entrichten ist, über die Beschwerdegebühr belehrt werden. Die Frist für die Beschwerde (§ 36 l Abs. 2) beginnt nur zu laufen, wenn die Beteiligten schriftlich belehrt worden sind. Ist die Belehrung unterblieben oder unrichtig erteilt, so ist die Einlegung der Beschwerde nur innerhalb eines Jahres seit Zustellung des Beschlusses zulässig, außer wenn eine schriftliche Belehrung dahin erfolgt ist, daß eine Beschwerde nicht gegeben sei; § 43 gilt entsprechend.

ÜBERSICHT

Vorbemerkung

1 § 34 gilt unverändert in der Fassung, die er durch das 6. ÜG wegen der Ausgliederung der Beschwerde- und Nichtigkeitssenate aus dem DPA erhalten hatte. Damals wurde die vordem in § 20 (Fassung vom 18. 7. 1953) befindliche Regelung (soweit sie für das Patentamt gilt) in den Abs. 1 des § 34 übernommen, weil sie nach Abschnitt 3 (Verfahren vor dem Patentamt) gehört. Die früheren Bestimmungen des § 34 in der Fassung vom 18. 7. 1953 wurden mit entsprechenden Änderungen nach § 36 l verwiesen. Im einzelnen vgl. Begr. 6. ÜG zu Nr. 24, Bl. 1961, 150.

A. Die Beschlüsse der Prüfungsstellen und der Patentabteilungen

Wegen des **Patenterteilungsbeschlusses** vgl. § 35 Anm. 1. Wegen Beschluß im Einspruchsverfahren vgl. § 32 Anm. 45.

I. Abschließende und mit Beschwerde anfechtbare Beschlüsse

2 Ein Beschluß i. S. § 34 Abs. 1 ist eine patentamtliche Entschließung, durch die eine abschließende Entscheidung getroffen wird. Ob diese Entschließung ausdrücklich mit »Beschluß« bezeichnet ist, ist nicht ausschlaggebend, es kommt nur darauf an, ob sie den Charakter eines solchen trägt; BPatG 30. 7. 1964, E 6, 53, 54; BPatG 12. 11. 1962, E 3, 13, 14, 15. Früher wurde unter Geltung des § 21 Abs. 1 PatG vom 18. 7. 1953 unter »Beschluß« eine Entschließung des Patentamts verstanden, durch die das Verfahren überhaupt oder wenigstens in einem selbständiger Regelung fähigen Punkt abgeschlossen wurde; PA 22. 6. 1937, MuW 1937, 313; PA 8. 5. 1951, Bl. 1951, 220; PA 15. 4. 1953, 178; PA 25. 3. 1955, Bl. 1955, 216. Diese Auffassung ist durch BPatG 9. 5. 1962, E 2, 56, 58 = Bl. 1962, 235 verlassen worden; der Begriff »Beschlüsse« sei im Gesetz nicht näher umschrieben. Er könne daher nur so ausgelegt werden, daß er der Vorschrift des Art. 19 Abs. 4 GG gerecht werde. Es sei deshalb ohne Bedeutung, ob die entschiedene Frage einen Punkt betrifft, der selbständiger Regelung fähig ist. Entscheidend sei vielmehr, ob eine abschließende Regelung ergangen ist, die die Rechte der Beteiligten berührt. Beschlüsse i. S. des § 34 sind daher beschwerdefähige Beschlüsse (vgl. § 36 l), und zwar solche, die sowohl selbständig als auch nicht selbständig (d. h. nur im Zusammenhang mit der Entscheidung in der Hauptsache) aufhebbar sind. Vgl. auch BPatG 7. 10. 1966, E 8, 205, 206.

Als Beispiel eines nur im Zusammenhang mit der Entscheidung in der Hauptsache anfechtbaren Beschlusses vgl. PA 6. 11. 1937, Bl. 1937, 198; es war unmittelbare Vernehmung der Zeugen vor der Patentabteilung anstelle durch den ersuchten Richter abgelehnt worden.

Nach § 36 l Abs. 3 ist zwischen gebührenpflichtigen und gebührenfreien 3
Beschwerden zu unterscheiden. Die Beschwerdefrist beträgt auch bei kostenfreien (reinen Rechts-)Beschwerden einen Monat. Durch das 6. ÜG wurde die Unterscheidung zwischen unbefristeter (§ 21 a. F.) und befristeter (§ 34 a. F.) Beschwerde beseitigt. Deshalb ist PA 13. 11. 1953, GRUR 1954, 25 überholt.

II. Der Bekanntmachungsbeschluß

Im Gegensatz zu den beschwerdefähigen Beschlüssen stehen die Bescheide 4
der Prüfungsstellen, die nur prozeßleitenden Charakter haben. Der Bekanntmachungsbeschluß ist kein **sachlich** anfechtbarer Beschluß i. S. des § 34 Abs. 1; vgl. bei § 30 Anm. 2. Er kann nur wegen des ihm zugrunde liegenden Verfahrens (hier wegen der öffentlichen Auslegung der Umschreibungsverfügung) mit der (früher sog.) reinen Rechtsbeschwerde angefochten werden; PA 18. 10. 1935, Bl. 1936, 4. Vgl. jedoch § 36 l Anm. 3 unter »Bekanntmachungsbeschluß«.

Wegen Abänderbarkeit und Rücknahme des Bekanntmachungsbeschlusses s. § 30 Anm. 7.

III. Zulässigkeit selbständiger Beschlüsse während des Verfahrens und ihre Anfechtbarkeit

Eine selbständige Entscheidung über eine Frage ist nur insoweit zulässig, 5
als sie das Gesetz für den betreffenden Verfahrensabschnitt ausdrücklich oder nach dem Sinn des Verfahrens vorsieht; BPatG 9. 5. 1962, E 2, 56, 59 = Bl. 1962, 235. Eine **Vorabentscheidung** über den Zeitpunkt einer Patentanmeldung ist nicht zulässig; PA 25. 3. 1955, Bl. 1955, 216; BPatG 9. 5. 1962, a. a. O. Deshalb kann auch nicht über die Zulässigkeit der Weiterverfolgung eines fallengelassenen Aktenteils durch selbständigen Beschluß entschieden werden; BPatG 9. 5. 1962, a. a. O. Wegen Vorabentscheidung darüber, ob eine Unionsprioritätsinanspruchnahme formell zu Recht erfolgt ist, vgl. § 27 Anm. 16.

Gegen einen Bescheid, der die **Aussetzung des Verfahrens** bis zur Erledi- 6
gung einer älteren Anmeldung verfügt, ist – im Gegensatz zu der abweichenden Praxis bis 1961 (vgl. z. B. PA 21. 1. 1933, Bl. 1933, 34) – Beschwerde möglich; BPatG 7. 10. 1966, E 8, 205. Ebenso ist Beschwerde gegen die Ablehnung eines Antrags auf Fortsetzung des wegen einer älteren Anmeldung ausgesetzten Verfahrens zulässig; BPatG 30. 7. 1964, E 6, 53.

Weitere Beispiele beschwerdefähiger Beschlüsse: bei Ablehnung eines Antrags auf **Wiedereinsetzung** in die versäumte Zahlung einer Jahresgebühr, BPatG 5. 10. 1962, E 3, 6; bei Ablehnung der beantragten **Rückzahlung der Beschwerdegebühr,** PA 27. 11. 1953, Bl. 1954, 17; gegen **Kostenfestsetzungsbeschluß,** § 33 Abs. 2 Satz 6, vgl. in diesem Zusammenhang auch BPatG 7. 12. 1962, E 3, 59; zwecks **Nachprüfung der Rechtmäßigkeit einer** ergangenen **Nachricht gem. § 11,** BPatG 4. 3. 1963, E 3, 8, 11 (im Zusammenhang mit der Anfechtung der Entscheidung in der Hauptsache); PA 20. 11. 1934, Mitt. 1935, 25 (betr. Zahlung der **Zuschlaggebühr**); bei Ablehnung der **Rückzahlung der Rollen-Umschreibungsgebühr,** PA 11. 1. 1937, Mitt. 1937, 58. Eine **unzulässige Vorabentscheidung** stellt eine anfechtbare Verfügung dar; BPatG 9. 5. 1962, a. a. O. Gegen abschließende Regelungen, die in Beschlußform ergehen, obgleich sie an sich nicht hätten ergehen können, ist Beschwerde zulässig; BPatG 12. 11. 1962, E 3, 13, 15. Im einzelnen vgl. bei § 36 l Anm. 3 ff.

Wegen der Beschlüsse im **Armenrechtsverfahren** vgl. § 46 h Anm. 4.

B. Die Begründung der Beschlüsse

I. Wesen und Anforderungen an die Begründung

7 Nach § 34 Abs. 1, erster Halbsatz, sind die Beschlüsse der Prüfungsstellen und Patentabteilungen mit Gründen zu versehen. Der Begründungszwang ergibt sich aus der judiziellen Natur des in zwei Instanzen durchgeführten Patenterteilungsverfahrens. Die Begründung muß die Gedankengänge der entscheidenden Stelle für die am Verfahren Beteiligten und für die höhere Instanz nachprüfbar machen, d. h. es müssen die Gedankengänge bekanntgegeben werden, die zur Anerkennung oder Nichtanerkennung behaupteter Tatsachen führten, und es muß der Gedankenzusammenhang erkennbar gemacht werden, der zur Unterordnung oder Nichtunterordnung des anerkannten Tatbestandes unter die Rechtsnorm führte. Vgl. hierzu PA 1. 10. 1941, GRUR 1942, 38 = Mitt. 1942, 23; PA 10. 12. 1957, Bl. 1957, 150; BPatG 23. 1. 1962, E 1, 76; BPatG 5. 9. 1963, E 6, 50, 52, 53. In letztgenannter Entscheidung ist zutreffend bemerkt, daß der Zwang zur schriftlichen Begründung auch zu einer schärferen Erfassung und Berücksichtigung aller maßgeblichen Gesichtspunkte führt. Ein Gedankenzusammenhang ist schlüssig (folgerichtig), wenn die Gedankenkette lückenlos ineinandergreift. Ob eine Entscheidung (oder ein Einspruch) begründet ist, hängt davon ab, ob die unterstellten Tatsachen der Wahrheitsprüfung standhalten, d. h. zutreffen. Die Beteiligten haben einen Beschluß mit vollständigen Gründen zu beanspruchen, aus denen hervorgehen muß, welche Gedankengänge zu der Beschlußfassung geführt haben; vgl. PA 10. 12. 1956, Bl. 1957, 150

mit Hinweis auf PA 19. 4. 1939, Mitt. 1939, 175 und PA 1. 10. 1941, a. a. O. Vgl. hierzu ferner PA 3. 8. 1960, Mitt. 1961, 19 (bloße Behauptungen sind keine Begründung).

Aus der Begründung muß in jedem Fall zu erkennen sein, welche tatsächlichen Feststellungen und welche rechtlichen Erwägungen für die getroffene Entscheidung maßgeblich waren; BGH 3. 12. 1964, GRUR 1965, 273, 274 – Anodenkorb. Mangelnde Begründung im Sinne von § 41 p Abs. 3 Nr. 5 liegt nicht vor, wenn die Gründe zu den einzelnen Vorbringen (Angriffs- und Verteidigungsmittel) oder auch die Beweiswürdigung nur sachlich unvollständig, unzureichend, unrichtig oder sonst rechtsfehlerhaft sind; BGH 3. 12. 1964, a. a. O. Ebenso BGH 21. 12. 1962, BGHZ 39, 333/51 = GRUR 1963, 645, 647 – Warmpressen; BGH 21. 12. 1962, GRUR 1963, 593 = E 4, 199, 212, 213 – Radgehäuse.

II. Begründung im Zusammenhang mit Fragen der Patentfähigkeit und bei Nichterfüllung gesetzlicher Anforderungen

Vgl. hierzu auch § 32 Anm. 13 ff.

Bei der Neuheitsprüfung muß angegeben werden, welche Tatsachen (hier 8
hauptsächlich nachgewiesen durch entgegengehaltene Druckschriften) als maßgeblich angesehen und welcher Gedankeninhalt dadurch als festgestellt betrachtet wird, und inwieweit diese tatsächlichen Feststellungen die Neuheit der beanspruchten Maßnahmen patenthindernd berühren. Bei Würdigung des Standes der Technik muß auf den technischen Gedankeninhalt der angeführten Patentschriften eingegangen werden; RG 20. 10. 1939, Mitt. 1940, 4. Wird ein ursächlicher Zusammenhang verneint, so sind die die Verneinung rechtfertigenden Umstände festzustellen; RG 4. 3. 1919, RGZ 95, 103.

An eine übereinstimmende Tatsachenwürdigung der Beteiligten ist die Spruchstelle nicht gebunden; die Tatsachenwürdigung ist allein ihre Sache; RG 17. 1. 1938, Warn. Rechtspr. RG in Ziv.Sach. Bd. 30 (1938), 127. Ist der Offenbarungsinhalt einer Entgegenhaltung streitig, ist im einzelnen auszuführen, warum der Einwand als durchgreifend nicht anerkannt werden kann.

Verbleibt ein neuer Überschuß, ist zunächst darzulegen, warum es »glaubhaft« erscheint, daß dadurch gegenüber dem nachgewiesenen Stand der Technik ein so wesentlicher **technischer Fortschritt** (s. hierzu auch weiter unten) erzielt wird, daß dieser für eine Patentgewährung ausreicht. Andernfalls sind die Gründe anzugeben, aus denen ausreichender Fortschritt zu verneinen ist. Schließlich ist die Bejahung oder Verneinung der erforderlichen **Erfindungshöhe** anhand von Indizien sehr sorgfältig zu begründen; vgl. z. B. BPatG 23. 1. 1962, E 1, 76. Die bei jeder Begründung der Entscheidung einer Spruchstelle verbleibende subjektive Komponente ist so klein wie möglich zu halten; BPatG 23. 1. 1962, a. a. O. In BGH 28. 11. 1963, GRUR 1964, 201, 202 = E 4, 233 – Elektro-Handschleifgerät – ist dargelegt, unter welchen Voraussetzungen Nichtstellungnahme zu einem Vortrag der Anmelderin im Zusammenhang mit dem Komplex Erfindungshöhe kein Übergehen eines selbständigen Angriffs- und Verteidigungsmittels i. S. der ZPO ist. Vgl. hierzu auch BGH 28. 11. 1963, GRUR 1964, 259 = E 4, 238 – Schreibstift.

Ist es streitig, ob ursprünglich eine **fertige Erfindung** vorlag, oder ob im Laufe des Verfahrens der **Erfindungsgedanke unzulässig verändert** wurde, oder ob die **Erfindungseinheit** oder dergleichen in Zweifel zu ziehen ist, so ist anhand der festgestellten Tatsachen zu begründen, warum in Anwendung der durch die Rechtsprechung entwickelten patentrechtlichen Grundsätze die betreffende Frage zu bejahen oder zu verneinen ist. Wegen der Rechtssätze und Praxis wird im einzelnen auf die betreffenden Paragraphen verwiesen.

In BGH 26. 6. 1969, GRUR 1970, 258 – Faltbehälter – sind die Anforderungen an die Begründung behandelt, wenn die Anmeldung wegen mangelhafter Beschreibung (ungenügende Würdigung eines für die Entscheidung wesentlichen Standes der Technik) zurückgewiesen wird.

Wegen der Begründung eines Beschlusses, durch den eine beantragte **Anhörung** abgelehnt wird, vgl. PA 13. 1. 1960, Bl. 1960, 224 und BPatG 27. 11. 1961, E 1, 80.

III. Umfang der Begründung

9 Die Beschlußgründe müssen sich auf alle für die Entscheidung unbedingt maßgebenden Streitpunkte erstrecken; eine nicht anerkannte Beweisführung muß widerlegt werden. Vgl. hierzu PA 12. 3. 1930, Mitt. 1930, 79; PA 19. 4. 1939, Mitt. 1939, 175. Auf unerhebliche Gesichtspunkte, die gelegentlich einmal vorgetragen sind, braucht nicht eingegangen zu werden. Eine Auseinandersetzung mit allen Einzelheiten eines dem vorgelegten Gutachten des amtlichen Sachverständigen entgegengehaltenen Privatgutachtens ist nicht notwendig; RG 11. 1. 1938, MuW 1938, 161. Die Rechtsausführungen des unterlegenen Beteiligten brauchen nicht in allen Einzelheiten behandelt zu werden; PA Präs. 11. 11. 1950, Bl. 1950, 353, 354 mit dem Hinweis auf RG in JW 1938, 1189. Ist auf ein vorgebrachtes Bedenken nicht ausdrücklich eingegangen, so genügt es, wenn die Begründung erkennen läßt, daß ihm keine ausschlaggebende Bedeutung beigemessen wurde; RG 14. 6. 1940, MuW 1940, 165, 166 r. Sp. vorletzter Abs. Zur Begründung gehört eine selbständige Auseinandersetzung der Prüfungsstelle mit dem eine **entscheidungserhebliche Rechtsfrage** betreffenden Vorbringen des An-

melders; ein Hinweis, daß die unterschiedlichen Auffassungen durch weitere Diskussionen nicht zu klären seien, genügt nicht; BPatG 30. 5. 1967, Mitt. 1968, 15. Vgl. auch § 41 h Anm. 2, 3. Zur Frage der Zulässigkeit der Bezugnahme auf die Begründung einer anderen, gleichzeitig zwischen den gleichen Parteien ergehenden Entscheidung s. BGH 2. 10. 1970, GRUR 1971, 86 – Eurodigina.

Greift ein Grund durch, so braucht nicht eine weitere Begründung gegeben zu werden; es kann aber zweckmäßig sein, gelegentlich von der Regel abzuweichen.

Wieweit bei Zurückweisung der Anmeldung oder bei Versagung des nachgesuchten Patents bei Nichtpatentfähigkeit des geltend gemachten Hauptanspruchs auch auf die **Frage nach der Patentfähigkeit der Unteransprüche** einzugehen ist, wird von den Umständen des Falles abhängen (vgl. auch §§ 28 b/29 Anm. 33, 52). Gibt der Anmelder zu erkennen, daß er auf einer von der Prüfungsstelle oder Patentabteilung für nicht gewährbar erachteten Fassung beharrt, kann zurückgewiesen werden ohne Eingehen auf die Entscheidung über die Patentfähigkeit der Unteransprüche; BPatG 29. 5. 1970, E 11, 224. In anderen Fällen, die die Regel bilden werden, wird ein Eingehen auf die Unteransprüche, insbesondere soweit für sie selbständiger Patentschutz begehrt wird, notwendig oder doch zweckmäßig sein; notwendig, wenn der Anmelder erkennbar sich mit einem eingeschränkten Patentbegehren hätte zufrieden gegeben, zweckmäßig, wenn zur Frage der Patentfähigkeit der Unteransprüche amtlicherseits schon begründet Stellung genommen und eine Fortsetzung des Verfahrens zu erwarten ist. Wird die Patentfähigkeit der Unteransprüche abgelehnt, darf die Begründung sich nicht in leeren Behauptungen erschöpfen; vgl. hierzu BPatG 29. 3. 1962, E 1, 78. Ein Eingehen auf Unteransprüche ist nur dann erforderlich, wenn im Stadium des Verfahrens zum Ausdruck gebracht ist, daß sie als **unechte Unteransprüche** gewertet werden sollen; BGH 16. 7. 1964, E 5, 244, 247 = GRUR 1964, 697 – Fotoleiter.

IV. Bewertendes Ermessen und Begründung

Nicht in allen Fällen wird im Prüfungsverfahren genau festgestellt werden können, wie wesentlich der zur Begründung der Patentfähigkeit geltend gemachte Fortschritt tatsächlich ist. Der schlüssige Nachweis der fortschrittlichen Wirkung braucht nicht in jedem Fall vom Anmelder erbracht zu werden, sofern der Eintritt der behaupteten Wirkung nicht ausgeschlossen erscheint. Hier spielt die Sachkunde der technischen Mitglieder des Patentamts eine große Rolle; sie müssen um ein objektives Werturteil bemüht sein; vgl. hierzu RG 26. 2./28. 9. 1927, MuW 1927/1928, 130. Durch die dauernde Verfolgung der erfinderischen Tätigkeit auf dem be- **10** treffenden Sachgebiet kann aber erwartet werden, daß ein unabhängiges Wertgefühl ausgebildet ist; PA 25. 1. 1916, GRUR 1916, 59, 60. Bei der Beurteilung des technischen Fortschritts ist jede Entgegenhaltung gesondert mit der Erfindung zu vergleichen; BGH 2. 12. 1952, GRUR 1953, 120 – Kabelhalter. Soweit in solchen und ähnlichen Fällen die entscheidende Stelle ein gewisses **Ermessen** ausübt, muß sie ihre Entscheidung begründen; die Gründe müssen erkennen lassen, worauf sich die eigene Überzeugung der Spruchstelle stützt. Vgl. hierzu auch §§ 28 b/29 Anm. 34.

V. Mangelnde Begründung

11 In BGH 21. 12. 1962, BGHZ 39, 333/51 = GRUR 1963, 645, 646 bis 650 = Bl. 1963, 343 – Warmpressen – ist sehr ausführlich unter Hinweis auf viele Entscheidungen zur Frage Stellung genommen, wann ein die Patenterteilung versagender Beschluß des BPatG »nicht mit Gründen versehen« ist. Danach ist eine Entscheidung »nicht mit Gründen versehen«, wenn aus ihr nicht zu erkennen ist, welche tatsächlichen Feststellungen und welche rechtlichen Erwägungen für die getroffene Entscheidung maßgebend waren. Die angestellten Überlegungen müssen klar sein, und die Gründe dürfen sich nicht in leeren Redensarten erschöpfen oder sich einfach auf die Wiedergabe des Gesetzestextes beschränken. Auch bereits dann ist eine Entscheidung nicht mit Gründen versehen, wenn auf einzelne selbständige Angriffs- oder Verteidigungsmittel nicht eingegangen ist. Die Beweiswürdigung muß vollständig sein. Wegen weiterer höchstrichterlicher Rechtsprechung vgl. § 41 p Anm. 33 ff. Grundsätzlich gelten die Normen dieser Rechtsprechung auch für das erstinstanzliche Verfahren. **Keine Begründung** ist es, wenn lediglich die berücksichtigten Tatsachen (Druckschriften) angegeben werden; PA 13. 11. 1929, Mitt. 1931, 163. Bloße summarische Feststellungen, die erkennende Stelle schließe sich den Ausführungen der einen oder anderen Beteiligten an, genügen der Begründungspflicht nicht; PA 1. 10. 1941, GRUR 1942, 38, 39; PA 13. 11. 1929, a. a. O. Die Bemerkung zu einer bestimmten Auffassung, diese werde nicht geteilt, ist keine Begründung, besonders dann, wenn von der ständigen Rechtsprechung abgewichen wird; PA 2. 4. 1942, GRUR 1942, 321 = Mitt. 1942, 149. In solchem Fall ist eine Auseinandersetzung mit der nicht geteilten Auffassung erforderlich; PA 21. 7. 1959, Bl. 1959, 359. Auch gibt die bloße Angabe, daß „keine hinreichende Aussicht" für den Abschluß eines termingebundenen Verfahrens besteht, keine Möglichkeit zur Nachprüfung, ob die Entscheidung auf pflichtgemäßem Ermessen beruht; BPatG 7. 6. 1968, 4 W (pat) 39/68. Lediglich die Berufung auf den Leitsatz einer bisher unveröffentlichten Entscheidung (ohne Mitteilung der tragenden Gründe) ist keine Begründung; vgl. hierzu BPatG 1. 2. 1972, E 13, 201.

Nach ständiger patentamtlicher Spruchpraxis stellt es einen Verfahrensmangel dar, wenn zu den in der Begründung angeführten, im Einspruchsverfahren entgegengehaltenen und vom Einsprechenden sachlich erläuterten Schrifttumstellen nur bemerkt wird, daß keiner der Entgegenhaltungen die beanspruchte technische Regel zu entnehmen ist, so daß der Anmeldungsgegenstand deshalb als neu zu gelten habe und der Stand der Technik die technische Regel nicht nahelege und auch eine vorteilhafte technische Wirkung nicht glaubhaft sei. Floskelhafte, summarische Feststellungen oder globale Hinweise auf gesetzliche Bestimmungen stellen nur ausnahmsweise eine Begründung i. S. von § 34 Abs. 1 dar; BPatG 8. 11. 1972, Mitt. 1973, 53; BPatG 23. 11. 1972, Mitt. 1973, 52 = Bl. 1973, 166 = E 14, 209.

Ist Fortsetzung des Prüfungsverfahrens in einer wegen einer älteren Anmeldung ausgesetzten Sache beantragt, weil die Voraussetzungen für eine Aussetzung nicht mehr vorlägen, so kann die Fortsetzung des Verfahrens nicht damit abgelehnt werden, die ältere Anmeldung sei noch nicht rechtskräftig erledigt; das ist keine Begründung; BPatG 30. 7. 1964, E 6, 53, 54.

VI. Bindung an die rechtliche Beurteilung der II. Instanz bei Zurückverweisung

Die Zurückverweisung einer Sache aus der zweiten Instanz an die erste Instanz war schon immer möglich; sie ist nunmehr in § 36 p Abs. 3 n. F. ausdrücklich geregelt worden; vgl. § 36 p Anm. 5 ff. Hier bedarf Satz 2 des angeführten Absatzes 3 eines Hinweises. Danach hat das Patentamt die rechtliche Beurteilung, die der Aufhebung zugrunde liegt, auch seiner Entscheidung zugrunde zu legen. In der amtl. Begr. Teil B zu Art. 1 zu Nr. 27, Bl. 1967, 262 ist auf entsprechende Verfahrensordnungen für Zurückverweisungen zwischen Gerichten oder zwischen Gerichten und Verwaltungsbehörden (vgl. z. B. § 565 Abs. 2 ZPO, § 130 VwGO und § 100 Abs. 1 FGO) hingewiesen. Vgl. hierzu auch BPatG 20. 4. 1967, E 9, 47. Die Bindung der ersten Instanz an die rechtliche Beurteilung, die der Aufhebung zugrunde liegt, wird ausnahmsweise nur dann entfallen, wenn etwa die weitere Prüfung der zurückverwiesenen Sache in der ersten Instanz einen erweiterten Tatbestand ergibt, der so gravierend ist, daß der rechtlichen Beurteilung der Sache in der zweiten Instanz der Boden entzogen ist. In diesem Sinne s. auch BGH 18. 10. 1968, BGHZ 51, 131 = GRUR 1969, 433 = Mitt. 1970, 18 – Waschmittel; BPatG 2. 4. 1970, Bl. 1971, 286 (Leits.) rechtskr.; hierzu Nebesky, Mitt. 1971, 101, 103. Das gleiche gilt auch für die zweite Instanz; BPatG 2. 4. 1970, a. a. O. 12

Im Beschluß vom 18. 10. 1968 sind die Voraussetzungen angegeben, unter denen in der Aufhebung eines Patentversagungsbeschlusses des Patentamts durch den Beschwerdesenat und in der Zurückverweisung der Sache an das Patentamt mit einer dabei gemachten »Auflage« ein die erste Instanz bindender Ausspruch liegt; s. §§ 28 b/29 Anm. 25. In der Entscheidung ist unter B III 3 aa aber auf die eigene Verantwortung und die eigene Prüfungspflicht der Vorinstanz hingewiesen; einer inzwischen eingetretenen veränderten Sach- und Rechtslage ist Rechnung zu tragen. Die Bindung der Vorinstanz beschränkt sich auf diejenigen Punkte, deren rechtsirrtümliche Würdigung die Aufhebung der Entscheidung unmittelbar herbeigeführt hat; BGH 11. 4. 1967, GRUR 1967, 548, 551 l. Sp. – Schweißelektrode II. Ein von der übergeordneten Instanz gerügter Fehler darf nicht erneut begangen werden; eine weitergehende Bindung besteht nicht; BGH 11. 4. 1967, a. a. O.; BGH 6. 11. 1951, BGHZ 3, 321, 326.

C. Form und Inhalt der Beschlüsse

I. Tenor und Gründe

13 Nach § 34 Abs. 1 sind die Beschlüsse schriftlich auszufertigen. Der Beschluß gliedert sich in Beschlußformel (Tenor) und Gründe. Der Tenor enthält den eigentlichen Inhalt der Entschließung. Deshalb richtet sich die Beschwerde grundsätzlich gegen den dort angeführten Ausspruch. Ausnahmsweise kann aber auch im Falle eines Erteilungsbeschlusses Beschwerde gegen die Gründe statthaft sein, wenn dort nämlich den Schutzumfang beschränkende Bemerkungen enthalten sind; PA 28. 11. 1951, Bl. 1952, 63, 64. Bei Widerspruch zwischen Tenor und Gründen geht erstgenannter vor; PA 12. 9. 1940, Mitt. 1941, 21. Bezüglich des Inhalts hat die **Prüfungsstelle** einen gewissen Spielraum. Ein Zurückweisungsbeschluß der Prüfungsstelle braucht sich nur mit dem für die Entscheidung erheblichen Tatbestand zu befassen. Die Nichtpatentfähigkeit des oder der geltend gemachten Patentbegehren ist schlüssig zu begründen; s. bei Anm. 8. Insbesondere ist eine begründete Auseinandersetzung mit den wesentlichen Gesichtspunkten des Anmelders erforderlich, denen nicht gefolgt werden kann. Der **Abteilungsbeschluß** im Einspruchsverfahren erfordert dagegen eine vollständige Angabe des Tatbestands und der aufrechterhaltenen Anträge der Beteiligten. Für das Urteil ist nach ZPO Gliederung in Tatbestand und Gründe vorgeschrieben und für Nichtigkeitsurteile ständige Praxis. Unterbleibt eine derartige Zweiteilung des Erteilungsbeschlusses, so ist er allein deshalb nicht zu beanstanden. Wegen der Begründung vgl. unter Anm. 7, 9 ff.

Die Angaben im Tenor eines Erteilungsbeschlusses sind für den Druck der Patentschrift und die Rolleneintragung verbindlich; BPatG 2. 11. 1962, E 2, 178.

II. Entwurf und Feststellung des Beschlusses

Nach § 3 DPAVO 1968 hält im Verfahren vor der Patentabteilung der Berichterstatter Vortrag in der Sitzung und entwirft die Beschlüsse und Gutachten. Der Vorsitzende der Patentabteilung prüft die Entwürfe und stellt sie fest. Über sachliche Meinungsverschiedenheiten beschließt die Patentabteilung. In der Regel bedarf es nach § 4 DPAVO 1968 für die Beschlußfassung im Verfahren vor der Patentabteilung der Beratung und Abstimmung in einer Sitzung; vgl. hierzu auch § 18 Anm. 9. Wegen der eventuellen Notwendigkeit der **Wiederholung einer vorangegangenen Anhörung** bei inzwischen eingetretenem Wechsel in der Besetzung des Spruchkörpers vgl. § 33 Anm. 10. Wegen des Zeitpunktes, bis zu dem die Beteiligten Anspruch auf Berücksichtigung ihres Vorbringens haben, vgl. § 32 Anm. 45. 14

III. Verweisungen in Beschlüssen

Zur Vermeidung von Wiederholungen kann im Beschluß auf Schriftsätze und Bescheide verwiesen werden. Voraussetzung ist nur, daß die Schriftsätze alle Beteiligten erhalten hatten und sich dazu äußern konnten. Der Zusammenhang muß aber klar erkennbar sein. Vgl. hierzu BGH 21. 12. 1962, GRUR 1963, 645, 648/49 unter III 3 e – Warmpressen. 15

IV. Berücksichtigung aller Anträge / Unteransprüche

Soweit erforderlich, müssen auch frühere, nicht selbständig anfechtbare Beschlüsse – soweit bisher nicht geschehen – im abschießenden Beschluß begründet werden. Im Beschluß ist über alle aufrechterhaltenen Anträge (wegen des Begriffs »Antrag« vgl. BGH 10. 6. 1965, Mitt. 1967, 16) zu befinden, soweit sich das nicht erübrigt, weil ein weitergehender Antrag genehmigt wird. Hierzu gehören alle Ansprüche, für die selbständiger Schutz geltend gemacht wird. Zweckmäßig ist es, soweit das ohne besonderen Aufwand möglich ist, die Nichtneuheit des Gegenstands eines Unteranspruchs druckschriftlich zu belegen. Wegen der Frage, unter welchen Voraussetzungen auf Unteransprüche im Beschluß besonders einzugehen ist, wird auf BGH 16. 7. 1964, GRUR 1964, 697, 698 = Bl. 1965, 151 – Fotoleiter; BGH 25. 2. 1965, Auszug VDI-Nachr. Nr. 37/1965 S. 29, Sp. 3; BGH 10. 6. 1965, a. a. O. verwiesen, die entsprechend auch für das erstinstanzliche Verfahren gelten. Vgl. zu diesen Entscheidungen Zeunert, Beiträge, Kap. IV bei Fußnoten 32 bis 37. 16

Im Beschluß kann zu der selbständigen Schutzfähigkeit oder Nichtschutzfähigkeit der Gegenstände von Unteransprüchen und Kombinationselementen Stellung genommen werden; vgl. z. B. PA 28. 11. 1951, Bl. 1952, 63, 64 = GRUR 1952, 191. Eine solche Stellungnahme ist aber nur verbindlich, wenn sie begründet ist. Gegebenenfalls kann auch gegen die Gründe, wenn sie einen im Tenor nicht berücksichtigten Teil der Entscheidung enthalten, Beschwerde erhoben werden; PA 28. 11. 1951, a. a. O.

Ist die zur Zustellung bestimmte Ausfertigung des (Erteilungs-)beschlusses bereits an die Postabfertigungsstelle abgegeben, so ist der Patentsucher nicht beschwert, wenn ein danach, vor Beschlußzustellung eingehender Antrag nicht mehr berücksichtigt ist; BGH 9. 3. 1967, GRUR 1967, 435 = Bl. 1967, 324 – Isoharnstoffäther. Wegen der Berücksichtigung von nach Fristablauf eingehenden Vorbringen vgl. §§ 28 b/29 Anm. 52 und § 32 Anm. 45.

V. Ausfertigung der Beschlüsse

17 Nach § 16 DPAVO 1968 erhalten die Ausfertigungen der Beschlüsse und die Bescheide die Kopfschrift »Deutsches Patentamt« und am Schluß die Bezeichnung der Prüfungsstelle oder der Abteilung. Für die Ausfertigung der Formularbescheide des Patentamts gilt § 16 Abs. 2. Diese neue Regelung dient der Verwaltungsvereinfachung; vgl. hierzu § 22.

D. Zustellung der Beschlüsse

18 Nach § 34 Abs. 1 sind die Beschlüsse allen Beteiligten von Amts wegen zuzustellen. Für Zustellungen im Verfahren vor dem Patentamt und Patentgericht gelten gem. § 45 a die Vorschriften des Verwaltungszustellungsgesetzes vom 3. 7. 1952, Bl. 1952, 309 mit den in § 45 a angegebenen Maßgaben; vgl. bei § 45 a. Wegen einheitlicher Zustellung des gesamten Beschlusses an alle Einsprechenden vgl. § 32 Anm. 46.

Nach § 8 VwZG genügt bei Bestellung eines **Vertreters** für mehrere Anmelder die Zustellung eines Schriftstückes, dagegen sind dem **Zustellungsbevollmächtigten** mehrerer Anmelder so viele Ausfertigungen oder Abschriften zuzustellen, wie Anmelder vorhanden sind. Ist das im letztgenannten Fall unterblieben, liegt ein nicht heilbarer Zustellungsmangel vor, so daß gesetzte Fristen, auch die Beschwerdefrist, nicht in Lauf gesetzt werden; PA 5. 3. 1958, Bl. 1958, 136. Wegen der Unterschrift der Empfangsbescheinigung s. § 30 Anm. 6.

Die Verkündung von Beschlüssen am Ende einer Anhörung ist in der 1. Instanz in der Regel nicht üblich; vgl. § 33 Anm. 8.

E. Rechtsmittelbelehrung

Nach § 34 Abs. 2 ist den Beschlüssen eine Rechtsmittelbelehrung für die Beteiligten beizufügen, es ist die Stelle zu bezeichnen, bei der Beschwerde gegen den Beschluß eingelegt werden kann, es sind die Beschwerdefrist und gegebenenfalls die Höhe der Beschwerdegebühr anzugeben. Die Bestimmung ist den §§ 58 Abs. 1 und 59 der VwGO vom 21. 1. 1960, Bl. 1960, 30, 35 nachgebildet; Begr. 6. ÜG zu Nr. 24, Bl. 1961, 150. Im einzelnen vgl. noch BVerwG 30. 11. 1960, DVBl. 1961, 206 und BVerwG 14. 10. 1960, DVBl. 1960, 897. Die Beschwerdegebühr ist nicht schon mit Beginn der Beschwerdefrist, sondern erst ab Einlegung der Beschwerde fällig; BPatG 19. 6. 1969, E 11, 57. Die Beschwerdegebühr beträgt z. Zt. entsprechend PatGebG 1968 150 DM. 19

Ist eine **Belehrung unterlassen,** so hat das gem. § 34 Abs. 2 Satz 2 die Folge, daß die Beschwerdefrist (§ 36 l Abs. 2) nicht zu laufen beginnt. Bei unterbliebener oder unrichtiger Rechtsmittelbelehrung ist die Einlegung der Beschwerde gem. Satz 3 nur innerhalb eines Jahres seit Zustellung des Beschlusses zulässig, es sei denn, eine schriftliche Belehrung ist dahin erfolgt, daß eine Beschwerde nicht gegeben sei. Bei Versäumnis der Jahresfrist infolge unabwendbaren Zufalls ist **Wiedereinsetzung** entsprechend § 43 PatG möglich. Wegen der Wiedereinsetzung in eine versäumte Rechtsmittelfrist bei unrichtiger Rechtsmittelbelehrung können vergleichsweise PA 17. 3. 1954, Bl. 1954, 265, 266 und PA 7. 11. 1955, Bl. 1956, 39, 40 herangezogen werden.

F. Berichtigung und Ergänzung von Beschlüssen

Die Berichtigung offenbarer Unrichtigkeiten im Beschluß und gegebenenfalls im Zusammenhang damit in den erteilten Unterlagen wurde bisher in entsprechender Anwendung des § 319 ZPO vorgenommen. Es muß aber nicht nur der Fehler, sondern auch zweifelsfrei zu erkennen sein, was anstelle der fehlerhaften Fassung hätte gesagt sein sollen; PA 8. 1. 1954, Bl. 1954, 48; BPatG 8. 9. 1971, E 13, 77 = GRUR 1972, 90, 91. Eine offenbare Unrichtigkeit kann auch dann vorliegen, wenn die zu berichtigende Stelle Naturgesetzen oder gefestigten naturwissenschaftlichen Erkenntnissen widerspricht; BPatG 8. 9. 1971, a. a. O. Fehlt in der Entscheidungsformel ein Ausspruch betr. eine ergangene Kostenerstattungsanordnung, so kann die Entscheidungsformel wegen offenbarer Unrichtigkeit jederzeit von Amts wegen berichtigt werden; BPatG 22. 4. 1970, E 11, 281. Nach BPatG 7. 12. 1967, E 9, 202, 203 kann es nach der durch das 6. ÜG erfolgten Einfügung des § 41 k dahingestellt bleiben, ob es nunmehr nicht näherläge, 20 diese Bestimmungen des PatG auf die Berichtigung von Beschlüssen des Patentamts entsprechend anzuwenden anstelle der bisher erfolgten analogen Anwendung des § 319 ZPO. Da die Beschlüsse des Patentamts aber Verwaltungsakte seien, müßten auch die die **Berichtigung ablehnenden patentamtlichen Entscheidungen** in Abweichung von der früheren Praxis (PA 9. 11. 1938, Bl. 1938, 214) **mit der Beschwerde anfechtbar** sein, auch dann, wenn die Ablehnung auf sachliche Gründe gestützt ist. Wegen Berichtigung der Patentschrift vgl. § 24 Anm. 33. Es bestehen keine Bedenken, unter gewissen Umständen die tatsächlichen Angaben des Erteilungsbeschlusses von Amts wegen zu berichtigen, sofern ein wesentlicher Bestandteil des der Entscheidung zugrunde liegenden Prozeßstoffes unrichtig oder unzureichend wiedergegeben ist; PA 28. 11. 1939, Mitt. 1940, 18. Auch PA 2. 6. 1931, Mitt. 1931, 198 läßt Berichtigung der Gründe auf Antrag bei offenbaren Unrichtigkeiten im Beschluß oder auch in den Gründen zu. Keine Tatbestandsberichtigung nur zur Wiedergabe des Parteivortrages; BPatG 4. 8. 1971, E 12, 176. Über § 319 ZPO kann nicht die Streichung eines zutreffenden Vermerks im Erteilungsbeschluß über die Zurücknahme der Einsprüche erreicht werden; PA 12. 7. 1954, Mitt. 1954, 64. Auch eine redaktionelle Klarstellung des erteilten Patents ist über einen Berichtigungsantrag nicht möglich; PA 16. 10. 1913, MuW XIII (1913/1914), 333.

Gegebenenfalls ist auch in entsprechender Anwendung des § 321 ZPO ein **Beschluß zu ergänzen**; PA 3. 12. 1955, Bl. 1956, 16; PA 28. 11. 1929, Mitt. 1930, 136 (übersehene Kostenentscheidung). Bei falscher Wiedergabe des Tatbestandes kommt § 320 ZPO in Betracht; PA 15. 5. 1936, Mitt. 1936, 287. Ergänzung des Tatbestandes (§ 320 ZPO) muß **innerhalb einer Woche** beantragt werden; Beschwerde gegen Zurückweisung des Antrags ist möglich, weil es sich um eine Prozeßfrage handelt; PA 22. 5. 1935, Bl. 1935, 177.

G. Rechtswirksamkeit der Beschlüsse

21 Mit rechtskräftiger Patenterteilung treten die im § 6 PatG angegebenen Wirkungen ein. Vgl. ergänzend § 35 Anm. 3. Auch bei unterlaufenen, erst später festgestellten Verfahrensfehlern werden solche Beschlüsse, die formeller Rechtskraft fähig sind, rechtswirksam; PA 9. 5. 1952, Bl. 1952, 329; ebenso PA 9. 9. 1916, Bl. 1917, 126, 127. Wegen der Rechtswirksamkeit der Beschlüsse vgl. auch bei § 35 Anm. 2.

Ein **Widerruf** des Erteilungsbeschlusses nach erlangter formeller Rechtskraft seitens der Erteilungsbehörde ist nicht möglich; PA 22. 11. 1934, Mitt. 1935, 24. Die materielle Rechtswirksamkeit kann nur im Wege einer Nichtigkeitsklage angegriffen werden. Wegen der Handhabung bei Patenterteilung trotz rechtzeitiger Einspruchserhebung vgl. § 32 Anm. 49.

H. Abhilfe bei Beschwerdeeinlegung

Wird gegen den erstinstanzlichen Beschluß frist- und formgerecht Beschwerde gem. § 36 l Abs. 1 eingelegt, so hat gem § 36 l Abs. 4 die Stelle, deren Beschluß angefochten wird, der Beschwerde abzuhelfen, falls die Beschwerde für begründet erachtet wird; Zurückzahlung der Beschwerdegebühr kann angeordnet werden. Voraussetzung (§ 36 l Abs. 5) ist aber, daß dem Beschwerdeführer kein anderer Verfahrensbeteiligter gegenübersteht. Vgl. auch Prüf. Richtl. unter IV 10 und § 36 l Anm. 54 ff. 22

Nach BPatG 2. 11. 1970, Mitt. 1971, 135 = E 12, 28 darf bei Zurücknahme einer gebührenpflichtigen Beschwerde vor ihrer Vorlegung an das BPatG über die Rückzahlung der Beschwerdegebühr nur vom BPatG entschieden werden; mit Recht a. M. Röhl, Mitt. 1971, 136. Ist im Einspruchsverfahren vor dem Patentamt vor der Beschlußfassung der Einspruch zurückgenommen worden, und legt nach Patentversagung der Anmelder Beschwerde ein, so tritt das Abhilfeverbot des § 36 l Abs. 5 nicht ein; BPatG 12. 3. 1970, E 12, 169.

§ 35

(1) Wird das Patent erteilt, so erläßt das Patentamt darüber im Patentblatt eine Bekanntmachung und fertigt für den Patentinhaber eine Urkunde aus.

(2) Wird die Anmeldung nach der Bekanntmachung (§ 30) zurückgenommen oder wird das Patent versagt, so ist dies vom Patentamt ebenfalls bekanntzumachen. Mit der Zurücknahme oder Versagung gelten die Wirkungen des einstweiligen Schutzes (§ 24 Abs. 5 Satz 1, § 30 Abs. 1 Satz 2) als nicht eingetreten.

(3) Wird bis zum Ablauf der in § 28 b Abs. 2 bezeichneten Frist ein Antrag auf Prüfung nicht gestellt oder wird eine für die Anmeldung zu entrichtende Jahresgebühr nicht rechtzeitig entrichtet (§ 11), so gilt die Anmeldung als zurückgenommen.

ÜBERSICHT

Vorbemerkung

§ 35 n. F. unterscheidet sich vom § 35 a. F. durch Fortfall des Satzes 2 im Abs. 2 (s. Anm. 6) und durch Hinzufügung eines Abs. 3 (s. Anm. 8).

A. Patenterteilung

I. Patenterteilungsbeschluß

1 Die Patenterteilung setzt einen Beschluß des Patentamts (vgl. § 34 Anm. 2) oder des Patentgerichts voraus. Wegen Erlaß des Beschlusses durch das BPatG vgl. BPatG 8. 9. 1961, E 1, 1, 4 (aber ohne Begr.); BPatG 29. 3.

1962, E 1, 78, 79; s. hierzu auch Haeuseler, GRUR 1962, 77; a. M. Schwerdtner, GRUR 1968, 10, 11. Im einzelnen vgl. Ballhaus in Benkard vor § 36 l Anm. 3. Vgl. ferner § 32 Anm. 47. Der Patenterteilungsbeschluß ergeht,

1. wenn nach erfolgter Bekanntmachung und Ablauf der Einspruchsfrist kein Einspruch zu den Akten der Patentanmeldung gelangt ist und auch nicht etwa inzwischen von Amts wegen patenthinderndes Material bekanntgeworden ist, das zu einer Fortsetzung des Prüfungsverfahrens nötigt, vgl. § 32 Anm. 47;

2. wenn nach Ablauf des Einspruchsverfahrens Patenterteilung beschlossen ist.

Hebt der Beschwerdesenat des BPatG den Patentversagungsbeschluß des PA auf und verweist es die Sache an das PA »mit der Auflage« zurück, das Patent mit den vom Beschwerdesenat benannten, im Wortlaut festgelegten Patentansprüchen »nach Anpassung der Beschreibung an diese Ansprüche zu erteilen«, so kann darin der für das weitere Erteilungsverfahren bindende Ausspruch liegen, daß der durch die benannten Patentansprüche gekennzeichnete Anmeldungsgegenstand materiell patentfähig ist; BGH 18. 10. 1968, Bl. 1969, 311 = GRUR 1969, 433, 435 – Waschmittel. Aus dem Beschluß, a. a. O., 315, ist zu entnehmen, daß die Überlassung der Beschreibungsanpassung an das Patentamt unter Umständen unzweckmäßig sein kann. Wegen der Bindungswirkung vgl. auch BPatG 20. 4. 1967, E 9, 47; Nebesky, Mitt. 1971, 101.

3. wenn nach Zurücknahme aller Einsprüche im erstinstanzlichen Verfahren das von Amts wegen fortgesetzte Erteilungsverfahren mit einem Erteilungsbeschluß beendet wird; vgl. § 32 Anm. 43. Auch nach Patentablauf ist bei vorhandenem Rechtsschutzinteresse Patenterteilung zu beschließen; BPatG 10. 10. 1970, E 12, 119, 121, 122.

Steht die **Erteilung eines Zusatzpatents** an, ist zunächst zu prüfen, ob das Hauptpatent erteilt ist. Andernfalls ist die Erteilung des Zusatzpatents bis zur Erteilung des Hauptpatents auszusetzen. Besteht das Hauptpatent nicht mehr, ist der Patentsucher zu veranlassen, einen Antrag auf Erteilung eines selbständigen Patents zu stellen. Gegebenenfalls ist in einem solchen Fall auch das Prüfungsverfahren wiederaufzunehmen, um festzustellen, ob der Gegenstand der bisherigen Zusatzanmeldung selbständig patentfähig ist.

Der **Patenterteilungsbeschluß** enthält im Tenor folgende Feststellungen: den oder die Namen der natürlichen Person bzw. Personen oder die Bezeichnung der Firma, für die die Patenterteilung erfolgt, die Angabe des Wohnsitzes und gegebenenfalls die Angabe des Vertreters, die Bezeichnung des Patents (i. S. von § 26 Abs. 1 Satz 3), das Datum des Beginns der Laufdauer (der Tag nach dem Anmeldetag) und die Patentnummer. Als rechtsgestaltender Hoheitsakt bedarf der Erteilungsbeschluß der Eindeutigkeit und Bestimmtheit auch bezüglich der Person des Trägers dieses Rechts; BPatG 8. 9. 1961, E 1, 1, 4. Gegebenenfalls wird die in Anspruch genommene Priorität angegeben. Falls es sich um ein Zusatzpatent handelt, wird auch die Nummer des Patents genannt, zu dem das Patent als Zusatz erteilt wird. Ändert sich die Person des Patentinhabers nach Rechtskraft des Erteilungsbeschlusses, so ist eine entsprechende Änderung des Beschlusses nicht zulässig; PA 30. 11. 1935, Bl. 1935, 187.

Wegen **Berichtigung** des Erteilungsbeschlusses vgl. Kähler, Mitt. 1938, 43 (Einfügung eines übersehenen Beschreibungsteiles); PA 22. 3. 1932, Mitt. 1932, 185 (nicht mitgeteilte Streichung eines Wortes wieder beseitigt). Im einzelnen s. § 34 Anm. 20.

Wegen der **Rechtsnatur** der Patenterteilung s. § 1 Anm. 2, 3.

II. Wirksamkeit und Rechtskraft

1. Allgemeines

2 Die Wirksamkeit des Erteilungsbeschlusses hängt grundsätzlich nicht von der Rechtskraft ab, d. h. davon, ob er angefochten werden kann oder nicht; BPatG 28. 3. 1962, E 1, 15, 17, 18; vgl. auch BPatG 13. 2. 1970, E 11, 200, 202. Die Beschwerde gegen den Erteilungsbeschluß hat aufschiebende Wirkung; § 36 n Abs. 1 PatG. Der Eintritt der Rechtskraft des angefochtenen Beschlusses wird entweder bis zur Zurücknahme des Rechtsmittels oder bis zum Erlaß der Entscheidung darüber hinausgeschoben; PA 28. 11. 1908, Bl. 1909, 31. Der einstweilige Schutz bleibt selbstverständlich mindestens zunächst bestehen; so auch BayVGH 25. 7. 1958, Bl. 1958, 194. Auch eine unzulässige Beschwerde des Anmelders hat aufschiebende Wirkung; PA 5. 10. 1929, Bl. 1929, 252. Eine Berichtigung des Erteilungsbeschlusses berührt dessen Wirksamkeit nicht; BPatG 28. 3. 1962, a. a. O., 19.

Wirksamkeit erlangt der Erteilungsbeschluß mit seiner Zustellung an den Anmelder oder durch seine Verkündung; § 34 Abs. 1 und § 41 i Abs. 1. Vgl. hierzu auch PA 15. 12. 1900, Bl. 1901, 59; PA 3. 7. 1901, Bl. 1901, 294. Zur Frage des Wirksamwerdens nicht verkündeter Entscheidungen vgl. auch BGH 9. 3. 1967, GRUR 1967, 435, 436 l. Sp. – Isoharnstoffäther. Ein ohne mündliche Verhandung ergangener Beschluß wird auch allein durch Zustellung der Entscheidungsformel wirksam; er kann aber nicht durch nachträglich abgesetzte und den Beteiligten zugestellte Entscheidungsgründe ergänzt werden; BGH 13. 5. 1971, GRUR 1971, 484 – Entscheidungsformel. Im Patenterteilungsverfahren gibt es keine teilweise Rechtskraft; PA 10. 10. 1914, MuW XIV (1915), 119.

Durch Zurücknahme aller Einsprüche in der zweiten Instanz erlangt der erstinstanzliche Erteilungsbeschluß Rechtskraft; vgl. § 32 Anm. 43. Der Beschluß der zweiten Instanz wird rechtskräftig, falls keine Rechtsbeschwerde innerhalb eines Monats nach Zustellung oder Verkündung der Beschwerde eingelegt wird. Ein erstinstanzlicher Beschluß wird durch Zustellung der Beschwerdeentscheidung über die Unzulässigkeit der Beschwerde rechtskräftig.

Wegen der Rechtswirksamkeit bei unterlaufenen Verfahrensfehlern vgl. bei § 34 Anm. 21.

2. Wirkungen der Rechtskraft

Durch Eintritt der Rechtskraft wird der einstweilige Schutz nach § 30 in 3
den vollen Schutz des § 6 umgewandelt. Auch kann nunmehr das Patent als älteres Recht i. S. des § 4 Abs. 2 wirksam geltend gemacht werden. Innerhalb eines Jahres nach Bekanntmachung über die Erteilung des Patents kann im Wege einer Klage Vindikation aus § 5 geltend gemacht werden. Fortgefallen ist durch das PatÄndG vom 4. 9. 1967 die Wirkung der Patenterteilung für die Fälligkeit der Patentjahresgebühren (vgl. evtl. wegen der früheren Handhabung BPatG 28. 3. 1962, E 1, 15, 17).

III. Bekanntmachung der Patenterteilung

An sich bestimmt § 35 Abs. 1 lediglich über die Verwaltungsmaßnahmen, 4
die auf Grund der Patenterteilung vorzunehmen sind; BPatG 28. 3. 1962, E 1, 15, 18. Die nach § 35 Abs. 1 vorgesehenen Veröffentlichungen sollen erst vorgenommen werden, wenn die Patenterteilung rechtskräftig geworden ist, d. h. wenn gegen den Beschluß des Patentamts innerhalb der Beschwerdefrist keine Beschwerde erhoben worden ist oder über die Beschwerde rechtskräftig entschieden worden ist; vgl. Begr. zur Neufassung des § 35 durch das 6. ÜG, Bl. 1961, 150 zu Nr. 25.

Die **Bekanntmachung über die Patenterteilung** erfolgt im Patentblatt. Bekanntgemacht werden die im Tenor des Erteilungsbeschlusses enthaltenen Angaben; s. Anm. 1.

IV. Patenturkunde

Das Umschlagblatt der Patenturkunde enthält die Patentnummer, be- 5
nennt den Patentinhaber und den Beginn der Laufzeit. Beigeheftet ist die gedruckte Patentschrift; s. § 24 Anm. 33.

Die Patenturkunde ist nur Beweis- und Legitimationsurkunde; PA 30. 11. 1935, Bl. 1935, 187. Sie ist nicht maßgebend für die materielle Berechtigung am Patent, sondern bekundet nur, wem das Patent gemäß dem Erteilungsbeschluß erteilt worden ist, nicht auch, wer z. Z. der an ihm Berechtigte ist; PA 30. 8. 1929, Bl. 1929, 227; PA 23. 6. 1952, Bl. 1952, 404. Eine Ausfertigung auf den Namen des wegen Rechtsübergangs dies Beantragenden findet nicht statt; PA 30. 11. 1935, a. a. O. Bei Unrichtigkeiten der Patenturkunde ist der Erteilungsbeschluß maßgebend; RG 25. 4. 1900, RGZ 46, 68; PA 30. 11. 1935, Bl. 1935, 187. Mehreren Patentinhabern kann eine entsprechende Anzahl Patenturkunden ausgefertigt werden, auch kann bei Verlust eine entsprechend kenntlich gemachte weitere Ausfertigung erteilt werden; PA 30. 8. 1929, Bl. 1929, 227.

Patenturkunde und Patentschrift müssen mit dem Erteilungsbeschluß und der Rolleneintragung übereinstimmen; PA 6. 11. 1934. Mitt. 1934, 380.

B. Zurücknahme der Anmeldung oder Versagung des Patents nach der Bekanntmachung

I. Bekanntmachung betr. Zurücknahme oder Versagung

Wird die Anmeldung nach der Bekanntmachung (§ 30) zurückgenommen oder wird das Patent versagt, so wird dies gem. § 35 Abs. 2 Satz 1 im Patentblatt bekanntgemacht. Wegen Zurücknahme der Anmeldung vgl. § 28 b/29 Anm. 48–50.

6 Wird eine Anmeldung während der Einspruchsfrist zurückgenommen, so kann vor Bekanntmachung im Patentblatt auf schriftliche Anfrage Auskunft nach Aktenlage erteilt werden (vgl. Präs. 7. 5. 1935, Mitt. 1935, 243). Die früher vorgeschriebene Rückzahlung der halben Bekanntmachungsgebühr, wenn die Anmeldung nach der Bekanntmachung zurückgenommen oder das Patent versagt wurde, ist mit der Neufassung des Gesetzes fortgefallen; vgl. hierzu Begr. PatÄndG, Teil B zu Art. 1 zu Nr. 21, Bl. 1967, 261 und Schriftl. Ber. des RA zu Nr. 21, Bl. 1967, 285. **Ausnahme:** Für Patentanmeldungen, deren Bekanntmachung das Patentamt bis zum 1. 10. 1968 (ausschl.) bereits beschlossen hatte oder für bis dahin im Einspruchsverfahren noch nicht rechtskräftig versagte Patente verbleibt es gem. § 1 Art. 7 PatÄndG wegen Erstattung der Hälfte der Bekanntmachungsgebühr, wenn die Anmeldung nach der Bekanntmachung zurückgenommen oder das Patent versagt wird, bei der früheren Regelung gem. dem gestrichenen Satz 2 in Abs. 2 § 35 a. F. Dies gilt auch dann, wenn die Anmeldung wegen Nichtzahlung einer Jahresgebühr als zurückgenommen gilt; BPatG 27. 7. 1971, E 12, 145.

Die Zurücknahme einer in der Beschwerdeinstanz schwebenden Anmeldung kann auf Grund einer beim Patentamt gültigen (allgemeinen) Vollmacht rechtswirksam vorgenommen werden; eine besondere Einzelvollmacht braucht hierzu beim BPatG nicht vorgelegt zu werden; BPatG 29. 5. 1972, Mitt. 1973, 18. Im Regelfall wird aber die Zurücknahme gegenüber dem BPatG zu erklären sein; BPatG 23. 12. 1965, E 8, 28, 33, vgl. aber auch BPatG 21. 12. 1964, E 6, 183, 184.

II. Wirkungen

Mit der Zurücknahme oder Versagung gelten nach § 35 Abs. 2 Satz 2 n. F. die Wirkungen des einstweiligen Schutzes (§ 24 Abs. 5 Satz 1, § 30 Abs. 1 Satz 2) als nicht eingetreten. Vgl. auch RG 28. 3. 1939, GRUR 1939, 787, 788; RG 12. 6. 1942, GRUR 1943, 35. Wegen des Umfangs des einstweiligen Schutzes vgl. bei § 24 Anm. 41 und § 30 Anm. 13. Der Wegfall des einstweiligen Schutzes ist bei Patentverletzungsklagen auch in der Revisionsinstanz zu beachten; RG 15. 5. 1935, GRUR 1935, 804. Bereits wegen behaupteter Patentverletzung geleistete Zahlungen können nach den Grundsätzen ungerechtfertigter Bereicherung zurückgefordert werden; Lindenmaier, GRUR 1942, 514; Reimer § 30 Anm. 9. Das gleiche wird für etwa gem. § 24 Abs. 5 Satz 1 geleistete Entschädigungen zu gelten haben. Vor Eintritt der Fälligkeit gezahlte Jahresgebühren werden bei Zurücknahme oder Zurückweisung der Anmeldung nach § 11 Abs. 9 zurückgezahlt. Dagegen werden geleistete Teilzahlungen auf fällige Jahresgebühren gem. § 11 Abs. 6 Satz 2 nicht erstattet. Die Wirkung, daß die Anmeldung durch ihre Offenlegung bzw. Bekanntmachung öffentliche Druckschrift wird, bleibt selbstverständlich durch Zurücknahme der Anmeldung oder Versagung des Patents unberührt. 7

C. Wirkung der Nichtstellung eines Prüfungsantrags oder der Nichtzahlung einer fälligen Jahresgebühr

Nach § 11 Abs. 3 n. F. gilt die Anmeldung auch als zurückgenommen, wenn die fälligen Jahresgebühren nach Anmahnung mit dem tarifgemäßen Zuschlag nicht in der in § 11 Abs. 3 näher bezeichneten Frist gezahlt werden. Hierauf ist in § 35 Abs. 3 n. F. ausdrücklich hingewiesen. Schließlich gilt gem. § 35 Abs. 3 die Anmeldung auch als zurückgenommen, wenn bis zum Ablauf der in § 28 b Abs. 2 bezeichneten Frist ein Antrag auf Prüfung nicht gestellt wird. Zur Verfassungsmäßigkeit der gesetzlichen Regelung s. BPatG 6. 12. 1971, E 14, 31. 8

Wegen der Benachrichtigung gem. § 11 Abs. 3 Satz 3 betr. die Folgen der Nichtzahlung einer fälligen Jahresgebühr vgl. bei § 11 Anm. 11. Ein amtlicher Hinweis auf den bevorstehenden Ablauf der Frist für die Stellung eines Prüfungsantrags (§ 28 b Abs. 2) erfolgt nicht. Diese Frist ist gegebenenfalls vom Patentanmelder sorgfältig zu überwachen. **Wiedereinsetzung** in die versäumte Frist gem. § 43 ist zwar möglich, aber an die Voraussetzungen werden im Interesse der Rechtssicherheit hohe Anforderungen zu stellen sein.

§ 36

(1) Bei der Bekanntmachung der Anmeldung (§ 30), bei der Bekanntmachung über die Erteilung des Patents (§ 35 Abs. 1) sowie auf der Patentschrift (§ 24 Abs. 4) ist der Erfinder zu nennen. Die Nennung ist in der Rolle (§ 24 Abs. 1) zu vermerken. Sie unterbleibt, wenn der vom Anmelder angegebene Erfinder es beantragt. Der Antrag kann jederzeit widerrufen werden; im Falle des Widerrufs wird die Nennung nachträglich vorgenommen. Ein Verzicht des Erfinders auf Nennung ist ohne rechtliche Wirksamkeit.

(2) Ist die Person des Erfinders unrichtig oder im Falle des Absatzes 1 Satz 3 überhaupt nicht angegeben, so sind der Patentsucher oder Patentinhaber sowie der zu Unrecht Benannte dem Erfinder verpflichtet, dem Patentamt gegenüber die Zustimmung dazu zu erklären, daß die in Absatz 1 Satz 1 und 2 vorgesehene Nennung berichtigt oder nachgeholt wird. Die Zustimmung ist unwiderruflich. Durch die Erhebung einerKlage auf Erklärung der Zustimmung wird das Verfahren zur Erteilung des Patents nicht aufgehalten.

(3) Auf amtlichen Druckschriften, die bereits veröffentlicht sind, wird die nachträgliche Nennung des Erfinders (Absatz 1 Satz 4, Absatz 2) oder die Berichtigung (Absatz 2) nicht vorgenommen.

(4) Der Bundesminister der Justiz wird ermächtigt, durch Rechtsverordnung Bestimmungen zur Ausführung der vorstehenden Vorschriften zu erlassen. Er kann diese Ermächtigung durch Rechtsverordnung auf den Präsidenten des Patentamts übertragen.

ÜBERSICHT

A. Persönlichkeitsrecht des Erfinders an der Erfindung

Vergleiche hierzu: Loh, GRUR 1948, 233; Ehlers, GRUR 1950, 359; 1
Benkard, GRUR 1950, 481. Mit der Vorschrift der Erfinderbenennung – ersmals im Patentgesetz von 1936 – ist gem. Art. 4 des Pariser Unionsvertrages dem **Persönlichkeitsrecht des Erfinders** gesetzlich Ausdruck verliehen; vgl. Begr. PatG 1936, Bl. 1936, 103 ff.; BGH 30. 4. 1968, GRUR

1969, 133 = Bl. 1969, 58 – Luftfilter. Das Recht auf Benennung der eigenen Person als Erfinder ist als Persönlichkeitsrecht weder vererblich noch veräußerlich noch verpfändbar noch pfändbar; im einzelnen vgl. § 3 Anm. 1 ff. Es gehört zu den in § 823 Abs. 1 BGB gesetzlich geschützten »sonstigen« Rechten, deren widerrechtliche Verletzung bei Vorsatz oder Fahrlässigkeit des Verletzers Schadenersatzansprüche begründet und bei Gefahr auch nur objektiver Verletzung Unterlassungsansprüche auslösen kann.

B. Gesetzliche Unterteilung der Vorschriften über die Erfinderbenennung

2 Die Vorschriften über die Erfinderbenennung befinden sich im Patentgesetz in § 26 Abs. 6 und 7, in § 36 und in den im Verordnungswege auf Grund der im § 36 Abs. 4 PatG ausgesprochenen Ermächtigung ergangenen »Bestimmungen über die Nennung des Erfinders« vom 16. 10. 1954, Bl. 1954, 387 = GRUR 1954, 570. Grundsätzlich sind im § 26 PatG die Vorschriften für den Patentanmelder bei der Einreichung der Anmeldung enthalten; wegen der Einzelheiten vgl. bei § 26 Anm. 128 bis 133. Im § 36 sind die Vorschriften für das Patentamt enthalten; § 36 Abs. 2 enthält aber auch Verpflichtungen für den Patentanmelder und Erfinder bei unrichtiger Erfindernennung.

C. Die »Bestimmungen über die Nennung des Erfinders«

3 Die genannten »Bestimmungen« vom 16. 10. 1954 enthalten Vorschriften, die teils (nämlich §§ 1 bis 3) den § 26 Abs. 6 und 7 PatG und teils (nämlich §§ 4 und 5) den § 36 PatG ergänzen. Die §§ 1 bis 3 der »Bestimmungen« betreffen Vorschriften über die gesonderte schriftliche Benennung, die erforderlichen Angaben in der Benennung und die mögliche Anforderung einer Übersetzung einer nicht in deutscher Sprache abgegebenen Erfinderbenennung. Die §§ 4 und 5 der »Bestimmungen« ergänzen die Vorschriften des § 36 Abs. 1 und 2 PatG und werden hier im Zusammenhang mit diesen erläutert.

D. Die amtlichen Bekanntmachungen betr. die Erfindernennung

4 Nach § 36 Abs. 1 ist das Patentamt verpflichtet, den oder die vom Anmelder benannten Erfinder bei folgenden Ereignissen und in folgenden amtlichen Veröffentlichungen bekanntzugeben:

1. Bei der Bekanntmachung der Anmeldung gem. § 30; das geschieht durch Angabe auf den Auslegeschriften und in der Veröffentlichung im Patentblatt betr. die Bekanntmachung gem. § 30.
2. Bei der Bekanntmachung über die Erteilung des Patentes gem. § 35 Abs. 1; das geschieht ebenfalls im Patentblatt.
3. Auf den Patentschriften, auf Grund deren die Patente erteilt werden, gem. § 24 Abs. 4.
4. In der Patentrolle, in der beim Patentamt die erteilten Patente gem. § 24 Abs. 1 eingetragen sind, werden jeweils in Sp. 3 der oder die Erfinder vermerkt.

Abgesehen von diesen gesetzlichen Vorschriften zur Bekanntgabe des oder der benannten Erfinder hat die Öffentlichkeit nach dem 1. Oktober 1968 in der Regel die Möglichkeit, durch Offenlegung der Anmeldungsunterlagen schon zu diesem Zeitpunkt den oder die Erfinder kennenzulernen, es sei denn, dem Anmelder ist gem. § 26 Abs. 7 eine noch laufende Frist zur Abgabe der Erklärungen zur Erfinderbenennung gesetzt oder der Erfinder hat gem. § 36 Abs. 1 Satz 3 Nichtnennung beantragt. Grundsätzlich soll der Erfinder auf der Offenlegungsschrift angegeben werden; vgl. Präs. 22. 7. 1968, Bl. 1968, 272, unter Nr. 5. Es ist aber zu beachten, daß die Erfindernennung im Patenterteilungsverfahren keine amtliche Beweiskraft hat; s. § 26 Anm. 130.

E. Antrag auf Nichtbekanntgabe des Erfinders

Wünscht der Erfinder, daß er nach außen nicht als Erfinder bekanntgegeben wird, muß er das schriftlich unter Angabe des amtlichen Aktenzeichens nebst Bezeichnung der Erfindung beim Patentamt beantragen; vgl. »Bestimmungen über die Nennung des Erfinders« § 5. Dies Schriftstück muß vom Erfinder selbst unterzeichnet sein. Auf Grund dieses Antrags unterbleiben die in Anm. 4, Nr. 4 angeführten Bekanntgaben; § 36 Abs. 1 Satz 3. Selbstverständlich berührt diese Möglichkeit nicht die Bestimmung, daß der Erfinder vom Anmelder gegenüber dem Patentamt bekanntgegeben werden muß. 5

Der Antrag auf Nichtnennung kann jederzeit widerrufen werden; § 36 Abs. 1 Satz 4. Es ergibt sich von selbst, daß ein Widerruf nur zu Lebzeiten des Erfinders möglich ist. Beim Widerruf wird die Bekanntgabe nachgeholt; § 36 Abs. 1 Satz 5.

Gem. § 36 Abs. 1 Satz 5 ist ein **Verzicht auf Nennung** ohne rechtliche Wirkung. Das Recht auf Nennung kann also vertraglich nicht ausgeschlossen werden.

F. Berichtigung der Erfindernennung

6 Berichtigung der Erfindernennung hat stattzufinden, wenn ein unrichtiger Erfinder genannt worden ist oder die Nennung auf Antrag eines Nichtberechtigten unterblieben ist. Erforderlich ist ein zeitlich nicht befristeter und dem Patentamt schriftlich einzureichender Antrag des Anmelders oder des berechtigten Erfinders unter Beifügung einer dem Patentamt gegenüber zu erklärenden Zustimmung des Patentsuchers oder Patentinhabers und des zu Unrecht Genannten; § 36 Abs. 2 und Bestimmungen über die Nennung des Erfinders § 5. Vor Veröffentlichung der Anmeldung ist bei Berichtigung der Erfinderbenennung keine Zustimmung des vorher benannten Erfinders erforderlich; s. § 26 Anm. 130.

Gegenüber dem Patentsucher oder Patentinhaber sowie dem zu Unrecht genannten Erfinder hat der wirkliche Erfinder einen Anspruch auf Abgabe der Zustimmungserklärung, die gegebenenfalls im ordentlichen Rechtsweg zu erstreiten ist. Die Zustimmungserklärung ist unwiderruflich (§ 36 Abs. 2 Satz 2) und unanfechtbar, weil sie, gegenüber einer Behörde abgegeben und sich nicht auf ein Vermögensrecht beziehend, weder dem § 184 BGB noch den §§ 116 ff. BGB unterliegt. Da gem. § 24 Abs. 3 die Akten auch nicht bekanntgemachter Anmeldungen offengelegt werden, hat der berechtigte Erfinder die Möglichkeit, Anhaltspunkte für die Vorbereitung einer Klage zu gewinnen. Wegen der früheren Gewährung von Akteneinsicht in solchen Fällen kann PA 21. 4. 1954, Bl. 1954, 222 = GRUR 1954, 263 verglichen werden. Wer behauptet, Alleinerfinder zu sein, muß nachweisen, daß andere als Erfinder genannte Personen nicht Erfinder sind; LG Hamburg 31. 10. 1956, GRUR 1958, 77. Zwischen Patentinhaber und dem zu Unrecht als Erfinder Benannten besteht das Verhältnis der notwendigen Streitgenossenschaft; HansOLG Hamburg, 15. 8. 1957, GRUR 1958, 78.

Der sich aus dem Erfinderpersönlichkeitsrecht ergebende **Anspruch des Erfinders auf Beseitigung unrichtiger Angaben in der Erfinderbenennung** richtet sich gegen den Anmelder; BGH 30. 4. 1968, Bl. 1969, 58 = GRUR 1969, 133 m. Anm. von Schippel = Mitt. 1969, 96 – Luftfilter. Der **Miterfinder** hat keinen Anspruch darauf, daß in der Erfinderbenennung (§ 26 Abs. 6) und bei der Erfindernennung (§ 36 Abs. 1) der Umfang oder das Ausmaß seiner Beteiligung angegeben wird; BGH 30. 4. 1968, a. a. O. Der **nicht oder nicht richtig benannte Erfinder** braucht nicht die Erfindernennung (§ 36 Abs. 1) abzuwarten, sondern kann schon vorher die Berichtigung der Erfinderbenennung (§ 26 Abs. 6) verlangen; BGH 30. 4. 1968, a. a. O.

Wird während des Rechtsstreits die Anmeldung bekanntgemacht oder das Patent erteilt, so ist hierbei zunächst der vom Anmelder angegebene Erfinder zu nennen. Ein schwebendes Berichtigungsverfahren gibt keinen Anspruch auf Aussetzung des Verfahrens; § 36 Abs. 2 Satz 3.

Auf bereits veröffentlichten amtlichen Druckschriften (insb. Auslegeschriften und Patentschriften) wird die nachträgliche Nennung des Erfinders (§ 36 Abs. 1 Satz 4, zweiter Teil) oder die Berichtigung (§ 36 Abs. 2) gem. § 36 Abs. 3 nicht vorgenommen. In der amtlichen Begründung zum PatG von 1936, Bl. 1936, 111, 112 wird ausgeführt, in Fällen, in denen infolge technischer Schwierigkeiten die Nennung in bereits ausgegebenen Patentschriften oder sonstigen veröffentlichten Drucksachen nicht mehr durchführbar sei, bleibe dem Erfinder stets die Möglichkeit, sich einen Auszug aus der Rolle geben zu lassen, in der seine Nennung eingetragen ist; er könne sich auch auf die im Patentblatt vorzunehmende Bekanntgabe berufen. Bei der Neuregelung gem. PatÄndG 1967 wird die Änderung ohne weiteres auch aus den offengelegten Akten ersichtlich sein. 7

Nach PA 28. 11. 1955 in DBP 924 443, unveröff., kann nach Zustellung der Patenturkunde das der Urkunde beigeheftete Exemplar der Patentschrift nicht mehr berichtigt werden.

§ 36 a

(1) Das Patent kann auf Antrag des Patentinhabers durch Änderung der Patentansprüche mit rückwirkender Kraft beschränkt werden.

(2) Der Antrag ist schriftlich einzureichen und zu begründen. Mit dem Antrag ist eine Gebühr nach dem Tarif zu zahlen; wird sie nicht gezahlt, so gilt der Antrag als nicht gestellt.

(3) Über den Antrag entscheidet die Patentabteilung. Die Vorschriften des § 28 b Abs. 1 und der §§ 28 c, 29 und 33 Abs. 1 sind sinngemäß anzuwenden. In dem Beschluß, durch den dem Antrag stattgegeben wird, ist die Patentschrift der Beschränkung anzupassen. Die Änderung der Patentschrift ist nach § 24 Abs. 4 zu veröffentlichen.

(4) Vor Entscheidung über den Antrag ist innerhalb einer vom Patentamt zu setzenden Frist ein Druckkostenbeitrag zur Deckung der Kosten zu zahlen, die durch die Veröffentlichung der Änderung der Patentschrift entstehen. Die Höhe des Beitrags richtet sich nach der Zahl der Druckzeilen. Der Bundesminister der Justiz wird ermächtigt, durch Rechtsverordnung den Beitrag je Druckzeile allgemein festzusetzen. Er kann diese Ermächtigung durch Rechtsverordnung auf den Präsidenten des Patentamts übertragen. Wird der Druckkostenbeitrag nicht fristgemäß gezahlt, so wird der Antrag zurückgewiesen.

ÜBERSICHT

Schrifttum: Dersin, Aktuelle Probleme der Rechtsprechung in Patentsachen, GRUR 1955, 311, 318, 319 (Das Beschränkungsverfahren); Harraeus, Die Patentbeschränkung, GRUR 1962, 57–63; Klötzer, Das Patentbeschränkungsverfahren, Mitt. 1955, 135–140; Van der Werth, Patentberichtigung, GRUR 1951, 109 (Anregung zur Schaffung des § 36 a).

A. Gesetzeszweck und Wirkung der Beschränkung

1 Durch das PatÄndG wurde im Abs. 3 des § 36 a nur der Unterteilung des alten § 28 in die neuen §§ 28, 28 a, 28 b und 28 c durch entsprechende Anpassung Rechnung getragen; vgl. § 26 Anm. 1 letzter Abs.

Die Gesetzesbestimmung des § 36 a wurde durch das 5. ÜG vom 18. 7. 1953, Bl. 1953, 269 = GRUR 1953, 323 § 1 Ziff. 15 in das Patentgesetz eingefügt, da man wegen der gem. dem 1. ÜG, vom 8. 7. 1949, Bl. 1949, 175 = GRUR 1949, 286 ungeprüften Patente ein erhebliches Ansteigen der Nichtigkeitsklagen erwartete und diesen wegen ihrer Kostspieligkeit und Langwierigkeit vorbeugen wollte; vgl. amtl. Begr. 5. ÜG Bl. 1953, 297. Bis dahin hatte der Patentinhaber einer Nichtigkeitsklage nur durch Verzicht auf ganze Ansprüche entgegenwirken können. Diese Möglichkeit besteht auch weiterhin; PA 5. 10. 1953, Bl. 1953, 402. Durch die Einführung des Beschränkungsverfahrens ist ein **differenzierter Verzicht auf Teile von Ansprüchen** möglich, wenn nämlich ein Verzicht auf ganze Ansprüche nicht notwendig ist. Vgl. hierzu auch BGH 30. 5. 1956, GRUR 1956, 409, 410 – Spritzgußmaschine. Durch Nichtbeteiligung Dritter am Verfahren soll dieses einfach und leicht zu handhaben sein. Dementsprechend ist in § 36 a Abs. 1 bestimmt, daß das Patent »auf Antrag des Patentinhabers durch Änderung der Patentansprüche mit **rückwirkender Kraft** (ex tunc) beschränkt werden« kann. Die Änderung der Ansprüche darf also nur eine Beschränkung des erteilten Patents darstellen. Die Beschränkung hat rückwirkende Kraft im **Gegensatz zum Teilverzicht** (§ 12 PatG), der erst mit dem Eingangstag einer entsprechenden Mitteilung beim Patentamt wirksam wird.

Das Beschränkungsverfahren ist nicht dazu da, um die Rechtsbeständigkeit eines erteilten Patents feststellen zu lassen; PA 30. 1. 1961 in DBP 814 979, unveröff. Hagen, GRUR 1971, 423, 430 schlägt vor, das Beschränkungsverfahren im Sinne des amerikanischen Re-issue-Verfahrens umzugestalten (Antrag auf Erweiterung des erteilten Schutzbegehrens im Sinne glatter bzw. nichtglatter Äquivalente).

Wegen der Anzahl der gestellten Beschränkungsanträge vgl. Statistik DPA, Bl. 1973, 85.

B. Ingangsetzen des Verfahrens

2 Zur Einleitung des Verfahrens bedarf es eines schriftlichen Antrags des **Patentinhabers.** Der Antrag ist zu begründen. Mit dem Antrag ist die tarifmäßige Gebühr zu zahlen; Nichtzahlung bewirkt, daß der Antrag als nicht gestellt gilt. Die Gebühr ist mit dem Antrag verfallen und wird nicht – auch nicht bei Zurücknahme des Antrags – zurückgezahlt; PA 5. 2. 1958, Mitt. 1958, 79.

Der Antrag kann mehrmals gestellt werden; amtl. Begr. Bl. 1953, 297. Harraeus GRUR 1962, 59 r. Sp. will wiederholten Antrag mit gleicher materiellrechtlicher Begründung ausschließen. Wegen der Möglichkeit der Gewährung des Armenrechts vgl. § 46 c.

C. Begründung des Antrags

3 Die bloße Angabe, der Antragsteller sei mit einer Nichtigkeitsklage bedroht, legt zwar das Rechtsschutzbedürfnis dar, ist aber keine Begründung für einen Beschränkungsantrag. In der Begründung des Antrags ist darzulegen, auf Grund welcher Tatsachen eine Beschränkung für notwendig gehalten wird. In Zweifelsfällen wird auch auseinanderzusetzen sein, daß es sich tatsächlich um eine Beschränkung und nicht etwa um eine unzulässige Erweiterung oder Änderung handelt. Zum Tatbestand ist vom Antragsteller der von ihm für maßgeblich gehaltene, bisher nicht oder unzureichend berücksichtigte Stand der Technik (Druckschriften, offenkundige Vorbenutzungen, gegebenenfalls auch ältere Rechte) anzugeben; PA 20. 11. 1957, Mitt. 1958, 57. Die Begründung, daß im Hauptanspruch keine Regel für technisches Handeln angegeben ist, dürfte zulässig sein, weil dieser Einwand auch im Nichtigkeitsverfahren vorgebracht werden kann; PA 22. 10. 1956 in DBP 859 093, unveröffentlicht. Allerdings ist Voraussetzung, daß dieser Mangel ohne Änderung der ursprünglichen Aufgabe durch Einfügung von Merkmalen aus den Unteransprüchen behoben werden kann.

Ein Rechtsschutzbedürfnis fehlt, wenn das betreffende Patent bereits erloschen ist; PA 29. 3. 1960, Mitt. 1960, 152.

Zweckmäßig ist schon bei dem Antrag anzugeben, in welcher Weise die Patentschrift dem Änderungsantrag entsprechend angepaßt werden soll; vgl. hierzu § 36 a Abs. 3 Satz 3.

D. Zuständigkeit

4 I. Instanz: die sachlich zuständige Patentabteilung; § 36 a Abs. 3 Satz 1. Die Patentabteilung wird in der üblichen Besetzung, Vorsitzender und zwei Mitglieder, tätig. Diese Regelung wurde wegen der Bedeutung der Entscheidung eines Antrags auf Anordnung einer Beschränkung getroffen; amtl. Begr. 5. ÜG, Bl. 1953, 297.

II. Instanz: der sachlich zuständige technische Beschwerdesenat; § 36 b Abs. 1 und § 36 c Abs. 1 Nr. 1.

Falls eine zur Beschränkung des Patents angeordnete Änderung der Patentansprüche eine Erweiterung enthält, kann insoweit Nichtigkeitsklage erhoben werden; § 13 a, vgl. im einzelnen dort.

E. Verfahrenshandhabung

Von der Anerkennung des Vorliegens eines Rechtsschutzbedürfnisses und ausreichender Begründung hängt die Zulässigkeit des Antrags ab; dies ist daher zuerst zu prüfen. 5

Nach § 36 a Abs. 3 Satz 2 sind die Vorschriften der §§ 28 b Abs. 1, 28 c, 29 und 33 Abs. 1 sinngemäß anzuwenden. Unter **»sinngemäßer« Anwendung** kann nur gemeint sein, daß für die Entscheidung der Patentabteilung über Beschränkungsanträge dieselben Verfahrensgrundsätze wie für das Erteilungsverfahren gelten sollen, nicht hingegen, daß auf Patentfähigkeit geprüft werden soll. Denn eine Sachprüfung findet nur auf einen darauf abzielenden Antrag statt, nie von Amts wegen; BGH 14. 1. 1964, GRUR 1964, 308 – Dosier- und Mischanlage. Eine andere Handhabung würde den Anreiz zur freiwilligen Selbstbeschränkung geradezu vereiteln. Diese Auffassung wurde im Patentamt fast ausnahmslos vertreten; vgl. z. B. PA 26. 7. 1957, Bl. 1957, 320; Dersin, GRUR 1955, 318/19; Harraeus, GRUR 1962, 57, 58.

Die abweichende Auffassung in PA 28. 11. 1957, Mitt. 1958, 35 (vgl. hierzu auch Dieterle, Mitt. 1961, 35, 36) hat sich mit Recht nicht durchgesetzt. Amtlicherseits ist nur zu prüfen, ob die beantragte Änderung tatsächlich eine Beschränkung und nicht etwa eine Erweiterung oder sonstige unzulässige Änderung beinhaltet. Von Amts wegen ist nur zu prüfen, ob die Beschränkung formell zulässig, d. h. ob das Patent nicht unzulässig erweitert oder eine andere Erfindung an die Stelle der bisher gemäß den Patentansprüchen geschützten Erfindung getreten ist, auch wenn sich etwa die neuen Merkmale der abgeänderten Erfindung aus der Patentschrift entnehmen lassen (»aliud«); so mit Recht Dersin, GRUR 1955, 311, 319. Nach Harraeus, GRUR 1962, 57, 61 l. Sp. kann die Patentabteilung bzw. der Senat Formulierungsvorschläge zur Erörterung stellen. Wenn dies mit Vorsicht und Zurückhaltung geschieht, dürften hiergegen keine Bedenken bestehen.

Im Fall PA 12. 12. 1956, Bl. 1957, 129 wurde bei der Beschränkung ein nur in der Patentschrift beschriebenes Merkmal in den Patentanspruch eingefügt; dies war wohl zulässig, weil es sich bei dem eingefügten Merkmal um einen erfindungswesentlichen Bestandteil handelte. Wäre dies nicht der Fall gewesen, könnte diese Handhabung nicht gebilligt werden. Der der Entscheidung vorangestellte Leitsatz ist jedenfalls bedenklich; vgl. hierzu Zeunert, Offenbarung, S. 150 und 155. Vgl. auch BGH 21. 2. 1967, GRUR 1967, 585 – Faltenrohre; ferner § 13 Anm. 17. Keine zulässige Beschränkung liegt vor, wenn durch die Streichung eines erfindungswesentlichen Merkmals einer Kombination eine unzulässige Erweiterung herbeigeführt wird; BGH 24. 10. 1961, unveröff. I ZR 11/58, Reifenpresse.

6 Die Prüfung hat sich nur im Rahmen des Antrags zu bewegen und nicht darauf zu erstrecken, ob etwa auf Grund des vorliegenden Materials eine noch weiter gehende Beschränkung geboten erscheint. Es wird z. B. auch nicht zu prüfen sein, inwieweit eine vom Antragsteller angeführte offenkundige Vorbenutzung tatsächlich durchgreift. Für die vom Antragsteller hierzu vorgebrachten Tatsachen hat dieser allein die Verantwortung. Die Gewährung einer gewissen Abgrenzungshilfe sollte – ohne daß etwa eine ausgesprochene Recherche durchgeführt wird – ausnahmsweise zulässig sein. Wird die Abgrenzungshilfe nicht berücksichtigt, ist die Prüfung nur im Rahmen des Antrags vorzunehmen. Über die Erfindungsqualität der **Resterfindung** ist im Beschränkungsverfahren nicht zu entscheiden; BGH 25. 4. 1968, unveröff. I ZR 72/65 – Reifenabziehgerät.

Notwendige Beanstandungen sind mit einer Äußerungsfrist dem Antragsteller mitzuteilen. Werden begründete Beanstandungen nicht behoben, ist der Antrag zurückzuweisen. Eine Zurückweisung des Antrags darf nur auf Umstände gestützt sein, zu denen sich der Antragsteller vorher äußern konnte. Anhörung des Antragstellers ist zulässig.

F. Anpassung der Patentschrift an die Beschränkung

7 Da nach § 36 a Abs. 3 Satz 3 die Patentschrift der Beschränkung anzupassen ist, wird der Antragsteller, nachdem Einigkeit über die beschränkte Anspruchsfassung erzielt ist, ersucht, entsprechend geänderte Beschreibungsteile vorzulegen. Werden die Änderungen in Ordnung befunden, wird der Antragsteller gem. § 36 a Abs. 4 mit Fristsetzung von der Geschäftsstelle für das Beschränkungsverfahren aufgefordert, einen von dieser festgesetzten Druckkostenbeitrag zur Deckung der Kosten einzuzahlen, die durch die Veröffentlichung der Änderung der Patentschrift entstehen. Wegen der Druckkostenbeiträge für Änderungen von Patentschriften vgl. VwKostVO vom 26. 6. 1970, Bl. 1970, 210 unter Kostenverzeichnis, zweiter Teil (Auslagenverzeichnis) Nr. 4. Zur Frage der Nachforderung des Differenzbetrages des Druckkostenbeitrages bei Änderung der Höhe der Verwaltungskosten im Zusammenhang mit der Frage der Verfahrensverzögerung durch »unrichtige Sachbehandlung« (§ 8 Abs. 1 VwKostVO) vgl. BPatG 19. 11. 1969, Mitt. 1971, 174, 176. Mindestens teilweise ist es Amtsübung, in der Patentschrift die am Schluß angegebenen Patentschriften durch die vom Antragsteller genannten zu ergänzen.

G. Entscheidung über den Antrag

Erst wenn der Druckkostenbeitrag eingegangen ist, ergeht endgültig die erstinstanzliche Entscheidung. Bei Nichtzahlung des Druckkostenbeitrags ist der Antrag gem. § 36 a Abs. 4 Satz 5 zurückzuweisen. In der Begründung eines genehmigten Antrags auf Beschränkung ist nur auszuführen, daß die Beschränkung zulässig ist, daß es sich nicht etwa nur um eine Klarstellung oder gar unzulässige Änderung handelt. Zu der Frage, ob die vollzogene Beschränkung gegenüber dem Stand der Technik ausreichend ist, ist nicht Stellung zu nehmen, auch nicht zu der Frage, ob der Gegenstand des beschränkten Anspruchs patentwürdig ist. Wenn der erst- oder zweitinstanzliche Beschluß betr. die Beschränkung rechtskräftig geworden ist, werden der Patenterteilungsbeschluß und die Patenturkunde zwecks Berichtigung vom Patentamt eingefordert. Der Beschränkungsbeschluß wirkt auf den Beginn des Laufs des Patents zurück; BGH 14. 6. 1957, GRUR 1958, 134, 135 – Milchkanne. 8

H. Veröffentlichung der Beschränkung

Gem. § 36 a Abs. 3 Satz 4 wird die Änderung der Patentschrift nach § 24 Abs. 4 im Patentblatt bekanntgegeben. Ferner erfolgt Eintragung in die Patentrolle. 9

I. Beschränkungsverfahren und Nichtigkeitsverfahren

Für die Beurteilung des Streitpatents im Nichtigkeits-Berufungsverfahren ist von einem inzwischen ergangenen Beschränkungsbeschluß des Patentamts gem. § 36 a auszugehen, da die Beschränkung auf den Laufbeginn des Patents zurückwirkt; BGH 14. 6. 1957, GRUR 1958, 134, 135 – Milchkanne. Ein schwebendes Nichtigkeitsverfahren kann aber in der Regel nicht wegen eines inzwischen anhängig gemachten Beschränkungsverfahrens ausgesetzt werden, wenn jenes antragsgemäß weiter reicht als das Verfahren gem. § 36 a; PA 30. 9. 1954, Bl. 1954, 438 = GRUR 1955, 89; PA 15. 1. 1958, Bl. 1958, 61 = GRUR 1958, 233, nur Leitsatz m. Anm. von S. Weber. Keinesfalls ist eine Aussetzung des Beschränkungsverfahrens zulässig, um das Ergebnis einer laufenden Nichtigkeitsklage abzuwarten; PA 26. 7. 1957, Bl. 1957, 320. Auf § 148 ZPO wird hingewiesen. Läuft neben einem Beschränkungsverfahren ein nicht ausgesetztes Nichtigkeitsverfahren, wird sich im allgemeinen die Aufrechterhaltung des Beschränkungsantrags erübrigen; es sollte deswegen beim Patentinhaber zurückgefragt werden. Im 10

Nichtigkeitsverfahren ist der Patentinhaber nicht an einen, in einem gleichzeitig laufenden, unerledigten Beschränkungsverfahren gestellten Antrag gebunden. Im Nichtigkeitsverfahren kann er das Patent in einem weitergehenden Umfang verteidigen, als es gem. Beschränkungsantrag aufrechterhalten wird; BGH 12. 5. 1961, GRUR 1961, 529 – Strahlapparat – m. Anm. von S. Weber. Im zweiten Nichtigkeitsrechtszug kann der Patentinhaber gegenüber einer Nichtigkeitsklage erklären, nur einen beschränkten Inhalt seines Patents verteidigen zu wollen, ohne zuvor das in § 36 a vorgeschriebene förmliche Beschränkungsverfahren durchführen zu müssen. Im Rahmen des Nichtigkeitsverfahrens ist dann zu prüfen, ob und inwieweit es sich um eine zulässige Beschränkung handelt; BGH 30. 5. 1956, BGHZ 21, 8 = GRUR 1956, 409 = Bl. 1956, 283 – Spritzgußmaschine; BGH 1. 12. 1961, GRUR 1962, 294, 296 = Bl. 1962, 182 – Hafendrehkran.

J. Beschränkung und Verletzungsstreit

11 Im Patentverletzungsstreit ist die Fassung des Patents zugrunde zu legen, die dieses im Beschränkungsverfahren erhalten hat; BGH 6. 7. 1962, MDR 1962, 964 = GRUR 1962, 577, 578 – Rosenzüchtung. Das gilt auch, wenn die Beschränkung erst nach Schluß der mündlichen Verhandlung der Tatsacheninstanz angeordnet worden ist; BGH 6. 7. 1962, a. a. O.

K. Beschränkung und Lizenzgebühr

12 Die rechtlichen Wirkungen einer Patentbeschränkung und einer Teilvernichtung des Patents sind im wesentlichen die gleichen. Deshalb gilt das dem ausschließlichen Lizenznehmer zugebilligte Recht, im Falle teilweiser Vernichtung des Patents unter Umständen die Lizenzgebühr zu mindern, auch für Fälle nachträglicher Patentbeschränkung gem. § 36 a; BGH 24. 9. 1957, GRUR 1958, 231, 232 – Rundstuhlwirkware. Im einzelnen s. § 9 Anm. 14.

Vierter Abschnitt Patentgericht

Vorbemerkungen

ÜBERSICHT

1. Entstehung des Bundespatentgerichts

1 Der jahrelange Streit um die Stellung des DPA im Gewaltenteilungssystem wurde durch das Urteil des **BVerwG** vom 13. 6. 1959 (BVerwGE 8, 350 = Bl. 1959, 258; es bestätigte das Urteil des VG München vom 27. 2. 1957, GRUR 1957, 623) dahin entschieden, daß das DPA eine **Verwaltungsbehörde** sei. Daraus folgte – worauf insbes. Völp (Mitt. 1956, 41; BB 1957, 313) hingewiesen hatte – entsprechend der Rechtsweggarantie des Art. 19 Abs. 4 GG die Anfechtbarkeit seiner Entscheidungen vor den Verwaltungsgerichten. Da das DPA seinen Sitz in München hat, war das bayerische VG München zuständig, mit dem Instanzenzug zum BayVerwGH und BVerwG in Berlin. Diese Gerichte haben sich in anerkennenswerter Weise der ihnen zugefallenen Aufgabe entledigt (von den 608 beim Verwaltungsgericht anhängig gewordenen Anfechtungsklagen wurden 322 erledigt, Trüstedt, BB 1962, 685; vgl. auch Radt, Festschr. BPatG S. 44). Doch war es offensichtlich unhaltbar, daß dem bisherigen Patenterteilungsverfahren noch ein weiterer dreistufiger Aufbau von für diese Aufgabe kaum geeigneten, ausschließlich mit Juristen besetzten Gerichten aufgepfropft wurde.

2 Da die Gewährung des von Art. 19 Abs. 4 GG geforderten Rechtsschutzes gegen die Entscheidungen des DPA auch durch andere bestehende Gerichte, etwa den BGH oder das OLG München, nicht praktikabel war, ebensowenig die Eingliederung der Beschwerdesenate des DPA in das OLG München (vgl. Begründung zum Entwurf des 6. ÜG, BT-Drucks. III/1749 = Bl. 1961, 140, 142), blieb nur die Herauslösung der Beschwerdesenate aus dem DPA und ihre Umwandlung in ein **Gericht**. Es lag auf der Hand, daß die Nichtigkeitssenate – gegen deren Entscheidung ein ausreichender

Rechtsweg in Gestalt der Berufung zum BGH bereits gegeben war – in diesen Vorgang mit einbezogen wurden. Die Gründung eines neuen Bundesgerichts machte zunächst eine Änderung des GG, welches die Gerichte des Bundes abschließend aufzählt, erforderlich; durch das 12. Gesetz zur Änderung des GG vom 6. 3. 1961 (BGBl. I 141 = Bl. 1961, 122) wurde dem Art. 96 a (der durch das 16. Gesetz zur Änderung des GG vom 18. 6. 1968, BGBl. I 657, die Zahl 96 erhielt) ein neuer Absatz 1 vorangestellt: »Der Bund kann für Angelegenheiten des gewerblichen Rechtsschutzes ein Bundesgericht errichten«. Die Formulierung schließt an Art. 73 Nr. 9 GG an, wonach der Bund die ausschließliche Gesetzgebung über den »gewerblichen Rechtsschutz« hat; damit ist die Zuständigkeit des zu errichtenden Gerichtes für die primär dem Bereich des bürgerlichen Rechts angehörenden Verletzungsstreitigkeiten ausgeschlossen (Begründung zum Entwurf des 12. Änderungsgesetzes, BT-Drucks. III/1748 = Bl. 1961, 122; a. A. Schmieder, GRUR 1972, 684).

3 Nunmehr konnte durch das **6. ÜG** vom 23. 3. 1961 (BGBl. I 274, 316 = Bl. 1961, 124) das BPatG errichtet werden; dies geschah durch Einfügung entsprechender Vorschriften in das PatG. Zahlreiche Änderungen, von denen die das Patentgericht betreffenden allerdings weniger wichtig sind (vgl. Röhl, BB 1968, 18), brachte das als Vorschalt- oder Vorabgesetz leidenschaftlich diskutierte **PatÄndG** vom 4. 9. 1967 (BGBl. I 953 = Bl. 1967, 234). Aufgrund der in seinem Art. 7 § 4 enthaltenen Ermächtigung wurde das PatG (ebenso wie das GebrMG, das WZG und das PatGebG) »in der Fassung vom 2. 1. 1968« neu bekanntgemacht (BGBl. I 2 = Bl. 1968, 7).

2. Stellung des Bundespatentgerichts

4 Das BPatG gehört nicht zu den in Art. 95 GG aufgezählten **»obersten Gerichtshöfen«** des Bundes (welche nur als Revisionsgerichte mit einem Unterbau nachgeordneter Gerichte vorgesehen sind). Es steht vielmehr, ebenso wie die anderen in Art. 96 GG genannten Gerichte des Bundes (Wehrstrafgerichte, Bundesdienststrafgerichte und Bundesdienstgerichte), im Rang unter den obersten Gerichtshöfen, wobei für eine gesetzliche Festlegung dieses Ranges, etwa im Vergleich zu den Gerichten der Länder, keine Veranlassung bestand. Man pflegt das BPatG den Oberlandesgerichten gleichzustellen (hiergegen Horn, Mitt. 1962, 125), da die (Senatsräte, jetzt:) weiteren Richter in Besoldungsgruppe A 15/16 und die (Senatspräsidenten, jetzt:) Vorsitzenden Richter in B 3 eingestuft sind (1. BesVNG vom 8. 3. 1971, BGBl. I 208). Dies entspricht jedoch schwerlich der Bedeutung des für das ganze Bundesgebiet zuständigen, in seinen Beschwerdesenaten grundsätzlich letztinstanzlich entscheidenden BPatG, »das mit ganz besonders komplizierten rechtlichen, technischen und wirtschaftlichen Fragen zu tun hat, die in ihrer Bedeutung noch weit über viele Fälle hinausgehen, die nor-

malerweise bei Oberlandesgerichten entschieden werden« (so der Berichterstatter des Rechtsausschusses Deringer in der Bundestagssitzung vom 25. 1. 1961, Protokoll S. 7979, zitiert von Horn a. a. O. und Weiß, Mitt. 1966, 68).

Als oberster Gerichtshof für das BPatG wurde in Abs. 3 des neugefaßten Art. 96 a, nunmehr 96, GG der **BGH** bestimmt. Damit wurde der Tatsache Rechnung getragen, daß das der freiwilligen Gerichtsbarkeit nahestehende Patenterteilungsverfahren, trotz gewisser Berührungspunkte mit der Verwaltungsgerichtsbarkeit, zur ordentlichen Gerichtsbarkeit gehört und, wie schon bisher das Nichtigkeits- und das Verletzungsverfahren, beim BGH enden muß, wodurch die Einheit der Patentrechtsprechung gewahrt ist (vgl. im einzelnen Röhl, NJW 1960, 1793). 5

Das BPatG ressortiert – wie sich aus dem Haushaltsplan ergibt –, ebenso wie BGH und DPA, vom **Bundesminister der Justiz**; seit 1917 unterstand das PA dem Justizressort.

3. Grundzüge des 6. ÜG

Mit der Errichtung des BPatG hat der Gesetzgeber nur den Minimalerfordernissen Rechnung getragen, die sich aus dem Urteil des BVerwG ergaben. Dieses hatte, abgesehen von der dem Gewaltenteilungsgrundsatz widersprechenden Verzahnung der Beschwerdesenate mit dem DPA, beanstandet, daß »nicht wenigstens an letztinstanzlichen Entscheidungen ein rechtskundig vorgebildeter Richter teilnimmt«. In Nichtigkeits-, Gebrauchsmuster- und Warenzeichensachen war die Mitwirkung **rechtskundiger** Mitglieder bereits vorgeschrieben; so bedurfte es nur noch bei den für das Patenterteilungsverfahren zuständigen technischen Beschwerdesenaten (die bisher nur in »besondere rechtliche Schwierigkeiten« bietenden Sachen ein rechtskundiges Mitglied zuziehen »sollten«, § 18 Abs. 7 S. 2 a. F.) der Zufügung eines Juristen. Alle Mitglieder aber, auch die technischen, wurden, als nunmehr zur dritten Gewalt gehörend, Richter. 6

Damit war erstmals der **technische Richter** (vgl. dazu Zeller, GRUR 1953, 459 und 1960, 213; Röhl, DRiZ 1962, 11; Weiß, GRUR 1964, 637) geschaffen, nachdem ein erster Versuch in dieser Richtung (die Besetzung des RG als Berufungsinstanz in Nichtigkeitssachen mit drei rechtskundigen und zwei technischen Mitgliedern gemäß § 14 der VO vom 12. 5. 1943, RGBl. II 150; aufgehoben durch das 1. ÜG) infolge der Kriegsverhältnisse nicht zur Ausführung gelangt war. 7

Als Nachwuchsreservoir für die technischen Mitglieder des BPatG steht nur die **Prüferschaft** des DPA zur Verfügung, so daß sich laufbahnmäßig ein wiederholter Wechsel zwischen Beamten- und Richterstatus (Prüfer – Richter – Leitender Regierungsdirektor als Leiter einer Abteilung des

DPA – Vorsitzender Richter) ergibt – ein Umstand, der etwa bei der Finanzgerichtsbarkeit den Vorwurf der »Hausgerichtsbarkeit« rechtfertigen könnte, hier aber unbedenklich ist, da schon die Prüfer nicht gehalten und gewohnt sind, bestimmte staatliche Interessen zu vertreten, sondern ebenso wie Richter nur Normen zu vollziehen haben. Ihr Übertritt in den Richterstand pflegt daher keine Schwierigkeiten vom Gesichtspunkt richterlicher Berufsauffassung zu bereiten (vgl. Kunze, Mitt. 1971, 150).

8 Die Verselbständigung des Patentgerichts erforderte neben der Ausgliederung der Senate und ihrer Geschäftsstellen die Schaffung eines Präsidenten und einer Gerichtsverwaltung. Andere Dienststellen blieben **gemeinsam:** die Annahmestelle, die Kasse und die Bücherei. Hieraus ergibt sich auch die Unterbringung im selben Gebäude wie das DPA – ein Umstand, der, anders als etwa die Unterbringung eines Finanzgerichts im Hause des Finanzamts, ebensowenig ein Vorurteil gegen die Unabhängigkeit des BPatG zu begründen vermag wie die oben geschilderte personelle Verknüpfung (a. A. Völp, GRUR 1960, 209). Daß das BPatG nicht nur die Bücherei, sondern auch den Prüfstoff des DPA mitbenutzen kann (was als Motiv für die Unterbringung des BPatG am Sitz des DPA mitsprach, Begründung zum Entwurf des 6. ÜG, Bl. 1961, 151), ist schon durch das Gebot der Rechts- und Amtshilfe in Art. 35 GG gerechtfertigt und nicht verfassungswidrig. Dabei wird die »Amtshilfe«, angesichts der engen räumlichen und personellen Verflechtung zwischen BPatG und DPA, nicht im formellen Rahmen des § 272 b Abs. 2 Nr. 2 ZPO i. V. m. § 41 b Abs. 2, sondern durchweg formlos vor sich gehen; immerhin wird der Richter bei persönlichem Kontakt mit den den Prüfstoff verwaltenden Prüfern äußerste Zurückhaltung in der Sache beobachten, um nicht Bedenken gegen seine Unvoreingenommenheit (vgl. Völp, GRUR 1960, 210) Nahrung zu geben.

9 Im übrigen brachte die Errichtung des Gerichts eine justizförmige Neuordnung des Verfahrens mit sich und in deren Gefolge gewisse äußerliche Änderungen, wie die Einführung gerichtsmäßiger Aktenzeichen und die Anlegung gesonderter **Beschwerdeakten,** die nach Abschluß des Beschwerdeverfahrens beim Gericht verbleiben.

4. Belastung des Bundespatentgerichts

10 Mit dem Inkrafttreten des 6. ÜG am 1. 7. 1961 war das BPatG errichtet. Mit diesem Datum wurden die bei den Beschwerde- und Nichtigkeitssenaten des DPA anhängigen Verfahren (davon 17 864 Beschwerden) beim BPatG **rechtshängig,** § 11 Abs. 1 des 6. ÜG (Näheres s. Voraufl.).

11 Während die **Belastung** und die Verfahrensdauer bei den Nichtigkeitssenaten und den Sondersenaten als normal bezeichnet werden kann, waren die technischen und die WZ-Beschwerdesenate mit der oben gezeigten Hypothek von Rückständen belastet, die eine kaum tragbare Verlängerung der

Verfahrensdauer bedingte. Den **technischen Beschwerdesenaten** gelang es, den Rückstand zu verringern, bis auch hier die ständig wachsende Zahl der Beschwerden (vgl. Weiß, Mitt. 1966, 67) 1965 die Zahl der Erledigungen überstieg. 1967 wurden zwei, 1968 und 1969 je ein neuer technischer Beschwerdesenat geschaffen, 1973 einer wieder aufgelöst (s. § 36 c Anm. 3); seitdem sind die Ergebnisse wieder positiv (vgl. Jungbluth, Festschr. BPatG S. 10, 14 und die Statistiken im Bl., zuletzt 1973, 64).

§ 36 b

(1) Für die Entscheidung über Beschwerden gegen Beschlüsse der Prüfungsstellen oder Patentabteilungen des Patentamts sowie über Klagen auf Erklärung der Nichtigkeit oder Zurücknahme von Patenten und auf Erteilung von Zwangslizenzen wird das Patentgericht als selbständiges und unabhängiges Bundesgericht errichtet. Es hat seinen Sitz am Sitz des Patentamts. Es führt die Bezeichnung »Bundespatentgericht«.

(2) Das Patentgericht besteht aus einem Präsidenten, den Vorsitzenden Richtern und weiteren Richtern. Sie müssen die Befähigung zum Richteramt nach dem Deutschen Richtergesetz besitzen (rechtskundige Mitglieder) oder in einem Zweig der Technik sachverständig sein (technische Mitglieder). Für die technischen Mitglieder gilt § 17 Abs. 2 entsprechend mit der Maßgabe, daß sie eine staatliche oder akademische Abschlußprüfung bestanden haben müssen.

(3) Die Richter werden vom Bundespräsidenten auf Lebenszeit ernannt, soweit nicht in § 36 i Abweichendes bestimmt ist.

(4) Der Präsident des Patentgerichts übt die Dienstaufsicht über die Richter, Beamten, Angestellten und Arbeiter aus.

(Unstimmigkeit des Wortlauts im Abs. 2 beseitigt durch Neufassung vom 2. 1. 1968; in Abs. 2 »Senatspräsidenten« durch »Vorsitzenden Richtern« ersetzt durch Art. X Nr. 1 des G v. 26. 5. 1972.)

ÜBERSICHT

1. Abs. 1: Das BPatG und seine Aufgaben

1 Durch Abs. 1 wird das **Patentgericht** errichtet. Da das 6. ÜG, das diese Bestimmung in das PatG einfügte, nach seinem § 22 Abs. 2 am 1. 7. 1961 in Kraft trat, war das Patentgericht mit diesem Tage errichtet; es konnte auch tatsächlich dank sorgfältiger Vorbereitung seine Arbeit an diesem Tage aufnehmen, an dem die bei den Beschwerde- und Nichtigkeitssenaten des DPA anhängigen und die gemäß § 11 des 6. ÜG von den Verwaltungsgerichten übergegangenen Sachen bei ihm rechtshängig wurden. Daß das Gericht als »selbständiges und unabhängiges« bezeichnet wird, betont nur eine Selbstverständlichkeit.

2 Außer den in **Satz 1** genannten Verfahren (Beschwerden gegen Beschlüsse der Prüfungsstellen oder Patentabteilungen des PA sowie Klagen auf Er-

klärung der Nichtigkeit oder Zurücknahme von Patenten und auf Erteilung von Zwangslizenzen) sind dem Patentgericht noch **weitere Aufgaben,** von denen allerdings einige keine praktische Bedeutung haben, übertragen (und von der in Klammern beigefügten Stelle wahrzunehmen):

a) Beschwerden gegen Kostenfestsetzungsbeschlüsse des DPA, § 33 Abs. 2 S. 6, § 9 Abs. 3 GebrMG, § 10 Abs. 2 WZG (juristisch besetzte Beschwerdesenate, s. § 36 d Anm. 15);

b) Erteilung vollstreckbarer Ausfertigungen für Kostenfestsetzungsbeschlüsse des DPA, § 33 Abs. 2 S. 7, § 9 Abs. 3 GebrMG, § 10 Abs. 3 WZG (Urkundsbeamter der Geschäftsstelle – in den Fällen des § 20 Nr. 12 Rechtspflegergesetz der Rechtspfleger, § 23 Abs. 1 Nr. 9 Rechtspflegergesetz – des BPatG, und zwar des jeweils zuständigen Beschwerdesenats);

c) Erhebung von Beweisen auf Ersuchen des BGH, § 42 e Abs. 2 (der erstinstanzlich zuständige Nichtigkeitssenat);

d) Anordnung von Zwangsmitteln gegen Zeugen und Sachverständige des DPA, § 46 Abs. 2 (lt. Geschäftsverteilung der 28. Senat);

e) Beschwerden gegen die Auswahl des im Armenrecht beizuordnenden Vertreters durch den Vorsitzenden der Patentabteilung, § 46 e Abs. 2 (der für das betr. Sachgebiet zuständige Beschwerdesenat);

f) Beschwerden gegen Beschlüsse der Urheberrechtsabteilung des DPA, § 8 a des 5. ÜG, eingefügt durch § 5 Nr. 2 des 6. ÜG (lt. Geschäftsverteilung der 28. Senat);

g) Beschwerden gemäß § 1 Abs. 4, § 3 Abs. 3 des Gesetzes über die Eingliederung des Saarlandes auf dem Gebiet des gewerblichen Rechtsschutzes vom 30. 6. 1959, BGBl. I 388 = Bl. 1959, 209 (lt. Geschäftsverteilung der 28. Senat) und Bearbeitung der Anträge nach §§ 9, 19, 21 des genannten Gesetzes (lt. Geschäftsverteilung der 3. Nichtigkeitssenat);

h) Zwangslizenzverfahren bei Gebrauchsmustern, § 11 a GebrMG (lt. Geschäftsverteilung Nichtigkeitssenate);

i) Beschwerden in GebrM-Sachen, § 10 GebrMG (GebrM-Beschwerdesenat);

j) Beschwerden in WZ-Sachen, § 13 WZG (WZ-Beschwerdesenate);

k) Beschwerden in Sortenschutzsachen, § 44 SortenschutzG (Beschwerdesenat für Sortenschutzsachen), und zwar auch in Gebührenfragen (BPatG 2. 2. 1972 E 13, 105); über die Zweigleisigkeit des Rechtsschutzes im Sortenwesen Wuesthoff, GRUR 1972, 328;

l) Verfahren nach Art. 7 des Gesetzes Nr. 8 der Alliierten Hohen Kommission, § 13 Abs. 1 des 6. ÜG (Großer Senat; dazu Verfahrensvorschriften i. d. F. vom 6. 3. 1964, Bl. 1964, 197);

m) Beschwerden nach §§ 28, 32 Abs. 3 der 1. DVO zum Gesetz Nr. 8, § 13 Abs. 2 des 6. ÜG (besonderer Senat).

3 Satz 2 bestimmt als **Sitz** des Patentgerichts den des DPA, also München, was schon wegen der Bücherei und des Prüfstoffs, die beiden Behörden in gleicher Weise zugänglich sein müssen, geboten ist (vgl. vor § 36 b Anm. 8). Sein Bezirk ist die ganze Bundesrepublik (so daß es auch außerhalb Münchens Amtshandlungen vornehmen kann, vgl. § 166 GVG).

2. Abs. 2: Die Richter

4 Das BPatG besteht (im höheren Dienst) aus dem Präsidenten, den Vorsitzenden Richtern (früher: Senatspräsidenten – einer von ihnen ist ständiger Vertreter des Präsidenten, § 36 e Anm. 14; Anzahl 1972: 31, davon 22 Techniker und 9 Juristen) und »weiteren« **Richtern** (früher: Senatsräte; Anzahl 1972: 141, davon 92 Techniker und 49 Juristen). Die Rechtsstellung der Richter bestimmte sich bis zum Inkrafttreten des Richtergesetzes nach § 12 des 6. ÜG, seit dem 1. 7. 1962 nach dem Deutschen Richtergesetz (Neufassung v. 19. 4. 1972, BGBl. I 713 = Bl. 1972, 177, geändert durch G v. 26. 5. 1972, BGBl. I 841 = Bl. 1972, 270). Nach dessen § 48 treten die Richter mit 65 Jahren in den Ruhestand (nur Richter an den obersten Gerichtshöfen mit 68 Jahren).

Ein Verbot, **Patente** anzumelden oder zu haben, ist dem DRiG nicht zu entnehmen (die Entscheidung des BVerwG v. 27. 6. 1961 BVerwGE 12, 273 = Bl. 1961, 400, auf die sich Ballhaus bei Benkard, § 36 b Anm. 14 und Trüstedt bei Reimer, § 36 b Anm. 8 beziehen, betrifft nur die Angehörigen des DPA).

5 Für die **Amtstracht** der Richter, Urkundsbeamten und Anwälte (schwarz mit stahlblauem Besatz, wie schon seit 1933, Bl. 1933, 176) gilt die Anordnung des Bundespräsidenten vom 5. 5. 1961 (BGBl. I 596 = Bl. 1961, 210) mit Ausführungsbestimmungen des BMdJ vom 24. 8. 1961 (Bl. 1961, 373).

6 Für die rechtskundigen Richter gilt die allgemeine **Befähigung zum Richteramt,** wie sie in §§ 2 ff. GVG, jetzt in §§ 5 ff. DRiG geregelt ist. Für die technischen Richter wurde die Befähigung nur zum »Richteramt bei dem Bundespatentgericht« in § 120 DRiG dahin geregelt, daß sie die Voraussetzungen des § 36 b Abs. 2 erfüllen müssen. Nach dieser Bestimmung gilt § 17 Abs. 2 (der die Voraussetzungen regelt, die die technischen Mitglieder des DPA »in der Regel« erfüllen »sollen«) entsprechend mit der Maßgabe, daß die staatliche oder akademische Abschlußprüfung abgelegt sein **muß.**

7 Voraussetzung für die Befähigung zum technischen Richter ist also u. a. die Sachkunde in einem **Zweig der Technik.** Die damit begründete Befähigung zum Richteramt qualifiziert den einmal ernannten Richter dann zur Mitwirkung auf allen Gebieten der Technik; nicht erforderlich ist, daß er auf dem speziellen technischen Gebiet, dem der einzelne zu entscheidende Fall angehört, sachkundig sein müsse (BGH 26. 10. 1962 BGHZ 38, 166 –

Kunststofftablett –; 30. 1. 1964 BGHZ 42, 248, 258 – Spannungsregler – für GebrM-Sachen; zustimmend Weiß, GRUR 1964, 637, 639; ablehnend Ullrich, GRUR 1964, 292). Es wäre nicht durchführbar, daß für jede einzelne Sache der Vorsitzende und die beiden technischen Beisitzer spezielle Sachkunde besitzen müßten; dies ist auch nicht nötig, da ihre Ausbildung und Erfahrung ihnen die Beurteilung auch ferner liegender Sachverhalte ermöglicht, wobei sie im Einzelfall von der Sachkunde des Berichterstatters (der nach seiner speziellen Sachkunde bestellt wird) zehren mögen.

3. Abs. 3: Ernennung der Richter

Die Richter werden – nach Anhörung des Präsidialrats des BPatG gemäß §§ 55 ff. DRiG – vom Bundespräsidenten ernannt, der jedoch das Ernennungsrecht für Beamte und Richter der Besoldungsordnung A (weitere Richter) dem BMdJ übertragen hat (AO v. 3. 7. 1969, BGBl. I 713 i. d. F. der AO v. 28. 2. 1972, BGBl. I 288). Beim BPatG gibt es nur Richter auf Lebenszeit sowie gemäß § 36 i Richter kraft Auftrags, aber keine Richter auf Probe. Zu den Richtern auf Lebenszeit gehören neben denen, die eine Planstelle beim BPatG innehaben, auch abgeordnete Richter, d. s. Richter (aus dem Landesdienst), die gemäß § 37 DRiG mit ihrer Zustimmung auf bestimmte Zeit (in Erwartung ihrer planmäßigen Übernahme zum BPatG) abgeordnet sind. 8

Voraussetzung für die Ernennung auf Lebenszeit ist gemäß § 10 DRiG eine dreijährige Tätigkeit im richterlichen Dienst, auf die jedoch bis zu zwei Jahre (bei besonderen Kenntnissen und Erfahrungen auch mehr) einer Tätigkeit als Beamter des höheren Dienstes (z. B. als Prüfer beim DPA; zur Laufbahn des technischen Richters vgl. vor § 36 b Anm. 7) angerechnet werden können. 9

4. Abs. 4: Dienstaufsicht

Die Dienstaufsicht über alle Angehörigen des BPatG obliegt dessen Präsidenten (der seinerseits der Dienstaufsicht des BMdJ untersteht). Die Dienstaufsicht über die Richter darf nach § 26 DRiG nicht deren Unabhängigkeit beeinträchtigen (mit welcher Behauptung der Richter das als besonderer Senat beim BGH gebildete Dienstgericht, §§ 61 f. DRiG, anrufen könnte); sie umfaßt mit diesem Vorbehalt die Befugnis, die ordnungswidrige Art der Ausführung eines Amtsgeschäfts vorzuhalten und zu ordnungsgemäßer, unverzögerter Erledigung der Amtsgeschäfte zu ermahnen. 10

Der Präsident des BPatG ernennt und entläßt die Beamten der Besoldungsgruppen A 1 bis A 11 (AO des BMdJ vom 26. 5. 1970, BGBl. I 672 = Bl. 1970, 205) und vertritt bei Klagen aus deren Beamtenverhältnis den Bund (AO des BMdJ vom 8. 12. 1971, BGBl. I 2014 = Bl. 1972, 34). Im übrigen vertritt er die Bundesrepublik gerichtlich und außergerichtlich im Rahmen der Vertretungsordnung BMJ (Bl. 1958, 121; 1961, 247; 1971, 65).

§ 36 c

(1) Im Patentgericht werden gebildet
1. Senate für die Entscheidung über Beschwerden (Beschwerdesenate);
2. Senate für die Entscheidung über Klagen auf Erklärung der Nichtigkeit und auf Zurücknahme von Patenten sowie auf Erteilung von Zwangslizenzen (Nichtigkeitssenate).
(2) Die Zahl der Senate bestimmt der Bundesminister der Justiz.

1. Abs. 1: Arten der Senate

1 Das BPatG hat, wie früher das DPA, **Beschwerde- und Nichtigkeitssenate.** Jene gliedern sich nach ihrer Aufgabe – nach der sich auch ihre Besetzung gemäß § 36 d regelt – in technische (für Patente) und Warenzeichen-Beschwerdesenate, den Gebrauchsmuster-Beschwerdesenat, den Beschwerdesenat für Sortenschutzsachen und den juristischen Beschwerdesenat. Die Bildung der außerpatentrechtlichen Beschwerdesenate ist nicht mehr, wie bei den früheren Gesetzesfassungen, in den betr. Spezialgesetzen vorgesehen, sondern versteht sich als von § 36 c mitumfaßt von selbst; auch für diese Senate gelten die gerichtsverfassungsrechtlichen Bestimmungen des PatG über Beschwerdesenate (BGH 30. 1. 1964 E 4, 257, 261 f. – Kondenswasserableiter –). Außerdem bestehen noch für gewisse auslaufende Fragen des Besatzungsrechts (§ 36 b Anm. 2 a. E.) ein besonderer und ein Großer Senat.

2 Dieser Große Senat des BPatG hat nichts mit dem 1926 eingeführten **Großen Senat** des Patentamts (§ 19 a. F.) zu tun, dessen Entscheidung eingeholt werden mußte, wenn ein Beschwerdesenat in einer grundsätzlichen Frage von der Entscheidung eines anderen Beschwerdesenats abweichen wollte. Ein solcher Großer Senat wurde für das BPatG nicht vorgesehen. Seine Aufgabe – die Wahrung der Einheitlichkeit der Rechtsprechung – hat der Gesetzgeber des 6. ÜG im Rahmen des Rechtsbeschwerdeverfahrens dem BGH übertragen (Begründung Bl. 1961, 156), hat dies aber nur unvollkommen durchgeführt, denn die Rechtsbeschwerde findet nach § 41 p nur gegen solche Beschlüsse des BPatG statt, durch die über eine Beschwerde nach § 36 l entschieden wird. Zahlreiche Rechtsfragen, insbes. solche verfahrensrechtlicher Art, deren unterschiedliche Entscheidung durch verschiedene Senate besonders ärgerlich und überflüssig wirkt, tauchen jedoch erstmals im Beschwerdeverfahren auf (z. B. Fragen der Wiedereinsetzung, der Richterablehnung und -ausschließung, der Akteneinsicht, Kostenfragen). Diese Fragen können, wenn sie vorab oder neben der Hauptsache entschieden werden, nicht der Rechtsbeschwerde zugänglich gemacht werden und sind daher, da jeder Senat sie nach seiner richterlichen Überzeugung entscheiden muß, manchmal verschieden beantwortet worden (Beispiele bei Löscher, GRUR 1966, 5, 23).

Das Fehlen des Großen Senats, der hier für eine Koordinierung der Rechtsprechung sorgen könnte, ist deshalb bedauert worden (Weiß, GRUR 1964, 637, 641 f.; Kockläuner, GRUR 1965, 178; Wey, GRUR 1972, 270, 274). Sollte er wiedereingeführt werden, so müßte gegen seine Entscheidungen bzw. die des anschließend in der Sache entscheidenden Beschwerdesenats die Rechtsbeschwerde zulässig sein, da der BGH in grundsätzlichen Fragen das letzte Wort haben muß. Besser wäre es, durch Beseitigung der Beschränkung des § 41 p auch die oben genannten Fragen der Rechtsbeschwerde zugänglich zu machen. Der Nachteil, daß die Sicherung der einheitlichen Rechtsprechung der Initiative der Beteiligten überlassen bleibt – denn der BGH kommt nur zum Zuge, wenn die zugelassene Rechtsbeschwerde von dem Beschwerten auch eingelegt wird –, wiegt nicht so schwer, da wichtige Rechtsfragen sich zu wiederholen pflegen und so schließlich doch einmal zur Entscheidung des BGH gelangen (Löscher, a. a. O. S. 23 ff.); s. auch § 41 p Anm. 10 f.

Jungbluth (Festschr. BPatG S. 30 ff.; vgl. auch Radandt, Mitt. 1972, 240) hat statt einer Wiedereinführung eines Großen Senats empfohlen, eine Vorlagepflicht wie im Verfahren der freiwilligen Gerichtsbarkeit einzuführen, wenn ein Senat von einer Entscheidung eines anderen Senats oder Gerichts abweichen will.

2. Abs. 2: Zahl der Senate

Die Zahl der Senate bestimmt (wie auch beim BGH gemäß § 130 GVG) 3 der BMdJ. Die Senate sind mit arabischen Ziffern numeriert (die am Beginn des Aktenzeichens erscheinen) und führen in Klammern die ihrer Geschäftsaufgabe entsprechende Bezeichnung mit innerhalb der Senatsgruppen fortlaufender römischer Ziffer. Es bestehen der 1.–3. Senat als Nichtigkeitssenate I–III, der 4. Senat als juristischer Beschwerdesenat, der 5. Senat als GebrM-Beschwerdesenat, der 6.–23. Senat als technische Beschwerdesenate I–XVIII, der 24. bis (nach Bildung zweier neuer Senate im Jahre 1966, Bl. 1966, 242) 28. Senat als WZ-Beschwerdesenate I–V; ohne eigene Planstelleninhaber der 29. Senat als besonderer juristischer Beschwerdesenat und der 30. Senat als Großer Senat (s. o. Anm. 1); schließlich die 1967 neu gebildeten 31. und 32. Senat als technische Beschwerdesenate XIX und XX; der 1968 gebildete 33. Senat als Beschwerdesenat für Sortenschutzsachen und die 1968 bzw. 1969 bzw. 1970 gebildeten 34., 35. und 36. Senat als technische Beschwerdesenate XXI–XXIII; der letzte wurde 1973 wieder aufgelöst.

§ 36 d

(1) Der Beschwerdesenat entscheidet in den Fällen des § 14 Abs. 4 und des § 30 a Abs. 1 und 2 in der Besetzung mit einem rechtskundigen Mitglied als Vorsitzendem und zwei technischen Mitgliedern, in den Fällen des § 36 l Abs. 3 und der §§ 46 b, 46 c und 46 e in der Besetzung mit einem technischen Mitglied als Vorsitzendem, zwei weiteren technischen Mitgliedern und einem rechtskundigen Mitglied, in den Fällen des § 24 Abs. 3 Satz 4 in der Besetzung mit einem rechtskundigen Mitglied als Vorsitzendem, einem weiteren rechtskundigen Mitglied und einem technischen Mitglied, im übrigen in der Besetzung mit drei rechtskundigen Mitgliedern.

(2) Der Nichtigkeitssenat entscheidet in den Fällen der §§ 40 und 41 Abs. 3 in der Besetzung mit einem rechtskundigen Mitglied als Vorsitzendem, einem weiteren rechtskundigen Mitglied und drei technischen Mitgliedern, im übrigen in der Besetzung mit drei Richtern, unter denen sich ein rechtskundiges Mitglied befinden muß.

(Abs. 1 geändert durch PatÄndG)

ÜBERSICHT

Vorbemerkung

1 § 36 d ist eine dem Gerichtsverfassungsrecht zugehörige Besetzungsvorschrift und als solche von einer Zuständigkeitsvorschrift zu unterscheiden (BGH 31. 1. 1967 GRUR 1967, 543, 545 – Bleiphosphit –). Ihre Verletzung kann mit der zulassungsfreien Rechtsbeschwerde nach § 41 p Abs. 3 Nr. 1 gerügt werden.

Alle Senate des BPatG sind **gleichrangig.** Je nach Gestaltung des Verfahrens können verschiedene Senate zur Entscheidung berufen sein; wird z. B. eine Vorfrage – etwa die Zulässigkeit eines Einspruchs – vorab entschieden, so gelangt die Beschwerde hiergegen an den juristischen, wird sie erst zusammen mit der Hauptsache entschieden, an den technischen Beschwerdesenat; doch wird hierdurch kein Recht eines Beteiligten verletzt (BPatG 17. 2. 1967 Mitt. 1967, 77).

Über den Zuständigkeitsstreit zwischen Senaten s. § 36 e Anm. 9.

I. Abs. 1: Besetzung und Zuständigkeit der Beschwerdesenate

Die Beschwerdesenate sind je nach ihrer Zuständigkeit verschieden besetzt. Die für die verschiedenen Senatskategorien verwendeten Bezeichnungen wurden aus Gründen der Übersichtlichkeit eingeführt; das Gesetz kennt keinen »technischen Beschwerdesenat« usw. (vgl. BGH 29. 10. 1971, Bl. 1972, 266 – Zuständigkeitsstreit –). 2

1. sog. Gebrauchsmuster-Beschwerdesenat

a) Patentsachen

Die Besetzung mit einem Juristen als Vorsitzendem und zwei Technikern ist in § 36 d für die Beschwerden gegen patentamtliche Entscheidungen betr. Festsetzung der Vergütung bei Lizenzbereitschaft (§ 14 Abs. 4) und Anordnung des Unterbleibens der Bekanntmachung bei Geheimerfindungen (§ 30 a Abs. 1, 2) vorgeschrieben. In diesen Sachen ist die Mitwirkung von Technikern erforderlich, da es entscheidend auch auf die Beurteilung des technischen Sachverhalts ankommt. 3

Die gleiche Besetzung galt nach § 36 d in der bis zum Inkrafttreten des PatÄndG geltenden Fassung auch für **Akteneinsichts**beschwerden in Patent- und GebrM-Sachen (§ 24 Abs. 3; dazu BPatG 14. 1. 1966 E 8, 5, 6 ff.; über Akteneinsichtsbeschwerden in WZ-Sachen entscheiden die WZ-Beschwerdesenate). Nach der Neufassung des § 24 Abs. 3 durch das PatÄndG finden Akteneinsichtsverfahren nur noch bei nicht bekanntgemachten oder offengelegten Anmeldungen und bei Geheimanmeldungen statt. Für die Beschwerden in den letztgenannten Verfahren ist nach § 36 d n. F. die Besetzung mit einem rechtskundigen Mitglied als Vorsitzendem, einem weiteren rechtskundigen Mitglied und einem technischen Mitglied vorgeschrieben. Die gleiche Besetzung (und die Zuständigkeit des 5. Senats) gilt für Akteneinsichtsbeschwerden betr. die bis zum Inkrafttreten des PatÄndG entstandenen Aktenteile, für die es sachlich beim bisherigen Recht – § 24 Abs. 3 i. d. F. des 6. ÜG – verbleibt, Art. 7 § 1 Abs. 3 PatÄndG. Jedoch entscheidet über Beschwerden betr. die Akteneinsicht in nicht bekanntgemachte oder offengelegte Anmeldungen der 28. Senat. 4

5 Von dieser Ausnahme abgesehen, entscheidet über die genannten Beschwerden der **5. Senat** des BPatG (sog. GebrM-Beschwerdesenat). Ihm gehören als technische Mitglieder alle technischen Mitglieder der technischen Beschwerdesenate an; sie werden gemäß § 21 g GVG vom Vorsitzenden bestimmt (vgl. § 36 e Anm. 10), der die Beisitzer aus den Mitgliedern desjenigen technischen Beschwerdesenats auszuwählen pflegt, dem das betr. technische Fachgebiet zugewiesen ist.

b) GebrM-Sachen

6 Derselbe Senat entscheidet gemäß § 10 Abs. 4 S. 2 GebrMG mit juristischem Vorsitzenden und zwei technischen Beisitzern in **GebrM-Löschungssachen** über Beschwerden gegen Beschlüsse über Löschungsanträge.

7 In **GebrM-Eintragungssachen** ist der Senat bei Beschwerden gegen die Zurückweisung der Anmeldung neben dem juristischen Vorsitzenden mit einem juristischen und einem technischen Beisitzer besetzt; durch die verschiedenartige Besetzung wird das Recht auf den gesetzlichen Richter nicht tangiert (BGH 30. 1. 1964 BGHZ 42, 248, 258 – Spannungsregler –).

Darüber, welche technischen Mitglieder im Einzelfall mitwirken, s. o. Anm. 5.

8 Für die **sonstigen** Beschwerden in GebrM-Sachen (die also nicht abschließende Entscheidungen zur Hauptsache betreffen und somit nicht gemäß § 10 Abs. 2 GebrMG gebührenpflichtig sind), z. B. Beschwerden in Kostensachen, gilt gemäß § 36 d Abs. 1, letzter Fall, die Besetzung mit drei Juristen (BGH 30. 1. 1964 E 4, 257 – Kondenswasserableiter –; BPatG 7. 7. 1965 E 7, 134; nicht, wenn ein anderer Beteiligter die Sachentscheidung angegriffen hat: BPatG 11. 3. 1969 E 10, 256). In dieser Besetzung entscheidet der GebrM-Beschwerdesenat auch über Erinnerungen gegen Kostenfestsetzungsbeschlüsse seines Urkundsbeamten (BPatG 16. 11. 1967 E 9, 220).

2. Technischer Beschwerdesenat

a) Besetzung und Zuständigkeit

9 Die technischen Beschwerdesenate entscheiden mit einem technischen Vorsitzenden, zwei technischen und einem juristischen Beisitzer; sie sind zuständig für Beschwerden gegen Beschlüsse, durch die die Anmeldung zurückgewiesen oder über die Erteilung (bzw. Versagung) oder Beschränkung des Patents entschieden wurde (§ 36 l Abs. 3), und gegen Armenrechtsbeschlüsse des DPA (§§ 46 b, 46 c, 46 e). Dabei ist es unerheblich, mit welcher Begründung der Beschluß angegriffen wird, insbes. ob juristische oder technische Gesichtspunkte im Vordergrund stehen, ob die Zuständigkeit der Prüfungsstelle bezweifelt oder ihr Beschluß gar als nichtiger oder wirkungsloser »Schein-Beschluß« bezeichnet wird (BGH 31. 1. 1967 GRUR 1967, 543, 545 f. – Bleiphosphit –).

Für die Zuständigkeit des einzelnen technischen Beschwerdesenats ist ausschließlich dasjenige im Geschäftsverteilungsplan dem betr. Senat zugewiesene Fachgebiet maßgebend, dem die Erfindung nach ihrem wesentlichen **technischen Inhalt** zuzuordnen ist. Die Auszeichnung der einzelnen Sachen im patentamtlichen Verfahren, die die Zuständigkeit einer bestimmten Prüfungsstelle und Patentabteilung begründet, hat für die Zuständigkeit der Senate keinen bindenden Charakter (vgl. Abschnitt E I des Geschäftsverteilungsplans).

Zur Abgrenzung gegenüber dem juristischen Beschwerdesenat vgl. auch unten Anm. 16 f.

b) Vorsitzender

Nach § 14 Abs. 4 PatG 1891 war die Beschwerdeabteilung ebenso wie die Nichtigkeitsabteilung mit zwei rechtskundigen und drei technischen Mitgliedern besetzt; den Vorsitz führte ein Jurist. Im Laufe der Zeit trat die Mitwirkung der Techniker in den Vordergrund. Seit 1904 konnte eines der drei technischen Mitglieder den Vorsitz führen. Seit 1917 waren die Beschwerdeabteilungen nur noch mit drei Mitgliedern besetzt, unter denen in Patenterteilungssachen zwei Techniker sein mußten; die Mitwirkung eines Juristen war nicht mehr obligatorisch (vgl. vor § 36 b Anm. 6). **10**

Beim Erlaß des 6. ÜG hat sich der Gesetzgeber der in der Literatur (insbes. von Völp, GRUR 1960, 205, 209) geäußerten Auffassung, daß ein letztinstanzliches Gericht nur dann verfassungsrechtlich unbedenklich sei, wenn der Vorsitz in den Händen eines rechtskundigen Mitglieds liegt, nicht angeschlossen. In den Patenterteilungssachen, in denen der Schwerpunkt der Verhandlung in der Regel auf technischem Gebiet liegt, ist es sachgemäß, den Vorsitz einem Techniker zu übertragen (VG München 19. 6. 1961 Bl. 1961, 327 = GRUR 1961, 472). **11**

c) Beisitzer

Den technischen Beschwerdesenaten sind – neben dem vom BVerwG geforderten Juristen – in der Regel vier technische Mitglieder zugeteilt, von denen also jeweils zwei als Beisitzer mitwirken, die vom Vorsitzenden gemäß § 21 g GVG bestimmt werden (§ 36 e Anm. 10). **12**

Eine solche **Überbesetzung** ist zulässig, wie sich schon aus der sonst nicht erforderlichen Vorschrift über die Geschäftsverteilung innerhalb des Senats (§ 36 e Anm. 10) ergibt. Eine maßvolle Überbesetzung ist auch nicht unter dem Gesichtspunkt der Garantie des gesetzlichen Richters unzulässig, insbes. kann einem Senat für bestimmte Patentklassen ein insoweit besonders sachkundiges Mitglied eines anderen Senats zugewiesen werden (BGH 11. 7. 1972 GRUR 1973, 46 m. zust. Anm. v. Harmsen).

3. Warenzeichen-Beschwerdesenat

13 Außerhalb des PatG ist die Besetzung der WZ-Beschwerdesenate geregelt: sie entscheiden gemäß § 13 Abs. 4 WZG in der Besetzung mit drei rechtskundigen Mitgliedern.

4. Beschwerdesenat für Sortenschutzsachen

14 Der nach § 45 des SortenschutzG v. 20. 5. 1968 (BGBl. I 429 = Bl. 1968, 204) zuständige Beschwerdesenat (33. Senat) entscheidet über Beschwerden gegen Entscheidungen des Beschwerdeausschusses des Bundessortenamts betr. Löschung einer Sortenbezeichnung, Eintragung einer neuen Sortenbezeichnung und Festsetzung einer vorläufigen Sortenbezeichnung sowie gegen Entscheidungen des Präsidenten des Bundessortenamts mit drei Juristen, im übrigen mit einem juristischen Vorsitzenden, einem juristischen und zwei technischen Beisitzern.

5. Juristischer Beschwerdesenat

15 a) Der juristische Beschwerdesenat (4. Senat) entscheidet mit drei Juristen. Er entscheidet »im übrigen«, d. h. in allen bisher nicht genannten Beschwerdesachen. Eine Anzahl von Geschäften ist zur Entlastung des 4. Senats seit 1971 einem WZ-Senat, dem 28. Senat, übertragen (insbes. Beschwerden gemäß § 11, gemäß Art. 6 § 17 des 6. ÜG und gegen Kostenfestsetzungsbeschlüsse des DPA in den den technischen Beschwerdesenaten zugewiesenen Sachen sowie Erinnerungen gegen Kostenfestsetzungsbeschlüsse des Rechtspflegers in den genannten Sachen).

16 b) Für die **Abgrenzung** gegenüber den anderen Beschwerdesenaten gilt folgendes. Die zu 1–4 genannten Sachsenate sind auch zuständig für alle (Vor-, Zwischen- und Nach-)Entscheidungen, die in Zusammenhang mit der Hauptsache zu treffen sind, z. B. über Wiedereinsetzungsanträge und über Erinnerungen gegen Entscheidungen des Urkundsbeamten der Geschäftsstelle bzw. Rechtspflegers des BPatG im **Kostenfestsetzungsverfahren** oder gegen den Kostenansatz seines Kostenbeamten (§ 36 q Anm. 36, § 41 n Anm. 11); jedoch ist die Entscheidung über Erinnerungen in Sachen der technischen Beschwerdesenate dem 28. Senat übertragen.

Eine Ausnahme gilt auch für den Fall des § 41 a Abs. 3 S. 2, wonach über die **Ablehnung** eines Richters der 4. Senat entscheidet, wenn der Senat, dem der abgelehnte Richter angehört, durch die Ablehnung beschlußunfähig geworden ist; ist der 4. Senat selber durch Ablehnung beschlußunfähig geworden, so entscheidet der 5. Senat.

Andererseits sind die Sachsenate nur zuständig, wenn die Sachentscheidung des DPA angegriffen wird; nicht, wenn sich die Beschwerde lediglich gegen den **Kostenausspruch** (oder die Unterlassung eines Kostenausspruchs) im Beschluß des DPA richtet; in diesen Fällen entscheidet der juristische Beschwerdesenat (BPatG 4. 10. 1961 E 1, 90; 12. 10. 1961 E 1, 175 betr. isolierte Kostenentscheidung im GebrM-Löschungsverfahren; 9. 1. 1963 E 4, 12; 28. 11. 1963 E 4, 167: wodurch sich gleichzeitig die Gebührenfreiheit der Beschwerde ergibt); ebenso bei Ablehnung der Rückzahlung der Beschwerdegebühr im Abhilfeverfahren (auch nach Rücknahme der Beschwerde: Röhl, Mitt. 1971, 137 gegen BPatG 2. 11. 1970 E 12, 28 = Mitt. 1971, 135).

Die Senatszuständigkeit vom **sachlichen Inhalt** der jeweils zu treffenden Entscheidung abhängig zu machen (so daß bei Überwiegen der technischen Fragen der technische Beschwerdesenat auch über die in Anm. 9 genannten Sachen hinaus zuständig wäre, so z. B. für die Beschwerde gegen die **Aussetzung** des Prüfungsverfahrens wegen einer älteren Anmeldung BPatG 7. 10. 1966 E 8, 205 und Trüstedt bei Reimer, § 36 d Anm. 3; Bendler bei Klauer-Möhring § 36 d Anm. 3), mag zwar dem Sinn des Gesetzes entsprechen, widerspricht aber der eindeutigen gesetzlichen Regelung und ist auch nicht als Ausfüllung einer (in Wahrheit nicht vorhandenen) Lücke des Gesetzes zulässig. 17

II. Abs. 2: Besetzung des Nichtigkeitssenats

Wie schon nach § 18 Abs. 6 a. F., entscheidet der Nichtigkeitssenat, wenn er über die **Klage** (§ 40) oder über den Antrag auf Erlaß einer einstweiligen Verfügung im Zwangslizenzverfahren (§ 41 Abs. 3) entscheidet, mit zwei Juristen und drei Technikern, wobei der Vorsitzende – wie nunmehr auch gesetzlich festgelegt – Jurist sein muß; diese Besetzung gilt sowohl für die mündliche Verhandlung als auch wenn ausnahmsweise (§§ 38 Abs. 2, 39 Abs. 2 S. 2) ohne mündliche Verhandlung über die Hauptsache entschieden wird. 18

Für **andere Entscheidungen** (z. B. über die Zulassung einer Nebenintervention, Klagenverbindung, Aussetzung, isolierte Kostenentscheidung nach Klagerücknahme oder Erledigung der Hauptsache, Erinnerung im Kostenfestsetzungsverfahren, Ablehnungsgesuch, Armenrecht, Beweisbeschluß, Verwerfung einer unzulässigen Berufung nach § 42 b) ist eine Besetzung mit drei Richtern vorgesehen, die vom Gesetz nur – gemäß Forderung des BVerwG – dahin festgelegt ist, daß ein Jurist darunter sein muß; nach den gemäß § 21 g GVG getroffenen Bestimmungen der Vorsitzenden wirken zwei Juristen und ein Techniker mit. 19

Den Nichtigkeitssenaten sind neben dem Vorsitzenden ein bis zwei rechtskundige Mitglieder sowie alle technischen Mitglieder der technischen Beschwerdesenate zugeteilt. Darüber, welche Mitglieder im Einzelfall mitwirken, s. o. Anm. 5. 20

§ 36 e

Für das Patentgericht gelten die Vorschriften des Zweiten Titels des Gerichtsverfassungsgesetzes nach folgender Maßgabe entsprechend:

1. In den Fällen, in denen auf Grund des Wahlergebnisses ein rechtskundiger Vorsitzender Richter und ein weiterer rechtskundiger Richter dem Präsidium nicht angehören würden, gelten der rechtskundige Vorsitzende Richter und der weitere rechtskundige Richter als gewählt, die von den rechtskundigen Mitgliedern die jeweils höchste Stimmenzahl erreicht haben.
2. Über die Wahlanfechtung (§ 21 b Abs. 6 des Gerichtsverfassungsgesetzes) entscheidet ein Senat des Patentgerichts in der Besetzung mit drei rechtskundigen Richtern.
3. Den ständigen Vertreter des Präsidenten ernennt der Bundesminister der Justiz.

(neu durch Art. X Nr. 2 des G vom 26. 5. 1972)

ÜBERSICHT

I. Präsidium

1 Der durch das Gesetz zur Änderung der Bezeichnungen der Richter und ehrenamtlichen Richter und der Präsidialverfassung der Gerichte vom 26. 5. 1972 (BGBl. I 841 = Bl. 1972, 270) in das GVG eingefügte 2. Titel enthält »Allgemeine Vorschriften über das Präsidium und die Geschäftsverteilung«.

Dem Präsidium gehört als einziges »geborenes« Mitglied der **Präsident** an, § 21 a GVG; er führt den Vorsitz, seine Stimme gibt bei Stimmengleichheit den Ausschlag, § 21 e Abs. 7 GVG. Sein ständiger Vertreter (früher: »Vizepräsident«) gehört dem Präsidium nicht an, wenn er nicht gewählt ist, hat aber den Präsidenten bei Verhinderung im Vorsitz zu vertreten und kann, wenn der Präsident anwesend ist, an den Präsidiumssitzungen mit beratender Stimme teilnehmen, § 21 c GVG.

Als »gekorene« Mitglieder gehören dem Präsidium – bei Gerichten mit mindestens 20 Richterplanstellen – **acht gewählte Richter** an. Dabei bestimmt § 21 a Abs. 2 Satz 2 GVG, daß bei Landgerichten, Oberlandesgerichten und dem BGH die Hälfte der gewählten Richter Vorsitzende Richter sein müssen. Die Bestimmung des § 36 e, wonach für das Patentgericht die Vorschriften des 2. Titels des GVG entsprechend gelten, wird – ebenso wie die durch das G vom 26. 5. 1972 in VwGO, FGO, ArbGG, SGG und BDiszO eingefügten gleichlautenden Bestimmungen – dahin zu verstehen sein, daß auch beim BPatG die Hälfte der gewählten Präsidiumsmitglieder Vorsitzende Richter sein müssen. Dazu ist in § 21 b Abs. 2 GVG angeordnet, daß der Wahlberechtigte jeweils eine gleiche Zahl von Vorsitzenden Richtern und weiteren Richtern wählt. 2

Darüber hinaus bestimmt § 36 e Nr. 1 ein weiteres **Quorum** für die **rechtskundigen** Richter des BPatG, denn es könnte der Fall eintreten, daß die in der Mehrheit befindlichen Techniker nur Techniker wählen (der Fall, daß zu wenig Techniker gewählt werden, ist nicht vorgesehen). Damit auch die Juristen im Präsidium vertreten sind, ist bestimmt, daß mindestens ein rechtskundiger Vorsitzender und ein weiterer rechtskundiger Richter, und zwar die mit der höchsten Stimmenzahl, als gewählt gelten. 3

Wahlberechtigt, jedoch nicht wählbar, sind auch die Richter kraft Auftrags und die für mindestens drei Monate abgeordneten Richter, § 21 b GVG. Gewählt wird für **vier Jahre,** alle zwei Jahre scheidet die Hälfte der Gewählten aus. Über eine Wahlanfechtung entscheidet ein mit drei Juristen besetzter Senat des BPatG, § 36 e Nr. 2. 4

Einzelheiten des Wahlvorgangs regelt die **Wahlordnung** für die Präsidien der Gerichte vom 19. 9. 1972 (BGBl. I 1821).

Nach dem Regierungsentwurf (BT-Drucks. VI/557, Zu § 21 b) ist die Bundesregierung davon ausgegangen, daß jeder Wahlberechtigte die **Pflicht** zur Ausübung der Wahl und jeder Gewählte die Pflicht zur Annahme der Wahl hat (ebenso Scholz, DRiZ 1972, 302). Dies ist zwar in Gesetz und Wahlordnung nicht zum Ausdruck gekommen, wird aber mindestens hinsichtlich der Wahlpflicht um so eher zugestanden werden können, als Sanktionen gegen die Nichtteilnahme an der Wahl (oder die Abgabe ungültiger Stimmzettel) nicht vorgesehen bzw. nicht möglich sind.

Das Präsidium ist **beschlußfähig,** wenn mindestens die Hälfte der gewählten Mitglieder anwesend ist, § 21 i GVG. Eine **Vertretung** verhinderter gewählter Mitglieder findet nicht statt. Bei ihrem Ausscheiden oder bei Ernennung zum Vorsitzenden Richter tritt an ihre Stelle der durch die Wahl Nächstberufene, § 21 c Abs. 2 GVG. 5

II. Geschäftsverteilung

1. Geschäftsverteilungsplan

6 Das Präsidium hat jeweils für das Geschäftsjahr die Besetzung der Senate zu bestimmen, die Vertretung zu regeln und die Geschäfte zu verteilen, § 21 e Abs. 1 GVG. Der Geschäftsverteilungsplan dient der Ausführung des Verfassungsgebots des Art. 101 Abs. 1 Satz 2 GG: »Niemand darf seinem **gesetzlichen Richter** entzogen werden.« Diese Vorschrift bedingt, daß der gesetzliche Richter sich für jedes einzelne Verfahren möglichst eindeutig aus einer allgemeinen Norm (Gesetz und Geschäftsverteilungsplan) ergibt (BVerfG 16. 1. 1957 BVerfGE 6, 45, 50 f.). Der Geschäftsverteilungsplan ist daher auf der Geschäftsstelle zur Einsicht aufzulegen, wie nunmehr § 21 e Abs. 8 GVG ausdrücklich bestimmt. Außerdem pflegt er, soweit er die Geschäftsaufgaben verteilt, im Bundesanzeiger und im Bl. (zuletzt 1973, 38) veröffentlicht zu werden.

Da die Geschäftsverteilung richterliche Tätigkeit ist, unterliegen die Mitglieder des Präsidiums insoweit einer Dienstaufsicht nur in den engen Grenzen des § 26 DRiG (§ 36 b Anm. 10; BGH 7. 6. 1966 DRiZ 1967, 25).

7 Der Präsident bestimmt selbst, welche richterlichen Aufgaben er wahrnimmt (traditionell führt er den Vorsitz im Nichtigkeitssenat I). Im übrigen ist den Vorsitzenden Richtern, die nicht Mitglied des Präsidiums sind, vor der Geschäftsverteilung **Gelegenheit zur Äußerung** zu geben, § 21 e Abs. 2 GVG; den anderen Richtern nur, wenn sie durch eine Änderung der Geschäftsverteilung betroffen werden, und »außer in Eilfällen«, § 21 e Abs. 5 GVG.

8 Die Geschäftsverteilung darf während des Geschäftsjahres **geändert** werden, wenn dies wegen Überlastung oder ungenügender Auslastung eines Richters oder Spruchkörpers oder infolge Wechsels oder dauernder Verhinderung einzelner Richter nötig wird, § 21 e Abs. 3 GVG; vor der Änderung ist den Vorsitzenden der betroffenen Senate Gelegenheit zur Äußerung zu geben.

9 Ein Verfahren zur Schlichtung eines zwischen mehreren Senaten auftretenden **Zuständigkeitsstreits** ist im Gesetz nicht mehr vorgesehen, nachdem § 36 e Abs. 4 a. F., der hierüber das Präsidium entscheiden ließ (hierzu BGH 29. 10. 1971 GRUR 1972, 440 = Bl. 1972, 266 – Zuständigkeitsstreit –), durch das G vom 26. 5. 1972 gestrichen wurde (ohne daß der Grund hierfür erkenntlich ist).

Eine für diesen **bindende Abgabe** an einen anderen Senat, wie sie für Senate mit verschiedener Besetzung nach dem Vorbild des § 102 GVG (Verhältnis von Zivilkammer des LG zu Kammer für Handelssachen) angenommen worden ist (BPatG 17. 9. 1962 E 2, 41; offengelassen von BGH 26. 5. 1964 BGHZ 42, 32, 36 – Akteneinsicht II –), ist auch im Geschäftsverteilungsplan des BPatG nicht vorgesehen (wie es etwa beim BGH, s.

§ 41 p Anm. 4, der Fall ist). Bei negativem Kompetenzkonflikt wird also der Senat, bei dem eine Sache zuerst (gemäß der Auszeichnung durch den Geschäftsleiter) eingetragen wurde, sie behalten müssen, wenn sich kein anderer Senat zur Abnahme bereit findet. Allerdings würde auch eine Einigung zwischen den Senaten dem Erfolg einer auf unrichtige Besetzung des Gerichts gestützten Rechtsbeschwerde nicht entgegenstehen, wenn nach Auffassung des BGH ein anders besetzter Senat hätte entscheiden müssen (BGH a. a. O.).

2. Geschäftsverteilung innerhalb der Senate

Innerhalb seines Senats verteilt der Vorsitzende die Geschäfte auf die Mitglieder, § 21 g Abs. 1 GVG. Die **Grundsätze** hierfür hat er zu Beginn des Geschäftsjahres festzulegen und kann diese Anordnung nur ändern, wenn dies wegen Überlastung, ungenügender Auslastung, Wechsels oder dauernder Verhinderung einzelner Mitglieder nötig wird, § 21 g Abs. 2 GVG. (Dies war bis 1972 nur für die Nichtigkeitssenate und den GebrM-Beschwerdesenat vorgeschrieben.) 10

Diese »überflüssige und unpraktische« (Schultz, MDR 1972, 836) Vorschrift war im Regierungsentwurf (BT-Drucks. VI/557) nicht vorgesehen, der vielmehr den § 69 Abs. 2 GVG (der 1964 für die ordentlichen Gerichte Entsprechendes vorschrieb) ersatzlos streichen wollte, da die Vorschrift sich in der Praxis nicht bewährt habe und auch nicht durch das Gebot des gesetzlichen Richters (Art. 101 Abs. 1 Satz 2 GG) geboten sei (BVerfG 3. 2. 1965 BVerfGE 18, 344). Jedoch wurde der § 21 g Abs. 2 GVG vom Bundestag auf Vorschlag seines Rechtsausschusses eingefügt, dessen Mehrheit der Auffassung war, »daß diese Vorschrift im Hinblick auf eine möglichst konkrete Bestimmung des gesetzlichen Richters beibehalten werden sollte« (BT-Drucks. VI/2903).

Nur »Grundsätze« brauchen aufgestellt zu werden, an die nicht dieselben Anforderungen wie an die Geschäftsverteilung innerhalb des Gerichts zu stellen sind; sie brauchen auch nicht die Bestellung des Berichterstatters (s. u. Anm. 11) zu regeln (BGH 15. 6. 1967 BGHSt. 21, 250). Eine Form ist nicht vorgeschrieben, doch wird der Vorsitzende die Bestimmung schriftlich niederzulegen haben, damit ihr Inhalt und ihre Beachtung jederzeit nachgeprüft werden können (BGH a. a. O.). Sie unterliegt in diesem Fall ebenso der öffentlichen Einsicht wie der Geschäftsverteilungsplan, den sie ergänzt.

Sehr wesentlich für die Geschäftsverteilung innerhalb des Senats ist die Bestellung eines der Beisitzer zum **Berichterstatter.** Dessen Bestellung ist nicht gesetzlich geregelt und fällt auch nicht unter das Gebot vom gesetzlichen Richter (Laum, DRiZ 1969, 79); hier hat der Vorsitzende freie Hand (Koebel, JZ 1965, 244; vgl. Dinslage, NJW 1967, 642). 11

Das PatG erwähnt den Berichterstatter überhaupt nur an zwei untergeordneten Stellen (nach § 36 h Abs. 3 gibt er bei der Beratung als erster seine Stimme ab; nach § 41 e Abs. 2 kann er zu Beginn der mündlichen Verhandlung anstelle des Vorsitzenden den wesentlichen Akteninhalt vortragen; er ist übrigens aus den Beschlüssen nicht mehr ersichtlich, da die Reihenfolge der Richteraufzählung und ihrer Unterschriften sich allein nach dem Dienstalter richtet). Er ist jedoch identisch mit dem vom Vorsitzenden zu bestimmenden Mitglied, das nach § 41 b die mündliche Verhandlung bzw. die Entscheidung vorzubereiten hat (nach außen durch Zwischenbescheide, nach innen durch ein Votum). Seine Funktion ist daher von größter Bedeutung für das Verfahren und die Beteiligten. Gerade deshalb und weil die Beteiligten erwarten dürfen, daß ihre Sache jeweils von dem besten Sachkenner bearbeitet wird, ist es auch zweifelhaft, ob das juristische Mitglied mit der Berichterstattung in technischen Fragen betraut werden soll (was Weiß, GRUR 1964, 637, 640 vorschlug und was anfangs auch vereinzelt vorkam; dagegen Hiete, Mitt. 1964, 201); ihm obliegt die Berichterstattung in juristischen Fragen. Jurist und Techniker sind eben in ihren Funktionen nicht beliebig austauschbar; deshalb kann ein Jurist den Vorsitz im technischen Beschwerdesenat auch **nicht vertretungsweise führen.**

3. Vertretung

a) des Vorsitzenden

12 § 21 f Abs. 2 GVG bestimmt: »Bei Verhinderung des Vorsitzenden führt den Vorsitz das vom Präsidium bestimmte Mitglied des Spruchkörpers. Ist auch dieser Vertreter verhindert, führt das dienstälteste, bei gleichem Dienstalter das lebensälteste Mitglied des Spruchkörpers den Vorsitz.«

13 Bisher war durch § 36 f Abs. 1 Satz 2 (»§ 36 d bleibt unberührt«) klargestellt, daß der Vorsitz in den gemischt besetzten Senaten **fakultätsgebunden** bleibt. Die Streichung der Bestimmung sollte sicherlich keine Änderung des bestehenden Rechtszustandes herbeiführen, so daß auch weiterhin in Vertretungsfällen die Besetzungsvorschrift des § 36 d den Vorrang hat. Somit kann, ohne Rücksicht auf ältere Senatsmitglieder der anderen Fakultät, den Vorsitz im technischen Beschwerdesenat nur ein Techniker, im GebrM- und Nichtigkeitssenat nur ein Jurist führen. Dies gilt nicht nur für den Vorsitz in Verhandlungen und bei Entscheidungen, sondern auch für die anderen richterlichen Funktionen des Vorsitzenden, insbes. die Geschäftsverteilung innerhalb des Senats (s. o. Anm. 10, 11) und die Terminsanberaumung.

Ist der Vorsitzende verhindert, eine Entscheidung, an der er mitgewirkt hat (oder das Protokoll, § 163 Abs. 2 ZPO), zu **unterschreiben,** so wird dies unter Angabe des Verhinderungsgrundes von dem »ältesten beisitzenden Richter« vermerkt, § 315 ZPO; diese Funktion ist rein formaler Natur und hat keine Bedeutung für den Inhalt der Entscheidung. Daher ist der Verhinderungsvermerk ohne Fakultätsbindung vom dienstältesten Beisitzer – dessen Unterschrift ohnehin auf die des Vorsitzenden folgt – zu vollziehen (a. M. Ballhaus bei Benkard, § 41 i Anm. 13, der den dienstältesten Richter mit der für den Vorsitzenden vorgeschriebenen Vorbildung unterschreiben lassen will; dann wäre übrigens im GebrM-Löschungsverfahren, wo nur der Vorsitzende Jurist ist, niemand da, der seine Verhinderung bescheinigen könnte). Die an sich naheliegende Lösung, den § 315 ZPO dahin abzuwandeln, daß der ständige Vertreter des Vorsitzenden seine Verhinderung bescheinigt, würde in den Fällen versagen, in denen jener nicht an der Entscheidung beteiligt war.

Bedarf es bei der Abfassung der Entscheidungsgründe oder zur Entscheidung über einen Tatbestandsberichtigungsantrag (§ 41 l Abs. 2, § 320 Abs. 4 ZPO) einer **Abstimmung,** so ist im technischen Beschwerdesenat bei Ausfall des Vorsitzenden eine Dreierbesetzung gegeben, so daß es zur Herstellung einer Mehrheit keiner Doppelstimme eines stellvertretenden Vorsitzenden bedarf. Ergibt sich jedoch eine gerade Besetzung – insbes. im Nichtigkeitssenat –, dann ist die Doppelstimme an die Fakultät des Vorsitzenden gebunden.

b) Vertretung des Präsidenten

Die Vertretung des Präsidenten im Vorsitz seines Senats regelt sich nach 14 § 21 f Abs. 2 GVG (s. o. Anm. 12). In seinen nicht durch das Präsidium zu verteilenden Geschäften, insbes. im gesamten Bereich der Gerichtsverwaltung, wird der Präsident durch einen – gemäß § 36 e Nr. 3 vom BMdJ zu ernennenden – ständigen Vertreter vertreten; dies ist einer der Vorsitzenden Richter, der bis zum 30. 9. 1972 die (nur in § 10 des 6. ÜG – jetzt 2. BesNG v. 14. 5. 1969, BGBl. I 365 – hinsichtlich seiner besoldungsmäßigen Einstufung gebrauchte) Bezeichnung »Vizepräsident des Bundespatentgerichts« führte und seit der Vereinfachung der Richterbezeichnungen durch das Gesetz vom 26. 5. 1972 gemäß dessen Art. XI Nr. 3 die Bezeichnung »Vorsitzender Richter am Bundespatentgericht als ständiger Vertreter des Präsidenten« führt. Ist auch er verhindert, so tritt der dienstälteste Richter an seine Stelle. Keine dieser Funktionen ist vom Gesetz fakultätsgebunden; doch pflegt zum Präsidenten ein Jurist, zu seinem ständigen Vertreter ein Techniker ernannt zu werden.

c) Vertretung der Beisitzer

Die Regelung der Vertretung eines verhinderten Beisitzers durch ein an- 15 deres Mitglied desselben Senats obliegt dem Vorsitzenden als Maßnahme der innersenatlichen Geschäftsverteilung. Diese Vertretungsregelung durch den Vorsitzenden wird bei ausreichend überbesetzten Senaten im allgemeinen ausreichen. Dagegen ist eine Vertretung innerhalb des Senats nicht möglich beim (einzigen) Juristen der technischen Beschwerdesenate; auch die

Bestimmung, daß nicht mehr als **ein** nichtplanmäßiger Richter bei einer Entscheidung mitwirken darf (§ 36 i Anm. 3), kann eine Vertretung innerhalb des Senats unmöglich machen. Für diese Fälle ist die Bestimmung regelmäßiger Vertreter der Senatsmitglieder durch den Geschäftsverteilungsplan erforderlich; es können auch für einen Richter mehrere Vertreter in festzulegender Reihenfolge vorgesehen werden.

16 Die Bestimmung des § 36 f Abs. 3, nach der der Präsident bei Verhinderung des regelmäßigen Vertreters eines Senatsmitglieds einen **zeitweiligen Vertreter** bestimmen konnte, wurde durch das Gesetz vom 26. 5. 1972 gestrichen (ebenso wie der entsprechende § 67 GVG), ohne daß die Gesetzesmaterialien ein Motiv hierfür erkennen ließen. Die Geschäftsverteilungspläne ab 1973 enthalten daher Vertretungsregelungen, die jeden denkbaren Fall erfassen.

d) Verhinderung

17 Die Verhinderung eines Richters kann rechtlich (z. B. Ausschließung oder Ablehnung, § 41 a) oder tatsächlich bedingt sein, durch dienstliche (z. B. Überlastung; bei mehrfacher Senatszugehörigkeit die Mitwirkung in einem gleichzeitig tagenden anderen Senat, wobei lt. Geschäftsverteilungsplan die Mitwirkung im Nichtigkeitssenat der im technischen Beschwerdesenat vorgeht) oder private Gründe aller Art (auch Fernbleiben aus unbekannten Gründen). Es muß dem richterlichen Ermessen des einzelnen Richters überlassen bleiben, wann er sich (etwa wegen Überlastung oder aus privaten Gründen) für verhindert erklärt; da jedoch der Begriff der Verhinderung, auf die Rüge unrichtiger Besetzung des Gerichts hin, der Überprüfung im Rechtsmittelzuge zugänglich ist, wird der Verhinderte oder sein Vertreter oder der Vorsitzende gut tun, Tatsache und Grund der Verhinderung (soweit diese sich nicht aus Personal- oder Verwaltungsakten ergeben, z. B. Ausscheiden aus dem Dienst, Krankheit oder Urlaub) in einer für das Rechtsbeschwerdegericht rechtlich nachprüfbaren Form aktenkundig zu machen (vgl. BGH 4. 10. 1966 BGHSt. 21, 174 = NJW 1967, 637; 17. 11. 1967 NJW 1968, 512 für Strafsachen). Darüber, wer die tatsächliche Verhinderung festzustellen hat, vgl. Stanicki, DRiZ 1973, 124.

§ 36 f

aufgehoben durch G vom 26. 5. 1972 Art. X Nr. 3

Die Streichung des § 36 f war vom Bundestag beschlossen worden; die Streichungsbestimmung geriet jedoch auf dem Weg zum Bundesrat in Verlust, so daß das Gesetz ohne sie ausgefertigt und verkündet wurde. Sie wurde durch Berichtigung vom 19. 9. 1972 (BGBl. I 1830 = Bl. 1972, 325) wieder eingefügt. Die Zulässigkeit solcher sachlichen Berichtigung (bejaht von v. Mangoldt-Klein, GG, 2. Aufl. 1969, Art. 82 III 3 c aa, verneint von Maunz-Dürig, GG, 1960, Rdz. 7 zu Art. 82) zu untersuchen ist hier nicht der Ort.

§ 36 g

(1) Die Verhandlung vor den Beschwerdesenaten ist öffentlich, sofern die Anmeldung bekanntgemacht oder ein Hinweis auf die Möglichkeit der Akteneinsicht (§ 24 Abs. 4 Satz 1) veröffentlicht worden ist. Die Bestimmungen der §§ 172 bis 175 des Gerichtsverfassungsgesetzes gelten entsprechend mit der Maßgabe, daß

1. die Öffentlichkeit für die Verhandlung auf Antrag eines Beteiligten auch dann ausgeschlossen werden kann, wenn sie eine Gefährdung schutzwürdiger Interessen des Antragstellers besorgen läßt,
2. die Öffentlichkeit für die Verkündung der Beschlüsse bis zur Veröffentlichung eines Hinweises auf die Möglichkeit der Akteneinsicht (§ 24 Abs. 4 Satz 1) oder bis zur Bekanntmachung der Anmeldung (§ 30) ausgeschlossen ist.

(2) Die Verhandlung vor den Nichtigkeitssenaten einschließlich der Verkündung der Entscheidungen ist öffentlich. Absatz 1 Satz 2 Nr. 1 gilt entsprechend.

(3) Die Aufrechterhaltung der Ordnung in den Sitzungen der Senate obliegt dem Vorsitzenden. Die §§ 177 bis 180, 182 und 183 des Gerichtsverfassungsgesetzes über die Sitzungspolizei gelten entsprechend.

(Abs. 1 geändert durch PatÄndG)

ÜBERSICHT

I. Abs. 1: Öffentlichkeit im Beschwerdesenat

1 Abs. 1 regelt die Öffentlichkeit der **mündlichen Verhandlung** vor dem Beschwerdesenat (darüber, wann eine mündliche Verhandlung stattfindet, s. § 36 o).

1. Bis zur Bekanntmachung oder Offenlegung

2 der Anmeldung ist die Verhandlung einschl. der Verkündung des Beschlusses **nicht öffentlich**, um die Anmeldung nicht Unbefugten zugänglich zu machen. Anwesend sein darf außer dem Gericht (einschl. etwa zugezogener

Schreibkräfte und zur Ausbildung beschäftigter Personen, s. § 36 h Anm. 8) und den Personen, denen das Gericht den Zutritt gestattet (§ 175 Abs. 2 GVG), nur der Anmelder und sein Vertreter und die Personen, die er selber, insbes. zu seiner Beratung, mitbringt.

2. Nach der Bekanntmachung oder Offenlegung

der Patentanmeldung ist die Verhandlung grundsätzlich **öffentlich.** Da die 3
Sitzungssäle des BPatG nicht mit besonderen Zuhörerräumen und -türen eingerichtet sind (wofür auch bisher kein Bedürfnis aufgetreten ist), ist es zweckmäßig und üblich, durch ein Schild an der Saaltür auf die Öffentlichkeit der Sitzung hinzuweisen; das Fehlen eines solchen Schildes gibt keinen Grund für die Rechtsbeschwerde aus § 41 p Abs. 3 Nr. 4 (anders die versehentliche Anbringung eines Schildes »Nichtöffentliche Sitzung«!), solange nur tatsächlich der ungehinderte Zutritt gewährleistet ist.

Die Öffentlichkeit kann für die Verhandlung aus den üblichen Gründen 4
ausgeschlossen werden: Gefährdung der öffentlichen Ordnung, insbes. der Staatssicherheit, oder der Sittlichkeit oder eines wichtigen Geschäfts- oder Betriebsgeheimnisses (§ 172 GVG), wobei § 36 g Abs. 1 Nr. 1 noch zusätzlich den Antrag eines Beteiligten auf Ausschließung der Öffentlichkeit vorsieht, wenn diese eine Gefährdung schutzwürdiger Interessen des Antragstellers besorgen läßt (was bei Einzelanmeldern in Frage kommen könnte, die weder Geschäft noch Betrieb haben). Der Beschluß, der die Öffentlichkeit ausschließt, muß öffentlich verkündet werden (§ 174 Abs. 1 S. 2 GVG).

Auch die **Verkündung** des in der Sache ergehenden Beschlusses muß bei 5
bekanntgemachten oder offengelegten Anmeldungen stets öffentlich erfolgen. Die Möglichkeit, auch bei diesen die Öffentlichkeit auch für die Beschlußverkündung auszuschließen (§ 36 g Abs. 1 Nr. 2 i. d. F. des 6. ÜG), ist durch das PatÄndG beseitigt worden. (Die Möglichkeit, nach § 173 GVG für die Verkündung der Urteils**gründe** die Öffentlichkeit auszuschließen, spielt im patentgerichtlichen Verfahren keine Rolle, da die Verkündung der Gründe nicht vorgeschrieben ist.)

Im einzelnen bestimmen die entsprechend anzuwendenden §§ 172–175 6
GVG folgendes:

§ 172

In allen Sachen kann durch das Gericht für die Verhandlung oder für einen Teil davon die Öffentlichkeit ausgeschlossen werden, wenn sie eine Gefährdung der öffentlichen Ordnung, insbesondere der Staatssicherheit, eine Gefährdung der Sittlichkeit oder die Gefährdung eines wichtigen Geschäfts- oder Betriebsgeheimnisses besorgen läßt.

§ 173

(1) Die Verkündung des Urteils erfolgt in jedem Falle öffentlich.

(2) Durch einen besonderen Beschluß des Gerichts kann unter den Voraussetzungen des § 172 auch für die Verkündung der Urteilsgründe oder eines Teiles davon die Öffentlichkeit ausgeschlossen werden.

§ 174

(1) Über die Ausschließung der Öffentlichkeit ist in nicht öffentlicher Sitzung zu verhandeln, wenn ein Beteiligter es beantragt oder das Gericht es für angemessen erachtet. Der Beschluß, der die Öffentlichkeit ausschließt, muß öffentlich verkündet werden. Bei der Verkündung ist in den Fällen der §§ 172, 173 anzugeben, aus welchem Grund die Öffentlichkeit ausgeschlossen worden ist.

(2) Ist die Öffentlichkeit wegen Gefährdung der Staatssicherheit oder eines Geschäfts- oder Betriebsgeheimnisses ausgeschlossen, so kann das Gericht den anwesenden Personen die Geheimhaltung von Tatsachen, die durch die Verhandlung, durch die Anklageschrift oder durch andere amtliche Schriftstücke des Prozesses zu ihrer Kenntnis gelangen, zur Pflicht machen. Der Beschluß ist in das Sitzungsprotokoll aufzunehmen. Er ist anfechtbar. Die Beschwerde hat keine aufschiebende Wirkung. (Satz 3 u. 4 entfallen im patentgerichtlichen Verfahren, s. Trüstedt bei Reimer § 36 g Anm. 5.)

§ 175

(1) Der Zutritt zu öffentlichen Verhandlungen kann unerwachsenen und solchen Personen versagt werden, die sich nicht im Besitz der bürgerlichen Ehrenrechte befinden, oder die in einer der Würde des Gerichts nicht entsprechenden Weise erscheinen.

(2) Zu nicht öffentlichen Verhandlungen kann der Zutritt einzelnen Personen vom Gericht gestattet werden. Einer Anhörung der Beteiligten bedarf es nicht.

(3) Die Ausschließung der Öffentlichkeit steht der Anwesenheit der die Dienstaufsicht führenden Beamten der Justizverwaltung bei den Verhandlungen vor dem erkennenden Gericht nicht entgegen.

II. Abs. 2: Öffentlichkeit im Nichtigkeitssenat

7 Vor den Nichtigkeitssenaten wird grundsätzlich **öffentlich** verhandelt. Die Öffentlichkeit kann aus den o. g. Gründen ausgeschlossen werden. Das Urteil – d. h. die Urteilsformel, nicht die Gründe – ist jedoch stets öffentlich zu verkünden.

III. Abs. 3: Sitzungspolizei

8 Dem Vorsitzenden obliegt die Aufrechterhaltung der **Ordnung** in der Verhandlung. Er hat Personen (Beteiligte und Nichtbeteiligte), die sich ungebührlich benehmen, zur Ordnung zu rufen und kann sie aus dem Saal verweisen.

9 Zwangsmaßnahmen der Sitzungspolizei sind dem Gericht vorbehalten, d. h. bedürfen eines Beschlusses des Senats: Entfernung bzw. Inhaftnahme von Personen, die den Anweisungen des Vorsitzenden nicht gehorchen, Verhängung von Ordnungsstrafen wegen Ungebühr (§§ 177 f. GVG; nicht gegen Anwälte); gegen die Ordnungsstrafe (Geldstrafe oder Haft bis 3 Tage) ist kein Rechtsmittel gegeben (§ 181 GVG ist nicht anwendbar).

10 Die entsprechend anzuwendenden §§ 177–180, 182, 183 GVG lauten wie folgt:

§ 177

Parteien, Beschuldigte, Zeugen, Sachverständige oder bei der Verhandlung nicht beteiligte Personen, die den zur Aufrechterhaltung der Ordnung erlassenen Befehlen nicht gehorchen, können auf Beschluß des Gerichts aus dem Sitzungszimmer entfernt, auch zur Haft abgeführt und während einer in dem Beschluß zu bestimmenden Zeit, die vierundzwanzig Stunden nicht übersteigen darf, festgehalten werden.

§ 178

Das Gericht kann gegen Parteien, Beschuldigte, Zeugen, Sachverständige oder bei der Verhandlung nicht beteiligte Personen, die sich in der Sitzung einer Ungebühr schuldig machen, vorbehaltlich der strafgerichtlichen Verfolgung, eine Ordnungsstrafe in Geld oder bis zu drei Tagen Haft festsetzen und sofort vollstrecken lassen.

§ 179

Die Vollstreckung der vorstehend bezeichneten Ordnungsstrafen hat der Vorsitzende unmittelbar zu veranlassen.

§ 180

Die in den §§ 176 bis 179 bezeichneten Befugnisse stehen auch einem einzelnen Richter bei der Vornahme von Amtshandlungen außerhalb der Sitzung zu.

§ 182

Ist eine Ordnungsstrafe wegen Ungebühr festgesetzt oder eine Person zur Haft abgeführt oder eine bei der Verhandlung beteiligte Person entfernt worden, so ist der Beschluß des Gerichts und dessen Veranlassung in das Protokoll aufzunehmen.

§ 183

Wird eine strafbare Handlung in der Sitzung begangen, so hat das Gericht den Tatbestand festzustellen und der zuständigen Behörde das darüber aufgenommene Protokoll mitzuteilen. In geeigneten Fällen ist die vorläufige Festnahme des Täters zu verfügen.

§ 36 h

(1) Für die Beschlußfassung in den Senaten bedarf es der Beratung und Abstimmung. Hierbei darf nur die gesetzlich bestimmte Anzahl der Mitglieder der Senate mitwirken. Bei der Beratung und Abstimmung dürfen außer den zur Entscheidung berufenen Mitgliedern der Senate nur die beim Patentgericht zur Ausbildung beschäftigten Personen zugegen sein, soweit der Vorsitzende deren Anwesenheit gestattet.

(2) Die Senate entscheiden nach Stimmenmehrheit; bei Stimmengleichheit gibt die Stimme des Vorsitzenden den Ausschlag.

(3) Die Mitglieder der Senate stimmen nach dem Dienstalter, bei gleichem Dienstalter nach dem Lebensalter; der Jüngere stimmt vor dem Älteren. Wenn ein Berichterstatter ernannt ist, so stimmt er zuerst. Zuletzt stimmt der Vorsitzende.

ÜBERSICHT

I. Abs. 1: Beratung und Abstimmung

1 Jeder Beschlußfassung hat eine **Beratung** vorauszugehen, die der Vorsitzende leitet (§ 194 GVG i. V. m. § 41 o Abs. 1).

1. Beratung nach mündlicher Verhandlung

2 Wenn eine mündliche Verhandlung stattgefunden hat, findet die Beratung in unmittelbarem Anschluß an diese statt (zu welchem Zweck Beteiligte und Zuhörer, auch ein etwaiger Schriftführer, den Verhandlungssaal verlassen müssen, da das BPatG nicht über Beratungszimmer verfügt) oder doch möglichst bald darauf, damit noch unter dem frischen Eindruck der Verhandlung entschieden wird; dabei stellt die Zweiwochenfrist des § 41 i Abs. 1 S. 1 die alleräußerste Grenze dar. Wird nach der Beratung erneut in die mündliche Verhandlung eingetreten (§ 41 f Abs. 3 S. 2), so bedarf es nach deren erneutem Schluß einer neuen Beratung (die allenfalls – wenn das Ergebnis der weiteren Verhandlung bereits eventualiter mitberaten worden war – auch in einer leisen gegenseitigen Verständigung am Richtertisch bestehen kann).

2. Beratung im schriftlichen Verfahren

3 Auch im Verfahren **ohne mündliche Verhandlung** muß der Beschluß (bzw. das Urteil in den Fällen der §§ 38 Abs. 2, 39 Abs. 2 S. 2) beraten werden. Dies geschieht im allgemeinen in einer (sog. »stummen«) Sitzung, wobei es der Übung des Senats überlassen ist, ob in der Sitzung bereits ein (schon vorher im Umlaufverfahren unterschriebener oder in der Sitzung oder nachher im Umlaufverfahren zu unterschreibender) Entscheidungsentwurf vorliegt oder die Entscheidung erst nachher abgesetzt und zur Unterschrift in Umlauf gegeben wird; mindestens ist vorheriger Aktenumlauf bei den mitwirkenden Richtern mit einem Votum des Berichterstatters Voraussetzung einer fruchtbringenden Beratung.

4 Bei der **Sitzung** wird kein Protokoll geführt; jedoch ist es zweckmäßig, das Ergebnis der Sitzung und die mitwirkenden Richter in einem Aktenvermerk festzuhalten. Das (üblicherweise im Eingang des Beschlusses angegebene) **Datum** der Sitzung ist das **der Entscheidung,** mag diese auch erst später mit der Zustellung wirksam werden; geht bis zur Herausgabe an die Postabfertigungsstelle ein weiterer Schriftsatz ein, so muß erneut beraten und der Beschluß neu datiert werden (dazu § 41 h Anm. 7), auch wenn sich die Besetzung des Senats inzwischen geändert hat (vgl. BFH 21. 2. 1964 NJW 1964, 1591). Im übrigen ist das Datum des Beschlusses ohne Bedeutung für den Lauf der Rechtsmittelfrist.

5 Das Gesetz schreibt nicht vor (auch § 41 b Abs. 2 S. 1 nicht), daß die Beratung in einer Sitzung stattfinden muß (obgleich schwer vorzustellen ist, wie eine »Beratung« ohne gleichzeitige Anwesenheit der Beratenden stattfinden kann). Es ist somit nach h. M. (Ballhaus bei Benkard, § 36 h Anm. 2; Richter bei Reimer, WWR 10. Kap., Anm. 16 a; Neumar bei Reimer, § 36 h Anm. 1) zulässig, bei einfachen Sachen, etwa bei Berichtigungsbeschlüssen, im **Umlaufverfahren** zu entscheiden; dann ist nicht »in der Sitzung vom ...«, sondern »am ...« (Tag der letzten Unterschrift) beschlossen.

3. Abstimmung

6 Auf die Beratung folgt die Abstimmung. Ein gesonderter Abstimmungsvorgang mag allenfalls unterbleiben, wenn bereits eindeutig allgemeine Übereinstimmung besteht. Zunächst wird über die Hauptanträge abgestimmt, anschließend erforderlichenfalls über etwaige Hilfsanträge. Die – von Amts wegen zu prüfenden – Fragen der Kostenentscheidung (Rückzahlung der Beschwerdegebühr) und der Zulassung der Rechtsbeschwerde dürfen nicht vergessen werden, da eine spätere Nachholung nicht möglich ist.

7 Weil zweckmäßigerweise nicht nur das Ergebnis, sondern auch die wesentlichen Gedankengänge der Begründung schon bei der Entscheidung fest-

stehen sollen, kann es angebracht sein, über einzelne Entscheidungselemente (z. B. ausreichende Offenbarung, Neuheit, Fortschritt usw.) schrittweise abzustimmen. Dabei – und auch sonst – darf kein Richter die Abstimmung über eine Frage verweigern, weil er bei einer vorangegangenen Abstimmung überstimmt worden ist (§ 195 GVG i. V. m. § 41 o Abs. 1). Nichts steht entgegen, nach der Abstimmung – solange die Entscheidung nicht verkündet oder zur Zustellung herausgegeben ist – erneut in die Beratung einzutreten und alsdann die Abstimmung zu wiederholen, wenn noch unerörterte sachliche Gesichtspunkte auftauchen oder neue Schriftsätze eingehen (s. o. Anm. 4).

4. Beratungsgeheimnis

8 Beratung und Abstimmung sind **geheim** (vgl. § 43 DRiG). Um jede Beeinflussung auszuschließen, dürfen nur die im Einzelfall mitwirkenden Richter, deren Zahl in § 36 d gesetzlich bestimmt ist, mitwirken und zugegen sein; nicht etwa sonstige Mitglieder des Senats oder gar nicht dem Senat Angehörende; auch nicht der Schriftführer (der erst nach der Abstimmung zwecks Niederschrift der zu verkündenden Entscheidungsformel zugezogen werden darf); wohl aber die beim BPatG zur Ausbildung beschäftigten Personen (Patentanwaltsbewerber und Rechtsreferendare), soweit der Vorsitzende ihre Anwesenheit gestattet.

9 Die Veröffentlichung eines **»dissenting vote«** des überstimmten Richters ist dem deutschen Gerichtswesen – vom BVerfG abgesehen – fremd; er kann allenfalls seine abweichende Meinung auf dem (nicht der Akteneinsicht zugänglichen) »Äußerungsbogen« niederlegen. Im übrigen steht es ihm frei, mit der gebotenen Zurückhaltung und ohne Bezugnahme auf den Einzelfall literarisch zu Rechtsfragen Stellung zu nehmen.

II. Abs. 2: Stimmenmehrheit und -gleichheit

10 Bei der Abstimmung entscheidet die einfache **Stimmenmehrheit.** Dies ist bei einem Dreier- und Fünfer-Senat kein Problem, jedoch erfordert die »eigenartige Richterbesetzung« (Schultz, MDR 1961, 659) der technischen Beschwerdesenate (und des Beschwerdesenats für Sortenschutzsachen, § 36 d Anm. 14) mit vier Richtern eine Regelung für den Fall der **Stimmengleichheit** (die sonst nur noch in dem seltenen Fall auftreten kann, daß bei einer Tatbestandsberichtigung einer der mitwirkenden Richter verhindert ist, § 41 l Abs. 2 i. V. m. § 320 Abs. 4 ZPO).

11 In diesem Fall gibt die Stimme des **Vorsitzenden** (im Vertretungsfall natürlich auch die eines stellvertretenden Vorsitzenden) den Ausschlag, mit anderen Worten: der Vorsitzende hat eine zweite Stimme, so daß er zu-

sammen mit einem Beisitzer die anderen Beisitzer überstimmen kann. Diese Regelung findet sich auch sonst bei Gerichten mit gerader Richterzahl sowie bei den Gerichtspräsidien (auch des BPatG: § 36 e Anm. 1). Die Praxis hat weder gezeigt, daß der Vorsitzende hierdurch überfordert ist, noch daß die Möglichkeit, daß er zusammen mit dem juristischen Beisitzer die beiden technischen Beisitzer überstimmt, das Ausmaß einer »Gefahr« angenommen hat; die dahingehenden Bedenken von Hiete (GRUR 1965, 347) – der anstelle des Stichentscheids des Vorsitzenden vorschlägt, bei Stimmengleichheit zugunsten des Anmelders zu entscheiden – sind unbegründet.

III. Abs. 3: Reihenfolge der Abstimmung

12 Die in Abs. 3 geregelte Reihenfolge der Abstimmung soll gewährleisten, daß der Richter seine Stimme nach eigenem Gewissen und unbeeinflußt durch die Autorität eines vor ihm abstimmenden älteren Kollegen abgibt. Nur der Berichterstatter, der wohl in jeder Sache bestimmt ist, stimmt immer zuerst, da er die Sache am besten kennt. Die Fakultät spielt bei der Reihenfolge der Abstimmung keine Rolle.

§ 36 i

(1) Beim Patentgericht können Richter kraft Auftrags verwendet werden. § 36 b Abs. 2 Satz 3 ist anzuwenden.

(2) Richter kraft Auftrags und abgeordnete Richter können nicht den Vorsitz führen.

1. Abs. 1: Zum **Richter kraft Auftrags** können Beamte ernannt werden, die später als Richter auf Lebenszeit verwendet werden sollen, § 14 DRiG. Der Nachwuchs für die technischen Richter des BPatG kommt nur aus den Kreisen der Prüfer des Patentamts (soweit sie die Befähigung zum Richteramt nach § 36 b Abs. 2 S. 3 haben, § 36 b Anm. 6). Auch die rechtskundigen Mitglieder können (soweit sie nicht von anderen Gerichtsbarkeiten kommen) aus dem Beamtenverhältnis beim DPA hervorgehen. Die Richter kraft Auftrags müssen sich, bevor sie zum Richter auf Lebenszeit ernannt werden, erst im Senat bewähren. Ihre Verwendung beim Patentgericht ist verfassungsrechtlich unbedenklich (VG München 19. 6. 1961 Bl. 1961, 327). Ihre Besoldung bestimmt sich nach ihrem bisherigen Amt (§ 15 DRiG), doch führen sie im Dienst die Bezeichnung »Richter am Bundespatentgericht« (§ 19 a Abs. 2 DRiG i. d. F. des G vom 26. 5. 1972). 1

Eine Mindest**dauer** der Bestellung zum Richter kraft Auftrags ist nicht vorgesehen (§ 12 Nr. 4 S. 4 des 6. ÜG gilt nicht mehr), doch ist eine mindestens einjährige Tätigkeit im richterlichen Dienst regelmäßige Voraussetzung für die Ernennung auf Lebenszeit (§ 36 b Anm. 9). Der Richter kraft Auftrags kann nur zum Ablauf des 6., 12. oder 18. Monats nach seiner Ernennung (ohne Angabe von Gründen und ohne Mitwirkung des Präsidialrats) entlassen werden, d. h. in sein bisheriges Amt zurücktreten; die Entlassungsverfügung ist ihm mindestens 6 Wochen vor dem Entlassungstag mitzuteilen (§§ 22, 23 DRiG; dazu BGH 14. 9. 1967 DRiZ 1967, 430). Nach 2 Jahren hat er Anspruch auf die Ernennung zum Richter auf Lebenszeit (§ 16 Abs. 1 DRiG). 2

2. Abs. 2: Richter kraft Auftrags und abgeordnete Richter (§ 37 DRiG; § 36 b Anm. 8) können nicht den **Vorsitz** (in einer Verhandlung oder bei einer Entscheidung) führen. An einer Entscheidung darf nicht mehr als **einer** von ihnen mitwirken. Seit dem 1. 10. 1972 (Inkrafttreten der Neufassung des § 29 DRiG durch G vom 26. 5. 1972) wird der Richter kraft Auftrags nicht mehr in der Entscheidung als solcher bezeichnet, sondern nur noch im Geschäftsverteilungsplan kenntlich gemacht. 3

§ 36 k

Beim Patentgericht wird eine Geschäftsstelle eingerichtet, die mit der erforderlichen Anzahl von Urkundsbeamten besetzt wird. Die Einrichtung der Geschäftsstelle bestimmt der Bundesminister der Justiz.

1 Die Bestimmung entspricht dem § 153 GVG. Die in S. 2 vorgesehene Anordnung ist am 17. 11. 1972 (Bl. 1973, 2) ergangen. Nach der gemäß ihrem § 7 erlassenen Anweisung des Präsidenten vom 15. 2. 1973 (Bl. 1973, 61) obliegen die Geschäfte des Urkundsbeamten den Geschäftsstellenverwaltern(rinnen).

Die Verwaltung des Schriftguts regelt die **Aktenordnung** vom 20. 12. 1963 (Bl. 1964, 173), die Aufbewahrungsfristen die AO des Präs. vom 4. 5. 1972 (Bl. 1972, 209).

2 Der **Urkundsbeamte der Geschäftsstelle** zählt zu den »Gerichtspersonen« des § 41 a, kann also im einzelnen Verfahren von der Amtsausübung ausgeschlossen sein und abgelehnt werden. Er erteilt die vollstreckbare Ausfertigung für Kostenfestsetzungsbeschlüsse des DPA (§ 33 Abs. 2 S. 7; vgl. BPatG 17. 1. 1962 E 1, 173). Sonst erwähnt das PatG ihn nur noch in § 41 g als Schriftführer; als solche werden jedoch ausschließlich besonders verpflichtete Kanzleiangestellte verwendet.

Durch § 23 des Rechtspflegergesetzes vom 5. 11. 1969 (BGBl. I 2065 = Bl. 1969, 367) wurden ab 1. 7. 1970 eine Anzahl von Geschäften, insbes. die Kostenfestsetzung, dem **Rechtspfleger** übertragen.

Fünfter Abschnitt Verfahren vor dem Patentgericht

1. Beschwerdeverfahren

Vorbemerkungen

ÜBERSICHT

1. Eigenart des Beschwerdeverfahrens; Terminologie

1 Die Beschwerde des § 36 l zeigt am auffälligsten die Unmöglichkeit, die Patentgerichtsbarkeit systematisch einzuordnen. Obgleich es sich nach der Begründung zum Entwurf des 6. ÜG (Bl. 1961, 153) bei der Beschwerde »um einen Rechtsbehelf nach Art der verwaltungsgerichtlichen Anfechtungsklage« handelt, ist nicht die der Zäsur zwischen Verwaltungsbehörde und Gericht entsprechende Bezeichnung »Klage« (oder auch »Antrag auf gerichtliche Entscheidung« wie in § 24 EGGVG) gewählt, sondern die überkommene Bezeichnung **»Beschwerde«** beibehalten, die man nur innerhalb eines Instanzenzugs derselben Gewalt erwartet. Die Bezeichnung des ersten gerichtlichen Rechtsbehelfs als »Beschwerde« gibt es sonst nur noch in Kartell-Verwaltungssachen (§ 62 GWB); die »Berufung« des finanzgerichtlichen Verfahrens ist inzwischen systemgerecht in eine »Klage« umgewandelt worden (§ 40 FGO). Darüber, daß die Beschwerde, soweit sie sich gegen eine Hauptsacheentscheidung richtet (§ 36 l Abs. 3), der Berufung näher steht als der Beschwerde der ZPO, vgl. Bendler in Klauer-Möhring § 36 l Anm. 2.

2 Übrigens versteht § 41 i Abs. 2 unter »Rechtsmittel« auch die patentgerichtliche Beschwerde, obgleich diese nach der üblichen Terminologie eher als »Rechtsbehelf« zu bezeichnen wäre, während »Rechtsmittel« nur gegen eine gerichtliche Entscheidung gegeben zu sein pflegen. Immerhin weist das patentgerichtliche Beschwerdeverfahren einige Züge auf, die es mit anderen Beschwerdeverfahren, etwa dem der ZPO, verwandt erscheinen lassen: Über die Beschwerde wird durch »Beschluß« entschieden, dem grundsätzlich eine mündliche Verhandlung nicht voranzugehen braucht; die »Vorinstanz« (hier: die Verwaltungsbehörde) ist im Rahmen des § 36 l Abs. 4, 5 befugt,

der Beschwerde abzuhelfen (BPatG 18. 12. 1963 E 5, 26, 29; BGH 28. 4. 1966 GRUR 1966, 583, 584 – Abtastverfahren –). Der BGH (29. 4. 1969 GRUR 1969, 562 – Appreturmittel –) bezeichnet das Beschwerdeverfahren als echtes Rechtsmittelverfahren. Vgl. auch Hiete (GRUR 1966, 529), der die »Einheitlichkeit des Patenterteilungsverfahrens« betont und das Beschwerdeverfahren als fortgesetztes Prüfungsverfahren darstellt.

2. Beteiligung des Patentamts

3 Anders als in § 66 GWB und in allen anderen verwaltungsgerichtlichen Verfahren im weiteren Sinne (VwGO, FGO, Sozialgerichtsgesetz; auch im Baulandverfahren, § 162 Bundesbaugesetz) ist die **Behörde,** deren Verwaltungsakt angegriffen wird, am Verfahren **nicht beteiligt.**

4 Daß das DPA am gerichtlichen Verfahren nicht beteiligt ist, ist allerdings mißlich insbes. im Einparteiverfahren, an dem nur der Anmelder beteiligt ist. In Ermangelung einer Gegenpartei, die die gegen die Patentfähigkeit bestehenden Bedenken verficht, muß hier der Senat (der Vorsitzende oder der Berichterstatter) diese Bedenken vortragen und sozusagen die Rolle des Einsprechenden übernehmen, so daß in der mündlichen Verhandlung die Gefahr besteht, daß das Gericht in die Arena herabsteigt und der Streit sich zwischen Anmelder und Gericht abspielt; dabei darf der Richter nicht der Versuchung unterliegen, den Diskussions»gegner« niederringen, d. h. bis zur Aufgabe seines Standpunktes überzeugen zu wollen, muß vielmehr stets darauf bedacht sein, daß er nur seine »vorläufige« Meinung kundgibt – zwar schon bestimmter, als es der Berichterstatter in einem Zwischenbescheid tun darf, aber doch noch keineswegs eine endgültige Meinung, die der Richter sich erst nach Schluß der Verhandlung in der Beratung bilden darf. Es ist durchaus sachgerecht und muß auch dem Anmelder nur erwünscht sein, wenn das Gericht mit seinen Bedenken nicht hinter dem Berge hält, doch ist die Situation des Anmelders bzw. seines Vertreters, der sich der zahlen- und machtmäßigen Überlegenheit des Senats allein gegenübersieht, oft wenig beneidenswert. Hier hilft nur richterlicher Takt; das Patentamt, insbes. etwa vertreten durch den Prüfer, der den angefochtenen Beschluß erlassen hat, am Beschwerdeverfahren zu beteiligen, damit er seinen Beschluß verteidige, wird nicht empfohlen (ebenso Jungbluth, Festschr. BPatG S. 19 ff., 25 f.).

5 Die Nichtbeteiligung des Patentamts am Beschwerdeverfahren rechtfertigt sich daher, daß seine Tätigkeit sich im Normenvollzug, in der Aktualisierung der Rechtsordnung erschöpft. Darin unterscheidet es sich wesentlich von den Kartellbehörden, die außerdem die besondere Aufgabe haben, bestimmte wirtschaftliche Zielsetzungen zu verwirklichen (»Gesetz **gegen** Wettbewerbsbeschränkungen«!), so daß ihre Sachbeteiligung an den ihre Entscheidungen betreffenden gerichtlichen Verfahren außer Frage steht

(Haeuseler, GRUR 1962, 77; BGH 29. 4. 1969 GRUR 1969, 562 – Appreturmittel –: das DPA verfolge »keine eigene verwaltungsmäßige Zielsetzung«).

Gewiß soll das Patentwesen den Gewerbefleiß fördern und Anreiz zu erfinderischer Tätigkeit bieten (schon im WZ-Wesen entfällt auch dieser Gesichtspunkt), doch handelt es sich dabei mehr um eine historische Erklärung und volkswirtschaftliche Rechtfertigung des Patentrechts als um Erwägungen, die im Einzelfall das Erteilungsverfahren beeinflussen. Soweit bei diesem überhaupt ein öffentliches Interesse obwaltet, ist es im Gegenteil das Interesse der Allgemeinheit an einer Verhinderung unberechtigter Monopolstellungen (vgl. Völp, NJW 1960, 83); dieses Interesse wird gewahrt durch gewissenhafte, aber tendenzfreie Prüfung der Patentvoraussetzungen. Dabei hat das PA auch nicht, wie die Kartellbehörden, die »gesamtwirtschaftliche Lage und Entwicklung« zu würdigen (wobei diese Würdigung der gerichtlichen Nachprüfung entzogen ist, § 70 Abs. 4 GWB); seine Entscheidungen unterliegen daher in vollem Umfang der gerichtlichen Nachprüfung im Beschwerdeverfahren.

Weil Belange des Gemeinwohls in der Masse der Fälle nicht berührt werden, brauchte der Gesetzgeber auch nicht die Mitwirkung eines Vertreters des öffentlichen Interesses – vgl. §§ 35 ff. VwGO – vorzusehen (BPatG 15. 12. 1969 Bl. 1970, 49, 62).

3. Einordnung des Beschwerdeverfahrens

Mit Recht ist die Patentgerichtsbarkeit, obgleich es sich bei den den Hauptteil seiner Tätigkeit bildenden Beschwerdeverfahren um eine Art verwaltungsgerichtlicher Anfechtungsklage handeln soll, im Instanzenzug dem BGH nachgeordnet und damit als Teil der **ordentlichen Gerichtsbarkeit** ausgewiesen (vgl. vor § 36 b Anm. 5). Vom Zivil- ebenso wie vom Verwaltungsprozeß unterscheidet sich das Beschwerdeverfahren jedoch dadurch, daß es (anders als das Nichtigkeitsverfahren und das GebrM-Löschungsverfahren) nicht **kontradiktorisch** ist. Auch soweit im Einspruchsverfahren Beteiligte entgegengesetzte Anträge verfolgen, handelt es sich (anders als beim warenzeichenrechtlichen Widerspruchsverfahren, vgl. Schlüter, Mitt. 1962, 88) nicht um ein echtes privatrechtliches Streitverfahren, da der Einsprechende nicht notwendig eigene Rechte oder Interessen zu verteidigen braucht, vielmehr »jeder« (§ 32) zum Einspruch zugelassen ist – anders die Widerspruchsberechtigung nach § 5 Abs. 4 WZG, ebenso allerdings die Befugnis zur Nichtigkeitsklage, die ein kontradiktorisches Verfahren zur Folge hat, weil hier ein Dritter ein bereits bestehendes Recht angreift. Solange das Patent aber noch nicht erteilt ist, handelt es sich um den Antrag eines Bürgers, ihm ein Ausschließungsrecht zu verleihen, und die hierdurch 6 veranlaßte Prüfung bleibt auch dann grundsätzlich eine solche zwischen dem antragstellenden Bürger und dem Staat, wenn Dritte sich mittels Einspruchs in diese Prüfung einschalten (BGH 28. 11. 1961 E 1, 233, 236; immerhin hat BGH 27. 4. 1967 GRUR 1967, 586 – Rohrhalterung – die justizmäßige Ausgestaltung des patentamtlichen Verfahrens, insbes. des der streitigen Gerichtsbarkeit nahestehenden Einspruchsverfahrens, zum Anlaß genommen, Einspruch und Beschwerde hinsichtlich der Formenstrenge gleich zu behandeln).

7 In der nichtkontradiktorischen Ausgestaltung des Beschwerdeverfahrens zeigt sich seine Verwandtschaft mit der **freiwilligen Gerichtsbarkeit,** und in der Tat war ja bis zur Entscheidung des BVerwG die Auffassung, daß die gesamte Tätigkeit des PA freiwillige Gerichtsbarkeit darstelle, vom BMdJ – und nicht nur von diesem – vertreten worden. Auch die freiwillige Gerichtsbarkeit liegt eben auf der Grenze von Verwaltung und Justiz, insbesondere wenn diese rein im Sinne der Streitentscheidung verstanden wird. Weil die Patentgerichtsbkarkeit der freiwilligen Gerichtsbarkeit näher steht als der Verwaltungsgerichtsbarkeit, wird man auch eine **Untätigkeitsklage** nicht zuzulassen brauchen (a. M. Ballhaus, Mitt. 1961, 104 und bei Benkard Vorbem. 3 vor § 36 l, der eine »Untätigkeitsbeschwerde« zum Patentgericht für gegeben hält).

8 Hinsichtlich des **Amtshaftungsrechts** wird man die Beschlüsse der Beschwerdesenate als »Urteile in einer Rechtssache« nach § 839 Abs. 2 BGB (zu denen die Urteile der Nichtigkeitssenate schon dem Wortlaut nach zählen) ansehen können. Zwar handelt es sich jedenfalls im Einparteiverfahren vor der Bekanntmachung nicht um eine Streitentscheidung i. S. der Rechtsprechung des BGH (19. 2. 1962 BGHZ 36, 379; 19. 9. 1966 BGHZ 46, 106). Da jedoch alle sonstigen Erfordernisse eines »urteilsvertretenden Erkenntnisses« auch hier gegeben sind, es auch nicht angeht, die Beschwerdeentscheidungen vor und nach der Bekanntmachung verschieden zu behandeln, ist das »Richterprivileg« des § 839 Abs. 2 BGB auch auf die Hauptsacheentscheidungen der Beschwerdesenate anzuwenden, so daß Schadensersatzansprüche wegen Amtspflichtverletzung nur unter den dort genannten erschwerten Bedingungen in Frage kommen.

Eine saubere systematische **Einordnung** der Patentgerichtsbarkeit, jedenfalls ihres Beschwerdeverfahrens, ist nicht möglich. Da der Rechtsstaat es nicht gebietet, in einen funktionierenden Organismus nur um systematischer Klarheit willen mehr als nötig einzugreifen, hat der Gesetzgeber des 6. ÜG gut getan, unter möglichster Wahrung bewährter Traditionen bis in die Terminologie hinein und unter Beachtung der Eigengesetzlichkeiten des Patentwesens nur den vom BVerwG umgrenzten Mindestanforderungen des GG Rechnung zu tragen: Erweiterung der Beschwerdesenate um einen rechtskundigen Richter und ihre organisatorische Verselbständigung als Gericht (s. auch vor § 36 b Anm. 6 ff.).

4. Anwendungsbereich der Vorschriften

Die Vorschriften für das Beschwerdeverfahren (§§ 36 l–36 q) gelten für alle Verfahren vor den **Beschwerdesenaten,** das sind außer den in § 36 l genannten patentrechtlichen Beschwerden insbes. die Beschwerdeverfahren des Gebrauchsmuster- (§ 10 Abs. 3 GebrMG), des Warenzeichen- (§ 13 Abs. 3 WZG) und des Sortenschutzrechts (§ 44 SortenschutzG), ferner die Beschwerde gegen Kostenfestsetzungsbeschlüsse des DPA (§ 33 Abs. 2 S. 6 – jedoch Beschwerdefrist von 2 Wochen), gegen die Zurückweisung von Stundungsanträgen Vertriebener usw. (§ 17 des 6. ÜG) und gegen die Beschlüsse der Urheberrechtsabteilung des DPA, die das Geschmacksmusterregister für ausländische Urheber führt (§ 8 a des 5. ÜG, eingefügt durch das 6. ÜG). 9

§ 36 l

(1) Gegen die Beschlüsse der Prüfungsstellen und Patentabteilungen findet die Beschwerde statt.

(2) Die Beschwerde ist innerhalb eines Monats nach Zustellung schriftlich beim Patentamt einzulegen. Der Beschwerde und allen Schriftsätzen sollen Abschriften für die übrigen Beteiligten beigefügt werden. Die Beschwerde und alle Schriftsätze, die Sachanträge oder die Erklärung der Zurücknahme der Beschwerde oder eines Antrags enthalten, sind den übrigen Beteiligten von Amts wegen zuzustellen; andere Schriftsätze sind ihnen formlos mitzuteilen, sofern nicht die Zustellung angeordnet wird.

(3) Richtet sich die Beschwerde gegen einen Beschluß, durch den die Anmeldung zurückgewiesen oder über die Erteilung oder Beschränkung des Patents entschieden wird, so ist innerhalb der Beschwerdefrist eine Gebühr nach dem Tarif zu zahlen; wird sie nicht gezahlt, so gilt die Beschwerde als nicht erhoben.

(4) Erachtet die Stelle, deren Beschluß angefochten wird, die Beschwerde für begründet, so hat sie ihr abzuhelfen. Sie kann anordnen, daß die Beschwerdegebühr zurückgezahlt wird. Wird der Beschwerde nicht abgeholfen, so ist sie vor Ablauf von drei Monaten ohne sachliche Stellungnahme dem Patentgericht vorzulegen.

(5) Steht dem Beschwerdeführer ein anderer an dem Verfahren Beteiligter gegenüber, so gilt die Vorschrift des Absatzes 4 Satz 1 nicht.

(Abs. 2 S. 3, Abs. 4 S. 3 geändert durch PatÄndG)

ÜBERSICHT

I. Abs. 1: Beschwerdefähige Beschlüsse

1. Allgemeines

1 Die Beschwerde ist gegeben gegen die **Beschlüsse** der Prüfungsstellen und Patentabteilungen (auch soweit ihre Geschäfte gemäß § 18 Abs. 5 i. V. m. der WahrnV vom 22. 5. 1970 [BGBl. I 663 = Bl. 1970, 201] von Beamten des gehobenen oder des mittleren Dienstes wahrgenommen werden; vgl. BPatG 7. 12. 1962 E 3, 59; anders in WZ-Sachen, wo ein Erinnerungsverfahren zwischengeschaltet ist, §§ 12 a, 13 WZG). In Frage kommen in erster Linie die Beschlüsse über Zurückweisung der Anmeldung (§§ 28 Abs. 3, 29 n. F.) und über Erteilung (Versagung) oder Beschränkung des Patents; die Beschwerden gegen diese Beschlüsse sind insofern herausgehoben, als nur sie gebührenpflichtig sind, Abs. 3, und nur sie (und die Armenrechtsbeschwerden) vor den technischen Beschwerdesenat gelangen, § 36 d Abs. 1.

2 Allgemeines Kriterium der **Beschwerdefähigkeit** einer patentamtlichen Entscheidung ist, ob eine abschließende Regelung ergangen ist, die die Rechte der Beteiligten berührt (oder: ob »über ein konkret vorgetragenes Begehren abschließend entschieden ist«, BPatG 22. 7. 1969 E 11, 88, 90). Dabei ist es gleichgültig, ob die Regelung nach den maßgebenden Verfahrensvorschriften **ergehen durfte** oder nicht (BPatG 9. 5. 1962 E 2, 56, 58; 12. 11. 1962 E 3, 13, 15; Tetzner, Mitt. 1963, 8); durfte sie nicht ergehen (wie z. B. eine Vorabentscheidung über den Zeitrang einer Ausscheidungsanmeldung, BPatG 19. 2. 1970 Mitt. 1970, 236, oder über die Zulässigkeit der Weiterverfolgung eines fallengelassenen Anmeldungsteils, BPatG 9. 5. 1962 E 2, 56, 59 f., oder ein Beschluß, mit dem die Patentverwaltungsabteilung die vom Patentinhaber bestrittene Rechtmäßigkeit einer gemäß § 11 Abs. 3 ergangenen Benachrichtigung feststellt, BPatG 4. 2. 1963 E 3, 8, oder ein vor Ablauf der Einspruchsfrist erlassener Patenterteilungs-

beschluß, BPatG 27. 9. 1968 Mitt. 1970, 154), so ist die Entscheidung auf die zulässige Beschwerde aufzuheben. Dies gilt auch, wenn es sich bei dem angefochtenen Beschluß um eine lediglich in die äußere Form eines Beschlusses gekleidete bloße Meinungsäußerung ohne rechtliche Verbindlichkeit handelt (BPatG 11. 4. 1972 E 13, 163).

Auf die **Bezeichnung** als »Beschluß« kommt es nicht an (BPatG 7. 10. 1966 E 8, 205). Auch ein Bescheid, der lediglich auf die Unzulässigkeit eines Antrags hinweist, kann beschwerdefähig sein (z. B. BPatG 14. 12. 1970 E 12, 34).

2. Beispiele beschwerdefähiger Beschlüsse

3 **Beschwerdefähig,** weil die Rechte der Beteiligten berührend, sind somit (in alphabetischer Reihenfolge)

der Beschluß, der ein **Ablehnungsgesuch** zurückweist, § 18 Abs. 6 (z. B. BPatG 13. 6. 1962 E 2, 85; 10. 4. 1967 E 9, 3);

Beschlüsse im **Akteneinsichtsverfahen,** § 24 Abs. 3;

im **Armenrechtsverfahren** die Beschlüsse, durch die die Patentabteilung das Armenrecht oder die Beiordnung eines Vertreters verweigert oder die Nachzahlung von Kosten anordnet, § 46 g Abs. 3, sowie die »Verfügungen«, durch die der Vorsitzende der Patentabteilung den beizuordnenden Vertreter auswählt, § 46 e Abs. 2 S. 2;

die Zwischenentscheidung über die Zulässigkeit einer **Ausscheidung** oder einer Teilung der Anmeldung gemäß Art. 4 G Abs. 2 PVÜ (BPatG 25. 7. 1967 E 9, 163);

die **Aussetzung** des Prüfungsverfahrens wegen einer älteren Anmeldung (BPatG 7. 10. 1966 E 8, 205, dazu vgl. § 36 d Anm. 17 und für das WZ-Widerspruchsverfahren BPatG 29. 5. 1968 E 10, 131, 135) und die Ablehnung eines Antrags auf Fortsetzung des ausgesetzten Prüfungsverfahrens (BPatG 30. 7. 1964 E 6, 53), auch die Ablehnung eines Aussetzungsantrags (BPatG 1. 3. 1971 E 12, 141, Kirchner, GRUR 1968, 298 für WZ-Sachen; a. A. v. Gamm WZG § 13 Anm. 9); die Ablehnung des Antrags auf Aussetzung der Bekanntmachung (Tetzner, Mitt. 1963, 8);

der **Bekanntmachungsbeschluß,** sofern er von den Anträgen des Anmelders abweicht (vgl. BPatG 28. 10. 1965 E 7, 96); doch ist dies eine Frage der Beschwer (darüber s. § 36 m Anm. 6 ff.); auch der Beschluß, mit dem die Prüfungsstelle die Aufnahme eines nach Erlaß des Bekanntmachungsbeschlusses eingereichten Anspruchs in die bekanntzumachenden Unterlagen ablehnt (BPatG 6. 10. 1967 E 9, 159; BGH 16. 5. 1968 Bl. 1968, 330 – Derivate –);

der Bescheid, der die Aufhebung einer **Benachrichtigung** nach Art. 7 § 1 Abs. 2 Nr. 1 PatÄndG ablehnt (BPatG 7. 6. 1968 E 10, 35; 18. 8. 1970 Mitt. 1971, 36) oder feststellt, daß die Anmeldung nach den Vorschriften des PatÄndG bzw. nach den bisherigen Vorschriften weiterzubehandeln ist (BPatG 8. 11. 1968 E 10, 175; 24. 9. 1970 E 13, 95, 98);

der eine **Berichtigung** ablehnende Beschluß (BPatG 7. 12. 1967 E 9, 202; 28. 1. 1971 Mitt. 1971, 157 zu § 26 Abs. 5; 8. 9. 1971 GRUR 1972, 90; 8. 9. 1971 E 13, 77);

die Vorabentscheidung über die Unzulässigkeit eines **Einspruchs** (DPA 30. 4. 1954 Bl. 1954, 260) – durch die dann allerdings eine Zuständigkeitsverschiebung im Beschwerdeverfahren zum juristischen Beschwerdesenat stattfindet (vgl. § 36 d Anm. 1; Beispiel: BPatG 21. 1. 1963 E 3, 167), so daß sie nur bei offensichtlichen formalen Mängeln des Einspruchs ergehen sollte (Ballhaus, Mitt. 1961, 225; a. A. Werner, GRUR 1971, 106, der sie grundsätzlich fordert). Eine Vorabentscheidung, die die Zulässigkeit eines Einspruchs bejaht, ist als nicht beschwerdefähig erkannt worden (DPA 28. 3. 1955 Bl. 1955, 188), doch wird man dem Anmelder, wenn es sich um die Zulässigkeit des einzigen Einspruchs handelt, die Beschwerde gegen die Vorabentscheidung (die zu treffen im Ermessen der Patentabteilung steht, so daß die Ablehnung einer beantragten Vorabentscheidung nicht beschwerdefähig ist, BPatG 17. 2. 1967 Mitt. 1967, 77) nicht verweigern dürfen, da bei ihrem Erfolg das Einspruchsverfahren entfällt;

die Zurückweisung eines Antrags auf Änderung der **Erfinderbenennung** (BPatG 7. 10. 1971 E 13, 53);

die **Feststellung,** daß eine Anmeldung wegen Nichtzahlung der Anmelde- oder Bekanntmachungsgebühr (BPatG 29. 1. 1970 Bl. 1970, 127, 129 zu § 2 Abs. 5 GebrMG) oder gemäß § 35 Abs. 3 (BPatG 27. 7. 1970 E 12, 32) als zurückgenommen oder ein Recherche- (BPatG 20. 12. 1971 E 13, 195) oder Prüfungsantrag wegen Nichtzahlung der Gebühr als nicht gestellt gilt;

bei **Geheimanmeldungen** die Anordnung, daß die Bekanntmachung gemäß § 30 a Abs. 1 unterbleibt, und deren Aufhebung (vgl. jedoch BGH 13. 7. 1971 GRUR 1972, 535 = Bl. 1972, 30 – Geheimhaltungsanordnung –) bzw. Zurückweisung des Aufhebungsantrags, § 30 a Abs. 2; s. auch § 36 m Anm. 17;

isolierte **Kostenentscheidungen** (d. h. nach Zurücknahme der Anmeldung oder des Einspruchs, § 33 Abs. 2 S. 2; über die Anfechtung der in einem Hauptsachebeschluß enthaltenen Kostenentscheidung s. u. Anm. 6) und **Kostenfestsetzungsbeschlüsse** des PA, § 33 Abs. 2 S. 6 (ein Beschwerdewert von 50 DM braucht nicht erreicht zu sein, vgl. BPatG 21. 6. 1967 E 9, 200; 1. 7. 1969 Mitt. 1970, 34) sowie ein Beschluß, mit dem das PA einer Beschwerde abhilft, jedoch die beantragte Rückzahlung der Beschwerdegebühr ablehnt (DPA 27. 11. 1953 Bl. 1954, 17; BPatG 4. 10. 1961 E 1, 90; 9. 1. 1963 E 4, 12; 8. 12. 1968 Mitt. 1968, 95; 20. 10. 1971 E 13, 26); der Beschluß, durch den über Einwendungen gegen den **Kostenansatz** des Kostenbeamten entschieden wird (Schulte, Mitt. 1970, 145);

der Bescheid, der abweichend von Anträgen des Anmelders den Inhalt der **Offenlegungsschrift** feststellt (BPatG 18. 9. 1968 E 10, 160; 17. 10. 1968 Mitt. 1969, 35; 8. 11. 1968 E 10, 188; 28. 11. 1968 E 10, 183);

die Beschlüsse der **Patentverwaltungsabteilung** (bzw. ihres Vorsitzenden, § 18 Abs. 4) in Angelegenheiten erteilter Patente, insbes. bezüglich Jahresgebühren (§ 11), Löschung (§ 12; vgl. die Erwähnung des § 36 l in § 12 Abs. 2), Vergütung bei Lizenzbereitschaft (§ 14 Abs. 4, 5), Ablehnung eines Antrags auf Umschreibung (§ 24 Abs. 2) oder Eintragung einer ausschließlichen Lizenz und deren Löschung (§ 25), Akteneinsicht (§ 24 Abs. 3, § 15 DPAV), Berichtigung einer Patentschrift (offengelassen von BPatG 19. 2. 1968 E 10, 31);

die Ablehnung einer beanspruchten **Priorität** (BPatG 23. 11. 1964 E 6, 39; 10. 11. 1967 E 9, 211 für GebrM) und die Feststellung ihrer Verwirkung gemäß § 27 S. 4 (BPatG 2. 7. 1969 Mitt. 1971, 35; 28. 10. 1969 E 11, 34 für GebrM; 11. 5. 1970 E 11, 204; 4. 6. 1970 Mitt. 1971, 34; 18. 1. 1971 E 12, 133; 23. 8. 1972 E 14, 130; 23. 8. 1972 E 14, 135; 8. 12. 1972 Mitt. 1973, 51);

die Weigerung der Patentabteilung, einem Einsprechenden die **Schriftsätze** der anderen Einsprechenden mitzuteilen (BPatG 23. 1. 1964 E 5, 16);

die Zurückweisung von **Stundungsanträgen** von DDR-Bewohnern und den weiteren in § 17 des 6. ÜG genannten Personen hinsichtlich der Anmeldungs-, Bekanntmachungs- und Jahresgebühren (BPatG 24. 10. 1962 E 2, 176) sowie der Anmeldungs- und Verlängerungsgebühr im GebrM-Recht und der Verlängerungsgebühr im WZ-Recht, § 17 Abs. 2 des 6. ÜG;

Beschlüsse über **Umschreibungsanträge** (vgl. BGH 5. 6. 1968 GRUR 1969, 43 – Marpin – für WZ);

Beschlüsse der **Urheberrechtsabteilung** in Geschmacksmustersachen (BPatG 4. 10. 1961 E 1, 223);

die Ablehnung der **Wiedereinsetzung** (zu deren Gewährung s. § 36 m Anm. 4).

3. Nichtbeschwerdefähige Vorgänge

4 Nicht beschwerdefähig sind Bescheide, Mitteilungen oder Benachrichtigungen, die nicht Entscheidungs-, sondern **Hinweischarakter** tragen (BPatG 5. 7. 1968 E 10, 43, 46), insbes. **Zwischenverfügungen,** die lediglich der Aufklärung der Beteiligten sowie der Vorbereitung eines Beschlusses dienen (BPatG 12. 11. 1962 E 3, 13, 15). Dazu gehören Prüfungsbescheide, Beweisbeschlüsse und Beschlüsse, durch die eine bestimmte Art der Beweisaufnahme (Zeugenvernehmung durch ersuchten Richter) angeordnet oder abgelehnt wird (RPA 6. 11. 1937 Bl. 1937, 196), die Anregung der Prüfungsstelle, eine Ausscheidung vorzunehmen (bzw. die Erklärung der Prüfungsstelle über Zulässigkeit oder Notwendigkeit einer Ausscheidung, vgl. BPatG 7. 12. 1961 E 1, 65), die dem Erteilungsbeschluß beigefügte Zahlungsbelehrung

(BPatG 6. 12. 1961 E 1, 10), Benachrichtigungen gemäß §§ 11 Abs. 3, 26 Abs. 2, 31 S. 3 (deren Rechtmäßigkeit mit der Beschwerde gegen die etwa nachfolgende Löschung bzw. Feststellung, daß die Anmeldung als zurückgenommen gilt, zur Nachprüfung gebracht werden kann, BPatG 4. 2. 1963 E 3, 8, 12; 29. 1. 1970 Bl. 1970, 127, 129 zu § 2 Abs. 5 GebrMG) und die Benachrichtigung gemäß Art. 7 § 1 Abs. 2 Nr. 1 PatÄndG (»Aufruf«, BPatG 5. 7. 1968 E 10, 43, vgl. jedoch 7. 6. 1968 E 10, 35).

Die Nichtnachprüfbarkeit der Auswahl der gemäß § 24 Abs. 6 in der Patentschrift anzugebenden Entgegenhaltungen (DPA 24. 3. 1955 Bl. 1955, 186; Ballhaus bei Benkard, § 36 l Anm. 11) läßt sich nur damit begründen, daß Rechte des Anmelders durch die Angabe nicht berührt werden können. Das gleiche gilt für die Umschreibung einer Anmeldung oder eines Patents in eine andere Patentklasse (DPA 20. 11. 1958 Bl. 1959, 11) sowie für die Mitteilung der ermittelten Druckschriften (§ 28 a Abs. 7 n. F.).

Nicht beschwerdefähig sind auch Beschlüsse oder Bescheide, durch die ein 5
Antrag oder eine **Anregung** auf Vornahme einer Handlung **abgelehnt** wird, die im Gesetz nicht vorgesehen ist oder auf die jedenfalls kein Anspruch besteht (Ballhaus bei Benkard, § 36 l Anm. 11; DPA 25. 3. 1955 Bl. 1955, 216: die Ablehnung eines Antrags des Anmelders, über den Zeitpunkt einer Patentanmeldung vorab zu entscheiden; BPatG 17. 2. 1967 Mitt. 1967, 77: die Ablehnung eines Antrags des Anmelders, über die Zulässigkeit eines Einspruchs vorab zu entscheiden; denn die Ablehnung einer solchen Vorabentscheidung – wenn auch diese die Beschwerdezuständigkeit des juristischen Senats anstelle des technischen begründen würde, s. § 36 d Anm. 1 – verletzt kein Recht des Anmelders). So kann die Ablehnung eines Fristgesuchs nur zusammen mit der Endentscheidung zur Nachprüfung gestellt werden.

Der Grundsatz, daß die zugleich mit der Hauptsacheentscheidung ge- 6
troffene **Kostenentscheidung** nicht selbständig anfechtbar ist (§ 99 ZPO, § 158 VwGO und für Nichtigkeitssachen BGH 23. 9. 1960 Bl. 1961, 20; anders die isolierte Kostenentscheidung, s. o. Anm. 3), gilt nicht gegenüber Entscheidungen des PA, dessen Kostenentscheidungen sich nicht, wie gemäß § 91 ZPO, automatisch aus der Sachentscheidung ergeben, sondern auf Ermessen beruhen. So wurde die (kostenfreie) Beschwerde allein gegen die einen Bestandteil der Hauptsacheentscheidung bildende Kostenentscheidung zugelassen im GebrM-Löschungsverfahren (Ballhaus bei Benkard, § 9 GebrMG Anm. 23; BPatG 7. 7. 1965 E 7, 134; 5. 7. 1971 E 12, 193), im WZ-Widerspruchsverfahren (Kirchner, Mitt. 1968, 147; BPatG 19. 3. 1969 E 10, 311; 28. 10. 1970 Mitt. 1971, 75) und im Akteneinsichtsverfahren (BPatG 1. 7. 1969 Mitt. 1970, 34). Der Umstand, daß über eine solche Beschwerde ein rein juristisch besetzter Senat zu entscheiden hat (BPatG 7. 7. 1965 a. a. O. für das GebrM-Löschungsverfahren), somit im Patenterteilungsverfahren der jur. Beschwerdesenat, der das – oft auch von technischen Erwägungen mitbestimmte – Ermessen des PA in vollem Umfange nachzu-

prüfen hat (BPatG 19. 3. 1969 a. a. O.), mag bei der Seltenheit einer nur im Rahmen des § 33 Abs. 2 zulässigen Kostenentscheidung des PA hingenommen werden. Für die Beschwerde eines mit seinen Sachanträgen erfolgreichen, dennoch mit Kosten belasteten Beteiligten genügt die Beschwer im Kostenpunkt. Die Zulassung einer Beschwerde nur gegen die in der Hauptsacheentscheidung enthaltene Kostenentscheidung würde übrigens zu der in BPatG a. a. O. erkannten Schwierigkeit führen, daß ein rein juristischer Senat zu entscheiden hätte, obgleich die die Kostenentscheidung tragenden Billigkeitserwägungen sich oft – wie jener Fall zeigt – vom technischen Sachverhalt nicht trennen lassen.

7 Nicht selbständig beschwerdefähig sind ferner kraft **besonderer Vorschrift** Beschlüsse der Patentabteilung, durch die ein Antrag auf Zuziehung eines rechtskundigen Mitglieds abgelehnt wird, § 18 Abs. 3 S. 3, und Beschlüsse der Prüfungsstelle, durch die ein Antrag auf Anhörung zurückgewiesen wird, § 33 Abs. 1 S. 5. Weil diese Beschlüsse zusammen mit der Endentscheidung der Nachprüfung durch das Patentgericht unterstellt werden können, welches die Ermessensausübung des PA (z. B. der Prüfungsstelle bei der Beurteilung der Sachdienlichkeit einer Anhörung, Beispiel BPatG 25. 5. 1962 E 2, 79) in vollem Umfang nachprüft, ist die Rechtsweggarantie des Art. 19 Abs. 4 GG nicht durch den Ausschluß der Anfechtbarkeit verletzt (a. M. Tetzner, Mitt. 1963, 11, der in dem genannten Fall die Klage vor dem Verwaltungsgericht zulassen will). Nicht beschwerdefähig sind die Bewilligung des Armenrechts, die Gewährung der Wiedereinsetzung und die einem Ablehnungsgesuch stattgebende Entscheidung (§ 36 m Anm. 4).

In § 12 Abs. 2, wo die alleinige Entscheidungsbefugnis des PA (im Verhältnis zu den ordentlichen Gerichten) statuiert ist, ist die Anfechtung im Beschwerde- und Rechtsbeschwerdewege ausdrücklich zugelassen.

4. Beschwerdeberechtigung, Rechtsschutzbedürfnis

8 Über den Kreis der Beschwerdeberechtigten s. § 36 m Anm. 1 ff. Beschwerde kann nur der erheben, der durch die Entscheidung des PA **beschwert** ist – auch insoweit steht die patentgerichtliche Beschwerde einem Rechtsmittel näher als einer Anfechtungsklage –; hierüber s. § 36 m Anm. 6 ff. Auch ist – wie bei einer Klage – ein **Rechtsschutzbedürfnis** erforderlich (vgl. BGH 18. 6. 1970 BGHZ 54, 181, 184 – Fungizid –). Fehlt es, dann ist die Beschwerde unzulässig; fällt das Rechtsschutzbedürfnis im Laufe des Verfahrens weg (z. B. in Akteneinsichtssachen, wenn der Antragsteller auf andere Weise vom Akteninhalt Kenntnis erlangt, vgl. BPatG 8. 11. 1971 E 13, 180, 182), dann ist die Beschwerde, wenn sie aufrechterhalten bleibt, als unbegründet zurückzuweisen (BPatG 27. 9. 1967 E 9, 263). Das Rechtsschutzbedürfnis entfällt jedoch nicht bei Ablauf der Patentdauer während des Beschwerdeverfahrens (BPatG 10. 12. 1970 E 12, 119).

II. Abs. 2 Satz 1: Beschwerdeeinlegung

1. Beschwerdefrist

a) Die Beschwerdefrist **beträgt** einen Monat ab Zustellung. Nur bei der an die Stelle der Erinnerung tretenden Beschwerde gegen Kostenfestsetzungsbeschlüsse des PA beträgt die Beschwerdefrist zwei Wochen, § 33 Abs. 2 S. 6; wird die Kostenfestsetzung aus formellen Gründen abgelehnt, so gilt wieder die Monatsfrist (BPatG 7. 12. 1962 E 3, 59; 7. 12. 1962 E 5, 139). 9

b) Die Frist **beginnt** – auch bei verkündeten Beschlüssen – mit der ordnungsgemäßen (§ 45 a) Zustellung. (Ist die Zustellung nicht ordnungsmäßig, so kann trotzdem Beschwerde eingelegt werden, BPatG 20. 2. 1969 Mitt. 1969, 153; 26. 5. 1970 Mitt. 1970, 197; 14. 3. 1972 Mitt. 1972, 175.) Ist der anzufechtende Beschluß mehreren Beteiligten an verschiedenen Tagen zugestellt, so ist die Beschwerdefrist für jeden gesondert zu berechnen. Eine etwa erforderlich werdende Berichtigung des patentamtlichen Beschlusses hat keine Verschiebung des Fristbeginns zur Folge (BPatG 28. 3. 1962 E 1, 15, 19; 14. 6. 1967 E 9, 128), sofern nicht die Berichtigung selber den Gegenstand der Beschwerde bildet (s. § 41 k Anm. 7). 10

Die Beschwerdefrist beginnt nur zu laufen, wenn die Beteiligten schriftlich über die gegen den Beschluß gegebene Beschwerde, über die Stelle, bei der die Beschwerde einzulegen ist, über die Beschwerdefrist und, sofern eine Beschwerdegebühr zu entrichten ist, über diese **belehrt** worden sind, § 34 Abs. 2. Ist die Beifügung der Rechtsmittelbelehrung unterblieben, was bei einer atypischen Entscheidung in Verkennung ihrer Beschwerdefähigkeit vorkommen kann, so ist die Beschwerde innerhalb eines Jahres seit Zustellung zulässig (sofern nicht die Entscheidung durch den weiteren Verlauf des Verfahrens überholt oder gegenstandslos geworden ist), unter Umständen auch darüber hinaus, nämlich wenn eine schriftliche Belehrung dahin erfolgt ist, daß eine Beschwerde nicht gegeben sei, oder wenn dem Beschwerdeführer gegen die Versäumung der Jahresfrist Wiedereinsetzung bewilligt wird, § 34 Abs. 2 S. 3. 11

c) Die Monatsfrist **endet** mit Ablauf des Tages, der durch seine Zahl dem Tag der Zustellung entspricht; hat der Beschwerdemonat nicht so viele Tage wie der Zustellungsmonat, so läuft die Frist spätestens an seinem letzten Tag ab (z. B. Zustellung am 31. 8., Beschwerdefrist läuft am 30. 9. ab), § 41 o Abs. 1 i. V. m. § 222 ZPO, der auf § 188 BGB verweist. Würde die Frist an einem Sonnabend, Sonntag oder einem in München bzw. Berlin staatlich anerkannten allgemeinen Feiertag (hierzu Bek. des Präs. des DPA über allgemeine Feiertage, Bl. 1950, 134; 1954, 205) ablaufen, so endet sie erst mit Ablauf des nächsten Werktags, § 222 ZPO i. d. F. des G über den 12

Fristablauf am Sonnabend vom 10. 8. 1965 (BGBl. I 753 = Bl. 1965, 295). Ein Nachtbriefkasten am Patentamtsgebäude ermöglicht den Beschwerdeführern die Ausnutzung der Frist bis 24 Uhr des letzten Tages; die bis dahin eingeworfenen Sendungen erhalten den Eingangsstempel des ablaufenden Tages (»eingegangen nach Dienstschluß«); wer seine Beschwerde mit Einschreiben schickt, muß sich darüber klar sein, daß Einschreibsendungen nicht in den Nachtbriefkasten eingeworfen, sondern nur während der Dienststunden zugestellt werden können (vgl. BFH 12. 3. 1970 NJW 1970, 2080).

Gegen die Versäumung der Beschwerdefrist kann unter den Voraussetzungen des § 43 (nicht also dem Einsprechenden, der gegen einen Erteilungsbeschluß Beschwerde einlegt) Wiedereinsetzung in den vorigen Stand bewilligt werden.

2. Schriftform

13 Die Beschwerde ist **schriftlich** einzulegen, d. h. die Beschwerdeschrift muß vom Beschwerdeführer bzw. seinem gesetzlichen Vertreter oder Bevollmächtigten handschriftlich unterzeichnet sein (BPatG 27. 6. 1963 E 4, 16; BGH 13. 5. 1965 E 7, 255 – Hinterachse –; darüber, wann ein Gebilde aus willkürlichen Strichen noch als Unterschrift anerkannt werden kann, vgl. BGH 7. 1. 1959 Bl. 1959, 202; 14. 5. 1964 LM Nr. 3 zu § 130 ZPO; BSG 30. 6. 1970 MDR 1970, 961; eine erkennbar abgekürzte Form des Namens, sog. Paraphe, genügt nicht als Unterschrift, BPatG 28. 11. 1966 Bl. 1967, 164 LS, bestätigt von BGH 13. 7. 1967 GRUR 1968, 108 – Paraphe –; KG 1. 7. 1954 Bl. 1955, 222 LS = Anwaltsblatt 1955, 71 mit abl. Anm. von Chemnitz, ließ nicht einmal die ersten 5 Buchstaben des Namens mit folgendem Strich genügen). Ein Faksimile-Stempel genügt ebensowenig wie eine Fotokopie oder Lichtpause der Unterschrift (BGH 29. 5. 1962 GRUR 1962, 453 – Elektromagnetische Hörvorrichtung – zu § 42; BPatG 26. 1. 1972 E 13, 198).

Eine fehlende Unterschrift kann nur innerhalb der Beschwerdefrist nachgeholt werden (BPatG 15. 5. 1968 E 10, 27). Unzulässig ist auch eine Beschwerde, die nicht innerhalb der Beschwerdefrist erkennen läßt, wer Beschwerdeführer ist (BPatG 9. 9. 1970 E 12, 67).

14 Eine Ausnahme vom Erfordernis der handschriftlichen Unterschrift gilt für die **telegrafische** und die **fernschriftliche** Beschwerdeeinlegung, die zulässig sind; das Telegramm kann auch telefonisch aufgegeben sein (so daß kein unterschriebenes Aufgabetelegramm existiert; BVerwG 14. 12. 1955 BVerwGE 3, 56 = Bl. 1956, 230 LS; BGH 7. 5. 1954 GRUR 1955, 29 – Breithaltevorrichtung – zu § 42).

15 Bei juristischen Personen ist dem Erfordernis der Unterschrift nicht ge-

nügt, wenn die Beschwerde nur mit dem **Firmennamen** unterzeichnet ist. Insbes. muß also auch im telegrafischen und Fernschreibverkehr am Schluß der Beschwerde der Name desjenigen, der die Erklärung abgibt und verantwortet, mit übermittelt werden (schon damit ggf. die Nachprüfung seiner Vertretungsbefugnis möglich ist). Die telegrafische oder fernschriftliche Beschwerdeeinlegung befreit nämlich nicht von dem Erfordernis der Unterschrift, sie entbindet nur davon, daß die Unterschrift eigenhändig gezeichnet sein muß (BGH 28. 10. 1965 GRUR 1966, 280 – Stromrichter – mit im Ergebnis zust. Anm. v. Pietzcker). Natürlich darf in der Unterschrift die Firma, also der Beschwerdeführer, nicht fehlen; doch kann die Beschwerde dennoch zulässig sein, wenn eine verständige Würdigung des Aktes der Beschwerdeeinlegung jeden Zweifel an der Person des Beschwerdeführers ausschließt (BPatG 17. 11. 1969 E 11, 60).

3. Beschwerdeerklärung

Der Gebrauch des Wortes »Beschwerde« ist nicht unbedingt erforderlich; 16
jedoch muß der Wille, Beschwerde einzulegen, in einer eindeutigen **Beschwerdeerklärung** zum Ausdruck kommen.

Keine wirksame Beschwerdeeinlegung ist daher der bloße Vermerk **»Beschwerdegebühr«** auf dem Überweisungsabschnitt für die Beschwerdegebühr. Das PA pflegte zugunsten des Beschwerdeführers, der die Beschwerdeeinlegung versäumt, aber die Beschwerdegebühr rechtzeitig gezahlt hatte, die Beschwerde dennoch als rechtzeitig anzusehen, wenn bei der Überweisung der Beschwerdegebühr der Wille zur Beschwerdeeinlegung, etwa durch Angabe des Überweisungszwecks »Beschwerdegebühr«, ausreichend zum Ausdruck gekommen war. (Dies war jedenfalls nicht der Fall bei bloßer Überweisung einer Beschwerdegebühr mit Angabe des Aktenzeichens, aber ohne Gebrauch des Wortes »Beschwerde« oder »Beschwerdegebühr«, BPatG 5. 11. 1964 E 6, 58.) Diese seit 1898 entwickelte Praxis des PA (8. 3. 1898 Bl. 1898, 122; 21. 12. 1899 Bl. 1901, 165) wurde vom BPatG dahin eingeschränkt, daß der Vermerk »Beschwerdegebühr« auf dem dem PA zugehenden Überweisungsabschnitt nur dann die Beschwerdefrist wahrt, wenn dieser Abschnitt – nicht etwa nur der beim Postscheckamt usw. verbleibende Überweisungsteil – die Unterschrift des Beschwerdeführers trägt (BPatG 28. 5. 1963 E 4, 70 für WZ-Sachen; 27. 6. 1963 E 4, 16, das auch die Frage prüft und verneint, ob sich ein entgegenstehendes Gewohnheitsrecht gebildet habe; ebenso BGH 13. 5. 1965 E 7, 255 – Hinterachse –; zu den Beschwerdeformalien insgesamt s. auch Röhl, Mitt. 1966, 83). Zu beachten ist, daß der Überweisungsabschnitt innerhalb der Beschwerdefrist beim PA eingehen muß; die Vorverlegung der Zahlungswirkung auf den Einzahlungstag durch § 3 der VO über die Zahlung der Gebühren usw. (vgl. Anm. 48) gilt nicht für die in der Überweisung zum Ausdruck kom- 17 mende Beschwerdeerklärung, so daß die Begünstigung des Beschwerdeführers durch die Vorverlegung insoweit entfällt (vgl. BPatG 16. 3. 1962 E 2, 61, 67).

18 Welchen **Inhalt** der (unterschriebene) Vermerk auf dem Gutschriftträger haben muß, um als ausreichende **Beschwerdeerklärung** angesehen werden zu können, hat der BGH (– Hinterachse – a. a. O., S. 259) offengelassen; es ist erforderlich und möglich, den Vermerk so zu gestalten, daß darin über die bloße Angabe des Verwendungszwecks der Zahlung hinaus eindeutig der Wille zum Ausdruck kommt, dadurch eine bestimmte Entscheidung mit dem Rechtsmittel der Beschwerde anzufechten (und nicht etwa nur vorsorglich eine Beschwerdegebühr einzuzahlen, wie im Fall E 4, 16). In einer weiteren Entscheidung hat der BGH (28. 10. 1965 GRUR 1966, 280 – Stromrichter –) die bloße Übersendung von Gebührenmarken unter Angabe des Aktenzeichens und des Betreffs »Beschwerde«, wenn auch auf einem unterschriebenen Blatt, nicht als ausreichende Beschwerdeerklärung angesehen.

Es ist also ratsam, den Vermerk etwa zu formulieren: »Ich lege Beschwerde gegen den Beschluß . . . ein.« Eine solche Form der Beschwerdeeinlegung uno actu mit der Gebührenüberweisung ist allerdings mindestens im Einspruchsverfahren unzweckmäßig, schon im Hinblick auf die Vorschrift des § 36 l Abs. 2 S. 2, wonach der Beschwerde Abschriften für die übrigen Beteiligten beigefügt werden sollen.

4. Adressat

19 Die Beschwerde ist **beim PA** einzulegen; Einlegung bei der Dienststelle Berlin wahrt die Frist (Bek. des Präs. des DPA vom 4. 2. 1950, Bl. 1950, 29; dies gilt nicht für Fristen, die gegenüber dem Patentgericht einzuhalten sind, vgl. Löscher bei Benkard, § 37 Anm. 12, § 42 Anm. 6). Adressierung an das BPatG ist umdeutbar und daher unschädlich (BPatG 6. 7. 1965 Mitt. 1965, 211), zumal DPA und BPatG eine gemeinsame Annahmestelle haben (ebenso bei gemeinsamem Nachtbriefkasten BGH 21. 10. 1960 Bl. 1961, 403; vgl. jedoch BGH 19. 12. 1966 LM Nr. 8 zu § 233 [D] ZPO).

5. Beschwerdeanträge und -begründung

20 Die Formulierung bestimmter **Anträge** ist nicht vorgeschrieben (erst in der mündlichen Verhandlung, s. § 41 e Anm. 3), aber zweckmäßig. Eine Erweiterung der vor dem PA gestellten Anträge, z. B. im Akteneinsichtsverfahren, ist zulässig (BPatG 6. 12. 1967 E 10, 10, 11 f.).

21 Auch eine **Begründung** der Beschwerde ist nicht vorgeschrieben. Der Beschwerdeführer kann also die Entscheidung des BPatG erzwingen, ohne sich mit dem angegriffenen Beschluß auseinandersetzen zu müssen; er muß sich allerdings darüber klar sein, daß eine Beschwerde ohne Begründung wenig

Überzeugungskraft besitzt (u. U. auch eine Kostenentscheidung zu seinen Lasten zur Folge haben kann, BPatG 17. 11. 1967 E 9, 204); der Beschwerdesenat prüft zwar die Richtigkeit des angegriffenen Beschlusses von Amts wegen, doch ist ihm dies erschwert, wenn er nicht weiß, in welcher Richtung die Beanstandungen des Beschwerdeführers sich bewegen. Mit Recht ist daher die Begründung der Beschwerde in der Praxis die Regel, wenn auch oft erst lange nach Einlegung der Beschwerde – was früher nicht sehr störte, da das überlastete BPatG die Beschwerden ohnehin nicht sehr bald in Bearbeitung nehmen konnte. Andererseits ist der Beschwerdesenat nicht gehindert, über eingehende Beschwerden alsbald zu entscheiden; er ist nicht verpflichtet, dem Beschwerdeführer zur Begründung seiner Beschwerde eine **Frist** zu setzen. Eine erbetene Frist wird er allerdings gewohnheitsrechtlich abwarten oder, wenn er sie nicht gewähren will, dies vorweg mitteilen; dies gilt nicht für ein Fristverlängerungsgesuch.

Der Beschwerdeführer kann **neue Gründe** vorbringen (z. B. sein Akteneinsichtsinteresse anders begründen, BPatG 21. 12. 1967 E 9, 181). Insbesondere kann der Einsprechende seine Beschwerde mit **neuem Material** begründen, im Gegensatz zur früheren Praxis (vgl. noch Ballhaus, Mitt. 1961, 228; Schwindling, Mitt. 1963, 41), nach der er mit nach Ablauf der Einspruchsfrist nachgebrachtem Material »ausgeschlossen« war und auf dessen Berücksichtigung keinen Anspruch hatte – die allerdings nach dem Amtsprinzip dennoch Pflicht des Beschwerdesenats war! Solche Ausschließung kennt das geltende Recht nicht mehr. Der Einsprechende kann bis zum Schluß der mündlichen Verhandlung bzw. bis zur Entscheidung im schriftlichen Verfahren neues Material entgegenhalten (BPatG 25. 7. 1962 E 2, 195; 23. 12. 1965 E 8, 40), ohne daß das dem Amtsprinzip unterworfene Patentgericht es als verspätet zurückweisen könnte (Ballhaus, Mitt. 1961, 162; Richter bei Reimer, WWR 10. Kap. Anm. 16 c; s. auch § 41 b Anm. 6); allenfalls können für saumselige Einsprechende Kostenfolgen entstehen (§ 36 q Abs. 1), insbes. wenn etwa neues Material eine Vertagung notwendig macht. Eine Stellungnahme zu neuen Entgegenhaltungen wird man zwar im allgemeinen dem Anmelder im Rahmen einer mündlichen Verhandlung – ggf. nach kurzer Unterbrechung – zumuten dürfen; immerhin sollten alle Beteiligten durch rechtzeitige Vorbereitung der Verhandlung daran mithelfen, daß die Unart, Senat und Gegner in der Verhandlung mit neuem Material zu überfallen, nicht um sich greift. 22

Vorschläge, eine **Begründungspflicht** einzuführen (Hiete, Mitt. 1966, 129; der Richterverein am BPatG hatte eine Begründungsfrist von drei Monaten vorgeschlagen, GRUR 1966, 414 = Mitt. 1966, 109), sind bisher nicht Gesetz geworden. Eine Begründungspflicht besteht zwar in der Regel nur in Verfahren mit Anwaltszwang; in Verfahren ohne Anwaltszwang gibt es meist nur eine gemilderte Begründungspflicht in Form einer Sollvorschrift (§§ 82, 124 Abs. 3 S. 2 VwGO; §§ 92, 151 Abs. 3 Sozialgerichts- 23 gesetz; § 65 FGO). Diese würde im patentgerichtlichen Beschwerdeverfahren nichts nützen, da ordentliche Beschwerdeführer ihre Beschwerde ohnehin begründen; eine Entlastung könnte nur eintreten, wenn hinter der Begründungspflicht auch die Sanktion der Verwerfung als unzulässig steht. Eine Begründungspflicht als Muß-Vorschrift einzuführen, bietet sich für die patentgerichtliche Beschwerde um so eher an, als auch Einspruch und Nichtigkeitsklage begründet werden müssen. Eine detaillierte Auseinandersetzung mit dem angefochtenen Beschluß würde man dabei nicht zu verlangen brauchen; auch der nichtvertretene Beschwerdeführer wird aber in der Lage sein mitzuteilen, was ihm am Beschluß des PA nicht gefällt.

6. Zurücknahme der Beschwerde

24 Die Zurücknahme der Beschwerde, die bis zum Erlaß der Beschwerdeentscheidung zulässig und nicht an die Zustimmung eines etwaigen Beschwerdegegners gebunden ist, erledigt das Beschwerdeverfahren; der angefochtene Beschluß des PA erwächst in Rechtskraft. Die gleiche Wirkung wie die Zurücknahme der Beschwerde hat die (dem BPatG gegenüber zu erklärende, BPatG 23. 12. 1965 E 8, 28; vgl. Mitteilung des Präs. des BPatG vom 10. 3. 1969, Bl. 1969, 101; doch wird man auch eine dem PA erklärte Zurücknahme gelten lassen müssen, BPatG 29. 5. 1972 Mitt. 1973, 18) Zurücknahme der Anmeldung im Fall der Beschwerde des Anmelders gegen einen Zurückweisungs- oder Versagungsbeschluß – bei Beschwerde des Einsprechenden gegen einen Erteilungsbeschluß erledigt sich dieser durch Zurücknahme der Anmeldung – und die Zurücknahme des einzigen Einspruchs bei der Beschwerde des Einsprechenden (der von BPatG 30. 11. 1962 E 2, 197 gewählte Ausweg: Aufhebung des Erteilungsbeschlusses durch Vorabentscheidung und Zurückverweisung an das PA zur Fortsetzung des Verfahrens, ist nicht gangbar; ein in Unkenntnis der rechtzeitigen Zurücknahme verkündeter Beschluß ist nach BPatG 17. 10. 1968 E 10, 140 nichtig). Dagegen ist auf die Beschwerde des Anmelders gegen einen Versagungsbeschluß die Zurücknahme des oder der Einsprüche ohne Einfluß: Das Verfahren wird mit dem beschwerdeführenden Anmelder, der seinen Antrag auf Patenterteilung weiter verfolgt, allein fortgesetzt (BPatG 15. 6. 1971 E 12, 149; über die Ausnahme nach 1. ÜG s. u. Anm. 30). Bedeutungslos ist auch eine **nach** Ergehen der Beschwerdeentscheidung erklärte Einspruchsrücknahme (BGH 29. 4. 1969 GRUR 1969, 562 – Appreturmittel –).

25 Eine **Fortsetzung des Beschwerdeverfahrens** von Amts wegen nach Zurücknahme der Beschwerde, wie nach § 34 Abs. 3 S. 2 a. F., ist vor dem BPatG nicht mehr möglich (ebensowenig eine Fortsetzung des GebrM-Löschungsverfahrens nach Zurücknahme des Löschungsantrags, DPA 12. 8. 1965 Mitt. 1966, 199). Die Neufassung des PatG durch das 6. ÜG hat die genannte Bestimmung zugunsten des auch für andere gerichtliche Be-

schwerdeverfahren geltenden Grundsatzes (Verfügungsgrundsatz, § 41 b Anm. 2) aufgegeben, daß ein Verfahren nur so lange und nur in dem Umfange fortgeführt werden kann, wie ein Beschwerdeberechtigter es betreibt.

Bendler (GRUR 1963, 113, 120 f., wie schon früher Hüfner, GRUR 1908, 253; Isay, GRUR 1932, 1144) gibt de lege ferenda zu erwägen, die Zurücknahme der Beschwerde des Einsprechenden von der **Zustimmung** des Anmelders abhängig zu machen, wenn dieser im Beschwerdeverfahren sein Patentbegehren **eingeschränkt** hat. Nach geltendem Recht erledigt die Zurücknahme der Beschwerde des Einsprechenden das Beschwerdeverfahren auch dann, wenn sie mit Rücksicht auf eine solche Einschränkung des Patentbegehrens erfolgt ist (die dann hinfällig wird, da der Erteilungsbeschluß des PA im ursprünglichen Umfang rechtskräftig wird; Mediger, GRUR 1967, 180 sieht in der Einschränkung des Patentbegehrens einen Beschränkungsantrag i. S. des § 36 a, zu dessen Behandlung das BPatG die Akten an das PA abgeben müsse, räumt aber ein, daß der Anmelder zur dann erforderlichen Gebührenzahlung für das Beschränkungsverfahren und zu dessen Durchführung nicht gezwungen werden könne; dann soll man aber besser die Verschiedenheit der Verfahren beibehalten und dem nunmehrigen Patentinhaber die Initiative für das Beschränkungsverfahren überlassen). Daher warnt Bendler (Mitt. 1962, 214): »Vorsicht bei Zurücknahme der Beschwerde des Einsprechenden!«; der Einsprechende möge statt dessen, wenn er sich durch das eingeschränkte Patentbegehren nicht mehr beeinträchtigt fühlt, erklären, daß er der Erteilung des Patents im Umfang der nunmehr geltenden Anträge nicht widerspreche. (Die Erklärung des Einsprechenden, daß er an der weiteren Bekämpfung der Anmeldung nicht mehr interessiert sei, hat BPatG 27. 3. 1962 E 1, 89 als Zurücknahme seiner Beschwerde angesehen.) Jedenfalls ist eine Umdeutung der unbedacht ausgesprochenen Zurücknahmeerklärung in den Antrag, das Patent im Umfang der neu vorgelegten Anträge zu erteilen (wie Witte, Mitt. 1962, 136 vorschlägt), nicht vertretbar. 26

Auch eine **Anfechtung** der Zurücknahme der Beschwerde wegen Irrtums ist nicht möglich (BPatG 21. 12. 1964 E 6, 183; allgemein über Irrtumsanfechtung prozessualer Erklärungen s. BPatG 23. 4. 1970 E 11, 219; darüber, wann die Zurücknahme der Anmeldung wegen Irrtums angefochten werden kann, vgl. BPatG 25. 10. 1961 E 1, 21; 23. 12. 1965 E 8, 28, 34 ff.; 12. 12. 1966 E 9, 15; 11. 5. 1970 E 12, 128; Beier-Katzenberger, Festschr. BPatG S. 251). 27

Der von Hiete (GRUR 1966, 529) neuerdings an den Gesetzgeber gerichtete Appell, den § 34 Abs. 3 S. 2 a. F. wiedereinzuführen, dürfte kaum Erfolg haben; das Bedürfnis schwindet mit der Zeit, da sich die Einsprechenden an die neue Rechtslage gewöhnen und eine versehentliche Zurücknahme vermeiden. 28–30

7. Tod, Konkurs

31 Durch den **Tod** des **Anmelders** wird das Beschwerdeverfahren nicht beendet; es wird mit den – notfalls von Amts wegen zu ermittelnden – Erben des Anmelders fortgesetzt. Jedoch tritt eine Unterbrechung des Verfahrens (auch bei Tod eines von mehreren Mitanmeldern) bis zur Aufnahme durch den Rechtsnachfolger ein mit der Folge, daß die Fristen zu laufen aufhören, § 41 o Abs. 1 i. V. m. § 239 ZPO. Die Unterbrechung entfällt, wenn der Anmelder durch einen Bevollmächtigten vertreten war (der die Aussetzung des Verfahrens beantragen mag, § 246 ZPO; BPatG 8. 9. 1961 E 1, 1). Die Unterbrechung des Verfahrens auch beim Tod des nichtvertretenen Anmelders abzulehnen (so BPatG a. a. O.) – mit der Folge, daß, wenn der Anmelder während der noch nicht genutzten Rechtsmittelfrist verstirbt, die Erben allenfalls Wiedereinsetzung beantragen können – wäre unbillig und nicht mit den Besonderheiten des patentgerichtlichen Verfahrens (§ 41 o Abs. 1) zu begründen, insbes. nicht mit dem Amtsbetrieb, der auch in anderen Offizialverfahren der Anwendung der zivilprozessualen Unterbrechungsregeln nicht entgegensteht (z. B. Eyermann-Fröhler, VwGO 5. Aufl. § 61 Anm. 13 für das verwaltungsgerichtliche Verfahren); der Amtsbetrieb rechtfertigt es nur, die Aufnahme des Verfahrens auch von Amts wegen zu erzwingen, wenn das Gericht den Rechtsnachfolger kennt oder ermittelt hat. Jedenfalls hindert die Aussetzung das Gericht nicht, die Erben zu ermitteln (zu welchem Zweck es auch die Sache an das PA zurückverweisen kann, vgl. BPatG a. a. O. S. 4). Der Tod des Inlandsvertreters unterbricht das Verfahren nicht (BGH 17. 12. 1968 BGHZ 51, 269, 273 – Inlandsvertreter –).

32 Der Tod des **Einsprechenden** erledigt den Einspruch nicht; auch seine Rechtsstellung und Parteirolle gehen auf die Erben über (BGH 28. 2. 1968 GRUR 1968, 613 – Gelenkkupplung –, auch zum Übergang der Einsprechendenstellung bei Eingliederung einer Gesellschaft). Jedoch ist hier (wo den Erben des Einsprechenden – statt der hier ausgeschlossenen Wiedereinsetzung – notfalls die Nichtigkeitsklage zur Verfügung steht) eine Verfahrensunterbrechung nicht erforderlich. Fällt der Einsprechende ersatzlos weg (z. B. durch Löschung im Handelsregister, vgl. BPatG 29. 3. 1962 E 1, 78), so erledigen sich der Einspruch und die Beschwerde des Einsprechenden.

33 Der **Konkurs** des Anmelders unterbricht das Verfahren, § 41 o Abs. 1 i. V. m. § 240 ZPO (vgl. BGH 1. 4. 1965 GRUR 1965, 621, 622 – Patentanwaltskosten –). Statt des Anmelders ist nur noch der Konkursverwalter zur Verfügung über die Anmeldung befugt, solange er nicht die Anmeldung aus der Konkursmasse freigibt. Eine vom Anmelder erteilte Vollmacht erlischt (vgl. RG 30. 9. 1927 RGZ 118, 158).

8. Abs. 2 Satz 2: Beifügung von Abschriften

Der Beschwerde und allen Schriftsätzen sollen **Abschriften** für die übrigen Beteiligten beigefügt werden. Unterlassene Beifügung macht die Beschwerde nicht unzulässig (»Soll-Vorschrift«). Die Beifügung kann daher nicht mit der Androhung, die Beschwerde andernfalls zu verwerfen, erzwungen werden; notfalls sind die fehlenden Abschriften auf Kosten des Absenders (§ 41 n i. V. m. § 91 Abs. 1 Nr. 2 GKG) von Amts wegen zu fertigen. 34

9. Abs. 2 Satz 3: Zustellung an Beteiligte

a) Am Beschwerdeverfahren **beteiligt** sind außer dem Anmelder bei Beschwerde des Anmelders alle zulässig Einsprechenden (auch die, deren Sachvorbringen sich als nicht beachtlich erwiesen hat), bei Beschwerde von Einsprechenden nur die Einsprechenden, die Beschwerde eingelegt (und die Beschwerdegebühr bezahlt haben, BPatG 2. 10. 1970 E 12, 158; 29. 4. 1971 E 12, 163) haben (BPatG a. a. O. und 2. 12. 1970 E 12, 153: sie sind nicht Streitgenossen); gelangt jedoch die Sache nach Aufhebung wieder an das PA, so hat dieses alle Einsprechenden zu beteiligen (§ 36 p Anm. 5). Der Kreis der am gerichtlichen Verfahren Beteiligten (§ 36 l Abs. 2 S. 3) deckt sich also in diesem Fall nicht mit dem Kreis der am patentamtlichen Verfahren Beteiligten (§ 36 m Abs. 1): der Einsprechende, der gegen einen Erteilungsbeschluß keine Beschwerde einlegt, war zwar am patentamtlichen Verfahren beteiligt und somit beschwerdeberechtigt (§ 36 m Abs. 1), er ist aber – da er von seinem Beschwerderecht keinen Gebrauch gemacht hat – am gerichtlichen Verfahren nicht mehr beteiligt. Von diesem Fall abgesehen, sind alle Beteiligten des patentamtlichen Verfahrens auch am Beschwerdeverfahren zu beteiligen, s. im einzelnen § 36 m Anm. 1 ff. Die dort entwickelten Regeln gelten entsprechend für das Verfahren des Beschwerdesenats über solche Anträge, die bei ihm erstmals gestellt werden (z. B. Armenrecht, Akteneinsicht, Wiedereinsetzung). 35

Wer am patentamtlichen Verfahren nicht beteiligt war, insbes. wer nicht Einspruch erhoben hatte, kann sich auch nicht im Beschwerdeverfahren, etwa als **Nebenintervenient** (Streitgehilfe) auf seiten des Einsprechenden, beteiligen, weil dies eine Umgehung der Frist- und Formgebundenheit des Einspruchs bedeuten würde (BPatG 20. 12. 1961 E 1, 122; 28. 8. 1962 E 2, 54; 2. 12. 1970 E 12, 153, 157 f.; s. auch § 36 m Anm. 4 a. E.). Auch zugunsten des Anmelders ist eine Nebenintervention nicht möglich (BPatG 23. 4. 1968 E 10, 155 für den Lizenznehmer; dahingestellt geblieben in dem die Rechtsbeschwerde als unzulässig verwerfenden Beschluß des BGH 19. 3. 1969 GRUR 1969, 439 – Bausteine –). 36

Wenn **mehrere** Einsprechende gegen einen Erteilungsbeschluß Beschwerde einlegen, handelt es sich doch nur um **ein** Beschwerdeverfahren, da über die 37

Patentfähigkeit gegenüber allen Einsprechenden nur einheitlich entschieden werden kann (anders in WZ-Sachen, wo die Beschwerde jedes Widersprechenden nur die Übereinstimmung **seines** Zeichens mit dem neu angemeldeten zum Gegenstand hat, BGH 23. 6. 1967 GRUR 1967, 681 – D-Tracetten –); jedoch sind mehrere Einsprechende nicht notwendige Streitgenossen (s. o. Anm. 35; anders mehrere Patentinhaber im Verfahren nach § 14 Abs. 4, BGH 15. 6. 1967 GRUR 1967, 655 – Altix –). Im Patenterteilungsverfahren sind allen Beteiligten, auch soweit sie sich nicht gegenüberstehen, sondern auf derselben Seite kämpfen, ihre Schriftsätze gegenseitig zuzustellen, insbes. also die der Einsprechenden auch den anderen Einsprechenden. Die Zahl der Beteiligten ist den Einsprechenden bekanntzugeben bzw. die benötigte Zahl der Abschriften anzufordern.

38 b) Eine förmliche **Zustellung** (§ 45 a) ist seit der Neufassung des § 36 l Abs. 2 S. 3 durch das PatÄndG nur noch für die Beschwerde und für diejenigen Schriftsätze erforderlich, die Sachanträge oder die Zurücknahme der Beschwerde oder eines Antrags enthalten; für andere Schriftsätze genügt formlose Übersendung, sofern nicht im Einzelfall die Zustellung angeordnet wird. Was Sachanträge sind, sagt das Gesetz nicht, das dem § 261 b Abs. 2 ZPO nachgebildet ist; man wird darunter auch Änderungen der Patentunterlagen und – da das Gesetz offenbar die wichtigeren Schriftsätze zugestellt wissen will – auch neue Entgegenhaltungen verstehen müssen.

39 Daß die Zustellung **alsbald** nach Eingang zu erfolgen hat, sollte selbstverständlich sein (Ballhaus bei Benkard, § 36 l Anm. 33; Röhl, Mitt. 1971, 19 und BPatG 24. 2. 1964 E 5, 21, 23 für das patentamtliche Verfahren). Um nicht endloses Hin- und Herschreiben zu provozieren, ist es nicht erforderlich, bei der Zustellung in jedem Fall eine Frist zur Stellungnahme zu setzen; es genügt, wenn dem unterliegenden Gegner bis zur Entscheidung eine angemessene Zeit zur Stellungnahme zur Verfügung gestanden hat, sofern der Inhalt des Schriftsatzes bei der Entscheidung verwertet werden soll. Allerdings ist es, wenn eine Sache sich bereits in Bearbeitung befindet, zulässig, noch eingehende Schriftsätze erst zusammen mit einem Zwischenbescheid oder, wenn sie nichts Neues enthalten, das zum Nachteil des Unterliegenden verwertet wird, auch erst zusammen mit der Entscheidung zuzustellen (BGH 18. 11. 1966 E 8, 252, 255 – Zwillingspackung –). Der Grundsatz des rechtlichen Gehörs gebietet nicht, daß der Unterliegende in jedem Fall das »letzte Wort« gehabt haben müsse (vgl. BPatG 18. 12. 1963 E 5, 15 für das Einspruchsverfahren des DPA), einmal muß ein Ende sein; er gebietet nur, der Entscheidung keine anderen als solche Tatsachen und Beweisergebnisse zugrunde zu legen, zu denen die Beteiligten sich äußern konnten, § 41 h Abs. 2 (vgl. § 41 h Anm. 5 f.).

Insbesondere müssen neue **Erteilungsunterlagen** vor der Patenterteilung den Einsprechenden zugeleitet werden (auch die Beschreibung: BGH 18. 10. 1968 GRUR 1969, 433, 434 – Waschmittel –).

III. Abs. 3: Beschwerdegebühr

1. Gebührenpflichtige Beschwerden

Abs. 3 bestimmt die Gebührenpflichtigkeit der Beschwerden gegen Beschlüsse, durch die die Anmeldung zurückgewiesen oder über die Erteilung (bzw. Versagung) oder Beschränkung des Patents entschieden worden ist. Die Gebührenpflicht besteht (anders als nach § 34 a. F.) auch dann, wenn der angefochtene Beschluß auf einem offenbaren Verfahrensmangel beruht. 40

Nicht gebührenpflichtig sind Armenrechtsbeschwerden und alle Beschwerden, für die der juristische Beschwerdesenat zuständig ist (§ 36 d Anm. 15 ff.); ferner die Anschlußbeschwerde (§ 36 m Anm. 16).

Mehrere beschwerdeführende Einsprechende haben, auch wenn sie gemeinsam Beschwerde einlegen, mehrere Gebühren zu zahlen (BPatG 29. 4. 1971 E 12, 163; 5. 7. 1972 Bl. 1973, 57 LS). Haben sie nur eine Gebühr gezahlt, so sollte man ihnen die einverständliche Benennung des Einsprechenden, für den die Zahlung gelten soll, auch nach Ablauf der Beschwerdefrist gestatten (a. A. BPatG a. a. O.).

2. Höhe der Gebühr

Der **Betrag** der Beschwerdegebühr war seit 1955 60 DM und wurde, nachdem er durch die allgemeine Preisentwicklung längst überholt war, durch das PatÄndG auf 150 DM erhöht (§ 1 a PatGebG; die Gebühren in Sortenschutzsachen sind durch G vom 20. 5. 1968, BGBl. I 463 = Bl. 1968, 243, besonders geregelt). 41

Die Erhöhung gilt für alle ab Inkrafttreten des PatÄndG (1. 10. 1968) **fällig** werdenden Gebühren, Art. 7 § 3 Abs. 1 PatÄndG. Zum Begriff der Fälligkeit vgl. 5. Aufl. Anm. 41.

Für eine **Schonfrist** von 3 Monaten nach Inkrafttreten des PatÄndG wird die Beschwerdefrist noch durch die Zahlung der alten Beschwerdegebühr gewahrt, wenn der Unterschiedsbetrag bis zum Ablauf einer vom PA zu setzenden Frist von einem Monat nach Zustellung nachgezahlt wird, Art. 7 § 3 Abs. 2 PatÄndG (dazu BPatG 19. 6. 1969 E 11, 57). 42

Auch die erhöhte Gebühr liegt »noch auf einer Höhe, die nicht zu einer Beschränkung des Rechtsschutzes und der Möglichkeit zu fruchtbarer Kritik an den Entscheidungen des Patentamts führt« (so die Begründung zum Entwurf des Gebührengesetzes von 1955, das die Beschwerdegebühr von 24 DM auf 60 DM erhöht hatte, Bl. 1955, 41). Schließlich können bedürftige Anmelder und wegen widerrechtlicher Entnahme Einsprechende (nicht die anderen Einsprechenden) durch **Armenrechts**bewilligung von der Zahlung der Beschwerdegebühr befreit werden, § 46 b Abs. 2 Nr. 3, Abs. 5 Nr. 2. Doch muß das Armenrecht, auch wenn es schon vom PA bewilligt war, für das 43

Beschwerdeverfahren erneut beim BPatG beantragt und von diesem bewilligt werden; nur das Armutszeugnis braucht nicht erneuert zu werden (§ 46 h Abs. 1 i. V. m. § 119 Abs. 2 ZPO). Der rechtzeitige, d. h. vor Ablauf der Beschwerdefrist gestellte Armenrechtsantrag hemmt den Lauf der Beschwerdefrist bis zum Ablauf eines Monats nach Zustellung der Armenrechtsentscheidung, § 46 f; d. h. wenn das Armenrecht verweigert wird, hat der Beschwerdeführer noch einen Monat Zeit, die Beschwerdegebühr aufzubringen und einzuzahlen.

44 Eine **Stundung** der Beschwerdegebühr ist für DDR-Bewohner und für Vertriebene usw. nicht vorgesehen; § 17 Abs. 1 des 6. ÜG kann nicht analog auf die Beschwerdegebühr angewendet werden (BPatG 19. 9. 1962 E 4, 22, 24).

45 Die Zahlung ist auch gültig, wenn ein **anderer** als der Beschwerdeführer die Gebühr zahlt (wie bei Konzernfirmen häufig; vgl. § 267 BGB). Eine etwaige Rückzahlung der Beschwerdegebühr (§ 36 q Abs. 2) erfolgt auch in diesem Fall an den Beschwerdeführer.

3. Zahlungsfrist

46 Die Gebühr ist innerhalb der **Beschwerdefrist** (über die Fristberechnung s. o. Anm. 10 ff.) zu zahlen. Der Beschwerdeführer hat also innerhalb der Beschwerdefrist **zwei** Handlungen vorzunehmen: die Beschwerde einzulegen und die Gebühr zu zahlen. Die Abhängigkeit des Rechtsbehelfs von der Gebührenzahlung ist eine traditionsbedingte Besonderheit des patentgerichtlichen Verfahrens.

47 Die Zweiaktigkeit der Beschwerdeeinlegung kann der Beschwerdeführer am einfachsten auf **einen** Akt zurückführen, wenn er die Gebührenmarken auf den Beschwerdeschriftsatz aufklebt (§ 4 der Bek. über die Einführung von Gebührenmarken bei dem DPA vom 22. 3. 1955, BGBl. III 424-4-3 = Bl. 1955, 134; vgl. Mitteilung des Präs. des DPA v. 2. 11. 1964, Bl. 1964, 365; Gerichtskostenmarken der Länder können nicht verwendet werden, BPatG 6. 5. 1970 E 11, 283). Die andere Form der Einaktigkeit: Beschwerdeeinlegung mittels Gebührenüberweisung durch Vermerk auf dem Überweisungsabschnitt, ist durch die neuere Rechtsprechung an strenge Voraussetzungen geknüpft, vgl. oben Anm. 17 f.

48 Bei **Überweisung** der Gebühr ist in gewissen Fällen für die Rechtzeitigkeit nicht der Eingang beim PA (die Gutschrift auf einem Konto des PA) maßgebend, sondern zugunsten des Beschwerdeführers ein früherer, seiner Einwirkung näherer Zeitpunkt (§ 3 der VO über die Zahlung der Gebühren des DPA und des BPatG vom 5. 9. 1968, BGBl. I 1000 = Bl. 1968, 280): bei Zahlung durch Zahlkarte oder Postanweisung der Tag, der sich aus dem Tagesstempelabdruck des Aufgabepostamts ergibt; bei Postschecküberweisung (nicht mehr, wie nach der Fassung vom 9. 5. 1961, Bl. 1961, 204, der

Tag des Eingangs beim Postscheckamt, sondern) der Tag, der sich aus dem Tagesstempelabdruck des Postscheckamts ergibt, bei dem der Einzahler sein Konto hat (dabei genügt es, wenn dieses Konto zwar nicht am letzten Tag der Zahlungsfrist, wohl aber an dem darauffolgenden tatsächlichen Buchungstag ein ausreichendes Guthaben aufweist, BGH 26. 5. 1959 Mitt. 1960, 59). Überweisungen auf Girokonto (vgl. § 3 Nr. 4 a. F. der VO) sind nicht mehr begünstigt, da der Tagesstempelabdruck der Bank aus dem beim PA eingehenden Beleg in der Regel nicht ersichtlich ist und erst durch Rückfrage festgestellt werden müßte (vgl. Mitt. des Präs. des DPA v. 4. 9. 1968, Bl. 1968, 275). Bei Überweisungen aus der DDR oder dem Ausland ist der Tagesstempelabdruck eines Postscheckamts bzw. Postamts der Bundesrepublik oder West-Berlins maßgebend.

Wiedereinsetzung gegen die Versäumung der Frist zur Zahlung der Be- 49
schwerdegebühr kann unter denselben Voraussetzungen wie gegen die Versäumung der Frist zur Beschwerdeeinlegung bewilligt werden, nicht also dem Einsprechenden für die Beschwerde gegen den Erteilungsbeschluß; § 43 Abs. 1 verweist zwar hinsichtlich der für den Einsprechenden von der Wiedereinsetzung ausgenommenen Fristen nur auf § 36 l Abs. 2 (Einlegung der Beschwerde), doch gehört zur wirksamen Beschwerdeeinlegung eben auch die fristgemäße Gebührenzahlung (BPatG 10. 11. 1961 E 1, 137).

Die Angabe des **Aktenzeichens** bei der Überweisung sollte selbstverständ- 50
lich sein, ist aber nicht Voraussetzung für die Rechtzeitigkeit, sofern nur der Zweck der Zahlung eindeutig ermittelt werden kann, sei es auch erst nach Fristablauf (BPatG 17. 10. 1962 E 2, 196 im Anschluß an Bendler, Mitt. 1962, 98 im Gegensatz zur früheren Praxis).

Das Gesetz sagt nicht, **an wen** (DPA oder BPatG) die Gebühr zu 51
zahlen ist. Auf die Adressierung etwa des mit Gebührenmarken versehenen Schriftstücks kommt es wegen der gemeinsamen Annahmestelle (s. o. Anm. 19) nicht an. Überweisungen sind an die Amtskasse, seit 1. 1. 1973 (Bl. 1972, 357) Zahlstelle des DPA oder die Zahlstelle der Nebenstelle Berlin des DPA (§ 2 der VO vom 5. 9. 1968, s. Anm. 48) zu richten, da das BPatG keine eigene Kasse hat.

4. Folge der Nichtzahlung

Wird die Beschwerdegebühr nicht (oder, wie zu ergänzen ist: nicht recht- 52
zeitig, d. h. innerhalb der Beschwerdefrist oder der Nachfrist des § 46 f, BPatG 9. 11. 1970 E 12, 183) gezahlt, so **gilt** die Beschwerde **als nicht erhoben** (und äußert keine aufschiebende Wirkung, § 36 n Anm. 3), gleichgültig ob die Beschwerde selbst rechtzeitig oder ebenfalls verspätet (BPatG 10. 10. 1961 E 1, 132; 12. 10. 1961 E 1, 102; 26. 10. 1961 E 1, 107; a. A. BPatG 19. 5. 1970 E 12, 23) oder sonst unzulässig ist (DPA 10. 12. 1956 Mitt. 1957, 56; Schlüter, Mitt. 1964, 51). Die – im Gesetz nicht aus-

drücklich ausgesprochene – Folge ist, daß die verspätet gezahlte Gebühr, weil ohne Rechtsgrund gezahlt, **zurückzuzahlen** ist (BPatG 10. 10. 1961 E 1, 132, 137; 30. 10. 1964 E 6, 55; Schlüter, a. a. O. S. 49) – während die rechtzeitig gezahlte Gebühr bei unzulässiger Beschwerde nur gemäß § 36 q Abs. 2 nach Billigkeit zurückgezahlt werden kann (BPatG 16. 3. 1962 E 2, 61, 66 f.; Schlüter, a. a. O. S. 51 ff.), vgl. § 36 q Anm. 28.

53 Die Feststellung, daß die Beschwerde als nicht erhoben zu gelten hat, obliegt dem Rechtspfleger (§ 23 Abs. 1 Nr. 4 Rechtspflegergesetz). Gegen sie ist binnen zwei Wochen die Erinnerung gegeben, über die der Senat entscheidet. Die Feststellung ist rechtsbeschwerdefähig, vgl. § 41 p Anm. 7.

IV. Abs. 4: Abhilfe im Einparteiverfahren

1. Abhilfeverfahren

54 Das PA hat – im Einparteiverfahren, s. Abs. 5 – der Beschwerde **abzuhelfen,** wenn es sie für begründet erachtet. Die Abhilfe nur deshalb zu unterlassen, um eine Grundsatzentscheidung des Patentgerichts herbeizuführen, kann allenfalls im Einverständnis mit dem Anmelder gerechtfertigt sein (vgl. BPatG 2. 8. 1966 E 8, 154 = Mitt. 1967, 139).

55 Über die Abhilfe entscheidet **dieselbe Stelle,** die den angefochtenen Beschluß erlassen hat. Nur wenn gemäß § 18 Abs. 5 i. V. m. § 1 Abs. 2 der WahrnV vom 22. 5. 1970 (BGBl. I 663 = Bl. 1970, 201) Beamte des gehobenen Dienstes aus sachlichen Gründen zurückgewiesen haben, bleibt die Entscheidung über die Abhilfe dem Prüfer vorbehalten (§ 1 Abs. 3 Nr. 16 WahrnV).

56 Ein **Antrag** auf Abhilfe ist nicht erforderlich. Andererseits kennt das Gesetz auch keinen **Verzicht** auf Abhilfe (vgl. Hiete, Mitt. 1966, 129); man sollte ihn auch nicht einführen, da niemand Anspruch auf eine höhere Instanz hat, solange die vorangehende seinem Verlangen stattzugeben in der Lage ist.

57 Auch eine **unzulässige** Beschwerde kann zur Abhilfe führen, soweit – was im einseitigen Verfahren die Regel ist – das PA seine Entscheidung auch auf formlose Gegenvorstellungen zu ändern berechtigt wäre. Im übrigen kann auch das PA eine beantragte Wiedereinsetzung gewähren (nicht ablehnen; DPA 18. 12. 1952 Bl. 1953, 83, 84 = GRUR 1953, 168).

58 Das PA braucht seine Abhilfeentscheidung nicht zu **begründen.** Die Ablehnung der Abhilfe wird dem Beschwerdeführer nicht mitgeteilt. Wird abgeholfen, so läuft das Verfahren weiter, als ob der Beschluß nicht ergangen wäre. Das PA ist nicht gehindert, demnächst mit neuer Begründung wiederum zum alten Ergebnis zu kommen.

2. Rückzahlung der Beschwerdegebühr

Mit der Abhilfe kann das PA (niemals ein Beamter des gehobenen Dienstes: BPatG 20. 10. 1971 E 13, 26) die Rückzahlung der Beschwerdegebühr anordnen, Satz 2; die Voraussetzungen sind die gleichen wie bei § 36 q Abs. 2 (BPatG 12. 12. 1967 E 9, 208, 210; vgl. § 36 q Anm. 22 ff. und BPatG 17. 10. 1968 Mitt. 1969, 55). Die Ablehnung der Rückzahlung unterliegt der Beschwerde, über die der juristische Beschwerdesenat entscheidet. 59

Nach BPatG 2. 11. 1970 E 12, 28 kann das PA die Beschwerdegebühr nicht zurückzahlen, wenn die Beschwerde vor Vorlage der Akten an das Patentgericht zurückgenommen wird (a. A. Röhl, Mitt. 1971, 136); vielmehr soll der technische Beschwerdesenat hierfür zuständig sein.

3. Vorlage an Patentgericht

a) Die **Vorlagefrist,** innerhalb deren das PA, wenn es nicht abhilft, die Beschwerde dem Patentgericht vorlegen soll, ist durch das PatÄndG von zwei Wochen auf drei Monate verlängert worden. Die kurze Frist – die allerdings von jeher nur als nichtzwingende Ordnungsvorschrift aufgefaßt wurde – erschwerte die Abhilfemöglichkeit; denn diese ist – vom Ausnahmefall des Prüferwechsels abgesehen – nur praktisch, wenn der Beschwerdeführer die Beschwerde begründet oder nunmehr den Anforderungen der Prüfungsstelle nachkommt und neue Unterlagen vorlegt, so daß eine sinnvolle Prüfung auf Abhilfe überhaupt erst möglich ist (vgl. Hiete, Mitt. 1966, 81). Um die vom Gesetzgeber angestrebte Entlastung des BPatG durch vermehrte Abhilfen nicht zu gefährden, sollte das PA die Beschwerde nicht vor Ablauf der Dreimonatsfrist vorlegen, insbes. wenn der Beschwerdeführer eine Beschwerdebegründung innerhalb der Frist angekündigt hat. 60

b) Das PA legt die Beschwerde **»ohne sachliche Stellungnahme«** vor – ein Ausfluß der Tatsache, daß es am gerichtlichen Verfahren nicht beteiligt ist. Mit der Vorlage der Beschwerde ist ihm jeder weitere Einfluß auf das Verfahren entzogen. Das Gericht kann auch nicht, wenn erst bei ihm eine Beschwerdebegründung eingeht, die Sache zur erneuten Prüfung auf Abhilfe an das PA zurückgeben (Ballhaus, Mitt. 1961, 124 gegen Völp, § 36 l Anm. 15; Hiete, Mitt. 1966, 82; BPatG 29. 4. 1966 E 9, 25, 29). 61

V. Abs. 5: Keine Abhilfe im Mehrparteienverfahren

Das Abhilfeverfahren entfällt, wenn dem Beschwerdeführer ein **anderer Beteiligter** gegenübersteht, insbes. also im Einspruchsverfahren (ferner 62

Akteneinsichts- und evtl. Armenrechtsbeschwerden); mehrere Mitanmelder stehen sich nicht »gegenüber«. Diese Beschwerden sollte das PA unverzüglich – ohne eine Beschwerdebegründung oder den Ablauf der Dreimonatsfrist des Abs. 4 S. 3 abzuwarten – dem Patentgericht vorlegen. Zu einer Abänderung seiner Entscheidung ist es nicht befugt (BPatG 20. 12. 1966 Mitt. 1967, 117; 20. 6. 1972 E 14, 191).

Wenn die Beschwerde vor der Vorlage an das Patentgericht zurückgenommen wird, kann das PA auch im Falle des Abs. 5 die **Rückzahlung** der Beschwerdegebühr anordnen, da Abs. 5 nur die Geltung des Abs. 4 S. 1 ausschließt, nicht die des S. 2 (a. A. BPatG 12. 2. 1969 Mitt. 1969, 157 – WZ-Sache).

Das Abhilfeverbot entfällt, wenn der einzige Einspruch zurückgenommen ist (BPatG 12. 3. 1970 E 12, 169).

§ 36 m

(1) Die Beschwerde steht den am Verfahren vor dem Patentamt Beteiligten zu.

(2) In den Fällen des § 24 Abs. 3 Satz 4 und des § 30 a Abs. 1 und 2 steht die Beschwerde auch der zuständigen obersten Bundesbehörde zu.

ÜBERSICHT

I. Abs. 1: Beschwerdeberechtigung

1. Beteiligte

Nur die am **patentamtlichen Verfahren** Beteiligten können Beschwerde einlegen (niemals also das DPA, das nur noch an den 1961 von den Verwaltungsgerichten übergegangenen Sachen beteiligt war, § 11 Abs. 6 des 6. ÜG). Dabei ist der Begriff der Beteiligung formal zu verstehen (und eng auszulegen, BPatG 19. 2. 1968 E 10, 31), nicht etwa im Sinne eines wirtschaftlichen Interesses: nicht jeder, in dessen ungehinderte Wirtschaftsentfaltung das Patent eingreifen würde, ist »Beteiligter«, sondern nur der, der sich formell am Verfahren beteiligt hat (BPatG 14. 1. 1966 E 8, 5, 8; 13. 1. 1967 E 9, 196, 198); auch der, dessen rechtzeitiger Einspruch erst nach Erlaß des Erteilungsbeschlusses zur Akte gelangt war (BPatG 14. 4. 1971 E 12, 151; 20. 6. 1972 E 14, 191). Als Beteiligter ist auch anzusehen, wer sich gegen einen vor Ablauf der Einspruchsfrist erlassenen Erteilungsbeschluß wendet (BPatG 27. 9. 1968 Mitt. 1970, 154). Nebenanträge, z. B. auf Akteneinsicht, begründen keine zur Anfechtung des Erteilungsbeschlusses berechtigende Verfahrensbeteiligung (BPatG 19. 2. 1968 E 10, 31). 1

Wer durch die Patenterteilung betroffen sein könnte, aber keine Gelegenheit hatte, sich am Erteilungsverfahren zu beteiligen (etwa weil auf eine Ausscheidungsanmeldung das Patent ohne Bekanntmachung erteilt wurde), ist auf die Nichtigkeitsklage beschränkt (BGH 31. 1. 1967 GRUR 1967, 543, 547 – Bleiphosphit –); die Entscheidung gibt jedoch zu erwägen, ob derjenige, der sich mit Anfragen und Anträgen wegen einer Ausscheidungsanmeldung an das PA gewandt hatte, ohne aber – da diese ohne Bekanntmachung zur Erteilung gebracht wurde – zur förmlichen Einspruchserhebung in der Lage gewesen zu sein, nicht bereits die Rechtsstellung eines tatsächlich am Verfahren Beteiligten erlangt hat; vgl. auch BPatG 20. 12. 1965 E 8, 23, wonach der zur Stammanmeldung Einsprechende von Amts wegen zu dem Verfahren der Ausscheidungsanmeldung hinzuzuziehen ist.

Der Einwand der exceptio pacti ist im Einspruchs-Beschwerdeverfahren – im Gegensatz zum Nichtigkeitsverfahren (vgl. § 37 Anm. 6 ff.) – **nicht** beachtlich (BPatG 9. 2. 1968 E 10, 18; a. A. Weber, BB 1969, 1116).

2 Am patentamtlichen Verfahren **beteiligt** ist bis zur Bekanntmachung nur der Anmelder, im Einspruchsverfahren Anmelder und Einsprechende, nach der Erteilung der Patentinhaber. Dritte sind beteiligt, wenn sie einen im Gesetz vorgesehenen Antrag gestellt haben (z. B. auf Umschreibung oder Akteneinsicht; der Erfinder in Fragen seiner Nennung, § 36; der Lizenznehmer in den Fällen des § 14 Abs. 4, 5, § 25), oder wenn das PA in ihre Rechtsstellung eingegriffen hat (so steht dem im Armenrecht beigeordneten Vertreter gegen seine Beiordnung die Beschwerde zu, § 46 e Abs. 2 S. 2, z. B. wegen gestörten Vertrauensverhältnisses, DPA 20. 7. 1954 Bl. 1954, 326, oder Gefahr der Interessenkollision, BPatG 27. 6. 1972 E 14, 142). Nicht beteiligt ist nach ausdrücklicher Vorschrift des § 28 b Abs. 2 der Dritte, der den Prüfungsantrag gestellt hat; ihm steht gegen den Bekanntmachungsbeschluß keine Beschwerde zu.

3 Wer bei **Nebenentscheidungen** außer dem Antragsteller zu beteiligen ist, muß in jedem Fall sorgfältig geprüft werden. Im **Akteneinsichts**verfahren ist es nur der Anmelder, nicht die Einsprechenden (BPatG 14. 1. 1966 E 8, 5). Wer im Interesse einer Firma Akteneinsicht begehrt, ist selbst Verfahrensbeteiligter, nicht die Firma (BPatG 22. 12. 1971 Mitt. 1972, 238). Im **Ablehnungs**verfahren sollte der Gegner des Ablehnenden zu dem Ablehnungsgesuch gehört werden (ebenso Wieczorek, ZPO § 44 D), da es ihm keineswegs gleichgültig sein kann, ob etwa der besonders sachkundige Prüfer durch die Ablehnung ausgeschaltet wird (jedoch kein Beschwerderecht, s. u. Anm. 4). Auch im **Armenrechts**verfahren ist der Gegner des Antragstellers zu beteiligen (BayVerfGH 2. 2. 1962 BayVerfGHE 15, 8 = NJW 1962, 627; OLG Frankfurt 1. 6. 1965 NJW 1966, 455; Röhl, NJW 1964, 275), der vielleicht nicht zur Frage der Armut, wohl aber zur Frage der hinreichenden Erfolgsaussicht beizutragen vermag; seine Anhörung ist nicht nur im Interesse des Fiskus, sondern auch in seinem eigenen Interesse geboten (jedoch kein Beschwerderecht, s. u. Anm. 4). Am **Geheimhaltungs**verfahren gemäß § 30 a ist auch der Patentanmelder bzw. -inhaber beteiligt (BGH 13. 3. 1971 GRUR 1972, 535 = Bl. 1972, 30 – Geheimhaltungsanordnung –). Im Verfahren über **Wiedereinsetzungs**anträge ist der Gegner des Antragstellers zu hören (BVerfG 28. 10. 1958 BVerfGE 8,

253 = NJW 1958, 2011; BGH 11. 3. 1971 Bl. 1971, 196 = GRUR 1971, 246 – Hopfenextrakt –), dessen Rechtsstellung empfindlich betroffen wird, wenn die zu seinen Gunsten ergangene Entscheidung durch Gewährung von Wiedereinsetzung ihrer bereits eingetretenen Rechtskraft wieder beraubt wird (jedoch kein Beschwerderecht, s. u. Anm. 4). In **Kosten**sachen sind beide Parteien (Kostengläubiger und -schuldner) zu beteiligen; anders im Verfahren über Rückzahlung der Beschwerdegebühr, an dem nur der Beschwerdeführer beteiligt ist. Am Zwischenverfahren über die Unzulässigkeit eines **Einspruchs** sind nur der Anmelder und der betreffende Einsprechende beteiligt.

2. Keine Beschwerdeberechtigung

4 Wer nach dem Ausgeführten am patentamtlichen Verfahren beteiligt war oder hätte beteiligt werden müssen, ist auch beschwerdeberechtigt, § 36 m Abs. 1, jedoch mit folgenden **Ausnahmen:** Gegen die Armenrechtsbewilligung ist keine Beschwerde gegeben, § 46 g Abs. 3; die Bejahung der Erfolgsaussicht ist im Beschwerdewege nicht nachprüfbar (DPA 20. 7. 1954 Bl. 1954, 326). Gegen die Gewährung der Wiedereinsetzung ist die Beschwerde nicht zulässig (DPA 8. 5. 1951 GRUR 1951, 399 = Bl. 1951, 220; so ausdrücklich § 60 Abs. 5 VwGO); sie kann nur zusammen mit der Endentscheidung angegriffen werden. Gegen die Stattgabe eines Ablehnungsgesuchs gibt es kein Rechtsmittel (vgl. § 46 Abs. 2 ZPO, der allerdings in § 18 Abs. 6 nicht mitgenannt ist); auch hier kann die Mitwirkung des an die Stelle des Abgelehnten getretenen Prüfers nur mit der Beschwerde gegen die Sachentscheidung gerügt werden. In all diesen Fällen ist nur dem Antragsteller, dessen Antrag abgelehnt wurde, die Beschwerde gegeben.

Wer am patentamtlichen Verfahren **nicht beteiligt** war und nicht beteiligt zu werden brauchte, kann nicht beschwert sein und ist nicht beschwerdeberechtigt (vgl. jedoch BGH 31. 1. 1967, s. o. Anm. 1); eine Nebenintervention kommt im Beschwerdeverfahren nicht in Betracht (§ 36 l Anm. 36; DPA 19. 5. 1954 Bl. 1954, 226 für den Anmelder, der die Anmeldung auf den Arbeitnehmer-Erfinder übertragen hatte).

3. Prozeßfähigkeit und Vertretung

5 Der Beschwerdeführer muß prozeßfähig (§ 52 ZPO), andernfalls durch seinen gesetzlichen Vertreter vertreten sein. Der ausländische Beteiligte kann die Beschwerde selbst oder durch einen beliebigen Bevollmächtigten einlegen (§ 16 berührt nicht seine Postulationsfähigkeit, BGH 17. 12. 1968 BGHZ 51, 269, 272 – Inlandsvertreter –), muß jedoch die Bestellung eines **Vertreters** nach § 16 nachweisen, widrigenfalls die Beschwerde nach erfolgloser Fristsetzung als unzulässig verworfen wird. Im übrigen besteht kein Vertretungszwang. Siehe auch § 41 m.

4. Beschwer

6 Voraussetzung der Beschwerdeberechtigung ist in jedem Fall eine Beschwer. Fehlt sie, dann ist die Beschwerde unzulässig (BPatG 25. 3. 1970 E 11, 227); fällt sie im Laufe des Verfahrens weg, dann ist die Beschwerde als unbegründet zurückzuweisen (BPatG 27. 9. 1967 E 9, 263). Nicht ausreichend ist eine Beschwer lediglich im Kostenpunkt (BPatG 20. 12. 1962 E 2, 209, 210).

7 a) Beschwer ist gegeben, wenn nicht **nach dem Hauptantrag** erkannt ist. Ist statt nach dem Hauptantrag nach einem Hilfsantrag erkannt, so ist die Beschwer auch dann gegeben, wenn die Verwerfung des Hauptantrags in der Beschlußformel nicht enthalten ist.

Ist nicht nach dem Sachantrag, sondern auf Zurückverweisung bzw. jetzt nach § 36 p Abs. 3 auf Aufhebung ohne eigene Sachentscheidung erkannt, so ist Beschwer gegeben. War allerdings Zurückverweisung beantragt, so kann eine antragsgemäße Entscheidung den Beteiligten nicht deshalb beschweren, weil seinem materiellen Begehren nicht entsprochen ist (a. A. BGH 2. 12. 1964 NJW 1965, 441).

8 Maßgebend sind die Anträge, die bei Schluß der mündlichen Verhandlung bzw. im schriftlichen Verfahren in dem **Zeitpunkt** vorliegen, in dem der Beschluß durch Herausgabe von der Geschäftsstelle an die Postabfertigungsstelle existent wird. Nach diesem Zeitpunkt eingehende Anträge (neue Unterlagen), die nicht mehr berücksichtigt werden können, begründen keine Beschwer (BGH 9. 3. 1967 GRUR 1967, 435 – Isoharnstoffäther –; überholt RPA 5. 3. 1940 Bl. 1940, 66 für Anträge, die zwischen Absendung und Zustellung des Beschlusses eingehen).

9 Wer **keinen Sachantrag** stellt, z. B. Entscheidung nach Aktenlage beantragt, ohne aber seine Anmeldung oder seinen Einspruch bzw. seine früheren Sachanträge zurückzunehmen, ist durch einen zugunsten des Gegners ergehenden Beschluß beschwert. Erklärt jedoch der Einsprechende, daß er der Patenterteilung nicht mehr widerspreche oder daß er an der weiteren Bekämpfung der Anmeldung nicht mehr interessiert sei (BPatG 27. 3. 1962 E 1, 89), so ist er durch einen Erteilungsbeschluß mit den in diesem Zeitpunkt vorliegenden Unterlagen nicht beschwert.

10 Die Beschwer muß in dem angefochtenen Beschluß selber – der Beschlußformel – liegen, nicht in den **Gründen** (DPA 20. 5. 1954 GRUR 1954, 326 = Bl. 1954, 226). Ausnahmsweise ist eine Beschwer durch die Begründung des Beschlusses angenommen worden, wenn ein Teil der Entscheidung nicht in der Beschlußformel, sondern nur in den Gründen enthalten ist (RPA Gr. Sen. 18. 2. 1942 Bl. 1942, 40), z. B. die Unzulässigerklärung eines Einspruchs (BPatG 5. 9. 1962 E 3, 48), oder wenn die Gründe Feststellungen über die Frage des selbständigen Schutzes von Unter-

ansprüchen (DPA 28. 11. 1951 Bl. 1952, 63; vgl. auch RPA 2. 7. 1928 Bl. 1928, 231) oder eine Beschränkung des Schutzumfangs (BPatG 25. 3. 1970 E 11, 227) enthalten; doch ist in diesem Fall eine Durchbrechung des Grundsatzes, daß eine Beschwerde gegen die Begründung eines Beschlusses nicht möglich ist, nur mit äußerster Zurückhaltung vertretbar. Hält das PA etwa Beschränkungen des Schutzumfanges für erforderlich, so soll es sie in den Erteilungsunterlagen (die ja einen Bestandteil der Beschlußformel bilden) selbst vornehmen, etwa durch Aufnahme eines Verzichts auf Elementenschutz in die Beschreibung (vgl. Winkler, GRUR 1972, 275, 277).

Eine nur gegen die Gründe gerichtete Beschwerde steht dem wegen **widerrechtlicher Entnahme** Einsprechenden gegen den Versagungsbeschluß zu, wenn das Patent aus anderen Gründen, z. B. wegen mangelnder Neuheit, versagt ist (RPA Gr. Sen. 18. 2. 1942 Bl. 1942, 40; BPatG 13. 1. 1967 E 9, 196, 199); seine Beschwer liegt darin, daß er andernfalls auf die Klage aus § 5 angewiesen wäre, um die widerrechtliche Entnahme und sein besseres Recht geltend zu machen. Ist die Beschwerde begründet, so ist die Anmeldung zurückzuweisen (arg. § 4 Abs. 3 Satz 2). 11

b) Der **Anmelder** ist nicht nur durch einen Zurückweisungs- oder Versagungsbeschluß beschwert, sondern auch durch einen Bekanntmachungs- oder Erteilungsbeschluß mit von seinen Anträgen abweichenden Unterlagen. (Da in diesen Fällen eine Rechtsmittelbelehrung nicht beigefügt sein wird, kommt die verlängerte Beschwerdemöglichkeit nach § 34 Abs. 2 S. 3 in Frage, vgl. § 36 l Anm. 11). Soweit das PA Schreibfehler, stilistische Unebenheiten u. dgl. in den Unterlagen bereinigt und dafür – nach der üblichen Formel – »das Einverständnis des Anmelders voraussetzt«, ist dieser nur dann beschwert, wenn die Änderungen tatsächlich von materieller Bedeutung sind. Eine Beschwer wurde dem Anmelder auch zugebilligt, wenn entsprechend seinem Antrag ein Zusatzpatent erteilt worden war, obwohl – was Anmelder und PA übersehen hatten – das Hauptpatent bereits erloschen war, so daß das Zusatzpatent zugleich mit der Erteilung wieder erlöschen mußte (BPatG 19. 11. 1963 E 4, 164). Auch sollte man den Anmelder als beschwert ansehen, wenn durch eine Vorabentscheidung die Zulässigkeit des einzigen Einspruchs festgestellt wird (a. A. DPA 28. 3. 1955 Bl. 1955, 188, s. § 36 l Anm. 3 unter »Einspruch«). 12

c) Der **Einsprechende** ist durch eine Patenterteilung entgegen seinem Antrag beschwert, ferner durch eine Versagung aus anderem Grund, wenn er widerrechtliche Entnahme geltend gemacht hatte (s. o. Anm. 11), ferner durch eine Vorabentscheidung, durch die sein Einspruch für **unzulässig erklärt** wird; bis zur rechtskräftigen Feststellung der Unzulässigkeit seines Einspruchs ist der Einsprechende am Verfahren beteiligt (BGH 23. 2. 1972 GRUR 1972, 592 = Bl. 1972, 173 – Sortiergerät –; so daß ihm das PA, das die Unzulässigkeit seines Einspruchs im Erteilungsbeschluß feststellt, diesen vollständig zustellen muß, auch soweit er sich mit den von anderen 13

Einsprechenden vorgebrachten Argumenten befaßt, BPatG 24. 11. 1965 Mitt. 1966, 179).

Jedoch braucht die formelle Rechtskraft (§ 36 p Anm. 21) der patentgerichtlichen Feststellung der Unzulässigkeit des Einspruchs nicht abgewartet zu werden; vielmehr ist der unzulässig Einsprechende ab Verkündung bzw. Zustellung der die Unzulässigkeit feststellenden Vorabentscheidung des Beschwerdesenats nicht mehr am Verfahren zu beteiligen. Sollte es ihm gelingen, die Vorabentscheidung mit einer zulassungsfreien Rechtsbeschwerde zu Fall zu bringen, so bleibt ihm gegen die etwa inzwischen rechtskräftig gewordene Patenterteilung noch die Nichtigkeitsklage.

Richtet sich die Beschwerde gegen die in einem Erteilungsbeschluß enthaltene Unzulässigkeitserklärung des Einspruchs (Beispiel: BPatG 6. 6. 1967 E 9, 185), so hat der Beschwerdesenat zunächst die Richtigkeit dieser Unzulässigkeitserklärung nachzuprüfen; hält er den Einspruch ebenfalls für unzulässig, so findet (wenn kein zulässig Einsprechender Beschwerde eingelegt hat) eine Sachprüfung, etwa in einem von Amts wegen fortgesetzten Verfahren, nicht mehr statt (BPatG 20. 7. 1962 E 2, 80 gegen früher RPA Gr. Sen. 17. 3. 1943 Bl. 1943, 40; BPatG 23. 6. 1967 Bl. 1967, 363 LS; 1. 12. 1967 E 9, 192; 28. 5. 1969 E 10, 218, 220 f.). Die Beschwerde des unzulässig Einsprechenden ist als unbegründet zurückzuweisen; dies gilt auch, wenn sie sich ausschließlich gegen die Sachentscheidung gerichtet hatte (BPatG 29. 6. 1971 Bl. 1972, 29 LS) – etwa weil das PA den Einspruch zu Unrecht für zulässig befunden hatte.

14 Aber auch wenn der Einspruch in einem **Versagungsbeschluß** für unzulässig erklärt ist, ist der Einsprechende (entgegen früherer Praxis, DPA 14. 6. 1955 Mitt. 1955, 129) beschwert, da er als unzulässig Einsprechender an dem Verfahren über eine etwaige Beschwerde des Anmelders nicht mehr beteiligt werden würde. Er kann wegen der Unzulässigkeitserklärung seines Einspruchs (auch wenn diese vom PA nicht in die Beschlußformel aufgenommen worden ist – was grundsätzlich geschehen sollte –, sondern nur in den Gründen steht, BPatG 5. 9. 1962 E 3, 48) Beschwerde einlegen, die sich allerdings erledigt, wenn der Anmelder gegen den Versagungsbeschluß keine Beschwerde einlegt (ohne daß dies ein Grund wäre, dem Einsprechenden die Beschwerdegebühr zurückzuzahlen, BPatG 6. 11. 1963 E 4, 162; Erledigung sollte dann nicht eintreten, wenn der Einspruch auf widerrechtliche Entnahme gestützt ist, vgl. o. Anm. 11).

15 Der Einsprechende kann aber auch abwarten, ob der Anmelder Beschwerde einlegt, und sich dann dieser Beschwerde anschließen (Anschlußbeschwerde, s. u. Anm. 16). In jedem Fall – ob die Unzulässigkeitserklärung des Einspruchs anläßlich einer Patenterteilung oder -versagung erfolgt ist – muß der Einsprechende seine Ausführungen zunächst gegen die Feststellung der Unzulässigkeit richten und kann allenfalls vorsorglich zur Sache vortragen; wird die Unzulässigkeit des Einspruchs vom Beschwerde-

senat vorab bestätigt, so scheidet der Einsprechende aus dem Verfahren aus und wird zum Sachvortrag nicht mehr zugelassen (vgl. BPatG 20. 7. 1962 E 2, 80). Jedoch können – sobald ein zweiter Einsprechender vorhanden ist – durch entsprechende Unterbevollmächtigung die Formvorschriften des Einspruchs ohne weiteres unterlaufen werden.

5. Anschlußbeschwerde

Die Anschlußbeschwerde des Gegners des Beschwerdeführers ist weder an 16 die Beschwerdefrist gebunden noch gebührenpflichtig (BPatG 5. 9. 1962 E 3, 48); sie kann bis zum Schluß der mündlichen Verhandlung, im schriftlichen Verfahren bis zur Herausgabe des Beschlusses an die Postabfertigungsstelle eingelegt werden (Kirchner, GRUR 1968, 682, 688). Sie erledigt sich bei Unzulässigkeit oder Rücknahme der (Haupt-)Beschwerde (deshalb »**unselbständige**« Anschlußbeschwerde); die vorsorglich eingelegte Anschlußbeschwerde erledigt sich, wenn die (Haupt-)Beschwerde nicht eingelegt wird (BPatG 20. 1. 1971 E 12, 173).

Auch der Anmelder kann Anschlußbeschwerde einlegen, z. B. wenn das Patent nur nach einem Hilfsantrag oder wenn es aufgrund von im Einspruchsverfahren eingeschränkten Unterlagen erteilt worden ist und er nun auf die bekanntgemachten Unterlagen zurückgreifen will; etwaigen Bedenken gegen die formale Zulässigkeit einer solchen Wiederausweitung seines Patentbegehrens kann er notfalls noch in der mündlichen Verhandlung durch Erhebung der nicht fristgebundenen Anschlußbeschwerde begegnen (vgl. BPatG 31. 10. 1961 E 2, 116 für das GebrM-Löschungsverfahren), für die in diesem Fall keine Beschwer erfordert wird (denn es war ja nach den letzten Anträgen des Anmelders erkannt).

Die Anschlußbeschwerde wird immer eine seltene Ausnahme bleiben; im Regelfall besteht kein Bedürfnis für sie, da im Patenterteilungsverfahren immer nur eine Partei beschwert zu sein pflegt: das Patent wird entweder ganz (nach den Anträgen des Anmelders) erteilt oder ganz versagt – eine teilweise = eingeschränkte Patenterteilung ist gegen den Willen des Anmelders nicht möglich.

Ist das Patent versagt, aber gleichzeitig auf Unzulässigkeit des Einspruchs erkannt, so steht dem Einsprechenden die Anschlußbeschwerde zu (BPatG 6. 11. 1963 E 4, 162; 20. 1. 1971 E 12, 173).

II. Abs. 2: Beschwerdeberechtigung bei Geheimanmeldungen

In Fragen der Akteneinsicht und des Unterbleibens der Bekanntmachung 17 bei **geheimzuhaltenden** Anmeldungen steht der zuständigen obersten Bundesbehörde (das ist der Bundesminister für Verteidigung, VO vom 24. 5.

1961, BGBl. I 595 = Bl. 1961, 210) die Beschwerde auch dann zu, wenn sie sich bisher am Verfahren nicht beteiligt hatte. Auch eine Beschwer ist hier nicht erforderlich (Ballhaus bei Benkard, § 36 m Anm. 3). Die Gründe, aus denen der Bundesminister für Verteidigung die Aufhebung der Geheimhaltungsanordnung beantragt, unterliegen nicht der Nachprüfung durch die Patentbehörden (BPatG 13. 11. 1969 Bl. 1970, 427 LS).

Da der Schutzrechtsinhaber durch die Aufhebung einer Geheimhaltungsanordnung nicht beschwert ist, steht ihm die Beschwerde nicht zu (BGH 13. 7. 1971 GRUR 1972, 535 = Bl. 1972, 30 – Geheimhaltungsanordnung –).

§ 36 n

(1) Die Beschwerde hat aufschiebende Wirkung.

(2) Die Beschwerde hat jedoch keine aufschiebende Wirkung, wenn sie sich gegen einen Beschluß der Prüfungsstelle richtet, durch den eine Anordnung nach § 30 a Abs. 1 erlassen worden ist.

1. **Abs. 1.** Der patentrechtlichen Beschwerde ist, wie einem echten Rechtsmittel und abweichend von der Beschwerde der ZPO, bei der dies nur in besonders aufgezählten Fällen geschehen ist (§ 572 ZPO), **aufschiebende Wirkung** beigelegt (Suspensiveffekt). Insoweit stimmt das patentgerichtliche Verfahren mit dem verwaltungsgerichtlichen überein (§ 80 VwGO), während im finanzgerichtlichen Verfahren die Klageerhebung grundsätzlich die Vollziehung des angegriffenen Verwaltungsakts nicht hemmt (§ 69 FGO). 1

Anders als bei der verwaltungsgerichtlichen Anfechtungsklage gibt es jedoch bei der patentgerichtlichen Beschwerde (vom Fall des Abs. 2 abgesehen) keine Ausnahme von der aufschiebenden Wirkung. Diese tritt bei jeder, auch bei der nicht formgerechten **unzulässigen** Beschwerde ein. Die offensichtlich unzulässigen Beschwerden hiervon auszunehmen (so Ballhaus bei Benkard, § 36 n Anm. 3; BPatG 20. 2. 1963 E 3, 119, 122) erscheint nicht gerechtfertigt; jede Beschwerde, die sich nach außen hin als solche darstellt und für wert befunden wird, ins Register eingetragen zu werden, löst das Abhilfe- und Vorlageverfahren des § 36 l Abs. 4 aus und muß demnach der aufschiebenden Wirkung teilhaftig sein. 2

Eine Ausnahme sollte nur für die **verspätet** eingelegte Beschwerde gelten. Mit Ablauf der Rechtsmittelfrist ist das PA befugt und verpflichtet, seine Beschlüsse zu vollziehen. Einer etwa noch nach Jahr und Tag eingelegten Beschwerde aufschiebende Wirkung beizulegen, wäre nicht gerechtfertigt; diese tritt bei verspäteten Beschwerden erst mit der etwa bewilligten Wiedereinsetzung ein (bei der ohnehin ein Schutz gutgläubiger Zwischenbenutzer stattfindet, § 43 Abs. 4). In der Regel wird allerdings der Eingang auch einer verspäteten Beschwerde dem PA Veranlassung geben, bis zur Entscheidung über die Beschwerde von weiteren Vollziehungsmaßnahmen (Druck der Patentschrift) abzusehen.

Die wegen Nichtzahlung der Beschwerdegebühr als **nicht erhoben** geltende Beschwerde hat nach herrschender Auffassung (BPatG 5. 3. 1965 E 6, 186) keine aufschiebende Wirkung, »da sie im Rechtssinne nicht existent ist« (Ballhaus a. a. O.), und kann sie wohl auch nach geltendem Recht nicht beanspruchen – ein Grund mehr, dieses Rechtsinstitut abzuschaffen; denn es ist unbefriedigend, daß die mit der rechtzeitigen Beschwerdeeinlegung zunächst einmal eingetretene aufschiebende Wirkung mit der Feststellung, daß die Beschwerde als nicht erhoben gilt (oder mit ungenutztem Ablauf der Monatsfrist für die Gebührenzahlung?), rückwirkend entfällt 3 (wodurch z. B. hinsichtlich der Zahlung der mit Patenterteilung fällig gewordenen Jahresgebühren für den Anmelder Schwierigkeiten entstehen können, denen nur durch Wiedereinsetzung – wenn deren Voraussetzungen vorliegen – Rechnung getragen werden kann, BPatG a. a. O.); man wird nicht an der Feststellung vorbeikommen, daß die aufschiebende Wirkung schon mit dem ersten Akt, der Beschwerdeeinlegung, eintritt.

4 Das PA ist nicht verpflichtet, nach dem Erlaß einer beschwerdefähigen Entscheidung in jedem Fall erst den Ablauf der Beschwerdefrist abzuwarten, ehe es dem Verfahren Fortgang gibt; es ist nicht gehindert, Beschlüsse auch vor Rechtskraft zu **vollziehen,** solange die aufschiebende Wirkung der Beschwerde nicht eingetreten ist (bei Beschlüssen, durch die ein Antrag abgelehnt wird, kommt eine Vollziehung ohnehin begrifflich nicht in Betracht). Es wird jedoch solche Beschlüsse (z. B. über Gewährung von Akteneinsicht) nicht vollziehen dürfen, deren Vollziehung vollendete Tatsachen schaffen und eine erst später, aber noch rechtzeitig eingehende Beschwerde illusorisch machen würde. Die Patentversagung darf es erst nach ihrer Rechtskraft gemäß § 35 Abs. 2 S. 1 im Patentblatt bekanntmachen (BayVerwGH 25. 7. 1958 Bl. 1958, 194). Eine Vorabentscheidung über die Unzulässigkeit eines Einspruchs ist nur sinnvoll, wenn zunächst die hiergegen laufende Beschwerdefrist abgewartet wird, ehe das Patent erteilt wird. In solchen Fällen kann es sich empfehlen, beim Beschwerdeberechtigten anzufragen, ob er im Interesse einer Beschleunigung des Verfahrens auf Rechtsmittel verzichtet.

5 In jedem Fall sind, sobald innerhalb der Beschwerdefrist eine Beschwerde eingeht, etwa bereits eingeleitete Vollziehungsmaßnahmen **einzustellen** und das Abhilfe- und Vorlageverfahren des § 36 l Abs. 4 durchzuführen. Die aufschiebende Wirkung besteht darin, daß der Beschluß zunächst **keine Wirkungen** äußert. Z. B. tritt bei Patenterteilung der endgültige Schutz noch nicht ein, vielmehr dauert der vorläufige Schutz gemäß § 30 Abs. 1 S. 2 fort; dies auch bei einem Versagungsbeschluß bis zu dessen Rechtskraft, denn § 35 Abs. 2 S. 3 (jetzt: S. 2) meint nur die endgültige = rechtskräftige Versagung (BayVerwGH a. a. O.). Die mit Erlaß des Erteilungsbeschlusses eingetretene Wirkung der Fälligkeit von Jahresgebühren entfällt mit Einlegung der Beschwerde (BPatG 28. 3. 1962 E 1, 15, 18 f.). Ein angefochtener Beschluß, der eine Kostenentscheidung enthält, bietet keine Grundlage für eine Kostenfestsetzung (BPatG 9. 5. 1962 E 2, 114).

6 Die aufschiebende Wirkung **endet** mit der Rücknahme der Beschwerde oder mit ihrer Verwerfung oder Zurückweisung. Wird ihr stattgegeben, so wird der angegriffene Beschluß aufgehoben.

7 **2. Abs. 2.** Hat die Prüfungsstelle bei einer **geheimzuhaltenden** Anmeldung angeordnet, daß die Bekanntmachung unterbleibt, so ist die Anordnung sofort wirksam, d. h. eine Beschwerde (des Anmelders) gegen die

Anordnung kann nicht zur Folge haben, daß die Anmeldung vor Entscheidung über die Beschwerde bekanntgemacht wird. Da eine Anordnung, daß etwas nicht zu geschehen habe, ohnehin einer Vollziehung nicht fähig ist und bis zu ihrer Aufhebung bestehenbleibt, hätte es der Bestimmung des Abs. 2 nicht bedurft.

§ 36 o

Eine mündliche Verhandlung findet statt, wenn

1. **einer der Beteiligten sie beantragt,**
2. **vor dem Patentgericht Beweis erhoben wird (§ 41 c Abs. 1) oder**
3. **das Patentgericht sie für sachdienlich erachtet.**

ÜBERSICHT

I. Notwendigkeit mündlicher Verhandlung

1 Grundsätzlich wird im Beschwerdeverfahren, im Gegensatz zum zivil- und verwaltungsgerichtlichen Verfahren und zum Nichtigkeitsverfahren, ohne **mündliche Verhandlung** entschieden. Das Gesetz schreibt die mündliche Verhandlung nur in drei Fällen vor:

2 1. auf **Antrag, Nr. 1.** Den Antrag kann jeder am patentgerichtlichen Verfahren Beteiligte (§ 36 l Abs. 2 S. 2, 3; vgl. § 36 l Anm. 35) stellen (nicht ein Lizenznehmer, der unzulässigerweise seine Beiladung zu dem – inzwischen vom Verwaltungsgericht auf das BPatG übergegangenen – Verfahren erstrebt, BPatG 15. 5. 1962 E 2, 93).

3 Der Antrag **bindet** das Gericht nur, soweit er sich auf die Entscheidung über die Hauptsache bezieht; über Nebenpunkte (z. B. Ablehnungsgesuch, Kostenentscheidung; Rückzahlung der Beschwerdegebühr, BPatG 29. 7. 1971 E 13, 69) und in Nebenverfahren (z. B. Erinnerungsverfahren, BPatG 31. 1. 1968 E 9, 272, 275) braucht niemals mündlich verhandelt zu werden (anders für Nebenverfahren wie Akteneinsichtsverfahren, isolierte Kostenanträge und Streitwertfestsetzung Trüstedt bei Reimer, § 36 o Anm. 2, für Aussetzungsanträge in WZ-Sachen Kirchner, GRUR 1968, 298). Der Antrag bindet auch nicht, wenn die Beschwerde unzulässig ist (§ 36 p Abs. 2; BGH 16. 11. 1962 E 2, 244, 247 – Weidepumpe –) oder als nicht erhoben gilt (§ 36 l Abs. 3 Halbs. 2; BPatG 10. 10. 1961 E 1, 132, 136); daher braucht über einen Wiedereinsetzungsantrag nicht mündlich verhandelt zu werden (BPatG a. a. O. für den Fall der als nicht erhoben geltenden Beschwerde). Im Berichtigungsverfahren besteht ohnehin kein Zwang zur mündlichen Verhandlung, § 41 k Abs. 2 (BPatG 8. 9. 1971 E 13, 77, 87).

4 Eine **Frist** ist für den Antrag nicht vorgeschrieben. Er muß daher so lange berücksichtigt werden, als nicht der Beschluß zur Zustellung herausgegeben ist, so daß unter Umständen noch ein bereits unterschriebener Beschluß hinfällig wird.

5 Da der Antrag nur auf das »Stattfinden« einer mündlichen Verhandlung zielt, nicht darauf, daß **auf Grund** mündlicher Verhandlung entschieden wird, ist er auch durch eine mündliche Verhandlung, die nicht zur Entscheidung geführt hat, »verbraucht« und muß, wenn die Verhandlung das Verfahren nicht beendet hat, gewünschtenfalls erneut gestellt werden (a. A. Richter bei Reimer, WWR 10. Kap. Anm. 14 und Trüstedt bei Reimer, § 36 o Anm. 1). Zur Vermeidung von Zweifeln wird der Vorsitzende, wenn der Senat nicht von sich aus eine weitere mündliche Verhandlung für erforderlich hält, die Beteiligten befragen, ob sie mit einer Entscheidung im schriftlichen Verfahren **einverstanden** sind, und ggf. ihre Einverständniserklärung ins Protokoll aufnehmen lassen. Eine solche Erklärung ist jedoch (anders als das Einverständnis mit Entscheidung ohne mündliche Verhandlung gemäß § 128 Abs. 2 ZPO, BGH 29. 10. 1958 BGHZ 28, 278; 12. 7. 1962 LM Nr. 16 zu § 128 ZPO) widerruflich und hindert die Beteiligten nicht, eine erneute mündliche Verhandlung zu beantragen, wenn der weitere Verfahrensverlauf ihnen hierzu Veranlassung gibt (a. A. Richter, a. a. O.; BPatG 23. 10. 1968 E 10, 296; 28. 12. 1970 E 11, 171: nur bei wesentlich geänderter Prozeßlage; doch kann die Rechtsprechung zu § 128 Abs. 2 ZPO nicht auf das patentgerichtliche Verfahren, in dem grundsätzlich ohne mündliche Verhandlung entschieden wird, übertragen werden).

6 Der Antrag kann **hilfsweise,** nämlich für den Fall, daß der Beschwerde bzw. den Sachanträgen nicht stattgegeben wird, gestellt werden (Müller-Arends, Mitt. 1962, 9). Es handelt sich dabei nicht um eine Durchbrechung des Grundsatzes von der Bedingungsfeindlichkeit prozessualer Handlungen, sondern um einen Hilfs-(Eventual-)antrag. Dieser ist sachgerecht und auch die Regel – so sehr die Regel, daß selbst ein unbedingter Antrag als nicht bindend angesehen wurde, wenn im einseitigen Verfahren allen schriftlich vorgetragenen Anträgen des Anmelders stattgegeben wurde (BPatG 25. 10. 1961 E 1, 163, 165; Trüstedt bei Reimer, § 36 o Anm. 7); in der Tat würde eine zur bloßen Formalität herabgesunkene mündliche Verhandlung Gericht und Beteiligte unnötig belasten und in der Regel auch nicht dem Willen des Antragstellers entsprechen. Dennoch ist die genannte Entscheidung abzulehnen (kritisch auch Wolf Müller, GRUR 1962, 190), da sie dem eindeutigen Wortlaut des Gesetzes widerspricht. Der Antragsteller mag durchaus ein Interesse an einer mündlichen Verhandlung haben, in der sich etwa ergeben könnte, daß die bisherigen Unterlagen, die der Beschwerdesenat bekanntzumachen bereit war, noch klarer formuliert werden können. Auch die von der Entscheidung für möglich gehaltene »Auslegung« eines unbedingten Antrags als Hilfsantrag ist bedenklich; besser ist in solchen Fällen

jedenfalls eine Rückfrage bei dem Antragsteller, die höchstwahrscheinlich die Klarstellung, daß die Bedingung nur versehentlich weggelassen war, erbringen wird. Das gilt auch für den »vorsorglich« gestellten Antrag auf mündliche Verhandlung; ein vorsorglich gestellter Antrag ist – was manche Antragsteller (und nach Kockläuner, Mitt. 1967, 232 gelegentlich auch das BPatG) in Verkennung der Bedeutung des Wortes übersehen – unbedingt gestellt.

Eine **Auslegung** eines (unzweifelhaft nur hilfsweise gestellten) Antrags auf mündliche Verhandlung kann dennoch erforderlich werden, insbes. wenn die Beteiligten der Formulierung ihrer Anträge nicht die gebührende Aufmerksamkeit geschenkt haben. Ist z. B. Aufhebung des Zurückweisungsbeschlusses und Bekanntmachung der Anmeldung beantragt, so kann auch eine Zurückverweisung an das PA (bzw. jetzt Absehen von eigener Sachentscheidung) ohne mündliche Verhandlung erfolgen, wenn der Anmelder diese nur für den Fall, »daß der Beschwerde nicht ohne weiteres stattgegeben werden kann«, beantragt hatte; denn die Auslegung ergab, daß der Antrag für den Fall einer dem Anmelder nachteiligen Entscheidung, und das ist nur die Zurückweisung der Beschwerde, gelten sollte (BPatG 8. 10. 1965 E 7, 107; a. A. Ballhaus bei Benkard, § 36 o Anm. 4).

7 Der Antrag auf mündliche Verhandlung kann jederzeit **zurückgenommen** (im Antrag, nach Aktenlage zu entscheiden, liegt die Zurücknahme eines früheren Antrags auf mündliche Verhandlung) oder in einen Hilfsantrag umgewandelt werden, worauf das Gericht sogleich im schriftlichen Verfahren entscheiden kann, ohne etwa den Gegner (der sich vielleicht auf einen unbedingt gestellten Antrag eines anderen Beteiligten verlassen hatte) fragen zu müssen, ob er nun seinerseits einen Antrag auf mündliche Verhandlung stellen möchte (a. A. Richter bei Reimer, WWR 10. Kap. Anm. 15); wer diese wünscht, soll selber den entsprechenden (Hilfs-)Antrag stellen (vgl. auch für WZ-Sachen BGH 23. 6. 1967 GRUR 1967, 681 – D-Tracetten –, wonach zu der auf Antrag eines Widersprechenden anberaumten mündlichen Verhandlung die anderen Widersprechenden nicht geladen werden).

8 Wird entgegen einem Antrag auf mündliche Verhandlung **ohne** solche entschieden, so ist dies kein Grund für die zulassungsfreie Rechtsbeschwerde nach § 41 p Abs. 3 Nr. 4 (BGH 3. 12. 1964 GRUR 1965, 273 – Anodenkorb –). Daß ohne mündliche Verhandlung entschieden worden ist, kann im übrigen (bei etwa zugelassener Rechtsbeschwerde) nur der beanstanden, der sie beantragt hatte (BGH 28. 10. 1965 GRUR 1966, 394 in einer Kartell-Bußgeldsache).

9 2. Eine mündliche Verhandlung ist ferner erforderlich, wenn vor dem Patentgericht **Beweis erhoben** wird, **Nr. 2**; dabei wird auf § 41 c Abs. 1 Bezug genommen, nach dessen Satz 1 das Patentgericht Beweis in der münd-

lichen Verhandlung erhebt. Die Nr. 2 soll der »Verstärkung der Rechtsgarantien für das Beschwerdeverfahren« dienen (Begründung Bl. 1961, 153); die Notwendigkeit beider Vorschriften leuchtet jedoch nicht recht ein, denn sie schließen weder aus, daß die Beweise durch einen beauftragten oder einen ersuchten Richter erhoben werden (§ 41 c Abs. 2) noch daß der Vorsitzende oder ein Mitglied des Senats Auskünfte, Gutachten oder schriftliche Zeugenaussagen mit eidesstattlicher Versicherung (zu denen ein Einverständnis der Parteien nicht erforderlich ist, wenn der Zeuge die Auskunft voraussichtlich anhand seiner Bücher oder anderer Aufzeichnungen zu geben hat, § 377 Abs. 3 ZPO, vgl. § 41 c Anm. 5) einholen, § 41 b i. V. m. § 272 b Abs. 2 ZPO. Mündliche Verhandlung über so gewonnene Beweisergebnisse ist nicht vorgeschrieben (Ballhaus bei Benkard, § 36 o Anm. 6).

Soweit Ballhaus (Mitt. 1961, 125; bei Benkard, § 36 o Anm. 6 mit außer- **10**
patentrechtlichen Belegen) dahin zu verstehen ist, daß die Heranziehung **neuer Druckschriften** zur Feststellung eines bestimmten Standes der Technik eine Beweiserhebung darstellt, die nur in mündlicher Verhandlung stattfinden darf, ist ihm die Praxis mit Recht nicht gefolgt (ebenso Zeunert, GRUR 1963, 396). Wenn neue Entgegenhaltungen auftauchen, zu denen ein Beteiligter sich mündlich äußern will, ist es ihm unbenommen, mündliche Verhandlung zu beantragen.

3. Schließlich kann, d. h. muß nach pflichtgemäßem Ermessen das Patent- **11**
gericht mündliche Verhandlung anordnen, wenn es sie, auch ohne daß ein Beteiligter sie beantragt hätte, für **sachdienlich** erachtet, **Nr. 3.** Mit manchem Anmelder ist auf schriftlichem Wege keine Klarheit zu erzielen. Das Patentgericht wird ihn, wenn es der Sache einige Aussicht beimißt, nicht für seine Unbeholfenheit oder Uneinsichtigkeit mit einer Abweisung seiner Anträge bestrafen, sondern wird in solchen Fällen von Amts wegen mündliche Verhandlung anberaumen, die schneller zum Ziele führt und für die Beteiligten ergiebiger ist als ein nutzloser Briefwechsel. Auch zur Verhandlung über zweifelhafte Rechtsfragen kann eine mündliche Verhandlung durchaus sachdienlich sein (Ballhaus bei Benkard, § 36 o Anm. 7; a. A. BPatG 10. 10. 1961 E 1, 132, 137).

II. Bedeutung der mündlichen Verhandlung

Der **Anteil** der mündlich verhandelten Sachen an den Entscheidungen war **12**
vor 1900 ziemlich gleichbleibend etwas mehr als ein Viertel (1893–1900 zwischen 25,6 und 28,4 %, Bl. 1901 Ergänzungsband S. 190).

Obgleich die Notwendigkeit der mündlichen Verhandlung im Beschwerdeverfahren im wesentlichen der Rechtslage vor dem 6. ÜG entspricht, ist ihre Zahl stark angestiegen (nach Weiß, GRUR 1964, 642 um ca. 200 Verhandlungen jährlich). Der Anteil der Sachen, in denen Antrag auf mündliche Verhandlung gestellt wird, steigt weiter. Dies ist nur zu begrüßen. Wenn auch die Abhaltung mündlicher Verhandlungen für das Gericht und für die Beteiligten, die aus dem ganzen Bundesgebiet anreisen müssen, eine erhebliche Belastung bedeutet, so zeigt die Praxis doch immer wieder, daß dank dem hohen Niveau der Patentanwälte und der Patentsachbearbeiter der Industrie mündliche Verhandlungen – zumal wenn der Vortrag in geeigneten Fällen durch die Vorführung eines Modells veranschaulicht wird – ein klareres Bild der technischen Situation erbringen, als es der ausführlichste Schriftsatz vermag; daß in solchen Verhandlungen der sorgfältig vorbereitete Richter sich noch weniger als im Zivilprozeß auf bloßes Zuhören (im Sinne des englischen »to hear a case«) beschränkt und beschränken darf, versteht sich am Rande (vgl. auch § 41 f Anm. 1). Jedenfalls ist die Belastung des Gerichts durch die mündlichen Verhandlungen kein Grund dafür, eine Zusatzgebühr für (den Antrag auf) mündliche Verhandlungen einzuführen (wie Schlüter, MA 1965, 159 f. zu erwägen gibt); denn die Belastung der Beteiligten mit ihren eigenen Kosten für die Terminswahrnehmung, die sie in der Regel selber tragen müssen, dürfte im allgemeinen ausreichen, um überflüssigen Anträgen auf mündliche Verhandlung vorzubeugen.

Über die Öffentlichkeit der mündlichen Verhandlung s. § 36 g, über die Ladung zur mündlichen Verhandlung s. § 41 d, über ihren Gang §§ 41 e ff. und Röhl, Mitt. 1962, 68.

§ 36 p

(1) Über die Beschwerde wird durch Beschluß entschieden.

(2) Ist die Beschwerde nicht statthaft oder nicht in der gesetzlichen Form und Frist eingelegt, so wird sie als unzulässig verworfen. Der Beschluß kann ohne mündliche Verhandlung ergehen.

(3) Das Patentgericht kann die angefochtene Entscheidung aufheben, ohne in der Sache selbst zu entscheiden, wenn

1. das Patentamt noch nicht in der Sache selbst entschieden hat,
2. das Verfahren vor dem Patentamt an einem wesentlichen Mangel leidet,
3. neue Tatsachen oder Beweismittel bekannt werden, die für die Entscheidung wesentlich sind.

Das Patentamt hat die rechtliche Beurteilung, die der Aufhebung zugrunde liegt, auch seiner Entscheidung zugrunde zu legen.

(Abs. 3 neu durch PatÄndG)

ÜBERSICHT

I. Abs. 1: Beschluß

Die Entscheidungen der Beschwerdesenate werden, auch wenn sie auf Grund mündlicher Verhandlung ergehen, als »Beschluß« bezeichnet (ebenso § 70 GWB für Kartell-Verwaltungssachen). Darüber, daß die Entscheidungen über Hauptsachebeschwerden besser als »Urteil« zu bezeichnen wären, vgl. Bendler in Klauer-Möhrung Anm. 2 zu § 36 p. Wegen der Formalien des Beschlusses s. § 41 i Anm. 6, 7. Beschlüsse in der Hauptsache ergehen auf Zurückweisung (Anm. 2) der unbegründeten bzw. Verwerfung (Anm. 18) der unzulässigen Beschwerde, auf Aufhebung des angegriffenen Beschlusses (Anm. 3) mit eigener Sachentscheidung (Anm. 4) oder ohne eigene Sachentscheidung (Anm. 5–9) oder auf Abänderung des angegriffenen Beschlusses (Anm. 10). 1

1. Zurückweisung

2 Ist die Beschwerde zulässig, aber **nicht begründet,** so wird sie zurückgewiesen. Die Zurückweisung kann mit einer »Maßgabe« erfolgen, z. B. mit der Maßgabe, daß in den (vom erstinstanzlichen Erteilungsbeschluß zugrunde gelegten) Erteilungsunterlagen folgende Änderungen vorgenommen werden ... Diese Formulierung bietet sich an, wenn die Beschwerde des Einsprechenden zu keiner nennenswerten Einschränkung, sondern lediglich zu einer Klarstellung des Patentbegehrens geführt hat. Auch wenn das Beschwerdeverfahren zu einer erheblichen Einschränkung des Patentbegehrens geführt hat, wäre an sich die obige Formulierung (Zurückweisung der Beschwerde mit der Maßgabe ...) gerechtfertigt, denn der beschwerdeführende Einsprechende unterliegt ja mit seinem Antrag auf Patentversagung, doch wird der Tatsache, daß der Einsprechende mit seiner Beschwerde immerhin Terrain gewonnen, also sachlich wenigstens einen Teilerfolg erstritten hat, besser Rechnung getragen durch die »Abänderung« (s. u. Anm. 10).

2. Aufhebung

3 Erweist sich die Beschwerde als **begründet,** so wird der Beschluß des DPA aufgehoben (oder abgeändert, Anm. 10). Während im einseitigen Verfahren die Bezeichnung des Beschwerdeführers in der Beschlußformel überflüssig ist (da es nur der Anmelder sein kann), wird im zweiseitigen Verfahren die Beschlußformel wie bei einem echten Rechtsmittel (unter welchen Begriff § 41 i Abs. 2 ja auch die Beschwerde fallen läßt) eingeleitet: »Auf die Beschwerde des ...«

a) Mit Sachentscheidung

4 Zur Ausfüllung des durch die Aufhebung entstandenen Vakuums kann das Patentgericht in der Sache **selbst erkennen,** nämlich bei Beschwerde des Anmelders gegen einen Zurückweisungsbeschluß den Bekanntmachungsbeschluß erlassen, bei Beschwerde des Anmelders gegen einen Versagungsbeschluß das Patent erteilen bzw. bei Beschwerde des Einsprechenden gegen einen Erteilungsbeschluß das Patent versagen oder die der Erteilung zugrunde gelegten Unterlagen nach den Anträgen des Anmelders ersetzen oder ändern.

Die Bedenken, die anfänglich gegen den Erlaß von Bekanntmachungs- und Erteilungsbeschlüssen durch das Patentgericht aus dem Gewaltenteilungsgrundsatz hergeleitet wurden (Bernhardt, NJW 1961, 999; Völp, § 36 p Anm. 1; Schwerdtner, GRUR 1968, 10 f.), sind nicht gerechtfertigt (VG München 19. 6. 1961 GRUR 1961, 472 = Bl. 1961, 327; Ballhaus, Mitt. 1961, 122). Ebenso wie das PA nicht reine Verwaltung ausübt, ist die Patentgerichtsbarkeit nicht reine Verwaltungsgerichtsbarkeit. Der Gesetzgeber hat sich dieser Auffassung angeschlossen, indem das BPatG nur noch in den in § 36 p Abs. 3 aufgezählten Fällen von einer eigenen Sachentscheidung absehen kann, in allen anderen Fällen also die Sachentscheidung selbst treffen **muß** und auch in den Fällen des Abs. 3 selbst treffen darf.

Das Patentgericht braucht sich also in entscheidungsreifen Sachen nicht wie ein Verwaltungsgericht (§ 113 Abs. 4 VwGO) darauf zu beschränken, das DPA zum Erlaß des Bekanntmachungs- oder Erteilungsbeschlusses anzuweisen (wie es in der Anfangszeit des BPatG noch vorgekommen ist, vgl. die in BPatG 1. 2. 1963 E 3, 113 wiedergegebene Beschlußformel vom 7. 12. 1961). Die Zurückgabe einer entscheidungsreifen Sache nur aus dem Gesichtspunkt des Instanzverlustes ist nicht geboten (BPatG 5. 10. 1964 E 5, 224); der Instanzverlust ist kein Grund für eine Rüge der Verletzung des Art. 19 Abs. 4 GG (BPatG 2. 10. 1964 E 6, 163, 168). Wichtiger als der Instanzverlust ist der Zeitgewinn und die Vermeidung ungerechtfertigten Leerlaufs.

Eine andere Frage ist es, ob das Gericht eine Erteilung deshalb unterlassen soll, weil möglicherweise noch ihm unbekannte ältere Anmeldungen oder Rechte vorliegen könnten; im allgemeinen ist eine Zurückgabe an das PA nur zu dem Zweck einer abschließenden Prüfung auf etwa bisher übersehene ältere Anmeldungen (BPatG 24. 10. 1966 Mitt. 1967, 14) oder zur Anpassung der Beschreibung (BPatG 20. 4. 1967 E 9, 47) wegen der damit verbundenen Verzögerung nicht angebracht.

b) Abs. 3: Ohne Sachentscheidung

Unter den Voraussetzungen des durch das PatÄndG eingefügten Abs. 3 **5**
kann das Gericht die angefochtene Entscheidung aufheben, **ohne** in der Sache **selbst zu entscheiden.** Die bisher übliche **»Zurückverweisung«** – die nur im Verhältnis zwischen gerichtlichen Instanzen in Frage kommt – ist durch diese Bestimmung abgeschafft, die in einer Einzelfrage nunmehr auch terminologisch die Konsequenz aus der Trennung von Verwaltungsbehörde und Gericht zieht.

Darüber, was mit dem Verfahren weiter zu geschehen hat, schweigt das Gesetz; eine Anweisung an das PA, etwa die beantragte Amtshandlung vorzunehmen oder den Kläger zu bescheiden (vgl. § 113 Abs. 4 VwGO), ist nicht vorgesehen. Sie ist auch entbehrlich. Das PA hat eben, auch ohne förmliche Zurückverweisung, dem Verfahren Fortgang zu geben, sobald es die Akten mit der aufhebenden Entscheidung zurückerhält.

Die »Zurückverweisung« ist auch im Verfahren nach der Bekanntmachung zulässig, aber in der Praxis nicht üblich. In solchem Fall hätte das PA an seinem weiteren Verfahren auch diejenigen Einsprechenden zu beteiligen, die nicht selber Beschwerde eingelegt hatten und daher am Beschwerdeverfahren nicht beteiligt waren (DPA 2. 6. 1932 Mitt. 1932, 186; Ballhaus bei Benkard, § 36 p Anm. 17).

6 Nach der **bisherigen Rechtsprechung** stand die Zurückverweisung im pflichtgemäßen Ermessen des BPatG; denn aus der gemäß § 41 o anzuwendenden ZPO wurden nicht die für das Berufungsverfahren geltenden §§ 538 ff., sondern der für das Beschwerdeverfahren geltende § 575 angewandt (vgl. im einzelnen 5. Aufl. Anm. 6).

Nunmehr hat § 36 p Abs. 3 die **Voraussetzungen** einer Aufhebung ohne eigene Sachentscheidung ausdrücklich geregelt (s. Begründung zum Regierungsentwurf des PatÄndG Bl. 1967, 262; dazu Röhl, BB 1968, 19), und zwar interessanterweise in Angleichung an § 130 VwGO, der die Voraussetzungen der Zurückverweisung (!) vom zweitinstanzlichen an das erstinstanzliche Verwaltungsgericht regelt – wieder ein Beweis für die Unmöglichkeit, die patentgerichtliche Beschwerde systematisch klar zu erfassen (s. vor § 36 l Anm. 1). Die Aufhebung ohne eigene Sachentscheidung ist nur noch zulässig, wenn 1. das PA noch nicht in der Sache selbst entschieden hat, 2. das Verfahren vor dem PA an einem wesentlichen Mangel leidet oder 3. neue Tatsachen oder Beweismittel bekannt werden, die für die Entscheidung wesentlich sind.

7 Der bisher hauptsächliche Zurückverweisungsfall, nämlich die Vorlage **neuer Ansprüche**, wird vom Gesetz nicht berücksichtigt und läßt sich allenfalls unter die Nr. 1 bringen (a. A. Ballhaus bei Benkard, § 36 p Anm. 20: unter Nr. 3). Da die Vorschrift das Unterlassen der eigenen Sachentscheidung in das Ermessen des Patentgerichts stellt (»kann«), ist der Beschwerdesenat in keinem Fall gehindert, die Prüfung des geänderten Patentbegehrens selber vorzunehmen, und wird dies immer dann tun, wenn weitere Recherchen nicht erforderlich sind. Er kann insbes. selber entscheiden, ob sich das vorliegende Patentbegehren im Rahmen des ursprünglich Offenbarten hält (BPatG 11. 12. 1963 E 5, 33, 35) und ob die vom Einsprechenden oder vom Gericht neu ermittelten Entgegenhaltungen patenthindernd sind. Ob die Entgegenhaltung **neugenannter Druckschriften** überhaupt das Absehen von eigener Sachentscheidung zuläßt, ist dem Gesetz nicht zu entnehmen, denn diese sind weder »Tatsachen« noch »Beweismittel« (sondern eher Rechtssätzen vergleichbar, s. Röhl, BB 1968, 20; vgl. auch § 41 c Anm. 12); doch läßt sich in diesem Fall die Nr. 3 entsprechend anwenden; unmittelbar gilt sie für eine neu entgegengehaltene offenkundige Vorbenutzung. Auch ist eine »Zurückverweisung« zur Fortsetzung der Prüfung, nachdem der Senat die vom Prüfer als durchschlagend angesehene Entgegenhaltung als nicht entgegenstehend gewürdigt hat, nach § 36 p Abs. 3 nicht mehr möglich, vielmehr der Senat zu eigener Recherche gezwungen.

Eine eigene Sachentscheidung entfällt bei Beschwerden im Vorprüfungsverfahren (Offensichtlichkeitsprüfung). Hier beschränkt sich der Beschwerdesenat auf eine Aufhebung des Zurückweisungsbeschlusses, wenn dessen Beanstandungen ausgeräumt sind oder als ungerechtfertigt befunden wurden (vgl. BPatG 26. 5. 1970 Mitt. 1970, 197).

Bei der weiteren Bearbeitung hat das PA die rechtliche Beurteilung, die **der Aufhebung** seiner Entscheidung **zugrunde liegt,** seiner neuen Entscheidung zugrunde zu legen, Abs. 3 S. 2 (was auch bisher nicht zweifelhaft war: BPatG 24. 10. 1966 Mitt. 1967, 14; 20. 4. 1967 E 9, 47, 51 ff.; zur Bindungswirkung vgl. Nebesky, Mitt. 1971, 101). Diese Beurteilung findet sich in den Gründen des gerichtlichen Beschlusses. Dabei wird es sich neben juristischen und Verfahrensfragen hauptsächlich um die Würdigung der Entgegenhaltungen handeln, an die das PA gebunden ist. (Daß es dann unter Umständen »entgegen seiner Überzeugung« – vgl. BPatG 20. 4. 1967 E 9, 47, 49 – entscheiden muß, ist eine Folge aus der Kontrollfunktion des Gerichts; solches bleibt auch dem unabhängigen Richter nicht erspart, s. u. Anm. 22.) Auch kann es nicht schaden, erforderlichenfalls dem PA Fingerzeige für die weitere Bearbeitung zu geben, z. B. anzugeben, in welcher Richtung eine Umarbeitung der Patentunterlagen angebracht wäre. 8

Die Bindungswirkung ist auf diejenigen Punkte beschränkt, deren rechtsirrtümliche Würdigung durch die Vorinstanz die Aufhebung ihrer ersten Entscheidung unmittelbar herbeigeführt hat (BGH 24. 11. 1971 Bl. 1972, 289, 291 – Zurückverweisung –).

Im übrigen ist das PA in seiner Entscheidung frei, insbes. nicht durch das im gerichtlichen Verfahren geltende Verbot der Schlechterstellung gehindert, neues Material entgegenzuhalten und zu berücksichtigen (vgl. Anm. 15). Nur wenn (was seit der Einfügung des Abs. 3 nicht mehr zulässig ist) ausschließlich zur Anpassung der Beschreibung zurückverwiesen wurde, sollte das PA auch neue Argumente und Entgegenhaltungen nicht mehr berücksichtigen dürfen (BPatG 20. 4. 1967 E 9, 47, 51; 6. 11. 1967 Bl. 1968, 171 LS, bestätigt von BGH 18. 10. 1968 BGHZ 51, 131 – Waschmittel –). 9

Der gerichtliche Bekanntmachungsbeschluß hindert nicht eine abweichende Beurteilung im Einspruchsverfahren (BGH 23. 2. 1972 GRUR 1972, 538 mit zust. Anm. v. Fischer = Bl. 1972, 267 – Parkeinrichtung –).

3. Abänderung

Schließlich kann der Beschluß des BPatG auf **Abänderung** des angefochtenen patentamtlichen Beschlusses lauten. Diese kommt insbes. bei Erteilungsbeschlüssen in Frage, gegen die sich Einsprechende beschwert haben. Führt ihre Beschwerde zu einer Einschränkung des Patentbegehrens, so empfiehlt sich die folgende Formulierung: »Auf die Beschwerde des (der) Einsprechenden wird der Beschluß der Patentabteilung ... wie folgt geändert«; es folgt eine Aufzählung der vorgenommenen Änderungen, z. B. »Der ausgelegte Patentanspruch 1 wird durch den am ... eingegangenen Patentanspruch 1 ersetzt«. Der Tatsache, daß der Einsprechende mit seinem Antrag auf Versagung keinen Erfolg hatte, durch den Zusatz »Im übrigen wird die Beschwerde zurückgewiesen« Rechnung zu tragen, ist unschädlich, aber entbehrlich. 10

4. Zwischen- und Nebenentscheidungen

11 Über einen den Fortgang des Verfahrens betreffenden, entscheidungsreifen Zwischenstreit kann (entsprechend § 303 ZPO) durch **Zwischenbeschluß** entschieden werden, der selbständig rechtsbeschwerdefähig ist (z. B. über die Zulässigkeit eines Einspruchs, BPatG 28. 2. 1968 Mitt. 1968, 78; 17. 11. 1969 E 11, 60, 65; vgl. auch § 36 m Anm. 13). Ein Zwischenbeschluß über unselbständige Entscheidungselemente (z. B. die Frage, ob eine bestimmte Entgegenhaltung patenthindernd ist) ist dagegen nicht möglich.

12 Die Beschlüsse der Beschwerdesenate können ferner **Nebenentscheidungen** über Kosten und über Zulassung der Rechtsbeschwerde enthalten. Wenn mehrere Personen am Verfahren beteiligt sind, können einer von ihnen Kosten auferlegt werden (§ 36 q Abs. 1). Wenn über eine Beschwerde entschieden wird, kann die Rückzahlung der Beschwerdegebühr angeordnet (§ 36 q Abs. 2) und die Rechtsbeschwerde zugelassen (§ 41 p) werden. Diese Fragen werden von Amts wegen geprüft, ohne daß es entsprechender Anträge der Beteiligten bedürfte. Solche Anträge – die somit nur den Charakter von Anregungen haben (Trüstedt, BB 1962, 686; Röhl, Mitt. 1962, 69) – werden in der Beschlußformel nur, wenn das Gericht ihnen stattgibt, beschieden, also in Gestalt des Kostenausspruchs oder der Zulassung der Rechtsbeschwerde. Eine Ablehnung in der Beschlußformel ist nicht erforderlich; schweigt diese, dann ist eine Kostenentscheidung nicht ergangen und die Rechtsbeschwerde nicht zugelassen. Auch in den Beschlußgründen braucht der Punkt nicht erwähnt zu werden, wenn keine Anträge gestellt worden sind.

5. Entscheidungsspielraum

13 Das Patentgericht entscheidet **im Rahmen der** gestellten **Anträge**, über die es nicht hinausgehen darf. (Bestandteil des Patenterteilungsantrags sind die Erteilungsunterlagen; § 26 Abs. 1 S. 3–6 gilt auch im Beschwerdeverfahren, BGH 10. 6. 1965 Mitt. 1967, 16.) Es darf auch insofern nicht hinter ihnen zurückbleiben, als dem Anmelder ein gegen seinen Willen eingeschränktes Patent nicht aufgezwungen werden darf. Sein Hauptantrag kann nur hundertprozentigen Erfolg haben oder gar keinen. Kann das Patent nicht so erteilt werden, wie es – ggf. hilfsweise – beantragt worden ist, so muß es versagt werden (BGH a. a. O.; eine Parallele zeigt das Erbscheinsverfahren).

14 Das Patentgericht darf auch nicht die Entscheidung zum Nachteil des Beschwerdeführers **verschlechtern (reformatio in peius;** Ballhaus bei Benkard, § 36 p Anm. 5, § 41 b Anm. 25; Moser von Filseck, Mitt. 1964, 193; BPatG 25. 3. 1970 E 11, 227, 230); dabei kommt es nur auf das Ergebnis an: das Gericht ist nicht gehindert, einen fehlerhaft begründeten Beschluß mit an-

derer Begründung aufrechtzuerhalten (BGH 13. 5. 1965 E 7, 244, 252 – beschränkter Bekanntmachungsantrag –; BPatG 16. 6. 1966 E 9, 30). Allerdings kann der Gegner durch Erhebung einer Anschlußbeschwerde die reformatio in peius ermöglichen, wobei wiederum der Beschwerdeführer der drohenden Verschlechterung durch Zurücknahme seiner Beschwerde zuvorkommen kann (vgl. § 36 m Anm. 16).

Das Verbot der reformatio in peius endet allerdings mit der Zurückgabe der Sache an das **PA:** dieses kann zwar, wenn der Beschwerdesenat das ihm vorliegende Material nicht als patenthindernd angesehen hat, dieses Material nicht anders würdigen; es ist aber nicht gehindert, im weiteren Verfahren neues Material entgegenzuhalten bzw. zu berücksichtigen und somit doch noch zur Zurückweisung bzw. Versagung zu kommen – die dann wiederum mit der Beschwerde angefochten werden kann (BPatG 2. 4. 1970 Bl. 1971, 286 LS; anders, wenn nur zur Anpassung der Beschreibung zurückverwiesen wurde, s. o. Anm. 9). 15

Die Ausübung des patentamtlichen **Ermessens** – soweit das PA nach Ermessen entscheiden kann, z. B. in der Kostenfrage, § 33 Abs. 2 – unterliegt im vollen Umfang der patentgerichtlichen Nachprüfung (BPatG 12. 10. 1961 E 1, 175, 178); eine Beschränkung der Nachprüfung auf Ermessensmißbrauch (wie z. B. in § 114 VwGO, § 163 BBauG) kennt das patentgerichtliche Verfahren nicht. 16

Ein **Vergleich** (zwischen Anmelder und Einsprechendem) ist im Patenterteilungsverfahren nicht möglich, da die Schaffung eines Patents nicht der Disposition der Parteien unterliegen kann (anders in WZ-Sachen, Schlüter, Mitt. 1962, 86). Eine außergerichtliche Einigung zwischen den Beteiligten etwa in der Form, daß der Einspruch bei Gewährung eines Mitbenutzungsrechts (vgl. dazu Schickedanz, Mitt. 1969, 46) zurückgezogen wird, kann im gerichtlichen Verfahren nur in Gestalt der Zurücknahme der Beschwerde ihren Niederschlag finden, wobei die Folgen solcher Zurücknahme, nämlich das Rechtskräftigwerden des patentamtlichen Beschlusses, vorausbedacht werden müssen (vgl. § 36 l Anm. 24 ff.). 17

II. Abs. 2: Unzulässige Beschwerde

Eine nicht statthafte, d. h. von einem Nichtbeteiligten (§ 36 m Anm. 1 ff.), Nichtbeschwerten (§ 36 m Anm. 6 ff.) oder Nichtprozeßfähigen (§ 36 m Anm. 5) erhobene oder gegen eine nichtbeschwerdefähige Entscheidung (§ 36 l Anm. 4 ff.) gerichtete Beschwerde sowie die nicht frist- und formgerecht eingelegte (§ 36 l Anm. 9–19) Beschwerde wird als unzulässig **verworfen.** Das gilt auch für Beschwerden, die aus anderen als den in Abs. 2 aufgeführten Gründen unzulässig sind, z. B. wegen Nichtbestellung eines Auslandsvertreters, § 36 m Anm. 5, § 41 m Anm. 5. Die Verwerfung steht 18 einer Anordnung der Rückzahlung der Beschwerdegebühr nicht grundsätzlich entgegen, doch wird eine solche Anordnung nur in Ausnahmefällen der Billigkeit entsprechen (vgl. § 36 q Anm. 28).

19 Ist die **Beschwerdegebühr** nicht oder nicht rechtzeitig gezahlt, so tritt die Regelung des § 36 p Abs. 2 hinter der des § 36 l Abs. 3 Halbs. 2 zurück: die Beschwerde gilt als nicht erhoben, so daß es einer Verwerfung nicht bedarf (BPatG 12. 10. 1961 E 1, 102).

Der Verwerfungsbeschluß kann ohne **mündliche Verhandlung** ergehen, d. h. ein etwaiger Antrag gemäß § 36 o Nr. 1 bindet das Gericht nicht (BGH 16. 11. 1962 E 2, 244, 247 – Weidepumpe –).

III. Rechtskraft und Wiederaufnahme

20 Die Beschlüsse der Beschwerdesenate werden mit ungenutztem Ablauf der Rechtsbeschwerdefrist (§ 41 r) **formell rechtskräftig,** vorher nur bei Rechtsmittelverzicht der Beteiligten. Dies gilt auch, wenn die Rechtsbeschwerde nicht zugelassen wurde, denn die aus § 41 p Abs. 3 kann immer möglich sein. Zur aufschiebenden Wirkung der Rechtsbeschwerde s. § 41 s. Die Rechtskraft ist nicht zu verwechseln mit dem Wirksamwerden der Entscheidung (§ 41 i Anm. 2, 8).

Der Beschluß schafft bei Zurückweisung der Anmeldung oder Versagung des Patents gegenüber dem Anmelder **materielle Rechtskraft** insofern, als dieser keinen Anspruch auf erneute Prüfung einer inhaltsgleichen Neuanmeldung hat. Gegenüber dem Einsprechenden ist die Rechtskraftwirkung des Erteilungsbeschlusses insofern beschränkt, als er nicht gehindert ist, die Gültigkeit des Patents mit der Nichtigkeitsklage anzugreifen, und zwar auch mit demselben Material, das im Erteilungsverfahren nicht zur Versagung ausgereicht hatte.

21 Auch der **Beschwerdesenat** selbst ist an seine in derselben Sache erlassenen und unanfechtbar gewordenen Beschlüsse **gebunden** (BPatG 20. 4. 1967 E 9, 47, 53), die allenfalls im Rahmen der §§ 41 k, l berichtigt werden können. Kommt ein Patenterteilungsverfahren ein zweitesmal in den Beschwerdesenat, so kann dieser die Patentfähigkeit nicht anders beurteilen, als er es früher getan hat, **wenn** das Patentbegehren und der Stand der Technik noch dieselben sind. In solchen Fällen kann es dazu kommen, daß nicht nur der Richter, der inzwischen anderen Sinnes geworden ist, sondern auch ein seinerzeit überstimmter und ein neu mitwirkender Richter gegen ihre Überzeugung stimmen müssen (das kommt auch in vom BGH auf erfolgreiche Rechtsbeschwerde zurückverwiesenen Sachen vor); auch der Richter ist (außer seinem Gewissen nur) »dem Gesetze unterworfen« (Art. 97 GG). Daß der Senat in solchen Fällen »sehenden Auges« ein (nach nunmehriger Auffassung) vernichtbares Patent bestätigen muß, kann hingenommen wer-

den, da dem Einsprechenden immer noch die Nichtigkeitsklage zur Verfügung steht. Über mögliche Ausnahmen von der Selbstbindung des Gerichts s. Bötticher, MDR 1969, 962.

Im Verhältnis von Vorprüfungs- und Einspruchsverfahren gilt die Bindungswirkung nur eingeschränkt. Hatte der Senat im 1. Beschwerdeverfahren die Bekanntmachung angeordnet (hierfür war nur Voraussetzung, daß »die Erteilung eines Patents nicht für ausgeschlossen« erachtet wurde), so kann er im 2. Beschwerdeverfahren dennoch das Patent versagen, wenn z. B. der Fortschritt, der zunächst als glaubhaft angesehen wurde, vom Einsprechenden widerlegt wurde. Eine Bindung an die mehr vorläufige Beurteilung des Bekanntmachungsbeschlusses besteht hier ebensowenig wie für die Patentabteilung (ebenso – abweichende Beurteilung eines älteren Rechts – BPatG 30. 4. 1970 Bl. 1971, 27 LS, bestätigt von BGH 23. 2. 1972 GRUR 1972, 538 = Bl. 1972, 267 – Parkeinrichtung –). Natürlich sollte der Senat oder der Berichterstatter das beabsichtigte Abweichen von seiner früheren Beurteilung dem Anmelder mittels Zwischenbescheid zwecks Stellungnahme mitteilen.

Die **Wiederaufnahme** des durch Beschluß des Beschwerdesenats rechtskräftig abgeschlossenen Verfahrens nach den Vorschriften der ZPO sollte wie beim Nichtigkeitsverfahren (s. § 40 Anm. 19) als möglich angesehen werden (Ballhaus bei Benkard, § 36 p Anm. 23; dahingestellt gelassen von DPA 14. 10. 1955 Bl. 1955, 391). 23

§ 36 q

(1) Sind an dem Verfahren mehrere Personen beteiligt, so kann das Patentgericht bestimmen, daß die Kosten des Verfahrens einem Beteiligten ganz oder teilweise zur Last fallen, wenn dies der Billigkeit entspricht. Es kann insbesondere auch bestimmen, daß die den Beteiligten erwachsenen Kosten, soweit sie nach billigem Ermessen zur zweckentsprechenden Wahrung der Ansprüche und Rechte notwendig waren, von einem Beteiligten ganz oder teilweise zu erstatten sind.

(2) Das Patentgericht kann anordnen, daß die Beschwerdegebühr (§ 36 l Abs. 3) zurückgezahlt wird.

(3) Die Bestimmungen der Absätze 1 und 2 gelten auch, wenn die Beschwerde, die Anmeldung oder der Einspruch ganz oder teilweise zurückgenommen wird.

(4) Im übrigen gelten die Vorschriften der Zivilprozeßordnung über das Kostenfestsetzungsverfahren und die Zwangsvollstreckung aus Kostenfestsetzungsbeschlüssen entsprechend.

ÜBERSICHT

Einleitung. Die Kostenregelung des Beschwerdeverfahrens

1 § 36 q geht von dem das Beschwerdeverfahren beherrschenden **Grundsatz** aus, daß jeder Beteiligte seine **Kosten selber zu tragen** hat, unabhängig vom Ausgang des Verfahrens (BGH 28. 11. 1961 E 1, 233).

1. Soll ausnahmsweise von diesem Grundsatz abgewichen werden, so muß der Beschwerdesenat eine **Kostenentscheidung** treffen, die unter den Voraussetzungen des § 36 q zulässig ist. Hierzu bedarf es keines Antrags eines Beteiligten, wenn dieser auch die Regel bildet; vielmehr prüft der Senat von Amts wegen, ob eine Kostenentscheidung angezeigt ist. Wer aber einen Kostenantrag (der wegen des erwähnten Offizialprinzips in Wahrheit nur eine Anregung darstellt, vgl. Röhl, Mitt. 1962, 69) stellt, der sollte sich auch die Mühe machen, ihn zu begründen, d. h. die eine Kostenentscheidung erfordernden Billigkeitsgesichtspunkte aufzuführen. 2

Schweigt der Beschluß über den Kostenpunkt (oder sagt er ausdrücklich: »Kosten werden nicht auferlegt«, BPatG 20. 7. 1966 E 8, 240), so verbleibt es bei der Regel, daß jeder Beteiligte seine Kosten selber trägt. Eine **Nachholung** der Kostenentscheidung ist nicht möglich. Auch wenn ein Kosten»antrag« übergangen ist, ist eine Nachholung gemäß § 321 ZPO (den Heydt, GRUR 1963, 319, Richter bei Reimer, WWR 10. Kap. Anm. 24 und Baumbach-Hefermehl § 13 WZG Anm. 14 anwenden wollen) nicht möglich, denn solcher Antrag ist nicht auf einen »Haupt- oder Nebenanspruch« gerichtet (vgl. BPatG 30. 11. 1961 E 2, 200 für den gleichliegenden Fall der Zulassung der Rechtsbeschwerde). Die Unterlassung einer Kostenentscheidung ist auch keine »Übergehung« des Kostenpunkts i. S. des § 321 ZPO (Löscher bei Benkard, § 40 Anm. 10), denn im patentgerichtlichen Beschwerdeverfahren ist die Kostenentscheidung nicht wie im Zivilprozeß und im Nichtigkeitsverfahren obligatorisch, sondern steht im Ermessen des Gerichts, und ihre Unterlassung gilt als Ablehnung; s. auch § 41 k Anm. 13.

Es gibt auch keinen außerprozessualen **Schadenersatzanspruch** auf Kostenerstattung. Schramm (Der Patentverletzungsprozeß S. 312) will einen solchen Anspruch geben, wenn »ganz besondere unerlaubte Umstände vorliegen«; gemeint ist wohl Sittenwidrigkeit i. S. des § 826 BGB. Bejaht wurde ein außerprozessualer Anspruch im WZ-Recht bei fahrlässiger Anmeldung eines verwechslungsfähigen Zeichens (Nachweise s. 5. Aufl. Anm. 2). Jedoch können die Kosten des Widerspruchsverfahrens nicht als Schadensersatzforderung im Eintragungsbewilligungsverfahren geltend gemacht werden (BGH 19. 6. 1970 GRUR 1971, 355 – Epigran II –). S. auch § 51 Anm. 23.

2. **Kostenanträge** Beteiligter können bis zur Entscheidung bzw. bis zum Schluß der mündlichen Verhandlung gestellt werden. Ein nach Abschluß des Verfahrens gestellter Antrag ist, außer in den Fällen des Abs. 3 (s. u. Anm. 30), unzulässig (BPatG 13. 12. 1962 E 3, 75; a. A. Heydt, GRUR 1963, 319, der den Antrag noch binnen der Wochenfrist des § 321 ZPO zulassen will; doch paßt diese Bestimmung, wie oben gezeigt, nicht auf den Kostenantrag; da eine Kostenentscheidung nur in Ausnahmefällen ergeht, kann man auch dem interessierten Beteiligten zumuten, auf das Vorliegen ihrer Voraussetzungen rechtzeitig hinzuweisen). 3

Eine Ablehnung des Kostenantrags in der Beschlußformel ist nicht erforderlich, in den Gründen jedoch geboten; dabei wird der, der seinen Kostenantrag nicht begründet hat, sich auch mit einer formelhaften Ablehnung begnügen müssen.

4 3. Im übrigen bedarf die Abstandnahme von einer Kostenentscheidung keiner **Begründung** (BGH 28. 11. 1961 E 1, 233, 237). Jedoch unterliegen die Ermessensentscheidungen zum Kostenpunkt (auf zulässige Rechtsbeschwerde) in vollem Umfang der Nachprüfung durch den BGH (BGH 28. 4. 1966 Bl. 1966, 234, 236 – Abtastverfahren –). Gegen die patentgerichtliche Kostenentscheidung allein ist allerdings die **Rechtsbeschwerde** niemals gegeben (BPatG 20. 12. 1962 E 2, 209 unter überflüssigem Hinweis auf § 99 Abs. 1 ZPO), da sie nicht zu den Beschlüssen gehört, »durch die über eine Beschwerde nach § 36 l entschieden wird«, § 41 p Abs. 1 (BPatG – WZ-Sen. – 21. 5. 1965 E 7, 210, 214 f. für die isolierte Kostenentscheidung; s. § 41 p Anm. 5 f.). Rechtsbeschwerdefähig kann somit in Kostensachen nur ein Beschluß sein, durch den das BPatG über eine Beschwerde gegen eine patentamtliche Kostenentscheidung entscheidet.

5 4. Über die vor dem **Patentamt** entstandenen Kosten entscheidet dieses selbst im Rahmen seiner Befugnisse, also insbes. gemäß § 33 Abs. 2 über die Kosten einer Anhörung oder einer Beweisaufnahme, ferner gemäß § 14 Abs. 4. Diese Kosten können nur dann Gegenstand einer Entscheidung des Patentgerichts werden, wenn die Kostenentscheidung des Patentamts oder das Unterlassen einer solchen mit der Beschwerde angegriffen ist (so im Ergebnis BPatG 11. 10. 1961 E 1, 94, 99 f. mit anfechtbarer Begründung; richtig BPatG 18. 2. 1963 E 3, 23, 28 f.).

I. Abs. 1: Kostenauferlegung

1. Kostenentscheidung im Mehrparteienverfahren

6 Abs. 1 gilt für Verfahren, an denen **mehrere Personen** (in entgegengesetzten Parteirollen) beteiligt sind. Er gilt nicht für das Armenrechtsverfahren der Beschwerdeinstanz, das infolge Versagung des Armenrechts nicht zu einem sachlichen Beschwerdeverfahren führt, so daß dem Antragsgegner die durch seine Anhörung zu dem Armenrechtsantrag entstandenen Kosten nicht erstattet werden können (ebenso § 118 a Abs. 4 ZPO, der allerdings in § 46 h Abs. 1 nicht genannt ist; BPatG 20. 1. 1965 E 6, 223). Da das PA am Beschwerdeverfahren nicht beteiligt ist, können ihm keine Kosten auferlegt werden (BPatG 20. 8. 1963 E 4, 90, 93). Eine Kostenerstattung aus der Staatskasse findet – abgesehen von der Rückzahlung der Beschwerdegebühr – in keinem Fall statt (vgl. BPatG 1. 2. 1971 E 13, 201).

Nur einem Beteiligten (einer Partei) können Kosten auferlegt werden, nicht ihrem Vertreter, der durch grobes Verschulden Kosten verursacht hat (nachdem § 102 ZPO, den BPatG 8. 8. 1963 E 4, 138 angewandt hatte, durch Gesetz vom 27. 11. 1964 aufgehoben ist).

2. Auferlegungsfähige Kosten

Das Gericht kann nach Satz 1 die »**Kosten des Verfahrens**« (= Gerichtskosten = Gebühren und Auslagen des Gerichts), nach Satz 2 die einem anderen Beteiligten erwachsenen **außergerichtlichen Kosten** einem Beteiligten ganz oder teilweise auferlegen. Es kann auch die eine Bestimmung ohne die andere treffen (BPatG 17. 11. 1967 E 9, 204; a. M. Ballhaus bei Benkard, § 36 q Anm. 8: die zweite Bestimmung könne nicht ohne die erste getroffen werden); anders als im Zivilprozeß (§ 91 ZPO) folgt die Entscheidung über außergerichtliche Kosten nicht notwendig der über die Gerichtskosten (ebenso Kirchner, Mitt. 1967, 227). 7

Soweit die Kosten bereits gezahlt sind – insbes. die zu den Gerichtskosten gehörende Beschwerdegebühr und die außergerichtlichen Kosten –, sind sie von dem in die Kosten Verurteilten dem anderen Teil zu erstatten. Aus der Staatskasse werden außergerichtliche Kosten in keinem Fall (abgesehen von der Erstattung gewisser Auslagen des bedürftigen Anmelders bei Lizenzbereitschaft, § 11 Abs. 8) erstattet, nur nach Abs. 2 die Beschwerdegebühr.

Erstattungsfähig sind nur die außergerichtlichen Kosten, die zur zweckentsprechenden Wahrung der Ansprüche und Rechte **notwendig** waren; über die Notwendigkeit entscheidet das Gericht »nach billigem Ermessen« (wie das Gesetz überflüssigerweise sagt); hierzu § 40 Anm. 35 ff. Der Senat kann sich darauf beschränken, in seiner Kostenentscheidung gemäß dem Gesetzeswortlaut auszusprechen, daß »die dem . . . erwachsenen Kosten von dem . . . zu erstatten sind«; dann wird die Notwendigkeit des einzelnen Kostenansatzes vom Senat – dessen »billiges Ermessen« nach Abs. 1 S. 2 maßgebend ist – erst in einem etwaigen Erinnerungsverfahren nachgeprüft. 8

Das Gericht kann aber auch seine Kostenentscheidung von vornherein **begrenzen,** sowohl quotenmäßig (». . . ganz oder teilweise zu erstatten«) wie auch auf einzelne Kostenansätze, z. B. die durch Wahrnehmung einer mündlichen Verhandlung entstandenen Kosten; es kann auch einzelne Kosten von der Erstattung ausnehmen (Kirchner, Mitt. 1967, 228). Zu einer solchen konkreten Kostenentscheidung wird insbes. Anlaß bestehen, wenn der Kostenantrag ausdrücklich auf bestimmte Kostenansätze gerichtet war (z. B. Gutachten- und Versuchskosten, BPatG 11. 10. 1961 E 1, 94). Wenn diese Entscheidung (S. 101) ausspricht, der Kostenantragsteller müsse seine 9

Kosten schon vor dem Senat substantiiert geltend machen, da dieser – und nicht erst der Urkundsbeamte der Geschäftsstelle – darüber entscheide, welche Kosten zur zweckentsprechenden Rechtswahrung notwendig waren, dann ist diese Erwägung auf ihren richtigen Kern zurückzuführen, daß solche substantiierte Geltendmachung zweckmäßig ist, da Art und Höhe der aufgewendeten Kosten bei der Billigkeitsentscheidung nicht unberücksichtigt bleiben können.

10 Die **ziffernmäßige Festsetzung** der vom Gegner zu erstattenden Kosten durch Kostenfestsetzungsbeschluß obliegt in jedem Fall alsdann dem Rechtspfleger, s. u. Anm. 35. Welche Kosten im einzelnen nach der Rechtsprechung als notwendig anzuerkennen sind, ist bei der entsprechenden Vorschrift des Nichtigkeitsverfahrens dargestellt, bei dem die Kostenentscheidungen eine größere Rolle spielen als beim Beschwerdeverfahren; s. § 40 Anm. 35 ff.

3. Voraussetzungen der Kostenauferlegung

a) Verfahrensausgang unbeachtlich

11 Auf den **Erfolg** der Beschwerde kommt es **nicht** an. Diese Regelung (deren Entwicklung in E 2, 69 dargestellt ist) ist ein Fremdkörper im deutschen Gerichtskostenwesen, welches grundsätzlich den Obsiegenden von Kosten freistellt und den Unterliegenden belastet. Sie ähnelt zwar der nach Billigkeit erfolgenden fakultativen Kostenerstattungsanordnung der §§ 13 a FGG, 77 GWB, § 45 G über das gerichtliche Verfahren in Landwirtschaftssachen, jedoch **müssen** dort die durch ein unbegründetes Rechtsmittel veranlaßten Kosten dem Rechtsmittelführer auferlegt werden (so auch § 41 y Abs. 1 S. 2 für das Rechtsbeschwerdeverfahren). Gerade wenn man auch die patentgerichtliche Beschwerde als Rechtsmittel auffaßt (vgl. § 41 i Abs. 2), ist die Nichtberücksichtigung des Verfahrensausgangs schwer zu rechtfertigen. Wenn BPatG 27. 4. 1964 Mitt. 1965, 71, 75 hierzu ausführt, daß Einsprechende durch ihre Beteiligung am Patenterteilungsverfahren zu einer richtigen Entscheidung über den Patenterteilungsantrag beitragen, so daß es sachlich gerechtfertigt sei, sie im allgemeinen nicht mit einem Kostenrisiko zu belasten, so ist dem entgegenzuhalten, daß das fehlende Kostenrisiko im Zusammenhang mit der Gebührenfreiheit des Einspruchs die »Einspruchspsychose« fördere (Redies, GRUR 1966, 231, 234); auch ist es mindestens ebenso unbillig, wenn der obsiegende Einsprechende – der die Erteilung eines ungerechtfertigten Patents verhindern half – auf seinen Kosten sitzenbleibt. Ja ihn treffen, wenn er sich gegen einen Patenterteilungsbeschluß beschwert hat, außer der Beschwerdegebühr und seinen außergerichtlichen Kosten auch noch die Auslagen des Gerichts, die er mangels einer Kostenentscheidung als Veranlasser der Instanz gemäß § 41 n i. V. m. § 95 Abs. 1 S. 1 GKG zu tragen hat (so daß er seit der Aufnahme der Zustel-

lungsgebühr in den Auslagenkatalog des § 92 GKG auch noch die Postgebühren für die Zustellungen an ihn und an seinen unterlegenen Gegner zahlen darf, s. § 41 n Anm. 9).

Dennoch ist der Grundsatz, daß im patentgerichtlichen Beschwerdever- 12
fahren jeder Beteiligte seine Kosten selber trägt, wirtschaftlich tragbar, da sich für die häufiger an Patenterteilungsverfahren beteiligten Firmen, die einmal gewinnen, einmal verlieren, die Kostenbelastung per Saldo auf lange Sicht ausgleicht und da den Firmen, die ihre Patentsachen durch ihre Angestellten bearbeiten lassen, ausscheidbare Kosten kaum entstehen (außer der geringen Beschwerdegebühr und den Kosten einer etwaigen Terminswahrnehmung). Und der Einzelanmelder, der ebenfalls seine Kosten selber tragen muß, auch wenn er sich sein Recht erst mit der Beschwerde erkämpfen mußte, mag sich damit trösten, daß er immerhin sein Patent bekommt. Die erwähnten Ungereimtheiten bei der Auslagenzahlung betreffen schließlich nur Bagatellbeträge (da man davon ausgehen darf, daß bei größeren Beträgen, etwa Zeugengebühren, der Beschwerdesenat nicht verfehlen wird, eine Kostenentscheidung zu treffen). Jedenfalls bleibt dem Patentgericht und den Beteiligten durch die geltende Kostenregelung ein enormer Verwaltungsaufwand erspart.

b) Verfahrensausgang beachtlich

Ausnahmsweise entscheidet der Verfahrensausgang in folgenden Ver- 13
fahrensarten über die Kostenauferlegung:

Bei Beschwerden im **Akteneinsichtsverfahren,** das ein echtes Streitver- 14
fahren zwischen nur eigene Interessen verfolgenden Beteiligten ist, werden im Gegensatz zur früheren Rechtsprechung in aller Regel in Angleichung an das zivilprozessuale Kostenrecht dem unterlegenen Beteiligten die Verfahrenskosten auferlegt (BPatG 18. 2. 1963 E 3, 23, 29 f. und seither ständig, z. B. 22. 7. 1963 E 4, 130, 133: Kostenteilung bei teilweisem Erfolg der Beschwerde; 5. 11. 1964 E 6, 30, 33; 15. 7. 1971 E 13, 33, 41 Kostenteilung; BGH 26. 5. 1964 Bl. 1964, 247, 251 – Akteneinsicht I –; 26. 5. 1964 Bl. 1964, 283, 287 – Akteneinsicht II –). Doch können besondere Umstände des Einzelfalles gerade aus Gründen der Billigkeit eine von dieser Regel abweichende Kostenentscheidung erforderlich machen (z. B. BPatG 9. 9. 1969 Mitt. 1970, 76: wenn die Beschwerdeentscheidung von der angefochtenen Entscheidung des PA abweicht; BPatG 20. 11. 1970 Mitt. 1971, 55: wenn der Obsiegende durch unsachgemäßes Verhalten vermeidbare Kosten verursacht hat). Allgemein hat der 9. Senat des BPatG (31. 1. 1972 Mitt. 1972, 176) jetzt ausgesprochen, daß es auch im Akteneinsichtsverfahren der Billigkeit entspricht, daß jeder Beteiligte seine eigenen Kosten trägt.

Auch für das **WZ**-Eintragungsverfahren – in dem der Widersprechende, 15
anders als der Einsprechende im Patentverteilungsverfahren, (nur) ein

privates Vermögensrecht geltend macht – vertraten einige Senate des BPatG die Meinung, daß es im allgemeinen der Billigkeit entspreche, dem erfolglosen Beschwerdeführer die Verfahrenskosten aufzuerlegen (s. 5. Aufl. Anm. 15). Jedoch ist hier die Rechtsprechung zu der auch im Patentwesen geltenden Praxis zurückgekehrt, eine Kostenentscheidung nur in Ausnahmefällen zu treffen, z. B. dann, wenn die Beschwerde von Anfang an kaum Aussicht auf Erfolg bot (vgl. BPatG 14. 7. 1971 E 12, 238; BGH 3. 3. 1972 GRUR 1972, 600 = Mitt. 1972, 164 – Lewapur –).

16 Dem Zivilprozeß angeglichen ist auch die Kostenregelung in dem kontradiktorisch ausgestalteten **GebrM-Löschungsverfahren** (BPatG 12. 10. 1961 E 1, 175, 179; 10. 1. 1962 E 1, 181; 3. 2. 1966 E 8, 47; 11. 3. 1969 E 10, 256; 25. 2. 1972 E 14, 58; 29. 3. 1972 E 14, 64; zur Kostenteilung bei Teilobsiegen BPatG 5. 7. 1971 E 12, 193) einschl. des anschließenden Kostenfestsetzungsverfahrens (BPatG 16. 11. 1967 E 9, 220, 224); dazu kritisch Schickedanz, Mitt. 1972, 44.

17 Schließlich hatte das BPatG in den von den **Verwaltungsgerichten** übernommenen Sachen über die dort entstandenen Kosten nach dem Kostenrecht der Verwaltungsgerichtsbarkeit zu entscheiden (Belege s. 5. Aufl. Anm. 17).

c) Billigkeit

18 Voraussetzung einer Kostenentscheidung ist nur, daß sie **»der Billigkeit entspricht«.** Das ist sachlich nichts anderes als das »freie Ermessen« des § 34 Abs. 5 a. F., denn der Richter darf sein Ermessen immer nur im Rahmen der Billigkeit = Gerechtigkeit ausüben, sonst beginge er Rechtsbeugung. Etwas plastischer wird der farblose Begriff der Billigkeit, wenn man ihn (mit BPatG 7. 5. 1962 E 2, 69, 74) umkehrt: die Billigkeit gebietet die Kostenentscheidung, wenn ihre Unterlassung eine Unbilligkeit gegenüber dem einen oder anderen Beteiligten bedeuten würde.

19 Als Anknüpfungspunkte für Billigkeitserwägungen kommen im wesentlichen solche Umstände in Betracht, die sich aus dem **Verhalten** oder den Verhältnissen **der Beteiligten** ergeben (BPatG 7. 5. 1962 E 2, 69). Dabei ist Verschulden nicht unbedingte Voraussetzung für eine Kostenauferlegung; die Billigkeit kann es auch erfordern, einem Beteiligten Kosten aufzuerlegen, die er unverschuldet verursacht hat (Schlüter, Mitt. 1962, 67). Im Regelfall wird jedoch eine Kostenentscheidung zu Lasten eines Beteiligten nur angebracht sein, wenn dessen Verhalten mit der bei der Wahrnehmung von Rechten zu fordernden prozessualen Sorgfalt nicht zu vereinbaren ist (BPatG 21. 5. 1965 E 7, 210; 15. 12. 1970 Mitt. 1971, 76). Säumnis, Nachlässigkeit (z. B. so spätes Vorbringen neuer Entgegenhaltungen, daß die mündliche Verhandlung vertagt werden muß; im Akteneinsichtsverfahren die Unterlassung, ein entgegenstehendes Interesse bereits in 1. Instanz darzutun: BPatG 16. 1. 1964 E 5, 112) oder sonstige vermeidbare Störungen des Verfahrensablaufs, die Anbringung eines offensichtlich aussichtslosen

Antrags (z. B. die Anmeldung einer so gut wie identischen Erfindung in Kenntnis einer durchschlagenden Vorveröffentlichung, BPatG 11. 10. 1961 E 1, 94, 99; 8. 11. 1961 E 1, 171 für GebrM), die Unterlassung einer Beschwerdebegründung (BPatG 17. 11. 1967 E 9, 204; a. A. mit Recht BPatG 30. 10. 1970 Mitt. 1970, 235; 15. 4. 1971 Mitt. 1972, 98; zur Zumutbarkeit alsbaldiger Nachprüfung einer Vorveröffentlichung BPatG 30. 6. 1971 Mitt. 1971, 158), die Einlegung eines vorhersehbar unbegründeten Rechtsmittels (BPatG 5. 7. 1962 E 2, 98; 28. 3. 1968 Mitt. 1969, 155) können eine Kostenauferlegung rechtfertigen. Doch sollte das letzte Beispiel auf offenbar frivole Beschwerden (und etwa auf Beschwerden, die sich bewußt in Gegensatz zu einer feststehenden Spruchpraxis setzen, BPatG 16. 11. 1961 E 1, 217, 222; 25. 9. 1964 E 5, 206 f.; dagegen ist eine Beschwerde niemals mutwillig, wenn wegen der von ihr aufgeworfenen Rechtsfrage die Rechtsbeschwerde zugelassen wird, BPatG 20. 4. 1967 E 9, 47, 53) beschränkt bleiben, wenn man nicht in die Gefahr geraten will, letzten Endes doch den Verfahrensausgang entscheiden zu lassen. Natürlich ist für die nach Billigkeitsgesichtspunkten zu treffende Entscheidung der Ausgang des Verfahrens nicht ohne Bedeutung (vgl. BGH 26. 10. 1962 E 2, 234, 244 – Fleischzubereitung –); jedoch können auch dem Obsiegenden Kosten auferlegt werden, wenn die Billigkeit es erfordert (BPatG 11. 10. 1961 E 1, 94, 96). In einer WZ-Rechtsbeschwerdesache, in der der angefochtene Beschluß in Einklang mit der – nun als rechtsirrtümlich erkannten – Amtsübung des PA stand, hat der BGH (3. 6. 1964 Bl. 1964, 317, 320 – Scholl –) von einer Kostenauferlegung abgesehen.

Die bloße Tatsache der **Zurücknahme** der Anmeldung, des Einspruchs **20**
oder der Beschwerde ist kein Grund für eine Kostenentscheidung zu Lasten des Zurücknehmenden (s. u. Anm. 31; anders im GebrM-Löschungsverfahren: BPatG 10. 1. 1962 E 1, 181). Geschah jedoch die Zurücknahme der Beschwerde oder des Antrags auf mündliche Verhandlung (oder die Mitteilung des Antragstellers, er werde zur mündlichen Verhandlung nicht erscheinen) erst so spät nach der Ladung, daß der Gegner schon einen Patentanwalt mit der Terminswahrnehmung beauftragt hatte (DPA 27. 3. 1961 Mitt. 1961, 177; erst zwei Wochen vor dem Termin: BPatG 18. 12. 1970 Mitt. 1972, 15) oder gar mangels rechtzeitiger Abbestellung den Termin wahrnahm (BPatG 16. 6. 1964 E 5, 144, 145), so rechtfertigt sich die Kostenauferlegung (vgl. Schlüter, Mitt. 1962, 67).

Die Kosten des Einsprechenden für eine **mündliche Verhandlung** können einem Anmelder auferlegt werden, der trotz eingehend begründetem negativen Zwischenbescheid des Berichterstatters und bereits gestelltem Kostenantrag des Gegners auf mündlicher Verhandlung besteht, obwohl er keine neuen Tatsachen oder Argumente vorzubringen vermag (BPatG 28. 1. 1965 E 7, 36; kritisch dazu Trüstedt bei Reimer, § 36 q Anm. 4), oder zu der von ihm beantragten mündlichen Verhandlung ohne ausreichende Begründung nicht erscheint (BPatG 21. 2. 1972 Mitt. 1972, 99); man kann es dem Einsprechenden in einem solchen Fall nicht als Mitverschulden anrechnen, daß er die auf Antrag des Anmelders anberaumte mündliche Verhandlung wahrgenommen hat (vgl. auch BPatG 17. 10. 1968 E 10, 140 – WZ-Sache – für den Fall, daß die rechtzeitige Zurücknahme der Anmeldung erst nach dem Termin zu den Akten gelangt war).

II. Abs. 2: Rückzahlung der Beschwerdegebühr

1. Allgemeines

21 Das Patentgericht kann anordnen, daß die Beschwerdegebühr zurückgezahlt wird. (Die gleiche Befugnis hat das PA, wenn es einer Beschwerde abhilft, § 36 l Abs. 4 S. 2.) Die Vorschrift ist im ein- wie im zweiseitigen Verfahren anwendbar. Darüber, daß die Frage von Amts wegen zu prüfen ist und die Anordnung nur zugleich mit der Sachentscheidung getroffen werden kann, über ihre Begründung und ihre Anfechtungsmöglichkeit s. o. Anm. 2 bis 4.

Eine Rückzahlung der Beschwerdegebühr findet ohne gerichtliche Anordnung statt, wenn die Beschwerde nicht gebührenpflichtig ist (§ 36 l Abs. 3; BPatG 7. 6. 1968 E 10, 35, 42 f.; anders BPatG 29. 5. 1968 E 10, 131, 140 – WZ-Sache) oder wenn sie wegen verspäteter Gebührenzahlung als nicht erhoben gilt, § 36 l Anm. 52; nicht dagegen dann, wenn die Gebühr rechtzeitig gezahlt, aber die Beschwerde verspätet eingelegt war, darüber s. u. Anm. 28.

Die Anordnung der Rückzahlung ist eine seltene Ausnahme (schon vor 1900 erfolgte eine Rückzahlung nur bei 6,5 % der erfolgreichen Beschwerden, Bl. 1901 Ergänzungsband S. 191; aus neuerer Zeit liegt keine Statistik vor).

2. Voraussetzungen der Rückzahlung

22 Sachliche Voraussetzungen für die Anordnung der Rückzahlung stellt das Gesetz nicht auf. Die auf S. 34 Abs. 1 a. F. zurückgehende Auffassung, daß die Beschwerdegebühr nur bei Vorliegen eines Verfahrensfehlers zurückgezahlt werden dürfe, findet im Gesetz keine Stütze (BPatG 16. 3. 1962 E 2, 61, 65).

23 Die Rückzahlung kommt nur dann und immer dann in Betracht, wenn sie der **Billigkeit** entspricht; dies ist zwar in Abs. 2, im Gegensatz zu Abs. 1, nicht ausdrücklich ausgesprochen, doch handelt es sich dabei ja ohnehin nur um eine nichtssagende Formel, da jede richterliche Tätigkeit nach Billigkeit = Gerechtigkeit zu streben hat. Allgemein zum Begriff der Billigkeit s. o. Anm. 18.

24 Auf den **Erfolg** oder Nichterfolg der Beschwerde kommt es auch im Rahmen des Abs. 2 nicht an. Auch einem abgewiesenen Beschwerdeführer könnte die Beschwerdegebühr zurückgezahlt werden (vgl. BGH 28. 4. 1966 Bl. 1966, 234, 236 – Abtastverfahren –), etwa wenn das PA ihn durch offensichtlich falsche Sachbehandlung gezwungen hat, in die Beschwerdeinstanz zu gehen, in der er dann aus anderen Gründen unterlegen ist. Andererseits hat der erfolgreiche Beschwerdeführer keineswegs einen Anspruch auf Rückzahlung; das liegt auf der Hand in den Fällen, in denen der angefochtene Beschluß richtig war und nur aufgehoben wurde, weil der Beschwerdeführer dem Zurückweisungsgrund in der Beschwerdeinstanz Rechnung getragen hat, etwa durch Beschränkung des Patentbegehrens; es gilt aber auch in den Fällen, in denen der angefochtene Beschluß falsch war. Die Forderung von Conradt (NJW 1961, 1294), das Patentgericht müsse von der Möglichkeit der Rückzahlung stets Gebrauch machen, wenn es einen Beschluß des PA wegen Unrichtigkeit aufhebt, steht im Widerspruch zu der Struktur des patentgerichtlichen Kostenrechts und zu der dem Patentgericht eingeräumten Ermessensfreiheit (vgl. BPatG 7. 5. 1962 E 2, 69, 76; 26. 6. 1962 E 2, 78).

25 Bei der Billigkeitsentscheidung sind die Belange der **Staatskasse** und des Beschwerdeführers gegeneinander abzuwägen (BPatG 7. 5. 1962 E 2, 69, 77). Das soll aber nicht bedeuten, daß fiskalische Erwägungen eine Rolle spielen dürfen, die ihnen bei der Geringfügigkeit der Beschwerdegebühr im Vergleich zum Arbeitsaufwand des BPatG ohnehin nicht zukommt. Die Beschwerdegebühr ist kein Entgelt für die Arbeitsleistung des Gerichts (vgl. BPatG 10. 12. 1963 E 5, 24), sondern hat eher die Funktion, von einer uferlosen und frivolen Beschwerdeeinlegung abzuhalten. Dann ist es aber auch gerechtfertigt, dem Beschwerdeführer, der durch Fehler des PA zur Beschwerdeeinlegung veranlaßt wurde, wenigstens die Beschwerdegebühr zurückzuzahlen (seine sonstigen Auslagen kann er im einseitigen Verfahren doch nicht ersetzt bekommen, s. o. Anm. 7). Dieser Gesichtspunkt kann dann entfallen, wenn das Beschwerdeverfahren nicht nur zur Aufhebung des fehlerhaften Beschlusses geführt, sondern der Klärung technischer Fragen und damit der Förderung der Sache gedient hat (BPatG 11. 7. 1968 Mitt. 1969, 77, 79).

3. Beispiele für Billigkeit

26 a) **Bei Fehlern des Patentamts:** Die die Rückzahlung gebietende Billigkeit kann somit in erster Linie durch die **unrichtige Sachbehandlung** begründet sein. Die Rückzahlung kommt somit in Frage, wenn bei angemessener Sachbehandlung die Einlegung der Beschwerde und damit die Zahlung der Beschwerdegebühr hätten vermieden werden können (BPatG 12. 12. 1967 E 9, 208; 13. 2. 1970 Mitt. 1970, 75: wenn der Zurückweisungsbe-

schluß zwar förmlich nicht fehlerhaft, **verfahrensökonomisch** aber unzweckmäßig war; ebenso BPatG 30. 11. 1970 E 14, 38; 19. 8. 1971 Mitt. 1972, 73; 2. 5. 1972 Mitt. 1972, 138; 23. 11. 1972 E 14, 209). Sie erübrigt sich, wenn der Verfahrensfehler für die angefochtene Entscheidung nicht ursächlich war (BPatG 26. 9. 1971 E 13, 65, 68). Z. B. ist die Rückzahlung angeordnet worden (in zeitlicher Reihenfolge der Entscheidungen),

wenn ein rechtzeitiges **Fristgesuch** durch Versehen des PA erst nachträglich zu den Akten gelangte (DPA 12. 6. 1956 Bl. 1956, 279);

wenn sich der angefochtene Beschluß auf **Gründe** stützte, die dem Anmelder entgegen § 29 Abs. 2 a. F. nicht mitgeteilt waren (BPatG 2. 11. 1961 E 1, 105; 29. 10. 1969 E 14, 22 nachträglich genannte Druckschrift);

wenn die Prüfungsstelle eine beantragte **Anhörung** trotz Sachdienlichkeit versagt hatte, während bei Gewährung der Anhörung die Beschwerde nicht erforderlich geworden wäre (BPatG 27. 11. 1961 E 1, 80; 25. 5. 1962 E 2, 79; 22. 9. 1970 E 12, 17; 29. 7. 1971 E 13, 69);

wenn die Prüfungsstelle eine Anmeldung nach **§ 1 Abs. 2** zurückgewiesen hatte, ohne dem Anmelder Gelegenheit zu geben, eine Ausnahmebewilligung zu beantragen (BPatG 8. 11. 1962 E 2, 161 – sehr großzügig!);

wenn ein Beamter des gehobenen Dienstes gleichzeitig mit der Zurückweisung der Anmeldung ein **Fristgesuch** abgelehnt hatte, was nur der Prüfer durfte (BPatG 9. 1. 1963 E 4, 12);

wenn sich die **Gründe** nicht auf alle für die Entscheidung maßgebenden Punkte erstreckten (BPatG 5. 9. 1963 E 6, 50, 52 f.; vgl. auch BPatG 2. 11. 1965 Mitt. 1966, 177; 17. 5. 1966 Mitt. 1966, 216; 11. 1. 1968 E 9, 262 für WZ-Sache);

wenn ein Zusatzpatent zu einem **erloschenen** Hauptpatent erteilt worden war (BPatG 19. 11. 1963 E 4, 164);

wenn dem Anmelder durch zu kurze, insbes. den Richtlinien des Präs. des DPA vom 3. 2. 1956 nicht entsprechende **Fristgewährung** das rechtliche Gehör nicht ausreichend gewährt war (BPatG 10. 6. 1964 E 6, 45) oder die Prüfungsstelle bei der Ablehnung der Fristverlängerung ihr Ermessen nicht in einer der jeweiligen Situation angemessenen Weise ausgeübt hatte (BPatG 19. 10. 1967 E 9, 177; 30. 10. 1967 Mitt. 1968, 13);

wenn die Prüfungsstelle von einer langjährigen anerkannten Rechtsprechung **abgewichen** war (BPatG 29. 1. 1965 E 7, 1);

wenn die **Begründung** des angefochtenen Beschlusses unklar und widerspruchsvoll und damit nicht nachprüfbar ist (BPatG 28. 4. 1965 E 7, 26);

wenn ein **ausgesetztes** Erteilungsverfahren mit Versagung abgeschlossen wurde, ohne daß es wiederaufgenommen und der Anmelder gehört wurde (BPatG 26. 5. 1965 E 7, 33);

wenn der angefochtene Beschluß nicht ordnungsgemäß **zugestellt** war (BPatG 24. 11. 1965 Mitt. 1966, 179);

wenn ein **ausgesetztes** Erteilungsverfahren wiederaufgenommen wurde und zur Erteilung führte, ohne daß der Einsprechende benachrichtigt war (BPatG 18. 4. 1966 E 8, 157);

wenn das PA einen Versagungsbeschluß erließ, obgleich der Anmelder den ganzen Anmeldungsgegenstand **ausgeschieden** hatte, so daß die (Stamm-)Anmeldung gegenstandslos geworden war (BPatG 22. 7. 1966 E 8, 201);

wenn ein rechtzeitiges erstes **Fristgesuch** erst im Zurückweisungsbeschluß abgelehnt wurde (BPatG 2. 8. 1966 E 8, 154; 26. 5. 1970 Mitt. 1970, 197); nicht aber dann, wenn das Gesuch so spät eingeht, daß der Anmelder nach Kenntnis von der Ablehnung die Frist doch nicht mehr hätte wahren können (BPatG 23. 2. 1967 E 9, 18; a. A. BPatG 12. 6. 1970 Mitt. 1970, 199);

wenn die Prüfungsstelle, ohne sich mit dem **Vorbringen des Anmelders** auseinanderzusetzen, die Anmeldung zurückwies, um eine Entscheidung des Beschwerdesenats herbeizuführen (BPatG 30. 5. 1967 Mitt. 1968, 15);

wenn die Anmeldung zurückgewiesen wurde, weil der Anmelder ein angefordertes **Gutachten** nicht beigebracht hat, während die Prüfungsstelle den Fortschritt selbst beurteilen konnte (BPatG 3. 11. 1967 Mitt. 1968, 14);

wenn die Prüfungsstelle ein Erfordernis der **Anmeldebestimmungen** zu eng ausgelegt (BPatG 8. 11. 1967 E 10, 47) oder im Prüfungsbescheid nur auf 3 Paragraphen der Anmeldebestimmungen hingewiesen hatte, ohne daß der Anmelder erkennen konnte, welche der darin enthaltenen 25 Nummern gemeint waren (BPatG 8. 11. 1972 Mitt. 1973, 53);

wenn die Prüfungsstelle die Anmeldung zurückwies, weil eine Bescheidbeantwortung »im Auftrag« des Bevollmächtigten **unterschrieben** war (BPatG 12. 12. 1967 E 9, 208);

wenn die Prüfungsstelle eine erbetene kurze **Nachfrist** nicht gewährt hatte (BPatG 8. 2. 1968 Mitt. 1968, 95), obgleich mit einiger Wahrscheinlichkeit Bescheidserledigung innerhalb der Nachfrist zu erwarten war (BPatG 30. 11. 1970 E 14, 38, 45; 1. 3. 1972 Mitt. 1972, 97);

wenn die Prüfungsstelle vor Ablauf der **Einspruchsfrist** das Patent erteilt hatte (BPatG 27. 9. 1968 Mitt. 1970, 154);

wenn die Anmeldung wegen Nichtbestellung eines **Inlandsvertreters** zurückgewiesen wurde, obwohl eine Vertretervollmacht beim PA eingegangen war (BPatG 20. 2. 1969 Mitt. 1969, 153);

wenn das PA eine Anmeldung nach Stellung des Prüfungsantrags auf Grund eines vorher ergangenen Bescheids zurückgewiesen hatte, ohne dem Anmelder zuvor einen **Bescheid gemäß § 28 c Abs. 2** zu erteilen (BPatG 13. 11. 1969 Mitt. 1971, 137);

wenn die Prüfungsstelle eine WZ-Anmeldung erneut zurückgewiesen hatte, weil sie die **Bindungswirkung** des patentgerichtlichen Aufhebungsbeschlusses falsch beurteilte (BPatG 3. 12. 1969 Mitt. 1970, 112);

wenn eine **Zusatzanmeldung** zurückgewiesen wurde, ohne daß vorher der Anmelder zur Stellung des Prüfungsantrags in der Hauptanmeldung aufgefordert worden war (BPatG 9.10. 1970 E 12, 10);

wenn der unzulässig Einsprechende gegen die Patentversagung Beschwerde erhob (die als **Anschlußbeschwerde** gebührenfrei gewesen wäre) und diese sich mangels Beschwerdeeinlegung des Anmelders erledigte (BPatG 20. 1. 1971 E 12, 173);

wenn der unzulässig Einsprechende gegen die Patentversagung Beerhobenen, aber verspätet zur Akte gelangten **Einspruchs** erlassen war (BPatG 14. 4. 1971 E 12, 151; 20. 6. 1972 E 14, 191);

wenn die Anmeldung zurückgewiesen wurde, weil der Anmelder solchen Forderungen der Anmeldebestimmungen für Patente nicht Rechnung getragen hatte, die über die Forderungen der **Europäischen Übereinkunft** über Formerfordernisse bei Patentanmeldungen hinausgehen (BPatG 22. 4. 1971 E 12, 124);

wenn das Patentamt eine Beanstandung mit dem Leitsatz einer **unveröffentlichten** Senatsentscheidung begründet hatte, ohne auch deren Gründe mitzuteilen (BPatG 1. 2. 1972 E 13, 201);

wenn das Patentamt die Anmeldung zurückgewiesen hatte, weil der Anmelder Aktenzeichen von **Auslandsanmeldungen** rechtlich selbständiger Konzernfirmen nicht angegeben hatte (BPatG 31. 8. 1972 E 14, 121).

27 b) **Ohne Fehler des Patentamts:** Die Rückzahlung aus Billigkeitsgründen kann aber auch geboten sein, wenn **kein Vorwurf** unrichtiger Sachbehandlung das PA trifft; z. B. wenn der **Beschwerdegrund** wegen der Änderung der Rechtslage durch das PatÄndG nicht eingehend nachgeprüft und die Zurückweisung vom Anmelder verfahrensmäßig nicht veranlaßt war (BPatG 2. 11. 1969 Bl. 1970, 427 LS). Jedoch kann sich aus dem Ablauf des Beschwerdeverfahrens – etwa aus dessen langer Dauer, die die Anmeldung für den Anmelder wirtschaftlich uninteressant werden ließ und ihn deshalb zur Zurücknahme der Beschwerde veranlaßte – kein Rückzahlungsgrund ergeben (BPatG 12. 3. 1971 Mitt. 1971, 117); vielmehr muß dieser schon im Augenblick der Beschwerdeeinlegung vorhanden gewesen sein.

28 Grundsätzlich darf auch den Beschwerdeführer seinerseits kein Vorwurf treffen (vgl. BPatG 4. 10. 1961 E 1, 90; 20. 3. 1963 E 3, 165). Dennoch ist bei **verspäteter Einlegung** der Beschwerde, aber rechtzeitiger Gebührenzahlung, die Billigkeit der Rückzahlung jedenfalls dann zu bejahen, wenn der Beschwerdeführer nach Belehrung über die Unzulässigkeit der Beschwerde es nicht zu einer Verwerfung durch den Senat kommen läßt, sondern die Beschwerde zurücknimmt; denn es erscheint inkonsequent, daß der »Doppelbummler«, der sowohl die Beschwerde verspätet eingelegt wie die Gebühr verspätet gezahlt hat, einen Rechtsanspruch auf Rückzahlung der Gebühr für die als nicht erhoben geltende Beschwerde hat, während der, der immerhin die Gebühr rechtzeitig gezahlt hat, so daß die Beschwerde »erhoben«,

wenn auch unzulässig ist, einen solchen Rechtsanspruch nicht hat (Schlüter, Mitt. 1964, 48, 51 ff.; BPatG 16. 3. 1962 E 2, 61; ebenso bei nicht formgerechter Beschwerde BPatG 10. 3. 1967 E 9, 32; a. A. BPatG 30. 10. 1964 E 6, 55, das in dieser Sachlage noch keinen Anlaß zur Billigkeitsrückzahlung sah; aber das Argument, daß das Gericht durch die Einlegung einer unzulässigen Beschwerde über die Grenze hinaus in Anspruch genommen worden ist, von der ab die Inanspruchnahme mit einer Gebühr belegt ist, überzeugt nicht, denn die Inanspruchnahme des Gerichts durch eine unzulässige, nach Belehrung zurückgenommene Beschwerde unterscheidet sich in nichts von der durch eine als nicht erhoben geltende Beschwerde – etwas Arbeit macht dann allerdings der Beschluß über die Rückzahlung, doch geht das nicht zu Lasten des Beschwerdeführers).

Umstritten ist die Frage, ob die Rückzahlung der Billigkeit entspricht, 29
auch im Falle der **Rücknahme** einer im Hinblick auf das ArbNErfG nur vorsorglich eingelegten Beschwerde (bejaht von Witte, Mitt. 1963, 45, Werner, GRUR 1966, 236 und Ballhaus bei Benkard, § 36 q Anm. 16; zutreffend verneint von Horn, Mitt. 1965, 24 und BPatG 20. 10. 1965 E 7, 108; 29. 10. 1965 E 7, 113 sowie ausführlich 15. 6. 1971 E 13, 72). Jedenfalls ist die bloße Tatsache, daß die Beschwerde alsbald wieder zurückgenommen wird, kein Grund für eine Rückzahlung der Beschwerdegebühr (BPatG 10. 12. 1963 E 5, 24). Auch ist die Rückzahlung abgelehnt worden, wenn der Einsprechende gegen einen Versagungsbeschluß, in dem sein Einspruch für unzulässig erklärt worden ist, Beschwerde einlegt (anstatt abzuwarten, ob sich der Anmelder gegen die Versagung beschwert, und dann Anschlußbeschwerde einzulegen), die er dann mangels nachfolgender Beschwerde des Anmelders für erledigt erklären muß (BPatG 6. 11. 1963 E 4, 162, das jedoch die Erkundigungspflicht des Einsprechenden überspannt; a. A. daher mit Recht BPatG 20. 1. 1971 E 12, 173).

III. Abs. 3: Kostenentscheidung bei Zurücknahme

Die oben dargestellten Möglichkeiten einer Kostenentscheidung nach 30
Abs. 1 oder 2 bestehen auch, wenn die Beschwerde, die Anmeldung oder der Einspruch (das Gesetz sagt überflüssigerweise: »ganz oder teilweise«) **zurückgenommen** wird (oder gemäß § 35 Abs. 3 als zurückgenommen gilt, BPatG 15. 12. 1970 Mitt. 1971, 76). In diesen Fällen kommt es somit nicht zu einer Entscheidung in der Hauptsache, jedoch kann eine **»isolierte« Kostenentscheidung** ergehen, und zwar von Amts wegen oder auf Antrag, der in diesem Fall ausnahmsweise noch nach Erledigung der Hauptsache zulässig ist (BPatG 7. 5. 1962 E 2, 69 – wo auch die geschichtliche Entwicklung der Kostenentscheidung dargestellt ist); er ist binnen angemessener Frist zu stellen (BPatG 18. 12. 1970 Mitt. 1972, 15). In jedem Fall ist dem

Beschwerten – der ja kein Rechtsmittel gegen die Kostenentscheidung hat (s. o. Anm. 4) – vorher rechtliches Gehör (Gelegenheit zur Stellungnahme) zu geben.

Wird die Beschwerde vor Vorlage der Akten an das Patentgericht zurückgenommen, so soll nach BPatG 2. 11. 1970 E 12, 28 die Prüfungsstelle nicht die Rückzahlung der Beschwerdegebühr anordnen dürfen, sondern zu diesem Zweck die Akten dem Gericht vorlegen müssen; dagegen Röhl, Mitt. 1971, 136.

31 Die bloße Tatsache der Zurücknahme führt jedenfalls, anders als im Zivilprozeß (§ 271 Abs. 3 ZPO), nicht zu einer Belastung mit Kosten (BPatG 14. 2. 1962 E 2, 145 WZ-Senat; 7. 5. 1962 E 2, 69, 73; 17. 11. 1967 E 9, 204, 206; 14. 8. 1969 Mitt. 1970, 36; 30. 10. 1970 Mitt. 1970, 235; a. A. der 32. Senat 7. 4. 1970 Bl. 1971, 28 LS, der jedoch diese Rechtsprechung wieder aufgegeben hat). Auf den voraussichtlichen Ausgang des Beschwerdeverfahrens (wie nach § 91 a ZPO nach Erledigung der Hauptsache) kommt es nicht an.

32 Die Zurücknahme einer Anmeldung oder einer Beschwerde nach Belehrung kann in besonderen Verfahrenslagen zugunsten einer Rückzahlung der Beschwerdegebühr ins Gewicht fallen (vgl. z. B. oben Anm. 28 und BPatG 22. 7. 1966 E 8, 201; a. A. BPatG 12. 2. 1969 Mitt. 1969, 157 – WZ-Sache).

IV. Abs. 4: Durchführung der Kostenentscheidung

1. Kostenfestsetzungsverfahren

33 Das Kostenfestsetzungsverfahren, das in jedem Fall einer Kostenentscheidung des Senats nach Abs. 1 nachfolgen muß, nachdem diese rechtskräftig (im Zwangslizenzverfahren mindestens vorläufig vollstreckbar, § 41 Abs. 6) ist (vgl. BPatG 9. 5. 1962 E 2, 114 für DPA-Entscheidung), richtet sich nach den Vorschriften der §§ 103–107 ZPO, die wie folgt lauten:

34 **§ 103 ZPO.** Der Anspruch auf Erstattung der Prozeßkosten kann nur auf Grund eines zur Zwangsvollstreckung geeigneten Titels geltend gemacht werden.

Das Gesuch um Festsetzung des zu erstattenden Betrages ist bei der Geschäftsstelle des Gerichts des ersten Rechtszuges anzubringen. Die Kostenberechnung, ihre zur Mitteilung an den Gegner bestimmte Abschrift und die zur Rechtfertigung der einzelnen Ansätze dienenden Belege sind beizufügen.

»Gericht des 1. Rechtszuges« ist der Senat des BPatG, der die Kostenentscheidung erlassen hat. Das gilt auch für das **GebrM-Löschungsverfahren,** in dem bereits die GebrM-Abteilung des DPA eine Kostenentscheidung erlassen **muß,** wie der BGH (19. 7. 1967 GRUR 1968, 447 – Flaschenkasten –) im Gegensatz zum BPatG entschieden hat. Damit hat der BGH aus der Trennung von Gericht und Verwaltungsbehörde die Konsequenz gezogen und unter Inkaufnahme gewisser Mißlichkeiten einer zweigleisigen Kostenfestsetzung, für DPA und BPatG getrennt, für die Festsetzung der im Beschwerdeverfahren vor dem BPatG erwachsenen Kosten dessen Urkundsbeamten der Geschäftsstelle als allein zuständig erkannt. Somit dürfte auch BPatG 20. 3. 1963 E 3, 185 für das Verfahren zur Festsetzung einer Lizenzvergütung gemäß § 14 Abs. 4 überholt sein.

§ 104 ZPO. Die Entscheidung über das Festsetzungsgesuch ergeht durch den Urkundsbeamten der Geschäftsstelle. Auf Antrag ist auszusprechen, daß die festgesetzten Kosten von der Anbringung des Gesuchs, im Falle des § 105 Abs. 2 von der Verkündung des Urteils ab mit vier vom Hundert zu verzinsen sind. Die Entscheidung ist, sofern dem Gesuch ganz oder teilweise entsprochen wird, dem Gegner des Antragstellers unter Beifügung einer Abschrift der Kostenberechnung von Amts wegen zuzustellen. Dem Antragsteller ist die Entscheidung nur dann von Amts wegen zuzustellen, wenn der Antrag ganz oder teilweise zurückgewiesen wird; im übrigen ergeht die Mitteilung formlos. 35

Zur Berücksichtigung eines Ansatzes genügt, daß er glaubhaft gemacht ist. Hinsichtlich der einem Rechtsanwalt erwachsenen Auslagen an Post-, Telegraphen- und Fernsprechgebühren genügt die Versicherung des Rechtsanwalts, daß diese Auslagen entstanden sind.

Über Erinnerungen gegen den Festsetzungsbeschluß entscheidet das Gericht, dessen Geschäftsstelle den Beschluß erlassen hat. Die Erinnerungen sind binnen einer Notfrist von zwei Wochen, die mit der Zustellung des Beschlusses beginnt, zu erheben. Die Entscheidung kann ohne mündliche Verhandlung ergehen. Das Gericht kann vor der Entscheidung anordnen, daß die Vollstreckung des Festsetzungsbeschlusses auszusetzen sei. Gegen die Entscheidung des Gerichts findet sofortige Beschwerde statt.

Die Kostenfestsetzung obliegt ab 1. 7. 1970 dem **Rechtspfleger** (§ 23 Abs. 1 Nr. 12 Rechtspflegergesetz).

Der **Kostenfestsetzungsbeschluß** muß, soweit dem Antrag nicht entsprochen wird, begründet werden (OLG München 15. 7. 1966 MDR 1966, 937); über den Antrag, d. h. dessen Gesamtbetrag (Urkundsbeamter BPatG 31. 8. 1965 Mitt. 1967, 18), darf er nicht hinausgehen. Er wird ohne vorherige Anhörung des Kostenpflichtigen erlassen (a. A. LG Frankfurt 8. 4. 1971 NJW 1971, 2034 unter Berufung auf Zöller ZPO 10. Aufl., Anm. 1 a zu § 104). (Nur im patentamtlichen Kostenfestsetzungsverfahren, in dem nach § 33 Abs. 2 S. 6 keine Erinnerung gegeben ist, sollte dem Antragsteller jedenfalls dann, wenn andere als die Regelgebühren der PatAnwGebO festgesetzt werden sollen, Gelegenheit zur Stellungnahme gegeben werden, BPatG 17. 3. 1965 E 7, 41.) Zum Zinsanspruch des § 104 Abs. 1 S. 2 ZPO vgl. BPatG 17. 9. 1965 E 7, 221, 222.

Soweit nicht gemäß § 104 Abs. 2 S. 2 ZPO die Versicherung des Anwalts genügt, ist **Glaubhaftmachung** erforderlich und ausreichend, die sich nicht nur auf den Kostenaufwand als solchen, sondern auch auf seine Erforderlichkeit und seinen Bezug zum konkreten Rechtsstreit erstrecken muß (OLG Nürnberg 13. 3. 1968 WRP 1969, 83).

36 Der Antragsgegner kann, ebenso wie der Antragsteller, wenn sein Antrag ganz oder teilweise zurückgewiesen wird, binnen zwei Wochen ab Zustellung des Beschlusses **Erinnerung** erheben (vgl. BPatG 22. 3. 1962 E 1, 114, 115: hat der Urkundsbeamte seine Zuständigkeit verneint, so ist die Erinnerung unbefristet). Über die Erinnerung entscheidet – wenn nicht der Rechtspfleger ihr abhilft, § 23 Abs. 2 Rechtspflegergesetz – das Gericht, d. h. der **Senat**, dessen Geschäftsstelle den Beschluß erlassen hat (in Sachen der technischen Beschwerdesenate jedoch der 28. Senat, § 36 d Anm. 16). Dem Gegner des Erinnerungsführers ist rechtliches Gehör (Gelegenheit zur Äußerung) jedenfalls dann zu gewähren, wenn das Gericht der Erinnerung stattgeben will. Anschlußerinnerung ist zulässig (BPatG 5. 11. 1970 Bl. 1971, 189 LS). Auch die nicht angegriffenen Positionen sind zu prüfen (BPatG 12. 1. 1970 E 11, 109, 111 f.); das Verbot der Schlechterstellung gilt nur hinsichtlich des Gesamtergebnisses. Gegen die Entscheidung des BPatG ist kein weiteres Rechtsmittel gegeben, da die Rechtsbeschwerde nur gegen Beschlüsse der Beschwerdesenate, »durch die über eine Beschwerde nach § 36 l entschieden wird«, stattfindet (§ 41 p Abs. 1).

Das Erinnerungsverfahren findet auch statt gegen den **Kostenansatz** des Kostenbeamten betr. Gerichtskosten, § 4 GKG (vgl. § 41 n Anm. 10 f.).

Über die Festsetzung der im Kostenfestsetzungsverfahren entstehenden Anwaltsgebühr vgl. BPatG 12. 1. 1970 Mitt. 1971, 37; 14. 7. 1970 Mitt. 1970, 217.

37 **§ 105 ZPO.** Der Festsetzungsbeschluß kann auf das Urteil und die Ausfertigungen gesetzt werden, sofern bei der Anbringung des Gesuchs eine Ausfertigung des Urteils noch nicht erteilt ist und eine Verzögerung der Ausfertigung nicht eintritt. Eine besondere Ausfertigung und Zustellung des Festsetzungsbeschlusses findet in diesem Falle nicht statt. Den Parteien ist der festgesetzte Betrag mitzuteilen, dem Gegner des Antragstellers unter Beifügung der Abschrift der Kostenberechnung. Die Verbindung des Festsetzungsbeschlusses mit dem Urteil soll unterbleiben, sofern dem Festsetzungsgesuch auch nur teilweise nicht entsprochen wird.

Der Anbringung eines Festsetzungsgesuchs bedarf es nicht, wenn die Partei vor der Verkündung des Urteils die Berechnung ihrer Kosten eingereicht hat; in diesem Falle ist die dem Gegner mitzuteilende Abschrift der Kostenberechnung von Amts wegen anzufertigen.

Die Bestimmung ist im patentgerichtlichen Verfahren ohne praktische Bedeutung. Zur Zwangsvollstreckung aus einem Beschluß nach § 105 ZPO s. § 795 a ZPO.

§ 106 ZPO. Sind die Prozeßkosten ganz oder teilweise nach Quoten verteilt, so hat nach Anbringung des Festsetzungsgesuchs die Geschäftsstelle den Gegner aufzufordern, die Berechnung seiner Kosten binnen einer Woche bei der Geschäftsstelle einzureichen. Die Vorschriften des § 105 sind nicht anzuwenden.

Nach fruchtlosem Ablauf der einwöchigen Frist ergeht die Entscheidung ohne Rücksicht auf die Kosten des Gegners, unbeschadet des Rechts des letzteren, den Anspruch auf Erstattung nachträglich geltend zu machen. Der Gegner haftet für die Mehrkosten, die durch das nachträgliche Verfahren entstehen.

§ 107 **ZPO.** Ergeht nach der Kostenfestsetzung eine Entscheidung, durch die der Wert des Streitgegenstandes festgesetzt wird, so ist, falls diese Entscheidung von der Wertberechnung abweicht, die der Kostenfestsetzung zugrunde liegt, auf Antrag die Kostenfestsetzung entsprechend abzuändern. Über den Antrag entscheidet der Urkundsbeamte der Geschäftsstelle des Gerichts des ersten Rechtszuges.

Der Antrag ist binnen der Frist von einem Monat bei der Geschäftsstelle anzubringen. Die Frist beginnt mit der Zustellung und, wenn es einer solchen nicht bedarf, mit der Verkündung des den Wert des Streitgegenstandes festsetzenden Beschlusses.

Die Vorschriften des § 104 Abs. 3 sind anzuwenden.

Der Festsetzung des **Streitwerts** durch den Senat bedarf es nur, wenn ein Rechtsanwalt mitgewirkt hat und sie beantragt. Sie erfolgt nach den gleichen Grundsätzen wie im Nichtigkeitsverfahren (BPatG 16. 6. 1964 E 6, 63; 1. 3. 1966 E 8, 176 für GebrM-Löschungsverfahren); vgl. § 40 Anm. 31.

2. Zwangsvollstreckung

Die Zwangsvollstreckung aus dem Kostenfestsetzungsbeschluß richtet sich **38**
ebenfalls nach der ZPO (§§ 794 Abs. 1 Nr. 2, 795 ZPO). Die Vollstreckungsklausel »Vorstehende Ausfertigung wird dem usw. (Bezeichnung der Partei) zum Zwecke der Zwangsvollstreckung erteilt« (§ 725 ZPO) erteilt der Urkundsbeamte der Geschäftsstelle des BPatG (§ 724 Abs. 2 ZPO), soweit die Erteilung nicht dem Rechtspfleger vorbehalten ist (§ 20 Nr. 12 Rechtspflegergesetz).

2. Nichtigkeits-, Zurücknahme- und Zwangslizenzverfahren

Vorbemerkungen

ÜBERSICHT

1. Einordnung des Nichtigkeits- usw. -verfahrens

1 Die §§ 37–41 regeln das Nichtigkeits-, Zurücknahme- und Zwangslizenzverfahren. Diese Verfahren befassen sich mit rechtskräftig erteilten Patenten und sind grundsätzlich anders gestaltet als die Beschwerde im Patenterteilungsverfahren, nämlich als **kontradiktorische** Verfahren. Das 6. ÜG hat folgerichtig für den das Verfahren einleitenden Antrag die Bezeichnung »**Klage**« eingeführt; mit dieser Bezeichnung ist das »Antrags«-erfordernis des § 13 – das nur besagt, daß die Nichtigerklärung nicht von Amts wegen erfolgen kann – konkretisiert. Auf der Beklagtenseite steht der Patentinhaber, als Kläger kann – ebenso wie als Einsprechender im Erteilungsverfahren – jedermann auftreten (Ausnahme: § 37 Abs. 2). Das DPA ist auch an diesen Verfahren nicht beteiligt. Daher sollte man das Nichtigkeitsverfahren, wenn auch in ihm darüber entschieden wird, ob der Verwaltungsakt der Patenterteilung zu Recht ergangen ist, nicht als Verwaltungsstreitverfahren bezeichnen (wie es BGH 8. 7. 1955 BGHZ 18, 81, 92 – Zwischenstecker für Radioempfänger – in anderem rechtlichen Zusammenhang getan hat; ihm folgend BPatG 20. 2. 1963 E 3, 119, 121); es handelt sich vielmehr um einen Zivilprozeß zwischen zwei privaten, auch materiell auf gleicher Ebene stehenden Parteien. Das Verfahren ist auf ein Gestaltungsurteil gerichtet (Löscher bei Benkard, § 40 Anm. 1).

2. Instanzenzug

2 **Eigenartig** ist der hergebrachte Instanzenzug des Nichtigkeitsverfahrens. In erster – nunmehr gerichtlicher – Instanz entscheidet der Nichtigkeitssenat des BPatG (in der in § 36 d Abs. 2 geregelten Besetzung), in zweiter als Berufungsinstanz der BGH. Da dieser nur mit Juristen besetzt ist (nachdem das Vorhaben einer Zuziehung technischer Mitglieder im Kriege nicht zur Ausführung gelangte, vor § 36 b Anm. 7), ist er zur Beurteilung des

technischen Sachverhalts auf Sachverständige angewiesen, was die Entscheidung erschwert, verzögert und verteuert. Daher ist verschiedentlich die Abschaffung des Nichtigkeitsverfahrens gefordert worden (Hegel, Mitt. 1965, 201: zugunsten eines unbefristeten Einspruchs; vgl. auch Redies, GRUR 1966, 231, 234 f.; Hiete, Mitt. 1966, 129 f.: zugunsten einer Verlängerung der Beschwerdefrist und der Einführung eines als Popularklage ausgestalteten Wiederaufnahmeverfahrens vor dem technischen Beschwerdesenat).

Eine Entlastung des BGH von der ihm wesensfremden Aufgabe einer Tatsacheninstanz ließe sich durch eine **Neugestaltung** des Instanzenzugs ähnlich dem des GebrM-Löschungsverfahrens erreichen, das sich vom Nichtigkeitsverfahren weder in der Schwierigkeit der Rechtsfragen, oft auch der technischen Sachverhalte, noch in der Höhe der Streitwerte wesentlich zu unterscheiden pflegt. Würde in Nichtigkeitssachen erstinstanzlich die Patentabteilung, zweitinstanzlich der Nichtigkeitssenat entscheiden, dann brauchte der BGH nur, wie im Patenterteilungsverfahren, für eine Zulassungs-Rechtsbeschwerde in Anspruch genommen zu werden und behielte doch die Möglichkeit, auf allen Rechtsgebieten des gewerblichen Rechtsschutzes zur letztinstanzlichen Entscheidung angerufen zu werden. Die erste Entscheidung dem Patentamt zu überlassen, würde auch der heutigen Auffassung der Patenterteilung als Verwaltungsakt entsprechen: Verwaltungsakte pflegen durch dieselbe Behörde vorgenommen wie aufgehoben zu werden; erst gegen die Aufhebung oder den Widerruf des begünstigenden Verwaltungsakts ist gerichtlicher Rechtsschutz vonnöten. 3

Auch daß das Patent evtl. in der Beschwerdeinstanz durch das BPatG erteilt wurde, würde einer Nichtigerklärung durch das PA nicht entgegenstehen (vgl. BVerwG 4. 6. 1970 BVerwGE 35, 234: Rechtskraft eines Gerichtsurteils hindert nicht erneute Überprüfung durch Verwaltungsbehörde, die aber nur bei veränderter Sach- oder Rechtslage anders entscheiden kann).

3. Bedeutung des Nichtigkeits- usw. -verfahrens

Das **Nichtigkeits**verfahren stellt gewissermaßen dem Einsprechenden zwei weitere Instanzen zur Bekämpfung des (inzwischen rechtskräftig erteilten) Patents zur Verfügung. Darüber hinaus gibt es dem Verletzer die Möglichkeit, einer Verletzungsklage zuvorzukommen bzw. einer Verurteilung wegen Patentverletzung zu entgehen, indem er die Vernichtung des Patents betreibt (worauf der Verletzungsrichter sein Verfahren nach summarischer Prüfung der Erfolgsaussichten der Nichtigkeitsklage bis zu deren Erledigung aussetzen kann, s. § 47 Anm. 56). 4

Die Zahl der Nichtigkeitsklagen erreichte ihren Höhepunkt 1963 mit 149 und nimmt seither ab.

Die **Zurücknahme**klage (§ 15 Abs. 2) war als Kampfmaßnahme gegen 5 ausländische, die deutsche Industrie belastende Regelungen gedacht (Schade, Mitt. 1964, 102). Seit Einführung der Zwangslizenz ist sie bedeutungslos (nach Schade, a. a. O. ist seitdem nur ein Fall vorgekommen; vor dem BPatG keiner).

6 Die Klage auf Erteilung einer **Zwangslizenz** (§ 15 Abs. 1) ist ebenfalls zahlenmäßig unbedeutend (einen der Gründe hierfür zeigt Beier, GRUR 1972, 214, 225 auf). Seit Bestehen des BPatG wurden acht solcher Klagen erhoben (Preu, Festschr. BPatG S. 239), doch ist (wie überhaupt seit dem Zweiten Weltkrieg, Schade, a. a. O.) keine einzige Zwangslizenz erteilt worden.

4. Anwendungsbereich der Vorschriften

7 Die Vorschriften der §§ 37 ff. gelten entsprechend für das durch das 6. ÜG eingeführte Zwangslizenzverfahren an **GebrM** (§ 11 a GebrMG, dazu Ballhaus, Mitt. 1961, 182), während das GebrM-Löschungsverfahren anders als das Patent-Nichtigkeitsverfahren geregelt ist (§§ 8 ff. GebrMG, s. auch oben Anm. 3);

für Einwendungen gegen die Wiederherstellung oder die Verlängerung der Schutzdauer auf Grund des **AHK-Gesetzes Nr. 8** (§ 32 Abs. 1 b der 1. DVO zum AHKG Nr. 8 – gegen die Entscheidung des Nichtigkeitssenats Beschwerde an den besonderen Senat, § 32 Abs. 3 a. a. O.);

für gewisse Verfahren betr. Alt-Patente **österreichischen** Ursprungs (§§ 11 bis 13 des 3. ÜG; vgl. BGH 18. 2. 1955 BGHZ 16, 326 – Kleinkraftwagen –) und betr. **Saar-Patente** (§§ 9, 19, 21 des Saareingliederungsgesetzes, vgl. § 36 b Anm. 2), auch für deren Nichtigkeitserklärung (für die jedoch LG und OLG Saarbrücken zuständig sind, § 26 Saareingliederungsgesetz).

§ 37

(1) Das Verfahren wegen Erklärung der Nichtigkeit oder Zurücknahme des Patents oder wegen Erteilung einer Zwangslizenz wird durch Klage eingeleitet. Die Klage ist gegen den in der Rolle als Patentinhaber Eingetragenen zu richten.

(2) Im Falle des § 13 Abs. 1 Nr. 3 ist nur der Verletzte zur Erhebung der Klage berechtigt.

(3) Die Klage ist beim Patentgericht schriftlich zu erheben. Der Klage und allen Schriftsätzen sollen Abschriften für die Gegenpartei beigefügt werden. Die Klage und alle Schriftsätze sind der Gegenpartei von Amts wegen zuzustellen.

(4) Die Klage muß den Kläger, den Beklagten und den Streitgegenstand bezeichnen und soll einen bestimmten Antrag enthalten. Die zur Begründung dienenden Tatsachen und Beweismittel sind anzugeben. Entspricht die Klage diesen Anforderungen nicht in vollem Umfang, so hat der Vorsitzende den Kläger zu der erforderlichen Ergänzung innerhalb einer bestimmten Frist aufzufordern.

(5) Mit der Klage ist eine Gebühr nach dem Tarif zu zahlen; wird sie nicht gezahlt, so gilt die Klage als nicht erhoben.

(6) Wohnt der Kläger im Ausland, so hat er dem Beklagten auf dessen Verlangen Sicherheit wegen der Kosten des Verfahrens zu leisten. Das Patentgericht setzt die Höhe der Sicherheit nach billigem Ermessen fest und bestimmt eine Frist, innerhalb welcher sie zu leisten ist. Wird die Frist versäumt, so gilt die Klage als zurückgenommen.

ÜBERSICHT

I. Abs. 1 Satz 1: Nichtigkeitsklage und Kläger

1 Berechtigt zur Erhebung der Nichtigkeitsklage aus den Gründen des § 13 Abs. 1 Nr. 1 (Nichtpatentfähigkeit) und Nr. 2 (Vorpatentierung) – wegen Nr. 3 s. § 37 Abs. 2 – und des § 13 a (Erweiterung im Beschränkungsverfahren) ist **jedermann,** d. h. jede natürliche oder juristische Person oder parteifähige Handelsgesellschaft. Beim nichtrechtsfähigen Verein, der nicht aktiv parteifähig ist (§ 50 Abs. 2 ZPO), sind alle Mitglieder in der Klageschrift aufzuführen (BGH 26. 5. 1961 Mitt. 1961, 199). Unter dieser Voraussetzung sollte ein nichtrechtsfähiger Verein auch als Nebenintervenient zugelassen werden (offengelassen von BGH 14. 11. 1961 Bl. 1962, 81).

Das vielgebrauchte Wort »**Popularklage**« sollte nicht darüber hinwegtäuschen, daß der Kläger kraft eigenen Rechts und im eigenen Interesse oder dem eines Dritten handelt (vgl. Alexander-Katz, GRUR 1954, 23). Kein Mensch ist so töricht, Mühe und Kosten für einen Prozeß aufzuwenden, wenn er nicht damit sich oder einem bestimmten Dritten nützen oder seinem Gegner schaden kann. Jedoch braucht der Kläger ein eigenes rechtliches oder auch nur wirtschaftliches oder ideelles Interesse nicht darzutun (BGH 10. 1. 1963 GRUR 1963, 253 – Bürovorsteher –); daher ist auch die Klageerhebung durch einen im fremden Interesse handelnden Strohmann grundsätzlich unbedenklich (BGH a. a. O.; s. aber unten Anm. 15).

Ob der Kläger im Erteilungsverfahren Einspruch erhoben hatte oder nicht, spielt keine Rolle.

1. Rechtsschutzbedürfnis

2 Ein Rechtsschutzbedürfnis ist wie bei jeder Klage notwendig und muß bis zum Schluß der mündlichen Verhandlung vorliegen. Doch ist sein Nachweis im Regelfall nicht erforderlich (BGH 15. 4. 1955 GRUR 1955, 476 – Spülbecken –; BPatG 5. 6. 1962 E 2, 102); denn es ist ohne weiteres durch das öffentliche Interesse an der Vernichtung zu Unrecht erteilter Patente gegeben (BGH 10. 1. 1963 a. a. O.).

3 Dieses öffentliche Interesse fehlt bzw. entfällt, wenn das Patent (durch Zeitablauf, Nichtzahlung der Jahresgebühren oder Verzicht) bereits erloschen ist oder während des Nichtigkeitsverfahrens **erlischt.** In diesem Fall **erledigt** sich bei Einverständnis des Klägers der Rechtsstreit in der Hauptsache. Widerspricht der Beklagte (oder hält der Kläger den Antrag auf Vernichtung aufrecht, DPA 12. 3. 1957 Mitt. 1957, 147), so hat das Gericht durch Urteil (Löscher bei Benkard, § 37 Anm. 23) die Erledigung festzustellen und über die Kosten nach § 91 a ZPO zu entscheiden, s. dazu § 40 Anm. 26 (a. A. BPatG 30. 5. 1967 Mitt. 1968, 120 mit abl. Anm. von Boehmert; Wieland Horn, GRUR 1971, 333, will die Kostenentscheidung auf § 91 ZPO gründen, was jedoch auf dasselbe hinauskommt).

Daß das Erlöschen nicht zurückwirkt, während die Vernichtung ex tunc wirken würde, berührt nicht das Allgemeininteresse (BGH 29. 9. 1964 GRUR 1965, 231 – Zierfalten –). Will der Kläger trotz Erlöschen des Patents die Nichtigkeitsklage erheben oder fortführen (denn der Fall des Erlöschens während des Nichtigkeitsverfahrens ist nicht anders zu behandeln als der des vorherigen Erlöschens, BGH a. a. O.), dann muß er ein rechtliches Interesse nachweisen. Dieses kann sich insbesondere aus einem schwebenden Verletzungsprozeß oder aus der Gefahr der Inanspruchnahme wegen Patentverletzung in der vor dem Erlöschen liegenden Zeit ergeben. Auch dieses rechtliche Interesse entfällt, wenn der Beklagte verbindlich erklärt, daß er sich gegenüber den Ansprüchen des Klägers nicht auf die ursprüngliche Wirksamkeit des Patentes berufen werde (DPA 12. 3. 1957 Mitt. 1957, 147; BGH a. a. O.). Allenfalls kann der Kläger ein besonderes eigenes Interesse daran haben, seine Abnehmer auch noch für die Vergangenheit vor Angriffen des Beklagten wegen Patentverletzung zu schützen und auf diese Weise auch für die Zukunft einer Gefährdung oder Beeinträchtigung seines Absatzes entgegenzuwirken (BGH 1. 4. 1965 GRUR 1966, 141 – Stahlveredlung –). Zum Rechtsschutzbedürfnis bei der GebrM-Löschungsklage vgl. BPatG 28. 11. 1969 Mitt. 1970, 176.

Glaubhaftmachung eines eigenen schutzwürdigen Interesses ist auch Voraussetzung der Armenrechtsbewilligung, § 46 d.

Einer besonderen Prüfung bedarf die Klagebefugnis auch bei der **Zwangslizenzklage.** Diese kann nur erheben, wer selbst in der Lage ist, die erstrebte Zwangslizenz auszunutzen, nicht also z. B. ein Verein, dessen Zweck nicht auf einen wirtschaftlichen Geschäftsbetrieb gerichtet ist (RG 26. 11. 1930 RGZ 130, 360). 4

2. Ausschluß der Klagebefugnis

Selbstverständlich kann der **Patentinhaber** selbst nicht die Nichtigkeitsklage erheben, da er nicht gleichzeitig Kläger und Beklagter sein kann (zur Klage eines Strohmanns s. Anm. 15 f.). 5

Der Grundsatz der Popularklage ist ferner insbes. dadurch durchbrochen, daß manchem kraft ausdrücklicher oder stillschweigender Vereinbarung (pactum de non petendo) oder nach Treu und Glauben die Erhebung der Nichtigkeitsklage verwehrt ist, so daß der dennoch von ihm erhobenen Klage die **Einrede** des Klagverzichts (**exceptio pacti,** Nichtangriffsabrede) oder der Arglist entgegengesetzt werden kann, mit der Folge, daß die Klage als unzulässig abgewiesen wird (BGH 20. 5. 1953 BGHZ 10, 22 – Konservendosen – im Anschluß an die Rechtsprechung des RG und in Ablehnung einer vom DPA zunächst verfolgten Rechtsprechung, die die Zulässigkeit der exceptio pacti verneinte, weil diese dem öffentlichen Interesse an der Vernichtung zu Unrecht erteilter Patente zuwiderlaufe, vgl. Hartgen, Bl. 1952, 269 und neuerdings Schwerdtner, GRUR 1968, 11; dem BGH zustim- 6 mend u. a. Moser von Filseck, JZ 1953, 670; Schippel, GRUR 1955, 322). Auch eine in Kenntnis der Vernichtbarkeit des Patents eingegangene Nichtangriffsabrede braucht keineswegs sittenwidrig zu sein (wie BGH a. a. O. S. 27 andeutet und Schickedanz, Mitt. 1969, 48 f. ausführt).

7 Die Nichtangriffsverpflichtung des Erwerbers oder Lizenznehmers ist auch in der Regel **kartellrechtlich** zulässig, § 20 Abs. 2 Nr. 4 GWB (vgl. auch BGH 20. 5. 1953 a. a. O. nach altem Recht), jedoch nur während der Laufzeit des Schutzrechts (OLG Karlsruhe 23. 4. 1968 WRP 1968, 409; dazu Fritze, GRUR 1969, 218 und Preu, Festschrift für Wendel S. 125); im übrigen vgl. § 9 Anm. 75 und Preu a. a. O. S. 115 ff.

8 Der Klagverzicht kann **ausdrücklich vereinbart** sein (z. B. mit den Worten, das Patent »in jeder Weise zu respektieren«, DPA 17. 10. 1960 Bl. 1961, 265). Aus der Verpflichtung, gegen eine Anmeldung keinen Einspruch zu erheben, kann die Verpflichtung folgen, auch das erteilte Patent nicht anzugreifen (BGH 20. 5. 1953 a. a. O.). Das BPatG (3. 12. 1964 E 6, 191) hat auch eine ausdrückliche Vereinbarung des Inhalts zugelassen, daß zwar eine Nichtigkeitsklage auf neues neuheitsschädliches Material gestützt, mangelnde Erfindungshöhe aber nicht geltend gemacht werden dürfe; die Entscheidung unterscheidet zwischen den verschiedenen »Nichtigkeitsgründen« (mangelnde Neuheit, mangelnde Erfindungshöhe) des einheitlichen »Klagegrundes« des § 13 Abs. 1 Nr. 1 und läßt eine auf bestimmte »Nichtigkeitsgründe« beschränkte Nichtangriffsabrede zu. Das bedeutet, daß, wenn das neue Material neuheitsschädlich ist, der Klage stattgegeben, wenn es die Erfindung nur nahelegt, die Klage als unzulässig verworfen werden muß, womit die Zulässigkeit von der sachlichen Wertung des Klagevorbringens abhängt und die Zulässigkeitsprüfung nicht am Anfang, sondern am Ende des Verfahrens stattfindet. Eine Nichtangriffsabrede sollte nur auf die einzelnen »Klagegründe« des § 13 Abs. 1 beschränkt werden können; auch die Rechtskraft der Entscheidung erstreckt sich auf den geltend gemachten Klagegrund (s. § 40 Anm. 17).

9 Schwieriger als die ausdrückliche Nichtangriffsverpflichtung sind die Fälle zu beurteilen, in denen diese sich als **stillschweigend vereinbart** oder nach Treu und Glauben ergibt. Ohne Bestehen vertraglicher Bindungen wird die Einrede arglistigen Verhaltens nur unter ganz besonderen Umständen durchgreifen (BGH 15. 10. 1957 GRUR 1958, 177 – Aluminiumflachfolien –). Auch wer im Erteilungsverfahren seinen Einspruch zurückgenommen hatte, ist nicht gehindert, Nichtigkeitsklage zu erheben (oder als Nebenintervenient beizutreten, RG 13. 6. 1938 GRUR 1938, 844). Dagegen kann sich insbes. aus folgenden **Verträgen** eine Verpflichtung, das Patent nicht mit der Nichtigkeitsklage anzugreifen, ergeben:

10 a) Aus einem **Lizenzvertrag** für den Lizenznehmer, wenn es sich um eine ausschließliche Lizenz (vgl. RG 22. 1. 1921 RGZ 101, 235; DPA 19. 11. 1957 Mitt. 1958, 97; einschränkend DPA 26. 5. 1959 Mitt. 1960, 77 und

BGH 30. 11. 1967 Mitt. 1968, 58 = GRUR 1971, 243 – Gewindeschneidvorrichtungen –; auch betr. Lizenz an ausländischem Parallelpatent) oder um einen Lizenzvertrag mit gesellschaftsähnlichem Charakter handelt, nach dem beide Parteien bei der Erwirkung oder Auswertung des Patents zusammenarbeiten (BGH 29. 1. 1957 GRUR 1957, 482 – Chenillefäden –; DPA 26. 5. 1959 Mitt. 1960, 77; BPatG 5. 6. 1962 E 2, 202; BGH 30. 11. 1967 a. a. O.; unzulässig ist auch die Nichtigkeitsklage gegen ein im vertraglichen Rahmen des Austauschs von Verbesserungen unentgeltlich zur Benutzung überlassenes Patent, BGH 29. 1. 1957 GRUR 1957, 485 – Chenillemaschine – mit krit. Anm. v. Heine). Eine einfache Lizenz, die zur Beilegung eines Nichtigkeits- und Verletzungsstreits gewährt wurde, hindert nicht eine neue Nichtigkeitsklage bei wesentlich veränderten Verhältnissen (BPatG 22. 11. 1966 E 9, 34).

Ist ein Lizenzverhältnis, das kein besonders enges Vertrauensverhältnis erfordert, im Zeitpunkt der letzten mündlichen Verhandlung **beendet,** so steht es nicht mehr entgegen (BGH 2. 3. 1956 GRUR 1956, 264 – Wendemanschette –; 30. 11. 1967 a. a. O.); ebenso der durch Kündigung beendete Lizenzvertrag, dessen Kündigung ohne Angabe von Gründen vertraglich vorgesehen war, ohne daß eine Nichtangriffsverpflichtung vereinbart war (BGH 14. 7. 1964 GRUR 1965, 135 – Vanal –). Auch kann einem Lizenzvertrag, der nach seinem ursprünglichen Inhalt eine Nichtigkeitsklage des Lizenznehmers ausgeschlossen hätte, durch nachträgliches stillschweigendes Übereinkommen diese Wirkung genommen sein (BGH 20. 4. 1961 GRUR 1961, 572 – Metallfenster –). **11**

b) Aus einem **Kaufvertrag** über ein Patent kann sich für den Verkäufer eine Nichtangriffsverpflichtung ergeben (BGH 12. 7. 1955 GRUR 1955, 535 – Zählwerkgetriebe –). Der Fall **treuhänderischer** Übertragung eines Patents oder einer Anmeldung mit der Verpflichtung zur Rückübertragung nach Vertragsende ist der Gewährung einer ausschließlichen Lizenz gleichzuachten (BGH 14. 7. 1964 a. a. O.). **12**

c) Aus einem **Gesellschaftsvertrag,** in dem ein Gesellschafter ein Patent einbringt, ergibt sich eine Nichtangriffsverpflichtung für den Gesellschafter (BGH 12. 7. 1955 a. a. O.). Wird ein ausgeschiedener Gesellschafter wegen seines Anteils an dem der Gesellschaft belassenen Patent abgefunden, so ist ihm die Nichtigkeitsklage verwehrt (BPatG 1. 2. 1967 E 9, 42). **13**

d) Schließlich kann sich aus einem **Arbeits- oder Dienstvertrag** für den angestellten Erfinder eine Nichtangriffsverpflichtung ergeben (BGH 12. 7. 1955 a. a. O. in einem nicht dem Arbeitnehmererfinderrecht unterliegenden Fall), unter Umständen – insbes. solange dafür eine Vergütung gezahlt wird – auch nach Beendigung des Arbeitsverhältnisses; dagegen nur in eingeschränktem Umfang für den **Arbeitgeber** hinsichtlich einer freigewordenen Diensterfindung (vgl. DPA 15. 4. 1958 Bl. 1958, 301; bestätigt von **14**

BGH 14. 7. 1964 GRUR 1965, 135, 137 – Vanal –) oder einer freien Erfindung des Arbeitnehmers (Näheres bei Röpke, GRUR 1962, 173).

15 Erhebt für den an der Klageerhebung Gehinderten ein **Strohmann** die Klage, so ist diese ebenso unzulässig, wie es eine Klage des Hintermannes wäre, denn der Strohmann muß die gegenüber seinem Hintermann begründeten Einreden dulden (BPatG 5. 6. 1962 E 2, 102; BGH 10. 1. 1963 GRUR 1963, 253 – Bürovorsteher –). Die Nichtigkeitsklage, die der Patentinhaber durch einen Strohmann erheben läßt, ist unzulässig (RG 17. 9. 1927 Bl. 1927, 256); jedoch hat der BGH (13. 12. 1962 GRUR 1963, 519, 522 – Klebemax –) es offengelassen, ob der Schutzrechtsinhaber durch einen Strohmann sein eigenes Patent nichtig klagen (bzw. GebrM löschen lassen) darf (etwa weil er die rückwirkende Rechtsaufgabe aus bestimmten Gründen einem nur ex nunc wirkenden Verzicht vorzieht); jedenfalls sei es nicht von vornherein arglistig, wenn er sich in einem anderen Verfahren auf die so erzielte Rechtslage beruft.

16 Im übrigen ist die Strohmannschaft als solche rechtlich unbedenklich; daher kann der **Bürovorsteher** eines Patentanwalts eine Nichtigkeitsklage im eigenen Namen, aber im fremden Interesse jedenfalls dann erheben, wenn er den hinter ihm stehenden Auftraggeber benennt (BGH 10. 1. 1963 a. a. O.; die Entscheidung läßt offen, ob eine – offene oder verdeckte – Strohmannschaft des Patentanwalts gegen die Standesrichtlinien verstößt; auch ein solcher Verstoß würde die Klage nicht unzulässig machen). Dieser Benennung bedarf es, damit nachgeprüft werden kann, ob dem Hintermann eine exceptio pacti oder eine sonstige Einrede entgegengesetzt werden könnte.

17 Das Gegenstück zum Strohmanntatbestand wäre es, wenn jemand sich während eines Nichtigkeitsstreits das Patent **übertragen läßt,** um dadurch die Stellung des Beklagten zu erlangen und die nur ihm zustehende exceptio pacti erheben zu können; dies kann unter Umständen gegen Treu und Glauben verstoßen (BGH 20. 5. 1953 GRUR 1953, 385 – Konservendosen –).

18 Ist eine **Gesellschaft** an der Klageerhebung gehindert, so sind es auch ihre einzelnen Gesellschafter (BGH 29. 1. 1957 GRUR 1957, 482 – Chenillefäden – für den alleinigen Gesellschafter einer GmbH).

3. Satz 2: Beklagter

19 Diese durch das 6. ÜG eingefügte Bestimmung sagt nunmehr ausdrücklich, daß die Klage gegen den in der Patentrolle **Eingetragenen** zu richten ist. (Bezieht sich eine Zwangslizenzklage auf ein noch nicht erteiltes Patent, so ist sie gegen den aus der Erteilungsakte ersichtlichen Patentsucher zu richten.) Wenn der Beklagte nicht in der Patentrolle als Patentinhaber eingetragen ist, ist die Nichtigkeitsklage wegen fehlender Prozeßführungsbefugnis des Beklagten als unzulässig abzuweisen; der Mangel der Prozeßfüh-

rungsbefugnis ist von Amts wegen und in jeder Lage des Verfahrens zu beachten (BGH 16. 7. 1965 GRUR 1966, 107 – Patentrolleneintrag –).

Ist der in der Rolle Eingetragene **verstorben** oder in **Konkurs** gefallen, so ist die Klage gegen den Erben bzw. den Konkursverwalter zu richten. Der Erbe ist auch dann der richtige Beklagte, wenn eine Testamentsvollstreckung angeordnet ist; jedoch ist zur Führung des Prozesses und zur Erteilung der Prozeßvollmacht nur der Testamentsvollstrecker befugt, der auch im Rubrum aufzuführen ist (BGH 14. 6. 1966 GRUR 1967, 56 – Gasheizplatte –). Ist der Erbe nicht bekannt, so kann beim Amtsgericht die Bestellung eines Pflegers beantragt werden (§§ 1913, 1961 BGB). Ist die als Patentinhaberin in der Rolle eingetragene Firma **gelöscht,** so ist ihr letzter aus dem Handelsregister ersichtlicher Inhaber als Eingetragener anzusehen (RG 14. 12. 1901 Bl. 1902, 177). 20

Bei einer **Umschreibung** des Patents gemäß § 24 tritt der neu eingetragene Inhaber ohne weiteres und ohne die Notwendigkeit der Zustimmung des Klägers (§ 265 Abs. 2 S. 2 ZPO ist nicht anwendbar) in die Stellung des Beklagten ein (RG 20. 11. 1909 RGZ 72, 242); der ursprüngliche Beklagte scheidet aus und kann vom Kläger auch nicht mehr für die bis dahin entstandenen Kosten in Anspruch genommen werden (RG 9. 6. 1937 GRUR 1938, 581).

4. Vertreter

Als geschäftsmäßige Vertreter sind nur Rechtsanwälte, Patentanwälte und Erlaubnisscheininhaber zugelassen, in der Berufungsinstanz vor dem BGH nur Rechsanwälte und Patentanwälte. 21

Tod des Vertreters bewirkt keine Unterbrechung des Verfahrens gemäß § 244 ZPO, da im Nichtigkeitsprozeß kein Anwaltszwang besteht.

Vertretungszwang besteht nur nach § 16 für Parteien ohne inländischen Wohnsitz oder Niederlassung. Hat ein solcher Beklagter keinen Inlandsvertreter bestellt (bzw. bestellt er nach dessen Wegfall innerhalb gesetzter Frist keinen neuen), so kann die Klage trotzdem gegen ihn erhoben und durchgeführt werden, ohne daß er am Verfahren teilnehmen kann (Löscher bei Benkard, § 37 Anm. 6). 22

5. Tod, Konkurs

Beim **Tod** einer Partei tritt der Erbe in die Parteistellung ein (RG 13. 1. 1906 Bl. 1906, 192). Das Verfahren wird bis zur Aufnahme durch den Erben oder den Gegner unterbrochen (§ 239 ZPO), es sei denn, daß die Partei durch einen Prozeßbevollmächtigten vertreten war; dann wird das Verfahren nur auf dessen oder des Gegners Antrag ausgesetzt (§ 246 ZPO). Der Amtsbetrieb ermöglicht es dem Gericht jedoch, auch bei Unterbrechung oder Aussetzung des Verfahrens von Amts wegen die Erben zu ermitteln und die Aufnahme des Verfahrens zu erzwingen (vgl. § 36 l Anm. 31). 23

Der Tod des Prozeßbevollmächtigten bewirkt keine Unterbrechung (s. o. Anm. 21).

24 Die Eröffnung des **Konkurses** über das Vermögen einer Partei unterbricht das Nichtigkeitsverfahren (§ 240 ZPO; RG 27. 9. 1933 RGZ 141, 427, 429; vgl. BGH 1. 4. 1965 GRUR 1965, 621, 622 – Patentanwaltskosten – für das Kostenfestsetzungsverfahren). Der Konkursverwalter kann das Verfahren (durch formlose Erklärung, RG a. a. O.) aufnehmen oder die Aufnahme ablehnen; in diesem Fall wird der Streitgegenstand aus der Masse freigegeben und kann der Gemeinschuldner oder sein Gegner das Verfahren aufnehmen (§ 10 Konkursordnung). Verzögert der Konkursverwalter die Aufnahme, so kann auch der Gegner das Verfahren aufnehmen, indem er Terminsanberaumung beantragt (RG 27. 6. 1941 GRUR 1941, 387).

6. Streitgenossen, Streitgehilfen

25 Mehrere Personen auf einer Parteiseite sind **Streitgenossen** (§ 59 ZPO). Stehen auf der Beklagtenseite mehrere Patentinhaber, so sind sie **notwendige** Streitgenossen (§ 62 ZPO; ebenso im Verfahren nach § 14 Abs. 4: BGH 15. 6. 1967 GRUR 1967, 655 – Altix –), da die Nichtigkeit des Patents allen Patentinhabern gegenüber nur einheitlich festgestellt werden kann. Das hindert nicht, daß gegen ein das Patent vernichtendes Urteil nur einer von mehreren Patentinhabern Berufung einlegt oder seine Berufung trotz Zurücknahme der Berufung des anderen Inhabers durchführt (RG 22. 5. 1911 RGZ 76, 298).

26 Anders als im Einspruchsverfahren (BPatG 20. 12. 1961 E 1, 122) ist im Nichtigkeitsverfahren die **Nebenintervention** (Streithilfe) zulässig, d. h. ein Dritter kann der einen oder anderen Partei als Nebenintervenient oder **Streitgehilfe** beitreten, wenn er ein rechtliches Interesse an dem Obsiegen dieser Partei hat (§ 66 ZPO). Der Beitritt hat zur Folge, daß der Streitgehilfe in einem etwaigen späteren Prozeß zwischen ihm und der von ihm unterstützten Partei (»Hauptpartei«) nicht mit der Behauptung gehört wird, der Rechtsstreit sei unrichtig entschieden, vielmehr nur mit der wenig wirksamen Behauptung mangelhafter Prozeßführung durch die Hauptpartei; diese »Interventionswirkung« (§ 68 ZPO) ist von Amts wegen zu beachten (BGH 4. 2. 1955 BGHZ 16, 217, 228).

27 Das Erfordernis des **rechtlichen Interesses** (»Interventionsinteresse«) bedeutet, daß zwischen dem Streitgehilfen und einer der Parteien eine Rechtsbeziehung bestehen muß, die durch die Entscheidung des Nichtigkeitsverfahrens beeinflußt werden kann (BGH 14. 11. 1961 Bl. 1962, 81). Die Rechtsbeziehung braucht – anders als im Zivilprozeß – nicht notwendig zu der Partei zu bestehen, der der Streitgehilfe beitritt, der **»Hauptpartei«** i. S. des § 68 ZPO (etwa in Gestalt des Rechtsverhältnisses von Hersteller und Abnehmer auf der Klägerseite oder von Patentinhaber und Erfinder oder

Lizenznehmer auf der Beklagtenseite), sondern kann auch zu deren Gegner bestehen.

So ist ein rechtliches Interesse zum Beitritt auf seiten des **Klägers** bei dem Dritten angenommen worden, der (oder dessen Lieferant, BGH 30. 5. 1967 GRUR 1968, 86 – Landwirtschaftliches Ladegerät – für GebrM-Löschungsverfahren) wegen Patentverletzung vom Beklagten **verwarnt** (RG 13. 6. 1938 GRUR 1938, 844) oder **verklagt** worden ist (wobei die Frage, ob wirklich eine Patentverletzung vorliegt, im Nichtigkeitsverfahren nicht nachgeprüft, vielmehr die Verletzung unterstellt wird; nicht genügt jedoch eine einseitige Selbstbezichtigung der Patentverletzung, BGH 13. 11. 1951 BGHZ 4, 5). Da in diesem Fall zwischen dem Streitgehilfen und der von ihm unterstützten Hauptpartei keine rechtliche Beziehung besteht, kann auch die Interventionswirkung des § 68 ZPO nicht auftreten, die das Gesetz nur im Verhältnis zwischen Streitgehilfen und Hauptpartei vorschreibt, nicht aber im Verhältnis zu deren Gegner (RG 2. 11. 1935 HRR 1936, 288; BGH 16. 11. 1951 BGHZ 3, 385, 387 für den Zivilprozeß; jedoch kann auch die in § 41 o Abs. 1 vorgesehene »entsprechende« Anwendung der ZPO im Nichtigkeitsverfahren nicht zur Umkehrung des Wortlauts des § 68 ZPO führen; über das Verhältnis zwischen Streitgehilfen und Gegner s. auch unten Anm. 33). 28

Im Verhältnis zwischen Streitgehilfen und Gegner der Hauptpartei (Nichtigkeits**beklagten**) gilt vielmehr folgendes. Die Vernichtung des Patents wirkt ohnehin gegenüber jedermann; die (Teil-)Abweisung der Nichtigkeitsklage dagegen schafft keine Rechtskraft gegenüber dem Streitgehilfen und äußert auch keine Interventionswirkung. Der Streitgehilfe ist also nicht gehindert, seinerseits eine neue Nichtigkeitsklage zu erheben, ebenso wie er dies tun könnte, wenn er nicht als Streitgehilfe beigetreten wäre. Die Eigenschaft der Nichtigkeitsklage als Popularklage bringt es mit sich, daß kein Dritter (abgesehen vom Strohmann des Erstklägers, s. § 40 Anm. 18) mit einer späteren Klageerhebung ausgeschlossen wird, so daß das von der Rechtsprechung bejahte »rechtliche« Interesse des Verwarnten immerhin zweifelhaft erscheint. Für ihn liegt der Anreiz zur Nebenintervention wohl auch mehr auf tatsächlichem Gebiet, da er die Gebühr für eine eigene Klage spart, die Möglichkeit der Akteneinsicht erhält und da durch die Additionswirkung der vereinten Entgegenhaltungen von Kläger und Streitgehilfen die Aussichten der Klage steigen. 29

Solch **tatsächliches Interesse** allein genügt an sich für die Nebenintervention nicht. Deshalb kann der nicht beitreten, der gegen dasselbe Patent eine eigene (mit Rücksicht auf das andere Verfahren ausgesetzte) Nichtigkeitsklage erhoben hat und die Klage des anderen Klägers unterstützen will (RG 12. 11. 1932 GRUR 1933, 135); auch nicht der, der ein dem angegriffenen ähnliches Patent besitzt (RPA 14. 12. 1933 Mitt. 1934, 142). 30

31 Der **Beitritt erfolgt** durch Einreichung eines Schriftsatzes, der insbes. die bestimmte Angabe des Interesses, das der Nebenintervenient hat, enthalten muß (§ 70 ZPO). Er kann in jeder Lage des Rechtsstreits und in jeder Instanz erfolgen, auch in Verbindung mit der Einlegung eines **Rechtsmittels** (§ 66 Abs. 2 ZPO), jedoch nicht mehr nach Rechtskraft der Entscheidung. Zur Rechtsmitteleinlegung zugunsten der Hauptpartei ist der Nebenintervenient – innerhalb der für die Hauptpartei laufenden Frist; Wiedereinsetzung gibt es für den Nebenintervenienten nicht (RPA 18. 8. 1938 Mitt. 1939, 69) – auch dann befugt, wenn die Hauptpartei kein Rechtsmittel einlegt (sofern sie nicht ausdrücklich auf das Rechtsmittel verzichtet, BGH 20. 4. 1961 GRUR 1961, 572 – Metallfenster –) oder ihr Rechtsmittel zurücknimmt.

32 Die **Alleinherrschaft der Hauptpartei** über das Verfahren äußert sich nur darin, daß diese die Klage zurücknehmen kann; dann kann auch der Streitgehilfe das Verfahren nicht fortführen (BGH 22. 12. 1964 GRUR 1965, 297 – Nebenintervention –). Auch kann der dem Beklagten beigetretene Streitgehilfe das Patent nicht in weiterem Umfang verteidigen, als der Patentinhaber selbst es verteidigen will; hat dieser sich mit einer eingeschränkten Fassung der Patentansprüche einverstanden erklärt und gegen die dahingehende Teilvernichtung keine Berufung eingelegt, so kann der Streitgehilfe ihm nicht mit einer auf völlige Klageabweisung gerichteten (Anschluß-)Berufung die Beibehaltung des Patentschutzes im ursprünglichen Umfang aufzwingen (BGH 20. 4. 1961 a. a. O.).

33 **Streitgenössische Nebenintervention** i. S. des § 69 ZPO – mit der Folge, daß der Streitgehilfe sich, abweichend von § 67 ZPO, mit Erklärungen und Handlungen der Hauptpartei in Widerspruch setzen kann, und mit der weiteren Folge der unterschiedlichen Kostenregelung gemäß § 101 ZPO – liegt vor, wenn die Entscheidung auf das Rechtsverhältnis des Nebenintervenienten zum Gegner der Hauptpartei von Wirksamkeit ist, also über die Parteien hinaus für und gegen den Streithelfer wirkt. Dies ist der Fall sowohl im Verhältnis zwischen dem dem Kläger beigetretenen Verwarnten oder Verklagten und dem Patentinhaber (BGH 30. 5. 1967 GRUR 1968, 86, 91 – Landwirtschaftliches Ladegerät – für GebrM-Löschungsverfahren) wie im Verhältnis zwischen dem dem Beklagten beigetretenen (ausschließlichen) Lizenznehmer und dem Kläger, da die Entscheidung entweder den Fortfall oder das Fortbestehen der durch den Verletzungstatbestand gegebenen Rechtsbeziehung bewirkt. Die Beantwortung der Frage ist aber jedenfalls auf der Beklagtenseite durch die Besonderheiten des Patentverfahrens modifiziert, da der dem Beklagten beigetretene Streithelfer das Patent nicht in weiterem Umfang verteidigen kann als der Patentinhaber selbst (s. o. Anm. 32 und BGH 20. 4. 1961 GRUR 1961, 572 – Metallfenster –).

34 Eine **Vorabentscheidung** über Zulassung oder Zurückweisung des Beitritts kann ergehen, wenn eine Partei ihm widerspricht oder der Senat (der die

Zulässigkeit des Beitritts von Amts wegen zu prüfen hat, PA 12. 4. 1905 Bl. 1906, 246) eine Vorabentscheidung für angezeigt hält. Diese ergeht in Dreierbesetzung durch Beschluß, ggf. mit Kostenentscheidung zu Lasten des nichtzugelassenen Nebenintervenienten (RPA 5. 2. 1934 Mitt. 1934, 142) bzw. des erfolglos Widersprechenden (BGH 17. 5. 1968, zitiert von Löscher bei Benkard, § 37 Anm. 7 b); daher richtet sich der Streitwert nach dem Interesse, das der Nebenintervenient an der Zulassung seines Beitritts hatte (BGH 24. 2. 1953 NJW 1953, 745 LS).

Da die Vorabentscheidung nicht gesondert, sondern nur zusammen mit der Endentscheidung anfechtbar ist (§ 42 Abs. 4 S. 1; vgl. BGH 14. 11. 1961 Bl. 1962, 81), äußert sie – wenn der Nebenintervenient sich ihr nicht unterwirft und »freiwillig« auf seine weitere Beteiligung verzichtet – keine Wirkung, denn der Nebenintervenient ist bis zur rechtskräftigen Feststellung der Unzulässigkeit der Nebenintervention zum Verfahren zuzuziehen (§ 71 Abs. 3 ZPO; Löscher bei Benkard, § 37 Anm. 7 b). Um dieses sinnwidrige Ergebnis zu vermeiden, sollte das Gericht, das den Nebenintervenienten aus dem Verfahren weisen will, über die Zulässigkeit seines Beitritts (in Fünferbesetzung) mündlich verhandeln – wie ja auch in § 71 Abs. 1 ZPO vorgesehen – und ggf. die Zulässigkeit durch (gesondert berufungsfähiges) Zwischenurteil verneinen (ebenso Neumar bei Reimer, § 37 Anm. 7), indem es den Begriff der »Klage« in § 40 Abs. 1 S. 1 und 2 auf die Nebenintervention ausdehnt – da ja für den Nebenintervenienten die seinen Beitritt ablehnende Entscheidung auch eine Endentscheidung ist und sein soll.

Eine Partei, die für den Fall eines ihr ungünstigen Ausgangs des Nichtigkeitsverfahrens einen Regreßanspruch gegen einen Dritten zu haben glaubt 35
oder einen solchen Anspruch eines Dritten befürchtet, kann diesem zwecks Herbeiführung der Interventionswirkung den **Streit verkünden** (§ 72 ZPO). Dann kann der Dritte dem Streitverkünder beitreten, ohne daß er ein rechtliches Interesse an dessen Obsiegen zu haben braucht (BGH 4. 2. 1955 BGHZ 16, 217, 228). Auch wenn er nicht beitritt, muß er sich im späteren Regreßprozeß das Ergebnis des Nichtigkeitsverfahrens im Rahmen des § 68 ZPO entgegenhalten lassen.

7. Aussetzung, Verbindung

Die **Aussetzung** eines Nichtigkeitsverfahrens mit Rücksicht auf ein an- 36
deres dasselbe Patent betreffendes Nichtigkeitsverfahren ist nicht zulässig, da keiner der Aussetzungsgründe der §§ 148 ff. ZPO – auch nicht der der Vorgreiflichkeit – vorliegt; ebensowenig die Aussetzung mit Rücksicht auf eine noch im Erteilungsverfahren befindliche ältere Anmeldung, die möglicherweise den Klagegrund der Vorpatentierung abgeben würde (BGH 16. 2. 1954 GRUR 1954, 317); ebensowenig die Aussetzung mit Rücksicht auf ein Beschränkungsverfahren nach § 36 a, wenn der Nichtigkeitsantrag

über den Beschränkungsantrag hinausgeht (DPA 30. 9. 1954 GRUR 1955, 89 = Bl. 1954, 438; 15. 1. 1958 Bl. 1958, 61); ebensowenig die Aussetzung eines GebrM-Löschungsverfahrens mit Rücksicht auf ein denselben Gegenstand betreffendes Patenterteilungsverfahren (DPA 13. 5. 1958 Mitt. 1958, 242).

37 Unzulässig ist auch die Aussetzung eines erstinstanzlichen Nichtigkeitsverfahrens mit Rücksicht auf ein bereits in der **Berufungsinstanz** befindliches, dasselbe Patent betreffendes Verfahren (DPA 17. 3. 1958 Bl. 1958, 189; kritisch Müller, GRUR 1958, 513 und Neumar bei Reimer, § 39 Anm. 8). Im Gegenteil wird es oft zweckmäßig sein, das nachhinkende Verfahren beschleunigt zum Abschluß zu bringen, damit beide Verfahren noch in der Berufungsinstanz verbunden werden können (s. u. Anm. 38). Notfalls wird der Kläger des erstinstanzlichen Verfahrens (der dem anderen nicht als Streitgehilfe beitreten kann, RG 12. 11. 1932 GRUR 1933, 135) sein etwaiges zusätzliches Material dem anderen Kläger zur Verwertung zugänglich machen.

Über die Aussetzung von Patentverletzungsprozessen bis zur Entscheidung einer Nichtigkeitsklage s. § 47 Anm. 56.

Das Gericht kann auf Antrag beider Parteien (z. B. wegen schwebender Vergleichsverhandlungen) das **Ruhen** des Verfahrens anordnen, § 251 ZPO (Trüstedt bei Reimer, § 41 f Anm. 4).

38 Mehrere Klagen verschiedener Kläger gegen dasselbe Patent oder gegen ein Patent und sein Zusatzpatent oder gegen mehrere in technischer Beziehung zueinander stehende Patente desselben Inhabers kann das Gericht (nicht der Vorsitzende) gemäß § 147 ZPO **verbinden** (a. A., wenn mehrere Patente betroffen sind, Neumar bei Reimer, § 37 Anm. 4). Die Verbindung kann auch noch in der Berufungsinstanz erfolgen, was in einer besonderen Verfahrenssituation zur Folge haben kann, daß die eine Klage sich in der Hauptsache erledigt, wenn schon die andere zur Vernichtung des Patents führt (BGH 30. 6. 1959 GRUR 1960, 27 – Verbindungsklemme –). Erledigung der Hauptsache tritt auch bei nichtverbundenen Verfahren für die eine Klage ein, wenn die andere zur Vernichtung führt.

Verbundene Verfahren können jederzeit wieder **getrennt** werden (§ 150 ZPO).

8. Zurücknahme der Klage

39 Die Zurücknahme der Klage ist **in jeder Lage** des Verfahrens zulässig; auch »zwischen den Instanzen«, d. h. während des Laufs der Berufungsfrist (BGH 19. 2. 1963 GRUR 1964, 18 – Konditioniereinrichtung –) und in der Berufungsinstanz bis zum Erlaß der Entscheidung; in diesem Fall wird das erstinstanzliche Urteil wirkungslos (vgl. § 271 Abs. 3 ZPO), ohne daß es einer ausdrücklichen Aufhebung bedarf. Eine **Fortsetzung** des Verfahrens

von Amts wegen ist nicht möglich, auch wenn das bisherige Verfahren ergeben hatte, daß die Klage hätte Erfolg haben müssen (BGH 20. 5. 1953 BGHZ 10, 22, 28 – Konservendosen –); ebensowenig eine Fortsetzung im Interesse des Beklagten (vgl. DPA 12. 8. 1965 Mitt. 1966, 199 für das GebrM-Löschungsverfahren).

Zur Klagerücknahme bedarf es, abweichend von § 271 ZPO, nicht der **Zustimmung** des Beklagten (RG 15. 1. 1943 GRUR 1943, 211; BGH 19. 2. 1963 a. a. O.; a. A. Harmsen, GRUR 1962, 491). Die Klagerücknahme kann auch in einem zwischen den Parteien geschlossenen **Vergleich** vereinbart werden, sofern sich nicht ausnahmsweise aus § 138 BGB oder § 1 GWB Bedenken gegen die Rechtswirksamkeit eines Vergleichs ergeben (BGH 24. 3. 1966 GRUR 1966, 523 – Kunstharzschaum –). 40

In der **Erklärung** eines Nachlaßpflegers, er nehme das Verfahren für die unbekannten Erben des Klägers nicht auf, ist die Zurücknahme der Klage gefunden worden (RG 16. 1. 1937 GRUR 1937, 292); ebenso in der Erklärung des Klägers, am Verfahren nicht mehr teilnehmen zu wollen (BGH 21. 10. 1952 GRUR 1953, 86 – Schreibhefte –). 41

Nach Klagerücknahme kann auch der **Streitgehilfe** das Verfahren nicht fortführen (BGH 22. 12. 1964 GRUR 1965, 297 – Nebenintervention –). 42

Nimmt der Kläger, nachdem der Beklagte das Patent in formell zulässiger Weise **eingeschränkt** hat, die weitergehende Klage zurück, so muß ein Urteil ergehen, das die eingeschränkte Fassung des Patentbegehrens feststellt (s. u. Anm. 53); dabei wird dessen Patentfähigkeit materiell nicht mehr nachgeprüft, sondern nur, ob nicht eine unzulässige Erweiterung vorliegt (BGH 14. 1. 1964 BGHZ 41, 13 – Dosier- und Mischanlage für Baustoffe –, der den Fall offenläßt, daß die mangelnde Patentfähigkeit des verbleibenden Anspruchs schon auf Grund seines eigenen Inhalts offen zu Tage liegt; vgl. auch BGH 1. 12. 1961 GRUR 1962, 294 – Hafendrehkran –). 43

Die Klage**gebühr** des § 37 Abs. 5 wird nicht zurückgezahlt. Über die Ermäßigung der Prozeßgebühr für die Berufungsinstanz bei Klagerücknahme und den Wegfall der Beweisgebühr bei vergleichsweiser Erledigung des Nichtigkeitsverfahrens s. § 42 Anm. 17 f. Der Kläger hat die Kosten des Beklagten zu erstatten, was auf dessen Antrag durch Beschluß auszusprechen ist (§ 271 Abs. 3 ZPO, vgl. § 40 Anm. 27). 44

Die Klagerücknahme hindert nicht die spätere **erneute Klageerhebung** durch denselben Kläger; allenfalls kann der Beklagte die Einlassung verweigern, bis ihm die Kosten des früheren Verfahrens erstattet sind (§ 271 Abs. 4 ZPO). 45

II. Abs. 2: Klagebefugnis bei widerrechtlicher Entnahme

46 Die Nichtigkeitsklage wegen widerrechtlicher Entnahme (§ 13 Abs. 1 Nr. 3) kann – ebenso wie den hierauf gegründeten Einspruch – **nur der Verletzte** erheben. Dieser kann jedoch seine Ansprüche aus der Entnahme zugleich mit seinen Erfinderrechten auf einen anderen übertragen; dann ist dieser als Verletzter zu betrachten (RG 30. 9. 1936 GRUR 1937, 378) und kann die Nichtigkeitsklage aus § 13 Abs. 1 Nr. 3 erheben, der Abtretende kann ihm als Streitgehilfe beitreten (PA 12. 4. 1905 Bl. 1906, 246).

III. Frist und Form der Klage

1. Frist

47 Eine Frist für die Erhebung der Nichtigkeitsklage ist nicht vorgeschrieben. Die frühere Ausschlußfrist von 5 Jahren (§ 37 Abs. 3 a. F.) wurde durch die VO vom 23. 10. 1941 (RGBl. II 372) beseitigt, um das »Ersitzen« einer Monopolstellung durch bloßen Zeitablauf zu verhindern; die VO ist keine Kriegsmaßnahme i. S. des Art. 2 AHKG 8 (BGH 10. 12. 1954 Bl. 1955, 192).

48 Die Klageerhebung ist **frühestens** zulässig, wenn der Erteilungsbeschluß rechtskräftig geworden ist; ist dies nicht der Fall, dann muß die Nichtigkeitsklage als z. Z. unzulässig abgewiesen werden (BPatG 20. 2. 1963 E 3, 119, 127).

Die für die Zwangslizenzklage in § 15 a. F. vorgeschriebene dreijährige **Wartefrist** wurde durch das 6. ÜG beseitigt. Die Klage ist jetzt schon von der Bekanntmachung der Anmeldung ab zulässig (§ 15 Abs. 1 S. 2). Nur für die Zurücknahmeklage ist die zweijährige Wartefrist des § 15 Abs. 2 S. 2 geblieben.

2. Abs. 3: Form

49 Die Klage ist **schriftlich** zu erheben, **Satz 1**, d. h. sie muß handschriftlich unterzeichnet sein (vgl. im einzelnen § 36 l Anm. 13–15 sowie BGH 29. 5. 1962 GRUR 1962, 453 – Elektromagnetische Hörvorrichtung –). Sie ist an das BPatG zu richten und wird von den Annahmestellen des DPA in München und Berlin angenommen, da das BPatG keine eigene Annahmestelle hat.

50 Wegen der Beifügung von **Abschriften, Satz 2**, vgl. die Anm. zu der entsprechenden Vorschrift des Beschwerdeverfahrens (§ 36 l Anm. 34). Die dort durch das PatÄndG eingeführte Vereinfachung der **Zustellung** (vgl. § 36 l Anm. 38) ist für das Nichtigkeitsverfahren nicht übernommen worden; hier

sind daher nach dem Wortlaut des Gesetzes alle Schriftsätze der Gegenpartei »zuzustellen«, **Satz 3.** Im weiteren Verlauf des Verfahrens sind außer der Gegenpartei auch etwaige sonstige Beteiligte (Nebenintervenient) zu berücksichtigen.

IV. Abs. 4: Inhalt der Klage

1. Satz 1: Klageantrag

Außer den notwendigen Angaben (Kläger, Beklagter und Streitgegen- 51
stand = Patent) »soll« die Klage einen bestimmten **Antrag** enthalten; vorgeschrieben ist dieser erst in der mündlichen Verhandlung (§§ 41 e Abs. 3, 41 g Abs. 2). Auch wenn die Klage sich gegen ein (durch Verzicht usw.) **erloschenes** Patent richtet, geht der Antrag auf Vernichtung (die im Gegensatz zum Verzicht usw. ex tunc wirkt); ein Feststellungsantrag etwa dahin, daß das Patent zu keinem Zeitpunkt einen rechtswirksamen Schutz entfaltet habe, kann in den Antrag auf Vernichtung umgedeutet werden (BGH 29. 9. 1964 GRUR 1965, 231 – Zierfalten –).

Geht der Antrag nur auf **Teilvernichtung** durch Änderung des Patentanspruchs, so ist in dem Antrag diejenige Fassung anzugeben, die der Kläger für gewährbar hält. Bei der **Zwangslizenzklage** ist anzugeben, ob und inwiefern die Zwangslizenz eingeschränkt (§ 15 Abs. 1 S. 3) erteilt werden soll.

Der Klageantrag **bindet** das Gericht insofern, als es nicht über ihn hinaus- 52
gehen darf (vgl. § 308 ZPO). Wird nur ein Unteranspruch angegriffen, so kann der Hauptanspruch nicht vernichtet werden; erscheint auch dessen Patentfähigkeit dem Gericht nicht gegeben, so mag es dem Kläger entsprechende Erweiterung seines Antrags anheimgeben, kann ihn aber nicht dazu zwingen. Entsprechendes sollte beim Antrag auf Teilvernichtung durch Beschränkung des (Haupt-)Anspruchs gelten: erscheint der verbleibende Rest dem Gericht nicht patentfähig, ist aber der Kläger trotz Hinweis des Gerichts aus irgendwelchen Gründen nicht bereit, die gänzliche Vernichtung zu beantragen, so bleibt das Gericht an seinen Antrag gebunden (so jetzt auch Löscher bei Benkard § 13 Anm. 29; a. A. Neumar bei Reimer § 13 Anm. 12; das RG 6. 4. 1935 GRUR 1935, 738; 13. 1. 1937 GRUR 1938, 861 hatte sich zur gänzlichen Vernichtung bei Fehlen des entsprechenden Antrags des Klägers – der nach damaliger Auffassung auch nicht im Wege der Anschlußberufung nachgeholt werden konnte – nicht in der Lage gesehen). Denn schließlich hat der Kläger die Herrschaft über das Verfahren, dessen Einleitung und dessen Durchführung oder Beendigung durch Klagerücknahme in seinem Belieben steht (§ 41 b Anm. 2), und das beschränkte Patent ist immerhin für die Allgemeinheit weniger lästig als das ursprünglich erteilte.

53 Entsprechend ist, wenn die Parteien sich auf eine Anspruchsfassung **einigen** – d. h. der Beklagte sein Patent nur mit eingeschränktem Anspruch verteidigt und der Kläger die weitergehende Klage zurücknimmt –, die Patentfähigkeit des verbleibenden Anspruchs nicht mehr zu prüfen (s. o. Anm. 43). Es tritt jedoch keine Erledigung der Hauptsache ein, vielmehr kann die Änderung der Anspruchsfassung nur durch rechtsgestaltendes Urteil erfolgen (BGH 1. 12. 1961 GRUR 1962, 294 – Hafendrehkran –).

Eine solche außergerichtliche Einigung dann als sittenwidrig und nichtig anzusehen, wenn die Nichtigkeitsklage objektiv begründet war und beide Parteien dies wußten (vgl. RG 8. 12. 1937 RGZ 157, 1; Schickedanz, Mitt. 1969, 46), besteht kein Anlaß. Ein das Nichtigkeitsverfahren beendender Prozeß**vergleich** ist jedoch ebensowenig möglich wie ein das Gericht bindendes Anerkenntnis (anders im Zwangslizenzverfahren, § 40 Anm. 6).

54 Eine Ausnahme von der Regel, daß das Gericht nur im Rahmen der Anträge entscheidet, gilt für echte **Unteransprüche**, die, auch wenn der Klageantrag sich nur gegen den Hauptanspruch richtet, bei dessen Vernichtung auch von Amts wegen mitvernichtet werden (BGH 18. 2. 1955 BGHZ 16, 326 – Kleinkraftwagen –); dies folgt aus dem Wesen des echten Unteranspruchs, der das Schicksal des Hauptanspruchs teilt (BGH 15. 4. 1955 GRUR 1955, 476, 478 – Spülbecken –). Doch sind die Nichtigkeitssenate dem BGH nicht gefolgt, sondern geben dem Antragsprinzip (§ 308 ZPO i. V. m. § 41 o Abs. 1) den Vorrang. Dem Beklagten ist es ja unbenommen, auf überflüssige Unteransprüche zu verzichten (vgl. BPatG 13. 12. 1962 E 4, 30).

Über die Anträge des Beklagten s. § 39 Anm. 2, über die in der Berufungsinstanz s. § 42 a Anm. 4.

2. Satz 2: Klagegrund und -begründung

55 Die Vorschrift schreibt die Angabe der zur Begründung dienenden Tatsachen und Beweismittel vor. Als **Tatsache** kommt insbes. eine offenkundige Vorbenutzung in Betracht, die ebenso wie beim Einspruch (§ 32 Anm. 16 f.) genau bezeichnet werden muß. Öffentliche Druckschriften (§ 2) sind zwar keine »Tatsachen« (vgl. § 41 h Anm. 6), sind aber ebenso wie diese vorzutragen. Daß dieselben Entgegenhaltungen schon im Erteilungsverfahren berücksichtigt worden waren, steht ihrer erneuten Geltendmachung im Nichtigkeitsverfahren nicht entgegen.

Daß die Erfindung nicht neu usw. sei, ist keine zur Begründung dienende Tatsache, sondern ist selber Klagegrund, s. u. Anm. 57.

56 Die Benennung von **Beweismitteln** ist insbes. bei der Geltendmachung offenkundiger Vorbenutzung und beim Klagegrund der widerrechtlichen Entnahme erforderlich, denn der Kläger muß seine Tatsachenbehauptungen beweisen, z. B. bei widerrechtlicher Entnahme den eigenen Erfindungsbesitz

(RG 21. 4. 1939 GRUR 1939, 779). Ob das Fehlen des Fortschritts eine vom Kläger zu beweisende Tatsache ist (BGH 26. 5. 1961 Mitt. 1962, 110), ist zweifelhaft; der Beweis einer negativen Tatsache ist oft nicht zu führen, so daß man hier vom Beklagten wird verlangen können, daß er den (positiven) Beweis des Fortschritts mindestens nach den Grundsätzen des Anscheinsbeweises führt. Auch muß der Beklagte das Vorliegen seiner Verteidigungsmittel, z. B. einer exceptio pacti, beweisen (BPatG 22. 11. 1966 E 9, 34, 39). Zur Beweislast s. § 41 b Anm. 7.

Insbes. aber muß der Kläger den **Klagegrund** angeben, also einen oder 57
mehrere der vier alleinigen Klagegründe für die Nichtigkeitsklage (§ 13 Abs. 1 Nr. 1: Nichtpatentfähigkeit, Nr. 2: Vorpatentierung, Nr. 3: widerrechtliche Entnahme, sowie § 13 a: Erweiterung im Beschränkungsverfahren). Dabei kann sich die Klage aus § 13 Abs. 1 Nr. 1 auf verschiedene »Nichtigkeitsgründe« (vgl. BPatG 3. 12. 1964 E 6, 191) stützen, insbes. fehlende Neuheit, fehlender Fortschritt, fehlende Erfindungshöhe, Nichtpatentfähigkeit nach § 1 Abs. 2.

Die Angabe des Klagegrundes **bindet** das Gericht, welches keine anderen 58
als die vom Kläger geltend gemachten Klagegründe von Amts wegen prüfen darf (BPatG 13. 10. 1964 E 6, 189; wie sich auch die Rechtskraft des klageabweisenden Urteils auf den geltend gemachten Klagegrund beschränkt, § 40 Anm. 17). Dagegen ist das Gericht nicht gehindert, im Rahmen des geltend gemachten Klagegrundes von Amts wegen auch andere Nichtigkeitsgründe (z. B. mangelnde Erfindungshöhe, wo der Kläger nur mangelnden Fortschritt geltend machte) zu untersuchen und von Amts wegen ermitteltes Material entgegenzuhalten (§ 41 b Anm. 5).

3. Satz 3: Ergänzung der Klage

Die Angabe aller für die Klageerhebung vorgeschriebenen Merkmale 59
(sowie bei Nichtigkeitsklagen gegen erloschene Patente die erforderliche Darlegung des Rechtsschutzbedürfnisses, s. o. Anm. 3) ist – wie die Nichtigkeitsklage selbst – nicht fristgebunden und kann daher ohne Rechtsverlust **nachgeholt** werden, spätestens innerhalb der vom Vorsitzenden zu bestimmenden Frist. Nur wenn diese Frist ergebnislos verstrichen ist, ist die Klage als unzulässig abzuweisen (z. B. wenn die behauptete offenkundige Vorbenutzung nicht genügend substantiiert ist, RG 23. 3. 1916 GRUR 1916, 120).

4. Klageänderung

Die nachträgliche Geltendmachung eines weiteren Klagegrundes oder der 60
Wechsel des Klagegrundes (auch die Parteiänderung; zur Hereinziehung eines neuen Beklagten in der 1. Instanz vgl. BGH 13. 11. 1961 LM

Nr. 14/15 zu § 264 ZPO, in der Berufungsinstanz vgl. BGH 13. 7. 1956 BGHZ 21, 285) ist **Klageänderung**, die nur zulässig ist, wenn der Beklagte einwilligt oder das Gericht sie für sachdienlich erachtet (§ 264 ZPO; RG 2. 5. 1939 MuW 1939, 291, 293); die Sachdienlichkeit wird im Verfahren erster Instanz regelmäßig zu bejahen sein (Neumar bei Reimer § 13 Anm. 13). Dagegen ist das Nachschieben neuer Nichtigkeitsgründe, z. B. mangelnde Erfindungshöhe nach mangelnder Neuheit, keine Klageänderung und jederzeit zulässig, dgl. das Nachschieben neuen Materials (BGH 24. 5. 1955 BGHZ 17, 305 – Schlafwagen –).

61 Übergang vom Antrag auf Teilvernichtung auf den auf völlige Vernichtung ist nicht Klageänderung, sondern **Klageerweiterung** (§ 268 Nr. 2 ZPO), und daher ohne die Beschränkungen der Klageänderung zulässig (BGH a. a. O.), dgl. die Erweiterung des Klageantrags vom Hauptanspruch auf echte Unteransprüche, die ohnehin bei Vernichtung des Hauptanspruchs auch von Amts wegen zu vernichten wären (s. o. Anm. 54). Umgekehrt ist der Übergang von dem gegen einen Unteranspruch gerichteten Antrag auf den gegen den Hauptanspruch als Klageänderung angesehen worden (Löscher bei Benkard, § 13 Anm. 32).

V. Abs. 5: Gebühr

62 »Mit der Klage« ist die tarifmäßige Gebühr zu zahlen (350 DM gemäß § 1 a PatGebG). Das bedeutet nicht, daß sie gleichzeitig eingehen muß; da die Klage nicht fristgebunden ist, ist auch die Gebührenzahlung (anders als im Beschwerdeverfahren) nicht fristgebunden, sondern kann, spätestens binnen einer zu setzenden Frist, nachgeholt werden. Verstreicht die Frist ungenutzt, so gilt die Klage als nicht erhoben (was der Rechtspfleger feststellt, § 23 Abs. 1 Nr. 4 Rechtspflegergesetz). Vor Eingang der Gebühr wird jedenfalls die Klage nicht zugestellt. Die Gebühr wird in keinem Fall zurückgezahlt.

Für jede Klage, auch wenn sie mehrere Patente angreift, ist nur eine Gebühr zu zahlen (Löscher bei Benkard, § 37 Anm. 14; a. A. Neumar bei Reimer, § 37 Anm. 4).

Die Gebühr ist nach § 46 d armenrechtsfähig, aber nicht nach § 17 des 6. ÜG stundungsfähig.

VI. Abs. 6: Sicherheitsleistung

63 Dazu Nölle, Mitt. 1965, 129.

Im **Ausland** wohnende Kläger bzw. klagende Firmen mit Sitz im Ausland (über ihre Pflicht zur Bestellung eines Inlandsvertreters vgl. § 16) müssen dem Beklagten Sicherheit für die Prozeßkosten leisten, wenn dieser es verlangt. Er kann das Verlangen auch noch in der Berufungsinstanz stellen (RG 13. 10. 1934 GRUR 1934, 734). Er ist selber, auch als Berufungskläger und auch bei Wohnsitz im Ausland, niemals zur Sicherheitsleistung verpflichtet (RG 20. 3. 1937 RGZ 154, 225). Auf die Erfolgsaussicht der Klage kommt nichts an (DPA 24. 4. 1953 Bl. 1953, 381).

Der die Sicherheitsleistung anordnende Beschluß ist nur zusammen mit der Endentscheidung **anfechtbar,** § 42 Abs. 4. Will der Kläger den Beschluß anfechten, ohne die Sicherheit leisten zu wollen oder zu können (etwa weil das Gericht die Sicherheit zu hoch festgesetzt oder übersehen hat, daß der Kläger befreit ist, s. Anm. 64), so muß er die gesetzte Frist verstreichen und das Urteil mit der Feststellung, daß die Klage als zurückgenommen gilt, ergehen lassen und mit der Berufung angreifen.

Befreiungen von der Pflicht zur Sicherheitsleistung finden sich in internationalen Abkommen, insbes. in Art. 17 des Haager Zivilprozeß-Abkommens bzw. -Übereinkommens für Angehörige der Vertragsstaaten, die in einem Vertragsstaat ihren Wohnsitz haben (dies sind z. Z. Belgien, Dänemark, Finnland, Frankreich [einschl. der in BGBl. 1961 II 355 = Bl. 1961, 238 genannten Gebiete], Island, Israel, Italien, Jugoslawien, Luxemburg, Niederlande, Norwegen, Österreich, Polen, Portugal, Schweden, die Schweiz, Spanien, Tschechoslowakei, UdSSR, Ungarn, Vatikanstadt). Auch die DDR wendet das Haager ZPA wieder an (vgl. BGH 20. 11. 1972 NJW 1973, 145). Die Befreiung gilt natürlich auch für Deutsche, die in einem Vertragsstaat wohnen (PA 16. 3. 1906 Bl. 1906, 216). 64

Befreit sind ferner auf Grund zweiseitiger Abkommen Griechen (RGBl. 1939 II 848, BGBl. 1952 II 634, Art. 15) und Türken (RGBl. 1930 II 6, BGBl. 1952 II 608, Art. 2), nicht jedoch Staatsangehörige von Großbritannien und den USA, da die mit diesen Staaten bestehenden Abkommen die Befreiung nur bei inländischem Wohnsitz des Ausländers vorsehen (Art. 14 des deutsch-britischen Abkommens RGBl. 1928 II 623 bzw. Ziff. 6 des Protokolls zum deutsch-amerikanischen Abkommen BGBl. 1956 II 502).

Der Umstand, daß – ohne vertragliche Grundlage – die Gegenseitigkeit gemäß § 110 Abs. 2 Nr. 1 ZPO gewährleistet ist, rechtfertigt im Rahmen des § 37 nicht die Befreiung von der Verpflichtung zur Sicherheitsleistung (BGH 31. 5. 1960 GRUR 1960, 429 – Deckelfugenabdichtung –), ebensowenig der Umstand, daß Kläger und Beklagter die gleiche Staatsangehörigkeit haben (Nölle, Mitt. 1965, 130; a. M. Löscher bei Benkard, § 37 Anm. 26, Neumar bei Reimer, § 37 Anm. 12).

Das Gericht setzt die **Höhe** der Sicherheit nach billigem Ermessen fest; dabei ist der Kostenbetrag zugrunde zu legen, den der Beklagte voraussichtlich in beiden Instanzen aufwenden muß (Näheres bei Nölle, a. a. O. S. 131 f. und Reimer, § 37 Anm. 13). Notfalls kann der Beklagte eine weitere Sicherheitsleistung verlangen. 65

66 Über die **Art** der Sicherheitsleistung sagt das PatG nichts, so daß auch insoweit die Bestimmung dem Gericht überlassen ist. In Frage kommt in erster Linie die Hinterlegung einer Geldsumme, auch Bürgschaft (Nölle, S. 130 f.). Die Hinterlegung hat – vorbehaltlich anderer Bestimmung des Gerichts – bei den nach der Hinterlegungsordnung (RGBl. 1937 I 285 i. d. F. des Rechtspflegergesetzes) zuständigen Stellen, nämlich den Amtsgerichten, zu erfolgen, nicht bei der Amtskasse des DPA (BPatG 12. 4. 1965 E 7, 35).

67 Das Gericht hat für die Leistung der Sicherheit eine **Frist** zu bestimmen (die auch verlängert werden kann, Nölle, S. 131, und der Wiedereinsetzung zugänglich ist, BPatG a. a. O.). Bei fruchtlosem Ablauf der Frist gilt die Klage als zurückgenommen (auch wenn der Kläger schon ein – nunmehr wirkungslos werdendes – obsiegendes Urteil erster Instanz erstritten hatte), mit der Folge, daß der Kläger nach § 271 Abs. 3 ZPO die Kosten zu tragen hat, was auf Antrag des Beklagten durch Urteil (Löscher bei Benkard, § 37 Anm. 29) auszusprechen ist, jedoch ohne mündliche Verhandlung (§ 42 f Abs. 3 Nr. 2, 3). Nur der Ausspruch, daß die Klage als zurückgenommen gilt, obliegt dem Rechtspfleger (§ 23 Abs. 1 Nr. 4 Rechtspflegergesetz).

§ 38

(1) **Das Patentgericht stellt dem Beklagten die Klage zu und fordert ihn auf, sich darüber innerhalb eines Monats zu erklären.**

(2) **Erklärt sich der Beklagte nicht rechtzeitig, so kann ohne mündliche Verhandlung sofort nach der Klage entschieden und dabei jede vom Kläger behauptete Tatsache für erwiesen angenommen werden.**

1. Abs. 1: Zustellung der Klage

1 Eine Einleitungsverfügung wie nach § 38 a. F. ergeht nicht mehr, vielmehr wird die Klage, sobald sie formgerecht erhoben (§ 37 Abs. 3) und die Gebühr gezahlt (§ 37 Abs. 5) bzw. das Armenrecht beantragt ist, dem eingetragenen Patentinhaber (bzw. dessen Erben bzw. Testamentsvollstrecker oder Konkursverwalter, § 37 Anm. 20, bzw. dem Inlandsvertreter, vgl. § 37 Anm. 22) **zugestellt.** Der Eingang der etwa vom Vorsitzenden gemäß § 37 Abs. 4 S. 3 geforderten Ergänzung oder der noch fehlenden Vollmacht (§ 41 m Abs. 2) wird nicht abgewartet (Löscher bei Benkard, §§ 38, 39 Anm. 2).

2 Mit der Zustellung wird der Beklagte aufgefordert, sich innerhalb eines Monats **zu erklären.** Eine Verlängerung der Frist ist nicht vorgesehen. Darauf, daß ein Fristverlängerungsgesuch als Widerspruch aufgefaßt werden könnte (so Löscher bei Benkard, §§ 38, 39 Anm. 5 a; a. A. BGH 2. 3. 1967 GRUR 1967, 351, 354 – Korrosionsschutzbinde – zu § 9 Abs. 1 GebrMG), sollte sich der Beklagte nicht verlassen.

2. Abs. 2: Säumnisverfahren

3 Wenn der Beklagte sich innerhalb der Frist nicht äußert, kann das Säumnisverfahren des Abs. 2 stattfinden. Das Gericht kann, wenn die Klage zulässig und schlüssig erhoben ist, nach dem Klageantrag erkennen, wobei es die vom Kläger behaupteten beweisbedürftigen Tatsachen (vgl. § 37 Anm. 56) als erwiesen annehmen kann.

Die Entscheidung kann ohne mündliche Verhandlung ergehen, in jedem Fall aber in der Fünferbesetzung und durch Urteil (§ 40 Abs. 1), das der Berufung unterliegt.

4 Die Durchführung des Säumnisverfahrens steht im Ermessen des Gerichts (»**kann**«); ein Anspruch des Klägers auf ein Versäumnisurteil würde dem auch in den Verfahrensarten des § 37 geltenden Offizialprinzip zuwiderlaufen. Das gleiche gilt für ein »Anerkenntnis« des Klageantrags, das der Beklagte etwa unter dem Eindruck des vom Kläger vorgetragenen Materials abgeben könnte; ein solches Anerkenntnis bindet das Gericht nicht (anders als bei § 307 ZPO), berechtigt es aber zum Erlaß eines Urteils wie im

Säumnisverfahren (Löscher bei Benkard, §§ 38, 39 Anm. 5); ebenso, wenn der Beklagte seinen Widerspruch zurücknimmt und Entscheidung nach Aktenlage beantragt (RPA 3. 6. 1937 Mitt. 1937, 213). Anders, wenn der Beklagte auf das Patent verzichtet: dann ist die Zwangslizenzklage in der Hauptsache erledigt, die Nichtigkeitsklage dagegen nur bei Einverständnis des Klägers, der ja auch statt dessen ein Rechtsschutzbedürfnis an der (rückwirkenden) Vernichtung des Patents geltend machen kann (§ 37 Anm. 3).

5 Zum Säumnisverfahren im **GebrM-Löschungsverfahren** (§ 9 Abs. 1 S. 2 GebrMG) vgl. BGH 13. 12. 1962 GRUR 1963, 519 – Klebemax –; 2. 3. 1967 GRUR 1967, 351 – Korrosionsschutzbinde –; BPatG 3. 2. 1966 E 8, 47, 49.

§ 39

(1) Widerspricht der Beklagte rechtzeitig, so teilt das Patentgericht den Widerspruch dem Kläger mit.

(2) Das Patentgericht entscheidet auf Grund mündlicher Verhandlung. Mit Zustimmung der Parteien kann ohne mündliche Verhandlung entschieden werden.

1. Abs. 1: Einlassung des Beklagten

1 Im Normalfall (also abgesehen von den in § 38 Anm. 3 behandelten Fällen) **widerspricht** der Beklagte. (Abs. 1 enthält nur die Selbstverständlichkeit, daß der Widerspruch dem Kläger mitgeteilt wird.) Eine **Begründung** des Widerspruchs ist nicht vorgeschrieben; sie kann auch nach Fristablauf nachgebracht werden. Gibt der Beklagte keine Begründung und stellt er keine Anträge (oder bestellt er z. B. keinen antragsberechtigten Inlandsvertreter), so ist dennoch, sofern er nur rechtzeitig Widerspruch erhoben hatte, das Säumnisverfahren des § 38 Abs. 2 nicht zulässig; vielmehr muß das Verfahren seinen normalen Lauf nehmen, wobei Antrag des Beklagten auf völlige Klageabweisung zu unterstellen ist.

2 Im übrigen kann das Gericht über die **Anträge** des Beklagten ebensowenig hinausgehen wie über die des Klägers (§ 37 Anm. 52). Der Beklagte bestimmt den Umfang, in dem er sein Patent verteidigen will; darüber kann auch sein Streitgehilfe nicht hinausgehen (BGH 20. 4. 1961 GRUR 1961, 572 – Metallfenster –; vgl. § 37 Anm. 32). **Verzichtet** er auf einzelne mit der Klage angegriffene Patentansprüche, so sind diese ohne sachliche Prüfung zu streichen (BPatG 13. 12. 1962 E 4, 30). Der Beklagte kann das Patent auch mit **beschränktem** Inhalt, d. h. mit neuen eingeschränkten Ansprüchen, verteidigen, ohne zuvor ein Beschränkungsverfahren nach § 36 a durchführen zu müssen (BGH 30. 5. 1956 BGHZ 21, 8 – Spritzgußmaschine –). Dabei ist er nicht an die Anträge gebunden, die er in einem etwa noch laufenden Beschränkungsverfahren gestellt hat, sondern kann das Patent auch in weitergehendem Umfang als dort verteidigen (BGH 12. 5. 1961 GRUR 1961, 529 – Strahlapparat –). Von einer einmal erklärten Beschränkung seiner Verteidigung kann er im Laufe des Nichtigkeitsverfahrens wieder abrücken, also z. B. im Wege der unselbständigen Anschlußberufung auch dann die Abweisung der Nichtigkeitsklage in vollem Umfang beantragen, wenn er im erstinstanzlichen Verfahren sein Recht zuletzt nur in begrenztem Umfang verteidigt und der Nichtigkeitssenat diesem seinem Antrag gemäß erkannt hatte (BGH 23. 2. 1965 GRUR 1965, 480 – Harnstoff –).

Umwandlung des Streitpatents in ein Zusatzpatent ist im Nichtigkeitsverfahren nicht möglich (BGH 29. 4. 1960 GRUR 1960, 545 – Flugzeugbetankung –).

2. Abs. 2: Mündliche Verhandlung

3 Anders als im Beschwerdeverfahren wird in den Verfahrensarten des § 37 grundsätzlich auf Grund **mündlicher Verhandlung** entschieden (über deren Öffentlichkeit s. § 36 g Abs. 2, über die Ladung zur mündlichen Verhandlung und das Nichterscheinen s. § 41 d, über deren Gang s. §§ 41 e ff.). Da »auf Grund« mündlicher Verhandlung entschieden werden muß (anders als im Beschwerdeverfahren, § 36 o: »Eine mündliche Verhandlung findet statt ...«, vgl. dort Anm. 5), ist der Anspruch auf mündliche Verhandlung nicht durch einen Termin, der nicht zur Entscheidung geführt hat, verbraucht. Vielmehr muß nach einer Vertagung oder nach einer Beweisaufnahme durch einen beauftragten oder ersuchten Richter eine (weitere) mündliche Verhandlung stattfinden (ebenso Neumar bei Reimer, § 39 Anm. 7; a. M. Löscher bei Benkard, §§ 38, 39 Anm. 10, 12), sofern nicht die Parteien darauf verzichten.

4 **Ohne mündliche Verhandlung** »kann« das Gericht im Fall des § 38 Abs. 2 (nicht rechtzeitige Erklärung des Beklagten), im übrigen nur mit **Zustimmung** der Parteien entscheiden (es kann also auch bei vorliegender Zustimmung der Parteien von Amts wegen mündliche Verhandlung anberaumen, wenn es sie für sachdienlich erachtet). Daß auch ein etwaiger Nebenintervenient zustimmen müsse (so Löscher bei Benkard, §§ 38, 39 Anm. 12), ist dem Gesetz, das nur die Zustimmung der »Parteien«, nicht der Beteiligten fordert, nicht zu entnehmen. Die Zustimmung kann schriftlich oder (insbes. in einem Termin, der noch nicht zur Entscheidung führt) zu Protokoll erklärt werden.

5 Auch im schriftlichen Verfahren ergeht die Endentscheidung durch Urteil (§ 40 Abs. 1) und in der Fünferbesetzung (§ 36 d Abs. 2). Soweit die **Dreierbesetzung** in Frage kommt – also wenn nicht »über die Klage« entschieden wird, sondern über **Nebenfragen** (vgl. § 36 d Anm. 19) –, kann auch ohne Zustimmung der Parteien, ggf. nach schriftlicher Anhörung der Beteiligten, ohne mündliche Verhandlung entschieden werden. Das Gesetz sagt dies zwar nicht, jedoch kann mit der Entscheidung, die nach § 39 Abs. 2 S. 1 auf Grund mündlicher Verhandlung ergehen muß, nur die des § 40 Abs. 1 S. 1 »über die Klage« gemeint sein (Löscher bei Benkard, §§ 38, 39 Anm. 8 a). Doch ist auch der Dreiersenat nicht gehindert, eine mündliche Verhandlung anzuberaumen, wenn er es für sachdienlich erachtet (etwa über die Zulassung einer Nebenintervention, vgl. § 37 Anm. 34).

§ 40

(1) Über die Klage wird durch Urteil entschieden. Über die Zulässigkeit der Klage kann durch Zwischenurteil vorab entschieden werden.

(2) In dem Urteil hat das Patentgericht nach billigem Ermessen zu bestimmen, zu welchem Anteil die Kosten des Verfahrens den Parteien zur Last fallen. § 36 q Abs. 1 Satz 2 und Abs. 4 gilt entsprechend.

ÜBERSICHT

I. Abs. 1: Urteil

1. Notwendigkeit des Urteils

»Über die Klage«, d. h. über die **Hauptsache,** wird in jedem Fall durch **Urteil** und in der Fünferbesetzung (§ 36 d Abs. 2) entschieden; auch wenn die Entscheidung im Säumnisverfahren (§ 38 Abs. 2) oder mit Zustimmung der Parteien (§ 39 Abs. 2 S. 2) ohne mündliche Verhandlung ergeht. »Über die Klage« wird auch entschieden, wenn die Erledigung der Hauptsache streitig festzustellen ist (Löscher bei Benkard, § 40 Anm. 1) oder die Fest- 1 stellung, daß die Klage als nicht erhoben oder als zurückgenommen gilt, vom Senat getroffen wird (s. u. Anm. 2). Andere Entscheidungen als die »über die Klage«, insbes. die in § 36 d Anm. 19 genannten Nebenentscheidungen, ergehen, auch wenn sie ausnahmsweise auf Grund mündlicher Verhandlung ergehen, durch **Beschluß** (vgl. § 42 Abs. 4).

2 **Keine Entscheidung** des Senats braucht zu ergehen, wenn die Klagegebühr nicht gezahlt ist (Klage gilt als nicht erhoben, § 37 Abs. 5) oder wenn die Sicherheit für die Verfahrenskosten nicht fristgemäß geleistet ist (Klage gilt als zurückgenommen, § 37 Abs. 6; allenfalls hat auf Antrag des Beklagten Kostenentscheidung zu ergehen, vgl. § 37 Anm. 67). Die entsprechenden Feststellungen trifft der Rechtspfleger (§ 23 Abs. 1 Nr. 4 Rechtspflegergesetz), gegen dessen Entscheidung binnen zwei Wochen der Senat angerufen werden kann (§ 23 Abs. 2 Rechtspflegergesetz).

2. Arten des Urteils

3 Das Urteil, das das Verfahren abschließt, ist **Endurteil;** über seinen Inhalt s. Anm. 8 ff.

4 Wenn die Zulässigkeit der Klage bestritten, aber zu bejahen ist, kann darüber durch **Zwischenurteil** vorab entschieden werden, Abs. 1 S. 2; wird die Zulässigkeit verneint, dann handelt es sich um ein Endurteil. Ein solches Zwischenurteil kann mit der Berufung angefochten werden. Auch der BGH kann, auch wenn das BPatG sachlich entschieden hatte, durch Zwischenurteil über die Zulässigkeit der Klage entscheiden, was insbes. dann angebracht sein kann, wenn bei Verneinung der Zulässigkeit eine Beweisaufnahme erspart würde (BGH 30. 11. 1967 GRUR 1971, 243 – Gewindeschneidvorrichtungen) –.

Sonstige Zwischenurteile sieht das Gesetz nicht vor; andere Zwischenentscheidungen ergehen daher durch Beschluß (vgl. jedoch zur Zulassung der Nebenintervention § 37 Anm. 34 a. E.); über ihre Anfechtbarkeit s. § 42 Anm. 26. Über Zwischenbeschlüsse im Beschwerdeverfahren s. § 36 p Anm. 11, im Rechtsbeschwerdeverfahren s. § 41 w Anm. 1.

5 Möglich ist ein **Teilurteil,** wenn von mehreren Ansprüchen nur einer zur Endentscheidung reif ist (§ 301 ZPO), z. B. bei einer gegen mehrere Patente gerichteten Nichtigkeitsklage die Entscheidung über eines der Patente.

6 Im **Zwangslizenzverfahren** kann ein **Grundurteil** (§ 304 ZPO) ergehen, das den Anspruch auf Erteilung der Zwangslizenz feststellt, aber die Festsetzung der Höhe der Vergütung einem weiteren Urteil vorbehält; dies kommt insbes. in der Berufungsinstanz in Frage, wenn zur Festsetzung der Höhe weitere Ermittlungen nötig sind, zu deren Durchführung an den Nichtigkeitssenat zurückverwiesen wird (z. B. RG 11. 3. 1926 RGZ 113, 115, 124). Im Zwangslizenzverfahren ist auch ein **Anerkenntnisurteil** (§ 307 ZPO) möglich (vgl. jedoch Preu, Festschr. BPatG S. 243 f.), ebenso die Beendigung des Verfahrens durch **Prozeßvergleich.**

Ein **Versäumnisurteil** (§ 330 ZPO) ist im patentgerichtlichen Verfahren nicht möglich; über das Säumnisverfahren des § 38 Abs. 2 s. dort. 7

3. Inhalt des Urteils

(Über die Formalien s. § 41 i Anm. 6)

Das (End-)Urteil lautet

a) bei Prozeßentscheidungen auf **Abweisung** der Klage als **unzulässig,** 8 z. B. bei Fehlen der notwendigen Klageerfordernisse (§ 37 Abs. 3, 4; vgl. § 37 Anm. 59), Fehlen der Klagebefugnis (§ 37 Anm. 5 ff.) oder des Rechtsschutzbedürfnisses (§ 37 Anm. 2 ff.) oder des Inlandsvertreters (§ 16) auf der Klägerseite, mangelnder Passivlegitimation auf der Beklagtenseite (§ 37 Abs. 1 S. 2, § 37 Anm. 19, 20), Rechtskraft einer früheren Entscheidung zwischen denselben Parteien (s. u. Anm. 17 f.), Einrede der nichterfolgten Erstattung der Kosten eines früheren Verfahrens zwischen denselben Parteien (§ 37 Anm. 45). In den oben Anm. 1 S. 2 genannten Fällen ist die entsprechende Feststellung auszusprechen.

b) Ist die Klage zulässig, aber unbegründet, so wird sie als **unbegründet** 9 **zurückgewiesen.**

Dabei kann eine **Klarstellung** des Patentanspruchs (s. § 13 Anm. 15 f.) vorgenommen werden, die jedoch nichts daran ändert, daß es sich um eine Klageabweisung handelt; denn die Klarstellung darf keine Beschränkung sein. Deshalb ist die Fassung der Urteilsformel »Die Klage wird zurückgewiesen mit der Maßgabe, daß ...« besser als die Fassung »Im Patentanspruch wird zur Klarstellung ... Im übrigen wird die Klage abgewiesen.« Da es sich um eine Klageabweisung handelt, werden in der Regel dem Kläger die Kosten aufzuerlegen sein. Obgleich es sich um eine Klageabweisung handelt, kann der Beklagte durch die Klarstellung beschwert sein (s. § 42 Anm. 3).

c) Ist die Klage ganz oder zum Teil **begründet,** so wird das Patent (im 10 Rahmen der Anträge beider Parteien, § 37 Anm. 51 ff., § 39 Anm. 2) ganz oder zum Teil **vernichtet.**

Die **Teilvernichtung** wird durch Streichung oder Neuformulierung einzel- 11 ner Ansprüche vorgenommen.

Eine Änderung der **Beschreibung** ist dabei nicht üblich, ja nach fest- 12 stehender Rechtsprechung nicht einmal zulässig (RG 18. 1. 1937 RGZ 153, 315); soweit die Beschreibung durch die Teilvernichtung unrichtig oder überflüssig geworden ist, wird sie durch die Gründe des Nichtigkeitsurteils ersetzt oder ergänzt (BGH 28. 11. 1963 GRUR 1964, 196, 198 – Mischer II –; 30. 6. 1964 GRUR 1964, 669 – Abtastnadel II –; ebenso bei Klageabweisung RG 20. 9. 1941 GRUR 1942, 53 und bei Klarstellung, BGH 12. 7. 1955 GRUR 1955, 573 – Kabelschelle –). Jedoch ist nicht einzusehen, warum das Gericht in geeigneten Fällen nicht auch die Beschreibung sollte bereinigen können (ebenso Neumar bei Reimer, § 13 Anm. 21); mindestens der auch mit Technikern besetzte Nichtigkeitssenat ist dadurch nicht überfordert; sind die Beschreibungsänderungen in der Urteilsformel des Nichtigkeitsurteils enthalten, die der Patentschrift als Deckblatt beigefügt wird, dann ist der, der den Schutzumfang des Patents prüfen will, nicht in jedem Fall gezwungen, in die Gründe des Nichtigkeitsurteils Einsicht zu nehmen.

13 Ein der Klage ganz oder zum Teil stattgebendes Urteil vernichtet das Patent mit **Rückwirkung** (»ex tunc«; hiergegen mit beachtlichen, jedoch zu sehr vom Verwaltungsrecht herkommenden Argumenten Schwerdtner, GRUR 1968, 12 ff., der nur eine Ex-nunc-Wirkung, d. h. von der Rechtskraft des Urteils ab, anerkennen will, wenn der Patentinhaber gutgläubig im Vertrauen auf den Bestand des Patents Dispositionen getroffen, z. B. Lizenzverträge geschlossen hat oder gegen Patentverletzungen vorgegangen ist – aber kann die Wirkung von solchen »Zufälligkeiten« abhängen? Und wie soll der Patentinhaber seine Gutgläubigkeit oder Arglosigkeit beweisen? Gegen Schwerdtner auch Mediger, GRUR 1968, 564).

14 Das Urteil ist (ebenso wie das die Zwangslizenz erteilende Urteil) **Gestaltungsurteil;** es wirkt nicht deklaratorisch (wie das RG früher angenommen hatte), sondern konstitutiv (Alexander-Katz, GRUR 1954, 24). Daher lautet auch das der Nichtigkeitsklage gegen ein (vor Klageerhebung oder während des Verfahrens) erloschenes Patent stattgebende Urteil auf Vernichtung, nicht auf Feststellung, denn es äußert Gestaltungswirkung für die rückliegende Zeit. (Dagegen wird das GebrM-Löschungsverfahren gegen ein aus anderen Gründen gelöschtes GebrM als Feststellungsverfahren angegesehen, BGH 2. 3. 1967 GRUR 1967, 351 – Korrosionsschutzbinde –).

4. Rechtskraft

15 a) **Formell rechtskräftig** (unanfechtbar) wird das Urteil des Nichtigkeitssenats mit ungenutztem Ablauf der Berufungsfrist (§ 42 Abs. 1), bei zulässiger Berufung mit deren Zurückweisung (Verkündung, evtl. Zustellung des BGH-Urteils). Die Verwerfung einer unzulässigen Berufung ist ohne Bedeutung für den Eintritt der Rechtskraft, sie stellt nur fest, daß das Urteil mit Ablauf der Berufungsfrist rechtskräftig wurde (RG 5. 2. 1943 Bl. 1943, 92).

16 b) Von der formellen Rechtskraft (Unanfechtbarkeit, vgl. § 705 ZPO) zu unterscheiden ist die **materielle Rechtskraft** (vgl. § 322 ZPO), nämlich die über das Verfahren hinausreichende Bindungswirkung: Die (Teil-)**Vernichtung** und Klarstellung des Patents wirkt gegen jedermann. (Ob es sich dabei um eine eigentliche Rechtskraftwirkung handelt, hat RG 2. 2. 1943 RGZ 170, 346, 354 dahingestellt gelassen.) Wegen der Wirkungen auf einen Verletzungsprozeß s. Horn, GRUR 1969, 169.

Demgegenüber ist die Rechtskraftwirkung des klag-(teil-)**abweisenden** 17
Urteils auf die Parteien (und ihre Rechtsnachfolger, so daß die Einrede der Rechtskraft auch dem Erwerber des Patents zusteht) beschränkt (RG a. a. O. S. 355 ff.). Das heißt, daß der Kläger (oder ein Strohmann des Klägers, RG 10. 4. 1937 RGZ 154, 325; DPA 5. 11. 1957 Mitt. 1958, 180) die Klage nicht aus demselben Klagegrund wiederholen kann, die neue Klage vielmehr als unzulässig abzuweisen ist; dabei bilden die verschiedenen unter § 13 Abs. 1 Nr. 1 fallenden Tatbestände (mangelnde Neuheit, mangelnder Fortschritt usw.) einen einheitlichen Klagegrund (BGH 19. 2. 1963 GRUR 1964, 18 – Konditioniereinrichtung –; BPatG 13. 10. 1964 E 6, 189: das Gericht kann einen Klagegrund, über den rechtskräftig entschieden ist, auch nicht anläßlich einer zulässigerweise auf einen anderen Klagegrund gestützten neuen Klage von Amts wegen prüfen).

Der Kläger kann also die Nichtigkeitsklage aus § 13 Abs. 1 Nr. 1 nicht 18
mit neuem Materiel **wiederholen** (a. A. Gaul, GRUR 1965, 337 mit Rücksicht auf das öffentliche Interesse an der Vernichtung des Patents, das durch neu ermitteltes Material vorweggenommen ist). Mag der Kläger nur sorgfältig recherchieren; und wenn das neue Material wirklich gut ist, dann wird sich schon ein anderer finden, der es – ohne daß der Kläger ihn als Strohmann vorzuschicken brauchte – mit einer neuen Klage geltend macht, in der er auch alles bisher nicht ausreichende Material wieder mit heranziehen kann. Denn jeder andere (außer dem alten Kläger und seinem Strohmann, s. o.) kann eine neue Nichtigkeitsklage aus demselben oder einem anderen Grund und mit demselben oder anderem Material erheben.

5. Wiederaufnahme

Die Wiederaufnahme des durch rechtskräftiges Urteil abgeschlossenen 19
Nichtigkeitsverfahrens ist nach den Vorschriften der ZPO zulässig (RG 18. 5. 1942 RGZ 170, 51, das darauf hinweist, daß gutgläubigen Zwischenbenutzern mit einem Weiterbenutzungsrecht analog § 43 Abs. 4 geholfen werden kann). In Frage kommt die »Nichtigkeitsklage« des § 579 ZPO und die »Restitutionsklage« des § 580 ZPO. Von den Tatbeständen des § 580 ZPO mag der der Eidesverletzung (Nr. 1, 3; RG a. a. O.) oder der der Auffindung einer **Urkunde**, die ein günstigeres Ergebnis herbeizuführen geeignet ist (Nr. 7 b), praktisch werden. Jedoch muß die Partei beweisen, daß die Urkunde ihr ohne ihr Verschulden unzugänglich geblieben war (§ 582 ZPO; RG 18. 5. 1942, insoweit nur in GRUR 1942, 421). Eine vorveröffentlichte Druckschrift kann nicht nachträglich »aufgefunden« und zur Begründung einer Restitutionsklage verwendet werden (Gaul, GRUR 1965, 340 f.; vgl. RPA 6. 3. 1936 Mitt. 1936, 122; kritisch Zeller, GRUR 1962, 552, 554 f.).

20 Für die **Verhandlung und Entscheidung** über Grund und Zulässigkeit der Wiederaufnahme gelten ausschließlich die Vorschriften der ZPO, somit auch die §§ 330 ff. ZPO über das Versäumnisurteil (BGH 28. 9. 1965 GRUR 1966, 109 – Restitutionsverfahren –) und dessen Zustellung, die nach § 317 Abs. 1 ZPO nur auf Betreiben der Partei erfolgt. Wird das rechtskräftige Urteil im Wiederaufnahmeverfahren aufgehoben, so wird über die Nichtigkeitsklage nach den für sie geltenden Vorschriften erneut verhandelt (also ohne Anwendung der §§ 330 ff. ZPO, BGH a. a. O.).

II. Abs. 2: Kostenentscheidung

1. Notwendigkeit der Kostenentscheidung

21 Anders als im Beschwerdeverfahren **muß** in den Verfahren des § 37 stets eine Entscheidung über die »Kosten des Verfahrens«, d. s. die **Gerichtskosten,** ergehen, § 40 Abs. 2 S. 1; nach S. 2 i. V. m. § 36 q Abs. 1 S. 2 **kann** eine Entscheidung über die **außergerichtlichen Kosten** ergehen. Trotz dieser unterschiedlichen Rechtsgrundlage pflegen die Nichtigkeitssenate nur eine einheitliche Entscheidung über »die Kosten des Verfahrens« zu treffen, die für die gerichtlichen wie die außergerichtlichen Kosten gilt.

22 Zwischen-, Teil- und Grundurteile (s. o. Anm. 4 ff.) brauchen **keine Kostenentscheidung** zu enthalten; diese bleibt dann dem Endurteil vorbehalten. Das gleiche gilt für zurückverweisende Berufungsurteile. Im Armenrechtsverfahren findet eine Kostenerstattung nicht statt (obgleich § 118 a Abs. 4 ZPO in § 46 h nicht mitaufgeführt ist), so daß eine Kostenentscheidung nicht möglich ist, auch wenn der Gegner zur Stellungnahme aufgefordert worden war (BGH 24. 1. 1960 Mitt. 1960, 58; 10. 6. 1960 Mitt. 1960, 231).

23 Die Kostenentscheidung ist nicht von **Anträgen** der Beteiligten abhängig (wohl aber die Nachholung einer unterlassenen Kostenentscheidung gemäß § 321 ZPO, dazu § 41 k Anm. 13 f.).

24 Erledigt sich ein Nichtigkeitsverfahren ohne Endurteil, so kann auf Antrag eines Beteiligten eine sog. **isolierte Kostenentscheidung** ergehen, und zwar in Dreierbesetzung ohne mündliche Verhandlung durch Beschluß, da nicht »über die Klage« entschieden wird (vgl. § 39 Anm. 5). Dies kommt in Frage, wenn beide Parteien die Hauptsache für erledigt erklären, insbes. bei Verzicht des Beklagten auf das Patent, oder wenn der Kläger die Klage zurücknimmt; über die Grundsätze für die Kostenauferlegung in diesen Fällen s. u. Anm. 26, 27.

Die isolierte Kostenentscheidung ist – abweichend von §§ 91 a Abs. 2, 271 Abs. 3 S. 5 ZPO – nicht anfechtbar, § 42 Abs. 4 (anders früher: RG 16. 8. 1935 GRUR 1936, 425).

2. Inhalt der Kostenentscheidung

25 Über die Kosten entscheidet der Nichtigkeitssenat **»nach billigem Ermessen«** (§ 40 a. F.: »nach freiem Ermessen«). Da die Verfahren des § 37 kontradiktorische Verfahren sind, orientiert sich nach feststehender Rechtsprechung das Ermessen an § 91 ZPO, d. h. die Kosten werden dem **Unterliegenden** auferlegt. Hat die Klage nur **teilweise Erfolg,** wird z. B. im Nichtigkeitsverfahren das Patent entgegen dem weitergehenden Antrag des Klägers nur teilweise vernichtet, so können die Kosten unter beide Parteien nach Bruchteilen verteilt oder gegeneinander aufgehoben werden, § 92 ZPO (vgl. BPatG 5. 7. 1971 E 12, 193 für das GebrM-Löschungsverfahren). (Merkwürdigerweise scheint das Gesetz – »zu welchem Anteil . . .« – diesen Fall als Regelfall anzunehmen.) Möglich wäre es auch, die Entscheidung hinsichtlich der gerichtlichen und der außergerichtlichen Kosten zu **differenzieren,** also etwa die Tragung bestimmter außergerichtlicher Kosten abweichend vom allgemeinen Kostenausspruch zu regeln (vgl. § 36 q Anm. 9); im Regelfall erfolgt die Entscheidung über einzelne Kostenansätze erst im nachfolgenden Kostenfestsetzungsverfahren. Allenfalls kann der Senat, wenn er die Ausübung eines billigen Ermessens, etwa bei der Zubilligung einer erhöhten Patentanwaltsgebühr, nicht dem Urkundsbeamten überlassen will, die Erstattungsfähigkeit schon in der Kostenentscheidung selbst »in großen Zügen« regeln (vgl. BGH 1. 4. 1965 GRUR 1965, 621, 625 – Patentanwaltskosten –).

Das »billige Ermessen« kann es im Einzelfall rechtfertigen, nicht nur den Verfahrensausgang zu berücksichtigen. So hat der BGH (16. 7. 1965 Bl. 1965, 314, 316 – Patentrolleneintrag –) trotz Abweisung einer gegen die falsche Beklagte erhobenen Nichtigkeitsklage als unzulässig die Kosten des 1. Rechtszuges gegeneinander aufgehoben, weil es von der Beklagten erwartet werden konnte, daß sie die Klägerin darauf, daß sie nicht die richtige Beklagte sei, aufmerksam mache.

26 Hat sich der Rechtsstreit (oder die Berufung, BGH 30. 9. 1958 GRUR 1959, 102) in der **Hauptsache erledigt,** so ist über die Kosten unter Berücksichtigung des bisherigen Sach- und Streitstandes, d. h. nach überschlägiger Prüfung der Erfolgsaussichten, zu entscheiden (§ 91 a ZPO i. V. m. § 41 o; s. auch § 37 Anm. 3). Beruht die Erledigung darauf, daß der Beklagte im Lauf des Verfahrens auf das Patent **verzichtet** hat, so sind ihm regelmäßig die Kosten aufzuerlegen, da »ein ausgesprochener Verzicht den vermutlichen Prozeßausgang nicht zweifelhaft erscheinen läßt« (BGH 9. 12. 1960 GRUR 1961, 278 – Lampengehäuse –; ebenso für GebrM-Löschungsverfahren BPatG 10. 1. 1962 E 1, 181); ebenso wenn er das Patent verfallen läßt (RPA 31. 3. 1920 Mitt. 1920, 89; 14. 1. 1926 Bl. 1926, 120). Das gilt auch, wenn der Verzicht auf Grund einer erst in der Berufungsinstanz entgegengehaltenen Druckschrift erfolgt (BGH a. a. O.) oder auf Grund vom Senat

entgegengehaltenen Materials (DPA 15. 3. 1961 Bl. 1961, 240: es sei denn, daß die Klage ohne das vom Senat entgegengehaltene Material offensichtlich unbegründet war; BPatG 12. 10. 1961 E 1, 175 für GebrM-Löschungsverfahren; 20. 11. 1962 E 3, 53); zum Verzicht s. auch Anm. 28. Auch wenn die Hauptsache sich dadurch erledigt, daß eine andere Klage bereits zur Vernichtung geführt hat, trägt der Beklagte die Kosten (BGH 30. 6. 1959 GRUR 1960, 27, 29 – Verbindungsklemme –).

27 Bei **Klagerücknahme** trägt stets der Kläger die Kosten (§ 271 Abs. 3 ZPO i. V. m. § 41 o, ebenso für das erstinstanzliche GebrM-Löschungsverfahren DPA 12. 8. 1965 Mitt. 1966, 199), vorbehaltlich anderweitiger Einigung der Parteien (in einem außergerichtlichen Vergleich: RPA 9. 5. 1941 GRUR 1941, 487; in einem gerichtlichen Vergleich: BPatG 10. 8. 1961 E 1, 119). Eine abweichende Billigkeitsentscheidung (z. B. RG 25. 3. 1922 RGZ 104, 227) ist nicht mehr möglich, nachdem § 36 q Abs. 3 in § 40 Abs. 2 nicht angeführt ist (BPatG 17. 5. 1963 E 3, 170).

Eine teilweise Klagerücknahme (mit der Folge der Kostenteilung) hat RG (23. 6. 1937 GRUR 1937, 1081) darin gesehen, daß der Kläger nach Verzicht des Beklagten auf das Patent seine Nichtigkeitsklage für die zurückliegende Zeit nicht weiterverfolgt hat; doch wäre hier nunmehr § 91 a ZPO anzuwenden.

28 Die Frage, ob ein sofortiges **Anerkenntnis** des Klageanspruchs dazu führt, dem Kläger die Kosten aufzuerlegen, wenn der Beklagte nicht durch sein Verhalten zur Klageerhebung Veranlassung gegeben hat (§ 93 ZPO), ist von der Rechtsprechung bisher offengelassen, da das Nichtigkeitsverfahren (anders das Zwangslizenzverfahren) ein Anerkenntnis nicht kennt. RG 13. 3. 1929 Bl. 1929, 140 hatte die Anwendung des § 93 ZPO abgelehnt und eine vorprozessuale Verzichtsaufforderung nicht für erforderlich gehalten. Jedenfalls müßte das Anerkenntnis, d. h. der Verzicht auf das Patent (der gegenüber dem Patentamt zu erklären ist: BPatG 23. 4. 1963 E 3, 172), innerhalb der nach § 38 Abs. 1 gesetzten Frist erfolgen, um als sofortig gelten zu können (BGH 9. 12. 1960 GRUR 1961, 278 – Lampengehäuse –; BPatG a. a. O.).

Die entsprechende Anwendung des § 93 ZPO wurde bejaht für Nichtigkeitsklagen gegen **1.-ÜG-Patente** (DPA 7. 5. 1953 GRUR 1953, 392; 14. 10. 1954 GRUR 1955, 157; BPatG 10. 8. 1961 E 1, 111) und für **GebrM**-Löschungsverfahren (BPatG 12. 10. 1961 E 1, 175, 180; 15. 11. 1962 E 2, 211; 3. 2. 1966 E 8, 47; 7. 7. 1966 E 8, 171; 27. 6. 1969 E 11, 106, 109; 15. 5. 1970 E 11, 235; Tetzner, Mitt. 1961, 210), so daß dem Kläger, der eine vorprozessuale Löschungsaufforderung unterlassen hat, die Kosten auferlegt werden, wenn der Beklagte innerhalb der Erklärungsfrist auf sein Recht verzichtet oder nicht widerspricht (dagegen v. Gamm, NJW 1961, 1048). Doch ist die Anwendung des § 93 ZPO auch bei geprüften

Patenten gerechtfertigt (so mit Recht Neumar bei Reimer, § 40 Anm. 6). Zur Anwendung des § 91 a ZPO beim Verzicht s. o. Anm. 26.

Vom **Kostenrecht der ZPO** sind ferner folgende Vorschriften anwendbar: § 95 ZPO Kostenstrafe für Versäumung, § 96 ZPO Kosten eines erfolglosen Angriffs- oder Verteidigungsmittels, § 97 Abs. 2 ZPO Kostenauferlegung für obsiegenden Berufungskläger, wenn er das entscheidende Vorbringen schon in 1. Instanz hätte geltend machen können (RG 4. 4. 1941 GRUR 1941, 270, 272; BPatG 16. 11. 1967 E 9, 220, 224), § 98 S. 2 ZPO Kosten des durch Vergleich erledigten Rechtsstreits analog anwendbar (RPA 9. 5. 1941 GRUR 1941, 487), § 99 ZPO Anfechtung der Kostenentscheidung nur zugleich mit der Anfechtung der Hauptsacheentscheidung (BGH 23. 9. 1960 Bl. 1961, 20; § 99 Abs. 2 ist nicht anwendbar, Nastelski bei Reimer § 42 Anm. 1), § 100 ZPO Kostenhaftung mehrerer Streitgenossen nach Kopfteilen (BGH 30. 9. 1958 GRUR 1959, 102, 103 – Filterpapier –), § 101 ZPO Kosten der Nebenintervention (RG 4. 12. 1929 MuW 1930, 195, 196). 29

§ 102 ZPO Kostenstrafe für Verschulden insbes. Bevollmächtigter (war anwendbar gemäß BPatG 8. 8. 1963 E 4, 138) ist durch Gesetz vom 27. 11. 1964 (BGBl. I 933) aufgehoben.

3. Streitwert

Da im Verfahren vor dem Nichtigkeitssenat weder die Gerichtskosten (vgl. § 37 Abs. 5) noch die Patentanwaltsgebühren (vgl. Abschnitt K der PatAnwGebO) vom Streitwert abhängen, bedarf es einer **Streitwertfestsetzung** bzw. der Festsetzung des Wertes des Gegenstandes der anwaltlichen Tätigkeit (§ 10 BRAGO) in der 1. Instanz nur dann, wenn ein Rechtsanwalt – dessen Gebühren streitwertabhängig sind – mitgewirkt hat (DPA 17. 3. 1960 Bl. 1960, 313); daß er zum Verfahrensbevollmächtigten bestellt sei, ist nicht erforderlich (BPatG 29. 9. 1970 Mitt. 1971, 38). 30

In der **Berufungsinstanz** muß stets der Streitwert festgesetzt werden (§ 23 GKG), da im Verfahren vor dem BGH Gebühren nach den Vorschriften des GKG, also nach dem Wert des Streitgegenstandes, erhoben werden; der Streitwert gilt dann auch für die Gebühren des Rechtsanwalts und des Patentanwalts. Die Streitwertfestsetzung für die 2. Instanz bewirkt aber nicht, daß sich auch die Patentanwalts-Gebühren der 1. Instanz nach ihm bestimmen (DPA 17. 3. 1960 Bl. 1960, 313; BGH 1. 4. 1965 GRUR 1965, 621, 624 – Patentanwaltskosten –).

Der **Streitwert** des Nichtigkeitsverfahrens (hierzu ausführlich Ballhaus, GRUR 1957, 64) bestimmt sich gemäß der grundsätzlichen Entscheidung des BGH (11. 10. 1956 GRUR 1957, 79; ähnlich BPatG 1. 3. 1966 E 8, 176 für das GebrM-Löschungsverfahren) nicht nach dem wirtschaftlichen Interesse des Klägers, sondern nach dem Interesse der Allgemeinheit an der Ver- 31 nichtung des angegriffenen Patents. Für die restliche Laufzeit bildet deshalb der gemeine Wert des Patents bei Erhebung der Klage – bzw. für die Berufungsinstanz: bei Einlegung der Berufung – eine brauchbare Unterlage. Einen Anhalt bieten die Erträge, die das Patent bis zum Ablauf der Schutzfrist bzw. in der zu schätzenden Zahl von Jahren, für die das Patent voraussichtlich aufrechterhalten werden wird (BPatG 16. 6. 1964 E 6, 63 für Erteilungs-Beschwerdeverfahren), unter gewöhnlichen Verhältnissen erwarten läßt; ihrer Feststellung bzw. einer Beweisaufnahme über die Umsätze des Patentinhabers bedarf es jedoch nicht, wenn der Wert sich anderweitig schätzen läßt (BGH 17. 12. 1962 Mitt. 1963, 60). Hinzu kommt für die zurückliegende Zeit die Summe der bis dahin entstandenen Schadensersatzforderungen aus Verletzungshandlungen. Beispiele einer Streitwertberechnung BPatG a. a. O. und BGH 5. 3. 1964 Mitt. 1966, 62; für Zwangslizenzklage RPA 2. 7. 1932 MuW 1933, 158; für GebrM-Löschungssachen BPatG 21. 2. 1966 E 8, 180; 29. 9. 1970 Mitt. 1971, 38.

Werden mehrere Nichtigkeitsklagen verbunden, so ändert sich der Streitwert nicht (RG 19. 3. 1940 GRUR 1940, 198). Er kann gegenüber mehreren Streitgenossen als Klägern nur einheitlich festgesetzt werden (BGH 24. 7. 1953 GRUR 1953, 477).

Zur Möglichkeit einer Streitwertherabsetzung wegen der wirtschaftlichen Lage einer Partei s. § 53 Anm. 2.

32 **Verfahren der Streitwertfestsetzung.** Der Streitwert bzw. der Wert des Gegenstandes der anwaltlichen Tätigkeit wird, soweit erforderlich, in jeder Instanz gesondert festgesetzt, und zwar durch das Gericht (den Senat) auf Antrag eines Beteiligten oder (im Fall der Streitwertfestsetzung) auch von Amts wegen. § 10 Abs. 2 BRAGO schreibt die vorherige Anhörung der Beteiligten vor, d. s. der Anwalt, sein Auftraggeber und ein etwaiger erstattungspflichtiger Gegner. Die Festsetzung sollte bei streitigen Anträgen oder bei Abweichung der Festsetzung von den Anträgen einer Partei begründet werden (vgl. OLG Frankfurt 3. 11. 1967 NJW 1968, 409). Zum Abstimmungsverfahren vgl. § 196 Abs. 2 GVG.

Die Festsetzung unterliegt keinem **Rechtsmittel** (beim BPatG: § 42 Abs. 4; auch keine Rechtsbeschwerde, da nicht »über eine Beschwerde« entschieden wird, § 41 p Abs. 1; beim BGH: § 23 Abs. 2 S. 1 GKG). Die Streitwertfestsetzung kann jedoch vom beschließenden Gericht von Amts wegen (also auch auf Anregung eines Beteiligten) abgeändert werden (§ 23 GKG). Der BGH läßt den Rechtsbehelf der **Gegenvorstellung** zu, da jede erstmalige Streitwertfestsetzung irgendwie überprüfbar sein muß. Da die Abänderungsmöglichkeit durch § 23 Abs. 1 S. 4 GKG befristet ist (bis zum Ablauf des auf die Rechtskraft der Hauptsache folgenden Kalenderjahres), muß die Gegenvorstellung innerhalb dieser Frist erhoben werden. Erfolgte die Streitwertfestsetzung erst im letzten Monat dieser Frist, dann muß die Gegenvorstellung innerhalb Monatsfrist erhoben werden (BGH 22. 6. 1966

GRUR 1966, 638 – Spannbeton II –); erfolgte die Streitwertfestsetzung gar erst nach Ablauf dieser Frist, so ist die Gegenvorstellung noch innerhalb »angemessener Frist« zulässig (BGH 5. 3. 1964 Mitt. 1966, 62, wo eine Frist von 2 1/2 Monaten, die zum größeren Teil in die Gerichtsferien fiel, angesichts der besonderen Schwierigkeiten des Falles – die ja auch schon die Streitwertfestsetzung so verzögert hatten – noch als angemessen angesehen wurde).

4. Umfang der Kostenpflicht

Die Kostenentscheidung erstreckt sich auf die Gerichtskosten und die außergerichtlichen Kosten. 33

a) **Gerichtskosten** sind die Gebühren (in 1. Instanz nur die feste Klagegebühr des § 37 Abs. 5, für den BGH s. § 42 Abs. 1, 2) und die Auslagen (für die 1. Instanz § 41 n, für den BGH s. § 42 Abs. 2) des Gerichts. Soweit der Kostengläubiger Kosten bereits bezahlt hat (Klagegebühr, Zeugengebühren-Vorschuß), muß er ihre Erstattung durch den Kostenpflichtigen im Kostenfestsetzungsverfahren (s. u. Anm. 56; § 36 q Anm. 33 ff.) geltend machen. Soweit die Kosten noch nicht bezahlt sind, fordert der Kostenbeamte des Gerichts sie mittels Kostenansatz vom Kostenschuldner an.

b) Die **außergerichtlichen Kosten,** die dem Kostengläubiger entstanden sind, muß er sich vom Kostenpflichtigen im Kostenfestsetzungsverfahren (s. u. Anm. 56; § 36 q Anm. 33 ff.) erstatten lassen. Erstattungsfähig sind die Kosten, die nach billigem Ermessen zur zweckentsprechenden Wahrung der Ansprüche und Rechte notwendig waren (§ 36 q Abs. 1 S. 2 i. V. m. § 40 Abs. 2 S. 2; für das Verfahren des BGH §§ 42 Abs. 3, 42 m Abs. 4), ferner in jedem Fall die Kosten eines Anwalts (§ 91 Abs. 2 ZPO). Im einzelnen gilt folgendes: 34

aa) Parteikosten

Kosten, die eine **Partei selbst** oder durch **Angestellte** zur Bearbeitung des Verfahrens aufwendet, sind in der Regel nicht erstattungsfähig, insbes. also nicht die eigene Mühewaltung und Zeitversäumnis für die schriftsätzliche Bearbeitung und die Terminsvorbereitung (BPatG 11. 10. 1961 E 1, 94, 100 f.; Urkundsbeamter BPatG 24. 9. 1965 Mitt. 1967, 19; OLG Frankfurt 23. 2. 1961 GRUR 1962, 166 für Verletzungssachen). 35

Das anteilige **Monatsgehalt** des angestellten Terminsvertreters (BPatG 26. 7. 1967 E 9, 137) oder Gehaltsaufwendungen für die mit der Verfahrensbearbeitung befaßt gewesenen Angestellten (BPatG 30. 9. 1970 E 12, 71) werden nicht erstattet. Dies käme allenfalls für solche Angestellten in Frage, die weitaus überwiegend in Verfahren tätig werden, in denen der

Partei ein prozessualer Kostenerstattungsanspruch erwächst, was aber im Patentgerichtsverfahren mit seiner meist fakultativen Kostenentscheidung nicht der Fall ist (Kirchner, Mitt. 1970, 188).

Zu den Angestellten gehört auch der **angestellte Patentanwalt** (OLG Düsseldorf 20. 4. 1960 Mitt. 1960, 156 für Verletzungssache; Urkundsbeamter BPatG 18. 5. 1965 Mitt. 1966, 123). Hat jedoch der Angestellte die Vertretung nicht im Rahmen seines Dienstverhältnisses, sondern auf eigene Rechnung übernommen, so können seine Kosten erstattungsfähig sein (OLG Düsseldorf a. a. O.; Urkundsbeamter BPatG 31. 8. 1965 Mitt. 1967, 18).

36 Jedoch sind Auslagen **und** Zeitversäumnis für notwendige **Reisen** und notwendige Terminswahrnehmung erstattungsfähig (§ 91 Abs. 1 S. 2 ZPO, der gemäß § 41 o Abs. 1 anzuwenden ist, Kirchner, Mitt. 1967, 228). Als notwendig ist stets die Wahrnehmung eines (d. h. bei mehreren Terminen eines jeden: RPA 13. 12. 1940 MuW 1941, 57) Verhandlungs- oder Beweisaufnahme**termins** (insbes. wenn ein Sachverständiger vernommen werden soll, BPatG 18. 6. 1964 E 5, 136, 138) durch eine Partei bzw. ihren Inhaber oder einen Angestellten (Kirchner, a. a. O. S. 227; im allgemeinen nur für **einen** Firmenangehörigen: RPA 14. 1. 1936 Mitt. 1936, 96; BPatG 11. 10. 1963 E 4, 139, 142) anzuerkennen, und zwar auch, wenn die Partei anwaltlich vertreten ist (RPA 20. 11. 1934 Mitt. 1935, 28; a. A. BPatG 12. 1. 1970 E 11, 109; 12. 1. 1970 Mitt. 1971, 37 für GebrM-Löschungsverfahren, OLG Frankfurt a. a. O. und OLG Düsseldorf 18. 12. 1965 NJW 1966, 842 für Verletzungssachen). Notwendig ist auch die **Informationsreise** der Partei zu ihrem Anwalt (RPA 10. 12. 1937 Bl. 1937, 222; KG 7. 10. 1968 GRUR 1970, 100; oder umgekehrt: OLG Frankfurt 13. 11. 1963 GRUR 1964, 466 = Mitt. 1964, 77; a. A. BPatG 22. 12. 1970 Mitt. 1972, 31: nur in Höhe der Kosten, die für die Reise des Mandanten entstanden wären, selbst wenn dieser wegen Krankheit nicht reisen konnte; nicht aber, wenn Gebühren eines Korrespondenzanwalts verlangt werden, OLG München 16. 6. 1964 Justizverwaltungsblatt 1964, 242 für Verletzungssachen). Jedoch können Kosten nur entweder für eine Informationsreise oder für die Reise zur mündlichen Verhandlung anerkannt werden (BPatG 11. 10. 1963 E 4, 139, 142).

37 Für die **Höhe** der Reisekosten können die für Anwälte geltenden Bestimmungen (§ 28 BRAGO i. d. F. vom 30. 6. 1965, BGBl. I 577 u. vom 24. 10. 1972, BGBl. I 2013) zugrunde gelegt werden (Löscher bei Benkard 4. Aufl., § 40 Anm. 30). Bei Nichtanwälten wird **Zeitversäumnis** gemäß § 91 Abs. 1 S. 2 Halbs. 2 ZPO wie bei Zeugen entschädigt (s. § 2 ZSEG; Urkundsbeamter BPatG 24. 9. 1965 Mitt. 1967, 19); grundsätzlich den Mindestsatz anzuwenden (so Kirchner, Mitt. 1967, 229), wäre nicht gerechtfertigt.

bb) Vertreterkosten

38 Vgl. auch für das Rechtsbeschwerdeverfahren § 41 r Abs. 5, für Patentstreitsachen § 51 Abs. 5.

Nach § 91 Abs. 2 S. 1 ZPO sind die Kosten eines Rechtsanwalts stets erstattungsfähig. Entsprechendes muß gelten, wenn nicht ein Rechtsanwalt, sondern ein Patentanwalt (oder vor dem BPatG ein Erlaubnisscheininhaber) die Partei vertritt (DPA 29. 1. 1959 Bl. 1959, 171).

39 § 91 Abs. 2 S. 2 ZPO (Nichterstattungsfähigkeit der Mehrkosten eines **auswärtigen** Rechtsanwalts) ist auf Patentanwälte nicht anzuwenden, da das BPatG für den ganzen Geltungsbereich des PatG zuständig ist und es dem Beteiligten freistehen muß, aus den auf dieses Gebiet verteilten Patentanwälten einen Anwalt seines Vertrauens ohne Rücksicht auf dessen Wohnsitz zu wählen und dann auch dessen Reisekosten erstattet zu verlangen (BGH 1. 4. 1965 GRUR 1965, 621, 627 – Patentanwaltskosten –; ebenso für Patentstreitsachen OLG Frankfurt 13. 11. 1963 GRUR 1964, 466; OLG München 15. 7. 1964 NJW 1964, 1730).

α) Mehrheit von Vertretern

40 Mußte in der Person des Vertreters ein **Wechsel** eintreten (z. B. infolge Krankheit oder Tod des Vertreters oder weil der Anwalt infolge hohen Alters die Zulassung aufgab: RG 20. 12. 1940 GRUR 1941, 136), so sind die Kosten der mehreren Vertreter zu erstatten, § 91 Abs. 2 S. 3 ZPO (OLG München 14. 7. 1960 GRUR 1961, 375 = Mitt. 1960, 232 für Patentstreitsache). Im übrigen sind die Mehrkosten der Vertretung durch mehrere Rechtsanwälte (oder mehrere Patentanwälte) nicht erstattungsfähig. Werden mehrere Verfahren **verbunden,** so ist als erstattungsfähig von der Verbindung ab jeweils nur noch **eine** Gebühr anzuerkennen (BGH 19. 7. 1967 GRUR 1968, 447, 452 – Flaschenkasten –); dagegen bleiben die vor der Verbindung bereits mehrfach entstandenen Gebühren erstattungsfähig, da die Klagen zwar denselben Gegenstand, aber nicht dieselbe »Angelegenheit« (§ 6 BRAGO) betrafen (BPatG 18. 6. 1964 E 5, 136).

41 Sind jedoch mehrere Vertreter verschiedener Berufsausbildung – insbes. ein Rechtsanwalt und ein Patentanwalt – **nebeneinander** tätig geworden, so ist die Notwendigkeit (§ 91 Abs. 1 S. 1 ZPO) im Einzelfall zu prüfen, da solche **Doppelvertretung** im Nichtigkeitsverfahren nicht gesetzlich geregelt ist (anders § 51 Abs. 5 für Patentstreitsachen, in denen Rechtsanwaltszwang besteht). Die Feststellung der Notwendigkeit ist im Rechtsbeschwerdeverfahren nur beschränkt nachprüfbar (BGH 1. 4. 1965 GRUR 1965, 621, 626 – Patentanwaltskosten –).

42 Da der Patentanwalt auch die Rechtsfragen, die im Nichtigkeitsverfahren aufzutreten pflegen, beherrscht, wird in der 1. Instanz ein Rechtsanwalt

neben einem Patentanwalt nur dann als notwendig anerkannt, wenn neben technischen und allgemein patentrechtlichen Fragen auch besonders schwierige Rechtsfragen, insbes. aus anderen Rechtsgebieten, eine Rolle spielen (DPA 29. 1. 1959 Bl. 1959, 171; BPatG 20. 8. 1964 E 5, 230, 232 ff.; BGH 1. 4. 1965 a. a. O. für GebrM-Löschungsverfahren). Ob bei nicht notwendiger Doppelvertretung die Kosten des Rechtsanwalts oder die des Patentanwalts anerkannt werden, wird davon abhängen, ob juristische oder technische Fragen überwogen (vgl. BGH a. a. O.).

43 Für die **Berufungsinstanz** ist die Praxis großzügiger, was von der Sache her kaum gerechtfertigt ist, allenfalls von der anderen Zusammensetzung der Richterbank: vor dem BGH wird die Zuziehung eines Rechtsanwalts (die ja im Berufungsverfahren nicht obligatorisch ist) neben einem Patentanwalt allgemein bei erheblichen Schwierigkeiten auch rechtlicher Art für notwendig gehalten, ja auch die wirtschaftliche Bedeutung des Verfahrens wird berücksichtigt (BGH 4. 2. 1958 GRUR 1958, 305 – Kostenerstattung –); als schwierige Rechtsfragen sind z. B. die Frage der Erfindungshöhe (BPatG 18. 6. 1964 E 5, 136) und die der Zulässigkeit von Beschränkungen (BPatG 9. 2. 1965 E 6, 193) angesehen worden.

Bei Doppelvertretung hat der BGH (15. 5. 1956 Bl. 1957, 292) auch die Kosten für eine Informationsreise des Rechtsanwalts zum Patentanwalt anerkannt.

44 Die Erstattungsfähigkeit der Gebühren eines **Verkehrs-**(Korrespondenz-) **Anwalts** steht sowohl dem Grunde wie der Höhe nach im billigen Ermessen des Gerichts, wobei für die Beurteilung der Notwendigkeit ähnliche Gesichtspunkte in Betracht kommen wie in der Frage der Doppelvertretung (s. o. Anm. 42 f.; BPatG 20. 8. 1964 E 5, 230, 232 ff.; 8. 11. 1965 E 7, 223, 226; vgl. auch RPA 18. 12. 1935 Mitt. 1936, 95 und 23. 2. 1939 Bl. 1939, 54 für ausländischen Verkehrsanwalt). In Patentstreitsachen wird die Erstattungsfähigkeit im allgemeinen bejaht (OLG Düsseldorf 27. 6. 1952 GRUR 1952, 535; OLG Schleswig 25. 6. 1953 GRUR 1953, 455 für Wettbewerbssache; OLG München 18. 9. 1963 NJW 1963, 2280; 16. 6. 1964 Justizverwaltungsblatt 1964, 242 insbes. in Eilverfahren; ebenso OLG Karlsruhe 31. 7. 1972 Mitt. 1973, 119; LG Mannheim 7. 1. 1965 Mitt. 1965, 99 für ausländischen Patentanwalt, der die Mitwirkung eines ausländischen Rechtsanwalts als Verkehrsanwalt entbehrlich machte; a. A. KG 29. 8. 1966 GRUR 1967, 438 und OLG Karlsruhe 18. 2. 1971 GRUR 1971, 283: nur wenn die Zuziehung nach Lage des Falls erforderlich war; abweichend für die Revisionsinstanz KG 21. 12. 1971 GRUR 1972, 671; vgl. auch Schramm, Der Patentverletzungsprozeß, S. 312 mit weiteren Nachweisen).

Gebühren eines Verkehrsanwalts, dessen Zuziehung nicht geboten war, können dennoch insoweit erstattungsfähig sein, als durch seine Zuziehung eine Informationsreise der Partei zu ihrem Prozeßbevollmächtigten entbehrlich wurde (OLG Hamm 13. 12. 1961 MDR 1962, 993; Kirchner, Mitt. 1967, 230).

Der Höhe nach können für die Gebühren eines **ausländischen** Patentanwalts die Sätze der PatAnwGebO allenfalls gewisse Anhaltspunkte für die Angemessenheit geben (BPatG 8. 11. 1965 E 7, 223, 226 f.). Für einen ausländischen Vertreter, der weder Rechtsanwalt noch Patentanwalt ist, kann keine Verkehrsgebühr anerkannt werden (Urkundsbeamter BPatG 17. 1. 1967 Mitt. 1967, 54).

β) Gebührenordnungen

Die Gebühren und Auslagen des Rechtsanwalts bestimmen sich nach der 45
BRAGO (auch wenn deren Sätze im Einzelfall unter denen der PatAnwGebO liegen, DPA 5. 1. 1953 Bl. 1953, 84 = GRUR 1953, 125).

Die Gebühren des Patentanwalts ergeben sich aus der von der Patentanwaltskammer herausgegebenen **PatAnwGebO** (letzte Ausgabe 1. 10. 1968; maßgebend ist die z. Z. der Auftragserteilung geltende Fassung, BPatG 7. 3. 1969 E 10, 314; a. A. Kirchner, Mitt. 1971, 16: maßgebend der Zeitpunkt, zu dem die jeweilige Gebühr entstanden ist; im Mai 1966 erschienen Neufassungen der Gebührenordnungen im Verkehr mit ausländischen Auftraggebern und im Verkehr mit ausländischen Patentanwälten), die kein Gesetz, aber als für die Patentanwälte verbindlich bezeichnet ist (vgl. hierzu grundsätzlich DPA 3. 3. 1953 Bl. 1953, 81; BPatG 30. 5. 1963 E 4, 105, 108; BGH 1. 4. 1965 BGHZ 43, 352, 354 f. – Patentanwaltskosten –; BPatG 31. 1. 1968 E 9, 272; LG Berlin 15. 11. 1968 Mitt. 1969, 158 für Patentstreitsachen; über die kartellrechtlichen Bedenken s. LG München I 16. 7. 1970 Mitt. 1972, 56). Ihre Sätze sind auch insoweit erstattungsfähig, als sie die der BRAGO übersteigen (BPatG a. a. O.). Sie können nicht wegen der inzwischen eingetretenen Teuerung erhöht werden, solange die Gebührenordnung gilt (BPatG 8. 5. 1967 E 9, 96). Höhere vereinbarte Gebühren sind nicht erstattungsfähig.

Ist ein Streitwert oder Gegenstandswert (§ 10 BRAGO) festgesetzt (nämlich beim BPatG immer dann, wenn ein Rechtsanwalt mitgewirkt hat, beim BGH immer, s. o. Anm. 30), dann stehen dem Patentanwalt die Gebühren nach der BRAGO zu (PatAnwGebO Abschnitt N 1), und zwar auch dann, wenn sie im Einzelfall unter denen der PatAnwGebO liegen (BPatG 10. 6. 1966 E 8, 165). Das gilt auch dann, wenn der Streitwert zwar nicht festgesetzt ist, aber ziffernmäßig feststeht wie beim Streit um die Kosten (BPatG 16. 6. 1964 E 5, 144: mündliche Verhandlung nur über die Kosten; Urkundsbeamter BPatG 23. 6. 1965 Mitt. 1966, 194 für das Kostenfestsetzungs-Erinnerungsverfahren).

Für Erlaubnisscheininhaber gibt es Gebühren-**Richtlinien für Patentingenieure** (herausgegeben vom Verband vertretungsberechtigter Patentingenieure und Patentassessoren e. V., letzte Ausgabe 1. 10. 1968), die im allgemeinen mit den Sätzen der PatAnwGebO übereinstimmen, aber keine bindende Gebührenordnung, sondern allenfalls die »übliche Vergütung« i. S. des § 612 Abs. 2 BGB darstellen (BPatG 17. 7. 1968 E 10, 194; 6. 2. 1970 E 12, 45), deren Angemessenheit nachzuprüfen bleibt. Gebühren in voller Höhe der PatAnwGebO sind in vielen Fällen unangemessen, da Erlaubnisscheininhaber und Patentanwälte nicht die gleiche fachliche Qualifikation haben. Daher wird die erstattungsfähige Vergütung eines Erlaubnisscheininhabers im allgemeinen hinter der des Patentanwalts zurückbleiben (BPatG 15. 5. 1964 E 5, 228; vgl. jedoch OLG Frankfurt 23. 2. 1961 GRUR 1962, 166 und OLG Düsseldorf 13. 4. 1966 GRUR 1967, 326 für Patentstreitsache: bis zur vollen Höhe der Patentanwaltsgebühren). In GebrM-Löschungssachen sind Gebühren in Höhe von 8/10 der Sätze der PatAnwGebO erstattungsfähig (BPatG 17. 7. 1968 E 10, 194; 6. 2. 1970 E 12, 45; 20. 1. 1971 Bl. 1971, 188 LS, bestätigt von BGH 27. 6. 1972 Bl. 1973, 27 – Straßenleitpfosten –).

γ) Gebühren des Rechtsanwalts

46 Vgl. Schumann MDR 1961, 901. In den Verfahren vor dem DPA (in denen eine Festsetzung des Gegenstandswerts nach § 10 BRAGO nicht möglich ist, BPatG 25. 2. 1963 E 3, 183) ergeben sich die Gebühren des Rechtsanwalts aus dem 11. Abschnitt der BRAGO; dieser gilt auch für erstinstanzliche Verfahren vor den Beschwerdesenaten, z. B. Akteneinsichtsverfahren, die im 3. Abschnitt nicht geregelt sind (Urkundsbeamter BPatG 25. 11. 1965 Mitt. 1966, 123). Im übrigen gelten für die Verfahren vor dem BPatG und BGH die Vorschriften des 3. Abschnitts, § 66 Abs. 1 BRAGO i. d. F. des § 8 des 6. ÜG. Für die gebührenfreien Beschwerden (außer denen betr. Vergütungsfestsetzung bei Lizenzbereitschaft, § 14 Abs. 4, und Anordnung des Unterbleibens der Bekanntmachung bei Geheimerfindungen, § 30 a Abs. 1, 2) entstehen jedoch nur $^{3}/_{10}$-Gebühren, § 66 Abs. 2 BRAGO i. d. F. des Sortenschutzgesetzes vom 20. 5. 1968, BGBl. I 429. Für die Masse der Beschwerden, insbes. diejenigen, die der Beschwerdegebühr von 150 DM unterliegen, sowie für die Verfahren vor dem Nichtigkeitssenat entstehen die üblichen Gebühren gemäß §§ 31 ff. BRAGO, in allen Verfahren vor dem BGH in Höhe von $^{13}/_{10}$, §§ 11 Abs. 1 S. 2, 66 Abs. 3 BRAGO.

47 Die **Verhandlungsgebühr** entsteht im Beschwerdeverfahren nur, wenn tatsächlich eine mündliche Verhandlung stattfindet, im Nichtigkeitsverfahren dagegen auch, wenn mit Zustimmung der Parteien ohne mündliche Verhandlung entschieden wird, § 35 BRAGO. Auch wenn die mündliche Verhandlung sich über mehrere Tage erstreckt, entsteht die Verhandlungsgebühr nur einmal (BPatG 29. 4. 1964 E 5, 144). Wird nur über die Kosten mündlich verhandelt, so bemißt sich die Verhandlungsgebühr nur nach dem Streitwert der Kosten.

Die **Beweisgebühr** des Rechtsanwalts entsteht, sobald eine Beweisaufnahme eingeleitet ist und der Anwalt dabei eine Tätigkeit entfaltet, mindestens an der Beweisaufnahme teilgenommen hat (BPatG 18. 6. 1964 E 5, 136, 137); auch schon wenn der Anwalt eine Beweisanordnung des Gerichts in Empfang genommen und geprüft hat (OLG München 29. 5. 1967 NJW 1967, 2068). Ein förmlicher Beweisbeschluß ist nicht nötig; es genügt Beweiserhebung in der mündlichen Verhandlung (§ 41 c Abs. 1) oder die Anordnung einer Beweiserhebung nach § 272 b ZPO, z. B. die Anordnung, einen angeblich vorbenutzten Gegenstand einzureichen (DPA 7. 11. 1960 Bl. 1961, 57), oder die Beauftragung des gerichtlichen Sachverständigen (BPatG 9. 2. 1965 E 6, 193), dessen Vernehmung in der Regel zu Beweiszwecken erfolgt (BPatG 18. 6. 1964 E 5, 136, 138). Wegen der gerichtlichen Beweisgebühr vgl. § 42 Anm. 18.

δ) Gebühren des Patentanwalts

Die PatAnwGebO kennt für das **Nichtigkeits**verfahren die Verfahrensgebühr und die Verhandlungsgebühr von je 1850 DM, für die Mitvertretung eines Nebenintervenienten (abweichend von § 6 BRAGO; dazu BPatG 18. 6. 1964 E 5, 136) eine Verfahrensgebühr von 350 DM. Die Verfahrensgebühr wird auch bei Klagerücknahme nicht ermäßigt, sobald der Anwalt gegenüber dem Gericht tätig geworden ist (Rpflg. BPatG 2. 8. 1972 Mitt. 1973, 38). **48**

Die Gebühren können in umfangreichen, schwierigen, eiligen oder bedeutungsvollen, insbes. wirtschaftlich bedeutungsvollen Fällen **erhöht** werden (PatAnwGebO Grundlegende Best. Nr. 9). Die Erhöhung hat sich nicht an den Sätzen der auf einem anderen System aufgebauten BRAGO auszurichten (so noch BPatG 8. 1. 1963 E 3, 129), sondern steht im billigen Ermessen des Gerichts; der Fall muß nach den genannten Kriterien aus der Masse der »normalen« Fälle, für welche die feste Gebühr gedacht ist, hervorragen (BGH 1. 4. 1965 GRUR 1965, 621, 625 – Patentanwaltskosten –). Die **wirtschaftliche Bedeutung** der Sache ergibt sich aus dem Streitwert; ist für die 1. Instanz kein Streitwert festgesetzt, so kann der für die 2. Instanz festgesetzte als Maßstab herangezogen werden (DPA 2. 5. 1961 Mitt. 1961, 157; BPatG 8. 1. 1963 E 3, 129; 1. 3. 1966 E 8, 176, 178 für GebrM-Löschungsverfahren). Demnach ist im Nichtigkeitsverfahren bei einem Streitwert von 1 Million eine Erhöhung auf das Dreifache anerkannt (BPatG 17. 9. 1965 E 7, 221), bei einem Streitwert unter 300 000 DM eine Erhöhung abgelehnt worden (BPatG 8. 11. 1965 E 7, 223). Für das GebrM-Löschungsverfahren geht das BPatG (21. 2. 1966 E 8, 180; 1. 3. 1966 E 8, 176) von einem Durchschnittswert von 30–40 000 DM aus und verdoppelt die Gebühr 1. Instanz bei einem Wert von 90 000 DM (Versechsfachung bei einem Wert von 600 000 DM). Entsprechendes gilt für die

Gebühr der 2. Instanz (BPatG 16. 11. 1967 E 9, 220, 223; 5. 7. 1971 E 12, 201). Durch die Erhöhung wegen wirtschaftlicher Bedeutung wird auch eine gegenüber dem Normalfall erhöhte Schwierigkeit und ein erhöhter Umfang der Tätigkeit des Patentanwalts in gewissem Umfang mit abgegolten (BPatG 1. 3. 1966 E 8, 176, 179 f.).

Im **Beschwerde**verfahren erhebt der Patentanwalt die Gebühren des Abschnitts M der PatAnwGebO, daneben Bearbeitungsgebühren nach Nr. 3 der Grundlegenden Bestimmungen (hierzu Kirchner Mitt. 1968, 221, der auf die Schwierigkeit hinweist, solche unbestimmten Gebühren dem Kostenfestsetzungsverfahren durch den Urkundsbeamten der Geschäftsstelle zu überlassen). Diese werden nach Einzelposten (z. B. DPA 15. 2. 1956 Mitt. 1956, 169) oder pauschal (z. B. BPatG 30. 5. 1963 E 4, 105, 108; 13. 3. 1968, zitiert bei Kirchner, a. a. O. S. 222; z. B. für ein durchschnittliches Widerspruchs-Beschwerdeverfahren 200 DM, BPatG 14. 7. 1970 Mitt. 1970, 217 – sämtlich Entscheidungen in WZ-Sachen) festgesetzt und sind nach Grund und Höhe auf ihre Notwendigkeit zu prüfen (DPA Gr. Sen. 3. 3. 1953 Bl. 1953, 81, 83), wobei jedoch eine Aufgliederung nach Arbeitsstunden (s. die Nachweise bei Kirchner, a. a. O., S. 222) nicht verlangt werden sollte.

cc) Auslagen

49 Wegen der **Reisekosten** der Partei selbst (§ 91 Abs. 1 S. 2 ZPO) s. o. Anm. 36 f. Reisekosten eines Anwalts sind nach § 91 Abs. 2 S. 1 ZPO stets erstattungsfähig. Über die Nichtanwendbarkeit des S. 2 a. a. O. (betr. Nichterstattungsfähigkeit der Mehrkosten für einen nicht am Gerichtsort ansässigen Anwalt) auf Patentanwälte s. o. Anm. 39. Die Höhe der Reisekosten des Anwalts richtet sich (auch bei Patentanwälten, DPA 9. 11. 1959 Mitt. 1960, 39; BPatG 14. 7. 1970 Mitt. 1970, 217; zur »Abwesenheitsgebühr« vgl. BPatG 11. 10. 1963 E 4, 139, 140; 17. 7. 1968 E 10, 194, 202; 14. 7. 1970 a. a. O.) nach § 28 BRAGO i. d. F. der G vom 30. 6. 1965 (BGBl. I 577) und vom 24. 10. 1972 (BGBl. I 2013).

Seine **Portokosten** kann der Rechtsanwalt pauschalieren, § 26 S. 2 BRAGO; die Bestimmung ist auf Patentanwälte sinngemäß anwendbar (BPatG 12. 7. 1968 E 10, 64, 66).

Hinsichtlich der **sonstigen Auslagen der Beteiligten** geht die Rechtsprechung von dem Grundsatz aus, daß es unbillig wäre, dem Unterliegenden alle nicht wirklich notwendigen Kosten, die ein Beteiligter aus eigener Initiative macht, aufzuerlegen (BPatG 11. 10. 1961 E 1, 94, 101). In der Beurteilung, welche Kosten »wirklich notwendig« waren, beginnt sie sich jedoch neuerdings von der Bindung an die Rechtsprechung freizumachen, wonach die Notwendigkeit bestimmter Aufwendungen nur dadurch erwiesen werde, daß ihr Ergebnis in der Entscheidung des Gerichts verwertet wird. Geringfügigkeit der Auslagen steht ihrer Erstattungsfähigkeit nicht entgegen (BPatG 30. 9. 1970 E 12, 71, 76).

50 Kosten für **Ablichtungen** der Erteilungsakten sind in der Regel nicht erstattungsfähig (BPatG 20. 8. 1964 E 5, 230; vgl. jedoch OLG München 19. 1. 1962 GRUR 1962, 387 = NJW 1962, 817 = Mitt. 1962, 180 für Patentstreitsache: Ablichtungen von Schriftsatzanlagen fallen unter die Schreibgebühren des § 27 BRAGO; ebenso OLG München 16. 8. 1968 NJW 1968, 2115 LS; a. A. OLG Hamburg 29. 2. 1968 MDR 1968, 506; vgl. auch DPA 19. 12. 1955 Mitt. 1956, 18 betr. Auslagen des Armenanwalts für Zeichnungen). Ablichtungen von Druckschriften sind erstattungsfähig, soweit diese in der Entscheidung des Senats verwertet wurden (Urkundsbeamter BPatG 18. 5. 1965 Mitt. 1966, 123).

51 **Recherchekosten** wurden nur dann als erstattungsfähig angesehen, wenn das ermittelte Material zur Begründung der Entscheidung mit herangezogen worden ist (BPatG 24. 10. 1962 E 3, 127 für GebrM-Löschungsverfahren; 2. 3. 1963 E 3, 132, 134; 20. 8. 1964 E 5, 230). Demgegenüber hat OLG Nürnberg (25. 2. 1963 Mitt. 1963, 79 für Patentstreitsache) Recherchekosten immer dann als erstattungsfähig angesehen, wenn jede vernünftige Partei sie riskiert und aufgewendet hätte (ebenso OLG Frankfurt 27. 8. 1965 GRUR 1967, 115 und OLG München 17. 12. 1970 Mitt. 1971, 79 für GebrM-Verletzungsstreit). Dieser Rechtsprechung hat sich der 5. Senat des BPatG (11. 7. 1966 E 8, 181 für GebrM-Löschungsverfahren; 5. 7. 1971 E 12, 201, 206 Recherchekosten des Nebenintervenienten) angeschlossen. Bei einer Recherche durch die Treuhandstelle Reichspatentamt kann die Höhe von deren Gebühren nicht beanstandet werden (BPatG 12. 1. 1970 E 11, 109, 113).

Nimmt der Patentanwalt die Recherche selbst vor, so kann er für diesen Zeitaufwand, der nicht durch die Verfahrensgebühr abgegolten ist, besonders liquidieren (so in Abweichung von der früheren Rechtsprechung BPatG 26. 11. 1963 E 5, 142 für GebrM-Löschungsverfahren; LG Mannheim 29. 12. 1965 Mitt. 1966, 103 und OLG Düsseldorf 13. 12. 1967 GRUR 1969, 104 = Mitt. 1968, 80 für Patentstreitsache; OLG München a. a. O. für GebrM-Verletzungsstreit).

52 Die Kosten eines **Privatgutachtens** (über ihre Erstattungsfähigkeit allgemein s. Schneider, MDR 1965, 963; vgl. auch Schramm, Der Patentverletzungsprozeß, S. 316) sind nur dann erstattungsfähig, wenn das Gutachten auf die Rechtsfindung von Einfluß gewesen ist, also wenn das Gericht bei seiner Entscheidung ganz oder teilweise dem Gutachten gefolgt ist oder das Privatgutachten dem gerichtlichen zur entscheidenden Grundlage gedient hat (RG 30. 5. 1934 MuW 1934, 299; 3. 10. 1934 GRUR 1934, 737; BGH 6. 2. 1955 Mitt. 1955, 67 mit ablehnender Anm. von Mediger; BPatG 26. 7. 1962 E 2, 106, das die Gutachterkosten jedoch in Höhe einer Anwaltsgebühr anerkannt hat, weil die Partei, die den Gutachter beauftragt hatte, auf die an sich gerechtfertigte Zuziehung eines Patentanwalts als technischen Be-

raters verzichtet hatte). Demgegenüber wurden im WZ-Streit die Kosten eines demoskopischen Gutachtens schon dann für erstattungsfähig erachtet, wenn seine Beschaffung zur Zeit der Aufwendung in bezug auf den konkreten Streitstand des Prozesses sachlich gerechtfertigt war (OLG Karlsruhe 11. 2. 1966 GRUR 1966, 702; OLG Köln 10. 6. 1970 GRUR 1971, 420; a. A. vom Stein GRUR 1972, 314: nur wenn die Kosten dem Unterlegenen zugemutet werden können; zur Meinungsumfrage vgl. auch LG München I 5. 2. 1964 GRUR 1966, 702 und die Zusammenstellung der Rechtsprechung bis 1968 bei Schramm, Festschrift für Wendel S. 142).

Die Kosten eines von dem die Partei vertretenden Patentanwalt erstatteten »Gutachtens« – das nicht anders als ein Schriftsatz zu werten ist – sind nicht erstattungsfähig (OLG Düsseldorf 25. 4. 1951 GRUR 1951, 403; 29. 7. 1963 GRUR 1965, 118 für Patentstreitsachen). Auch die Kosten eines nicht für das Gericht, sondern nur für den Mandanten bestimmten Gutachtens können allenfalls bei besonderer Schwierigkeit des Falles als nicht durch die Verfahrensgebühr abgegolten (vgl. § 20 Abs. 1 Satz 3 BRAGO) angesehen werden (BPatG 31. 5. 1972 E 14, 49).

53 Kosten von **Versuchen,** die eine Partei vornimmt, können allenfalls erstattet werden, wenn diese zur Beweissicherung nötig waren (BPatG 11. 10. 1961 E 1, 94, 100 f.) oder wenn dadurch sonst von dritten Stellen vorzunehmende Untersuchungen erspart wurden (KG 4. 6. 1941 GRUR 1941, 388 in Patentstreitsache).

54 Kosten der **Übersetzung** ausländischer Patentschriften durch ein Übersetzungsbüro sind, soweit diese in der Entscheidung verwertet wurden (RPA 13. 7. 1937 Bl. 1937, 155 hatte die Erstattungsfähigkeit ohne diese Einschränkung je nach Lage des Falles beurteilt), erstattungsfähig, wobei die in der PatAnwGebO vorgesehene Übersetzungsgebühr nicht als Richtsatz dienen kann (BPatG 2. 3. 1963 E 3, 132). Der einen Ausländer vertretende Patentanwalt kann Übersetzungskosten für wesentliche Schriftstücke in Rechnung stellen, wenn die Übersetzertätigkeit eine über den normalen Tätigkeitsbereich des Anwalts erheblich hinausgehende Mühewaltung darstellt (BPatG 31. 5. 1972 E 14, 49).

55 Seit Inkrafttreten des Umsatzsteuergesetzes **(Mehrwertsteuer)** vom 29. 5. 1967 (BGBl. I 545; zum Übergangsrecht vgl. BPatG 4. 7. 1969 E 11, 171, 177) am 1. 1. 1968 ist die Erstattungsfähigkeit der Umsatzsteuer bei Rechtsanwälten und bei Patentanwälten gleich zu behandeln (BPatG 12. 7. 1968 E 10, 64, 66 f.). Bei beiden ist die Umsatzsteuer erstattungsfähig ohne Rücksicht darauf, ob der erstattungsberechtigte Beteiligte sie zum Vorsteuerabzug benutzen kann (BFH 3. 2. 1970 NJW 1970, 1343; BPatG a. a. O. S. 67; a. A. BPatG 4. 7. 1969 E 11, 171: der Erstattungsberechtigte müsse glaubhaft machen, daß er die Umsatzsteuer nicht zum Vorsteuerabzug verwenden kann).

Versteuert der Rechtsanwalt seine Umsätze nach § 19 MWStG, so ist der von ihm in Rechnung gestellte Ausgleichsbetrag (§ 25 Abs. 2 S. 2 BRAGO i. d. F. des G vom 20. 12. 1967, BGBl. I 1246) erstattungsfähig (Gänger, NJW 1968, 735).

5. Kostenfestsetzung

56 Für das Kostenfestsetzungsverfahren und die Zwangsvollstreckung aus Kostenfestsetzungsbeschlüssen gelten die Vorschriften der ZPO entsprechend, § 40 Abs. 2 S. 2 i. V. m. § 36 q Abs. 4; vgl. hierzu § 36 q Anm. 33 ff. Über Erinnerungen entscheidet der Nichtigkeitssenat in der Dreierbesetzung (§ 36 d Anm. 19) ohne mündliche Verhandlung durch Beschluß; gegen diesen ist ein Rechtsmittel nicht gegeben (§ 41 o Abs. 2).

57 Das Kostenfestsetzungsverfahren betrifft die Kostenerstattung zwischen den Parteien. Für den Streit zwischen dem Anwalt und seinem **Mandanten** über die Höhe der Gebühren gilt folgendes. Dem Rechtsanwalt steht das Festsetzungsverfahren gemäß § 19 BRAGO zur Verfügung; zuständig ist der Rechtspfleger, § 21 Abs. 1 Nr. 2 Rechtspflegergesetz. Auf Patentanwälte, deren Gebühren sich nach der PatAnwGebO richten, ist die Bestimmung nicht anwendbar (vgl. BPatG 6. 12. 1961 E 2, 89, 92; 31. 1. 1968 E 9, 272); sie müssen ihr Honorar notfalls vor dem ordentlichen Gericht einklagen; anders, soweit sie die gesetzlich bestimmten Gebühren der BRAGO verlangen (wie im Fall des § 51 Abs. 5: LG Berlin 24. 4. 1954 GRUR 1954, 418 für Patentstreitsache; LG München I 6. 9. 1956 GRUR 1957, 239 für WZ-Streitsache).

58 Da die PatAnwGebO, somit auch ihre **Gerichtsstand**klausel (Grundlegende Best. Ziff. 12) kein Gesetz ist, ist diese nur anwendbar, wenn sie vereinbart ist. Dies geschieht im üblichen Vollmachtsformular, so daß es des nicht zuverlässigen Auswegs, den Sitz des Patentanwalts als Erfüllungsort (§ 29 ZPO) auch für die Honorarzahlungspflicht des Mandanten anzusehen (so AG München 22. 2. 1963 Mitt. 1963, 80; vgl. auch KG 14. 12. 1926 JW 27, 1324 für den Notar), nicht bedarf. § 34 ZPO, wonach das Gericht des Hauptprozesses auch für Gebührenklagen zuständig ist, versagt im patentgerichtlichen Verfahren, da besondere Gerichte wie das BPatG keinesfalls für Honorarklagen zuständig sind.

§ 41

(1) In dem Verfahren wegen Erteilung der Zwangslizenz kann dem Kläger auf seinen Antrag die Benutzung der Erfindung durch einstweilige Verfügung gestattet werden, wenn er glaubhaft macht, daß die Voraussetzungen des § 15 Abs. 1 vorliegen und daß die alsbaldige Erteilung der Erlaubnis im öffentlichen Interesse dringend geboten ist.

(2) Mit dem Antrag ist eine Gebühr nach dem Tarif zu zahlen; wird sie nicht gezahlt, so gilt der Antrag als nicht gestellt. Der Erlaß der einstweiligen Verfügung kann davon abhängig gemacht werden, daß der Antragsteller wegen der dem Antragsgegner drohenden Nachteile Sicherheit leistet.

(3) Das Patentgericht entscheidet auf Grund mündlicher Verhandlung. Die Bestimmungen des § 39 Abs. 2 Satz 2 und des § 40 gelten entsprechend.

(4) Mit der Zurücknahme oder der Zurückweisung der Klage auf Erteilung der Zwangslizenz (§ 37) endet die Wirkung der einstweiligen Verfügung; ihre Kostenentscheidung kann geändert werden, wenn eine Partei innerhalb eines Monats nach der Zurücknahme oder nach Eintritt der Rechtskraft der Zurückweisung die Änderung beantragt.

(5) Erweist sich die Anordnung der einstweiligen Verfügung als von Anfang an ungerechtfertigt, so ist der Antragsteller verpflichtet, dem Antragsgegner den Schaden zu ersetzen, der ihm aus der Durchführung der einstweiligen Verfügung entstanden ist.

(6) Das Urteil, durch das die Zwangslizenz zugesprochen wird, kann auf Antrag gegen oder ohne Sicherheitsleistung für vorläufig vollstreckbar erklärt werden, wenn dies im öffentlichen Interesse liegt. Wird das Urteil aufgehoben oder geändert, so ist der Antragsteller zum Ersatz des Schadens verpflichtet, der dem Antragsgegner durch die Vollstreckung entstanden ist.

ÜBERSICHT

1. Abs. 1: Voraussetzungen der einstweiligen Verfügung

Die Benutzung der Erfindung kann durch **einstweilige Verfügung** gestattet werden, wenn 1

a) ein Zwangslizenzverfahren (§ 37, § 11 a GebrMG) anhängig ist oder gleichzeitig anhängig gemacht wird,

b) der Kläger es beantragt und glaubhaft macht, daß

c) die Voraussetzungen des § 15 Abs. 1 (s. dort) vorliegen, und

d) **alsbaldige** Erteilung der Erlaubnis im **öffentlichen Interesse** dringend geboten ist. Dieses öffentliche Interesse muß neben dem öffentlichen Interesse des § 15 Abs. 1 bestehen (vgl. Horn, Mitt. 1970, 184). Das eigene Interesse an der alsbaldigen Erteilung ist nicht entscheidend. Die alsbaldige Erteilung der Erlaubnis kann im öffentlichen Interesse liegen, wenn die Öffentlichkeit durch die Verweigerung der Lizenz gehindert wäre, ihren dringenden Bedarf an einer bestimmten Ware zu decken, und wenn dieser Bedarf sich z. B. aus der Erzielbarkeit erheblicher Arbeitserleichterungen oder finanzieller oder sonstiger Einsparungen ergibt. Das öffentliche Interesse an der sofortigen Benutzungsgestattung – mit der die Entscheidung über die Hauptsache praktisch vorweggenommen wird – muß so dringend sein, daß ein längeres Zuwarten nicht verantwortet werden könnte (BGH 26. 2. 1952 GRUR 1952, 393 – Paladon –). Es kann fehlen, wenn das Patent nur noch kurze Zeit läuft (BGH 3. 6. 1970 GRUR 1972, 471 – Cafilon –). Seit dem Bestehen des BPatG ist noch keine einstweilige Verfügung ergangen (2 Anträge wurden abgelehnt).

Der Antrag kann auch noch in 2. Instanz des Zwangslizenzverfahrens gestellt werden; dann entscheidet über ihn der BGH (Löscher bei Benkard § 41 Anm. 2).

2. Abs. 2: Gebühr und Sicherheitsleistung

Voraussetzung der einstweiligen Verfügung ist ferner Zahlung der Gebühr (300 DM) und evtl. Sicherheitsleistung wegen der dem Antragsgegner drohenden Nachteile; Beispiel für deren Bemessung: RPA 15. 11. 1937 MuW 1938, 111. 2

3. Abs. 3: Entscheidung

Das BPatG (Nichtigkeitssenat) entscheidet grundsätzlich auf Grund mündlicher Verhandlung und kann – abweichend von § 937 ZPO – nur mit Zustimmung der Parteien auch ohne mündliche Verhandlung entscheiden; in jedem Fall in der Fünferbesetzung und durch Urteil, das auch eine Kostenentscheidung enthalten muß; es kann auch die Sicherheitsleistung des Abs. 2 anordnen. Die Entscheidung über die Lizenzvergütung und evtl. 3

deren Sicherstellung kann dem Hauptverfahren überlassen bleiben; kommt es in diesem wegen Klagerücknahme nicht mehr zu einer Entscheidung, so kann der für die Dauer der Wirksamkeit der einstweiligen Verfügung entstandene Vergütungsanspruch im ordentlichen Rechtsweg geltend gemacht werden (RG 29. 6. 1943 RGZ 171, 227, 336 ff.).

Die Entscheidung unterliegt dem besonderen Rechtszug des § 42 m (Beschwerde an BGH).

4. Abs. 4: Ende der Wirkung

4 Die Wirkung der einstweiligen Verfügung endet – außer mit ihrer Aufhebung im Beschwerdewege – mit der Zurücknahme oder rechtskräftigen Zurückweisung der Hauptklage, ferner mit der rechtskräftigen Erteilung der Zwangslizenz gleichen oder geänderten Inhalts. Wegen der Änderung der Kostenentscheidung, deren Voraussetzungen sich als nicht gegeben herausgestellt haben, vgl. Abs. 4 Halbs. 2.

5. Abs. 5: Schadenersatzpflicht

5 Die Schadenersatzpflicht des Antragstellers bei sich als ungerechtfertigt erweisender einstweiliger Verfügung entspricht der Regelung des § 945 ZPO. Verschulden ist nicht Voraussetzung. Die Schadenersatzklage ist Patentstreitsache (§ 51).

6. Abs. 6: Vorläufige Vollstreckbarkeit

6 Abs. 6 betrifft nicht das Einstweilige-Verfügungs-Verfahren, sondern das Hauptverfahren und regelt die Voraussetzungen, unter denen ein die Zwangslizenz zusprechendes Urteil für **vorläufig vollstreckbar** erklärt werden kann (in anderen Verfahren des BPatG gibt es keine vorläufige Vollstreckbarkeit). Der Antrag kann auch nach Erlaß der Entscheidung, evtl. bei dem mit der Berufung befaßten BGH, gestellt werden (Reimer § 41 Anm. 15). Die Schadenersatzpflicht bei Aufhebung oder Änderung des Urteils im Berufungsrechtszug entspricht der des § 717 Abs. 2 ZPO.

3. Gemeinsame Verfahrensvorschriften

Vorbemerkungen

Die Vorschriften der §§ 41 a–41 o gelten für alle Verfahren vor dem BPatG (Beschwerde- und Nichtigkeitssenate). Sie sind weitgehend an die VwGO angelehnt; abschließend wird – ebenso wie in § 173 VwGO – ergänzend auf GVG und ZPO verwiesen. Eine unmittelbare Anwendung der VwGO kam deshalb nicht in Frage, weil das Beschwerdeverfahren auch in den Fällen, in denen andere Personen an dem Verfahren beteiligt sind, im Gegensatz zum verwaltungsgerichtlichen Verfahren nicht als kontradiktorisches Verfahren ausgestaltet ist (Begründung zum Entwurf des 6. ÜG, Bl. 1961, 154; vgl. vor § 36 l Anm. 6).

§ 41 a

(1) Für die Ausschließung und Ablehnung der Gerichtspersonen gelten die §§ 41 bis 44, 47 bis 49 der Zivilprozeßordnung entsprechend.

(2) Von der Ausübung des Amtes als Richter ist auch ausgeschlossen

1. im Beschwerdeverfahren, wer bei dem vorausgegangenen Verfahren vor dem Patentamt mitgewirkt hat;
2. im Verfahren über die Erklärung der Nichtigkeit des Patents,
   a) wer bei dem Verfahren vor dem Patentamt über die Erteilung des Patents,
   b) wer bei dem Verfahren vor dem Patentgericht bei dem Beschluß über die Erteilung des Patents

   mitgewirkt hat.

(3) Über die Ablehnung eines Richters entscheidet der Senat, dem der Abgelehnte angehört. Wird der Senat durch das Ausscheiden des abgelehnten Mitglieds beschlußunfähig, so entscheidet ein Beschwerdesenat des Patentgerichts in der Besetzung mit drei rechtskundigen Mitgliedern.

(4) Über die Ablehnung eines Urkundsbeamten entscheidet der Senat, in dessen Geschäftsbereich die Sache fällt.

ÜBERSICHT

I. Abs. 1: Ausschließung und Ablehnung nach ZPO

1 Während § 18 Abs. 6 die Ausschließung und Ablehnung der Prüfer regelt, enthält § 41 a die entsprechenden Bestimmungen für die »**Gerichtspersonen**« (Richter und Urkundsbeamte) des **BPatG.** Für das Rechtsbeschwerdeverfahren des **BGH** gilt gemäß § 41 v die ZPO entsprechend, während für das Berufungsverfahren eine Vorschrift fehlt, so daß auf § 41 a zurückzugreifen ist (s. vor § 42 Anm. 4).

1. Ausschließung

Abs. 1 enthält die allgemeine Regelung durch Verweisung auf §§ 41–44, 47–49 ZPO. Von diesen regelt § 41 ZPO (Wortlaut s. u. Anm. 5) die **Ausschließung** des Richters, die in den aufgeführten Fällen kraft Gesetzes eintritt. Nur wenn Zweifel darüber bestehen, ob ein Ausschließungstatbestand vorliegt, hat wie bei einer Ablehnung der Senat zu entscheiden, § 48 ZPO i. V. m. § 41 a Abs. 3. Die Ausschließung ist unverzichtbar, d. h. der ausgeschlossene Richter darf auch mit Einverständnis der Parteien nicht tätig werden; diese sollen nicht in die Zwangslage versetzt werden, ihr Einverständnis mit der Mitwirkung eines auszuschließenden Richters erklären zu müssen, um ihn bzw. seinen Vertreter nicht zu verärgern. 2

Der ausgeschlossene Richter ist nicht nur von der Mitwirkung bei der Entscheidung, sondern von jeder **richterlichen Tätigkeit** (z. B. Terminsanberaumung, Bestimmung der Beisitzer) ausgeschlossen, auch von unaufschiebbaren Handlungen (anders der abgelehnte Richter, § 47 ZPO, s. u. Anm. 17). Dennoch vorgenommene Amtshandlungen bleiben bis zu ihrer Aufhebung oder Bestätigung wirksam; jedoch wäre bei Bestimmung der Beisitzer durch den ausgeschlossenen Vorsitzenden die vorschriftsmäßige Besetzung des Gerichts (§ 41 p Abs. 3 Nr. 1) in Frage gestellt. Mitwirkung eines ausgeschlossenen Richters beim Beschluß eröffnet die zulassungsfreie Rechtsbeschwerde des § 41 p Abs. 3 Nr. 2. Die Mitwirkung in einem Verkündungstermin – auf der die Entscheidung nicht beruhen kann – ist als zulässig anzusehen (Baumbach ZPO § 41 Anm. 1 B). 3

An die Stelle des ausgeschlossenen Richters tritt sein **Vertreter** (§ 36 e Anm. 12, 15); eine Entscheidung des Senats ist (außer bei Zweifeln, s. o. Anm. 2) nicht erforderlich. Auch ergeht keine Mitteilung an die Parteien. Jedoch sollte, damit die ordnungsmäßige Besetzung des Gerichts nachgeprüft werden kann, der Ausschließungstatbestand in den Akten vermerkt werden. 4

§ 41 ZPO (**Ausschlußgründe**) lautet: 5

Ein Richter ist von der Ausübung des Richteramtes kraft Gesetzes ausgeschlossen:

1. in Sachen, in denen er selbst Partei ist oder bei denen er zu einer Partei in dem Verhältnis eines Mitberechtigten, Mitverpflichteten oder Regreßpflichtigen steht;
2. in Sachen seines Ehegatten, auch wenn die Ehe nicht mehr besteht;
3. in Sachen einer Person, mit der er in gerader Linie verwandt, verschwägert oder durch Adoption verbunden, in der Seitenlinie bis zum dritten Grade verwandt oder bis zum zweiten Grade verschwägert ist, auch wenn die Ehe, durch welche die Schwägerschaft begründet ist, nicht mehr besteht;
4. in Sachen, in denen er als Prozeßbevollmächtigter oder Beistand einer Partei bestellt oder als gesetzlicher Vertreter einer Partei aufzutreten berechtigt ist oder gewesen ist;

5. in Sachen, in denen er als Zeuge oder Sachverständiger vernommen ist;

6. in Sachen, in denen er in einem früheren Rechtszuge oder im schiedsrichterlichen Verfahren bei dem Erlaß der angefochtenen Entscheidung mitgewirkt hat, sofern es sich nicht um die Tätigkeit eines beauftragten oder ersuchten Richters handelt.

6 Zu Nr. 1: Hierunter fallen Sachen, in denen der Richter als Erfinder benannt ist (Bernatz, Mitt. 1968, 31; zu dem Fall, daß ein nichtbeteiligtes Senatsmitglied als Erfinder benannt ist, s. u. Anm. 18). Wer Aktionär einer beteiligten Aktiengesellschaft ist, ist nicht »selbst Partei« (Baumbach ZPO § 41 Anm. 2 A).

Zu Nr. 5: Um Ausschließungen wegen Sachverständigentätigkeit zu vermeiden, ist dem Richter die Erstattung außerdienstlicher Rechtsgutachten untersagt, § 41 DRiG.

Zu Nr. 6: Der Ausschließungsgrund der Mitwirkung beim Erlaß der angefochtenen Entscheidung, der bis zum 6. ÜG den Hauptanwendungsfall darstellte, ist schon deshalb nicht mehr praktisch, weil unter dem »früheren Rechtszuge« nur ein gerichtlicher zu verstehen ist, dem BPatG aber keine gerichtliche Instanz vorgeschaltet ist, sondern eine Verwaltungsbehörde; den Ausschluß wegen Mitwirkung beim DPA regelt jetzt § 41 a Abs. 2, s. u. Anm. 20 ff.

7 Nicht ausgeschlossen ist der Richter, der in **derselben Instanz** bei einer früheren Entscheidung mitgewirkt hat, z. B. bei einer Armenrechtsentscheidung oder wenn ein Patenterteilungsverfahren mehrmals mit Beschwerde an den Beschwerdesenat kommt oder ein Verfahren auf erfolgreiche Rechtsbeschwerde hin an das BPatG zurückverwiesen wird (§ 41 x; vgl. BGH 9. 9. 1966 BGHSt. 21, 142). Erneute Mitwirkung ist nur im Verhältnis Erteilungs(beschwerde)verfahren – Nichtigkeitsverfahren ausgeschlossen, § 41 a Abs. 2 Nr. 2 b, s. u. Anm. 25.

2. Ablehnung

8 **§ 42 ZPO (Ablehnung)** lautet:

Ein Richter kann sowohl in den Fällen, in denen er von der Ausübung des Richteramts kraft Gesetzes ausgeschlossen ist, als auch wegen Besorgnis der Befangenheit abgelehnt werden.

Wegen Besorgnis der Befangenheit findet die Ablehnung statt, wenn ein Grund vorliegt, der geeignet ist, Mißtrauen gegen die Unparteilichkeit eines Richters zu rechtfertigen.

Das Ablehnungsrecht steht in jedem Falle beiden Parteien zu.

9 Mit der Ablehnung kann also ein – vom Gericht vielleicht übersehener – Ausschließungsgrund oder Besorgnis der **Befangenheit** geltend gemacht werden. Bei dieser kommt es nicht darauf an, ob der Richter wirklich befangen ist, sondern nur darauf, ob die Partei von ihrem Standpunkt aus

vernünftige Gründe hat, der Unparteilichkeit des Richters zu mißtrauen. Um solchen Ablehnungen möglichst zuvorzukommen, wird der Richter jeden Anschein der Einseitigkeit oder Voreingenommenheit zu vermeiden trachten: er wird sich nicht während laufenden Verfahrens von einer Partei bewirten lassen, überhaupt mit Parteien und Anwälten, mit denen er oft zu tun hat, keinen allzu persönlichen Kontakt pflegen, nicht mit einer Partei in Abwesenheit der anderen über die Sache sprechen, keine unsachlichen Randbemerkungen in die Akten machen, nicht seine Meinung zum Verfahrensgegenstand in einer Weise äußern, als ob sie ohne Rücksicht auf weiteres Vorbringen schon feststünde. Auch Differenzen zwischen dem Richter und dem Bevollmächtigten der Partei können die Ablehnung rechtfertigen (a. A. RPA 21. 1. 1930 Bl. 1930, 38; DPA 25. 5. 1954 Mitt. 1958, 243), soweit nicht der Partei zugemutet werden kann und muß, einen anderen Bevollmächtigten zu bestellen.

Dagegen ist eine Ablehnung **nicht gerechtfertigt**, wenn der Richter in der 10
üblichen vorsichtigen Form seine Auffassung in einem Zwischenbescheid mitgeteilt hat oder in der mündlichen Verhandlung zu erkennen gibt (Röhl, DRiZ 62, 12; NJW 66, 632; RPA 22. 12. 1927 Bl. 1929, 226; BPatG 19. 6. 1970 Mitt. 1970, 155), mag auch diese Auffassung sich als unrichtig herausgestellt haben, oder wenn er seine Rechtsansicht während des Verfahrens geändert hat (BGH 19. 1. 1962 – Strafs. – NJW 1962, 748) oder wenn er in Erfüllung der Amtsmaxime (§ 41 b Abs. 1) sich des Prüfstoffs des DPA bedient (vgl. vor § 36 b Anm. 8) oder wenn er bei einer früheren Entscheidung im laufenden Verfahren (z. B. Armenrechtsentscheidung, aufgehobene Entscheidung in einer zurückverwiesenen Sache – nicht einmal in Strafsachen: BGH 9. 9. 1966 BGHSt. 21, 142) oder in einem anderen Verfahren derselben Partei oder über denselben (PA 10. 3. 1902 Bl. 1902, 42) oder einen im wesentlichen übereinstimmenden Gegenstand (z. B. Stamm- und Ausscheidungsanmeldung; GebrM-Löschungs- und Patenterteilungsverfahren: BPatG 13. 6. 1962 E 2, 85; 3. 10. 1962 E 2, 86; BGH 28. 7. 1964 E 6, 252 – Schrankbett –; s. auch unten Anm. 23) oder dieselbe Rechtsfrage (RPA 6. 6. 1939 Mitt. 1941, 188) mitgewirkt hat oder wenn er zu einer bestimmten Frage seine Meinung wissenschaftlich geäußert hat (es sei denn, daß die Meinungsäußerung sich auf den konkreten Sachverhalt des zu entscheidenden Falles bezogen hat: BVerfG 3. 3. 1966 BVerfGE 20, 9; OLG Köln 25. 11. 1970 WRP 1971, 75).

Abgelehnt werden können nur einzelne Richter, nicht der ganze Senat 11
als solcher (Zeunert, GRUR 1963, 392).

§ 43 ZPO (Verlust des Ablehnungsrechts) lautet: 12

Eine Partei kann einen Richter wegen Besorgnis der Befangenheit nicht mehr ablehnen, wenn sie sich bei ihm, ohne den ihr bekannten Ablehnungsgrund geltend zu machen, in eine Verhandlung eingelassen oder Anträge gestellt hat.

Im schriftlichen Verfahren, also im grundsätzlich schriftlichen Beschwerdeverfahren, schadet die Stellung von Anträgen nur, wenn die Partei die Person des Richters kannte (Baumbach ZPO § 43 Anm. 2 c). Die Ablehnung ist auch nach dem Zeitpunkt des § 43 ZPO noch möglich, wenn die Partei glaubhaft macht, daß der Ablehnungsgrund erst später entstanden (z. B. Kundgabe der Voreingenommenheit im Lauf der mündlichen Verhandlung) oder der Partei bekannt geworden ist, § 44 Abs. 4 ZPO. Das Ablehnungsrecht wegen Vorliegens eines Ausschließungsgrundes geht nicht nach § 43 verloren.

13 § 44 ZPO (**Ablehnungsgesuch**) lautet:

Das Ablehnungsgesuch ist bei dem Gericht, dem der Richter angehört, anzubringen; es kann vor der Geschäftsstelle zu Protokoll erklärt werden.

Der Ablehnungsgrund ist glaubhaft zu machen; zur Versicherung an Eides Statt darf die Partei nicht zugelassen werden. Zur Glaubhaftmachung kann auf das Zeugnis des abgelehnten Richters Bezug genommen werden.

Der abgelehnte Richter hat sich über den Ablehnungsgrund dienstlich zu äußern.

Wird ein Richter, bei dem die Partei sich in eine Verhandlung eingelassen oder Anträge gestellt hat, wegen Besorgnis der Befangenheit abgelehnt, so ist glaubhaft zu machen, daß der Ablehnungsgrund erst später entstanden oder der Partei bekannt geworden sei.

14 In der dienstlichen Äußerung des Richters enthaltene Tatsachen (hierzu gehört nicht die bloße Äußerung des Richters, er fühle sich nicht befangen, OLG Köln 18. 9. 1972 MDR 1973, 57 LS) dürfen nur dann zum Nachteil des Ablehnenden verwertet werden, wenn dieser zu der dienstlichen Äußerung Stellung nehmen konnte (BVerfG 25. 6. 1968 BVerfGE 24, 56 = NJW 1968, 1621). Vor Stattgabe ist auch der Gegner des Gesuchstellers zu hören (vgl. § 36 m Anm. 3).

15 § 45 ZPO (**Zuständigkeit** für die Entscheidung über das Ablehnungsgesuch) ist nicht anzuwenden, auch nicht sein Abs. 2 S. 2 (der im patentamtlichen Verfahren anwendbar ist, § 18 Abs. 6); der abgelehnte Richter kann also niemals selber dem Ablehnungsgesuch stattgeben. Anstelle des § 45 ZPO ist § 41 a Abs. 3 getreten, s. u. Anm. 27.

16 § 46 ZPO (Entscheidung ohne **mündliche Verhandlung, Rechtsmittel**) ist nicht anzuwenden. Dennoch gilt, daß über das Ablehnungsgesuch ohne mündliche Verhandlung entschieden werden kann (§ 36 o Anm. 3, § 39 Anm. 5; ebenso Trüstedt bei Reimer § 41 a Anm. 10). Die Entscheidung über die Ablehnung kann nur zusammen mit der Hauptsacheentscheidung durch Rechtsbeschwerde (§ 41 p Abs. 1; BPatG 3. 10. 1962 E 2, 86, 89) bzw. Berufung (§ 42 Abs. 4) angefochten werden.

17 § 47 ZPO (**unaufschiebbare Handlungen**) lautet:

Ein abgelehnter Richter hat vor Erledigung des Ablehnungsgesuchs nur solche Handlungen vorzunehmen, die keinen Aufschub gestatten.

Diese bleiben wirksam, auch wenn das Ablehnungsgesuch Erfolg hat.

§ 48 ZPO (Selbstablehnung) lautet: 18

Das für die Erledigung eines Ablehnungsgesuchs zuständige Gericht hat auch dann zu entscheiden, wenn ein solches Gesuch nicht angebracht ist, ein Richter aber von einem Verhältnis Anzeige macht, das seine Ablehnung rechtfertigen könnte, oder wenn aus anderer Veranlassung Zweifel darüber bestehen, ob ein Richter kraft Gesetzes ausgeschlossen sei.

Die Entscheidung ergeht ohne Gehör der Parteien.

Über die Selbstablehnung muß der Senat entscheiden, damit nicht ein Richter sich durch Vortäuschung eines Ablehnungsgrundes vor der Mitwirkung drücken kann, was eine unvorschriftsmäßige Besetzung des Gerichts (§ 41 p Abs. 3 Nr. 1) zur Folge hätte. Begründet war die Selbstablehnung aller Richter eines Senats, wenn ein Senatsmitglied als Erfinder benannt war (BPatG 15. 7. 1969 E 10, 229). Die Unterlassung der Selbstablehnung macht die Entscheidung nicht anfechtbar (BGH 22. 1. 1954 LM Nr. 4 zu § 302 ZPO–LS–).

Aus § 48 Abs. 2 ZPO folgt, daß die Selbstablehnung nicht der Akteneinsicht unterliegt; sie ist auch nicht anfechtbar (LG Oldenburg 23. 3. 1972 MDR 1972, 615).

§ 49 ZPO (Urkundsbeamte) lautet: 19

Die Vorschriften dieses Titels sind auf den Urkundsbeamten der Geschäftsstelle entsprechend anzuwenden; die Entscheidung ergeht durch das Gericht, bei dem er angestellt ist.

Die Vorschrift ist ohne praktische Bedeutung.

II. Abs. 2: Besondere Ausschließungsgründe nach PatG

Wie in den Verwaltungsgerichtsbarkeiten (§ 54 Abs. 2 VwGO, § 51 Abs. 2 FGO usw.) bedarf es auch in der Patentgerichtsbarkeit einer Regelung des Falles, daß der Richter bei dem **vorausgegangenen Verwaltungsverfahren** mitgewirkt hat (vgl. dazu Hanswerner Müller, NJW 1961, 102). Da diese Mitwirkung eine Ablehnung wegen Besorgnis der Befangenheit nicht rechtfertigen würde (vgl. oben Anm. 10), sieht das Gesetz den von Amts wegen zu beachtenden Ausschluß des Richters vor. Die Regelung ist im Verfahren des BPatG von besonderer Bedeutung, da dessen Richter im allgemeinen aus dem DPA hervorgehen, wo sie dieselben Sachen bearbeiten wie der Senat, dem sie kraft ihrer speziellen Sachkunde nunmehr zugeteilt sind (vgl. vor § 36 b Anm. 7). Übrigens begründet der umgekehrte Fall keine Ausschließung: Wer als Richter mitgewirkt hat und dann, z. B. als Abteilungsvorsitzender oder nach Beendigung seiner Abordnung, zum DPA zurückgegangen ist, ist dort an fernerer Mitwirkung in der gleichen Sache nicht gehindert (BPatG 10. 4. 1967 E 9, 3). 20

Der Ausschluß gilt nur für das »Beschwerdeverfahren« bzw. das Nichtigkeitsverfahren einschl. Kostenentscheidungen, nicht für (erstinstanzliche) Akteneinsichtsverfahren.

1. Beschwerdeverfahren

21 Im Beschwerdeverfahren ist ausgeschlossen, wer bei dem vorausgegangenen Verfahren des DPA (Prüfungsstelle oder Patentabteilung) mitgewirkt hat. Dieser Ausschlußtatbestand geht weiter als der vor dem 6. ÜG allein geltende des § 41 Nr. 6 ZPO, nach welchem nur die Mitwirkung beim Erlaß der angefochtenen **Entscheidung** zum Ausschluß führte.

22 Nunmehr ist auch derjenige Patentamtsangehörige, der nur vor der Entscheidung beim **Verfahren mitgewirkt** hat, insbes. bei einem Prüfungs- oder Zwischenbescheid, von der Ausübung des Richteramts ausgeschlossen (unrichtig Bernatz, Mitt. 1968, 31). Die Mitwirkung dokumentiert sich in der Unterschrift des Beschlusses oder Bescheides; doch hat auch der nicht unterschriftberechtigte Prüfer, der den Bescheid entworfen hat, »mitgewirkt«. Keine Mitwirkung ist die Kenntnisnahme und Abzeichnung des Bekanntmachungsbeschlusses oder der Vorlageverfügung gemäß § 36 l Abs. 4 S. 3 durch den Abteilungsvorsitzenden. Keine Mitwirkung ist auch eine rein formale Tätigkeit (BPatG 27. 9. 1965 Mitt. 1966, 180: Verfügung der Zustellung eines Schriftsatzes).

23 Eine Ausdehnung der Vorschrift auf Fälle, in denen der Richter in einem **anderen Verfahren** des Patentamtes über dieselbe Erfindung mitgewirkt hat, ist nicht möglich, so daß Mitwirkung im GebrM-Löschungsverfahren und im Patenterteilungsverfahren sich nicht gegenseitig ausschließen (DPA 13. 5. 1958 Mitt. 1958, 242; BPatG 3. 10. 1962 E 2, 86, 88 f.; BGH 28. 7. 1964 E 6, 252 – Schrankbett –); auch die Mitwirkung bei einer früheren Anmeldung desselben Gegenstandes ist kein Ausschlußgrund (PA 10. 3. 1902 Bl. 1902, 42); ebensowenig die Mitwirkung bei der Stammanmeldung im Verhältnis zur Ausscheidungsanmeldung (jedenfalls wenn die Mitwirkung bei der Stammanmeldung zeitlich nach der Ausscheidung lag, BGH 2. 3. 1962, zitiert von Löscher, GRUR 1966, 12). Eine Ausnahme gilt nur im Verhältnis Erteilungsverfahren-Nichtigkeitsverfahren, s. u. Anm. 25. Zum Ausschluß wegen früherer Befassung mit derselben Sache s. o. Anm. 7.

24 Schwerwiegende Bedeutung hätte die Vorschrift des § 41 a Abs. 2 Nr. 1 in den **Übergangsfällen** gewinnen können, die am 1. 7. 1961 vor den Beschwerdesenaten des DPA anhängig waren und von denen des BPatG übernommen wurden. Hätte das bisherige Verfahren als »vorausgegangenes Verfahren von dem Patentamt« angesehen werden müssen, so wäre die Tätigkeit der Beschwerdesenate durch Ausschluß aller bisher mit der Sache befaßten fachkundigen Richter lahmgelegt worden. Die Rechtsprechung hat jedoch mit Recht festgestellt, daß in § 11 Abs. 7 des 6. ÜG die Anwendung

des § 41 a Abs. 2 nur für die Überleitungsfälle des § 11 Abs. 2, 4 und 5, nicht für den normalen Fall der Überleitung vom Beschwerdesenat des DPA auf den Beschwerdesenat des BPatG gemäß § 11 Abs. 1 angeordnet war (BPatG 15. 11. 1961 E 1, 117; BGH 21. 12. 1962 E 4, 199 – Radgehäuse –). § 41 a Abs. 2 Nr. 1 hat als für die Dauer geltende Vorschrift den Sinn, daß als Richter im Beschwerdeverfahren des BPatG nicht mitwirken darf, wer in derselben Sache bereits in der unteren Instanz bei einer Prüfungsstelle oder Patentabteilung des DPA mitgewirkt hat; bei den übergegangenen Sachen handelte es sich jedoch um ein und dasselbe Beschwerdeverfahren (BGH a. a. O. S. 204 ff.). Für sie verblieb es daher bei der allgemeinen Regel des § 41 a Abs. 1 i. V. m. § 41 Nr. 6 ZPO, wonach nur die Mitwirkung beim Erlaß der angefochtenen Entscheidung zum Ausschluß führte.

2. Nichtigkeitsverfahren

Im Nichtigkeitsverfahren (nicht im Zurücknahme- und Zwangslizenzverfahren) ist ausgeschlossen, 25

a) wer im Erteilungsverfahren des DPA mitgewirkt hat,
b) wer im Beschwerdeverfahren des BPatG am Beschluß über die Erteilung (nicht über die Bekanntmachung) mitgewirkt hat – sei es, daß das Patent erst in der Beschwerdeinstanz auf Beschwerde des Anmelders erteilt oder daß die Beschwerde des Einsprechenden gegen den Erteilungsbeschluß des DPA zurückgewiesen worden ist oder zu einer Änderung des Erteilungsbeschlusses geführt hat.

Die Ausschlußvorschrift der Nr. 2 geht über das frühere Recht (vgl. Schuster, GRUR 1941, 68) und über die Vorschrift der Nr. 1 und die verwaltungsgerichtlichen Ausschlußvorschriften hinaus, die nur bei Mitwirkung in der Verwaltungsinstanz **desselben** Verfahrens eingreifen; sie beruht auf der Erkenntnis, daß das Nichtigkeitsverfahren der Sache nach eine Nachprüfung der Patenterteilung darstellt. Sie kann daher nicht auf das Verhältnis GebrM-Löschungsverfahren-Patenterteilungsverfahren entsprechend angewandt werden (BGH 28. 7. 1964 E 6, 252 – Schrankbett –). 26

III. Abs. 3: Zuständigkeit für Ablehnung von Richtern

Während über den Ausschluß eines Richters ein Gerichtsbeschluß nicht ergeht (außer wenn Zweifel vorliegen, s. o. Anm. 2), muß über die Ablehnung eines Richters (auch die Selbstablehnung, s. o. Anm. 18) stets der Senat **beschließen.** Und zwar entscheidet der für die Sache **zuständige Senat.** Die Formulierung des Gesetzes »der Senat, dem der Abgelehnte angehört« ist ungenau, da bei Ablehnung eines aus einem anderen Senat entliehenen Vertreters nicht dessen Stammsenat, sondern der mit der Hauptsache befaßte 27

Senat entscheidet; auch gehören die meisten Richter mehreren Senaten an (vgl. § 36 d Anm. 5, 20).

28 Bei der Entscheidung wirkt der **abgelehnte Richter** nicht mit, was nicht ausdrücklich ausgesprochen ist, sich aber aus § 47 ZPO ergibt; eine Ausnahme kann gelten, wenn ein offensichtlich mißbräuchliches Ablehnungsgesuch als unzulässig verworfen werden soll (Ballhaus bei Benkard § 41 a Anm. 17; vgl. jetzt § 26 a StPO, eingefügt durch Gesetz vom 19. 12. 1964, BGBl. I 1067, während die ZPO keine unzulässige Ablehnung kennt; vgl. Gloede, NJW 1972, 2067).

29 Bei der Entscheidung über das Ablehnungsgesuch muß der abgelehnte Richter durch den in der Geschäftsverteilung vorgesehenen Vertreter **ersetzt** werden. Ist dies nicht möglich, so daß der Senat nicht in der durch § 36 d vorgeschriebenen Besetzung beschließen kann, so entscheidet (nicht der BGH, wie nach § 45 Abs. 1 Halbs. 2 ZPO, sondern) der juristische Beschwerdesenat des BPatG, § 41 a Abs. 3 S. 2 i. V. m. dem Geschäftsverteilungsplan.

30 **IV.** Die Vorschrift des **Abs. 4** über die Ablehnung eines **Urkundsbeamten** ist ohne praktische Bedeutung.

§ 41 b

(1) Das Patentgericht erforscht den Sachverhalt von Amts wegen. Es ist an das Vorbringen und die Beweisanträge der Beteiligten nicht gebunden.

(2) Der Vorsitzende oder ein von ihm zu bestimmendes Mitglied hat schon vor der mündlichen Verhandlung oder, wenn eine solche nicht stattfindet, vor der Entscheidung des Patentgerichts alle Anordnungen zu treffen, die notwendig sind, um die Sache möglichst in einer mündlichen Verhandlung oder in einer Sitzung zu erledigen. Im übrigen gilt § 272 b Abs. 2, 3 und 4 Satz 1 und 2 der Zivilprozeßordnung entsprechend.

ÜBERSICHT

I. Abs. 1: Untersuchungsgrundsatz

1. Untersuchungsgrundsatz und Verfügungsgrundsatz

Die Vorschrift schreibt für das patentgerichtliche Verfahren den **Untersuchungsgrundsatz** (= Ermittlungsgrundsatz = Inquisitionsmaxime; oft ungenau als Offizialmaxime bezeichnet) vor, der in allen Verfahrensarten gilt, in denen öffentliche Interessen berührt werden, so etwa aus der ZPO in Ehe- und Entmündigungssachen (§§ 617, 622, 653 ZPO), im Strafprozeß (§ 244 Abs. 2 StPO), in der freiwilligen Gerichtsbarkeit (§ 12 FGG) und in allen Verwaltungsgerichtsbarkeiten (§ 86 Abs. 1 VwGO usw.). Das Gegenteil des Untersuchungsgrundsatzes ist der im Zivilprozeß geltende Beibringungsgrundsatz (Verhandlungsgrundsatz), wonach allein die Parteien darüber entscheiden, welchen Tatsachenstoff sie dem Gericht unterbreiten wollen; was sie nicht vortragen, existiert für das Gericht nicht. Dagegen ist nach dem Untersuchungsgrundsatz das Gericht nicht an das Vorbringen der Parteien, also insbes. an das von ihnen zur Beurteilung der Patentfähigkeit vorgetragene Material, gebunden, sondern prüft von Amts wegen (ex officio, daher »Offizialmaxime«) alle Voraussetzungen der Patentfähigkeit, auch die, die nicht von den Parteien zur Nachprüfung gestellt werden. Dies rechtfertigt sich aus dem öffentlichen Interesse, das an der Verhinderung ungerechtfertigter Ausschließungsrechte besteht. 1

2 Nicht im Gegensatz zum Untersuchungsgrundsatz steht der **Verfügungsgrundsatz** (Dispositionsmaxime): können die Parteien auch nicht den vom Gericht zu prüfenden Tatsachenstoff beschränken, so steht ihnen doch die Verfügung über das Verfahren insofern zu, als sie es beginnen und beenden können. Schon das PA wird – im Gegensatz zu vielen anderen Behörden und zur Staatsanwaltschaft – niemals von Amts wegen, aus eigener Initiative tätig, sondern nur auf Antrag (§ 26). Dies ist dem Gericht wesenseigen: ein Gericht wird nur tätig, wenn es angerufen wird, im Falle des BPatG durch Beschwerde (§ 36 l) oder Klage (§ 37). Ebenso wie es im Belieben des Interessierten steht, das gerichtliche Verfahren in Gang zu bringen, steht es in seinem Belieben, das Verfahren jederzeit zu beenden, indem er seine Beschwerde oder Klage zurücknimmt. Damit schneidet er dem Gericht jede weitere Tätigkeit (außer der Kostenentscheidung) ab; eine Fortsetzung des Verfahrens von Amts wegen (wie nach § 34 Abs. 3 S. 2 a. F.) ist dem Gericht versagt (§ 36 l Anm. 25). Im einzelnen vgl. zur Rücknahme der Beschwerde § 36 l Anm. 24 ff., der (Nichtigkeits- usw.) Klage § 37 Anm. 39 ff. Ein Ausfluß des Verfügungsgrundsatzes ist auch das Säumnisverfahren des § 38 Abs. 2; erklärt sich der Nichtigkeitsbeklagte nicht, so kann das Gericht von der Anwendung des Untersuchungsgrundsatzes absehen.

3 Den Parteien steht die Herrschaft über das Verfahren auch insoweit zu, als sie durch ihre **Anträge** seinen Umfang bestimmen. Zwar sind ihre Beweisanträge für das Gericht nicht bindend (§ 41 b Abs. 1 S. 2), wohl aber ihre Sachanträge (vgl. § 308 ZPO). Das Patent kann nur entsprechend den Anträgen des Anmelders erteilt werden (§ 36 p Anm. 13); im Nichtigkeitsverfahren kann der Kläger das Patent ganz oder teilweise angreifen (§ 37 Anm. 51 ff.), der Beklagte es auch nur teilweise verteidigen (§ 39 Anm. 2); dies kommt im Ergebnis einem – im Nichtigkeitsverfahren nicht zulässigen – Anerkenntnis (§ 307 ZPO) gleich. Aus der Bindung des Gerichts an die Anträge der Parteien ergibt sich auch, daß es die angegriffene Entscheidung nicht zum Nachteil des Beschwerdeführers ändern kann (Verbot der reformatio in peius, § 36 p Anm. 14); dies gilt jedoch nicht, soweit eine Schlechterstellung durch von Amts wegen zu beachtende Verfahrensvoraussetzungen veranlaßt ist (BGH 23. 2. 1972 GRUR 1972, 592 = Bl. 1972, 173, 175 – Sortiergerät –: z. B. der Einspruch wird erst in der Beschwerdeinstanz als unzulässig erkannt). Über die Zulässigkeit einer reformatio in peius bezüglich der patentamtlichen Kostenentscheidung s. Kirchner, Mitt. 1972, 156.

2. Umfang der Untersuchung

4 Das Patentgericht prüft die angefochtene Entscheidung des PA in vollem Umfang nach, auch soweit es sich um **Ermessensentscheidungen** handelt (wie etwa in Kostenfragen, BPatG 12. 10. 1961 E 1, 175, 178; 19. 3. 1969

E 10, 311, oder bei der Aussetzung, BPatG 29. 5. 1968 E 10, 131, 137 ff. und Kirchner, GRUR 1968, 299 und Mitt. 1968, 149 für WZ-Sachen). Seine Nachprüfungsbefugnis ist nicht, wie bei den Verwaltungsgerichten (§ 114 VwGO), darauf beschränkt, ob das PA die gesetzlichen Grenzen des Ermessens überschritten oder von dem Ermessen in einer dem Zweck der Ermächtigung nicht entsprechenden Weise Gebrauch gemacht hat (so allerdings BPatG 7. 6. 1968 E 10, 35, 41).

Auch in den Übergangsfällen des Art. 7 § 1 Abs. 1 Satz 2 PatÄndG hat der Beschwerdesenat das Vorliegen des Beschwerdegrundes in vollem Umfang nachzuprüfen (BGH 5. 5. 1970 GRUR 1970, 456 = Bl. 1970, 450 – Salzlösung –).

Der Beschwerdesenat hat die Frage der Zulässigkeit des Einspruchs von Amts wegen zu prüfen (BGH 23. 2. 1972 GRUR 1972, 592 = Bl. 1972, 173 – Sortiergerät –).

In Anwendung des Untersuchungsgrundsatzes darf das BPatG auch selber 5 **recherchieren,** d. h. weiteres entgegenstehendes Material ermitteln und entgegenhalten (BPatG 7. 2. 1962 E 1, 109; 10. 5. 1963 E 4, 24; Zeunert, GRUR 1963, 394 f.; darüber, daß die Mitbenutzung des Prüfstoffs des DPA kein Vorurteil gegen die Unabhängigkeit des BPatG begründen kann, vgl. vor § 36 b Anm. 8). Die Ansicht, das BPatG habe sich auf die Prüfung des vom Prüfer oder vom Einsprechenden vor dem DPA entgegengehaltenen Materials zu beschränken (Schwindling, Mitt. 1963, 41; Weisse, GRUR 1967, 130), ist abzulehnen und wird auch von den Beschwerdesenaten des BPatG nicht geteilt.

Wenn somit das BPatG sich nicht auf die Nachprüfung des angegriffenen Beschlusses des DPA beschränkt, sondern die Voraussetzungen der Patenterteilung selbständig prüft, so bedeutet dies nicht, daß es – wie der Prüfer – eigene Initiative entwickeln und recherchieren **müsse;** vielmehr ist der Umfang eigener Ermittlungen seinem richterlichen Ermessen anheimgegeben. Eine erschöpfende Prüfung ist Aufgabe des Patentamts, kann aber nicht Aufgabe des Gerichts sein, zumal eines als Rechtsmittelinstanz aufgefaßten Gerichts, dem in erster Linie obliegt, die Entscheidung der Vorinstanz zu überprüfen. Im allgemeinen wird im Beschwerdeverfahren die Würdigung der bereits im Verfahren befindlichen Entgegenhaltungen ausreichen; einer behaupteten offenkundigen Vorbenutzung braucht das Gericht nur nachzugehen, wenn sie schlüssig vorgetragen ist (vgl. BGH 28. 11. 1963 E 4, 238, 242 – Schreibstift –; BPatG 6. 4. 1972 E 14, 47; s. auch unten Anm. 9). Der Untersuchungsgrundsatz hält aber dem Gericht die Möglichkeit offen, auch weiteres, ihm bekanntes oder zugängliches Material einzuführen, damit es nicht »sehenden Auges« ein nichtiges Patent erteilen muß.

Der Untersuchungsgrundsatz verbietet es, vorhandenes Material wegen 6 seiner Herkunft unberücksichtigt zu lassen: auch das Material des unzulässig Einsprechenden oder von Nichtverfahrensbeteiligten genanntes Material (BPatG 2. 12. 1970 E 12, 153, 158) wird von Amts wegen gewürdigt. Auch **verspätetes,** insbes. nach Ablauf einer Äußerungsfrist oder nach Schluß der mündlichen Verhandlung vorgebrachtes Material wird berücksichtigt, solange die Entscheidung noch nicht verkündet oder zur Zustellung herausgegeben ist (vgl. § 41 h Anm. 7). Im übrigen ist den Parteien eine zeitliche Grenze zur Geltendmachung von Angriffs- oder Verteidigungsmitteln nicht gesetzt; daher ist eine Zurückweisung »nachträglichen« Vorbringens wegen Verschleppungsabsicht oder grober Nachlässigkeit (§ 279 Abs. 1 ZPO) nicht möglich (ebenso Ballhaus bei Benkard, § 41 b Anm. 4, Schlüter, MA 1965, 156 für WZ-Sachen, Trüstedt bei Reimer, § 41 b Anm. 3; a. A. RPA 7. 1. 1937 GRUR 1937, 867; 24. 2. 1939 Bl. 1939, 62; Löscher bei Benkard, §§ 38, 39 Anm. 7 b mit Einschränkung; gegen die Berücksichtigung einer verspätet behaupteten offenkundigen Vorbenutzung Kohler, GRUR 1970, 53). Schließlich läge sie auch nicht im wohlverstandenen Interesse des Patentsuchers oder -inhabers, der eine (neue) Nichtigkeitsklage mit dem zurückgewiesenen Material befürchten müßte.

Jedoch steht dem Gericht die Außerachtlassung solcher Entgegenhaltungen frei, die erst in oder so kurz vor der mündlichen Verhandlung vorgebracht werden, daß ihre Prüfung in der Verhandlung nicht möglich ist (DPA 11. 7. 1956 Mitt. 1956, 195 mit Anm. von Dersin). Denn die nachlässige Partei hat keinen Anspruch auf Vertagung; vertagt das Gericht dennoch, so sollte es ihr die Kosten des vertagten Termins auferlegen; vgl. auch § 36 l Anm. 22.

7 Während ein Zivilgericht nur diejenigen **Beweise** erhebt, die von den Parteien angetreten werden, ist das BPatG an die Beweisanträge der Parteien nicht gebunden, § 41 b Abs. 1. Diese Bestimmung bedeutet nach ihrem eindeutigen Wortlaut nicht nur, daß das Gericht auch von Amts wegen Beweise erheben darf, sondern auch, daß es Beweisanträge nach pflichtgemäßem Ermessen ablehnen darf, ohne an Voraussetzungen wie die des § 244 StPO gebunden zu sein (wie Ballhaus bei Benkard § 41 b Anm. 5 meint). Insbesondere wird ein Sachverständigenbeweis über technische Fragen vor den mit technischen Mitgliedern – die selber sachverständig sind – besetzten Senaten kaum je in Frage kommen (vgl. BGH 24. 2. 1970 BGHZ 53, 283, 298 – Anthradipyrazol –). Auch sonst sind Beweiserhebungen im patentgerichtlichen Verfahren selten (sie kommen insbes. vor, wenn eine behauptete offenkundige Vorbenutzung bestritten wird).

Die zivilprozessuale **Beweislast** – in dem Sinne, daß bei verbleibender Unklarheit zum Nachteil des Beweispflichtigen entschieden wird – spielt im patentgerichtlichen Verfahren wegen des Untersuchungsgrundsatzes keine große Rolle. Der Anmelder braucht die Voraussetzungen der Patenterteilung, die nicht Tatsachen, sondern Rechtsbegriffe sind, nicht zu »beweisen«: ohnehin könnte er die Neuheit – eine negative Tatsache, nämlich die Nicht-Vorveröffentlichung und -Vorbenutzung – nicht beweisen (allenfalls muß der Prüfer oder der Einsprechende die Nichtneuheit nachweisen; vgl. Schmidt in der Anm. zu RPA 10. 12. 1938 Mitt. 1939, 68); den Fortschritt braucht er dem Gericht nur glaubhaft zu machen (hierzu vgl. BGH 24. 2. 1970 BGHZ 53, 283 – Anthradipyrazol –; allenfalls muß der Einsprechende beweisen, daß die vom Anmelder behauptete fortschrittliche Wirkung nicht eintritt, RPA 26. 1. 1935 Mitt. 1935, 74; zum Beweis der technischen Unausführbarkeit im Verletzungsprozeß vgl. RG 16. 12. 1941 GRUR 1942, 256); die Erfindungshöhe gar läßt sich nicht beweisen. Zum Beweis im Nichtigkeitsverfahren s. auch § 13 Anm. 8, § 37 Anm. 56.

Der Untersuchungsgrundsatz gilt im dargestellten Umfang auch im **Nichtigkeitsverfahren.** Auch der Nichtigkeitssenat kann von Amts wegen ermitteltes Material entgegenhalten (BGH 8. 7. 1955 BGHZ 18, 81, 97 – Zwischenstecker für Radioempfänger –; DPA 15. 3. 1961 Bl. 1961, 240; Löscher bei Benkard, §§ 38, 39 Anm. 7 b), wenn er sich auch angesichts der Tatsache, daß das Patent im Erteilungsverfahren abschließend geprüft war, nur ausnahmsweise hierzu veranlaßt sehen wird. Er wird jedoch das Material verwerten, das ihm aus anderen Nichtigkeitsklagen gegen dasselbe Patent bekannt ist. Er kann auch im Rahmen des geltend gemachten Klagegrundes (§ 13 Abs. 1 Nr. 1; vgl. § 37 Anm. 57, § 40 Anm. 17) andere Nichtigkeitsgründe untersuchen, z. B. mangelnde Erfindungshöhe, obgleich der Kläger nur mangelnde Neuheit geltend machte (vgl. Löscher bei Benkard, § 13 Anm. 12). Jedoch kann er die Prüfung nicht von Amts wegen auf einen Klagegrund erstrecken, hinsichtlich dessen die Klage wegen Rechtskraft (BPatG 13. 10. 1964 E 6, 189) oder wegen einer beschränkten Nichtangriffsabrede (BPatG 3. 12. 1964 E 6, 191 nur LS 2; vgl. dazu § 37 Anm. 8, § 40 Anm. 17) unzulässig wäre. 8

3. Aufklärungspflicht

Der Untersuchungsgrundsatz gibt somit dem Gericht die Befugnis, von Amts wegen die tatsächlichen Grundlagen seiner Entscheidung zu ermitteln, wobei der Umfang dieser Ermittlungen in seinem Ermessen steht (s. o. Anm. 5). Darüber hinaus geht die **Aufklärungspflicht** (Fragepflicht) des Gerichts, die es ihm nicht nur gestattet, sondern zur Pflicht macht, »die Sache mit den Beteiligten tatsächlich und rechtlich zu erörtern«, wie es § 41 f für die mündliche Verhandlung vorschreibt. Die Aufklärungspflicht gilt jedoch auch außerhalb der mündlichen Verhandlung, nämlich zu ihrer Vorbereitung (§ 41 b Abs. 2) und im schriftlichen Verfahren; sie hat insbes. zum Inhalt, »daß die Parteien über alle erheblichen Tatsachen sich vollständig erklären und die sachdienlichen Anträge stellen« (§ 139 ZPO). Ihr entspricht die **Mitwirkungspflicht** der Beteiligten (vgl. §§ 26 Abs. 4, 44), die gehalten sind, Beanstandungen und Anregungen des PA und des Gerichts Rechnung zu tragen, mindestens zu ihnen Stellung zu nehmen (vgl. 9

BPatG 6. 12. 1965 E 8, 39 für die Beanstandung einer wörtlichen Übersetzung ausländischer Anmeldungsunterlagen). Die Aufklärungspflicht findet dort ihre Grenze, wo der Beteiligte seine Mitwirkungspflicht (z. B. hinsichtlich Substantiierung einer offenkundigen Vorbenutzung) vernachlässigt (BPatG 6. 4. 1972 E 14, 47; s. auch Pfab, Mitt. 1973, 1, 12 ff.).

10 Besondere Bedeutung erlangt die Aufklärungspflicht (nach Baumbach ZPO § 139 Anm. 1 A »das Kernstück der richterlichen Pflichten im Prozeß«) bei der Herbeiführung der **sachdienlichen Anträge,** wozu im Patenterteilungsverfahren insbes. die Vorlage erteilungsfähiger Unterlagen gehört. Hier werden dem Anmelder die Anträge oft geradezu in den Mund gelegt, indem ihm diejenige Anspruchsfassung vorgeschlagen wird, die der Berichterstatter oder der Senat für gewährbar hält – eine Hilfe, die von den Anmeldern stets dankbar begrüßt wird, zumal sie wissen, daß solche Vorschläge auch vom Vorschlagenden nicht als der Weisheit letzter Schluß aufgefaßt werden, dieser sich vielmehr begründeten Gegenvorschlägen aufgeschlossen zeigen wird. Denn letzten Endes ist es ja der Anmelder, der seine Anträge eigenverantwortlich bestimmt.

II. Abs. 2 : 1. Vorbereitung der mündlichen Verhandlung

11 Es ist anzustreben, daß in jeder Sache – wenn überhaupt – nur **einmal mündlich verhandelt** wird. Dieses Ziel wird auch in der großen Mehrzahl der Fälle erreicht, und zwar um so sicherer, je sorgfältiger die mündliche Verhandlung vorbereitet ist. Würde nach Eingang einer Sache sogleich Termin anberaumt – wie es im Zivilprozeß grundsätzlich vorgeschrieben ist, § 261 ZPO – so würde der Termin oft noch nicht zur Entscheidung führen können. Die Überlastung des BPatG wird ohnehin noch für absehbare Zeit eine alsbaldige Terminsanberaumung ausschließen; diesem Umstand wird durch das erwähnte Bestreben, die Sache in **einer** mündlichen Verhandlung zu erledigen, am besten gesteuert. Auch sollten den aus dem ganzen Bundesgebiet zur Verhandlung anreisenden Beteiligten Zeitaufwand und Kosten einer mehrmaligen Terminswahrnehmung möglichst erspart werden.

12 Die Vorbereitung der mündlichen Verhandlung obliegt dem Vorsitzenden (was die Ausnahme bildet) oder dem von ihm zu bestimmenden Mitglied des Senats, also dem **Berichterstatter** (oder auch etwa in Verfahrensfragen dem juristischen Mitglied des technischen Beschwerdesenats). Dieser hat die notwendigen »Anordnungen zu treffen«; die hierfür entsprechend anzuwendenden Bestimmungen des **§ 272 b ZPO** lauten:

(Abs. 2) Zu diesem Zwecke kann er insbesondere

1. den Parteien die Ergänzung oder Erläuterung ihrer vorbereitenden Schriftsätze

sowie die Vorlegung von Urkunden, Stammbäumen, Plänen, Rissen und Zeichnungen aufgeben;

2. Behörden oder Beamte um Mitteilung von Urkunden oder um Erteilung einer amtlichen Auskunft ersuchen;
3. das persönliche Erscheinen der Parteien anordnen;
4. Zeugen, auf die eine Partei sich bezogen hat, zur mündlichen Verhandlung laden oder von ihnen nach Maßgabe der Vorschriften des § 377 Abs. 3, 4 schriftliche Auskünfte einholen;
5. die Einnahme des Augenscheins sowie die Begutachtung durch Sachverständige anordnen und ausführen oder Sachverständige zur mündlichen Verhandlung laden.

(Abs. 3) Anordnungen der unter Ziff. 4, 5 bezeichneten Art sollen nur ergehen, wenn der Beklagte dem Klageanspruch bereits widersprochen hat. Erfordert die Ausführung der Anordnung die Abhaltung eines Termins, so ist dieser tunlichst mit dem Termin zur mündlichen Verhandlung zu verbinden.

(Abs. 4) Die Parteien sind von jeder Anordnung zu benachrichtigen. Die Benachrichtigung kann unterbleiben, wenn es nach dem Ermessen des Vorsitzenden oder des von ihm beauftragten Mitglieds für die Wahrnehmung der Rechte der Parteien nicht wesentlich ist, daß sie vor dem Termin zur mündlichen Verhandlung von der Anordnung Kenntnis erhalten. (Der die Erzwingung des persönlichen Erscheinens der Parteien regelnde Satz 3 ist nicht anzuwenden.)

Über schriftliche Auskünfte von Zeugen sagt § 377 ZPO: 13

(Abs. 3) Bildet den Gegenstand der Vernehmung eine Auskunft, die der Zeuge voraussichtlich an der Hand seiner Bücher oder anderer Aufzeichnungen zu geben hat, so kann das Gericht anordnen, daß der Zeuge zum Termin nicht zu erscheinen braucht, wenn er vorher eine schriftliche Beantwortung der Beweisfrage unter eidesstattlicher Versicherung ihrer Richtigkeit einreicht.

(Abs. 4) Das gleiche kann auch in anderen Fällen geschehen, sofern das Gericht nach Lage der Sache, insbesondere mit Rücksicht auf den Inhalt der Beweisfrage, eine schriftliche Erklärung des Zeugen für ausreichend erachtet und die Parteien damit einverstanden sind.

2. Der Zwischenbescheid

Wichtiger als alle diese Anordnungen ist für die Vorbereitung der münd- 14
lichen Verhandlung bzw. der Entscheidung der sog. **Zwischenbescheid** (dazu Zeunert, GRUR 1963, 395; Röhl, Zwischenbescheide, NJW 66, 630), d. i. die auf § 41 b Abs. 2 beruhende prozeßleitende Verfügung oder Aufklärungsanordnung, mit der der Berichterstatter – in Ausnahmefällen auch der ganze Senat – seine Auffassung zum bisherigen Parteivortrag mitteilt, auf Bedenken gegen die Patentfähigkeit des Anmeldungsgegenstandes hinweist, evtl. auch Vorschläge für eine bessere Formulierung der Patentansprüche (s. o. Anm. 10) macht usw.

15 Die besondere Rolle der Zwischenbescheide im Patenterteilungsverfahren beruht darauf, daß es sich hier darum handelt, im Zusammenwirken von Gericht und Beteiligten ein Recht zu formulieren. Ihr vornehmster Zweck ist somit die Verwirklichung des **»Rechtsgesprächs«** zwischen Gericht und Beteiligten. Daneben dienen sie der **Entlastung** des Gerichts – die wiederum den Beteiligten zugute kommt, indem sie die Verfahrensdauer verkürzt und dem Gericht die Möglichkeit eingehenderer Behandlung der einzelnen Sache verschafft –; denn ein fundierter Zwischenbescheid führt bei einsichtigen Beteiligten oft zur Zurücknahme der Beschwerde oder des Antrags auf mündliche Verhandlung (und das BPatG hat das Glück, es entsprechend seiner Spezialmaterie fast durchweg mit einsichtigen Parteien zu tun zu haben; doch könnte die Zahl der Zurücknahmen noch größer sein, wenn nicht viele Arbeitgeber-Anmelder sich in übertriebener Auffassung ihrer Anmeldepflicht nach dem ArbNErfG scheuten, von der Durchführung selbst aussichtsloser Beschwerden Abstand zu nehmen). Und in den verbleibenden Sachen ist dem Senat die Behandlung der vom Berichterstatter bereits weitgehend vorgeklärten Sachen wesentlich erleichtert.

16 Die Hilfestellung, die das Gericht mit dem Zwischenbescheid den Verfahrensbeteiligten leistet, wird von diesen sehr geschätzt (statt vieler: Fischer, GRUR 1961, 459). Oft wird für den Fall, daß Bedenken gegen die gestellten Anträge bestehen, der Erlaß eines Zwischenbescheids geradezu beantragt; ein **Anspruch** hierauf ist jedoch nicht gegeben (viel weniger auf einen Vorschlag gewährbarer Ansprüche: BPatG 16. 4. 1969 E 10, 246, 252). Insbes. besteht in der Regel kein Anlaß zu einem Zwischenbescheid, wenn auf Grund rechtlicher Gesichtspunkte entschieden werden soll, die bereits im angefochtenen Beschluß erörtert worden sind (BPatG 11. 10. 1961 E 1, 151, 154; 16. 2. 1968 E 10, 60, 63). Denn: »Keineswegs verlangt der Grundsatz des rechtlichen Gehörs zusätzlich, daß Gerichte den Verfahrensbeteiligten jeweils vor der Sachentscheidung ihre endgültige Rechtsauffassung offenzulegen hätten« (BGH 28. 4. 1966 GRUR 1966, 583, 585 – Abtastverfahren –). Andererseits hat auch der BGH (6. 7. 1966 NJW 1966, 2399) Hinweise des Gerichts auf seine nach dem bisherigen Lauf des Verfahrens gewonnene Rechtsansicht als berechtigt und in vielen Fällen für die Parteien erwünscht anerkannt.

17 Die Besonderheit der Zwischenbescheide liegt eben in ihrer auf den derzeitigen Verfahrensstand bezogenen **Vorläufigkeit** und damit **Unverbindlichkeit**; deshalb dürfen sie – anders als die in Entscheidungsform ergehenden Vorbescheide insbes. des finanzgerichtlichen Verfahrens – nicht im Urteilsstil gehalten sein, sondern haben sich vorsichtigster Formulierungen zu befleißigen. Denn es besteht einerseits die Möglichkeit, daß der Senat die Meinung des Berichterstatters nicht teilt (weshalb dieser sich in zweifelhaften Fragen der Zustimmung des Senats oder mindestens einer für die Entscheidung erforderlichen Mehrheit, also des Vorsitzenden, vergewis-

sern sollte), andererseits die Chance, daß der Berichterstatter oder der Senat auf Grund des weiteren Parteivorbringens seine Meinung revidiert; deshalb sollte er sich solcher Formulierungen enthalten, die ihm ein späteres Abrücken erschweren. Eine vorläufige Meinung bildet sich jeder Richter automatisch beim Durcharbeiten einer Akte; dann ist es für die Partei besser, diese Meinung zu kennen, so daß sie die Möglichkeit hat, mit neuen Argumenten und Belegen gegen sie anzugehen, als im Dunkeln zu kämpfen. Darüber, daß der Erlaß eines Zwischenbescheids die Ablehnung des Richters wegen Besorgnis der Befangenheit nicht rechtfertigt, vgl. § 41 a Anm. 10.

3. Schriftliches Verfahren

Der Zwischenbescheid kommt, ebenso wie alle auf § 41 b beruhenden Anordnungen, gleichermaßen im schriftlichen Verfahren in Frage (vgl. § 41 b Abs. 2: »um die Sache möglichst in einer mündlichen Verhandlung **oder in einer Sitzung** zu erledigen«). Gerade hier, wo mündliches Gehör nicht gewährt wird, kann die schriftliche Vorbereitung unentbehrlich sein, um die Sache entscheidungsreif zu machen (und den Beteiligten die sonst möglicherweise wegen Sachdienlichkeit, § 36 o Nr. 3, anzuberaumende mündliche Verhandlung zu ersparen). Insbes. ist der Zwischenbescheid unter dem Gesichtspunkt des rechtlichen Gehörs unerläßlich, wenn die Entscheidung auf noch nicht erörterte Entgegenhaltungen oder rechtliche Gesichtspunkte gestützt werden soll. **18**

§ 41 c

(1) **Das Patentgericht erhebt Beweis in der mündlichen Verhandlung. Es kann insbesondere Augenschein einnehmen, Zeugen, Sachverständige und Beteiligte vernehmen und Urkunden heranziehen.**

(2) **Das Patentgericht kann in geeigneten Fällen schon vor der mündlichen Verhandlung durch eines seiner Mitglieder als beauftragten Richter Beweis erheben lassen oder unter Bezeichnung der einzelnen Beweisfragen ein anderes Gericht um die Beweisaufnahme ersuchen.**

(3) **Die Beteiligten werden von allen Beweisterminen benachrichtigt und können der Beweisaufnahme beiwohnen. Sie können an Zeugen und Sachverständige sachdienliche Fragen richten. Wird eine Frage beanstandet, so entscheidet das Patentgericht.**

ÜBERSICHT

1. Notwendigkeit der Beweiserhebung

1 Die Beweiserhebung spielt im patentgerichtlichen Verfahren, in dem selten über Tatsachen gestritten wird, keine große Rolle; insbesondere ist die Patentfähigkeit keine Tatsache, die bewiesen werden kann, sondern ein Rechtsbegriff. Ein Nachweis bestimmter Tatsachen kann insbes. bei der offenkundigen Vorbenutzung und bei der widerrechtlichen Entnahme erforderlich werden, nämlich dann, wenn der Gegner die behaupteten Tatsachen bestreitet oder das Gericht von Amts wegen die Beweiserhebung für erforderlich hält (denn auch ein Anerkenntnis der offenkundigen Vorbenutzung durch den Anmelder befreit das Gericht nicht von seiner Verpflichtung, sich selber sein Urteil über die Offenkundigkeit zu bilden, § 41 b Abs. 1). Vgl. auch § 41 b Anm. 7.

2. Beweisbeschluß

2 Läßt sich eine erforderlich werdende Beweisaufnahme nicht sofort durchführen (§ 357 a ZPO), insbes. durch Vernehmung der von einem Beteiligten in der mündlichen Verhandlung gestellten Zeugen, so ist sie durch **Beweis-**

beschluß anzuordnen (§ 358 ZPO), der gemäß § 359 ZPO enthalten muß:
1. die Bezeichnung der streitigen Tatsachen, über die der Beweis zu erheben ist;
2. die Bezeichnung der Beweismittel unter Benennung der zu vernehmenden Zeugen und Sachverständigen oder der zu vernehmenden Partei;
3. die Bezeichnung der Partei, die sich auf das Beweismittel berufen hat.

Nr. 3 entfällt, wenn das Gericht die Beweisaufnahme von Amts wegen (§ 41 b Abs. 1) anordnet. Der Beweisbeschluß ist entbehrlich, wenn der Vorsitzende die von einem Beteiligten benannten Zeugen gemäß § 272 b ZPO unmittelbar zum Verhandlungstermin lädt.

Der Beweisbeschluß ergeht durch den Senat im schriftlichen Verfahren 3
(beim Nichtigkeitssenat Dreierbesetzung) und unterliegt keinem Rechtsmittel, kann aber geändert werden (§ 360 ZPO). Seine **Ausführung** erfolgt in der mündlichen Verhandlung (**Abs. 1 S. 1**; vgl. § 36 o Nr. 2). In geeigneten Fällen (**Abs. 2**) – insbes. wenn der persönliche Eindruck des Zeugen dem Gericht entbehrlich ist – kann die Beweisaufnahme durch ein Senatsmitglied als beauftragten Richter oder durch ein ersuchtes Gericht (Amtsgericht, § 157 GVG) erfolgen, was etwa bei auswärtigen Zeugen, deren Vernehmung keine technische Sachkunde erfordert, in Frage kommen kann; diese Beweisaufnahmetermine sind nicht öffentlich.

Sachdienlicher als eine Beweiserhebung durch einen beauftragten oder ersuchten Richter wird oft die Abhaltung eines **Ortstermins** durch den Senat sein (Horn, Mitt. 1969, 141).

3. Beweismittel

Als Beweismittel nennt **Abs. 1 S. 2** insbesondere:

a) **Augenscheinseinnahme** (vgl. §§ 371 f. ZPO)

Diese geschieht insbes. durch Vorführung des Anmeldungsgegenstands 4
oder eines Modells, entweder in der mündlichen Verhandlung oder etwa im Betrieb des Anmelders (Patentinhabers). Erbietet sich dieser – um die Bedenken des Gerichts gegen die technische Durchführbarkeit zu zerstreuen oder gegenbeweislich zur Widerlegung der Behauptung der Unausführbarkeit, die der Einsprechende oder Nichtigkeitskläger aufgestellt hat und beweisen muß – zu einer Vorführung in seinem **Betrieb,** dann muß er auch dem Einsprechenden die Anwesenheit gestatten, denn in § 41 c Abs. 3 ist das Recht aller Beteiligten auf Anwesenheit bei allen Beweisaufnahmen verankert (so daß der Meinung von Meurer, Mitt. 1937, 357, der das Anwesenheitsrecht des Einsprechenden verneint, da er nicht Partei sei, nicht mehr gefolgt werden kann). Glaubt der Anmelder seine Betriebsgeheimnisse vor dem Einsprechenden nicht anders schützen zu können, so mag er Sachverständigenbeweis anbieten, denn der Sachverständige kann seine Feststellungen im Werk ohne Anwesenheit des Einsprechenden treffen.

b) **Zeugenvernehmung** (vgl. §§ 373–401 ZPO)

5 In vielen Fällen wird statt mündlicher Vernehmung eine **schriftliche Beantwortung** der Beweisfrage unter eidesstattlicher Versicherung ihrer Richtigkeit genügen, vgl. § 377 Abs. 3 ZPO (abgedruckt § 41 b Anm. 13; dazu Horn, Mitt. 1970, 126). In den Fällen des § 377 Abs. 3 ZPO – also wenn der Zeuge die Auskunft anhand seiner Bücher oder anderer Aufzeichnungen geben muß – ist das Einverständnis der Parteien mit der schriftlichen Beantwortung nicht erforderlich. In den anderen Fällen – auf die die genannte Voraussetzung nicht zutrifft – kann das Gericht sich mit schriftlicher Beantwortung begnügen, wenn auch die Beteiligten damit einverstanden sind, § 377 Abs. 4 ZPO (abgedruckt § 41 b Anm. 13). Das Einverständnis ist vorher einzuholen. Selbstverständlich ist den Parteien nach Eingang der schriftlichen Auskunft Gelegenheit zu geben, zu ihr Stellung zu nehmen. Der Beteiligte kann dann noch die mündliche Vernehmung des Zeugen beantragen, die jedoch als wiederholte Vernehmung im Ermessen des Gerichts steht, § 398 ZPO.

6 Die Ladung eines Zeugen soll davon abhängig gemacht werden, daß der Beteiligte, der ihn benannt hat, einen **Auslagenvorschuß** auf die zu erwartenden Zeugengebühren einzahlt, s. § 41 n Anm. 6.

7 Ein mündlich vernommener Zeuge wird nur **beeidigt,** wenn das Gericht dies mit Rücksicht auf die Bedeutung der Aussage oder zur Herbeiführung einer wahrheitsgemäßen Aussage für geboten erachtet, § 391 ZPO. Der weitere Inhalt dieser Vorschrift, wonach bei Verzicht der Parteien auf Beeidigung das Gericht nicht beeidigen **darf,** ist im Offizialverfahren nicht anwendbar (so ausdrücklich § 617 ZPO für den Eheprozeß). Die Beeidigung ist in §§ 392, 478–484 ZPO geregelt.

c) **Sachverständigenvernehmung** (vgl. §§ 402–414 ZPO)

8 Die Vernehmung technischer Sachverständiger spielt im Verfahren vor dem BPatG, dessen technische Mitglieder selber sachverständig sind, keine Rolle (vgl. § 41 b Anm. 7). **Privatgutachten** haben nur den Wert eines Parteivortrags; allenfalls kann der Privatgutachter – wenn er nicht zum gerichtlichen Sachverständigen ernannt wird – als technischer Beistand seines Auftraggebers zu Wort kommen.

Es ist zu vermeiden, einem Perpetuum-mobile-Anmelder die Beibringung eines Privatgutachtens anheimzustellen, weil ihm dadurch nur unnötige Kosten verursacht werden.

d) **Vernehmung von Beteiligten** (vgl. §§ 445–455 ZPO; die §§ 445 bis
9 449 ZPO von der entsprechenden Anwendung auszuschließen – so Ballhaus bei Benkard § 41 c Anm. 1 im Anschluß an § 98 VwGO – ist nicht gerechtfertigt, Ballhaus a. a. O. Anm. 6 wendet auch selber § 448 an; die Vorschriften sind nur durch den im patentgerichtlichen Verfahren geltenden Untersuchungsgrundsatz modifiziert). In der mündlichen Verhandlung kommt der Beteiligte (oder sein Vertreter) zu Wort, um seine Anträge zu stellen und zu begründen (§ 41 e Abs. 3). Von diesem Sachvortrag des Be-

teiligten ist zu unterscheiden seine Vernehmung zum Zweck des **Beweises** bestimmter Tatsachen (z. B. daß er eine Druckschrift zu einem bestimmten Zeitpunkt veröffentlicht hat: DPA 14. 7. 1953 GRUR 1953, 443).

Die Parteivernehmung kommt nur in Ermangelung anderer Beweismittel in Betracht, insbes. die Vernehmung der **beweispflichtigen** Partei nur bei Einverständnis des Gegners (§ 447 ZPO) oder von Amts wegen, wenn bereits eine gewisse Wahrscheinlichkeit für die Richtigkeit ihrer Behauptung besteht (§ 448 ZPO). Sie muß in jedem Fall durch Beweisbeschluß angeordnet werden, § 450 ZPO. **10**

Inhaber und **gesetzliche Vertreter** (Vorstandsmitglieder, Geschäftsführer) einer beteiligten Handelsgesellschaft können nur als Beteiligte, nicht als Zeugen, vernommen werden, sonstige Betriebsangehörige, Mitglieder einer juristischen Person (z. B. Aktionäre), Prozeßbevollmächtigte nur als Zeugen. **11**

e) **Heranziehung von Urkunden** (vgl. §§ 415–444 ZPO)

Die Verwertung der ohnehin dem Gericht vorliegenden **Akten** des Patentamts ist kein Urkundenbeweis. Auch die Heranziehung oder Vorlegung von öffentlichen **Druckschriften** (§ 2) ist kein Urkundenbeweis; denn es handelt sich nicht um Urkunden, die zum Beweis von Vorgängen errichtet sind oder rechtsgeschäftliche Erklärungen enthalten; über ihren Inhalt kann nicht gestritten werden, sondern nur – wie bei einem Gesetz – über ihre Auslegung. Die Verwertung druckschriftlicher Entgegenhaltungen ist somit kein Urkundenbeweis und bedarf nicht der mündlichen Verhandlung nach § 36 o Nr. 2 (§ 36 o Anm. 10; Zeunert, GRUR 1963, 396; a. A. Ballhaus, Mitt. 1961, 125 für den Fall, daß der Inhalt neu herangezogener Druckschriften ermittelt und zur Feststellung eines bestimmten Standes der Technik verwertet werden soll; doch ist ihm die Praxis nicht gefolgt); sie läßt auch keine Beweisgebühr für den Anwalt entstehen. Allenfalls muß über die Frage, **ob** es sich um vorveröffentlichte Druckschriften handelt (bei Druckschriften privater Herkunft, Firmenprospekten), Beweis erhoben werden; dieser Beweis kann mit allen zulässigen Beweismitteln geführt werden, unter den Voraussetzungen der §§ 447 f. ZPO (s. o. Anm. 10) auch durch Vernehmung der beweispflichtigen Partei (DPA 14. 7. 1953 GRUR 1953, 443). **12**

4. Abs. 3: Rechte der Beteiligten

Die Beteiligten haben Anspruch auf **Benachrichtigung** von allen Beweisterminen (wird der Beweis vor dem Senat, also in der mündlichen Verhandlung erhoben, so ist in der Ladung zu dieser darauf hinzuweisen, daß der Termin auch zur Beweisaufnahme bestimmt ist) und auf **Anwesenheit** bei der Beweisaufnahme (auch bei einer Vorführung im Betrieb des Gegners, s. o. Anm. 4). Es muß ihnen Gelegenheit gegeben werden, unmittelbare **Fragen** an den Zeugen zu richten. **13**

§ 41 d

(1) Sobald der Termin zur mündlichen Verhandlung bestimmt ist, sind die Beteiligten mit einer Ladungsfrist von mindestens zwei Wochen zu laden. In dringenden Fällen kann der Vorsitzende die Frist abkürzen.

(2) Bei der Ladung ist darauf hinzuweisen, daß beim Ausbleiben eines Beteiligten auch ohne ihn verhandelt und entschieden werden kann.

1. Abs. 1: Terminsbestimmung und Ladung

1 Der Termin wird vom Vorsitzenden **anberaumt** (bei Verhinderung oder Ausschließung des ordentlichen Vorsitzenden durch seinen Vertreter). Das Gericht (so § 227 ZPO, also der Senat; doch räumt die Praxis dem Vorsitzenden die Befugnis ein, so auch Baumbach ZPO § 227 Anm. 2 A, Trüstedt bei Reimer § 41 d Anm. 2) kann den Termin aus erheblichen Gründen – die bei einem Beteiligten oder beim Gericht vorliegen – wieder **aufheben,** ohne oder mit gleichzeitiger Anberaumung eines neuen Termins; der Grund der Aufhebung ist, wenn bereits geladen war und somit abgeladen werden muß, den Beteiligten mitzuteilen. Ablehnung einer mit beachtlichen Gründen beantragten Terminsaufhebung kann Versagung des rechtlichen Gehörs bedeuten (vgl. Röhl, NJW 1958, 1273; 1964, 277 f.; vgl. auch BGH 3. 12. 1964 BGHZ 43, 12 – Kontaktmaterial –). Urlaubswünsche des Vertreters verpflichten das Gericht nicht zur Terminsaufhebung (BVerfG 17. 7. 1962 BVerfGE 14, 195); doch sollte bei schwierigen Sachverhalten Großzügigkeit walten, zumal wenn der die Aufhebung Beantragende das Einverständnis seines Gegners beibringt.

2 Die **Ladung** wird von der Geschäftsstelle ausgeführt; ihre Zustellung regelt § 45 a. Einer schriftlichen Ladung bedarf es nicht, wenn der Termin (z. B. ein Verkündungstermin) in der vorangehenden mündlichen Verhandlung verkündet wurde, § 218 ZPO.

3 Zwischen dem Zustellungstag und dem Terminstag (vgl. die Definition der **Ladungsfrist** in § 217 ZPO) müssen mindestens zwei Wochen liegen, **Abs. 1 S. 1.** Die Ladungsfrist kann vom Vorsitzenden in dringenden Fällen **abgekürzt** werden, **Abs. 1 S. 2,** worauf dann in der Ladung hingewiesen werden muß. Dabei muß die Dringlichkeit in dem betreffenden Fall begründet sein; der Wunsch des Vorsitzenden, aus Terminsnot einen freigewordenen Termin kurzfristig wieder zu besetzen, berechtigt nicht zur Abkürzung der Ladungsfrist (a. A. Schlüter, Mitt. 1962, 67). Jedoch können die Beteiligten auf die Einhaltung der Ladungsfrist verzichten. In der Terminswahrnehmung und widerspruchslosen Verhandlung trotz Nichteinhaltung der Ladungsfrist liegt ein solcher Verzicht.

Die Ladungsfrist soll den Beteiligten die Möglichkeit geben, sich auf die mündliche Verhandlung **vorzubereiten** und sicherzustellen, daß der in Aussicht genommene Terminsvertreter zum fraglichen Zeitpunkt verfügbar ist (wie oft müssen sich Senate die einleitende Entschuldigung eines Vertreters anhören, er habe die Sache erst vor zwei Tagen übernommen!). Die sachliche Bearbeitung der Sache – Einreichung der Beschwerdebegründung und -erwiderung, Vorlage neuer Unterlagen, Entgegenhaltung weiterer Druckschriften – müßte im Ladungszeitpunkt abgeschlossen sein (sofern nicht ein die Ladung begleitender Zwischenbescheid Anlaß zu erneuter Überarbeitung gibt). Sollte das noch nicht der Fall sein, so ist die Zustellung der Ladung das Alarmzeichen für schleunigste Einreichung des noch Einzureichenden, damit Richter und Gegner sich noch vor dem Termin damit vertraut machen können. Zwar ist der Einsprechende nicht gehindert, neues Material noch in der mündlichen Verhandlung vorzulegen, doch muß er damit rechnen, daß ihm bei etwa notwendig werdender Vertagung die Kosten des Termins auferlegt werden. Bei kurzen Entgegenhaltungen wird im allgemeinen eine Vertagung nicht angebracht sein (vgl. BPatG 31. 10. 1972 Mitt. 1973, 49).

2. Abs. 2: Ausbleiben eines Beteiligten

4 Das Ausbleiben eines ordnungsmäßig geladenen Beteiligten oder Prozeßbevollmächtigten im Termin hindert nicht die Durchführung der Verhandlung und die Entscheidung; hierauf wird im Ladungsformular hingewiesen. Ist überhaupt **niemand erschienen,** dann entfällt allerdings die »Verhandlung«; nach der Feststellung der rechtzeitigen Ladung und dem Aktenvortrag des § 41 e Abs. 2 findet sogleich die (geheime) Beratung statt. Der Vorsitzende ist nicht gehindert, auch vor leerem Saale die gefällte Entscheidung zu verkünden, womit diese wirksam wird und etwa noch nachfolgenden Schriftsätzen ein Riegel vorgeschoben ist.

5 Hatten der einzige Beteiligte oder alle Beteiligten ihr **Nichterscheinen** vor dem Termin **angekündigt** (in dieser Mitteilung liegt die Rücknahme eines etwa gestellten Antrags auf mündliche Verhandlung), so steht es im Ermessen des Vorsitzenden, ob er den Termin aufhebt oder die Rumpfverhandlung durchführt. Auch wenn im Mehrparteienverfahren eine Partei absagt, steht es im Ermessen des Vorsitzenden, ob er den Termin aufhebt oder bestehen läßt: er wird ihn bestehen lassen, wenn der Gegner Antrag auf mündliche Verhandlung gestellt hat, wenn die Zeit überhaupt nicht mehr zu seiner Abbestellung ausreicht (in solchem Fall kann es der Billigkeit entsprechen, dem in letzter Minute Absagenden die Terminskosten des Gegners aufzuerlegen) oder wenn auch von einer einseitigen Verhandlung eine Förderung der Sache zu erwarten ist; er wird den Termin aufheben, wenn ohnehin gegen den Absagenden zu entscheiden ist. Dabei wird sich das Gericht aber darüber klar sein müssen, daß das Nichterscheinen keineswegs immer auf Nichtinteresse zurückzuführen ist; vielmehr mag der Geld-

und Personalaufwand für die Reise nach München manchem Beteiligten schwerfallen, und selbst Großfirmen müssen manchmal sparen.

6 Findet die Verhandlung mit **nur einer Partei** statt, dann ist es Aufgabe des Gerichts, auch die schriftsätzlich vorgetragenen Argumente des Abwesenden zum Gegenstand der Verhandlung zu machen. Dennoch geht der Nichterscheinende ein Risiko ein, nämlich das Risiko, daß der Gegner im Termin **neue Unterlagen** oder **neue Entgegenhaltungen** vorlegt. Diese kann das Gericht seiner Entscheidung zugrunde legen, ohne dem Nichterschienenen durch Vertagung Gelegenheit zur Äußerung zu geben (BPatG 23. 12. 1965, E 8, 40; 6. 8. 1971 E 13, 76); denn das rechtliche Gehör verwirkt der, der von den ihm verfahrensrechtlich gegebenen Möglichkeiten keinen Gebrauch macht. Das Gericht braucht auch nicht, wenn den neuen Entgegenhaltungen etwa noch durch Einschränkung des Patentbegehrens begegnet werden könnte, dem nichterschienenen Anmelder durch Vertagung hierzu Gelegenheit zu geben. Für von Amts wegen ermittelte neue Entgegenhaltungen sollte aber das Gericht diese Rechtslage besser nicht in Anspruch nehmen und sie, wenn es sie nicht vor dem Termin mitgeteilt hat, auch nicht zum Nachteil des nichterschienenen Anmelders verwerten, ohne ihm nach Vertagung nochmals Gelegenheit zur Stellungnahme zu geben.

7 Läßt sich die ordnungsgemäße Ladung eines nichterschienenen Beteiligten (und die Einhaltung der Ladungsfrist) **nicht nachweisen,** so darf in dem Termin nicht gegen ihn entschieden werden. Andernfalls steht ihm die zulassungsfreie Rechtsbeschwerde zu, wie der BGH (16. 7. 1965 GRUR 1966, 160 – Terminsladung –) in erweiternder Auslegung des § 41 p Abs. 3 Nr. 3 ausgesprochen hat (§ 41 p Anm. 30).

§ 41 e

(1) Der Vorsitzende eröffnet und leitet die mündliche Verhandlung.

(2) Nach Aufruf der Sache trägt der Vorsitzende oder der Berichterstatter den wesentlichen Inhalt der Akten vor.

(3) Hierauf erhalten die Beteiligten das Wort, um ihre Anträge zu stellen und zu begründen.

1. Ablauf der mündlichen Verhandlung

Dazu Röhl, Mitt 1962, 68.

Der Gerichtswachtmeister ruft die Sache auf, sobald ihm der Senat – der sich in Ermangelung von Beratungszimmern im Verhandlungssaal versammeln muß – seine Verhandlungsbereitschaft mitgeteilt hat. Der Vorsitzende eröffnet die mündliche Verhandlung und stellt fest, wer erschienen ist bzw. ob die Nichterschienenen ordnungsgemäß geladen sind oder ihr Nichterscheinen angekündigt haben. Die Vertreter überreichen ihre Vollmachten, soweit diese nicht schon bei den Akten sind. Sind Zeugen erschienen, so werden sie bis zu ihrer Vernehmung wieder hinausgeschickt. 1

Der Vorsitzende leitet die mündliche Verhandlung (über seine sitzungspolizeilichen Befugnisse s. § 36 g Anm. 9). Er oder der Berichterstatter trägt den wesentlichen Inhalt der Akten vor, d. h. er gibt einen mehr oder weniger kurzen Überblick über den Verfahrensstand, wobei Gelegenheit besteht, die Punkte hervorzuheben, die das Gericht in erster Linie für erörterungs- und aufklärungsbedürftig hält. Alsdann erhalten die Beteiligten das Wort, und zwar in der Regel der Beschwerdeführer zuerst. Stehen auf einer Parteiseite mehrere Beteiligte (z. B. Einsprechende), so wird es der Vorsitzende im allgemeinen ihrer Einigung überlassen, wer von ihnen zuerst zu Wort kommt. 2

2. Insbes. die Stellung der Anträge

Im Rahmen seines Vortrags hat jeder Beteiligte seinen Antrag zu stellen; dies mag er zu Beginn tun oder auch erst gegen Schluß der Verhandlung, um die überflüssige Protokollierung von Anträgen zu vermeiden, die im Laufe der Verhandlung wieder fallengelassen werden. Neue Anträge brauchen nicht aus einem dem Protokoll als Anlage beizufügenden Schriftsatz verlesen zu werden (wie Richter bei Reimer, WWR 10. Kap. Anm. 16 f aus § 297 Abs. 2 ZPO folgert, der aber durch § 41 g Abs. 2 ersetzt ist); es genügt, wenn sie mündlich gestellt und im Protokoll festgehalten werden. Andererseits sind schriftsätzlich gestellte Anträge, die der erschienene Beteiligte in der mündlichen Verhandlung nicht wiederholt, als erledigt anzusehen. 3

4 Im **Patenterteilungsverfahren** spielen die Anträge eine geringe Rolle, da sie sich in aller Regel aus der Parteistellung automatisch ergeben (deshalb schadet es auch nicht, wenn die Stellung ausdrücklicher Anträge einmal vergessen wird): der Anmelder beantragt die Bekanntmachung der Anmeldung bzw. die Erteilung des Patents, der Einsprechende dessen Versagung. Der Beschwerdeführer beantragt zusätzlich die Aufhebung des angefochtenen Beschlusses, der Beschwerdegegner beantragt lediglich Zurückweisung der Beschwerde, evtl. (wenn es sich um den Anmelder handelt) »mit der Maßgabe«, daß der Patenterteilung folgende neuen Unterlagen ... zugrunde gelegt werden. Denn der Antrag des Anmelders bedarf häufig der Ausfüllung durch die Nennung der **Unterlagen,** die der Patenterteilung zugrunde gelegt werden sollen (sie sind Bestandteil des Erteilungsantrags, BGH 10. 6. 1965 Mitt. 1967, 16). Ihre Fassung wird nicht »beantragt«, denn sie unterliegt ausschließlich der Verfügungsgewalt des Anmelders, der z. B. eine Einfügung im Anspruch vornimmt oder eine Figur streicht, nicht aber die Einfügung oder die Streichung »beantragt«. (Das gleiche gilt für eine Ausscheidung, die jedoch ebenfalls nur zustande kommt, wenn das Gericht ihre Voraussetzungen bejaht.)

Deshalb ist es auch nicht richtig, wenn – wie es manchmal vorkommt – der **Einsprechende** »beantragt«, z. B. dem Patentanspruch folgende Fassung zu geben ...; einem solchen Antrag könnte das Gericht nicht stattgeben, da die Fassung der Unterlagen von ihm ebensowenig bestimmt werden kann wie vom Einsprechenden. Der Senat kann eine Anspruchsänderung vielleicht anregen – evtl. mit dem Hinzufügen, daß er nur einen solchen Anspruch für gewährbar hält –, aber niemals selber vornehmen bzw. dem Anmelder das Patent mit anderen als von ihm gewünschten Unterlagen aufoktroyieren. Ein solcher »Antrag« des Einsprechenden kann nur als Ankündigung gewertet werden, daß der Einsprechende gegenüber einem vom Anmelder entsprechend geänderten Patentbegehren keinen Versagungsantrag mehr stellen würde.

Natürlich kann der Anmelder verschiedene Fassungen seines Patentbegehrens – alternativ = wahlweise (gleichgeordnet) oder meist **hilfsweise** – zum Gegenstand seines Antrags machen; das geschieht in der Weise, daß er beantragt, das Patent mit folgenden Unterlagen zu erteilen ..., hilfsweise: mit folgenden Unterlagen ...

5 Im **Nichtigkeitsverfahren** sind dagegen die Anträge von großer Bedeutung, da sowohl der Vernichtungsantrag des Klägers (§ 37 Anm. 51) wie die Verteidigung des Beklagten (§ 39 Anm. 2) sich nicht auf das ganze Patent zu erstrecken brauchen.

6 Neben den Anträgen zur Hauptsache können **Nebenanträge** betr. Kostenentscheidung und (vor dem Beschwerdesenat) Zulassung der Rechtsbeschwerde gestellt werden. Über diese Punkte entscheidet allerdings das Gericht, auch ohne daß Anträge gestellt werden, von Amts wegen.

§ 41 f

(1) Der Vorsitzende hat die Sache mit den Beteiligten tatsächlich und rechtlich zu erörtern.

(2) Der Vorsitzende hat jedem Mitglied des Senats auf Verlangen zu gestatten, Fragen zu stellen. Wird eine Frage beanstandet, so entscheidet der Senat.

(3) Nach Erörterung der Sache erklärt der Vorsitzende die mündliche Verhandlung für geschlossen. Der Senat kann die Wiedereröffnung beschließen.

1. Abs. 1: Erörterung der Sache

1 Das **Rechtsgespräch,** das in geeigneten Fällen schon vor der mündlichen Verhandlung in Form des Zwischenbescheides (§ 41 b Anm. 14 ff.) eröffnet wurde, findet seinen Höhepunkt in der mündlichen Verhandlung. Hier ist Gelegenheit – in der Regel die letzte Gelegenheit –, Unklarheiten zu beseitigen und Zweifel auszuräumen. Deshalb hat der Senat sich nicht auf die Rolle des Zuhörers zu beschränken, sondern hat durch Hinweise und Bedenken die Erörterung zu lenken und auf die Stellung sachdienlicher Anträge, d. h. vor dem Patentgericht insbes.: die Formulierung erteilungsfähiger Unterlagen, hinzuwirken. Dabei muß sich der Anmelder gegenwärtig halten, daß diese Formulierung **seine** Aufgabe ist und bleibt, und sollte sich nicht darauf verlassen, daß ihm der Senat schon die Ansprüche, die er für gewährbar hält, vorschlagen werde (vgl. BPatG 16. 4. 1969 E 10, 246, 252).

In der mündlichen Verhandlung kann der Vorsitzende die Bedenken, die ihm oder dem Senat vor oder in der Verhandlung kommen, schon in dezidierterer Form zu erkennen geben, als es der Berichterstatter im Zwischenbescheid darf. Er kann die Darlegung dieser Bedenken auch dem Berichterstatter oder einem anderen Mitglied des Senats überlassen.

2. Abs. 2: Fragerecht der Beisitzer

2 Jeder Beisitzer muß sich sein eigenes Urteil bilden und es in der Beratung vertreten; daher muß ihm der Vorsitzende **Gelegenheit** geben, Fragen an die Beteiligten zu stellen, d. h. seine Bedenken – nicht notwendig in Gestalt von Fragesätzen – zur Erörterung zu stellen. Der Zeitpunkt hierfür unterliegt der Verhandlungsleitung des Vorsitzenden. Auch das juristische Mitglied des technischen Beschwerdesenats sollte sich nicht scheuen, auch technische Fragen zu stellen; gerade laienhafte Fragen sind oft geeignet, ein unerwartetes Licht auf Punkte zu werfen, die doch nicht so selbstverständlich sind, wie sie dem Fachmann scheinen.

3 Die Möglichkeit der **Beanstandung** unzulässiger Fragen, Abs. 2 S. 2 (durch den Vorsitzenden oder einen Beteiligten), hat im patentgerichtlichen Verfahren keine praktische Bedeutung. Eine Verpflichtung zur Beantwortung besteht ohnehin nur für Beweispersonen, nicht für Beteiligte.

3. Abs. 3: Schließung und Wiedereröffnung der Verhandlung

4 Der Vorsitzende schließt die Verhandlung, wenn keiner der Beteiligten oder der Beisitzer mehr das Wort wünscht; doch kann er auch weitere Ausführungen eines Beteiligten, der sich in Wiederholungen oder unsachlichen Ausführungen ergeht, abschneiden, sobald er die Sache für ausreichend erörtert hält (vgl. § 136 Abs. 4 ZPO). Die **Schließung** der Verhandlung soll den Beteiligten deutlich machen, daß sie nun nicht mehr zu Wort kommen. Sie geschieht in der Praxis oft nur in der Form, daß die Beteiligten aufgefordert werden, den Sitzungssaal zu verlassen, damit das Gericht (das nicht über Beratungszimmer verfügt) beraten kann; dabei darf aber kein Zweifel übrigbleiben, daß die Beteiligten als nächstes die Entscheidung des Gerichts zu hören bekommen werden. Sollte der Senat ausnahmsweise zu einer **Zwischenberatung** (über einzelne Fragen oder Anspruchsfassungen) schreiten, so muß die Verhandlung anschließend fortgesetzt und den Beteiligten erneut das Wort erteilt werden. Wird dann nichts Neues mehr vorgetragen, so mag das Gericht sich über die für diesen Fall bereits in Aussicht genommene Entscheidung etwa durch Kopfnicken verständigen, ohne erneut in eine formelle Beratung einzutreten.

5 Eine bereits geschlossene mündliche Verhandlung kann beliebig oft **wiedereröffnet** werden, wenn sich z. B. in der Beratung zeigt, daß noch Unklarheiten bestehen oder Änderungen der Unterlagen erforderlich sind, oder auch wenn ein Beteiligter es aus guten Gründen erbittet. Die Wiedereröffnung steht im Ermessen des Gerichts, außer wenn sich aus dem nachträglichen Vorbringen ergibt, daß das bisherige Verfahren Lücken hatte und die Ausübung des Fragerechts geboten war (BGH 29. 4. 1959 BGHZ 30, 60, 65). Die Verhandlung wird sofort oder in einem neu anzuberaumenden Termin fortgesetzt.

§ 41 g

(1) Zur mündlichen Verhandlung und zu jeder Beweisaufnahme wird ein Urkundsbeamter der Geschäftsstelle als Schriftführer zugezogen. Wird auf Anordnung des Vorsitzenden von der Zuziehung des Schriftführers abgesehen, dann besorgt ein Richter die Niederschrift.

(2) Die wesentlichen Vorgänge der Verhandlung, vor allem die endgültige Fassung der von den Beteiligten gestellten Anträge, sind in eine Niederschrift aufzunehmen. Die Beteiligten können beantragen, daß bestimmte Vorgänge oder Äußerungen in die Niederschrift aufgenommen werden. Das Patentgericht kann von der Aufnahme absehen, wenn es auf die Feststellung des Vorgangs oder der Äußerung nicht ankommt. Dieser Beschluß ist in die Niederschrift aufzunehmen. Die Niederschrift ist von dem Vorsitzenden oder vernehmenden Richter und vom Schriftführer zu unterzeichnen.

(3) Die Niederschrift über die Aussage eines Zeugen, Sachverständigen oder Beteiligten ist diesem vorzulesen oder zur Durchsicht vorzulegen. In der Niederschrift ist zu vermerken, daß dies geschehen und sie genehmigt ist oder welche Einwendungen erhoben sind. Bei Vernehmung außerhalb der mündlichen Verhandlung soll der Vernommene seine Aussage auch unterschreiben.

1. Abs. 1: Schriftführer

Eine Niederschrift (**Protokoll**) muß in jeder mündlichen Verhandlung und in jedem Beweistermin (§ 41 c Abs. 2, 3) aufgenommen werden. Dies besorgt grundsätzlich ein **Urkundsbeamter** der Geschäftsstelle (praktisch ausschließlich Kanzleiangestellte, die als stellvertretende Urkundsbeamte besonders verpflichtet sind) als Schriftführer. Für die mündliche Verhandlung, in der nur ein Formalienprotokoll geführt wird, das nicht viel Schreibarbeit verursacht, wird jedoch vielfach von der Zuziehung eines Schriftführers abgesehen und gemäß S. 2 das Protokoll von einem **Richter** – im technischen Beschwerdesenat gewöhnlich dem juristischen Mitglied – geführt. Wenn in diesem Fall bei Anfall größerer Schreibarbeiten, etwa einer neuen Anspruchsfassung, eine Kanzleiangestellte zur Aufnahme eines Diktats zugezogen wird, wird sie nicht als eigenverantwortliche Urkundsbeamtin tätig, braucht keine Robe zu tragen, wird im Protokoll nicht aufgeführt und unterschreibt es nicht. 1

2. Abs. 2: Verhandlungsprotokoll

Das Verhandlungsprotokoll enthält nur die **wesentlichen Vorgänge,** d. s. 2
die Formalien der Verhandlung (§ 159 ZPO – der Vordruck sieht ferner die Feststellung der ordnungsmäßigen Ladung eines nicht erschienenen Beteiligten sowie einige der in §§ 41 e, f vorgeschriebenen Vorgänge vor), so-

wie die Anträge der Beteiligten und ihre sonstigen rechtsgestaltenden Erklärungen (Änderungen der Unterlagen, Verzichte, Ausscheidungen). Die Anträge können auch in einer Protokollanlage dem Protokoll beigefügt werden (§ 160 Abs. 3 ZPO).

3 Wenn das Gesetz nur die **»endgültige Fassung«** der Anträge aufzunehmen vorschreibt, so bedarf dies einer Erweiterung dahin, daß auch solche Anträge aufgenommen werden sollten, die zunächst gestellt, aber auf Veranlassung (»Vorschlag«, »Anregung« – hinter denen ja doch meist die Drohung mit der Zurückweisung steht) des Gerichts fallengelassen bzw. geändert werden. Auch die die Antragsänderung veranlassenden Hinweise des Gerichts sollten protokolliert werden; denn nur so gibt das Protokoll den Gang der Verhandlung zutreffend wieder, und nur mit solchem Protokoll kann der Vertreter des Anmelders gegenüber seinem Auftraggeber sein Zurückweichen in der mündlichen Verhandlung rechtfertigen.

4 Eine **Verlesung** des Protokolls ist nicht erforderlich; § 41 g ist dem ebenfalls eine Verlesung nicht vorsehenden § 105 VwGO nachgebildet, so daß eine Anwendung des § 162 ZPO entfällt. Eine Verlesung der protokollierten Anträge kann jedoch, wenn diese geändert wurden oder kompliziert sind, oft zweckmäßig sein.

5 Das Protokoll wird von dem Vorsitzenden und dem Schriftführer bzw. protokollführenden Richter **unterschrieben.** Nachträgliche Änderungen und **Berichtigungen** sind im Zusammenwirken beider möglich, und zwar auch dann, wenn dadurch einer – etwa auf die Protokollangabe, daß nichtöffentlich verhandelt worden sei, gestützten – Rechtsbeschwerde der Boden entzogen wird (vgl. BGH 12. 2. 1958 BGHZ 26, 340).

6 **Protokollabschriften** erhalten die Beteiligten nur auf Antrag (anders im patentamtlichen Verfahren, § 33 Abs. 1 letzter Satz) und gegen Schreibgebühren (BPatG 30. 4. 1962 E 2, 95).

3. Abs. 3: Vernehmungsprotokoll

7 Wenn in der mündlichen Verhandlung oder in einem anderen Beweistermin ein Zeuge, Sachverständiger oder ein Beteiligter als Partei **vernommen** wird, so wird seine Aussage in der Regel protokolliert werden (obwohl dies nach § 161 ZPO dann nicht nötig ist, wenn die Vernehmung vor dem Senat erfolgt, denn dessen Beschluß unterliegt keiner Berufung bzw. berufungsähnlichem Rechtsmittel). Zweckmäßigerweise diktiert ein Richter den wesentlichen Inhalt der Aussage. Die Niederschrift ist dem Vernommenen vorzulesen oder zur Durchsicht vorzulegen, was (etwa mit dem Vermerk »v. g.« = vorgelesen, genehmigt) im Protokoll zu vermerken ist. Der Unterschrift des Vernommenen bedarf es nur bei einer Vernehmung außerhalb der mündlichen Verhandlung. Die Niederschrift der Aussage kann auch stenografiert und dem Protokoll als Anlage beigefügt werden (§ 163 a ZPO).

§ 41 h

(1) Das Patentgericht entscheidet nach seiner freien, aus dem Gesamtergebnis des Verfahrens gewonnenen Überzeugung. In der Entscheidung sind die Gründe anzugeben, die für die richterliche Überzeugung leitend gewesen sind.

(2) Die Entscheidung darf nur auf Tatsachen und Beweisergebnisse gestützt werden, zu denen die Beteiligten sich äußern konnten.

(3) Ist eine mündliche Verhandlung vorhergegangen, so kann ein Richter, der bei der letzten mündlichen Verhandlung nicht zugegen war, bei der Beschlußfassung nur mitwirken, wenn die Beteiligten zustimmen.

ÜBERSICHT

I. Abs. 1: Grundlagen der Entscheidung

1. Überzeugungsbildung

Die Überzeugungsbildung des Gerichts – richtiger: des Richters – ist »frei«, d. h. keinen Gesetzen oder Regeln unterworfen, als innerer Vorgang auch kaum reglementierbar. Eine mathematische Gewißheit ist in vielen Fragen ohnehin nicht zu erzielen, insbes. bei der nicht meß- oder wägbaren Erfindungshöhe; manches, wie etwa den behaupteten Fortschritt, wird der Richter nur glauben können. Er darf sich nur nicht von Umständen oder Kenntnissen beeinflussen lassen, die nicht **Gegenstand des Verfahrens** waren. Zwar muß und darf insbes. der technische Richter sein gesamtes Fachwissen mit in die Waagschale werfen (sein eigenes technisches Fachwissen ist keine »Tatsache« der Außenwelt, die der Richter bei seiner Entscheidung erst nach Gewährung einer Äußerungsfrist berücksichtigen darf, vgl. BGH 28. 4. 1966 GRUR 1966, 583, 585 – Abtastverfahren –); hat er jedoch außerhalb des Verfahrens z. B. mit dem Anmeldungsgegenstand Erfahrungen gesammelt, die sein Urteil beeinflussen, oder will er aus anderen ihm zugänglichen Akten Vergleichsmaßstäbe gewinnen, so wird er diese Umstände mit den Beteiligten erörtern müssen; denn er wird in der Entscheidung die Gründe bekennen müssen, die für seine Überzeugung leitend gewesen sind. 1

Aus den Überzeugungen der einzelnen Senatsmitglieder, die diese in der **Beratung** vertreten, muß sich die »Überzeugung« des Gerichts herauskristallisieren. Kommt der Senat im Ergebnis oder in Einzelfragen nicht zu einer einheitlichen Überzeugung, so entscheidet im Wege der **Abstimmung** die Überzeugung der Mehrheit (§ 36 h Abs. 2).

2. Umfang der Begründungspflicht

2 Die für den Senat bzw. seine Mehrheit leitenden **Gründe** sind in den »Gründen« der Entscheidung darzustellen (soweit eine Begründung der Entscheidung vorgeschrieben ist, § 41 i Abs. 2). Dabei ist eine **Bezugnahme** auf Zwischenbescheide zulässig und wird nur dann zu vermeiden sein, wenn sich aus ihr Unklarheiten oder Widersprüche ergeben könnten (BGH 21. 12. 1962 BGHZ 39, 333, 345 f. – Warmpressen –; zu weitgehend Fischer, GRUR 1963, 650, der eine solche Bezugnahme generell für nicht wünschenswert hält, damit nicht der Eindruck entsteht, daß der Senat unbesehen die Ansicht des Berichterstatters übernommen habe); das gleiche gilt für eine Bezugnahme auf eine andere, zwischen denselben Parteien ergangene oder gleichzeitig ergehende Entscheidung (BGH 2. 10. 1970 GRUR 1971, 86 – Eurodigina –). Es ist auch nicht erforderlich, auf alle **Einzelumstände** und Argumente einzugehen; entscheidend ist vielmehr, ob die Entscheidung erkennen läßt, daß eine sachentsprechende Würdigung des Vorgetragenen stattgefunden hat (BGH 8. 7. 1964 Bl. 1964, 357, 358 – Rippenstreckmetall II –; BPatG 19. 11. 1969 Mitt. 1971, 174, 177). Übergehung entscheidungserheblichen Vorbringens verletzt jedoch den § 41 h Abs. 1 und führt bei zugelassener Rechtsbeschwerde zur Aufhebung (BGH 18. 2. 1965 GRUR 1965, 416, 419 – Schweißelektrode –).

Über den Umfang der Begründungspflicht vgl. § 41 p Anm. 33 ff. Ein Verstoß gegen § 41 h ist angenommen worden, wenn sich der Beschwerdesenat bei Verneinung der Erfindungshöhe mit vom Anmelder vorgebrachten Umständen nicht auseinandergesetzt hat, die aus Erfahrung als Indiz für die Beurteilung der schöpferischen Leistung in Frage kommen (BGH 18. 2. 1965 a. a. O.). Wenn der Anmelder (Patentinhaber) seinerseits vorsorglich bestimmte Vorveröffentlichungen nennt und ausführt, warum sie nach seiner Auffassung nicht patenthindernd sind, ohne daß der Gegner dem widerspricht, dann genügt der Senat seiner Begründungspflicht, wenn er sich auf die Bemerkung beschränkt, es sei nicht ersichtlich, daß die genannten Vorveröffentlichungen patenthindernd wirken könnten (BGH 30. 5. 1967 Mitt. 1968, 16, 19 f. – Landwirtschaftliches Ladegerät – für GebrM-Löschungsverfahren).

3 Nur die **Anträge** in der »endgültigen Fassung« (§ 41 g Abs. 2) müssen im Beschluß beschieden werden (BGH 10. 6. 1965 Mitt. 1967, 16). Anträge, die in einem früheren Stadium des Verfahrens gestellt waren, aber in der

mündlichen Verhandlung nicht gestellt wurden, brauchen nicht erwähnt zu werden. Dagegen sollten Anträge, die in der mündlichen Verhandlung erst auf Anregung des Senats fallengelassen wurden, in der schriftlichen Begründung abgehandelt werden; dies ist notwendig bei solchen Anträgen, die in der mündlichen Verhandlung zunächst gestellt und protokolliert, dann aber in einer (Zwischen-)Beratung des Senats für nicht gewährbar befunden und daher vom Anmelder durch andere ersetzt wurden; denn der Anmelder darf erwarten, daß ihm das zunächst nur mündlich eröffnete Ergebnis der (Zwischen-)Beratung auch schriftlich mitgeteilt wird (s. auch § 41 g Anm. 3).

Wird der Hauptantrag abgewiesen, so muß über einen etwaigen **Hilfsantrag** entschieden werden (andernfalls gegen einen Beschluß des Beschwerdesenats die zulassungsfreie Rechtsbeschwerde nach § 41 p Abs. 3 Nr. 5 gegeben ist, s. § 41 p Anm. 34). Wenn nach einem Hilfsantrag erkannt wird, muß die Verwerfung des Hauptantrags begründet werden (BGH 13. 5. 1971 GRUR 1971, 532 – Richterwechsel –), auch wenn sie nicht in der Beschlußformel erscheint.

II. Abs. 2: Rechtliches Gehör

4 **Art. 103 Abs. 1 GG** sagt: »Vor Gericht hat jedermann Anspruch auf rechtliches Gehör.« Die Verletzung dieses Rechts eröffnet zwar nicht die zulassungsfreie Rechtsbeschwerde (§ 41 p Anm. 25), wohl aber unter den Voraussetzungen des § 90 BVerfGG die Verfassungsbeschwerde zum Bundesverfassungsgericht. Dieses hat in zahlreichen Entscheidungen den Inhalt des rechtlichen Gehörs konkretisiert (vgl. hierzu Röhl, NJW 1953, 1531; 1958, 1268; 1964, 273).

5 Rechtliches Gehör bedeutet in erster Linie **Gelegenheit zur Äußerung** (s. auch § 36 l Anm. 39; vgl. BGH 21. 12. 1962 E 2, 253 über die Behandlung von Fristverlängerungsgesuchen). Daneben hat es eine sozusagen negative Funktion, derzufolge solche **Tatsachen und Beweisergebnisse** nicht zur Begründung der Entscheidung herangezogen werden dürfen, zu denen die Beteiligten sich nicht äußern konnten, § 41 h Abs. 2. Diese Vorschrift findet sich in allen neueren Verfahrensordnungen; sie galt von jeher in der ähnlichen Fassung des § 34 Abs. 4 a. F. für die Beschwerdesenate, ebenso wie für die Prüfungsstellen in der Form des § 29 Abs. 2, jetzt §§ 28 Abs. 3 S. 2, 29 S. 2, wonach die Zurückweisung nicht auf »Umstände« gegründet werden darf, zu denen der Anmelder sich nicht äußern konnte (die Vorschrift gilt auch im Einspruchsverfahren, BGH 28. 4. 1966 GRUR 1966, 583 – Abtastverfahren).

6 Dies gilt besonders für die Verwertung druckschriftlicher **Entgegenhaltungen.** Diese sind zwar weder »Umstände« tatsächlicher Art i. S. des § 28

noch »Tatsachen und Beweisergebnisse« i. S. des § 41 h, sondern könnten am ehesten als technische Rechtssätze qualifiziert werden (vgl. Röhl, BB 1968, 20); doch gelten die genannten Bestimmungen mindestens entsprechend auch für sie, und es ist von jeher selbstverständlich gewesen, daß sie nicht ohne vorherige Bekanntgabe mit Gelegenheit zur Stellungnahme verwertet werden dürfen. Wer allerdings in einer mündlichen Verhandlung nicht erscheint, hat keinen Anspruch darauf, daß er zur Stellungnahme zu dort neu vorgelegten Erteilungsunterlagen oder Entgegenhaltungen eine weitere Gelegenheit als die von ihm versäumte erhält (BPatG 23. 12. 1965 E 8, 40 für den Anmelder; 6. 8. 1971 E 13, 76 für den Einsprechenden; vgl. § 41 d Anm. 6).

7 Die Gewährung rechtlichen Gehörs setzt voraus, daß das Gericht den Vortrag der Beteiligten zur Kenntnis nimmt und berücksichtigt. Hieran knüpft sich die Frage, bis wann im schriftlichen Verfahren neu eingehende **Schriftsätze** berücksichtigt werden müssen (über ihre Mitteilung an den Gegner s. § 36 l Anm. 39). Auch wenn der Senat bereits beraten und beschlossen hat, kann er weiterhin eingehende Schriftsätze nicht unberücksichtigt lassen, sofern ihm eine Berücksichtigung (und Änderung oder Ergänzung seines Beschlusses) noch möglich ist (vgl. Röhl, NJW 1964, 278 mit Nachweisen). Das gilt selbst dann, wenn der Schriftsatz nach Ablauf einer etwa gesetzten Äußerungsfrist eingegangen ist, denn diese bedeutet nur, daß der Senat nach Ablauf der Äußerungsfrist entscheiden kann, ohne weiter abwarten zu müssen (es genügt, daß der Beteiligte »Gelegenheit« zur Äußerung hatte), nicht aber, daß verspätetes Vorbringen unberücksichtigt bleibt (über die Zurückweisung wegen Verschleppungsabsicht nach § 279 ZPO s. § 41 b Anm. 6).

Die Rechtsprechung ist hier den Beteiligten so weit entgegengekommen, daß das Gericht Schriftsätze bis zu dem äußersten Zeitpunkt berücksichtigen muß, bis zu dem ihm dies überhaupt möglich ist, nämlich bis zur **Herausgabe** der Beschlußausfertigung von der Geschäftsstelle an die **Postabfertigungsstelle;** mit diesem Vorgang hat sich das Gericht einer Einwirkungsmöglichkeit auf die Entscheidung entäußert, denn es wäre unzumutbar und vielfach unmöglich, den Beschluß von der weiteren Beförderung zurückzurufen; zudem spricht für die Zugrundelegung dieses Zeitpunktes, daß er leicht und eindeutig aus den Akten festgestellt werden kann. Die grundsätzliche Entscheidung des BGH (9. 3. 1967 GRUR 1967, 435 – Isoharnstoffäther –) ist zwar für das Verfahren des DPA ergangen (ebenso BPatG 20. 2. 1969 Mitt. 1969, 153 und die z. T. abweichende WZ-Entscheidung BPatG 21. 12. 1966 Mitt. 1967, 53), kann und muß aber in gleicher Weise für das BPatG angewandt werden.

III. Abs. 3: Richterwechsel nach mündlicher Verhandlung

Vgl. Vollkommer, NJW 1968, 1309 (behandelt nur den Zivilprozeß); Kirchner, GRUR 1971, 503. 8

Nach § 9 S. 2 DPAVO 1936, der bis 1961 für das Verfahren vor den Senaten des DPA galt, konnte, wenn eine Anhörung der Beteiligten vorhergegangen war, ein Mitglied, das dabei nicht zugegen gewesen war, bei der Beschlußfassung nicht mitwirken. Diese Vorschrift ist in § 41 h Abs. 3 (ebenso in dem für die Patentabteilungen geltenden § 7 Abs. 2 DPAVO 1961; die DPAV 1968 enthält keine solche Bestimmung mehr) dahin abgemildert, daß ein Richterwechsel zulässig ist, wenn die Beteiligten **zustimmen.** Diese Bedingung ist nicht unbedenklich, da die Beteiligten unter einem moralischen Druck stehen könnten, zuzustimmen. Auch sonst, insbes. bei § 41 a (s. dort Anm. 2), ist die Besetzung des Gerichts nicht von der Zustimmung der Beteiligten abhängig.

Die Bestimmung des § 41 h Abs. 3 trifft offensichtlich nicht den Fall, daß die mündliche Verhandlung nicht zur Beendigung der Instanz geführt hat und im schriftlichen Verfahren weiterverhandelt worden ist, sondern nur den Fall, daß die Entscheidung auf der mündlichen Verhandlung **beruht,** wie es bei § 309 ZPO und § 112 VwGO die Regel ist; dieser Regelung sollte die neue Bestimmung entsprechen (Begründung Bl. 1961, 155). Der Gesetzgeber hätte allerdings besser getan, sich der Fassung der genannten Bestimmungen zu bedienen, nach denen nur die Richter mitwirken dürfen, die an »der dem Urteil zugrunde liegenden Verhandlung« teilgenommen haben (so inzwischen auch § 103 FGO); sein Argument für die Wahl der anderen Fassung, daß »im Beschwerdeverfahren vor dem Patentgericht nicht in allen Fällen eine mündliche Verhandlung stattfindet«, ist nicht stichhaltig, da auch in den anderen Verfahrensarten Entscheidungen ohne mündliche Verhandlung vorkommen. Besser wäre die Formulierung gewesen: »Wird **auf Grund mündlicher Verhandlung** entschieden ...« Dieselbe Ungenauigkeit der Formulierung findet sich in § 41 i (s. dort Anm. 1).

Man kann aber auch die gegenwärtige Fassung, ohne dem Gesetz Gewalt anzutun, im Sinne der vorgeschlagenen Formulierung **auslegen,** so daß – wie bei den anderen Verfahrensordnungen – nur solche Richter gemeint sind, die bei der **dem Beschluß zugrunde liegenden** mündlichen Verhandlung zugegen waren. Wurde nach mündlicher Verhandlung in das schriftliche Verfahren übergegangen, dann ist ein Richterwechsel unschädlich (BGH 13. 5. 1971 – Richterwechsel – Bl. 1971, 315 = GRUR 1971, 532 mit zust. Anm. v. Hoepffner), d. h. nicht von der Zustimmung der Beteiligten abhängig (a. A. Richter bei Reimer WWR 10. Kap. Anm. 15). Kirchners (GRUR 1971, 503) Auffassung, daß nach Übergang ins schriftliche Verfahren ein Richter, dem nicht das Gesamtergebnis des Verfahrens, 9 insbes. der über den Akteninhalt hinausgehende mündliche Vortrag, aus eigener Kenntnis bekannt sei, nicht mitwirken dürfe – selbst bei Zustimmung der Parteien zum Richterwechsel –, ist entgegenzuhalten, daß die Entscheidung im schriftlichen Verfahren vom Einverständnis der Beteiligten abhängt, die eine neue mündliche Verhandlung beantragen können (§ 36 o Anm. 5); wünschen sie eine Berücksichtigung auch des nur mündlich Vorgetragenen, so mögen sie dieses schriftsätzlich wiederholen (vgl. auch Hoepffner, GRUR 1971, 533).

10 **Verweigert** ein Beteiligter die erforderliche Zustimmung, so muß die mündliche Verhandlung wiederholt werden.

§ 41 i

(1) Die Endentscheidungen des Patentgerichts werden, wenn eine mündliche Verhandlung stattgefunden hat, in dem Termin, in dem die mündliche Verhandlung geschlossen wird, oder in einem sofort anzuberaumenden Termin verkündet, der nicht über zwei Wochen hinaus angesetzt werden soll. Sie sind den Beteiligten von Amts wegen zuzustellen. Statt der Verkündung ist die Zustellung der Endentscheidungen zulässig. Entscheidet das Patentgericht ohne mündliche Verhandlung, so wird die Verkündung durch Zustellung an die Beteiligten ersetzt.

(2) Die Entscheidungen des Patentgerichts, durch die ein Antrag zurückgewiesen oder über ein Rechtsmittel entschieden wird, sind zu begründen.

ÜBERSICHT

I. Abs. 1: Verkündung und Zustellung der Entscheidung

1. Entscheidung auf Grund mündlicher Verhandlung

1 »Wenn eine mündliche Verhandlung stattgefunden hat«, gemeint ist: wenn **auf Grund mündlicher Verhandlung** entschieden wird, ist die Entscheidung entweder zu verkünden und zuzustellen oder nur (an Verkündungs Statt) zuzustellen. Die Bestimmung betrifft nur Endentscheidungen, d. s. die Beschlüsse der Beschwerdesenate, mit denen über die Beschwerde entschieden wird, und die Urteile der Nichtigkeitssenate (Begründung Bl. 1961, 155). Für andere Entscheidungen gilt gemäß § 41 o Abs. 1 i. V. m. § 329 ZPO das gleiche, wobei jedoch bei im schriftlichen Verfahren ergangenen, keinem Rechtsmittel unterliegenden Nebenentscheidungen formlose Übersendung genügt, § 329 Abs. 3 S. 2 ZPO.

a) Satz 1: Verkündung

2 Die Verkündung geschieht in der Regel im Verhandlungstermin im Anschluß an die Beratung, und zwar durch Vorlesung der schriftlich niedergelegten Urteils- bzw. Beschlußformel (§ 311 Abs. 2 ZPO). Mit ihr wird die

Entscheidung **wirksam** (BPatG 18. 10. 1962 E 2, 172); diese kann vom Gericht nun nicht mehr geändert werden außer durch Berichtigungsbeschluß nach §§ 41 k, l. Das Wirksamwerden der Entscheidung ist nicht zu verwechseln mit der formellen Rechtskraft (§ 36 p Anm. 21; BPatG 13. 2. 1970 E 11, 200; 4. 12. 1971 Mitt. 1972, 236). Für den Beginn der Rechtsmittelfrist ist die Verkündung ohne Bedeutung (s. u. Anm. 5).

3 Die Verkündung kann auch in einem besonderen **Verkündungstermin** erfolgen, der nicht über zwei Wochen hinaus angesetzt werden soll (und in dem die Richterbank anders besetzt sein kann als bei der Verhandlung). Dies wird in Frage kommen, wenn die sofortige Beratung nicht möglich ist oder zu keinem Ergebnis führt. Doch ist der Verkündungstermin immer entbehrlich, da eine Verkündung überhaupt nicht notwendig ist; er hat allenfalls den Sinn, daß die Beteiligten die Entscheidung früher erfahren können als durch die in der Regel erst nachfolgende Zustellung und daß die Entscheidung mit der Verkündung existent wird, so daß weiterhin eingehende Schriftsätze in keinem Fall berücksichtigt werden müssen oder auch nur können (während bei nichtverkündeten Beschlüssen Schriftsätze, die bis zur Herausgabe des Beschlusses an die Postabfertigungsstelle eingehen, immerhin Anlaß zur Prüfung geben können, ob die mündliche Verhandlung wieder zu eröffnen ist, vgl. § 41 h Anm. 7 und Löscher bei Benkard, §§ 38, 39 Anm. 7 b a. E.).

b) Satz 2: Zustellung

4 Auch der verkündete Beschluß ist, sobald er abgesetzt und unterschrieben (§ 315 ZPO) ist, den Beteiligten **zuzustellen;** nicht dem **DPA,** da es nicht am Verfahren beteiligt und nicht zur Rechtsmitteleinlegung befugt ist; doch erhält es nach Rechtskraft eine Abschrift des (teil-)vernichtenden Urteils, damit es den Rollenvermerk gemäß § 24 Abs. 1, die Bekanntgabe im Patentblatt und ggf. (bei Teilvernichtung und Klarstellung) die Herausgabe des Deckblatts zur Patentschrift veranlaßt.

5 Erst die Zustellung setzt etwaige **Rechtsmittelfristen** in Lauf; dabei ist eine Rechtsmittelbelehrung nicht vorgeschrieben und für den Beginn der Rechtsmittelfrist nicht erforderlich. Über Zustellung und Zustellungsmängel s. § 45 a.

6 Zuzustellen ist (schreibgebührenfrei) die **Ausfertigung** der vollständigen Entscheidung (auch dem unzulässig Einsprechenden, § 36 m Anm. 13; über Fehler in den Ausfertigungen vgl. § 41 k Anm. 9; ein wesentlicher Fehler macht die Zustellung unwirksam, BGH 20. 4. 1967 LM Nr. 14 zu § 170 ZPO). Das **Urteil** (des Nichtigkeitssenats) **enthält** (vgl. § 313 ZPO, nach dem nicht alle angeführten Angaben notwendig sind):

die Bezeichnung der Sache;

die Bezeichnung der Beteiligten (bei natürlichen Personen mit Berufsangabe!), evtl. ihrer gesetzlichen Vertreter (gilt auch für die gesetzlichen Vertreter juristischer Personen, doch pflegt sich die Praxis des BPatG darüber hinwegzusetzen) und Bevollmächtigten;

die Angabe des Gerichts (Senats),

des Tages der mündlichen Verhandlung, wenn auf Grund mündlicher Verhandlung entschieden wird (das maßgebende **Datum** der verkündeten Entscheidung ist jedoch nicht das der mündlichen Verhandlung, sondern das im Falle des Verkündungstermins abweichende Datum der Verkündung, das sich in jedem Fall aus dem gesondert angebrachten **Verkündungsvermerk** gemäß § 315 Abs. 3 ZPO ergibt), andernfalls das der Sitzung (vgl. § 36 h Anm. 4),

und der Richter; – bis hierhin Urteilskopf oder Rubrum –

die Entscheidungsformel (der beliebte Slangausdruck »Tenor« sollte im amtlichen Gebrauch vermieden werden); über die verschiedenen Möglichkeiten s. § 40 Anm. 8 ff. für Urteile, § 36 p Anm. 1 für Beschlüsse der Beschwerdesenate; bei Widerspruch zwischen Formel und Gründen ist die Formel maßgebend (BPatG 27. 11. 1968 Mitt. 1969, 93);

den Tatbestand und die Entscheidungsgründe;

die Unterschriften der Richter (in der für die Akten bestimmten Urschrift handschriftlich); ist ein Richter (z. B. durch Krankheit, Tod, Urlaub, Versetzung, Pensionierung) verhindert zu unterschreiben, so vermerkt dies der Vorsitzende unter Angabe des Verhinderungsgrundes (z. B.: »Richter ... ist beurlaubt und daher an der Unterschrift verhindert«) und Beifügung seiner Unterschrift; ist der Vorsitzende verhindert, so obliegt der Vermerk dem ältesten Beisitzer (s. § 36 f Anm. 3).

Für **Beschlüsse** gilt das gleiche, doch werden bei ihnen Tatbestand und 7
Entscheidungsgründe unter der einheitlichen Überschrift »Gründe« zusammengefaßt. Die Angabe des Gerichts, des Tages und der Richter kann auch in Unterschriftsform am Schluß stehen, was nur bei Nebenentscheidungen in Frage kommen wird.

c) Satz 3: Zustellung an Verkündungs Statt

Statt der Verkündung läßt Satz 3 allein die Zustellung genügen. In die- 8
sem Fall wird die Entscheidung mit der Zustellung wirksam (BGH 14. 1. 1953 BGHZ 8, 303, 305; 17. 1. 1962 E 1, 239, 242, und zwar bei mehreren Beteiligten mit der letzten Zustellung; abweichend Dräger, MDR 1963, 808: mit der ersten Zustellung). Eingehende Schriftsätze sind allerdings nicht bis zu diesem, dem Einfluß des Gerichts entzogenen Zeitpunkt, wohl aber bis zu dem Zeitpunkt zu berücksichtigen, in dem das Gericht sich des Beschlusses entäußert, d. h. die Geschäftsstelle ihn zur Zustellung hinausgibt (s. § 41 h Anm. 7).

Der das Datum der Entscheidung ausweisende Verkündungsvermerk gemäß § 315 Abs. 3 ZPO, der hier lautet: »An Verkündungs Statt zugestellt am ...«, hat bei verschiedenen Zustellungsdaten alle Daten anzugeben

(Dräger, a. a. O. S. 811 f.; Wieczorek, ZPO § 315 C; a. A. Baumbach, ZPO § 315 Anm. 3: den Tag der letzten Zustellung); der Beschluß wäre dann z. B. zu zitieren als »Beschluß vom 18./19. 1. 1968«.

2. Satz 4: Entscheidung im schriftlichen Verfahren

9 Entscheidungen im schriftlichen Verfahren – also auch die Entscheidungen, die ergehen, wenn nach mündlicher Verhandlung wieder ins schriftliche Verfahren übergegangen wurde (insofern ist S. 4 ungenau gefaßt, worauf Kirchner, GRUR 1968, 688 hinweist) – werden nicht verkündet, sondern nur **zugestellt.** Die Vorschrift ist wortgleich mit § 116 Abs. 3 VwGO; sie ist auch insofern ungenau gefaßt, als die Zustellung nicht nur »die Verkündung ersetzt«, sondern auch die Rechtsmittelfrist in Lauf setzt (anders als im schriftlichen Verfahren der ZPO, § 128 Abs. 2 ZPO, wo die Zustellung der Urteilsformel in der Tat nur die Verkündung ersetzt, während eine die Rechtsmittelfrist in Lauf setzende zweite Zustellung nachfolgen muß; vgl. BGH 13. 5. 1971 GRUR 1971, 484 – Entscheidungsformel –). Als **Datum** der im schriftlichen Verfahren ergehenden Entscheidung (die ja keinen Verkündungsvermerk aufweist und kein Datum trägt) gilt das der Sitzung, in der der Senat beschlossen hat (s. § 36 h Anm. 4), evtl. das der Unterschrift (s. o. Anm. 7 a E.).

Für die Zustellung gilt das gleiche wie oben Anm. 4 ff.

II. Abs. 2: Begründungspflicht

10 Nur diejenigen Entscheidungen, durch die ein **Antrag zurückgewiesen** oder über ein **Rechtsmittel** (hierunter ist insbes. die Beschwerde zu verstehen, vgl. vor § 36 l Anm. 2) entschieden wird, brauchen **begründet** zu werden; nicht also z. B. der Beschluß, der einem Antrag auf Akteneinsicht oder Wiedereinsetzung oder Armenrecht oder einer Richterablehnung stattgibt, oder die isolierte Anordnung der Rückzahlung der Beschwerdegebühr (§ 36 q Anm. 30), oder die Zulassung der Rechtsbeschwerde (vgl. BGH 27. 10. 1970 GRUR 1971, 115, 116 – Lenkradbezug –). Wenn der Gegner dem Antrag oder der Anordnung widersprochen hat, ist es jedoch ein nobile officium des Gerichts, seine Entscheidung zu begründen – mag sie auch, wie alle genannten Beispiele, nicht der Rechtsbeschwerde unterliegen (§ 41 p Abs. 1).

Die Begründung darf bei nichtverkündeten Entscheidungen nicht nachgeschoben werden, sondern muß gleichzeitig mit der Entscheidungsformel zugestellt werden (BGH 13. 5. 1971 a. a. O.).

Über den Umfang der Begründungspflicht s. § 41 h Anm. 2, 3; zur Rüge fehlender Begründung s. § 41 p Anm. 33 ff.

§ 41 k

(1) Schreibfehler, Rechenfehler und ähnliche offenbare Unrichtigkeiten in der Entscheidung sind jederzeit vom Patentgericht zu berichtigen.

(2) Über die Berichtigung kann ohne vorgängige mündliche Verhandlung entschieden werden. Der Berichtigungsbeschluß wird auf der Entscheidung und den Ausfertigungen vermerkt.

ÜBERSICHT

1. Abs. 1: Zulässigkeit der Berichtigung

1 Fehler in Urteilen und Beschlüssen (über Berichtigung des Protokolls s. § 41 g Anm. 5) werden formlos **berichtigt,** solange die Entscheidung noch nicht wirksam geworden ist, nämlich durch Verkündung (soweit es sich um Fehler in der verkündeten Entscheidungsformel handelt), im übrigen durch Herausgabe zur Zustellung. Werden sie erst später entdeckt, so bedarf es eines Berichtigungsbeschlusses.

2 **Berichtigungsfähig** sind »offenbare Unrichtigkeiten«, wobei das Gesetz als Beispiele Schreib- und Rechenfehler nennt. Die offenbare Unrichtigkeit kann im Rubrum (Angabe der mitwirkenden Richter: BGH 27. 10. 1955 NJW 1955, 1919), in der Entscheidungsformel oder in den Gründen vorkommen. Sie kann auch auf **technischem** Gebiet liegen, etwa in der Wahl eines offenbar unrichtigen technischen Ausdrucks oder in einem Widerspruch mit Naturgesetzen oder gefestigten wissenschaftlichen Erkenntnissen (BPatG 8. 9. 1971 GRUR 1972, 90; 8. 9. 1971 E 13, 77).

Berichtigungsfähig und -bedürftig sind insbes. auch offenbare Unrichtigkeiten in den einen Teil des Erteilungsbeschlusses bildenden **Erteilungsunterlagen.** Ohne gerichtlichen Berichtigungsbeschluß ist auch das PA, das an die in der Formel des Erteilungsbeschlusses enthaltenen Angaben gebunden ist (BPatG 2. 11. 1962 E 2, 178), nicht in der Lage, Unrichtigkeiten der auf einem gerichtlichen Erteilungsbeschluß beruhenden Patentschrift zu berichtigen (BPatG 9. 11. 1962 E 2, 181; Entsprechendes gilt bei gerichtlichem Bekanntmachungsbeschluß für Fehler in den zum Druck der Auslegeschrift bestimmten Unterlagen).

3 Der Berichtigung zugänglich sind nur **offenbare,** d. h. auch jedem Außenstehenden erkennbare Unrichtigkeiten (vgl. BPatG 28. 1. 1971 Mitt. 1971,

157; 8. 9. 1971 a. a. O. für Widersprüche in Erteilungsunterlagen). Dies können auch **Auslassungen** (z. B. eines Patentanspruchs, der Angabe über den Beginn der Laufzeit) sein, sofern nur die ausgelassene Angabe durch die Willensbildung des Senats gedeckt ist. Daher kann die Entscheidungsformel aus den Gründen ergänzt werden, wenn ein Ausspruch in der Formel unterblieben ist, sich aber aus den Gründen ergibt (BGH 18. 6. 1964 NJW 1964, 1858; BPatG 22. 4. 1970 E 11, 281).

Hat das Gericht jedoch einen Punkt **vergessen** (z. B. die Kostenentscheidung oder die Zulassung der Rechtsbeschwerde), so kann dieser Punkt nicht auf dem Wege der Berichtigung nachgeholt werden. Dies ist selbst dann nicht möglich, wenn der Senat über den Punkt beschlossen, ihn aber nicht in die Entscheidung aufgenommen hat. Denn »offenbar« sind nur solche Unrichtigkeiten, die sich aus dem Zusammenhang der Entscheidung selbst oder mindestens aus den Vorgängen bei Erlaß und Verkündung der Entscheidung ergeben (BGH 8. 3. 1956 BGHZ 20, 188; 25. 9. 1958 NJW 1958, 1917 für die Zulassung der Revision, die nicht durch Berichtigungsbeschluß erfolgen kann; vgl. auch § 41 p Anm. 14 und unten Anm. 12).

2. Abs. 2: Verfahren der Berichtigung

4 Die Berichtigung erfolgt durch **Beschluß des Senats,** der die Entscheidung erlassen hat. Dabei braucht er nicht in derselben Besetzung zu entscheiden, da ja die Unrichtigkeit offenbar, also jedem erkennbar sein muß (BGH 8. 3. 1956 BGHZ 20, 188, 192; vgl. § 41 l Abs. 2 S. 2). Auch das Rechtsmittelgericht kann die Berichtigung aussprechen (BGH 18. 6. 1964 NJW 1964, 1858; BPatG 22. 4. 1970 E 11, 281).

5 Die Berichtigung ist nicht an eine Frist gebunden. Sie kann auf Antrag oder von Amts wegen erfolgen, und zwar **jederzeit,** auch nach Einlegung eines Rechtsmittels (selbst wenn der auf die unrichtige Fassung gestützten Rechtsmittelrüge durch die Berichtigung der Boden entzogen wird, BGH 27. 10. 1955 BGHZ 18, 350), auch noch nach Rechtskraft der Entscheidung.

6 Wird eine beantragte Berichtigung **abgelehnt,** so bedarf es ebenfalls eines Beschlusses. Eine mündliche Verhandlung ist in keinem Fall erforderlich. Eine vorherige **Anhörung** der Beteiligten wird sich, wenn über die Berechtigung der Berichtigung auch nur entfernte Zweifel möglich sind, empfehlen (so auch Schneider, MDR 1968, 423), zumal ein Rechtsmittel gegen den Berichtigungsbeschluß nicht gegeben ist (§§ 41 p Abs. 1, 42 Abs. 4). Die Anhörung ist nur dann entbehrlich, wenn die Berichtigung reine Formalien wie Schreib- und Rechenfehler betrifft und nicht in irgendwelche Rechte eingreift (BVerfG 19. 7. 1972 BVerfGE 34, 1).

7 Durch die Berichtigung einer Entscheidung wird eine gegen diese laufende **Rechtsmittelfrist** nicht berührt (RPA 12. 9. 1940 Mitt. 1941, 21; BPatG 28. 3. 1962 E 1, 15, 19 und 14. 6. 1967 E 9, 128 für Beschlüsse des

DPA; vgl. § 517 ZPO). Nur wenn die Beschwer sich erst aus der berichtigten Entscheidungsformel ergibt, läuft eine neue Rechtsmittelfrist ab Zustellung des Berichtigungsbeschlusses (BGH 23. 4. 1955 BGHZ 17, 149; das ist günstiger als die von RPA 17. 4. 1940 Mitt. 1941, 21 bewilligte Wiedereinsetzung).

Der Berichtigungsbeschluß wird auf der in den Akten befindlichen Urschrift der Entscheidung und auf den Ausfertigungen (die zu diesem Zweck von den Beteiligten zurückzuerbitten sind) **vermerkt.** Wird ein Fehler in einer verkündeten Entscheidung entdeckt, bevor die Ausfertigungen zur Zustellung gegeben sind, so kann der von denselben Richtern gefaßte Berichtigungsbeschluß mit der Hauptentscheidung in einer Urkunde verbunden werden, sollte jedoch als selbständiger Beschluß (mit Angabe des Tages der Sitzung, in der er gefaßt wurde) erkennbar bleiben. 8

Schreibfehler, die bei der Fertigung der **Ausfertigungen** in diese hineingekommen sind, während sie in der Urschrift nicht enthalten sind, sind kein Anlaß für ein Berichtigungsverfahren. Vielmehr sind solche Fehler von der Geschäftsstelle den Beteiligten mit der Bitte um Verbesserung mitzuteilen; ggf. kann die Geschäftsstelle die Ausfertigungen zurückerbitten, um die Verbesserungen selber vorzunehmen. Bis zur Aufdeckung des Fehlers ist zugunsten des Empfängers die Ausfertigung maßgebend, wenn er darauf vertrauen durfte, daß sie mit der Urschrift übereinstimmt (vgl. BGH 27. 3. 1963 LM Nr. 30 zu § 554 ZPO für die Verfügung einer Fristverlängerung). 9

3. Ergänzung der Entscheidung

Während § 41 k den §§ 319 ZPO, 118 VwGO (und § 41 l den §§ 320 ZPO, 119 VwGO) nachgebildet ist, fehlt im PatG eine den §§ 321 ZPO, 120 VwGO entsprechende Bestimmung über die **Ergänzung** der Entscheidung, wenn ein von einem Beteiligten geltend gemachter Haupt- oder Nebenanspruch oder der Kostenpunkt in der Entscheidung übergangen ist. Warum keine entsprechende Bestimmung aufgenommen wurde, ist der Begründung zum Entwurf des 6. ÜG nicht zu entnehmen. § 321 ZPO wird auch im patentgerichtlichen Verfahren über § 41 o Abs. 1 entsprechend anzuwenden sein (ebenso Löscher bei Benkard, § 40 Anm. 3). 10

Mit den **»Haupt- und Nebenansprüchen«** des § 321 ZPO sind nur **Sach**anträge gemeint (auch Hilfsanträge, wenn wegen Zurückweisung des Hauptantrags ihre Bescheidung erforderlich war), z. B. ein – einen Bestandteil des Erteilungsantrags bildender – Antrag auf einen Patentanspruch oder ein auf einen bestimmten Patentanspruch gerichteter Vernichtungsantrag. **Verfahrens**anträge sind nicht auf einen »Haupt- oder Nebenanspruch« gerichtet und daher der Ergänzung nicht zugänglich. Für sie gilt im einzelnen Folgendes. 11

12 Die nachträgliche **Zulassung der Rechtsbeschwerde** durch Ergänzungsbeschluß ist nicht möglich (BPatG 30. 11. 1961 E 2, 200; ebenso für die Zulassung der Revision nach § 546 ZPO BGH 2. 2. 1966 BGHZ 44, 395). Die Ergänzung nach § 321 ZPO kommt nur dann in Betracht, wenn der Beschluß lückenhaft ist, weil das Gericht eine auf Antrag oder von Amts wegen zu treffende Entscheidung versehentlich nicht ausgesprochen hat; enthält aber der Beschluß – absichtlich oder versehentlich – keinen Ausspruch der Zulassung, so ist damit ausgesprochen, daß die Rechtsbeschwerde nicht zugelassen ist; der Beschluß ist nicht lückenhaft.

13 Ähnliches gilt für die Ergänzung des **Kostenpunktes,** die in § 321 ZPO ausdrücklich vorgesehen ist. Sie ist nicht zulässig, soweit es im Ermessen des Senats steht, ob er eine Kostenentscheidung trifft, also im **Beschwerdeverfahren;** enthält der Beschluß des Beschwerdesenats keine Kostenentscheidung, so ist damit entschieden, daß eine Kostenerstattung oder eine Rückzahlung der Beschwerdegebühr nicht stattfindet (BGH 28. 11. 1961 E 1, 233 – Beschwerdekosten –; BPatG 13. 12. 1962 E 3, 75; vgl. § 36 q Anm. 2); das gilt auch, wenn ein entsprechender Antrag von einem Beteiligten gestellt war und übergangen wurde. Eine Ergänzung hinsichtlich des Kostenpunktes ist jedoch dort zulässig, wo die Kostenentscheidung obligatorisch ist, also im **Nichtigkeitsverfahren,** § 40 Abs. 2 (Löscher bei Benkard, § 40 Anm. 10).

14 Die Ergänzung findet nur auf **Antrag,** nicht von Amts wegen statt. Der Antrag ist nach § 321 Abs. 2 ZPO binnen einer **Woche** ab Zustellung zu stellen; jedoch sollte man auch hier, ebenso wie es in § 41 l gegenüber § 320 ZPO geschehen ist, und ebenso wie in § 120 Abs. 2 VwGO die Wochenfrist der ZPO verdoppeln (ebenso BPatG 30. 11. 1961 E 2, 200). Mündliche Verhandlung ist im selben Umfang wie bei der Hauptentscheidung erforderlich (dahingestellt gelassen von BPatG a. a. O.). Von Amts wegen und nach Ablauf der Frist ist nur die Berichtigung unter den Voraussetzungen des § 41 k (s. o. Anm. 2, 3) möglich. Die Ergänzung der Entscheidung setzt eine neue Rechtsmittelfrist in Lauf (vgl. § 517 ZPO).

§ 41 l

(1) Enthält der Tatbestand der Entscheidung andere Unrichtigkeiten oder Unklarheiten, so kann die Berichtigung innerhalb von zwei Wochen nach Zustellung der Entscheidung beantragt werden.

(2) Das Patentgericht entscheidet ohne Beweisaufnahme durch Beschluß. Hierbei wirken nur die Richter mit, die bei der Entscheidung, deren Berichtigung beantragt ist, mitgewirkt haben. Der Berichtigungsbeschluß wird auf der Entscheidung und den Ausfertigungen vermerkt.

1. Voraussetzungen der Tatbestandsberichtigung

Die Berichtigung eines **Tatbestandes,** der »andere Unrichtigkeiten« (nämlich als die offenbaren des § 41 k, für die das Berichtigungsverfahren des § 41 k vorgeht) oder Unklarheiten enthält, spielt im Zivilprozeß wegen der Beweisregel des § 314 ZPO (wonach der Tatbestand für das mündliche Parteivorbringen Beweis liefert) eine Rolle, im patentgerichtlichen Verfahren dagegen bisher nicht. Erforderlich wäre eine Tatbestandsberichtigung z. B. in dem Fall, daß ein Beteiligter mit einem Ergänzungsantrag (§ 321 ZPO) oder einem Rechtsmittel (etwa § 41 p Abs. 3 Nr. 5) die Nichtbescheidung eines Antrags angreifen will, der weder im Protokoll (das würde genügen, da das Protokoll dem Tatbestand vorgeht, § 314 S. 2 ZPO) noch im Tatbestand (oder auch in den »Entscheidungsgründen«, soweit sie tatsächliche Feststellungen enthalten, vgl. OLG Hamm 3. 2. 1967 NJW 1967, 1619) bzw. den einheitlichen »Gründen« der Entscheidung erwähnt ist; ebenso bei Nichterwähnung einer in der mündlichen Verhandlung entgegengehaltenen Druckschrift (RPA 22. 10. 1935 Bl. 1935, 177); nicht jedoch, wenn nur eine Wiedergabe des Parteivortrags angestrebt wird (BPatG 4. 8. 1971 E 12, 176). 1

2. Verfahren der Tatbestandsberichtigung

Die Tatbestandsberichtigung findet nur auf Antrag statt. Die Antragsfrist ist gegenüber der zu kurzen Wochenfrist des § 320 ZPO auf 2 Wochen ab Zustellung verlängert (auch ist die äußerste Frist von drei Monaten ab Verkündung – vgl. RG 30. 5. 1941 GRUR 1941, 370, 372 für Verletzungsstreit – aus der ZPO nicht übernommen worden). Wiedereinsetzung ist möglich (Trüstedt bei Reimer, § 41 l Anm. 3). Richterwechsel ist nicht zulässig; ausgeschiedene Richter werden nicht ersetzt. Mündliche Verhandlung ist im selben Umfang wie bei der Hauptentscheidung erforderlich. 2

§ 41 m

(1) Vor dem Patentgericht kann sich ein Beteiligter in jeder Lage des Verfahrens durch einen Bevollmächtigten vertreten lassen. Durch Beschluß kann angeordnet werden, daß ein Bevollmächtigter bestellt werden muß. § 16 bleibt unberührt.

(2) Die Vollmacht ist schriftlich zu den Gerichtsakten einzureichen. Sie kann nachgereicht werden; hierfür kann das Patentgericht eine Frist bestimmen.

1. Abs. 1: Vertretung

1 Ein **Anwaltszwang,** wie er vor den Zivilgerichten vom Landgericht aufwärts besteht (§ 78 ZPO), ist für das BPatG nicht eingeführt, ebensowenig wie er vor dem BGH im Berufungsverfahren, vor den Verwaltungsgerichten mit Ausnahme des BVerwG (bei diesem ist in Verfahren nach § 8 Abs. 2 auch dem Patentanwalt das Wort zu gestatten, § 176 VwGO) und den Finanzgerichten besteht. Jeder Beteiligte kann seine Sache selbst (bzw., wenn es sich z. B. um Minderjährige oder juristische Personen handelt, durch seine gesetzlichen Vertreter) führen; er kann sich aber auch durch einen **Bevollmächtigten** vertreten lassen. Er **muß** einen Bevollmächtigten bestellen, wenn es ihm durch Beschluß des Gerichts aufgegeben wird, **Satz 2;** andernfalls wird er nicht mehr am Verfahren beteiligt bzw., wenn es sich um den Beschwerdeführer handelt, seine Beschwerde als unzulässig verworfen; die Anordnung (die praktisch nicht vorkommt) kommt in Betracht, wenn dem Beteiligten die Fähigkeit zur ordnungsgemäßen Vertretung seiner Sache oder zum sachgemäßen Vortrag fehlt.

2 Als Bevollmächtigte kommen alle geeigneten Personen in Frage; zur **geschäftsmäßigen** Vertretung sind jedoch nur Rechtsanwälte, Patentanwälte und Erlaubnisscheininhaber befugt (§§ 1, 3 Rechtsberatungsmißbrauchsgesetz vom 13. 12. 1935; § 186 PatAnwO; Zuwiderhandlung ist strafbar, vgl. BayObLG 20. 5. 1965 Mitt. 1966, 157). In der mündlichen Verhandlung können die Beteiligten oder ihre Bevollmächtigten mit **Beiständen** (etwa dem Erfinder oder einem technischen Fachmann) erscheinen, denen vom Vorsitzenden das Wort erteilt wird, soweit es sachdienlich erscheint.

3 Keine »Bevollmächtigten« sind die **Sachbearbeiter** (Angestellten) einer Firma; ihre Unterschriftsbefugnis bzw. ihre Befugnis, die Firma in der mündlichen Verhandlung zu vertreten, ist dem Patentgericht in geeigneter Weise nachzuweisen. Großfirmen, die ihre Schriftsätze nicht durch ihre gesetzlichen Vertreter (oder Prokuristen, Handlungsbevollmächtigte nach § 54 HGB) zeichnen lassen, pflegen Verzeichnisse ihrer in Patentsachen unterschriftsbefugten Angestellten zu den einzelnen Akten einzureichen und für die mündlichen Verhandlungen besondere Vollmachten vorzulegen.

Ein Vertretungszwang besteht nur, wie auch vor dem Patentamt, für solche Beteiligten, die im Inland weder Wohnsitz noch Niederlassung haben, § 16. Die Bestimmung berührt nicht die Postulationsfähigkeit des ausländischen Beteiligten (BPatG 3. 1. 1962 E 1, 31; BGH 17. 12. 1968 BGHZ 51, 269, 272 – Inlandsvertreter –); sie schließt nicht aus, daß er selbständig Schriftsätze einreicht (BPatG 13. 4. 1962 E 1, 32) und daß er sich in der mündlichen Verhandlung durch eine andere, von ihm unmittelbar bevollmächtigte Person, die nicht Rechtsanwalt oder Patentanwalt zu sein braucht, vertreten läßt (BPatG 22. 10. 1963 E 4, 160). 4

Der Bevollmächtigte (mit Ausnahme des im Armenrecht beigeordneten Vertreters) kann jederzeit die Vertretung **niederlegen** (ob er sich dadurch seinem Mandanten gegenüber schadensersatzpflichtig macht, ist eine andere Frage); die Niederlegung wird sofort mit ihrer Anzeige wirksam (nicht erst mit der Anzeige der Bestellung eines anderen Anwalts, wie in Anwaltsprozessen nach § 87 ZPO; ein »Anwaltsprozeß« liegt auch in den Fällen des § 16 nicht vor, BPatG 3. 1. 1962 E 1, 31; 13. 4. 1962 E 1, 32; 31. 8. 1962 E 2, 19; 22. 1. 1968 Mitt. 1968, 239). Ab Eingang der Niederlegungsanzeige verkehrt das Gericht mit dem Beteiligten selbst; in den Fällen des § 16 wird es ihm für die Neubestellung eines Vertreters eine Frist setzen (zuständig ist der Rechtspfleger, § 23 Abs. 1 Nr. 7 Rechtspflegergesetz) und bei ergebnislosem Ablauf seine Beschwerde als unzulässig verwerfen (BPatG 31. 8. 1962 E 2, 19) bzw. ihn nicht weiter am Verfahren beteiligen. 5

2. Abs. 2: Vollmacht

Die Vollmacht muß **schriftlich,** d. h. handschriftlich unterzeichnet sein (Faksimile-Unterschrift genügt nicht, OLG Köln 29. 7. 1970 MDR 1971, 54). Sie muß **»zu den Gerichtsakten«** des betr. Verfahrens eingereicht werden. Da sie bei den Gerichtsakten verbleibt, sollte, wenn sie nach Abschluß des Gerichtsverfahrens auch vor dem DPA benötigt wird, diesem eine Zweitschrift eingereicht werden (vgl. Mitteilung des Präs. des BPatG v. 10. 1. 1970, Bl. 1970, 33). Gerichtsakten i. S. dieser Vorschrift sind auch die Beiakten; es genügt deshalb, wenn sich die Vollmacht in den vom PA vorgelegten oder vom Senat beigezogenen Akten des PA befindet (BPatG 10. 8. 1961 E 1, 119; 6. 12. 1961 E 1, 10). 6

Die Bezugnahme auf eine anderswo (außerhalb der Verfahrensakte) niedergelegte **Generalvollmacht** genügt nicht (Horn, Mitt. 1962, 166, der darauf hinweist, daß der Gesetzgeber aus Gründen der Rechtssicherheit die Generalvollmacht bewußt ausschließen wollte). Jedoch genügt eine für das PA ausreichende Vollmacht, insbes. eine Generalvollmacht, noch für die Einlegung der Beschwerde, da diese gemäß § 36 l Abs. 2 »beim Patentamt« einzulegen ist; auch für die dem PA gegenüber erklärte Zurücknahme der Anmeldung (BPatG 29. 5. 1972 Mitt. 1973, 18).

7 Wird die Vollmacht für das gerichtliche Verfahren nicht innerhalb (vom Rechtspfleger, § 23 Abs. 1 Nr. 5 Rechtspflegergesetz) zu setzender Frist (Satz 2) oder auch nach deren Ablauf **nachgereicht,** so beteiligt das Gericht den Vertreter nicht mehr, sondern verkehrt direkt mit dem Beteiligten. Handlungen eines vollmachtlosen Vertreters werden durch nachträgliche Genehmigung seitens des Beteiligten wirksam (vgl. § 89 ZPO). Eine von einem vollmachtlosen Vertreter eingelegte Beschwerde oder erhobene Klage ist als unzulässig zu verwerfen, wobei dem Vertreter Kosten auferlegt werden können (vgl. OLG Köln 9. 3. 1972 NJW 1972, 1330).

§ 41 n

Im Verfahren vor dem Patentgericht gilt für die Auslagen das Gerichtskostengesetz entsprechend.

ÜBERSICHT

I. Verweisung auf Gerichtskostengesetz

Der Oberbegriff »Gerichtskosten« umfaßt einerseits die (Gerichts-)**Gebühren,** die im PatGebG abschließend aufgezählt sind und bei den einzelnen Verfahrensarten behandelt werden, andererseits die **Auslagen** des Gerichts. Für diese ist durch das 6. ÜG »aus Gründen der Vollständigkeit« (Begründung Bl. 1961, 155) die Vorschrift des § 41 n eingefügt worden. Der Regierungsentwurf des 6. ÜG hatte eine Verweisung auf die (für die freiwillige Gerichtsbarkeit geltende) Kostenordnung vorgesehen, »weil es sich im Verfahren vor dem Patentgericht überwiegend um ein nicht-kontradiktorisches Verfahren nach Art eines Verfahrens der freiwilligen Gerichtsbarkeit handelt« (Begründung a. a. O.); jedoch wurde auf Empfehlung des Bundesrats (BT-Drucks. III/1749 S. 77: »im Hinblick auf die in § 41 o vorgesehene subsidiäre Geltung der ZPO«) der Verweisung auf das (für den Zivilprozeß geltende) **GKG** der Vorzug gegeben. 1

II. Arten der Auslagen

Unter Auslagen sind nur die des Gerichts zu verstehen. Die zu erhebenden Auslagen sind in §§ 91–94 GKG (abgedruckt in Bl. 1961, 278) geregelt. Für das patentgerichtliche Verfahren kommen insbes. in Frage: 2

1. Schreibgebühren

Wann und in welcher Höhe sie erhoben werden, regelt § 91 GKG i. d. F. des G. v. 28. 12. 1968 (BGBl. I 1458 = Bl. 1969, 38); dazu die VO über gerichtliche Schreibgebühren vom 5. 12. 1957 (BGBl. I 1836) i. d. F. der VO 3 vom 4. 3. 1960 (BGBl. I 158), wonach bei Zurverfügungstellung vollständiger Entwürfe und für weitere, mechanisch hergestellte Abschriften, die ein Bevollmächtigter zur Unterrichtung seines Auftraggebers beantragt, die Schreibgebühr nur 10 Dpf. pro Seite beträgt. Gebührenfrei ist für jeden Beteiligten **eine** Ausfertigung der Beschlüsse, gebührenpflichtig dagegen die nur auf Antrag zu erteilende Abschrift des Sitzungsprotokolls (BPatG 30. 4. 1962 E 2, 95), ferner die Abschriften, die angefertigt werden müssen, weil ein Beteiligter entgegen §§ 36 l Abs. 2 S. 2, 37 Abs. 3 S. 2 nicht die für die übrigen Beteiligten erforderlichen Abschriften beigefügt hatte (für diese Gebühren haftet nur der Säumige ohne Mithaftung anderer Beteiligter, § 101 S. 2 GKG; BVerwG 27. 9. 1966 NJW 1967, 170).

2. Postgebühren

4 Porti und Telefongebühren werden nicht erhoben, dagegen seit dem 1. 10. 1965 Postgebühren für förmliche **Zustellungen,** § 92 Nr. 2 GKG (eingefügt durch G vom 30. 6. 1965, BGBl. I 577, geändert durch G vom 28. 12. 1968, BGBl. I 1458 = Bl. 1969, 38); dabei ist unter »förmlicher Zustellung« nur die mit Zustellungsurkunde zu verstehen (BPatG 28. 1. 1966 E 8, 43). Nicht erhoben werden Auslagen, die durch eine von Amts wegen veranlaßte Terminsverlegung entstanden sind, § 7 Abs. 1 S. 2 GKG.

3. Zeugen und Sachverständige

5 Die Entschädigung der Zeugen und Sachverständigen nach dem ZSEG i. d. F. vom 1. 10. 1969 (BGBl. I 1757 = Bl. 1969, 330) ist gemäß § 92 Nr. 4 (früher Nr. 3) GKG i. d. F. des G vom 21. 9. 1963 (BGBl. I 745 = Bl. 1963, 321) als Auslage zu erheben. Die Entschädigung kann von vornherein durch Beschluß des Senats festgesetzt werden, wenn dies beantragt wird oder dem Gericht angemessen erscheint, § 16 ZSEG. Damit kann späteren Einwendungen der Beteiligten im Kostenfestsetzungsverfahren vorgebeugt werden; die vorherige Festsetzung kommt insbes. in den Fällen des § 7 ZSEG (s. u. Anm. 7) in Frage.

a) Auslagenvorschuß

6 Vor einer Beweiserhebung durch Zeugen oder Sachverständige hat der, der sie beantragt hat, einen zur Deckung der Auslagen hinreichenden **Vorschuß** zu zahlen. In diesem Fall muß er, wenn das Gericht die Kosten in seiner Entscheidung einem anderen auferlegt, seine Auslagen im Kostenfestsetzungsverfahren gegen diesen geltend machen.

Das Gericht soll die Beweiserhebung von der vorherigen Zahlung des Vorschusses abhängig machen, sofern nicht eine Gebührenverzichtserklärung beigebracht wird (§ 379 ZPO, § 114 Abs. 1 GKG). Wird die Beweiserhebung jedoch von Amts wegen angeordnet, so **kann** das Gericht einen Vorschuß erheben, § 114 Abs. 3 GKG. Wegen des im patentgerichtlichen Verfahren geltenden Untersuchungsgrundsatzes (§ 41 b) wird das Gericht eine als sachdienlich anzusehende Beweiserhebung auch dann durchführen müssen, wenn kein Auslagenvorschuß gezahlt worden ist; die Auslagen werden ohnedies später abgerechnet, notfalls beigetrieben.

b) Sachverständigenentschädigung

Der höchste **Stundensatz** für Sachverständige ist durch das G vom 15. 9. 7
1969 auf 30 DM festgesetzt (wobei auch Reise- und Wartezeiten nach dem erhöhten Satz zu entschädigen sind; BPatG 1. 2. 1963 E 3, 146 ist durch die Neufassung v. 26. 9. 1963 überholt). Der Satz kann bei eingehender Auseinandersetzung mit einer wissenschaftlichen Lehre bis zu 50 % überschritten werden; darunter fällt auch eine eingehende Auseinandersetzung mit dem Stand der Technik (BGH 14. 3. 1967 GRUR 1967, 553 – Sachverständigen-Entschädigung –; OLG Düsseldorf 30. 8. 1967 MDR 1968, 160 LS). Ferner kann das Gericht – wie im Berufungsverfahren vor dem BGH üblich – im Einverständnis mit den Parteien eine besondere Entschädigung gewähren, wenn ein ausreichender Betrag an die Staatskasse gezahlt ist, § 7 ZSEG.

Sachverständige, die Angehörige einer Behörde oder sonstigen öffentlichen Stelle sind und ein Gutachten in Erfüllung ihrer Dienstaufgaben erstatten, erhalten keine Entschädigung (§ 1 Abs. 3 ZSEG); dennoch wird als Auslage der Betrag erhoben, der ohne diese Vorschrift nach dem ZSEG zu zahlen wäre, § 92 Nr. 4 Halbs. 2 GKG.

Eine Entschädigung für eine Schreibkraft wird nicht gewährt; vielmehr erhält der Sachverständige für Schreibarbeiten nur die Pauschale des GKG (§ 8 Abs. 1 Nr. 2 ZSEG; BGH 17. 11. 1967 Mitt. 1968, 238).

Zur Umsatzsteuer der Sachverständigen s. die Neufassung des § 8 ZSEG durch das G vom 20. 12. 1967 (BGBl. I 1246 = Bl. 1968, 113).

III. Schuldner der Auslagen

Schuldner der Auslagen ist derjenige, der das Verfahren der Instanz 8
beantragt hat, § 95 Abs. 1 S. 1 GKG, also im Beschwerdeverfahren der Beschwerdeführer. Schreibgebühren schuldet ferner der, der die Ausfertigung oder Abschrift beantragt hat, § 101 S. 1 GKG; von ihm kann ein entsprechender Vorschuß verlangt werden, § 110 Abs. 2 GKG.

Die grundsätzliche Haftung des Veranlassers der Instanz wird im Zivil- 9
prozeß wie im Nichtigkeitsverfahren dadurch überdeckt, daß dort in jedem Verfahren eine Kostenentscheidung ergeht (ergeht keine, etwa weil die Klage zurückgenommen wurde, dann wird der Kläger herangezogen,

BPatG 17. 5. 1963 E 3, 170); alsdann haftet in erster Linie der, dem die Kosten **auferlegt** sind, § 99 Nr. 1 GKG, und der Veranlasser der Instanz (Kläger) haftet nur subsidiär, § 103 Abs. 2 GKG. Im Beschwerdeverfahren dagegen wird, wenn – wie in der Regel – keine Kostenentscheidung ergangen ist (oder wenn die Beschlußformel sagt: »Kosten werden nicht auferlegt«, BPatG 20. 7. 1966 E 8, 240), der Beschwerdeführer zu den Auslagen herangezogen. Dies kann dann unbillig erscheinen, wenn er selber obgesiegt hat (und trotzdem noch die Kosten der Zustellungen an seinen unterlegenen Gegner zahlen muß, BPatG 28. 10. 1966 E 8, 211). Sofern Auslagen größeren Umfangs entstanden sind, sollte daher in jedem Fall eine Kostenentscheidung getroffen werden.

IV. Verfahren

10 Die **Zuständigkeit** für die Berechnung der Gerichtskosten, somit auch der Auslagen, ist nicht im Gesetz geregelt, sondern – zulässigerweise, da es sich um Verwaltungstätigkeit handelt – in § 2 der bundeseinheitlich geltenden **Kostenverfügung** vom 7. 9. 1957 (abgedruckt z. B. im Bayer. Justizministerialblatt 1957, 473 und bei Lauterbach, Kostengesetze, Nr. VII). Danach ist der **Kostenbeamte** zuständig, der zwar mit dem Urkundsbeamten der Geschäftsstelle personengleich zu sein pflegt, aber insoweit nicht als selbständiges Rechtspflegeorgan, sondern als weisungsgebundener Beamter tätig wird (vgl. BVerfG 25. 10. 1967 BVerfGE 22, 299, 310). Von ihm werden die Auslagen mittels **Kostenansatz** in Rechnung gestellt und von der Zahlstelle des DPA beim Auslagenschuldner angefordert.

11 Gegen den Kostenansatz ist die **Erinnerung** gegeben, die an keine Frist gebunden ist (BPatG 20. 7. 1966 E 8, 240). Über die Erinnerung entscheidet, wenn der Kostenbeamte ihr nicht abhilft (§ 35 Abs. 2 der Kostenverfügung), das »Gericht der Instanz«, § 4 GKG, d. i. der Senat, der in der Sache entschieden hat, bzw. in Sachen der technischen Beschwerdesenate der 28. Senat (§ 36 d Anm. 16). Im Erinnerungsverfahren ist der Vertreter der Staatskasse zu beteiligen (§ 45 der Kostenverfügung). Die sonstigen Verfahrensbeteiligten sollten gehört werden, wenn ihre Mithaftung in Frage kommt. Die Entscheidung des Senats ist endgültig.

12 Während bei den Gerichtsgebühren des BPatG eine **Beitreibung** nicht in Frage kommt (vielmehr bei Nichtzahlung die vom Gesetz vorgesehenen Folgen eintreten, insbes. die Beschwerde bzw. Klage als nicht erhoben gilt; beitreibbar sind nur im Armenrechtsverfahren nachzuzahlende Gebühren, § 46 i), werden die Gerichtsgebühren des BGH und die Auslagen erforderlichenfalls nach der Justizbeitreibungsordnung beigetrieben, und zwar durch die Justizbeitreibungsstelle des BGH bzw. die des BPatG (§ 2 Abs. 2 Justizbeitreibungsordnung i. d. F. v. 20. 4. 1972, BGBl. I 617 = Bl. 1972, 274). Betr. Stundung, Niederschlagung und Erlaß vgl. die Bek. v. 8. 6. 1972 (Bl. 1972, 210).

§ 41 o

(1) Soweit dieses Gesetz keine Bestimmungen über das Verfahren vor dem Patentgericht enthält, sind das Gerichtsverfassungsgesetz und die Zivilprozeßordnung entsprechend anzuwenden, wenn die Besonderheiten des Verfahrens vor dem Patentgericht dies nicht ausschließen.

(2) Eine Anfechtung der Entscheidungen des Patentgerichts findet nur statt, soweit dieses Gesetz sie zuläßt.

(3) Für die Gewährung der Akteneinsicht an dritte Personen gilt § 24 Abs. 3 entsprechend. Über den Antrag entscheidet das Patentgericht. Die Einsicht in die Akten von Verfahren wegen Erklärung der Nichtigkeit des Patents wird nicht gewährt, wenn und soweit der Patentinhaber ein entgegenstehendes schutzwürdiges Interesse dartut.

(4) Die Vorschriften des Gerichtsverfassungsgesetzes über Gerichtsferien sind nicht anzuwenden.

(Abs. 3 geändert durch PatÄndG)

ÜBERSICHT

I. Abs. 1: Verweisung auf GVG und ZPO

Das PatG enthält keine erschöpfende Regelung des patentgerichtlichen Verfahrens. Zur **Ausfüllung der Lücken** verweist es auf GVG und ZPO. Viele von deren Vorschriften sind bereits an verschiedenen Stellen des PatG ausdrücklich für anwendbar erklärt (s. u. Anm. 2, 3); bei den nicht übernommenen Vorschriften ist in jedem Fall zu prüfen, ob sie dem Wesen des patentgerichtlichen Verfahrens entsprechen und daher anwendbar sind oder nicht (Begründung zum Entwurf des 6. ÜG, Bl. 1961, 155), denn die entsprechende Anwendung unterbleibt, wenn die Besonderheiten des patentgerichtlichen Verfahrens sie verbieten (vgl. die ähnliche Formulierung in § 173 VwGO). In solchem Fall »soll das Patentgericht sein Verfahren unter Berücksichtigung allgemeingültiger verfahrensrechtlicher Grundsätze frei gestalten können« (Begründung a. a. O.). Die Uniformität der Verfahrensordnungen kann nicht Selbstzweck sein. 1

1. Gerichtsverfassungsgesetz

2 Von den Verfahrensvorschriften des GVG kommen für eine entsprechende Anwendung in Betracht: die §§ 157 ff. GVG über die Rechtshilfe (ergänzend zu § 46 Abs. 1) und die §§ 192 ff. GVG über Beratung und Abstimmung (ergänzend zu § 36 h). Auf sonstige Vorschriften des GVG ist an anderen Stellen ausdrücklich verwiesen: in § 36 e auf den 2. Titel betr. Präsidium und Geschäftsverteilung, in § 36 g Abs. 1, 2 auf einzelne Vorschriften über die Öffentlichkeit, in § 36 g Abs. 3 auf einzelne Vorschriften über die Sitzungspolizei, in § 45 auf die Vorschriften über die Gerichtssprache. Umgekehrt ist die Anwendung der Vorschriften über die Gerichtsferien ausdrücklich ausgeschlossen, Abs. 4.

2. Zivilprozeßordnung

3 Von der ZPO sind folgende Vorschriften kraft **spezieller Verweisung** entsprechend anzuwenden:
die §§ 41–44, 47–49 ZPO über Ausschließung und Ablehnung der Gerichtspersonen gemäß § 41 a Abs. 1;
Teile der §§ 114–127 ZPO über Armenrecht gemäß § 46 h;
die §§ 175, 213 ZPO über Zustellung durch Aufgabe zur Post gemäß § 45 a Abs. 1 Nr. 2;
Teile des § 272 b ZPO über Vorbereitung der mündlichen Verhandlung gemäß § 41 b Abs. 2 S. 2;
die Vorschriften über das Kostenfestsetzungsverfahren (§§ 103–107 ZPO) und die Zwangsvollstreckung (8. Buch der ZPO) aus Kostenfestsetzungsbeschlüssen (vgl. § 36 q Anm. 38) gemäß §§ 36 q Abs. 4, 40 Abs. 2 S. 2.

4 Ferner kommen gemäß § 41 o Abs. 1 für eine **entsprechende Anwendung** in Betracht:
§§ 50–57 ZPO über Parteifähigkeit und Prozeßfähigkeit (vgl. § 36 m Anm. 5, § 37 Anm. 1);
§§ 59–63 ZPO über Streitgenossenschaft (vgl. § 37 Anm. 25; andererseits § 36 l Anm. 37);
§§ 66–74 ZPO über Nebenintervention und Streitverkündung, jedoch nur im Nichtigkeitsverfahren (§ 37 Anm. 26 ff.), nicht im (Einspruchs-)Beschwerdeverfahren (§ 36 l Anm. 36; § 36 m Anm. 4);
§§ 79–90 ZPO über Prozeßbevollmächtigte und Beistände in Ergänzung des § 41 m (zu 87 ZPO vgl. jedoch § 41 m Anm. 5);
dazu, inwieweit §§ 91–101 ZPO (§ 102 ZPO ist gestrichen, zu §§ 103 bis 107 ZPO s. o. Anm. 3) über Prozeßkosten zur Ergänzung der andersartigen Kostenregelung des patentgerichtlichen Verfahrens herangezogen werden können, s. § 36 q Anm. 14 ff., 31, § 40 Anm. 25–29, 36–40;
§§ 108–112 ZPO über Sicherheitsleistung in Ergänzung des § 37 Abs. 6.

Von den Vorschriften der ZPO über das **Verfahren** erscheinen anwendbar § 145 über Prozeßtrennung (im Fall der Ausscheidung, BGH 7. 12. 1971 Bl. 1972, 291 – Ausscheidung in der Beschwerdeinstanz –);

§§ 147–150 über Verbindung (§ 37 Anm. 38; zum Einspruchsverfahren bei geteilter Anmeldung vgl. Wagner, Mitt. 1972, 105, 108 f.) und Aussetzung (BPatG 7. 10. 1966 E 8, 205; 25. 2. 1969 E 10, 207, 218; 1. 3. 1971 E 12, 141; vgl. 18. 1. 1971 Mitt. 1971, 77; zum Nichtigkeitsverfahren s. jedoch § 37 Anm. 36) und deren Aufhebung;

§ 157 ZPO über Zurückweisung ungeeigneter Vertreter (doch sind auch Patentanwälte und Erlaubnisscheininhaber hiervon ausgenommen);

§ 163 a ZPO über das Kurzschriftprotokoll und § 164 ZPO über den Beweiswert des Protokolls;

§ 222 ZPO über Fristberechnung (vgl. § 36 l Anm. 12);

§ 224 Abs. 2 ZPO über Fristverlängerung (BPatG 30. 11. 1970 E 14, 38, 41);

§ 227 ZPO über Terminsverlegung (vgl. § 41 d Anm. 1);

§§ 239–243, 245–250 ZPO über Unterbrechung und Aussetzung des Verfahrens (vgl. 36 l Anm. 31 ff., § 37 Anm. 21, 23 f.; zu § 244 vgl. BGH 17. 12. 1968 BGHZ 51, 269, 273 – Inlandsvertreter –);

§ 251 ZPO über Ruhen des Verfahrens (für Nichtigkeitsklage s. § 37 Anm. 37);

§§ 264, 268 ZPO (BPatG 25. 2. 1969 E 10, 207, 212; 5. 10. 1971 Mitt. 1972, 237 für Akteneinsichtsverfahren; wegen § 265 Abs. 2 S. 2 ZPO s. § 37 Anm. 20);

§ 271 Abs. 2 ZPO über Klagerücknahme (BPatG 23. 12. 1965 E 8, 28) und Abs. 3, 4 über deren Kostenfolgen (vgl. § 37 Anm. 39 f., 44 f. für Nichtigkeitsverfahren, anders für Beschwerdeverfahren § 36 q Anm. 31);

§ 272 a ZPO über Schriftsatzfrist.

§ 279 ZPO ist nicht anwendbar (§ 41 b Anm. 6).

Anwendbar sind § 294 ZPO über Glaubhaftmachung,

§ 299 ZPO über Akteneinsicht (s. u. Anm. 6, 10 f.),

§§ 301, 303, 304 und 307 ZPO über Teil-, Zwischen-, Grund- und Anerkenntnisurteil nur ausnahmsweise (§ 40 Anm. 4 ff.),

§ 308 (Antragserfordernis, § 37 Anm. 52, 54, § 41 b Anm. 3);

§§ 311, 313, 314, 315 (zu Abs. 1 Satz 2 s. 36 e Anm. 13; zu Abs. 2 vgl. BGH 7. 1. 1970 GRUR 1970, 311 – Samos –), 317 Abs. 2 S. 1, Abs. 3 und 318 ZPO über das Urteil (gelten entsprechend für die Beschlüsse der Beschwerdesenate);

wegen § 321 ZPO s. § 41 k Anm. 10 ff.;

§ 329 ZPO über Beschlüsse (vgl. § 41 i Anm. 1),

§§ 357 a–494 ZPO über die Beweisaufnahme (vgl. im einzelnen die Anm. zu § 41 c; zur Beweissicherung s. Trüstedt bei Reimer, § 41 c Anm. 10).

Von den **Rechtsmittel**vorschriften der ZPO sind im Beschwerdeverfahren die über die Beschwerde (so entschieden für den allein in Betracht kommenden § 575 ZPO, s. § 36 p Anm. 6, überholt durch den neuen § 36 p Abs. 3; BGH 29. 4. 1969 GRUR 1969, 562 – Appreturmittel –; nicht anwendbar ist § 567 Abs. 2 ZPO, BPatG 21. 6. 1967 E 9, 200), im Rechtsbeschwerdeverfahren die über die Revision (Löscher, GRUR 1966, 17) und im Nichtigkeits-Berufungsverfahren die über die Berufung (vgl. Löscher bei Benkard, § 42 Anm. 5, 13, 19) ergänzend heranzuziehen. Anwendbar sind auch die Vorschriften über die Wiederaufnahme (vgl. § 36 p Anm. 23, § 40 Anm. 19 f.).

II. Abs. 2: Anfechtbarkeit patentgerichtlicher Entscheidungen

5 »Im Interesse der Vermeidung einer Verzögerung des Verfahrens und einer zusätzlichen Belastung des Bundesgerichtshofs« (so die Begründung zum Regierungsentwurf des 6. ÜG, Bl. 1961, 155) schließt Abs. 2 die Anfechtung der patentgerichtlichen Entscheidungen – in Anlehnung an § 567 Abs. 3 S. 1 ZPO, der die Beschwerde gegen Entscheidungen der Oberlandesgerichte ausschließt – grundsätzlich aus. Inwieweit eine Anfechtung möglich ist, ist im 6. Abschnitt des PatG geregelt; soweit sie dort nicht vorgesehen ist – z. B. die Rechtsbeschwerde gegen andere als die in § 41 p Abs. 1 genannten Beschlüsse der Beschwerdesenate, s. § 41 p Anm. 6; die Nichtzulassungsbeschwerde, s. § 41 p Anm. 3; die selbständige Anfechtung der Beschlüsse der Nichtigkeitssenate, s. § 42 Anm. 26 ff. –, ist ein Rechtsmittel nicht gegeben, insbes. auch nicht durch die Rechtsweggarantie des Art. 19 Abs. 4 GG, denn dieser ist Genüge geschehen, wenn **eine** gerichtliche Instanz zur Verfügung steht.

III. Akteneinsicht

6 Hierzu vgl. die Anm. zu § 24, auch BVerfG 10. 6. 1964 E 5, 235; aus der reichhaltigen Literatur vgl. Ballhaus, Mitt. 1961, 201; Trüstedt, Mitt. 1962, 121; Kockläuner, GRUR 1963, 65.

1. Akteneinsicht durch Beteiligte

Den Verfahrensbeteiligten steht die Einsicht in die **Gerichtsakten** (s. vor § 36 b Anm. 9) frei, ohne daß es einer gerichtlichen Entscheidung bedürfte (§ 41 o Abs. 1 i. V. m. **§ 299 Abs. 1 ZPO:** »Die Parteien können die Prozeßakten einsehen und sich aus ihnen durch die Geschäftsstelle Ausfertigungen, Auszüge und Abschriften erteilen lassen«; diese sind schreibgebührenpflichtig nach § 91 GKG). Eine **Ausnahme** gilt nach § 299 Abs. 3 ZPO nur für die Entwürfe von Entscheidungen und die zu ihrer Vorbereitung gefertigten Arbeiten; dazu gehört das Votum des Berichterstatters, das auf einem der Akteneinsicht nicht zugänglichen, unter dem Aktendeckel verwahrten »Äußerungsbogen« niedergelegt wird; auch ein etwaiges »dissenting vote« eines überstimmten Richters (vgl. § 36 h Anm. 9). Auch Aktenteile, die den Namen des Erfinders enthalten, der nicht genannt sein will (§ 36 Abs. 1 S. 3), sind von Amts wegen von der Einsicht auszuschließen (BPatG 6. 2. 1962 E 1, 47).

Anders ist die Einsicht in die dem BPatG vorgelegten oder von ihm bei- 7
gezogenen **Akten des Patentamts** geregelt, die sich als Beiakten bei den Gerichtsakten befinden. Auch über die Einsicht in diese Akten befindet das Patentgericht (BPatG 19. 12. 1961 E 1, 36; 24. 1. 1962 E 1, 38 und ständig; nach BPatG 23. 10. 1970 Mitt. 1971, 112 – WZ-Senat – ist die Zuständigkeit des Gerichts keine ausschließliche; die Nichtigkeitssenate pflegen die auf Akten des PA bezüglichen Einsichtsanträge an dieses zur eigenen Entscheidung abzugeben); seine Entscheidungsbefugnis endet mit der Verkündung oder Zustellung (genau: Herausgabe zur Zustellung, s. § 41 h Anm. 7) der das Verfahren abschließenden Entscheidung (BPatG 7. 2. 1964 E 5, 113, 115; es sei denn, daß gegen diese ein Rechtsmittel schwebt, vgl. BGH 27. 6. 1966 GRUR 1966, 639 – Akteneinsicht III –). Nach diesem Zeitpunkt entscheiden BPatG und DPA je über ihre Akten (BPatG 21. 8. 1964 E 6, 14, 15 f.). Während des Rechtsbeschwerdeverfahrens kann der BGH über Akteneinsichtsanträge entscheiden, braucht es aber nicht und wird es in der Regel nicht tun, sondern den Antrag durch das BPatG entscheiden lassen (BGH 27. 6. 1966 a. a. O.).

Sachlich hat das BPatG auf Akteneinsichtsanträge die Vorschrift des § 24 anzuwenden. Die Einsicht in die Beiakten ist also auch dem Verfahrensbeteiligten (insbes. dem Einsprechenden, BPatG 3. 10. 1962 E 2, 182, 185) ebenso wie einem Dritten nur unter den Voraussetzungen des § 24 möglich, s. u. Anm. 8 ff. (a. A. Bendler in Klauer-Möhring § 41 o Anm. 6); allerdings wird in diesen Fällen der Anmelder ein der Akteneinsicht entgegenstehendes schutzwürdiges Interesse nur hinsichtlich ausgeschiedener oder fallengelassener Anmeldungsteile dartun können; alles was sich auf die (noch) im Verfahren befindliche Anmeldung bezieht, muß selbstverständlich den Beteiligten offenstehen.

2. Abs. 3: Akteneinsicht durch Dritte

Dritte, d. h. nicht am Verfahren Beteiligte, erhalten Einsicht in die Ge- 8
richtsakten ebenso wie in die Beiakten (s. o. Anm. 7) unter den Voraussetzungen des § 24 Abs. 3. Soweit Einsicht in die **bis zum 1. 10. 1968** entstandenen Aktenteile begehrt wird, ist wie bisher **nach** der Bekanntmachung

nach § 24 Abs. 3 S. 2–4 i. d. F. des 6. ÜG zu verfahren, Art. 7 § 1 Abs. 3 PatÄndG: der Patentsucher(-inhaber) ist zu dem Akteneinsichtsantrag zu hören und kann ein entgegenstehendes schutzwürdiges Interesse dartun, während der Einsprechende nicht gefragt wird (BPatG 14. 1. 1966 E 8, 5); bei **nicht** bekanntgemachten Anmeldungen ist ein berechtigtes Interesse an der Akteneinsicht glaubhaft zu machen, § 18 DPAVO 1961. Bei der danach vorzunehmenden Interessenabwägung kann das Geheimhaltungsinteresse des Anmelders durch die Offenlegung neuer vollständiger Unterlagen eine Änderung erfahren haben (BGH 17. 7. 1970 GRUR 1970, 623 – Akteneinsicht VII –).

9 Hinsichtlich der **seit dem 1. 10. 1968** entstandenen Akten steht die Einsicht in die Akten bekanntgemachter Anmeldungen und solcher, für die ein Hinweis gemäß § 24 Abs. 4 veröffentlicht ist, jedermann frei; in andere Akten nur bei Glaubhaftmachung eines berechtigten Interesses, § 24 Abs. 3 S. 1 und 2 n. F.

10 Einsicht in **Nichtigkeitsakten.** Hierzu Nölle, Mitt. 1969, 21; Horn, Mitt. 1970, 41.

Die Einsicht in Nichtigkeitsakten (des BPatG und des BGH) regelte sich **bis zum PatÄndG** nach § 41 o Abs. 1 i. V. m. § 299 Abs. 2 ZPO; danach hatte der Antragsteller ein rechtliches Interesse glaubhaft zu machen (BPatG 8. 6. 1962 E 2, 28; 23. 2. 1963 E 3, 115; 22. 1. 1964 E 5, 106; BGH 27. 4. 1967 GRUR 1967, 498 – Akteneinsicht V –; 28. 5. 1968 GRUR 1968, 664 – Vorhang-Lamellen – und 14. 5. 1970 GRUR 1970, 533 – Akteneinsicht VI – zum rechtlichen Interesse bei Verwarnung aus ausländischem Parallelpatent; BPatG 22. 7. 1971 E 13, 42 zum rechtlichen Interesse bei Klagerücknahme). Dies gilt gemäß der entsprechend anwendbaren Übergangsvorschrift des Art. 7 § 1 Abs. 3 PatÄndG nach wie vor für die **bis zum 1. 10. 1968 entstandenen Aktenteile** (BGH 14. 5. 1970 a. a. O.; 11. 6. 1971 Bl. 1971, 371 = GRUR 1972, 195 – Akteneinsicht VIII –; BPatG 22. 7. 1971 E 13, 42). Die Einsicht in vor dem 1. 7. 1961 entstandene Nichtigkeitsakten des DPA regelt sich nach § 18 DPAVO 1961 (BPatG 18. 2. 1963 E 3, 23).

Gemäß dem durch das PatÄndG eingefügten § 41 o Abs. 3 Satz 3 (der auf die Akten des BGH entsprechend anzuwenden ist, BGH 11. 6. 1971 a. a. O.) wird in **seit dem 1. 10. 1968 entstandene Nichtigkeitsakten**(teile) – auch die Streitwertfestsetzung betreffende Aktenteile (BGH 16. 12. 1971 GRUR 1972, 441 m. abl. Anm. v. Pietzcker – Akteneinsicht IX –) – Einsicht gewährt, es sei denn, daß der Patentinhaber ein entgegenstehendes schutzwürdiges Interesse dartut (zum Begriff Horn a. a. O.). Der Glaubhaftmachung eines berechtigten Interesses durch den Antragsteller (die noch von Röhl, BB 1968, 20 gefordert wurde) bedarf es nicht mehr (Horn a. a. O.; vgl. BGH 11. 6. 1971 a. a. O.); sie kann aber zweckmäßig sein, um dem

Patentinhaber und dem Gericht die Beurteilung der Schutzwürdigkeit eines entgegenstehenden Interesses zu erleichtern. Auch ein entgegenstehendes Interesse des Nichtigkeitsklägers, dessen Anhörung im PatG nicht vorgeschrieben, aber unter dem Gesichtspunkt des rechtlichen Gehörs geboten ist (BGH 16. 12. 1971 GRUR 1972, 441 – Akteneinsicht IX –), kann in analoger Anwendung des § 41 o Abs. 3 Satz 3 Berücksichtigung finden (Nölle und Horn a. a. O.).

3. Verfahren der Akteneinsicht

Über den Akteneinsichtsantrag eines Dritten **entscheidet** – ebenso wie über Anträge der Beteiligten – das Patentgericht, § 41 o Abs. 3 S. 2, d. h. der mit der Sache befaßte **Senat** (nicht wie nach § 299 Abs. 2 ZPO der Vorstand des Gerichts, also der Präsident des BPatG). Wenn kein Beteiligter Einwendungen erhebt, entscheidet der Rechtspfleger (§ 23 Abs. 1 Nr. 11 Rechtspflegergesetz). Wie sich aus den zitierten Vorschriften ergibt, bedarf es in jedem Falle eines **Antrags**; anonyme Akteneinsicht ist nicht vorgesehen. **11**

Die Akteneinsicht beim BPatG ist **gebührenfrei.**

Entscheidungen der Beschwerdesenate, die Akteneinsicht gewähren oder verweigern, können nicht mit der Rechtsbeschwerde **angefochten** werden (§ 41 p Anm. 6; jedoch können Akteneinsichtsfragen an den BGH gelangen, wenn das BPatG über eine Beschwerde gegen eine Akteneinsichtsentscheidung des PA entschieden hat). Auch Beschlüsse der Nichtigkeitssenate über Akteneinsichtsanträge Dritter sind nicht anfechtbar, über Anträge der Parteien nur zusammen mit dem Urteil (§ 42 Abs. 4). **12**

IV. Abs. 4: Gerichtsferien

Die Verweisung auf das GVG in Abs. 1 hätte zur Folge gehabt, daß auch dessen Vorschriften über die Gerichtsferien anwendbar gewesen wären, mit der Folge, daß vom 15. Juli bis 15. September Fristen nicht laufen (§ 223 ZPO), Termine nicht abgehalten und Entscheidungen nicht erlassen werden (§ 200 GVG), sofern die Sachen nicht generell durch Gesetz oder im Einzelfall wegen besonderer Beschleunigungsbedürftigkeit als Feriensachen bezeichnet werden (§ 200 Abs. 2, 4 GVG). Dies hätte mit der bisherigen Praxis der Senate des DPA in Widerspruch gestanden und hätte den fließenden Ablauf der Arbeit hemmen können. Deshalb fügte der Bundestag auf Vorschlag seines Rechtsausschusses den Abs. 4 ein, der für das patentgerichtliche Verfahren die Gerichtsferien – die auch die Verwaltungsgerichtsbarkeit nicht kennt – ausschließt. Die Frage der Gerichtsferien in der BGH-Instanz ist gesetzlich nicht geregelt (s. vor § 41 p Anm. 2). **13**

Sechster Abschnitt Verfahren vor dem Bundesgerichtshof

Vorbemerkungen

ÜBERSICHT

1. Gemeinsame Verfahrensvorschriften?

1 Der 6. Abschnitt des PatG »Verfahren vor dem BGH« behandelt unter entsprechenden Untertiteln das Rechtsbeschwerde-, das Berufungs- und das Beschwerdeverfahren. **Gemeinsame Verfahrensvorschriften** für die drei Verfahrensarten – wie sie die §§ 41 a–41 o für die Verfahrensarten des BPatG bringen – hat das PatG **nicht** vorgesehen. Die Regelungen weichen in vielen Punkten voneinander ab.

2. Anwendung der für das BPatG geltenden Vorschriften

2 Zur **Ausfüllung von Lücken** pflegt der BGH entsprechend dem im § 557 ZPO zum Ausdruck gekommenen Grundsatz die entsprechenden Bestimmungen des **PatG** heranzuziehen, also die §§ 41 a–41 o (BGH 27. 6. 1966 GRUR 1966, 639 – Akteneinsicht III –) sowie im Rechtsbeschwerdeverfahren die für die Beschwerdesenate, im Berufungsverfahren die für die Nichtigkeitssenate geltenden Vorschriften.

So hat der BGH a. a. O. in der Frage der **Akteneinsicht**, die für den BGH gesetzlich nicht geregelt ist, aus § 41 o Abs. 3 seine Zuständigkeit hergeleitet, nach Maßgabe des § 24 Abs. 3 über Akteneinsichtsanträge Dritter auch bezüglich der Vorakten zu entscheiden, solange ein Rechtsbeschwerdeverfahren bei ihm anhängig ist; er wird jedoch in der Regel nicht selbst entscheiden. Anders bei der Einsicht in die Akten des BGH, über die dieser selbst entscheidet (zur Einsicht in die Akten des Nichtigkeits-Berufungsverfahrens s. § 41 o Anm. 10; zur Akteneinsicht beim BGH s. ferner Löscher bei Benkard, § 41 v Anm. 3, § 42 Anm. 25). In Akten eines Rechtsbeschwerdeverfahrens gewährt der BGH Dritten Akteneinsicht nur bei

Glaubhaftmachung eines rechtlichen Interesses, § 299 Abs. 2 ZPO (BGH 18. 5. 1971 Bl. 1971, 345).

Da der BGH seit 1. 9. 1971 die Akten abgeschlossener Rechtsbeschwerde- und Berufungsverfahren mit den Akten des BPatG an dieses zurückschickt (BAnz. Nr. 114 v. 26. 6. 1971), sind sie auch hinsichtlich der Akteneinsicht wie dessen Akten zu behandeln.

Die **Ausschließung und Ablehnung** der Richter, die für das Rechtsbeschwerdeverfahren in § 41 v (durch Verweisung auf die ZPO) geregelt ist, ist für das Berufungsverfahren überhaupt nicht geregelt, so daß § 41 a anzuwenden wäre.

In der Frage der **Gerichtsferien** hat der BGH § 41 o Abs. 4 entsprechend angewandt, so daß auch für die im 6. Abschnitt geregelten Verfahren Gerichtsferien nicht eintreten (BGH 16. 7. 1964 E 5, 249 – Flachdruckplatten – im Anschluß an Löscher, GRUR 1962, 333; kritisch Ulrich Krieger, GRUR 1964, 634, der aus dem Schweigen des Gesetzes den Gegenschluß zieht und (nur?) auf das Rechtsbeschwerdeverfahren die Gerichtsferien anwenden, dabei jedoch die Rechtsbeschwerdefrist wie eine Notfrist behandeln will).

3. Anwendung der ZPO

3 Sollte das PatG keine Antwort geben, dann ist über § 41 o Abs. 1 die **ZPO** entsprechend anzuwenden (eine Gesamtverweisung auf die ZPO, wie in § 41 o Abs. 1 für die Verfahren des BPatG, ist für die Verfahrensarten des BGH nicht ausgesprochen). So gelten für die Zustellung die Vorschriften der ZPO. Von deren Rechtsmittelvorschriften kommen in dem revisionsmäßig gestalteten Rechtsbeschwerdeverfahren (§ 41 q Anm. 3) die über die Revision (Löscher bei Benkard, § 41 v Anm. 2 und GRUR 1966, 17), im Berufungsverfahren die über die Berufung in Frage.

1. Rechtsbeschwerdeverfahren

§ 41 p

(1) Gegen die Beschlüsse der Beschwerdesenate des Patentgerichts, durch die über eine Beschwerde nach § 36 l entschieden wird, findet die Rechtsbeschwerde an den Bundesgerichtshof statt, wenn der Beschwerdesenat die Rechtsbeschwerde in dem Beschluß zugelassen hat.

(2) Die Rechtsbeschwerde ist zuzulassen, wenn

1. eine Rechtsfrage von grundsätzlicher Bedeutung zu entscheiden ist oder

2. die Fortbildung des Rechts oder die Sicherung einer einheitlichen Rechtsprechung eine Entscheidung des Bundesgerichtshofs erfordert.

(3) Einer Zulassung zur Einlegung der Rechtsbeschwerde gegen Beschlüsse der Beschwerdesenate des Patentgerichts bedarf es nicht, wenn einer der folgenden Mängel des Verfahrens vorliegt und gerügt wird:

1. wenn das beschließende Gericht nicht vorschriftsmäßig besetzt war,

2. wenn bei dem Beschluß ein Richter mitgewirkt hat, der von der Ausübung des Richteramtes kraft Gesetzes ausgeschlossen oder wegen Besorgnis der Befangenheit mit Erfolg abgelehnt war,

3. wenn ein Beteiligter im Verfahren nicht nach Vorschrift des Gesetzes vertreten war, sofern er nicht der Führung des Verfahrens ausdrücklich oder stillschweigend zugestimmt hat,

4. wenn der Beschluß auf Grund einer mündlichen Verhandlung ergangen ist, bei der die Vorschriften über die Öffentlichkeit des Verfahrens verletzt worden sind, oder

5. wenn der Beschluß nicht mit Gründen versehen ist.

ÜBERSICHT

I. Abs. 1: Rechtsbeschwerde

Dazu Löscher, Vier Jahre Rechtsbeschwerde . . . , GRUR 1966, 5.

1 Die Rechtsbeschwerde ist eines der Kernstücke der Reform von 1961. Ihre Einführung war im Interesse der Einheitlichkeit der Rechtsprechung geboten. Bis 1961 fehlte es an einer **gemeinsamen oberen Instanz** für alle Verfahrensarten des Patentrechts, so daß eine Divergenz zwischen dem BGH und dem Großen Senat des DPA (wie der bekannte Streit über die Neuheitsschädlichkeit ausgelegter Unterlagen, vgl. Bl. 1953, 336; 1955, 300; 1956, 34) nicht beigelegt werden konnte.

Die Rechtsbeschwerde eröffnet nunmehr erstmals dem BGH die Mitwirkung auch im Patenterteilungsverfahren, in GebrM- (§ 10 Abs. 5 GebrMG) und WZ-Sachen (§ 13 Abs. 5 WZG) sowie in den sonstigen Angelegenheiten des PA, die der Beschwerde zugänglich sind (§ 36 l Anm. 2 f.). Wenn auch das patentgerichtliche Beschwerdeverfahren gewisse Berührungspunkte mit der Verwaltungsgerichtsbarkeit hat, so wurde doch als Rechtsbeschwerdegericht mit Recht der **BGH** nachgeschaltet, der somit auch im Beschwerdeverfahren, wie schon vorher im Nichtigkeits- und im Verletzungsverfahren, die letzte Instanz darstellt (s. vor § 36 b Anm. 5). Doch muß seine Einschaltung, schon wegen der großen Zahl der Beschwerdeverfahren, naturgemäß eine Ausnahme bleiben; während jedes Nichtigkeitsverfahren zum BGH weitergezogen werden kann und in Verletzungssachen außer der Zulassungsrevision die Revision auch ohne Zulassung in jedem Fall gegeben ist, in dem der Wert des Beschwerdegegenstandes 15 000 bzw. 25 000 DM übersteigt, wurde für das Beschwerdeverfahren neben der in den Fällen des Abs. 2 zuzulassenden Rechtsbeschwerde nur für wenige Verfahrensmängel die zulassungsfreie Rechtsbeschwerde nach Abs. 3 vorgesehen. Darüber hinaus ist eine Anfechtung der patentgerichtlichen Entscheidungen nicht möglich (§ 41 o Abs. 2).

2 Die Rechtsbeschwerde ist – im Gegensaz zu dem Vorlageverfahren des § 19 Abs. 2 a. F., in dem ein Beschwerdesenat, der in einer grundsätzlichen Frage von der Entscheidung eines anderen Beschwerdesenats oder des Großen Senats abweichen wollte, die Entscheidung des Großen Senats einzuholen hatte; zur Problematik der Wiedereinführung eines Großen Senats s. § 36 c Anm. 2 – ein echtes **Rechtsmittel:** der Beschwerdesenat hat in der Sache zu entscheiden, und gegen diese Entscheidung kann der beschwerte Beteiligte unter den Voraussetzungen der Abs. 2, 3 das obere Gericht anrufen.

3 Daneben noch mit einer **Nichtzulassungsbeschwerde** – wie im verwaltungsgerichtlichen Verfahren, § 132 Abs. 3–5 VwGO, nicht dagegen im Zivilprozeß – den Weg zum BGH zu eröffnen, hat der Gesetzgeber bewußt abgelehnt, um eine zusätzliche Belastung des BGH und eine Verzögerung insbes. der Einspruchsverfahren zu vermeiden (Begründung Bl. 1961, 156 f.;

Schriftl. Bericht des Rechtsausschusses des BT, Bl. 1961, 170). Ihre Einführung (gefordert von Kockläuner, GRUR 1965, 178; Reimer, GRUR 1971, 199) kommt aus den genannten Gründen des Gesetzgebers des 6. ÜG nicht in Betracht, ebensowenig die Einführung einer zulassungsfreien Rechtsbeschwerde mit Abhilfemöglichkeit durch den Beschwerdesenat (Wey, GRUR 1972, 270, 274). Daß somit – von den Fällen der zulassungsfreien Rechtsbeschwerde abgesehen – das BPatG selber über die Anfechtbarkeit seiner Entscheidungen bestimmt, ist auch verfassungsrechtlich nicht zu beanstanden (BGH 21. 4. 1964 BGHZ 41, 360, 365 ff. – Damenschuhabsatz –; 20. 9. 1967 GRUR 1968, 59 – Golden Toast – für WZ-Sache; vgl. auch BVerfG 8. 12. 1965 BVerfGE 19, 323 = NJW 1966, 339 zu § 546 ZPO). Davon, daß durch eine zu Unrecht verweigerte Zulassung der Rechtsbeschwerde der Betroffene seinem gesetzlichen Richter entzogen würde (Heydt, GRUR 1962, 198), kann keine Rede sein (BGH 12. 7. 1965 NJW 1965, 1965 und 11. 11. 1965 LM Nr. 53 zu § 546 ZPO, beide zu § 546 ZPO).

Die in den ersten vier Jahren des BPatG eingelegten Rechtsbeschwerden 4
hat Löscher (GRUR 1966, 5) nach Jahrgängen, Verfahrensarten, Zulassungsgründen bzw. Rügen, Ergebnis und Verfahrensdauer aufgeschlüsselt. Insgesamt wurden in dieser Zeit 65 zugelassene Rechtsbeschwerden (die Zahl der Zulassungen war schätzungsweise mindestens doppelt so hoch wie die der tatsächlich eingelegten Rechtsbeschwerden, vgl. die Angaben bei Weiß, GRUR 1964, 641) und 52 nichtzugelassene Rechtsbeschwerden formgerecht eingelegt, von letzteren aber nur 32 frist- und formgerecht begründet (vgl. jetzt Jungbluth, Festschr. BPatG S. 26 f. und die **Statistik** des BPatG im Bl., zuletzt 1973, 67; s. auch DRiZ 1967, 158).

Die Entscheidung über Rechtsbeschwerden in Patent- und GebrM-Sachen ist dem Ia-Zivilsenat des BGH zugewiesen, der seit 1. 3. 1968 die Bezeichnung »X. Zivilsenat (Patentsenat)« führt, die über Rechtsbeschwerden in WZ- und Geschmacksmustersachen dem Ib-Zivilsenat, jetzt I. Zivilsenat (Bl. 1968, 115; Geschäftsverteilungsplan für 1973 s. Bl. 1973, 63; vollständig in Beilage zum BAnz. Nr. 42 v. 1. 3. 1973).

1. Rechtsbeschwerdefähige Beschlüsse

Die Rechtsbeschwerde ist nur gegen Beschlüsse der Beschwerdesenate ge- 5
geben, **»durch die über eine Beschwerde nach § 36 l entschieden wird«.** Der Beschwerdesenat muß also über eine Beschwerde gegen einen Beschluß einer Prüfungsstelle oder Patentabteilung (§ 36 l Abs. 1), somit »zweitinstanzlich« (wenn man davon absieht, daß er ja in jedem Fall die erste gerichtliche Instanz ist), entschieden haben; dabei spielt es keine Rolle, ob der mit der Beschwerde angefochtene Beschluß des DPA ein Hauptsachebeschluß oder ein Beschluß über eine Nebenfrage war, z. B. über Akteneinsichtsanträge, ein Kostenfestsetzungsbeschluß des DPA (BGH 19. 7. 1967 GRUR 1968, 447 – Flaschenkasten –; BPatG 16. 11. 1967 E 9, 220).

6 Entscheidet dagegen der Beschwerdesenat über eine (Neben-)Frage oder einen bei ihm gestellten Antrag **»erstinstanzlich«,** so ist die Rechtsbeschwerde (auch die zulassungsfreie, BGH 19. 3. 1969 GRUR 1969, 439 – Bausteine –) **nicht möglich,** z. B. gegen Entscheidungen über beim BPatG gestellte **Akteneinsichtsanträge** (BPatG 18. 10. 1962 Mitt. 1963, 18; 7. 2. 1964 E 5, 113, 115) oder **Wiedereinsetzungsanträge** (BPatG 10. 11. 1961 E 1, 137, 141; jedoch kann die Ablehnung der Wiedereinsetzung mit der gegen die Verwerfung der Beschwerde gerichteten Rechtsbeschwerde und die Gewährung der Wiedereinsetzung unter dem Gesichtspunkt der Zulässigkeit der Beschwerde mit der gegen die Hauptsacheentscheidung gerichteten Rechtsbeschwerde nachgeprüft werden)
oder **Richterablehnungsgesuche** (BPatG 3. 10. 1962 E 2, 86, 89)
oder über die Zulassung als **Nebenintervenient** (BPatG 28. 8. 1962 E 2, 54, 56; 23. 4. 1968 Mitt. 1968, 214, 216)
oder gegen isolierte **Kostenentscheidungen** (BPatG 20. 12. 1962 E 2, 209; 13. 3. 1963 E 3, 173, 178; 21. 5. 1965 E 7, 210, 214 f.; 30. 10. 1970 Mitt. 1970, 235; 15. 12. 1970 Mitt. 1971, 76; 14. 7. 1971 E 12, 238; Kirchner, GRUR 1971, 109; zugelassen wurde die Rechtsbeschwerde nur von BPatG 16. 3. 1962 E 2, 61, 68; zweifelnd Löscher bei Benkard, § 41 p Anm. 4)
oder die in der Hauptsacheentscheidung als Nebenpunkt enthaltene Kostenentscheidung (§ 99 ZPO; BGH 19. 10. 1966 GRUR 1967, 94, 96 – Stute –; BPatG 23. 2. 1967 E 9, 18, 24; Kirchner, GRUR 1971, 109) oder gegen Beschlüsse im Kostenfestsetzungs-Erinnerungsverfahren. Weitere Beispiele bei Löscher, GRUR 1966, 23.

7 Auch gegen die Feststellung, daß die Beschwerde als **nicht erhoben gilt** (§ 36 l Abs. 3), ist die Rechtsbeschwerde nicht zugelassen worden (BPatG 10. 11. 1961 E 1, 137, 141), jedoch zu Unrecht, denn mit solcher Feststellung wird, nicht anders als mit der Verwerfung einer unzulässigen Beschwerde, im Ergebnis »über die Beschwerde« entschieden (ebenso Löscher bei Benkard, § 41 p Anm. 4; BPatG 29. 4. 1971 E 12, 163, 168; BGH 26. 10. 1971 Bl. 1972, 142 = GRUR 1972, 196 – Dosiervorrichtung –).

8 Gegen die Beschlüsse der **Nichtigkeitssenate** ist die Rechtsbeschwerde keinesfalls gegeben (§ 42 Abs. 4; BPatG 22. 1. 1964 E 5, 106, 112).

9 Wenn das BPatG entgegen § 41 p Abs. 1 eine Rechtsbeschwerde gegen einen anderen (»erstinstanzlichen«) Beschluß zuläßt, müßte der BGH die Rechtsbeschwerde dennoch als **unzulässig** verwerfen (so BGH 15. 12. 1960 BGHZ 34, 47 zu § 73 GWB, wonach auch in Kartell-Verwaltungssachen die Rechtsbeschwerde nur »gegen die in der Hauptsache erlassenen Beschlüsse« zulässig ist; Löscher bei Benkard, § 41 p Anm. 1).

10 Der Ausschluß der Rechtsbeschwerde gegen »erstinstanzliche« Entscheidungen der Beschwerdesenate hat dazu geführt, daß in manchen Rechtsfragen **Divergenzen** zwischen einzelnen Senaten nicht bereinigt werden konnten (Beispiele bei Löscher, GRUR 1966, 23). Er steht – wie schon

Wiehle, Mitt. 1963, 3 f. ausgeführt hat – in Widerspruch zu der mit der Einführung der Rechtsbeschwerde verfolgten Absicht, alle Aufgaben, die vorher der **Große Senat** des DPA wahrgenommen hatte, dem BGH zu übertragen (Begründung Bl. 1961, 156; Schriftl. Bericht des Rechtsausschusses des BT Bl. 1961, 170). Der Wortlaut des § 41 p läßt jedoch keine andere Auslegung zu; diese gilt auch in GebrM- und WZ-Sachen, obgleich in § 10 Abs. 5 GebrMG und in § 13 Abs. 5 WZG der fragliche Nebensatz »durch die über eine Beschwerde ... entschieden wird« fehlt (vgl. Wiehle, a. a. O.); jedoch ist dort die Rechtsbeschwerde nur »gegen **den** Beschluß des Beschwerdesenats« vorgesehen, nämlich den Beschluß über die in den vorangehenden Absätzen behandelte Beschwerde (im Ergebnis ebenso BPatG 21. 5. 1965 E 7, 210, 214 f. für WZ-Sachen; a. A. Kosel GRUR 1973, 69, 72).

Wegen der starken Einschränkung der Rechtsbeschwerdemöglichkeiten ist 11
schon wiederholt die Streichung des auf § 36 l bezugnehmenden Nebensatzes, also die Zulassung der Rechtsbeschwerde gegen **alle, auch die »erstinstanzlichen«** Entscheidungen der Beschwerdesenate, gefordert worden (Kockläuner, GRUR 1965, 178 und Mitt. 1966, 131, der zur Ergänzung der Rechtsbeschwerde auch die Wiedereinführung des Großen Senats fordert, dagegen Löscher, GRUR 1966, 25 f., hierzu s. § 36 c Anm. 2; Löscher, GRUR 1966, 25). Zwar sind bei Oberlandesgerichten Nebenentscheidungen grundsätzlich nicht anfechtbar (§ 567 Abs. 3 ZPO, § 73 GWB, § 24 Abs. 1, 3 G über das gerichtliche Verfahren in Landwirtschaftssachen); jedoch würde die Sonderstellung des BPatG eine abweichende Regelung rechtfertigen. Nicht statthaft wäre allerdings auch bei Streichung des Nebensatzes die Rechtsbeschwerde gegen die Nichtzulassung der Rechtsbeschwerde (s. u. Anm. 13), mit der der ausdrücklich nicht eingeführten Nichtzulassungsbeschwerde eine Hintertür geöffnet würde, und die Rechtsbeschwerde gegen die als Nebenpunkt ergangene Kostenentscheidung (vgl. § 99 ZPO und BGH 19. 10. 1966 GRUR 1967, 94 – Stute –).

2. Zulassung

Die Zulassung der Rechtsbeschwerde gehört in die Beschluß**formel**, gilt 12
aber auch, wenn sie nur in den Beschlußgründen steht (BGH 8. 3. 1956 BGHZ 20, 188 und 10. 3. 1956 NJW 1956, 831 zu § 546 ZPO). Das BPatG prüft die Frage der Zulassung von Amts wegen, unabhängig von Partei**anträgen,** die nur als Anregung gelten (BPatG 30. 11. 1961 E 2, 200). Wer aber einen Antrag auf Zulassung der Rechtsbeschwerde stellt, sollte ihn auch begründen, also die Voraussetzungen einer der Nummern des Abs. 2 darlegen (vgl. Löscher, GRUR 1966, 22); formularmäßig gestellte Zulassungsanträge ohne Begründung sind sinnlos. Die **Ablehnung** eines »Antrags« auf Zulassung der Rechtsbeschwerde braucht nicht in der Beschluß-

formel zu erfolgen, wohl aber in den Gründen; dabei wird der, der seinen Antrag nicht begründet hat, sich auch mit einer formelhaften Ablehnung begnügen müssen.

Im Einparteiverfahren ist eine Zulassung nicht möglich, wenn den Anträgen des einzigen Beteiligten voll stattgegeben wird, dieser also mangels **Beschwer** (vgl. § 41 q Anm. 2) die Rechtsbeschwerde nicht einlegen könnte (Löscher, GRUR 1966, 23; a. A. der 32. Senat des BPatG 5. 12. 1969 E 11, 47, 54; 15. 1. 1970 E 11, 1, 14).

13 **Schweigt** der Beschluß über die Frage der Zulassung, so ist damit negativ entschieden, gleichgültig, ob das Schweigen auf Absicht oder etwa auf Versehen beruht. Eine **nachträgliche** Zulassung der Rechtsbeschwerde ist nicht möglich, da die Rechtsbeschwerde »in dem Beschluß« zugelassen werden muß, Abs. 1; die Beteiligten sollen unmittelbar aus dem Beschluß klar erkennen können, ob er mit einem Rechtsmittel anfechtbar ist oder nicht (BGH 8. 3. 1956 BGHZ 20, 188, 194 zu § 546 ZPO). Da es keine Nichtzulassungsbeschwerde gibt, ist auch eine Korrektur im Abhilfewege (wie nach § 132 VwGO) nicht möglich.

14 Selbst wenn die Zulassung in der Beratung beschlossen, aber versehentlich nicht mitverkündet ist, kann sie durch **Berichtigungs**beschluß nach § 41 k nur nachgeholt werden, wenn es sich um eine offenbare, d. h. auch jedem Außenstehenden erkennbare Unrichtigkeit handelt, die sich aus dem Zusammenhang des Beschlusses selbst oder mindestens aus den Vorgängen bei Erlaß und Verkündung des Beschlusses ergibt, praktisch also: wenn die Zulassung bei der mündlichen Verkündung oder in den Beschlußgründen zum Ausdruck gekommen ist (BGH a. a. O. und 25. 9. 1958 NJW 1958, 1917 zu § 546 ZPO). Eine **Ergänzung** des Beschlusses gemäß § 321 ZPO ist bei unterbliebener Zulassung der Rechtsbeschwerde überhaupt nicht möglich (s. § 41 k Anm. 12).

15 Auch der BGH hat nicht die Möglichkeit, eine negative Entscheidung des BPatG über die Zulassung der Rechtsbeschwerde **nachzuprüfen** – auch nicht wenigstens in der Richtung, ob das BPatG sich überhaupt mit seiner etwaigen Verpflichtung zur Zulassung nach § 41 p Abs. 2 gehörig auseinandergesetzt hat – und eine nach Meinung des Betroffenen zu Unrecht unterbliebene Zulassung von sich aus nachzuholen (BGH 20. 9. 1967 GRUR 1968, 59 – Golden Toast – für WZ-Sache). Insbes. kann die **nicht** oder nicht gehörig **begründete Nichtzulassung** der Rechtsbeschwerde nicht mit der Rüge aus § 41 p Abs. 3 Nr. 5 angegriffen werden (BGH 21. 12. 1962 E 4, 199, 214 – Radgehäuse –: weil die Entscheidung des BPatG über die Nichtzulassung der Rechtsbeschwerde nicht anfechtbar ist und nicht näher begründet zu werden braucht; grundsätzlich BGH 21. 4. 1964 BGHZ 41, 360 – Damenschuhabsatz – für GebrM-Sache: weil die Rüge aus Abs. 3 Nr. 5 nur gegen den Hauptsachebeschluß, dessen Aufhebung mit der Rechts-

beschwerde begehrt wird, gerichtet werden kann; ebenso BGH 3. 12. 1964 GRUR 1965, 273 – Anodenkorb – für GebrM-Sache; 19. 2. 1965 GRUR 1965, 502 – Gaselan – für WZ-Sache).

II. Voraussetzungen der Zulassung

Dazu Wiehle, Mitt. 1963, 2.

Nach Abs. 2 – der mit § 73 Abs. 2 GWB wortgleich ist – muß der Beschwerdesenat die Rechtsbeschwerde zulassen, »wenn 1. eine Rechtsfrage von grundsätzlicher Bedeutung zu entscheiden ist oder 2. die Fortbildung des Rechts oder die Sicherung einer einheitlichen Rechtsprechung eine Entscheidung des Bundesgerichtshofs erfordert«. Einer Zulassung bedarf es nicht, wenn die streitige Rechtsfrage (z. B. nichtvorschriftsmäßige Besetzung des Gerichts) ohnehin der zulassungsfreien Rechtsbeschwerde zugänglich ist (BGH 26. 10. 1962 GRUR 1963, 129 – Kunststofftablett –; BPatG 27. 9. 1965 Mitt. 1966, 180). 16

Die Beschwerdesenate sollten in der Annahme der Voraussetzungen des Abs. 2 nicht kleinlich sein (eine großzügige(re) **Zulassungspraxis** fordern u. a. Kockläuner, GRUR 1963, 71 f.; 1964, 590; 1965, 178; Weiß, GRUR 1964, 641; Fischer, GRUR 1967, 522 und GRUR 1972, 541; Löscher, GRUR 1966, 21 f., hat trotz einiger Beanstandungen die Zulassungspraxis des BPatG im allgemeinen gebilligt); eine Überlastung des BGH durch Rechtsbeschwerden ist nicht mehr zu befürchten, zumal nur ein Bruchteil der zugelassenen Rechtsbeschwerden auch eingelegt wird (nicht einmal die Hälfte, s. o. Anm. 4 und Löscher, GRUR 1966, 22). Eine Zulassung aus anderen als den vom Gesetz genannten Gründen ist jedoch nicht möglich (zweifelnd Wiehle, Mitt. 1963, 7). Im übrigen ist eine nennenswerte Erweiterung der Zulassungen deshalb kaum möglich, weil der weit überwiegende Teil der Beschwerdeentscheidungen gar nicht auf Rechtsfragen, sondern auf die technische Beurteilung gerichtet ist, deren Nachprüfung dem BGH im Rechtsbeschwerdeverfahren versagt ist, s. u. Anm. 23.

Die Bejahung der Zulassungsvoraussetzungen des Abs. 2 durch das Patentgericht ist für den BGH **bindend.** Die Zulässigkeit der Rechtsbeschwerde wird auch nicht dadurch berührt, daß der BGH die Entscheidungserheblichkeit der Rechtsfrage, derentwegen zugelassen wurde, verneint; es genügt, wenn die Auffassung des Beschwerdesenats über die mögliche Entscheidungserheblichkeit der Rechtsfrage überhaupt vertretbar ist (BGH 26. 10. 1953 NJW 1954, 110 zu § 546 ZPO). Nur wenn für die Erörterung der Rechtsfrage in dem Verfahren »überhaupt kein Raum« ist, ist die Zulassung wirkungslos (BGH 26. 3. 1953 LM Nr. 11 zu § 546 ZPO, zu § 546 ZPO). 17

1. Nr. 1: Grundsätzliche Rechtsfrage

18 Die grundsätzliche Rechtsfrage muß – mindestens möglicherweise, s. o. Anm. 17 – **entscheidungserheblich** sein, d. h. von ihrer Beantwortung muß die Entscheidung abhängen. Wenn von zwei den Beschluß tragenden Gründen nur einer grundsätzliche Bedeutung hat, kann die Rechtsbeschwerde zugelassen werden (BPatG 20. 12. 1961 Bl. 1962, 134, 135).

19 Schon was eine **Rechtsfrage** ist, ist schwer zu definieren, da die Rechtsfragen sich im Patentrecht häufig unter technischen Gesichtspunkten darstellen, so daß die Abgrenzung zwischen Sach- und Rechtsfrage undeutlich ist (vgl. dazu Löscher bei Benkard, § 47 Anm. 85 ff.; zum WZ-Recht vgl. z. B. BGH 6. 3. 1963 E 3, 241 – Certo –; BPatG 3. 11. 1964 E 6, 84, 90; 6. 5. 1965 Mitt. 1966, 215; vgl. auch Löscher, GRUR 1966, 15, 22). Man wird die Abgrenzung vom Ergebnis her dahin vornehmen können, daß Rechtsfragen die sind, die der BGH ohne Zuziehung von Sachverständigen beantworten kann (ausgenommen natürlich reine nichttechnische Tatfragen wie die Würdigung einer Beweisaufnahme); s. u. Anm. 23. Im übrigen ist die Zulassung für den BGH bindend, auch wenn die Beurteilung der Frage, derentwegen zugelassen wurde, letztlich nicht von rechtlichen Erwägungen, sondern von der Würdigung tatsächlicher Verhältnisse abhängt (BGH 19. 6. 1963 E 4, 214, 215 – Milburan – betr. Warengleichartigkeit im WZ-Verfahren).

20 **Grundsätzliche Bedeutung** hat eine Rechtsfrage, wenn ihre Beantwortung für eine Vielzahl gleichgearteter Fälle entscheidungserheblich ist; das Interesse eines einzelnen reicht hierfür nicht aus, wesentlich ist stets das Interesse der Allgemeinheit (BPatG 13. 3. 1963 E 3, 173, 178; vgl. auch BGH 28. 11. 1961 GRUR 1962, 163 und 2. 3. 1962 E 1, 227, 228 zu dem ähnlichen Begriff »grundsätzliche Bedeutung der Rechtssache« in § 132 Abs. 2 Nr. 1 VwGO). Selbst weittragende wirtschaftliche Bedeutung der Entscheidung für einen Beteiligten ist kein Zulassungsgrund (BPatG 26. 5. 1964 E 5, 192, 198).

Bei erneutem Auftreten der Frage ist die Zulassung so lange zu **wiederholen,** bis der BGH entschieden hat (Zeunert, GRUR 1963, 457). Hat der BGH bereits in bestimmtem Sinne entschieden, so besteht keine Veranlassung zur Zulassung (BPatG 27. 9. 1967 E 9, 263, 271); jedoch ist der Beschwerdesenat keinesfalls gehindert, erneut zuzulassen, kann sogar gemäß Nr. 2 dazu verpflichtet sein, wenn die Auslegung einer BGH-Entscheidung in Streit ist (BGH 18. 6. 1970 GRUR 1970, 506, 508 – Dilactame –); auch können neue Bedenken, die eine erneute Überprüfung der Rechtsfrage durch den BGH angezeigt erscheinen lassen, die Zulassung rechtfertigen. Trotz früherer Zulassungen, von denen kein Gebrauch gemacht war, ist die Zulassung nicht mehr geboten, wenn mehrere andere Senate sachlich im gleichen Sinne entschieden haben, ohne daß widersprechende Entscheidungen mit überzeugender Begründung bekanntgeworden sind (BPatG 24. 10. 1962 Mitt. 1963, 56).

Bei Änderung der Rechtslage kann die grundsätzliche Bedeutung **wegfallen** (BPatG 12. 1. 1962 E 4, 85, 90; BGH 2. 3. 1962 E 1, 227, 228); doch berührt dies nicht die Zulässigkeit einer bereits eingelegten Rechtsbeschwerde (BGH 27. 2. 1958 LM Nr. 29 zu § 546 ZPO).

2. Nr. 2: Einheitlichkeit der Rechtsprechung

Fälle, in denen die **Fortbildung des Rechts** eine Entscheidung des BGH erfordert, fallen bereits unter Nr. 1 (wie auch umgekehrt, so daß die Nr. 1 entbehrlich gewesen wäre, Weiß, GRUR 1964, 641). Die weitere Alternative – daß die Sicherung einer **einheitlichen Rechtsprechung** eine Entscheidung des BGH erfordert – deckt sich jedoch nicht völlig mit Nr. 1; auch in Rechtsfragen ohne grundsätzliche Bedeutung (dagegen Nastelski bei Reimer, § 41 p Anm. 11) soll die Einheitlichkeit der Rechtsprechung gesichert sein. Unter ihr ist nicht nur die Übereinstimmung zwischen BGH und BPatG zu verstehen (wie aus BPatG 28. 2. 1962 E 1, 49, 52 entnommen werden könnte), sondern auch die Einheitlichkeit der Rechtsprechung **innerhalb des BPatG.** Diese ist gefährdet, wenn zwei Senate dieselbe Frage verschieden entscheiden, was bei der Vielzahl der Senate, deren jeder nach seiner eigenen richterlichen Überzeugung entscheiden muß, nicht ausbleiben kann. 21

Ein Senat, der von einer ihm bekannten Entscheidung eines anderen Senats (oder des BGH, z. B. BPatG 17. 11. 1969 E 11, 60, 65; auch dies ist möglich und zulässig, denn die Entscheidungen des BGH haben nicht – wie die des BVerfG – bindende Kraft über den Einzelfall hinaus; oder auch eines anderen, insbes. eines Verletzungsgerichts, Nastelski bei Reimer, § 41 p Anm. 11) **abweichen** will, kann dies tun, braucht auch nicht wie nach § 19 Abs. 2 a. F. die Entscheidung eines Großen Senats einzuholen (vgl. § 36 c Anm. 2), muß aber die Rechtsbeschwerde zulassen. Dies ist nicht erforderlich, wenn ein Senat seine eigene Rechtsansicht ändern will (wohlbegründete Änderung der Rechtsprechung verletzt nicht den Gleichheitssatz, vgl. BGH 23. 10. 1963 GRUR 1964, 454, 456 – Palmolive –); es erübrigt sich auch (entsprechend der in den Geschäftsordnungen oberster Gerichtshöfe enthaltenen Regelung), wenn der erstentscheidende Senat auf Anfrage mitteilt, daß er an seiner Ansicht nicht festhalte, also der beabsichtigten Abweichung zustimmt. Kein Anlaß zur Zulassung besteht, wenn der Senat einer in gleichgelagerten Fällen ständig geübten Rechtspraxis folgt (BPatG 9. 11. 1962 E 3, 17, 20; vgl. jedoch Heydt, GRUR 1962, 198 und Löscher, GRUR 1966, 15). 22

Auch wenn ein Senat von einer langjährigen Praxis des Patentamts abweicht bzw. diese mißbilligt, sollte er die Rechtsbeschwerde zulassen (BPatG 23. 11. 1961 Mitt. 1962, 72; 28. 5. 1963 E 4, 70, 73). Andererseits ist eine Zulassung nicht veranlaßt, wenn sich der Senat im Rahmen einer jahrzehntealten Spruchpraxis hält, gegen die keine Argumente von Gewicht vorgebracht wurden (BPatG 20. 12. 1961 Bl. 1962, 134, 135).

23 Wegen anderer als Rechtsfragen, namentlich wegen **technischer** Fragen, kann die Rechtsbeschwerde nicht zugelassen werden, auch wenn insoweit Abweichungen innerhalb des Gerichts auftreten. Denn die Rechtsbeschwerde kann – selbst wenn sie zugelassen wäre – nur auf die Verletzung von (Rechts-)Gesetzen gestützt werden, § 41 q Abs. 2; technische und Naturgesetze können nicht zum Gegenstand einer Rechtsbeschwerde gemacht werden. Auch ist für die Zuziehung eines technischen Sachverständigen im Rechtsbeschwerdeverfahren kein Raum (BGH 10. 11. 1964, zitiert bei Löscher, GRUR 1966, 18); jedoch fordert Jungbluth (Festschr. BPatG S. 34 f.) wegen des engen Zusammenhangs sachlich-rechtlicher und technischer Probleme, sie zuzulassen.

III. Abs. 3: Zulassungsfreie Rechtsbeschwerde

Dazu Röhl, GRUR 1966, 117.

24 Um »Bedenken gerecht zu werden, die gegen die allzu starke Einengung der Möglichkeit einer Rechtsbeschwerde im Regierungsentwurf geäußert worden sind« (Schriftl. Bericht des Rechtsausschusses des BT, Bl. 1961, 170), hat der Rechtsausschuß des Bundestages dem § 41 p den Abs. 3 angefügt, wonach die Rechtsbeschwerde auch ohne Zulassung gegeben ist, wenn einer der anschließend genannten **Verfahrensmängel »vorliegt und gerügt wird«**. Diese eigenartige Formulierung (ebenso § 73 GWB) würde eigentlich bedeuten, daß die Rechtsbeschwerde nur statthaft ist, wenn sie auch begründet ist. Der BGH hat sich jedoch über diese Fassung hinweggesetzt, die »insofern ungenau (ist), als das – objektive – **Vorliegen** eines Verfahrensmangels nicht Zulässigkeitsvoraussetzung der Rechtsbeschwerde ist«; es genüge dessen substantiierte Behauptung (BGH 21. 12. 1962 BGHZ 39, 333 – Warmpressen –). Der BGH hat sich daher wiederholt der Formulierung bedient, die Rechtsbeschwerde sei zulässig, da der gerügte Mangel in § 41 p Abs. 3 genannt ist, aber nicht begründet, da er nicht vorliegt (BGH 26. 10. 1962 GRUR 1963, 129 – Kunststofftablett –; 21. 12. 1962 E 4, 199 – Radgehäuse –); nur wenn die Behauptung des Mangels nicht hinreichend substantiiert war, wurde die Rechtsbeschwerde als unzulässig verworfen (der Ib-Senat verwarf auch bei substantiierter Rüge als unzulässig, wenn der Mangel nicht vorliegt, BGH 23. 6. 1967 GRUR 1967, 681 – D-Tracetten –). Wenn der Verfahrensmangel tatsächlich vorliegt, dann ist die

Rechtsbeschwerde auch begründet, da die Verfahrensmängel mit den in § 41 q Abs. 2 S. 2 genannten »absoluten Revisionsgründen« übereinstimmen. Dabei kommt es nicht darauf an, ob der Verfahrensmangel – sofern dies überhaupt möglich war – vor dem BPatG gerügt worden war (BGH 31. 1. 1967 GRUR 1967, 543, 545 – Bleiphosphit –).

Nicht alle wesentlichen Verfahrensmängel berechtigen zur zulassungsfreien Rechtsbeschwerde (wie nach § 162 SozialgerichtsG zur Revision), sondern **nur** die abschließend aufgeführten fünf Fälle, s. u. Nr. 1–5 (ebenso wie nach § 133 VwGO, § 116 FGO zur zulassungsfreien Revision); insbes. also nicht die (in § 73 GWB als weiterer Fall genannte) Versagung des **rechtlichen Gehörs** (BGH 3. 12. 1964 BGHZ 43, 12 – Kontaktmaterial –; 19. 2. 1965 GRUR 1965, 502 – Gaselan – für WZ-Sachen; Röhl, NJW 1964, 274). Weisse (GRUR 1967, 134; auch Storch, GRUR 1969, 564) fordert die Einführung einer Nr. 6 (übrigens hatte der Bundesrat die Einfügung einer entsprechenden Bestimmung in den Regierungsentwurf eines SortenschutzG vorgeschlagen, BT-Drucks. V/1630 S. 121, doch wurde die Bestimmung nicht Gesetz, da die Regelung des Rechtsbeschwerdeverfahrens durch Bezugnahme auf das PatG vereinfacht wurde). Warum das 6. ÜG die Versagung des rechtlichen Gehörs nicht als Fall der zulassungsfreien Rechtsbeschwerde anerkannt hat, ist aus den Gesetzesmaterialien nicht zu entnehmen. Immerhin bleibt dem Verletzten die Möglichkeit der Verfassungsbeschwerde unter den Voraussetzungen des § 90 BVerfGG (vgl. BGH 21. 12. 1962 E 2, 253, 255). 25

Auch daß das BPatG von der Rechtsprechung des BGH **abgewichen** ist, rechtfertigt nicht die zulassungsfreie Rechtsbeschwerde (BGH 21. 4. 1964 BGHZ 41, 360, 364 – Damenschuhabsatz –); ebensowenig die Rüge unvollständiger Sachaufklärung (Verletzung des § 41 b, BGH 16. 7. 1964 E 5, 244, 247 f. – Fotoleiter –; 3. 12. 1964 Bl. 1965, 179, 180 – Kontaktmaterial – zu 3); die Rüge, es sei entgegen § 36 o Nr. 1 ohne mündliche Verhandlung entschieden worden (BGH 3. 12. 1964 GRUR 1965, 273 – Anodenkorb –; 23. 6. 1967 GRUR 1967, 681 – D-Tracetten –); die Rüge der Verletzung der richterlichen Erörterungspflicht (§ 41 f Abs. 1, § 139 ZPO; BGH 10. 6. 1965 Mitt. 1967, 16); die Rüge, das BPatG habe entgegen § 41 x Abs. 2 seiner Entscheidung nicht die rechtliche Beurteilung zugrunde gelegt, die der Aufhebung seines früheren Beschlusses in derselben Sache in einem früheren Rechtsbeschwerdeverfahren zugrunde gelegt war (BGH 11. 4. 1967 GRUR 1967, 548 – Schweißelektrode II –). 26

Folgende Tatbestände berechtigen zur Einlegung der zulassungsfreien Rechtsbeschwerde:

Nr. 1: Unvorschriftsmäßige Besetzung des Gerichts

27 Durch diese wäre gleichzeitig Art. 101 Abs. 1 S. 2 GG verletzt: »Niemand darf seinem gesetzlichen Richter entzogen werden« – eine Vorschrift, die in der Rechtsprechung des BVerfG, das auf Verfassungsbeschwerde Verletzungen dieser Vorschrift nachprüft, eine reiche Auslegung gefunden hat. Die Vorschrift ist verletzt, wenn ein anderer Senat oder eine anders besetzte Richterbank entschieden hat, als das Gesetz in Verbindung mit dem Geschäftsverteilungsplan bestimmt; insbes. auch, wenn die Besetzung nicht dem § 36 d Abs. 1 entsprach (BGH 31. 1. 1967 GRUR 1967, 543, 545 – Bleiphosphit –; zur Überbesetzung der technischen Beschwerdesenate vgl. § 36 d Anm. 12). So hatte der BGH in Auslegung des § 36 d Abs. 1 die vorschriftsmäßige Besetzung des Beschwerdesenats in Kostenfestsetzungssachen (BGH 30. 1. 1964 E 4, 257 – Kondenswasserableiter –) und bei Akteneinsichtsbeschwerden (BGH 26. 5. 1964 BGHZ 42, 32 – Akteneinsicht II –) nachzuprüfen. Dagegen kann die Fachkunde und die Auswahl der technischen Richter durch den Vorsitzenden im Rahmen der von ihm festzulegenden Grundsätze (§ 36 e Anm. 10) nicht beanstandet werden (BGH 26. 10. 1962 GRUR 1963, 129 = [teilweise] BGHZ 38, 166 – Kunststofftablett –; vgl. § 36 b Anm. 7).

Das Gericht ist nicht vorschriftsmäßig besetzt, wenn die Stelle des Vorsitzenden nicht nur vorübergehend unbesetzt war (BGH 26. 6. 1953 BGHZ 10, 130) oder wenn ein Richter mitgewirkt hat, der nach § 41 h Abs. 3 nicht mitwirken durfte (BGH 13. 5. 1971 GRUR 1971, 532 – Richterwechsel –; Kirchner, GRUR 1971, 505).

Nr. 2: Mitwirkung eines ausgeschlossenen oder abgelehnten Richters

28 Nur die Mitwirkung beim **Beschluß** ist Rechtsbeschwerdegrund, nicht eine sonstige, wenn auch unzulässige Mitwirkung (z. B. Terminsanberaumung; s. § 41 a Anm. 3).

Von besonderer Bedeutung ist der **Ausschluß** eines Richters wegen seiner Mitwirkung bei dem vorausgegangenen patentamtlichen Verfahren (s. § 41 a Anm. 20 ff.). Hier haben Rechtsbeschwerden zur Klärung und Verneinung der Fragen geführt, ob die Mitwirkung im alten Beschwerdesenat des DPA einen Ausschlußtatbestand darstellt (BGH 21. 12. 1962 E 4, 199 – Radgehäuse –; vgl. § 41 a Anm. 24) und ob Mitwirkung im GebrM-Löschungsverfahren und im Patenterteilungsverfahren betr. dieselbe Erfindung sich ausschließen (BGH 28. 7. 1964 E 6, 252 – Schrankbett –; 31. 3. 1965, zitiert bei Löscher, GRUR 1966, 12).

Verwerfung eines **Ablehnungsgesuchs** berechtigt nicht zur zulassungsfreien Rechtsbeschwerde (vgl. die abweichende Regelung in § 338 Nr. 3 StPO); sie kann nur mit der gegen die Hauptsacheentscheidung zugelassenen Rechtsbeschwerde zur Nachprüfung gestellt werden.

Nr. 3: Mangelnde Vertretung

29 Dieser Fall ist gegeben, wenn ein Verfahrensbeteiligter durch das Fehlen einer den gesetzlichen Vorschriften entsprechenden Vertretung gehindert war, seine Rechte in dem anhängigen Verfahren wahrzunehmen (BGH 26. 6. 1969 Bl. 1970, 163, 165 – Faltbehälter –) oder eine nicht prozeßfähige Partei ohne ihren **gesetzlichen Vertreter** oder ein Vertreter **ohne Vertretungsmacht** aufgetreten ist (BGH 22. 12. 1964, zitiert von Röhl, GRUR 1966, 121). Vollmachtsmängel – soweit sie nicht ohnehin durch ausdrückliche oder stillschweigende Zustimmung gemäß Halbsatz 2 der Nr. 3 gedeckt sind – können geheilt werden, vgl. § 56 ZPO und § 41 m Abs. 2 S. 2 betr. Nachreichung der Vollmacht. Zur Beschwerdeberechtigung vgl. § 41 q Anm. 1.

30 Die bisher aus Nr. 3 erhobenen Rügen betrafen durchweg **andere Sachverhalte.** Ein Fall mangelnder Vertretung liegt nicht vor, wenn ein Patentanwalt im Akteneinsichtsverfahren selbst als Antragsteller auftritt, ohne eine Vollmacht vorzulegen (BGH a. a. O.); auch nicht bei Verletzung des rechtlichen Gehörs (BGH 19. 2. 1965 GRUR 1965, 502 – Gaselan – entgegen Völp, § 41 p Anm. 19; offen ließ der BGH die Frage der Verletzung der Nr. 3 bei besonders krassem Verstoß gegen das rechtliche Gehör); auch nicht, wenn in WZ-Sachen zu der auf Antrag **eines** Widersprechenden anberaumten mündlichen Verhandlung die anderen nicht geladen wurden (BGH 23. 6. 1967 GRUR 1967, 681 – D-Tracetten –); auch nicht, wenn der Inlandsvertreter gestorben ist (BGH 17. 12. 1968 BGHZ 51, 269 – Inlandsvertreter –). Dagegen hat der BGH (16. 7. 1965 GRUR 1966, 160 – Terminsladung –) in kühner Auslegung der Nr. 3 einen Fall mangelnder Vertretung angenommen, wenn die **Ladung** eines zur mündlichen Verhandlung nicht Erschienenen nicht nachweisbar war (in der Zustellungsurkunde war nur das Aktenzeichen der gleichzeitig zugestellten Ladung in einer anderen Sache angegeben).

Nr. 4: Öffentlichkeit der Verhandlung

31 Sind bei einer mündlichen Verhandlung die Vorschriften über die Öffentlichkeit des Verfahrens (d. h. der Verhandlung und der Verkündung) verletzt worden, so unterliegt ein Beschluß, der auf Grund dieser Verhandlung ergangen ist (nicht also ein Beschluß, der später nach Rückkehr zum schriftlichen Verfahren erging), der zulassungsfreien Rechtsbeschwerde. Dies ist eindeutig der Fall, wenn dem Gesetz zuwider **nichtöffentlich** verhandelt wurde, insbes. wenn am Verhandlungssaal das Schild »Nichtöffentliche Verhandlung« angebracht war, gleichgültig, ob jemand Einlaß begehrte oder nicht. Allerdings hat der BGH (17. 7. 1970 GRUR 1970, 621 – Sitzungsschild –) im Anschluß an die Rechtsprechung in Strafsachen (vgl.

insbes. OLG Neustadt 10. 10. 1962 MDR 1962, 1010) eine Verletzung verneint, wenn den Richtern des Beschwerdesenats ohne Verletzung ihrer Sorgfaltspflicht entgangen war, daß das zu der vorangehenden Sache passende Schild »Nichtöffentliche Sitzung« versehentlich hängengeblieben war.

Ob eine Verletzung der Vorschriften über die Öffentlichkeit vorliegt, wenn dem Gesetz zuwider **öffentlich** verhandelt wurde, ist zweifelhaft (bejaht von Busse zu § 41 p Abs. 3, Hesse bei Klauer-Möhring § 41 p Anm. 12 sowie von Baumbach, ZPO, § 170 GVG Anm. 1 für Ehesachen; verneint von Wieczorek, ZP § 551 B VI b); da die öffentliche Verhandlung grundsätzlich die besseren Rechtsgarantien bietet, kann die Möglichkeit des Zutritts – also das Schild »Öffentliche Verhandlung« – niemanden verletzen (ebenso Trüstedt bei Reimer, § 36 g Anm. 10). Die Rechtsbeschwerde aus Nr. 4 käme allenfalls in Frage, wenn tatsächlich – und ohne Zustimmung der Beteiligten – Zuhörer zu Unrecht zugelassen wurden – immerhin denkbar in einem Fall, in dem fraglich sein kann, ob öffentlich oder nichtöffentlich zu verhandeln ist (vgl. BGH 31. 1. 1967 GRUR 1967, 543, 545 – Bleiphosphit –).

32 Unter Nr. 4 fällt nicht die Rüge, daß entgegen einem Antrag auf mündliche Verhandlung überhaupt **ohne mündliche Verhandlung** entschieden worden sei; dieser Fall kann einer Verletzung der Vorschriften über die Öffentlichkeit nicht gleichgestellt werden (BGH 3. 12. 1964 GRUR 1965, 273 – Anodenkorb –).

Nr. 5: Fehlende Gründe

33 Die weitaus häufigste Rüge ist die, daß der Beschluß **nicht mit Gründen versehen** sei. Sie kommt natürlich nur insoweit in Betracht, als überhaupt eine Begründung vorgeschrieben ist, § 41 i Abs. 2 (vgl. auch § 41 h Anm. 2, 3; zur Begründung der Nichtzulassung der Rechtsbeschwerde s. o. Anm. 15). In diesen Fällen ist – im Anschluß an die Rechtsprechung zu § 551 Nr. 7 ZPO, die auf die Beschlüsse des BPatG voll anwendbar ist – die Rüge aus Nr. 5 nicht nur dann gegeben, wenn die Gründe überhaupt fehlen, sondern schon dann, wenn sie ganz unverständlich und verworren sind oder wenn auf einzelne Ansprüche (hierunter können die Patentansprüche verstanden werden, vgl. Nastelski bei Reimer, § 41 p Anm. 21 zu dd; wegen Unteransprüchen s. u. Anm. 35) oder selbständige Angriffs- oder Verteidigungsmittel – sofern sie rechtlich erheblich sein können – überhaupt nicht eingegangen ist oder wenn die Beweiswürdigung vollständig fehlt; dagegen fehlen die Gründe nicht schon dann, wenn sie **sachlich unvollständig**, unzureichend, unrichtig oder sonst **rechtsfehlerhaft** sind (BGH 21. 12. 1962 BGHZ 39, 333 – Warmpressen – und seitdem ständig, z. B. 21. 12. 1962 E 4, 199, 212 f. – Radgehäuse –; 3. 12. 1964 GRUR 1965, 273 – Anodenkorb –: wenn ein Beweisantritt mit einer solchen Begründung ab-

schlägig beschieden worden ist; 29. 1. 1970 Mitt. 1970, 120 – Zonenschmelzverfahren –; 18. 6. 1970 GRUR 1970, 506 – Dilactame –) oder wenn die Gründe erst längere Zeit nach der Verkündung abgesetzt wurden (BGH 7. 1. 1970 GRUR 1970, 311 – Samos –).

Viele Rechtsbeschwerdeführer sind bestrebt, mittels der Rüge aus Nr. 5 den BGH zu einer **inhaltlichen** Nachprüfung der Entscheidung zu veranlassen, da Nr. 5 die einzige Möglichkeit biete, grobe Fehlentscheidungen des BPatG zu korrigieren, die sonst mangels einer Nichtzulassungsbeschwerde nicht erfaßt werden könnten (vgl. Jungbluth, Festschr. BPatG S. 27). Doch hat der BGH eine solche ausdehnende Auslegung der Nr. 5, insbes. eine Einbeziehung der Verfahrensrügen aus §§ 139, 286 ZPO (s. § 41 q Anm. 5), mit Recht abgelehnt, da sie zu einer nicht abzusehenden Ausweitung der zulassungsfreien Rechtsbeschwerde und damit zu der Überlastung des BGH, die der Gesetzgeber gerade vermeiden wollte, führen würde.

Im einzelnen hat die **Rechtsprechung** zu Nr. 5 folgendes ergeben. Die 34
Rüge ist begründet, wenn die Abweisung des Hauptantrags nicht begründet ist (BGH 13. 5. 1971 GRUR 1971, 532 – Richterwechsel –), wenn bei Abweisung des Hauptantrags über einen Hilfsantrag nicht entschieden ist (BGH 14. 7. 1961 GRUR 1962, 29, 33 – Drehkippbeschlag – zu § 551 Nr. 7 ZPO) oder wenn nur die Verwerfung der Beschwerde als unzulässig, nicht aber die Zurückweisung des Wiedereinsetzungsantrags begründet worden ist (BGH 12. 3. 1968 GRUR 1968, 615 – Ersatzzustellung –).

»**Selbständige Angriffs- und Verteidigungsmittel**«, die nicht vollkommen übergangen werden dürfen, betreffen Tatbestände, die für sich allein rechtsbegründend, rechtsvernichtend, rechtshindernd oder rechtserhaltend sind. Hierzu wird in der Regel die Frage der Erfindungshöhe zu rechnen sein, nicht aber deren einzelne Elemente wie etwa das Bestehen eines Vorurteils oder das Vorliegen einer sprunghaften Weiterentwicklung der Technik (BGH 28. 11. 1963 E 4, 233 zum technischen Fortschritt als Indiz für Erfindungshöhe; vgl. auch BGH 20. 10. 1966 Bl. 1967, 137; 11. 4. 1967 GRUR 1967, 548, 552 – Schweißelektrode II –). Zu den Angriffs- und Verteidigungsmitteln gehört auch die Behauptung einer offenkundigen Vorbenutzung, die jedoch nur erörtert zu werden braucht, wenn sie **entscheidungserheblich**, nämlich für sich allein neuheitsschädlich, ist, nicht aber, wenn die Behauptung inzwischen durch den weiteren Verfahrensablauf ersichtlich überholt ist (BGH 28. 11. 1963 E 4, 238 – Schreibstift –). Denn die Rüge aus Nr. 5 führt nur dann zum Erfolg, wenn die Berücksichtigung des angeblich übergangenen Vorbringens zu einer anderen Entscheidung hätte führen können (BGH 31. 1. 1967 GRUR 1967, 543, 546 – Bleiphosphit –).

Ein Mangel der Begründung im Sinne der Nr. 5 liegt **nicht** vor, wenn die 35
Erfindungshöhe von den einzelnen Entgegenhaltungen her und nicht aus der notwendigen Gesamtschau des Standes der Technik beurteilt worden ist

(BGH 28. 11. 1963 E 4, 238 – Schreibstift –). Ein Mangel liegt auch nicht in der fehlenden Einzelerörterung von Unteransprüchen, wenn der Anmelder selbst nicht zum Ausdruck gebracht hat, daß er sie als unechte Unteransprüche gewertet zu wissen wünsche (BGH 16. 7. 1964 E 5, 244 – Fotoleiter –; 25. 2. 1965 Bl. 1966, 125; 10. 6. 1965 Mitt. 1967, 16), oder in der Nichterörterung eines zur Frage des Fortschritts eingereichten Privatgutachtens, wenn das BPatG unter Unterstellung des Fortschritts das Patent wegen mangelnder Erfindungshöhe versagte (BGH 21. 12. 1962 BGHZ 39, 333, 349 f. – Warmpressen –; 3. 12. 1964 GRUR 1965, 270 – Kontaktmaterial –), oder wenn das BPatG nicht dargelegt hat, weshalb es eine Entscheidung im schriftlichen Verfahren für zulässig erachtet hat (BGH 26. 6. 1969 Bl. 1970, 163, 165 – Faltbehälter –), oder in der Bezugnahme auf einen Zwischenbescheid oder eine andere zwischen denselben Parteien ergangene oder gleichzeitig ergehende Entscheidung (BGH 2. 10. 1970 GRUR 1971, 86 – Eurodigina –).

§ 41 q

(1) Die Rechtsbeschwerde steht den am Beschwerdeverfahren Beteiligten zu.

(2) Die Rechtsbeschwerde kann nur darauf gestützt werden, daß der Beschluß auf einer Verletzung des Gesetzes beruht. §§ 550 und 551 Nr. 1 bis 3 und 5 bis 7 der Zivilprozeßordnung gelten entsprechend.

ÜBERSICHT

I. Abs. 1: Beschwerdeberechtigung

1 Die Vorschrift des Abs. 1 korrespondiert mit § 36 m Abs. 1 und sagt nur eine Selbstverständlichkeit. Eine **Beschränkung** der Zulassung auf einen bestimmten **Beteiligten** ist nicht möglich; die Zulassung wirkt nicht etwa nur zugunsten desjenigen, zu dessen Nachteil die Rechtsfrage, derentwegen zugelassen wurde, entschieden worden ist (BGH 26. 10. 1953 NJW 1954, 110). Auch die zulassungsfreie Rechtsbeschwerde steht allen Beteiligten zu (selbst im Fall der mangelnden Vertretung, § 41 p Abs. 3 Nr. 3, vgl. RG 28. 11. 1929 RGZ 126, 261, 263; doch kann der Nichtvertretene durch Genehmigung der Prozeßführung der Rechtsbeschwerde seines Gegners den Boden entziehen).

Anschlußrechtsbeschwerde ist möglich (Nastelski bei Reimer, § 41 r Anm. 8; Löscher bei Benkard, § 41 r Anm. 4; im einzelnen s. Kirchner, GRUR 1968, 691); auch **Nebenintervention,** wenn sie im zugrunde liegenden Beschwerdeverfahren möglich war (im GebrM-Löschungsverfahren, BGH 30. 5. 1967 GRUR 1968, 86 – Landwirtschaftliches Ladegerät –; nicht im Patenterteilungsverfahren).

2 Voraussetzung der Zulässigkeit der Rechtsbeschwerde – auch der zugelassenen – ist, daß der Rechtsbeschwerdeführer durch die Entscheidung des BPatG im Ergebnis **beschwert** ist (Begründung Bl. 1961, 157; über die Beschwer s. § 36 m Anm. 6 ff.); nicht erforderlich ist, daß gerade die Rechtsfrage, derentwegen die Rechtsbeschwerde zugelassen wurde, zu seinen Lasten entschieden ist (Hesse in Klauer-Möhring, Anm. 41 p Anm. 4). Selbst bei Vorliegen einer formellen Beschwer ist die Rechtsbeschwerde zurückzuweisen, wenn das **Rechtsschutzbedürfnis** fehlt.

Darüber, wer am Rechtsbeschwerdeverfahren zu beteiligen ist, s. § 41 u Anm. 1.

II. Abs. 2: Rechtsbeschwerdegründe

1. Revisionscharakter

3 Die Rechtsbeschwerde ist – ebenso wie die in Kartellverwaltungssachen, § 75 Abs. 2 GWG – **revisionsähnlich** ausgestaltet, da ihr schon zwei Sachinstanzen vorausgehen (Löscher, DRiZ 1962, 9). Während die Berufung des Nichtigkeitsverfahrens den ganzen Verfahrensstoff in tatsächlicher und rechtlicher Hinsicht der Nachprüfung des BGH unterbreitet (welcher daher in der Regel nicht ohne Sachverständige entscheiden kann), führt die Rechtsbeschwerde nur zu einer rechtlichen (juristischen) Überprüfung; die tatsächliche Würdigung (etwa einer Beweisaufnahme) und die technische Beurteilung ist dem BGH im Rechtsbeschwerdeverfahren versagt. Zur Abgrenzung von Tat- und Rechtsfragen s. § 41 p Anm. 19 und Löscher bei Benkard, § 47 Anm. 85 ff.

Der revisionsartige Charakter der Rechtsbeschwerde kommt in ihrer Bezeichnung als **»Rechtsbeschwerde«** sowie darin zum Ausdruck, daß sie nur darauf gestützt werden kann, daß der Beschluß des BPatG auf einer Verletzung des Gesetzes beruht, Abs. 2 S. 1.

2. Rechtsnorm

4 »Das Gesetz ist verletzt, wenn eine Rechtsnorm nicht oder nicht richtig angewendet worden ist«, § 550 ZPO, auf den Abs. 2 S. 2 verweist. Rechtsnormen sind die in der Bundesrepublik geltenden **Gesetze und Verordnungen**; da im gewerblichen Rechtsschutz nur Bundesrecht vorkommen dürfte (s. Art. 73 Nr. 9 GG), spielt die Irrevisibilität von Landesrecht (vgl. §§ 549 Abs. 1, 562 ZPO, die auch im Rechtsbeschwerdeverfahren gelten, BGH 13. 5. 1965 E 7, 255, 260 – Hinterachse –) keine Rolle.

Eine Rechtsnorm ist auch das **Gewohnheitsrecht,** über dessen Bestehen und Inhalt das Rechtsbeschwerdegericht selbst zu entscheiden und notfalls Beweis zu erheben hat (BGH a. a. O.; 27. 4. 1967 GRUR 1967, 586, 588 – Rohrhalterung –); nicht dagegen eine langjährige **Amtsübung,** die sich noch nicht zum Gewohnheitsrecht verdichtet hat (BGH 6. 3. 1963 E 3, 234, 235 – Digesta –; 13. 5. 1965 E 7, 255, 263 – Hinterachse –; über die Schwierigkeit der Feststellung einer Amtsübung durch den BGH vgl. Löscher, GRUR 1966, 18 f.); nicht **technische** und Naturgesetze (vgl. § 41 p Anm. 23) sowie die als »technische Rechtssätze« (Röhl, BB 1968, 20) zu bezeichnenden Entgegenhaltungen: ihre Auslegung kann der BGH nicht nachprüfen.

Auch Rügen aus §§ 139, 286 ZPO können im Rahmen einer zugelassenen Rechtsbeschwerde erhoben werden (nicht bei einer zulassungsfreien Rechtsbeschwerde, BGH 21. 12. 1962 BGHZ 39, 333, 343 f. – Warmpressen –), da eine sie ausschließende Bestimmung (s. 5. Aufl. Anm. 5) nicht Gesetz geworden ist. 5

Über den Umfang der Nachprüfungsbefugnis des BGH s. § 41 w Anm. 3 ff.

3. Beruhen

Der mit der Rechtsbeschwerde anzufechtende Beschluß muß auf der Gesetzesverletzung beruhen, d. h. diese muß kausal für ihn sein. Die **Kausalität** wird unwiderleglich vermutet bei den Verfahrensverstößen des **§ 551 ZPO**, dessen Nrn. 1–3, 5–7 nach § 41 q Abs. 2 S. 2 entsprechend gelten. § 551 ZPO lautet: 6

Eine Entscheidung ist stets als auf einer Verletzung des Gesetzes beruhend anzusehen:

1. wenn das erkennende Gericht nicht vorschriftsmäßig besetzt war;

2. wenn bei der Entscheidung ein Richter mitgewirkt hat, der von der Ausübung des Richteramts kraft Gesetzes ausgeschlossen war, sofern nicht dieses Hindernis mittels eines Ablehnungsgesuchs ohne Erfolg geltend gemacht ist;

3. wenn bei der Entscheidung ein Richter mitgewirkt hat, obgleich er wegen Besorgnis der Befangenheit abgelehnt und das Ablehnungsgesuch für begründet erklärt war;

(4. wenn das Gericht seine Zuständigkeit oder Unzuständigkeit mit Unrecht angenommen hat;)

5. wenn eine Partei in dem Verfahren nicht nach Vorschrift der Gesetze vertreten war, sofern sie nicht die Prozeßführung ausdrücklich oder stillschweigend genehmigt hat;

6. wenn die Entscheidung auf Grund einer mündlichen Verhandlung ergangen ist, bei der die Vorschriften über die Öffentlichkeit des Verfahrens verletzt sind;

7. wenn die Entscheidung nicht mit Gründen versehen ist.

Diese **»unbedingten Revisionsgründe«** entsprechen genau den Fällen der zulassungsfreien Rechtsbeschwerde (§ 41 p Abs. 3 – mit einer bedeutungslosen Abweichung in Nr. 2 und unter Zusammenfassung der Nrn. 2 und 3 des § 551 ZPO). Ihre substantiierte Behauptung macht die zulassungsfreie Rechtsbeschwerde statthaft; ihr Vorliegen macht die zugelassene wie die zulassungsfreie Rechtsbeschwerde stets begründet und muß zur Aufhebung führen, ohne daß die Kausalität des Verfahrensverstoßes festgestellt zu werden braucht. 7

Bei anderen Verfahrensrügen (BGH 12. 10. 1960 LM Nr. 23 zu § 554 ZPO) und bei materiellrechtlichen Rügen muß dagegen vorgetragen werden, daß ohne die Rechtsverletzung möglicherweise anders entschieden worden wäre. 8

§ 41 r

(1) Die Rechtsbeschwerde ist innerhalb eines Monats nach Zustellung des Beschlusses beim Bundesgerichtshof schriftlich einzulegen.

(2) In dem Rechtsbeschwerdeverfahren vor dem Bundesgerichtshof richten sich die Gebühren und Auslagen nach den Vorschriften des Gerichtskostengesetzes. Für das Verfahren wird eine volle Gebühr erhoben, die nach den Sätzen berechnet wird, die für das Verfahren in der Revisionsinstanz gelten. Die Bestimmungen des § 53 über die Streitwertfestsetzung gelten entsprechend.

(3) Die Rechtsbeschwerde ist zu begründen. Die Frist für die Begründung beträgt einen Monat; sie beginnt mit der Einlegung der Rechtsbeschwerde und kann auf Antrag von dem Vorsitzenden verlängert werden.

(4) Die Begründung der Rechtsbeschwerde muß enthalten

1. die Erklärung, inwieweit der Beschluß angefochten und seine Abänderung oder Aufhebung beantragt wird;
2. die Bezeichnung der verletzten Rechtsnorm;
3. insoweit die Rechtsbeschwerde darauf gestützt wird, daß das Gesetz in bezug auf das Verfahren verletzt sei, die Bezeichnung der Tatsachen, die den Mangel ergeben.

(5) Vor dem Bundesgerichtshof müssen sich die Beteiligten durch einen beim Bundesgerichtshof zugelassenen Rechtsanwalt als Bevollmächtigten vertreten lassen. Auf Antrag eines Beteiligten ist seinem Patentanwalt das Wort zu gestatten. § 157 Abs. 1 und 2 der Zivilprozeßordnung ist insoweit nicht anzuwenden. § 51 Abs. 5 gilt entsprechend.

ÜBERSICHT

1. Abs. 1: Einlegung der Rechtsbeschwerde

1 Die Rechtsbeschwerde wird – im Gegensatz zur Berufung des Nichtigkeitsverfahrens und zur Rechtsbeschwerde nach § 75 GWB – nicht beim »iudex a quo«, dem Patentgericht, sondern beim »iudex ad quem«, dem BGH, eingelegt, so daß eine Vorprüfung der Zulässigkeit durch das BPatG entfällt. Die **Frist** beträgt einen Monat ab Zustellung (§ 45 a; eine Rechts-

mittelbelehrung erfolgt nicht) und wird nur durch Eingang der von einem **BGH-Anwalt unterzeichneten** Rechtsbeschwerdeschrift gewahrt; über die Schriftform siehe § 36 l Anm. 13 f. Die Frist läuft auch während der Gerichtsferien (vor § 41 p Anm. 2). Ihr Ablauf wird durch Einreichung eines (nicht anwaltspflichtigen) Armenrechtsgesuches gehemmt, § 46 k i. V. m. § 46 f. Im übrigen kann Wiedereinsetzung nach §§ 233 ff. ZPO – nicht nach § 43, also auch dem Einsprechenden – gewährt werden (§ 41 v Anm. 2).

Weitere Erfordernisse (etwa Gebührenzahlung) stellt das Gesetz nicht auf. Die Begründung kann innerhalb der besonderen Begründungsfrist des Abs. 3 nachgebracht werden. Anschluß-Rechtsbeschwerde ist zulässig (Löscher bei Benkard, § 41 r Anm. 4). 2

2. Abs. 2: Gerichtskosten

Abs. 2 bestimmt Art und Höhe der Gerichtskosten (Gebühren und Auslagen), während die Zahlungspflicht und die Erstattung zwischen den Parteien in § 41 y geregelt sind. Eine sofortige Gebührenzahlung ist, anders als im Berufungsverfahren, nicht erforderlich; die Gerichtskosten werden nach Abschluß der Instanz dem Rechtsbeschwerdeführer (§ 95 GKG) bzw. dem, dem nach § 41 y Kosten auferlegt sind (§ 99 Nr. 1 GKG), in Rechnung gestellt. 3

An Gerichts**gebühren** wird nur eine doppelte (§ 34 GKG für die Revisionsinstanz) Gebühr erhoben, bei Verwerfung der Rechtsbeschwerde als unzulässig und bei Zurücknahme vor Terminsbestimmung nur eine halbe Gebühr (§ 36 GKG; Löscher bei Benkard, § 41 r Anm. 11). 4

Der Betrag der Gebühr nach der dem GKG beigefügten Tabelle bestimmt sich nach dem **Streitwert,** der also in jedem Fall vom Gericht festgesetzt werden muß. Diese Wertfestsetzung gilt dann auch für die Anwaltsgebühren (dazu s. § 41 y Anm. 9). 5

Bei der **Bemessung** des Streitwerts ist – obgleich bei der Zulassung der Rechtsbeschwerde das Interesse der Allgemeinheit im Vordergrund steht – die wirtschaftliche Bedeutung des Verfahrens für die Beteiligten zu berücksichtigen (Löscher, GRUR 1966, 20). Soweit nicht bei bereits benutzten Schutzrechten oder Anmeldungen die Grundsätze für die Streitwertbemessung im Nichtigkeitsverfahren (§ 40 Anm. 31) angewendet werden können (so z. B. BPatG 16. 6. 1964 E 6, 63 im Beschwerdeverfahren) oder in Kostensachen der Streitwert sich aus dem streitigen Kostenbetrag von selbst ergibt, kann jener nur geschätzt werden (vgl. die Angaben bei Löscher, a. a. O., wonach die Streitwerte meist zwischen 5000 und 50 000 DM liegen). Über die Abänderbarkeit der Streitwertfestsetzung s. § 40 Anm. 32. Streitwertherabsetzung wegen der wirtschaftlichen Lage eines Beteiligten nach § 53 ist möglich.

Wegen der **Auslagen** vgl. § 41 n Anm. 2 ff.

3. Abs. 3: Begründungsfrist

6 Für die Rechtsbeschwerde ist – anders als bei der Beschwerde – eine **Begründung** vorgeschrieben, die, wenn sie nicht mit dem in Abs. 4 vorgeschriebenen Inhalt bereits in der Rechtsbeschwerdeschrift enthalten war, innerhalb einer besonderen Begründungs**frist** (entsprechend § 554 ZPO) nachzureichen ist. Diese beträgt einen Monat ab Einlegung (Eingang) der Rechtsbeschwerde und kann vom Vorsitzenden des Senats **verlängert** werden, wenn dies rechtzeitig, d. h. vor Fristablauf, beantragt wird, sei es auch ohne Glaubhaftmachung eines wichtigen Grundes. Wiederholte Verlängerung ist nur nach Anhörung eines etwaigen Gegners zulässig, § 225 Abs. 2 ZPO. Nach Ablauf der Begründungsfrist können keine weiteren Rechtsbeschwerdegründe geltend gemacht werden, § 554 Abs. 6 ZPO (Löscher bei Benkard, § 41 r Anm. 3).

4. Abs. 4: Inhalt der Begründung

7 Die Begründung muß den **Antrag** enthalten, Nr. 1. Ein förmlicher Antrag ist nicht unerläßlich (BGH 29. 9. 1953 LM Nr. 14 zu § 546 ZPO), doch muß eindeutig sein, ob der ganze Beschluß oder welcher Teil nur angefochten wird. Daß Aufhebung des angefochtenen Beschlusses beantragt wird (»Abänderung« ist nicht möglich, § 41 x; bei ihrer Erwähnung handelt es sich um ein Redaktionsversehen, Löscher bei Benkard, § 41 r Anm. 3), ist ohnehin selbstverständlich.

8 Ferner müssen die angeblich **verletzte Rechtsnorm,** Nr. 2 (s. § 41 q Anm. 4), und bei Verfahrensrügen die den **Verfahrensmangel** ergebenden Tatsachen, Nr. 3, bezeichnet werden. Dies gilt auch für die die zulassungsfreie Rechtsbeschwerde eröffnenden Verfahrensmängel, die mit genau bestimmten Tatsachen belegt werden müssen (z. B. die unvorschriftsmäßige Besetzung des Gerichts, vgl. BGH 15. 12. 1956 LM Nr. 10 zu § 551 Ziff. 1 ZPO; 28. 10. 1958 LM Nr. 27 zu § 551 Ziff. 1 ZPO; 29. 4. 1969 GRUR 1969, 562 – Appreturmittel –; BFH 5. 3. 1970 NJW 1970, 1896).

Materiellrechtliche Rügen können bei zugelassenen, ordnungsmäßig begründeten Rechtsbeschwerden auch noch nachgeschoben werden (Nastelski bei Reimer, § 41 r Anm. 5); s. auch § 41 w Anm. 5 über den Umfang der Nachprüfung.

5. Abs. 5: Anwaltszwang

9 Im Rechtsbeschwerdeverfahren herrscht Anwaltszwang, und zwar sind – im Gegensatz zum Berufungsverfahren in Nichtigkeitssachen – wegen des Revisionscharakters der Rechtsbeschwerde nur die **beim BGH zugelassenen Rechtsanwälte** zur Vertretung zugelassen. Schon Einlegung und Be-

gründung der Rechtsbeschwerde unterliegen dem Anwaltszwang. Er gilt auch für einen etwaigen Rechtsbeschwerdegegner, der also nur durch einen BGH-Anwalt am Rechtsbeschwerdeverfahren teilnehmen kann (z. B. nach Zurücknahme der Rechtsbeschwerde den vom BGH für erforderlich gehaltenen Kostenantrag stellen kann, s. § 41 y Anm. 7).

Wer keinen zur Vertretung bereiten Rechtsanwalt findet, kann, wenn die beabsichtigte Rechtsverfolgung nicht mutwillig oder aussichtslos erscheint, nach § 78 a ZPO i. V. m. § 41 v Abs. 1 die Beiordnung eines **Notanwalts** beantragen (der nach Vorschußzahlung zur Übernahme der Vertretung verpflichtet ist). Über diesen nicht anwaltspflichtigen Antrag entscheidet der Senat des BGH, die Auswahl des Anwalts erfolgt durch dessen Vorsitzenden (§ 116 b ZPO) oder auch durch den Senat (z. B. BGH 30. 1. 1964 E 4, 257, 259 – Kondenswasserableiter –). Verstreicht inzwischen die Rechtsbeschwerdefrist, so wird Wiedereinsetzung nach den Vorschriften der ZPO (s. § 41 v Anm. 2) gewährt, wenn der Rechtsbeschwerdeführer innerhalb der Rechtsbeschwerdefrist alle erforderlichen und möglichen Maßnahmen ergriffen hatte, um einen Anwalt zu finden (vgl. BGH a. a. O.). 10

Da die im Rechtsbeschwerdeverfahren zu beurteilenden Rechtsfragen vielfach im Hinblick auf technische Sachverhalte zu erörtern sind, sind in der **mündlichen Verhandlung**, ebenso wie in Patentstreitsachen, auch **Patentanwälte** (und Patentassessoren im Rahmen des § 156 PatAnwO) zum Vortrag zugelassen (dies ist auch in § 4 PatAnwO ausgesprochen), jedoch nur auf »Antrag« eines Beteiligten, der nur durch einen BGH-Anwalt gestellt werden kann. § 157 ZPO Abs. 1 und 2 (diese Vorschrift betrifft die Untersagung des Vortrags bei mangelnder Fähigkeit zu geeignetem Vortrag) ist insoweit von der Anwendung ausgeschlossen, Abs. 5 S. 3. 11

Für Erlaubnisscheininhaber gilt die Ausnahme nicht. Auch sonstige technische Berater sind als Beistände nicht zugelassen (vgl. § 90 ZPO). Dagegen ist dem Beteiligten selbst auf Antrag das Wort zu gestatten, § 137 Abs. 4 ZPO.

Durch Verweisung auf § 51 Abs. 5 ist sichergestellt, daß die Sachdienlichkeit der Patentanwaltsgebühren im Rahmen dieser Vorschrift bei der Kostenfestsetzung nicht in Zweifel gezogen werden kann (vgl. dazu BPatG 5. 7. 1971 E 12, 188).

6. Zurücknahme der Rechtsbeschwerde

Die Zurücknahme der Rechtsbeschwerde ist **jederzeit** möglich, auch im zweiseitigen Verfahren jedenfalls bis zum Beginn einer etwaigen mündlichen Verhandlung auch ohne Einwilligung des Rechtsbeschwerdegegners (§ 515 Abs. 1 i. V. m. § 566 ZPO, der in Ermangelung einer gesetzlichen Regelung der Zurücknahme im PatG anzuwenden sein wird). Über die Er- 12 mäßigung der Gerichtsgebühr bei Zurücknahme vor Terminsbestimmung s. o. Anm. 4. Auf (anwaltspflichtigen) Antrag des Gegners ist entsprechend § 515 Abs. 3 ZPO der Verlust des Rechtsmittels und die Kostenfolge (s. dazu § 41 y Anm. 7) auszusprechen (BGH 30. 5. 1967 GRUR 1967, 553 – Rechtsbeschwerdekosten –).

Bei Zurücknahme der Anmeldung tritt Erledigung des Rechtsbeschwerdeverfahrens ein.

§ 41 s

Die Rechtsbeschwerde hat aufschiebende Wirkung. § 36 n Abs. 2 gilt entsprechend.

Satz 1, der (zur Klärung einer vor 1961 entstandenen Streitfrage, Begründung Bl. 1961, 158) die **aufschiebende Wirkung** der Rechtsbeschwerde feststellt, zieht nur die Folgerung aus ihrem Rechtsmittelcharakter. Jede Rechtsbeschwerde, auch die unzulässige – denn über die Zulässigkeit kann man oft streiten – hemmt die Rechtskraft und die Vollziehung des Beschlusses (Löscher bei Benkard, § 41 s Anm. 1 nimmt »offensichtlich unzulässige« Rechtsbeschwerden aus). Nur die verspätete Rechtsbeschwerde hat keine aufschiebende Wirkung, denn mit Ablauf der Rechtsbeschwerdefrist (§ 41 r Abs. 1) ist der Beschluß in Rechtskraft erwachsen, die allenfalls durch Gewährung der Wiedereinsetzung wieder beseitigt werden kann.

Die aufschiebende Wirkung **endet** mit der Zurücknahme der Rechtsbeschwerde oder mit der Verkündung bzw. Zustellung (§ 41 w Anm. 8) des BGH-Beschlusses. Sie entfällt rückwirkend mit Verwerfung der unzulässigen Rechtsbeschwerde (Nastelski bei Reimer, § 41 s Anm. 1); vgl. auch § 40 Anm. 15.

Im übrigen s. die Anm. zu § 36 n.

§ 41 t

Der Bundesgerichtshof hat von Amts wegen zu prüfen, ob die Rechtsbeschwerde an sich statthaft und ob sie in der gesetzlichen Form und Frist eingelegt und begründet ist. Mangelt es an einem dieser Erfordernisse, so ist die Rechtsbeschwerde als unzulässig zu verwerfen.

Die Bestimmung ist dem § 554 a Abs. 1 ZPO nachgebildet. Ist die Rechtsbeschwerde nicht gemäß § 41 p statthaft oder sind die Form- und Fristvorschriften des § 41 r nicht gewahrt, so wird die Rechtsbeschwerde als unzulässig verworfen. Eine vorherige Belehrung des Rechtsbeschwerdeführers über die der Zulässigkeit entgegenstehenden Bedenken wird in vielen Fällen zur Zurücknahme führen.

§ 41 u

Sind an dem Verfahren über die Rechtsbeschwerde mehrere Personen beteiligt, so sind die Beschwerdeschrift und die Beschwerdebegründung den anderen Beteiligten mit der Aufforderung zuzustellen, etwaige Erklärungen innerhalb einer bestimmten Frist nach Zustellung beim Bundesgerichtshof schriftlich einzureichen. Mit der Zustellung der Beschwerdeschrift ist der Zeitpunkt mitzuteilen, in dem die Rechtsbeschwerde eingelegt ist. Die erforderliche Zahl von beglaubigten Abschriften soll der Beschwerdeführer mit der Beschwerdeschrift oder der Beschwerdebegründung einreichen.

Der BGH **beteiligt** am Rechtsbeschwerdeverfahren alle Beteiligten des 1
Beschwerdeverfahrens (Löscher bei Benkard, § 41 u Anm. 1). Anders als im Beschwerdeverfahren (§ 36 l Anm. 35), wird also die Rechtsbeschwerde eines Einsprechenden auch den anderen Einsprechenden zugestellt. Niemand ist gezwungen, sich am Verfahren aktiv zu beteiligen, was er nur durch einen BGH-Anwalt tun kann.

Die bei der Zustellung zu setzende **Erwiderungsfrist** hat nur die Bedeu- 2
tung, daß nach ihrem Ablauf entschieden werden kann. Auch wer sich erst nach ihrem Ablauf meldet, wird am weiteren Verfahren beteiligt. Ja auch wer sich überhaupt nicht (bzw. nicht durch einen BGH-Anwalt) meldet, wird zu einer etwaigen mündlichen Verhandlung geladen. Auch ihm können Kosten auferlegt werden (§ 41 y Abs. 1 S. 1).

Da die Zulässigkeitsprüfung nach § 41 t der Zustellung nach § 41 u vorangeht (a. A. Nastelski bei Reimer, § 41 u Anm. 1), brauchen unzulässige Rechtsbeschwerden den anderen Verfahrensbeteiligten – deren Rechte durch eine Verwerfung ja nicht berührt werden – nicht zugestellt zu werden (obgleich Satz 2 darauf hinzudeuten scheint, daß der Gegner auch an der Zulässigkeitsprüfung zu beteiligen ist); deren Anhörung steht im Ermessen des Gerichts.

§ 41 v

(1) Im Verfahren über die Rechtsbeschwerde gelten die Vorschriften der Zivilprozeßordnung über Ausschließung und Ablehnung der Gerichtspersonen, über Prozeßbevollmächtigte und Beistände, über Zustellungen von Amts wegen, über Ladungen, Termine und Fristen und über Wiedereinsetzung in den vorigen Stand entsprechend. Im Falle der Wiedereinsetzung in den vorigen Stand gilt § 43 Abs. 4 entsprechend.

(2) Für die Öffentlichkeit des Verfahrens gilt § 36 g Abs. 1 entsprechend.

1. Abs. 1: Anwendung der ZPO

1 Zur Abrundung der Regelung des PatG sind einige Vorschriften der ZPO heranzuziehen (s. auch vor § 41 p Anm. 2, 3). Insbes. gilt folgendes:

Die **Ausschließung und Ablehnung** der Richter regelt sich nicht nach § 41 a, sondern nur nach der ZPO (s. § 41 a Anm. 2–19). Eine Vorschrift über Ausschließung wegen Mitwirkung beim PA fehlt, ist auch entbehrlich, denn ehe etwa einmal ein WZ-Prüfer Bundesrichter werden sollte, werden die von ihm bearbeiteten Sachen rechtskräftig erledigt sein.

2 Auch die **Wiedereinsetzung** regelt sich nicht nach § 43, sondern nach §§ 233 bis 238 ZPO. Es gilt also nicht die Zweimonatsfrist des PatG, sondern die Zweiwochenfrist des § 234 ZPO. Im Gegensatz zu § 43 steht im Rechtsbeschwerdeverfahren auch dem Einsprechenden die Wiedereinsetzung zu. Da § 43 nicht gilt, mußte das Weiterbenutzungsrecht des gutgläubigen Zwischenbenutzers durch Verweisung auf § 43 Abs. 4 gesichert werden; auch dessen neuer Abs. 5 wird anzuwenden sein (Nastelski bei Reimer, § 41 v Anm.).

2. Abs. 2: Öffentlichkeit

3 Eine etwaige **mündliche Verhandlung** ist im gleichen Umfang wie vor dem Beschwerdesenat des BPatG öffentlich, also grundsätzlich ab Bekanntmachung oder Offenlegung der Anmeldung (s. § 36 g Anm. 2–6).

§ 41 w

(1) Die Entscheidung über die Rechtsbeschwerde ergeht durch Beschluß; sie kann ohne mündliche Verhandlung getroffen werden.

(2) Der Bundesgerichtshof ist bei seiner Entscheidung an die in dem angefochtenen Beschluß getroffenen tatsächlichen Feststellungen gebunden, außer wenn in bezug auf diese Feststellungen zulässige und begründete Rechtsbeschwerdegründe vorgebracht sind.

(3) Die Entscheidung ist zu begründen und den Beteiligten von Amts wegen zuzustellen.

ÜBERSICHT

1. Abs. 1: Entscheidung

Die Entscheidungen des BGH werden, auch wenn sie auf Grund mündlicher Verhandlung ergehen, als »**Beschluß**« bezeichnet (ebenso §§ 70, 75 Abs. 5 GWB für Kartell-Verwaltungssachen). Der Beschluß ergeht auf Verwerfung als unzulässig (§ 41 t), Zurückweisung als unbegründet (diese erfolgt auch, wenn gerügte oder von Amts wegen beanstandete Gesetzesverletzungen – außer denen des § 551 ZPO, s. § 41 q Anm. 6 f. – vorliegen, die Entscheidung sich aber aus anderen Gründen als richtig erweist, § 563 ZPO) oder Aufhebung und Zurückverweisung (§ 564 Abs. 1 ZPO, § 41 x). Über die Zulässigkeit der Rechtsbeschwerde oder andere zur selbständigen Entscheidung geeignete Punkte kann vorab durch **Zwischenbeschluß** entschieden werden (BGH 26. 1. 1967 BGHZ 47, 132, 133 ff. – UHF-Empfänger II – für die Frage, ob die Eintragung eines GebrM nach Ablauf der sechsjährigen Schutzfrist noch möglich ist). Ferner kommen Nebenentscheidungen (Armenrecht, Kostenentscheidungen usw.) in Frage. 1

Die Anberaumung einer **mündlichen Verhandlung** steht im Ermessen des Senats; einen das Gericht bindenden Antrag wie in § 36 o Nr. 1 hat das Gesetz nicht vorgesehen, so daß entsprechende »Anträge« nur eine Anregung darstellen. 2

Der BGH pflegt ohne mündliche Verhandlung zu entscheiden, wenn alle maßgeblichen Gesichtspunkte schriftlich vorgetragen sind und von einer mündlichen Verhandlung eine weitere Klärung nicht zu erwarten ist (BGH 13. 5. 1965 Mitt. 1965, 172, 174 – Darmreinigungsmittel –; 20. 10. 1966

Bl. 1967, 137 usw.; oder: »da eine weitere Aufklärung davon nicht zu erwarten und auch nicht erforderlich war«: 13. 5. 1965 E 7, 244, 255 – Beschränkter Bekanntmachungsantrag –). Immerhin hat der BGH in der Mehrzahl der Fälle, insbes. der zugelassenen Rechtsbeschwerden, auf Grund mündlicher Verhandlung entschieden (Zahlen aus den ersten vier Jahren des 6. ÜG bei Löscher, GRUR 1966, 19).

Im schriftlichen Verfahren sind alle Schriftsätze, die bis zur Herausgabe des Beschlusses an die Postabfertigungsstelle eingehen, zu berücksichtigen (vgl. BGH 9. 3. 1967 GRUR 1967, 435 – Isoharnstoffäther – und § 41 h Anm. 7).

2. Abs. 2: Umfang der Nachprüfung

3 Dem Revisionscharakter der Rechtsbeschwerde entspricht die Bindung des BGH an die im angefochtenen Beschluß getroffenen **tatsächlichen Feststellungen.** Diese sind nur nachprüfbar, wenn sie mit einer Verfahrensrüge angegriffen sind, gegen Denkgesetze verstoßen oder in offensichtlichem Widerspruch zu anerkannten Grundsätzen der Technik stehen (BGH 25. 11. 1965 Mitt. 1966, 93, 96 – Flächentransistor –; 13. 7. 1971 Bl. 1971, 347, 351 – Funkpeiler –: offensichtlicher technischer Irrtum; zur Nachprüfbarkeit der Wertung von Fortschritt und Erfindungshöhe s. Nastelski, GRUR 1968, 549). Im übrigen ist die **technische** Beurteilung durch das BPatG in der Rechtsbeschwerdeinstanz nicht nachprüfbar (z. B. die Frage der ursprünglichen Offenbarung, BGH 26. 1. 1967 Mitt. 1967, 112, 114 – Dampferzeuger –). Unbeschränkt nachprüfbar ist dagegen die **Auslegung** prozessualer Erklärungen durch das BPatG (z. B. inwiefern sie einen Verzicht enthalten: BGH 13. 5. 1965 E 7, 244, 248 f. – Beschränkter Bekanntmachungsantrag –). Der BGH hat auch selber Erklärungen des Anmelders anhand der Erteilungsakten darauf überprüft, ob sie einen Verzicht enthalten (BGH 9. 3. 1967 GRUR 1967, 413, 417 f. – Kaskodeverstärker –).

4 **Neues** tatsächliches **Vorbringen** – d. i. Vorbringen, das nicht aus Beschluß oder Protokoll des BPatG ersichtlich ist, vgl. § 561 Abs. 1 ZPO; hier kann die Tatbestandsberichtigung erforderlich werden (vgl. § 41 l Anm. 1) – ist im Rechtsbeschwerdeverfahren unzulässig und unbeachtlich (z. B. zur Beurteilung der technischen Wirkung: BGH 13. 5. 1965 E 7, 240, 243 f. – Darmreinigungsmittel –; oder der Erfindungshöhe: BGH 28. 4. 1966 Bl. 1966, 234, 235 = GRUR 1966, 583 – Abtastverfahren –).

Eine Ausnahme bilden die zur Stützung von **Verfahrensrügen** dienenden Tatsachen, die gemäß § 41 r Abs. 4 Nr. 3 innerhalb der Begründungsfrist vorgetragen sind. Diese Tatsachenbehauptungen hat der BGH nachzuprüfen und ggf. darüber Beweis zu erheben. Entsprechendes gilt für die **Zulässigkeitsprüfung** (wenn z. B. über die Rechtzeitigkeit der Rechtsbeschwerde, die Begründetheit eines Wiedereinsetzungsantrags u. dgl. zu entscheiden ist).

Diese geschieht im formlosen Verfahren des Freibeweises. Zu seinen Feststellungen muß der BGH mindestens dem Beteiligten, zu dessen Nachteil er sie verwertet, Gelegenheit zur Äußerung geben (vgl. § 41 h Abs. 2, Art. 103 Abs. 1 GG).

Die **rechtliche** Prüfung des angefochtenen Beschlusses unterliegt bei **zugelassenen** Rechtsbeschwerden keinen Beschränkungen; insbes. ist der BGH nicht auf die Prüfung derjenigen Rechtsfrage beschränkt, derentwegen die Rechtsbeschwerde zugelassen wurde, so daß es auf die vom Beschwerdesenat etwa gegebene Begründung der Zulassung nicht ankommt (vgl. BGH 27. 10. 1970 GRUR 1971, 115 – Lenkradbezug –); das Patentgericht könnte auch die Rechtsbeschwerde nicht in der Zulassung wirksam auf diese Rechtsfrage beschränken (BGH 28. 11. 1963 E 4, 245, 248 – Zinnlot –; 18. 2. 1965 GRUR 1965, 416, 418 – Schweißelektrode –; vgl. auch § 559 S. 2 ZPO). Verletzungen des materiellen Rechts kann der BGH auch feststellen, wenn sie nicht gemäß §§ 41 q Abs. 2, 41 r Abs. 4 Nr. 2 gerügt sind, Verletzungen des Verfahrensrechts dagegen nur, wenn sie in der Form des § 41 r Abs. 4 Nr. 3 gerügt sind (BGH 28. 4. 1966 GRUR 1966, 583, 584 – Abtastverfahren –: »Infolge der Zulassung der Rechtsbeschwerde ist der angefochtene Beschluß in vollem Umfange auf materielle Rechtsmängel und auf gerügte Verfahrensmängel hin nachzuprüfen«). Fragen der funktionellen Zuständigkeit (z. B. ob der Urkundsbeamte des DPA auch für die Festsetzung der vor dem GebrM-Beschwerdesenat erwachsenen Kosten zuständig ist) hat der BGH jedoch auch ohne Rüge von Amts wegen geprüft (BGH 19. 7. 1967 GRUR 1968, 447 – Flaschenkasten –), ebenso Verfahrensverstöße des BPatG (z. B. irrige Beurteilung der Beschwerde als zulässig: BGH 13. 7. 1971 GRUR 1972, 535 = Bl. 1972, 30 – Geheimhaltungsanordnung –). 5

Auch wenn der BGH zu dem Ergebnis gelangt, daß es auf die Rechtsfrage, derentwegen die Rechtsbeschwerde zugelassen wurde, gar nicht ankommt, bleibt die Rechtsbeschwerde statthaft (vgl. BGH 26. 10. 1953 NJW 1954, 110); auch wenn der BGH feststellt, daß die erhobenen Rügen nicht begründet sind, kann die zugelassene Rechtsbeschwerde aus anderen Gründen des materiellen Rechts Erfolg haben.

Ermessensentscheidungen des BPatG (z. B. ob es – vor Einführung des § 36 p Abs. 3 – selbst entscheidet oder gemäß § 575 ZPO zurückverweist; ob es die Rückzahlung der Beschwerdegebühr anordnet) unterliegen der Nachprüfung durch den BGH nur dann, wenn das Patentgericht nicht nach pflichtmäßigem Ermessen gehandelt hat oder bei der Handhabung seines Ermessens von fehlerhaften Erwägungen ausgegangen ist (BGH 28. 4. 1966 GRUR 1966, 583, 584 – Abtastverfahren –).

Bei der **zulassungsfreien** Rechtsbeschwerde prüft der BGH ausschließlich 6
die – innerhalb der Begründungsfrist gerügten – Verfahrensmängel des

§ 41 p Abs. 3 (im Ergebnis ebenso § 137 Abs. 3 VwGO). Erweist sich die Rüge als begründet, so ist die angefochtene Entscheidung sogleich aufzuheben (s. § 41 q Anm. 7) und zu einer weiteren Nachprüfung kein Anlaß.

Ergibt sich jedoch, daß ein Rechtsbeschwerdegrund aus § 41 p Abs. 3 **nicht gegeben** ist, dann entfällt die weitere Nachprüfungsbefugnis des BGH; andernfalls wäre es in das Belieben der Beteiligten gestellt, sich durch Vorschieben eines der in § 41 p Abs. 3 genannten Rechtsbeschwerdegründe eine uneingeschränkte Rügemöglichkeit für Verletzungen des materiellen und Verfahrensrechts zu schaffen (BGH 16. 7. 1964 E 5, 244, 247 f. – Fotoleiter –). Nicht in § 41 p Abs. 3 genannte Verfahrensmängel, so schwer sie sein mögen, können nicht mit der zulassungsfreien Rechtsbeschwerde gerügt und vom BGH nicht nachgeprüft werden (s. § 41 p Anm. 25 f.).

3. Abs. 3: Begründung und Zustellung der Entscheidung

7 Die Entscheidung »über die Rechtsbeschwerde« (s. Abs. 1) ist zu **begründen.** Nebenentscheidungen brauchen nur im Ausmaß des § 41 i Abs. 2 begründet zu werden (s. § 41 i Anm. 10).

8 Die Entscheidungen sind den Beteiligten von Amts wegen **zuzustellen,** auch wenn sie in mündlicher Verhandlung verkündet worden sind (vgl. § 41 i Abs. 1 S. 1). Die Zustellung richtet sich nach §§ 208–213 ZPO (§ 41 v Abs. 1).

§ 41 x

(1) Im Falle der Aufhebung des angefochtenen Beschlusses ist die Sache zur anderweiten Verhandlung und Entscheidung an das Patentgericht zurückzuverweisen.

(2) Das Patentgericht hat die rechtliche Beurteilung, die der Aufhebung zugrunde gelegt ist, auch seiner Entscheidung zugrunde zu legen.

1. Abs. 1: Zurückverweisung

Anders als in Revisionssachen (§ 565 Abs. 3 ZPO) und in Nichtigkeits- 1
Berufungssachen, kann der BGH in Rechtsbeschwerdesachen bei begründeter Rechtsbeschwerde niemals in der Sache **selbst entscheiden,** sondern ist – wie ein Kassationsgericht – auf die Aufhebung und Zurückverweisung beschränkt. Er kann also den Beschluß des Patentgerichts nicht abändern (die Erwähnung der Abänderung in § 41 r Abs. 4 Nr. 1 beruht auf einem Versehen, s. § 41 r Anm. 7).

Das Verbot einer Entscheidung in der Sache selbst sollte einer vermeidbaren Arbeitsbelastung des BGH entgegenwirken (Begründung Bl. 1961, 158). Doch belastet jedenfalls in entscheidungsreifen Sachen die Sachentscheidung den BGH nicht mehr als die Zurückverweisung, die nur das Verfahren verzögert und eine vermeidbare Belastung des BPatG mit sich bringt. Löscher (GRUR 1966, 18; dagegen Nastelski bei Reimer, § 41 x Anm. 1) hat deshalb empfohlen, die Möglichkeit einer Sachentscheidung des BGH einzuführen, wobei es in manchen Fällen auch zweckmäßig sein mag, entsprechend § 575 ZPO die weiter erforderlichen Maßnahmen unmittelbar dem DPA zu übertragen. (Der Regierungsentwurf eines Sortenschutzgesetzes, BT-Drucks. V/1630 = Bl. 1968, 215, 226, sah in § 56 die Möglichkeit eigener Sachentscheidung des BGH in entscheidungsreifen Sachen vor, da sich die Regelung des § 41 x in der Praxis nicht bewährt habe; doch wurde die Bestimmung nicht Gesetz.)

Zurückverwiesen wird »zur anderweiten Verhandlung und Entscheidung 2
an das Patentgericht«, worauf die Sache bei dem nach der Geschäftsverteilung **zuständigen Senat** anhängig wird, in der Regel also dem Senat, dessen Entscheidung aufgehoben wurde (und dessen Richter keineswegs von der Mitwirkung bei der neuen Entscheidung ausgeschlossen sind, § 41 a Anm. 7). Die im Regierungsentwurf des 6. ÜG vorgesehene Einschränkung (Zurückverweisung »an denselben Beschwerdesenat des Patentgerichts«) war auf Vorschlag des Bundesrats (BT-Drucks. III/1749 S. 77) als entbehrlich fallengelassen worden. Damit ist die Bahn freigeworden für die Möglichkeit, auch an einen **anderen Senat** des BPatG zurückzuverweisen (vgl. § 565 Abs. 1 S. 2 ZPO), was z. B. erforderlich werden kann, wenn eine bestimmte Art

von Beschwerdesenat entscheiden soll (z. B. der GebrM-Beschwerdesenat anstelle des jur. Beschwerdesenats, BGH 26. 5. 1964 BGHZ 42, 32, 36 f. – Akteneinsicht II –).

2. Abs. 2: Bindungswirkung

3 Die rechtliche Beurteilung, die der BGH seiner aufhebenden Entscheidung **zugrunde gelegt** hat, ist für das Patentgericht **bindend** (ebenso § 565 Abs. 2 ZPO und neuerdings der durch das PatÄndG eingefügte § 36 p Abs. 3 für die Bindung des DPA an die Aufhebungsansicht des BPatG). An ein »obiter dictum« des BGH – eine die Entscheidung nicht tragende Bemerkung – ist das Patentgericht nicht gebunden. Die Bindung beschränkt sich auf diejenigen Punkte, deren rechtsirrtümliche Würdigung durch das BPatG die Aufhebung seiner Entscheidung unmittelbar herbeigeführt hat; dieses darf die gerügten Fehler nicht erneut begehen, ist aber im übrigen in seiner Entscheidung frei (BGH 11. 4. 1967 GRUR 1967, 548, 551 – Schweißelektrode II –). Insbes. ist es an seine eigene rechtliche Würdigung im ersten Beschluß nicht gebunden, da dieser in vollem Umfang aufgehoben worden ist (vgl. OLG Karlsruhe 18. 5. 1971 GRUR 1971, 571).

4 Sollte das BPatG die Bindungswirkung nicht beachten, so wäre dieser Verstoß – wenn nicht die Rechtsbeschwerde zugelassen wird – irreparabel, jedenfalls ist er kein Grund für eine zulassungsfreie Rechtsbeschwerde (BGH a. a. O.).

§ 41 y

(1) Sind an dem Verfahren über die Rechtsbeschwerde mehrere Personen beteiligt, so kann der Bundesgerichtshof bestimmen, daß die Kosten, die zur zweckentsprechenden Erledigung der Angelegenheit notwendig waren, von einem Beteiligten ganz oder teilweise zu erstatten sind, wenn dies der Billigkeit entspricht. Wird die Rechtsbeschwerde zurückgewiesen oder als unzulässig verworfen, so sind die durch die Rechtsbeschwerde veranlaßten Kosten dem Beschwerdeführer aufzuerlegen. Hat ein Beteiligter durch grobes Verschulden Kosten veranlaßt, so sind ihm diese aufzuerlegen.

(2) Im übrigen gelten die Vorschriften der Zivilprozeßordnung über das Kostenfestsetzungsverfahren und die Zwangsvollstreckung aus Kostenfestsetzungsbeschlüssen entsprechend.

ÜBERSICHT

I. Abs. 1: Kostenentscheidung

1. Einseitiges Verfahren

Im einseitigen Verfahren hat der Rechtsbeschwerdeführer seine Kosten 1
stets **selbst** zu tragen; einer Kostenentscheidung bedarf es somit nicht (BGH 16. 7. 1964 E 5, 249, 251 – Flachdruckplatten –; 27. 6. 1967 Bl. 1968, 167, 171 – UHF-Empfänger III –; jedoch pflegt der BGH bei erfolgloser Rechtsbeschwerde eine Kostenentscheidung gemäß Abs. 1 S. 2 zu treffen, Nastelski bei Reimer, § 41 y Anm. 2, z. B. BGH 13. 7. 1967 Bl. 1968, 133, 135 – Paraphe –).

Eine **Erstattung** außergerichtlicher Kosten aus der Staatskasse (wie z. B. in § 30 EGGVG und in § 34 Abs. 4 BVerfGG i. d. F. vom 21. 12. 1970 für den erfolgreichen Verfassungsbeschwerdeführer) ist nicht vorgesehen. Allenfalls kann gemäß § 7 GKG (unrichtige Sachbehandlung) von der Kostenerhebung abgesehen werden (z. B. BGH 5. 5. 1970 Bl. 1970, 450, 453 – Salzlösung –).

2. Zweiseitiges Verfahren

2 Sind **mehrere** Personen am Rechtsbeschwerdeverfahren beteiligt, dann ist eine Kostenentscheidung im Fall a obligatorisch, im Fall b fakultativ, während Fall c unklar ist.

a) Erfolglose Rechtsbeschwerde

3 Hat die Rechtsbeschwerde keinen Erfolg (**Verwerfung** als unzulässig oder **Zurückweisung** als unbegründet), dann sind die durch die Rechtsbeschwerde veranlaßten (gerichtlichen und außergerichtlichen) Kosten dem Rechtsbeschwerdeführer aufzuerlegen, **Satz 2.** War dies ein Einsprechender, so hat er also nicht nur die Kosten des Anmelders zu tragen, sondern auch die Kosten, die den anderen Einsprechenden durch ihre etwaige Beteiligung am Rechtsbeschwerdeverfahren (s. § 41 u Anm. 1) entstanden sind. Als »durch die Rechtsbeschwerde veranlaßte Kosten« sollten nur die anzusehen sein, die zur zweckentsprechenden Erledigung der Angelegenheit notwendig waren (wie Satz 1).

b) Erfolgreiche Rechtsbeschwerde

4 Bei erfolgreicher Rechtsbeschwerde (**Aufhebung** und **Zurückverweisung,** § 41 x) ergeht eine Kostenentscheidung zu Lasten eines Beteiligten, wenn sie der Billigkeit entspricht, **Satz 1.** Die Bestimmung (die gerichtliche und außergerichtliche Kosten umfaßt, vgl. Nastelski bei Reimer, § 41 y Anm. 3) spricht nur von einer »Erstattung« der Kosten, weil nach dem Regierungsentwurf des 6. ÜG eine im voraus zu zahlende Gerichtsgebühr vorgesehen war; sie ist dahin zu verstehen, daß die Kostenentscheidung hinsichtlich der Gerichtskosten darüber entscheidet, wem sie »zur Last fallen« (so § 36 q Abs. 1 S. 1; vgl. Löscher bei Benkard, § 41 y Anm. 2).

Über die **Billigkeit** s. § 36 q Anm. 18 f.

5 Da die erfolgreiche Rechtsbeschwerde das Verfahren niemals beendet, vielmehr infolge der obligatorischen Zurückverweisung immer noch eine Entscheidung des **BPatG** nachfolgen muß, kann der BGH die Entscheidung über die Kosten auch diesem **übertragen** und wird dies insbes. dann tun, wenn die Kostenentscheidung vom endgültigen Ausgang des Verfahrens abhängt. Das ist zwar nach der Eigenart der patentgerichtlichen Kostenregelung im Patenterteilungsverfahren grundsätzlich nicht der Fall (§ 36 q Anm. 1, 11), wohl aber – entsprechend der Praxis des BPatG; wegen der Ähnlichkeit der gesetzlichen Regelungen können in beiden Instanzen die gleichen Grundsätze angewendet werden (BGH 16. 3. 1966 GRUR 1966, 493, 495 – Lili –) – in echten Streitverfahren wie dem Akteneinsichtsverfahren (BGH 26. 5. 1964 Bl. 1964, 247, 251 – Akteneinsicht I –; 26. 5. 1964 Bl. 1964, 283, 287 – Akteneinsicht II –). Auch in solchen Sachen entscheidet der BGH selbst über die Kosten der Rechtsbeschwerdeinstanz,

wenn die Sache entscheidungsreif ist und nur wegen des § 41 x zur abschließenden Entscheidung zurückverwiesen wird (BGH 10. 5. 1963 E 3, 248, 256 – Polymar/Polymer –; 9. 3. 1966 GRUR 1966, 436, 439 – VITA-MALZ –).

Enthält der Beschluß des BGH **keine Kostenentscheidung,** so ist damit entschieden, daß eine Erstattung der Kosten des Rechtsbeschwerdeverfahrens nicht stattfindet, vielmehr nach der allgemeinen Regel jeder Beteiligte seine Kosten selber trägt (s. § 36 q Anm. 2). 6

c) Zurückgenommene Rechtsbeschwerde

Eine dem § 36 q Abs. 3 entsprechende Bestimmung über die isolierte Kostenentscheidung bei Zurücknahme der Rechtsbeschwerde fehlt in § 41 y. Der Fall ist nach Satz 1 zu behandeln, so daß eine fakultative Kostenentscheidung nach Billigkeit im Ermessen des Gerichts steht. Der BGH wendet jedoch §§ 515 Abs. 3, 566 ZPO entsprechend an, so daß formell ein Antrag des Rechtsbeschwerdegegners erforderlich ist (der nur durch einen BGH-Anwalt gestellt werden kann), materiell die Kostenentscheidung gegen den Zurücknehmenden ergehen **muß** (BGH 18. 10. 1966 GRUR 1967, 166 – Anwaltszwang –). Doch hat der BGH selber in einem anderen Fall nach Billigkeit entschieden und ausgesprochen, daß es bei Zurücknahme der Rechtsbeschwerde in aller Regel der Billigkeit entspreche, dem Rechtsbeschwerdeführer die Kosten der Rechtsbeschwerdeinstanz aufzuerlegen (BGH 30. 5. 1967 GRUR 1967, 553 – Rechtsbeschwerdekosten –). Dieses Ergebnis hätte ohne Heranziehung des § 515 ZPO unmittelbar aus § 41 y Abs. 1 S. 1, allenfalls unter Zurückgreifen auf § 36 q Abs. 3, gewonnen werden können. 7

d) Verschuldete Kosten

Unabhängig von den bisher erörterten Kostenentscheidungen gebietet **Satz 3,** einem Beteiligten (nicht seinem Anwalt – § 102 ZPO gilt nicht mehr, § 40 Anm. 29) solche Kosten aufzuerlegen, die er durch **grobes Verschulden** veranlaßt hat. 8

3. Erstattungsfähige Kosten

Erstattungsfähig sind stets die Gerichtskosten; außergerichtliche Kosten nur insoweit, als sie zur zweckentsprechenden Erledigung der Angelegenheit **notwendig** waren (worüber im Kostenfestsetzungsverfahren vom Rechtspfleger, evtl. auf Erinnerung vom Gericht, zu entscheiden ist). Rechtsanwaltsgebühren (es gelten die $^{13}/_{10}$ Gebühren, § 66 BRAGO, nach dem vom Gericht festgesetzten Streitwert, dazu § 41 r Anm. 5) sind stets erstattungsfähig, § 91 Abs. 2 ZPO, Patentanwaltsgebühren im Rahmen des § 51 Abs. 5, § 41 r Abs. 5 S. 4. 9

Im einzelnen sei auf § 40 Anm. 35 ff. verwiesen. Jedoch wird eine Reise des Beteiligten selbst zum Verhandlungstermin des BGH im allgemeinen nicht notwendig sein (vgl. Löscher bei Benkard, § 41 y Anm. 4).

II. Abs. 2: Kostenfestsetzung

10 Abs. 2 entspricht dem § 36 q Abs. 4 und verweist auf die ZPO, insbes. deren §§ 103–107 über das Kostenfestsetzungsverfahren. Dieses wird gemäß § 103 Abs. 2 ZPO beim BPatG durchgeführt (s. BGH 20. 9. 1961 Bl. 1961, 408 für das Nichtigkeitsverfahren). Im einzelnen s. § 36 q Anm. 33 ff.

2. Berufungsverfahren

Vorbemerkungen: Anders als die Rechtsbeschwerde, ist die Berufung im Nichtigkeitsverfahren ein Rechtsmittel mit alter Tradition. Schon das PatG von 1877 sah die letztinstanzliche Entscheidung der Nichtigkeitssachen durch das Reichsgericht (bzw. zunächst seinen Vorläufer Reichs-Oberhandelsgericht) vor, an dessen Stelle nach dem Zweiten Weltkrieg der BGH getreten ist. Die Berufungsmöglichkeit gilt im ganzen Zuständigkeitsbereich der Nichtigkeitssenate (vor § 37 Anm. 5 ff.), also außer in Nichtigkeitssachen auch in den (praktisch bedeutungslosen) Zurücknahme- und Zwangslizenzsachen (diese auch bei GebrM, § 11 a GebrMG). 1

Im Jahr 1972 wurden 31 Berufungen eingelegt (Bl. 1973, 68; s. auch die Statistik des BGH in DRiZ 1967, 158). Zuständig ist traditionell der I., später der Ia-Zivilsenat des BGH, der seit 1. 3. 1968 die Bezeichnung »X. Zivilsenat (Patentsenat)« führt.

Die Problematik der Berufung liegt darin, daß der BGH als Tatsacheninstanz tätig wird – während alle anderen Zuständigkeiten seiner Zivilsenate nur auf eine rechtliche Nachprüfung gerichtet sind –, mithin auch den technischen Sachverhalt selber würdigen muß; dies erfordert in der Regel die Zuziehung eines Sachverständigen, die das Verfahren verzögert und verteuert. Über den Plan, technische Richter zuzuziehen, s. § 36 b Anm. 7; über Reformvorschläge s. vor § 37 Anm. 2 f. 2

Das Verfahren in der Berufungsinstanz war bis 1961 nur durch VO (vom 6. 12. 1891, Neufassung vom 30. 9. 1936) geregelt. Erst das 6. ÜG hat den Inhalt dieser VO in das PatG übernommen, welches nunmehr alle das Berufungsverfahren betreffenden Vorschriften vereinigt, mag auch die – im wesentlichen auf das bisherige Recht zurückgehende – Auswahl der (z. T. von der Praxis überrollten, vgl. § 42 a Anm. 4, 9, § 42 g Anm. 1) Bestimmungen manchmal willkürlich, jedenfalls unsystematisch erscheinen. 3

Der Gesetzgeber des 6. ÜG hat davon abgesehen, die Bestimmungen über die Rechtsbeschwerde und die über die Berufung anzugleichen (was auch angesichts der Verschiedenartigkeit der Verfahren nur bis zu einem gewissen Grade möglich gewesen wäre) oder gemeinsame Verfahrensbestimmungen für den BGH aufzustellen. Zur Ausfüllung von Lücken ist im Berufungsverfahren auf die für die Nichtigkeitssenate geltenden Vorschriften (§§ 37 bis 41 o), evtl. auf die ZPO zurückzugreifen (vor § 41 p Anm. 2 f.). 4

So ist z. B. das Verlangen der Prozeßkostensicherheit entsprechend § 37 Abs. 6 auch in der Berufungsinstanz möglich (vgl. § 37 Anm. 63 ff.). Über Tod und Konkurs, Streitgenossen und Streitgehilfen, Aussetzung und Verbindung s. § 37 Anm. 23–38.

§ 42

(1) Gegen die Urteile der Nichtigkeitssenate des Patentgerichts (§ 40) findet die Berufung an den Bundesgerichtshof statt. Sie ist innerhalb eines Monats nach Zustellung beim Patentgericht schriftlich einzulegen. Innerhalb dieser Frist ist eine Gebühr nach dem Tarif zu zahlen; wird sie nicht gezahlt, so gilt die Berufung als nicht eingelegt.

(2) In dem Verfahren vor dem Bundesgerichtshof werden Gebühren und Auslagen nach den Vorschriften des Gerichtskostengesetzes erhoben. Die Gebühren werden nach den Sätzen berechnet, die für das Verfahren in der Revisionsinstanz gelten. Die Bestimmungen des § 53 über die Streitwertfestsetzung gelten entsprechend. Die für die Einlegung der Berufung gezahlte Gebühr wird auf die Gebühren des Bundesgerichtshofs angerechnet; sie wird nicht zurückgezahlt.

(3) Durch das Urteil ist auch über die Kosten des Verfahrens zu bestimmen. § 40 Abs. 2 gilt entsprechend.

(4) Beschlüsse der Nichtigkeitssenate sind nur zusammen mit ihren Urteilen (§ 40) anfechtbar. § 42 b Abs. 2 bleibt unberührt.

Übersicht

I. Abs. 1: Voraussetzungen der Berufung

1. Satz 1: Statthaftigkeit

a) Berufungsfähige Entscheidungen

Die Berufung ist gegen **alle Urteile** der Nichtigkeitssenate gegeben (auch gegen Zwischenurteile nach § 40 Abs. 1 S. 2); lediglich gegen Urteile über den Erlaß einstweiliger Verfügungen im Zwangslizenzverfahren ist die Beschwerde nach § 42 m gegeben. Wegen der Beschlüsse der Nichtigkeitssenate s. Abs. 4. Die Berufung bedarf keiner Zulassung und keiner Behauptung bestimmter Rechtsverletzungen. 1

Die Berufung kann nur gegen das ganze Urteil gerichtet werden, nicht ausschließlich gegen die in ihm als Nebenpunkt enthaltene **Kostenentscheidung,** die nur zusammen mit der Hauptsache zur Nachprüfung gestellt werden kann (§ 99 Abs. 1 ZPO; BGH 23. 9. 1960 Bl. 1961, 20). Isolierte Kostenentscheidungen sind, da sie durch Beschluß ergehen, ohnehin nicht mehr anfechtbar (§ 40 Anm. 24).

b) Beschwer

Zulässigkeitsvoraussetzung der Berufung im einzelnen Fall ist – außer den Formalien, s. u. Anm. 8–11 – das Bestehen bzw. die Fortdauer des **Rechtsschutzbedürfnisses** (§ 37 Anm. 2 ff.) und die **Beschwer** des Berufungsklägers. Diese ist gegeben, wenn nicht nach seinem letzten Hauptantrag erkannt ist. Die Bemerkung des BGH (20. 4. 1961 GRUR 1961, 572, 573 – Metallfenster –), daß der Beklagte durch – seinem Antrag entsprechende – teilweise Vernichtung des Patents »formell beschwert« ist, dürfte nicht dahin zu verstehen sein, daß er gegen ein solches Urteil Berufung einlegen kann (wohl aber Anschlußberufung, s. u. Anm. 6). 2

Die Beschwer muß in der Urteilsformel, nicht nur in den **Gründen,** liegen (vgl. § 36 m Anm. 10 f.; Seydel, GRUR 1959, 512). So ist der Nichtigkeitsbeklagte beschwert, wenn die Verweisung eines Merkmals aus dem kennzeichnenden Teil des Anspruchs in den Oberbegriff als Teilvernichtung bezeichnet ist, obwohl sie tatsächlich nur eine Klarstellung enthält (RG 25. 11. 1941 GRUR 1942, 204). Dagegen ist er durch eine die Klage uneingeschränkt abweisende Entscheidung nicht beschwert, wenn lediglich die Gründe eine einschränkende Auslegung der Ansprüche enthalten, denn diese hat, da sie den Verletzungsrichter nicht bindet, keine für den Beklagten nachteilige Wirkung (RG 27. 2. 1937 RGZ 154, 140; 2. 2. 1943 RGZ 170, 346, 350, 358; BGH 6. 7. 1967 GRUR 1968, 33, 37 – Elektrolackieren II –). Ebenso begründet eine Klageabweisung unter **Klarstellung** der Anspruchsfassung grundsätzlich keine Beschwer für den Beklagten; diese ist jedoch dann anzuerkennen, wenn die Klarstellung nach schlüssiger Behaup- 3 tung des Beklagten in Wahrheit eine Einschränkung darstellt – diese genügt für die Zulässigkeit der Berufung (BGH 27. 10. 1966 GRUR 1967, 194 – Hohlwalze –); vgl. auch RG 20. 5. 1938 RGZ 158, 1, 432; 6. 1. 1942 GRUR 1942, 315; 26. 1. 1943 GRUR 1943, 205, 207.

c) Berufungsberechtigte, Vertreter

4 Unter der Voraussetzung, daß er durch die Entscheidung beschwert ist, kann jeder **Beteiligte** Berufung einlegen, von mehreren Streitgenossen auch jeder für sich (§ 37 Anm. 25); auch der Nebenintervenient bzw. der, der erst zum Zwecke der Berufungseinlegung dem Verfahren beitritt (§ 66 Abs. 2 ZPO; über die Voraussetzungen s. § 37 Anm. 27 ff.).

Der Beteiligte kann die Berufung **selbst** oder durch einen Rechtsanwalt oder Patentanwalt (§ 42 l) oder einen sonstigen **Bevollmächtigten** (auch Erlaubnisscheininhaber, § 42 l Anm. 1) einlegen. Anwaltszwang besteht nicht, im Gegensatz zur Rechtsbeschwerde (§ 41 r Abs. 5).

d) Anschlußberufung

5 Auch wer nicht beschwert ist, kann sich der Berufung seines Gegners anschließen. Die Anschlußberufung ist im Interesse der materiellen Wahrheit auch im Patentnichtigkeitsverfahren zulässig (RG 20. 5. 1938 RGZ 158, 1, 432). Etwaigen Mißbräuchen kann mit den Vorschriften der ZPO über Zurückweisung verspäteten Vorbringens (§ 529 Abs. 2, 3 ZPO) begegnet werden (RG a. a. O. S. 5; BGH 24. 5. 1955 BGHZ 17, 305, 309 – Schlafwagen –). Auf die Anschlußberufung finden die Vorschriften der §§ 521 ff. ZPO entsprechende Anwendung (BGH 20. 4. 1961 GRUR 1961, 572 – Metallfenster –); sie ist hinfällig, wenn sie nach Ablauf der Berufungsfrist eingelegt war (**unselbständige** Anschlußberufung) und die (Haupt-)Berufung zurückgenommen oder als unzulässig verworfen wird, § 522 ZPO.

6 Mit der Anschlußberufung kann der Patentinhaber auch dann die Abweisung der Nichtigkeitsklage in vollem Umfang verlangen und auf frühere, vor dem Nichtigkeitssenat fallengelassene Ansprüche zurückgreifen, wenn er vor jenem sein Patent zuletzt nur in begrenztem Umfang verteidigt hatte (BGH 23. 2. 1965 GRUR 1965, 480 – Harnstoff –).

Die Anschlußberufung steht auch dem Nebenintervenienten zu (BGH 20. 4. 1961 a. a. O.; über seine Anträge s. § 42 a Anm. 6). Sie kann auch nur wegen der Kosten erhoben werden (vgl. BGH 27. 6. 1955 BGHZ 17, 392, 397).

7 **Formalien der Anschlußberufung.** Die unselbständige Anschlußberufung ist nicht fristgebunden, sondern kann bis zum Schluß der mündlichen Verhandlung vor dem BGH eingelegt werden (BGH 11. 11. 1952 GRUR 1953, 88 – Anschlußberufung –; 24. 5. 1955 BGHZ 17, 305, 307 – Schlafwagen –; 20. 4. 1961 GRUR 1961, 572 – Metallfenster –). Sie ist nicht

nach § 42 Abs. 1 gebührenpflichtig (RG 20. 5. 1938 RGZ 158, 1, 5). Sie wird schriftlich eingelegt, wobei der Schriftsatz die Anträge der Anschlußberufung enthalten muß (vgl. § 522 a ZPO; RG a. a. O.; vgl. auch BPatG 31. 10. 1961 E 2, 116 für die Anschlußbeschwerde im GebrM-Löschungsverfahren).

2. Satz 2: Einlegung der Berufung

a) Adressat

Die Berufung wird – anders als die Rechtsbeschwerde – beim **BPatG** 8 eingelegt. Dies gilt nicht für eine Berufung, für die zunächst der BGH die Wiedereinsetzung gewährt hat (Löscher bei Benkard, § 42 Anm. 6), und für die Anschlußberufung, wenn die Akten bereits beim BGH sind. Im Normalfall wahrt die Einlegung beim BGH nicht die Frist; auch nicht die bei der Dienststelle Berlin des DPA (vgl. § 36 l Anm. 19).

b) Frist

Die Berufungsfrist, die bis 1961 sechs Wochen betrug, wurde durch das 9 6. ÜG in Angleichung an die meisten anderen Rechtsmittel, auch die des PatG, auf einen Monat festgesetzt, da keine Gründe ersichtlich waren, die eine längere Frist rechtfertigen könnten (Begründung Bl. 1961, 159). Die Frist beginnt – auch bei verkündeten Urteilen – mit der Zustellung (§ 45 a) des Urteils an den jeweiligen Berufungskläger; eine Rechtsmittelbelehrung ist nicht vorgeschrieben. Über den Fristbeginn bei Urteilsberichtigung s. § 41 k Anm. 7. Die Berufung kann auch schon vor der Urteilszustellung eingelegt werden (z. B. RG 27. 2. 1937 RGZ 154, 140, 142).

Über die Berechnung der Frist s. § 36 l Anm. 12. Ihr Lauf wird durch Gerichtsferien nicht gehemmt (vor § 41 p Anm. 2). Wiedereinsetzung ist möglich, § 43; gewähren kann sie nur der BGH.

c) Form

Die Berufung ist **schriftlich** einzulegen; zur Schriftform s. § 36 l Anm. 10 13 ff. Die für die Zustellung an den Gegner erforderliche Zahl beglaubigter Abschriften soll beigefügt werden, § 42 c Abs. 1 S. 3. Wegen des **Inhalts** der Berufungsschrift s. § 42 a.

3. Satz 3: Gebühr

Die Gebühr für die Berufung beträgt seit 1955 unverändert 300 DM 11 (§ 1 a PatGebG). Sie ist innerhalb der Einlegungsfrist an das BPatG bzw., da dieses keine eigene Kasse hat, an die Zahlstelle des DPA zu zahlen. Über die Überweisungen s. § 36 l Anm. 48.

12 Wird die Gebühr nicht innerhalb der Frist gezahlt, so **gilt** die Berufung **als nicht eingelegt.** Dies hat der Rechtspfleger festzustellen (§ 23 Abs. 1 Nr. 4 Rechtspflegergesetz). Über die Erinnerung gegen seinen Ausspruch entscheidet der Nichtigkeitssenat, gegen dessen Beschluß entsprechend § 42 b Abs. 2 der BGH angerufen werden kann (BGH 26. 5. 1959 Mitt. 1960, 59).

Für eine einheitliche Berufung von Streitgenossen gegen eine einheitliche Nichtigkeitsentscheidung ist nur eine Berufungsgebühr zu zahlen (BGH 14. 11. 1961 GRUR 1962, 290 – Brieftauben-Reisekabine –).

Die Gebühr wird auf die beim BGH entstehenden Gerichtskosten (Abs. 2) angerechnet. Für diese Zweigleisigkeit der Gerichtsgebühren ist kein vernünftiger Grund ersichtlich; auch das Rechtsbeschwerdeverfahren kennt sie nicht. Die Gebühr des Abs. 1 sollte abgeschafft werden.

Die Gebühr des Abs. 1 wird in keinem Fall zurückgezahlt, Abs. 2 S. 4 (außer wenn die Berufung wegen verspäteter Gebührenzahlung als nicht eingelegt gilt, vgl. § 36 l Anm. 52). Die früher in § 42 Abs. 4 a. F. enthaltene Armenrechtsregelung für das Berufungsverfahren befindet sich jetzt in § 46 d.

4. Zurücknahme der Berufung

13 Hier gilt das zur Klagerücknahme Ausgeführte (§ 37 Anm. 39 ff.). Entgegen § 515 Abs. 1 ZPO kann die Zurücknahme noch in der mündlichen Verhandlung ohne Zustimmung des Gegners erklärt werden; daß dadurch eine etwaige unselbständige Anschlußberufung des Gegners hinfällig wird, macht nichts aus (ebenso Löscher bei Benkard, § 42 Anm. 16; a. A. Reimer, § 42 Anm. 11, Harmsen, GRUR 1962, 491); dieser mag selber rechtzeitig Berufung einlegen.

Die Zurücknahme durch nur einen von mehreren Streitgenossen hat Wirkung nur für den Zurücknehmenden (RG 22. 5. 1911 RGZ 76, 298 für mehrere Patentinhaber).

Auf Antrag des Berufungsbeklagten ist gemäß § 515 Abs. 3 ZPO durch Beschluß ohne mündliche Verhandlung auszusprechen, daß der Berufungskläger des Rechtsmittels verlustig ist und die Kosten der Berufungsinstanz zu tragen hat (vgl. § 40 Anm. 27; zuständig ist das BPatG, wenn es die Akten noch nicht dem BGH vorgelegt hatte, BGH 24. 10. 1969 GRUR 1970, 151 – Berufungsrücknahme –); zu diesen gehören auch die Kosten einer zulässigen unselbständigen Anschlußberufung (BGH 17. 12. 1951 BGHZ 4, 229).

Zur teilweisen Zurücknahme der Berufung durch Einschränkung des Antrags vgl. § 37 Anm. 43; in solchem Fall können die Kosten nach Billigkeit verteilt werden (BGH 1. 12. 1961 GRUR 1962, 294, 297 – Hafendrehkran –).

II. Abs. 2: Gerichtskosten

14 Im Verfahren vor dem BGH bestimmen sich die Gerichtskosten (Gebühren und Auslagen, zu diesen s. § 41 n Anm. 2–7) nach dem **GKG**, und zwar werden die Gebühren des § 25 GKG (Prozeßgebühr, Beweisgebühr, Urteilsgebühr) wie in der Revisionsinstanz zum doppelten Tabellensatz erhoben (§ 34 GKG); auf sie wird die nach Abs. 1 beim Patentgericht zu zahlende Gebühr (s. o. Anm. 11 f.) angerechnet.

15 Der BGH hat in jedem Fall den **Streitwert** festzusetzen (s. § 40 Anm. 30 ff.), wobei gemäß § 53 der wirtschaftlichen Lage einer Partei Rechnung getragen werden kann. Die Streitwertfestsetzung obliegt jedoch dem BPatG, wenn die Berufung vor Abgabe der Akten an den BGH zurückgenommen wurde (BGH 24. 10. 1969 GRUR 1970, 151 – Berufungsrücknahme –).

16 Die Gerichtskosten werden vom Kostenbeamten des BGH mittels **Kostenansatz** in Rechnung gestellt, gegen den die unbefristete Erinnerung gegeben ist (vgl. § 41 n Anm. 10 ff.). Im Erinnerungsverfahren ist als Vertreter des Bundesjustizfiskus der Generalbundesanwalt beim BGH zu beteiligen (vgl. z. B. BGH 1. 12. 1966 GRUR 1967, 324 – Fahrzeugaufbau –).

17 Die **Prozeßgebühr** ermäßigt sich auf eine halbe Gebühr, wenn die Berufung (oder die Klage, BGH 2. 3. 1962 GRUR 1962, 489 – Klagerücknahme –) vor Bestimmung des Termins zur mündlichen Verhandlung zurückgenommen wird, § 36 GKG. Jede Terminsanberaumung schließt die Gebührenermäßigung aus, auch wenn der Termin hernach aufgehoben oder verlegt wird (BGH 3. 3. 1959 NJW 1959, 1132). Der Terminsanberaumung steht jedoch eine Beweisanordnung nach § 42 e (z. B. Beauftragung des gerichtlichen Sachverständigen) nicht gleich, nachdem das GKG nicht »entsprechend«, sondern nach seinem Wortlaut anzuwenden ist (BGH 1. 12. 1966 a. a. O.).

Die Ermäßigung der Prozeßgebühr tritt auch ein, wenn der BGH die Berufung durch Beschluß als unzulässig verwirft (s. § 42 b Anm. 7), § 36 GKG.

18 Die gerichtliche **Beweisgebühr** (vgl. auch § 40 Anm. 47 zur Beweisgebühr des Rechtsanwalts) entsteht durch die Anordnung – auf Antrag oder von Amts wegen, mit oder ohne förmlichen Beweisbeschluß (BGH 21. 12. 1953 Mitt. 1954, 59) – einer Beweisaufnahme oder einer Beweiserhebung nach § 272 b ZPO, wenn dadurch die Beweisaufnahme nicht nur vorbereitet, sondern schon eingeleitet wird, z. B. die Beauftragung eines technischen Sachverständigen, da sein Gutachten nicht nur der Aufklärung des Gerichts über technische Fragen (in diesem Fall entstand nach der Praxis des Reichsgerichts keine Beweisgebühr, RG 11. 11. 1938 GRUR 1939, 192), sondern in aller Regel auch zu Beweiszwecken dienen soll (BGH 8. 6. 1956 Mitt. 1956, 176; 24. 3. 1966 GRUR 1966, 523 – Kunstharzschaum –). Unerheblich ist, daß es zu einer Vernehmung des Sachverständigen oder einer mündlichen Verhandlung über das Gutachten nicht kommt (BPatG 9. 2. 1965 E 6, 193).

Die Beweisgebühr entfällt wieder, wenn sich der Rechtsstreit durch **Vergleich** erledigt (§ 29 GKG); dies gilt auch, wenn die in einem außergerichtlichen Vergleich vereinbarte Klagerücknahme ohne Bezugnahme auf den Vergleich erklärt wird und dieser erst später, etwa im Erinnerungsverfahren, dem Gericht mitgeteilt wird (BGH 24. 3. 1966 a. a. O.).

III. Abs. 3: Urteil

1. Sachentscheidung

19 Über die Berufung wird, auch wenn ausnahmsweise von mündlicher Verhandlung abgesehen wird (§ 42 f Abs. 3 Nr. 1), durch **Urteil** entschieden. Nebenentscheidungen ergehen durch **Beschluß;** auch die Verwerfung einer unzulässigen Berufung kann, wenn ohne mündliche Verhandlung entschieden wird, durch Beschluß erfolgen (Löscher bei Benkard, § 42 Anm. 18).

20 Das Urteil lautet bei unzulässiger Berufung auf **Verwerfung** (§ 42 b), bei zulässiger, aber unbegründeter auf **Zurückweisung.** Ist die Berufung zulässig und begründet, dann **kann** der BGH unter den Voraussetzungen der §§ 538, 539 ZPO, insbes. also bei wesentlichen Verfahrensmängeln, aber auch sonst, wenn es zweckmäßig ist (BGH 8. 7. 1955 BGHZ 18, 81, 97 – Zwischenstecker für Radioempfänger –; 25. 11. 1965 GRUR 1966, 484, 488 – Pfennigabsatz –: weil der sonstige Stand der Technik zu prüfen bleibt), **aufheben und zurückverweisen.** Auch bei wesentlichen Verfahrensmängeln besteht kein Zwang zur Aufhebung und Zurückverweisung (§ 540 ZPO; BGH 18. 12. 1953 GRUR 1954, 258 – Schaleisenanordnung – bei nicht vorschriftsmäßiger Besetzung des Nichtigkeitssenats – anders wäre es im Rechtsbeschwerdeverfahren, § 41 q Anm. 7); daher hätte es der Definition des wesentlichen Verfahrensverstoßes als eines Verstoßes, der das stattgehabte Verfahren nicht mehr als eine ordnungsmäßige Entscheidungsgrundlage erscheinen läßt (BGH 24. 10. 1961 GRUR 1962, 86 – Fischereifahrzeug –), kaum bedurft. Unwesentliche Verfahrensmängel wie die Nichterhebung eines angebotenen Beweises oder mangelndes Eingehen auf den Inhalt eines eingereichten Privatgutachtens (BGH a. a. O.) nötigen um so weniger zur Aufhebung und Zurückverweisung.

21 Vielmehr kann der BGH in allen Fällen **selbst erkennen,** indem er das angefochtene Urteil **»ändert«** oder »abändert« (vgl. § 536 ZPO) und (bei Berufung des Beklagten) die Klage abweist, gegebenenfalls unter Klarstellung, oder das Patent nur zum Teil vernichtet bzw. (bei Berufung des Klägers) das Patent ganz oder zum Teil vernichtet – dies alles im Rahmen der Anträge (hierzu § 42 a Anm. 4 ff.).

Über die Gestaltungswirkung des Urteils, seine Rechtskraftwirkung und die Wiederaufnahme s. § 40 Anm. 14 ff.

2. Kostenentscheidung

Wie das erstinstanzliche Urteil des Nichtigkeitssenats, so hat auch jedes 22
Berufungsurteil eine Kostenentscheidung zu enthalten. Diese muß sich nach § 40 Abs. 2 über die **Gerichtskosten** und kann sich nach § 36 q Abs. 1 S. 2 über die **außergerichtlichen Kosten** (Parteikosten) aussprechen, wie durch die Verweisung auf § 40 Abs. 2 klargestellt ist (nach Nastelski bei Reimer, § 42 Anm. 21 **muß** sich die Entscheidung auch auf die außergerichtlichen Kosten erstrecken). In der Praxis wird eine einheitliche Kostenentscheidung getroffen, die sowohl für die gerichtlichen wie die außergerichtlichen Kosten gilt. Bei Zurückverweisung an das BPatG wird die Entscheidung über die Kosten in der Regel diesem vorbehalten, da der endgültige Ausgang des Verfahrens für sie von Bedeutung ist.

Auch die **Kostenentscheidung der 1. Instanz** unterliegt der Nachprüfung 23
und ggf. Aufhebung oder Abänderung, die auch dann möglich ist, wenn die Berufung in der Hauptsache zurückgewiesen wird.

Im **Armenrechtsverfahren** ergeht keine Kostenentscheidung, s. § 40 24
Anm. 22.

Über die **isolierte Kostenentscheidung** (die ohne mündliche Verhandlung ergehen kann, § 42 f Abs. 3 Nr. 3) s. § 40 Anm. 24. Bei Erledigung der Hauptsache ergeht eine Kostenentscheidung nach § 91 a ZPO, s. § 40 Anm. 26.

Über den **Inhalt** der Kostenentscheidung s. § 40 Anm. 25 ff.

Das **Kostenfestsetzungsverfahren** und die Zwangsvollstreckung aus Ko- 25
stenfestsetzungsbeschlüssen richten sich nach der ZPO, § 40 Abs. 2 S. 2 i. V. m. § 36 q Abs. 4; hierzu § 36 q Anm. 33 ff. Die Kostenfestsetzung geschieht gemäß § 104 ZPO durch den Urkundsbeamten der Geschäftsstelle des BPatG als des erstinstanzlichen Gerichts.

Darüber, welche Kosten im einzelnen **erstattungsfähig** sind, s. § 40 Anm. 35 ff.

IV. Abs. 4: Anfechtbarkeit der Beschlüsse

Dem Urteil **vorangehende** Beschlüsse der Nichtigkeitssenate (z. B. über 26
Wiedereinsetzung, Richterablehnung, Sicherheitsleistung, Zulassung einer Nebenintervention) sind (soweit sie nicht überhaupt der Anfechtung entzogen sind, wie Armenrechtsbeschlüsse nach § 46 g Abs. 3, Beweisbeschlüsse) nur mit der Berufung gegen das Urteil anfechtbar (vgl. § 512 ZPO). Damit ist die Beschwerde gegen Beschlüsse der Nichtigkeitssenate (über die bis 1961 ein Beschwerdesenat des DPA zu entscheiden hatte, § 21 a. F.) abgeschafft, denn alle Senate des BPatG sind gleichrangig.

27 Das Verfahren **abschließende** Beschlüsse, wie die anstelle eines Sachurteils ergehende isolierte Kostenentscheidung (§ 40 Anm. 24), sind überhaupt nicht anfechtbar, § 41 o Abs. 2; Ausnahme: die Verwerfung der unzulässigen Berufung nach § 42 b.

28 Nicht anfechtbar sind auch dem Urteil **nachfolgende** Beschlüsse, z. B. im Kostenfestsetzungsverfahren, und Beschlüsse über **Anträge Dritter,** z. B. auf Akteneinsicht.

29 Die **Rechtsbeschwerde** gegen Beschlüsse der Nichtigkeitssenate kann nicht zugelassen (BPatG 22. 1. 1964 E 5, 106, 112) oder eingelegt werden.

§ 42 a

Die Berufungsschrift muß die Berufungsanträge und die Angabe der neuen Tatsachen und Beweismittel enthalten, die der Berufungskläger geltend machen will.

ÜBERSICHT

1. Inhalt der Berufungsschrift

Aus der Berufungsschrift muß ersichtlich sein, **wer** Berufung einlegt 1 (BGH 29. 6. 1956 BGHZ 21, 168). Wenn in dieser Hinsicht eine Auslegung der Berufungsschrift erforderlich wird, kann auf die Gerichtsakten des BPatG zurückgegriffen werden (BGH 16. 7. 1965 GRUR 1966, 107 – Patentrolleneintrag –).

Ferner muß die Berufungsschrift die Bezeichnung des **Urteils,** gegen das 2 die Berufung gerichtet wird, und die **Erklärung,** daß gegen dieses Urteil Berufung eingelegt werde, enthalten, § 518 Abs. 2 ZPO.

Eine **Begründung** der Berufung ist zweckmäßig, aber nicht formwesent- 3 lich (BGH 7. 5. 1954 GRUR 1955, 29 – Breithaltevorrichtung –; s. § 42 Anm. 10). Eine besondere, fristgebundene Berufungsbegründung (vgl. § 519 ZPO) ist jedenfalls nicht vorgesehen, daher auch keine Verlängerung der Begründungsfrist (anders § 41 r Abs. 3 für die Rechtsbeschwerde).

2. Berufungsanträge

Obgleich § 42 a die Angabe der Berufungsanträge in der Berufungsschrift 4 und § 42 b bei ihrem Fehlen die Verwerfung der Berufung vorschreibt, hat die Rechtsprechung die Stellung **förmlicher Anträge** als entbehrlich bezeichnet (BGH 19. 10. 1954 GRUR 1955, 283, 284 f. – Strahlentransformator –; 30. 6. 1959 GRUR 1960, 27 – Verbindungsklemme –); es genügt, daß das Begehren des Berufungsklägers aus der Berufungsschrift entnehmbar ist. Nur wenn diese nicht erkennen läßt, was der Berufungskläger begehrt, insbes. wenn die Berufungsschrift nur die oben Anm. 1 f. genannten Angaben enthält, ist die Berufung unzulässig (RG 5. 10. 1932 Bl. 1932, 258; 5. 2. 1943 Bl. 1943, 92).

Bezugnahme auf den **erstinstanzlichen Antrag** genügt. Dabei legte der BGH (7. 5. 1954 GRUR 1955, 29 – Breithaltevorrichtung –) den irrtümlichen Antrag des Beklagten, »nach dem Klagantrag« zu entscheiden, dahin aus, daß eine Entscheidung nach dem in 1. Instanz zur Klage gestellten Antrag erstrebt wurde.

5 Durch die Anträge des Berufungsklägers und die Gegenanträge des Berufungsbeklagten (§ 42 c Abs. 2; s. dazu auch § 37 Anm. 51 ff., § 39 Anm. 2) wird der **Streitstoff** für die Berufungsinstanz festgelegt. Über die Anträge kann das Gericht nicht hinausgehen, mit der Ausnahme, daß echte Unteransprüche bei Vernichtung des Hauptanspruchs auch dann mitzuvernichten sind, wenn hierauf kein Antrag gerichtet ist (BGH 18. 2. 1955 BGHZ 16, 326 – Kleinkraftwagen –). Über die Einschränkung der Prüfungsbefugnis des Gerichts bei Teilrücknahme der Klage oder der Berufung s. § 37 Anm. 43.

Wenn gegen die Teilvernichtung nur der Beklagte Berufung einlegt, kann der BGH nicht auf volle Vernichtung erkennen, selbst wenn die Beweisaufnahme die völlige Vorwegnahme der Erfindung ergibt (RG 13. 1. 1937 GRUR 1938, 861; jedoch könnte der Kläger Anschlußberufung einlegen, der allerdings wiederum der Beklagte durch Zurücknahme der Berufung den Boden entziehen könnte, § 42 Anm. 5, 13). Legt nur der Kläger Berufung ein, so muß der BGH das Patent in der vom BPatG vorgenommenen Beschränkung auch dann zugrunde legen, wenn gegen die Art der Beschränkung Bedenken bestehen (BGH 21. 10. 1952 GRUR 1953, 86 – Schreibhefte –).

6 **Nebenintervenienten** sind grundsätzlich nicht gehindert, zugunsten der Hauptpartei Anträge zu stellen, die über deren eigene Anträge hinausgehen. Jedoch kann der dem Beklagten beigetretene Nebenintervenient das Patent nicht in weiterem Umfange verteidigen, als es der Beklagte tut; er kann diesem nicht mit einer auf völlige Klagabweisung gerichteten (Anschluß-)Berufung die Beibehaltung des Patentschutzes im ursprünglichen Umfang aufzwingen (BGH 20. 4. 1961 GRUR 1961, 572 – Metallfenster –); das gilt auch, wenn er streitgenössischer Nebenintervenient i. S. des § 69 ZPO ist und ihm daher die selbständigere Stellung eines Streitgenossen gemäß § 61 ZPO zukommt (was der BGH dahingestellt ließ).

7 Die Anträge der Parteien können im Laufe des Verfahrens nicht nur eingeschränkt, sondern auch **erweitert** (auch im Wege der Anschlußberufung, BGH 24. 5. 1955 BGHZ 17, 305, 308 – Schlafwagen –) werden, soweit nicht ein Verzicht bzw. eine Teilrücknahme ausgesprochen worden ist. So kann der Patentinhaber, der sich unter Verzicht auf seine bisherige weitergehende Verteidigung auf die Verteidigung eines eingeschränkten Patentanspruchs beschränkt hat, nicht zu seinem ursprünglichen Antrag zurückkehren, da die Beschränkung eine teilweise Zurücknahme der Berufung enthielt (BGH 13. 1. 1956 GRUR 1956, 317 – Wasch- und Bleichmittel –);

anders, soweit die begrenzte Verteidigung des Patents keinen Verzicht enthielt (BGH 23. 2. 1956 GRUR 1965, 480 – Harnstoff –). Der Nichtigkeitskläger kann noch in der Berufungsinstanz und nach Ablauf der Berufungsfrist seinen Antrag in der Weise erweitern, daß er statt teilweiser Vernichtung eines Anspruchs die völlige Vernichtung dieses Anspruchs beantragt; dies ist keine Klageänderung, sondern eine ohne Änderung des Klagegrundes erfolgte Erweiterung des Klageantrags (§ 268 Nr. 2 ZPO), die ohne Zustimmung des Gegners zulässig ist (BGH 24. 5. 1955 BGHZ 17, 305 – Schlafwagen –). Eine Ausdehnung des Vernichtungsantrags auf bisher nicht angegriffene Ansprüche ist jedoch nach Ablauf der Berufungsfrist nicht mehr möglich (RG 20. 12. 1930 Mitt. 1931, 65).

Zum Wechsel des Nichtigkeitsgrundes, des Klagegrundes oder der Partei (**Klageänderung**) s. § 37 Anm. 57, 60.

3. Neue Tatsachen

8 Da der BGH im Nichtigkeitsverfahren als Berufungs-, also als Tatsacheninstanz tätig wird, nicht wie im Verletzungsstreit als Revisions-, also reine Rechtsinstanz, können die Parteien neue Tatsachen und Beweismittel einführen, also z. B. neue Druckschriften entgegenhalten (anders im Verletzungsprozeß, BGH 28. 11. 1963 BGHZ 40, 332 – Mischer II –). Sie brauchen auch nicht eine Kostenauferlegung nach § 93 ZPO zu befürchten, wenn der Patentinhaber daraufhin auf das Patent verzichtet (BGH 9. 12. 1960 GRUR 1961, 278 – Lampengehäuse –).

9 Wenn auch § 42 a vorschreibt, daß die neuen Tatsachen und Beweismittel in der Berufungsschrift angegeben werden müssen, so ist der BGH auch in dieser Beziehung großzügig; neues Material wird auch später noch zugelassen, solange es jedenfalls so rechtzeitig genannt wird, daß der Sachverständige es für sein Gutachten verwerten kann (Winkler, GRUR 1953, 190; RG 30. 10. 1942 GRUR 1943, 119; vgl. auch § 42 g).

§ 42 b

(1) Ist die Berufungsschrift nicht rechtzeitig eingegangen oder nicht in deutscher Sprache abgefaßt oder enthält sie nicht die Berufungsanträge, so hat das Patentgericht die Berufung als unzulässig zu verwerfen.

(2) Der Berufungskläger kann innerhalb einer Woche nach Zustellung dieses Beschlusses die Entscheidung des Bundesgerichtshofs nachsuchen.

1. Abs. 1: Verwerfung als unzulässig

1 Anders als die Rechtsbeschwerde, wird die Berufung beim iudex a quo, dem BPatG, eingelegt, bei dem zunächst ihre Zulässigkeit geprüft wird. Das Gesetz nennt drei Unzulässigkeitsgründe:

2 a) nicht **rechtzeitiger** Eingang der Berufungsschrift; s. § 42 Anm. 9. Wenn hierzu Wiedereinsetzung beantragt wird, hat das BPatG auch diesen Antrag zu prüfen und kann ihn ablehnen, § 43 Abs. 3 (BGH 17. 9. 1957 GRUR 1958, 23), und zwar unter gleichzeitiger Verwerfung der Berufung oder – was allerdings keinen Vorteil bringt – durch besonderen Beschluß (RG 21. 11. 1927 RGZ 119, 19). Hält es ihn für begründet, so hat es die Entscheidung dem BGH zu überlassen, da seine Zuständigkeit sich nur auf die Verwerfung unzulässiger Berufungen erstreckt (vgl. RG 27. 11. 1929 RGZ 126, 257, 259).

3 b) nicht in **deutscher** Sprache abgefaßte Berufungsschrift (für die Nichtigkeitsklage ergibt sich Entsprechendes aus § 45 S. 2). Die eigenartige Bestimmung erklärt sich aus der Entstehung der Vorschrift (s. vor § 42 Anm. 3).

4 c) fehlende Berufungs**anträge;** s. § 42 a Anm. 4.

5 Das BPatG hat jedoch **auch zu prüfen,** ob überhaupt eine berufungsfähige Entscheidung vorliegt (§ 42 Anm. 1; die unzulässige Berufung nur gegen die Kostenentscheidung ist vom Nichtigkeitssenat zu verwerfen, DPA 1. 12. 1952 GRUR 1953, 228 = Bl. 1953, 126; a. A. Nastelski bei Reimer, § 42 b Anm. 1: Vorliegen einer berufungsfähigen Entscheidung, Berufungsberechtigung und Beschwer habe das BPatG nicht zu prüfen) und ob die sonstigen Formalien gewahrt sind, nämlich die Schriftform (§ 42 Anm. 10) und die Zahlung der Berufungsgebühr (§ 42 Anm. 11); hierbei hat es ggf. die Feststellung, daß die Berufung als nicht eingelegt gilt, zu treffen und kann auch einen Armenrechtsantrag ablehnen (BGH 17. 9. 1957 GRUR 1958, 23; s. § 46 g Abs. 2 Nr. 2). Es hat auch das Vorliegen der Vollmacht zu prüfen und für deren Nachreichung bzw. für die Bestellung eines Vertreters nach § 16 eine Frist zu bestimmen (§ 41 m Abs. 2).

6 Fehlt eine der genannten Voraussetzungen, dann hat der Nichtigkeitssenat die Berufung als unzulässig zu verwerfen. Wird die Berufung zurückgenommen, solange die Akten noch beim BPatG sind, so hat dieses auch die

Kostenfolge (§ 42 Anm. 13) auszusprechen. Die Entscheidungen ergehen durch Beschluß ohne mündliche Verhandlung in der Dreierbesetzung (§ 36 d Anm. 19).

2. Abs. 2: Anrufung des BGH

Gegen die Verwerfung (oder die Feststellung, daß die Berufung als nicht eingelegt gilt, BGH 26. 5. 1959 Mitt. 1960, 59) kann der Berufungskläger binnen der kurzen Frist von einer Woche ab Zustellung (§ 45 a) die Entscheidung des BGH nachsuchen; der Antrag ist beim BPatG einzureichen, doch wird die Frist auch durch Einreichung beim BGH gewahrt (Löscher bei Benkard, § 42 b Anm. 2). Dem Berufungskläger stehen also in der Zulässigkeitsfrage zwei Instanzen zur Verfügung. Beim BGH entstehen dann allerdings Gerichtskosten nach § 42 Abs. 2; jedoch ermäßigt sich die Prozeßgebühr, wenn der BGH die Verwerfung bestätigt (§ 42 Anm. 17). 7

Findet der BGH die Unzulässigkeit bestätigt, so kann er ohne mündliche Verhandlung durch Beschluß **entscheiden** (§ 42 Anm. 19). Er kann die Berufung natürlich auch dann als unzulässig verwerfen, wenn das BPatG nichts zu beanstanden gefunden hatte (BGH 10. 1. 1957 Bl. 1957, 350). Hebt er den Verwerfungsbeschluß des BPatG auf, weil er die Zulässigkeit bejaht, so kann sich sogleich das sachliche Berufungsverfahren anschließen; einer Rücksendung der Akten an das BPatG (so Löscher bei Benkard, §§ 42 c, d Anm. 3) bedarf es nicht, wenn dieses das Zustellungsverfahren nach § 42 c gleichzeitig mit der Zulässigkeitsprüfung durchgeführt hatte (BGH 24. 1. 1960 Mitt. 1960, 58 ist insoweit durch die Neufassung des § 42 c, s. dort Anm. 1, überholt). Hatte der BGH zunächst nur über ein Armenrechts- oder ein Wiedereinsetzungsgesuch zu entscheiden, dann wird es einer Rücksendung der Akten an das BPatG zur Fortsetzung der Zulässigkeitsprüfung und zur Zustellung nach § 42 c (so BGH 26. 5. 1959 Mitt. 1960, 59; 24. 1. 1960 Mitt. 1960, 58; Nastelski bei Reimer, § 42 d Anm.) nur bedürfen, wenn diese Verfahrensschritte noch ausstehen. 8

§ 42 c

(1) Das Patentgericht stellt die Berufungsschrift dem Berufungsbeklagten mit der Aufforderung zu, seine schriftliche Erklärung innerhalb eines Monats nach Zustellung beim Patentgericht einzureichen. Mit der Zustellung der Berufungsschrift ist der Zeitpunkt mitzuteilen, in dem die Berufung eingelegt ist. Die erforderliche Zahl von beglaubigten Abschriften soll der Berufungskläger mit der Berufungsschrift einreichen.

(2) Die Erklärung des Berufungsbeklagten muß die Gegenanträge und die Angabe der neuen Tatsachen und Beweismittel enthalten, die der Berufungsbeklagte geltend machen will.

1. Abs. 1: Zustellung der Berufungsschrift

1 Die Vorschrift des § 3 der VO vom 30. 9. 1936 über die **Zustellung** der Berufungsschrift ist durch die aus § 519 a ZPO übernommenen Sätze 2 und 3 ergänzt. Die Berufungsschrift wird alsbald – nicht erst, wie nach dem genannten § 3, wenn die Berufung für zulässig befunden ist – dem Berufungsbeklagten zugestellt (§ 45 a), der somit schon bei der Prüfung der Zulässigkeit eingeschaltet ist. Busse (§ 42 b Anm. 2) zweifelt, ob dies in jedem Falle, z. B. auch bei Fristversäumnis, zu erfolgen habe; doch bezieht sich gerade auf den Fall der verspäteten Berufung die Bestimmung des S. 2, wonach mit der Zustellung der Berufungsschrift der Zeitpunkt mitzuteilen ist, in dem die Berufung eingelegt ist. Daß die Beteiligung des Gegners an der Zulässigkeitsprüfung hier für wichtiger gehalten wird als im Rechtsbeschwerdeverfahren (§ 41 u Anm. 2), rechtfertigt sich daraus, daß das BPatG nicht selber letztinstanzlich über die Zulässigkeit der Berufung entscheidet (§ 42 b Abs. 2); allenfalls mag bei einwandfrei unzulässiger Berufung zur Ersparung der beim Gegner durch seine Anhörung etwa entstehenden Kosten zunächst abgewartet werden, ob der Berufungskläger von der ihm zu bietenden Gelegenheit, die Berufung zurückzunehmen, Gebrauch macht. A. A. auch Nastelski bei Reimer, § 42 c Anm. 1: Verwerfung vor Zustellung möglich.

Daß eine **Wiedereinsetzung** nicht ohne Anhörung des Gegners bewilligt werden kann (vom BGH, § 42 b Anm. 2), ergibt sich schon aus dem Gebot des rechtlichen Gehörs (§ 43 Anm. 25).

2 Satz 3 regelt (entsprechend § 37 Abs. 3 S. 2 für die Klage) die Beifügung der erforderlichen **Abschriften** als Soll-Vorschrift. Werden die Abschriften nicht beigefügt oder nachgereicht, so sind sie auf Kosten des Berufungsklägers (§ 41 n i. V. m. § 91 Abs. 1 Nr. 2 GKG) von Amts wegen zu fertigen.

3 Mit der Zustellung ist die **Aufforderung** zu verbinden, innerhalb eines Monats die Berufungserwiderung einzureichen. Die Aufforderung und die

Fristsetzung sind nicht zwingend; Säumnisfolgen – abgesehen von der des § 42 h Abs. 1 – kennt das PatG nicht. Geht eine Berufungserwiderung ein, so wird sie vom BPatG dem Berufungskläger mitgeteilt, § 42 d.

2. Abs. 2: Inhalt der Berufungserwiderung

Auch diese Bestimmung ist trotz der Formulierung als »Muß«-Vorschrift 4
nicht zwingend. Der Berufungsbeklagte kann seine Anträge (hierzu s. § 42 a Anm. 5) noch bis zum Schluß der mündlichen Verhandlung stellen, auch erweitern (§ 42 a Anm. 7). Auch sein neues Vorbringen ist nicht fristgebunden (s. § 42 a Anm. 9).

§ 42 d

Das Patentgericht legt die Akten dem Bundesgerichtshof vor und benachrichtigt hiervon die Parteien unter Mitteilung der Gegenerklärung an den Berufungskläger.

Nach Ablauf der gemäß § 42 c Abs. 1 gesetzten Frist und Abschluß der Zulässigkeitsprüfung legt das BPatG die Akten dem BGH vor. Dies wird den Parteien mitgeteilt, damit sie wissen, wohin sie in Zukunft ihre Schriftsätze zu richten haben. Mit Eingang der Akten beim BGH wird das Verfahren dort anhängig und entsteht die Prozeßgebühr.

§ 42 e

(1) Der Bundesgerichtshof trifft nach freiem Ermessen die zur Aufklärung der Sache erforderlichen Verfügungen. Er ist an das Vorbringen und die Beweisanträge der Parteien nicht gebunden.

(2) Beweise können auch durch Vermittlung des Patentgerichts erhoben werden.

1. Abs. 1: Untersuchungsgrundsatz

1 Abs. 1 enthält nichts anderes als den in § 41 b für das BPatG in der heute üblichen Formulierung vorgeschriebenen Untersuchungsgrundsatz; es kann daher auf § 41 b Anm. 4 ff. verwiesen werden. Der Rahmen der Untersuchung ist lediglich durch die Parteianträge begrenzt (§ 42 a Anm. 5).

2 Auch in der Berufungsinstanz kann noch von Amts wegen ermitteltes Material entgegengehalten werden (BGH 8. 7. 1955 BGHZ 18, 81, 97 – Zwischenstecker für Radioempfänger –). Zur Entfaltung eigener Initiative (der BGH wird zwar kaum selber recherchieren können, könnte aber dem Sachverständigen eine Recherche aufgeben) wird der BGH noch weniger verpflichtet sein als der Nichtigkeitssenat des BPatG (vgl. § 41 b Anm. 8); dies ergibt sich weniger aus der in neueren Gesetzen verpönten Bezugnahme auf das »freie« Ermessen – das in Wahrheit immer nur ein pflichtgemäßes Ermessen sein kann, vgl. § 36 q Anm. 18 – als aus seiner Stellung als Rechtsmittelgericht, dem nicht nur die Instanzen des Erteilungsverfahrens, sondern auch der unter Mitwirkung von Technikern entscheidende Nichtigkeitssenat des BPatG vorgearbeitet haben.

3 Eine **Beweisaufnahme** findet in aller Regel durch Einholung eines Sachverständigengutachtens statt. Wenn diese, wie in der Regel, von Amts wegen erfolgt (vgl. § 144 ZPO), kann sie von der Zahlung des Auslagenvorschusses, der vom Berufungskläger erfordert wird, nicht abhängig gemacht werden (§ 114 GKG; vgl. § 41 n Anm. 6; so auch Hesse, Mitt. 1972, 47, der nur den Nichtigkeitskläger als vorschußpflichtig ansieht; RG 12. 9. 1939 GRUR 1939, 969 für Verletzungsprozeß). Die Gewährung der besonderen Entschädigung nach § 7 ZSEG (s. § 41 n Anm. 7) ist allerdings von vorheriger Einzahlung eines ausreichenden Betrages abhängig.

Zur **Beweislast** vgl. § 37 Anm. 56, § 41 b Anm. 7.

2. Abs. 2: Beweiserhebung durch Patentgericht

4 Von der Möglichkeit einer Beweiserhebung durch Vermittlung des BPatG wird kein Gebrauch gemacht (so daß der Fall in der Geschäftsverteilung des BPatG überhaupt nicht vorgesehen ist). Außer dem BPatG sind gemäß § 157 GVG für die Rechtshilfe die Amtsgerichte zuständig.

§ 42 f

(1) Das Urteil des Bundesgerichtshofs ergeht auf Grund mündlicher Verhandlung. § 36 g Abs. 2 gilt entsprechend.

(2) Die Ladungsfrist beträgt mindestens zwei Wochen.

(3) Von der mündlichen Verhandlung kann abgesehen werden, wenn

1. die Parteien zustimmen,
2. eine Partei des Rechtsmittels für verlustig erklärt werden soll oder
3. nur über die Kosten entschieden werden soll.

1. Abs. 1: Mündliche Verhandlung

1 Wie in der 1. Instanz des Nichtigkeitsverfahrens (§ 39 Abs. 2), ergeht auch in der Berufungsinstanz das Urteil (wann durch Urteil zu entscheiden ist, s. § 42 Anm. 19) grundsätzlich auf Grund einer mündlichen Verhandlung, wie das Gesetz nunmehr in Angleichung an die übliche Formulierung der Prozeßgesetze statt der früheren »Anhörung« sagt. Da »auf Grund« mündlicher Verhandlung entschieden werden muß, ist, wenn eine mündliche Verhandlung vertagt wurde und danach noch Schriftsätze gewechselt oder Beweise erhoben wurden, erneut mündlich zu verhandeln, sofern nicht die Parteien darauf verzichten (vgl. § 39 Anm. 3; ebenso Nastelski bei Reimer, § 42 f Anm. 3; a. A. Löscher bei Benkard, § 42 f Anm. 1 und RG 20. 12. 1930 Mitt. 1931, 63; die Entscheidung ist jedoch durch die Fassung des § 42 f überholt).

2 Während die Verhandlung bis 1961 nicht **öffentlich** war, ist sie jetzt – ebenso wie vor dem Nichtigkeitssenat – grundsätzlich öffentlich mit der Möglichkeit der Ausschließung der Öffentlichkeit unter den Voraussetzungen des § 36 g Abs. 1 S. 2 Nr. 1, s. § 36 g Anm. 7.

3 Die **Beratung** ist geheim (§ 193 GVG, vgl. für die erste Instanz § 36 h Abs. 1 S. 3). Die Möglichkeit, zur Beratung Sachverständige zuzuziehen, wie sie nach § 9 der VO vom 30. 9. 1936 vorgesehen war und sich namentlich dann bewährt hatte, wenn ein Patentanspruch neu zu formulieren war (Krausse-Katluhn-Lindenmaier, 3. Aufl. § 42 Anm. 15), konnte »aus allgemeinen rechtspolitischen Erwägungen« (Begründung Bl. 1961, 159) nicht übernommen werden.

2. Abs. 2: Ladungsfrist

4 Die Ladungsfrist beträgt wie früher und wie beim BPatG (§ 41 d) zwei Wochen.

3. Abs. 3: Entscheidung ohne mündliche Verhandlung

Wie in der 1. Instanz (§ 39 Abs. 2 S. 2) kann mit Zustimmung der Parteien von der mündlichen Verhandlung **abgesehen** werden, Abs. 3 Nr. 1. Eine mündliche Verhandlung entfällt auch dann, wenn keine Partei zum Termin erscheint, § 42 h Abs. 2. 5

Da Nebenentscheidungen ohnehin durch Beschluß ohne mündliche Verhandlung ergehen können, hätte es der Nrn. 2 und 3 nicht bedurft, die die Entscheidung ohne mündliche Verhandlung für die Fälle der Verlustigkeitserklärung nach Berufungsrücknahme (§ 42 Anm. 13) und der isolierten Kostenentscheidung (vgl. § 40 Anm. 24; § 37 Anm. 67) zulassen.

§ 42 g

(1) Die Geltendmachung neuer Tatsachen und Beweismittel im Termin ist nur insoweit zulässig, als sie durch das Vorbringen des Berufungsbeklagten in der Erklärungsschrift veranlaßt wird.

(2) Der Bundesgerichtshof kann auch Tatsachen und Beweise berücksichtigen, mit denen die Parteien ausgeschlossen sind.

(3) Auf eine noch erforderliche Beweisaufnahme ist § 42 e anzuwenden.

(4) Soll das Urteil auf Umstände gegründet werden, die von den Parteien nicht erörtert worden sind, so sind diese zu veranlassen, sich dazu zu äußern.

1 **Abs. 1** wird in der Praxis nicht mehr angewandt (zur früheren Praxis vgl. RG 2. 11. 1929 MuW 1930, 26; 25. 4. 1931 MuW 1931, 435; zur heutigen s. Nastelski bei Reimer, § 42 g Anm. 1). **Neue Tatsachen** und Beweismittel sollen grundsätzlich so rechtzeitig vorgebracht werden, daß der Sachverständige sie für sein Gutachten verwerten kann (§ 42 a Anm. 9); doch muß von dem im Termin anwesenden Sachverständigen in der Regel erwartet werden, daß er auch zu etwa im Termin noch nachgebrachtem Material Stellung nimmt.

2 Eine **Zurückweisung** solchen oder sonstigen, etwa erst durch das Gutachten provozierten Materials ist allenfalls dann möglich, wenn seine Berücksichtigung eine Vertagung erforderlich machen würde und wenn es in Verschleppungsabsicht oder aus grober Nachlässigkeit nicht früher vorgebracht wurde, vgl. § 529 ZPO (bzw. § 279 ZPO, Löscher bei Benkard, § 42 g Anm. 1); doch bleibt die Anwendung dieser Vorschriften in dem vom Untersuchungsgrundsatz beherrschten Nichtigkeitsverfahren problematisch, da in den Tatsacheninstanzen jedes zur Kenntnis des Gerichts gelangte Vorbringen von Amts wegen zu berücksichtigen ist (vgl. BGH 12. 4. 1967 NJW 1967, 1613 zu § 622 ZPO; vgl. auch § 41 b Anm. 6).

3 **Abs. 2** spricht nur aus, was sich ohnehin aus dem Untersuchungsgrundsatz (§ 42 e) ergibt; dgl. **Abs. 3.**

4 **Abs. 4** dient der Verwirklichung des **rechtlichen Gehörs**; derselbe Grundsatz ist für das BPatG in der moderneren Formulierung des § 41 h Abs. 2 niedergelegt; s. dort Anm. 5 (vgl. § 28 Abs. 3 S. 2 für das PA; zum Begriff der »Umstände« s. Röhl, BB 1968, 20). Die Parteien sind nicht zur Äußerung zu »veranlassen«, da eine Äußerungspflicht nicht besteht; Möglichkeit = Gelegenheit zur Äußerung genügt.

§ 42 h

(1) Von einer Partei behauptete Tatsachen, über welche die Gegenpartei sich nicht erklärt hat, können für erwiesen angenommen werden.

(2) Erscheint in dem Termin keine der Parteien, so ergeht das Urteil auf Grund der Akten.

Abs. 1 enthält eine Säumnisfolge ähnlich der des § 38 Abs. 2 für die erste Instanz. Während das Geständnis von Tatsachen im Zivilprozeß das Gericht bindet (§ 288 ZPO), in Verfahren mit Untersuchungsgrundsatz dagegen grundsätzlich unbeachtlich ist (z. B. § 617 ZPO), **kann** das Gericht im Nichtigkeitsverfahren die Tatsache, zu der der Gegner sich nicht erklärt, als erwiesen ansehen. Eine beweisbedürftige Tatsache ist z. B. eine behauptete offenkundige Vorbenutzung, nicht etwa die Neuheit oder der Stand der Technik (vgl. § 37 Anm. 55, § 41 b Anm. 7 und Röhl, BB 1968, 20). 1

Abs. 2 sagt nur eine Selbstverständlichkeit, denn die Parteien sind zum Erscheinen nicht verpflichtet (der beim BPatG erforderliche Hinweis nach § 41 d Abs. 2 ist beim BGH übrigens nicht vorgeschrieben); ein Versäumnisurteil gibt es nicht. Erscheint nur eine Partei, so wird mit ihr verhandelt (z. B. BGH 16. 7. 1965 GRUR 1966, 107, 108 – Patentrolleneintrag –). Das Gericht kann aber auch vertagen und wird dies insbes. dann in Erwägung ziehen, wenn das Nichterscheinen entschuldigt ist. Vgl. auch § 41 d Anm. 4 ff. 2

§ 42 i

(1) In dem Termin ist eine Niederschrift aufzunehmen, die den Gang der Verhandlungen im allgemeinen angibt.

(2) Die Niederschrift ist von dem Vorsitzenden und dem Urkundsbeamten der Geschäftsstelle zu unterschreiben.

Die Vorschrift entspricht dem für das BPatG geltenden, ausführlicheren § 41 g Abs. 2. Protokollführung durch einen Richter (wie nach § 41 g Abs. 1 S. 2) ist beim BGH nicht vorgesehen.

§ 42 k

(1) Das Urteil wird in dem Termin, in dem die Verhandlung geschlossen wird, oder in einem sofort anzuberaumenden Termin verkündet.

(2) Wird die Verkündung der Entscheidungsgründe für angemessen erachtet, so erfolgt sie durch Verlesung der Gründe oder durch mündliche Mitteilung des wesentlichen Inhalts.

(3) Das Urteil wird von Amts wegen zugestellt.

Die Vorschrift entspricht dem für das BPatG geltenden § 41 i Abs. 1. In 1
dessen entsprechender Anwendung kann die Verkündung durch bloße Zustellung ersetzt werden (Löscher bei Benkard, § 42 k Anm. 1; a. A. Nastelski bei Reimer, § 42 k Anm. 2). Mit der Verkündung bzw. Zustellung ist das Urteil des BGH rechtskräftig. Zum Inhalt des Urteils s. § 42 Anm. 20 f.

Abs. 3. Die **Zustellung** des Urteils erfolgt nicht mehr durch Vermittlung 2
des DPA, sondern aus Vereinfachungsgründen durch den BGH selbst, und zwar nach den Vorschriften der ZPO (§ 45 a gilt nicht beim BGH). Eine direkte Mitteilung (teil-)vernichtender Urteile an das DPA, die der Regierungsentwurf des 6. ÜG im Interesse einer möglichst schnellen Berichtigung der Patentrolle vorgeschlagen hatte (Begründung Bl. 1961, 160), ist im Laufe des Gesetzgebungsverfahrens aus nicht ersichtlichen Gründen weggefallen, aber auch entbehrlich; die Benachrichtigung des PA erfolgt durch das BPatG (§ 41 i Anm. 4).

§ 42 l

(1) Die bei einem deutschen Gericht zugelassenen Rechtsanwälte und die Patentanwälte sind befugt, im Berufungsverfahren vor dem Bundesgerichtshof die Vertretung zu übernehmen.

(2) Den Parteien und ihren Vertretern ist es gestattet, mit einem technischen Beistand zu erscheinen.

1 **Abs. 1.** Im Nichtigkeitsverfahren besteht auch vor dem BGH kein Anwaltszwang (anders das revisionsähnliche Rechtsbeschwerdeverfahren, § 41 r Abs. 5). Die Beteiligten können sich durch **Bevollmächtigte** vertreten lassen, doch sind als berufsmäßige Vertreter nur Rechtsanwälte (alle – nicht nur die beim BGH zugelassenen) und Patentanwälte (§ 3 Abs. 2 Nr. 3 PatAnwO, sowie Patentassessoren im Rahmen des § 155 PatAnwO) zugelassen, nicht Erlaubnisscheininhaber, die nur vor dem BPatG vertreten (§ 177 PatAnwO), also die Berufung jedenfalls einlegen können.

2 **Abs. 2.** In der mündlichen Verhandlung ist dem von einem Beteiligten mitgebrachten technischen **Beistand** das Wort zu gestatten (vgl. § 90 Abs. 2 ZPO).

3. Beschwerdeverfahren

§ 42 m

(1) Gegen die Urteile der Nichtigkeitssenate des Patentgerichts über den Erlaß einstweiliger Verfügungen im Verfahren wegen Erteilung einer Zwangslizenz (§ 41) findet die Beschwerde an den Bundesgerichtshof statt. § 42 Abs. 4 Satz 1 gilt entsprechend.

(2) Die Beschwerde ist innerhalb eines Monats nach Zustellung schriftlich beim Patentgericht einzulegen. Innerhalb dieser Frist ist eine Gebühr nach dem Tarif zu zahlen; wird sie nicht gezahlt, so gilt die Beschwerde als nicht erhoben. Für die Auslagen gilt § 42 Abs. 2 Satz 1 entsprechend.

(3) Das Patentgericht legt die Beschwerde ohne sachliche Stellungnahme dem Bundesgerichtshof vor.

(4) Für das Verfahren vor dem Bundesgerichtshof gelten § 36 m Abs. 1, §§ 40 und 42 e bis 42 l entsprechend.

Das 6. ÜG hat für das **Einstweilige-Verfügungs-Verfahren** in Zwangslizenzsachen (auch bei GebrM, § 11 a GebrMG) die früher in § 41 Abs. 3 a. F. vorgesehene **Beschwerde** beibehalten. Statt eines besonderen Abschnittes für dieses (praktisch bedeutungslose – seit 1961 1 Fall –) Rechtsmittel hätte es genügt, die gegen alle Urteile der Nichtigkeitssenate gegebene Berufung auch hier zuzulassen, zumal die Formalien, auch die Höhe der Gebühr, gleich sind (nur § 42 a über den Inhalt der Berufungsschrift ist nicht für anwendbar erklärt) und für das Verfahren des BGH ohnehin auf die Vorschriften über das Berufungsverfahren verwiesen wird (Abs. 4), mit der Abweichung, daß beim BGH nur Auslagen, aber keine Gerichtskosten erhoben werden (Abs. 2 S. 3). Nur das Vorschaltverfahren beim BPatG (§§ 42 b–d) entfällt.

Die Beschwerde hat keine aufschiebende Wirkung (Reimer, § 41 Anm. 11).

Siebenter Abschnitt Gemeinsame Vorschriften

Vorbemerkung

In diesem Abschnitt hat das 6. ÜG einige vorhandene Vorschriften (sowie den neu hinzugekommenen § 45 a über Zustellungen) zusammengefaßt, die sowohl für das PA wie das Patentgericht gelten (§ 44 auch für den BGH).

§ 43

(1) Wer durch unabwendbaren Zufall verhindert worden ist, dem Patentamt oder dem Patentgericht gegenüber eine Frist einzuhalten, deren Versäumung nach gesetzlicher Vorschrift einen Rechtsnachteil zur Folge hat, ist auf Antrag wieder in den vorigen Stand einzusetzen. Dies gilt nicht für die Frist zur Erhebung des Einspruchs (§ 32 Abs. 1), für die Frist, die dem Einsprechenden zur Einlegung der Beschwerde gegen den Patenterteilungsbeschluß zusteht (§ 36 l Abs. 2), für die Frist zur Einreichung von Anmeldungen, für die ein Prioritätsrecht in Anspruch genommen werden kann, für die Frist zur Abgabe der Prioritätserklärung (§ 27) und für die Frist zur Nennung des Aktenzeichens der Voranmeldung (§ 27).

(2) Die Wiedereinsetzung muß innerhalb von zwei Monaten nach Wegfall des Hindernisses schriftlich beantragt werden. In dieser Frist ist die versäumte Handlung nachzuholen. Der Antrag muß die Tatsachen angeben, auf die er gestützt wird, und die Mittel, um diese Tatsachen glaubhaft zu machen. Ein Jahr nach Ablauf der versäumten Frist kann die Wiedereinsetzung nicht mehr beantragt und die versäumte Handlung nicht mehr nachgeholt werden.

(3) Über den Antrag beschließt die Stelle, die über die nachgeholte Handlung zu beschließen hat.

(4) Wer im Inland in gutem Glauben den Gegenstand eines Patents, das infolge der Wiedereinsetzung wieder in Kraft tritt, in der Zeit zwischen dem Erlöschen und dem Wiederinkrafttreten des Patents in Benutzung genommen oder in dieser Zeit die dazu erforderlichen Veranstaltungen getroffen hat, ist befugt, den Gegenstand des Patents für die Bedürfnisse seines eigenen Betriebs in eigenen oder fremden Werkstätten weiterzubenutzen. Diese Befugnis kann nur zusammen mit dem Betrieb vererbt oder veräußert werden.

(5) Absatz 4 ist entsprechend anzuwenden, wenn der einstweilige Schutz (§ 24 Abs. 5 Satz 1, § 30 Abs. 1 Satz 2) infolge der Wiedereinsetzung wieder in Kraft tritt.

(Abs. 5 neu durch PatÄndG)

ÜBERSICHT

Dazu die seinerzeit vollständige Darstellung von Schade, GRUR 1953, 49.

I. Abs. 1: Voraussetzungen der Wiedereinsetzung

1. Wiedereinsetzungsfähige Fristen

1 a) Die Wiedereinsetzung hilft bei der Versäumung von Fristen, die **gegenüber dem PA oder dem Patentgericht einzuhalten** sind. Zu diesen gehören auch die Fristen des § 42 Abs. 1, da die Berufung beim Patentgericht einzulegen, die Berufungsgebühr dort zu zahlen ist. Für Fristen, die gegenüber dem **BGH** einzuhalten sind, gilt die z. T. abweichende Regelung der ZPO, wie für das Rechtsbeschwerdeverfahren in § 41 v ausdrücklich bestimmt ist; dort kann also, abweichend von § 43, auch der Einsprechende Wiedereinsetzung erlangen.

Keine dem PA gegenüber einzuhaltende Frist ist die **Neuheitsschonfrist** des § 2 S. 2.

Gegen die Versäumung eines **Termins** gibt es keine Wiedereinsetzung

(RPA 12. 4. 1943 Bl. 1943, 75); auch nicht gegen die Unterlassung **nicht fristgebundener** Handlungen (wie des Antrags auf Aussetzung der Bekanntmachung, RPA 6. 3. 1936 Bl. 1936, 68; oder der Abgabe der Lizenzbereitschaftserklärung, BPatG 25. 9. 1963 E 4, 122, oder der Anschlußbeschwerde, Kirchner, GRUR 1968, 688, oder der Nebenintervention, die zwar in Verbindung mit der Rechtsmitteleinlegung, aber nach Eintritt der Rechtskraft auch in Verbindung mit einem Wiedereinsetzungsantrag nicht mehr erfolgen kann, RG 1. 4. 1933 Bl. 1933, 232; RPA 18. 8. 1938 Mitt. 1939, 69).

b) Nur Fristen, deren Versäumung **nach gesetzlicher Vorschrift einen** 2
Rechtsnachteil zur Folge hat, sind wiedereinsetzungsfähig. Es handelt sich insbes. um Fristen zur Einlegung von Rechtsbehelfen, zur Stellung des Prüfungsantrags (BPatG 14. 3. 1972 E 13, 204, 207) und zur Zahlung von Gebühren (z. B. der Gebühren der §§ 36 l Abs. 3, 37 Abs. 5, 42 Abs. 1; auch des § 6 a Abs. 2 WZG, BPatG 16. 2. 1962 E 2, 130, und der Jahresgebühren); auch der tarifmäßige Zuschlag des § 11 Abs. 3 ist ein »Rechtsnachteil« (DPA 19. 1. 1955 Bl. 1955, 90; BPatG 28. 3. 1962 E 1, 15, 20; vgl. auch BPatG 5. 3. 1965 E 6, 186, 188). Wird in den Fällen des § 46 f das Armenrechtsgesuch infolge unabwendbaren Zufalls nicht innerhalb der für die Gebührenzahlung vorgeschriebenen Frist eingereicht, so kann Wiedereinsetzung gewährt werden (dazu Neumar, Mitt. 1956, 125; vgl. auch BGH 4. 7. 1959 Bl. 1960, 20 und 17. 1. 1964 GRUR 1964, 281 – Armutszeugnis –).

Fristen, die nicht vom Gesetz bestimmt sind, sondern **vom PA oder vom** 3
Gericht gesetzt werden (z. B. zur Beantwortung von Bescheiden, BPatG 21. 4. 1965 Mitt. 1966, 152; Nachreichung von Abschriften oder der Vollmacht, Bestellung eines Inlandsvertreters), sind der Wiedereinsetzung nicht zugänglich, denn ihre Versäumung hat nicht »nach gesetzlicher Vorschrift einen Rechtsnachteil zur Folge«. Die geforderte Handlung kann auch noch nach Fristablauf wirksam nachgeholt werden, solange nicht entschieden ist; ist allerdings inzwischen entschieden (und die gesetzte Frist hat ja die Bedeutung, daß nach ihrem Ablauf entschieden werden kann), dann kann die Entscheidung nur mit einem etwa gegebenen Rechtsmittel wieder beseitigt werden. Doch gibt es auch gerichtliche Fristen, deren Versäumung nach gesetzlicher Vorschrift einen Rechtsnachteil zur Folge hat (z. B. die Frist des § 37 Abs. 6 zur Leistung der Sicherheit, BPatG 12. 4. 1965 E 7, 35) und die daher der Wiedereinsetzung zugänglich sein müssen.

c) Eine Anzahl gesetzlicher Fristen ist nach Abs. 1 **S. 2** ausdrücklich von 4
der Wiedereinsetzung **ausgenommen:** Einspruchs- und Beschwerdefrist (hierzu gehört auch die Frist zur Zahlung der Beschwerdegebühr, BPatG 10. 11. 1961 E 1, 137) des **Einsprechenden** – ihm bleibt die Nichtigkeitsklage –, auch des wegen widerrechtlicher Entnahme Einsprechenden (VG München 22. 7. 1960 Bl. 1961, 13; Ballhaus bei Benkard, § 43 Anm. 7; a. A. Reimer, § 43 Anm. 9).

5 Ausgenommen ist ferner die Frist zur Einreichung von Anmeldungen, für die eine **Priorität** in Anspruch genommen wird (die Monatsfrist des § 4 Abs. 3 S. 2, die Sechsmonatsfrist der Ausstellungspriorität, die Jahresfrist der Unionspriorität). Auch die zweimonatigen Fristen des § 27 zur Abgabe der Prioritätserklärung und (durch das 6. ÜG neu eingefügt) zur Nennung des Aktenzeichens der Voranmeldung sind von der Wiedereinsetzung ausgenommen (hier fordert Trüstedt, BB 1962, 685, 687 die Zulassung der Wiedereinsetzung), nicht jedoch die Frist zur Einreichung einer Abschrift der Voranmeldung (BGH 14. 1. 1972 Bl. 1972, 171, 173 – Prioritätsverlust –).

Auch gegen die Versäumung der Frist für den **Wiedereinsetzungsantrag** selbst (Zweimonats- und Jahresfrist des § 43 Abs. 2) ist Wiedereinsetzung nicht möglich (Trüstedt, GRUR 1950, 492 f.; BGH 10. 10. 1956 NJW 1956, 1879; a. A. Bendler in Klauer-Möhring § 43 Anm. 14 für die Zweimonatsfrist; die Entscheidung des BVerfG v. 6. 6. 1967, BVerfGE 22, 83 = NJW 1967, 1267, betrifft einen anders gelagerten Fall, nämlich die Wiedereinsetzung für den unbemittelten Rechtsmittelkläger – ein Problem, das wegen des § 46 f im patentgerichtlichen Verfahren nicht besteht).

2. Wiedereinsetzungsberechtigte

6 Dazu Schulte, Das Antragsrecht für die Wiedereinsetzung, GRUR 1961, 525.

Wiedereinsetzung kann erhalten, wer die Frist hätte einhalten müssen, also z. B. die Gebühr hätte zahlen müssen, denn nur dem hilft die Wiedereinsetzung, der auch die versäumte Handlung vornehmen kann. Bei Versäumung der Zahlung der Patentjahresgebühren ist nicht nur der in der Rolle eingetragene Patentinhaber, sondern auch der materielle Patentinhaber, z. B. der Arbeitnehmer-Erfinder, dem das Patent gemäß § 16 ArbnErfG übertragen wurde, wiedereinsetzungsberechtigt (VG München 17. 2. 1961 Mitt. 1961, 149, aufgehoben durch eine unveröffentlichte Entscheidung des BPatG), allerdings nur aus Gründen, die in der Person des eingetragenen Patentinhabers (BPatG 4. 10. 1961 E 1, 126) oder nach Einreichung des Umschreibungsantrags (BPatG 18. 1. 1963 E 3, 140) eingetreten sind. Bis zur Umschreibung obliegt die Fristwahrung dem Anmelder bzw. eingetragenen Patentinhaber; dessen Verschulden schließt auch für den Erwerber die Wiedereinsetzung aus (DPA 8. 5. 1954 Mitt. 1955, 31 f.; vgl. auch DPA 19. 5. 1954 GRUR 1954, 325 = Bl. 1954, 226 für den Arbeitnehmer-Erfinder und BPatG 13. 1. 1967 E 9, 196 für den durch widerrechtliche Entnahme Verletzten). Der ausschließliche Lizenznehmer ist, weil er nicht Patentinhaber ist, nicht wiedereinsetzungsberechtigt (Schulte a. a. O. entgegen der früheren Praxis).

3. Wiedereinsetzungsgründe

a) Begriff des unabwendbaren Zufalls

Sachliche Voraussetzung der Wiedereinsetzung ist, daß die Fristeinhaltung »durch unabwendbaren Zufall verhindert worden ist«. Diese Regelung entspricht der der ZPO (§ 233 ZPO: »Naturereignisse oder andere unabwendbare Zufälle«) und ist strenger als die »außergewöhnlichen Umstände« der VOen vom 1. 9. 1939 (RGBl. II 958 = Bl. 1949, 233) und 9. 11. 1940 (RGBl. II 256 = Bl. 1949, 234; dazu Trüstedt, GRUR 1950, 490) oder gar die Regelung der Verwaltungsgerichtsbarkeiten (§ 60 VwGO, § 56 FGO, § 67 Sozialgerichtsgesetz; auch § 22 Abs. 2 FGG), die lediglich eine Verhinderung »ohne Verschulden« erfordert. Auch nach § 16 des 1. ÜG konnte Wiedereinsetzung erhalten, wer »ohne eigenes Verschulden« die Antragsfrist für die Aufrechterhaltung von Alt-Schutzrechten versäumt hatte (Verschulden des Vertreters schloß also die Wiedereinsetzung nicht aus, dazu Schade, GRUR 1953, 52 ff.). 7

Die Rechtsprechung ist allerdings von der strengen Definition des unabwendbaren Zufalls (»ein Ereignis, das die äußerste, den Umständen nach angemessene und vernünftigerweise zu erwartende Sorgfalt weder abwehren noch in seinen schädlichen Folgen verhindern konnte«, Baumbach, ZPO § 233 Anm. 2 C) praktisch zum **Verschuldensprinzip** übergegangen. Ostlers Vorschlag (Mitt. 1966, 181), darüber hinaus die Wiedereinsetzung auch bei leichtem Verschulden zuzulassen, würde jedoch eine zu weitgehende Aufweichung der Fristbestimmungen und der Rechtskraft – in die jede Wiedereinsetzung einbricht – bedeuten.

Zur Frage des unabwendbaren Zufalls liegt eine umfangreiche Rechtsprechung insbes. der Zivilgerichte vor, auf die auch im Rahmen des § 43 zurückgegriffen werden kann (vgl. die ZPO-Kommentare und LM zu § 233 ZPO, auch die z. T. überholte Darstellung von Johannsen, NJW 1952, 525). Im folgenden wird hauptsächlich die Rechtsprechung auf dem Gebiet des gewerblichen Rechtsschutzes geschildert.

b) Beispiele

Der Wiedereinsetzungsgrund kann in den **persönlichen Verhältnissen** des Beteiligten liegen, z. B. in einer Erkrankung (Unfall) solchen Grades, daß ihm die Besorgung seiner Angelegenheiten nicht möglich war (Erkrankung des Erfinders ist kein Wiedereinsetzungsgrund, DPA 14. 1. 1958 Bl. 1958, 114); nicht in einer Auslandsreise (RPA 23. 11. 1932 Mitt. 1933, 28) oder längeren beruflichen **Abwesenheit,** für die vielmehr durch Vertreterbestellung Vorsorge getroffen werden muß (DPA 16. 5. 1953 Bl. 1953, 261; 30. 9. 1954 Bl. 1955, 189); ausnahmsweise in unvorhersehbaren und unaufschiebbaren Verhandlungen (RPA 1. 12. 1938 Mitt. 1939, 71). **Armut** bzw. Zah- 8 lungsunfähigkeit kann – soweit nicht die Möglichkeit der Armenrechtsgewährung besteht, so daß § 46 f eingreift (s. o. Anm. 2), also z. B. bei Jahresgebühren – Wiedereinsetzungsgrund sein, wenn sie nur vorübergehend war (RPA 8. 1. 1935 Bl. 1935, 28; 16. 2. 1935 Mitt. 1935, 162) oder wenn ein Stundungsantrag erst nach Ablauf der Zahlungsfrist abgelehnt wird (Ballhaus bei Benkard, § 43 Anm. 21). Unverschuldete Unkenntnis von einer **Zustellung** kann Wiedereinsetzungsgrund sein (BPatG 26. 9. 1962 E 2, 202, 206: wenn die Ehefrau die zugestellte Sendung nicht weitergegeben hat, vgl. jedoch OLG Hamm 7. 4. 1970 NJW 1970, 1429; BGH 21. 6. 1957 BGHZ 25, 11: bei öffentlicher Zustellung; BVerfG 21. 1. 1969 BVerfGE 25, 158 bei Ersatzzustellung durch Niederlegung; vgl. auch RPA 19. 1. 1940 MuW 1940, 60 bei irreführendem Vermerk auf der Postbenachrichtigung betr. Niederlegung auf der Postanstalt).

9 Der unabwendbare Zufall kann in einem **Fehler des PA** liegen. So wurde Wiedereinsetzung gewährt, wenn die falsche Fristberechnung auf einen Druckfehler im Patentblatt zurückzuführen war (RG 15. 6. 1929 RGZ 125, 58); wenn in der GebrM-Eintragungsurkunde der Anmeldetag falsch eingetragen war, so daß der Inhaber die Frist zur Zahlung der Verlängerungsgebühr falsch berechnete (BPatG 30. 8. 1966 Mitt. 1966, 220); wenn ein Formblatt des PA eine unrichtige (BPatG 31. 5. 1963 Mitt. 1963, 155) oder unvollständige (BPatG 30. 7. 1970 E 11, 230; 14. 3. 1972 E 13, 204) Belehrung enthielt. Dagegen kann sich auf den möglicherweise zweideutigen Wortlaut eines amtlichen Formulars nicht berufen, wer durch einen Patentanwalt vertreten ist, da diesem wegen seiner besonderen Sachkunde zugemutet werden kann, zum besseren Verständnis auf das Gesetz selbst, notfalls auf Kommentare zurückzugreifen (BGH 28. 10. 1965 E 7, 270, 273 – Benachrichtigung –; vgl. jedoch BPatG 6. 5. 1970 E 11, 283). Auch entlastet ein Irrtum des Amts oder des Gerichts den Anwalt nicht, wenn er die ihm gebotene Möglichkeit eigener Nachprüfung nicht genutzt hat (RG 9. 2. 1933 Bl. 1933, 220).

10 Daher ist auch der **Rechtsirrtum** eines Patentanwalts im allgemeinen kein Wiedereinsetzungsgrund (BPatG 14. 6. 1967 E 9, 128; 17. 10. 1968 E 10, 166, 173 f.; 6. 12. 1971 E 14, 31, 37: bei Rechtsirrtum eines Anwalts strenger Maßstab anzulegen; jedoch wurde bei einem mit dem gewerblichen Rechtsschutz nicht vertrauten Rechtsanwalt Unkenntnis der Gebührenmarkenverwendung als entschuldbar angesehen, BPatG 6. 5. 1970 E 11, 283). Dagegen kann ein Rechtsirrtum eines Beteiligten einen unabwendbaren Zufall darstellen, wenn die Rechtslage unklar oder zweifelhaft ist (DPA 31. 10. 1953 GRUR 1953, 524 = Bl. 1953, 402; BGH 17. 1. 1962 E 1, 239, 245; BPatG 12. 4. 1965 E 7, 35: schwierig zu überprüfende Rechtslage in Verbindung mit dem irreführenden Zitat eines Kommentars). Unkenntnis von einer **Änderung der Rechtsprechung,** die einen Irrtum über die Erfolgsaussichten des Rechtsmittels verursacht hat, stellt keinen Wiederein-

setzungsgrund dar, möglicherweise aber die unverschuldete Unkenntnis der Änderung der Rechtsprechung über Form und Frist des Rechtsmittels (BPatG 23. 12. 1964 E 6, 196); auch bei Änderung der Praxis betr. die bei Patenterteilung fällig werdenden Jahresgebühren wurde Wiedereinsetzung gewährt (BPatG 28. 3. 1962 E 1, 15, 20; 18. 10. 1962 E 2, 172; 12. 11. 1962 Mitt. 1963, 154). Daß der Ausländer die deutschen Gesetze nicht kennt, ist kein Wiedereinsetzungsgrund (DPA 20. 8. 1951 GRUR 1951, 508).

c) Keine Wiedereinsetzung bei Verschulden

Jedes **Verschulden des Beteiligten** schließt die Wiedereinsetzung aus, **11** z. B. eine fahrlässig fehlerhafte Fristnotierung (BPatG 26. 10. 1961 E 1, 107; falscher Eingangsstempel: BPatG 19. 5. 1970 E 12, 23). Wer ohne triftigen Grund das Ende einer Frist abwartet, muß der dadurch erhöhten Gefahr der Fristversäumung durch äußerste Sorgfalt begegnen (BPatG 5. 11. 1964 E 6, 58, 62; 22. 12. 1964 E 7, 230, 232; zu großzügig BPatG 1. 2. 1963 E 3, 142 bei Unkenntnis der Tatsache, daß das Postscheckamt am dienstfreien Sonnabend keine Post erhält; die Entscheidung ist gegenstandslos geworden durch das G über den Fristablauf am Sonnabend, s. § 36 l Anm. 12). Auf die »Amtlichen Brieflaufzeiten« der **Bundespost** darf man sich nicht verlassen (OLG Hamm 25. 9. 1967 NJW 1968, 258); jedoch können ungewöhnliche Verzögerungen der Postzustellung die Wiedereinsetzung rechtfertigen (DPA 7. 12. 1953 Bl. 1954, 47; BGH 26. 5. 1959 Mitt. 1960, 59; Vorsicht bei Brieftelegrammen: BPatG 18. 12. 1967 Mitt. 1968, 157). Geht eine Rechtsmittelschrift auf dem Wege zum Gericht verloren, so muß der Beteiligte glaubhaft machen, daß der Verlust mit großer Wahrscheinlichkeit nicht in dem Bereich eingetreten ist, für den er verantwortlich ist (BGH 11. 2. 1957 BGHZ 23, 291).

Wiedereinsetzung wird nicht gewährt, wenn die Fristversäumung bewußt in Kauf genommen wurde (BGH 19. 6. 1951 BGHZ 2, 347; z. B. wenn der Vergleichsverwalter die Zahlung der Gebühr abgelehnt hat, DPA 26. 6. 1969 Mitt. 1969, 148).

d) Insbes. Verschulden des Vertreters und seines Personals

Dazu Ostler, NJW 1962, 896 und NJW 1965, 1785, 2081 = Mitt. 1966, **12** 161, 181.

Der Beteiligte haftet auch für das Verschulden seines Vertreters – den er auf Schadenersatz in Anspruch nehmen mag – (vgl. § 232 Abs. 2 ZPO; BPatG 10. 10. 1961 E 1, 132, 134). Vertreter des Beteiligten ist nicht seine Ehefrau (so daß er sich deren Verschulden bei Nichtweitergabe einer Zustellung nicht entgegenhalten zu lassen braucht, s. o. Anm. 8; vgl. auch DPA 16. 5. 1953 Bl. 1953, 261).

Vertreter ist insbes. der (Rechts- oder Patent-)**Anwalt**, jedoch kann auch ein Nichtanwalt Vertreter sein (BPatG 1. 12. 1971 E 13, 87; 14. 3. 1972

E 13, 204, 207); auch der Erlaubnisscheininhaber (in einem besonders gelagerten Fall gewährte BPatG 21. 4. 1965 Mitt. 1966, 152 die Wiedereinsetzung); auch der Zustellungsbevollmächtigte (DPA 15. 6. 1955 Bl. 1955, 258 = GRUR 1955, 398 LS); auch das ausländische Patentbüro (BPatG 10. 10. 1961 E 1, 132, 135).

Die von dem Vertreter zu fordernde Sorgfalt beinhaltet auch die Pflicht zur angemessenen Vorsorge für den Fall einer Störung oder Behinderung des normalen Geschäftsablaufs, z. B. durch Umzug der Praxis, eigene Erkrankung oder Erkrankung seiner Hilfskräfte (BPatG 12. 3. 1963 E 3, 223; zu streng bei Schlaganfall des Anwalts BVerwG 31. 8. 1961 NJW 1962, 931, dazu ablehnend Ostler, NJW 1962, 896; milder BPatG 26. 11. 1968 E 10, 307, 310 f.). Der Anwalt, der ein Rechtsmittel unzulässig einlegt, kann sich nicht darauf berufen, daß das Gericht ihm noch innerhalb der Frist Gelegenheit zur Berichtigung seines Fehlers hätte geben können (BGH 26. 1. 1972 NJW 1972, 684).

Der Vertreter ist nicht verpflichtet, ohne Weisung vorsorglich Beschwerde einzulegen (a. A. BPatG 2. 8. 1968 Mitt. 1969, 39; dagegen mit Recht Reinländer a. a. O. S. 40). Über Rechtsirrtum des Anwalts s. o. Anm. 9, 10.

13 Jedoch schließt nur **eigenes Verschulden des Vertreters** die Wiedereinsetzung aus, nicht das seines **Personals** (das gilt auch, wenn der Anwalt selbst Partei ist, RG 28. 4. 1941 Bl. 1941, 158). Jedoch müssen die Angestellten gehörig **ausgebildet** und – jedenfalls stichprobenweise – **überwacht** sein (BPatG 15. 11. 1967 Mitt. 1968, 158; für Botendienste genügt weniger qualifiziertes Personal, BGH 23. 9. 1960 Bl. 1961, 19); nur dann darf sich der Anwalt auf sie verlassen, andernfalls handelt er selbst schuldhaft und die Wiedereinsetzung ist ausgeschlossen. Dabei sind an Patentanwälte dieselben Anforderungen zu stellen wie an Rechtsanwälte (DPA 13. 4. 1955 Mitt. 1955, 57).

Zu den Anforderungen an die Überwachung des Bürovorstehers s. BGH 27. 9. 1967 NJW 1967, 2311; 8. 11. 1967 MDR 1968, 237. Besondere Sorgfalt ist bei der Abgabe der Prioritätserklärung notwendig (DPA 2. 5. 1953 GRUR 1953, 441 = Bl. 1953, 337). Notierung von Vorfristen kann erforderlich sein (BGH 30. 11. 1951 Bl. 1952, 438; BPatG 15. 11. 1967 Mitt. 1968, 158; vgl. jedoch BGH 11. 7. 1962 NJW 1962, 1865).

14 Inwieweit der Anwalt seinem Personal auch die **Berechnung der Fristen** übertragen darf, ist in der Rechtsprechung umstritten. Seine allzu strenge Rechtsprechung hinsichtlich der Pflichten des Anwalts bei der Fristberechnung (z. B. BGH 30. 4. 1964 Versicherungsrecht 1964, 781) hat der BGH (12. 2. 1965 BGHZ 43, 148) etwas abgemildert; danach kann der Anwalt die Berechnung der üblichen Fristen seinem gut ausgebildeten und sorgfältig überwachten Büropersonal überlassen, wenn sie keine rechtlichen Schwierigkeiten macht (vgl. jedoch noch die zu strenge Entscheidung des BGH 28. 10. 1965 E 7, 270, 273 – Benachrichtigung –: »Insbesondere muß ein

Patentanwalt, wenn er eine Frist zu wahren hat, Beginn und Ende dieser Frist von sich aus feststellen«). In Fällen schwieriger Fristberechnung darf sich der Anwalt jedenfalls nicht auf Angestellte verlassen (BPatG 14. 6. 1967 E 9, 128, 132).

Hat eine sonst zuverlässige Angestellte eine Rechtsmittelschrift (RG 27. 11. 1929 RGZ 126, 257; BAG 12. 1. 1966 NJW 1966, 799; Ostler, NJW 1967, 2300) oder einen Postscheck (BPatG 16. 2. 1962 E 2, 130, 134 f.; anders, wenn der Beteiligte selbst den nichtunterschriebenen Scheck herausgegeben hat, RPA 14. 3. 1938 Mitt. 1938, 149) **ohne Unterschrift** herausgegeben oder fehlgeleitet (BPatG 18. 12. 1968 E 10, 273, 275), so kann ein unabwendbarer Zufall angenommen werden. Auch mit über ihren Aufgabenkreis hinausgehenden Eigenmächtigkeiten seiner Angestellten braucht der Anwalt nicht zu rechnen (BGH 11. 7. 1958 Bl. 1958, 262). 15

e) Verschulden des eigenen Personals

Entsprechende Grundsätze gelten für das Verschulden des eigenen Personals des Beteiligten, insbes. in Großbetrieben, in denen die Fristenüberwachung Angestellten übertragen ist. Während auch solche Beteiligten für das Verschulden ihrer Vertreter haften – wozu auch die als Vertreter handelnden, unterschriftsbefugten Angestellten gehören, RG 19. 11. 1932 RGZ 138, 346, 353 f. –, kann das Verschulden anderer, sonst zuverlässiger und erprobter Angestellter einen Wiedereinsetzungsgrund bilden (RG a. a. O. S. 351; 24. 4. 1936 JW 1936, 2136). Auch dem Privatmann oder Privatunternehmer obliegt es als eigene Sorgfaltspflicht, seine Angestellten in zumutbarer Weise zu unterweisen und zu beaufsichtigen (BPatG 13. 12. 1961 E 1, 143; vgl. DPA 13. 8. 1951 GRUR 1951, 456 = Bl. 1951, 292; BPatG 5. 11. 1964 E 6, 58, 62). 16

II. Abs. 2: Wiedereinsetzungsantrag

1. Antrag

Wiedereinsetzung wird nur auf Antrag gewährt, nie von Amts wegen. (Darüber, wer den Antrag stellen kann, s. o. Anm. 6.) Jedoch braucht das Wort »Wiedereinsetzung« nicht verwendet zu werden; es genügt, wenn es dem Willen des Beteiligten entspricht, sich dieses Rechtsbehelfs zu bedienen, was selbst dann der Fall sein kann, wenn er die Meinung vertritt, ein Fall der Versäumung liege überhaupt nicht vor (RG 15. 6. 1929 RGZ 125, 58, 62). Bei rechtsunkundigen Beteiligten mag eine solche Auslegung ihrer Erklärungen geboten sein; sie muß jedoch eine Stütze in den Ausführungen des Beteiligten finden. Der Antrag muß schriftlich gestellt werden, Abs. 2 Satz 1; telegrafische und fernschriftliche Übermittlung ist zulässig (BPatG 26. 7. 1972 E 14, 139). Er kann auch hilfsweise gestellt werden. 17

18 Der Antrag ist **an die Stelle** zu richten, der gegenüber die versäumte Handlung nachzuholen ist, bei Versäumung der Beschwerdefrist jedoch nur im einseitigen Verfahren an das DPA (s. u. Anm. 26). Ist die Sache in die Beschwerdeinstanz gelangt, so kann, auch wenn die Frist gegenüber dem PA einzuhalten war, der Antrag noch im Beschwerdeverfahren gestellt werden (BPatG 18. 10. 1962 E 2, 172). Wird die Versäumung der Berufungsfrist erst vom BGH beanstandet, so kann die Wiedereinsetzung bei ihm beantragt werden (RG 27. 11. 1929 RGZ 126, 257).

2. Antragsfrist

19 Der Antrag muß binnen **zwei Monaten** nach Wegfall des Hindernisses gestellt werden, Abs. 2 **Satz 1** – eine gegenüber der Zweiwochenfrist des § 234 ZPO großzügige Regelung. War dem Beteiligten die Fristversäumung nicht bewußt, so **fällt das Hindernis** in dem Zeitpunkt **fort,** in dem er die Versäumung bei Anwendung der zu fordernden äußersten Sorgfalt erkennen mußte (BGH 24. 9. 1959 NJW 1959, 2063), spätestens dann, wenn sie ihm positiv bekannt wird, z. B. durch Mitteilung seitens des PA oder Gerichts. Das Patentgericht wird daher eine verspätete Beschwerde nicht sogleich verwerfen, sondern den Beschwerdeführer zunächst auf die Verspätung hinweisen (worauf er möglicherweise die Beschwerde zurücknimmt); dabei mag sich bei einem nicht rechtskundigen und nicht vertretenen Beteiligten ein Hinweis auf § 43 empfehlen.

20 Innerhalb der Frist ist auch die versäumte **Handlung nachzuholen,** Abs. 2 **Satz 2,** also z. B. die Beschwerde einzulegen, die Gebühr zu zahlen (statt dessen genügt bei Jahresgebühren auch der Stundungsantrag nach § 11 Abs. 5, RPA 12. 8. 1937 MuW 1937, 358 = Mitt. 1937, 299). War die Handlung (z. B. in Unkenntnis der Fristversäumung) bereits vorgenommen, so genügt die Bezugnahme darauf (§ 236 Nr. 3 ZPO).

21 Damit die Rechtskraft der Verwaltungsakte und Gerichtsentscheidungen nicht auf unbestimmte Zeit gefährdet bleibt, setzt Abs. 2 **Satz 4** für den Wiedereinsetzungsantrag eine äußerste Frist von **einem Jahr** nach Ablauf der versäumten Frist.

Gegen die Versäumung der Zweimonats- und der Jahresfrist gibt es keine Wiedereinsetzung, s. o. Anm. 5.

3. Inhalt des Antrags

22 Der Antrag muß den Wiedereinsetzungsgrund und die Glaubhaftmachungsmittel angeben, Abs. 2 **Satz 3.** Aus ihm muß auch ersichtlich sein, wann das Hindernis weggefallen ist (BGH 24. 9. 1959 NJW 1959, 2063; BPatG 21. 4. 1965 Mitt. 1966, 152).

Ein voller Beweis des Wiedereinsetzungsgrundes wird nicht verlangt, es genügt **Glaubhaftmachung.** Diese erübrigt sich nur bei aktenkundigen und allgemeinkundigen Tatsachen. Im übrigen muß sie sich auf alle Tatsachen erstrecken, die die Versäumung als unverschuldet erscheinen lassen, z. B. bei Anwälten und Großfirmen auf die Organisation der Fristenüberwachung, die Zuverlässigkeit der schuldigen Angestellten und die getroffenen Überwachungsmaßnahmen (vgl. DPA 13. 8. 1951 GRUR 1951, 456 = Bl. 1951, 292; 11. 6. 1954 Mitt. 1955, 54; 23. 3. 1956 Mitt. 1956, 98).

Als **Glaubhaftmachungsmittel** kommen alle Beweismittel in Betracht 23 (§ 294 ZPO), hauptsächlich ärztliche Atteste, amtliche Bescheinigungen (die bloße Berufung auf Auskünfte, die das Gericht erst einholen muß, genügt nicht, BGH 14. 3. 1958 Bl. 1959, 228) sowie insbes. eidesstattliche Versicherungen, zu deren Entgegennahme auch das PA zuständig (im Sinne des § 156 StGB) ist; wer sie abgibt, sollte sich über die Strafbarkeit der wissentlich falschen eidesstattlichen Versicherung im klaren sein und dies in der Versicherung zum Ausdruck bringen. Bei einem deutschen Rechtsanwalt genügt, soweit er über seine eigenen Handlungen aussagt, seine einfache Erklärung als Glaubhaftmachungsmittel (vgl. BGH 24. 9. 1959 NJW 1959, 2063 und BPatG 10. 10. 1961 E 1, 132, 136); ebenso beim Patentanwalt (Neumar bei Reimer, § 43 Anm. 11).

Die Glaubhaftmachungsmittel müssen zwar nicht unbedingt innerhalb 24 der Antragsfrist vorgelegt, sondern können auch nachgereicht werden; innerhalb der Frist ist jedoch die bestimmte Angabe erforderlich, welche Mittel im einzelnen beigebracht werden sollen (RG 5. 11. 1936 JW 1937, 229; DPA 20. 8. 1951 GRUR 1951, 508 = Bl. 1951, 293). **Nach Fristablauf** können keine neuen Tatsachen und neuen Glaubhaftmachungsmittel nachgebracht werden; allenfalls kann der fristgemäße Tatsachenvortrag vervollständigt und ergänzt werden, insbes. wenn das Gericht in Ausübung seiner Fragepflicht (§ 139 ZPO) auf eine solche Klarstellung hinwirkt (DPA 16. 5. 1953 Bl. 1953, 261; 12. 11. 1954 Mitt. 1955, 93; BGH 19. 6. 1951 BGHZ 2, 342, 345; BPatG 9. 11. 1961 E 1, 141; Kirchner, Mitt. 1972, 26). Die nachträgliche Ergänzung des Tatsachenvortrags ist nur insoweit zulässig, als dadurch nicht die ursprüngliche Darstellung der das Versäumnis bedingenden Ursachen wesentlich verändert oder neue selbständige Ursachen oder Ursachenverkettungen hinzugefügt werden (DPA 6. 7. 1955 Mitt. 1957, 33). Daß der Beteiligte die neuen Tatsachen erst nach Fristablauf erfahren hat, kann eine Verlängerung der gesetzlichen Frist nicht bewirken (BPatG 10. 10. 1961 E 1, 132, 135). Das Amt bzw. Gericht ist nicht verpflichtet, an die fristgemäße Benennung der Glaubhaftmachungsmittel zu erinnern (Schade, GRUR 1953, 56; BPatG 6. 12. 1971 Bl. 1972, 288 LS), insbes. wenn der Antrag erst kurz vor Fristablauf eingeht (vgl. BPatG 9. 11. 1961 E 1, 141; vgl. jedoch BPatG 14. 7. 1971 E 13, 30, 33 und Kirchner a. a. O.).

III. Abs. 3: Verfahren und Entscheidung

1. Verfahren

25 Darüber, inwieweit PA oder Gericht eine Ergänzung unklarer oder unvollständiger Anträge anregen sollten, s. o. Anm. 24.

Der Wiedereinsetzungsantrag ist einem etwaigen **Gegner** des Antragstellers zwecks Ermöglichung der Stellungnahme mitzuteilen, weil dessen Recht auf Gehör verletzt würde, wenn ihm ohne sein Wissen die Rechtskraft der Entscheidung genommen würde (BVerfG 28. 10. 1958 BVerfGE 8, 253 = NJW 1958, 2011; Zeunert, GRUR 1963, 460).

2. Entscheidung

26 Über den Antrag entscheidet die Stelle, die über die nachgeholte Handlung zu beschließen hat, Abs. 3, genauer: die Stelle, bei der er zulässigerweise gestellt ist, also, wenn die Wiedereinsetzung erst im Beschwerdeverfahren beantragt wird, der Beschwerdesenat, s. o. Anm. 18. Im Abhilfeverfahren nach § 36 l Abs. 4 kann das PA, wenn es abhelfen will, einem Wiedereinsetzungsantrag stattgeben; es kann ihn aber nicht ablehnen (DPA 18. 12. 1952 GRUR 1953, 168 = Bl. 1953, 83, 84). Umgekehrt kann der Nichtigkeitssenat im Berufungs-Vorprüfungsverfahren die Wiedereinsetzung ablehnen, während ihre Gewährung dem BGH überlassen bleibt (§ 42 b Anm. 2).

Über den Wiedereinsetzungsantrag kann **vorab** entschieden werden, was insbes. im Falle der Gewährung zweckmäßig sein kann.

Die Ablehnung des Wiedereinsetzungsantrags kann stets ohne **mündliche Verhandlung** ergehen (§ 36 o Anm. 3, § 42 b Anm. 6). Sie ist zu **begründen,** während die Gewährung der Wiedereinsetzung nicht begründet zu werden braucht (§ 41 i Abs. 2).

3. Anfechtbarkeit

27 Die Ablehnung der Wiedereinsetzung ist mit den üblichen Rechtsmitteln angreifbar, nicht dagegen ihre Gewährung (§ 36 m Anm. 4; Schade, GRUR 1953, 57); diese kann nur zusammen mit der Endentscheidung angegriffen werden. Die Ablehnung kann bei der Endentscheidung nicht mehr nachgeprüft werden, wenn der Antragsteller den Ablehnungsbeschluß hatte rechtskräftig werden lassen (BGH 28. 9. 1972 MDR 1973, 126).

Die im Erteilungsverfahren gewährte Wiedereinsetzung ist im Nichtigkeitsverfahren nicht mehr nachprüfbar (BGH 6. 10. 1959 GRUR Ausl. 1960, 506 = GRUR 1960, 542 LS – Schiffslukenverschluß –). Im Verletzungsprozeß ist jedoch der Einwand zulässig, der Patentinhaber habe die

Wiedereinsetzung durch bewußt unrichtige Angaben erschlichen und dadurch erreicht, daß das infolge der Fristversäumung erloschene Patent wieder in Kraft getreten ist (BGH 16. 3. 1956 GRUR 1956, 265, 269 – Rheinmetall-Borsig I –).

IV. Abs. 4, 5: Weiterbenutzungsrecht gutgläubiger Zwischenbenutzer

War mit Ablauf der versäumten Frist das **Patent erloschen** (§ 12 Abs. 1 Nr. 2, 3), so war jedermann befugt, seinen Gegenstand zu benutzen. Durch Gewährung der Wiedereinsetzung tritt das Patent wieder in Kraft. Wer inzwischen Benutzungshandlungen vorgenommen oder vorbereitet hatte (zum Begriff s. § 7), kann zwar nicht wegen Patentverletzung in Anspruch genommen werden, denn seine Handlungen waren nicht rechtswidrig und können nicht durch die Wiedereinsetzung rückwirkend rechtswidrig werden (BGH 16. 3. 1956 a. a. O. S. 268 mit dem Hinzufügen S. 270, daß der Bösgläubige – der weiß oder mit der Möglichkeit rechnet, daß dem Patentinhaber ein Wiedereinsetzungsgrund zur Seite steht und er die Wiedereinsetzung betreibt oder zu betreiben beabsichtigt – evtl. aus § 1 UWG, § 826 BGB in Anspruch genommen werden kann). Der Zwischenbenutzer dürfte die Handlungen aber nicht fortsetzen, wenn ihm nicht Abs. 4 ein Weiterbenutzungsrecht einräumen würde. 28

Dieses Recht schützt nur die **weitere** Benutzung; es steht nur dem zu, der die Handlungen **nach** dem Erlöschen des Patents begonnen hat; war die Benutzung schon vor dem Erlöschen aufgenommen und lediglich über den Zeitpunkt des Erlöschens hinaus fortgesetzt worden, so wird kein Weiterbenutzungsrecht erworben (BGH a. a. O.; anders, wenn die nach Erlöschen liegende Benutzung ausnahmsweise keine Fortsetzung der früheren, rechtswidrigen Benutzung, sondern von ihr unabhängig ist, RG 16. 2. 1924 RGZ 108, 76). Es entsteht auch dann nicht, wenn das Patent zu Unrecht in der Rolle gelöscht, in Wirklichkeit aber noch nicht (durch Ablauf der gemäß § 11 Abs. 3 gesetzten Frist) erloschen war, so daß es der Wiedereinsetzung nicht bedurft hätte (BGH 27. 5. 1952 BGHZ 6, 172, 177 – Wäschepresse –). 29

Das Weiterbenutzungsrecht gilt nur für die Bedürfnisse des eigenen **Betriebs.** Es kann nur mit ihm zusammen vererbt oder veräußert werden. Mit der Betriebsveräußerung geht es, auch wenn es den Vertragschließenden nicht bekannt ist, über (BGH 7. 10. 1965 GRUR 1966, 370, 373 f. – Dauerwellen II –). 30

Das Weiterbenutzungsrecht ist von der **Gutgläubigkeit** des Zwischenbenutzers abhängig. Wußte er oder mußte er wissen, daß dem Patentinhaber ein Wiedereinsetzungsgrund zur Seite stand, dann wird er nicht geschützt (vgl. Begründung zum PatG 1936, Bl. 1936, 113: gutgläubig ist, wer »von 31 dem Sachverhalt, der zu der Säumnis des Patentinhabers geführt hatte, und von der Anwartschaft des Patentinhabers auf Wiederherstellung des Patents nichts gewußt hat«). Voraussetzung der Gutgläubigkeit ist aber nicht, daß der Benutzer das Patent und sein Erlöschen überhaupt kannte (BGH 27. 5. 1952 BGHZ 6, 172, 176 f. – Wäschepresse –).

32 Daß die gleiche Regelung auch gelten müsse, wenn der **einstweilige Schutz** für den Gegenstand einer bekanntgemachten Anmeldung dadurch wiederauflebt, daß die Rechtskraft des Versagungsbeschlusses infolge Gewährung der Wiedereinsetzung wieder beseitigt wird, wurde schon bisher vertreten (Starck, MuW 1939, 156; ebenso Reimer, § 43 Anm. 18). Nunmehr sieht der durch das PatÄndG eingefügte Abs. 5 ausdrücklich die entsprechende Anwendung des Abs. 4 vor, wenn infolge einer Wiedereinsetzung der einstweilige Schutz gemäß § 30 Abs. 1 S. 2 sowie der neugeschaffene einstweilige Schutz des § 24 Abs. 5 für offengelegte Anmeldungen wieder in Kraft tritt (dazu Begründung Bl. 1967, 263 »Zu Nr. 29«).

§ 44

Im Verfahren vor dem Patentamt, dem Patentgericht und dem Bundesgerichtshof haben die Beteiligten ihre Erklärungen über tatsächliche Umstände vollständig und der Wahrheit gemäß abzugeben.

ÜBERSICHT

1. Wahrheitspflicht

In Angleichung an den für den Zivilprozeß (somit auch für die Patentstreitsachen) geltenden § 138 Abs. 1 ZPO statuiert § 44 die Wahrheitspflicht der Beteiligten gegenüber PA und Gericht. Die Bestimmung entspricht inhaltlich der Eidesformel, »nach bestem Wissen die reine Wahrheit gesagt und nichts verschwiegen« zu haben (§ 392 ZPO). Sie fordert 1

a) positiv, **alles** zu sagen (»vollständig«), was nach Lage der Sache zu sagen ist bzw. wonach Amt oder Gericht fragen – natürlich nur im Rahmen des Könnens, denn kein Mensch ist allwissend; die Wahrheitspflicht des Beteiligten erfordert aber, sich notfalls zu informieren;

b) negativ, **nichts Falsches** zu sagen (»der Wahrheit gemäß«).

2. Tatsächliche Umstände

Die Wahrheitspflicht gilt nur für »tatsächliche Umstände«; solche spielen eine Rolle z. B. bei einer offenkundigen Vorbenutzung, einem betriebsinternen Stand der Technik, bei Wiedereinsetzungsgründen. Dazu gehört auch die Angabe des hinter dem klagenden Strohmann bzw. hinter dem Akteneinsicht Begehrenden stehenden Auftraggebers im Nichtigkeitsverfahren (§ 37 Anm. 16) und im Akteneinsichtsverfahren (BPatG 26. 1. 1965 E 6, 168; überholt RPA 13. 3. 1937 Mitt. 1937, 117). Dazu gehört ferner die Erfinderbenennung (Zeller, GRUR 1951, 51; BGH 30. 4. 1968 GRUR 1969, 133 – Luftfilter –; falsche Erfinderbenennung stellt aber keine Patenterschleichung dar, da sie für die Erteilung nicht kausal ist, BGH 16. 2. 1954 GRUR 1954, 317, 319 – Entwicklungsgerät –); die Angabe, ob und welche Auslandsanmeldungen der gleichen Erfindung gemacht sind (vgl. DPA 30. 5. 1958 Bl. 1958, 190), und der dortigen Entgegenhaltungen (§ 26 Abs. 4 S. 2). 2

3 Keine tatsächlichen Umstände sind druckschriftliche Vorveröffentlichungen (§ 41 h Anm. 6; Röhl, BB 1968, 20). Für sie besteht die Sondervorschrift des § 26 Abs. 4 S. 1, wonach der Anmelder auf Verlangen des PA den Stand der Technik nach seinem besten Wissen vollständig und wahrheitsgemäß anzugeben hat.

3. Folgen der Verletzung der Wahrheitspflicht

4 Die Sanktionen, die hinter der Wahrheitspflicht stehen, sind spärlich, zumal sich ein positives Tun, wie die Abgabe vollständiger Erklärungen, nicht erzwingen und angesichts des mitwirkenden subjektiven Moments nur schwer kontrollieren läßt, denn oft wird sich nicht beweisen lassen, daß jemand etwas gewußt hat, was er nicht gesagt hat. Leichter läßt es sich feststellen, wenn gemachte Angaben unwahr sind.

Die Verletzung der Wahrheitspflicht kann Kostenfolgen haben. So wurden dem GebrM-Inhaber, der das GebrM in Kenntnis oder fahrlässiger Unkenntnis der durchschlagenden Entgegenhaltung angemeldet hatte, die Kosten des Löschungsverfahrens auferlegt, obwohl er sofort nach Zustellung des Löschungsantrags auf das GebrM verzichtet hatte (BPatG 8. 11. 1961 E 1, 171).

Unrichtige Angaben können, wenn durch sie ein Schaden für einen anderen eingetreten ist, diesen unter den Voraussetzungen des § 826 BGB zu Schadenersatzforderungen berechtigen; nicht auf Grund des § 823 Abs. 2 BGB, da § 44 nicht den Schutz »eines anderen« bezweckt. Äußerstenfalls können strafrechtliche (Betrug) oder für den Anwalt standesrechtliche Folgen eintreten. Im übrigen sind unrichtige Angaben – abgesehen davon, daß sie selbstverständlich unberücksichtigt zu bleiben haben und evtl. einen Schluß auf die Unrichtigkeit auch anderer Angaben erlauben – ohne materiellrechtliche Folgen.

5 Insbes. ist ein Verstoß gegen § 44 kein Patentversagungsgrund, auch kein Nichtigkeitsgrund. Für die Anerkennung des Tatbestandes der **Patenterschleichung** (durch bewußtes Verschweigen des Standes der Technik) als Nichtigkeitsgrund besteht seit Wegfall der Ausschlußfrist für die Nichtigkeitsklage kein Bedürfnis mehr (BGH 25. 9. 1953 GRUR 1954, 107, 111 – Mehrfachschelle –; vgl. auch § 47 Anm. 52).

§ 44 a

(1) Wird der Einspruch oder die Klage auf Erklärung der Nichtigkeit des Patents auf die Behauptung gestützt, daß der Gegenstand der Anmeldung oder des Patents nach § 2 nicht patentfähig sei, so kann das Patentamt oder das Patentgericht verlangen, daß Urschriften, Ablichtungen oder beglaubigte Abschriften der im Einspruch oder in der Klage erwähnten Druckschriften, die im Patentamt und im Patentgericht nicht vorhanden sind, in je einem Stück für das Patentamt oder das Patentgericht und für die am Verfahren Beteiligten eingereicht werden.

(2) Von Druckschriften in fremder Sprache sind auf Verlangen des Patentamts oder des Patentgerichts einfache oder beglaubigte Übersetzungen beizubringen.

Abs. 1: Während in der Nachkriegszeit die druckschriftlichen Entgegenhaltungen unaufgefordert einzureichen waren (womit zum Wiederaufbau des verlorengegangenen Prüfstoffs beigetragen werden sollte, vgl. Begründung zum Entwurf des 5. ÜG, Bl. 1953, 298), schreibt die durch das 5. ÜG in das PatG eingefügte und durch das 6. ÜG angepaßte Bestimmung des § 44 a die Einreichung nur noch auf Verlangen des PA (Beamte des mittleren Dienstes, § 4 Abs. 1 Nr. 6 WahrnV v. 22. 5. 1970) oder des Patentgerichts (Rechtspfleger, § 23 Abs. 1 Nr. 6 Rechtspflegergesetz) vor. Von der Vorschrift wird (außer in Nichtigkeitssachen) nur dann Gebrauch gemacht, wenn die Druckschrift in der Bücherei des DPA nicht vorhanden ist. 1

Eine Sanktion bei Nichtvorlage innerhalb gesetzter Frist (wie nach § 3 Nr. 5 des 1. ÜG, wonach der Einspruch als nicht erhoben galt) ist nicht mehr vorgesehen.

Von fremdsprachigen Druckschriften kann das PA oder das Patentgericht eine **Übersetzung** verlangen, **Abs. 2.** Bei Druckschriften in englischer oder französischer Sprache ist dies nicht üblich. Wegen der Erstattungsfähigkeit der Übersetzungskosten s. § 40 Anm. 54. 2

§ 45

Die Sprache vor dem Patentamt und dem Patentgericht ist deutsch. Eingaben in anderer Sprache werden nicht berücksichtigt. Im übrigen finden die Vorschriften des Gerichtsverfassungsgesetzes über die Gerichtssprache Anwendung.

ÜBERSICHT

1. Amts- und Gerichtssprache

1 Die Vorschrift des § 45, die Deutsch als Amtssprache vor dem PA vorschrieb, ist durch das 6. ÜG auf das Patentgericht ausgedehnt worden, für das Entsprechendes ohnehin nach § 41 o Abs. 1 i. V. m. § 184 GVG (Gerichtssprache) gegolten hätte.

2. Eingaben, Erteilungsunterlagen

2 Die deutsche Sprache ist erforderlich für Eingaben, Schriftsätze, Anträge und die Erteilungsunterlagen. Eingaben in anderer Sprache werden nicht berücksichtigt, Satz 2 (BPatG 20. 4. 1966 E 8, 159), Rechtsmittel als unzulässig verworfen (wie für die Berufung im Nichtigkeitsverfahren ausdrücklich vorgesehen, § 42 b), es sei denn, daß ihnen eine deutsche Übersetzung beigefügt ist (wie vor dem PA in § 7 Abs. 1 der Anmeldebestimmungen vorgeschrieben).

Bei **fristgebundenen** Anträgen muß die Übersetzung innerhalb der Frist vorliegen, denn der fremdsprachige Antrag wahrt die Frist nicht (RPA 13. 5. 1930 Mitt. 1930, 136 für den Einspruch).

3 Fremdsprachige **Erteilungsunterlagen** begründen keine Priorität (DPA 31. 8. 1950 Bl. 1950, 255; jedoch will Reimer, § 45 Anm. Beschreibungen in englischer und französischer Sprache die Prioritätswirkung nicht versagen) und sind zurückzuweisen (BPatG 20. 4. 1966 E 8, 159 – kein Zurückweisungsgrund ist es indes, wenn der Anmelder die fremdsprachige Fassung mit einreicht, um sich ggf. später zur Behebung von Übersetzungsfehlern darauf zu berufen). Das gilt auch für Nachanmeldungen mit Unionspriorität (DPA 31. 5. 1951 GRUR 1951, 458 = Bl. 1951, 221).

Fremdsprachige Fachausdrücke in Erteilungsunterlagen verstoßen nicht gegen § 45 (BPatG 19. 10. 1966 E 9, 6, 13 f.). Das PA nimmt auch wörtliche Übersetzungen fremdsprachiger Erstanmeldungen hin, die dann allerdings in eine der deutschen Übung angepaßte Fassung gebracht werden müssen (BPatG 6. 12. 1965 E 8, 39).

3. Urkunden

Von den Beteiligten vorgelegte ausländische Urkunden kann das PA oder Gericht berücksichtigen und, wenn es sie versteht, auch ohne Übersetzung verwerten (RG 20. 12. 1939 RGZ 162, 282, 288); andernfalls kann das Gericht eine Übersetzung anfordern (§ 142 Abs. 3 ZPO). Für Prioritätsbelege ist in § 7 Abs. 2 der Anmeldebestimmungen mit Rücksicht auf und in Übereinstimmung mit Art. 7 Abs. 3 der Europäischen Übereinkunft über Formerfordernisse bei Patentanmeldungen vom 11. 12. 1953 (BGBl. 1954 II 1099 = Bl. 1954, 212) bestimmt, daß sie auch in französischer oder englischer Sprache eingereicht werden können; jedoch kann im Einzelfall eine Übersetzung angefordert werden. Wegen der Übersetzung fremdsprachiger Druckschriften s. § 44 a Anm. 2. 4

4. Mündliche Verhandlung

Die deutsche Sprache gilt vor allem auch für die mündliche Verhandlung. Es steht im Ermessen des Gerichts, ob es sich bei Einverständnis aller Beteiligten auch fremdsprachige Ausführungen anhört. 5

Die gemäß § 45 anwendbaren Vorschriften der §§ 185 ff. GVG über die Zuziehung von **Dolmetschern** sind vor PA und Patentgericht wegen des § 16 weitgehend entbehrlich, der allerdings auf im Inland wohnhafte Ausländer nicht anwendbar ist. Beteiligt sich ein solcher, ohne Deutsch zu können, aus eigenem Antrieb an einem deutschen Verfahren (als Anmelder, Einsprechender, Nichtigkeitskläger), so muß erwartet werden, daß er sich eines deutschsprechenden Vertreters bedient; allenfalls wenn er genötigt ist, vor Amt oder Gericht zu erscheinen (als Zeuge, Nichtigkeitsbeklagter), muß notfalls ein Dolmetscher zugezogen werden.

§ 45 a

(1) Für Zustellungen im Verfahren vor dem Patentamt und dem Patentgericht gelten die Vorschriften des Verwaltungszustellungsgesetzes vom 3. Juli 1952 (Bundesgesetzbl. I S. 379), zuletzt geändert durch Gesetz vom 6. Oktober 1965 (Bundesgesetzbl. I S. 1477), mit folgenden Maßgaben:

1. Wird die Annahme der Zustellung durch eingeschriebenen Brief ohne gesetzlichen Grund verweigert, so gilt die Zustellung gleichwohl als bewirkt.
2. Zustellungen an Empfänger, die sich im Ausland aufhalten, können auch durch Aufgabe zur Post nach den §§ 175, 213 der Zivilprozeßordnung bewirkt werden.
3. Für Zustellungen an Erlaubnisscheininhaber (§ 177 der Patentanwaltsordnung vom 7. September 1966 – Bundesgesetzbl. I S. 557) ist § 5 Abs. 2 des Verwaltungszustellungsgesetzes entsprechend anzuwenden.
4. An Empfänger, denen beim Patentamt oder beim Patentgericht ein Abholfach eingerichtet worden ist, kann auch dadurch zugestellt werden, daß das Schriftstück im Abholfach des Empfängers niedergelegt wird. Über die Niederlegung ist eine schriftliche Mitteilung zu den Akten zu geben. Auf dem Schriftstück ist zu vermerken, wann es niedergelegt worden ist. Die Zustellung gilt als am dritten Tag nach der Niederlegung im Abholfach bewirkt.
5. Ist ein Vertreter bestellt und die Vollmacht schriftlich zu den Akten eingereicht, so sind die Zustellungen an den Vertreter zu richten.

(2) § 9 Abs. 1 des Verwaltungszustellungsgesetzes ist nicht anzuwenden, wenn mit der Zustellung die Frist für die Einlegung der Beschwerde (§ 36 l Abs. 2, § 42 m Abs. 2) oder der Rechtsbeschwerde (§ 41 r Abs. 1) oder für die Einlegung der Berufung (§ 42 Abs. 1) oder für den Antrag auf Entscheidung des Bundesgerichtshofs (§ 42 b Abs. 2) beginnt.

(Unstimmigkeiten des Wortlauts in Abs. 1 [Satz 1 und Nr. 3, vgl. hierzu § 189 PatAnwO] beseitigt durch Neufassung vom 2. 1. 1968.)

ÜBERSICHT

Dazu Kohlrust-Eimert, Das Zustellungsverfahren nach dem VwZG (Kommentar), 1967; Fraenkel, JR 1965, 10.

I. Anwendbarkeit des VwZG

Das Zustellungswesen des PA war bis 1961 nur durch VO geregelt, und zwar seit 1953 durch § 13 DPAV i. d. F. vom 1. 8. 1953 (BGBl. I 714 = Bl. 1953, 293; dazu Begründung Bl. 1953, 318), der auf das 1952 ergangene **VwZG** verwies. Dieses hatte eine allgemeine Regelung für die Verwaltungsbehörden des Bundes gebracht, wurde aber darüber hinaus auch u. a. für das verwaltungsgerichtliche Verfahren übernommen (§ 56 Abs. 2 VwGO). Bei Errichtung des BPatG durch das 6. ÜG wurde § 13 Abs. 1 DPAV – unter Erstreckung auf das Patentgericht und Hinzufügung der Nrn. 3–5 – als § 45 a Abs. 1 in das PatG übernommen. 1

Das VwZG (jetzt i. d. F. des ÄnderungsG v. 19. 5. 1972, BGBl. I 789 = Bl. 1972, 210) wird ergänzt durch die **Allgemeinen Verwaltungsvorschriften** zum VwZG vom 3. 10. 1952 (Bl. 1952, 413), seit 1. 1. 1967 gültig i. d. F. vom 13. 12. 1966 (Beilage zum BAnz. vom 23. 12. 1966 = [ohne die Muster] Bl. 1967, 46) und vom 27. 4. 1973 (Bl. 1973, 178), und die Richtlinien für das Verfahren bei Zustellungen an Bewohner der sowjetischen Besatzungszone Deutschlands und des Sowjetsektors von Berlin vom 13. 12. 1966 (Bl. 1967, 50). Für das DPA vgl. ferner die Hausverfügung Nr. 10 vom 25. 10. 1972. 2

Im Verfahren des **BGH** wird nach den Vorschriften der ZPO zugestellt.

Das VwZG regelt nur die Arten der Zustellung. Wann und was zuzustellen ist, ist in den jeweiligen Verfahrensvorschriften, hier: des PatG usw., ferner § 14 Abs. 2 DPAV, bestimmt. Darüber hinaus kann die Zustellung im Einzelfall oder generell durch Verwaltungsanweisung (z. B. Hausverfügung Nr. 10 des Präs. des DPA) angeordnet werden, § 1 Abs. 3 VwZG. Durch solche kann auch angeordnet werden, welche der Zustellungsarten – unter denen die Behörde grundsätzlich die Wahl hat, § 2 Abs. 2 VwZG – in den einzelnen Zustellungsfällen anzuwenden ist. 3

Zugestellt wird die Urschrift, eine Ausfertigung oder beglaubigte Abschrift (dazu BPatG 3. 4. 1970 Bl. 1970, 196, 199), § 2 VwZG.

II. Zustellungsarten

1. Zustellung mit Zustellungsurkunde, § 3 VwZG

Die Zustellung durch die Post mit Zustellungsurkunde kommt für die bedeutsamsten Zustellungsfälle in Frage, insbes. für Beschlüsse, durch deren 4

Zustellung eine Rechtsmittelfrist in Lauf gesetzt wird, und für Terminsladungen (soweit nicht an Anwälte gegen Empfangsbekenntnis zugestellt wird, § 5 Abs. 2 VwZG). Anwendbar sind die §§ 180–186 und § 195 Abs. 2 ZPO, die wie folgt lauten:

§ 180 ZPO (Ort der Zustellung)

Die Zustellungen können an jedem Ort erfolgen, wo die Person, der zugestellt werden soll, angetroffen wird.

§ 181 ZPO (Ersatzzustellung an Hausgenossen usw.)

Wird die Person, der zugestellt werden soll, in ihrer Wohnung nicht angetroffen, so kann die Zustellung in der Wohnung an einen zu der Familie gehörenden erwachsenen Hausgenossen oder an eine in der Familie dienende erwachsene Person erfolgen.

Wird eine solche Person nicht angetroffen, so kann die Zustellung an den in demselben Hause wohnenden Hauswirt oder Vermieter erfolgen, wenn sie zur Annahme des Schriftstücks bereit sind.

5 **§ 182 ZPO (Zustellung durch Niederlegung)**

Ist die Zustellung nach diesen Vorschriften nicht ausführbar, so kann sie dadurch erfolgen, daß das zu übergebende Schriftstück auf der Geschäftsstelle des Amtsgerichts, in dessen Bezirk der Ort der Zustellung gelegen ist, oder an diesem Ort bei der Postanstalt oder dem Gemeindevorsteher oder dem Polizeivorsteher niedergelegt und eine schriftliche Mitteilung über die Niederlegung unter der Anschrift des Empfängers in der bei gewöhnlichen Briefen üblichen Weise abgegeben oder, falls dies nicht tunlich ist, an die Tür der Wohnung befestigt oder einer in der Nachbarschaft wohnenden Person zur Weitergabe an den Empfänger ausgehändigt wird.

Zustellung durch Niederlegung kommt nur in Frage als Ersatz für die Zustellung in der Wohnung, nicht für die im Geschäftslokal nach § 183 ZPO (BGH 12. 3. 1968 GRUR 1968, 615 – Ersatzzustellung –). Die Niederlegung ist auch wirksam, wenn die Mitteilung über die Niederlegung den Empfänger nicht erreicht. Die Ersatzzustellung verletzt nicht das Recht auf Gehör (BVerfG 21. 1. 1969 BVerfGE 25, 158, 165).

§ 183 ZPO (Ersatzzustellung im Geschäftsraum)

Für Gewerbetreibende, die ein besonderes Geschäftslokal haben, kann, wenn sie in dem Geschäftslokal nicht angetroffen werden, die Zustellung an einen darin anwesenden Gewerbegehilfen erfolgen.

Wird ein Rechtsanwalt, ein Notar oder ein Gerichtsvollzieher in seinem Geschäftslokal nicht angetroffen, so kann die Zustellung an einen darin anwesenden Gehilfen oder Schreiber erfolgen.

Zu den »Gewerbegehilfen« hat DPA (Zwischenbescheid 6. 10. 1952 GRUR 1953, 129 = Bl. 1953, 61) den Pförtner nicht gerechnet, jedoch zu Unrecht.

§ 184 ZPO (Ersatzzustellung an Behörden usw.)

Wird der gesetzliche Vertreter oder der Vorsteher einer Behörde, einer Gemeinde, einer Korporation oder eines Vereins, dem zugestellt werden soll, in dem Geschäftslokal während der gewöhnlichen Geschäftsstunden nicht angetroffen, oder ist er an der Annahme verhindert, so kann die Zustellung an einen anderen in dem Geschäftslokal anwesenden Beamten oder Bediensteten bewirkt werden.

Wird der gesetzliche Vertreter oder der Vorsteher in seiner Wohnung nicht angetroffen, so sind die Vorschriften der §§ 181, 182 nur anzuwenden, wenn ein besonderes Geschäftslokal nicht vorhanden ist.

§ 185 ZPO (Ersatzzustellung an den Gegner des Zustellungsempfängers)

Die Zustellung an eine der in den §§ 181, 183, 184 Abs. 1 bezeichneten Personen hat zu unterbleiben, wenn die Person an dem Rechtsstreit als Gegner der Partei, an welche die Zustellung erfolgen soll, beteiligt ist.

§ 186 ZPO (Verweigerung der Annahme) 6

Wird die Annahme der Zustellung ohne gesetzlichen Grund verweigert, so ist das zu übergebende Schriftstück am Ort der Zustellung zurückzulassen.

Damit ist die Zustellung bewirkt. Die **Weigerung** ist berechtigt, wenn entgegen § 188 ZPO (der entsprechend anwendbar ist, vgl. Kohlrust-Eimert, Fußnote 72 zu § 3 VwZG) zur Nachtzeit oder an Sonn- und Feiertagen zugestellt wird oder wenn die Voraussetzungen einer Ersatzzustellung nicht vorliegen; der Hauswirt oder Vermieter braucht eine Ersatzzustellung nicht anzunehmen, § 181 Abs. 2 ZPO.

§ 195 Abs. 2 ZPO (Zustellungsurkunde) 7

Über die Zustellung ist von dem Postbediensteten eine Urkunde aufzunehmen, die den Vorschriften des § 191 Nr. 1, 3 bis 5, 7 entsprechen und die Übergabe der ihrer Anschrift und ihrer Geschäftsnummer nach bezeichneten Sendung sowie der Abschrift der Zustellungsurkunde bezeugen muß. Die Übergabe einer Abschrift der Zustellungsurkunde kann dadurch ersetzt werden, daß der Postbedienstete den Tag der Zustellung auf der Sendung vermerkt; er hat dies in der Zustellungsurkunde zu bezeugen.

Nach § 191 ZPO muß die **Zustellungsurkunde** enthalten

1. Ort und Zeit der Zustellung;
3. die Bezeichnung der Person, an die zugestellt werden soll;
4. die Bezeichnung der Person, der zugestellt ist; in den Fällen der §§ 181, 183, 184 die Angabe des Grundes, durch den die Zustellung an die bezeichnete Person gerechtfertigt wird;
   wenn nach § 182 verfahren ist, die Bemerkung, wie die darin enthaltenen Vorschriften befolgt sind;
5. im Falle der Verweigerung der Annahme die Erwähnung, daß die Annahme verweigert und das zu übergebende Schriftstück am Ort der Zustellung zurückgelassen ist;
7. die Unterschrift des die Zustellung vollziehenden Beamten.

Wesentliche **Mängel** der Zustellungsurkunde machen die Zustellung unwirksam, z. B. wenn sie nicht erkennen läßt, daß eine Ersatzzustellung vorgenommen wurde (BGH 13. 12. 1955 LM Nr. 1 zu § 181 ZPO), oder wenn die Unterschrift des Postbediensteten fehlt (BGH 22. 2. 1961 LM Nr. 2 zu § 195 ZPO); anders, wenn nur der Vermerk des Zustellungstages auf der Sendung fehlt (DPA 20. 6. 1953 Bl. 1953, 404).

2. Zustellung mittels eingeschriebenen Briefes, § 4 VwZG

8 Diese in der ZPO (mit Ausnahme des § 175 Abs. 2) nicht vorgesehene, weniger förmliche Zustellungsart ist ebenfalls innerdienstlich für zahlreiche Zustellungsfälle vorgeschrieben. Die Behörde kann auch die Zustellung mit Rückschein vornehmen, ohne daß dieser eine über die Beweiserleichterung hinausgehende rechtliche Bedeutung hätte (BayObLG 6. 4. 1967 NJW 1967, 2064, 2066). Eine Zustellung durch Niederlegung (§ 182 ZPO) oder eine **Ersatzzustellung** ist bei eingeschriebenen Briefen nicht möglich, jedoch können diese an die in § 51 der Postordnung (v. 16. 5. 1963, BGBl. I 341, i. d. F. der VO vom 19. 5. 1964, BGBl. I 327; z. T. auch bei Kohlrust-Eimert, Anhang II) bezeichneten Ersatzempfänger ausgehändigt werden. Damit ist die Zustellung bewirkt, auch wenn der Brief den Zustellungsempfänger selbst nicht erreicht (BPatG 26. 9. 1962 E 2, 202; allenfalls Wiedereinsetzungsgrund, vgl. § 43 Anm. 8).

Gelingt die Zustellung durch eingeschriebenen Brief nicht (weil der Brief nach den Vorschriften der Postordnung nicht zugestellt werden kann oder vom nicht angetroffenen Empfänger nicht abgeholt wird – die Hinterlassung der Benachrichtigung bewirkt noch keine Zustellung, BAG 15. 11. 1962 NJW 1963, 554; BVerwG 1. 10. 1970 NJW 1971, 446), so ist mit Zustellungsurkunde zuzustellen. Die Zustellung durch eingeschriebenen Brief kann jedoch nicht an der **Annahmeverweigerung** scheitern; denn § 45 a **Abs. 1 Nr. 1** bestimmt in Abweichung vom VwZG, daß auch bei dieser Zustellungsart (wie bei § 186 ZPO) bei grundloser Annahmeverweigerung die Zustellung gleichwohl als bewirkt gilt; diese Regelung wurde wegen der großen Bedeutung dieser Zustellungsart im Verfahren des DPA getroffen (Begründung Bl. 1953, 318). Jedoch steht nur die Annahmeverweigerung durch den Zustellungsempfänger selbst der Zustellung gleich, nicht die durch einen ohne Auftrag oder Einverständnis des Zustellungsempfängers handelnden Ersatzempfänger – sofern dies nachgewiesen werden kann (DPA 13. 12. 1956 Bl. 1957, 42).

Der **Zeitpunkt des Zugangs** des eingeschriebenen Briefs, der der Behörde 9
nicht bekannt und aus den Akten nicht ersichtlich ist, wird mit Hilfe einer Vermutung bestimmt: der Brief gilt mit dem dritten Tag (d. h. am dritten Tage = im Laufe des dritten Tages, DPA 23. 4. 1955 Bl. 1955, 217) nach der Aufgabe zur Post als zugestellt (auch wenn der dritte Tag ein Sonnabend, Sonn- oder Feiertag ist, Kohlrust-Eimert, Anm. 5 zu § 4 VwZG). Deshalb muß der Tag, an dem der Brief zur Post gegeben ist, in den **Akten vermerkt** werden, § 4 Abs. 2 VwZG i. d. F. v. 19. 5. 1972 (s. o. Anm. 2). (Dieser Tag braucht nicht notwendig mit dem Datum des Poststempels übereinzustimmen; doch mag Wiedereinsetzung in Frage kommen, wenn der Zustellungsempfänger sich auf dieses Datum verlassen hatte, Kohlrust-Eimert, a. a. O.) Das Fehlen des Vermerks macht die Zustellung unwirksam (BFH 28. 2. 1969 NJW 1970, 80; a. A. Kohlrust-Eimert, Anm. 3 zu § 4 VwZG), eine Rechtsmittelfrist wird nicht in Lauf gesetzt, § 9 Abs. 2 VwZG, selbst wenn der Zugang sich aus dem Rückschein ergibt (BayObLG 6. 4. 1967 NJW 1967, 2064).

Die **Vermutung** des Zugangs am dritten Tag kann durch die ggf. zu sub- 10
stantiierende Behauptung des Zustellungsempfängers, daß ihm das Schriftstück nicht oder zu einem späteren Zeitpunkt zugegangen sei, entkräftet werden; dann muß die Behörde den Zugang und dessen Zeitpunkt beweisen, § 4 Abs. 1 VwZG, was mit Hilfe eines etwaigen Rückscheins, sonst durch Auskunft der Post über das Datum der Empfangsbestätigung, geschehen kann. Eine Widerlegung der Vermutung in der anderen Richtung – zum Nachteil des Zustellungsempfängers – ist nicht möglich: der Brief gilt auch dann erst mit dem dritten Tag als zugestellt, wenn er (z. B. laut Rückschein) schon vorher zugegangen ist (BVerwG 23. 7. 1965 BVerwGE 22, 11 = NJW 1965, 2363; BFH 10. 11. 1966 NJW 1967, 1296).

3. Zustellung gegen Empfangsbekenntnis, § 5 VwZG

Nach § 5 **Abs. 1** VwZG kann die Behörde (Geschäftsstelle, Postabferti- 11
gungsstelle) das Schriftstück dem Empfänger unmittelbar gegen Empfangsbekenntnis aushändigen. Dies kommt nur in Frage, wenn der Empfänger

zufällig an Amtsstelle anwesend ist oder dort vorspricht; die für dieses Verfahren vorgesehenen §§ 10–12 VwZG (die den §§ 180–184, 188 ZPO entsprechen) sind im Patentverfahren nicht praktisch, allenfalls der (dem § 186 ZPO entsprechende) § 13 VwZG betr. Verweigerung der Annahme.

12 An die in § 5 **Abs. 2** VwZG i. d. F. v. 19. 5. 1972 (s. o. Anm. 2) genannten Personen, insbesondere Rechtsanwälte und Patentanwälte (einschl. der Patentassessoren) sowie gemäß § 45 a **Abs. 1 Nr. 3** an Erlaubnisscheininhaber kann auch auf andere Weise – insbes. durch einfachen Brief – gegen Empfangsbekenntnis zugestellt werden. Auf dem zuzustellenden Schriftstück ist zu vermerken, daß die Übersendung zum Zwecke der Zustellung geschieht (Nr. 7 der Allg. Verwaltungsvorschriften zum VwZG). Das vorbereitete Empfangsbekenntnis wird der Sendung beigefügt und ist vom Empfänger datiert und unterschrieben (und zwar mit vollem Namen: BGH 26. 10. 1971 Bl. 1972, 142 = GRUR 1972, 196 – Dosiervorrichtung –; nicht mit Faksimilestempel: BGH a. a. O. »bedenklich«) zurückzusenden. Kommt es nicht innerhalb angemessener Frist (beim PA zwanzig Tage nach Absendung) zurück, so ist zu erinnern, notfalls auf andere Weise zuzustellen.

Das DPA verwendet auch Sammelempfangsbekenntnisse.

13 Der Anwalt muß also bei der Zustellung **mitwirken;** solange er das Empfangsbekenntnis nicht unterschrieben hat, ist die Zustellung nicht vollzogen (BGH 7. 7. 1959 BGHZ 30, 299 zu § 198 ZPO). Seine Weigerung kann allenfalls – ebenso wie Unzuverlässigkeit bei der Datierung – standesrechtliche Folgen (BGH a. a. O. S. 306) oder seinen Ausschluß von dieser Zustellungsart zur Folge haben. Eingänge vom Sonnabend braucht er erst am Montag zu bescheinigen (OVG Münster 6. 9. 1967 NJW 1968, 316).

Unrichtige Angaben im Empfangsbekenntnis machen die Zustellung nicht unwirksam, wenn die Identität des zugestellten Schriftstücks zweifelsfrei festgestellt werden kann (BGH 12. 3. 1969 NJW 1969, 1297).

Ist das Empfangsbekenntnis nachweislich **falsch datiert,** so ist das Datum des tatsächlichen Empfangs maßgebend (BGH 10. 1. 1957 Bl. 1957, 350) und die Zustellung mit diesem Datum wirksam (BGH 14. 6. 1961 BGHZ 35, 236 zu § 212 a ZPO; 12. 3. 1969 a. a. O.). Fehlt das Datum, so ist die Zustellung unwirksam, jedoch kann die Angabe nachgeholt werden (BGH a. a. O. – selbst wenn die rückwirkende Datierung ergibt, daß ein inzwischen eingelegtes Rechtsmittel verspätet ist).

14 Voraussetzung dieser Zustellungsart ist das Vorliegen einer **Vollmacht** (oder Untervollmacht) für den Zustellungsempfänger (die allenfalls nachgereicht werden kann). Das Empfangsbekenntnis unterschreiben kann auch der allgemeine bzw. amtlich bestellte Vertreter, der Sozius (s. u. Anm. 23), aber nicht ein Referendar (BGH 29. 9. 1954 BGHZ 14, 342 zu § 198 ZPO) oder ein Angestellter.

4. Zustellung im Abholfach

Diese im VwZG nicht vorgesehene Zustellungsart wurde auf Wunsch der beteiligten Kreise durch das 6. ÜG (Begründung Bl. 1961, 160) durch die Vorschrift des § 45 a **Abs. 1 Nr. 4** geschaffen. Abholfächer beim PA (zugleich für Patentgericht) oder bei dessen Dienststelle Berlin werden auf Antrag eingerichtet. 15

Auf dem zuzustellenden Schriftstück ist zu vermerken, daß die Niederlegung im Abholfach zum Zwecke der Zustellung geschieht, und deren Tag. Die Zustellung gilt als am **dritten Tag** nach der Niederlegung bewirkt; die Vermutung kann nicht entkräftet werden (anders als oben Anm. 10). Wer sein Fach täglich leert, gewinnt also drei Tage Überlegungsfrist. 16

Über die Niederlegung gibt die Postabfertigungsstelle eine schriftliche **Mitteilung zu den Akten.** Fehlt diese, so ist die Zustellung unwirksam. Doch kann die Mitteilung nachgeholt werden, wenn der zuständige Beamte die Verantwortung dafür noch übernehmen kann (vgl. auch unten Anm. 20; ebenso Neumar bei Reimer, § 45 a Anm. 5). 17

5. Zustellung im Ausland

§ 14 VwZG sieht Zustellungen im Ausland nur mittels Ersuchen der ausländischen Behörde oder der deutschen Auslandsvertretung vor – ein umständliches und zeitraubendes Verfahren. Da das PA sehr häufig Zustellungen im Ausland vornehmen muß (so wenigstens die Begründung zur VO vom 1. 8. 1953, Bl. 1953, 319 – tatsächlich gehören Zustellungen im Ausland wegen des Vertretungszwangs des § 16 zu den Ausnahmen; sie können insbes. erforderlich werden, wenn ein Vertreter nicht bestellt oder weggefallen ist), wurde die schon in § 13 DPAV vorgesehene Zustellungserleichterung 1953 beibehalten und 1961 (mit einer redaktionellen Änderung) als § 45 a **Abs. 1 Nr. 2** in das PatG übernommen. 18

Danach können Zustellungen an Empfänger, die sich im Ausland aufhalten, auch (praktisch kommt dies allein in Frage) durch **Aufgabe zur Post** nach §§ 175, 213 ZPO bewirkt werden. Diese Vorschriften lauten wie folgt (wobei § 175 ZPO an die in § 174 ZPO geregelte Verpflichtung zur Bestellung eines Zustellungsbevollmächtigten anknüpft, die im Patentwesen durch § 16 ersetzt ist): 19

§ 175 ZPO

Der Zustellungsbevollmächtigte ist bei der nächsten gerichtlichen Verhandlung oder, wenn die Partei vorher dem Gegner einen Schriftsatz zustellen läßt, in diesem zu benennen. Geschieht dies nicht, so können alle späteren Zustellungen bis zur nachträglichen Benennung in der Art bewirkt werden, daß der Gerichtsvollzieher das zu übergebende Schriftstück unter der Adresse der Partei nach ihrem Wohnort zur Post gibt. Die Zustellung wird mit der Aufgabe zur Post als bewirkt angesehen, selbst wenn die Sendung als unbestellbar zurückkommt.

Die Postsendungen sind mit der Bezeichnung »Einschreiben« zu versehen, wenn die Partei es verlangt und zur Zahlung der Mehrkosten sich bereit erklärt.

(Die Bezeichnung als »Einschreiben« hat hier nicht die Wirkung des § 4 VwZG [Zustellungswirkung erst mit dem 3. Tag nach der Aufgabe], Fraenkel, JR 1965, 11.)

§ 213 ZPO

Ist die Zustellung durch Aufgabe zur Post (§ 175) erfolgt, so ist der Urkundsbeamte der Geschäftsstelle in den Akten zu vermerken, zu welcher Zeit und unter welcher Adresse die Aufgabe geschehen ist. Der Aufnahme einer Zustellungsurkunde bedarf es nicht.

(Die in § 175 ZPO vorgesehene Einschaltung des Gerichtsvollziehers entfällt bei der Zustellung von Amts wegen, für die § 213 ZPO gilt.)

20 **Fehlt der Aktenvermerk** des Urkundsbeamten der Geschäftsstelle nach § 213 ZPO (bzw. der Postabfertigungsstelle des PA), so liegt keine wirksame Zustellung vor (BGH 15. 1. 1953 BGHZ 8, 314; 29. 1. 1960 LM Nr. 31 zu § 209 BEG 1956; ebenso, wenn der Vermerk zu einem Zeitpunkt angefertigt wurde, als die Aufgabe zur Post noch nicht erfolgt war, BGH 29. 9. 1965 LM Nr. 8 zu § 213 ZPO). Der Vermerk kann auch durch einen bei den Akten befindlichen Posteinlieferungsschein oder Rückschein nicht ersetzt werden (BGH 15. 6. 1960 BGHZ 32, 370). Er kann jedoch – wenn der Urkundsbeamte noch die Verantwortung für seine Richtigkeit übernehmen kann – nachgeholt werden (BGH 28. 10. 1960 LM Nr. 9 zu RAnwO (BrZ): selbst wenn sich dadurch ein inzwischen eingelegtes Rechtsmittel als verspätet erweist). Trägt der Aktenvermerk ein falsches Datum, so ist die Zustellung mit dem nachgewiesenen richtigen Datum erfolgt (BGH 17. 5. 1963 LM Nr. 59 zu § 209 BEG 1956).

6. **Öffentliche Zustellung, § 15 VwZG** i. d. F. v. 19. 5. 1972 (s. o. Anm. 2)

21 Die öffentliche Zustellung kommt insbes. bei **unbekanntem Aufenthaltsort** des Empfängers (§ 15 Abs. 1 a VwZG) in Frage, ferner bei Zustellung in exterritorialen Wohnungen (Abs. 1 b) und bei Unausführbarkeit der Zustellung im Ausland, z. B. wegen Unterbrechung des Postverkehrs (Abs. 1 c). Da die öffentliche Zustellung in den seltensten Fällen zur Kenntnis des Empfängers gelangen wird, vielmehr nur eine fingierte Zustellung darstellt, darf von ihr erst Gebrauch gemacht werden, wenn alle Möglichkeiten, ein

Schriftstück auf andere Weise zuzustellen, versagen (Nr. 19 der Allg. Verwaltungsvorschriften zum VwZG); die Behörde wird zunächst die ihr möglichen Nachforschungen anstellen (z. B. Nachfrage bei Einwohnermeldeamt oder Polizeirevier).

Die öffentliche Zustellung wird im gerichtlichen Verfahren vom Gericht 22 (Senat), im patentamtlichen Verfahren von einem zeichnungsberechtigten Beamten (insbes. von der Abteilung oder der Prüfungsstelle) **angeordnet,** § 15 Abs. 6 VwZG. Das zuzustellende Schriftstück oder eine Benachrichtigung darüber, daß und wo es einzusehen ist, wird an der Gerichtstafel bzw. am Schwarzen Brett des DPA in der Auslegehalle **ausgehängt** (für das DPA vgl. die Bekanntmachung seines Präs. vom 3. 6. 1954, Bl. 1954, 237). Eine Ladung gilt als nach einem Monat seit dem Tage des Aushängens, ein anderes Schriftstück als nach zwei Wochen zugestellt, § 15 Abs. 3 VwZG; der Tag des Aushängens wird nicht mitgerechnet.

III. Zustellungsempfänger

Über die Zustellung an gesetzliche Vertreter s. § 7 VwZG. Zur Zustel- 23 lung an Geschäftsunfähige vgl. auch Pfanner, GRUR 1955, 562.

Hat ein Vertreter schriftliche **Vollmacht** zu den Akten eingereicht, so müssen die Zustellungen an ihn gerichtet werden (§ 45 a **Abs. 1 Nr. 5** – so jetzt auch § 8 Abs. 1 VwZG i. d. F. v. 19. 5. 1972, s. o. Anm. 2). Für die GebrM-Hilfsanmeldung genügt nicht die zur Patentanmeldungsakte eingereichte Vollmacht (BPatG 14. 6. 1965 Mitt. 1968, 179 mit ablehnender Anm. v. Meissner). Auch beim PA, bei dem Generalvollmachten (Gattungsvollmachten gemäß Mitt. des Präs. Bl. 1970, 69) zugelassen sind (vgl. Begründung Bl. 1961, 160), muß also, wenn die Zustellung an den Bevollmächtigten sichergestellt werden soll, die Vollmacht zu der einzelnen Akte eingereicht werden, ebenso wie beim Patentgericht (§ 41 m Abs. 2, vgl. § 41 m Anm. 6); das PA wird jedoch regelmäßig von der Gattungsvollmacht Gebrauch machen.

Bei Anwaltssozietäten ist jeder Sozius zur Entgegennahme von Zustellungen berechtigt (BGH 10. 7. 1969 LM Nr. 7 zu § 176 ZPO).

Wird statt an den Vertreter an den **Beteiligten selbst** zugestellt, so ist die 24 Zustellung unwirksam, auch wenn der Beteiligte selbst das Schriftstück tatsächlich erhalten hat (denn er ist nicht »Empfangsberechtigter« i. S. des § 9 Abs. 1 VwZG; BPatG 17. 9. 1962 E 3, 54; 14. 6. 1965 Mitt. 1968, 179; 20. 2. 1969 Mitt. 1969, 153). Die Vollmacht kann jedoch die Entgegennahme von Zustellungen ausschließen (Horn, Mitt. 1962, 70), so daß an den Beteiligten selbst zuzustellen ist.

IV. Zustellungsmängel und ihre Heilung

25 Die Verletzung zwingender Zustellungsvorschriften macht grundsätzlich die Zustellung **unwirksam,** z. B. in den oben Anm. 7, 9, 13, 17, 20, 24 genannten Fällen; ferner, wenn das zugestellte Schriftstück kein Aktenzeichen (»Geschäftsnummer« nach § 3 Abs. 1 S. 2 VwZG; OLG Nürnberg 18. 1. 1963 NJW 1963, 1207; BFH 14. 11. 1968 NJW 1969, 1136) oder ein falsches Aktenzeichen (BGH 23. 6. 1965 LM Nr. 1 zu § 211 ZPO) trägt oder die zugestellte Ausfertigung bzw. beglaubigte Abschrift wesentliche Fehler enthält (BGH 20. 4. 1967 LM Nr. 14 zu § 170 ZPO) oder der Ausfertigungsvermerk nicht unterschrieben ist (BSG 5. 11. 1959 NJW 1960, 981).

Die Unwirksamkeit der Zustellung ist auch ohne Rüge von Amts wegen zu beachten. Ein Zustellungsmangel steht einem Fall mangelnder Vertretung (§ 41 p Abs. 3 Nr. 3) nicht gleich (anders, wenn die Terminsladung einem Beteiligten überhaupt nicht zugestellt ist; BGH 16. 7. 1965 GRUR 1966, 160 – Terminsladung –).

26 Zustellungsmängel können jedoch **geheilt** werden: in den Fällen der Anm. 13, 17, 20 durch Nachholung unterlassener Angaben, im übrigen allgemein durch den tatsächlichen **Zugang** des Schriftstücks, denn die Zustellung ist nicht Selbstzweck (Kohlrust-Eimert, § 9 Anm. 3). Daher gilt ein Schriftstück als in dem Zeitpunkt zugestellt, in dem der Empfangsberechtigte es nachweislich erhalten hat, § 9 Abs. 1 VwZG (entspricht dem § 187 ZPO). Den Nachweis hat die Behörde zu erbringen; er kann sich aus Erklärungen, auch aus schlüssigen Handlungen (Nr. 11 der Allg. Verwaltungsvorschriften zum VwZG) des Zustellungsempfängers ergeben, z. B. aus seiner Mitteilung, daß er den Termin, zu dem er (nicht ordnungsgemäß) geladen wurde, nicht wahrnehmen werde.

27 Heilung von Zustellungsmängeln tritt jedoch nach § 9 Abs. 2 VwZG nicht ein, wenn mit der Zustellung eine **Frist** für eine Klageerhebung oder eine Berufungs-, Revisions- oder Rechtsmittelbegründungsfrist beginnt. Die im Patentwesen in Frage kommenden Fristen sind in § 45 a **Abs. 2** aufgezählt.

Beschwerde kann jedoch auch ohne ordnungsmäßige Zustellung eingelegt werden, sobald der Beschluß ergangen ist (vgl. § 36 l Anm. 10).

§ 46

(1) Die Gerichte sind verpflichtet, dem Patentamt und dem Patentgericht Rechtshilfe zu leisten.

(2) Im Verfahren vor dem Patentamt setzt das Patentgericht Strafen gegen Zeugen oder Sachverständige, die nicht erscheinen oder ihre Aussage oder deren Beeidigung verweigern, auf Ersuchen des Patentamts fest. Ebenso ist die Vorführung eines nicht erschienenen Zeugen anzuordnen.

(3) Über das Ersuchen nach Absatz 2 entscheidet ein Beschwerdesenat des Patentgerichts in der Besetzung mit drei rechtskundigen Mitgliedern. Die Entscheidung ergeht durch Beschluß.

1. Abs. 1: Rechtshilfe

Die Verpflichtung zu gegenseitiger Rechts- und Amtshilfe ergibt sich bereits aus Art. 35 GG. Rechtshilfe wird insbes. bei Zeugenvernehmungen in Frage kommen, die das PA oder Patentgericht nicht selbst durchführen will (vgl. § 41 c Anm. 3). Zuständig ist das Amtsgericht, in dessen Bezirk die Amtshandlung vorgenommen werden soll, § 157 GVG. 1

Die zwischenstaatliche Rechtshilfe richtet sich nach der (nur als Sonderdruck erschienenen) Rechtshilfeordnung für Zivilsachen – ZRHO – (vgl. Bek. des BMdJ vom 16. 3. 1957, Bl. 1957, 105).

2. Abs. 2, 3: Zwangsmaßnahmen

Dem PA als einer Verwaltungsbehörde sind Straf- und Zwangsmaßnahmen gegen nichterscheinende oder die Aussage oder den Eid verweigernde Zeugen und Sachverständige versagt. Nach § 46 S. 2 a. F. hatte es sich hierfür an die ordentlichen Gerichte zu wenden. Seit Errichtung des Patentgerichts ist dieses auch hierfür zuständig, doch sind solche Ersuchen seither nicht vorgekommen. 2

Beim Patentgericht entscheidet lt. Geschäftsverteilung der 28. Senat; Rechtsbeschwerde ist nicht möglich (vgl. § 41 p Abs. 1). Da das Gericht nicht nur als Vollstreckungsorgan des PA zu handeln berufen ist, muß es in eigener Verantwortung alle Voraussetzungen der beantragten Maßnahme (ordnungsmäßige Ladung, etwaige Entschuldigung des Ausbleibens, Rechtmäßigkeit der Aussageverweigerung) prüfen und die Höhe der Strafe festsetzen (a. A. Ballhaus bei Benkard, § 46 Anm. 3 und KG 25. 5. 1939 Bl. 1939, 174, das hinsichtlich der Höhe der Strafe als einer Ermessensentscheidung eine Bindung des Gerichts an den Antrag des PA annimmt). 3

Achter Abschnitt Armenrechtsverfahren

§ 46 a

Im Verfahren vor dem Patentamt, dem Patentgericht und dem Bundesgerichtshof ist den Beteiligten nach Maßgabe der Vorschriften der §§ 46 b bis 46 k das Armenrecht zu bewilligen.

ÜBERSICHT

A. Allgemeines

Nach § 46 a **ist** den Beteiligten eines Verfahrens vor dem Patentamt, dem Patentgericht und Bundesgerichtshof nach Maßgabe der Vorschriften der §§ 46 b bis 46 k das Armenrecht zu bewilligen. Es handelt sich somit um eine Mußvorschrift, über deren Anwendung in Würdigung aller Umstände in einem beschwerdefähigen, mit Gründen versehenen Beschluß zu entscheiden ist; §§ 46 g Abs. 3, 36 l und 36 d Abs. 1. Bei der Gestaltung der Vorschrift ist von den entsprechenden Vorschriften der ZPO für das Armenrecht ausgegangen, z. T. sind sie sinngemäß anzuwenden. Abweichungen sind nur dort vorhanden, wo das Verfahren solche verlangt; vgl. Begr. 5. ÜG zu § 46 h, Bl. 1953, 301; PA 24. 3. 1955, Bl. 1955, 187. 1

Das amtliche **Merkblatt über das Armenrecht** wurde neu herausgegeben und kann vom DPA kostenlos bezogen werden; Mitt. Präs. 4. 6. 1969, Bl. 1969, 201. Wegen Zahl der Gesuche um Bewilligung des Armenrechts vgl. Statistik DPA für 1972, Bl. 1973 68, 85.

B. Armenrecht

Gesetzeszweck: Durch Gewährung des Armenrechts soll wirtschaftlich schwachen Erfindern die Erlangung eines Patents erleichtert bzw. ermög- 2 licht werden; Begr. 5. ÜG 1953, Bl. 1953, 298. Diese Vorschriften ergänzen die Bestimmungen des § 11, die den nicht bemittelten Erfinder und sein Schaffen fördern sollen, indem sie ihm die Aufrechterhaltung eines angemeldeten und erteilten Schutzrechts erleichtern.

Liegen die gesetzlichen Voraussetzungen für Gewährung des Armenrechts vor, so besteht ein **Rechtsanspruch** auf Bewilligung des Armenrechts. Wird dieses trotzdem versagt, liegt Amtspflichtverletzung vor; vgl. RG 21. 7. 1937, RGZ 155, 218. Lehnt das Patentamt Bewilligung des Armenrechts (und gegebenenfalls Beiordnung eines Vertreters) ab, ist Beschwerde beim BPatG gegeben (§ 46 g Abs. 3).

C. Gültigkeitsbereich

3 Die Bestimmungen für das Armenrecht gelten sowohl im Patenterteilungsverfahren (§§ 26 bis 36) und Patentbeschränkungsverfahren (§ 36 a) in allen Instanzen wie auch ferner in allen Instanzen des Nichtigkeits-, Zwangslizenz- und Zurücknahmeverfahrens (§§ 37 bis 41); in den drei letztgenannten Verfahren sind sie also auch vor dem Bundesgerichtshof anzuwenden, soweit dieser auf Grund des Patentgesetzes zuständig ist.

Die Gewährung des Armenrechts für die Anmeldegebühr wurde vom Gesetzgeber ausgenommen, um das Patentamt vor einer Überflutung mit Anmeldungen zu schützen; Begr., Bl. 1953, 299; PA 21. 6. 1955, Bl. 1955, 328.

Gegebenenfalls kann dem bedürftigen Anmelder auf Antrag auch schon für das **Vorprüfungsverfahren** nach § 28 das Armenrecht unter Beiordnung eines sachverständigen Vertreters bewilligt werden; BPatG 13. 5. 1971, E 12, 177, 181, 182.

D. Verfahrensbeteiligte

4 Als Verfahrensbeteiligte kommen für die Gewährung des Armenrechts in Betracht die Anmelder, die Einsprechenden, die eingetragenen Patentinhaber und die Beteiligten (Kläger und Beklagte) im Nichtigkeits-, Zwangslizenz- und Zurücknahmeverfahren.

Gem. § 12 Abs. 2 GbmG sind die Vorschriften über die Bewilligung des Armenrechts in Gebrauchsmustersachen sinngemäß anzuwenden. Die Beteiligten könnten sich vertreten lassen.

E. Personenkreis, auf den die Vorschriften anzuwenden sind

Die Bestimmungen in den §§ 46 ff. sind nicht nur auf inländische Beteiligte (also **Staatsangehörige der Bundesrepublik**) anwendbar. Soweit nicht für **Bürger der DDR** eine Stundung patentamtlicher Gebühren nach § 17 des 6. ÜG in Betracht kommt, kann ihnen unter Umständen das Armenrecht bewilligt werden; dabei können Transferschwierigkeiten bei Entrichtung der Beschwerdegebühr berücksichtigt werden; BPatG 19. 9. 1962, E 4, 22. Zur Nichtzumutbarkeit der Beschaffung eines Mittellosigkeigszeugnisses für DDR-Bewohner s. BGH 19. 9. 1957, Bl. 1958, 262. Vgl. auch Armenrechtsmerkbl. Nr. 7. 5

Die nach dem Unionsvertrag zu gewährende Gleichbehandlung bezieht sich nur auf das allgemeine Verfahren. Deshalb haben **Unionsangehörige** nur bei Verbürgung der Gegenseitigkeit Anspruch auf Armenrecht; vgl. hierzu § 114 Abs. 2 ZPO. Die Armenrecht-Bestimmungen sind also unter Umständen nur teilweise anzuwenden. Soweit nicht besondere Verträge bestehen (vgl. z. B. betr. Österreich Bl. 1953, 369, 419), vgl. das Haager Übereinkommen über den Zivilprozeß vom 1. 3. 1954. Wegen einer Übersicht über die Gegenseitigkeit beim Armenrecht vgl. auch Baumbach-Lauterbach, ZPO Anhang zu § 114 und Wieczorek, ZPO § 110 D. Gegebenenfalls hat der ausländische Antragsteller den Umfang der vom eigenen Staat gewährten Gegenseitigkeit nachzuweisen. Belgischen Staatsangehörigen kann mangels Gegenseitigkeit i. S. von Art. 20 des Haager Zivilprozeßübereinkommens für das Patenterteilungsverfahren kein Armenrecht gewährt werden; BPatG 14. 10. 1966, Bl. 1967, 164 (Leits.). Einem **Staatenlosen** kann das Armenrecht gewährt werden, wenn es ihm als Inländer zu gewähren wäre; § 114 Abs. 2 ZPO in Verbindung mit § 46 h PatG. Vgl. hierzu z. B. Baumbach-Lauterbach ZPO, 30. Aufl. § 114 unter 3 C. Wegen der Rechtsstellung von **Flüchtlingen** vgl. auch das Abkommen vom 18. 7. 19,1, Bl. 1954, 14.

Wegen der Rechtsstellung **heimatloser Ausländer** im Bundesgebiet vgl. das betreffende Gesetz vom 25. 4. 1951, BGBl. I S. 269. Nach dem Ausländergesetz vom 28. 4. 1965, BGBl. I S. 353 genießen anerkannte Ausländer die gleiche Rechtstellung wie Flüchtlinge (§ 44 Flüchtl.Ges. vom 18. 7. 1951).

Einer **inländischen juristischen Person** kann gem. § 114 Abs. 4 ZPO in Verbindung mit § 46 h PatG bei Vorliegen der im Abs. 1 bezeichneten Voraussetzungen das Armenrecht bewilligt werden, wenn die zur Führung des Prozesses erforderlichen Mittel weder von ihr noch von den an der Führung des Prozesses wirtschaftlich Beteiligten aufgebracht werden können und die Unterlassung der Rechtsverfolgung oder Rechtsverteidigung allgemeinen Interessen zuwiderlaufen würde. Vgl. hierzu PA 25. 4. 1956, Bl. 1956, 268.

Wirtschaftlich beteiligt sind diejenigen, auf deren Vermögenslage der Rechtsstreit wirtschaftlich einwirkt, so daß die Aufbringung der zur Prozeßführung erforderlichen Mittel nicht zumutbar erscheint (RGZ 148, 96, z. B. Aktionäre). Mangelnde Bereitschaft der wirtschaftlich Beteiligten ist nicht ausreichend; BGH 14. 2. 1955, BGHZ 16, 290 = Bl. 1955, 308.

Es muß ferner ein allgemeines Interesse an der Prozeßführung obwalten; vgl. dazu Wieczorek § 110 D.

Parteien kraft Amtes kann gem. § 46 h in Verbindung mit § 114 Abs. 3 ZPO bei Vorliegen der im Abs. 1 bezeichneten Voraussetzungen das Armenrecht bewilligt werden, wenn die zur Führung des Prozesses erforderlichen Mittel weder aus der verwalteten Vermögensmasse noch von den an der Führung des Prozesses wirtschaftlich Beteiligten aufgebracht werden können.

Partei kraft Amtes sind Personen, die kraft behördlichen Auftrags nach eigenem Befinden zu handeln haben, ohne die Belange bestimmter Beteiligter wahrzunehmen. Z. B.: der **Nachlaßverwalter** kraft BGH § 1985, RGZ 65, 287 (nicht auch der **Nachlaßpfleger** oder sonstige **Pfleger** als Vertreter eines oder mehrer Erben oder sonstiger jetziger oder künftiger [Leibesfrucht] Rechtssubjekte), der **Testamentsvollstrecker** (RGZ 76, 120; RGZ 143, 97), der **Konkursverwalter** (RGZ 120, 192). Bei abgewiesener Klage des Konkursverwalters ist dem als Nebenintervenient beigetretenen Gemeinschuldner das Armenrecht zur Weiterverfolgung der Klage nicht bewilligt worden; BGH 18. 2. 1957, II ZR 324/56.

Obligatorische oder fakultative Befugnis: Streitig, vgl. Baumbach-Lauterbach § 114 4 B. Für **Anmeldergemeinschaften** ist die Gewährung des Armenrechts in § 46 b geregelt; vgl. dort Anm. 6.

§ 46 b

(1) Im Verfahren zur Erteilung des Patents ist dem Patentsucher, der seine Bedürftigkeit nachweist, auf Antrag das Armenrecht zu bewilligen, wenn eine hinreichende Aussicht auf Erteilung des Patents besteht.

(2) Durch die Bewilligung des Armenrechts erlangt der Patentsucher die einstweilige Befreiung von der Zahlung

1. der Anmeldegebühr im Falle des § 4 Abs. 3 Satz 2;
2. der Gebühren für die Anträge nach den §§ 28 a und 28 b;
3. der Beschwerdegebühr (§ 36 l Abs. 3);
4. rückständiger und künftig erwachsender Auslagen einschließlich der den Zeugen und Sachverständigen zu gewährenden Vergütung sowie der Kosten der Zustellung.

(3) Suchen mehrere gemeinsam das Patent nach, so wird das Armenrecht nur bewilligt, wenn alle Patentsucher bedürftig sind.

(4) Ist der Patentsucher nicht der Erfinder oder dessen Gesamtrechtsnachfolger, so wird das Armenrecht nur bewilligt, wenn auch der Erfinder bedürftig ist.

(5) Die Absätze 1 bis 4 sind sinngemäß anzuwenden

1. in den Fällen der §§ 28 a und 28 b auf den antragstellenden Dritten, wenn er ein eigenes schutzwürdiges Interesse glaubhaft macht,
2. im Falle des § 32 auf den Einsprechenden, wenn der Einspruch auf § 4 Abs. 3 gestützt wird.

ÜBERSICHT

A. Zuständigkeit für die Entscheidung

Vgl. § 46 g Abs. 2. **1**

B. Voraussetzungen

(Persönliche Antragslegitimation, § 46 b Abs. 1 und 5)

2 Legitimiert für einen Antrag auf Armenrechtsgewährung ist zunächst der um **Patenterteilung** Nachsuchende oder dessen Rechtsnachfolger. Um das Vorschieben eines Strohmannes zu verhindern, ist der Rechtsnachfolger des Erfinders jedoch zu einem Armenrechtsantrag legitimiert nur im Falle der **Gesamtrechtsnachfolge**, Abs. 4. Im Falle der **Sonderrechtsnachfolge** ist dies nur dann der Fall, wenn die Armenrechtsvoraussetzung der Bedürftigkeit (Anm. 3) auch in der Person des Erfinders verwirklicht ist; § 46 b Abs. 3. Bei **Miterfindern** muß die Voraussetzung der Bedürftigkeit in der Person jedes der Miterfinder vorliegen; § 46 b Abs. 3.

Für juristische Personen, Ausländer, Staatenlose, Antragsteller kraft Amtes (z. B. Konkursverwalter, Pfleger und Nachlaßverwalter) vgl. § 46 a Anm. 5.

Die Vorschriften von § 46 b Abs. 1 bis 4 sind gem. Abs. 5 sinngemäß anzuwenden:

auf einen **Dritten,** der gem. § 28 a **Recherchenantrag** oder gem. § 28 b **Prüfungsantrag** stellt, sofern er ein eigenes schutzwürdiges Interesse glaubhaft macht, und

auf einen **Einsprechenden** (§ 32), der widerrechtliche Entnahme gem. § 4 Abs. 3 Satz 1 geltend macht.

Durch das Erfordernis des eigenen schutzwürdigen Interesses (§ 46 b Abs. 5 Nr. 1) in den Fällen der §§ 28 a und 28 b soll Mißbrauch des Armenrechts vermieden werden, indem der Antragsteller im Interesse eines nicht bedürftigen Anmelders handelt. Im Falle des § 4 Abs. 3 Satz 1 ist das eigene Interesse durch die mögliche Befugnis zur eigenen Anmeldung mit Prioritätsinanspruchnahme gegeben.

Ein eigenes schutzwürdiges Interesse wird z. B. geltend gemacht werden können, wenn der Dritte auf dem gleichen technischen Gebiet tätig ist wie der Anmelder, und die Gefahr einer Patentverletzung nicht ausgeschlossen erscheint, sofern sich die ältere Anmeldung als patentfähig erweist.

C. Bedürftigkeit

3 Bedürftig ist eine **natürliche Person,** wenn sie außerstande ist, ohne Beeinträchtigung des für sie und ihre Familie notwendigen Unterhaltes die Kosten des Verfahrens in einer Patentsache und eines Patentanwaltes zu

bestreiten; PA 29. 7. 1954, Bl. 1954, 327. Vgl. ZPO § 114 Abs. 1 Satz 1. Standesmäßige Unterhaltsmöglichkeit geht darüber hinaus, notdürftiger Unterhalt i. S. des § 1611 BGB bleibt hinter dem Zustand der Bedürftigkeit zurück; PA 29. 7. 1954, a. a. O. Bedürftigkeit ist auch vorhanden, wenn die Möglichkeit künftiger Ersparung des Betrages besteht; KG 6. 4. 1935, JW 1935, 1704. Besteht jedoch die Möglichkeit ratenweiser Aufbringung der als geschuldet in Betracht kommenden Beträge, so ist das Armenrecht in solchem Falle uneingeschränkt in Verbindung mit einer Nachzahlungsanordnung zu bewilligen; BGH 30. 6. 1953, BGHZ 10, 139 = Mitt. 1955, 64; PA 5. 3. 1955, Mitt. 1955, 94. Verfügbares Kapital muß zur Zahlung der Verbindlichkeiten herangezogen werden. Es hindert, solange es vorhanden ist und nicht dazu benutzt wird, die Bejahung der Bedürftigkeit; KG 14. 2. 1930, JW 1930, 1520.

Eine »Bedürftigkeit« liegt nicht vor, wenn nach dem Stand des Anmeldeverfahrens außer den Portokosten für Amtssendungen, die der Anmelder zu tragen imstande ist, z. Z. keine weiteren Kosten – etwa für eine Vertretung des Anmelders oder für Ermittlungen gem. § 33 PatG – zu erwarten sind; PA 30. 7. 1955, Bl. 1955, 328.

Bei einer **offenen Handelsgesellschaft** muß Bedürftigkeit der Gesellschafter vorhanden sein; BGH 30. 10. 1954, NJW 1954, 1933.

Zum **Nachweis der Bedürftigkeit** gem. § 46 b ist ein von der zuständigen Behörde des Antragstellers ausgestelltes, den Vorschriften des § 118 Abs. 2 ZPO entsprechendes Zeugnis vorzulegen, das nicht zu alt sein darf. Das Zeugnis muß die Feststellung des Unvermögens des Antragstellers zur Bestreitung der Verfahrenskosten enthalten. Die entscheidende Stelle ist aber an die Feststellungen des Armutszeugnisses nicht gebunden. Zurückstellung des Nachweises der Bedürftigkeit auf einen späteren Zeitpunkt ist nicht zulässig; PA 7. 10. 1955, unveröff. G 9448 V/37 f. § 118 Abs. 2 ZPO verlangt, daß aus dem Zeugnis die Vermögens- und Familienverhältnisse des Gesuchstellers und der Betrag der von ihm zu entrichtenden direkten Steuern hervorgeht.

In Abs. 3 ist ausdrücklich bestimmt, daß **bei mehreren Patentsuchern alle bedürftig** sein müssen. Nach Abs. 4 muß **auch der Erfinder bedürftig** sein, wenn dieser nicht Patentsucher ist. Hierdurch soll Vorschieben eines bedürftigen Strohmannes verhindert werden. Da die Erfinderbenennung nach § 26 Abs. 6 in der Regel nicht auf ihre Richtigkeit nachgeprüft wird (s. § 26 Anm. 130), kann zum Nachweis der Bedürftigkeit im Zweifelsfall (z. B. vorgeschobener Erfinder) in Anwendung von § 118 a Abs. 1 ZPO in Vbdg. mit § 46 h Abs. 1 Glaubhaftmachung der Angaben in der Erfinderbenennung, die beim Antrag auf Gewährung des Armenrechts vorliegen muß, gefordert werden.

D. Erfolgsaussicht

4 Bei Beurteilung der Frage einer hinreichenden Aussicht auf Erteilung eines Patents sind nicht nur die Patentansprüche, sondern die gesamten Unterlagen zu berücksichtigen. Es ist zu bedenken, daß durch die Bearbeitung der Unterlagen von einem sachverständigen Berater unter Umständen die Patentfähigkeit des Anmeldungsgegenstands besser begründet werden kann; hierzu kann PA 9. 5. 1955, unveröff. E 8196 IV b/80 a verglichen werden. Der Begriff »hinreichende Aussicht« ist deshalb großzügig auszulegen. Bietet die mit der Beschwerde beabsichtigte Rechtsverfolgung hinreichende Aussicht auf Erfolg, so ist für das Beschwerdeverfahren das Armenrecht zu bewilligen; BPatG 13. 5. 1971, E 12, 177, 178.

Sicherheit des Erfolges in dem Verfahren, für das das Armenrecht nachgesucht wird, ist nicht notwendig. Er könnte auch in gewissen Fällen, z. B. bei Fragen der Erfindungshöhe, kaum in Zweifel ausschließendem Maße nachgewiesen werden. Es genügt eine gewisse Wahrscheinlichkeit des Erfolges, **in zweiter Instanz** eine solche des Rechtsmittels; PA 29. 6. 1955, Bl. 1955, 300. Nur die mit der Beschwerde beabsichtigte Rechtsverfolgung oder Rechtsverteidigung muß hinreichende Aussicht auf Erfolg bieten; BPatG 13. 5. 1971, E 12, 177, 178. In Zweifelsfällen (Sch. Hol. OLG, NJW 1949, 312) ist positiv zu entscheiden. Im Erteilungsverfahren hat sich die Prüfung der Erfolgsaussicht auf das Vorliegen der Erfordernisse einer patentfähigen Erfindung, vor allem auch auf die klare Herausstellung des Gegenstandes der Erfindung und seine Neuheit im Verhältnis zum Stande der Technik, zu erstrecken; PA 23. 4. 1954, Bl. 1954, 187; PA 31. 5. 1954, Bl. 1954, 262 = GRUR 1954, 397. Wegen Nichtanerkennung des Vorhandenseins hinreichender Aussicht auf Erfolg mangels Vorliegens einer **technischen** Schöpfung vgl. BGH 21. 3. 1958, GRUR 1958, 602 – Wettschein.

Maßgebend ist die Sachlage nach der letzten Eingabe. Vorheriger abweichender Bescheid ist ohne Bedeutung; PA 23. 4. 1954, Bl. 1954, 187 = GRUR 1954, 264. In **zweiter Instanz** sind die Aussichten des Rechtsmittels darzutun und zu würdigen. Ist eine Patentanmeldung ohne sachliche Prüfung lediglich aus formalen Gründen gem. § 29 PatG zurückgewiesen worden, so ist bei der Bewilligung des Armenrechts für das Beschwerdeverfahren nicht zu prüfen, ob der Erteilung des Patents auch sachliche Gründe entgegenstehen würden, sondern nur, ob die Gründe des angefochtenen Beschlusses die Entscheidung tragen; BPatG 26. 11. 1962, E 2, 207. Falls ein Einsprechender das Armenrecht aus § 46 b Abs. 5 Nr. 2 beantragt, ist auf die Erfolgsaussicht des Einspruchs nur aus dem auf § 4 Abs. 3 gestützten Einspruchsgrund abzustellen.

Gegebenenfalls ist im Laufe des Verfahrens bei verändertem Tatbestand die Frage der hinreichenden Aussicht erneut zu überprüfen; PA 23. 4. 1954,

a. a. O. Eine Zurückweisung des Armenrechtsgesuches wegen nicht hinreichender Aussicht stellt keine Vorwegnahme des Endurteils dar; PA 19. 2. 1955, unveröff. Sch. 7140 I a/46 a.

Das Armenrechtsverfahren darf nicht dazu benutzt werden, lediglich eine Vorabentscheidung über die Patentfähigkeit herbeizuführen; PA 30. 7. 1955, Bl. 1955, 328. **Bei Bezweiflung hinreichender Erfolgsaussicht** im Hinblick auf eine Vorveröffentlichung muß dem Antragsteller vor Entscheidung **Gelegenheit zu befristeter Äußerung** gegeben werden; PA 16. 4. 1956, Bl. 1956, 374.

Bei Stellung des Antrags auf Gewährung des Armenrechts gem. § 46 b Abs. 5 Nr. 1 für den Fall des § 28 a (betr. Befreiung von der Zahlung der **Antragsgebühr für einen Recherchenantrag)** kann der Maßstab »hinreichende Aussicht auf Patenterteilung« nicht angelegt werden, weil die Entscheidung dieser Frage die Stellung eines Prüfungsantrages voraussetzt. Hat die Offensichtlichkeitsprüfung nach § 28 zu keinen Beanstandungen geführt oder sind diese vom Anmelder beseitigt, so dürfte die Forderung nach Erfolgsaussicht in diesem Fall erfüllt sein; so auch BPatG 13. 5. 1971, E 12, 177, 181. Wird später ein Prüfungsantrag gem. § 28 b gestellt, wird die Erfolgsaussicht unter den üblichen Gesichtspunkten zu prüfen sein; gegebenenfalls ist das Armenrecht zu entziehen.

E. Antrag

Ein Antrag auf Bewilligung des Armenrechts setzt **im Patenterteilungsverfahren** Zahlung der Anmeldegebühr und Einreichung der Erfinderbenennung voraus. Einstweilige Befreiung von der Zahlung der Gebühr entfällt nur, § 46 b Abs. 2 Nr. 1 – ein seltener Fall –, wenn ein auf widerrechtliche Entnahme gestützter Einspruch zur Zurücknahme oder Zurückweisung der Anmeldung geführt hat (§ 4 Abs. 3) und der Einsprechende innerhalb eines Monats seit der amtlichen Mitteilung hiervon die Erfindung seinerseits zum Patent anmeldet. Ferner kann einem Bewohner der DDR auf Antrag die Anmeldegebühr gestundet werden; vgl. im einzelnen § 26 Anm. 76. **5**

Geht das Armenrechtsgesuch vor Erfüllung der Voraussetzungen ein, so kann es erst nach Erfüllung der Voraussetzungen (abgesehen vom Fall des § 46 b Abs. 2) bearbeitet werden; PA 21. 6. 1955, Bl. 1955, 328. Das Gesuch ist **schriftlich** beim Patentamt oder Patentgericht einzureichen; § 46 g. Dem Gesuch müssen die Unterlagen zum Nachweis der Bedürftigkeit beigefügt sein; vgl. Anm. 3. Aus dem Gesuch muß hervorgehen, ob außer der Bewilligung des Armenrechts auch die Beiordnung eines Patentanwalts oder eines Rechtsanwalts gem. § 46 e beantragt wird. Der Antrag auf Beiordnung eines Patentanwalts schließt einen Antrag auf Bewilligung des Armenrechts ein; PA 31. 5. 1954, Bl. 1954, 262 = GRUR 1954, 397.

Für jeden Rechtszug ist ein besonderer Antrag zu stellen; § 46 h in Verbdg. mit § 119 ZPO. In dem höheren Rechtszug bedarf es aber nach § 119 Abs. 2 ZPO des Nachweises des Unvermögens nicht, wenn das Armenrecht im vorherigen Rechtszug bewilligt war. Gegebenenfalls kann aber eine Nachprüfung erforderlich werden; s. § 46 h Anm. 5. Das Armenrecht kann nicht mehr für einen abgeschlossenen Rechtsgang gewährt werden; RG 22. 2. 1938, RGZ 157, 96, 98. Das **Armenrechtsgesuch kann,** solange das eigentliche Verfahren andauert, **wiederholt gestellt werden;** BPatG 9. 11. 1970, E 12, 183, 184. Wegen des **Zeitpunkts der Vorlage des Armutszeugnisses** s. § 46 f Anm. 1.

F. Voraussetzungen bei Anmeldergemeinschaft und Rechtsnachfolger

6 Suchen mehrere gemeinsam das Patent nach, so wird gem. § 46 b Abs. 3 das Armenrecht nur bewilligt, wenn **alle** Patentsucher bedürftig sind. Sinngemäß wird das Armenrecht, wenn der Patentsucher nicht der Erfinder oder dessen Gesamtrechtsnachfolger ist, nur bewilligt, sofern auch der Erfinder bedürftig ist; § 46 b Abs. 4. Diese Vorschriften sollen von vornherein verhindern, daß nur ein bedürftiger Strohmann vorgeschoben wird, um in den Genuß des Armenrechts zum Schaden der Allgemeinheit zu gelangen; RG 7. 1. 1913, RGZ 81, 175.

G. Verfahren und Entscheidung über den Antrag

Vgl. bei §§ 46 g und 46 h.

7 Wegen **teilweiser Bewilligung** des Armenrechts vgl. § 46 h in Verbdg. mit § 115 Abs. 2 ZPO. Wegen Beiordnung eines Anwalts vgl. § 46 e.

Eine Pflicht zur Erstattung der **Kosten des Armenrechtsverfahrens** besteht nicht; BGH 10 .6. 1960, Bl. 1962, 310.

H. Wirkungen des bewilligten Armenrechts

8 Gem. § 46 b Abs. 2 erlangt der Patentsucher durch die Bewilligung des Armenrechts die **einstweilige Befreiung von der Zahlung** der Gebühren für den Recherchenantrag (§ 28 a) und den Prüfungsantrag (§ 28 b), von der

Zahlung der Beschwerdegebühr (§ 36 l Abs. 3) und von der Zahlung rückständiger und künftig erwachsender Auslagen einschließlich der den Zeugen und Sachverständigen zu gewährenden Vergütung sowie der Kosten der Zustellung.

Befreiung von der Zahlung der Anmeldegebühr wird – wie schon gesagt – nur im Falle des § 4 Abs. 3 Satz 2 erlangt. Vgl. auch § 26 Anm. 76.

Die einstweilige Befreiung von der Zahlung der Gebühren für die Anträge nach den §§ 28 a und 28 b wurde durch das PatÄndG vom 4. 9. 1967 aus sozialen Gründen eingeführt, weil die Gebühen für die Stellung der Anträge wesentlich höher als die Anmelde- und die Beschwerdegebühr sind. Durch diese Bestimmungen des PatÄndG erhält die Bewilligung des Armenrechts somit gegenüber dem früheren Zustand wesentlich größere Bedeutung. Bei Gewährung des Armenrechts an einen Einsprechenden tritt die einstweilige Kostenbefreiung nur für die Einspruchverfolgung aus widerrechtlicher Entnahme ein.

Zu beachten ist, daß in sinngemäßer Anwendung des § 117 ZPO die Bewilligung des Armenrechts auf die Verpflichtung zur Erstattung der dem Gegner erwachsenden Kosten durch den Armen, falls diesem die Kosten auferlegt werden, keinen Einfluß hat.

Soweit Kosten i. S. des VwKostG 1970 (s. § 22) entstehen, können nach § 8 Abs. 2 VwKostVO Gebühren ermäßigt oder es kann von ihrer Erhebung abgesehen werden, wenn dies mit Rücksicht auf die wirtschaftlichen Verhältnisse geboten erscheint. Da jemand, dem das Armenrecht gewährt ist, seine Bedürftigkeit hat nachweisen müssen, sind die Voraussetzungen für die Kostenvergünstigung erfüllt. Die gewährte Vergünstigung ist endgültig und unterliegt nicht der Nachzahlungsverpflichtung des Armenrechts (§ 46 i). Vgl. auch Schulte zur VwKostVO, Mitt. 1970, 141, 145 unter II 7.

I. Eintritt der Wirkung des Armenrechts

Grundsätzlich wirkt die Bewilligung des Armenrechts nur für die Zu- 9
kunft, d. h. seit Verkündung oder Mitteilung; RG 9. 12. 1929, RGZ 126, 300; RG 22. 2. 1938, RGZ 157, 96, 98. Letztgenannte Entscheidung läßt dahingestellt, inwieweit das Gericht eine Rückwirkung des Armenrechts anordnen kann.

Die **Fristhemmung des § 46 f** ermöglicht, daß bei Stellung des Gesuchs schon angefallene Gebühren (z. B. die innerhalb der Beschwerdefrist zu zahlende Gebühr, damit die Beschwerde als erhoben gilt) noch von der Wirkung des Armenrechts erfaßt werden; im einzelnen s. bei § 46 f Anm. 1.

Das Armenrecht kann mit Rückwirkung auf die Zeit vor der Beschlußfassung bewilligt werden, jedoch frühestens von dem Tage an, an dem das

Armenrechtsgesuch den gesetzlichen Anforderungen wenigstens soweit genügt, daß es als solches in Behandlung genommen werden kann. Eine rückwirkende Bewilligung über den Tag der Vorlage eines Bedürftigkeitszeugnisses gem. § 118 Abs. 2 ZPO hinaus ist demnach nicht möglich; PA 10. 10. 1955, Bl. 1956, 37 = GRUR 1956, 83 (nur Leitsatz). Keinesfalls kann die Rückwirkung über den Eingangstag hinausgehen; PA 24. 3. 1955, Bl. 1955, 187.

J. Ende der Wirkung des Armenrechts

10 Abschluß der Instanz beendet auch die Wirkung der Armenrechtsgewährung; RG 22. 2. 1938, RGZ 157, 96. Das Armenrecht kann auch gem. § 121 ZPO in Vbdg. mit § 46 h jederzeit bei Fortfall der Voraussetzungen entzogen werden; vgl. im einzelnen § 46 h Anm. 5. Wird durch Beschluß der Anmelder zur Nachzahlung der Beträge, von deren Zahlung er einstweilen befreit war, verpflichtet, endet damit die Gewährung des Armenrechts. Ferner erlischt das Armenrecht gem. § 122 ZPO in Vbdg. mit § 46 h mit dem Tode der Person, der das Armenrecht bewilligt ist. Auf das gewährte Armenrecht kann bzw. muß unter den gegebenen Umständen auch verzichtet werden.

§ 46 c

Im Verfahren zur Beschränkung des Patents (§ 36 a) sind die Bestimmungen des § 46 b mit der Maßgabe entsprechend anzuwenden, daß der Patentinhaber durch die Bewilligung des Armenrechts auch die einstweilige Befreiung von der Zahlung der Gebühr für den Antrag auf Beschränkung des Patents und von der Zahlung des Druckkostenbeitrags erlangt.

Durch § 46 c wird die entsprechende Anwendung der Bestimmungen des § 46 b im Verfahren zur Beschränkung des Patents (§ 36 a) mit der Maßgabe bestimmt, daß der Patentinhaber durch die Bewilligung des Armenrechts auch die **einstweilige Befreiung von der Zahlung** der Gebühr für den Antrag auf Beschränkung des Patents und von der Zahlung des Druckkostenbeitrags erlangt. Soweit sonstige einstweilige Kostenbefreiung im Beschränkungsverfahren in Betracht kommt, werden nur die Bestimmungen aus § 46 b Abs. 2 unter Nr. 3 und 4 heranzuziehen sein.

Antragsberechtigt ist der in der Rolle eingetragene Patentinhaber. Die **Voraussetzungen** für die Bewilligung des Armenrechts richten sich nach den Vorschriften des § 46 b. Zur Frage der **Bedürftigkeit** kann auf § 46 b Anm. 3 verwiesen werden. Bei mehreren Patentinhabern wird Bedürftigkeit aller zu fordern sein. Nach einhelliger Auffassung wird aber der Nachweis, daß auch der Erfinder bedürftig sein muß, nicht zu fordern sein. Dem kann für den Regelfall beigetreten werden; allerdings sollte beim Verdacht eines Mißbrauchs die Regelung nach § 46 b Abs. 4 angewendet werden. Die erforderliche **hinreichende Erfolgsaussicht** kann hier nur dahin ausgelegt werden, daß die beantragte Änderung des Patentbegehrens tatsächlich eine Beschränkung und nicht etwa eine unzulässige Erweiterung darstellt. Ballhaus (in Benkard § 46 c Anm. 3) will auch als Voraussetzung verlangen, daß der Beschränkungsantrag nicht als mutwillig gestellt erscheinen darf, obgleich die entsprechende Bestimmung im § 114 Abs. 1 ZPO nicht ausdrücklich in die Armenrechtsregelung des Patentgesetzes übernommen wurde. Es müsse die Darlegung eines solchen Interesses an der Durchführung der Beschränkung verlangt werden, das auch einen vermögenden Patentinhaber zur Antragstellung veranlassen würde. Dieser Auffassung wird beigetreten.

§ 46 d

(1) Im Verfahren wegen Erklärung der Nichtigkeit oder Zurücknahme des Patents oder wegen Erteilung einer Zwangslizenz ist dem Beteiligten, der seine Bedürftigkeit nachweist, das Armenrecht zu bewilligen, wenn die beabsichtigte Rechtsverfolgung oder Rechtsverteidigung eine hinreichende Aussicht auf Erfolg bietet und der Beteiligte ein eigenes schutzunwürdiges Interesse glaubhaft macht.

(2) Durch die Bewilligung des Armenrechts erlangt der Beteiligte die einstweilige Befreiung von der Zahlung rückständiger und künftig erwachsender Gebühren und Auslagen einschließlich der den Zeugen und Sachverständigen zu gewährenden Vergütung sowie der Kosten der Zustellung.

ÜBERSICHT

A. Voraussetzungen für die Bewilligung

1 Die jetzige Regelung des § 46 d wurde 1953 durch das 5. ÜG eingeführt; vordem war eine Bewilligung des Armenrechts nur im Berufungsverfahren (gestrichener § 42 Abs. 4 PatG 1936 in Form einer Kann-Vorschrift) und die Beiordnung eines Vertreters überhaupt nicht möglich; vgl. hierzu Begr. 5. ÜG, Bl. 1953, 295, 299.

Nunmehr ist gem. § 46 d Abs. 1 im Nichtigkeits-, Zwangslizenz- und Zurücknahmeverfahren dem Beteiligten, der seine Bedürftigkeit nachweist, das Armenrecht zu bewilligen, wenn die folgenden Voraussetzungen erfüllt sind:

1. Die beabsichtigte Rechtsverfolgung oder Rechtsverteidigung muß eine **hinreichende Aussicht auf Erfolg** bieten. Es muß also auf Grund des Vorbringens des Antragstellers erwartet werden können, daß entweder das Patent mindestens teilweise vernichtet oder erhalten bleibt.

   Vgl. als Beispiel BGH 21. 3. 1958, GRUR 1958, 602. Früher wurde schon das Armenrecht für die Berufungsinstanz abgelehnt, weil das Vorbringen keinen Erfolg haben konnte; RG 27. 2. 1937, RGZ 154, 140.

2. Der Beteiligte muß ein **eigenes schutzwürdiges Interesse** glaubhaft machen. Mit Ausnahme des Falls widerrechtlicher Entnahme kann die Nichtigkeitsklage ohne Nachweis eines eigenen Interesses erhoben werden. Durch die Vorschrift soll bei Beantragung des Armenrechts das Vorschieben eines Strohmannes verhindert werden. Ein eigenes schutzwürdiges Interesse würde für den Nichtigkeitskläger bestehen, wenn er verwarnt oder wegen Verletzung verklagt ist, oder wenn die Gefahr der Abhängigkeit besteht.

Zur Frage der Bedürftigkeit: Das Gesetz enthält in § 46 d eine den Bestimmungen des § 46 b Abs. 2 Nr. 3 und 4 sinngemäße Regelung nicht. Da bei mehreren Patentinhabern diese notwendige Streitgenossen i. S. des § 62 ZPO sind (s. § 37 Anm. 25), so wird Armenrechtgewährung nur dann möglich sein, wenn alle bedürftig sind; im Ergebnis ebenso Ballhaus in Benkard § 46 d Anm. 3. A. A. Bendler in Klauer/Möhring § 46 d Anm. 3. Wie bei Gewährung des Armenrechts nur für einen Patentinhaber die Kostenbefreiung gehandhabt werden sollte – zumal im Hinblick auf § 46 h Abs. 2 – ist nicht ohne weiteres erkennbar. Sind bei mehreren Nichtigkeitsklägern diese auch Streitgenossen i. S. § 59 ZPO, so ist doch nur dem Kläger das Armenrecht zu gewähren, der bedürftig ist; denn in diesem Fall ist jeder Kläger in seinem Vorgehen (z. B. hinsichtlich Berufungseinlegung) selbständig. Im Ergebnis ebenso Bendler in Klauer/Möhring § 46 d Anm. 3; a. A. Ballhaus in Benkard in § 46 d Anm. 3. Bedürftigkeit des Erfinders fordert das Gesetz in § 46 d nicht; denn der Möglichkeit des Vorschiebens eines Strohmanns ist hier (im Gegensatz zu § 46 b Abs. 4) durch die Forderung der Glaubhaftmachung eines schutzwürdigen Interesses begegnet.

Im einzelnen vgl. zur Bedürftigkeit (Anforderungen und Nachweis) § 46 b Anm. 3.

Im Rahmen der Berufungs-Zulässigkeitsprüfung kann die erste Instanz gegebenenfalls auch über das Armenrecht negativ entscheiden; BGH 17. 9. 1957, Bl. 1957, 369 = GRUR 1958, 23 – Wiedereinsetzung; s. auch RGZ 119, 19.

Wegen der **Zuständigkeit** vgl. § 46 g Anm. 2.

B. Wirkungen des bewilligten Armenrechts

Nach Abs. 2 des § 46 d erlangt der Beteiligte durch die Bewilligung des Armenrechts einstweilige Befreiung von der Zahlung rückständiger und künftig erwachsender Gebühren und Auslagen einschließlich der den Zeugen und Sachverständigen zu gewährenden Vergütung sowie der Kosten der Zustellung. 2

C. Anwendung weiterer Vorschriften der ZPO

3 In § 46 h Abs. 2 ist für das Nichtigkeits-, Zwangslizenz- und Zurücknahmeverfahren bestimmt, daß außer den im Abs. 1 angegebenen Vorschriften der ZPO auch § 118 a Abs. 2, §§ 120, 123 Abs. 2 und § 124 ZPO sinngemäß anzuwenden sind.

Wird für den Kläger oder Berufungskläger das Armenrecht bewilligt, so hat das gem. § 120 ZPO in Verbdg. mit § 46 h Abs. 2 zugleich für den Gegner der armen Partei die einstweilige Befreiung von den Gerichtskosten zur Folge. Gem. § 123 Abs. 1 ZPO können diese von dem in die Prozeßkosten verurteilten Gegner nach Maßgabe der für die Beitreibung rückständiger Gerichtskosten geltenden Vorschriften eingezogen werden. Ebenso sind die Vorschriften des § 123 Abs. 2 ZPO (Einziehung der Prozeßkosten) und des § 124 ZPO (Beitreibung der Anwaltskosten; vgl. hierzu Gaedecke, Beitreibungsrecht des Armenanwalts, 1936) anzuwenden.

§ 118 a Abs. 2 ZPO betrifft die Durchführung der im Abs. 1 bezeichneten Ermittlungen zur Vorbereitung der Entscheidung durch den Vorsitzenden oder ein von ihm beauftragtes Mitglied des Gerichts oder einen von ihm ersuchten Richter.

§ 46 e

(1) Einem Beteiligten, dem das Armenrecht nach den Vorschriften der §§ 46 b bis 46 d bewilligt worden ist, kann auf Antrag zur vorläufig unentgeltlichen Wahrnehmung seiner Rechte ein Patentanwalt oder ein Rechtsanwalt oder auf ausdrückliches Verlangen ein Erlaubnisscheininhaber beigeordnet werden, wenn die Beiordnung zur sachdienlichen Erledigung des Verfahrens erforderlich erscheint.

(2) Der beizuordnende Vertreter wird in dem Verfahren vor dem Patentamt durch den Vorsitzenden der Patentabteilung ausgewählt, im übrigen durch den Vorsitzenden des für die Entscheidung über das Gesuch um Beiordnung zuständigen Senats des Patentgerichts oder des Bundesgerichtshofs. Im Verfahren vor dem Patentamt steht gegen die Verfügung dem ausgewählten Vertreter und den Beteiligten die Beschwerde nach § 36 l Abs. 1 zu.

(3) Der beigeordnete Vertreter ist zur Übernahme der Vertretung verpflichtet.

(4) § 42 l bleibt unberührt.

ÜBERSICHT

A. Voraussetzungen für die Beiordnung

Erste **Voraussetzung** für die Beiordnung eines Vertreters im Verfahren vor dem Patentamt, Patentgericht oder Bundesgerichtshof ist, daß das **Armenrecht bewilligt** ist. Ist dies der Fall, kann der Betreffende gem. § 46 e zur Wahrung seiner Rechte Beiordnung eines Patentanwalts oder eines Rechtsanwalts oder auf ausdrückliches Verlangen eines Erlaubnisscheininhabers (vgl. §§ 177, 178 PAnwO) beantragen. Im Abs. 4 ist ausdrücklich bestimmt, daß durch die Vorschriften im § 46 e die Vorschrift des § 42 l, wonach im Berufungsverfahren vor dem BGH Rechtsanwälte und Patentanwälte zur Vertretung zugelassen sind, unberührt bleibt. Hierdurch wird klargestellt, daß nicht etwa bei Gewährung des Armenrechts auch im 1

Berufungsverfahren Erlaubnisscheininhaber zugelassen sind. Auf die sinngemäße Anwendbarkeit der Vorschriften des § 116 a Abs. 1 ZPO ist im § 46 h Abs. 1 hingewiesen.

Ist kein Antrag auf Bewilligung des Armenrechts gestellt, sondern nur Beiordnung eines Vertreters beantragt, so wird ein derartiger Antrag dahin ausgelegt, daß er einen Antrag auf Bewilligung des Armenrechts einschließt; PA 31. 5. 1954, Bl. 1954, 262 = GRUR 1954, 397. In einem solchen Fall muß zuerst festgestellt werden, ob das Armenrecht überhaupt bewilligt werden kann. Selbstverständlich kann über beide Fragen in einem Beschluß entschieden werden. Umgekehrt schließt der Antrag auf Bewilligung des Armenrechts den Antrag auf Beiordnung eines Vertreters nicht mit ein; es bedarf also eines besonderen Antrags. Im Falle der Beiordnung ist regelmäßig nur ein Vertreter beizuordnen; BPatG 27. 6. 1972, E 14, 142. Zur allgemeinen Unterrichtung betr. Beiordnung s. auch Hoffmeister, Mitt. 1973, 28.

Weitere Voraussetzung ist, daß die Beiordnung **zur sachdienlichen Erledigung** des Verfahrens **erforderlich** erscheint.

Nach der Begr. zum 5. ÜG 1953, Bl. 1953, 295, 300 soll ein **strenger Maßstab** an die Sachdienlichkeit angelegt werden, da das patentamtliche Verfahren keinen Vertreterzwang kennt. Auch solle die Hilfe, die bisher die Prüfungsstellen dem Anmelder gewährt hätten, nicht fortfallen oder eingeschränkt werden. Die erwähnte Hilfe der Prüfungsstellen kann und darf sich immer nur im Rahmen des § 139 ZPO bewegen; vgl. hierzu bei §§ 28 b/29 Anm. 23, 27 ff.

Die Beiordnung **ist** somit zu beschließen, wenn sie in Würdigung aller Umstände (Schwierigkeit der Materie, Umfang patentrechtlich schwieriger Fragen, Stand des Verfahrens, Unzureichen der Anregungen i. S. des § 139 ZPO) zur Förderung des Verfahrens sachdienlich ist und ein Mißbrauch der Vergünstigung ausgeschlossen erscheint. Nicht erforderlich ist die Beiordnung, wenn der Erfindungsinhalt keine besonderen Schwierigkeiten bereitet und wenn der Anmelder auf Grund seiner Vorbildung in der Lage ist, die Auflagen und Anregungen der Prüfungsstelle selbst zu meistern; PA 3. 8. 1956, unveröff. W 17 241/81 c; vgl. auch PA 24. 3. 1955, Bl. 1955, 187 (wesentliche Verfahrenshandlungen sind nicht mehr erforderlich). Notfalls kann auch zur Durchführung der **Offensichtlichkeitsprüfung** ein sachkundiger Beistand gewährt werden; BPatG 13. 5. 1971, E 12, 177, 181.

B. Zuständigkeit für die Entscheidung über die Beiordnung

2 Für die Zuständigkeit betr. die Entscheidung über den Antrag auf Beiordnung eines Vertreters gilt das gleiche wie für die Zuständigkeit betr. die Bewilligung des Armenrechts überhaupt; vgl. § 46 g Abs. 2 Anm. 2.

Hiervon ist die Zuständigkeit betr. die Auswahl des beigeordneten Vertreters zu unterscheiden; vgl. Anm. 3.

Zuständig ist gem. § 46 g Abs. 2 im patentamtlichen Verfahren die sachlich zuständige Patentabteilung im Kollegialverfahren und vor dem Patentgericht bzw. Bundesgerichtshof der sachlich zuständige Senat. Im einzelnen vgl. § 46 g Anm. 2.

C. Auswahl des beizuordnenden Vertreters

Gem. § 46 e Abs. 2 trifft im **Verfahren vor dem Patentamt** der Vorsitzende der Patentabteilung die Auswahl. Im **Verfahren vor dem BPatG oder BGH** wählt der Vorsitzende des für die Entscheidung über die Beiordnung zuständigen Senats den Vertreter aus. Im Berufungsverfahren nach § 42 (Nichtigkeitsverfahren) entscheidet anstelle des BGH das Patentgericht, wenn die Berufung als unzulässig verworfen ist; § 46 g Abs. 2 Nr. 2. 3

Bei der Auswahl ist auf verständige Wünsche des Anmelders und die Lage seines Wohnsitzes Rücksicht zu nehmen; PA 19. 9. 1955, unveröff. G 6952 II/63 c. Grundsätzlich besteht aber kein Recht auf Beiordnung eines bestimmten Vertreters. Der Vorsitzende hat die Auswahl nach pflichtgemäßem, im Beschwerdeweg nachprüfbarem Ermessen vorzunehmen; Begr. 5. ÜG 1953, Bl. 1953, 299, 300.

Durch **Verfügung des Vorsitzenden** der zuständigen Spruchstelle erfolgt die Beiordnung des ausgewählten Vertreters. Ergeht die Verfügung durch den Vorsitzenden einer Patentabteilung, ist sie mit der Rechtsbelehrung zu versehen, daß dem Anmelder sowie dem beigeordneten Vertreter das Rechtsmittel der **kostenfreien Beschwerde** (§ 36 l Abs. 1) zusteht. Wird von dem Rechtsmittel innerhalb von zwei Wochen nach der Zustellung kein Gebrauch gemacht, so wird das Verfahren fortgeführt.

Auf die sinngemäße Anwendbarkeit des § 116 b Abs. 1 ZPO ist in § 46 h Abs. 1 hingewiesen.

D. Beschwerde gegen die Beiordnungsverfügung

Gegen die Beiordnungsverfügung steht dem ausgewählten Vertreter und den Beteiligten die Beschwerde nach § 36 l zu; § 46 e Abs. 2 Satz 2 PatG und § 43 Abs. 2 PatAnwO vom 7. 9. 1966, Bl. 1966, 313; vgl. auch PA 17. 12. 1954, unveröff. E 7711 VII/71 a. 4

Als **Begründung** für die Ablehnung kann z. B. geltend gemacht werden: erhebliche Störung des Vertrauensverhältnisses, PA 20. 7. 1954, Bl. 1954, 326; hohes Alter des Vertreters verbunden mit weiteren besonderen Umständen, PA 30. 11. 1956 unveröff. M 17246 XII/47 a; 70 %ige Erwerbsbeschränkung und schlechter Gesundheitszustandes, PA 23. 9. 1955, unveröff. S 25226 I a/17 c; Gefahr der Interessenkollision, PA 9. 5. 1955, Bl. 1955, 297; unverhältnismäßig starke Belastung schon mit anderen Anmeldungen desselben Anmelders und bei fremdem Sachgebiet, PA 12. 2. 1955, unveröff. Sch 6376 I a/27 b. Keine Begründung ist allgemeine Arbeitsüberlastung, PA 9. 5. 1955, Bl. 1955, 297. Höherrangige Berufspflichten können Ablehnungsgrund sein (widerstreitende Interessen bei Sozietät); BPatG 27. 6. 1972, E 14, 142.

Über einen **Aufhebungsantrag** muß zunächst vom Vorsitzenden entschieden werden; PA 7. 9. 1960, Bl. 1960, 340 (entgegen früherer Praxis, PA 20. 7. 1954, Bl. 1954, 326). Falls der Vorsitzende der zuständigen Patentabteilung die Beschwerde für begründet hält, hat er ihr abzuhelfen; § 36 l Abs. 4 Satz 1. Beigeordneter Vertreter und Anmelder werden nicht als Beteiligte i. S. § 36 l Abs. 5 angesehen. Gegebenenfalls wird durch Verfügung des Vorsitzenden der beigeordnete Anwalt von der Beiordnung entbunden und gleichzeitig ein neuer Vertreter bestellt, der innerhalb von zwei Wochen nach Zustellung Beschwerde erheben kann. Entspricht der Vorsitzende dem Antrag auf Entbindung nicht, geht die Beschwerde an den zuständigen Senat des BPatG.

Der Beschwerde unterliegt nur die Auswahl der Person des Armenanwalts. Eine Nachprüfung der Frage hinreichender Aussicht auf Erteilung ist in diesem Fall unzulässig; PA 20. 7. 1954, Bl. 1954, 326. Auch anderweitige Nachprüfungen sind in diesem Zusammenhang nicht zulässig; PA 29. 11. 1955, unveröff. B 19801 III/45 h.

E. Beiordnung eines Terminsvertreters oder Verkehrsanwalts

5 Nach § 46 h sind die Vorschriften der §§ 116 a Abs. 1 und 116 b Abs. 1 und 2 ZPO sinngemäß anzuwenden. Danach kann auf Antrag desjenigen, dem das Armenrecht bewilligt und ein Vertreter beigeordnet ist, ein besonderer Anwalt zur Wahrnehmung eines Termins zur Beweisaufnahme vor dem ersuchten Richter oder zur Vermittlung des Verkehrs mit dem Prozeßbevollmächtigten beigeordnet werden, **wenn besondere Umstände dies erfordern.** Dies kann beispielsweise bei besonderen Schwierigkeiten der Materie oder aus Kostenrücksichten geboten sein.

Die Auswahl des Anwalts ist auf Ersuchen vom Amtsgericht vorzunehmen, in dessen Bezirk die Beweisaufnahme stattfinden soll oder die Partei wohnt. Ballhaus in Benkard, § 46 e Anm. 9, weist mit Recht darauf hin, daß diese Vorschrift für den Fall der Beiordnung eines Patentanwalts nicht sehr glücklich ist. Praktisch kann sie nur unter Zuhilfenahme der Patentanwaltskammer gehandhabt werden.

Im einzelnen wird zu dieser Vorschrift auf die Kommentare zur ZPO verwiesen.

F. Wirkung der Beiordnung eines Vertreters

Der beigeordnete Vertreter ist gem. Abs. 3 zur Übernahme der Vertretung verpflichtet. Eine entsprechende Bestimmung enthält das PatAnwO vom 7. 9. 1966, Bl. 1966, 313, 319 in § 43 Abs. 1 Nr. 1; vgl. hierzu die Begr. in Bl. 1966, 348 (zu § 42). Die Vertretung durch den beigeordneten Anwalt wird erst nach Vollmachterteilung durch den Anmelder wirksam. Trotzdem besteht aber für den amtlich beigeordneten Vertreter schon vorher eine Fürsorge- und Betreuungspflicht; andernfalls entsteht Pflicht zum Schadensersatz; RG 26. 11. 1926, RGZ 115, 60; BGH 22. 6. 1959, BGHZ 30, 226. Im einzelnen vgl. zu dem öffentlich-rechtlichen Verhältnis zwischen beigeordnetem Anwalt und Armen z. B. Baumbach-Lauterbach § 115 Anm. 2 A. Von der Zahlung der durch das privatrechtliche Auftragsverhältnis anfallenden Gebühren ist der Anmelder **nur vorläufig befreit.** 6

G. Antrag auf Aufhebung der wirksam erfolgten Beiordnung

Beantragt ein Patentanwalt aus einem Anlaß, der erst **nach** seiner Beiordnung als Armenanwalt entstanden ist, Aufhebung der Beiordnung, so hat darüber zunächst der Vorsitzende der Patentabteilung zu entscheiden, der die Beiordnung verfügt hat; PA 7. 9. 1960, Bl. 1960, 340 = GRUR 1961, 82, Leitsatz mit Anm. von W. Müller. Damit ist die frühere Entscheidung PA 20. 7. 1954, Bl. 1954, 326 insoweit überholt. 7

Hat der Anmelder den Antrag auf Aufhebung gestellt, so muß vor Aufhebung der Beiordnung beim Vertreter angefragt werden, ob Einverständnis mit der Aufhebung besteht, und ob Kosten liquidiert wurden. Erst nach Einverständniserklärung und Erklärung, daß keine Kosten liquidiert wurden, kann Aufhebung der Beiordnung erfolgen. Hat der bisherige Vertreter die Aufhebung der Vertretung verschuldet, werden ihm keine Kosten erstattet. Nach Entpflichtung des bisherigen Vertreters hat der zuständige Vorsitzende einen neuen Vertreter auszuwählen. Gegen die entsprechende Verfügung ist wieder Beschwerde möglich.

H. Gebührenerstattung an Vertreter

Im Falle der Bewilligung des Armenrechts werden dem beigeordneten Vertreter die Gebühren und Auslagen aus der Staatskasse erstattet. Hierfür gilt das Gesetz über die Erstattung von Gebühren für im Armenrecht beigeordnete Vertreter in Patent- und Gebrauchsmustersachen vom 18. 7. 1953, Bl. 1953, 291. Vgl. hierzu Präs. 1. 12. 1954, Bl. 1954, 424. Ferner vgl. 8

Erlaß BJM über die Rückzahlung von patentamtlichen Gebühren und Auslagen vom 26. 4. 1957, Bl. 1957, 158. Voraussetzung für die Anordnung der Rückzahlung an den Bevollmächtigten ist die Einreichung der Vertretervollmacht und die Erklärung, daß die Zahlungen aus eigenen Mitteln erfolgten.

Wegen einer Nachzahlungsverpflichtung vgl. § 46 i.

I. Beiordnung von Patentanwälten in Patentstreitsachen

9 Für die Beiordnung von Patentanwälten in Armensachen in Patentstreitsachen gilt das entsprechende Ges. vom 5. 2. 1938, Bl. 1938, 48, geändert bzw. ergänzt durch § 187 der PatAnwO vom 7. 9. 1966, Bl. 1966, 313 ff.; vgl. hierzu die Begr. Bl. 1966, 359 (zu § 185). Im einzelnen s. bei § 51 Anm. 25.

§ 46 f

Wird das Gesuch um Bewilligung des Armenrechts nach den §§ 46 b bis 46 d vor Ablauf einer für die Zahlung einer Gebühr vorgeschriebenen Frist eingereicht, so wird der Lauf dieser Frist bis zum Ablauf von einem Monat nach Zustellung des auf das Gesuch ergehenden Beschlusses gehemmt.

ÜBERSICHT

A. Voraussetzungen für die Hemmung der im Gesetz genannten Fristen

In § 46 f ist bestimmt, daß durch ein Gesuch um Bewilligung des Armenrechts nach den §§ 46 b bis 46 d, das vor Ablauf einer Gebührenfrist eingereicht wird, der Lauf der Frist bis zum Ablauf von einem Monat nach Zustellung des Beschlusses, der über das Gesuch entscheidet, gehemmt wird. Die Bestimmung ist offenkundig dem inzwischen aufgehobenen § 519 Abs. 6 ZPO nachgebildet. 1

Der Zweck dieser Regelung ist, den Anmelder in Anbetracht der Dauer des Armenrechtsverfahrens der Verpflichtung zu entheben, zur Vermeidung von Rechtsverlusten die Gebühren fristgemäß zu zahlen; vgl. Begr. 5. ÜG, Bl. 1953, 300; s. auch BPatG 9. 11. 1970, E 12, 183, 185.

Zu beachten ist, daß die **Fristhemmung nur für die Fristen** gilt, **die in den §§ 46 b bis 46 d genannt sind,** und daß das Armenrechtsgesuch **vor** Fristablauf eingegangen sein muß. Voraussetzung ist – mindestens in der Regel – auch die Vollständigkeit des Armenrechtsantrages, d. h. insbesondere die Unterlagen für den Bedürftigkeitsnachweis müssen beigefügt sein; § 46 h in Verbdg. mit § 118 Abs. 2 ZPO; Baumbach/Lauterbach § 118 unter C; vgl. auch § 46 b Anm. 5. Ob die Fristhemmung auch eintritt, wenn die Unterlagen für den Nachweis der Bedürftigkeit nach Ablauf der Gebührenfrist eingehen, war streitig. Nach PA 10. 10. 1955, Bl. 1955, 37 ist eine rückwirkende Bewilligung des Armenrechts über den Tag der Vorlage eines Bedürftigkeitszeugnisses gem. § 118 Abs. 2 ZPO hinaus nicht möglich. Nunmehr muß aber die Auffassung, die § 118 Abs. 2 ZPO nicht so eng auslegt, als maßgeblich angesehen werden. Schon RG 15. 2. 1935, JW 1935, 1691 hat ausgesprochen, daß die **Vorlage der Rechtsmittelbegründung und des**

Armutszeugnisses nach Ablauf der Frist unschädlich ist, sofern nur das Armenrechtsgesuch innerhalb der Rechtsmittelfrist eingegangen ist; ebenso OLG Celle 25. 11. 1938, JW 1939, 116 und früher schon RG 10. 2. 1925, RGZ 110, 180 und RG 23. 11. 1920, RGZ 100, 268, 270 (Verzögerung durch verspätete Ausstellung des Armutszeugnisses). Dieser nachsichtigen Meinung ist insbesondere deshalb beizutreten, weil ein Antragsteller, der Gewährung des Armenrechts erst gegen Ende der Zahlungsfrist beantragt, ein Armutszeugnis wird oft kaum rechtzeitig beschaffen können. Für weite Auslegung des § 118 Abs. 2 auch Ballhas in Benkard § 46 f, Anm. 3 und Neumar, Mitt. 1956, 123, 124 bzw. in Reimer § 46 f Anm. 2. Nach BGH 9. 12. 1954, NJW 1955, 345 kann das Armenrechtsgesuch bis zum Ablauf der Rechtsmittelfrist eingereicht werden; damit wurde die frühere Rechtsprechung (Vorlage mindestens fünf bis sechs Tage vor Fristablauf) aufgegeben.

Fristhemmung tritt **nur beim ersten Gesuch** ein, RG 20. 4. 1925, RGZ 110, 402; RG 21. 5. 1927, JW 1927, 2463; RG 13. 12. 1927, JW 1928, 110. Ausnahmen: das erste Gesuch ist bereits vor Fristablauf zurückgewiesen worden, RG 7. 5. 1936, RGZ 151, 257; neue Glaubhaftmachungsmittel werden beigebracht, RG 13. 12. 1927, a. a. O. Ein mißbräuchliches, nicht ernst gemeintes Armenrechtsgesuch hat keine fristhemmende Wirkung; RG 15. 2. 1935, JW 1935, 1961; RG 25. 5. 1936, JW 1936, 2228; RG 17. 11. 1925, RGZ 112, 107. Fehlen einer Begründung allein ist unschädlich; RG 15. 2. 1935, a. a. O. Bei Zurücknahme des Armenrechtsgesuches läuft die Frist weiter; RG 6. 6. 1935, JW 1935, 2287.

B. Wiedereinsetzung

2 Ist die Zahlungsfrist versäumt und wird wegen Vorliegens eines unabwendbaren Zufalls Wiedereinsetzung in die versäumte Frist beantragt, so kann die versäumte Handlung (unterlassene Gebührenzahlung) – falls der Patentsucher bzw. Patentinhaber bedürftig ist – innerhalb der Zweimonatsfrist zunächst durch Vorlage eines Armenrechtsantrages mit dem notwendigen Nachweis der Bedürftigkeit »nachgeholt« werden; RG 8. 2. 1927, RGZ 116, 98; BGH 9. 12. 1954, Bl. 1955, 192 unter Aufgabe abweichender früherer Rechtsprechung. Wiedereinsetzung kann auch gewährt werden, wenn das Armenrechtsgesuch am letzten Tag der Rechtsmittelbegründungsfrist eingereicht worden ist; BGB 19. 12. 1962, NJW 1963, 584. Aber Versagung der Wiedereinsetzung, wenn trotz rechtzeitigem Eingang des Armenrechtsgesuches die Unterlagen über die Armut erst nach Ablauf der Rechtsmittelfrist eingereicht werden; BGH 17. 1. 1964, GRUR 1964, 281 l Sp. letzter Abs. – Armutszeugnis. Nur bei Hinderung durch unabwendbaren Zufall an der rechtzeitigen Beschaffung und Einreichung der Armenpapiere ist Wiedereinsetzung in die Frist möglich; BGH 17. 1. 1964, a. a. O. Die Vorlage aller erforderlichen Nachweise (also insbesondere des Armutszeugnisses) innerhalb der Wiedereinsetzungsfrist ist wegen § 43 Abs. 2 Satz 3 notwendig; RG 15. 1. 1937, JW 1937, 1061; Neumar, Mitt. 1956, 125.

Aus Vorstehendem ergibt sich, daß über die Wiedereinsetzung erst nach Entscheidung über das Armenrechtsgesuch befunden werden kann. Wird dem Armenrechtsgesuch stattgegeben, so gilt damit die versäumte und nachgeholte Handlung als fristgerecht erfolgt, und es ist über den Wiedereinsetzungsantrag zu entscheiden. Bei Ablehnung des Armenrechtsgesuches entfällt auch Wiedereinsetzung; dem Antragsteller steht dann aber aus § 46 f die Einmonatsfrist zur Zahlung der Gebühr nach Zustellung des Beschlusses zu. Ebenso Ballhaus in Benkard, § 46 f Anm. 4. Vgl. hierzu auch Neumar in Reimer § 46 f Anm. 5 und Bendler in Klauer/Möhring § 46 f Anm. 3.

C. Zahlungsfristhemmung und Beschwerdefrist

Hemmung des Fristablaufs bedeutet, daß eine Frist, die schon zu laufen 3
begonnen hatte und damit z. T. verbraucht ist, in ihrem weiteren Lauf unterbrochen wird. Die Hemmung selbst ist keine Frist (§ 205 BGB; vgl. RG 5. 3. 1928, RGZ 120, 1, 3). Die **verbrauchte Frist** rechnet vom Beginn der Zahlungsfrist an bis zum Tag der Einreichung des Armenrechtsgesuches. Letztgenannter Tag wird nicht mitgerechnet; RG 1. 9. 1939, RGZ 161, 125, 127. Die **Hemmung** tritt **vom Tag des Armenrechtsgesuches** an ein, und zwar sofort. Deshalb kann an diesem Tag keine Zahlungsfrist ablaufen und ein Armenrechtsgesuch kann noch mit fristhemmender Wirkung am letzten Tag der Frist eingereicht werden; RG 1. 9. 1939, a. a. O. Bei **Bewilligung des Armenrechts** tritt die einstweilige Befreiung von der Zahlung der betreffenden Gebühr (vgl. §§ 46 b bis 46 d) ein. Nach Zustellung des Beschlusses, durch den das **Armenrecht ganz oder teilweise abgelehnt** wird, beginnt die einmonatige Hemmungsfrist zu laufen, an die sich dann noch die vorhandene restliche Zahlungsfrist anschließt. Der letzte Tag der Hemmung wird nach § 187 Abs. 1 BGB nicht mitgerechnet. Die Monatsfrist entspricht der Länge des betreffenden Monats. Wegen Fristbeginn und Fristberechnung vgl. §§ 187, 188 BGB und §§ 221, 222 ZPO und die einschlägigen Kommentare.

Im einzelnen s. Neumar, Mitt. 1956, 125, insbesondere wegen beispielsweiser Fristberechnung.

Handelt es sich um einen erstinstanzlichen Beschluß, so läuft parallel zur einmonatigen Frist des § 46 f auch die Beschwerdefrist (§§ 36 l, 46 g Abs. 3). Wird also innerhalb der Einmonatsfrist **Beschwerde** gegen den das Armenrecht ganz oder teilweise ablehnenden Beschluß eingelegt, so kommt die aufschiebende Wirkung der Beschwerde (§ 36 n Abs. 1) zum Zuge. Bei Abweisung der Beschwerde tritt mit der Verkündung oder Zustellung des Beschlusses nochmals ein einmonatiger Hemmungszeitraum ein; vgl. hierzu Ballhaus in Benkard § 46 f Anm. 6 und Neumar, Mitt. 1956, 124 und derselbe in Reimer § 46 f Anm. 3. Eine nochmalige Fristhemmung kann durch ein erneutes Armenrechtsgesuch nicht bewirkt werden; BPatG 9. 11. 1970, E 12, 183. Bei Nichtzahlung der fälligen Beschwerdegebühr innerhalb der sich nach § 46 f errechnenden Nachzahlungsfrist gilt die Beschwerde als nicht erhoben; a. a. O., 185, 186.

Wegen Beendigung der durch das Armenrecht gehemmten Frist s. auch RG 5. 3. 1928, RGZ 120, 1.

Zur Hemmung der Zahlungsfrist gem. § 46 f vgl. Neumar, Mitt. 1956, 123 ff.

§ 46 g

(1) Das Gesuch um Bewilligung des Armenrechts ist schriftlich beim Patentamt oder beim Patentgericht einzureichen. Im Verfahren nach den §§ 42 und 42 m kann das Gesuch auch beim Bundesgerichtshof eingereicht werden, wenn das Patentgericht die Akten diesem vorgelegt hat.

(2) Über das Gesuch beschließt die Stelle, die für das Verfahren zuständig ist, für welches das Armenrecht nachgesucht wird. Jedoch beschließt über das Gesuch

1. im Verfahren vor der Prüfungsstelle die Patentabteilung,
2. im Verfahren nach § 42 das Patentgericht, wenn die Berufung nach § 42 b als unzulässig zu verwerfen ist.

(3) Die nach den §§ 46 b bis 46 e Abs. 1 ergehenden Beschlüsse sind unanfechtbar, soweit es sich nicht um einen Beschluß der Patentabteilung handelt, durch den die Patentabteilung das Armenrecht oder die Beiordnung eines Vertreters nach § 46 e verweigert oder die Nachzahlung von Kosten anordnet.

ÜBERSICHT

A. Einreichung des Gesuchs

1 Das Gesuch um Bewilligung des Armenrechts ist **schriftlich** beim Patentamt oder Patentgericht einzureichen; § 46 g Abs. 1 Satz 1. Da Beantragung des Armenrechts Prozeßhandlung ist, muß der Antragsteller prozeßfähig sein (vgl. auch § 26 Anm. 3). Wegen des Inhalts des Gesuchs vgl. § 46 b Anm. 5. Da § 118 Abs. 1 ZPO nicht in dem im § 46 h befindlichen Verzeichnis der sinngemäß anzuwendenden Vorschriften der ZPO enthalten ist, kann das Armenrechtsgesuch nicht zu Protokoll der Geschäftsstelle erklärt werden.

Im Berufungsverfahren (§ 42) und im Beschwerdeverfahren (§ 42 m) kann das Armenrechtsgesuch auch beim BGH eingereicht werden, wenn das Patentgericht die Akten diesem vorgelegt hat. Diese Bestimmung trägt der Möglichkeit Rechnung, daß das Armenrecht erst im späteren Verfahrensverlauf beantragt wird. Wegen der Möglichkeit eines Armenrechtsgesuches durch Erklärung zu Protokoll im Rechtsbeschwerdeverfahren vgl. § 46 k Anm. 1.

B. Zuständigkeit für die Entscheidung

2 In Abs. 2 ist bestimmt, daß über das Gesuch die Stelle beschließt, die für das Verfahren zuständig ist, für welche das Armenrecht nachgesucht wird. Danach wäre an sich im Prüfungsverfahren die Prüfungsstelle zuständig. Zwecks möglichst einheitlicher Handhabung der Armenrechtsvorschriften ist jedoch bestimmt, daß auch im Verfahrensabschnitt vor der Prüfungsstelle die Patentabteilung, die ohnehin für Armenrechtsgesuche im Einspruchs- und im Beschränkungsverfahren zuständig ist, über das Gesuch zu beschließen hat. Die Zuständigkeitsregelung schließt die Entscheidung über die Beiordnung eines Vertreters und die Nachzahlung von Kosten mit ein, wie aus Abs. 3 hervorgeht. Wegen der Zuständigkeit bei Erlaß eines Nachzahlungsbeschlusses vgl. § 46 i Anm. 2.

Es stellt einen unzulässigen Eingriff in die Entscheidung der Patentabteilung über ein Armenrechtsgesuch des Anmelders dar, wenn die Prüfungsstelle vor Abschluß des Armenrechtsverfahrens bereits eine (positive oder negative) Entscheidung über die Anmeldung trifft; BPatG 13. 5. 1971, E 12, 177.

Weiter ist bestimmt, daß im Berufungsverfahren (§ 42) das Patentgericht zuständig ist, wenn die Berufung nach § 42 b als unzulässig zu verwerfen ist; vgl. hierzu Begr. 5. ÜG, Bl. 1953, 295, 300, 301; ferner BGH 17. 9. 1957, Bl. 1957, 369 = GRUR 1958, 23 – Wiedereinsetzung.

C. Verfahrenshandhabung einschließlich Beschlußfassung

3 Vgl. § 46 h Anm. 2–4.

D. Anfechtbare Beschlüsse

4 Soweit es sich um Beschlüsse der Patentabteilung, die nach den §§ 46 b bis 46 e Abs. 1 ergehen, handelt, durch die das Armenrecht ganz oder teilweise oder die Beiordnung eines Vertreters nach § 46 e verweigert oder die Nachzahlung von Kosten angeordnet wird, findet die gebührenfreie Beschwerde nach § 36 l Abs. 1 statt; Abs. 3. Vgl. auch § 46 i Anm. 4. Auch gegen einen Beschluß, durch den das gewährte Armenrecht entzogen wird (s. § 46 h Anm. 5), sollte die Beschwerde zugelassen werden, weil es sich um eine Versagung des Armenrechts handelt; andernfalls müßte neuer Armenrechtsantrag gestellt werden. **Unanfechtbar** sind alle Beschlüsse der Patentabteilung, die den gestellten Anträgen entsprechen und deshalb den Antragsteller nicht beschweren. Die Frage hinreichender Aussicht auf Erfolg

kann bei Gewährung des Armenrechts nicht im Beschwerdeweg nachgeprüft werden; PA 20. 7. 1954, Bl. 1954, 326. Ferner sind alle die Bewilligung des Armenrechts ablehnenden Beschlüsse unanfechtbar, die vom BPatG und BGH ergehen; Abs. 3. Gegen einen Beschluß, der die Beschwerde für unzulässig erklärt, ist die Beschwerde gegeben; RG 10.7. 1903, RGZ 55, 268.

Anfechtbar mit Beschwerde nach § 36 l Abs. 1 ist dagegen die vom Vorsitzenden der Patentabteilung getroffene Vertreterauswahl. Das Beschwerderecht steht dem ausgewählten Vertreter und den Beteiligten zu; § 46 e, im einzelnen vgl. dort Anm. 7.

§ 46 h

(1) Die Vorschriften in § 114 Abs. 2 bis 4, § 115 Abs. 2, § 116 a Abs. 1, § 116 b Abs. 1 und 2, §§ 117, 118 Abs. 2 und 3, § 118 a Abs. 1, §§ 119, 121, 122, 123 Abs. 1 und § 126 der Zivilprozeßordnung sind sinngemäß anzuwenden.

(2) Im Verfahren wegen Erklärung der Nichtigkeit oder Zurücknahme des Patents oder wegen Erteilung einer Zwangslizenz sind außerdem § 118 a Abs. 2, §§ 120, 123 Abs. 2 und § 124 der Zivilprozeßordnung sinngemäß anzuwenden.

ÜBERSICHT

A. Anwendung der ZPO

1 In § 46 h Abs. 1 sind die Vorschriften der ZPO angegeben, die im Armenrechtsverfahren sinngemäß anzuwenden sind. Für das Nichtigkeits-, Zwangslizenz- und Zurücknahmeverfahren sind im Abs. 2 noch weitere Vorschriften der ZPO aufgeführt, die sinngemäß anzuwenden sind. Die Anwendung dieser Vorschriften wurde auf die genannten Verfahren beschränkt, weil sie – wie es in der Begründung zum 5. ÜG, Bl. 1953, 301 heißt – Zwei-Parteien-Verfahren voraussetzen.

Wegen Anwendung der §§ 117 und 118 Abs. 2 und 3 vgl. bei § 46 b Anm. 8 und 9.

Zur Anwendung des § 114 Abs. 2 bis 4 vgl. bei § 46 a Anm. 5.

Wegen Anwendung der in § 46 h Abs. 2 aufgeführten §§ 118 a Abs. 2, 120, 123 Abs. 1 und 124 vgl. bei § 46 d Anm. 3.

Die weiteren Vorschriften der ZPO für das Armenrecht, deren sinngemäße Anwendung für das Patentamt, das Bundespatentgericht und den Bundesgerichtshof vorgeschrieben sind, sind in den folgenden Abschnitten im Zusammenhang mit dem Verfahrensablauf erläutert.

Obgleich die Regelung nach § 118 a Abs. 4 ZPO nicht ausdrücklich im PatG (§ 46 h) für sinngemäß anwendbar erklärt wurde, läßt sich daraus nicht herleiten, daß hier etwa eine entgegengesetzte Regelung gelten soll, denn die bedürftige Partei soll durch ihr Armenrechtsbegehren möglichst wenig wirtschaftlich belastet werden; BPatG 20. 1. 1965, E 6, 223, 224.

B. Ermittlungen

Das Armenrechtsverfahren wird von Erteilungsverfahren getrennt durchgeführt. 2

In sinngemäßer Anwendung von § 118 a Abs. 1 ZPO kann die Spruchstelle verlangen, daß der Antragsteller seine tatsächlichen Angaben glaubhaft macht. Wegen der **Anforderungen an die Glaubhaftmachung** vgl. z. B. Baumbach-Lauterbach § 294. Danach ist Glaubhaftmachung ein geringerer Grad der Beweisführung; Beweis ist an Gewißheit grenzende Wahrscheinlichkeit, Glaubhaftmachung ist überwiegende Wahrscheinlichkeit. **Vor Bewilligung des Armenrechts** soll nach § 118 a Abs. 1 Satz 2 ZPO (in Vbdg. mit § 46 h) **der Gegner** gehört werden, wenn dies nicht aus besonderen Gründen unzweckmäßig erscheint. Das Gehör kann mündlich oder schriftlich gewährt werden. **Vor Ablehnung** des Gesuchs braucht nur der Antragsteller gehört zu werden. Vgl. hierzu auch BayVerfGH 2. 2. 1962, JZ 1962, 673 (mit abweich. M. von Bettermann, 675–678) = NJW 1962, 627 und Baumbach-Lauterbach § 118 a Anm. 1 C. Vgl. hier auch § 36 m Anm. 3. Ferner kann die Vorlegung von Urkunden angefordert und von Behörden können Auskünfte eingeholt werden. Wegen weiterer Einzelheiten vgl. § 118 a Abs. 1 ZPO.

Entsprechend dem sinngemäß anzuwendenden § 126 Abs. 1 ZPO kann über das Gesuch um Bewilligung des Armenrechts, über seine Entziehung und über die Verpflichtung zur Nachzahlung der Beträge, von deren Berichtigung die zum Armenrecht zugelassene Partei oder der Gegner einstweilen befreit ist, **ohne mündliche Verhandlung** entschieden werden.

C. Zwischenbescheid

Soll der Antrag auf Bewilligung des Armenrechts zurückgewiesen werden, weil nicht **hinreichende Aussicht auf Erteilung eines Patents** wegen ermittelten neuheitsschädlichen Materials besteht, so ist dem Antragsteller vorher mitzuteilen, auf welche Umstände sich dies gründet, und ihm Gelegenheit zu geben, sich binnen einer zu bestimmenden Frist zu äußern; PA 16. 4. 1956, Bl. 1956, 374. Praktisch wird der Berichterstatter zu diesem Zweck einen sachlichen Bescheid erlassen und diesen nebst der Entgegnung des Anmelders der Patentabteilung vor der Beschlußfassung vorlegen. 3

D. Beschluß

Sofern nicht besondere Umstände für die Beschlußfassung eine Sitzung 4
der Patentabteilung erfordern (s. § 18 Anm. 9), kann über das Armen-

rechtsgesuch im Umlaufverfahren beschlossen werden, denn DPAVO § 4 ordnet für das Armenrechtsverfahren Beratung und Abstimmung in einer Sitzung nicht an. Ein Beschluß, durch den das Armenrecht ohne Einschränkung gewährt wird, bedarf keiner Begründung. Im Beschluß ist der Zeitpunkt anzugeben, von dem ab das Armenrecht wirksam ist. Im Falle der beantragten Beiordnung eines Anwalts ergeht ferner eine Verfügung des Vorsitzenden der Patentabteilung betr. den **ausgewählten Vertreter.** Nur gegen diese Verfügung steht dem Anmelder und dem beigeordneten Vertreter das Rechtsmittel der Beschwerde zu; s. § 46 e Anm. 3, 4. Wird das Armenrecht nur teilweise bewilligt, so ist dies im Beschluß kurz zu begründen. In sinngemäßer Anwendung von § 115 Abs. 2 ZPO ist wegen des Teils, den der Antragsteller zu bestreiten hat, zu bestimmen, daß wegen des betreffenden Teils die einstweilige Befreiung von der Entrichtung der Gerichtskosten sowie der Gebühren und Auslagen des Anwalts nicht eintritt. Statt dessen können auch bestimmte Gebühren ganz oder teilweise von der Befreiung ausgenommen werden. Gegebenenfalls ist Nachzahlung von Gebühren anzuordnen, für die wegen der Zahlungsfrist gem. § 46 f Fristhemmung eingetreten war.

Bezüglich nur teilweiser Bewilligung des Armenrechts und der Nachzahlungsanordnung steht dem Anmelder Beschwerde zu; vgl. § 46 g Anm. 4 und § 46 i Anm. 4. Wird die beantragte Bewilligung des Armenrechts abgelehnt, so ist dem Beschluß eine kurze Begründung beizufügen, aus der die für die Entscheidung maßgebenden rechtlichen und tatsächlichen Gründe ersichtlich sind; § 126 Abs. 2 ZPO in Vbdg. mit § 46 h Abs. 1.

Findet im Zusammenhang mit einem Antrag (hier des Gbm. Inhabers) auf Bewilligung des Armenrechts eine (hier: schriftliche) Anhörung des Gegners (§ 118 Abs. 1 ZPO) im Beschwerdeverfahren statt, so muß der Antragsgegner die ihm entstandenen **Kosten** (trotz Ablehnung des Armenrechts und ohne Einleitung des Hauptverfahrens infolge Nichtzahlung der Beschwerdegebühr) selbst tragen; BPatG 20. 1. 1965, E 6, 223, 224. Wird bei Ablehnung des Armenrechtsgesuches die Beschwerdegebühr nicht fristgemäß gezahlt, kann das Hauptverfahren nicht eingeleitet werden; die Beschwerde gilt als nicht erhoben (§ 36 l Abs. 3). Das gleiche gilt im Nichtigkeitsstreit; BGH 10. 10. 1960, Mitt. 1960, 231.

E. Entziehung des Armenrechts

5 In sinngemäßer Anwendung des § 121 ZPO kann das Armenrecht zu jeder Zeit entzogen werden, wenn sich ergibt, daß eine Voraussetzung der Bewilligung (s. § 46 b Anm. 2–4) nicht vorhanden war oder nicht mehr vorhanden ist. Die Entziehung hat durch Beschluß zu erfolgen. **Nach Be-**

endigung der Instanz ist Entziehung nicht mehr statthaft, sondern nur noch Anordnung der Nachzahlung; Baumbach-Lauterbach ZPO § 121, 1 B; RG 14. 12. 1926, JW 1927, 842. Wegen Beschwerdemöglichkeit s. § 46 g Anm. 4.

Bei fehlenden Voraussetzungen für die Bewilligung des Armenrechts kann es sich um solche persönlicher oder sachlicher Art handeln. Der Anmelder kann z. B. die Anmeldung übertragen haben oder nicht mehr bedürftig sein, oder im Erteilungsverfahren kann sich ergeben haben, daß eine noch bekanntgewordene Vorveröffentlichung dem Anmeldungsgegenstand die Patentfähigkeit nimmt. Fällt beim Erfinder oder bei mehreren Patentsuchern bei einem die Bedürftigkeit fort, so muß wegen § 46 b Abs. 3 bzw. 4 das Armenrecht entzogen werden.

Gem. § 119 Abs. 2 Satz 2 ZPO in Vbdg. mit § 46 h ist **in dem höheren Rechtszug** die Erfolgsaussicht, und ob die Rechtsverteidigung oder Rechtsverfolgung mutwillig erscheint, nicht mehr zu prüfen, wenn der Gegner das Rechtsmittel eingelegt hat. Entsprechend § 126 Abs. 2 ZPO ist der Beschluß, durch den das Armenrecht entzogen wird, kurz zu begründen. Bei Entziehung des Armenrechts muß Nachzahlung der Beträge, von deren Entrichtung der Beteiligte einstweilen befreit war, angeordnet werden; vgl. im einzelnen bei § 46 i. Der Beschluß und die Nachzahlungsanordnung werden in der Regel miteinander verbunden.

§ 46 i

(1) Der zum Armenrecht zugelassene Beteiligte ist zur Nachzahlung der Beträge, von deren Entrichtung er einstweilen befreit war, verpflichtet, sobald er nicht mehr bedürftig ist. Das gleiche gilt für die Beträge, von deren Entrichtung der Gegner einstweilen befreit war, soweit dem bedürftigen Beteiligten die Kosten des Verfahrens auferlegt sind.

(2) Andere Beteiligte sind nach Abschluß des Verfahrens zur Nachzahlung der Kosten des Verfahrens verpflichtet, die ihnen auferlegt sind und von deren Entrichtung sie oder der bedürftige Beteiligte einstweilen befreit waren.

ÜBERSICHT

A. Anordnung der Nachzahlung

1 Sobald der zum Armenrecht zugelassene Beteiligte nicht mehr bedürftig ist, ist er gem. § 46 i Abs. 1 Satz 1 zur Nachzahlung der Beträge verpflichtet, von deren Entrichtung er einstweilen befreit war. Nach Satz 2 gilt das gleiche für die Beträge, von deren Entrichtung der Gegner einstweilen befreit war, soweit dem bedürftigen Beteiligten die Kosten des Verfahrens auferlegt sind.

Eine Nachzahlung muß durch beschwerdefähigen Beschluß angeordnet werden; das ergibt sich auch aus § 46 g Abs. 3. Ist die betreffende Instanz noch nicht abgeschlossen, ergeht die Nachzahlungsanordnung zusammen mit dem Beschluß über die Entziehung des Armenrechts; vgl. § 46 h Anm. 5. Da ein bewilligtes Armenrecht nur für die im Zusammenhang mit der betreffenden Instanz anfallenden Gebühren und Kosten wirksam ist, erübrigt sich nach Abschluß der Instanz ein Beschluß über die Entziehung des Armenrechts, und bei Fortfall der Bedürftigkeit ergeht nur ein Nachzahlungsbeschluß.

Wegen Bewilligung des Armenrechts in Verbindung mit einer Nachzahlungsanordnung vgl. § 46 b Anm. 3 (BGH 30. 6. 1953).

B. Zuständigkeit

Handelt es sich um das Patenterteilungsverfahren und ist das Patent noch nicht erteilt, ist für die erste Instanz das Patentamt (Patentabteilung) und für die zweite Instanz das Patentgericht zuständig; § 46 g Abs. 2. Ist das Patent erteilt, ist die Patentverwaltungsabteilung zuständig. Für das Berufungsverfahren nach § 42 ist das Patentgericht bzw. der Bundesgerichtshof zuständig. 2

C. Verfahren

Voraussetzung für den Erlaß einer Nachzahlungsanordnung ist, daß sich die wirtschaftlichen Verhältnisse des betreffenden Beteiligten gegenüber denen, die bei Bewilligung des Armenrechts vorlagen, zu seinen Gunsten geändert haben. Voraussetzung für eine Nachzahlungsanordnung kann auch die Feststellung sein, daß die Voraussetzungen, die bei Bewilligung des Armenrechts unterstellt wurden, tatsächlich unzutreffend waren. Die Armut einer Partei kann in jedem Verfahrensabschnitt nachgeprüft werden; KG 13. 11. 1937, GRUR 1938, 40. Eine veränderte Beurteilung der Erfolgsaussicht oder Bedürftigkeit rechtfertigt unter Umständen eine Nachzahlungsanordnung in Raten; KG 4. 12. 1937, JW 1938, 698. 3

Als Grundlage für eine Nachzahlungsanordnung kann z. B. ein angefordertes neues Armenzeugnis oder eine entsprechende amtliche Rückfrage dienen. Wird keine ins Gewicht fallende Verbesserung der Wirtschaftslage festgestellt, ist nichts zu veranlassen; ein Aktenvermerk genügt. Wird eine Nachzahlungsanordnung erwogen, ist dem betreffenden Beteiligten zunächst Gelegenheit zur befristeten Äußerung zu geben. Gem. § 126 Abs. 3 Satz 1 ZPO ist vor der Entscheidung über die Nachzahlungsverpflichtung außer den Beteiligten (einschließlich Vertreter) auch die Bundeskasse zu hören. Alsdann kann Beschluß ergehen. Mündliche Verhandlung wird sich in der Regel erübrigen; gem. § 126 ZPO kann ohne mündliche Verhandlung entschieden werden.

D. Beschluß

Über die Anordnung der Nachzahlung muß Beschluß gefaßt werden (§ 46 g Abs. 3). Der Beschluß ist zu begründen; vgl. auch § 126 ZPO. Wenn auch im Katalog der sinngemäß anzuwendenden Vorschriften der ZPO der § 127 nicht erwähnt ist, ist gegen die Entscheidung Beschwerde möglich, da die Entziehung des Armenrechts einer Verweigerung des Armenrechts gleichkommt. Ebenso Ballhaus in Benkard § 46 g Anm. 17. 4

In dem Beschluß ist genau auszusprechen, ob die Nachzahlung in vollem oder zunächst nur in beschränktem Umfang oder ratenweise zu erfolgen hat; §§ 115 Abs. 2 und 126 Abs. 3 ZPO sind sinngemäß anzuwenden. Nach § 126 Abs. 3 Satz 2 ZPO ist bei Anordnung der Nachzahlung nicht in voller Höhe oder bei Bewilligung von Teilzahlungen auszusprechen, daß auf die Forderung der Bundes- oder Staatskasse und auf die Forderung des beigeordneten Anwalts je zur Hälfte zu zahlen ist. Wegen der Rangfolge der zu befriedigenden Ansprüche bei Anordnung teilweiser oder Rückzahlung in Raten vgl. Baumbach-Lauterbach ZPO § 126 unter 2. Bei Bestimmung teilweiser oder Ratenrückzahlung sind wegen der Höhe der Beträge alle Umstände, insbesondere auch die Höhe der Forderungen eines beigeordneten Vertreters zu berücksichtigen.

Nach BPatG 6. 12. 1961, E 2, 89, 92 = Bl. 1962, 234 kann aber im Rahmen der Nachzahlungsanordnung nur allgemein geprüft werden, ob sich die finanzielle Lage der ehemals armen Partei derart geändert hat, daß sie nun in der Lage ist, die von einem beigeordneten Patentanwalt beanspruchten Gebühren ganz oder zu einem Teil zu zahlen. Ist dies der Fall, so ist dies nach BPatG 6. 12. 1961 im Beschluß allgemein auszusprechen und damit dem beigeordneten Vertreter die Möglichkeit zu geben, seinen vermeintlichen Anspruch im Wege der Klage vor dem ordentlichen Gericht geltend zu machen, während die Partei ihrerseits in diesem Verfahren ihre Einwendungen gegen den Anspruch erheben kann. Eine bezifferte Nachzahlungsanordnung ist nicht notwendig und rechtlich nach BPatG 6. 12. 1961, a. a. O., 91 nicht zulässig. Vgl. auch Gaedicke, Die Nachzahlungsanordnung nach § 125 ZPO, JW 1936, 1636; Schneider, Zur Stellung des Armenanwalts im Nachzahlungsverfahren, MDR 1964, 199.

Der Beschluß, der die Nachzahlung anordnet, ermöglicht es der Amtskasse des Patentamts, gestundete Gebühren einzuziehen und dem beigeordneten Vertreter, ausstehende Gebühren einzufordern.

E. Nachzahlungsverpflichtung für andere Beteiligte

5 Ist das Verfahren abgeschlossen, so sind andere Beteiligte zur Nachzahlung der Kosten des Verfahrens verpflichtet, die ihnen auferlegt sind und von deren Entrichtung sie oder der bedürftige Beteiligte einstweilen befreit waren. Die Durchführung der Verpflichtung wird durch Einziehung der Gerichtskosten in Anwendung des § 123 Abs. 1 ZPO in Vbdg. mit § 46 h Abs. 1 bzw. § 123 Abs. 2 ZPO in Vbdg. mit § 46 h Abs. 2 betr. die Beitreibung von Gerichtskosten erfolgen.

Handelt es sich um ein Nichtigkeits-, Zwangslizenz- oder Zurücknahmeverfahren, so ist die Bestimmung des § 123 Abs. 2 ZPO in Vbdg. mit § 46 h

Abs. 2 insofern zu beachten, als die Nachzahlungsverpflichtung auch besteht, wenn das Verfahren ohne Kostenentscheidung beendet wurde.

Die Vertreterkosten berechnen sich nach der Höhe ohne Berücksichtigung des bewilligten Armenrechts. Erfüllt bei mehreren Anmeldern (bzw. Beteiligten) einer derselben nicht mehr die Voraussetzungen für Gewährung des Armenrechts, so muß Nachzahlungsanordnung ergehen; das ergibt sich aus § 46 b Abs. 3, vgl. auch § 46 h Anm. 5. Der nicht mehr Bedürftige ist zur Nachzahlung verpflichtet. Bei Fortfall der Bedürftigkeit des Erfinders kann aber keine Nachzahlungsanordnung ergehen, weil der Erfinder nicht herangezogen werden kann.

F. Beitreibung

Im PatG 1953 war in § 46 i Abs. 3 ein Hinweis auf die Anwendung der **6**
Justizbeitreibungsordnung enthalten. Durch das 6. ÜG wurde 1961 Abs. 3 gestrichen, weil im durch das KostenÄndGes vom 26. 7. 1957 (BGBl. I S. 861) geänderten § 1 der Justizbeitreibungsordnung vom 11. 3. 1937 (RGBl. I S. 298) nunmehr bestimmt ist, daß auch die Gebühren und Auslagen des Patentamts und die sonstigen Ansprüche, die beim Patentamt entstehen, nach der JBeitrO beizutreiben sind. Durch § 9 des (6. ÜG vom 23. 3. 1961 wurde auch § 2 Abs. 2 Satz 1 der JBeitrO geändert. Danach ist für Ansprüche, die beim BGH entstehen, die Amtskasse des BGH, für Ansprüche, die beim BPatG oder beim DPA entstehen, die Zahlstelle des DPA **Vollstreckungsbehörde.**

§ 46 k

(1) Im Verfahren über die Rechtsbeschwerde (§ 41 p) ist dem Beteiligten, der seine Bedürftigkeit nachweist, auf Antrag das Armenrecht zu bewilligen, wenn die beabsichtigte Rechtsverfolgung eine hinreichende Aussicht auf Erfolg bietet.

(2) Das Gesuch um die Bewilligung des Armenrechts ist schriftlich beim Bundesgerichtshof einzureichen; es kann auch vor der Geschäftstelle zu Protokoll erklärt werden. Über das Gesuch beschließt der Bundesgerichtshof.

(3) Im übrigen sind die Bestimmungen des § 46 d Abs. 2 und der §§ 46 e, 46 f, 46 h und 46 i entsprechend anzuwenden mit der Maßgabe, daß einem Beteiligten, dem das Armenrecht bewilligt worden ist, nur ein beim Bundesgerichtshof zugelassener Rechtsanwalt beigeordnet werden kann.

ÜBERSICHT

A. Allgemeines / Antragstellung / Zuständigkeit

1 Durch das 6. ÜG wurde 1961 die Vorschrift des § 46 k im Zusammenhang mit dem neuen Rechtsinstitut der Rechtsbeschwerde (§ 41 p) in das Patentgesetz eingefügt. Danach ist im Rechtsbeschwerdeverfahren dem Beteiligten, der seine Bedürftigkeit nachweist, auf Antrag das Armenrecht zu bewilligen, wenn die beabsichtigte Rechtsverfolgung eine hinreichende Aussicht auf Erfolg bietet; 46 k Abs. 1. Deshalb ist nach § 118 Abs. 3 ZPO das Gesuch zu begründen. Gegebenenfalls kann auf die Begründung der Rechtsbeschwerde verwiesen werden. Wird das Vorliegen eines Verfahrensmangels (§ 41 p Abs. 3) geltend gemacht, ist näher anzugeben, worin dieser bestehen soll. Durch die mögliche Bewilligung des Armenrechts soll vermieden werden, daß die Klärung grundsätzlicher Rechtsfragen an Kostenschwierigkeiten scheitert; Begr. 6. ÜG, Bl. 1961, 140, 161 (ursprünglich war eine einheitliche Gebühr von 1000 DM vorgesehen). Die Regelung lehnt sich an die Bestimmung des § 46 d über die Bewilligung des Armenrechts im Nichtigkeitsverfahren an.

In Abs. 2 ist bestimmt, daß das Gesuch um Bewilligung des Armenrechts (ebenso wie die Rechtsbeschwerde) **schriftlich** beim BGH einzureichen ist. Abweichend von der Regelung in § 46 g Abs. 1 Satz 1 kann das Gesuch aber auch vor der Geschäftsstelle **zu Protokoll** erklärt werden.

Für die **Entscheidung über das Gesuch** ist gem. Abs. 2 Satz 2 der BGH zuständig.

B. Voraussetzungen für die Bewilligung

I. Bedürftigkeit

Da der Begriff »Bedürftigkeit« im Prozeßrecht selbstverständlich nur einheitlich behandelt werden kann, gelten für die Bedürftigkeit hier auch ohne Hinweis auf § 46 b die bei § 46 b Anm. 3 erläuterten Voraussetzungen; das gilt auch für ihren Nachweis. Gleichfalls gilt auch hier § 46 b Abs. 3 betr. die notwendige Bedürftigkeit aller bei mehreren Patentsuchern; sinngemäß vgl. BGH 30. 10. 1954, NJW 1954, 1933 betr. notwendige Bedürftigkeit aller Gesellschafter einer OHG. Ebenso Ballhaus in Benkard § 46 k Anm. 3; a. A. Bendler in Klauer/Möhring § 46 k Anm. 2. Allerdings kann die Anwendbarkeit der Bestimmung des § 46 b Abs. 4 auch im Rechtsbeschwerdeverfahren nicht unterstellt werden. Die Bedürftigkeit des Erfinders im Falle eines Antrags des Patentsuchers ist daher nicht erforderlich, es sei denn im Falle eines vermuteten Mißbrauchs; vgl. hierzu ergangene Rechtsprechung bei Ballhaus in Benkard § 46 k Anm. 3. Ist schon im Verfahren vor dem BPatG Armenrecht gewährt worden, so ist nur dann das Beibringen eines neuen Armutszeugnisses zu verlangen, falls in der Zwischenzeit eine Verbesserung der wirtschaftlichen Verhältnisse des Antragstellers zu vermuten ist. 2

II. Erfolgsaussicht

Bei der Prüfung der weiteren Voraussetzung für die Bewilligung des Armenrechts, der hinreichenden Aussicht auf Erfolg der beabsichtigten Rechtsverfolgung, wird zu untersuchen sein, ob das Vorbringen in Ansehung der Bestimmungen des § 41 p, insbesondere Abs. 3, etwa offensichtlich unzulässig, oder ob die aufgeworfene Frage schon in einer vorangegangenen Rechtsbeschwerdesache entschieden ist, ohne daß etwa gravierende neue Gesichtspunkte vorgebracht sind. Die Beurteilung der Patentfähigkeit des Gegenstands der Anmeldung, in der Rechtsbeschwerde erhoben ist, scheidet, als dem Wesen der Rechtsbeschwerde fremd, aus. Bei einer **zugelassenen** Rechtsbeschwerde wird in der Regel hinreichende Aussicht auf Erfolg anzunehmen sein. 3

Steht dem Patentsucher oder Patentinhaber ein Gegner gegenüber, kommt § 119 Abs. 2 ZPO in Vbdg. mit § 46 h zur Anwendung. Hat der Gegner das Rechtsmittel eingelegt, so ist nicht zu prüfen, ob die Rechtsverfolgung oder Rechtsverteidigung der Partei hinreichende Aussicht auf Erfolg bietet oder mutwillig erscheint. In § 46 k soll der Begriff »Rechtsverfolgung« offensichtlich den Begriff »Rechtsverteidigung« einschließen.

C. Verfahren / Vertreterbeiordnung / Wirkungen / Nachzahlung

4 In Abs. 3 ist angegeben, welche der allgemeinen Armenrechts-Bestimmungen des PatG auch bei Bewilligung des Armenrechts im Rechtsbeschwerdeverfahren anzuwenden sind.

Beschluß über den Armenrechtsantrag (§ 46 k Abs. 2 Satz 2) ergeht in der Regel nach Anhörung des Antragsgegners (46 h in Vbdg. mit § 118 a Abs. 1 Satz 2). **Bewilligung** des Armenrechts befreit den Beteiligten einstweilen von der Zahlung der in § 46 d Abs. 2 (in Vbdg. mit § 46 k Abs. 3) genannten Gebühren und Auslagen. Für den Rechtsbeschwerdegegner gilt in entsprechender Anwendung von § 46 h Abs. 3 in Vbdg. mit § 46 k und § 120 ZPO, daß auch für ihn einstweilige Befreiung von der Zahlung von Gebühren und Auslagen eintritt. Die nach § 46 e in Vbdg. mit § 46 k Abs. 3 mögliche **Beiordnung eines Vertreters** wird bei Bewilligung des Armenrechts im Rechtsbeschwerdeverfahren wegen der Bestimmung des § 41 r Abs. 5 (Beiordnung eines Rechtsanwalts) notwendig sein. Damit ist die Sachdienlichkeit gegeben. In § 46 k Abs. 3 ist klargestellt, daß nur ein **beim BGH zugelassener Rechtsanwalt** beigeordnet werden kann. In entsprechender Anwendung des Gesetzes über die **Beiordnung von Patentanwälten** in Armensachen vom 5. 2. 1938, in der Fassung vom 7. 9. 1966 = § 187 PatAnwO kann neben dem Rechtsanwalt ein Patentanwalt beigeordnet werden; Loescher, GRUR 1966, 5, 17 r. Sp. unter Hinweis auf unveröff. BGH-Entscheidung. Schließlich ist auch § 116 a Abs. 1 ZPO in Vbdg. mit § 46 h die zusätzliche Beiordnung eines **Verkehrsanwalts** möglich. Bezüglich der **Hemmung der Gebühren-Zahlungsfrist** ist die Regelung nach § 46 f maßgeblich; s. dort. Wegen **Nachzahlung** der Gebühren gelten die Bestimmungen des § 46 i; s. dort.

Neunter Abschnitt Rechtsverletzungen

§ 47

(1) Wer den Vorschriften der §§ 6, 7 und 8 zuwider eine Erfindung benutzt, kann vom Verletzten auf Unterlassung in Anspruch genommen werden.

(2) Wer die Handlung vorsätzlich oder fahrlässig vornimmt, ist dem Verletzten zum Ersatz des daraus entstandenen Schadens verpflichtet. Fällt dem Verletzer nur leichte Fahrlässigkeit zur Last, so kann das Gericht statt des Schadensersatzes eine Entschädigung festsetzen, die in den Grenzen zwischen dem Schaden des Verletzten und dem Vorteil bleibt, der dem Verletzer erwachsen ist.

(3) Handelt es sich um eine Erfindung, die ein Verfahren zur Herstellung eines neuen Stoffes zum Gegenstand hat, so gilt bis zum Beweis des Gegenteils jeder Stoff von gleicher Beschaffenheit als nach dem patentierten Verfahren hergestellt.

ÜBERSICHT

A. Patentverletzung

I. Allgemeines

1 Die gegen das Alleinbenutzungsrecht verstoßende und durch eine gesetzliche oder vertragliche Bestimmung nicht gedeckte Benutzung eines fremden Patents (§§ 6, 7 und 8) ist rechtswidrig. Sie löst für den Verletzten einen Unterlassungsanspruch aus (§ 47 Abs. 1; Anm. 15). Bei schuldhaftem Verhalten des Benutzers verpflichtet sie als unerlaubte Handlung zum Schadenersatz (§ 47 Abs. 2; Anm. 24 ff.). Über Klagen nach § 47, die von dem Inhaber mehrerer Patente wegen derselben oder einer gleichartigen Handlung nacheinander erhoben werden, vgl. § 54.

II. Verwarnung wegen Patentverletzung

2 W. Horn, Die unberechtigte Verwarnung aus gewerblichen Schutzrechten, Schriftenreihe zum gewerblichen Rechtsschutz des Max-Planck-Instituts Bd. 25, 1971.

Die Verwarnung des Schutzrechtsinhabers, daß ein bestimmtes Verhalten des Verwarnten eine Verletzung des Schutzrechts darstelle, erhält ihre Bedeutung durch die hinter ihr stehende Möglichkeit der Unterlassungs- und Schadenersatzklage. Für solche außerhalb des Rechtsstreits erklärte Verwarnung gelten **dieselben Grundsätze wie für eine auf ein Schutzrecht gestützte Klage.** Denn derjenige, der sogleich klagt, kann sich nicht in einer besseren Rechtsstellung befinden als derjenige, der zunächst verwarnt. Durch die Rechtsprechung wird demnach der Fall der Klageerhebung aus einem Schutzrecht mit der vorherigen Verwarnung aus diesem Schutzrecht gleichgestellt (BGH 5. 11. 1962 BGHZ 38, 200, 207 = GRUR 1963, 255, 258 – Kindernähmaschinen – mit Nachweisen). Dieser Umstand rechtfertigt es, die von der Rechtsprechung für die Verwarnung entwickelten Grundsätze an dieser Stelle (und nicht bei § 6) zu behandeln.

1. Verwarnung als rechtswidriger Eingriff in den Gewerbebetrieb

3 Auszugehen ist davon, daß eine Partei, die eine **objektiv unbegründete Klage** erhebt, nach ständiger höchstrichterlicher Rechtsprechung grundsätzlich **nicht** in den geschützten Rechtskreis des Beklagten eingreift, selbst

wenn diesem daraus Nachteile erwachsen. Sind im Gesetz für den Fall einer sachlich ungerechtfertigten Inanspruchnahme Schadenersatzansprüche (wie etwa in § 717 Abs. 2 ZPO oder in § 945 ZPO) nicht vorgesehen, so können sie auch nicht durch einen Rückgriff auf § 823 BGB ersetzt werden (BGH 3. 10. 1961 BGHZ 36, 18, 20 ff.). Die objektiv **unberechtigte Schutzrechtsverwarnung** stellt in der Regel nur einen Fall des unberechtigten Leistungsbegehrens dar, so daß auch dem Patentinhaber grundsätzlich **nicht** verwehrt werden kann, seiner Überzeugung über den Umfang seines Patentschutzes, die er sich durch eine gewissenhafte Prüfung gebildet hat, öffentlich Ausdruck zu geben und vor Begehung von Verletzungen zu warnen (RG 16. 5. 1930 GRUR 1930, 888, 892; 19. 11. 1940 GRUR 1941, 102, 103). Eine zulässige Verwarnung kann sich in gleicher Weise gegen die unmittelbare wie gegen die mittelbare Patentverletzung (§ 6 Anm. 55 ff.) richten (RG 8. 7. 1933 RGZ 141, 336, 339). Die Beschreibung des Gegenstandes des Patents und seines Schutzbereichs muß bei der Verwarnung richtig und vollständig sein (RG 5. 10. 1938 GRUR 1939, 557, 561); s. auch Anm. 10.

Ein Recht zu beschränkten Warnungen vor der Weiterbenutzung eines Verfahrens **für die Zeit nach der Bekanntmachung** kann auch dem Inhaber einer **noch nicht bekanntgemachten Patentanmeldung** zustehen (BGH 16. 2. 1951 BGHZ 1, 194, 198 = GRUR 1951, 314 – Motorblock).

Ist die **Warnung des Inhabers eines vorläufigen (§ 30) oder endgültigen Schutzrechts aber gegenüber einem Gewerbetreibenden sachlich unbegründet,** so stellt sie nach ständiger Rechtsprechung einen **rechtswidrigen Eingriff in das Recht am eingerichteten und ausgeübten Gewerbebetrieb** dar (RG 27. 2. 1904 RGZ 58, 24, 29; RG 9. 3. 1935 GRUR 1935, 100, 102; 3. 10. 1941 GRUR 1942, 54, 55; BGH 15. 6. 1951 BGHZ 2, 387, 393 – Mülltonnefall II – mit weiteren Nachweisen; 4. 5. 1954 GRUR 1954, 391 – Prallmühle; 5. 11. 1962 BGHZ 38, 200, 204 – Kindernähmaschinen; 29. 9. 1964 GRUR 1965, 231, 233 – Zierfalten; 11. 1. 1966 GRUR 1966, 386 – Wärmeschreiber II; 16. 4. 1969 GRUR 1969, 479, 481 – Colle de Cologne). Als entscheidend für die Unzulässigkeit einer solchen Verwarnung hat die Rechtsprechung die einschneidenden Wirkungen angesehen, die ein Unterlassungsbegehren für den Inhaber eines Gewerbebetriebs in aller Regel hat und die durch einen Bereicherungsanspruch nicht angemessen ausgeglichen werden können (BGH 5. 11. 1962 a. a. O., S. 204).

Zu beachten ist, daß die Haftung wegen Eingriffs in den Gewerbebetrieb im Hinblick auf ihren **subsidiären Charakter** nur eintritt, wenn eine andere Rechtsgrundlage nicht gegeben ist (BGH 5. 11. 1962 BGHZ 38, 203, 204 = GRUR 163, 255, 257 – Kindernähmaschinen; st. Rspr.).

Durch das PatÄndG vom 4. 9. 1967 (BGBl. I S. 953), das die Offenlegung der Anmeldungen bereits nach 18 Monaten vorsieht, wird an dieser Rechtslage nichts geändert. Denn nach § 24 Abs. 5 2. Halbs. sind für die Zeit **bis** zur **Bekanntmachung** der Anmeldung Ansprüche nach § 47 Abs. 1 und 2 ausgeschlossen. Der Benutzer einer offengelegten Erfindung kann daher auch nicht mit Erfolg verwarnt werden, weil die Erfindung von jedermann **befugt** benutzt werden kann. Eine Verwarnung setzt stets eine **rechtswidrige** Benutzung voraus (Löscher, BB 1967 Beilage 7 Heft 26 S. 7; Schramm-Henner, GRUR 1968, 667, 669 zu 9). Allerdings kann eine unberechtigte Verwarnung unter Umständen für etwaige spätere Schadensersatzansprüche von Bedeutung werden, weil der Benutzer nunmehr »weiß«, daß eine Anmeldung vorliegt (Löscher, a. a. O. S. 7 Anm. 34). Ein bloßer Hinweis auf die offengelegte Anmeldung kann dem Inhaber einer solchen Anmeldung nicht verwehrt sein (vgl. Anm. 10).

2. Rechtswidrigkeit der Verwarnung

Rechtswidrig ist eine Verwarnung seitens des Inhabers eines vorläufigen oder endgültigen Schutzrechts, wenn dem Verwarnten z. B. ein Vorbenutzungsrecht oder vertragliches Benutzungsrecht zur Verfügung stand, oder wenn der Schutzrechtsinhaber den Schutzumfang seines Patents zu weit bemessen hat, wenn er ihn nachträglich hat einschränken müssen (§ 36 a), wenn das Schutzrecht in der Beschwerdeinstanz versagt (RG 28. 3. 1939 GRUR 1939, 787, 788) oder wenn es völlig oder teilweise vernichtet worden ist (RG 19. 11. 1940 GRUR 1941, 102 ff. mit Nachweisen). Ist der Verwarner die Verpflichtung eingegangen, sich zur Abwehr einer vom Verwarnten in Aussicht gestellten Nichtigkeitsklage nicht auf die ursprüngliche Wirksamkeit des Streitpatents zu berufen, so kann in einem Rechtsstreit wegen unberechtigter Verwarnung die Frage der Vernichtbarkeit des Streitpatents und damit ein Streit, ob die ausgesprochene Verwarnung etwa aus diesem Grunde objektiv rechtswidrig gewesen ist, nicht mehr auftreten. Der Verwarner würde arglistig handeln, wenn er sich darauf berufen würde, das Streitpatent sei bis zum Wirksamwerden des Verzichts rechtsbeständig gewesen (BGH 29. 9. 1964 GRUR 1965, 231, 233 – Zierfalten). 4

Die Frage der Rechtswidrigkeit ist jedenfalls für den Bereich der gewerblichen Schutzrechte allein **nach objektiven Gesichtspunkten** zu beantworten. Selbst wenn der Verwarner in gutem Glauben gehandelt hat und nach sorgfältigster Prüfung von der Berechtigung seines Rechtsstandpunktes überzeugt sein durfte, ist sein Verhalten gegenüber einem objektiv zu Unrecht Verwarnten rechtswidrig (RG 8. 7. 1933 RGZ 141, 336, 338; BGH 5. 11. 1962 BGHZ 38, 200, 206 mit zahlreichen Nachweisen). Kritisch dazu D. Reimer in Ulmer – Reimer (Das Recht des unlauteren Wettbewerbs Bd. III S. 349 ff.), der nicht in jeder unbegründeten Verwarnung einen rechtswidrigen Eingriff in das Recht des Verwarnten erblicken will, sondern der Auffassung ist, die Frage der Rechtswidrigkeit könne nur nach den Umständen des Einzelfalls im **Wege der Interessenabwägung** beurteilt werden.

Gegenüber dem Verletzter kann nach dieser Ansicht eine Verwarnung jedenfalls durch ein ernsthaftes und auf seine Berechtigung sorgfältig überprüftes Rechtsverteidigungsinteresse des Schutzrechtsinhabers gedeckt sein. Ähnlich bedauert Horn (Die unberechtigte Verwarnung aus gewerblichen Schutzrechten S. 90 ff.), daß der BGH nur in Einzelfällen (z. B. BGH 4. 5. 1954 GRUR 1954, 391 – Prallmühle; 16. 4. 1969 GRUR 1969, 479, 481 – Colle de Cologne) bei Verwarnungen aus gewerblichen Schutzrechten die einander gegenüberstehenden Interessen abwäge. Die Rechtsprechung, wonach die Verwarnung nur dann rechtswidrig ist, wenn sie sachlich nicht gerechtfertigt ist, bricht nach seiner sorgfältig begründeten Ansicht mit der gesetzlich verankerten Pflicht zur Abwägung von Mittel und Zweck bei Ermittlung der Rechtswidrigkeit bloßer Begehren. Vgl. auch Moser v. Filseck in der zustimmenden Buchbesprechung GRUR 1972, 442 und in der Anmerk. GRUR 1963, 260 ff. Der BGH hat zu den recht beachtlichen Einwänden gegen die bisherige Rechtsprechung noch nicht Stellung genommen.

Wegen Rechtswidrigkeit vgl. im übrigen unten Anm. 15.

Neben der Rechtswidrigkeit ist für den **Unterlassungsanspruch** auch **Wiederholungsgefahr** erforderlich (vgl. Anm. 17).

3. Unterlassungsanspruch des Verwarnten. (Negative) Feststellungsklage

5 Der rechtswidrige Eingriff in den Gewerbebetrieb des Verwarnten gewährt dem Verwarnten einen **Anspruch auf Unterlassung** (BGH 5. 11. 1962 BGHZ 38, 200, 206). Der Anspruch auf Unterlassung kann auch dann begründet sein, wenn der Vorwurf der Patentverletzung nur gegenüber dem vermeintlichen Verletzer, nicht auch gegenüber einem Dritten erhoben worden ist (RG 3. 1. 1941 GRUR 1942, 54, 55 ff.).

Neben der Rechtswidrigkeit ist für den Unterlassungsanspruch auch **Wiederholungsgefahr** erforderlich (vgl. Anm. 17).

Derjenige, der die Verwarnung ausgesprochen hat, muß deren Berechtigung darlegen (RG 8. 7. 1933 RGZ 141, 336, 341). Ihm liegt weiterhin der **Beweis** ob, daß der Verwarnte den Eingriff in den Gewerbebetrieb hinnehmen muß, weil er sich einer Patentverletzung schuldig gemacht hat (RG 9. 3. 1935 GRUR 1936, 100, 102). Für einstweilige Verfügungen vgl. Anm. 67.

In Fällen sachlich unzutreffender Warnung kann der Verletzte auch **auf (negative) Feststellung** klagen, daß die Warnung sachlich unbegründet ist, weil keine Schutzrechte verletzt werden (RG 8. 1. 1937 RGZ 153, 210, 212). Die Feststellungsklage kann auch **neben** der Klage auf Unterlassung erhoben werden (BGH 16. 2. 1951 GRUR 1951, 314, 316). Über das Verhältnis der beiden Klagen zueinander vgl. A. Zeuner, Gedanken zur Unterlassungs- und negativen Feststellungsklage (Festschrift Hans Dölle, 1963

Bd. I S. 195 ff.); über Feststellungs- und Leistungsklage s. auch unten Anm. 54.

Auch gegenüber einem Hinweis auf die Offenlegung der Patentanmeldung (§ 24 Abs. 5) ist eine negative Feststellungsklage zwecks Klärung der Entschädigungspflicht möglich (Schramm-Henner, GRUR 1968, 667, 668). Über den **Beseitigungsanspruch** s. Anm. 23. Selbstverständlich stehen dem Verletzten auch die **Nichtigkeits- und Löschungsklage** zur Verfügung.

4. Voraussetzungen des Schadensersatzanspruchs. Verschulden

Die **Haftung für Schädigung** des Mitbewerbers durch die **unbegründete** 6
Verwarnung setzt stets **Verschulden** des Warnenden voraus (RG 28. 5. 1930 GRUR 1930, 959, 962; 16. 1. 1939 GRUR 1939, 609, 611; 28. 3. 1939 GRUR 1939, 787, 790; BGH 15. 6. 1951 BGHZ 2, 387, 393 = GRUR 1951, 452, 455 – Mülltonne-Fall II). Von den Umständen des Einzelfalles hängt es ab, ob ein Schuldvorwurf zu bejahen ist. Die Forderung nach einer Gefährdungshaftung entsprechend §§ 945, 717 Abs. 2 ZPO hat der BGH (5. 11. 1962 BGHZ 38, 200, 205 mit Nachweisen) als zu weitgehend bezeichnet, weil ein solches Risiko die Inhaber auch wohlbegründeter Schutzrechte von der Wahrnehmung ihrer Rechte abhalten könnte. Vgl. auch Anm. 31 a. E. und Ohl, GRUR 1966, 172, 182 ff. mit zahlreichen Nachweisen.

In den meisten Fällen schuldhafter Verwarnungen wird eine sog. **bewußte Fahrlässigkeit** (Anm. 26) in Betracht kommen, indem der Verwarner mit der theoretischen Möglichkeit rechnet, daß sein Schutzrecht nicht rechtsbeständig ist oder aber der Schutzumfang seines Patents die angebliche Verletzungsform nicht erfaßt, jedoch diese Möglichkeit für fernliegend hält und die Verwarnung nicht aussprechen würde, wenn er von der Unrichtigkeit seiner Beurteilung Kenntnis hätte (BGH 5. 11. 1962 GRUR 1963, 255, 259; in BGHZ 38, 200 nicht abgedruckt). Kritisch Kunze, WRP 1965, 7, 10.

In der Entscheidung BGH 5. 11. 1962 a. a. O. handelte es sich in erster Linie darum, daß der Stand der Technik in vorwerfbarer Weise von dem Verwarner ungenügend berücksichtigt worden war. Bei der Klägerin, die sich als größte Kindernähmaschinenfabrik der Welt bezeichnet hatte, wurden eine gesteigerte Sachkenntnis bedingende Umstände berücksichtigt, so daß ihr die Unkenntnis einer USA-Patentschrift und »des allgemeinen Standes der Technik« als Fahrlässigkeit ausgelegt wurde. Häufig wird es sich auch um eine unrichtige Beurteilung des Fortschritts oder der Erfindungshöhe gegenüber einer Vorveröffentlichung handeln oder darum, daß der Verwarner die Verletzungsform zu Unrecht als unter sein Recht fallend eingeordnet hat (BGH 5. 11. 1962 a. a. O.). Eine irrige Wertung der Erfindungshöhe erfordert nach der zitierten Entscheidung allerdings eine weniger strenge

Würdigung, soweit sie nicht auf der Außerachtlassung des zu berücksichtigenden Standes der Technik beruht.

Haben weder das Patentamt noch die am Einspruchsverfahren beteiligten Mitbewerber in mehreren Jahren neuheitsschädliches Material ermitteln können, so wird man von einer Außerachtlassung der Sorgfaltspflicht des Verwarnenden allerdings in der Regel nicht sprechen können (OLG Düsseldorf 18. 3. 1960 GRUR 1961, 136, 137). Ist die Rechtslage zweifelhaft, so müssen Verwarnungen überhaupt unterbleiben (BGH 15. 6. 1951 BGHZ 2, 387, 393 = GRUR 1951, 452, 455 – Mülltonne-Fall II); vgl. auch KG 2. 3. 1956 GRUR 1956, 571, 572 (WZ), wonach sich eine sachkundige Partei nicht in jedem Fall auf die Stellungnahme eines Patentanwalts verlassen kann.

Ist die Verwarnung **auf Grund einer bekanntgemachten Anmeldung** erfolgt (RG 14. 6. 1940 GRUR 1940, 441, 446), so sind an die Sorgfaltspflicht des Verwarners – ebenso wie bei Gebrauchsmusterverwarnungen – erhöhte Anforderungen zu stellen (BGH 5. 11. 1962 a. a. O. S. 259 mit zahlreichen Nachweisen). Der Anmelder darf sich vor Abschluß des Einspruchs- und Beschwerdeverfahrens nicht darauf verlassen, daß der Stand der Technik erschöpfend geprüft worden ist.

Die zu beachtenden Umstände, die zu einem Schuldvorwurf führen können, sind im übrigen die gleichen, die für die Beurteilung einer Patentverletzung und der sich hieraus ergebenden Schadenersatzforderungen maßgebend sind. Zwecks Vermeidung von Wiederholungen wird auf die Ausführungen der Anm. 28 ff. verwiesen.

5. Verwarnung von Abnehmern

6a Verwarnt der vermeintlich Berechtigte den einen Verletzungsgegenstand gewerblich benutzenden **Abnehmer,** den sog. sekundären Schutzrechtsverletzer (Ohl, GRUR 1966, 172, 173), so können daraus äußerst schwerwiegende Folgen entstehen; denn häufig wird der Abnehmer es vermeiden wollen, in einen Streit, der in erster Linie seinen Lieferanten oder den Patentinhaber angeht, hineingezogen zu werden. Daraus ist mit Recht die Folgerung gezogen, daß der Verwarner in solchen Fällen eine ganz besondere Sorgfalt walten lassen muß, z. B. durch Vornahme einer genauen Unterrichtung des Abnehmers über alle mit dem angeblichen Recht zusammenhängenden Umstände, Beifügung aller Unterlagen, Vermeidung aller irreführenden Angaben usw. (v. Metzen in Festschrift Werner vom Stein 1961, S. 80 ff.; vgl. auch LG Düsseldorf 17. 1. 1967 GRUR 1968, 156, 158). In der Anmerkung zu BGH 5. 11. 1962 GRUR 1963, 255, 263 hält Moser v. Filseck eine Verwarnung von Abnehmern des originären Patentverletzers nur dann für gerechtfertigt, wenn bezüglich der Rechtslage keine Zweifel bestehen können oder die Berechtigung der ausgesprochenen Warnung durch das Urteil eines sachkundigen Gerichts anerkannt worden ist. Diese Auffassung wird von Reimer-Nastelski (§ 6 Anm. 112) gebilligt. Erwägt man indessen, daß eine zweifelsfreie Rechtslage nach den Erfahrungen der Praxis wohl kaum jemals vorliegen wird, andererseits ein Warten bis zu einem Urteil sehr zeitraubend werden könnte, so erscheint es recht weitgehend, schlechthin und ohne Einschränkung eine Verwarnung der Abnehmer verbieten zu wollen, wenn die genannten Voraussetzungen nicht erfüllt sind. Im praktischen Ergebnis würde ein Abnehmer dann in den meisten Fällen überhaupt nicht mehr verwarnt werden können, obwohl er als gewerblich Benutzender im Fall einer Schutzrechtsverletzung neben dem originären Verletzer (Hersteller oder Importeur) zweifellos in Anspruch genommen werden könnte. Im übrigen würde dem Berechtigten auf diese Weise auch eine Voraussetzung für einen etwaigen Schadenersatzanspruch gegen den Abnehmer aus Fahrlässigkeit leicht aus der Hand geschlagen werden können.

Andere wollen in Anwendung des Grundsatzes von Treu und Glauben und der sich aus ihm ergebenden Voraussetzung der »Erforderlichkeit« und »Verhältnismäßigkeit« einer Verwarnung das Recht des Schutzrechtsinhabers dahin einschränken, daß dieser in der Regel seine Verwarnung zunächst an den Hersteller richten muß (Hesse, GRUR 1967, 557 ff.). Auch soll hiernach der Verwarner verpflichtet sein, dem Hersteller die Namen der verwarnten Abnehmer mitzuteilen, damit dieser mit ihnen zur Verteidigung seiner Rechte zusammenwirken kann. Dem wird im Grundsatz zuzustimmen sein. Insbesondere dürfte aber die Zubilligung eines Schutzes aus § 1 UWG das geeignete Mittel sein, Mißbräuchen bei Verwarnungen von Abnehmen oder gar der Allgemeinheit wirksam vorzubeugen (s. Anm. 8).

6. Mitverschulden nach § 254 BGB

Für den Ersatzanspruch kann insbesondere **§ 254 BGB** von Bedeutung werden. Daher muß der Verwarnte auch seinerseits sorgfältig abwägen, ob eine Einschränkung des Absatzes oder Einstellung der Herstellung oder des Vertriebs auf Grund der gegen ihn ergangenen Verwarnung gerechtfertigt ist (RG 28. 3. 1939 GRUR 1939, 787, 791). Bei noch nicht rechtskräftig erteilten Patenten oder bei Gebrauchsmustern ist dieser Gesichtspunkt von besonderer Erheblichkeit, ebenso dann, wenn die Verwarnung teils rechtmäßig, teils unrechtmäßig ist (BGH 5. 11. 1962 GRUR 1963, 255, 259 – Kindernähmaschine). Das Gericht hat dann jeweils unter Würdigung aller Umstände zu prüfen, wieweit der Schaden vorwiegend von der einen oder anderen Seite verursacht worden war (RG 3. 10. 1941 GRUR 1942, 54, 56; BGH 5. 11. 1962 a. a. O. S. 259). **6b**

In jedem Fall muß sich die Abwehr der Warnung in den Grenzen des Notwendigen und bei gegenseitiger Interessenabwägung Zumutbaren halten (BGH 15. 1. 1957 GRUR 1957, 278, 279 – Evidur – UWG).

7. Auskunftsanspruch. Erstattungsfähigkeit der Verwarnungskosten

6c Schuldhaft erhobene unberechtigte Verwarnungen können auch die Grundlage für einen **Anspruch auf Auskunft,** wem gegenüber die Behauptung einer Patentverletzung aufgestellt worden ist, bilden (RG 16. 1. 1939 GRUR 1939, 609, 611); der Auskunftsanspruch entfällt jedoch, wenn feststeht, daß die Verwarnung nur dem Wettbewerber, nicht aber den Abnehmern gegenüber ausgesprochen worden ist (RG 3. 10. 1941 GRUR 1942, 54, 56).

Über die Erstattungsfähigkeit der mit einer Verwarnung verbundenen **Kosten** s. Ernst Reimer, Mitt. 1960, 107 ff. mit Nachweisen aus der Rechtsprechung. Hiernach können die Verwarnungskosten auch von einem Verletzer verlangt werden, der nicht schuldhaft gehandelt hat, vorausgesetzt, sie sind zur zweckentsprechenden Wahrnehmung der Rechte notwendig geworden; a. A. Habscheid, NJW 1958, 1001 zu Nr. 12. Ob diese vorprozeßlichen Kosten bei einem anschließenden Prozeß zu den Kosten des Rechtsstreits im Sinne des § 91 ZPO gehören, kann zweifelhaft sein. Man wird die Frage aus prozeßökonomischen Gründen bejahen müssen (a. A. Reimer-Nastelski, § 47 Anm. 131).

8. Tatsachenbehauptung oder Werturteil (§ 14 Abs. 1 UWG)

7 Auf die Vorschrift des § 14 Abs. 1 UWG kann sich der Kläger (Verwarnte) nur berufen, wenn der Verwarner **Behauptungen von Tatsachen gegenüber Dritten** aufgestellt hat, die **sein** Erwerbsgeschäft (d. i. »eines anderen« im Sinne dieser Vorschrift) betreffen. § 14 kann daher nur bei Verwarnungen der Abnehmer des Mitbewerbers eingreifen, niemals aber bei Verwarnungen des Mitbewerbers (Baumbach-Hefermehl, Bd. I UWG § 14 Anm. 8; BGH 5. 11. 1962 GRUR 1963, 255, 257 – Kindernähmaschinen). Die Verwarnung, daß ein bestimmtes Verhalten einen Eingriff in ein Patent darstelle, ist aber in der Regel überhaupt ein **Werturteil** und betrifft **keine Tatsachen** (RG 17. 10. 1916 RGZ 88, 437, 438; 10. 1. 1919 RGZ 94, 271, 273; 16. 5. 1930 GRUR 1930, 888, 891; 30. 11. 1936 GRUR 1938, 891, 892; offengelassen in RG 4. 3. 1943 GRUR 1943, 252, 255). Der BGH hat die Frage bisher nicht entschieden. In BGH 10. 12. 1969 (GRUR 1970, 254, 255 – Remington) wird das Problem – mit zahlreichen Nachweisen aus Rechtsprechung und Schrifttum – zwar angesprochen, aber seine Lösung dahingestellt gelassen.

Nur wenn der Verwarnte überhaupt kein Patent besaß oder die ihm in der Verwarnung vorgeworfenen Handlungen (z. B. Herstellung oder Feilhalten der beanstandeten Gegenstände) nicht begangen hat, kann eine Tatsachenbehauptung vorliegen (RG 17. 10. 1916 RGZ 88, 437). Ebenso z. B., wenn in einem Rundschreiben des Schutzrechtsinhabers die nicht erweislich wahre Behauptung aufgestellt wird, durch ein RG-Urteil sei bereits festgestellt, daß alle von dem Mitbewerber hergestellten Werkzeuge sein Patent verletzten (RG 4. 12. 1935 GRUR 1936, 807, 810). Tatsachenbehauptungen und Werturteile überschneiden sich häufig. Der Vorwurf einer Patentverletzung gründet sich zwar auf Tatsachen, stellt indessen in erster Linie eine Beurteilung und Würdigung der Rechtslage, also ein Werturteil, dar. Regelmäßig handelt es sich um die Auslegung des Schutzumfangs des Patents, auf das sich die Verwarnung gründet. Die Grundsätze dieser Auslegung sind aber »anerkannte Rechtsgrundsätze« (BGH 14. 6. 1960 GRUR 1960, 483, 484 – Polsterformkörper; vgl. auch Ohl, GRUR 1966, 172, 177; a. A. Baumbach-Hefermehl, Bd. I UWG § 14 Anm. 8; Reimer § 6 Anm. 113; wie hier Benkard § 6 Anm. 184). Im übrigen führt die gegenteilige Auffassung zu der unhaltbaren Folgerung, daß der Patentinhaber für objektiv unberechtigte, aber gutgläubige Verwarnungen nach dem ein Verschulden nicht voraussetzenden § 14 Abs. 1 UWG (RG 4. 12. 1935 GRUR 1936, 807; Baumbach-Hefermehl, Bd. I UWG § 14 Anm. 30) schadenersatzpflichtig ist, dagegen der Verletzer auf Schadenersatz nur bei Vorsatz oder Fahrlässigkeit haftet.

9. Verwarnung als Verstoß gegen § 1 UWG, § 826 BGB

Eine unberechtigte Verwarnung kann auch gegen §§ 1 UWG, 826 8
BGB verstoßen, wenn die Voraussetzungen für eine Sittenwidrigkeit vorliegen. Für einen Sittenverstoß ist Kenntnis derjenigen Umstände erforderlich, in denen das wettbewerblich Anstößige des Verhaltens begründet liegt. Der Warnende muß also das Bewußtsein haben, daß die Warnung nicht der patentrechtlichen Lage entspricht; mindestens ist erforderlich, daß er sich dieser Einsicht verschließt oder entzieht. Bloße Fahrlässigkeit genügt hierzu nicht (BGH 5. 11. 1962 GRUR 1963 255, 259; vgl. auch Ohl, GRUR 1966, 172 ff. insbes. S. 177).

In der Mehrzahl der Fälle wird das schutzwürdige Interesse des zu Unrecht Verwarnten durch eine Haftung nach §§ 823 Abs. 2, 826 BGB, § 1 UWG nicht hinreichend gewahrt werden (BGH 5. 11. 1962 a. a. O.). Die Voraussetzungen eines wettbewerbswidrigen Verhaltens werden aber im Falle der Verwarnung von **Abnehmern** oder der **Allgemeinheit** in einer Vielzahl von Fällen erfüllt sein und dem Verwarnten einen wirksamen Schutz gewähren. Zutreffend ist darauf hingewiesen worden (Seidler in

Festschrift Wendel S. 46 ff.), daß das Schutzrecht bei dem unterstellten Sachverhalt in der Regel von seinem Inhaber als wettbewerbliches Kampfmittel eingesetzt wird, durch das in Wirklichkeit nicht der verwarnte Abnehmer, sondern der Mitbewerber nur als Werkzeug unter Benutzung des Verwarnten getroffen werden soll. Ein solches Verhalten widerspricht in der Tat dem Gedanken des Leistungswettbewerbs, der dem Schutzrechtsinhaber die vorrangige Geltendmachung seines Rechts gegenüber dem Mitbewerber gebietet. Bei Fehlen besonderer, den Verwarner im Einzelfall entlastender Umstände ist daher ein Schutz aus § 1 in diesen Fällen des grundsätzlich unerlaubten Behinderungswettbewerbs (Baumbach-Hefermehl Bd. I Einl. UWG Anm. 79 ff.) das geeignete Mittel, die Rechte des Verwarnten zu wahren, vgl. auch Rogge, WRP 1965, 40, 44.

Auch die Verwarnung auf Grund von **unveröffentlichten Patentanmeldungen** kann bei Verweigerung der Einsicht in diese Anmeldungen eine unzulässige Behinderung des geschäftlichen Betriebes eines Mitbewerbers enthalten. Die Widerrechtlichkeit ist in diesen Fällen jedoch ausgeschlossen, wenn die Behinderung durch eigene berechtigte Interessenwahrnehmung geboten oder zur Verteidigung gegen unbegründete Ansprüche erfolgt ist (BGH 4. 5. 1954 BGHZ 13, 210 ff. – Prallmühle).

10. Bereicherungshaftung

9 Eine **Bereicherungshaftung** auf Grund unberechtigter Verwarnung kann nicht grundsätzlich geleugnet werden (BGH 5. 11. 1962 GRUR 1963, 255, 257). Allerdings ist diese Frage im Schrifttum umstritten. Unter einer »Leistung« im Sinne des § 812 BGB versteht die neuere Rechtsprechung (s. BGH 31. 10. 1963 BGHZ 40, 272, 277 unter Berufung auf Esser § 189, 6 und Berg, NJW 1962, 100) eine »bewußte und zweckgerichtete Vermehrung fremden Vermögens«. Diese Voraussetzungen werden nach Ansicht von Bruchhausen (Mitt. 1969, 286, 189) für die durch einen Hinweis auf ein Schutzrecht oder die Kundgabe einer Rechtsansicht veranlaßte Unterlassung erfüllt. Demgegenüber vertritt eine gegenteilige Meinung (Horn, Die unberechtigte Verwarnung aus gewerblichen Schutzrechten S. 146 unter Berufung auf v. Caemmerer (Wandlungen des Deliktrechts) den Standpunkt, der Verletzer eines absoluten Rechts erbringe keine »Leistung«, wenn er eine Verletzung unterlasse, sondern er unterlasse damit die Begehung eines Delikts. Zu einer kondizierbaren Leistung werde die Betriebseinstellung eines zu Unrecht Verwarnten auch nicht dadurch, daß der Schutzrechtsinhaber die Unterlassung ausdrücklich geltend mache. Die Frage, die noch nicht abschließend von der höchstrichterlichen Rechtsprechung entschieden ist, wird selten eine besondere Bedeutung gewinnen. Denn auch wenn man die Ansicht teilt, es bestehe kein rechtsdogmatischer Grund,

den dem Verwarnten entstandenen Nachteil, soweit er ursächlich als Vorteil für die Marktstellung des Warners zugute kommt, nicht durch einen Bereicherungsanspruch auszugleichen, so wird man jedenfalls als unmittelbare Folge der Unterlassung stets nur eine bessere »Gewinnerzielungsmöglichkeit« des Warners anerkennen können (vom Stein, GRUR 1956, 248, 251). Der Anspruch kann in diesem Fall also nur auf einen zu schätzenden Wertersatz (§ 818 Abs. 2 BGB) gerichtet werden mit der Folge, daß dem Verwarnten seinerseits das Recht zusteht einzuwenden, er habe von der Möglichkeit, einen Gewinn zu erzielen, keinen Gebrauch gemacht bzw. er habe überhaupt keinen Gewinn erzielt (vgl. vom Stein, a. a. O.).

11. Vorbereitender Meinungsaustausch und Verwarnung

Zu beachten ist stets, daß ein **bloß vorbereitender Meinungsaustausch** 10
über die patentrechtliche Lage noch keine »Verwarnung« im Sinne eines rechtswidrigen Eingriffs in den Gewerbebetrieb darstellt (BGH 5. 11. 1962 BGHZ 38, 200, 204). Handelt es sich nur darum, daß der Patentinhaber eine Partei auf sein Schutzrecht hinweist und ihr gegenüber seine Rechtsansicht im Hinblick auf eine angebliche Verletzung dieses Rechts zum Ausdruck bringt, so geht er damit in der Regel nicht über die Grenzen hinaus, die seiner Verhaltensweise gegenüber Mitbewerbern von der Rechtsordnung gesetzt sind. Vgl. dazu auch OLG München 13. 2. 1969 GRUR 1970, 46 in einem Fall, in dem die Berühmung mit einem (unbegründeten) Lizenzanspruch als unberechtigtes Leistungsbegehren, nicht aber als Unterlassungsbegehren im Sinne einer Verwarnung angesehen worden ist. In der Entscheidung 16. 4. 1969 (GRUR 1969, 479 – Colle de Cologne) hat der BGH in diesem Zusammenhang zutreffend auf das Grundrecht der freien Meinungsäußerung hingewiesen. Dieses Recht würde in der Tat der Annahme einer Rechtswidrigkeit in Fällen entgegenstehen, in denen von dem angeblichen Verletzer nicht die Einstellung der Benutzung mit allen ihren schwerwiegenden Folgen ernsthaft und endgültig gefordert wird, sondern in denen die Erklärung des Patentberechtigten dem Mitbewerber Freiheit und Zeit läßt, sich über die ihm richtig erscheinenden Schritte schlüssig zu werden und die notwendigen Entscheidungen aus eigener Entschließung zu treffen. Ein solches Verhalten des Patentinhabers liegt im Rahmen der einem Mitbewerber zumutbaren Beeinträchtigung. Es bleibt diesem überlassen, eine gerichtliche Entscheidung über rechtliche Zweifelsfragen herbeizuführen und seine Rechtsposition, z. B. im Wege der negativen Feststellungsklage oder auch einer Nichtigkeitsklage zu klären. Über die in Betracht kommenden einzelnen Fallgestaltungen s. Bruchhausen, Mitt. 1969, 286 ff.; vgl. auch LG Düsseldorf 17. 1. 1967 GRUR 1968, 156, 158, l. Sp.

III. Patentverruf

11 Nicht nur die gegen das Alleinbenutzungsrecht des Patentinhabers verstoßende Benutzung eines fremden Patents begründet für den Verletzten einen Unterlassungs- bzw. Schadensersatzanspruch (Anm. 1), sondern dies kann auch die Folge von schriftlichen oder mündlichen Angriffen sein, die abträgliche Mitteilungen und Äußerungen über das Patent, etwa über seine Rechtswirksamkeit oder Unbrauchbarkeit verbreiten und eine ernstliche Bedrohung des Patentrechts darstellen. In der Entscheidung 26. 1. 1943 (GRUR 1943, 205, 206) hat das RG den Rechtsgrundsatz anerkannt, daß gegen ein Patent gerichtete Kundgebungen einen »Eingriff in das Ausschließungsrecht« enthalten können, wenn dadurch der Verkehrswert oder die Möglichkeit der Ausnutzung des Patents ungünstig beeinflußt wird. Ebenso ist bereits in RG 12. 10. 1935 (GRUR 1936, 269) zum Ausdruck gebracht, daß ein Mitbewerber wegen unrichtiger Feststellung des Schutzumfangs eines Patents nach § 14 UWG, jedenfalls aber nach § 1 UWG in Anspruch genommen werden kann. Der BGH 15. 3. 1967 (GRUR 1967, 596, 597 – Kuppelmuffenverbindung) hat sich dieser Rechtsprechung angeschlossen und hat in der Aufstellung von schuldhaft unrichtigen Werbeäußerungen über Schutzrechte des Mitbewerbers einen Verstoß gegen §§ 1, 14 UWG erblickt.

Tatsächlich bildet der sog. Patentverruf das Gegenstück zu der unberechtigten Verwarnung des Patentinhabers (so zutreffend Klauer-Möhring, § 47 Anm. 51). Es bestehen daher keine Bedenken, für derartige schuldhaft rechtswidrige Kundgebungen, die geeignet sind, den Verkehrswert eines Patents zu beeinträchtigen, dieselben Rechtsgrundsätze anzuwenden, die eine Haftung des Verwarners begründen. Der Annahme eines rechtswidrigen Eingriffs in den eingerichteten Gewerbebetrieb mit der Folge eines Unterlassungs- und/oder Schadensersatzanspruchs (§§ 1004, 823 BGB) für den Betroffenen stehen daher in der Regel keine Bedenken entgegen, soweit nicht bereits die zitierten Vorschriften des UWG zum Eingriff gelangen. Auch kann ein rechtliches Interesse des Schutzrechtsinhabers an einer Feststellungsklage gegeben sein (RG 5. 2. 1930 RGZ 127, 197, 200 ff.).

Die Feststellungsklage ist grundsätzlich auch neben der Unterlassungsklage zulässig. Kommt allerdings der unrichtigen Behauptung keine praktische Bedeutung zu, so ist eine Klage nicht gerechtfertigt, da es nicht Aufgabe des Gerichts ist, theoretische Streitigkeiten zu schlichten (Lutter, § 47 IV B S. 447).

Bei verletzenden Kundgebungen, die nur gegenüber dem Patentinhaber erfolgen, wird dieser in der Regel kein Interesse an der Unterlassung, sondern eher an der alsbaldigen Feststellung seines Rechts haben, sofern nicht die Befürchtung besteht, daß die nachteiligen Äußerungen etwa Dritten gegenüber wiederholt werden (vgl. Pietzcker § 4 Anm. 82).

B. Rechtsfolgen der Patentverletzung

I. Sachlegitimation

Die Ansprüche aus § 47 Abs. 1 und 2 wegen Patentverletzung können vom Verletzten geltend gemacht werden. Sie setzen voraus, daß eine unerlaubte Benutzung des Patents stattgefunden hat, die in einer der vier in § 6 aufgeführten Benutzungsarten, d. h. des Herstellens, des Inverkehrbringens, des Feilhaltens oder des Gebrauchens bestehen kann, oder daß eine solche Benutzung jedenfalls zu besorgen ist (Anm. 16). **12**

Über Bereicherungshaftung s. unten Anm. 44.

Über Wettbewerbs- und Ausstattungsschutz technischer Erzeugnisse s. § 6 Anm. 78 ff.

Wegen Verletzung der Rechte an einer Erfindung vor der Anmeldung vgl. § 3 Anm. 1 ff.

1. Aktivlegitimation

Aktivlegitimiert zur Geltendmachung sind der **als Patentinhaber in der Patentrolle Eingetragene** (§ 24 Abs. 2 Satz 3) sowie dessen Erben (RG 6. 6. 1934 RGZ 144, 389 = GRUR 1934, 657, 644 mit Nachweisen). Dem materiell Berechtigten, aber nicht als Patentinhaber in der Rolle eingetragenen Patentberechtigten steht kein Anspruch gegen einen Dritten wegen Benutzung des Patents zu, es sei denn, daß es sich um einen Anspruch gegen den eingetragenen Nichtberechtigten handelt (RG 6. 6. 1934 a. a. O.). Im einzelnen vgl. § 24 Anm. 5, 6. **13**

Hat der Patentinhaber im Inland weder Wohnsitz noch Niederlassung, so kann er Rechte aus dem Patent nur geltend machen, wenn er im Inland einen Patentanwalt oder einen Rechtsanwalt als Vertreter bestellt hat (§ 16).

Bei **mehreren eingetragenen Mitinhabern** einer Gemeinschaft steht die Berechtigung zur Erhebung von Unterlassungsansprüchen wegen Verletzung des gemeinschaftlichen Rechts jedem Einzelteilhaber zu. Schadenersatzansprüche können von einem Teilhaber geltend gemacht werden, soweit der dem klagenden Teilhaber erwachsene eigenen Schaden in Frage steht. Schadenersatzansprüche wegen eines den Teilhabern **gemeinsam** entstandenen Schadens können nur im Wege einer Klage aller Teilhaber geltend gemacht werden bzw. durch Abtretung der Ansprüche an den einen Teilhaber oder durch Ermächtigung an ihn. Im einzelnen vgl. § 3 Anm. 22.

Dem **früheren, nicht mehr eingetragenen Patentinhaber** steht für einen Anspruch **aus der Zeit seiner Eintragung** ebenfalls die Aktivlegitimation zu, ferner dem Inhaber eines **gelöschten** Patents, der seine Legitimation nachgewiesen hat (§ 24 Anm. 6).

Aktivlegitimiert sind ferner der **Anmelder** einer Erfindung auf Grund des ihm durch Bekanntmachung der Anmeldung erwachsenen einstweiligen Schutzrechts (§ 30 Abs. 1 Satz 2) und seine Erben. Wird im Verlauf des Rechtsstreits des Patents erteilt, so bleibt der bisherige Anmelder nunmehr **als Patentinhaber** zur Klage legitimiert. Der Würdigung des klägerischen Schutzrechts ist das **erteilte** Patent zugrunde zu legen vgl. RG 30. 1. 1935 GRUR 1935, 741, 742; BGH 18. 6. 1964 GRUR 1964, 606, 608 – Förderband.

Sachlegitimation besitzen auch die Inhaber **ausreichend bestimmter abgetretener Ansprüche** aus dem vorläufigen Schutzrecht oder aus dem Patent. Zu beachten ist dabei, daß nach der Rechtsprechung des RG (15. 6. 1935 RGZ 148, 146 = GRUR 1936, 42) **Ansprüche auf Unterlassung** ohne gleichzeitige Übertragung des Schutzrechts nicht abtretbar sind. Zulässig ist dagegen die **Ermächtigung** eines Dritten, den Unterlassungsanspruch bei vorliegendem eigenen Interesse für Rechnung des Schutzrechtsinhabers geltend zu machen (RG 15. 6. 1935 a. a. O.; 14. 3. 1939 GRUR 1939, 826, 828).

Die Übertragung von **Schadenersatzansprüchen** wegen begangener Patentverletzungen **aus der Zeit vor der Übertragung** ist zulässig; sie bedarf aber ebenso wie die Übertragung von Lizenzansprüchen besonderer Abtretung. Aus der Übernahme vertraglich rückständiger Patentamtsgebühren folgt noch nicht ohne weiteres ein stillschweigender Übergang dieser Ansprüche (BGH 14. 1. 1958 GRUR 1958, 288 – Dia-Rähmchen).

Sachlegitimation steht dem Inhaber einer **ausschließlichen** (nicht einer einfachen) **Lizenz** zu (RG 17. 9. 1913 RGZ 83, 93, 94 ff.; 26. 9. 1936 GRUR 1937, 627, 629), auch wenn der berechtigte Patentinhaber nicht in der Rolle eingetragen ist (RG 1. 11. 1916 RGZ 89, 81). Dem eingetragenen **Patentinhaber** verbleiben daneben seine Rechte, soweit er betroffen ist (RG 28. 5. 1932 RGZ 136, 320; 15. 6. 1935 RGZ 148, 146, 147; 24. 11. 1942 GRUR 1943, 169, 172). Keinen Anspruch aus § 47 kann erheben der bei Erteilung einer ausschließlichen Lizenz **völlig abgefundene Lizenzgeber** (RG 28. 5. 1932 RGZ 136, 320, 321; vgl. § 9 Anm. 32). Der **einfache** Lizenznehmer ist zur Klage wegen Patentverletzung nicht legitimiert. Er kann aber zur Erhebung von Unterlassungs- und Schadensersatzansprüchen ermächtigt werden (§ 9 Anm. 32).

Endlich sind **sachlegitimiert** der nicht einzutragende **Inhaber eines Nießbrauchrechts** an einem Patent (RG 17. 6. 1936 GRUR 1937, 670, 672), ferner der nicht einzutragende **Pfandgläubiger** (§§ 1273 ff. BGB) **und Pfändungsgläubiger** (§§ 803 ff., 828 ff., 857 ZPO).

Über Klagebefugnis bei einem abhängigen Patent s. § 6 Anm. 67.

2. Passivlegitimation

a) **Passivlegitimiert** als »Verletzer« sind Täter, Mittäter, mittelbarer Täter, Anstifter und Beihilfeleistender, ebenso der sog. mittelbare Patentverletzer (§ 6 Anm. 55 ff.). Mehrere Verletzer, die gemeinschaftlich handeln, haften nach §§ 830 Abs. 1 Satz 1, 840 BGB als Gesamtschuldner. 14

Wer einen anderen zu einer Verrichtung bestellt, haftet gemäß § 831 BGB für den Schaden, den der andere in der Ausführung der Verrichtung einem Dritten zufügt. Es ist allerdings die Auffassung vertreten worden, daß im Rahmen des Patent- und Gebrauchsmusterrechts § 831 BGB zur Begründung einer Schadenersatzpflicht des Geschäftsherrn nicht herangezogen werden könne. Diese Meinung, die sich insbesondere auf die Entscheidung RG 2. 12. 1908 RGZ 70, 74 stützte, ist bereits von Spengler (GRUR 1950, 549; vgl. auch Hesse in Klauer-Möhring, § 47 Anm. 11) widerlegt worden. Nachdem die Haftung durch das geltende Patentgesetz auf leichte Fahrlässigkeit erstreckt worden ist, ist vollends kein Grund ersichtlich, warum der Geschäftsherr in Übereinstimmung mit den allgemeinen Vorschriften nicht auch für die Patentverletzungen nach Maßgabe des § 831 BGB haften sollte. Ein Unternehmen haftet daher nach Maßgabe des § 831 BGB auch für seine leitenden Angestellten (OLG Düsseldorf 24. 10. 1950 GRUR 1951, 316, 317).

b) Für die Passivlegitimation bei Patentverletzungen durch **Gesellschaften** ist zu unterscheiden:

Bei Gesellschaften des bürgerlichen Rechts (§§ 705 ff. BGB) sind für ein außervertragliches Verschulden eines Gesellschafters die anderen Gesellschafter nach § 831 BGB haftbar. Voraussetzung ist allerdings, daß sie gegenüber dem handelnden Gesellschafter weisungsberechtigt sind und durch Ausübung dieses Weisungsrechts den Schaden hätten abwenden können (BGH 30. 6. 1966 BGHZ 45, 311, 313).

Offene Handelsgesellschaften haften für unerlaubte Handlungen der zur Vertretung der Gesellschaft ermächtigten Gesellschafter. Im Schrifttum wird die entsprechende Anwendbarkeit **des § 31 BGB** (Haftung der juristischen Person für unerlaubte Handlungen **ihrer verfassungsmäßigen Vertreter**) übereinstimmend anerkannt (Nitschke, NJW 1969, 1737).

Die Vorschrift des § 31 BGB ist aber nach herrschender Auffassung auch dann entsprechend anwendbar, wenn der handelnde Gesellschafter nicht ein verfassungsmäßig berufener Vertreter der Gesellschaft, sondern nur geschäftsführungsberechtigt, d. h. durch Gesellschaftsvertrag zu der Verrichtung bestellt ist, bei deren Ausübung er die unerlaubte Handlung begangen hat (Schlegelberger-Gessler § 126 HGB Anm. 25 mit weiteren Nachweisen). Gerade auf dem Gebiet des Patentrechts besteht für eine solche Regelung ein besonderes Bedürfnis. In der Industrie, namentlich bei großen Handelsgesellschaften ist die technische Leitung des Werks oder einzelner seiner Abteilungen sehr oft einem mit großer Selbständigkeit ausgestatteten Angestellten übertragen, der nicht Gesellschafter ist oder nicht zu den Vorstandsmitgliedern gehört. Diese befassen sich mit den technischen Fragen sehr oft nur wenig oder gar nicht. Es widerspräche nun jeder Billigkeit und den Anforderungen des redlichen Geschäftsverkehrs, wenn unter solchen Umständen die Gesellschaft nicht schadensersatzpflichtig sein sollte für Patentverletzungen, die zwar ohne Kenntnis der Gesellschafter oder Vorstandsmitglieder, aber mit Billigung oder mindestens fahrlässigem Verhalten des der Gesellschaft verantwortlichen technischen Leiters begangen werden, mag dieser auch nicht nach dem Gesellschaftsvertrage zum Vertreter der Gesellschaft berufen sein. In dem ihm zugewiesenen Geschäftskreis muß er als Vertreter der Gesellschaft angesehen werden.

Auch für **Kommanditgesellschaften** gilt § 31 BGB (Palandt, BGB § 31 Anm. 1).

c) Die **Gesellschaften mit juristischer Persönlichkeit,** insbesondere also **Aktiengesellschaften** und **Gesellschaften mit beschränkter Haftung** haften für patentverletzende Handlungen ihrer gesetzlichen Organe (Vorstandsmitglieder, Geschäftsführer) **unmittelbar** nach § 31 BGB. Wegen der nicht vertretungsberechtigten, aber mit eigener Verantwortung ausgestatteten Angestellten gelten dieselben Grundsätze wie sie oben für nur geschäftsführungberechtigte Gesellschafter einer OHG dargelegt sind (Staudinger-Coing, BGB § 31 Anm. 15; RG 9. 3. 1938 RGZ 157, 228, 235; 17. 1. 1940 RGZ 163, 21, 29 ff.).

Die vertretungsberechtigten Organe oder **die ihnen Gleichgestellten** sowie vertretungsberechtigte Gesellschafter haften neben dem Geschäftsherrn (Gesellschaft) **auch persönlich** aus rechtsverletzendem Handeln als Gesamtschuldner (vgl. RG 30. 9. 1899 Bl. 1899, 292, 294 [OHG]; 11. 12. 1928 GRUR 1929, 354, 356 [GmbH und AG]; 27. 10. 1934 GRUR 1935, 99, 101 [AG]; ebenso 31. 3. 1931 GRUR 1936, 1084, 1089 [GmbH]; 17. 6. 1936, GRUR 1937, 670, 672; BGH 30. 10. 1956 GRUR 1957, 343, 347 [KG a. A.] – Underberg). Auch Mitglieder des Aufsichtsrats einer AG können als mithaftend herangezogen werden (RG 27. 10. 1934 GRUR 1935, 99, 101). Die Haftung des Geschäftsherrn schließt also ihre persönliche Haftung auf Unterlassung und Schadenersatz keineswegs aus. Die Haftung entfällt nur, wenn ein Verschulden (bei Schadenersatz) aus besonderen Gründen nicht gegeben ist. Wann dies der Fall ist, hängt von den Umständen des Einzelfalls ab.

Nicht vertretungsberechtigte und auch nicht leitende Angestellte haften in der Regel nur bei eigener Entschließung.

II. Unterlassungsanspruch

Der Unterlassungsanspruch, der in der Regel als auf Unterlassung für die Patentdauer gerichtet zu verstehen ist (BGH 22. 11. 1957 GRUR 1958, 179, 180 – Resin), dient der Abwehr **zukünftiger** patentverletzender Handlungen. Für das vor 1936 geltende Patentgesetz wurde er aus § 1004 BGB hergeleitet. Heute ist er in § 47 Abs. 1 ausdrücklich vorgesehen. Das Gesetz beschränkt sich jedoch auf die Zulassung der Klage, ohne für sie besondere Vorschriften aufzustellen. Die allgemein zu § 1004 BGB ausgebildeten Grundsätze sind daher auch jetzt noch anzuwenden. 15

Mit der Unterlassungsklage wird materielles Recht geltend gemacht (Zeuner, Festschrift Hans Dölle, S. 295, 301 ff. 304, 308; Pastor, GRUR 1969, 331, 335). Teilweise wird allerdings die Auffassung vertreten, daß die Unterlassungsklage ein von materiellen Ansprüchen unabhängiges, rein prozessuales Rechtsschutzmittel darstelle (s. Zeuner, a. a. O. S. 302, insbes. das in Anm. 21 zitierte Schrifttum). Diese Ansicht ist abzulehnen. Auch nach BGH 17. 3. 1964 BGHZ 42, 340, 344 ff. = GRUR 1965, 327 – Gliedermaßstäbe – handelt es sich bei dem Unterlassungsbegehren um eine Leistungs- oder Verurteilungsklage, die der Durchsetzung eines **bürgerlichrechtlichen Anspruchs** im Sinne des § 194 BGB dient, der in einem Tun oder einem Unterlassen (§ 241 Satz 2 BGB) bestehen kann.

Der Anspruch setzt eine **bereits begangene oder aber nur zu besorgende künftige objektiv rechtswidrige Patentverletzung** voraus. Letzteres gilt auch für **vertraglich** begründete Unterlassungsansprüche (BGH 10. 1. 1956 GRUR 1956, 238 – Westfalen-Zeitung). Nicht notwendig braucht das Patent zur Zeit der Verletzungshandlung schon erteilt gewesen zu sein, sofern nur der einstweilige Schutz des § 30 Abs. 1 Satz 2 bereits bestanden hat (Anm. 13). Darüber, daß es sich um ein im deutschen Bundesgebiet wirksames **deutsches,** d. h. vom Deutschen Patentamt oder Bundespatentgericht erteiltes **Patent** oder eine **deutsche Patentanmeldung** handeln muß, vgl. § 6 Anm. 69 ff.

Die allein dem Patentberechtigten nach § 6 vorbehaltene Benutzung muß durch den Verletzer **gewerbsmäßig** erfolgen; über den Begriff der Gewerbsmäßigkeit s. § 6 Anm. 35. Verschulden ist nicht erforderlich. Die Benutzung muß jedoch **rechtswidrig** sein. Dies ist dann nicht der Fall, wenn dem Benutzer **ein Benutzungsrecht** zur Seite steht, sei es auf vertragsmäßiger Grundlage, z. B. gemäß einem **Lizenzvertrag,** oder kraft Gesetzes infolge eines **Vor- oder Weiterbenutzungsrechts** (§ 7, § 43 Abs. 4 und 5, Art. 7 § 1 Abs. 5 Satz 5 PatÄndG; wegen weiterer gesetzlicher Weiterbenutzungsrechte vgl. § 7 Anm. 22), infolge Erklärung der **Lizenzbereitschaft** (§ 14), infolge Befugnis zur Benutzung durch Erteilung einer **Zwangslizenz** (§ 15) oder wegen **Erschöpfung** des Patentrechts (§ 6 Anm. 46). Über den Fall, daß der **Lizenznehmer die Grenzen seines Benutzungsrechts überschreitet,** s. § 9 Anm. 34).

Wegen weiterer **zulässiger** Einwendungen gegenüber einer Verletzungsklage s. unten Anm. 46 ff.

In der 4. Auflage ds. Komm. ist bei nicht vorliegender Besorgnis künftiger Beeinträchtigungen (Anm. 16) ebenso wie bei Fehlen der Wiederholungsgefahr (Anm. 17) das Rechtsschutzbedürfnis für die Unterlassungsklage verneint worden. Diese Auffassung kann nicht aufrechterhalten werden. Eine **Abweisung der Unterlassungsklage** hat bei Fehlen der genannten Voraussetzungen nicht mangels Rechtsschutzbedürfnisses, sondern aus **sachlich-rechtlichen Gründen** zu erfolgen.

Über Klage auf **Feststellung** der **Verpflichtung** zur Unterlassung sowie auf **negative** Feststellung Anm. 54.

Wegen des Rechtsschutzinteresses einer Unterlassungsklage gegenüber einer anderen Unterlassungsklage vgl. Anm. 54.

Ebenso wie die Gefahr erstmaliger Begehung **sachliche** Voraussetzung des vorbeugenden Unterlassungsanspruchs in den Fällen ist, in denen eine Rechtsverletzung bisher noch nicht oder jedenfalls nicht in der angegriffenen Art stattgefunden hat (BGH 16. 10. 1962 GRUR 1963, 218, 219 – Mampe Halb und Halb II unter Hinweis auf 16. 5. 1961 GRUR 1962, 34), stellt auch das Tatbestandsmerkmal der Wiederholungsgefahr stets eine materielle Anspruchsvoraussetzung dar (Pastor, GRUR 1969, 331 ff.; vgl. insbesondere das S. 336 a. a. O. in Anm. 34 zusammengestellte Schrifttum sowie die Rechtsprechung des RG und des BGH zu dieser Frage). Richtig ist allerdings, daß – wie für jede Leistungsklage – auch für die Unterlassungsklage ein **allgemeines** Rechtsschutzbedürfnis im Sinne eines Interesses an **gerichtlicher** Geltendmachung nötig ist. Diese Voraussetzung bedarf jedoch bei Unterlassungsklagen gewöhnlich keiner besonderen Darlegung (Baumbach-Hefermehl, Bd. I Einl. UWG Anm. 214).

In der Regel besteht kein **Rechtsschutzbedürfnis** für ein Unterlassungsgebot, wenn der Kläger bereits einen **rechtskräftigen Vollstreckungstitel** besitzt, der sich mit dem geltend gemachten Unterlassungsanspruch deckt. Das gilt aber **nicht für einen vorläufigen Vollstreckungstitel,** z. B. eine einstweilige Verfügung (BGH 27. 11. 1963 GRUR 1964, 274, 275 – Möbelrabatt).

1. Eingriffs- und Wiederholungsgefahr

16 a) **Solange noch keine Patentverletzung vorliegt,** ist eine **vorbeugende** Unterlassungsklage dann gegeben, wenn künftige **Beeinträchtigungen** (Eingriffe) **drohen.** Es genügt die durch Tatsachen begründete (nicht die bloß

abstrakte) Besorgnis künftiger Verletzungen. Die Gefahr einer patentverletzenden Handlung darf nicht fernliegen (RG 18. 12. 1920 RGZ 101, 135, 137 ff.; 16. 8. 1938 GRUR 1938, 971, 977; BGH 19. 6. 1951 BGHZ 2, 394, 395 – Widia/Adiria; 30. 4. 1964 GRUR 1964, 496, 497 – Formsand II; 16. 6. 1964 GRUR 1964, 682 – Climax; 18. 1. 1967 GRUR 1967, 433, 434 – Schrankwand; 18. 12. 1969 GRUR 1970, 358, 360 – Heißläuferdetektor; st. Rspr.).

b) **Ist eine rechtswidrige Verletzung bereits erfolgt,** so ist für den in die Zukunft gerichteten Unterlassungsanspruch **Wiederholungsgefahr** erforderlich.

Ob im Einzelfall eine Wiederholungsgefahr vorliegt, ist stets eine Tat- 17
frage, über die der Tatrichter auf Grund aller wesentlichen Umstände des Falles zu entscheiden hat (BGH 6. 7. 1954 BGHZ 14, 163, 167 – Constanze II; 28. 1. 1955 GRUR 1955, 390, 392 – Schraubenmutterpresse). Grundsätzlich ist für die Prüfung das Gesamtverhalten der Partei vor und während des Rechtsstreits zu würdigen (BGH 21. 5. 1957 GRUR 1957, 558, 560 – Bayern-Express). Die rein theoretische Möglichkeit einer Wiederholungsgefahr genügt nicht, wohl aber die Wahrscheinlichkeit der Wiederholung (BGH 4. 12. 1956 GRUR 1957, 348, 349, 350 – Klasenmöbel; 30. 4. 1964 GRUR 1964, 496, 497 – Formsand II).

Maßgebend ist die Sachlage **im Zeitpunkt der letzten mündlichen Verhandlung** der Tatsacheninstanz (BGH 28. 1. 1955 GRUR 1955, 390, 392 – Schraubenmutterpresse; 13. 7. 1959 GRUR 1959, 544, 547 – Modenschau), nicht eine erst in der Revisionsinstanz eingetretene Sachlage. Fällt die Wiederholungsgefahr erst in der **Revisionsinstanz** fort, so kann der Unterlassungsantrag aufrechterhalten bleiben (BGH 27. 1. 1961 GRUR 1961, 343, 344 – Messmer Tee).

Das Vorliegen auch nur **eines** Verletzungsfalles ist in der Regel ausreichend, wenn die Gegenseite nicht durch den Nachweis besonderer Umstände die Besorgnis eines weiteren Eingriffs ausräumt (RG 20. 12. 1932 GRUR 1933, 243, 245; 2. 7. 1937 GRUR 1938, 269, 271). Wird gegenüber einer Unterlassungsklage ein Recht zu einer beanstandeten Handlung behauptet, so wird regelmäßig die Beeinträchtigungs- oder Wiederholungsgefahr zu bejahen sein (BGH 26. 10. 1951 BGHZ 3, 270, 276 – Constanze; 30. 10. 1956 GRUR 1957, 342, 345 – Underberg; 16. 6. 1964 GRUR 1964, 682 – Climax); ebenso wenn der Vorwurf der Rechtsverletzung, der in einer Verwarnung gegenüber dem angeblichen Verletzer ausgesprochen worden ist, im Rechtsstreit aufrechterhalten wird (BGH 13. 7. 1954 BGHZ 14, 286, 291 – Farina-Belgien unter Hinweis auf RG GRUR 1942, 54).

Erbitterte Führung eines Wettbewerbskampfes spricht für die Gefahr einer Wiederholung (RG 2. 7. 1937 GRUR 1938, 269; BGH 6. 7. 1954 BGHZ 14, 163, 169 – Constanze II). Ferner auch heimliche Herstellung

(RG 5. 10. 1935 GRUR 1936, 497, 498). Von Bedeutung kann auch die Intensität der bisherigen Verletzungen und ein nicht zu weit zurückliegender Zeitpunkt der letzten Verletzungshandlung sein.

Auch nach Wegfall eines zunächst vorliegenden Rechtfertigungsgrundes ist die Annahme einer Wiederholungsgefahr dann begründet, wenn der Verletzer das Recht, sein Verhalten fortzusetzen, weiterhin in Anspruch nimmt (BGH 6. 7. 1954 BGHZ 14, 163, 164 – Constanze II; 10. 4. 1956 GRUR 1957, 84, 86 – Limonadenflaschen; 6. 2. 1959 GRUR 1959, 367, 374 – Ernst Abbe).

Liegt eine rechtswidrige Patentverletzung vor, ohne daß eine Wiederholungsgefahr gegeben ist, so kann der Patentinhaber **Beseitigung der Beeinträchtigung** gemäß § 1004 BGB fordern (vgl. Anm. 23).

Dadurch, daß die Verletzung vorsätzlich begangen, also **strafrechtlich** verfolgbar ist, wird die Unterlassungsklage nicht ausgeschlossen (RG 15. 2. 1927 RGZ 116, 151; 28. 10. 1932 RGZ 138, 219, 232; 24. 5. 1937 RGZ 155, 92). Ebensowenig, wenn im Strafverfahren ein Urteil ergangen ist (BGH 21. 5. 1957 GRUR 1957, 558, 560 – Bayern-Express).

2. Beseitigung der Wiederholungsgefahr

18 Dafür bedarf es in der Regel einer bedingungslosen Anerkennung des Unterlassungsbegehrens, unzweideutiger Verpflichtung zu nicht verletzendem Verhalten unter Übernahme einer Konventionalstrafe und der Beschränkung der Verteidigung auf Bestreiten der Wiederholungsgefahr (RG 5. 6. 1935 RGZ 148, 114, 120; 3. 10. 1941 GRUR 1942, 54, 55; BGH 6. 3. 1951 BGHZ 1, 241, 248; 13. 7. 1959 GRUR 1959, 544, 547 – Modenschau; 14. 12. 1966 GRUR 1967, 362, 366 – Spezialsalz). Ganz allgemein sind an die Beseitigung der Wiederholungsgefahr strengste Anforderungen zu stellen (BGH 30. 9. 1964 GRUR 1965, 198, 202 – Küchenmaschine) mit weiteren Nachweisen).

Ist eine Verpflichtungserklärung aus besserer Einsicht erfolgt, so **kann** dies gegen eine Wiederholungsgefahr sprechen. Eine dahingehende Rechtsregel darf indessen aus einer inneren Einstellung des Verpflichteten nicht hergeleitet werden (BGH 28. 1. 1955 GRUR 1955, 390 ff. – Schraubenmutterpresse).

Die Liquidation des Geschäftsbetriebs des Verletzers (BGH 6. 7. 1954 BGHZ 14, 163, 167 – Constanze II) beseitigt die Wiederholungsgefahr nicht, wenn die Verteidigung auf sachliche Berechtigung der Handlungsweise des Verletzers gestützt wird. Auch die Löschung einer Firma im Handelsregister hat nicht ohne weiteres den Fortfall der Wiederholungsgefahr zur Folge. Es kann beispielsweise die Besorgnis bestehen, daß der ehemalige Firmeninhaber seine rechtswidrige Handlungsweise wiederaufnimmt und – ohne ein gerichtliches Verbot – wie in der Vergangenheit verfährt (RG

30. 5. 1922 RGZ 104, 376, 382). Wegen Einflusses des **Konkurses** des Verletzers auf das Bestehen der Wiederholungsgefahr s. Reimer, JW 1932, 1805, 1808 Ziff. 4.

Wie schon die Gefahr einer künftigen Verletzung zur Begründung der Unterlassungsklage ausreicht, so kann es auch sein, daß zwar die Gefahr einer Wiederholung nicht mehr besteht, wohl aber die Gefahr, daß der Beklagte in Zukunft eine **andere Verletzungsform** ausführen wird. Ebenso kann in beiden Beziehungen eine Gefahr bestehen. Gründet sich die Unterlassungsklage auf eine bestimmte, bereits begangene Verletzung, so muß sich auch die Wiederholungsgefahr auf diese konkrete Verletzungsform beziehen, wobei jedoch **geringe Abweichungen** die Wiederholungsgefahr nicht ausschließen, namentlich dann nicht, wenn das Modell, dessen Benutzung in der Zukunft zu befürchten ist, in den die Patentverletzung begründenden Merkmalen im wesentlichen mit dem früheren übereinstimmt (RG 9. 10. 1929 RGZ 125, 391, 395). Es wird stets von Fall zu Fall zu entscheiden sein, ob die Wiederholungsgefahr sich auf eine Ausführung bezieht, die sich als eine Fortsetzung der beanstandeten, patentverletzenden Form darstellt, mithin **den Kern der Verletzungsform unberührt** läßt (vgl. RG 2. 12. 1941 GRUR 1942, 307, 313; OLG München 6. 10. 1958 GRUR 1959, 597; s. auch BGH 22. 2. 1952 BGHZ 5, 190, 193 – Fischermännchen).

3. Beweislast

Darlegung und Nachweis der Wiederholungsgefahr ist Sache des Unter- **19**
lassung Begehrenden, ihre Ausräumung Sache des als Verletzer in Anspruch Genommenen (RG 16. 9. 1919 RGZ 96, 242; 9. 10. 1929 RGZ 125, 391, 393). Soweit sich der Schutzrechtsinhaber auf einen Beweis des ersten Anscheins, eine Beweiswürdigung auf Grund des Erfahrungswissens bei einem typischen Geschehensablauf stützen kann, kommt nicht ein Gegenbeweis, sondern eine Entkräftung durch Darlegung einer in ernstliche Beachtung zu ziehenden Möglichkeit anderen Hergangs in Frage (vgl. BGH 21. 11. 1950 LM PatG § 1 Nr. 1 mit Anm. Lindenmaier).

4. Erledigung des Unterlassungsanspruchs

Ist die Wiederholungsgefahr weggefallen, oder erlischt das Klagepatent **20**
während Schwebens des Unterlassungsstreits gemäß § 12 oder wegen Ablaufs der Schutzfrist, oder erledigt sich der Unterlassungsanspruch aus anderen Gründen, etwa wegen Einigung der Parteien (nicht aber wegen Erklärung der Nichtigkeit, vgl. § 13 Anm. 14, oder Versagung des Patents [BGH 21. 10. 1965 GRUR 1966, 218, 220 – Dia-Rähmchen III] oder wegen Beschränkung nach § 36 a), so muß der Kläger, um der Abweisung zu entgehen, die Hauptsache für erledigt erklären und beantragen, nur über die Kosten zu entscheiden.

Das gilt auch noch für die Revisionsinstanz. Eine in der Revisionsinstanz abgegebene Unterlassungsverpflichtung kann nicht mehr beachtet werden (BGH 27. 1. 1961 GRUR 1961, 343 344 – Messmer Tee). Stimmt der Beklagte der Erledigungserklärung zu, so ist über die Kosten nach den Grundsätzen des § 91 a ZPO zu entscheiden. Tut er dies nicht, so hat das Gericht zu prüfen, ob der Unterlassungsanspruch ohne Erledigungserklärung begründet gewesen wäre. Je nach dem Ergebnis dieser Prüfung ist der Rechtsstreit entweder durch Urteil für erledigt zu erklären, und es sind dem Beklagten die Kosten aufzuerlegen, oder aber die Klage ist kostenpflichtig abzuweisen (BGH 22. 11. 1957 GRUR 1958, 179, 180 – Resin – unter Hinweis auf RGZ 148, 400, 403 und RGZ 156, 372, 376; 22. 1. 1965 GRUR 1965, 368, 369 ff. – Kaffee C; st. Rspr.).

5. Unzulässigkeit des Unterlassungsanspruchs

21 Bei **Benutzung** eines Patents **kraft Hoheitsrechtes,** sei es auf Anordnung einer Bundesbehörde oder einer von dieser beauftragten, nachgeordneten Behörde (§ 8) oder ohne solche Anordnung, ist ein Anspruch auf Unterlassung unzulässig (RG 28. 6. 1911 RGZ 77, 14; 22. 6. 1912 RGZ 79, 427 – Benutzung einer Schiffskesselkonstruktion im Interesse der Landessicherheit; 3. 3. 1928 RGZ 120, 264 – Benutzung einer Sicherheitsvorrichtung auf Grund bergpolizeilicher Vorschrift). Im übrigen vgl. § 8.

6. Prozessuales

22 **Kennzeichnung der konkreten Verletzungsform** im **Klagantrag,** hierzu vgl. Anm 55; **Fassung der Urteilsformel** und **Rechtskraftwirkung,** vgl. Anm. 63, 64.

III. Beseitigungsanspruch

23 Die Möglichkeit eines Anspruchs auf geeignete Beseitigung der Störung, z. B. auf Widerruf der unwahren, widerrechtlichen und auch gegenüber Dritten gefallenen Behauptung der Patentfreiheit oder Patentverletzung (RG 22. 4. 1931 MuW 1931, 537, 540; vgl. BGH 18. 1. 1952 NJW 1952, 417), die einen dauernden Zustand der Beeinträchtigung zur Folge gehabt hat (RG Warn. Rspr. 1943, 14), ist nach den Grundsätzen des bürgerlichen Rechts (§ 1004 BGB) zu bejahen, wobei es keines Nachweises eines Verschuldens bedarf (BGH 13. 11. 1953 GRUR 1954, 163, 165 – Bierbezugsverträge; 14. 11. 1958 GRUR 1959, 143 – Blindenseife; 12. 1. 1960 GRUR 1960, 500, 502 – Plagiatsvorwurf – mit weiteren Nachweisen). In der Regel wird es jedoch an einem Rechtsschutzinteresse für eine Beseitigungsklage,

die neben einer vorbeugenden Unterlassungsklage erhoben wird, fehlen (RG 22. 4. 1931 MuW 1931, 537, 540).

Auch als Naturalschadenersatz (§ 249 BGB) kommt – für den Fall des Nachweises eines Verschuldens – Beseitigung in Frage (BGH 12. 3. 1954 GRUR 1954, 337, 342 – Radschutz; 6. 7. 1954 BGHZ 14, 163, 173 – Constanze II; 8. 5. 1959 GRUR 1959, 423, 427 – Fußballstiefel – st. Rspr.). Ein Anspruch auf Beseitigung im Besitz **Dritter** befindlicher patentverletzender Gegenstände kann ebenfalls gegeben sein (Reimer § 47 Anm. 15). Über den Umfang der dem Kläger zuzubilligenden Maßnahmen ist unter sorgfältiger Abwägung der beiderseitigen Interessen nach dem Ermessen des Gerichts zu entscheiden (BGH 15. 1. 1957 GRUR 1957, 278, 279 – Evidur). Insoweit kann auch **Auskunftserteilung** über den Verbleib solcher Gegenstände gefordert werden (RG 19. 11. 1938 RGZ 158, 377). Kritisch dazu Hesse in Klauer-Möhring § 47 Anm. 49.

IV. Schadensersatzanspruch

1. Voraussetzungen

In Übereinstimmung mit dem Unterlassungsanspruch setzt auch der **Schadensersatzanspruch** wegen Verletzung eines Patents oder einer bekanntgemachten Anmeldung eine **gewerbsmäßige rechtswidrige** Benutzung voraus (im einzelnen Anm. 15 ff.). Der **Anspruch auf angemessene Entschädigung** aus § 24 Abs. 5 Satz 1 besteht allerdings bereits **vor Bekanntmachung.** Bei diesem Anspruch handelt es sich indessen **nicht** um einen Schadensersatzanspruch. Gemäß § 24 Abs. 5 Satz 1 Halbsatz 2 sind Ansprüche nach § 47 Abs. 1 und 2 ausdrücklich ausgeschlossen. Für den Schadensersatzanspruch ist zusätzlich ein **Verschulden** erforderlich (Anm. 26 ff.). Auch muß ein **Schaden** entstanden sein. Anders als beim Unterlassungsanspruch genügt bloße Verletzungsgefahr nicht, vielmehr muß **mindestens ein Verletzungsfall** festgestellt werden (BGH 30. 4. 1964 GRUR 1964, 696, 497 – Formsand II – mit Nachweisen). 24

Nicht notwendig ist, daß **das Patent** im Falle eines Schadensersatzanspruchs zur Zeit der Klageerhebung **noch besteht.** Im Gegensatz zu den Voraussetzungen eines Unterlassungsanspruchs kann das Patent inzwischen abgelaufen sein (§ 10); es kann auch durch Verzicht oder wegen Nichtzahlung der Jahresgebühren erlöschen (§ 12) oder zurückgenommen werden (§ 15 Abs. 2). Nur die Fälle der **Vernichtung** oder **Teilvernichtung** (§ 13 Anm. 14) sowie der **Beschränkung des Patents** (§ 36 a) machen wegen ihrer Rückwirkung eine Ausnahme; über die daraus folgende Möglichkeit von Bereicherungsansprüchen vgl. Anm. 44.

Über Rückwirkung bei **Zurücknahme der Anmeldung** oder **Versagung des Patents** s. § 35 Abs. 2 Satz 2, bei **nicht rechtzeitiger Zahlung einer** für die Anmeldung zu entrichtenden **Jahresgebühr** s. § 35 Abs. 3.

Schon eine Störung **ohne** wirkliche **Benutzung** (s. o. Anm. 2 ff.) kann einen Schadensersatzanspruch begründen.

Wenn ein **Eingriff in Ausübung von Hoheitsrechten** in Patente erfolgt, ist eine **angemessene Vergütung** zu zahlen. Dieser Anspruch stellt keinen Schadensersatzanpruch dar (s. § 8 Anm. 5).

2. Ursächlicher Zusammenhang zwischen widerrechtlicher Benutzung und Schaden

25 a) Erforderlich ist, daß die Benutzung eine **Bedingung**, eine sog. conditio sine qua non des Schadens bildet. Eine solche Bedingung stellt jeder Umstand dar, der nicht weggedacht werden kann, ohne daß der dann eingetretene Zustand nicht mehr in die Erfolgskategorie fällt, die in der in Betracht kommenden Beziehung von rechtlicher Bedeutung ist, oder ohne daß der Umstand zwar nicht dafür entscheidend ist, daß ein Erfolg der in Betracht kommenden juristischen Kategorie eingetreten ist, aber durch ihn doch der eingetretene Erfolg in für die rechtliche Würdigung erheblicher Weise nach Zeit, Ort oder Maß verändert worden ist.

Hierzu gehören auch diejenigen Bedingungen, welche als solche allein die Erfolgskategorie in für die rechtliche Würdigung erheblicher Weise zwar nicht zur Folge hätten, insgesamt aber nicht weggedacht werden können, ohne daß der in Betracht kommende Erfolg von rechtlicher Bedeutung entfiele (BGH 11. 5. 1951 BGHZ 2, 138; BGH 15. 6. 1951 LM BGB § 249 Ba Nr. 1 mit Anm. Lindenmaier).

b) **Adäquanz zwischen widerrechtlicher Benutzung und Schaden.** Vorhanden sein muß ferner das Verhältnis der Adäquanz zwischen widerrechtlicher Benutzung und Schaden. Eine Begebenheit ist die adäquate Bedingung eines Erfolges, wenn sie die objektive Möglichkeit eines Erfolges von der Art des eingetretenen generell in nicht unerheblicher Weise erhöht hat. Bei der dahin zielenden Würdigung sind lediglich zu berücksichtigen alle zur Zeit des Eintritts der Bedingung dem optimalen Beobachter erkennbaren Umstände sowie ferner die beim Urheber der Bedingung noch darüber hinaus bekannten Umstände (BGH 23. 10. 1951 BGHZ 3, 261, 266 ff.).

Es handelt sich hierbei um eine positive Haftungsvoraussetzung (Lindenmaier, ZHK Bd. 113 Heft 3/4 S. 207 ff.; BGH 23. 10. 1951 a. a. O.), um die Ermittlung der Grenze, bis zu welcher dem Setzer einer Bedingung die Haftung für ihre Folgen zugemutet werden kann. Wer eine widerrechtliche Handlung vorgenommen hat, haftet also auch für die Folgen späterer fehlerhafter Eingriffe Dritter oder später eintretender sonstiger Zufälle als adäquate Unfallfolgen, wenn das Eingreifen dieser Person oder dieser Zufall durch den Schadensfall verursacht worden ist. Diese Haftung findet aber ihre Grenze, wenn der Eingriff von hierzu nicht befugten Personen oder in unsachgemäßer und nicht zu erwartender Weise vorgenommen worden ist, oder wenn der Zufall nicht als erfahrungsmäßige Folge einzuschätzen war.

3. Verschulden

a) Arten des Verschuldens

Ohne Verschulden kein Schadensersatz. Als **Schuldformen** kommen 26
Vorsatz, bedingter Vorsatz (dolus eventualis), grobe und leichte Fahrlässigkeit in Frage. Das PatG von 1877 verpflichtete nur bei wissentlicher Patentverletzung zum Schadenersatz. Das PatG von 1891 fügte den Fall der groben Fahrlässigkeit hinzu. Nach dem PatG von 1936 genügt nunmehr einfache Fahrlässigkeit.

Sogenannter **direkter Vorsatz** liegt vor bei **Vorstellung der Merkmale** einer rechtswidrigen Handlung und, wenn auch nicht des eingetretenen mittelbaren, so doch des unmittelbaren Erfolges im allgemeinen, der allerdings nicht genau nach Art und Umfang einzutreffen braucht, sowie **Wollen dieses Erfolges** (BGB-RGRK § 276 Anm. 17).

Es muß danach das Patent in Kenntnis des bestehenden Schutzes und seines Umfanges und des Eingriffs in diesen Schutzumfang benutzt und dies gewollt gewesen sein. Eine solche Kenntniserlangung kann selbstverständlich nicht vor der Bekanntmachung der Patentanmeldung stattfinden (RG 26. 4. 1933 MuW 1933, 362; 15. 12. 1934 RGZ 146, 225, 229). Sie kann auch durch Warnung eintreten (Anm. 2 ff.).

Bedingter Vorsatz liegt vor bei **Vorstellung der Merkmale** einer rechtswidrigen Handlung und der **Möglichkeit,** wenn auch nicht des eingetretenen mittelbaren, so doch **des unmittelbaren Erfolges im allgemeinen,** der nicht genau nach Art und Umfang einzutreffen braucht, sowie **Billigung dieses Erfolges für den Fall seines Eintritts** (z. B. RG 21. 12. 1933 RGZ 143, 48, 51; 19. 11. 1940 GRUR 1941, 102; 9. 12. 1941 GRUR 1942, 207; BGH 18. 10. 1952 BGHZ 7, 311, 313).

Irrtum. Ein Irrtum kann darauf beruhen, daß der Täter eine Tatsache nicht kennt oder sie nicht richtig würdigt, sich also über tatsächliche Umstände irrt. Ein solcher **Tatirrtum** schließt den **Vorsatz** aus. Nicht anders ist es bei einem **Rechtsirrtum.** Auch durch ihn wird der Vorsatz ausgeschlossen (RG 29. 9. 1909 RGZ 72, 4, 6; 16. 2. 1914 RGZ 84, 188, 194; 11. 3. 1929 RGZ 124, 104, 109), doch bleibt stets zu prüfen, ob der Irrtum auf Fahrlässigkeit beruht. Das ist ganz allgemein für das Zivilrecht anerkannt (Palandt, BGB § 276 Anm. 3; Staudinger-Werner, BGB § 276 Anm. 10 u. 20).

Fahrlässigkeit. Der **Art nach** unterscheidet man:

Bewußte Fahrlässigkeit. Sie liegt vor bei **Verletzung der Sorgfalt,** die einem Normalangehörigen des betreffenden Verkehrs-, Berufs- oder Alterskreises im Zeitpunkt und am Ort der Handlung nach der sich ihm darbietenden Sachlage als erforderlich erschienen wäre, in **Voraussicht der Möglichkeit** irgendeines rechtswidrigen Erfolges, der mit dem tatsächlich eingetretenen nach Art und Umfang nicht übereinzustimmen und dessen weitere Folgen nicht zu umfassen braucht, **aber in der Erwartung,** ein solcher Erfolg werde **nicht** eintreten (BGH 23. 10. 1952 LM BGH § 828 Nr. 1 mit Anm. Lindenmaier, 5. 11. 1962 GRUR 1963, 255, 259 – Kindernähmaschine).

Unbewußte Fahrlässigkeit liegt vor **bei Verletzung der Sorgfalt,** die einem Normalangehörigen des betreffenden Verkehrs-, Berufs- oder Alterskreises im Zeitpunkt und am Ort der Handlung nach der sich ihm darbietenden Sachlage als erforderlich erschienen wäre, **durch Unterlassen der Prüfung** auf die Möglichkeit eines rechtswidrigen Erfolges, **obwohl** den bezeichneten Verkehrs-, Berufs- oder Altersgenossen im Zeitpunkt und am Ort der Handlung die **Möglichkeit eines solchen Erfolges,** der mit dem tatsächlich eingetretenen aber nicht übereinzustimmen und dessen weitere Folgen nicht zu umfassen braucht, **voraussehbar** war (BGH 23. 10. 1952 a. a. O.).

Dem **Grade nach** unterscheidet man

Leichte Fahrlässigkeit. Für sie wird gemäß § 276 BGB gewöhnlich gehaftet. Der Verletzer kann sich bei leichter Fahrlässigkeit auf § 47 Abs. 2 Satz 2 berufen (vgl. unten Anm. 40).

Grobe Fahrlässigkeit. Sie liegt vor, wenn die verkehrserforderliche Sorgfalt in besonders schwerem Maße außer acht gelassen ist, indem schon das nicht beachtet ist, was jedem einleuchten muß, und einfache, d. h. ohne weiteres naheliegende Überlegungen nicht angestellt worden sind (RG 26. 5. 1933 RGZ 141, 131; 21. 3. 1940 RGZ 163, 106; BGH 6. 7. 1967 GRUR 1968, 33, 38 – Elektrolackieren).

b) Verschulden begründende Umstände

27 **Allgemeines.** Die Rechtsprechung war schon lange vor dem Inkrafttreten des Patentgesetzes vom 5. 5. 1936 dazu übergegangen, schuldhafte Verletzungen fast regelmäßig als grob fahrlässig anzusehen. Im Grunde bedeutete dies, daß in den meisten Fällen jede fahrlässige Patentverletzung die Haftpflicht begründete. Mit diesem Rechtszustand, wie er sich tatsächlich entwickelt hatte, hat man im Jahr 1936 den Wortlaut des heute geltenden Gesetzes dadurch in Einklang gebracht, daß als Schuldform neben dem Vorsatz nur noch die Fahrlässigkeit schlechthin (ohne Beschränkung auf grobe) genannt wird, entsprechend den §§ 823, 276 BGB. Daneben hat man für Fälle besonders geringer Verstöße gegen die Sorgfaltspflicht eine beschränkte Entschädigungspflicht eingeführt.

Praktisch bedeutsam sind nur die Fälle des bedingten Vorsatzes und der Fahrlässigkeit. Den Fällen fahrlässiger Patentverletzung eigentümlich ist ein (auf Außerachtlassung der im Verkehr erforderlichen Sorgfalt beruhender) Mangel in der Vorstellung oder Erkenntnis der maßgeblichen rechtlichen oder tatsächlichen Verhältnisse, indem darüber entweder gar keine oder, wie meist, eine irrige Vorstellung besteht. Kennt der Verletzer das Patent und wird er von anderer Seite auf die Möglichkeit einer Patentverletzung hingewiesen, so hat er die Verletzungsfrage mit besonderer Sorgfalt zu prüfen; Zweifel gehen dabei zu seinen Lasten (RG 15. 12. 1934 RGZ 146, 225, 227).

Es können folgende Gruppen verschuldenbegründender Umstände unterschieden werden: 28

aa) **Irrtum über Rechtssätze des Patentrechts.** Hier gilt (unbeschadet der theoretischen Gleichstellung von Rechtsirrtum und Tatsachenirrtum) für die praktisch wichtigen Fälle als Regel, daß ein Rechtsirrtum unentschuldbar, also in jedem Fall fahrlässig ist, vgl. Anm. 29.
Sonstige Irrtumsfälle, z. B. der Verletzungsbeklagte **irrt über den Beginn der Laufzeit des Patents** und berechnet daher unrichtig den Zeitpunkt des Erlöschens; er hat zu wissen geglaubt, das Patent sei mangels **Gebührenzahlung** erloschen; er glaubt, es sei zwischen ihm und dem Patentinhaber ein **Lizenzvertrag,** über den beide miteinander verhandelt haben, zum Abschluß gelangt. Die rechtliche Beurteilung dieser Fälle, insbes. der Frage, ob der Beklagte die im Verkehr erforderliche Sorgfalt außer acht gelassen hat, beruht ganz wesentlich **auf tatsächlicher Würdigung** der Einzelumstände. Ähnlich verhält es sich bei der **Beurteilung von Unteransprüchen** hinsichtlich der Frage, ob sie selbständigen Schutz genießen (RG 14. 11. 1910 MuW X, 179).

bb) **Unkenntnis über Vorhandensein des verletzten Patents.** Wenngleich es sich nach Lage des Einzelfalls bestimmt, ob diese Unkenntnis entschuldbar ist oder nicht, so wird man doch gewisse Richtlinien beachten müssen. Unkenntnis von Patenten auf dem engen Fachgebiet des Verletzers spricht für Verschulden. Auch der Umfang des Betriebes und die patentrechtlichen Erfahrungen der Leitung geben Anhaltspunkte, vgl. Anm. 30.

cc) Unkenntnis **über den Schutzumfang** des Patents. Die hierher gehörigen Fälle nehmen in der Praxis den weitaus größten Raum ein, vgl. Anm. 31.

Es gibt **keine** praktisch brauchbare **allgemeine Regel** darüber, wann den Verletzungsbeklagten ein Verschulden trifft. Bei allen nachfolgend zitierten Entscheidungen ist daher stets genau zu prüfen, ob die in dem jeweiligen Einzelfall getroffene Entscheidung wirklich Allgemeingültigkeit hat oder nur den ihr gerade vorliegenden Fall nach seiner Eigenart treffen sollte. Aus der großen Zahl von Entscheidungen, die sich mit den angeschnittenen Fragen befassen, seien hervorgehoben:

zu aa) **Unkenntnis oder Irrtum über Rechtssätze des Patentrechts.** 29
Irrige Annahme eines auf die Patentzeichnung begrenzten Schutzes (RGSt.

18. 2. 1913 MuW XII, 464; RG 28. 5. 1930 GRUR 1930, 959, 962); Unkenntnis über den patentrechtlichen Begriff der Abhängigkeit (RG 13. 2. 1932 GRUR 1932, 718, 720; BGH 18. 6. 1964 GRUR 1964, 606, 611 – Förderband – mit weiteren Nachweisen). Irrtum über den Begriff der mittelbaren Patentbenutzung (LG München I 15. 11. 1951 GRUR 1952, 228, 230); Irrtum über das Bestehen eines Vorbenutzungsrechts s. Lüdecke (Mitt. 1959, 238, 240 mit zahlreichen Nachweisen aus der Rechtsprechung).

30 Zu bb) **Unkenntnis oder Irrtum über das Bestehen eines Patents. Irrtum über seine Rechtsbeständigkeit. Fachleute** müssen grundsätzlich Ermittlungen anstellen, ob der Herstellung und dem Vertrieb von Vorrichtungen fremde Schutzrechte entgegenstehen (BGH 14. 1. 1958 GRUR 1958, 288, 290 – Dia-Rähmchen). Die besondere Sachkunde eines Spezialunternehmens geht stets zu Lasten des Verletzers (BGH 10. 6. 1960 GRUR 1961, 26 – Grubenschaleisen – mit Belegen; ebenso RG 25. 3. 1936 GRUR 1937, 657, 659; 4. 7. 1936 GRUR 1937, 672, 674; 19. 8. 1938 GRUR 1939, 175). Die Unterrichtungspflicht auf einem engen Fachgebiet gilt besonders für **große** Unternehmen (RG 16. 3. 1935 GRUR 1935, 733, 737; vgl. auch 6. 2. 1935 GRUR 1935, 505, 508). Von jedem Gewerbetreibenden, also auch von dem kleinsten Handwerker, kann diese Pflicht zur Unterrichtung nicht ohne Einschränkung verlangt werden (LG Mannheim 4. 7. 1952 GRUR 1953, 33). Für den Inhaber eines Gewerbebetriebes besteht die Pflicht, Fachzeitschriften zu lesen und die dort angegebenen, seinen Betrieb betreffenden Patente zu beachten. Die Nachforschungspflicht trifft in erster Linie den Hersteller (OLG Hamburg 12. 7. 1939 GRUR 1940, 96, 97). In ländlichen Verhältnissen lebende Hersteller von Apparaten für den eigenen Betrieb müssen sich eines unabhängigen Sachverständigen zur Erforschung der Patentlage bedienen (RG 24. 11. 1942 GRUR 1943, 170, 172).

Auch dem **Spezialhändler** eines eng begrenzten Fachgebiets obliegt die Pflicht, sich über die Patentlage zu unterrichten. Er darf sich in der Regel nicht auf seinen Lieferanten verlassen, selbst wenn dieser eine Großhandelsfirma ist (OLG Düsseldorf 24. 10. 1950 GRUR 1951, 316). Großhändler werden in der Regel zur Überwachung verpflichtet sein, daß die von ihnen vertriebenen Artikel nicht in fremde Schutzrechte eingreifen. Doch dürfen die Anforderungen nicht überspannt werden (OLG Düsseldorf 17. 11. 1967 DB 1968, 261).

Begründete Zweifel an der **Rechtsbeständigkeit** eines Schutzrechts (Gebrauchsmusters) können zur Verneinung des Verschuldens führen, insbesondere wenn der Verletzer durch eine Entscheidung des Landgerichts in seinen Zweifeln bestärkt worden ist (BGH 20. 11. 1956 GRUR 1957, 213, 215 – Dipolantenne). Ähnlich OLG Düsseldorf 22. 12. 1961 Mitt. 1962, 178, betr. ein nach dem 1. ÜG erteiltes Patent; kritisch dazu Blasendorff, GRUR 1963, 24 ff.

Grundsätzlich ist aber ein erteiltes Patent zu beachten, bis es rechtskräftig für nichtig erklärt worden ist. Der Verletzer, der seinerseits eine besondere Sachkunde besitzt, muß ernstlich stets die Möglichkeit einer Patentverletzung in Rechnung stellen, selbst wenn sein Standpunkt durch die nicht rechtskräftige Entscheidung eines auf einem Sondergebiet tätigen Kollegialgerichts geteilt wird. Insoweit kommt es auf die besonderen Umstände des Einzelfalls an (BGH 23. 2. 1962 GRUR 1962, 354 – Furniergitter).

Zu cc) **Unkenntnis über den Schutzumfang.** In der Rechtsprechung sind 31 stets an die Sorgfaltspflicht desjenigen, der ein Schutzrecht kennt, strenge Maßstäbe angelegt worden. Irrt er über den Schutzumfang, so bedarf es im allgemeinen keiner näheren Begründung des Verschuldens. Es handelt sich in diesen Fällen um einen unbeachtlichen Rechtsirrtum (BGH 10. 6. 1960 GRUR 1961, 26 – Grubenschaleisen; 18. 6. 1964 GRUR 1964, 606, 610 – Förderband). Allerdings kann ein Irrtum unter Umständen insbesondere dann **entschuldbar** sein, wenn die **Verletzung eines allgemeinen Erfindungsgedankens** in Frage steht (BGH 10. 6. 1960 GRUR 1961, 26 – Grubenschaleisen).

Wann der Benutzer zur Vermeidung eines Eingriffs in ein fremdes Schutzrecht einen **Sachverständigen hätte hinzuziehen müssen,** hängt von den Umständen des Einzelfalles ab.

Grundsätzlich ist der Benutzer der beste Sachkenner auf seinem Gebiet (RG 19. 8. 1938 GRUR 1939, 175, 178; BGH 10. 6. 1960 GRUR 1961, 26 – Grubenschaleisen). Kannte er das Patent oder war er auf die Möglichkeit einer Patentverletzung hingewiesen worden, so gehen Zweifel über die Patentverletzung zu Lasten des Benutzers. Zieht er ungeachtet bestehender Zweifel keinen Sachverständigen hinzu, so wird dies in der Regel eine grobfahrlässige Verletzung der Sorgfaltspflicht darstellen (RG 15. 12. 1934 RGZ 146, 225).

In der Regel ist das Verhalten eines **Fabrikanten,** der selbst ein Verfahren anwendet, hinsichtlich der Sorgfaltspflicht nicht milder zu beurteilen als das des **Herstellers** einer Anlage. Ihm wird häufig sogar größere Sachkunde zuzutrauen sein (RG 25. 1. 1928 MuW 1927/28, 314).

Die **Stellungnahme des Privatsachverständigen** braucht das Verschulden nicht notwendig zu beseitigen (RG 15. 2. 1928 MuW 1927/28, 390; 4. 7. 1936 GRUR 1937, 672, 674; BGH 19. 12. 1958 GRUR 1959, 478, 480 – Laux-Kupplung), auch dann nicht, wenn bei Auswahl des Sachverständigen besondere Sorgfalt obgewaltet hat (RG 19. 2. 1930 MuW 1930, 246). Jedenfalls erspart sie der Partei keineswegs eine sorgfältige eigene Prüfung der Sachlage (BGH 19. 12. 1958 GRUR 1959, 478, 480 – Laux-Kupplung). Parteigutachten erfordern zur Anerkennung besondere Sachkenntnis oder ausführliche überzeugende und nachprüfbare Begründung eines wirklichen Sachkenners (RG 1. 12. 1934 GRUR 1935, 311, 313; 10. 10. 1939

GRUR 1940, 200). Es liegt der Partei ob, die Gutachten dem Gericht zwecks Nachprüfung und zum Nachweis vorzulegen, daß sie tatsächlich eine überzeugende Begründung eines wirklichen Sachkenners enthalten (BGH 19. 12 1958 a. a. O.). Auch ist stets bei solchen im Auftrage einer Partei gefertigten Gutachten zu beachten, daß ungeachtet des Willens zur völlig objektiven Stellungnahme, rein aus Vorgängen des Unterbewußtseins heraus, die im Auftragsverhältnis ihre Ursache haben, die Annahme einer Neigung zu einer günstigeren Stellungnahme für den Auftraggeber naheliegt (RG 13. 2. 1932 GRUR 1932, 718, 720).

Das Gutachten eines anerkannten **Rechtskundigen** entschuldigt nicht, wenn auch die Beantwortung schwieriger technischer Fragen notwendig war (RG 13. 11. 1937 GRUR 1939, 329, 330). Anders dann, wenn ein auf dem Gebiet des gewerblichen Rechtsschutzes bekannter und erfahrener Anwalt unter Hinweis auf den ihm vorgetragenen Stand der Technik und unter Hinzuziehung seiner sachkundigen Mitarbeiter die Beurteilung vorgenommen hat (RG 30. 6. 1937 GRUR 1938, 43, 46). Nach RG 28. 5. 1930 GRUR 1930, 959, 962, wird das Verschulden einer Partei, die sich eines **Patentanwalts** zur Abfassung eines Warnschreibens bedient hat, nicht ausgeschlossen, wenn es sich um Rechtsfragen handelt, die zum Teil auf dem allgemeinen Gebiet des bürgerlichen Rechts und dem des Wettbewerbsrechts liegen. In dieser Allgemeinheit erscheint die Begründung allerdings heute nicht mehr haltbar.

Auf **Nachforschungen eines** ausreichend unterrichteten **Patentanwalts** darf sich der Benutzer in der Regel verlassen (RG 12. 3. 1940 GRUR 1940, 196). Gutachten, nicht auch Schriftsatzausführungen, von sachkundigen Rechtsanwälten können ebenfalls entschuldigen (RG 13. 2. 1932 GRUR 1932, 718, 720; 10. 10. 1939 GRUR 1940, 200).

Jedoch schließt die **Einholung des Rats eines Patentanwalts** das Verschulden einer Partei nicht aus, wenn diese als bedeutende Fachfirma eine Verwarnung ausspricht und über umfassende eigene Erfahrungen und Erkenntnismöglichkeiten verfügt (RG 4. 7. 1936 GRUR 1937, 672, 674; 28. 3. 1939 GRUR 1939, 787, 790; BGH 19. 12. 1958 GRUR 1959, 478, 480 – Laux-Kupplung). Auch kann sich eine Partei nicht auf das **Gutachten eines Patentanwalts,** der einen Patenteingriff bejaht hat, berufen, wenn sie mit den in Betracht kommenden Rechtsproblemen besonders vertraut gewesen ist (BGH 15. 6. 1951 BGHZ 2, 387, 394 = GRUR 1951, 452 – Mülltonne-Fall II), vgl. dazu auch Horn, Die Haftung des Schutzrechtsinhabers für ungerechtfertigte Verwarnungen seines Anwalts, GRUR 1969, 159 ff.

Die Sorgfaltspflicht des Benutzers erhöht sich bei zwei zu entgegengesetzter Auffassung gelangenden Gutachten (RG 13. 11. 1937 GRUR 1939, 329).

Die Stellungnahme des **gerichtlichen Sachverständigen,** der einen Patenteingriff ausdrücklich verneint hat, verdient für die Verschuldensfrage Beachtung, und zwar auch dann, wenn der Verletzer die ihm günstigere Auffassung des gerichtlichen Sachverständigen bei dem Patenteingriff noch nicht kennen konnte (RG 17. 6. 1931 MuW 1931, 535, 537; 13. 1. 1934 MuW 1934, 242; 17. 10. 1934 GRUR 1935, 39, 43). Es ist jedoch auch möglich, daß die Fachkenntnisse des Beklagten ihm eine bessere Einsicht verschafften, als sie der Sachverständige haben konnte (BGH 10. 6. 1960 GRUR 1961, 26 – Grubenschaleisen). Ebenso kann den im **Nichtigkeits- und im Verletzungsstreit ergangenen Entscheidungen** für die Verschuldensfrage größeres Gewicht beigemessen werden als dem vom Gericht bestellten und gehörten Sachverständigen, weil es sich um die Meinung von Kollegialgerichten handelt, die über besondere Sachkunde auf gutachtlichem Gebiet verfügen (BGH 6. 7. 1967 GRUR 1968, 33, 38 – Elektrolackieren).

Für die Beurteilung der Verschuldensfrage kommt es **ungeachtet einer abweichenden Auffassung des Instanzgerichts** in dem vom Revisionsgericht aufgehobenen Urteil jeweils auf die besonderen Umstände des Einzelfalls an. Einen Rechtsgrundsatz, daß die Billigung der Handlungsweise z. B. durch zwei Kollegialgerichte für sich allein ein Verschulden ausschließt, gibt es nicht (BGH 18. 11. 1955 GRUR 1956, 118, 123 – Gesangbuch; 8. 3. 1973 – X ZR 6/70 – S. 19 – Spielautomat II). Es ist daher jeweils insbesondere zu prüfen, welche auf tatsächlichem Gebiet liegenden Gesichtspunkte für die Auffassung der Instanzgerichte maßgebend gewesen sind. Ist keine ausreichende Würdigung der Tatumstände durch die Instanzgerichte erfolgt, so wird sich eine Partei, die gewöhnlich mit den Tatsachen des Streitfalls besser vertraut ist, grundsätzlich nicht für das Fehlen des Verschuldens auf eine nicht erschöpfende tatrichterliche Würdigung berufen können (BGH 19. 12. 1958 GRUR 1959, 478, 480 – Laux-Kupplung; 8. 3. 1973 a. a. O.). Ähnlich kann sich nach BGH 10. 6. 1960 (GRUR 1961, 26 – Grubenschaleisen – mit weiteren Nachweisen) eine Partei zu ihrer Entlastung nicht auf eine technisch unrichtige Beurteilung des Sachverhalts berufen, wenn sie eine ganz andere Einsicht in die strittigen Fragen hatte. In BGH 18. 6. 1964 GRUR 1964, 606, 610 – Förderband – ist ungeachtet der eine Patentverletzung verneinenden Entscheidung einer Spezialkammer des LG und einer abweichenden Entscheidung des PA in einem Löschungsverfahren eine Verletzung der Sorgfaltspflicht angenommen worden, weil die Beklagten als Fachleute unschwer den Patenteingriff hätten erkennen können; vgl. dazu aber BGH 30. 1. 1969 GRUR 1969, 487, 491 – Ihagee (WZ).

Ohne sich einem Schuldvorwurf auszusetzen, kann andererseits eine Partei trotz der ihr ungünstigen Urteile der Tatsacheninstanzen an ihrer Rechtsauffassung **festhalten** und eine Klärung der Rechtslage durch eine höchstrichterliche Entscheidung abwarten, wenn es sich um die **Beurteilung**

einer schwierigen und noch nicht eindeutig geklärten Rechtsfrage handelt (BGH 18. 5. 1955 BGHZ 17, 266, 295 = GRUR 1955, 492, 501 – Grundig Reporter [Urheberr.]; vgl. auch 8. 3. 1973 X ZR 6/70 – Spielautomat II – mit Nachweisen).

Ist in der ersten Instanz eines Nichtigkeitsstreits ein **Vorbenutzungsrecht** des Beklagten bejaht worden, so kann sich dieser auf die Entscheidung zur Entkräftung des Verschuldens jedenfalls dann nicht berufen, wenn er zulässige Beweismittel, z. B. Urkunden, Werbeschriften, Rechnungen oder dgl., nicht hat vorlegen können. In solchen Fällen muß er damit rechnen, daß das Beweisergebnis auch anders gewürdigt werden kann (BGH 7. 1. 1965 GRUR 1965, 411, 415 – Lacktränkeinrichtung).

Für die Würdigung eines **erstinstanzlichen Urteils,** das bei einer wesentlich gleichen Sachlage **in einem anderen Rechtsstreit** ergangen ist, kommt es auf die Begründung und deren Überzeugungskraft an. Beachtung bedürfen insbesondere auch die im Urteil angezogenen Gutachten unabhängiger Sachverständiger (RG 13. 2. 1932 GRUR 1932, 718, 720). Obwohl das Landgericht der Auffassung des Verletzers beigetreten ist, kann dessen Fahrlässigkeit bejaht werden, wenn der Rechtsstandpunkt des Gerichts von der herrschenden Meinung nicht geteilt wird und insbesondere von der Rechtsprechung des RG abweicht (RG 16. 1. 1939 GRUR 1939, 609, 612).

Einer Partei, die im Vertrauen auf die bisherige **höchstrichterliche Rechtsprechung** handelt, fällt andererseits keine Fahrlässigkeit zur Last, wenn die Rechtsprechung geändert wird (RG 11. 1. 1936 RGZ 150, 65, 70).

Von Bedeutung sein kann die Auffassung der **Beschwerdeinstanz des PA** (RG 27. 2. 1942 GRUR 1942, 323; BGH 30. 1. 1969 GRUR 1969, 487, 491 – Ihagee [WZ]). Als erheblich in dieser Hinsicht ist auch die Auffassung eines Vertreters des PA gemäß dem weggefallenen § 52 angesehen worden (RG 2. 12. 1941 GRUR 1942, 307, 312).

Nach **Ergehen einer Warnung** seitens des Schutzberechtigten, zu der übrigens eine Verpflichtung nicht besteht (RG 4. 7. 1936 GRUR 1937, 672, 674), bei deren Unterlassen jedoch Verwirkungsgefahr gegeben sein kann (Anm. 50), handelt der Benutzer **auf eigene Gefahr,** wenn er nicht eine objektive Prüfung veranlaßt (RG 2. 1. 1931 Mitt. 1931, 103, 104). Zu solcher ist auch Anlaß gegeben, wenn der Ware eine patentschutzkennzeichnende Abkürzung – jetzt würde etwa DBP oder DBPa in Betracht kommen – hinzugefügt ist (RG 15. 12. 1934 RGZ 146, 225, 229). Die Warnung des Patentinhabers muß dem Verwarnten stets Veranlassung geben, die Prüfung besonders sorgfältig und gewissenhaft vorzunehmen (BGH 23. 2. 1962 BB 1962, 428 mit weiteren Nachweisen aus der Rechtsprechung).

Zum Verschulden des Verletzers eines Schutzrechts (GbmG) beim **Irrtum über die Merkmale der eigenen Ausführungsform** vgl. BGH 24. 3. 1966 GRUR 1966, 553, 557 – Bratpfanne.

4. Feststellung des schuldhaften Verhaltens des Verletzers

Der Grundsatz, daß der Tatrichter gehalten ist, seine Feststellung über 32
das schuldhafte Verhalten des Verletzers zu begründen, wird oft nicht genügend berücksichtigt. Begründungen, der Verletzer habe »offenbar fahrlässig« gehandelt, sind unzulässig. Es gibt **keine Verschuldensfiktion** in unserem Gesetz; auch ist es nicht statthaft, durch Begründungen, die sich häufig nur in Allgemeinwendungen erschöpfen, das Verschuldensprinzip auszuhöhlen. In den letzten Jahrzehnten hat sich eine Rechtsentwicklung im Patentrecht abgezeichnet, die eine Verletzung und hieraus erwachsene Schadensersatzansprüche bereits bei Vorliegen eines nur objektiv widerrechtlichen Eingriffs in ein Patent bejaht. Verneint man bei Patentverletzungen im Hinblick auf die im Patentgesetz angeblich abschließend geregelten Rechtsfolgen einen Bereicherungsanspruch (Anm. 44), so kann der Verletzer für die Folgen eines schuldhaften Verstoßes nur auf Grund derjenigen Voraussetzungen haftbar gemacht werden, die das Gesetz vorsieht. Eine Schadenshaftung ohne Verschulden ist im Bürgerlichen Gesetzbuch nur in Ausnahmefällen vorgesehen, und auch das Patentgesetz kennt sie nicht. Spengler (GRUR 1958, 212 ff.) hat hierauf schon vor Jahren hingewiesen und von einer Denaturierung des Verschuldensprinzips gesprochen. Als Ausweg hat er zur Erwägung gestellt, für eng begrenzte Sondertatbestände die Verschuldensfiktion durch die Bereicherungshaftung zu ersetzen, wie sie im Urheberrecht, bei dem die Voraussetzungen allerdings unterschiedliche sind, nunmehr durch § 97 Abs. 3 des neuen Urhebergesetzes zugelassen worden ist. Für eine künftige Gesetzesreform wäre zu erwägen, einen Vergütungsanspruch in Höhe einer angemessenen Lizenz vorzusehen, wenn das Verschuldensprinzip wirklich aufgegeben werden sollte.

Nach dem geltenden Recht ist es jedenfalls unzulässig, daß ein Gericht im Urteil offenläßt, welche Schuldform als vorliegend angesehen wird und von welchem Zeitpunkt ab ein Verschulden vorliegen soll (BGH 10. 6. 1960 GRUR 1961, 26 – Grubenschaleisen). Insbesondere ist auch im Verfahren wegen Feststellung der Schadensersatzpflicht im Hinblick auf § 47 Abs. 2 Satz 2 eine Klärung erforderlich, ob grobe oder einfache Fahrlässigkeit vorliegt, und zwar auch dann, wenn für den Schadensersatzanspruch eine zusätzliche Anspruchsgrundlage (wie in BGH 10. 6. 1960 a. a. O.) ausscheidet (BGH 6. 7. 1967 GRUR 1968, 33 – Elektrolackieren). Der Grad der Fahrlässigkeit muß in den Entscheidungsgründen klargestellt werden, vgl. auch Anm. 40.

Stehen andererseits die für die Frage des Verschuldens maßgeblichen Tatsachen fest und war das Berufungsgericht von seinem Rechtsstandpunkt aus zu ihrer rechtlichen Würdigung nicht genötigt, so kann das Revisionsgericht gemäß § 563 Abs. 3 Nr. 1 ZPO in der Sache selbst entscheiden; eine Zurückverweisung würde in diesem Fall eine überflüssige verfahrensrechtliche Maßnahme darstellen (BGH 8. 3. 1973 – X ZR 6/70 – Spielautomat II – mit zahlreichen Nachweisen).

5. Berechnungsarten der Entschädigung

a) Vorbemerkungen. Die 3 Berechnungsarten

33 Nach ständiger Rechtsprechung des RG (vgl. RG 13. 10. 1937 RGZ 156, 65) und des BGH (13. 3. 1962 GRUR 1962, 401 – Kreuzbodenventilsäcke III; 29. 5. 1962 GRUR 1962, 509 – Dia-Rähmchen II) kann der Berechtigte (außer Ersatz etwaigen sonstigen Schadens, z. B. des Marktverwirrungs- oder Diskreditierungsschadens, vgl. Anm. 39) seinen Schaden in der Weise berechnen, daß er entweder:

aa) gemäß dem **Grundsatz des § 249 BGB** den Unterschied in der Vermögensposition dartut, in der er sich befände, wenn die widerrechtliche Benutzung nicht stattgefunden hätte, im Verhältnis zu der Vermögensposition, in der er sich infolge der widerrechtlichen Benutzung befindet; er kann mithin namentlich auch den **Ersatz des Gewinnes** verlangen, der ihm selbst durch Verringerung seines eigenen Absatzes infolge der Patentverletzung entgangen ist **(§ 252 BGB)**, oder

bb) den Unterschied in seiner Vermögensposition dartut, in der er sich befände, falls er dem Benutzer auf sein Ansuchen die Erlaubnis zur Benutzung gegen Entgelt **(Lizenzgebühr)** gewährt hätte, und seiner Vermögensposition infolge der rechtswidrigen Benutzung ohne solches Entgelt, oder

cc) die **Herausgabe des** vom Benutzer durch die rechtswidrige Benutzung **erzielten Gewinnes** beansprucht.

Akkumulierend nebeneinander dürfen die drei Wege **nicht** benutzt werden (RG 22. 10. 1030 RGZ 130, 108; BGH 13. 7. 1962 GRUR 1962, 580, 582 – Laux-Kupplung II), wohl aber in **eventuellem Nebeneinander** (RG 13. 10. 1937 RGZ 156, 65; BGH 13. 3. 1962 GRUR 1962, 401, 402 – Kreuzbodenventilsäcke III – mit Nachweisen; 29. 5. 1962 GRUR 1962, 509, 512 – Dia-Rähmchen II). Unzulässig ist hinsichtlich desselben Einzeltatbestandes die Ergänzung des auf einem Wege sich ergebenden Betrages vermittels anderer Wege in addierender Verwendung (RG 13. 10. 1937 a. a. O.; BGH 29. 5. 1962 a. a. O. 512). Als zulässig dagegen wird die Verwendung jedes Weges hinsichtlich je eines selbständigen Benutzungstatbestandes anzusehen sein (RG 22. 9. 1937 GRUR 1938, 247). Der Übergang von einer Begründung zu einer anderen ist zulässig (RG 7. 7. 1939 GRUR 1939, 966, 967; BGH 29. 5. 1962 a. a. O., 512; 12. 1. 1966 BGHZ 44, 372, 376 = GRUR 1966, 375, 379 – Messmer Tee II). Wegen Milderung der Entschädigungspflicht vgl. Anm. 40.

b) Schadensersatz gem. §§ 249, 251, 252 BGB 34

Herzustellen ist vom Verletzer der Vermögenszustand des Verletzten, wie er sich ohne die widerrechtliche Benutzung ergeben haben würde, einschließlich des entgangenen Gewinnes. Bei mangelndem Benutzungsrecht (z. B. mangelnder Benutzungserlaubnis für das abhängige Patent seitens des am herrschenden Patent Berechtigten) kommt diese Schadensberechnung nicht in Betracht (RG 6. 11. 1929 RGZ 126, 127).

Reimer (§ 47 Anm. 34) ist darin zuzustimmen, daß dem RG nicht gefolgt werden kann, wenn es in einer Entscheidung vom 29. 3. 1919 (RGZ 95, 220) annimmt, es sei »in der Regel« davon auszugehen, daß die widerrechtliche Benutzung dem Berechtigten zugefallen wäre. Es darf aber auch nicht mit RG 23. 2. 1920 (GRUR 1920, 103; 7. 7. 1939 GRUR 1939, 966, 968) davon ausgegangen werden, daß bei Wahrscheinlichkeit solchen zugefallenen Gewinns auf Grund von § 287 ZPO nunmehr die Beweislast dafür, daß tatsächlich ein anderer Sachablauf Platz gegriffen hätte, dem Verletzer zuzuweisen sei. Eine solche Beweislastumkehrung ist im allgemeinen nicht anzuerkennen (BGH 21. 11. 1950 GRUR 1951, 70 – Holzverwertung = LM PatG § 1 Nr. 1 mit Anm. Lindenmaier).

Richtiger wird man davon auszugehen haben, daß in Fällen typischen und daher erfahrungsmäßig bewertbaren Sachablaufs, dessen einzelne Umstände unstreitig oder vom Verletzten bewiesen sind, der sogenannte Beweis des ersten Anscheins zugunsten des Verletzten erbracht erscheint, falls nicht die Gegenseite diese Beweiswürdigung dadurch entkräftet, daß sie die Möglichkeit eines anderen Sachablaufs in ernste Beachtung rückt (BGH 22. 11. 1950 a. a. O.). Kann der Verletzte den Nachweis der Ursächlichkeit und des behaupteten konkreten eigenen Schadens nicht führen, so bleibt ihm die Wahl, den Schaden nach einer der anderen beiden Berechnungsarten geltend zu machen (BGH 13. 7. 1962 GRUR 1962, 580, 583 – Laux-Kupplung II).

Entgangener Gewinn sind auch Lizenzabgaben, die der Lizenzgeber von dem Inhaber einer ausschließlichen Lizenz erhalten haben würde, sofern dieser die sich als Patentverletzung darstellenden Handlungen vorgenommen oder gestattet hätte (RG 24. 11. 1942 GRUR 1943, 169, 172; vgl. dazu § 9 Anm. 32).

Zur Berechnung des entgangenen Gewinns, wenn Verletzer des Patents der Patentinhaber ist, der dem Verletzten eine Generallizenz eingeräumt und von diesem sodann eine einfache beschränkte Lizenz erhalten hat, s. BGH 13. 7. 1962 GRUR 1962, 580 ff. – Laux-Kupplung II.

Die **Schadenshöhe** ist auf Grundlage von § 287 ZPO unter Berücksichtigung der schätzungsmaßgeblichen Umstände zu würdigen (RG 22. 10. 1930 RGZ 130, 108; 20. 6. 1944 GRUR 1944, 132, 133; BGH 29. 5. 1962 GRUR 1962, 509, 513 r. Sp. – Dia-Rähmchen II).

c) Lizenzentschädigung

35 Lindenmaier, Zur Höhe der Lizenzgebühr als Entschädigung für Patentverletzung GRUR 1955, 359.

aa) Allgemeines

Der Grundsatz, daß der Verletzer zur Entrichtung einer angemessenen Lizenzgebühr verpflichtet ist, ergibt sich aus dem Gedanken, daß der Verletzer zu Unrecht eine dem Schutzrechtsinhaber vorbehaltene Befugnis in Anspruch genommen hat, für deren Ausübung bei vertraglicher Einräumung im Rechtsverkehr üblicherweise ein Entgelt hätte gewährt werden müssen (BGH 12. 1. 1966 BGHZ 44, 372, 376 = GRUR 1966, 375 – Messmer Tee II – mit Nachweisen); ihm kommt gewohnheitsrechtlicher Rang zu (BGH 8. 5. 1956 BGHZ 20, 345, 353 – Dahlke I – mit Nachweisen).

Der Umfang des Eingriffs, insbesondere ob ein Patent ganz oder teilweise benutzt wird, ist regelmäßig ohne Bedeutung (RG 13. 5. 1938 GRUR 1938, 836, 837); kritisch dazu Reimer (§ 47 Anm. 37).

Die Lizenzgebühr ist nicht dazu bestimmt, mittelbar dem Benutzer einen erzielten Gewinn wegzunehmen (RG 24. 3. 1939 GRUR 1939, 898). Auch daß dieser schuldhaft gehandelt hat, ist für die Bemessung in der Regel ohne Bedeutung (RG 21. 3. 1934 RGZ 144, 187, 192). Der Verletzer ist grundsätzlich nicht schlechter und auch nicht besser zu stellen als ein vertraglicher Lizenznehmer (BGH 29. 5. 1962 GRUR 1962, 509, 513 – Dia-Rähmchen II – unter Hinweis auf RG 21. 3. 1934 a. a. O. und GRUR 1942, 316). Die Lizenzgebühr soll auch nicht dazu dienen, dem Verletzten eine Bereicherung über die im Fall der Lizenzzahlung erzielte Vermögensposition hinaus zuzuführen (RG 12. 2. 1930 GRUR 1930, 430).

Bei **Verfahrenspatenten** wird die Lizenzgebühr in der Regel nach dem Wert des durch das Verfahren geschützten **Erzeugnisses** berechnet. Aber auch andere Berechnungsgrundlagen können für die zu entrichtende Vergütung nach den Umständen des Falles in Betracht kommen. Entscheidend ist stets das Ziel, einen gerechten Ausgleich der beiderseitigen Interessen zu finden (BGH 15. 6. 1967 GRUR 1967, 655, 657 [angemessene Gebühr gemäß § 14] – Altix).

bb) Höhe

36 In erster Linie ist für die Bemessung der Lizenzentschädigung zu berücksichtigen, was bei Abschluß eines Lizenzvertrages von vernünftigen Vertragspartnern in Kenntnis der tatsächlichen Entwicklung während des Verletzungszeitraums vereinbart worden sein würde (RG 29. 6. 1943 RGZ 171, 227, 239; BGH 29. 5. 1962 GRUR 1962, 509, 513 – Dia-Rähmchen II). Um Anhaltspunkte für die Beurteilung dieser Frage zu gewinnen, ist die

Rechtsprechung insoweit regelmäßig von dem **verkehrsmäßig üblichen Wert** der Nutzungsberechtigung ausgegangen (RG 13. 5. 1938 GRUR 1938, 836, 838; BGH 13. 3. 1962 GRUR 1962, 401, 404 – Kreuzbodenventilsäcke III).

In Ermangelung eines solchen Werts ist der **objektiv sachlich angemessene Wert** der Nutzungsberechtigung zugrunde zu legen (RG 1. 12. 1939 MuW 1940, 77; 16. 9. 1941 GRUR 1942, 149; 29. 6. 1943 GRUR 1943, 288; BGH 13. 3. 1962 a. a. O. mit weiteren Belegen aus der Rechtsprechung). Die letztgenannte Entscheidung (S. 405) erläutert, daß der objektive Wert der Nutzungsberechtigung im Gegensatz zu der »subjektiven« Beurteilung des Wertes durch die Parteien steht, wenn sie **vor** Beginn der Vertragsverhandlungen einen Lizenzvertrag geschlossen hätten, und zu der »subjektiven« Einstellung des Patentinhabers, mit der er sich gegen den Abschluß eines Lizenzvertrages gesträubt haben würde. Allerdings dürfen auch auf seiten des Verletzers gegebene subjektive Momente berücksichtigt werden, soweit es sich um Umstände handelt, die gerade mit der Patentbenutzung durch den Verletzer etwas zu tun haben (BGH 29. 5. 1962 GRUR 1962, 509, 513 – Dia-Rähmchen II). Jedoch rechtfertigen allgemeine wirtschaftliche Schwierigkeiten des Verletzers nicht eine niedrigere Festsetzung der Lizenzgebühr (BGH 29. 5. 1962 a. a. O.).

Bei der Feststellung des objektiven Wertes der Nutzungsberechtigung hat nicht nur werbemäßige Übersteigerung außer Betracht zu bleiben (RG 2. 12. 1931 MuW 1932, 203), sondern auch jede Aussicht künftiger Wertsteigerung (RG 16. 9. 1941 GRUR 1942, 149, 151). In Betracht kommt also der Wert während des Verletzungszeitraums.

In jedem Fall ist die Lizenzgebühr gemäß § 287 Abs. 1 Satz 1 ZPO unter Würdigung **aller Umstände** nach freier Überzeugung zu bemessen (RG 21. 3. 1934 RGZ 144, 187, 193; 1. 12. 1939 MuW 1940, 77; BGH 13. 3. 1962 GRUR 1962, 401, 404 – Kreuzbodenventilsäcke III; 29. 5. 1962 GRUR 1962, 509, 513 – Dia-Rähmchen II). Als solche kommen z. B. in Betracht:

Die **wirtschaftliche Bedeutung des Patents,** die sich darin dokumentieren kann, daß die Störung, deren Behebung das Patent dient, nur selten auftritt (RG 13. 10. 1942 GRUR 1943, 167, 169), oder die sich aus dem Schutzumfang des Patents (RG 24. 3. 1939 GRUR 1939, 898, 904) oder den aus dem Patent gezogenen Lizenzeinnahmen ergibt (BGH 15. 6. 1967 GRUR 1967, 655, 659 – Altix). Dabei sind Entgegenhaltungen, die an sich zwar berechtigt sind, hinter denen aber keine marktbereiten Waren stehen, in ihrer an sich die Lizenzhöhe schmälernden Wirkung unbeachtlich (RG 24. 3. 1939 a. a. O.; 13. 2. 1942 GRUR 1942, 316, 320). Es lassen sich Fälle denken, bei denen die Lizenz noch über dem Satz liegt, der zur Zeit der Verletzung die handelsübliche Gewinnspanne darstellt (RG 13. 2. 1942 a. a. O. S. 318).

In lizenzminderndem Sinne wirken sich aus:

Bei Massenartikeln die Tendenz der Bemessung der Lizenzhöhe zur unteren Grenze des Brancheüblichen hin (RG 20. 3. 1918 RGZ 92, 329, 331).

Bedeutung der Erfindung für die Allgemeinheit, z. B. Sicherheitsvorrichtung (RG 24. 3. 1939 GRUR 1939, 898, 904).

Bedeutung nur für selten vorkommende Betriebsstörung (RG 13. 10. 1942 GRUR 1943, 167, 169).

Werterhöhende Beteiligung eigener Patente des Verletzers (RG 21. 3. 1934 RGZ 144, 187, 193; 1. 12. 1939 MuW 1940, 77, 78; BGH 13. 3. 1962 GRUR 1962, 401 405 – Kreuzbodenventilsäcke III; BGH 15. 6. 1967 GRUR 1967, 655, 659 – Altix).

Beteiligung eigener nicht verletzter Patente des Verletzten (RG 21. 3. 1934 RGZ 144, 187, 193; 12. 5. 1942 GRUR 1942, 358, 359).

Im Sinne einer Lizenzerhöhung sind zu bewerten:

Eine hohe Verdienstspanne (RG 20. 6. 1944 GRUR 1944, 132), und zwar mit Recht selbst dann, wenn durch die daraus sich ergebende Bemessung der Lizenzhöhe die Gewinnspanne des Verletzers aufgezehrt wird (RG 13. 2 1942 GRUR 1942, 316, 318).

Monopolstellung des Verletzten (RG 13. 5. 1938 GRUR 1938, 836, 839; 13. 3. 1962, a. a. O. S. 404).

Generallizenz des **Verletzers** jedoch mit **nicht** lizenzerhöhender Wirkung (RG 30. 11. 1929 GRUR 1930, 177, 179).

cc) Berechnung von der Gesamteinrichtung oder nur vom geschützten Teil

37 Skaupy, GRUR 1939, 585; Werneburg, MuW 1936, 441; Schroeter, GRUR 1952, 302.

Ob die Lizenzgebühr nach dem Wert der patentierten Einrichtung oder der ganzen Anlage zu berechnen ist, ist ebenfalls unter Berücksichtigung aller Umstände des Einzelfalls zu entscheiden. Als in Betracht kommende Umstände werden in BGH 13. 3. 1962 (GRUR 1962, 401, 403 – Kreuzbodenventilsäcke III – mit zahlreichen Belegen aus der Rechtsprechung) beispielsweise aufgeführt: daß die Vorrichtung im Wirtschaftsleben als Einheit angesehen wird, der Wert der Gesamtvorrichtung durch den patentrechtlich geschützten Zusatzteil gesteigert wird (RG GRUR 1944, 132, 134), die Gesamtanlage »ihr kennzeichnendes Gepräge« durch die geschützte Erfindung erhält (RG GRUR 1942, 358, 359) oder der geschützte Teil »das Hauptstück des damit zu einem neuen Gerät werdenden Gesamtaggregats« ist (Schiedskommission 29. 3. 1958 GRUR Ausl. 1958, 473, 475 zu PA Gr. Sen. in GRUR 1955, 297, 299), ferner daß die Verwendung der patentierten Erfindung wenigstens eine konstruktive Anpassung auch der anderen Teile des Gesamtaggregats erforderlich gemacht hat (PA Gr. Sen. GRUR 1955, 294, 296), der geschützte Teil ein notwendiges Zubehör darstellt, daß er gegebenenfalls nachträglich noch eingebaut werden kann, es sich um eine Serienanfertigung oder etwa um eine Einzelanfertigung handelt, die je nach den Wünschen der Abnehmer unterschiedlich ausgerüstet wird, sowie daß eine Verkehrsübung bei der Bemessungsgrundlage der Lizenzgebühr in der Branche der Parteien oder aber jedenfalls eine Verkehrsübung in anderen Branchen besteht (RG GRUR 1942, 358, 359) u. ä.

Stets werden vor allem wirtschaftliche Gesichtspunkte erheblich sein, um den Wert eines Benutzungsrechts zu ermitteln (so zutreffend Heine in der Anm. zu GRUR 1962, 298).

Die genannten Gesichtspunkte können selbstverständlich auch für die **Höhe der Lizenzgebühr** maßgeblich herangezogen werden.

Letztlich ist es, wie der BGH mehrfach ausgesprochen hat (13. 3. 1962 a. a. O.; 26. 6. 1969 GRUR 1969, 677, 680 – Rüben-Verladeeinrichtung), gleichgültig, ob man als Berechnungsgrundlage des Werts der Benutzungsberechtigung von dem geschützten Teil ausgeht und die Benutzung des Schutzrechts bei nur einem Einzelteil der Gesamtvorrichtung als lizenzmindernd bewertet oder ob die Gesamtvorrichtung zu Grunde gelegt und die Benutzung des Einzelteils als lizenzerhöhend berücksichtigt wird. Bei beiden Berechnungsarten gelangt man zu demselben Endergebnis, wobei natürlich zu beachten ist, daß der Prozentsatz der Lizenzgebühr von dem Ausgangswert bei den beiden Berechnungen sehr verschieden sein muß (BGH 26. 6. 1969 a. a. O.).

Vgl. im übrigen für die vergleichbaren Festsetzungen einer Vergütung im Fall der Erteilung eines Zwangsvergleichs § 15 Anm. 15, im Falle einer Lizenzbereitschaft § 14 Anm. 11.

d) Herausgabe des Verletzergewinns

Über die historische Entwicklung des Anspruchs auf Herausgabe des Verletzergewinns in der Rechtsprechung des RG vgl. BGH 29. 5. 1962 (GRUR 1962, 509, 511 – Dia-Rähmchen II). Das RG behandelte den Anspruch zunächst als Schadenersatzanspruch (so noch RG 6. 11. 1929 RGZ 126, 127, 132; 22. 10. 1930 RGZ 130, 108, 110). Später leitete es den Anspruch in ständiger Rechtsprechung aus entsprechender Anwendung der §§ 687 Abs. 2, 667 BGB ab (RG 13. 10. 1937 RGZ 156, 65, 67). Diese Begründung zeigt, daß es sich nicht um einen echten Schadenersatzanspruch handelt. Man wird die Ansprüche des Verletzten als Ansprüche **auf Entschädigung** im Sinne einer Verpflichtung zu einer vermögenswerten Leistung wegen schuldhaft widerrechtlicher Benutzung bezeichnen müssen, s. dazu Lindenmaier ZAkDR 1936, 163, 164. 38

Ungenau spricht BGH 27. 2. 1963 (GRUR 1963, 640, 642 [Geschm.]) von einem Schadensersatzanspruch.

Der herauszugebende Gewinn muß durch die rechtswidrige Benutzung des Patents entstanden sein, d. h. er muß in ursächlichem Zusammenhang (vgl. Anm. 25) zu der Patenterteilung stehen. Ob die in der Entscheidung BGH 29. 5. 1962 GRUR 1962, 509, 512 – Dia-Rähmchen II hervorgehobenen Gesichtspunkte (Werbewirkung der technischen Eigenschaften patentverletzender Dia-Rähmchen für Gewinne aus dem Kamerageschäft) die Annahme einer adäquaten Kausalität tatsächlich zu rechtfertigen vermögen, kann recht zweifelhaft sein (kritisch auch Moser v. Filseck, GRUR 1962, 514). Keine Bedenken bestehen hingegen gegen den bereits vom RG in RGZ 130, 108, 114 vertretenen Standpunkt, daß derjenige Gewinn nicht mehr als in ursächlichem Zusammenhang mit der Patentverletzung stehend anzusehen ist, den der Verletzer erzielt hat, indem er den aus der Verletzung unmittelbar gezogenen Gewinn in seinem Betrieb gewinnbringend hat weiterarbeiten lassen.

Die Entscheidung RG 22. 10. 1930 (RGZ 130, 108, 110) lehnt die Pflicht zur Herausgabe von **Verlustersparnis** ab. Das ist mit Abs. 2 Satz 2, der von Vorteilen spricht, nicht zu vereinigen. Gegen das RG: Lindenmaier ZAkDR 1936, 163; GRUR 1942, 511; W. Pinzger, GRUR 1931, 671; für das RG Weneburg, GRUR 1936, 778; Sterner, GRUR 1937, 1058; Tolksdorf, MuW 1936, 443.

Beruht der vom Verletzer erzielte Gewinn nicht nur auf der Benutzung des fremden Patents, sondern auch auf der eigenen Erfindung des Benutzers, so muß eine Aufteilung des Gewinns erfolgen; nur der durch die Benutzung des verletzten Patents erzielte Gewinn ist herauszugeben (RG 15. 11. 1937 RGZ 156, 321, 326; BGH 24. 2. 1961 BGHZ 34, 320 323 = GRUR 1961, 354 – Vitasulfat).

Andererseits haftet der Verletzer auf Herausgabe des von ihm erzielten Gewinns auch dann, wenn der Verletzte diesen nicht hätte machen können (BGH 9. 12. 1962 BGHZ 38, 200, 205 – Kindernähmaschinen).

Im übrigen ist auch bei dieser Berechnungsart die Höhe des Verletzergewinns unter Beachtung aller Umstände nach § 287 ZPO festzustellen.

e) Diskreditierungsschaden

39 Dieser auch Marktverwirrungsschaden genannte Schaden (vgl. dazu Kisch, JW 1932, 1837; W. Pinzger, GRUR 1931, 667) betrifft die Schädigung des guten Rufes der Ware durch minderwertige Verletzungsformen und die zu dessen Wiederherstellung aufgewandten Kosten (RG 13. 10. 1937 RGZ 156, 65 ff.). Er kann **neben** dem Schaden geltend gemacht werden, der sich aus einer der drei in Anm. 33 genannten Berechnungsarten ergibt (BGH 27. 11. 1969 GRUR 1970, 296, 298 – Allzweck-Landmaschine; vgl. auch BGH 12. 1. 1966 BGHZ 44, 372, 382 [WZ] – Messmer-Tee II); RG 13. 10. 1937 a. a. O. hat keine Bedenken gegen seine Berücksichtigung im Rahmen der ersten Berechnungsart.

An den Schadensnachweis sind strenge Anforderungen zu stellen. Stets bedarf es einer besonderen, auf Tatsachen gestützten Begründung (RG 28. 1. 1933 GRUR 1933, 292, 296).

f) Der Entschädigungsanspruch nach § 47 Abs. 2 Satz 2

Amtl. Begr. Bl. 1936, 103, 113; Beckenstäter, Die Festsetzung der Entschädigung bei leicht fahrlässiger Patent- und Gebrauchsmusterverletzung, GRUR 1963, 231. 40

Es handelt sich um eine bei leichter Fahrlässigkeit zulässige Härtemilderungsmöglichkeit in den Grenzen zwischen dem Schaden des Verletzten und den vom Verletzer gezogenen Vorteilen, die sich aber auf Diskreditierungsschaden nicht bezieht, jedoch bei den anderen drei Wegen (Anm. 33) Anwendung finden kann (a. A. Beckenstäter, a. a. O., der wohl zu Unrecht die »zweite« Berechnungsart ausgeschlossen sehen will; wie hier Hesse in Klauer-Möhring § 47 Anm. 41). Allerdings kann die Vorschrift des § 47 Abs. 2 Satz 2 dann nicht Platz greifen, wenn der dem Verletzten entstandene Schaden nicht höher ist als der Vorteil, den der Verletzer als Gewinn aus der Patentverletzung gezogen hat. Die Vorschrift setzt voraus, daß der Vorteil des Verletzers gerade geringer als der Schaden des Verletzten ist (RG 24. 3. 1939 GRUR 1939, 898, 904).

Grobe Fahrlässigkeit schließt die Milderungsmöglichkeit aus.

Ein besonderer Antrag ist **nicht erforderlich.** Der in der 4. Auflage ds. Komm. in dieser Frage eingenommene Standpunkt kann in Anbetracht des Gesetzeswortlauts nicht aufrechterhalten werden. Es muß ausreichen, daß sich der Verletzer auf die Vorschrift des § 47 Abs. 2 beruft oder eine Anregung für ihre Anwendung gibt. Das wird allerdings in der Regel auch erforderlich sein, weil im Einzelfall durchaus Zweifel bestehen können, ob der Beklagte sich überhaupt auf die Vorschrift berufen will (Tetzner 2. Aufl. § 47 Anm. 58). Dem pflichtgemäßen Ermessen des Gerichts muß es selbstverständlich stets vorbehalten bleiben, auch von sich aus eine Anregung für die Anwendung des § 47 Abs. 2 Satz 2 zu geben. Ebenso Reimer § 47 Anm. 43; a. A. Benkard-Löscher § 47 Anm. 55 a, der eine Verpflichtung des Richters annimmt, die Billigkeitserwägungen von Amts wegen anzustellen; vgl. auch BGH 10. 6. 1960 GRUR 1961, 26 – Grubenschaleisen.

Bereits im Verfahren wegen **Feststellung** der Schadensersatzpflicht muß geklärt werden, welche Schuldform (nur leichte oder grobe Fahrlässigkeit) vorliegt (s. dazu oben Anm. 32). Andererseits ist aber der Verletzungsrichter in dem Feststellungsverfahren nicht verpflichtet und in den meisten Fällen auch gar nicht in der Lage, über die Frage der **Anwendung** der Kannvorschrift des § 47 Abs. 2 Satz 2 zu befinden. Ihm wird es in aller Regel noch an einer verläßlichen Grundlage für die Entschließung fehlen, ob und wieweit er von der Beschränkungsbefugnis des § 47 Abs. 2 Satz 2 Gebrauch machen soll (BGH 6. 7. 1967 GRUR 1968, 33, 38 – Elektrolackieren).

6. Entschädigungsansprüche aus unterschiedlichen Verletzungstatbeständen

40a Da zum Ersatz des dem Verletzten entstandenen Schadens jeder verpflichtet ist, der den Vorschriften der §§ 6, 7, 8 zuwider die Erfindung gewerbsmäßig benutzt (oben Anm. 24), kann der Verletzte außer dem Hersteller auch den Lieferanten oder Händler, der die Vorrichtung oder das Verfahren in Verkehr bringt oder feilhält, sowie denjenigen, der den Erfindungsgegenstand gewerbsmäßig benutzt, auf Schadenersatz (ebenso auf Unterlassung und Rechnungslegung) in Anspruch nehmen. Es handelt sich dabei jeweils um unterschiedliche Verletzungstatbestände, die zu verschiedenen Schäden führen können (BGH 29. 3. 1960 GRUR 1960, 423, 424 – Kreuzbodenventilsäcke). Daher liegen in diesen Fällen die Voraussetzungen einer Gesamtschuldnerschaft in der Regel nicht vor (vgl. dazu den Bericht über einen nicht veröffentlichten Vortrag von Federsen über »Rechtsfolgen gemeinschaftlich begangener Patent- und Gebrauchsmusterverletzungen« in Mittbl. 11/1969). Auf Grund welcher Berechnungsart der Verletzte jeweils seinen Schaden fordern will, steht in seinem Ermessen.

Durch eine Ersatzzahlung seitens eines Verletzers werden die Ansprüche gegen die anderen Verletzer nur dann abgegolten, wenn der Patentberechtigte in vollem Umfang entschädigt worden ist. Das wird in der Regel der Fall sein, wenn z. B. der **Hersteller** eine Entschädigung wegen der an seine Abnehmer gelieferten Vorrichtungen geleistet hat (Reimer § 47 Anm. 45). Ist ein Schaden aber trotz geleisteter Ersatzzahlung noch vorhanden, so muß der Verletzte berechtigt bleiben, seine Ansprüche auch gegen die übrigen Ersatzpflichtigen zu richten. Das Ausschließungsrecht des Inhabers entfällt in diesen Fällen erst, wenn es im Hinblick auf eine Vollentschädigung **erschöpft** ist (§ 6 Anm. 46) und damit die bisher patentverletztend benutzten Gegenstände patentfrei geworden sind (OLG Düsseldorf 4. 11. 1938 GRUR 1939, 365, 367). Vgl. auch Tetzner 2. Aufl. (§ 47 Anm. 38), der wohl zu Recht nicht die eigentliche Zahlung entscheidend sein lassen will, sondern es darauf abstellt, ob der Verletzte seinen Anspruch gegen den Verletzer »rechtswirksam festgelegt«, d. h. ob er gegen den Verletzer einen Schuldtitel erwirkt oder sich mit diesem außergerichtlich über die Entschädigung geeinigt hat.

Bis zur Befriedigung des Patentinhabers kann ihm der Anspruch auf **Rechnungslegung** gegen einen der Verletzer selbst dann nicht verweigert werden, wenn ein anderer bereits Rechnung gelegt hat. Es muß seiner Entscheidung überlassen bleiben, gegen wen er seine Schadensersatzansprüche erheben will.

7. Hilfsansprüche

a) Rechnungslegungsanspruch

aa) Zulässigkeit

41 Der Vorbereitung der Zahlungsansprüche dienen die Ansprüche auf Rechnungslegung und – bei Gefahr mangelnder Sorgfalt bei der Rechnungslegung – auf Ablegung des Offenbarungseides (§ 259 BGB). Die Rechnungslegung schafft erst die Grundlage für die verschiedenen Schadensberechnungen. Der Verletzte braucht daher auch in dem Rechtsstreit um die Rechnungslegung noch nicht zu erklären, nach welcher Berechnungsart er seinen Schaden berechnen will (BGH 23. 2. 1962 GRUR 1962, 354, 356 – Furniergitter). Die Klage auf Rechnungslegung wurde zunächst, soweit vorsätzliche Patentverletzung in Frage kam, auf sog. unechte Geschäftsführung (§§ 687 Abs. 2, 681, 660 BGB) gestützt, und diese Grundsätze wurden für die Fälle fahrlässiger Patentverletzung rechtsähnlich angewendet. Heute ist die Rechnungslegungspflicht als Gewohnheitsrecht anerkannt (BGH 13. 3. 1962 GRUR 1962, 398, 400 – Kreuzbodenventilsäcke II).

Kann eine Rechnungslegung nur bei schuldhaft rechtswidriger Patentverletzung für entstandenen und noch entstehenden Schaden verlangt werden (BGH 16. 10. 1956 GRUR 1957, 219, 222 – Westenberg) und ist mindestens ein Verletzungsfall festzustellen (BGH 30. 4. 1964 GRUR 1964, 496, 497 – Formsand II), so muß auch bei Erlöschen des Patents vor Erlaß des Urteils oder wenn die Benutzung erst von einem bestimmten Zeitpunkt ab rechtswidrig geworden ist, dieser Zeitpunkt im Urteil festgelegt werden. Indessen braucht die Behauptung des Verletzers, er habe seine Verletzungshandlungen von einem bestimmten Zeitpunkt ab eingestellt, nicht berücksichtigt zu werden. Die Rechnungslegung selbst offenbart, wann die angebliche Einstellung erfolgt ist (BGH 16. 3. 1956 GRUR 1956, 265, 269 – Rheinmetall-Borsig I – gegen RG 12. 3. 1940 GRUR 1940, 196, 197).

Nicht setzt der Rechnungslegungsanspruch voraus, daß dem Verletzten bereits ein Schaden entstanden ist. Die Entstehung eines Schadens muß nur wahrscheinlich sein (RG 11. 11. 1939 GRUR 1940, 114, 116).

bb) Inhalt der Rechnungslegung

42 Zu einer Rechnungslegung gehört nach § 259 BGB grundsätzlich eine geordnete Zusammenstellung nebst Belegen. Die Rechnungslegung muß alle notwendigen Angaben enthalten, um die Höhe des Schadens berechnen und darüber hinaus die Richtigkeit der Rechnung nachprüfen zu können (BGH 23. 2. 1962 GRUR 1962, 354, 356 – Furniergitter; 13. 3. 1962 GRUR 1962, 398, 400 – Kreuzbodenventilsäcke II mit Belegen, insbesondere unter Hinweis auf BGH 2. 4. 1957 GRUR 1957, 336 und 22. 11. 1957 GRUR 1958, 346, 348). Die Rechnungslegungspflicht kann je nach den

Umständen des Einzelfalls einen verschiedenen Inhalt haben. Eine wörtliche Anwendung des § 259 BGB, der diese Pflicht **voraussetzt,** aber nicht begründet, verbietet sich daher (BGH 13. 3. 1962 GRUR 1962, 398 – Kreuzbodenventilsäcke II). In der Regel hat der Verletzer unter Angabe der Mengen, Lieferpreise, Lieferzeiten und Abnehmer Rechnung zu legen (BGH 14. 1. 1958 GRUR 1958, 288, 290 – Dia-Rähmchen). Der Rechnungslegungspflichtige erfüllt seine Verpflichtung nur dann, wenn er jeden Einnahme- und Ausgabeposten mit seinen vollen Belegen ausweist, ohne auch nur teilweise eine Saldierung vorzunehmen (BGH 8. 5. 1961 BB 1961, 730). Macht er in einer Rechnungslegung nähere technische Angaben über die von ihm gelieferten und hergestellten Gegenstände, so müssen auch diese Angaben genau und vollständig sein (BGH 13. 3. 1962 a. a. O.). Eine besondere »Auskunftserteilung« neben der Rechnungslegungspflicht kommt regelmäßig nicht in Betracht (BGH 14. 1. 1958 a. a. O. S. 290).

Unter Umständen kann eine Rechnungslegung zu unbegründeten Härten führen. Es ist daher in der Rechtsprechung anerkannt, daß sich der Umfang der Rechnungslegung nach Lage des Einzelfalls unter Beachtung von § 242 BGB bestimmt (BGH 22. 11. 1957 GRUR 1958, 346, 348 – Stickmuster). Unter Abwägung der Interessen beider Parteien und Berücksichtigung der besonderen Umstände kann deswegen beispielsweise dem Verpflichteten die Möglichkeit gewährt werden, die **Namen der Kunden** nur einem zur Verschwiegenheit verpflichteten Wirtschaftsprüfer mitzuteilen (BGH 2. 4. 1957 GRUR 1957, 336 – Rechnungslegung; 23. 2. 1962 GRUR 1962, 354, 356 – Furniergitter). Auch wenn in der Tatsacheninstanz kein dahingehender Antrag gestellt worden ist, kann dem Verletzer in der Urteilsformel gestattet werden, seiner Verpflichtung in der genannten Form nachzukommen (BGH 27. 2. 1963 GRUR 1963, 640, 642 mit Nachweisen – Plastikkorb). Diese Möglichkeit besteht dann regelmäßig nur hinsichtlich der Namen und Anschriften der Abnehmer. Es kann allerdings sein, daß der Verletzer bei der Art des Abnehmerkreises auch schon mit der Angabe der Lieferorte zugleich über die Abnehmer Aufschluß gibt. Unter solchen besonderen Verhältnissen muß dem Verletzer gestattet werden, auch die Lieferorte nur der bestellten Vertrauensperson zu nennen (BGH 26. 6. 1969 – X ZR 52/66 S. 32 – Rüben-Verladeeinrichtung, insoweit in GRUR 1969, 677 ff. nicht abgedruckt).

Kommen die Abnehmer des – mittelbaren – Verletzers ebenfalls als Verletzer in Betracht, so ist bei Abwägung der beiderseitigen Interessen der mittelbare Verletzer verpflichtet, auch die Namen der Abnehmer zu nennen (BGH 28. 10. 1965 GRUR 1966, 198, 199 – Plastikflaschen). Auf die Angabe von **Zulieferern** hat der Verletzte keinen Anspruch. Diese Angabe ist weder für die Berechnung des Schadensersatzes noch für eine die berechtigten Interessen des Verletzten berücksichtigende Nachprüfungsmöglichkeit erforderlich (BGH 14. 1. 1958 GRUR 1958, 288, 290 – Dia-Rähmchen).

Rechnungslegung ist auch in der Weise möglich, daß die Geschäftsbücher einem öffentlich bestellten **Wirtschaftsprüfer** zur Feststellung der Abnehmer oder anderer erheblicher Tatsachen vorgelegt werden (RG 14. 10. 1941 GRUR 1942, 153; 9. 12. 1941 GRUR 1942, 207, 209; BGH 27. 2. 1963 GRUR 1963, 640, 642 – Plastikkorb – mit weiteren Nachweisen).

Hat der Verpflichtete eine den formellen Erfordernissen entsprechende, wenn auch unvollständige Rechnung gelegt, so ist eine Verurteilung zu weiterer Rechnungslegung regelmäßig ausgeschlossen (BGH 29. 10. 1957 GRUR 1958, 149, 150 – Bleicherde – mit Nachweisen). Es ist dann grundsätzlich nur der Anspruch auf Leistung des Offenbarungseides gegeben (RG 12. 1. 1914 RGZ 84, 41, 44; 22. 6. 1929 RGZ 125, 256, 259). Allerdings kann ein Streit über den gesetzlichen Umfang der Rechnungslegung, wenn die Rechnung **auf falscher Grundlage** erteilt worden ist, zu einer weiteren klarstellenden Klage auf Rechnungslegung Veranlassung geben (RG 17. 11. 1939 GRUR 1940, 146; OLG Düsseldorf 19. 3. 1962 GRUR 1963, 78, 79 ff.). Das gilt auch dann, wenn der Ersatzpflichtige sich zu bestimmten Tatsachen **überhaupt noch nicht geäußert** hat, wenn also geltend gemacht wird, es sei nicht alles geschehen, was der Schuldner nach dem Titel zu leisten gehabt habe (RG 10. 10. 1941 RGZ 167, 328, 334, 337; OLG Düsseldorf 19. 3. 1962 GRUR 1963, 78 ff.). Bei Bejahung mangelnder Sorgfalt kommt nur der Offenbarungseid in Frage.

Wegen Rechnungslegungspflicht des Lizenznehmers vgl. § 9 Anm. 52.

b) Offenbarungseid

Der Rechnungslegungspflichtige ist auf Verlangen des Berechtigten zur Leistung des Offenbarungseides verpflichtet, wenn Grund zu der Annahme besteht, daß die Rechnung nicht mit der erforderlichen Sorgfalt gelegt worden ist. Frühere Unvollständigkeiten oder Unrichtigkeiten können zur Beurteilung der Frage, ob insoweit ein begründeter Verdacht besteht, herangezogen werden (BGH 4. 12. 1959 GRUR 1960, 247, 248 – Krankenwagen mit Belegen; s. auch BGH 8. 5. 1961 BB 1961, 730). Auf alle Angaben, die der Verpflichtete in seiner Rechnungslegung zu machen hat, bezieht sich auch seine Verpflichtung zur Eidesleistung (BGH 13. 3. 1962 GRUR 1962, 398, 400 – Kreuzbodenventilsäcke II). **43**

Eine **Verurteilung** zur Leistung des Offenbarungseides ist stets erst möglich, wenn Rechnung gelegt worden ist (BGH 28. 10. 1953 BGHZ 10, 385).

V. Bereicherungshaftung

Streitig ist, ob im Patentrecht auf Entschädigung nur im Falle des Verschuldens gehaftet wird oder ob auch die Vorschriften über ungerechtfertigte Bereicherung der §§ 812 BGB Anwendung finden. **44**

Kein Zweifel kann bestehen, daß diese Bestimmungen allgemein auch auf dem Gebiet des Patentrechts Geltung haben. Erweist sich z. B. der dingliche Akt der Übertragung oder der Lizenzeinräumung als unwirksam, so besteht ein Anspruch auf Herausgabe der Bereicherung (Kisch i. Abhandlungen zum Arbeitsgebiet des Reichspatentamts 1927 S. 92 ff.). Ebenso im Falle, daß auf Grund der Bekanntmachung oder der Patenterteilung Lizenzen an den angeblich Berechtigten gezahlt worden sind und es später trotz der Bekanntmachung nicht zur Patenterteilung kommt oder sich das erteilte Patent als nichtig erweist (Lindenmaier, GRUR 1942, 485, 514 r. Sp.). Für vorzeitig aufgelösten Lizenzvertrag und Rückforderung gezahlter Lizenzgebühr: LG München I 18. 11. 1954 GRUR 1956, 413. Auch an den Patentinhaber geleisteter Schadensersatz kann nach Vernichtung des Patents zurückgefordert werden (RG 11. 7. 1903 Bl. 1903, Bl. 1903, 229, 230; a. A. Hesse in Klauer-Möhring § 13 Anm. 33); ebenso die geleistete angemessene Entschädigung nach § 24 Abs. 5, wenn der Prüfungsantrag nicht gestellt oder das Patent versagt wird (Gaul-Bartenbach, NJW 1968, 1353, 1356). Im übrigen vgl. Staudinger-Seufert, § 812 BGB Vorbem. 18 ff.

Eine echte Bereicherungshaftung bei **Patentverletzungen** hat das RG abgelehnt (RG 31. 12. 1898 RGZ 43, 56, 59; 24. 1. 1906 RGZ 62, 320; 22. 12. 1913 JW 1914, 406 Nr. 8; 12. 5. 1926 RGZ 113, 413, 424; 9. 6. 1928 RGZ 121, 258, 261). Dieser Rechtsprechung hat sich das patentrechtliche Schrifttum wohl in der Mehrheit angeschlossen (Reimer § 47 Anm. 30, § 48 Anm. 7; Hesse in Klauer-Möhring § 47 Anm. 27; Löscher in Benkard § 47 Anm. 9; Hoepfner GRUR 1972, 237 ff.; zweifelnd Tetzner 2. Aufl. § 47 Anm. 36, a. A. Pinzger, GRUR 1956, 762, Sterner, GRUR 1937, 39; Schramm, Grundlagenforschung 1954, 351 ff., R. Pietzcker in Bussmann-Pietzcker-Kleine, § 10 B III S. 250; Hubmann, Gewerblicher Rechtsschutz 1962, § 62 IV S. 161; Bruchhausen, Festschr. f. Wilde S. 23 ff.

Die Kommentare und Lehrbücher zum BGB bejahen fast durchweg die Geltung der Vorschriften der §§ 812 ff. auch für Patentverletzungen, vgl. Staudinger-Seufert § 812 Vorbem. 17 ff., BGB-RGRK § 812 Anm. 12, Palandt-Thomas Einl. vor § 812 BGB Anm. 4 b; Enneccerus-Lehmann § 221, II, 2; Larenz II § 68 II S. 410, v. Caemmerer in der Festschr. Rabel Bd. I S. 333, 354, 357 ff.

Dieser bejahenden Auffassung ist zuzustimmen. Die Rechtsprechung des RG war im wesentlichen darauf gestützt, daß § 47 angeblich eine abschließende Regelung der Ansprüche vorsieht. Daß ein Anspruch auf Herausgabe ungerechtfertigter Bereicherung durch §§ 47 Abs. 2, 48 ausgeschlossen ist, kann jedoch nicht angenommen werden. Die Bestimmung des Abs. 2 des § 47 gibt lediglich für den Fall nicht groben Verschuldens eine Milderung der Haftung. § 48 beschränkt ebenso wie § 852 BGB die Haftung im Verjährungsfall auf Bereicherung. Der Ausschluß einer Bereicherungshaftung im Nicht-Verjährungsfall kann daraus nicht entnommen werden. Es kann auch aus der Einfügung der Bereicherungshaftung nach Rechtshängigkeit des Anpruchs (PatG Entwurf von 1913 Mitt. 1914, 33) und dem Wegfall dieser Bestimmung im jetzigen Gesetzestext nichts Entscheidendes geschlossen werden. Staudinger-Seufert a. a. O. weisen zu Recht darauf hin, man könne aus dem Wegfall auch herleiten, daß es der Wissenschaft und Rechtsprechung habe überlassen bleiben sollen, ob die an sich allgemein geltenden §§ 812 ff. BGB beim Patentschutz ausgeschlossen seien. Demgegenüber entbehrt die Annahme von Hoepffner (GRUR 1972, 273, 240), der Gesetzgeber habe ganz allgemein Bedenken gegen die Ausgleichsansprüche ohne Verschulden gehabt, »um die Bewegungsmöglichkeiten der Industrie nicht zu sehr einzuengen«, einer ausreichenden Begründung. Im übrigen steht zu bedenken, daß die Haftung nur im Rahmen des § 818 BGB stattfindet (vgl. auch BGH 29. 5. 1962 GRUR 1962, 509, 510 – Dia-Rähmchen II).

Auch die Bedenken, daß keine Bereicherung **auf Kosten des Berechtigten** stattgefunden habe, erscheinen nicht begründet. Ebenso wie im Urheberrecht sollte auch im Patentrecht als entscheidend angesehen werden, daß dem Berechtigten dasjenige Entgelt für einen Eingriff in sein Schutzrecht versagt worden ist, das er auf Grund seines Rechtes hätte verlangen können. Dieser Umstand wird im Urheberrecht für einen Bereicherungsanspruch als ausreichend angesehen mit der Begründung, daß ein Bereicherungsanspruch nicht eine Vermögensänderung im Vermögen des Berechtigten, sondern einen grundlosen Vermögenszuwachs im Vermögen des Bereicherten ausgleichen soll (BGH 8. 5. 1956 BGHZ 20, 346, 355 – Dahlke). Es bestehen nach diesseitiger Auffassung keine Bedenken, diese Grundsätze auch für das Patentrecht anzuwenden und den Verletzten durch **Zahlung einer angemessenen Gebühr** seitens des Verletzers so zu stellen, als wenn zwischen ihnen ein Lizenzvertrag geschlossen worden wäre.

Ob der Verletzte auch Anspruch auf den Gewinn des Verletzers hat, wird im Einzelfall oft zweifelhaft sein. Um ursächlich zu sein, muß der Verletzte nachweisen, daß er den von dem Verletzer gezogenen Gewinn selbst erzielt haben würde. Bei der Bemessung des Gewinns dürfen daher auch die etwaige eigene persönliche Leistung des Verletzers und dessen Fähigkeiten nicht unberücksichtigt bleiben, so daß der Anspruch gegebenenfalls nur auf einen Teil des Gewinnes gehen wird, der dem Verletzten tatsächlich entgangen ist (Baumbach-Hefermehl, UWG Bd. I Einl. Anm. 338).

Kann sich die Rechtsprechung ungeachtet der hervorgehobenen Gesichtspunkte nicht zur Anwendung der Bereicherungsvorschriften entschließen, so wäre bei einer Patentreform zu erwägen, für eine schuldlose Patentverletzung eine dem § 97 Abs. 3 des neuen Urhebergesetzes vom 9. 9. 1965 (BGBl. I 1273) entsprechende Bestimmung in das Patentgesetz aufzunehmen oder aber etwa einen Vergütungsanspruch in Höhe einer angemessenen Lizenz vorzusehen.

VI. Einfluß einer späteren Patentbeschränkung oder Nichtigkeitsentscheidung

45 Die Beurteilung eines Patents hat unter Zugrundelegung der Fassung zu erfolgen, die es in einem rechtskräftigen Beschluß gemäß § 36 a oder durch Klarstellung, Beschränkung oder Teilvernichtung des Anspruchs in einer rechtskräftigen Nichtigkeitsentscheidung erhalten hat; s. § 6 Anm. 32, 33.

Das gilt **auch in der Revisionsinstanz** hinsichtlich von Änderungen, die **nach der letzten mündlichen Verhandlung in der Tatsacheninstanz** eingetreten sind (RG 12. 10. 1935 RGZ 148, 400, 402; BGH 21. 11. 1950 GRUR 1951, 70 – Holzverwertung; 12. 7. 1955 GRUR 1955, 573, 574 – Kabelschellen; 6. 7. 1962 GRUR 1962, 577, 578 – Rosenzüchtung; 17. 12. 1963 GRUR 1964, 433, 436 – Christbaumbehang; 21. 10. 1965 GRUR 1966, 218, 220 – Dia-Rähmchen [Versagung eines Patents]; 14. 7. 1970 GRUR 1971, 78, 79 – Dia-Rähmchen V). Das hat zur Folge, daß das Revisionsgericht nicht lediglich das angefochtene Urteil auf seine Vereinbarkeit mit dem Gesetz nachzuprüfen hat, wie dies die Regel ist, sondern das Klagepatent in seiner jetzigen Fassung selbständig auslegen und – ohne eine Grundlage im Berufungsurteil zu haben – seinen Schutzumfang bestimmen muß (BGH 17. 12. 1963 GRUR 1964, 433, 436 – Christbaumbehang).

VII. Einwendungen des wegen Patentverletzung in Anspruch Genommenen

1. Unzulässige Einwendungen

Es handelt sich vorzugsweise um folgende oft geltend gemachte Verteidigungsmittel:

46 a) Der Einwand der **Nichtigkeit des Klagepatents** (§§ 13, 13 a). Eine Prüfung des Patents auf seine Patentfähigkeit mit dem Erfolg, daß diese gänzlich verneint wird, steht dem Verletzungsrichter nicht zu (§ 6 Anm. 11). Es kann nur bei voller oder teilweise **mangelnder Neuheit,** nicht aber bei Mangel des Fortschritts, der Erfindungshöhe oder der sonstigen Voraussetzungen der Patentfähigkeit eine **Beschränkung des Schutzumfanges** Platz greifen (§ 6 Anm. 22; BGH 13. 11. 1951 BGHZ 3, 365, 371 – Gummisohle; 6. 3. 1959 GRUR 1959, 320, 324 – Moped-Kupplung – mit zahlreichen Nachweisen; 18. 6. 1964 GRUR 1964, 606, 609 – Förderband – st. Rspr.). Wegen mangelnder Ausführbarkeit, Wiederholbarkeit und technischer Brauchbarkeit vgl. § 6 Anm. 23. Auch wenn der Erfindungsgegenstand ganz oder teilweise **identisch** mit dem Erfindungsgegenstand **eines älteren, nicht vorveröffentlichten Rechts** ist, kann nur eine solche Beschränkung erfolgen (BGH 16. 12. 1958 GRUR 1959, 317, 319 – Schaumgummi; 10. 5. 1960 GRUR 1960, 478, 479 – Blockpedale).

Die Nichtigkeit eines **im Saarland** bestehenden Patents kann indessen nach Maßgabe des § 5 des Saareingliederungsges. vom 30. 6. 1959 (BGBl. I S. 388) im Patentverletzungsstreit eingewandt werden.

Eine **Ausnahme** gilt auch im Falle **des** § **24 Abs. 5.** Der angebliche Benutzer einer offengelegten Anmeldung kann sich darauf berufen, daß der Gegenstand der Anmeldung offensichtlich nicht patentfähig, z. B. daß er neuheitsschädlich vorweggenommen ist. Ebensowenig können im Verletzungsstreit aus einer nach § **26 Abs. 5 Satz 2 unzulässigen Erweiterung** Rechte hergeleitet werden (vgl. § 26 Anm. 95).

Vom pflichtgemäßen Ermessen des Gerichts hängt es im übrigen ab, ob der Verletzungsstreit bis zur Entscheidung über die Rechtsbeständigkeit des Patents im Nichtigkeitsverfahren nach § 148 ZPO **auszusetzen** ist (Anm. 56). Wegen Aussetzung, wenn Rechte aus einer offengelegten oder bekanntgemachten Anmeldung geltend gemacht werden und es darauf ankommt, ob der Gegenstand der Anmeldung einstweiligen Schutz genießt, vgl. § 47 a.

b) Der Einwand des **freien Standes der Technik,** d. h. der Einwand, jeden Erfindungsgedanken benutzen zu dürfen, der bereits zum Stand der Technik gehört. Vgl. hierzu § 6 Anm. 22. **47**

c) Der Einwand, daß die beanstandete Ausführung patentiert sei, während tatsächlich »**Abhängigkeit**« (§ 6 Anm. 65 ff.) vorliegt. **47a**

2. Zulässige Einwendungen

a) Der Einwand, die patentierte Lehre sei erst in einem nach der Patentanmeldung liegenden Zeitpunkt **offenbart** worden. Der Verletzungsrichter ist an die Auffassung des PA nicht gebunden (BGH 30. 10. 1962 GRUR 1963, 563, 565 mit Nachweisen – Aufhängevorrichtung; 28. 10. 1965 GRUR 1966, 198, 199 – Plastikflaschen); s. § 1 Anm. 25 und § 26 Anm. 13. **48**

Über den Einwand der **unzulässigen Erweiterung** s. oben Anm. 46.

b) Wegen der Einwände, die sich darauf stützen, daß dem Benutzer auf **vertragsmäßiger Grundlage** oder **auf Grund des Gesetzes Benutzungsrechte** zur Verfügung stehen, s. oben Anm. 15.

c) Der Einwand der **Identität des Streitpatents** mit einem **eigenen prioritätsälteren Recht** des angeblichen Verletzers s. § 4 Anm. 12 ff. sowie der Einwand **des eigenen älteren Benutzungsrechts** s. § 6 Anm. 44.

d) Der Einwand der **widerrechtlichen Entnahme** seitens des Verletzten gegenüber dem gut- oder bösgläubigen Patentinhaber vor Ablauf der Jahresfrist s. § 5 Anm. 9.

e) Der Einwand der **völligen Vorwegnahme,** soweit er sich nicht auf den Mangel des Fortschritts, der Erfindungshöhe oder der sonstigen Voraussetzungen der Patentfähigkeit bezieht, s. oben Anm. 46 und § 6 Anm. 22.

f) Der Einwand der **Unzulässigkeit des Rechtsweges** ist gegenüber einer Unterlassungsklage gegeben, wenn seitens des Bundes oder einer öffentlich-rechtlichen Körperschaft ein Eingriff in das Benutzungsrecht des Schutzrechtsinhabers **in Ausübung hoheitlicher Gewalt** erfolgt ist (vgl. § 8).

g) Einrede der **Verjährung** (§ 48).

49 h) Einwand aus §§ **226, 242, 826 BGB** (Schikane, Arglist, Sittenverstoß).

Zu diesem Einwand ist im allgemeinen zu bemerken:

Der Geltendmachung der Rechte aus einem Patent steht es entgegen, wenn die Ausübung in der alleinigen Absicht der Schädigung des in Anspruch Genommenen (§ 226 BGB) oder in gegen die guten Sitten verstoßender Weise in Kenntnis der dafür maßgeblichen Tatsachen (§ 826 BGB) oder in arglistiger Weise (§ 242 BGB), d. h. unter Verletzung nicht mißbräuchlicher Verkehrssitte wider Treu und Glauben erfolgt, z. B. weil die zur formellen Rechtsausübung berechtigende Rechtsstellung durch rechtswidriges Verhalten erworben ist, etwa, weil der Rechtserwerb unzulässigerweise durch bösgläubige oder schuldhafte widerrechtliche Entnahme erfolgt ist (RG 12. 11. 1930 Bl. 1931, 117, 118) oder weil das Erstrebte aus anderem Rechtsgrund wieder zurückzugeben ist oder weil die Geltendmachung im Widerspruch zu bisherigem Verhalten geschieht (BGH 26. 9. 1964 GRUR 1965, 231, 233 – Zierfalten –). Es ist erwogen worden (Wilde Mitt. 1969, 258, 262), auch den Fall einzubeziehen, in dem eindeutig ein vom Stand der Technik vorweggenommenes »Fehlpatent« vorliegt, und dem Verletzungsbeklagten, wäre er gezwungen, eine Nichtigkeitsklage zu erheben, mit hoher Wahrscheinlichkeit die Kosten seitens des unbemittelten Patentinhabers nicht zurückerstattet werden würden. Sieht man von den Beweisschwierigkeiten ab, denen sich der Verletzungsbeklagte in solchen Fällen oftmals gegenübersehen wird, so dürfen grundsätzlich dem Gesichtspunkt eines sittenwidrigen Verhaltens des Verletzungsklägers keine Bedenken entgegenstehen; vgl. im übrigen Anm. 50 ff.

Der Einwand unzulässiger Rechtsausübung oder allgemeiner Arglist kann aber z. B. seitens eines Werkunternehmers, der von einem Patentinhaber im Rahmen eines Werklieferungsvertrages mit der Herstellung patentgeschützter Gegenstände ohne Einräumung einer über dieses Verletzungsverhältnis hinausgreifenden Herstellungslizenz beauftragt worden ist, nach Kündigung des Vertrages selbst dann **nicht** erhoben werden, wenn er bereits erhebliche Kosten für Materialbeschaffung und sonstige Vorbereitungen für die Herstellung aufgewendet hat (BGH 3. 2. 1959 GRUR 1959, 528 ff. – Autodachzelt).

50 i) **Einwand der Verwirkung.** Ausgangspunkt der Verwirkungslehre ist der Gedanke, dem Verletzer dürfe nach Treu und Glauben und mit Rücksicht auf die Verkehrssitte die verspätete Geltendmachung eines Schutzrechts seitens des Verletzten nicht zugemutet werden. Es handelt sich um einen

Unterfall der Lehre von der mißbräuchlichen Rechtsausübung, die stets dann Anwendung findet, wenn sich die Ausübung als eine gröbliche Verletzung des das gesamte Recht beherrschenden Grundsatzes von Treu und Glauben darstellt (Soergel-Siebert § 242 Anm. 171 ff.; BGH 15. 11. 1957 BGHZ 26, 52, 64 – Sherlock Holmes). Maßgebend ist stets, ob der Verpflichtete bei **objektiver Beurteilung** aus dem Verhalten des Berechtigten entnehmen durfte, er brauche mit einer Rechtsausübung durch den Berechtigten nicht mehr zu rechnen. Auf die **subjektive** Willensrichtung, etwa ein arglistiges Verhalten des Berechtigten, kommt es nicht an (BGH 27. 6. 1957 BGHZ 25, 47, 52 ff.).

Der Begriff der Verwirkung spielt im gesamten Rechtsleben eine Rolle. Er ist insbesondere auf dem Gebiet des Zeichen- und Wettbewerbsrechts entwickelt worden (vgl. u. a. BGH 19. 12. 1950 BGHZ 1, 31 ff. – Storchenzeichen – mit Nachweisen aus der Rechtsprechung des RG; 22. 2. 1952 BGHZ 5, 189 ff. – Fischermännchen; 21. 12. 1954 BGHZ 16, 82 ff. – Wickelsterne; 15. 6. 1956 BGHZ 21, 66, 78 – Hausbücherei; 15. 11. 1957 BGHZ 26, 52, 65 ff. – Sherlock Holmes; 30. 1. 1963 GRUR 1963, 478, 480 – Bleiarbeiter; 13. 2. 1970 GRUR 1970, 308 – Duraflex).

Der Einwand der Verwirkung ist aber nach ständiger Rechtsprechung auch im Patentrecht zulässig. Hier muß er allerdings im Interesse der Rechtssicherheit ein außerordentlicher Rechtsbehelf für Ausnahmefälle bleiben (BGH 24. 6. 1952 GRUR 1953, 29, 31 – Plattenspieler). Ähnlich schon die Entscheidung RG 17. 10. 1934 (GRUR 1935, 39, 43), die darauf hinweist, daß die Rechtsentwicklung dahin gehe, den Geltungsbereich des Einwands immer mehr einzuschränken. Tatsächlich wird der Einwand im Patentrecht heute kaum noch erhoben. Schramm (Der Patentverletzungsprozeß S. 203) vermerkt mit Recht, daß tatbestandliche Erwägungen bisher immer zur Ablehnung der Verwirkung des Unterlassungsanspruchs geführt hätten; vgl. auch Klaka, GRUR 1970, 265, 272 ff.

Für die Geltendmachung des Einwandes reicht allein der Umstand, daß der Berechtigte über einen längeren Zeitraum mit der Geltendmachung seiner Ansprüche gewartet hat, nicht aus. Erforderlich ist vielmehr, daß **besondere Umstände** vorliegen, die die verspätete Erhebung des Anspruchs als Verstoß gegen Treu und Glauben erscheinen lassen (BGH 24. 6. 1952 a. a. O.). Ebenso die st. Rspr. des RG (vgl. u. a. RG 13. 2. 1932 GRUR 1932, 718, 721; 27. 5. 1936 GRUR 1936, 875, 878; 20. 2. 1937 GRUR 1938, 778, 780).

Besondere Umstände können z. B. darin erblickt werden, daß der Verletzer sich nach dem Verhalten des Gegners auf das Nichtmehrgeltendmachen des Anspruchs einrichten durfte und sich – z. B. durch Errichtung gewerblicher Anlagen, Maschinenbeschaffung, erfolgversprechende Bemühung um Beschaffung eines gewerbsmäßigen Besitzstandes – darauf eingerichtet hat (RG 20.2.1937 a.a.O.; vgl. auch RG 22.5.1937 GRUR 1938, 567, 573; BGH 2. 2. 1951 MDR 1951, 281). Es ist also regelmäßig das Vorhandensein eines redlichen und deshalb schutzwürdigen Besitzstandes auf seiten des Verletzers zu fordern (RG 20. 2. 1937 a. a. O. unter Hinweis auf RGZ 137, 282 und RGZ 139, 363), was allerdings nur gegenüber einem Unterlassungs-, nicht auch gegenüber einem Schadenersatzanspruch Voraussetzung ist (BGH 15. 11. 1957 BGHZ 26, 52, 64 ff. – Sherlock Holmes). Die Aufgabe des erworbenen Besitzstandes muß dem Betroffenen bei billiger Abwägung der beiderseitigen Interessen **nicht zugemutet** werden können (BGH 24. 7. 1957 GRUR 1958, 189, 196 – Zeiss; 15. 6. 1956 BGHZ 21, 66, 80 – Hausbücherei). Zu berücksichtigen ist also insbesondere auch, ob etwa den Verletzer der Vorwurf einer unredlichen oder mindestens die Belange des Berechtigten schuldhaft außer acht lassenden Geschäftsgebarung trifft (BGH 27. 6. 1957 BGHZ 25, 47, 52). Hat z. B. der Verletzte wiederholt den Verletzer auf das von ihm **angemeldete** Patent hingewiesen (BGH 24. 6. 1952 GRUR 1953, 29 – Plattenspieler) oder ihn **verwarnt** (BGH 29. 4. 1965 GRUR 1965, 591, 596 – Wellplatten), so kann der Verletzer in der Regel nicht darauf vertrauen, der Kläger werde Ansprüche aus einer Patentverletzung nicht mehr geltend machen.

Allerdings kann auch ein rechtswidriger Besitzstand in einen schutzwürdigen Besitzstand übergehen, nur wird dies eine erheblich längere Zeit erfordern. Dabei fallen auch Art und Umfang des erworbenen Besitzstands ins Gewicht (BGH 4. 6. 1969 GRUR 1969, 694, 696 ff. – Brillant).

Denkbar ist, daß der Einwand der Verwirkung gegenüber einem Unterlassungsanspruch durchdringt, nicht aber gegenüber einem dem Verletzer zumutbaren Zahlungsanspruch, etwa in Höhe einer angemessenen Lizenz (Reimer § 47 Anm. 93; Bussmann-Pietzcker-Kleine § 10 IV S. 251). Bei einer Mehrzahl von Verletzern genügt es, daß der Verletzte zunächst einen Verletzer unter Verwarnung der übrigen verklagt (RG 23. 9. 1938 MuW 1938, 410, 413, 414).

Eine Verwirkung des »Rechts auf das Patent« (§ 9 Anm. 1) kennt unser Patentrecht nicht (Tetzner § 9 Anm. 1 S. 686).

Ein **mitwirkendes Verschulden** des Verletzten (z. B. Verursachung der Entstehung eines größeren Schadens als notwendig) ist zu berücksichtigen (RG 13. 2. 1932 MuW 1932, 350; 20. 2. 1937 GRUR 1938, 778, 780).

51 k) **Der Einwand des Erschleichens der Patenterteilung durch Irreführung des Patentamts.** Durch § 44 ist allen Beteiligten für das Erteilungsverfahren die Offenbarungs- und Wahrheitspflicht in vollem Umfang auferlegt; weiterhin hat nach § 26 Abs. 4 der Anmelder auf Verlangen des PA den Stand der Technik nach bestem Wissen vollständig und wahrheitsmäßig anzugeben. Damit hat der Einwand der Patenterschleichung im Patentgesetz eine zweifelsfreie Grundlage. Die Patenterschleichung gab bis zur Beseitigung der Ausschlußfrist zur Erhebung von Nichtigkeitsklagen

durch die Verordnung vom 23. 10. 1941 (RGBl. II, 372) zwar keinen selbständigen Nichtigkeitsgrund ab, führte jedoch nach § 826 BGB dazu, daß der Patentinhaber sein Recht aus dem erschlichenen Patent nicht geltend machen durfte. Zweifelhaft war, ob der Einwand aus § 826 BGB erhoben werden konnte, solange die im früheren Absatz 3 des § 37 bestimmte fünfjährige Frist zur Erhebung der Nichtigkeitsklage aus § 13 Abs. 1, 1 noch nicht abgelaufen war. Die Frage wurde meist verneint (vgl. RG 25. 3. 1911 RGZ 76, 67, 68 ff.; 7. 3. 1914 RGZ 84, 263, 264; 25. 3. 1933 RGZ 140, 184, 187 ff. 7. 2. 1941 GRUR 1941, 156, 158 ff.).

Seitdem die Nichtigkeitsklage nunmehr ohne zeitliche Beschränkung erhoben werden kann, besteht für die Anerkennung des Tatbestandes der Erschleichung durch bewußtes Verschweigen des Standes der Technik, der mit dem Nichtigkeitsgrund aus § 13 Abs. 1 Ziff. 3 übereinstimmt, für den **Nichtigkeitsstreit** kein Bedürfnis mehr (BGH 25. 9. 1953 GRUR 1954, 107, 111 – Mehrfachschelle; die Frage wird offengelassen in BGH 16. 2. 1954 GRUR 1954, 317, 319 – Entwicklungsgerät und 8. 10. 1957 GRUR 1958, 75, 77 – Tonfilmwand).

Im **Verletzungsprozeß** hat er aber gleichwohl seine Bedeutung behalten. Insoweit den als Verletzer in Anspruch Genommenen auf die Nichtigkeitsklage zu verweisen, ist ein gerechtfertigter Grund nicht gegeben (BGH 29. 9. 1964 GRUR 1965, 231, 233 ff. – Zierfalten; vgl. auch RG 12. 11. 1930 GRUR 1931, 147; ebenso Wilde, Mitt. 1969, 258, 262).

Im Hinblick auf die dem Anmelder obliegende Wahrheitspflicht (§ 44) ist ein im Verlauf des Erteilungs- oder Nichtigkeitsverfahrens erfolgendes vorsätzliches Verschweigen oder Unterdrücken von faktisch **patenterteilungshindernden tatsächlichen Umständen** (z. B. von offenkundigen Vorbenutzungen, s. dazu § 44 Anm. 2) arglistig und verstößt gegen die guten Sitten (RG 25. 3. 1933 RGZ 140, 184, 187 ff.; 28. 5. 1936 GRUR 1937, 380, 382; 7. 2. 1941 GRUR 1941, 156, 159). Kenntnis der Tatsachen, die den Vorwurf des Sittenverstoßes begründen, und das Bewußtsein, das PA würde bei Kenntnis der Tatsachen das Patent versagt haben, genügen. Ein solches Verhalten hat zur Folge, daß dem Kläger im Verletzungsprozeß für einen auf Grund des Patents erhobenen Schadensersatzanspruch kein rechtlicher Schutz gewährt wird. Jede Art der Ausübung eines erschlichenen Patents ist unzulässig.

Der Vorwurf der Arglist kann allerdings nicht erhoben werden, wenn der Anmelder, ohne daß er irreführende Erklärungen abgegeben hat, Zweifelspunkte und der Patenterteilung ungünstige Umstände bloß nicht zur Sprache gebracht hat (RG 25. 3. 1933 a. a. O. S. 185, 187).

Im Falle des Erschleichens der **Wiedereinsetzung in den vorigen Stand** kann auch dies als Einwendung geltend gemacht werden (BGH 16. 3. 1956 GRUR 1956, 265 – Rheinmetall – Borsig I; vgl. auch 27. 5. 1952 GRUR 1952, 564, 565 – Wäschepresse).

Durch bewußt falsche Angaben des Anmelders bei der **Erfinderbenennung** wird der Tatbestand der Patenterschleichung nach BGH 16. 2. 1954 (GRUR 1954, 317, 319 – Entwicklungsgerät) nicht erfüllt. Die Entscheidung wird damit begründet, daß die sachliche Richtigkeit der Erfinderbenennung im ordentlichen Erteilungsverfahren (§§ 26 ff.) oder im vereinfachten Verfahren nach § 3 des 1. ÜG als Voraussetzung für die Entschließung des Patentamts zur Patenterteilung nicht wesentlich, ihre sachliche Unrichtigkeit für die Patenterteilung daher nicht ursächlich sein könne. Der Entscheidung ist zuzustinmen.

52 l) **Der Einwand des Erschleichens der Patentruhe**

Dieser Einwand aus § 826 BGB hängt gleichfalls mit der beseitigten Ausschlußfrist des früheren § 37 Abs. 3 PatG zusammen. Durch die Beseitigung der Ausschlußfrist besteht **nicht mehr** die Möglichkeit, die Patentruhe zu erschleichen, d. h. durch ein Abkommen mit dem Nichtigkeitskläger die drohende Patentvernichtung zunächst abzuwenden und das Patent sodann nach Ablauf der Ausschlußfrist gegen Dritte geltend zu machen.

Jedoch kann im Verletzungsprozeß ebenso wie früher auch Erschleichung der Patentruhe nach Erteilung des Patents eingewendet werden, sofern darunter eine gegen die guten Sitten verstoßende Beschaffung der **Ruhe vor Vernichtungsangriffen** verstanden wird. Bei Vertragsschluß muß in diesem Fall objektiv festgestanden haben, daß das Patent mangels Neuheit, Fortschritts oder Erfindungshöhe nicht hätte erteilt werden dürfen, und beide Parteien müssen sich über diesen Sachverhalt im klaren gewesen sein (RG 8.12. 1937 RGZ 157, 1; 25. 10. 1939 GRUR 1940, 32, 33). Voraussetzung ist demnach, daß die Nichtigkeitsklage objektiv Aussicht auf Erfolg gehabt hätte; die bloße irrtümliche Annahme der Beteiligten von der Nichtigkeit des Patents kann keine Einwendungen begründen (RG 18. 3. 1938 GRUR 1938, 513, 515). Sind diese Voraussetzungen erfüllt, so entbehrt die Abrede der Rechtswirksamkeit (RG 25. 3. 1933 RGZ 140, 184, 191; ebenso Nastelski in Reimer § 47 Anm. 81; a. A. Hesse in Klauer-Möhring § 47 Anm. 79).

C. Prozessuale Fragen

Es ist nicht Aufgabe einer Kommentierung des Patentgesetzes, allgemein gültige Grundsätze des Zivilprozesses zu erläutern. Das gilt insbesondere auch für das Gebiet der Zwangsvollstreckung, für das die umfangreichen ZPO-Kommentare, Lehrbücher und Abhandlungen zur Verfügung stehen; vgl. dazu jetzt auch Pastor, »Die Unterlassungsvolltreckung nach § 890 ZPO« 1969. Behandelt werden daher im folgenden nur die sich aus den Besonderheiten des Untersagungs- und Schadenersatzprozesses im Patentrecht ergebenden Rechtsfragen.

I. Einleitung der Klage

1. Gerichtsstand

a) **Örtliche Zuständigkeit**

v. Gamm, Mitt. 1952, 212 ff.; Ohl, GRUR 1961, 521 ff.

Neben dem allgemeinen Gerichtsstand, der sich für alle Klagen regelmäßig nach dem Wohnsitz einer natürlichen Person (§§ 12, 13, 16 ZPO), für gewerbliche Unternehmen nach dem Sitz des Unternehmens (§ 17 ZPO) bestimmt, stehen dem Kläger sog. besondere Gerichtsstände zur Wahl (§ 35 ZPO), die auf persönliche oder sachliche Merkmale ausgerichtet sind. Unter ihnen ist für Patentstreitigkeiten neben dem Gerichtsstand der selbständigen gewerblichen Niederlassung des Beklagten (§ 21 ZPO) und dem Gerichtsstand des Vermögens für Klagen gegen Personen, die im Inland keinen Wohnsitz haben (§ 23 ZPO; § 16 Satz 3 PatG im Falle eines Inlandsvertreters), vor allem der Gerichtsstand des **Begehungsortes einer unerlaubten Handlung** (§ 32 ZPO) von Bedeutung; vgl. dann § 51 Anm. 13. 53

In diesem Gerichtsstand können auch Unterlassungsansprüche auf Grund **nicht schuldhaften Verhaltens** verfolgt werden, wenn sie neben Verschulden erfordernden Entschädigungsansprüchen oder deren Hilfsansprüchen (Rechnungslegung, Offenbarungseid) geltend gemacht werden (RG 19. 6. 1915 GRUR 1916, 31). Aber auch für Unterlassungsansprüche, die **nicht** mit anderen Ansprüchen verbunden sind, ist der Gerichtsstand der unerlaubten Handlung maßgebend. Es ist heute allgemein anerkannt, daß sich der Begriff der unerlaubten Handlung in § 32 ZPO nicht auf die Tatbestände der §§ 823 ff. BGB beschränkt, sondern auf alle Handlungen auszudehnen ist, die durch ein gesetzliches Verbot als unerlaubt gekennzeichnet und deren zivilrechtliche Folgen im Gesetz in gleicher Weise wie die der unerlaubten Handlungen der §§ 823 ff. BGB geregelt worden sind (BGH 20. 3. 1956 GRUR 1956, 279 – Olivin). Die rechtliche Qualifikation einer Klage aus unerlaubter Handlung bestimmt sich demnach allein nach dem Gesetz, das durch die Tat des Beklagten verletzt worden ist (vgl. Ohl, GRUR 1961, 521, 522), also im Falle einer Patentverletzung nach § 47 Abs. 1, der für einen Unterlassungsanspruch nur eine den Vorschriften der §§ 6, 7 und 8 zuwiderlaufende objektiv rechtswidrige Benutzung voraussetzt. Im übrigen ist es aber bereits im Hinblick darauf, daß auch im BGB nicht schuldhafte Handlungen unter dem Begriff der unerlaubten Handlung subsumiert sind, gerechtfertigt, nur widerrechtliche, einen Unterlassungsanspruch begründende Handlungen ebenfalls dem Gerichtsstand des § 32 ZPO zu unterstellen (vgl. OLG Hamburg 17. 4. 1929 MuW 1929, 388). Für vorbeugende Unterlassungsklagen treffen die gleichen Gründe zu (s. LG Düsseldorf 28. 10. 1949 GRUR 1950, 293 und 14. 4. 1950 GRUR 1950, 381).

Ein rechtswidriger Eingriff in das Patent ist bei Zusendungen (z. B. von Lieferungen, Offerten, Werbeschreiben oder sonstwie werbenden Äußerungen wie Zeitungsreklamen, Prospekten) nicht nur am **Ort der Absendung**, sondern auch am **Ort des Zugangs** erfolgt (KG 24. 8. 1921 MuW 1921/22, 85; OLG Düsseldorf 9. 3. 1951 GRUR 1951, 516). An beiden Orten ist, falls sie im Inland gelegen sind, ein Gerichtsstand für die Gesamthandlung gegeben; denn »begangen« ist die unerlaubte Handlung überall dort, wo »ein Stück des Tatbestands« verwirklicht worden ist (RG 18. 10. 1909 RGZ 72, 41; 16. 10. 1937 GRUR 1938, 602; BGH 24. 7. 1957 GRUR 1958, 189, 197 – Zeiss).

Die reine **Durchfuhr** patentgeschützter Ware durch das Gebiet der Bundesrepublik stellt regelmäßig keine unerlaubte Handlung dar (vgl. BGH 15. 1. 1957 BGHZ 23, 100 – Taeschner-Pertusin; 24. 7. 1957 GRUR 1958, 189 – Zeiss; § 6 Anm. 73) und kann daher zur Begründung des Gerichtsstandes nicht herangezogen werden.

Der inländische Gerichtsstand ist auch gegeben, wenn die Handlung **zum Teil im Ausland** erfolgt ist (RG 28. 1. 1939 GRUR 1939, 553, 555). Ebenso für Klagen wegen Verletzung eines ausländischen Patents, wenn für den Beklagten ein Gerichtsstand im Inland gegeben ist (OLG Düsseldorf 25. 3. 1966 GRUR Int. 1968, 100 ff.; § 6 Anm. 69).

Auch bei Veranlassung des Eingriffs in das Patent seitens des Patentberechtigten durch einen sog. **agent provocateur** ist der Gerichtsstand des § 32 ZPO zu bejahen. Eine Arglisteinrede des Beklagten ist insoweit nur bei Hinzutreten besonderer Umstände begründet (OLG Düsseldorf 9. 3. 1951 GRUR 1951, 516; LG Düsseldorf 14. 4. 1950 GRUR 1950, 381; 5. 1. 1951 GRUR 1951, 519; LG Hamburg 5. 10. 1950 GRUR 1951, 39).

Die schlüssige Behauptung von Tatsachen, durch welche der Gerichtsstand begründet wird, genügt an sich (RG 12. 12. 1918 RGZ 95, 268). Beim Bestreiten dieser Tatsachen obliegt aber dem sich auf sie Stützenden die Beweislast (RG 26. 5. 1913 MuW 1913/14, 15), vgl. auch § 51 Anm. 12 ff.

b) **Sachlich zuständig** für Patentstreitsachen sind nach § 51 Abs. 1 ausschließlich die Landgerichte ohne Rücksicht auf den Streitwert.

2. Klagearten. Leistungs- und Feststellungsklagen

54 Außer der **Leistungsklage** kann auch die **Feststellungsklage** erhoben werden. Sie setzt voraus, daß ein Rechtsschutzinteresse an der alsbaldigen Feststellung von Rechtsverhältnissen besteht. Das Vorhandensein des Feststellungsinteresses ist in jeder Lage des Verfahrens, auch **noch in der Revisionsinstanz**, von Amts wegen zu prüfen (BGH 21. 6. 1955 BGHZ 18, 22, 41). Ein Feststellungsinteresse ist trotz Möglichkeit einer Leistungsklage in einem Falle bejaht worden, in dem Zweifel an der Zulässigkeit einer solchen

Klage bestanden haben und das Prozeßgericht diese Bedenken geteilt hat (BGH 14. 7. 1958 BGHZ 28, 123).

Die Klage ist in der Regel als unzulässig abzuweisen, wenn das Feststellungsinteresse wegfällt (BGH 21. 6. 1955 BGHZ 18, 22, 41). Jedoch braucht der Verletzte, dessen Feststellungsinteresse bei Klageerhebung vorlag, auch dann **nicht zur Leistungsklage überzugehen,** wenn diese Möglichkeit während des Rechtsstreits eintritt (RG 31. 1. 1941 GRUR 1941, 152, 153; BGH 30. 1. 1969 GRUR 1969, 373, 376 – Multoplane).

a) Die Klage auf **Feststellung der Verpflichtung zur Unterlassung (positive Feststellungsklage** § 256 ZPO) kann auch dann zulässig sein, wenn eigentliche Patentverletzungshandlungen weder stattgefunden haben noch drohend bevorstehen. Eine das Feststellungsinteresse rechtfertigende Gefährdung des Patentinhabers kann sich schon z. B. gegenüber demjenigen ergeben, der die **materielle Patentberechtigung** für sich in Anspruch nimmt (RG 5. 2. 1930 RGZ 127, 197 ff.). Auch besteht ein rechtliches Interesse bei Ansprüchen auf Feststellung des **streitigen Schutzumfangs** über die konkrete Verletzungsform hinaus (RG 17. 9. 1932 GRUR 1932, 1109 ff.). Von Bedeutung ist vor allem das Begehren der Feststellung der **Abhängigkeit** eines jüngeren Patents von einem älteren (RG 30. 4. 1919 RGZ 95, 304; 22. 12. 1920 GRUR 1921, 185). Auf Feststellung der Abhängigkeit kann auch neben einer Leistungsklage geklagt werden.

Eine Klage auf Feststellung des als Verletzer Bezeichneten, **nicht** zur Unterlassung verpflichtet zu sein **(negative Feststellungsklage),** ist selbstverständlich auch möglich. Bei der Erwiderung einer negativen Feststellungsklage durch eine sich mit dem Gegenstand der Feststellungsklage deckende Leistungswiderklage entfällt in der Regel das Rechtsschutzinteresse. Der Kläger muß daher, um einer Kostenbelastung zu entgehen, den Antrag stellen, die Feststellungsklage in der Hauptsache für erledigt zu erklären (RG 25. 3. 1936 RGZ 151, 65; BGH 21. 6. 1955 BGHZ 18, 22, 41; 7. 10. 1958 BGHZ 28, 203, 207 – Berliner Eisbein; 28. 11. 1961 GRUR 1962, 360 – Trockenrasierer). Es werden allerdings von der Rechtsprechung Ausnahmen von dieser Regel unter den besonderen Umständen der konkreten Prozeßsituation anerkannt, z. B. dann, wenn die Leistungsklage erst erhoben wird, nachdem der Rechtsstreit über die negative Feststellungsklage bereits entscheidungsreif ist (BGH 21. 6. 1955 a. a. O. mit weiteren Beispielen).

Der gleiche Rechtsgrundsatz gilt nach BGH 7. 10. 1958 a. a. O. **für das Verhältnis von zwei Unterlassungsklagen.** In der eine WZ-Verletzung betreffenden Entscheidung hat der BGH ein Rechtsschutzbedürfnis für die Unterlassungsklage eines vom Schutzrechtsinhaber Verwarnten gegenüber der Unterlassungsklage des Schutzrechtsinhabers verneint, wobei der BGH allerdings einräumt, es seien hier strengere Maßstäbe anzulegen, weil auch der Kläger der nicht so weitgehenden Leistungsklage, im Gegensatz zur Feststellungsklage, einen Vollstreckungstitel erlange. Die Möglichkeit, daß der Schutzrechtsinhaber im Falle der Abweisung der von ihm erhobenen Unterlassungsklage weiterhin die Behauptung eines Eingriffes in sein Schutzrecht aufstellen werde, liegt nach der Ansicht des BGH auf Grund der Lebenserfahrung so fern, daß sie die Bejahung eines Rechtsschutzbedürfnisses nicht rechtfertigen könne. Der Entscheidung wird beizutreten sein. Ebenso Heydt in der Anm. GRUR 1959, 154. Anders noch RG 3. 10. 1941 (GRUR 1942, 54).

Auch eine **Zwischenfeststellungsklage** hinsichtlich eines im Laufe des Prozesses streitig gewordenen Rechtsverhältnisses ist zulässig, soweit die Voraussetzungen des § 280 ZPO vorliegen. Für sie ist indessen kein Raum, wenn schon die Entscheidung über die Hauptklage die Rechtsbeziehungen, die sich aus dem streitigen Rechtsverhältnis ergeben, mit Rechtskraft erschöpfend klarstellt (BGH 7. 10. 1965 GRUR 1966, 370, 372 – Dauerwellen II; st. Rspr.). Die Erhebung einer Zwischenfeststellungswiderklage in der Berufungsinstanz bedarf keiner Zulassung durch das Gericht (BGH 27. 11. 1969 GRUR 1970, 202 – Handstrickapparat).

b) Außer der Klage auf Auskunft in Verbindung mit einer den ziffernmäßigen Forderungsbetrag vorbehaltenden Leistungsklage (Stufenklage nach § 254 ZPO; RG 4. 4. 1914 RGZ 84, 370) kann auch Klage auf **Feststellung der Schadensersatzpflicht** erhoben werden (RG 13. 1. 1932 MuW 1932, 199; BGH 3. 11. 1959 GRUR 1960, 193, 196 – Frachtenrückvergütung). Sie ist im allgemeinen zulässig, wenn der Eintritt eines Schadens **mit einiger Sicherheit** erfahrungsgemäß zu erwarten ist (RG 16. 1. 1942 GRUR 1942, 258; BGH 29. 3. 1960 GRUR 1960, 423, 426 – Kreuzbodenventilsäcke). Diese heute allgemein übliche Klage kann den Verletzten insbesondere auch vor den **Nachteilen drohender Verjährungsfrist** bewahren (BGH 3. 11. 1959 GRUR 1960, 193 – Frachtenrückvergütung). Voraussetzung für die Schadensfeststellungs- und Rechnungslegungsklage ist der Nachweis einer schuldhaft rechtswidrigen Verletzungshandlung (BGH 29. 3. 1960 GRUR 1960, 423, 426 – Kreuzbodenventilsäcke; 30. 4. 1964 GRUR 1964, 496, 497 – Formsand II – mit Nachweisen). Auf eine Einwendung, die Verletzungshandlung sei von bestimmtem Zeitpunkt ab eingestellt, braucht in der Regel nicht eingegangen zu werden (BGH 16. 3. 1956 GRUR 1956, 265 – Rheinmetall-Borsig I; abweichend RG 12. 3. 1940 GRUR 1940, 196). Die Feststellung einer Entschädigungspflicht und die Rechnungslegungspflicht können sich immer nur auf eine Zeitspanne schuldhaft rechtswidrigen Handelns beziehen.

Über Feststellungsklagen wegen Abhängigkeit § 6 Anm. 68

3. Klageantrag

Der Klageantrag muß die konkrete Form des Eingriffs in das Patent unter Vermeidung von Unklarheiten oder Zweifeln, notfalls unterstützt durch eine Zeichnung (RG 2. 9. 1941 GRUR 1941, 472) oder dem Gericht vorgelegte Modelle, kennzeichnen. Das haben das RG und der BGH wiederholt ausgesprochen (vgl. RG 2. 2. 1935 RGZ 147, 27, 30; 9. 1. 1937 GRUR 1937, 288, 292; 2. 12. 1941 GRUR 1942, 307, 312/313; vgl. auch OLG Hamburg 15. 9. 1949 GRUR 1949, 415; BGH 23. 2. 1962 GRUR 1962, 354, 356 – Furniergitter; 3. 4. 1963 GRUR 1963, 430, 431 – Erdener Treppchen). Eine Klage mit gegen diesen Grundsatz verstoßendem Klageantrag ist als unzulässig abzuweisen (OLG Hamburg 15. 9. 1949 a. a. O.). 55

Der Anspruchswortlaut kann im Klageantrag verwendet werden, wenn die Eingiffsform mit dem Anspruchswortlaut in den maßgebenden Punkten wortgleich identisch ist (RG 27. 5. 1936 GRUR 1937, 990, 993). Im allgemeinen ist eine bloße Wiedergabe des Patentanspruchs im Antrag nicht zulässig (RG 3. 4. 1935 GRUR 1935, 916; OLG Hamburg 15. 9. 1949 a. a. O.).

Die Prüfung auf Verletzung ist auf jede unter die Antragsfassung fallende Gestaltung zu erstrecken und nicht auf die spezifisich vom Kläger bezeichnete Ausführungsform zu beschränken (RG 18. 12. 1939 GRUR 1940, 342).

Für Klageänderungen gelten die §§ 264, 268 ZPO.

Über Klageänderung in der Revisionsinstanz Anm. 68.

II. Verfahren bis zum Urteil

1. Aussetzung des Verfahrens

Harraeus, Über den gleichzeitigen Ablauf von Patentverletzungs- und Patentnichtigkeitsverfahren, GRUR 1964, 181 ff.; Horn, Patentverletzungsprozeß und Nichtigkeitsverfahren, GRUR 1969, 169, 170. 56

Eine Aussetzung kann nur unter der Voraussetzung des § 148 ZPO erfolgen. Im Patentverletzungsprozeß kommt eine solche Aussetzung insbesondere bei Schweben einer Nichtigkeitsklage gegen das Streitpatent in Betracht. Die Entscheidung unterliegt dem pflichtgemäßen Ermessen des Gerichts. Die bloße Ankündigung einer Nichtigkeitsklage reicht nicht aus (RG 26. 3. 1930 GRUR 1936, 50, 51). Abzuwägen ist, ob der voraussichtliche Erfolg der anhängigen Nichtigkeitsklage so wahrscheinlich ist, daß die Aussetzung des Verletzungsstreits angebracht oder gerechtfertigt erscheinen könnte (BGH 22. 11. 1957 GRUR 1958, 179, 180 – Resin; 6. 3. 1959 GRUR 1959, 320, 324 – Mopedkupplung), zum anderen aber auch, ob etwa die Aussetzung nach dem bisherigen Verhalten des Verletzers (Verschleppungsabsicht) zu einer unzumutbaren Verzögerung des Verletzungsstreits führen würde (BGH 8. 10. 1957 GRUR 1958, 75, 76 – Tonfilmwand). Wird die Nichtigkeit des Streitpatents auf eine offenkundige Vorbenutzung gestützt, so genügt Glaubhaftmachung der behaupteten Vorbenutzung (LG Düsseldorf 24. 10. 1963 Mitt. 1967, 77).

Grundsätzlich kann der Antrag auch noch **in der Revisionsinstanz** gestellt werden, und zwar selbst dann noch, wenn die Nichtigkeitsklage erst nach Schluß der letzten Tatsachenverhandlung erhoben worden ist (BGH 8. 10. 1957 a. a. O. mit zahlreichen Nachweisen; 18. 6. 1964 GRUR 1964, 606, 611 – Förderband). Demgegenüber können aber neue Tatsachen, auf welche die Beklagte eine Klage auf Übertragung (§ 5) des streitigen Patents gestützt hat, in der Revisionsinstanz nicht mehr berücksichtigt werden (BGH 18. 6. 1964 a. a. O.); es darf mithin in diesem Fall nicht ausgesetzt werden.

Eine Aussetzung bis zur rechtskräftigen Erteilung kann auch im **Erteilungsverfahren** erfolgen, wenn der einstweilige Schutz des § 30 Abs. 1 Satz 2 geltend gemacht wird (BGH 18. 6. 1964 a. a. O.). Über Aussetzung bei Klagen auf Grund einer nur offengelegten oder bekanntgemachten Anmeldung vgl. indessen **jetzt** § 47 a.

Aussetzung im Verletzungsstreit hat der BGH auch vorgenommen, damit im Nichtigkeitsstreit die Frage der Kategorisierung (Vorrichtungs- oder Verfahrenspatent) geklärt wird (BGH 1. 6. 1951 GRUR 1951, 397 – Verfahrensaussetzung).

Wegen **Nicht-Aussetzung** einer auf **mehrere** Schutzrechte gestützten Verletzungsklage, bei der nur ein einheitliches Klagebegehren mit mehrfacher rechtlicher Begründung in Rede steht, vgl. BGH 20. 9. 1960 GRUR 1961, 79 ff. – Feuerzeugbenzin mit Anm. Moser von Filseck. Der Erlaß eines Teilurteils über einen der Klagegründe wäre im Hinblick auf die einheitlich gestellten Klageanträge nicht zulässig.

2. Unterbrechung und Konkurs

57 Da im Patentverletzungsprozeß eine Partei stets von einem Anwalt vertreten sein muß (§ 51 Abs. 1, § 78 ZPO), tritt eine Unterbrechung des Verfahrens nur beim Tode des Prozeßbevollmächtigten ein (§ 244 ZPO) oder aber im Falle der Eröffnung des Konkurses, soweit die Konkursmasse betroffen ist (§ 240 ZPO).

Der **Unterlassungsanspruch des Klägers** »betrifft« als Bestandteil seines Vermögens stets die Konkursmasse. Der **Konkurs des Beklagten** (Verletzers), gegen den ein Unterlassungsanspruch anhängig ist, »betrifft« die Konkursmasse mit der Folge, daß eine Unterbrechung des Verfahrens eintritt, wenn der Ausgang des Rechtsstreites für den Wert oder die Verwertbarkeit der Masse von Bedeutung ist (RG 6. 1. 1932 RGZ 134, 377 ff.). In der Regel wird die Frage, ob der Verletzer die beanstandete Handlung vornehmen oder fortsetzen darf, für seinen Gewerbebetrieb von erheblichem vermögensrechtlichen Interesse sein (BGH 21. 10. 1965 GRUR 1966, 218 – Dia-Rähmchen III unter Hinweis auf RG GRUR 1933, 637, 638). Umstritten ist, nach welcher Vorschrift das unterbrochene Verfahren aufzunehmen ist, ob nach § 10 KO oder nach § 11 KO.

Der BGH a. a. O. hat in Übereinstimmung mit RG 6. 1. 1932 a. a. O. angenommen, daß ein gegen den Gemeinschuldner geführter Rechtsstreit als ein Aktivprozeß im Sinne von § 10 KO anzusehen sei. Eine Ablehnung des Konkursverwalters, den Rechtsstreit wieder aufzunehmen, gibt daher gemäß § 10 Abs. 2 KO dem Gemeinschuldner das Recht zur Aufnahme des Rechtsstreits (a. A. Reimer § 47 PatG Anm. 74 und Utescher in der Anm. zu BGH GRUR 1966, 220, 221, die eine entsprechende Anwendung des § 11 KO befürworten; ebenso Jaeger, KO § 10 Anm. 18).

Der **Schadenersatzanspruch** gegen den Gemeinschuldner ist als Vermögensanspruch im Sinne des § 3 KO für die Zeit bis zur Konkurseröffnung Konkursforderung. Er wird Masseschuld (§ 59 KO), wenn der Konkursverwalter die Verletzungshandlung fortsetzt.

Das gleiche gilt für den **Rechnungslegungsanspruch,** der als Hilfsanspruch des Schadensersatzanspruchs dessen rechtliches Schicksal teilt (KG 23. 3. 1932 GRUR 1933, 637, 641).

3. Beweislast und Beweisführung

a) Beweislast

Hesse, Die Beweislast im Patentverletzungsprozeß, GRUR 1972, 675 ff.

Sie folgt den allgemeinen Grundsätzen. Die Beweislast für anspruchs- 58
begründende Tatsachen obliegt demjenigen, der daraus Folgen herleitet. Den Kläger trifft daher als anspruchsbegründende Tatsache auch die Beweislast für die Wiederholungsgefahr (RG 29. 1. 1912 RGZ 78, 210, 213). Die Beweislast für schuldhafte Verletzung des Patents trifft den Patentinhaber, für anspruchsvernichtende oder -ändernde oder -verzögernde Tatsachen denjenigen, der aus ihnen Rechtsfolgen zu seinen Gunsten ableitet. Die Möglichkeit einer Umgehung der Beweislast wegen Wahrscheinlichkeit von Umständen, die für die Wahrheit des Beweisthemas sprechen, ist zu verneinen (BGH 21. 11. 1950 GRUR 1951, 70 – Holzverwertung). Dagegen kann die Lebenserfahrung bei typischen, von individuellen Willensentschließungen unabhängigen Geschehensabläufen aus den unstreitigen oder

bewiesenen tatsächlichen Umständen eine Beweiswürdigung des **ersten Anscheins** (nicht aber eine Umkehrung der Beweislast, die bei Nichterfüllung ein Ergebnis zu Ungunsten des Beweispflichtigen zur Folge hat) ermöglichen, die jedoch dadurch entkräftet werden kann, daß der Gegner Tatsachen beweist, die die Möglichkeit eines anderen Hergangs in ernstliche Beachtung rücken (BGH 21. 11. 1950 GRUR 1951, 70 – Holzverwertung; 17. 4. 1951 NJW 1951, 653; 25. 10. 1951 NJW 1952, 217; 23. 5. 1952 NJW 1952, 1137). Wird der Beweis des ersten Anscheins entkräftet, so greift die ursprüngliche Beweislast wieder Platz.

Bei dem Beweis des ersten Anscheins spielen insbesondere die sog. **Erfahrungssätze** eine Rolle, unter denen die aus der Beobachtung von Einzelfällen gewonnenen Sätze sowohl der allgemeinen Lebenserfahrung als auch einer besonderen Fach- und Sachkunde verstanden werden (BGH 24. 2. 1970 GRUR 1970, 408, 413 – Anthradipyrazol). Sie dienen im **Prozeß** als Obersätze für die Beurteilung von Tatsachen sowohl bei der Subsumtion unter die Rechtsbegriffe wie auch bei der Würdigung der Beweismittel und Beweisanzeichen. Diese Erfahrungssätze können aber auch im **Patenterteilungsverfahren** auf allen technischen Gebieten, insbesondere auch auf dem Gebiet der Chemie bedeutsam werden, »mögen sie auch nur denjenigen geläufig sein, die eine besondere Sachkunde auf den in Betracht kommenden Gebieten besitzen« (BGH a. a. O. S. 414).

Eine Umkehrung der Beweislast greift Platz bei Unaufklärbarkeit des Sachverhalts, die durch die nicht beweispflichtige Partei schuldhaft veranlaßt ist (BGH 16. 4. 1955 LM ZPO § 282 Nr. 2).

Zu beachten sind auch die Fälle, in denen – entgegen den vorstehend entwickelten Grundsätzen – die Beweislast von Gesetzes wegen oder durch Vertrag besonders geregelt ist.

Beweisermittlungsanträge sind unzulässig (RG 2. 10. 1937 GRUR 1938, 599, 602).

b) Beweisführung

59 Zur Führung eines Beweises ist es notwendig, der entscheidenden Stelle die Überzeugung eines so hohen Grades von Wahrscheinlichkeit zu verschaffen, daß diese Wahrscheinlichkeit nach der Lebenserfahrung der Gewißheit gleich zu achten ist (RG 6. 7. 1921 RGZ 102, 316, 321; 18. 9. 1937 GRUR 1939, 189, 191). An die Beweisführung »besonders strenge« Anforderungen zu stellen, wie dies vielfach geschieht, widerspricht § 286 ZPO.

4. Beweisregel des § 47 Abs. 3

60 Müller, Chemie und Patentrecht S. 94 ff.; R. Pietzcker, Zum Stoff- und Neuheitsbegriff des § 47 Abs. 3 PatG, GRUR 1963, 601 ff.; ders., Bemerkungen zur Anwendbarkeit des § 47 Abs. 3 PatG auf den einstweiligen

Schutz des § 30 PatG, Mitt. 1964, 11 ff.; Schweikhardt, Die Beweislast bei Verletzung von Schutzrechten auf Verfahren und Vorrichtungen, deren Verwendung im fertigen Erzeugnis nicht zu erkennen ist, GRUR 1962, 116 ff.; Hahn, Der Schutz von Erzeugnissen patentierter Verfahren S. 117 ff.

Die Beweisregel gilt lediglich für **Verfahrenspatente zur Herstellung eines neuen Stoffes** (RG 15. 5. 1939 GRUR 1939, 905, 908) und kehrt die Beweislast, die an sich dem Patentinhaber für den Eingriff in das Patent obliegt, dahin um, daß derjenige, der den neuen Stoff herstellt, zu beweisen hat, daß er nicht nach dem Patent gearbeitet hat. Der Kläger hat in einem solchen Fall nur nachzuweisen, daß der Stoff von **gleicher Beschaffenheit** ist wie der durch sein Verfahren erzeugte Stoff. Es ist dann Sache des Beklagten zu beweisen, daß er ein anderes Verfahren benutzt hat.

Die Beweisregel gilt auch für Verfahren, die auf Grund bekanntgemachter Anmeldungen (§ 30 Abs. 1) Schutz genießen (R. Pietzcker Mitt. 1964, 11).

Stoff ist nicht nur ein chemischer Stoff, sondern auch ein mechanisches Erzeugnis (RG 11. 2. 1925 RGZ 110, 181). Dieser Entscheidung ist auch darin beizutreten, daß es sich um eine Substanz handeln muß, die in der Regel zur technischen Verwendung oder zur technischen Weiterverarbeitung bestimmt ist, keine Einzelindividualität aufweist, äußerlich nicht formgestaltet ist und bei der es wenigstens auf die Formgebung nicht in erster Linie ankommt. Die insbesondere von Danziger (GRUR 1925, 285) und Wirth (Mitt. 1925, 169) gegen diese Begriffsbestimmung geäußerten Bedenken sind erst neuerdings von R. Pietzcker (GRUR 1963, 601) überzeugend wiederlegt worden. »Nicht formgestaltet« in RGZ a. a. O. bedeutet nur, daß man nach Bedarf beliebige Mengen, Längen und Flächen davon verwenden kann.

Nach der Entscheidung RG 11. 2. 1925 a. a. O. ist **Neuheit** gegeben, wenn Unterschiede in den mechanischen oder chemischen Eigenschaften gegenüber dem Bekannten hervortreten, wobei aber nicht jeder Unterschied genügen soll, sondern nur ein durchgreifender und das Wesen der Substanz betreffender Unterschied. Demgegenüber läßt es die herrschende Meinung genügen, daß sich der neue Stoff in irgendeiner mit Sicherheit unterscheidbaren Eigenschaft von dem Vorbekannten abhebt (LG München I 17. 12. 1963 GRUR 1964, 679, 680 im Anschluß an Reimer § 47 Anm. 114; ebenso Müller a. a. O. S. 100; R. Pietzcker a. a. O. S. 604; Bernhardt, Lehrbuch § 56 IV). Dieser Ansicht ist im Hinblick auf den der Beweiserleichterung bei Herstellungsverfahren dienenden Zweck der Vorschrift des § 47 Abs. 3 zuzustimmen (Hahn a. a. O. S. 139).

Während im Schrifttum Einigkeit darüber zu bestehen scheint, daß sich der **Neuheitsbegriff des § 2 Abs. 1 nicht mit dem Begriff der Stoffneuheit** i. S. des § 47 Abs. 3 deckt (Reimer – Nastelski § 47 Anm. 114; a. A. aber wohl Hesse in Klauer-Möhring § 47 Anm. 87), ist der **Zeitpunkt**, der für den Vergleich des neu hergestellten Stoffes mit dem bekannten Stoff maßgebend sein soll, umstritten. Gegenüber der überwiegend vertretenen Ansicht, daß es für die Neuheit auf den Zeitpunkt der Anmeldung des Herstellungsverfahrens ankommt (Müller a. a. O. S. 94; Pietzcker a. a. O. S. 606), wird eingewandt, daß entsprechend dem Sinn der aufgestellten Neuheitsforderung der Stoff zu dem **Zeitpunkt** neu gewesen sein müsse, in dem die Herstellung durch den Beklagten oder dessen Lieferanten erfolgte. Es sei nicht folgerichtig, die Vermutung auch nach Bekanntwerden weiterer Verfahren noch anzuwenden (Hahn a. a. O. S. 140 ff.). R. Pietzcker, a. a. O. S. 606 vertritt demgegenüber die Ansicht, daß es dem sprachlichen Neuheitsbegriff widerspreche, wenn erst nach der Priorität des Klagepatents gleiche Stoffe erstmalig bekannt würden; auch werde die durch die Beweisregel hervorgerufene Situation in den wenigsten Fällen zu unsachgemäßen Ergebnissen führen. Dem ist in Abweichung des in der Vorauflage eingenommenen Standpunkts zuzustimmen. Mögen auch überzeugende Rechtfertigungsgründe für eine Vermutung, der Verletzer habe ungeachtet des Bekanntwerdens anderer Herstellungsverfahren gerade das geschützte Verfahren verwendet, nicht recht erkennbar sein, so wird man sich gleichwohl in der Tat über den Wortlaut des Gesetzes nicht hinwegsetzen können. S. jetzt auch BGB 29. 1. 1970 GRUR 1970, 237, 241 – Appetitzügler II, wonach die Neuheit des Stoffes auch dann zu vermuten ist, wenn der gleiche Stoff zwar nach einer prioritätsälteren, aber nicht vor der Anmeldung des Klagepatents bekanntgemachten Lehre herzustellen ist.

Umstritten ist auch, ob nur ein tatsächlich schon hergestellter Stoff neuheitsschädlich sein kann oder ob hierfür eine Beschreibung des Stoffes genügt. Ist das Verfahren in der Vorbeschreibung so eindeutig dargestellt, daß ein Durchschnittsfachmann ihr alles Wesentliche entnehmen kann, so muß dies die Anwendung des § 47 Abs. 3 ausschließen. Die von Reimer a. a. O. aufgestellte Forderung, die Beschreibung müsse jedenfalls in einer öffentlichen Druckschrift i. S. des § 2 enthalten sein, dürfte zu weit gehen. Auch private Aufzeichnungen erfüllen denselben Zweck. Der Beklagte muß in diesem Fall dartun, daß er zu ihnen Zugang gehabt hat (Hahn a. a. O. S. 136; ebenso wohl auch Pietzcker a. a. O. S. 605).

Über das Erfordernis **»gleicher Beschaffenheit«** vgl. OLG Hamburg 9. 3. 1897 (Bl. 1899, 4, 5) und 10. 3. 1898 (Bl. 1899, 6, 7). Hiernach ist eine gleiche Beschaffenheit zu bejahen, auch wenn die Produkte nur in kleinen Nuancen voneinander abweichen. Es soll für diese Voraussetzung nur darauf ankommen, daß das technisch Wesentliche gleichartig ist. Dem wird im Ergebnis zuzustimmen sein. S. dazu RG 16. 10./5. 11. 1900 Bl. 1901, 131,

134 (Entscheidung in der Hauptsache), wonach bloße Verschlechterungen und unwesentliche Abänderungen den Patentschutz nicht beeinträchtigen können. Im einzelnen vgl. Hahn a. a. O. S. 144 ff.

Die Beweisvermutung des § 47 Abs. 3 gilt lediglich für Unterlassungs- und Schadenersatzklagen im Zivilprozeß. Die Vermutung würde dem strafprozessualen Grundsatz der freien Beweiswürdigung zu stark widersprechen (Kloeppel, GRUR 1903, 153, 159; a. A. Müller a. a. O. S. 101). Für eine Ausdehnung der Beweisumkehr: Schweikhardt (GRUR 1962, 116 ff.), der aber zugibt, daß das geltende Recht eine solche Erweiterung nicht gestattet.

5. Beweiserhebung

Für sie sind die Vorschriften der ZPO maßgebend. Die wichtigsten Beweismittel im Verletzungsprozeß sind Sachverständige (§§ 402–414 ZPO) und Zeugen (§§ 373–401 ZPO). 61

a) Der **Sachverständigenbeweis** (§§ 402–414 ZPO) kann auf Antrag (§ 403 ZPO) oder von Amts wegen (§ 144 ZPO) angeordnet werden. Ob das Gericht die Unterstützung durch einen Sachverständigen für notwendig hält, steht in seinem pflichtgemäßen Ermessen (RG 12. 9. 1939 GRUR 1939, 969; BGH 24. 4. 1969 GRUR 1969, 534, 536 – Skistiefelverschluß). Bejaht das Gericht seine eigene Sachkunde, so kann es von einem Sachverständigenbeweis absehen (BGH 28. 11. 1963 GRUR 1964, 196, 199 – Mischer II). Das Gericht muß aber in diesem Fall die für die Beurteilung der streitigen technischen Fragen nötige Sachkunde mit hinreichenden Gründen belegen (BGH 27. 10. 1970 – X ZR 9/68 – Faltenrohre – S. 17). Es ist andererseits zur Hinzuziehung des Sachverständigen verpflichtet, wenn technische Fragen zur Erörterung stehen, die das Gericht aus eigener Sachkunde nicht beantworten kann (RG 1. 2. 1936 GRUR 1936, 1046, 1047). Möhring (Mitt. 1959, 241, 245) tritt dafür ein, daß auch das Revisionsgericht erforderlichenfalls einen Sachverständigen hinzuziehen sollte. Diese Auffassung geht aber wohl im wesentlichen davon aus, daß in der Revisionsinstanz auch neues Druckschriftenmaterial vorgelegt werden dürfe. Im Hinblick auf § 561 ZPO lehnt der BGH indessen die Prüfung von neuem tatsächlichen Material zu Recht ab (BGH 28. 11. 1963 GRUR 1964, 196, 199 – Mischer II).

Selbstverständlich kann das Gericht den Tatbestand anders würdigen, als der Sachverständige es getan hat. Es gilt der Grundsatz der freien Beweiswürdigung. Weicht es indessen von dem Gutachten ab, so müssen die maßgebenden Gründe dafür in den Entscheidungsgründen angegeben werden, damit die Nachprüfung möglich ist, ob sie etwa durch rechtserheblichen Irrtum beeinflußt sind (RG 9. 10. 1935 GRUR 1936, 303, 305; 29. 6. 1936 GRUR 1937, 450, 452; BGH 28. 11. 1963 GRUR 1964, 196, 199 – Mischer II).

Auch die Entscheidung, ob ein Gutachten schriftlich oder nur mündlich zu erstatten ist, steht im Ermessen des Gerichts. Die ZPO enthält darüber keine besonderen Bestimmungen (BGH 10. 7. 1952 BGHZ 6, 398, 399). Indessen wird es sich im Patentverletzungsverfahren stets empfehlen, zunächst ein schriftliches Gutachten einzuholen (§ 411 ZPO), das der Sachverständige dann in der mündlichen Verhandlung (§ 411 Abs. 3) zu erläutern hat. Dem Antrag einer Partei, das Erscheinen des Sachverständigen vor Gericht anzuordnen, ist grundsätzlich stattzugeben (BGH 10. 7. 1952 a. a. O. S. 401). Der Antrag muß spätestens in dem Termin gestellt werden, in dem das Gutachten von der Partei vorgetragen wird (BGH 20. 9. 1961 BGHZ 35, 370 ff.). Wegen Zahlung eines zur Deckung der Auslagen hinreichenden Vorschusses s. § 114 Abs. 1 Satz 1 und Abs. 3 Satz 1 GKG.

Eine Patei kann auch in besonders gelagerten Fällen, in denen sich z. B. herausstellen sollte, daß der Sachverständige nicht über eine genügende Sachkunde verfügt, beantragen, einen anderen Sachverständigen zu bestellen. Das werden jedoch Ausnahmetatbestände darstellen, deren Entscheidung allein im Ermessen des Gerichts steht (RG 26. 1. 1943 GRUR 1943, 205, 210). Von den Parteien eingereichte technische Gutachten sind, soweit sie tatsächliche Behauptungen über technische Vorgänge enthalten, als Behauptungen der Parteien und als unter Sachverständigenbeweis gestellt anzusehen. Es ist zu ihnen Stellung zu nehmen (RG 27. 10. 1937 GRUR 1938, 249, 251; 23. 10. 1937 GRUR 1939, 359, 362). Liegen dem Gericht mehrere sich widersprechende Gutachten vor, so hat das Gericht demjenigen zu folgen, dem es nach seiner inneren Überzeugung das größere Vertrauen entgegenbringt. Es liegt aber auch in seinem Ermessen, die Gegenüberstellung der Sachverständigen anzuordnen (§ 394 Abs. 2 ZPO) oder aber einen Obergutachter hinzuzuziehen (RG 13. 5. 1936 GRUR 1937, 352, 354 und 356). Die Einholung eines Obergutachtens braucht nach § 412 ZPO seitens des Gerichts nur angeordnet zu werden, wenn ihm das vorliegende Gutachten zur Gewinnung einer Überzeugung als nicht ausreichend erscheint (BGH 26. 6. 1969 – X ZR 52/55 S. 30, insoweit in GRUR 1969, 677 ff. nicht abgedruckt).

Wird die Aussage des Sachverständigen **nicht im Protokoll** festgestellt (§ 161 ZPO), so muß das Ergebnis in Form einer Tatsachenfeststellung im Tatbestand oder in den Entscheidungsgründen mitgeteilt werden (RG 24. 11. 1939 MuW 1940, 96, 97; BGH 20. 11. 1952 LM ZPO § 161 Nr. 2). Beide Möglichkeiten können auch gleichzeitig angewendet werden (RG 23. 9. 1941 GRUR 1942, 284). Auch bei der Erstattung eines technisch schwierigen und verwickelten Gutachtens ist das Gericht nicht gehalten, das Gutachten gemäß § 160 Abs. 2 Nr. 3 ZPO durch Aufnahme in das Sitzungsprotokoll festzustellen (BGH 14. 6. 1956 BGHZ 21, 59, 62).

Die dem Sachverständigen vorzulegenden Fragen dürfen sich nur auf Tatsachen und deren Wertung, nicht auf Rechtsfragen beziehen. Unzulässig ist daher eine Frage, ob der Beklagte von den Mitteln des Klagepatents Gebrauch mache, oder – noch allgemeiner – ob eine Patentverletzung vorliege. Keine Bedenken bestehen gegen die Fragestellung nach dem Gegenstand der geschützten Erfindung vom technischen Standpunkt aus unter Berücksichtigung des Standes der Technik, nach Wirkungsweise, Aufgabe und Lösungsgedanken des Patents sowie die Aufforderung an den Sachverständigen, sich über die Verletzungsform nach Übereinstimmung und Abweichung gegenüber dem Patent zu äußern.

Hat das Gericht seine technische Beurteilung ausreichend und ohne denk- oder verfahrensmäßigen Irrtum begründet, so kann mit der Revision nicht beanstandet werden, daß ein Sachverständiger nicht herangezogen worden ist (RG 7. 11. 1936 GRUR 1937, 363).

Auch darf das Gericht nicht etwa einfach die ihm passend erscheinenden Teile des Gutachtens übernehmen und andere, im Widerspruch dazu stehende, beiseite lassen.

Die Ablehnung eines Sachverständigen erfolgt aus denselben Gründen, die zur Ablehnung eines Richters berechtigen (§ 406 ZPO).

b) Der **Zeugenbeweis** (§§ 373–401 ZPO) kommt im Verletzungsstreit 62
insbesondere bei Feststellung der Verletzungshandlung und bei Vorbenutzungshandlungen in Betracht. Bei der Zeugenvernehmung über Vorbenutzungshandlungen, die häufig lange Zeit zurückliegen, ist es für das Gericht oft nicht einfach, sich ein klares Bild zu verschaffen. Schon Isay (§ 2 Anm. 22) hat daher zu Recht gefordert, daß dem Zeugen bei der Vernehmung nicht Suggestivfragen gestellt werden dürften, aus denen der Gefragte schon die Stellungnahme des Fragers heraushören könne, sondern daß er veranlaßt werden müsse, möglichst einen zusammenhängenden Bericht zu geben. Auch sollte er veranlaßt werden, möglichst eine seiner Erinnerung entsprechende Zeichnung selbst vor dem Gericht anzufertigen. Diese Vorschläge sind auch heute noch beherzigenswert.

Die Zeugenvernehmung darf einem Mitglied des Prozeßgerichts nur unter den Voraussetzungen des § 375 ZPO übertragen werden. Es wird sich im Hinblick auf die technischen Streitfragen, die bei Vorbenutzungen auftreten, aber auch im Hinblick auf den persönlichen Eindruck des Zeugen, der seine Aussage in Anwesenheit der Partei zu machen hat, empfehlen, den Zeugen vor dem Prozeßgericht zu vernehmen (ebenso Reimer § 47 Anm. 118). Der in den §§ 355, 375, 451, 402 ZPO niedergelegte Grundsatz der Unmittelbarkeit der Beweisaufnahme sollte daher bei solchen Zeugenvernehmungen stets beherzigt werden. Liegt eine angebliche offenkundige Vorbenutzung viele Jahre zurück, so muß die Prüfung mit besonderer Vorsicht vorgenommen werden (vgl. KG 14. 10. 1933 MuW 1934, 124). »Das Gedächtnis der Menschen ist zu kurz und zu fließend, zu leicht beeinflußt durch Zufall und Interessen, um zuzulassen, daß die Erinnerung eines oder zweier Zeugen den Bestand wertvoller Patente in Frage stellen könne« (Pietzcker § 2 Anm. 33).

Zur Ablehnung eines Antrags auf Vernehmung von Zeugen und ihren Voraussetzungen vgl. BGH 7. 1. 1965 GRUR 1965, 411, 415 – Lacktränkeinrichtung.

Für ein Zeugnisverweigerungsrecht kommt vor allem § 384 Ziff. 3 ZPO in Betracht, d. h. das »Gewerbegeheimnis«, das ein Angestellter bei einer Vernehmung über festzustellende Verletzungshandlungen der vom Kläger in Anspruch genommenen Firma offenbaren müßte. Steht ein schutzwürdiges Betriebsgeheimnis in Frage, so wird das Gericht das Verweigerungsrecht anerkennen müssen. Andererseits wird Isay (§ 4 Anm. 76 mit Nachweisen) zuzustimmen sein, daß ein schutzwürdiges Interesse dann nicht vorliegt, wenn es sich nur um die Feststellung handelt, ob die dem Kläger an sich bekannten Apparate oder Verfahren von dem Beklagten benutzt werden (vgl. auch Seligsohn § 4 Anm. 22 S. 165).

Über den Beweis durch **Augenschein** (§§ 371, 372 ZPO) und **Urkunden** (§§ 415–444 ZPO) kann auf die einschlägigen Erläuterungen der ZPO-Kommentare verwiesen werden.

6. Urteilsformel

63 Grundsätzlich muß die **Urteilsformel** so gefaßt sein, daß der Vollstrekkungsrichter keine materielle Entscheidung mehr zu treffen hat (RG 2. 12. 1941 GRUR 1942, 307, 312/313; vgl. auch BGH 3. 4. 1963 GRUR 1963, 430, 431 – Erdener Treppchen). Die Urteilsformel darf daher in der Regel nicht den bloßen Gesetzestext bringen (RG 9. 10. 1935 GRUR 1936, 303, 304; 8. 2. 1938 GRUR 1938, 503, 508), sondern muß ihre Fassung der konkreten Verletzungsform anpassen (RG 25. 4. 1934 GRUR 1936, 905, 908; 2. 12. 1941 a. a. O.; BGH 29. 10. 1954 GRUR 1955, 156 – Sympatol – Nor-Körper; 23. 2. 1962 GRUR 1962, 354, 356 – Furniergitter). Ein Unterlassungsgebot jedoch, das lediglich im Anschluß an die Patentansprüche gefaßt ist, bedarf keiner Fassungsänderung, wenn sich der eingeschränkte spezifische Sinn bereits aus den Entscheidungsgründen ergibt (RG 23. 1. 1935 GRUR 1935, 362, 364). Aber auch wenn die Entscheidungsgründe herangezogen werden dürfen, um die Urteilsformel zu erläutern, muß diese immer das Erfordernis genügender Bestimmtheit erfüllen. Ein in dieser Hinsicht bestehender Mangel kann gegebenenfalls durch eine eingeschränktere Fassung von Gerichts wegen behoben werden (RG 8. 2. 1938 GRUR 1938, 503, 508).

Zur Kennzeichnung der Verletzungsform kann auch auf eine dem Urteil als Anlage beigefügte Zeichnung Bezug genommen werden (RG 2. 9. 1941 GRUR 1941, 472).

7. Rechtskraftwirkung

Die Rechtskraftwirkung bezieht sich auf die gekennzeichnete Verletzungsform einschließlich derjenigen Änderungen, die zu dem patentrechtlichen Kern keine wesentliche Beziehung haben, sowie solcher, hinsichtlich derer das Gericht nach dem Inhalt der Entscheidungsgründe zweifelsfrei die Verletzungsfrage ebenfalls bejaht hätte (RG 2. 2. 1935 RGZ 147, 27, 30 ff.; 15. 11. 1937 RGZ 156, 321, 327, 328; 2. 12. 1941 GRUR 1942, 307, 313; BGH 22. 2. 1952 BGHZ 5, 189, 193, 194 = GRUR 1952, 577 – Fischermännchen). Für die **Tragweite der Rechtskraft** eines Urteils muß stets dessen Sinn entscheidend sein (RG 2. 2. 1935 a. a. O.; 2. 3. 1935 GRUR 1935, 428, 429). 64

Über **Feststellungsklagen** im Falle eines **Streits über die Tragweite** eines Unterlassungsurteils s. BGH 22. 2. 1952 BGHZ 5, 189.

Ist in einem Vorprozeß der **Schutzumfang des Patents** bereits in der Urteilsformel in **Form einer Feststellung festgelegt** worden, so ist dies hinsichtlich späterer Änderungen der Verletzungsform maßgebend (RG 13. 6. 1928 RGZ 121, 287, 289/90; a. A. RG 7. 7. 1939 GRUR 1939, 966, wo allerdings gegebenenfalls Rechtskraft für die gewählte Schadensberechnungsart anerkannt wird).

Die Rechtskraftwirkung des **Unterlassungsurteils** soll sich nach der RG-Rechtsprechung nicht auf den Schadensersatzanspruch und seine Hilfsansprüche (RG 15. 3. 1939 RGZ 160, 163; 12. 3. 1940 GRUR 1940, 196) erstrecken. Diese Rechtsprechung ist wenig befriedigend, vgl. Pinzger (GRUR 1942, 192); Reimer § 47 Anm. 125; Zeuner, Die objektiven Grenzen der Rechtskraft, 21 ff., 58 ff. In Festschrift für Dölle S. 295, 309 vertritt Zeuner die Auffassung, daß die deliktischen Schadenersatzansprüche auf denselben allgemeinen Verboten beruhten, die auch mit den Unterlassungsklagen geltend gemacht würden, und die im Unterlassungsurteil begehrte Entscheidung nur einen Streitpunkt betreffe, der für den Schadenersatzprozeß die Bedeutung einer Vorfrage habe; a. A. aber Zeiss, NJW 1968, 1305 ff. Der BGH hat sich mit diesen Gesichtspunkten noch nicht auseinandergesetzt. Zwar hat nach BGH 17. 3. 1964 BGHZ 42, 340 ff. = GRUR 1965, 327 – Gliedermaßstäbe – ein rechtskräftiges Urteil, das einem auf Vertrag gegründeten Unterlassungsantrag stattgegeben hat, auch Rechtskraftwirkung für einen späteren Schadensersatzprozeß der Parteien, soweit es sich um Ansprüche für die Zeit nach Erhebung der Unterlassungsklage handelt. Offengelassen ist aber die Frage, ob dasselbe auch **für nicht auf Vertrag beruhende Unterlassungsansprüche gilt.** Auf Bedenken gegen die Rechtsprechung des RG weist der BGH a. a. O. S. 330 jedoch zu Recht hin; anders allerdings noch BGH 29. 10. 1954 GRUR 1955, 156 – Sympatol – Nor-Körper; vgl. dazu Ernst Reimer in der Anmerkung GRUR 1965, 331 ff.

Auch eine Entscheidung über **Rechnungslegungspflicht** bewirkt nach RG 7. 7. 1939 (GRUR 1939, 966, 967) **keine** Rechtskraft **für den** Schadenersatzanspruch; ebenso BGH 27. 11. 1969 GRUR 1970, 202 – Handstrickapparat unter Hinweis auf BGH NJW 1969, 880 mit weiteren Fundstellen.

Ein Urteil, das die **Schadensersatzpflicht** des Beklagten feststellt, schafft **keine** Rechtskraft **hinsichtlich der Art der Berechnung des Schadens** (RG 21. 3. 1934 RGZ 144, 187, 191). In welcher Weise der Kläger späterhin seinen Schaden berechnen will, unterliegt seinem Ermessen (BGH 19. 12. 1958 GRUR 1959, 478, 481 – Laux-Kupplung). Das Urteil verhindert aber die Erhebung der Einrede der Verjährung gegenüber einer späteren Leistungsklage.

Wenn durch ein **Teilurteil** in erster Instanz eine dem Kläger **günstige (Inzident) Feststellung** getroffen ist, so kann die Rechtsmittelinstanz auch ohne weiteren Antrag die in der unteren Instanz anhängig gebliebenen weiteren Ansprüche des Klägers abweisen, wenn mit der Entscheidung der Rechtsmittelinstanz notwendigerweise auch dem weiteren Anspruch die Grundlage entzogen ist. Das gleiche gilt, wenn **im Falle der Stufenklage** das Gericht erster Instanz nur den vorbereitenden Anspruch (Rechnungslegung) oder im Falle der Klagehäufung von Unterlassungs- und Schadenersatzanspruch nur den Unterlassungsanspruch zuerkannt hat (BGH 3. 7. 1959 GRUR 1959, 552 ff. – Bundfitsche).

8. Streitwert

65 Der Streitwert ist vom Gericht nach freiem Ermessen festzusetzen (§ 11 GKG, § 3 ZPO). Für die **Unterlassungsklage** richtet sich der Streitwert nach dem Interesse des Klägers, daß die mit dem Klageantrag beanstandete Verletzungshandlung in Zukunft unterbleibt (RG 8. 3. 1933 MuW 1933, 468; 20. 12. 1933 MuW 1934, 168, 171). Maßgebend ist danach das subjektive Parteiinteresse des Klägers, nicht etwa das vielleicht höhere Interesse des Beklagten (so bereits RG 27. 12. 1899 RGZ 45, 402, 404). Bei einer **negativen Feststellungswiderklage** ist der Wert nach dem Interesse des Beklagten an der Unterlassung der Patentverletzung des Klägers festzustellen (RG 14. 12. 1938 MuW 1939, 199).

Wie hoch dieses Interesse zu bemessen ist, hängt von der Gestaltung des Einzelfalles ab. Es wird von vielen Faktoren beeinflußt (OLG München 21. 6. 1954 GRUR 1955, 260).

Der Schaden wird in der Regel aus der allgemeinen Störung von Absatz und Geschäftsbetrieb des Klägers erwachsen. Das Interesse kann sich beispielsweise auch daraus ergeben, daß der Kläger den Vorsprung zurückgewinnen will, den er vor dem Beklagten gehabt hätte, wenn dieser erst nach Ablauf des Patents mit Herstellung und Vertrieb der Fabrikate begonnen hätte (OLG Düsseldorf 2. 6. 1950 GRUR 1950, 432).

Im Grundsatz kann von den durch Schramm (GRUR 1953, 104 ff.) empfohlenen, mit der Rechtsprechung, insbesondere des Kammergerichts aus der Vorkiegszeit, übereinstimmenden Faktoren zur Bestimmung des Streitwerts des Unterlassungsanspruchs ausgegangen werden, nämlich der Bedeutung und Größe einerseits des klagenden Unternehmens, andererseits des beklagten Unternehmens sowie der Zeitdauer des erstrebten Verbots oder der behaupteten Störung. Dabei sind stets individuelle Korrekturen nach oben und unten zu berücksichtigen, die sich aus den tatsächlichen Umständen des Einzelfalls ergeben (vgl. im einzelnen Schramm a. a. O.).

Um die Bedeutung eines Unternehmens festzustellen, ist das Kammergericht stets in erster Linie vom Umsatz ausgegangen (z. B. KG 14. 12. 1938 MuW 1939, 199; ebenso jetzt KG 18. 7. 1950 GRUR 1950, 524, wo allerdings zu Unrecht allein von dem Umsatz des Klägers ausgegangen wird). Auch das OLG München legt die Umsatzzahlen zugrunde (GRUR 1955, 260 und GRUR 1957, 148), ebenso OLG Düsseldorf (Mitt. 1959, 78, 80), während das OLG Karlsruhe (GRUR 1953, 143; s. aber jetzt GRUR 1966, 691) sowie das OLG Frankfurt (GRUR 1954, 227 und GRUR 1959, 54) den Streitwert nach dem jeweiligen Reingewinn berechnen. Die Bedenken, die sich gegen den Reingewinn als Ausgangspunkt der Streitwertfestsetzung ergeben, sind insbesondere von Spieß (GRUR 1955, 227 ff.) überzeugend dargelegt worden. Sicherlich können die Umsatzzahlen nur einen Ausgangspunkt darstellen und bedürfen im einzelnen jeweils einer Korrektur (vgl. OLG München GRUR 1955, 260).

Wesentlich kann die Erheblichkeit des Eingriffes sein und damit die Frage, ob mit einer erheblichen Steigerung des Umsatzes des Beklagten zu rechnen ist. Ist die Beklagte nur eine ganz kleine Firma, so wird auch die Steigerungsmöglichkeit in der Regel eine sehr begrenzte sein. In einem solchen Falle ist das Interesse des Klägers nur auf einen Bruchteil (1/3) eines Jahresumsatzes festgesetzt worden (KG 8. 6. 1937 MuW 1937, 312).

Üblich ist es, von dem **Jahres**umsatz auszugehen (KG 14. 12. 1938 MuW 1939, 199; 18. 7. 1950 GRUR 1950, 524).

Vertrauliche, in einem geschlossenen Umschlag verwahrte Umsatzangaben für die Streitwertfestsetzung hielt das Kammergericht früher für zulässig. Nach OLG Düsseldorf 13. 10. 1955 (GRUR 1956, 386) widerspricht eine solche Verwertung von vertraulichen Angaben dem Grundsatz der Parteiöffentlichkeit des Verfahrens. Selbst wenn die Parteien sich über die Verwertung derartiger vertraulicher Angaben einig sind, will das OLG keine Ausnahme zulassen, insbesondere auch deswegen nicht, weil die Streitwertfestsetzung für die Staatskasse von Bedeutung sei. Im übrigen könne das Gericht seine Entscheidung nicht mit den vertraulich gemachten Angaben begründen. Im Ergebnis ähnlich OLG Frankfurt 9. 7. 1962 GRUR 1963, 446, 447. Abweichender Auffassung Schramm, Der Patentverletzungsprozeß S. 256 und 310. Beanstandungen gegen die Praxis des KG sind seinerzeit, soweit ersichtlich, nicht erhoben worden. Sie wurde im Gegenteil von den Parteien begrüßt und führte wohl auch zu befriedigenden Ergebnissen.

Hat die zu untersagende Tätigkeit des Beklagten keine Beziehung zum Umsatz, so kann dieser auch keinen geeigneten Ausgangspunkt für die Streitwertberechnung bilden. Es müssen dann andere nach der Gestaltung des Einzelfalles geeignete Anhaltspunkte zugrunde gelegt werden, die der Tragweite der Störungshandlung nach Dauer, Intensität und Gefährlichkeit gerecht werden (OLG München 21. 6. 1954 GRUR 1955, 260).

Der Streitwert für den Anspruch auf **Feststellung der Schadensersatzpflicht** ist ebenfalls nach § 3 ZPO zu schätzen. Er wird regelmäßig geringer als der Leistungsanspruch sein. Maßgebend ist, was als Gefährdung der Rechte des Klägers für die Vergangenheit anzusehen ist (KG 8. 6. 1937 MuW 1937, 312).

Der **Rechnungslegungsanspruch** soll den Schadensersatzanspruch nur vorbereiten. Der Streitwert ist demnach nur nach dem Interesse an dieser Vorbereitung und Klarstellung zu bemessen (OLG Stuttgart 22. 11. 1935 GRUR 1936, 696). In der Regel wird er mit $^1/_{10}$ des behaupteten Schadens angenommen, vgl. dazu BGH 9. 7. 1964 LM Nr. 27 zu § 3 ZPO. Dagegen will OLG Frankfurt (GRUR 1955, 450) in der Regel einen Bruchteil von $^1/_4$ oder $^1/_5$ als angemessen ansehen.

Der **Beschwerdewert** richtet sich nach dem Interesse des **Rechtsmittelklägers** an der Aufhebung der Entscheidung, die ihn beschwert (RG 23. 10. 1937 GRUR 1939, 720). Der Zeitpunkt der Einlegung des Rechtsmittels ist entscheidend (§ 4 ZPO). **Über die Streitwertfestsetzung im Nichtigkeitsverfahren** vgl. BGH 11. 10. 1956 GRUR 1957, 79 und Ballhaus GRUR 1957, 64 mit zahlreichen Nachweisen. Im einzelnen s. § 40 Anm. 30 ff.

Über Bemessung des Streitwerts einer **Rechtsbeschwerde** s. § 41 r Anm. 5.

Wegen Festsetzung des Streitwerts im **Patenterteilungs-Beschwerdeverfahren** s. § 36 q Anm. 37.

Wegen **Streitwertherabsetzung** vgl. § 53.

9. Kosten

66 Für die Kostenentscheidung sind die §§ 91 ff. ZPO maßgebend. Erkennt der Beklagte den Anspruch **sofort**, d. h. regelmäßig in der ersten mündlichen Verhandlung, an, so fallen dem Kläger die Prozeßkosten zur Last, wenn der Beklagte durch sein Verhalten keine Veranlassung zur Erhebung der Klage gegeben hat (§ 93 ZPO). Die Frage, ob eine vorhergehende Verwarnung erforderlich ist, wird im Schrifttum und der Rechtsprechung nicht einheitlich beantwortet (bejahend Stein-Jonas-Pohle § 93 III, 2; zweifelnd Wieczorek § 93 B I b 3). Benkard-Löscher (§ 47 Anm. 101) sind der Mei-

nung, der Verletzte müsse **in der Regel** den Verletzer vor Erhebung der Unterlassungsklage verwarnen, wenn er für den Fall des sofortigen Anerkenntnisses der Kostenfolge des § 93 ZPO entgehen wolle. Aus den für diese Ansicht herangezogenen Entscheidungen KG GRUR 1958, 306 und OLG Düsseldorf GRUR 1961, 252 kann eine solche »Regel« jedoch wohl nicht entnommen werden. Insbesondere betreffen die Entscheidungen Fälle des Warenzeichen- und Wettbewerbsrechts, in denen die Sachlage häufig unterschiedlich zu beurteilen sein wird. Auch die weiterhin angeführte Entscheidung OLG Hamburg (GRUR 1965, 505) betrifft keine Patent-, sondern eine Urheberverletzung. Im Patentrecht sind stets besonders strenge Anforderungen an die Sorgfaltspflicht eines Verletzers gestellt worden (Anm. 27 ff.). Mit dieser Rechtsprechung würde es schlecht zu vereinbaren sein, wenn eine vorhergegangene Verwarnung, zu der eine Pflicht des Patentinhabers nicht besteht (RG 4. 7. 1936 GRUR 1937, 672, 674), »in der Regel« gefordert würde. Hat ein Verletzer vorsätzlich oder grob fahrlässig gehandelt, wie dies von der Rechtsprechung gerade in der großen Mehrzahl der eine Verurteilung aussprechenden Entscheidungen angenommen worden ist (Anm. 32), so erscheint es bedenklich, dem Verletzer »regelmäßig« das Recht einzuräumen, sich darauf zu berufen, er habe keine Veranlassung zur Klage gegeben. Selbst in Wettbewerbsfällen will der von Benkard a. a. O. zur Bestätigung seiner Ansicht zitierte Aufsatz von Pastor (GRUR 1968, 177, 179) eine Ausnahme vom Verwarnungsgebot in den Fällen vorsätzlicher Verstöße machen, weil ein solcher Verletzer nach Treu und Glauben nicht erwarten könne, von dem Verletzten auf das Unzulässige dessen hingewiesen zu werden, was er mit Wissen und Wollen in bösem Glauben verwirkliche.

Tatsächlich wird die Entscheidung stets von der Gestaltung des Einzelfalles abhängen, der unter dem Gesichtspunkt zu prüfen ist, ob das Verhalten des Beklagten den Kläger bei vernünftiger Würdigung zu der Auffassung kommen lassen konnte, auf außergerichtlichem Wege nicht zu seinem Recht zu gelangen (OLG München GRUR 1960, 401 – Wettbewerbss.; s. auch OLG Düsseldorf GRUR 1951, 402; Spengler, GRUR 1951, 434; v. Gamm, NJW 1961, 1048 ff. mit zahlreichen weiteren Hinweisen).

Die Kosten des Rechtsstreits hat der Gegner zu **erstatten**, soweit ihre Aufwendung zur zweckentsprechenden Rechtsverfolgung oder Rechtsverteidigung notwendig war (§ 91). Über die Erstattung der Kosten bei einem Wechsel des Anwalts vgl. § 40 Anm. 40, eines Verkehrsanwalts: § 40 Anm. 44, eines Patentanwalts: § 51 Anm. 18 ff., eines Erlaubnisscheininhabers oder technischen Beraters: § 51 Anm. 22. Oft wird strittig, ob die Kosten eines Privatgutachtens zu erstatten sind; vgl. dazu die in § 40 Anm. 52 zitierten Entscheidungen. Wegen der Parteikosten, insbesondere der Auslagen, Ablichtungen, Recherchen und Übersetzungskosten usw., wird auf § 40 Anm. 35 ff. und § 40 Anm. 49 ff. verwiesen.

10. Einstweilige Verfügung (§ 935 ff. ZPO)

67 Einstweilige Verfügungen auf Unterlassung patentverletzender Handlungen sind an sich zum Zweck der Regelung eines einstweiligen Zustandes (§ 940 ZPO) zulässig. Bei ihnen ist aber besondere Vorsicht geboten (u. a. OLG München 3. 2. 1955 GRUR 1955, 335 und OLG Düsseldorf 3. 10. 1958 GRUR 1959, 619 mit zahlreichen Nachweisen). Tatsächlich kann der Erlaß einer einstweiligen Verfügung nur **unter ganz besonderen Umständen** gerechtfertigt sein (so zu Recht auch LG Hamburg 20. 9. 1961 mit zahlreichen Belegen aus Rechtsprechung und Schrifttum, zitiert bei Zeller GRUR 1965, 277; kritisch zu dieser Rechtsprechung vom Stein Mitt. 1969, 281, 282 ff.). Die meist vorliegende Unübersichtlichkeit der Patentrechtslage sowie die tatsächlichen und rechtlichen Schwierigkeiten, den Schutzumfang des Patents ohne Anhörung eines gerichtlichen Sachverständigen in einem beschleunigten Verfahren zu bestimmen, insbesondere auch die etwaigen einschneidenden wirtschaftlichen Folgen für den Betroffenen, rechtfertigen es, einen Unterlassungsanspruch und dessen Dringlichkeit nur in seltenen Ausnahmefällen als glaubhaft gemacht anzusehen, etwa dann, wenn eine völlig eindeutige Patentverletzung vorliegt (vgl. auch Lidle, GRUR 1964, 54 ff.; Zeller, a. a. O.; Schwerdtner, GRUR 1968, 9, 16). Auch wenn mit Wahrscheinlichkeit anzunehmen ist, daß ein Patent auf eine erhobene Nichtigkeitsklage hin vernichtet oder teilvernichtet werden wird, oder aber wenn etwa feststeht, daß die erteilten Patentansprüche nicht bestehen bleiben werden, ist eine einstweilige Verfügung zu versagen (OLG Frankfurt 21. 5. 1970 GRUR 1971, 515 mit Nachweisen). Ohne mündliche Verhandlung sollte grundsätzlich überhaupt keine einstweilige Verfügung erlassen werden. Wegen Erlaß einstweiliger Verfügungen gegenüber **Verwarnungen** des Schutzrechtsinhabers vgl. LG Hamburg 25. 9. 1951 GRUR 1952, 31; OLG Düsseldorf 6. 6. 1958 GRUR 1959, 606 ff.; LG Mannheim 10. 4. 1964 WRP 1965, 188 ff. Der Antragsteller (Verwarnte) hat in diesem Falle glaubhaft zu machen, daß er das Schutzrecht nicht verletzt (§ 920 Abs. 2 ZPO; OLG Düsseldorf 13. 7. 1959 a. a. O. S. 607; s. auch Ohl, GRUR 1966, 172, 181 ff.).

Hinzuweisen ist auf die in § 945 ZPO bestimmte **Schadenersatzpflicht**, die sich aus der **Vollziehung** einer **unbegründeten** einstweiligen Verfügung ergeben kann. Ein Verschulden des Gläubigers bei Erwirkung oder Vollziehung der einstweiligen Verfügung ist für den Schadenersatzanspruch nicht erforderlich (RG 11. 10. 1917 MuW 1917/18, 159, 161; st. Rspr.). Der Anspruch aus § 945 ZPO ist dem Wesen nach ein Anspruch aus **Gefährdungshaftung** (RG 15. 1. 1938 RGZ 157, 14, 18; st. Rspr.). Fällt eine angebliche Verletzung in den Schutzbereich des Patents, so kann die von einem Verbot betroffene Partei allerdings keine Schadenersatzansprüche aus § 945 ZPO mit der Begründung herleiten, daß der Tenor der einstweiligen Verfügung allgemeiner gehalten sei als das spätere Urteil in der Hauptsache (RG 10. 6. 1936 GRUR 1937, 373 ff.). Ein nach § 945 ZPO zu ersetzender Schaden kann dem Betroffenen naturgemäß dann nicht entstanden sein, wenn er ohnehin verpflichtet gewesen wäre, die ihm durch einstweilige Verfügung untersagte Handlung zu unterlassen (BGH 3. 12. 1954 BGHZ 15, 356, 359 = GRUR 1955, 346 – Progressive Kundenwerbung).

Zum Verhältnis von einstweiliger Verfügung und einstweiliger Einstellung der Zwangsvollstreckung (§ 719 ZPO) vgl. BGH 26. 4. 1957 GRUR 1957, 506; s. dazu auch vom Stein in Mitt. 1969, 281 ff.

Um einen Anspruch auf Patentübertragung zu sichern, kann im Wege der einstweiligen Verfügung **Sequestration** (§ 938 Abs. 2 ZPO) angeordnet werden (OLG Karlsruhe GRUR 1954, 259; OLG München GRUR 1958, 514; vgl. dazu v. Gamm GRUR 1958, 172 mit zahlreichen Nachweisen).

III. Verfahren nach dem Urteil

1. Rechtsmittel

a) Für **Berufungsverfahren** gelten die Vorschriften der §§ 511–544 ZPO. Die sachliche ausschließliche Zuständigkeit der Landgerichte – ohne Rücksicht auf den Streitwert – ist für Patentstreitsachen in § 51 geregelt. Die Berufung ist nur statthaft, wenn der Wert des Beschwerdegegenstandes die Rechtsmittelsumme von z. Z. 200 DM übersteigt (§ 511 a ZPO). 68

b) Für das **Revisionsverfahren** gelten die Bestimmungen der §§ 545 bis 566 a ZPO. Nach § 546 Abs. 1 findet die Revision nur statt, wenn der Beschwerdegegenstand die Rechtsmittelsumme von z. Z. 25 000 DM übersteigt. Ohne Rücksicht auf den Wert des Beschwerdegegenstandes ist die Revision statthaft, wenn sie wegen grundsätzlicher Bedeutung der Rechtssache oder wegen Abweichung von einer Entscheidung des BGH vom OLG zugelassen ist (§ 546 Abs. 2 ZPO). Die Revision kann nur darauf gestützt werden (§ 549 Abs. 1 ZPO), daß die Entscheidung auf einer **Gesetzesverletzung** beruht. Wann das Gesetz verletzt ist, besagt § 550 ZPO. Danach liegt eine Verletzung vor, wenn eine Rechtsnorm nicht oder nicht richtig angewendet worden ist. An die Tatsachenfeststellungen ist der Revisionsrichter nach § 561 Abs. 2 ZPO grundsätzlich gebunden. Er ist demnach auf eine erneute rechtliche Würdigung des im Berufungsurteil festgestellten Sachverhalts beschränkt.

Eine **Klageänderung** ist in der Revisionsinstanz regelmäßig **nicht** zulässig. Wird ein Anspruch erstmals auf ein neues Tatsachenmaterial gestützt, z. B. auf eine nach Beendigung der Tatsacheninstanz bekanntgemachte Anmeldung, so kann diese gemäß § 561 ZPO nicht mehr berücksichtigt werden. Anders in Fällen der späteren Patentbeschränkung bzw. Vernichtung (s.

Anm. 45) sowie in den Fällen, in denen anstelle eines vorläufigen Patentschutzes während der Revisionsinstanz ein endgültiger Schutz gewährt oder versagt wird (BGH 28. 11. 1963 GRUR 1964, 221, 223 – Rolladen). Das gleiche wird anzunehmen sein, wenn eine bisher nur »offengelegte« Anmeldung bekanntgemacht wird und erst dadurch der einstweilige Schutz des § 30 Abs. 2 eintritt (Löscher in Benkard § 47 Anm. 89).

Nach welchen Gesichtspunkten die Abgrenzung zwischen tatrichterlicher und rechtlicher Würdigung im Einzelfall zu erfolgen hat, wird in dem einschlägigen Schrifttum und der Rechtsprechung eingehend erörtert (vgl. hierzu die ZPO-Kommentare und Lehrbücher).

Die Abgrenzungsfrage bereitet insbesondere bei den sog. **unbestimmten Rechtsbegriffen** erhebliche Schwierigkeiten (Nastelski GRUR 1968, 545 ff.). Dies gilt auch gerade für das Patentrecht, in dem diese Begriffe, wie z. B. Offenbarung, Fortschritt, Erfindungshöhe usw., eine maßgebende Rolle spielen. Da das Wesen der Revision darin besteht, die angefochtene Entscheidung auf ihre **Gesetzmäßigkeit** hin nachzuprüfen (RG 21. 4. 1939 RGZ 160, 204, 212), muß der Revisionsrichter in patentrechtlichen Streitfällen häufig von der Auslegung dieser »unbestimmten« Normen ausgehen, deren Besonderheit gerade darin besteht, daß bei ihnen die Subsumtion der festgestellten Tatsachen nicht ohne weiteres unter eine festumgrenzte Rechtsregel erfolgen kann. Die absichtlich weit gefaßten Begriffe erfassen vielmehr die verschiedenartigsten Einzelfälle und erfahren erst durch ihre Anwendung oder Nichtanwendung auf den zur Beurteilung stehenden Sachverhalt vermittels einer wertenden Beurteilung durch den Richter ihre nähere einheitliche Bestimmung (R. Fischer in »Ansprachen zur Verabschiedung von Bruno Heusinger« S. 53 mit zahlreichen Nachweisen). Es ist also die nicht einfache Aufgabe des Richters, jeweils den richtigen Maßstab zu finden, der es ihm ermöglicht, ein – objektives – Werturteil in dem zur Entscheidung stehenden Fall abzugeben. Tatsächlich können, wie die Erfahrung zeigt, die Wertmaßstäbe von der Rechtsprechung nur dadurch gewonnen und der unbestimmte Begriff nur dadurch ausgefüllt, d. h. verdeutlicht werden, daß ähnliche Fälle in Vergleich gesetzt und Erfahrungssätze aus der Fülle der Praxis und unter Berücksichtigung der Anschauungen der in Betracht kommenden beteiligten Kreise von Fall zu Fall entwickelt werden (Nastelski a. a. O. S. 547 mit Nachweisen). Erst die beispielhafte Verdeutlichung des unbestimmten Begriffs ermöglicht allmählich eine gewisse Objektivierung und kann so den sachlichen Gehalt und die Grenzen des Begriffs festlegen. Hierin liegt die Bedeutung von Einzelentscheidungen, wie sie in allen Kommentaren zitiert werden, um eine Grundlage für die Konkretisierung der Begriffe zu gewinnen (vgl. R. Fischer a. a. O. S. 54).

Von diesen Grundsätzen ist die höchstrichterliche Rechtsprechung stets ausgegangen und hat sich keineswegs auf eine rein abstrakte Normenkontrolle beschränkt. (Vgl. dazu auch Blomeyer, Zivilprozeßrecht § 104 III.)

Für die revisionsrechtliche Nachprüfung der patentrechtlichen Begriffe ergibt sich hieraus folgendes:

Die Frage der **Offenbarung** eines Erfindungsgedankens durch die Patentschrift ist vom BGH im Anschluß an die Rechtsprechung des RG (22. 3. 1938 GRUR 1938, 706, 707; 23. 5. 1941 GRUR 1941, 462) wiederholt und zu Recht als im wesentlichen tatsächlicher Natur angesehen worden (BGH 30. 10. 1962 GRUR 1963, 563, 566 – Aufhängevorrichtung; 28. 11. 1963 GRUR 1964, 221, 224 – Rolladen). Es stellt jedoch eine Rechtsfrage dar, ob die Würdigung der Tatsachen, aus denen die Offenbarung hergeleitet wird, unter richtiger Anwendung der nach der Rechtsprechung maßgeblichen Rechtssätze erfolgt ist (vgl. Zeunert, Beiträge S. 86 Anm. 6). Da das Berufungsgericht gegen diesen Grundsatz verstoßen und nicht in ausreichendem Umfang die für die Beurteilung erheblichen Umstände berücksichtigt hatte, konnte z. B. RG 26. 4. 1938 GRUR 1938, 424, 426 auf Grund des unstreitigen Sachverhalts und der einschlägigen Feststellungen des Berufungsurteils die Frage, ob dem Durchschnittsfachmann die Lehre des Klagepatents offenbart war, entgegen der Auffassung des Berufungsrichters verneinen.

Tatsächlicher Natur ist, was der Fachmann auf Grund des Gesamtinhalts der Patentschrift unter den verwendeten **technischen Begriffen** versteht (BGH 13. 11. 1951 GRUR 1952, 562, 564 – Gummisohle; 16. 12. 1958 GRUR 1959, 317, 319 – Schaumgummi; Benkard § 47 Anm. 87). Ebenfalls beruht die Beurteilung des **Standes der Technik** vorwiegend auf tatsächlichem Gebiet. Ein Nachprüfungsrecht ist nur gegeben, wenn ein offenbarer technischer Irrtum vorliegt (RG 3. 4. 1935 GRUR 1935, 913; 30. 4. 1936 GRUR 1936, 562, 564; BGH 29. 1. 1970 GRUR 1970, 237, 241, 242 – Appetitzügler II).

In der Revisionsinstanz kann aber selbstverständlich stets überprüft werden, ob z. B. der **Rechtsbegriff** der **(glatten) patentrechtlichen Äquivalenz** richtig erfaßt worden ist (BGH 29. 1. 1970 GRUR 1970, 237 – Appetitzügler II).

Die reine **Auslegung des Klagepatents** steht nach ständiger Rechtsprechung des RG und BGH dem Revisionsgericht zu. In der Revisionsinstanz kann also jederzeit eine vom Berufungsgericht vorgenommene Auslegung des Inhalts der Patentschrift nachgeprüft werden (z. B. RG 21. 3. 1939 GRUR 1939, 825, 826; BGH 30. 10. 1962 GRUR 1963, 563, 566 – Aufhängevorrichtung; 24. 2. 1970 BGHZ 53, 274, 276 – Schädlingsbekämpfungsmittel; 15. 4. 1971 GRUR 1971, 472, 473 – Wäschesack). Ein anschauliches Beispiel liefern die Polsterform-Entscheidung vom 14. 6. 1960 GRUR 1960, 483, 484 sowie die Entscheidung vom 6. 7. 1962 GRUR 1962, 577 – Rosenzüchtung. Die gleichen Grundsätze gelten für das **Rechtsbeschwerdeverfahren** (BGH 27. 10. 1970 GRUR 1971, 115, 116 – Lenkradbezug).

Dem Revisionsgericht ist es jedoch **nicht** gestattet, etwa **neues tatsächliches Material** in Gestalt von in der Revisionsinstanz erstmals entgegengehaltenen Vorveröffentlichungen zu berücksichtigen (BGH 28. 11. 1963 BGHZ 40, 332 – Mischer II – gegen Ph. Möhring, Mitt. 1959, 241).

Ob das Berufungsgericht die **Erfindungshöhe** unter Beachtung aller für seine Beurteilung maßgeblichen Umstände gewürdigt hat, kann vom Revisionsgericht nach ständiger Rechtsprechung selbständig nachgeprüft werden. Die Erfindungshöhe ist im wesentlichen ein revisibler Rechtsbegriff (BGH 14. 7. 1961 GRUR 1962, 29, 32 – Drehkippbeschlag). Im Einzelfall bedarf es aber auch zu seiner Festlegung tatsächlicher Feststellungen, namentlich zum Stand der Technik. Diese Feststellungen liegen allein dem Tatrichter ob (BGH 18. 2. 1965 GRUR 1965, 416 – Schweißelektrode).

Auch ein **allgemeiner Erfindungsgedanke** kann auf seine Voraussetzungen in der Revisionsinstanz nachgeprüft werden (BGH 14. 7. 1961 GRUR 1962, 29, 32 – Drehkippbeschlag). Die Prüfung setzt aber voraus, daß der für die Frage der Offenbarung des beanspruchten allgemeinen Erfindungsgedankens maßgebende Sachverhalt erschöpfend geklärt ist (BGH 28. 11. 1963 GRUR 1964, 196, 199 – Mischer II); vgl. auch RG 7. 1. 1938 GRUR 1939, 42; BGH 28. 11. 1963, GRUR 1964, 221, 224 – Rolladen.

Die Vorgänge im **Erteilungsverfahren** sind einer eigenen Prüfung des Revisionsgerichts zugänglich, da sie als solche unstreitig sind (BGH 11. 7. 1963 GRUR 1964, 132, 134 – Kappenverschluß – mit Nachweisen; 18. 6. 1964 GRUR 1964, 606, 609 – Förderband; 15. 4. 1971 GRUR 1971, 472, 473 – Wäschesack). Stets hat der Verletzungsrichter den objektivierten Willen der Erteilungsbehörde im Wege der Auslegung zu ermitteln (BGH 14. 6. 1960 GRUR 1960, 483, 484 – Polsterformkörper). Hat aber das Berufungsgericht die in den Erteilungsakten enthaltenen Vorgänge dahin gewürdigt, daß z. B. bis zu einer Eingabe in einem bestimmten Zeitpunkt nur ein engerer Erfindungsgegenstand offenbart gewesen, aber mit ihr eine unzulässige Erweiterung vorgenommen worden sei, so stellt dies im wesentlichen tatrichterliche Würdigung dar (BGH 30. 10. 1962 GRUR 1963, 563, 566 – Aufhängevorrichtung). Vgl. auch BGH 13. 5. 1965 GRUR 1966, 146, 147 – Beschränkter Bekanntmachungsantrag – über die unbeschränkte Nachprüfung der Auslegung einer **prozessualen Erklärung** durch das Rechtsbeschwerdegericht.

Die Frage, ob eine **Wiederholungsgefahr** als Voraussetzung für die Unterlassungsklage besteht, ist an sich tatsächlicher Natur. Die Entscheidung des Tatrichters aber ist in der Revisionsinstanz nachprüfbar, wenn die Urteilsgründe von unrichtigen rechtlichen Gesichtspunkten ausgegangen sind (BGH 6. 7. 1954 BGHZ 14, 163, 167 – Constanze II – unter Hinweis auf RGZ 148, 114, 119).

Die tatrichterliche Beurteilung der **Verschuldensfrage** ist in der Revisionsinstanz regelmäßig nicht angreifbar. Anders, wenn der Verschuldensbegriff in rechtlicher Hinsicht verkannt, wenn also der Tatrichter von einem unrichtigen oder überspannten Schuldbegriff ausgegangen ist, was der Revisionsrichter anhand der Lebenserfahrung nachzuprüfen hat (RG 12. 3. 1940 GRUR 1940, 196; BGH 6. 7. 1967 GRUR 1968, 33, 37 – Elektrolackieren II). Die Abgrenzung zwischen **grober** und **leichter** Fahrlässigkeit liegt vorwiegend auf tatrichterlichem Gebiet (BGH 11. 5. 1953 BGHZ 10, 14; 21. 12. 1962 I ZR 129/60 S. 14). Es stellt einen Rechtsfehler dar, wenn die Vorinstanz offengelassen hat, welche Schuldform sie als gegeben ansieht und von welchem Zeitpunkt an ein Verschulden vorliegen soll (BGH 10. 6 1960 GRUR 1961, 26 ff. – Grubenschaleisen).

Bei einer **mittelbaren Patentverletzung** muß die Art der Sicherung gegen Verletzungen grundsätzlich dem Tatrichter überlassen bleiben (RG 5. 10. 1935 RGZ 149, 12, 19). Nachprüfbar ist nur, ob wesentliche Gesichtspunkte hinsichtlich der dem mittelbaren Verletzer aufzuerlegenden Verpflichtungen unberücksichtigt geblieben sind (zutreffend Hesse in Klauer-Möhring § 6 Anm. 89 mit weiteren Nachweisen).

Bei der Nachprüfung, ob ein **wichtiger Grund zur Kündigung eines Lizenzvertrages** vorgelegen hat, hat der Revisionsrichter zu prüfen, ob der Rechtsbegriff der Vertragsauflösung aus wichtigem Grunde nicht verkannt ist und ob der Tatrichter bei der Prüfung, ob ein bestimmtes Verhalten die Kündigung aus wichtigem Grunde rechtfertigte, alle Umstände gebührend berücksichtigt und nicht gegen Rechtsgrundsätze und Auslegungsregeln verstoßen hat (BGH 26. 11. 1954 GRUR 1955, 338, 339 – Beschlagfreie Brillengläser; vgl. auch BGB-RGRK, § 723 Anm. 21).

Eine durch das Berufungsgericht vorgenommene freie **Schadenschätzung gemäß § 287 ZPO** ist nicht nachprüfbar. Sie kann nur angegriffen werden, wenn der Tatrichter bei der Ausübung seines Ermessens die sich aus der Natur der Sache ergebenden oder aber von den Parteien vorgetragenen schätzungsbegründenden Tatsachen nicht gewürdigt hat oder wenn er von unrichtigen Rechtsbegriffen oder Rechtssätzen ausgegangen ist (RG 13. 2. 1942 GRUR 1942, 316, 317). Ist eine **»angemessene« Lizenzgebühr** vom Berufungsgericht nach freier Überzeugung geschätzt, so kann der Revisionsrichter die Prüfung ebenfalls nur darauf erstrecken, ob die Schadensermittlung auf grundsätzlich falschen oder offenbar unsachlichen Erwägungen beruht oder ob wesentliche Tatsachen unberücksichtigt gelassen worden sind (BGH 29. 5. 1962 GRUR 1962, 509, 513 mit Nachweisen – Dia-Rähmchen II). Die Berechnung der **Höhe** der Lizenzgebühr ist eine Frage der Gesamtwürdigung aller Umstände, die nicht im einzelnen vom Tatrichter zu belegen ist und einer Nachprüfung nur beschränkt zugänglich ist (BGH 26. 6. 1969 GRUR 1969, 677, 680 – Rüben-Verladeeinrichtung unter Hinweis auf GRUR 1967, 655, 658 ff. – Altix).

Werden **gerechtfertigte Beweisanträge** übergangen (BGH 28. 11. 1963 GRUR 1964, 196, 199 – Mischer II) oder sind **wesentliche Umstände des**

Einzelfalls nicht genügend in Betracht gezogen oder **unhaltbare Erfahrungssätze** angewandt (BGH 8. 6. 1962 GRUR 1962, 518, 520 ff. – Blitzlichtgerät), so sind stets auch die tatsächlichen Feststellungen mit den Verfahrensrügen, insbes. aus § 286 ZPO, angreifbar. Das gilt insbesondere auch für die **Auslegung** von **Individualverträgen,** die insoweit der Nachprüfung in der Revision unterliegen, als sie gegen sachliches Recht, gegen gesetzliche oder allgemein anerkannte Auslegungsregeln, gegen die Denkgesetze oder allgemeine Erfahrungssätze verstoßen oder Verfahrensvorschriften verletzt sind (BGH 1. 10. 1964 GRUR 1965, 160, 161 – Abbauhammer; st. Rspr.).

2. Wiederaufnahme des Verfahrens

69 Die Wiederaufnahme eines durch rechtskräftiges Endurteil geschlossenen Verfahrens kann im Wege der sog. Restitutionsklage gemäß § 580 ZPO erfolgen. Von den im § 580 ZPO aufgeführten Restitutionsgründen ist für den Fall der Nichtigerklärung eines Patents, welches Klagegrundlage eines bereis rechtskräftig abgeschlossenen Verletzungsprozesses gewesen ist, in Schrifttum und Rechtsprechung insbesondere die Vorschrift des § 580 Ziff. 7 b ZPO erörtert worden. Ein Restitutionsgrund liegt nach dieser Vorschrift indessen nur dann vor, wenn die Partei eine andere Urkunde auffindet oder zu benutzen in den Stand gesetzt wird, die eine ihr günstigere Entscheidung herbeigeführt haben würde. Die Anwendung der Vorschrift setzt mithin voraus, daß die Urkunde bereits zur Zeit des früheren (Verletzungs-)Verfahrens vorhanden gewesen ist. Urkunden, die in dem früheren Verfahren überhaupt noch nicht vorgebracht werden konnten, hätten auch nicht eine günstigere Entscheidung herbeiführen können (BGH 29. 4. 1959 BGHZ 30, 60, 64 ff.; ebenso schon RG 4. 3. 1901 RGZ 48, 384, 385 und die einhellige Auffassung des patentrechtl. Schrifttums). Auch vorveröffentlichte, nach § 2 PatG als offenkundig geltende Druckschriften, die erst nachträglich aufgefunden werden, sind nicht im Sinne des § 580 Ziff. 7 b ZPO als Urkunden anzusehen, die zeitweilig nicht bekannt, nicht auffindbar, verborgen oder sonst nicht benutzbar gewesen sind (RG 13. 1. 1901 RGZ 48, 375, 377). Das gleiche gilt hinsichtlich der Erteilungsakten, deren rechtzeitige Einsicht dem Restitutionskläger freigestanden hätte (RG 11. 2. 1941 RGZ 84, 142, 144).

Neuerdings wird im Schrifttum die Anwendbarkeit des § 580 Nr. 6 ZPO erörtert, wonach das Urteil eines ordentlichen Gerichts, eines früheren Sondergerichts oder eines Verwaltungsgerichts, auf welches das Urteil gegründet ist, durch ein anderes rechtskräftiges Urteil aufgehoben ist. Löscher in Benkard (§ 13 Anm. 39) will den Restitutionsgrund des § 580 Nr. 6 ZPO jedenfalls dann bejahen, wenn das Bundespatentgericht als Beschwerdesenat mit der Erteilung des später vernichteten Patents befaßt gewesen ist. Diese Auffassung dürfte noch zu eng sein. Geht man davon aus, daß nach der überwiegend vertretenen Auffassung § 580 Ziff. 6 ZPO ungenau gefaßt ist (Wieczorek ZPO § 580 D II a) und von der Vorschrift auch eine sonstige Verwaltungsentscheidung umfaßt wird, »die einem Urteil ungefähr gleichkommt« (Baumbach-Lauterbach ZPO § 580 Anm. 3), so dürften keine begründeten Bedenken bestehen, die zitierte Bestimmung auch in den Fällen anzuwenden, in denen das Patentamt selbst in dem einem justizmäßigen Verfahren weitgehend angenäherten und strengen Regeln unterworfenen Erteilungsverfahren (BGH 27. 4. 1967 GRUR 1967, 586, 588 – Rohrhalterung; 11. 3. 1971 GRUR 1971, 246, 248 r. Sp. – Hopfenextrakt – Computerbescheide) den Erteilungsbeschluß erlassen hat (so zutreffend Horn, GRUR 1969, 169, 174 ff.).

Schließt sich die Rechtsprechung dieser Auffassung an, so dürfte auch der von Horn a. a. O. S. 173 vertretenen Ansicht beizutreten sein, daß zur Begründung der Berücksichtigung eines Nichtigkeitsurteils in der Revisionsinstanz nicht mehr Patent und Gesetz »entsprechend« behandelt werden (s. § 1 Anm. 3), sondern als Grund der Gesichtspunkt gewählt wird, daß Tatsachen, die gleichzeitig Wiederaufnahmegründe darstellen, nach st. Rspr. auch noch in der Revisionsinstanz zu berücksichtigen sind.

§ 47 a

Werden vor der Erteilung des Patents Rechte aus einer Anmeldung, in deren Akten die Einsicht jedermann freisteht (§ 24 Abs. 3 Satz 2 Nr. 2 und 3), gerichtlich geltend gemacht und kommt es für die Entscheidung des Rechtsstreits darauf an, daß der Gegenstand der Anmeldung einstweiligen Schutz (§ 24 Abs. 5 Satz 1, § 30 Abs. 1 Satz 2) genießt, so kann das Gericht anordnen, daß die Verhandlung bis zur Entscheidung über die Erteilung des Patents auszusetzen ist. Ist ein Antrag auf Prüfung gemäß § 28 b nicht gestellt worden, so hat das Gericht der Partei, die Rechte aus der Anmeldung geltend macht, auf Antrag des Gegners eine Frist zur Stellung des Antrags auf Prüfung zu setzen. Wird der Antrag auf Prüfung nicht innerhalb der Frist gestellt, so können in dem Rechtsstreit Rechte aus der Anmeldung nicht geltend gemacht werden.

ÜBERSICHT

1. Aussetzung der Verhandlung bei ungeprüfter Patentanmeldung

1 Nach dem durch Art. 1 Nr. 34 des PatÄndG vom 4. 9. 1967 neu eingefügten § 47 a Satz 1 kann das Gericht die Aussetzung der Verhandlung bis zur Erteilung eines Patents anordnen, wenn vor der Erteilung des Patents Rechte aus nicht bekanntgemachten, aber bereits **offengelegten** Patentanmeldungen (§ 24 Abs. 3 Satz 2 Nr. 2) oder aber auch Rechte aus bereits **bekanntgemachten** Patentanmeldungen (§ 24 Abs. 3 Satz 2 Nr. 3) gerichtlich geltend gemacht werden. Für die Entscheidung muß es **darauf ankommen,** daß der Gegenstand der Anmeldung einstweiligen Schutz genießt (§ 24 Abs. 5 Satz 1, § 30 Abs. 1 Satz 2).

Schon unter der Herrschaft des bisherigen Patentgesetzes hatte das Gericht die Möglichkeit, einen Verletzungsstreit auszusetzen, wenn es Zweifel an der Rechtsbeständigkeit einer bekanntgemachten Patentanmeldung hatte (§ 47 Anm. 56). Denn nach § 148 ZPO kann eine Aussetzung erfolgen, wenn die Entscheidung ganz oder zum Teil **von dem Bestehen oder Nichtbestehen eines Rechtsverhältnisses** abhängt, das von einer Verwaltungsbehörde festzustellen ist. Das besagt trotz des unterschiedlichen Wortlauts in Wahrheit nichts anderes als was § 47 a mit der Forderung zum Ausdruck bringt, es müsse für die Entscheidung auf den einstweiligen Schutz des Anmeldungsgegenstands ankommen.

Da sich die Rechtslage gegenüber dem bisherigen Zustand insoweit nicht geändert hat, kann die neue Regelung nur dazu bestimmt sein, auch für diejenigen Fälle eine Aussetzungsmöglichkeit sicherzustellen, in denen eine Entschädigung für die Benutzung des Gegenstands einer **nur offengelegten,** aber noch nicht bekanntgemachten Patentanmeldung (§ 24 Abs. 5 Satz 1) gefordert wird. In der Tat sollte nach der amtlichen Begründung (Bl. 1967, 203 zu Nr. 32) auf diese Weise jeder Zweifel darüber ausgeschlossen werden, daß eine Aussetzung bei diesen Ansprüchen auch dann erfolgen kann, wenn das nach § 148 ZPO die Voraussetzung für eine Aussetzung des Rechtsstreits bildende Verwaltungsverfahren vor dem PA in Ermangelung eines Prüfungsverfahrens ruht. Mit Recht ist der Gesetzgeber davon ausgegangen, daß die Rechtsbeständigkeit eines einstweiligen Schutzes **ohne Vorprüfung** der Anmeldung schwieriger als bisher zu beurteilen ist und daher das Verletzungsgericht in diesem Fall von der Aussetzungsmöglichkeit häufiger als in der Vergangenheit Gebrauch machen wird.

Soweit die amtliche Begründung a. a. O. von der »bekanntgemachten« – anstatt von einer »offengelegten« – Anmeldung spricht, ist dies allein darauf zurückzuführen, daß diese Begründung noch von dem Regierungsentwurf ausging, nach dem der einstweilige Schutz erst mit der Bekanntmachung beginnen sollte (s. dazu A. Krieger, Das Neue Patent- und Warenzeichenrecht, S. 78 Fußnote 25 a). Das dürfte auch der Grund sein, warum in § 47 a überhaupt noch auf § 30 Abs. 1 Satz 2 Bezug genommen und damit praktisch nur die Bestimmung des § 148 ZPO wiederholt wird.

Mit dem Vorbehalt, daß eine Aussetzung nur erfolgen darf, wenn es für die Entscheidung des Rechtsstreits darauf ankommt, daß der Gegenstand der Anmeldung einstweiligen Schutz genießt, wird im Grunde nur eine Selbstverständlichkeit ausgesprochen. Es wird nur zum Ausdruck gebracht, daß die Entscheidung von dem einstweiligen Schutz abhängen, dieser also für sie kausal sein muß. Ist die Rechtsbeständigkeit des einstweiligen Schutzes gar nicht im Streit, weil die angebliche Handlung des Beklagten nicht unter den Schutzumfang des angemeldeten Rechts fällt, oder weil der Beklagte etwa die Rechtsbeständigkeit dieses Schutzes gar nicht in Frage stellt, sondern aus anderen, etwa prozessualen, Gründen den Klageanträgen widerspricht, kann auch kein Bedürfnis für eine Aussetzung gegeben sein. Das gleiche gilt, wenn Entschädigungsansprüche aus einer nur offengelegten Anmeldung geltend gemacht werden und der Gegenstand der Anmeldung **offensichtlich** nicht patentfähig ist (§ 24 Abs. 5 Satz 2). In diesem Fall hat Klageabweisung zu erfolgen. Ist allerdings die Anmeldung bereits bekanntgemacht, so kann das Gericht, das die Anmeldung nicht für patentfähig hält, im Hinblick auf § 30 Abs. 1 Satz 2 die Klage nicht abweisen, sondern nur eine Aussetzung nach § 47 a anordnen (Löscher in Benkard § 47 a Anm. 3).

2. Frist zur Stellung des Prüfungsantrags

2 Der Gesetzgeber ist aber noch einen Schritt weitergegangen und sieht vor, daß das Gericht der Partei, die auf Grund einer ungeprüften Anmeldung Rechte geltend macht, also auch etwa im Wege der einstweiligen Verfügung vorgehen will (s. Schwerdtner GRUR 1968, 9, 17), auf Antrag des Gegners eine **Frist zur Stellung des Prüfungsantrags** setzen muß. Damit will der Gesetzgeber verhindern, daß etwa der in Anspruch Genommene, ungeachtet der bestehenden Aussetzungsmöglichkeit, gezwungen ist, gegebenenfalls selbst einen kostspieligen Prüfungsantrag zu stellen oder aber eine Verurteilung hinzunehmen. Mit Recht betont die amtliche Begründung a. a. O., daß diese Regelung für den Patentanmelder durchaus zumutbar sei, weil er nicht den Schutz des Gesetzes verdiene, wenn er entweder die Prüfungsgebühr sparen möchte oder selbst die Erfindung nicht für schutzfähig halte, aber sich Wettbewerbsvorteile verschaffen wolle.

Eine Verlängerung der in dem anhängigen Rechtsstreit gesetzten (richterlichen) Frist (§§ 221, 224 Abs. 2 ZPO) ist möglich. Eine Wiedereinsetzung gegen die Versäumung der Frist (§ 233 ZPO) ist unzulässig (so auch Nastelski in Reimer § 47 a Anm. 2).

Wird der Prüfungsantrag innerhalb der vom Gericht gesetzten Frist nicht gestellt bzw. die zur fristgemäßen Antragstellung gemäß § 28 b Abs. 3 gehörende Prüfungsgebühr nicht eingezahlt, so können Rechte aus der Anmeldung im Rechtsstreit nicht geltend gemacht werden. Die Klage ist dann als unzulässig abzuweisen.

Die Dauer der **Aussetzung** steht im pflichtgemäßen Ermessen des Gerichts. Sie kann bis zur rechtskräftigen Entscheidung über die Erteilung des Patents erfolgen, zweckmäßigerweise aber nur bis zur Beendigung des jeweiligen Verfahrensabschnitts. Gegen die Entscheidung, durch die die Aussetzung angeordnet oder abgelehnt wird, findet Beschwerde, im Falle der Ablehnung sofortige Beschwerde statt (§ 252 ZPO).

§ 48

Die Ansprüche wegen Verletzung des Patentrechts verjähren in drei Jahren von dem Zeitpunkt an, in dem der Berechtigte von der Verletzung und der Person des Verpflichteten Kenntnis erlangt, ohne Rücksicht auf diese Kenntnis in dreißig Jahren von der Verletzung an. Hat der Verpflichtete durch die Verletzung auf Kosten des Berechtigten etwas erlangt, so ist er auch nach Vollendung der Verjährung zur Herausgabe nach den Vorschriften über die Herausgabe einer ungerechtfertigten Bereicherung verpflichtet.

ÜBERSICHT

1. Gegenstand der Regelung des § 48

»Ansprüche wegen Verletzung des Patentrechts« sind Ansprüche auf Rechnungslegung, auf Feststellung von Schadensersatzpflicht und auf Leistung von Schadensersatz auf Grund der Verletzung eines Patents. Aber auch Unterlassungsansprüche setzen einen vollendeten oder wenigstens zu erwartenden rechtswidrigen Eingriff in ein fremdes Patentrecht voraus, beruhen also im Sinne des § 48 auf einer »Verletzung des Patentrechts« (ebenso Klauer-Möhring § 48 Anm. 2; Benkard § 48 Anm. 2; a. A. Tetzner 2. Aufl. § 48 Anm. 2, Reimer § 48 Anm. 1; die 4. Auflage ds. Komm.). Allerdings kommt der Verjährung bei der Unterlassungsklage kaum praktische Bedeutung zu, einmal weil nach Ablauf der Verjährungsfrist eine Wiederholungsgefahr schwerlich nachweisbar sein wird, andererseits weil der Verletzer, wenn er nach Ablauf der Frist sich auf ein vermeintliches Benutzungsrecht beruft, damit aufs neue einen Klagegrund schafft. 1

Nicht unter die Verjährung des § 48 fallen strafrechtliche Ansprüche (Privatklage, Nebenklage, öffentliche Klage). Auch gehören nicht hierher Ansprüche auf Buße (§ 50), auf Entschädigung wegen Eingriffs in das Patentrecht kraft Hoheitsrecht (§ 8 Abs. 3), selbst wenn der hoheitsrechtliche Eingriff ohne Anordnung gemäß § 8 Abs. 1 erfolgt (vgl. § 8 Anm. 7), sowie Vindikationsansprüche nach § 5, ferner nicht Ansprüche aus Benutzung der Lizenzbereitschaft (§ 14 Abs. 3), Zwangslizenzentgeltsansprüche (§ 15 Abs. 1), Entschädigungsansprüche aus §§ 30 f. oder Schadensersatzansprüche aus § 717 Abs. 2 und § 945 ZPO. Diese Ansprüche verjähren regelmäßig in

30 Jahren (§§ 195, 198 BGB). Für die Ansprüche aus § 717 Abs. 2 und § 945 ZPO gilt allerdings § 852 BGB (Löscher in Benkard § 48 Anm. 3 mit Nachweisen).

Schadensersatzansprüche aus einer der unerlaubten Handlung gleichzustellenden Handlungsweise (§ 41 Abs. 5, 6, § 945 ZPO) verjähren gemäß § 852 BGB in 3 Jahren ab Kenntnis.

Nach § 24 Abs. 5 Satz 3 gilt § 48 Satz 1 **entsprechend** für den Anspruch auf angemessene Entschädigung wegen Benutzung des Anmeldungsgegenstands.

2. Beginn der Verjährung

2 Die dreijährige Verjährung beginnt hinsichtlich der einzelnen Verletzungshandlung mit dem Zeitpunkt, in dem der Berechtigte von der **Verletzung und der Person des Verpflichteten Kenntnis** erlangt hat, ohne **Rücksicht auf diese Kenntnis** in 30 Jahren von der Verletzung an. Die zu § 852 BGB ergangene Rechtsprechung ist hier anwendbar. Für Einzelfragen kann daher im wesentlichen auf die BGB-Kommentare verwiesen werden. Durch § 48 sollten die allgemeinen Bestimmungen über die Verjährung den Ansprüchen aus unerlaubter Handlung in § 852 BGB angepaßt werden (amtl. Begründung Bl. 1936, 103, 113). Auch nach § 852 BGB ist eine Kenntnis von dem **Schaden** und der **Person** des Verletzers erst dann vorhanden, wenn der Geschädigte auf Grund der ihm bekannten Tatsachen gegen eine bestimmte Person Klage mit einigermaßen sicherer Aussicht auf Erfolg erheben kann (BGH 9. 6. 1952 BGHZ 6, 195, 201, 202 mit Nachweisen). Die Möglichkeit der Erhebung einer Feststellungsklage reicht aus (RG 19. 12. 1941 RGZ 168, 214, 219 mit Nachweisen). Kenntnis vom Schaden (§ 852 BGB) und Kenntnis von der Patentverletzung (§ 48) laufen für den Beginn der Verjährung im Ergebnis auf das gleiche hinaus.

Bei großen Unternehmen genügt Kenntnis seitens des maßgeblichen Sachbearbeiters (so zutreffend Nastelski in Reimer § 48 Anm. 2). Die gleichen Gesichtspunkte, die für die außervertragliche Haftung der für eine Gesellschaft (OHG, AG, GmbH) verantwortlichen technischen Leiter anerkannt sind (§ 47 Anm. 14), sollten auch für ihre Kenntnis von Verletzungshandlungen im Hinblick auf den Beginn der Verjährungsfrist maßgebend sein.

Bloße Vermutungen und Befürchtungen reichen nicht aus. Bei verwickelten und zweifelhaften Rechtsfragen liegt die Kenntnis erst vor, wenn die zweifelhaften Rechtsfragen eine gewisse Klärung gefunden haben und dem Verletzten daher die Erhebung einer Klage zugemutet werden kann (BGH 9. 6. 1952 a. a. O. S. 202; 9. 6. 1958 LM § 852 BGB Nr. 9).

Kenntnis von der **Person** des Ersatzpflichtigen setzt Wissen vom schuldhaften Verhalten desjenigen voraus, der den Schaden verursacht haben kann. Dabei ist der Zeitpunkt maßgebend, in dem der Ersatzberechtigte

Kenntnis der äußeren Umstände erlangt hat, aus denen auf die inneren Tatsachen geschlossen werden kann (BGH 27. 11. 1963 NJW 1964, 494). Hätte sich der Ersatzberechtigte unter geringer Mühe die notwendigen Unterlagen beschaffen können, um eine sichere Kenntnis von der Person des Täters zu erlangen, so ist der Kenntnis die Unkenntnis gleichzusetzen (Palandt-Thomas § 852 Anm. 2 BGB). Wenn ein Geschädigter, dem die Umstände bekannt waren, die ohne besondere Mühe die erforderlichen Tatsachenfeststellungen ermöglichen, einen Dritten mit Vornahme der notwendigen Feststellungen beauftragt, muß der Geschädigte die Tatsachenkenntnis seines Wissensvertreters gegen sich gelten lassen, auch wenn sie ihm nicht vermittelt worden ist (BGH 29. 1. 1968 NJW 1968, 988).

Für jeden von **mehreren Verletzten** läuft die Verjährung besonders (RG 28. 3. 1933 GRUR 1933, 580, 583).

Die Wiederholung der Patentverletzungshandlung erzeugt immer von neuem einen Schadenersatzanspruch und setzt daher auch immer wieder eine neue Verjährungsfrist in Lauf. Der für das Strafrecht geltende Begriff der **fortgesetzten Handlung** ist für die bürgerlich-rechtliche Seite einer Patentverletzung **nicht** ohne weiteres anwendbar (BGH 14. 4. 1954 NJW 1954, 1033 Nr. 3; 20. 9. 1960 BGHZ 33, 163, 167 – Krankenwagen II; vgl. dazu Pastor, Die Unterlassungsvollstreckung nach § 890 ZPO, S. 155 ff.). Davon zu unterscheiden ist der Fall, daß die einmalige patentverletzende Handlung in ihrer Fortwirkung sich wiederholende Schädigungen des Patentinhabers auslöst. In einem derartigen Fall (Beispiel: B hat eine dem A geschützte Einrichtung ins Ausland verkauft und erzielt von dem dortigen Erwerber fortlaufend Lizenzen; A verlangt als Schadenersatz von B Herausgabe des von diesem erzielten Gewinnes [§ 47 Anm. 38]) stellt sich der gesamte aus der Patentverletzung entspringende Schaden als eine Einheit dar; maßgebend für den Beginn der Verjährung des gesamten Schadenersatzanspruches ist daher der Zeitpunkt der Kenntnis des Berechtigten von der Verletzungshandlung und der Person des Verpflichteten. Eine Ausnahme ist nur für diejenigen Schadenfolgen zu machen, die bis zum Ablauf der Verjährungsfrist nicht vorauszusehen waren (BGB-RGRK § 852 Anm. 4 a; RG 5. 12. 1927 RGZ 119, 204, 208).

Der Beginn der Verjährung wird nicht dadurch hinausgeschoben, daß für das Patent zunächst nur der **einstweilige Schutz** des § 30 Abs. 1 besteht. Die Verjährung beginnt also bereits mit der Bekanntmachung der Anmeldung zu laufen (RG 18. 4. 1936 RGZ 151, 129, 138 f.).

3. Hemmung und Unterbrechung der Verjährung

Für sie gelten die allgemeinen Vorschriften der §§ 202–207, 208–217 BGB. 3

Hemmung der Verjährung tritt z. B. **bei Verzögerung** der Armenrechtsbewilligung ein (RG 15. 12. 1934 GRUR 1935, 488, 497). Ob eine **unrichtige Versagung** des Armenrechts die Verjährungsfrist hemmt, ist in der Rechtsprechung lange Zeit streitig gewesen. Die Frage ist jetzt durch BGH 7. 5. 1962 BGHZ 37, 113 ff. dahin entschieden worden, daß die Hemmung der Verjährung mit der rechtskräftigen Versagung des Armenrechts ohne Rücksicht darauf, ob die Entscheidung richtig oder falsch ist, endet (a. A. Busse § 48 Rnr. 4).

Die Verjährung wird durch Erhebung einer Leistungs- oder Feststellungsklage sowie die nach § 209 BGB der Klageerhebung gleichstehenden Handlungen **unterbrochen.** Eine Unterbrechung tritt jedoch grundsätzlich nur in dem Umfang ein, in dem der Anspruch geltend gemacht wird; daher bei Teilklagen nur in Höhe des eingeklagten Teils (Palandt-Dankelmann § 209 Anm. 1 b BGB).

Die Klage auf Rechnungslegung unterbricht nicht die Verjährung des Schadenersatzanspruches (RG 12. 5. 1926 MuW 1925/26, 281). Ist aber sowohl auf Rechnungslegung wie auch auf Leistung von Schadenersatz geklagt worden (Stufenklage nach § 254 ZPO) oder auf Feststellung der Schadenersatzpflicht, so ist die Verjährung so lange unterbrochen, wie der Prozeß betrieben wird, mag auch zunächst nur der erste Abschnitt des Rechtsstreits, die Klage auf Rechnungslegung, verhandelt werden (RG 12. 5. 1926 a. a. O.).

Durch einen im Strafverfahren gestellten Antrag auf Buße (§ 50) wurde nach früherem Recht die Verjährung nicht unterbrochen (RG 8. 5. 1886 RGZ 16, 6). Heute hat die Antragstellung auf Buße (§§ 406 d, 404 StPO) dieselben Wirkungen wie die Erhebung der Klage im bürgerlichen Rechtsstreit, d. h. die Verjährung wird nach § 209 BGB unterbrochen. Nach § 50 Abs. 2 wird aber durch eine erkannte Buße die Geltendmachung eines weiteren Entschädigungsanspruchs ausgeschlossen; im übrigen s. § 50 Anm. 2.

Ausgeschlossen wird für den Leistungsprozeß die Einrede der Verjährung durch ein Urteil, das auf erhobene Feststellungsklage das Bestehen eines Schadenersatzanspruches festgestellt hat. Ebenso durch ein Zwischenurteil über den Grund des Anspruchs nach § 304 ZPO für das Verfahren über die Höhe des Anspruchs (RG 4. 4. 1914 RGZ 84, 370, 373, 374).

4. Wirkung der Verjährung, Bereicherungshaftung

4 Nach Ablauf der Verjährungsfrist ohne Hemmung oder Unterbrechung steht dem Verletzten gegen den Verletzer nur ein **Herausgabeanspruch** nach den Grundsätzen der ungerechtfertigten Bereicherung zu (entsprechend § 852 Abs. 2 BGB). Über die Rechtsnatur dieses Anspruchs herrscht der gleiche Streit wie über die Auslegung der Bestimmung des § 852 Abs. 2 BGB. Durch letztere Vorschrift werden nach der einen Meinung nur die

Voraussetzungen der Herausgabepflicht geregelt; es soll also durch sie nur **klargestellt** werden, daß ein Bereicherungsanspruch von der kurzen Verjährungsfrist des § 852 Abs. 1 BGB unberührt bleibt. Demgegenüber handelt es sich nach der st. Rspr. des RG (28. 6. 1909 RGZ 71, 358, 360; 12. 10. 1934 JW 1935, 512) bei diesem Anspruch nicht um einen eigentlichen Bereicherungsanspruch. Es soll vielmehr nach dieser Ansicht auch nach Ablauf der Verjährungsfrist der ein Verschulden voraussetzende Schadenersatzanspruch als solcher noch geltend gemacht werden können, wenn auch nur in der Höhe, in der der Verletzer nach den Grundsätzen der ungerechtfertigten Bereicherung (§§ 812, 818 Abs. 3 BGB) zur Herausgabe des durch die schuldhafte widerrechtliche Patentverletzung erlangten und ihm noch verbliebenen Vorteils verpflichtet war. Die Vorschrift stellt demnach lediglich eine **Einschränkung des Schadensersatzanspruchs** dar; sie ist für den **Umfang, nicht** aber für die **Voraussetzungen des Bereicherungsanspruchs** maßgebend. Die herrschende Meinung hat sich dieser Ansicht angeschlossen (vgl. BGB-RGR Komm. § 852 Anm. 17), die ersichtlich nunmehr auch vom BGH (2. 7. 1971 BGHZ 56, 317, 322 = GRUR 1971, 522, 524 – Gasparone II [Urheberr.]) geteilt wird. Da eine Patentverletzung eine unerlaubte Handlung darstellt, liegen für sie die gleichen Voraussetzungen vor. Es besteht kein Anlaß, für den Anspruch nach § 48 Satz 2 einen anderen Standpunkt einzunehmen.

Hiernach muß der Verletzte beweisen, daß dem Verletzer durch die Patentverletzung ein Gewinn zugeflossen ist, der auf Kosten des Verletzten erreicht worden, mithin diesem entgangen ist. Andernfalls fehlt es an dem Nachweis der Ursächlichkeit zwischen dem Gewinn des Verletzers und dem Verlust des Verletzten.

Es sollten indessen keine Bedenken gegen die Annahme bestehen, dem Verletzer würde die Benutzung nur gegen Zahlung einer **angemessenen Lizenzgebühr** gestattet worden sein. Insoweit sollte der Verletzer mithin, auch wenn er nicht schuldhaft gehandelt hat, stets als ungerechtfertigt bereichert angesehen werden. Ohne eigene Aufwendung wäre er zur Benutzung des Patents nicht in der Lage gewesen (s. § 47 Anm. 44; ebenso v. Caemmerer a. a. O. S. 398; Greuner, GRUR 1961, 108, 110).

Über den Rechnungslegungs- bzw. Auskunftsanspruch im Falle des § 48 Satz 2 vgl. Greuner, GRUR 1961, 108, 110 ff.

§ 49

(1) Wer vorsätzlich den Vorschriften der §§ 6, 7 und 8 zuwider eine Erfindung benutzt, wird mit Geldstrafe oder mit Gefängnis bis zu einem Jahr bestraft.

(2) Die Strafverfolgung tritt nur auf Antrag ein. Der Antrag kann zurückgenommen werden.

(3) Wird auf Strafe erkannt, so ist zugleich dem Verletzten die Befugnis zuzusprechen, die Verurteilung auf Kosten des Verurteilten öffentlich bekanntzumachen, wenn er ein berechtigtes Interesse daran dartut. Umfang und Art der Bekanntmachung werden im Urteil bestimmt. Die Befugnis erlischt, wenn die Entscheidung nicht innerhalb von drei Monaten nach Eintritt der Rechtskraft bekanntgemacht wird.

ÜBERSICHT

1. Allgemeines

1 Die strafrechtliche Verfolgung von Patentverletzungen (§ 49, 50) ist sehr selten geworden. Der letzte in RGSt. veröffentlichte Fall ist ein Urteil vom 5. 3. 1915 (RGSt. 49, 202); seitdem wurde, soweit ersichtlich, nur eine strafrechtliche Verurteilung wegen Patentverletzung (RG 9. 1. 1933 GRUR 1933, 288) veröffentlicht.

Inzwischen hat das Gesetz zur Entlastung der Gerichte vom 11. 3. 1921 (RGBl. I S. 229) in die Reihe der Vergehen, die **im Wege der Privatklage** verfolgt werden können, **auch die vorsätzliche Patentverletzung** aufgenommen (Art. III Nr. 6, StPO § 374 Abs. 1 Nr. 8). Die Staatsanwaltschaft erhebt daher die öffentliche Klage nur noch, »wenn diese im öffentlichen Interesse liegt« (§ 376 StPO). Vgl. die von den sämtlichen Landesjustizverwaltungen vereinbarten »Richtlinien für das Strafverfahren« vom 1. 8. 1953, deren einschlägiger § 286 (Urheber- und Erfinderrecht) bei Schramm, GRUR 1954, 384, 385 abgedruckt ist, s. dazu Eingabe der Deutschen Vereinigung für gewerblichen Rechtsschutz und Urheberrecht GRUR 1965, 22 f.

Durch das Achte Strafänderungsgesetz ist eine weitere Strafvorschrift in § 30 c Abs. 2 eingefügt, der die nicht genehmigte Anmeldung einer geheimzuhaltenden Erfindung im Ausland betrifft.

Für die Zukunft ist das 2. Gesetz zur Reform des Strafrechts vom 4. 7. 1969 (BGBl. I S. 717) zu beachten, das am 1. 10. 1973 in Kraft tritt (Art. 7 a. a. O.). Seine Auswirkungen auf die Strafvorschriften des Patentgesetzes, die zum Teil noch nicht geklärt sind, bleiben im folgenden unberücksichtigt. Ein vorläufiger kurzer Überblick findet sich in Klauer-Möhring § 49 Anm. 10.

2. Tatbestand der strafbaren Handlung

a) Objektiver Tatbestand

Maßgebend ist der **zivilrechtliche Tatbestand,** wie er **in § 6** dargelegt ist. 2
Erforderlich ist widerrechtliche Patentverletzung (vgl. § 47 Anm. 1), d. h. ein gesetzlicher oder vertraglicher Berechtigung entbehrender Eingriff in den aus § 6 zu entnehmenden Schutzbereich des Patents. Auch ein Eingriff in eine **bekanntgemachte Patentanmeldung** ist widerrechtlich.

Der **Versuch** ist nicht strafbar, weil die Patentverletzung nur ein Vergehen ist und eine besondere Bestimmung über die Strafbarkeit des Versuches über die Patentverletzung fehlt (§ 43 Abs. 2 StGB).

Nicht zum Tatbestand gehört das Entstandensein eines Schadens.

Die **Vermutung des § 47 Abs. 3** (neuer Stoff) gilt im Strafverfahren nicht.

b) Subjektiver Tatbestand

Vorsatz oder **bedingter Vorsatz** muß vorliegen (RGSt. 9. 1. 1933 GRUR 3
1933, 288/89).

Die Rechtsprechung des Reichsgerichts in Strafsachen, die zwischen dem **Tatbestandsirrtum,** dem **außerstrafrechtlichen** und dem **strafrechtlichen Irrtum** unterschied, ist vom BGH aufgegeben worden. Nach der heute geltenden **Schuldtheorie** wird nur noch ein Unterschied zwischen dem Tatbestandsirrtum und einem Verbotsirrtum gemacht. **Der Tatbestandsirrtum** ist die irrige Annahme, einer der Tatumstände, die zum gesetzlichen Tatbestand gehören, liege nicht vor. Dieser Irrtum ist in § 59 StGB geregelt und schließt Vorsatz aus. Ein solcher Tatbestandsirrtum ist z. B. anzunehmen bei irrtümlicher Nichtkenntnis von dem Bestehen eines Patents oder irrtümlicher Auslegung des Gegenstands einer Erfindung bzw. des Schutzumfanges (vgl. Hubmann, § 27 I 2 S. 164; Nastelski in Reimer § 48 Anm. 2). Der sog. **Verbotsirrtum** betrifft dagegen den Irrtum über die Rechtswidrigkeit des Verbotenseins der tatbestandsmäßigen Handlung. Der Täter kann die Tat schlechthin für erlaubt halten oder seine Verhaltensweise durch eine Gegennorm als gerechtfertigt ansehen, z. B. Irrtum über den Schutz von unmittelbaren Verfahrenserzeugnissen (§ 6 Abs. 2), über Vorbenutzungsrechte, Abhängigkeit usw. Vermochte der Täter trotz der ihm zuzumutenden Anspannung des Gewissens das Unrechtmäßige seines Tuns nicht zu erkennen, kann ein Schuldvorwurf gegen ihn nicht erhoben werden. Hätte er dagegen bei der ihm zuzumutenden Anspannung das Unrechtmäßige seines Tuns erkennen können, so wird die Schuld durch den Irrtum nicht ausgeschlossen. Jedoch wird der Schuldvorwurf je nach dem Maß, in dem es der Täter an der erforderlichen Anpassung seiner geistigen Kraft, den Irrtum zu vermeiden, hat fehlen lassen, gemindert. Der Tatvorsatz wird nicht beseitigt (BGH 18. 3. 1952 BGHSt. 2, 194 ff.; 23. 12. 1952 BGHSt. 4, 1 ff.; Schwarz-Dreher, StGB § 59 II E 3, vgl. auch Witte, GRUR 1958, 419 ff.).

3. Täter, Teilnehmer

4 Täter ist nach Abs. 1, wer vorsätzlich den Bestimmungen der §§ 6, 7 und 8 zuwider, d. h. gewerbsmäßig und ohne Berechtigung eine vorläufig oder endgültig geschützte Erfindung benutzt. Auf das objektive Maß seiner Tätigkeit kommt es nicht entscheidend an (z. B. Lieferung neutraler Teile, die ein anderer verabredungsgemäß patentverletzend zusammensetzen soll).

Der **mittelbare Benutzer** im Sinne von § 6 Anm. 55 ist strafrechtlich unmittelbarer Täter. Die mittelbare Benutzung ist nicht zu verwechseln mit mittelbarer Täterschaft im strafrechtlichen Sinne (Begehung der Tat durch eine unzurechnungsfähige oder gutgläubige Person als Werkzeug des mittelbaren Täters).

Täter kann nur eine **natürliche** Person sein. Über die Verantwortlichkeit des gesetzlichen Vertreters einer juristischen Person vgl. Bruns JZ 1954, 12 ff. mit Nachweisen; Witte GRUR 1958, 419, 421.

Für Mittäter, Anstifter und Gehilfen vgl. §§ 47, 48, 49 StGB.

4. Mehrheit von Patentverletzungen

Es kann eine fortgesetzte Handlung angenommen werden, d. h. eine Mehrheit von Verwirklichungen des Tatbestandes der Straftat, beruhend auf einem einheitlichen Entschluß. Die fortgesetzte Handlung bildet in sich eine Einheit und endet mit der letzten Ausführungstätigkeit. Dies ist von Bedeutung für die Antragsfrist (Anm. 8) und die Verjährung (Anm. 13). 5

5. Strafantrag

Nach Abs. 2 tritt die Strafverfolgung nur auf Antrag ein. 6

a) Antragsberechtigter

Berechtigt zur Stellung des Strafantrags sind als durch den Patenteingriff verletzt

aa) der **Patentinhaber,** der durch die Eintragung in der Rolle legitimiert ist (RGSt. 14. 11. 1910 Bl. 1911, 29). Nachholung der Eintragung und die innerhalb der Antragsfrist bei der Behörde eingehende Mitteilung des Patentinhabers hiervon genügt, um den Antrag rechtswirksam zu machen. Nach Reimer (§ 49 Anm. 4) genügt die Beibringung des Eintragungsnachweises bis zur Hauptverhandlung.

Antrag durch einen **Bevollmächtigten** reicht aus. Das gilt grundsätzlich auch für die gesetzlichen Vertreter einer juristischen Person (RG 24. 1. 1913 Bl. 1913, 266). Neben der offenen Handelsgesellschaft (Weipert in RGR Komm. z. HGB § 124 Anm. 6) kann jeder einzelne Gesellschafter persönlich den Antrag stellen, selbst wenn er von der Vertretung ausgeschlossen ist (RG 14. 10. 1907, RGSt. 41, 103 und 25. 6. 1908 RGSt. 41, 377 = Bl. 1910, 306).

Der **auswärtige Patentinhaber** muß einen Patentvertreter bestellt haben, bevor er durch diesen oder unmittelbar selbst Strafantrag stellen kann (§ 16 Anm. 4).

bb) Der Inhaber einer **ausschließlichen** Lizenz, nicht auch der Inhaber einer einfachen Lizenz oder einer Zwangslizenz.

cc) Der **Konkursverwalter** über das Vermögen des Verletzten, auch soweit die Verletzung vor der Konkurseröffnung begangen worden ist (RG 4. 3. 1902 RGSt. 35, 149).

dd) Über den Lizenzinhaber als Nebenkläger vgl. RG 5. 5. 1914 GRUR 1915, 205.

b) Teilbarkeit des Antrags

Der Antrag kann, nachdem § 63 StGB fortgefallen ist, gegen alle Teilnehmer oder nur gegen einen von ihnen gerichtet werden. Ebenso die Privatklage. 7

c) Antragsfrist

8 Sie beträgt gemäß § 61 StGB drei Monate und beginnt mit dem Tage, an dem der Antragsberechtigte von der Patentverletzung und der Person des Verletzers Kenntnis gehabt hat. Bei Fortsetzungszusammenhang rechnet die Frist von Kenntnis der letzten Fortsetzungshandlung an (RG 12. 5. 1927 RGSt. 61, 299, 303).

d) Rücknahme

9 Bedingungslose Rücknahme (§ 49 Abs. 2 Satz 2) ist nach § 64 StGB bis zur Verkündung eines auf Strafe lautenden Urteils rechtswirksam möglich. Eine Form für sie ist nicht vorgeschrieben. Sie muß aber zweifelsfrei erklärt werden. Grundsätzlich ist die Rücknahme eine bedingungsfeindliche Erklärung. Jedoch ist eine Rücknahme unter der Bedingung, daß dem Antragsteller keine Kosten entstehen, zulässig (BGH 28. 3. 1956 BGHSt. 9, 149). Rechtsverbindliche vertragliche Verpflichtung zur Rücknahme ist möglich (RG 23. 2. 1907 Recht 1907, 463 Nr. 948).

6. Strafen

a) Hauptstrafen

10 Als Strafe ist Gefängnis bis zu einem Jahr oder Geldstrafe von 5 DM bis höchstens 10 000 DM (§ 27 Abs. 2 Ziff. 1 StGB), bei Gewinnsucht bis zu 100 000 DM (§ 27 a StGB) bestimmt. Es handelt sich also um ein Vergehen (§ 1 Abs. 2 StGB).

b) Nebenstrafen

11 Vorgesehen ist in Abs. 3 die dem PatG im Zivilprozeß unbekannte **Bekanntmachungsbefugnis** (vgl. aber § 23 Abs. 4 UWG; dazu Burhenne 1952, 84 ff.; Greuner 1962, 73 ff.; Seydel GRUR 1965, 650 ff.), und zwar, um Mißbräuche und Schikanen zu verhüten, lediglich bei vom Verletzten nachgewiesenen berechtigtem Interesse (Amtl. Begr. Bl. 1936, 103, 114). Art und Umfang der Bekanntmachung sind im Urteil zu bestimmen. Drei Monate nach Rechtskraft des Urteils erlischt die Befugnis.

Als weitere Nebenstrafe kommt nach § 40 StGB die **Einziehung** derjenigen dem verurteilten Verletzer oder Teilnehmer gehörenden Gegenstände in Betracht, die durch die vorsätzliche Patentverletzung hervorgebracht oder zur Begehung der Patentverletzung gebraucht worden oder bestimmt gewesen sind.

7. Sog. objektives Strafverfahren

12 Vgl. § 42 StGB, §§ 430–433 StPO sowie Kisch, Handbuch S. 477, VIII. (Verfahren bei Einziehungen und Vermögensbeschlagnahme.)

8. Die Verjährung der Strafverfolgung

13 bestimmt sich nach § 67 Abs. 2 und Abs. 4 StGB, nicht nach dem lediglich zivilrechtliche Verletzungsklagen betreffenden § 48 PatG. Sie beträgt somit 5 Jahre (RG 1. 10. 1894 RGSt. 26, 129) und läuft bei fortgesetzter Handlung von der letzten Verwirklichung ab (RG 2. 7. 1928 RGSt. 62, 212, 214).

9. Verfahrensrechtliches

a) Zuständigkeit

14 aa) **Örtliche:** §§ 7, 8 StPO (Ort der Begehung, Wohnsitz bei Anklageerhebung).

bb) **Sachliche:** § 24 Nr. 2, § 25 Nr. 2 zu a), § 28 GVG. Amtsgericht, Amtsrichter, Schöffengericht (bei öffentlicher Anklage); der Staatsanwalt kann aber gemäß § 25 Nr. 2 c GVG beantragen, daß der Amtsrichter allein entscheidet.

b) Strafverfolgung

15 Die Strafverfolgung wird **nicht dadurch ausgeschlossen,** daß das Patent inzwischen erloschen oder zurückgenommen worden ist, oder daß z. Z. der Verletzung nur ein einstweiliger Schutz nach § 30 Abs. 1 Satz 2 bestand. Die **Nichtigerklärung** oder die **Beschränkung des Patents** (§ 36 a), die auch in der Revisionsinstanz noch zu beachten sind, **schließen** aber wegen ihrer rückwirkenden Kraft **die Strafverfolgung aus** (RG 29. 4. 1909 Bl. 1909, 181; RG 21. 6. 1897 RGSt. 30, 187). Gleiches gilt bei bloß einstweiligem Schutz für die Versagung des Patents oder die Zurücknahme der Anmeldung (§ 35 Abs. 2 Satz 3).

c) Aussetzung des Strafverfahrens

16 Nach herrschender Ansicht ist – im Gegensatz zum Verletzungsstreit (§ 47 Anm. 56) – das Verfahren auszusetzen, wenn der Angeklagte die Nichtigkeit des Patents behauptet. Nach RG 25. 9. 1914 RGSt. 48, 419, 422 soll dies sogar schon dann der Fall sein, wenn er eine Nichtigkeitsklage noch nicht erhoben hatte. Es ist in diesem Falle eine Frist zur Erhebung der Nichtigkeitsklage zu setzen (RG 24. 10. 1882 RGSt. 7, 146).

Ebenso kann eine Aussetzung nach § 262 StPO stattfinden, wenn die für die Beurteilung maßgebenden zivilrechtlichen Vorfragen, z. B. der zugrunde liegende Lizenzvertrag oder ein Vorbenutzungsrecht, streitig sind.

d) Wiederaufnahme des Verfahrens

17 Eine Wiederaufnahme ist zulässig, wenn das Patent nach rechtskräftiger Verurteilung für nichtig erklärt worden oder wenn der einstweilige Schutz infolge Zurücknahme der Anmeldung oder Versagung des Patents als nicht eingetreten anzusehen ist (§ 359 Nr. 5 StPO).

§ 50

(1) Statt jeder aus diesem Gesetz entspringenden Entschädigung kann auf Verlangen des Geschädigten neben der Strafe auf eine an ihn zu erlegende Buße erkannt werden. Für die Buße haften die dazu Verurteilten als Gesamtschuldner.

(2) Eine erkannte Buße schließt die Geltendmachung eines weiteren Entschädigungsanspruchs aus.

ÜBERSICHT

1. Allgemeines

1 Die Buße ist keine Strafe, sondern Entschädigung für den durch die rechtsverletzende Handlung dem anderen zugefügten Nachteil. Sie umfaßt nicht nur den Ersatz des vermögensrechtlichen Schadens, sondern – als eine Art Schmerzensgeld – auch die Entschädigung für jede andere Kränkung, die der Verletzte erlitten hat (persönliche Beunruhigung, Schädigung des kaufmännischen Ansehens u. dgl. [RG 7. 3. 1887 RGSt. 15, 352; RG des kaufmännischen Ansehens u. dgl. [RG 7. 3. 1887 RGSt. 15, 352; 29. 4. 1887 RGSt. 15, 429; 19. 11. 1898 RGSt. 31, 334; 17. 1. 1911 RGSt. 44, 294, 296]).

2. Verhältnis zum zivilrechtlichen Schadenersatzanspruch

2 a) Ein privatrechtlicher Anspruch auf Schadenersatz ist **nicht Voraussetzung** für Zubilligung einer Buße. Das bedeutet praktisch (da bei schuldhafter Patentverletzung stets ein privatrechtlicher Schadenersatzanspruch entsteht): Weder die Verjährung des privatrechtlichen Anspruchs noch die rechtskräftige Abweisung des Klägers mit seinem Anspruch auf Schadenersatz verhindern grundsätzlich die Zubilligung einer Buße.

Begnadigung ist ohne Einfluß auf die erfolgte Bußzubilligung.

Bereits empfangene Entschädigung muß sich der Verletzte anrechnen lassen (RG 1. 12. 1919 RGZ 97, 229).

b) Gemäß Abs. 2 schließt die Zuerkennung einer Buße die weitere Geltendmachung von privatrechtlichen Ersatzansprüchen gegenüber demjenigen Verletzter aus, der zur Leistung einer Buße verurteilt worden ist. Es kann jedoch ein Geschädigter Buße, ein anderer Geschädigter zivilrechtliche Entschädigung verlangen, muß sich jedoch den ihm zuerkannten Bußbetrag auf die Entschädigung anrechnen lassen (RG 1. 12. 1919 a. a. O.). Ablehnung des Antrags auf Buße steht der Geltendmachung von Entschädigungsansprüchen nicht entgegen.

3. Voraussetzungen für die Zubilligung einer Buße

a) **Materiell:** Verurteilung des Verletzers zur **Strafe;** Buße also nur bei 3
Vorsatz. Verurteilung des Gehilfen genügt (RG 24. 10. 1905 RGSt. 38, 194).

b) **Verfahrensmäßig:** Die Buße kann nach den Vorschriften der §§ 403 ff. StPO geltend gemacht werden (§ 406 d StPO). Soweit sie dem Verletzten nicht zuerkannt wird, kann er den Anspruch im Zivilprozeß geltend machen (§ 406 III Satz 2 StPO).

Besonderer **Antrag des Verletzten** auf Zuerkennung der Buße: Den Antrag kann der Verletzte entweder als Privatkläger (§§ 374 ff. StPO) oder als Nebenkläger (§§ 395 ff. StPO) stellen.

Nach Tod des Bußberechtigten oder Täters steht nur noch der Zivilrechtsweg offen (§ 404 StPO, Busse § 50 Rnr. 2).

4. Zubilligung der Buße

Auf Buße ist unter Würdigung aller Umstände nach pflichtmäßigem 4
Ermessen und freier Überzeugung zu erkennen (RG 7. 2. 1913 GRUR 1913, 161; 17. 1. 1911 RGSt. 44, 294, 299; 3. 12. 1925 RGSt. 60, 12, 14). Der Richter kann also auch von der Zuerkennung einer Buße absehen, wenn überhaupt kein Schaden entstanden ist.

5. Rechtscharakter der Buße

Erst mit der rechtskräftigen Zusprechung der Buße entsteht ein übertrag- 5
bares und vererbliches Recht des Verletzten (RG 8. 5. 1886 RGZ 16, 6, 15), das nach § 218 BGB in 30 Jahren verjährt.

6. Konkurs

6 Die rechtskräftig zuerkannte Buße für eine vor der Konkurseröffnung begangene Patentverletzung fällt in die Konkursmasse des Verletzten, auch wenn die Rechtskraft erst nach der Konkurseröffnung eingetreten ist, da sie an die Stelle der zur Masse gehörigen Entschädigungsforderung tritt (Jaeger KO § 1 Anm. 14). Der Konkursverwalter ist nicht berechtigt, den Antrag auf Zuerkennung einer Buße zu stellen, da der bis zu seiner rechtskräftigen Zusprechung nicht übertragbare Bußanspruch aus diesem Grunde der Beschlagnahme im Konkurs nicht unterliegt (Jaeger KO a. a. O.). Andererseits ist zu berücksichtigen, daß der Schadenersatzanspruch zur Konkursmasse gehört, daß die Zuerkennung der Buße nach Abs. 2 die Geltendmachung eines weiteren Entschädigungsanspruchs ausschließt und daß nach § 7 KO Rechtshandlungen, die der Gemeinschuldner nach der Konkurseröffnung vornimmt, gegenüber den Konkursgläubigern unwirksam sind. Der Gemeinschuldner kann nach der Konkurseröffnung daher ohne Zustimmung des Konkursverwalters nicht einen Antrag auf Buße stellen oder einen früher gestellten Antrag zurücknehmen.

7. Bußhöhe

7 Nach Art. IV der VO über Vermögensstrafen und Bußen vom 6. 2. 1924 (RGBl. I S. 44) ist der Mindestbetrag der Buße 3 DM, ihr Höchstbetrag 10 000 DM. **Bei mehreren Verletzten,** z. B. mehreren Patentinhabern oder dem Patentinhaber und dem Inhaber einer ausschließlichen Lizenz (RG 28. 5. 1932 RGZ 136, 320), hat jeder einen selbständigen Anspruch auf Buße, soweit sie nicht Gesamtgläubiger (§ 428 BGB) sind.

Mehrere Verletzer, die an derselben Patentverletzung beteiligt sind, haften gemeinsam dem Verletzten als Gesamtschuldner (§ 50 Abs. 1 Satz 2).

8. Verjährung

8 Ein privatrechtlicher Anspruch auf Buße besteht nicht. Der Anspruch auf Buße kann daher auch nicht der dreijährigen Verjährung des § 48 PatG unterliegen. Zeitlich begrenzt ist die Möglichkeit, auf die Buße zu erkennen, durch die fünfjährige Verjährungsfrist des § 67 Abs. 2 StGB (RG 17. 1. 1911 RGSt. 44, 294, 296).

Zehnter Abschnitt Verfahren in Patentstreitsachen

Vorbemerkungen

Der 10. Abschnitt enthält keine umfassende Regelung des Verfahrens in Patentstreitsachen, sondern bringt nur einige durch die Besonderheiten des Patentstreitverfahrens erforderte Sonderbestimmungen (s. dazu die Begründung zum PatG 1936, Bl. 1936, 114 f.). Im übrigen ist, da es sich um Zivilprozesse handelt, die **ZPO** anwendbar. 1

Die Vorschriften des 10. Abschnitts sind auf Rechtsstreitigkeiten über Erfindungen eines **Arbeitnehmers** anzuwenden (§ 39 Abs. 1 ArbnErfG; BPatG 25. 2. 1969 E 10, 207, 217), soweit nicht die Arbeitsgerichte zuständig sind, wie z. B. für Klagen auf Leistung einer festgestellten oder festgesetzten Vergütung (§ 39 Abs. 2 ArbnErfG; vgl. LAG Hamm 12. 2. 1954 Bl. 1954, 341; nicht für den Streit über die Höhe der Vergütung, LG Braunschweig 20. 2. 1968 GRUR 1969, 135) und für Rechtsstreitigkeiten über technische Verbesserungsvorschläge eines Arbeitnehmers (BAG 30. 4. 1965 GRUR 1966, 88 = Bl. 1966, 56). 2

§ 51

(1) Für alle Klagen, durch die ein Anspruch aus einem der in diesem Gesetz geregelten Rechtsverhältnisse geltend gemacht wird (Patentstreitsachen), sind die Landgerichte ohne Rücksicht auf den Streitwert ausschließlich zuständig.

(2) Die Landesregierungen werden ermächtigt, durch Rechtsverordnung die Patentstreitsachen für die Bezirke mehrerer Landgerichte einem von ihnen zuzuweisen. Die Landesregierungen können diese Ermächtigungen auf die Landesjustizverwaltungen übertragen.

(3) Die Parteien können sich vor dem Gericht für Patentstreitsachen auch durch Rechtsanwälte vertreten lassen, die bei dem Landgericht zugelassen sind, vor das die Klage ohne die Regelung nach Absatz 2 gehören würde. Das Entsprechende gilt für die Vertretung vor dem Berufungsgericht.

(4) Die Mehrkosten, die einer Partei dadurch erwachsen, daß sie sich nach Absatz 3 durch einen nicht beim Prozeßgericht zugelassenen Rechtsanwalt vertreten läßt, sind nicht zu erstatten.

(5) Von den Kosten, die durch die Mitwirkung eines Patentanwalts in dem Rechtsstreit entstehen, sind die Gebühren bis zur Höhe einer vollen Gebühr nach § 11 der Bundesgebührenordnung für Rechtsanwälte und außerdem die notwendigen Auslagen des Patentanwalts zu erstatten.

(Unstimmigkeit des Wortlauts beseitigt [nämlich Abs. 1 S. 2 – der die Anwendung der inzwischen gestrichenen §§ 511 a Abs. 4 und 547 Nr. 2 ZPO ausschloß – gestrichen] durch Neufassung vom 2. 1. 1968.)

Dazu Schramm, Der Patentverletzungsprozeß, 1965, S. 216 ff.

ÜBERSICHT

I. Begriff der Patentstreitsache

Abs. 1 führt zunächst den Begriff der »Patentstreitsache« ein, nämlich für die Klagen, durch die ein Anspruch aus einem der im PatG geregelten Rechtsverhältnisse geltend gemacht wird. Der Begriff ist **weit auszulegen;** er umfaßt alle Klagen, die einen Anspruch auf eine Erfindung oder aus einer Erfindung zum Gegenstand haben oder sonstwie mit einer Erfindung eng verknüpft sind (RG 29. 9. 1942 RGZ 170, 226, 229 f.; BGH 22. 6. 1954 BGHZ 14, 72 – Autostadt –; Klaka, Mitt. 1969, 42). Die »enge Verknüpfung« braucht nicht notwendig rechtlicher, sondern kann auch tatsächlicher Natur sein (OLG Celle 28. 3. 1957 GRUR 1958, 292). Sie wurde auch für den Anspruch auf Rückgewähr einer Patentanmeldung gemäß § 7 Anfechtungsgesetz bejaht (OLG Düsseldorf 10. 7. 1959 GRUR 1960, 123). 1

Daß die Klage außer auf Patentverletzung auch auf **andere Rechtsgründe** gestützt ist, nimmt ihr nicht den Charakter der Patentstreitsache (vgl. OLG Koblenz 18. 10. 1962 Mitt. 1963, 114; OLG Düsseldorf 13. 1. 1964 GRUR 1964, 388 = Mitt. 1964, 120, beide zu § 32 Abs. 5 WZG). 2

Auch wenn die patentrechtlichen Gesichtspunkte nur als Vorfrage zu prüfen sind, liegt eine Patentstreitsache vor (ebenso Gemander, GRUR 1955, 263 für den Fall, daß sich die patentrechtlichen Gesichtspunkte erst aus der Verteidigung des Beklagten ergeben; vgl. aber für Aufrechnung mit patentrechtlichem Anspruch Ulrich, NJW 1958, 1128, offengelassen von BGH 24. 11. 1961 GRUR 1962, 305 – Federspannvorrichtung –). Ein Anspruch aus einem Schuldanerkenntnis, das im Zusammenhang mit einem Anspruch aus einem Patentrechtsverhältnis gegeben war, bleibt ein Anspruch aus einem Patentrechtsverhältnis i. S. des § 51 Abs. 1 (BGH 30. 11. 1967 BGHZ 49, 99, 107 – Haftbinde –).

Insbes. gehören zu den Patentstreitsachen die Unterlassungs- und Schadenersatzklagen aus § 47 sowie die Bereicherungsklage aus § 48; dazu gehören, als Umkehrung der Verletzungsklage, auch Klagen wegen sachlich unbegründeter Geltendmachung eines Schutzrechts (Ohl, GRUR 1966, 172, 185; z. B. die Klage auf Unterlassung einer Verwarnung, LG Mannheim 10. 4. 1964 WRP 1965, 188, 191); auch das Arrestverfahren zur Sicherung eines Schadensersatzanspruchs (OLG Karlsruhe 26. 4. 1972 GRUR 1973, 26). 3

Patentstreitsachen sind ferner Klagen aus § 5 (RG 16. 8. 1938 GRUR 1939, 53), § 8 Abs. 3, § 14 (LG Mannheim 29. 7. 1955 GRUR 1956, 412), § 15 Abs. 1, § 24 Abs. 2 (auf Miteintragung in die Patentrolle, KG 24. 9. 1957 GRUR 1958, 392 = Mitt. 1957, 238), § 24 Abs. 5 n. F., § 30 f, § 36 Abs. 2 (BGH 22. 6. 1954 BGHZ 14, 72, 81 – Autostadt –), § 41 Abs. 5 und 6, § 55 (LG Mannheim 13. 11. 1953 GRUR 1954, 24; auch das nachfol- 4 gende Straffestsetzungsverfahren: LG Berlin 25. 2. 1942 Mitt. 1942, 82) sowie Klagen aus Lizenz- und sonstigen Verwertungs**verträgen** (RG 29. 9. 1942 RGZ 170, 226; OLG Düsseldorf 25. 4. 1958 Mitt. 1959, 18; OLG München 18. 9. 1963 NJW 1963, 2280). Keine Patentstreitsache ist der Gebührenstreit des Patentanwalts mit seinem Auftraggeber (von Gamm, Mitt. 1959, 22). Vgl. auch die Aufzählung von Hesse in Klauer-Möhring § 51 Anm. 2.

Auch **nichtvermögensrechtliche** Streitigkeiten können Patentstreitsachen sein (z. B. aus Verletzung des Erfinder-Persönlichkeitsrechts, BGH 22. 6. 1954 a. a. O.; LG Nürnberg-Fürth 25. 10. 1967 GRUR 1968, 252). Ob es sich um ein deutsches oder **ausländisches** Patent handelt, gilt gleich (Nastelski bei Reimer, § 51 Anm. 1; OLG Düsseldorf 25. 3. 1966 GRUR Int. 1968, 100; LG Düsseldorf 27. 10. 1966 GRUR Int. 1968, 101).

5 Ob die Erfindung **patentfähig** ist oder nicht, spielt keine Rolle (BGH 22. 6. 1954 BGHZ 14, 72, 79 ff. – Autostadt –). Jedoch sind keine Patentstreitsachen Klagen betr. **Gebrauchsmuster;** hier greift die Sonderregelung des § 19 GebrMG Platz (RG 29. 9. 1942 RGZ 170, 226, 230). Danach sind Klagen, in denen ein Anspruch aus einem im GebrMG geregelten Rechtsverhältnis geltend gemacht wird, je nach Streitwert vor Amts- oder Landgericht zu erheben; ist das LG zuständig, so **kann** die Klage auch bei dem gemäß § 51 Abs. 2 bestimmten Gericht für Patentstreitsachen erhoben werden bzw. ist auf Antrag des Beklagten an dieses zu verweisen.

Arbeitnehmererfindungs-*S*treitigkeiten sind keine Patentstreitsachen; s. jedoch Anm. 2 vor § 51 und LG Berlin 15. 11. 1968 Mitt. 1969, 158.

II. Abs. 1, 2: Zuständigkeit

1. Zuständigkeit des Landgerichts

6 Für die Patentstreitsachen – ebenso für Sortenschutzstreitsachen, § 48 SortenschutzG – sind die Landgerichte ohne Rücksicht auf den Streitwert ausschließlich zuständig, niemals also die Amtsgerichte. Beim LG entscheidet eine **Zivilkammer** (so ausdrücklich § 18 GebrMG für Klagen aus dem GebrMG); nicht die Kammer für Handelssachen (auch nicht, wenn es sich um vertragliche Streitigkeiten zwischen Kaufleuten handelt, OLG Hamburg 18. 2. 1960 GRUR 1961, 132). Daß statt der lt. Geschäftsverteilung für Patentstreitsachen zuständigen Zivilkammer eine andere des an sich zuständigen Landgerichts entschieden hat, begründet jedoch keine Einrede der sachlichen Unzuständigkeit (BGH 24. 11. 1961 GRUR 1962, 305 – Federspannvorrichtung –).

7 Der Gerichtsstand des § 51 geht – wenn gleichzeitig ein Wettbewerbsverstoß vorliegt – dem des § 24 UWG vor (Ohl, GRUR 1966, 185; für WZ-Sachen gilt dies ausdrücklich gemäß § 33 WZG), der nur dann eingreift, wenn der Klageanspruch ausschließlich unter das UWG fällt (BGH 30. 11. 1954 BGHZ 15, 338, 355 – Stagma/Indeta –; 24. 4. 1964 BGHZ 41, 313, 316 – Lavamat –). Über das Verhältnis des § 51 zur Zuständigkeit des Kartellgerichts s. Löscher bei Benkard, § 51 Anm. 8 a.

2. Abs. 2: »Patentstreitkammern«

8 Die Zusammenfassung der Patentstreitsachen bei wenigen Landgerichten soll die Güte der Rechtsprechung fördern. Das PatG 1936 hatte eine entsprechende Ermächtigung des Reichsjustizministers geschaffen, der durch VO vom 10. 9. 1936 (Bl. 1936, 174) die Patentstreitsachen 6 Landgerichten zugewiesen hatte (Berlin, Düsseldorf, Frankfurt/Main, Hamburg, Leipzig und Nürnberg-Fürth). Nunmehr steht die Zuweisung nach § 51 Abs. 2 den Ländern zu.

Folgende Landgerichte sind für ihr jeweiliges Land bzw. den angegebenen Bezirk zuständig (vgl. die Angabe der Rechtsgrundlagen bei Benkard, § 51 Anm. 14): Berlin, Braunschweig, Düsseldorf, Frankfurt/Main (auch für Rheinland-Pfalz), Hamburg (auch für Bremen und Schleswig-Holstein), Mannheim, München I (für OLG-Bezirk München), Nürnberg-Fürth (für OLG-Bezirke Nürnberg und Bamberg), Saarbrücken. Aus der Zuständigkeit dieser Gerichte ergibt sich automatisch die des jeweils übergeordneten OLG als Berufungsgericht.

9 Eine ähnliche Bestimmung enthält § 32 Abs. 1 WZG, der jedoch keine ausschließliche Zuständigkeit vorsieht; nach ihr sind Gerichte für Warenzeichenstreitsachen bestimmt in Baden-Württemberg (Bl. 1953, 175), Bayern (Bl. 1952, 363) und Rheinland-Pfalz (Bl. 1952, 312).

3. Folgen der Unzuständigkeit

10 Bei den in Abs. 1 und 2 geregelten Zuständigkeiten handelt es sich um ausschließliche, die nicht der Disposition der Parteien unterliegen. Ihre Verletzung ist daher von Amts wegen zu beachten (Blasendorff, GRUR 1949, 266; BGH 30. 11. 1967 BGHZ 49, 99, 102). Bei Klageerhebung vor einem unzuständigen Gericht verweist das Gericht auf Antrag an das zuständige (RG 29. 9. 1942 RGZ 170, 226, 232; wird der Verweisungsantrag nicht gestellt, so wird die Klage als unzulässig abgewiesen).

11 Die Verweisung kann auch noch in der **höheren Instanz** geschehen, wenn die Unzuständigkeit rechtzeitig gerügt war (BGH 22. 6. 1954 BGHZ 14,

72, 83 – Autostadt –). Jedoch braucht das Berufungsgericht, wenn es selbst zuständig ist, nicht unbedingt zurückzuverweisen (z. B. in einer eilbedürftigen Einstweilige-Verfügungs-Sache, OLG Düsseldorf 10. 7. 1959 GRUR 1960, 123). Auch wird in der höheren Instanz die Zuständigkeit nicht mehr nachgeprüft, wenn der Beklagte die Unzuständigkeit in der ersten Instanz überhaupt nicht geltend gemacht hatte (BGH 7. 11. 1952 BGHZ 8, 16 – Reinigungsverfahren –; 30. 1. 1969 GRUR 1969, 373, 375 – Multoplane –; erst durch das erstinstanzliche Urteil wird er mit der Rüge ausgeschlossen, BGH 22. 6. 1954 a. a. O. S. 76). Die Rechtsmittelinstanzen beachten die Rüge der Unzuständigkeit nur dann, wenn sie dort wiederholt wird, in der Revisionsinstanz in der Form der Verfahrensrüge aus § 551 Nr. 4 ZPO (BGH 30. 11. 1967 BGHZ 49, 99 – Haftbinde –).

4. Örtliche Zuständigkeit

12 Für die örtliche Zuständigkeit gilt nichts Besonderes, wenn man von der Vergrößerung der Gerichtsbezirke gemäß Abs. 2 absieht. Der übliche Gerichtsstand ist am Wohnsitz bzw. Sitz des Beklagten (§§ 12 ff. ZPO). Hilfsweise kommt der Gerichtsstand des **Vermögens** (§ 23 ZPO) in Frage; die Eintragung von Schutzrechten beim DPA begründet den Gerichtsstand des Vermögens in München (LG München I 17. 12. 1957 GRUR 1959, 156 für WZ), jedoch geht der Ort, wo der Inlandsvertreter seinen Geschäftsraum bzw. Wohnsitz hat, vor (§ 16 S. 3; § 35 Abs. 2 WZG; LG München I 30. 5. 1961 GRUR 1962, 165 = Mitt. 1961, 148).

13 Für Verletzungsklagen ist auch der Gerichtsstand des **Tatorts** der unerlaubten Handlung gegeben (§ 32 ZPO; zur Frage, ob der Sitz des Schutzrechtsinhabers Tatort der Verletzung ist, s. Ohl, GRUR 1961, 521), denn die gewerblichen Schutzrechte gehören zu den »sonstigen Rechten« des § 823 Abs. 1 BGB. Ob als Tatort der Patentverletzung auch der Firmensitz des Rechtsinhabers angesehen werden kann, weil an ihm die Verletzungsfolge eingetreten ist (bejahend LG Mannheim 16. 6. 1961 BB 1961, 1029; Ohl, a. a. O.; ablehnend Schibel, BB 1961, 1029; LG München I 17. 12. 1957 GRUR 1959, 156, 157; OLG Karlsruhe 23. 4. 1959 MDR 1960, 56; OLG Düsseldorf 30. 11. 1962 GRUR 1964, 45 für Preisbindungsverstöße), ist höchstrichterlich noch nicht entschieden. Im übrigen vgl. § 47 Anm. 53.

14 Während die Zuständigkeit eines AG oder eines LG, das nicht zu den gemäß Abs. 2 zuständigen gehört, nicht **vereinbart** werden kann (§ 40 Abs. 2 ZPO), haben die Parteien unter den Landgerichten des Abs. 2 die Wahl und können die Zuständigkeit einer bestimmten Patentstreitkammer vereinbaren (§ 38 ZPO; BGH 7. 11. 1952 BGHZ 8, 16, 19 – Reinigungsverfahren –; LG Braunschweig 20. 2. 1968 GRUR 1969, 135) bzw. durch rügelose Einlassung begründen (§ 39 ZPO).

III. Abs. 3, 4: Vertretung durch Rechtsanwalt

15 Dazu Tetzner, GRUR 1952, 490. Entsprechende Bestimmungen in § 19 Abs. 3, 4 GebrMG, § 32 Abs. 3, 4 WZG, § 48 Abs. 3, 4 SortenschutzG und § 105 Abs. 4, 5 UrheberrechtsG.

Abs. 3. Da Rechtsanwälte bei einem bestimmten Gericht zugelassen werden (§ 18 Bundesrechtsanwaltsordnung), wären nur die bei den gemäß Abs. 2 ausgewählten Landgerichten zugelassenen Rechtsanwälte zur erstinstanzlichen Vertretung in Patentstreitsachen befugt, wenn nicht Abs. 3 eine Ausnahmeregelung geschaffen hätte. Danach können außer den beim Patentstreitgericht zugelassenen Rechtsanwälten auch alle Rechtsanwälte vertreten, die bei den **anderen Landgerichten** des Bezirks des angerufenen Patentstreitgerichts zugelassen sind, bei welchen ohne die Bestimmung nach Abs. 2 eine örtliche Zuständigkeit begründet wäre. Dabei genügt z. B. für die Begründung der Zuständigkeit nach § 32 ZPO die Tatortbehauptung einer Partei (LG Mannheim 24. 9. 1954 GRUR 1955, 292). Wären z. B. gemäß §§ 12 ff. ZPO für eine Patentstreitsache Gerichtsstände in München und in Köln gegeben und wird in München geklagt, so kommen nur Münchener Rechtsanwälte in Frage; wird dagegen in Nordrhein-Westfalen geklagt, somit gemäß Abs. 2 in Düsseldorf, so kommen Kölner und Düsseldorfer Rechtsanwälte in Frage.

16 Entsprechend können in der **Berufungsinstanz** auch OLG-Anwälte von den anderen Oberlandesgerichten aus dem Bezirk des Patentstreitgerichts vertreten, wenn ein Landgericht ihres Bezirks ohne die Bestimmung nach Abs. 2 zuständig gewesen wäre, **Satz 2.** Im obigen Beispielsfall kommen somit, wenn zum OLG Düsseldorf Berufung eingelegt wird, Rechtsanwälte von den Oberlandesgerichten Düsseldorf und Köln in Frage.

17 **Abs. 4.** Wählt eine Partei gemäß Abs. 3 einen auswärtigen Anwalt, so kann sie dadurch entstehende **Mehrkosten** von dem in die Kosten verurteilten Gegner nicht erstattet verlangen (es sei denn, daß der Gegner zunächst vor dem unzuständigen Gericht Klage erhoben hatte und der Anwalt bei diesem zugelassen ist, OLG Düsseldorf 31. 3. 1971 GRUR 1972, 566). Die Mehrkosten sind durch Vergleich zwischen den entstandenen Kosten und denen, die bei Beauftragung eines beim Prozeßgericht zugelassenen Anwalts entstanden wären, zu ermitteln, wobei bei letzterer Position Kosten für diesfalls etwa erforderlich werdende Informationsreisen oder für die Zuziehung eines Verkehrsanwalts in Betracht zu ziehen sind (OLG Frankfurt 17. 5. 1939 GRUR 1939, 608; vgl. auch OLG Hamburg 14. 7. 1939 Mitt. 1940, 23).

IV. Abs. 5: Kosten des Patentanwalts

18 Der Patentanwalt berechnet in Patentstreitsachen seinem Auftraggeber seine Kosten nach der BRAGO (PatAnwGebO Abschnitt N 1). Er kann sie diesem gegenüber auch gemäß § 19 BRAGO gerichtlich festsetzen lassen (LG Berlin 24. 4. 1954 GRUR 1954, 418; LG München I 6. 9. 1956 GRUR 1957, 239 = Mitt. 1957, 19; vgl. § 40 Anm. 57) sowie im eigenen Namen Streitwertbeschwerde mit dem Ziel höherer Streitwertbemessung einlegen (OLG München 13. 4. 1971 Mitt. 1971, 159; OLG Karlsruhe 21. 2. 1972 Mitt. 1972, 166). Das PatG behandelt nur die **Erstattung** der Kosten des Patentanwalts durch den in die Kosten verurteilten Gegner; ihre ziffernmäßige Festsetzung erfolgt im Kostenfestsetzungsverfahren (vgl. § 36 q Anm. 33 ff.).

19 Während die Erstattungsfähigkeit der Rechtsanwaltskosten und der Parteiauslagen sich nach den für den Zivilprozeß geltenden allgemeinen Regeln (§ 91 ZPO) bestimmt (s. dazu § 40 Anm. 34 ff.), ist für die Erstattung der Kosten eines etwa mitwirkenden Patentanwalts die Sonderregelung des **Abs. 5** getroffen.

Im Patenterteilungs- und im Nichtigkeitsverfahren besteht kein Anwaltszwang; inwieweit dort die bei einer Doppelvertretung durch Rechtsanwalt und Patentanwalt entstehenden doppelten Gebühren erstattungsfähig sind, ist bei § 40 Anm. 41 ff. behandelt. In Patentstreitsachen ist jedoch wegen des beim LG bestehenden Anwaltszwanges (§ 78 ZPO) stets ein Rechtsanwalt als Prozeßbevollmächtigter erforderlich; wird neben ihm auch ein Patentanwalt als sein technischer Beistand beauftragt – ihm ist auf Antrag seiner Partei auch im Anwaltsprozeß das Wort zu gestatten, § 4 PatAnwO –, so wäre die Erstattungsfähigkeit seiner Gebühren an sich gemäß § 91 ZPO davon abhängig, ob seine Mitwirkung im Einzelfall zur zweckentsprechenden Rechtsverfolgung oder Rechtsverteidigung notwendig war. In Abweichung von dieser Regel bestimmt Abs. 5, daß seine Kosten stets, aber nur in bestimmtem Umfang, erstattungsfähig sind; damit soll verhindert werden, daß übermäßige Erstattungspflichten das Prozeßwagnis unangemessen vergrößern (Begründung Bl. 1936, 114).

20 Und zwar sind die Gebühren des Patentanwalts bis zur Höhe einer **vollen Gebühr** nach § 11 BRAGO zu erstatten. Diese Bestimmung verweist auf die der BRAGO beigefügte Tabelle, die i. d. F. der G vom 30. 6. 1965 (BGBl. I 577) und vom 29. 10. 1969 (BGBl. I 2049) gilt. Die Tabellensätze erhöhen sich im Berufungs- und im Revisionsverfahren um $^{3}/_{10}$. Daß der Patentanwalt immer eine ganze Gebühr bekommt – auch wenn der Rechtsanwalt weniger bekommt – (so LG Berlin 15. 11. 1968 Mitt. 1969, 158), ist dem Gesetz nicht zu entnehmen, das die volle Gebühr als Höchstsatz vorschreibt. Ferner sind die **notwendigen Auslagen** des Patentanwalts zu er-

statten; hier ist also die Notwendigkeit im Einzelfall zu prüfen (z. B. Reisekosten gemäß § 28 BRAGO, vgl. OLG Düsseldorf 30. 7. 1955, GRUR 1956, 193, OLG München 12. 3. 1970 GRUR 1971, 48; notwendig ist die Reise zum Verhandlungstermin des BGH, nicht jedoch die Informationsreise zum Revisionsanwalt, LG Berlin 17. 10. 1960 GRUR 1961, 205 = Mitt. 1961, 59; zu Reisekosten vgl. im übrigen § 40 Anm. 36, 39). Stirbt der Patentanwalt während der Instanz, so ist für jeden Anwalt eine Gebühr erstattungsfähig (OLG München 14. 7. 1960 GRUR 1961, 375 = Mitt. 1960, 232).

Die Bestimmung des Abs. 5 gilt auch für die **Rechtsmittelinstanzen** (für das Rechtsbeschwerdeverfahren vgl. § 41 r Abs. 5 und BPatG 5. 7. 1971 E 12, 188). In ihnen ist für den Patentanwalt – ohne Nachweis der Notwendigkeit seiner Mitwirkung – eine $^{13}/_{10}$-Gebühr erstattungsfähig (OLG München und LG Berlin a. a. O.; OLG München 12. 3. 1970 GRUR 1971, 48). Das **Einstweilige-Verfügungs**-Verfahren ist ein selbständiger Rechtsstreit i. S. des § 51 Abs. 5, in dem ebenfalls eine Gebühr erstattungsfähig ist (LG Mannheim 23. 6. 1959 Mitt. 1959, 159). 21

Die genannten Beträge sind stets zu erstatten, wenn ein Patentanwalt **»mitgewirkt«** hat. Der Begriff der Mitwirkung erfordert nicht, daß der Patentanwalt in der mündlichen Verhandlung auftritt. Es genügt seine Anwesenheit in der mündlichen Verhandlung (KG 24. 9. 1957 GRUR 1958, 392 = Mitt. 1957, 238) oder Beratung vor oder nach Klagerhebung (OLG Düsseldorf 30. 7. 1955 GRUR 1956, 193; OLG Frankfurt 2. 11. 1964 GRUR 1965, 505 = Mitt. 1965, 34 für WZ-Streitsache). Es ist nicht zu prüfen, ob die Mitwirkung des Patentanwalts **notwendig** war und sich gerade auf technische Fragen bezog bzw. ob sein technisches Fachwissen ausgenutzt wurde (KG a. a. O.; LG Mannheim 1. 2. 1961 Mitt. 1961, 158; OLG Nürnberg 11. 10. 1962 Mitt. 1964, 58 für WZ-Streitsache; OLG München 18. 9. 1963 NJW 1963, 2280; LG Berlin 15. 11. 1968 Mitt. 1969, 158; dagegen Eberl, NJW 1960, 1433). 22

Die Notwendigkeit der Mitwirkung eines **Erlaubnisscheininhabers** muß jedoch im Einzelfall gemäß § 91 ZPO nachgeprüft werden. Sie ist zu bejahen, wenn er während des Prozesses laufend sein Fachwissen zur Verfügung gestellt und damit den Ablauf des Rechtsstreits beeinflußt hat (OLG Frankfurt 23. 2. 1961 GRUR 1962, 166). Die Höhe seiner als erstattungsfähig anzuerkennenden Gebühren steht im Ermessen des Gerichts, wobei die Gebühren eines Patentanwalts die obere Grenze bilden; ein Grundsatz, daß nur bis zu $^{2}/_{3}$ der Patentanwaltsgebühren erstattungsfähig seien, ist nicht anzuerkennen (OLG Düsseldorf 13. 4. 1966 GRUR 1967, 326 = NJW 1966, 1325). Für sonstige technische Berater können keine Kosten erstattet verlangt werden (soweit es sich nicht um Gutachtenerstattung handelt, OLG Düsseldorf 30. 1. 1952 GRUR 1952, 227). Auch ist § 51 Abs. 5 nicht analog anwendbar auf die Zuziehung eines als »Sortenschutzanwalt« besonders qualifizierten Korrespondenzanwalts (OLG Hamburg 29. 1. 1965 GRUR 1965, 506).

23 Der nach § 51 Abs. 5 **nicht erstattungsfähige Teil** der entstandenen Patentanwaltsgebühren kann auch nicht im Rahmen des § 91 ZPO – also wenn die Mitwirkung des Patentanwalts nachweislich zur zweckentsprechenden Rechtsverfolgung notwendig war – verlangt werden (OLG München 23. 7. 1953 GRUR 1954, 287: auch nicht, soweit dadurch Rechtsanwaltsgebühren erspart wurden; OLG Nürnberg 15. 10. 1953 GRUR 1954, 179; KG 24. 9. 1957 GRUR 1958, 392 = Mitt. 1957, 238). Eine andere Frage ist es, ob die nicht erstattungsfähigen Patentanwaltskosten als Schadenersatz eingeklagt werden können (bejahend Schramm, Der Patentverletzungsprozeß S. 311 bei schuldhafter Patentverletzung; LG Düsseldorf 2. 5. 1967 Mitt. 1968, 115 zu § 32 Abs. 5 WZG; a. A. Storch, GRUR 1963, 14 f. zu § 32 Abs. 5 WZG; vermittelnd Kirchner, GRUR 1970, 54, 63). Ein außerprozessualer Anspruch auf Ersatz der nichterstattungsfähigen Patentanwaltskosten dürfte nur für den seltenen Fall arglistiger Schädigung (§ 826 BGB) zu geben sein (vgl. für vorprozessuale Anwaltskosten bei erfolgreicher Abmahnung OLG München 13. 3. 1958 GRUR 1959, 236; s. auch § 36 q Anm. 2 a. E.).

24 § 51 Abs. 5 gilt für **Patentstreitsachen** sowie gemäß § 19 Abs. 5 GebrMG für **GebrM-**, gemäß § 32 Abs. 5 WZG für **WZ-** und gemäß § 48 Abs. 5 SortenschutzG für **Sortenschutz-Streitsachen** (nicht für einer WZ-Streitsache folgende Vollstreckungsverfahren, OLG Düsseldorf 8. 5. 1968 GRUR 1969, 245 = Mitt. 1968, 210). Die Bestimmung wird in **Geschmacksmusterstreitsachen** entsprechend angewandt (OLG München 23. 7. 1953 GRUR 1954, 287; 12. 3. 1970 GRUR 1971, 48; OLG Nürnberg 30. 11. 1970 GRUR 1971, 371; OLG Köln 15. 1. 1973 Mitt. 1973, 77; vgl. auch OLG Düsseldorf 23. 9. 1969 GRUR 1970, 534), ebenso in gewissen **Wettbewerbssachen** (LG Berlin 25. 11. 1957 GRUR 1958, 460 = Mitt. 1958, 40 mit WZ-rechtlichem und OLG München 30. 6. 1958 GRUR 1959, 204 mit GebrM-rechtlichem Einschlag; OLG Celle 29. 10. 1968 GRUR 1970, 152 = NJW 1969, 328; von Gamm, Mitt. 1959, 21). In **anderen** Sachen sind Kosten des neben dem Rechtsanwalt auftretenden Patentanwalts nur dann erstattungsfähig (§ 91 Abs. 1 ZPO), wenn die Entscheidung des Rechtsstreits von der Beurteilung von Fragen abhängt, deren Bearbeitung zu den besonderen Aufgaben des Patentanwalts gehört (KG 6. 11. 1967 GRUR 1968, 454 = NJW 1968, 755 = Bl. 1968, 197 LS). Auch Kosten eines **ausländischen** Patentanwalts können nur bei nachgewiesener Notwendigkeit (z. B. weil er einen Korrespondenzanwalt ersparte, LG Mannheim 7. 1. 1965 Mitt. 1965, 99) gemäß § 91 ZPO erstattungsfähig sein (OLG Karlsruhe 16. 2. 1966 GRUR 1967, 217).

Wird in einer Patent-usw.-Streitsache einer **armen** Partei neben dem Rechtsanwalt ein Patentanwalt **beigeordnet,** so gilt für dessen Ansprüche gegen die Staatskasse das G über die Beiordnung von Patentanwälten in Armensachen i. d. F. des § 187 PatAnwO (Bl. 1966, 313, 334). Danach erhält der Patentanwalt eine oder, wenn er eine mündliche Verhandlung oder einen Beweistermin wahrgenommen hat, 2 Gebühren nach der Tabelle der Armenanwaltsgebühren (§ 123 Abs. 1 BRAGO i. d. F. des G vom 19. 6. 1961 BGBl. I 769; im Berufungs- und Revisionsverfahren um $^{3}/_{10}$ erhöht gemäß § 123 Abs. 3 BRAGO), höchstens jedoch eine Gebühr nach § 11 BRAGO; Reisekosten zur Terminswahrnehmung werden nur nach vorheriger Genehmigung des Prozeßgerichts ersetzt. 25

§ 52
aufgehoben

Die 1936 geschaffene Bestimmung sah die Beteiligung des PA in Patentstreitsachen und die Bestellung eines Amtsvertreters (der auch zur Beratung des Gerichts zugezogen werden konnte) vor (dazu Begründung Bl. 1936, 114; über den Umfang ihrer Anwendung in der Praxis s. Ackermann, Mitt. 1961, 26). Sie war gemäß § 6 des 1. ÜG wegen des damit verbundenen, in der Aufbauzeit des DPA nicht zu rechtfertigenden Material- und Arbeitsaufwands (Begründung Bl. 1949, 242) »bis auf weiteres« nicht mehr anwendbar und wurde durch § 1 Nr. 22 des 5. ÜG gestrichen (s. dazu Begründung Bl. 1953, 315 und Schade, GRUR 1954, 90). Spiess, GRUR 1956, 147, hat ihre Wiedereinführung gefordert; ähnlich Schmieder, GRUR 1972, 682.

§ 53

(1) Macht in einer Patentstreitsache eine Partei glaubhaft, daß die Belastung mit den Prozeßkosten nach dem vollen Streitwert ihre wirtschaftliche Lage erheblich gefährden würde, so kann das Gericht auf ihren Antrag anordnen, daß die Verpflichtung dieser Partei zur Zahlung von Gerichtskosten sich nach einem ihrer Wirtschaftslage angepaßten Teil des Streitwerts bemißt. Die Anordnung hat zur Folge, daß die begünstigte Partei die Gebühren ihres Rechtsanwalts ebenfalls nur nach diesem Teil des Streitwerts zu entrichten hat. Soweit ihr Kosten des Rechtsstreits auferlegt werden oder soweit sie diese übernimmt, hat sie die von dem Gegner entrichteten Gerichtsgebühren und die Gebühren seines Rechtsanwalts nur nach dem Teil des Streitwerts zu erstatten. Soweit die außergerichtlichen Kosten dem Gegner auferlegt oder von ihm übernommen werden, kann der Rechtsanwalt der begünstigten Partei seine Gebühren von dem Gegner nach dem für diesen geltenden Streitwert beitreiben.

(2) Der Antrag nach Absatz 1 kann vor der Geschäftsstelle des Gerichts zur Niederschrift erklärt werden. Er ist vor der Verhandlung zur Hauptsache anzubringen. Danach ist er nur zulässig, wenn der angenommene oder festgesetzte Streitwert später durch das Gericht heraufgesetzt wird. Vor der Entscheidung über den Antrag ist der Gegner zu hören.

ÜBERSICHT

1. Zweck, Anwendungsbereich und Verfassungsmäßigkeit der Vorschrift

Patentstreitsachen haben oft einen sehr hohen Streitwert; das Kosten- 1
risiko erhöht sich weiter durch die meist gegebene Notwendigkeit der Heranziehung kostspieliger Sachverständigengutachten. Oft – wenn ein finanzmächtiges Unternehmen beteiligt ist – besteht ein starkes wirtschaftliches Übergewicht einer Partei. Dies könnte einer gerechten Lösung eines Streits im Wege stehen, indem die weniger bemittelte Partei, die das Kostenrisiko scheuen muß, sich zur Preisgabe ihrer Rechte oder bestenfalls zur Eingehung eines ungünstigen Vergleichs genötigt sieht. Mit den Mitteln des Armenrechts kann meist nicht geholfen werden, da die weniger bemittelte Partei noch nicht arm i. S. der Armenrechtsbestimmungen zu

sein braucht, auch durch geschäftliche Rücksichten von der Inanspruchnahme des Armenrechts abgehalten sein mag. Aus diesen Gründen (s. die Begründung Bl. 1936, 115) wurde vom PatG 1936 die Möglichkeit einer gespaltenen Streitwertfestsetzung geschaffen. Von ihr wird wenig Gebrauch gemacht (Zuck, GRUR 1966, 168: in den 10 Jahren vor 1965 nur in 2 % der Fälle).

2 Die Bestimmung des § 53 gilt für **Patentstreitsachen** (§ 51 Anm. 1 ff.) und gemäß § 39 ArbnErfG für Rechtsstreitigkeiten über Arbeitnehmererfindungen (s. vor § 51 Anm. 2). Sie gilt ferner gemäß § 41 r Abs. 2 S. 3 für das **Rechtsbeschwerde**verfahren und gemäß § 42 Abs. 2 S. 3 für die Berufungsinstanz des **Nichtigkeits**verfahrens, kann aber auch in dessen erster Instanz angewendet werden, wenn wegen Mitwirkung eines Rechtsanwalts der Gegenstandswert festzusetzen ist (BayVerwGH 20. 12. 1960 Bl. 1961, 86).

3 Entsprechende Bestimmungen finden sich in § 17 a **GebrMG**, § 31 a **WZG** und § 23 a **UWG** (eingefügt durch G vom 21. 7. 1965, BGBl. I 625 = Bl. 1965, 290), übrigens auch in § 247 des AktienG vom 6. 9. 1965 (BGBl. I 1089). Von einer Einbeziehung auch des **GebrM-Löschungs**verfahrens (in dem § 53 nicht anwendbar ist, DPA 4. 1. 1957 Mitt. 1957, 97; Nastelski bei Reimer, § 53 Anm. 2) hat der Gesetzgeber abgesehen, da dort die Gebühren, sofern nicht Rechtsanwälte tätig werden, nicht streitwertabhängig sind und die nach Billigkeit zu treffende Kostenentscheidung auch der wirtschaftlichen Lage einer finanziell schwächeren Partei Rechnung tragen kann (Begründung zum Regierungsentwurf des G vom 21. 7. 1965, Bl. 1965, 294 f.).

4 Die obengenannten Bestimmungen sind auch anwendbar, wenn der Klageantrag außer auf die erwähnten Spezialgesetze gleichzeitig auf Bestimmungen des **BGB** gestützt wird (BGH 1. 12. 1967 GRUR 1968, 333 – Faber – zu § 31 a WZG).

Die Vergünstigung kann auch **juristischen Personen** gewährt werden (BGH 24. 2. 1953 GRUR 1953, 284 – Kostenbegünstigung –); Ausländern nur bei Verbürgung der Gegenseitigkeit.

5 Bei Erlaß des G vom 21. 7. 1965 (s. o. Anm. 3) hat der Gesetzgeber auch die **Verfassungsmäßigkeit** des § 53 überprüft und bejaht (Begründung der Bundesregierung Bl. 1965, 293 f.; bestätigt von den Bundestags-Ausschüssen, Schriftl. Bericht des Wirtschaftsausschusses, BT-Drucks. IV/3403). Insbesondere war ein Verstoß gegen den Gleichheitssatz (Art. 3 GG) behauptet worden (Wieczorek, ZPO Band V, Anm. A I zu § 53 PatG andeutungsweise für Abs. 1 S. 3; Eberl, NJW 1960, 1431 für die Bestimmungen des Abs. 1 S. 3, soweit er die Vergünstigung auf die vom Gegner entrichteten Gerichtsgebühren erstreckt, und des S. 4). Die Regelung der Sätze 1, 2 war nie angegriffen worden; sie dient, indem sie das Kostenrisiko der Par-

teien ihrer wirtschaftlichen Leistungsfähigkeit anpaßt, gerade der Verwirklichung des Gleichheitssatzes (OLG München 24. 7. 1958 NJW 1959, 52; bestätigt 15. 7. 1964 NJW 1964, 1730 mit krit. Anm. von Brangsch, a. a. O. S. 2260). Aber auch die anderen Einzelheiten der Regelung begründen nicht die Annahme einer Grundgesetzwidrigkeit (Röhl, BB 1960, 271; Zuck, GRUR 1966, 167).

2. Abs. 1: Voraussetzungen und Wirkung der Streitwertbegünstigung

Voraussetzung der Streitwertbegünstigung ist lediglich, daß die Belastung mit den vollen Kosten die wirtschaftliche Lage der Partei erheblich gefährden würde, **Satz 1.** Hierbei ist ein strenger Maßstab anzulegen. Gegebenenfalls sind die Einkommensverhältnisse der Ehefrau mit heranzuziehen; das Kostenrisiko für die Rechtsmittelinstanzen ist nicht in Rechnung zu stellen (OLG Karlsruhe 28. 12. 1961 GRUR 1962, 586). 6

Um zu verhindern, daß als Kläger eine wirtschaftlich schwächere Partei vorgeschoben wird, die in den Genuß der Streitwertbegünstigung gelangen kann, wurde für Wettbewerbssachen, in denen die Parteien leicht austauschbar sind, in § 23 a UWG ein Satz 2 aufgenommen (auf Anregung des Grünen Vereins, GRUR 1964, 599, und Vorschlag des Rechtsausschusses des BT, BT-Drucks. IV/3403), wonach der Antragsteller auf Verlangen glaubhaft machen muß, daß die Kosten weder unmittelbar noch mittelbar von einem Dritten übernommen werden. § 53 enthält eine solche Vorschrift nicht.

Sachliche Voraussetzungen für die Streitwertbegünstigung stellt das Gesetz nicht auf. Insbes. ist nicht – wie bei der Armenrechtsgewährung – zu prüfen, ob die Rechtsverfolgung bzw. -verteidigung hinreichende **Aussicht auf Erfolg** hat. Die Tatsache, daß die Partei auch bei Gewährung der Begünstigung Prozeßkosten in dem ihrer Leistungsfähigkeit angemessenen Umfang aufwenden muß, dürfte regelmäßig zur Verhinderung mutwilliger Prozeßführung genügen (Begründung Bl. 1936, 115). Daher soll der Antragsteller durchaus ein angemessenes Kostenwagnis behalten (LG Mannheim 14. 3. 1958 GRUR 1959, 236). 7

Selbst wenn das **Armenrecht** wegen mangelnder Erfolgsaussicht verweigert worden ist, kann noch der Streitwert nach § 53 herabgesetzt werden (OLG München 24. 7. 1958 NJW 1959, 52; ebenso auch in dem Fall, daß der Partei bereits das Armenrecht bewilligt ist, BGH 9. 1. 1953 GRUR 1953, 123 LS – Streitwertherabsetzung –). Die Herabsetzung kann nur im Falle eines offenbar **mißbräuchlichen** Prozessierens abgelehnt werden (Begründung a. a. O.; dies kann allerdings der Fall sein, wenn das Armenrecht bereits in zwei Instanzen versagt war, RG 25. 2. 1938 GRUR 1938, 325; zum Verhältnis zwischen § 53 und Armenrechtsgewährung s. auch Röhl, BB 1960, 271).

8 Die Streitwertbegünstigung hat die **Wirkung**, daß die begünstigte Partei die Gerichtskosten und die Gebühren ihres Rechtsanwalts (Gleiches muß für die des Patentanwalts gelten) nur nach dem Teilstreitwert zu entrichten hat, **Satz 2.** Ihr Anwalt kann jedoch im Fall des Obsiegens seine Gebühren vom kostenpflichtigen Gegner nach dem vollen Streitwert verlangen, **Satz 4.** Der Gegner der begünstigten Partei bekommt die von ihm entrichteten Gerichtsgebühren und die Gebühren seines Anwalts von der begünstigten Partei im Falle ihres Unterliegens nur nach dem Teilstreitwert erstattet, **Satz 3.** Die Differenz muß er in jedem Fall selbst tragen. Somit hat die begünstigte Partei im Falle ihres Obsiegens keinerlei Kosten zu tragen, ihr Gegner aber im Falle seines Obsiegens einen (meist den überwiegenden) Teil seiner Kosten. Hieraus insbes. ergaben sich die oben Anm. 5 behandelten verfassungsrechtlichen Bedenken, die jedoch nicht durchgreifen, da ein allgemeingültiger Rechtssatz, daß die obsiegende Partei stets ihre Kosten erstattet bekommen müsse, nicht besteht.

9 Da die **Auslagen** (des Gerichts und der Parteien) nicht streitwertabhängig sind, hat die Streitwertbegünstigung auf sie keinen Einfluß (unter den »Gerichtskosten« des S. 1 können nur die Gerichtsgebühren verstanden werden). Das gilt insbes. für die Vergütung des Sachverständigen (OLG München 8. 7. 1959 GRUR 1960, 79). Auch auf die Höhe der aus der Staatskasse zu entrichtenden Armenanwaltsgebühren hat die Streitwertbegünstigung keinen Einfluß (BGH 24. 3. 1953 GRUR 1953, 250 – Armenanwaltsgebühren –).

10 Eine **Nachzahlungspflicht** wie beim Armenrecht (§ 125 ZPO, § 46 i; dieses verschafft nur eine »einstweilige« Befreiung) ist nicht vorgesehen. Ihre Einführung wurde von Löscher (bei Benkard, 4. Aufl. § 53 Anm. 2; ebenso Tetzner, NJW 1965, 1947) angeregt, aber von der Bundesregierung bei der Vorlage des G vom 21. 7. 1965 (s. o. Anm. 3) abgelehnt (Begründung Bl. 1965, 294).

3. Abs. 2: Verfahren

11 Voraussetzung ist ein **Antrag** und die Glaubhaftmachung der Voraussetzungen. Der Antrag kann zu Protokoll der Geschäftsstelle erklärt werden, **Satz 1,** unterliegt also nicht dem Anwaltszwang (§ 78 Abs. 2 ZPO), auch wenn er nicht so, sondern schriftlich gestellt wird.

12 Der Antrag ist **vor der Verhandlung** zur Hauptsache zu stellen, **Satz 2,** später nur im Falle einer nachträglichen **Heraufsetzung** des angenommenen oder festgesetzten Streitwertes, **Satz 3.** Dabei ist als »angenommen« derjenige Streitwert anzusehen, der in der Klageschrift oder später angegeben und weder vom Gericht noch vom Gegner beanstandet worden ist, oder der von der Geschäftsstelle der Gebührenberechnung zugrunde gelegt worden ist.

Ist bis zur Verhandlung oder Entscheidung ein Streitwert weder angenommen noch festgesetzt, so daß der Beteiligte nicht in der Lage war, sein Kostenrisiko zu veranschlagen, so kann der Antrag noch **nach der erstmaligen Streitwertfestsetzung** gestellt werden: so, wenn – wie in Nichtigkeitssachen üblich – der Streitwert erstmals nach Verkündung des Berufungsurteils festgesetzt wird und die Geschäftsstelle auch nicht vorher für die Gebührenerhebung einen vorläufigen Streitwert angenommen hatte (BGH 24. 2. 1953 GRUR 1953, 284 – Kostenbegünstigung –), oder wenn der Streitwert erstmals nach Erledigung der Hauptsache (z. B. durch Zurücknahme der Berufung) festgesetzt wird (BGH 15. 2. 1965 GRUR 1965, 562 – Teilstreitwert –). In diesem Falle kann der Antrag noch innerhalb angemessener Frist gestellt werden (eine Frist von fast zwei Jahren nach der Streitwertfestsetzung war nicht mehr angemessen, BGH a. a. O.). **13**

Vor der Entscheidung über den Antrag ist der **Gegner** zu hören, **Satz 4.**

Gegen den ablehnenden oder stattgebenden Beschluß der ersten Instanz steht der beschwerten Partei die **Beschwerde** zu (OLG München 24. 7. 1958 NJW 1959, 52; OLG Karlsruhe 28. 12. 1961 GRUR 1962, 586), auch den beteiligten Rechtsanwälten (§ 9 Abs. 2 BRAGO) und Patentanwälten (vgl. OLG Düsseldorf 25. 7. 1958 Mitt. 1959, 78 und VG München 19. 1. 1961 Mitt. 1961, 59). Anstelle der Beschwerdefrist des § 23 Abs. 2 GKG nimmt Löscher (bei Benkard, § 53 Anm. 8) die Zweiwochenfrist des § 577 ZPO an. **14**

Die Streitwertbegünstigung gilt nur für die jeweilige **Instanz** (RG 15. 11. 1940 GRUR 1941, 94; OLG Karlsruhe 28. 12. 1961 GRUR 1962, 586). Wenn sich herausstellt, daß ihre Voraussetzungen nicht vorlagen, oder wenn sie wieder wegfallen, kann der Beschluß **aufgehoben** werden (OLG Düsseldorf 20. 12. 1940 GRUR 1941, 35). **15**

§ 54

Wer eine Klage nach § 47 erhoben hat, kann gegen den Beklagten wegen derselben oder einer gleichartigen Handlung auf Grund eines anderen Patents nur dann eine weitere Klage erheben, wenn er ohne sein Verschulden nicht in der Lage war, auch dieses Patent in dem früheren Rechtsstreit geltend zu machen.

1. Bedeutung der Vorschrift

1 Die 1936 geschaffene Vorschrift sollte einem anscheinend seinerzeit aufgetretenen Übelstand abhelfen, daß Inhaber von Patenten verwandten Inhalts einen Verletzer zunächst auf Grund eines dieser Patente verklagten, um dann in weiteren Prozessen gegen ihn wegen desselben oder eines gleichartigen Tatbestandes die Verletzung der anderen Patente geltend zu machen, wodurch dem Angegriffenen die Verteidigung erschwert und erhöhte Kosten verursacht wurden (Begründung Bl. 1936, 115). Die Vorschrift zwingt den Kläger dazu, alle zur Klagebegründung erforderlichen Patente im selben Prozeß geltend zu machen. Jeder vernünftige Kläger wird ohnedies, wenn er sieht, daß die bisherige Klagebegründung nicht ausreicht, auch seine weiteren Schutzrechte heranziehen; soweit hierin eine Klageänderung zu erblicken ist, wäre sie als sachdienlich zuzulassen (Löscher bei Benkard, § 54 Anm. 2 a. E.). Ohl (GRUR 1968, 169) hat mit Recht die Streichung der überflüssigen Vorschrift gefordert.

2 Die Vorschrift dient also der **Konzentration** des Verfahrens. Sie ähnelt den Bestimmungen der §§ 616, 767 Abs. 3 ZPO, 17 MieterschutzG (vgl. Habscheid, GRUR 1954, 239; Löscher bei Benkard, § 54 Anm. 2).

2. Anwendungsbereich

3 Die Vorschrift gilt im Verhältnis zwischen den Parteien des zuerst erhobenen Prozesses (und ihren Rechtsnachfolgern). Sie richtet sich jedoch nur an den Patentinhaber (Kläger), nicht an den Verletzer, dem es im Falle seiner negativen Feststellungsklage freisteht, welches Schutzrecht er zum Gegenstand der Klage macht (BGH 10. 7. 1956 GRUR 1957, 208 – Grubenstempel –). Ob das frühere Verfahren rechtskräftig abgeschlossen oder noch anhängig ist, ist gleich.

Die Vorschrift bezieht sich auf dieselbe oder eine gleichartige Verletzungshandlung i. S. des § 6; dabei wird Identität der Handlung in der Regel bei jedem Gegenstand anzunehmen sein, der unter den Oberbegriff des Patentanspruchs fällt (BGH a. a. O.).

§ 54 bezieht sich nicht auf die Geltendmachung des vorläufigen Schutzes aus bekanntgemachten Patentanmeldungen (BGH 28. 11. 1963 GRUR 1964, 221, 223 – Rolladen –). Er gilt auch nicht für die Geltendmachung von GebrM (OLG Düsseldorf 31. 1. 1958 GRUR 1959, 538).

3. Verfahren

Die Vorschrift des § 54 ist nicht von Amts wegen zu beachten. Der 4
BGH (14. 7. 1966 GRUR 1967, 84 – Christbaumbehang II –) hat nunmehr klargestellt, daß sie lediglich eine verzichtbare prozeßhindernde **Einrede** gewährt. Ihre Voraussetzungen hat der Beklagte zu beweisen. Der Kläger kann den Gegenbeweis führen, daß er ohne sein Verschulden nicht in der Lage war, das der neuen Klage zugrunde gelegte Patent bereits im früheren Prozeß geltend zu machen.

Das Gericht wird nach dem Sinn des § 54 das Verfahren über die mehreren Patente auch nicht gemäß § 145 ZPO trennen können (Habscheid, a. a. O.; dahingestellt geblieben in BGH 20. 9. 1960 GRUR 1961, 79, 81 – Feuerzeugbenzinbehälter –).

Elfter Abschnitt Patentberühmung

§ 55

Wer Gegenstände oder ihre Verpackung mit einer Bezeichnung versieht, die geeignet ist, den Eindruck zu erwecken, daß die Gegenstände durch ein Patent oder eine Patentanmeldung nach diesem Gesetz geschützt seien, oder wer in öffentlichen Anzeigen, auf Aushängeschildern, auf Empfehlungskarten oder in ähnlichen Kundgebungen eine Bezeichnung solcher Art verwendet, ist verpflichtet, jedem, der ein berechtigtes Interesse an der Kenntnis der Rechtslage hat, auf Verlangen Auskunft darüber zu geben, auf welches Patent oder auf welche Patentanmeldung sich die Verwendung der Bezeichnung stützt.

ÜBERSICHT

Lit. Kreidel, Der Patentvermerk, 1960.

1. Bedeutung der Vorschrift

Die Bestimmung des § 55 trat 1936 an die Stelle des § 40 PatG 1891, der die Patentanmaßung unter Strafe gestellt hatte; solcher Strafvorschrift bedurfte es nicht mehr, da § 4 UWG auch diesen Tatbestand deckt. Doch hatte sich das Bedürfnis nach einem Auskunftsanspruch herausgestellt, der nun nicht auf die unberechtigte Patentberühmung beschränkt ist (vgl. Begründung Bl. 1936, 115). Dieser Anspruch dient der Vorbereitung wettbewerblicher Verteidigung gegen die Patentberühmung (BGH 4. 5. 1954 BGHZ 13, 210, 213 – Prallmühle –). 1

Eine gleichlautende Vorschrift für GebrM enthält § 22 GebrMG.

2. Verwendung der Bezeichnung

2 Die auf Patentschutz hinweisende Bezeichnung (z. B. »DBP«, »gesetzlich geschützt«; zu »DBPa« s. u. Anm. 8, zu »DBP angem.« s. u. Anm. 4 ff.) muß in einer der in § 55 aufgezählten Formen gebraucht sein, also eine gewisse **Breitenwirkung** entfalten (LG Düsseldorf 23. 6. 1966 GRUR 1967, 525). Während eine Patentberühmung in einem einzelnen Brief noch nicht zur Auskunft verpflichtet, ist die Mitteilung an zwei als Abnehmer in Betracht kommende Firmen (OLG Düsseldorf 11. 1. 1952 Bl. 1954, 192) oder die Anbringung eines Stempels »Patente angemeldet« i. V. m. einer Warnung vor unberechtigter Weitergabe auf Zeichnungen, die anfragenden Interessenten zugesandt wurden (LG Düsseldorf a. a. O.), als »ähnliche Kundgebung« angesehen worden.

3. Patent oder Patentanmeldung

3 Die Bezeichnung muß darauf schließen lassen, daß der Gegenstand durch ein deutsches (»nach diesem Gesetz«) Patent oder eine deutsche Patentanmeldung **geschützt** ist. Unter **Patentanmeldung** ist also nur eine solche zu verstehen, die (einstweiligen) Schutz genießt, also eine bekanntgemachte oder – seit Inkrafttreten des PatÄndG – offengelegte (Fritze, GRUR 1968, 131; Nastelski bei Reimer, § 55 Anm. 7 a E.) Anmeldung.

4 Bei der Werbung mit einer noch **nicht bekanntgemachten** Anmeldung war streitig, ob und welche Auskunftsverpflichtung bestand, vgl. 5. Aufl. Anm. 4, 5.

5 Nunmehr ist höchstrichterlich entschieden, daß die Werbung **»DBP angem.«** vor Bekanntmachung unzulässig ist (BGH 27. 9. 1963 GRUR 1964, 144 – Sintex –; zustimmend Werner, GRUR 1964, 370; ebenso KG 1. 2. 1963 GRUR 1965, 156 für die Werbung »ist zum Patent angemeldet«; LG Düsseldorf 23. 6. 1966 GRUR 1967, 525 für »Patente angemeldet«). Dementsprechend soll auch die Werbung mit offengelegten Anmeldungen unzulässig sein (Hesse bei Klauer-Möhring § 55 Anm. 17). LG Düsseldorf 18. 1. 1972 GRUR 1973, 148). Jedoch hat OLG Hamburg (8. 2. 1973 Mitt. 1973, 144) mit Recht entschieden, daß bei einer offengelegten Anmeldung die Werbung »Patent angemeldet« nicht irreführend ist.

6 Gegenüber einer solchen unzulässigen Werbung ist der Mitbewerber nicht schutzlos; er hat nicht nur den Unterlassungsanspruch aus § 3 UWG, sondern kann nach h. M. auch auf Grund bürgerlichrechtlicher Bestimmungen Mitteilung der Anmeldungsunterlagen verlangen (wegen der Rechtsgrundlagen s. Storch, Mitt. 1959, 167, 172; Ottens, Mitt. 1962, 11, 15 a. A.: nur im Falle der Verwarnung LG München I 13. 11. 1962 GRUR 1964, 258).

4. Unzulässige Werbung

Unzulässig sind ferner (ohne daß im Rahmen einer Kommentierung des § 55 die wettbewerbsrechtlichen Gesichtspunkte erschöpfend dargestellt werden könnten) folgende Werbeangaben: 7

a) Ein Patent, das noch **nicht rechtskräftig** erteilt ist, sich vielmehr noch im Beschwerdeverfahren befindet, darf nicht als erteilt hingestellt werden (LG Hannover 24. 6. 1965 Mitt. 1965, 238).

b) Unzulässig ist, auch nach der Bekanntmachung, die Werbung **»DBPa.«**, weil der unauffällige und unverständliche Buchstabe »a« allein nicht genügend zum Ausdruck bringt, daß nur eine Anmeldung vorliegt (Sünner, GRUR 1951, 189; Storch, Mitt. 1959, 168; BGH 27. 9. 1960 GRUR 1961, 241 – Socsil –; 6. 10. 1965 GRUR 1966, 92 – Bleistiftabsätze –: sofern sich nicht die Werbung ausschließlich an patentrechtlich Geschulte wendet). 8

c) Unzulässig ist der Hinweis auf Patentschutz ohne entsprechenden Zusatz, wenn nur **ausländische** Patente vorliegen (Sünner, GRUR 1951, 192). 9

d) Unzulässig ist eine Werbung, die über den **Umfang des Patentschutzes** täuscht, also z. B. eine Ware im ganzen als patentiert bezeichnet, obwohl nur ein untergeordneter Teil des Gegenstandes patentiert ist (Sünner, GRUR 1951, 189; BGH 2. 4. 1957 GRUR 1957, 372 – »2 DRP« –; LG Hannover 24. 6. 1965 Mitt. 1965, 238 – auch zum Verfahrenspatent). 10

5. Verfahren

Der die Auskunft Begehrende muß sein **berechtigtes Interesse** an der Auskunft dartun (OLG Düsseldorf 21. 3. 1957 Mitt. 1957, 155). Das Interesse kann auch ein wirtschaftliches sein. Es mag in der Regel darin bestehen, daß der Auskunftbegehrende Waren verwandter Art herstellt oder vertreibt (OLG Frankfurt 29. 4. 1965 GRUR 1967, 88). Doch hat schließlich auch ein jeder Käufer einer Ware ein berechtigtes Interesse daran, zu erfahren, welches die Patente sind, mit denen er umworben wurde; sein Auskunftsanspruch ist die logische Folge daraus, daß seine Qualitätsvorstellungen, die er mit einer patentierten Ware verbindet, gerade das entscheidende Argument für die Unzulässigkeit der Berühmung mit nicht bekanntgemachten Anmeldungen darstellen. 11

Der Auskunftsanspruch setzt bei beendeter Werbung keine Wiederholungsgefahr voraus (OLG Frankfurt 29. 4. 1965 GRUR 1967, 88). Er wird erfüllt durch Angabe der Patentnummer bzw. der Nummer der Auslegeschrift (so daß ein Auskunftsanspruch entfällt, wenn die Nummer bereits in der Werbung angegeben war). Weitergehende Ansprüche gibt § 55 nicht, insbes. nicht einen Anspruch auf Akteneinsicht (BPatG 10. 1. 1963 E 2, 189). Dem Anspruch wird, wenn mehrere Patente bestehen, durch Benen- 12 nung desjenigen Patents, auf das der Werbende sich stützen will, Genüge getan (OLG Frankfurt a. a. O.; vgl. auch BGH 4. 5. 1954 BGHZ 13, 210 – Prallmühle –).

Die **Vollstreckung** des zur Auskunft verpflichtenden Urteils geschieht nach § 888 ZPO (durch Androhung von Geld- und Haftstrafen).

Anhang
Internationale Regelungen und Bestrebungen

ÜBERSICHT

A. Die Pariser Verbandsübereinkunft (PVÜ), kurz: Unionsvertrag

I. Allgemeines

1 **Schrifttum:** Bodenhausen, Pariser Verbandsübereinkunft zum Schutz des gewerblichen Eigentums, 1968/1971 (Erläuterung auf Grund der Stockholmer Fassung; die amtlichen deutschen Texte sind nach Art. 29 Abs. 1, Buchstabe b der PVÜ hergestellt); Raible, Pariser Verbandsübereinkunft und nationales Recht, GRUR Int. 1970, 137 ff.; Troller, Internationales Privatrecht, 1952, S. 80 ff.; Schmitt, Zur Wiener Konvention über das Recht der internationalen Verträge (mit vielen Fundstellen), GRUR Int. 1970, 361 ff.

Der **Hauptzweck** der Pariser Verbandsübereinkunft (Convention de Paris pour la protection de la propriété industrielle), PVÜ, oft auch kurz Unionsvertrag genannt, ergibt sich aus Art. 2, der die **Gleichstellung und Gleichberechtigung von In- und Ausländern** gewährleisten soll. Größte Bedeutung hat Art. 4, der die **Prioritätsgewährung** betrifft. Der Unionsvertrag stellt es den einzelnen Verbandsländern frei, die Bestimmungen betr. die Voraussetzungen für Patenterteilung und das Erteilungsverfahren selbst zu regeln. Die Union ist eine juristische Körperschaft des Völkerrechts; im einzelnen s. Bodenhausen, 12.

Zur **Rechtsnatur des Prioritätsrechts** vgl. § 27 Anm. 2. Zur Frage der Anwendung innerstaatlicher Gesetze der Verbandsländer auf Nichtinländer (ob »unmittelbar anwendbar« oder ob Verpflichtung zum Erlaß entsprechender nationaler Gesetze) vgl. Bodenhausen S. 6 ff.

Der Unionsvertrag in seiner ersten Fassung vom 20. 3. 1883 wurde unter Führung Frankreichs von elf Staaten beschlossen und ist am 7. 7. 1884 in Kraft getreten. Der Vertrag ist seitdem mehrfach revidiert worden, und zwar auf den Konferenzen in **Brüssel** (Fassung vom 14. 12. 1900), in **Washington** (Fassung vom 2. 6. 1911, Bl. 1913, 146), in **Den Haag** (Fassung vom 6. 11. 1925, Bl. 1926, 190), in **London** (Fassung 2. 6. 1934, Bl. 1934, 198), in **Lissabon** (Fassung vom 31. 10. 1958, Bl. 1961, 217 = GRUR Ausl. 1959, 114). Die **Stockholmer Fassung** der PVÜ vom 14. 7. 1967 ist für die Bundesrepublik Deutschland am 19. 9. 1970 in Kraft getreten; Bekanntm. vom 13. 10. 1970, Bl. 1970, 438. Zum **Geltungsbereich der PVÜ** s. die Übersicht, Stand am 1. 1. 1973, Bl. 1973, 106 = GRUR Int. 1973, 162 bis 165. Wegen des deutschen und französischen Textes der PVÜ s. Bl. 1970, 293 ff. = Prop. Ind. 1967, 219 = Ind. Prop. 1967, 211. Ferner sind ein amtl. deutscher Text in GRUR Int. 1968, 418 ff. und der authentische französische Text und eine englische Übersetzung in GRUR Int. 1967, 510 ff. abgedruckt. Zur **Entstehungsgeschichte der PVÜ** s. Bodenhausen S. 3 ff.

Das Deutsche Reich gehörte der Union seit dem 1. 3. 1903 an; vgl. hierzu RG 26. 10. 1914, RGZ 85, 374. Nach Auffassung des Versailler Vertrages war der Unionsvertrag zwischen den kriegführenden Staaten aufgehoben. Gem. Art. 286 ist er ab 10. 1. 1920 wieder wirksam gewesen. Nach BGH 6. 10. 1953, GRUR 1954, 111 = Bl. 1954, 53 und BGH 16. 11. 1954, GRUR 1955, 342 ist die PVÜ durch den Krieg auch im Verhältnis der Feindstaaten zueinander nicht außer Kraft getreten. Ihre Schutzwirkung war nur de facto während des Kriegszustandes unterbrochen. Wegen der Weitergeltung internationaler Verträge über gewerblichen Rechtsschutz und Urheberrecht gegenüber ehemaligen Kriegsgegnern vgl. Zippelius, GRUR Ausl. 1956, 102.

II. Die verschiedenen Fassungen der PVÜ

1. Die Haager, Londoner und Lissaboner Fassung

Die Haager Fassung ist nur noch für wenige Staaten, dagegen die Londoner Fassung immerhin noch für etwa 30 Staaten verbindlich. 2

Wesentlich ist, daß nach der **Haager Fassung** entsprechend deutscher Auffassung Berufung auf ein Weiterbenutzungsrecht auf Grund einer Zwischenbenutzung im Prioritätsintervall zulässig ist; RG 5. 6. 1920, RGZ 99, 145; RG 16. 9. 1930, Bl. 1931, 8. Die wesentliche Änderung der **Londoner Fassung** besteht darin, daß es nach Art. 4 A 1 und 4 B, Lond. Fassg., nicht mehr möglich ist, sich auf ein solches Vorbenutzungsrecht zu berufen.

Die durch die Lissaboner Fassung vorgenommenen Änderungen sind in der amtlichen Denkschrift zur Lissaboner Fassung des Unionsvertrages, Bl. 1961, 233 erläutert. Vgl. ferner den Bericht von Mitgliedern der deutschen Delegation zur Lissaboner Konferenz, GRUR Ausl. 1959, 58–80 und 104–113 und die Vorbereitenden Dokumente des Internationalen Büros zur Lissaboner Konferenz, GRUR Ausl. 1958, Sonderheft.

2. Abweichungen der Stockholmer von der Lissaboner Fassung

Die Stockholmer Fassung weicht durch den neuen Art. 4 I und in den Verwaltungs- und Schlußbestimmungen (Art. 13 bis 30) von der Lissaboner Fassung ab. Unterartikel I betrifft die Einbeziehung der sog. **»Erfinderscheine«**. Solche werden nicht nur in der Sowjetunion, sondern auch in Bulgarien, Polen und Rumänien als prioritätsbegründende Anmeldungen eingereicht. Die Anmeldung bzw. Erteilung eines Erfinderscheines ähnelt den Voraussetzungen für eine Patentanmeldung bzw. Patenterteilung; vgl. Mast, GRUR Int. 1967, 460–462; ferner Bericht (Beier/Wey) GRUR Ausl. 1965, 620 und vorbereitendes Dokument, GRUR Int. 1967, 180. Zur inter- 3 nationalen Anerkennung der Erfinderscheine vgl. GRUR Int. 1971, 56 und Pfanner, GRUR Ausl. 1965, 483 und Bericht der Deutschen Landesgruppe der Internationalen Vereinigung für gewerblichen Rechtsschutz, GRUR Ausl. 1965, 620; ferner Dokumente zur Stockholmer Konferenz, GRUR Int 1967, 179–183.

Wegen der inhaltlich neuen Art. 13–30 Stockholmer Fassung, welche anstelle der Art. 13 bis 19 Lissaboner Fassung getreten sind, vgl. Rogge GRUR Int. 1967, 464 ff. Die neuen Verwaltungsvorschriften der PVÜ hängen mit dem gleichzeitig auf der Stockholmer Konferenz abgeschlossenen Übereinkommen zur Errichtung der **Weltorganisation für geistiges Eigentum** (WIPO) vom 14. 7. 1967 (vgl. Anm. 5) zusammen.

3. Wesentliche Bestimmungen der PVÜ in der Stockholmer Fassung

4 Die Übersicht gibt nur kurze Hinweise, soweit Patente betroffen sind.

Art. 1 Gegenstand des Schutzes (z. B. die verschiedenen Arten von Erfindungspatenten).

Art. 2 Grundsatz der Inländerbehandlung, d. h. Verbandsangehörige haben in allen Verbandsländern in bezug auf den Schutz des gewerblichen Eigentums gleiche Rechte und Pflichten. Vgl. RG 3. 6. 1927, RGZ 117, 215, 224 = Bl. 1927, 308. Zur Frage der Zugänglichkeit von besonderen Abkommen für Angehörige von Drittländern (Art. 2 und 15) s. GRUR Int. 1969, 449, F.-K. Beier, GRUR Int. 1970, 229 und GRUR Int. 1971, 55. Die Verbandsangehörigen brauchen keinen Wohnsitz oder eine Niederlassung in dem Land zu haben, in dem sie Schutz beanspruchen; Abs. 2 des Art. 2. Die Übereinkunft ist nicht nur auf natürliche, sondern auch auf juristische Personen und Körperschaften anwendbar; im einzelnen s. Bodenhausen S. 20 ff. Vgl. ferner § 16 Anm. 1.

Art. 3 Gleichstellungsgrundsatz, d. h. Gleichstellung der Angehörigen von Nichtverbandsländern, sofern sie im Gebiet eines Verbandslandes ihren Wohnsitz oder eine tatsächlich bestehende Niederlassung haben. Vgl. zur Auslegung von Art. 3 Blum, GRUR Ausl. 1964, 513 und Entgegnung von Maday, GRUR Ausl. 1965, 236.

Art. 4 A. **Prioritätsgewährung** für in einem Verbandsland vorschriftsmäßig hinterlegte Anmeldungen für Nachanmeldungen des Anmelders oder seines Rechtsnachfolgers. Wegen »vorschriftsmäßiger Hinterlegung« s. § 27 Anm. 3 ff. Keine Unionsprioritätsherleitung aus Erstanmeldungen, die vor Wirksamwerden des Beitritts des Erstanmeldungslandes hinterlegt sind; im einzelnen s. Schricker, Die Inanspruchnahme der Unionspriorität beim Beitritt neuer Verbandsländer, GRUR Ausl. 1966, 373 ff.

B. Wirkung des Prioritätsrechtes. Insbesondere sind im Prioritätsintervall liegende Vorveröffentlichungen nicht neuheitsschädlich. Vgl. Kisch, GRUR 1930, 901. Das Entstehen von Vorbenutzungsrechten im Prioritätsintervall ist nicht möglich; s. auch § 7 Anm. 24. Für die Beurteilung der Patentfähigkeit einer Erfindung bleibt aber im Bereich des Unionsvertrages das Recht des Landes maßgebend, in dem die Patenterteilung angestrebt wird, und zwar das zur Zeit des in diesem Lande gestellten Erteilungsantrages geltende nationale Recht; BPatG 2. 11. 1962, E 2, 164, 169. Ferner: BGH 25. 11. 1965, BGHZ 44, 263 = GRUR 1966, 309, 310 – Flächentransistor – (im Prioritätsintervall eingetretene Änderung des inländischen Patentrechts betr. Neuheitsschädlichkeit). BGH 15. 12. 1970, GRUR 1971, 214 – customer prints – (Neuheitsschonfrist-Berechnung vom Anmeldungstag in der Bundesrepublik Deutschland ab); ebenso BPatG 18. 7. 1966, E 8, 190.

C. Prioritätsfrist für Patente und Gebrauchsmuster 12 Monate (Beginn und Ende der Frist). Wegen des durch die Liss. Fassg. eingefügten Abs. 4 (Voraussetzungen für die Gewährung des Prioritätsrechtes für eine »jüngere« Anmeldung als die »Erstanmeldung«) s. § 27 Anm. 3.

D. Abgabe der Prioritätserklärung innerhalb von jedem Land bestimmten Fristen; Veröffentlichung der Erklärung; Prioritätsbescheinigungen. Der neue Abs. 5 Liss. Fassg. verpflichtet zur Angabe und Veröffentlichung des Aktenzeichens der Erstanmeldung. Vgl. auch § 27 Anm. 7, 15 (Stockh. = Lissab. Fassg.)

E. Herleitung von Prioritätsrechten aus Gebrauchsmusteranmeldungen.

F. Die durch die Lissaboner Konferenz wesentlich ergänzte Fassung betrifft die Inanspruchnahme mehrerer Prioritäten, auch aus verschiedenen Ländern und unter Hinzufügung weiterer, nicht prioritätsberechtigter Merkmale; s. hierzu Schricker, GRUR Int. 1967, 85 ff. und § 27 Anm. 9–11.

G. Teilung der Anmeldung wegen Nichteinheitlichkeit. Bodenhausen (S. 46) weist darauf hin, daß das im vorrangigen französischen Text im Art. 4 G Abs. 1 stehende Wort »complexe« im deutschen Text mit »nicht einheitlich« nicht ganz genau übersetzt sei; »complexe« gehe weiter, d. h. darunter könnten z. B. auch unzulässige Kombinationen von Anspruchskategorien fallen. Der Einwand wird gegebenenfalls zu beachten sein; complexe = formé de divers éléments. Der durch die Liss. Fassg. hinzugefügte Abs. 2 betrifft die Teilung der Anmeldung auf Antrag des Anmelders; s. § 26 Anm. 33–37.

H. Offenbarung (deutliche!) von **Erfindungs**merkmalen nur in der Beschreibung. Die Notwendigkeit der Berücksichtigung von Merkmalen aus der Beschreibung kann sich aus den in den verschiedenen Ländern bestehenden unterschiedlichen Vorschriften für die Anspruchsfassung ergeben. Zur Frage der Identität zwischen Vor- und Nachanmeldung bei Beanspruchung der Unionspriorität vgl. Zutrauen, GRUR Ausl. 1960, 498 ff. Vgl. auch § 27 Anm. 6.

I. Einbeziehung sog. Erfinderscheine, die nach Wahl des Anmelders in einigen Mitgliedsstaaten anstelle eines Patents zugelassen sind. Näheres s. Anm. 3. Auf Erfindungen in Ländern, die lediglich Erfinderscheine (also keine Patente) zulassen, kann Art. 4 I nicht angewandt werden; s. Bodenhausen S. 50. Zur Frage der Erfinderzertifikate hat die sowjetische Landesgruppe der Int. Ver. einen Bericht vorgelegt; s. GRUR Int. 1971, 56.

Art. 4*bis* Unabhängigkeit der Patente für dieselbe Erfindung in den verschiedenen Verbandsländern (**Territorialitätsprinzip:** vgl. Anm. 16, 20). Unabhängigkeit besteht nicht nur hinsichtlich der Gründe der Nichtigkeit und des Verfalls, sondern auch hinsichtlich der Laufdauer.

Art. 4*ter* Recht auf Erfindernennung.

Art. 4*quater* Neu in Liss. Fassg. eingefügt; betrifft Patente aus Erfindungen, deren Verwertung Beschränkungen oder Begrenzungen durch die Landesgesetzgebung unterworfen ist; vgl. GRUR Ausl. 1959, 77 bis 78.

Art. 5 A. Einfuhr patentierter Gegenstände; Gewährung von Zwangslizenzen; Verfall und Zurücknahme des Patents; Fristen hierfür. Vgl. § 15 Anm. 1 und 20; ferner GRUR Ausl. 1959, 69–74; Berichte Fischer/U. Krieger, GRUR Ausl. 1964, 438; 1965, 614. Nunmehr regelt Art. 5 A Abs. 2 nur noch den Fall der Zwangslizenz bei unterlassener oder ungenügender Ausführung. Hierfür sind im deutschen PatG gar keine Maßnahmen vorgesehen. Wegen der Rechtslagen betr. Ausübungszwang und Zwangslizenzen in den EWG-Ländern vgl. Schatz, GRUR Int. 1968, 273 ff. Die Regelung im Abs. 2 des Art. 5 A PVÜ gilt also nicht für Zwangslizenzen, die auf Grund öffentlichen Interesses erteilt werden; s. § 15 Anm. 1. Es wurde somit klargestellt, daß in diesen Fällen eine Wartefrist (Art. 5 A Abs. 4 PVÜ) entfällt. Die Regelung hat auch im Zusammenhang mit Art. 17 Euratom-Vertrag Bedeutung.

B. (betr. gewerbl. Muster und Modelle).

C. (betr. Markenschutz).

D. Patentvermerk auf dem Erzeugnis ist zur Anerkennung des Rechts nicht erforderlich.

Art. 5bis Gebührennachfrist von 6 Monaten; gegebenenfalls mit Zuschlaggebühr; Wiedereinsetzungsmöglichkeiten; vgl. GRUR Ausl. 1959, 74–75.

Art. 5 ^{ter} Keine Patentverletzung durch Gebrauch patentierter Einrichtungen auf Schiffen, Luft- und Landfahrzeugen aus Verbandsländern bei vorübergehendem oder zufälligem Eintritt in Gewässer bzw. Gebiete eines anderen Verbandslandes. Vgl. § 7 Abs. 3 und 4 PatG; s. § 7 Anm. 24, 25.

Art. 5 ^{quater} Neu in Liss. Fassg.; betrifft Schutz von Erzeugnissen patentierter Verfahren; vgl. GRUR Ausl. 1959, 68–69. Für die Bundesrepublik entspricht die Regelung geltendem nationalen Recht.

Art. 5 ^{quinquies} Neu in Liss. Fassg. (betr. Schutz von Mustern und Modellen).

Art. 6 bis Art. 10ter (betr. Schutz von Marken und Handelsnamen).

Art. 11 Gewährung von Ausstellungsschutz. Für eine Neuformulierung der Bestimmungen zum Ausstellungsschutz, die hinreichende Zustimmung fand, konnte auf der Lissaboner Revisionskonferenz keine Mehrheit gefunden werden. Mit Recht war gefordert worden, daß der genaue Nachweis des Erfinders, was er ausgestellt hat, zur späteren Identifizierung notwendig sei; s. GRUR Ausl. 1959, 75–77 und auch Hamburger, GRUR Ausl. 1963, 189 ff. Vgl. den genaueren Nachweis bei der europäischen Regelung, Anm. 41. Zum Ausstellungsschutz vgl. auch § 2 Anm. 6.

Art. 12 Verpflichtung zur Einrichtung eines besonderen Amtes für gewerbliches Eigentum mit Hinterlegungsstelle und Herausgabe eines amtlichen Blattes.

Art. 13 Versammlung der Verbandsländer; Zusammensetzung; Zuständigkeit.

Art. 14 Exekutivausschuß. Einberufung durch Generaldirektor einmal im Jahr zu einer ordentlichen Tagung (Vorbereitung der Verbandssitzungen, Haushalt usw.). Bei der Auswahl der Mitglieder des Exekutivausschusses soll eine angemessene geographische Verteilung gewahrt sein und es sollen Vertragsstaaten der im Rahmen des Verbandes errichteten Sonderabkommen vertreten sein.

Art. 15 Aufgaben des Internationalen Büros (Sekretariat der WIPO), das für die Verwaltung des Verbandes zuständig ist.

Art. 16 Haushalt des Verbandes; Beiträge der Verbandsländer.

Art. 17 Regelung für Änderung der Art. 13 bis 17.

Art. 18 Revision der Art. 1 bis 12 und 18 bis 30.

Art. 19 Recht zum Abschluß von Sonderabkommen der Verbandsländer untereinander. Die Bestimmung erlaubt den Mitgliedsstaaten, bilaterale oder multilaterale Sonderabkommen zum Schutz des gewerblichen Eigentums zu treffen, die in der PVÜ nicht geregelt sind. Es handelt sich um Abkommen, die nicht nur von der PVÜ selbst abgeschlossen sind (z. B. Madrider Markenabkommen), sondern auch um solche, die von dritter Seite ins Leben gerufen worden sind, z. B. Abkommen des Europarats, IIB, PVC-Plan, Europäisches Patenterteilungsverfahren. Schließlich fallen darunter auch bilaterale Handelsabkommen u. dgl.

Art. 20 Ratifikation der Fassung des Übereinkommens und Beitritt von Ländern, die dem Übereinkommen in früheren Fassungen angehören.
Art. 21 Beitritt verbandsfremder Länder.
Art. 22 Wirkung der Ratifikation oder des Beitritts.
Art. 23 Beitritt zu früheren Fassungen des Übereinkommens.
Art. 24 Möglichkeit der Anwendung auf abhängige Gebiete.
Art. 25 Verpflichtung zur Anwendung des Übereinkommens durch die Vertragsländer.
Art. 26 Geltungsdauer und Kündigung des Übereinkommens.
Art. 27 Anwendung früherer Fassungen.
Art. 28 Beilegung von Auslegungs- und Anwendungsstreitigkeiten betr. das Übereinkommen.
Art. 29 Unterzeichnung des Übereinkommens; maßgebliche Sprachen; Hinterlegung von Ratifikations- und Beitrittsurkunden.
Art. 30 Übergangsvorschriften.

4. Errichtung der Weltorganisation für geistiges Eigentum (WIPO)

5 Das gemäß Art. 13 PVÜ, Lissaboner, Londoner, Haager Fassung, errichtete »Internationale Büro zum Schutze des gewerblichen Eigentums«, das der Autorität der schweizerischen Regierung unterstellt ist, ist eine Verwaltungsorganisation; Sitz der Behörde ist jetzt Genf. Offizieller Name: Bureaux internationaux réunis pour la protection de la propriété intellectuelle, abgekürzt: **BIRPI.** Im einzelnen sind die Amtssprachen (Französisch und Englisch), die Aufgaben, Veröffentlichungen und die Finanzierung geregelt; vgl. hierzu GRUR Ausl. 1959, 107 ff.

Auf der Stockholmer Konferenz 1967 stand die Reform der Verwaltungsstruktur der Pariser und Berner Union im Vordergrund und führte zum Übereinkommen zur Errichtung einer **Weltorganisation für geistiges Eigentum** (World Intellectual Property Organization – **WIPO** – bzw. Organisation Mondiale pour la Propriété Intellectuelle – OMPI) vom 14. 7. 1967. Vgl. hierzu Haertel, GRUR Int. 1967, 428 und Krieger und Rogge, a. a. O. 462. Zur Vorgeschichte vgl. Krieger, GRUR Ausl. 1965, 393. Wegen eines Berichts über die Arbeiten der Konferenz mit den Fassungen der Übereinkünfte s. Beier/Ulmer, Die Stockholmer Konferenz für geistiges Eigentum 1967, Weinheim/Bergstraße, 1969. Der Text des WIPO-Übereinkommens ist in Bl. 1970, 232 ff. und GRUR Int. 1968, 413 ff. veröffentlicht. (Englischer und französischer Text s. GRUR Int. 1967, 528–

538.) Wegen der neuen Gesamtkonzeption vgl. Krieger, a. a. O., 463 f. und der neuen Organisationsnormen Rogge, a. a. O., 464 ff. Wegen des WIPO-Übereinkommens s. auch Bodenhausen S. 136 ff. Die Neuordnung entspricht den veränderten Bedürfnissen und gibt den Mitgliedsstaaten einen größeren und unmittelbareren Einfluß auf die Verwaltung der Pariser und Berner Übereinkunft, die aber in voller Unabhängigkeit weiterbestehen. Die WIPO stellt gewissermaßen einen Dachverband zwecks organisatorischer Vereinigung der Verwaltungen dar. Da noch nicht alle Mitgliedsstaaten der Pariser Verbandsübereinkunft und der Berner Übereinkunft dem WIPO-Abkommen beigetreten sind oder das Abkommen ratifiziert haben, werden die einzelnen Unionen nicht nur von der WIPO, sondern auch noch, wie bisher, von BIRPI betreut.

Das WIPO-Abkommen ist (nach der Ratifikation durch zehn Mitgliedsstaaten) am 26. 4. 1970 in Kraft getreten; GRUR Int. 1970, 161. **Für die Bundesrepublik ist das Übereinkommen am 19. 9. 1970 in Kraft getreten;** Bl. 1970, 438. Wegen Ratifizierung s. Bl. 1970, 231. Auf einer großen Internationalen Konferenz im September 1970 in Genf hat sich die neue Weltorganisation konstituiert; vgl. Krieger, Mast, Tilmann, GRUR Int. 1971, 29.

Die Generalversammlung ist oberstes Organ der WIPO, die aus den Vertragsstaaten des Übereinkommens besteht, die auch Mitglied eines der in Art. 2 vii genannten Verbände sind, z. B. der PVÜ. Außerdem wurde mit begrenzten Kompetenzen eine Konferenz gebildet, der auch Nichtmitglieder der eben genannten Verbände angehören. Nach Art. 8 ist das **Internationale Büro** das Sekretariat der WIPO, das vom Generaldirektor geleitet wird. Dieses Internationale Büro nimmt nach Art. 15 PVÜ, Stockholmer Fassung auch deren Verwaltungsaufgaben wahr. Das Internationale Büro der WIPO tritt auch an die Stelle des in § 13 PVÜ, Lissaboner, Londoner, Haager Fassg. genannten »Internationalen Büros«. Sitz der WIPO und damit auch des Internationalen Büros ist Genf.

Übersicht über den **Stand des WIPO-Übereinkommens** (Stand 1. 1. 1973) s. Bl. 1973, 105 = GRUR Int. 1973, 162.

5. Auslegung des Unionsrechtes

Die Bestimmungen des Unionsvertrages sind wegen ihrer meist recht all- 6
gemeinen Fassung, die sich daraus erklärt, daß viele Bestimmungen einen Kompromiß aus verschiedenen Auffassungen darstellen, häufig auslegungsbedürftig. Die Auslegung erfolgt durch die nationalen gerichtlichen Instanzen und nicht durch eine übergeordnete internationale Instanz. Die Auslegung der einzelnen Bestimmungen ist wegen der unterschiedlichen Auffassung und Handhabung in den einzelnen Staaten nicht immer einheitlich. Vgl. hierzu Moser von Filseck, GRUR Ausl. 1960, 443.

B. Europarat; Übereinkünfte und Bestrebungen

I. Allgemeines

7 Beim Europarat (Straßburg) besteht ein Sachverständigen-Komitee für Patentfragen, in dem die vierzehn Mitgliedsstaaten des Europarates vertreten sind; dieses Komitee ist erstmalig im Januar 1951 zusammengetreten. Ein Präsidialbüro wurde geschaffen. Innerhalb des Sachverständigenausschusses des Europarats für Patentfragen hatte sich 1956 eine Arbeitsgemeinschaft der Leiter der Prüfungspatentämter gebildet; GRUR 1956, 206 und GRUR Ausl. 1957, 244. Vgl. hierzu auch Anm. 17. Außer den Fragen, die in den nachfolgend angeführten Übereinkünften ihren Niederschlag gefunden haben, wurde der Austausch von Prüfungsergebnissen und auch der zeitweilige Austausch von technischen und juristischen Mitgliedern zwischen den Patentämtern zu Studienzwecken erörtert; GRUR Ausl. 1957, a. a. O. Wegen Stipendienvergabe s. Hinweis in Bl. 1972, 364.

II. Übereinkünfte

1. Europäische Übereinkunft über Formerfordernisse bei Patentanmeldungen

8 Die Übereinkunft trägt das Datum vom 11. 12. 1953 und ist veröffentlicht in Bl. 1954, 212 = GRUR Ausl. 1954, 153. Denkschrift hierzu s. Bl. 1955, 16. Die Übereinkunft ist am 1. 6. 1955 in Kraft getreten; GRUR Ausl. 1955, 439. Wegen eines Verzeichnisses der Mitglieder vgl. GRUR Int. 1973, 162 bis 165 und Bl. 1973, 108. Die Formerfordernisse waren bei der Neufassung der Anmeldebestimmungen 1965 in gewisser Weise hinderlich; vgl. Althammer/Schulte, GRUR 1965, 389, 390 unter II. Zu Art. 8 Abs. 3 Satz 2 der Übereinkunft (betr. sachlichen Schutzbereich des Patents) s. GRUR 1971, 543 Nr. 1, 2; ferner vgl. auch GRUR Int. 1963, 67–70. Die Übereinkunft hat in der Bundesrepublik den Rang eines Gesetzes (BGBl. 1954 II S. 1099); BPatG 22. 4. 1971, E 12, 124, 126.

2. Europäische Übereinkunft über die Internationale Klassifikation

9 Das Datum der ersten Fassung der Übereinkunft ist der 19. 12. 1954; Bl. 1955, 84 = GRUR Ausl. 1955, 212. Bekanntmachung vom 28. 5. 1956 betr. das Inkrafttreten für die Bundesrepublik am 1. 12. 1955 s. Bl. 1956, 161 = GRUR Ausl. 1956, 471. Die Anlage wurde durch Bekanntm. vom 29. 7. 1964, Bl. 1965, 2 geändert. Jetzt gilt die Übereinkunft in abgeänderter und erweiterter Fassung ab 1. 9. 1968; vgl. Bekanntm. vom 13. 11. 1968, Bl. 1969, 20 mit Anlage. Im einzelnen vgl. § 18 Anm. 17. Wegen eines Verzeichnisses der Unterzeichner vgl. GRUR Int. 1970, 60 bis 63. Mitgliederstand 1. 1. 1973, GRUR Int. 1973, 162 bis 165 und Bl. 1973, 105.

3. Straßburger Abkommen über die Internationale Patentklassifikation vom 24. 3. 1971 (noch nicht in Kraft)

Auf Anregung des Sachverständigenausschusses des Europarats wurde 10
vom Generalsekretariat des Europarats in Zusammenarbeit mit der WIPO die Möglichkeit der Annahme einer **weltweit gültigen Internationalen Patentklassifikation** geprüft. **Ausgangspunkt war die Europäische Patentklassifikation.** Nach Entschließungen der zuständigen Gremien des Europarats und der WIPO wurde auf der in der Zeit vom 15. bis 24. 3. 1971 nach Straßburg einberufenen Diplomatischen Konferenz der vorbereitete Entwurf eines Übereinkommens erörtert und mit einigen Änderungen am 24. 3. 1971 von sechzehn Staaten (auch der Bundesrepublik) unterzeichnet. Bis zum Zeichnungsschluß am 30. 9. 1971 unterzeichneten noch sieben weitere Staaten. Vgl. hierzu die Zusammenstellung in GRUR Int. **1973, 162** bis 165. Wegen eines **Generalberichts zum Abkommen** s. GRUR Int. 1972, 77 und wegen des **Textes des Übereinkommens** s. GRUR Int. 1972, 83 ff. Zur Diplomatischen Konferenz s. ferner Singer GRUR Int. 1970, 374. Zur Bedeutung der Internationalen Patentklassifikation für die Neuheitsrecherche vgl. Haertel, GRUR Int. 1972, 65, 67. Vgl. ferner § 18 Anm. 17.

Da Ziel des Übereinkommens der Übergang von dem System der Europäischen Übereinkunft auf das weitere System des Übereinkommens ist, wird das **Inkrafttreten davon abhängig gemacht**, daß zwei Drittel der Länder, die gegenwärtig Mitglied der Europäischen Übereinkunft sind, das Übereinkommen ratifizieren oder ihm beitreten; Generalbericht Nr. 72. Das neue System wird daher nicht in Kraft treten, bevor eine maßgebliche Mehrheit der Länder das alte System aufgegeben hat; vgl. Gen. Ber. a. a. O. Außerdem setzt Art. 13 für das Inkrafttreten voraus, daß mindestens drei Staaten ratifiziert oder den Beitritt erklärt haben müssen, die Mitglieder der PVÜ, jedoch nicht der Europäischen Übereinkunft sind und von denen wenigstens eines ein Land ist, daß jährlich mehr als 40 000 Patentanmeldungen oder Anmeldungen zum Erfinderschein entgegennimmt; s. a. a. O. Mitgliedstaaten der Europäischen Übereinkunft, die das Übereinkommen ratifizieren oder ihm beitreten, müssen sich verpflichten, die Europäische Übereinkunft zu kündigen.

4. Übereinkunft über Vereinheitlichung gewisser Begriffe des materiellen Rechts der Erfindungspatente

Die Übereinkunft vom 27. 11. 1963 ist in Bl. 1964, 372 = GRUR Ausl. 11
1964, 259 veröffentlicht. Wegen der Unterzeichnung des Abkommens vgl. die Mitt. in GRUR Ausl. 1964, 30. Die Unterzeichner sind aus GRUR Int. 1970, 60–63 zu entnehmen. Art. 12 des Übereinkommens sieht die Möglich-

keit vor, bei der Unterzeichnung oder Ratifikation bestimmte Vorbehalte zu machen. Ratifiziert wurde das Abkommen bisher nur von Irland. Der Verzug in der Ratifikation erklärt sich daraus, daß die Unterzeichner offenbar die Ergebnisse der weiteren Entwicklung der Arbeiten betr. die Europäisierung (s. Anm. 16 ff.) und Internationalisierung (s. Anm. 121ff.) des Patenterteilungsverfahrens abwarten.

Zu dem Übereinkommen vgl. Pfanner, Vereinheitlichung des materiellen Patentrechts im Rahmen des Europarats, GRUR Ausl. 1964, 247. Wegen des Entwurfs (Fassung vom 8. 8. 1962) vgl. Pfanner, GRUR Ausl. 1962, 545 und Text 588. Was die möglichen Konsequenzen, die aus einer Ratifizierung gezogen werden müßten, anbetrifft, vgl. Spengler, Abschied vom allgemeinen Erfindungsgedanken, GRUR 1967, 390. Zur Frage der Einordnung der mikrobiologischen Verfahren sowie der durch diese zu gewinnenden Erzeugnisse unter den Erfindungsbegriff im Straßburger Übereinkommen vgl. Wirtz, GRUR 1970, 105.

5. Übereinkunft betr. Befreiung von der Legalisation

12 Das Europäische Übereinkommen zur Befreiung der von diplomatischen oder konsularischen Vertretern errichteten Urkunden von der Legalisation vom 7. 7. 1968 (Übersetzung s. Bl. 1972, 25) ist für die Bundesrepublik am 19. 7. 1971 in Kraft getreten; Bl. 1972, 26. Das Abkommen ist ferner in Kraft getreten für: Frankreich, Niederlande, Schweiz, Großbritannien, Zypern, Italien; Bl. 1972, 26; für Guernsey und Jersey; Bl. 1972, 131.

III. Sonstige Bestrebungen

13 Die Überlegungen des Sachverständigenkomitees hatten Anfang der fünfziger Jahre der Schaffung eines Europäischen Patentamts gegolten und zur Vorlage verschiedener Pläne von de Haan, Reimer und Was geführt; vgl. hierzu Reimer, Europäisierung des Patentrechts, München, Köln, Berlin 1955 und ders., GRUR Ausl. 1955, 473, 483. Reimer berichtet dort auch über die vor und nach dem Zweiten Weltkrieg gemachten sonstigen Vorschläge zur Europäisierung des Patentrechts. Vgl. ferner Troller, Europäisierung des Patentrechts und Gerichtsstand, GRUR Ausl. 1955, 529; Bossung, Grundfragen einer europäischen Gerichtsbarkeit in Patentsachen, München 1959. Dort ist auch die historische Entwicklung der bisherigen Bestrebungen (S. 5 ff.) dargestellt. Im Oktober 1955 hat das Sachverständigenkomitee die Erörterung der Pläne zurückgestellt, da zunächst bestimmte Punkte des materiellen Patentrechts zu vereinheitlichen seien; Reimer, a. a. O., GRUR Ausl. 1955, 497.

C. Internationales Patentbüro in Den Haag

Durch das Abkommen vom 6. 6. 1947, Bl. 1949, 135 = GRUR 1950, 232 14
zwischen Frankreich und den Benelux-Staaten wurde das Internationale Patentbüro mit Sitz in Den Haag (IIB = Institut International des Brevets) geschaffen. Vgl. dazu Ministerielle Erläuterung der Niederländischen Regierung, Bl. 1949, 136; Bestimmungen über den Verwaltungsrat und über das Personal des Internationalen Patentbüros, Bl. 1949, 356; Ausführungen von Staatssekretär Strauß in der Vollversammlung des Wirtschaftsrates, Bl. 1949, 142 und 256. Wegen der Ratifizierung und des Inkrafttretens des Abkommens am 10. 6. 1949 s. Bl. 1949, 330. Bezüglich weiterer Einzelheiten s. van Wasbergen in »60 Jahre Österreichisches Patentamt«, 1959, 157 ff. und Bossung (s. Anm. 11), S. 10 ff. Das Abkommen über die Errichtung des Internationalen Patentbüros wurde in Den Haag am 16. 2. 1961 revidiert; vgl. hierzu van Dam, GRUR Ausl. 1962, 75. Die Neufassung ist in GRUR Ausl. 1962, 76–79 (mit Protokoll) veröffentlicht. Wegen der Unterzeichner des Abkommens in der Fassung von 1947 bzw. 1961 s. GRUR Int. 1970, 60–63. Das Abkommen von 1961 ist in Kraft getreten.

Nach der revidierten Fassung von 1961 kann auch gem. Art. 2 eine internationale intergouvernementale Organisation (gedacht ist z. B. an die EWG), der die Erteilung von Erfindungspatenten obliegt, Mitglied des Instituts werden. Auch soll nunmehr das Patentinstitut nicht nur Neuheitsgutachten erstatten können, sondern gem. Art. 1 Abs. 2 auch Gutachten anderer Art; hier ist an Gutachten betr. die Voraussetzungen der Patentfähigkeit gedacht. Das Institut kann gem. Art. 1 Abs. 3 auch Nachforschungen über den Stand der Technik auf Kosten jedes Antragstellers vornehmen; d. h. der Antragsteller braucht nicht Mitgliedsstaat zu sein. Wegen weiterer Einzelheiten vgl. van Dam, a. a. O.

Auf die Möglichkeit, das Internationale Patentinstitut als zentrale Recherchenbehörde im Rahmen des PCT-Planes (s. Anm. 129) einzusetzen, hat Finnis, der Generaldirektor des Internationalen Patentinstituts, hingewiesen. Die Kapazität des Instituts soll zu diesem Zweck bis 1974 gesteigert werden; Finnis, GRUR Int. 1969, 51.

Zwischen den Vereinigten Internationalen Büros zum Schutz des geistigen 15
Eigentums (BIRPI) und dem Internationalen Patentinstitut (IIB) ist eine Vereinbarung vom 7. 11. 1968, Bl. 1971, 343 abgeschlossen worden betr. wechselseitige Teilnahme an Zusammenkünften, einen Gedankenaustausch zwischen dem Exekutivausschuß des Pariser Verbandes und dem Verwaltungsrat des IIB Beratungen, Austausch von Dokumenten und Veröffentlichungen sind vorgesehen. Diese Übereinkunft ersetzte die bisherige

vom 18. und 29. 3. 1955, Bl. 1955, 321 ff. Nunmehr wird das IIB in die Europäische Patentorganisation eingegliedert werden; s. Anm. 97 und Haertel, Mitt. 1973, 122, 123.

D. Europäisches Patenterteilungsverfahren

I. Wandel der Konzeption

16 Während durch den EWG-Vertrag die Zollschranken zwischen den Mitgliedsstaaten aufgehoben werden sollen, wurde durch das EWG-Patentrecht nach ursprünglicher Konzeption weitgehend **Beseitigung des Territorialitätsprinzips** der nationalen Patentrechte (das von einem Staat erteilte Patent ist nur in dessen Hoheitsgebiet wirksam; vgl. z. B. RG 4. 4. 1914, RGZ 84, 370, 375; RG 19. 10. 1935, RGZ 149, 102, 105; BGH 29. 2. 1968, GRUR 1968, 195, 196) angestrebt. Nicht zuletzt sollen auch die Anmelder und die nationalen Patentämter – insbesondere die Prüfungspatentämter – von der an verschiedenen Stellen zu leistenden, im wesentlichen gleichen Arbeit entlastet werden.

Nach der neuen Konzeption soll über den EG-Rahmen hinaus die Erteilung europäischer Patente durch ein »Europäisches Patentamt« auch an Angehörige anderer europäischer Staaten vorgesehen werden; vgl. Anm. 22, 115.

II. Historische Entwicklung

17 Die Bestrebungen der Leiter der europäischen Prüfungspatentämter (s. Anm. 7) zur Schaffung einer sogenannten europäischen bzw. internationalen Verbandsanmeldung dürfen bei einer Rückschau nicht unerwähnt bleiben; vgl. Nathanson, GRUR Int. 1958, 417.

Im November 1959 wurde im Rahmen der EWG u. a. eine Arbeitsgruppe zur Harmonisierung der Rechtsvorschriften des Patentrechts gebildet, deren Vorsitz die Bundesrepublik hatte; GRUR Ausl. 1959, 645. Der Text des erarbeiteten Vorentwurfs des Abkommens wurde in deutscher Sprache in GRUR Ausl. 1962, 561 ff. veröffentlicht. Abweichende Auffassungen einer Minderheit der Arbeitsgruppe sind gegebenenfalls jeweils am Ende der 217 Artikel vermerkt. Zu erwähnen ist, daß von der EWG-Arbeitsgruppe »Patente« noch ein s. Z. nicht veröffentlichtes Arbeitsdokument vom 22. 1. 1965 erstellt wurde, das eine überarbeitete Fassung des Entwurfs von 1962 enthält. Auch die Mitglieder der Europäischen Freihandels-Assoziation (European Free Trade Association) – EFTA – legten gegenüber dem EWG-Entwurf 1962 einen eigenen Vorentwurf vom 19. 1. 1967 vor.

Die Weiterführung der Arbeiten auf Grund des Entwurfs von 1962 kam im Jahr 1964 aus politischen Gründen (insbesondere wegen der Frage des Beitritts Großbritanniens zur EWG) zum Erliegen; vgl. hierzu Amtsbl. Eur. Gem. vom 1. 5. 1968 = GRUR Int. 1968, 235; Bulletin der Bundesregierung Nr. 30 vom 11. 3. 1969 S. 259/260; GRUR Int. 1969, 225 und Beier, GRUR Int. 1969, 146 unter 2. Erst Ende 1968 konnte insbesondere auf Drängen der europäischen Industrie eine Kompromißlösung gefunden werden, welche die Wiederaufnahme der Arbeiten ermöglichte; vgl. Bulletin, a. a. O.; GRUR Int. 1969, a. a. O., insb. auch 145 unter I und 146, 147.

An die Stelle der ursprünglichen Zielsetzung (Schaffung eines EWG-Patents mit Assoziierungsmöglichkeit) trat nach den neuen Vorstellungen ein »Europäisches Bündelpatent mit EWG-Kern« (vgl. Beier, GRUR Int. 1969, 149). In seinem Bericht für das Europäische Parlament im Namen des Rechtsausschusses über das europäische Patentrecht (s. S. 8 unter Nr. 8) weist Armengaud darauf hin, daß das PCT-Projekt die Verhältnisse hinsichtlich des europäischen Patents grundlegend geändert habe. Nur die Schaffung des europäischen Patents gebe den Ländern Europas die Möglichkeit, ihre Mittel für die Patentdokumentation und -prüfung zusammenzulegen, damit sie ein europäisches Patentamt von hohem Ruf besitzen. Wegen der Fundstelle des Berichts vgl. Anm. 18.

III. Schrifttum zu den EWG-Patentrechts-Entwürfen

1. Allgemeines

Froschmaier, Grundzüge des Konventionsentwurfs über ein europäisches Patentrecht, GRUR Ausl. 1962, 433. Mayer, Industrielle Aspekte des europ. Patentrechts, Mitt. 1962, 185. Haertel, Die Bemühungen um eine Patentrechtsvereinheitlichung im Rahmen der EWG, GRUR Ausl. 1966, 135. Ulmer, Europäisches Patentrecht im Werden, GRUR Ausl. 1962, 537. Ulmer, Die Entwicklung des gewerblichen Rechtsschutzes in internationaler Sicht, GRUR Ausl. 1966, 253, 256. Beier, Stand und Aussichten der europäischen Rechtsvereinheitlichung auf dem Gebiet des gewerblichen Rechtsschutzes, GRUR Int. 1969, 145. Armengaud, Bericht im Namen des Rechtsausschusses über das europäische Patentrecht, Europäisches Parlament / Sitzungsdokumente, Dokument 63 vom 15. 7. 1969. 18

2. Stellungnahmen zu den Entwürfen

Stellungnahmen (zum Entwurf 1962) der Deutschen Vereinigung für gewerblichen Rechtsschutz und Urheberrecht, der Präsidentenkonferenz der Internationalen Vereinigung für gewerblichen Rechtsschutz und der Ständigen Konferenz der Industrie- und Handelskammern der EWG, GRUR 19

Ausl. 1963, 369–381. Ladas, Der gewerbliche Rechtsschutz im Gemeinsamen Markt aus amerikanischer Sicht, 1. Teil, GRUR Ausl. 1960, 389. Ladd, Die Umgestaltung des gewerblichen Rechtsschutzes im Gemeinsamen Markt und die Vereinigten Staaten von Amerika, GRUR Ausl. 1963, 337. Goldmann, Zur Vereinheitlichung der nationalen Patenterteilungsverfahren, GRUR Ausl. 1966, 576. Kockläuner und Kroemer, Zum Vorentwurf eines Abkommens über ein europäisches Patentrecht, GRUR Ausl. 1963, 347.

Zur Beratung des Vorentwurfs im Unterausschuß »Europapatent« der Deutschen Vereinigung in den Jahren 1970 und 1971 vgl. GRUR Int. 1971, 394. Das Europapatent, Bericht der Fédération Internationale des Conseils en Propriété Industrielle (FICPI) zu dem 2. Vorentwurf eines Übereinkommens über ein europäisches Patenterteilungsverfahren und zum 1. Vorentwurf einer Ausführungsordnung, Mitt. 1972, 61 ff.

3. Auswirkungen des Territorialitätsprinzips im EWG-Bereich

20 Koch/Froschmaier, Patentgesetze und Territorialitätsprinzip im Gemeinsamen Markt, GRUR Ausl. 1965, 121. Monnet, Die territoriale Wirkung von Patenten im Gemeinsamen Markt (eine Entgegnung), GRUR Ausl. 1965, 302. Was, Daseinsberechtigung und territoriale Wirkung des Patentschutzes, GRUR Ausl. 1965, 609. Samwer, Auswirkungen der Territorialität des Patentrechts im EWG-Bereich, GRUR Int. 1969, 1 (Diskussionsbeiträge hierzu s. Mittbl. Deutsche Vereinig. 1969, 14, 15). S. auch Deringer (unter Anm. 29) a. a. O. S. 105 r. Sp.

Zu Fragen des **Internationalen Privatrechts** auf dem Gebiet des Patentrechts wird hier nur auf Troller, Das internationale Privat- und Zivilrecht im gewerblichen Rechtsschutz und Urheberrecht, Basel, 1952 und Godenhielm, Fragen des internationalen Privatrechts auf dem Gebiet des Patentrechts, GRUR Ausl. 1957, 149 mit zahlreichen Schrifttumshinweisen verwiesen.

4. Einzelfragen

21 Bossung, Grundfragen einer europäischen Gerichtsbarkeit in Patentsachen, München 1959. Boecker, Das Problem des älteren Rechts im künftigen europäischen Patentrecht, GRUR Ausl. 1963, 341. Deringer, Gewerbliche Schutzrechte und EWG-Vertrag (Einige Folgerungen aus neuen Entscheidungen), GRUR Int. 1968, 105. Bruchhausen, Das Vorbenutzungsrecht gegenüber einem europäischen Patent, GRUR Ausl. 1964, 405. Eichmann, Die Regelung des Vorbenutzungsrechts in den Ländern des Europarats, GRUR Int. 1967, 378. Ohl, Die Vorbenutzung einer Doppelerfindung als Voraussetzung des Vorbenutzungsrechts im künftigen deutschen und europäischen Patentrecht, GRUR Int. 1968, 33. Schatz, Ausübungszwang und

Zwangslizenz im Gemeinsamen Markt, GRUR Int. 1968, 273. Moser v. Filseck, Zur Frage der Abgrenzung einer jüngeren gegenüber einer prioritätsälteren europäischen Patentanmeldung, GRUR Int. 1970, 156. Schatz, Die Erschöpfung des Patentrechts im Recht der Mitgliedsstaaten der EWG und nach dem Vorentwurf eines Übereinkommens über ein europäisches Patent für den Gemeinsamen Markt, GRUR Int. 1970, 207. Bardehle, Das ältere Recht im Europa-Patent, GRUR 1972, 211. Blumenberg, Die ältere Anmeldung im künftigen europäischen Patentrecht, GRUR Int. 1972, 261. Hesse, Die mittelbare Patentverletzung nach künftigem EWG-Patentrecht, GRUR Int. 1972, 147. Høst-Madsen, Problematik kollidierender Patentanmeldungen im künftigen Europäischen Patenterteilungsverfahren, GRUR Int. 1970, 370. Alexander, Gewerbliche Schutzrechte und die Errichtung des Europäischen Gemeinsamen Marktes.

IV. Die neue Konzeption des europäischen Patents

1. Entwürfe für ein »erweitertes« und ein »engeres« Abkommen seit 1969

Eine Sachverständigengruppe unter Vorsitz von Präsident Haertel arbeitete im Frühjahr 1969 neue Grundsätze aus. Danach sollte in einem sogenannten »erweiterten« **Übereinkommen zwischen den EWG-Staaten und** an einem gemeinsamen Patentrecht interessierten **europäischen Staaten** die Erteilung europäischer Patente durch ein Europäisches Patentamt auf Grund einheitlichen materiellen europäischen Patentrechts vorgesehen werden. Dabei stützte man sich auf den Brüsseler EWG-Vorentwurf aus dem Jahr 1962 (s. Anm. 17, 18) und das Straßburger Europarat-Übereinkommen über die Vereinheitlichung patentrechtlicher Begriffe vom 27. 11. 1963 (s. Anm. 11). Das erteilte europäische Patent soll in den Mitgliedsstaaten wie ein nationales Patent wirksam und von der Erteilung an dem jeweiligen nationalen Patentrecht unterworfen sein. 22

Ein **zweites, »engeres« Abkommen nur zwischen den EG-Staaten** soll das europäische Patent als **einheitliches Patent für das Gebiet** der **Europäischen Gemeinschaft** festlegen, eine Aufteilung in nationale Patente verhindern und die weitere Existenz des europäischen Patents nach seiner Erteilung für die EG-Staaten als unteilbares einheitliches Recht regeln. Wie schon der Brüsseler Entwurf vorschreibt, soll das europäische Patent nur für das gesamte Gebiet übertragen und aufgegeben werden können und längstens 20 Jahre dauern. Der Umfang des Schutzes soll sich nach den Bestimmungen des zweiten Abkommens richten. Ein europäisches Nichtigkeitsverfahren soll vorgesehen werden. 23

Die Grundsätze wurden durch den Rat der Europäischen Gemeinschaften am 3. 3. 1969 gebilligt. Daraufhin fand am 21. 5. 1969 eine Regierungs- 24 konferenz über die Einführung eines europäischen Patenterteilungsverfahren statt; GRUR Int. 1969, 225. Als Grundlage der Konferenz war zuvor ein **Memorandum** (GRUR Int. 1969, 225, 226) übermittelt worden. An dieser Konferenz nahmen neben Vertretern der Kommission der EWG Regierungsvertreter von 17 europäischen Staaten teil. Es wurde die Wiederaufnahme der Arbeiten an einem europäischen Patent in einem gegenüber dem Kreis der sechs EWG-Staaten wesentlich erweiterten Kreis von Staaten mit **geänderter Zielsetzung** beschlossen; die Grundsätze des Memorandums wurden von der Konferenz einstimmig als Grundlage der künftigen Arbeiten angenommen. Zu den weiteren Sitzungen wurden BIRPI (Genf), Europarat (Straßburg), Kommission der Europäischen Gemeinschaften (Brüssel) und Internationales Patentinstitut (Den Haag) als Beobachter zugelassen.

Vgl. hierzu Mast, Mitt. 1970, 21 ff. unter I.

25 Nach Auffassung der EWG-Mitgliedsstaaten sollte das europäische Patenterteilungsverfahren den PCT-Plan (s. Anm. 121 ff.) ergänzen und den Anmeldern weitergehende Vorteile bringen. Es sollte davon ausgegangen werden, daß dem Europäischen Patentamt bezüglich des Berichts über den Stand der Technik und des Berichts über die Patentfähigkeit, die beide von den nach dem PCT-Plan zuständigen internationalen Stellen erstellt werden, voller Beurteilungsspielraum belassen würde; Memorandum, Teil II, 4. Ferner sollte der Zugang zum europäischen Patent auch über eine Anmeldung nach dem PCT-Plan erfolgen können.

Die für das materielle Patentrecht und das Patenterteilungsverfahren gebildete Arbeitsgruppe, die aus den Delegationen der Bundesrepublik Deutschland, Frankreichs, der Niederlande, Schwedens, der Schweiz und Großbritanniens bestand, legte einen ersten **Vorentwurf eines Übereinkommens über ein Europäisches Patenterteilungsverfahren** vor, der Gegenstand einer zweiten Konferenz in Luxemburg vom 13. bis 15. 1. 1970 war. Vgl. hierzu den veröffentlichten Vorentwurf in GRUR Int. 1970, 105–121 und den Generalbericht von van Benthem; GRUR Int. 1970, 102. Von einer weiteren Sachverständigengruppe wurde ein Vorentwurf eines Übereinkommens über das Europäische Patent für den Gemeinsamen Markt (»Gemeinschaftspatent«) in Sitzungen im Oktober und Dezember 1969 vorgelegt; GRUR Int. 1970, 125–135.

26 Zum damaligen **Stand der Arbeiten** vgl. Haertel, GRUR Int. 1970, 95 bis 101. Die Mehrzahl der Delegationen der Regierungskonferenz hat sich danach betr. des ersten »erweiterten« Abkommens für die sogenannte Maximallösung ausgesprochen; das bedeutet, daß die Nichtigerklärung des europäischen Patents in den einzelnen Staaten, für die es erteilt worden ist, nicht auf Grund der Bestimmungen des Patentrechts der einzelnen Staaten ausgesprochen werden soll, sondern ausschließlich auf Grund der Bestimmungen des europäischen Patentrechts.

Vgl. auch den CNIPA-Bericht über die Schaffung eines europäischen

Patentsystems mit einem Vorwort von Hazeler; Mitt. 1969, 342 und die **Entschließung des Europäischen Parlaments** über das Europäische Patentrecht, GRUR Int. 1970, 135, 136.

2. Stand der Arbeiten vor der Diplomatischen Konferenz 1973

Auf der Regierungskonferenz in Luxemburg im April 1971 wurde der erste Vorentwurf nochmals überarbeitet; vgl. hierzu den **Zwischenbericht** von Haertel, Mast, Singer und Bossung, GRUR Int. 1971, 345. Die sog. »Maximallösung« wurde angenommen, der Streit über den Zugang zum europäischen Patenterteilungsverfahren wurde endgültig i. S. der »freien Akzessibilität« entschieden und die Erteilung von Zusatzpatenten ersatzlos gestrichen. Der Einfluß einer großen Mehrzahl der nichtstaatlichen internationalen Organisationen führte dazu, daß wegen der kurzen Antragsfrist für die Prüfung von sechs Monaten (s. Anm. 65) kaum noch von einer aufgeschobenen Prüfung gesprochen werden kann. Vgl. auch Bossung, Mitt. 1973, 84, 85. 27

Über den Abschluß der Arbeiten auf der Sachverständigenebene und den Stand der Arbeiten vor der Münchener Diplomatischen Konferenz berichtet Mast in GRUR Int. 1973, 1 ff. Auf der letzten Regierungskonferenz, die am 30. 6. 1972 abgeschlossen wurde, sind die Entwürfe eines Übereinkommens über ein europäisches Patenterteilungsverfahren, einer Ausführungsordnung und mehrere Entwürfe ergänzender Vertragstexte angenommen worden. Wegen der Texte s. die offiziellen Vorbereitenden Dokumente M/1 bis M/8 zur Münchner Diplomatischen Konferenz. Der deutsche Text vom Entwurf eines Übereinkommens über ein europäisches Patenterteilungsverfahren (sog. 1. Übk.) wurde auch in GRUR Int. 1973, 17–41 veröffentlicht. Dieses Vertragswerk wird auf der vom 10. 9. bis zum 6. 10. 1973 in München stattfindenden **Diplomatischen Konferenz** beraten werden; vgl. im einzelnen die Berichte von Mast, GRUR Int. 1973, 1 ff. und Bossung, Mitt. 1973, 81 ff. Zum Teilnehmerkreis an den Reg.-Konferenzen und an der Münchner Diplomatischen Konferenz s. Bossung, a. a. O., 83 II 2 bzw. 86 II 5.

Grundlegend geändert wurden die Entwürfe nicht mehr, abgesehen von der Frage der Übertragung von PCT-Funktionen auf nationale Behörden. Organisatorisch wurde die »Europäische Patentorganisation« (EPO) mit selbständiger Rechtsfähigkeit gewissermaßen als Klammer für den Verwaltungsrat und das Europäische Patentamt (EPA) geschaffen. Verwaltungsrat und EPA sind rechtlich unselbständige Organe der EPO. Die **Frage des Sitzes der EPA wurde zugunsten von München entschieden. Das IIB** wird **als Zweigstelle in das EPA** (Generaldirektion Recherche) eingegliedert. Der Sitz der Zweigstelle bleibt in Den Haag; ihr wird das Verfahren bis zur Veröffentlichung übertragen. Die Generaldirektion Recherche wird eine des DPA errichten. Weitere IIB-Dienststellen: voraussichtlich in Rom (kleinere) und vielleicht in Madrid.

28 Einen insbesondere **für das DPA einschneidenden Beschluß** stellt das sog. **»Zentralisierungsprotokoll«** (Verzicht auf die Übernahme von PCT-Funktionen) dar; vgl. Anm. 97. In Verfolg dieses Beschlusses wird voraussichtlich nur Schweden für die skandinavischen Staaten PCT-Funktionen übernehmen. Während einer Übergangszeit wird ein Teil der Prüfungsarbeiten auf nationale Ämter übertragen werden können; vgl. Zentralisierungsprotokoll, Anm. 99. Wichtig ist noch das sog. »Anerkennungsprotokoll« (Anm. 95), durch das die Voraussetzungen für die praktische Durchführbarkeit der Bestimmungen im Zusammenhang mit der Einreichung europäischer Patentanmeldungen durch Nichtberechtigte geschaffen werden sollen. Vgl. auch einen Fachausschuß-Sitzungsbericht, GRUR 1973, 192 und 260.

Die Arbeiten am Vorentwurf des sog. **Zweiten Übereinkommens** zwischen den EG-Staaten, das das Erste Übereinkommen ergänzen wird und bei dessen Neufassung die Auffassungen der neuen EG-Mitglieder berücksichtigt sind, wurden inzwischen abgeschlossen. Es kann erwartet werden, daß dieses Abkommen noch im Jahr 1973 unterzeichnet wird. Wegen des Fortgangs der Arbeiten wird auf Anm. 104 Abs. 2 verwiesen. Die beiden europäischen Übereinkommen und der PCT-Plan sollen gleichzeitig ratifiziert werden. Die Ratifizierung soll bis Ende 1975 abgeschlossen sein. Im Laufe des Jahres 1976 wird dann das EPA eröffnet werden können.

Zur Behandlung der Frage der frühzeitigen **Ausbildung** des europäischen Prüferpersonals wurde eine Arbeitsgruppe gebildet. Die Ergebnisse der Untersuchungen sollen zu Beginn der Diplomatischen Konferenz vorliegen. Durch die im 1. Übk. niedergelegten Anforderungen an die Patentfähigkeit des europäischen Patents, die nach dem 2. Übk. im Nichtigkeitsverfahren von einer einheitlichen Stelle nachgeprüft werden können, durch die nunmehr anstehende Ratifizierung der Straßburger Vereinheitlichungs-Übereinkunft (s. Anm. 11) und die Entschließung betr. die Harmonisierung bestimmter nationaler Vorschriften im Zusammenhang mit dem 2. Übk. betr. das Gemeinschaftspatent (s. Anm. 104 ff.) ist der Rahmen für die zwangsläufig erforderliche **Harmonisierung der nationalen Patentrechte** gegeben. Vgl. auch Bossung, Mitt. 1973, 85 l. Sp. letzt. Abs. und 93 r. Sp.

Wegen der **Regelungen im europäischen Patenterteilungsverfahren nach dem Übereinkommen im einzelnen** vgl. die nachfolgenden Anmerkungen, denen die Texte der Entwürfe des Übereinkommens und der Ausführungsordnung zugrunde gelegt wurden, von denen die Diplomatische Konferenz ausgehen wird. **Wesentliche Bestimmungen** des Entwurfs **der Ausführ.O** sind in diese Erläuterungen eingearbeitet.

Zu den vorbereitenden Dokumenten (M/1 bis M/8) zur Diplomatischen Konferenz betr. die Einführung eines europäischen Patenterteilungsverfahrens sind bis zum 1. 6. 1973 25 **Stellungnahmen** (M/9 bis M/33) eingegangen, teils von den Regierungen der beteiligten Staaten, teils von den als Beobachter beteiligten überstaatlichen Einrichtungen auf dem Gebiet des gewerblichen Rechtsschutzes und teils von den interessierten privaten internationalen Verbänden wirtschaftlicher, berufsständischer oder mehr allgemeiner Ausrichtung. Die von der Bundesregierung herausgegebenen Dokumente können beim Wila Verlag, München 21, bezogen werden; vgl. Bl. 1973, 177. Die Stellungnahmen betreffen überwiegend redaktionelle Bemerkungen zu mehr untergeordneten Regelungen, die in der nachfolgenden auszugsweisen Darstellung meist gar nicht berücksichtigt sind. Wieweit die mehr gravierenden Vorbringen zum Zuge kommen werden, wird die Diplomatische Konferenz zeigen.

Die **gemeinsame Regelung für alle Vertragsstaaten** ist im europäischen Übereinkommen **auf das Patenterteilungsverfahren beschränkt.** An die Unterteilung in zwei Verfahrensabschnitte wurde festgehalten. Im ersten Abschnitt findet nur eine Formalprüfung statt, eine Recherche wird erstellt und nach 18 Monaten erfolgt die Veröffentlichung der Anmeldung unter Zubilligung eines gewissen vorläufigen Schutzes. Die Einleitung einer Prüfung auf materielle Patentfähigkeit (2. Prüfungsabschnitt) setzt einen befristeten, gebührenpflichtigen Antrag voraus; s. Anm. 65. Die **Beurteilung der Rechtsgültigkeit der erteilten Patente bleibt den einzelnen nationalen Staaten überlassen.** Dabei darf Nichtigkeit allerdings nur auf Grund des europäischen Patentrechts ausgesprochen werden; s. Anm. 81. Eine weitere **Ausnahme** stellt **der nachträgliche** Einspruch nach Art. 98 (s. Anm. 67) dar. Nach dem Zweiten Übereinkommen für die EG-Staaten fällt das erteilte europäische Patent nicht in nationale Patente auseinander, sondern wird als »**Gemeinschaftspatent**« behandelt. Vgl. auch Anm. 141.

V. Entwurf eines Übereinkommens über ein europäisches Patenterteilungsverfahren (1. Übk.)

1. Allgemeine und institutionelle Vorschriften

a) Allgemeine Vorschriften (Kap. I)

Gegenstand des Übereinkommens ist ein den Vertragsstaaten **gemeinsames Recht** für die Erteilung von Erfindungspatenten (Art. 1), die **Europäische Patente** heißen (Art. 2 Abs. 1). Grundsätzlich hat das Europäische Patent in jedem Vertragsstaat, für den es erteilt worden ist, dieselbe (territoriale) **Wirkung** wie ein dort erteiltes nationales Patent und unterliegt 29 den entsprechenden nationalen Vorschriften (Art. 2 Abs. 2). Erteilung kann für einen, mehrere oder alle Vertragsstaaten beantragt werden (Art. 3).

Gegenstand des Übereinkommens ist ferner die **Gründung einer Europäischen Patentorganisation** (EPO) als gemeinsame Einrichtung der Vertragsstaaten mit verwaltungsmäßiger und finanzieller Selbständigkeit (Art. 4 Abs. 1) zwecks Erteilung europäischer Patente durch das **Europäische Patentamt** (EPA), dessen Tätigkeit von einem Verwaltungsrat überwacht wird (Art. 4 Abs. 2).

b) Die Europäische Patentorganisation (Kap. II)

30 Die EPO besitzt **Rechtspersönlichkeit** und in jedem Vertragsstaat weitestgehende Rechts- und Geschäftsfähigkeit von juristischen Personen (Art. 5). **Sitz der EPO ist München;** das EPA wird in München errichtet (Art. 6). Einer **Zweigstelle in Den Haag** obliegt die Eingangs- und Formalprüfung sowie die Veröffentlichung der europäischen Patentanmeldungen (Art. 6). **Diensstellen** des EPA zu Informations- oder Verbindungszwecken können in den Vertragsstaaten und beim IIB sowie bei anderen einschlägigen zwischenstaatlichen Organisationen geschaffen werden (Art. 7). Zum Sitz des EPA und zur Aufgabenverteilung s. Bossung, a. a. O., 85, r. Sp.

c) Das Europäische Patentamt (EPA) (Kap. III)

31 Die Leitung des EPA obliegt dem **Präsidenten,** der dem Verwaltungsrat gegenüber für die Tätigkeit des Amts verantwortlich ist (Art. 10 Abs. 1). Die Art. 11 bis 13 regeln die Ernennung hoher Beamter, die Amtspflichten und Streitsachen zwischen der EPO und den Bediensteten des EPA. Wegen der vier Generaldirektionen s. Haertel, Mitt. 1973, 123 l. Sp.

Sprachen des Europäischen Patentamts (Art. 14, 68)

32 **Amtssprachen des EPA** sind Deutsch, Englisch und Französisch; in einer dieser Sprachen sind Europäische Patentanmeldungen einzureichen (Art. 14 Abs. 1). Staatsangehörige und Bewohner von Vertragsstaaten mit einer anderen Amtssprache als die des EPA können Patentanmeldungen in der Amtssprache des betreffenden Staates einreichen. Sie müssen aber in vorgeschriebener Frist eine **Übersetzung** in einer der Amtssprachen des EPA einreichen (Art. 14 Abs. 2). Die Amtssprache des EPA, in der die europäische Patentanmeldung oder gegebenenfalls die Übersetzung eingereicht worden ist, ist als **Verfahrenssprache** in allen Verfahren vor dem EPA, die die Anmeldung oder das erteilte Patent betreffen, zu verwenden, soweit in der Ausführ.O nichts anderes bestimmt ist (Art. 14 Abs. 3).

Die europäischen Patentanmeldungen und Patentschriften werden in der Verfahrenssprache veröffentlicht; die Patentschriften enthalten außerdem eine Übersetzung der Patentansprüche in die anderen Amtssprachen des EPA (Art. 14 Abs. 6, 7). Weiteres enthalten Abs. 4, 5, 8.

Nach Art. 68 Abs. 1 stellt der **Wortlaut** einer europäischen Patentanmeldung oder eines europäischen Patents **in der Verfahrenssprache** im Verfahren vor dem EPA sowie in jedem Vertragsstaat die **verbindliche Fassung** dar. Eine Ausnahme bilden Anmeldungen, für die Art. 14 Abs. 2 in Frage kommt; vgl. Art. 68 Abs. 2–4. **33**

Ein Vertragsstaat, dessen Amtssprache von der Amtssprache des EPA abweicht, in der beabsichtigt ist, das europäische Patent mit Wirkung für den betreffenden Staat zu erteilen oder das Patent in geänderter Fassung (im Einspruchsverfahren) aufrechtzuerhalten, kann vorschreiben, daß der Anmelder oder Patentinhaber bei der Zentralbehörde eine **Übersetzung** in einer der Amtssprachen des betreffenden Staates einreicht; im einzelnen s. Art. 63 und die Regeln 1 bis 7 der Ausführ.O. **34**

Zur Sprachenregelung und Frage der Übersetzung vgl. Bossung, a. a. O. 90, 91 und van Benthem, Mitt. 1973, 129.

Organe im Verfahren vor dem EPA

Zur Durchführung der Verfahren im EPA werden eine Eingangsstelle, Prüfungsabteilungen, Einspruchsabteilungen, Beschwerdekammern und eine Große Beschwerdekammer gebildet (Art. 15). **35**

Die **Eingangsstelle** (Art. 16) ist für die Prüfung europäischer Patentanmeldungen bis zu dem Zeitpunkt zuständig, zu dem ein Prüfungsantrag gestellt und der europäische Recherchenbericht beim EPA eingegangen ist.

Die **Prüfungsabteilungen** (Art. 17) sind für die Prüfung europäischer Patentanmeldungen zuständig; Abs. 1. **Zusammensetzung:** drei technisch vorgebildete Prüfer. Bis zum Erlaß der Entscheidung wird jedoch in der Regel ein Prüfer der Prüfungsabteilung mit der Bearbeitung beauftragt. Mündliche Verhandlung findet aber vor der Prüfungsabteilung statt. Erforderlichenfalls kann ein rechtskundiges Mitglied zugezogen werden. Vgl. hierzu Abs. 2.

Die **Einspruchsabteilungen** (Art. 18) sind für die Prüfung der Einsprüche gegen das europäische Patent zuständig. **Zusammensetzung:** drei technisch vorgebildete Prüfer, von denen mindestens zwei in dem entsprechenden Erteilungsverfahren nicht mitgewirkt haben dürfen. Bis zum Erlaß der Entscheidung kann mit der Bearbeitung ein Mitglied beauftragt werden. Mündliche Verhandlung findet aber vor der Einspruchsabteilung statt. Ergänzung der Einspruchsabteilung durch ein rechtskundiges Mitglied ist erforderlichenfalls möglich.

Die **Beschwerdekammern** (Art. 19) sind für die Prüfung von Beschwerden gegen Entscheidungen der Eingangsstelle, Prüfungsabteilungen und Einspruchsabteilungen zuständig. **Zusammensetzung:** in der Regel drei Mitglieder, entweder nur rechtskundig, oder zwei techn. vorgebildete und ein rechtsk. Mitgl., gegebenenfalls aber auch drei techn. und zwei rechtsk. Mitgl.

Die **Große Beschwerdekammer** (Art. 20) ist zuständig für die Entscheidung über Rechtsfragen, die ihr von den Beschwerdekammern vorgelegt werden, ferner für die Abgabe von Stellungnahmen zu Rechtsfragen, die ihr vom Präsidenten des EPA nach Art. 111 vorgelegt werden. **Zusammensetzung:** fünf rechtsk. und zwei techn. Mitgl.

36 **Allgemeine Vorschriften:** Art. 21 behandelt die Unabhängigkeit der Mitglieder der Kammern und Art. 22 Vorschriften für die Ausschließung und Ablehnung. Nach Art. 23 ist das EPA verpflichtet, auf Ersuchen des mit einer Verletzungs- oder Nichtigkeitsklage befaßten zuständigen nationalen Gerichts gegen eine angemessene Gebühr **technische Gutachten** über das europäische Patent zu erstatten, das Gegenstand des Rechtsstreits ist. Zuständig sind für die Erstattung des Gutachtens die Prüfungsabteilungen.

d) Der Verwaltungsrat (Kap. IV)

37 Der Verwaltungsrat besteht aus den Vertretern der Vertragsstaaten und deren Stellvertretern (Art. 24). Der Verwaltungsrat wählt aus den Vertretern der Vertragsstaaten und deren Stellvertretern einen **Präsidenten** und einen Vizepräsidenten (Amtszeit: drei Jahre; Wiederwahl zulässig) (Art. 25). Beträgt die Zahl der Vertragsstaaten mindestens acht, so kann der Verwaltungsrat ein aus fünf seiner Mitglieder bestehendes **Präsidium** wählen (Art. 26). Der Verwaltungsrat wird von seinem Präsidenten einberufen. Der **Präsident des EPA** nimmt an den Beratungen teil. Jährlich hält der Verwaltungsrat eine ordentliche Tagung ab; außerdem tritt er auf Antrag eines Drittels der Vertragsstaaten zusammen (Art. 27). Nach Art. 28 nehmen nach Maßgabe abzuschließender Abkommen an den Tagungen das IIB, die WIPO und andere zwischenstaatliche Organisationen teil. Der Verwaltungsrat bedient sich der deutschen, englischen und französischen Sprache (Art. 29). Das zur Durchführung seiner Aufgaben erforderliche Personal, Arbeitsräume und die materiellen Mittel stellt dem Verwaltungsrat das EPA zur Verfügung (Art. 30). Die **Befugnisse** des Verwaltungsrats (Art. 31) erstrecken sich auch auf die Möglichkeit, einige Vorschriften des Übereinkommens zu ändern: Wenn die Erfahrungen es rechtfertigen, kann die Prüfungsabteilung aus einem einzigen technisch vorgebildeten Prüfer bestehen; die Dauer von Fristen; die Ausführungsordnung. Der Verwaltungsrat ist befugt, Vorschriften zu erlassen und zu ändern betr. eine **Finanzordnung,** das **Statut der Beamten** sowie die Beschäftigungsbedingungen für die **sonstigen Bediensteten des EPA,** ihre **Besoldung,** die **Versorgungsordnung,** die Gebührenordnung und seine Geschäftsordnung. Der Verwaltungsrat kann den Präsidenten des EPA ermächtigen, Verhandlungen über den Abschluß von Abkommen mit Staaten oder internationalen Organisationen zu führen und diese Abkommen mit Genehmigung des Verwaltungsrates für die EPO zu schließen. Die Art. 32 bis 34 betreffen das Stimmrecht, Abstimmungen und Stimmenwägung.

Die **Befugnisse des Verwaltungsrats** nach Art. 31 und gem. Zentralisierungsprotokoll (s. Anm. 101) sind somit **außerordentlich weitreichend.** Zu der bei internationalen Organisationen weit über das Übliche hinausgehenden Machtfülle (Rechtsetzungsbefugnisse!) äußert sich Bossung, a. a. O. 87.

e) Finanzvorschriften

Kap. V enthält die Finanzvorschriften (Art. 35 bis 49). 38

2. Materielles Patentrecht

Die Bestimmungen des materiellen Patentrechts sind im Zweiten Teil des Entwurfs in den Art. 50 bis 72 enthalten und in ihren grundlegenden Regelungen an das Straßburger Übereinkommen des Europarats betr. die Vereinheitlichung gewisser Begriffe des materiellen Rechts der Erfindungspatente vom 27. 11. 1963 (s. Anm. 11) angelehnt. Der Katalog der nicht als Erfindung angesehenen Gegenstände wurde gegenüber dem Vorentwurf (Art. 9 Abs. 2, s. GRUR Int. 1970, 108) erweitert und präzisiert. Bestimmungen über Zusatzpatentanmeldungen sind endgültig fortgefallen. Vorschläge, die auf eine Gleichstellung älterer Anmeldungen mit dem Stand der Technik auch bei der Beurteilung der Erfindungshöhe abzielten, sind nicht zum Zuge gekommen. Eine solche Regelung hätte sehr zur Vereinfachung des Verfahrens beigetragen. Die Anmeldung eines europäischen Patents durch einen Nichtberechtigten wurde in Art. 59 wesentlich gegenüber dem früheren Art. 16 (GRUR Int. 1970, 109) geändert (vgl. hierzu Mast, GRUR Int. 1973, 7) und durch das Anerkennungsprotokoll (s. Anm. 95) ergänzt. 38 a

a) Patentierbarkeit

Patentfähige Erfindungen (Art. 50): Nach Abs. 1 werden europäische Patente für Erfindungen erteilt, die neu sind, auf einer erfinderischen Tätigkeit beruhen und gewerblich anwendbar sind. Abs. 2 enthält einen Katalog von Gegenständen, die als Erfindungen i. S. des Abs. 1 nicht angesehen werden, z. B. Entdeckungen, wissenschaftliche Theorien, mathematische Methoden, rein ästhetische Formschöpfungen, Verfahren für rein gedankliche Tätigkeiten, Programme für Datenverarbeitungsanlagen, Verfahren zur chirurgischen oder therapeutischen Behandlung des menschlichen oder tierischen Körpers und Diagnostizierverfahren, die am menschlichen oder tierischen Körper vorgenommen werden. Dieser Katalog entspricht im wesentlichen der Begriffsbestimmung nach Regel 39 Ausführ.O PCT. Vgl. hierzu auch Mast, GRUR Int. 1971, 348 unter 3. 39

Ausnahmen von der Patentierbarkeit (Art. 51): Die Regelung entspricht dem Art. 2 des Europ. Übk. betr. Vereinh. vom 27. 11. 1963 (s. Anm. 11).

Den Wünschen der chemischen Industrie entsprechend wurde ein Abs. 3 angefügt, der besagt, daß die Bestimmung im Abs. 2 (d) betr. die chirurgischen usw. Verfahren der Patentierbarkeit eines Stoffes oder Stoffgemisches zur Anwendung in einem der bezeichneten Verfahren nicht entgegensteht. Damit wurde für das Sachgebiet Pharmazie die Anspruchskategorie »zweckgebundener Stoffschutz« geschaffen; s. Bossung, Mitt. 1973, 88 unter III 2 b. Kritisch bezüglich des Katalogs der nichtpatentfähigen Erfindungen Zipse, GRUR Int. 1973, 182.

40 **Neuheit** (Art. 52): Eine Erfindung gilt als neu, wenn sie nicht zum Stand der Technik gehört; Abs. 1. Den Stand der Technik bildet alles, was vor dem Anmeldetag der europäischen Patentanmeldung der Öffentlichkeit durch schriftliche oder mündliche Beschreibung, durch Benutzung oder in sonstiger Weise zugänglich gemacht worden ist; Abs. 2. Bezüglich der **älteren Rechte** besagt Abs. 3: Als Stand der Technik gilt auch der ursprüngliche Inhalt europäischer Patentanmeldungen, deren Anmeldetag vor dem im Abs. 2 genannten Tag liegt und die erst an oder nach diesem Tag nach Art. 92 (betrifft Veröffentlichung) veröffentlicht worden ist. Abs. 3 ist nur anzuwenden, wenn ein für die spätere europäische Patentanmeldung benannter Vertragsstaat auch für die veröffentlichte frühere Anmeldung benannt worden ist; Abs. 4. Die Absätze 1 bis 4 stehen der Patentierbarkeit der in Art. 50 Abs. 3 genannten Stoffe oder Stoffgemische nicht entgegen, selbst wenn die betreffenden Stoffe oder Stoffgemische zum Stand der Technik gehören, sofern der Stand der Technik eine Offenbarung dieser Stoffe oder Stoffgemische für irgendein in Art. 50 Abs. 2 (d) genanntes Verfahren nicht einschließt.

Der Neuheitsbegriff des europäischen Patentrechts ist somit gegenüber dem deutschen eingeschränkt. Die Behandlung älterer Rechte ist im Patentrecht schon immer umstritten gewesen. Die Einbeziehung in den Stand der Technik ist zu begrüßen. Die Auslegung des Neuheitsbegriffs (»neu« in Ansehung der gleichen Aufgabe, s. auch § 2 Anm. 7) wird bei der Praktizierung große Probleme aufwerfen. Vgl. auch Bossung, a. a. O. 89, der auch auf den sog. »Selbstmord«-Effekt eingeht, mit Schrifttumhinweisen in Fußn. 25.

41 **Unschädliche Offenbarungen** (Art. 53): Art. 52 wird nicht angewendet, wenn die Offenbarung der Erfindung innerhalb von sechs Monaten vor dem Anmeldetag der europäischen Patentanmeldung erfolgt ist und unmittelbar oder mittelbar zurückgeht: a) auf einen offensichtlichen Mißbrauch zum Nachteil des Anmelders oder seines Rechtsvorgängers oder b) auf die Tatsache, daß der Anmelder oder sein Rechtsvorgänger die Erfindung auf amtlichen oder amtlich anerkannten **Ausstellungen** im Sinne des am 22. 11. 1928 in Paris unterzeichneten und am 10. 3. 1948 sowie am 16. 11. 1966 revidierten Übereinkommens über internationale Ausstellungen zur Schau gestellt hat; Abs. 1. Dieser Absatz ist nach Abs. 2 im Falle des Buch-

stabens (b) nur anzuwenden, wenn der Anmelder bei Einreichung der europäischen Patentanmeldung angibt, daß die Erfindung zur Schau gestellt worden ist, und eine entsprechende Bescheinigung einreicht, für die die Form und die Frist zur Einreichung in der Ausführungsordnung vorgeschrieben sind. Regel 23 Ausführ.O gibt als Frist vier Monate nach Einreichung der Anmeldung an und der Bestätigung muß eine Darstellung der Erfindung beigefügt sein, die mit einem Beglaubigungsvermerk der zuständigen Stelle versehen ist. Diese Regelung ist mit Rücksicht auf die Rechtssicherheit sehr zu begrüßen; vgl. hierzu Anm. 4 zu Art. 11 PVÜ.

Erfinderische Tätigkeit (Art. 54): Eine Erfindung gilt als auf einer erfinderischen Tätigkeit beruhend, wenn sie sich für den Fachmann nicht in naheliegender Weise aus dem Stand der Technik ergibt. Gehören zu dem Stand der Technik auch Unterlagen im Sinne des Art. 52 Abs. 3, so werden diese bei der Beurteilung der erfinderischen Tätigkeit nicht in Betracht gezogen. 42

Bei Forderung von Erfindungshöhe auch gegenüber älteren Rechten (so schon einmal frühere deutsche Praxis und in neuerer Zeit von Reimer gefordert, s. Zeunert, GRUR 1966, 285, 287 l. Sp.) würden die am Ende von Anm. 40 erwarteten Probleme unbedeutend werden. Das wäre zur Vereinfachung des europäischen Prüfungsverfahrens, zumal zur Erleichterung beim Beginn, vorteilhaft. Die Forderung von »**technischem Fortschritt**« als Voraussetzung für Patentfähigkeit wird nicht erhoben. Man wird wohl davon ausgehen können, daß sie als immanente Komponente der »Erfindungshöhe« angesehen werden kann. Unter dieser Annahme kann der Fortfall begrüßt werden. Denn Vorhandensein von Fortschritt kann immer »glaubhaft« gemacht werden, während Vorhandensein von Erfindungshöhe an Hand zu belegender Indizien recht gut beurteilt werden kann; s. z. B. BPatG, E 1, 76, 77.

Gewerbliche Anwendbarkeit (Art. 55): Eine Erfindung gilt als gewerblich anwendbar, wenn ihr Gegenstand auf irgendeinem gewerblichen Gebiet einschließlich der Landwirtschaft hergestellt oder benutzt werden kann. 43

Diese Vorschrift stimmt wörtlich mit Art. 3 der Europ. Übk. betr. Vereinh. vom 27. 11. 1963 (s. Anm. 11) überein.

b) Zur Einreichung und Erlangung des europäischen Patents berechtigte Personen / Erfindernennung

Recht zur Anmeldung (Art. 56): Jede natürliche oder juristische Person oder juristischen Personen gleichgestellte Gesellschaften. 44

Mehrere Anmelder (Art. 57): Die Anmeldung kann auch von gemeinsamen Anmeldern oder von mehreren Anmeldern, die verschiedene Vertragsstaaten benennen, eingereicht werden. Die Form des **Erteilungsantra-**

ges ist in Regel 26 Ausführ.O bestimmt. Bei mehreren Anmeldern ist ein **gemeinsamer Vertreter** zu bestellen; s. Regel 101 Ausführ.O.

Recht auf das europäische Patent (Art. 58): Das Recht auf das europäische Patent steht dem Erfinder oder seinem Rechtsnachfolger zu, Abs. 1. Wegen der Regelung bei Arbeitnehmer-Erfindern s. Art. 58 Abs. 1 Satz 2 und 3. Nach Abs. 2 gilt im Verfahren vor dem EPA der Anmelder als berechtigt, das in Abs. 1 vorgesehene Recht geltend zu machen.

45 **Anmeldung durch Nichtberechtigte** (Art. 59): Nach **rechtskräftiger Entscheidung** über die Nichtberechtigung des bisherigen Anmelders kann die Person, der die Berechtigung zugesprochen ist, sofern das europäische Patent noch nicht erteilt worden ist, innerhalb von drei Monaten (nach Rechtskraft der Entscheidung) in bezug auf die benannten Vertragsstaaten die europäische Patentanmeldung an Stelle des Anmelders als eigene Anmeldung weiterverfolgen oder eine neue europäische Patentanmeldung für dieselbe Erfindung einreichen oder beantragen, daß die europäische Patentanmeldung zurückgewiesen wird. Art. 74 Abs. 2 (betr. Teilanmeldungen) ist nach Abs. 2 anwendbar (d. h. gegebenenfalls kann der frühere Anmeldetag anerkannt werden; s. Anm. 53). Die erforderliche rechtskräftige Entscheidung muß in einem der benannten Vertragsstaaten ergangen und von den anderen Vertragsstaaten anerkannt sein. Diesem Zweck dient das **Anerkennungsprotokoll,** s. Anm. 95 und Mast, GRUR Int. 1973, 1, 7. In Abs. 3 ist auf die Ausführ.O verwiesen. In Betracht kommen die Regeln 13–16, 37 und 42.

46 **Anspruch auf Erfindernennung** (Art. 60): Der Erfinder hat gegenüber dem Anmelder oder Inhaber des europäischen Patents das Recht, vor dem EPA als Erfinder genannt zu werden. Hierauf beziehen sich in der Ausführ.O die Regeln 17–19.

c) Wirkungen des europäischen Patents und der europäischen Patentanmeldung

47 **Laufzeit** (Art. 61): zwanzig Jahre, gerechnet vom Anmeldetag an; Abs. 1. Abs. 2 behandelt das Recht eines Vertragsstaates, in Kriegs- oder Krisenzeiten die Laufzeit zu verlängern.

Rechte aus dem europäischen Patent (Art. 62): Das europäische Patent gewährt seinem Inhaber von dem Tag der Bekanntmachung des Hinweises auf seine Erteilung an in jedem Vertragsstaat, für den es erteilt ist, dieselben Rechte, die ihm ein in diesem Staat erteiltes nationales Patent gewähren würde. **Eine Verletzung des europäischen Patents** wird nach dem nationalen Recht dieses Vertragsstaats beurteilt.

Übersetzung der Patentschrift (Art. 63): s. Anm. 32, 34, 49. In der Ausführ.O sind die Regeln 52 Nr. 5 und 59 Nr. 6 zu beachten. Zur Frage der Übersetzung s. Bossung, a. a. O. 91 und van Benthem, Mitt. 1973, 133.

Wirkung der europäischen Patentanmeldung (Art. 64): Eine europäische Patentanmeldung, deren Anmeldetag feststeht, hat in den benannten Vertragsstaaten die Wirkung einer vorschriftsmäßigen nationalen Hinterlegung, gegebenenfalls mit der für die europäische Patentanmeldung beanspruchten Priorität. 48

Rechte aus der europäischen Patentanmeldung nach Veröffentlichung 49 (Art. 65): Die europäische Patentanmeldung gewährt dem Anmelder vom Tage ihrer Veröffentlichung nach Art. 92 an in den in der Veröffentlichung angegebenen benannten Vertragsstaaten einstweilen den Schutz nach Art. 62 Abs. 1. Jeder Vertragsstaat kann vorsehen, daß die europäische Patentanmeldung nicht den Schutz nach Art. 62 gewährt; im einzelnen s. Abs. 2. Diese Bestimmung soll z. B. einer Regelung Rechnung tragen, wie sie in der Bundesrepublik nach § 24 Abs. 5 PatG besteht.

Jeder Vertragsstaat kann für den Fall, daß eine seiner Amtssprachen nicht die Verfahrenssprache ist, vorsehen, daß der **einstweilige** Schutz **erst dann** eintritt, **wenn** eine **Übersetzung** der Patentansprüche in einer Amtssprache dieses Staates vorliegt; im einzelnen s. Abs. 3. In Abs. 4 ist der Fortfall des einstweiligen Schutzes bei Zurücknahme oder Zurückweisung der europäischen Patentanmeldung behandelt; im einzelnen s. dort.

Wirkung des Widerrufs des europäischen Patents (Art. 66): Die in den Art. 62 und 65 vorgesehenen Wirkungen der europäischen Patentanmeldung und des darauf erteilten europäischen Patents gelten in dem Umfang, in dem das Patent im Einspruchsverfahren widerrufen ist, als von Anfang an nicht eingetreten.

Schutzbereich (Art. 67): Der **Schutzbereich** des europäischen Patents und der europäischen Patentanmeldung wird durch den Inhalt der Patentansprüche bestimmt. Die Beschreibung und die Zeichnungen sind jedoch zur Auslegung der Patentansprüche heranzuziehen; Abs. 1. Für den Zeitraum bis zur Erteilung des europäischen Patents wird der Schutzbereich der europäischen Patentanmeldung durch die zuletzt eingereichten Patentansprüche, die in der Veröffentlichung nach Art. 92 enthalten sind, bestimmt. Jedoch bestimmt das europäische Patent in seiner erteilten oder im Einspruchsverfahren geänderten Fassung rückwirkend den Schutzbereich der Anmeldung, soweit dieser Schutzbereich nicht erweitert wird. 50

Nach einer Bemerkung (Erklärung) zu Art. 67 sollte davon ausgegangen werden, daß der Schutzbereich sich nicht aus dem genauen Wortlaut der Patentansprüche ergibt, und daß die Beschreibung sowie die Zeichnungen nur zur Behebung etwaiger Unklarheiten in den Patentansprüchen heranzuziehen sind; ebensowenig sollen die Patentansprüche lediglich als Richtlinie dienen und sich das Schutzbegehren auch auf das erstrecken, was sich dem Fachmann als solches aus dem Studium der Patentschrift ergibt. Die Auslegung soll vielmehr zwischen diesen extremen Auffassungen liegen und einen angemessenen Schutz für den Patentinhaber mit ausreichender Rechtssicherheit für Dritte verbinden.

51 **Verbindliche Fassung einer europäischen Patentanmeldung oder eines europäischen Patents** (Art. 68): Nach Abs. 1 stellt der **Wortlaut in** der **Verfahrenssprache** in Verfahren vor dem EPA sowie in jedem Vertragsstaat die verbindliche Fassung dar. Des weiteren vgl. hierzu Anm. 33 und Regel 7 der Ausführ.O.

d) Die europäische Patentanmeldung als Gegenstand des Vermögens

52 Die europäische Patentanmeldung kann für einen oder mehrere der benannten Vertragsstaaten **übertragen** werden oder Gegenstand von Rechten sein; Art. 69. Wegen der Form der rechtsgeschäftlichen Übertragung vgl. Ar.t 70. Eine europäische Patentanmeldung kann Gegenstand von **Lizenzen** für alle oder einen Teil der Hoheitsgebiete der benannten Vertragsstaaten sein; Art. 71. Soweit in diesem Übereinkommen nichts anderes bestimmt ist, unterliegt die europäische Patentanmeldung als Gegenstand des Vermögens in jedem benannten Vertragsstaat und mit Wirkung für diesen Staat dem Recht, das in diesem Vertragsstaat für nationale Patentanmeldungen gilt; Art. 72. In den Regeln 20, 21, 22 Ausführ.O ist die **Eintragung** von Lizenzen und Rechtsübergängen **in das europäische Patentregister** behandelt.

3. Die europäische Patentanmeldung

a) Einreichung der europäischen Patentanmeldung (Art. 73)

53 Die Anmeldung kann entweder beim EPA oder bei der Zentralbehörde für den gewerblichen Rechtsschutz oder bei anderen zuständigen Behörden eines Vertragsstaats (wenn das Recht dieses Staates es gestattet) eingereicht werden; Abs. 1. Wegen weiterer Einzelheiten s. Abs. 2 und 3 und Regel 24 Ausführ.O.

Europäische Teilanmeldung: Eine europäische Teilanmeldung ist unmittelbar beim EPA einzureichen. Sie kann nur für einen in einer früheren europäischen Patentanmeldung enthaltenen Gegenstand eingereicht werden. In der Teilanmeldung dürfen nur Vertragsstaaten benannt werden, die in der früheren Anmeldung benannt worden sind; Art. 74 Abs. 1. Wegen der Begrenzung des Inhalts der Teilanmeldung vgl. Abs. 2. (Soweit die Teilanmeldung nicht über den Inhalt der früheren Anmeldung in ihrer ursprünglichen Form hinausgeht, kann der frühere Anmeldetag als maßgeblich anerkannt werden.) Nach Regel 25 kann eine europäische Teilanmeldung eingereicht werden, jederzeit nachdem die frühere europäische Patentanmeldung dem EPA zugegangen ist, nach Erhalt des ersten Bescheids der Prüfungsabteilung jedoch nur, wenn die Teilanmeldung innerhalb der in diesem Bescheid festgesetzten Frist eingereicht wird oder wenn die Prüfungsabteilung die Einreichung einer Teilanmeldung für sachdienlich hält.

Übermittlung europäischer Patentanmeldungen: Nach Art. 75 Abs. 1 hat die Zentralbehörde eines Vertragsstaates die bei ihr oder bei anderen zuständigen Behörden dieses Staates eingereichten europäischen Patentanmeldungen innerhalb der kürzesten Frist, die mit der Anwendung der nationalen Vorschriften über die Geheimhaltung von Erfindungen im Interesse des Staates vereinbar ist, an das EPA weiterzuleiten. Nach Abs. 5 gelten europäische Patentanmeldungen, die nicht bis zum Ablauf des vierzehnten Monats nach Einreichung der Anmeldung oder nach dem in Anspruch genommenen Prioritätstag dem EPA zugehen, als zurückgenommen. Hierzu sind die Regeln 15 und 70 zu beachten. 54

Erfordernisse der europäischen Patentanmeldung:

Zu einer europäischen Patentanmeldung gehören der Patenterteilungsantrag, die Erfindungsbeschreibung, Patentansprüche, Zeichnungen und eine Zusammenfassung; Art. 76 Abs. 1. **Anmeldegebühr** und **Recherchengebühr** sind innerhalb eines Monats nach Einreichung der Anmeldung zu entrichten; Abs. 2. Nach Abs. 3 muß die Anmeldung den Vorschriften der Ausführ.O genügen; vgl. hierzu die Regeln 26 bis 36. Nach Regel 27 (Inhalt der Beschreibung), unter (d), ist in der **Beschreibung die Erfindung,** wie sie in den Patentansprüchen gekennzeichnet ist, so darzustellen, daß danach die technische Aufgabe, auch wenn sie nicht ausdrücklich als solche genannt ist, und deren Lösung verstanden werden können; außerdem sind gegebenenfalls die vorteilhaften Wirkungen der Erfindung unter Bezugnahme auf den bisherigen Stand der Technik anzugeben. Nach Regel 28 Abs. 1 (a) muß ein Muster des Mikroorganismus spätestens am Anmeldetag bei einer Sammelstelle für Kulturen hinterlegt werden. Regel 29 betrifft die Form und den Inhalt der Patentansprüche. Die Kategoriefrage ist in Regel 30 behandelt. Mehr als zehn Patentansprüche sind gebührenpflichtig; Regel 31. Regel 33 bezieht sich auf Form und Inhalt der **Zusammenfassung;** die Zusammenfassung soll aus nicht mehr als 150 Worten bestehen und insbesondere die Beurteilung ermöglichen, ob es notwendig ist, die Anmeldung selbst einzusehen. Regel 36 enthält Vorschriften für Unterlagen, die nach Einreichung der Anmeldung vorgelegt werden. 55

Benennung von Vertragsstaaten (Art. 77): Im Erteilungsantrag sind die Vertragsstaaten zu benennen, in denen für die Erfindung Schutz begehrt wird. Eine Benennungsgebühr ist zu entrichten. Bis zur Erteilung des europäischen Patents kann die Benennung eines Vertragsstaates zurückgenommen werden. Die Regeln 15, 25 und 70 Ausführ.O sind zu beachten. 56

57 **Anmeldetag** (Art. 78): Anmeldetag ist der Tag, an dem die vom Anmelder eingereichten Unterlagen enthalten a) einen Hinweis, daß ein europäisches Patent beantragt wird; b) die Benennung mindestens eines Vertragsstaats; c) Angaben zur Feststellung der Identität des Anmelders; d) eine Beschreibung und Patentansprüche in einer der in Art. 14 Abs. 1 und 2 vorgesehenen Sprachen (s. Anm. 32).

58 **Erfindernennung** (Art. 79): erforderlich, wenn das nationale Recht eines der benannten Vertragsstaaten dies vorschreibt. Vgl. hierzu die Regeln 17, 18, 19 Ausführ.O.

Einheitlichkeit der Erfindung (Art. 80): Die Anmeldung darf nur eine einzige Erfindung oder eine Gruppe von Erfindungen enthalten, die untereinander durch die Verwirklichung einer einzigen erfinderischen Idee verbunden sind. Vgl. Regeln 29 und 30 Ausführ.O.

59 **Offenbarung der Erfindung** (Art. 81): Die Erfindung ist in der europäischen Patentanmeldung so deutlich und vollständig zu offenbaren, daß ein Fachmann sie ausführen kann. Wegen der Erfordernisse bei Mikroorganismen betreffende Anmeldungen vgl. Regel 28 Ausführ.O.

Patentansprüche (Art. 82): Die Patentansprüche müssen den Gegenstand angeben, für den Schutz begehrt wird. Sie müssen deutlich, knapp gefaßt und von der Beschreibung gestützt sein. Einzelheiten enthält die Regel 29 Ausführ.O. Vgl. auch Armitage, Mitt. 1973, 126, 127, 128.

Zusammenfassung (Art. 83): Die Zusammenfassung dient ausschließlich der technischen Information; insbesondere kann sie nicht für die Schutzumfangbestimmung und für die Anwendung des Art. 52 Abs. 3 (älteres Recht; s. Anm. 40) herangezogen werden.

60 **Jahresgebühren** (Art. 84): Für das dritte und jedes weiteres Jahr, gerechnet vom Anmeldetag an, sind an das EPA Jahresgebühren zu zahlen; Abs. 1. Nicht rechtzeitige Zahlung erfordert Zuschlaggebühr (Abs. 2), wird auch dann nicht rechtzeitig gezahlt, erfolgt Rechtsverlust (Abs. 3). Nach Abs. 4 endet die Verpflichtung zur Zahlung von Jahresgebühren mit der Zahlung der Jahresgebühr, die für das Jahr fällig ist, in dem der Hinweis auf die Erteilung des europäischen Patents veröffentlicht wird.

b) Priorität

61 **Prioritätsrecht** (Art. 85) und **Inanspruchnahme der Priorität** (Art. 86): Die Bestimmungen entsprechen den Bestimmungen der PVÜ (Art. 4 A bis I) und sind eng daran angelehnt. In Art. 85 Abs. 5 sind die Voraussetzungen angegeben, unter denen aus einer nicht in den Vertragsstaaten der PVÜ eingereichten Erstanmeldung ein Prioritätsrecht hergeleitet werden kann. Zum Problem der sog. Autodesignation s. bei PCT Anm. 127. Nach Art. 86 Abs. 1 ist für Prioritätserklärungen, die nicht in einer der Amtssprachen des EPA abgefaßt sind, eine Übersetzung der früheren Anmeldung in die Verfahrenssprache einzureichen. Ferner gelten die Regeln 5

(Beglaubigung von Übersetzungen), 38 (Erklärung und Unterlagen) und 89 (Berichtigung) der Ausführ.O.

Wirkung des Prioritätsrechts (Art. 87): Der Prioritätstag gilt als Tag der europäischen Anmeldung für die Anwendung des Art. 52 Abs. 2 und 3 (Stichtag für Neuheit, s. Anm. 40) sowie des Art. 58 Abs. 1 (betr. Recht auf das Patent).

4. Erteilungsverfahren

a) Eingangsprüfung, einschl. Recherchenbericht

Feststellungen der Eingangsstelle (Art. 88). Erfordernisse für Zuerkennung des Anmeldetags: rechtzeitige Entrichtung der Anmelde- und Recherchengebühr; gegebenenfalls rechtzeitige Einreichung der Anmeldungs-Übersetzung in die Verfahrenssprache; Abs. 1. Bei Nichterfüllung der Erfordernisse nach erfolgter Aufforderung zur Mängelbeseitigung gilt die europäische Anmeldung als zurückgenommen (Abs. 2, 3). Eine Offensichtlichkeitsprüfung i. S. des deutschen § 28 a findet nicht statt. 62

Übersendung der Anmeldungsunterlagen an das IIB 6 Art. 89): Steht der Anmeldetag einer europäischen Patentanmeldung fest und gilt die Anmeldung nicht nach Art. 88 Abs. 3 als zurückgenommen, so übersendet das EPA ein Stück der Unterlagen der Anmeldung dem IIB zur Erstellung des europäischen Recherchenberichts.

Formalprüfung (Art. 90): Nach Abs. 1 ist von der Eingangsstelle zu prüfen, ob: falls erforderlich, Vertreter nach Art. 133 Abs. 2 bestellt; Formerfordernisse nach Reg. 32 Abs. 1 und 2, Reg. 35 Abs. 2 bis 11 und 14 und Reg. 36 Abs. 1, 2 und 4 erfüllt; Zusammenfassung eingereicht; Erteilungsantrag vorschriftsmäßig; falls gegeben, vorschriftsmäßige Prioritätsinanspruchnahme; Benennungsgebühren entrichtet; Erfinder genannt; die in Art. 76 Abs. 1 (D) genannten Zeichnungen am Anmeldetag eingereicht worden sind. Nach Abs. 2 wird Gelegenheit gegeben, festgestellte Mängel zu beseitigen; vgl. hierzu Reg. 41, 42, 43 Ausführ.O. Die Abs. 3 bis 6 beziehen sich auf Rechtsverluste, die eintreten, wenn festgestellte Mängel nicht fristgerecht beseitigt werden.

Europäischer Recherchenbericht (Art. 91): Das IIB erstellt den europäischen Recherchenbericht auf der Grundlage der Patentansprüche unter angemessener Berücksichtigung der Beschreibung und der vorhandenen Zeichnungen in der in der Ausführ.O (Reg. 44) vorgeschriebenen Form. Weiter zu beachtende Regeln: 45, 46. Vgl. Armitage, Mit. 1973, 127. 63

Veröffentlichung der europäischen Patentanmeldung (Art. 92): Nach Abs. 1 wird die europäische Patentanmeldung unverzüglich nach Ablauf von **18 Monaten nach dem Anmeldetag** oder, wenn eine Priorität in Anspruch genommen worden ist, nach dem Prioritätstag veröffentlicht. Auf Antrag ist Veröffentlichung vor Ablauf der Frist möglich. Nach Abs. 2 wer- 64 den die Beschreibung, die Patentansprüche und gegebenenfalls die Zeichnungen **jeweils in der ursprünglich eingereichten Fassung** sowie als Anlage der europäische **Recherchenbericht** veröffentlicht. Liegt der Recherchenbericht noch nicht vor, wird er gesondert veröffentlicht. Vgl. hierzu Reg. 18, 19, 34, 49, 50, 51.

b) Prüfungsverfahren auf materielle Patentfähigkeit

65 **Prüfungsantrag** (Art. 93): Das EPA prüft auf schriftlichen Antrag, ob die europäische Patentanmeldung und die Erfindung, die sie zum Gegenstand hat, den Erfordernissen dieses Übereinkommens genügen; Abs. 1.

Antragsfrist (Abs. 2): sechs Monate nach dem Tag, an dem im Europäischen Patentblatt auf die Veröffentlichung des europäischen Recherchenberichts hingewiesen worden ist. Antragsberechtigt ist nur der Anmelder. Die Prüfungsgebühr muß entrichtet sein. Der Antrag kann nicht zurückgenommen werden. Wird bis zum Ablauf der in Abs. 2 genannten Frist ein Prüfungsantrag nicht gestellt, so gilt die europäische Patentanmeldung als zurückgenommen; Abs. 3. Zu beachten sind die Regeln der Ausführ.O 13 (Aussetzung des Verfahrens bei Anmeldung durch Nichtberechtigten), 14 (Beschränkung der Zurücknahme der Anmeldung) und 70 (Feststellung eines Rechtsverlusts).

Verlängerung der Frist zur Stellung des Prüfungsantrags (Art. 94): Der Verwaltungsrat kann die Frist zur Stellung des Prüfungsantrags verlängern, wenn feststeht, daß die europäischen Patentanmeldungen nicht in angemessener Zeit geprüft werden können; Abs. 1. In diesem Fall kann der Verwaltungsrat beschließen, daß auch ein Dritter Prüfung beantragen kann; Abs. 2 Satz 1. Nach Abs. 4 soll im Falle einer Verlängerung der Frist die ursprüngliche Frist durch entsprechende Maßnahmen so schnell wie möglich wiederhergestellt werden.

66 **Prüfung der europäischen Patentanmeldung** (Art. 95): Nach Abs. 2 fordert die Prüfungsabteilung den Anmelder auf, festgestellte Mängel nach Maßgabe der Ausführ.O – vgl. Reg. 52 – innerhalb einer bestimmten Frist – gegebenenfalls durch Einreichung neuer Unterlagen – bei gleichzeitiger Stellungnahme zu beseitigen. Eine solche Aufforderung soll so oft wie erforderlich ergehen. Die Bescheide nach Art. 95 Abs. 2 sind zu begründen. Vor Beschluß über die Erteilung des Patents ist die beabsichtigte Fassung dem Anmelder mitzuteilen. Werden die in den Bescheiden gesetzten Äußerungsfristen versäumt, so gilt die europäische Patentanmeldung als zurückgenommen; Abs. 3. Vgl. hierzu Armitage, Mitt. 1973, 127.

Zurückweisung oder Erteilung (Art. 96): Je nach dem Prüfungsergebnis hat die Patentabteilung Zurückweisung oder Patenterteilung zu beschließen; vgl. Abs. 1 und 2. Voraussetzung für einen Patenterteilungsbeschluß ist, daß das Einverständnis des Anmelders mit der beabsichtigten Fassung des Patents vorliegt und daß Erteilungs- und Druckkostengebühr fristgerecht entrichtet und daß bereits fällige Jahres- und Zuschlagsgebühren entrichtet worden sind. Bei Nichtzahlung gilt die europäische Patentanmeldung als zurückgenommen; Abs. 3. Die Entscheidung über die Patenterteilung wird erst an dem Tag wirksam, an dem im Europäischen Patentblatt auf die Erteilung hingewiesen worden ist; s. hierzu noch Abs. 4. Hierbei gelten die Regeln 52, 53 (Erteilung des europäischen Patents an verschiedene Anmelder), 69, 70 und 90 (Berichtigung von Fehlern in Entscheidungen).

Veröffentlichung des europäischen Patents (Art. 97): Vom EPA wird gleichzeitig mit der Bekanntmachung des Hinweises auf die Patenterteilung eine Patentschrift für das europäische Patent herausgegeben. Hierzu gehören folgende Regeln: 18, 19, 54, 55 und 88.

5. Einspruchsverfahren

Einspruch (Art. 98): **Innerhalb von neun Monaten** nach der Bekanntmachung über die Erteilung des europäischen Patents kann jedermann beim EPA gegen das erteilte europäische Patent Einspruch einlegen; Abs. 1. Nach Abs. 2 erfaßt der Einspruch das europäische Patent für alle Vertragsstaaten, in denen es Wirkung hat. Die Einsprechenden sind am Verfahren beteiligt; Abs. 3. Abs. 4 betrifft den Nachweis eines Dritten, daß er in einem Vertragsstaat anstelle des bisherigen Patentinhabers in das Patentregister dieses Staates eingetragen ist. Folgende Regeln kommen in Betracht: 13 (Verfahrensaussetzung), 56 (Form des Einspruchs), 61 (Fortsetzung des Einspruchsverfahrens von Amts wegen), 62 (Rechtsübergang des europäischen Patents), 70 (Feststellung eines Rechtsverlusts), 91 (Unterbrechung des Verfahrens). 67

Einspruchsgründe (Art. 99): Nichtpatentfähigkeit nach den Art. 50 bis 55; nicht deutliche und vollständige Offenbarung; der Gegenstand des Patents geht über die ursprünglich eingereichte Fassung oder bei einem Patent auf eine Teilanmeldung oder nach Art. 59 eingereichten neuen Anmeldung über den Inhalt der früheren Anmeldung in der ursprünglich eingereichten Fassung hinaus.

Prüfung des Einspruchs (Art. 100): Zuständig für die Prüfung, ob die geltend gemachten Einspruchsgründe der Aufrechterhaltung des europäischen Patents entgegenstehen, ist die Einspruchsabteilung; Abs. 1. Die Prüfung erfolgt nach Maßgabe der Ausführ.O. Gegebenenfalls wiederholte Aufforderung zur Stellungnahme zu den Bescheiden oder Schriftsätzen anderer Beteiligter; Abs. 2. Vgl. Regeln 57 (Verwerfung des Einspruchs als unzulässig), 58, 59 (Vorbereitung und Prüfung des Einspruchs), 60 (Anforderung von Unterlagen) und 71 (Form der Bescheide).

Widerruf oder Aufrechterhaltung (Art. 101): Greifen die geltend gemachten Einspruchsgründe durch, so ergeht Entscheidung auf **Widerruf** des europäischen Patents, stehen die geltend gemachten Gründe nicht entgegen, so erfolgt **Zurückweisung des Einspruchs**, wenn eine Änderung der Patentschrift nicht erforderlich ist. Ferner kann nach Vornahme entsprechender Änderungen das Patent auch **in dem geänderten Umfang aufrechterhalten** werden. Vgl. Regeln 59, 69 und 90.

68 **Veröffentlichung einer neuen Patentschrift** (Art. 102): Ist das Patent auf Grund des Einspruchs geändert worden, so wird vom EPA mit entsprechendem Hinweis eine neue Patentschrift herausgegeben. Vgl. Reg. 18, 19, 63 und 88 (unterschiedliche Fassungen für verschiedene Staaten).

Kosten (Art. 103): Nach Abs. 1 trägt im Einspruchsverfahren jeder Beteiligte die ihm erwachsenen Kosten selbst, soweit nicht die Einspruchsabteilung oder die Beschwerdekammer, wenn und soweit dies der Billigkeit entspricht, über eine Verteilung der Kosten, die durch eine mündliche Verhandlung oder eine Beweisaufnahme verursacht worden sind, nach Maßgabe der Ausführ.O anders entscheidet. Vgl. Reg. 9, 64 und 90.

69 **Beitritt des vermeintlichen Patentverletzers** (Art. 104): Nach Art. 104 kann der vermeintliche Patentverletzer nach Ablauf der Einspruchsfrist dem Einspruchsverfahren beitreten.

Beitritt des vermeintlichen Patentverletzers (Art. 104): Ist gegen ein europäisches Patent Einspruch erhoben worden, so kann jeder Dritte, der nachweist, daß gegen ihn Klage wegen Verletzung dieses Patents erhoben worden ist, nach Ablauf der Einspruchsfrist dem Einspruchsverfahren beitreten, wenn er den Antrag auf Beitritt innerhalb von drei Monaten nach dem Tag stellt, an dem die Verletzungsklage erhoben worden ist; Abs. 1. Vgl. Reg. 56, 57, 58, 59 und 70.

6. Beschwerdeverfahren

70 **Beschwerdefähige Entscheidungen** (Art. 105): Die Entscheidungen der Eingangsstelle, der Prüfungsabteilungen und der Einspruchsabteilungen. Die Beschwerde hat aufschiebende Wirkung; Abs. 1. Eine Entscheidung, die ein Verfahren gegenüber einem Beteiligten nicht abschließt, ist nur zusammen mit der Endentscheidung anfechtbar, sofern nicht sofortige Beschwerde von der entscheidenden Stelle zugelassen ist; s. Abs. 2. Vgl. Reg. 13, 14, 64, 91.

Beschwerdeberechtigte und Verfahrensbeteiligte (Art. 106): Die Beschwerde steht den Verfahrensbeteiligten zu, die durch die Entscheidung beschwert sind. Die übrigen Verfahrensbeteiligten sind am Beschwerdeverfahren beteiligt, soweit sie darauf nicht verzichtet haben.

Wegen **Frist und Form der Beschwerde** vgl. Art. 107. Gegebenenfalls ist **Abhilfe** durch die Vorinstanz gegeben; vgl. Art. 108.

71 Die **Prüfung der Beschwerde** (Art. 109) durch die Beschwerdekammer erfolgt nach Maßgabe der AusführO (Reg. 66, 67, 70, 71). **Entscheidung über die Beschwerde** (Art. 110) durch die Beschwerdekammer, die entweder im Rahmen der Zuständigkeit der Stelle tätig wird, die die Entscheidung erlassen hat, oder die Angelegenheit zur weiteren Entscheidung an diese

Stelle zurückverweist. Soweit der Tatbestand derselbe ist, ist die Vorinstanz an die rechtliche Beurteilung der Beschwerdekammer gebunden. Vgl. Reg. 68, 69 und 90 der Ausführ.O.

Entscheidung oder Stellungnahme der Großen Beschwerdekammer (Art. 72
111): Zur Großen Beschwerdekammer vgl. Anm. 35. Rechtsfragen von grundsätzlicher Bedeutung können der Großen Beschwerdekammer von der Beschwerdekammer, bei der ein Verfahren anhängig ist, von Amts wegen oder auf Antrag eines Beteiligten vorgelegt werden, wenn sie hierzu eine Entscheidung für erforderlich hält. Die Zurückweisung eines solchen Antrags ist in der Endentscheidung zu begründen. Der Präsident des EPA kann der Großen Beschwerdekammer eine Rechtsfrage vorlegen, wenn zwei Beschwerdekammern über diese Frage voneinander abweichende Entscheidungen getroffen haben. Eine Entscheidung der Großen Beschwerdekammer ist für die Entscheidung der Beschwerdekammer über die anhängige Beschwerde bindend. (Reg. 69 und 90 der Ausführ.O.)

Da Art. 112 auch für das Verfahren vor der Gr. Beschwerdekammer anzuwenden ist, ist den Beteiligten vor einer Entscheidung Gelegenheit zur Anhörung zu geben.

7. Gemeinsame Vorschriften

a) Allgemeine Vorschriften für das Verfahren

Die Allgemeinen Vorschriften betreffen das rechtliche Gehör (Art. 112), 73
Ermittlungen von Amts wegen (Art. 113), Einwendungen Dritter (Art. 114, ohne Verfahrensbeteiligung), die mündliche Verhandlung (Art. 115), die Beweisaufnahme (Art. 116), die Einheit der europäischen Anmeldung oder des europäischen Patents (Art. 117; keine Beeinträchtigung durch verschiedene Anmelder bzw. Inhaber), die Zustellung (Art. 118) und die Fristen (Art. 119).

Fristversäumnis/Weiterbehandlung der europäischen Patentanmeldung 74
(Art. 120): Bei Zurückweisung der Anmeldung wegen Versäumnis einer bestimmten Frist oder wenn die Anmeldung als zurückgenommen gilt, kann der Anmelder Weiterbehandlung der Anmeldung beantragen. Antragsfrist: 3 bzw. 2 Monate. Vgl. auch Armitage, Mitt. 1973, 128. Die versäumte Handlung ist innerhalb der Frist nachzuholen. Vgl. Reg. 70. Nach Abs. 2 Satz 3 des Art. 120 gilt der Antrag erst als gestellt, wenn die **Weiterbehandlungsgebühr** entrichtet worden ist. Diese Regelung, die sich in den nordischen Patentgesetzen (s. Anm. 143) findet, hätte bestimmte Kautelen erhalten sollen, damit Mißbräuche vermieden werden.

Weiter ist in den allgemeinen Vorschriften die Wiedereinsetzung in den vorigen Stand (Art. 121) geregelt.

75 Die **Voraussetzungen,** unter denen eine **europäische Patentanmeldung oder ein europäisches Patent geändert werden kann,** sind in der Ausführungsordnung geregelt (Art. 122). In jedem Fall ist dem Anmelder **zumindest einmal** Gelegenheit zu geben, von sich aus die Beschreibung, die Patentansprüche und die Zeichnungen zu ändern. Nach Abs. 2 dürfen die Unterlagen der Anmeldung oder des Patents nicht in der Weise geändert werden, daß ihr Gegenstand über den Inhalt der Anmeldung in der eingereichten Fassung hinausgeht. Nach Abs. 3 dürfen die Patentansprüche des europäischen Patents nicht in der Weise geändert werden, daß der Schutzbereich erweitert wird. Wegen der Einzelheiten vgl. die Reg. 87 und 88 der Ausführ.O und Armitage, Mitt. 1973, 128.

76 Der Anmelder kann aufgefordert werden, innerhalb einer bestimmten Frist die Staaten **anzugeben,** in denen er **nationale Patentanmeldungen** für die Erfindung (auch teilweise) eingereicht hat, die Gegenstand der europäischen Patentanmeldung ist (Art. 123). Bei nicht rechtzeitiger Äußerung gilt die europäische Anmeldung als zurückgenommen. Vgl. Reg. 70 und 71.

77 Nach Art. 124 kann das EPA erforderlichenfalls beim IIB einen **ergänzenden europäischen Recherchenbericht** einholen. Soweit das Europäische Übereinkommen Vorschriften über das Verfahren nicht enthält, berücksichtigt das EPA die in den Vertragsstaaten im **allgemeinen anerkannten Grundsätze des Verfahrensrechts; Art. 125.** Offenbar soll diese recht allgemeine Generalklausel die Berücksichtigung nationalen Rechts ermöglichen, um Lücken der Regelung im Übereinkommen sinnvoll schließen zu können. **Ansprüche der Organisation** auf Zahlung von Gebühren **erlöschen nach vier Jahren** nach Ablauf des Kalenderjahrs, in dem die Gebühr fällig geworden ist; Art. 126 und Reg. 92 (Verzicht auf Beitreibung).

b) Unterrichtung der Öffentlichkeit und Behörden

78 Das **EPA führt ein Patentregister** (Art. 127 und Reg. 93). **Akteneinsicht** (Art. 128): In die Akten nicht veröffentlichter Patentanmeldungen wird nur mit Zustimmung des Anmelders gewährt; Abs. 1. Beim Nachweis der Berufung des Anmelders auf seine europäische Patentanmeldung kann vor der Veröffentlichung dieser Anmeldung und ohne Zustimmung des Anmelders Akteneinsicht verlangt werden; Abs. 2. Nach Veröffentlichung einer europäischen Teilanmeldung oder einer nach Art. 59 Abs. 1 eingereichten europäischen Anmeldung kann jedermann Einsicht in die Akten der früheren Anmeldung ungeachtet deren Veröffentlichung und ohne Zustimmung des Anmelders verlangen; Abs. 3. Nach Veröffentlichung der europäischen Patentanmeldung wird vorbehaltlich der in der Ausführungsordnung vorgeschriebenen Ausnahmen auf Antrag Einsicht in die Akten der Anmeldung und gegebenenfalls des erteilten Patents gewährt; Abs. 4.

Das EPA gibt regelmäßig das **Europäische Patentblatt** und ein **Amtsblatt des EPA** (mit allgemeinen Bekanntmachungen und Mitteilungen) heraus; Art. 129 und Reg. 19 und 106 (Beschränkungen der Prüfung). Die Art. 130, 131 und 132 behandeln **Gegenseitige Auskunftserteilung** (Verkehr des EPA mit Behörden der Vertragsstaaten, Reg. 98), **Rechts- und Amtshilfe** (hierzu Reg. 98 bis 100) und den **Austausch von Veröffentlichungen.**

c) Vertretung und zugelassene Vertreter

Nach Art. 133 Abs. 1 ist vorbehaltlich Abs. 2 niemand verpflichtet, sich vor dem EPA durch einen zugelassenen Vertreter vertreten zu lassen. Nach Abs. 2 müssen natürliche und juristische Personen, die weder Wohnsitz noch Sitz in einem Vertragsstaat haben, in jedem Verfahren vor dem EPA durch einen zugelassenen Vertreter vertreten sein und Handlungen mit Wirkung gegenüber dem EPA mit Ausnahme der Einreichung einer europäischen Patentanmeldung durch ihn vornehmen; in der Ausführ.O können weitere Ausnahmen zugelassen werden. In Abs. 3 ist die Vornahme von Handlungen vor dem EPA durch einen Angestellten, der kein zugelassener Vertreter zu sein braucht, geregelt. Nach Abs. 4 können in der Ausführ.O Vorschriften über die gemeinsame Vertretung mehrerer Beteiligter, die gemeinsam handeln, vorgesehen werden; s. Reg. 101. Wegen der Form der Vollmacht s. Reg. 101. 79

Im EPA wird eine **Liste zugelassener Vertreter** geführt; im einzelnen s. Art. 134 und Reg. 103 und 107. Eingetragene Vertreter müssen die europäische Eignungsprüfung bestanden haben. Die zugelassenen Vertreter sind berechtigt, vor allen Organen des EPA aufzutreten. Abs. 6 behandelt die Vertretung durch Rechtsanwälte.

Zum Vertretungsrecht vgl. Bossung, a. a. O., und Nony, Mitt. 1973, 134.

8. Auswirkungen auf das nationale Recht

a) Umwandlung in eine nationale Patentanmeldung

Umwandlungsantrag (Art. 135): Nach Abs. 2 muß ein Umwandlungsantrag in eine nationale Patentanmeldung innerhalb von drei Monaten nach dem Tag eingereicht werden, an dem die europäische Patentanmeldung zurückgenommen worden ist oder die Mitteilung, daß die Anmeldung als zurückgenommen gilt, oder die Entscheidung über die Zurückweisung der Anmeldung oder über den Widerruf des europäischen Patents zugestellt worden ist. Die in Art. 64 (s. Anm. 48) vorgeschriebene Wirkung erlischt, wenn der Antrag nicht rechtzeitig eingereicht worden ist. Nach Abs. 1 leitet die Zentralbehörde für den gewerblichen Rechtsschutz eines benannten Vertragsstaates das Verfahren zur Erteilung eines nationalen Patents auf Antrag des Anmelders oder Inhabers eines europäischen Patents ein, wenn die 80 in Abs. 2 angeführten Tatbestände erfüllt sind oder wenn die europäische Patentanmeldung nach Art. 75 Abs. 5 (s. Anm. 54) oder Art. 161 Abs. 3 (s. Anm. 91) als zurückgenommen gilt. Vgl. Reg. 70 Ausführ.O.

Zum Wiederaufleben eines auf europäischer Ebene verweigerten Schutzes auf nationaler Ebene vgl. die Ausführungen bei der entsprechenden PCT-Regelung; Anm. 132.

Der Umwandlungsantrag ist beim EPA zu stellen (Art. 136). Die Vertragsstaaten sind im Antrag zu bezeichnen, in denen Einleitung eines nationalen Erteilungsverfahrens gewünscht wird. Zum Wirksamwerden des Antrags ist die Umwandlungsgebühr zu entrichten. Das EPA übermittelt den Antrag den entsprechenden Zentralbehörden unter Beifügung einer Kopie der Akten der europäischen Anmeldung oder des europäischen Patents. Wegen weiterer Einzelheiten s. Art. 136 und Reg. 104. Zu den **Formvorschriften für die Umwandlung** vgl. Art. 137.

b) Nichtigkeit und ältere Rechte

81 **Nichtigerklärung** (Art. 138) eines europäischen Patents auf Grund des Rechts eines Vertragsstaates ist (vorbehaltlich Art. 139) für dessen Hoheitsgebiet nur aus den folgenden Gründen möglich: Nichtpatentfähigkeit i. S. Art. 50 bis 55; mangelnde Offenbarung (Ausführbarkeit); Erweiterung; Erweiterung des Schutzbereichs im Einspruchsverfahren; nach Art. 58 nicht berechtigter Inhaber. Nach Abs. 2 ist teilweise Nichtigerklärung durch entsprechende Beschränkung möglich. Diese Regelung verwirklicht die sog. Maximallösung; s. Anm. 26.

82 **Ältere Rechte und Rechte mit gleichem Anmelde- oder Prioritätstag** (Art. 139): In jedem benannten Vertragsstaat haben eine europäische Patentanmeldung und ein europäisches Patent gegenüber einer nationalen Patentanmeldung und einem nationalen Patent die gleiche Wirkung als älteres Recht wie eine nationale Patentanmeldung und eine nationales Patent; Abs. 1. Nach Abs. 2 gilt für benannte Vertragsstaaten die Regelung auch umgekehrt gegenüber einem europäischen Patent. Nach Abs. 3 kann jeder Vertragsstaat vorschreiben, wie die Rechtslage bei Erfindungen behandelt werden soll, die national und europäisch am gleichen Anmelde- und Prioriätstag offenbart worden sind.

c) Sonstige Auswirkungen

83 Die Artikel 64, 123, 135 bis 137 und 138 sind in den Vertragsstaaten, deren Recht **Gebrauchsmuster oder Gebrauchszertifikate** vorsieht, auf diese Schutzrechte und deren Anmeldungen entsprechend anzuwenden; Art. 140. **Jahresgebühren für das europäische Patent** können nur für die sich an das in Art. 84 Abs. 4 (s. Anm. 60) genannte Jahr anschließenden Jahre erhoben werden; Art. 141.

9. Besondere Übereinkommen

Die Bestimmungen der Artikel 142 bis 149 ermöglichen den **Abschluß des sog. zweiten Übereinkommens betr. europäische Gemeinschaftspatente.** 84

Einheitliche Patente (Art. 142): Eine Gruppe von Vertragsstaaten, die in einem besonderen Übereinkommen bestimmt hat, daß die für diese Staaten erteilten europäischen Patente für die Gesamtheit ihrer Hoheitsgebiete einheitlich sind, kann vorsehen, daß europäische Patente nur für alle diese Staaten gemeinsam erteilt werden können; Abs. 1. Hat eine Gruppe von Vertragsstaaten von der Ermächtigung in Abs. 1 Gebrauch gemacht, so sind die Vorschriften dieses Teils (d. h. Art. 142 bis 149) anzuwenden.

Besondere Organe des EPA (Art. 143): Die Gruppe von Vertragsstaaten kann dem EPA zusätzliche Aufgaben übertragen; Abs. 1. Für die Durchführung der in Abs. 1 genannten zusätzlichen Aufgaben können im EPA besondere den Vertragsstaaten der Gruppe gemeinsame Organe gebildet werden. Die Leitung dieser besonderen Organe obliegt dem Präsidenten des EPA; Abs. 2.

Vertretung vor den besonderen Organen (Art. 144): Die Gruppe von Vertragsstaaten kann bestimmen, daß die Befugnis, vor den in Art. 143 Abs. 2 genannten besonderen Organen als zugelassener Vertreter aufzutreten, auf die Personen beschränkt wird, die Staatsangehörige eines Vertragsstaates der Gruppe sind und ihren Geschäftssitz oder Arbeitsplatz in einem dieser Vertragsstaaten haben.

Nach Art. 145 Abs. 1 wird zur Überwachung der Tätigkeit der nach Art. 143 Abs. 2 gebildeten besonderen Organe ein engerer Ausschuß des Verwaltungsrats eingesetzt.

Art. 146 regelt die Deckung der Kosten für die Durchführung besonderer Aufgaben.

Art. 147 betrifft die **Festsetzung einheitlicher Jahresgebühren** durch die Gruppe von Vertragsstaaten mit Bezugnahme auf Art. 37 (Zahlungen der Vertragsstaaten auf Grund der für die Aufrechterhaltung der europäischen Patente erhobenen Gebühren).

Die europäische Patentanmeldung als Gegenstand des Vermögens 85 (Art. 148): Artikel 72 (s. Anm. 52) ist anzuwenden, wenn die Gruppe von Vertragsstaaten nichts anderes bestimmt hat; Abs. 1. Nach Abs. 2 kann die Gruppe von Vertragsstaaten vorschreiben, daß die europäische Patentanmeldung, soweit für sie diese Vertragsstaaten benannt sind, nur für alle diese Vertragsstaaten und nur nach den Vorschriften des besonderen Übereinkommens Gegenstand eines Rechtsübergangs sein sowie belastet oder Zwangsvollstreckungsmaßnahmen unterworfen werden kann.

Gemeinsame Benennung (Art. 149): Die Gruppe von Vertragsstaaten 86 kann vorschreiben, daß ihre Benennung nur gemeinsam erfolgen kann und daß die Benennung eines oder mehrerer der Vertragsstaaten der Gruppe als Benennung aller dieser Vertragsstaaten gilt; Abs. 1. Ist das EPA nach Art. 153 Abs. 1 (s. Anm. 88) Bestimmungsamt, so ist Abs. 1 dieses Artikels anzuwenden, wenn der Anmelder mitteilt, daß er für einen oder mehrere der benannten Staaten der Gruppe ein europäisches Patent begehrt. Das gleiche gilt, wenn der Anmelder einen dieser Gruppe angehörenden Vertragsstaat benannt hat, dessen Recht vorschreibt, daß eine Benennung dieses Staats die Wirkung einer Anmeldung für ein europäisches Patent hat; Abs. 2.

10. Internationale Anmeldung nach dem PCT-(Zusammenarbeits-)Vertrag

87 Der Vertrag über die internationale Zusammenarbeit auf dem Gebiet des Patentwesens vom 19. 6. 1970, im folgenden Zusammenarbeitsvertrag genannt, ist nach Maßgabe der Art. 150 bis 157 des Europäischen Übereinkommens anzuwenden; Abs. 1. Internationale Anmeldungen nach dem Zusammenarbeitsvertrag können Gegenstand von Verfahren vor dem EPA sein. In diesen Verfahren sind der Zusammenarbeitsvertrag und ergänzend dieses Übereinkommen anzuwenden. Stehen die Vorschriften dieses Übereinkommens denen des Zusammenarbeitsvertrags entgegen, so sind die Vorschriften des Zusammenarbeitsvertrags maßgebend. Insbesondere läuft die in Art. 93 Abs. 2 dieses Übereinkommens (s. Anm. 65) genannte Frist zur Stellung des Prüfungsantrags für eine internationale Anmeldung nicht vor der in Art. 22 oder 29 des Zusammenarbeitsvertrags (s. Anm. 124, 128) genannten Frist ab; Abs. 2. **Eine internationale Anmeldung, für die das EPA als Bestimmungsamt oder ausgewähltes Amt tätig wird, gilt als europäische Patentanmeldung**; Abs. 3. Soweit in diesem Übereinkommen auf den Zusammenarbeitsvertrag Bezug genommen ist, erstreckt sich die Bezugnahme auch auf dessen Ausführungsordnung; Abs. 4.

Das EPA als Anmeldeamt (Art. 151): In diesem Art. ist im einzelnen bestimmt, in welchen Fällen das EPA Anmeldeamt i. S. des PCT-Vertrags sein kann. Es wird unterschieden zwischen Anmeldern, die Staatsangehörige eines Vertragsstaates des Europäischen Übereinkommens sind und solchen Anmeldern, die nur Staatsangehörige eines Vertragsstaates des PCT-Vertrags sind. Im letztgenannten Fall muß zusätzlich noch eine entsprechende Vereinbarung getroffen worden sein. Schließlich kann nach Abs. 3 das EPA noch unter bestimmten Voraussetzungen und nach entsprechender Vereinbarung Anmeldeamt für Anmelder sein, die Staatsangehörige eines Mitgliedstaats des PVÜ sind.

88 Nach Art. 152 Abs. 1 hat der Anmelder, der das **EPA als Anmeldeamt** für seine internationale Anmeldung wählt, die Anmeldung unmittelbar beim EPA einzureichen; Art. 73 Abs. 2 ist jedoch anzuwenden. Nach Art. 153 Abs. 1 Satz 1 ist das **EPA Bestimmungsamt** (s. Anm. 114, 118) i. S.

des PCT-Vertrags für die in der internationalen Anmeldung benannten Vertragsstaaten dieses Übereinkommens, für die der PCT-Vertrag in Kraft getreten ist, wenn der Anmelder in der internationalen Anmeldung dem Anmeldeamt mitgeteilt hat, daß er für diese Staaten ein europäisches Patent begehrt. Die internationale Anmeldung ist dem EPA in einer seiner Amtssprachen zuzuleiten; Abs. 2 Satz 1.

Nach Art. 154 kann das EPA als mit der internationalen vorläufigen Prüfung beauftragte Behörde tätig werden; im einzelnen vgl. Abs. 1. Nach Abs. 2 kann dies auch mit vorheriger Zustimmung des Verwaltungsrates für Anmelder sein, die Staatsangehörige eines Staates sind, der nicht Mitglied des PCT-Vertrags ist; im einzelnen vgl. Abs. 2.

Zum schwerwiegenden Verzicht auf die Übernahme von PCT-Funktionen durch das DPA s. Anm. 28 und Haertel, Mitt. 1973, 122, 124 am Ende. 89

Nach Art. 155 kann das **EPA auch als ausgewähltes Amt des PCT-Vertrags** (s. Anm. 135) tätig werden; vgl. im einzelnen Art. 155.

Unter den Bedingungen des Art. 156 kann an Stelle des europäischen Recherchenberichts der **internationale Recherchenbericht** (s. Anm. 129) treten. Vgl. hierzu: Finnis, Internationale und europäische Recherche, GRUR Int. 1973, 366, 368. Für Anmeldungen, in denen das EPA Bestimmungsamt i. S. des PCT-Vertrags ist, tritt **an die Stelle der Veröffentlichung der europäischen Patentanmeldung** die **Veröffentlichung einer internationalen Anmeldung** nach Art. 21 PCT-Vertrag; Art. 157 Abs. 1. Gegebenenfalls ist eine Übersetzung der internationalen Anmeldung in eine Amtssprache des EPA erforderlich; Abs. 2. Zu einem Änderungsvorschlag vgl. van Benthem, Mitt. 1973, 129, 131, 132.

Wegen des Zusammenhangs des europäischen Verfahrens mit der Regelung im PCT-Plan vgl. Bossung, a. a. O., 93, 94 und Pfanner, Zusammenwirken von PCT und Europapatent, GRUR Int. 1973, 383.

11. Übergangsbestimmungen

In den Übergangsbestimmungen sind die Bestellung der Vertreter im **Verwaltungsrat während der Übergangszeit** (Art. 158), die Ernennung von Bediensteten während dieser Zeit (Art. 159) und Beginn und Ende des ersten Haushaltsjahres (Art. 160) geregelt. Vgl. hierzu die »Empfehlung« zu Art. 159 Abs. 2, Anm. 102. 90

Stufenweise Ausdehnung des Tätigbereichs des EPA (Art. 161): Europäische Patentanmeldungen können von dem Tag an beim EPA eingereicht werden, den der Verwaltungsrat auf Vorschlag des Präsidenten des EPA bestimmt. Dabei kann die **Prüfung** der europäischen Patentanmeldungen nach Art. 93 (s. Anm. 65) in der Anfangszeit auf bestimmte Ge- 91 biete der Technik beschränkt und stufenweise auf die übrigen Gebiete der Technik ausgedehnt werden; Abs. 1. Nach Abs. 2 kann die Behandlung europäischer Patentanmeldungen, deren Behandlung nach Abs. 1 bereits beschränkt ist, weiter beschränkt werden. Jedoch ist die Anmeldung in jedem Fall daraufhin zu prüfen, ob sie einen Anmeldetag hat; Abs. 1 Satz 2. Kann eine europäische Patentanmeldung infolge der Beschränkung des Verfahrens nicht weiterbehandelt werden, so kann der Anmelder einen Umwandlungsantrag stellen. Mit der Mitteilung dieses Hinweises an den Anmelder gilt die europäische Anmeldung als zurückgenommen; Abs. 3.

Zugelassene Vertreter während der Übergangszeit (Art. 162): Während der Übergangszeit kann in Abweichung von Art. 134 Abs. 2 in die Liste der zugelassenen Vertreter jede natürliche Person eingetragen werden, die ihren Geschäftssitz oder Arbeitsplatz im Gebiet eines Vertragsstaates hat und befugt ist, natürliche oder juristische Personen auf dem Gebiet des Patentwesens vor der Zentralbehörde für gewerblichen Rechtsschutz des Vertragsstaates zu vertreten, in dem sie ihren Geschäftssitz oder Arbeitsplatz hat; Abs. 1. Wegen weiterer Einzelheiten vgl. Abs. 2 bis 6. Nach Abs. 7 bleiben auf Grund Abs. 1 in die Liste eingetragene und damit zugelassene Vertreter auch nach Ende der Übergangszeit zur Vertretung vor dem EPA berechtigt, ohne daß sie die europäische Eignungsprüfung nach Art. 134 Abs. 2 (C) abgelegt haben, selbst wenn sie nicht Angehörige eines Vertragsstaates sind. Vgl. hierzu die Reg. 102 (Vollmacht), 103 (Löschung des zugelassenen Vertreters) und 107 (Rücknahme der Bescheinigung für die Eintragung in die Liste). Vgl. auch Nony, Mitt. 1973, 134, 136 ff.

Es wird noch klarzustellen sein, daß Patentassessoren (nach der PatAnwO) nach der Übergangszeit bei Aufgabe ihrer firmenabhängigen Stellung wie Patentanwälte zu behandeln sind.

12. Schlußbestimmungen

92 **Ausführungsordnung und Protokolle** (Art. 163): Die Ausführungsordnung, das Protokoll über die Anerkennung von Entscheidungen über den Anspruch auf Erteilung eines europäischen Patents (s. Anm. 95), das Protokoll über die Vorrechte und Befreiungen der Europäischen Patentorganisation (s. Anm. 96) und das Protokoll über die Zentralisierung des europäischen Patentsystems (s. Anm. 97 ff.) sind Bestandteile des Übereinkommens; Abs. 1. Im Fall mangelnder Übereinstimmung zwischen Vorschriften des Übereinkommens und Vorschriften der Ausführungsordnung gehen die Vorschriften des Übereinkommens vor; Abs. 2. Wegen **Unterzeichnung** und **Ratifikation** s. Art. 164. Nach Ablauf der Frist für die Unterzeichnung steht das Abkommen den in Art. 165 genannten Staaten (jeder andere europäische Staat) zum **Beitritt** offen.

Nach Art. 166 kann jeder Vertragsstaat bei der Unterzeichnung oder bei Hinterlegung seiner Ratifikations- oder Beitrittsurkunde **Vorbehalte** machen: **für eine Übergangszeit von zehn Jahren** nach Inkrafttreten der Übereinkunft kann er bestimmen, daß europäische Patente für Nahrungs- und Arzneimittel als solche sowie für landwirtschaftliche oder gartenbauliche Verfahren, auf die nicht bereits Art. 51 (b) anwendbar ist, übereinstimmend mit den für nationale Patente geltenden Vorschriften unwirksam sind oder für nichtig erklärt werden können, ferner, daß europäische Patente übereinstimmend mit den für nationale Patente geltenden Vorschriften eine kürzere Laufzeit als zwanzig Jahre haben und schließlich, daß das Protokoll über die Anerkennung von Entscheidungen über den Anspruch auf Erteilung eines europäischen Patents (s. Anm. 95) für ihn nicht verbindlich sein soll. Sobald es die Umstände gestatten, sollen gemachte Vorbehalte zurückgenommen werden. Alle Vorbehalte werden nach Ablauf der Übergangszeit unwirksam. 93

Die **Anwendbarkeit des Übereinkommens auf** alle oder einzelne **Hoheitsgebiete,** für deren auswärtige Beziehungen ein Vertragsstaat verantwortlich ist, kann von dem betreffenden Vertragsstaat erklärt werden; im einzelnen s. Art. 167.

Inkrafttreten (Art. 168): Dieses Übereinkommen tritt in Kraft drei Monate nach Hinterlegung der letzten Ratifikations- oder Beitrittsurkunde von sechs Staaten, in deren Hoheitsgebiet insgesamt mindestens 180 000 Patentanmeldungen für die Gesamtheit dieser Staaten eingereicht wurden; Abs. 1. 94

Jeder Staat, der nach Inkrafttreten des Übereinkommens dieses ratifiziert oder ihm beitritt, hat der Organisation einen **Aufnahmebeitrag** zu zahlen, der nicht zurückgezahlt wird; Art. 169 Abs. 1. Wegen Berechnung des Betrages s. Abs. 2. Das **Übereinkommen** wird **auf unbegrenzte Zeit** geschlossen; Art. 170. Das Übereinkommen **kann** durch Konferenzen der Vertragsstaaten revidiert werden; Art. 171 Abs. 1. Wegen der **Beilegung von Streitigkeiten** über die Auslegung oder Anwendung des Übereinkommens s. Art. 172. Zur **Kündigung des Übereinkommens** seitens eines Vertragsstaates s. Art. 173. Durch die Beendigung der Mitgliedschaft eines Staates an diesem Übereinkommen werden die nach diesem Übereinkommen bereits **erworbenen Rechte** nicht berührt; Art. 174 Abs. 1. Die finanziellen Rechte und Pflichten eines ausgeschiedenen Vertragsstaates sind in Art. 175 geregelt. Das Übereinkommen ist in einer **Urschrift in deutscher, englischer und französischer Sprache** abgefaßt, wobei jeder Wortlaut gleichermaßen verbindlich ist, und wird im Archiv der Bundesrepublik Deutschland hinterlegt; Art. 176, Abs. 1. Wegen weiterer Einzelheiten s. Abs. 2 und Art. 177 (Notifikation).

VI. Protokoll-Entwürfe und Empfehlungen

1. Das Anerkennungsprotokoll

95 Das sog. Anerkennungsprotokoll ist Bestandteil des 1. ÜbK (s. Anm. 92) und wurde zur Ermöglichung der praktischen Durchführbarkeit der Bestimmungen des Art. 59 EPO (betr. Anmeldung durch Nichtberechtigte), s. Anm. 45, geschaffen. Vgl. hierzu Mast, GRUR Int. 1973, 1, 7.

In den Art. 1 bis 5 des Protokolls über die Anerkennung von Entscheidungen über den Anspruch auf Erteilung eines europäischen Patents (**zunächst Entwurf** für die Münchener Diplomatische Konferenz) wird geregelt, wie sich für Klagen gegen den Anmelder, mit denen der Anspruch auf Erteilung eines europäischen Patents für einen oder mehrere der in der europäischen Patentanmeldung benannten Vertragsstaaten geltend gemacht wird, die Zuständigkeit der Gerichte bestimmt. Der Anmelder einer europäischen Patentanmeldung, der seinen Wohnsitz oder Sitz in einem Vertragsstaat hat, ist vorbehaltlich der Art. 3 und 4 vor den Gerichten dieses Vertragsstaates zu verklagen; Art. 2. Art. 3 regelt die Zuständigkeit bei Arbeitnehmererfindungen und Art. 4 bei Vereinbarungen der beteiligten Parteien. Für in Art. 2 bis 4 nicht geregelte Fälle sind die Gerichte der Bundesrepublik Deutschland ausschließlich zuständig.

Nach Art. 8 Abs. 1 werden **die in einem Vertragsstaat ergangenen rechtskräftigen Entscheidungen** über den Anspruch auf Erteilung eines europäischen Patents für einzelne oder alle in der europäischen Patentanmeldung benannten Vertragsstaaten vorbehaltlich Art. 10 Abs. 2 **in den anderen Vertragsstaaten anerkannt,** ohne daß es hierfür eines besonderen Verfahrens bedarf. Nach Art. 10 Abs. 2 steht dieses Protokoll der Anwendung von Abkommen zwischen Vertragsstaaten und einem nicht durch das Protokoll gebundenen Staat nicht entgegen. Art. 8 Abs. 1 ist nicht anwendbar, wenn der Anmelder nachweist, daß ihm den Rechtsstreit einleitende Schriftstücke nicht ordnungsgemäß und rechtzeitig genug zugestellt worden sind, oder daß die Entscheidung mit einer früher ergangenen unvereinbar ist. Nach Art. 166 Abs. 2 (c) EPO kann ein Vertragsstaat die Anwendung des Protokolls durch Erklärung eines Vorbehalts ausschließen, hierzu Mast, a. a. O., S. 7 unter d, letzt. Abs.

2. Protokoll über die Vorrechte und Befreiungen der EPO

96 Die vorgesehenen Vorrechte und Befreiungen für die EPO sollen unter allen Umständen die ungehinderte Tätigkeit der Organisation und die vollständige Unabhängigkeit der Personen, denen sie gewährt werden, gewährleisten; Art. 20 Abs. 1 Satz 2. Der Präsident des EPA kann nötigenfalls eine Befreiung aufheben; Art. 20 Abs. 2 Satz 1. Wegen der einzelnen Vorrechte und Befreiungen wird auf das Protokoll verwiesen.

3. Entwurf eines Protokolls über die Zentralisierung des Europäischen Patentsystems und seine Einführung

Zum Zentralisierungsprotokoll vgl. Haertel, Mitt. 1973, 122 ff.

Abschnitt I Nummer 1 des Protokolls betrifft die **Überführung des IIB in die EPO** durch besonderen Vertrag zwischen beiden Institutionen. Nach Nummer 2 verpflichten sich vorbehaltlich Abschnitt III die Vertragsstaaten des Übereinkommens für ihre Zentralbehörden, für den gewerblichen Rechtsschutz **auf die Tätigkeit als Internationale Recherchenbehörde nach dem Zusammenarbeitsvertrag** vom Zeitpunkt des Inkrafttretens des in Nummer 1 erwähnten Vertrags an **zugunsten des EPA zu verzichten;** s. Mast, GRUR Int. 1973, 1, 5. Nach Nummer 3 wird im Zeitpunkt des Inkrafttretens des in Nummer 1 vorgesehenen besonderen Vertrags **in Berlin eine Dienststelle der Generaldirektion Recherche des EPA** errichtet. 97

Abschnitt II betrifft die **Verpflichtung der Vertragsstaaten** vorbehaltlich der Abschnitte III und IV, für ihre Zentralbehörden für den gewerblichen Rechtsschutz **auf die Tätigkeit als mit der internationalen vorläufigen Prüfung beauftragte Behörde nach dem Zusammenarbeitsvertrag zugunsten des EPA zu verzichten.** Diese Verpflichtung wird nur in dem Umfang wirksam, in dem das EPA nach Art. 161 Abs. 1 Satz 2 des Übereinkommens die Prüfung europäischer Patentanmeldungen durchführen kann; im einzelnen s. Abschnitt II. 98

Abschnitt III gibt der **Zentralbehörde** für gewerblichen Rechtsschutz **jedes Vertragsstaates, dessen Amtssprache nicht eine der Amtssprachen des EPA ist,** die Berechtigung, eine **Tätigkeit als Internationale Recherchenbehörde und als mit der internationalen vorläufigen Prüfung beauftragte Behörde** nach dem Zusammenarbeitsvertrag auszuüben. Satz 2 beschränkt die Tätigkeit auf internationale Anmeldungen von Staatsangehörigen des betreffenden Staates sowie einen genau umrissenen Personenkreis. 99

Abschnitt IV betrifft Maßnahmen zur Erleichterung der Anpassung der nationalen Patentämter der Vertragsstaaten an das europäische Patentsystem. Danach kann **während eines Zeitraums,** der von der Aufnahme der Tätigkeit des EPA an gerechnet **15 Jahre** beträgt, Zentralbehörden für den gewerblichen Rechtsschutz, in denen das **Verfahren in einer Amtssprache des EPA** durchgeführt werden kann, die **Bearbeitung europäischer Patentanmeldungen,** die in der betreffenden Sprache abgefaßt sind, **übertragen werden,** soweit nach Art. 17 Abs. 2 des Übereinkommens in der Regel **ein** Prüfer der Prüfungsabteilung beauftragt wird; **die Entscheidung über diese Anmeldungen trifft die Prüfungsabteilung** in ihrer nach Art. 17 Abs. 2 vorgesehenen Zusammensetzung. Die **übertragenen Arbeiten dürfen nicht mehr als 40 % der Gesamtzahl der eingereichten europäischen Anmeldungen betragen;** die **einem einzelnen Staat** übertragenen Arbeiten dürfen **nicht mehr als ein Drittel der Gesamtzahl** der eingereichten euro- 100 päischen Patentanmeldungen betragen. Während der letzten fünf Jahre des fünfzehnjährigen Zeitraums soll die übertragene Arbeit bis auf Null verringert werden. Zur **Übertragung** der Arbeiten wird ein **besonderes Abkommen** zwischen der Zentralbehörde des betreffenden Vertragsstaates und der EPO abgeschlossen. Ein **Patentamt, mit dem ein solches Abkommen abgeschlossen worden ist, kann bis zum Ablauf des Zeitraums von 15 Jahren eine Tätigkeit als eine mit der internationalen vorläufigen Prüfung beauftragte Behörde nach dem Zusammenarbeitsvertrag ausüben.**

Erklärung zu Abschnitt IV: In einer Art Absichtserklärung wird zum Ausdruck gebracht, daß die übertragenen Arbeiten nach Maßgabe der europäischen Rechtsvorschriften und Verfahren durchgeführt werden, und daß die Ergebnisse, zu denen die Prüfer der betreffenden Behörde gelangen, in der gleichen Weise behandelt werden wie die Ergebnisse, zu denen die Prüfer des EPA gelangen. Der Umfang der übertragenen Arbeiten soll groß genug sein, um den personellen Schwierigkeiten, die sich für diese Behörden aus der Einführung des europäischen Patenterteilungsverfahrens ergeben, entgegenzuwirken. Des weiteren vgl. die Erklärung.

101 **Abschnitt V** gibt dem Verwaltungsrat die Möglichkeit, das EPA zu ermächtigen, für die Angehörigen eines Staats, der kein Vertragsstaat ist, als eine mit der internationalen vorläufigen Prüfung beauftragte Behörde nach dem Zusammenarbeitsvertrag tätig zu werden.

Abschnitt VI behandelt die Berechtigung von gemäß dem Haager Abkommen (s. Abschnitt I Nummer 1 Abs. 3) geschaffenen Dienststellen zur Durchführung von Recherchen in begrenztem Umfang.

Abschnitt VII legt fest, daß **dieses Protokoll Bestandteil des Übereinkommens ist** und entgegenstehenden Vorschriften des Übereinkommens vorgeht. (Befugnis zur Anpassung dieser Vorschriften.)

Abschnitt VIII bestimmt, daß im Protokoll vorgesehene Beschlüsse des Verwaltungsrats mit Dreiviertelmehrheit zu treffen sind (Hinweis auf Art. 33 Abs. 2 des Übereink.). Die Vorschriften über Stimmenwägung (Art. 34 Übereink.) sind anzuwenden.

4. Empfehlungen

102 Außer den von der Regierungskonferenz angenommenen Entwürfen für das Übereinkommen und die Ausführungsordnung und den Entwürfen für die Protokolle, welche der Diplomatischen Konferenz zur Beschlußfassung vorgelegt werden, hat die Regierungskonferenz mehrere Empfehlungen an die Diplomatische Konferenz angenommen. Es handelt sich um:

Empfehlung betreffend die Patentdokumentation für die Recherche. Es wird die Ausarbeitung einer Studie empfohlen, die es dem Verwaltungsrat ermöglicht zu beschließen, unter welchen Voraussetzungen die Recherche entweder auf Antrag des Anmelders oder obligatorisch für alle europäischen

Patentanmeldungen auf die Dokumentation der Vertragsstaaten auszudehnen ist, über die das IIB derzeit noch nicht verfügt.

Empfehlung betreffend den Status und die Vergütung der in Art. 159 Abs. 2 (s. hier Anm. 90) **des Übereinkommens genannten Bediensteten.** Die Regierungskonferenz empfiehlt einen Beschluß zu fassen, der ein im einzelnen formuliertes an die betreffenden Personen gerichtetes Einstellungsschreiben betrifft. Vgl. hierzu Bossung, a. a. O., 86 r. Sp. (nebenberufliche Tätigkeit von Richtern des BPatG in den Beschwerdekammern des EPA während einer Übergangszeit).

Empfehlung betreffend vorbereitende Arbeiten für die Eröffnung des Europäischen Patentamts. Es handelt sich um einen im einzelnen formulierten Beschluß zwecks **Bildung eines Interimsausschusses,** der alle vorbereitenden Maßnahmen treffen soll, damit das EPA so bald wie möglich seine Tätigkeit aufnehmen kann.

5. Entwurf einer Gebührenordnung

Den vorbereitenden Dokumenten für die Münchener Diplomatische Konferenz wurde als Anhang der Entwurf einer Gebührenordnung angefügt. In der Vorbemerkung heißt es, daß der Entwurf nur ein Denkmodell darstellt, das einem späteren **Beschluß des Verwaltungsrats, der die Gebührenordnung zu erlassen haben wird,** in keiner Weise vorgreift. 103

Zum beispielsweisen Gebührenaufwand für eine europäische Schutzrechtanmeldung vgl. Bossung, a. a. O., 91.

VII. Entwurf eines Übereinkommens über das europäische Patent für den Gemeinsamen Markt (sog. 2. Übk.)

1. Zweck des Übereinkommens und Stand der Arbeiten

Aus der Präambel: Der Zweck des 2. Europäischen Übereinkommens ist, den über ein europäisches Patenterteilungsverfahren erteilten Patenten eine einheitliche und autonome Wirkung zu verleihen. Wettbewerbsverzerrungen, die sich aus der territorialen Begrenzung der nationalen Schutzrechte ergeben, sollen beseitigt werden. Das Übereinkommen ist ein besonderes Übereinkommen i. S. des Art. 142 des 1. Europäischen Übereinkommens, ein regionaler Patentvertrag i. S. des Art. 45 Abs. 1 des PCT-Vertrags vom 19. 6. 1970 und ein Sonderabkommen i. S. des Art. 19 PVÜ vom 20. 3. 1883, zuletzt revidiert am 14. 7. 1967. 104

Von der Sachverständigengruppe wurden am Schluß der 9. Sitzung (19./30. 3. 1973) die unten in ihren wesentlichen Bestimmungen gekennzeichneten Entwürfe gebilligt; sie werden dem Ausschuß der ständigen Vertreter unterbreitet. Die **Entwürfe** sollen die **Grundlage für die** im Frühjahr 1974 in Aussicht genommene **Endphase der Arbeiten** zur Annahme und Unterzeichnung des Übereinkommens durch die Mitgliedstaaten der Europäischen Gemeinschaften dienen. Die Ergebnisse der Diplomatischen Konferenz sind bei einer Überarbeitung zu berücksichtigen. Termin der Reg.-Konf. in Luxemburg: 6.–31. 5. 1974.

2. Allgemeine Vorschriften (Erster Teil des 2. Übk.)

105 Das 2. Übk. schafft ein **gemeinsames Patentrecht** für die nach dem 1. Übk. erteilten Patente und die europäischen Patentanmeldungen, in denen diese Staaten benannt sind; Art. 1. Die für die Vertragsstaaten erteilten europäischen Patente erhalten die Bezeichnung **Gemeinschaftspatent;** es hat in allen Hoheitsgebieten, für die das Übereinkommen gilt, die gleiche Wirkung und kann nur für alle diese Gebiete übertragen werden oder erlöschen; Art. 2. Die **Benennung** der Vertragsstaaten dieses Übereinkommens nach Art. 77 des 1. Übk. kann **nur gemeinsam** erfolgen; die Benennung eines oder mehrerer dieser Staaten gilt als Benennung aller dieser Staaten; Art. 3. Im EPA werden **besondere,** den Vertragsstaaten **gemeinsame Organe** für die Durchführung dieses Übereinkommens gebildet; die Tätigkeit dieser Organe wird von einem engeren Ausschuß des Verwaltungsrats überwacht; Art. 4. Soweit im 2. Übk. vorgesehen, ist der **Gerichtshof der Europäischen Gemeinschaften zuständig;** Art. 5. Das Recht der Vertragsstaaten, ihr **nationales Patentrecht** aufrechtzuerhalten, bleibt unberührt.

106 **Besondere Organe im Sinne des Art.** 4 sind: a) eine **Patentverwaltungsabteilung,** b) eine oder mehrere **Nichtigkeitsabteilungen** und c) eine oder mehrere **Nichtigkeitskammern;** Art. 7. In den Art. 8 bis 10 ist die Zuständigkeit und Besetzung der eben genannten Organe geregelt. Die Nichtigkeitsabteilungen sind mit einem rechtskundigen Mitglied als Vorsitzender und zwei technisch vorgebildeten Mitgliedern und die Nichtigkeitskammern aus zwei rechtskundigen (eines als Vorsitzender) und drei technisch vorgebildeten Mitgliedern besetzt. Art. 11 regelt die Ernennung und Art. 12 die Unabhängigkeit der Mitglieder der Nichtigkeitskammern. Art. 13 betrifft die Ausschließung und Ablehnung der Mitglieder der Nichtigkeitsabteilungen und Nichtigkeitskammern. Art. 14 bestimmt über Sprachen für Verfahren und Veröffentlichungen; Art. 14 des 1. Übk. ist nach besonderen Maßgaben anzuwenden.

107 Der **engere Ausschuß des Verwaltungsrats** besteht aus den Vertretern der Vertragsstaaten und der Kommission der Europäischen Gemeinschaften sowie aus deren Stellvertretern; Art. 15 Abs. 1 Satz 1. Wegen der Wahl eines Präsidenten und Vizepräsidenten und der Bildung eines aus fünf Mitgliedern des engeren Ausschusses bestehenden Präsidiums sowie der Ta-

gungsregelung des engeren Ausschusses vgl. Art. 16 und 17. Deutsch, Englisch und Französisch sind die Sprachen des engeren Ausschusses. Der engere Ausschuß kann die Dauer der in diesem Übereinkommen festgesetzten Fristen, die gegnüber dem EPA einzuhalten sind, und die Ausführungsordnung ändern; Art. 20 Abs. 1. Nach Abs. 2 ist er befugt, Vorschriften für die Finanzordnung, die Gebührenordnung und seine Geschäftsordnung zu erlassen und zu ändern. Die Stimmberechtigung und das Verfahren bei Abstimmungen (u. a. Anwendung von Stimmenwägung) regeln Art. 21 bis 23.

In Kap. IV (**Finanzvorschriften**) mit den Art. 24 bis 26 sind die Vor- **108** schriften für die finanziellen Verpflichtungen (Finanzbeiträge auf Grund des Art. 146 des 1. Übk. der Vertragsstaaten des 2. Übk.), die Verteilung der Einnahmen aus Gebühren, haushaltsrechtliche Zuständigkeiten des engeren Ausschusses und die Gebührenordnung enthalten.

2. Materielles Patentrecht (Zweiter Teil des 2. Übk.)

Im Kap. I (Art. 27, 28) ist das **Recht auf das Gemeinschaftspatent** be- **109** handelt. Ist das Gemeinschaftspatent einer unberechtigten Person (s. Art. 58 Abs. 1, 1. Übk.) erteilt worden, so kann der nach der genannten Vorschrift Berechtigte unbeschadet anderer Ansprüche verlangen, daß das Patent ihm übertragen wird; Art. 27 Abs. 1.

Die Durchsetzung seines Rechts regelt Art. 28.

Kap. II (Art. 29 bis 38) betrifft die **Wirkung des Gemeinschaftspatents.** **110** Art. 29 verbietet die unmittelbare Benutzung der Erfindung durch jeden Dritten. Unmittelbar hergestellte Verfahrenserzeugnisse sind mitgeschützt. Nach Art. 30 ist auch die mittelbare Benutzung der Erfindung verboten. Art. 31 enthält einige Beschränkungen der Wirkung des Gemeinschaftspatents. Art. 32 regelt die Erschöpfung des Rechts aus dem Gemeinschaftspatent; Inverkehrbringen in einem der Vertragsstaaten erschöpft das Recht für das gesamte Hoheitsgebiet der Vertragsstaaten. Einem **älteren nationalen Recht** gegenüber soll nach Art. 33 Abs. 1 das Gemeinschaftspatent in dem betreffenden Vertragsstaat insoweit keine Wirkung haben, als es mit Rücksicht hierauf in diesem Staat für nichtig erklärt werden könnte oder keine Wirkung hätte, wenn es sich um ein nationales Patent handeln würde. Die Zuständigkeit für entsprechende Feststellungen regelt Abs. 2. Mögliche Verfahrensaussetzungen ordnen sich nach Abs. 3. **Vorbenutzungsrechte** und persönliche Besitzrechte bleiben nach Art. 34 gewahrt. Art. 35 regelt die notwendige Vorlage einer Übersetzung der erteilten Patentansprüche in einer der Amtssprachen (Deutsch, Englisch, Französisch) der Vertragsstaaten, wenn keine dieser Sprachen Amtssprache des betreffenden Staats ist. In den benannten Vertragsstaaten **gewährt die europäische Patentanmeldung** dem Anmelder vom Tag ihrer Veröffentlichung an **das**

Recht, von demjenigen, der die Erfindung in den Vertragsstaaten benutzt hat, eine den Umständen nach angemessene Entschädigung zu verlangen; Art. 36 Abs. 1. Handelt es sich bei der veröffentlichten europäischen Anmeldung um eine **internationale Anmeldung** nach Art. 150 Abs. 3 des 1. Übk., so gilt als Veröffentlichungstag nach Abs. 1 des Art. 36 erst der Tag, an dem eine Übersetzung in einer der Amtssprachen des EPA veröffentlicht ist; Art. 36 Abs. 2. Nach Abs. 3 **kann** ein Vertragsstaat, dessen Amtssprache nicht die Verfahrenssprache ist, eine Übersetzung der Patentansprüche in seine Amtssprache verlangen und den Eintritt der Rechtsgewährung in dem betreffenden Staat auf den Tag der Veröffentlichung der übersetzten Patentansprüche verlegen. Die im Kap. II vorgesehenen Wirkungen der europäischen Patentanmeldung, für die die Vertragsstaaten benannt sind, und des darauf erteilten Gemeinschaftspatents gelten als von Anfang an nicht eingetreten in dem Umfang, in dem das Patent für nichtig erklärt worden ist; Art. 37 Abs. 1. Im Abs. 2 ist bestimmt – vorbehaltlich einzelstaatlicher Rechtsvorschriften –, daß die **Rückwirkung der Nichtigkeit** des Gemeinschaftspatents rechtskräftige und vollstreckte Entscheidungen in Verletzungsverfahren und vor Nichtigerklärung geschlossene Verträge (soweit sie vor Nichtigerklärung erfüllt worden sind) nicht berührt. Nach Art. 38 Abs. 1 bestimmen sich die Wirkungen des Gemeinschaftspatents ausschließlich nach diesem Übereinkommen. Im übrigen unterliegen **Verletzungen eines Gemeinschaftspatents** grundsätzlich nationalem Recht. Gem. Abs. 2 bestimmt sich das anzuwendende Verfahrensrecht nach Art. 70. Im Kap. III (Art. 39 bis 45) wird das **Gemeinschaftspatent als Gegenstand des Vermögens** behandelt. Soweit im Übereinkommen nichts anderes bestimmt ist, wird das Gemeinschaftspatent als Gegenstand des Vermögens im ganzen und für alle Hoheitsgebiete, in deren Bereich es Wirkung hat, wie ein nationales Patent des Vertragsstaates behandelt, in dessen Hoheitsgebiet der Patentinhaber seinen Wohnsitz oder Sitz hat; Art. 39 Abs. 1 Buchst. a. Wegen weiterer Einzelregelungen s. Art. 39. Die folgenden Art. betreffen die rechtsgeschäftliche Übertragung des Gemeinschaftspatents (Art. 40), die zuständigen Behörden für Vollstreckungsverfahren (Art. 41), Bestimmungen für das Konkursverfahren (Art. 42), für vertragliche Lizenzen (Art. 43) und für die Lizenzbereitschaftserklärung (Art. 44; Widerruf der Erklärung ist möglich!). Nach Art. 45 sind die Art. 39 bis 43 auch entsprechend auf europäische Patentanmeldungen anzuwenden.

111 Im Kap. IV (Art. 46 bis 48) sind **Zwangslizenzen** am Gemeinschaftspatent behandelt. Nach Art. 46 Abs. 1 Satz 1 ist das Recht der Vertragsstaaten, das die Erteilung von Zwangslizenzen für nationale Patente vorsieht, auf Gemeinschaftspatente anwendbar. Nach Satz 3 ist die Wirkung dieser Zwangslizenzen auf das Hoheitsgebiet des jeweiligen Vertragsstaats beschränkt. Zwangslizenzen wegen **Nichtausübung** oder unzureichender Ausübung dürfen nicht erteilt werden, wenn in dem Vertragsstaat, in dem die Zwangslizenz beantragt ist, das in einem anderen Vertragsstaat hergestellte, durch das Patent geschützte Erzeugnis in ausreichendem Umfang in Verkehr gebracht wird; Art. 47. Für **Zwangslizenzen für abhängige** Patente gilt das Recht der Vertragsstaaten, das solche Zwangslizenzen vorsieht im Verhältnis von Gemeinschaftspatenten zu nationalen Patenten und von Gemeinschaftspatenten untereinander; Art. 48.

4. Aufrechterhaltung, Erlöschen, Beschränkung und Nichtigkeit
(Dritter Teil des 2. Übk.)

Kap. I (Art. 49 bis 51) betrifft Aufrechterhaltung und Erlöschen des Gemeinschaftspatents. Nach Maßgabe der AusführO sind an das EPA **Jahresgebühren** zu entrichten. Sie werden für die sich an das in Art. 84 Abs. 4 des 1. Übk. genannte Jahr anschließenden Jahre geschuldet, jedoch nicht für die ersten beiden Jahre, gerechnet von Anmeldetag an; Art. 49 Abs. 1. Bei nicht rechtzeitiger Zahlung kann die Entrichtung mit Zuschlaggebühr noch innerhalb von sechs Monaten nach Fälligkeit erfolgen; Abs. 2. **Verzichtet** kann auf das Gemeinschaftspatent nur in vollem Umfang werden; Art. 50 Abs. 1. Weitere Einzelheiten (Berechtigung, Wirksamwerden, Vorliegen von Lizenzen) regeln die Bestimmungen in Abs. 2 und 3. 112

Das **Gemeinschaftspatent erlischt** nach Art. 51 Abs. 1 mit Beendigung der Laufzeit nach Art. 61 des 1. Übk., durch Verzicht nach Art. 50 und bei nicht rechtzeitiger Entrichtung der Jahresgebühren (evtl. Zuschlagsgebühr). Bei stattgegebener Beschränkung (Art. 54 Abs. 4) tritt Erlöschen in dem entsprechenden Umfang ein; Art. 51 Abs. 2. Wegen des Zeitpunkts des Erlöschens und der zuständigen entscheidenden Stelle vgl. Abs. 3 und 4.

Kap. II (Art. 52 bis 55) behandelt das **Beschränkungsverfahren.** Der gebührenpflichtige Beschränkungsantrag ist beim EPA einzureichen; Art. 52 Abs. 1. Bei schwebendem Einspruchs- oder Nichtigkeitsverfahren kann ein Beschränkungsantrag nicht gestellt werden; Abs. 2. Wird während eines Beschränkungsverfahrens Nichtigerklärung des Gemeinschaftspatents beantragt, so wird das Beschränkungsverfahren ausgesetzt; Abs. 3. Nach Art. 53 Abs. 1 prüft die Nichtigkeitsabteilung, ob die in Art. 57 Abs. 1 Buchst. a bis d genannten Nichtigkeitsgründe der Aufrechterhaltung des Gemeinschaftspatents in der geänderten Form entgegenstehen würden. Art. 54 und 55 betreffen den Beschluß und die Herausgabe einer neuen Patentschrift. 113

Kap. III (Art. 56 bis 61) enthält die Vorschriften für das **Nichtigkeitsverfahren.** Grundsätzlich kann jedermann beim EPA **Antrag auf Erklärung der Nichtigkeit** des Gemeinschaftspatents stellen; ausgenommen ist der Fall der Nichtberechtigung, in dem nur der nach Art. 28 Berechtigte antragsberechtigt ist; Art. 56 Abs. 1. Solange ein Einspruchsverfahren schwebt, kann in den Fällen, in denen jedermann zum Einspruch berechtigt 114 ist, kein Antrag gestellt werden; Abs. 2. Nichtigkeitsantrag kann auch nach Erlöschen des Gemeinschaftspatents gestellt werden; Abs. 4. Der Antragsteller ist neben dem Patentinhaber am Verfahren beteiligt; Abs. 5. Der **Nichtigkeitsantrag kann nur darauf gestützt werden,** daß der Gegenstand des Patents nach den Art. 50 bis 55 nicht patentfähig ist, daß das Patent die Erfindung nicht deutlich und vollständig genug offenbart, daß der Gegenstand des Patents über die ursprünglich eingereichte Fassung hinausgeht, daß der Schutzbereich des Patents entgegen Art. 122 Abs. 3 des 1. Übk. erweitert worden ist und daß der Patentinhaber nicht nach Art. 58 ist die Nichtigkeitsabteilung; Art. 58 Abs. 1. Die Art. 59 bis 61 betreffen die Entscheidung über den Antrag, die Herausgabe einer neuen Patentschrift und die Verteilung der Kosten.

5. **Beschwerdeverfahren** (Vierter Teil des 2. Übk.)

115 Art. 62 Abs. 1 Satz 1 bestimmt, daß die Entscheidungen der Nichtigkeitsabteilungen und der Patentverwaltungsabteilung mit der Beschwerde anfechtbar sind. Nach Abs. 2 sind Art. 105 bis 110 des 1. Übk. auf das Beschwerdeverfahren entsprechend anwendbar. Für die Verfahrenskosten bei Nichtigkeitssachen ist Art. 61 entsprechend anzuwenden; Abs. 3. Die Entscheidungen der Nichtigkeitskammern, durch die über eine Beschwerde entschieden wird, sind mit der **Rechtsbeschwerde beim Gerichtshof der Europäischen Gemeinschaften** anfechtbar; Art. 63 Abs. 1 Satz 1. Voraussetzung für die Zulässigkeit ist die Verletzung wesentlicher Formvorschriften sowie Verletzung dieses Übereinkommens oder einer anzuwendenden Rechtsnorm. Die Rechtsbeschwerde steht den am Verfahren vor der Nichtigkeitskammer Beteiligten zu. Frist für die Rechtsbeschwerde: zwei Monate. Schriftliche Begründung ist vorgeschrieben. Einreichung auch nach Erlöschen des Gemeinschaftspatents ist möglich. Im einzelnen s. Art. 63 Abs. 1 bis 7.

6. **Gemeinsame Vorschriften** (Fünfter Teil des 2. Übk.)

116 In Art. 64 sind allgemeine **Vorschriften für das Verfahren und die Vertretung** enthalten. Mit bestimmten Maßgaben sind die Vorschriften des Siebenten Teils, Kap. I und III des 1. Übk. mit Ausnahme der Art. 120, 123 und 124 Abs. 2 und 3 auf die Verfahren vor den besonderen Organen anzuwenden; im einzelnen s. Art. 64. In der europäischen Patentanmeldung, in der die Vertragsstaaten benannt sind, ist der **Erfinder zu nennen;** Art. 65. Beim EPA wird ein **Register für Gemeinschaftspatente** geführt; Art. 66. Das EPA gibt ein **Blatt für Gemeinschaftspatente** heraus; Art. 67. Für die **Unterrichtung der Öffentlichkeit und Behörden** (Art. 68) sind die Art. 128 Abs. 4 und Art. 130 bis 132 des 1. Übk. anzuwenden; unter »Vertragsstaaten« sind die Vertragsstaaten des 2. Übk. zu verstehen.

7. **Klagen betr. Gemeinschaftspatente** (Sechster Teil des 2. Übk.)

117 Für Klagen, die Gemeinschaftspatente betreffen, sind die **nationalen Gerichte zuständig** (Art. 69 Abs. 1), es sei denn, der Beklagte hat weder Wohnsitz noch Sitz in einem Vertragsstaat (wegen der Regelung s. Abs. 3). Die Gerichtsbarkeit der nationalen Gerichte muß nach dem Übereinkommen über die gerichtliche Zuständigkeit und die Vollstreckung gerichtlicher Entscheidungen in Zivil- und Handelssachen (Vollstreckungsübereinkommen; s. Bl. 1973, 127 ff.) gegeben sein. Art. 16 des Vollstreckungsabkommens wird durch eine Nr. 6 ergänzt; s. Abs. 2. Der Abs. 4 betrifft die örtliche und sachliche Zuständigkeit der Gerichte in den Vertragsstaaten. Im Art. 70 ist bestimmt, daß auf die in Art. 69 genannten Klagen die einschlägigen nationalen Verfahrensvorschriften anzuwenden sind. Bei Klagen vor nationalen Gerichten, die ein Gemeinschaftspatent betreffen, ist von dessen Rechtsgültigkeit auszugehen; Art. 33 bleibt unberührt; Art. 71. Die weiteren Artikel des Sechsten Teils betreffen die Aussetzung des Verfahrens (Art. 72), Anerkennung und Vollstreckung (Art. 73), Nationale Behörden (Art. 74), Strafbarkeit der Patentverletzung (Art. 75) und Vorabentscheidung durch den Gerichtshof der Europäischen Gemeinschaften (Art. 76).

8. **Auswirkungen auf das nationale Recht** (Siebenter Teil des 2. Übk.)

118 Durch Art. 77 Abs. 1 wird **Doppelschutz verboten;** gegebenenfalls verliert das nationale Patent desselben Inhabers seine Wirkung. In den weiteren Absätzen sind Bestimmungen betr. späteres Erlöschen oder spätere Nichtigerklärung des Gemeinschaftspatents, betr. das Verfahren zur Feststellung der Wirkungslosigkeit des nationalen Patents und betr. die Möglichkeit der Gewährung eines Doppelschutzes vor Eintritt der Wirkungslosigkeit, in Art. 78 ist die **Erschöpfung des Rechts aus nationalen Patenten** geregelt. Nach Art. 79 ist Art. 47 auf Zwangslizenzen anzuwenden, die wegen Nichtausübung oder unzureichender Ausübung nationaler Patente erteilt werden. Die Berücksichtigung des Vorhandenseins **nationaler Gebrauchsmuster** ordnet Art. 80.

9. **Übergangs- und Schlußbestimmungen** (Achter Teil des 2. Übk.)

119 Der Achte Teil umfaßt die Art. 81 bis 94. **Räumlicher Anwendungsbereich:** Nach Art. 88 Abs. 1 gilt das Übereinkommen für Belgien, Dänemark, die Bundesrepublik Deutschland, Frankreich mit überseeischen Departements und überseeischen Gebieten, Irland, Italien, Luxemburg, Niederlande sowie Großbritannien und Nordirland. In den Abs. 2 bis 8 sind insbesondere ausführliche Definitionen des räumlichen Anwendungsbereiches enthalten. Nach Art. 86 Abs. 1 **kann** jeder Staat diesem Übereinkommen **beitreten,** der Mitglied der EWG wird. Nach Abs. 3 bekräftigen die Ver-

tragsstaaten, daß jeder Staat, der Mitglied der EWG wird, diesem Übereinkommen **beitreten muß.** Ein **Vertragsstaat** des EPÜ (1. Übk.), **der mit der EWG eine Zollunion oder Freihandelszone** bildet, kann eingeladen werden, sich auf Grund eines besonderen Übereinkommens am 2. Übk. zu beteiligen; Art. 87. Die Art. 89, 90, 91 enthalten Vorschriften für das Inkrafttreten, die Geltungsdauer und die Revision des Übereinkommens. **Streitigkeiten zwischen Vertragsstaaten** über die Auslegung oder Anwendung des Übereinkommens, die sich nicht im Verhandlungswege beilegen lassen, werden zunächst zwecks Einigung dem engeren Ausschuß des Verwaltungsrats unterbreitet; Art. 92 Abs. 1. Falls keine Einigung erzielt wird, kann die Streitigkeit dem Gerichtshof der Europäischen Gemeinschaften unterbreitet werden; Abs. 2. Bei Feststellung eines Verstoßes hat der betreffende Staat die Maßnahmen zu ergreifen, die sich aus dem Urteil des Gerichtshofes ergeben; Abs. 3.

10. Weitere vom Rat der Europäischen Gemeinschaften im April 1973 im Zusammenhang mit dem Entwurf des 2. Übk. veröffentlichte Dokumente

120 Außer dem Entwurf einer **Ausführungsordnung** zum Übereinkommen betr. das Gemeinschaftspatent wurde der Entwurf eines **Protokolls über die aufgeschobene Anwendung der Vorschriften über die Erschöpfung der Rechte aus dem Gemeinschaftspatent und aus nationalen Patenten** vorgelegt. Nach diesem »Erschöpfungsprotokoll« sollen während einer Übergangszeit von fünf Jahren auf das Gemeinschaftspatent anstelle des Art. 32 des 2. Übk. die entsprechenden Vorschriften des nationalen Rechts anzuwenden sein (Art. 1 Abs. 1). Das Gemeinschaftspatent gilt dann in jedem Vertragsstaat als ein nationales Patent. Während der Übergangszeit sind auf nationale Patente anstelle des Art. 78 des 2. Übk. die entsprechenden nationalen Vorschriften anzuwenden (Abs. 2). Die Übergangszeit kann verkürzt und auch bis höchstens um fünf Jahre verlängert werden.

Nach einigen **Entschließungsentwürfen** sollen die nach Art. 11 zu bestellenden Vorsitzenden der Nichtigkeitskammern näher bestimmte Anforderungen erfüllen.

Vor Ablauf der im »Erschöpfungsprotokoll« angegebenen Frist soll angestrebt werden, sicherzustellen, daß sich die in den Vertragsstaaten **bestehenden älteren nationalen Patente und Patentanmeldungen** in gleicher Weise auf das Gemeinschaftspatent auswirken, damit das Verfahren zur Regelung dieser Auswirkung im Sinne des Art. 52 Abs. 3 des 1. Übk. zentralisiert werden kann. Nach erfolgter Rechtsvereinheitlichung wird das Gemeinschaftsabkommen (insb. Art. 33) revidiert werden müssen.

Ebenso müssen die **nationalen Vorschriften für das Vorbenutzungsrecht und das persönliche Besitzrecht** harmonisiert werden, um Art. 34 des Gemeinschaftsabkommens revidieren zu können.

Die Arbeiten zwecks einer gemeinsamen Regelung über die **Erteilung von Zwangslizenzen an Gemeinschaftspatenten** sollen alsbald nach Inkrafttreten des 2. Übk. eingeleitet werden. Aus Gründen des öffentlichen Interesses der einzelnen Staaten muß die Regelung nach Art. 46 Abs. 1 zunächst hingenommen werden. Über längere Zeit hinaus würden grundlegende Rechtsverschiedenheiten Auswirkungen auf die Herstellung eines freien Verkehrs patentgeschützter Erzeugnisse und auf die Einführung eines unverfälschten Wettbewerbs haben; s. den entsprechenden Entschließungsentwurf.

Das **gemeinsame Inkrafttreten** des Europäischen Patentübereinkommens (1. Übk.) und des Übereinkommens über das Europäische Patent für den Gemeinsamen Markt (2. Übk.) soll Gegenstand einer am Schluß der Münchner Diplomatischen Konferenz unterzeichneten **Erklärung** sein. Ferner sollen gemäß einer weiteren Erklärung die Ratifikationsurkunden zum **Vertrag über die internationale Zusammenarbeit auf dem Gebiet des Patentwesens** (s. Anm. 121 ff.) möglichst in der Weise hinterlegt werden, daß dieser Vertrag für die Unterzeichnerstaaten gleichzeitig (aber nicht vor Inkrafttreten des 1. und 2. Übk.) in Kraft tritt.

Der vorgelegte Entwurf einer Gebührenordnung für das 2. Übk. stellt nur ein Denkmodell dar, das einem späteren Beschluß des engeren Ausschusses des Verwaltungsrats, der die Gebührenordnung zu erlassen haben wird, in keiner Weise vorgreifen soll.

E. Internationaler Zusammenarbeitsvertrag (PCT)

I. Ursachen, Anregung und Ziel

Die zunehmende internationale wirtschaftliche und industrielle Verflechtung hat immer zahlreichere Patentanmeldungen, und zwar oft der gleichen Erfindungen in den verschiedensten Staaten zur Folge gehabt. Einerseits belastet das die Anmelder, besonders weil sie die verschiedenen Verfahrensvorschriften beachten müssen, und andererseits führte das zu einer unerträglichen Überlastung insbesondere der prüfenden Patentämter, so daß sie gezwungen wurden, die herkömmlichen Verfahrensmethoden aufzugeben. Auch mit dem versuchten Recherchenaustausch (s. § 28 a Anm. 14) und der internationalen Zusammenarbeit auf dem Gebiet der Dokumentation (s. Anm. 144) können die Schwierigkeiten auf die Dauer allein nicht behoben werden. Auf Empfehlung des Exekutiv-Komitees der PVÜ untersuchten die Bureaux Internationaux Réunis pour la Protection de la Propriété Intellectuelle (BIRPI) in Genf die Möglichkeiten zur Vereinfachung der Patentierung ein und derselben Erfindung in mehreren Ländern. Der erstellte Plan ist weniger anspruchsvoll als das europäische Patenterteilungs- **121** verfahren; GRUR Int. 1967, 271, 272. Mit Hilfe des Zusammenarbeitsvertrags soll auf internationaler Basis die Patenterteilung oder Erteilung eines Erfinderscheines (s. Anm. 3, 4) für ein und dieselbe Erfindung in mehreren Staaten erleichtert werden; vgl. hierzu Mast, GRUR Int. 1968, 251, 252; Winter, GRUR Ausl. 1966, 430, 433.

Eine chronologische Aufzählung der wichtigsten Entscheidungen und Beratungen bis zur Vorlage der Entwürfe eines Vertrags über die internationale Zusammenarbeit auf dem Gebiet des Patentwesens und einer Verfahrensregelung (PCT/DC 4 und 5) am 11. 7. 1969 befindet sich in dem BIRPI-Memorandum PCT/DC 1 betr. Geschichte des Plans für eine weltweite Zusammenarbeit auf dem Gebiet des Patentwesens, GRUR Int. 1969, 282 ff.

II. Die einzelnen Entwürfe zum PCT-Plan

122 Wegen des **ersten Entwurfs** eines PCT-Plans vom 28. 2. 1967 s. GRUR Int. 1967, 271; dazu vgl. erläuterndes Momorandum, GRUR Int. 1967, 355 und Mast, GRUR Int. 1968, 251 ff. mit Hinweisen auf die entsprechenden BIRPI-Dokumente; vgl. ferner Collin, GRUR Int. 1967, 257 (historischer Überblick über internationale Bestrebungen, Kritik an BIRPI-Plan und Anregungen). Mast, a. a. O., hat auch über die Erörterung des Entwurfs auf einer Sitzung des Sachverständigenausschusses in Genf im Oktober 1967 unter Angabe der beteiligten Kreise berichtet. Eine heftige Kontroverse entstand über die Frage, ob die internationale Recherche von einer einzigen Stelle oder von mehreren großen Ämtern und dem Internationalen Patentinstitut in Den Haag (s. Anm. 14, 15) durchgeführt werden soll. Zur Erörterung dieser Frage wurde eine Arbeitsgruppe eingesetzt, die im März 1968 in Genf zusammentrat; vgl. Mast, a. a. O., 254. Damals schien die Durchführung einer zentralisierten Recherche wenig Aussicht auf Verwirklichung zu haben. Wegen der deutschen Einstellung (Deutsche Vereinigung für GRUR) zum PCT vgl. GRUR 1969, 131. Im Dezember 1968 wurde in Genf auf einer Sitzung des Sachverständigenausschusses der inzwischen angefertigte **zweite Entwurf** des PCT vom 15. 7. 1968 besprochen; vgl. Mast, GRUR Int. 1969, 39 ff. Eine deutsche Übersetzung dieses PCT mit seinen 65 Artikeln und der dazugehörigen Verfahrensregelung ist in der Beilage zum Bundesanzeiger Nr. 223 vom 29. 11. 1968 veröffentlicht. Diese Übersetzung entspricht den BIRPI-Dokumenten PCT/III/5 und PCT/III/6. Um zwischen den unterschiedlichen Auffassungen eine vermittelnde Lösung zu finden (vgl. Mast, a. a. O., 46), haben BIRPI am 11. 7. 1969 einen **dritten »endgültigen«** Vertragsentwurf als Grundlage für eine diplomatische Konferenz (s. Mast, GRUR Int. 1969, 272 und Anm. 124) vorgelegt. Eine deutsche Übersetzung des Entwurfs und der dazugehörigen Verfahrensregelung wurde in GRUR Int. 1969, 297 bis 354 veröffentlicht. Zu der Grundten-

denz des neuen Entwurfs und den Änderungen gegenüber dem zweiten Entwurf vgl. Mast, GRUR Int. 1969, 272 bis 281.

Die frühere Struktur des zweiten Entwurfs ist im dritten Entwurf erhalten geblieben; an der früheren Artikelfolge wurde festgehalten. **Die Neufassung bezweckte,** eine Änderung der nationalen Patentrechte soweit wie möglich unnötig zu machen und grundsätzlich eine abschließende Entscheidung zuungunsten des Anmelders (z. B. bei Nichtnennung des Erfinders oder bei Zurückweisung) durch die Anmeldeämter (also im internationalen Verfahren) auszuschließen. Die Überprüfung einer ablehnenden Auffassung (z. B. betr. das Nichtvorliegen einer Erfindung und betr. die Zuerkennung des Anmeldetags) ist im nationalen Verfahren vor den ausgewählen Bestimmungsämtern möglich; damit können »mildere« Auffassungen (gegenüber der Auffassung des Anmeldeamts, bei dem die internationale Anmeldung geprüft wird) entsprechend der Praxis dieses oder jenes nationalen Amtes für den Anmelder zum Zuge kommen. Denn der Anmelder soll in den einzelnen Bestimmungsländern nicht schlechter gestellt werden als derjenige, der eine nationale Anmeldung einreicht. 123

Unter dem Bestreben, der Praxis der vielen einzelnen nationalen Ämter durch entsprechende Formulierung der einzelnen Bestimmungen und insbesondere durch die Möglichkeit einseitiger Außerkraftsetzung wesentlicher Bestimmungen durch einzelne nationale Ämter, muß der Wert des Vertrags sehr leiden. Hinzu kommt, daß der Harmonisierungseffekt, der aus vielen Gründen sehr erstrebenswert wäre (so mit Recht Mast, GRUR Int. 1968, 266, 267 unter c), auf ein Minimum gesenkt wird und der Entlastungseffekt für die nationalen Ämter stark beeinträchtigt wird. Vgl. hierzu auch Mast, GRUR Int. 1969, 272 ff., s. insb. Teil I, 277, 278 (Art. 27), 281 Teil IV.

Der 3. Entwurf und insbesondere die Verfahrensregelung wurden im März 1970 nochmals in Genf von einem Sachverständigenausschuß erörtert. Der **endgültige Vertrag und die Verfahrensregelung** wurden auf der **Diplomatischen Konferenz in Washington,** die in der Zeit vom 25. 5. bis 19. 6. 1970 stattfand, einstimmig angenommen. Zum Ablauf der Konferenz vgl. Haertel, GRUR Int. 1971, 101. Die Grundsätze des Vertragswerkes einschließlich der Ausführ.O erläutern Mast, Singer, Tilmann und Hallmann, GRUR Int. 1971, 103 ff. An der Konferenz haben die Vertreter von 77 Staaten teilgenommen, 22 von ihnen nur als Beobachter. Je 11 zwischenstaatliche und private internationale Organisationen waren ebenfalls vertreten. Die **Unterzeichnung** fand **am 19. 6. 1970** statt; 20 Staaten haben sogleich unterzeichnet. Bis zum Zeichnungsschluß am 31. 12. 1970 betrug die Zahl der Unterzeichnerstaaten 35. Danach kann die Mitgliedschaft nur noch durch Beitritt erworben werden. Wegen des Mitgliederstands am 1. 1. 1972 vgl. GRUR Int. 1973, 166, 167. **Inkraftgetreten ist der Vertrag noch nicht;** vgl. hierzu Haertel, GRUR Int. 1971, 100 und Anm. 120. 124

Sehr umstritten war die Bestimmung des früheren Art. 27 Abs. 5 Satz 2; s. Anm. 79 der Vorauflage. Sie wurde zwar auf der Diplomatischen Konferenz in Washington gestrichen; befriedigend ist aber die jetzt gültige Fassung keineswegs; s. Anm. 132. Die neue Bestimmung des Art. 45 regelt das Verhältnis zu regionalen Patentverträgen wie das europäische Übereinkommen; s. Anm. 88, 87. Auf Wunsch insbesondere der Entwicklungsländer wurde ein neues Kap. IV mit den Art. 50 bis 52 (Technische Dienste) eingefügt; s. Anm. 138.

An Hand der endgültigen Fassung des Zusammenarbeitsvertrags vom 19. 6. 1970 wird nachstehend die Grundkonzeption des Vertrags wiedergegeben. Dabei wurden die wesentlichen Bestimmungen der Ausführungsordnung berücksichtigt. Wegen des **amtlichen deutschen Textes des Vertrags und der Ausführungsordnung** vgl. die Ausgabe der WIPO (Nr. 274 [G]) und wegen der **englischen und französischen Texte** vgl. GRUR Int. 1971, 119 ff. bzw. 164 ff.

III. Vertrag über die internationale Zusammenarbeit auf dem Gebiet des Patentwesens (PCT) vom 19. 6. 1970

1. Allgemeines

Die **wichtigsten Bestimmungen** sind:

125 Die Mitgliedsstaaten (Vertragsstaaten) bilden einen Verband für die Zusammenarbeit bei der Entgegennahme von Patentanmeldungen, der Durchführung von Neuheitsrecherchen und der Prüfung von Patentanmeldungen, der die Bezeichnung Internationaler Verband für die Zusammenarbeit auf dem Gebiet des Patentwesens **(International Patent Cooperation Union)** trägt; Art. 1 Abs. 1. Im Abs. 2 wird ausdrücklich festgestellt, daß die Rechte aus dem Pariser Unionsvertrag unberührt bleiben. Nach Art. 62 kann nur ein Mitgliedstaat der Pariser Union Vertragsstaat werden. Die **Verwaltungsaufgaben** des Verbandes werden vom **Internationalen Büro** der auf der Stockholmer Konferenz der PVÜ geschaffenen Weltorganisation für geistiges Eigentum (WIPO) – vgl. Anm. 3, 5 – wahrgenommen; Art. 55. Das Internationale Büro besorgt das Sekretariat der verschiedenen Organe des Verbands. Der Generaldirektor ist der höchste Beamte des Verbands und vertritt den Verband. Wegen der Verwaltungsbestimmungen vgl. auch Anm. 138.

Der PCT-Vertrag sieht **zwei Verfahrensabschnitte** vor. Die erste grundlegende Stufe betrifft die internationale Anmeldung und die internationale Recherche (Art. 3–30), die zweite Stufe die internationale **vorläufige** Prüfung (Art. 31–42).

Gem. Art. 64 kann jeder Staat bei der Unterzeichnung des Vertrags oder der Hinterlegungs- oder Beitrittsurkunde erklären, daß Kap. II (Art. 31–42) für ihn nicht verbindlich ist.

Der Vertrag sieht eine **schrittweise bzw. teilweise Anwendung** vor; Art. 65.

2. Die erste Stufe: die internationale Anmeldung und Recherche (Kap. I Art. 3–30)

a) Erfordernisse

Die erste Stufe ist die grundlegende und betrifft die internationale Anmeldung und die internationale Recherche. 126

Internationale Anmeldung: Jeder Staatsangehörige eines Vertragsstaats sowie jeder, der in einem Vertragsstaat seinen Sitz oder Wohnsitz hat, kann eine internationale Anmeldung einreichen; Art. 9 Abs. 1. Solche Anmeldungen dienen nach Art. 3 Abs. 1 zum Schutz von Erfindungen in **jedem** der Vertragsstaaten. Nach Art. 2 i sind unter »Anmeldung« nicht nur Anmeldungen für Erfindungspatente, sondern auch solche für Erfinderscheine, für Gebrauchsmuster und dgl. zu verstehen.

Erfordernisse und Form der Anmeldung: Eine internationale Anmeldung hat in der im Vertrag und der Ausführungsordnung festgelegten Form einen Antrag, eine Beschreibung, einen oder mehrere Ansprüche, eine oder mehrere Zeichnungen (soweit erforderlich) und eine Zusammenfassung zu enthalten; Art. 3 Abs. 2. Die **Zusammenfassung** dient ausschließlich der technischen Information, nicht zur Schutzumfangbestimmung; Art. 3 Abs. 3. Nach Abs. 4 muß die internationale Anmeldung in einer **vorgeschriebenen Sprache** abgefaßt sein. Nach Regel 12.1 Ausführ.O ist jede internationale Anmeldung in der Sprache oder einer der Sprachen einzureichen, die in der Vereinbarung zwischen dem Internationalen Büro und derjenigen Internationalen Recherchenbehörde festgelegt ist, die zuständig ist, die Recherche zu dieser Anmeldung zu erstellen; legt die Vereinbarung mehrere Sprachen fest, so kann das Anmeldeamt unter den festgelegten Sprachen die Sprache bestimmen, in der die internationale Anmeldung einzureichen ist, oder für die Anmeldung mehrere dieser Sprachen zur Auswahl stellen. Die entsprechende Vereinbarung muß noch geschlossen werden. Von deutschen Anmeldern eingereichte internationale Anmeldungen werden in deutscher Sprache eingereicht werden können.

Den Einheitlichkeits-Vorschriften (Reg. 13) muß entsprochen und die Gebühr entrichtet sein.

Anmeldeamt: Die internationale Anmeldung ist bei dem vorgeschriebenen Anmeldeamt einzureichen, das sie entsprechend diesem Vertrag und der Ausführungsordnung überprüft und bearbeitet; Art. 10. Nach Reg. 19.1 (a) ist vorbehaltlich des Abs. (b) die internationale Anmeldung nach der Wahl des Anmelders beim nationalen Amt des Vertragsstaates, in dem er seinen Sitz oder Wohnsitz hat, oder dem für diesen Staat handelnden Amt oder beim nationalen Amt des Vertragsstaats, dessen Staatsangehörigkeit er besitzt, oder bei dem für diesen Staat handelnden Amt einzureichen. Abs. (b) betrifft die Möglichkeit eines Übereinkommens eines Vertragsstaats mit einem anderen Vertragsstaat oder einer zwischenstaatlichen Organisation, daß das nationale Amt des letzteren Staats oder die zwischenstaatliche Organisation an die Stelle des nationalen Amtes des erstgenannten Staats tritt.

127 **Nennung der Bestimmungsstaaten im Antrag:** In dem Antrag müssen auch der oder die Vertragsstaaten benannt werden, in denen Schutz für die Erfindung (in der Form eines nationalen Schutzrechts) auf der Grundlage der internationalen Anmeldung begehrt wird (**»Bestimmungsstaaten«**); Art. 4. Die spätere Benennung eines Vertragsstaats ist nicht möglich; s. Mast, GRUR Int. 1969, 273 r. Sp. Abs. 3. Wünscht der Anmelder Erteilung eines sog. **»regionalen Patents«**, so ist im Antrag darauf hinzuweisen. Regionales Patent bedeutet ein von einem nationalen Amt oder von einer zwischenstaatlichen Behörde erteiltes Patent, wenn das Amt oder die Behörde die Befugnis hat, Patente zu erteilen, die in mehr als in einem Staat Wirkung entfalten; Art. 2 iv. Bei Beantragung eines regionalen Patents sind nach Reg. 4 iv die Namen der Bestimmungsstaaten anzugeben, für die ein solches Patent gewünscht wird. Wird Erteilung eines regionalen Patents für eine bestimmte Gruppe von Mitgliedsstaaten eines regionalen Patentübereinkommens (z. B. Europäisches Patent für die EG-Staaten) beantragt, so genügt nach Art. 4 ii Benennung eines der betreffenden Staaten; trotzdem wird dann der Antrag als Bestimmung aller Vertragsstaaten des genannten Vertrags behandelt. Im einzelnen vgl. hierzu die Erläuterung der etwas verwickelten vertraglichen Bestimmungen im Art. 4 ii durch Mast in GRUR Int. 1971, 104, 105.

Nach Art. 45 können Mitgliedsstaaten des Zusammenarbeitsvertrags (PCT), die gleichzeitig einem zwischenstaatlichem Abkommen (regionalen Patentvertrag) angehören, durch das Regionalpatente für mehr als einen Staat erteilt werden können (z. B. europäisches Patent), den PCT-Weg zu ihren nationalen Patentämtern zugunsten des zwischenstaatlichen (regionalen) Weges sperren. Voraussetzung hierfür ist allerdings, daß der regionale Weg allen Anmeldern offensteht, die eine internationale Anmeldung einzureichen berechtigt sind. Mit anderen Worten, es ist **»freie Akzessibilität«** zu gewähren. Vgl. im einzelnen Mast, a. a. O. und ders. GRUR Int. 1971, 347, ferner Pfanner, GRUR Int. 1971, 466.

Im Übereinkommen über ein europäisches Patenterteilungsverfahren enthalten die Art. 150 bis 157 (s. Anm. 87, 88) Bestimmungen, in welcher Weise der Zusammenarbeitsvertrag im Rahmen des europäischen Patenterteilungsverfahrens anzuwenden ist.

In der **Beschreibung** ist die Erfindung so deutlich und vollständig zu offenbaren, daß ein anderer Fachmann sie danach ausführen kann; Art. 5. Die **Patentansprüche** (Art. 6) sollen unbeschadet der Möglichkeit, sie später zu ändern, angeben, wofür Schutz begehrt wird. Ihre Fassung soll deutlich und knapp und in vollem Umfang von der Beschreibung gestützt sein; s. auch Mast, GRUR Int. 1969, 274 l. Sp., 2. Absatz. Zeichnungen sind erforderlich, wenn sie für das Verständnis der Erfindung erforderlich sind; Art. 7 Abs. 1.

Inanspruchnahme von Prioritäten: Nach Art. 8 Abs. 1 kann die internationale Anmeldung eine Erklärung der in der Ausführungsordnung (vgl. Reg. 17) näher bestimmten Art enthalten, mit der die Priorität einer oder mehrerer in einem oder für einen Mitgliedsstaat der Pariser Verbandsübereinkunft eingereichter früherer Anmeldungen beansprucht wird. Vorbehaltlich der in Abs. 2 (b) behandelten Ausnahme (**Autodesignation**) richten sich Voraussetzungen und Wirkung einer nach Abs. 1 abgegebenen Prioritätserklärung nach Art. 4 der Stockholmer Fassg. der PVÜ; Art. 8 Abs. 2 (a). Zum Problem der sog. »Autodesignation« (Nennung des Vertragsstaates der Erstanmeldung als Bestimmungsstaat) vgl. Mast, GRUR Int. 1971, 106 u. 107.

b) Anmeldedatum und Wirkung der internationalen Anmeldung

Das Anmeldeamt erkennt nach Art. 11 als **internationales Anmeldedatum** das Datum des Eingangs der internationalen Anmeldung zu, wenn das Amt (nach Art einer Offensichtlichkeitsprüfung) festgestellt hat, daß im Zeitpunkt des Eingangs eine Reihe Anforderungen erfüllt sind: offensichtliche Berechtigung, eine internationale Anmeldung bei dem betreffenden Anmeldeamt einzureichen; Abfassung in der vorgeschriebenen Sprache; Vorliegen wesentlicher Anmeldungsteile (Hinweis auf Behandlung als internationale Anmeldung, Bestimmung mindestens eines Vertragsstaates, Name des Anmelders nach Vorschrift, Beschreibung und Anspruch bzw. Ansprüche). Bei Nichterfüllung der Erfordernisse ergeht Aufforderung zur Richtigstellung (vgl. Reg. 20). Bei Richtigstellung wird der Anmeldung das Datum des Eingangs der erforderlichen Richtigstellung zuerkannt. **Jede die vorgeschriebenen Erfordernisse erfüllende internationale Anmeldung hat vorbehaltlich des Art. 64 Abs. 4 (s. Anm. 132) in jedem Bestimmungsstaat die Wirkung einer vorschriftsmäßigen nationalen Anmeldung mit dem internationalen Anmeldedatum;** Art. 11 Abs. 3. 128

Übermittlung der internationalen Anmeldung: Ein Exemplar der internationalen Anmeldung verbleibt beim Anmeldeamt (»**Anmeldeamtsexemplar**«), ein Exemplar (»**Aktenexemplar**«) wird **dem Internationalen Büro übermittelt**, ein weiteres Exemplar (»**Recherchenexemplar**«) wird **der** zuständigen Internationalen **Recherchenbehörde** (Art. 16) nach den Vorschriften der Ausführ.O (s. Reg. 22, 23) **übermittelt;** Art. 12 Abs. 1.

Das Aktenexemplar gilt als maßgebliches Exemplar der internationalen Anmeldung; Abs. 2. Die internationale Anmeldung gilt als zurückgenommen, falls das Aktenexemplar dem Internationalen Büro nicht innerhalb der vorgeschriebenen Frist zugeht; Art. 12 Abs. 3.

Übermittlung an Bestimmungsämter: Schon vor der nach Art. 20 vorgesehenen Übermittlung kann jedes Bestimmungsamt das Internationale Büro auffordern, ihm ein Exemplar der internationalen Anmeldung zuzuleiten; vgl. Art. 13 Abs. 1. Nach Abs. 2 (a) kann auch jederzeit der Anmelder die Übermittlung von sich aus vornehmen.

Überprüfung auf bestimmte Mängel durch das Anmeldeamt: Nach Abs. 14 überprüft das **Anmeldeamt,** ob die internationale Anmeldung einen der aufgeführten Mängel aufweist, nämlich: fehlende Unterschrift, fehlende vorgeschriebene Angaben über den Anmelder, fehlende Erfindungsbezeichnung, fehlende Zusammenfassung, Nichtentsprechen von Formerfordernissen gem. Ausführ.O, Fehlen erforderlicher Zeichnungen und Fehlen vorgeschriebener Gebühren. Gegebenenfalls ergeht Aufforderung an den Anmelder zur Mängelbeseitigung innerhalb der vorgeschriebenen Frist. Werden fehlende Gebühren nicht fristgerecht eingezahlt oder wird festgestellt, daß notwendige Erfordernisse am zuerkannten Anmeldezeitpunkt nicht erfüllt waren, so gilt die Anmeldung als zurückgenommen und vom Anmeldeamt ergeht eine entsprechende Erklärung.

c) Die internationale Recherche

129 Für jede internationale Anmeldung wird eine internationale Recherche auf der Grundlage der Patentansprüche unter angemessener Berücksichtigung der Beschreibung und Zeichnungen (falls vorhanden) durchgeführt; Art. 15. Die in Art. 16 genannte Internationale Recherchenbehörde bemüht sich, den Stand der Technik so weit wie möglich zu ermitteln; vgl. Art. 15. Nach Reg. 34 Ausführ.O wurden nur Patentschriften zu nach 1920 erteilten Patenten berücksichtigt. Vgl. hierzu Hoepffner, GRUR Int. 1973, 370, 372. Wegen einer **Recherche internationaler Art** (Art. 15 Abs. 5) **für nationale Anmeldungen** beim nationalen Amt eines Vertragsstaates (sog. belgischer Weg) vgl. Mast in GRUR Int. 1971, 109, 110.

Die Internationale Recherchenbehörde: Zuständig für die Durchführung der internationalen Recherche ist die **Internationale Recherchenbehörde,** die entweder ein nationales Amt sein kann oder eine zwischenstaatliche Organisation wie das Internationale Patentinstitut (IIB); Art. 16 Abs. 1 Da die grundsätzliche Forderung, nur eine einzige zentrale Recherchenbehörde einzusetzen, aus verschiedenen Gründen vorläufig nicht durchführbar sein wird, gestattet Art. 16 die Einsetzung mehrerer Recherchenbehörden. Die Einsetzung erfolgt durch die Versammlung (s. Anm. 138). Nach Art. 16.3 (c) werden in der Ausführungsordnung (s. Reg. 34 bis 36) die Mindesterfordernisse vorgeschrieben, damit sie als Internationale Recherchenbehörde eingesetzt und weiterhin tätig bleiben kann. Vgl. im einzelnen Mast, a. a. O., 109. Haertel, Festschr. BPatG, 58 nannte als mögliche Bewerber für Internationale Recherchenbehörden die Patentämter in Moskau, München, Stockholm, Tokio, Washington und Wien. Nach dem Entwurf eines **Protokolls über die Zentralisierung des Europäischen Patentsystems und seine Einführung** (s. Anm. 97) verpflichten sich die Vertragsstaaten des europäischen Übereinkommens, zugunsten des EPA auf die Tätigkeit als Internationale Recherchenbehörde zu verzichten. Vgl. hierzu Mast, GRUR Int. 1973, 1, 5 und Haertel, Mitt. 1973, 122, 123, 124.

Verfahren vor der Internationalen Recherchenbehörde: Falls die Internat. Recherchenbh. der Auffassung ist, daß sie nach der Ausführ.O nicht verpflichtet ist, eine Recherche durchzuführen oder daß die Unterlagen eine sinnvolle Recherche nicht ermöglichen, stellt sie dies in einer Erklärung fest und teilt es dem Anmelder und dem Internationalen Büro mit; Art. 17 Abs. 2 (a). Vgl. hierzu auch Reg. 39 Ausführ.O. Falls die Recherchenbehörde feststellt, daß die Anmeldung ihrer Auffassung nach nicht einheitlich ist, fordert sie den Anmelder auf, zusätzlich Gebühren zu zahlen; zunächst wird nur ein Recherchenbericht für den Teil der »Haupterfindung« erstellt. Nach Entrichtung zusätzlicher Gebühren wird auch ein Bericht für die Teile erstellt, für die die zusätzlichen Gebühren entrichtet sind; Art. 17 Abs. 3 (a). Wegen des Verfahrens bei fehlender Bezeichnung, fehlender oder mangelhafter Zusammenfassung und mangelnder Einheitlichkeit vgl. Reg. 37, 38 und 40 Ausführ.O. **130**

Der internationale Recherchenbericht: Sobald der Bericht erstellt ist, wird er von der Internat. Recherchenbeh. dem Anmelder und dem Internationalen Büro übermittelt; vgl. Art. 18. Wegen des Inhalts des Recherchenberichts vgl. Reg. 43. Im einzelnen s. Singer, GRUR Int. 1971, 110, 111.

Änderung der Ansprüche vor dem Internationalen Büro: Nach Eingang des Internat. Recherchenberichts ist der Anmelder befugt, einmal die Ansprüche der internat. Anmeldung zu ändern. Vgl. im einzelnen Art. 19 und Reg. 46 Ausführ.O.

Übermittlung an die Bestimmungsämter: Das Internationale Büro übermittelt die internationale Anmeldung zusammen mit dem internationalen Recherchenbericht und gegebenenfalls mit Anspruchsänderungen an das Bestimmungsamt, sofern hierauf nicht verzichtet ist; Art. 20 und Reg. 47 Ausführ.O.

d) Internationale Veröffentlichung

In der Regel wird die internationale Anmeldung vom Internationalen Büro unverzüglich **nach Ablauf von 18 Monaten** seit dem Prioritätsdatum veröffentlicht. **Ausnahmen:** Antrag des Anmelders auf Veröffentlichung vor Ablauf der maßgeblichen Frist. Vorbehalt eines Staats nach Art. 64 **131**

Abs. 3 (a), daß eine internationale Veröffentlichung nicht erforderlich ist. Keine Veröffentlichung, wenn die Anmeldung rechtzeitig vorher zurückgenommen ist. Im einzelnen vgl. Art. 21 und insbesondere wegen des Inhalts der Veröffentlichung Reg. 48 Ausführ.O. Sind die Ansprüche nach Art. 19 geändert worden, muß die Veröffentlichung entweder den vollen Wortlaut der ursprünglichen und der geänderten Ansprüche oder den vollen Wortlaut der ursprünglichen Ansprüche und die Änderungen wiedergeben. Das Datum des Eingangs der geänderten Ansprüche beim Internationalen Büro wird angegeben; Reg. 48.2 f), im einzelnen s. dort. Ist die Anmeldung in deutscher, englischer, französischer, japanischer oder russischer Sprache eingereicht worden, so wird sie in der betreffenden Sprache veröffentlicht. Andernfalls wird sie in englischer Übersetzung veröffentlicht.

Übermittlung eines Anmeldungsexemplars seitens des Anmelders an die Bestimmungsämter: Nach Art. 22 muß spätestens mit Ablauf von 20 Monaten seit dem Prioritätsdatum ein Exemplar der internationalen Anmeldung (soweit nicht bereits gem. Art. 20 geschehen) und eine Übersetzung der Anmeldung (wie vorgeschrieben) vom Anmelder jedem Bestimmungsamt zugleitet werden; soweit erforderlich, ist die nationale Gebühr zu zahlen.

Aussetzung des nationalen Verfahrens: Nach Art. 23 darf ein Bestimmungsamt die internationale Anmeldung vor Ablauf der 20-Monatsfrist (Art. 22) nicht prüfen oder bearbeiten, es sei denn, daß der Anmelder ausdrücklich einen entsprechenden Antrag stellt. Diese Aussetzung des Verfahrens ist eine **grundlegende Bestimmung des Zusammenarbeitsvertrags.**

e) Mögliche Überprüfung durch die nationalen Bestimmungsämter

132 Die Errichtung eines internationalen Gerichtshofes zwecks Überprüfung der Entscheidungen im internationalen Verfahren hat sich aus verschiedenen Gründen nicht verwirklichen lassen; es besteht deshalb die Tatsache, daß diese **Entscheidungen betr. die internationale Anmeldung als solche unanfechtbar** sind; vgl. hierzu Haertel, Festschr. BPatG 60, 61. Die Bestimmungen im Art. 25 Abs. 1 und 2 in Vbg. mit Reg. 51.1 berechtigen den Anmelder aber, innerhalb einer Frist von zwei Monaten (wegen Fristbeginn s. Reg. 51.1) bei der zuständigen nationalen Behörde als Bestimmungsamt (in der Bundesrepublik also beim DPA) eine Überprüfung der im internationalen Verfahren ergangenen Entscheidung (betr. Formalprüfung und technische Vorprüfung) zu veranlassen. Somit entsteht für den Anmelder ein endgültiger Rechtsverlust bei negativem Ausgang des internationalen Verfahrens nicht, soweit die Anmeldung noch als nationale Anmeldung wirksam ist. Gegen eine Entscheidung des DPA im Überprüfungsverfahren besteht noch die Beschwerdemöglichkeit nach § 36 l PatG. Haertel, Festschr. BPatG 53, 63, 64 weist darauf hin, daß anläßlich der Beratungen über das Beitrittsgesetz zum Zusammenarbeitsvertrag geprüft werden muß, ob die gegenwärtigen Vorschriften der §§ 36 l ff. PatG für eine Überprüfung von Entscheidungen im internationalen Verfahren ausreichend sind. Außer dieser Überprüfung der Versagung des Anmeldedatums durch das Anmeldeamt im internationalen Verfahren im Wege des nationalen Verfahrens besteht eine weitere Sicherung für den Anmelder gegen Zurückweisung der Anmeldung auf Grund der Bestimmungen des Zusammenarbeitsvertrags noch durch die Möglichkeit der Berichtigung vor den Bestimmungsämtern; Art. 26.

Grundsätzlich darf nach Art. 27 Abs. 1 hinsichtlich Form und Inhalt der internationalen Anmeldung das nationale Recht nicht die Erfüllung anderer Erfordernisse verlangen, als sie im Vertrag und der Ausführungsordnung vorgesehen sind, oder zusätzliche Anforderungen stellen. Die weiteren Absätze 2 bis 8 enthalten Klarstellungen, welche Befugnisse den Bestimmungsstaaten vorbehalten bleiben betr. die Forderung besonderer Nachweise, betr. die Anwendung besonderer (minderer) Verfahrensregelungen, betr. der Möglichkeit der Zurückweisung und betr. der freien Bestimmung der materiellrechtlichen Bedingungen der Patentfähigkeit. Die im PCT-Plan (Entwurf gem. BIRPI-Dokument PCT/DC 4 vom 11. 7. 1969) enthaltene Regelung des Art. 27 Abs. 5 Satz 2 (betr. **Behandlung des Standes der Technik**) ist zwar auf der Diplomatischen Konferenz in Washington 1970 gestrichen worden, aber ein **in Art. 64 Abs. 4 eingefügter Vorbehalt** gestattet einem Staat, eine entsprechende Regelung anzuwenden, wenn von dem Vorbehalt im Zeitpunkt der Zeichnung, der Ratifizierung oder auch später Gebrauch gemacht wird. Jedoch sind die Voraussetzungen dieses Vorbehalts eingeschränkt worden, und darüber hinaus muß der Staat, der diesen Vorbehalt anwendet, dem Generaldirektor der WIPO schriftlich mitteilen, von welchem Zeitpunkt an und unter welchen Bedingungen eine internationale Anmeldung in dem Staat zum Stand der Technik gehört.

Die neue Regelung im Zusammenarbeitsvertrag ist ein Kompromiß; vgl. hierzu Singer, GRUR Int. 1971, 107–109 unter B 7. Die USA konnten nicht zur Änderung gezwungen werden, weil der PCT-Plan keine Änderung des materiellen Rechts verlangt. Für PCT-Anmelder bleibt aber, soweit die USA in Betracht kommen, eine Unsicherheit bestehen; das wird zu einer Verzögerung der Ratifikationen beitragen; s. auch Haertel, GRUR Int. 1971, 100, l. Sp. Zur Problematik vgl. Mast, GRUR Int. 1969, 272, 278; Singer, GRUR Int. 1970, 27–32.

Recht zur Änderung der Ansprüche im nationalen Prüfungsverfahren: 133
Nach Art. 28 Abs. 1 muß dem Anmelder ermöglicht werden, im **Verfahren vor jedem Bestimmungsamt** die Patentansprüche innerhalb der vorgeschriebenen Fristen zu ändern. Nach Abs. 2 dürfen die Änderungen nicht über den Offenbarungsinhalt der ursprünglichen internationalen Anmeldung hinausgehen. Wegen weiterer Einzelheiten vgl. Abs. 3 und 4 und die Reg. 52 Ausführ.O.

Die Wirkungen der internationalen Veröffentlichung: Die internationale Veröffentlichung einer internationalen Anmeldung hat **in einem Bestimmungsstaat** die gleiche Wirkung, wie sie nach dem nationalen Recht dieses Bestimmungsstaates der frühesten gesetzlich vorgeschriebenen inländischen Veröffentlichung einer **ungeprüften** nationalen Anmeldung zukommt; Art. 29 Abs. 1. Bei unterschiedlichen Sprachen ist der Vorbehalt in Abs. 2 und bei beantragter Veröffentlichung vor 18 Monaten die Bestimmung in Abs. 3 zu beachten. Abs. 4 betrifft – bei entsprechender nationaler Vorschrift – den Eintritt der Wirkung erst dann, wenn das betreffende nationale Amt ein Exemplar der veröffentlichten internationalen Anmeldung erhalten hat.

f) Vertraulichkeit einer internationalen Anmeldung/Akteneinsicht

134 Außer mit Zustimmung oder auf Antrag des Anmelders dürfen das Internationale Büro und die Internationalen Recherchenbehörden keiner Person oder Behörde vor Veröffentlichung der internationalen Anmeldung in diese Einsicht gewähren; Art. 30 Abs. 1. Keine Anwendung findet diese Bestimmung auf die Übermittlungen an die zuständige Internationale Recherchenbehörde sowie auf Übermittlungen an die Bestimmungsämter gem. Art. 13 und 20. Die Abs. 2 und 3 regeln die Akteneinsicht an Dritte durch die nationalen Ämter. Abs. 4 erläutert den Begriff »Einsichtnahme«.

4. Die zweite Stufe: Die internationale vorläufige Prüfung (Kap. II Art. 31–42)

a) Antrag

135 In Anm. 125 ist schon auf die fakultative Verbindlichkeit betr. Anwendung der zweiten Stufe für die Mitgliedsstaaten hingewiesen. Hat der betreffende Mitgliedsstaat die Verbindlichkeit der Bestimmungen für die internationale vorläufige Prüfung nicht ausgeschlossen, so setzt die vorläufige Prüfung der Anmeldung nach Maßgabe des Vertrags und der Verfahrensregelung einen gebührenpflichtigen **Antrag des Anmelders** voraus, der seinen Sitz oder Wohnsitz in einem Vertragsstaat hat oder Staatsangehöriger eines Vertragsstaates ist; Art. 31. Nach dem auf der Diplomatischen Konferenz eingefügten Abs. 2 (b) kann durch Beschluß der Versammlung (s. Anm. 138 auch Personeen die Einreichung internationaler Anmeldungen gestattet werden, wenn sie in einem Staat ihren Sitz oder Wohnsitz haben oder Angehörige eines Staates sind, der **nicht** Mitglied dieses Vertrags ist oder für den Kap. II nicht verbindlich ist. In dem Antrag sind die Staaten von den **»Bestimmungsstaaten«** (s. Anm. 127) anzugeben, in denen der Anmelder die Ergebnisse der internationalen vorläufigen Prüfung verwenden will (**»ausgewählte Staaten«**); Art. 31 Abs. 4. Die Benennung einzelner oder aller Staaten als ausgewählte Staaten ist zurücknehmbar; Art. 37

Abs. 1. Damit gilt der Antrag auf vorläufige Prüfung als zurückgenommen; Abs. 2. »**Ausgewähltes Amt**« ist das nationale Amt eines Staates, den der Anmelder ausgewählt hat; Art. 2 (III).

b) Vorläufige Prüfung und Prüfungsbericht

Die internationale vorläufige Prüfung wird durch die **Internationale Vorläufige Prüfungsbehörde** durchgeführt; Art. 32. Es ist offengelassen, ob es eine oder mehrere Internationale Vorläufige Prüfungsbehörden geben soll. Die Mindesterfordernise für vorläufige Prüfungsbehörden sind in Regel 63 festgelegt. **Gegenstand der internationalen vorläufigen Prüfung** ist die Erstellung eines vorläufigen und nicht bindenden Gutachtens darüber, ob die beanspruchte Erfindung als neu, auf erfinderischer Tätigkeit beruhend (nicht offensichtlich naheliegend) und gewerblich anwendbar anzusehen ist; Art. 33 Abs. 1. Die Glaubhaftmachung eines technischen Fortschritts gegenüber dem Stand der Technik wird somit wie beim 1. Europäischen Übereinkommen offengelassen; vgl. hierzu Anm. 42. In den Abs. 2–4 sind die hier für die Patentfähigkeit maßgeblichen Begriffe näher definiert. Abs. 5 stellt fest, daß diese Begriffe **nur für die internationale vorläufige Prüfung Bedeutung** haben und kein Vertragsstaat gehindert ist, für die Entscheidung über die Patentfähigkeit der beanspruchten Erfindung in diesem Staat zusätzliche oder abweichende Voraussetzungen vorzusehen. Diese Bestimmung zwingt somit Staaten, für die die zweite Stufe obligatorisch ist, nicht zur Anpassung des nationalen materiellen Patentrechts. 136

Das **Verfahren vor der vorläufigen Prüfungsbehörde** ist in Art. 34 geregelt. Bestimmungen zum **internationalen vorläufigen Prüfungsbericht** enthält Art. 35. Nach Abs. 2 Satz 1 des Art. 35 darf der Bericht keine Feststellungen über die Frage enthalten, ob die beanspruchte Erfindung nach dem Recht irgendeines Staates patentfähig oder nicht patentfähig ist oder zu sein scheint. Es wird vielmehr nur im Rahmen der oben erwähnten Begriffsbestimmungen (Art. 33 Abs. 1–4) in bezug auf jeden Patentanspruch zum Ausdruck gebracht, ob die betreffenden Kriterien erfüllt zu sein scheinen; die Feststellung wird durch die Anführung der Dokumente, auf die sich die Beurteilung stützt, sowie durch entsprechend den Umständen erforderliche kurze Erklärungen ergänzt; Art. 35 Abs. 2 Satz 2 und 3 und Reg. 70.8. Ist eine Prüfung nicht durchführbar, so wird das im Bericht bemerkt; Art. 35 Abs. 3.

Der internationale vorläufige Prüfungsbericht wird mit den vorgeschriebenen Anlagen dem Anmelder und dem Internationalen Büro und von diesem jedem ausgewählten Amt übersandt; Art. 36. Damit ist praktisch die zweite Stufe des Verfahrens abgeschlossen. Das Prüfungsergebnis ist für die nationalen Ämter der Vertragsstaaten **nicht verbindlich.** Der internationale vorläufige Prüfungsbericht wird nicht veröffentlicht. Auch wird der

Eingang eines Prüfungsantrags vertraulich behandelt. Vgl. BIRPI-Memorandum PCT/DC 2, GRUR Int. 1969, 287 unter 19.

c) Einzelheiten

137 **Akteneinsicht** in die Akten der vorläufigen internationalen Prüfung ist nur auf Antrag des Anmelders oder mit seiner Genehmigung Dritten zu gewähren; das gilt nach Erstellung des Prüfungsberichts nicht für die ausgewählten Ämter; Art. 38 Abs. 1.

Änderungen der Patentansprüche im Verfahren vor jedem ausgewählten Amt sind innerhalb der vorgeschriebenen Frist im Rahmen der ursprünglichen Offenbarung möglich; Art. 41. Solche Änderungen können die Ämter der ausgewählten Staaten unter Umständen zu einer neuen, mehr oder weniger umfangreichen Prüfung veranlassen.

Ein **ausgewähltes Amt,** das den vorläufigen internationalen Prüfungsbericht erhält, kann vom Anmelder nicht fordern, ihm **Prüfungsergebnisse anderer** ausgewählter nationaler **Ämter** zur Verfügung zu stellen; Art. 42. Vgl. hierzu Bemerkung zu Art. 42, GRUR Int. 1969, 316 und mit Bezug auf das deutsche Recht Mast, GRUR Int. 1968, 268 unter f.

5. Weitere Vorschriften

138 Den Patenten sind **Erfinderscheine** gleichgestellt; Art. 21, 43. Patentanmeldungen und erteilte Patente mit Wirkung in mehr als einem Staat (gegebenenfalls z. B. europäische Patente; vgl. hier Anm. 127) sind nationalen Anmeldungen bzw. nationalen Patenten **gleichgestellt; Art. 4 ii.** Das Nachsuchen um Schutz durch andere Schutzrechte als Patente ist in Art. 44 geregelt.

Das neu eingefüge Kap. IV (Art. 50 bis 52) enthält Bestimmungen über **technische Dienste für die Entwicklungsländer.** Diese Dienste bestehen zunächst in einem Informationsdienst ähnlich dem Welt-Patentindex (s. Anm. 147), der die Erlangung des Standes der Technik erleichtern soll, soweit er in Patenten, veröffentlichten Anmeldungen und sonstigen Druckschriften enthalten ist. Diese Informationen sollen den Entwicklungsländern von dem Internationalen Büro oder durch seine Vermittlung von entsprechenden nationalen oder internationalen Einrichtungen zur Verfügung gestellt werden. Darüber hinaus sieht Art. 51 die Errichtung eines Ausschusses für technische Hilfe vor, der aus Entwicklungsländern und anderen Staaten bestehen soll. Seine Aufgabe ist es, die Entwicklungsländer beim Aufbau ihrer nationalen oder regionalen Patentsysteme zu unterstützen, wobei diese Hilfe auch in der Ausbildung von Personal, der Zurverfügungstellung von Fachleuten und technischen Ausstattungen bestehen soll. Zur Frage der Übertragung von Technologie an Entwicklungsländer s. auch Sitzungsbericht in GRUR Int. 1972, 421.

Kap. V–VII (Art. 53–61) enthalten die Verwaltungsbestimmungen betr. die Versammlung, die sich aus den Vertragsstaaten des Verbandes zusammensetzt, den Exekutivausschuß (ein Viertel der Mitgliedstaaten), das Internationale Büro (zur Wahrnehmung der Verwaltungsaufgaben), den Ausschuß für technische Zusammenarbeit, die Finanzen, die Ausführungsordnung (Art der Regeln, Änderungsmöglichkeit), die Beilegung von Streitigkeiten, die Revision des Vertrages und die Möglichkeit der Änderung einzelner Vertragsbestimmungen.

Kap. VIII (Art. 62–69) behandelt die Schlußbestimmungen, und zwar die Möglichkeit, Vertragspartei zu werden, das Inkrafttreten des Vertrages, Vorbehalte, die schrittweise Anwendung, die Kündigung, die Unterzeichnung und Sprachen, die Hinterlegung und die Notifikation.

IV. Gebühren

In den Verfahrensregeln 14–16 und 57 sind z. T. auch Angaben über die **139**
voraussichtliche Höhe der Gebühren gemacht. Zugunsten des Internationalen Büros ist eine internationale Gebühr zu zahlen, die aus einer **»Grundgebühr«** und so vielen **»Bestimmungsgebühren«** besteht, wie Bestimmungsstaaten genannt sind. Bei einer Anmeldung bis zu 30 Blatt soll die Grundgebühr 45 US-Dollar oder 194 Schweizer Franken betragen. Für jedes weitere Blatt soll sich die Gebühr um 1,00 US-Dollar oder 4,30 Schweizer Franken erhöhen. Die Bestimmungsgebühr soll je Staat zwischen 12 US-Dollar oder 52 Schweizer Franken bzw. zwischen 14 US-Dollar oder 60 Schweizer Franken betragen, je nachdem, ob die Übermittlung einer Ausfertigung der internationalen Anmeldung an jeden Bestimmungsstaat verlangt wird. Die Höhe der **»Recherchengebühr«** wird von jeder einzelnen Recherchenbehörde festgelegt; es ist deshalb mit unterschiedlichen Recherchengebühren zu rechnen. Bisher ist von keiner Seite die Höhe der zu erwartenden Gebühren bekanntgegeben. Vgl. Bemerkung zur Regel 16 des Entw. 1969 GRUR Int. 1969, 333. Die **»Bearbeitungsgebühr«** für eine internationale vorläufige Prüfung soll 14 US-Dollar oder 60 Schweizer Franken betragen und sich um jeweils den gleichen Betrag für jede Sprache erhöhen, in die der Prüfungsbericht übersetzt werden muß. Gegenüber der Grundgebühr dürfte eine falsche Relation bestehen. Die Grundgebühr sollte niedriger und die Bearbeitungsgebühr müßte vermutlich höher sein. Ferner ist noch eine **»Übermittlungsgebühr«** (für die Durchführung verschiedener Aufgaben) vorgeschrieben, die das Anmeldeamt verlangen kann und die ihm verbleibt; Regel 14. Die Gebühr soll vom Anmeldeamt festgesetzt werden. Nach früheren Untersuchungen (s. GRUR Int. 1969, 332) sollte sie 20 US-Dollar betragen.

In Anbetracht der wechselnden Währungsverhältnisse sind die Gebührenangaben problematisch.

V. Schrifttum

140 **Zum zweiten Entwurf:** Erläuterung von Mast, GRUR Int. 1968, 251 bis 274. Bericht über die Genfer Sachverständigenkonferenz, Mast, GRUR Int. 1969, 39–46.

Zum dritten Entwurf: Erläuterung von Mast, GRUR Int. 1969, 272 bis 281. Texte und Materialien s. GRUR Int. Heft Nr. 9/1969, darin BIRPI-Memorandum PCT/DC 1 betr. Geschichte des Plans (S. 282) und BIRPI-Memorandum PCT/DC 2 betr. Zusammenfassung des Entwurfs. Ferner enthält das Heft eine Worterklärung und ein Stichwortverzeichnis zum 3. Entwurf und eine umfassende Bibliographie. Ferner vgl. Pfanner, BIRPI-Plan eines Patent Cooperation Treaty, Mitt. 1969, 335; Robbins, Die Situation des PCT Anfang 1969, Mitt. 1969, 81.

Untersuchungen zum Verhältnis PCT-Plan zum Europäischen Patenterteilungsverfahren: Singer, GRUR Int. 1969, 53, 54. Beier, GRUR Int. 1969, 147, 148 unter II 5 a ist etwas skeptisch, weist auf die großen Vorteile des europäischen Verfahrens hin, stimmt aber dem Nebeneinander beider Pläne zu. Bardehle, Mitt. 1968, 201 äußert Bedenken; Pfanner, Zusammenwirken von PCT und Europapatent, GRUR Int. 1973, 383.

Internationale Patentrecherche: Brenner, GRUR Int. 1969, 46 und Finnis, GRUR Int. 1969, 51.

Zu den Erfolgsaussichten des PCT-Plans: Cohausz, GRUR Int. 1969, 181 und Mast, GRUR Int. 1969, 185.

Zum endgültigen Vertrag: Haertel, Grundzüge des Zusammenarbeitsvertrags und Probleme des Rechtsschutzes, Festschr. BPatG 1971, 55–64. Pfanner, Auswirkungen des Zusammenarbeitsvertrags auf die Industrie, GRUR Int. 1971, 459–469.

F. Gegenüberstellung des Europäischen und Internationalen Verfahrens

I. Europäisches Verfahren

141 1. Das Europäische Verfahren hat zwei Prüfungsabschnitte (s. Anm. 28). Die Wirkung der Einreichung der Anmeldung (s. Anm. 48) hat in den benannten Vertragsstaaten die Bedeutung einer vorschriftsmäßigen nationalen Hinterlegung. Die formellen Anmeldungserfordernisse (s. Anm. 55) und das materielle Patentrecht (s. Anm. 39 ff.) sind weitgehend ein-

heitlich geregelt. Die grundlegenden Bestimmungen des materiellen Patentrechts sind an das Straßburger Übereinkommen vom 27. 11. 1963 angelehnt.

2. In der ersten Verfahrensstufe (s. Anm. 62 ff.) wird auf formelle und offensichtliche Mängel geprüft. Ein Bericht über den Stand der Technik wird eingeholt. Nach 18 Monaten erfolgt Veröffentlichung der Anmeldung (s. Anm. 64). Vom Tage der Veröffentlichung an tritt in den benannten Vertragsstaaten einstweiliger Schutz ein (s. Anm. 49).
3. In der zweiten Verfahrensstufe (s. Anm. 65 ff.) findet auf Antrag Prüfung auf Patentfähigkeit statt. Gegebenenfalls erfolgt Patenterteilung (s. Anm. 66) mit Herausgabe einer Patentschrift. Mit Patenterteilung gewährt das Patent in den Vertragsstaaten, für die es erteilt ist, dieselben Rechte, die ein dort erteiltes nationales Patent gewähren würde (s. Anm. 47).
4. Nach Patenterteilung besteht Einspruchsmöglichkeit beim Europäischen Patentamt (s. Anm. 67). Nichtigerklärung in den Vertragsstaaten ist nur auf Grund des europäischen Patentrechts auszusprechen (s. Anm. 26). Beim Europäischen Patentamt sind Beschwerdekammern eingerichtet (s. Anm. 35, 70).
5. Nach dem besonderen Übereinkommen zwischen den EWG-Staaten gilt das erteilte Patent als »Gemeinschaftspatent« (s. Anm. 104 ff.). Ein **einheitliches** Beschränkungs- und Nichtigkeitsverfahren ist vorgesehen (s. Anm. 113, 114).

II. Internationales Verfahren

1. Das PCT-Verfahren hat zwei Prüfungsabschnitte; der zweite Abschnitt kann bei Vertragsunterzeichnung von dem betreffenden Staat als für ihn nicht verbindlich erklärt werden; Art. 64 Abs. 1 (a) (s. Anm. 125). Die Einreichung der internationalen Anmeldung hat in jedem Bestimmungsstaat die Wirkung einer vorschriftsmäßigen nationalen Anmeldung mit internationalem Anmeldedatum (s. Anm. 128). Die formellen Anmeldeerfordernisse (s. Anm. 126 ff.) sind einheitlich geregelt. Bestimmungen für das materielle Patentrecht sind getroffen, aber für die nationalen Patentrechte unverbindlich (s. Anm. 126). **142**
2. Die erste Verfahrensstufe (s. Anm. 128) ist in den Prüfungsbefugnissen betr. die Erfüllung der formellen Anforderungen sehr beschränkt (s. Mast, GRUR Int. 1969, 275 l. Sp. letzter Abs.). Eine internationale Recherche wird durchgeführt (s. Anm. 129). Nach Ablauf von 18 Monaten wird die internationale Anmeldung mit dem Recherchenbericht veröffentlicht (s. Anm. 131). Die Wirkung der Veröffentlichung ist die

gleiche entsprechend derjenigen der frühesten inländischen Veröffentlichung einer ungeprüften Anmeldung (s. Anm. 133).

3. Soweit die zweite Verfahrensstufe (s. Anm. 135 ff.) nicht ausgeschlossen ist (s. Anm. 125), wird auf Antrag ein für die nationalen Staaten unverbindliches Gutachten zur Frage der materiellen Patentfähigkeit (internationaler vorläufiger Prüfungsbericht) erstellt. Eine Veröffentlichung des Berichts findet nicht statt.

III. Vergleich der beiden Verfahren

143 Die Gegenüberstellung zeigt, daß die internationale Anmeldung nach dem PCT-Plan nur die Anmeldung von Patenten erleichtert. Das Bestreben, die nationalen Rechtsvorschriften möglichst unangetastet zu lassen, wirkt sich auf die Harmonisierung der verschiedenen nationalen Patentrechte lähmend aus. Das Übereinkommen nach dem Zusammenarbeitsvertrag ist – wie auf der Hand liegt – gegenüber dem europäischen Übereinkommen viel weniger anspruchsvoll. Sein Vorteil ist nur die Möglichkeit, daß auch nichteuropäische Staaten international anmelden können. Ein sehr großer Nachteil des PCT-Übereinkommens ist die Befugnis, daß einzelne Vertragsstaaten grundlegende Bestimmungen außer Kraft setzen können (s. Anm. 132).

G. Zusammenarbeit auf dem Gebiet der Dokumentation / ICIREPAT

144 Die Internationale Arbeitsgemeinschaft von Patentämtern für Patentdokumentation (ICIREPAT, d. h. Paris Union Committee for International Cooperation in Information Retrieval among Examining Patent Offices) beruht auf internationaler Zusammenarbeit auf freiwilliger Basis. Im Jahre 1965 gehörten der ICIREPAT 18 Patentämter und EURATOM und das Patentinstitut Den Haag als Beobachter an; Rubach, GRUR Ausl. 1965, 5. Nunmehr wird das Sekretariat der Arbeitsgemeinschaft von den »Vereinigten Internationalen Büros für den Schutz des geistigen Eigentums« (BIRPI) in Genf geleitet.

Die Arbeiten bezwecken die Entwicklung und Anwendung mechanischer und maschineller Recherchensysteme für den gemeinsamen Gebrauch; Winter, GRUR Ausl. 1966, 432. Auch wird die Frage der Vereinheitlichung von Verfahren insbesondere zwecks Vereinfachung des internationalen Austausches von Formularen und maschinenlesbaren Unterlagen behandelt. Schließlich gehört hierher (vgl. Rubach, GRUR Ausl. 1965, 7) der gegenseitige Austausch erstellter Dokumentationskarteien. Bis zum Jahre 1967 waren von acht Testgruppen des Ausschusses für Patentdokumentation der Deutschen Gesellschaft für Dokumentation die Begriffslisten über das Deutsche Patentamt an ICIREPAT eingereicht; GRUR 1967, 474. Vgl. auch § 18 Anm. 17.

Auf Vorschlag der WIPO sollen die ausufernden Arbeiten konzentriert werden. Es soll versucht werden, für einen technischen Sonderbereich ein voll auf datenverarbeitende Anlagen abgestelltes Dokumentationssystem zu erstellen; GRUR Int. 1971, 38 l. Sp. unter b.

H. Nordische Zusammenarbeit

Die Bestrebungen der nordischen Staaten (Dänemark, Finnland, Norwegen, Schweden) um eine Vereinheitlichung der Patentgesetze reichen bis in die Zeit vor dem zweiten Weltkrieg zurück; von Zweigbergk, GRUR Ausl. 1966, 136. Auch diese Bemühungen zeigen die zu überwindenden Schwierigkeiten auf, um auf internationaler Ebene auch nur einigermaßen befriedigende Ergebnisse zu erreichen. Das ursprüngliche Ziel, die Bildung einer einheitlichen Verwaltung für alle vier nordischen Patentverfahren, mußte aufgegeben werden. Als ausgewählte Lösung verblieb das System der »Nordischen Patentanmeldung«. Dies setzte eine weitgehende Harmonisierung der Patentgesetze der beteiligten Staaten voraus und führte zwangsläufig zu neuen Gesetzen in den beteiligten Staaten, die am 1. 1. 1968 in Kraft getreten und in ihren wesentlichen Teilen vereinheitlicht sind. Die neuen Gesetze enthalten im Kap. III Bestimmungen, welche die »nordische Patentanmeldung« betreffen. Diese Vorschriften treten aber erst in Kraft, wenn zwischen den nordischen Staaten hierüber ein Abkommen getroffen ist. Bei Inkrafttreten der Bestimmungen im Kap. III kann der Anmelder zwischen einer nationalen und der nordischen Patentanmeldung wählen. Die vollständige Prüfung wird dann durch die Patentbehörde durchgeführt, bei welcher die Anmeldung eingereicht wurde. Im einzelnen vgl. von Zweigbergk und Lewin, Die neue nordische Patentgesetzgebung, GRUR Int. 1968, 305, 313. Die grundlegenden Bestimmungen des materiellen Patentrechts sind entsprechend den Bestimmungen des Europäischen Übereinkommens zur Vereinheitlichung gewisser Begriffe des Patentrechts (vgl. Anm. 11) getroffen. Ferner wurden die Lissaboner und die Stockholmer Fassung der PVÜ (s. Anm. 3, 4) zugrunde gelegt. Das **Stoffschutzverbot wurde abgeschafft. Nach überwiegender Meinung muß aber das Anwendungsgebiet in den Patentansprüchen genannt werden;** v. Zweigbergk und Lewin, a. a. O., 307 l. Sp., Abs. 2. Indirekter Stoffschutz wurde gem. § 3 Abs. 2 der nordischen Gesetze beibehalten. **145**

Für das Patentanmeldungsverfahren für nationale Anmeldungen möchte man (zumindest in Schweden) das System einer umfassenden Prüfung beibehalten. Nach den neuen Gesetzen kann aber vorgeschrieben werden, daß die Prüfung von Patentanmeldungen durch die Patentbehörde eines anderen Staates oder durch eine internationale Institution durchgeführt werden kann. Wie v. Zweigbergk und Lewin, a. a. O. 311 r. Sp. berichten, hat Schweden bereits Vereinbarungen über den Austausch von Recherchenergebnissen mit der Bundesrepublik und den Vereinigten Staaten getroffen. Auch wird eine Teilnahme am PCT möglich sein. Wichtig ist die Vorschrift, daß Anmeldungsunterlagen innerhalb von 18 Monaten vom Anmelde- oder vom Prioritätstag an veröffentlicht werden.

Neueres Schrifttum: Die nordischen Patentgesetze, GRUR Int. 1968, 327; von Zweigbergk, Die nordische Patentrechtsvereinheitlichung, GRUR Ausl. 1966, 136; von Zweigbergk und Lewin, Die neue nordische Patentgesetzgebung, GRUR Int. 1968, 305.

Früheres Schrifttum: Vorläufiger Bericht des gemeinsamen skandinavischen Patentkomitees, GRUR Ausl. 1962, 590; dazu der Gesetzentwurf, GRUR Ausl. 1962, 610; von Zweigbergk, Der skandinavische Patentgesetzentwurf, GRUR Ausl. 1962, 554; Lewin, Der skandinavische Patentgesetzentwurf im Schlußbericht der Sachverständigen, GRUR Ausl. 1964, 253.

J. Zusammenarbeit der COMECON-Länder

146 Die COMECON-Länder streben seit dem Jahre 1959 eine verstärkte Zusammenarbeit auf dem Gebiet des Erfindungswesens an. Es wurde insbesondere eine Vereinbarung über den Austausch von Informationsmaterial und Veröffentlichungen auf dem Gebiet des Erfindungswesens getroffen. Ferner wurden u. a. Arbeiten zur Vereinheitlichung der Grundbegriffe und Rechtsnormen in bezug auf Entdeckungen, Erfindungen und Rationalisierungsvorschläge sowie die Verbesserung der Prüfungsmethoden von Erfindungsanmeldungen durchgeführt. Einer besonderen Arbeitsgruppe wurde die Aufgabe gestellt, die Zusammenarbeit der sozialistischen Länder mit den internationalen Organisationen vorzubereiten. Fernziel der Bestrebungen ist die Einführung eines einheitlichen Urheberscheines (oder Rechtsdokumentes ähnlicher Art) mit Gültigkeit für das Hoheitsgebiet sämtlicher sozialistischer Länder. Vgl. hierzu Schatrow, Die Zusammenarbeit der sozialistischen Länder auf dem Gebiet des Erfindungswesens, GRUR Int. 1967, 206. Wegen der Arbeiten betr. die Vereinheitlichung grundlegender Begriffe des sozialistischen Erfinderrechts vgl. im einzelnen Schatrow, a. a. O.; Dietz, Die Bestrebungen der sozialistischen Länder zur Vereinheitlichung des Patentrechts (mit ausführlichem Schrifttum), GRUR Int. 1973, 360.

Wegen der Grundsätze des Rechtsschutzes in den COMECON-Ländern vgl. Boguslawski, Gewerblicher Rechtsschutz und sozialistische Gesellschaftsordnung, GRUR Ausl. 1966, 258. Eine ältere Betrachtungsweise gibt Katzarov in GRUR Ausl. 1959, 221. Knap, GRUR Int. 1967, 210 weist nach, daß den gewerblichen Schutzrechten, nicht zuletzt dem klassischen Patent, im neuen System der Wirtschaftslenkung der sozialistischen Länder wieder erhöhte Bedeutung zukommt. Vgl. hierzu auch Mitrakow, GRUR Int. 1968, 66.

Wegen des Beitritts der Sowjetunion zur PVÜ mit Wirkung vom 1. 7. 1965 vgl. GRUR Ausl. 1965, 201 und Ulmer, GRUR Ausl. 1966, 257. Die sogenannten »Erfinderscheine« wurden in Art. 4 I durch die Stockholmer Revisionskonferenz in die PVÜ eingefügt, vgl. Anm. 4.

Wegen einer Tagung im Institut für Ostrecht in München im Januar 1966 betr. »Gewerblicher Rechtsschutz in Ost und West« vgl. GRUR Ausl. 1966, 273.

Ferner wird noch hingewiesen auf: Boguslawski, Internationale Rechtsprobleme des Erfindungswesens, Berlin 1963 (Besprechung in GRUR Ausl. 1965, 152); Grave, Sowjetisches Patentrecht, Düsseldorf 1966; Knap, Die Entwicklung auf dem Gebiet des Immaterialgüterrechts in der Tschechoslowakei, GRUR 1969, 79; Eminescu, Zur neuen Erfindergesetzgebung in Rumänien, GRUR Int. 1969, 85; Beier, Die herkömmlichen Patentrechtstheorien und die sozialistische Konzeption des Erfinderrechts, GRUR Int. 1970, 1–6; Neumeyer, Der Schutz wissenschaftlicher Entdeckungen im Recht der Sowjetunion (mit ausführlichem Schrifttum), GRUR Int. 1972, 376.

K. Bestrebungen zur internationalen Erfassung korrespondierender Patente (Welt-Patent-Index)

In einem von Loh im Namen der Deutschen Landesgruppe der Internationalen Vereinigung für gewerblichen Rechtsschutz (AIPPI) erstatteten Bericht wurde die Schaffung einer Dokumentationszentrale für Patentprioritäten beim Berner (jetzt: Genfer) Internationalen Büro vorgeschlagen; GRUR Ausl. 1956, 155. Daran anknüpfend hat Claessen, GRUR Ausl. 1965, 413 die Schaffung eines Prioritätszentrums und von Prioritätslisten oder die Verwendung internationaler Nummern für Patentschriften angeregt. **147**

Bossung, GRUR Int. 1968, 324, 325 weist darauf hin, daß mit dem durch die Lissaboner Fassung eingefügten neuen Abs. 5 des Art. 4 D PVÜ (Verpflichtung zur Angabe und Veröffentlichung des Aktenzeichens der Erstanmeldung) die Entwicklung einer internationalen Numerierung begonnen habe, da die Ursprungsnummer die Funktion eines internationalen Identifizierungszeichens übernehme. Im einzelnen zeigt Bossung auf, wie sich allmählich eine vereinheitlichte Nummernstruktur und damit eine erleichterte Zusammenführung prioritätsgleicher Anmeldungen ergeben könnte.

Die einzelnen Bestrebungen sind von Singer, GRUR Int. 1968, 316 unter Angabe zahlreicher Fundstellen aufgezeichnet. Anschließend erörtert Singer die neuere Entwicklung im Rahmen der Vereinigten Internationalen Büros zum Schutz geistigen Eigentums (BIRPI) seit dem Jahre 1964. Das Projekt erhielt den Namen »Welt-Patent-Index« (World Patent Index). Zweck und Ziel des Welt-Patent-Index ist die Zusammenführung aller prioritätsgleichen veröffentlichten Patentanmeldungen und Patente, aller veröffentlichten Patentanmeldungen und Patente, bei denen als Patentanmelder oder Patentinhaber bzw. als Erfinder ein bestimmter Name genannt sind. Ferner soll eine Zusammenführung aller veröffentlichten, in eine bestimmte Untergruppe der Internationalen Patentklassifikation eingeordneten Patentanmeldungen und Patente vorgenommen werden. Letztgenanntes Vorhaben würde für Wissenschaft und Forschung besonders bedeutungsvoll sein.

Die Internationalen Büros (BIRPI) haben auch an eine umfassende Auskunfterteilung gedacht. Singer berichtet noch über den Erhalt und die Speicherung der zur Verfügung gestellten Angaben. Auf Grund der Ermittlungen von BIRPI würde sich nach einer Anlaufzeit, für die ein geschätztes Anfangskapital von zwei Millionen Dollar benötigt würde, nach etwa vier Jahren der Auskunftsdienst durch die Gebühren von selbst tragen. Ob sich tatsächlich ein Weg zur Verwirklichung dieses wichtigen Projekts finden läßt, ist aber leider z. Z. noch offen.

L. Probleme der Entwicklungsländer

148 Die Entwicklungsländer werden noch lange die technischen Kenntnisse und Erfahrungen der Staaten mit hochentwickelten Industrien benötigen. Die Patentschriften werden bei der Übermittlung technischen Wissens eine wesentliche Rolle spielen. Ob und wann die Errichtung eigener Patentämter in Entwicklungsländern zweckmäßig sein wird, kann nur von Fall zu Fall entschieden werden. Wegen einer Definition des Begriffs »Entwicklungsland« vgl. Schiefler, Das Protokoll betreffend die Entwicklungsländer (im Zusammenhang mit Urheberrecht). Vom Genfer Büro (BIRPI) wurde ein Mustergesetz zum Schutz von Erfindungen in Entwicklungsländern verfaßt; vgl. zur Entstehungsgeschichte und Text des Mustergesetzes GRUR Int. 1967, 241 ff. Dokumente und Materialien hierzu sind von Heine und Moser von Filseck in »Patentschutz und Entwicklungsländer«, Köln, München, Berlin, 1966 (Bd. 15 der Schriftenreihe zum gewerblichen Rechtsschutz, Max-Planck-Institut; ausführliche Besprechung s. GRUR Int. 1967, 280) zusammengestellt. Vgl. auch den von den beiden eben genannten Verfassern im Namen der Deutschen Landesgruppe der AIPPI erstatteten dies-

bezüglichen Bericht, GRUR Ausl. 1965, 623 und den Beschluß zu Frage 45 B (Gewerbliches Eigentum in den Entwicklungsländern) des Kongresses der AIPPI in Tokio 1966, GRUR Ausl. 1966, 537. Es wurde von BIRPI auch ein Mustergesetz zum Schutz gewerblicher Muster ausgearbeitet, s. GRUR Int. 1972, 416 ff. Zur Entstehung und Struktur des Gesetzes vgl. Lastres, GRUR Int. 1972, 407. Weiter ist zu verweisen auf Bergen, Zur Bedeutung des Patentwesens für die Entwicklungshilfe, GRUR Int. 1969, 405 mit ausführlichen Schrifttumhinweisen; Beier/Kunz, Die Bedeutung des Patentrechts für den Transfer von Technologie in Entwicklungsländern, GRUR Int. 1972, 385–396; Bartling, Die Rolle der Patente bei der Übertragung von Technologie auf Entwicklungsländer aus der Sicht der pharmazeutischen Industrie, GRUR Int. 1972, 396–407.

Im Herbst 1966 hat die Bundesrepublik eine Studienkonferenz für Entwicklungsländer abgehalten, an der Vertreter aus acht asiatischen Ländern teilnahmen; GRUR Int. 1967, 272. Die Möglichkeiten der Errichtung gegemeinsamer Patentämter und gemeinsamer Recherchenzentralen wurden diskutiert.

Ein erstes gemeinsames Amt für gewerbliches Eigentum, das Afrikanisch-Madagassische Patentamt (OAMPI), war bereits von einer Reihe afrikanischer Staaten gebildet worden. Vertragschließende Parteien waren die Regierungen von Kamerun, Zentralafrikanische Republik, Tschad, Kongo (Brazzaville), Dahome, Gabun, Elfenbeinküste, Madagaskar, Mauretanien, Niger, Senegal, Togo und Obervolta. Über die Grundzüge und die Bedeutung des Abkommens von Libreville vgl. Mitt. GRUR Ausl. 1964, 144; Ekani, Prop. Ind. 1966, 232 = Ind. Prop. 1966, 220. Vgl. noch Ekani, Le rôle de l'Office africain et malgache de la propriété industrielle, Prop. ind. 1970, 100 = Ind. Prop. 1970, 97 (Aufgaben, Organisation und Struktur des Amtes). Wegen neuer Gebührenregelung vom 2. 1. 1970 s. Bl. 1972, 349. Ferner ist zu beachten die Übereinkunft über den Schutz von Ursprungsbescheinigungen vom 10. 1. 1969, Bl. 1972, 199.

Siehe hierzu Anm. 138 betr. Technische Dienste.

M. Gegenseitige Anerkennung von Gesellschaften und jur. Personen

Das Übereinkommen vom 29. 2. 1968 über die gegenseitige Anerkennung 149
von Gesellschaften und juristischen Personen wurde von den EWG-Staaten (Sechsergemeinschaft) geschlossen und ist für die Bundesrepublik gem. Ges. vom 18. 5. 1972 seit dem 19. 5. 1972 in Kraft; Bl. 1973, 160. Zuständig für die Auslegung ist der Gerichtshof der Europäischen Gemeinschaften; Bl. 1973, 160–163.

Sachregister

Ein vor dem Hauptstichwort befindlicher * soll kenntlich machen, daß es sich um Erläuterungen handelt, die den Anhang betreffen.

Sachregister

Sachregister

Sachregister

Sachregister

Sachregister

Sachregister